NUEVO
MANUAL
MERCK

DE INFORMACIÓN
MÉDICA GENERAL

NUEVO
MANUAL
MERCK
DE INFORMACIÓN
MÉDICA GENERAL

Mark H. Beers, MD, DIRECTOR EDITORIAL
Andrew J. Fletcher, MB, BChir, Thomas V. Jones, MD, MPH,
y Robert Porter, MD, DIRECTORES EDITORIALES ASOCIADOS
Michael Berkwits, MD, y Justin L. Kaplan, MD, DIRECTORES ADJUNTOS

Comité Editorial

Sarah L. Berga, MD
Marjorie A. Bowman, MD, MPA
Douglas A. Drossmann, MD
L. Jack Faling, MD
Eugene P. Frenkel, MD
Glenn O. Gabbard, MD
Michael Jacewicz, MD

Gerald L. Mandell, MD
John E. Morley, MB, BCh
G. Victor Rossi, MD
Albert A. Rundio, Jr., PhD
H. Ralph Schumacher, Jr., MD
Peter G. Szilagyi, MD, MPH
Paul H. Tanser, MD

OCEANO

Edición en lengua española

EQUIPO EDITORIAL

Dirección
Carlos de Gispert

Dirección ejecutiva de ediciones
José Gárriz

* * *

Coordinación general
Dr. R. Chalem

Coordinación científica
Dr. P. Furia

Coordinación de edición
Josep Anton Vidal

Edición
María Villalba

Edición gráfica
Victoria Grasa

Diseño de interiores
Gregori Miana

Diagramación
G. Collardey

Diseño de cubiertas
Eduardo Palos

Preimpresión
Guillermo Mainer

Coordinación de la traducción
Dr. P. Chalem, J. Herpin

Traducción y revisión
Dra. A. M.ª Avellón C., Dra. O. Blasco D., Dra. P. Bravo B., Dra. S. Cabrerizo B., Dra. M. Calle R., Dra. L. de Matías S., Dra. D. de Miguel Ll., Dr. C. Desrocques S., Dr. M. Domínguez S., Dra. S. Fanjul A., Dra. M. Frydman, Dra. L. García S., Dr. J. M.ª Gómez A., Dra. M.ª G. Gómez S., Dra. M. González G., Dra. N. Mata C., Dra. C. Muñoz P., Dra. E. Ostrovsky, Dr. F. J. Pérez F., Dra. B. Poyales V., Dr. J. A. Puerto S., Dr. A. Ramos, Dra. C. Rech N., Dr. A. Renuncio R., Dr. L. A. Richart L., Dra. M.ª I. Rodríguez F., Dr. J. L. Rodríguez H., Dr. H. Rossi A., Dra. E M.ª Ruiz G., Dra. M.ª M. Sánchez S., Dra. R. Santiago G., Dr. E. Santos L., Dr. O. Silva P., Dr. J. M.ª Varela F., Dr. J. N. Urcia N.

EQUIPO DE PRODUCCIÓN

Dirección
José Gay

Publicado originalmente en inglés con el título
The Merck Manual of Medical Information, Second Home Edition
Copyright © MMIII by Merck & Co., Inc.

Edición en español
MMVIII EDITORIAL OCEANO
Milanesat 21-23
EDIFICIO OCEANO
08017 Barcelona (España)
Teléfono: (34) 93 280 20 20*
www.oceano.com

Impreso en España - Printed in Spain

ISBN: 978-84-494-3311-5 (O. C.)
ISBN: 978-84-494-3313-9 (V. II)
Depósito legal: B-28481-XLIX
9001986130408

Sumario

Director editorial

Mark H. Beers, MD
Executive Director of Geriatrics and Clinical Literature, Merck & Co., Inc. and
Clinical Professor of Medicine, Drexel University

Directores editoriales asociados

Andrew J. Fletcher, MB, BChir
Merck & Co., Inc. and
Adjunct Professor of Pharmaceutical Health Care,
Temple University School of Pharmacy

Thomas V. Jones, MD, MPH
Merck & Co., Inc. and
Clinical Associate Professor of Medicine,
Temple University School of Medicine

Robert Porter, MD
Merck & Co., Inc. and
Clinical Assistant Professor of Emergency Medicine
Thomas Jefferson University

Directores adjuntos

Michael Berkwits, MD
Merck & Co., Inc. and
Adjunct Assistant Professor of Medicine
University of Pennsylvania School of Medicine

Justin L. Kaplan, MD
Merck & Co., Inc. and
Clinical Associate Professor of Emergency
Medicine, Thomas Jefferson University

Executive Editor	**Keryn A.G. Lane**
Senior Staff Editors	**Sandra J. Masse**
	Susan T. Schindler
	Susan C. Short
Staff Editors	**Debra G. Share**
	Jonathan S. Simmons
Production Editor	**Melody Sadighi**
Textbook Operations Manager	**Diane C. Zenker**
Project Manager	**Diane Cosner-Bobrin**
Web Site Designer and Developer	**Barbara Amelia Nace**
Executive Assistant	**Jean Perry**
Administrative Assistant	**Marcia Yarbrough**
Designer	**Lorraine B. Kilmer**
Indexer	**Susan Thomas, PhD**
Illustrator	**Michael Reingold**
Publisher	**Gary Zelko**
Advertising and Promotional Supervisor	**Pamela J. Barnes-Paul**
Subsidiary Rights Coordinator	**Jeanne Nilsen**
Merck Publishing Group Staff	**Leta Bracy, Kathleen Lahey, and Vivica Stamper**

Consejo editorial

Consultores

Robert B. Cohen, DMD
Clinical Assistant Professor, Tufts University
School of Dental Medicine

Ralph E. Cutler, MD
Professor of Medicine and Pharmacology, Loma
Linda University School of Medicine

Thomas Habif, MD
Adjunct Professor of Medicine (Dermatology),
Dartmouth Medical School

Melvin I. Roat, MD, FACS
Assistant Surgeon, Wills Eye Hospital,
Philadelphia

Robert J. Ruben, MD
Distinguished University Professor, Professor of
Otolaryngology and Professor of Pediatrics,
Albert Einstein College of Medicine; Chairman
(Emeritus), Montefiore Medical Center and
Albert Einstein College of Medicine

Bruce C. Paton, MD, FRCP(E)
Clinical Professor of Surgery (Emeritus)
University of Colorado Heatlh Sciences Center

Revisores para ciertos capítulos

Ercem S. Atillasoy, MD
Steven Berney, MD
John J. Caronna, MD
Jules Constant, MD
Julie Abrams Faude, PhD
Christine Goertz, PhD
Mateel Graham, MD
George Grames, MD
Donald Hanson, DMD
Jerry Hershman, MD
Randall Hughes, MD
Daniel A. Hussar, PhD

Robert K. Jackler, MD
Brian D. Johnston
Peter Laibson, MD
Matthew E. Levison, MD
Paul Lui, MD
Howard Mertz, MD
John S. Oghalai, MD
Enyi Okereke, MD
Roy M. Poses, MD
Hal B. Richerson, MD
Robert A. Sinkin, MD

Reconocimientos

Agradecemos David G. Armstrong, DPM, y Andrew JM Boulton, MD, autores del recuadro "El pie en los diabéticos" en el capítulo 165. También agradecemos Mirza I. Rahman, MD, MPH, por su ayuda en el trabajo de edición inicial de este libro.

TRASTORNOS HORMONALES

CAPÍTULO 161

Biología del sistema endocrino

El sistema endocrino consta de un grupo de glándulas y órganos que regulan y controlan varias funciones del organismo mediante la producción y secreción de hormonas. Las glándulas del sistema endocrino no tienen conductos, sino que liberan sus hormonas directamente en el torrente sanguíneo.

■ Glándulas endocrinas

Las glándulas principales del sistema endocrino, cada una de las cuales produce una o más hormonas específicas, son el hipotálamo, la glándula hipófisis, la glándula tiroides, las glándulas paratiroides, los islotes del páncreas, las glándulas su-

Glándulas endocrinas mayores

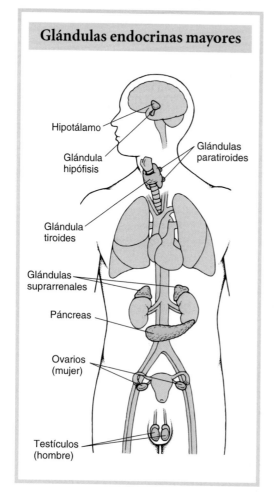

Hipotálamo

Glándula
hipófisis

Glándulas
paratiroides

Glándula
tiroides

Glándulas
suprarrenales

Páncreas

Ovarios
(mujer)

Testículos
(hombre)

prarrenales, los testículos en el hombre y los ovarios en las mujeres. Durante el embarazo, la placenta actúa también como una glándula endocrina además de cumplir con sus otras funciones.

No todos los órganos que secretan hormonas o sustancias similares a las hormonas forman parte del sistema endocrino. Por ejemplo, los riñones producen las hormonas renina y angiotensina con el fin de ayudar a controlar la presión arterial, y la hormona eritropoyetina que estimula la médula ósea para que produzca glóbulos rojos. Además, el aparato digestivo produce una variedad de hormonas que controlan la digestión, afectan a la secreción de insulina desde el páncreas y alteran los comportamientos, tales como aquellos asociados con el hambre. El tejido graso también produce las hormonas que regulan el metabolismo y el apetito. Además, el término *glándula* no implica que el órgano forme parte del sistema endocrino. Por ejemplo, las glándulas

sudoríparas, las glándulas de las membranas mucosas y las glándulas mamarias secretan sustancias diferentes de las hormonas.

■ Función endocrina

La principal función de las glándulas endocrinas es secretar hormonas directamente al torrente sanguíneo. Las hormonas son sustancias químicas que afectan a la actividad de otro órgano del cuerpo (órgano blanco). En esencia, las hormonas actúan como mensajeros, al controlar y coordinar las actividades en todo el organismo.

Al alcanzar su objetivo, las hormonas se unen a los receptores, casi del modo como una llave encaja dentro de una cerradura. Una vez que la hormona se une a su receptor, transmite un mensaje que hace que el objetivo actúe de una manera específica. Los receptores hormonales pueden estar dentro del núcleo o en la superficie de la membrana celular.

Finalmente, las hormonas controlan el funcionamiento de todos los órganos; por ello afectan a diferentes procesos como el crecimiento y el desarrollo, la reproducción y las características sexuales. Las hormonas también tienen influencia en la forma como el organismo utiliza y almacena la energía y controla el volumen de líquidos y las concentraciones de sales y azúcar en la sangre. Su característica fundamental es que en pequeñas concentraciones las hormonas pueden provocar reacciones significativas en el organismo.

Aunque circulan en todo el organismo, cada tipo de hormona influye sólo en ciertos órganos y tejidos. Algunas hormonas afectan sólo a uno o dos órganos, mientras que otras influyen en las funciones de todo el organismo. Por ejemplo, la hormona estimulante de la tiroides se produce en la glándula hipófisis y sólo afecta a la glándula tiroides. Por el contrario, la hormona tiroidea, producida en la glándula tiroides, afecta a las células en todo el organismo y se involucra en funciones tan importantes como la regulación del crecimiento de las células, el control de la frecuencia cardíaca y la velocidad con que se queman las calorías. La insulina, producida por las células de los islotes del páncreas, afecta al metabolismo de la glucosa, de las proteínas y de las grasas en todo el organismo.

La mayoría de las hormonas son proteínas. Otras son esteroides, o sea, sustancias grasas derivadas del colesterol.

HORMONAS PRINCIPALES

DÓNDE SE PRODUCE LA HORMONA	HORMONA	FUNCIÓN
Glándula hipófisis	Hormona antidiurética (vasopresina)	Hace que los riñones retengan agua y, junto con la aldosterona, ayuda a controlar la presión arterial
	Adrenocorticotropina (ACTH)	Controla la producción y secreción de hormonas por la corteza suprarrenal
	Hormona del crecimiento	Controla el crecimiento y el desarrollo; fomenta la producción de proteína
	Hormona luteinizante y hormona foliculoestimulante	Controla las funciones reproductoras, incluidas la producción de esperma y de semen, la maduración del óvulo y los ciclos menstruales; controla las características sexuales femeninas y masculinas (incluidos la distribución del vello, la estructura muscular, la textura de la piel y el tono de voz y, a veces, hasta los rasgos de la personalidad)
	Oxitocina	Hace que los músculos del útero y de los conductos lácteos en la mama se contraigan
	Prolactina	Inicia y mantiene la producción de leche dentro de las glándulas ductales de la mama (glándulas mamarias)
	Hormona estimulante del tiroides o tiroestimulante	Estimula la producción y secreción de hormonas por la glándula tiroides
Glándula paratiroides	Hormona paratiroidea	Controla la formación de los huesos y la excreción de calcio y fósforo
Glándula tiroides	Hormona tiroidea	Regula la velocidad con que funciona el organismo (índice metabólico)
Glándulas suprarrenales	Aldosterona	Ayuda a regular el equilibrio de sal y agua al retener sal y agua y al excretar potasio
	Cortisol	Sus efectos se extienden a todo el organismo. Tiene, especialmente, una acción antiinflamatoria; mantiene el nivel de azúcar, la presión arterial y la fuerza muscular, y ayuda a controlar el equilibrio de sal y agua
	Dehidroepiandrosterona (DHEA)	Tiene efectos sobre los huesos, el humor y el sistema inmunológico
	Adrenalina y noradrenalina	Estimula el corazón, los pulmones, los vasos linfáticos y el sistema nervioso
Páncreas	Glucagón	Aumenta la concentración de azúcar en la sangre
	Insulina	Disminuye la concentración de azúcar en la sangre. Afecta al procesamiento (metabolismo) del azúcar, proteínas y grasas en todo el organismo
Riñones	Eritropoyetina	Estimula la producción de glóbulos rojos
	Renina	Controla la presión arterial
	Angiotensina	Controla la presión arterial
Ovarios	Estrógeno	Controla el desarrollo de los caracteres sexuales femeninos y el sistema reproductor
	Progesterona	Prepara el revestimiento interno del útero para la implantación de un óvulo fertilizado, y a las glándulas mamarias para secretar leche
Testículos	Testosterona	Controla el desarrollo de los caracteres sexuales masculinos y el sistema reproductor

La tabla continúa en la página siguiente.

HORMONAS PRINCIPALES *(Continuación)*		
DÓNDE SE PRODUCE LA HORMONA	**HORMONA**	**FUNCIÓN**
Tracto digestivo	Colecistoquinina	Controla las contracciones musculares que transportan los alimentos por el intestino y las contracciones de la vesícula biliar
	Péptido glucagón-like	Aumenta la liberación de insulina del páncreas
	Ghrelina	Controla la liberación de la hormona de crecimiento proveniente de la glándula hipófisis
Tejido adiposo (grasa)	Resistina	Bloquea los efectos de la insulina sobre los músculos
	Leptina	Controla el apetito

■ Controles endocrinos

El control de las funciones endocrinas se efectúa regulando la secreción de cada hormona dentro de unos límites precisos. El organismo es capaz de detectar la necesidad de una mayor o menor cantidad de una hormona determinada.

Muchas glándulas endocrinas se controlan con la interacción de señales hormonales entre el hipotálamo, localizado en el cerebro, y la glándula hipófisis, en la base del cerebro. A esta interacción se la conoce como el eje hipotálamo-hipofisario. El hipotálamo secreta diferentes hormonas que controlan la glándula hipófisis. La hipófisis, también denominada glándula maestra, controla a su vez las funciones de muchas otras glándulas endocrinas ● *(v. recuadro pág. 1126).*

La hipófisis controla la tasa de secreción de sus propias hormonas mediante un mecanismo de retroalimentación, por el cual los valores de otras hormonas en la sangre indican a la glándula hipófisis si debe disminuir o aumentar su producción.

Muchos otros factores también pueden controlar las funciones endocrinas. Por ejemplo, un bebé que succiona los pezones de su madre estimula la glándula hipófisis para secretar la prolactina y la oxitocina, que son las hormonas que estimulan la producción y flujo de leche en el seno. Al aumentar los niveles de azúcar en la sangre, se estimulan las células de islotes del páncreas para que produzcan insulina. Parte del sistema nervioso estimula la glándula suprarrenal para que produzca adrenalina.

CAPÍTULO 162

Trastornos de la hipófisis

La hipófisis es una glándula del tamaño de un guisante que se aloja en el interior de una estructura ósea denominada silla turca, en la base del cerebro. La silla turca la protege pero permite muy poco espacio para su expansión.

La hipófisis regula la función de la mayor parte de las otras glándulas endocrinas y, por tanto, en ocasiones recibe el nombre de glándula maestra. A su vez, la hipófisis es controlada en gran medida por el hipotálamo, una región del cerebro situada justo por encima de la hipófisis. Mediante la detección de los niveles de las hormonas pro-

ducidas por las glándulas que están bajo el control de la hipófisis (glándulas diana), el hipotálamo o la hipófisis determinan cuánta estimulación necesitan estas glándulas diana.

La hipófisis consta de dos partes definidas: el lóbulo anterior, que representa el 80% del peso de la glándula, y el lóbulo posterior. Ambos lóbulos se conectan con el hipotálamo a través de un tallo que contiene vasos sanguíneos y proyecciones de las células nerviosas (fibras nerviosas o axones). El hipotálamo controla el lóbulo anterior mediante la liberación de hormonas a través

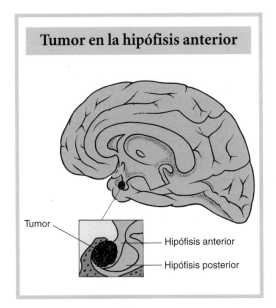

Tumor en la hipófisis anterior

Tumor

Hipófisis anterior

Hipófisis posterior

de los vasos sanguíneos de conexión; a su vez, controla el lóbulo posterior mediante impulsos nerviosos.

El **lóbulo anterior** de la hipófisis produce y libera (secreta) seis hormonas fundamentales: la hormona del crecimiento, que regula el crecimiento y el desarrollo físico y tiene importantes efectos sobre la forma del cuerpo al estimular la formación de los músculos y reducir el tejido graso; la hormona estimuladora del tiroides, que estimula la producción de las hormonas tiroideas; la adrenocorticotropina (también denominada hormona adrenocorticotrópica o ACTH), que estimula las glándulas suprarrenales para producir cortisol y otras hormonas; la hormona foliculoestimulante y la luteinizante (las gonadotropinas), que estimulan la producción de esperma por los testículos, la producción de óvulos por los ovarios y la síntesis de las hormonas sexuales (testosterona y estrógenos) por los órganos sexuales; y la prolactina, que estimula las glándulas mamarias de los senos para que produzcan leche.

El lóbulo anterior también produce las hormonas responsables de la pigmentación oscura de la piel (hormona melano-estimulante) y aquellas que inhiben la sensación de dolor y ayudan a controlar el sistema inmunológico (endorfinas).

El **lóbulo posterior** de la hipófisis sólo produce dos hormonas: la hormona antidiurética y la oxitocina. La hormona antidiurética (también conocida como vasopresina) regula la cantidad de agua eliminada por los riñones y, por ello, es importante, para mantener el equilibrio de agua en el organismo ● *(v. también pág. 1108)*. La oxitocina hace que el útero se contraiga durante el parto e inmediatamente después del mismo para evitar una hemorragia excesiva. La oxitocina también estimula las contracciones de los conductos mamarios en la mama, que desplazan la leche hacia el pezón (la bajada) en mujeres con hijos en período de lactancia.

No todas las hormonas de la hipófisis son producidas de forma continua. La mayoría se liberan intermitentemente en ciclos de entre 1 y 3 horas, con períodos alternos de actividad e inactividad. Algunas de las hormonas, como la adrenocorticotropina, que controla las glándulas suprarrenales; la hormona del crecimiento, que regula el crecimiento; y la prolactina, que controla la producción de leche, siguen un ritmo circadiano, es decir, sus concentraciones suben y bajan de manera predecible durante el día, suelen alcanzar su nivel máximo justo antes del momento de despertarse y descienden a sus valores más bajos antes de dormir. Las concentraciones de otras hormonas varían de acuerdo con otros factores. Por ejemplo, en las mujeres, la cantidad de hormona luteinizante y la de hormona foliculoestimulante, que controlan las funciones reproductoras, varían durante el ciclo menstrual.

La hipófisis puede funcionar anormalmente de varias maneras, generalmente como resultado de la presencia de un tumor benigno (adenoma). El tumor puede secretar con exceso una o más hormonas hipofisarias; puede ejercer una presión sobre las células hipofisarias normales, dando lugar a una reducción en la producción de una o más hormonas hipofisarias; o bien puede causar un aumento de tamaño de la hipófisis, con o sin alteración de la producción hormonal. A veces existe una producción excesiva de una hormona debido a un tumor hipofisario y al mismo tiempo una disminución de otra por efecto de la compresión. El exceso o defecto en la cantidad de las hormonas hipofisarias tiene como resultado una amplia variedad de síntomas.

Se puede diagnosticar una disfunción de la hipófisis mediante diferentes exploraciones complementarias. Las técnicas diagnósticas por imagen, como la tomografía computarizada (TC) y la resonancia magnética nuclear (RMN), pueden poner de manifiesto el aumento o la reducción del tamaño de la hipófisis y pueden ser capaces de determinar la existencia de un tumor en la glándula.

El médico puede medir los niveles de las hormonas hipofisarias, habitualmente mediante un simple análisis de sangre. La selección de la hormona hipofisaria cuyos valores se desea medir depende de los síntomas que presenta la persona afectada. En algunas hormonas hipofisarias, esto no es fácil de determinar, porque sus niveles varían considerablemente durante el día y en función de las necesidades del organismo; la medición en una muestra de sangre tomada al azar no proporciona información de utilidad.

En el caso de algunas hormonas, el médico administra una sustancia que en condiciones normales afectaría a la producción hormonal; luego se mide la concentración de la hormona. Por ejemplo, si se ha inyectado insulina, los niveles de adrenocorticotropina, hormona del crecimiento y prolactina deberán aumentar. En vez de medir directamente los niveles de la hormona del crecimiento, se suele valorar otra hormona, el factor de crecimiento insulinosímil I (IGF-I). La hormona del crecimiento es secretada en forma de pulsos, y sus niveles descienden rápidamente; sin embargo, los niveles del IGF-I reflejan la producción total diaria de la hormona del crecimiento. Por todas estas razones, la interpretación de los resultados de los análisis de sangre de las hormonas hipofisarias es muy compleja.

■ Aumento de tamaño de la hipófisis

El aumento de tamaño de la hipófisis suele ser debido a la presencia de un tumor, pero puede producirse por una hemorragia en la glándula o por efecto de alguna otra enfermedad, como la tuberculosis o la sarcoidosis. El aumento de tamaño de la hipófisis puede producir síntomas como la cefalea, así como pérdida de visión, debido a la presión que la glándula ejerce sobre el nervio óptico. Inicialmente, la pérdida de la visión afecta sólo a la parte superior externa de los campos visuales en ambos ojos. Puede existir una disminución o un aumento en la producción de las hormonas hipofisarias.

■ Hipopituitarismo

El hipopituitarismo se produce por una disminución de la actividad de la hipófisis que da lugar a la deficiencia de una o más hormonas hipofisarias.

El hipopituitarismo, un trastorno poco frecuente, puede estar causado por varios factores, como

Hipófisis: la glándula maestra

La hipófisis es una glándula del tamaño de un guisante, que se encuentra ubicada en la base del cerebro y produce cierta cantidad de hormonas, cada una de las cuales afecta a una parte específica del organismo (un órgano diana). Puesto que la hipófisis controla la función de la mayoría de las otras glándulas endocrinas, a menudo se la conoce como la glándula principal o regidora.

HORMONA	ÓRGANO DIANA
Hormona antidiurética	Riñón
Hormona melanocito estimulante	Piel
Adrenocorticotropina	Glándulas suprarrenales
Endorfinas	Cerebro
Encefalinas	Cerebro
Hormona foliculoestimulante	Ovarios o testículos
Hormona del crecimiento	Músculos y huesos
Hormona luteinizante	Ovarios o testículos
Oxitocina	Útero y glándulas mamarias
Prolactina	Glándulas mamarias
Hormona estimulante de la tiroides (tiroestimulante)	Glándula tiroides

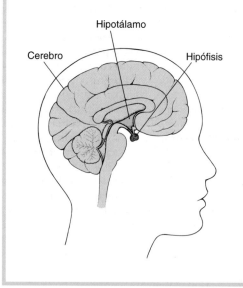

Hipófisis

Secreción hormonal y su relación con otros órganos

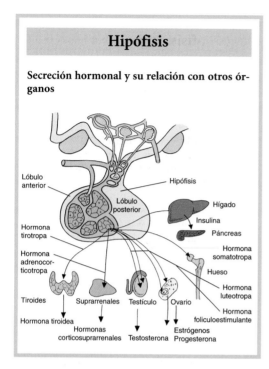

Deficiencia de las gonadotropinas (hormonas foliculoestimulante y luteinizante): en las mujeres premenopáusicas, las deficiencias de estas hormonas causan la interrupción de los períodos menstruales (amenorrea), infertilidad, sequedad vaginal y la pérdida de algunas características sexuales femeninas. En los hombres, las deficiencias de estas hormonas tienen como resultado la disminución del tamaño (atrofia) de los testículos, la disminución de la producción de esperma con la consiguiente infertilidad, y la pérdida de algunas características sexuales masculinas. Las deficiencias de la hormona luteinizante y la foliculoestimulante también pueden producirse en el síndrome de Kallmann, en el que las personas afectadas pueden presentar, además, un labio leporino o paladar hendido ● *(v. pág. 1806),* daltonismo e incapacidad para percibir los colores.

Deficiencia de la hormona estimulante del tiroides: la deficiencia de la hormona estimulante del tiroides produce una disminución de

un tumor hipofisario o un aporte insuficiente de sangre a la hipófisis.

➤ Síntomas y complicaciones

Aunque en ocasiones los síntomas comienzan de forma repentina y espectacular, por lo general se inician gradualmente y pasan inadvertidos durante un largo período de tiempo. Los síntomas dependen de cuáles sean las hormonas hipofisarias que estén alteradas. En algunos casos, disminuye la producción de una sola hormona hipofisaria, pero con más frecuencia se produce una disminución de las concentraciones de varias hormonas al mismo tiempo (panhipopituitarismo). La producción de la hormona del crecimiento, la hormona luteinizante y la foliculoestimulante suele disminuir antes de que lo hagan la hormona estimulante del tiroides y la adrenocorticotropina.

Deficiencia de la hormona del crecimiento: la ausencia de la hormona del crecimiento durante la infancia suele dar lugar a un insuficiente crecimiento total y a baja estatura (enanismo). En los adultos, la deficiencia de esta hormona no afecta a la estatura porque los huesos han completado su crecimiento, pero puede causar aumento de grasa y reducción del tejido muscular, adelgazamiento de los huesos y disminución de energía y de la calidad de vida.

¿Por qué la glándula hipófisis tiene una menor actividad?

Causas que afectan principalmente a la glándula hipófisis

- Tumores hipofisarios
- Aporte inadecuado de sangre a la hipófisis (ocasionado por una hemorragia grave, coágulos sanguíneos, anemia u otras causas)
- Infecciones y enfermedades inflamatorias
- Sarcoidosis o amiloidosis (enfermedades poco comunes)
- Irradiación
- Extirpación quirúrgica del tejido hipofisario
- Enfermedad autoinmune

Causas que afectan principalmente al hipotálamo y después a la hipófisis

- Tumores del hipotálamo
- Enfermedades inflamatorias
- Traumatismos craneales
- Lesiones quirúrgicas de la glándula hipófisis o de los vasos sanguíneos o los nervios que llegan hasta ella

la actividad de la glándula tiroides (hipotiroidismo), lo que da lugar a algunos síntomas tales como confusión mental, intolerancia al frío, aumento de peso, estreñimiento y sequedad de la piel ● *(v. pág. 1140)*. Sin embargo, la mayoría de los casos de hipotiroidismo se deben a un problema originado en el tiroides mismo, y no a una disminución de los niveles de las hormonas hipofisarias.

Deficiencia de adrenocorticotropina: la deficiencia de adrenocorticotropina conduce a la insuficiencia de las glándulas suprarrenales (enfermedad de Addison) ● *(v. pág. 1144),* que tiene como resultado la aparición de cansancio, hipotensión arterial, disminución de los niveles de azúcar en la sangre y baja tolerancia al estrés. Este trastorno constituye la deficiencia de hormona hipofisaria más grave; la ausencia de producción de hormona adrenocorticotropina por el organismo puede ser mortal.

Deficiencia de prolactina: la deficiencia de prolactina disminuye o suprime la capacidad de la mujer para producir leche después del parto. La disminución de los niveles de prolactina y la deficiencia de otras hormonas hipofisarias pueden estar causadas por el síndrome de Sheehan, una rara complicación del parto. Normalmente, el síndrome de Sheehan es el resultado de una pérdida excesiva de sangre y de un *shock* durante el parto, los cuales dan lugar a la destrucción parcial de la hipófisis. Los síntomas incluyen cansancio, pérdida del vello púbico y de las axilas e incapacidad para producir leche. No se conocen los efectos que produce la deficiencia de prolactina en los hombres.

➤ Diagnóstico

Debido a que la hipófisis estimula otras glándulas, una deficiencia de las hormonas hipofisarias suele reducir la cantidad de hormonas producidas por estas otras glándulas. Por esta razón, se debe considerar la posibilidad de una disfunción hipofisaria cuando se investiga una deficiencia en otra glándula, como el tiroides o las glándulas suprarrenales. Cuando los síntomas sugieren un funcionamiento incorrecto de varias glándulas, el médico puede sospechar que se trata de un caso de hipopituitarismo o de un síndrome de deficiencia poliglandular.

La evaluación suele iniciarse con la determinación de las concentraciones de las hormonas producidas por la hipófisis y, al mismo tiempo, midiendo los niveles de la hormona producida por

el órgano diana. Por ejemplo, una persona con hipotiroidismo debido a insuficiencia de la hipófisis tiene niveles bajos de las hormonas tiroideas así como niveles bajos o inapropiados de la hormona estimulante del tiroides, producida por la hipófisis. Por el contrario, una persona con hipotiroidismo debido a un mal funcionamiento del tiroides tiene niveles bajos de hormonas tiroideas junto con niveles elevados de la hormona estimulante del tiroides.

Es difícil evaluar la producción de la hormona del crecimiento dado que no existe una prueba capaz de medirla con exactitud. El organismo produce la hormona del crecimiento de forma intermitente cada día y la hormona es utilizada con rapidez. De esta forma, el nivel sanguíneo en un momento dado no indica si la producción es normal durante todo el día. En su lugar, se miden las concentraciones del factor de crecimiento insulinosímil I (IGF-I) en la sangre. La producción del IGF-I está regulada por la hormona del crecimiento y su concentración tiende a cambiar lentamente en proporción a la cantidad total de la hormona del crecimiento secretada por la hipófisis.

Dado que los niveles de las hormonas luteinizante y foliculoestimulante fluctúan con el ciclo menstrual, su medición en las mujeres puede ser difícil de interpretar. Sin embargo, en las mujeres que están en el período posmenopáusico y que no siguen un tratamiento con estrógenos, es normal que los valores de estas hormonas estén elevadas.

La producción de adrenocorticotropina se suele determinar midiendo la respuesta a los estímulos de su hormona diana (cortisol), como puede ser un valor bajo de azúcar en la sangre después de administrar una inyección de insulina. Si la concentración de cortisol no se modifica y la de adrenocorticotropina en la sangre es normal o baja, se puede confirmar la existencia de una deficiencia en la producción de la hormona adrenocorticotropina.

Una vez que se confirma la existencia de hipopituitarismo mediante un análisis de sangre, se suele examinar la hipófisis por medio de una tomografía computarizada (TC) o una resonancia magnética nuclear (RMN), para identificar la presencia de anomalías estructurales. La TC o la RMN ayudan a poner de manifiesto determinadas zonas (áreas localizadas) de crecimiento de tejido anómalo, así como un aumento o una reducción del tamaño de la hipófisis. La angiografía cerebral es un procedimiento que sirve para

Síndromes de deficiencia poliglandular

Los síndromes de deficiencia poliglandular son trastornos hereditarios en los cuales varias glándulas endocrinas funcionan anormalmente de forma simultánea. La causa real de esta disfunción puede estar relacionada con una reacción autoinmune en la que las defensas del organismo atacan sus propias células por error. Los síndromes de deficiencia poliglandular se clasifican en tres tipos:

Tipo 1: en este tipo de deficiencia poliglandular, que se desarrolla en los niños, las glándulas paratiroides y las suprarrenales son hipofuncionantes, lo que produce diabetes, hepatitis, cálculos biliares, caída del cabello y malabsorción. Estos niños también tienen más probabilidades de presentar infecciones crónicas por levaduras.

Tipo 2: en este tipo de deficiencia poliglandular, que se desarrolla en los adultos, las glándulas suprarrenales y tiroides son hipofuncionantes, aunque la glándula tiroides, algunas veces, se vuelve hiperfuncionante. Las personas con deficiencia poliglandular tipo 2 también desarrollan diabetes.

Tipo 3: este tipo es muy similar al tipo 2, excepto en que las glándulas suprarrenales permanecen normales.

examinar los vasos sanguíneos que suministran nutrientes a la hipófisis ● *(v. pág. 534)*.

➤ Tratamiento

En lo posible, el tratamiento debe estar dirigido a eliminar la causa de la deficiencia de las hormonas hipofisarias, como, por ejemplo, un tumor. La extirpación quirúrgica del tumor es habitualmente el primer tratamiento y el más apropiado y, además, suele reducir cualquier síntoma de compresión y los problemas de visión causados por el tumor. Generalmente todos, excepto los tumores más grandes, pueden extirparse por medios quirúrgicos a través de la nariz (vía transesfenoidal).

También puede utilizarse la irradiación de la hipófisis mediante el empleo de supervoltaje o haces de protones para destruir el tumor. Puede que resulte imposible eliminar algunos tumores grandes y los que se extienden más allá de la silla turca sólo mediante un procedimiento quirúrgi-co. Si es así, se utiliza irradiación con supervoltaje después de la cirugía para eliminar las células tumorales residuales. La irradiación de la hipófisis tiende a reducir lentamente su función. La pérdida puede ser parcial o completa. Por lo tanto, la función de las glándulas diana generalmente se evalúa cada 3 o 6 meses el primer año y posteriormente una vez al año. Los tumores que producen prolactina pueden tratarse con fármacos agonistas de la dopamina, como la bromocriptina o la cabergolina. Estos fármacos reducen el tamaño del tumor al mismo tiempo que disminuyen los niveles de prolactina.

Cuando no es posible eliminar la causa de la deficiencia hormonal, como ocurre cuando existe un aporte insuficiente de sangre a la hipófisis, el tratamiento debe ir dirigido a la sustitución de las hormonas deficientes, generalmente reemplazando las hormonas diana. Por ejemplo, los pacientes con deficiencia de la hormona estimulante del tiroides reciben hormona tiroidea; a los afectados por una deficiencia de adrenocorticotropina se les administran hormonas adrenocorticales, como la hidrocortisona, y quienes padecen deficiencia en las hormonas luteinizante y foliculoestimulante reciben estrógenos, progesterona o testosterona.

La única hormona hipofisaria que puede ser reemplazada es la hormona del crecimiento. El tratamiento con hormona del crecimiento debe administrarse mediante inyección. Cuando se administra a niños con deficiencia de la hormona del crecimiento antes de que se cierren los cartílagos de crecimiento de sus huesos, el tratamiento sustitutivo previene que terminen su desarrollo con una estatura muy baja. En la actualidad, la hormona del crecimiento se utiliza también en el tratamiento de ciertos adultos con deficiencia de esta hormona para mejorar la estructura del organismo, aumentar la densidad ósea y mejorar la calidad de vida.

■ Diabetes insípida central

La diabetes insípida central consiste en la ausencia de la hormona antidiurética, que da lugar a una excesiva producción de orina muy diluida (poliuria).

➤ Causas

La diabetes insípida central suele ser resultado de la disminución de la producción de la hormona antidiurética (vasopresina), la hormona encargada de regular la cantidad de agua en el organismo ● *(v. recuadro pág. 1109)*. Lo particular de esta hormona es que se produce en el hipotálamo y a continuación es almacenada y liberada hacia el torrente sanguíneo por la hipófisis.

La diabetes insípida central puede estar originada por una producción insuficiente de la hormona antidiurética por parte del hipotálamo. También puede ser provocada por la incapacidad de la hipófisis para liberar hormona antidiurética hacia el torrente sanguíneo. Otras causas de diabetes insípida central incluyen una lesión producida durante la cirugía del hipotálamo o de la hipófisis; una lesión cerebral, en concreto una fractura de la base del cráneo; un tumor; una sarcoidosis o una tuberculosis; un aneurisma (un abultamiento en la pared de una arteria) o una obstrucción en las arterias que se dirigen al cerebro; ciertas formas de encefalitis o meningitis y la infrecuente enfermedad llamada granulomatosis de células de Langerhan (histiocitosis X). Otro tipo de diabetes insípida, la denominada diabetes insípida nefrogénica, puede estar originada por alteraciones en los riñones ● *(v. pág. 1019)*.

➤ Síntomas y diagnóstico

Los síntomas de la diabetes insípida pueden aparecer brusca o gradualmente a cualquier edad. A menudo, los únicos síntomas son una sed exagerada y la excesiva producción de orina. Una persona puede beber enormes cantidades de líquidos, de 4 a 40 litros en un día, como mecanismo de compensación de la cantidad de líquido que se pierde a través de la orina. El agua helada suele ser la bebida preferida. Cuando esta compensación no se consigue, puede producirse de modo muy rápido una deshidratación y, de resultas de ello, una disminución de la presión arterial y un colapso. La persona afectada continúa eliminando grandes cantidades de orina diluida y esto puede ser especialmente evidente durante la noche.

El diagnóstico de diabetes insípida se sospecha en aquellas personas que producen grandes cantidades de orina. En primer lugar, se analiza la cantidad de azúcar en la orina para descartar que se trate de una diabetes mellitus. Los análisis de sangre muestran concentraciones anómalas de muchos electrolitos, como un alto nivel de sodio. La prueba de restricción de agua es la más adecuada para el diagnóstico; en ella se miden la producción de orina, las concentraciones de elec-

trolitos (sodio) en la sangre y el peso con regularidad durante un período de unas doce horas, durante el cual no se puede ingerir ninguna clase de bebida. El médico supervisa el estado de la persona durante el curso de la prueba. Una vez transcurridas las doce horas o antes, si la presión arterial disminuye, la frecuencia cardíaca aumenta o si la persona pierde más del 5% de su peso corporal, el médico interrumpe la prueba e inyecta la hormona antidiurética. El diagnóstico de diabetes insípida central se confirma si, en respuesta a la hormona antidiurética, la micción excesiva se detiene, la presión arterial aumenta y el corazón late normalmente. Se establece el diagnóstico de la diabetes insípida nefrógena si, después de la inyección, la micción excesiva persiste, la orina permanece diluida y la presión arterial y la frecuencia cardíaca no experimentan ningún cambio.

➤ Tratamiento

Se puede suministrar vasopresina o desmopresina, formas modificadas de la hormona antidiurética, mediante un aerosol nasal varias veces al día. La dosis debe ajustarse para mantener el equilibrio del agua del organismo y una producción normal de orina. Sin embargo, la administración excesiva de estos fármacos puede provocar retención de líquidos, hinchazón y otras alteraciones. Las personas con diabetes insípida que van a ser sometidas a una intervención quirúrgica o que estén inconscientes suelen recibir la hormona antidiurética por vía intravenosa.

A veces, la diabetes insípida se puede controlar con fármacos que estimulan la producción de hormona antidiurética, tales como la clorpropamida, la carbamazepina, el clofibrato y varios diuréticos (tiacidas). Es poco probable que estos fármacos consigan aliviar completamente los síntomas en los casos graves de diabetes insípida.

■ Acromegalia y gigantismo

La hiperproducción de la hormona del crecimiento da lugar a un crecimiento excesivo. En los niños, el trastorno se conoce como gigantismo; en los adultos, se denomina acromegalia.

La hormona del crecimiento estimula el crecimiento de los huesos, los músculos y muchos órganos internos. Por consiguiente, una cantidad excesiva de hormona del crecimiento produce un

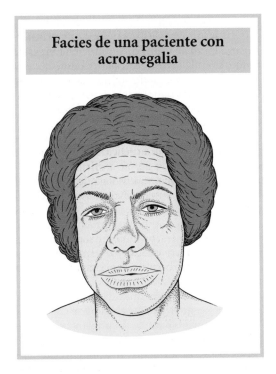

Facies de una paciente con acromegalia

aumento anómalo de todos estos tejidos. Un tumor hipofisario de naturaleza benigna (adenoma) es casi siempre la causa de una producción excesiva de la hormona del crecimiento. Ciertos tumores poco comunes del páncreas y de los pulmones también pueden producir hormonas que estimulan la producción hipofisaria de cantidades excesivas de hormona del crecimiento, con consecuencias similares.

➤ Síntomas

Si la producción excesiva de la hormona del crecimiento comienza antes del cierre de los cartílagos de crecimiento (esto es, en la infancia), la afección produce gigantismo. Los huesos largos crecen de modo exagerado. La persona suele llegar a alcanzar una estatura excesiva y los brazos y las piernas se alargan. Es muy probable también que exista un retraso en la aparición de la pubertad y que el desarrollo de los genitales sea incompleto.

En la mayoría de los casos, la producción excesiva de la hormona del crecimiento comienza en edades comprendidas entre los 30 y los 50 años, mucho después de que los cartílagos de crecimiento de los huesos se hayan cerrado. El aumento de la hormona del crecimiento en los adultos produce acromegalia, en la que los huesos se deforman en lugar de alargarse. Dado que estas alteraciones aparecen lentamente, suelen pasar inadvertidas durante años.

Los rasgos faciales de la persona se vuelven toscos, y las manos y los pies se agrandan. Esto condiciona que necesiten anillos, guantes, zapatos y sombreros más grandes. El crecimiento excesivo del hueso maxilar hace que la mandíbula se vuelva protuberante (prognatismo). El cartílago de la laringe puede hacerse más grueso y, en consecuencia, la voz será más profunda y ronca. Las costillas pueden aumentar de volumen dando al pecho una apariencia de barril. El dolor articular es un síntoma frecuente; al cabo de muchos años se puede producir una artritis degenerativa invalidante.

Tanto en el gigantismo como en la acromegalia, la lengua puede agrandarse también y volverse más rugosa. El vello corporal de tipo áspero, que típicamente se oscurece, aumenta a medida que la piel se hace más gruesa. Las glándulas sebáceas y sudoríparas de la piel aumentan de tamaño, produciendo una transpiración excesiva y, a menudo, el olor corporal se torna desagradable. Generalmente, el corazón se dilata y su función puede verse gravemente afectada e incluso producirse una insuficiencia cardíaca. En algunos casos se pueden percibir sensaciones extrañas y debilidad en los brazos y las piernas, debido a que los tejidos que han aumentado de volumen comprimen los nervios. Los nervios que transportan los mensajes desde los ojos hacia el cerebro pueden también estar comprimidos, lo que causará pérdida de visión, sobre todo en los campos visuales externos. La presión ejercida sobre el cerebro puede también causar dolores de cabeza muy intensos.

Casi todas las mujeres que padecen acromegalia tienen ciclos menstruales irregulares. Algunas mujeres producen leche aun cuando no están amamantando (galactorrea), debido a la excesiva cantidad de hormona del crecimiento o a un aumento relacionado de la prolactina. Aproximadamente un tercio de los hombres que padecen acromegalia desarrollan una disfunción eréctil (impotencia). Tienen también una mayor probabilidad de desarrollar una diabetes mellitus, una presión arterial alta (hipertensión), una insuficiencia cardíaca, una apnea del sueño y ciertos tumores que afectan de modo particular al intestino grueso y que pueden llegar a ser cancerosos. La esperanza de vida está reducida en las personas con acromegalia que no reciben tratamiento.

▶ Diagnóstico

En los niños, el rápido crecimiento puede parecer normal al principio. A la larga, sin embargo, se hacen evidentes las alteraciones de un crecimiento exagerado.

En los adultos, la acromegalia no suele diagnosticarse hasta que han transcurrido muchos años desde la aparición de los primeros síntomas, dado que las alteraciones inducidas por las altas concentraciones de la hormona del crecimiento se producen lentamente. Las fotografías consecutivas (aquellas tomadas en el curso de los años) pueden ayudar al médico para establecer el diagnóstico. Una radiografía del cráneo puede mostrar un robustecimiento de los huesos y un aumento de tamaño de los senos paranasales. Así mismo, las radiografías de las manos ponen de manifiesto el robustecimiento de los huesos debajo de las yemas y la inflamación de los tejidos alrededor de los huesos. Los niveles de azúcar y la presión arterial pueden ser elevados.

El diagnóstico se confirma mediante un análisis de sangre, que habitualmente muestra las elevadas concentraciones tanto de la hormona del crecimiento como del factor de crecimiento insulinosímil I (IGF-I). Debido a que la hormona del crecimiento se libera en forma de pulsos intermitentes y que sus valores suelen fluctuar de un modo exagerado aun en personas sin acromegalia, una sola determinación con niveles altos de la hormona del crecimiento en la sangre no es suficiente para establecer con precisión el diagnóstico. El médico debe administrar alguna sustancia que sea capaz de suprimir en condiciones normales los niveles de la hormona del crecimiento, generalmente una bebida con glucosa (la prueba oral de tolerancia a la glucosa) y comprobar que no se produce una supresión normal. No obstante, esta prueba no es necesaria cuando las características clínicas de la acromegalia resultan evidentes, la concentración del IGF-I es elevada o, al realizar un estudio por imágenes, se ha detectado la presencia de un tumor en la hipófisis.

Para detectar proliferaciones anormales en la hipófisis, se suele realizar una tomografía computarizada (TC) o una resonancia magnética nuclear (RMN). Dado que la acromegalia suele estar presente durante muchos años antes de ser diagnosticada, estas exploraciones permiten detectar la presencia del tumor en la mayoría de los casos.

▶ Tratamiento

No resulta fácil suprimir o reducir la excesiva producción de la hormona del crecimiento; por ello puede ser necesario utilizar una combinación de cirugía, radioterapia y tratamiento farmacológico.

La cirugía realizada por un cirujano especializado se considera, en la actualidad, el mejor tratamiento inicial para la mayoría de los casos de acromegalia causada por un tumor. Tiene como resultado la reducción inmediata del tamaño del tumor y de la producción de la hormona del crecimiento sin causar, en la mayoría de los casos, deficiencia en las otras hormonas hipofisarias. Desgraciadamente, los tumores suelen ser muy grandes en el momento del diagnóstico y la cirugía por sí sola no suele proporcionar una curación definitiva. La radioterapia se utiliza con frecuencia a modo de tratamiento complementario, sobre todo si todavía queda una parte considerable del tumor después de la cirugía y la acromegalia persiste.

La radioterapia implica el uso de irradiación con supervoltaje, que es menos traumática que la cirugía. Este tratamiento puede requerir el transcurso de varios años hasta que se alcance el efecto deseado; sin embargo, frecuentemente se manifiestan deficiencias tardías de otras hormonas hipofisarias, ya que a menudo se ven afectados también los tejidos normales. En la actualidad se investiga una radioterapia más directa, tal como la radiocirugía estereotáxica, para tratar de acelerar los resultados y preservar el tejido hipofisario normal.

También se pueden utilizar fármacos para disminuir las concentraciones de la hormona del crecimiento. A veces, la bromocriptina y otros agonistas de la dopamina pueden lograr algún beneficio. Sin embargo, los fármacos más eficaces son aquellos que constituyen formas de la somatostatina, la hormona que normalmente bloquea la producción y secreción de la hormona del crecimiento. Entre estos fármacos están el octreótido y sus nuevos análogos de acción prolongada, que sólo tienen que administrarse una vez al mes. Estos medicamentos son eficaces para controlar la acromegalia en muchas personas mientras continúen tomándolos (no tienen un efecto curativo). Su uso ha sido limitado debido a la necesidad de ser administrados por vía intravenosa y a su elevado coste. Esto puede cambiar cuando los fármacos logren tener una acción prolongada y sean más asequibles. Actualmente se están investigando nuevos fármacos que bloquean la hormona del crecimiento.

■ Galactorrea

La galactorrea se define como la producción de leche por las mamas en las mujeres que no están en período de lactancia o en los hombres.

En ambos sexos, la causa más frecuente de galactorrea es la presencia de un tumor en la glándula hipófisis que produce prolactina (prolactinoma). Por lo general, los prolactinomas son muy pequeños en el momento del diagnóstico; sin embargo, tienden a ser más grandes en los hombres que en las mujeres, probablemente porque en aquéllos se descubren más tarde. Los fármacos como las fenotiacinas, algunos fármacos administrados para tratar la hipertensión (sobre todo la metildopa), los opiáceos e incluso el regaliz estimulan la producción excesiva de prolactina y el desarrollo de una galactorrea. Hay otras causas de galactorrea que no implican concentraciones altas de prolactina, como una hipoactividad de la glándula tiroides (hipotiroidismo).

➤ Síntomas

Si bien la producción de leche puede ser el único síntoma de un prolactinoma, muchas mujeres sufren una interrupción de la menstruación (amenorrea) o tienen períodos menstruales menos frecuentes. A menudo, las mujeres con prolactinomas suelen padecer episodios de calor o sequedad vaginal que causa molestias durante las relaciones sexuales, debido al bajo nivel de estrógenos. Aproximadamente dos tercios de los hombres con prolactinomas pierden interés en el sexo (disminución de la libido) y tienen disfunción eréctil (impotencia). Un alto nivel de prolactina puede causar infertilidad tanto en los hombres como en las mujeres.

Un prolactinoma de gran tamaño puede comprimir los nervios del cerebro que están localizados justo por encima de la hipófisis, dando lugar a cefaleas o ceguera en algunos campos visuales específicos ● *(v. recuadro pág. 1565).*

➤ Diagnóstico

Generalmente se sospecha el diagnóstico en las mujeres que padecen alteración o interrupción de los períodos menstruales, o bien cuando producen leche de forma inesperada. También se sospecha en los hombres con disminución de la libido y una reducción en las concentraciones de testosterona sanguínea, que a su vez dan lugar a la producción de leche. El diagnóstico se confirma mediante la detección de un alto nivel de prolactina en la sangre. Para la identificación del prolactinoma se realiza una tomografía computarizada (TC) o una resonancia magnética nuclear (RMN). Si no se encuentra un tumor en la hipófisis y no existe otra causa aparente del nivel elevado de prolactina (como puede ser un fármaco), es aún más probable (especialmente en las mujeres) que la causa sea un tumor hipofisario tan pequeño que no puede detectarse en la exploración.

Si el prolactinoma identificado en las pruebas de imagen es muy grande, un oftalmólogo debe examinar los campos visuales de la persona afectada en busca de posibles efectos sobre su visión.

➤ Tratamiento

Pueden administrarse fármacos para estimular la dopamina, que es la sustancia química cerebral que bloquea la producción de prolactina. Entre éstos están la bromocriptina y la cabergolina. Estos fármacos se administran por vía oral y son eficaces sólo mientras se estén utilizando; raras veces logran curar el tumor. En la mayoría de la gente son capaces de disminuir los niveles de prolactina lo suficiente como para restablecer los períodos menstruales (en las mujeres), interrumpir la galactorrea y aumentar los niveles de estrógenos, y los de testosterona en los hombres, y también pueden, a menudo, restaurar la fertilidad. Por lo general, también son capaces de disminuir el tamaño del tumor y mejorar cualquier trastorno de visión. La cirugía es también muy eficaz en el tratamiento de los prolactinomas de pequeño tamaño, pero no suele utilizarse de entrada, ya que el tratamiento farmacológico es seguro, efectivo y fácil de usar.

Cuando la concentración de prolactina no es demasiado alta y la exploración con una TC o una RMN muestra únicamente un pequeño prolactinoma o ninguno, el médico puede no recomendar tratamiento alguno. Esto es probablemente lo más apropiado en el caso de mujeres que no tienen problemas para quedarse embarazadas como resultado del nivel elevado de prolactina, aquellas cuya menstruación es regular y quienes no padecen los trastornos causados por la galactorrea, así como en los hombres cuyo nivel de testosterona no es muy bajo. Los niveles reducidos de estrógenos suelen ir acompañados de amenorrea y aumentan el riesgo de osteoporosis en las mujeres. Los bajos niveles de testosterona originados por un prolactinoma en los hombres aumentan el riesgo de osteoporosis.

Para contrarrestar los efectos de los bajos niveles de estrógenos causados por un prolactinoma, pueden administrarse estrógenos o anticonceptivos orales que contienen estrógenos a las mujeres con prolactinomas pequeños que no desean quedar embarazadas. Aunque no se ha demostrado que el tratamiento con estrógenos estimule el crecimiento de pequeños prolactinomas, la mayoría de los expertos recomiendan realizar una TC o una RMN cada año o al menos cada dos años para asegurarse de que el tumor no esté creciendo de manera significativa.

El médico suele tratar a las personas que presentan tumores de gran tamaño con fármacos agonistas que contienen dopamina (por ejemplo, bromocriptina o pergolida) o mediante una intervención quirúrgica. Si los agonistas de la dopamina disminuyen la concentración de prolactina y los síntomas desaparecen, la cirugía puede no ser necesaria. Aun cuando se requiera un tratamiento quirúrgico, la administración de dopamina antes de la intervención puede contribuir a reducir el tamaño del tumor. Este fármaco suele ser administrado después de realizarse la cirugía, debido a que es poco probable que un tumor grande que secrete prolactina se cure con la intervención.

A veces se requiere radioterapia, al igual que para otros tumores hipofisarios, cuando el tumor no responde al tratamiento médico o quirúrgico.

■ Síndrome de la silla turca vacía

En el síndrome de la silla turca vacía, la silla turca (estructura ósea localizada en la base del cerebro que aloja la glándula hipófisis) aumenta de tamaño, pero la hipófisis permanece normal o disminuye.

Las personas con síndrome de la silla turca vacía tienen un defecto en la barrera de tejido que normalmente mantiene el líquido cefalorraquídeo alrededor del cerebro separado de la silla turca. Como resultado, el líquido cefalorraquídeo ejerce una gran presión sobre la hipófisis y en las paredes de la silla turca. La silla turca puede aumentar de tamaño y la glándula hipófisis puede reducirse.

El síndrome de la silla vacía se produce con mayor frecuencia en las mujeres de edad media que padecen sobrepeso e hipertensión. Con menor frecuencia, el trastorno aparece tras una intervención quirúrgica sobre la hipófisis, la radioterapia o un infarto (muerte) de un tumor hipofisario.

El síndrome de la silla turca vacía puede no producir síntoma alguno y rara vez da lugar a síntomas graves. Aproximadamente la mitad de las personas afectadas experimentan cefaleas y algunas de ellas también pueden padecer hipertensión arterial. En raras ocasiones, se produce una extravasación del líquido cefalorraquídeo a través de la nariz, o problemas con la visión.

El síndrome de la silla vacía puede diagnosticarse mediante la realización de una tomografía computarizada (TC) o una resonancia magnética nuclear (RMN). La función hipofisaria debe evaluarse para descartar un exceso o una deficiencia hormonal, pero casi siempre es normal.

El tratamiento está indicado sólo en caso de que exista una producción excesiva o reducida de las hormonas hipofisarias, pero rara vez es necesario.

CAPÍTULO 163

Trastornos de la glándula tiroides

El tiroides es una pequeña glándula que mide alrededor de cinco centímetros de diámetro, situada en el cuello bajo la piel, debajo de la nuez. Las dos mitades (lóbulos) de la glándula tiroides están conectadas en su parte central (istmo), dando a la glándula el aspecto de una pajarita. Normalmente, la glándula tiroides no puede verse y apenas se nota. Sólo cuando aumenta de tamaño (bocio) puede palparse fácilmente como un abultamiento prominente que aparece debajo o a los lados de la nuez.

La glándula tiroides secreta las hormonas tiroideas, que controlan la velocidad a la cual se realizan las funciones químicas del organismo (índice metabólico). Las hormonas tiroideas influyen en el índice metabólico de dos maneras: estimulando casi todos los tejidos del organismo para que produzcan proteínas y aumentando la cantidad de oxígeno utilizado por las células. Las hormonas tiroideas influyen sobre muchas funciones corporales vitales como la frecuencia cardíaca, la respiratoria, el índice de consumo de calorías, el mantenimiento de la piel, el crecimiento, la producción de calor, la fertilidad y la digestión.

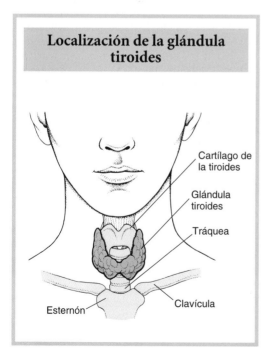

Localización de la glándula tiroides

Cartílago de la tiroides

Glándula tiroides

Tráquea

Esternón

Clavícula

Las dos hormonas tiroideas son T_4 (tiroxina) y T_3 (triyodotironina). La T_4, que es la principal hormona producida por la glándula tiroides, sólo tiene un efecto ligero en la velocidad de los procesos metabólicos del organismo. En cambio, la T_4 se convierte en T_3, la forma hormonal más activa. La conversión de la T_4 en T_3 se produce en el hígado y en otros tejidos. Son muchos los factores que controlan la conversión de la T_4 en T_3, entre los que están las necesidades del organismo en cada momento y la presencia o ausencia de otras enfermedades.

Para producir hormonas tiroideas se precisa yodo, un elemento que se encuentra en los alimentos y en el agua. La glándula tiroides concentra el yodo y lo procesa en hormonas tiroideas. A medida que las hormonas tiroideas se utilizan, una pequeña cantidad del yodo contenido en las hormonas se libera, vuelve a la glándula tiroides y se recicla para producir más hormonas. En concreto, la glándula tiroides libera una cantidad ligeramente menor de hormonas tiroideas si se expone a altas concentraciones de yodo en la sangre que recibe.

El organismo se sirve de un mecanismo complejo para ajustar la concentración de hormonas tiroideas. En primer lugar, el hipotálamo, ubicado en el cerebro justo encima de la glándula hipófisis, secreta la hormona liberadora de tirotropina, que hace que la glándula hipófisis produzca la hormona estimulante de la tiroides (TSH). Tal como su nombre indica, la TSH estimula la glándula tiroides para que produzca hormonas tiroideas. La hipófisis retarda o acelera la liberación de TSH, dependiendo de si aumentan o disminuyen las concentraciones de hormonas tiroideas que circulan en la sangre.

La glándula tiroides también produce la hormona calcitonina, que puede contribuir al fortalecimiento de los huesos favoreciendo la incorporación del calcio en ellos.

➤ Pruebas diagnósticas

Para determinar la eficiencia del funcionamiento de la glándula tiroides, se utilizan varias pruebas de laboratorio. Por lo general, el mejor examen de la función tiroidea y el primero que se hace es la medida del nivel de la TSH en la sangre. Puesto

Síndrome del enfermo eutiroideo

En el síndrome del enfermo eutiroideo, los resultados de las pruebas tiroideas son anormales a pesar de que la glándula tiroides esté funcionando normalmente.

Generalmente, el síndrome del enfermo eutiroideo se presenta en los individuos con una enfermedad grave distinta de la que afecta al tiroides. Cuando los sujetos están enfermos o desnutridos o han sido sometidos a una intervención quirúrgica, la hormona tiroidea T_4, por lo general, no se convierte en hormona activa T_3. Se acumulan grandes cantidades de T_3 inversa, una forma inactiva de la hormona tiroidea. A pesar de esta conversión anómala, la glándula tiroides sigue funcionando y controlando el índice metabólico del organismo de forma normal. Puesto que no es un problema de la glándula tiroides, el tratamiento no es necesario. Las pruebas de laboratorio muestran resultados normales una vez que se resuelve la enfermedad subyacente.

que esta hormona estimula la hormona tiroidea, las concentraciones de TSH en la sangre son elevadas cuando la glándula tiroides es poco activa (y, por lo tanto, necesita un estímulo mayor), y bajas cuando es hiperactiva (y, por lo tanto, requiere menor estímulo). Sin embargo, en aquellos casos poco comunes en que la glándula hipófisis no funciona normalmente, la concentración de la TSH no refleja con precisión la función de la glándula tiroides.

El médico también puede medir la concentración de las hormonas tiroideas en la sangre. En algunos casos, la concentración de una proteína llamada tiroglobulina también se mide porque se une a las hormonas tiroideas en la sangre. Niveles alterados de esta proteína pueden conducir a una mala interpretación de los niveles totales de hormonas tiroideas, pero no afectarán a los niveles de hormonas que no estén unidas a ella o se encuentren libres en la sangre, que son las formas efectivas. La concentración de tiroglobulina es menor en las personas con enfermedad renal o que toman esteroides anabólicos. El nivel es más alto en mujeres embarazadas o que toman anticonceptivos orales u otras formas de estrógenos, así como en las personas con hepatitis en sus primeras etapas.

Si el médico detecta uno o más crecimientos (nódulos) en la glándula tiroides, puede solicitar que se realice algún procedimiento exploratorio. La ecografía utiliza ultrasonidos para medir el tamaño de la glándula y para determinar si el abultamiento es sólido o si está lleno de líquido (quístico). La gammagrafía de tiroides utiliza yodo radiactivo o tecnecio y un dispositivo para reproducir una imagen que muestre cualquier alteración física. La gammagrafía tiroidea ayuda a determinar si una zona de la glándula funciona de manera normal, o si es hiper o hipoactiva, comparada con el resto de la glándula.

Pueden ser necesarias algunas pruebas adicionales en aquellos casos poco comunes en los que el médico no pueda establecer si el problema radica en el tiroides o en la hipófisis. Una de estas pruebas consiste en inyectar hormona liberadora de tirotropina por vía intravenosa y luego medir el nivel de la TSH en la sangre para determinar la respuesta de la glándula hipófisis. En caso de que existan sospechas de cáncer en la glándula tiroides se realiza una biopsia. Cuando se sospecha que existe un carcinoma medular del tiroides, los niveles de calcitonina deben verificarse, porque estos cánceres siempre secretan calcitonina.

■ Hipertiroidismo

El hipertiroidismo es la hiperactividad de la glándula tiroidea, que influye en el aumento de las concentraciones de hormonas tiroideas y aumenta la velocidad de las funciones vitales del organismo.

El hipertiroidismo, que afecta (en los países desarrollados) aproximadamente al 1% de la población, puede presentarse a cualquier edad pero es más frecuente en las mujeres durante la menopausia y después del parto.

➤ Causas

El hipertiroidismo tiene varias causas, como pueden ser la enfermedad de Graves, la tiroiditis, la inflamación producida por sustancias tóxicas o la exposición a la radiación, los nódulos tóxicos y el sobreestímulo por una hiperactividad de la glándula hipófisis.

La **enfermedad de Graves**, la causa más frecuente de hipertiroidismo, es un trastorno autoinmune causado, en general, por la existencia en la sangre de una proteína anormal (anticuerpo) que estimula la glándula tiroides para que produzca y secrete una cantidad excesiva

Bocio: glándula tiroides agrandada

Tiroides normal

Bocio

Cartílago tiroideo

Tiroides

Tráquea

de hormonas tiroideas. El hipertiroidismo es, a menudo, hereditario, especialmente en las mujeres, y casi siempre lleva a un aumento difuso de la tiroides. La enfermedad puede entrar en remisión espontánea y es posible que se requiera tratamiento sólo durante la fase hipertiroidea.

La **tiroiditis** es una inflamación de la glándula tiroidea. En la tiroiditis subaguda dolorosa, la tiroiditis subaguda indolora y, con menor frecuencia, en la tiroiditis de Hashimoto el hipertiroidismo se produce porque la glándula inflamada libera la hormona almacenada. Como consecuencia, suele aparecer hipotiroidismo porque se agotan las concentraciones de las hormonas almacenadas. Al final, la glándula suele recuperar su normal funcionamiento.

La **inflamación producida por sustancias tóxicas** o **exposición a la radiación**, al igual que los tres principales tipos de tiroiditis, también puede ser causa de hipertiroidismo.

Un **nódulo tóxico del tiroides** (adenoma) es una zona de crecimiento local anormal de tejido dentro de la glándula. Este tejido anormal produce la hormona tiroidea incluso sin el estímulo de la hormona estimulante de la tiroides. De este modo, un nódulo elude los mecanismos que normalmente controlan la glándula tiroides y produce hormona tiroidea en grandes cantidades. El

bocio tóxico multinodular (conocido como enfermedad de Plummer), un trastorno en el que hay muchos nódulos, es poco frecuente en los adolescentes y adultos jóvenes y el riesgo de padecerlo tiende a aumentar con la edad.

Una **glándula hipófisis hiperfuncionante** puede producir demasiada hormona estimulante del tiroides, lo que a su vez lleva a la producción excesiva de hormonas tiroideas. Sin embargo, ésta es una causa muy poco frecuente de hipertiroidismo.

➤ Síntomas

La mayoría de las personas con hipertiroidismo tienen un tiroides aumentado de tamaño (bocio). La glándula entera puede aumentar de tamaño o pueden aparecer nódulos en zonas determinadas. La glándula puede volverse sensible y dolorosa.

Los síntomas del hipertiroidismo, con independencia de la causa, reflejan un incremento en la velocidad de las funciones orgánicas: la frecuencia cardíaca y la presión arterial aumentan, existe una alteración del ritmo cardíaco (arritmias), sudoración excesiva, temblor de manos (sacudidas), nerviosismo y ansiedad, dificultad para conciliar el sueño (insomnio), pérdida de peso a pesar del aumento de apetito, aumento del nivel de actividad a pesar del cansancio y debilidad y deposiciones frecuentes, a veces con diarrea. Las personas mayores con hipertiroidismo pueden no presentar estos síntomas característicos pero tienen lo que a veces se denomina hipertiroidismo apático u oculto, que hace que estén débiles, somnolientas, confusas, retraídas y deprimidas. El hipertiroidismo también provoca alteraciones oculares. Una persona con hipertiroidismo puede tener la mirada fija.

Si la causa de hipertiroidismo es la enfermedad de Graves, los síntomas de los ojos incluyen hinchazón alrededor de los ojos, aumento del lagrimeo, irritación y una sensibilidad excepcional a la luz. Pueden aparecer dos síntomas distintivos adicionales: ojos abultados (exoftalmos) ● *(v. pág. 1567)* y visión doble (diplopía). Los ojos se vuelven saltones debido a una sustancia que se acumula en las órbitas, detrás de los ojos. Los músculos que mueven los ojos dejan de funcionar adecuadamente, por lo que resulta difícil o imposible mover los ojos normalmente o coordinar sus movimientos, y esto produce la visión doble. Los ojos están expuestos a lesiones causadas por cuerpos extraños y a la sequedad porque los párpados no se cierran por completo. Estas alteraciones en los ojos pueden aparecer antes de que lo haga cualquier otro síntoma de hipertiroidismo, constituyendo un indicador precoz de la enfermedad de Graves, pero habitualmente aparecen cuando ya están presentes otros síntomas de hipertiroidismo. Los síntomas oculares pueden manifestarse o agravarse incluso después de que se haya tratado y controlado la secreción excesiva de la hormona tiroidea.

Cuando la enfermedad de Graves afecta a los ojos, también puede acumularse en la piel (por lo general, en la parte anterior de la pierna) una sustancia similar a la que se concentra detrás de los ojos. La zona afectada puede estar enrojecida y picar y, al presionarla con el dedo, se nota dura. Del mismo modo que ocurre con los depósitos de detrás de los ojos, este problema puede empezar antes o después de que aparezcan los otros síntomas de hipertiroidismo.

➤ Diagnóstico

El hipertiroidismo se suele sospechar basándose en los síntomas. Los análisis de sangre se utilizan para confirmar el diagnóstico. A menudo, las pruebas empiezan con la medición de la hormona estimulante de la tiroides (TSH). Si la glándula es hiperactiva, la concentración de la TSH es baja. Sin embargo, en casos poco comunes en que la glándula hipófisis es hiperactiva, la concentración de la TSH es normal o alta. Si la concentración de la TSH en el suero es baja, se miden las concentraciones de hormonas tiroideas en la sangre. Si existe la duda de que la enfermedad de Graves sea la causa, se procede a analizar una muestra de sangre para confirmar la presencia de anticuerpos antitiroideos. Pueden medirse anticuerpos más específicos, pero es raro que esta prueba sea necesaria.

Si se sospecha que la causa es un nódulo tiroideo tóxico, se puede realizar una gammagrafía de tiroides, que mostrará si el nódulo es hiperactivo, es decir, si está produciendo una cantidad excesiva de hormonas. Este procedimiento también puede ser de gran ayuda para diagnosticar la enfermedad de Graves. En una persona con la enfermedad de Graves, dicha técnica muestra que toda la glándula es hiperactiva, y no sólo una zona en concreto. En la tiroiditis, este procedimiento exploratorio muestra que la glándula es hipoactiva.

➤ Pronóstico y tratamiento

El tratamiento del hipertiroidismo depende de su causa. En la mayoría de los casos, el problema que origina el hipertiroidismo puede resolverse o pueden eliminarse o disminuir significativamente los síntomas. Sin embargo, si no se trata, el hipertiroidismo puede producir una carga excesiva sobre el corazón y muchos otros órganos.

Los fármacos betabloqueantes, como el propranolol, ayudan a controlar algunos de los síntomas del hipertiroidismo. Estos fármacos pueden disminuir la frecuencia cardíaca acelerada, reducir los temblores y controlar la ansiedad. Por consiguiente, los betabloqueantes son muy útiles, particularmente para las personas con hipertiroidismo extremo y con síntomas molestos o peligrosos y que, además, no han respondido a un tratamiento diferente. Sin embargo, los betabloqueantes no controlan el funcionamiento anormal de la glándula tiroides. Por lo tanto, se prescriben hasta que otros tratamientos normalicen los niveles de producción de hormonas.

El propiltiouracilo y el metimazol son los fármacos más utilizados para el tratamiento del hipertiroidismo. Actúan disminuyendo la producción de hormona tiroidea de la glándula. Cada fármaco se administra por vía oral, comenzando con dosis elevadas que más tarde se ajustan de

FÁRMACOS UTILIZADOS PARA TRATAR EL HIPERTIROIDISMO

TIPO	FÁRMACO	EFECTOS ADVERSOS SELECCIONADOS	COMENTARIOS
Tionamidas			
	Carbimazol Metimazol Propiltiouracilo	Reacciones alérgicas (por lo general, cutáneas), náuseas, pérdida del gusto, infecciones (no comunes) debido a un bajo recuento de los glóbulos blancos, disfunción del hígado	Disminuye la producción de la hormona tiroidea
Elementos no metálicos			
	Yodo	Erupción cutánea	Disminuye la producción y liberación de la hormona tiroidea
Isótopo radiactivo			
	Yodo radiactivo	Causa hipotiroidismo	Destruye la glándula tiroides
Betabloqueantes			
	Atenolol Metoprolol Propranolol	En las personas con enfermedades repiratorias pueden causar sibilancias. Pueden empeorar enfermedades vasculares periféricas y causar depresión. Pueden reducir la presión arterial (hipotensión)	Bloquean muchos de los efectos estimulantes por exceso de hormona tiroidea de otros órganos

acuerdo con los resultados del análisis de sangre. Por lo general, estos fármacos pueden controlar la función del tiroides en un plazo de entre 6 y 12 semanas. Dosis más altas de estos fármacos pueden controlarla más rápidamente pero aumentan el riesgo de que aparezcan efectos adversos. Las mujeres embarazadas que toman el propiltiouracilo o el metimazol deben ser vigiladas estrechamente, ya que estos fármacos atraviesan la placenta y pueden producir bocio o hipotiroidismo en el feto. El carbimazol, un fármaco muy utilizado en Europa, se convierte en metimazol cuando entra en el organismo.

El yodo, administrado por vía oral, se utiliza a veces para el tratamiento del hipertiroidismo. Se reserva para aquellos individuos que necesitan un tratamiento rápido. También puede utilizarse para controlar el hipertiroidismo hasta que la persona pueda ser sometida a cirugía para extirpar la tiroides. No se usa a largo plazo.

El yodo radiactivo, administrado por vía oral, también es una alternativa para destruir en parte la glándula tiroides. En conjunto, se absorbe una mínima cantidad de radiactividad por el organismo; la mayor parte la recibe la glándula tiroides porque capta el yodo y lo concentra. Es raro que sea necesaria la hospitalización. Después del tratamiento, la persona debe evitar estar cerca de los bebés y niños pequeños durante un período de 2 a 4 días. No se requieren precauciones especiales en el sitio de trabajo. No se requieren precauciones especiales para dormir con la pareja. Debe evitarse un embarazo en un período de seis meses aproximadamente.

Algunos médicos tratan de ajustar la dosis de yodo radiactivo de tal manera que sólo se destruya una mínima parte de la glándula tiroides, para lograr así que su producción hormonal recobre la normalidad sin que sus funciones se vean afectadas considerablemente; otros utilizan una dosis mayor para eliminar completamente el tiroides. En la mayoría de casos, las personas que se someten a este tratamiento deben tomar suplementos de hormona tiroidea de por vida ● (v. pág. 1141). Nunca se ha podido confirmar su posible efecto cancerígeno. El yodo radiactivo no debe administrarse a mujeres embarazadas o en la lactancia, ya que atraviesa la placenta y penetra en la leche por lo que puede destruir la glándula tiroides del feto o del lactante.

La extirpación quirúrgica de la glándula tiroides, denominada tiroidectomía, es un tratamiento alternativo en los sujetos jóvenes con hipertiroidismo. También la cirugía es una opción en

Tormenta tiroidea

La tormenta tiroidea, que es la hiperactividad repentina y extrema de la glándula tiroides, es una urgencia potencialmente mortal. Todas las funciones del cuerpo alcanzan niveles peligrosamente altos de forma acelerada. Una fuerte sobrecarga del corazón puede producir latidos cardíacos irregulares con riesgo letal (arritmia), un pulso extremadamente acelerado y shock. La tormenta tiroidea también puede producir fiebre, debilidad extrema y pérdida de la fuerza muscular, inquietud, cambios de humor, confusión, alteraciones de la conciencia (incluso coma) y un aumento de tamaño del hígado, con ictericia moderada (una alteración de la coloración de la piel y del blanco de los ojos por la que se vuelven amarillentos).

La tormenta tiroidea suele estar provocada por un hipertiroidismo que no recibió tratamiento o que fue tratado inadecuadamente, y puede desencadenarse por una infección, un traumatismo, una intervención quirúrgica, una diabetes mal controlada, un embarazo o parto, una interrupción en la administración de fármacos u otras formas de tensión emocional (estrés). Es raro que este trastorno aparezca en los niños.

los individuos con bocio muy grande, al igual que en los alérgicos a los fármacos o en los que presentan efectos adversos graves con los medicamentos utilizados para tratar el hipertiroidismo. El hipertiroidismo se controla de forma permanente en más del 90% de los individuos que han elegido esta opción. A menudo, después de la cirugía se produce hipotiroidismo, por lo que se debe tomar hormona tiroidea de por vida. Las complicaciones son poco habituales e incluyen parálisis de las cuerdas vocales y lesiones de las glándulas paratiroides (las glándulas minúsculas localizadas detrás de la glándula tiroides y que ejercen el control sobre la concentración de calcio en la sangre).

Las personas con enfermedad de Graves pueden necesitar un tratamiento adicional para los síntomas oculares y dermatológicos. Los síntomas oculares pueden mejorar elevando la cabecera de la cama, mediante la aplicación de colirios oftálmicos; durmiendo con los párpados vendados y, algunas veces, con la administración de diuréticos (que aceleran la excreción de líquidos). La visión doble puede corregirse con la utilización de lentes especiales. Finalmente, puede recurrirse a los corticosteroides por vía oral, a la radioterapia en las órbitas o a la cirugía en el caso de afectación grave de los ojos. Las cremas con corticosteroides o los ungüentos pueden calmar el picor y atenuar la dureza de la piel. A menudo, el problema desaparece sin tratamiento, después de varios meses o años.

■ Hipotiroidismo

El hipotiroidismo es una hipoactividad de la glándula tiroides, que lleva a la producción inadecuada de hormona tiroidea y a una reducción en el ritmo de las funciones vitales del organismo.

El hipotiroidismo es frecuente, sobre todo, en las personas mayores, y especialmente en las mujeres. Afecta al 10% de las mujeres mayores, aproximadamente. Sin embargo, puede aparecer a cualquier edad. El hipotiroidismo muy grave se denomina mixedema.

➤ Causas

El hipotiroidismo tiene varias causas. La causa más frecuente es la tiroiditis de Hashimoto ● *(v. pág. 1141).* Con la destrucción gradual del tiroides aparece hipotiroidismo.

La tiroiditis subaguda indolora y la tiroiditis subaguda dolorosa pueden causar hipotiroidismo temporal. El hipotiroidismo es temporal si no hay destrucción de la glándula tiroides.

El hipotiroidismo puede desarrollarse debido a la falta total de producción de la hormona tiroidea a causa de la administración de yodo radiactivo o de la extirpación quirúrgica de la glándula tiroides, ambos procedimientos utilizados para el tratamiento del hipertiroidismo y del cáncer de tiroides.

La causa más frecuente de hipotiroidismo en muchos países en vías de desarrollo es el déficit crónico de yodo en la dieta.

Sin embargo, esto es poco frecuente en los países desarrollados, debido a que el yodo se añade en la sal de mesa. El yodo se utiliza también para esterilizar las ubres del ganado vacuno, por lo que se encuentra presente en los productos lácteos. Las causas poco frecuentes de hipotiroidismo incluyen algunos trastornos hereditarios en los que una anomalía de las enzimas de las células del tiroides no permite que la glándula produzca o secrete suficientes hormonas tiroideas. En otros trastornos poco comunes, el hipotálamo o la glándula hipófisis dejan de secretar suficiente hormona estimulante del tiroides, necesaria para la estimulación normal de la glándula.

➤ Síntomas

La insuficiencia de hormona tiroidea provoca una ralentización general de las funciones del organismo. Los síntomas iniciales son sutiles y progresan de forma gradual. Pueden confundirse con los síntomas de una depresión, sobre todo en las personas mayores. Las expresiones faciales se vuelven toscas, la voz ronca y la dicción lenta; los párpados se caen, los ojos y la cara se hinchan. Muchos individuos con hipotiroidismo aumentan de peso, tienen estreñimiento y no toleran las bajas temperaturas. El cabello se vuelve ralo, áspero y seco, y la piel áspera, gruesa, seca y escamosa. Algunas personas presentan el síndrome del túnel carpiano, con hormigueo o dolor en las manos ● *(v. pág. 480)*. El pulso se vuelve más lento, las palmas de las manos y las plantas de los pies adquieren un color ligeramente anaranjado (carotenemia) y el vello de las cejas se cae lentamente. Algunas personas, sobre todo las mayores, están confusas, se vuelven olvidadizas o muestran signos de demencia que pueden confundirse fácilmente con la enfermedad de Alzheimer u otras formas de demencia.

Sin tratamiento, el hipotiroidismo puede al final dar lugar a anemia, a un descenso de la temperatura corporal e insuficiencia cardíaca. Esta situación puede progresar produciendo confusión, estupor o coma (coma mixedematoso), una complicación de riesgo vital en la que la respiración se hace lenta, aparecen convulsiones y disminuye el flujo sanguíneo cerebral. En una persona con hipotiroidismo, el coma mixedematoso puede desencadenarse por un estrés físico, por la exposición a bajas temperaturas o por una infección, lesión, cirugía y exposición a fármacos como los sedantes que deprimen las funciones cerebrales.

➤ Diagnóstico

Por lo general, el hipotiroidismo puede diagnosticarse mediante un análisis sencillo de sangre en el que se mide la hormona estimulante de la glándula tiroidea. Muchos expertos sugieren que esta prueba debe ser realizada por lo menos cada año en personas de más de 55 años, dado que el hipotiroidismo es muy frecuente entre las personas mayores, aunque es muy difícil de distinguir, en sus fases moderadas, de otros trastornos que afectan a las personas de esta edad.

En los casos poco comunes de hipotiroidismo por secreción inadecuada de la hormona estimulante del tiroides, se hace necesario efectuar un segundo examen de sangre para medir la concentración de la hormona tiroidea T_4 que no esté ligada a la proteína (libre). Un valor bajo confirma el diagnóstico de hipotiroidismo.

➤ Tratamiento

El tratamiento implica la sustitución de la hormona tiroidea escogiendo una de varias preparaciones orales. La T_4 sintética es la forma preferida para dicha sustitución hormonal. Otra forma es la hormona tiroidea desecada (seca), que se puede obtener de las glándulas tiroideas de los animales. Sin embargo, la hormona desecada es menos efectiva que la T_4 sintética, puesto que puede variar el contenido de hormonas tiroideas presente en cada comprimido. En caso de urgencia, como ocurre en el coma mixedematoso, el médico puede administrar T_4 sintética o T_3, o ambas, por vía intravenosa.

El tratamiento comienza con pequeñas dosis de hormona tiroidea, ya que una dosis demasiado alta, aunque necesaria, puede producir reacciones adversas graves. La dosis inicial y la tasa de aumento son especialmente pequeñas en las personas mayores, que tienen a menudo un mayor riesgo de presentar reacciones adversas. La dosis se aumenta gradualmente hasta que las concentraciones de la hormona estimulante del tiroides en la sangre del afectado vuelvan a normalizarse. Durante el embarazo puede ser necesario ajustar estas dosis.

■ Tiroiditis

La tiroiditis es una inflamación de la glándula tiroides.

Los tres tipos de tiroiditis son la tiroiditis de Hashimoto (tiroiditis autoinmune), la tiroiditis subaguda dolorosa (tiroiditis granulomatosa) y la tiroiditis subaguda indolora (tiroiditis linfocítica silente, tiroiditis posparto).

Tiroiditis de Hashimoto: esta tiroiditis autoinmune es el tipo más frecuente y la causa más común de hipotiroidismo. Por razones desconocidas, el organismo se vuelve contra sí mismo (una reacción autoinmune) ● *(v. pág. 1283);* la glándula tiroides es invadida por glóbulos blancos y se crean anticuerpos que la atacan. Algunos individuos con tiroiditis de Hashimoto presentan otros trastornos endocrinos como diabetes, una insuficiencia de las glándulas suprarrenales o paratiroides u otras enfermedades autoinmunes tales como anemia perniciosa, artritis reumatoide, síndrome de Sjögren o lupus eritematoso sistémico.

La tiroiditis de Hashimoto es más frecuente entre las mujeres, especialmente mayores, y tiene tendencia familiar. La afección se produce más frecuentemente entre las personas con ciertas anormalidades cromosómicas, como los síndromes de Down, Turner y Klinefelter.

La tiroiditis de Hashimoto comienza a menudo con un aumento firme e indoloro del tamaño de la glándula tiroides o con una sensación de masa en el cuello. La glándula, por lo general, tiene una textura gomosa y, a veces, parece nodular. Aproximadamente el 50 % de las personas con tiroiditis de Hashimoto pueden llegar a presentar hipotiroidismo. En la mayor parte del resto, el tiroides se mantiene normal. En muy pocas personas, la glándula inicialmente se vuelve hiperactiva, para después hacerse hipoactiva.

Para determinar si la glándula funciona normalmente se realiza un análisis de función tiroidea en la sangre. Sin embargo, el diagnóstico se basa en la exploración física y en los resultados de los análisis de sangre para determinar si la persona tiene anticuerpos antitiroideos, que atacan la glándula tiroides. Se mide la concentración de la hormona estimulante del tiroides (TSH) para asegurarse de que no existe hipotiroidismo.

No existe un tratamiento específico para la tiroiditis de Hashimoto.

Los individuos, en su mayoría, desarrollan a la larga hipotiroidismo, por lo que requieren un tratamiento de sustitución con hormona tiroidea de por vida. La hormona tiroidea se puede utilizar también para disminuir el aumento de tamaño de la glándula tiroides. Las personas con tiroiditis de Hashimoto deben evitar el exceso de yodo (que puede causar hipotiroidismo) mediante fuentes naturales, como los comprimidos de kelp y las algas marinas.

Tiroiditis subaguda dolorosa: la tiroiditis subaguda dolorosa, que probablemente esté causada por un virus, comienza, por lo general, de forma repentina. En este trastorno, la inflamación hace que la glándula tiroides libere cantidades excesivas de hormonas tiroideas, lo que origina un hipertiroidismo, casi siempre seguido de un hipotiroidismo transitorio y, finalmente, de la normalización de las funciones tiroideas.

La tiroiditis granulomatosa subaguda a menudo aparece después de una viriasis y comienza con lo que muchos llaman una irritación de la garganta, pero que en realidad se trata de un dolor en el cuello, localizado a la altura del tiroides. Es frecuente que la persona con tiroiditis granulomatosa subaguda se sienta muy cansada. La glándula tiroides se vuelve extremadamente sensible y la persona, por lo general, presenta fiebre baja (entre 37,2 y 38,2 °C). El dolor puede pasar de un lado del cuello al otro, llegar a la mandíbula y a los oídos y hacerse más fuerte cuando se gira la cabeza o en el momento de la deglución. La tiroiditis granulomatosa subaguda se confunde al inicio con un problema dental o con una infección de la garganta o del oído.

La mayoría de los individuos se recuperan por completo de este tipo de tiroiditis. La dolencia desaparece por sí sola de forma espontánea en unos meses, pero a veces produce recaídas o, en raras ocasiones, un daño suficiente en el tiroides como para provocar un hipotiroidismo permanente.

El ácido acetilsalicílico y otros fármacos antiinflamatorios no esteroideos (AINE) producen el alivio del dolor y de la inflamación. En casos graves, el médico puede recomendar corticosteroides, como la prednisona, que deben disminuirse en un plazo de 6 a 8 semanas. Cuando los corticosteroides se interrumpen bruscamente o demasiado pronto, los síntomas suelen reaparecer con mucha más intensidad. Se puede recomendar un betabloqueante cuando los síntomas del hipertiroidismo son graves.

La tiroiditis subaguda indolora: la tiroiditis subaguda indolora se presenta con mayor frecuencia en las mujeres, a menudo justo después del parto, y hace que el tiroides aumente de tamaño sin que se vuelva doloroso. El trastorno se repite después con cada embarazo. Durante un período que oscila entre varias semanas y varios meses, la mujer afectada presenta hipertiroidismo, seguido de hipotiroidismo, antes de recuperar finalmente el funcionamiento normal de la tiroides.

El hipertiroidismo puede requerir tratamiento durante algunas semanas, a menudo con un betabloqueante, como el propranolol. Durante el período de hipotiroidismo el individuo puede necesitar hormona tiroidea, habitualmente por un tiempo no mayor de unos meses. Sin embargo, el hipotiroidismo se vuelve permanente en el 10% de las personas con tiroiditis subaguda indolora, y estas personas deben tomar hormona tiroidea de por vida.

■ Cáncer de tiroides

La causa del cáncer de tiroides es desconocida, pero la glándula tiroides es muy sensible a la radiación. El cáncer de tiroides es más frecuente en las personas que han recibido radioterapia en la cabeza, el cuello o el pecho principalmente por lesiones no cancerosas (benignas) cuando eran pequeños (aunque, en casos benignos, el tratamiento mediante radiación ya no se lleva a cabo en la actualidad).

Un cáncer, más que causar el aumento general de la glándula, produce pequeños crecimientos (nódulos) dentro de la tiroides. Sin embargo, la mayoría de los nódulos tiroideos no son cancerosos (malignos). Es más probable que los nódulos sean cancerosos si aparece sólo un nódulo en vez de varios, si el nódulo es sólido y no contiene líquido (quístico), si el nódulo no produce mucha hormona tiroidea, si es duro, si está creciendo con rapidez o si se presenta en un hombre.

El primer signo de un cáncer de tiroides suele ser un bulto indoloro en el cuello. Cuando se encuentra un nódulo en la glándula tiroides se realizan varias pruebas. El primer examen suele ser una medición del nivel de la hormona estimulante de la tiroides (TSH) en la sangre para determinar si existe hipertiroidismo. Mediante una gammagrafía de tiroides se determina si el nódulo está produciendo hormona tiroidea; se realiza cuando la concentración de TSH es baja. Una exploración con ultrasonidos (ecografía) es menos útil, pero se efectúa para determinar si el nódulo es sólido o contiene líquido o si están presentes otros nódulos.

Habitualmente se extrae una muestra del nódulo con una aguja fina para luego examinarla con el microscopio. Este procedimiento es casi siempre indoloro, se realiza en la consulta del médico y puede hacerse con anestesia local y con ecografía para guiar la colocación de la aguja.

El cáncer puede desarrollarse en cualquier tipo de célula o tejido dentro de la glándula tiroides.

El **cáncer papilar** es el tipo más frecuente y representa del 60 al 70% de todos los cánceres de tiroides. El cáncer papilar es aproximadamente entre 2 y 3 veces más frecuente en la mujer que en el hombre. El cáncer papilar es más frecuente

en los jóvenes, pero crece y se extiende más rápidamente en las personas de edad. Los individuos que han recibido radioterapia en el cuello, generalmente por una afección benigna en la infancia o en la niñez, o por algún otro cáncer en la edad adulta, corren un riesgo mayor de desarrollar un cáncer papilar.

El cáncer papilar crece dentro de la glándula tiroides pero, a veces, se extiende (metástasis) a los ganglios linfáticos adyacentes. Si no se trata, el cáncer papilar puede propagarse hasta sitios más distantes.

El cáncer papilar casi siempre es curable. Los nódulos menores de dos centímetros se extirpan junto con el tejido tiroideo circundante, aunque algunos expertos recomiendan extirpar la glándula por completo. Para nódulos más grandes, se extirpa la mayor parte o la totalidad de la glándula tiroides. El yodo radiactivo se administra con frecuencia para eliminar cualquier tejido tiroideo o canceroso. También se administra hormona tiroidea en grandes dosis para suprimir el crecimiento de cualquier tejido tiroideo remanente.

El **cáncer folicular** representa en torno al 15% de todas las formas de cáncer de tiroides y es más frecuente entre las personas mayores. Esta enfermedad es más frecuente en las mujeres que en los hombres.

Mucho más maligno que el cáncer papilar, el folicular tiende a extenderse por el torrente sanguíneo, difundiendo células cancerosas a varias partes del organismo (metástasis). El tratamiento del cáncer folicular requiere la extirpación quirúrgica de prácticamente toda la glándula tiroides y la eliminación de cualquier tejido tiroideo remanente con yodo radiactivo, incluidas las metástasis. A menudo, se puede curar, pero con menos frecuencia que el cáncer papilar.

El **cáncer anaplásico** representa menos del 5% de todos los cánceres de tiroides y tiene mayor frecuencia entre las mujeres de edad avanzada. Este cáncer crece muy rápidamente y suele producir un gran tumor en el cuello. También tiende a diseminarse por todo el cuerpo.

Alrededor del 80% de las personas con este tipo de cáncer mueren en un año, aun cuando reciban tratamiento. Sin embargo, el tratamiento con quimioterapia y radioterapia, antes y después de la cirugía, ha curado algunos tumores. El yodo radiactivo no es útil en el tratamiento de este tipo de cáncer.

El **cáncer medular** comienza en la glándula tiroides, pero en un tipo de célula distinta de la que produce la hormona tiroidea. El origen de este cáncer es la célula C, que normalmente está dispersa por toda la glándula tiroides y secreta la hormona calcitonina. El cáncer produce cantidades excesivas de calcitonina. Puesto que el cáncer medular de tiroides produce, además, otras hormonas, puede dar lugar a síntomas inhabituales.

El cáncer tiene tendencia a diseminarse (metástasis) por el sistema linfático hasta los ganglios linfáticos y, por la sangre, hasta el hígado, los pulmones y los huesos. Este cáncer se desarrolla junto con otros tipos de cánceres endocrinos en lo

que se denomina síndrome de neoplasia endocrina múltiple ● *(v. pág. 1163).*

El tratamiento requiere la extirpación completa de la glándula tiroides. Si el cáncer se ha extendido a los ganglios linfáticos puede ser necesaria una cirugía adicional. Más de dos tercios de los individuos cuyo cáncer medular de tiroides forma parte del síndrome de neoplasia endocrina múltiple se curan. Cuando el cáncer medular de tiroides se manifiesta de forma aislada, las posibilidades de supervivencia no son tan buenas.

CAPÍTULO 164

Trastornos de la glándula suprarrenal

Hay dos glándulas suprarrenales en el cuerpo, cada una de ellas situada en la parte superior de un riñón. La parte interna (médula) de las glándulas suprarrenales secreta hormonas como la adrenalina, que ayuda a controlar la presión arterial, la frecuencia cardíaca, la sudoración y otras actividades reguladas también por el sistema nervioso simpático. La parte externa o corteza de las suprarrenales secreta diferentes hormonas, como los corticosteroides (hormonas con características similares a la cortisona, entre ellos el cortisol) y los mineralocorticoides (particularmente, la aldosterona, que controla la presión arterial y los niveles de sal y potasio del organismo). Las glándulas suprarrenales también desempeñan el papel de estimulantes en la producción de andrógenos (testosterona y hormonas similares).

Las glándulas suprarrenales son controladas en parte por el cerebro. El hipotálamo, una pequeña glándula ubicada en el cerebro involucrada en la regulación hormonal, produce la hormona que libera las hormonas adrenocorticotropina y vasopresina. Estas dos hormonas estimulan la glándula hipófisis para que secrete la adrenocorticotropina (conocida también como la hormona adrenocorticotrópica o ACTH) que, a su vez, estimula las glándulas suprarrenales para que produzcan corticosteroides. El sistema renina-angiotensina-aldosterona, regulado principalmente por los riñones, es responsable de la mayor o menor producción de aldosterona por parte de las glándulas suprarrenales.

El organismo controla las concentraciones de corticosteroides de acuerdo con sus necesidades. Los niveles tienden a ser mucho más altos al principio de la mañana que al final del día. Cuando el organismo está sometido a un estrés adicional por una enfermedad o por otras razones, las concentraciones de corticosteroides aumentan de forma notoria.

■ Enfermedad de Addison

En la enfermedad de Addison, las glándulas suprarrenales son hipoactivas, lo que produce una deficiencia de todas las hormonas suprarrenales.

La enfermedad de Addison puede aparecer a cualquier edad y afecta por igual a hombres y mujeres. En el 70% de las personas afectadas por la enfermedad de Addison la causa no se conoce con precisión, pero en las glándulas suprarrenales se produce una reacción autoinmune ● *(v. pág. 1283)* mediante la cual el sistema inmunológico ataca y destruye la corteza suprarrenal. En el otro 30%, las glándulas suprarrenales son destruidas por un cáncer, por infecciones como la tuberculosis o por otras enfermedades identificables. En los lactantes y niños, la enfermedad de Addison puede deberse a una anomalía genética de las glándulas suprarrenales.

La insuficiencia suprarrenal secundaria es el término que se da a un trastorno semejante a la enfermedad de Addison. En este trastorno, las glándulas suprarrenales son hipofuncionales debido a una falta de estímulo de la glándula hipófisis y no porque las glándulas suprarrenales hayan sido destruidas o porque su función haya fallado directamente.

Cuando las glándulas suprarrenales se vuelven hipoactivas, tienden a producir cantidades inadecuadas de todas las hormonas suprarrenales. De este modo, la enfermedad de Addison afecta al equilibrio del agua, del sodio y del potasio del organismo, así como a la capacidad de controlar la presión arterial y de reaccionar ante el estrés. Además, la pérdida de andrógenos, como la dehidroepiandrosterona (DHEA), puede causar pérdida del vello corporal en las mujeres. En los hombres, la testosterona de los testículos actúa de forma más que suficiente para solucionar esta pérdida. La DHEA tiene efectos adicionales que no se relacionan con los andrógenos.

Cuando un cáncer o alguna infección destruye las glándulas suprarrenales, se pierde la médula suprarrenal y, así, la fuente de adrenalina. Esta pérdida, no obstante, no produce síntomas.

La deficiencia de aldosterona en particular hace que el organismo excrete grandes cantidades de sodio y retenga potasio, produciendo así niveles bajos de sodio y altas concentraciones de potasio en la sangre. Los riñones no pueden concentrar la orina, de modo que cuando alguien con una deficiencia de corticosteroides bebe demasiada agua o pierde mucho sodio, la concentración de sodio en la sangre disminuye. La incapacidad para concentrar la orina hace que la persona finalmente orine en exceso y se deshidrate. Una deshidratación grave y una baja concentración de sodio en la sangre reducen el volumen circulatorio y la persona puede entrar en *shock*.

La deficiencia de corticosteroides conduce a una extremada sensibilidad a la insulina y, por tanto, el nivel de azúcar en la sangre puede descender peligrosamente. Dicha deficiencia impide al organismo transformar las proteínas en hidratos de carbono, combatir las infecciones y lograr la cicatrización de las heridas. Los músculos se debilitan y hasta el corazón puede llegar a debilitarse y ser incapaz de bombear la sangre de forma adecuada. Además, la presión arterial puede descender peligrosamente.

Las personas con la enfermedad de Addison no pueden producir corticosteroides adicionales bajo situaciones de estrés. Por lo tanto, tienen más probabilidades de presentar síntomas graves y

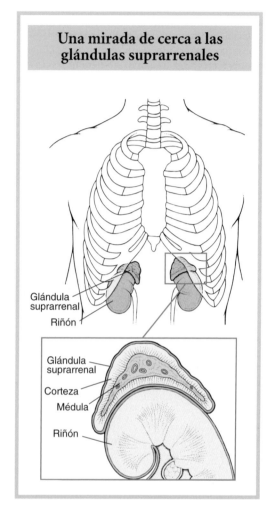

Una mirada de cerca a las glándulas suprarrenales

Glándula suprarrenal

Riñón

Glándula suprarrenal

Corteza

Médula

Riñón

complicaciones cuando se enfrentan con una enfermedad, fatiga extrema, traumatismos importantes, cirugía o, posiblemente, estrés psicológico grave.

En la enfermedad de Addison, la glándula hipófisis produce más adrenocorticotropina en un intento de estimular las glándulas suprarrenales. La adrenocorticotropina también actúa estimulando la producción de melanina, lo que produce con frecuencia una pigmentación oscura de la piel y del revestimiento interno de la boca.

➤ Síntomas

Poco después de que aparezca la enfermedad de Addison, el individuo afectado se siente débil, cansado y mareado cuando se incorpora después de haber estado sentado o acostado. Estos problemas pueden aparecer gradualmente y sin ser apenas notados. En las personas con enfermedad de Addison aparecen manchas oscuras en la piel. Estas manchas pueden parecer de bronceado, pero aparecen en zonas que ni siquiera han sido expuestas al sol. Incluso las personas de piel oscura pueden presentar una pigmentación excesiva, aunque la alteración sea más difícil de detectar. Pueden aparecer pecas negras en la frente, la cara y los hombros; puede presentarse una anomalía de coloración azulada alrededor de los pezones, los labios, la boca, el recto, el escroto o la vagina.

En la mayoría de los individuos se produce pérdida de peso, deshidratación, pérdida del apetito, dolores musculares, náuseas, vómitos y diarrea. Muchos tienen intolerancia al frío. A menos que la enfermedad sea grave, los síntomas sólo se manifiestan durante los períodos de estrés. Pueden producirse etapas de hipoglucemia, con nerviosismo y hambre excesiva, especialmente en los niños.

Cuando la enfermedad de Addison no se trata, pueden aparecer dolores abdominales graves, un debilitamiento profundo, hipotensión arterial extrema, insuficiencia renal y *shock* (crisis suprarrenal). A menudo, se produce una crisis suprarrenal cuando el organismo está sometido a un estrés causado por un accidente, lesión, cirugía o infección grave. La muerte puede sobrevenir rápidamente.

➤ Diagnóstico

Puesto que los síntomas se inician de forma lenta y sutil, y ya que ningún análisis de laboratorio es definitivo en las fases precoces, la enfermedad de Addison puede pasar desapercibida con frecuencia. A veces, un estrés importante hace que los síntomas sean más evidentes y desencadena una crisis.

Los análisis de sangre pueden mostrar niveles bajos de sodio y altos de potasio y, generalmente, indican que los riñones no están funcionando bien. Un médico que sospeche que puede tratarse de una enfermedad de Addison mide los niveles de cortisol, que pueden estar bajos, y de adrenocorticotropina, que pueden estar altos. Sin embargo, el médico, por lo general, confirma el diagnóstico midiendo los niveles de cortisona después de que estos hayan sido estimulados con adrenocorticotropina. Si los valores de cortisol son bajos, son necesarias más pruebas para determinar si se trata de la enfermedad de Addison o de una insuficiencia suprarrenal secundaria.

Supresión de la función de las glándulas suprarrenales mediante corticosteroides

La función de las glándulas suprarrenales puede interrumpirse en las personas que reciben grandes dosis de corticosteroides, como la prednisona. Esta interrupción es producida porque las dosis grandes de corticosteroides evitan que el hipotálamo y la glándula hipófisis produzcan las hormonas que normalmente estimulan la función suprarrenal. Si la persona interrumpe bruscamente la administración de los corticosteroides, el organismo no puede restaurar la función de las glándulas suprarrenales con la rapidez suficiente, y se produce una insuficiencia suprarrenal temporal (una enfermedad similar a la enfermedad de Addison). En situaciones de estrés o tensión emocional, el organismo tampoco puede estimular la producción adicional necesaria de corticosteroides.

Por lo tanto, los médicos nunca interrumpen bruscamente el uso de corticosteroides cuando han sido administrados durante más de 2 o 3 semanas. En lugar de ello, disminuyen gradualmente la dosis durante semanas e, incluso, meses. También puede ser necesario aumentar la dosis en enfermos o personas sometidas a otras formas de estrés mientras toman corticosteroides. Si durante las semanas en que se estaba disminuyendo la dosis de corticosteroides, o si ya se había interrumpido el tratamiento, la persona enferma o se ve sometida a un estrés adicional, puede reanudarse el uso de corticosteroides

---

➤ Tratamiento

Independientemente de la causa, la enfermedad de Addison puede ser mortal y debe ser tratada con corticosteroides. Por lo general, el tratamiento con fármacos puede iniciarse con hidrocortisona o prednisona (un corticosteroide sintético) por vía oral. Sin embargo, en casos graves, desde el principio se administra cortisol por vía intravenosa o intramuscular y luego se prescriben comprimidos de hidrocortisona. Como el organismo suele producir la mayor parte de cortisona por la mañana, la sustitución de la hidrocortisona debe tomarse también en dosis fraccionadas, administrándose la dosis más alta por la mañana. La persona afectada deberá tomar la prednisona diariamente de por vida. Podrán necesitarse dosis más grandes de hidrocortisona cuando el organismo esté sometido a un estrés adicional, sobre todo en caso de enfermedad, y puede que sea necesario inyectarlos si aparecen diarrea o vómitos importantes.

La mayoría de los individuos también necesitan tomar comprimidos diarios de fludrocortisona, con el fin de normalizar la excreción de sodio y potasio. Por lo general, no se requieren suplementos de testosterona, aunque existe alguna evidencia de que la sustitución con DHEA mejora la calidad de vida. Aunque el tratamiento deba continuar de por vida, las perspectivas de una vida normal son excelentes.

■ Síndrome de Cushing

En el síndrome de Cushing, el nivel de corticosteroides es excesivo, por lo general debido a una sobreproducción por parte de las glándulas suprarrenales.

Las glándulas suprarrenales pueden producir exceso de corticosteroides por un problema presente en ellas mismas o por recibir demasiada estimulación de la glándula hipófisis. Una alteración en la glándula hipófisis, como un tumor, puede hacer que la glándula produzca grandes cantidades de adrenocorticotropina, la hormona que controla la producción de corticoides por las glándulas suprarrenales. Los tumores fuera de la glándula hipófisis, como el carcinoma de células pequeñas en el pulmón, pueden secretar adrenocorticotropina (un trastorno que se denomina síndrome de producción ectópica de adrenocorticotropina). La adrenocorticotropina también puede ser producida por un tumor llamado carcinoide, con origen en cualquier parte del organismo.

A veces, puede aparecer un tumor no cancerígeno (adenoma) en las glándulas suprarrenales que hace que produzcan corticosteroides de forma excesiva. Los adenomas suprarrenales son muy frecuentes. La mitad de la población los tiene a los 70 años de edad. Sin embargo, sólo un pequeño número de adenomas produce un exceso de hormona. Los tumores cancerosos son muy poco frecuentes en las glándulas suprarrenales.

El síndrome de Cushing puede aparecer cuando se tienen que administrar grandes dosis de corticosteroides en algunas circunstancias médicas graves. Aquellas personas que deben tomar dosis elevadas tienen los mismos síntomas que los que producen demasiada hormona. A veces, los síntomas pueden aparecer incluso si se inhalan los corticosteroides, como en el caso del asma, o si se usan tópicamente para una afección de la piel.

➤ Síntomas

Los corticosteroides alteran la cantidad y la distribución de la grasa del organismo. La grasa excesiva aparece en el torso y es evidente sobre todo en la parte superior de la espalda. Las personas con síndrome de Cushing, por lo general, tienen una cara grande y redonda (cara de luna llena). Habitualmente, los brazos y las piernas son delgados en comparación con el grosor del tronco. Los músculos pierden su volumen, provocando debilidad. La piel se vuelve fina, se lesiona con facilidad y tarda en curar después de una herida o una contusión. En el abdomen pueden aparecer estrías de color púrpura que parecen marcas de estiramiento. Las personas con el síndrome de Cushing suelen cansarse fácilmente.

Los niveles altos de corticosteroides elevan la presión arterial, debilitan los huesos (osteoporosis) y disminuyen la resistencia a las infecciones. Aumenta el riesgo de presentar cálculos renales y de diabetes así como de trastornos mentales como depresión y alucinaciones. Las mujeres, por lo general, tienen ciclos menstruales irregulares. Los niños afectados por el síndrome de Cushing crecen lentamente y parecen desnutridos. En algunos casos, las glándulas suprarrenales también producen grandes cantidades de andrógenos (testosterona y hormonas similares), lo cual incrementa el vello facial y corporal en las mujeres, provoca calvicie y aumenta el deseo sexual.

➤ Diagnóstico

Cuando se sospecha el síndrome de Cushing, se mide la concentración en la sangre de cortisol, la principal hormona corticosteroide. Normalmente, los niveles de cortisol son elevados por la mañana y disminuyen durante el día. En las personas con síndrome de Cushing, los niveles de cortisol se mantienen altos todo el día.

Si los valores de cortisol son altos, se puede solicitar una prueba de supresión con dexametasona. La dexametasona inhibe la glándula hipófisis y, por tanto, suprime la secreción de cortisol por las glándulas suprarrenales. Si el síndrome de Cushing es debido a la estimulación excesiva de

¿Qué es el síndrome de Nelson?

Las personas a quienes les han extirpado ambas glándulas suprarrenales debido a la enfermedad de Cushing pueden desarrollar el síndrome de Nelson. En este trastorno se desarrolla un tumor hipofisario, que produce grandes cantidades de adrenocorticotropina y otras hormonas que estimulan los melanocitos, lo que causa un oscurecimiento de la piel.

El aumento de tamaño del tumor hipofisario puede comprimir las estructuras cercanas en el cerebro y producir cefaleas y defectos visuales. Algunos expertos creen que esto puede evitarse, al menos en algunas personas, con radioterapia de la glándula hipófisis. Si es preciso, el síndrome de Nelson puede tratarse con irradiación o extirpación quirúrgica de la glándula hipófisis.

la glándula hipófisis, el nivel de cortisol descenderá hasta cierto punto, aunque no tanto como en las personas sin este síndrome. Si el síndrome de Cushing tiene otra causa, la concentración de cortisol permanecerá elevada. El nivel alto de adrenocorticotropina es el trastorno más susceptible de provocar una sobreestimulación de la glándula suprarrenal.

Pueden ser necesarias otras pruebas de laboratorio para determinar la causa exacta, incluidas una tomografía computarizada (TC) o una resonancia magnética nuclear (RMN) de la glándula hipófisis o de las glándulas suprarrenales, así como una radiografía de tórax o una TC de los pulmones. Sin embargo, estas pruebas a menudo fallan a la hora de localizar el tumor.

Cuando se sospecha que la causa es una hiperproducción de adrenocorticotropina, se toman muestras de sangre de distintas partes del cuerpo para determinar el origen.

➤ Tratamiento

El tratamiento depende de si el problema está en las glándulas suprarrenales, en la glándula hipófisis o en otra parte. Puede emplearse cirugía o radioterapia para extirpar o destruir un tumor hipofisario. A menudo, los tumores de la glándula suprarrenal (por lo general, adenomas) pueden extirparse quirúrgicamente. Si estos tratamientos no son eficaces o si no se halla ningún tumor, a veces deben extirparse ambas glándulas suprarrenales. Cuando se extirpan ambas glán-

dulas suprarrenales, o en muchos individuos con extirpación parcial de dichas glándulas, deben administrarse corticosteroides de por vida. Por lo general, los tumores situados fuera de la glándula hipófisis y de las glándulas suprarrenales que secretan exceso de hormonas se extirpan quirúrgicamente. Ciertos fármacos pueden disminuir los niveles de cortisol y se utilizan a la espera de un tratamiento definitivo como la cirugía.

■ Virilización

La virilización es el desarrollo de características masculinas exageradas, por lo general en las mujeres y, a menudo, como resultado de la producción excesiva de andrógenos en las glándulas suprarrenales (testosterona y hormonas similares).

La causa más frecuente de virilización es un aumento de tamaño de las partes de la corteza suprarrenal que producen hormonas (hiperplasia suprarrenal). A veces, la causa es un pequeño tumor productor de hormonas (adenoma o cáncer) localizado en la glándula. Otras veces, la virilización se da cuando un cáncer, localizado fuera de la glándula suprarrenal, produce andrógenos. Los atletas, que toman grandes cantidades de andrógenos (esteroides anabolizantes) para aumentar sus músculos, pueden presentar síntomas de virilización ● *(v. recuadro pág. 782).* El aumento quístico de los ovarios puede causar virilización, pero estos casos son casi siempre leves. A veces, la anomalía de una enzima (una proteína) en las glándulas suprarrenales puede producir también virilización.

➤ Síntomas y diagnóstico

Los síntomas de la virilización incluyen exceso de vello facial y corporal (hirsutismo), calvicie, acné, voz profunda, aumento de la musculatura y del deseo sexual. En las mujeres, el útero se contrae, el clítoris se agranda, las mamas se reducen de tamaño y se interrumpe la menstruación normal.

La combinación de las alteraciones del cuerpo hace que sea relativamente fácil reconocer la virilización. Con un análisis se puede determinar la cantidad de esteroides androgénicos presentes en la sangre. Si el nivel es muy alto, la prueba de supresión con dexametasona puede ayudar a determinar si el problema viene de las glándulas suprarrenales y si es un adenoma o una hiperplasia suprarrenal. Si el problema es la hiperplasia suprarrenal, la dexametasona impide que las glándulas suprarrenales produzcan esteroides androgénicos. Si es un adenoma o un cáncer de las glándulas suprarrenales, la dexametasona reduce la producción del esteroide androgénico sólo parcialmente o no la reduce en absoluto. El médico también puede solicitar una tomografía computarizada (TC) o una resonancia magnética nuclear (RMN) para obtener una imagen de las glándulas suprarrenales. En las mujeres con ovarios quísticos, el valor de la testosterona puede aparecer normal, pero su proteína ligadora es baja, de manera que la fracción libre (desligada) es relativamente elevada.

> ### Tratamiento

Los adenomas y las formas de cáncer suprarrenal que producen andrógenos se tratan, por lo general, mediante la extirpación quirúrgica de la glándula suprarrenal que contiene el tumor. Para la hiperplasia suprarrenal, el uso de pequeñas cantidades de corticosteroides como la dexametasona suele reducir la producción de andrógenos. La leve virilización causada por ovarios quísticos puede no requerir tratamiento alguno. Puede tratarse con fármacos para bajar los niveles de testosterona libre, como los anticonceptivos orales o los que bloquean los efectos de la testosterona.

■ Hiperaldosteronismo

En el hiperaldosteronismo, la producción excesiva de aldosterona lleva a la retención de líquidos y al aumento de la presión arterial y debilidad, y en muy raras ocasiones conduce también a períodos de parálisis.

La aldosterona, una hormona producida y secretada por las glándulas suprarrenales, transmite señales al riñón para que excrete menos sodio y más potasio. La producción de aldosterona es regulada parcialmente por la adrenocorticotropina (secretada por la glándula hipófisis) y, en parte, por el sistema renina-angiotensina-aldosterona ● *(v. fig. pág. 162)*. La renina es una enzima producida en los riñones que controla la activación de la hormona angiotensina, la cual estimula a su vez las glándulas suprarrenales para producir aldosterona.

La causa del hiperaldosteronismo puede ser un tumor (por lo general, no canceroso) en la glándula suprarrenal (el denominado síndrome de Conn) aunque, a veces, ambas glándulas están implicadas y son hiperactivas. En ocasiones, el hiperaldosteronismo es una respuesta a ciertas enfermedades, como la presión arterial muy alta (hipertensión) o el estrechamiento de una de las arterias renales.

> ### Síntomas y diagnóstico

Los niveles altos de aldosterona pueden conducir a bajas concentraciones de potasio. Las concentraciones de potasio bajas no suelen acompañarse de síntomas, pero pueden producir debilidad, hormigueo, espasmos musculares y períodos de parálisis temporal. Algunas personas experimentan una extrema sensación de sed y orinan con frecuencia.

Ante la sospecha de hiperaldosteronismo, el médico solicita primero la determinación de las concentraciones de sodio y potasio en la sangre. También se pueden medir los niveles de aldosterona. Si son elevados, puede administrarse espironolactona, un fármaco que bloquea la acción de la aldosterona, para observar si las concentraciones de sodio y potasio vuelven a la normalidad. En el síndrome de Conn, las concentraciones de renina también son muy bajas.

Cuando la producción de aldosterona es excesiva, se examinan las glándulas suprarrenales para detectar un tumor no canceroso (adenoma). Una tomografía computarizada (TC) o una resonancia magnética nuclear (RMN) pueden ser muy útiles pero, a veces, deben analizarse muestras de sangre de distintas partes del cuerpo para localizar la fuente de la hormona.

> ### Tratamiento

Si se localiza un tumor, por lo general, se puede extirpar quirúrgicamente. Cuando el tumor se extirpa, la presión arterial se estabiliza y los otros síntomas desaparecen aproximadamente en el 70% de los casos. Si no se encuentra ningún tumor y ambas glándulas son hiperfuncionantes, la extirpación parcial de las glándulas suprarrenales puede no controlar la hipertensión arterial, y la resección completa producirá la enfermedad de Addison, que precisará tratamiento de por vida. Sin embargo, la espironolactona generalmente controla los síntomas y existen fármacos para regular la hipertensión. En raras ocasiones, deberán extirparse ambas glándulas suprarrenales.

■ Feocromocitoma

Un feocromocitoma es un tumor que se origina, por lo general, en las células cromafines de la glándula suprarrenal y produce una secreción excesiva de catecolaminas, hormonas potentes que provocan hipertensión y otros síntomas.

Los feocromocitomas pueden crecer dentro de las glándulas suprarrenales o en las células cromafines fuera de las glándulas suprarrenales. Sólo el 5 % de los que crecen dentro de las glándulas suprarrenales son cancerosos, pero este porcentaje es más alto para aquellos que están fuera de las glándulas suprarrenales. Los feocromocitomas pueden aparecer en hombres o en mujeres a cualquier edad, pero son más frecuentes en personas entre los 30 y 60 años.

Algunas personas con feocromocitomas padecen una afección hereditaria rara denominada neoplasia endocrina múltiple, que les predispone a desarrollar tumores en varias glándulas endocrinas, como la glándula tiroides, las paratiroides y las glándulas suprarrenales ● *(v. pág. 1163)*. Los feocromocitomas también pueden aparecer en personas con enfermedad de von Hippel-Lindau y en aquellas con neurofibromatosis (enfermedad de von Recklinghausen).

➤ Síntomas

Los feocromocitomas son, por lo general, muy pequeños. Sin embargo, incluso un feocromocitoma pequeño puede producir grandes cantidades de catecolaminas. Las catecolaminas son hormonas como la adrenalina, la noradrenalina y la dopamina, que tienden a aumentar considerablemente la presión arterial, la frecuencia cardíaca y otros síntomas asociados, generalmente, a situaciones potencialmente mortales.

El síntoma principal del feocromocitoma es la hipertensión, que puede ser muy grave. Otros síntomas incluyen frecuencia cardíaca acelerada y palpitaciones, sudoración excesiva, sensación de aturdimiento al levantarse, respiración rápida, piel fría y húmeda, dolores de cabeza intensos, dolor de pecho y de estómago, náuseas, vómitos, trastornos visuales, hormigueo en los dedos, estreñimiento y una sensación extraña de desastre inminente. Cuando estos síntomas aparecen de repente y de forma intensa, las personas presentan un ataque de pánico. En la mitad de las personas, los síntomas van y vienen, algunas veces desencadenados por la presión sobre el tumor,

Comer regaliz natural

Comer grandes cantidades de extracto natural de regaliz puede producir todos los síntomas de hiperaldosteronismo. El extracto de regaliz natural contiene una sustancia química que puede actuar como la aldosterona; sin embargo, la mayor parte de los caramelos que se venden como regaliz contienen poco o nada de extracto de regaliz natural.

masajes, fármacos (como anestésicos y betabloqueantes), traumas emocionales y, en raras ocasiones, por el simple acto de orinar. Sin embargo, muchas personas pueden tener estos síntomas como manifestaciones de un estado de ansiedad, no de un trastorno glandular.

➤ Diagnóstico

El feocromocitoma es difícil de detectar porque casi la mitad de los individuos no muestran otros síntomas que una hipertensión persistente. Sin embargo, cuando la hipertensión se manifiesta en un paciente joven, es intermitente o se asocia a otros síntomas de feocromocitoma, se deben efectuar ciertas pruebas de laboratorio. Por ejemplo, se puede medir el nivel de ciertas catecolaminas en muestras de sangre o de orina. Debido a la hipertensión y a otros síntomas, el médico puede prescribir un betabloqueante antes de saber que la causa es un feocromocitoma. Los betabloqueantes pueden empeorar la hipertensión en las personas con feocromocitoma. Esta reacción paradójica a menudo aclara el diagnóstico de feocromocitoma.

Si el nivel de catecolaminas es alto, las pruebas como la tomografía computarizada (TC) o la resonancia magnética nuclear (RMN) facilitan la localización del feocromocitoma. También es útil una prueba que utiliza sustancias radiactivas inyectadas, las cuales se acumulan en los feocromocitomas. Entonces se realiza una gammagrafía para determinar dónde se encuentran estas sustancias radiactivas.

➤ Tratamiento

Por lo general, el mejor tratamiento es la extirpación del feocromocitoma. Sin embargo, la cirugía con frecuencia se pospone hasta que el médico pueda controlar, con fármacos, la secreción tumoral de catecolaminas, dado que sus niveles elevados representan un peligro durante la cirugía. La fenoxibenzamina suele prescribirse para suspender la secreción hormonal. Una vez que se logra este objetivo, se puede administrar sin peligro un betabloqueante para un control mayor de los síntomas.

Si el feocromocitoma es un cáncer que se ha extendido, se puede retrasar su crecimiento por medio de la quimioterapia con ciclofosfamida, vincristina y dacarbacina. El tratamiento con un radioisótopo conocido como MIBG, que se acumula en el tejido tumoral, también puede resultar muy eficaz. Los efectos peligrosos del exceso de catecolaminas secretadas por el tumor pueden frenarse casi siempre mediante la administración continuada de fenoxibenzamina y propranolol.

CAPÍTULO 165

Diabetes mellitus

La diabetes mellitus es un trastorno en el que las concentraciones de azúcar (glucosa) en la sangre son excesivamente altas porque el organismo no secreta suficiente insulina.

La insulina, hormona producida por el páncreas, controla la cantidad de azúcar en la sangre. Cuando una persona come o bebe, la comida se transforma en diversos compuestos, entre los cuales está el azúcar, que el organismo necesita para funcionar correctamente. El azúcar se absorbe, pasa al torrente sanguíneo y estimula el páncreas para que produzca insulina. La insulina permite que el azúcar pase de la sangre a las células. Una vez dentro de las células, el azúcar se convierte en energía, que se utiliza de modo inmediato o se almacena hasta que resulte necesaria.

Los niveles de azúcar en la sangre normalmente varían a lo largo del día. Aumentan después de cada comida y se normalizan aproximadamente a las dos horas de comer. Una vez que la concentración de azúcar en la sangre se normaliza, la producción de insulina disminuye. Por lo general, los niveles de azúcar oscilan dentro un rango ajustado, de 70 a 110 mg/dL de sangre, aproximadamente. Las concentraciones pueden aumentar más si se ingiere una cantidad considerable de carbohidratos. Las personas de más de 65 años suelen tener concentraciones ligeramente más altas, sobre todo después de comer.

Si el organismo no produce suficiente insulina para trasladar el azúcar a las células, los niveles de azúcar resultantes y la inadecuada cantidad de azúcar en las células producen los síntomas y las complicaciones de la diabetes.

Con frecuencia, se utiliza el nombre completo de diabetes mellitus para distinguir esta enfermedad de la diabetes insípida, un trastorno relativamente raro que no afecta las concentraciones de azúcar en la sangre ● *(v. pág. 1129).*

➤ Tipos

Tipo 1: en el tipo 1, la diabetes (antes denominada diabetes insulino-dependiente o diabetes juvenil), más del 90% de las células que producen insulina son destruidas de forma permanente. El páncreas, por lo tanto, produce poco o nada de insulina. Sólo un 10% aproximadamente de todas las personas con diabetes padecen la enfermedad tipo 1. La mayoría de las personas con diabetes tipo 1 desarrollan la enfermedad antes de los 30 años.

Los científicos creen que es un factor ambiental (posiblemente una infección vírica o un factor nutricional en la infancia o en la adolescencia) el responsable de la destrucción por parte del sistema inmunológico de las células productoras de insulina del páncreas. Algunas personas pueden volverse más susceptibles a los factores del medio ambiente debido, probablemente, a una predisposición genética.

Tipo 2: en la diabetes tipo 2 (antes denominada diabetes no insulino-dependiente o diabetes del adulto), el páncreas continúa produciendo insulina, algunas veces incluso a niveles más altos de lo normal. Sin embargo, el organismo desarrolla

COMPLICACIONES DE LA DIABETES A LARGO PLAZO

TEJIDO U ÓRGANO AFECTADO	QUÉ SUCEDE	COMPLICACIONES
Vasos sanguíneos	La placa aterosclerótica se desarrolla y obstruye las arterias grandes o medianas localizadas en el corazón, el cerebro, las piernas y el pene. Las paredes de los vasos sanguíneos pequeños se lesionan de tal forma que no transfieren el oxígeno de forma normal y puede producirse una pequeña fuga	La mala circulación produce una cicatrización deficiente de las heridas y puede dar lugar a enfermedad cardíaca, accidente cerebrovascular, gangrena en los pies y las manos, disfunción eréctil (impotencia) e infecciones
Ojos	Los pequeños vasos sanguíneos de la retina se lesionan	Disminución de la visión y, finalmente, ceguera
Riñones	Los vasos sanguíneos en el riñón se vuelven más gruesos. La proteína se escapa en la orina. La sangre no se filtra normalmente	Funcionamiento renal deficiente; insuficiencia renal
Nervios	Los nervios también se lesionan porque la glucosa no se metaboliza normalmente y porque el aporte de sangre es inadecuado	Debilidad repentina o gradual en una pierna, reducción en las sensaciones, hormigueo, dolor en las manos y los pies, daño crónico en los nervios
Sistema nervioso autónomo	Los nervios que controlan la presión arterial y los procesos digestivos se lesionan	Oscilaciones de la presión arterial. Dificultades en la deglución y alteración de la función digestiva, con episodios de diarrea
Piel	El insuficiente aporte de sangre a la piel y la pérdida de sensibilidad dan lugar a traumatismos repetidos	Llagas, infecciones profundas (úlceras diabéticas), mala cicatrización
Sangre	La función de los glóbulos blancos en la sangre se altera	Aumento de la susceptibilidad a las infecciones, especialmente en las vías urinarias y la piel
Tejido conectivo	La glucosa no se metaboliza normalmente, por lo que los tejidos aumentan o disminuyen de grosor	Síndrome del túnel carpiano; contractura de Dupuytren

resistencia a los efectos de la insulina, de ahí que no exista suficiente insulina para satisfacer los requerimientos corporales.

La diabetes tipo 2 puede aparecer en niños y adolescentes pero, generalmente, comienza en personas de más de 30 años y su frecuencia de aparición aumenta con la edad. Cerca del 15 % de las personas de más de 70 años, aproximadamente, presenta diabetes tipo 2. Ciertos grupos étnicos y culturales tienen un riesgo mayor de desarrollar diabetes tipo 2. La diabetes tipo 2 también tiene un carácter familiar.

La obesidad es el principal factor de riesgo para el desarrollo de la diabetes tipo 2 y del 80 al 90 % de las personas con esta enfermedad son obesas. Puesto que la obesidad produce resistencia a la insulina, las personas obesas necesitan grandes cantidades de insulina para poder mantener niveles normales de azúcar.

Ciertas enfermedades y fármacos pueden afectar a la forma en que el organismo utiliza la insulina, dando lugar a una diabetes tipo 2. Las concentraciones de corticosteroides (producidas por la enfermedad de Cushing o la administración de corticosteroides) y el embarazo (diabetes gestacional) ● *(v. pág. 1724)* son las causas más frecuentes de alteraciones en el manejo de la insulina. La diabetes también puede aparecer en las personas que producen una cantidad excesiva de hormona del crecimiento (acromegalia) y entre las afectadas por ciertos tumores secretores de hormonas. La pancreatitis grave o recurrente y otras enfermedades que lesionan directamente el páncreas pueden, así mismo, producir diabetes.

➤ Síntomas

Los dos tipos de diabetes tienen síntomas muy similares. Los primeros síntomas están relacionados con los efectos directos de la concentración alta de azúcar en la sangre. Cuando la concentración de azúcar en la sangre aumenta de 160 a 180 mg/dL, aparece en la orina. Cuando el valor de azúcar en la orina se eleva aún más, los riñones secretan volúmenes adicionales de agua para diluir la gran cantidad de azúcar. Debido a que los riñones producen orina de forma excesiva, la micción en un diabético es abundante y frecuente. La micción excesiva causa mucha sed (polidipsia). La persona disminuye de peso porque se pierden calorías de forma excesiva en la orina. Como mecanismo de compensación, a menudo se siente un hambre exagerada. Otros síntomas incluyen visión borrosa, somnolencia, náuseas y una disminución de la resistencia durante el ejercicio físico.

Tipo 1: en las personas con el tipo 1 de diabetes, los síntomas suelen comenzar bruscamente y de modo notorio. Puede presentarse de forma súbita un trastorno denominado **cetoacidosis diabética**. Sin la insulina, la mayor parte de las células no pueden utilizar el azúcar que se encuentra en la sangre. Las células siguen necesitando energía para sobrevivir, por lo que ponen en marcha un mecanismo de emergencia para obtenerla. Las células grasas comienzan a desintegrarse y producen compuestos denominados cetonas. Las cetonas aportan alguna energía a las células pero también hacen que la sangre se vuelva muy ácida (cetoacidosis). Los síntomas iniciales de la cetoacidosis diabética son sed y micción excesivas, pérdida de peso, náuseas, vómitos, agotamiento y, en los niños, sobre todo, dolor abdominal. La respiración se vuelve profunda y rápida, ya que el organismo intenta corregir la acidez de la sangre ● *(v. pág. 1112)*. El aliento de la persona huele a quitaesmalte, que es el olor de las cetonas que se expulsa en la respiración. Si no se aplica ningún tratamiento, la cetoacidosis diabética puede progresar y conducir al coma, a veces, en pocas horas.

Tipo 2: las personas con diabetes tipo 2 pueden no experimentar síntoma alguno durante años o décadas antes del diagnóstico. Los síntomas pueden ser sutiles. Al principio, el aumento de la micción y de la sed son moderados, aunque empeoran gradualmente después de varias semanas o meses. Finalmente, la persona se siente extremadamente cansada, tiene más probabilidades de desarrollar visión borrosa y puede llegar a deshidratarse.

A veces, durante las primeras fases de la diabetes, la concentración de azúcar en la sangre es extremadamente baja, trastorno denominado hipoglucemia ● *(v. pág. 1160)*.

Debido a que en los individuos con diabetes tipo 2 se produce algo de insulina, no suele desarrollarse cetoacidosis. Sin embargo, los niveles de azúcar en la sangre aumentan significativamente (a menudo llegan a 1 000 mg/dL). Estas altas concentraciones con frecuencia son resultado de algún tipo de estrés sobreañadido, como en el caso de una infección o de la utilización de algún otro fármaco. Cuando los valores de azúcar en la sangre aumentan de manera excesiva, el individuo puede presentar una deshidratación grave que llega a ocasionar confusión mental, somnolencia y convulsiones, un trastorno denominado coma hiperglucémico hiperosmolar no cetósico.

➤ Complicaciones

Las personas que padecen diabetes pueden experimentar muchas complicaciones graves a largo plazo. Algunas de estas complicaciones empiezan a los pocos meses de que aparezca la diabetes, aunque la mayoría suelen desarrollarse al cabo de algunos años. La mayoría de las complicaciones son progresivas. Cuanto más estricta sea una persona diabética en el control de los niveles de azúcar sanguíneos, menor será el riesgo de que estas complicaciones se presenten o empeoren.

Unos niveles altos de azúcar producen un estrechamiento de los vasos sanguíneos pequeños y grandes. Las sustancias complejas derivadas del azúcar se acumulan en las paredes de los vasos sanguíneos pequeños, provocando su hinchazón y pequeñas fugas. A medida que se produce esta hinchazón de los vasos sanguíneos, se disminuye el aporte de sangre a los tejidos, sobre todo a la piel y a los nervios. El control inadecuado de los niveles de azúcar en la sangre puede hacer que aumente la concentración de grasa en la sangre, lo que conduce a la aterosclerosis ● *(v. pág. 236)* y a la disminución del flujo sanguíneo en los vasos más grandes. La aterosclerosis es entre 2 y 6 veces más frecuente en las personas con diabetes que en aquellas que no la padecen, y suele aparecer a una edad menor.

Con el paso del tiempo, los niveles elevados de azúcar en la sangre y la mala circulación pueden provocar alteraciones fisiológicas en el corazón, el cerebro, las piernas, los ojos, los riñones, los

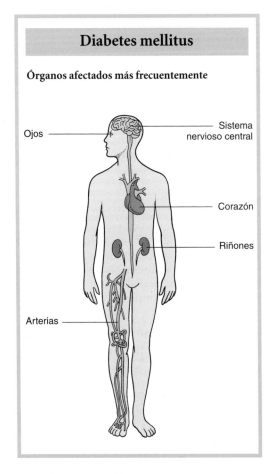

Diabetes mellitus

Órganos afectados más frecuentemente

Ojos

Sistema
nervioso central

Corazón

Riñones

Arterias

Las lesiones en los vasos sanguíneos del ojo pueden provocar la pérdida de la visión (retinopatía diabética) ● *(v. pág. 1561)*. La cirugía con láser puede sellar herméticamente los vasos sanguíneos sangrantes del ojo y evitar una lesión permanente en la retina. Por lo tanto, las personas con diabetes deben realizar anualmente un examen ocular para valorar si aparecen dichas lesiones.

La función de los riñones se altera y se produce una insuficiencia renal que puede requerir diálisis o trasplante. Habitualmente, se examina la orina de los diabéticos en busca de niveles excesivamente altos de proteína (albúmina), que es una señal precoz de lesión renal. Con los primeros signos de complicaciones renales, se suelen prescribir inhibidores de la enzima convertidora de la angiotensina, que son fármacos que retrasan la progresión de la enfermedad renal.

Las lesiones nerviosas se manifiestan de varias formas. Si un brazo o una pierna pierden fuerza de repente, es señal de que algún nervio no funciona con normalidad. Si se lesionan los nervios de las manos, piernas y pies (polineuropatía diabética), la sensibilidad al tacto puede alterarse y aparecer un hormigueo o un dolor urente y debilidad en los brazos y las piernas ● *(v. pág. 700)*. Las lesiones de los nervios de la piel predisponen a sufrir traumatismos repetidos porque la persona pierde la sensibilidad para percibir los cambios de presión o de temperatura.

nervios y la piel, iniciando así trastornos graves como angina, insuficiencia cardíaca, accidentes cerebrovasculares, calambres en las piernas al caminar (claudicación), mala visión, lesiones renales, lesión del sistema nervioso (neuropatía) y descomposición de la piel. Los ataques cardíacos y los accidentes cerebrovasculares son más frecuentes entre las personas diabéticas.

La escasa circulación en la piel puede provocar úlceras e infección y un retraso en la curación de todas las heridas. Los diabéticos son propensos, sobre todo, a presentar úlceras e infecciones en los pies y las piernas. Con mucha frecuencia, estas heridas cicatrizan muy lentamente o no del todo, y puede ser necesaria una amputación del pie o parte de la pierna.

Las personas diabéticas suelen presentar infecciones bacterianas y fúngicas, generalmente en la piel. Cuando la concentración de azúcar en la sangre es alta, los glóbulos blancos no pueden combatir las infecciones de manera eficaz. Cualquier infección que aparece tiende a agravarse.

➤ Diagnóstico

El diagnóstico de diabetes se establece cuando una persona tiene valores anormalmente elevados de azúcar en la sangre. Los valores de azúcar en la sangre a menudo se determinan durante una exploración física de rutina. Es muy importante la verificación de la concentración de azúcar en la sangre anualmente, en especial en las personas mayores, puesto que la diabetes es muy frecuente en individuos de edad avanzada. Una persona puede tener diabetes, en particular del tipo 2, e ignorarlo. El médico también puede comprobar los niveles de azúcar cuando una persona presenta un aumento de la sed, la micción o del hambre; infecciones frecuentes o signos de cualquier otra complicación asociada con la diabetes.

Para medir los valores de azúcar, generalmente, se recoge una muestra de sangre de la persona, que debe estar en ayunas desde la noche anterior. Sin embargo, se puede recoger la muestra de sangre después de que la persona haya comido. Después de comer, se considera normal cierto aumento en los niveles de azúcar en la sangre, aunque dichos niveles no deben ser muy altos incluso después de una comida. Los niveles de azúcar después del ayuno no deben nunca pasar de 126 mg/dL. Incluso después de comer, los niveles de azúcar no deben ser superiores a 200 mg/dL.

También se puede medir la concentración de una proteína en la sangre, la hemoglobina A_{1C} (también denominada hemoglobina glucosilada). Esta prueba es más útil para confirmar el diagnóstico en los adultos en quienes la concentración de azúcar en la sangre apenas se encuentre elevada • *(v. pág. 1160).*

Hay otra clase de análisis de sangre, la prueba de la tolerancia oral a la glucosa, que puede realizarse en ciertos casos, como cuando se sospecha que una mujer embarazada tiene diabetes gestacional • *(v. pág. 1724),* o en personas mayores con síntomas de diabetes pero con niveles normales de glucosa en ayunas. No obstante, no es una prueba que se realice de forma rutinaria para detectar diabetes. Durante esta prueba se obtiene una muestra de sangre en ayunas para medir el nivel de azúcar y se suministra al individuo una bebida especial, que contiene una cantidad estándar de glucosa. A continuación, se obtienen más muestras de sangre en las siguientes 2 o 3 horas y se analizan para determinar si el nivel de azúcar en la sangre aumenta considerablemente.

➤ Tratamiento

El tratamiento de la diabetes incluye una dieta especial, ejercicio, educación y, para la mayoría de los pacientes, fármacos. Las complicaciones son menos probables cuando una persona con diabetes mantiene sus niveles de azúcar estrictamente controlados. El objetivo principal del tratamiento de la diabetes es mantener los niveles de azúcar en la sangre dentro de un rango lo más normal posible. El tratamiento de la hipertensión arterial y de los niveles de colesterol también puede evitar algunas de las complicaciones de la diabetes. Así mismo, resulta de mucha utilidad tomar una dosis baja de aspirina diariamente.

Los diabéticos obtienen un beneficio considerable si reciben información sobre su enfermedad y comprenden que la dieta y los ejercicios afectan a los niveles de azúcar en la sangre. De este modo aprenden la manera de evitar complicaciones. Una enfermera entrenada en educación

El pie en los diabéticos

La diabetes provoca muchos cambios en el organismo. Las siguientes alteraciones en los pies son frecuentes y difíciles de tratar.

■ La neuropatía (lesiones en los nervios) compromete la sensibilidad de los pies de forma que no se siente el dolor. La irritación y otros tipos de lesiones pueden pasar desapercibidos; una lesión puede traspasar la piel antes de que se perciba el dolor.

■ Otros cambios sensitivos alteran la forma en que los diabéticos soportan el peso sobre sus pies, concentrándolo en ciertas zonas y produciendo así callosidades en las mismas. Las callosidades (junto con la sequedad de la piel) aumentan el riesgo de ruptura de la piel.

■ La diabetes puede producir una mala circulación en los pies, aumentando la posibilidad de que se formen úlceras en la piel dañada, lo que produce un retraso en su cicatrización.

Además de las alteraciones en los pies, la diabetes puede afectar la capacidad del organismo para combatir las infecciones. Por lo tanto, cuando aparece una úlcera, se infecta con facilidad. La infección puede volverse grave y difícil de tratar, terminando al final en gangrena. Los diabéticos tienen una probabilidad 30 veces mayor de requerir la amputación de un pie o una pierna que las personas no diabéticas.

Los cuidados del pie son fundamentales • *(v. también recuadro pág. 269).* Es importante proteger los pies de las lesiones y mantener la piel húmeda mediante un buen humectante. El calzado debe ajustarse correctamente sin que produzca ninguna zona de irritación. El calzado debe tener una amortiguación apropiada para distribuir adecuadamente la presión que se origina al estar de pie. No es aconsejable andar descalzo. El tratamiento regular con un podólogo, para cortar las uñas de los pies y quitar las callosidades, puede ser de gran ayuda. Del mismo modo, el médico debe evaluar con frecuencia la sensibilidad y la circulación sanguínea de los pies.

diabetológica puede proporcionar dicha información.

Las personas con diabetes siempre deben llevar consigo una pulsera o tarjeta de identificación médica para poner en antecedentes a los profesionales de la salud. Esta información permite iniciar un tratamiento rápido que salve la vida, especialmente, en casos de traumatismos o de alteración del estado de conciencia.

El manejo de la dieta es muy importante en las personas que presentan ambos tipos de diabetes. Se recomienda una dieta sana y equilibrada, esforzándose en mantener un peso saludable. Algunas personas obtienen un beneficio adicional al consultar con un dietista para elaborar un plan de alimentación óptimo.

Las personas con diabetes tipo 1 que mantienen un peso adecuado pueden no requerir dosis de insulina tan altas. Las personas con diabetes tipo 2 que logran un peso saludable y lo mantienen pueden evitar el empleo de fármacos para controlar la diabetes. Por lo general, no se deben comer muchos alimentos dulces. También deben tratar de comer de manera regular. Se deben evitar los períodos largos sin ingerir alimento. Los diabéticos también suelen tener concentraciones elevadas de colesterol en la sangre. Por consiguiente, es importante limitar el uso de grasas saturadas. También pueden prescribirse fármacos para controlar la concentración de colesterol en la sangre.

De la misma manera, unos ejercicios apropiados pueden ser de gran ayuda para controlar el peso y mantener los niveles de azúcar sanguíneo dentro de rangos normales.

Es muy difícil evitar el aumento de los niveles de azúcar en la sangre. La dificultad principal al tratar de controlar correctamente la concentración de azúcar en la sangre es la posibilidad de que estos niveles disminuyan (hipoglucemia) ● *(v. pág. 1160)*. La aparición de hipoglucemia se considera una emergencia. Para evitar una lesión grave y disminuir los síntomas, debe suministrarse con rapidez alguna forma de azúcar o glucosa. En la mayoría de estos casos, el diabético puede tomar azúcar. Prácticamente cualquier forma de azúcar es suficiente, aunque la glucosa funciona más rápidamente que el azúcar de mesa (sacarosa). De hecho, la mayoría de las personas con diabetes llevan consigo comprimidos o pequeños envases con un líquido que contiene glucosa. Otras opciones son beber un vaso de leche (que contenga lactosa, un tipo de azúcar), agua azucarada o zumo de frutas, o comer un trozo de pastel, algo de fruta u otro alimento dulce. En situaciones más graves, puede ser necesaria la administración de glucosa por vía intravenosa por parte de un profesional de urgencias médicas.

Otro tratamiento para la hipoglucemia incluye el uso de glucagón. El glucagón puede inyectarse de forma intramuscular y estimula el hígado para que libere grandes cantidades de glucosa en pocos minutos. Existen pequeños equipos portátiles que contienen una jeringa con glucagón para que las personas con diabetes puedan utilizarlos en casos de emergencia.

La cetoacidosis diabética se considera también una urgencia médica, porque puede causar coma y la muerte. Es necesaria la hospitalización, generalmente en una unidad de cuidados intensivos. Se suministran grandes cantidades de líquidos intravenosos con electrolitos como sodio, potasio, cloro y fosfato, para sustituir los que se han perdido con la micción excesiva. La insulina se administra por vía intravenosa, para que actúe con rapidez y para permitir un ajuste frecuente de la dosis. Los niveles de azúcar, cetonas y electrolitos se miden en el intervalo de pocas horas. También se mide el nivel de ácido en la sangre. A menudo, se requieren tratamientos adicionales para corregir un nivel alto de ácido en la sangre. Sin embargo, si se controla la concentración de azúcar en la sangre y se reemplazan los electrolitos, habitualmente será posible restaurar el equilibrio ácido-base normal en el organismo.

El tratamiento del coma hiperglucémico hiperosmolar no cetósico es similar al de la cetoacidosis diabética. Se deben reponer los líquidos y electrolitos. La concentración de azúcar en la sangre debe restablecerse hasta alcanzar gradualmente los valores normales, para evitar cambios bruscos de líquido en el cerebro. Las concentraciones de azúcar en la sangre se controlan con más facilidad que en la cetoacidosis diabética y los problemas de acidez en la sangre no son tan graves.

Terapia de sustitución con insulina

Las personas con diabetes tipo 1 casi siempre requieren tratamiento con insulina, así como muchas de las que presentan diabetes tipo 2. La insulina generalmente se administra en inyectable. En la actualidad no puede ser administrada por vía oral debido a que la insulina se destruye en el estómago. Actualmente se están analizando nuevas formas de insulina, como en aerosol nasal y en forma líquida, para su administración por vía oral.

La insulina se inyecta debajo de la piel en la capa grasa, generalmente en el brazo, muslo o en la pared abdominal. Existen jeringas pequeñas con

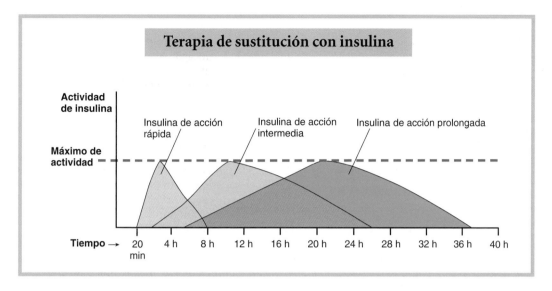

Terapia de sustitución con insulina

Actividad de insulina

Máximo de actividad

Insulina de acción rápida

Insulina de acción intermedia

Insulina de acción prolongada

Tiempo → 20 min · 4 h · 8 h · 12 h · 16 h · 20 h · 24 h · 28 h · 32 h · 36 h · 40 h

agujas muy finas que hacen que las inyecciones sean menos dolorosas. Para las personas que no toleran las agujas existe un dispositivo con bomba de aire que inyecta la insulina bajo la piel. Un dispositivo útil para llevar la insulina, sobre todo cuando son necesarias varias inyecciones diarias fuera de casa, es el bolígrafo de insulina, que contiene un cartucho que la guarda y que dispone de un mecanismo de cierre. Otro dispositivo es una bomba que impulsa la insulina de forma continua desde un depósito, a través de una pequeña aguja que se deja en la piel. Se pueden programar las dosis adicionales de insulina para que éstas sean liberadas cuando resulte necesario. La bomba imita la forma en que el organismo produce normalmente la insulina. Para algunas personas, la bomba ofrece un grado de control adicional, pero para otras resulta molesta o les produce escoriaciones en el lugar de inserción de la aguja.

La insulina se encuentra disponible en tres formas principales, cada una con una velocidad inicial y duración de la acción diferentes. La insulina de acción rápida, como la insulina regular (insulina cristalina), es la de acción más rápida y más corta. La insulina lispro, un tipo de insulina regular, es la más rápida de todas. La insulina de acción rápida se utiliza con frecuencia cuando se requieren varias inyecciones diarias y se inyecta entre 15 y 20 minutos antes de las comidas o inmediatamente después de comer. Alcanza su máxima actividad en un período de entre 2 y 4 horas y su efecto dura de 6 a 8 horas.

La insulina de acción intermedia (como la insulina zinc en suspensión, insulina lenta o insulina isofano) tarda en actuar entre 1 y 3 horas, alcanza su máxima actividad entre 6 y 10 horas

después, y su efecto dura de 18 a 26 horas. Este tipo de insulina se utiliza por la mañana, para cubrir la primera parte del día o al atardecer, para que aporte la cantidad necesaria durante la noche. La insulina de acción prolongada (como la insulina zinc en suspensión de acción prolongada, insulina ultralenta o glargina) tiene un efecto muy reducido durante más o menos seis horas, pero proporciona cobertura durante un período de entre 28 y 36 horas.

Los preparados de insulina son estables a temperatura ambiente durante meses, lo que permite su transporte, llevarlos al trabajo o incluso durante un viaje. No obstante, la insulina no debe exponerse a temperaturas extremas.

La elección de la insulina es compleja. Se deben considerar los siguientes factores antes de escoger la mejor insulina:

● Lo dispuesta y capacitada que esté la persona para supervisar los niveles de azúcar en la sangre y ajustar la dosis de insulina.

● La manera en que varíen las actividades diarias de cada persona.

● La fiabilidad de los conocimientos que tenga la persona sobre su enfermedad.

● La estabilidad de los niveles de azúcar en la sangre durante el día y de un día para otro.

El régimen más fácil de seguir es una única inyección diaria de insulina de acción intermedia. Sin embargo, este régimen proporciona un control menos adecuado de los niveles de azúcar en la sangre y es, por lo tanto, la estrategia menos apropiada. Se puede lograr un control más estricto con la combinación de dos tipos de insulina (la de acción rápida y la intermedia), administradas en una dosis matinal. Esto requiere más

ANTIHIPERGLUCEMIANTES ORALES

CLASES	FÁRMACO	NÚMERO DE DOSIS DIARIA	REACCIONES ADVERSAS SELECCIONADAS
Biguanidas			
	Metformina	2-3	Diarrea, aumento de la acidez de los fluidos corporales (poco común), insuficiencia hepática (poco común)
	Acción prolongada de la metformina	1-2	
Sulfonilureas			
	Acetohexamida	1-2	Aumento de peso, bajada de sodio en la sangre (hiponatremia) con la clorpropamida
	Clorpropamida	1	
	Glimepirida	1	
	Glipizida	1-2	
	Gliburida	1-2	
	Gliburida micronizada	1-2	
	Tolazamida	1-2	
	Tolbutamida	1-2	
Meglitinidas			
	Nateglinida	3	Aumento de peso
	Repaglinida	3	
Tiazolidinedionas			
	Pioglitazona	1	Aumento de peso, retención de líquidos (edema)
	Rosiglitazona	1-2	
Inhibidores de la glucosidasa			
	Acarbosa	1	Diarrea, dolor abdominal; hinchazón
	Miglitol	3	

habilidad, pero ofrece a las personas mayores la oportunidad de ajustar los niveles sanguíneos de azúcar. Se puede aplicar una segunda inyección de una insulina o de ambas a la hora de la cena o al acostarse. El control más riguroso se alcanza, por lo general, con una dosis de insulina de acción rápida y otra de acción intermedia por la mañana y por la tarde, junto con varias inyecciones adicionales de insulina de acción rápida durante el día. Pueden hacerse ajustes a medida que cambian las necesidades de insulina de la persona. Aunque este régimen requiere un conocimiento mayor de la enfermedad y prestar más atención a los detalles del tratamiento, se considera como la mejor opción para la mayoría de los individuos tratados con insulina.

A algunas personas, especialmente las de edad avanzada, se les administra la misma cantidad de insulina cada día; otras ajustan la dosis diaria de insulina según su dieta, ejercicio y los patrones de los niveles de azúcar en la sangre. Además, los requerimientos de insulina se modifican si se producen alteraciones en el peso, tensión emocional o enfermedades, especialmente infecciosas.

Con el paso del tiempo, en algunos casos se presenta resistencia a la insulina. Debido a que la insulina inyectada no es exactamente la misma que la que produce el organismo, éste reacciona produciendo anticuerpos contra la insulina. Estos anticuerpos afectan a la actividad de la insulina, de modo que un individuo con resistencia a la misma debe tratarse con dosis superiores a las habituales.

Las inyecciones de insulina pueden afectar a la piel y los tejidos subyacentes en el lugar de aplicación. Una reacción alérgica, que se presenta en raras ocasiones, produce dolor y ardor, seguidos de enrojecimiento, picor y tumefacción en el lugar de la inyección, durante varias horas. Con más frecuencia, las inyecciones producen depósitos de grasa, haciendo que la piel se vuelva grumosa, o destruyen la grasa, produciendo una depresión en la piel. Para evitar estos problemas, muchas personas van cambiando los lugares en donde se aplica la inyección, por ejemplo, utilizando el muslo un día, el estómago otro y un brazo al día siguiente.

Antihiperglucemiantes orales

Los antihiperglucemiantes orales pueden, a menudo, disminuir los niveles de azúcar en la sangre en las personas con diabetes tipo 2. Sin embargo, no suelen ser efectivos en las que tienen diabetes tipo 1. Existen varias clases. Las sulfonilureas (por ejemplo, el gliburide) y las meglitinidas (por ejemplo, la repaglinida) estimulan el páncreas para que produzca más insulina (secretagogos de la insulina). Las biguanidas (por ejemplo, la metformina) y las tiazolidinedionas (por ejemplo, la rosiglitazona) no afectan a la liberación de insulina, pero aumentan la respuesta del organismo a ella (agentes sensibilizantes a la insulina). El médico puede prescribir uno de estos fármacos solos o en combinación con una sulfonilurea. Algunos otros tipos de fármacos son los inhibidores de la glucosidasa, como la acarbosa, cuya acción es la de retrasar la absorción de la glucosa en el intestino.

Los fármacos antihiperglucemiantes orales, por lo general, se administran a personas afectadas de diabetes tipo 2 si la dieta y el ejercicio no logran disminuir las concentraciones de azúcar en la sangre de forma adecuada. Los fármacos se toman una sola vez al día, por la mañana, aunque algunas personas necesitan dos o tres dosis. Puede utilizarse más de un tipo del fármaco oral si uno solo no es adecuado. Si los antihiperglucemiantes no logran controlar el nivel del azúcar en la sangre de forma adecuada, se puede optar por inyecciones de insulina sola o en combinación con los fármacos orales.

Supervisión del tratamiento

El control de los niveles de azúcar en la sangre es una parte esencial en el tratamiento de la diabetes. Los diabéticos deben realizar ajustes en su dieta, sus ejercicios y los fármacos que toman para controlar los niveles de azúcar en la sangre. La supervisión de los niveles de azúcar proporciona la información que se necesita para realizar dichos ajustes. Lo que resulta desastroso es esperar a que aparezcan los síntomas de niveles bajos o altos de azúcar en la sangre.

Muchos factores producen cambios en los niveles de azúcar en la sangre, como la dieta, el ejercicio, la tensión emocional, las enfermedades, los fármacos e incluso determinadas horas del día. Las concentraciones de azúcar en la sangre varían bruscamente cuando una persona, sin darse cuenta, toma alimentos con muchos hidratos de carbono. El ejercicio puede disminuir considerablemente la concentración de azúcar en la sangre, hasta tal punto que se requiera administrar una cantidad adicional de azúcar. La tensión emocional, una infección y muchos fármacos tienden a aumentar los niveles de azúcar en la sangre. En muchas personas, los niveles de azúcar en la sangre se incrementan en las primeras horas de la mañana debido a la liberación normal de hormonas (la hormona del crecimiento y los corticosteroides), una reacción denominada fenómeno de la aurora. Y el azúcar puede aumentar significativamente cuando el organismo la libera como respuesta a los valores bajos de azúcar en la sangre (efecto Somogyi).

Los niveles de azúcar en la sangre pueden medirse fácilmente en el propio domicilio del individuo o en cualquier parte. La mayoría de los dispositivos para medir el azúcar usan una gota de sangre que se obtiene pinchando la punta del dedo con una pequeña lanceta. La lanceta tiene una aguja minúscula que se utiliza para pinchar directamente el dedo o se coloca en un dispositivo con un resorte que perfora la piel de manera más fácil y rápida. Para la mayoría de las personas, el pinchazo es casi indoloro. A continuación, se coloca una gota de sangre sobre una tira reactiva. En presencia del azúcar, la tira reactiva experimenta algunos cambios químicos. Un pequeño aparato lee los cambios de la tira y muestra el resultado en un monitor digital. La mayoría de estas máquinas calculan cuánto dura la reacción y leen el resultado automáticamente. Estos dispositivos son más pequeños que un paquete de naipes.

Un nuevo dispositivo lee el azúcar a través de la piel sin necesidad de una muestra de sangre. Este dispositivo se usa como un reloj de pulsera y puede medir el nivel de azúcar en sangre cada quince minutos. Las alarmas del dispositivo pueden prepararse o fijarse de tal forma que suenen cuando los niveles de azúcar en la sangre desciendan o aumenten de forma significativa. Las desventajas de este dispositivo son que debe calibrarse periódicamente con un análisis de sangre, puede irritar la piel y es un poco grande.

Las personas con diabetes deben registrar sus niveles de azúcar en la sangre e informar al médico o enfermera al respecto; ellos les aconsejarán si deben ajustar, cómo y cuándo, la dosis de insulina o del antihiperglucemiante oral. Si es necesario, pueden aprender por sí solas a ajustar la dosis.

Aun cuando las pruebas en orina permiten detectar la presencia de azúcar o de glucosa, no son un buen método para realizar un seguimiento del tratamiento o para ajustarlo. Las pruebas de orina pueden ser engañosas porque la cantidad de azúcar puede no reflejar la concentración de azúcar en la sangre en un determinado momento. Los niveles de azúcar en la sangre pueden disminuir notablemente o aumentar sin que aparezca ningún cambio en los niveles de azúcar en la orina.

Los médicos pueden controlar o monitorizar el efecto del tratamiento utilizando un análisis de sangre denominado determinación de hemoglobina A_{1C}. Cuando se eleva la concentración de azúcar en la sangre, se detectan cambios en la hemoglobina, la proteína que transporta oxígeno en la sangre. Estas alteraciones son directamente proporcionales a los niveles de azúcar en la sangre durante un período prolongado. Así, a diferencia de la medición de azúcar en la sangre que revela el valor en un momento determinado, la medición de la hemoglobina A_{1C} pone de manifiesto si los niveles de azúcar se han controlado durante las semanas previas. El valor normal de la hemoglobina A_{1C} es menor del 7%. Los diabéticos casi nunca llegan a estos niveles, pero un control estricto puede hacer que se acerquen a ellos. Los valores superiores al 9% muestran un escaso control, y los superiores al 12% muestran un control escaso. La mayoría de los médicos especializados en diabetes recomiendan que la hemoglobina A_{1C} se mida cada 3 o 6 meses. La fructosamina, un aminoácido glicosilado, también es útil para la medición del control de la glucosa en un período de pocas semanas.

Tratamientos experimentales

Los tratamientos experimentales también son muy prometedores para el tratamiento de la diabetes de tipo 1. En uno de estos tratamientos, se trasplantan células productoras de insulina en algunos órganos del cuerpo. Este procedimiento no se realiza de forma rutinaria todavía, debido a que es necesario administrar algunos fármacos inmunosupresores para evitar que el organismo rechace las células trasplantadas. Algunas técnicas recientes pueden lograr que no sea necesaria la supresión del sistema inmunológico.

CAPÍTULO 166

Hipoglucemia

La hipoglucemia es la presencia de concentraciones muy bajas de azúcar (glucosa) en la sangre.

Normalmente, el organismo mantiene la concentración de azúcar en la sangre dentro de un rango de entre 70 y 110 mg/dL de sangre. En la hipoglucemia, se produce un notable descenso de los niveles de azúcar en la sangre. En la diabetes mellitus, los niveles de azúcar aumentan considerablemente, situación conocida como hiperglucemia. Aunque la diabetes se caracteriza por las altas concentraciones de azúcar en la sangre, muchas personas diabéticas experimentan períodos de hipoglucemia. La hipoglucemia es poco frecuente en las personas que no tienen diabetes.

Los niveles bajos de azúcar en la sangre afectan a la función de muchos sistemas orgánicos. El cerebro es particularmente sensible a los niveles bajos, porque la glucosa es su principal fuente de energía. Cuando los niveles de azúcar en la sangre descienden por debajo de su nivel habitual, el cerebro responde estimulando las glándulas suprarrenales para liberar adrenalina, el páncreas libera glucagón y la glándula hipófisis libera la hormona del crecimiento, todo lo cual hace que el hígado libere azúcar en la sangre.

➤ Causas

Fármacos: la mayoría de los casos de hipoglucemia se presentan en enfermos diabéticos y son causados por la insulina o por otros fármacos (por ejemplo, las sulfonilureas) cuando se toman para disminuir los niveles de azúcar en la sangre. Los diabéticos, a veces, llaman a la hipoglucemia *una reacción a la insulina* o *estar temblorosos*. Las reacciones a la insulina son más frecuentes cuando se hacen esfuerzos considerables por mantener los niveles de azúcar en la sangre lo más normales posible. Las personas que están bajando de peso o que presentan una insuficiencia renal tienen mayor probabilidad de tener hipoglucemia. Las personas mayores tienen más probabilidad que los jóvenes de presentar hipoglucemia por ingestión de las sulfonilureas.

Si una persona, después de tomar una dosis de un medicamento para la diabetes, ingiere una cantidad de alimento menor de lo habitual o aumenta la actividad física, el fármaco puede disminuir de manera excesiva el nivel de azúcar en la sangre. Las personas con diabetes grave de larga duración son particularmente propensas a la hipoglucemia en estas situaciones, debido a que no producen suficiente glucagón o adrenalina. Con frecuencia, los valores de glucagón y adrenalina liberados son muy bajos como para contrarrestar una concentración baja de azúcar en la sangre.

Muchos fármacos distintos a los prescritos para la diabetes pueden causar hipoglucemia, en particular la pentamidina, utilizada para tratar una clase de neumonía que ocurre más frecuentemente en los casos de SIDA, y la quinina, utilizada para tratar calambres musculares.

Un tipo poco corriente de hipoglucemia relacionada con fármacos aparece en personas con síndrome de Münchausen, que toman en secreto insulina u otros fármacos como parte de su comportamiento para llamar la atención ● *(v. recuadro pág. 724).*

Ayuno: en el caso de hipoglucemia por ayuno, el organismo no puede mantener niveles adecuados de azúcar en la sangre después de un período sin alimento. El ayuno y la práctica prolongada de ejercicios intensos, aun después de un período de ayuno, no son causas probables de hipoglucemia en personas por lo demás sanas, aunque pueden serlo en algunas ocasiones.

Hay varias enfermedades o trastornos que pueden ocasionar una hipoglucemia por ayuno. En personas que beben con exceso sin comer, el alcohol puede afectar a la liberación del azúcar almacenado en el hígado. Es posible que el hígado no pueda almacenar suficiente azúcar en los individuos con enfermedades hepáticas, como la hepatitis vírica, la cirrosis o el cáncer. Los lactantes y niños con una alteración de los sistemas enzimáticos que controlan el azúcar, pueden presentar también hipoglucemia por ayuno.

Reacción al tomar alimentos: la hipoglucemia puede producirse como una reacción al ingerir algunos alimentos, por lo general hidratos de carbono. La respuesta del organismo al alimento es excesiva, de esta manera se produce más insulina de la necesaria.

Después de ciertos tipos de cirugía gástrica como la resección de parte del estómago, los azúcares se absorben muy rápidamente, estimulando así la producción excesiva de insulina. Los problemas en la digestión de algunos azúcares (fructosa y galactosa) y aminoácidos (leucina) también pueden causar una reacción hipoglucémica. Un tipo de hipoglucemia reactiva poco frecuente puede producirse después de beber alcohol en combinación con azúcar (por ejemplo, ginebra y tónica).

Otras causas: algunas causas de hipoglucemia no parecen tener relación específica con el alimento, pero el ayuno o el ejercicio intenso pueden desencadenar o empeorar un episodio de hipoglucemia. En casos muy raros, un tumor en el páncreas puede producir grandes cantidades de insulina, produciendo hipoglucemia. En algunas personas, un trastorno autoinmune disminuye los niveles de azúcar en la sangre al cambiar la secreción de insulina o por otros medios. Los trastornos por los cuales la hipófisis y las glándulas suprarrenales (en particular, en la enfermedad de Addison) disminuyen la producción de hormonas, también pueden causar hipoglucemia. Algunas enfermedades graves, como el fracaso renal o la insuficiencia cardiaca, el cáncer y el shock, también pueden causar hipoglucemia, especialmente en personas que reciben además tratamiento para la diabetes.

➤ Síntomas

Los síntomas de la hipoglucemia rara vez aparecen hasta que el nivel de azúcar en la sangre desciende hasta más de sesenta miligramos por decilitro de sangre. Algunas personas desarrollan síntomas con concentraciones ligeramente más altas, especialmente cuando los niveles de azúcar en la sangre disminuyen rápidamente y algunas no presentan síntomas hasta que los niveles de azúcar son mucho más bajos.

El organismo responde a una bajada del nivel de azúcar en la sangre, en primer lugar, liberando adrenalina de las glándulas suprarrenales. La adrenalina estimula la liberación del azúcar almacenado en las reservas del organismo, pero también causa síntomas similares a los de un ataque de ansiedad: sudoración, nerviosismo, temblores, desfallecimiento, palpitaciones y hambre. Si la hipoglucemia tiene mayor gravedad, se reduce el aporte de azúcar al cerebro, provocando mareo, cansancio, debilidad, cefaleas, incapacidad para concentrarse, confusión, un comportamiento inadecuado que puede confundirse con embriaguez, alteraciones del habla, visión borrosa, convulsiones y coma. La hipoglucemia prolongada puede lesionar el cerebro de forma irreversible. Los síntomas pueden ser de inicio lento o repentino, que progresa en pocos minutos; desde un malestar ligero a una confusión grave, o incluso hasta pánico. En raras ocasiones, las personas con una diabetes bien controlada presentan hipoglucemia. El hecho de que hayan dejado de prestar atención a los síntomas de la hipoglucemia puede hacer que se desmayen o incluso entren en coma sin previo aviso.

En un individuo con un tumor pancreático secretor de insulina, es más probable que los síntomas aparezcan a primera hora de la mañana en ayunas, sobre todo, si las reservas de azúcar de la sangre se han agotado más aún debido al ejercicio realizado antes del desayuno. Al principio, las personas con un tumor suelen tener sólo episodios ocasionales de hipoglucemia, pero con el paso de los meses o de los años los episodios se van volviendo más frecuentes y serios.

➤ Diagnóstico

En un diabético conocido, el médico puede sospechar hipoglucemia cuando se describen los síntomas típicos. El diagnóstico puede confirmarse cuando se encuentran niveles bajos de azúcar en la sangre mientras se presentan dichos síntomas.

Por otra parte, en individuos que se consideran sanos y que no tienen diabetes, el médico puede, por lo general, reconocer la hipoglucemia basándose en los síntomas, la historia clínica, una exploración física y algunos análisis sencillos.

Primero se mide el valor de azúcar en la sangre. Una concentración baja de azúcar en una persona sin diabetes que presenta los síntomas típicos de hipoglucemia confirma el diagnóstico, especialmente si la relación entre un nivel bajo de azúcar en la sangre y los síntomas se demuestra más de una vez. El diagnóstico se confirma si los síntomas mejoran cuando los valores aumentan a los pocos minutos de haber tomado azúcar.

Cuando la relación entre los síntomas de una persona no diabética y el valor de azúcar en la sangre continúa siendo poco clara, es posible que sean necesarias otras pruebas complementarias. A menudo, el siguiente paso es medir la concentración de azúcar en la sangre después de una noche de ayuno en un hospital o en otro contexto estrechamente supervisado. También puede que sea necesario realizar pruebas más completas.

Si se sospecha que la hipoglucemia es debida al uso de un fármaco como la pentamidina o quinina, debe suspenderse su administración y medir los niveles de azúcar en la sangre, para determinar su incremento. Si la causa continúa siendo poco clara, se requieren otras pruebas de laboratorio.

Si se sospecha que existe un tumor productor de insulina, puede resultar necesario medir los niveles de insulina en la sangre en ayunas (algunas veces en ayunas de hasta 72 horas). Si las mediciones de insulina revelan la existencia de un tumor, el médico tratará de localizarlo antes de iniciar el tratamiento.

➤ Tratamiento

Los síntomas de hipoglucemia mejoran después de pocos minutos de haber consumido azúcar en cualquiera de sus formas, ya sean caramelos o comprimidos de glucosa o bebidas dulces, como un vaso de zumo de fruta. Los individuos con episodios recurrentes de hipoglucemia, sobre todo los diabéticos, a menudo prefieren llevar consigo comprimidos de glucosa porque tienen un efecto rápido y suministran una cantidad suficiente de azúcar. Tanto los diabéticos como los no diabéticos con hipoglucemia pueden mejorar ingiriendo primero azúcar y luego un alimento que suministre hidratos de carbono de larga duración (como el pan o las galletas). Cuando la hipoglucemia es grave o prolongada y no es posible tomar azúcar por vía oral, el médico administrará rápidamente glucosa por vía intravenosa para evitar lesiones cerebrales.

Se debe tener glucagón a mano para las urgencias, si existe riesgo de presentar episodios graves de hipoglucemia. La administración de glucagón estimula al hígado para que libere grandes cantidades de azúcar. El glucagón se administra mediante una inyección y, generalmente, normaliza el nivel de azúcar en la sangre al cabo de un período de entre 5 y 15 minutos.

Los tumores secretores de insulina deben extirparse quirúrgicamente. Sin embargo, debido a su pequeño tamaño y a la dificultad de localizarlos, la cirugía debe ser realizada por un especialista.

Antes de la intervención quirúrgica, se administrará un fármaco como el diazóxido para estimular la secreción de insulina proveniente del tumor. A veces, existe más de un tumor y, si el cirujano no los encuentra todos, será precisa una segunda intervención.

Los individuos no diabéticos con predisposición a la hipoglucemia, a menudo, evitan los episodios de hipoglucemia tomando comidas pequeñas y frecuentes en vez de las tres diarias habituales. Los individuos con tendencia a la hipoglucemia deben llevar una pulsera o etiqueta de identificación médica que informe de su enfermedad a los profesionales de la salud.

CAPÍTULO 167

Síndromes de neoplasia endocrina múltiple

Los síndromes de neoplasia endocrina múltiple son trastornos poco frecuentes, en los cuales varias glándulas endocrinas desarrollan tumores no cancerosos (benignos) o cancerosos (malignos), o crecen excesivamente sin llegar a constituir tumores.

Los síndromes de neoplasia endocrina múltiple pueden aparecer en lactantes o a los 70 años. Casi todos los síndromes de neoplasia endocrina múltiple son hereditarios.

Los síndromes de neoplasia endocrina múltiple se presentan de tres maneras distintas, denominadas tipo 1, 2A, y 2B, aunque a veces comparten características similares. Los tumores y las glándulas aumentadas excesivamente de tamaño, con frecuencia, producen un exceso de hormonas. Aunque los tumores o dicho crecimiento anormal pueden presentarse en más de una glándula al mismo tiempo, los cambios suelen presentarse a lo largo del tiempo.

➤ Tipos

Enfermedad tipo 1: las personas con neoplasia endocrina múltiple tipo 1 desarrollan tumores o un crecimiento y una actividad excesivos en dos o más de las glándulas siguientes: las glándulas paratiroides (glándulas pequeñas próximas al ti-

roides), el páncreas, la glándula hipófisis y, con menor frecuencia, las glándulas tiroides y suprarrenales.

Casi todas las personas que padecen la enfermedad tipo 1 tienen tumores en las glándulas paratiroides. La mayoría de estos tumores no son cancerosos, pero dan lugar a una producción excesiva de hormona paratiroidea por las glándulas (hiperparatiroidismo) ● *(v. recuadro pág. 1082).* Este exceso, por lo general, hace que se eleven los valores del calcio en la sangre y, a veces, origina cálculos renales.

La mayoría de las personas con la enfermedad tipo 1 también desarrollan tumores de las células productoras de hormonas (células de los islotes) del páncreas. Algunos de estos tumores producen niveles altos de insulina y, por lo tanto, bajos niveles de azúcar en la sangre (hipoglucemia), especialmente si no se ha ingerido alimento durante varias horas. Más de la mitad de los tumores de las células de los islotes producen gastrina con exceso, una sustancia que estimula la secreción excesiva de ácido en el estómago. Generalmente, las personas con tumores productores de gastrina desarrollan úlceras pépticas que, a menudo, sangran, se perforan y vierten el contenido del estómago en el abdomen o producen una obstrucción del estómago. Los niveles altos de ácido afectan a menudo a la actividad de las enzimas

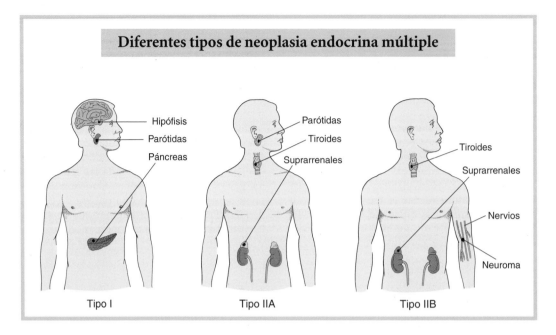

Diferentes tipos de neoplasia endocrina múltiple

Tipo I
- Hipófisis
- Parótidas
- Páncreas

Tipo IIA
- Parótidas
- Tiroides
- Suprarrenales

Tipo IIB
- Tiroides
- Suprarrenales
- Nervios
- Neuroma

del páncreas, provocando diarrea y deposiciones grasas y fétidas (esteatorrea). Los tumores de las células de los islotes restantes pueden secretar otras hormonas, como el polipéptido intestinal vasoactivo, que puede producir diarrea grave y deshidratación.

Algunos de los tumores de células de los islotes son cancerosos y, a veces, pueden diseminarse (metástasis) a otras partes del cuerpo. Los tumores cancerosos de células de los islotes tienden a crecer más lentamente que los otros tipos de cáncer que se desarrollan en el páncreas.

La mayoría de las personas con la enfermedad tipo 1 presentan tumores de la glándula hipófisis. Algunos de estos tumores producen la hormona prolactina y son causa de anomalías menstruales en las mujeres y de disfunción eréctil (impotencia) en los hombres. Otros producen hormona del crecimiento y son causa de acromegalia ● *(v. pág. 1130)*. Un pequeño porcentaje de tumores hipofisarios produce adrenocorticotropina, que estimula las glándulas suprarrenales y aumenta la concentración de hormonas corticosteroides, y produce en consecuencia el síndrome de Cushing ● *(v. pág. 1147)*. Algunos tumores hipofisarios no producen ninguna hormona. Algunos tumores hipofisarios originan dolores de cabeza, problemas visuales y una reducción de las funciones de la glándula hipófisis, por la presión ejercida contra las zonas cercanas del cerebro.

En algunos individuos con la enfermedad tipo 1, aparecen tumores o un crecimiento excesivo y una actividad aumentada del tiroides y de las glándulas suprarrenales. Un pequeño porcentaje de personas desarrollan otro tipo de tumores, los llamados tumores carcinoides ● *(v. pág. 1165)*. Por último, algunas personas pueden presentar debajo de la piel crecimientos no cancerosos de tipo graso (lipomas).

Enfermedad tipo 2A: las personas con neoplasia endocrina múltiple tipo 2A presentan tumores o un crecimiento excesivo e hiperactividad en 2 o 3 de las glándulas siguientes: las glándulas tiroides, suprarrenales y paratiroides.

Casi todos los individuos con enfermedad tipo 2A desarrollan cáncer medular de tiroides ● *(v. pág. 1143)*. Aproximadamente el 50% presentan feocromocitomas, tumores de las glándulas suprarrenales ● *(v. pág. 1150)*, los cuales suelen elevar la presión arterial debido a la producción de adrenalina y otras sustancias. La hipertensión puede ser intermitente o constante y es, con frecuencia, muy seria.

Algunas personas con la enfermedad tipo 2A tienen hiperfunción de las glándulas paratiroides y, por lo tanto, aumentan las concentraciones de calcio en la sangre, dando lugar a la formación de cálculos renales. En otras, las glándulas paratiroides aumentan de tamaño sin producir grandes cantidades de hormona paratiroidea, de modo que no se observan trastornos relacionados con valores elevados de calcio.

Enfermedad tipo 2B: la neoplasia endocrina múltiple tipo 2B puede consistir en cáncer medular de tiroides, feocromocitomas y neuromas (crecimientos alrededor de los nervios). Algunos individuos con la enfermedad 2B no tienen antecedentes familiares.

El carcinoma medular de tiroides que se produce en la enfermedad tipo 2B se desarrolla a una edad temprana, constatándose incluso en lactantes de tres meses. Los tumores medulares de tiroides en el tipo 2B crecen y se extienden más rápidamente que los de la enfermedad tipo 2A.

La mayoría de las personas con la enfermedad tipo 2B desarrollan neuromas en sus membranas mucosas. Los neuromas aparecen como protuberancias brillantes alrededor de los labios, la lengua y el revestimiento interno de la boca. Los neuromas también pueden presentarse sobre los párpados y los ojos, incluidas la conjuntiva y la córnea. Los párpados y los labios pueden aumentar de tamaño.

Las anomalías del tracto gastrointestinal causan estreñimiento y diarrea. A veces, el colon presenta asas grandes y dilatadas (megacolon). Probablemente, estas anomalías son el resultado de neuromas que crecen en los nervios intestinales.

Las personas con la enfermedad tipo 2B, a menudo, presentan alteraciones en la columna vertebral, especialmente desviaciones de columna. También pueden presentar alteraciones en los huesos de los pies y de los muslos. Muchas personas tienen extremidades largas y articulaciones inestables.

➤ Pruebas de detección

Puesto que casi la mitad de los niños de padres con neoplasia endocrina múltiple heredan la enfermedad, las pruebas de detección son importantes para lograr un diagnóstico y un tratamiento de forma precoz. Existen pruebas para identificar cada tipo de tumor. Se ha identificado el único gen causante de la enfermedad tipo 1 y está disponible una prueba para detectar las anomalías presentes en este gen. Se han identificado alteraciones en un gen diferente en personas con enfermedades tipo 2A y 2B y también están disponibles las pruebas para detectar mutaciones en este otro gen. Estas pruebas genéticas permiten lograr un diagnóstico y tratamiento precoz y eficaz en personas con una historia clínica familiar de síndromes de neoplasia endocrina múltiple.

➤ Tratamiento

No existe un tratamiento curativo conocido para ninguna de las neoplasias endocrinas múltiples. Los médicos tratan los cambios en cada glándula de forma individual. Se trata un tumor mediante su extirpación o con la corrección del desequilibrio hormonal, usando fármacos que contrarresten los efectos de la hiperactividad glandular. Una glándula excesivamente grande e hiperactiva sin tumor se trata con fármacos para contrarrestar los efectos de su hiperactividad.

Dado que el carcinoma medular de tiroides es terminal si no se trata, se recomienda habitualmente la extirpación quirúrgica de la glándula tiroides si se tiene evidencia de que existe una enfermedad tipo 2A o tipo 2B, incluso si el diagnóstico de carcinoma medular de tiroides no se confirma antes de realizar la cirugía. A diferencia de otras clases de cáncer tiroideo, este tipo agresivo de cáncer tiroideo no puede ser tratado con yodo radiactivo. Si se ha extirpado la glándula tiroides, es preciso tomar hormona tiroidea de por vida.

CAPÍTULO 168

Tumores carcinoides

Los tumores carcinoides son crecimientos anormales, que pueden ser no cancerosos (benignos) o cancerosos (malignos), y que producen cantidades excesivas de sustancias similares a las hormonas.

Los tumores carcinoides, por lo general, se originan en las células productoras de hormonas que revisten el intestino u otras células del aparato digestivo. También pueden aparecer en el páncreas, los testículos, los ovarios o los pulmones. Los tumores carcinoides pueden producir un exceso de sustancias similares a las hormonas, como la serotonina, la bradiquinina, la histamina y las prostaglandinas. Los niveles excesivos de estas sustancias pueden causar, a veces, una gran variedad de síntomas conocidos como síndrome carcinoide.

Cuando estos tumores aparecen en el aparato digestivo o en el páncreas, las sustancias que producen son liberadas en un vaso sanguíneo que fluye directamente hacia el hígado (vena porta), donde son destruidas por las enzimas. Por consiguiente, los carcinoides del tracto gastrointestinal, por lo general, no suelen producir síntomas, salvo en caso de que se hayan diseminado hasta el hígado.

Si los tumores se han extendido hasta el hígado, éste no podrá procesar las sustancias antes de que comiencen a circular por todo el organismo. Se pueden presentar varios síntomas del síndrome carcinoide, en función de las sustancias liberadas por los tumores. Los carcinoides en los pulmones y los ovarios también producen síntomas porque las sustancias producidas no llegan al hígado sino que circulan ampliamente en el torrente sanguíneo.

➤ Síntomas

La mayoría de las personas con tumores carcinoides tienen síntomas parecidos a los de otras formas de cáncer intestinal, sobre todo, cólicos y alteraciones en el ritmo intestinal como resultado de una obstrucción.

Menos del 10% de las personas con tumores carcinoides desarrollan los síntomas del síndrome carcinoide. Por lo general, el primer síntoma y el más frecuente que indica la existencia del síndrome carcinoide es el incómodo enrojecimiento que, casi siempre, se manifiesta en la cabeza y el cuello. El enrojecimiento, provocado por la dilatación de los vasos sanguíneos, se desencadena con frecuencia por emociones, por la ingestión de alimentos, de bebidas alcohólicas o de líquidos calientes. El rubor puede ir seguido de ciertos períodos en los que la piel aparece azulada (cianosis). La contracción excesiva del intestino puede producir calambres abdominales y diarrea. Es posible que el intestino no pueda absorber los nutrientes adecuadamente, lo que termina originando desnutrición y deposiciones grasas y fétidas.

Puede aparecer una lesión cardíaca, con una hinchazón secundaria de pies y piernas (edema). La obstrucción del flujo de aire en los pulmones puede dar lugar a sibilancias y dificultad para respirar. Ciertas personas con síndrome carcinoide pierden el interés por el sexo y algunos hombres presentan disfunción eréctil (impotencia).

➤ Diagnóstico

Cuando los síntomas hacen sospechar la existencia de un tumor carcinoide, el diagnóstico puede confirmarse a menudo con la medición de los valores del ácido 5-hidroxindolacético (5-HIAA), uno de los derivados químicos de la serotonina, en la orina de la persona, la cual se recoge durante un período de veinticuatro horas. Como mínimo, durante los tres días previos a esta prueba, el individuo deberá evitar tomar alimentos ricos en serotonina (tales como plátanos, tomates, ciruelas, aguacates, piñas, berenjenas y nueces). Ciertos fármacos, como la guaifenesina (presente en muchos jarabes para la tos), el metocarbamol (un relajante muscular) y las fenotiacinas (tranquilizantes o antidepresivos) también pueden afectar a los resultados del examen.

Se utilizan diferentes pruebas para localizar los tumores carcinoides. Estas pruebas incluyen procedimientos como la tomografía computarizada (TC), la resonancia magnética nuclear (RMN) y la arteriografía. A veces, se precisa una cirugía exploradora para localizar el tumor.

La gammagrafía es otra prueba de gran utilidad. La mayoría de los tumores carcinoides tienen receptores para la somatostatina. Por lo tanto, se puede inyectar en la sangre somatostatina radiactiva, y utilizar la gammagrafía para localizar un tumor carcinoide y determinar si éste se ha extendido. Aproximadamente el 90% de estos tumores se pueden localizar mediante esta técnica. Una TC o una RMN pueden ayudar a confirmar si el tumor se ha extendido al hígado.

➤ Tratamiento

Cuando el tumor carcinoide se limita a una zona específica como los pulmones, el apéndice, el intestino delgado o el recto, su extirpación quirúrgica puede llevar a la curación de la enfermedad. Si el tumor se ha extendido hasta el hígado, la cirugía raramente consigue dicha curación, pero puede contribuir a controlar los síntomas. Los tumores crecen tan lentamente que hasta los individuos cuyos tumores se han diseminado o extendido, a menudo, sobreviven más de 10 o 15 años.

Ni la radioterapia ni la quimioterapia pueden curar los tumores carcinoides. Sin embargo, las combinaciones de ciertos quimioterápicos (estreptozocina con fluorouracilo y, a veces, la doxorrubicina) pueden mejorar los síntomas. Un fármaco llamado octreótido también puede aliviar los síntomas, y el tamoxifeno, el alfa interferón y la eflornitina reducen el crecimiento del tumor. Las fenotiacinas, la cimetidina y la fentolamina se emplean para controlar el enrojecimiento en los individuos con síndrome carcinoide. A veces, se administra prednisona a las personas con tumores carcinoides de pulmón y episodios severos de enrojecimiento. La diarrea se puede controlar con codeína, tintura de opio, difenoxilato o ciproheptadina.

CAPÍTULO 169

Biología de la sangre

La sangre es una mezcla compleja de plasma (su componente líquido), glóbulos blancos, glóbulos rojos y plaquetas. El cuerpo contiene de 5 a 6 litros de sangre. Una vez que la sangre es bombeada desde el corazón, tarda de 20 a 30 segundos en hacer un viaje completo a través de la circulación y volver al corazón.

La sangre realiza una gran variedad de funciones esenciales mientras circula por el cuerpo. Reparte oxígeno y nutrientes esenciales (como grasas, azúcares, minerales y vitaminas) a los tejidos del organismo. Transporta el dióxido de carbono a los pulmones y lleva otros productos de desecho hacia los riñones para que sean eliminados del cuerpo. Transporta hormonas (mensajeros químicos) para permitir que diferentes partes del cuerpo se comuniquen entre sí. También transporta componentes que combaten infecciones, y otros que sirven para la coagulación de la sangre cuando hay hemorragia.

■ Componentes de la sangre

➤ Plasma

El plasma es el componente líquido de la sangre en el que están suspendidos los glóbulos rojos y blancos y las plaquetas. El plasma constituye más de la mitad del volumen de la sangre y está compuesto principalmente por sales disueltas en agua (electrolitos) y proteínas. La proteína que más abunda en el plasma es la albúmina. La albúmina ayuda a evitar que el líquido se filtre fuera de los vasos sanguíneos y entre en los tejidos. Además, ésta se une a sustancias como hormonas y algunos fármacos, transportándolos también. Otras proteínas contenidas en el plasma son los anticuerpos (inmunoglobulinas), que defienden activamente al organismo frente a virus, bacterias, hongos y células cancerosas. También se encuentran los factores de coagulación, que previenen hemorragias.

El plasma tiene también otras funciones. Actúa como un reservorio tanto para reponer agua en caso que sea insuficiente para el cuerpo como para absorber el exceso de ésta de los tejidos. Cuando los tejidos del cuerpo necesitan líquidos adicionales, el agua proveniente del plasma es el primer recurso utilizado para cubrir esta necesidad. El plasma también impide que los vasos sanguíneos se colapsen o se obstruyan y ayuda a mantener la presión arterial y la circulación a través de todo el organismo. Esto lo hace llenando los vasos sanguíneos y fluyendo constantemente a través de éstos. El plasma también ayuda a calentar o enfriar el cuerpo según sea necesario, llevando el calor proveniente de los tejidos del cuerpo y transportándolo a las áreas que pierden calor con mayor facilidad, tales como brazos, piernas y cabeza.

➤ Glóbulos rojos

Los glóbulos rojos (también denominados eritrocitos) constituyen el 40% del volumen sanguíneo. Los glóbulos rojos contienen hemoglobina, la proteína que le da su color rojo a la sangre y que le permite transportar oxígeno desde los pulmones hacia todos los tejidos del cuerpo. El oxígeno es utilizado por las células para producir la energía que el organismo necesita, proceso que deja como desecho el dióxido de carbono. Los glóbulos rojos transportan el dióxido de carbono lejos de los tejidos y de vuelta a los pulmones. Cuando el número de glóbulos rojos es demasiado bajo (anemia), la sangre transporta menos oxígeno, lo que causa fatiga y debilidad. Cuando el número de glóbulos rojos es demasiado alto (policitemia), la sangre puede volverse muy espesa, haciendo más probable la coagulación de la sangre y el bloqueo de las arterias, lo que aumenta el riesgo de un ataque cardíaco y de un accidente cerebrovascular.

➤ Glóbulos blancos

Los glóbulos blancos (también denominados leucocitos) se encuentran en menor cantidad que los glóbulos rojos, con una proporción aproximada de 1 glóbulo blanco por cada 660 glóbulos rojos. Los glóbulos blancos son responsables principalmente de la defensa del cuerpo contra infecciones. Existen cinco tipos principales de glóbulos blancos. Los **neutrófilos** son el tipo más numeroso, y ayudan a proteger el cuerpo de las infecciones, matando e ingiriendo bacterias y hongos, así como mediante la ingestión de resi-

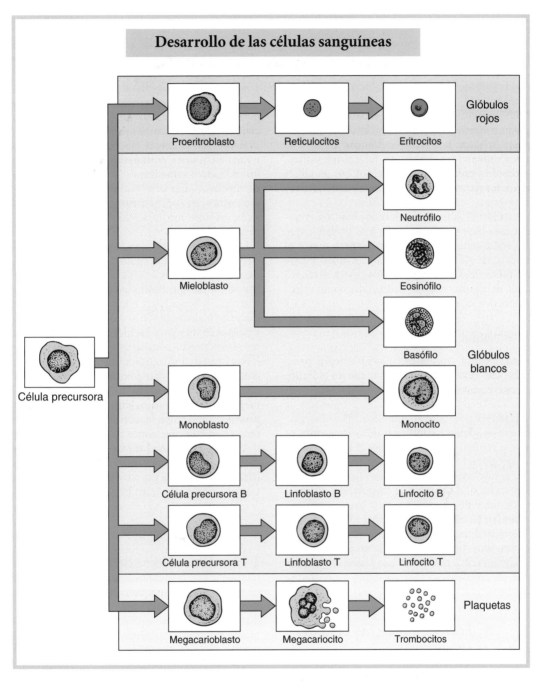

Desarrollo de las células sanguíneas

Célula precursora

Glóbulos rojos
Proeritroblasto → Reticulocitos → Eritrocitos

Mieloblasto

Neutrófilo

Eosinófilo

Basófilo

Glóbulos blancos

Monoblasto → Monocito

Célula precursora B → Linfoblasto B → Linfocito B

Célula precursora T → Linfoblasto T → Linfocito T

Megacarioblasto → Megacariocito → Trombocitos

Plaquetas

duos extraños. Los **linfocitos** se dividen en tres grupos principales: los linfocitos T y las células asesinas naturales, que permiten al organismo defenderse de las infecciones víricas y que también pueden detectar y destruir algunas células cancerosas, y los linfocitos B, que se transforman en células plasmáticas que producen anticuerpos. Los **monocitos** ingieren las células muertas o dañadas y ayudan en la defensa contra gran cantidad de microorganismos infecciosos. Los **eosinófilos** matan los parásitos, destruyen las células cancerosas y están involucrados en las reacciones alérgicas. Los **basófilos** también participan en las reacciones alérgicas.

Algunos glóbulos blancos fluyen a través del torrente sanguíneo, pero muchos otros se adhieren a las paredes de los vasos sanguíneos o incluso atraviesan estas paredes para entrar en otros tejidos. Cuando los glóbulos blancos alcanzan el lugar de una infección, o detectan otro problema de su competencia, liberan sustancias que atraen a más glóbulos blancos. Las células blancas funcionan como un ejército; están dispersas por todo el cuerpo, pero listas en cualquier momento para agruparse y combatir contra cualquier organismo invasor. Los glóbulos blancos logran esta tarea rodeando y digiriendo microorganismos, así como produciendo anticuerpos que se adhieren a los gérmenes para que su destrucción sea más fácil ● *(v. también pág. 1256).*

Cuando el número de glóbulos blancos es demasiado bajo (leucopenia), es más probable que se produzca una infección. Un número mayor al normal de glóbulos blancos (leucocitosis) puede no causar directamente síntomas, pero sí ser indicio de algunas enfermedades, tales como infecciones diversas y leucemia.

➤ Plaquetas

Las plaquetas (trombocitos) son partículas parecidas a las células, más pequeñas que los glóbulos rojos o blancos. La cantidad de plaquetas es menor a la de glóbulos rojos, en una proporción de 1 plaqueta por cada 20 glóbulos rojos. Las plaquetas ayudan en el proceso de coagulación, ya que se reúnen donde se produce la hemorragia y se aglutinan formando un tapón que ayuda a sellar el vaso sanguíneo. Al mismo tiempo, liberan sustancias que favorecen la coagulación. Cuando la cantidad de plaquetas es muy baja (trombocitopenia), pueden aparecer hematomas en la piel y hemorragias. Cuando la cantidad de plaquetas es muy alta (trombocitemia), la sangre puede coagularse excesivamente, lo que puede desencadenar un accidente cerebrovascular o un ataque cardíaco.

■ Formación de las células sanguíneas

Los glóbulos rojos, la mayor parte de los glóbulos blancos y las plaquetas se producen en la médula ósea, la parte blanda grasosa que se encuentra en las cavidades dentro de los huesos. Dos tipos de glóbulos blancos, los linfocitos T y B, también se producen en los ganglios linfáticos y en el bazo. Los linfocitos T se producen y maduran en el timo.

Dentro de la médula ósea, todas las células sanguíneas se originan a partir de un mismo tipo de célula no especializada denominada célula madre. Cuando la célula madre se divide, inicialmente da origen a glóbulos rojos inmaduros, glóbulos blancos inmaduros o a células productoras de plaquetas. Las células inmaduras se subdividen, maduran más y finalmente se convierten en glóbulos rojos maduros, glóbulos blancos maduros o en plaquetas.

La velocidad de producción de las células sanguíneas es controlada en función de las necesidades del cuerpo. Las células sanguíneas normales duran un tiempo limitado (que puede ir desde unas pocas horas hasta unos pocos días para los glóbulos blancos, hasta 10 días para las plaquetas y hasta 120 días para los glóbulos rojos) y deben ser reemplazadas constantemente. Ciertas condiciones pueden desencadenar una producción adicional de células sanguíneas. Cuando el contenido de oxígeno de los tejidos corporales o el número de glóbulos rojos disminuye, los riñones producen y liberan la eritropoyetina, una hormona que estimula la médula ósea para producir más glóbulos rojos. En caso de infecciones, la médula ósea produce y libera más glóbulos blancos. La médula ósea produce y libera más plaquetas como respuesta a una hemorragia.

■ Efectos del envejecimiento

El envejecimiento tiene ciertos efectos sobre la médula ósea y las células sanguíneas. La cantidad de grasa en la médula aumenta, lo que hace que la cantidad de médula capaz de producir células, disminuya. Aunque esta disminución generalmente no causa problemas, puede hacerlo si el cuerpo experimenta un aumento en la demanda de células sanguíneas: la médula de una persona mayor podría tener menor capacidad para satisfacer una demanda alta de células sanguíneas. La anemia es el resultado más frecuente.

CAPÍTULO 170

Síntomas y diagnóstico de los trastornos de la sangre

Los trastornos que afectan a las células de la sangre (células sanguíneas) o a las proteínas del sistema de coagulación se denominan trastornos sanguíneos o trastornos hematológicos. En función de los síntomas del paciente, el médico suele recomendar una serie de exámenes para determinar el trastorno hematológico.

■ Síntomas

Los síntomas de los trastornos hematológicos generalmente no son específicos ni precisos. Estos podrían indicar un problema casi en cualquier parte del organismo. Tales síntomas incluyen fatiga, debilidad, ahogo, fiebre, pérdida de peso, dolor, mareo, desmayo, hemorragias excesivas, propensión a hematomas y aparición de pequeñas manchas rojas y moradas en la piel.

Aunque ningún síntoma por sí solo indica con certeza un trastorno hematológico, algunos síntomas en conjunto sí que lo sugieren. Estos grupos de síntomas generalmente están relacionados con la disminución del número de células en la sangre; por ejemplo, disminución de glóbulos rojos: anemia; de glóbulos blancos: leucopenia; y de plaquetas: trombocitopenia. Así, una persona que siente debilidad y ahogo podría tener pocos glóbulos rojos. Una persona que tiene fiebre e infección podría carecer de suficientes glóbulos blancos. Una persona que sangra y le aparecen hematomas con facilidad podría tener pocas plaquetas.

Ocasionalmente, los síntomas pueden relacionarse con un incremento en la cantidad de células sanguíneas. Por ejemplo, las personas con sangre espesa (más viscosa), debido al incremento en el número de glóbulos rojos o blancos, pueden experimentar síntomas tales como ahogo, dolor de cabeza, mareo y confusión.

Finalmente, algunos trastornos relacionados con los factores responsables de la coagulación de la sangre pueden manifestarse como coagulación insuficiente (que se refleja en la presencia de hematomas o hemorragias) o formación de coágulos anormales (que se traduce en dolor y calor en las piernas, respiración entrecortada o dolor en el pecho).

■ Diagnóstico

➤ Análisis de sangre en el laboratorio

El médico cuenta con diferentes pruebas de sangre para diagnosticar y controlar las enfermedades. Dado que la porción líquida de la sangre (el plasma) transporta muchísimas sustancias esenciales para el funcionamiento del organismo, los análisis de sangre pueden utilizarse para saber lo que está sucediendo en diferentes partes del cuerpo.

Realizar un análisis de sangre resulta más fácil que obtener una muestra de tejido de un órgano específico. Por ejemplo, la función de la glándula tiroides puede ser evaluada con mayor facilidad midiendo la concentración de hormonas tiroideas en la sangre que tomando directamente una muestra de tejido tiroideo. De la misma manera, la medición de enzimas y proteínas hepáticas en la sangre ● (v. pág. 946) resulta más fácil que tomar directamente una muestra del hígado. Aun así, ciertos análisis de sangre se utilizan para medir los componentes y el funcionamiento mismo de la sangre. A continuación, se presentan los análisis más utilizados para el diagnóstico de trastornos de la sangre.

Recuento sanguíneo completo: el análisis de sangre más utilizado es el recuento completo de células de la sangre, que consiste en una evaluación básica de los componentes celulares de la misma (glóbulos rojos, glóbulos blancos y plaquetas). Existen máquinas automatizadas que realizan este análisis en menos de un minuto y con una pequeña gota de sangre. Este análisis se complementa en la mayoría de los casos con el examen de las células sanguíneas al microscopio.

El recuento completo de células determina el número de glóbulos rojos y la cantidad de hemoglobina (la proteína que permite a estas células transportar oxígeno) en la sangre. Además, se determina el tamaño de los glóbulos rojos, que puede alertar al personal del laboratorio sobre la presencia de glóbulos rojos con formas anormales (que entonces se pueden examinar con más detalle al microscopio). Los glóbulos rojos anormales pueden fragmentarse o tener forma de lá-

RECUENTO COMPLETO DE CÉLULAS SANGUÍNEAS

PRUEBA	¿QUÉ MIDE?	VALORES NORMALES
Hemoglobina	Cantidad de esta proteína transportadora de oxígeno presente en los glóbulos rojos	Hombres: de 14 a 17 gramos por decilitro Mujeres: de 12,5 a 15 gramos por decilitro
Hematocrito	Proporción del volumen total de sangre compuesto por glóbulos rojos	Hombres: del 42 al 50% Mujeres: del 36 al 45%
Volumen corpuscular medio (VCM)	Volumen medio individual de los glóbulos rojos	De 86 a 98 femtolitros
Recuento de glóbulos blancos	Número de glóbulos blancos en un volumen determinado de sangre	De 4500 a 10500 por microlitro
Recuento diferencial de los glóbulos blancos	Porcentajes de los diferentes tipos de glóbulos blancos	Neutrófilos segmentados: del 34 al 75% Neutrófilos en banda (cayados): del 0 al 8% Linfocitos: del 12 al 50% Monocitos: del 2 al 9% Eosinófilos: del 0 al 5% Basófilos: del 0 al 3%
Recuento de plaquetas	Número de plaquetas en un volumen específico de sangre	De 140000 a 450000 por microlitro
Volumen plaquetario medio	Volumen medio de plaquetas	De 7 a 10 femtolitros

grima, media luna o aguja, entre otras. Conocer la forma específica y el tamaño de los glóbulos rojos suele ayudar al médico a diagnosticar la causa particular de la anemia. Por ejemplo, las células en forma de hoz son características de la anemia drepanocítica (drepanocitosis); las pequeñas células que contienen cantidades insuficientes de hemoglobina pueden indicar una anemia por deficiencia de hierro; las células grandes y ovaladas indican una anemia causada por deficiencia de ácido fólico o de vitamina B_{12} (anemia perniciosa).

Después de reunir la información del número, tamaño y forma de los glóbulos rojos, el médico puede realizar otros exámenes para evaluar la causa de una anemia. Éstos incluyen pruebas para valorar la fragilidad de los glóbulos rojos, los tipos anormales de hemoglobina y la cuantificación de algunas sustancias que contienen los glóbulos rojos en su interior.

El recuento completo de células también determina el número de glóbulos blancos. Los tipos específicos de glóbulos blancos se pueden contar (recuento diferencial de los glóbulos blancos) cuando el médico necesita información más detallada sobre el estado de un paciente. Si el número total de glóbulos blancos en la sangre o el número de uno de los tipos específicos de glóbulos blancos es mayor o menor al normal, el médico puede examinar estas células al microscopio. El examen microscópico puede identificar características particulares de ciertas enfermedades. Por ejemplo, la presencia de una gran cantidad de glóbulos blancos con aspecto muy inmaduro (blastos) puede sugerir la existencia de leucemia en el paciente (cáncer de los glóbulos blancos).

Generalmente, se realiza el recuento de plaquetas como parte del recuento completo de células. La cantidad de plaquetas es un indicador importante del estado de los mecanismos protectores que utiliza la sangre para detener una hemorragia (coagulación). Un número elevado de plaquetas (trombocitosis o trombocitemia) puede originar coágulos en los vasos sanguíneos más pequeños, especialmente aquellos que están en el corazón y en el cerebro.

Recuento de reticulocitos: el recuento de reticulocitos mide el número de glóbulos rojos recién formados o jóvenes (reticulocitos) en un volumen determinado de sangre. Los reticulocitos normalmente constituyen el 1% del total de glóbulos rojos. Cuando el cuerpo necesita más glóbulos rojos, como cuando se padece anemia, la médula ósea normalmente responde producien-

Obtención de una muestra de médula ósea

Las muestras de médula ósea se extraen habitualmente de la cadera (cresta ilíaca). La persona puede permanecer tumbada sobre un lado, dando la espalda al médico, con la rodilla de la pierna superior doblada. Una vez anestesiada la piel y el tejido sobre el hueso mediante un anestésico local, el médico introduce la aguja en el hueso y extrae la muestra de médula ósea.

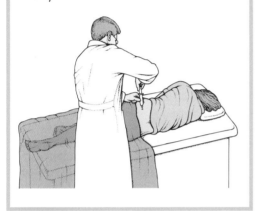

do más reticulocitos. Así, el recuento de reticulocitos es una medida de la función de la médula ósea.

Tipificación de la sangre: el tipo de sangre, que está determinado por la presencia de proteínas en la superficie de los glóbulos rojos, puede ser identificado midiendo la reacción de una pequeña muestra de sangre de la persona frente a ciertos anticuerpos. Este examen se debe hacer antes de realizar una transfusión de sangre ● *(v. fig. pág. 1178).*

Tiempo de sangría y otros análisis de coagulación: la habilidad del organismo para detener una hemorragia se puede determinar por el tiempo de sangría (además del recuento del número de plaquetas en la sangre). En esta prueba, se hace un pequeño corte en el antebrazo de la persona y el examinador mide el tiempo que transcurre hasta que se detiene el sangrado. Este examen se utiliza principalmente para evaluar el funcionamiento de las plaquetas; la mayoría de pruebas que analizan el funcionamiento de las plaquetas se realizan con métodos automatizados. Existen otras pruebas que se realizan para verificar el funcionamiento de las diferentes proteínas necesarias para la coagulación normal de la sangre (factores de coagulación). Entre estas pruebas, las más comunes son el tiempo de protrombina y el tiempo parcial de tromboplastina. También es posible determinar individualmente los niveles de los factores de coagulación.

Otros análisis de sangre: para determinar otros trastornos en la sangre se pueden utilizar análisis especializados. Por ejemplo, en ocasiones muy particulares, el médico debe conocer el volumen total de sangre o la cantidad total de determinadas células sanguíneas en el cuerpo. Estas mediciones pueden ser realizadas utilizando isótopos radiactivos que se mezclan en la sangre o se adhieren a las células sanguíneas.

➤ Examen de la médula ósea

En algunas ocasiones es necesario examinar una muestra de médula ósea para determinar por qué se encuentran anormalidades en las células sanguíneas. El médico puede tomar dos tipos diferentes de muestras de médula ósea: un aspirado de médula ósea y una biopsia del núcleo de ésta. Habitualmente, ambas pruebas son realizadas tomando muestras del hueso de la cadera (cresta ilíaca), aunque los aspirados a veces se realizan en el esternón. A los niños muy pequeños, las muestras de médula ósea se les toman del hueso de la pierna (tibia).

Cuando se requieren los dos tipos de muestras, se toman al mismo tiempo. Después de adormecer la piel y el tejido que se encuentra sobre el hueso con un anestésico local, se inserta la aguja de una jeringa dentro del hueso. Para la extracción de

Punción esternal

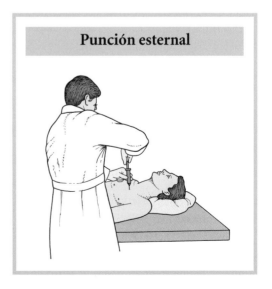

médula ósea, el médico aspira con la jeringa y obtiene una pequeña cantidad de tejido, que se extiende en un portaobjetos para ser examinada al microscopio. Con la muestra así obtenida pueden realizarse exámenes especiales, como cultivos para bacterias, hongos o virus, análisis cromosómico y análisis de las proteínas ubicadas en la superficie de las células (citometría de flujo). A menudo, aunque el aspirado proporciona suficiente información para hacer un diagnóstico, el proceso de aspirar la médula con la jeringa deshace la frágil médula ósea. En consecuencia, es bastante difícil determinar la disposición original de las células.

Cuando se debe determinar la relación anatómica exacta entre los distintos tipos de células, así como la estructura de los tejidos evaluados, se realiza también una biopsia ósea. Se extrae un pequeño fragmento de médula ósea que se obtiene intacta gracias a un dispositivo de una aguja especial. Este fragmento se corta en varias secciones delgadas que se colocan en un portaobjetos para examinarlas al microscopio.

La extracción de una muestra de médula ósea generalmente ocasiona un ligero dolor, seguido de un malestar mínimo. El procedimiento se realiza en pocos minutos.liza en pocos minutos.

CAPÍTULO 171

Transfusión de sangre

Una transfusión de sangre es la transferencia de sangre, o de un componente de la misma, de una persona (donante) a otra (receptor).

Las transfusiones se efectúan a fin de aumentar la capacidad de la sangre para transportar oxígeno, restaurar el volumen de sangre del cuerpo, mejorar la inmunidad y corregir problemas de la coagulación. Las víctimas de accidentes, las personas sometidas a cirugía y las que reciben tratamiento para el cáncer (como, por ejemplo, para la leucemia) u otras enfermedades (enfermedades de la sangre tales como drepanocitosis o talasemia) son los receptores típicos.

La extracción, el almacenamiento y el transporte de la sangre y sus componentes están estrictamente regulados. Estas regulaciones fueron desarrolladas para proteger tanto al donante como al receptor. Muchas entidades estatales y locales de salud, al igual que organizaciones internacionales como la Cruz Roja y las asociaciones de bancos de sangre, emiten disposiciones adicionales. Gracias a esta reglamentación, donar y recibir sangre se ha convertido en algo muy seguro. Sin embargo, las transfusiones aún implican riesgos para el receptor, tales como reacciones alérgicas, fiebre y escalofríos, sobrecarga de volumen e infecciones bacterianas y víricas. Aunque la posibilidad de contraer sida o hepatitis en las transfusiones es remota, el médico es consciente de los riesgos y realiza la transfusión sólo cuando parece no haber otra alternativa.

■ Proceso de donación

La totalidad del proceso de donar sangre dura cerca de una hora. Las normas varían según los países, pero generalmente los donantes de sangre deben tener al menos 17 años de edad y un peso mínimo de 55 kg. Además, deben gozar de buena salud. Se mide el pulso, la presión arterial y la temperatura, y se examina una muestra de sangre para comprobar que no tengan anemia. Se les hace una serie de preguntas acerca de su salud y los factores que puedan afectarla. También sobre los países que han visitado.

Las enfermedades que permanentemente excluyen a una persona como donante de sangre se encuentran la hepatitis B o C, las enfermedades del corazón, ciertos tipos de cáncer (leucemia, linfoma y cualquier tipo de cáncer que haya recurrido después de un tratamiento, o aquel que ha sido tratado con quimioterápicos), el asma severa, los trastornos hemorrágicos, la posible exposición a enfermedades producidas por priones (como variantes de la enfermedad de Creutzfeld-Jakob) ● *(v. pág. 649)*, el sida y la posible exposi-

Análisis de la sangre donada para la detección de infecciones

Las transfusiones de sangre pueden transmitir los organismos infecciosos que se encuentran en la sangre del donante. Por este motivo, las autoridades sanitarias han restringido aún más la selección del donante y han exigido que las pruebas que se practican sobre la sangre donada sean cada vez más completas. Actualmente, todas las donaciones de sangre se examinan para detectar la presencia de los organismos que producen las hepatitis víricas, el sida, otras enfermedades víricas y la sífilis.

Hepatitis víricas

La sangre donada se analiza para detectar la presencia de infecciones producidas por los virus que causan hepatitis (tipos B y C) y que pueden ser transmitidos mediante las transfusiones de sangre. Estas pruebas no pueden identificar todos los casos de sangre infectada, pero, con los recientes avances en las técnicas de análisis y detección que en la actualidad se aplican al donante, una transfusión no presenta apenas riesgo de transmitir hepatitis B. La hepatitis C sigue siendo la enfermedad grave que tiene mayor posibilidad de ser transmitida mediante transfusiones, con un riesgo actual de 1 infección por cada 100 000 unidades de sangre transfundidas.

Sida

En muchos países desarrollados, la sangre donada se examina en busca del virus de la inmunodeficiencia humana (VIH), la causa del sida. La prueba no tiene una exactitud del 100 %, pero los posibles donantes son sometidos a una entrevista que forma parte del proceso de detección. Los entrevistadores hacen preguntas acerca de los factores de riesgo para el sida, por ejemplo, si el posible donante o sus compañeros sexuales se han inyectado drogas o han tenido relaciones con hombres homosexuales. Gracias a los análisis de sangre y la entrevista, el riesgo de contraer VIH debido a una transfusión de sangre es extremadamente bajo: 1 sobre 825 000, de acuerdo con cálculos recientes.

Sífilis

Las transfusiones de sangre rara vez transmiten sífilis. No sólo se realizan las pruebas de detección del organismo causante de la sífilis en los donantes y en la sangre que donan, sino que la sangre donada es, además, refrigerada a bajas temperaturas para facilitar la destrucción de los organismos infecciosos.

ción al virus de la inmunodeficiencia humana (VIH, el virus que causa el sida) debido a comportamientos de alto riesgo ● *(v. pág. 1391)*. Las condiciones que excluyen temporalmente a una persona como donante son la malaria (si menos de tres años han pasado desde que se experimentaron los síntomas por última vez), el cáncer que haya sido tratado con cirugía o radioterapia (si menos de cinco años han pasado desde que se recibió el último tratamiento), el embarazo, una cirugía mayor reciente, la presión arterial alta mal controlada, la presión arterial baja, la anemia, el uso de ciertos medicamentos, la exposición a ciertas formas de hepatitis y la transfusión reciente de sangre.

Generalmente, a los donantes no se les permite donar sangre más de una vez cada 56 días. La práctica de pagar a los donantes de sangre casi ha desaparecido ya que incentivaba a los necesitados a presentarse como donantes, faltando algunas veces a la verdad, negando padecer cualquiera de las enfermedades que los inhabilitaba como donantes.

Después de ser elegible para donar sangre, la persona se sienta en una silla reclinable o se recuesta en una camilla. Un miembro del personal médico examina la superficie interior del codo de la persona y determina qué vena usar. Después de limpiar el área en la inmediata cercanía de la vena escogida, se inserta una aguja en la vena y se asegura temporalmente con una envoltura esterilizada. Es normal que, cuando se introduce la aguja, se experimente una sensación de punzada, pero el proceso en sí mismo es indoloro. La sangre fluye a través de la aguja y entra en una bolsa recolectora. El procedimiento para la recolección de la sangre tarda alrededor de diez minutos.

La cantidad estándar de sangre aceptada para la donación es de medio litro. La sangre recién obtenida se sella en bolsas de plástico que contienen conservantes y un compuesto anticoagulante. Se procede a examinar una pequeña muestra de cada donación para detectar microorganismos infecciosos que causen el sida, la hepatitis vírica y la sífilis.

■ Tipos de transfusión

La mayoría de donaciones de sangre se dividen (se fraccionan) en sus distintos componentes: glóbulos rojos, plaquetas, plasma, factores de coagulación, anticuerpos (inmunoglobulinas) y glóbulos blancos. Dependiendo de la situación, la

Debido a que la transfusión de sangre no compatible entre el donante y el receptor puede ser un procedimiento muy peligroso, la sangre donada se clasifica por tipos. El tipo de sangre de una persona se determina buscando la presencia o ausencia de ciertas proteínas (factor Rh y antígenos de grupo A y B) en la superficie de los glóbulos rojos.

Los cuatro tipos (o grupos) principales de sangre son A, B, AB y O, y cada uno de ellos puede ser Rh positivo, o bien Rh negativo. Por ejemplo, una persona con sangre tipo O negativo tiene glóbulos rojos que carecen de los antígenos A y B y del factor Rh. Una persona con tipo AB positivo tiene glóbulos rojos tanto con el antígeno A como el B, y además con el factor Rh. Algunos tipos de sangre son mucho más comunes que otros. Los grupos más frecuentes de sangre en muchos países son el O positivo y el A positivo, seguidos del B positivo, O negativo, A negativo, AB positivo, B negativo y AB negativo.

En caso de una emergencia, cualquier persona puede recibir glóbulos rojos del grupo O; por este motivo las personas con sangre de tipo O se conocen como donantes universales. La gente con sangre del grupo AB puede recibir glóbulos rojos de cualquier tipo y se conocen como receptores universales. Los receptores cuya sangre es Rh negativo tienen que recibir sangre de donantes Rh negativo, pero los receptores cuya sangre es Rh positivo pueden recibir tanto sangre Rh positivo como Rh negativo.

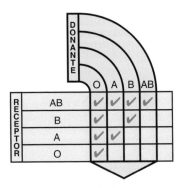

persona puede recibir sólo las células sanguíneas, los factores de coagulación o algún otro componente de la sangre. Transfundir sólo cierto componente sanguíneo seleccionado hace que el tratamiento sea específico, con lo que se reducen los riesgos de efectos secundarios y se pueden usar los diferentes componentes de una sola unidad de sangre para tratar de manera eficaz a varias personas.

Glóbulos rojos: los concentrados de glóbulos rojos, el componente sanguíneo más transfundido, pueden restaurar la capacidad de la sangre para transportar oxígeno. Este componente puede darse a una persona con hemorragia o anemia grave. Los glóbulos rojos son separados del componente líquido de la sangre (plasma), de las otras células sanguíneas y de las plaquetas. Luego, los glóbulos rojos se concentran para que ocupen menos espacio, de ahí el término *concentrados*. Los glóbulos rojos se pueden refrigerar hasta 42 días. En circunstancias especiales, por ejemplo, para preservar un tipo muy escaso de glóbulos rojos, estos se pueden congelar durante diez años.

Plaquetas: la transfusión de plaquetas puede ayudar a restaurar la capacidad de coagulación de la sangre. Son administradas, por lo general, a personas con muy pocas plaquetas (trombocito-penia), que a su vez pueden sufrir una hemorragia grave y espontánea. Las plaquetas sólo se pueden almacenar durante cinco días.

Factores de coagulación de la sangre: los factores de coagulación son las proteínas del plasma que normalmente trabajan con las plaquetas para ayudar a la coagulación de la sangre. Los factores de coagulación se pueden obtener a partir de productos del plasma o fabricarse artificialmente por medio de un procedimiento tecnológico especial; las proteínas así fabricadas se denominan concentrados de factores recombinantes de la coagulación. Si no existieran los factores de coagulación, la hemorragia no cesaría después de producirse una lesión. Los concentrados de factores de coagulación se pueden suministrar individualmente a aquellas personas que padecen una enfermedad hereditaria de la sangre, como la hemofilia o el síndrome de von Willebrand, y a aquellas que son incapaces de producir suficientes factores de coagulación (por lo general debido a una infección grave o a una enfermedad del hígado).

Plasma: el plasma es una fuente de factores de coagulación. El plasma se utiliza en caso de trastornos hemorrágicos en los cuales el factor de coagulación deficiente es desconocido o cuando el factor de coagulación específico no está disponible. El plasma también se usa cuando la hemorragia es causada por la producción insuficiente de todos o muchos de los diferentes factores de coagulación, como resultado de una insuficiencia hepática o una infección grave. El plasma se congela inmediatamente después de haber sido separado de las células de la sangre donada (plasma fresco congelado) y se puede guardar durante un año.

Anticuerpos: los anticuerpos, o inmunoglobulinas (componentes de la sangre que atacan frente a las infecciones), a veces se utilizan para mejorar la inmunidad de aquellas personas que han sido expuestas a enfermedades infecciosas, tales como varicela o hepatitis, o cuyos niveles de anticuerpos son bajos. Los anticuerpos son producidos a partir de un tratamiento especial del plasma donado.

Glóbulos blancos: los glóbulos blancos se transfunden para tratar infecciones que pueden causar la muerte en personas que tienen un número reducido de estas células sanguíneas o cuyos glóbulos blancos funcionan anormalmente. Las transfusiones de glóbulos blancos son poco frecuentes puesto que el uso de antibióticos y de factores de crecimiento de citocinas han reducido la necesidad de realizarlas. Los glóbulos blancos se obtienen por hemaféresis y pueden ser almacenados durante un máximo de veinticuatro horas.

■ Procedimientos especiales de donación

➤ Plaquetoféresis

En una plaquetoféresis, el donante sólo da plaquetas, y no sangre total. Se extrae sangre total del donante, y una máquina separa la sangre en sus componentes, quita las plaquetas y devuelve el resto de la sangre al donante. Como los donantes vuelven a recibir la mayor parte de su sangre, en uno de estos procedimientos pueden donar plaquetas, sin que exista ningún riesgo, de 8 a 10 veces más que las que se podrían recoger en una donación de sangre total. La obtención de plaquetas de un donante tarda entre 1 y 2 horas, a diferencia de la extracción de sangre total que tarda alrededor de diez minutos.

➤ Transfusión autóloga

En una transfusión autóloga, el donante es el receptor de su propia sangre. Por ejemplo, en las semanas anteriores a un procedimiento quirúrgico, una persona puede donar varias unidades de sangre para que le sean transfundidas, si es necesario, durante o después de la intervención. Del mismo modo, si durante la operación, una persona está perdiendo sangre, ésta puede serle recogida y devuelta. Una transfusión autóloga es el tipo de transfusión más seguro ya que elimina el riesgo de incompatibilidades y de enfermedades transmitidas por la sangre.

➤ Donación directa o designada

Los miembros de una familia o los amigos pueden donar sangre específicamente entre ellos, siempre y cuando el grupo sanguíneo y el Rh del receptor y del donante sean compatibles. Para algunos receptores es reconfortante saber quién donó la sangre. Sin embargo, no debe asumirse que una donación de un familiar o un amigo sea necesariamente más segura que la sangre de un donante desconocido. Cuando el donante es un familiar, la sangre se trata con radiación para prevenir la enfermedad del injerto contra el receptor que, aunque es poco frecuente, se da más a menudo cuando el receptor y el donante están emparentados.

➤ Féresis de células madre

En una féresis de células madre, un donante sólo da las células madre en lugar de la sangre total. Antes de llevar a cabo la donación, el donante recibe una inyección de una proteína especial (factor de crecimiento) que estimula la liberación de células madre desde la médula ósea hacia el torrente sanguíneo. Se extrae sangre total del donante, y una máquina, que separa la sangre en sus diversos componentes, selecciona las células madre y le devuelve el resto de la sangre al donante.

■ Precauciones y reacciones adversas

Para minimizar el riesgo de una reacción adversa durante la transfusión, el personal médico toma muchas precauciones. Generalmente, unos pocos días u horas antes de iniciarse la transfusión, un técnico mezcla una gota de la sangre del donante con la sangre del receptor para asegurarse de su compatibilidad, este procedimiento se denomina prueba cruzada. Cuando la sangre de una persona

Control de enfermedades mediante la purificación de la sangre

En la hemaféresis, se extrae la sangre de una persona para ser reintegrada a continuación, una vez que se han retirado o reducido en cantidad algunos líquidos, sustancias contenidas en el líquido, células sanguíneas o plaquetas. Algunas veces se utiliza este sistema para obtener las células sanguíneas o plaquetas que se necesitan de un donante (por ejemplo, en un transplante de células madre o una plaquetoféresis). También se emplea para purificar la sangre mediante la eliminación de sustancias nocivas o una cantidad excesiva de células sanguíneas o plaquetas en el caso de personas que padecen enfermedades graves que no responden al tratamiento convencional. Para que la hemaféresis sea de utilidad en el proceso de purificación sanguínea, se deben extraer las sustancias no deseadas, o las células sanguíneas, con mayor velocidad que la que emplea el organismo en producirlas.

Los dos tipos más comunes de hemaféresis que se utilizan para purificar la sangre son la plasmaféresis y la citaféresis.

En la plasmaféresis, se retiran las sustancias nocivas del plasma. La plasmaféresis se utiliza para tratar trastornos como la miastenia gravis y el síndrome de Guillain-Barré (trastornos neurológicos que causan debilidad muscular), el síndrome de Goodpasture (trastorno alérgico relacionado con hemorragia pulmonar e insuficiencia renal), el pénfigo vulgar (grave enfermedad ampollosa de la piel, a veces mortal), la crioglobulinemia (formación de un tipo anormal de anticuerpos) y la púrpura trombocitopénica trombótica (un trastorno de coagulación poco frecuente).

En la citaféresis, se extraen algunas células sanguíneas cuando su número es excesivo. La citaféresis puede indicarse como tratamiento de la policitemia (exceso de glóbulos rojos), ciertos tipos de leucemia (exceso de glóbulos blancos) y la trombocitemia (exceso de plaquetas).

La hemaféresis se repite tan sólo cuando es necesario, ya que los intercambios bruscos de líquidos a través de los vasos sanguíneos y tejidos que se producen cuando la sangre se extrae y se reintegra pueden causar complicaciones en personas que ya están enfermas. La hemaféresis puede contribuir al control de algunas enfermedades, pero generalmente no consigue su curación.

ha sido adecuadamente probada y no hay presencia de anticuerpos, este procedimiento puede ser realizado electrónicamente por el sistema computarizado del banco de sangre.

Después de hacer doble verificación de las etiquetas pegadas en las bolsas de sangre que se van a administrar, para asegurarse de que la transfusión es correcta, se suministra lentamente la sangre al receptor; la transfusión de por cada unidad de sangre suele tardar de 1 a 2 horas. Dado que la mayoría de las reacciones adversas se producen durante los primeros quince minutos de la transfusión, el receptor es sometido a una cuidadosa observación al principio del procedimiento. Después de este período, la enfermera observa al receptor periódicamente y deberá suspender la transfusión en caso de presentarse una reacción adversa.

La mayoría de las transfusiones son seguras y exitosas; sin embargo, ocasionalmente se producen reacciones leves, y muy rara vez reacciones graves o incluso fatales. Las reacciones más frecuentes son la fiebre y las reacciones alérgicas (hipersensibilidad), lo que se da aproximadamente en el 1 o 2 % de las transfusiones. Los síntomas de una reacción alérgica incluyen picor, erupción generalizada, hinchazón, mareo y dolor de cabeza. Con menor frecuencia aparecen dificultad respiratoria, sibilancias y espasmos musculares. En pocas ocasiones, una reacción alérgica es lo suficientemente grave para causar disminución en la presión arterial y *shock*.

Hay tratamientos que permiten realizar transfusiones a personas que previamente han tenido estas reacciones alérgicas. Las personas que presentan reacciones alérgicas a la sangre donada podrían tener que recibir glóbulos rojos lavados. El lavado de glóbulos rojos elimina componentes de la sangre del donante que pueden causar reacciones alérgicas. Con mayor frecuencia, la sangre transfundida se filtra para reducir el número de glóbulos blancos (proceso denominado reducción de leucocitos). La reducción de leucocitos se realiza generalmente colocando un filtro especial en la vía a través de la cual está fluyendo la transfusión. Alternativamente, la sangre puede ser filtrada antes de ser almacenada.

A pesar del cuidado con que se clasifican y realizan las pruebas cruzadas de la sangre, todavía pueden darse incompatibilidades, lo que poco tiempo después de la transfusión ocasiona la destrucción de los glóbulos rojos que se han suministrado (reacción hemolítica). Habitualmente, esta reacción comienza con una sensación de malestar general o ansiedad durante o inmediatamente después de la transfusión. Algunas veces se presenta dificultad respiratoria, opresión torácica, rubor y dolor agudo en la espalda. En muy pocas ocasiones, las reacciones se vuelven más graves o incluso son fatales. El médico puede confirmar que una reacción hemolítica está destruyendo los glóbulos rojos si observa que en la orina o en la sangre de la persona se encuentra la hemoglobina liberada por estas células.

Los receptores de transfusiones pueden sufrir una sobrecarga de fluidos. Los receptores que padecen enfermedades cardíacas son los más vulnerables, por lo cual sus transfusiones se llevan a cabo de forma más lenta y se supervisan más de cerca.

La **enfermedad del injerto contra el receptor** es una complicación rara que afecta principalmente a las personas cuyo sistema inmunológico se encuentra debilitado por fármacos o enfermedades. En esta enfermedad, los tejidos del receptor (huésped) son atacados por los glóbulos blancos del donante (injerto). Los síntomas incluyen fiebre, erupciones, hipotensión, anemia, destrucción de tejido y *shock*. Estas reacciones pueden ser mortales, pero son eliminadas tratando con radioterapia la sangre destinada a personas con un sistema inmunológico debilitado.

CAPÍTULO 172

Anemia

La anemia es una enfermedad en la que el número de glóbulos rojos o la cantidad de hemoglobina (la proteína contenida en ellos que transporta el oxígeno) es inferior al normal.

Los glóbulos rojos contienen la hemoglobina, una proteína que les permite transportar oxígeno desde los pulmones hacia todas las partes del cuerpo. Cuando el número de glóbulos rojos se reduce o la cantidad de hemoglobina en éstos es baja, la sangre no puede transportar un suministro adecuado de oxígeno. Una cantidad de oxígeno menor a la requerida en los tejidos produce los síntomas de la anemia.

➤ Causas

Las causas particulares de la anemia son numerosas, pero la mayoría se pueden agrupar en tres mecanismos fundamentales que la producen: pérdida de sangre (hemorragia excesiva), producción insuficiente de glóbulos rojos o destrucción excesiva de los mismos.

La anemia puede ser causada por pérdida excesiva de sangre. La pérdida de sangre puede ser repentina, tal como ocurre en un accidente o durante una cirugía. Frecuentemente, la pérdida de sangre es gradual y repetitiva y, de forma característica, debida a trastornos en el tracto digestivo y urinario. La hemorragia crónica suele conducir a niveles bajos de hierro, que empeoran la anemia.

La anemia también puede resultar de una producción insuficiente de glóbulos rojos por parte del organismo. Para la producción de glóbulos rojos, se requieren muchos nutrientes. Los más importantes son el hierro, la vitamina B_{12} y el ácido fólico, pero el organismo también necesita pequeñas cantidades de vitamina C, riboflavina y cobre, así como un adecuado balance hormonal, sobre todo eritropoyetina (hormona que estimula la producción de glóbulos rojos). La ausencia de estos nutrientes y hormonas hace que la producción de glóbulos rojos sea lenta e inadecuada o que éstos estén deformados y sean incapaces de transportar correctamente el oxígeno. Las enfermedades crónicas también pueden afectar a la producción de glóbulos rojos. En algunas circunstancias, la médula ósea puede ser invadida y reemplazada (por ejemplo, en caso de leucemia, linfoma o cáncer metastásico), lo que da como resultado una disminución en la producción de glóbulos rojos.

La anemia también puede producirse como consecuencia de una destrucción desproporcionada de los glóbulos rojos. Los glóbulos rojos viven normalmente cerca de 120 días. Existen células depuradoras en la médula ósea, el bazo y el

Hematocrito

En un volumen determinado de sangre, el volumen total de glóbulos rojos es conocido como hematocrito. Cuando hay anemia el hematocrito se encuentra disminuido a causa de la falta de glóbulos rojos.

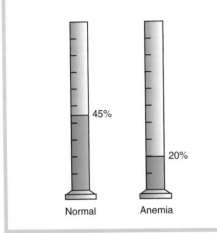

45%

20%

Normal   Anemia

hígado que detectan y destruyen los glóbulos rojos que se acercan al final de su ciclo de vida. Si los glóbulos rojos se destruyen prematuramente (hemólisis), la médula ósea intenta compensar esta pérdida produciendo con gran rapidez nuevas células. Cuando el ritmo de destrucción de los glóbulos rojos excede al ritmo de su producción, el resultado es una anemia hemolítica. Esta anemia no ocurre con tanta frecuencia como las anemias causadas por la pérdida excesiva de sangre y por la disminución en la producción de glóbulos rojos.

➤ Síntomas y diagnóstico

Los síntomas varían en función de la gravedad de la anemia y de la velocidad con que se desarrolle. Algunas personas con anemia leve, en particular cuando ésta se desarrolla lentamente, pueden no mostrar ningún síntoma; otras pueden experimentar síntomas sólo cuando efectúan algún ejercicio físico. Una anemia más grave puede producir síntomas aun cuando la persona está en reposo. Los síntomas son más graves cuando una anemia leve o severa tiene un curso rápido, como, por ejemplo, en el caso de una hemorragia asociada a la ruptura de un vaso sanguíneo.

Una anemia leve provoca a menudo fatiga, debilidad y palidez. Por el contrario, una anemia más grave puede cursar con desfallecimiento, vértigo, sed, sudoración, pulso débil y rápido y respiración acelerada. La anemia grave puede cursar con calambres en la parte inferior de las piernas, en especial durante el ejercicio, ahogo y dolor en el pecho, sobre todo si la persona ya tiene comprometida en mayor o menor grado la circulación de sus piernas o si padece alguna enfermedad respiratoria o cardíaca.

En ocasiones, la anemia se puede detectar mediante análisis rutinarios de la sangre, antes de que la persona note síntomas.

Los niveles bajos de hemoglobina y de hematocrito (porcentaje de glóbulos rojos presentes en el volumen total de la sangre) confirman la existencia de una anemia. También existen otras pruebas que ayudan a determinar la causa de la anemia.

■ Anemia por hemorragia excesiva

La anemia asociada a hemorragia excesiva se produce cuando la pérdida de glóbulos rojos excede la producción de nuevos glóbulos rojos.

La hemorragia excesiva es la causa más frecuente de anemia. Cuando se pierde sangre, el cuerpo absorbe agua rápidamente de los tejidos hacia el torrente sanguíneo con el fin de mantener los vasos llenos. Como resultado, la sangre se diluye y el hematocrito (el porcentaje de glóbulos rojos en el volumen total de sangre) se reduce. A la larga, una producción aumentada de glóbulos rojos puede corregir la anemia. Con el paso del tiempo, el sangrado puede disminuir la cantidad de hierro en el organismo, lo que impide que la médula ósea pueda aumentar la producción de nuevos glóbulos rojos para reemplazar a los que se han perdido.

Al principio, los síntomas de la anemia pueden ser graves, en especial cuando ésta se desarrolla rápidamente por una pérdida repentina de sangre, como en el caso de un accidente, una cirugía, un parto o la ruptura de un vaso sanguíneo. La pérdida súbita de grandes cantidades de sangre puede ocasionar dos problemas: la presión arterial disminuye, ya que la cantidad de fluidos en los vasos sanguíneos se hace insuficiente, y el suministro de oxígeno disminuye drásticamente debido a la rápida reducción del número de células transporta-

CAUSAS PRINCIPALES DE ANEMIA

HEMORRAGIA	REDUCCIÓN DE LA PRODUCCIÓN DE GLÓBULOS ROJOS	AUMENTO DE LA DESTRUCCIÓN DE GLÓBULOS ROJOS
Brusca Accidentes Cirugía Parto Rotura de un vaso sanguíneo **Crónica** Hemorragia nasal Hemorroides Úlceras en el estómago o el intestino delgado Cáncer o pólipos en el tracto digestivo Tumores en el riñón o en la vejiga Hemorragia menstrual excesiva	Deficiencia de hierro Deficiencia de vitamina B_{12} Deficiencia de ácido fólico Deficiencia de vitamina C Enfermedad crónica Anemia aplásica Mielofibrosis Mielodisplasia Mieloma múltiple Leucemia Linfoma Cáncer metastásico	Aumento de tamaño del bazo Lesión mecánica de los glóbulos rojos Reacciones autoinmunes contra los glóbulos rojos Hemoglobinuria paroxística nocturna Esferocitosis hereditaria Eliptocitosis hereditaria Deficiencia de G6PD Anemia de células falciformes (drepanocitosis) Enfermedad por Hemoglobina C Enfermedad por Hemoglobina S-C Enfermedad por Hemoglobina E Talasemia

doras del mismo. Cualquiera de estos dos problemas puede causar un accidente cerebrovascular o un ataque cardíaco, e incluso la muerte.

Es mucho más frecuente la pérdida crónica (constante o repetida) de sangre que las pérdidas repentinas, que pueden tener su origen en varias partes del cuerpo. La hemorragia nasal reiterada y las hemorroides son fáciles de constatar. Las pérdidas de sangre en otras partes del cuerpo -debidas a úlceras en el estómago o el intestino delgado y los pólipos o el cáncer en el intestino grueso- pueden ser difíciles de detectar. La cantidad de sangre puede ser poca y no ser visible en las heces. Este tipo de pérdida de sangre se describe con el término *oculta*. Otras fuentes de hemorragia crónica son los tumores del riñón o de la vejiga, que pueden causar pérdidas de sangre en la orina y un sangrado menstrual excesivo.

➤ Síntomas y diagnóstico

Los síntomas son similares a los que aparecen con otros tipos de anemia, y varían de leves a graves según la cantidad de sangre perdida.

La gravedad de los síntomas también depende de la velocidad con que se pierde la sangre. Cuando la pérdida de sangre es rápida (durante varias horas o menos), la pérdida de tan sólo un tercio del volumen sanguíneo del organismo puede ser fatal. Cuando se pierde sangre rápidamente, es común que se sienta un mareo al sentarse o ponerse de pie después de estar acostado (hipotensión ortostática). Cuando la pérdida de sangre es más lenta (durante varios días, semanas o mucho más tiempo), la pérdida de hasta dos tercios del volumen sanguíneo puede causar sólo fatiga y debilidad, o incluso no causar ningún síntoma si la persona se hidrata apropiadamente.

El médico puede sospechar la existencia de anemia por pérdida de sangre cuando el paciente describe síntomas de anemia y ha notado sangrado. Las heces y la orina pueden ser analizadas para determinar si tienen sangre, y así identificar la posible fuente de la hemorragia. En algunos casos es necesario realizar una endoscopia o pruebas de imagen para localizar el origen de una hemorragia.

➤ Tratamiento

La transfusión de glóbulos rojos constituye el único tratamiento posible cuando se trata de grandes pérdidas de sangre, o cuando estas pérdidas se han producido a gran velocidad. Así mismo, es necesario localizar el origen de la hemorragia y detenerla. En caso de pérdidas de pequeñas cantidades de sangre o de pérdidas lentas, el organismo puede producir suficientes glóbulos rojos para corregir la anemia sin necesidad de llevar a cabo transfusiones de sangre. Dado que durante la hemorragia se pierde hierro, que es necesario para producir glóbulos rojos, la mayoría de las personas que presentan anemia por hemorragia excesiva requieren tomar suplementos de hierro, habitualmente comprimidos, durante varios meses.

Causa	Mecanismo	Tratamiento	Comentarios
Aumento de tamaño del bazo	El bazo aumentado de tamaño atrapa y destruye un gran número de glóbulos rojos	El tratamiento está dirigido a controlar el trastorno que ha producido el aumento de tamaño del bazo. A veces el bazo debe extirparse quirúrgicamente	Los síntomas tienden a ser leves; generalmente el bazo aumentado de tamaño reduce el número de plaquetas y de glóbulos blancos
Lesión de los glóbulos rojos	Algunos defectos en los vasos sanguíneos (como un aneurisma), una válvula cardíaca artificial o la hipertensión arterial grave, pueden romper los glóbulos rojos normales	La causa del daño es identificada y corregida	Finalmente, los riñones filtran los restos de los glóbulos rojos dañados retirándolos de la sangre, pero pueden sufrir lesiones producidas por estos fragmentos
Hemoglobinuria paroxística nocturna	El sistema inmunológico destruye los glóbulos rojos de manera brusca (paroxística) y no sólo por la noche	Los corticosteroides mejoran los síntomas, pero no existe cura. Las personas con coágulos de sangre podrían requerir la administración de un anticoagulante. Puede ser necesario realizar un trasplante de médula ósea	Pueden producirse intensos calambres en el estómago y formarse coágulos en las venas del abdomen y de las piernas
Esferocitosis hereditaria	Los glóbulos rojos se deforman y se vuelven rígidos; son atrapados y destruidos en el bazo	Habitualmente no se necesita tratamiento, pero si la anemia es grave, puede requerirse la extirpación quirúrgica del bazo	Un trastorno hereditario que puede cursar con malformaciones óseas, tales como un cráneo en forma de torre y el desarrollo de dedos supernumerarios en manos y pies
Eliptocitosis hereditaria	Los glóbulos rojos tienen aspecto ovalado o elíptico, en vez de tener la forma normal de un disco	Una anemia grave puede requerir la extirpación del bazo	La anemia suele ser leve y no requiere tratamiento
Deficiencia de G6PD	La enzima G6PD no está presente en la membrana de los glóbulos rojos. Sin esta enzima, los glóbulos rojos tienen más tendencia a romperse	La anemia puede prevenirse mediante la evitación de todas aquellas situaciones o sustancias (como la fiebre, la crisis diabética, la aspirina, la vitamina K, las habas) que la desencadenan	Un trastorno hereditario que casi siempre afecta sólo a hombres.

■ Anemia por deficiencia de hierro

La anemia por deficiencia de hierro es consecuencia de depósitos de hierro bajos o vacíos (que se necesitan para producir glóbulos rojos).

La anemia por deficiencia de hierro por lo general presenta un curso lento, porque pueden pasar muchos meses hasta que las reservas del organismo se consumen. Como las reservas de hierro están decreciendo, la médula ósea produce gradualmente menos glóbulos rojos. Cuando las reservas se agotan, los glóbulos rojos no sólo son pocos en número, sino que también resultan anormalmente pequeños.

La deficiencia de hierro es una las causas más comunes de anemia, y la pérdida de sangre es la causa más común de la deficiencia de este elemento en los adultos. En las mujeres posmenopáusicas y los hombres, la deficiencia de hierro suele indicar hemorragia en el tracto digestivo. El sangrado menstrual puede causar deficiencia de hierro en las mujeres premenopáusicas. La deficiencia de hierro también puede ser el resultado de una dieta con poco hierro ● *(v. pág. 1085)*, especialmente en los bebés, los niños pequeños, las adolescentes y las mujeres embarazadas.

➤ **Síntomas y diagnóstico**

Los síntomas de la anemia por deficiencia de hierro tienden a presentarse gradualmente y son similares a los síntomas producidos por otros tipos de anemia.

Una vez que el médico diagnostica la anemia, deben realizarse pruebas que detecten la deficiencia de hierro en el organismo. Los glóbulos rojos tienden a ser pequeños y pálidos cuando hay deficiencia de hierro. Los niveles de hierro en la sangre y la transferrina (proteína que transporta el hierro cuando no se encuentra dentro los glóbulos rojos) deben medirse y compararse entre sí. La prueba más fiable para determinar deficiencia de hierro en el organismo es la medición del nivel de ferritina (una proteína que almacena hierro) en la sangre. Un nivel bajo de ferritina en la sangre indica deficiencia de hierro en el organismo. Sin embargo, algunas veces la interpretación del nivel de ferritina en la sangre puede ser errónea, ya que éste puede aparecer falsamente elevado debido a daño hepático, inflamación, infección o cáncer. En este caso, el médico suele medir el nivel de la proteína que se encuentra en la superficie de las células y a la que se une la transferrina (receptor de transferrina).

Ocasionalmente, el diagnóstico requiere una biopsia de médula ósea para determinar el contenido de hierro en las células sanguíneas.

➤ **Tratamiento**

Dado que la hemorragia excesiva es la causa más común de deficiencia de hierro, el primer paso consiste en localizar su origen.

Generalmente, la ingesta de hierro en la dieta normal no es suficiente para compensar la pérdida del mismo por una hemorragia crónica, ya que el organismo tiene una reserva muy pequeña de este elemento. Por consiguiente, la pérdida de hierro debe ser reemplazada con la ingesta de suplementos que lo contengan.

El tratamiento de la anemia por deficiencia de hierro con suplementos de este metal suele durar entre 3 y 6 semanas, aunque la hemorragia ya se haya detenido. Los suplementos de hierro generalmente se prescriben por vía oral. Los suplementos de hierro se absorben mejor si se toman treinta minutos antes del desayuno, acompañados de una fuente de vitamina C (ya sea zumo de naranja o un suplemento de esta vitamina). Los suplementos de hierro deben consumirse durante un periodo de aproximadamente 6 meses después de volverse a normalizar el recuento de las células sanguíneas para restablecer completamente las reservas del organismo. Los análisis de sangre han de llevarse a cabo periódicamente a fin de garantizar que el hierro suministrado es suficiente.

■ Anemia por deficiencia de vitaminas

La anemia por deficiencia de vitaminas es debida a un nivel bajo o nulo de vitamina B_{12} o ácido fólico folato.

La deficiencia de vitamina B_{12} ● *(v. pág. 1075)* y de ácido ● *(v. pág. 1076)* fólico produce anemia megaloblástica. En la anemia megaloblástica, la médula ósea produce glóbulos rojos grandes y anormales (megaloblastos).

La deficiencia de vitamina B_{12} o de ácido fólico se debe con mayor frecuencia a la escasez de éstas en la dieta o a la incapacidad del tracto digestivo para absorberlas. La deficiencia de estas vitaminas puede ser consecuencia del uso de algunos fármacos utilizados para tratar el cáncer, tales como el metotrexato, la hidroxiurea, el fluorouracilo y la citarabina.

➤ **Síntomas y diagnóstico**

Los síntomas de la anemia por deficiencia de vitamina B_{12} o ácido fólico tienen un curso lento y son similares a los síntomas producidos por otros tipos de anemia. La deficiencia de vitamina B_{12} también puede comprometer el funcionamiento de los nervios periféricos ● *(v. pág. 1075)*.

Una vez que se ha diagnosticado la anemia, el médico debe solicitar análisis para determinar si la deficiencia de vitamina B_{12} o de ácido fólico son la causa. Se sospecha la existencia de anemia por deficiencia de vitamina B_{12} o ácido fólico cuando se observa en una muestra de sangre, al

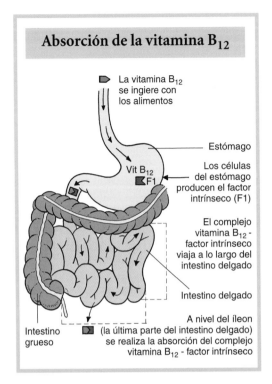

Absorción de la vitamina B$_{12}$

La vitamina B$_{12}$ se ingiere con los alimentos

Estómago

Vit B$_{12}$ F1

Los células del estómago producen el factor intrínseco (F1)

El complejo vitamina B$_{12}$ - factor intrínseco viaja a lo largo del intestino delgado

Intestino delgado

A nivel del íleon (la última parte del intestino delgado) se realiza la absorción del complejo vitamina B$_{12}$ - factor intrínseco

Intestino grueso

microscopio, la presencia de células grandes y anormales (megaloblastos). Cuando una persona ha padecido anemia megaloblástica durante un largo período de tiempo, también pueden observarse cambios en los glóbulos blancos y en las plaquetas.

Para determinar la causa de la anemia por deficiencia de vitaminas, pueden analizarse los niveles de vitamina B$_{12}$ y ácido fólico en la sangre. También pueden llevarse a cabo otros exámenes.

➤ Tratamiento

El tratamiento para la anemia por déficit de vitamina B$_{12}$ o ácido fólico consiste en reemplazar a la vitamina deficiente.

Generalmente, la vitamina B$_{12}$ se administra por vía parenteral (inyección). Al principio, las inyecciones se suministran durante varios días o semanas, hasta que los niveles de vitamina B$_{12}$ en la sangre vuelven a la normalidad; posteriormente, las inyecciones se administran una vez al mes. La vitamina B$_{12}$ también puede administrarse cada día mediante un inhalador, un comprimido sublingual o un comprimido tragable. Las personas que padecen anemia por deficiencia de vitamina B$_{12}$ deben tomar durante toda su vida suplementos que la contengan.

El ácido fólico puede tomarse en forma de comprimido, uno al día. Las personas que tienen problemas para absorber el ácido fólico deben tomar suplementos de por vida.

■ Anemia por enfermedad crónica

Las enfermedades crónicas pueden cursar con la presencia de un tipo de proteínas conocidas como citocinas, que afectan a la producción de glóbulos rojos; situación que da como resultado una anemia.

Las enfermedades crónicas cursan generalmente con anemia, sobre todo en personas de edad. Enfermedades tales como infecciones, inflamación y cáncer suprimen particularmente la producción de glóbulos rojos en la médula ósea. Esta supresión no suele ser severa; por ello, la anemia cursa lentamente y sólo se hace evidente después de un tiempo. Dado que la médula ósea es incapaz de utilizar el hierro almacenado en los glóbulos rojos que están en desarrollo, este tipo de anemia se conoce como anemia por reutilización de hierro.

Este tipo de anemia, leve y de curso lento, no produce síntomas, o bien son escasos. Cuando aparecen los síntomas, se producen, por lo general, por la enfermedad causante de la anemia y no por la anemia misma. No hay pruebas de laboratorio específicas, así que el diagnóstico se hace por exclusión de otras causas.

Dado que no existe ningún tratamiento específico para este tipo de anemia, el médico trata la enfermedad que la produce. Tomar hierro adicional o vitaminas no es de gran utilidad. En algunas ocasiones, muy raras, en que la anemia se agrava, las transfusiones pueden ayudar. También pueden administrarse eritropoyetina o darbopoetina fármacos que estimulan la médula ósea para producir glóbulos rojos.

■ Anemia hemolítica autoinmune

La anemia hemolítica autoinmune reúne un grupo de trastornos caracterizados por una alteración del sistema inmunológico consistente en la producción de anticuerpos que atacan los glóbulos rojos como si éstos fueran sustancias extrañas al organismo.

Anemia aplásica: cuando la médula ósea deja de funcionar

Cuando las células de la médula ósea que se convierten en células sanguíneas maduras y plaquetas (células madre o progenitoras) resultan dañadas o suprimidas, la médula ósea puede dejar de funcionar. Esta insuficiencia de la médula ósea recibe el nombre de anemia aplásica. La causa más frecuente de anemia aplásica puede ser un trastorno autoinmune en el cual el sistema inmunológico elimina las células madre de la médula ósea. Entre otras causas se encuentran la infección por parvovirus, la exposición a la radiación, algunas toxinas (como el benceno), los fármacos quimioterápicos y otros medicamentos (como el cloranfenicol).

La insuficiencia de la médula ósea conduce a una excesiva reducción en la cantidad de glóbulos rojos (anemia), glóbulos blancos (leucopenia) y plaquetas (trombocitopenia). La anemia causa fatiga, debilidad y palidez; la leucopenia aumenta el riesgo de contraer infecciones; la trombocitopenia aumenta el riesgo de formación de hematomas y hemorragias. En algunas personas sólo se afecta la producción de glóbulos rojos (dando como resultado un trastorno llamado aplasia pura de glóbulos rojos); esto ocurre de manera especial cuando la causa corresponde a una infección por parvovirus. La anemia aplásica se diagnostica cuando se hace un examen microscópico de una muestra de la médula ósea (biopsia de médula ósea) que pone de manifiesto una marcada disminución en el número de células madre y en la maduración de las células sanguíneas.

Las personas que padecen anemia aplásica mueren rápidamente a menos que reciban un tratamiento inmediato. Las transfusiones de glóbulos rojos o plaquetas y la administración de unas sustancias llamadas factores de crecimiento pueden aumentar temporalmente el número de glóbulos rojos, de glóbulos blancos y de plaquetas. El trasplante de médula ósea, o de células madre, puede curar la anemia aplásica en personas jóvenes y de edad media. Los adultos mayores y las personas que carecen de un donante compatible de médula ósea responden al tratamiento con corticosteroides, un fármaco que suprime el sistema inmunológico.

La anemia hemolítica autoinmune constituye un grupo poco frecuente de trastornos que pueden presentarse a cualquier edad. Estos trastornos afectan a las mujeres con mayor frecuencia que a los hombres. Aproximadamente en la mitad de los casos, no puede determinarse la causa de la anemia hemolítica autoinmune (anemia hemolítica autoinmune idiopática). La anemia hemolítica autoinmune también puede formar parte de una enfermedad, o ser causada por ésta (por ejemplo, el lupus eritematoso sistémico). En muy pocas ocasiones es consecuencia del uso de ciertos fármacos, como la penicilina.

La destrucción de glóbulos rojos por autoanticuerpos puede darse de repente, o puede desarrollarse gradualmente. En algunas personas, la destrucción puede detenerse después de un período de tiempo, mientras que en otras persiste y se vuelve crónica. Existen dos tipos principales de anemias hemolíticas autoinmunes: la anemia hemolítica por anticuerpos calientes y la anemia hemolítica por anticuerpos fríos. Cuando es del tipo anticuerpos calientes, los autoanticuerpos se adhieren a los glóbulos rojos y los destruyen. Esto ocurre a temperaturas iguales o mayores a la temperatura corporal normal. En el tipo anticuerpos fríos, los autoanticuerpos se vuelven más activos y atacan los glóbulos rojos sólo a temperaturas muy inferiores a la corporal normal.

➤ Síntomas

Algunas personas con anemia hemolítica autoinmune pueden no presentar síntomas, en especial cuando la destrucción de glóbulos rojos es leve y se desarrolla gradualmente. Otras presentan síntomas similares a los de otros tipos de anemia, sobre todo cuando la destrucción es más rápida o severa. Cuando la destrucción de glóbulos rojos es rápida o severa, se puede presentar leve ictericia. Cuando la destrucción de los glóbulos rojos persiste durante unos meses o más tiempo, el bazo puede agrandarse, produciendo una sensación de plenitud abdominal y, ocasionalmente, malestar.

Cuando la causa de la anemia autoinmune es otra enfermedad, los síntomas de la enfermedad subyacente, tales como la inflamación y la sensibilidad de los ganglios linfáticos y la fiebre, pueden predominar.

➤ Diagnóstico

Una vez que el médico diagnostica anemia, se sospecha que hay destrucción de glóbulos rojos cuando el análisis de la sangre muestra un incremento en el número de glóbulos rojos inmaduros (reticulocitos). Así mismo, en un análisis de sangre se puede observar un incremento en la cantidad de una sustancia llamada bilirrubina y una cantidad reducida de una proteína llamada heptaglobina.

La anemia hemolítica autoinmune se confirma cuando el análisis de la sangre detecta el aumento de ciertos anticuerpos, adheridos a los glóbulos rojos (antiglobulina directa o prueba de Coombs directa) o presentes en la porción líquida de la sangre (antiglobulina indirecta o prueba de Coombs indirecta). Algunas veces hay que recurrir a otros exámenes para determinar la causa de la reacción autoinmune que está destruyendo los glóbulos rojos.

➤ Tratamiento

Si los síntomas son leves o la destrucción de los glóbulos rojos parece estar disminuyendo por sí misma, no se requiere tratamiento. Si la destrucción de los glóbulos rojos está empeorando, la primera elección para el tratamiento es un corticosteroide, como la prednisona. Inicialmente se administran altas dosis, para luego programar un descenso progresivo de las mismas durante varias semanas o varios meses. Cuando las personas no responden a los corticosteroides o cuando éstos causan efectos secundarios intolerables, la cirugía para extirpar el bazo (esplenectomía) es, con frecuencia, el siguiente tratamiento. Cuando la destrucción de los glóbulos rojos persiste después de la extirpación del bazo o cuando ésta no puede llevarse a cabo, deben suministrarse medicamentos inmunosupresores, como la ciclofosfamida o la azatioprina.

La plasmaféresis, que implica filtrar la sangre para eliminar los anticuerpos, resulta útil cuando otros tratamientos han fracasado ● (*v. recuadro pág. 1180*). Cuando la destrucción de los glóbulos rojos es masiva, pueden llegarse a requerir transfusiones de sangre, pero éstas no corrigen la causa de la anemia, sino que sólo proporcionan un alivio temporal.

■ Anemia drepanocítica

La anemia drepanocítica es una enfermedad hereditaria caracterizada por la presencia de glóbulos rojos en forma de hoz (media luna) y anemia crónica causada por una excesiva destrucción de ese grupo de células sanguíneas.

La anemia drepanocítica afecta de modo casi exclusivo a personas de origen africano. En Estados Unidos, por ejemplo, aproximadamente el 10 % de la población afroamericana tienen una copia del gen de la anemia drepanocítica (es decir, presentan el rasgo drepanocítico); estos individuos no expresan la enfermedad -aunque algunas veces pueden notar sangre en su orina- y alrededor del 0,3 % tienen dos copias del gen y desarrollan la enfermedad.

En la anemia drepanocítica, los glóbulos rojos contienen una hemoglobina anormal (la proteína que transporta el oxígeno) que reduce la cantidad de oxígeno en las células. La disminución en la cantidad de oxígeno hace que algunos de los glóbulos rojos adquieran forma de hoz. Dado que estas células deformadas son frágiles, se rompen mientras viajan a través de los vasos sanguíneos de menor calibre, lo que da como resultado anemia grave, bloqueo en el flujo sanguíneo y disminución en el suministro de oxígeno. Los drepanocitos producen daños en el bazo, los riñones, el cerebro, los huesos y otros órganos.

➤ Síntomas y complicaciones

Las personas que padecen anemia drepanocítica siempre presentan algún grado de anemia e ictericia leve, pero pueden tener pocos síntomas adicionales. Cualquier factor que reduzca la cantidad de oxígeno en su sangre, como el ejercicio fuerte, el alpinismo, volar a grandes alturas sin suficiente oxígeno o una enfermedad, puede llevarlas a sufrir una crisis drepanocítica. Esta crisis puede consistir en un empeoramiento repentino de los síntomas de anemia, tales como dolor (a menudo en el abdomen o en los huesos largos de brazos y piernas), fiebre y a veces ahogo. El dolor abdominal puede ser intenso y producir vómitos.

En los niños, la crisis drepanocítica puede presentarse como un síndrome torácico, caracterizado por un fuerte dolor en el pecho y dificultad para respirar. La causa exacta del síndrome torácico se desconoce todavía, pero podría estar relacionada con una infección o con la obstrucción de un vaso sanguíneo como resultado de una embolia (la porción de un coágulo que se desprende y se aloja en ese u otro vaso sanguíneo).

La mayoría de las personas que padecen anemia drepanocítica presentan agrandamiento del bazo durante la infancia. En la adolescencia, el bazo está a menudo tan lesionado que se contrae y deja de funcionar. Como el bazo ayuda a combatir la infección, las personas que padecen anemia drepanocítica son más propensas a desarrollar neumonía por neumococo u otras infecciones. Las infecciones, en especial las víricas, pueden reducir la producción de células sanguíneas, de tal manera que la anemia se torna más grave. El hígado se agranda progresivamente a lo largo de la vida y a menudo se forman cálculos biliares a partir del pigmento que liberan los glóbulos rojos fragmentados. El corazón suele agrandarse y los soplos cardíacos son frecuentes.

Los niños que padecen anemia drepanocítica suelen tener un torso relativamente corto, pero sus brazos, piernas, dedos de las manos y dedos de los pies son largos. Las alteraciones en los huesos y la médula ósea pueden causar dolores óseos, especialmente en las manos y en los pies. Pueden presentarse episodios de dolor articular acompañados de fiebre, y es probable que la articulación de la cadera llegue a dañarse tanto que finalmente tenga que ser reemplazada.

La falta de circulación en la piel puede causar úlceras en las piernas, sobre todo en los tobillos. Con frecuencia, los varones jóvenes padecen erecciones persistentes y dolorosas (priapismo). El bloqueo de los vasos sanguíneos puede provocar accidentes cerebrovasculares, que dañan el sistema nervioso. En las personas mayores, la función pulmonar y renal puede deteriorarse.

➤ Diagnóstico

El médico reconoce la anemia, el dolor de estómago y de huesos y las náuseas, en una persona joven de raza negra, como una anemia drepanocítica. En una muestra de sangre examinada al microscopio se pueden observar glóbulos rojos en forma de hoz y fragmentos de glóbulos rojos destruidos.

Un análisis de sangre denominado electroforesis puede detectar una hemoglobina anormal e indicar si una persona presenta el rasgo drepanocítico o la enfermedad. Para una familia puede ser importante descubrir este rasgo a fin de poder planificar y determinar el riesgo de tener un hijo con anemia drepanocítica.

➤ Tratamiento y prevención

La anemia drepanocítica puede presentarse como una enfermedad leve que requiere un tratamiento moderado o como una enfermedad grave y recurrente capaz de producir una incapacidad severa y la muerte prematura. Ocasionalmente, una persona que tiene el rasgo drepanocítico, puede morir de repente mientras realiza un ejercicio fuerte debido a una deshidratación severa,

Formas de los glóbulos rojos

Los glóbulos rojos normales son flexibles, tienen forma de disco y son más gruesos en los bordes que en el centro. En varios trastornos hereditarios, los glóbulos rojos se vuelven esféricos (en la esferocitosis hereditaria), ovalados (en la eliptocitosis hereditaria) o adoptan una forma de hoz (en la anemia de células falciformes).

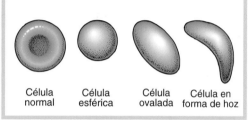

| Célula normal | Célula esférica | Célula ovalada | Célula en forma de hoz |

como ocurre durante un entrenamiento militar o atlético.

La anemia drepanocítica no tiene cura; por lo tanto, el objetivo del tratamiento es de prevenir las crisis, controlar la anemia y aliviar los síntomas. Las personas que padecen esta enfermedad deben evitar las actividades que reducen la cantidad de oxígeno en la sangre y buscar atención médica inmediata aun cuando presenten enfermedades menores, como, por ejemplo, algunas infecciones víricas. Como estas personas corren un mayor riesgo de infección, deben vacunarse contra el neumococo y el *Hemophilus influenzae*.

Las crisis drepanocíticas pueden requerir hospitalización. Al paciente se le suministra gran cantidad de líquidos por vía intravenosa y medicamentos para aliviar el dolor. Las transfusiones de sangre y la administración de oxígeno se hacen necesarias si el médico sospecha que la anemia es tan grave como para desencadenar un accidente cerebrovascular, un ataque cardíaco o una lesión pulmonar. Así mismo, deben tratarse las enfermedades que puedan haber originado la crisis, como, por ejemplo, una infección.

Algunos fármacos pueden ayudar a controlar la anemia drepanocítica. La hidroxiurea incrementa la producción de una forma de hemoglobina encontrada principalmente en fetos, la cual disminuye la cantidad de glóbulos rojos que adoptan la forma de hoz. Por lo tanto, reduce la frecuencia de las crisis drepanocíticas. Una persona que padezca esta enfermedad puede ser receptora del trasplante de la médula ósea o de las células madre de un miembro de su familia o de otro donante que no tenga el gen de la anemia drepanocítica. Aunque esta clase de trasplante puede ser curativo, comporta riesgos, y el receptor deberá tomar medicamentos durante el resto de su vida para suprimir el sistema inmunológico. La terapia genética, que es una técnica en la cual los genes normales son implantados en las células precursoras (células que producen células sanguíneas), es objeto de estudio en la actualidad.

El diagnóstico prenatal y la asesoría genética están disponibles para las parejas con riesgo de tener un hijo con anemia drepanocítica ● *(v. pág. 1698)*. Las células fetales pueden obtenerse mediante amniocentesis para ser examinadas directamente; la presencia de 1 o 2 copias del gen de la anemia drepanocítica se pueden determinar con precisión.

■ Enfermedades de la hemoglobina C, S-C y E

Las enfermedades de la hemoglobina C, S-C y E constituyen trastornos hereditarios caracterizados por una formación anormal de los glóbulos rojos y anemia crónica, que es causada por una destrucción excesiva de este grupo de células sanguíneas.

Las poblaciones africanas o las personas de origen africano son las más afectadas por la enfermedad de la hemoglobina C. Para desarrollarla, es necesario que una persona herede dos copias del gen anormal que produce la enfermedad. En general, los síntomas son escasos. La anemia varía en gravedad. Los individuos que padecen esta enfermedad, en especial los niños, pueden cursar con episodios de dolor abdominal y articular, bazo agrandado e ictericia leve, pero no sufren crisis graves como en la anemia drepanocítica.

La enfermedad de la hemoglobina S-C se presenta en personas que tienen una copia del gen de la anemia drepanocítica y una copia del gen de la enfermedad de la hemoglobina C. La enfermedad de la hemoglobina S-C es mucho más común que la de la hemoglobina C, y sus síntomas -aunque más leves- son similares a los descritos para la anemia drepanocítica.

La enfermedad de la hemoglobina E afecta principalmente a la etnia negra y a personas del sudeste asiático. Esta enfermedad produce anemia, pero ninguno de los otros síntomas que se presentan en la anemia drepanocítica y en la enfermedad de la hemoglobina C.

■ Talasemias

Las talasemias constituyen un grupo de trastornos hereditarios resultantes de un balance inadecuado en la producción de una de las cuatro cadenas de aminoácidos que componen la hemoglobina (la proteína contenida en los glóbulos rojos y que transporta el oxígeno).

Las talasemias se clasifican de acuerdo con la cadena de aminoácidos afectada. Los dos tipos principales son: la talasemia alfa (la cadena alfa resulta afectada) y la talasemia beta (la cadena beta es la afectada). La talasemia alfa es más frecuente en Asia del sudeste y África; en cambio, la talasemia beta resulta más frecuente en las poblaciones del área mediterránea y del sudeste asiático. Las talasemias también se clasifican según tenga una persona una copia del gen defectuoso (talasemia menor) o dos copias del gen defectuoso (talasemia mayor).

Todas las clases de talasemia presentan síntomas similares, pero varían en gravedad. En la talasemia alfa menor y en la talasemia beta menor, las personas se ven afectadas por anemia leve, pero sin síntomas. En la talasemia alfa mayor, las personas presentan síntomas moderados o severos de anemia y el bazo agrandado.

En la talasemia beta mayor, las personas muestran síntomas severos de anemia que pueden estar acompañados de ictericia, úlceras en la piel, cálculos biliares y agrandamiento del bazo. La actividad excesiva de la médula ósea puede provocar el ensanchamiento y agrandamiento de algunos huesos, en especial los de la cabeza y la cara. Los huesos largos de los brazos y de las piernas pueden debilitarse y fracturarse con gran facilidad.

Los niños que padecen talasemia beta mayor pueden crecer con más lentitud y alcanzar más tarde la pubertad de lo que lo harían normalmente. Dado que la absorción de hierro puede aumentarse y las transfusiones de sangre hacerse cada vez más frecuentes (proporcionando aún más hierro), el exceso de hierro puede llegar a acumularse y depositarse en el músculo cardíaco, produciendo finalmente una enfermedad por sobrecarga de hierro e insuficiencia cardíaca.

Las talasemias se diagnostican con mayor dificultad que otros trastornos de la hemoglobina.

En estos casos puede resultar útil el examen de una gota de sangre mediante una electroforesis, aunque el resultado puede ser no concluyente, en especial cuando se trata de talasemia alfa. Por lo tanto, el diagnóstico se suele basar en exámenes especiales de la hemoglobina y en la determinación de los patrones hereditarios de la enfermedad.

La mayoría de las personas que padecen talasemias no requieren de tratamiento alguno, pero las afectadas por variantes graves pueden necesitar un trasplante de médula ósea. Aunque la terapia genética, en la cual los genes normales son implantados a la persona, es objeto de estudio en la actualidad, su aplicación hasta la fecha ha resultado infructuosa.

| CAPÍTULO 173 |

Trastornos hemorrágicos y de la coagulación

Un trastorno en cualquier parte del sistema que controla el sangrado (hemostasia) puede producir una hemorragia excesiva o a una coagulación excesiva, siendo ambas situaciones peligrosas. Cuando la coagulación es deficiente, incluso la más mínima lesión sobre un vaso sanguíneo puede ser la causa de una hemorragia grave. Por el contrario, en presencia de una coagulación excesiva, los vasos sanguíneos de menor calibre -en puntos anatómicos críticos- pueden obstruirse con coágulos. Los vasos obstruidos en el cerebro pueden producir un accidente cerebrovascular; Una obstrucción de los vasos que conducen al corazón puede causar ataques cardíacos, y los coágulos de las venas de las piernas, de la pelvis o del abdomen pueden viajar a través del torrente sanguíneo hasta los pulmones y allí bloquear las arterias principales (embolia pulmonar).

La hemostasia es la forma en la que el cuerpo detiene el sangrado de los vasos sanguíneos lesionados. Comprende tres procesos principales: el estrechamiento (constricción) de los vasos sanguíneos, la activación de las plaquetas y la activación de los factores de coagulación de la sangre.

Si se lesiona un vaso sanguíneo, éste se constriñe para que la sangre fluya de manera más lenta y pueda iniciarse el proceso de la coagulación. Simultáneamente, la acumulación de sangre en el exterior del vaso sanguíneo (un hematoma) presiona contra el vaso, ayudando a prevenir un sangrado adicional.

Tan pronto como se daña la pared del vaso sanguíneo, las plaquetas son activadas por una serie de reacciones, de tal manera que puedan adherirse al área lesionada. El *pegamento* que adhiere las plaquetas a la pared del vaso sanguíneo se denomina factor von Willebrand, una proteína producida por las células de la pared del vaso. Las proteínas colágeno y trombina actúan en el lugar de la lesión para ayudar a que las plaquetas se adhieran entre sí. A medida que las plaquetas se acumulan en el lugar, forman una malla que sella la herida. Las plaquetas cambian de forma circular a espinosa y liberan proteínas y otras sustancias que atrapan más plaquetas y proteínas de la coagulación, lo que da origen a un tapón cada vez más grande que se convierte en un coágulo de sangre.

La trombina convierte el fibrinógeno (un factor de la coagulación de la sangre, que normalmente se encuentra disuelto en ésta) en una serie de largos filamentos de fibrina que se proyectan desde el tapón de plaquetas y proteínas, formando una red que atrapa más plaquetas y células sanguíneas. Los filamentos de fibrina hacen que aumente el volumen del coágulo y ayudan a conservarlo en su lugar para así mantener selladas las paredes del vaso. La formación del coágulo también implica la activación de una secuencia de factores de la coagulación de la sangre que generan la trombina.

Las reacciones que tienen lugar durante la formación de un coágulo sanguíneo están equilibradas por otras reacciones que detienen el proceso de coagulación y disuelven los coágulos una vez se haya curado el vaso sanguíneo. De no ser por este sistema de control, algunas lesiones menores de los vasos sanguíneos podrían desencadenar una coagulación diseminada a todo el organismo (algo que sucede en ciertas enfermedades).

Coágulos: Taponamiento de las roturas

Cuando una lesión causa la rotura de un vaso sanguíneo, se activan las plaquetas. Estas células cambian su forma redondeada y adquieren prolongaciones, se adhieren tanto a la pared del vaso roto como entre sí y empiezan a formar un tapón. También interaccionan con otras proteínas de la sangre para la formación de fibrina. Los filamentos de fibrina constituyen una malla que atrapa más plaquetas y células sanguíneas, lo que da lugar a un coágulo estable que tapona la rotura.

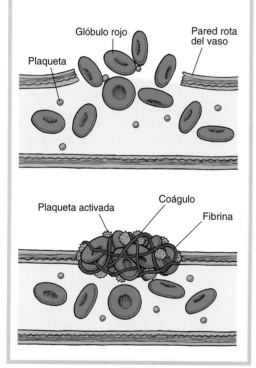

color que van del rojo al violeta, particularmente en la cara, en los labios, en el borde de la boca y de la nariz, y en los pulpejos de los dedos de las manos y de los pies. También puede producir hemorragia nasal importante. Los vasos sanguíneos de menor calibre que se encuentran en los tractos digestivo y urinario, al igual que los que están en el cerebro y en la médula espinal, también pueden afectarse, dando origen a hemorragias en estos sitios.

El objetivo del tratamiento es detener la aparición de hemorragias y puede incluir: aplicar presión, utilizar un medicamento tópico que tenga efecto constrictor sobre los vasos sanguíneos (astringente) y utilizar un rayo láser que destruya el vaso sanguíneo lesionado. Una hemorragia importante puede requerir técnicas más invasivas. La hemorragia casi siempre se repite, con lo que causa anemia por déficit de hierro; por lo tanto, las personas que padecen telangiectasia hemorrágica hereditaria necesitan tomar suplementos de hierro.

■ Púrpura alérgica

La púrpura alérgica (denominada púrpura de Henoch-Schönlein) es una enfermedad en la cual los vasos sanguíneos que se encuentran en la piel, las articulaciones, el tracto digestivo o los riñones se inflaman y sangran.

La púrpura alérgica, una enfermedad rara, afecta principalmente a niños pequeños, pero puede igualmente afectar a jóvenes y adultos. Se cree que la enfermedad es el resultado de una reacción autoinmune, caracterizada porque el cuerpo

■ Telangiectasia hemorrágica hereditaria

La telangiectasia hemorrágica hereditaria (enfermedad de Rendú-Osler-Weber) es un trastorno hereditario en el que los vasos sanguíneos están malformados, lo que los vuelve frágiles y propensos a hemorragias.

En las personas que padecen esta enfermedad, los vasos sanguíneos bajo la piel pueden romperse y sangrar, causando pequeños cambios de

Púrpura de Henoch-Schönlein

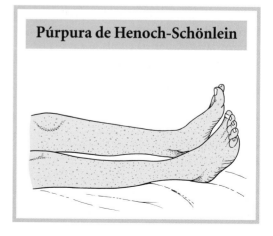

Fármacos y coágulos de sangre: una relación complicada

La relación entre los medicamentos y la capacidad del organismo para controlar las hemorragias (hemostasia) es complicada. La habilidad del organismo para formar coágulos de sangre es vital para la hemostasia, pero una coagulación excesiva aumenta el riesgo de sufrir un accidente cerebrovascular, un ataque cardíaco o una embolia pulmonar. Muchos fármacos, sea o no de forma intencionada, afectan la capacidad del organismo para formar coágulos.

Algunas personas presentan un riesgo elevado de formación de coágulos y reciben tratamiento dirigido a reducir ese riesgo. Se pueden administrar fármacos que disminuyan la capacidad de adhesión de las plaquetas, para que no formen agregados y obstruyan los vasos sanguíneos. La aspirina, la ticlopidina, el clopidogrel, el abciximab y el tirofiban son ejemplos de fármacos que afectan a la actividad de las plaquetas.

Otras personas con riesgo de formar coágulos de sangre pueden recibir un anticoagulante, una sustancia que inhibe la acción de las proteínas de la sangre llamadas factores de coagulación. Aunque a menudo reciben el nombre de disolventes de la sangre, en realidad los anticoagulantes no diluyen la sangre. Los anticoagulantes más utilizados son la warfarina, administrada por vía oral, y la heparina, administrada mediante inyección. Las personas que usan estos fármacos deben estar bajo una estrecha supervisión médica. El médico controla los efectos de estos medicamentos mediante unos análisis de sangre que miden el tiempo de coagulación, y de esta forma establece las dosis según los resultados de las pruebas. Las dosis demasiado bajas pueden no ser eficaces para controlar la coagulación, mientras que las dosis excesivas pueden causar una hemorragia grave. Un nuevo tipo de anticoagulante, la heparina de bajo peso molecular, no requiere tanta supervisión. La lepirudina y el argatrobán son dos nuevos tipos de anticoagulantes que actúan directamente sobre la trombina.

Si ya se ha formado un coágulo, puede administrarse un fármaco trombolítico (fibrinolítico) para ayudar a disolverlo. Los fármacos trombolíticos, entre los que se encuentra la estreptoquinasa y el activador tisular del plasminógeno, a veces se utilizan para el tratamiento de los ataques cardíacos y los accidentes cerebrovasculares causados por coágulos sanguíneos. Estos fármacos pueden salvar vidas, pero también pueden aumentar el riesgo de padecer hemorragias graves. De forma paradójica, la heparina, un fármaco utilizado para reducir el riesgo de formación de coágulos, a veces tiene un efecto activador no intencionado sobre las plaquetas, lo que aumenta el riesgo de coagulación (trombocitopenia inducida por heparina).

Los estrógenos, por sí solos o formando parte de los anticonceptivos orales, pueden tener un efecto no intencionado que también produce formación excesiva de coágulos. Ciertos fármacos utilizados para el tratamiento del cáncer (quimioterapia), como la asparaginasa, también pueden incrementar el riesgo de coagulación excesiva.

---

ataca sus propios tejidos. La púrpura alérgica suele comenzar después de una infección de las vías respiratorias, aunque también puede ser causada por una reacción alérgica a fármacos. La rapidez con que la enfermedad se desarrolla y su duración son variables.

➤ Síntomas y diagnóstico

Esta enfermedad puede iniciarse con la aparición de manchas pequeñas de color azul morado (púrpura), casi siempre en los pies, las piernas, los brazos y las nalgas, y que se van haciendo evidentes a medida que los vasos sanguíneos de la piel sangran. Con el paso de los días, la púrpura se abulta y endurece. Pueden aparecer nuevas manchas durante varias semanas después de haber aparecido la primera. Resulta frecuente que el cuadro clínico curse con hinchazón y dolor de las articulaciones, generalmente acompañado por fiebre. La hemorragia del tracto digestivo puede cursar con calambres y dolor en el abdomen. También puede aparecer sangre en la orina (hematuria). La mayoría de las personas se recuperan completamente en un mes, pero los síntomas pueden llegar a reaparecer varias veces. La hemorragia en los riñones puede causar daño renal.

El diagnóstico se basa en los síntomas.

➤ Tratamiento

Si se sospecha que un fármaco puede ser el responsable de la reacción alérgica, se suspende inmediatamente su administración. Los corticoides (por ejemplo, la prednisona) pueden ayudar a aliviar la hinchazón, el dolor en las articulaciones y el dolor abdominal, pero no previenen o revierten el daño renal. Algunos medicamentos que disminuyen la actividad del sistema inmunológico (medicamentos inmunosupresores), como la azatioprina o la ciclofosfamida, pueden utilizarse si hay evidencia de compromiso renal, aunque su verdadera efectividad se desconoce.

■ Trombocitopenia

La trombocitopenia consiste en una disminución en el número de las plaquetas (trombocitos).

La sangre contiene de 150000 a 350000 plaquetas por microlitro. Cuando el recuento de plaquetas es menor de 20000 o 30000 plaquetas por microlitro de sangre, pueden producirse hemorragias por mínimos golpes. Sin embargo, el riesgo más grave de hemorragia se presenta cuando este recuento es menor a 10000 plaquetas por microlitro. Ante tan escaso número de plaquetas puede presentarse hemorragia incluso sin que haya lesiones.

➤ Causas

Muchas enfermedades pueden causar trombocitopenia. La trombocitopenia puede darse cuando la médula ósea no produce suficientes plaquetas, como sucede en la leucemia y en algunas anemias. La infección por VIH, el virus que causa el sida, generalmente cursa con trombocitopenia. Las plaquetas pueden quedar atrapadas en un bazo aumentado de tamaño, como ocurre en la mielofibrosis y en la enfermedad de Gaucher; con lo que el número de plaquetas en el torrente sanguíneo se reduce. Las transfusiones importantes de sangre pueden diluir la concentración de plaquetas en la sangre. Finalmente, el organismo puede utilizar o destruir muchas plaquetas, como ocurre en algunas enfermedades; siendo las tres más notables la púrpura trombocitopénica idiopática, la púrpura trombocitopénica trombótica y el síndrome hemolítico urémico.

La **púrpura trombocitopénica idiopática** es una enfermedad en la que se forman anticuerpos que destruyen las plaquetas. Se desconoce por qué se forman estos anticuerpos. Aunque la médula ósea incrementa la producción de plaquetas para compensar su destrucción, el suplemento no puede ser compensado con la demanda.

La **púrpura trombocitopénica trombótica** es una enfermedad rara en la que repentinamente se forman pequeños coágulos de sangre en todo

---

Causas de trombocitopenia

La médula ósea no produce suficientes plaquetas.

- Leucemia
- Linfoma
- Anemia aplásica
- Consumo excesivo de alcohol
- Anemias megaloblásticas, incluidas las anemias por deficiencia de vitamina B_{12} y de ácido fólico
- Algunos trastornos de la médula ósea

Las plaquetas quedan atrapadas en un bazo aumentado de tamaño.

- Cirrosis con esplenomegalia congestiva
- Mielofibrosis
- Enfermedad de Gaucher

Dilución de las plaquetas

- Reposición masiva de sangre o la transfusión con sangre almacenada que contiene muy pocas plaquetas
- Cirugía de derivación *(bypass)* cardiopulmonar

Aumento en la utilización o la destrucción de las plaquetas

- Púrpura trombocitopénica idiopática
- Infección por el VIH
- Fármacos como la heparina, la quinidina, la quinina; antibióticos que contienen sulfamidas; algunos antidiabéticos orales, las sales de oro y la rifampicina
- Trastornos que implican el desarrollo de una coagulación intravascular diseminada en el interior de los vasos sanguíneos, como puede ocurrir en algunas complicaciones obstétricas, el cáncer, la infección de la sangre (septicemia) debido a bacterias gramnegativas y las lesiones cerebrales traumáticas
- Púrpura trombocitopénica trombótica
- Síndrome hemolítico urémico
- Hemoglobinuria paroxística nocturna (PNH)

el cuerpo. El número de coágulos que se forma permite inferir que un número anormalmente alto de plaquetas está siendo utilizado por el organismo, y que esta situación conlleva una disminución importante en el número de plaquetas del torrente sanguíneo.

El **síndrome hemolítico urémico** es un trastorno en el que la cantidad de plaquetas disminuye súbitamente, los glóbulos rojos se destruyen y los riñones dejan de funcionar. El síndrome hemolítico urémico es poco común, pero puede producirse asociado a ciertas infecciones bacterianas y al empleo de algunos fármacos usados en quimioterapia (por ejemplo, la mitomicina). Este síndrome resulta más común en bebés, niños pequeños y mujeres embarazadas o que acaban de dar a luz; sin embargo, puede darse también en jóvenes, adultos y mujeres que no estén embarazadas.

➤ Síntomas y complicaciones

La hemorragia en la piel puede ser la primera señal de un recuento bajo de plaquetas. Frecuentemente aparecen manchas violáceas en la piel de la parte inferior de las piernas, y cualquier golpe puede causar pequeñas contusiones. Las encías pueden sangrar y es posible que se detecte sangre en las heces y en la orina. Los períodos menstruales pueden ser excepcionalmente fuertes. Es probable que la hemorragia sea difícil de contener.

La hemorragia empeora a medida que disminuye la cantidad de plaquetas. Las personas que tienen muy pocas plaquetas pueden perder gran cantidad de sangre dentro del tracto digestivo o sufrir una hemorragia cerebral, que puede llegar a ser mortal, sin que se haya producido lesión alguna. La velocidad de aparición de los síntomas puede variar dependiendo de la causa de la trombocitopenia. Por ejemplo, en la púrpura trombocitopénica trombótica y en el síndrome hemolítico urémico, los síntomas aparecen de un momento a otro. En la púrpura trombocitopénica idiopática los síntomas pueden aparecer sin previo aviso, o bien de manera progresiva y sutil.

La sintomatología asociada a la púrpura trombocitopénica trombótica y al síndrome hemolítico urémico no es del todo igual. En la púrpura trombocitopénica trombótica, los pequeños coágulos de sangre que se forman (gastando plaquetas) son responsables de una amplia gama de síntomas y de complicaciones, que eventualmente pueden poner en peligro la vida de la persona.

Entre los síntomas que resultan de la presencia de coágulos en el cerebro se encuentran el dolor de cabeza, la confusión, las convulsiones y el coma. Los síntomas que resultan de la presencia de coágulos en el resto del cuerpo son las arritmias cardíacas, la sangre en la orina -que sugiere la existencia de daño renal- y el dolor abdominal. Los síntomas y las complicaciones predominantes del síndrome hemolítico urémico se deben en gran parte al daño que esta entidad produce sobre el riñón. Este daño suele ser grave y puede evolucionar hasta desembocar en una insuficiencia renal.

➤ Diagnóstico

Los médicos sospechan la existencia de trombocitopenia en personas que presentan hematomas y hemorragias anormales. En consecuencia, realizan periódicamente un recuento de plaquetas en aquellas personas que padecen trastornos que causan trombocitopenia. Ocasionalmente, los médicos descubren la trombocitopenia en los resultados de análisis de sangre que se han solicitado por otras razones en personas que no han tenido hematomas o hemorragias.

Resulta crítico determinar la causa de la trombocitopenia para tratarla. Ciertos síntomas pueden ayudar a determinar esa causa. Por ejemplo, cuando la trombocitopenia es producto de una infección, el paciente experimenta fiebre. Por el contrario, la púrpura trombocitopénica idiopática, la púrpura trombocitopénica trombótica y el síndrome hemolítico urémico cursan sin fiebre. Un bazo agrandado, que un médico puede detectar durante la exploración física, sugiere que el bazo está atrapando las plaquetas y se produce la trombocitopenia como resultado de un trastorno que causa el agrandamiento del bazo. El síndrome hemolítico urémico se diagnostica en los casos en que los análisis de sangre muestran valores aumentados de creatinina y de nitrógeno ureico; estos hallazgos son compatibles con insuficiencia renal.

Para que el médico obtenga pistas acerca de la gravedad de la trombocitopenia y de su posible causa, debe analizar una muestra de sangre al microscopio o realizar un recuento de plaquetas, que puede hacerse con un contador electrónico. Para acceder a información acerca de la producción de plaquetas por parte del organismo, puede ser necesario que el médico analice al microscopio una muestra de médula ósea (aspirado y biopsia) ● *(v. pág. 1175).*

➤ Tratamiento

Los pacientes que presentan un recuento muy bajo de plaquetas a menudo son tratados en un hospital o se les aconseja permanecer en cama para evitar lesiones accidentales. Cuando la hemorragia es importante, se puede realizar una transfusión de plaquetas.

La trombocitopenia también puede tratarse resolviendo su causa subyacente. La trombocitopenia causada por un fármaco se suele corregir al suspender su administración. Los corticosteroides, como la prednisona, pueden bloquear temporalmente los efectos producidos por los anticuerpos que destruyen las plaquetas en la púrpura trombocitopénica idiopática, permitiendo así que el número de plaquetas aumente. El danazol podría tener efectos similares a la prednisona. Los fármacos que inhiben el sistema inmunológico, como la ciclofosfamida y a veces la azatioprina, pueden reducir la formación de anticuerpos. La mayoría de las personas que padecen púrpura trombocitopénica idiopática requieren la extirpación quirúrgica del bazo (esplenectomía) para lograr un incremento significativo en la cantidad de sus plaquetas. Los individuos que padecen púrpura trombocitopénica trombótica son tratados con la combinación de transfusiones de plasma y plasmaféresis ● *(v. recuadro pág. 1140)*. La combinación de estos dos procedimientos se conoce como recambio plasmático.

Algunas complicaciones que requieren tratamientos prolongados pueden ser el resultado de ciertas causas de trombocitopenia. Por ejemplo, la cantidad de plaquetas generalmente aumenta al tiempo que las personas se recuperan de un síndrome hemolítico urémico. Sin embargo, si la insuficiencia renal persiste, puede ser necesario tener que someterse a diálisis de por vida o a un trasplante de riñón.

■ Enfermedad de von Willebrand

La enfermedad de von Willebrand es una deficiencia hereditaria o una anomalía del factor de von Willebrand en la sangre, una proteína que afecta a la función de las plaquetas.

El factor von Willebrand se encuentra en el plasma, en las plaquetas y en las paredes de los vasos sanguíneos. Cuando el factor se ha perdido o es defectuoso, las plaquetas no se pueden adherir a las pa-

redes de los vasos sanguíneos de la zona en que se ha producido una lesión. En consecuencia, la hemorragia no se detiene tan rápido como debería.

➤ Síntomas y diagnóstico

Habitualmente, uno de los progenitores de la persona afectada por la enfermedad de von Willebrand presenta antecedentes de trastornos hemorrágicos. Los niños siempre tienen morados en la piel y sangran excesivamente después de un corte, una extracción dental o una cirugía. Las mujeres jóvenes pueden presentar un sangrado menstrual abundante. Es probable que la hemorragia empeore por momentos. Además, los cambios hormonales, el estrés, el embarazo, la inflamación y las infecciones pueden estimular al organismo para aumentar la producción del factor de von Willebrand y mejorar temporalmente la capacidad de las plaquetas para adherirse a las paredes de los vasos sanguíneos y así detener la hemorragia.

En estos pacientes, las pruebas de laboratorio suelen mostrar un tiempo de sangría anormalmente prolongado. El tiempo de sangría es el tiempo que transcurre antes de que se detenga el sangrado, después de haber realizado un corte pequeño en el antebrazo. El médico puede solicitar exámenes que cuantifiquen el factor von Willebrand en la sangre. Como el factor von Willebrand es la proteína que transporta un importante factor de coagulación (factor VIII) en la sangre, la cantidad de factor VIII también va a estar disminuida en estos pacientes.

➤ Tratamiento

Muchas personas que padecen la enfermedad de von Willebrand nunca requieren tratamiento. Cuando estos individuos presentan una hemorragia excesiva, pueden transfundirse concentrados de factores de coagulación de la sangre que contengan el factor von Willebrand. Para realizar alguna cirugía o procedimiento dental sin tener que recurrir a transfusiones, se puede administrar desmopresina con el fin de incrementar la cantidad del factor von Willebrand circulante; siempre y cuando se trate de una forma leve de la enfermedad.

■ Hemofilia

La hemofilia es un trastorno hemorrágico causado por la deficiencia de uno de los siguientes

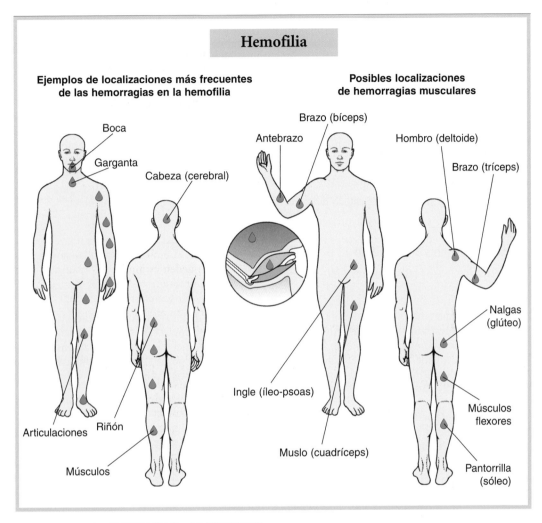

Hemofilia

Ejemplos de localizaciones más frecuentes de las hemorragias en la hemofilia

Boca

Garganta

Cabeza (cerebral)

Articulaciones

Riñón

Músculos

Posibles localizaciones de hemorragias musculares

Brazo (bíceps)

Antebrazo

Hombro (deltoide)

Brazo (tríceps)

Ingle (íleo-psoas)

Muslo (cuadríceps)

Nalgas (glúteo)

Músculos flexores

Pantorrilla (sóleo)

---

factores de coagulación de la sangre: el factor VIII o el factor IX.

Existen dos formas de hemofilia. La hemofilia A, que representa alrededor del 80 % de todos los casos, consiste en una deficiencia en el factor VIII de la coagulación. La hemofilia B consiste en una deficiencia en el factor IX de la coagulación. Los patrones de hemorragia y las consecuencias de estos dos tipos de hemofilia son similares.

La hemofilia es causada por diversas anomalías genéticas que están ligadas al sexo, lo que significa que las anormalidades genéticas son heredadas a través de la madre, pero casi todos los hemofílicos son varones.

➤ Síntomas y complicaciones

La gravedad de los síntomas depende de cómo la anormalidad genética descrita afecte a la activi-

dad de los factores VIII y IX de la coagulación. Cuando la actividad de la coagulación de un hemofílico está entre el 5 y el 25 % de lo normal, éste padece una hemofilia muy leve que puede pasar desapercibida; sin embargo, estas personas pueden sangrar más de lo esperado después de una cirugía, de una extracción dental o de una lesión mayor. Cuando la actividad de la coagulación de un hemofílico está entre el 1 y el 5 % de lo normal, éste padece hemofilia leve. Estas personas presentan pocos episodios de hemorragias no provocadas, pero en caso de cirugías o traumatismos pueden producirse una hemorragia descontrolada y fatal. Cuando la actividad de la coagulación es menor al 1 % de lo normal, la hemofilia es grave. Estos individuos presentan episodios graves de hemorragia, que se producen y se repiten sin razón aparente.

En la hemofilia grave, el primer episodio hemorrágico suele darse antes de los 18 meses de edad y puede aparecer después de una lesión menor. Un niño con hemofilia tiene moratones fácilmente. Incluso una inyección intramuscular puede producir una hemorragia que deriva en un hematoma y gran amoratamiento. Las hemorragias recurrentes en las articulaciones y los músculos pueden conducir a deformidades incapacitantes. La hemorragia puede inflamar la base de la lengua hasta que ésta obstruya las vías respiratorias y sea más difícil respirar. Un leve chichón en la cabeza puede provocar una hemorragia en el cráneo, lo que, a su vez, puede causar daño cerebral y la muerte.

➤ Diagnóstico y tratamiento

El médico puede sospechar que un niño padece hemofilia (especialmente si es un varón) cuando éste sangra sin causa aparente o más de lo esperado después de una lesión. Un análisis de laboratorio de una muestra de sangre determina si la coagulación del niño es anormalmente lenta. Si lo es, el médico puede confirmar el diagnóstico de hemofilia y determinar su tipo y gravedad analizando la actividad de los factores de coagulación.

Las personas que padecen hemofilia deben evitar situaciones que puedan provocar hemorragia, así como algunos fármacos (por ejemplo, la aspirina) que afectan a la función de las plaquetas. De igual manera, han de ser cuidadosas con su salud oral para evitar las extracciones dentales. Las personas que presentan formas leves de hemofilia y necesitan una cirugía dental o de otra clase pueden ser tratadas con ácido aminocaproico o desmopresina, a fin de mejorar temporalmente la habilidad del organismo para controlar la hemorragia y así evitar las transfusiones.

De modo habitual, los tratamientos incluyen transfusiones para reemplazar al factor de la coagulación deficiente. Estos factores se encuentran en el plasma normal. Los factores de coagulación pueden ser concentrados o producidos de forma purificada a partir de productos plasmáticos o pueden producirse por medio de procedimientos tecnológicos especiales, como concentrados recombinantes altamente purificados. Hay disponibles las formas recombinantes de ambos factores VIII y IX. La dosis, la frecuencia y la duración del tratamiento dependen del sitio de la hemorragia y de la gravedad del problema. También pueden ser utilizados para prevenir una hemorragia antes de una cirugía o ante la primera señal de hemorragia.

Algunas personas con hemofilia desarrollan anticuerpos contra los factores de coagulación transfundidos; como consecuencia, estos factores son destruidos. Cuando esto ocurre, la terapia basada en el reemplazo del factor deficiente resulta menos eficaz. Si se detecta este tipo de anticuerpos en la sangre de una persona con hemofilia, la dosificación del factor recombinante o de los concentrados de plasma debe incrementarse. También se pueden utilizar otros tipos de factores de la coagulación o de fármacos para reducir los niveles de anticuerpos circulantes.

■ Trombofilia

La trombofilia es un trastorno en el cual la sangre se coagula fácilmente o de forma excesiva.

La mayoría de los trastornos que causan la trombofilia incrementan el riesgo de formación de coágulos sanguíneos en las venas; algunos incrementan el riesgo de formación de coágulos de sangre en arterias y venas.

➤ Causas

Algunos de los trastornos que causan trombofilia son hereditarios. Muchos son el resultado de ciertos cambios en la cantidad o la función de algunas proteínas de la sangre que controlan la coagulación. Por ejemplo, la resistencia a la proteína C activada (mutación del factor V Leiden), una mutación específica en el gen de la protrombina y una deficiencia de la proteína C, de la proteína S o de la antitrombina tienen como consecuencia un incremento en la producción de la fibrina, una importante proteína involucrada en la formación del coágulo. La hiperhomocisteinemia, un incremento en la cantidad de homocisteína (un tipo de aminoácido) en la sangre, supone un incremento del riesgo de coagulación en las venas y las arterias.

Otros trastornos que causan trombofilia se adquieren después del nacimiento. Estos trastornos incluyen coagulación intravascular diseminada (a menudo asociada a cáncer), la presencia del anticoagulante lúpico y el síndrome de anticuerpos antifosfolípidos (anticardiolipina), los cuales incrementan el riesgo de coagulación debido a la sobreactivación de los factores de coagulación de la sangre.

Otros factores pueden aumentar el riesgo de coagulación, junto con la trombofilia. Estas condiciones pueden hacer que la persona no se mueva lo suficiente y, en consecuencia, la sangre se estanque en las venas; por ejemplo, padecer una parálisis, estar sentado por largo tiempo (especialmente en espacios reducidos, como un coche o un avión), permanecer durante mucho tiempo en cama, haber sido sometido recientemente a cirugía o sufrir un ataque cardíaco. La insuficiencia cardíaca, un síndrome en el cual la sangre no es bombeada suficientemente a través del torrente sanguíneo, es un factor de riesgo. Otras condiciones clínicas, que incrementan la presión en las venas, tales como la obesidad y el embarazo, también aumentan el riesgo.

➤ Síntomas y complicaciones

La mayoría de los trastornos hereditarios no aumentan el riesgo de coagulación hasta la edad adulta, aunque los coágulos se pueden formar a cualquier edad. Muchas personas con trastornos hereditarios producen coágulos en la circulación venosa profunda (trombosis venosa profunda) de las piernas, que pueden causar hinchazón de la extremidad comprometida. La formación de un coágulo profundo en la pierna puede complicarse con una embolia pulmonar. Después de experimentar varias trombosis venosas profundas, se puede presentar una hinchazón más severa y decoloración de la piel (insuficiencia venosa crónica). Algunas veces se forman coágulos en las venas superficiales de la pierna, causando dolor y enrojecimiento (tromboflebitis superficial). Con menor frecuencia, los coágulos pueden formarse en las venas de los brazos y el abdomen, o en las venas del interior del cráneo. La hiperhomocisteinemia, la presencia del *anticoagulante* lúpico y el síndrome de anticuerpos antifosfolípidos pueden causar coágulos arteriales o venosos. Los coágulos arteriales pueden dañar y matar los tejidos cuando éstos pierden su suministro de sangre como consecuencia de los coágulos formados que obstruyen el flujo de la sangre.

➤ Diagnóstico y tratamiento

Una persona que haya presentado al menos dos episodios aislados de trombosis puede tener un trastorno hereditario de trombofilia. También puede sospecharse la existencia de un trastorno hereditario en aquellos casos en que la persona con un coágulo incipiente tiene antecedentes familiares de coagulación excesiva. Una persona joven y saludable que desarrolla un coágulo in-cipiente sin razón aparente puede tener un trastorno hereditario.

Para lograr identificar el trastorno hereditario específico que produce trombofilia en un individuo, se practican pruebas que determinan la cantidad o la actividad de las diferentes proteínas que controlan la coagulación. Estos exámenes suelen ser más exactos cuando se realizan después de haberse tratado un coágulo sanguíneo.

Los trastornos de tipo hereditario que causan la trombofilia son incurables. A las personas que han tenido dos o más episodios de coagulación excesiva se les suele aconsejar tomar warfarina (un anticoagulante) de por vida. En cambio, si la persona ha tenido un solo episodio, la warfarina o la heparina se pueden utilizar para prevenir futuros eventos asociados a situaciones de alto riesgo, tales como el reposo prolongado en cama.

A las personas con hiperhomocisteinemia se les aconseja tomar suplementos vitamínicos que contengan ácido fólico, vitamina B_6 (piridoxina) y vitamina B_{12} (cobalamina), que pueden reducir los niveles de homocisteína.

■ Coagulación intravascular diseminada (CID)

La coagulación intravascular diseminada es una enfermedad en la cual se forman pequeños coágulos de sangre a través del torrente sanguíneo, que obstruyen los vasos sanguíneos de menor calibre y agotan las plaquetas y los factores de coagulación necesarios para controlar la hemorragia.

La coagulación intravascular diseminada (CID) comienza con una coagulación excesiva. La coagulación excesiva generalmente se ve estimulada por una sustancia que penetra en la sangre como parte de una enfermedad (por ejemplo, una infección o ciertos tipos de cáncer) o como una complicación del parto, la retención de un feto muerto o una cirugía. Las personas con una lesión grave en la cabeza o que han sido mordidas por una serpiente venenosa también corren el riesgo de padecer esta enfermedad. Como los factores de coagulación y las plaquetas están agotados, se produce una hemorragia excesiva.

➤ Síntomas y diagnóstico

La CID puede presentarse repentinamente y ser muy grave. Si el trastorno sigue a una cirugía o es consecuencia del parto, la hemorragia puede ser incontrolable. La hemorragia puede presentarse donde se ha realizado una inyección intravenosa, en el cerebro, en el tracto digestivo, en la piel, en los músculos y en las cavidades del cuerpo. Si la CID se desarrolla lentamente, como ocurre en las personas con cáncer, los coágulos en las venas son más frecuentes que la hemorragia.

Los análisis de sangre pueden mostrar que la cantidad de plaquetas presentes en la muestra ha bajado y que la sangre tarda mucho tiempo en coagularse. El diagnóstico de CID se confirma si los resultados de los análisis muestran cantidades disminuidas de los factores de coagulación y grandes cantidades de las proteínas que se producen cuando los coágulos son disueltos por el organismo (productos de degradación de la fibrina).

➤ Tratamiento

Resulta de suma importancia identificar la causa subyacente, que sea ésta un problema obstétrico, una infección o un cáncer. Los problemas de coagulación se corrigen cuando se trata adecuadamente la causa que los originó.

La CID que evoluciona de manera repentina es potencialmente mortal y debe considerarse una urgencia. En estos casos hay que transfundir plaquetas y factores de coagulación para reemplazar a los que se agotaron en el proceso, y detener la hemorragia. La heparina puede utilizarse para retardar la coagulación en las personas que presentan una CID más crónica, más leve, en las cuales la coagulación representa un problema mayor que la hemorragia.

CAPÍTULO 174

Trastornos de los glóbulos blancos

Los glóbulos blancos (leucocitos) son una parte importante de la defensa del cuerpo contra organismos infecciosos y sustancias extrañas. Para defender adecuadamente al cuerpo, un número suficiente de glóbulos blancos debe recibir un aviso de que un organismo infeccioso o una sustancia extraña ha invadido el cuerpo, llegar a donde se necesitan, y luego matar y digerir al organismo o a la sustancia dañina ● *(v. pág. 1256 y fig. pág. 1259).*

Al igual que todas las células sanguíneas, los glóbulos blancos se producen en la médula ósea. Se desarrollan a partir de células madres (precursoras) que maduran hasta convertirse en uno de los cinco tipos principales de glóbulos blancos: neutrófilos, linfocitos, monocitos, eosinófilos y basófilos.

Una persona produce 100000 millones de glóbulos blancos al día aproximadamente. En un volumen de sangre dado, el número de glóbulos blancos se expresa en términos de células por microlitro de sangre. El recuento total de glóbulos blancos normalmente oscila entre 4000 y 11000 células por microlitro. La proporción de cada uno de los cinco tipos principales de glóbulos blancos y el número total de células de cada tipo también pueden determinarse en un volumen dado de sangre.

Una cantidad muy elevada o muy baja de glóbulos blancos indica un trastorno. La leucopenia, que es una disminución de la cantidad de glóbulos blancos por debajo de 4000 células por microlitro de sangre, puede hacer que una persona sea más susceptible a las infecciones. La leucocitosis, un aumento en la cantidad de glóbulos blancos de más de 11000 células por microlitro de sangre, puede indicar una respuesta normal del cuerpo para ayudar a combatir una infección. Sin embargo, el aumento en el número de los glóbulos blancos también puede querer decir que existe una alteración para regular su maduración, y que se están liberando células inmaduras o anormales al torrente sanguíneo.

En algunos trastornos de los glóbulos blancos interviene sólo uno de los cinco tipos de glóbulos blancos, pero en otros trastornos se ven afectados varios tipos a la vez o los cinco tipos al mismo tiempo. Los trastornos de los neutrófilos y de los linfocitos son los más frecuentes. Los trastornos relacionados con los monocitos y los eosinófilos son menos frecuentes, y los relacionados con los basófilos son raros.

■ Neutropenia

La neutropenia es un número anormalmente bajo de neutrófilos en la sangre.

Los neutrófilos constituyen la principal defensa del organismo contra las infecciones bacterianas agudas y ciertas infecciones por hongos. Por lo general, los neutrófilos constituyen alrededor del 45 o 75 % de todos los glóbulos blancos presentes en el torrente sanguíneo. Cuando la cantidad de neutrófilos desciende por debajo de mil células por microlitro de sangre, el riesgo de infección puede aumentar; si el descenso es de menos de quinientas células por microlitro, el riesgo de infección aumenta notablemente. Sin el papel fundamental de defensa de los neutrófilos, una persona tiene problemas para controlar las infecciones y riesgo de morir por una infección.

➤ Causas

Si la utilización o la destrucción de los neutrófilos en el torrente sanguíneo es más rápida que la capacidad de la médula ósea para producir células nuevas, se produce la neutropenia. En presencia de algunas infecciones bacterianas, alergias y tratamientos farmacológicos, los neutrófilos se destruyen más rápido de lo que pueden ser reemplazados. Las personas con una enfermedad autoinmune pueden generar anticuerpos que provocan destruyen los neutrófilos, provocando una neutropenia. Las personas con el bazo aumentado de tamaño ● *(v. pág. 1231)* pueden presentar un recuento bajo de neutrófilos porque el bazo agrandado los atrapa y destruye.

Una neutropenia puede también presentarse si la producción de neutrófilos en la médula ósea se reduce, como puede ocurrir en algunas personas con cáncer; infecciones víricas, como la influenza; infecciones bacterianas, como la tuberculosis; mielofibrosis, o deficiencia de vitamina B_{12} o de ácido fólico. Los individuos que recibieron radioterapia con afectación de la médula ósea también pueden desarrollar neutropenia. Algunos medicamentos, entre los que están la fenitoína, el cloranfenicol, las sulfamidas y muchos fármacos utilizados para el tratamiento del cáncer (quimioterapia), así como ciertas toxinas (benceno e insecticidas) también pueden comprometer la capacidad de la médula ósea para producir neutrófilos.

La producción de neutrófilos en la médula ósea también se ve afectada por un trastorno grave denominado anemia aplásica (en la que la médula ósea puede parar completamente la producción de todas las células sanguíneas ● *v. recuadro pág. 1187*). Ciertas enfermedades hereditarias, y poco comunes, también hacen que el número de neutrófilos disminuya.

➤ Síntomas y diagnóstico

La neutropenia puede aparecer repentinamente, en el transcurso de pocas horas o días (neutropenia aguda), o puede desarrollarse gradualmente, durante meses o años (neutropenia crónica). Debido a que la neutropenia en sí misma no presenta síntomas específicos, por lo general se diagnostica cuando se produce una infección. En la neutropenia aguda, la persona puede tener fiebre y heridas dolorosas (úlceras) alrededor de la boca y del ano. Puede aparecer neumonía bacteriana y otras infecciones graves. En la neutropenia crónica, si el número de neutrófilos no es extremadamente bajo, la evolución puede ser menos severa e incluso llegar a ser intermitente (neutropenia cíclica).

Cuando alguien padece infecciones frecuentes o raras, el médico puede sospechar que el paciente tiene neutropenia y realizar un recuento completo de células sanguíneas para realizar el diagnóstico. Un recuento bajo de neutrófilos indica neutropenia. En muchos casos, la neutropenia es predecible y se conoce la causa, como en aquellos que reciben quimioterapia o radioterapia. Cuando la causa es desconocida, se debe determinar.

El médico extrae una muestra de médula ósea con una aguja ● *(v. pág. 1175)*. Esta muestra se analiza al microscopio para determinar si su apariencia es normal, si el número de células precursoras de los neutrófilos es normal y si muestra una maduración normal de neutrófilos. Para determinar si el número de células madre está disminuido y si éstas están madurando normalmente, el médico es capaz de determinar si el problema reside en una producción defectuosa de las células o si estas células están siendo utilizadas o destruidas en el torrente sanguíneo. Algunas veces, el examen de la médula ósea indica que otras enfermedades, tales como la leucemia u otros cánceres o infecciones, por ejemplo, la tuberculosis, están afectando a la médula ósea.

➤ Tratamiento

El tratamiento de la neutropenia depende de su causa y gravedad. La administración de medicamentos

TRASTORNOS DE LOS GLÓBULOS BLANCOS

	VALORES NORMALES EN SANGRE	VALORES ANORMALES EN SANGRE	
		Muy bajos	Muy altos
Leucocitos	**4 000 - 10 000/microlitro**		
Neutrófilos	45 - 75%	Neutropenia	Leucocitosis neutrofílica
Linfocitos	20 - 40%	Linfocitopenia	Leucocitosis linfocítica
Monocitos	1 - 10%	Monocitopenia	Monocitosis
Eosinófilos	< 7%	Eosinopenia	Eosinofilia *[>1500/microlitro: Síndrome idiopático hipereosinofílico]*
Basófilos	< 3%	Basopenia	Basofilia

que puedan producir neutropenia debe interrumpirse en la medida de lo posible y, del mismo modo, debe evitarse el contacto con toxinas. A veces, la médula ósea se recupera por sí misma sin tratamiento. La neutropenia que acompaña a las infecciones víricas (como la influenza) puede ser temporal y resolverse después de que la infección se haya solucionado. Las personas que padecen una neutropenia leve pueden no presentar síntomas y no requerir tratamiento.

Quienes padecen una neutropenia grave pueden rápidamente sucumbir a infecciones debido a la incapacidad del organismo para combatir los gérmenes invasores. Cuando estas personas contraen una infección, generalmente requieren hospitalización y administración inmediata de antibióticos, incluso antes de conocer la causa y la localización exacta de la infección. La fiebre, síntoma que en una persona afectada de neutropenia suele ser indicio de infección, es una señal importante para solicitar atención médica inmediata.

Los factores de crecimiento, conocidos como factores estimulantes de colonias, que estimulan la producción de los glóbulos blancos, son a veces de utilidad. Cuando la neutropenia es consecuencia de una enfermedad autoinmune, los corticoides pueden ser de utilidad. La globulina antitimocítica u otros tipos de terapia que suprimen la actividad del sistema inmunológico pueden ser utilizados cuando se presenta una enfermedad como la anemia aplásica. Quitar el bazo, cuando éste se encuentra aumentado de tamaño, puede curar la neutropenia relacionada con el hiperesplenismo.

Cuando la neutropenia es causada por otra enfermedad (como tuberculosis o leucemia u otros tipos de cánceres), el tratamiento de la enfermedad subyacente puede solucionar la neutropenia. El trasplante de médula ósea (o de células madre) no se recomienda como tratamiento de la neutropenia misma, pero puede ser de utilidad para tratar ciertas causas graves de neutropenia, como la anemia aplásica o la leucemia.

■ Leucocitosis neutrofílica

La leucocitosis neutrofílica consiste en una cantidad anormalmente alta de neutrófilos en la sangre.

Los neutrófilos ayudan al organismo a combatir las infecciones y a curar lesiones. Los neutrófilos pueden aumentar en respuesta a un gran número de trastornos o enfermedades. En muchos casos, el aumento en el número de neutrófilos es una reacción necesaria del organismo, como un intento para curar lesiones de diferentes tipos y expulsar microorganismos o sustancias extrañas. Las infecciones bacterianas, víricas, por hongos y parasitarias pueden producir un aumento en la cantidad de neutrófilos en la sangre. El número puede incrementarse en presencia de ciertas lesiones, tales como una fractura de la cadera o una quemadura. Algunos trastornos inflamatorios, incluidas las enfermedades autoinmunes, como la artritis reumatoide, pueden inducir un incremento en el número y en la actividad de los neutrófilos. Algunos fármacos, como los corticoides, conllevan un incremento del número de neutrófilos en la sangre. Las leucemias mielocíticas pueden llevar al incremento del número de neutrófilos maduros o inmaduros en la sangre.

Ante la presencia de un número aumentado de neutrófilos, se analiza una muestra de sangre al microscopio para determinar si los neutrófilos inmaduros (mieloblastos) están saliendo de la médula ósea y entrando al torrente sanguíneo. La presencia de neutrófilos inmaduros en el torrente sanguíneo puede ser indicio de una enfermedad en la médula ósea, como la leucemia. En estos casos se toma habitualmente una muestra de médula ósea (biopsia de médula ósea) ● *(v. pág. 1175).*

Un incremento en el número de neutrófilos maduros en la sangre no suele ser un problema en sí mismo. Por lo tanto, los médicos se centran en tratar la afección o enfermedad que causó el incremento en el número de neutrófilos.

■ Linfocitopenia

La linfocitopenia consiste en un número anormalmente bajo de linfocitos en la sangre.

Los linfocitos por lo general constituyen del 20 al 40 % de los glóbulos blancos que se encuentran en la sangre. El recuento de linfocitos está normalmente por encima de 1 500 células por microlitro de sangre en los adultos y por encima de 3 000 células por microlitro de sangre en los niños. Una reducción en el número de linfocitos puede no causar una disminución significativa del número total de glóbulos blancos.

El número total de linfocitos en la sangre puede disminuir cuando la persona padece ciertas enfermedades, tales como la infección por el virus de la inmunodeficiencia humana (VIH), el virus que causa el sida. El estrés severo, el uso de corticoides (como la prednisona), la quimioterapia para el cáncer y la radioterapia, pueden reducir temporalmente la cantidad de linfocitos. La reducción importante en el número de linfocitos puede darse en ciertos trastornos hereditarios (las inmunodeficiencias hereditarias) ● *(v. pág. 1264).*

Existen tres tipos de linfocitos: los linfocitos B, los linfocitos T y las células asesinas naturales; todos desempeñan funciones muy importantes en el sistema inmunológico. Un número bajo de linfocitos B, puede conducir a una disminución en el número de células plasmáticas y a una producción

Causas de linfocitopenia

Sida

Cáncer (leucemias, linfomas, enfermedad de Hodgkin)

Infecciones crónicas (como la tuberculosis miliar)

Trastornos hereditarios (ciertas agammaglobulinemias, síndrome de DiGeorge, síndrome de Wiskott-Aldrich, síndrome de inmunodeficiencia severa combinada y ataxia-telangiectasia)

Artritis reumatoide

Algunas infecciones víricas

Lupus eritematoso sistémico

reducida de anticuerpos. Las personas con muy pocos linfocitos T o muy pocas células asesinas naturales tienen problemas para controlar ciertas infecciones, en especial víricas, parasitarias y micóticas. Es posible que las deficiencias importantes en los linfocitos tengan como resultado en infecciones de difícil control, que pueden ser fatales.

➤ Síntomas y diagnóstico

La linfocitopenia leve puede no causar síntomas y suele detectarse por casualidad cuando se realiza un recuento completo de células sanguíneas por otras causas. La reducción drástica en el número de linfocitos lleva a infecciones causadas por bacterias, virus, hongos y parásitos.

Cuando el número de linfocitos se reduce drásticamente, el médico acostumbra a extraer una muestra de médula ósea para examinar al microscopio (biopsia de médula ósea). La cantidad de cada uno de los tipos específicos de linfocitos en la sangre (linfocitos T, linfocitos B y células asesinas naturales) también se puede determinar. La disminución en la cantidad de ciertas clases de linfocitos puede ayudar al médico a diagnosticar algunas enfermedades, como el sida o ciertas inmunodeficiencias hereditarias.

➤ Tratamiento

El tratamiento depende sobre todo de la causa. La linfocitopenia causada por medicamentos, suele normalizarse pocos días después de haberse interrumpido la toma del fármaco. Si la linfocitopenia está asociada al sida, la terapia combinada con al menos tres sustancias antivíricas de diferentes clases puede incrementar el número de linfocitos T y mejorar la supervivencia.

La gammaglobulina (una sustancia rica en anticuerpos) se puede dar para ayudar a prevenir infecciones en individuos con muy pocos linfocitos B (que, por lo tanto, tienen deficiencia en la producción de anticuerpos). Las personas con una inmunodeficiencia hereditaria se pueden beneficiar de un trasplante de médula ósea (células madre). Ante una infección, debe administrarse el medicamento específico: antibiótico, antimicótico, antivírico o antiparasitario, para combatir el agente infeccioso.

■ Leucocitosis linfocítica

La leucocitosis linfocítica consiste en una cantidad anormalmente alta de linfocitos en la sangre.

El número de linfocitos puede aumentar en respuesta a infecciones, especialmente víricas. Algunas infecciones bacterianas, tales como la tuberculosis, también pueden incrementar el número. Ciertos tipos de cáncer, como el linfoma y la leucemia linfocítica aguda o crónica, pueden producir un aumento en el número de linfocitos, en parte por la liberación de linfocitos inmaduros (linfoblastos) o de células de linfoma hacia el torrente sanguíneo. La enfermedad de Graves y la enfermedad de Crohn pueden conllevar un incremento en el número de linfocitos circulantes.

Cuando el número de linfocitos aumenta, generalmente los síntomas son el resultado de una infección u otra enfermedad que haya causado el incremento de los leucocitos, y no se dan por la linfocitosis misma. Cuando el médico se percata del aumento en la cantidad de los linfocitos, realiza un análisis de sangre al microscopio para determinar si los linfocitos presentes en el torrente sanguíneo están activados (como ocurre en el caso de las infecciones víricas) o si aparecen inmaduros o anormales (como sucede en ciertas leucemias o linfomas).

El tratamiento adecuado para la leucocitosis linfocítica depende de su causa.

■ Trastornos del monocito

Los monocitos contribuyen con otros glóbulos blancos a la eliminación de tejidos muertos o dañados, la destrucción de células cancerosas y la regulación de la inmunidad contra sustancias extrañas. Los monocitos se producen en la médula ósea y luego entran en el torrente sanguíneo, donde representan entre el 1 y el 10% de los leucocitos circulantes (de 200 a 600 monocitos por microlitro de sangre). Después de pasar pocas horas en el torrente sanguíneo, emigran a los tejidos (el bazo, el hígado, el pulmón y la médula ósea), donde se convierten en macrófagos, las principales células depuradoras del sistema inmunológico. Las alteraciones genéticas que afectan a la función de los monocitos y de los macrófagos y causan una acumulación de desechos dentro de las células dan origen a las enfermedades por depósito de lípidos (como la enfermedad de Gaucher y la enfermedad de Niemann-Pick) ● *(v. pág. 1920).*

El incremento en el número de monocitos en la sangre (monocitosis) se produce en las infecciones crónicas, en las enfermedades autoinmunes, en los trastornos de la sangre y en el cáncer. La proliferación de los macrófagos en los tejidos puede producirse como respuesta a infecciones, en la sarcoidosis ● *(v. pág. 368)* y en la granulomatosis de células de Langerhans ● *(v. pág. 367).*

La disminución en el número de monocitos en la sangre (monocitopenia) puede producirse en respuesta a la liberación de toxinas en la sangre por ciertos tipos de bacterias (endotoxemia), así como en las personas que reciben quimioterapia o corticoides.

■ Trastornos eosinofílicos

Los eosinófilos generalmente constituyen menos del 7% de los leucocitos circulantes (de 100 a 500 eosinófilos por microlitro de sangre). Estas células forman parte del sistema inmunológico, ayudando en la defensa contra ciertos parásitos, pero también participan en el proceso inflamatorio asociado con los trastornos alérgicos.

Cuando aparece un número elevado de eosinófilos en la sangre (eosinofilia) debe sospecharse la presencia de células anormales, parásitos o sustancias que puedan causar una reacción alérgica (alérgenos). Un número bajo de eosinófilos en la sangre (eosinopenia) puede presentarse con el síndrome de Cushing y reacciones al estrés, pero este número bajo de eosinófilos no causa generalmente problemas ya que el sistema inmunológico cuenta con mecanismos eficientes de compensación.

El **síndrome hipereosinofílico idiopático** es un trastorno en el cual la cantidad de eosinófilos aumenta a más de 1 500 células por microlitro de sangre durante más de seis meses, sin causa evidente.

El síndrome hipereosinofílico idiopático puede aparecer a cualquier edad, pero es más frecuente en los varones mayores de 50 años. Una cantidad elevada de eosinófilos puede dañar el corazón, los pulmones, el hígado, la piel y el sistema nervioso. Por ejemplo, el corazón puede inflamarse como consecuencia de una complicación llamada endocarditis de Löffler, que predispone a la formación de coágulos de sangre, a insuficiencia cardíaca, a ataques cardíacos y al mal funcionamiento de las válvulas del corazón.

Los síntomas son pérdida de peso, fiebre, sudoración nocturna, decaimiento, tos, dolor en el pecho, inflamación, dolor de estómago, erupciones cutáneas, dolor generalizado, debilidad, confusión y coma. Algunos síntomas adicionales de este síndrome dependen de que órganos estén dañados. Se sospecha la existencia del síndrome en aquellas personas que padecen estos síntomas y en las que la cantidad de eosinófilos aumenta de modo persistente. El diagnóstico se confirma cuando el médico determina que la eosinofilia no es causada por una infección parasitaria, una reacción alérgica u otro trastorno diagnosticable.

Sin tratamiento, generalmente más del 80 % de las personas que padecen este síndrome mueren en menos de dos años; con tratamiento, más del 80 % sobreviven. La lesión cardíaca es la causa principal de muerte. Algunas personas no precisan tratamiento y sólo requieren control estricto durante 3 o 6 meses, pero la mayoría necesitan ser tratadas con prednisona o hidroxiurea. Si este tratamiento no es eficaz, pueden utilizarse varias otras medicaciones, que pueden combinarse con un procedimiento para eliminar los eosinófilos de la sangre (leucaféresis).

■ Trastornos basofílicos

Los basófilos representan menos del 3 % de los leucocitos circulantes (de 0 a 300 basófilos por microlitro de sangre). Estas células tienen cierto papel en la vigilancia inmunológica y en la reparación de heridas. Los basófilos pueden liberar histamina y otros mediadores y participan en el inicio de las reacciones alérgicas. La disminución en el número de los basófilos (basopenia) puede producirse en presencia de tirotoxicosis, reacciones de hipersensibilidad aguda e infecciones. El aumento en el número de basófilos (basofilia) puede apreciarse en personas afectadas por hipotiroidismo. Los trastornos mieloproliferativos (por ejemplo, policitemia vera y mielofibrosis), pueden cursar con un notable incremento en el número de basófilos.

CAPÍTULO 175

Trastornos de las células plasmáticas

Los trastornos de las células plasmáticas (discrasias de las células plasmáticas) son poco frecuentes. Se inician cuando un único grupo (clon) de células plasmáticas se multiplica excesivamente y produce una gran cantidad de anticuerpos anormales. Las células plasmáticas se desarrollan a partir de los linfocitos B (un tipo de glóbulos blancos) y normalmente producen anticuerpos (inmunoglobulinas) que ayudan al organismo a combatir las infecciones. Las células plasmáticas se encuentran, sobre todo, en la médula ósea y los ganglios linfáticos. Cada célula plasmática se divide repetidamente para formar un clon, compuesto por muchas células idénticas. Las células de un clon producen sólo un tipo específico de anticuerpo. Existen miles de clones diferentes; de esta manera, el organismo puede producir gran número de anticuerpos diferentes ● *(v. pág. 1262)* para combatir la exposición cotidiana del cuerpo a microorganismos infecciosos.

En los trastornos de las células plasmáticas, un clon de células plasmáticas se multiplica sin control; como consecuencia, este clon produce una importante cantidad de un único anticuerpo (anticuerpo monoclonal), conocido como proteína M. En algunos casos (como en las gammapatías monoclonales), el anticuerpo producido es incompleto, compuesto sólo por cadenas ligeras o por cadenas pesadas (los anticuerpos funcionales normalmente se componen de dos pares de cadenas diferentes, llamadas cadenas ligeras y cadenas pesadas). Estas células plasmáticas anormales y los anticuerpos que ellas producen están limitados a un solo tipo de anticuerpos, de tal manera que hay disminución de los niveles de otros tipos de anticuerpos que ayudan a combatir las infecciones. Por lo tanto, las personas que padecen trastornos de las células plasmáticas presentan mayor riesgo de infecciones. Cuando existe un aumento permanente en el número de células plasmáticas anormales, éstas pueden invadir y dañar varios tejidos y órganos, y el anticuerpo producido por el clon respectivo podría lesionar órganos vitales, en especial los riñones.

Las gammapatías monoclonales de significado incierto, el mieloma múltiple, la macroglobulinemia y las enfermedades de cadena pesada son ejemplos de trastornos de las células plasmáticas. Estos trastornos son más frecuentes entre la gente mayor.

■ Gammapatías monoclonales de significado incierto

Las gammapatías monoclonales de significado incierto se deben a un exceso de anticuerpos monoclonales producidos por las células plasmáticas anormales pero no cancerosas.

Por lo general, las gammapatías monoclonales de significado incierto no causan problemas de salud significativos. Estos trastornos cursan, por lo general, asintomáticos, así que casi siempre se descubren por casualidad cuando se llevan a cabo pruebas de laboratorio por otros motivos, como, por ejemplo, medir proteínas en la sangre. Sin embargo, el anticuerpo monoclonal puede unirse a los nervios y producir adormecimiento, hormigueo y debilidad.

Los individuos que padecen gammapatías monoclonales de significado incierto pueden permanecer estables durante veinticinco años (en algunas personas) y no necesitar tratamiento.

Por razones desconocidas, a menudo después de muchos años, aproximadamente un cuarto de las personas que padecen estos trastornos progresa hacia un cáncer, como, por ejemplo, el mieloma múltiple, la macroglobulinemia o un linfoma de células B. Esta progresión no puede evitarse.

Las personas que padecen una gammapatía monoclonal de significado incierto suelen ser controladas, aproximadamente dos veces al año, por medio de la exploración física y de análisis de sangre y, en ocasiones, de orina para determinar si la enfermedad está evolucionando hacia el cáncer. Si esta progresión se detecta de forma precoz, los síntomas y las complicaciones de los trastornos cancerosos pueden prevenirse o ser tratados con mayor rapidez.

■ Mieloma múltiple

El mieloma múltiple es un cáncer de células plasmáticas en el cual las células plasmáticas anormales se multiplican sin control en la médula ósea, y ocasionalmente en otras partes del cuerpo.

El mieloma múltiple suele presentarse en personas de por lo menos 60 años de edad. Aunque su causa no es conocida, el hecho de que se dé una mayor incidencia de mieloma múltiple entre parientes cercanos indica que la herencia tiene un papel importante. Se piensa que una posible causa es la exposición a algunos tipos de radiación y al benceno y otros solventes. El virus del herpes, VHH-8, puede tener un papel en la enfermedad.

Normalmente, las células plasmáticas constituyen menos del 1 % de las células en la médula ósea; la gran mayoría de elementos de la médula ósea presentes en el mieloma múltiple corresponde a células plasmáticas cancerosas. La proliferación de estas células plasmáticas cancerosas en la médula ósea conlleva a una producción incrementada de proteínas que suprimen el desarrollo de otros elementos normales de la médula ósea, incluidos los glóbulos blancos, los glóbulos rojos y las plaquetas (partículas similares a células que ayudan al cuerpo en la formación de coágulos). Además, las células plasmáticas anormales casi siempre producen una gran cantidad de un tipo único de anticuerpo, acompañado por una marcada reducción en la cantidad de todos los demás tipos de anticuerpos normales.

Con frecuencia, los grupos de células plasmáticas cancerosas evolucionan a tumores que conducen a la pérdida de hueso, en la mayoría de los casos, de la pelvis, de la columna vertebral, de las costillas y del cráneo. Estos tumores no suelen desarrollarse en áreas otras que el hueso, aunque en algunas ocasiones evolucionan en los pulmones, el hígado y los riñones.

MIELOMA MÚLTIPLE

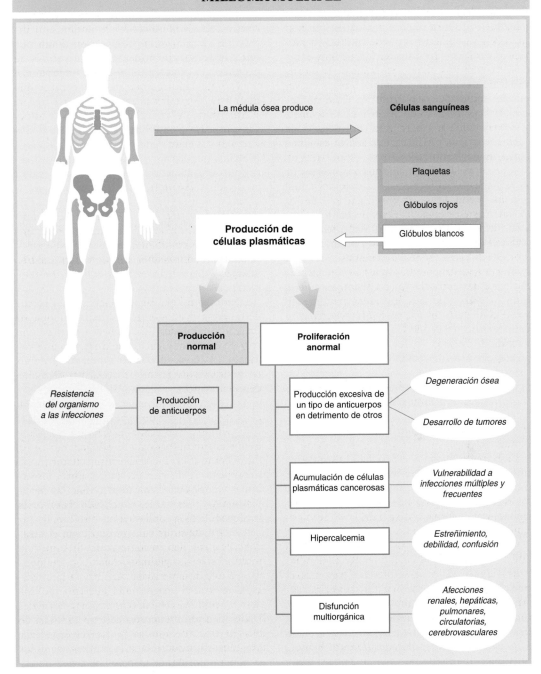

La médula ósea produce

Células sanguíneas

Plaquetas

Glóbulos rojos

Glóbulos blancos

Producción de células plasmáticas

Producción normal

Proliferación anormal

Resistencia del organismo a las infecciones

Producción de anticuerpos

Producción excesiva de un tipo de anticuerpos en detrimento de otros

Degeneración ósea

Desarrollo de tumores

Acumulación de células plasmáticas cancerosas

Vulnerabilidad a infecciones múltiples y frecuentes

Hipercalcemia

Estreñimiento, debilidad, confusión

Disfunción multiorgánica

Afecciones renales, hepáticas, pulmonares, circulatorias, cerebrovasculares

➤ Síntomas y complicaciones

Dado que los tumores de células plasmáticas invaden con frecuencia el hueso, puede aparecer dolor óseo en la espalda, en las costillas y en las caderas. La pérdida de la densidad ósea (osteoporosis) como complicación de los tumores de células plasmáticas debilita los huesos y puede conducir a fracturas. Además, la movilización del calcio desde los huesos puede dar como resultado niveles anormalmente elevados de calcio en la sangre, lo que puede causar estreñimiento, incremento en la frecuencia de la micción, debilidad y confusión.

La disminución en la producción de glóbulos rojos suele producir anemia, que cursa con fatiga, debilidad y palidez y puede conducir a problemas cardíacos. La disminución en la producción de glóbulos blancos se manifiesta con la aparición de infecciones repetidas, que a su vez pueden causar fiebre y escalofrío. La disminución en la producción de plaquetas compromete la capacidad de la sangre para coagularse, y en consecuencia, se producen con mayor facilidad hematomas y hemorragias.

Resulta frecuente que algunos fragmentos de los anticuerpos monoclonales, conocidos como cadenas ligeras, terminen en el sistema colector de los riñones, y en algún caso afecten a su función filtradora y ocasionen un daño renal permanente e insuficiencia renal. Los fragmentos de las cadenas ligeras de los anticuerpos, que están presentes en la orina (o la sangre), se conocen como proteínas de Bence-Jones. El aumento en el número de células cancerosas en crecimiento puede conducir a la superproducción y excreción de ácido úrico en la orina, induciendo así la producción de cálculos renales. Los niveles de calcio pueden elevarse, afectando al corazón, los riñones y el cerebro. Las personas que padecen mieloma múltiple pueden verse afectadas por otro trastorno grave, la amiloidosis ● *(v. pág. 2033)*, como consecuencia de los depósitos de ciertos tipos de fragmentos de anticuerpos en los riñones u otros órganos.

Dado que la sangre se espesa (síndrome de hiperviscosidad), en raras ocasiones, el mieloma múltiple afecta al flujo sanguíneo hacia la piel, los dedos de las manos y de los pies, la nariz, los riñones y el cerebro ● *(v. pág. 1209)*.

➤ Diagnóstico

Antes de que una persona presente síntomas, el mieloma múltiple puede descubrirse en una radiografía realizada por otra razón, en la que se muestre pérdida de la densidad ósea. La pérdida de tejido óseo puede estar diseminada o limitada a ciertas áreas (en sacabocado) de unos huesos.

Algunos síntomas, como, por ejemplo, el dolor de espalda u otros dolores óseos localizados, la fatiga, la fiebre y los hematomas, permiten sospechar el diagnóstico de mieloma múltiple. Los análisis de sangre que se realizan para investigar tales síntomas pueden revelar que una persona tiene anemia, un recuento bajo de glóbulos blancos, un recuento bajo de plaquetas o insuficiencia renal.

Los dos análisis de sangre más utiles son la electroforesis y la inmunoelectroforesis, que detectan e identifican la proliferación de un tipo único de anticuerpo presente en la mayoría de las personas que padecen un mieloma múltiple. Los médicos también cuantifican los diferentes tipos de anticuerpos, especialmente IgG, IgA, e IgM.

Así mismo, suelen medirse los niveles de calcio. Debe solicitarse una muestra de orina de veinticuatro horas para medir la cantidad y los tipos de proteínas que ella contiene. Las proteínas de Bence-Jones se encuentran en la orina de la mitad de las personas que presentan mieloma múltiple.

Casi siempre se lleva a cabo una biopsia de médula ósea ● *(v. pág. 1175)* para confirmar el diagnóstico. Cuando una persona tiene mieloma múltiple, la biopsia muestra un gran número de células plasmáticas anormalmente dispuestas en sábanas y grupos. Las células individuales también pueden ser anormales.

Además, otros análisis de sangre son útiles para determinar el estado general de la persona. La presencia de niveles altos de beta$_2$-microglobulina y de proteína C reactiva en la sangre en el momento del diagnóstico suele indicar un pronóstico de supervivencia corta y afecta a las decisiones de tratamiento.

➤ Tratamiento y pronóstico

El mieloma múltiple sigue siendo incurable a pesar de los avances recientes en su tratamiento. El tratamiento se dirige a prevenir o aliviar los síntomas y complicaciones, destruyendo las células plasmáticas anormales y retardando el avance del trastorno.

Los fármacos que mostraron mayor contundencia en el alivio de los síntomas del mieloma múltiple son los corticosteroides, como la prednisona o la dexametasona. Además, la quimioterapia retarda el progreso del mieloma múltiple destruyendo las células plasmáticas anormales. Dado que la quimioterapia destruye tanto las células normales como las anormales, las células sanguíneas son controladas, y la dosis se ajusta si el número normal de glóbulos blancos y de plaquetas baja demasiado. El melfalán y, con menor frecuencia, la ciclofosfamida, son los fármacos para quimioterapia que más se combinan con los corticosteroides. La vincristina y la doxorubicina también son efectivas y pueden tener efectos secundarios menos severos, en especial sobre la médula ósea, que el melfalán y la ciclofosfamida. La talidomida puede ayudar, aproximadamente, a la tercera parte de las personas cuyo mieloma múltiple está empeorando con otros tratamientos. Para las personas que muestran una buena respuesta a la quimioterapia, el interferón puede prolongar un poco esta respuesta, pero tiene poco efecto en la supervivencia.

El tratamiento del mieloma múltiple incluye una gran variedad de combinaciones terapéuticas de aparición reciente. Una de estas combinaciones se basa en varios meses de quimioterapia convencional, seguida de quimioterapia a altas dosis. Dado que la quimioterapia a altas dosis resulta también tóxica para las células sanguíneas normales producidas en la médula ósea, las células madre (células no especializadas que se transforman en células sanguíneas inmaduras, las cuales finalmente maduran para convertirse en los glóbulos rojos, los glóbulos blancos y las plaquetas), se extraen de la sangre de la persona antes de iniciar este tipo de terapia. Estas células madre son devueltas (trasplantadas) a la persona tras el tratamiento a altas dosis ● *(v. pág. 1293).* Generalmente, este procedimiento se reserva para las personas menores de 70 años.

Los analgésicos fuertes y la radioterapia dirigida a los huesos afectados pueden aliviar el dolor óseo, a menudo intenso. La radioterapia también puede prevenir la aparición de fracturas. La administración intravenosa mensual de pamidronato (un bisfosfonato) y otra droga más potente, el ácido zoledrónico, pueden disminuir las complicaciones óseas; por eso, la mayoría de las personas que padecen mieloma múltiple reciben estos medicamentos de por vida como parte de su tratamiento. También es importante permanecer activo; el reposo prolongado en cama tiende a acelerar la pérdida de volumen óseo y hace que los huesos se vuelvan más propensos a las fracturas. La mayoría de las personas pueden llevar un estilo de vida normal y realizar la mayoría de las actividades cotidianas. La ingesta de gran cantidad de líquidos diluye la orina y evita la deshidratación, que favorece la insuficiencia renal.

Las personas que presentan signos de infección, fiebre, escalofríos, tos con producción de esputo o áreas enrojecidas en la piel, deben buscar atención médica inmediata porque pueden necesitar antibióticos. Las que presentan anemia grave pueden requerir transfusiones de glóbulos rojos. Fármacos como la eritropoyetina o la darbopoetina, que estimulan la producción de glóbulos rojos, pueden corregir adecuadamente la anemia en algunas personas. Los niveles altos de calcio en la sangre pueden tratarse con fluidos y bisfosfonatos intravenosos. Las personas con niveles elevados de ácido úrico en la sangre pueden mejorar con el alopurinol, un fármaco que inhibe la producción de ácido úrico en el organismo.

Hoy en día no existe cura disponible para el mieloma múltiple. Sin embargo, el tratamiento retarda la progresión de la enfermedad en más del 60 % de las personas. El promedio de supervivencia es mayor de tres años después de haberse diagnosticado el trastorno, pero el tiempo de supervivencia varía mucho en función de las características en el momento del diagnóstico y la respuesta al tratamiento. La calidad de vida de estas personas ha mejorado considerablemente gracias a los bisfosfonatos que reducen las complicaciones óseas, y a sustancias que estimulan la producción de células sanguíneas (factores de crecimiento) para incrementar el número de glóbulos rojos y blancos, y a la aparición de mejores analgésicos. En ocasiones, las personas que sobreviven muchos años tras un tratamiento exitoso contra el mieloma múltiple desarrollan leucemia o pérdida irreversible de la función de la médula ósea. Estas complicaciones tardías pueden ser consecuencia de la quimioterapia y con frecuencia conducen a una anemia grave y a una susceptibilidad aumentada a infecciones y hemorragias.

Dado que el mieloma múltiple es finalmente mortal, es oportuno que las personas que padecen esta dolencia discutan con sus médicos y sus familiares y amigos acerca de los cuidados terminales. Estas previsiones pueden incluir las instrucciones anticipadas ● *(v. pág. 63),* el uso de un catéter de alimentación y el alivio del dolor ● *(v. pág. 55).*

■ Macroglobulinemia

La macroglobulinemia (macroglobulinemia de Waldenström) es un cáncer de células plasmáticas en el cual un único clon de células plasmáticas produce cantidades excesivas de cierto tipo de anticuerpo (IgM) llamado macroglobulina.

La macroglobulinemia se presenta con mayor frecuencia en hombres que en mujeres, y el promedio de edad en el cual este trastorno aparece es de 65 años. Se desconoce su causa.

➤ Síntomas y complicaciones

Muchas personas que padecen macroglobulinemia no presentan síntomas, y el trastorno es des-

¿Qué es la crioglobulinemia?

Las crioglobulinas son anticuerpos anormales producidos por las células plasmáticas que se encuentran disueltos en la sangre. Cuando la temperatura normal del organismo se reduce por debajo de lo habitual, las crioglobulinas forman grandes acúmulos de partículas sólidas (precipitados). Cuando el cuerpo alcanza su temperatura normal, éstas se disuelven de nuevo.

La formación de crioglobulinas (crioglobulinemia) es poco frecuente. En la mayoría de los casos, las personas que forman crioglobulinas padecen un trastorno subyacente que explica esta situación. Entre estos trastornos se encuentran ciertos cánceres, como la macroglobulinemia y la leucemia linfocítica crónica; trastornos autoinmunes, como el lupus eritematoso sistémico; e infecciones producidas por agentes como el virus de la hepatitis C. En raras ocasiones no es posible determinar la causa de la formación de las crioglobulinas.

Los precipitados de crioglobulinas pueden desencadenar una inflamación de los vasos sanguíneos (vasculitis), que da lugar a una amplia variedad de síntomas, tales como la aparición de hematomas, dolor en las articulaciones y debilidad. Quienes padecen crioglobulinemia pueden también tener especial sensibilidad al frío o presentar el fenómeno de Raynaud, que se caracteriza por la aparición de un dolor intenso en las manos y los pies, que adquieren una coloración blanquecina cuando se exponen al frío. La vasculitis puede producir una lesión del hígado y los riñones. El daño puede progresar hacia una insuficiencia hepática y renal, que en algunas personas puede resultar mortal.

Para ayudar a prevenir la vasculitis, es recomendable evitar la exposición a temperaturas bajas. El tratamiento del trastorno subyacente puede reducir la formación de crioglobulinas; por ejemplo, el empleo de interferón en el tratamiento de la infección por el virus de la hepatitis C contribuye a reducir la formación de crioglobulinas. La plasmaféresis puede ser de utilidad, en especial cuando se combina con el interferón.

compromete el flujo sanguíneo hacia la piel, los dedos de las manos y de los pies, la nariz y el cerebro. Estos síntomas incluyen hemorragia en la piel y las mucosas (como la de los labios, la nasal y la del tracto digestivo), fatiga, debilidad, dolor de cabeza, confusión, mareo e incluso coma. La viscosidad de la sangre también puede provocar el agravamiento de las afecciones cardíacas y causar un incremento en la presión del cerebro. Los diminutos vasos sanguíneos localizados en la parte posterior de los ojos pueden llenarse de sangre y sangrar, produciendo un daño en la retina y comprometiendo la visión.

Debido a la infiltración de las células plasmáticas cancerosas, las personas que padecen macroglobulinemia pueden presentar inflamación de los ganglios linfáticos y agrandamiento tanto del hígado como del bazo. Las infecciones bacterianas recurrentes, resultado de una inadecuada producción de anticuerpos normales, pueden cursar con fiebre y escalofríos. La anemia, que puede producir debilidad y fatiga, aparece cuando las células plasmáticas cancerosas impiden la producción normal de células precursoras sanguíneas en la médula ósea. La infiltración de los huesos por células plasmáticas cancerosas puede causar pérdida de la densidad ósea (osteoporosis), lo que, a su vez, debilita los huesos y aumenta el riesgo de fracturas.

Algunas personas desarrollan una enfermedad llamada crioglobulinemia. La crioglobulinemia implica la formación de anticuerpos que obstruyen los vasos sanguíneos a bajas temperaturas.

➤ Diagnóstico

Cuando se sospecha la presencia de macroglobulinemia deben llevarse a cabo algunos análisis de sangre. Los tres más útiles son la electroforesis de proteínas en el suero, la medición de inmunoglobulinas y la inmunoelectroforesis.

El médico también puede realizar otras pruebas de laboratorio, como, por ejemplo, un análisis de sangre para determinar si el número de glóbulos rojos, glóbulos blancos y plaquetas es normal. También puede realizarse un examen de la viscosidad sérica, que permite determinar el espesor de la sangre. Los resultados de los exámenes de coagulación de la sangre pueden ser anormales, y otros exámenes pueden detectar las crioglobulinas. El examen de la orina puede mostrar proteínas de Bence-Jones (fragmentos de anticuerpos anormales). La biopsia de médula ósea puede revelar un aumento en el número de linfo-

cubierto por casualidad cuando se encuentran niveles elevados de macroglobulina en una prueba rutinaria de sangre. Otras presentan síntomas cuando la gran cantidad de macroglobulinas espesa la sangre (síndrome de hiperviscosidad) y citos y de células plasmáticas; este hallazgo puede ayudar a la confirmación del diagnóstico de macroglobulinemia, y la apariencia de estas células ayuda a diferenciar esta enfermedad del mieloma múltiple.

Las radiografías pueden mostrar una pérdida de la densidad ósea (osteoporosis). La tomografía computarizada (TC) puede revelar que el bazo, el hígado o los ganglios linfáticos están aumentados de tamaño.

➤ Tratamiento y pronóstico

La quimioterapia, habitualmente con clorambucilo o fludarabina puede retardar el crecimiento de las células plasmáticas anormales, pero no cura la macroglobulinemia. Otros fármacos, como el melfalán o la ciclofosfamida, también pueden utilizarse, solos o combinados. Resultados recientes muestran que el anticuerpo monoclonal rituximab podría ser efectivo para retardar el crecimiento de las células plasmáticas anormales.

Una persona cuya sangre se ha espesado debe ser tratada rápidamente con plasmaféresis, un procedimiento en el que se extrae la sangre, se eliminan los anticuerpos anormales y se devuelven los glóbulos rojos ● *(v. recuadro pág. 1180)*. Sin embargo, sólo un número reducido de personas con macroglobulinemia requiere este procedimiento.

El curso del trastorno varía de una persona a otra. Aun sin tratamiento, muchas personas sobreviven durante cinco años o más.

■ Enfermedades de las cadenas pesadas

Las enfermedades de las cadenas pesadas son cánceres de células plasmáticas en los cuales un clon de estas células produce una gran cantidad de fragmentos de anticuerpos anormales llamados cadenas pesadas.

Las enfermedades de las cadenas pesadas se clasifican según el tipo de cadena pesada producida: alfa, gamma o mu.

La **enfermedad de las cadenas pesadas alfa** afecta sobre todo a adultos jóvenes de Oriente Medio o con ancestros mediterráneos. La infiltración de las paredes del tracto intestinal por las células plasmáticas cancerosas a menudo impide la absorción adecuada de los nutrientes de los alimentos (mal absorción), lo que da como resultado una diarrea intensa y pérdida de peso. La enfermedad de la cadena pesada alfa evoluciona rápidamente y la mitad de las personas afectadas mueren antes de un año. El tratamiento con ciclofosfamida, prednisona (un corticosteroide) y antibióticos puede desacelerar la progresión de la enfermedad.

La **enfermedad de las cadenas pesadas gamma** afecta sobre todo a adultos mayores. Algunas personas con la enfermedad de las cadenas pesadas gamma no presentan síntomas. La infiltración de la médula ósea por las células plasmáticas cancerosas provoca que otras personas presenten síntomas recurrentes de infección, como fiebre y escalofríos (asociados a una disminución en el número de glóbulos blancos), fatiga y debilidad (asociadas a anemia severa). Las células plasmáticas cancerosas también pueden agrandar el hígado y el bazo. Las personas con síntomas pueden responder a la terapia con ciclofosfamida y prednisona.

La **enfermedad de las cadenas pesadas mu**, la más rara de las tres enfermedades de cadenas pesadas, puede causar agrandamiento del hígado y del bazo, así como de los ganglios linfáticos en el abdomen. El tiempo de supervivencia y la respuesta a la quimioterapia son muy variables.

CAPÍTULO 176

Leucemias

Las leucemias son cánceres de los glóbulos blancos, o de las células que maduran a glóbulos blancos.

Los glóbulos blancos se originan a partir de las células madre en la médula ósea. A veces se producen errores en su maduración, y algunos frag-

CLASIFICACIÓN DE LAS LEUCEMIAS

DESARROLLO A PARTIR DE			
Linfocitos o las células que los producen	Las células que producen neutrófilos, basófilos, eosinófilos y monocitos		DE EVOLUCIÓN
LEUCEMIA LINFOCÍTICA CRÓNICA	LEUCEMIA MIELOCÍTICA CRÓNICA	LENTA	
LEUCEMIA LINFOCÍTICA AGUDA	LEUCEMIA MIELOCÍTICA AGUDA	RÁPIDA	

mentos de los cromosomas se reorganizan. Los cromosomas anormales resultantes afectan al control normal de la división celular y hacen que las células se multipliquen sin control y se conviertan en cancerosas (malignas), lo que a su vez deriva en una leucemia. Las células leucémicas ocupan la médula ósea, y van reemplazando la función de las células que se convierten en glóbulos blancos normales, o bien suprimiéndola. Estas células malignas también pueden acabar invadiendo otros órganos, como el hígado, el bazo, los ganglios linfáticos, los testículos y el cerebro.

Las leucemias se clasifican en cuatro grupos principales según la rapidez con que evolucionan y el tipo de células que se malignizan: leucemia linfocítica aguda, leucemia mielocítica aguda, leucemia linfocítica crónica y leucemia mielocítica crónica. Las leucemias agudas progresan rápidamente; las leucemias crónicas se desarrollan lentamente. Las leucemias linfocíticas surgen a partir de cambios cancerosos en los linfocitos o en las células que normalmente maduran a linfocitos; las leucemias mielocíticas (mieloides) se desarrollan a partir de alteraciones cancerosas en las células que normalmente producen neutrófilos, basófilos, eosinófilos y monocitos.

La causa de la mayoría de los tipos de leucemia aún se desconoce. La exposición a la radiación o a ciertos tipos de quimioterapia incrementa el riesgo de desarrollar algunas formas de leucemia, si bien ésta sólo aparece en un pequeño número de personas que reciben tales tratamientos. Ciertos trastornos hereditarios, tales como el síndrome de Down y el síndrome de Fanconi, también aumentan el riesgo. Se sospecha que el virus conocido como HTLV-I (virus linfotrópico de la célula T humana tipo I), que es similar al virus que provoca el sida, puede ser la causa de un tipo raro de leucemia linfocítica llamada leucemia de célula T del adulto. La infección por el virus de Epstein-Barr ha sido asociada con una forma agresiva de leucemia linfocítica llamada leucemia de Burkitt.

Muchas leucemias pueden ser tratadas eficazmente y algunas se pueden curar. Cuando una leucemia está bajo control, se dice que el paciente está en remisión. La reaparición de las células leucémicas se define como recaída.

Algunas personas en recaída pueden tener que enfrentar una calidad de vida deteriorada, y el beneficio potencial que se derive del hecho de continuar el tratamiento puede ser extremadamente limitado. En tales casos puede ser más importante garantizar una vida cómoda para la persona que intentar prolongar mínimamente la supervivencia. El paciente y los miembros de su familia deben participar en estas decisiones. Es mucho lo que puede hacerse para brindar a estas personas tratamiento compasivo, alivio de sus síntomas ● (v. pág. 56) y preservación de su dignidad.

■ Leucemia linfocítica aguda

La leucemia linfocítica aguda (linfoblástica) es una enfermedad que puede poner en peligro la vida y en la cual las células que normalmente se convierten en linfocitos se transforman rápidamente en cancerosas y reemplazan a las células normales que se encuentran en la médula ósea.

La leucemia linfocítica aguda (LLA) aparece en personas de cualquier edad, pero es más común en los niños, representando el 25 % de todos los cánceres en los menores de 15 años. La LLA afecta con mayor frecuencia a los niños de entre 2 y 5 años de edad. En la población adulta, resulta relativamente más frecuente en los mayores de 65 años.

En la LLA, las células leucémicas inmaduras se acumulan en la médula ósea, destruyendo y reemplazando a las que producen células sanguíneas normales. Las células leucémicas también son transportadas por el torrente sanguíneo hacia el hígado, el bazo, los ganglios linfáticos, el cerebro y los testículos, donde pueden continuar su crecimiento y división. Pueden provocar irritación de la membrana que recubre el cerebro y la médula espinal, causando inflamación (meningitis), anemia e insuficiencia hepática y renal, y causar daños en otros órganos.

➤ Síntomas y diagnóstico

Los primeros síntomas son el resultado de la incapacidad de la médula ósea para producir suficientes células sanguíneas normales. La fiebre y la sudoración excesiva, posibles indicios de infección, son producto de la disminución del número de glóbulos blancos normales. La debilidad, fatiga y palidez, indicios de anemia, se deben a la falta de glóbulos rojos. El déficit en el número de plaquetas provoca tendencia a presentar hematomas y a padecer hemorragias, por lo general como sangrado nasal o de las encías. Las células leucémicas en el cerebro causan dolor de cabeza, vómito e irritabilidad, mientras que las que se encuentran en la médula ósea pueden producir dolor óseo y de las articulaciones. Cuando las células leucémicas agrandan el hígado y el bazo, se puede presentar sensación de plenitud abdominal y, en algunos casos, dolor.

Los análisis de sangre con un recuento completo de células sanguíneas ● *(v. pág. 1173)* pueden proporcionar la primera prueba de la presencia de la LLA. El número total de glóbulos blancos puede ser bajo, normal o elevado, pero la cantidad de glóbulos rojos y plaquetas está casi siempre disminuida. Además, en las muestras de sangre observadas al microscopio pueden observarse glóbulos blancos inmaduros (blastos). Para lograr diferenciar una LLA de otros tipos de leucemia, debe realizarse una biopsia de médula ósea ● *(v. pág. 1175)*.

➤ Pronóstico y tratamiento

Antes de existir un tratamiento, la mayoría de las personas que padecía una LLA morían en los cuatro meses que seguían al diagnóstico. Actualmente, casi el 80 % de los niños y entre un 30 y un 40 % de los adultos con una LLA se curan. En la mayoría de los casos, el primer tratamiento con quimioterapia controla la enfermedad (remisión completa). Los niños con edades entre 3 y 7 años tienen el mejor pronóstico; los niños menores de 2 años y los adultos mayores no tienen tan buena respuesta al tratamiento. El recuento de los glóbulos blancos y las anomalías cromosómicas específicas en las células leucémicas también influyen en la respuesta al tratamiento.

La quimioterapia es altamente eficaz y se administra en varias etapas. El objetivo del tratamiento inicial (quimioterapia de inducción) es lograr la remisión completa mediante la destrucción de las células leucémicas, para que las células normales vuelvan a crecer en la médula ósea. Los pacientes que reciben quimioterapia pueden requerir hospitalización durante unos días o algunas semanas, según la rapidez con que se recupere la médula ósea. Pueden requerirse transfusiones de sangre y de plaquetas para tratar la anemia e impedir la hemorragia, así como antibióticos para tratar la infección. El empleo de fluidos intravenosos y el tratamiento con un fármaco llamado alopurinol ayudan al cuerpo a eliminar sustancias perjudiciales, tales como el ácido úrico, que se liberan cuando las células leucémicas son destruidas.

Habitualmente se utilizan varias combinaciones de fármacos quimioterápicos, y la dosis se repite durante varios días o semanas. Una de estas combinaciones consiste en administrar prednisona por vía oral y dosis semanales de vincristina con cualquier antraciclina (generalmente daunorubicina), asparaginasa y, algunas veces, ciclofosfamida por vía intravenosa. Se están investigando otros fármacos.

Cuando hay presencia de células leucémicas en las meninges (las membranas que recubren el cerebro y la médula espinal), el tratamiento consiste en inyectar metotrexato y/o arabinósido de citosina directamente en el líquido cefalorraquídeo. Este tratamiento de quimioterapia puede combinarse con radioterapia en el cerebro. Incluso cuando exista poca evidencia de afectación cerebral por la leucemia, suele aplicarse un tratamiento parecido como medida preventiva, dada la gran probabilidad de propagación de las células cancerosas hacia las meninges.

Pocas semanas después del tratamiento intensivo inicial, se administra un tratamiento adicional (quimioterapia de consolidación) con el fin de destruir cualquier célula leucémica residual. Algunos fármacos que fueron utilizados durante la fase de inducción, u otros adicionales, pueden administrarse varias veces en el curso de varias semanas. El tratamiento posterior (quimioterapia de mantenimiento), que normalmente consiste en el uso de un menor número de fármacos, a veces en dosis inferiores a las de la fase inicial, puede continuar durante un plazo de 2 a 3 años. Para algunas personas con gran riesgo de tener recaídas debido a las anomalías cromosómicas específicas que se encuentran en sus células, se recomienda el trasplante de células madre ● *(v. pág. 1293)* durante la primera remisión.

Las células leucémicas pueden reaparecer al cabo de un tiempo (condición denominada recaída) en la sangre, la médula ósea, el cerebro o los testículos. Su reaparición en la médula ósea es particularmente grave. En caso de recaída, de nuevo se administra quimioterapia, y aunque la mayoría de las personas responden positivamente al tratamiento, la enfermedad tiene una alta tendencia a recurrir, especialmente en niños menores de 2 años y en adultos. Cuando las células leucémicas reaparecen en el cerebro, se inyecta quimioterapia en el líquido cefalorraquídeo 1 o 2 veces por semana. Si la reaparición de la leucemia se da en los testículos, se administra radioterapia junto con la quimioterapia.

Para quienes sufren una recaída, la quimioterapia a dosis altas junto con el trasplante alogénico de células madre supone la mejor oportunidad de curación, pero esta opción sólo se puede emplear si se dispone de células madre de una persona que tenga tejidos compatibles (HLA-compatible). El donante suele ser un hermano o una hermana, aunque a veces se utilizan células de miembros lejanos de la familia, de donantes no emparentados o células madre umbilicales. El trasplante de células madre rara vez se aplica a los mayores de 65 años, porque las posibilidades de éxito son escasas y el riesgo de que se den efectos secundarios fatales es muy alto.

El tratamiento adicional que se requiere después de una recaída, en el caso de una persona que no es candidata a un trasplante de células madre, no suele ser efectivo y tiende a ser mal tolerado, con lo que la persona se siente aún más enferma. No obstante, pueden obtenerse remisiones. Los cuidados para pacientes terminales se deben considerar en aquellas personas que no respondan al tratamiento ● *(v. pág. 52).*

■ Leucemia mielocítica aguda

La leucemia mielocítica aguda (mieloide, mielógena, mieloblástica, mielomonocítica) es una enfermedad potencialmente mortal en la cual las células que se convierten en neutrófilos, basófilos, eosinófilos y monocitos se transforman en cancerosas y reemplazan rápidamente a las células normales de la médula ósea.

La leucemia mielocítica aguda (LMA) es el tipo más común de leucemia en la población adulta, aunque puede aparecer a cualquier edad.

Las células leucémicas se acumulan en la médula ósea rápidamente, destruyendo y reemplazando a las que producen células sanguíneas normales. Las células leucémicas son liberadas al torrente sanguíneo y transportadas en él a otros órganos, donde continúan creciendo y dividiéndose. Pueden formar pequeñas masas (cloromas) dentro o bajo la piel, en las encías y en los ojos.

La leucemia promielocítica aguda es un subtipo de LMA. En esta variante, las anomalías cromosómicas de los promielocitos (que son células en una etapa temprana del proceso de maduración que las transformará en neutrófilos) impiden la unión y la actividad de la vitamina A. Sin ella, se interrumpe la maduración normal de las células y se acumulan los promielocitos anormales.

➤ Síntomas y diagnóstico

Los primeros síntomas de la LMA son muy similares a los de la leucemia linfocítica aguda ● *(v. pág. 1213).* Aunque la meningitis es menos frecuente que en la leucemia linfocítica aguda, las células cancerosas de la LMA pueden causarla.

El diagnóstico de la LMA también es similar al de la leucemia linfocítica aguda. Para diferenciar la LMA de otros tipos de leucemia, casi siempre es necesario someterse a una biopsia de médula ósea ● *(v. pág. 1175)*.

➤ Pronóstico y tratamiento

Sin tratamiento, la mayoría de las personas con LMA mueren a las pocas semanas o meses del diagnóstico. Con tratamiento, entre un 20 % y un 40 % de las personas sobreviven al menos cinco años, sin sufrir recaídas. Dado que éstas casi siempre se producen dentro de los primeros cinco años que siguen al tratamiento inicial, la mayoría de las personas que permanecen libres de leucemia después de cinco años se consideran curadas. Las personas con peor pronóstico son las mayores de 60 años, las que desarrollan la LMA después de haber sido sometidas a quimioterapia y radioterapia como tratamiento para otros cánceres y aquellas cuya leucemia evoluciona lentamente tras haber tenido períodos de meses o años con recuentos anormales de células sanguíneas.

El tratamiento está dirigido a conseguir una pronta remisión con destrucción de todas las células leucémicas. Sin embargo, la LMA responde a menos fármacos que la leucemia linfocítica aguda. Además, generalmente el tratamiento hace que las personas se sientan peor antes de empezar la mejoría, ya que el tratamiento suprime la actividad de la médula ósea y reduce el número de glóbulos blancos, en particular de los neutrófilos. Cuando existen muy pocos neutrófilos, aumenta la probabilidad de contraer infecciones. Se debe ser muy meticuloso para impedir las infecciones, y si se produjera alguna, deberá tratarse precozmente con antibióticos. Suele ser necesario realizar transfusiones de glóbulos rojos y de plaquetas.

La primera fase del tratamiento con medicamentos (quimioterapia de inducción) incluye, por lo general, una infusión continua de citarabina durante siete días y daunorubicina (o idarubicina, o mitoxantrone) durante tres días.

Una vez obtenida la remisión, la persona recibe varias fases adicionales de quimioterapia (quimioterapia de consolidación) durante semanas o meses después del tratamiento inicial para asegurar la destrucción de la mayor cantidad posible de células leucémicas. Por lo general, no se requiere un tratamiento preventivo para proteger el cerebro; tampoco se ha demostrado mejoría en la tasa de supervivencia con el uso de quimioterapia en dosis bajas a largo plazo (como se hace en la leucemia linfocítica aguda).

Síndromes mielodisplásicos

En los síndromes mielodisplásicos se desarrolla una estirpe de células idénticas (clon) que infiltra la médula ósea. Estas células anormales no crecen ni maduran con normalidad y dan lugar a un déficit de glóbulos rojos, glóbulos blancos y plaquetas. En algunas personas predomina la afectación de la producción de los glóbulos rojos. Los síndromes mielodisplásicos se producen con mayor frecuencia en las personas mayores de 50 años. La enfermedad afecta dos veces más a los hombres que a las mujeres. La causa no suele conocerse. Sin embargo, en algunas personas, la exposición de la médula ósea a la radioterapia o a ciertos tipos de fármacos quimioterápicos podría desempeñar un papel en su desarrollo.

Los síntomas evolucionan muy lentamente. Es frecuente la aparición de fatiga, debilidad y otros síntomas relacionados con la anemia. La fiebre de origen infeccioso se puede presentar si disminuye el número de glóbulos blancos. Si el número de plaquetas disminuye, es probable que se produzcan hemorragias anormales y aparezcan hematomas con facilidad. Se puede sospechar la existencia de un síndrome mielodisplásico cuando alguien presenta una anemia persistente e inexplicable por otras causas, pero el diagnóstico requiere una biopsia de médula ósea.

Las personas que padecen síndromes mielodisplásicos suelen necesitar transfusiones de glóbulos rojos. Solamente se transfunden plaquetas cuando una persona presenta hemorragias incontrolables, o en caso de que se deba someter a cirugía y el número de plaquetas sea bajo. Las personas que presentan una cifra muy baja de neutrófilos, los glóbulos blancos que combaten la infección, pueden beneficiarse de inyecciones intermitentes de un tipo especial de proteína denominado factor estimulante de colonias.

Aunque se piensa que estos síndromes constituyen un tipo de leucemia, suelen progresar de forma gradual, a lo largo de un período que oscila entre varios meses o años. Entre el 10 y el 30 % de los casos, un síndrome mielodisplásico se transforma en una leucemia mieloide aguda (LMA). El tratamiento con quimioterapia durante las fases precoces del síndrome mielodisplásico no previene su transformación en LMA. Si se produce esta transformación, la quimioterapia puede ser útil, pero es improbable que pueda curarse.

Las personas que no responden al tratamiento, así como las personas jóvenes que están en remisión pero con alto riesgo de recaída (lo que generalmente se identifica debido a ciertas anomalías cromosómicas), pueden recibir un tratamiento combinado de quimioterapia a altas dosis y trasplante de células madre ● *(v. pág. 1293)*.

Cuando se produce una recaída, especialmente en quienes no son candidatos a un trasplante de células madre, es menos eficaz y frecuentemente mal tolerado intentar un esquema de quimioterapia adicional. Iniciar otra fase de quimioterapia resulta más eficaz en las personas más jóvenes y en aquellas cuya remisión tuvo una duración superior a un año. El médico suele tener en cuenta muchos factores cuando toma la determinación de recomendar un tratamiento de quimioterapia intensivo adicional para las personas que presentan una recaída de LMA. El tratamiento con un nuevo medicamento (ozogamicina gemtuzumab) que combina un anticuerpo con un fármaco de quimioterapia intenta atacar específicamente las células leucémicas y resulta eficaz en algunas personas que han recaído. Sus beneficios a largo plazo no han sido aún determinados.

Las personas que padecen leucemia promielocítica aguda pueden tratarse con un tipo de vitamina A denominado ácido todo-*trans*-retinoico. Los resultados son mejores cuando, además, se utiliza la quimioterapia; actualmente más del 70% de las personas con leucemia promielocítica aguda se pueden curar. Los fármacos a base de arsénico resultan especialmente efectivos contra este subtipo de LMA.

■ Leucemia linfocítica crónica

La leucemia linfocítica crónica es una enfermedad en la cual los linfocitos maduros se convierten en cancerosos y gradualmente reemplazan a las células normales en los ganglios linfáticos.

Más de tres cuartas partes de las personas que padecen leucemia linfocítica crónica (LLC) son mayores de 60 años, y la enfermedad no se presenta en niños. Este tipo de leucemia afecta a los varones entre 2 y 3 veces más que a las mujeres. La LLC es el tipo de leucemia más común en América del Norte y Europa. Es rara en Japón y en el sudeste asiático, lo cual indica que la herencia desempeña una función importante en su aparición.

El número de linfocitos maduros cancerosos aumenta primero en la sangre y en los ganglios linfáticos. Después van extendiéndose al hígado y al bazo, que empiezan a agrandarse. Los linfocitos cancerosos también invaden la médula ósea, donde sustituyen a las células normales y provocan una disminución en el número de glóbulos blancos y plaquetas en la sangre. El nivel de anticuerpos, las proteínas que ayudan a combatir las infecciones, también disminuye. El sistema inmunológico, que por lo general defiende al cuerpo contra gérmenes y sustancias extrañas, algunas veces actúa de forma inadecuada y reacciona destruyendo tejidos normales del organismo. En algunas ocasiones, esta situación puede derivar en la destrucción de los glóbulos rojos y de las plaquetas.

En el 95% de los casos, la LLC es un trastorno de los linfocitos B (células B) ● *(v. pág. 1261)*. Existen otros tipos de LLC que no están asociadas a células B. La leucemia de células peludas o pilosas, un tipo lento y progresivo de leucemia de células B, produce un gran número de glóbulos blancos anormales que muestran unas proyecciones pilosas observables al microscopio. La leucemia de células T (leucemia de linfocitos T) es mucho menos común que la de células B. El síndrome de Sézary es un tipo raro de leucemia de células T en el cual los linfocitos T cancerosos dan origen a un cáncer de piel llamado micosis fungoide ● *(v. recuadro pág. 1223)*, crecen y se dividen rápidamente y penetran en el flujo sanguíneo, convirtiéndose en células leucémicas.

➤ Síntomas y diagnóstico

En los estadios iniciales de LLC, la mayoría de las personas no presentan síntomas y la enfermedad se diagnostica a partir del incremento del número de glóbulos blancos. Los síntomas posteriores pueden incluir ganglios linfáticos agrandados, fatiga, pérdida del apetito, pérdida de peso, dificultad para respirar durante la realización de esfuerzos físicos y sensación de plenitud abdominal resultante del aumento del tamaño del bazo.

A medida que la LLC evoluciona, la persona presenta palidez y hematomas espontáneos. Las infecciones bacterianas, víricas y micóticas generalmente no aparecen hasta un estado más avanzado de la enfermedad. Algunas veces, el diagnóstico aparece de modo fortuito a partir de un análisis de sangre solicitado por otra razón y que pone en evidencia un aumento en el número de linfocitos circulantes. Por lo general, no se requiere una biopsia de médula ósea para confirmar el diagnóstico, porque pueden llevarse a cabo exámenes especializados de las células de la sangre para catalogar los linfocitos. Los análisis también pueden mostrar que la persona tiene un número reducido de glóbulos rojos, plaquetas y anticuerpos.

➤ Pronóstico

La mayoría de tipos de LLC evolucionan lentamente. El médico estudia la progresión de la enfermedad para determinar el tiempo de supervivencia. El estadiaje se basa en factores tales como el número de linfocitos en la sangre y en la médula ósea, el tamaño del bazo y del hígado, la presencia o no de anemia y el recuento de plaquetas.

Las personas que padecen leucemia de células B, a menudo sobreviven de 10 a 20 años o más una vez hecho el diagnóstico y no suelen precisar tratamiento en los estadios iniciales de la enfermedad. Las personas anémicas o con un número bajo de plaquetas necesitan tratamiento más inmediato, y su pronóstico es menos favorable. Habitualmente, la muerte acontece porque la médula ósea no logra producir un número suficiente de células normales para transportar oxígeno, combatir infecciones e impedir hemorragias. Por lo general, el pronóstico en las leucemias de células T es peor.

Por razones probablemente relacionadas con cambios en el sistema inmunológico, las personas que padecen LLC tienen más tendencia a desarrollar otros cánceres, por ejemplo de piel o de pulmón. La LLC también se puede transformar en un tipo de linfoma más agresivo.

➤ Tratamiento

Dado que la LLC evoluciona lentamente, muchas personas no necesitan tratamiento durante años, hasta que el número de linfocitos comienza a aumentar y los ganglios linfáticos se empiezan a agrandar o el número de glóbulos rojos o de plaquetas disminuye.

Los fármacos utilizados para tratar la leucemia ayudan a aliviar los síntomas y eliminar el crecimiento de los ganglios linfáticos y del bazo, pero no curan la enfermedad. El tratamiento farmacológico inicial de la LLC de células B incluye medicamentos alquilantes, como el clorambucilo, que destruye las células del cáncer interactuando con su ADN, o una droga llamada fludarabina, que se administra por vía intravenosa. Cualquiera de estos tratamientos puede controlar la LLC durante meses o años y puede ser empleado de nuevo con éxito cuando la leucemia reincide. A la larga, la LLC se vuelve resistente a estos fármacos y algunas veces es necesario probar otros tratamientos experimentales con medicamentos distintos o bien con anticuerpos monoclonales (tales como el alemtuzumab). Para la leucemia de células peludas, la 2-clorodeoxiadenosina y la pentostatina son altamente efectivas y pueden controlar la enfermedad durante más de quince años.

La anemia, secundaria a una disminución en el número de glóbulos rojos, se trata con transfusiones de sangre y ocasionalmente con inyecciones de eritropoyetina o darbopoetina (fármacos que estimulan la formación de glóbulos rojos). Los recuentos bajos de plaquetas se tratan con transfusiones de este tipo de células sanguíneas, y las infecciones, con antibióticos. La radioterapia se utiliza para la reducción del tamaño de los ganglios linfáticos, del hígado o del bazo, cuando su agrandamiento está causando molestias y la quimioterapia no ha resultado efectiva.

■ Leucemia mielocítica crónica

La leucemia mielocítica crónica (mieloide, mielogénica, granulocítica) es una enfermedad en la cual las células que normalmente madurarían a neutrófilos, basófilos, eosinófilos y monocitos se vuelven cancerosas.

La leucemia mielocítica crónica (LMC) puede afectar a personas de cualquier edad y sexo, pero aparece raramente en niños menores de 10 años. La enfermedad es más frecuente en adultos de edades comprendidas entre los 40 y los 60 años.

En la LMC, la mayoría de células leucémicas se generan en la médula ósea, pero algunas se producen en el bazo y en el hígado. A diferencia de las leucemias agudas, en las cuales se observa un gran número de blastos inmaduros, la fase crónica de la LMC se caracteriza por un marcado incremento en el número de glóbulos blancos de apariencia normal y, a veces, en el número de plaquetas. En el curso de la enfermedad, más y más células leucémicas llenan la médula ósea y otras entran en el torrente sanguíneo.

A la larga, las células leucémicas sufren más cambios, y la enfermedad progresa hacia una fase acelerada y luego, inevitablemente, hacia la crisis blástica. En esta última sólo se producen células leucémicas inmaduras, una señal del empeoramiento de la enfermedad. El agrandamiento masivo del bazo, la fiebre y la pérdida de peso son comunes en la crisis blástica.

➤ Síntomas y diagnóstico

Al inicio, en su fase crónica, la LMC puede ser asintomática. Sin embargo, algunas personas se fatigan y debilitan, pierden el apetito, bajan de peso, padecen fiebre o sudoración nocturna y tienen sensación de plenitud, lo cual es causado habitualmente por el agrandamiento del bazo. A medida que la enfermedad evoluciona hacia la crisis blástica, las personas empeoran porque el número de glóbulos rojos y de plaquetas disminuye, lo que provoca palidez, hematomas y hemorragia.

El diagnóstico de LMC se basa en los resultados de un simple análisis de sangre. En el mismo se puede observar un recuento anormalmente elevado de glóbulos blancos. En las muestras de sangre examinadas al microscopio se aprecian glóbulos blancos inmaduros, que normalmente sólo están presentes en la médula ósea.

Para confirmar el diagnóstico, son necesarios ciertos exámenes que analizan los cromosomas (citogenética o genética molecular). El análisis cromosómico de las células leucémicas siempre muestra una redistribución de dos cromosomas específicos dentro de lo que se denomina el cromosoma Filadelfia. Este cromosoma produce una enzima anormal (tirosina quinasa), la cual es responsable del patrón de crecimiento anormal de los glóbulos blancos en la LMC.

➤ Pronóstico y tratamiento

Aunque la mayoría de los tratamientos no curan la enfermedad, sí pueden retardar su evolución. Alrededor del 20 % de las personas que padecen LMC mueren durante los dos primeros años que siguen al establecimiento del diagnóstico, y entre un 15 y un 20 % de los afectados fallecen en los años siguientes. Sin embargo, más del 50 % de las personas con LMC sobreviven 4 o 5 años, incluso más, tras haber establecido el diagnóstico, pero finalmente mueren durante la fase acelerada o crisis blástica. El tratamiento de la crisis blástica es similar al de la leucemia aguda. La supervivencia media después de una crisis blástica es de sólo dos meses, pero en algunos casos la quimioterapia puede aumentarla hasta 8 a 12 meses.

El tratamiento en la fase crónica se considera exitoso cuando consigue reducir la cantidad de glóbulos blancos por debajo de lo que sería considerado un nivel moderadamente alto. Ni siquiera la mejor terapia disponible puede destruir todas las células leucémicas. La única posibilidad de curación se basa en un tratamiento combinado con quimioterapia a altas dosis y en el trasplante de células madre ● *(v. pág. 1293)*. El trasplante de células madre, que deben proceder de un donante compatible con el paciente (usualmente un hermano), es más efectivo durante las primeras fases de la enfermedad y considerablemente menos útil durante la fase acelerada o crisis blástica.

La hidroxiurea, que puede administrarse por vía oral, es la forma de quimioterapia más empleada en el tratamiento de la LMC. El alfa interferón es un fármaco que ayuda a la médula ósea a recuperar su funcionamiento normal. A veces, el alfa interferón puede reducir el porcentaje de células con el cromosoma Filadelfia y suprimirlo por completo en algunos casos, consiguiendo prolongar la supervivencia.

Un nuevo medicamento, el imatinib, ha demostrado que puede controlar los niveles de glóbulos blancos en la sangre y que reduce la expresión del cromosoma Filadelfia de modo más eficaz que el alfa interferón y con menos efectos secundarios. El fármaco actúa inhibiendo la enzima anormal producida por el cromosoma Filadelfia. Debido a su reciente introducción, los beneficios a largo plazo desde el punto de vista de la prevención o el retraso de la crisis blástica no han sido aún determinados. También es un medicamento eficaz para iniciar el tratamiento de la crisis blástica, aunque la mayoría de personas así tratadas sufren recaídas.

Además, de la quimioterapia, algunas veces se utiliza la radioterapia sobre el bazo para ayudar a reducir el número de células leucémicas. A veces hay que extirpar el bazo quirúrgicamente (esplenectomía) para aliviar el malestar abdominal, incrementar el número de plaquetas y disminuir la necesidad de transfusiones de sangre.

En las personas que no pueden recibir un trasplante de células madre, o en las que el trasplante no logra curar la LMC, la quimioterapia puede procurar una mejoría transitoria. Cuando no quedan opciones y el final de la persona se aproxima, el cuidado paliativo (enfocado a disminuir el dolor y otros síntomas) resulta ser el más apropiado ● *(v. pág. 55)*.

CAPÍTULO 177

Linfomas

Los linfomas son cánceres de los linfocitos, los cuales residen en el sistema linfático y en los órganos formadores de sangre.

Los linfomas son cánceres de un tipo específico de glóbulos blancos conocido como linfocitos. Estas células ayudan a combatir las infecciones. Los linfomas pueden desarrollarse tanto a partir de los linfocitos B como de los linfocitos T. Los linfocitos T son importantes para regular el sistema inmunológico y para combatir las infecciones víricas. Los linfocitos B producen anticuerpos.

Los linfocitos se mueven por todo el cuerpo a través del torrente sanguíneo y de una compleja red de canales tubulares (vasos linfáticos) ● *(v. fig. pág. 1259)*. Los ganglios linfáticos, diseminados por toda la red de vasos linfáticos, albergan un gran número de linfocitos. Los linfocitos que se vuelven cancerosos (células de linfoma) pueden permanecer limitados a un solo ganglio linfático o pueden extenderse a la médula ósea, al bazo o prácticamente a cualquier otro órgano.

Los dos tipos principales de linfomas son los linfomas de Hodgkin, más comúnmente conocidos como enfermedad de Hodgkin y linfoma no Hodgkin. El linfoma no Hodgkin es una enfermedad mucho más común que la enfermedad de Hodgkin. El linfoma de Burkitt y la micosis fungoide son subtipos del linfoma no Hodgkin.

■ Enfermedad de Hodgkin

La enfermedad de Hodgkin es un tipo de linfoma caracterizado por la presencia de una clase particular de célula cancerosa llamada célula de Reed-Sternberg.

La enfermedad es más común en los varones que en las mujeres: 3 hombres por cada 2 mujeres resultan afectados. La enfermedad de Hodgkin rara vez se produce antes de los 10 años de edad. Es más frecuente en personas de edades comprendidas entre los 15 y los 34 años y en los mayores de 60 años.

La causa de la enfermedad de Hodgkin es desconocida. Hay una gran evidencia de que, en algunas personas, la infección por el virus de Epstein-Barr es la causa de que los linfocitos B se vuelvan cancerosos y se transformen en células Reed-Sternberg. Aunque hay algunas familias en las que más de una persona tiene la enfermedad de Hodgkin, ésta no parece ser contagiosa.

➤ Síntomas

La enfermedad de Hodgkin se descubre cuando la persona que la padece nota la presencia de uno o más ganglios linfáticos agrandados, con mayor frecuencia en el cuello y algunas veces en la axila o en la ingle. Aunque por lo general no se siente dolor, en algunas ocasiones los ganglios linfáticos agrandados pueden notarse dolorosos durante algunas horas después de haberse consumido grandes cantidades de alcohol.

En algunos casos, las personas con enfermedad de Hodgkin experimentan fiebre, sudoración nocturna y pérdida de peso. También pueden quejarse de prurito generalizado y fatiga. Algunas personas presentan la fiebre de Pel-Ebstein, un patrón raro de temperatura elevada que dura varios días, alternando con temperatura normal o por debajo de lo normal, durante días o semanas. Se pueden presentar otros síntomas según donde estén creciendo las células cancerosas. Por ejemplo, el agrandamiento de los ganglios linfáticos en el tórax puede estrechar parcialmente e irritar las vías respiratorias, produciendo tos, malestar en el pecho o dificultad para respirar. El crecimiento del bazo o de los ganglios linfáticos en el abdomen puede causar malestar abdominal.

➤ Diagnóstico

El médico sospecha la existencia de la enfermedad de Hodgkin cuando una persona, sin infección aparente, presenta un crecimiento persistente e indoloro de los ganglios linfáticos que dura durante varias semanas. La sospecha se hace más fuerte cuando el ganglio linfático agrandado se acompaña de fiebre, sudoración nocturna y pérdida de peso. El crecimiento rápido y doloroso de los ganglios linfáticos (que puede darse cuando una persona está resfriada o padece una infección) no es característico de la enfermedad de Hodgkin. A veces, se detectan los ganglios linfáticos agrandados en lo más profundo del pecho o del abdomen al realizar, por otras razones, ra-

SÍNTOMAS DE LA ENFERMEDAD DE HODGKIN

SÍNTOMAS*	CAUSA
Debilidad y dificultad respiratoria, como resultado de un número escaso de glóbulos rojos (anemia); infección y fiebre, como consecuencia de la disminución de la cifra de glóbulos blancos; y hemorragias, producidas por una reducción del número de plaquetas; puede aparecer dolor óseo	El linfoma está invadiendo la médula ósea
Pérdida de la fuerza muscular, ronquera	Los ganglios linfáticos aumentados de tamaño comprimen los nervios de la médula espinal o los nervios de las cuerdas vocales
Ictericia	El linfoma obstruye el flujo de bilis desde el hígado
Inflamación de la cara, el cuello y las extremidades superiores (síndrome de vena cava superior)	Los ganglios linfáticos aumentados de tamaño obstruyen el flujo de sangre de retorno desde la cabeza hacia el corazón
Inflamación de las piernas y de los pies (edema)	El linfoma obstruye el flujo linfático desde las piernas
Tos y dificultad respiratoria	El linfoma invade los pulmones
Reducción de la capacidad para combatir las infecciones e incremento de la susceptibilidad a padecer infecciones producidas por hongos y virus	La enfermedad continúa diseminándose

* Algunos de estos síntomas pueden producirse por más de una causa.

diografías de tórax o una tomografía computarizada (TC).

Las anomalías en el recuento de las células sanguíneas y otros análisis de sangre pueden proporcionar evidencias adicionales. Sin embargo, para hacer el diagnóstico, el médico debe realizar una biopsia de un ganglio linfático afectado con la finalidad de observar si éste es anormal y si están presentes células de Reed-Sternberg. Las células de Reed-Sternberg son células cancerosas grandes que tienen más de un núcleo. Su apariencia característica puede verse cuando se examina una muestra de tejido de los ganglios linfáticos al microscopio.

El tipo de biopsia depende de la localización del ganglio agrandado y de la cantidad de tejido necesario. El médico debe extraer una cantidad suficiente de tejido para poder distinguir la enfermedad de Hodgkin de otras enfermedades que puedan causar crecimiento de los ganglios linfáticos, tales como el linfoma no Hodgkin, las infecciones y otros cánceres.

La mejor manera de obtener suficiente tejido es con una biopsia escisional. Se hace una pequeña incisión para extraer una muestra del ganglio linfático. Ocasionalmente, cuando un ganglio linfático agrandado se encuentra cerca de la superficie del cuerpo, se puede obtener una cantidad suficiente de tejido insertando una aguja hueca (aguja de biopsia) a través de la piel y dentro del ganglio linfático. Cuando un ganglio linfático agrandado está profundamente dentro del abdomen o del tórax, puede ser necesaria la cirugía para obtener una muestra de tejido.

➤ Estadiaje

Antes de iniciar el tratamiento, el médico debe determinar la extensión del linfoma. es decir, el estadiaje de la enfermedad. La elección del tratamiento y el pronóstico se basan en el estadiaje. El examen inicial puede detectar sólo un simple agrandamiento de los ganglios linfáticos, pero los procedimientos que se realizan para saber si el linfoma se ha diseminado y hacia dónde pueden detectar una enfermedad mucho más extendida.

La enfermedad se clasifica en cuatro estadios según el alcance de su diseminación (I, II, III, IV; cuanto más alto es el número, mayor es la diseminación del linfoma). Los cuatro estadios se subdividen, según la ausencia (A) o la presencia (B) de uno o más de los siguientes síntomas: fiebre inexplicable (más de 37,8°C durante tres días consecutivos), sudoración nocturna y pérdida inexplicable superior al 10% del peso corporal en los seis meses previos. Por ejemplo, se dice que una persona que padece un linfoma estadio II y que ha experimentado sudoración nocturna tiene estadio IIB de la enfermedad de Hodgkin.

Se pueden utilizar varios procedimientos para determinar el estadio o valorar la enfermedad de

Hodgkin. Los exámenes básicos de sangre, incluidos los exámenes de la función del hígado y del riñón, junto con la tomografía computarizada (TC) del tórax, del abdomen y de la pelvis son fundamentales. La TC es muy precisa para la detección de los ganglios linfáticos agrandados o para la diseminación del linfoma al hígado y otros órganos.

La técnica más sensible para determinar el estadio de la enfermedad de Hodgkin y para evaluar la respuesta de la persona al tratamiento es la tomografía por emisión de positrones (PET). Dado que el metabolismo del tejido vivo se puede identificar en una PET, el médico puede utilizar esta técnica para distinguir entre tejido cicatrizado y enfermedad de Hodgkin activa después de haber finalizado el tratamiento. La gammagrafía con galio es otro procedimiento que se utiliza para determinar el estadiaje y para seguir los efectos del tratamiento. Se inyecta una pequeña dosis de galio radiactivo en la sangre y más tarde, a los 3 o 4 días, se realiza un examen del organismo con un aparato que detecta la radiactividad y que emite una imagen de los órganos internos.

Es muy poco frecuente que una persona que padece la enfermedad de Hodgkin necesite cirugía para determinar si ésta se ha extendido al abdomen. Durante esta cirugía, a menudo se extirpa el bazo y se lleva a cabo una biopsia del hígado para determinar si la enfermedad se ha diseminado a esos órganos. La cirugía abdominal sólo se realiza si los resultados obtenidos tienen probabilidad de influir en la elección del tratamiento; por ejemplo, cuando el médico necesita saber si debe usar sólo radioterapia.

➤ Tratamiento y pronóstico

La mayoría de las personas que padecen la enfermedad de Hodgkin pueden curarse con radioterapia, quimioterapia o ambas.

La radioterapia por sí sola cura cerca del 80% de las personas diagnosticadas con estadios IA o IIA de la enfermedad. Los tratamientos suelen administrarse de modo ambulatorio durante 4 o 5 semanas más o menos . La radiación se localiza en las áreas afectadas y en los ganglios linfáticos circundantes. De manera alternativa, la quimioterapia se utiliza seguida de radioterapia para las personas con estadio IB o IIB de la enfermedad o para aquellas cuyos ganglios linfáticos torácicos están muy aumentados de tamaño. Con esta doble aproximación, alrededor del 85% de los enfermos se curan.

ESTADIOS DE LA ENFERMEDAD DE HODGKIN		
ESTADIO	GRADO DE DISEMINACIÓN	PROBABILIDAD DE CURACIÓN*
I	Limitado a un solo ganglio linfático	Más del 95%
II	Afectación de dos o más ganglios linfáticos en el mismo lado del diafragma, por encima o por debajo de éste (por ejemplo, aumento de tamaño de algunos ganglios en el cuello y en la axila)	90%
III	Afectación de ganglios linfáticos tanto por encima como por debajo del diafragma (por ejemplo, aumento de tamaño de algunos ganglios en el cuello y algunos en la ingle)	80%
IV	Afectación de ganglios linfáticos y otros órganos (tales como la médula ósea, los pulmones o el hígado)	Del 60 al 70%

* Una supervivencia de quince años sin progresión de la enfermedad.

En los estadios III y IV de la enfermedad se utiliza una combinación de quimioterápicos. La más común de las combinaciones para la enfermedad de Hodgkin es la ABVD (doxorubicina [adriamicina], bleomicina, vinblastina y dacarbacina). Cada ciclo de quimioterapia dura un mes, con un tiempo total de tratamiento de seis o más meses. También se han utilizado otras combinaciones de quimioterápicos, pero aún se desconoce si éstos son mejores que la ABVD.

Hasta la fecha, no se ha podido determinar si los pacientes con estadio III de la enfermedad obtienen beneficios adicionales cuando la radioterapia se aplica junto con la quimioterapia. Para las personas con ganglios linfáticos muy agrandados en el tórax, se recomienda asociar radioterapia a la quimioterapia. El grado de curación de las personas con estadio III de la enfermedad fluctúa entre el 70 y el 80%. El promedio de curación para personas con estadio IV de la enfermedad, aunque no es tan alto, resulta superior al 50%.

Aunque la quimioterapia mejora considerablemente la posibilidad de curación, los efectos secundarios pueden ser graves. Los fármacos pueden causar esterilidad temporal o permanente, un riesgo elevado de infección y el daño potencial de otros órganos, como el corazón o los pulmones y la pérdida reversible del pelo. En algunas ocasiones, una persona que haya recibido quimioterapia como tratamiento de la enfermedad de Hodgkin puede llegar a padecer leucemia entre 5 a 10 años después. También existe un mayor riesgo de presentar un linfoma no Hodgkin u otros cánceres, tales como de pulmón, de mama o de estómago, diez años o más después del tratamiento con quimioterapia; este riesgo puede aumentar aún más cuando la persona ha sido tratada también con radioterapia.

Una persona en fase de remisión (con la enfermedad bajo control) después del tratamiento inicial, pero que recae posteriormente (reaparecen células de linfoma), tiene menor probabilidad de supervivencia a largo plazo. El promedio de curación para personas que recaen oscila entre el 10 y el 50%. Entre las que recaen en los primeros doce meses que siguen al tratamiento inicial, el promedio de curación es un poco más bajo, mientras que para aquellas personas que recaen más tarde tiende a ser un poco más alto. Las personas que presentan recaídas después del tratamiento inicial suelen ser tratadas con un esquema adicional de quimioterapia a dosis convencionales seguida de quimioterapia a altas dosis. Es probable que este esquema terapéutico vaya seguido de un trasplante autólogo de células madre, en el que se utilizan las propias células madre de la persona ● *(v. pág. 1293)*. Las personas que recaen después de finalizado el primer año del tratamiento inicial no siempre requieren trasplante de células madre. La terapia combinada de quimioterapia a altas dosis y trasplante de células madre es un procedimiento seguro, con un riesgo de muerte relacionado con el tratamiento inferior al 5%.

■ Linfomas no Hodgkin

Los linfomas no Hodgkin constituyen un grupo diverso de cánceres que se desarrolla en los linfocitos B o T.

Este grupo de cánceres corresponde realmente a un grupo de más de veinte enfermedades diferentes, las cuales también difieren en su apariencia al microscopio, en sus patrones celulares y en su curso clínico. La mayoría de los linfomas no Hodgkin (85%) son de células B. Menos del 15% se desarrollan a partir de células T. El linfoma no Hodgkin es más común que la enfermedad de Hodgkin. El linfoma no Hodgkin es más común que la enfermedad de Hodgkin y la incidencia se está incrementando, en especial, entre las personas mayores y entre las que presentan un sistema inmunológico deficiente. El grupo de riesgo incluye a personas a las que se les ha transplantado algún órgano y aquellas que han estado infectadas con el virus de la inmunodeficiencia humana (VIH).

Aunque se desconoce la causa del linfoma no Hodgkin, hay una fuerte evidencia que respalda el papel de los virus en algunos de los tipos menos comunes de este linfoma. Se ha descrito un tipo raro de linfoma no Hodgkin de rápida evolución (que se da en el sur del Japón y en el Caribe) que puede desarrollarse a partir de la infección con el virus linfotrópico humano de células T tipo I (HTLV-I), un retrovirus similar al VIH. El virus de Epstein-Barr es la causa de muchos casos de linfoma de Burkitt, otro tipo de linfoma no Hodgkin.

➤ Síntomas

El agrandamiento de los ganglios linfáticos dentro del tórax puede causar presión sobre las vías respiratorias, lo que producen tos y dificultad para respirar. Los ganglios linfáticos profundos en el interior del abdomen pueden ejercer presión sobre varios órganos, causando pérdida del apetito, estreñimiento, dolor abdominal o hinchazón progresiva de las piernas.

Puesto que algunos linfomas pueden aparecer en el torrente sanguíneo y en la médula ósea, las personas pueden desarrollar síntomas relacionados con una disminución considerable de los glóbulos rojos, los glóbulos blancos o las plaquetas. Un número muy bajo de glóbulos rojos puede causar anemia; y la persona puede mostrar fatiga, ahogo y palidez. Un número muy bajo de glóbulos blancos suele predisponer a infecciones. Un número muy bajo de plaquetas puede conducir a un incremento de hematomas y hemorragias. Es frecuente que los linfomas no Hodgkin también invadan la médula ósea, el tracto digestivo, la piel y, ocasionalmente, el sistema nervioso, causando una gran variedad de síntomas. Algunas personas presentan fiebre persistente sin

Linfomas no Hodgkin infrecuentes

La **micosis fungoide** constituye un tipo de linfoma no Hodgkin infrecuente, persistente y de crecimiento muy lento. La mayoría de las personas que lo padecen son mayores de 50 años. Se origina a partir de los linfocitos T maduros y afecta inicialmente a la piel. La micosis fungoide se inicia de una forma tan sutil y crece tan lentamente que al principio puede pasar inadvertida. Produce una erupción cutánea, en ocasiones una pequeña área de piel engrosada pruriginosa de larga evolución, que más adelante da lugar a la aparición de nódulos y se disemina lentamente. En algunas personas evoluciona a una forma de leucemia (síndrome de Sézary). En otras personas, la progresión afecta a los ganglios linfáticos y órganos internos. Aun realizando una biopsia, el diagnóstico de esta enfermedad en sus fases iniciales es difícil. Sin embargo, cuando la enfermedad ha avanzado, la biopsia pone de manifiesto la presencia de células de linfoma en la piel.

Las áreas engrosadas de la piel se tratan mediante una forma de radiación llamada rayos beta, o bien con luz solar y fármacos corticosteroides. La aplicación de mostaza nitrogenada directamente sobre la piel puede contribuir a reducir el prurito y el tamaño de las áreas afectadas. El interferón también puede aliviar los síntomas. Si la enfermedad se disemina a los ganglios linfáticos y a otros órganos, se puede necesitar quimioterapia. Sin tratamiento, la mayoría de las personas tiene una expectativa de vida de entre 7 y 10 años después de haber sido realizado el diagnóstico. El tratamiento no cura la enfermedad, pero retrasa su evolución aún más.

El **linfoma de Burkitt** es un linfoma no Hodgkin de crecimiento muy rápido, que se origina a partir de los linfocitos B. El linfoma de Burkitt puede desarrollarse a cualquier edad, pero es más común en niños y adultos jóvenes, especialmente en los varones. A diferencia de otros linfomas, el linfoma de Burkitt tiene una distribución geográfica específica: es, por ejemplo, muy frecuente en África Central y rara vez se da en Estados Unidos. Aunque el virus de Epstein-Barr es su causa, no parece ser contagioso. Es más frecuente en las personas que padecen sida.

El linfoma de Burkitt crece y se disemina rápidamente, con frecuencia hacia la médula ósea, la sangre y el sistema nervioso central. Cuando se extiende, puede cursar con debilidad y fatiga. Grandes cantidades de células del linfoma se pueden acumular en los ganglios linfáticos y los órganos abdominales, causando inflamación. Las células del linfoma pueden invadir el intestino delgado, y en consecuencia, dar lugar a una obstrucción o una hemorragia. El cuello y la mandíbula se pueden inflamar, algunas veces con mucho dolor. Para hacer el diagnóstico, el médico realiza una biopsia del tejido anormal y solicita otras pruebas para determinar el estadio de la enfermedad.

Sin tratamiento, el linfoma de Burkitt es mortal. Se puede necesitar una intervención quirúrgica para extirpar las partes del intestino afectadas, que, por otro lado, pueden sangrar, obstruirse o romperse. La quimioterapia intensiva puede curar entre el 70 y el 80 % de los pacientes si la enfermedad no se ha diseminado demasiado. Si el linfoma se ha extendido a la médula ósea o al sistema nervioso central en el momento del diagnóstico, el pronóstico es mucho peor.

una causa evidente, la llamada fiebre de origen desconocido. Esto por lo general refleja un estadio avanzado de la enfermedad.

Los primeros síntomas que aparecen en los niños son anemia, erupciones en la piel y síntomas neurológicos, como debilidad y trastornos en la sensibilidad, y probablemente son causados por la infiltración de las células del linfoma en la médula ósea, la sangre, la piel, el intestino, el cerebro y la médula espinal. Generalmente, los ganglios linfáticos que se agrandan son profundos, situación que conlleva la acumulación de líquido alrededor de los pulmones y produce dificultad para respirar; la presión sobre el intestino se asocia con pérdida del apetito o vómitos; y la obstrucción de los vasos linfáticos produce retención de líquidos, más evidente en los brazos y en las piernas.

➤ Diagnóstico y clasificación

El médico debe realizar una biopsia de un ganglio linfático agrandado para diagnosticar el linfoma no Hodgkin y para diferenciarlo de la enfermedad de Hodgkin o de otros problemas que cursan con agrandamiento de los ganglios linfáticos.

Aunque más de veinte enfermedades diferentes pueden denominarse linfomas no Hodgkin, el médico suele clasificarlas dentro de tres grandes categorías. Los linfomas indolentes se caracterizan por una supervivencia de muchos años, incluso en aquellos casos en que la persona no recibe tratamiento alguno. Los linfomas agresivos se caracterizan por una supervivencia limitada a varios meses en alguien que no ha sido tratado. Los

SÍNTOMAS DEL LINFOMA NO HODGKIN

SÍNTOMAS	CAUSA
Dificultad para respirar, inflamación de la cara	Ganglios linfáticos aumentados de tamaño en el tórax
Pérdida de apetito, estreñimiento severo, dolor abdominal o distensión	Ganglios linfáticos aumentados de tamaño en el abdomen
Inflamación progresiva de las piernas	Obstrucción de los vasos linfáticos en la ingle o en el abdomen
Pérdida de peso, diarrea, mal absorción (dificultad en la digestión o absorción de nutrientes hacia la sangre)	Invasión del intestino delgado
Acumulación de líquidos alrededor de los pulmones (derrame pleural)	Obstrucción de los vasos linfáticos en el tórax
Áreas de piel engrosada, oscura y pruriginosa	Infiltración de la piel
Pérdida de peso, fiebre, sudoración nocturna	Diseminación de la enfermedad por todo el organismo
Anemia (un insuficiente número de glóbulos rojos)	Hemorragias en el tracto digestivo, destrucción de los glóbulos rojos debido a un bazo aumentado de tamaño o a anticuerpos anormales, destrucción de la médula ósea debido a la invasión producida por el linfoma, incapacidad de la médula ósea para producir suficiente número de glóbulos rojos debido a los fármacos o la radioterapia
Susceptibilidad a padecer infecciones bacterianas graves	Invasión de la médula ósea y los ganglios linfáticos, lo que provoca una disminución en la producción de anticuerpos

linfomas muy agresivos se caracterizan por una supervivencia de sólo semanas cuando la persona no se somete a tratamiento. Aunque los linfomas no Hodgkin suelen ser enfermedades que afectan a personas de mediana edad y mayores, los niños y los adultos jóvenes también pueden desarrollar este tipo de linfomas, y en estos casos son más agresivos.

➤ Estadiaje

Muchas personas que padecen un linfoma no Hodgkin presentan una enfermedad ya diseminada en el momento del diagnóstico. En sólo el 10 o el 30 % de las personas, la enfermedad está limitada a un área específica. Las personas afectadas por esta enfermedad pasan por procedimientos de estadiaje similares a los de la enfermedad de Hodgkin ● *(v. pág. 1220)*. Además, casi siempre se practica una biopsia de médula ósea.

➤ Tratamiento y pronóstico

Casi todos los pacientes se benefician del tratamiento. En algunas personas, puede producir la curación completa es posible; en otras, prolonga la vida y alivia los síntomas por muchos años. La posibilidad de curación o de largos períodos de supervivencia depende del tipo de linfoma no Hodgkin y del estadio en el momento de iniciar el tratamiento. Resulta paradójico que, por lo general, los linfomas indolentes responden de modo efectivo al tratamiento y entran en remisión (situación en la que la enfermedad está bajo control) a menudo con un largo período de supervivencia, pero la enfermedad no suele curarse. Por el contrario, los linfomas no Hodgkin agresivos y muy agresivos, que generalmente requieren tratamiento intensivo para lograr la remisión, tienen una buena posibilidad de cura.

Estadios I y II de los linfomas no Hodgkin: las personas con linfomas indolentes y enfermedad muy limitada (estadios I y II) suelen ser tratadas con radiación circunscrita al área del linfoma y sus zonas adyacentes. Con este enfoque, entre el 20 y el 30 % de las personas pueden tener un largo período de remisión y probablemente se curarán. Las personas con linfomas agresivos o muy agresivos, con estadio muy precoz de la enfermedad, requieren terapias combinadas de quimioterapia y radioterapia localizada. Con esta aproximación terapéutica, se curan del 70 al 90 % de las personas.

Estadios III y IV de los linfomas no Hodgkin: casi todas las personas que padecen linfomas que cursan sin dolor están afectadas por una enfermedad en estadio III y IV. No siempre requieren tratamiento, pero sí son controladas de cerca para poder evidenciar complicaciones que pudieran señalar una progresión rápida de la enfermedad. No existe evidencia de prolongación de la supervivencia por el tratamiento precoz en personas con linfomas indolentes en estadios más avanzados. Si la enfermedad comienza a progresar más rápidamente, hay muchas opciones de tratamiento.

El tratamiento puede incluir quimioterapia con una sola droga o esquemas combinados en los que se emplean varias drogas. No existe un tratamiento de oro, así que la elección del esquema terapéutico está influenciada por el alcance de la enfermedad y los síntomas que presenta. Por lo general, el tratamiento logra la remisión, pero su promedio de duración oscila entre 2 y 4 años. La decisión acerca del tratamiento que debe seguirse después de una recaída (en la cual reaparecen células de linfoma) va a depender, también, del alcance de la enfermedad y de los síntomas. Después de una recaída inicial, las remisiones tienden a volverse más cortas.

Hoy en día están disponibles algunos nuevos tratamientos para los linfomas indolentes. Estos incluyen el empleo de anticuerpos monoclonales, que se unen a las células del linfoma y las matan. Estos anticuerpos (inmunoglobulinas), como el rituximab, se administran al paciente por vía intravenosa. Algunas veces, los anticuerpos monoclonales son modificados para que puedan transportar partículas radiactivas o químicas tóxicas, directamente contra las células cancerosas en diferentes partes del cuerpo. Sigue siendo incierto si estos anticuerpos monoclonales pueden curar los linfomas no Hodgkin o si pueden lograr mejores resultados cuando se combinan con quimioterapia.

Otra aproximación hacia el tratamiento de los linfomas indolentes consiste en vacunar al paciente con proteínas obtenidas de su propio linfoma. El sistema inmunológico reconoce estas proteínas como *extrañas* y entonces combate el linfoma, de la misma manera que combatiría una infección.

Para las personas que padecen linfomas no Hodgkin agresivos o muy agresivos en estadios III o IV, las combinaciones de fármacos de quimioterapia se administran rápidamente. Existen muchos regímenes de quimioterapia potencialmente eficaces. A las combinaciones de fármacos de quimioterapia a menudo se les dan nombres formados por las letras iniciales de cada uno de los fármacos que componen la combinación farmacológica. Por ejemplo, una de las combinaciones más antigua y más comúnmente utilizada es conocida como CHOP (ciclofosfamida, [hidroxi]doxorubicina, vincristina y prednisona). Alrededor del 50 % de las personas con linfomas no Hodgkin agresivos o muy agresivos en un estadio avanzado se curan con el esquema CHOP de quimioterapia. Las combinaciones farmacológicas recientes no han mejorado sensiblemente la tasa de curaciones. En todo caso, la quimioterapia que suele causar una disminución en la cantidad de los diferentes tipos de células sanguíneas, algunas veces se tolera mejor si se combina con proteínas especiales (llamadas factores de crecimiento) que estimulan el crecimiento y el desarrollo de las células sanguíneas. Para algunas personas que padecen linfomas agresivos o muy agresivos, la quimioterapia ahora se combina con anticuerpos monoclonales. Por ejemplo, los resultados de la combinación del esquema CHOP con rituximab pueden ser mejores que el CHOP solo, pero esto sigue en estudio.

La quimioterapia a las dosis acostumbradas es de un valor muy limitado cuando hay recaída. Muchas personas que tienen una recaída de un linfoma agresivo o muy agresivo en un estadio avanzado reciben quimioterapia a altas dosis combinada con trasplante autólogo de células madre (las propias células madre de la persona) ● *(v. pág. 1293)*. Con este tipo de tratamiento, más del 40 % de las personas pueden curarse.

Algunos trasplantes de células madre para personas que padecen un linfoma agresivo o muy agresivo utilizan células madre de un donante compatible o de un donante no emparentado (trasplante alogénico), pero este tipo de trasplante tiene mayor riesgo de complicaciones.

CAPÍTULO 178

Trastornos mieloproliferativos

En los trastornos mieloproliferativos (mielo-, médula ósea, y proliferativo, de rápida multiplicación), las células productoras de células sanguíneas en la médula ósea (células precursoras) crecen y se reproducen anormalmente, o bien son expulsadas debido a un crecimiento excesivo del tejido fibroso.

Los tres principales trastornos mieloproliferativos son la policitemia vera, la mielofibrosis y la trombocitemia. La proliferación de las células productoras de la sangre, en su comienzo, siempre se considera no cancerosa (benigna) desde el punto de vista clínico. Sin embargo, en un pequeño número de personas, un trastorno mieloproliferativo progresa o se transforma en un trastorno (leucemia) canceroso (maligno).

Policitemia vera

La policitemia vera (policitemia primaria) es un trastorno de las células productoras de sangre en la médula ósea, que causa una producción excesiva de glóbulos rojos.

En la policitemia vera, el exceso de glóbulos rojos incrementa el volumen de la sangre y la vuelve más espesa, haciendo que fluya con menos facilidad a través de los vasos sanguíneos de menor calibre.

La policitemia vera no es común: se da en cinco de cada millón de personas aproximadamente. La edad promedio en que se diagnostica este trastorno es de 60 años, y rara vez se presenta antes de los 20 años. La policitemia vera resulta más frecuente en varones que en mujeres. La causa es desconocida.

➤ Síntomas y complicaciones

Generalmente, las personas que padecen policitemia vera no presentan síntomas durante años. Los primeros síntomas son debilidad, fatiga, dolor de cabeza, mareo, ahogo y sudoración nocturna. Las personas afectadas pueden tener una visión distorsionada, con puntos ciegos, o ver pequeños destellos de luz. Resulta frecuente el sangrado de encías y suele apreciarse mayor sangrado de lo normal en los pequeños cortes. La piel, sobre todo la de la cara, se enrojece. Las personas pueden quejarse de prurito en todo el cuerpo, en especial después del baño. Se puede sentir una sensación de quemazón en las manos y los pies o, con menos frecuencia, dolor de huesos.

En algunas personas, el número de plaquetas (partículas parecidas a las células que ayudan a formar coágulos de sangre) aumenta en el torrente sanguíneo. El hígado y el bazo pueden agrandarse al comenzar a producir células sanguíneas y al eliminar el bazo más glóbulos rojos

PRINCIPALES TRASTORNOS MIELOPROLIFERATIVOS

TRASTORNO	CARACTERÍSTICAS DE LA MÉDULA ÓSEA	CARACTERÍSTICAS DE LA SANGRE
Policitemia vera	Aumento del número de las células que dan origen a las células sanguíneas circulantes	Incremento en el número de glóbulos rojos, con frecuencia acompañado de un número aumentado de plaquetas y glóbulos blancos
Mielofibrosis	Exceso de tejido fibroso	Incremento en el número de glóbulos rojos y blancos inmaduros y de glóbulos rojos deformes; disminución en el recuento total de glóbulos rojos (anemia); finalmente, el número de glóbulos blancos y de plaquetas disminuye
Trombocitemia	Incremento en el número de megacariocitos (células productoras de plaquetas)	Incremento en el número de plaquetas

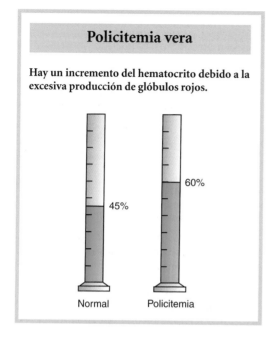

Policitemia vera

Hay un incremento del hematocrito debido a la excesiva producción de glóbulos rojos.

60%

45%

Normal   Policitemia

de la circulación. Como el hígado y el bazo se agrandan, se puede sentir plenitud en el abdomen. El dolor puede intensificarse repentinamente si se forma un coágulo de sangre en los vasos sanguíneos del hígado o el bazo.

El exceso de glóbulos rojos puede estar asociado con otras complicaciones, como úlceras de estómago, gota y cálculos renales. El incremento en el espesor (viscosidad) de la sangre puede causar ataques cardíacos o accidentes cerebrovasculares y bloquear el flujo de sangre hacia los brazos, las piernas, los pulmones y los ojos. Son muy pocas las ocasiones en que la policitemia vera se transforma en leucemia.

➤ Diagnóstico

La policitemia vera puede descubrirse mediante análisis rutinarios de sangre realizados por otras razones, incluso antes de tener síntomas. Los niveles de hemoglobina (la proteína que transporta oxígeno en los glóbulos rojos) y el hematocrito (porcentaje de glóbulos rojos en el volumen de sangre total) están anormalmente altos. El número de plaquetas y glóbulos blancos también puede aumentar.

La mayoría de los médicos consideran el hematocrito alto como un indicador de policitemia. Sin embargo, el diagnóstico no puede basarse únicamente en el resultado del hematocrito. Por lo tanto, a fin de facilitar el diagnóstico, algunas

veces se hace una prueba que utiliza glóbulos rojos marcados radiactivamente para determinar el número total de glóbulos rojos en el cuerpo (masa de glóbulos rojos).

Una vez se diagnostica la policitemia, el médico debe determinar si se trata de una policitemia vera o de una policitemia debida a otras causas (policitemia secundaria). La historia clínica del paciente puede ayudar a diferenciar entre estos dos tipos, pero algunas veces el médico debe investigar más allá.

También se pueden medir los niveles de eritropoyetina en la sangre, una hormona que estimula la producción de glóbulos rojos en la médula ósea. Los niveles de eritropoyetina son extremadamente bajos en la policitemia vera, pero son normales o elevados en la policitemia secundaria. En pocos casos, los quistes en el hígado o en los riñones y los tumores en los riñones o en el cerebro producen eritropoyetina; las personas que padecen estos trastornos tienen niveles altos de eritropoyetina y pueden desarrollar una policitemia secundaria.

También puede ser útil en el diagnóstico de la policitemia vera obtener una muestra de la médula ósea del paciente (biopsia de médula ósea) ● *(v. pág. 1175)* para examinarla al microscopio.

➤ Pronóstico y tratamiento

Sin tratamiento, aproximadamente la mitad de personas con policitemia vera sintomática, mueren en menos de dos años. Con el tratamiento, viven un promedio de 15 a 20 años.

El tratamiento no cura la policitemia vera, pero la controla y puede disminuir la probabilidad de complicaciones, como la formación de coágulos de sangre. El objetivo del tratamiento es de disminuir el número de glóbulos rojos. Por lo general, se extrae sangre del cuerpo mediante un procedimiento llamado flebotomía, similar al que se practica para obtener la sangre durante una donación; se extraen 0,5 litros de sangre cada día hasta que el hematocrito alcanza un nivel normal, que luego se mantiene con la extracción de sangre cada pocos meses, según sea necesario.

Como la flebotomía puede incrementar el número de plaquetas y no reduce el tamaño del hígado o del bazo cuando se han agrandado, las personas que se someten a este tratamiento pueden necesitar medicamentos para suprimir la producción de glóbulos rojos y de plaquetas.

La hidroxiurea (un fármaco de quimioterapia) se administra frecuentemente, pero cuando se

---

¿En qué consisten la policitemia relativa y la policitemia secundaria?

La policitemia secundaria y la relativa se diferencian de la policitemia vera (que literalmente se traduce como "policitemia verdadera") en que sus causas son conocidas.

La policitemia secundaria está producida por una falta de oxígeno, que puede ser el resultado de, por ejemplo, el consumo de tabaco, una enfermedad pulmonar grave o una enfermedad cardíaca. En la policitemia secundaria, aparece una concentración elevada de glóbulos rojos como resultado del aumento del nivel de eritropoyetina en la sangre. Las personas que pasan largos períodos de tiempo en circunstancias que implican un nivel de oxígeno reducido, tales como los pilotos de combate y aquellos que viven a grandes alturas, desarrollan policitemia, pero no padecen una policitemia vera ● (v. recuadro pág. 1985).

La policitemia secundaria puede tratarse con la administración de oxígeno. A los fumadores se les aconseja abandonar el consumo de tabaco y se les ofrece el tratamiento específico para ayudarlos a dejarlo. Cualquier enfermedad subyacente que origine una falta de oxígeno y una policitemia secundaria debe tratarse de la manera más eficaz posible. La flebotomía se utiliza para reducir el número de glóbulos rojos.

En la policitemia relativa, la concentración elevada de glóbulos rojos es el resultado de una cantidad anormalmente baja de líquidos (plasma). La reducción en el nivel de plasma puede deberse a quemaduras, vómitos, diarrea, ingesta inadecuada de líquidos y el uso de diuréticos (fármacos que aceleran la eliminación de sal y agua por los riñones). La policitemia relativa se trata mediante la administración de líquidos por vía oral o intravenosa y corrigiendo cualquier trastorno subyacente que esté contribuyendo a la disminución del nivel de plasma.

usa durante muchos años, se teme que aumente el riesgo de evolución de la enfermedad hacia una leucemia. En las personas más jóvenes, que puedan requerir tratamiento durante largos períodos, se pueden utilizar otros fármacos, tales como el alfa interferón y la anagrelida, para disminuir el número de plaquetas. A algunas personas se les administra fósforo radiactivo por vía intravenosa, pero se limita este tipo de tratamiento a personas mayores de 70 años debido al alto ries-

go de transformación de la enfermedad en una leucemia.

Existen otros fármacos que contribuyen a controlar algunos de los síntomas. Por ejemplo, los antihistamínicos ayudan a aliviar el picor, y la aspirina puede calmar la sensación de quemazón en las manos y en los pies, al igual que el dolor de huesos.

■ Mielofibrosis

La mielofibrosis es un trastorno en el cual el tejido fibroso reemplaza a las células precursoras de la sangre que se producen en la médula ósea, lo que conlleva la producción de glóbulos rojos de forma anormal, anemia y agrandamiento del bazo.

En la médula ósea normal, unas células llamadas fibroblastos producen tejido fibroso (conectivo), que da soporte a las células sanguíneas precursoras. En la mielofibrosis, los fibroblastos producen demasiado tejido fibroso, lo que conduce a la expulsión de las células sanguíneas precursoras. En consecuencia, la producción de glóbulos rojos está disminuida, se liberan menos glóbulos rojos al torrente sanguíneo y se produce anemia, que cada vez se hace más grave. Además, muchos de estos glóbulos rojos son inmaduros o están deformes. También se pueden observar cantidades variables de plaquetas y glóbulos blancos inmaduros en la sangre. A medida que la mielofibrosis avanza, el número de glóbulos blancos puede aumentar o disminuir, mientras que el número de plaquetas generalmente disminuye.

La mielofibrosis es poco común. Se suele presentar en personas con edades comprendidas entre los 50 y los 70 años.

La mielofibrosis puede desarrollarse por sí misma (llamada entonces mielofibrosis idiopática o metaplasia mieloide agnogénica) o puede acompañar a otros trastornos de la sangre, tales como la leucemia mieloide crónica, la policitemia vera, la trombocitemia, el mieloma múltiple, el linfoma y la mielodisplasia; así como a la tuberculosis y a las infecciones óseas. Las personas que han estado expuestas a ciertas sustancias tóxicas, como el benceno y la radiación, son más propensas a padecer mielofibrosis.

➤ Síntomas, complicaciones y diagnóstico

Con frecuencia, la mielofibrosis no produce síntomas durante años. A la larga, la anemia se vuelve lo suficientemente grave como para causar debilidad, fatiga, pérdida de peso y un estado de malestar general (indisposición). Las personas afectadas pueden presentar fiebre y sudoración nocturna. Dado que el número de glóbulos blancos en la sangre está reducido, el organismo tiene un mayor riesgo de padecer infecciones. Debido a la reducción en el número de plaquetas, la persona está más expuesta al riesgo de presentar hemorragias.

El hígado y el bazo a menudo se agrandan al intentar suplir la función de fabricar células sanguíneas. El agrandamiento de estos órganos puede causar dolor en el abdomen y conducir a un aumento anormal de la presión en ciertas venas (hipertensión portal) ● *(v. pág. 953)* y a hemorragias de las venas varicosas del esófago (várices esofágicas) ● *(v. pág. 934 y pág. 954).*

La anemia y los glóbulos rojos deformes e inmaduros, presentes en una muestra de sangre y observables al microscopio, indican una mielofibrosis. Sin embargo, se necesita una biopsia de médula ósea ● *(v. pág. 1175)* para confirmar el diagnóstico.

➤ Pronóstico y tratamiento

Dado que la mielofibrosis suele evolucionar lentamente, quienes la padecen pueden vivir diez años o más, pero esto depende del buen funcionamiento de la médula ósea. Sin embargo, en algunas ocasiones, el trastorno se agrava rápidamente. Esta forma de evolución rápida, llamada mielofibrosis maligna o aguda, es un tipo de cáncer relacionado con el crecimiento descontrolado de las células que, de forma normal, se convertirían en plaquetas.

No hay tratamiento disponible que pueda revertir o retrasar de manera permanente la progresión de la mielofibrosis. El tratamiento se dirige a retrasar y aliviar las complicaciones.

En casi un tercio de las personas que padecen mielofibrosis, la combinación de andrógenos (hormonas del sexo masculino) y prednisona aminoran temporalmente la gravedad de la anemia. En un número reducido de personas, la producción de glóbulos rojos puede ser estimulada con eritropoyetina o darbopoetina, fármacos que estimulan la producción de glóbulos rojos en la médula ósea. En otras, se requieren transfusiones de sangre para tratar la anemia. Las infecciones se tratan con antibióticos.

La hidroxiurea (un quimioterápico) o el alfa interferón (fármaco que modula el sistema inmunológico) pueden disminuir el tamaño del hígado o del bazo, pero ambos medicamentos pueden empeorar la anemia. En pocas ocasiones, el bazo se vuelve demasiado grande y doloroso y debe ser extirpado.

Para las personas que padecen mielofibrosis, pero que en lo demás tienen buena salud, el trasplante de médula ósea o de células madre puede considerarse como opción terapéutica siempre y cuando cuenten con un donante compatible y apropiado ● *(v. pág. 1293).* El trasplante es el único tratamiento disponible que puede curar la mielofibrosis, pero también tiene riesgos significativos asociados.

■ Trombocitemia

La trombocitemia (trombocitemia primaria) es un trastorno en el cual se producen plaquetas en exceso y que conduce a una coagulación anormal de la sangre o a hemorragias.

Las plaquetas (trombocitos) son producidas normalmente en la médula ósea a partir de unas células llamadas megacariocitos. En la trombocitemia, se produce un aumento en la cantidad de megacariocitos, llevando a la producción excesiva de plaquetas.

La trombocitemia, un trastorno poco común, afecta a 2 o 3 personas de cada 100 000. Se suele dar en personas mayores de 50 años y es más frecuente en las mujeres. La causa de la trombocitemia se desconoce.

➤ Síntomas

Generalmente, la trombocitemia no produce síntomas. Sin embargo, el exceso de plaquetas puede dar origen a la formación espontánea de coágulos, que bloquean el flujo sanguíneo a través de los vasos (en especial el bloqueo se produce en los de menor calibre). Las personas mayores con trombocitemia tienen un mayor riesgo de presentar formación de coágulos que los pacientes más jóvenes.

Los síntomas son el resultado de la obstrucción de los vasos sanguíneos y pueden incluir hormigueo y otras sensaciones anormales en las manos y en los pies (parestesias), frío en las yemas de los dedos, dolor de cabeza, debilidad y mareo. Las hemorragias, por lo general leves, pueden producirse en forma de sangrado nasal o de las encías, fácil formación de hematomas, o hemorragias en

Otras causas de un aumento en el recuento de plaquetas

Cuando se conoce la causa de la trombocitemia, el trastorno recibe el nombre de trombocitemia secundaria. Algunas hemorragias, la extirpación del bazo, las infecciones, la artritis reumatoide, ciertos cánceres y la sarcoidosis también pueden causar una trombocitemia secundaria.

Las personas con trombocitemia secundaria pueden no presentar síntomas relacionados con un número elevado de plaquetas; por lo general, predominan los síntomas de la enfermedad subyacente. Cuando se producen síntomas debidos a un número elevado de plaquetas, éstos son similares a los que aparecen en la trombocitemia primaria. La trombocitemia secundaria se diagnostica y se diferencia de la trombocitemia primaria si una persona que presenta un recuento elevado de plaquetas padece una enfermedad que explica esa circunstancia.

El tratamiento está dirigido a controlar la causa. Si el tratamiento es eficaz, la cifra de plaquetas suele regresar a sus valores normales.

el tracto digestivo. El bazo y el hígado pueden agrandarse.

➤ Diagnóstico

Gl médico realiza el diagnóstico de trombocitemia a partir de los síntomas que presenta la persona, o después de encontrar un gran número de plaquetas en un análisis rutinario de la sangre. También se pueden realizar análisis de sangre para confirmar el diagnóstico. En la trombocitemia, el recuento de plaquetas suele dar valores entre 2 y 4 veces mayores de lo normal. Además,

un examen microscópico de la sangre muestra plaquetas anormalmente grandes, grupos de plaquetas y fragmentos de megacariocitos.

Para diferenciar la trombocitemia primaria (cuya causa se desconoce) de la trombocitemia secundaria (que tiene una causa conocida), el médico debe buscar la presencia de signos de otros trastornos que podrían incrementar el número de plaquetas. La extracción de una muestra de médula ósea para examinarla al microscopio (biopsia de médula ósea) ● *(v. pág. 1175)* puede ser útil y excluir la leucemia mieloide crónica como causa del aumento del número de plaquetas.

➤ Tratamiento

La trombocitemia puede requerir tratamiento con algún fármaco que disminuya la producción de plaquetas. Estos fármacos incluyen hidroxiurea, anagrelida y alfa interferón. Por lo general, el tratamiento con uno de estos fármacos se inicia cuando el recuento de plaquetas es excesivamente alto, o cuando hay complicaciones, como trastornos en la coagulación y hemorragias. La edad de la persona, otros riesgos presentes y una historia previa de trombosis determinan la necesidad de este tipo de tratamiento. El medicamento se continúa hasta que el recuento de plaquetas vuelve a un nivel seguro. Hay que ajustar la dosis para mantener un número adecuado de plaquetas y de otras células circulantes. También puede utilizarse aspirina a dosis bajas, que hace que las plaquetas sean menos pegajosas y evita la formación de coágulos.

Si el tratamiento no frena lo bastate rápido la producción de plaquetas, se puede combinar o sustituir por una plaquetoféresis, un procedimiento para situaciones de emergencia en el que se extrae sangre, se quitan las plaquetas y se devuelve la sangre a la persona sin las plaquetas.

CAPÍTULO 179

Trastornos del bazo

El bazo es un órgano suave y esponjoso, casi tan grande como el puño de una persona, está situado en la parte superior izquierda del abdomen,

justo por debajo del reborde costal. La arteria esplénica aporta al bazo la sangre procedente del corazón. La sangre sale del bazo por la vena es-

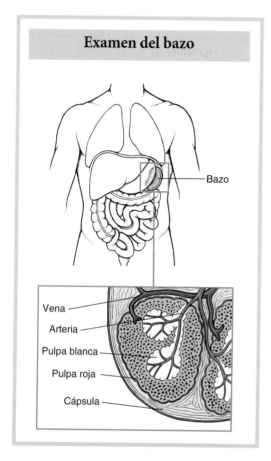

Examen del bazo

Bazo

Vena
Arteria
Pulpa blanca
Pulpa roja
Cápsula

gre, en especial para los glóbulos blancos y las plaquetas (partículas parecidas a las células que participan en la coagulación). Sin embargo, la liberación de estos elementos se considera una función menor de la pulpa roja.

Una persona puede vivir sin el bazo. A veces, el bazo debe ser extirpado quirúrgicamente (esplenectomía) debido a lesiones irreparables (por ejemplo, como consecuencia de las lesiones causadas en un accidente de circulación). Cuando se extirpa el bazo, el organismo pierde parte de su capacidad para producir anticuerpos y para eliminar de la sangre microorganismos no deseados. Por consiguiente, el organismo queda con limitaciones para combatir las infecciones. Las personas que no tienen bazo presentan un riesgo particularmente alto de contraer infecciones por neumococo, dado que el bazo desempeña un importante papel en el combate contra determinadas clases de bacterias, como el neumococo. Sin embargo, a pesar de estos problemas, el bazo no es un órgano crítico para la supervivencia: otros órganos (especialmente el hígado) compensan esta pérdida, aumentando su capacidad para combatir infecciones y controlando y eliminando los glóbulos rojos anormales, viejos o dañados.

■ Bazo agrandado

Un bazo grande (esplenomegalia) no es una enfermedad por sí sola, pero es el resultado de un trastorno subyacente. Muchos trastornos pueden hacer que el bazo se agrande. Para determinar la causa, el médico debe considerar una serie de trastornos, desde las infecciones crónicas hasta los cánceres sanguíneos.

Cuando el bazo se agranda, atrapa y almacena un gran número de células sanguíneas y de plaquetas (hiperesplenismo), con lo que el número de células sanguíneas y de plaquetas en el torrente sanguíneo se reduce. Este proceso genera un círculo vicioso: cuantas más células y plaquetas atrapa el bazo, más se agranda; cuanto más grande es, más células y plaquetas atrapa. Al final, el bazo agrandado también atrapa glóbulos rojos normales y los destruye con los anormales. Por tanto, un número excesivo de células sanguíneas y de plaquetas puede taponar el bazo y afectar a su funcionamiento. Un bazo agrandado puede necesitar más sangre que la que le llega normalmente. Cuando algunas partes del bazo no reciben suficiente sangre, éste se daña, y en consecuencia, estas partes sangran o se mueren.

plénica, que drena su contenido en una vena más grande (la vena porta), que transporta la sangre hacia el hígado. El bazo tiene una cubierta de tejido fibroso (cápsula esplénica) que da soporte a sus vasos sanguíneos y linfáticos.

El bazo está formado por dos tipos esenciales de tejido: la pulpa blanca y la pulpa roja, cada una con funciones diferentes. La pulpa blanca forma parte del sistema que combate las infecciones (inmune). Ésta produce glóbulos blancos, llamados linfocitos, que a su vez producen anticuerpos (proteínas especializadas que sirven de protección contra la invasión de sustancias extrañas). La pulpa roja filtra la sangre y elimina el material no deseado. La pulpa roja contiene otro tipo de glóbulos blancos, los llamados fagocitos, que ingieren microorganismos, tales como las bacterias, los hongos y los virus. También controla los glóbulos rojos y destruye aquellos que son anormales, demasiado viejos o que presentan algún daño que les impida funcionar apropiadamente. Además, la pulpa roja también sirve como depósito para los diferentes elementos de la san-

Causas de un bazo aumentado de tamaño

Infecciones

- ■ **Hepatitis**
- ■ **Mononucleosis infecciosa**
- ■ **Psitacosis**
- ■ **Endocarditis bacteriana subaguda**
- ■ **Brucelosis**
- ■ **Kala-azar**
- ■ **Malaria (paludismo)**
- ■ **Sífilis**
- ■ **Tuberculosis**

Anemias

- ■ **Eliptocitosis hereditaria**
- ■ **Esferocitosis hereditaria**
- ■ **Drepanocitosis o anemia de células falciformes (principalmente en los niños)**
- ■ **Talasemia**

Cánceres de la sangre y trastornos mieloproliferativos

- ■ **Enfermedad de Hodgkin y otros linfomas**
- ■ **Leucemia**
- ■ **Mielofibrosis**
- ■ **Policitemia vera**

Enfermedades de depósito

- ■ **Enfermedad de Gaucher**
- ■ **Enfermedad de Niemann-Pick**
- ■ **Enfermedad de Wolman**
- ■ **Enfermedad de Hand-Schüller-Christian**
- ■ **Enfermedad de Letterer-Siwe**

Otras causas

- ■ **Cirrosis**
- ■ **Amiloidosis**
- ■ **Síndrome de Felty**
- ■ **Sarcoidosis**
- ■ **Lupus eritematoso sistémico**
- ■ **Quistes en el bazo**
- ■ **Presión externa sobre las venas del bazo o del hígado**
- ■ **Coágulo de sangre en una vena del bazo o del hígado**

➤ Síntomas

Un bazo agrandado no causa muchos síntomas y los que produce pueden confundirse con muchas otras situaciones clínicas. Debido a que el bazo agrandado se encuentra junto al estómago y algunas veces lo presiona, la persona puede experimentar sensación de plenitud después de comer poco, y aun sin ni siquiera comer. La persona también puede experimentar dolor de abdomen o espalda en el área del bazo; el dolor puede llegar al hombro izquierdo, sobre todo si algunas partes del bazo no reciben suficiente sangre y comienzan a morir.

Cuando el bazo elimina demasiadas células y plaquetas de la sangre, se pueden originar diversos problemas. Entre estos se encuentran la anemia, que aparece como resultado de la escasez de glóbulos rojos; las frecuentes infecciones, consecuencia de la disminución de glóbulos blancos, y la tendencia a sangrar, como resultado de la falta de plaquetas.

➤ Diagnóstico

El médico puede sospechar el agrandamiento del bazo cuando el paciente se siente lleno o tiene dolor en la parte superior izquierda del abdomen o de la espalda. En general, durante la exploración física, el médico puede notar el bazo agrandado. Una radiografía del abdomen también puede mostrar el agrandamiento del bazo. En algunos casos es necesario recurrir a la tomografía computarizada (TC) o al ultrasonido para determinar cuánto se ha agrandado el bazo y si está ejerciendo presión sobre otros órganos. Una resonancia magnética nuclear (RMN) proporciona información similar y también rastrea el flujo de sangre a través del bazo. Otros aparatos especializados de escáner utilizan partículas ligeramente radiactivas para evaluar el tamaño del bazo y su función, así como para determinar si se están acumulando o destruyendo grandes cantidades de células sanguíneas.

Los análisis de sangre muestran una reducción en la cantidad de glóbulos rojos, de glóbulos blancos y de plaquetas. La forma y el tamaño de las células sanguíneas, que se pueden determinar mediante un examen al microscopio, pueden proporcionar pistas sobre la causa del agrandamiento del bazo. El examen de la médula ósea ● *(v. pág. 1175)* puede mostrar un cáncer de las células sanguíneas (como una leucemia o un linfoma) o una acumulación de sustancias no deseadas (como ocurre en las enfermedades por depósito) ● *(v. pág. 1916)*. El análisis de las proteínas en la sangre puede ayudar a determinar si existen otros trastornos que estén produciendo el agrandamiento del bazo, tales como la amiloidosis, la sarcoidosis, el paludismo, el kala-azar la brucelosis y la tuberculosis. Los exámenes para determinar el funcionamiento del hígado muestran si éste también está enfermo.

Tomar una muestra del bazo para examinarla no es un procedimiento fácil porque la inserción de una aguja o la incisión del tejido del bazo pueden dar origen a una hemorragia incontrolable. Cuando a una persona se le extirpa el bazo agrandado (mediante un proceso quirúrgico) con el fin de diagnosticar alguna enfermedad, éste se envía al laboratorio, en donde generalmente es posible determinar la causa de tal agrandamiento.

➤ Tratamiento

Cuando es posible, el médico trata la enfermedad responsable del aumento del tamaño del bazo. La extirpación quirúrgica del bazo (esplenectomía) puede llegar a ser necesaria, pero es posible que cause problemas, incluso una susceptibilidad elevada a las infecciones. Sin embargo, vale la pena correr estos riesgos en situaciones críticas: cuando el bazo destruye los glóbulos rojos de forma tan rápida que ocasiona anemia grave; cuando destruye los depósitos de glóbulos blancos y plaquetas, y en consecuencia, se aumentan los riesgos de contraer infecciones y de sufrir hemorragias; cuando es tan grande que produce dolor o ejerce presión sobre otros órganos; o cuando es tan grande que algunas de sus partes sangran o mueren. Como alternativa a la cirugía, a veces se utiliza la radioterapia para reducir el tamaño del bazo.

■ Ruptura del bazo

Dada la posición del bazo en el abdomen, un golpe fuerte en el área del estómago puede romperlo, rasgando la membrana que lo recubre y su tejido interno. La ruptura del bazo, que suele ser consecuencia de accidentes automovilísticos, deportivos o de golpes, es la complicación más grave entre las lesiones abdominales.

Cuando se rompe el bazo, puede derramarse una gran cantidad de sangre en el abdomen. La fuerte cápsula exterior del bazo puede contener la hemorragia temporalmente, pero se necesita una cirugía inmediata para prevenir las pérdidas de sangre, que suponen un grave riesgo para la vida del paciente.

➤ Síntomas

Un bazo roto genera dolor y sensibilidad a la palpación del abdomen. La sangre en el abdomen irrita la zona y causa dolor; los músculos abdominales se contraen de manera refleja y se tensan. Si la sangre se pierde gradualmente, es posible que no se presenten síntomas hasta que su suministro sea tan escaso que la presión arterial descienda y no llegue suficiente oxígeno al cerebro y al corazón. Los síntomas de presión arterial baja y de falta de oxígeno incluyen mareo, visión borrosa, confusión y pérdida de la consciencia (desmayo). Esta situación es una emergencia que requiere transfusiones de sangre inmediatas para mantener una circulación adecuada y cirugía para detener la pérdida de sangre; sin la aplicación de estos procedimientos la persona puede entrar en *shock* y fallecer.

➤ Diagnóstico y tratamiento

Se realizan radiografías del abdomen para determinar si los síntomas pueden ser causados por algo más que una ruptura del bazo. Se pueden realizar exámenes con material radiactivo para seguir el flujo de sangre y detectar dónde hay rupturas, o bien puede extraerse líquido abdominal con una aguja y analizarlo para confirmar si contiene sangre. Cuando el médico tiene una fuerte sospecha de una ruptura de bazo, la persona es llevada con urgencia a cirugía para detener una pérdida de sangre potencialmente mortal. Generalmente se extirpa todo el bazo (esplenectomía), aunque a veces el cirujano consigue arreglar una ruptura pequeña.

Antes y después de realizar la esplenectomía, se deben tomar ciertas precauciones para evitar las infecciones. Por ejemplo, se administran vacunas contra el neumococo antes de la esplenectomía siempre que sea posible y, después de la intervención, se recomiendan vacunas anuales contra la influenza. En determinadas circunstancias, se recomienda el tratamiento con antibióticos para prevenir las infecciones, especialmente en aquellos casos en que la persona presenta otro trastorno (como una drepanocitosis o un cáncer) que aumenta el riesgo de contraer infecciones potencialmente mortales.

CÁNCER

CAPÍTULO 180

Generalidades sobre el cáncer

Un cáncer es un grupo de células (por lo general derivadas de una sola célula) que han perdido sus mecanismos normales de control, produciéndose un crecimiento descontrolado. Las células cancerosas (malignas) pueden desarrollarse a partir de cualquier tejido en cualquier órgano. A medida que las células cancerosas crecen y se multiplican, forman una masa de tejido canceroso, llamada tumor, que invade y destruye los tejidos normales adyacentes. El término *tumor* se refiere a un crecimiento anormal o a una masa; los tumores pueden ser cancerosos o no cancerosos. Las células cancerosas del tumor primario (inicial) pueden extenderse (metastatizar) por el cuerpo.

▪ Cómo se desarrolla y extiende el cáncer

Las células del cáncer se desarrollan a partir de células sanas en un proceso complejo llamado transformación. El primer paso en el proceso es la *iniciación*, en la cual un cambio que se produce en el material genético de la célula (en el ADN y a veces en la estructura del cromosoma) la prepara de modo que puede transformarse en cancerosa. El cambio del material genético de la célula puede producirse de modo espontáneo o por la intervención de un agente que produce cáncer (un carcinógeno).

Entre los carcinógenos se incluyen muchas sustancias químicas, el tabaco, los virus, la radiación y la luz solar. Sin embargo, no todas las células son igualmente susceptibles a los agentes carcinógenos. Un defecto genético en una célula puede volverla más susceptible. Incluso una irritación física crónica puede hacer que una célula se vuelva más susceptible a los agentes carcinógenos.

El segundo y último paso en el desarrollo del cáncer se denomina **promoción**. Los agentes que causan promoción son llamados promoto-

Hablar de cáncer

Agresividad: grado o velocidad con que crece y se extiende un tumor.

Anaplasia: falta de diferenciación. Así, un cáncer anaplásico es altamente indiferenciado y habitualmente muy agresivo.

Benigno: no canceroso.

Carcinógeno: agente que causa cáncer.

Carcinoma in situ: células cancerosas aún contenidas dentro del tejido donde han iniciado su crecimiento y que todavía no se han vuelto invasivas o no se han extendido a otras partes del cuerpo.

Curación: eliminación completa del cáncer, que implica que el cáncer específico no volverá a crecer.

Diferenciación: grado de semejanza de las células cancerosas respecto a las células normales: menor semejanza significa que el cáncer es menos diferenciado y más agresivo.

Invasión: capacidad de un cáncer de infiltrar y destruir tejidos circundantes.

Maligno: canceroso.

Metástasis: propagación de células cancerosas a un lugar totalmente nuevo.

Neoplasia: cualquier tumor, ya sea canceroso o no.

Recidiva: vuelta de las células cancerosas, después del tratamiento, a la localización primaria o como metástasis (propagación).

Remisión: ausencia de toda evidencia de cáncer después del tratamiento.

Índice de supervivencia: porcentaje de personas que sobreviven durante un tiempo determinado después del tratamiento (por ejemplo, el índice de supervivencia de 5 años es el porcentaje de personas que sobreviven 5 años).

Tumor: crecimiento anormal o masa.

---

res. Los promotores pueden ser sustancias existentes en el ambiente o incluso ciertos fármacos (como los barbitúricos). A diferencia de los carcinógenos, los promotores no causan cáncer por sí solos. Más bien, los promotores permiten que una célula que ha sido sometida al proceso de iniciación se vuelva cancerosa. La promoción no tiene efecto sobre las células que no han sido sometidas al proceso de iniciación. Así, varios factores, a menudo la combinación de una célula susceptible y de un carcinógeno, son necesarios para causar el cáncer.

Algunos carcinógenos son lo suficientemente potentes para causar cáncer sin necesidad de promoción. Por ejemplo, la radiación ionizante (utilizada en las radiografías y producida en los reactores nucleares y en las explosiones de bombas atómicas) puede causar una variedad de cánceres, especialmente sarcomas, leucemia, cáncer de tiroides y cáncer de mama.

El cáncer puede crecer directamente en el tejido circundante o propagarse a tejidos u órganos, cercanos o distantes. El cáncer puede propagarse al sistema linfático. Este tipo de proliferación es típico de los carcinomas. Por ejemplo, el cáncer de mama generalmente se propaga primero a los ganglios linfáticos cercanos; sólo más tarde se extiende de modo más importante por todo el cuerpo.

El cáncer puede también propagarse por el torrente sanguíneo. Este tipo de proliferación es típico de los sarcomas.

■ Tipos de cáncer

Los tejidos cancerosos (malignos) pueden dividirse en los de la sangre y los formadores de sangre (leucemias y linfomas) y en tumores *sólidos*, a menudo llamados cáncer. Los cánceres pueden ser carcinomas o sarcomas.

Las **leucemias** y los **linfomas** son cánceres de la sangre y de los tejidos formadores de sangre. Más que conformar un bulto, pueden permanecer como células cancerosas separadas. De este modo, causan daño al excluir las células sanguíneas normales de la médula ósea y de la sangre, reemplazando de este modo y de forma gradual las células que funcionan con normalidad por células sanguíneas cancerosas.

Los **carcinomas** son cánceres de células epiteliales, que son células que cubren la superficie del cuerpo, producen hormonas y forman las glándulas. Ejemplos de carcinomas son el cáncer de piel, de pulmón, de colon, de estómago, de mama, de próstata y de la glándula tiroidea. Típicamente, los carcinomas se producen con mayor frecuencia en las personas de más edad que en los más jóvenes.

Los **sarcomas** son cánceres de células mesodérmicas, que son las células que forman los músculos y el tejido conectivo. Ejemplos de sarcomas son el leiomiosarcoma (cáncer de músculo liso que se encuentra en la pared de órganos del aparato digestivo) y el osteosarcoma (cáncer de hueso). Típicamente, los sarcomas se producen con mayor frecuencia en jóvenes que en personas mayores.

■ Factores de riesgo

Muchos factores, genéticos y ambientales, incrementan el riesgo de que se desarrolle un cáncer.

Historia familiar y factores genéticos: algunas familias tienen un riesgo mucho más alto de desarrollar ciertos tipos de cánceres que otras. A veces, este mayor riesgo es debido a un solo gen y a veces a varios genes que interactúan. Los factores ambientales, comunes a la familia, pueden alterar esta interacción genética y producir cáncer.

Un cromosoma adicional o anormal puede incrementar el riesgo de cáncer. Por ejemplo, aquellas personas con el síndrome de Down, que tienen tres copias del cromosoma 21 en lugar de las dos que son habituales, presentan entre 12 y 20 veces más riesgo de sufrir leucemia aguda.

Edad: algunos tipos de cáncer, como el tumor de Wilms, el retinoblastoma y el neuroblastoma afectan casi exclusivamente a los niños. No se entiende bien la razón por la cual estos cánceres aparecen en los jóvenes, pero la predisposición genética es uno de los factores. Sin embargo, la mayoría de los cánceres se dan con mayor frecuencia en la gente mayor. El riesgo de sufrir un cáncer se duplica cada cinco años después de los 25 años de edad. El aumento del porcentaje de cáncer se debe probablemente a la combinación de una exposición aumentada y prolongada a carcinógenos y a un sistema inmunológico deficiente.

Factores ambientales: numerosos factores ambientales aumentan el riesgo de desarrollar cáncer. La polución del aire, que procede de desechos industriales o humo de cigarrillo, puede aumentar el riesgo. Se sabe con certeza que numerosas sustancias químicas producen cáncer y se sospecha lo mismo de muchas otras. Por ejemplo, la exposición al asbesto puede causar cáncer de pulmón y mesotelioma (cáncer de la pleura), especialmente en los fumadores. El tiempo transcurrido entre la exposición a las sustancias químicas y el desarrollo del cáncer puede ser de muchos años.

Fumar cigarrillos produce carcinógenos que aumentan notablemente el riesgo de desarrollar cáncer de pulmón, de boca, de laringe, de riñón y de vejiga.

La exposición a radiación es un factor de riesgo en el desarrollo del cáncer. La exposición prolon-

ALGUNOS CARCINÓGENOS	
CARCINÓGENO	TIPO DE CÁNCER
Ambiental e industrial	
Arsénico	Pulmón
Asbestos	Pulmón, pleura
Aminas aromáticas	Vejiga
Benceno	Leucemia
Cromatos	Pulmón
Níquel	Pulmón, senos paranasales
Cloruro de vinilo	Hígado
Hollín y aceite mineral	Piel
Escape de diésel	Pulmón
Asociados con el estilo de vida	
Alcohol	Esófago, boca, garganta
Nueces de betel	Boca, garganta
Tabaco	Boca, garganta, pulmón, esófago, vejiga, riñón
Utilizados en medicina	
Agentes alquilantes	Leucemia, vejiga
Quimioterápicos (como los inhibidores de la topoisomerasa)	Leucemia
Dietilestilbestrol	Hígado, vagina (si expuestos antes de nacer)
Oximetolona	Hígado
Radioterapia	Sarcomas
Torotrast	Vasos sanguíneos

gada a la radiación ultravioleta, sobre todo la del sol, causa cáncer de piel. Las radiaciones ionizantes son particularmente carcinógenas. La exposición al gas radiactivo radón, emitido por la tierra, aumenta el riesgo de que se desarrolle un cáncer pulmonar. Normalmente, el radón se disemina rápidamente en la atmósfera y no produce daño. Sin embargo, si un edificio ha sido construido sobre un suelo con alto contenido de radón, el radón puede acumularse dentro del edificio, produciendo a veces concentraciones en el aire lo bastante altas para causar daño. El radón es inhalado por los pulmones, donde puede finalmente causar la aparición de cáncer de pulmón. Si una persona expuesta también fuma, el riesgo de que se desarrolle un cáncer de pulmón aumenta más aún.

CÁNCERES MÁS FRECUENTES EN HOMBRES Y MUJERES*	
HOMBRES	**MUJERES**
Próstata	Mama
Pulmón	Pulmón
Colon y recto	Colon y recto
Vejiga	Útero
Linfoma no Hodgkin	Linfoma no Hodgkin

*Basado en estadísticas de la American Cancer Society. El cáncer de piel es probablemente el cáncer más frecuente en ambos sexos, pero sólo un tipo de cáncer cutáneo (melanoma) necesita ser declarado. Así que, los informes de otros tipos de cáncer cutáneo son incompletos y por lo tanto en general son descartados de las estadísticas.

Geografía: el riesgo de sufrir cáncer varía de acuerdo con el lugar donde se vive, aunque las razones para las diferencias geográficas son frecuentemente complejas y mal entendidas. Esta variación geográfica en el riesgo del desarrollo de cáncer depende probablemente de muchos factores: una combinación de genética, dieta y medio ambiente.

Por ejemplo, el riesgo de padecer cáncer de colon y mama es bajo en Japón, pero estudios estadísticos realizados en los Estados Unidos reflejan que el riesgo aumenta en los japoneses que han emigrado a los Estados Unidos, hasta igualar finalmente al del resto de la población estadounidense. Por el contrario, la población japonesa presenta unos porcentajes de cáncer de estómago muy elevados. Cuando estas personas emigran y consumen una dieta occidental, el riesgo se reduce al valor de la población de acogida, aunque esta disminución puede no hacerse evidente hasta la generación siguiente.

Dieta: las sustancias consumidas en la dieta pueden aumentar el riesgo de que se desarrolle cáncer. Por ejemplo, se ha relacionado la dieta con un contenido elevado en grasas con un mayor riesgo de sufrir cáncer de colon, mama y posiblemente de próstata. Los grandes bebedores de alcohol tienen un riesgo muy alto de padecer cáncer de esófago. Una dieta con alto contenido en alimentos ahumados y encurtidos incrementa la probabilidad de que se forme un cáncer de estómago.

Infecciones víricas: se conocen varios virus que provocan cáncer en los seres humanos y se sospecha de varios otros. El papilomavirus (que causa verrugas genitales) origina cáncer del cuello uterino en las mujeres. El virus de la hepatitis B puede causar cáncer de hígado. Algunos retrovirus humanos causan linfomas y otros cánceres de la sangre.

Algunos virus producen cáncer en ciertos países pero en otros no. Por ejemplo, el virus de Epstein-Barr causa linfoma de Burkitt (un tipo de cáncer) en África y cáncer de nariz y faringe en China.

Enfermedades inflamatorias: las enfermedades inflamatorias con frecuencia constituyen un riesgo aumentado de que se desarrolle cáncer. Entre estas enfermedades se incluye la colitis ulcerosa (que puede resultar en cáncer de colon). La infección por ciertos parásitos puede producir inflamación que deriva en cáncer. Por ejemplo, la infección con el parásito *Schistosoma* (bilharzia) puede causar cáncer de vejiga por la irritación crónica de la misma.

■ Defensas corporales contra el cáncer

Se cree que, cuando una célula se vuelve cancerosa, el sistema inmunológico es capaz de reconocerla como anormal y de destruirla antes de que se reproduzca o disemine. El cáncer tiene mayores probabilidades de evolucionar en personas cuyo sistema inmunológico está alterado o disminuido, como en las personas con sida, las que toman fármacos inmunosupresores, aquellas con ciertas enfermedades autoinmunitarias y las personas mayores, en quienes el sistema inmunológico no funciona tan bien como en las más jóvenes. Sin embargo, incluso cuando el sistema inmunológico está funcionando normalmente, el cáncer puede evitar la vigilancia protectora del sistema inmunológico.

Antígenos tumorales: un antígeno es una sustancia extraña reconocida y marcada por el sistema inmunológico del cuerpo para ser destruida ● *(v. pág. 1255).* Los antígenos se encuentran en la superficie de todas las células, pero normalmente el sistema inmunológico de un individuo no reacciona contra sus propias células. Cuando una célula se convierte en cancerosa, aparecen nuevos antígenos, no familiares para el sistema inmunológico, sobre la superficie de la célula. El sistema inmunológico puede considerar estos nuevos antígenos, llamados antígenos tumorales, como extraños y puede ser capaz de frenar o destruir estas células cancerosas. Este es el mecanismo por el que el organismo destruye las células anormales y es a menudo capaz de destruir células cancerosas antes de que se establezcan. Sin embargo, aun un sistema inmunológico plenamente funcionante, no siempre logra destruir todas las células cancerosas. Y, una vez que se reproducen las células cancerosas y forman una masa (un tumor canceroso), es altamente improbable que el sistema inmunológico del organismo sea capaz de destruir ésta.

Se han identificado antígenos tumorales en varios tipos de cáncer, como en el melanoma maligno, en el cáncer de hueso (osteosarcoma) y en algunos tipos de cánceres gastrointestinales. Las personas que presentan estos cánceres pueden tener anticuerpos contra los antígenos tumorales.

Sin embargo, los anticuerpos generalmente no son suficientemente potentes para controlar el cáncer. En otros cánceres, como el coriocarcinoma (un tumor canceroso que se desarrolla en el útero a partir de restos de un embrión en desarrollo), el sistema inmunológico tiene muchas más probabilidades de destruir las células cancerosas de forma precoz.

Ciertos antígenos tumorales pueden detectarse mediante análisis de sangre. En ocasiones, estos antígenos se denominan **marcadores tumorales**. Las mediciones de estos marcadores tumorales pueden utilizarse como método de detección en personas que no presentan síntomas de cáncer. Unas veces estos marcadores se emplean para establecer el diagnóstico y otras veces para valorar la respuesta al tratamiento ● *(v. tabla pág. 1244)*.

CAPÍTULO 181

Síntomas y diagnóstico de cáncer

El cáncer puede producir muchos síntomas diferentes, unos sutiles y otros no sutiles en absoluto. Algunos síntomas aparecen de manera precoz en el curso del cáncer y son importantes como signos de alarma que ha de analizar un médico. Otros síntomas aparecen sólo cuando el cáncer avanza y no son útiles para la detección precoz. Síntomas tales como náuseas, pérdida del apetito, cansancio y vómitos pueden ser el resultado de un tratamiento o pueden ser señales de alarma. Algunos síntomas se presentan en muchos o casi todos los cánceres y otros son específicos de un tipo de cáncer y de su localización.

Los programas de detección permiten el hallazgo precoz y el diagnóstico del cáncer. Mientras más temprano se diagnostique el cáncer, mayor probabilidad de eficacia tendrá el tratamiento.

■ Síntomas

Al principio, el cáncer, como una diminuta masa de células, no produce síntoma alguno. Cuando el cáncer crece en una zona con mucho espacio, como la pared del intestino grueso, puede no causar síntomas hasta volverse bastante grande.

Por el contrario, un cáncer que crece en un espacio reducido, como una cuerda vocal, puede provocar síntomas (como ronquera) cuando es aún relativamente pequeño.

Los cánceres producen síntomas al crecer dentro de algunos tejidos, provocando su irritación y destrucción, ejerciendo presión sobre otros tejidos, produciendo sustancias tóxicas y utilizando energía y nutrientes normalmente disponibles para otras funciones corporales. El cáncer puede causar un tipo de síntomas mientras crece en su sitio inicial y ocasionar síntomas distintos si se extiende (metastatiza) a otras partes del cuerpo.

A medida que el cáncer crece y se extiende por todo el organismo, pueden aparecer un cierto número de complicaciones. Algunas de estas complicaciones pueden ser graves y requerir tratamiento de urgencia. Ciertas complicaciones, denominadas síndrome paraneoplásico, aparecen cuando se distribuyen por todo el cuerpo sustancias producidas por el cáncer.

➤ Dolor

Los cánceres son típicamente indoloros al principio. Sin embargo, al crecer, el primer síntoma es a

Señales de alarma de cáncer

El cáncer tiene más probabilidad de ser curado si se trata a tiempo, por lo que es de vital importancia descubrirlo de forma precoz. Algunos síntomas pueden señalar el cáncer de forma precoz y deben, por lo tanto, hacer que la persona solicite atención médica. Afortunadamente, la mayoría de estos síntomas suelen ser causados por trastornos mucho menos graves. Sin embargo, no debe ignorarse la aparición de cualquiera de las señales de alarma de cáncer.

Algunas señales de alarma son generales, es decir, cambios imprecisos que no ayudan a determinar un cáncer en particular. Aun así, su presencia puede llevar a los médicos a realizar las exploraciones físicas y las pruebas de laboratorio necesarias para descartar o confirmar un diagnóstico. Otros síntomas son mucho más específicos y guían a los médicos hacia un tipo de cáncer o una localización en particular. Algunas señales de alarma de cáncer son:

- Pérdida de peso
- Fatiga
- Sudores nocturnos
- Pérdida del apetito
- Dolor nuevo y persistente
- Náuseas y vómitos recurrentes
- Sangre en la orina
- Sangre en la materia fecal (visible o detectable por medio de pruebas especiales)
- Depresión repentina
- Cambio reciente en el ritmo de las deposiciones (estreñimiento o diarrea)
- Fiebre recurrente
- Tos crónica
- Cambios en el tamaño o color de un lunar o en una úlcera cutánea que no quiere curar
- Inflamación de los ganglios linfáticos

menudo un leve malestar, que puede empeorar de forma constante hasta alcanzar un dolor cada vez más intenso a medida que el cáncer aumenta de tamaño. El dolor puede deberse a la compresión o destrucción de los nervios o de otras estructuras causadas por el cáncer.

➤ Hemorragia

Al principio, el cáncer puede sangrar ligeramente porque sus células no están bien unidas las unas con las otras y sus vasos sanguíneos son frágiles. Más tarde, cuando el cáncer aumenta de tamaño e invade los tejidos circundantes, puede crecer en un vaso sanguíneo cercano, causando hemorragia. La hemorragia puede ser leve e indetectable o detectarse sólo mediante pruebas. Esto es frecuentemente el caso en la fase precoz del cáncer de colon. O, especialmente en el cáncer avanzado, la hemorragia puede ser masiva y hasta potencialmente mortal.

El sitio del cáncer determina el sitio de la hemorragia. Un tumor canceroso en cualquier parte del tracto gastrointestinal puede causar hemorragia en las heces. Un cáncer en cualquier parte de las vías urinarias puede causar hemorragia en la orina. Otros cánceres pueden sangrar en áreas internas del cuerpo. La hemorragia en los pulmones puede hacer que la persona tosa y elimine sangre en el esputo.

➤ Pérdida de peso y cansancio

Típicamente, una persona con cáncer experimenta pérdida de peso y cansancio, que aumentan a medida que el cáncer avanza. Algunas personas notan pérdida de peso a pesar de su buen apetito. Otras pierden el apetito y pueden incluso sentir náuseas con la comida. Pueden adelgazar mucho; la pérdida de grasa subyacente es perceptible en particular en la cara. Las personas en una fase avanzada de cáncer se sienten frecuentemente muy cansadas y duermen muchas horas al día. Si desarrollan una anemia, pueden sentirse cansadas o sin aliento al hacer un esfuerzo.

➤ Ganglios linfáticos inflamados

Cuando un cáncer comienza a extenderse por el cuerpo, puede primero propagarse a los ganglios linfáticos cercanos, que se inflaman y pueden volverse duros o gomosos. Los ganglios linfáticos inflamados pueden ser indoloros o dolorosos al tacto. Pueden moverse libremente o, si el cáncer está más avanzado, adherirse a la piel que los cubre, a las capas más profundas del tejido subyacente o unos a otros.

➤ Depresión

El cáncer a menudo genera depresión. La depresión puede estar relacionada con los síntomas de

ALGUNAS COMPLICACIONES DEL CÁNCER

TIPO	DESCRIPCIÓN	
Taponamiento cardíaco	Se produce cuando el líquido se acumula en una especie de bolsa que rodea el corazón (pericardio o saco pericárdico). Este líquido ejerce presión sobre el corazón y afecta a su capacidad para bombear la san-	gre. El líquido puede acumularse cuando un cáncer invade el pericardio y lo irrita. Los cánceres más susceptibles de invadir el pericardio son el de pulmón, el de mama y el linfoma
Derrame pleural	Se produce cuando el líquido se acumula en la estructura con forma de bolsa que rodea los pulmones	(saco pleural) y causa dificultad respiratoria
Síndrome de la vena cava superior	Se produce cuando el cáncer bloquea de modo parcial o completo la vena (vena cava superior) que lleva la sangre desde la parte superior del cuerpo hasta el corazón. Este blo-	queo causa la dilatación de las venas de la parte superior del tórax y cuello, lo que provoca la hinchazón de la cara, del cuello y de la parte superior del pecho
Compresión de la médula espinal	Se produce cuando el cáncer comprime la médula espinal o sus nervios, lo que causa dolor y pérdida de la capacidad funcional. Cuanto más tiempo persista la compresión de la	médula espinal o sus nervios, menos probable será que el nervio vuelva a su función normal después del alivio de la compresión
Disfunción cerebral	Se produce cuando el cerebro funciona de modo anormal como resultado del desarrollo de un cáncer, bien sea un cáncer cerebral o, más frecuentemente, metástasis de un cáncer en otra parte del organismo.	Pueden manifestarse muchos síntomas diferentes, que incluyen confusión, sedación, agitación, cefaleas, visión anormal, sensaciones anormales, debilidad, náuseas, vómitos y convulsiones

la enfermedad, el miedo a morir y la pérdida de independencia. Además, algunos cánceres pueden producir sustancias que directamente causan depresión al afectar al cerebro.

➤ Síntomas neurológicos y musculares

El cáncer puede desarrollarse en los nervios o comprimirlos, lo que causa varios síntomas neurológicos y musculares, entre ellos un cambio en las sensaciones (como sensación de hormigueo) o debilidad muscular. Cuando un cáncer crece en el cerebro, los síntomas pueden ser difíciles de determinar pero pueden incluir confusión, mareo, cefaleas, náuseas, cambios visuales y convulsiones. Los síntomas neurológicos pueden también ser parte de un síndrome paraneoplásico.

➤ Síntomas respiratorios

El cáncer puede comprimir u obstruir estructuras, como las vías respiratorias de los pulmones, causando ahogo o neumonía e incapacidad para expulsar secreciones al toser. La dificultad para respirar puede también aparecer cuando el cáncer causa hemorragia en los pulmones o anemia.

■ Diagnóstico

El diagnóstico engloba la detección sistemática, las pruebas y la exploración física. Una vez diagnosticado el cáncer, debe clasificarse. El estadiaje es una manera de describir la progresión del cáncer, en la que se incluyen criterios tales como el tamaño y la diseminación a otros órganos.

➤ Detección

Las pruebas sirven para detectar la existencia de un cáncer aun antes de que se manifiesten los síntomas. Las pruebas de detección habitualmente no son definitivas; los resultados se comprueban o se refutan con ayuda de exámenes y pruebas adicionales. Las pruebas diagnósticas se realizan cuando el médico sospecha la presencia de un cáncer.

Aunque las pruebas de detección pueden ayudar a salvar vidas, pueden ser muy costosas y, algunas veces, tener repercusiones físicas o psíquicas. Algunas pruebas pueden producir resultados falsos positivos: resultados que sugieren la presencia de un cáncer cuando en realidad no es el caso. Los resultados falsos positivos pueden crear

¿Qué son los síndromes paraneoplásicos?

Los síndromes paraneoplásicos se dan cuando un cáncer produce una o más sustancias que circulan en el torrente sanguíneo, como hormonas, citocinas (un tipo de proteína) u otras proteínas. Estas sustancias pueden afectar a la función de otros tejidos y órganos, originando muchos síntomas denominados síndromes paraneoplásicos. Algunas sustancias dañan órganos o tejidos al causar una reacción autoinmune. Otros cánceres afectan directamente a la función de diferentes órganos o destruyen tejidos. Pueden aparecer síntomas tales como la disminución del azúcar en la sangre, diarrea y aumento de la presión arterial (hipertensión).

Una polineuropatía se presenta como una disfunción de los nervios periféricos, lo que da como resultado debilidad, pérdida de sensibilidad y reducción de reflejos. Una neuropatía sensitiva subaguda se produce como una forma rara de polineuropatía que a veces se desarrolla antes de que se diagnostique el cáncer. Causa pérdida incapacitante de la sensibilidad y falta de coordinación, pero poca debilidad. La degeneración cerebelosa subaguda aparece en mujeres con cáncer de mama u ovarios. Este trastorno puede ser causado por un autoanticuerpo (un anticuerpo que ataca los propios tejidos del cuerpo) que destruye el cerebelo. Los síntomas que pueden presentarse son inestabilidad al caminar, falta de coordinación de brazos y piernas, dificultad para hablar, mareo y visión doble, semanas, meses o incluso años antes de que se descubra el cáncer. La degeneración cerebelosa subaguda suele empeorar en semanas o meses, y a menudo deja a la persona gravemente incapacitada.

En algunos niños con neuroblastoma pueden presentarse espasmos de ojos y músculos y falta de coordinación de movimientos. También se presentan movimientos oculares incontrolables (opsoclonía) y contracciones muy rápidas de los músculos (mioclonía) se presentan en los músculos de tronco, brazos y piernas.

En algunas personas con enfermedad de Hodgkin se produce una neuropatía motora subaguda. Las células de los nervios de la médula espinal se ven afectadas indirectamente, ocasionando debilidad de brazos y piernas de forma similar a lo que sucede en una polineuropatía. Se presenta una polimiositis en forma de debilidad y dolor muscular como resultado de una inflamación muscular. Cuando la polimiositis está acompañada de inflamación de la piel, el cuadro se llama dermatomiositis.

El síndrome de Eaton-Lambert se produce en algunos pacientes con cáncer de pulmón. Este síndrome se caracteriza por una extrema debilidad muscular causada por falta de activación adecuada del músculo por el nervio.

La osteoartropatía hipertrófica puede también ocurrir en personas con cáncer de pulmón. Este síndrome altera la forma de los dedos de las manos y de los pies y causa cambios en los extremos de los huesos largos, los cuales se pueden observar en las radiografías.

Otros síndromes paraneoplásicos ligados al cáncer de pulmón incluyen los siguientes: el carcinoma de células pequeñas puede segregar adrenocorticotropina, causando el síndrome de Cushing, u hormona antidiurética, que causa retención de líquidos y un decenso de la concentración de sodio en la sangre (hiponatremia). La excesiva producción de hormonas también puede provocar el llamado síndrome carcinoide (respiración sibilante, diarrea y alteraciones en las válvulas cardíacas). El carcinoma de células escamosas puede segregar una sustancia semejante a la hormona, que conduce a valores muy elevados de calcio en la sangre (síndrome hipercalcémico). También pueden presentarse valores elevados de calcio en la sangre si el cáncer invade directamente los huesos, con lo que libera calcio en el torrente sanguíneo. Como resultado de los valores elevados de calcio en la sangre, la persona presenta un estado de confusión, que puede evolucionar hasta el coma e incluso la muerte. Otros problemas son el aumento del tamaño de las mamas en los varones (ginecomastia), una producción excesiva de hormona tiroidea (hipertiroidismo) y cambios cutáneos, como el oscurecimiento de la piel en la zona de las axilas.

---

un estrés psicológico inútil y pueden conducir a la realización de otras pruebas, costosas y con riesgos. También pueden producir resultados falsos negativos: resultados que no muestran indicios de un cáncer que, en realidad sí existe. Los resultados falsos negativos pueden tranquilizar a la persona examinada, pero es una seguridad falsa. Por estas razones, los médicos consideran cuidadosamente si deben realizar o no tales pruebas. Los médicos tratan de determinar si una persona en particular está en riesgo real de padecer un cáncer, debido a la edad, el sexo, la historia familiar, un antecedente previo y el estilo de vida, antes de elegir qué pruebas deben realizar.

RECOMENDACIONES PARA LA DETECCIÓN DEL CÁNCER

PROCEDIMIENTO	FRECUENCIA
Cáncer de piel	
Exploración física	Debe formar parte de una revisión rutinaria; las personas con alto riesgo de desarrollar cáncer de piel pueden necesitar exámenes más frecuentes
Fotografía corporal total	No es necesario de forma rutinaria; puede resultar útil en personas con múltiples lunares o en quienes sea difícil el examen de la piel
Cáncer de pulmón	
Radiografía del tórax	No recomendada como prueba rutinaria
Citología de esputo	No recomendada como prueba rutinaria
Tomografía computarizada helicoidal a bajas dosis	No recomendada como prueba rutinaria, pero se está investigando
Cáncer de recto y de colon	
Examen de las heces para detectar sangre oculta	Anualmente después de los 50 años de edad
Tacto rectal	Anualmente después de los 40 años de edad
Exploración sigmoidoscópica o colonoscópica	Entre cada 3 y 5 años después de los 50 años de edad
Cáncer de próstata	
Tacto rectal	Anualmente después de los 50 años de edad
Análisis de sangre para determinar el antígeno prostático específico	Anualmente después de los 50 años de edad
Cáncer testicular	
Autoexamen de los testículos	Mensualmente después de los 14 años de edad
Cáncer del cuello uterino, de los ovarios y del útero	
Examen de pelvis	Entre cada 1 y 3 años después de los 18 años y hasta los 40, luego anualmente
Cáncer del cuello uterino	
Prueba de Papanicolaou (Pap)	Anualmente entre los 18 y 65 años de edad. Después de tres o más exámenes normales consecutivos, puede realizarse esta prueba con menor frecuencia según criterio del médico. La mayoría de las mujeres de más de 65 años necesitan una prueba Pap con menor frecuencia
Cáncer de mama	
Autoexamen de mamas	Mensualmente después de los 18 años de edad.
Examen clínico de las mamas	Cada 3 años entre los 18 y 40 años de edad, luego anualmente
Mamografía	Examen inicial de referencia entre los 35 y 40 años de edad, entre cada 1 y 2 años desde los 40 hasta los 49 años, y anualmente después de los 50 años

Dos de las pruebas de detección más ampliamente utilizadas en las mujeres son la prueba de Papanicolaou (Pap), que se utiliza para la detección del cáncer del cuello uterino, y la mamografía, que detecta el cáncer de mama. Ambas han dado resultados satisfactorios en disminuir el porcentaje de muertes por estos cánceres en algunos grupos de edad.

En los varones, una prueba frecuente consiste en medir el valor del antígeno prostático específico (PSA) en la sangre. Los valores del PSA se elevan en los hombres que tienen cáncer de prósta-

MARCADORES TUMORALES SELECCIONADOS

MARCADOR TUMORAL	DESCRIPCIÓN	COMENTARIOS SOBRE LA PRUEBA
Antígeno carcinoembrionario (ACE)	Los niveles se elevan en la sangre de las personas con cáncer de colon, mama, páncreas, vejiga, ovario y cuello del útero. Los niveles también pueden elevarse en los grandes fumadores y en quienes padecen cirrosis hepática o colitis ulcerosa	Las pruebas pueden ser muy útiles en la detección del cáncer, en la supervisión del tratamiento y en la detección de recidivas
Alfafetoproteína (AFP)	Normalmente producida por las células del hígado en el feto, la alfafetoproteína se encuentra en la sangre de las personas con cáncer de hígado (hepatoma). La alfafetoproteína a menudo también se encuentra en personas con ciertos cánceres de ovario o de testículos y en niños o adultos jóvenes con tumores de la glándula pineal	Las pruebas pueden ser útiles para diagnosticar el cáncer y supervisar su tratamiento
Betagonadotropina coriónica humana (β-HCG)	Esta hormona se produce durante el embarazo, pero también aparece en mujeres con un cáncer originado en la placenta y en varones con varios tipos de cáncer testicular	Las pruebas pueden ser útiles para diagnosticar el cáncer y supervisar su tratamiento
Antígeno prostático específico (PSA)	Los valores se elevan en los hombres con crecimiento no canceroso (benigno) de la próstata y, de forma considerable, en aquellos con cáncer de próstata. El valor a partir del cual debe considerarse significativo es incierto, pero los individuos con un nivel elevado de PSA deben ser examinados más a fondo por un médico	Las pruebas pueden ser útiles para detectar un cáncer y supervisar su tratamiento
Antígeno de hidrato de carbono 125 (CA-125)	Los niveles se encuentran elevados en mujeres con distintas enfermedades de los ovarios, incluido el cáncer	Como el cáncer de ovario es habitualmente difícil de diagnosticar, algunos expertos recomiendan usar este examen en mujeres de más de 40 años. Sin embargo, no se emplea de forma rutinaria
Antígeno de hidrato de carbono 15-3 (CA 15-3)	Los niveles se encuentran elevados en personas con cáncer de mama	Esta prueba no puede ser recomendada para la detección de cáncer. Sin embargo, puede ser útil para supervisar el tratamiento
Antígeno de hidrato de carbono 19-9 (CA 19-9)	Los niveles se encuentran elevados en personas con cánceres del tracto digestivo, especialmente cáncer de páncreas	Esta prueba no puede ser recomendada para detección de cáncer. Sin embargo, puede ser útil en la supervisión del tratamiento
Beta$_2$ (β$_2$)-microglobulina	Los niveles se encuentran elevados en las personas con mieloma múltiple, leucemia linfocítica crónica y muchas formas de linfoma	Esta prueba no puede ser recomendada para detección de cáncer. Sin embargo, puede ser útil en la supervisión del tratamiento.
Lactato deshidrogenasa	Los niveles pueden elevarse por varias razones	Esta prueba no puede ser recomendada para detección de cáncer. Sin embargo, es útil para evaluar el pronóstico y supervisar el tratamiento, en particular en las personas con cáncer testicular, melanomas y linfomas.

ta, pero también aumentan en los hombres que presentan un aumento de tamaño no canceroso (benigno) de la próstata. No se ha podido determinar aún si la prueba del PSA debe utilizarse sistemáticamente para detectar el cáncer de próstata. El principal inconveniente de su uso como prueba de detección es el gran número de resultados falsos positivos que obtiene, lo que, por lo

PRUEBAS PARA DIAGNÓSTICO Y ESTADIAJE DE CÁNCERES

LOCALIZACIÓN DEL CÁNCER	TIPO DE BIOPSIA REALIZADA	OTRAS PRUEBAS REALIZADAS
Mama	Biopsia con aguja o por escisión de la masa	Mamografía Gammagrafías óseas Tomografía computarizada (TC) Búsqueda del receptor de estrógeno y progesterona en la muestra de biopsia; pruebas para otros receptores
Próstata	Biopsia con aguja	Análisis de sangre para medir la fosfatasa ácida y el antígeno prostático específico (PSA) Ecografía Gammagrafía ósea TC
Pulmón	Tejido para biopsia, por lo general extraído por broncoscopia	Radiografía de tórax TC Citología de esputo Mediastinoscopia Tomografía por emisión de positrones (PET)
Tracto digestivo	Tejido para biopsia del hígado, páncreas u otros órganos, extraído por endoscopia o con una aguja (habitualmente guiada por una TC) por la piel	Radiografía de tórax Radiografía con bario Ecografía TC Análisis de sangre para medir las enzimas del hígado
Sistema linfático	Biopsia de los ganglios Biopsia de médula ósea	Radiografía de tórax Recuento de células sanguíneas TC Pruebas con isótopos radiactivos Cirugía exploratoria Esplenectomía
Testículos	Extirpación del testículo para biopsia	Radiografía de tórax TC Análisis de sangre para alfafetoproteína, betagonadotropina coriónica humana (β-HCG), lactato deshidrogenasa
Útero, cuello uterino, ovarios	Tejido para biopsia de útero o dilatación fraccionada y legrado con histeroscopia; colposcopia para biopsia del cuello uterino; muestra tomada durante cirugía exploradora para biopsia de ovarios	Examen pélvico bajo anestesia Ecografía TC Examen por enema de bario

general, lleva a la realización de pruebas más invasivas.

Tanto en los hombres como en las mujeres de más de 40 años, una prueba frecuente de detección consiste en la búsqueda de sangre en las heces que no puede ser detectada a simple vista (sangre oculta). Descubrir sangre oculta en las heces es un indicio de que existe algo anormal en el colon. El problema puede ser un cáncer, aunque muchos otros trastornos pueden también causar la presencia de pequeñas cantidades de sangre en las deposiciones. Además, una aspirina u otro antiinflamatorio no esteroideo (AINE), o incluso el hecho de comer carne roja, pueden producir temporalmente un resultado positivo. Pueden también obtenerse resultados positivos al consumir aves de corral, pescado, ciertas frutas crudas y vegetales (nabo, coliflor, rábano rojo, brócoli, melón, rábano picante y chirivía) y vitamina C.

Algunas pruebas de detección pueden ser realizadas en casa. Por ejemplo, en el caso de las mujeres, la autoexploración mensual de las mamas es sumamente valiosa para ayudar a detectar el cáncer de mama. El examen periódico de los testículos puede ayudar al hombre a detectar un cáncer testicular, una de las formas de cáncer más curables, especialmente cuando el diagnóstico es precoz. El control periódico de la boca en búsqueda de llagas puede contribuir a detectar un cáncer de boca en fase inicial.

➤ Pruebas diagnósticas y estadiaje

Los marcadores tumorales son sustancias secretadas en la sangre por ciertos tumores. Sin embargo, los marcadores tumorales a veces están presentes en la sangre de personas que no tienen cáncer. Así que, el hallazgo de un marcador tumoral no necesariamente significa que una persona tiene cáncer. Sin embargo, en las personas que presentan cáncer, los marcadores tumorales pueden utilizarse para controlar la eficacia del tratamiento y detectar una posible recidiva del cáncer. La concentración de un marcador tumoral aumenta si el cáncer recurre.

Cuando se diagnostica cáncer, las pruebas de clasificación ayudan a determinar su avance en función de su localización, tamaño, crecimiento en estructuras cercanas y extensión hacia otras partes del cuerpo. Los pacientes con cáncer a veces se muestran impacientes y ansiosos durante estas pruebas, deseando un tratamiento rápido del tumor. Sin embargo, el estadiaje permite determinar el tratamiento más apropiado y ayuda a definir el pronóstico.

El estadiaje puede incluir gammagrafías óseas, como las de los huesos, u otros estudios de diagnóstico por imágenes, como una tomografía computarizada (TC) o una resonancia magnética nuclear (RMN) para determinar si el cáncer se ha extendido.

La exploración con ultrasonidos (ecografía) es un procedimiento indoloro e inofensivo que utiliza ondas sonoras que muestran la estructura de los órganos internos. Es útil para identificar y determinar el tamaño de ciertos cánceres, particularmente de riñón, hígado, pelvis y próstata. Puede también utilizarse para establecer el estadiaje de un cáncer. Los médicos usan también la ecografía para guiar la extracción de muestras de tejido durante una biopsia con aguja.

La tomografía computarizada (TC) se emplea para detectar cáncer en muchas partes del cuerpo, entre ellas el cerebro, los pulmones y algunos órganos del abdomen, como las glándulas suprarrenales, los ganglios linfáticos, el hígado y el bazo. Esta detección es de utilidad para el diagnóstico y para la determinación del estadio de un cáncer. La resonancia magnética nuclear (RMN) es una alternativa a la TC. Con este procedimiento, un campo magnético muy potente genera imágenes anatómicas perfectamente detalladas. La RMN es de particular utilidad en la detección de cánceres de cerebro, huesos y médula espinal. La RMN no utiliza rayos X y es muy segura. Una RMN puede a menudo emplearse en las personas que tienen reacciones alérgicas o de otro tipo al medio radiopaco habitualmente inyectado durante la TC. La TC y la RMN han reemplazado ampliamente la utilización de las gammagrafías para la evaluación del hígado y de la linfografía para evaluar ganglios linfáticos abdominales y pélvicos.

También puede utilizarse la tomografía por emisión de positrones (PET) para ayudar al diagnóstico y clasificación del cáncer. La PET visualiza un cáncer por medio de la medición de procesos bioquímicos. Esta prueba no se emplea de manera sistemática para la detección del cáncer.

Con frecuencia se requiere la realización de biopsias para asegurarse de que la anomalía descubierta en un estudio de diagnóstico por imágenes es un cáncer; las biopsias son importantes tanto para el diagnóstico como para el estadiaje. Muchos tipos de biopsias pueden realizarse con una aguja y no requieren una intervención quirúrgica. A veces, sin embargo, se necesita la cirugía para la obtención de una muestra de tejido. Así, una laparotomía (una operación abdominal) permite obtener una muestra de ganglios linfáticos internos y extirpar al mismo tiempo un cáncer de colon. En la operación, el cirujano puede inspeccionar el área, inclusive el hígado, para determinar la diseminación del cáncer. En el caso del cáncer de mama, el cirujano realiza una biopsia de los ganglios linfáticos de la axila para determinar la extensión del cáncer de mama y si se requiere tratamiento adicional después de la intervención quirúrgica. Una operación para extirpar el bazo (esplenectomía) contribuye a determinar el estadio de la enfermedad de Hodgkin.

CAPÍTULO 182

Prevención y tratamiento del cáncer

Reducir el riesgo de ciertos cánceres puede ser posible con cambios dietéticos y de estilo de vida. El modo con el que puede reducirse el riesgo depende del cáncer específico. Por ejemplo, no fumar y evitar la exposición al humo de tabaco puede reducir en gran medida el riesgo de padecer cáncer de pulmón, riñón, vejiga y de cabeza y

Prevención del cáncer

Según la American Cancer Society, el riesgo de desarrollar ciertos cánceres puede reducirse mediante cambios en el estilo de vida.

Medidas conocidas para reducir el riesgo de cáncer:

- Evitar el hábito de fumar o exponerse al humo de tabaco.
- Evitar carcinógenos ocupacionales (por ejemplo, amianto).
- Evitar exposición prolongada a la luz solar sin protección adecuada.

Medidas que posiblemente reducen el riesgo de cáncer:

- Limitar el consumo de alimentos grasos, en particular de fuentes animales (por ejemplo, carnes o productos lácteos con alto contenido en grasas).
- Aumentar el consumo de frutas y vegetales.
- Ser físicamente activo.
- Alcanzar y mantener un peso saludable.

cuello. Evitando el uso de tabaco sin humo (rapé, masticado) se disminuye el riesgo de que se desarrolle cáncer de boca o lengua. Evitar la exposición al sol (especialmente alrededor del mediodía) puede reducir el riesgo de sufrir cáncer de piel. Cubrir la piel expuesta y emplear crema solar con un factor de protección solar (FPS) elevado también ayuda a reducir el riesgo de que aparezca un cáncer de piel.

Otros cambios en el estilo de vida reducen el riesgo de sufrir varios tipos de cáncer. El consumo de dietas con bajo contenido graso parece disminuir el riesgo de que se desarrolle cáncer de mama y de colon. El uso de aspirina y otros antiinflamatorios no esteroideos (AINE) reduce el riesgo de sufrir cáncer de colon.

Tratar el cáncer es uno de los aspectos más complejos de los cuidados médicos. Requiere el trabajo conjunto de un equipo formado por médicos de diferentes especialidades (por ejemplo, médicos de cabecera, ginecólogos, oncólogos, cirujanos, radioterapeutas y anatomopatólogos) y muchos otros tipos de profesionales de la salud (como enfermeras, fisioterapeutas, asistentes sociales y farmacéuticos). Las decisiones de tratamiento toman en cuenta muchos factores, que incluyen la probabilidad de curación o de prolongación de la vida cuando no es posible la curación, el efecto del tratamiento sobre los síntomas, las reacciones adversas del tratamiento y las preferencias de la persona relacionadas con todos estos aspectos. Los pacientes sometidos a tratamiento de cáncer esperan el mejor resultado y la más larga supervivencia con la más alta calidad de vida. No obstante, las personas que se consideran idóneas para recibir radioterapia o

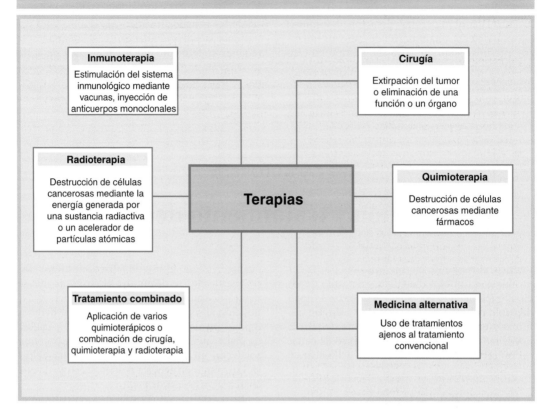

Inmunoterapia
Estimulación del sistema inmunológico mediante vacunas, inyección de anticuerpos monoclonales

Cirugía
Extirpación del tumor o eliminación de una función o un órgano

Radioterapia
Destrucción de células cancerosas mediante la energía generada por una sustancia radiactiva o un acelerador de partículas atómicas

Terapias

Quimioterapia
Destrucción de células cancerosas mediante fármacos

Tratamiento combinado
Aplicación de varios quimioterápicos o combinación de cirugía, quimioterapia y radioterapia

Medicina alternativa
Uso de tratamientos ajenos al tratamiento convencional

tratamiento con fármacos anticancerosos han de comprender los riesgos que ello implica. Los pacientes afectados de cáncer deberían comentar con todos sus médicos sobre los cuidados médicos deseados, inclusive el tipo de tratamiento preferible cuando la curación no sea factible ● *(v. pág. 63).*

Cuando el diagnóstico de cáncer queda establecido, los principales objetivos del tratamiento son eliminar el cáncer en lo posible (con un solo tratamiento o una combinación de cirugía, radioterapia o quimioterapia) y reducir la posibilidad de diseminación (metástasis). La quimioterapia es, habitualmente la única vía para tratar las células cancerosas que se han propagado más allá del sitio original (primario). El empleo de combinaciones de quimioterápicos puede ayudar a erradicar el cáncer original y a eliminar las células en otras partes del organismo.

Aun cuando la curación no sea posible, los síntomas del cáncer pueden a menudo aliviarse con un tratamiento que mejora la calidad de vida y la supervivencia (terapia paliativa). Por ejemplo, si un tumor no puede ser extirpado quirúrgicamente, la irradiación del tumor puede disminuir

su tamaño, reduciendo temporalmente el dolor y otros síntomas en la vecindad inmediata del tumor (síntomas locales).

A medida que los tratamientos se vuelven más complejos, se han desarrollado enfoques específicos denominados protocolos de tratamiento para muchos tipos de cáncer con el fin de asegurar que los pacientes reciban el tratamiento más eficaz con las menores reacciones adversas. De este modo, el uso de protocolos terapéuticos asegura que el mismo tipo y la misma fase de cáncer sean tratados con secuencia y dosis de tratamientos estándares. Estos protocolos se derivan de cuidadosos experimentos científicos. Los protocolos están en constante perfeccionamiento para mejorar su eficacia.

■ **Cirugía**

La cirugía es una de las formas más antiguas de tratamiento del cáncer y es, a menudo, el más eficaz. La cirugía suele ser la única o la primera medida para tratar tumores que no se han extendido más allá de su sitio de origen. Sin embargo, la ci-

Respuesta al tratamiento

Las personas que se encuentran en tratamiento para el cáncer deben vigilarse para observar cómo responden al tratamiento. Cuando un cáncer desaparece durante algún tiempo después del tratamiento, se dice que la persona ha tenido una **respuesta completa (remisión)**. El tratamiento más eficaz es el que produce una **curación**. La curación significa que toda evidencia de cáncer desaparece y nunca recidiva. A veces los médicos consideran la curación en términos de 5 o 10 años de supervivencia libre de enfermedad, en la que el cáncer desaparece completamente y no recidiva dentro de estos períodos (o de otros períodos habitualmente largos). Con una **respuesta parcial**, el tamaño de uno o más tumores se reduce a menos de la mitad; esta respuesta puede atenuar los síntomas y prolongar la vida, aunque el cáncer vuelve a crecer. El tratamiento menos eficaz es aquel en que no se produce **ninguna respuesta**.

Algunas veces un cáncer desaparece completamente pero reaparece más tarde (**recidiva**); el intervalo entre estos dos eventos se denomina **intervalo libre de enfermedad**. El intervalo entre el diagnóstico de cáncer y el momento del fallecimiento es el **tiempo total de supervivencia**. En personas que tienen una respuesta parcial, la duración de ésta se mide desde el momento en que se presenta la respuesta parcial hasta el momento en que el cáncer comienza a crecer o a extenderse de nuevo.

Algunos cánceres tienen una buena respuesta a la quimioterapia y a la radioterapia, de ellos se dice que son **sensibles**. Algunos cánceres responden muy poco a la quimioterapia y a la radioterapia, en este caso se dice que son **resistentes**. Otros cánceres pueden tener excelentes respuestas iniciales, pero pueden desarrollar resistencia tras tratamientos repetidos.

Algunos cánceres producen sustancias conocidas como **marcadores tumorales**. La mayoría de estos marcadores tumorales no son lo suficientemente específicos para ser útiles en la detección del cáncer, algunas otras enfermedades diferentes del cáncer pueden ocasionar la presencia de muchas de estas sustancias en la sangre. Sin embargo, a menudo suelen ser útiles para valorar la respuesta al tratamiento. Si el marcador tumoral estaba presente antes del tratamiento, pero desaparece de la sangre después del tratamiento, la terapia probablemente ha sido eficaz. Si el marcador tumoral desaparece después del tratamiento y más tarde reaparece, el cáncer posiblemente ha reaparecido.

rugía no puede ser utilizada para todos los cánceres en fase temprana. Algunos tumores se presentan en partes inaccesibles. En otras instancias, la extirpación del tumor puede requerir eliminar una función o un órgano necesarios. En algunos casos, la cirugía debe combinarse con otros tratamientos. En otros casos, la cirugía se destina a extraer parte del cáncer en un proceso que los médicos llaman cirugía citorreductora. La cirugía citorreductora puede reducir los síntomas y mejorar la probabilidad de una mejor eficacia de la radioterapia o la quimioterapia.

■ Radioterapia

La irradiación es el uso de un rayo o campo de intensa energía centrado en una cierta área u órgano del cuerpo. Puede ser generada por una sustancia radiactiva (como cobalto) o por un acelerador de partículas atómicas (lineal). En otras estrategias, una sustancia radiactiva puede administrarse para llegar al cáncer (por ejemplo, yodo radiactivo, que se utiliza en el tratamiento del cáncer de tiroides, o mediante implantes radiactivos, que pueden colocarse directamente en el tumor). Un acelerador lineal dirige la radiación al tumor, mientras se blinda el tejido normal para protegerlo tanto como sea posible. Para reducir la exposición del tejido normal al rayo, se utilizan múltiples portales para el haz de radiación.

La irradiación destruye las células que se dividen rápidamente. Las células cancerosas se dividen con mayor frecuencia que las normales y por ello son más susceptibles que la mayor parte de las células normales de ser destruidas por la irradiación. Sin embargo, las células difieren en la facilidad con que son destruidas por la radiación; algunas son muy resistentes y no pueden tratarse eficazmente con radioterapia. Desafortunadamente, la irradiación puede causar daño a los tejidos normales adyacentes al tumor, sobre todo aquellos en los que las células normalmente se dividen con rapidez, como piel, médula ósea, folículos pilosos y revestimiento de boca, esófago e intestinos. La irradiación puede también lesionar los ovarios o los testículos. El médico trata de precisar el objetivo de la irradiación con la mayor exactitud para proteger las células normales.

La radioterapia se divide en una serie de dosis en un período prolongado de tiempo. Este método aumenta los efectos letales de la radioterapia sobre las células tumorales, disminuyendo los

QUIMIOTERÁPICOS

CLASE	EJEMPLOS	CÓMO FUNCIONA EL FÁRMACO	REACCIONES ADVERSAS
Agentes alquilantes	Ciclofosfamida Clorambucilo Melfalán	Forman enlaces químicos con el ADN, causando roturas en el ADN y errores en su replicación	Suprimen la médula ósea, lesionan el revestimiento del estómago, causan caída de cabello; pueden disminuir la fertilidad
Antimetabolitos	Metotrexato Citarabina Fludarabina 6-Mercaptopurina 5-Fluorouracilo	Bloquean la síntesis del ADN	Lo mismo que para agentes alquilantes
Antimitóticos	Vincristina Paclitaxel Vinorrelbina	Bloquean la división de células cancerosas	Lo mismo que para agentes alquilantes; también pueden causar lesiones nerviosas
Inhibidores de la topoisomerasa	Doxorubicina Irinotecan	Evitan la síntesis y reparación de ADN por el bloqueo de enzimas denominadas topoisomerasas	Lo mismo que para agentes alquilantes; la doxorubicina puede ocasionar lesión cardíaca
Derivados del platino	Cisplatino Carboplatino	Forman enlaces con ADN, lo que causa roturas	Lo mismo que para agentes alquilantes; también pueden causar lesiones de los nervios y del riñón, pérdida de la audición
Terapias hormonales	Tamoxifeno	Bloquea la acción de estrógeno (en el cáncer de mama)	Puede causar cáncer de endometrio, coágulos sanguíneos, sofocos
	Bicalutamida	Bloquea la acción de andrógenos (en el cáncer de próstata)	Puede causar disfunción eréctil (impotencia)
Inhibidores de señal	Imatinib	Bloquea la señal de división celular en la leucemia mieloide crónica	Puede causar resultados anormales en pruebas de función hepática y retención de líquidos
Anticuerpos monoclonales	Rituximab	Induce muerte celular por medio de la unión al receptor de superficie celular en tumores derivados de linfocitos	Puede causar reacción alérgica
	Trastuzumab	Bloquea el receptor del factor de crecimiento de células de cáncer de mama	Puede causar reacción alérgica

CLASE	EJEMPLOS	CÓMO FUNCIONA EL FÁRMACO	REACCIONES ADVERSAS
Anticuerpos monoclonales *(Continuación)*			
	Gemtuzumab ozogamicina	Contiene un anticuerpo específico que se adhiere a un receptor que se encuentra en células leucémicas, y luego libera una dosis tóxica de su componente quimioterápico en las células leucémicas	
Modificadores de la respuesta biológica			
	Interferón-alfa	Desconocido	Puede ocasionar fiebre, escalofríos, supresión de médula ósea
Agentes de diferenciación			
	Tretinoína	Induce diferenciación y muerte de células leucémicas	Puede causar severa dificultad respiratoria (distrés respiratorio)

efectos tóxicos de la irradiación sobre las células normales. Este último efecto sucede porque las células normales tienen la capacidad de autorrepararse rápidamente después de ser expuestas a la irradiación.

La radioterapia desempeña un papel principal en la curación de muchos cánceres, como enfermedad de Hodgkin, linfoma no Hodgkin en estadio inicial, cáncer de células escamosas de cabeza y cuello, seminoma (un cáncer testicular), cáncer de próstata, cáncer de mama en estadio inicial, cáncer de pulmón de células no pequeñas en estadio inicial y meduloblastoma (un tumor del cerebro o de la médula espinal). En los cánceres primarios de laringe y de próstata, el porcentaje de curación es prácticamente el mismo con radioterapia y con cirugía.

La radioterapia puede procurar la reducción de los síntomas cuando un cáncer no tiene posibilidad de curación, como en el mieloma múltiple y en cánceres avanzados de pulmón, esófago, cabeza y cuello y estómago. Al reducir temporalmente el volumen de los tumores, la radioterapia puede administrarse como tratamiento paliativo para aliviar los síntomas causados por la diseminación del cáncer a los huesos o al cerebro.

Nuevas técnicas de radioterapia intensa con foco estrecho, como la irradiación con protones, pueden tratar eficazmente ciertos tumores en zonas donde preocupa el daño que se pueda infligir al tejido normal, como el ojo, el cerebro o la médula espinal. Implantes de semillas radiactivas (pequeños gránulos de una sustancia radiactiva) se usan frecuentemente para tratar el cáncer de próstata. Estos implantes de semillas proporcionan irradiación intensa al cáncer y escasa a los tejidos circundantes.

■ Quimioterapia

La quimioterapia supone el uso de fármacos para destruir células cancerosas. El quimioterápico ideal es el que pueda destruir sólo las células cancerosas sin dañar las normales, pero pocos son los fármacos de este tipo. Más bien, en la quimioterapia, los fármacos están diseñados para infligir mayor daño a las células cancerosas que a las células normales. Sin embargo, todos los quimioterápicos afectan a las células normales y causan efectos colaterales.

No todos los cánceres responden a la quimioterapia. El tipo de cáncer determina qué fármacos deben emplearse, en qué combinación y en qué dosis. La quimioterapia puede ser utilizada como tratamiento único o combinado con radioterapia y cirugía.

Un enfoque es el de emplear una variedad de fármacos *dirigidos a la molécula* que pueden entrar en las células cancerosas (malignas) e interrumpir importantes canales para el flujo de información en la célula. Estas moléculas hacen que las células se conviertan en defectuosas y mueran. El imatinib, el primero de estos fármacos, altera el punto de energía en la célula maligna y es altamente eficaz en la leucemia mieloide crónica y ciertos tumores del tracto digestivo. Otros fármacos de este tipo se dirigen hacia los receptores de superficie en el cáncer de pulmón de célula no pequeña y el cáncer de colon, pero no están aún disponibles para uso general.

La **quimioterapia de dosificación intensa** es un enfoque nuevo pero arriesgado en el cual se emplean dosis especialmente altas de fármacos. Este tratamiento se usa para algunas variedades de cáncer (incluidos algunos tipos de mieloma, de linfoma y de leucemia) que se han vuelto a reproducir aun cuando la persona haya tenido una respuesta satisfactoria con su primer tratamiento con fármacos. Dado que estos tumores ya han demostrado que son sensibles al fármaco, la estrategia es la de aumentar significativamente la dosis del fármaco para destruir más células cancerosas y prolongar así la supervivencia.

Sin embargo, la quimioterapia con dosis intensa puede causar daños con riesgo letal en la médula ósea. Por lo tanto, la quimioterapia de dosificación intensa frecuentemente se combina con estrategias de rescate de médula ósea, en la que células de médula se cosechan antes de administrar la quimioterapia y se devuelven a la persona después de recibir la quimioterapia. En algunos casos, pueden aislarse las células madre de una muestra de sangre y utilizarse en lugar de médula ósea para restaurar la médula ósea.

■ Inmunoterapia

El objetivo de la inmunoterapia es el de estimular el sistema inmunológico del organismo para luchar contra el cáncer. Ciertas formas de inmunoterapia usan vacunas compuestas de antígenos derivados de células tumorales para estimular la producción de anticuerpos o células inmunitarias (linfocitos T) por el organismo. Sustancias como los extractos de bacterias debilitadas de tuberculosis, que se sabe que estimulan la respuesta inmunológica, han sido eficaces cuando se han aplicado localmente en cánceres de vejiga. Por el momento, no se ha comprobado la utilidad de otras vacunas en el tratamiento de cáncer.

El tratamiento con anticuerpos monoclonales consiste en el uso de anticuerpos producidos experimentalmente contra proteínas específicas de la superficie celular. El trastuzumab es uno de estos anticuerpos. Es una ayuda para las mujeres con cáncer de mama avanzado cuando se da sólo o en combinación con una variedad de quimioterápicos. El rituximab puede resultar útil en el tratamiento de linfomas y de leucemia linfocítica crónica. El gemtuzumab ozogamicin, una com-

binación de anticuerpo y fármaco, es eficaz en algunos pacientes con leucemia mieloide aguda. Pueden emplearse anticuerpos ligados a un isótopo radiactivo para irradiar directamente las células cancerosas.

Es posible emplear modificadores de la respuesta biológica con el objeto de mejorar la capacidad del sistema inmunológico para encontrar y destruir células cancerosas, como sucede al estimular células normales para producir mensajeros químicos (mediadores). El interferón (del cual hay varios tipos) es el modificador de la respuesta biológica mejor conocido y más ampliamente utilizado. Casi todas las células humanas producen interferón de forma natural, pero también se puede fabricar con tecnología de recombinación. Aunque sus mecanismos precisos de acción no son totalmente claros, el interferón desempeña un papel en el tratamiento de varios cánceres. Se han obtenido respuestas medibles en aproximadamente el 30 % de las personas con sarcoma de Kaposi, la mayoría de las personas con leucemia mieloide crónica y en el 10 al 15 % de las personas con carcinoma de células renales y melanoma maligno.

■ Tratamiento combinado

A menudo, se combinan varios quimioterápicos (quimioterapia combinada). El motivo principal de la quimioterapia combinada es el de emplear fármacos que actúen sobre diferentes partes del proceso metabólico de las células, incrementando así la probabilidad de destruir más células cancerosas. Cuando se combinan fármacos con diferentes toxicidades, cada fármaco puede utilizarse a su dosis óptima, ayudando a evitar reacciones adversas intolerables. Por último, algunas veces se combinan fármacos con propiedades muy diferentes. Por ejemplo, los fármacos que destruyen las células tumorales se pueden combinar con anticuerpos o con drogas que estimulan el sistema inmunológico del organismo para luchar contra el cáncer (modificadores de la respuesta biológica).

Para algunos cánceres, el mejor enfoque es una combinación de cirugía, radiación y quimioterapia. La cirugía o la radioterapia tratan el cáncer que se encuentra confinado localmente, mientras que la quimioterapia elimina también células cancerosas que se han diseminado. Algunas veces la radiación o la quimioterapia se administran antes de la cirugía para disminuir el tamaño del tumor, haciendo más factible la extirpación quirúrgica completa, o después de la misma para destruir cualquier célula cancerosa que haya quedado. El estadio del cáncer a menudo determina si se requiere un tratamiento único o una combinación. Por ejemplo, el cáncer de mama en su fase precoz puede ser tratado mediante sólo cirugía con cirugía combinada con radioterapia o con quimioterapia, o bien con estos tres tratamientos, dependiendo del tamaño del tumor y el riesgo de recidiva. El cáncer de mama localmente avanzado suele tratarse con quimioterapia, radioterapia y cirugía.

En ocasiones, la quimioterapia combinada se utiliza no para curar, sino para la disminución de los síntomas y la prolongación de la vida. La quimioterapia combinada puede ser útil en personas con cánceres avanzados que no son idóneas para recibir radiación o tratamiento quirúrgico (por ejemplo, aquellas con cáncer de pulmón de células no pequeñas, cáncer esofágico o cáncer de vejiga).

■ Medicina alternativa

Algunas personas recurren a la medicina alternativa, e incluso a la ingesta de ciertas hierbas medicinales ● *(v. pág. 123),* para tratar su cáncer, en vez de someterse al tratamiento convencional o además de éste. Sin embargo, la mayoría de los diferentes tipos de medicina alternativa no han sido sometidos a estudios científicos cuidadosos. De tal modo, muy poco se sabe sobre la eficacia de la medicina alternativa en el tratamiento del cáncer.

Aunque los beneficios de la medicina alternativa en el cáncer no han sido comprobados científicamente, existe un significativo potencial lesivo, ya que:

● el uso de la medicina alternativa puede resultar tóxico;

● puede producir interacciones con el tratamiento convencional, disminuyendo así la eficacia de la quimioterapia;

● puede ser costoso, reduciendo las capacidades económicas de la persona para obtener el tratamiento convencional;

● si la medicina alternativa se utiliza en vez del tratamiento convencional, la persona no obtendrá los beneficios comprobados de éste.

Una persona que usa medicina alternativa debe informarlo a su médico. Ocultar el uso de medicina alternativa puede ser perjudicial.

■ Reacciones adversas del tratamiento

Casi todas las personas tratadas por cáncer experimentan reacciones adversas. Un aspecto importante del tratamiento es disminuir las reacciones adversas.

La quimioterapia frecuentemente causa náuseas, vómitos, pérdida del apetito, pérdida de peso, cansancio y disminución de los glóbulos de la sangre que produce anemia y un mayor riesgo de infección. Con la quimioterapia, las personas frecuentemente pierden el cabello, pero las reacciones adversas varían según el tipo de fármaco.

Los efectos colaterales producidos por la radioterapia dependen del tamaño de la zona tratada, la dosis y la proximidad del tumor a los tejidos sensibles. Por ejemplo, la radiación a tumores de cabeza y cuello provoca a menudo daño a la piel que los recubre. La radiación al estómago o al abdomen suele provocar irritación del estómago (gastritis) y del intestino (enteritis), dando como resultado náuseas, pérdida del apetito y diarrea.

Las **náuseas y vómitos** generalmente se previenen o se alivian con fármacos (antieméticos). Las náuseas pueden reducirse sin utilizar fármacos, comiendo pequeñas cantidades de alimentos y evitando alimentos que contengan una elevada cantidad de fibra, que producen meteorismo, o que estén muy calientes o muy fríos.

Se puede producir un **descenso en el recuento de células de la sangre** (citopenia, una deficiencia de uno o más tipos de células de la sangre) durante el tratamiento de cáncer debido al efecto tóxico de fármacos sobre la médula ósea. Por ejemplo, una persona puede presentar un número anormalmente bajo de glóbulos rojos (anemia), de glóbulos blancos (neutropenia o leucopenia) o de plaquetas (trombocitopenia). Si la anemia es grave, se puede administrar al paciente eritropoyetina o darbopoetina para aumentar la formación de glóbulos rojos, o bien puede administrarse un concentrado de glóbulos rojos. De la misma manera, si la trombocitopenia es grave, puede realizarse una transfusión de plaquetas para disminuir el riesgo de sufrir hemorragias.

Una persona afectada de neutropenia tiene mayor riesgo de que se desarrolle una infección. Una fiebre superior a 38 °C en una persona con neutropenia debe ser tratada con urgencia. Esta persona debe ser examinada en busca de una infección y puede requerir el uso de antibióticos e incluso hospitalización. Rara vez se efectúa una transfusión de glóbulos blancos, dado que sólo sobreviven pocas horas tras la transfusión, y causan muchas reacciones adversas. En cambio, se pueden administrar determinadas sustancias (como el factor estimulante de granulocitos) con la finalidad de estimular la producción de glóbulos blancos.

Otros efectos colaterales frecuentes incluyen inflamación o incluso úlceras de las membranas mucosas, como en el revestimiento de la boca. Las úlceras de la boca son dolorosas y hacen difícil el ingerir los alimentos. Existen varias soluciones orales (que, en general, contienen un antiácido, un antihistamínico y un anestésico local) que pueden reducir esas molestias. En raras ocasiones, se administra un complemento nutricional por una sonda de alimentación que se coloca directamente dentro del estómago o en el intestino delgado, o incluso en una vena. Existen también diversos fármacos para tratar la diarrea causada por radioterapia del abdomen.

TRASTORNOS DEL SISTEMA INMUNOLÓGICO

CAPÍTULO 183

Biología del sistema inmunológico

El sistema inmunológico está diseñado para defender el cuerpo frente a las sustancias extrañas o peligrosas que lo invaden. Entre estas sustancias se incluyen los microorganismos (generalmente denominados gérmenes, como bacterias, virus y hongos), los parásitos (como lombrices), las células cancerosas e incluso los órganos y tejidos trasplantados ● *(v. pág. 1286)*. Las sustancias que

Cómo reconocen los linfocitos T a los antígenos

Los linfocitos T forman parte del sistema de vigilancia inmunológica. Viajan por el torrente sanguíneo y el del sistema linfático buscando sustancias extrañas (antígenos) en el organismo. Sin embargo, un linfocito T no puede reconocer un antígeno a menos que éste haya sido procesado y "presentado" al linfocito T por otro glóbulo blanco, denominado célula presentadora de antígenos. Las células presentadoras de antígenos consisten en células dendríticas (que son las más eficaces), macrófagos y linfocitos B.

1. Por sí mismo, un linfocito T no puede reconocer un antígeno que circula en el organismo.
2. Una célula que puede procesar los antígenos, como una célula dendrítica, ingiere al antígeno.
3. Las enzimas de la célula procesadora de antígenos descomponen el antígeno en fragmentos.

4. Algunos fragmentos del antígeno son recogidos por las moléculas del antígeno de leucocitos humanos (HLA) cuando se han reunido en el interior de la célula procesadora de antígenos. Luego, las moléculas con los fragmentos de los antígenos son transportadas hacia la superficie de la célula.
5. Una molécula especial denominada receptor de las células T, que se halla localizada en la superficie de un linfocito T, es capaz de reconocer el fragmento del antígeno cuando está adherido a una molécula de HLA y es presentado por ella. El receptor de las células T se adhiere luego a la parte de la molécula de HLA que presenta el fragmento del antígeno, encajando en ella de modo similar a como encaja una llave en una cerradura.

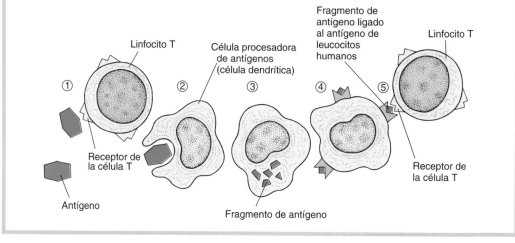

Linfocito T
Célula procesadora de antígenos (célula dendrítica)
Fragmento de antígeno ligado al antígeno de leucocitos humanos
Linfocito T
① ② ③ ④ ⑤
Receptor de la célula T
Antígeno
Fragmento de antígeno
Receptor de la célula T

estimulan una respuesta inmunológica en el organismo reciben el nombre de antígenos. Los antígenos pueden estar contenidos dentro de las bacterias, los virus, otros microorganismos, o las células cancerosas. Los antígenos también pueden existir por sí mismos, como ocurre en el caso del polen o de las moléculas de los alimentos. La respuesta inmunológica normal consiste en el reconocimiento de un antígeno extraño, la movilización de las fuerzas para defenderse de él y el ataque.

Los trastornos del sistema inmunológico ocurren:

● cuando el organismo genera una respuesta inmunológica contra sí mismo (un trastorno autoinmune) ● *(v. pág. 1283);*

● cuando el organismo no puede generar respuestas inmunológicas apropiadas contra los microorganismos que lo invaden (inmunodeficiencia) ● *(v. pág. 1264);*

● cuando una respuesta inmunológica normal a antígenos extraños lesiona los tejidos normales (una reacción alérgica) ● *(v. pág. 1271).*

La primera línea de defensa contra los invasores son las barreras físicas o mecánicas: la piel, la córnea del ojo y las membranas que recubren los tractos respiratorio, digestivo, urinario y reproductor. Mientras estas barreras permanecen intactas son varios los invasores que no pueden penetrar. Si una barrera se rompe, por ejemplo cuando una quemadura extensa lesiona una gran área de piel, el riesgo de infección aumenta. Además, las barreras están defendidas por secreciones que contienen enzimas que pueden destruir a las bacterias. Ejemplos de esto son las lágrimas en los ojos y las secreciones en el tracto digestivo y la vagina.

La siguiente línea de defensa la constituyen los glóbulos blancos que viajan por el torrente sanguíneo y penetran en los tejidos, buscando y atacando a los microorganismos y otros invasores. Esta defensa se realiza en dos partes: en la primera, denominada inmunidad inespecífica (innata), participan varios tipos de glóbulos blancos que, por lo general, actúan por sí mismos para destruir a los invasores; en la segunda parte, denominada inmunidad específica (adaptativa), los glóbulos blancos luchan juntos para destruir a los invasores. Algunas de estas células no destruyen directamente a los invasores, sino que capacitan a otros glóbulos blancos para reconocerlos y destruirlos.

La inmunidad inespecífica y la inmunidad específica actúan recíprocamente, influyendo entre sí directamente o mediante sustancias que atraen o activan otras células de la parte del sistema inmunológico encargada de la fase de la movilización de las defensas. Entre estas sustancias se encuentran las citocinas (que son los mensajeros del sistema inmunológico), los anticuerpos y las proteínas del complemento (que constituyen el sistema del complemento). Estas sustancias no están contenidas en las células, pero se encuentran disueltas en un líquido del organismo, el plasma, la parte líquida de la sangre.

Para poder destruir a los invasores, el sistema inmunológico debe reconocerlos primero. Es decir, el sistema inmunológico debe ser capaz de diferenciar lo ajeno (extraño) de lo propio. El sistema inmunológico puede hacer esta distinción dado que todas las células tienen moléculas de identificación en su superficie. Los microorganismos son reconocidos porque poseen en su superficie moléculas específicas que los identifican como extraños. En los humanos, las moléculas de identificación se denominan antígenos de leucocitos humanos (HLA), o complejo principal de histocompatibilidad. Las moléculas HLA se denominan antígenos porque pueden originar una respuesta inmunológica en otra persona (normalmente no provocan una respuesta inmunológica en la persona que los posee). Cada persona tiene antígenos de leucocitos humanos únicos en su género. Si una célula presenta en su superficie moléculas que no son idénticas a las de las células propias del organismo es identificada como extraña. El sistema inmunológico ataca en seguida a esa célula. Dicha célula puede ser un microorganismo, la célula de un tejido trasplantado, o una de las células del cuerpo que ha sido infectada por un microorganismo invasor.

Algunos glóbulos blancos, los linfocitos B, reconocen a los invasores. Pero otros, los linfocitos T, necesitan la ayuda de otras células del sistema inmunológico, denominadas células presentadoras de antígenos. Estas células ingieren un invasor y lo descomponen en fragmentos. Los fragmentos de antígeno del invasor se presentan en una forma que los linfocitos T pueden reconocer.

El sistema inmunológico está constituido por varios órganos, además de por células dispersas por todo el cuerpo. Estos órganos se clasifican en órganos linfoides primarios y secundarios. Los órganos linfoides primarios, el timo y la médula ósea, son los sitios donde se producen los glóbulos blancos. En el timo se producen los linfocitos T, un tipo de glóbulos blancos, y se preparan para reconocer los antígenos extraños e ignorar los antígenos propios del organismo (los linfocitos T son fundamentales para la inmunidad específica). La médula ósea produce varios tipos de glóbulos blancos, como los neutrófilos, los monocitos y los linfocitos B. Cuando se necesitan para defender al organismo, los glóbulos blancos son movilizados, principalmente a partir de la médula ósea. De inmediato entran en el torrente sanguíneo y viajan adonde se requiera su presencia.

Los órganos linfoides secundarios son el bazo, los ganglios linfáticos, las amígdalas, el hígado, el apéndice y las placas de Peyer del intestino delgado. Estos órganos atrapan los microorganismos y otras sustancias extrañas y ofrecen un lugar para que las células maduras del sistema inmunológico se acumulen, interactúen unas con otras y con las sustancias extrañas y generen una respuesta inmunológica específica.

Los ganglios linfáticos están colocados estratégicamente en el organismo, conectados entre sí por una extensa red de vasos linfáticos que actúan como el sistema circulatorio del sistema inmunológico. El sistema linfático transporta microorganismos, otras sustancias extrañas, células cancerosas y células muertas o lesionadas desde los tejidos hacia los ganglios linfáticos y luego al torrente sanguíneo. Los ganglios linfáticos son uno de los primeros sitios a los cuales se pueden propagar las células cancerosas. Por este motivo, el médico suele examinar los ganglios linfáticos para determinar si un cáncer se ha diseminado. Las células cancerosas presentes en un ganglio linfático pueden hacer que éste aumente de tamaño. Los ganglios linfáticos también pueden mostrarse agrandados después de una infección, ya que las respuestas inmunológicas a las infecciones se originan en los ganglios linfáticos.

Terminología del sistema inmunológico

Anticuerpo (inmunoglobulina): proteína que es producida por los linfocitos B y que interactúa con un antígeno específico.

Antígeno: cualquier sustancia que puede estimular una respuesta inmunológica.

Antígenos de leucocitos humanos (HLA): grupo de moléculas que están localizadas en la superficie de las células y que son únicas en cada organismo, capacitando al cuerpo para diferenciar lo propio de lo ajeno; también denominadas el complejo mayor de histocompatibilidad.

Basófilo: glóbulo blanco que libera histamina (sustancia implicada en las reacciones alérgicas) y que produce sustancias que atraen a los neutrófilos y a los eosinófilos a un sector con problemas.

Célula: unidad más pequeña de un organismo vivo, compuesta por un núcleo y un citoplasma y rodeada por una membrana.

Célula asesina natural: linfocito que, a diferencia de otros linfocitos, está listo para destruir ciertos microorganismos y células cancerosas.

Célula dendrítica: glóbulo blanco que, por lo general, se aloja en los tejidos y ayuda a los linfocitos T a reconocer los antígenos extraños.

Célula T ayudadora: glóbulo blanco que ayuda a los linfocitos B a reconocer los antígenos extraños y a producir anticuerpos contra ellos.

Célula T (citotóxica) asesina: linfocito que se adhiere a las células extrañas o anormales y las destruye.

Célula T supresora: glóbulo blanco que ayuda a concluir una respuesta inmunológica.

Citoquinas: mensajeros del sistema inmunológico, que ayudan a regular la respuesta inmunológica.

Complejo mayor de histocompatibilidad: antígenos de leucocitos humanos.

Eosinófilo: glóbulo blanco que puede ingerir bacterias y otras células extrañas, que puede ayudar a inmovilizar y a matar los parásitos, que participa en las reacciones alérgicas y que ayuda a destruir las células cancerosas.

Fagocito: célula que ingiere y destruye los microorganismos invasores, otras células y fragmentos de células.

Fagocitosis: proceso de una célula que ingiere a un microorganismo invasor, a otra célula o a un fragmento de célula.

Histocompatibilidad: literalmente, compatibilidad de un tejido; determinada por los antígenos de leucocitos humanos (el complejo mayor de histocompatibilidad) y utilizada para determinar si un órgano o un tejido trasplantado será aceptado por el receptor.

Inmunoglobulina: anticuerpo.

Interleucina: tipo de citoquina secretada por algunos glóbulos blancos para afectar a otros glóbulos blancos.

Leucocito: glóbulo blanco, como un monocito, un neutrófilo, un eosinófilo, un basófilo, o un linfocito.

Linfocito: un tipo de glóbulo blanco responsable de la inmunidad específica, incluidas la producción de anticuerpos (por los linfocitos B) y la diferenciación entre lo propio y lo ajeno (por los linfocitos T).

Macrófago: célula grande que se deriva de un glóbulo blanco denominado monocito, que ingiere las bacterias y otras células extrañas y que ayuda a los glóbulos blancos a identificar los microorganismos y otras sustancias extrañas.

Mastocito: célula en los tejidos que libera histamina y otras sustancias implicadas en las reacciones alérgicas.

Molécula: grupo de átomos combinados químicamente para formar una sustancia química única en su género.

Neutrófilo: glóbulo blanco que ingiere y destruye las bacterias y otras células extrañas.

Quimiotaxis: proceso de atracción de las células por medio de una sustancia química.

Receptor: molécula en la superficie de una célula o dentro de la célula, que permite que se adhieran a ella únicamente las moléculas que encajan con ella exactamente, como una llave encaja en su cerradura.

Respuesta inmunológica: la reacción del sistema inmunológico a un antígeno.

Sistema del complemento: un grupo de proteínas que desempeñan varias funciones inmunológicas, como destruir las bacterias y otras células extrañas, hace que sea más fácil para los macrófagos identificar e ingerir las células extrañas, atraer a los macrófagos y los neutrófilos hacia un sector con problemas y realzar la eficacia de los anticuerpos.

■ Inmunidad inespecífica

La inmunidad inespecífica (innata) está presente desde el nacimiento. La inmunidad inespecífica se denomina así porque sus componentes tratan a todas las sustancias extrañas casi de la misma forma.

Los glóbulos blancos que intervienen en la inmunidad inespecífica son los monocitos (que se transforman en macrófagos), los neutrófilos, los eosinófilos, los basófilos y las células asesinas naturales. Cada tipo tiene una función ligeramente diferente. El sistema del complemento y las citocinas también participan en la inmunidad inespecífica.

➤ Macrófagos

Los macrófagos se desarrollan a partir de un tipo de glóbulo blanco denominado monocito tras pasar los monocitos del torrente sanguíneo a los tejidos. Cuando se produce una infección, los

monocitos abandonan el torrente sanguíneo y penetran en los tejidos. Allí, en un período de aproximadamente ocho horas, los monocitos aumentan considerablemente de tamaño y producen gránulos en su interior. Los gránulos están llenos de enzimas y otras sustancias que ayudan a digerir las bacterias y otras células extrañas. Los monocitos que han aumentado de tamaño y contienen gránulos son los macrófagos. Los macrófagos permanecen en los tejidos. Estos ingieren las bacterias, las células extrañas y las células lesionadas y muertas (el proceso mediante el cual

Sistema linfático, una defensa contra la infección

El sistema linfático es una parte vital del sistema inmunológico, junto con el timo, la médula ósea, el bazo, las amígdalas, el hígado, el apéndice y las placas de Peyer en el intestino delgado.

El sistema linfático es una red de ganglios linfáticos conectados con los vasos linfáticos. Este sistema transporta la linfa. Los líquidos que contienen oxígeno, proteínas y otros nutrientes pasan por las paredes delgadas de los capilares a los tejidos del organismo para nutrirlos. Algunos de estos líquidos penetran en los vasos linfáticos para ser devueltos finalmente al torrente sanguíneo. Los líquidos también transportan sustancias extrañas (como bacterias y células cancerosas) y células muertas o lesionadas que pueden estar presentes en los tejidos dentro de los vasos linfáticos. La linfa también contiene muchos glóbulos blancos.

Todas las sustancias transportadas por la linfa pasan por lo menos a través de un ganglio linfático, donde las sustancias extrañas pueden ser filtradas y destruidas antes de ser devueltos los líquidos al torrente sanguíneo. En los ganglios linfáticos, los glóbulos blancos pueden reunirse, interactuar unos con otros y con los antígenos y generar respuestas inmunológicas a las sustancias extrañas. Los ganglios linfáticos contienen una red de tejido en la cual los linfocitos están estrechamente consolidados. Los microorganismos nocivos son filtrados por la red, luego son atacados por los linfocitos y los macrófagos (que también están presentes en los ganglios linfáticos). Los ganglios linfáticos suelen agruparse en zonas en las que los vasos linfáticos se ramifican, como el cuello, las axilas y las ingles.

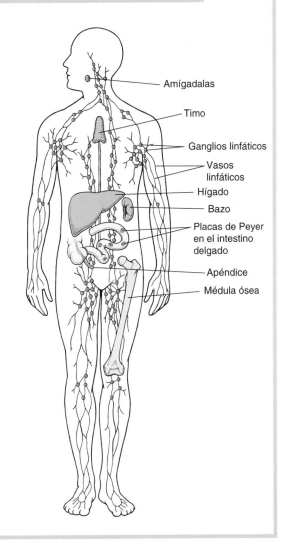

- Amígadalas
- Timo
- Ganglios linfáticos
- Vasos linfáticos
- Hígado
- Bazo
- Placas de Peyer en el intestino delgado
- Apéndice
- Médula ósea

una célula ingiere un microorganismo, otra célula o fragmentos de células se conoce con el nombre de fagocitosis y las células que los ingieren se denominan fagocitos).

➤ Neutrófilos

Los neutrófilos ingieren las bacterias y otras células extrañas. Los neutrófilos contienen gránulos que liberan enzimas que ayudan a destruir y digerir esas células. Los neutrófilos circulan en el torrente sanguíneo y deben recibir señales para salir de éste y entrar en los tejidos. La señal a menudo proviene de las mismas bacterias, de las proteínas del complemento o de los macrófagos, todos los cuales producen sustancias que atraen a los neutrófilos hacia un sitio en el cual hay problemas (el proceso de atracción de las células recibe el nombre de quimiotaxis).

➤ Eosinófilos

Los eosinófilos pueden ingerir las bacterias y otras células extrañas, contienen gránulos llenos de enzimas para digerir las bacterias y las células ingeridas y circulan por el torrente sanguíneo. Sin embargo, son menos activos contra las bacterias que los neutrófilos y los macrófagos. Su principal función puede ser la de adherirse a los parásitos y ayudar a inmovilizarlos y destruirlos. Los eosinófilos también participan en las reacciones alérgicas (como el asma) ● *(v. pág. 1271)*.

➤ Basófilos

Los basófilos no ingieren células extrañas. Contienen gránulos que liberan histamina, una sustancia presente en las reacciones alérgicas. Los basófilos también producen sustancias que atraen a los neutrófilos y a los eosinófilos hacia un sitio donde hay problemas.

➤ Células asesinas naturales

Las células asesinas naturales son linfocitos, un tipo de glóbulos blancos. Reciben el nombre de células asesinas *naturales* porque están listas para matar tan pronto como se forman. Las células asesinas naturales se adhieren a las células extrañas y liberan enzimas y otras sustancias que lesionan las membranas externas de las células extrañas. Las células asesinas naturales destruyen ciertos microorganismos, células cancerosas y células infectadas por virus. Por lo tanto, las células

asesinas naturales son a menudo la primera línea de defensa del organismo contra las infecciones víricas. Además, las células asesinas naturales producen citocinas que regulan algunas de las funciones de los linfocitos T, los linfocitos B y los macrófagos.

➤ Sistema del complemento

El sistema del complemento está compuesto por más de treinta proteínas que actúan en una secuencia: una proteína activa a otra y así sucesivamente. Esta secuencia se denomina cascada del complemento. Las proteínas del complemento pueden matar a las bacterias directamente o ayudar a destruirlas adhiriéndose a ellas, facilitando de ese modo su identificación e ingestión por parte de los neutrófilos y los macrófagos. Otras funciones incluyen atraer a los macrófagos y los neutrófilos hacia un sitio donde hay problemas, haciendo que las bacterias se agrupen, y neutralizar los virus. El sistema del complemento también participa en la inmunidad específica.

➤ Citocinas

Las citocinas son los mensajeros del sistema inmunológico. Los glóbulos blancos y otras células del sistema inmunológico producen citocinas cuando se detecta un antígeno. Existen muchas citocinas diferentes, que afectan a diferentes partes del sistema inmunológico. Algunas estimulan la actividad. Ellas estimulan ciertos glóbulos blancos para que se vuelvan asesinos más eficaces y atraigan otros glóbulos blancos hacia un sitio con problemas. Otras citocinas inhiben la actividad, ayudando a concluir una respuesta inmunológica. Algunas citocinas, denominadas interferones, afectan a la reproducción (replicación) de los virus. Las citocinas también participan en la inmunidad específica.

■ Inmunidad específica

La inmunidad específica (adaptativa) no está presente desde el nacimiento; es adquirida. A medida que el sistema inmunológico de una persona se encuentra con los antígenos, aprende la mejor manera de atacar a cada antígeno y comienza a desarrollar una memoria para ese antígeno. La inmunidad específica se denomina porque planea su ataque a un antígeno específico previamente encontrado. El rasgo característico de la inmunidad específica es su capacidad para aprender, adaptarse y recordar. La inmunidad específica tarda tiempo en desarrollarse después de la exposición inicial a un antígeno nuevo. Sin embargo, como se ha creado una memoria, las respuestas subsiguientes a un antígeno encontrado previamente son más efectivas y más rápidas que aquellas generadas por la inmunidad inespecífica.

Los linfocitos constituyen el tipo más importante de glóbulos blancos participante en la inmunidad específica. Así mismo participan las células dendríticas, los anticuerpos, las citocinas y el sistema del complemento (el cual realza la eficacia de los anticuerpos).

➤ Linfocitos

Los linfocitos permiten al organismo recordar los antígenos y diferenciar lo propio de lo ajeno (extraño). Los linfocitos circulan por el torrente sanguíneo y el sistema linfático y pasan a los tejidos cuando son requeridos.

El sistema inmunológico puede recordar cada antígeno con el que se enfrenta dado que los linfocitos viven durante un largo período -años o, incluso, décadas. Cuando los linfocitos encuentran un antígeno por segunda vez, responden en forma rápida, enérgica y específica a ese antígeno determinado. Esta respuesta inmunológica específica es la razón por la cual los individuos no contraen la varicela o el sarampión más de una vez y el motivo por el cual la vacunación puede evitar ciertas enfermedades.

Los linfocitos se clasifican en linfocitos B, linfocitos T y células asesinas naturales (las cuales participan en la inmunidad inespecífica).

Linfocitos B: los linfocitos B se producen en la médula ósea. Los linfocitos B poseen sitios característicos (denominados receptores) en su superficie a los cuales se pueden adherir los antígenos específicos. Cuando un linfocito B se encuentra con un antígeno, el antígeno se adhiere al receptor, estimulando al linfocito B para que se transforme en una célula plasmática. Las células plasmáticas producen anticuerpos. Estos anticuerpos son específicos para el antígeno que estimuló su producción.

Linfocitos T: los linfocitos T se producen en el timo. Allí, aprenden a diferenciar lo propio de lo ajeno. Sólo se les permite madurar y abandonar el timo a los linfocitos T que toleran las moléculas de autoidentificación. Sin este proceso de adiestramiento, los linfocitos T pueden atacar a las células y tejidos del organismo.

Los linfocitos T maduros se producen y almacenan en los órganos linfoides secundarios (como el bazo), médula ósea y ganglios linfáticos. Circulan por el torrente sanguíneo y el sistema linfático, donde buscan determinadas células extrañas o normales, como bacterias específicas o células infectadas por virus específicos. Los linfocitos T pueden atacar a determinadas células extrañas o anormales.

Existen diferentes tipos de linfocitos T:

● Las **células T asesinas (citotóxicas)** se adhieren a las células extrañas o anormales (dado que reconocen los antígenos de estas células). Las células T asesinas destruyen las células extrañas o anormales agujereando la membrana celular e introduciendo enzimas dentro de las células.

● Las **células T colaboradoras** ayudan a los linfocitos B a reconocer los antígenos extraños y a producir anticuerpos contra ellos. Las células T colaboradoras también ayudan a las células T asesinas a destruir las células extrañas o anormales.

● Las **células T supresoras** producen sustancias que ayudan a concluir la respuesta inmunológica.

Algunas veces los linfocitos T, por razones que no se conocen completamente, se desarrollan sin la capacidad de diferenciar lo propio de lo ajeno, o la pierden. El resultado es un trastorno autoinmune, en el cual el cuerpo ataca sus propios tejidos ● *(v. pág. 1283).*

➤ Células dendríticas

Las células dendríticas derivan de los monocitos y se encuentran principalmente en los tejidos. Las células dendríticas recién desarrolladas ingieren los antígenos y los descomponen en fragmentos para que otras células del sistema inmunológico puedan reconocerlas, una actividad denominada procesamiento del antígeno. Una célula dendrítica madura después de ser estimulada por las citocinas en un sitio de infección o inflamación. Luego, se desplaza desde los tejidos hacia los ganglios linfáticos donde les muestra (presenta) los fragmentos de los antígenos a los linfocitos T, los cuales generan una respuesta inmunológica específica.

➤ Anticuerpos

Cuando un linfocito B se enfrenta a un antígeno es estimulado para madurar hasta convertirse en una célula plasmática, que luego produce anticuerpos

Algunos glóbulos blancos que combaten las infecciones

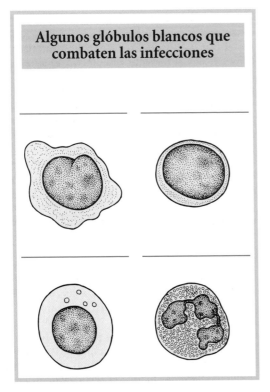

(también denominados inmunoglobulinas, o Ig). Los anticuerpos protegen al organismo ayudando a otras células del sistema inmunológico a ingerir los antígenos, inactivando las sustancias tóxicas producidas por las bacterias y atacando directamente a las bacterias y los virus. Los anticuerpos también activan el sistema del complemento. Los anticuerpos son esenciales para combatir ciertos tipos de infecciones bacterianas.

Cada molécula de anticuerpo consta de dos partes: una parte variable, especializada en adherirse a un antígeno específico; y otra que puede presentar cinco estructuras diferentes -que determinan el tipo de anticuerpo, IgG, IgM, IgD, IgE o IgA-, pero siempre la misma dentro de cada tipo.

IgM: este tipo de anticuerpo se produce cuando se encuentra un antígeno determinado por primera vez. La respuesta desencadenada por el primer encuentro con un antígeno recibe el nombre de respuesta primaria mediada por anticuerpos. Normalmente, la IgM está presente en el torrente sanguíneo, pero no en los tejidos.

IgG: la IgG, el tipo de anticuerpo más frecuente, se produce cuando se encuentra nuevamente un antígeno específico. Esta respuesta recibe el nombre de respuesta secundaria mediada por anticuerpos. Es más rápida y produce más anti-

cuerpos que la respuesta primaria mediada por anticuerpos. La IgG está presente en el torrente sanguíneo y en los tejidos. Es el único tipo de anticuerpo que pasa de la madre al feto a través de la placenta. La IgG de la madre protege al feto y al recién nacido hasta que el sistema inmunológico de éste pueda producir sus propios anticuerpos.

IgA: estos anticuerpos ayudan a la defensa contra la invasión de microorganismos a través de las superficies corporales recubiertas por una membrana mucosa, como la nariz, los ojos, los pulmones y el tracto digestivo. La IgA está presente en el torrente sanguíneo, en las secreciones producidas por las membranas mucosas y en la leche materna.

IgE: estos anticuerpos desencadenan reacciones alérgicas inmediatas ● *(v. pág. 1271)*. La IgE se fija a los basófilos (un tipo de glóbulos blancos) en el torrente sanguíneo y a los mastocitos en los tejidos. Cuando los basófilos o los mastocitos con

Estructura básica en Y de los anticuerpos

Una molécula de anticuerpos básicamente tiene forma de Y. La molécula consta de dos partes. Una parte varía entre un anticuerpo y otro, dependiendo de qué antígeno es rastreado por el anticuerpo. El antígeno se adhiere a la parte variable. La otra parte (región constante) es una de cinco estructuras, que determina la clase de anticuerpo IgG, IgM, IgD, IgE, o IgA. Esta parte es la misma dentro de cada clase.

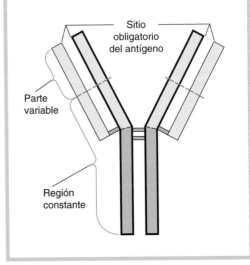

Estrategias para el ataque

Diferentes tipos de microorganismos invasores son atacados y destruidos de diferentes maneras. Algunos microorganismos son reconocidos directamente, ingeridos y destruidos por los fagocitos, como los neutrófilos y los macrófagos. Sin embargo, los fagocitos no pueden reconocer ciertas bacterias, porque las bacterias están rodeadas por una cápsula. En estos casos, los linfocitos B deben ayudar a los fagocitos en el reconocimiento. Los linfocitos B producen anticuerpos contra los antígenos contenidos en la cápsula de las bacterias. Los anticuerpos se adhieren a las cápsulas. El fagocito puede entonces reconocer e ingerir todo el complejo, incluidas las bacterias.

Algunos microorganismos no pueden ser eliminados completamente. Para defenderse de estos microorganismos, el sistema inmunológico construye una pared alrededor de ellos. La pared se forma cuando los fagocitos, especialmente los macrófagos, se adhieren unos a otros. El microorganismo acorralado recibe el nombre de granuloma. Algunas bacterias aprisionadas de ese modo pueden sobrevivir en el organismo indefinidamente. Si el sistema inmunológico se vuelve deficiente (incluso 50 o 60 años más tarde), las paredes del granuloma se pueden desmoronar y las bacterias pueden comenzar a multiplicarse, produciendo síntomas.

IgE ligada a ellos se encuentran con alérgenos (antígenos que causan reacciones alérgicas), liberan sustancias que producen inflamación y lesionan los tejidos circundantes. De este modo, la IgE es el único tipo de anticuerpo que con frecuencia parece hacer más daño que bien. Sin embargo, la IgE puede ser útil para la defensa contra ciertas infecciones parasitarias que son frecuentes en algunos países en vías de desarrollo.

IgD: pequeñas cantidades de estos anticuerpos se encuentran presentes en el torrente sanguíneo. La función de la IgD no se conoce bien.

■ Efectos del envejecimiento

El sistema inmunológico cambia durante toda la vida. Al nacer, la inmunidad específica no se ha desarrollado totalmente. Sin embargo, los recién nacidos poseen algunos anticuerpos, procedentes de la madre, que atravesaron la placenta durante el embarazo. Estos anticuerpos protegen a los recién nacidos contra las infecciones hasta que su propio sistema inmunológico se desarrolle completamente. Los recién nacidos que son amamantados también reciben anticuerpos de la madre por la leche materna.

A medida que la gente envejece, el sistema inmunológico se vuelve menos eficaz. Va perdiendo su capacidad para distinguir lo propio de lo ajeno. Como consecuencia, son más frecuentes los trastornos autoinmunes. Los macrófagos destruyen las bacterias, las células cancerosas y otros antígenos más lentamente. Este retraso puede ser una de las razones por las cuales el cáncer es más frecuente entre las personas mayores. Los linfocitos T responden a los antígenos con menor rapidez y hay menos linfocitos capaces de responder a los antígenos nuevos. Por lo tanto, cuando las personas mayores encuentran un nuevo antígeno, el organismo es menos capaz de reconocerlo y de defenderse de él.

Las personas mayores tienen cantidades menores de proteínas del complemento que las más jóvenes, especialmente durante las infecciones bacterianas. La cantidad de anticuerpos producidos en respuesta a un antígeno y la capacidad del anticuerpo para adherirse al antígeno están reducidas. Estos cambios pueden explicar en forma parcial por qué la neumonía, la gripe, la endocarditis infecciosa y el tétanos son más frecuentes entre las personas mayores y conducen a la muerte con mayor frecuencia. Además, es menos probable que las vacunas produzcan inmunidad en las personas mayores.

Estos cambios en la función inmunológica pueden contribuir a la mayor susceptibilidad de las personas mayores para contraer algunos cánceres e infecciones.

CAPÍTULO 184

Trastornos debidos a inmunodeficiencia

Los trastornos debidos a inmunodeficiencia consisten en una disfunción del sistema inmunológico, cuyo resultado es la presentación de infecciones que aparecen y recurren con una mayor frecuencia de lo habitual, son más graves y duran más.

Los trastornos debidos a la inmunodeficiencia afectan la capacidad del sistema inmunológico para defender al organismo de las células extrañas o anormales que lo invaden o atacan (como bacterias, virus, hongos y células cancerosas). El resultado puede ser infecciones atípicas por bacterias, virus u hongos y cánceres raros.

Un trastorno debido a una inmunodeficiencia puede estar presente desde el nacimiento (congénito o primario) o puede desarrollarse con el paso de los años, a menudo como consecuencia de otra afección (adquirido o secundario). Los trastornos congénitos debidos a inmunodeficiencia son, por lo general, hereditarios. Característicamente se manifiestan durante primer año de vida e infancia. Existen más de 70 trastornos debidos a inmunodeficiencia de tipo congénito; todos son relativamente raros. Los trastornos debidos a una inmunodeficiencia adquirida son mucho más frecuentes. Algunos trastornos por inmunodeficiencia acortan la esperanza de vida, otros persisten durante toda la existencia de la persona, pero sin afectar su esperanza de vida y algunos desaparecen con o sin tratamiento.

Los trastornos por inmunodeficiencia se clasifican según la parte del sistema inmunológico • (*v. pág. 1255*) que esté afectada. Pueden existir problemas en los anticuerpos (debido a anomalías en los linfocitos B, un tipo de glóbulos blancos), los linfocitos T (un tipo de glóbulos blancos que ayuda a identificar y destruir las células extrañas o anormales), los linfocitos B y T al mismo tiempo, los fagocitos (células que ingieren y destruyen los microorganismos) o las proteínas del complemento. El componente afectado del sistema inmunológico puede estar ausente, disminuido en número o ser anormal y funcionar mal.

➤ Causas

Los trastornos congénitos debidos a inmunodeficiencia son causados por una anomalía genética, que a menudo está ligada al cromosoma X • (*v. pág. 11*). Los niños tienen más probabilidades de resultar afectados que las niñas. Como resultado, aproximadamente el 60% de las personas afectadas son varones.

Los trastornos causados por una inmunodeficiencia adquirida prácticamente pueden ser la consecuencia de cualquier enfermedad grave prolongada. Ejemplos de éstas son el cáncer, las enfermedades de la sangre (como la anemia aplásica, la leucemia y la mielofibrosis), la insuficiencia renal, la diabetes, los trastornos hepáticos y las enfermedades del bazo. La diabetes puede conducir a un trastorno por inmunodeficiencia porque los glóbulos blancos no funcionan bien si la concentración de azúcar en la sangre se encuentra elevada. Las infecciones también pueden causar trastornos por inmunodeficiencia. La infección por el virus de inmunodeficiencia humana (VIH) produce el síndrome de inmunodeficiencia adquirida (sida), que es el trastorno más frecuente de inmunodeficiencia adquirida grave.

La desnutrición, sea de todos los nutrientes o sólo de uno, puede deteriorar el sistema inmunológico. Cuando la desnutrición hace que el peso disminuya a menos del 80% del peso recomendado, el sistema inmunológico, por lo general, está afectado. Una reducción del 70% o superior habitualmente conduce a un deterioro grave.

El uso de ciertos fármacos denominados inmunosupresores puede producir un trastorno adquirido de inmunodeficiencia. Estos fármacos se utilizan deliberadamente para suprimir el sistema inmunológico. Así, los inmunosupresores se emplean para evitar el rechazo de un órgano o tejido trasplantado • (*v. tabla pág. 1290*), y los corticosteroides, un tipo de inmunosupresores, se usan para eliminar la inflamación asociada a varios trastornos. Sin embargo, los inmunosupresores también inhiben la capacidad del organismo para combatir las infecciones y posiblemente para destruir las células cancerosas. La quimioterapia y la radioterapia pueden ocasionar trastornos por inmunodeficiencia.

➤ Síntomas

Las personas con un trastorno de inmunodeficiencia tienden a contraer una infección tras

ALGUNOS TRASTORNOS DEBIDOS A INMUNODEFICIENCIA DE TIPO CONGÉNITO

CLASIFICACIÓN	TRASTORNO
Problemas con los anticuerpos (debido a anomalías de los linfocitos B)	Inmunodeficiencia común variable Deficiencia selectiva de anticuerpos (como deficiencia de IgA) Hipogammaglobulinemia transitoria de la infancia Agammaglobulinemia ligada a X
Problemas con los linfocitos T	Candidiasis mucocutánea crónica Anomalía de DiGeorge
Problemas con los linfocitos B y T	Ataxia-telangiectasia Inmunodeficiencia combinada grave Síndrome de Wiskott-Aldrich Síndrome linfoproliferativo ligado a X
Problemas con el movimiento o la actividad destructora de los fagocitos	Síndrome de Chédiak-Higashi Enfermedad granulomatosa crónica Síndrome de hiperimmunoglobulinemia E Defectos de la adhesión de los leucocitos Deficiencia leucocitaria de glucosa-6-fosfato deshidrogenasa Deficiencia de mieloperoxidasa
Problemas con las proteínas del complemento	Deficiencia del inhibidor del componente del complemento 1 (C1) (angioedema hereditario) Deficiencia de C3 Deficiencia de C6 Deficiencia de C7 Deficiencia de C8

otra. Por lo general, las infecciones respiratorias aparecen primero y se repiten con frecuencia. La mayoría de las personas desarrollan con el tiempo infecciones bacterianas graves que persisten, recurren, o producen complicaciones. Por ejemplo, los dolores de garganta y los resfriados pueden evolucionar hacia una neumonía. Sin embargo, el hecho de contraer muchos resfriados no indica un trastorno por inmunodeficiencia.

Las infecciones de la piel y las membranas que recubren la boca, los ojos y el tracto digestivo son frecuentes. Las aftas, una infección de la boca producida por hongos, pueden ser un signo inicial de un trastorno causado por inmunodeficiencia. Las infecciones de la piel por bacterias o virus también son frecuentes. Las infecciones bacterianas (por estafilococos, por ejemplo) pueden producir piodermitis, en la cual la piel se encuentra cubierta de úlceras llenas de pus. Pueden aparecer verrugas (causadas por los virus).

Muchas personas pierden peso. Los niños tienden a desarrollarse lentamente. Otros síntomas varían dependiendo de la gravedad y la duración de las infecciones.

➤ Diagnóstico

Inicialmente el médico establece la existencia de una inmunodeficiencia. Luego identifica la anomalía en el sistema inmunológico.

El médico sospecha una inmunodeficiencia cuando una infección grave o poco común reaparece frecuentemente o cuando un microorganismo que normalmente no causa infecciones (como *Pneumocystis* o el citomegalovirus) produce una infección. Los resultados de la exploración física también pueden sugerir una inmunodeficiencia. Con frecuencia se manifiestan las infecciones recurrentes como erupciones, caída del cabello, diversas infecciones de la piel, tos crónica, pérdida de peso y aumento de tamaño del hígado y bazo.

Como ayuda para identificar el tipo de trastorno causado por inmunodeficiencia, el médico pregunta al paciente a qué edad comenzó a presentar infecciones recurrentes o extrañas. Las infecciones en los bebés menores de 6 meses suelen indicar una anomalía en los linfocitos T. Las infecciones en los niños de más edad indican habitualmente una anomalía en los linfocitos B y en la producción de anticuerpos. El tipo de infección también puede ayudar al médico a identificar el tipo de trastorno debido a inmunodeficiencia.

El médico pregunta al paciente acerca de los factores de riesgo, como diabetes, uso de ciertos fármacos, exposición a sustancias tóxicas y la posibilidad de tener familiares cercanos con trastornos causados por inmunodeficiencia (historia familiar). Así mismo debe preguntarle sobre su actividad sexual anterior y actual y el uso de drogas intravenosas con el fin de determinar si la causa puede ser una infección por VIH ● *(v. pág. 1391)*.

Se requieren pruebas de laboratorio para confirmar el diagnóstico de inmunodeficiencia e identificar el tipo de trastorno por inmunodeficiencia. Se obtiene una muestra de sangre y se analiza para determinar el número total de glóbulos blancos y los porcentajes de cada tipo básico de glóbulos blancos. Los glóbulos blancos se examinan al microscopio para detectar anomalías. Se determinan los niveles de anticuerpos, el número de glóbulos rojos y plaquetas y las concentraciones de proteínas del complemento. Si alguno de los resultados es anormal, se realizan habitualmente pruebas adicionales.

Si se cree que la inmunodeficiencia se debe a una anomalía de los linfocitos T, se puede realizar un análisis de laboratorio utilizando una sustancia química que estimula los linfocitos, o pruebas cutáneas. La prueba cutánea se asemeja a la prueba de la tuberculina, que se utiliza para detectar la tuberculosis: se inyectan debajo de la piel pequeñas cantidades de proteínas provenientes de microorganismos infecciosos comunes como las levaduras. Si se produce una reacción (enrojecimiento, calor, e hinchazón) en 48 horas, los linfocitos T están funcionando normalmente. La ausencia de reacción sugiere una anomalía de los linfocitos T. Estas pruebas cutáneas no son útiles en niños menores de 2 años.

Las personas que saben que sus familiares son portadores de un gen que causa un trastorno hereditario debido a inmunodeficiencia pueden desear someterse a pruebas genéticas para saber si tienen dicho gen y cuáles son las posibilidades de tener un hijo afectado. El consejo genético antes de las pruebas es útil. Varios trastornos por inmunodeficiencia, como la agammaglobulinemia ligada al cromosoma X, el síndrome de Wiskott-Aldrich, la enfermedad por inmunodeficiencia combinada grave y la enfermedad granulomatosa crónica se pueden detectar en el feto examinando una muestra del líquido que lo rodea (líquido amniótico) o de la sangre fetal.

➤ Prevención y tratamiento

Algunas de las enfermedades que pueden causar trastornos por inmunodeficiencia se pueden evitar o tratar. Por ejemplo, la propagación de las infecciones por VIH se puede reducir practicando las pautas de un sexo seguro y no compartiendo agujas para inyectarse drogas. El tratamiento exitoso del cáncer restablece, por lo general, el funcionamiento del sistema inmunológico. El tratamiento con fármacos antivirales puede ayudar a mejorar la función de los glóbulos blancos, previniendo de ese modo las infecciones adicionales debidas a la inmunodeficiencia. El buen control de la diabetes puede contribuir al mejor funcionamiento de los glóbulos blancos y evitar así las infecciones.

Las estrategias para reducir el riesgo de infecciones y para tratarlas dependen del tipo de trastorno debido a inmunodeficiencia. Por ejemplo, las personas que tienen una inmunodeficiencia debida a una deficiencia de anticuerpos se encuentran en riesgo de contraer infecciones bacterianas. El tratamiento periódico con inmunoglobulina administrada por vía intravenosa y una buena higiene personal (inclusive un cuidado dental concienzudo) reducen este riesgo, al igual que no consumir alimentos que no estén bien cocinados, beber agua embotellada y evitar el contacto con personas que presenten infecciones. Se administran antibióticos tan pronto como se presente fiebre u otro signo de infección y antes de realizar procedimientos quirúrgicos y odontológicos, los cuales pueden introducir bacterias en el torrente sanguíneo.

A las personas cuyo trastorno de inmunodeficiencia aumenta el riesgo de contraer infecciones víricas (especialmente la inmunodeficiencia debida a una anomalía de los linfocitos T, como el sida) se les administra rápidamente fármacos antivirales, como la amantadina para la gripe o aciclovir para el herpes, cuando se manifiesta el primer signo de infección.

Las personas que pueden producir anticuerpos deben ser vacunadas. Sin embargo, a las personas con una anomalía en los linfocitos B o T únicamente se les administra vacunas con virus o bacterias muertas y no vacunas vivas. Los virus vivos pueden producir una infección en esas personas. Entre las vacunas vivas se incluyen la vacuna oral contra la polio, la vacuna contra sarampión-paperas-rubéola, la vacuna contra la varicela y la vacuna con el bacilo Calmette-Guérin (BCG). Se recomienda administrar la vacuna contra la gripe una vez al año a las personas que pueden producir anticuerpos y a sus familiares inmediatos.

El trasplante de células madre ● *(v. pág. 1293)* puede corregir algunos trastornos debidos a inmunodeficiencia, especialmente la inmunodeficiencia combinada grave. Las células madre se suelen obtener de la médula ósea, pero en ocasiones se obtienen de la sangre (inclusive la sangre del cordón umbilical). El trasplante de células madre, que se encuentra disponible en algunos centros médicos importantes, generalmente se reserva para los trastornos graves.

Algunas veces es útil el trasplante de tejido del timo. La terapia génica para algunos trastornos debidos a inmunodeficiencia de tipo congénito está en fase de estudio.

■ Agammaglobulinemia ligada al cromosoma X

La agammaglobulinemia ligada al cromosoma X (agammaglobulinemia de Bruton) es un trastorno por inmunodeficiencia de tipo hereditario debido a una anomalía en el cromosoma X que conduce a una ausencia o disminución de linfocitos B y a cifras muy bajas de anticuerpos.

La agammaglobulinemia ligada al cromosoma X afecta únicamente a los niños de sexo masculino. Aproximadamente durante los primeros 6 meses de vida, los anticuerpos de la madre los protegen contra las infecciones. A partir de esta edad, los lactantes afectados comienzan a presentar infecciones recurrentes en oídos, senos paranasales, pulmones y huesos, habitualmente causadas por bacterias como neumococo, hemófilo y estreptococo. Se pueden producir algunas infecciones víricas atípicas en el cerebro. El riesgo de que se desarrolle un cáncer aumenta.

Se administran soluciones de inmunoglobulinas durante toda la vida con el objeto de ayudar a evitar las infecciones. Para tratar las infecciones bacterianas se administran rápidamente antibióticos y éstos se pueden suministrar de forma continua. A pesar de estas medidas, con frecuencia se producen infecciones crónicas de los senos paranasales y los pulmones. Con tratamiento, es posible que la esperanza de vida no se vea afectada.

■ Deficiencia selectiva de anticuerpos

La deficiencia selectiva de anticuerpos es un trastorno debido a una inmunodeficiencia habitualmente adquirida, aunque algunas veces es hereditaria, que conduce a una baja concentración de una clase específica de anticuerpo, aunque la concentración total de anticuerpos sea normal.

Existen varias clases de anticuerpos (inmunoglobulinas). Cada una ayuda a proteger al organismo de las infecciones de un modo diferente ● *(v. pág. 1262).* Puede disminuir la concentración de cualquier clase de anticuerpo, pero la clase que se afecta con mayor frecuencia es la inmunoglobulina A (IgA). La deficiencia selectiva de IgA suele persistir durante toda la vida. El trastorno se debe a veces a alguna anomalía cromosómica o a la toma de fenitoína, un anticonvulsivante

La mayoría de las personas con deficiencia selectiva de IgA presentan pocos síntomas, o ninguno. Otras desarrollan infecciones respiratorias crónicas, alergias, diarrea crónica o trastornos autoinmunes. Al recibir transfusiones de sangre o inmunoglobulinas que contengan IgA, algunas personas con deficiencia selectiva de IgA producen anticuerpos contra la IgA. Estas personas pueden presentar una reacción alérgica grave (anafiláctica) ● *(v. pág. 1283)* la siguiente vez que reciben una transfusión de sangre o inmunoglobulinas. Deben llevar consigo una pulsera o una tarjeta de identificación médica con el fin de alertar al médico para que tome precauciones contra estas reacciones.

Por lo general, no se requiere ningún tratamiento para la deficiencia de IgA. A las personas que presentan infecciones recurrentes se les administran antibióticos. La esperanza de vida no suele verse afectada. La deficiencia selectiva de IgA producida por tomar fenitoína puede mejorar al suspender el fármaco.

■ Inmunodeficiencia común variable

La inmunodeficiencia común variable es un trastorno adquirido debido a inmunodeficiencia que conduce a niveles muy bajos de anticuerpos aunque el número de linfocitos B sea normal.

La inmunodeficiencia común variable aparece, por lo general, entre las edades de 10 y 20 años. En algunos pacientes con este trastorno, los linfocitos T funcionan inadecuadamente. Las infecciones pulmonares recurrentes, especialmente la neumonía, son frecuentes. Con frecuencia, se producen trastornos autoinmunes, inclusive la enfermedad de Addison, la tiroiditis y la artritis reumatoide Se puede presentar diarrea y los alimentos no se pueden absorber adecuadamente en el tracto digestivo.

Se administran infusiones de inmunoglobulinas durante toda la vida y se prescriben rápidamente antibióticos para tratar las infecciones. La esperanza de vida puede disminuir.

Hipogammaglobulinemia transitoria del lactante

La hipogammaglobulinemia transitoria del lactante es un trastorno debido a inmunodeficiencia por retraso en la producción de anticuerpos en un lactante.

En el momento del nacimiento, el sistema inmunológico no se ha desarrollado completamente. La mayoría de los anticuerpos existentes en los lactantes son los producidos por la madre y transportados a través de la placenta antes del nacimiento.

Los anticuerpos de la madre protegen a los lactantes contra las infecciones hasta que ellos comienzan a producir sus propios anticuerpos, generalmente a la edad de 6 meses. Los lactantes con hipogammaglobulinemia transitoria del lactante comienzan a producir anticuerpos más tarde. Como resultado, las concentraciones de anticuerpos comienzan a ser bajas entre los 3 y los 6 meses y vuelven a la normalidad aproximadamente a los 12 o 36 meses. Este trastorno es más frecuente entre los bebés prematuros, ya que reciben menos anticuerpos de la madre. Aunque el trastorno está presente desde el nacimiento, no es hereditario.

La mayoría de los bebés que presentan este trastorno tienen algunos anticuerpos. Por lo tanto, no sufren problemas de infecciones y no requieren ningún tratamiento. Sin embargo, algunos bebés, en especial los que nacen prematuramente, contraen infecciones con frecuencia. La inmunoglobulina puede evitar las infecciones y ayuda a su tratamiento. Por lo general, se administra durante un período de 6 a 12 meses. Se prescriben antibióticos cuando es necesario. La esperanza de vida no está afectada.

Candidiasis mucocutánea crónica

La candidiasis mucocutánea crónica es un trastorno debido a una inmunodeficiencia de tipo hereditario en la cual hay una disfunción de los linfocitos T.

Dado que los linfocitos T no funcionan en forma adecuada, el organismo tiene menor capacidad para combatir las infecciones fúngicas, inclusive las causadas por levaduras. La capacidad para combatir otras infecciones no se encuentra reducida. Se producen infecciones por el hongo *Candida* (candidiasis) ● *(v. pág. 1371)*, las cuales persisten, comenzando, por lo general, durante la infancia, pero a veces al principio de la edad adulta. El hongo puede causar infecciones bucales (aftas), así como infecciones en el cuero cabelludo; la piel; las uñas; y las membranas que revisten la boca, los ojos, el tracto digestivo y el tracto reproductor. La gravedad varía: el trastorno puede afectar a una uña o producir una erupción cutánea que desfigura la cara y el cuero cabelludo. El cabello se puede caer. Algunas veces pueden aparecer hepatitis y algunas enfermedades pulmonares crónicas. Muchas personas también presentan trastornos endocrinos, como glándulas paratiroideas poco activas (hipoparatiroidismo).

Por lo general, las infecciones pueden ser tratadas con un fármaco antimicótico -nistatina o clotrimazol- aplicado sobre la piel. Las infecciones graves, que son poco frecuentes, requieren un fármaco antimicótico más potente, como el itraconazol, administrado por vía oral. Este trastorno suele ser crónico, pero no afecta a la esperanza de vida.

Anomalía de DiGeorge

La anomalía de DiGeorge es un trastorno debido a inmunodeficiencia de tipo congénito en el cual el timo se encuentra ausente o subdesarrollado en el momento del nacimiento.

Por lo general, la anomalía de DiGeorge se debe a una anomalía cromosómica, pero no es hereditaria. El feto no se desarrolla normalmente y con frecuencia se presentan anomalías en el corazón, las glándulas paratiroideas y el timo. El timo es necesario para el desarrollo normal de los linfocitos T. Por lo tanto, las personas con este trastorno tienen un bajo número de linfocitos T, lo que limita su capacidad para combatir numerosas infecciones. Las infecciones comienzan poco después del nacimiento y recurren con frecuencia. Sin embargo, varía considerablemente el grado de afectación del sistema inmunológico.

Habitualmente, los niños con anomalía de DiGeorge también presentan síntomas que no están relacionados con la inmunodeficiencia, como cardiopatías congénitas y algunos rasgos faciales extraños, tales como implantación baja de las orejas, maxilar inferior pequeño desviado hacia atrás y ojos muy separados. También nacen sin las glándulas paratiroideas, las cuales regulan las concentraciones de calcio en la sangre. Las bajas concentraciones de calcio resultantes dan lugar a espasmos musculares (tetania).

En los niños que tienen algunos linfocitos T, el sistema inmunológico puede funcionar adecuadamente sin tratamiento. Las infecciones que aparecen deben tratarse rápidamente. En los niños que tienen muy pocos linfocitos T, o no tienen, el trasplante de células madre o tejido del timo puede curar la inmunodeficiencia.

La concentración baja de calcio se trata con complementos de calcio para evitar los espasmos musculares. A veces la enfermedad del corazón es peor que la inmunodeficiencia y puede ser necesaria una intervención quirúrgica para evitar una insuficiencia cardíaca grave o la muerte. El pronóstico suele depender de la gravedad de la enfermedad cardíaca.

■ Ataxia-telangiectasia

La ataxia-telangiectasia es un trastorno hereditario caracterizado por incoordinación motora, dilatación capilar y aumento de la susceptibilidad a las infecciones.

Este aumento de la susceptibilidad a las infecciones en las personas con ataxia-telangiectasia es la consecuencia de una disfunción de los linfocitos B y T. A menudo, las concentraciones de anticuerpos de tipo IgA e IgE también son deficientes. Las infecciones respiratorias y de los senos paranasales recurren, provocando con frecuencia neumonías y enfermedades pulmonares crónicas como bronquitis. El riesgo de que se desarrolle cáncer, especialmente leucemia, tumores cerebrales y cáncer gástrico, es mayor.

Las anomalías en el cerebelo (que no están relacionadas con el trastorno por inmunodeficiencia) conducen a incoordinación motora (ataxia). Por lo general, la incoordinación aparece cuando el niño comienza a caminar, pero puede retrasarse hasta la edad de 4 años. El lenguaje se vuelve ininteligible y los músculos se debilitan progresivamente, produciendo una discapacidad grave. Puede presentarse retraso mental, en ocasiones progresivo. Entre las edades de 1 y 6 años, los capilares de la piel y los ojos se dilatan y se hacen visibles. Los capilares dilatados (telangiectasias), denominados venas en forma de araña, son habitualmente más evidentes en los globos oculares y las orejas. El sistema endocrino puede estar afectado, dando como resultado testículos pequeños (en los niños), infertilidad y diabetes.

Los antibióticos y la inmunoglobulina ayudan a evitar las infecciones, pero no atenúan los problemas del sistema nervioso. La ataxia-telangiectasia tiende a evolucionar hacia la parálisis, la demencia y la muerte, generalmente a los 30 años.

■ Inmunodeficiencia combinada grave

La inmunodeficiencia combinada grave es un trastorno debido a inmunodeficiencia de tipo congénito que produce bajas concentraciones de anticuerpos y una cifra reducida de linfocitos T que funcionan inadecuadamente.

La inmunodeficiencia combinada grave es el más serio de los trastorno de inmunodeficiencia. Puede estar causado por diferentes defectos genéticos, la mayoría de los cuales son de carácter hereditario. Una forma de la enfermedad es debida a una deficiencia de la enzima adenosina desaminasa. En el pasado, los niños que tenían esta afección eran mantenidos bajo estricto aislamiento, a veces en una tienda de plástico, por lo cual la enfermedad se denomina *síndrome del niño de la burbuja.*

La mayoría de los lactantes afectados por inmunodeficiencia combinada grave contraen neumonía, aftas y diarrea, generalmente a la edad de 3 meses. También pueden padecer infecciones más graves, inclusive la neumonía causada por *Pneumocystis.* Si no reciben tratamiento, estos niños habitualmente mueren antes de los 2 años de edad.

El tratamiento con antibióticos e inmunoglobulina es útil. El mejor tratamiento es el trasplante de células madre de la médula ósea o de sangre del cordón umbilical. En el caso de que exista deficiencia de adenosina desaminasa, la sustitución de esta enzima puede ser eficaz. La terapia génica parece mostrar eficacia en algunos lactantes con una forma de inmunodeficiencia combinada grave. La terapia génica consiste en la extracción de glóbulos blancos del niño y su restitución una vez introducidos en ellos un gen normal.

■ Síndrome de Wiskott-Aldrich

El síndrome de Wiskott-Aldrich es un trastorno debido a inmunodeficiencia de tipo hereditario caracterizado por la existencia de anticuerpos y linfocitos T anormales, una cifra baja de plaquetas y eccema.

El síndrome de Wiskott-Aldrich afecta sólo a los niños varones. La concentración de plaquetas es baja. Por lo tanto, los problemas hemorrágicos - por lo general diarrea sanguinolenta- pueden ser el primer síntoma. El eccema también aparece a una edad temprana. La susceptibilidad a las infecciones, especialmente de las vías respiratorias, es mayor porque las concentraciones de anticuerpos son bajas y los linfocitos T no funcionan de modo adecuado. El riesgo de que se desarrollen cánceres tales como linfoma y leucemia es más alto.

El trasplante de células madre es necesario para conservar la vida. Sin ello, la mayoría de los niños con este trastorno mueren a la edad de 15 años. La extirpación quirúrgica del bazo puede aliviar los problemas hemorrágicos. Se administran antibióticos de forma continua para evitar las infecciones y la inmunoglobulina puede ser útil.

■ Síndrome de hipergamma globulinemia E

El síndrome de hipergammaglobulinemia E (síndrome hiper IgE o síndrome de Job-Buckley) es un trastorno debido a inmunodeficiencia de tipo hereditario en la que existen concentraciones muy elevadas de IgE y concentraciones normales de otras clases de anticuerpos, lo que da lugar a infecciones recurrentes.

En la mayoría de las personas con síndrome de hipergammaglobulinemia E, los neutrófilos -un tipo de glóbulo blanco que también es un fagocito (los fagocitos son células que ingieren a las bacterias y las destruyen)- son anormales. No se conoce su causa. La piel, las articulaciones, los pulmones, u otros órganos se pueden infectar, habitualmente por estafilococos (*Staphylococcus*). Muchas personas con este trastorno tienen huesos débiles y, en consecuencia, sufren fracturas recurrentes. Algunas presentan síntomas de alergia, como eccema, congestión nasal y asma. Los rasgos faciales pueden ser toscos.

Para combatir las infecciones estafilocócicas se administran antibióticos, a menudo trimetoprim-sulfametoxazol, en forma continua o intermitente. La esperanza de vida depende de la gravedad de las infecciones pulmonares.

■ Enfermedad granulomatosa crónica

La enfermedad granulomatosa crónica es un trastorno debido a inmunodeficiencia de tipo hereditario en el cual hay una disfunción de los fagocitos (neutrófilos, eosinófilos, monocitos y macrófagos).

En este trastorno, los neutrófilos, eosinófilos, monocitos y macrófagos no producen peróxido de hidrógeno, superóxido ni otras sustancias que matan ciertas bacterias y hongos. La enfermedad granulomatosa crónica habitualmente afecta a los varones.

Los síntomas, por lo general, aparecen por primera vez durante la niñez, pero algunas veces no aparecen antes de la adolescencia. Se producen infecciones crónicas en la piel, los pulmones, los ganglios linfáticos, la boca, la nariz y el intestino. Se pueden formar cavidades con pus (abscesos) alrededor del ano, en los pulmones, los huesos y el hígado. Los ganglios linfáticos tienden a llenarse de bacterias y aumentan de tamaño. La piel que está por encima de los ganglios linfáticos se puede descomponer. Como resultado, el absceso drena. El hígado y el bazo pueden aumentar de tamaño. El crecimiento de los niños puede ser lento.

Se administran antibióticos en forma continua o intermitente. El interferón gamma, inyectado tres veces por semana, puede reducir el número y la gravedad de las infecciones. El trasplante de células madre ha tenido éxito en algunas personas, pero no suele recomendarse debido a los riesgos que supone.

■ Inmunodeficiencia debida a trastornos del bazo

El bazo es fundamental para el funcionamiento del sistema inmunológico: el bazo atrapa y destruye las bacterias y otros microorganismos infecciosos presentes en la sangre y produce anticuerpos. Las personas cuyo bazo estaba ausente en el momento del nacimiento, está lesionado, o ha sido extirpado debido a una enfermedad, presentan mayor riesgo de sufrir infecciones bacterianas graves.

A las personas que no tienen bazo se les administran las vacunas neumocócica y meningocócica además de las vacunas habituales de la infancia. A las personas que tienen una enfermedad

del bazo o que no tienen bazo se les administran antibióticos al primer signo de infección. Los niños que no tienen bazo deben tomar antibióticos de forma continua por lo menos hasta la edad de 5 años. Con frecuencia se prescribe un antibiótico, por lo general penicilina o ampicilina, para evitar una infección en el torrente sanguíneo.

CAPÍTULO 185

Reacciones alérgicas

Las reacciones alérgicas (reacciones de hipersensibilidad) son respuestas inmunológicas inadecuadas a una sustancia que normalmente es inofensiva.

Normalmente, el sistema inmunológico -constituido por los anticuerpos, los glóbulos blancos, los mastocitos, las proteínas del complemento y otras sustancias- defiende al cuerpo frente a sustancias extrañas (denominadas antígenos). Sin embargo, en personas susceptibles, el sistema inmunológico puede reaccionar de forma exagerada ante ciertos antígenos (llamados alérgenos), que son inocuos para la mayoría de las personas. El resultado es una reacción alérgica. Algunas personas sólo son alérgicas a una sustancia; otras son alérgicas a varias. En los países industrializados aproximadamente un tercio de las personas padecen alguna alergia.

Los alérgenos pueden causar una reacción alérgica cuando caen sobre la piel o en un ojo, o cuando son inhalados, ingeridos o inyectados. Se puede producir una reacción alérgica como parte de una alergia estacional (como la fiebre del heno, causada por la exposición a sustancias como el césped o el polen de ambrosía); o ser desencadenada por tomar un fármaco, ingerir ciertos alimentos o aspirar polvo o la caspa de los animales.

En la mayoría de las reacciones alérgicas, el sistema inmunológico, cuando es expuesto por primera vez a un alérgeno, produce un tipo de anticuerpo denominado inmunoglobulina E (IgE). La IgE se fija a un tipo de glóbulos blancos denominados basófilos en el torrente sanguíneo y a un tipo similar de células denominadas mastoci-

tos en los tejidos. La primera exposición puede provocar que una persona se haga sensible al alérgeno, pero sin producir síntomas. Cuando la persona sensibilizada se enfrenta posteriormente al alérgeno, las células que tienen IgE en su superficie liberan sustancias (tales como histamina, prostaglandinas y leucotrienos) que producen hinchazón o inflamación en los tejidos circundantes. Estas sustancias inician una cascada de reacciones que continúa hasta irritar los tejidos y lesionarlos. La intensidad de las reacciones alérgicas varía desde leve hasta grave.

➤ Síntomas y diagnóstico

La mayoría de las reacciones alérgicas son leves y se manifiestan con ojos llorosos y pruriginosos, goteo nasal, prurito en la piel y algunos estornudos. Las erupciones (inclusive la urticaria) son frecuentes y a menudo producen picor. Puede presentarse hinchazón en áreas pequeñas de la piel (ronchas) o en zonas más extensas por debajo de la piel (angioedema) ● *(v. pág. 1271).* La hinchazón es causada por la extravasación de líquido de los vasos sanguíneos. Dependiendo de qué zonas del cuerpo se encuentran afectadas, la gravedad del cuadro puede variar. La alergia también puede desencadenar crisis de asma.

Ciertas reacciones alérgicas, denominadas reacciones anafilácticas ● *(v. pág. 1282),* son potencialmente mortales. Las vías aéreas se pueden contraer (manifestándose como sibilancias) y los vasos sanguíneos se pueden dilatar (produciendo un descenso de la presión arterial).

El médico primero determina si la reacción es alérgica. Puede preguntarle a la persona si tiene parientes cercanos con alergias, ya que en esos casos es más probable que la reacción sea de tipo alérgico. Por lo general, se realizan análisis de sangre para detectar un tipo de glóbulos blancos denominados eosinófilos. Los eosinófilos se producen en grandes cantidades como resultado de una reacción alérgica.

Dado que cada reacción alérgica es desencadenada por un alérgeno específico, el principal objetivo del diagnóstico es identificar ese alérgeno. A menudo, la persona y el médico pueden identificar el alérgeno según el momento en que comenzó la alergia y con qué frecuencia se produce la reacción (por ejemplo, en ciertas estaciones o después de ingerir determinados alimentos).

Las pruebas cutáneas son el método más útil para identificar los alérgenos específicos. Por lo general, inicialmente se practica una prueba de punción cutáneaa (*prick test*). Se preparan soluciones diluidas de extractos de polen (de árboles, césped, malezas), esporas de hongos, polvo, caspa de animales, veneno de insectos, alimentos y algunos fármacos. Se coloca sobre la piel una gota de cada solución y luego se pincha la piel con una aguja. Si la persona es alérgica a una o más de esas sustancias, la piel reacciona con una pápula y un enrojecimiento a su alrededor: la pápula aparece como una prominencia ligeramente elevada, pálida, donde se ha realizado el pinchazo y en unos 15 o 20 minutos. La pápula está rodeada por una zona bien definida de piel enrojecida, la *llama* La zona resultante tiene un diámetro aproximado de 1,5 centímetros. La prueba cutánea inmediata (*prick test*) permite identificar la mayor parte de los alérgenos. Si no se identifica ningún alérgeno, se puede inyectar en la piel del individuo una cantidad mínima de cada solución. Este tipo de prueba cutánea tiene mayor probabilidad de detectar una reacción a un alérgeno que el *prick test*. No se deben tomar antihistamínicos antes de realizar las pruebas cutáneas, porque pueden suprimir la reacción a estas pruebas.

La prueba radioalergoabsorbente (RAST) se practica cuando las pruebas cutáneas no pueden ser utilizadas, por ejemplo, si la erupción cutánea es generalizada. Esta prueba mide las concentraciones en sangre de diferentes tipos de IgE específicos para determinados alérgenos y de ese modo ayuda al médico a identificar el alérgeno.

➤ Prevención

El mejor tratamiento es evitar el alérgeno, en la medida de lo posible. Evitar un alérgeno puede suponer la suspensión de un fármaco, mantener un animal doméstico fuera de la casa, instalar filtros de aire de alta potencia o no consumir un alimento determinado. Una persona con alergias estacionales graves puede considerar la posibilidad de trasladarse a una zona donde no exista el alérgeno. Una persona con alergia al polvo casero debe retirar los objetos que acumulan polvo.

Inmunoterapia alergénica: dado que no se pueden evitar algunos alérgenos, especialmente los que son transportados por el aire, se puede utilizar la inmunoterapia alergénica, popularmente denominada *inyecciones para la alergia*, para desensibilizar a una persona del alérgeno. Con la inmunoterapia alergénica, las reacciones alérgicas se pueden evitar o reducir en número o en intensidad. Sin embargo, la inmunoterapia alergénica no siempre es efectiva. Algunas personas y ciertas alergias tienden a responder mejor que otras. La inmunoterapia se utiliza con mayor frecuencia en las alergias al polen, a los ácaros del polvo de la casa, al veneno de los insectos y a la caspa de los animales. No se suele recomendar la inmunoterapia en las alergias a los alimentos porque puede causar reacciones graves y es menos eficaz. Además, generalmente se pueden evitar los alimentos.

En la inmunoterapia, se inyectan debajo de la piel pequeñas cantidades del alérgeno. La dosis se aumenta gradualmente hasta alcanzar una dosis adecuada para controlar los síntomas (dosis de mantenimiento). Es necesario incrementar la dosis de modo gradual dado que la exposición demasiado rápida a una dosis elevada del alérgeno puede desencadenar una reacción alérgica. Se suele aplicar inyecciones una o dos veces por semana hasta alcanzar la dosis de mantenimiento. Luego se aplican las inyecciones generalmente entre cada 2 y 6 semanas. El procedimiento es más efectivo cuando se continúan aplicando las inyecciones de mantenimiento durante todo el año, incluso para la rinitis estacional. La inmunoterapia alergénica puede tardar entre 3 y 4 años en completarse.

Dado que las inyecciones de inmunoterapia a veces causan reacciones alérgicas peligrosas, la persona debe permanecer en el consultorio del médico por lo menos treinta minutos después de la inyección. Si la persona presenta reacciones leves a la inmunoterapia (como estornudos, tos, rubor, sensación de hormigueo, prurito, opresión en el pecho, sibilancias y urticaria), puede ser útil administrar un fármaco, por lo general un antihistamínico, como difenhidramina o loratadi-

ALGUNOS ANTIHISTAMÍNICOS

FÁRMACO	EFECTOS ANTICOLINÉRGICOS*	GRADO DE SOMNOLENCIA+
De venta sin prescripción médica		
Bromfeniramina	Moderados	Algunos
Clorfeniramina	Moderados	Algunos
Clemastina	Fuertes	Moderados
Difenhidramina	Fuertes	Extremos
Loratadina	Pocos o ninguno	Escasos o ninguno
Triprolidina	Moderados	Algunos
Prescripción**		
Azatadina	Moderados	Moderados
Cetirizina	Pocos o ninguno	Moderados en algunas personas
Ciproheptadina	Moderados	Algunos
Dexclorfeniramina	Moderados	Algunos
Fexofenadina	Pocos o ninguno	Escasos o ninguno
Hidroxizina	Moderados	Extremos
Prometacina	Fuertes	Extremos

*Los efectos anticolinérgicos incluyen confusión, sequedad de la boca, visión borrosa, estreñimiento, dificultad para orinar y aturdimiento (en especial al ponerse de pie). Las personas mayores son particularmente susceptibles a estos efectos.

+El grado de somnolencia varía en función de los demás ingredientes activos de la formulación (como los descongestionantes) y de la persona.

**Algunos antihistamínicos que requieren prescripción también pueden estar disponibles en una presentación de venta libre.

na. En las reacciones más severas, se inyecta adrenalina.

La inmunoterapia alergénica se puede utilizar para evitar reacciones anafilácticas ● *(v. recuadro pág. 1279)* en los pacientes alérgicos a alérgenos que son inevitables, como las picaduras de los insectos. La inmunoterapia no se utiliza cuando el alérgeno, como la penicilina y otros fármacos, puede evitarse. Sin embargo, a las personas que necesitan tomar un fármaco al cual son alérgicas, se les puede desensibilizar bajo la vigilancia cuidadosa de un médico.

> **Tratamiento**

Antihistamínicos: los fármacos que se utilizan con mayor frecuencia para aliviar los síntomas de las alergias son los antihistamínicos. Algunos antihistamínicos se encuentran disponibles sin receta médica y otros requieren prescripción. Los antihistamínicos que no requieren prescripción (de venta libre) son un verdadero problema en las personas mayores ● *(v. pág. 114)*. A menudo, los antihistamínicos que requieren prescripción médica tienen menos reacciones adversas (como somnolencia, sequedad de boca, visión borrosa, estreñimiento y dificultad para orinar). Los antihistamínicos bloquean los efectos de la histamina en vez de suspender su producción. El consu-

mo de antihistamínicos alivia parcialmente el prurito y reduce la inflamación debida a urticaria o a un angioedema leve.

Cromonas: las cromonas pueden ayudar a controlar los síntomas de alergia. Se encuentran disponibles con receta médica para ser administrado con un inhalador o un nebulizador (que distribuye el fármaco a los pulmones) o en forma de gotas oftálmicas. Se encuentran disponibles sin receta en forma de aerosol nasal. Las cromonas habitualmente sólo actúan en las zonas donde se aplican, como la parte posterior de la garganta, los pulmones, los ojos o la nariz. Cuando se administran por vía oral, las cromonas no se absorben en el torrente sanguíneo, pero pueden aliviar los síntomas digestivos de la mastocitosis. Las cromonas impiden que los mastocitos liberen sustancias que lesionen los tejidos cercanos.

Corticosteroides: cuando los antihistamínicos y las cromonas no pueden controlar los síntomas de alergia, un corticosteroide puede ser útil. Los corticosteroides pueden ser administrados en forma de aerosol nasal para los síntomas nasales o con un inhalador, habitualmente para el asma. Si los síntomas son muy graves o generalizados, puede ser necesario administrar un corticosteroide (como la prednisona) por vía oral. Los corticosteroides causan muchas reacciones adversas, a veces graves, si son administrados por vía oral durante más de 3 o 4 semanas ● *(v. recuadro pág. 450)*. Por lo tanto, los corticosteroides por vía oral se prescriben únicamente en los síntomas graves cuando todos los demás tratamientos son ineficaces y se administran durante el menor tiempo posible.

Tratamiento de urgencia: las reacciones alérgicas graves, como una reacción anafiláctica, requieren un tratamiento rápido de urgencia. Las personas que presentan reacciones alérgicas graves deben llevar siempre consigo una jeringa autoinyectable precargada de adrenalina. Así mismo, estas personas a menudo llevan consigo comprimidos de antihistamínicos, que también deben ser ingeridos lo antes posible. Por lo general, la combinación de adrenalina y un antihistamínico detiene la reacción. Sin embargo, las personas que han tenido una reacción alérgica grave deben acudir al servicio de urgencias de un hospital, donde se les puede supervisar estrechamente y repetir o ajustar el tratamiento de acuerdo con las necesidades.

■ Alergias estacionales

Las alergias estacionales son producidas por la exposición a sustancias suspendidas en el aire (como el polen) que aparecen sólo durante ciertas épocas del año.

Las alergias estacionales son frecuentes. Las alergias estacionales (a menudo denominadas fiebre del heno) aparecen sólo durante ciertas épocas del año, especialmente la primavera, el verano, o el otoño, dependiendo de la sustancia a la cual es alérgica la persona. Los síntomas se presentan principalmente en la membrana que reviste la nariz, causando rinitis alérgica, o en la membrana que reviste los párpados y recubre la parte blanca de los ojos (conjuntiva), causando conjuntivitis alérgica (la rinitis y la conjuntivitis pueden ser producidas por otros trastornos ● *v. pág. 1505 y pág. 1543*).

El término fiebre del heno es algo engañoso, ya que los síntomas no aparecen únicamente en el verano cuando tradicionalmente se recolecta el heno y nunca incluyen fiebre. La fiebre del heno generalmente es una reacción al polen y al césped. Las estaciones de polen varían según el país y la región. Por ejemplo, el polen que causa la fiebre del heno en la primavera proviene de árboles como el roble, el olmo, el arce, el aliso, el abedul, el enebro y el olivo. Al principio del verano, el

polen proviene de céspedes, como el *bluegrass*, la alfalfa y el césped de los huertos; al final del verano, el polen proviene de la ambrosía. En ciertas regiones, el cedro de montaña (enebro) es una de las fuentes principales de polen de árboles desde diciembre hasta marzo. En regiones áridas, los céspedes polinizan durante mucho más tiempo y, en el otoño, el polen de otras malezas, como la artemisa y el cardo ruso, pueden causar fiebre del heno. Las personas pueden reaccionar a uno o más pólenes, por lo que la temporada de alergia de la persona puede durar desde el inicio de la primavera hasta el final del otoño. La alergia estacional también es causada por esporas de hongos, que pueden ser transportadas por el aire durante períodos de tiempo bastante prolongados en la primavera, el verano y el otoño.

La conjuntivitis alérgica puede aparecer cuando algunas sustancias suspendidas en el aire, como los pólenes, entran en contacto con los ojos.

➤ Síntomas y diagnóstico

La fiebre del heno puede ocasionar prurito en la nariz, el techo de la boca, la parte posterior de la garganta y los ojos. El prurito puede comenzar en forma gradual o súbita. La nariz gotea, produciendo una secreción acuosa y transparente y se puede obstruir. Los estornudos son frecuentes.

La fiebre del heno hace que los ojos se humedezcan, a veces profusamente y piquen. La parte blanca de los ojos y los párpados pueden enrojecerse e hincharse. El uso de lentes de contacto puede irritar más los ojos. El revestimiento de la nariz puede hincharse y adquirir un color rojo azulado. Otros síntomas consisten en dolor de cabeza, tos, sibilancias e irritabilidad. Con menor frecuencia se presentan depresión, pérdida del apetito e insomnio.

Muchas personas con alergia estacional también sufren asma (que produce sibilancias), causada por los mismos alérgenos que intervienen en la rinitis alérgica y la conjuntivitis.

El diagnóstico se basa en los síntomas y las circunstancias bajo las cuales se producen, es decir, durante ciertas estaciones. Esta información también puede ayudar al médico a identificar el alérgeno. Se puede examinar la secreción nasal para investigar si contiene eosinófilos (un tipo de glóbulos blancos que se produce en grandes cantidades como resultado de una reacción alérgica). Las pruebas cutáneas pueden ser útiles para confirmar el diagnóstico y la identidad del alérgeno ● *(v. pág. 1272)*.

➤ Tratamiento

Para la rinitis alérgica, por lo general se utilizan inicialmente los antihistamínicos. En algunas ocasiones se administra un descongestionante como la pseudoefedrina por vía oral junto con el antihistamínico, para el alivio de la congestión nasal. Muchas combinaciones de descongestionantes con antihistamínicos se encuentran disponibles en un solo comprimido. Sin embargo, las personas con hipertensión no deben tomar descongestionantes a menos que el médico los recomiende y supervise su uso. Las gotas nasales o los aerosoles descongestionantes sin prescripción no deben ser utilizados durante más de unos días en cada ocasión, porque su uso continuado durante una semana o más puede empeorar o prolongar la congestión nasal. Esta reacción, denominada *efecto rebote*, puede conducir a una congestión crónica.

Las cromonas, que se encuentran disponibles en forma de aerosol nasal de venta libre, pueden ser útiles. Para ser eficaces deben utilizarse con regularidad. Sus efectos generalmente están limitados a las zonas donde se aplican.

Cuando los antihistamínicos y las cromonas no pueden controlar los síntomas de la alergia, el médico puede recetar un corticosteroide en forma de aerosol nasal. Los aerosoles nasales que contienen corticosteroides son muy eficaces y la mayoría de ellos producen mínimas reacciones adversas. Sin embargo, estos aerosoles pueden causar hemorragias nasales e irritación de la nariz. La azelastina, un antihistamínico administrado en forma de aerosol nasal, puede ser eficaz, pero puede provocar reacciones adversas similares a las de los antihistamínicos ingeridos por vía oral, especialmente somnolencia.

Cuando estos tratamientos son ineficaces, se puede administrar un corticosteroide por vía oral o inyectado durante un tiempo corto (por lo general durante menos de diez días). Si se administran por vía oral o se inyectan durante mucho tiempo, los corticosteroides pueden producir efectos secundarios graves.

Ciertas personas se pueden beneficiar de la inmunoterapia alergénica ● *(v. pág. 1272)*. Por ejemplo, aquellas que presentan reacciones adversas graves al tomar fármacos que habitualmente se utilizan para tratar la rinitis alérgica, que necesitan corticosteroides por vía oral para controlar la rinitis alérgica o las personas que también tienen asma. La inmunoterapia alergénica para la fiebre del heno se debe iniciar des-

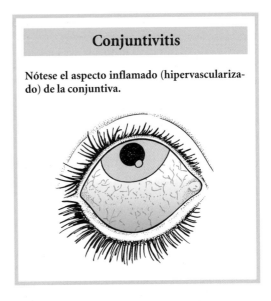

Conjuntivitis

Nótese el aspecto inflamado (hipervascularizado) de la conjuntiva.

pués de la época de polinización con el propósito de preparar a la persona para la siguiente estación. La inmunoterapia es más eficaz cuando se continúa durante todo el año.

En la conjuntivitis alérgica, la limpieza de los ojos con enjuagues oculares simples (como lágrimas artificiales) puede ayudar a reducir la irritación. Debe evitarse cualquier sustancia que pueda estar causando la reacción alérgica. Durante los episodios de conjuntivitis no se deben usar lentes de contacto.

Para la conjuntivitis alérgica, se suele administrar antihistamínicos en forma de gotas oftálmicas, aunque también pueden ser eficaces por vía oral. Por lo general, las gotas oftálmicas con antihistamínicos que no requieren prescripción médica también contienen una sustancia que produce un estrechamiento de los vasos sanguíneos (un vasoconstrictor) y reducen así el enrojecimiento. Sin embargo, alguna sustancia en las gotas oftálmicas, el antihistamínico u otro componente, en ocasiones empeora aún más la reacción alérgica. Además, el uso a largo plazo de un vasoconstrictor puede empeorar o prolongar la inflamación. Las gotas oftálmicas que contienen cromonas, disponibles con prescripción, se utilizan más para evitar la conjuntivitis alérgica que para aliviarla. Pueden ser utilizadas cuando se anticipa una exposición al alérgeno. Las gotas oftálmicas que contienen olopatadina, disponibles con prescripción, pueden ser muy eficaces. Este fármaco es un antihistamínico y, al igual que la cromolina, inhibe la liberación de sustancias perjudiciales por parte de los mastocitos. Si los sín-

Ácaros

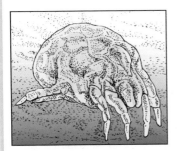

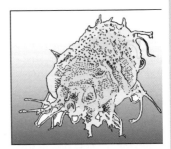

Dermatophagoides pteronissinus
(Vista general)

Dermatophagoides pteronissinus
(Vista de perfil)

Sarcoptes scabiei
(Vista general frontal)

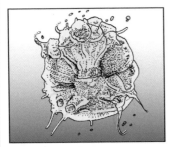

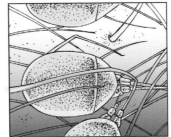

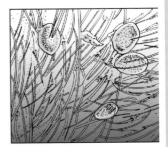

Sarcoptes scabiei
(Vista general frontal)

Isthiostoma vitzhumi

Isthiostoma vitzhumi

tomas son muy graves, se pueden utilizar gotas oftálmicas que contengan corticosteroides, disponibles con prescripción, como último recurso. Durante el tratamiento con gotas oftálmicas que contienen corticosteroides, se debe controlar regularmente la presión del ojo, debido que el uso de estas gotas puede conducir a un glaucoma. También se deben examinar los ojos para detectar infecciones, ya que los corticosteroides suprimen el sistema inmunológico y, de ese modo, incrementan el riesgo de infección. Es mejor usar estas gotas oftálmicas bajo la supervisión de un oftalmólogo. Si otros tratamientos son ineficaces, la inmunoterapia alergénica puede resultar beneficiosa.

■ Alergias persistentes durante todo el año

Las alergias persistentes durante todo el año (perennes) son el resultado de la exposición a sustancias suspendidas en el aire, como el polvo de la casa.

Las alergias perennes pueden aparecer en cualquier momento del año, sin tener relación con la estación, o pueden durar todo el año. Las alergias perennes a menudo son una reacción al polvo de la casa. El polvo doméstico puede contener mohos y esporas de hongos, fibras de materiales, caspa de animales, ácaros presentes en el polvo y partículas de insectos. Las sustancias que se encuentran en las cucarachas y sobre ellas son frecuentemente la causa de los síntomas alérgicos. Estas sustancias están presentes en las casas durante todo el año, pero pueden ocasionar síntomas más graves durante los meses fríos, cuando se pasa más tiempo dentro de la vivienda.

Por lo general, las alergias perennes producen síntomas nasales (rinitis alérgica), pero no producen síntomas oculares (conjuntivitis alérgica). Sin embargo, se puede presentar una conjuntivitis alérgica cuando ciertas sustancias son colocadas en los ojos a propósito o inadvertidamente. Entre estas sustancias se incluyen los fármacos que se usan para el tratamiento de los trastornos oculares, cosméticos como el delineador de ojos, polvos de maquillaje y tintes para el cabello. Las soluciones limpiadoras para las lentes de contacto pueden causar una reacción alérgica química.

➤ Síntomas y diagnóstico

Las alergias perennes pueden causar prurito en la nariz, el techo de la boca, la parte posterior de la garganta y los ojos. El prurito puede comenzar en forma gradual o brusca. La nariz gotea, produciendo una secreción acuosa transparente y puede taponarse. Son frecuentes los estornudos. La nariz puede estar obstruida de forma crónica. La trompa de Eustaquio, que conecta el oído medio con la parte posterior de la nariz, se puede hinchar. Como consecuencia, la audición puede resultar afectada, especialmente en los niños. Algunas personas también presentan infecciones recurrentes en los senos paranasales (sinusitis crónica) y crecimientos en el interior de la nariz (pólipos nasales).

Cuando están afectados, los ojos están húmedos y pican. La parte blanca de los ojos y los párpados pueden adoptar un color rojizo e hincharse.

Muchas personas que sufren alergia perenne también tienen asma, causada por los mismos alérgenos que intervienen en la rinitis y la conjuntivitis alérgica.

El diagnóstico se basa en los síntomas y las circunstancias en las cuales se producen, es decir, en respuesta a ciertas actividades, por ejemplo, al acariciar un gato.

➤ Prevención y tratamiento

Se recomienda evitar el alérgeno, en la medida de lo posible, para prevenir de ese modo el desarrollo de los síntomas. Si una persona es alérgica al polvo doméstico, puede ser útil retirar los objetos que recogen polvo, como cachivaches, revistas y libros. Los muebles tapizados deben ser reemplazados o aspirados con frecuencia. Las cortinas y colgaduras se pueden sustituir por persianas o estores, y las moquetas se pueden retirar o sustituir por alfombras, que se pueden mover. Los colchones y almohadas se pueden cubrir con materiales tejidos finamente para que no puedan ser penetrados por ácaros del polvo y partículas de alérgenos. Puede ser útil limpiar el polvo con un paño húmedo. El aire acondicionado puede reducir la alta humedad dentro de la casa que promueve la multiplicación de los ácaros del polvo, y se pueden instalar filtros de aire de alta potencia. Si una persona es alérgica a la caspa de los animales, se puede confinar el animal doméstico a ciertas habitaciones de la casa o, si es posible, mantenerlo fuera de ésta. También puede ser útil bañarlo semanalmente.

El tratamiento farmacológico es similar al de las alergias estacionales.

Algunas veces es necesario practicar una intervención quirúrgica a las personas con sinusitis crónica y pólipos nasales, para mejorar el drenaje de los senos paranasales y eliminar el material infectado o para extirpar los pólipos. Antes y después de la intervención puede ser útil lavar regularmente los senos paranasales con una solución de agua caliente y sal (salina). Esta técnica se denomina irrigación de los senos paranasales.

■ Alergia alimentaria

Una alergia alimentaria es una reacción alérgica a un alimento determinado.

Diferentes alimentos pueden causar reacciones alérgicas. Sin embargo, las alergias alimentarias son desencadenadas con mayor frecuencia por ciertas nueces, cacahuetes, mariscos, pescados, leche, huevos, trigo y semillas de soja. Las reacciones alérgicas a los alimentos pueden ser graves y algunas veces consisten en una reacción anafiláctica ● *(v. recuadro pág. 1279).*

Las alergias alimentarias pueden comenzar durante la infancia. Son más frecuentes entre los niños cuyos padres padecen alergias alimentarias, rinitis alérgica o asma alérgica. Los niños con alergias alimentarias tienden a ser alérgicos a los alérgenos más frecuentes, como los de los huevos, la leche, los cacahuetes y las semillas de soja.

Algunas veces se les atribuye a las alergias alimentarias la causa de trastornos como hiperactividad en los niños, fatiga crónica, artritis, bajo rendimiento deportivo y depresión. Sin embargo, no se han demostrado estas asociaciones.

Algunas reacciones a alimentos no son reacciones alérgicas. Por ejemplo, la intolerancia alimentaria se diferencia de una alergia alimentaria en que no hay participación del sistema inmunológico. En vez de eso, se trata de una reacción del tracto gastrointestinal que produce un trastorno digestivo. Por ejemplo, hay algunas personas que carecen de una enzima necesaria para digerir el azúcar de la leche (lactosa) ● *(v. pág. 884).* Otras reacciones a un alimento pueden ser la consecuencia de una contaminación o un deterioro de los alimentos.

En algunas personas, los aditivos de los alimentos pueden originar una reacción que se asemeja a una reacción alérgica, sin serlo. Por ejemplo, el glutamato monosódico (GMS) ● *(v. recuadro pág. 873),* algunos conservantes (como el metabisulfito) y los colorantes (como la tartracina, un colorante amarillo utilizado en los dulces, las bebidas no alcohólicas y otros alimentos) pueden provocar síntomas tales como asma y urticaria. De manera similar, la ingestión de ciertos alimentos, como queso, vino y chocolate, desencadena migraña en algunas personas.

➤ Síntomas

En los lactantes, el primer síntoma de una alergia alimentaria puede ser una erupción como el eccema (dermatitis atópica) o una erupción semejante a una urticaria. La erupción puede presentarse acompañada de náuseas, vómitos y diarrea. Aproximadamente a la edad de un año, con frecuencia la erupción se atenúa. Alrededor de los 10 años de edad, las alergias alimentarias, con una mayor frecuencia a la leche y menos frecuentemente a los huevos y cacahuetes, tienden a ceder. Cuando las alergias alimentarias mejoran, se pueden desarrollar alergias a sustancias suspendidas en el aire, como el asma alérgica y la fiebre del heno.

En los adultos, las alergias alimentarias pueden causar prurito en la boca, urticaria, eccema y, a veces, goteo nasal y asma. En algunos adultos que presentan una alergia alimentaria, la ingestión de una mínima cantidad del alimento puede desencadenar una reacción grave. La erupción puede cubrir todo el cuerpo, la garganta se puede hinchar y las vías aéreas se pueden estrechar, dificultando la respiración. A veces, esta alteración es una reacción anafiláctica con riesgo letal. En algunas personas, las reacciones alérgicas a la comida se producen únicamente si hacen ejercicio inmediatamente después de ingerir el alimento.

➤ Diagnóstico

El médico sospecha una alergia alimentaria basándose principalmente en la historia de la persona. Luego se pueden realizar pruebas cutáneas con extractos de diversos alimentos. Una reacción a un alimento ensayado no significa necesariamente que la persona sea alérgica a ese alimento; en cambio, cuando no hay una reacción cutánea quiere decir que es improbable que exista alergia a ese alimento. Si la persona reacciona al alimento ensayado, se puede proceder a efectuar una prueba de provocación oral para confirmar el diagnóstico. En esta prueba, se administra el alimento del cual se sospecha, enmascarado en un alimento portador, como leche o compota de manzana, y el médico observa a la persona mientras ingiere el alimento. Si no aparecen síntomas, la persona no es alérgica a ese alimento.

Otra forma de identificar la alergia alimentaria es una dieta de eliminación. La persona suspende el consumo de todos los alimentos que pueden estar causando los síntomas durante aproximadamente una semana. El médico le da a la persona la dieta que debe seguir. Sólo se pueden consumir los alimentos o líquidos especificados en la dieta y únicamente se deben utilizar productos puros. No es fácil seguir esa dieta, ya que muchos productos alimenticios poseen ingredientes que no son evidentes o no son esperables. Por ejemplo, muchos panes de centeno contienen un poco de harina de trigo. No se aconseja comer en restaurantes, porque la persona y el médico deben conocer los ingredientes de todas las comidas que se consumen. Si no aparecen síntomas, se vuelven a incluir los alimentos uno por uno. Cada alimento que se agrega es suministrado durante varios días o hasta que se manifiesten los síntomas, para que de ese modo se identifique el alérgeno.

➤ Tratamiento

Las personas con alergias alimentarias deben eliminar de su dieta los alimentos que desencadenan sus alergias. La desensibilización que se realiza mediante la supresión primero del alimento y consumiendo luego pequeñas cantidades del mismo o colocando gotas de extractos de alimentos debajo de la lengua no es eficaz. Los antihistamínicos únicamente son útiles para aliviar la urticaria y la hinchazón. Las personas con alergias alimentarias graves frecuentemente llevan consigo antihistamínicos para tomarlos inmediatamente si comienza una reacción. También deben llevar consigo una jeringa autoinyectable precargada con adrenalina para utilizarla cuando sea necesario en caso de reacciones graves.

■ Mastocitosis

La mastocitosis es una acumulación anormal de mastocitos en la piel y en ocasiones en otras partes del cuerpo.

Anafilactoides frente a anafilácticas

Las reacciones anafilactoides se asemejan a las reacciones anafilácticas. Sin embargo, las reacciones anafilactoides pueden tener lugar después de la primera exposición a una sustancia, por ejemplo, después de la primera inyección de ciertos fármacos, como polimixina, pentamidina, opiáceos o los medios de contraste radiopacos que se utilizan a veces en los procedimientos radiológicos. Las reacciones anafilactoides no son reacciones alérgicas porque la IgE, la clase de anticuerpos implicada en las reacciones alérgicas, no las provoca. Por el contrario, la reacción es causada por la misma sustancia. La aspirina y otros medicamentos antiinflamatorios no esteroideos (AINE) pueden causar reacciones anafilactoides en algunas personas, especialmente en aquellas con rinitis alérgica perenne y pólipos nasales.

En la medida de lo posible, se evita utilizar medios de contraste en los procedimientos radiológicos en personas con reacciones anafilactoides a estos colorantes. Sin embargo, algunos trastornos no pueden ser diagnosticados sin medios de contraste. En esos casos se utilizan colorantes especiales que disminuyen el riesgo de presentarse reacciones. Además, generalmente se administran medicamentos que bloquean las reacciones anafilactoides, como prednisona, difenhidramina o efedrina, antes de inyectar el medio de contraste.

La mastocitosis es poco frecuente. Se diferencia de las reacciones alérgicas típicas porque es más crónica que episódica. La mastocitosis se desarrolla cuando los mastocitos aumentan en número y se acumulan en los tejidos durante varios años. Los mastocitos, un componente del sistema inmunológico, producen histamina, una sustancia que interviene en las reacciones alérgicas y en la producción del ácido del estómago. La concentración de histamina aumenta cuando se produce un incremento en el número de mastocitos.

Existen tres formas principales de mastocitosis. En una forma rara, los mastocitos se acumulan en la piel como una masa única (mastocitoma). Típicamente, el mastocitoma aparece antes de los 6 meses de edad. En la forma denominada urticaria pigmentaria, los mastocitos se acumulan en varias zonas de la piel, formando manchas o pequeñas protuberancias de color pardo rojizo. Excepcionalmente, la urticaria pigmentaria evolu-

ciona hacia una mastocitosis sistémica durante la edad adulta. En la mastocitosis sistémica, los mastocitos se acumulan en la piel, el estómago, el intestino, el hígado, el bazo, los ganglios linfáticos y los huesos.

➤ Síntomas y diagnóstico

Un solo mastocitoma no causa síntomas. Al frotar o rascar las manchas de la urticaria pigmentaria se puede producir prurito local. El prurito puede empeorar con los cambios de temperatura, el contacto con ropa u otros materiales, o el uso de algunos fármacos. El consumo de bebidas calientes, alimentos condimentados o alcohol también puede empeorar el prurito. Al frotar o rascar las manchas se puede producir urticaria y hacer que la piel se enrojezca. Se pueden presentar rubor y reacciones generalizadas, inclusive reacciones anafilácticas.

La mastocitosis sistémica produce prurito y rubor. Puede provocar reacciones generalizadas, que tienden a ser graves y pueden consistir en reacciones anafilactoides. Las reacciones anafilactoides se asemejan a las reacciones anafilácticas, pero no las desencadena ningún alérgeno. Es frecuente el dolor óseo y abdominal. Cabe la posibilidad de que aparezcan úlceras pépticas y diarrea crónica porque el estómago produce demasiada histamina, la cual estimula la producción de ácido en el estómago.

La urticaria pigmentaria se puede diagnosticar basándose en la presencia de las manchas características que, cuando son raspadas, producen urticaria y enrojecimiento. También se puede realizar una biopsia. Si se sospecha una mastocitosis que afecta a la piel, se obtiene una muestra de tejido de la piel que se examina al microscopio con el fin de detectar la presencia de mastocitos. Si se sospecha una mastocitosis sistémica, se toma una muestra de médula ósea u otros tejidos.

➤ Tratamiento

En los niños, el mastocitoma suele desaparecer espontáneamente. El prurito debido a una urticaria pigmentaria se puede tratar con antihistamínicos. La mastocitosis sistémica se trata con antihistamínicos y bloqueantes de los receptores H_2 de la histamina (los cuales tienen como efecto la disminución de la producción de ácido en el estómago) ● *(v. tabla pág. 865)*. Las cromonas administradas por vía oral alivian los problemas digestivos. Se debe cargar siempre una jeringa autoinyectable con adrenalina para un tratamiento de urgencia ante una posible reacción anafiláctica. Se pueden utilizar rayos ultravioleta y aplicar ungüentos con corticosteroides sobre la piel para tratar los síntomas de la mastocitosis.

■ Alergia física

Una alergia física es una reacción alérgica desencadenada por un estímulo físico.

La alergia física se diferencia de otras reacciones alérgicas porque el factor desencadenante es un estímulo físico. El estímulo físico puede ser el frío, la luz solar, el calor, otros estímulos que causan sudoración (como la tensión emocional o el ejercicio), la vibración, un trauma leve (como el producido por el rascado) o la presión física. En algunas personas, los síntomas aparecen únicamente como respuesta a un estímulo físico. En quienes tienen otras alergias, un estímulo físico puede empeorar los síntomas.

Se desconoce la causa de este tipo de reacción alérgica. Una teoría propone que el estímulo físico altera una proteína de la piel. El sistema inmunológico confunde esta proteína con una sustancia extraña y la ataca. La sensibilidad a la luz solar (fotosensibilidad) algunas veces se desencadena por el uso de fármacos, tales como antibióticos, u otras sustancias, inclusive algunos cosméticos como cremas, lociones y aceites para la piel. Algunos individuos sensibles al frío tienen proteínas anormales (denominadas crioglobulinas o criofibrinógeno) en la sangre. A veces la presencia de estas proteínas indica una enfermedad grave como cáncer, un trastorno del tejido conectivo o una infección crónica.

Los síntomas más frecuentes son prurito, manchas en la piel, urticaria y angioedema. Los síntomas tienden a aparecer pocos minutos después de la exposición al estímulo físico.

Cuando los individuos sensibles al calor se exponen a éste o emprenden cualquier actividad que produzca sudoración, pueden presentar ronchas pequeñas, intensamente pruriginosas, que están rodeadas por un aro de piel enrojecida, una afección denominada urticaria colinérgica.

Cuando los individuos sensibles al frío se exponen a éste, pueden presentar urticaria, asma, goteo nasal, congestión nasal o hinchazón del tejido subcutáneo (angioedema). En algunas ocasiones, se produce una reacción anafiláctica generalizada.

➤ Diagnóstico y tratamiento

El diagnóstico se basa en los síntomas y en las circunstancias bajo las cuales se producen. Para diagnosticar las reacciones causadas por el frío, el médico coloca un cubito de hielo sobre la piel durante cuatro minutos, luego lo retira y espera la aparición de una roncha.

El mejor tratamiento es evitar el estímulo que causa la alergia física. Evitar el uso de cosméticos, cremas, lociones y aceites para la piel durante algún tiempo le permite a la persona determinar si alguna de estas sustancias puede estar empeorando la alergia.

Un antihistamínico generalmente puede aliviar el prurito. La ciproheptadina tiende a funcionar mejor en los casos de urticaria provocada por el frío y la hidroxicina en la urticaria causada por el calor o el estrés emocional. Las personas muy sensibles a la luz solar deben usar un filtro solar y evitar la exposición al sol tanto como sea posible.

■ Reacciones alérgicas inducidas por el ejercicio físico

Las reacciones alérgicas inducidas por el ejercicio físico se presentan durante o después del ejercicio.

El ejercicio a menudo desencadena un ataque de asma en las personas que tienen asma, pero algunas personas tienen asma únicamente cuando hacen ejercicio. El ejercicio puede desencadenar o empeorar el asma porque la respiración rápida enfría y seca las vías aéreas y, cuando éstas se calientan de nuevo, se estrechan. El asma inducida por el ejercicio físico aparece con mayor facilidad cuando el aire es frío y seco. El pecho se siente estrecho. La persona puede tener sibilancias y dificultad para respirar.

Algunas veces, el ejercicio enérgico desencadena una reacción anafiláctica. En algunas personas, esta reacción se presenta sólo en el caso en que ingieran un alimento específico antes de hacer ejercicio. La respiración se vuelve difícil o la presión arterial desciende, produciendo mareo y colapso. Una reacción anafiláctica es potencialmente mortal.

Característicamente, los síntomas desencadenados por el ejercicio -el asma o una reacción anafiláctica- aparecen entre los 5 y los 10 minutos que siguen al ejercicio físico intenso. A menudo, los síntomas comienzan después de finalizar el ejercicio.

El diagnóstico se basa en los síntomas y su relación con el ejercicio. Una prueba de provocación de ejercicio también le puede ayudar al médico a establecer el diagnóstico. Para esta prueba, se realizan determinaciones de la función pulmonar antes y después de la realización de ejercicio físico en una cinta de andar o en una bicicleta estática • *(v. pág. 334).*

➤ Tratamiento

En los casos de asma inducida por el ejercicio físico, el objetivo del tratamiento es hacer posible el ejercicio sin que aparezcan los síntomas. La adquisición de un mejor estado físico puede hacer menos probable el desarrollo de los síntomas durante el ejercicio. La inhalación de un fármaco beta-adrenérgico (como los que se utilizan para tratar el asma) • *(v. tabla pág. 336)* aproximadamente quince minutos antes de iniciar el ejercicio a menudo ayuda a evitar las reacciones. Las cromonas, habitualmente administradas con un inhalador, pueden ser útiles.

En las personas con asma, la administración de fármacos utilizados habitualmente para controlar el asma con frecuencia evita que aparezcan los síntomas durante el esfuerzo. Para algunos individuos con asma, la administración de fármacos antiasmáticos y el incremento gradual de la intensidad y duración del ejercicio les permite tolerar el ejercicio.

Las personas que han tenido una reacción anafiláctica inducida por el ejercicio deben evitar la modalidad de ejercicio que desencadenó el ataque. Si el consumo de un alimento específico antes del ejercicio desencadena los síntomas, no deben ingerir dicho alimento antes del ejercicio. Siempre deben llevar consigo una jeringa autoinyectable precargada con adrenalina para un tratamiento de urgencia. Se recomienda hacer ejercicio acompañado de otras personas.

■ Urticaria y angioedema

*Las **ronchas**, también denominadas urticaria, consisten en una reacción caracterizada por tumefacciones ligeramente elevadas, pálidas, rodeadas de una zona de piel enrojecida con bordes claramente definidos. El **angioedema** es la hinchazón de zonas más extensas subcutáneas, que algunas veces afecta a la cara y la garganta.*

La urticaria y el angioedema, que a veces se presentan simultáneamente, pueden ser graves. Los factores desencadenantes más frecuentes son los medicamentos, los aguijones o picaduras de insectos, las inyecciones contra la alergia (inmunoterapia alergénica) y ciertos alimentos, especialmente los huevos, mariscos, nueces y frutas. La ingestión de algunos alimentos, incluso en cantidades mínimas, puede producir repentinamente urticaria o angioedema. Pero con otros alimentos (como fresas), estas reacciones se producen sólo después de ingerir una gran cantidad. Además, la urticaria también aparece después de infecciones víricas, como la hepatitis, la mononucleosis infecciosa y la rubéola.

La urticaria o el angioedema pueden ser crónicos, recurriendo en el curso de semanas o meses. En la mayoría de los casos, no se identifica ninguna causa específica. El origen puede ser el consumo habitual, no intencionado, de una sustancia, por ejemplo, un aditivo alimentario, como un conservante o un colorante. En algunas personas, los anticuerpos contra la hormona tiroidea pueden ser la causa. El uso de ciertos fármacos, como la aspirina u otros antiinflamatorios no esteroideos (AINE) • *(v. pág. 544),* también puede causar urticaria o angioedema crónicos. En muchos casos no es posible identificar ninguna causa. El angioedema crónico que se presenta sin urticaria puede ser un angioedema de tipo hereditario.

➤ Síntomas y diagnóstico

La urticaria generalmente comienza con prurito. Luego aparecen rápidamente las ronchas. Habitualmente éstas son pequeñas (menos de 1,5 centímetros de diámetro). Las ronchas que son más grandes (hasta 10 centímetros de diámetro) pueden verse como anillos enrojecidos con un centro pálido. Típicamente, los brotes de urticaria aparecen y desaparecen. Una roncha puede permanecer durante varias horas y luego desaparecer, y más tarde puede aparecer otra en cualquier sitio. Después de desaparecer la roncha, la piel tiene habitualmente un aspecto completamente normal.

El angioedema puede afectar parte o la totalidad de las manos, los pies, los párpados, los labios o los genitales. Algunas veces se hinchan las membranas que revisten la boca, la garganta y las vías respiratorias, dificultando la respiración.

En los niños, cuando las ronchas aparecen súbitamente, desaparecen con rapidez y no recu-

Angioedema hereditario: no es una alergia

El angioedema hereditario se parece mucho al angioedema de una reacción alérgica. Sin embargo, la causa es diferente. El angioedema hereditario es un trastorno genético debido a una deficiencia o una disfunción del inhibidor de C1. El inhibidor de C1 es parte del sistema del complemento, el cual forma parte del sistema inmunológico. En este trastorno, un trauma, una infección vírica o el estrés (como el debido a la espera de un procedimiento odontológico o quirúrgico) pueden desencadenar ataques de hinchazón (angioedema).

Algunas zonas de la piel, el tejido que está por debajo de la piel, o las membranas que revisten la boca, la garganta, la tráquea y el tracto digestivo se pueden hinchar. Típicamente, las zonas hinchadas son dolorosas, no pruriginosas. No aparecen ronchas. Las náuseas, los vómitos y los calambres son frecuentes. La hinchazón de la tráquea puede afectar a la respiración. Se diagnostica el trastorno midiendo las concentraciones o la actividad del inhibidor de C1 en una muestra de sangre.

El fármaco llamado ácido aminocaproico a veces puede aliviar la hinchazón. A menudo se administra adrenalina, antihistamínicos y corticosteroides, aunque no existen evidencias de la eficacia de estos medicamentos. Si un ataque repentino afecta a la respiración, las vías respiratorias se han de despejar, por ejemplo, mediante la inserción de un tubo en la tráquea.

Ciertos tratamientos pueden ser útiles para evitar ataques posteriores. Por ejemplo, antes de someterse a un procedimiento quirúrgico u odontológico, las personas con angioedema hereditario pueden recibir una transfusión de plasma fresco para incrementar los niveles del inhibidor de C1 en la sangre. Para una prevención a largo plazo, los esteroides anabólicos (andrógenos) administrados por vía oral, como el estanozolol o el danazol, pueden estimular al organismo para que produzca más inhibidor de C1. Dado que estos fármacos pueden tener efectos secundarios masculinizantes, la dosis se debe reducir tan pronto y tanto como sea posible cuando se utilizan en las mujeres.

rren, y no suele ser necesaria una evaluación médica, ya que, en muchas ocasiones, la causa es una infección vírica. Si la causa es una picadura de abeja, es importante consultar a un médico. Éste puede aconsejar sobre el tratamiento a seguir en caso que se produzca otra picadura de abeja. Cuando el angioedema o la urticaria recurren sin una causa evidente, se recomienda una evaluación médica.

➤ Tratamiento

Por lo general, la urticaria que aparece súbitamente cede sin tratamiento en el curso de días y a veces de minutos. Si la causa no es evidente, la persona debe dejar de tomar todo medicamento que no sea indispensable hasta que desaparezca la urticaria.

Para la urticaria y el angioedema leve, la administración de antihistamínicos alivia parcialmente el prurito y reduce la hinchazón. Los corticosteroides se prescriben sólo en los síntomas graves cuando todos los demás tratamientos son ineficaces, y se administran durante el menor tiempo posible. Cuando se administran por vía oral durante más de 3 o 4 semanas, causan muchos efectos secundarios, a veces de carácter grave ● *(v. recuadro pág. 450).*

En aproximadamente la mitad de las personas con urticaria crónica, ésta desaparece sin tratamiento en el curso de dos años. En algunos adultos, el antidepresivo doxepina, que también es un antihistamínico potente, ayuda a aliviar la urticaria crónica.

Si el angioedema grave produce dificultades para tragar o respirar o un colapso, es necesario un tratamiento de urgencia. Las personas afectadas siempre deben llevar consigo una jeringa autoinyectable precargada con adrenalina y comprimidos de antihistamínicos para ser utilizados inmediatamente si se produce una reacción. Después de una reacción alérgica grave, estas personas deben acudir al servicio de urgencias de un hospital, donde pueden ser examinados y tratados adecuadamente.

■ Reacciones anafilácticas

Las reacciones anafilácticas (anafilaxia) son reacciones alérgicas repentinas, generalizadas, graves y con riesgo letal.

Las reacciones anafilácticas son causadas más frecuentemente por fármacos (como penicilina), picaduras de insectos, ciertos alimentos e inyecciones contra la alergia (inmunoterapia alergénica). Pero pueden ser causadas por cualquier alérgeno. Al igual que otras reacciones alérgicas, una reacción anafiláctica no suele suceder después de la primera exposición a un alérgeno, sino que suele presentarse tras una exposición posterior. Sin embargo, muchas personas no recuerdan haber tenido una primera exposición. Es probable que cualquier alérgeno que causa una reacción anafiláctica en una persona cause esa reacción con exposiciones posteriores, a menos que se tomen medidas para evitarla.

➤ Síntomas

Las reacciones anafilácticas comienzan en el curso de 1 a 15 minutos después de la exposición al alérgeno. Excepcionalmente, las reacciones comienzan después de una hora. El corazón palpita rápidamente. La persona puede sentirse incómoda y agitarse. La presión arterial puede descender, causando desmayos. Otros síntomas incluyen sensación de hormigueo, piel enrojecida y con prurito, pulsaciones en los oídos, tos, estornudos, urticaria e hinchazón (angioedema). La respiración se vuelve difícil y pueden aparecer sibilancias porque la tráquea (vías respiratorias superiores) se contrae o se hincha.

Una reacción anafiláctica puede evolucionar tan rápidamente que puede provocar colapso, cese de la respiración, convulsiones y pérdida de la conciencia en 1 o 2 minutos. La reacción puede ser mortal a menos que se proporcione un tratamiento de urgencia inmediatamente.

➤ Prevención y tratamiento

Las personas que son alérgicas a alérgenos inevitables (como las picaduras de insectos) pueden beneficiarse de la inmunoterapia alergénica a largo plazo ● *(v. pág. 1272).*

Si se produce una reacción anafiláctica, se debe aplicar de modo inmediato una inyección de adrenalina. Las personas que presenten estas reacciones siempre deben llevar consigo una jeringa autoinyectable precargada con adrenalina y comprimidos de antihistamínicos para un tratamiento rápido. Por lo general, este tratamiento detiene la reacción. Sin embargo, después de una reacción alérgica de carácter grave, estas personas deben acudir al servicio de urgencias de un hospital, donde pueden ser vigiladas y tratadas adecuadamente.

CAPÍTULO 186

Trastornos autoinmunes

Un trastorno autoinmune es una disfunción del sistema inmunológico del organismo, que hace que el cuerpo ataque sus propios tejidos.

Normalmente, el sistema inmunológico puede diferenciar lo que es propio de lo que no lo es (o extraño) ● *(v. pág. 1256)* y reaccionar contra sustancias extrañas denominadas antígenos. Los antígenos pueden estar contenidos dentro de las bacterias, los virus, otros microorganismos, o células cancerosas, o pueden estar sobre ellos. Los antígenos pueden también existir por sí mismos, por ejemplo, como el polen o las moléculas de alimentos. En algunas ocasiones el sistema inmunológico funciona inadecuadamente, considerando a los tejidos propios del organismo como si fueran extraños y produciendo anticuerpos anormales (denominados autoanticuerpos) o células inmunitarias que rastrean y atacan a determinadas células o tejidos del organismo. Esta res-

puesta se denomina reacción autoinmunitaria. Produce inflamación y daño de los tejidos. Diferentes células o tejidos son el blanco en los diferentes trastornos autoinmunes.

➤ Causas

Las reacciones autoinmunitarias pueden desencadenarse de varias maneras:

● Una sustancia del organismo que normalmente está limitada a una zona específica (y por lo tanto está oculta del sistema inmunológico) es liberada al torrente sanguíneo. Por ejemplo, un golpe en el ojo puede hacer que el líquido del globo ocular sea liberado al torrente sanguíneo. El líquido estimula el ataque del sistema inmunológico.

● Una sustancia normal del organismo es alterada, por ejemplo, por un virus, un fármaco, la luz solar o la radiación. La sustancia alterada

ALGUNOS TRASTORNOS AUTOINMUNES

Trastorno	Principales tejidos afectados	Consecuencias
Anemia hemolítica autoinmune	Glóbulos rojos	Se produce anemia con cansancio, debilidad y aturdimiento, y el bazo aumenta de tamaño. La anemia puede ser grave e incluso mortal.
Penfigoide ampollar	Piel	Se forman sobre la piel ampollas grandes, rodeadas de zonas hinchadas y rojas. El prurito es frecuente. Con tratamiento, el pronóstico es bueno.
Enfermedad de Graves	Glándula tiroides	La glándula tiroides se inflama, es estimulada y aumenta de tamaño, produciendo altas concentraciones de hormonas tiroideas (hipertiroidismo). Con tratamiento, el pronóstico es bueno.
Tiroiditis de Hashimoto	Glándula tiroides	La glándula tiroides se inflama y se lesiona, produciendo bajos niveles de hormonas tiroideas (hipotiroidismo). Es necesario el tratamiento con hormona tiroidea durante toda la vida.
Diabetes tipo 1	Células beta del páncreas (que producen insulina)	Las células beta están destruidas, por lo cual el organismo carece de insulina. Es necesario el tratamiento con insulina durante toda la vida incluso si la reacción se interrumpe porque las células del páncreas han sido destruidas.
Lupus (lupus eritematoso sistémico)	Articulaciones, riñones, piel, pulmones, corazón y cerebro	Los tejidos afectados se inflaman y se lesionan frecuentemente, pero las articulaciones, aunque están inflamadas, no se deforman. El pronóstico varía ampliamente, pero la mayoría de las personas pueden llevar una vida activa a pesar de crisis ocasionales de la enfermedad.
Miastenia grave	La conexión entre los nervios y los músculos (unión neuromuscular)	Los músculos, en especial los de los ojos, se debilitan y se cansan fácilmente, pero la debilidad varía en intensidad. El patrón de evolución varía considerablemente, pero los fármacos, por lo general, pueden controlar los síntomas. Rara vez, el trastorno es mortal.
Pénfigo	Piel	Se forman ampollas grandes sobre la piel. El trastorno es potencialmente mortal.
Anemia perniciosa	Células en el revestimiento del estómago y glóbulos rojos y blancos	Dado que el revestimiento del estómago está lesionado, éste es menos capaz de absorber la vitamina B_{12} (que es necesaria para la producción de células sanguíneas maduras). Se produce anemia, y los nervios se lesionan. Sin tratamiento, la médula espinal puede resultar afectada. El riesgo de cáncer gástrico aumenta. De otro modo, con tratamiento, el pronóstico es bueno.

puede parecerle extraña al sistema inmunológico. Por ejemplo, un virus puede infectar células del organismo y de ese modo alterarlas. Las células infectadas por el virus estimulan al sistema inmunológico para que ataque.

● Una sustancia extraña que se asemeja a una sustancia natural del organismo puede penetrar en el cuerpo. En este caso, el sistema inmunológico puede perseguir accidentalmente a la sustancia similar del organismo al tiempo que persigue a la sustancia extraña.

● Las células que controlan la producción de anticuerpos, por ejemplo, los linfocitos B (un tipo de glóbulos blancos), pueden funcionar inadecuadamente y producir anticuerpos anormales que atacan algunas de las células del cuerpo.

La herencia puede intervenir en algunos trastornos autoinmunes. La susceptibilidad, más que el trastorno en sí mismo, puede ser hereditaria. En las personas susceptibles, un factor desencadenante, como una infección vírica o una lesión tisular, puede hacer que se desarrolle el trastorno. También pueden intervenir algunos factores hormonales, ya que muchos trastornos autoinmunes son más frecuentes entre las mujeres.

➤ Síntomas y diagnóstico

Los trastornos autoinmunes con bastante frecuencia producen fiebre. Sin embargo, los síntomas varían según el trastorno y a parte del cuerpo afectada. Algunos trastornos autoinmunes afectan a ciertos tipos de tejidos en todo el cuerpo, por ejemplo, los vasos sanguíneos, el cartílago o la piel. Otros trastornos autoinmunes afectan a un órgano determinado. Prácticamente cualquier órgano, inclusive los riñones, los pulmones, el corazón y el cerebro, puede verse afectado. La inflamación resultante y el daño en los tejidos pueden producir dolor, deformidades articulares, debilidad, ictericia, prurito, dificultad para respirar, acumulación de líquido (edema), delirio y hasta la muerte.

Los análisis de sangre pueden detectar un trastorno autoinmune. Por ejemplo, la velocidad de sedimentación globular (VSG) frecuentemente está aumentada, porque las proteínas, producidas en respuesta a la inflamación, afectan a la capacidad de los glóbulos rojos (eritrocitos) para permanecer suspendidos en la sangre. Característicamente, disminuye el número de glóbulos rojos, causando anemia. Los análisis de sangre también pueden detectar diferentes anticuerpos, algunos de los cuales aparecen particularmente en las personas que tienen un trastorno autoinmune. Los anticuerpos antinucleares (que atacan los núcleos de células) y el factor reumatoideo constituyen un ejemplo de este tipo de anticuerpos.

➤ Tratamiento

El tratamiento consiste en controlar la reacción autoinmunitaria mediante la supresión del sistema inmunológico. Sin embargo, muchos de los fármacos que se utilizan para controlar la reacción autoinmunitaria afectan a la capacidad del organismo para combatir las enfermedades, sobre todo las infecciones. También puede ser necesario el tratamiento para aliviar los síntomas.

Frecuentemente se suelen administrar fármacos que inhiben el sistema inmunológico (inmunosupresores) -como azatioprina, clorambucil, ciclofosfamida, ciclosporina o metotrexato-, habitualmente por vía oral y durante un período prolongado ● *(v. tabla pág. 1290)*. Sin embargo, estos fármacos no sólo suprimen la reacción autoinmunitaria sino también la capacidad del organismo para defenderse a sí mismo de las sustancias extrañas, inclusive los microorganismos que producen infecciones y las células cancerosas. Por lo tanto, el riesgo de sufrir infecciones y ciertos tipos de cáncer aumenta.

A menudo, se administran corticosteroides, como la prednisona, generalmente por vía oral. Estos fármacos alivian la inflamación y suprimen el sistema inmunológico. Cuando los corticosteroides son administrados durante un período prolongado producen numerosas reacciones adversas ● *(v. recuadro pág. 450)*. Si es posible, los corticosteroides se utilizan durante poco tiempo, al comienzo del trastorno o cuando los síntomas empeoran. Sin embargo, a veces se deben utilizar los corticosteroides indefinidamente.

El etanercept y el infliximab bloquean la acción del factor de necrosis tumoral, una sustancia que puede causar inflamación en el organismo. Estos fármacos son muy eficaces para tratar la artritis reumatoide y las enfermedades inflamatorias del intestino, pero pueden ser perjudiciales si se utilizan para tratar ciertos trastornos autoinmunes, como la esclerosis múltiple.

La plasmaféresis se utiliza en el tratamiento de algunos trastornos autoinmunes. Se extrae sangre y se filtra para eliminar los anticuerpos anormales. Una vez filtrada, se restituye al paciente.

Algunos trastornos autoinmunes desaparecen inexplicablemente en la misma forma que comenzaron. Sin embargo, la mayoría de los trastornos autoinmunes son crónicos. Con frecuencia se requieren fármacos durante toda la vida para controlar los síntomas. El pronóstico varía dependiendo del trastorno.

CAPÍTULO 187

Trasplante

Un trasplante es la transferencia de células, tejidos, u órganos vivos de una persona a otra o de una parte del cuerpo a otra.

El tipo de trasplante más frecuente es la transfusión de sangre ● *(v. pág. 1176)*, que se utiliza para tratar millones de personas cada año. Algunos órganos o tejidos también pueden ser trasplantados.

Los tejidos u órganos provienen de un donante. Un donante puede ser una persona viva o una persona que haya fallecido recientemente. Se prefieren los tejidos y órganos de un donante vivo, ya que en esos casos tiene mayores probabilidades de tener éxito el trasplante. Sin embargo, algunos órganos, como el corazón, obviamente no pueden obtenerse de un donante vivo.

Las células madre (de la médula ósea o de la sangre) y los riñones son los tejidos donados con mayor frecuencia por personas vivas. Por lo general, un riñón puede ser donado sin peligro ya que el cuerpo posee dos riñones y puede funcionar adecuadamente con uno solo. Los donantes vivos también pueden donar una parte del hígado o un pulmón. El órgano de un donante vivo se trasplanta minutos después de ser extirpado.

Cuando una persona fallece, los órganos se deterioran rápidamente. Por lo tanto, los órganos de un donante que ha fallecido suelen provenir de una persona cuya muerte se esperaba y que previamente había aceptado donar sus órganos. El familiar más cercano de la persona puede conceder el permiso de donación. A menudo, estos donantes son personas que por lo demás gozan de buena salud y han sido víctimas de un accidente grave, y no las que fallecen debido a una enfermedad. A veces un donante puede suministrar trasplantes a varias personas. Por ejemplo, un donante puede aportar córneas para dos personas, riñones para otras dos, un hígado para otra, pulmones para dos, y un corazón para otro individuo. Algunos órganos subsisten pocas horas fuera del cuerpo. Otros órganos, si se mantienen fríos, duran hasta varios días.

En muchos países, una organización nacional verifica la compatibilidad de los donantes y de los destinatarios de trasplantes gracias a la base de datos de un ordenador. La base de datos incluye a todas las personas que se encuentran en lista de espera para un trasplante, junto con su tipo de tejido. Cuando los órganos se encuentran disponibles, se registra la información correspondiente y se cruzan los datos. De este modo, se puede realizar el trasplante sin demora. En algunos países, las personas pueden indicar su voluntad de donar órganos cuando se registran ante el organismo responsable de los vehículos de automoción. Este deseo queda anotado en su permiso de conducir. En muchos países es ilegal recibir remuneración por donar un órgano.

■ Normas para los trasplantes de órganos

A diferencia de una transfusión, el trasplante de órganos supone una intervención de cirugía mayor, el uso de fármacos para suprimir el sistema inmunológico (inmunosupresores), la posibilidad de rechazo del trasplante y complicaciones graves, inclusive la muerte. Sin embargo, el trasplante de órganos puede ofrecer la única posibilidad de una vida normal o de supervivencia a las personas cuyos órganos vitales funcionan mal de forma irreversible.

➤ Compatibilidad de los tejidos

Es deseable la compatibilidad entre los tejidos de un donante de órganos y los del receptor dado que normalmente el sistema inmunológico ataca al tejido extraño ● *(v. pág. 1256)*, inclusive los trasplantes. Esta reacción se denomina rechazo. Sin embargo, puede ser necesario sopesar la compatibilidad de los tejidos contra otros factores que afectan a la calidad del trasplante, como el tiempo empleado en llegar hasta el receptor. Algunas personas están demasiado enfermas para esperar un donante altamente compatible. Para los órganos (como el corazón) que no pueden ser donados por un familiar vivo, rara vez se consigue un donante altamente compatible. Con el uso de los inmunosupresores, el éxito del trasplante resulta menos afectado por la compatibilidad del donante. Por lo tanto, los trasplantes -incluso de órganos (como un riñón) que pueden ser donados por un familiar vivo altamente compatible- pueden provenir de donantes menos compatibles. Sin embargo, el médico trata de encontrar un donante cuyo tipo de tejido coincide con el tipo de tejido del receptor lo más estrechamente posible. Una alta compatibilidad disminuye la intensidad del rechazo y mejora el resultado a largo plazo para el receptor.

El tipo de tejido está determinado por moléculas presentes en la superficie de cada célula del organismo. Estas moléculas son llamadas antígenos de leucocitos humanos (HLA) o complejo principal de histocompatibilidad. Cada persona tiene HLA únicos en su género. Cuando una persona recibe un trasplante, los HLA localizados sobre las células del trasplante le señalan al organismo que el tejido es extraño, estimulando una respuesta inmunológica.

En las transfusiones de sangre, la compatibilidad es relativamente sencilla, ya que los glóbulos rojos sólo poseen tres antígenos principales en su superficie: A, B y Rh. En el caso del trasplante de órganos, se hallan involucrados numerosos antígenos.

La sangre del receptor se examina para detectar anticuerpos contra los tejidos del posible donante específico. El organismo puede producir estos anticuerpos como respuesta a una transfusión de sangre, a un trasplante previo, o a un embarazo. Si estos anticuerpos están presentes, no suele realizarse el trasplante, ya que con frecuencia se produce un rechazo grave e inmediato.

➤ Supresión del sistema inmunológico

A diferencia de la sangre transfundida, los órganos trasplantados, incluso si los tejidos son altamente compatibles, por lo general son rechazados a menos que se tomen medidas para evitar el rechazo. El rechazo no sólo puede destruir el órgano trasplantado, sino que también puede provocar fiebre, escalofríos, náuseas, fatiga y cambios repentinos en la presión arterial. El rechazo, cuando se produce, suele iniciarse poco después del trasplante, pero puede desencadenarse después de semanas, meses o incluso años. El rechazo puede ser leve y fácilmente controlable, o grave, empeorando a pesar del tratamiento.

El rechazo generalmente se puede controlar mediante el uso de fármacos denominados inmunosupresores, que inhiben el sistema inmunológico y la capacidad del organismo para reconocer y destruir las sustancias extrañas. Con el uso de estos fármacos hay más probabilidades de que los trasplantes tengan éxito. Sin embargo, mientras los inmunosupresores inhiben la reacción del sistema inmunológico hacia el órgano trasplantado, también reducen la capacidad del sistema inmunológico para combatir las infecciones y quizá para destruir las células cancerosas. De este modo, los receptores de trasplantes se encuentran en un riesgo elevado de desarrollar infecciones y ciertos tipos de cáncer.

Se pueden utilizar muchos tipos diferentes de inmunosupresores para prevenir o controlar el rechazo. La mayoría de ellos, inclusive los corticosteroides, suprimen el sistema inmunológico en su totalidad. La globulina antilinfocítica, la globulina antitimocítica y los anticuerpos monoclonales suprimen únicamente partes específicas del sistema inmunológico.

Los inmunosupresores deben ser administrados indefinidamente. Sin embargo, las dosis elevadas habitualmente sólo son necesarias durante las primeras semanas después del trasplante o durante un episodio de rechazo. Después, dosis más bajas pueden habitualmente evitar el rechazo. Al primer signo de rechazo, el médico aumenta la dosis del inmunosupresor, lo cambia por uno de otro tipo o utiliza más de un inmunosupresor.

Algunas veces se aplica radiación dirigida al trasplante y a los tejidos circundantes para suprimir el sistema inmunológico. Antes de un trasplante de médula ósea en las personas con leucemia, es necesaria la irradiación de todo el cuerpo para destruir la médula ósea, que está produciendo células cancerosas. La irradiación de todos los ganglios linfáticos (irradiación linfática total) parece ser un sistema seguro y eficaz para suprimir el sistema inmunológico, pero este tratamiento todavía está en fase de investigación.

■ Trasplante de riñón

En las personas de todas las edades cuyos riñones no funcionan a pesar de los tratamientos recibidos (insuficiencia renal irreversible), el trasplante de riñón es una alternativa a la diálisis que puede salvar vidas. En Estados Unidos, por ejemplo, se trasplantan aproximadamente 11 000 riñones cada año. En torno al 90 % de los riñones obtenidos de donantes vivos se encuentran funcionando un año después del trasplante; del 3 al 5 % de estos riñones dejan de funcionar cada año que pasa. Aproximadamente del 70 al 90 % de los riñones procedentes de un donante recién fallecido siguen funcionando al cabo de un año; entre el 5 y el 8 % dejan de funcionar cada año que pasa. Los

Trasplante renal

El riñón trasplantado se encuentra en la pelvis. Anastomosis con la arteria ilíaca y la vejiga. Obsérvense los riñones pequeños, típicos de la insuficiencia renal crónica.

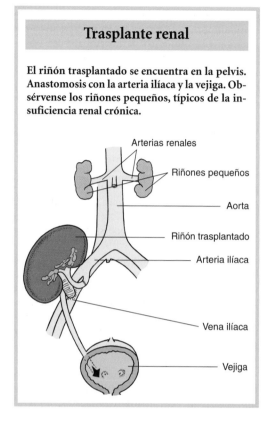

Arterias renales

Riñones pequeños

Aorta

Riñón trasplantado

Arteria ilíaca

Vena ilíaca

Vejiga

riñones trasplantados a veces funcionan durante más de treinta años. Las personas con riñones trasplantados con éxito habitualmente llevan una vida normal y activa.

Más de dos tercios de los riñones trasplantados provienen de personas que han fallecido, por lo general en un accidente. Los riñones son extirpados, enfriados y transportados rápidamente a un centro médico para trasplantarlos a una persona que tiene un tipo de tejido compatible y cuya sangre no contiene anticuerpos contra los tejidos del donante.

El trasplante de riñón es una intervención de cirugía mayor. El riñón donado se coloca en la pelvis con una incisión y se conecta a los vasos sanguíneos y a la vejiga del receptor. Por lo general, los riñones que no funcionan se dejan en su sitio. A veces se extraen porque están causando hipertensión incontrolable o están infectados.

A pesar del uso de inmunosupresores, a menudo se presentan uno o más episodios de rechazo poco después del trasplante. El rechazo de un riñón puede producir fiebre así como un aumento de peso debido a la retención de líquidos (porque los riñones no están eliminando suficientes líqui-

dos desde el torrente sanguíneo). La zona localizada por encima del riñón trasplantado puede estar muy sensible e hinchada, se puede producir menos orina y la presión arterial puede aumentar. Los análisis de sangre pueden detectar un deterioro de la función renal. Si el médico no está seguro de que se haya producido un rechazo del riñón, puede realizar una biopsia utilizando una aguja.

El rechazo generalmente puede ser detenido aumentando la dosis del inmunosupresor, cambiando el tipo, o utilizando más de un inmunosupresor. Cuando el rechazo no se puede detener, el trasplante ha fracasado. El riñón rechazado puede dejarse en su sitio a menos que persistan la fiebre, el dolor, sangre en la orina o hipertensión arterial. Cuando el trasplante fracasa, se debe iniciar de nuevo la diálisis. Con frecuencia, se puede trasplantar otro riñón después de haberse recuperado la persona del primer intento. La probabilidad de éxito de los segundos trasplantes es casi tan elevada como la de los primeros.

El rechazo y otras complicaciones se producen habitualmente dentro de los 3 o 4 meses posteriores al trasplante. Después, el receptor continúa tomando inmunosupresores indefinidamente, a menos que estos ocasionen efectos secundarios o que se produzca una infección grave. Si se suspenden los inmunosupresores, incluso durante un período breve, el organismo puede rechazar el nuevo riñón. El rechazo que se desarrolla durante varias semanas o meses es relativamente frecuente y puede hacer que la función renal se deteriore de forma gradual.

Comparados con la población general, los receptores de trasplantes de riñón tienen entre 10 y 15 veces más probabilidades de desarrollar un cáncer, probablemente porque los fármacos requeridos para evitar el rechazo del riñón trasplantado también suprimen el sistema inmunológico, que ayuda a defender al organismo del cáncer. Las personas receptoras de trasplantes de riñón tienen aproximadamente treinta veces más probabilidades de desarrollar cáncer del sistema linfático (linfoma) que la población general. Sin embargo, incluso entre los receptores de trasplantes de riñón, este cáncer todavía es relativamente poco frecuente.

■ Trasplante de hígado

El trasplante de hígado es la única opción en las personas cuyo hígado ya no puede funcionar. Un

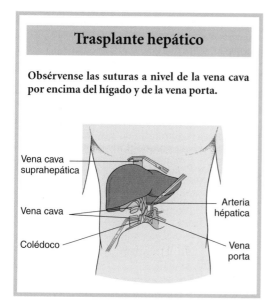

Trasplante hepático

Obsérvense las suturas a nivel de la vena cava por encima del hígado y de la vena porta.

Vena cava suprahepática

Vena cava

Colédoco

Arteria hépatica

Vena porta

Los trasplantes de hígado se rechazan un poco menos intensamente que los trasplantes de otros órganos, como el riñón y el corazón. Sin embargo, se deben administrar inmunosupresores después del trasplante. Si el receptor presenta un aumento de tamaño del hígado, náuseas, dolor, fiebre, ictericia o una función hepática anormal (detectada mediante análisis de sangre), el médico puede realizar una biopsia utilizando una aguja. Los resultados de la biopsia ayudan al médico a determinar si el hígado está siendo rechazado y si es necesario ajustar el tratamiento inmunosupresor.

■ Trasplante de corazón

El trasplante de corazón se reserva para las personas que tienen una insuficiencia cardíaca grave y que no pueden ser tratadas eficazmente con fármacos u otras formas de cirugía. En algunos centros médicos los corazones mecánicos pueden mantener con vida a los pacientes durante semanas o meses hasta que se encuentre un corazón compatible. Además, se están utilizando corazones artificiales implantables, recientemente desarrollados, para poder esperar hasta encontrar un corazón o, en algunas situaciones experimentales, para ser utilizados como un sustituto a largo plazo. Sin embargo, muchas personas fallecen mientras esperan.

Aproximadamente el 95 % de las personas que se han sometido a un trasplante de corazón mejoran sustancialmente su capacidad para realizar ejercicio y llevar a cabo las actividades diarias en comparación con el período previo al trasplante. Y cerca del 85 % de los receptores de trasplantes cardíacos sobreviven por lo menos durante un año.

Con una incisión en el tórax, se extrae la mayor parte del corazón lesionado, pero se dejan las paredes posteriores de la parte superior de las cavidades del corazón (aurículas). A continuación, se conecta el corazón donado a lo que queda del corazón del receptor. El procedimiento dura aproximadamente de 3 a 5 horas. La permanencia en el hospital después de esta operación suele ser de 7 a 14 días.

Se deben administrar inmunosupresores para evitar el rechazo de un corazón trasplantado. El rechazo, si se presenta, generalmente produce fiebre, debilidad y un ritmo cardíaco rápido o anormal. Dado que el corazón trasplantado no está funcionando bien, la presión arterial desciende y

hígado completo sólo puede obtenerse de una persona que ha fallecido, pero un donante vivo puede aportar una parte de su hígado. El hígado donado puede almacenarse entre 8 y 15 horas, a veces hasta veinticuatro horas. Algunas personas mueren mientras esperan que un hígado compatible esté disponible.

Aproximadamente el 80 % de los receptores de trasplantes de hígado sobreviven por lo menos un año. La mayoría de los receptores son personas cuyo hígado ha sido destruido por una cirrosis biliar primaria, una hepatitis o por el uso de un fármaco tóxico para el hígado (como dosis elevadas de paracetamol). Las personas cuyo hígado ha sido destruido por el alcoholismo pueden recibir un trasplante si dejan de beber. En las personas con una cirrosis biliar primaria, el trasplante de hígado a menudo les salva la vida. En las personas con cáncer hepático, el trasplante de hígado rara vez da buenos resultados. El cáncer suele reaparecer en el hígado trasplantado o en otro sitio. Menos del 20 % de los receptores que tienen cáncer hepático sobreviven al año. En las personas con hepatitis vírica, el virus tiende a infectar el hígado trasplantado.

El hígado lesionado se extrae practicando una incisión en el abdomen. Luego se coloca en su sitio el hígado donado y se conecta a los vasos sanguíneos y los conductos biliares del receptor. Por lo general, se requieren transfusiones de sangre. Habitualmente, la operación dura 4,5 horas o más y la permanencia del paciente en el hospital es de 7 a 12 días.

FÁRMACOS UTILIZADOS PARA EVITAR EL RECHAZO DE LOS TRASPLANTES

TIPO	FÁRMACO	POSIBLES REACCIONES ADVERSAS	COMENTARIOS
Corticosteroides (antiinflamatorios potentes que suprimen el sistema inmunológico en su totalidad)			
	Dexametasona Prednisolona Prednisona	Altas concentraciones de azúcar en la sangre (como en la diabetes mellitus), debilidad muscular, osteoporosis, retención de agua, úlceras en el estómago, hinchazón de la cara, piel frágil y exceso de vello en la cara	Administrado por vía intravenosa en una dosis elevada en el momento del trasplante; luego se reduce gradualmente hasta una dosis de mantenimiento administrada por vía oral, por lo general de forma indefinida
Globulinas (sustancias naturales producidas por el organismo que suprimen partes específicas del sistema inmunológico)			
	Globulina antilinfocítica Globulina antitimocítica	Reacciones alérgicas graves (anafilácticas) con fiebre y escalofríos, que habitualmente se presentan sólo después de la primera o de la segunda dosis	Administrado por vía intravenosa; utilizado con otros inmunosupresores para que el otro inmunosupresor se pueda iniciar más tarde o su dosis pueda ser reducida (a fin de disminuir las reacciones adversas)
Inmunosupresores de los macrólidos (fármacos que suprimen partes específicas del sistema inmunológico)			
	Sirolimus	Niveles elevados de colesterol, hipertensión arterial, erupción, anemia, dolor articular, diarrea, bajas concentraciones de potasio y un mayor riesgo de linfoma	Administrado por vía oral y usado con corticosteroides o ciclosporina en las personas que han recibido un trasplante de riñón
	Tacrolimus	Temblor, cefalea, diarrea, hipertensión arterial, náuseas, lesiones del hígado y del riñón, insomnio, aumento del tamaño del corazón y un mayor riesgo de linfoma	Administrado por vía intravenosa o por vía oral en el momento del trasplante o posteriormente; utilizado como alternativa a la ciclosporina en las personas que han recibido un trasplante de hígado
Inhibidores de la mitosis (fármacos que suprimen la división de las células y de ese modo la producción de glóbulos blancos)			
	Azatioprina	Fatiga, mayor riesgo de infección, tendencia a sangrar, náuseas, vómitos, hepatitis (excepcionalmente) y una disminución del recuento de glóbulos blancos	Administrado por vía intravenosa o por vía oral en el momento del trasplante y a menudo continuado indefinidamente a veces en una dosis reducida; puede ser utilizado con la ciclosporina

TIPO	FÁRMACO	POSIBLES REACCIONES ADVERSAS	COMENTARIOS
Inhibidores de la mitosis *(Continuación)*			
	Tacrolimus	Fatiga, mayor riesgo de infección, tendencia a sangrar, náuseas, vómitos, caída del cabello, inflamación de la vejiga (cistitis) con hemorragia, e infertilidad	Administrado por vía intravenosa o por vía oral; utilizado en las personas que no toleran la azatioprina; utilizado en dosis elevadas en las personas que han recibido un trasplante de médula ósea
	Metotrexato	Fatiga, mayor riesgo de infección, tendencia a sangrar, náuseas, vómitos, llagas en la boca, trastornos digestivos, sensación general de enfermedad, escalofríos, fiebre y mareo	Administrado por vía oral o inyectado en el músculo
Anticuerpos monoclonales (sustancias que rastrean y suprimen partes específicas del sistema inmunológico)			
	Basiliximab Daclizumab Infliximab Muromonab (OKT3)	Reacciones alérgicas graves (anafilácticas), fiebre, estremecimientos (contracciones), dolor muscular y articular, irritación del tracto digestivo, convulsiones y tolerancia al fármaco (el fármaco se vuelve menos eficaz en los episodios de rechazo subsiguientes); las reacciones adversas graves habitualmente se presentan sólo después de las primeras dosis	Administrados por vía intravenosa en el momento de un episodio de rechazo o en el momento del trasplante
Metabolito de los hongos (sustancia producida por un hongo y que inhibe la actividad de los linfocitos T)			
	Ciclosporina	Lesiones del hígado y el riñón, hipertensión arterial, temblor, engrosamiento de las encías, vellosidad excesiva (hirsutismo) y mayor riesgo de cáncer	Administrado inicialmente por vía intravenosa, luego por vía oral; por lo general administrado con azatioprina o prednisona
Otros			
	Glatiramer acetato	Inflamación en el sitio de inyección, dolor en el pecho, debilidad, infecciones, dolor, náuseas y dolor articular	Inyectado debajo de la piel; utilizado en las personas que han recibido trasplantes de hígado
	Micofenolato mofetilo	Diarrea, una infección de la sangre (sepsis), náuseas, vómitos y un mayor riesgo de linfoma	Administrado inicialmente por vía intravenosa, luego por vía oral; utilizado con corticosteroides o ciclosporina

se acumula líquido en las extremidades, especialmente en las piernas, y a veces en el abdomen, produciendo hinchazón (edema). También se puede acumular líquido en los pulmones. Si el rechazo es leve, es posible que no se presente ningún síntoma, pero el electrocardiograma (ECG) puede detectar cambios en la actividad eléctrica del corazón. Si el médico sospecha que se está produciendo un rechazo, realizará habitualmente una biopsia. Se introduce un catéter en una vena con una incisión en el cuello y se dirige hasta el corazón. Se utiliza un dispositivo localizado en el extremo del catéter para extraer una pequeña muestra de tejido, el cual se examina al microscopio. Si el médico encuentra indicios de rechazo, aumenta la dosis del inmunosupresor, cambia el tipo, o utiliza más de un inmunosupresor.

Casi la mitad de todas las muertes que tienen lugar después de un trasplante de corazón se deben a infecciones. Aproximadamente una cuarta parte de las personas que se han sometido a un trasplante cardíaco desarrollan aterosclerosis en las arterias coronarias.

■ Trasplante cardiopulmonar

Por lo general se trasplanta un pulmón, pero se pueden trasplantar los dos pulmones. Cuando una afección pulmonar también ha lesionado el corazón, se pueden trasplantar al mismo tiempo uno o ambos pulmones y el corazón. Dado que es difícil conservar un pulmón para un trasplante, se debe realizar el trasplante lo más pronto posible después haberse obtenido uno.

Los trasplantes de pulmón pueden provenir de un donante vivo o de alguien que haya muerto recientemente. Un donante vivo no puede donar más de un pulmón entero y generalmente dona sólo un lóbulo. Una persona que ha muerto puede proporcionar ambos pulmones o el corazón y los pulmones.

Con una incisión en el tórax se extrae el pulmón o los pulmones del receptor y se reemplazan por los del donante. Los vasos sanguíneos que entran y salen del pulmón (las arterias y las venas pulmonares) y las vías respiratorias principales (los bronquios) se conectan al pulmón o pulmones trasplantados. La operación dura de 4 a 8 horas para un pulmón y de 6 a 12 horas para los dos pulmones. Se puede trasplantar un corazón y los pulmones al mismo tiempo. La permanencia en el hospital después de estas intervenciones suele ser de 7 a 14 días.

Aproximadamente el 70% de las personas que reciben un trasplante de pulmón sobreviven por lo menos un año. El riesgo de infección es alto porque los pulmones están expuestos constantemente al aire, que contiene bacterias y otros microorganismos que pueden causar enfermedades. El sitio al cual se conecta la vía aérea a veces cicatriza mal. Se puede formar tejido fibroso, estrechando la vía aérea, reduciendo el flujo de aire y produciendo dificultad respiratoria. El tratamiento de esta complicación consiste en ensanchar (dilatar) las vías respiratorias, por ejemplo, colocando un *stent* (un tubo con una malla de alambre) en las vías aéreas.

El rechazo de un trasplante de pulmón puede ser difícil de detectar, evaluar y tratar. Más del 80% de las personas que reciben un trasplante de pulmón presentan algunos síntomas de rechazo en el transcurso de un mes después de realizado el trasplante. Entre los síntomas se incluyen fiebre, ahogo y debilidad. La debilidad se presenta porque el pulmón trasplantado no puede proporcionar suficiente oxígeno para satisfacer las necesidades del organismo. Posteriormente, se puede formar tejido cicatricial en las vías aéreas pequeñas, que las bloquea de modo gradual, indicando posiblemente un rechazo progresivo. El rechazo de un trasplante de pulmón puede controlarse aumentando la dosis de un inmunosupresor, cambiando el tipo, o utilizando más de un inmunosupresor.

■ Trasplante de páncreas

Se puede trasplantar la totalidad del páncreas o sólo las células que producen insulina (células de los islotes). Los trasplantes de las células de los islotes pueden ser de las propias células de la persona (un procedimiento denominado autotrasplante de las células de los islotes) o células de otra persona (un procedimiento denominado alotrasplante de células de los islotes). A veces se pueden utilizar las células propias de los islotes para evitar el desarrollo de la diabetes cuando se debe extirpar el páncreas, por ejemplo, en las personas que tienen una pancreatitis crónica que produce un dolor difícil de controlar. El trasplante de las células de los islotes de otra persona o a veces la totalidad del páncreas se utiliza para tratar a los individuos que tienen una diabetes que es difícil de controlar y que aún no ha causado complicaciones graves. Sin embargo, este procedimiento puede tener otros usos en el futuro.

El trasplante de la totalidad del páncreas es una intervención de cirugía mayor, que requiere una incisión en el abdomen y la aplicaciónde anestesia general. El páncreas del receptor no se extirpa. Habitualmente, la operación dura aproximadamente tres horas y la permanencia en el hospital es aproximadamente de 1 a 3 semanas.

Por el contrario, el trasplante de las células de los islotes no es una intervención de cirugía mayor y sólo requiere anestesia local sin necesidad de permanecer en el hospital, o sólo durante un período breve. Las células de los islotes se pueden inyectar por una aguja fina en la vena umbilical en el abdomen del receptor o por una sonda introducida en una vena que va hasta el hígado.

Más del 80 % de las personas con diabetes que reciben un trasplante de páncreas y aproximadamente el 75 % de las que reciben un trasplante de células de los islotes tienen posteriormente concentraciones normales de azúcar en la sangre y no necesitan usar insulina. Sin embargo, a las personas que reciben un trasplante de páncreas o de las células de los islotes de otra persona, se les debe administrar inmunosupresores, una desventaja importante ya que estos fármacos aumentan el riesgo de infección y tienen otros efectos adversos. De este modo, el riesgo de recibir insulina (que puede producir concentraciones anormalmente bajas de azúcar en la sangre) y tener menos control de la diabetes se cambia por el riesgo de recibir inmunosupresores (que aumentan el riesgo de infección) y tener un mejor control de la diabetes. Debido al riesgo de recibir inmunosupresores, por lo general estos trasplantes han sido reservados para las personas que ya están utilizando inmunosupresores por otro motivo, por ejemplo, aquellas que han recibido un trasplante de riñón debido a una insuficiencia renal. El páncreas y el riñón a menudo son trasplantados al mismo tiempo.

■ Trasplante de células madre

Las células madre son células no especializadas de las cuales se derivan todas las células especializadas. Los adultos, al igual que los embriones, poseen células madre. Las células madre para los diferentes tipos de células de la sangre se pueden obtener de la médula ósea o, en pequeñas cantidades, de la sangre. Se cree que las células madre obtenidas a partir de los fetos son mejores porque tienen mayor probabilidad de sobrevivir a los trasplantes que las obtenidas de los niños o

los adultos. El **trasplante de médula ósea** es un tipo de trasplante de células madre, ya que la médula ósea contiene células madre que producen más células sanguíneas.

El trasplante de células madre puede utilizarse como parte del tratamiento de la leucemia, de ciertos tipos de linfoma (inclusive la enfermedad de Hodgkin) y de la anemia aplásica. También puede utilizarse para tratar a los niños con ciertos trastornos genéticos, inclusive la talasemia, la anemia de células falciformes y algunos trastornos metabólicos congénitos o trastornos debidos a inmunodeficiencia (como la enfermedad granulomatosa crónica). Ciertos tipos de células madre también se pueden utilizar como trasplantes en las personas con una médula ósea destruida por dosis elevadas de quimioterapia o radioterapia utilizadas para tratar ciertos tipos de cáncer, como el cáncer de mama. El trasplante de células madre puede llegar a ser útil para tratar otros trastornos, como la enfermedad de Parkinson y la enfermedad de Alzheimer, en los cuales las células madre trasplantadas pueden transformarse en células cerebrales.

Las células madre pueden ser células propias de la persona (un procedimiento denominado trasplante autólogo) o de células de un donante (el denominado trasplante alogénico). Cuando se utilizan las células madre propias de la persona, se deben recolectar antes de la quimioterapia o la radioterapia porque estos tratamientos pueden lesionar las células madre. Estas células son inyectadas nuevamente en el cuerpo después del tratamiento.

Para el trasplante de médula ósea, suele administrarse anestesia general al donante. Luego se extrae médula del hueso de la cadera del donante con una jeringa. La extracción de la médula ósea dura aproximadamente una hora.

Algunas veces se obtienen células madre de la sangre de los adultos en un procedimiento ambulatorio. Primero, se le administra al donante un fármaco que hace que la médula ósea libere más células madre al torrente sanguíneo. Luego se extrae sangre por un catéter introducido en un brazo y se la hace circular por una máquina que separa las células madre. Se le restituye el resto de la sangre a la persona por un catéter introducido en el otro brazo. Por lo general, se requieren unas seis sesiones que duran de 2 a 4 horas durante un período de 1 a 2 semanas para obtener una cantidad suficiente de células madre. Las células madre se pueden conservar congeladas para utilizarlas posteriormente.

¿Qué son las células madre?

Las células madre son células indiferenciadas. Eso significa que tienen el potencial para convertirse en uno de los diferentes tipos de células especializadas. Algunas células madre pueden ser estimuladas a convertirse en cualquier tipo de célula en el organismo. Otras ya están diferenciadas parcialmente; estas células madre se pueden convertir, por ejemplo, en cualquier tipo de células nerviosas o glandulares. Las células madre se dividen, produciendo más células madre, hasta ser estimuladas a especializarse. Luego, a medida que continúan dividiéndose, se vuelven más y más especializadas, hasta perder la capacidad de ser otra cosa que un solo tipo de célula. Las células madre producen todas las células del organismo, más de doscientos tipos de células, incluidas las células sanguíneas, nerviosas, musculares, cardíacas, glandulares y las células de la piel.

Los investigadores creen que las células madre pueden ser orientadas para reparar o sustituir células o tejidos lesionados o destruidos por algunos trastornos, como la enfermedad de Alzheimer, la enfermedad de Parkinson, la diabetes y las lesiones de la médula espinal. Las células madre pueden ser manipuladas estimulando el código genético que hace que ellas se especialicen. Las células madre se pueden obtener a partir de cuatro fuentes (pero dentro de poco tiempos se podrán descubrir otras fuentes):

Embriones: se obtienen células madre a partir de los embriones producidos en las clínicas de fertilidad mediante la fertilización en un tubo de ensayo (in vitro). El esperma del hombre y varios óvulos de la mujer son colocados en un recipiente con un medio de cultivo. El esperma fecunda al óvulo y la célula resultante se divide, formando un embrión. Varios embriones que tienen la apariencia más saludable son colocados en el útero de la mujer. El resto son descartados o congelados para ser utilizados más tarde si es necesario. Las células madre se pueden obtener de los embriones que no son utilizados. En el proceso, los embriones son destruidos. Por esta razón, el uso de células madre de embriones es discutido. Algunos investigadores piensan que esas células madre tienen el mayor potencial para la producción de diferentes tipos de células y para la supervivencia después de ser trasplantadas.

Fetos: después de ocho semanas de desarrollo, el embrión se denomina feto. Las células madre pueden ser obtenidas a partir de fetos que han sido perdidos o abortados.

Cordón umbilical: las células madre se pueden obtener de la sangre del cordón umbilical o de la placenta después de haber nacido un bebé. Estas células madre solamente pueden producir células sanguíneas.

Niños y adultos: la médula ósea y la sangre de niños y adultos contienen células madre. Estas células madre sólo pueden producir células sanguíneas. En la actualidad, éstas son las únicas células madre que se utilizan para trasplantes .

El médico inyecta las células madre en la vena del receptor. Las células madre inyectadas migran hacia los huesos del receptor y comienzan a multiplicarse en ellos y a producir células sanguíneas.

El trasplante de células madre es peligroso porque los glóbulos blancos del receptor han sido destruidos o disminuidos en número por la quimioterapia o la radioterapia. Como resultado, el riesgo de infección es muy elevado durante aproximadamente 2 o 3 semanas, hasta que las células madre donadas puedan producir suficientes glóbulos blancos para proteger a la persona contra las infecciones.

Otro problema es que la nueva médula ósea obtenida de otra persona puede producir células que atacan a las células del receptor, causando la enfermedad del injerto contra el huésped ● *(v. pág. 1181).* Además, el trastorno original puede recurrir.

El riesgo de infección se puede reducir manteniendo al receptor bajo aislamiento durante un período de tiempo (hasta comenzar las células trasplantadas a producir células sanguíneas). Durante este tiempo, los miembros del equipo del hospital y los visitantes deben usar máscaras y batas y lavarse las manos cuidadosamente antes de ingresar a la habitación. Los anticuerpos aislados de la sangre del donante se le pueden administrar al receptor por vía intravenosa para ayudar a protegerlo de infecciones. Los factores de crecimiento, que estimulan la producción de células sanguíneas, pueden ayudar a disminuir el riesgo de infección y de la enfermedad del injerto contra el huésped.

Los receptores de un trasplante de células madre suelen permanecer en el hospital durante 1 o 2 meses. Después de salir del hospital, son necesarias las visitas de seguimiento a intervalos regulares. La mayoría de las personas necesitan por lo menos un año para recuperarse.

Trasplantes de córnea y por qué generalmente funcionan bien

El trasplante de córnea es un tipo de trasplante frecuente y sumamente exitoso. Una córnea cicatrizada u opaca puede ser reemplazada por otra transparente y sana utilizando un procedimiento quirúrgico microscópico que dura aproximadamente una hora. Las córneas donadas provienen de personas que han fallecido recientemente. Se utiliza un anestésico local o general. Se talla la cornea donada hasta alcanzar el tamaño correcto, se extrae la cornea dañada y se sutura la córnea donada en su sitio. El receptor, por lo general, permanece en el hospital 1 o 2 noches, pero puede irse a su casa el mismo día.

La córnea rara vez es rechazada porque no posee irrigación sanguínea propia. Recibe el oxígeno y los otros nutrientes de los tejidos y los líquidos cercanos. Los componentes del sistema inmunológico que inician el rechazo en respuesta a una sustancia extraña, determinados glóbulos blancos y anticuerpos, son transportados en el torrente sanguíneo. Por lo tanto, esas células y anticuerpos no llegan a la córnea trasplantada, no encuentran el tejido extraño en ese sitio y no inician el rechazo. Los tejidos con irrigación sanguínea rica tienen muchas más probabilidades de ser rechazados.

■ Trasplante de otros órganos

Los injertos de piel se pueden utilizar en las personas que han perdido grandes extensiones de piel, por ejemplo, debido a quemaduras extensas. El injerto de piel es más eficaz cuando se obtiene piel sana de una parte del cuerpo y se injerta en otra parte. Cuando este injerto no es posible, se puede utilizar la piel de un donante o incluso de animales (cerdos, por ejemplo) como una medida temporal. Estos injertos duran sólo un breve período, ofrecen una protección temporal hasta que crezca piel normal que pueda reemplazarlos. La cantidad de piel disponible para un injerto se puede aumentar sembrando pequeños fragmentos de la piel de la persona en un cultivo de tejidos o realizando numerosos cortes pequeños en la piel injertada, de modo que pueda ser estirada y cubrir una zona mucho más extensa.

Se puede trasplantar cartílago con éxito sin utilizar inmunosupresores. El sistema inmunológico ataca al cartílago trasplantado mucho menos enérgicamente que a otros tejidos. En los niños,

el cartílago se suele utilizar para reparar defectos en las orejas o en la nariz. En los adultos, puede ser utilizado para reparar las articulaciones lesionadas por la artritis.

Las córneas, las cúpulas transparentes localizadas sobre la superficie de los ojos, por lo general pueden ser trasplantadas con éxito sin el uso de inmunosupresores.

El tejido óseo de una parte del cuerpo se puede utilizar para reemplazar el hueso en otra parte. El hueso trasplantado de una persona a otra sobrevive sólo durante un período breve. Sin embargo, estimula el crecimiento de hueso nuevo, estabiliza la zona hasta poderse formar hueso nuevo y proporcionar un armazón que será rellenado por el hueso nuevo.

El trasplante del intestino delgado está en experimentación. Puede ser usado como último recurso cuando el intestino ha sido destruido por una enfermedad o no funciona lo suficientemente bien para mantener la vida. Dado que el intestino delgado contiene gran cantidad de tejido linfático, el tejido intestinal nuevo puede producir células que atacan las del receptor, causando la enfermedad del injerto contra el huésped.

La enfermedad de Parkinson puede ser tratada trasplantando tejido de las glándulas suprarrenales de la persona al cerebro de esa misma persona. Como alternativa, se puede utilizar tejido cerebral de fetos abortados. Ambos procedimientos pueden aliviar los síntomas. Sin embargo, existen controversias acerca de si es aceptable éticamente utilizar tejidos de fetos abortados.

El timo de fetos resultados de abortos naturales o provocados puede ser trasplantado a los niños que nacen sin el timo (un trastorno denominado

Reimplantes de una parte del cuerpo

Si los dedos, las manos y los brazos están relativamente íntegros después de ser separados del cuerpo, a veces pueden ser reimplantados con éxito. El reimplante de piernas tiene menos éxito. Se mantiene limpia la parte separada y se empaca en hielo hasta poder ser utilizada. El reimplante rápido es decisivo para que pueda restablecerse el suministro de sangre a la zona separada. Excepcionalmente, se han hecho intentos de trasplantar esas partes de una persona a otra, pero esa técnica es experimental.

anomalía de DiGeorge). Cuando el timo está ausente, el sistema inmunológico es deficiente, dado que los glóbulos blancos, que son parte vital del sistema inmunológico de defensa contra las sustancias extrañas, maduran en el timo. El trasplante del timo restablece el sistema inmunológico afectado en estos niños. Sin embargo, el nuevo timo puede producir células que atacan a las células del receptor, causando la enfermedad del injerto contra el huésped.

INFECCIONES

CAPÍTULO 188

Biología de las enfermedades infecciosas

Los microorganismos, entre los que se encuentran las bacterias y los virus, son seres microscópicos. Se encuentran presentes en todas partes y son muy abundantes. Sin embargo, entre las miles de especies existentes de microorganismos, son pocas las que se multiplican e invaden a los seres humanos produciéndoles enfermedades.

Muchos de ellos, en especial las bacterias, viven sobre la piel, en la boca, en las vías respiratorias altas, en el intestino y en los genitales (particularmente en la vagina) sin causar enfermedades. El que permanezcan como un inofensivo compañero, o invadan y causen una enfermedad en el huésped, depende de la naturaleza del microorganismo y del estado de las defensas del cuerpo humano.

■ Flora habitual

Una persona sana vive en armonía con la mayor parte de los microorganismos que (colonizan) se establecen en determinadas partes de su cuerpo. Estos microorganismos, que por lo general son bacterias y ocupan un lugar particular en el cuerpo, se conocen como flora habitual. La flora habitual comprende diferentes tipos de microorganismos según el lugar donde se encuentren; lo

normal es que algunas zonas del cuerpo humano estén colonizadas por varios cientos de tipos diferentes de bacterias. En lugar de causar una enfermedad, esta flora suele proteger el cuerpo de otros microorganismos que sí las provocan. Si por alguna razón la flora es alterada en algún momento, vuelve a recuperarse rápidamente. Los microorganismos que colonizan el cuerpo humano por unas horas o unas semanas, pero que no se establecen en él de forma permanente, se conocen como flora transitoria.

Diversos factores medioambientales (como la dieta, las condiciones de higiene, la polución del aire y los hábitos higiénicos) influyen en el desarrollo de las especies que constituyen la flora habitual de un individuo. En determinadas circunstancias, los microorganismos que forman parte de la flora habitual de una persona provocan alguna enfermedad. Tales afecciones incluyen el uso continuado de antibióticos y una deficiencia del sistema inmunológico (como ocurre en personas con sida, cáncer o pacientes tratados con corticosteroides o quimioterapia). En ocasiones, cuando los antibióticos utilizados para tratar una infección tienen una amplia actividad o espectro, acaban involuntariamente con una gran proporción de la flora habitual de la piel, la vagina o el intestino, y permiten crecer a otras bacterias u hongos indeseables. Un ejemplo es una infección vaginal por levaduras derivada de la toma de antibióticos por una infección de orina.

■ Cómo aparece una infección

Las enfermedades infecciosas son, por lo general, provocadas por microorganismos que invaden el cuerpo y se multiplican en él. La invasión se inicia mediante su adherencia a las células de la persona afectada. La adherencia es un proceso muy específico, que implica una conexión entre el microorganismo y las células del organismo similar al de una llave con su cerradura. El que el microorganismo permanezca cerca del punto de invasión, o bien se extienda a puntos lejanos depende de factores como su producción de toxinas, enzimas u otras sustancias.

Algunos microorganismos que invaden el cuerpo producen toxinas. Por ejemplo, *Clostridium tetani*, al infectar una herida, produce una toxina que causa la enfermedad denominada tétanos. Algunos microorganismos de los alimentos producen toxinas causantes de enfermedad sin necesidad de invadir el cuerpo. Un ejemplo es la intoxicación alimentaria causada por la toxina del estafilococo. La mayoría de las toxinas tienen componentes que se unen específicamente con moléculas de ciertas células (células diana) donde causan la enfermedad. Las toxinas desempeñan un papel importante en enfermedades como el tétanos, el síndrome de *shock* tóxico, el botulismo, el ántrax y el cólera.

Después de invadido el cuerpo, los microorganismos deben multiplicarse para producir la infección. Tras multiplicarse, pueden suceder tres cosas: que estos microorganismos sigan multiplicándose y desborden las defensas provocando una infección aguda, que alcancen un estado de equilibrio causando una infección crónica, o que el cuerpo, con o sin tratamiento médico, destruya y elimine el microorganismo invasor. Muchos de los microorganismos causantes de enfermedades tienen propiedades que aumentan la gravedad del proceso y resisten a los mecanismos de defensa del cuerpo: son los llamados factores de virulencia. Por ejemplo, algunas bacterias producen enzimas que rompen los tejidos, permitiendo que la infección se extienda con mayor rapidez. Por otro lado, algunos microorganismos cuentan con mecanismos para bloquear los sistemas de defensa del cuerpo. Por ejemplo, pueden ser ca-

> ### Tipos de microorganismos causantes de infecciones
>
> **Bacteria:** Las bacterias son organismos microscópicos unicelulares. Ejemplos: *Streptococcus pyogenes* (faringitis estreptocócica); *Escherichia coli* (infección de las vías urinarias).
>
> **Virus:** Un virus es un pequeño organismo infeccioso mucho más pequeño que un hongo o una bacteria y que no puede reproducirse por sí solo; debe invadir una célula para subsistir y utiliza la maquinaria celular para reproducirse. Ejemplos: *Varicella zoster* (varicela, herpes zóster); *Rinovirus* (resfriado o catarro común).
>
> **Hongos:** Los hongos son, en realidad, un tipo de microorganismo vegetal. Las levaduras, los mohos y las setas son distintos tipos de hongos. Ejemplos: *Candida albicans* (infección vaginal por levaduras); *Tinea pedis* (pie de atleta).
>
> **Parásitos:** Un parásito es un organismo, como, por ejemplo, un gusano o un animal unicelular (protozoo), que sobrevive habitando en el interior de otro organismo, generalmente más grande (el huésped). Ejemplos: *Enterobius vermicularis* (oxiuros); *Plasmodium falciparum* (paludismo o malaria).

paces de interferir con la producción de anticuerpos o con la aparición de las células T (una variedad de glóbulos blancos) preparadas de modo específico para atacarlos. Otros tienen cubiertas externas (cápsulas) que los protegen de la fagocitosis por los glóbulos blancos. Así, el hongo *Cryptococcus* presenta una cápsula más gruesa después de entrar en los pulmones con el propósito específico de resistir a las defensas del cuerpo invadido. Algunas bacterias ofrecen resistencia a ser destruidas (lisis) por sustancias que circulan en el torrente sanguíneo. Otras incluso producen sustancias químicas que contrarrestan los efectos de los antibióticos.

■ Defensas del cuerpo contra la infección

Tanto las barreras físicas como el sistema inmunológico defienden el cuerpo contra los microorganismos que causan una infección. Las barreras físicas son la piel, las membranas mucosas, las lágrimas, la cera de los oídos, el moco y el ácido del estómago. Además, el flujo normal de orina elimina los microorganismos que ascienden por

Identificación de un microorganismo infeccioso

Generalmente es importante conocer qué microorganismo específico está produciendo una enfermedad. Diferentes microorganismos pueden ser la causa de una determinada situación (por ejemplo, la neumonía puede ser causada por virus, bacterias u hongos) y el tratamiento es distinto para cada organismo.

Hay muchas formas de identificar los microorganismos. A pesar del desarrollo de sistemas rápidos de identificación, el examen directo al microscopio de muestras tomadas del foco de infección constituye el método más rápido para detectar los microorganismos capaces de causar una enfermedad. Pero los microorganismos han de ser de un tamaño adecuado y estar presentes en un número suficiente para que puedan ser observados con un microscopio convencional. Algunas veces los microorganismos pueden verse al microscopio e identificarlos por sus formas y colores característicos. Sin embargo, los microorganismos suelen ser muy pocos o muy pequeños como para poder verlos, de forma que se les puede hacer proliferar en el laboratorio hasta que estén presentes en un número suficiente y se puedan reconocer mediante pruebas químicas. El proceso de crecimiento del organismo se denomina cultivo. Muchos microorganismos pueden crecer de esta manera, como, por ejemplo, las bacterias que causan la gonorrea y la faringitis estreptocócica. Los cultivos también se pueden utilizar para comprobar la sensibilidad de los microorganismos ante diversos antibióticos, lo que puede contribuir a que el médico establezca qué fármaco se debe utilizar para el tratamiento de una persona infectada. Esta estrategia es especialmente importante porque los microorganismos están desarrollando constantemente resistencia a los antibióticos que previamente eran eficaces.

Algunos microorganismos, como la bacteria que produce la sífilis y el virus que causa el sida, son muy difíciles de cultivar. Estas infecciones, entre muchas otras, pueden identificarse mediante la detección de anticuerpos contra los microorganismos en la sangre o en los fluidos corporales de la persona infectada (por ejemplo, el líquido cefalorraquídeo). Las pruebas basadas en anticuerpos se utilizan para el diagnóstico de muchas infecciones, pero no siempre son fiables. A menudo, los anticuerpos permanecen en el organismo muchos años después de que la infección haya desaparecido. Existen nuevas pruebas, como la reacción en cadena de la polimerasa, que identifican fragmentos de material genético de los microorganismos (ADN), que sólo pueden detectarse cuando el organismo está presente.

Estas pruebas sólo se realizan cuando el médico sospecha la existencia de una determinada enfermedad. Por lo tanto, para diagnosticar una infección, es esencial que el médico conozca todas las características que puede tener una enfermedad en una persona, incluidos los síntomas, la exploración física y los factores de riesgo.

---

el tracto urinario. El sistema inmunológico utiliza los glóbulos blancos y los anticuerpos para identificar los microorganismos que atraviesan las barreras físicas corporales y eliminarlos ● *(v. pág. 1256).*

➤ Las barreras físicas

Por lo general, la piel evita la invasión de muchos microorganismos a menos que esté físicamente dañada, por ejemplo, debido a una lesión, la picadura de un insecto o una quemadura.

Otras barreras físicas muy eficientes son las membranas mucosas, como son los revestimientos de la boca, la nariz y los párpados. Generalmente, estas membranas están cubiertas de secreciones que combaten a los microorganismos. Por ejemplo, las membranas mucosas de los ojos están bañadas en lágrimas, que contienen una enzima llamada lisozima que ataca a las bacterias y que actúa como protección de los ojos contra las infecciones.

Las vías respiratorias filtran partículas externas presentes en el aire inhalado. Las paredes de la nariz y las vías respiratorias están cubiertas de moco. Los microorganismos del aire quedan atascados en el moco y son expulsados al toser o al sonarse la nariz. El movimiento coordinado de las pequeñas prominencias similares a pelos (cilios) que revisten las vías aéreas contribuye a la expulsión del moco. Las células ciliadas arrastran el moco fuera de los pulmones por las vías aéreas.

El tracto gastrointestinal cuenta con una serie de barreras eficaces, como son el ácido del estómago, las enzimas pancreáticas, la bilis y las secreciones intestinales. Las contracciones del intestino (peristaltismo) y el desprendimiento normal de las células que lo revisten ayudan a eliminar los microorganismos perjudiciales.

La vejiga está protegida por la uretra, el tubo por el que la orina pasa cuando abandona el cuerpo. En los varones de más de 6 meses de edad, la uretra se prolonga de forma tal que las bacterias rara vez son capaces de pasar por ella para alcanzar la vejiga, a menos que, involuntariamente, se facilite el paso de las bacterias cuando se colocan sondas o instrumentos quirúrgicos. En las mujeres, la uretra es más corta, lo que a veces puede permitir el paso de las bacterias a la vejiga. El efecto de arrastre que produce la vejiga al vaciarse es otro mecanismo de defensa en ambos sexos. La vagina está protegida por el ambiente ácido que produce la flora habitual que la coloniza.

➤ La sangre

Una manera de defensa del cuerpo contra la infección es el incremento del número de ciertos tipos de glóbulos blancos (neutrófilos y monocitos), que se encargan de absorber y destruir los microorganismos que invaden el cuerpo. Dicho incremento puede producirse en pocas horas, en gran medida por la producción y liberación de glóbulos blancos desde la médula ósea. La cantidad de neutrófilos aumenta primero. Si la infección persiste, la cantidad de monocitos aumenta. Los eosinófilos, otro tipo de glóbulos blancos, aumentan de manera característica con las reacciones alérgicas y con algunas infestaciones parasitarias, pero habitualmente no lo hacen con las infecciones bacterianas. Debido a un mecanismo desconocido, algunas infecciones, como la fiebre tifoidea, producen una disminución del número de glóbulos blancos.

➤ Inflamación

Cualquier lesión, incluida una invasión de microorganismos, causa una compleja reacción en la zona afectada denominada inflamación. La inflamación es el resultado de distintas circunstancias. Gracias a la liberación de diferentes sustancias del tejido lesionado, la inflamación dirige las defensas del organismo para rodear la zona afectada, que atacan y matan a cualquier invasor, se deshacen del tejido muerto y dañado e inician el proceso de reparación. Sin embargo, a veces la inflamación no es capaz de controlar grandes cantidades de microorganismos.

Durante la inflamación, el torrente sanguíneo aumenta en la zona infectada, por lo que se observa la superficie del cuerpo roja y caliente. Las paredes de los vasos sanguíneos se vuelven más porosas, permitiendo de este modo que el líquido y los glóbulos blancos pasen al tejido afectado. El incremento de fluido causa la inflamación tisular. Los glóbulos blancos atacan la invasión de microorganismos y liberan sustancias que continúan con el proceso de inflamación. Otras sustancias desencadenan la coagulación en los diminutos vasos (capilares) de la zona inflamada, lo que retrasa la propagación de los microorganismos infectantes y sus toxinas. Muchas sustancias producidas durante la inflamación estimulan los nervios, lo que causa dolor. La infección habitualmente se acompaña de escalofríos, fiebre y dolores musculares producidos como reacción a las sustancias liberadas durante la misma.

➤ Respuesta inmunológica

Durante la evolución de una infección, el sistema inmunológico responde normalmente produciendo varias sustancias y agentes que tienen como objetivo el ataque específico a los microorganismos invasores ● *(v. pág. 1255)*. Por ejemplo, el sistema inmunológico puede crear células T asesinas (una variedad de glóbulos blancos) y anticuerpos específicos que reconocen y atacan al microorganismo invasor. Los anticuerpos se adhieren a los microorganismos inmovilizándolos, eliminándolos o ayudando a los neutrófilos a reconocerlos y a matarlos.

➤ Fiebre

El incremento de temperatura (fiebre) es una respuesta de protección del cuerpo ante la infección y la lesión. La elevada temperatura corporal mejora los mecanismos de defensa del organismo aun cuando pueda causar un pequeño malestar a la persona. La temperatura se debe considerar elevada cuando es superior a 37,8°C medidos con el termómetro en la boca. A pesar de que una temperatura de 37°C se debe considerar *normal*, la temperatura corporal varía de acuerdo con la hora del día, siendo más baja por la mañana y más alta al finalizar la tarde, cuando puede alcanzar los 37,7°C.

El hipotálamo, una parte del cerebro, ejerce el control de la temperatura corporal. La fiebre es consecuencia del reajuste en el termostato del hipotálamo. Al aumentar la temperatura corporal, la sangre se desplaza de la superficie de la piel hacia el interior del cuerpo, lo que reduce la pérdida de calor. Los escalofríos se producen para in-

Algunas causas de fiebre

- **Infección**

- **Cáncer**

- **Reacción alérgica**

- **Trastornos hormonales, como el feocromocitoma o el hipertiroidismo**

- **Enfermedades autoinmunes, como la artritis reumatoide**

- **Ejercicio físico intenso, especialmente en un clima caluroso**

- **Excesiva exposición al sol, en especial cuando hace calor**

- **Ciertos fármacos, como los anestésicos, los antipsicóticos y los anticolinérgicos; también, la sobredosis de aspirina**

- **Lesiones del hipotálamo (la región del cerebro que controla la temperatura), por ejemplo a causa de un traumatismo o un tumor cerebral**

crementar la producción de calor mediante la contracción muscular. Los esfuerzos del organismo por conservar y producir calor continuarán hasta que la sangre llegue al hipotálamo a la nueva temperatura más elevada. Entonces, la nueva temperatura más alta se mantiene. Luego, al volver el termostato a su nivel normal, el cuerpo eliminará el exceso de calor mediante el sudor y el desvío de la sangre hacia la piel.

La fiebre puede seguir un patrón: algunas veces la temperatura llega a un pico máximo y luego vuelve a la normalidad. Por otro lado, la fiebre puede ser remitente, es decir, que la temperatura varía pero recupera la normalidad. Ciertas personas, como por ejemplo los alcohólicos, las personas mayores y los muy jóvenes, pueden presentar un *descenso* de la temperatura como respuesta a una infección grave.

Las sustancias productoras de fiebre reciben el nombre de pirógenos. Éstos pueden provenir del interior o del exterior del organismo. Los microorganismos y las sustancias que producen (como las toxinas) son ejemplos de pirógenos formados en el exterior del cuerpo. Los pirógenos formados dentro del organismo suelen ser producidos por los monocitos. Los pirógenos exteriores al cuerpo provocan fiebre al estimular el organismo para que produzca sus propios pirógenos. La infección no es la única causa de fiebre; ésta también puede ser consecuencia de una inflamación, un cáncer o una reacción alérgica.

Por lo general, la fiebre tiene una causa conocida, que es a menudo una infección (como gripe, neumonía, infección de las vías urinarias o alguna otra infección) que el médico puede diagnosticar fácilmente mediante una breve historia, una exploración física o mediante la realización de pruebas complementarias como una radiografía de tórax y un análisis de orina. A veces, sin embargo, la causa de este síndrome no es fácilmente discernible. Si la fiebre continúa durante varios días y no tiene una causa obvia, se hace necesario investigar más específicamente. Entre las causas frecuentes de fiebre en los adultos, aparte de las infecciones, se incluyen las enfermedades causadas por anticuerpos generados contra los tejidos de la propia persona (enfermedades autoinmunes) o un cáncer no detectado (en especial leucemia o linfoma).

Para determinar la causa de una fiebre, el médico pregunta al paciente los síntomas y las enfermedades presentes y pasadas, la medicación que se está tomando, la exposición a infecciones y los viajes recientes (en especial al extranjero). En ocasiones este último dato da la pista definitiva sobre la causa de una fiebre, ya que algunas infecciones sólo se presentan en áreas determinadas. Por ejemplo, la coccidioidomicosis (una infección micótica) aparece casi exclusivamente en el sudoeste de Estados Unidos. Otro ejemplo es una fiebre que aparece cada dos o tres días en un paciente que ha realizado un viaje a una zona endémica del paludismo.

Una historia de exposición a ciertos materiales o animales también es importante. Por ejemplo, una persona que trabaja en una planta de empaquetamiento de carne es más propensa a presentar una brucelosis.

Después de hacer este tipo de preguntas, el médico practica una exploración física completa para encontrar una fuente de la infección o alguna evidencia de enfermedad. También puede enviar muestras de sangre y de otros fluidos corporales al laboratorio para realizar el cultivo de microorganismos, o para que se realicen otros análisis de sangre con el fin de detectar la presencia de anticuerpos contra microorganismos específicos. El aumento en la cantidad de glóbulos blancos suele indicar infección. El recuento diferencial (la proporción de distintos tipos de glóbulos blancos) proporciona más pistas. Un aumento de neutrófilos, por ejemplo, sugiere una infección aguda por bacterias. Un aumento de eosinófilos indica la presencia de parásitos, por ejemplo, tenias o nematelmintos.

Cuando una persona tiene una fiebre de al menos 38,3 °C durante varias semanas cuya causa no se descubre con una investigación exhaustiva, el médico puede considerarla como una **fiebre de origen desconocido**. En estos casos, puede deberse a una infección crónica poco corriente o a algo distinto de la infección, como una enfermedad del tejido conectivo, cáncer o algún otro tipo de enfermedad. La ecografía, la tomografía axial computarizada (TAC) o una resonancia magnética nuclear (RMN) pueden ser útiles para diagnosticar la causa. Otro tipo de pruebas complementarias, como las que utilizan marcadores radiactivos, se utilizan para identificar áreas de infección o inflamación. Si los resultados de todas las pruebas anteriores son negativos, el médico puede necesitar obtener una biopsia del hígado, de la médula ósea o de otra área de la cual se sospeche que pueda ser el origen de la fiebre. La muestra es examinada posteriormente al microscopio.

Como la fiebre ayuda al cuerpo a defenderse contra la infección, se debate si debe ser tratada sistemáticamente. Sin embargo, una persona con fiebre alta suele sentirse mucho mejor cuando la fiebre es tratada.

Los fármacos utilizados para bajar la temperatura corporal reciben el nombre de antipiréticos. Los más eficaces y ampliamente utilizados son el paracetamol (acetaminofén) y los antiinflamatorios no esteroideos (AINE), como la aspirina y el ibuprofeno. En los niños y adolescentes se prefiere el uso del ibuprofeno y paracetamol al de la aspirina porque ésta aumenta el riesgo del llamado síndrome de Reye ● *(v. recuadro pág. 1862)* que, aunque es poco frecuente, puede ser mortal.

■ Prevención de infección

Diferentes hábitos protegen a las personas contra la infección. Lavarse las manos es el modo más eficaz de evitar la transmisión de infecciones de una persona a otra. Esta costumbre es particularmente importante en las personas que manejan comida o que tienen frecuentes contactos corporales con otras personas.

A las personas que van a visitar a pacientes enfermos de gravedad en el hospital se les pide que se laven las manos y se pongan una bata, mascarilla y guantes antes de entrar a la habitación del enfermo.

Infección de los dispositivos médicos
Por lo general, se piensa que la infección se produce cuando los microorganismos invaden el cuerpo y se adhieren a células específicas. Pero los microorganismos también pueden adherirse a los dispositivos médicos implantados en el cuerpo, como los catéteres, las prótesis articulares y las válvulas cardíacas artificiales, y comenzar a proliferar. Los microorganismos pueden estar presentes en los dispositivos en el momento en que se insertan, si se han contaminado de forma accidental. O bien, los microorganismos infecciosos procedentes de otro lugar pueden diseminarse a través del torrente sanguíneo y llegar a alojarse en un dispositivo ya implantado. Debido a que el material implantado no dispone de defensas naturales, es fácil para los microorganismos proliferar y diseminarse, causando así enfermedad.

A veces, a modo de prevención, se administran antibióticos a determinadas personas que aún no tienen una infección. Esta medida preventiva se denomina profilaxis. Se pueden administrar antibióticos de manera profiláctica a personas con válvulas cardíacas anormales antes de los procedimientos dentales para evitar la endocarditis o una infección cardíaca ● *(v. tabla pág. 227)*. También reciben profilaxis antibiótica los pacientes sometidos a trasplante de órganos. Finalmente, muchas personas sanas que se someten a ciertos tipos de cirugía, en especial del abdomen, también requieren profilaxis con antibióticos previa a la intervención.

La vacunación también ayuda a evitar infecciones ● *(v. pág. 1304)*. Las personas que corren un mayor riesgo de contraerlas (en especial los bebés, los niños, las personas mayores y los enfermos de sida), deben recibir todas las vacunas necesarias para reducir este riesgo.

■ Infecciones en personas con las defensas bajas

Muchas enfermedades, fármacos y otros tratamientos causan una debilidad en las defensas naturales del cuerpo que ocasionan infecciones por microorganismos habitualmente inofensivos.

Una persona con quemaduras extensas corre mayores riesgos de infección porque la piel dañada es incapaz de impedir la invasión de microorganismos perjudiciales. Los pacientes sometidos a procedimientos médicos invasivos, que son los que introducen material extraño en el cuerpo, tienen un mayor riesgo de sufrir infecciones. Estos procedimientos son la inserción de sondas en el tracto urinario o catéteres en los vasos sanguíneos, así como la introducción de tubos en las vías respiratorias. Muchos fármacos inhiben el sistema inmunológico, como los anticancerosos (quimioterapia), los inmunosupresores, que se utilizan para evitar el rechazo de un órgano después de un trasplante (por ejemplo, la azatioprina, el metotrexato o la ciclosporina), y los corticosteroides (por ejemplo, la prednisona). La radioterapia puede inhibir el sistema inmunológico, en particular cuando la médula ósea recibe radiación.

La capacidad para combatir ciertas infecciones disminuye drásticamente en los enfermos de sida, sobre todo en la fase avanzada de la enfermedad ● *(v. pág. 1391)*. Las personas con sida están más expuestas a contraer infecciones oportunistas (las infecciones por microorganismos que, por lo general, no causan infección en las personas con un sistema inmunológico sano). También enferman más gravemente como consecuencia de infecciones banales.

Las infecciones son más probables y, por lo general, más graves, en las personas mayores que en los adultos más jóvenes, seguramente porque el envejecimiento reduce la eficacia del sistema inmunológico ● *(v. pág. 1263)*. Ciertos trastornos prolongados (crónicos), frecuentes entre las personas mayores, como una enfermedad pulmonar obstructiva crónica, un cáncer y una diabetes, también incrementan el riesgo de infección. Además, las personas mayores tienen más probabilidades de estar ingresadas en un hospital o en un centro de cuidados médicos, donde es mayor el riesgo de contraer una infección grave. En los hospitales, el uso masivo de antibióticos permite que prosperen los microorganismos resistentes a los mismos, y las infecciones con estos microorganismos suelen ser más difíciles de tratar que las contraídas en casa.

CAPÍTULO 189

Inmunización

La inmunización es un método médico que se usa para proteger a las personas contra ciertas enfermedades causadas por bacterias o virus. El objetivo de la inmunización es estimular o mejorar la habilidad corporal para evitar las enfermedades causadas por dichos microorganismos. Existen dos tipos de inmunización, la activa y la pasiva.

En la **inmunización activa**, se utilizan las vacunas para evitar la aparición de las infecciones estimulando los mecanismos naturales de defensa del cuerpo. Las vacunas son preparados que contienen fragmentos no infecciosos de bacterias o virus, o formas de microorganismos que se han debilitado tanto como para no provocar infección. El sistema inmunológico del organismo responde a una vacuna con la producción de sustancias (como anticuerpos y glóbulos blancos) que reconocen y atacan a las bacterias o virus específicos contenidos en la vacuna. Esta capacidad de producir anticuerpos y otras sustancias queda en espera de que la persona sea expuesta nuevamente a esos virus y bacterias específicos. Entonces, frente a un estímulo, son producidas otra vez de forma automática. El proceso de administración de una vacuna se denomina vacunación, o más genéricamente, inmunización.

La **inmunización pasiva** consiste en que los anticuerpos contra una infección específica son inyectados directamente al paciente. Este tipo de inmunización se utiliza en las personas cuyo sistema inmunológico no responde a la infección de manera adecuada, o en aquellas que contraen una infección antes de que puedan ser vacunadas (por ejemplo, después de la exposición al virus de la rabia). La inmunización pasiva también se utiliza para evitar la enfermedad cuando la exposición es probable y la persona no tiene tiempo para completar una serie de vacunas. Por ejemplo, se utiliza la gammaglobulina (una preparación de anticuerpos) para evitar la aparición de hepatitis en las personas que viajan a ciertas partes del mundo y no han podido ser vacunadas por completo. La inmunización pasiva sólo proporciona una protección eficaz durante unos días o semanas, hasta que el cuerpo elimina los anticuerpos inyectados.

Las vacunas disponibles en la actualidad son altamente fiables y la mayoría de las personas las toleran muy bien. Sin embargo, no son eficaces en todas las personas y, en raras ocasiones, incluso pueden provocar efectos adversos.

Algunas vacunas se administran de forma sistemática de acuerdo con la edad. Por ejemplo, a los niños se les aplican una serie de vacunas recogidas en el calendario de vacunación. Otras vacunas deben ser administradas cada cierto tiempo, como el toxoide del tétanos, que se recomienda en los adultos cada diez años. Otras vacunas se dan principalmente a grupos específicos de personas, por ejemplo, la vacuna contra la fiebre amarilla se da sólo a las personas que viajan a ciertas partes de África o América del Sur. Finalmente, existen otras vacunas que se administran después de la exposición a una causa específica, por ejemplo, la vacuna contra la rabia debería aplicarse inmediatamente a todas las personas que sean mordidas por un perro.

■ Vacunaciones habituales

Los niños, por lo general, reciben un cierto número de vacunas de acuerdo con un calendario establecido por las autoridades sanitarias ● *(v. recuadro pág. 1770)*. Según las circunstancias, a los adultos se les puede sugerir también la administración de algunas vacunas. Los factores que influyen para que el médico considere la necesidad de vacunación en los adultos incluyen la edad de la persona, su estado de salud, las vacunaciones recibidas en la infancia, su ocupación, la localización geográfica o sus planes de viaje.

➤ Sarampión, parotiditis (paperas) y rubéola

El sarampión, la parotiditis y la rubéola son enfermedades producidas por virus. Las personas que pueden estar expuestas a estas enfermedades son los estudiantes universitarios, el cuerpo militar, los trabajadores de colegios o guarderías y los viajeros a determinados países. Las mujeres embarazadas y las personas alérgicas al huevo o al antibiótico neomicina *no* deben ser vacunadas. Se puede recibir una vacuna especialmente dirigida contra el sarampión, la parotiditis (paperas) o la rubéola. Sin embargo, a menudo se administra una vacuna combinada que ayuda a proteger contra las tres enfermedades (vacuna triple vírica). La vacuna combinada es mejor porque toda persona que necesite protección contra una de estas enfermedades suele necesitarla también contra las otras dos.

Cualquier persona que pueda estar expuesta a estas enfermedades, sin historia conocida de haberlas padecido y nacida después de 1980 en España, debería ser inmunizada con dos dosis de vacuna.

➤ Tétanos

La vacuna contra el tétanos protege contra la toxina producida por el tétanos, pero no contra la bacteria en sí misma. La afectación por la toxina tetánica suele ser mortal, por lo cual la vacunación se considera sumamente importante. Se recomienda administrar una primera serie de tres inyecciones durante un período de seis meses a cualquier adulto que no haya sido vacunado en la infancia. Posteriormente los adultos deberían recibir una dosis de refuerzo cada diez años. Los niños habitualmente reciben una combinación de vacunas contra el tétanos, la difteria y la tosferina (DTP). La vacunación contra la tos ferina no se considera necesaria para los adultos, por lo que éstos reciben la vacuna antitetánica de forma aislada, o bien en combinación con la antidiftérica en una misma inyección.

➤ Hepatitis A

La vacunación contra el virus de la hepatitis A se recomienda a los usuarios de drogas inyectadas, homosexuales masculinos y enfermos con afecciones hepáticas crónicas o trastornos de la coagulación. También los adultos y los niños mayores de 2 años deberían ser inmunizados cuando viajan a países donde la enfermedad es frecuente. En comunidades con elevada tasa de hepatitis A, se debería dar la vacuna sistemáticamente a los niños. La administración de la vacuna consiste en dos dosis, con un intervalo entre ellas de 6 a 12 meses.

➤ Hepatitis B

La vacuna contra el virus de la hepatitis B se recomienda a todos los niños y cualquier adulto

PROTECCIÓN CONTRA LA ENFERMEDAD

En los países desarrollados existen vacunas contra las siguientes enfermedades:

Enfermedad	Quién debe recibir la vacuna
Adenovirus	Personas seleccionadas (disponible sólo para Fuerzas Armadas)
Ántrax	Personas seleccionadas
Cólera	Personas seleccionadas
Difteria	Todos los niños y adultos
Haemophilus influenzae infecciones tipo b (meningitis)	Todos los niños, adultos seleccionados
Hepatitis A	Todos los niños, adultos seleccionados
Hepatitis B	Todos los niños, adultos seleccionados
Encefalitis japonesa	Personas seleccionadas
Fiebre amarilla	Personas seleccionadas
Fiebre tifoidea	Personas seleccionadas
Gripe	Personas seleccionadas
Infección neumocócica (meningitis, neumonía)	Todos los niños, adultos seleccionados
Meningitis meningocócica	Personas seleccionadas
Parotiditis (paperas)	Todos los niños y adultos
Peste	Personas seleccionadas
Polio	Todos los niños y adultos
Rabia	Personas seleccionadas
Rubéola	Todos los niños y adultos
Sarampión	Todos los niños y adultos
Tétanos	Todos los niños y adultos
Tos ferina	Todos los niños y adultos
Tuberculosis	Personas seleccionadas
Varicela	Todos los niños, adultos seleccionados
Viruela	Actualmente no se recomienda

que corra un alto riesgo de exposición a este virus. Se incluyen como personas de alto riesgo a los profesionales de la salud, los que trabajan en funerarias, las personas que reciben frecuentes transfusiones de sangre o son sometidas a diálisis, las que se inyectan drogas, las que tienen parejas sexuales múltiples y las que entran en contacto íntimo con portadores de hepatitis B. La vacuna es administrada en una serie de tres o cuatro inyecciones. Después de la vacunación, los anticuerpos generados contra la hepatitis B deben ser controlados en personas altamente expuestas al virus mediante análisis de laboratorio. Si la cantidad de dichos anticuerpos es baja, es posible que se necesite administrar otra dosis de vacuna. Las personas con un historial de severa reacción alérgica a la levadura, utilizada en la producción de la vacuna, no deben recibirla.

➤ *Haemophilus influenzae* tipo b

Todos los niños deberían ser vacunados contra la bacteria *Haemophilus influenzae* tipo b, ya que puede producir infecciones severas. Los adultos sin embargo, no requieren esta protección, puesto que esta infección es poco frecuente en ellos.

➤ Gripe

La vacunación contra el virus de la gripe o influenza se recomienda en las personas con alto riesgo de presentar gripe o sufrir complicaciones debido a la misma. Se considera como personas de alto riesgo a los residentes en clínicas geriátricas, a los mayores de 50 años y a los profesionales de la salud. Otro grupo de riesgo son los pacientes con enfermedades cardíacas o pulmonares crónicas, insuficiencia renal, drepanocitosis, o con un sistema inmunológico deficiente, así como quienes padecen la infección provocada por el virus de la inmunodeficiencia humana (VIH).

La epidemia de gripe suele comenzar a principios o mediados del invierno; en consecuencia, el mejor momento para vacunarse son los meses de septiembre u octubre. La vacuna contra la gripe es rediseñada cada año en consonancia con los cambios del virus; por ello, la vacunación debe ser repetida cada temporada para resultar eficaz.

➤ Infección neumocócica

La vacunación contra la infección neumocócica mediante una vacuna muy eficaz recientemente aparecida, se recomienda para todos los niños y los adultos con gran riesgo de presentar neumonía por neumococo. Entre estos adultos se hallan las personas con enfermedades crónicas pulmonares o cardíacas, aquéllas a las que el bazo no les funciona o les ha sido extirpado, a las afectadas de leucemia, a quienes presentan pérdida de líquido de la médula espinal y a los alcohólicos.

La vacuna es eficaz aproximadamente en dos de cada tres adultos jóvenes, y menos eficaz en ancianos y personas inmunodeprimidas. La protección consiste más en una prevención de las complicaciones graves de la infección por neumococo que en la prevención de la infección misma. Aunque una inyección de la vacuna puede proporcionar protección a lo largo de la vida, en las personas con alto riesgo de contagio se aconseja repetirla cada seis años.

➤ Polio

Todos los niños deben ser vacunados contra la poliomielitis. La vacuna que más frecuentemente se usa en el mundo contiene los tres tipos (1, 2 y 3) del virus vivo atenuado (debilitado) y se administra por vía oral mediante unas gotas. Sin embargo, alrededor de 1 de cada 2,4 millones de personas que reciben esta vacuna oral presenta poliomielitis posvacunal (la posibilidad de padecer de poliomielitis a partir de la vacuna oral es más alta en las personas con un sistema inmunológico deficiente, por lo que esta vacuna se desaconseja totalmente en ellas). Por esta razón, en cada vez más países se utiliza una vacuna inyectable contra la poliomielitis que contiene los virus inactivados (muertos), por lo que en ningún caso pueden producir la enfermedad.

A pesar de que la poliomielitis es ahora muy poco frecuente en los países más desarrollados, las personas que viajen a áreas en los que es un grave problema de salud, como en la India o Nigeria, deberían recibir una dosis adicional de la vacuna inactivada.

➤ Varicela

La vacunación contra la varicela se recomienda de forma rutinaria en el esquema de vacunación de los niños, aunque no todos los países la han incorporado aún dada su relativa reciente aparición. Los niños mayores y los adultos con posibilidad de exposición que nunca hayan tenido varicela deberían considerar la vacunación, sobre todo porque la infección suele ser más grave cuando se adquiere en la edad adulta. La vacuna no previene por completo la varicela, pero las personas vacunadas que contraen la enfermedad suelen tener síntomas más leves. Es probable que la vacuna contra la varicela ayude a evitar el herpes zóster ● *(v. pág. 1385)*, una complicación de la varicela que años más tarde puede producir úlceras dolorosas en la piel.

La vacuna es administrada en dos dosis con un intervalo de 4 a 8 semanas y no debe darse a mujeres embarazadas, personas con deficiencias en el sistema inmunológico o con un cáncer que afecte a la médula ósea o el sistema linfático.

➤ Viruela

La vacuna contra la viruela se aplicaba de forma rutinaria a todo el mundo en los países más desarrollados hasta hace varias décadas, en que fue interrumpida cuando la enfermedad se consideró erradicada. Dado que los efectos protectores de la vacuna desaparecen después de diez años aproximadamente, la mayoría de las personas son actualmente susceptibles a la viruela. Los temores recientes sobre el posible uso de la viruela como amenaza terrorista han llevado a sugerir la reanudación de la vacunación. La vacuna es generalmente segura, aunque se presentan reacciones adversas graves en alrededor de cien por cada millón de personas no previamente inoculadas y la muerte se produce en una persona por millón. El riesgo de efectos adversos graves es más bajo en personas vacunadas con anterioridad. Si la vacuna contra la viruela se reanudase, probablemente sólo debería ser recomendada en las zonas donde se presentase un brote de la enfermedad. La vacuna es más eficaz cuando se administra antes de la exposición, pero también puede ser útil en las personas que contraen la viruela si es administrada en los primeros días después de la aparición de los síntomas.

■ Vacunación previa a un viaje al extranjero

Muchos países recomiendan a los ciudadanos recibir vacunas específicas antes de viajar a zonas con enfermedades infecciosas que en el país de origen son consideradas inexistentes ● *(v. tabla pág. 2026)*. Estas recomendaciones cambian con frecuencia en función de la aparición de distintos brotes de enfermedades y suelen estar actualizadas y recogidas en documentos que editan las autoridades sanitarias competentes.

CAPÍTULO 190

Infecciones bacterianas

Las bacterias son unos organismos unicelulares microscópicos. En el mundo existen miles de diferentes tipos de bacterias. Algunas viven en el ambiente y otras sobre la piel, en las vías respiratorias, la boca, el tubo digestivo y el aparato genitourinario de las personas y de los animales. Sólo algunos tipos de bacterias son causantes de enfermedades.

Las bacterias se clasifican de varias maneras. Una de ellas es por su forma característica. Algunas son esféricas, como los cocos; otras tienen forma de bastoncillo, como los bacilos, o son espirales o helicoidales como las espiroquetas.

Otro modo de clasificación de las bacterias es por su color después de aplicarles una tintura química (coloración de Gram). Algunas bacterias se tiñen de azul y son llamadas grampositivas, mientras que otras, las gramnegativas, se colorean de color rosado. Las bacterias grampositivas y gramnegativas se diferencian según el tipo de infección que producen, así como por los tipos de antibióticos capaces de destruirlas.

Las bacterias gramnegativas tienen una única membrana externa que impide penetrarla a los antibióticos, haciéndolas generalmente más resistentes a ellos que las bacterias grampositivas. La membrana externa de las bacterias gramnegativas es rica en una molécula llamada lipopolisacárido. Si las bacterias gramnegativas entran en el torrente sanguíneo, sus lipopolisacáridos pueden desencadenar una reacción con fiebre alta y descenso potencialmente mortal de la presión arterial ● (v. pág. 1334). Por ello, a los lipopolisacáridos bacterianos se los conoce con el nombre de endotoxinas.

Las bacterias gramnegativas tienen una gran facilidad para intercambiar material genético (ADN) dentro de la misma especie e incluso entre especies diferentes. De este modo, si las bacterias gramnegativas sufren un cambio genético (mutación) que produce resistencia a un antibiótico y luego comparten ADN con otra bacteria, la segunda cepa se convierte también en resistente.

Las bacterias grampositivas habitualmente presentan resistencia a los antibióticos, aunque lo hacen con lentitud. Algunas bacterias grampositivas (por ejemplo, *Bacillus anthracis* y *Clostridium botulinum*) producen venenos poderosos (toxinas) que causan graves enfermedades.

Una tercera manera de clasificar las bacterias es por el modo en que usan el oxígeno. La mayoría de las bacterias pueden vivir y crecer en presencia de oxígeno; estas bacterias son llamadas aerobias. Las bacterias que sólo toleran valores bajos de oxígeno o son intoxicadas por el oxígeno, se llaman anaerobias. Las anaerobias prosperan en áreas del organismo con bajo nivel de oxígeno, como, por ejemplo, el intestino, o en tejidos en descomposición, como las heridas profundas y sucias.

Cientos de especies de bacterias anaerobias viven normalmente y sin causar daño alguno sobre la piel y las membranas mucosas (como el revestimiento de la boca, el intestino y la vagina); en un centímetro cúbico de heces pueden existir varios miles de millones de bacterias. La mayor parte de las infecciones anaeróbicas son producidas por las bacterias que habitualmente conviven con el hombre sin causarle daño. Las anaerobias tienden a invadir la piel y el músculo tisular lesionado por una herida o una intervención quirúrgica, en particular si el tejido tiene un escaso abastecimiento de sangre. Algunas veces se presentan infecciones espontáneas en las personas que tienen ciertos cánceres o una deficiencia del sistema inmunológico. También son frecuentes las infecciones en la boca. En ocasiones, las bacterias anaerobias causan infecciones crónicas de los senos paranasales y el oído medio o producen infecciones con acumulación de pus (abscesos), y si son graves incluso liberan gas en el tejido circundante.

Las bacterias anaerobias causantes de enfermedades son: *Clostridium* (que vive en el tracto intestinal de los seres humanos y animales, así como en el polvo, el suelo y en la vegetación en descomposición), y *Peptococcus* y *Peptostreptococcus*, las cuales forman parte de la población bacteriana normal (flora) de la boca, vías respiratorias altas y del intestino grueso. Otras bacterias anaerobias incluyen: *Bacteroides*, en la flora normal del intestino grueso, y *Actinomyces*, *Prevotella* y *Fusobacterium*, las cuales forman parte de la flora normal de la boca.

■ Actinomicosis

La actinomicosis es una infección crónica causada principalmente por Actinomyces israelii,

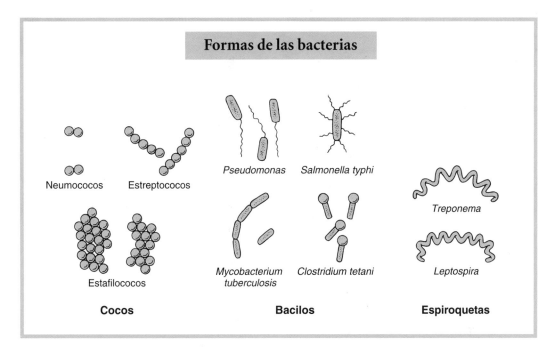

Formas de las bacterias

Neumococos

Estreptococos

Estafilococos

Cocos

Pseudomonas

Salmonella typhi

Mycobacterium tuberculosis

Clostridium tetani

Bacilos

Treponema

Leptospira

Espiroquetas

una bacteria anaerobia presente en las encías, los dientes y las amígdalas.

La actinomicosis se produce de cuatro formas y todas causan abscesos (acumulaciones de pus). Afecta más a varones adultos, pero la infección a veces aparece en las mujeres que usan un dispositivo intrauterino.

La **forma abdominal** se produce al tragar saliva contaminada por las bacterias. La infección afecta a los intestinos y el revestimiento de la cavidad abdominal (peritoneo). Los síntomas más frecuentes son dolor, fiebre, vómitos, diarrea o estreñimiento y una importante pérdida de peso. Si se produce un absceso en el abdomen, puede presentarse drenaje de pus por la piel a través de una fístula que conecta el absceso a la pared abdominal.

La **forma cervicofacial**, llamada mandíbula prominente, suele comenzar como un pequeño abultamiento, plano y duro, que se forma en la boca, en la piel del cuello o debajo de la mandíbula. Estas tumefacciones pueden ablandarse y secretar un pus que contiene gránulos redondos y amarillentos. Debido a su semejanza al azufre, estos gránulos son también llamados gránulos de azufre, aunque no lo contienen. La infección puede extenderse hacia la mejilla, la lengua, la garganta, las glándulas salivales, el cráneo, los huesos faciales o el cerebro y su revestimiento (meninges).

La **forma torácica** provoca dolor en el pecho, fiebre y tos con expectoración. Sin embargo, es-

tos síntomas pueden no aparecer hasta que los pulmones estén gravemente afectados. Si se produce un absceso en el pecho, también puede aparecer un drenaje de pus por la piel.

La **forma generalizada** de actinomicosis se presenta cuando las bacterias son llevadas por la sangre a la piel, las vértebras, el cerebro, el hígado, los riñones, los uréteres y, en las mujeres, al útero y los ovarios.

➤ Diagnóstico, pronóstico y tratamiento

Los síntomas, los resultados de las radiografías y el aislamiento de la bacteria *Actinomyces israelii* en las muestras del pus, esputo o tejido, ayudan a establecer el diagnóstico. En algunas infecciones intestinales no es posible obtener una muestra, por lo que es necesario recurrir a la cirugía para establecer el diagnóstico.

La mandíbula prominente es la forma de actinomicosis más fácilmente tratable y de mejor pronóstico. Las formas torácica, abdominal y generalizada son difíciles de tratar y tienen un peor pronóstico. Más del 50 % de las personas con actinomicosis cerebral y de la médula espinal presentan daño neurológico y más del 25 % mueren.

Para el tratamiento de la actinomicosis, el médico drena los abscesos y aplica grandes dosis de antibióticos como penicilina o tetraciclinas. Para evitar recidivas, los antibióticos se toman durante períodos largos, de 6 a 12 meses.

¿Qué son los clostridios?

Los clostridios son bacterias anaerobias produc- toras de toxinas que causan numerosas enferme- dades graves, como el tétanos, el botulismo e infecciones de los tejidos.

Los clostridios normalmente habitan en el tracto intestinal humano, en el suelo y en la vegetación en descomposición. Todas las especies de clostri- dios producen toxinas. Algunas enfermedades producidas por clostridios, como el botulismo y las diversas enfermedades diarreicas, son el resul- tado de la acción de la toxina sin que haya ningu- na invasión bacteriana de los tejidos. En otras enfermedades por clostridios, como el tétanos y las infecciones de heridas por clostridios, existe a la vez invasión tisular y producción de toxina.

La toxina más frecuente, sólo producida por enfermedades por clostridios, origina una intoxi- cación alimentaria leve y de corta duración cau- sada por el *Clostridium perfringens*. Algunas veces, la intoxicación alimentaria por clostridios es más grave y da como resultado una enteritis necrosante, una inflamación que destruye las paredes del intestino, produciendo una diarrea sanguinolenta grave. Esta infección puede produ- cirse como un caso aislado, pero también en forma de brotes causados por la ingestión de carne contaminada. Las personas que han toma- do antibióticos durante largo tiempo pueden sufrir una colitis producida por el sobrecreci- miento de *Clostridium difficile* ● *(v. pág. 896)*, productor de toxina. El botulismo, una enferme- dad que causa parálisis muscular y a veces la muerte, se produce por la ingestión de alimentos contaminados con una toxina producida por el *Clostridium botulinum* ● *(v. pág. 694)*.

Los clostridios, especialmente el *Clostridium perfringens*, también infectan heridas. Las heri- das infectadas por clostridios, incluidos la gan- grena cutánea, la gangrena muscular (mionecro- sis por clostridios) y el tétanos, son relativamente raras, pero pueden ser mortales. Estas infecciones son más probables en heridas contaminadas, heridas incisas profundas y heridas con mucho tejido aplastado. Las personas que se inyectan drogas son más susceptibles. El riesgo de muerte es alto, especialmente en las personas mayores y las que padecen cáncer.

■ Carbunco

El carbunco (anthrax) es una infección causada por la bacteria grampositiva Bacillus anthracis que de forma característica compromete la piel, los pulmones o el tracto digestivo.

El carbunco es un trastorno mortal en potencia, que se transmite habitualmente al ser humano por animales, especialmente las vacas, las cabras y las ovejas. Las bacterias inactivas (esporas) pue- den vivir en la tierra y en los productos animales (como la lana) durante décadas resistiendo a temperaturas extremas. El más mínimo contacto con las esporas presenta probabilidades de pro- ducir infección. Aunque la infección en los seres humanos generalmente se produce a través de la piel, también puede contraerse como consecuen- cia de la inhalación de esporas o de comer carne contaminada mal cocida. Esta infección no se transmite de persona a persona.

Dado que el carbunco (*anthrax*) es altamente letal cuando se inhala, ha sido considerado y uti- lizado por algunos países y por terroristas como arma biológica ● *(v. recuadro pág. 1302)*. Los ba- cilos de *anthrax* producen varias toxinas, que son las responsables de muchos de los síntomas.

➤ Síntomas y diagnóstico

En la infección por *Bacillus anthracis*, entre 1 y 5 días después de la infección aparecen pápulas in- doloras en la piel que adquieren un color rojo- marrón. Estas pápulas se convierten en pústulas, que se endurecen y finalmente se rompen para luego formar una costra negra (escara). Los gan- glios linfáticos del área afectada pueden infla- marse, la persona se siente enferma y en ocasio- nes tiene dolores musculares, dolor de cabeza, fiebre, náuseas y vómitos. De las personas que no siguen tratamiento, 1 de cada 5 muere.

El carbunco pulmonar (enfermedad de los car- dadores de lana) proviene de la inhalación de las esporas. Éstas se multiplican en los ganglios lin- fáticos cercanos a los pulmones. Las toxinas pro- ducidas por las bacterias son las causantes de que los ganglios linfáticos se inflamen, se rompan y sangren, esparciendo la infección hacia las es- tructuras torácicas cercanas. Entonces se forma un fluido infectado en los pulmones y en el espa- cio entre éstos y la pared torácica (cavidad pleu- ral). Los síntomas se presentan en dos etapas. Durante los primeros 2 o 3 días, los síntomas son inespecíficos y se parecen a los de la gripe, con dolores leves, fiebre y tos seca. Luego, de forma repentina, se presentan serias dificultades para respirar, fiebre y sudoración, con rápida evolu- ción a *shock* y coma. Esta segunda etapa proba- blemente es el resultado de una liberación masiva de toxinas. También se puede producir la infec- ción del cerebro y las meninges (meningoencefa-

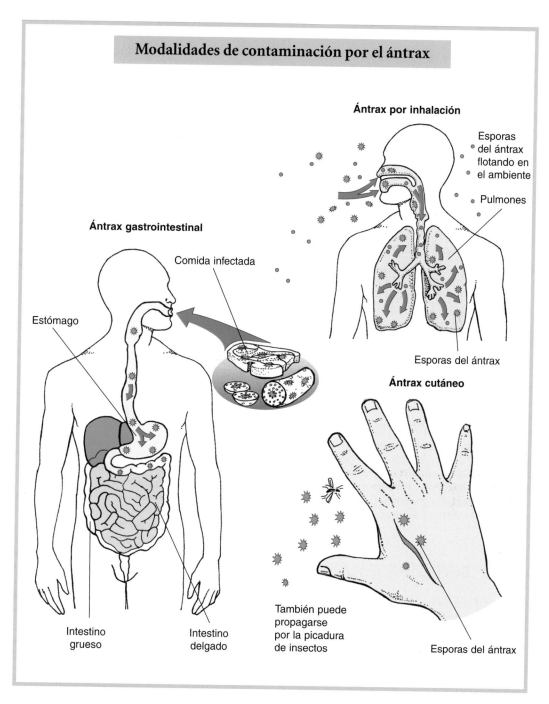

Modalidades de contaminación por el ántrax

Ántrax por inhalación

Esporas del ántrax flotando en el ambiente

Pulmones

Esporas del ántrax

Ántrax gastrointestinal

Comida infectada

Estómago

Ántrax cutáneo

Intestino grueso

Intestino delgado

También puede propagarse por la picadura de insectos

Esporas del ántrax

litis). Muchas personas mueren de 24 a 36 horas después del inicio de los síntomas severos aunque hayan recibido un tratamiento precoz.

El carbunco del tracto digestivo (*anthrax* gastrointestinal) es raro. Cuando una persona come carne contaminada, las bacterias crecen en la boca, la garganta o los intestinos y liberan toxinas que causan hemorragias extensas y la muerte del tejido. También se presentan dolor de garganta, tumefacción del cuello, dolor abdominal, vómito y diarrea con sangre. Al menos la mitad de las personas sin tratamiento mueren. El carbunco de la piel es diagnosticado por el aspecto típico de sus úlceras. Saber que una persona ha estado en contacto con animales o en zonas donde otras personas han contraído la enfermedad, también útil para el establecimiento del diagnóstico. El *Bacillus anthracis* es fácilmente identificable al microscopio en muestras de piel o líquido corporal. Las bacterias también pueden crecer en cultivo. Los análisis de sangre se utilizan para detectar fragmentos del ADN bacteriano o anticuerpos contra una de las toxinas bacterianas. En ocasiones, en el carbunco pulmonar, las bacterias están presentes en el esputo. En infecciones graves, la persona puede morir antes de recibir los resultados de las pruebas, por lo cual suele iniciarse el tratamiento ante la mínima sospecha clínica.

➤ Prevención y tratamiento

Las personas con alto riesgo de contraer carbunco, como veterinarios, técnicos de laboratorio y empleados de la industria textil que procesan pelo de animales, pueden ser vacunadas. A las personas expuestas se les puede administrar un tratamiento preventivo utilizando ciprofloxacino o doxiciclina oral si se desconoce la reacción de las bacterias a la penicilina. Si se comprueba la idoneidad de la penicilina, a los niños se les aplicará de forma preventiva un tratamiento con amoxicilina oral.

La infección por *Bacillus anthracis* se trata con una combinación de antibióticos, incluidos el ciprofloxacino intravenoso o doxiciclina, además de clindamicina, rifampicina o penicilina. Se pueden utilizar corticosteroides para disminuir la inflamación de la garganta. Cuanto más se retrase el tratamiento, mayor es el riesgo de muerte.

■ Bejel, pian y pinta

El bejel (antes llamada sífilis endémica), el pian y la pinta son infecciones que no se transmiten por vía sexual y que están causadas por espiroquetas treponémicas estrechamente relacionadas con Treponema pallidum, *causante de la sífilis, que sí es una enfermedad de transmisión sexual.*

El bejel, el pian y la pinta (que en conjunto se conocen como treponematosis) son enfermedades estrechamente relacionadas con la sífilis ● *(v. pág. 1400)* que se producen principalmente en zonas tropicales y subtropicales. A diferencia de la sífilis, éstas se transmiten por contacto no sexual de piel, principalmente entre niños que viven en condiciones higiénicas deficientes.

Como la sífilis, estas enfermedades comienzan con ulceraciones de la piel y tienen un período de latencia seguido por una etapa más destructiva. El bejel se presenta principalmente en los países áridos de la región del Mediterráneo oriental y el oeste de África, mientras que el pian lo hace en los países ecuatoriales húmedos y la pinta es frecuente entre la población indígena de México, América Central y América del Sur.

➤ Síntomas

El **bejel** (*Treponema endemicum*) afecta a la piel, los huesos y la mucosa de la boca. Los síntomas se inician con una placa gomosa en el interior de la boca seguida de ampollas en el tronco, brazos y piernas. La infección ósea se manifiesta más tarde, sobre todo en las piernas. En las fases más avanzadas de la enfermedad, aparecen bultos blandos y gomosos en la nariz y en la parte superior de la boca (paladar blando).

El **pian** afecta a la piel y los huesos. Comienza varias semanas después de la exposición al *Treponema pertenue* como una úlcera ligeramente abultada en el lugar de la infección, casi siempre en una pierna. La úlcera se cura, pero después aparecen nódulos blandos (granulomas) en el rostro, los brazos, las piernas y las nalgas. Estos granulomas desaparecen lentamente y tienden a recurrir. En la planta de los pies pueden aparecer úlceras dolorosas abiertas (pian áspero). Posteriormente, pueden destruirse ciertas zonas de las tibias y aparecer otras formaciones desfiguradoras, en especial alrededor de la nariz (gangosa).

La **pinta** (*Treponema carateum*) sólo produce lesiones cutáneas. Comienza con zonas planas y enrojecidas en las manos, los pies, las piernas, los brazos, la cara y el cuello. Al cabo de varios meses, aparecen placas azuladas en los mismos sitios a ambos lados del cuerpo y sobre zonas óseas, como los codos. Posteriormente las placas pierden su pigmentación. La piel de las palmas de las manos y de las plantas de los pies puede volverse más espesas.

➤ Diagnóstico y tratamiento

El médico establece el diagnóstico en función de los síntomas típicos que aparecen en las personas que viven o han visitado una zona en la que estas enfermedades son frecuentes. Ya que las bacterias causantes de la treponematosis y la sífilis son tan similares, una persona con una de estas infecciones puede dar un resultado positivo de sífilis. Las pruebas estándar no distinguen entre treponematosis y sífilis.

Las lesiones son destructivas y dejan cicatrices. No obstante, una sola inyección de penicilina elimina las bacterias y la piel puede curar. Las tetraciclinas y el cloranfenicol administrados por vía oral también son eficaces. Dado que estas enfermedades son muy contagiosas, deben existir medidas preventivas de salud pública que busquen y traten a las personas infectadas y a las cercanas a ellas.

■ Infecciones por *Campylobacter*

Varias especies de Campylobacter *pueden infectar el tracto digestivo y ocasionalmente otros órganos.*

Campylobacter es un bacilo gramnegativo que se encuentra normalmente en el tracto gastrointestinal de muchos animales domésticos y aves de corral. El agua se puede contaminar por las heces de animales infectados. La forma más frecuente de la infección por *Campylobacter* es la gastroenteritis ● *(v. tabla pág. 868)* que puede contraerse al beber agua contaminada, comer aves o carne a medio cocer o tener contacto con animales infectados.

Campylobacter es la cause frecuente de diarrea en las personas que viajan a países donde las condiciones de higiene son deficientes. En otras ocasiones puede provocar una infección del torrente sanguíneo (bacteremia), generalmente en quienes ya padecen una enfermedad de base como diabetes o cáncer. Las bacterias en el caudal sanguíneo pueden provocar infecciones en diferentes órganos.

➤ Síntomas

La gastroenteritis causada por la bacteria *Campylobacter* incluye diarrea, dolor abdominal y calambres que pueden ser intensos. La diarrea puede ser sanguinolenta y se acompaña de fiebre de 37,8 a 40°C.

A veces, la fiebre intermitente es el único síntoma de una infección por *Campylobacter* fuera del tracto digestivo. Los síntomas adicionales de una infección generalizada (sistémica) causada por *Campylobacter* pueden incluir una articulación dolorosa e inflamada que adquiere un color rojizo, dolor abdominal y un aumento de tamaño

del hígado o del bazo. En raras ocasiones la infección afecta a las válvulas cardíacas (endocarditis) o el cerebro y la médula espinal (meningitis).

➤ Diagnóstico y tratamiento

El diagnóstico de la gastroenteritis por *Campylobacter* puede realizarse cuando se encuentra el microorganismo en el cultivo de heces. Pero esto no siempre se hace dado que la diarrea infecciosa generalmente se trata con eficacia aunque se desconozca la bacteria que la causa. Si sospecha que existe una infección en el torrente sanguíneo, el médico prescribe un cultivo de sangre.

Muchas personas mejoran en una semana o incluso antes aunque no exista un tratamiento específico para este trastorno, pero algunas requieren adicionalmente líquidos por vía intravenosa o por vía oral. Algunas personas, en especial las que presentan infecciones en el torrente sanguíneo, requieren antibióticos como ciprofloxacino o azitromicina.

■ Cólera

El cólera es una infección intestinal causada por la bacteria gramnegativa Vibrio cholerae, *que produce diarrea grave.*

Varias especies de *Vibrio* son causantes de diarrea ● *(v. tabla pág. 868)*, pero el tipo que produce la enfermedad más grave es *Vibrio cholerae*, bacteria que causa el cólera. El cólera se puede presentar en grandes brotes de diarrea. La enfermedad es mortal para entre un tercio y la mitad de las personas que no reciben tratamiento adecuado. Antes era frecuente en todo el mundo, pero hoy en día el cólera está confinado principalmente a países en vías de desarrollo en los trópicos y subtrópicos.

Vibrio cholerae normalmente vive en ambientes acuáticos, en las algas y el plancton. La infección se adquiere al ingerir agua, mariscos u otros alimentos contaminados por las bacterias. Una vez infectadas, las personas excretan las bacterias al ambiente en sus heces (en especial en las regiones donde no se tratan los desperdicios humanos), extendiéndose así de manera exponencial la infección. El más reciente brote de cólera aún continúa en África, donde más de 400 000 personas contrajeron la enfermedad de 1998 a 1999.

Vibrio cholerae produce una toxina que hace secretar al intestino delgado enormes cantidades de líquido (en forma de diarrea acuosa) rico en sales y minerales. La causa de muerte se debe a la pérdida de líquido y minerales. Las bacterias permanecen dentro del intestino delgado y no invaden los tejidos. Como las bacterias son sensibles al ácido gástrico del estómago, las personas con bajos niveles de ácido (como los niños y las personas mayores) son más propensas a la enfermedad. Quienes viven en zonas en las que el cólera es frecuente (endémico) desarrollan gradualmente una inmunidad natural.

➤ Síntomas y diagnóstico

Los síntomas comienzan de 1 a 3 días después de la infección y oscilan entre un episodio de diarrea leve, sin complicación, hasta un *shock* grave potencialmente mortal. Algunas personas afectadas no presentan síntomas.

Por lo general, la enfermedad comienza con una diarrea repentina, indolora y acuosa, acompañada de vómitos. La cantidad de líquido que se pierde en la diarrea y el vómito es proporcional a la gravedad de la infección. En las infecciones graves, la diarrea causa una pérdida de más de un litro por hora. En pocas horas, la gran disminución de agua y sal produce una marcada deshidratación con intensa sed, calambres musculares, debilidad y una producción mínima de orina. La grave pérdida de líquido de los tejidos hace que los ojos se hundan y la piel de los dedos se arrugue de forma notoria. Si la deshidratación no se trata, la pérdida de líquido y sales puede provocar una insuficiencia renal, *shock*, coma y muerte.

Los síntomas suelen remitir entre 3 y 6 días. Los afectados quedan libres de bacterias en dos semanas por lo general, pero algunos se convierten en portadores permanentes.

El médico confirma el diagnóstico de cólera aislando las bacterias a partir de muestras de fluido procedentes del recto o de muestras de heces.

➤ Prevención y tratamiento

La purificación de los suministros de agua y la correcta eliminación de los excrementos humanos son esenciales para controlar el cólera. Otras precauciones son utilizar agua hervida y evitar las verduras crudas o los pescados y mariscos mal cocidos. Los mariscos suelen transmitir también otras formas de *Vibrio*.

Existen varias vacunas contra el cólera, pero sólo proporcionan una protección parcial y por un tiempo limitado, por lo cual generalmente no se recomiendan. En la actualidad se encuentran en estudio nuevas vacunas. El tratamiento rápido con tetraciclinas ayuda a evitar la enfermedad entre quienes comparten su casa con alguien infectado.

El rápido reemplazo de líquidos corporales y sales minerales es fundamental en el tratamiento, ya que las personas no tratadas mueren por deshidratación, no por la invasión de las bacterias. La mayoría de las personas infectadas pueden ser tratadas de forma eficaz con líquidos y sales administrados por vía oral. En las zonas propensas a epidemias de cólera se dispone de paquetes de sales premezcladas que permiten a la población afectada hacer su propia solución rehidratante para el tratamiento casero cuando los servicios de salud están desbordados. La solución contiene 20 gramos de glucosa, 3,5 gramos de cloruro de sodio, 2,9 gramos de citrato de sodio y 1,5 gramos de cloruro de potasio por litro de agua hervida. Los enfermos gravemente deshidratados que no pueden beber agua reciben líquidos por vía intravenosa. En caso de epidemia, cuando no existe suministro suficiente de vías intravenosas, los líquidos se pueden administrar por una sonda que se introduce por la nariz y llega hasta el estómago. Una vez corregida la deshidratación, el objetivo general del tratamiento es reemplazar la cantidad exacta de líquido perdido a causa de la diarrea y el vómito. Una vez cesan los vómitos y reaparece el apetito, se pueden ingerir alimentos sólidos.

El tratamiento precoz con tetraciclinas u otro antibiótico elimina las bacterias y suele detener la diarrea en 48 horas.

Más del 50 % de las personas con cólera grave mueren si no son tratadas. Si se recibe un rápido y adecuado tratamiento rehidratante, la mortalidad es menor del 1 %.

■ Gangrena gaseosa

La gangrena gaseosa (mionecrosis por Clostridium*) es una infección potencialmente mortal del tejido muscular, causada principalmente por la bacteria anaerobia* Clostridium *perfringens y en algunas ocasiones por otras especies de* Clostridium.

La gangrena gaseosa es una infección del tejido muscular por *Clostridium*, de rápida propagación que, a menos de que se trate inmediatamente, conduce a la muerte. Las bacterias producen gas que queda atrapado dentro del tejido infectado. La gangrena gaseosa aparece por lo general después de traumatismos o cirugías, aunque se puede presentar de forma espontánea, casi siempre en las personas con cáncer de colon o leucemia. Las intervenciones quirúrgicas de colon y de vesícula biliar son las exploraciones con mayor probabilidad de complicarse con gangrena gaseosa. Las heridas de alto riesgo son aquellas que se contaminan con tierra y material vegetal o que contienen tejido macerado o muerto. Las personas con fracturas abiertas y congelamiento son también susceptibles a la gangrena gaseosa.

➤ Síntomas y diagnóstico

La gangrena gaseosa produce dolor intenso en la zona infectada. Inicialmente, la zona se inflama y se torna pálida, luego se vuelve roja, pasa a color bronce y por fin a verde negruzco. A menudo, se forman grandes ampollas, en cuyo líquido se observan burbujas gaseosas o se sienten al tacto bajo la piel. El olor de la herida se percibe como dulce, a diferencia del olor putrefacto típico de otras infecciones anaerobias.

A medida que avanza la infección, la persona se torna muy ansiosa y presenta sudoración; también pueden presentarse vómitos. Es frecuente un aumento del ritmo cardíaco y una respiración acelerada. Estos efectos se deben a las toxinas producidas por las bacterias. Normalmente, la persona sigue alerta hasta que la enfermedad se encuentra muy avanzada, cuando presenta una severa disminución de la presión arterial (*shock*) y coma, seguidos rápidamente por la muerte.

El diagnóstico inicial de gangrena gaseosa se hace en función de los síntomas que presenta el paciente y en la exploración física. El hallazgo de burbujas en el tejido muscular visto en una radiografía aumenta la sospecha de la presencia de la infección por *Clostridium*, pero estas burbujas de gas también pueden producirse por una infección anaeróbica provocada por otra bacteria. El examen microscópico de las secreciones de la herida revela los bacilos grampositivos y los hemocultivos confirman su presencia, pero como la gangrena gaseosa es tan rápidamente mortal, su tratamiento debe iniciarse antes de recibir los resultados del cultivo.

➤ Síntomas, pronóstico y tratamiento

La limpieza profunda de las heridas y la extracción de cuerpos extraños y tejido muerto es la mejor forma de evitar la infección por *Clostridium* en una herida. Para evitar la infección después de una cirugía abdominal, deben utilizarse antibióticos por vía intravenosa antes, durante y después de la misma. No hay vacunas para evitar estas infecciones.

Sin tratamiento, la gangrena gaseosa es mortal en un plazo de 48 horas. Incluso con tratamiento, la muerte se produce en 1 de cada 8 casos con infección en una extremidad y en 2 de cada 3 con infección en el tronco.

Si se sospecha la presencia de una gangrena gaseosa, el tratamiento debe iniciarse de inmediato. Consiste en aplicar grandes dosis de antibióticos, por lo general penicilina y clindamicina, y en retirar quirúrgicamente tanto el material infectado como los tejidos muertos. En 1 de cada 5 casos se requerirá la amputación de la extremidad infectada. El tratamiento con cámara de oxígeno a presión (oxígeno hiperbárico) es de utilidad incierta; además, estas cámaras no siempre están disponibles.

■ Infecciones por enterobacterias

Las enterobacterias conforman un grupo de bacterias gramnegativas que pueden causar infecciones del tracto gastrointestinal u otros órganos del cuerpo.

El grupo *Enterobacteriaceae* está formado por las bacterias *Enterobacter, Escherichia, Klebsiella, Morganella, Proteus, Providencia, Salmonella, Serratia, Shigella* y *Yersinia. Escherichia coli* normalmente habita en los intestinos, y ciertos subtipos de la misma pueden causar infecciones intestinales con diarrea sanguinolenta, acuosa o inflamatoria (diarrea del viajero). En los niños, la diarrea causada por ciertas cepas de *Escherichia coli* puede provocar la destrucción de los glóbulos rojos y daño renal (síndrome hemolítico-urémico). *Escherichia coli* también puede causar infecciones de las vías urinarias (especialmente en las mujeres) y bacteremia y meningitis en los recién nacidos (en particular en los prematuros).

Las infecciones causadas por *Escherichia coli* son diagnosticadas mediante el hallazgo de bacterias en los cultivos de sangre o líquidos corporales. La infección se trata con antibióticos como trimetoprim-sulfametoxazol o, en infecciones más graves, con ceftriaxona.

OTRAS INFECCIONES BACTERIANAS

INFECCIÓN	CAUSA Y FUENTE INFECCIÓN	SÍNTOMAS Y TRATAMIENTO	COMENTARIOS
Brucelosis	**Causa:** *Brucella* **Origen:** animales domésticos; búfalo; leche no pasteurizada; productos lácteos contaminados	**Síntomas:** fiebre que puede reaparecer repetidamente durante meses o años; dolor abdominal; vómitos; diarrea; dolor de las articulaciones y los huesos **Tratamiento:** doxiciclina oral combinada con inyecciones diarias de estreptomicina	Empaquetadores de carne, veterinarios, granjeros y ganaderos tienen un riesgo elevado
Enfermedad por arañazo de gato	**Causa:** *Bartonella henselae* **Origen:** gatos domésticos	**Síntomas:** ampollas costrosas y rojizas, en la zona del arañazo de gato; ganglios linfáticos aumentados de tamaño que se llenan de pus y pueden drenar a través de la piel **Tratamiento:** aplicación de calor; sustancias que alivian el dolor. Se puede administrar azitromicina	La mayoría de los gatos domésticos en todo el mundo están infectados (muchos no presentan signos de enfermedad)
Erisipelotricosis	**Causa:** *Erysipelothrix rhusiopathiae* **Origen:** heridas incisas que se producen mientras se manipula materia animal	**Síntomas:** zona endurecida en la piel, de color rojo violáceo en la zona de la lesión; prurito; quemazón; inflamación **Tratamiento:** una sola inyección de penicilina o un ciclo de una semana de eritromicina oral; la infección suele resolverse sin tratamiento	Raramente infectan las articulaciones o las válvulas del corazón
Fiebre por mordedura de rata	**Causa:** *Streptobacillus moniliformis* **Origen:** ratas salvajes o ratones; a veces perros, gatos, hurones, comadrejas, u otros carnívoros que se alimentan de roedores infectados; alimentos contaminados por roedores	**Síntomas:** escalofríos; fiebre que puede reaparecer durante meses; vómitos; dolor de cabeza; dolor de espalda y articular; erupción cutánea en manos y pies; inflamación de la articulación **Tratamiento:** penicilina o eritromicina	Los médicos, como medida preventiva, suelen administrar antibióticos a las personas que han sufrido una mordedura de rata; la fiebre por la mordedura de rata causada por *Streptobacillus moniliformis* es frecuente en muchos lugares. Un tipo de fiebre por mordedura de rata causada por Spirillum minus es frecuente en Asia. Los síntomas son similares, excepto en que la persona también presenta inflamación en la zona de la mordedura, inflamación de los ganglios linfáticos, cansancio y erupción cutánea. El tratamiento para ese tipo de fiebre por mordedura de rata consiste en penicilina o eritromicina.

INFECCIÓN	CAUSA Y FUENTE INFECCIÓN	SÍNTOMAS Y TRATAMIENTO	COMENTARIOS
Fiebre recurrente	**Causa:** *Borrelia* **Origen:** los piojos del cuerpo; garrapatas de caparazón blando	**Síntomas:** escalofríos seguidos de fiebre súbita (las fiebres aparecen y desaparecen en intervalos de 1 a 2 semanas); intensos dolores de cabeza; vómitos; dolor muscular y articular; erupción rojiza en el tronco, los brazos y las piernas; ictericia; aumento de tamaño del hígado y del bazo; inflamación del corazón; insuficiencia cardíaca **Tratamiento:** tetraciclina, eritromicina o doxiciclina	Las complicaciones pueden incluir inflamación ocular, erupción de coloración rojiza en el cuerpo (eritema multiforme), y aborto en las mujeres embarazadas
Infecciones por Neisseria	**Causa:** *Neisseria meningitidis* **Origen:** *Neisseria meningitidis* es parte de la flora residente de las personas **Causa:** *Neisseria gonorrhoeae* **Origen:** *Neisseria gonorrhoeae* es de transmisión sexual	**Síntomas:** los de una meningitis (cefalea, confusión mental, letargia, coma y muerte) **Tratamiento:** ceftriaxona **Síntomas:** secreción uretral o vaginal **Tratamiento:** una dosis única de ceftriaxona o azitromicina	Hay vacunas disponibles para la mayoría de los tipos
Nocardiosis	**Causa:** *Nocardia* (por lo general *Nocardia asteroides*) **Origen:** *Nocardia* habita en la materia en descomposición del suelo. La infección de los pulmones puede ser el resultado de la inhalación de polvo contaminado; la infección de la piel puede ser el resultado de heridas incisas	**Síntomas:** tos; debilidad general; escalofríos; dolor torácico; dificultad respiratoria; fiebre; abscesos pulmonares; ulceraciones de la piel **Tratamiento:** trimetoprim-sulfametoxazol o imipenem más amikacina durante varios meses o un año	Las personas que están crónicamente enfermas o las que reciben fármacos que debilitan el sistema inmunológico tienen un mayor riesgo; la infección se extiende hasta el cerebro en un tercio de las personas y causa abscesos; la infección es potencialmente mortal

Las infecciones por *Klebsiella*, *Enterobacter* y *Serratia* suelen contraerse en el hospital y afectan sobre todo a las personas cuya capacidad para combatir las infecciones es reducida. Por lo general, estas bacterias infectan las vías urinarias o las vías respiratorias, aunque a veces también se infectan las quemaduras y las heridas. La neumonía por *Klebsiella* es una infección poco frecuente, pero grave, de los pulmones, con mayor incidencia entre los alcohólicos, las personas mayores y los diabéticos. Es característico que las personas con esta infección expectoren un esputo pegajoso de color marrón oscuro o rojo. La neumonía puede provocar la formación de abscesos (acumulaciones de pus) en el pulmón o en el revestimiento de los pulmones (empiema). Tiene cura si se trata con prontitud con antibióticos intravenosos, generalmente cefalosporinas o quinolonas.

La especie *Proteus* normalmente se encuentra presente en la tierra, el agua y las deposiciones. Puede causar infecciones profundas, de manera muy especial en las vías urinarias y en la cavidad abdominal. Las infecciones por *Proteus* se tratan mediante antibióticos intravenosos como quinolonas.

■ Infecciones por *Haemophilus*

Haemophilus *son bacilos gramnegativos que pueden causar infecciones casi en cualquier parte del organismo.*

Muchas especies de *Haemophilus* habitan en las vías respiratorias superiores de niños y adultos. La mayoría rara vez provocan enfermedades, pero *Haemophilus influenzae* es el causante de infección en niños y en adultos con enfermedad pulmonar crónica. En los niños, *Haemophilus influenzae* puede causar infección en el torrente sanguíneo, articulaciones, pulmones, oídos, ojos, senos paranasales, epiglotis (la zona justo encima de la laringe) y los tejidos que recubren el cerebro y la médula espinal (meninges). Los síntomas varían dependiendo de la parte del cuerpo que se halle afectada.

Otras especies de *Haemophilus* pueden causar infecciones en las vías respiratorias, infecciones del corazón (endocarditis) y abscesos cerebrales. *Haemophilus ducreyi* provoca el chancroide, que es una enfermedad de transmisión sexual. Las infecciones por *Haemophilus* se diagnostican con el hallazgo de bacterias en cultivos de sangre, pus u otros fluidos corporales ● *(v. pág. 1407).*

Los niños son sistemáticamente vacunados contra *Haemophilus influenzae* tipo b; la vacuna es muy eficaz, especialmente en la prevención de la meningitis. Para el tratamiento de la meningitis por *Haemophilus influenzae* se requiere ceftriaxona intravenosa o cefotaxima. Los corticosteroides pueden evitar daños cerebrales. Otras infecciones por *Haemophilus influenzae* se tratan con una variedad de antibióticos, que incluyen amoxicilina-clavulanato otrimetoprim-sulfametoxazol. Si en la vivienda de una persona con una infección severa por *Haemophilus influenzae* hay menores de 4 años que no han recibido la vacunación completa, todos los miembros de la familia deben tomar, de manera preventiva, antibióticos como la rifampicina.

■ Leptospirosis

La leptospirosis es una enfermedad potencialmente grave causada por especies de la espiroqueta Leptospira.

La leptospirosis aparece en muchos animales domésticos y salvajes. Algunos animales actúan como portadores y albergan las bacterias en su orina; otros enferman y mueren. Las personas contraen esta infección por contacto con la orina de animales infectados, o con la tierra y el agua contaminadas por la orina infectada.

Aun cuando la leptospirosis es una enfermedad ocupacional entre granjeros y el personal que trabaja en el alcantarillado y los mataderos, la mayoría de personas se infectan al realizar actividades al aire libre como nadar o chapotear en aguas contaminadas. Dado que la leptospirosis presenta síntomas inespecíficos, como de gripe, muchas infecciones probablemente pasen desapercibidas.

➤ Síntomas y diagnóstico

La leptospirosis es una enfermedad leve en el 90% aproximadamente de las personas infectadas, mientras que en el 10% es grave, potencialmente mortal y afecta a muchos órganos. La primera fase comienza de 2 a 20 días después de contraída la infección por *Leptospira*. Los síntomas son fiebre, dolor de cabeza, intensos dolores musculares y escalofríos. Los ojos, por lo general, se tornan muy rojos al tercer o cuarto día. Las náuseas y los vómitos son frecuentes. Los síntomas que afectan a los pulmones (como la tos con esputos con sangre) se producen en el 10 al 15% de las personas infectadas. Los episodios de escalofríos y fiebre, que con frecuencia alcanza 39°C, continúan entre 4 y 9 días.

Después la fiebre desaparece durante unos días, lo que señala el principio de la segunda fase. Durante esta fase, la reacción inmunológica del cuerpo contra la bacteria causa inflamación y produce muchos síntomas. La fiebre vuelve y a menudo se presenta inflamación de los tejidos que recubren el cerebro (meningitis), produciendo rigidez de nuca, cefalea y, a veces, estupor y coma. En la infección severa, las personas también pueden sufrir una inflamación del hígado, de los riñones y de los pulmones, lo que da como resultado ictericia, insuficiencia renal y tos con esputo sanguinolento. A veces el corazón se inflama, causando palpitaciones y una presión arterial peligrosamente baja (*shock*). Si una mujer embarazada enferma de leptospirosis puede sufrir un aborto.

El **síndrome de Weil** es una forma grave de leptospirosis que causa fiebre continua, estupor y una menor capacidad de coagulación de la sangre, lo que provoca hemorragias dentro de los tejidos. Los análisis de sangre demuestran la presencia de anemia. Entre el tercero y el sexto día aparecen signos de afectación renal y hepática. Las alteraciones renales pueden producir sangre en la orina y micción dolorosa. La lesión del hígado suele ser leve y, por lo general, se recupera por completo.

El médico confirma el diagnóstico de leptospirosis identificando las bacterias en cultivos de sangre (*Leptospira*), orina, líquido cefalorraquídeo, o bien, detectando en la sangre anticuerpos contra dichas bacterias.

➤ Pronóstico y tratamiento

Los individuos infectados que no presentan ictericia suelen recuperarse. La ictericia indica lesión hepática y aumenta el índice de mortalidad en más de un 10 % en las personas que tienen más de 60 años.

El antibiótico doxiciclina puede evitar la enfermedad si es administrado a personas expuestas a la misma fuente de infección. Para tratar la enfermedad se administra penicilina, ampicilina u otro antibiótico similar. En los casos graves, los antibióticos se administran por vía intravenosa. Los afectados por esta enfermedad no tienen que permanecer aislados, pero se deben tomar precauciones al manipular y desechar su orina.

■ Listeriosis

La listeriosis es una infección por el bacilo grampositivo Listeria monocytogenes, *que puede causar muchos problemas, como meningitis, infecciones de los ojos, aborto, vómito y diarrea.*

Listeria monocytogenes se encuentra en todo el mundo, tanto en el medio ambiente como en los intestinos de muchos animales. La mayoría de los casos de listeriosis se producen durante el verano como resultado del consumo de comida contaminada, sobre todo carne, productos lácteos y vegetales crudos. Al examinar los alimentos frescos, la bacteria se encuentra entre un 15 y un 70 % de las ocasiones. A pesar de la alta prevalencia de la bacteria, la listeriosis es una infección poco común. Los grupos más susceptibles de sufrir la infección son los recién nacidos, los mayores de 70 años y las personas con un sistema inmunológico deficiente.

La listeriosis puede afectar prácticamente a cualquier órgano, pero en los adultos y los recién nacidos la infección más frecuente se produce en las meninges (los tejidos que recubren el cerebro y la médula espinal), por lo que causan meningitis. La meningitis produce fiebre y rigidez en la nuca; sin tratamiento se presenta confusión, coma e incluso la muerte. Se pueden formar abscesos (acumulaciones de pus) hasta en un 20 % de las personas con meningitis.

La bacteria también puede infectar los ojos, que se ponen rojos y duelen. Después la infección puede extenderse hacia los ganglios linfáticos, la sangre y las meninges. En casos muy raros afecta a las válvulas cardíacas (endocarditis) y puede producir insuficiencia cardíaca y ocasionar la muerte.

Es posible que durante el embarazo la listeriosis no sea reconocida en la madre, con lo cual el feto puede morir en el útero y producirse un aborto, o morir el bebé poco después del parto. A veces, los hijos en aparente buen estado de madres infectadas pueden presentar meningitis una o dos semanas después del nacimiento.

Para su diagnóstico se requiere habitualmente el cultivo de una muestra de tejido o de fluido corporal, pero también se pueden detectar en sangre los anticuerpos contra la bacteria.

➤ Tratamiento

El tratamiento con el antibiótico ampicilina generalmente cura la listeriosis. Si las válvulas cardíacas están infectadas, se puede administrar al mismo tiempo un segundo antibiótico (como la tobramicina). Las infecciones oculares también pueden ser tratadas con eritromicina oral.

■ Enfermedad de Lyme

La enfermedad de Lyme es causada por la espiroqueta Borrelia burgdorferi, *que suele ser transmitida a las personas por las garrapatas del ciervo.*

La enfermedad fue descubierta en 1975 y se le asignó este nombre al producirse numerosos casos en la ciudad de Lyme, en Connecticut, Estados Unidos. Aún actualmente es la infección transmitida por insectos más frecuente en Estados Unidos, donde se presenta en 47 estados, pero la enfermedad de Lyme también aparece en Europa, China, Japón, Australia y los países de la antigua Unión Soviética.

Por lo general, la enfermedad de Lyme se produce en verano y a principios del otoño. Los niños y adultos jóvenes que viven en zonas de bosque son los más frecuentemente afectados.

Las bacterias que causan la enfermedad de Lyme son transmitidas por las garrapatas de los ciervos (*Ixodes*), así llamadas porque la garrapata adulta a menudo se alimenta de la sangre del ciervo, aunque éstos no sean los transmisores de la enfermedad, sino simplemente su fuente de comida. Las garrapatas jóvenes (ninfas) se alimentan de la sangre de los roedores, en especial del ratón de patas blancas, que es portador de la bacteria de la enfermedad de Lyme.

Las bacterias que causan la enfermedad de Lyme son transmitidas a las personas por la picadura de una garrapata infectada que queda adherida al cuerpo por uno o dos días. Los períodos breves de adherencia rara vez transmiten la enfermedad. Al principio, la bacteria se multiplica en el mismo sitio donde pica la garrapata. En un plazo de entre 3 y 32 días, las bacterias migran del lugar de la picadura a la piel que la rodea y se propagan por la sangre a otros órganos o lugares de la piel.

➤ Síntomas

La enfermedad de Lyme presenta tres etapas: precoz localizada, precoz diseminada (generalizada) y tardía. Entre las fases precoz y tardía habitualmente hay un período sin síntomas.

La fase precoz localizada, comienza por lo general con una gran mancha roja en el lugar de la picadura, localizada casi siempre en un muslo, una nalga, el tronco o una axila. La mancha (eritema migrans) habitualmente se extiende hasta un diámetro de quince centímetros, con una zona clara en su centro (ojo de buey). Aunque el eritema migrans no pica ni duele, al tacto puede estar caliente. Alrededor del 25 % de las personas infectadas nunca presentan o al menos nunca notan la mancha roja.

Los síntomas de la etapa precoz diseminada de la enfermedad de Lyme comienzan cuando las bacterias se diseminan por todo el cuerpo desde la zona de la picadura. En esta etapa, muchos enfermos experimentan cansancio, escalofríos y fiebre, cefalea, rigidez del cuello y dolores en los músculos y articulaciones. Cerca de la mitad de los enfermos presentan manchas de eritema migrans, habitualmente de menor tamaño, en otras partes del cuerpo. Son síntomas menos frecuentes el dolor de espalda, las náuseas y los vómitos, el dolor de garganta, los ganglios linfáticos inflamados y el aumento del tamaño del bazo. Aun

cuando la mayoría de los síntomas pueden aparecer y desaparecer, es posible que la sensación de malestar y de cansancio dure semanas. Estos síntomas pueden confundirse con gripe u otras infecciones víricas, en especial si el eritema migrans no se presenta.

Algunas veces los síntomas más graves aparecen en la fase precoz diseminada. Sobre todo, se manifiestan anomalías de la función nerviosa en el 15 % aproximadamente de los casos. Los problemas más frecuentes son dolores de cabeza, rigidez del cuello, afectación de los tejidos que recubren el cerebro y la médula espinal (meningitis aséptica) y debilidad en un lado de la cara (parálisis de Bell). Estos síntomas pueden persistir durante meses antes de desaparecer. El dolor y la debilidad en otras zonas pueden persistir por más tiempo. La irregularidad en el ritmo cardíaco (arritmias) y la inflamación del saco que envuelve el corazón (pericarditis), que causa dolor de pecho, aparecen en el 8 % de las personas infectadas.

En la enfermedad de Lyme no tratada, la última etapa comienza meses o años después de la infección inicial. Alrededor de la mitad de los afectados presentan artritis en la fase tardía de la enfermedad. Los episodios de tumefacción y dolor en algunas de las grandes articulaciones, en especial las rodillas, suelen persistir durante varios años. Las rodillas afectadas suelen presentar más hinchazón que dolor, tienen una temperatura elevada al tacto y, en casos raros, están enrojecidas. Detrás de la rodilla pueden aparecer quistes y romperse, lo que aumenta súbitamente el dolor. Alrededor del 10 % de las personas con artritis de Lyme presentan problemas persistentes en la rodilla. Un número pequeño de personas sufren alteraciones neurológicas, entre ellas trastornos del humor, el lenguaje, la memoria y el sueño, así como hormigueos o dolores en la espalda, las piernas y los brazos.

➤ Diagnóstico

Los hemocultivos no suelen ser útiles porque la bacteria *Borrelia burgdorferi* difícilmente crece en el laboratorio. Por eso, lo que se hace habitualmente es la medición de anticuerpos contra la bacteria en la sangre. Sin embargo, las pruebas de anticuerpos por sí solas no son adecuadas porque frecuentemente son negativas en las primeras fases de esta enfermedad y a veces son positivas en personas que no tienen la enfermedad. En consecuencia, el diagnóstico depende tanto de los resultados de las pruebas como de la presencia de síntomas típicos en una persona que viva (o haya visitado) una zona en la que la enfermedad de Lyme es frecuente.

La falta de una prueba definitiva para la enfermedad de Lyme causa algunas dificultades. En zonas donde esta enfermedad es frecuente, muchas personas que presentan articulaciones dolorosas tienen problemas para concentrarse o están siempre cansadas (cansancio crónico), a menudo creen que están en la fase tardía de la enfermedad de Lyme, aun cuando nunca hayan tenido una erupción ni otro síntoma de la fase precoz. Pero pocas de estas personas padecen realmente la enfermedad de Lyme; la mayoría de sus síntomas son causados por otras afecciones. En las personas que nunca han tenido síntomas en la fase precoz de la enfermedad de Lyme, los análisis de anticuerpos no son suficientemente fiables para hacer un diagnóstico preciso. Si el médico establece el diagnóstico sólo en función de los resultados de anticuerpos, se diagnosticará la enfermedad a muchas personas que no la padecen. Esto por lo general llevará a la administración de una larga e infructuosa tanda de terapias con antibióticos.

➤ Tratamiento

La mayoría de los médicos no prescriben antibióticos a personas que simplemente han tenido una picadura de garrapata, pero sí a las que presentan erupción u otros síntomas. A veces se hace una excepción si la persona vive en un área endémica de la enfermedad de Lyme y la garrapata estaba repleta de sangre (lo que indica una larga adherencia).

Aunque en todos los períodos de la enfermedad de Lyme se responde a los antibióticos, el tratamiento precoz es el más eficaz para evitar complicaciones. Pueden administrarse antibióticos como la doxiciclina, la amoxicilina, la penicilina o la eritromicina por vía oral durante las primeras fases de la enfermedad. Los antibióticos por vía intravenosa se reservan para los casos de enfermedad neurológica grave. El tratamiento dura de 3 a 4 semanas.

Los antibióticos erradican las bacterias de la fase tardía de la enfermedad y en la mayoría de las personas alivian la artritis. Sin embargo, en algunos casos los dolores artríticos son persistentes debido a una continuidad de la inflamación aunque todas las bacterias hayan desaparecido. Los antiinflamatorios no esteroideos (AINE), como la aspirina o el ibuprofeno, pueden aliviar el dolor de las articulaciones inflamadas. El líquido que se acumula en las articulaciones puede ser drenado y el uso de muletas también resultará útil.

La vacuna contra la enfermedad de Lyme que se empleó en el pasado, fue retirada del mercado.

■ Peste

La peste es una infección grave causada por la bacteria gramnegativa Yersinia pestis.

Las bacterias que causan la peste infectan principalmente a los roedores salvajes como las ratas, los ratones, las ardillas y los perros de la pradera. En el pasado, las grandes epidemias de peste, como la peste negra de la Edad Media, mataron a gran cantidad de personas. El gran número de roedores y las malas condiciones médicas eran las principales causas de estas epidemias. La mejora de las condiciones higiénicas y de la atención sanitaria ha reducido la incidencia de la enfermedad a brotes aislados o muy localizados.

Por lo general, las bacterias que causan la peste son transmitidas al ser humano por las pulgas de animales infectados. Un acceso de tos, o bien un estornudo, que dispersa las bacterias a través de gotitas, puede transmitir la enfermedad de una persona a otra. La transmisión por animales domésticos, en especial los gatos, puede también hacerse por las picaduras de pulga o por la inhalación de gotitas infectadas.

➤ Síntomas y diagnóstico

La peste puede adoptar una o varias formas (bubónica, neumónica, septicémica o peste menor). Los síntomas varían según la forma de la peste.

Los síntomas de la **peste bubónica** suelen aparecer de 2 a 5 días después de la exposición a la bacteria, pero pueden hacerlo en cualquier momento desde unas pocas horas hasta doce días más tarde. Comienzan repentinamente con escalofríos y fiebre de hasta 41 °C. El latido cardíaco se acelera y debilita, en tanto que la presión arterial puede caer. Aparecen ganglios linfáticos inflamados (bubones) en las ingles, axilas o cuello poco antes o con la fiebre. Es característico que los ganglios linfáticos inflamados estén firmes y sean extremadamente sensibles al tacto. La piel que los cubre se pone suave y rojiza pero no presenta una temperatura elevada. Es probable que

Para prevenir las picaduras de garrapata

Es posible reducir la posibilidad de sufrir una picadura de garrapata si, al caminar por zonas boscosas, se permanece en los caminos y senderos y se procura no sentarse en el suelo o en los muros de piedra. El uso de ropa de colores claros permite ver cómo las garrapatas andan por la ropa. La aplicación de un insecticida con dietiltoluamida sobre la piel y uno con permetrina en la ropa pueden contribuir a la protección contra la picadura de garrapatas. Las personas que han estado expuestas a las garrapatas deben inspeccionar su cuerpo a diario. Las garrapatas de los ciervos, que transmiten la enfermedad de Lyme, son muy pequeñas, mucho más pequeñas que las garrapatas del perro. Por ello, es necesario revisar el cuerpo muy cuidadosamente, sobre todo las áreas velludas. La inspección es eficaz porque las garrapatas deben adherirse durante más de un día para poder transmitir la enfermedad de Lyme.

Para extraer una garrapata, se deben usar unas pinzas puntiagudas para asir la cabeza o las partes de la boca por donde penetran en la piel, y arrancarlas de una vez. El cuerpo de la garrapata no debe ser agarrado o aplastado. No debe utilizarse vaselina, alcohol, cerillas u otros irritantes.

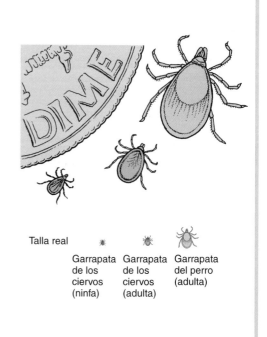

Talla real

| Garrapata de los ciervos (ninfa) | Garrapata de los ciervos (adulta) | Garrapata del perro (adulta) |

---

el enfermo esté inquieto, delirante, confuso y presente falta de coordinación. El hígado y el bazo pueden agrandarse y se palpan con facilidad durante el examen físico. Es posible que los ganglios linfáticos se llenen de pus y drenen espontáneamente durante la segunda semana. Más del 60 % de las personas no tratadas mueren. La mayoría de las muertes se producen entre el tercero y el quinto día.

La **peste neumónica** es la infección de los pulmones con bacterias de la peste que se han extendido por la sangre desde otros sitios de infección o han sido inhaladas durante una exposición a una fuente de bacterias, como una persona con peste neumónica que tiene tos. Esta forma de peste es muy contagiosa y los expertos piensan que podría resultar en la forma neumónica si fuese diseminada por terroristas. Los síntomas, que comienzan abruptamente 2 o 3 días después de la exposición a las bacterias, son fiebre elevada, escalofríos, ritmo cardíaco acelerado y, con frecuencia, intensos dolores de cabeza. La tos aparece durante las siguientes 24 horas. Al principio el esputo es claro, pero en seguida comienza a presentar señales de sangre, hasta que se vuelve uniformemente rosado o de color rojo intenso (semejante al jarabe de frambuesa) y espumoso. Es frecuente que el enfermo respire rápidamente y con dificultad. Las personas no tratadas mueren, por lo general, durante las 48 horas siguientes al inicio de los síntomas.

La **peste septicémica** es la infección que se extiende hasta la sangre. Puede causar la muerte incluso antes de que aparezcan otros síntomas de peste bubónica o neumónica.

La **peste menor** es una forma leve de peste que suele aparecer sólo en el área geográfica en que la enfermedad es endémica. Sus síntomas (ganglios linfáticos inflamados, fiebre, dolor de cabeza y agotamiento) desaparecen en el curso de una semana.

La peste se diagnostica analizando los cultivos de bacterias que han crecido en las muestras de sangre, de esputo o de ganglios linfáticos.

➤ Prevención y tratamiento

La prevención consiste en el control de los roedores y el uso de repelentes para evitar las picaduras de pulgas. La vacunación ya no está disponible. Las personas que viven o viajan a lugares con brotes de peste pueden tomar dosis preventivas del antibiótico tetraciclina.

Cuando se piense que una persona tiene peste, el médico debe comenzar el tratamiento de inmediato. El tratamiento de la peste septicémica o neumónica debe iniciarse en las primeras veinticuatro horas. Un tratamiento rápido reduce la posibilidad de muerte a menos del 5 %; consiste en administrar inyecciones de estreptomicina durante diez días, pero también son eficaces otros antibióticos.

Las personas con peste neumónica deben ser aisladas, a diferencia de las que han contraído peste bubónica. Cualquiera que haya tenido contacto con una persona con peste neumónica debe ser tratada u observada atentamente por un médico para ver si aparecen signos de infección.

■ Infecciones neumocócicas

Las infecciones neumocócicas son causadas por Streptococcus pneumoniae *(neumococo), un coco grampositivo, que habitualmente infecta los pulmones.*

Los neumococos suelen habitar en la porción superior de las vías respiratorias de las personas, y son huéspedes naturales, particularmente durante el invierno y el comienzo de la primavera. A pesar de su localización, los neumococos sólo en algunas ocasiones causan neumonía. La enfermedad neumocócica más grave es la neumonía, una infección de los tejidos de los pulmones ● *(v. pág. 323).*

Los neumococos también pueden causar infecciones en el oído (otitis media), los senos paranasales (sinusitis), los tejidos que recubren el cerebro y la médula espinal (meningitis), y con una menor frecuencia, en las válvulas del corazón, las articulaciones y la cavidad abdominal. En ocasiones, estas zonas se infectan por neumococos que se han extendido por la sangre desde otro punto de infección.

Las personas con alto riesgo de presentar neumonía neumocócica son las que padecen enfermedades crónicas y cuyo sistema inmunológico es deficiente, por ejemplo, en quienes padecen la enfermedad de Hodgkin, linfomas, mieloma múltiple, desnutrición y drepanocitosis. Las personas mayores presentan a menudo infecciones neumocócicas. Como los anticuerpos producidos en el bazo normalmente ayudan a evitar la infección neumocócica, los individuos a los que se les ha extirpado el bazo o cuyo bazo no funciona bien también están en riesgo ante dichas infecciones. La neumonía neumocócica puede aparecer después de una bronquitis crónica o si un virus respiratorio común, sobre todo el virus de la influenza, daña el revestimiento de las vías respiratorias.

➤ Síntomas y diagnóstico

Los síntomas comienzan repentinamente con dolor agudo del tórax y escalofríos. A veces, estos síntomas se manifiestan a continuación de una infección vírica de las vías respiratorias altas (dolor de garganta, congestión de las fosas nasales, goteo de la nariz y tos no productiva). Aparecen fiebre y tos, y ésta produce un esputo de color herrumbroso. Por lo general, la persona se siente enferma y presenta dificultad para respirar.

A veces, al examinar una muestra de esputo al microscopio, se pueden reconocer los cocos grampositivos. Lo habitual es enviar las muestras de esputo, pus o sangre al laboratorio para su cultivo. Para identificar la neumonía se toman radiografías de tórax.

Las personas con meningitis neumocócica presentan fiebre, cefalea y una sensación de malestar general. El cuello se pone rígido y doloroso al moverlo, aunque esto no ocurre en los inicios de la enfermedad. En cuanto el médico sospecha la presencia de una meningitis, debe practicar una punción en la columna (punción lumbar) ● *(v. pág. 531)* para buscar signos de infección en el líquido cefalorraquídeo, tales como presencia de glóbulos blancos y bacterias.

Las infecciones neumocócicas del oído son frecuentes en los niños. Estas infecciones causan dolor en el oído y una protuberancia rojiza en el tímpano. Generalmente no se realizan hemocultivos ni otras pruebas. La vacuna contra el neumococo en los niños es muy importante ya que baja significativamente los índices de infección.

➤ Prevención y tratamiento

Existen dos tipos de vacuna neumocócica: una (vacuna conjugada) que puede administrarse a niños a partir de los 2 meses de edad, y otra ● *(v. recuadro pág. 1770)* (vacuna no conjugada) que se utiliza en los niños mayores y en los adultos. Ambas protegen contra las variedades más habituales de neumococo y reduciendo sustancialmente la probabilidad de contraer neumonía neumocócica y bacteriemia. La vacuna neumocócica se recomienda en las personas de más de 55 años, lactantes y algunos niños mayores, y debe administrarse también a personas con enfermedades crónicas del corazón y del pulmón, diabetes, drepanocitosis, enfermedad de Hodgkin, infección por el VIH y trastornos metabólicos. También se debe aplicar a las personas a quienes se les ha extirpado el bazo o cuyo bazo no funciona bien.

La penicilina es el tratamiento de primera elección para la mayoría de las infecciones neumocócicas. Se administra por vía oral en las infecciones del oído y los senos paranasales y por vía intravenosa en las infecciones más graves. Los neumococos que son resistentes a la penicilina están en aumento, de forma que, con frecuencia, se emplean nuevos antibióticos quinolónicos.

■ Infecciones por *Pseudomonas*

Las infecciones por Pseudomonas *son producidas por varios tipos, en especial* Pseudomonas aeruginosa.

Pseudomonas están presentes en todo el mundo, ya sea en la tierra y en el agua, como en la piel de los animales y las personas. Las zonas húmedas favorecen el crecimiento de *Pseudomonas*, como los fregaderos, lavabos, estanques y piscinas con agua caliente, y generalmente pueden soportar los niveles estándar de cloro en las piscinas. Se conocen bacterias que han sobrevivido incluso en soluciones antisépticas.

Pseudomonas pueden causar una infección leve de la piel o una enfermedad grave, potencialmente mortal. Las infecciones más graves provocadas por *Pseudomonas* afectan a las personas débiles y hospitalizadas, sobre todo a las que tienen un sistema inmunológico deficiente. Los diabéticos son especialmente propensos a contraer infecciones por *Pseudomonas*. Estas bacterias pueden infectar la sangre, la piel, los huesos, los oídos, los ojos, las vías urinarias, las válvulas cardíacas y los pulmones.

➤ Síntomas y diagnóstico

Dos infecciones de menor importancia por *Pseudomonas* que pueden afectar a personas que por lo demás están sanas, son el **oído del nadador** y la **foliculitis de la piscina**. El oído del nadador (otitis externa) es una infección del conducto externo del oído que produce dolor y secreción ● *(v. también pág. 1493)*. La foliculitis de la pisci-

na es una erupción cutánea formada por diminutas pústulas, que pueden contener una gota de pus en el centro ● *(v. pág. 1458)*.

La **otitis externa maligna** es una infección por *Pseudomonas* profundamente penetrante del oído, que puede causar dolor intenso y daño en los nervios, y es más frecuente entre los diabéticos.

Pseudomonas pueden causar úlceras en el ojo cuando lo penetran por una herida corneal, una lente de contacto o un líquido para lentes contaminado. Las úlceras son dolorosas y pueden conducir a una pérdida de la visión. *Pseudomonas* pueden causar infección a partir de heridas punzantes profundas, especialmente aquellas que se presentan en los pies de los niños. Cuando *Pseudomonas* infectan una herida, su crecimiento en vendajes sucios produce un característico olor dulzón afrutado.

Pseudomonas pueden causar neumonía grave en los pacientes hospitalizados, en especial en los que se encuentran en las unidades de cuidados intensivos. También son una causa de infección de las vías urinarias, generalmente en pacientes que han sufrido intervenciones urológicas o presentan una obstrucción de las vías urinarias.

Las bacterias suelen invadir la sangre de las personas con quemaduras y cáncer. Sin tratamiento, se puede producir una infección severa que puede provocar una presión arterial peligrosamente baja *(shock)* y muerte. La infección habitualmente causa manchas negro púrpura sobre la piel. Estas manchas son más o menos de un centímetro de diámetro con una llaga en el centro rodeada de enrojecimiento y de inflamación. La erupción suele aparecer en las axilas y las ingles.

En muy raras ocasiones, *Pseudomonas* infectan las válvulas cardíacas. Las personas que hayan recibido una válvula cardíaca artificial son más vulnerables; no obstante, las válvulas cardíacas naturales también pueden infectarse, en especial entre quienes se inyectan drogas.

El médico diagnostica infección por *Pseudomonas* cuando se presenta crecimiento de las bacterias en los cultivos de sangre u otros fluidos corporales.

➤ Prevención y tratamiento

El oído del nadador se puede evitar habitualmente mediante irrigaciones de los oídos con una mezcla de alcohol y ácido acético antes y después de nadar. Si la infección se trata con gotas de ácido acético y la aplicación local de antibióticos, por lo general mejora rápidamente. La foliculitis de la piscina suele mejorar sin tratamiento.

Las infecciones del ojo por *Pseudomonas* se tratan con gotas de antibiótico muy concentrado. Algunas veces, los antibióticos deben ser inyectados directamente en el ojo.

Las infecciones graves por *Pseudomonas* son difíciles de tratar. La otitis externa maligna, las infecciones internas y las infecciones de la sangre requieren semanas de terapia con un antibiótico intravenoso, habitualmente con una combinación de antibióticos. En ocasiones, una válvula cardíaca infectada se cura con antibióticos, pero suele ser necesario realizar una cirugía a corazón abierto para reemplazarla ● *(v. fig. pág. 218).*

■ Infecciones por *Salmonella*

La infección por cualquiera de las especies del bacilo gramnegativo Salmonella *provoca una gastroenteritis y a veces una infección tisular local.*

Se conocen alrededor de 2 200 tipos de *Salmonella*, incluida la que causa la fiebre tifoidea ● *(v. pág. 1332).* Cada una de éstas puede producir malestar gastrointestinal, fiebre entérica e infecciones localizadas. Con excepción de la que causa fiebre tifoidea, *Salmonella* infecta el tracto digestivo de muchos animales domésticos y salvajes, aves y reptiles. Alimentos contaminados, especialmente carne, aves de corral, huevos, productos con huevo y lácteos, son fuentes frecuentes de *Salmonella*. Otra fuente son los reptiles domésticos (serpientes, lagartos, tortugas) muy ampliamente infectados.

➤ Síntomas y diagnóstico

Los síntomas de la infección por *Salmonella* se limitan, por lo general, al tracto gastrointestinal y se inician entre 12 y 48 horas después de ingerir la bacteria. Los primeros síntomas son náuseas y retortijones abdominales, seguidos de diarrea acuosa, fiebre y a veces vómitos. La infección a menudo desaparece entre los días 1 y 4, pero puede durar mucho más. Algunas personas se convierten en portadoras y continúan excretando la bacteria con sus heces mucho después de cesar los síntomas.

Rara vez *Salmonella* abandona los intestinos y viaja por el torrente sanguíneo hasta infectar otros lugares, como los huesos (en particular en las personas con drepanocitosis), las articulaciones o las válvulas del corazón. En ciertos casos, un tumor puede infectarse y presentar un absceso que ocasiona una fuente de infección continua en la sangre.

El diagnóstico se confirma en el laboratorio realizando un cultivo de una muestra de material fecal, de un frotis rectal o de la sangre de la persona infectada.

➤ Tratamiento

La gastroenteritis por *Salmonella* se trata con líquidos y una dieta blanda. Los antibióticos no acortan el tiempo de recuperación pero sí prolongan la excreción de bacterias por las heces, por lo tanto no suelen administrarse. Sin embargo, los niños, los residentes en instituciones y las personas con un sistema inmunológico deficiente son tratados con antibióticos, ya que corren un mayor riesgo de sufrir complicaciones. En los portadores que no presentan síntomas, la infección suele desaparecer por sí sola; rara vez necesitan tratamiento antibiótico, y éste puede no ser eficaz.

Las personas con *Salmonella* en la sangre deben tomar antibióticos durante 4 o 6 semanas. Los abscesos se tratan mediante drenaje quirúrgico y cuatro semanas de terapia con antibiótico. Cuando la infección afecta a los vasos sanguíneos, las válvulas cardíacas u otras zonas suelen necesitar una intervención quirúrgica y una antibioterapia prolongada.

■ Shigelosis

La shigelosis es la infección causada por el bacilo gramnegativo Shigella, *que produce una disentería caracterizada por frecuentes deposiciones acuosas, a menudo con moco y sangre, dolor, fiebre y deshidratación.*

Shigella es una las principales causas de disentería en todo el mundo, responsable del 5 al 10% de las enfermedades diarreicas producidas en muchas áreas. Las bacterias aparecen en las heces de las personas infectadas y generalmente se transmiten por contacto de persona a persona. La comida contaminada es fuente frecuente de infección. Las epidemias son mucho más habituales en zonas muy pobladas que carecen de un sistema sanitario adecuado. Son sitios de alto riesgo los centros de asistencia infantil, de cuidados a largo plazo y los campamentos militares. Los niños son especialmente propensos a infectarse y suelen presentar síntomas graves.

La bacteria causa la enfermedad atravesando el revestimiento del intestino, principalmente el grueso, lo que produce inflamación y a veces úlceras superficiales.

➤ Síntomas

Los primeros síntomas son dolores abdominales y una diarrea acuosa que se inicia entre 1 a 4 días después de la infección. Frecuentemente se presenta fiebre que puede alcanzar 41 °C. El vómito no es habitual pero puede producirse. Después de 1 o 2 días, muchas personas presentan dolor al hacer deposiciones, las cuales contienen sangre y moco. El número de deposiciones suele incrementarse rápidamente hasta más de veinte por día, por lo cual se producen pérdida de peso y deshidratación grave. La deshidratación grave conduce al *shock* y a la muerte; afecta principalmente a los adultos con enfermedades crónicas y a los niños menores de 2 años.

Algunos niños presentan convulsiones. Se desconoce la causa específica de éstas, pero se puede atribuir a la fiebre alta o a una complicación de la shigelosis. Algunos adultos presentan inflamación de los ojos y una artritis reactiva (síndrome de Reiter) ● *(v. pág. 453)*. Rara vez se produce perforación intestinal. El gran esfuerzo realizado durante las deposiciones puede causar que parte del recto sea expulsado fuera del cuerpo (prolapso rectal). En consecuencia, es posible que se produzca una pérdida permanente del control del intestino.

➤ Diagnóstico y tratamiento

El médico sospecha la presencia de una shigelosis en función de los síntomas típicos de dolor, fiebre y diarrea con sangre en una persona que vive en un área en la que la infección por *Shigella* es frecuente. El diagnóstico se confirma mediante un cultivo de muestras frescas de materia fecal.

El tratamiento consiste principalmente en reemplazar las sales y los líquidos perdidos a causa de la diarrea. La reposición oral es satisfactoria para la mayoría de las personas, pero algunas pueden necesitar recibir líquidos por vía intravenosa. En la mayoría de los casos, la enfermedad se resuelve entre 4 u 8 días sin antibióticos. Las infecciones severas pueden durar de 3 a 6 semanas. Cuando la persona es muy joven o muy ma-

yor, la enfermedad es grave o existe un gran riesgo de extenderse la infección, se pueden administrar antibióticos como el trimetoprim-sulfametoxazol, el norfloxacino, el ciprofloxacino o la furazolidona. La gravedad de los síntomas y la duración de *Shigella* en las heces se reducen con antibióticos. Los fármacos antidiarreicos (como el difenoxilato o la loperamida) pueden prolongar la infección y no deben ser utilizados.

■ Infecciones estafilocócicas

Las infecciones estafilocócicas son causadas por los cocos grampositivos Staphylococcus *(estafilococos).*

Normalmente, los estafilococos habitan en la nariz y en la piel del 20 al 30 % de los adultos sanos (y con menos frecuencia en la boca, glándulas mamarias y tracto urinario, intestinal y respiratorio). Estas bacterias no hacen daño en la mayoría de los casos; sin embargo, la rotura de la piel u otra lesión permiten que las bacterias atraviesen las defensas del organismo y causen infección. Con frecuencia, las infecciones estafilocócicas producen acumulaciones de pus (abscesos), que puede aparecer no sólo en la piel sino también en los órganos internos. Las infecciones estafilocócicas oscilan de leves hasta potencialmente mortales.

Se incluyen como pacientes con tendencia a las infecciones estafilocócicas a los recién nacidos, a los adictos a drogas inyectadas, a las mujeres en período de lactancia y a las personas con trastornos de la piel, incisiones quirúrgicas, deficiencia del sistema inmunológico o enfermedades crónicas (en especial diabetes, enfermedades pulmonares, enfermedades de las venas y arterias, y cáncer). Los catéteres intravenosos, sobre todo los que permanecen en el organismo más de 1 o 2 días, a menudo presentan contaminación por estafilococos, permitiendo que las bacterias penetren en el torrente sanguíneo (bacteremia). Estas infecciones suelen aparecer entre pocos días y pocas semanas después de una operación, pero pueden manifestarse más lentamente si el paciente ha recibido antibióticos en el momento de la cirugía.

Los estafilococos suelen infectar la piel ● *(v. pág. 1453)*, pero pueden circular por el torrente sanguíneo y afectar prácticamente a cualquier parte del organismo, en especial el corazón (endocarditis) ● *(v. pág. 224)* y los huesos (osteomielitis) ● *(v. pág. 437)*. La endocarditis estafilocócica es frecuente entre quienes se inyectan droga. La osteomielitis estafilocócica afecta sobre todo a los niños, aunque también aparece en las personas mayores, en especial en los afectados por úlceras profundas (úlceras por decúbito o por presión).

La neumonía estafilocócica es una infección grave ● *(v. pág. 326)* que aparece principalmente en los individuos con enfermedades pulmonares crónicas (como bronquitis crónica y enfisema) o gripe.

Algunas cepas de estafilococos producen toxinas que pueden causar intoxicación alimentaria por estafilococos ● *(v. pág. 871)*, síndrome de *shock* tóxico y síndrome de piel escaldada ● *(v. pág. 1457)*.

➤ Síntomas

Hay muchos tipos de infecciones estafilocócicas de la piel. La menos grave es la foliculitis, una infección de la raíz del pelo (folículo) que produce una pequeña lesión levemente dolorosa, rojiza, elevada, en la base del pelo. El impétigo consiste en ampollas llenas de líquido, rodeadas por costras amarillas. El impétigo puede producir dolor y picazón. Los abscesos de la piel por infección estafilocócica (forúnculos) son acumulaciones de pus debajo de la piel, calientes y dolorosos. La celulitis estafilocócica es una infección que se extiende por debajo de la piel en el tejido graso, produciendo dolor y enrojecimiento. Dos infecciones cutáneas estafilocócicas particularmente graves son la necrólisis epidérmica tóxica y el síndrome de la piel escaldada, procesos en que la piel puede desprenderse en grandes escamas. Todas las infecciones estafilocócicas de la piel son muy contagiosas.

Las infecciones estafilocócicas mamarias (mastitis) y los abscesos mamarios aparecen, por lo general, ente 1 y 4 semanas después del parto. La zona infectada aparece roja y dolorosa. Los abscesos de mama a menudo liberan gran cantidad de bacterias en la leche y estas bacterias pueden infectar al niño.

La neumonía estafilocócica suele provocar una fiebre muy alta y síntomas pulmonares intensos, como dificultad para respirar, respiración acelerada y una tos con producción de esputos que pueden estar teñidos de sangre. Tanto en los recién nacidos como en los adultos, la neumonía estafilocócica puede causar abscesos pulmonares. Dichos abscesos pueden extenderse y afectar a las membranas que envuelven los pulmones (empiema), lo que se añade a las dificultades respiratorias causadas por la neumonía.

La bacteremia estafilocócica es causa frecuente de muerte en las personas con quemaduras graves. Por lo general, produce fiebre alta y persistente, y en ciertos casos *shock*.

La endocarditis estafilocócica puede muy rápidamente producir daño en las válvulas del corazón, hasta el punto de causar una insuficiencia cardíaca (con debilidad y dificultades respiratorias) y la muerte.

La osteomielitis estafilocócica puede provocar escalofríos, fiebre y dolor de huesos. Aparece tumefacción y enrojecimiento en los tejidos encima del hueso infectado, y se puede acumular líquido en las articulaciones cercanas a las áreas invadidas por las bacterias.

➤ Diagnóstico y tratamiento

Las infecciones estafilocócicas de la piel se suelen diagnosticar por su aspecto, sin necesidad de pruebas de laboratorio. Otras infecciones estafilocócicas más graves requieren muestras de sangre o líquidos infectados para su cultivo. El laboratorio establece el diagnóstico y determina qué antibióticos pueden eliminar los estafilococos. En ciertos casos, las radiografías y otros estudios radiológicos pueden identificar la zona infectada, pero generalmente no son útiles para establecer un diagnóstico precoz.

Las infecciones menos graves, como foliculitis y pequeñas placas de impétigo, son tratadas generalmente con una pomada mezcla de tres antibióticos (bacitracina, neomicina, polimixina B) o con mupirocina. Para el resto de las infecciones cutáneas, los antibióticos orales (como la cloxacilina, la dicloxacilina y la eritromicina) resultan adecuados.

Las infecciones más graves, en especial las de la sangre, requieren terapia intravenosa prolongada, en general hasta seis semanas.

La elección de un antibiótico depende del lugar de la infección, la gravedad de la enfermedad y la vulnerabilidad de la cepa específica del estafilococo. Algunas cepas son resistentes a muchos antibióticos. *Staphylococcus aureus* es resistente a la meticilina (SAMR), también lo es a casi todos los antibióticos y es cada vez más frecuente en los grandes hospitales. Entre los pocos antibióticos que suelen ser eficaces contra este microorganismo se encuentran la vancomicina y el trimetoprim-sulfametoxazol.

Los antibióticos solos no curan los abscesos; también deben ser drenados. Los localizados en zonas más profundas del cuerpo pueden necesitar cirugía.

■ Infecciones estreptocócicas

Las infecciones estreptocócicas son causadas por los cocos grampositivos Streptococcus *(estreptococos).*

Las diversas variedades de estreptococos que producen enfermedades se agrupan según su comportamiento, características químicas y aspecto. Cada grupo suele producir tipos específicos de infecciones y síntomas. Muchas formas de estreptococos viven inofensivamente dentro y en la superficie del cuerpo. Algunas veces, incluso los estreptococos productores de enfermedad se pueden encontrar en las personas sanas (estado de portador). Cuando el laboratorio encuentra estas bacterias en personas enfermas, puede ser difícil determinar si son o no la causa de enfermedad.

Las infecciones por ciertos tipos de estreptococos pueden causar una reacción autoinmune en la que el cuerpo ataca sus propios tejidos ● *(v. pág. 1283).* Estas reacciones pueden presentarse después de una infección como la faringitis estreptocócica y derivar en fiebre reumática, corea y lesión renal (glomerulonefritis).

➤ Síntomas

En general, los estreptococos infectan la garganta y la piel, aunque también otras muchas partes del cuerpo, especialmente el corazón (endocarditis). Las infecciones incluyen celulitis, erisipela, impétigo y fascitis necrosante ● *(v. pág. 1453).*

La **faringitis** es la infección estreptocócica más frecuente. Los síntomas aparecen repentinamente e incluyen dolor de garganta, en ocasiones con escalofríos, fiebre, cefalea, náuseas, vómito, frecuencia cardíaca acelerada y malestar general. La garganta está enrojecida, las amígdalas inflamadas y los ganglios linfáticos del cuello pueden aumentar de tamaño y resultar dolorosos al tacto. La tos, la inflamación de la laringe (laringitis) y la congestión nasal son síntomas de escasa frecuencia en las infecciones estreptocócicas; estos síntomas sugieren otra causa, como puede ser un resfriado común o una alergia. Sin embargo, en los niños de menos de 4 años, el único síntoma de la infección estreptocócica puede ser un goteo de la nariz.

La **escarlatina** se produce cuando los estreptococos liberan una toxina, por lo general en la garganta. Esta toxina produce una erupción rosada que es más evidente en el abdomen, en los lados del pecho y en los pliegues de la piel. La erupción no pica ni duele. Otros síntomas son una zona pálida alrededor de la boca, rostro enrojecido, lengua roja e inflamada y líneas de color rojo oscuro en los pliegues de la piel. En la lengua también aparece una capa blanca con puntos rojos (lengua aframbuesada). Al cabo de varios días, el recubrimiento desaparece y la lengua se vuelve roja y carnosa. La capa externa de la piel enrojecida suele desprenderse cuando la fiebre desaparece.

➤ Diagnóstico

Debido a sus síntomas característicos, algunas infecciones estreptocócicas (como la celulitis y el impétigo), se pueden diagnosticar habitualmente sin ningún análisis. Otras infecciones estreptocócicas, la faringitis estreptocócica en especial, se asemejan a una enfermedad causada por otras bacterias y virus. Para estos trastornos, el médico intenta confirmar el diagnóstico mediante el cultivo de una muestra de la zona infectada. Desafortunadamente, en muchas infecciones (especialmente en las infecciones de la piel) es difícil realizar un cultivo. Muchas bacterias viven sobre la piel, así que su hallazgo en un cultivo no significa que sean la causa de la infección. Además, a los hemocultivos se les debe permitir su crecimiento por la noche, con lo cual los resultados no están disponibles de inmediato. Ciertas pruebas rápidas para estreptococos producen resultados accesibles en pocas horas. Si el resultado de una prueba rápida es positivo, no es necesario realizar el cultivo. Sin embargo, si la prueba rápida es negativa, el médico generalmente recomienda un cultivo durante la noche. Estas pruebas son importantes porque la mayoría de los dolores de garganta, incluso los que tienen muy mal aspecto, son causados por virus y no deben ser tratados con antibióticos.

➤ Tratamiento

Los individuos con faringitis estreptocócica y escarlatina habitualmente mejoran en dos semanas, incluso sin tratamiento. Sin embargo, los antibióticos pueden reducir la duración de los síntomas y ayudan a evitar graves complicaciones (como la fiebre reumática). También ayudan a evitar que la infección se extienda hasta el oído medio, los senos paranasales y la apófisis mastoides, e impiden que se transmita a otras personas. La administración de un antibiótico, por lo general penicilina V oral, se debe iniciar rápidamente después de la aparición de los síntomas y se continuará durante diez días.

Otras infecciones estreptocócicas, como la celulitis, la fascitis necrosante y la endocarditis, son muy graves y necesitan que se administre penicilina intravenosa, en ocasiones en combinación con otros antibióticos. En la fascitis necrosante, es esencial la extirpación quirúrgica del tejido muerto infectado. La penicilina es eficaz contra la mayoría de los estreptococos, pero algunos son resistentes a la penicilina y a otros antibióticos.

La fiebre, la cefalea y el dolor de garganta pueden tratarse con fármacos (como el paracetamol [acetaminofén] o antiinflamatorios no esteroideos [AINE]) para reducir el dolor y la fiebre. No es necesario reposo en cama ni aislamiento. Sin embargo, los miembros de la familia o los amigos que tengan síntomas similares o que hayan tenido complicaciones de una infección estreptocócica deben recibir terapia preventiva.

■ Tétanos

El tétanos (trismo) es una enfermedad en la cual una toxina producida por la bacteria Clostridium tetani *puede causar intensos espasmos musculares.*

Aun cuando es cada vez menos frecuente en países desarrollados, el tétanos afecta a personas de muchas partes del mundo, en especial a las que viven en países en vías de desarrollo. En el mundo, hasta 50 000 personas no tratadas mueren cada año por el tétanos.

Las esporas de *Clostridium tetani* pueden vivir durante años en la tierra y en las heces de los animales. Una vez que las esporas del tétanos entran en el organismo, usualmente por una herida, comienzan a crecer (germinan). Sólo los bacilos del tétanos producen toxina; es esta toxina, y no las bacterias, lo que causa la enfermedad.

El tétanos a veces aparece después de cortes con objetos sucios, herrumbrosos o punciones profundas provocadas por un clavo; la infección también puede ser causada por heridas superficiales. Las personas que se inyectan drogas y las que tienen quemaduras o heridas quirúrgicas son las más propensas a contraer el tétanos. Después del parto puede producirse una infección del útero de la mujer y del muñón umbilical del recién nacido (tétanos neonatal), lo que es un riesgo importante en los países en desarrollo.

➤ Síntomas

Los síntomas suelen aparecer de 5 a 10 días después de la infección, pero también pueden manifestarse al cabo de 2 a 50 días después de la misma. El síntoma más frecuente es la rigidez de la mandíbula, lo que explica el nombre de *trismo*. Otros síntomas incluyen inquietud, dificultad para tragar, irritabilidad, dolor de cabeza, fiebre, dolor de garganta, escalofríos, espasmos musculares y rigidez de nuca, brazos y piernas. A medida que la enfermedad avanza, el enfermo puede tener mayores dificultades para abrir la mandíbula (trismo). Los espasmos de los músculos de la cara producen una expresión facial de sonrisa fija y cejas elevadas (risa sardónica). La rigidez o los espasmos en los músculos abdominales, el cuello y la espalda pueden causar una postura característica, en la cual la cabeza y los talones se desplazan hacia atrás y el cuerpo se arquea hacia arriba (opistótonos). El espasmo de los esfínteres musculares puede ocasionar estreñimiento y retención de orina.

Pequeñas alteraciones, como un ruido, una corriente de aire o el hecho de sacudirse la cama, pueden desencadenar espasmos musculares dolorosos y sudoración profusa. Durante los espasmos de todo el cuerpo, el enfermo no puede gritar, ni siquiera hablar, debido a la rigidez de los músculos del tórax y al espasmo de la garganta. Esta situación también impide respirar con normalidad y, en consecuencia, la persona no recibe suficiente oxígeno y puede morir por asfixia.

Los espasmos tetánicos pueden limitarse a los músculos que están al lado de la herida. Este tétanos localizado puede durar semanas.

➤ Diagnóstico y pronóstico

El médico sospecha la presencia de tétanos cuando una persona que tiene una herida presenta rigidez muscular o espasmos. Aunque *Clostridium tetani* puede ser cultivado con una muestra tomada de la herida, un resultado negativo no siempre significa que el tétanos no esté presente.

El tétanos tiene una tasa mundial de mortalidad del 50 %. El desenlace fatal es más probable

¿QUIÉN NECESITA UN REFUERZO DE LA VACUNA DEL TÉTANOS?

| NÚMERO DE VACUNACIONES PREVIAS | PEQUEÑAS HERIDAS LIMPIAS | | HERIDAS PROFUNDAS O SUCIAS[1] | |
	TD[2]	INMUNO-GLOBULINA ANTITETÁNICA	TD[2]	INMUNO-GLOBULINA ANTITETÁNICA
Incierto o menos de 3	Sí	No	Sí	Sí
3 o más de 3[3]	Sí, si es más de 10 años desde la última dosis	No	Sí, si es más de 5 años desde la última dosis	No

[1]Tal como, pero no limitadas a las heridas contaminadas con tierra, heces o saliva; heridas incisas; heridas que implican pérdida de tejido; y heridas resultantes de cuerpos extraños, aplastamientos, quemaduras y congelación.
[2]Td = Toxoides adsorbidos de tétanos y difteria (para uso en adultos); para niños de menos de 7 años, DTP.
[3]Si sólo se han recibido tres inyecciones de la vacuna contra el tétanos, se debe administrar una cuarta dosis.

entre quienes se inyectan drogas, los muy jóvenes y los de edad muy avanzada. El empeoramiento rápido de la sintomatología o el retraso en el tratamiento son de mal pronóstico.

➤ Prevención

Evitar el tétanos mediante una vacuna es mucho mejor que tratarlo una vez que se ha manifestado. Rara vez el tétanos aparece en una persona que ha completado la vacunación contra el tétanos (tres o más inyecciones). La vacuna contra el tétanos estimula al cuerpo a neutralizar la toxina. En los niños pequeños, esta vacuna forma parte de la serie que incluye las vacunas contra la difteria y la tosferina. Los adultos que han completado la vacunación primaria contra el tétanos deben recibir refuerzos cada diez años.

Las pautas de vacunación en las personas que se han herido son complejas: en general, en las personas que están adecuadamente vacunadas no es necesario un refuerzo si el último se dio en los cinco años precedentes. Las personas que no completaron la vacunación o aquellas que no han recibido un refuerzo desde hace más de diez años requieren un refuerzo y también pueden necesitar inmunoglobulina antitetánica.

La otra medida preventiva es la limpieza rápida a fondo de las heridas (especialmente las heridas punzantes profundas), dado que la suciedad y el tejido muerto favorecen el crecimiento de *Clostridium tetani*. Es probable que se necesite la extirpación quirúrgica de material extraño y de tejido dañado.

➤ Tratamiento

A los primeros síntomas del tétanos, la persona debe ser hospitalizada en una habitación tranquila. Para eliminar las bacterias y evitar la producción adicional de toxina, se le administran antibióticos (por ejemplo, metronidazol, penicilina o tetraciclina); sin embargo, los antibióticos no tienen efecto sobre la toxina que ya ha sido producida. La inmunoglobulina antitetánica se administra para neutralizar la toxina. Se pueden administrar otros fármacos para sedar al paciente, relajar la musculatura, aliviar el dolor y controlar las convulsiones, la frecuencia cardíaca y la presión arterial.

Los enfermos con infecciones moderadas o graves deben recibir ventilación mecánica. Dado que la gente con tétanos experimenta dificultad para deglutir, la alimentación se realiza por vía intravenosa o a través de una sonda introducida por la nariz hasta el estómago.

Aunque hay muchas otras enfermedades (por ejemplo, la varicela) que dejan a la persona inmune frente a nuevos episodios de la enfermedad, quien sobrevive a una infección del tétanos no queda inmune a él, puede volver a padecerlo. De este modo, la vacunación debe aplicarse una vez que la persona se recupere.

■ Síndrome de *shock* tóxico

El síndrome de shock *tóxico es un grupo de severos síntomas que incluyen una presión arterial peligrosamente baja, causada casi siempre por toxinas producidas por estafilococos, y a veces estreptococos.*

El síndrome de *shock* tóxico es el resultado de la acción de toxinas producidas por bacterias, por lo general estafilococos. Las toxinas pueden provenir de bacterias que infectan el cuerpo o de bacterias que simplemente crecen en el cuerpo, por ejemplo, la de un tampón (especialmente el de tipo muy absorbente) introducido en la vagina. Ciertos tipos de tampones muy absorbentes, sobre todo los que contienen poliacrilato, se han retirado del mercado por esta causa.

La toxina puede entrar a la sangre por pequeños cortes en el revestimiento vaginal, o bien por el útero hasta la cavidad abdominal. Sin embargo, el síndrome de *shock* tóxico también aparece en mujeres que no usan tampones y en hombres. Aunque se conoce perfectamente la variedad de estafilococo (*Staphylococcus*) que causa la mayoría de los casos de síndrome de *shock* tóxico, aún se ignora qué suceso lo desencadena. Una persona que ha tenido síndrome de *shock* tóxico tiene un mayor riesgo de presentarlo otra vez.

➤ Síntomas y diagnóstico

Los síntomas comienzan de forma repentina con fiebre de 39 a 40,5 °C, un intenso dolor de cabeza, dolor de garganta, ojos enrojecidos, cansancio extremo, confusión, vómitos, diarrea acuosa profusa y una erupción cutánea similar a una quemadura de sol por todo el cuerpo. A las 48 horas, el paciente puede incluso desmayarse y presentar una presión arterial peligrosamente baja (*shock*). Entre los días tercero y séptimo se desprende la piel, sobre todo la de las palmas de las manos y las plantas de los pies.

El síndrome de *shock* tóxico afecta a muchas partes del cuerpo. Las lesiones en los riñones, el hígado y los músculos son muy frecuentes, en especial durante la primera semana. También se pueden presentar lesiones en el corazón y los pulmones, así como anemia. Por lo general, los órganos afectados se recuperan completamente una vez que los síntomas desaparecen.

El diagnóstico suele hacerse en función de los síntomas que presenta el paciente. A pesar de que no existen pruebas de laboratorio que identifiquen específicamente el síndrome de *shock* tóxico, se suelen realizar pruebas de sangre para excluir otras posibles causas de la sintomatología.

➤ Prevención, tratamiento y pronóstico

No hay recomendaciones para evitar el síndrome de *shock* tóxico en las mujeres que no usan tampones o en los hombres. La enfermedad relacionada con el uso del tampón es menos probable en las mujeres que evitan el uso constante del tampón durante la menstruación. Debido a su asociación con el síndrome de *shock* tóxico, los tampones muy absorbentes no deben ser utilizados cuando el flujo menstrual es leve o moderado.

Lo ideal, si se sospecha que una persona tiene el síndrome de *shock* tóxico, es hospitalizarla inmediatamente, retirar de la vagina los tampones, diafragmas y otros cuerpos extraños e iniciar una terapia con antibióticos.

Alrededor del 8 al 15 % de las personas con síndrome de *shock* tóxico grave mueren. Los episodios recurrentes son frecuentes entre las mujeres que continúan usando tampones en los cuatro meses posteriores a un primer episodio, a menos que el tratamiento con antibióticos haya eliminado los estafilococos.

■ Tularemia

> *La tularemia (fiebre del conejo, fiebre del tábano) es una infección causada por la bacteria gramnegativa llamada* Francisella tularensis, *que es transmitida por animales salvajes, por lo general, conejos.*

Las personas se infectan con *Francisella tularensis* al comer o tocar animales infectados. Los cazadores, carniceros, granjeros, peleteros y técnicos de laboratorio son quienes más se infectan. Durante el invierno, la mayoría de los casos se producen debido al contacto con conejos salvajes (especialmente mientras se les quita la piel). Durante el verano, la infección se produce casi siempre a causa de la manipulación de animales infectados, o bien por la picadura de garrapatas u otros insectos. Rara vez la tularemia es causada por comer alimentos mal cocidos, beber agua contaminada o por inhalar bacterias transportadas por el aire (tal como ocurre durante la matanza o en la siega si se atropella a un animal infectado). La bacteria puede penetrar en la piel sana. Hasta el momento no se ha informado de ningún caso de transmisión de persona a persona.

➤ Síntomas

Los síntomas pueden comenzar repentinamente entre 1 y 10 días después del contacto con la bacteria, aunque suelen hacerlo por lo general entre 2 y 4 días. Los síntomas iniciales incluyen dolor de cabeza, escalofríos, náuseas, vómitos, fiebre de hasta 40 °C y grave postración. El enfermo experimenta una extrema debilidad, escalofríos recu-

Tipos de tularemia

Existen cuatro tipos de tularemia. En el tipo más frecuente, el **úlceroglandular**, aparecen úlceras en las manos y en los dedos, y los ganglios linfáticos situados en el mismo lado de la infección se inflaman. El segundo tipo, el **óculoglandular**, afecta al ojo, causando enrojecimiento y tumefacción, además de inflamación de los ganglios linfáticos; este tipo probablemente se produce al tocarse el ojo con un dedo contaminado o infectado, o bien por salpicaduras de líquido infectado que caen en el ojo. En el tercer tipo, el **glandular**, los ganglios linfáticos se inflaman, pero no se forman úlceras, lo que sugiere que la fuente sea la ingesta de bacterias. El cuarto tipo, el **tifoideo**, produce fiebre muy alta, dolor abdominal y agotamiento. Si se inhalan las bacterias que causan la tularemia, puede producirse una neumonía.

rrentes y sudoración profusa. En 24 o 48 horas, aparece una ampolla inflamada en el punto de la infección (por lo general el dedo, el brazo, un ojo o el paladar), excepto en los tipos glandular y tifoideo de la tularemia. La ampolla se llena rápidamente de pus y después se abre y forma una úlcera. Sobre los brazos y las piernas suele aparecer una sola úlcera, pero en la boca o los ojos aparecen muchas. Los ganglios linfáticos que rodean la úlcera aumentan de tamaño y pueden producir pus, que posteriormente drenará. En cualquier momento durante el curso de la enfermedad puede aparecer una erupción cutánea.

A veces se presenta una neumonía, aunque ésta puede causar sólo síntomas leves, como una tos seca que produce una sensación de quemazón en el centro del pecho; en ocasiones se asocian delirios.

➤ Diagnóstico y tratamiento

El médico sospecha la presencia de tularemia en una persona que presenta una fiebre repentina, aumento del tamaño de los ganglios linfáticos y las características ulceraciones después de haber estado expuesta a artrópodos o a moscas de ciervo, o de haber tenido un contacto incluso ligero con un mamífero salvaje (en especial un conejo). Las infecciones que contraen las personas que trabajan en laboratorios afectan sólo a los ganglios linfáticos o los pulmones y son difíciles de

diagnosticar. Las bacterias crecen en medios de cultivo especiales de laboratorio.

La tularemia se trata con inyecciones de estreptomicina durante 7 o 14 días. Sobre las úlceras se colocan vendajes húmedos que se deben cambiar con frecuencia. Dichos vendajes ayudan a evitar la difusión de la infección. Rara vez los abscesos grandes necesitan ser drenados mediante intervenciones quirúrgicas. Aplicar compresas tibias sobre el ojo afectado y usar gafas oscuras alivia en cierta medida el malestar. Las personas que sufren intensos dolores de cabeza suelen ser tratadas con analgésicos como la codeína.

Cerca de un tercio de las personas no tratadas muere, pero quienes reciben tratamiento casi siempre sobreviven. La muerte suele ser el resultado de una infección severa, una neumonía, la infección del revestimiento del cerebro y de la médula espinal (meningitis) o la infección del revestimiento de la cavidad abdominal (peritonitis). Las recaídas no son frecuentes pero pueden producirse si el tratamiento es inadecuado. Una persona que padece tularemia desarrolla inmunidad frente a la reinfección.

■ Fiebre tifoidea

La fiebre tifoidea (fiebre entérica) es causada por los bacilos gramnegativos Salmonella typhi *y se caracteriza por fiebres prolongadas, dolor abdominal y erupciones.*

Salmonella typhi se encuentra en las heces y la orina de las personas infectadas. Un lavado incorrecto de las manos después de defecar o de orinar puede transmitir *Salmonella typhi* a la comida o las bebidas; un tratamiento inadecuado del alcantarillado puede contaminar los suministros de agua. Las moscas transportan las bacterias directamente desde las heces a los alimentos. En raras ocasiones, el personal de los hospitales que no tiene las precauciones adecuadas al manipular la ropa sucia de cama o vendajes contaminados por personas infectadas se contagia de fiebre tifoidea.

Alrededor del 3 % de las personas infectadas que no reciben tratamiento continúan excretando las bacterias en su materia fecal durante más de un año. Algunos de estos portadores nunca presentan síntomas de fiebre tifoidea.

Las bacterias entran en el tracto intestinal y acceden al torrente sanguíneo. A continuación, se produce una inflamación del intestino delgado y grueso. En infecciones graves que ponen en peligro la vida, pueden aparecer úlceras en el intestino delgado. Estas úlceras sangran y a veces perforan la pared intestinal.

➤ Síntomas y diagnóstico

Por lo general, los síntomas aparecen gradualmente de 8 a 14 días después de la infección. Los primeros síntomas incluyen falta de apetito, fiebre, cefalea, dolor articular, dolor de garganta, estreñimiento (o con menos frecuencia, diarrea) y dolores abdominales. La tos seca no productiva es habitual y se puede presentar hemorragia nasal.

A medida que progresa el cuadro, aumenta la fiebre y la persona puede delirar. Esta fiebre sostenida suele estar acompañada por una frecuencia cardíaca lenta y un cansancio extremo. La diarrea puede continuar, aunque algunas personas sufren de estreñimiento. En el 10 % aproximadamente de las personas infectadas, aparecen grupos de manchas rosadas en el pecho y en el abdomen durante la segunda semana que duran de 2 a 5 días.

Entre un 3 y un 5 % de los casos se produce hemorragia intestinal o perforación después de dos semanas.

Durante la segunda o tercera semana puede aparecer una neumonía, que suele deberse a una infección neumocócica, aunque las bacterias tifoideas también pueden causarla. También se puede producir una infección de la vesícula biliar y del hígado. La infección de la sangre (bacteremia) a veces produce también una infección de los huesos (osteomielitis), las válvulas cardíacas (endocarditis), los riñones (glomerulitis), el tracto genitourinario o los tejidos que recubren el cerebro y la médula espinal (meningitis). La infección de los músculos puede provocar abscesos (acumulaciones de pus).

Aun cuando los síntomas y la historia de la enfermedad de la persona sugieran fiebre tifoidea, el diagnóstico debe ser confirmado identificando la bacteria en cultivos de sangre, orina, heces u otros fluidos corporales o tejidos.

➤ Prevención y tratamiento

Las personas que viajan a zonas donde la fiebre tifoidea es frecuente deben evitar comer verduras crudas y otros alimentos servidos o almacenados a temperatura ambiente. Los alimentos recién preparados servidos muy calientes, bebidas gaseosas embotelladas y los alimentos crudos a los que se les puede quitar la piel suelen ser seguros. A menos que se sepa que el agua no está contaminada, debe ser hervida o clorada antes de su consumo.

Existen vacunas tanto orales como inyectables contra la fiebre tifoidea, pero suministran sólo una protección parcial. La vacuna únicamente se administra a personas que han estado expuestas a la bacteria y a las que corren un gran riesgo de exposición, incluidos los técnicos de laboratorio que estudian el microorganismo y las personas que viajan a sitios en los que la enfermedad es frecuente.

Con un rápido tratamiento antibiótico, más de 99 % de las personas con fiebre tifoidea se curan, aunque la convalecencia puede durar varios meses. El cloranfenicol se usa en todo el mundo, pero la resistencia a él ha aumentado, por lo que se usan también otros antibióticos (como el trimetoprim-sulfametoxazol o el ciprofloxacino). Si el paciente está delirando, en coma o en *shock*, se administran corticosteroides para reducir la inflamación cerebral. Por lo general, los enfermos que mueren están desnutridos, son muy jóvenes o de edad muy avanzada. El estupor, el coma y el *shock* son signos de infección grave y de mal pronóstico.

Las personas que se recuperan lo hacen en 3 o 4 semanas. Entre el 10 y el 30 % de las personas no tratadas mueren. El 10 % aproximadamente de las personas no tratadas presentan síntomas recurrentes de infección dos semanas más tarde. Por razones desconocidas, los antibióticos tomados durante la fase inicial de la enfermedad incrementan el índice de recurrencia del 15 al 20 %. Si se administran antibióticos para una recaída, la fiebre desaparece mucho más rápidamente de lo que lo hizo en la enfermedad original, pero a veces se produce una nueva recaída.

Las recaídas se tratan del mismo modo que la enfermedad inicial pero, por lo general, los antibióticos sólo son necesarios durante cinco días. Los portadores (personas que no tienen síntomas pero albergan las bacterias en sus heces) deben ponerse en contacto con el departamento de salud de su comunidad y se les prohibirá trabajar con alimentos. Las bacterias pueden ser erradicadas en muchos de los portadores tras 4 o 6 semanas de terapia con antibióticos.

CAPÍTULO 191

Bacteriemia, sepsis y *shock* séptico

Con frecuencia, las bacterias penetran en el torrente sanguíneo (un trastorno denominado bacteriemia o infección de la sangre), pero habitualmente sólo un pequeño número de ellas lo hace al mismo tiempo y no dan lugar a síntoma alguno. Las bacterias que entran en la circulación sanguínea, por lo general son eliminadas rápidamente por los glóbulos blancos ● *(v. pág. 1256).* Sin embargo, en ciertos casos la cantidad de bacterias es demasiado grande para que puedan ser eliminadas con facilidad y se presenta una infección. La infección que se disemina a través de la circulación sanguínea se denomina sepsis (o septicemia) y produce síntomas graves. La sepsis puede provocar una situación potencialmente mortal, denominada *shock* séptico.

■ Bacteriemia y sepsis

La bacteriemia es la presencia de bacterias en el torrente sanguíneo; la sepsis es una infección del propio torrente sanguíneo.

Un procedimiento dental o incluso un simple cepillado de dientes puede producir una bacteriemia temporal, ya que este tipo de maniobras permiten a la bacteria que vive en la encía, alrededor de los dientes, que entre en la circulación sanguínea. Las bacterias también pueden acceder al torrente sanguíneo desde el intestino, pero son rápidamente eliminadas cuando la sangre pasa por el hígado. Estas situaciones no suelen ser graves.

La sepsis es menos frecuente. Es más probable que aparezca cuando existe una infección en el organismo, ya sea en los pulmones, el abdomen, el tracto urinario o la piel. Aunque las bacterias suelen permanecer en el mismo lugar donde se originó la infección, algunas veces se diseminan a través del torrente sanguíneo. También puede producirse una sepsis cuando se realiza una cirugía sobre un área infectada, o bien sobre una parte del cuerpo donde las bacterias crecen normalmente, como ocurre, por ejemplo, en el intestino. La presencia de un cuerpo extraño, como una vía intravenosa, un catéter urinario, un tubo de drenaje, una prótesis articular o una válvula cardíaca artificial, puede aumentar el riesgo de sepsis. La probabilidad de sepsis se incrementa en función del tiempo que permanece colocado el dispositivo. La sepsis es más frecuente entre quienes se inyectan drogas, ya que rara vez utilizan agujas y fármacos estériles. También es más probable que la contraiga una persona cuyo sistema inmunológico no funcione bien como sucede, por ejemplo, en las que reciben quimioterapia. Rara vez las infecciones no bacterianas causan sepsis.

Las bacterias circulantes pueden asentarse en distintos puntos del organismo si no se administra un tratamiento temprano. La infección se puede presentar en los tejidos que envuelven el cerebro (meningitis), el saco que rodea el corazón (pericarditis), el revestimiento interno del corazón (endocarditis), los huesos (osteomielitis), las articulaciones (artritis infecciosa) y en otras zonas. Ciertos tipos de bacterias, como los estafilococos, pueden producir abscesos (acumulaciones de pus) en los órganos infectados.

➤ Síntomas y diagnóstico

Como el organismo suele ser capaz de eliminar pequeñas cantidades de bacterias rápidamente, la bacteriemia transitoria casi nunca produce síntomas. Otros, como temblores, escalofríos, fiebre, debilidad, confusión, náuseas, vómitos y diarrea, indican sepsis. Dependiendo del tipo y localización de la infección inicial (si existe), se pueden presentar también otros síntomas.

El médico generalmente sospecha la presencia de una sepsis cuando una persona que padece una infección presenta súbitamente fiebre alta. Las bacterias en el torrente sanguíneo, por lo general son difíciles de detectar directamente. Para establecer el diagnóstico, se toman varias muestras de sangre con el fin de intentar que las bacterias crezcan en el laboratorio (cultivo de sangre), un proceso que requiere de 1 a 3 días. Sin embargo, es posible que las bacterias no crezcan en un cultivo de sangre, en particular si el sujeto está tomando antibióticos. Cultivos de otros líquidos y sustancias, por ejemplo, de orina, de líquido cefalorraquídeo, de tejido de las heridas y de material expulsado de los pulmones mediante la tos (esputo), también pueden analizarse para detectar la presencia de bacterias. A veces se retiran los catéteres, se cortan las puntas y se envían al laboratorio para su cultivo.

➤ Tratamiento y pronóstico

La bacteriemia provocada por una cirugía o un procedimiento dental no requiere tratamiento por lo general; la causada por la inserción de un catéter (sondaje) en las vías urinarias tampoco lo requiere si dicha sonda se retira rápidamente. Sin embargo, para evitar la bacteriemia y la sepsis, las personas con riesgo de presentar infecciones graves (enfermedad de las válvulas cardíacas, enfermedad o deficiencia del sistema inmunológico) generalmente deben tomar antibióticos antes de someterse a estos procedimientos.

La sepsis es muy grave y el riesgo de muerte es alto, por lo que requiere tratamiento inmediato con antibióticos aunque no se disponga todavía de los resultados del cultivo. Un retraso en el inicio del tratamiento tendrá como consecuencia que las posibilidades de supervivencia se vean disminuidas en gran medida. Inicialmente, el médico elige el antibiótico en función de la bacteria más probable, que depende a su vez del sitio en el que se haya iniciado la infección. A menudo, la asociación de dos o tres antibióticos incrementa las posibilidades de eliminar las bacterias, en particular cuando se desconoce la fuente de las mismas. Luego, cuando el médico ya cuenta con los resultados del cultivo, puede emplear el antibiótico que resulte más eficaz contra los gérmenes causantes de las sepsis. A veces es necesaria una intervención quirúrgica para eliminar el foco de la infección.

El fármaco drotrecogin alfa (activado), una proteína artificial que impide la inflamación y la coagulación de la sangre, mejora la supervivencia de las personas con sepsis grave.

■ *Shock* séptico

El shock séptico es un trastorno causado por una infección en el torrente sanguíneo (sepsis) en el que la presión arterial disminuye peligrosamente y muchos órganos funcionan mal debido a un inadecuado aporte sanguíneo.

Existen varias causas de *shock* ● *(v. pág. 179),* una de ellas es la sepsis. El *shock* séptico ocurre con mayor frecuencia en los recién nacidos ● *(v. pág. 1790),* en personas de más de 50 años y en las que tienen un sistema inmunológico deficiente. Las personas con un número bajo en el recuento de glóbulos blancos (como las que tienen sida, cáncer o reciben quimioterapia) y las que

tienen una enfermedad crónica (por ejemplo, diabetes o cirrosis) corren mayor riesgo de presentar *shock* séptico.

El *shock* séptico es causado por las citoquinas (sustancias producidas por el sistema inmunológico para combatir la infección) ● *(v. pág. 1260)* y por las toxinas que producen ciertas bacterias. Estas sustancias provocan una dilatación de los vasos sanguíneos, disminuyendo así la presión arterial. Por consiguiente, se reduce la cantidad de sangre que llega hasta los órganos vitales, en particular a los riñones y el cerebro. Esta reducción del aporte de sangre se produce a pesar del intento del organismo de compensarla incrementando tanto el ritmo cardíaco como el volumen de sangre bombeada. Finalmente, las toxinas y el mayor esfuerzo de bombeo debilitan el corazón, lo que da como resultado una disminución del gasto cardíaco y un flujo aún menor de sangre hacia los órganos vitales. Las paredes de los vasos sanguíneos pueden permitir la salida de líquido del torrente sanguíneo a los tejidos y producir edema. Cuando la salida de líquido y el edema aparecen en los pulmones, se produce una insuficiencia respiratoria (distrés respiratorio).

➤ Síntomas y diagnóstico

A menudo, los primeros signos de un *shock* séptico son confusión y disminución del estado de conciencia; estos síntomas pueden ser evidentes veinticuatro horas o más antes de la disminución de la presión arterial. Otros síntomas tempranos son escalofríos con temblores, un rápido aumento de la temperatura, piel caliente y enrojecida, latido cardíaco rápido e intenso, respiración excesivamente rápida y presión arterial con ascensos y descensos. La producción de orina se reduce. Los tejidos con escaso aporte sanguíneo liberan el exceso de ácido láctico en la sangre, volviéndola más ácida, lo que provoca un mal funcionamiento de los diferentes órganos. En fases más avanzadas, la temperatura corporal suele bajar más de lo normal.

Cuando el *shock* séptico empeora, pueden fallar varios órganos. Por ejemplo, los riñones pueden fracasar, dando como resultado una muy baja o nula producción de orina con la consiguiente acumulación de productos metabólicos de desecho (como nitrógeno ureico) en la sangre. Si son los pulmones los que fallan, se produce una dificultad para respirar y una reducción de la concentración de oxígeno en la sangre. En el caso de que sea el corazón el que falle, el resultado es una retención de líquidos y un edema de los tejidos.

Además, pueden formarse coágulos de sangre dentro de los vasos sanguíneos.

Para confirmar el diagnóstico de *shock* séptico se toman y analizan muestras de sangre. Unos niveles altos o bajos de glóbulos blancos, una disminución en la concentración de oxígeno, una reducción de la cantidad de plaquetas, un exceso de ácido láctico y una mayor cantidad de productos metabólicos de desecho indican que una persona puede estar en *shock* séptico. También se puede utilizar un sensor en la yema del dedo para controlar la concentración de oxígeno en la sangre. El electrocardiograma (ECG) puede mostrar alteraciones del ritmo cardíaco, lo que indica que llega una cantidad insuficiente de sangre al corazón. Para identificar las bacterias responsables se realizan cultivos de sangre. Puesto que existen otras causas de *shock* distintas de la sepsis, es posible que se tengan que realizar pruebas adicionales.

➤ Tratamiento y pronóstico

En cuanto aparecen los síntomas de *shock* séptico, la persona debe ser ingresada en una unidad de cuidados intensivos con el fin de recibir tratamiento adecuado. Para elevar su presión arterial, se le administran grandes cantidades de líquidos por vía intravenosa. También se le dan fármacos que incrementen el aporte sanguíneo al cerebro, al corazón y al resto de órganos y se le administra oxígeno de forma suplementaria. Cuando los pulmones fallan, la persona puede precisar la asistencia con ventilación mecánica para respirar.

Una vez se han tomado muestras de sangre para su cultivo en el laboratorio, se administran antibióticos intravenosos a altas dosis. Hasta que el laboratorio identifique las bacterias causantes, se suelen administrar dos antibióticos juntos para aumentar las posibilidades de eliminar las bacterias.

Se drena cualquier absceso presente y se retira cualquier catéter o sonda que haya podido provocar la infección. La cirugía puede ser necesaria para extirpar el tejido muerto, como, por ejemplo, el tejido gangrenado del intestino. A pesar de todos los esfuerzos, más del 25% de las personas con *shock* séptico mueren.

CAPÍTULO 192

Antibióticos

Los antibióticos son fármacos que derivan por completo, o en parte, de ciertos microorganismos; se utilizan para tratar infecciones bacterianas o fúngicas y son ineficaces frente a los virus. Los antibióticos acaban con los microorganismos o detienen su reproducción, facilitando que sean eliminados por las defensas naturales del cuerpo. Los antimicóticos y los fármacos antivíricos se comentan en otro apartado ● *(v. tabla pág. 1374 y pág. 1378).*

➤ Elección de un antibiótico

Cada antibiótico es eficaz sólo frente a determinadas bacterias. En el proceso de selección del antibiótico adecuado para el tratamiento de una infección, el médico debe hacer una estimación aproximada de la bacteria que puede ser responsable del proceso. En el caso de algunas infeccio-nes, el médico sabe que sólo pueden estar producidas por ciertos tipos de bacterias. Si existe un antibiótico con eficacia predecible frente a esas bacterias, no es necesario realizar más pruebas. En las infecciones causadas por diferentes tipos de bacterias o por bacterias en las cuales la acción de los antibióticos no sea predecible, se deben solicitar pruebas de laboratorio para identificarlas en muestras de sangre, de orina o de tejido obtenidos de la persona que padece la infección ● *(v. recuadro pág. 1300).* En estas pruebas, se analiza la reacción de la bacteria a diferentes antibióticos. Como suelen tardar un día o dos en proporcionar resultados, no sirven para orientar la elección del antibiótico inicial.

Los antibióticos que son eficaces en el laboratorio, no necesariamente funcionan en el organismo de una persona infectada. La eficacia del tratamiento depende de cómo se absorbe el fármaco

ANTIBIÓTICOS

TIPO	FÁRMACO	INDICACIONES FRECUENTES	EFECTOS SECUNDARIOS
Aminoglucósidos			
	Amikacina Gentamicina Kanamicina Neomicina Netilmicin Estreptomicina Tobramicina	Infecciones causadas por bacterias gramnegativas, como *Escherichia coli* y *Klebsiella*	Pérdida de audición Mareo Lesión renal
Carbecefem			
	Loracarbef		
Carbapenems			
	Ertapenem Imipenem/ cilastatina Meropenem	Gangrena, sepsis, neumonía, infecciones abdominales y urinarias, y (excepto para ertapenem) infecciones por *Pseudomonas*	Convulsiones Confusión mental
Cefalosporinas, primera generación			
	Cefadroxilo Cefazolina Cefalexina	Infecciones de la piel y tejido blando	Molestias gastrointestinales y diarrea Náuseas Reacciones alérgicas
Cefalosporinas, segunda generación			
	Cefaclor Cefamandol Cefotetan Cefoxitina Cefprozil Cefuroxima	Algunas infecciones respiratorias y abdominales	Molestias gastrointestinales y diarrea Náuseas Reacciones alérgicas
Cefalosporinas, tercera generación			
	Cefixima Cefdinir Cefditoreny Cefoperazona Cefotaxima Cefpodoxima Ceftazidima Ceftibuten Ceftizoxima Ceftriaxona	Amplia cobertura para muchas bacterias en infecciones leves o moderadas (oral) y enfermedades graves (por vía inyectable)	Molestias gastrointestinales y diarrea Náuseas Reacciones alérgicas
Cefalosporinas, cuarta generación			
	Cefepima	Infecciones graves, especialmente en personas con un deficiente sistema inmunológico	Molestias gastrointestinales y diarrea Náuseas Reacciones alérgicas
Macrólidos			
	Azitromicina Claritromicina Diritromicina Eritromicina Troleandomicina	Infecciones estreptocócicas, sífilis, infecciones respiratorias, infecciones por micoplasmas, enfermedad de Lyme	Náuseas, vómitos, y diarrea (especialmente a dosis altas) Ictericia

La tabla continúa en la página siguiente.

TIPO FÁRMACO	INDICACIONES FRECUENTES	EFECTOS SECUNDARIOS
Monobactam		
Aztreonam	Infecciones causadas por bacterias gram negativas	Reacciones alérgicas
Penicilinas		
Amoxicilina Ampicilina Carbenicilina Cloxacilina Dicloxacilina Nafcilina Oxacilina Penicilina G Penicilina V Piperacilina Ticarcilina	Amplia variedad de infecciones; la penicilina se utiliza para infecciones estreptocócicas, sífilis y la enfermedad de Lyme	Náuseas, vómitos y diarrea Alergia con reacciones anafilácticas graves Lesión cerebral y renal (rara)
Polipéptidos		
Bacitracina Colistina Polimixina B	Infecciones de oído, ojo, piel o vejiga; por lo general se aplican directamente a la piel o al ojo; no suele administrarse por inyección	Lesión renal y nerviosa (cuando en forma inyectable)
Quinolonas		
Ciprofloxacino Enoxacino Gatifloxacino Levofloxacino Lomefloxacino Moxifloxacino Norfloxacino Ofloxacino Trovafloxacino	Infecciones de las vías urinarias, prostatitis bacteriana, diarrea bacteriana, gonorrea	Náuseas (poco frecuente) Nerviosismo, temblores, convulsiones Inflamación o rotura de tendones
Sulfonamidas		
Mafenida Sulfacetamida Sulfametizol Sulfasalazina Sulfisoxazol Trimetoprim-Sulfametoxazol	Infecciones de las vías urinarias (excepto sulfasalazina, sulfacetamida, y mafenida); la mafenida es de uso tópico para quemaduras	Náuseas, vómitos, y diarrea Alergia (incluidas erupciones cutáneas) Cristales en la orina (excepcional) Disminución de la cifra de glóbulos blancos Sensibilidad a la luz solar
Tetraciclinas		
Demeclociclina Doxiciclina Minociclina Oxitetraciclina Tetraciclinas	Sífilis, infecciones por clamidia, enfermedad de Lyme, infecciones por micoplasma, infecciones por rickettsias	Molestias gastrointestinales Sensibilidad a la luz solar Pigmentación de los dientes Toxicidad potencial para la madre y el feto durante el embarazo
Antibióticos varios		
Clindamicina	Infecciones estreptocócicas y estafilocócicas, infecciones respiratorias, absceso pulmonar	Diarrea grave

TIPO	FÁRMACO	INDICACIONES FRECUENTES	EFECTOS SECUNDARIOS
Antibióticos varios *(Continuación)*			
	Cloranfenicol	Tifoidea, Salmonella y otras infecciones, meningitis	Grave disminución del recuento de glóbulos blancos (excepcional)
	Etambutol	Tuberculosis	Trastornos de la visión
	Espectinomicina	Gonorrea	Alergia Fiebre
	Fosfomicina	Infecciones de la vejiga	Diarrea
	Isoniazida	Tuberculosis	Náuseas y vómitos Ictericia
	Linezolid	Infecciones graves causadas por bacterias grampositivas que son resistentes a otros antibióticos	Náuseas Dolor de cabeza Diarrea Bajo recuento de plaquetas
	Metronidazol	Vaginitis causada por *Tricomonas* o *Gardnerella*; infecciones pélvicas y abdominales	Náuseas Cefalea (especialmente si se toman con alcohol) Sabor metálico Orina oscura
	Nitrofurantoína	Infecciones de las vías urinarias	Náuseas y vómitos Alergia
	Pirazinamida	Tuberculosis	Disfunción del hígado Gota (esporádica)
	Quinupristina/Dalfopristin	Graves infecciones causadas por bacterias grampositivas que son resistentes a otros antibióticos	Dolor en los músculos y articulaciones
	Rifampicina	Tuberculosis y lepra	Erupción cutánea Disfunción del hígado Coloración rojo-naranja de la saliva, el sudor, las lágrimas y la orina
	Vancomicina	Infecciones graves resistentes a otros antibióticos	Rubor, prurito

en el torrente sanguíneo, qué cantidad del fármaco alcanza los puntos de infección en el organismo y a qué velocidad se elimina el medicamento. En el proceso de selección del antibiótico que se va a usar, el médico también considera la naturaleza y la gravedad de la infección, las posibles reacciones adversas, la posibilidad de alergias u otras reacciones graves al fármaco y el coste del tratamiento.

A veces se requiere utilizar combinaciones de antibióticos para el tratamiento de infecciones graves, especialmente durante los primeros días, cuando aún se desconoce la sensibilidad de la bacteria a los antibióticos. Las combinaciones son también importantes para ciertas infecciones en las que la bacteria ofrece rápidamente una resistencia a un solo antibiótico. Las infecciones causadas por más de una bacteria, cuando cada bacteria es sensible a antibióticos diferentes, también se tratan con una combinación de antibióticos.

➤ Resistencia al antibiótico

Las bacterias, al igual que todos los gérmenes vivos, sufren modificaciones a lo largo del tiempo en respuesta a los cambios ambientales. Debido al uso generalizado y abusivo que se ha hecho de estos fármacos en la sociedad moderna, las bacterias están expuestas a estas sustancias constantemente. A pesar de que muchas bacterias mueren tras exponerse a los antibióticos, algunas presentan resistencia a los efectos farmacológicos. Por ejemplo, hace cincuenta años, *Estafilococo aureus* (una causa frecuente de las infecciones de la piel) era muy sensible a la penicilina. Con el paso del tiempo, algunas cepas de este estafilococo han creado una enzima capaz de descomponer la penicilina, lo que hace ineficaz el fármaco. Algunos investigadores desarrollaron una nueva forma de penicilina que la enzima no podía romper, pero al cabo de pocos años las bacterias se adaptaron y se volvieron resistentes incluso a esta penicilina modificada. Otras bacterias han presentado resistencia a los antibióticos mediante diferentes mecanismos.

Constantemente se están realizando investigaciones médicas para asegurar la existencia de fármacos eficaces para combatir las bacterias. El hecho de tomar antibióticos sólo en los casos en que sea necesario (no para infecciones víricas como un resfriado o la gripe) y de completar la pauta de tratamiento que ha sido prescrita, contribuye a limitar la aparición de bacterias resistentes a los antibióticos.

➤ Administración de los antibióticos

En las infecciones bacterianas graves, los antibióticos suelen administrarse inicialmente por vía inyectable. Una vez que la infección está controlada, se pueden tomar por vía oral. Las infecciones de menor severidad pueden tratarse desde el principio con antibióticos orales. Los antibióticos deben tomarse hasta que el microorganismo causante de la infección haya sido eliminado del cuerpo, un proceso que puede requerir varios días tras la desaparición de los síntomas. Los antibióticos raramente se administran durante un período inferior a cinco días (una excepción la constituyen algunas infecciones urinarias no complicadas). Una interrupción en el tratamiento demasiado precoz puede dar como resultado una recaída de la infección o la aparición de bacterias resistentes a los antibióticos.

El médico, la enfermera o el farmacéutico pueden explicar cómo se debe tomar el antibiótico prescrito. Algunos deben tomarse con el estómago vacío, mientras que otros pueden ingerirse junto con los alimentos. El metronidazol, un antibiótico de uso habitual, causa una reacción desagradable si se toma con alcohol. Algunos antibióticos también pueden tener interacciones con otros fármacos que la persona está tomando, po-

siblemente reduciéndose la eficacia o aumentando los efectos secundarios del antibiótico o de los otros fármacos. Algunos antibióticos producen sensibilidad de la piel a la luz solar.

Además de tratar las infecciones existentes, los antibióticos se utilizan a veces para prevenirlas (profilaxis). Por ejemplo, se usan para la prevención de la meningitis en las personas que han estado en contacto con alguien que la ha padecido. Algunas personas con válvulas cardíacas anormales o artificiales deben tomar antibióticos antes de los procedimientos dentales o quirúrgicos para evitar que la bacteria infecte las válvulas dañadas. La profilaxis con antibióticos puede también ser administrada a personas con un sistema inmunológico deficiente, como quienes padecen leucemia, reciben quimioterapia para un cáncer o tienen el sida. Por otro lado, las personas sanas que se someten a cirugías con alto riesgo de infección (como la cirugía mayor ortopédica o la intestinal) también deben tomar antibióticos. Para que sea eficaz y evitar la aparición de una resistencia de la bacteria al antibiótico, la terapia profiláctica se usa sólo durante un breve período.

➤ Tratamiento antibiótico a domicilio

Por lo general, los antibióticos se administran por vía oral y la duración del tratamiento no supone ningún problema. Sin embargo, el tratamiento de algunas infecciones, como las que afectan al hueso (osteomielitis) o al corazón (endocarditis) requiere la administración de antibióticos por vía intravenosa durante mucho tiempo, a menudo de 4 a 6 semanas. Si la persona no padece otros trastornos que requieran hospitalización y se siente relativamente bien, se le puede administrar el antibiótico por vía intravenosa en casa. Los pequeños catéteres intravenosos (IV) que se introducen en algunas venas del brazo o de la mano (como los que se usan en la mayoría de los procedimientos rutinarios en el hospital) no duran más de tres días, de forma que puede ser necesario insertar un catéter IV especial en una vena central. Algunos dispositivos para la infusión de antibióticos son lo suficientemente simples como para que la persona y su familia aprendan a manejarlos por sí mismas. En otros casos, una enfermera deberá acudir al domicilio y administrar cada dosis. En cualquier situación, se requiere una supervisión cuidadosa para atender a la persona y observar la aparición de posibles complicaciones y efectos secundarios.

Las personas a las que se administran los antibióticos en su domicilio a través de un catéter IV tienen un riesgo más alto de contraer una infección en el punto donde se ha insertado el catéter y en el torrente sanguíneo. La aparición de dolor, enrojecimiento y pus en el punto de inserción del catéter, o bien escalofríos y fiebre (hasta en ausencia de los problemas en el punto de inserción) son posibles signos de una infección relacionada con el catéter.

➤ Efectos secundarios y reacciones alérgicas

Los efectos secundarios más frecuentes de los antibióticos incluyen molestias gástricas, diarrea y, en las mujeres, infecciones vaginales por levaduras. Algunas reacciones adversas son más graves y, dependiendo del antibiótico, pueden alterar la función de los riñones, el hígado, la médula ósea u otros órganos. Para detectar estos efectos se realizan análisis de sangre.

Algunas personas que reciben antibióticos pueden presentar colitis, una inflamación del intestino grueso. La colitis aparece como consecuencia de una toxina producida por la bacteria *Clostridium difficile*, que crece de forma incontrolada cuando otras antibacterias han sido destruidas por los antibióticos.

Los antibióticos también pueden causar reacciones alérgicas. Las reacciones alérgicas leves consisten en la aparición de una erupción con prurito o una ligera sibilancia al respirar. Las reacciones alérgicas graves (anafilaxia) pueden ser mortales y suelen incluir síntomas como inflamación de la garganta, dificultad para respirar y disminución de la presión arterial.

Muchas personas comunican a su médico que son alérgicas a un antibiótico, cuando en realidad tan sólo han experimentado algún efecto secundario no relacionado con una alergia. La distinción es importante porque a los pacientes alérgicos a un antibiótico no se les debe aplicar ese fármaco o alguno estrechamente relacionado con él. Sin embargo, quienes han experimentado leves reacciones adversas pueden, por lo general, seguir tomando fármacos relacionados o incluso continuar con el mismo. El médico puede determinar la trascendencia de cualquier reacción desagradable producida por un antibiótico.

CAPÍTULO 193

Tuberculosis

La tuberculosis es una infección contagiosa causada por una bacteria denominada Mycobacterium tuberculosis *que se encuentra en el aire.*

La tuberculosis normalmente afecta a los pulmones, aunque puede invadir casi todos los órganos del cuerpo. Otras micobacterias (como *Mycobacterium bovis* o *Mycobacterium africanum*) causan, en ocasiones, una enfermedad similar.

La tuberculosis ha supuesto un grave problema de salud pública durante mucho tiempo. En el siglo XIX, fue responsable de más del 30% de todas las muertes en Europa. Con la llegada de los antibióticos contra la tuberculosis en la década de 1940, la batalla contra esta enfermedad parecía ganada. Lamentablemente, debido a factores como unos recursos de salud pública insuficientes, la reducida respuesta inmunológica debida al sida, la aparición de resistencias a los fármacos y la extrema pobreza que existe en muchas partes del mundo, la tuberculosis continúa siendo una enfermedad mortal. En todo el mundo, se producen 8 millones de nuevos casos de tuberculosis sintomática y 3 millones de muertes causadas por la enfermedad cada año. Se cree que un tercio de todas las personas del mundo tiene una infección de tuberculosis inactiva (latente), aunque sólo alrededor del 5 al 10% evolucionan hacia una tuberculosis activa.

En los países en vías de desarrollo, donde no se aplican de modo sistemático las campañas de vacunación de la población, afecta a adultos jóvenes, pero en los países desarrollados afecta más a las personas mayores, que probablemente la adquirieron en una época en que las medidas preventivas eran menos rigurosas. Como el sistema

Enfermedades similares a la tuberculosis

Existen muchos tipos de micobacterias; muchas pueden causar infecciones y producir síntomas similares a la tuberculosis.

Las más habituales son un grupo de micobacterias conocidas como el complejo *Mycobacterium avium* (MAC). Aunque estas micobacterias son frecuentes, por lo general causan infección sólo en las personas con deficiencias del sistema inmunológico o con daño pulmonar debido a un tabaquismo prolongado, una infección tuberculosa antigua, bronquitis, enfisema u otras enfermedades. Al igual que la tuberculosis, la infección por MAC afecta principalmente a los pulmones, pero también puede lesionar los ganglios linfáticos, los huesos, la piel y otros tejidos. A diferencia de la tuberculosis, la infección por MAC no puede transmitirse de una persona a otra.

La infección suele desarrollarse lentamente. Los primeros síntomas son la aparición de tos y la expectoración de mucosidad. A medida que avanza la infección, la persona puede escupir sangre con regularidad y tener dificultades para respirar. La radiografía de tórax puede poner de manifiesto una infección. Sin embargo, es necesario analizar en el laboratorio una muestra de esputo de la persona afectada para poder diferenciar esta infección de la tuberculosis.

En los pacientes con sida u otras enfermedades que son casua de debilitación del sistema inmunológico, el complejo Mycobacterium avium puede diseminarse por todo el cuerpo. Los síntomas son fiebre, anemia, trastornos sanguíneos, diarrea y dolor de estómago.

La infección por MAC de los ganglios linfáticos se puede desarrollar en niños, generalmente en edades comprendidas entre 1 y 5 años. La infección suele producirse por ingerir tierra o beber agua contaminada con las micobacterias. Los antibióticos no suelen curar la infección, pero los ganglios linfáticos infectados pueden extirparse mediante cirugía.

Las infecciones por MAC eran muy difíciles de tratar hasta hace poco tiempo, porque las bacterias eran resistentes a la mayoría de los antibióticos eficaces contra la tuberculosis. Los nuevos antibióticos, como la claritromicina y la azitromicina, que no funcionan para la tuberculosis, han demostrado ser eficaces contra el MAC si se utilizan en combinación con etambutol y rifabutina.

Otras micobacterias crecen en las piscinas y hasta en las peceras domésticas, y pueden causar trastornos cutáneos. Estas infecciones pueden desaparecer sin tratamiento. Sin embargo, las personas que padecen infecciones crónicas suelen necesitar tratamiento con tetraciclinas, claritromicina u otro antibiótico durante 3 o 6 meses. Otra variedad de micobacteria, *Mycobacterium fortuitum*, puede infectar las heridas y las zonas artificiales del organismo, como una válvula cardíaca mecánica o un implante mamario. Los antibióticos y la extirpación quirúrgica de las áreas infectadas suelen curar la infección.

---

inmunológico del organismo se debilita con la edad, las bacterias en estado latente se reactivan. Afortunadamente, la incidencia de tuberculosis entre las personas mayores está disminuyendo porque cada generación, al entrar en una edad avanzada, tiene un menor índice de infección latente.

Debido a que la tuberculosis ha existido en Europa durante más tiempo que en cualquier otra parte, las personas de origen europeo presentan una resistencia a la enfermedad algo mayor que aquellas cuyos antepasados han vivido en partes del mundo donde la tuberculosis se ha instaurado más recientemente, así como entre los grupos más pobres, que viven en núcleos muy poblados y tienen menos acceso a la atención médica.

➤ Cómo evoluciona la infección

En la mayoría de las enfermedades infecciosas (como la faringitis estreptocócica o la neumo-

nía), la persona se siente mal inmediatamente después de que el microorganismo entre en el cuerpo y la enfermedad se evidencia en un plazo de 1 o 2 semanas. La tuberculosis no sigue este patrón.

Etapas de la infección: excepto en los casos de niños muy pequeños, pocas personas se sienten enfermas inmediatamente después de la entrada de la bacteria de la tuberculosis en el organismo (infección primaria). Muchas bacterias de la tuberculosis que penetran en los pulmones son eliminadas inmediatamente por las defensas del organismo. Las que sobreviven quedan atrapadas en el interior de los glóbulos blancos llamados macrófagos. Las bacterias capturadas pueden permanecer vivas dentro de estas células en estado latente durante muchos años, encerradas en cicatrices pequeñas (infección latente). En el 90 a 95 % de los casos, las bacterias nunca causan más problemas, pero en entre un 5 y un 10 % aproximadamente de las personas infectadas, las bacterias comienzan a multiplicarse (enfermedad activa). En esta fase activa una persona infectada se pone realmente enferma y puede transmitir la enfermedad.

En más de la mitad de las ocasiones, la activación de bacterias latentes tiene lugar en el transcurso de los dos primeros años, pero puede que no se produzca durante mucho tiempo. No siempre se sabe por qué las bacterias latentes se vuelven activas, pero suele pasar cuando el sistema inmunológico de la persona está afectado, por ejemplo, debido a una edad muy avanzada, al uso de corticosteroides o al sida. Del mismo modo que muchas enfermedades infecciosas, la tuberculosis se disemina más rápidamente y es mucho más peligrosa en las personas con un sistema inmunológico debilitado. En estos casos (incluidas las personas muy jóvenes, las de edad avanzada y las infectadas por el VIH), la tuberculosis puede ser potencialmente mortal.

Transmisión de la infección: *Mycobacterium tuberculosis* sólo es capaz de vivir en las personas; no se transmite por insectos ni ningún otro animal, el suelo ni objetos inanimados. Una persona sólo puede ser infectada a partir de otra que tiene la enfermedad activa. Tocar a alguien que tiene la enfermedad no es contagioso porque las bacterias sólo son transmitidas por el aire. La bacteria *Mycobacterium bovis*, que puede vivir en animales, es una excepción. En los países en vías de desarrollo, los niños pueden adquirir la infección por beber leche no pasteurizada procedente de ganado infectado.

Las personas con tuberculosis activa en los pulmones contaminan el aire con bacterias cuando tosen, estornudan o incluso al hablar. Estas bacterias pueden permanecer en el aire durante varias horas. Si otra persona respira este aire, puede resultar infectada. Las personas que tienen la enfermedad latente de la tuberculosis, es decir que no la tienen en los pulmones, no contaminan el aire y no transmiten la infección.

Progresión y diseminación de la infección: la progresión de la tuberculosis latente hacia una infección activa varía enormemente, entre grupos étnicos y personas en función de diferencias hereditarias en cuanto a resistencia. Las alteraciones de la inmunidad también tienen que ver con su progresión. Así, la progresión de una infección activa es mucho más probable y más veloz en los enfermos de sida. Una persona con sida que resulta infectada por *Mycobacterium tuberculosis* tiene un 50% de probabilidades de presentar una tuberculosis activa a los dos meses y de un 5 a un 10% de probabilidades de manifestar la enfermedad activa cada año a partir de entonces.

En las personas que disponen de un sistema inmunológico en completo funcionamiento, la tuberculosis suele quedar limitada a los pulmones (tuberculosis pulmonar). La que afecta otras partes del organismo (tuberculosis extrapulmonar) suele proceder de una infección tuberculosa pulmonar que se ha diseminado a través de la sangre. Como en el caso de los pulmones, aunque la infección no cause enfermedad, las bacterias pueden permanecer latentes alojadas en una cicatriz muy pequeña y reactivarse en consecuencia a lo largo de la vida, produciendo síntomas en los órganos implicados. En las mujeres embarazadas, las bacterias de la tuberculosis pueden extenderse al feto y causarle la enfermedad; sin embargo, la tuberculosis congénita es poco frecuente.

➤ Síntomas y complicaciones

La tos es el síntoma más frecuente de la tuberculosis. Dado que la enfermedad evoluciona lentamente, una persona infectada puede en un principio atribuir la causa de la tos al tabaco, a un episodio reciente de gripe o a asma. La tos suele producir una pequeña cantidad de esputo verdoso o amarillento por la mañana hasta que, finalmente, el esputo aparece teñido de sangre, si bien no no suele tratarse de grandes cantidades.

Otro síntoma es el hecho de despertarse durante la noche empapado en un sudor frío. A veces la cantidad de sudor es tan abundante que la persona tiene que cambiarse la ropa e incluso las sábanas de la cama. Sin embargo, estos sudores nocturnos no son exclusivos de la tuberculosis. Junto con la tos y la sudoración nocturna, la persona suele encontrarse mal, con disminución de la energía y del apetito. La pérdida de peso a menudo aparece una vez que la enfermedad ha estado presente durante cierto período de tiempo.

La rápida evolución de la dificultad respiratoria junto con un dolor en el pecho constituye un signo de la presencia de aire (neumotórax) ● *(v. pág. 382)* o líquido (derrame pleural) en el espacio que existe entre los pulmones y la pared torácica ● *(v. pág. 379)*. Cerca de un tercio de las infecciones por tuberculosis se manifiestan en un primer momento como un derrame pleural. Finalmente, muchas personas con tuberculosis no tratada presentan dificultad respiratoria cuando la infección se extiende por los pulmones.

TUBERCULOSIS: UNA ENFERMEDAD DE VARIOS ÓRGANOS

LOCALIZACIÓN DE LA INFECCIÓN	SÍNTOMAS O COMPLICACIONES
Articulaciones	Síntomas semejantes a la artritis
Cavidad abdominal	Cansancio, inflamación, ligera hipersensibilidad al tacto, dolor similar al de la apendicitis
Cerebro	Fiebre, cefalea, náuseas, somnolencia; coma y lesión cerebral si no recibe tratamiento
Columna vertebral	Dolor, dando lugar a aplastamientos vertebrales y parálisis de las piernas
Ganglios linfáticos	Inflamación y enrojecimiento sin dolor; pueden drenar pus
Huesos (principalmente en niños)	Inflamación, mínimo dolor
Órganos reproductores _Varones_	Bulto en el escroto
Mujeres	Esterilidad
Pericardio (la membrana que rodea el corazón)	Fiebre, venas engrosadas del cuello, dificultad respiratoria
Riñones	Trastorno renal, infección alrededor del riñón
Vejiga	Micción dolorosa, sangre en la orina

En una nueva infección de tuberculosis, las bacterias se trasladan desde la lesión del pulmón hasta los ganglios linfáticos que drenan los pulmones. Si las defensas naturales del organismo son capaces de controlar la infección, ésta no sigue avanzando y las bacterias se vuelven inactivas. Sin embargo, los niños muy pequeños tienen defensas más débiles y estos ganglios linfáticos pueden hacerse lo bastante grandes como para comprimir los bronquios, causando una tos metálica y posiblemente un colapso pulmonar. A veces, las bacterias se diseminan a través de los conductos linfáticos hasta los ganglios linfáticos del cuello. Estos ganglios linfáticos pueden romperse, atravesando la piel y dando lugar a la secreción de pus.

Los riñones y los ganglios linfáticos son, probablemente, las áreas donde con mayor frecuencia se presenta la tuberculosis fuera de los pulmones (tuberculosis extrapulmonar). Puede también afectar a los huesos, el cerebro, la cavidad abdominal, la membrana situada alrededor del corazón (el pericardio), las articulaciones, especialmente las que soportan mayor peso, como las caderas y las rodillas, y los órganos reproductores. La tuberculosis en estas zonas resulta difícil de diagnosticar.

Los síntomas de la tuberculosis extrapulmonar son imprecisos. Habitualmente se manifiesta con cansancio, pérdida de apetito, fiebres intermitentes, sudoración y posible pérdida de peso. Algunas veces la infección produce dolor o malestar, dependiendo de la zona afectada, pero esto no ocurre siempre.

La tuberculosis que infecta los tejidos que recubren el cerebro (meningitis tuberculosa) es potencialmente mortal. En los países desarrollados, este tipo de meningitis es más frecuente entre las personas mayores; en los países en vías de desarrollo es más frecuente entre los niños desde su nacimiento hasta los 5 de edad. Entre los síntomas de la meningitis tuberculosa están la fiebre, un dolor de cabeza constante, rigidez del cuello, náuseas y una somnolencia que puede llegar a un coma. La tuberculosis también puede infectar al cerebro mismo, donde se forma una masa denominada tuberculoma. Este tuberculoma puede provocar síntomas como dolor de cabeza, convulsiones o debilidad muscular.

La pericarditis tuberculosa es una tuberculosis que afecta al pericardio. Esta infección produce un engrosamiento del pericardio y a veces una pérdida de líquido hacia el espacio comprendido entre el pericardio y el corazón. Esto limita la capacidad de bombeo y da lugar a una ingurgitación de las venas del cuello, así como dificultad respiratoria.

La tuberculosis intestinal aparece principalmente en los países en vías de desarrollo. Esta infección quizá no produzca ningún síntoma, pero puede dar lugar a un crecimiento anormal en el tejido de la zona infectada que se confunda con un cáncer.

➤ Diagnóstico

Algunas veces el primer indicio de tuberculosis es una radiografía de tórax anormal o un resultado

La prueba cutánea de la tuberculina

La prueba cutánea de la tuberculina se realiza inyectando una pequeña cantidad de proteína derivada de las bacterias de la tuberculosis entre las capas de la piel, generalmente en el antebrazo. Aproximadamente 2 días más tarde, se examina el punto de inoculación y se mide: la inflamación que se siente firme al tacto y sobrepasa cierto tamaño indica un resultado positivo. El enrojecimiento alrededor del punto sin presentar inflamación no se considera como un dato positivo. Algunas personas muy enfermas o con deficiencias del sistema inmunológico pueden no responder a la prueba aun cuando estén infectadas.

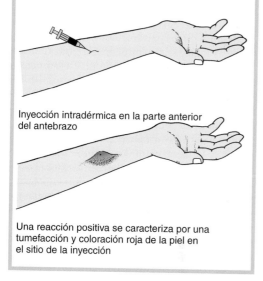

Inyección intradérmica en la parte anterior del antebrazo

Una reacción positiva se caracteriza por una tumefacción y coloración roja de la piel en el sitio de la inyección

positivo de la prueba cutánea de la tuberculina (también conocida como una prueba de Mantoux o PPD: derivado de la proteína purificada), ya que estas pruebas se realizan de forma rutinaria en los programas de detección. Cuando un paciente presenta síntomas que sugieren el diagnóstico de tuberculosis, se realiza una radiografía de tórax, la prueba cutánea de la tuberculina y se envía una muestra de esputo al laboratorio. La muestra del esputo se examina al microscopio para detectar la presencia de la bacteria de la tuberculosis y se procesa para realizar cultivos en los que se estimula el crecimiento de las bacterias. El examen al microscopio es mucho más rápido que un cultivo pero menos exacto. Los cultivos no proporcionan resultados hasta que no

han transcurrido muchas semanas, ya que la bacteria de la tuberculosis crece con lentitud.

Las evidencias de tuberculosis en la radiografía de tórax a menudo son similares a las de otras enfermedades, de manera que el diagnóstico puede depender de los resultados de la prueba cutánea de la tuberculina y del examen de esputo para identificar la presencia de *Mycobacterium tuberculosis*. Aun cuando la prueba de la tuberculina es una de las más útiles para diagnosticar la enfermedad, sólo indica que en algún momento ha habido una infección por estas bacterias, pero no permite establecer si la infección está activa. Se pueden obtener resultados falsos positivos debido a una infección por alguna de las bacterias estrechamente relacionadas con la tuberculosis, que suelen ser inocuas ● *(v. recuadro pág. 1342),* o bien debido a una reciente vacunación contra la tuberculosis.

El esputo suele constituir una muestra apropiada y representativa del pulmón, pero en ocasiones, el médico usa un instrumento llamado broncoscopio para inspeccionar los conductos bronquiales y obtener muestras de mucosidad o de tejido pulmonar. Este procedimiento se realiza con más frecuencia cuando se sospecha la presencia de otras enfermedades, como un cáncer de pulmón.

Cuando los síntomas indican la posibilidad de una meningitis tuberculosa, puede ser necesario realizar una punción lumbar para obtener una muestra de líquido de la médula espinal (líquido cefalorraquídeo) y analizarla. Dado que las bacterias de la tuberculosis son difíciles de encontrar en el líquido espinal y que el cultivo, por lo general, tarda varias semanas, con frecuencia se realiza una prueba llamada reacción en cadena de la polimerasa, que permite detectar mínimas cantidades del ADN de la bacteria. Aunque el médico puede disponer de los resultados rápidamente, inicia un tratamiento antibiótico en cuanto sospecha el diagnóstico de meningitis tuberculosa con el fin de evitar la muerte del enfermo y minimizar el daño cerebral.

➤ Tratamiento

Un cierto número de antibióticos son eficaces contra la tuberculosis. Sin embargo, como esta bacteria es de crecimiento muy lento, deben tomarse durante mucho tiempo, por lo general un mínimo de seis meses. El tratamiento debe continuar incluso después de que la persona afectada se encuentre completamente bien; de lo contrario,

¿Qué es la tuberculosis miliar?

Un tipo de tuberculosis potencialmente mortal puede producirse cuando un gran número de bacterias se diseminan por todo el cuerpo a través del torrente sanguíneo. Esta infección recibe el nombre de tuberculosis miliar debido a la presencia de millones de lesiones minúsculas del tamaño del mijo, las pequeñas semillas redondeadas que comen las aves silvestres.

Los síntomas de la tuberculosis miliar pueden ser muy inespecíficos y difíciles de identificar; entre ellos, pérdida de peso, fiebre; escalofríos, debilidad, malestar general, y dificultad para respirar. Si la médula ósea está afectada puede causar una anemia grave y otras anomalías de la sangre, que hacen pensar en una leucemia. Una liberación intermitente de bacterias hacia el torrente sanguíneo a partir de una lesión oculta puede causar fiebre recurrente, con un debilitamiento progresivo del organismo.

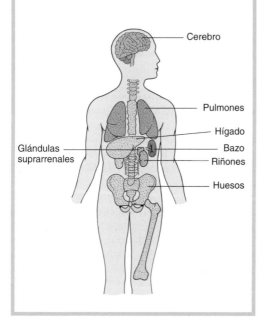

Cerebro

Pulmones

Hígado

Bazo

Riñones

Huesos

Glándulas
suprarrenales

la enfermedad suele presentar recaídas por no haber sido eliminada por completo.

A la mayoría de las personas les resulta difícil acordarse de tomar sus medicamentos diariamente durante un período tan largo. Otras personas, por distintos motivos, interrumpen el tratamiento en cuanto se sienten mejor. Debido a estos problemas, muchos expertos recomiendan que sea un profesional de la salud quien propor-

cione los fármacos a quienes padecen tuberculosis. Esta práctica se denomina Terapia Directamente Observada (TDO). Dado que la TDO permite asegurar que la persona toma todas las dosis, este tipo de tratamiento suele ser más breve y los fármacos se administran, por lo general, sólo 2 o 3 veces por semana.

Para tratar la tuberculosis, es necesario administrar dos o más antibióticos con diferentes mecanismos de acción, porque el tratamiento con un solo fármaco puede dejar sin cubrir algunas bacterias resistentes a ese fármaco. Con la mayoría de las otras bacterias, esto no sería suficiente para causar una recaída, pero las personas tratadas sólo con una droga pueden presentar una tuberculosis resistente al fármaco. Por lo general, se utilizan un tercer y cuarto fármacos durante la fase inicial e intensiva del tratamiento para acortar su duración total y asegurar el éxito, aun cuando exista resistencia al fármaco al principio.

Los antibióticos más frecuentemente utilizados son la isoniacida, la rifampicina, la pirazinamida, la estreptomicina y el etambutol. La isoniacida causa daño hepático en 1 persona de cada 10 000, dando lugar a náuseas, vómitos e ictericia. La rifampicina también puede afectar al hígado, especialmente si se combina con la isoniacida. Estos efectos desaparecen una vez que se suspende el fármaco. La pirazinamida también causa daño hepático y algunas veces ataques de gota. La estreptomicina puede causar una lesión en los nervios del oído interno, dando lugar a mareos y a una ligera pérdida de audición. El etambutol afecta en ocasiones al nervio óptico, causando visión borrosa y una disminución en la percepción de los colores. Sin embargo, el 95 % de las personas que completan adecuadamente el tratamiento contra la tuberculosis obtienen la curación con estos fármacos sin experimentar efectos secundarios graves.

Existen diferentes combinaciones y esquemas de dosificación de estos fármacos. La isoniacida, la rifampicina y la pirazinamida pueden estar incluidas en un mismo comprimido, con lo que se reduce el número de pastillas que se deben tomar cada día, así como la probabilidad de que se presenten resistencias al fármaco.

En la actualidad casi nunca hay que recurrir a la cirugía para extraer un fragmento de pulmón, siempre y cuando la persona siga estrictamente el programa de tratamiento. Sin embargo, la cirugía es a veces necesaria en las infecciones resistentes a múltiples fármacos, así como para drenar el pus donde se haya acumulado. Cuando la pericarditis tuberculosa origina una significativa restricción de la contractilidad del corazón, se puede requerir la resección quirúrgica del pericardio. Un tuberculoma en el cerebro puede necesitar ser extirpado quirúrgicamente.

➤ Prevención

Existen dos aspectos de la prevención: detener la diseminación de la enfermedad y tratar la infección de forma precoz, antes de que se convierta en una enfermedad activa.

Debido a que las bacterias de la tuberculosis son transportadas por el aire, una buena ventilación con aire fresco permite reducir su concentración y limitar su propagación. Además, se puede utilizar la luz ultravioleta como germicida para acabar con las bacterias de la tuberculosis transportadas por el aire en los lugares donde confluyen personas con riesgo, como los refugios de personas sin hogar, las cárceles, las salas de espera de los hospitales y los servicios de urgencias.

Como la tuberculosis es transmitida sólo por las personas que padecen la enfermedad activa, la identificación precoz y el tratamiento de la infección activa constituyen la mejor manera de detener su transmisión. Las personas con tuberculosis activa deben toser en un pañuelo para reducir la transmisión de las bacterias y permanecer aisladas hasta que la tos haya desaparecido. Después de unos cuantos días de tratamiento con los antibióticos adecuados, la persona afectada tiene menos probabilidad de propagar la enfermedad y, habitualmente, no necesita permanecer aislada durante más de una o dos semanas. Sin embargo, si una persona trabaja con otras que constituyen un grupo de alto riesgo (como niños pequeños o personas con sida), se necesitan análisis de esputo repetidos para determinar el momento en que ya no existe el peligro de transmisión de la infección. Además, las personas que continúan tosiendo durante el tratamiento, las que dejan de tomar sus fármacos o no los toman de manera adecuada, o las que presentan resistencias a los fármacos para la tuberculosis, pueden necesitar un aislamiento más prolongado para que no propaguen la enfermedad.

El segundo aspecto de la prevención consiste en el tratamiento de las personas que presentan una prueba cutánea de la tuberculina positiva, aun cuando no estén enfermas. La isoniacida es un fármaco muy eficaz para detener la infección antes de que llegue a ser una enfermedad activa. Se administra a diario durante 6 o 9 meses. En recientes tratamientos más cortos se utiliza una dosis diaria de pirazinamida junto con rifampicina, durante dos meses, o bien de rifampicina sola, también a diario, durante cuatro meses. No cabe duda de que el tratamiento preventivo es claramente beneficioso en los jóvenes con una prueba positiva de tuberculina, así como también en las personas mayores con alto riesgo de tuberculosis (por ejemplo, en aquellas cuyo resultado del test de la tuberculina ha cambiado últimamente de negativo a positivo, quienes han sido expuestos recientemente a la enfermedad o los que tienen deficiencias en el sistema inmunológico). El riesgo de toxicidad debido a los antibióticos en los adultos de edad avanzada con la enfermedad latente durante largo tiempo puede ser mayor que el riesgo de presentar tuberculosis.

Una persona con una prueba de tuberculina positiva que resulta infectada con el VIH padece un riesgo muy elevado de presentar una infección activa; de la misma manera, una persona que toma corticosteroides presenta mayor riesgo de activación de la tuberculosis latente. De este modo, estas personas suelen necesitar tratamiento contra una infección latente de tuberculosis.

En muchos países en desarrollo, se utiliza una vacuna denominada BCG para prevenir la aparición de complicaciones graves, como la meningitis, en aquellas personas que presentan un riesgo importante de infectarse con *Mycobacterium tuberculosis*. El valor de la vacuna BCG es objeto de controversia y continúa siendo utilizada sólo en países donde la probabilidad de contraer la tuberculosis es muy alta. Recientes investigaciones están en camino de desarrollar una vacuna más eficaz. Alrededor del 10 % de las personas que han recibido la vacuna BCG al nacer tienen una reacción positiva a la prueba cutánea de la tuberculina quince años más tarde, aun cuando no hayan sido infectados por la bacteria de la tuberculosis. Sin embargo, es frecuente que las personas vacunadas al nacer atribuyan erróneamente una reacción PPD positiva al hecho de haberla recibido. En la mayoría de los países, la tuberculosis es una enfermedad estigmatizada y muchas personas son reticentes a creer que tienen una infección latente, y mucho menos una enfermedad activa.

CAPÍTULO 194

Lepra

La lepra (enfermedad de Hansen) es una infección crónica causada por la bacteria Mycobacterium leprae, *que daña principalmente los nervios periféricos (los nervios localizados fuera del cerebro y de la médula espinal), la piel, los testículos, los ojos y la membrana mucosa de la nariz.*

Debido a la visible desfiguración de las personas que no reciben tratamiento, los leprosos han sido temidos y rehuidos por los demás a lo largo de la historia. Aunque la lepra no es altamente contagiosa, no es causa de muerte y puede ser tratada eficazmente con antibióticos, la enfermedad aún produce una inquietud generalizada. Como resultado, las personas con lepra a menudo sufren problemas psicológicos y sociales.

Más de un millón de personas en el mundo padece lepra. Esta enfermedad es más frecuente en Asia (especialmente en India y Nepal), África, América Latina y las islas del Pacífico. Casi todos los casos de lepra que existen en los países industrializados afectan a personas que han emigrado desde países en vías de desarrollo. La infección puede comenzar a cualquier edad, pero se inicia con mayor frecuencia entre los 20 y los 30 años.

No está claro cómo se transmite la lepra. Sin embargo, una forma probable de transmisión de la enfermedad de persona a persona es a través de las gotitas expulsadas por la nariz y la boca de la persona infectada, que son inhaladas o tocadas por otra no infectada. Pero incluso cuando las bacterias se encuentren en el aire, la mayoría de las personas no llegan a contraer la lepra. Alrededor de la mitad de las personas con lepra probablemente la han adquirido en un contacto estrecho y prolongado con una persona infectada. Los contactos casuales y cortos no parecen transmitir la enfermedad. De hecho, la lepra no se contrae por un simple contacto con alguien que padece la enfermedad, como habitualmente se cree. Los profesionales de la salud trabajan durante muchos años con personas que tienen lepra sin llegar a contraer la enfermedad. Otras fuentes potenciales de *Mycobacterium leprae* son el suelo, los armadillos y posiblemente los chinches y los mosquitos.

Alrededor del 95% de los individuos expuestos al *Mycobacterium leprae* no presentan la enfermedad porque su sistema inmunológico combate la infección. En las personas que sí la presentan, la infección puede oscilar desde una forma leve (lepra tuberculoide) hasta una forma grave (lepra lepromatosa). La lepra tuberculoide no es contagiosa.

➤ Síntomas

Dado que las bacterias causantes de la lepra se multiplican muy lentamente, los síntomas no comienzan hasta transcurrido al menos un año desde que la persona fue infectada; de media, los síntomas aparecen entre 5 y 7 años después de haber contraído la infección. Una vez que los síntomas se inician, progresan con lentitud.

La lepra afecta principalmente a la piel y a los nervios periféricos. En la piel aparecen erupciones y protuberancias características. La infección de los nervios produce un entumecimiento de la piel o una debilidad de los músculos de las áreas controladas por esos nervios.

La lepra se clasifica en tuberculoide, lepromatosa o limítrofe, de acuerdo con el tipo y número de lesiones de la piel. El tipo de lepra dictamina el pronóstico a largo plazo, las complicaciones más probables y la duración necesaria del tratamiento antibiótico.

En la lepra tuberculoide, aparece una erupción cutánea formada por una o varias zonas blanquecinas y aplanadas. Las zonas afectadas por esta erupción quedan entumecidas porque las bacterias lesionan los nervios subyacentes.

En la lepra lepromatosa aparecen pequeños nódulos sobre la piel o extensas erupciones de tamaño y forma variables; en la tuberculoide hay más áreas de entumecimiento y ciertos grupos musculares pueden debilitarse.

La lepra limítrofe comparte características de la lepra tuberculoide y de la lepra lepromatosa. Si no reciben tratamiento, las personas que padecen lepra limítrofe pueden mejorar, de manera que la enfermedad se asemeje a la forma tuberculoide, o empeorar y volverse entonces más parecida a la forma lepromatosa.

Los síntomas más graves de la lepra son consecuencia de la infección de los nervios periféricos, que causa un deterioro de la sensibilidad al tacto y la correspondiente incapacidad para sentir el dolor y la temperatura. Las personas con una lesión de los nervios periféricos pueden quemarse, cortarse o herirse sin darse cuenta. La lesión constante puede, con el tiempo, conducir a la pérdida de los dedos de las manos y de los pies. Además, el daño de los nervios periféricos causa debilidad muscular, y como resultado, con el tiempo los dedos adoptan una forma de garra y aparece la deformidad que se conoce como *pie caído*. La infección grave de la piel puede dar lugar a zonas de inflamación y abultamientos que pueden desfigurar la cara en particular.

Los afectados por la lepra también pueden tener úlceras en la planta de los pies. Los daños que sufren los conductos nasales pueden provocar una congestión nasal crónica y, si no se administra un tratamiento, la nariz se erosiona por completo. En ciertos casos, las lesiones oculares producen ceguera. Los varones con lepra lepromatosa pueden experimentar disfunción eréctil (impotencia) y llegar a ser estériles, porque la infección puede disminuir la cantidad de testosterona y esperma producidos por los testículos.

Durante el curso de la lepra no tratada, o incluso en los casos que sí reciben tratamiento, el sistema inmunológico puede responder produciendo reacciones inflamatorias. Estas reacciones suelen provocar fiebre e inflamación de la piel, de los nervios periféricos y con menos frecuencia de los ganglios linfáticos, de las articulaciones, los testículos, los riñones, el hígado y los ojos.

➤ Diagnóstico

Los síntomas, como las características erupciones cutáneas que no desaparecen, la pérdida del sentido del tacto y las deformidades específicas derivadas de la debilidad muscular, proporcionan fuertes indicios para el diagnóstico de la lepra. El examen al microscopio de una muestra de tejido infectado permite confirmar el diagnóstico. Dado que la bacteria de la lepra no crece en el laboratorio, los cultivos de tejido y las pruebas de sangre no son útiles.

➤ Prevención y Tratamiento

Antiguamente, las deformidades causadas por la lepra provocaban al ostracismo y las personas afectadas por la enfermedad solían ser aisladas en instituciones o colonias. En algunos países, esta práctica continúa siendo frecuente. El aislamiento, no obstante, es innecesario. La lepra es contagiosa sólo en la forma lepromatosa que no recibe tratamiento, y aun en estos casos no se transmite con facilidad. Una vez comenzado el tratamiento, la enfermedad no puede ser contagiada. Además, la mayoría de las personas tienen una inmunidad natural contra la lepra y sólo los que viven junto a un leproso manteniendo un contacto estrecho durante mucho tiempo corren el riesgo de contraer la infección. Las personas que se encuentran en situación de riesgo deben ser controladas por un médico, pero no se utilizan antibióticos de forma preventiva. La vacuna BCG, utilizada para prevenir la tuberculosis, ofrece cierta protección contra la lepra, pero no se usa habitualmente.

El tratamiento antibiótico puede detener la progresión de la lepra pero no es capaz de revertir las lesiones nerviosas o las deformidades. Por lo tanto, la detección y el tratamiento precoces son de vital importancia. Dado que algunas bacterias de la lepra pueden ser resistentes a determinados antibióticos, el médico suele prescribir más de un medicamento. El esquema estándar es una combinación de dapsona y rifampina. La dapsona tiene un coste relativamente bajo y su uso suele ser seguro; sólo en algunos casos produce erupciones cutáneas de naturaleza alérgica y anemia. La rifampicina, más cara, es incluso más potente que la dapsona; sus efectos más graves son la afectación hepática y la aparición de síntomas similares a los de la gripe. La clofacimina se añade con frecuencia al tratamiento en los casos graves. Entre otros antibióticos que pueden ser administrados a las personas con lepra están la etionamida, la minociclina, la claritromicina y la ofloxacina.

El tratamiento antibiótico debe continuarse durante largo tiempo porque las bacterias son difíciles de erradicar. Dependiendo de la gravedad de la infección y del criterio del médico, se mantendrá desde seis meses hasta años. Algunos médicos recomiendan un tratamiento de por vida para las personas que padecen lepra lepromatosa.

CAPÍTULO 195

Infecciones por *Rickettsia* y *Ehrlichia*

Las rickettsias son un tipo de bacterias poco frecuentes que causan graves enfermedades como la fiebre manchada de las Montañas Rocosas y el tifus epidémico. Las rickettsias difieren de la mayoría de las demás bacterias en que sólo pueden vivir y multiplicarse en el interior de las células de un organismo (huésped) y no sobreviven por sí mismas en el medio ambiente. Las ehrlichias son similares a las rickettsias y producen enfermedades parecidas.

Los seres humanos son los principales huéspedes para algunas rickettsias y ehrlichias; sin embargo, los animales son los huéspedes habituales de la mayor parte de las especies de estas bacterias. Los animales constituyen el denominado reservorio de la infección y pueden o no presentar la enfermedad una vez infectados. Por lo general, las rickettsias se transmiten a las personas por las picaduras de garrapatas, ácaros, pulgas y piojos (vectores) que se han alimentado de un animal infectado. La fiebre Q puede propagarse por el aire o en los alimentos. Cada una de las rickettsias y ehrlichias tiene su propio huésped y vector.

En los seres humanos, las rickettsias infectan el revestimiento de los pequeños vasos sanguíneos causando inflamación u obstrucción de dichos vasos, o hemorragia en los tejidos que los rodean. La parte del organismo donde esto sucede determina qué síntomas se producen.

➤ Síntomas y diagnóstico

Las distintas infecciones por rickettsias suelen producir síntomas similares. Por lo general se presenta fiebre, intensos dolores de cabeza, una erupción característica y sensación de enfermedad (malestar). Dado que generalmente la erupción tarda varios días en aparecer, la infección temprana por rickettsias suele confundirse menudo con una infección vírica corriente, como la gripe.

A medida que la enfermedad por rickettsias avanza, la persona habitualmente presenta confusión y una intensa debilidad, acompañadas por lo general de tos y dificultad para respirar, y a veces vómitos y diarrea. En algunas personas, el hígado o el bazo se agrandan, los riñones fallan, la presión arterial disminuye peligrosamente y puede sobrevenir la muerte.

Ya que las rickettsias son transmitidas por garrapatas, ácaros, pulgas y piojos, el antecedente de una picadura por uno o más de estos vectores es un indicio útil, especialmente en las zonas geográficas donde la rickettsiosis es una infección frecuente; sin embargo, muchas personas no recuerdan haber tenido una picadura.

No es fácil para el médico el realizar un diagnóstico confirmatorio rápido de infección por rickettsias, ya que éstas no pueden ser identificadas utilizando las pruebas de laboratorio de uso corriente. Los cultivos especiales y los análisis de sangre para las rickettsiosis no están habitualmente disponibles y su ejecución se demora tanto que por lo general es necesario empezar el tratamiento antes de disponer de los resultados de estas pruebas. La sospecha del médico de la presencia de una infección por rickettsias sigue siendo el factor más importante para el diagnóstico.

➤ Tratamiento

Las infecciones producidas por rickettsias responden rápidamente al tratamiento precoz con los antibióticos tetraciclina, doxiciclina o cloranfenicol. Estos antibióticos se administran por vía oral salvo si la persona está muy enferma, en cuyo caso se administran de forma intravenosa. Habitualmente, entre el primer y segundo día de tratamiento tiene lugar una mejoría evidente, con desaparición de la fiebre a los 2 o 3 días. El paciente debe continuar el tratamiento antibiótico durante al menos una semana más si la fiebre persiste. Cuando se inicia el tratamiento con retraso, la mejoría es más lenta y la fiebre se prolonga. La muerte puede producirse si la infección no se trata o si el tratamiento se inicia demasiado tarde.

■ Fiebre manchada de las Montañas Rocosas

La fiebre manchada de las Montañas Rocosas (fiebre maculosa, fiebre por garrapatas, tifus por garrapatas) es una enfermedad por rickettsias transmitida por las garrapatas de los perros y de los bosques y produce erupción, dolor de cabeza y fiebre alta.

ALGUNAS OTRAS INFECCIONES PRODUCIDAS POR RICKETTSIAS

ENFERMEDAD	MICROORGANISMO INFECTANTE	DÓNDE SE LOCALIZA LA INFECCIÓN	CARACTERÍSTICAS DE LA INFECCIÓN
Tifus epidémico	*Rickettsia prowazekii,* transmitida por piojos **Huésped:** personas	En todo el mundo	Después de una incubación de 7 a 14 días, el comienzo es súbito, con fiebre, dolor de cabeza y fatiga extrema (postración). Aparece una erupción cutánea entre el cuarto y el sexto día. Sin tratamiento, la infección puede ser mortal, especialmente en personas de más de 50 años
Tifus murino	*Rickettsia typhi,* transmitida por pulgas **Huésped:** roedores, zarigüeyas	En todo el mundo	Muy similar al tifus epidémico, pero los síntomas son menos graves
Tifus de los matorrales	*Rickettsia tsutsugamushi,* transmitidas por ácaros **Huésped:** roedores	Zona del Pacífico asiático, delimitada por Japón, India, Australia y Tailandia	Después de una incubación de 6 a 21 días, el comienzo es repentino, con fiebre, escalofríos y dolor de cabeza. Aparece una erupción cutánea entre el quinto y el octavo día
Rickettsiosis vesicular	*Rickettsia akari,* transmitidas por ácaros **Huésped:** roedores	Observada por primera vez en la ciudad de Nueva York, también ha aparecido en otras áreas de Estados Unidos, en Rusia, Corea y África	Alrededor de una semana antes del inicio de la fiebre aparece en la piel una pequeña úlcera (llaga) con un centro negro; la fiebre es intermitente, dura alrededor de una semana y se acompaña de escalofríos, sudoración profusa, dolor de cabeza, sensibilidad al sol y dolores musculares
Fiebre Q	*Coxiella burnetii* (*Rickettsia burnetii*), transmitida por la inhalación de gotitas infectadas por Rickettsia o por consumir leche cruda contaminada **Huésped:** ovejas, ganado y cabras	En todo el mundo	Después de una incubación de 9 a 28 días, el comienzo es súbito, con fiebre, dolor de cabeza intenso, escalofríos, extrema debilidad, dolores musculares, dolor torácico y neumonitis, pero sin erupción cutánea

La fiebre manchada de las Montañas Rocosas (FMMR) es causada por la bacteria *Rickettsia rickettsii* y es probablemente la más frecuente infección por rickettsias en Estados Unidos. A pesar de su nombre, esta enfermedad se encuentra prácticamente en la totalidad del área continental de Estados Unidos. Es muy frecuente en la región central y en el litoral atlántico sur. La enfermedad se presenta principalmente de marzo a septiembre, cuando las garrapatas adultas se encuentran activas y es más probable que las personas se hallen en áreas infestadas por ellas. En los estados del sur, la enfermedad se produce durante todo el año. Las personas que pasan mucho tiempo en zonas infestadas por garrapatas, como los niños menores de quince años, tienen un mayor riesgo de infección.

Las garrapatas incorporan las rickettsias al alimentarse de mamíferos infectados. Las hembras infectadas también pueden transmitir las rickettsias a su descendencia. La enfermedad por rickettsias no se transmite directamente de persona a persona.

Las rickettsias viven y se multiplican en las células que revisten los vasos sanguíneos. Generalmente se infectan los que se encuentran en la piel y debajo de ésta, así como los del cerebro, los pulmones, el corazón, los riñones, el hígado y el bazo. Los pequeños vasos sanguíneos infectados pueden obstruirse por coágulos.

➤ Síntomas

Habitualmente el enfermo sufre intensos dolores de cabeza, escalofríos, agotamiento extremo (postración) y dolores musculares. Los síntomas comienzan de improviso entre 3 y 12 días después de la picadura de una garrapata. La fiebre elevada aparece unos días después y en las infecciones graves persiste entre 1 y 2 semanas. También se puede presentar una tos seca.

Alrededor del cuarto día de fiebre, aparece una erupción cutánea en las muñecas y los tobillos que rápidamente se extiende hacia las palmas de las manos, las plantas de los pies, los antebrazos, el cuello, la cara, las axilas, las nalgas y el tronco. Al principio, la erupción es plana y rosada, pero después se oscurece y se eleva ligeramente. No produce sensación de picor. La erupción se hace más evidente con el agua caliente, por ejemplo, al tomar un baño. A los cuatro días, aproximadamente, aparecen pequeñas zonas de color púrpura (petequias) debidas a hemorragias en la piel. Cuando esas zonas se fusionan puede formarse una úlcera.

Si los vasos sanguíneos del cerebro se afectan, la persona puede tener dolor de cabeza, agitación, insomnio o delirio. Puede aparecer el coma. También pueden presentarse náuseas, vómitos y dolor abdominal, así como una inflamación de las vías respiratorias (neumonía), una lesión cardíaca y anemia. Aun cuando no es frecuente, en los casos graves puede producirse hipotensión arterial y la muerte.

➤ Prevención y tratamiento

No existe una vacuna contra la FMMR, así que la mejor prevención es evitar la picadura de la garrapata. Para limitar el acceso de las garrapatas a la piel pueden recogerse los pantalones dentro de las botas o de los calcetines y aplicar a la ropa un insecticida que contenga permetrina. También se pueden aplicar repelentes contra las garrapatas, como la dietiltoluamida, directamente sobre la piel. Estos repelentes son eficaces, pero en raras ocasiones producen reacciones tóxicas, como convulsiones, en niños pequeños.

Una importante estrategia para evitar la infección es la búsqueda frecuente de las garrapatas,

ya que éstas tienen que estar agarradas durante un promedio de veinticuatro horas para transmitir la infección. Las garrapatas deben eliminarse cuidadosamente con unas pinzas; la cabeza de la garrapata debe ser agarrada tan cerca de la piel como sea posible. Hay que tener en cuenta que las rickettsias también pueden transmitirse al aplastar una garrapata infectada llena de sangre mientras se extirpa.

Dado que la FMMR puede provocar una grave enfermedad o la muerte, el médico prescribe antibióticos nada más sospechar su presencia en función de los síntomas y en la posibilidad de exposición a la enfermedad, aun cuando los resultados de laboratorio no estén aún disponibles. La tetraciclina, la doxiciclina y el cloranfenicol son antibióticos eficaces para la FMMR. Se administran por vía oral en una enfermedad leve y por vía intravenosa en las infecciones más graves. El tratamiento con antibióticos ha reducido significativamente el índice de mortalidad del 20 % al 5 %, aproximadamente. La muerte es más probable cuando se retrasa el tratamiento. Sin embargo, dado que la mayor parte de las picaduras de garrapatas no provocan la FMMR, el médico habitualmente no prescribe antibióticos por una simple picadura. En cambio, puede pedir a la persona que avise inmediatamente si le aparecen los síntomas.

■ Ehrlichiosis

Las ehrlichiosis son infecciones transmitidas por garrapatas que comienzan bruscamente con fiebre, escalofríos, dolor de cabeza y sensación de enfermedad (malestar).

Las ehrlichias son muy similares a las rickettsias: son bacterias que sólo pueden vivir en el interior de las células de una persona o de un animal; sin embargo, a diferencia de las rickettsias, las ehrlichias habitan en los glóbulos blancos (tales como granulocitos y monocitos). Existen diferentes especies de ehrlichias que habitan en diferentes tipos de glóbulos blancos pero, en general, todas ellas son muy similares tanto por los síntomas que producen como por la manera de diagnosticarlas y tratarlas.

Las ehrlichiosis se presentan en Estados Unidos y en Europa. La aparición de estas enfermedades tiene mayor probabilidad entre la primavera y finales del otoño, cuando las garrapatas son más activas.

➤ Síntomas, diagnóstico y tratamiento

Las ehrlichiosis se inician 1 o 2 semanas después de la picadura de una garrapata. Los primeros síntomas son fiebre, intensos dolores de cabeza, dolores del cuerpo y malestar. A medida que progresa la enfermedad, pueden aparecer vómitos y diarrea, junto con confusión e incluso coma. Algunas veces aparecen tos y dificultades para respirar. La erupción en la piel es mucho menos frecuente que en las rickettsiosis. La muerte es infrecuente, pero puede producirse en personas con una disfunción del sistema inmunológico o en aquellas que no se traten con suficiente prontitud.

Una persona con una infección por ehrlichia puede presentar una disminución en el número del recuento de glóbulos blancos, del hemograma (anemia) y anomalías de la coagulación, pero estos datos de laboratorio aparecen en muchas otras enfermedades. Los análisis de sangre para la detección de anticuerpos contra la ehrlichia pueden ser útiles, pero habitualmente no se obtienen resultados positivos hasta varias semanas después del inicio de la enfermedad. La reacción en cadena de la polimerasa (PCR), una prueba para la detección del ADN del microorganismo en la sangre de la persona, puede ser de mayor utilidad. A veces, los glóbulos blancos contienen las características motas (mórulas) que pueden ser observadas al microscopio. La presencia de mórulas confirma el diagnóstico de ehrlichiosis, pero a menudo no son visibles.

El tratamiento suele iniciarse por los síntomas que presenta el paciente. La tetraciclina, la doxiciclina y el cloranfenicol son eficaces contra las ehrlichiosis.

CAPÍTULO 196

Infecciones parasitarias

Un parásito es un organismo que vive sobre o dentro de otro organismo (el huésped) causándole daño.

Las infecciones parasitarias son más frecuentes en las zonas rurales de África, Asia y América Latina, que en las de los países desarrollados. Una persona que visita esos países puede adquirir una infección parasitaria sin darse cuenta y, a su regreso, es posible que el médico no diagnostique la infección con facilidad.

Generalmente, los parásitos penetran en el organismo por la boca o por la piel. Los que entran por la boca son deglutidos y pueden permanecer en el intestino o penetrar por la pared intestinal invadiendo otros órganos. Los parásitos que penetran por la piel perforan directamente la misma o se introducen mediante la picadura de un insecto infectado (el vector). Algunos parásitos penetran por las plantas de los pies cuando el individuo camina descalzo o por la piel cuando nada o se baña en agua donde los parásitos están presentes.

Si el médico sospecha que una persona tiene una infección parasitaria, puede recoger muestras de sangre, heces u orina para analizarlas en el laboratorio, o bien tomar una muestra de tejido que pueda contener el parásito. Es posible que para encontrar el parásito sea necesaria la realización de exámenes seriados y la recogida de varias muestras.

Algunos parásitos, sobre todo los unicelulares, se reproducen dentro del huésped. Otros poseen ciclos complejos de vida, ponen huevos o larvas que vuelven al medio ambiente o a un insecto vector antes de que sean infecciosos. Si los parásitos ponen los huevos en el tracto digestivo, pueden hallarse en las muestras de las heces vistas al microscopio. Los antibióticos, los laxantes y los antiácidos pueden reducir el número de parásitos haciendo más difícil su detección al examinar una muestra de heces.

La comida, la bebida y el agua se contaminan con frecuencia por parásitos en regiones del mundo con deficientes condiciones sanitarias y hábitos poco higiénicos. De este modo, una recomendación prudente a la hora de comer para aquellos que viajan a zonas en desarrollo es "pélelo, hiérvalo, cocínelo, y si no, olvídelo". Puesto que algunos microorganismos sobreviven a la congelación, la enfermedad se puede transmitir con los cubitos de hielo, a menos que se hagan con agua purificada.

■ Amebiasis

La amebiasis es una infección del intestino grueso o de otros órganos causada por el parásito unicelular Entamoeba histolytica.

La amebiasis es relativamente frecuente en zonas con malas condiciones sanitarias y se produce por contaminación fecal de los alimentos y del agua. También puede adquirirse a través de ciertas prácticas sexuales. *Entamoeba histolytica* infecta inicialmente el intestino, aunque en ocasiones alcanza otros órganos, como el hígado. Las infecciones amebianas son frecuentes en América Latina, África y el subcontinente Indio.

Entamoeba histolytica existe en dos formas: el parásito activo (trofozoito) y el parásito inactivo (quiste). La infección comienza cuando se ingieren los quistes. Después, éstos se dividen, liberando así trofozoitos que se multiplican y producen úlceras en el revestimiento mucoso intestinal y diarrea. Algunos trofozoitos forman quistes que son excretados en las heces junto con ellos. Fuera del cuerpo, los trofozoitos, que son frágiles, mueren, pero los quistes son resistentes. Los quistes pueden transmitirse directamente de persona a persona o de forma indirecta por los alimentos o el agua.

En los lugares con deficientes condiciones sanitarias, la transmisión de la amebiasis se produce por la ingestión de alimentos o agua contaminados. Las frutas y verduras pueden contaminarse cuando crecen en tierras fertilizadas con abono humano, se lavan con agua contaminada o las prepara alguien que está infectado. La amebiasis también puede contraerse y transmitirse en sitios con condiciones sanitarias adecuadas si existen incontinencia y mala higiene (por ejemplo, centros de cuidados diurnos o instituciones mentales). La amebiasis puede transmitirse por contacto sexual.

➤ Síntomas

Sólo algunas personas infectadas con especies de *Entamoeba* manifiestan los síntomas. En los países desarrollados, la mayoría de los casos de amebiasis sintomática se producen entre inmigrantes y, con menos frecuencia, en personas que han viajado a países en vías de desarrollo.

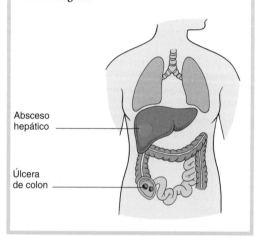

Amebiasis

Además de las úlceras en el colon, las amebas pueden producir abscesos en diferentes órganos, de los cuales el más frecuentemente afectado es el hígado.

Absceso hepático

Úlcera de colon

Las personas infectadas que presentan síntomas tienen diarreas intermitentes, aumento de gases (flatulencia) y retortijones abdominales de forma característica. En casos más graves, el abdomen es doloroso al tacto y las heces contienen moco y sangre. También puede presentarse fiebre. El debilitamiento (emaciación) y la anemia suelen darse en personas con infección crónica. A veces se forma un gran bulto (ameboma) y se obstruye el intestino. Otras, los trofozoitos dan lugar a una perforación intestinal y entran en la cavidad abdominal, causando dolor intenso y una infección del peritoneo (peritonitis) que requiere atención médica inmediata. Algunas personas con *Entamoeba histolytica* presentan abscesos en el hígado. Los síntomas incluyen fiebre, sudoración, escalofríos, debilidad, pérdida de peso y dolor o malestar en la superficie del hígado.

A veces, *Entamoeba histolytica* se difunde hacia otros órganos (incluidos los pulmones o el cerebro). En ocasiones, la piel también resulta infectada, en especial alrededor de las nalgas, en los genitales o en las heridas causadas por cirugía abdominal o por lesiones.

➤ Diagnóstico

Para diagnosticar la amebiasis, se solicitan muestras de las deposiciones para su análisis. Pueden ser necesarias tres muestras para su diagnóstico. Para observar dentro del intestino grueso y obtener una muestra de tejido si se encuentran úlceras, se puede utilizar un tubo flexible (colonoscopio).

La amebiasis es difícil de diagnosticar cuando se extiende a lugares fuera del intestino (como el hígado), ya que los parásitos no se encuentran presentes en las heces. Para confirmar un absceso en el hígado, se pueden realizar exploraciones como la ecografía o la tomografía computarizada (TC), pero estas pruebas no indican la causa. Los análisis de sangre para detectar anticuerpos contra las amebas pueden ser útiles. Algunas veces, cuando el médico sospecha que una persona tiene un absceso amebiano en el hígado intenta un tratamiento con fármacos antiamebianos y observa la evolución. Una respuesta positiva confirma el diagnóstico.

➤ Tratamiento

A las personas con amebiasis sintomática que involucra el tracto intestinal o amebiasis en el hígado o en otra parte fuera del intestino, se les administra un fármaco antiamebiano como el metronidazol. El consumo de alcohol cuando se toma metronidazol puede causar náuseas y vómitos.

El metronidazol no siempre elimina los quistes en las heces, por lo cual suelen utilizarse varios fármacos (como el yodoquinol, la paromomicina y la diloxanida) para acabar con ellos.

■ Ascaridiasis

La ascaridiasis es una infección causada por Áscaris lumbricoides, *un gusano nematodo intestinal.*

La ascaridiasis es la infección por nematodos más frecuente en los seres humanos, presentándose en casi mil millones de personas en el mundo. Es muy común en zonas con deficientes condiciones sanitarias, en donde persiste especialmente debido a la defecación incontrolada y a otras prácticas antihigiénicas. En los países desarrollados, las infecciones son más frecuentes en las personas que han viajado a zonas con condiciones sanitarias deficientes.

La infección comienza cuando se consumen alimentos contaminados con huevos de *Áscaris*. Por lo general, los alimentos se contaminan por el contacto con la tierra u otros objetos. Los hue-

vos de este nematodo son muy resistentes y pueden sobrevivir en la tierra durante años.

Una vez ingeridos, los huevos de *Áscaris* maduran y liberan las larvas en el intestino. Cada larva migra a través de la pared del intestino delgado y es conducida por los vasos linfáticos y el torrente sanguíneo hasta los pulmones. Una vez en el interior de los pulmones, las larvas pasan a los alvéolos, desplazándose hasta la parte superior del tracto respiratorio, y vuelven a ser deglutidas. La larva madura en el intestino delgado, donde permanece como gusano adulto. Los gusanos adultos alcanzan entre 15 y 50 centímetros de largo y entre 0,25 y 0,5 centímetros de diámetro.

➤ Síntomas y diagnóstico

Muchas personas con ascaridiasis no presentan síntomas, aunque la migración de las larvas por los pulmones puede provocar fiebre, tos y dificultad respiratoria. La presencia de un gran número de gusanos en el intestino puede provocar retortijones y, a veces, una obstrucción del mismo, lo que ocurre con más frecuencia en los niños. Algunas veces los gusanos adultos son vomitados o expulsados con las heces, situación que puede ser muy desagradable. Los gusanos adultos en ocasiones obstruyen el apéndice, las vías biliares o el conducto pancreático, produciendo un intenso dolor abdominal.

El diagnóstico de la ascaridiasis se hace a partir de la identificación de los huevos o gusanos adultos en el examen de una muestra fecal; en raras ocasiones los gusanos adultos se ven migrando por la garganta o la nariz. La observación en una radiografía de tórax de la migración de las larvas por los pulmones se produce en contadas ocasiones.

➤ Prevención y tratamiento

La mejor estrategia para prevenir la ascaridiasis incluye normas de higiene adecuadas y evitar los alimentos crudos.

Para tratar a una persona con ascaridiasis, se prescribe mebendazol, albendazol o pamoato de pirantel. Sin embargo, estos fármacos no se administran a mujeres embarazadas porque pueden dañar al feto.

■ Babesiosis

La babesiosis es una infección de los glóbulos rojos causada por el parásito unicelular Babesia.

La babesiosis es transmitida por las garrapatas de los ciervos que también transmiten la enfermedad de Lyme. A pesar de que la infección es frecuente entre los animales, las personas rara vez resultan infectadas.

Babesia vive dentro de los glóbulos rojos, que, finalmente, acaba por destruir, produciendo fiebre, cefalea y dolores musculares. La destrucción progresiva de los glóbulos rojos puede producir anemia.

En los individuos a los que se les ha extirpado el bazo, el riesgo de enfermedad grave y de muerte es alto. En estas personas, la babesiosis se asemeja a la malaria (causa fiebre, anemia, orina oscura, ictericia y daño renal). Una persona con un funcionamiento normal del bazo suele presentar una enfermedad leve que desaparece por sí sola sin tratamiento alguno.

Para diagnosticar la babesiosis, el médico examina una muestra de sangre al microscopio. El tratamiento consiste en la administración de clindamicina; una alternativa es la combinación de atovacuona con azitromicina.

■ Criptosporidiosis

La criptosporidiosis es una infección intestinal causada por el parásito unicelular, Cryptosporidium parvum *que produce diarrea.*

Cryptosporidium infecta a las personas y a muchas especies de animales en todo el mundo. La infección se adquiere por la ingestión de agua o alimentos contaminados por heces o por tocarse la boca después de haber tenido contacto con la tierra o con otra persona u objeto contaminados por el microorganismo. La criptosporidiosis suele causar diarrea en niños que viven en zonas en vías de desarrollo y en entornos con malas condiciones sanitarias. También, a veces, aparece en las personas que viajan a estas zonas. Las personas con un sistema inmunológico deficiente, especialmente las que tienen sida, son propensas a contraer una infección por *Cryptosporidium* y tienen más probabilidad de presentar una enfermedad grave.

Los quistes de los huevos (ooquistes) de *Cryptosporidium* son muy resistentes y con frecuencia se presentan en las aguas de superficie. Muchos animales de granja también albergan el organismo. *Cryptosporidium* no muere por congelación o por los niveles habituales de cloro de las piscinas o del agua potable.

➤ Síntomas y diagnóstico

Los síntomas comienzan entre 7 y 10 días después de la infección y consisten, principalmente, en calambres y diarrea acuosa. También pueden producirse vómitos, fiebre y debilidad. La gravedad de la diarrea varía de leve a grave (desde 3 a 15 litros de deposición acuosa por día en las personas con sida).

Para diagnosticar la criptosporidiosis, se recoge una muestra de las heces para su cultivo.

➤ Prevención y tratamiento

La prevención de la criptosporidiosis implica sistemas adecuados de sanidad y el lavado de las manos, especialmente en guarderías y después de tener contacto con tierra, animales o personas infectados. Cuando los departamentos de salud pública detectan un brote de la enfermedad, recomiendan hervir el agua para beber (incluida el agua para el cepillado de dientes y el lavado de alimentos), comer sólo alimentos cocinados y evitar la leche no pasteurizada y los zumos. No se puede presumir la inocuidad del agua embotellada. Los filtros de agua que usen ósmosis inversa o que tengan las palabras "1 micrón absoluto" o "analizado y certificado por los estándares de NSF 53 para eliminación/reducción de quistes" son eficaces. Otros tipos de filtros pueden no serlo.

Las personas con un sistema inmunológico sano se recuperan generalmente por sí mismas. Una persona con diarrea intensa puede requerir tratamiento oral o con sueros intravenosos y fármacos antidiarreicos como la loperamida. No se han encontrado fármacos que eliminen *Cryptosporidium* en personas con diarrea. En aquellas que tienen sida, el tratamiento con antirretrovirales puede mejorar la función inmunológica y aliviar la diarrea causada por *Cryptosporidium*; sin embargo, estas personas pueden quedar permanentemente infectadas.

■ Giardiasis

La giardiasis es una infección del intestino delgado que produce diarrea causada por el parásito unicelular Giardia lamblia.

La giardiasis se da en todo el mundo y es una de las infecciones parasitarias del intestino más frecuentes. *Giardia* es un contaminante frecuente de

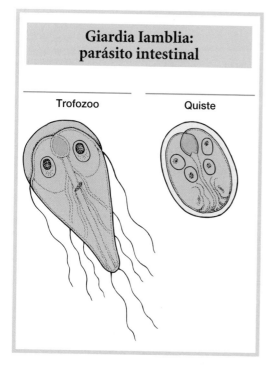

**Giardia Iamblia:
parásito intestinal**

Trofozoo   Quiste

aguas frescas, incluidos muchos lagos y arroyos que parecen limpios. La mayoría de las personas adquieren la infección al beber agua contaminada, pero también se transmite de persona a persona por quistes que se eliminan con las heces, lo que ocurre con frecuencia en niños o en parejas sexuales. La giardiasis es más común entre los hombres homosexuales, hombres con parejas múltiples, niños de guarderías y en las personas que viajan a países en vías de desarrollo. También presentan riesgo los excursionistas que beben agua no tratada de arroyos y lagos.

➤ Síntomas y diagnóstico

Algunos individuos infectados no presentan síntomas. Cuando aparecen, consisten en calambres, incremento de gases (flatulencia) y diarrea con mal olor. Si no se recibe tratamiento, la diarrea puede persistir durante semanas y la persona no es capaz de absorber suficientes nutrientes de los alimentos, lo que da como resultado una pérdida de peso.

Los síntomas a menudo sugieren el diagnóstico. El examen de las muestras de heces al microscopio o de las secreciones tomadas del intestino delgado puede revelar el parásito. Dado que las personas que han sido infectadas durante mucho tiempo tienden a excretar los parásitos a interva-

los impredecibles, puede ser necesario realizar exámenes seriados de las heces. La determinación del antígeno en las heces también puede confirmar la infección.

➤ Tratamiento

El metronidazol administrado por vía oral es eficaz contra *Giardia*. Si se ingiere alcohol mientras se esté tomando el metronidazol, pueden presentarse náuseas y vómitos. La furazolidona está disponible en forma líquida y se administra a los niños. Quienes viven o tienen estrecho contacto con una persona infectada y presentan los síntomas de la giardiasis, deben consultar con el médico para determinar si necesitan realizarse pruebas o precisan tratamiento para la enfermedad.

■ Anquilostomiasis

La anquilostomiasis es una enfermedad del intestino que provoca anemia y, en ocasiones, erupción cutánea, problemas respiratorios o dolor abdominal.

Alrededor de mil millones de personas están infectadas con anquilostomas, que son lombrices intestinales. La infección es frecuente en zonas cálidas y húmedas con condiciones sanitarias deficientes. Dos especies de anquilostomas producen la infección en los seres humanos: *Ancylostoma duodenale*, presente en la India, China, Japón y la zona del Mediterráneo, y *Necator americanus*, típico de las zonas tropicales de África, Asia y del continente americano.

Los huevos pasan con la materia fecal y maduran en la tierra tras un período de incubación de 1 a 2 días. Las larvas nacen y viven en la tierra. Cuando están totalmente desarrolladas, penetran la piel. Una persona puede infectarse al caminar descalza o al sentarse en suelos contaminados. Una vez que penetran en el cuerpo, las larvas se mueven por los vasos linfáticos y el torrente sanguíneo hasta los pulmones. De allí pasan a los alvéolos, ascienden por el tracto respiratorio hasta la garganta y se deglutan. Alrededor de una semana después de haber atravesado la piel, llegan al intestino. Una vez dentro del intestino, las larvas se desarrollan hasta la fase adulta, adhieren su boca al revestimiento del intestino delgado superior, producen unas sustancias que evitan que la sangre se coagule y viven de la sangre de la pared del intestino huésped.

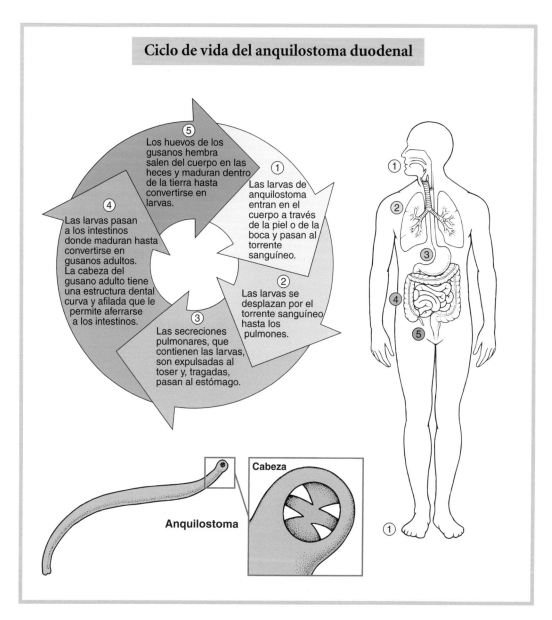

Ciclo de vida del anquilostoma duodenal

⑤ Los huevos de los gusanos hembra salen del cuerpo en las heces y maduran dentro de la tierra hasta convertirse en larvas.

④ Las larvas pasan a los intestinos donde maduran hasta convertirse en gusanos adultos. La cabeza del gusano adulto tiene una estructura dental curva y afilada que le permite aferrarse a los intestinos.

① Las larvas de anquilostoma entran en el cuerpo a través de la piel o de la boca y pasan al torrente sanguíneo.

② Las larvas se desplazan por el torrente sanguíneo hasta los pulmones.

③ Las secreciones pulmonares, que contienen las larvas, son expulsadas al toser y, tragadas, pasan al estómago.

Cabeza

Anquilostoma

➤ Síntomas y diagnóstico

En el sitio por donde las larvas han atravesado la piel puede aparecer una erupción cutánea roja e inflamada que produce picor. La migración de las larvas por los pulmones puede provocar fiebre, tos y dificultad respiratoria. Los gusanos adultos causan dolor intenso en la zona alta del abdomen cuando se adhieren en el intestino. Con el paso del tiempo, se presenta anemia por la pérdida de sangre y deficiencia de hierro. Cuando la anemia es grave, los niños presentan retraso del crecimiento, insuficiencia cardíaca y una inflamación de tejidos extensa.

El diagnóstico se hace mediante la identificación de los huevos en una muestra de heces. Si dejan pasar varias horas, los huevos maduran y liberan las larvas.

➤ Tratamiento

El médico prescribe un fármaco oral, como el albendazol, el mebendazol o el pamoato de pirantel. Debido a las posibles reacciones adversas para el feto, estos fármacos están contraindicados en las mujeres embarazadas. A las personas que padecen anemia se les administran suplementos de hierro.

■ Paludismo (malaria)

El paludismo es una infección de los glóbulos rojos por el parásito unicelular Plasmodium, *que causa fiebre, inflamación del bazo y anemia.*

El paludismo generalmente se propaga por la picadura de un mosquito hembra infectado. Muy rara vez, la enfermedad se transmite por una transfusión de sangre contaminada o una inyección con una aguja previamente utilizada por una persona con paludismo. Existen cuatro especies de parásitos del paludismo que pueden infectar a las personas, *Plasmodium falciparum, Plasmodium vivax, Plasmodium ovale* y el *Plasmodium malariae.*

Los fármacos y los insecticidas han hecho que el paludismo sea muy raro en la mayoría de los países desarrollados, pero la enfermedad sigue siendo frecuente y mortal en los países tropicales. Entre 300 y 500 millones de personas están infectadas con paludismo en el mundo y cada año se producen de 1 a 2 millones de muertes. La mayoría de estas muertes se dan en niños menores de 5 años. Los visitantes de los trópicos o los viajeros que regresan de áreas tropicales pueden traer la infección con ellos.

El ciclo de vida del parásito del paludismo comienza cuando un mosquito hembra pica a un individuo con paludismo. El mosquito extrae sangre que contiene los parásitos de la enfermedad. Una vez dentro del mosquito, el parásito se multiplica y migra a sus glándulas salivales. Cuando el mosquito pica a otra persona, le inyecta parásitos con su saliva. Una vez dentro de la persona, los parásitos se depositan en el hígado, donde se multiplican. Maduran durante 1 y 3 semanas y luego abandonan el hígado e invaden los glóbulos rojos. Los parásitos se multiplican de nuevo dentro de los glóbulos rojos, lo que finalmente provoca su ruptura.

Tanto *Plasmodium vivax* como *Plasmodium ovale* permanecen en el hígado en estado latente y periódicamente liberan parásitos maduros al torrente sanguíneo, lo que provoca crisis recurrentes. Ni *Plasmodium falciparum* ni *Plasmodium malariae* permanecen en el hígado. Sin embargo, formas maduras d *Plasmodium malariae* pueden persistir en el torrente sanguíneo durante meses o incluso años antes de provocar una crisis.

➤ Síntomas y complicaciones

Al romperse los glóbulos rojos y liberar parásitos, la persona presenta súbitamente un escalofrío in-

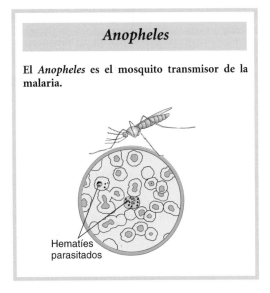

Anopheles

El *Anopheles* es el mosquito transmisor de la malaria.

Hematíes
parasitados

tenso seguido de fiebre que puede pasar de los 40 °C. Son frecuentes los dolores tanto de cabeza como corporales y las náuseas. La fiebre desciende, por lo general al cabo de varias horas, y luego se produce una sudoración profusa. La fiebre finalmente se vuelve periódica, con intervalos de 48 horas con *Plasmodium vivax* y *Plasmodium ovale*, y de 72 horas con *Plasmodium malariae*. Las fiebres causadas por *Plasmodium falciparum* habitualmente no son periódicas, pero algunas veces aparecen a intervalos de 48 horas. Los turistas que contraen la malaria suelen presentar síntomas en los primeros meses después de su regreso, aunque su aparición puede demorarse más de un año.

A medida que progresa el cuadro, el bazo aumenta de tamaño. En personas infectadas con *Plasmodium falciparum* puede presentarse una disminución en la concentración de azúcar (glucosa) en la sangre, la cual suele ser grave en individuos con un gran número de parásitos en la sangre, en particular si se tratan con quinina.

El **paludismo** causado por *Plasmodium falciparum* es la forma más peligrosa de la enfermedad y puede resultar mortal. En esta modalidad de paludismo, los glóbulos rojos infectados a menudo se pegan a las paredes de los pequeños vasos sanguíneos, produciendo su obstrucción y dando como resultado la lesión de varios órganos, en especial del cerebro (malaria cerebral), de los pulmones y de los riñones. El paludismo cerebral es una complicación particularmente peligrosa que puede producir fiebre, cefalea, somnolencia, delirio, confusión, convulsiones y coma.

Por lo general, afecta a niños, a mujeres embarazadas y a turistas que viajan a zonas de alto riesgo. En la malaria por *Plasmodium falciparum*, puede producirse una acumulación de líquido en los pulmones y problemas respiratorios graves, además de un descenso de la presión arterial cuando varios órganos resultan lesionados.

La fiebre hemoglobinúrica es una complicación de esta modalidad de paludismo debida a la ruptura de un gran número de glóbulos rojos, que liberan pigmentos de la sangre (hemoglobina) en el torrente sanguíneo. La hemoglobina liberada es excretada por la orina, lo que oscurece su color. La lesión del riñón puede ser lo suficientemente grave como para requerir diálisis. La fiebre hemoglobinúrica es más probable que aparezca en personas en tratamiento con quinina.

La malaria causada por *Plasmodium vivax*, *Plasmodium ovale* y *Plasmodium malariae* suele ser menos grave, aunque estos parásitos pueden permanecer en la sangre mucho tiempo y producir fiebre, escalofríos, cefalea, falta de apetito, cansancio y malestar general.

➤ Diagnóstico

El médico sospecha que una persona tiene malaria cuando presenta fiebre acompañada de síntomas durante un viaje o después de visitar una zona en la que la malaria está presente. La fiebre periódica se manifiesta en menos de la mitad de los viajeros con paludismo, pero cuando se presenta, sugiere el diagnóstico. La identificación del parásito en una muestra de sangre lo confirma, aunque se puede necesitar más de una muestra. El informe del laboratorio que identifica la especie de *Plasmodium* encontrado en la sangre es necesario porque el tratamiento, las complicaciones y el pronóstico varían según la especie implicada. La infección por *Plasmodium falciparum* es una urgencia y requiere evaluación y tratamiento inmediatos.

➤ Prevención y tratamiento

Las medidas de control de los mosquitos, que incluyen la eliminación de las zonas de reproducción de las larvas en aguas estancadas y el exterminio de las larvas, son muy importantes. Las personas que viven o viajan a las zonas endémicas de paludismo también deben tomar precauciones para evitar la exposición al mosquito, tales como el uso de aerosoles insecticidas tanto en sus

casas como en las zonas contiguas, la colocación de pantallas en puertas y ventanas, así como de mosquiteros impregnados de permetrina y la aplicación en las partes expuestas de piel de repelentes que contengan dietiltoluamida. Se deben usar pantalones largos y camisas de manga larga, en particular entre el anochecer y el alba, para protegerse de las picaduras del mosquito. Las personas sometidas a una exposición intensa de mosquitos pueden aplicar permetrina en aerosol a su ropa antes de usarla.

Las vacunas para prevenir el paludismo se encuentran aún en etapa de experimentación.

La prevención del paludismo para quienes viajan a zonas infestadas debe hacerse por medio de fármacos. La prevención con medicación se inicia antes, durante y después del viaje. En este último caso se usan durante un período de tiempo que varía para cada fármaco pero que, generalmente, es de cuatro semanas una vez que la persona abandona las zonas de riesgo elevado.

Para evitar y tratar el paludismo se utilizan varios fármacos. La resistencia a las drogas es un problema grave particularmente peligroso con las especies de *Plasmodium falciparum* y la prevalencia de fármacos resistentes es diferente en cada zona del mundo. De este modo, la elección del fármaco preventivo varía de acuerdo con la localización geográfica. En los centros de control y prevención de enfermedades se puede obtener más información acerca de cada lugar en concreto. La elección del fármaco para el tratamiento se hace en función de las especies de *Plasmodium* y de su sensibilidad conocida o sospechada.

La cloroquina es el fármaco preferible para la prevención del paludismo causado por *Plasmodium falciparum* en México, zonas de América Central, oeste del canal de Panamá, Haití, República Dominicana y algunas zonas de Oriente Medio. Las cepas de *Plasmodium falciparum* que son resistentes a la cloroquina están presentes en la mayor parte de las otras zonas del mundo en donde se produce el paludismo. En estas zonas, se recomiendan los medicamentos preventivos que incluyen mefloquina, doxiciclina o la combinación de atovacuona-proguanil.

La cloroquina es el fármaco de elección para el tratamiento de paludismo causado por *Plasmodium vivax*, *Plasmodium ovale* o *Plasmodium malariae*, excepto en muy pocas zonas donde se ha informado de la resistencia a la cloroquina en personas con *Plasmodium vivax*. La cloroquina también es aceptable en las infecciones por *Plasmodium falciparum* adquiridas en regiones donde se desconoce la resistencia al fármaco. La primaquina se asocia para acabar con los parásitos que permanecen en el hígado tras la infección con *Plasmodium vivax* o *Plasmodium ovale*. Antes de administrar primaquina, se realiza un análisis de sangre para buscar una deficiencia relativamente frecuente de una enzima (deficiencia de G6PD). Las personas con deficiencia de G6PD que reciben primaquina pueden presentar una ruptura masiva de glóbulos rojos.

El paludismo por *Plasmodium falciparum*, en las zonas con resistencia conocida a la cloroquina, se trata con quinina asociada a doxiciclina o, si no hay complicaciones, con el combinado atovacuona-proguanil, dado que éste presenta menos efectos secundarios que la quinina. También se puede utilizar mefloquina, pero sus reacciones adversas son frecuentes. Si la persona no puede tomar fármacos por vía oral, la quinidina se administra por vía intravenosa bajo supervisión hospitalaria.

Los turistas que tienen fiebre mientras se encuentran en una zona infestada de paludismo deben ser examinados por un médico de inmediato. Si no existe la posibilidad de recibir atención médica y se sospecha la presencia de paludismo, a veces se recomienda el tratamiento con pirimetamina-sulfadoxina o atovacuona-proguanil hasta que sea posible una evaluación médica. Esta posibilidad debe comentarse con un médico antes de viajar.

La cloroquina es relativamente segura y está aprobada para su uso en niños y en mujeres embarazadas. A veces la mefloquina produce náuseas, mareo y problemas para conciliar el sueño, y rara vez convulsiones o problemas psiquiátricos. Debe evitarse en personas con ciertos problemas cardíacos. La quinina se asocia frecuentemente con cefalea, náuseas, vómitos, molestias visuales y zumbidos en los oídos, una situación conocida como cinchonismo. La quinina también puede producir niveles bajos de azúcar en las personas infectadas con *Plasmodium falciparum*. La atovacuona-proguanil puede provocar náuseas, vómitos o dolor abdominal y no debe ser usada en personas con disminución de la función renal, en mujeres embarazadas o en lactantes.

■ Infección por oxiuros

La infección por oxiuros (enterobiasis) es una enfermedad causada por nematelmintos intestinales.

Los oxiuros son los parásitos más frecuentes en los niños.

La infección se debe a la ingesta de huevos de oxiuros, que pasan desde la zona que rodea el ano a las prendas de vestir, la ropa de cama o los juguetes. Los huevos pueden sobrevivir fuera del cuerpo hasta tres semanas a una temperatura ambiente normal. A menudo, los huevos pasan través de los dedos de un niño a la boca de otro, que los traga y, algunas veces, son ingeridos con alimentos contaminados. Los niños pueden reinfectarse ellos mismos, al pasar los huevos de la zona que rodea el ano a la boca. Los niños que se chupan los pulgares tienen un riesgo alto de infección.

Después de la ingesta, los huevos maduran en el tracto gastrointestinal, los gusanos jóvenes migran hacia el recto y llegan a la parte inferior del intestino. Los oxiuros maduran en la parte inferior del intestino durante 2 y 6 semanas. El gusano hembra se mueve hacia el área alrededor del ano, habitualmente por la noche, para depositar los huevos. Los huevos se depositan en una sustancia pegajosa y gelatinosa que se adhiere a la piel, y tanto unos como otra producen picor.

➤ Síntomas y diagnóstico

La mayoría de los niños con oxiuros no presentan síntomas; sin embargo, algunos sienten picor alrededor del ano y se rascan constantemente la zona. La piel puede irritarse e infectarse superficialmente con bacterias. En las niñas, la infección por oxiuros puede causar picor e irritación vaginal.

El diagnóstico de la infección por oxiuros se hace a partir de la identificación de los gusanos o de los huevos. El mejor resultado se obtiene al examinar el ano del niño al cabo de 1 o 2 horas de haberse acostado por la noche. Los gusanos son blancos y tienen pelos delgados, pero se mueven y son visibles a simple vista. Los huevos pueden recogerse, temprano por la mañana, antes de que se despierte el niño, tocando suavemente los pliegues cutáneos que rodean el ano con el lado adhesivo de un papel de celofán. La cinta adhesiva se lleva al médico para su examen al microscopio.

➤ Tratamiento

Una sola dosis de mebendazol, albendazol o pamoato de pirantel, repetida dos semanas después, cura con eficacia la infección por oxiuros. Muchos médicos recomiendan tratar a toda la familia. Pese al tratamiento farmacológico, es frecuente que se vuelva a introducir la enfermedad tras el tratamiento. Se deben lavar las prendas de vestir, la ropa de cama y los juguetes, y aspirar el ambiente para tratar de eliminar cualquier huevo. El picor se alivia con cremas o ungüentos aplicados directamente sobre el área perianal.

■ Esquistosomiasis

La esquistosomiasis (bilarziasis) es la infección causada por gusanos planos de la sangre (trematodos) que, a menudo, producen síntomas en el intestino, hígado o en las vías urinarias.

La esquistosomiasis afecta a más de 200 millones de personas del trópico y de regiones subtropicales de América del Sur, África y Asia. Tres especies causan la mayor parte de los casos de esquistosomiasis en el ser humano: *Schistosoma hematobium*, que infecta las vías urinarias y la vejiga; *Schistosoma mansoni* y *Schistosoma japonicum*, que infectan el intestino. La infección es adquirida al nadar o bañarse en aguas frescas contaminadas con los parásitos. Los esquistosomas se multiplican dentro de ciertos tipos específicos de caracoles que viven en el agua, desde donde son liberados. Si acceden a la piel de una persona, penetran y migran por el torrente sanguíneo hasta los pulmones, donde los esquistosomas maduran hasta convertirse en un trematodo adulto. Los adultos pasan por el torrente sanguíneo hasta su domicilio final, en las pequeñas venas de la vejiga o en el intestino, donde pueden permanecer años. El trematodo adulto pone gran número de huevos en las paredes del intestino o de la vejiga, algunos de los cuales viajan por el torrente sanguíneo hacia el hígado. Estos huevos inducen una respuesta inflamatoria que obstruye las venas del intestino, los riñones y el hígado, lo cual causa ulceraciones, hemorragia local y la formación de tejido cicatricial. Los huevos producen enzimas que les permiten pasar a las heces y a la orina. Cuando las personas afectadas por esta enfermedad orinan o defecan en agua fresca, estos huevos se diseminan y comienza de nuevo el ciclo.

Los huevos de *Schistosoma manson* y de *Schistosoma japonicum* se alojan habitualmente en el intestino y en el hígado, mientras que los de *Schistosoma hematobium*, por lo general, lo hacen en la vejiga. La inflamación resultante puede producir cicatrices y aumento de la presión en las venas que llevan la sangre del tracto gastrointestinal al hígado (vasos portales). El aumento de la presión portal puede causar un crecimiento del bazo y una hemorragia de las venas del esófago. Otros órganos (como los pulmones, la médula espinal y el cerebro ● *v. pág. 648*) también pueden quedar comprometidos.

➤ Síntomas y diagnóstico

Cuando los esquistosomas atraviesan primero la piel, se produce picor y una erupción cutánea (picor de los nadadores). Se pueden presentar fiebre, escalofríos, dolores corporales, cefalea y tos cuando los parásitos empiezan a salir de los huevos (4 u 8 semanas después de haber penetrado en el cuerpo). También es posible que el hígado, el bazo y los ganglios linfáticos aumenten temporalmente de tamaño vuelvan luego a la normalidad, y que se presenten retortijones abdominales y que se detecte sangre en la materia fecal o en la orina. Esta pérdida de sangre puede producir anemia. La infección crónica de las vías urinarias puede producir obstrucción y se asocia, más tarde, con la aparición de cáncer de vejiga.

El médico diagnostica la esquistosomiasis al examinar las muestras de heces u orina por la presencia de huevos. También son útiles los análisis de sangre. La ecografía se utiliza para evaluar la gravedad de las infecciones en las vías urinarias o en el hígado.

➤ Prevención y tratamiento

Para una mejor prevención de la esquistosomiasis se debe evitar nadar, bañarse o vadear en aguas frescas de áreas donde se sabe que existen esquistosomas. Para tratar la enfermedad, se prescribe praziquantel administrado por vía oral en 2 o 3 dosis al día.

■ Teniasis

La infección por tenias es una enfermedad intestinal causada por una o varias especies de tenias, que incluyen Taenia saginata *(tenia de las vacas),* Taenia solium *(tenia de los cerdos) y* Diphyllobothrium latum *(tenia de los peces).*

Las tenias son grandes gusanos aplanados que viven en el intestino y pueden ser desde 4,5 hasta 9 metros de largo. Las secciones del gusano que contienen los huevos (proglótides) se eliminan

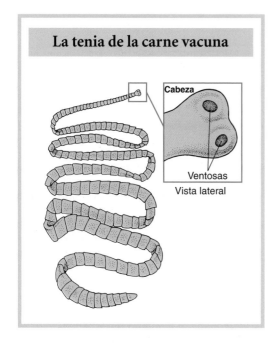

La tenia de la carne vacuna

Cabeza

Ventosas

Vista lateral

con las heces y son ingeridas por el ganado vacuno. Si las personas afectadas liberan los huevos al medio ambiente, éstos pueden ser ingeridos por huéspedes intermediarios, como los cerdos, el ganado y (en el caso de la tenia de los peces) pequeños crustáceos, los cuales a su vez son ingeridos por los peces. Los huevos maduran en el huésped intermediario, luego las larvas invaden la pared intestinal y son llevadas por el torrente sanguíneo hasta los músculos y otros tejidos, donde forman quistes. El parásito se adquiere al comer los quistes en carnes y pescados crudos o poco cocidos. Los quistes maduran y se convierten en gusanos adultos, que se alojan en la pared intestinal de la persona. A partir de ahí, los gusanos crecen en longitud.

Las personas también actúan como huésped intermediario de la tenia del cerdo, *Taenia solium*. Los huevos de la tenia del cerdo llegan al estómago cuando la persona los traga con los alimentos, el agua contaminada con heces humanas o por contacto con las manos sucias de una persona infectada con gusanos adultos. Los huevos también pueden llegar al estómago cuando los proglótides son regurgitados desde el intestino. Una vez que las larvas son liberadas, atraviesan la pared intestinal y llegan a los músculos, a los órganos internos, al cerebro ● *(v. pág. 648)* y al tejido que se encuentra debajo de la piel, donde forman quistes (cisticercos). Esta forma de la enfermedad se denomina cisticercosis.

➤ Síntomas y diagnóstico

Aunque las tenias en el intestino generalmente no causan ningún síntoma, algunas personas experimentan molestias en la parte superior del abdomen, diarrea y pérdida del apetito. En ciertos casos, una persona infectada puede sentir que una parte del gusano sale por el ano. En raras ocasiones la teniasis de los peces causa anemia.

En personas con cisticercosis, los quistes en el cerebro y las meninges (los tejidos que recubren el cerebro), pueden causar inflamación, y dar como resultado cefalea, confusión y otros síntomas neurológicos y, a menudo, convulsiones.

El médico diagnostica la infección intestinal por tenias con el hallazgo de fragmentos de los gusanos o de huevos al examinar una muestra de heces. La cisticercosis es más difícil de diagnosticar; pero, los quistes en el cerebro se pueden observar en una tomografía computarizada (TC) o una resonancia magnética nuclear (RMN). Los análisis de sangre para detectar anticuerpos contra la tenia del cerdo también son útiles.

➤ Prevención y tratamiento

La primera línea de defensa contra las tenias es la cuidadosa evaluación de la carne y del pescado por inspectores bien entrenados. Los quistes son visibles en la carne infectada. Una cocción intensa (en la cual la carne llega a más de 58 °C) y una congelación prolongada pueden acabar con los quistes. Por esta razón, el pescado de agua dulce no debe ser servido como *sushi* ni comerse si no se ha cocido, congelado o curado con antelación. Los procesos de ahumado y de secado no eliminan los quistes.

Las personas con teniasis son tratadas con una dosis oral de prazicuantel. La cisticercosis generalmente no se trata, a no ser que afecte al cerebro, en cuyo caso se pueden administrar antiparasitarios (como el albendazol o el prazicuantel), junto con corticosteroides, para ayudar a reducir la inflamación.

■ Toxocariasis

La toxocariasis (larva migrans visceral) es la infección causada por larvas de las filarias parasitarias Toxocara canis *o* Toxocara cati.

La toxocariasis aparece principalmente en mujeres jóvenes y niños que adquieren los huevos de

Toxocara mediante el contacto con el suelo contaminado por heces de perros y gatos que llevan el parásito. Los recintos llenos de arena para los niños, donde los perros y los gatos suelen defecar, suponen un peligro particular de exposición a los huevos. Con frecuencia, los niños se pasan los huevos desde las manos hasta la boca o comen arena contaminada. A veces, pueden infectarse los adultos que comen arcilla. Una vez se tragan los huevos, las larvas maduran en el intestino. Las larvas atraviesan la pared intestinal y se extienden por el torrente sanguíneo. Casi todos los tejidos del cuerpo pueden infectarse, pero el hígado y el pulmón son los que se afectan con mayor frecuencia. Las larvas pueden seguir vivas durante varios meses, produciendo lesiones al migrar a los tejidos y al estimular la inflamación.

➤ Síntomas y diagnóstico

Los síntomas comienzan después de varias semanas de ingerir los huevos; la fiebre, la tos o la respiración sibilante y un aumento de tamaño del hígado son los más frecuentes. Algunas personas presentan una erupción cutánea, un aumento del tamaño del bazo y neumonías de repetición. Cuando las larvas infectan el ojo, se produce inflamación y disminución de la visión.

El médico puede sospechar toxocariasis en una persona que tiene el hígado aumentado de tamaño, inflamación de los pulmones, fiebre y niveles altos de eosinófilos (una variedad de glóbulos blancos). El diagnóstico se confirma mediante la identificación de anticuerpos contra *Toxocara* en la sangre. En raras ocasiones es necesario obtener una muestra de tejido hepático (biopsia) para evidenciar las larvas o la inflamación provocada por su presencia.

➤ Prevención y tratamiento

Para prevenir la toxocariasis, los perros y los gatos deben ser desparasitados regularmente, comenzando antes de que tengan 4 semanas. Las areneras infantiles deben cubrirse cuando no se usan para evitar que los animales defequen en ellas.

La eficacia del tratamiento es incierta. La toxocariasis de los seres humanos, por lo general, no requiere tratamiento. En las personas con síntomas severos, puede ser útil la administración de dietilcarbamacina o mebendazol. Los corticosteroides se prescriben a veces para controlar los síntomas de inflamación.

■ Toxoplasmosis

La toxoplasmosis es una infección causada por Toxoplasma gondii, *un parásito unicelular.*

Toxoplasma gondii está presente en todo el mundo e infecta a seres humanos y a un gran número de animales y aves. Muchas personas han sido infectadas con este parásito, aunque sólo algunas manifiestan los síntomas. La enfermedad grave generalmente aparece sólo en los fetos y en las personas con deficiencia del sistema inmunológico.

Aunque el parásito puede crecer en los tejidos de muchos animales, sólo produce huevos (ooquistes) en las células que revisten el intestino de los gatos. Los huevos son excretados con las heces de los gatos y pueden sobrevivir hasta dieciocho meses en la tierra.

Las personas que tienen contacto con el suelo contaminado por huevos de *Toxoplasma gondii* pueden adquirir la infección directamente por su paso de la mano a la boca o por la ingestión de alimentos contaminados. En algunas ocasiones, animales como los cerdos adquieren la toxoplasmosis por el contacto con tierra contaminada. Las personas pueden llegar a infectarse comiendo alimentos crudos o carne poco cocida de animales infectados. Tanto la congelación como la cocción adecuada de la carne destruyen el parásito.

Una mujer embarazada que contraiga la infección puede transmitir *Toxoplasma gondii* a su feto por la placenta. El resultado puede ser un aborto, un recién nacido muerto o un bebé nacido con toxoplasmosis congénita; sin embargo ● *(v. tabla pág. 1788)*, si se infecta antes del embarazo no transmitirá el parásito al feto.

Las personas con deficiencia del sistema inmunológico y, en particular, las que tienen sida o cáncer, o las que han recibido un trasplante de órgano y fármacos para suprimir el rechazo, se encuentran especialmente expuestas a la toxoplasmosis. Los síntomas suelen presentarse en estas personas debido a la reactivación de una infección por el parásito previamente adquirida. Por lo general, la infección se localiza en el cerebro, pero puede afectar al ojo o diseminarse por todo el cuerpo. En estas personas, la toxoplasmosis es muy grave y casi siempre mortal si no se trata.

➤ Síntomas y diagnóstico

Los niños nacidos con toxoplasmosis congénita pueden estar gravemente enfermos y morir nada más nacer o no presentar ningún síntoma hasta meses o años más tarde. Algunos nunca presentan la enfermedad. Los síntomas típicos en los recién nacidos son una inflamación de los ojos (coriorretinitis) que puede terminar en ceguera, un aumento de tamaño del hígado y del bazo, ictericia, hematomas, convulsiones, una cabeza grande o pequeña y retraso mental.

La toxoplasmosis adquirida después del nacimiento en personas por lo demás sanas, rara vez causa síntomas. Cuando aparecen los síntomas, suelen ser leves y consisten en un aumento indoloro del tamaño de los ganglios linfáticos, fiebres intermitentes de baja intensidad y una sensación indefinida de enfermedad. A veces las personas sólo presentan coriorretinitis, con visión borrosa, dolor ocular y sensibilidad a la luz.

Los síntomas de la toxoplasmosis en los enfermos con un sistema inmunológico deficiente dependen del sitio de la infección. La toxoplasmosis del cerebro (encefalitis) produce síntomas tales como debilidad en un lado del cuerpo, dificultades para hablar, cefalea, confusión y convulsiones. La toxoplasmosis diseminada aguda puede producir una erupción cutánea, fiebre alta, escalofríos, dificultad respiratoria y cansancio. En algunas personas, la infección causa inflamación del cerebro y de las membranas que lo recubren (meningoencefalitis), del hígado (hepatitis), de los pulmones (neumonitis) o del corazón (miocarditis).

El diagnóstico de toxoplasmosis suele establecerse mediante un análisis de sangre que revele la presencia de anticuerpos contra el parásito. Sin embargo, si el sistema inmunológico está afectado por el sida, el análisis de sangre puede dar un falso negativo. El médico puede, en lugar de ello, solicitar una tomografía computarizada (TC) y una resonancia magnética nuclear (RMN) del cerebro. La extirpación de una parte de tejido infectado (biopsia) y su examen al microscopio con el fin de establecer el diagnóstico son menos frecuentes.

➤ Tratamiento y pronóstico

Los adultos infectados sin síntomas y con un sistema inmunológico sano no requieren tratamiento. Los que presentan síntomas se tratan con sulfadiazina más pirimetamina, asociadas a leucovorin, con el fin de proteger la médula ósea de los efectos tóxicos de la pirimetamina. Como alternativa, los pacientes con coriorretinitis pueden recibir clindamicina en combinación con prednisona u otro corticosteroide para reducir la inflamación.

La toxoplasmosis en los enfermos de sida suele recurrir, de modo que los fármacos se administran con frecuencia y de forma indefinida. Para prevenir la toxoplasmosis, algunas personas con sida son tratadas preventivamente con trimetoprim-sulfametoxazol, que también ayuda a prevenir la infección por *Pneumocystis carinii*.

Las mujeres susceptibles de contraer la toxoplasmosis durante el embarazo deben ser tratadas con espiramicina para evitar la transmisión al feto. Así mismo, deben evitar limpiar las cajas de los gatos y usar guantes cuando vayan a hacerlo, y consumir alimentos previamente cocidos.

■ Triquinosis

La triquinosis es una infección causada por el nematodo Triquinela spiralis.

Las larvas de *Triquinela spiralis* viven en el tejido muscular de los animales, en particular de cerdos, osos salvajes, caballos y muchos carnívoros. Las personas contraen la triquinosis si ingieren carne cruda o mal cocida de un animal que lleva el parásito. La mayoría de las infecciones huma-

Triquinosis

Aspecto de la *Trichinella spiralis*, hembra y macho. La hembra (izquierda) contiene larvas en su interior. A la derecha (recuadro), aspecto de un quiste en un músculo.

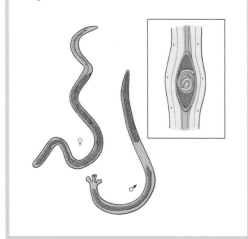

OTROS PARÁSITOS

PARÁSITO	ORIGEN Y PUNTO DE ENTRADA	SÍNTOMAS FRECUENTES	CLAVES DE DIAGNÓSTICO	TRATAMIENTO
Gusanos Strongyloides (nematodo); presente en la mayoría de las zonas tropicales	**Origen:** contaminación fecal de la tierra (larvas) **Punto de entrada:** la piel, generalmente la de los pies	Dolor en la boca del estómago; diarrea, urticaria o erupción que adopta un patrón lineal, sibilancias y asma	Larvas en las heces o en el duodeno Hiperinfección diseminada; larvas en el esputo; sepsis bacteriana polimicrobiana o meningitis	Ivermectina
Gusanos cestodos *Hymenolepis nana* (tenia enana); ocurre en todo el mundo	**Origen:** huevos que contaminan el ambiente **Punto de entrada:** boca	Diarrea, molestia abdominal en los niños con infección grave	Huevos en la materia fecal	Praziquantel Niclosamida
Echinococcus; se produce en las áreas de cría de ovejas o ganado en todo el mundo; puede también producirse en los animales salvajes	**Origen:** heces de animales **Punto de entrada:** boca	Masa hepática o pulmonar, dolor abdominal, enfermedad de las vías biliares, dolor torácico, expectoración con sangre o contenido de quistes	Vivir en una zona donde la infección está presente; quistes en el hígado o el pulmón; anticuerpos contra la tenia en una muestra de sangre; radiografía de tórax anormal	Albendazol Extirpación quirúrgica Drenaje percutáneo, inyección de sal concentrada en el quiste y aspiración
Gusanos tremátodos Gusanos tremátodos intestinales; más frecuentes en Extremo Oriente	**Origen:** vegetación o pescados de agua dulce **Punto de entrada:** boca	Generalmente sin síntomas; en ciertos casos, dolor abdominal, diarrea	Huevos en la materia fecal	Praziquantel
Tremátodos hepáticos de las ovejas (*Fasciola hepatica*); se produce en todo el mundo donce se crían ovejas	**Origen:** berro u otras plantas de agua que contengan quistes **Punto de entrada:** boca	Dolor abdominal agudo, inflamación de la vesícula biliar	Huevos en materia fecal o bilis	Bitionol
Tremátodos del hígado (clonorquiasis); se da en Extremo Oriente	**Origen:** pescados de agua dulce **Punto de entrada:** boca	Dolor abdominal, ictericia, diarrea; cáncer de las vías biliares años más tarde	Huevos en la materia fecal y el contenido intestinal	Praziquantel
Gusanos tremátodos del pulmón; más frecuente en Extremo Oriente	**Origen:** cangrejos y cigalas que contienen quistes **Punto de entrada:** boca	Dificultad respiratoria, expectoración con sangre	Huevos en la materia fecal o el esputo; análisis de sangre positivo; múltiples cavidades pequeñas en la radiografía de tórax	Praziquantel

PARÁSITO	ORIGEN Y PUNTO DE ENTRADA	SÍNTOMAS FRECUENTES	CLAVES DE DIAGNÓSTICO	TRATAMIENTO
Tripanosomas *Trypanosoma cruzi* (enfermedad de Chagas); se produce en América del Norte, América Central y Sudamérica	**Origen:** triatominas ("insectos besadores") **Punto de entrada:** la piel (punto de picadura del insecto) o zona alrededor de los ojos; algunas veces se adquieren a través de transfusiones de sangre	Agudo: fiebre, debilidad generalizada, infección cardíaca o cerebral potencialmente mortal Crónico: los supervivientes suelen tener a largo plazo síntomas cardíacos y del tracto digestivo	Tripanosomas en la sangre	Nifurtimox Bencimidazol (a menudo ineficaz y tóxico)
Trypanosoma brucei (enfermedad del sueño); se produce en zonas de África ecuatorial	**Origen:** mosca tsetsé **Punto de entrada:** la piel (punto de picadura de la mosca)	Protuberancia dolorosa en el lugar de la picadura, seguida más tarde de fiebre, cefalea, erupción cutánea y finalmente somnolencia, dificultad para la marcha, coma y muerte	Tripanosomas en la sangre o en el líquido cefalorraquídeo	Suramina Pentamidina Eflornitina (para T. brucei gambiense sólo) Melarsoprol (para la infección cerebral)

nas provienen del cerdo, en especial en las regiones en donde los cerdos son alimentados con sobras crudas y basura. Hoy, la triquinosis es poco frecuente en los países desarrollados.

Cuando una persona come carne que contiene quistes vivos de *Triquinela spiralis*, digiere la cápsula del quiste, lo que libera las larvas. Éstas maduran rápidamente hasta la edad adulta y se reproducen en el intestino. Los gusanos machos sólo desempeñan este papel en la producción de la infección. Las hembras penetran la pared intestinal y al séptimo día comienzan a liberar larvas.

La producción de larvas continúa durante 4 o 6 semanas, después de las cuales la hembra muere. Las diminutas larvas son transportadas por todo el organismo a través de los vasos linfáticos y del torrente sanguíneo, penetran en los músculos y causan inflamación. Al final del tercer mes se enquistan.

Los músculos que se infectan con más frecuencia son los de la lengua, los de alrededor de los ojos y los que están entre las costillas. Las larvas que alcanzan el músculo cardíaco mueren debido a la intensa reacción inflamatoria que provocan.

➤ Síntomas

La sintomatología varía dependiendo del número de larvas invasoras, los tejidos invadidos y el estado físico general del individuo. Muchas personas no presentan sintomatología en absoluto. Algunas veces presentan diarrea, retortijones y fiebre ligera 1 o 2 días después de comer carne contaminada. Sin embargo, los síntomas de la invasión larvaria, por lo general no comienzan hasta 7 o 15 días después.

Los principales síntomas de la triquinosis son dolores musculares, debilidad, fiebre, sensibilidad muscular e inflamación de los párpados superiores. El dolor es pronunciado en los músculos respiratorios, los de la masticación y los de la deglución. Puede aparecer una erupción que no pica sobre la piel y algunas personas presentan diarrea. Algunos individuos muestran un enrojecimiento del blanco de los ojos, dolor ocular y sensibilidad a la luz intensa. La muerte puede producirse pero es muy rara.

Sin tratamiento, los síntomas desaparecen al tercer mes de la infección, aunque los dolores indefinidos y el cansancio pueden persistir.

➤ Diagnóstico

A diferencia de la mayoría de las infecciones por gusanos, la triquinosis no puede ser diagnosticada por el examen de las heces al microscopio. Los análisis de sangre para detectar anticuerpos contra *Triquinela spiralis* son bastante fiables pero sólo cuando se hacen 2 o 3 semanas después del comienzo de la enfermedad. Para un diagnóstico inicial de triquinosis, el médico se basa en los síntomas y en los elevados valores de eosinófilos (una variedad de glóbulos blancos) presentes en una muestra de sangre. Una biopsia de tejido muscular (en la cual se toma una muestra de tejido para examinarla al microscopio), realizada después de la cuarta semana de infección, puede revelar la presencia de larvas o quistes.

➤ Prevención y tratamiento

La triquinosis se previene mediante una cocción suficiente (a una temperatura de más de 60 °C) de la carne, especialmente de cerdo y de sus derivados. De forma alternativa, las larvas pueden ser destruidas mediante la congelación de la carne a 15 °C durante tres semanas o a -20 °C durante veinticuatro horas. Las larvas de los gusanos de los mamíferos son capaces de sobrevivir a esas temperaturas.

La administración oral de mebendazol o albendazol es eficaz contra el parásito. Se recomienda reposo en cama y analgésicos para aliviar los dolores musculares. Ciertos corticosteroides, como la prednisona, se utilizan para reducir la inflamación del corazón o del cerebro. Generalmente, las personas afectadas de triquinosis se recuperan por completo.

■ Infección por tricocéfalos

La infección por tricocéfalos (tricuriasis) es una infección intestinal causada por el gusano Trichuris trichiura.

Este parásito se encuentra principalmente en los trópicos y subtrópicos, donde la escasez de medidas sanitarias y el clima cálido y húmedo brindan las condiciones requeridas para que sus huevos incuben en la tierra.

Las personas adquieren el parásito al consumir alimentos que contienen los huevos incubados. Las larvas maduran en el intestino delgado, migran al intestino grueso y entierran sus cabezas en el revestimiento mucoso. Cada larva de gusano crece cerca de 12 centímetros y los huevos aparecen en las heces.

➤ Síntomas y diagnóstico

Los síntomas, como el dolor abdominal y la diarrea, se producen cuando un gran número de gusanos están presentes en el colon. Las personas con un gran número de gusanos pueden presentar diarrea crónica, pérdida de peso, hemorragia por el intestino y anemia. A veces, el recto sobresale por el ano (prolapso rectal), sobre todo en niños intensamente infectados.

El médico basa el diagnóstico de tricuriasis viendo los huevos en las muestras de materia fecal examinada al microscopio o, a veces, por medio de la observación de gusanos adultos durante una colonoscopia.

➤ Prevención y tratamiento

La prevención depende de las condiciones sanitarias y consiste en mantener una buena higiene personal y evitar comer verduras sin lavar. El albendazol o el mebendazol son eficaces pero no pueden ser utilizados en mujeres embarazadas porque son dañinos para el feto.

CAPÍTULO 197

Infecciones fúngicas (micóticas)

Los hongos son un tipo de organismo vegetal que puede infectar a las personas. Tanto las levaduras, como los mohos y las setas son todos ejemplos de hongos.

Algunos hongos se reproducen por esporas microscópicas. Estas esporas suelen estar presentes en el aire, donde pueden ser inhaladas o entrar en contacto con la superficie corporal de una persona. Por lo tanto, las infecciones fúngicas generalmente se inician en los pulmones o en la piel. De la amplia variedad de esporas que se depositan en la piel o que son inhaladas por los pulmones, la mayoría no causan infección. Excepto en el caso de algunos trastornos superficiales de la piel, las infecciones fúngicas rara vez se transmiten de una persona a otra.

Ciertos tipos de hongos (como *Candida*) están habitualmente presentes en la superficie del cuerpo o en el intestino. Aunque normalmente son inocuos, algunas veces causan infecciones locales en la piel y en las uñas ● *(v. pág. 1459)*, en la vagina ● *(v. pág. 1633)*, en la boca ● *(v. pág. 802 y pág. 823)* o en los senos paranasales ● *(v. recuadro pág. 1508)*. Rara vez causan daños graves, excepto en las personas con deficiencias del sistema inmunológico o en las que tienen implantados materiales extraños (como un catéter intravenoso) en algún lugar del organismo.

Algunas veces se altera el equilibrio normal que mantiene los hongos bajo control y aparecen las infecciones. Por ejemplo, las bacterias que en condiciones normales están presentes en el tracto digestivo y la vagina restringen el crecimiento de ciertos hongos en esas zonas. Cuando una persona toma antibióticos, las bacterias útiles también pueden ser eliminadas, lo que facilita el crecimiento de los hongos de manera incontrolada. El excesivo crecimiento de los hongos puede provocar síntomas, que suelen ser leves. Al crecer las bacterias de nuevo, el equilibrio se restablece y el problema, por lo general, se resuelve.

Algunas infecciones fúngicas (por ejemplo, la histoplasmosis, la blastomicosis y la coccidioidomicosis) pueden ser graves en personas por lo demás sanas.

Algunas infecciones fúngicas son más frecuentes en ciertas áreas geográficas. Por ejemplo, la coccidioidomicosis aparece casi exclusivamente en el sudoeste de Estados Unidos mientras que la histoplasmosis es especialmente frecuente en Ohio y en los valles del río Mississippi. La blastomicosis es particularmente frecuente en África y la parte oriental y el centro de Estados Unidos.

Dado que muchas infecciones fúngicas se manifiestan lentamente, puede que pasen meses o años antes de que una persona solicite atención médica. En las personas que tienen el sistema inmunológico debilitado (por ejemplo, las que han recibido un trasplante de órganos, personas con cáncer que han sido sometidas a tratamiento con fármacos inmunosupresores o quienes padecen sida), las infecciones fúngicas pueden ser muy agresivas y se diseminan con rapidez hacia otros órganos provocando frecuentemente la muerte.

Existen diversos fármacos eficaces contra las infecciones fúngicas, pero la estructura y la com-

posición química de los hongos hace que estos organismos sean difíciles de destruir. Los fármacos antimicóticos pueden ser aplicados directamente sobre la infección fúngica de la piel u otra superficie, como la vagina o el interior de la cavidad oral. Los fármacos antimicóticos pueden administrarse también por vía oral o ser inyectados cuando se necesitan tratar infecciones más graves. Con frecuencia se requiere un tratamiento de varios meses de duración.

■ Aspergilosis

La aspergilosis es una infección causada por el hongo Aspergillus *que afecta normalmente a los pulmones.*

Aspergillus es muy frecuente y se encuentra habitualmente en el abono, en los conductos de aire y en el polvo del aire. La inhalación de esporas de *Aspergillus* es la causa principal de aspergilosis.

La aspergilosis suele afectar a los espacios abiertos del organismo, como las cavidades que se forman en los pulmones debido a enfermedades pulmonares preexistentes. La infección puede también producirse en los conductos del oído y en los senos paranasales. En los senos paranasales y los pulmones, la aspergilosis se manifiesta como una masa redondeada (aspergiloma) compuesta por una maraña de fibras micóticas, coágulos de sangre y glóbulos blancos. La masa de

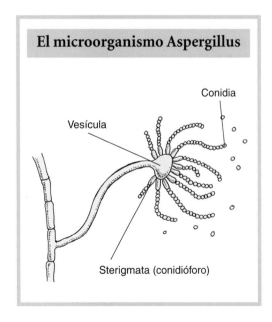

El microorganismo Aspergillus

Conidia

Vesícula

Sterigmata (conidióforo)

Factores de riesgo para el desarrollo de infecciones fúngicas

Uso de fármacos que inhiben el sistema inmunológico

- Fármacos anticancerosos (quimioterapia)
- Corticosteroides y otros fármacos inmunosupresores

Enfermedades y trastornos

- Sida
- Insuficiencia renal
- Diabetes
- Enfermedad pulmonar, como, por ejemplo, enfisema
- Enfermedad de Hodgkin y otros linfomas
- Leucemia
- Quemaduras extensas
- Trasplante de órganos

hongos aumenta progresivamente de tamaño, destruyendo el tejido pulmonar durante el proceso, pero no suele extenderse a otras zonas.

Con menor frecuencia, la aspergilosis puede llegar a ser muy agresiva y rápidamente se extiende por los pulmones y, con frecuencia, a través del torrente sanguíneo, hacia el cerebro y los riñones. Esta rápida diseminación aparece principalmente en las personas con deficiencias del sistema inmunológico.

Además de producir infecciones, *Aspergillus* a veces origina una reacción alérgica cuando se presenta en la piel o en las membranas mucosas de una persona ● *(v. pág. 376).*

➤ Síntomas y diagnóstico

La masa micótica localizada en los pulmones puede no causar ningún síntoma y ser descubierta de forma accidental en una radiografía de tórax, o bien produce una expectoración con sangre persistente y, rara vez, una hemorragia grave, incluso mortal. Una infección por *Aspergillus* rápidamente invasiva en los pulmones suele producir tos, fiebre, dolor torácico y dificultad respiratoria.

La aspergilosis de los tejidos profundos constituye una grave enfermedad. Los síntomas son fiebre, escalofríos, *shock*, delirio y coágulos de sangre. El paciente puede tener insuficiencia renal o hepática (dando lugar a ictericia) y dificultad respiratoria, lo que puede dar lugar a la muerte de forma rápida.

La aspergilosis del conducto auditivo produce picores y en algunos casos dolor. El líquido que drena el oído durante la noche puede manchar la almohada. La aspergilosis de los senos paranasales causa una sensación de congestión y a veces dolor o secreciones.

Además de los síntomas, la realización de una radiografía de las zonas afectadas o de una tomografía computarizada (TC) puede proporcionar indicios importantes para establecer el diagnóstico. Siempre que sea posible, el médico debe obtener una muestra de material infectado y enviarla al laboratorio para la confirmación e identificación del hongo.

➤ Pronóstico y tratamiento

La aspergilosis que sólo está presente en un seno paranasal o en una única zona en el pulmón progresa lentamente. La infección requiere tratamiento pero no plantea un peligro inmediato. Sin embargo, si la infección es generalizada o la persona se encuentra gravemente enferma, el tratamiento se inicia de forma inmediata. La aspergilosis se trata con fármacos antimicóticos, como la anfotericina B, el itraconazol o el voriconazol. Sin embargo, ciertas formas de *Aspergillus* son resistentes a estos fármacos y puede ser necesaria la administración de tratamiento con caspofungina, un fármaco antimicótico de reciente aparición.

La aspergilosis del canal auditivo se trata mediante el raspado del hongo y la aplicación de gotas antimicóticas. La masa de hongos localizada en los senos paranasales por lo general debe extirparse quirúrgicamente. Las masas de hongos en los pulmones que crecen en la proximidad de los grandes vasos también necesitan resección quirúrgica, porque pueden invadir los vasos sanguíneos y causar hemorragia.

■ Blastomicosis

La blastomicosis (blastomicosis norteamericana, enfermedad de Gilchrist) es una infección causada por el hongo Blastomyces dermatitidis.

Las esporas de *Blastomyces* penetran probablemente a través de las vías respiratorias cuando son inhaladas. De este modo, la blastomicosis afecta principalmente a los pulmones ● *(v. también pág. 327)*, pero a veces se propaga por el torrente sanguíneo hacia otras partes del cuerpo, incluida la piel. La mayoría de estas infecciones se producen en Estados Unidos, principalmente en el sudeste y en el valle del río Mississippi. Las infecciones también se han diseminado por áreas dispersas de África. Los varones en edades comprendidas entre los 20 y los 40 años se infectan con mayor frecuencia. A diferencia de lo que ocurre con la mayoría de las demás infecciones fúngicas, la blastomicosis no es más frecuente en las personas con sida.

➤ Síntomas y diagnóstico

La blastomicosis de los pulmones comienza de forma gradual con fiebre, escalofríos y sudoración profusa. También se puede presentar dolor torácico, dificultad para respirar y tos que puede o no producir esputo. La infección pulmonar suele progresar lentamente, aunque en ocasiones mejora sin tratamiento.

Cuando la blastomicosis se disemina, puede afectar a muchas áreas del cuerpo, pero la piel, los huesos y el tracto genitourinario son los sitios más frecuentes. La infección cutánea empieza en forma de pequeñas protuberancias (pápulas), que pueden contener pus. Luego aparecen placas verrugosas sobreelevadas, rodeadas de diminutos abscesos indoloros (acumulaciones de pus). En los huesos se puede producir una inflamación dolorosa. Además, los hombres pueden experimentar una hinchazón dolorosa del epidídimo (una estructura similar a un cordón que está unida a los testículos), o bien un malestar debido a una infección de la glándula prostática (prostatitis).

El médico diagnostica la blastomicosis enviando al laboratorio una muestra de esputo o de tejido infectado para ser examinada al microscopio y procesarla para su cultivo.

➤ Pronóstico y tratamiento

La blastomicosis puede tratarse con anfotericina B intravenosa o itraconazol oral. Con el tratamiento, la persona afectada empieza a sentirse mejor con bastante rapidez, pero el tratamiento con el fármaco debe continuarse durante meses. Sin tratamiento, la infección empeora lentamente y conduce a la muerte.

■ Candidiasis

La candidiasis (candidosis, moniliasis, infección por levadura) es una infección causada por diversas especies de Candida, *especialmente* Candida albicans.

Candida está normalmente presente en la piel, en el tracto gastrointestinal y en la región genital de las mujeres. Por lo general, *Candida* no causa problemas en estas áreas. Algunas veces, sin embargo, el hongo puede producir infección de la piel ● *(v. pág. 1461)*, de las membranas mucosas de la boca ● *(v. pág. 802 y pág. 823)* o de la vagina ● *(v. pág. 1633)*. Tales infecciones aparecen en personas con un sistema inmunológico sano, pero son más frecuentes o persistentes en las que padecen diabetes, cáncer o sida y en las mujeres embarazadas. La candidiasis también es más frecuente en las personas que reciben tratamiento con antibióticos, porque las bacterias que normalmente compiten con *Candida* son destruidas y el hongo es capaz de crecer de forma incontrolada.

Algunas personas, principalmente aquellas con deficiencia del sistema inmunológico, contraen una candidiasis que se disemina hacia otras partes del cuerpo a través del torrente sanguíneo.

➤ Síntomas y diagnóstico

La infección de la boca (aftas orales) provoca la aparición de placas cremosas, blancas y dolorosas

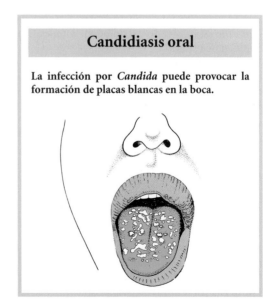

Candidiasis oral

La infección por *Candida* puede provocar la formación de placas blancas en la boca.

en el interior de la cavidad oral. Las infecciones pueden causar una erupción quemante. Las placas en el esófago producen dolor al tragar.

Las infecciones más graves, como las que afectan a las válvulas del corazón, pueden causar fiebre, un soplo cardíaco y el aumento de tamaño del bazo. Una infección de la retina y de las zonas internas del ojo puede provocar ceguera. Una infección de la sangre (candidemia) o del riñón, da lugar a fiebre, disminución de la presión arterial (*shock*) y una menor producción de orina.

Muchas infecciones causadas por *Candida* se diagnostican en función de los síntomas. Sin embargo, para confirmar el diagnóstico deben identificarse los hongos a partir de una muestra de piel examinada al microscopio. El cultivo de las muestras de sangre o de líquido de la médula espinal (líquido cefalorraquídeo) también puede poner de manifiesto la presencia de hongos.

➤ Pronóstico y tratamiento

La candidiasis que afecta exclusivamente a la piel, la boca o la vagina, puede tratarse con la aplicación directa de fármacos antimicóticos en la zona afectada (por ejemplo, clotrimazol y nistatina). El médico puede prescribir el fármaco antimicótico fluconazol para su administración por vía oral.

La candidiasis que se ha extendido por todo el cuerpo constituye una enfermedad grave, progresiva y potencialmente mortal que suele ser tratada con anfotericina B intravenosa, a pesar de que el fluconazol resulta eficaz en algunas personas. La caspofungina y el voriconazol, fármacos que aún están siendo estudiados, pueden ser también de utilidad.

Ciertos trastornos médicos, como la diabetes, pueden empeorar la candidiasis. En las personas que la padecen, el control de los niveles de azúcar en la sangre facilita el tratamiento de la infección.

■ Coccidioidomicosis

La coccidioidomicosis (fiebre de San Joaquín, fiebre del valle) es una infección causada por el hongo Coccidioides immitis, *que generalmente afecta a los pulmones* ● (v. también pág. 327).

Las esporas de *Coccidioides immitis* se pueden encontrar en el suelo de la América Central y del Sur y en la región sudoeste de Estados Unidos. Los granjeros y otras personas que trabajan la tierra tienen más posibilidades de inhalar las esporas y de resultar infectados. Las personas que se infectan durante un viaje quizá no manifiesten los síntomas de la enfermedad hasta después de haber abandonado la zona.

La coccidioidomicosis produce tanto una infección pulmonar leve, que desaparece sin tratamiento (coccidioidomicosis aguda primaria), como una infección grave y progresiva que se extiende por todo el organismo y a menudo es mortal (coccidioidomicosis progresiva). La forma progresiva suele ser señal de un sistema inmunológico deficiente, generalmente debido al sida.

➤ Síntomas y diagnóstico

La mayoría de las personas con coccidioidomicosis aguda primaria, no manifiestan síntomas. Si los presentan, éstos aparecen de 1 a 3 semanas después de haberse producido la infección. Por lo general son leves y consisten en tos, fiebre, escalofríos, dolor torácico y, algunas veces, dificultad respiratoria. La tos puede producir esputos, en ocasiones con sangre. Algunas personas presentan el llamado *reumatismo del desierto*, una inflamación de la superficie del ojo (conjuntivitis) y de las articulaciones (artritis) y la formación de nódulos en la piel (eritema nodoso).

La forma progresiva de la enfermedad es infrecuente y puede manifestarse en el transcurso de semanas, meses o incluso años después de haberse producido la infección aguda primaria. Los síntomas incluyen fiebre leve, pérdida de apetito, adelgazamiento y disminución de la fuerza. La infección pulmonar puede empeorar, causando una mayor dificultad para respirar, y es posible que se extienda hacia los huesos, las articulaciones, el hígado, el bazo y los riñones. La infección del cerebro y de los tejidos que lo recubren (meninges) frecuentemente es crónica.

El médico puede sospechar la presencia de una coccidioidomicosis si la persona presenta los síntomas después de haber residido o viajado recientemente a una zona en la cual la enfermedad es frecuente. Las radiografías de tórax por lo general muestran alteraciones, pero puede ser necesario realizar más pruebas (muestras de sangre, esputo o pus) para confirmar el diagnóstico.

➤ Pronóstico y tratamiento

La coccidioidomicosis aguda primaria por lo general no requiere tratamiento y la recuperación suele ser completa. Sin embargo, algunos médicos prefieren dispensar un tratamiento en los casos en que afecta a los pulmones. A las personas que padecen la forma progresiva de la enfermedad se les administra fluconazol oral o anfotericina B intravenosa. Como alternativa, se puede tratar la infección con itraconazol o ketoconazol. Si una persona presenta una meningitis (infección de los tejidos que recubren el cerebro y la médula espinal), se administra fluconazol intravenoso. Otra opción es administrar una inyección de anfotericina B directamente en el líquido espinal. La meningitis que no recibe tratamiento es siempre mortal. Aun cuando el tratamiento farmacológico es eficaz en ciertas infecciones localizadas, como, por ejemplo, las de la piel, los huesos o las articulaciones, suelen producirse recaídas cuando éste se suspende. Por lo tanto, el tratamiento debe mantenerse durante años, frecuentemente de por vida.

■ Criptococosis

La criptococosis es una infección causada por el hongo Cryptococcus neoformans.

Cryptococcus neoformans está presente en todo el mundo, pero la infección era relativamente rara hasta que comenzó la epidemia del sida. Algunas veces este hongo infecta a las personas que padecen enfermedad de Hodgkin o sarcoidosis y a las que están en tratamiento con corticosteroides a largo plazo.

La criptococosis se produce principalmente en los tejidos que recubren el cerebro y la médula espinal (meninges), dando como resultado una meningitis, en los pulmones y en la piel. Otros órganos también pueden verse afectados en algunas ocasiones.

➤ Síntomas y diagnóstico

La criptococosis suele provocar síntomas leves e imprecisos. Las personas con meningitis presentan dolor de cabeza y confusión mental; las que tienen infección pulmonar pueden no manifestar ningún síntoma, aunque algunas presentan tos o dolor torácico. Una infección pulmonar grave causa dificultad respiratoria.

Para diagnosticar la infección, el médico obtiene muestras de tejido y líquidos del organismo para analizarlos. La sangre y el líquido cefalorraquídeo se examinan con el fin de encontrar anticuerpos contra *Cryptococcus neoformans*.

➤ Pronóstico y tratamiento

Las personas con un sistema inmunológico competente que tienen este hongo sólo en una pequeña parte de los pulmones, por lo general no requieren ningún tratamiento. Entre los fármacos utilizados en el tratamiento de las personas con un sistema inmunológico deficiente se encuentran el fluconazol, la anfotericina B y a veces la flucitosina.

■ Histoplasmosis

La histoplasmosis es una infección causada por el hongo Histoplasma capsulatum *que afecta principalmente a los pulmones* ● (v. también pág. 327), *aunque en ocasiones puede extenderse a todo el organismo.*

Las esporas de *Histoplasma capsulatum* están presentes en el suelo en todas las regiones del mundo. Los granjeros y otras personas que trabajan la tierra están más expuestos a inhalar las esporas. Cuando se inhalan grandes cantidades de esporas, se puede producir una enfermedad grave. Las personas con el virus de la inmunodeficiencia humana (VIH) tienen mayor probabilidad de presentar histoplasmosis, en especial la variedad que se extiende por todo el organismo.

➤ Síntomas y diagnóstico

La mayoría de las personas con histoplasmosis no presentan síntomas. Sin embargo, existen tres formas de histoplasmosis que causan síntomas: aguda, progresiva diseminada y crónica cavitada.

En la **histoplasmosis aguda**, los síntomas suelen aparecer de 3 a 21 días después de haberse inhalado las esporas. La persona puede sentir malestar y tener fiebre y tos. Los síntomas suelen desaparecer sin tratamiento en un periodo de dos semanas y pocas veces duran más de seis semanas. Esta forma de histoplasmosis rara vez resulta mortal.

La **histoplasmosis progresiva diseminada** normalmente no afecta a los adultos sanos. Por lo general, se produce en niños y personas cuyo sistema inmunológico está debilitado (como los que padecen sida). Los síntomas son inespecíficos al principio. Las personas pueden experimentar cansancio, debilidad y un estado de malestar general. Los síntomas empeoran después

FÁRMACOS PARA INFECCIONES FÚNGICAS GRAVES

FÁRMACO	INDICACIONES FRECUENTES	EFECTOS SECUNDARIOS
Anfotericina B	Amplia variedad de infecciones fúngicas	Escalofríos, fiebre, dolor de cabeza y vómitos; disminución de los valores de potasio en la sangre, daño renal, anemia
Caspofungina	*Aspergillus* y posiblemente *Candida*	Fiebre, náuseas, inflamación de las venas
Fluconazol	*Candida* y otras infecciones fúngicas, incluido el criptococo	Toxicidad hepática, pero menor que con ketoconazol
Flucitosina	Infecciones por *Candida* y *Cryptoccus*	Lesión renal y de la médula ósea
Itraconazol	*Candida* y otras infecciones fúngicas	Náuseas, diarrea, lesión hepática pero menor que con ketoconazol
Ketoconazol	*Candida* y otras infecciones fúngicas	Náuseas y vómitos, inhibición de la producción de testosterona y cortisol, toxicidad hepática
Voriconazol	*Aspergillus* y *Candida*	Trastornos visuales

con lentitud, o bien de forma extremadamente rápida. El hígado, el bazo y los ganglios linfáticos pueden aumentar de tamaño. Con menor frecuencia, la infección produce úlceras en la boca y en el intestino. En casos raros, las glándulas suprarrenales resultan dañadas, causando la enfermedad de Addison ● *(v. pág. 1144).* Sin tratamiento, esta forma de la histoplasmosis es mortal en el 90 % de los casos. Aun recibiendo tratamiento, los enfermos de sida pueden morir rápidamente.

La **forma crónica cavitada** es una infección pulmonar que se presenta de forma gradual a lo largo de varias semanas, produciendo tos y una dificultad para respirar progresivamente mayor. Los síntomas incluyen pérdida de peso, febrícula y un estado de malestar general. La mayoría de los enfermos se recuperan sin tratamiento en un plazo de 2 a 6 meses. Sin embargo, la dificultad respiratoria puede empeorar gradualmente y algunas personas expectoran sangre, a veces en grandes cantidades. El daño pulmonar o la invasión bacteriana de los pulmones finalmente pueden causar la muerte.

Para establecer el diagnóstico, el médico obtiene muestras de esputo, médula ósea, orina o sangre de la persona afectada. Las muestras también se pueden tomar a partir del hígado, los ganglios linfáticos y de cualquier úlcera que exista en la boca. Estas muestras son enviadas a un laboratorio para su cultivo y análisis.

> ➤ **Pronóstico y tratamiento**

Las personas con histoplasmosis aguda rara vez necesitan tratamiento farmacológico. Aquellos que padecen la forma progresiva y diseminada requieren tratamiento y con frecuencia responden bien a la anfotericina B administrada de forma intravenosa o al itraconazol por vía oral. En la forma crónica cavitada, el itraconazol o la anfotericina B pueden eliminar el hongo, aunque la destrucción causada por la infección deja un tejido cicatricial residual. Los problemas respiratorios, parecidos a los de la enfermedad pulmonar obstructiva crónica, suelen persistir. En consecuencia, el tratamiento debe dar comienzo lo antes posible con el fin de limitar el daño pulmonar.

■ Mucormicosis

La mucormicosis (ficomicosis) es la infección causada por un hongo del grupo Mucorales.

La mucormicosis está producida por la inhalación de esporas. Afecta con más frecuencia a la nariz y el cerebro (mucormicosis rinocerebral) y es una infección grave y potencialmente mortal. Esta forma de mucormicosis suele afectar a las personas cuyas defensas están debilitadas por una enfermedad, como la diabetes mal controlada. El otro punto de infección frecuente es el pulmón. Rara vez resultan afectados la piel y el sistema digestivo.

➤ Síntomas y diagnóstico

Los síntomas de la mucormicosis rinocerebral incluyen dolor, fiebre y una infección de la cavidad ocular (celulitis orbitaria) con una protusión del ojo afectado (proptosis). A través de la nariz se produce drenaje de pus. La parte superior de la boca (paladar), los huesos faciales que rodean la cavidad ocular, los senos paranasales o la división entre las fosas nasales (septum) pueden ser destruidos por la infección. En cuanto a la infección en el cerebro, puede provocar convulsiones, parálisis parcial y coma.

La mucormicosis en los pulmones causa fiebre, tos y a veces se origina dificultad respiratoria.

Como los síntomas de la mucormicosis pueden ser parecidos a los de otras infecciones, es posible que el médico no consiga diagnosticarla de inmediato. Por lo general, el diagnóstico se establece cuando el médico observa el microorganismo en las muestras de tejido y éste crece en el cultivo.

➤ Pronóstico y tratamiento

Una persona con mucormicosis suele recibir tratamiento con anfotericina B administrada por vía intravenosa o inyectada directamente en el líquido espinal. El tejido infectado puede extirparse mediante cirugía. Los niveles de azúcar en la sangre de las personas con diabetes deben mantenerse dentro de los límites normales. La enfermedad tiene un pronóstico muy grave y son muchas las personas no tratadas que mueren.

■ Paracoccidioidomicosis

La paracoccidioidomicosis (blastomicosis sudamericana) es la infección causada por el hongo Paracoccidioides brasiliensis.

La paracoccidioidomicosis es una infección micótica que habitualmente afecta a la piel, la boca, la garganta y los ganglios linfáticos, aunque a veces aparece en los pulmones, el hígado o el bazo. Es muy frecuente en Sudamérica.

➤ Síntomas y diagnóstico

Los ganglios linfáticos se inflaman cuando están infectados por *Paracoccidioides brasiliensis* y pue-

den drenar pus, aunque con poco dolor. Los ganglios linfáticos más frecuentemente afectados son los del cuello y las axilas. Pueden aparecer úlceras dolorosas en la boca. Si se afectan los pulmones, la persona tiene tos y dificultad respiratoria.

Para diagnosticar la infección, el médico obtiene muestras de tejido para análisis al microscopio.

➤ Pronóstico y tratamiento

Los síntomas se prolongan mucho en el tiempo, pero rara vez la enfermedad es mortal. El itraconazol es el tratamiento de elección. La anfotericina B también es eficaz, pero debido a sus efectos secundarios se reserva para los casos muy graves.

■ Esporotricosis

La esporotricosis es una infección causada por el hongo Sporothrix schenckii.

Sporothrix schenckii es típico de los rosales, los arbustos de agracejo, el musgo esfagnáceo y algunos abonos. Los granjeros, jardineros y horticultores se infectan con mayor frecuencia, habitualmente a partir de una pequeña herida punzante.

La esporotricosis suele afectar a la piel y los vasos linfáticos cercanos y muy rara vez a los huesos, las articulaciones, los pulmones u otros tejidos.

➤ Síntomas y diagnóstico

La infección cutánea empieza de manera característica en un dedo como un pequeño nódulo duro que crece lentamente y forma una úlcera. Durante los días o semanas siguientes, la infección se disemina a través de los vasos linfáticos del dedo, la mano y el brazo, y llega a los ganglios, formando nódulos y úlceras a lo largo del trayecto. Incluso en esta fase, apenas produce dolor. Por lo general, no hay otros síntomas.

Una infección en los pulmones puede causar neumonía, con un ligero dolor torácico y tos. La infección pulmonar habitualmente se da en las personas que padecen alguna enfermedad pulmonar previa, como el enfisema. La infección en las articulaciones produce inflamación que hace que los movimientos sean dolorosos. Rara vez la infección se propaga por otras zonas.

Los característicos nódulos y ulceraciones permiten al médico sospechar la presencia de una esporotricosis. El diagnóstico se confirma cultivando e identificando el hongo en muestras de tejido infectado.

➤ Pronóstico y tratamiento

La esporotricosis que afecta a la piel suele extenderse muy lentamente y rara vez es mortal. La infección cutánea se trata con itraconazol oral. Como alternativa se puede prescribir yoduro de potasio oral, pero no es tan efectivo y además produce efectos secundarios (tales como erupciones cutáneas, goteo de la nariz e inflamación de ojos, boca y garganta) en la mayoría de las personas. La infección de los pulmones y los huesos también puede tratarse con itraconazol. En el caso de infecciones potencialmente mortales se debe administrar anfotericina B por vía intravenosa.

CAPÍTULO 198

Infecciones víricas

Los virus son organismos diminutos, mucho más pequeños que un hongo o una bacteria, que necesitan invadir una célula para reproducirse (replicarse). El virus se adhiere a una célula, penetra en ella y libera su ADN o ARN. El código genético del virus, y con él toda la información necesaria para su replicación, se encuentra en este ADN o ARN. El material genético vírico toma el control de la célula y la obliga a replicar el virus. Por lo general, la célula infectada muere dado que el virus le impide realizar sus funciones normales. Antes de morir, sin embargo, la célula libera nuevos virus que infectarán otras células.

Algunos virus no matan las células que infectan pero, en cambio, alteran sus funciones y, así, la célula infectada puede perder el control de su proceso normal de división y convertirse en célula cancerosa. También puede suceder que el virus deje su material genético en la célula huésped, donde puede permanecer inactivo durante largo tiempo (infección latente) hasta que la célula se active y el virus pueda comenzar de nuevo su replicación y causar la enfermedad.

Normalmente, los virus infectan un tipo especial de célula. Por ejemplo, los virus del resfriado común sólo infectan células de las vías respiratorias altas. Además, la mayor parte de los virus infectan sólo a unas pocas especies de plantas o de animales y algunos únicamente a las personas.

Los virus son transmitidos de varias formas. Algunos se ingieren, otros son inhalados y otros se transmiten mediante la picadura de insectos y otros parásitos (por ejemplo, mosquitos y garrapatas).

El cuerpo humano tiene defensas contra los virus. Las barreras físicas, como la piel, impiden el fácil acceso. Las células infectadas producen interferón, una sustancia que confiere una mayor resistencia frente a las infecciones producidas por muchos virus.

Al entrar en el organismo, el virus estimula las defensas inmunológicas. Estas defensas comienzan con los glóbulos blancos, como los linfocitos, que aprenden a atacar y destruir el virus o las células que han sido infectadas ● *(v. pág. 1256).* Si el organismo sobrevive al ataque del virus, los linfocitos *recuerdan* al invasor y son capaces de responder más rápida y eficazmente a una posterior infección producida por el mismo virus. Esto se denomina inmunidad, que también puede generarse al recibir vacunas.

Las drogas que combaten las infecciones por virus reciben el nombre de drogas antivirales y actúan interfiriendo en la replicación del virus. Como los virus son pequeños y se replican utilizando las rutas metabólicas celulares, el número de funciones metabólicas que las drogas antivirales pueden bloquear es limitado. Por el contrario, las bacterias son organismos relativamente grandes, se reproducen habitualmente por sí mismas fuera de las células y tienen muchas funciones metabólicas contra las que puede actuar cualquier antibiótico. Por lo tanto, las drogas antivirales son mucho más difíciles de elaborar, pueden ser tóxicas para las células humanas y los virus suelen presentar resistencias frente a ellas.

Los antibióticos no son eficaces contra las infecciones víricas, pero si una persona tiene una infección mixta por bacterias y virus suele ser necesario administrar un antibiótico.

Probablemente, las infecciones víricas más frecuentes sean las de la nariz, garganta y vías respiratorias. Estas infecciones incluyen dolor de garganta, sinusitis, el resfriado común y la gripe. Los médicos suelen denominarlas infecciones de las vías respiratorias altas. En niños pequeños, los virus también son causa frecuente de inflamación de la laringe y la tráquea (laringitis y traqueítis) o de las vías respiratorias bajas en el interior de los pulmones (bronquiolitis, bronquitis ● *v. pág. 1879*).

Algunos virus (por ejemplo, el de la rabia, el virus del Nilo Occidental y otros productores de encefalitis) producen la infección del sistema nervioso ● *(v. pág. 639)*. Las infecciones víricas también se presentan en la piel, produciendo a veces verrugas o manchas ● *(v. pág. 1463)*. Además, muchos virus frecuentemente infectan a los lactantes y niños ● *(v. pág. 1859)*.

Los herpesvirus provocan infecciones víricas habituales. Ocho diferentes herpesvirus afectan a los seres humanos. Tres de ellos, los virus del herpes simple tipos 1 y 2 y el virus varicela-zóster causan infecciones que producen ampollas en la piel. Otro herpesvirus, el virus de Epstein-Barr, produce la mononucleosis infecciosa. El citomegalovirus es causa de graves infecciones de los recién nacidos y en las personas con deficiencia del sistema inmunológico; también puede producir una enfermedad similar a la mononucleosis infecciosa en las personas con un sistema inmunológico sano. Los herpesvirus humanos 6 y 7 son causa de una enfermedad infantil conocida como roséola infantil ● *(v. pág. 1874)*. Se ha considerado al herpesvirus humano 8 como causante de cáncer (sarcoma de Kaposi) en los enfermos de sida.

Los herpesvirus causan infecciones durante toda la vida de la persona, ya que permanecen en el interior de la célula huésped en un estado inactivo (latente). A veces, el virus se reactiva y produce otros episodios de la enfermedad. La reactivación puede producirse poco después o muchos años tras la infección inicial.

■ Resfriado o catarro común

El resfriado o catarro común es una infección vírica del revestimiento interno de la nariz, los senos paranasales, la garganta y las vías respiratorias altas.

VIRUS Y CÁNCER: UNA CONEXIÓN

Algunos virus afectan al ADN de sus células huésped de tal manera que contribuyen al desarrollo del cáncer. Sólo se conocen unos pocos virus que causan cáncer, pero puede haber otros.

VIRUS	CÁNCER
Virus Epstein-Barr	Linfoma de Burkitt Ciertos cánceres de nariz y de garganta Otros linfomas (en personas con sida)
Virus de la hepatitis B y C	Cáncer de hígado
Herpes virus 8	Sarcoma de Kaposi (en personas con sida) Linfomas de células B (en personas con sida)
Papilomavirus humano	Cáncer del cuello uterino

El resfriado común es una de las enfermedades más frecuentes. Son muchos los virus causantes de resfriados, pero los rinovirus (de los cuales hay 100 subtipos) están implicados más frecuentemente que otros. Los resfriados causados por rinovirus son más habituales en primavera y otoño; otros virus causan resfriados en otras épocas del año.

Los resfriados se propagan sobre todo cuando las manos de una persona se ponen en contacto con secreciones nasales de una persona infectada. Estas secreciones contienen virus del catarro. Cuando la persona toca su boca, nariz u ojos, los virus penetran en su organismo y producen un nuevo resfriado. Con menor frecuencia, los resfriados se propagan cuando una persona respira aire que contiene gotitas expulsadas por la tos o por los estornudos de una persona infectada. El resfriado es especialmente contagioso en los primeros 1 o 2 días tras el comienzo de los síntomas.

La exposición al frío no causa el resfriado ni aumenta la susceptibilidad a las infecciones. El estado general de salud de la persona o sus hábitos alimentarios no parece que influyan en su sensibilidad a las infecciones, así como tampoco las anomalías de la nariz o de la garganta (como amígdalas de gran tamaño o adenoides).

FÁRMACOS ANTIVÍRICOS

FÁRMACO	INDICACIONES FRECUENTES	EFECTOS SECUNDARIOS
Aciclovir	Herpes genital, herpes zóster y varicela	Los efectos secundarios son escasos
Amantadina	Virus de la gripe A	Náuseas o pérdida del apetito Nerviosismo Aturdimiento Lenguaje ininteligible Inestabilidad Insomnio
Cidofovir	Infecciones por citomegalovirus	Lesión renal Reducción de la cifra de glóbulos blancos
Famciclovir	Herpes genital, herpes zóster, y varicela	Los efectos secundarios son escasos
Fomivirsen	Retinitis por citomegalovirus	Inflamación leve del ojo
Foscarnet	Citomegalovirus e infecciones por el virus del herpes simplex	Lesión renal Convulsiones
Ganciclovir	Infecciones por citomegalovirus	Reducción de la cifra de glóbulos blancos
Interferón-alfa	Hepatitis B y C	Síntomas similares a los de la gripe Supresión de la médula ósea Depresión o ansiedad
Oseltamivir	Virus de la gripe A y B	Náuseas y vómitos
Penciclovir	Úlceras del resfriado común (aplicación tópica)	Los efectos secundarios son escasos
Ribavirina	Virus sincitial respiratorio Hepatitis C	Destrucción de los glóbulos rojos, que causa anemia
Rimantadina	Virus de la gripe A	Similares a los de la amantadina, pero los problemas del sistema nervioso son más leves
Trifluridina	Queratitis por herpes simple	Escozor en los ojos Inflamación de los párpados
Valaciclovir	Herpes genital, herpes zóster y varicela	Los efectos secundarios son escasos
Valganciclovir	Infecciones por citomegalovirus	Reducción de la cifra de glóbulos blancos
Vidarabina	Queratitis por herpes simple	Los efectos secundarios son escasos
Zanamivir	Virus de la gripe A y B (polvo inhalado)	Irritación de las vías respiratorias

➤ Síntomas y diagnóstico

Los síntomas del resfriado comienzan entre 1 y 3 días después de la infección. Por lo general, el primer síntoma es malestar en la nariz o la garganta. Después, el enfermo comienza a estornu-dar, tiene la nariz congestionada y se siente levemente enfermo. La fiebre no es frecuente, pero al principio de la enfermedad puede aparecer con carácter leve. Al principio, las secreciones de la nariz son acuosas y claras y pueden ser molestas por su abundancia; después se tornan más espesas, opacas, de color amarillo verdoso y menos abundantes. Muchas personas también tienen tos. Los síntomas desaparecen habitualmente al cabo de 4 o 10 días, aunque la tos a menudo persiste durante la segunda semana.

Las complicaciones pueden prolongar la enfermedad. Las infecciones por rinovirus a menudo desencadenan ataques asmáticos en las personas con asma. Algunas presentan infecciones bacterianas del oído medio (otitis media) o sinusitis debido a un resfriado. Estas infecciones se producen por la congestión nasal, que impide el normal drenaje de la zona y provoca una retención de secreciones que favorece el crecimiento bacteriano. Otras personas presentan infecciones bacterianas en las vías respiratorias bajas (bronquitis secundaria o neumonía).

Por lo general, el médico diagnostica un resfriado por los síntomas típicos. Una fiebre alta, dolores de cabeza intensos, erupciones en la piel, dificultad para respirar o dolor en el pecho sugieren que la infección no es un simple resfriado. Las pruebas de laboratorio normalmente son innecesarias para diagnosticarlo. Si surgen complicaciones, el médico puede ordenar análisis de sangre y radiografías.

➤ Prevención

Como son muchos los virus causantes de resfriados y puesto que cada virus cambia ligeramente con el paso del tiempo, no ha sido posible desarrollar una vacuna eficaz. La mejor medida preventiva es la práctica de una buena higiene. Ya que muchos virus de la gripe se extienden por el contacto con las secreciones de la persona infectada, tanto el enfermo como las personas de su entorno familiar y laboral deben lavarse las manos con frecuencia. El estornudo y la tos deben hacerse en pañuelos desechables, que deberán ser cuidadosamente eliminados. Si es posible, la persona enferma debe dormir en una habitación separada. Las personas que tienen tos o estornudos por un resfriado no deben ir al trabajo o a la escuela, ya que pueden infectar a otros. La limpieza cuidadosa de superficies y objetos también ayuda a reducir la propagación del virus del resfriado común.

A pesar de su popularidad, la hierba equinácea y las altas dosis de vitamina C (hasta 2 000 mg por día) no han mostrado eficacia en la prevención de los resfriados. El interferón, administrado por nebulización en la nariz, reduce las posibilidades de contraer un resfriado por rinovirus, pero produce irritación y hemorragia nasal y no es efectivo frente a otros virus causantes de catarro.

➤ Tratamiento

Una persona con catarro debe permanecer caliente y cómoda, además de evitar contagiar a los demás. Quienes tengan fiebre o síntomas más importantes deben guardar reposo en casa. Beber líquidos e inhalar vapores o vahos producidos por un vaporizador puede ser útil para mantener las secreciones blandas y más fáciles de expulsar.

Los fármacos antivirales actualmente disponibles no son efectivos contra los resfriados. El pleconarilo, una droga antiviral experimental, reduce la duración y la gravedad de los síntomas del catarro y puede estar disponible en un futuro próximo. Los antibióticos no son útiles en las personas con resfriado, incluso cuando hay producción de mucosidad de color por la nariz o con la tos.

La hierba equinácea ● *(v. pág. 130)*, los preparados de cinc y la vitamina C se han propuesto como tratamiento de los resfriados. En estudios limitados se ha demostrado su eficacia, no confirmada en estudios clínicos más amplios y rigurosos.

Existen diversos preparados de amplia difusión y no sujetos a prescripción médica que ayudan a controlar los síntomas de un resfriado ● *(v. pág. 113)*. Como no curan la infección, que normalmente se resuelve en una semana, los médicos piensan que su uso es opcional, dependiendo de lo mal que se sienta la persona. Entre estos fármacos se encuentran los descongestionantes para la obstrucción nasal, los antihistamínicos para la congestión nasal y los jarabes que actúan contra la tos o la facilitan al hacer las secreciones más fluidas. Con frecuencia estos fármacos aparecen combinados, pero también se pueden obtener por separado. Los antihistamínicos pueden causar somnolencia y son particularmente problemáticos en las personas mayores.

Por lo general, la aspirina no se recomienda en los niños, ya que se asocia con un mayor riesgo de síndrome de Reye. Los supresores de la tos no se recomiendan de forma sistemática porque la tos es una buena manera de eliminar las secreciones y residuos de las vías respiratorias en una infección vírica. Sin embargo, la tos severa que dificulta o impide el sueño o que cause grandes molestias puede tratarse mediante un supresor de la tos.

REMEDIOS PARA EL RESFRIADO SIN RECETA MÉDICA

TIPO	FÁRMACO	EFECTOS SECUNDARIOS
Analgésicos/antipiréticos (Alivian dolores y molestias, bajan la fiebre)		
	Paracetamol (acetaminofén)	Mínima
	Aspirina	El síndrome de Reye puede producirse en niños con gripe, irritación gástrica
	Antiinflamatorios no esteroideos, como el ibuprofeno y el naproxeno	Irritación gástrica
Antihistamínicos (Abren las fosas nasales, contribuyen a aliviar los estornudos)		
	Bromfeniramina Clorfeniramina Clemastina Difenhidramina	Todos pueden causar somnolencia, sequedad de boca, visión borrosa, dificultad para orinar, estreñimiento y, en las personas mayores, aturdimiento al estar de pie y confusión mental
Supresores de la tos (antitusivos) (Disminuyen la tos)		
	Benzonatato	Confusión mental, molestias gástricas
	Codeína	Estreñimiento, somnolencia, dificultad para orinar, molestias gástricas
	Dextrometorfano	Mínimos; confusión mental, nerviosismo e irritabilidad si se administra a altas dosis
Descongestionantes (en forma de atomizador nasal) (Alivian la obstrucción de las fosas nasales)		
	Nafazolina Oximetazolina Fenilefrina Xilometazolina	Congestión de rebote (la congestión empeora cuando el fármaco se deja de utilizar)
Descongestionante (oral) (Reduce el goteo de la nariz)		
	Pseudoefedrina	Palpitaciones, hipertensión arterial, nerviosismo, insomnio
Expectorante (Afloja la mucosidad)		
	Guayafenesina	Mínimos, dolor de cabeza y molestias gástricas si se administra a altas dosis
Otros		
	Cinc (pastillas o gel nasal)	Sabor metálico

■ Gripe

La gripe es la infección de los pulmones y de las vías aéreas por uno de los virus de la influenza. Produce fiebre, congestión nasal, dolor de garganta, tos, dolor de cabeza (cefalea), dolores musculares (mialgias) y una sensación de malestar general.

Cada año, en todo el mundo, aparecen brotes generalizados de gripe durante el final del otoño o al comienzo del invierno. La gripe se produce en forma de epidemia, en la cual muchas personas se enferman de manera simultánea. Normalmente, en cada epidemia la enfermedad se produce por una sola cepa del virus de la influenza. Las cepas suelen identificarse con el nombre del primer lugar (por ejemplo, gripe de Hong Kong) o del animal (por ejemplo, gripe porcina) donde fueron aisladas.

Existen dos tipos de virus de la influenza, tipo A y tipo B, y muchas cepas diferentes dentro de cada tipo. Cualquiera que sea el tipo o cepa de virus, la enfermedad que produce es parecida. La cepa del virus de la influenza que causa brotes es siempre cambiante, por lo cual cada año este virus es ligeramente diferente respecto a los años anteriores. Estos cambios suelen ser suficientes como para que las vacunas previamente efectivas ya no lo sean.

La gripe es notablemente distinta del resfriado común. Es causada por un virus diferente y produce síntomas mucho más graves. Así mismo, la gripe afecta a las células de las vías respiratorias bajas.

El virus de la influenza se transmite por inhalación de gotitas provenientes de la tos o de los estornudos de una persona infectada, o bien por contacto directo con sus secreciones. A veces la enfermedad se transmite por la utilización de objetos domésticos que han estado en contacto con personas infectadas o con sus secreciones.

➤ Síntomas y diagnóstico

Los síntomas comienzan entre 24 y 48 horas tras la infección y pueden manifestarse súbitamente. Los escalofríos o la sensación de frío son casi siempre las primeras manifestaciones de la gripe. La fiebre es habitual durante los primeros días y la temperatura puede ascender a 39 o 39,5 °C. Muchos enfermos se sienten lo suficientemente mal como para permanecer en cama con dolor en todo el cuerpo, aunque más pronunciado en la espalda y las piernas. La cefalea suele ser intensa, se acompaña de dolor alrededor y detrás de los ojos, y puede acentuarse por la luz intensa.

Al principio, los síntomas respiratorios suelen ser relativamente leves, con garganta irritada y dolorosa, sensación de quemazón en el pecho, tos seca y congestión nasal. Posteriormente, la tos puede intensificarse y acompañarse de esputo. Es posible que la piel esté caliente y enrojecida, sobre todo en la cara, y que aparezcan enrojecimiento de la boca y la garganta, lagrimeo y congestión en el blanco de los ojos. El enfermo, en especial si es un niño, puede presentar náuseas y vómitos. Un pequeño porcentaje de personas con gripe pierde el sentido del olfato durante días o semanas; rara vez la pérdida es permanente.

La mayoría de los síntomas remiten después de 2 o 3 días. Sin embargo, la fiebre a veces dura hasta cinco días, la tos puede persistir durante diez días o más, y la irritación de las vías respiratorias puede no resolverse completamente hasta después de 6 u 8 semanas. La debilidad y el cansancio se prolongan durante varios días y en ocasiones duran semanas.

La complicación más frecuente de la gripe es la neumonía. Puede ser una neumonía vírica, en la que el virus mismo de la influenza se disemina dentro de los pulmones, o una neumonía bacteriana, en la que bacterias no relacionadas (como los neumococos) atacan a las personas con las defensas debilitadas. En ambos casos, el paciente puede mostrar un empeoramiento de la tos, dificultad para respirar, fiebre persistente o recurrente y, en ocasiones, esputo sanguinolento. La neumonía es más frecuente en ancianos y en personas con alguna enfermedad cardíaca o pulmonar. Hasta el 7 % de los ancianos ingresados en centros de cuidados de larga estancia que presentan gripe tienen que ser hospitalizados y entre el 1 y el 4 % mueren. Las personas jóvenes con enfermedades crónicas se hallan también en situación de riesgo de presentar complicaciones graves.

Por lo general, la población conoce los síntomas de la gripe y, dado que esta afección se produce por epidemias, suele ser diagnosticada correctamente por la persona que la sufre, o bien por los miembros de su familia. La gravedad de la misma y la presencia de fiebre muy alta la distinguen de un catarro común. Los análisis de sangre o de las secreciones respiratorias pueden identificar el virus de la influenza pero son útiles sólo en circunstancias especiales.

➤ Prevención

La vacunación es la mejor forma de evitar contraer la gripe. Las vacunas contienen virus de la influenza inactivados (muertos) o sus fragmentos. Las vacunas modernas protegen frente a tres cepas del virus de la influenza. Se deben aplicar vacunas distintas cada año, teniendo en cuenta los cambios que se producen en los virus. Los médicos intentan predecir la cepa de virus que atacará cada año en función de la cepa del virus predominante en la temporada anterior de gripe

---

Prevención de la gripe con una vacuna

Quién se debe vacunar contra la gripe

- Cualquiera con edad igual o superior a 50 años

- Residentes en centros de cuidados médicos

- Adultos y niños de 6 meses de edad o mayores que padecen diabetes, enfermedades cardíacas, enfermedad pulmonar crónica o trastornos del sistema inmunológico

- Los miembros de la familia y los cuidadores de los grupos de personas mencionados arriba

- Médicos y trabajadores sanitarios

- Las mujeres que se encuentran en el segundo o tercer trimestre del embarazo durante la estación de la gripe (las mujeres que tienen trastornos médicos que incrementen el riesgo de sufrir complicaciones derivadas de la gripe deben ser vacunadas con anterioridad a la estación de la gripe, independientemente del momento del embarazo)

- Los menores de 18 años de edad en tratamiento crónico con aspirina (que tienen el riesgo de padecer el síndrome de Reye si desarrollan la gripe)

Quién no debe vacunarse contra la gripe

- Las personas con grave alergia al huevo

- Personas que han tenido el síndrome de Guillain-Barré

- Las personas que actualmente presentan una enfermedad febril (diferentes de un leve resfriado)

---

y de las que la están causando en otras partes del mundo.

La vacunación es particularmente importante para quienes tienen probabilidades de enfermar de forma grave si se infectan. En este grupo se incluyen los jóvenes, los mayores de 50 años y cualquier persona con una enfermedad crónica como la diabetes, enfermedad pulmonar o cardíaca. Con excepción de infrecuentes dolores en el sitio de la inyección, las reacciones adversas de la vacuna son raras.

La vacunación se realiza durante el otoño, de manera que los niveles de anticuerpos lleguen al máximo durante los meses clave para la gripe. Para la mayoría de los vacunados, deben transcurrir unas dos semanas hasta que la vacuna comience a ofrecer protección.

Para evitar la infección por el virus de la influenza, pueden utilizarse varias drogas antivirales. El médico receta estos fármacos cuando una persona ha tenido contacto claro y reciente con un afectado de gripe. Además, estos fármacos se utilizan durante las epidemias de gripe para proteger a las personas no vacunadas y con alto riesgo de complicaciones, como son los ancianos y los enfermos crónicos.

La amantadina y la rimantadina son antiguos fármacos antivirales que ofrecen protección contra el virus de la influenza tipo A pero no contra el tipo B. Estas drogas pueden causar molestias de estómago, nerviosismo, insomnio y otros efectos secundarios, sobre todo en las personas mayores y las afectadas por alguna enfermedad cerebral o renal. La rimantadina suele causar menos efectos secundarios que la amantadina. Un inconveniente que comparten ambas es que el virus de la influenza rápidamente presenta resistencia frente a ellas.

Dos nuevos fármacos, oseltamivir y zanamivir, pueden evitar la infección por ambos virus de la influenza, tipo A o tipo B. Estas drogas producen mínimas reacciones adversas.

➤ Tratamiento

El mejor tratamiento para la gripe es el reposo adecuado, beber grandes cantidades de líquido y evitar cualquier esfuerzo. Las actividades habituales pueden reanudarse de 24 a 48 horas después de la vuelta a la normalidad de la temperatura corporal, pero casi siempre son necesarios varios días para la recuperación. La fiebre y los dolores se pueden tratar con paracetamol (acetaminofén), antiinflamatorios no esteroideos (AINE) como el ibuprofeno y la aspirina. Debido al peligro del síndrome de Reye, no se debe administrar aspirina a los niños. El paracetamol y el ibuprofeno pueden utilizarse en los niños si es necesario. Otras medidas útiles para el catarro común, como los descongestionantes nasales y la inhalación de vapor, pueden contribuir a aliviar los síntomas.

Las mismas drogas antivirales que evitan la infección (la amantadina, la rimantadina, el oseltamivir y el zanamivir) son también útiles para tratar enfermos de gripe, pero sólo funcionan si se usan en los primeros días de la enfermedad y acortan la duración de la fiebre y los síntomas respiratorios un día más o menos. Sin embargo, estos fármacos son muy eficaces en algunas personas. La mayoría de los médicos recomiendan zanamivir y oseltamivir, útiles tanto contra los virus de la influenza tipo A como la de tipo B. Si aparece una infección bacteriana secundaria, deben añadirse antibióticos.

■ Infecciones por virus del herpes simple

La infección por el virus del herpes simple produce episodios recurrentes de ampollas pequeñas, dolorosas y llenas de líquido en la piel o en las membranas mucosas.

Existen dos tipos de virus del herpes simple, el VHS-1 y el VHS-2. El VHS-1 es causa habitual de aparición de vesículas en los labios (herpes labial ● *v. pág. 805*) y úlceras en la córnea del ojo (queratitis por herpes simple ● *v. pág. 1547*). El VHS-2 causa herpes genital. Esta distinción no es absoluta: las infecciones genitales son producidas en ocasones por el VHS-1. Estas infecciones pueden ser transmitidas por contacto directo con úlceras y algunas veces por contacto con zonas orales y genitales en los períodos que transcurren entre las reactivaciones en personas crónicamente infectadas.

La infección por el virus del herpes simple produce una erupción de diminutas ampollas en la piel o en las membranas mucosas. Después de la remisión de la erupción, el virus permanece en un estado inactivo (latente) en el interior de las células nerviosas reunidas en acúmulos (ganglios) que aportan las fibras nerviosas a la zona infectada. Periódicamente, el virus se reactiva en el ganglio, reinicia su replicación y viaja por las fibras nerviosas en sentido inverso, causando erupciones ampollosas en la misma zona de la piel afectada por episodios anteriores. Algunas veces el virus está presente en la piel o en las membranas mucosas aunque no haya ampollas visibles.

La reactivación del virus latente del herpes simple, oral o genital suele desencadenarse por situaciones de fiebre, menstruación, tensión emocional o supresión del sistema inmunológico. Después de agresiones físicas tales como visitas al dentista o excesiva exposición de los labios al sol, puede presentarse un episodio de vesículas. A menudo, se desconoce el factor desencadenante.

➤ Síntomas y complicaciones

La primera infección (primoinfección) oral por virus del herpes simple habitualmente causa úlceras dentro de la boca (gingivoestomatitis herpética). Además, la persona generalmente se siente enferma y tiene fiebre, cefalea y dolores en el cuerpo. Las llagas de la boca duran de 10 a 14 días y casi siempre son importantes, por lo que comer y beber resultan extremadamente incómodos. En algunas primoinfecciones orales, la hinchazón de las encías es el único síntoma, pero a veces no aparece síntoma alguno. La gingivoestomatitis herpética se da con más frecuencia en los niños.

Las recurrencias de las infecciones orales por el virus del herpes simple producen las denominadas *calenturas* o *úlceras del resfriado* (así llamadas porque con frecuencia las desencadenan los resfriados). Estas úlceras aparecen por lo general en los labios. Un episodio ulceroso comienza con hormigueo local, que puede durar desde unos minutos hasta algunas horas, seguido de enrojecimiento e inflamación. Por lo general, aparecen ampollas llenas de líquido que al romperse se transforman en úlceras. Las úlceras pasan rápidamente a un estado de costra. Después de una semana, la costra se cae y el episodio termina. Con menos frecuencia, se produce hormigueo y enrojecimiento sin formación de ampolla. Algunas veces aparecen pequeños racimos de úlceras herpéticas en las encías o el paladar; estas úlceras persisten alrededor de una semana y luego desaparecen.

La primoinfección genital por VHS puede ser grave y duradera, con numerosas ampollas dolorosas en el área genital. La fiebre y una sensación difusa de enfermedad (malestar general) son frecuentes, y algunas personas tienen sensación de quemazón al orinar. En ocasiones, una persona infectada puede no presentar síntomas. Un ataque recurrente de herpes genital comienza con síntomas locales (tales como hormigueo, molestia, prurito o dolor en la ingle) que preceden a las ampollas entre varias horas y 2 o 3 días. Las ampollas dolorosas rodeadas de un halo rojizo aparecen en la piel o las membranas mucosas de los genitales. Después se rompen rápidamente y dejan úlceras. También pueden aparecer ampollas en los muslos, nalgas o alrededor del ano. En las mujeres, las ampollas genitales aparecen en la vulva, en cuyo caso por lo general son evidentes y muy dolorosas. Las que aparecen en el interior de la vagina o en el cuello uterino son menos dolorosas y no visibles. Una típica recurrencia de herpes genital dura una semana.

En las personas con un sistema inmunológico deficiente, los brotes recurrentes de herpes genital u oral pueden producir úlceras cada vez mayores que tardan semanas en curarse. La infección puede extenderse al interior del organismo, desplazándose hacia el esófago y los pulmones. Las úlceras en el esófago causan dolor al deglutir y la infección de los pulmones produce neumonía con tos y dificultad respiratoria.

Algunas veces el VHS 1 o el VHS 2 penetran por una lesión de la piel en un dedo, causando hinchazón, enrojecimiento y dolor en la yema del dedo (panadizo herpético).

El VHS-1 infecta algunas veces la córnea del ojo (queratitis herpética), lo que produce una úlcera dolorosa y visión borrosa. Con el paso del tiempo la córnea puede tornarse opaca, manifestándose una considerable pérdida de visión que requiere trasplante de córnea.

Los niños o adultos afectados por una enfermedad de la piel conocida como eccema atópico en algunas ocasiones presentan una patología mortal en la zona de piel eccematosa (eccema herpético ● *v. pág. 1547*). Por consiguiente, estas personas deben evitar estar cerca de alguien con una infección herpética activa.

Aunque suele infectar sólo la piel y superficies externas del cuerpo, algunas veces el virus del herpes simple infecta órganos internos tales como el cerebro (encefalitis herpética ● *v. pág. 1422*). La encefalitis herpética comienza con confusión, fiebre, convulsiones y puede resultar mortal.

Una mujer embarazada puede transmitir la infección por virus del herpes simple a su bebé (herpes neonatal), pero se trata de un hecho poco frecuente. La transmisión generalmente se produce en el nacimiento, cuando el bebé contacta con secreciones infectadas en el canal del parto. La infección neonatal es más probable cuando la mujer tiene úlceras herpéticas visibles en la zona vaginal, aunque también se infectan muchos bebés cuyas madres no presentan úlceras evidentes. Con poca frecuencia, el virus del herpes simple se transmite al feto en el embarazo. Los recién nacidos con infección por virus del herpes simple presentan un cuadro clínico muy grave. La infección puede estar diseminada o localizarse en el cerebro o la piel. Sin tratamiento,

dos tercios de los bebés mueren y, aun con tratamiento, muchos sufren daños cerebrales.

➤ Diagnóstico

La infección por virus del herpes simple es generalmente de fácil diagnóstico para el médico. Si no está seguro, puede raspar la úlcera y enviar la muestra al laboratorio para el cultivo y la identificación del virus. A veces los médicos observan al microscopio el material raspado de las ampollas. Aunque el virus mismo no se puede ver, los raspados a veces contienen células infectadas agrandadas (células gigantes) que son características de una infección vírica. Los análisis de sangre para la detección de anticuerpos frente el virus del herpes simple y las biopsias de las úlceras pueden ser de gran ayuda. Un nuevo tipo de análisis de sangre permite diferenciar entre una infección por el VHS-1 y una infección por el VHS-2.

➤ Tratamiento

Los tratamientos antivíricos actuales no erradican la infección por virus del herpes simple y el tratamiento de las primoinfecciones orales o genitales no impide la infección crónica de los nervios. Sin embargo, el tratamiento puede aliviar levemente el malestar de una recurrencia y acortar su duración uno o dos días. Es más eficaz si se inicia con rapidez, a las pocas horas de la aparición de los síntomas, preferiblemente a la primera señal de hormigueo o malestar, antes de que aparezcan las ampollas. En las personas que tienen crisis dolorosas frecuentes, el número de brotes puede reducirse mediante un tratamiento continuo (supresión) con fármacos antivirales.

Las cremas de penciclovir suelen acortar el tiempo de cicatrización y la duración de los síntomas de una calentura aproximadamente un día. Las de dispensación sin receta que contienen docosanol o tetracaína pueden tener un cierto efecto. El aciclovir, el valaciclovir o el famciclovir administrados por vía oral durante unos días son el tratamiento más efectivo. Las infecciones graves por virus del herpes simple se tratan con aciclovir intravenoso. Las personas con queratitis herpética se tratan por lo general con colirio de trifluridina.

Cuando la molestia es mínima, el único tratamiento requerido para el herpes recurrente labial o genital es el de mantener la zona infectada limpia, lavándola suavemente con agua y jabón. La aplicación de hielo puede ser calmante y reducir la hinchazón.

Como el herpes simple es contagioso, las personas con una infección de los labios deben evitar los besos durante las erupciones y usar preservativos en todas las ocasiones las que tienen herpes genital. Incluso cuando no haya ampollas visibles, este virus puede estar presente en la superficie genital y eventualmente contagiar a la pareja sexual.

■ Herpes zóster

El herpes zóster es una infección causada por el virus varicela-zóster que produce erupciones cutáneas muy dolorosas con ampollas llenas de líquido.

La varicela y el herpes zóster son causados por el virus varicela-zóster. La varicela es la infección inicial (primoinfección) ● *(v. pág. 1862)* y el herpes zóster es una reactivación del virus, por lo general años más tarde. En la fase varicelosa de la infección, el virus se disemina por el torrente sanguíneo e infecta muchas de las células nerviosas (ganglios) de las raíces nerviosas de la médula espinal o los nervios craneales, permaneciendo allí en estado inactivo (latente). El virus varicela-zóster puede no volver a producir síntomas, o bien reactivarse muchos años después. Cuando se reactiva, viaja por las fibras nerviosas hasta la piel, donde produce llagas dolorosas que se parecen a las de la varicela. Este brote de úlceras (herpes zóster) está casi siempre limitado a la franja de piel que contiene el grupo de fibras nerviosas infectadas. Esta área se denomina dermatoma ● *(v. fig. pág. 675).* A diferencia de las infecciones por el virus del herpes simple, por lo general sólo se produce un brote de herpes zóster en el curso de la vida de la persona.

El herpes zóster puede aparecer a cualquier edad, pero es más frecuente después de los 50 años. Habitualmente se desconocen las causas de su reactivación, pero a veces ésta se produce cuando la inmunidad del organismo disminuye debido a otra patología como el sida o la enfermedad de Hodgkin, o bien por medicaciones que debilitan el sistema inmunológico. Sin embargo, la aparición del herpes zóster no significa necesariamente que la persona tenga otra enfermedad grave.

➤ Síntomas y complicaciones

Entre las manifestaciones clínicas iniciales del herpes zóster se encuentran el malestar general, escalofríos, fiebre, náuseas, diarrea o dificultades para orinar 3 o 4 días antes de que el herpes sea evidente. Otros síntomas son dolor, sensación de hormigueo o picazón en una zona de la piel. Luego aparecen pequeños grupos de ampollas llenas de líquido y rodeadas por un halo rojizo. Estas ampollas se localizan sólo en la zona de la piel cuya sensibilidad depende de los nervios afectados. Por lo general, las ampollas aparecen en el tronco y habitualmente en un solo lado. No obstante, algunas también pueden aparecer en otras localizaciones. El área del cuerpo afectada suele ser sensible a cualquier estímulo, incluso a un ligero roce, y puede ser intensamente dolorosa. Los niños con herpes zóster por lo general tienen síntomas menos graves que los adultos.

Las ampollas comienzan a secarse y a formar costras aproximadamente cinco días después de su aparición. Hasta que se forma la costra, las ampollas contienen el virus varicela-zóster, que puede provocar varicela si se transmite a personas vulnerables. Si las ampollas abarcan amplias zonas de la piel o persisten durante más de dos semanas, habitualmente significa que el sistema inmunológico no funciona bien.

Un ataque de herpes zóster suele inmunizar a la persona de por vida, pero en algo menos del 5% de los casos se presentan ataques posteriores. En la piel pueden quedar cicatrices, que a veces son extensas, aunque la mayoría de las personas se recuperan sin sufrir consecuencias a largo plazo.

Algunas personas, en especial los ancianos, continúan teniendo dolor crónico en la zona afectada (neuralgia postherpética). La afectación de la rama del nervio de la cara que va al ojo puede ser muy grave y si no se trata adecuadamente la visión puede quedar alterada.

➤ Diagnóstico

Antes de la aparición de las ampollas, el diagnóstico médico puede ser difícil, pero la localización del dolor inicial en una banda indefinida de un lado del cuerpo será un indicio de herpes zóster. Dependiendo de los nervios afectados, el dolor puede parecerse al causado por la apendicitis, un cálculo renal o la inflamación del intestino grueso. Sin embargo, cuando las ampollas aparecen según la disposición típica en el trayecto de una raíz nerviosa, el diagnóstico se aclara. Rara vez se realizan pruebas de laboratorio, pero son un procedimiento útil como diagnóstico de confirmación.

¿Qué es la neuralgia postherpética?

Se llama neuralgia postherpética al dolor crónico en áreas de la piel cuyos nervios han sido infectados con el herpes zóster. Este dolor puede persistir durante meses o años después de un episodio de herpes zóster y no es indicativo de que el virus continúe replicándose de forma activa. No se conoce con exactitud por qué se produce el dolor. El dolor de la neuralgia postherpética puede ser constante o intermitente, y puede empeorar durante la noche, o bien como respuesta al calor o al frío. El dolor puede llegar a ser incapacitante en algunos casos.

La neuralgia postherpética se produce con mayor frecuencia en las personas de edad avanzada: entre el 25 y el 50 % de las personas de más de 50 años que tienen herpes zóster también experimentan cierta neuralgia postherpética. Sin embargo, sólo alrededor del 10 % de todas las personas que tienen herpes zóster desarrollan la neuralgia postherpética. Pocas sufren dolores intensos.

En la mayoría de los casos, el dolor desaparece en el transcurso de 1 a 3 meses, pero entre el 10 y el 20 % de los casos, puede persistir durante más de un año, pero raramente dura más de diez años.

A pesar de haberse ensayado varios tratamientos para la neuralgia postherpética, ninguno de ellos ha resultado eficaz de forma sistemática. La inyección directa de un corticosteroide en el líquido cefalorraquídeo puede ser útil. En la mayoría de los casos, el dolor es leve y no necesita tratamiento específico, pero algunas personas con dolor intenso necesitan fármacos analgésicos potentes.

➤ Tratamiento

Existen varios fármacos antivirales efectivos contra el herpes zóster. Los antivirales por vía oral, como famciclovir, valaciclovir y aciclovir, son útiles, especialmente en las personas mayores y en las que tienen un sistema inmunológico deficiente. Estos fármacos no curan la enfermedad pero acortan su duración y alivian los síntomas. Probablemente, también sea de utilidad la administración de corticosteroides junto con estos fármacos. Para prevenir infecciones bacterianas añadidas, la piel debe mantenerse limpia y seca.

Habitualmente se necesitan analgésicos. Se puede probar con antiinflamatorios no esteroideos (AINE) o paracetamol (acetaminofén), pero a menudo hay que recurrir a los opiáceos orales ● *(v. pág. 541).*

■ Infecciones por el virus de Epstein-Barr

El virus de Epstein-Barr (VEB) es el agente causal de algunas enfermedades, entre las que se encuentra la mononucleosis infecciosa.

La infección por VEB es muy frecuente. La infección por VEB es muy frecuente y la padece, en un momento u otro de su vida, la mayor parte de la población mundial. La mayoría de estas infecciones producen síntomas similares a los de un resfriado común o de otras enfermedades víricas leves. Algunas veces, sin embargo, los adolescentes y adultos jóvenes presentan síntomas diferentes y más graves en la infección por VEB. Esta enfermedad se denomina mononucleosis infecciosa. Su nombre se debe a la presencia de muchos glóbulos blancos en la sangre (células mononucleares). Los adolescentes y los adultos jóvenes suelen contraer la mononucleosis infecciosa al besarse o al tener otro contacto íntimo con alguien infectado.

Con escasa frecuencia, el VEB contribuye a la aparición de varios tipos poco comunes de cáncer, como el linfoma de Burkitt y algunos cánceres de la nariz y la garganta. Se piensa que genes virales específicos alteran el crecimiento de las células infectadas y las transforman en cancerosas. El VEB ha sido implicado como agente causal en el síndrome de fatiga crónica ● *(v. pág. 2036),* aunque la evidencia de ello es escasa y controvertida.

➤ Síntomas y complicaciones

El VEB puede producir síntomas diferentes, dependiendo de la cepa del virus y otros factores aún no aclarados. En la mayoría de los niños menores de 5 años de edad, la infección no provoca síntomas. En adolescentes y adultos puede producirlos o no. Se cree que el tiempo habitual transcurrido entre la infección y la aparición de los síntomas (período de incubación) es de 30 a 50 días.

Los cuatro síntomas más importantes de mononucleosis infecciosa son cansancio intenso, fiebre, dolor de garganta e inflamación de los ganglios linfáticos. No todos los afectados presentan el cuadro completo. Por lo general, la infección

Ganglios linfáticos cervicales

Ganglios linfáticos cervicales aumentados de tamaño.

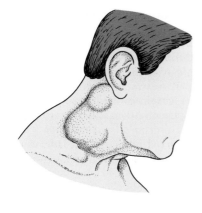

comienza con una sensación de malestar general que dura varios días o semanas. Este malestar indefinido es seguido de fiebre, dolor de garganta y un aumento del tamaño de los ganglios linfáticos. La fiebre habitualmente sube hasta 39,5 °C por la tarde y al principio de la noche. La garganta puede doler mucho, y en ocasiones se forma un material similar al pus en su parte posterior. Todos los ganglios linfáticos pueden agrandarse, pero a los del cuello les ocurre con mayor frecuencia. Por lo general, la fatiga es más pronunciada en las primeras 2 o 3 semanas, pero puede durar seis semanas o más.

El bazo se agranda en más del 50 % de las personas con mononucleosis infecciosa. En la mayoría de las personas infectadas este aumento causa pocos síntomas o ninguno, pero un bazo agrandado puede romperse por traumatismos. El hígado también puede agrandarse algo. Con menor frecuencia, aparecen ictericia y edema alrededor de los ojos. Las erupciones cutáneas son raras; sin embargo, las personas con infección por VEB tratadas con el antibiótico ampicilina suelen presentar una erupción. Entre otras complicaciones muy raras están las convulsiones, las afectaciones de los nervios, las anomalías del comportamiento y una inflamación del cerebro (encefalitis) o de los tejidos que lo recubren (meningitis).

La duración de la enfermedad es variable. La fase aguda dura aproximadamente dos semanas y, tras ella, la mayoría de las personas consiguen reanudar sus actividades habituales. Sin embargo, el cansancio puede persistir durante varias semanas y en ocasiones algunos meses.

➤ Diagnóstico

Los síntomas de la mononucleosis infecciosa también pueden aparecer en muchas otras infecciones víricas o bacterianas. Por lo tanto, el médico realiza un análisis de sangre para detectar anticuerpos contra el VEB con el fin de confirmar el diagnóstico. A veces, la primera evidencia de la mononucleosis infecciosa es la presencia de gran número de glóbulos blancos mononucleares característicos (linfocitos atípicos) en una muestra de sangre.

➤ Tratamiento

Se recomienda que las personas afectadas de mononucleosis infecciosa guarden reposo hasta que desaparezcan la fiebre, el dolor de garganta y la sensación de malestar. Debido al riesgo de que el bazo se rompa, deben evitarse los deportes de contacto o los que supongan levantar grandes pesos durante un período de ocho semanas, aunque el bazo no se encuentre notablemente agrandado.

El paracetamol (acetaminofén), la aspirina o los AINE (como el ibuprofeno) pueden aliviar la fiebre y el dolor. Sin embargo, la aspirina debe evitarse en los niños debido a la posibilidad de que contraigan el síndrome de Reye, que puede ser mortal. Algunas complicaciones, como una inflamación importante de las vías respiratorias, se tratan con corticosteroides. Los antivirales actualmente disponibles tienen poco efecto sobre los síntomas de la mononucleosis infecciosa y no deben ser utilizados.

■ Infección por citomegalovirus

El citomegalovirus es un herpesvirus frecuente que normalmente sólo causa enfermedad en bebés infectados antes del nacimiento y en personas con deficiencia del sistema inmunológico.

La infección por citomegalovirus (CMV), un tipo de herpesvirus, es muy frecuente. Se ha demostrado, a partir de los resultados de análisis de sangre, que entre el 60 y el 90 % de los adultos han tenido una infección por CMV en algún momento. Por lo general, esta infección no provoca síntomas. Las infecciones graves normalmente aparecen sólo en los bebés infectados antes del nacimiento ● *(v. tabla pág. 1788)* y en las personas con un sistema inmunológico deficiente, por ejemplo, las que tienen sida o los receptores de un trasplante, que son particularmente propensos a una infección por CMV debido a los fármacos inmunosupresores que reciben en el proceso del trasplante.

El CMV se transmite muy fácilmente. Las personas infectadas pueden excretar el virus en su orina o su saliva durante meses. También se excreta en el moco del cuello uterino, el semen, las heces y la leche materna. De este modo, el virus se transmite por vía sexual y no sexual. Además, la infección por CMV puede presentarse en personas que reciben sangre infectada.

Los síntomas del CMV aparecen poco después de la infección, pero también es posible que la enfermedad permanezca en estado latente durante toda la vida en varios tejidos. Diversos estímulos pueden reactivar el CMV, apareciendo así la enfermedad.

➤ Síntomas

La gran mayoría de los infectados por CMV no presentan síntomas. A veces, una persona sana que se infecta tiene una sensación de malestar general y fiebre. Las infecciones por CMV en adolescentes y adultos jóvenes suelen producir una enfermedad con síntomas de fiebre y de cansancio que se parece a la mononucleosis infecciosa. Si un individuo recibe una transfusión de sangre que contenga CMV, puede presentar fiebre y a veces inflamación del hígado entre 2 y 4 semanas más tarde.

Una persona con un sistema inmunológico deficiente que resulte infectada por CMV es especialmente propensa a presentar una enfermedad grave que puede ser mortal. En los enfermos de sida, la infección por CMV es la complicación vírica más frecuente. El virus suele infectar la retina (retinitis por CMV) y puede causar ceguera. También puede producirse una infección del cerebro (encefalitis) o úlceras en el intestino o el esófago.

En una mujer embarazada, la infección por CMV puede producir aborto, nacimiento del niño muerto o muerte del recién nacido por hemorragia, anemia o afectación del hígado o del cerebro. Otros trastornos que pueden aparecer en los recién nacidos son pérdida de audición y retraso mental.

➤ Diagnóstico y tratamiento

La infección por citomegalovirus puede manifestarse de forma gradual y no ser reconocida de inmediato. Sin embargo, el médico siempre considera la posibilidad de infección por CMV en una persona con un sistema inmunológico deficiente. Una vez sospechada la infección por CMV, el médico realiza pruebas para detectar el virus en los fluidos corporales o en los tejidos. En los recién nacidos, el diagnóstico generalmente se hace por cultivo de la orina. En otros pacientes, el virus se cultiva a partir de muestra sanguínea o pulmonar. En una persona con retinitis por CMV, el oftalmólogo puede ver anomalías características al examinar el ojo con un oftalmoscopio (un instrumento que permite visualizar las estructuras internas del ojo).

La infección leve por CMV no suele ser tratada pues remite por sí sola. Cuando la infección amenaza la vida del enfermo o su vista, se administran los fármacos antivirales ganciclovir, valganciclovir, cidofovir o foscarnet. En las personas con retinitis por CMV puede implantarse en el ojo un pequeño dispositivo para la liberación sostenida de ganciclovir o inyectarse fomivir directamente en el ojo. Estas drogas tienen importantes efectos secundarios y es posible que no curen la infección; sin embargo, el tratamiento retrasa el progreso de la enfermedad. Las infecciones por CMV suelen remitir sin tratamiento cuando el sistema inmunológico del organismo se recupera o cuando se interrumpen los fármacos inmunosupresores.

■ Fiebres hemorrágicas

Las fiebres hemorrágicas son un grupo de infecciones graves causadas por ciertos virus y caracterizadas por producir hemorragias.

Los virus **Ébola** y **Marburg** son dos peligrosos virus africanos clasificados como filovirus. No se conocen los huéspedes naturales (reservorios o especies que mantienen el virus en la naturaleza).

Ambos virus se transmiten de persona a persona por la exposición a la sangre o tejidos infectados. La transmisión persona a persona se produce cuando miembros de la familia y profesionales de la salud entran en contacto con sangre y secreciones de personas infectadas.

Los síntomas son fiebre, vómito, diarrea, hemorragia y pérdida del conocimiento. Ambas in-

Viruela: los nuevos riesgos de una enfermedad antigua

La viruela es una infección vírica muy contagiosa y mortal causada por el virus de la viruela. El virus puede existir sólo en las personas, pero no en los animales.

Hace doscientos años, se inventó una vacuna contra la viruela (la primera vacuna). La vacuna demostró ser muy eficaz y fue administrada a toda la población en todo el mundo. El número de casos de viruela fue disminuyendo de forma constante hasta el último caso, que fue notificado en 1977. En 1980 la Organización Mundial de la Salud (OMS) declaró la enfermedad erradicada y recomendó dejar de administrar la vacunación.

Debido a que los efectos protectores de la vacuna desaparecen de forma gradual, casi todas las personas, incluso las que fueron vacunadas, son actualmente susceptibles a la viruela. Esta falta de protección no sería preocupante, excepto por las muestras del virus que permanecen almacenadas en dos centros de investigación, una en Estados Unidos y otra en Rusia. Además, hay informes de que el ejército ruso dispone de una gran reserva de virus de la viruela creada para ser utilizada como arma biológica. Si el virus de la viruela de una de estas fuentes fuera de algún modo reintroducido en la población, la epidemia resultante sería devastadora.

El virus de la viruela se transmite de persona a persona y se adquiere al respirar el aire contaminado con las gotitas de humedad exhaladas o expulsadas por la tos de una persona infectada. El contacto con los vestidos o la ropa de cama utilizados por una persona infectada también puede diseminar la enfermedad. La viruela, por lo general, se extiende mediante contactos personales muy estrechos con una persona infectada. Un gran brote en una escuela o en el lugar de trabajo sería infrecuente. El virus no sobrevive más de dos días en el ambiente, o incluso menos, si la temperatura y humedad son elevadas.

Los síntomas de la viruela empiezan entre los 12 y los 14 días después de la infección. Una persona infectada desarrolla fiebre, cefalea y dolor de espalda y se siente extremadamente mal. Puede tener dolor abdominal intenso y llegar a delirar. Entre 2 y 4 días después, aparece una erupción plana, con manchas rojas en la cara y los brazos y dentro de la boca, que al poco tiempo se disemina hacia el tronco y las piernas. Una persona sólo es contagiosa cuando ya se ha manifestado la erupción. Después de 1 o 2 días, las manchas se se convierten en ampollas y luego en pústulas. Una vez transcurridos 8 o 9 días, las pústulas se convierten en costras. Alrededor del 30 % de las personas afectadas de viruela mueren, por lo general en la segunda semana de la enfermedad. Algunas personas que sobreviven presentan grandes cicatrices desfigurantes.

El médico sospecha la existencia de viruela cuando una persona presenta las manchas características, en especial cuando hay un brote de la enfermedad. El diagnóstico puede confirmarse mediante la identificación del virus de la viruela en un cultivo o mediante la observación al microscopio de una muestra obtenida de las ampollas o pústulas.

La prevención es la mejor respuesta a la amenaza de viruela. La vacunación dentro de los primeros días de exposición puede prevenir o limitar la gravedad de la enfermedad. Las personas con síntomas indicadores de viruela necesitan ser aisladas para prevenir la proliferación de la enfermedad. Las personas en contacto con estos grupos no necesitan aislarse, ya que no pueden extender la infección a menos que enfermen y desarrollen una erupción. Sin embargo, estos contactos han de ser muy controlados y deben aislarse en cuanto aparezca la primera señal de la enfermedad.

La vacunación es peligrosa para algunas personas, sobre todo para las que tienen un sistema inmunológico deficiente. Incluso ciertas personas sanas presentan reacciones adversas a la vacuna contra la viruela, aunque son poco frecuentes. Las reacciones adversas son menos frecuentes en las personas vacunadas previamente que en las que nunca recibieron la vacuna. Alrededor de 1 persona por cada millón que no ha recibido la vacuna con anterioridad y 1 de cada 4 millones de las previamente vacunadas mueren a causa de la vacuna.

No existe tratamiento específico contra la viruela, aunque ciertos fármacos antivíricos se encuentran en fase de investigación. El médico proporciona un tratamiento de soporte para mantener la respiración y la presión arterial. Cualquier infección bacteriana que se desarrolle debe ser tratada.

fecciones son casi siempre fatales, con una mortalidad que varía entre el 25 % para el virus Marburg y el 80 o 90 % para algunas cepas del virus Ébola.

No existe tratamiento específico para estas infecciones, excepto los cuidados generales de mantenimiento para los infectados. El aislamiento estricto es indispensable para evitar una mayor propagación. Siempre existe el temor a que estos virus se diseminen por regiones extensas a partir de brotes locales, aunque esto aún no ha sucedido.

La **fiebre de Lassa** y las **fiebres hemorrágicas sudamericanas** son infecciones causadas por arenavirus. Estas infecciones son transmitidas por roedores a las personas o de persona a persona. La fiebre de Lassa se produce principalmente en África occidental. Las fiebres sudamericanas se hallan localizadas sobre todo en Bolivia y Argentina.

Las infecciones producen fiebre, dolor torácico, dolores corporales difusos y vómitos. En las fiebres hemorrágicas sudamericanas se dan con frecuencia las hemorragias orales, nasales, del estómago y del tracto intestinal. Las hemorragias severas son menos frecuentes en la fiebre de Lassa, pero habitualmente se observan pequeñas hemorragias bajo la piel. Cuando se produce la muerte, por lo general se debe al *shock* causado por el escape de fluidos que circulan por los vasos sanguíneos. Estas infecciones son a menudo mortales y requieren un aislamiento estricto de los pacientes para prevenir la transmisión a los profesionales de la salud y a los miembros de la familia. Existe una vacuna experimental eficaz contra algunas fiebres hemorrágicas sudamericanas. El fármaco antiviral ribavirina no cura la infección pero reduce la tasa de mortalidad.

■ Infecciones causadas por hantavirus

La infección por hantavirus es una enfermedad vírica que se transmite desde los roedores a los seres humanos y que causa graves infecciones pulmonares y renales.

La difusión de los hantavirus es mundial y se encuentran en la orina, las heces y la saliva de varios roedores. La infección se contrae por el contacto con roedores o sus deyecciones, o posiblemente por inhalación de partículas de virus en lugares donde se acumulan deyecciones de roedores. No existe evidencia de contagio entre personas.

Existen cinco cepas diferentes de hantavirus, algunas de las cuales afectan a distintas partes del organismo.

La infección por hantavirus comienza con fiebre y dolores musculares. También puede presentarse dolor abdominal, diarrea o vómitos. Otros síntomas dependen de la cepa del virus implicada. Después de 4 o 5 días, una persona con una infección que afecte a los pulmones presenta tos y dificultad respiratoria que empeora en unas horas, por lo que puede resultar mortal. Otras cepas de virus afectan principalmente al riñón. Las personas con infección de los riñones presentan fiebre, cefalea, dolor lumbar y abdominal, erupciones en la piel y tensión arterial baja (*shock*). La excreción de orina puede cesar (anuria). En algunas personas, los síntomas de infección renal son leves y la recuperación es completa. En otras, los síntomas son muy graves y la muerte se produce en el 5 % de los casos.

El tratamiento consiste principalmente en cuidados de mantenimiento. Para la recuperación de los pacientes es de máxima importancia el aporte de oxígeno y tratamientos para estabilizar la tensión arterial. Para el daño renal, es posible que se requiera diálisis.

■ Fiebre amarilla

La fiebre amarilla es una enfermedad vírica transmitida por mosquitos que puede causar hemorragias del tracto gastrointestinal y una inflamación del hígado que da lugar a ictericia.

La fiebre amarilla es causada por un arbovirus (*arthropod-*[insecto]-*borne virus*), virus transmitido por un insecto. Los mosquitos son los artrópodos responsables de la transmisión de la fiebre amarilla. La fiebre amarilla es una de las infecciones víricas más conocidas y con mayor importancia histórica. En el pasado se produjeron grandes epidemias con decenas de miles de muertos. La enfermedad era frecuente en las zonas templadas y tropicales en todo el mundo, pero hoy en día sólo se da en África Central y América Central y del Sur.

Los primeros síntomas de la fiebre amarilla son cefalea, dolores musculares y fiebre leve, que remiten al cabo de pocos días. Algunas personas se recuperan, pero otras presentan fiebre elevada, náuseas, vómitos y fuertes dolores generalizados. La piel se vuelve amarilla debido a la infección del hígado. A menudo, aparecen hemorragia nasal, oral y digestiva. Algunas personas presentan una fuerte disminución de la tensión arterial (*shock*) y coma. Hasta el 50 % de las personas con estos síntomas severos mueren.

La fiebre amarilla se diagnostica por el cultivo del virus y la detección de sus anticuerpos en la sangre. Está disponible una vacuna que tiene un

95% de efectividad en la prevención de la fiebre amarilla, pero no existe un tratamiento específico para la infección.

■ Fiebre del dengue

La fiebre del dengue es una infección vírica transmitida por mosquitos que causa fiebre y dolor generalizado.

La fiebre del dengue es de distribución mundial, pero es más frecuente en los trópicos y subtrópicos. La infección es debida a un arbovirus y se transmite por mosquitos.

El cuadro clínico de fiebre del dengue es variable en su severidad. En los niños es característico un cuadro clínico leve con fiebre poco elevada, cansancio, congestión nasal y tos. La enfermedad es más grave en los adultos y sus síntomas son fiebre, cefalea y dolores de cuerpo generalizados. Los dolores suelen ser tan intensos que la enfermedad ha sido llamada la *fiebre rompehuesos*. Algunas personas sufren hemorragia nasal, oral y digestiva por lo general después de una segunda infección. Algunas veces se produce un paso de líquido desde los vasos sanguíneos a los pulmones, lo cual tiene como consecuencia dificultad respiratoria. La fiebre del dengue es a veces mortal.

Se diagnostica por el cultivo del virus en muestras de sangre y mediante técnicas de detección de anticuerpos frente al virus. No existe un tratamiento específico, pero actualmente se están realizando ensayos con una vacuna experimental para prevenir la enfermedad.

CAPÍTULO 199

Infección por el virus de la inmunodeficiencia humana

La infección por el virus de la inmunodeficiencia humana (VIH) es causada por uno de dos virus, el VIH-1 y el VIH-2. El VIH destruye progresivamente algunos tipos de células blancas de la sangre llamadas linfocitos. Los linfocitos tienen un importante papel en las defensas inmunológicas del organismo ● *(v. pág. 1261)*, de manera que, cuando se destruyen, la persona se vuelve muy propensa a la agresión por otros microorganismos infecciosos. Muchas de las complicaciones de la infección por el VIH, incluida la muerte, son por lo general el resultado de estas otras infecciones y no de la infección por el VIH mismo.

El síndrome de inmunodeficiencia adquirida (sida) es la forma más grave de infección por el VIH. Se considera que una persona infectada por el VIH tiene sida cuando presenta al menos una enfermedad como complicación o cuando su capacidad para la defensa contra las infecciones disminuye significativamente como consecuencia del descenso de nivel en el recuento de sus linfocitos CD4+.

La infección por el VIH y el sida ha alcanzado proporciones de epidemia. La infección por el VIH y el sida han alcanzado proporciones de epidemia en todo el mundo. En algunas regiones de África, más del 30% de la población adulta (entre las edades de 15 y 45 años) está infectada, lo que supone una amenaza de desaparición para casi toda una generación.

Las infecciones por el VIH-1 y el VIH-2 son graves y suelen presentarse en distintas zonas geográficas. El VIH-1 es más frecuente en el hemisferio occidental, Europa, Asia y centro, sur y este de África. El VIH-2 es frecuente en África occidental, aunque también abunda la infección por el VIH-1.

➤ Transmisión de la infección

En la transmisión de la infección por el VIH es necesario que exista contacto con líquidos corporales que contengan células infectadas o partículas del virus. El VIH puede aparecer prácticamente en cualquier líquido corporal, pero su transmisión se realiza sobre todo por la sangre, el semen, las secreciones vaginales y la leche materna. El VIH se encuentra también, aunque a concentraciones bajas, en las lágrimas, la orina y la saliva, pero su transmisión desde estos líquidos es extremadamente infrecuente.

El VIH se transmite de las siguientes maneras:

● Por relaciones sexuales con una persona infectada, en las que la membrana mucosa que reviste la boca, la vagina o el recto queda expuesta a los líquidos corporales contaminados (sexo no protegido).

● Mediante una inyección o infusión de sangre contaminada, como puede ocurrir al realizar una transfusión, compartir jeringuillas o pincharse accidentalmente con una aguja contaminada con el VIH.

● Por transmisión del virus de una madre infectada a su hijo, ya sea antes del parto, durante el parto o después de él a través de la leche materna.

La propensión a la infección por el VIH aumenta cuando se produce desgarro o daño, incluso mínimos, en la piel o membranas mucosas como puede suceder durante una relación sexual enérgica por vía vaginal o anal. La transmisión sexual del VIH es más probable si alguno de los miembros de la pareja tiene herpes, sífilis u otra enfermedad de transmisión sexual (ETS) que produzca ruptura o lesión en la piel o inflamación de los genitales. Sin embargo, el VIH puede transmitirse aunque ninguno de los dos tenga otras ETS o lesiones evidentes en la piel. El VIH también puede transmitirse durante el sexo oral, aunque es mucho más frecuente durante el sexo vaginal o anal.

En Europa, Estados Unidos y Australia, el VIH comenzó a transmitirse sobre todo por contacto sexual entre la población homosexual masculina y por compartir agujas infectadas entre los toxicómanos por vía intravenosa, pero la transmisión por contacto heterosexual se ha incrementado. En África, el Caribe y Asia, la transmisión se produce principalmente entre heterosexuales y en la misma proporción entre hombres y mujeres.

Cuando un profesional de la salud se pincha accidentalmente con una aguja contaminada por el VIH tiene una probabilidad de 1/300 de contraer el virus. El riesgo de infección aumenta si la aguja penetra profundamente o si se inyecta sangre contaminada. Los líquidos infectados que salpican los ojos o la boca tienen menos de un 1/1000 de posibilidades de causar infección. La toma de una combinación de fármacos antirre-troviricos poco después de la exposición parece reducir, aunque no eliminar, el riesgo de infección, por lo que está recomendada.

Las personas con hemofilia necesitan transfusiones frecuentes de sangre completa o hemoderivados. Antes de 1985, hemofílicos en muchos países se infectaron con el VIH porque los hemoderivados que recibieron estaban contaminados. El sida se convirtió en causa principal de muerte en estas personas. Hoy, de modo general, la sangre recogida para transfusión es analizada para el VIH y, cuando es factible, algunos hemoderivados se tratan con calor para eliminar el riesgo de contagio del virus.para el VIH y, cuando es factible, algunos hemoderivados se tratan con calor para eliminar el riesgo de contagio del virus. El riesgo actual de infección por el VIH mediante una sola transfusión se estima situado en menos de 1/500000.

La infección por el VIH en muchas mujeres en edad fértil ha producido la transmisión del virus a los niños ● *(v. pág. 1864).* Aproximadamente entre el 25 y el 35% de los embarazos en mujeres infectadas por el VIH se transmite el virus al feto por vía placentaria o, más frecuentemente, en el momento del nacimiento al pasar por el canal del parto. Los niños que son amamantados pueden contraer la infección por la leche materna. Algunos niños también pueden infectarse si son objeto de abuso sexual.

El VIH no se transmite por contacto fortuito ni tampoco por un contacto estrecho no sexual en el trabajo, la escuela o el hogar. No se ha registrado ningún caso de transmisión por la tos o el estornudo, ni tampoco por una picadura de mosquito. La transmisión al paciente por un médico o un odontólogo infectados es extremadamente rara.

➤ Mecanismo de infección

Una vez dentro del organismo, el VIH se adhiere a varios tipos de glóbulos blancos, de los cuales el más importante es el linfocito T cooperador. Los linfocitos T cooperadores activan y coordinan otras células del sistema inmunológico. Estos linfocitos tienen una proteína receptora llamada CD4 en el exterior de su membrana (y por eso se denominan CD4+). El VIH tiene su propio material genético codificado en el ARN. Una vez en el interior de un linfocito CD4+, el virus transforma su ARN en ADN por medio de una enzima llamada transcriptasa inversa. El ADN vírico se incorpora al ADN de los linfocitos infectados.

¿Qué es un retrovirus?

El virus de la inmunodeficiencia humana (VIH) es un retrovirus, un tipo de virus que, como muchos otros virus, almacena la información genética en forma de ARN y no como ADN. Cuando el virus entra en una célula huésped, libera su ARN y una enzima (la transcriptasa inversa), y posteriormente crea ADN usando el ARN viral como patrón. A continuación, el ADN viral es incorporado al ADN de la célula huésped. Esto invierte el esquema de las células humanas, que copian el ARN a partir del patrón de ADN humano (de ahí el prefijo retro, que significa 'hacia atrás'). Otros virus ARN, como el de la poliomielitis o del sarampión, no hacen copias del ADN, sino que simplemente copian su propio ARN.

Cada vez que la célula huésped se divide, también hace una nueva copia del ADN viral integrado junto con sus propios genes. El ADN viral puede quedar latente (oculto) y no provocar daños, o bien se activa para asumir las funciones de la célula, haciendo que la célula produzca nuevos virus. Estos nuevos virus son liberados de la célula infectada para invadir otras células.

Los propios sistemas del linfocito reproducen (replican) entonces el virus dentro de la célula y finalmente la destruyen. Los miles de nuevos virus producidos por cada célula infectada infectan a su vez a otros linfocitos y también pueden destruirlos. Al cabo de pocos días o semanas, se ha producido la suficiente cantidad de VIH como para reducir sustancialmente el número de linfocitos y posibilitar la diseminación del virus por el organismo.

Como la infección por el VIH destruye los linfocitos CD4+, se debilitan los mecanismos orgánicos de protección contra ciertas infecciones y cánceres. Esta deficiencia del sistema inmunológico es parte de la razón por la que el organismo humano es incapaz de eliminar la infección por el VIH una vez empezada. Sin embargo, el sistema inmunológico está capacitado para dar alguna respuesta. Dentro del período de uno o dos meses después de haber contraído la infección, el organismo produce linfocitos y anticuerpos que ayudan a rebajar la cantidad de VIH en la sangre y a mantener la infección bajo control. Por esta razón, la infección por el VIH puede prolongarse durante mucho tiempo en algunas personas antes de causar graves problemas.

Dado que el número de linfocitos CD4+ en la sangre ayuda a determinar la capacidad del sistema inmunológico para proteger el organismo de infecciones, este número es un buen indicador de la gravedad del daño causado por la infección del VIH. Una persona sana tiene un recuento de linfocitos CD4+ de aproximadamente 800 a 1 300 células por microlitro de sangre.

Es característico que entre el 40 % y el 60 % de los linfocitos CD4+ se destruyen en los primeros meses de la infección. Al cabo de unos seis meses, el número del recuento de CD4 continúa su disminución, pero a un ritmo más lento.

Si en el recuento de CD4+ su número disminuye por debajo de unas 200 células por microlitro de sangre, el sistema inmunológico se hace menos apto para combatir ciertas infecciones (por ejemplo, la infección fúngica que causa la neumonía por *Pneumocystis carinii*). Estas infecciones por lo general no aparecen en las personas con un sistema inmunológico sano y por ello son llamadas infecciones oportunistas. Un número por debajo de 50 células por microlitro de sangre en el recuento es especialmente peligroso, ya que pueden aparecer otras infecciones oportunistas que en seguida causan una severa pérdida de peso, ceguera o muerte.

La cantidad de virus en la sangre se denomina **carga vírica**. En los primeros meses después de la infección, un gran número de partículas víricas circulan por la sangre. En esta fase la infección es muy contagiosa. Más tarde, la carga vírica cae a un nivel inferior y permanece constante por algún tiempo. Este nivel es un importante indicador de la contagiosidad de la persona infectada y de cuál va a ser la probable velocidad de progresión de la enfermedad. Durante el tratamiento se cuantifica la carga vírica, puesto que un descenso o niveles muy bajos indican que el tratamiento está funcionando. El objetivo del tratamiento es bajar la carga vírica hasta el punto de que sea indetectable (suprimida) en la sangre, aunque algunos virus probablemente estén aún presentes. Una elevación de la carga vírica puede indicar la aparición de resistencia a los fármacos o un incumplimiento terapéutico.

➤ Síntomas

La mayoría de las personas no experimentan ningún síntoma importante en la infección inicial. Sin embargo, a las pocas semanas de la infección por el VIH pueden aparecer fiebre, erupciones, aumento del tamaño de los ganglios linfáticos,

El VIH: riesgo de transmisión de diferentes actividades sexuales

Ningún riesgo (si no hay presencia de úlceras)

- Beso sin intervención de la lengua.
- Roce de un cuerpo contra otro y masaje.
- Uso de dispositivos sexuales insertados no compartidos.
- Ser masturbado por la pareja sexual, sin contacto con semen o líquidos vaginales.
- Bañarse y ducharse juntos.
- Contacto de piel intacta con heces u orina.

Riesgo teórico (muy bajo a menos que existan úlceras)

- Beso con intervención de la lengua.
- Sexo oral realizado en el varón (sin eyaculación, con o sin preservativo).
- Sexo oral realizado en la mujer (con barrera).
- Contacto oral-anal.
- La penetración digital vaginal o anal, con o sin guante.
- Uso de dispositivos sexuales insertados compartidos pero desinfectados.

Bajo riesgo

- Sexo oral realizado en el varón (con eyaculación, con o sin ingestión de semen).
- Sexo oral realizado en la mujer (sin barrera).
- Relaciones vaginales o anales (con el uso apropiado de un preservativo).
- Uso compartido de dispositivos sexuales que se introducen sin haberlos desinfectado.

Riesgo elevado

- Relaciones vaginales o anales (con o sin eyaculación, sin el uso de preservativos o con un uso inapropiado).

después de infectarse, incluso si no presenta síntoma alguno.

Se puede ser portador de la infección por VIH durante años, incluso una década o más tiempo, antes de presentar sida. Hasta ese momento, la persona normalmente se siente bien, aunque puede presentar ciertos síntomas no específicos tales como ganglios linfáticos agrandados, pérdida de peso, cansancio, fiebre recurrente o diarrea, anemia y candidiasis oral (una infección fúngica de la boca).

Los principales síntomas del sida son los derivados de las infecciones oportunistas específicas y de los cánceres que se presentan. El VIH también puede infectar directamente el cerebro, causando pérdida de memoria, debilidad y dificultad para la marcha, el pensamiento y la concentración mental (demencia). En algunas personas, es probable que el VIH sea directamente responsable del síndrome de consunción asociado al sida, que provoca una pérdida de peso significativa con o sin causa evidente. La consunción en los enfermos de sida también puede ser causada por infecciones sucesivas o por una infección no tratada que persiste en el tiempo (como la tuberculosis). También la insuficiencia renal puede ser un efecto directo del VIH.

El sarcoma de Kaposi, un tumor que aparece en la piel en forma de placas indoloras y elevadas, de color rojo a púrpura, afecta a los enfermos de sida, en especial a los hombres homosexuales. También pueden presentarse cánceres del sistema inmunológico (linfomas, típicamente el linfoma no Hodgkin), a veces primero en el cerebro, causando confusión, trastornos de la personalidad y pérdida de la memoria. Las mujeres y los hombres homosexuales son propensos a presentar cáncer de cuello uterino y cáncer de recto, respectivamente.

Por lo general, la muerte sobreviene por los efectos acumulativos de la consunción, la demencia, las infecciones oportunistas o los tumores.

➤ Diagnóstico

Para determinar si una persona está infectada por el VIH se utiliza un análisis de sangre preciso y relativamente simple que detecta anticuerpos contra el VIH (prueba del ELISA). Si el resultado del ELISA es positivo, se confirma con una prueba más precisa, normalmente el Western Blot. Ambas pruebas suelen ser negativas en el primero o segundo mes después de la infección por el

cansancio y otros síntomas menos frecuentes. Algunas semanas después los síntomas desaparecen, aunque es posible que los ganglios linfáticos permanezcan agrandados. Una persona infectada puede propagar el virus poco tiempo

El ciclo vital simplificado del virus de la inmunodeficiencia humana

Al igual que todos los virus, el virus de la inmunodeficiencia humana (VIH) se reproduce utilizando la maquinaria genética de la célula que lo alberga, generalmente un linfocito CD4 +. Los fármacos actualmente autorizados inhiben dos enzimas de fundamental importancia (la transcriptasa inversa y la proteasa) que el virus usa para replicarse. En la actualidad se están desarrollando fármacos dirigidos contra una tercera enzima, la integrasa.

1. El virus del VIH primero se adhiere a y penetra en su célula diana.

2. El VIH libera el ARN, que constituye el código genético del virus, en el interior de la célula. Para que el virus pueda replicarse, su ARN debe ser convertido en ADN; la enzima que realiza la transformación recibe el nombre de transcriptasa inversa. El virus VIH muta fácilmente en este punto, porque la transcriptasa inversa tiende a cometer errores du-

rante la conversión del ARN vírico en ADN.

3. El ADN vírico entra en el núcleo de la célula.

4. Con la ayuda de una enzima llamada integrasa, el ADN vírico se integra con el ADN de la célula.

5. El ADN se replica y reproduce ARN y proteínas. Las proteínas adoptan la forma de una larga cadena que debe fragmentarse en varias partes una vez que el virus abandona la célula.

6. Se forma un nuevo virus a partir del ARN y segmentos cortos de proteína.

7. El virus escapa a través de la membrana de la célula, envolviéndose en un fragmento de la misma (envoltura).

8. Para ser capaz de infectar otras células, el virus recién formado tiene que madurar. Esto lo logra cuando otra enzima vírica (la proteasa del VIH) corta las proteínas estructurales dentro del virus, lo que hace que se reorganicen.

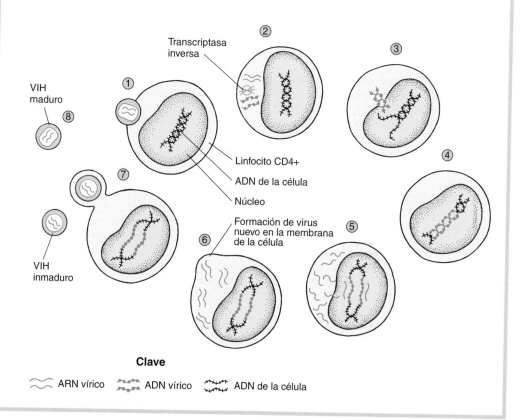

Clave

〜 ARN vírico   〜 ADN vírico   〜 ADN de la célula

INFECCIONES FRECUENTES OPORTUNISTAS ASOCIADAS CON SIDA

INFECCIÓN	DESCRIPCIÓN	SÍNTOMAS
Esofagitis por *Candida*	Infección del esófago producida por hongos	Dolor al tragar, pirosis
Neumonía por *Pneumocystis carinii*	Una infección de los pulmones por hongo *Pneumocystis*	Dificultad para respirar, tos, fiebre
Toxoplasmosis	Infección por el parásito *Toxoplasma*, que suele afectar al cerebro	Cefalea, confusión mental, letargia, convulsiones
Tuberculosis	Infección de los pulmones y algunas veces de otros órganos por la bacteria de la tuberculosis	Tos, fiebres, sudores nocturnos, pérdida de peso, dolor torácico
Complejo *Mycobacterium avium*	Infección del intestino o de los pulmones por un tipo de bacteria que se asemeja a la bacteria de la tuberculosis	Fiebre, pérdida de peso, diarrea, tos
Criptosporidiosis	Infección del intestino por el parásito *Criptosporidium*	Diarrea, dolor abdominal, pérdida de peso
Meningitis criptocócica	Infección del revestimiento del cerebro por la levadura *Cryptococcus*	Cefalea, fiebre, confusión mental
Infección por Cytomegalovirus	Infección de los ojos o del tracto intestinal por Cytomegalovirus	Ojo: ceguera Tracto intestinal: diarrea, pérdida de peso
Leucoencefalopatía Multifocal progresiva	Infección del cerebro por un poliomavirus	Debilidad en un lado del cuerpo, pérdida de coordinación o del equilibrio

VIH porque el organismo necesita ese lapso de tiempo para producir anticuerpos contra el virus. Otras pruebas (por ejemplo, las pruebas de determinación de la carga vírica o de detección del antígeno P24) detectan el VIH en la sangre en una fase mucho más precoz de la infección. El antígeno P24 se usa actualmente, junto con otras pruebas, para el examen sistemático de las donaciones de sangre para transfusiones.

En las personas diagnosticadas de infección por el VIH se realizan regularmente análisis de sangre para el recuento de linfocitos CD4+ y la determinación de la carga vírica. Los recuentos de linfocitos CD4+ indican el estado del sistema inmunológico y, cuando su número baja, aumentan las posibilidades de enfermedad por causa de la infección. La carga vírica es un indicador de la probable velocidad de caída del número de linfocitos CD4+ en el siguiente año. El médico utiliza estos dos parámetros para decidir cuándo comenzar el tratamiento farmacológico para la infección por el VIH y para la prevención de sus complicaciones infecciosas. Estas pruebas también se utilizan para controlar los efectos del tratamiento. Con un tratamiento eficaz, la carga vírica disminuye a niveles bajos al cabo de algunas semanas y el re-

cuento de linfocitos CD4+ comienza su larga y lenta recuperación hacia la normalidad. El sida se diagnostica cuando el recuento de CD4+ cae por debajo de 200 células por microlitro de sangre o cuando aparece consunción extrema, una infección oportunista o un cáncer.

➤ Prevención

Como el VIH es casi siempre transmitido por contacto sexual o por compartir agujas, es posible evitar la infección prácticamente en la totalidad de las ocasiones. Desafortunadamente, las medidas necesarias para la prevención, que son la abstinencia sexual o uso del preservativo ● *(v. recuadro pág. 1403)* y la disponibilidad de agujas estériles, a veces son impopulares desde el punto de vista personal o social. A muchos les cuesta cambiar sus hábitos adictivos o sexuales, por lo que continúan con actividades que los ponen en riesgo de infección por el VIH. Además, las prácticas de sexo seguro no son infalibles y, por ejemplo, los preservativos pueden romperse o tener escapes.

Las vacunas para prevenir la infección por el VIH y retrasar la progresión del sida en las personas ya infectadas no han dado buen resultado hasta el momento. La investigación continúa y se están probando algunas vacunas prometedoras.

Como el VIH no se transmite por el aire o por un contacto fortuito (como roces, caricias o besos secos), los hospitales y las clínicas no aíslan a los pacientes infectados por el VIH excepto si tienen otra infección contagiosa. Las superficies contaminadas por el VIH pueden ser limpiadas y desinfectadas fácilmente, pues el virus se inactiva por el calor y por la acción de desinfectantes comunes como el peróxido de hidrógeno y el alcohol. Las personas que en su trabajo tienen más probabilidades de tener contacto con sangre u otros líquidos corporales deben utilizar un equipo de protección que incluya guantes de látex, mascarillas y protección para los ojos. Estas precauciones universales deben adoptarse respecto a los líquidos corporales de todas las personas, y no sólo para los infectados por el virus, por dos razones: es posible que las personas con el VIH no sepan que lo están y también existe la posibilidad de transmisión de otros virus presentes en esos líquidos corporales.

Las personas que han sido expuestas al VIH por una salpicadura de sangre, un pinchazo de aguja o contacto sexual pueden reducir la probabilidad de infección mediante un breve período de tratamiento con fármacos anti VIH. Este tratamiento debe iniciarse tan pronto como sea posible después de la exposición. Se recomiendan actualmente cuatro semanas de tratamiento preventivo con dos o tres fármacos. Dado que el riesgo de infección es variable, el médico y la persona infectada tomarán en cada caso las decisiones terapéuticas según el tipo de exposición.

➤ Tratamiento

Existen tres clases de fármacos disponibles para el tratamiento de la infección por el VIH: los inhibidores nucleósidos de la transcriptasa inversa, los inhibidores no nucleósidos de la transcriptasa inversa y los inhibidores de la proteasa. Los dos tipos de inhibidores de la transcriptasa inversa actúan interfiriendo con la enzima transcriptasa inversa del VIH, que convierte el ARN vírico en ADN. Los inhibidores de la proteasa interfieren con la enzima proteasa del VIH, necesaria para la activación de algunas proteínas en el interior de los virus recién producidos. El fallo en la activación de estas proteínas da como resultado un VIH inmaduro e incompleto que no puede infectar nuevas células. Ninguno de estos medicamen-

---

Estrategias para prevenir la transmisión del VIH

■ Abstención de la actividad sexual.

■ El uso de un preservativo de látex para cada relación sexual con una persona infectada o con una pareja de la que se desconoce si tiene VIH (los espermicidas vaginales y las esponjas no protegen contra la infección por el VIH).

■ Si se realiza sexo oral, retirarse antes de la eyaculación; evitar el cepillado de dientes varias horas antes y después de practicar sexo oral.

■ Las parejas monógamas recientes deben someterse a las pruebas de detección del VIH y otras enfermedades de transmisión sexual (ETS) antes de comprometerse a tener relaciones sexuales sin protección.

■ Nunca se deben compartir agujas o jeringas.

■ El uso de guantes de goma (preferiblemente de látex) cuando se tenga contacto con líquidos corporales de una persona que puede estar infectada con el VIH.

■ Si ha sido expuesto al virus de la inmunodeficiencia humana por punción con una aguja, solicite tratamiento para prevenir la infección.

---

tos acaba con el VIH, pero evitan que el virus se replique. Si la replicación disminuye lo suficiente, la destrucción de células CD4+ por el VIH se reduce de forma notable y su número comienza a subir. El resultado puede ser la reversión de gran parte del daño producido por el VIH en el sistema inmunológico. El VIH suele presentar resistencia a cualquiera de estos fármacos cuando se emplean de forma aislada. La resistencia puede comenzar al cabo de pocos días o varios meses de uso, dependiendo del fármaco y de la persona. Por lo tanto, el tratamiento es más eficaz cuando se administran al menos dos o tres medicamentos combinados, por lo general uno o dos inhibidores de la transcriptasa inversa más un inhibidor de la proteasa. A esta combinación de medicamentos se refiere el denominado *cóctel de fármacos*. La combinación de medicamentos se utiliza por tres razones. Primero, porque el rendimiento de las combinaciones es muy superior al de un fármaco individual para la reducción de los niveles de VIH en la sangre. Segundo, porque las combinaciones ayudan a evitar la aparición de resistencias a los fármacos, y tercero, porque algunos medicamentos para el VIH (como el ritonavir) aumentan los niveles sanguíneos de otros fármacos para el virus (incluidos la mayor parte de los inhibidores de la proteasa) mediante el retraso de su eliminación del organismo. En definitiva, las combinaciones de medicamentos retrasan el comienzo del sida en las personas infectadas por el VIH y prolongan así su vida.

Las combinaciones de fármacos para el VIH tienen efectos secundarios graves y desagradables. Los trastornos del metabolismo de las grasas parecen ser causados sobre todo por los inhibidores de la proteasa y se manifiestan por un lento desplazamiento de la grasa corporal desde la cara, los brazos y las piernas hasta el abdomen (*panza de proteasa*) y algunas veces hasta las mamas de las mujeres. Los niveles sanguíneos de colesterol y de triglicéridos, dos formas de grasa en la sangre, se incrementan y aumentan el riesgo de que se produzcan ataques cardíacos y accidentes cerebrovasculares.

Los inhibidores nucleósidos de la transcriptasa inversa dañan las mitocondrias, un lugar de importancia crítica para la generación de energía en las células humanas. Sus reacciones adversas son anemia, pies dolorosos causados por daño neurológico y una lesión del hígado que raras veces evoluciona a insuficiencia hepática. Estos medicamentos individualmente considerados difieren en su tendencia a causar estos efectos adversos. Por lo general, el control cuidadoso y los cambios de fármacos evitan complicaciones graves.

El tratamiento farmacológico sólo es beneficioso cuando se realiza siguiendo unas pautas. Las dosis no apropiadas permiten la replicación del virus y la aparición de resistencias. El objetivo de una terapia combinada es reducir la carga vírica por debajo de niveles detectables. Los tratamientos no pueden eliminar el virus del organismo, aunque a menudo su carga desciende a niveles insignificantes; si el tratamiento se interrumpe, la carga vírica aumenta y el número de los recuentos de linfocitos CD4+ comienza a caer.

Todavía no está claro en qué personas infectadas debe iniciarse el tratamiento; aunque no presenten síntomas, el tratamiento debe aplicarse a las que tienen un número bajo en el recuento de linfocitos CD4+ o una alta carga vírica. Por la abundancia de reacciones adversas importantes y desagradables, así como por el elevado coste de los fármacos, no es fácil para las personas infectadas por el VIH mantener una continuidad en el tratamiento durante muchos años sin que se produzca algún abandono. Puesto que la toma irregular de medicamentos para el VIH produce resistencias con frecuencia, el médico trata de asegurarse de que la persona que recibe tratamiento quiere y puede cumplir unas pautas.

A las personas con un número bajo en los recuentos de linfocitos CD4+ se les recetan sistemáticamente fármacos para evitar las infecciones oportunistas. Para prevenir la neumonía por *Pneumocystis*, se administra una combinación de sulfametoxazol y trimetoprim cuando el número del recuento de linfocitos CD4+ cae por debajo de 200 células por microlitro de sangre. Esta combinación también evita la toxoplasmosis, que puede dañar el cerebro de una persona con sida. En las personas con un número de células CD4+ inferior a 50 por microlitro de sangre, la azitromicina tomada semanalmente, o la claritromicina, o bien la rifabutina tomadas a diario pueden prevenir las infecciones por *Mycobacterium avium*. Las personas en tratamiento para la meningitis criptocócica o las que experimentan infecciones de repetición en la boca, el esófago o la vagina por el hongo *Candida* pueden recibir el medicamento antifúngico fluconazol durante períodos prolongados. Las personas con episodios recurrentes de infecciones por herpes simple en la boca, los labios, los genitales o el recto necesitan un tratamiento prolongado con antivíricos (como el aciclovir) para evitar recaídas.

Otros fármacos pueden ser útiles para la debilidad y la pérdida de peso asociadas al sida. El megestrol y el dronabinol (un derivado de la marihuana) estimulan el apetito. Muchas personas con sida afirman que la marihuana natural es aún más eficaz, por lo que su uso con este propósito ha sido legalizado en algunos países. Los esteroides anabólicos (como la testosterona) también pueden revertir de manera significativa la pérdida de masa muscular. Los niveles de testosterona se reducen en algunos hombres y pueden ser reemplazados por el uso de inyecciones o parches sobre la piel.

➤ Pronóstico

La exposición al VIH no siempre causa la infección y algunas personas que han tenido exposiciones repetidas durante muchos años no han resultado infectadas. Además, muchos infectados han conservado un buen estado de salud durante más de una década. Los médicos no comprenden bien por qué algunas personas se enferman mucho antes que otras, pero algunos factores genéticos parecen influir tanto en la proclividad la in-

FÁRMACOS PARA LA INFECCIÓN POR EL VIRUS DE LA INMUNODEFICIENCIA HUMANA

TIPO	FÁRMACO	EFECTOS SECUNDARIOS
Inhibidores de la transcriptasa inversa no nucleósidos		
	Delavirdina	Erupción cutánea, dolores de cabeza
	Efavirenz	Mareos, somnolencia, pesadillas, confusión mental, agitación, distracción, euforia, erupción cutánea
	Nevirapina	Erupción cutánea (a veces grave o potencialmente mortal), disfunción hepática
Inhibidores de la transcriptasa inversa no nucleósidos		
		Todos pueden causar acidosis láctica y lesión hepática
	Abacavir	Fiebre, erupción cutánea (a veces grave o potencialmente mortal), náuseas y vómitos, bajo recuento de glóbulos blancos
	Didanosina (ddl)	Lesión de nervios periféricos, inflamación del páncreas, náuseas, diarrea
	Lamivudina (3TC)	Cefalea, cansancio
	Stavudina (d4T)	Lesión de nervios periféricos, pérdida de grasa facial
	Tenofovir	Diarrea leve o moderada, náuseas y vómitos, flatulencia
	Zalcitabina (ddC)	Lesión de nervios periféricos, inflamación del páncreas, aftas orales
	Zidovudina (AZT)	Anemia y susceptibilidad a las infecciones (resultantes de la toxicidad sobre la médula ósea), cefalea, insomnio, debilidad, dolores musculares
Inhibidores de proteasas		
		Todos producen náuseas, vómitos, diarrea y molestias abdominales; es frecuente el aumento de los niveles de azúcar y colesterol. Puede producirse un incremento de la grasa abdominal ("panza de proteasa"); hemorragia en casos de hemofilia; disfunción del hígado
	Amprenavir	
	Indinavir	Cálculos renales
	Lopinavir	Hormigueo en la boca, alteración del gusto
	Nelfinavir	
	Ritonavir	Hormigueo en la boca, alteración del gusto
	Saquinavir	

fección como en la progresión hacia el sida después de contraer la infección.

Cada año, entre un 1% y un 2% de las personas infectadas por el VIH que no reciben tratamiento farmacológico presentan el sida en el curso de los primeros años después de la infección. De allí en adelante, el porcentaje sube al 5%, aproximadamente. Entre los 10 y 11 años después de haber contraído la infección por el VIH, la mitad de las personas que no reciben tratamiento se verán afectadas por la enfermedad. Finalmente, más del 95% de los pacientes infectados sin tratamiento presentan el sida y es posible que todos lo hagan si viven el tiempo suficiente, aunque algunos han permanecido asintomáticos durante más de quince años.

Al comienzo de la epidemia de sida, muchos afectados presentaban una rápida disminución en su calidad de vida después de su primera hospitalización y solían pasar gran parte del tiempo que les quedaba en el hospital. La mayoría de las personas fallecieron durante los dos años siguientes al inicio de la sintomatología de sida. No obstante, la terapia actual ha transformado el sida en una enfermedad más estable y más tratable.

Muchas personas han vivido durante años con sida y continúan llevando una vida productiva y activa. Sin embargo, las enfermedades derivadas de las infecciones, el alto coste del tratamiento farmacológico y sus efectos secundarios pueden reducir la calidad de vida. Para las personas que no toleran los medicamentos o que son incapaces de tomarlos de forma coherente, la evolución natural de la enfermedad prosigue. La curación no es todavía posible, aunque la investigación en esta dirección continúa de forma intensiva.

CAPÍTULO 200

Enfermedades de transmisión sexual

Las enfermedades de transmisión sexual (enfermedades venéreas) son las infecciones que se transmiten de persona a persona a través del contacto sexual.

Dado que la actividad sexual implica un contacto íntimo, constituye una oportunidad fácil para que los microorganismos se transmitan de una persona a otra. Por eso hay una gran variedad de microorganismos infecciosos que se transmiten mediante el contacto sexual. Entre las enfermedades bacterianas de transmisión sexual (ETS) están la sífilis, la gonorrea, la uretritis no gonocócica y la cervicitis por clamidia, el linfogranuloma venéreo, el chancro, el granuloma inguinal y la tricomoniasis. Las verrugas genitales, el herpes genital ● *(v. pág. 1383),* el molusco contagioso ● *(v. pág. 1464)* y la infección por el VIH o el sida están incluidas entre las ETS víricas lo que hace de ellas dos de las ETS más frecuentes. La incidencia de gonorrea y de clamidia es muy alta, lo que hace de ellas las dos ETS más frecuentes ● *(v. pág. 1391).*

Aunque por lo general las ETS se producen como resultado de las relaciones sexuales vaginales, orales o anales con una persona infectada, la penetración genital no es necesaria para propagar la infección. Algunas enfermedades también se transmiten al besar o al mantener un contacto corporal estrecho. Además, los microorganismos responsables de algunas ETS (por ejemplo, el virus de la inmunodeficiencia humana [VIH] y los virus de la hepatitis) también se transmiten por contactos no sexuales, como el paso de la madre al niño en el momento del nacimiento o a través de la lactancia materna, o bien por exposición a alimentos, agua, sangre, instrumentos médicos o agujas contaminados.

Existen fármacos eficaces disponibles para la mayoría de las ETS causadas por bacterias, aunque ya ha aparecido un considerable número de nuevas cepas resistentes a los antibióticos. Las ETS víricas, en especial el herpes y el VIH, persisten durante toda la vida y tienen un tratamiento eficaz, pero no es posible curarlas.

La prevención o el control de las ETS dependen de la práctica de un sexo seguro y de un diagnóstico y tratamiento precoz. Es esencial conocer cómo puede evitarse la transmisión de las ETS, y en especial, fomentar el uso adecuado del preservativo.

Una estrategia de los profesionales de la salud para intentar controlar la propagación de algunas ETS es la localización del contagio. Los profesionales de la salud intentan identificar y tratar (en caso de que exista un tratamiento específico) todos los contactos sexuales de la persona infectada. Las personas que han sido tratadas son examinadas de nuevo para tener la seguridad de que están curadas.

■ Sífilis

La sífilis es una enfermedad de transmisión sexual causada por la bacteria Treponema pallidum.

La sífilis es muy contagiosa durante las fases primaria y secundaria: un solo encuentro sexual con una persona que tiene sífilis da lugar a la infección en un tercio de los casos. Esta bacteria penetra en el organismo a través de las membranas mucosas, como las de la boca o la vagina, o bien a través de la piel. En el transcurso de horas, la bacteria llega a la proximidad de los ganglios linfáticos y a continuación se disemina por todo el organismo a través del torrente sanguíneo. La sífilis también puede infectar al feto durante el embarazo ● *(v. tabla pág. 1788)* y producir defectos congénitos y otras complicaciones.

En las últimas décadas, las campañas sanitarias y la adopción de medidas profilácticas adecuadas han contribuido a reducir notablemente la incidencia de esta enfermedad en los países desarrollados. En la actualidad, la mayoría de los casos se detectan en personas que no presentan síntomas.

> ### ➤ Síntomas

Los síntomas de la sífilis suelen comenzar entre 3 y 4 semanas después de la infección, aunque puede iniciarse más precozmente en la primera semana, o tan tarde como a las 13 semanas después de haber contraído la infección. Si no se administra tratamiento, la sífilis progresa pasando por varias fases (primaria, secundaria, latente y terciaria). La infección puede persistir durante muchos años y causar daño cardíaco y cerebral, y finalmente la muerte.

En la **fase primaria**, aparece una llaga o úlcera indolora (chancro) en el sitio de la infección, generalmente en el pene, la vulva o la vagina. El chancro también puede aparecer en el ano, el recto, los labios, la lengua, la garganta, el cuello uterino, los dedos o, rara vez, en otras partes del cuerpo. Por lo general, aparece un único chancro, pero a veces se presentan varios.

El chancro comienza como una pequeña área roja abultada, que rápidamente se convierte en una llaga abierta indolora. El chancro no sangra y es duro al tacto. Los ganglios linfáticos cercanos suelen inflamarse y son también indoloros. Alrededor de la mitad de las mujeres infectadas y un tercio de los hombres infectados no saben que padecen la enfermedad. Otros pasan por alto la presencia del chancro porque apenas causa síntomas. El chancro, por lo general, se cura entre 13 y 12 semanas, después de lo cual la persona afectada parece encontrarse completamente bien.

La **fase secundaria** suele comenzar con una erupción cutánea que de forma característica

---

Enfermedades que pueden transmitirse sexualmente

- ■ Amebiasis
- ■ Infección por *Campylobacter*
- ■ Pediculosis pubis (ladilla, piojos)
- ■ Infección por citomegalovirus
- ■ Giardiasis
- ■ Hepatitis A, B y C
- ■ Salmonelosis
- ■ Sarna
- ■ Shigelosis

---

aparece entre 6 y 12 semanas después de la infección. Alrededor del 25% de las personas infectadas aún tiene un chancro que se está curando en ese momento. La erupción, por lo general, no produce picor ni dolor y puede tener diferentes aspectos. A diferencia de las erupciones de la mayoría de las otras enfermedades, la erupción de la sífilis secundaria aparece a menudo en las palmas de las manos o las plantas de los pies. Esta erupción cutánea puede durar poco tiempo, o bien prolongarse durante meses. Aunque la persona no reciba tratamiento, la erupción acaba desapareciendo. Sin embargo, pueden aparecer nuevas erupciones semanas o meses más tarde.

La fase secundaria de la sífilis es una enfermedad generalizada que puede causar fiebre, cansancio, pérdida de apetito y pérdida de peso. Se presentan aftas orales en más del 80% de las personas. Alrededor del 50% presenta un aumento del tamaño de los ganglios linfáticos en todo el cuerpo y en cerca del 10% aparece una inflamación de los ojos. La inflamación de los ojos no suele causar síntomas, aunque, a veces, se inflama el nervio óptico y da lugar a visión borrosa. Alrededor del 10% de las personas presentan dolor e inflamación de los huesos y de las articulaciones. La ictericia puede ser consecuencia de una inflamación del hígado. Un reducido número de personas presenta una meningitis sifilítica aguda que causa dolor de cabeza, rigidez de cuello y en ocasiones sordera.

En las áreas donde la piel se une a una membrana mucosa, por ejemplo, en los bordes internos de los labios y de la vulva, así como en las zonas húmedas de la piel, pueden aparecer zonas abultadas (condilomas planos). Estas áreas extremadamente infecciosas pueden aplanarse y adoptar un color rosa oscuro o gris. El pelo suele caerse a mechones, lo que proporciona un aspecto apolillado.

Después de haberse recuperado del estado secundario, la enfermedad entra en un **estado latente** en el cual la infección persiste, pero no se producen síntomas. Esta etapa puede durar años o décadas, o bien toda la vida. Generalmente, la sífilis no es contagiosa durante la fase latente.

En la **fase terciaria (tercera)**, la sífilis tampoco es contagiosa pero produce síntomas que oscilan desde leves hasta devastadores. Pueden aparecer tres tipos principales de síntomas: la sífilis terciaria benigna, la sífilis cardiovascular y la neurosífilis.

La sífilis terciaria benigna es muy rara en la actualidad. Aparecen bultos llamados gomas en la piel o en varios órganos. Estos abultamientos crecen lentamente, se curan de forma gradual y dejan cicatrices. Los bultos se presentan en cualquier lugar del cuerpo, pero son más frecuentes en el cuero cabelludo, la cara, la parte superior del tronco y las piernas (justo debajo de la rodilla). Si los huesos resultan afectados, provocan un dolor profundo y penetrante que suele empeorar durante la noche.

La sífilis cardiovascular suele aparecer entre 10 y 25 años después de la infección inicial. El enfermo puede presentar un aneurisma (debilitamiento y dilatación) de la aorta (la principal arteria que sale del corazón) o una insuficiencia de la válvula aórtica. Estos trastornos pueden producir dolor torácico, insuficiencia cardíaca o la muerte.

La neurosífilis (sífilis del sistema nervioso) afecta aproximadamente al 5% de todos los casos de sífilis no tratada, aunque es muy poco frecuente en los países desarrollados. Es causa de muchas complicaciones graves en el cerebro y la médula espinal, que dificultan el pensamiento, la marcha, el habla y muchas otras actividades de la vida diaria.

La neurosífilis presenta tres formas: meningovascular, parética (también llamada parálisis general del loco) y tabética (tabes dorsal). La neurosífilis meningovascular es una forma crónica de meningitis que afecta al cerebro y la médula espinal. La neurosífilis parética no suele iniciarse hasta que la persona tiene 40 o 50 años y comienza con cambios graduales del comportamiento, como el deterioro de la higiene personal, cambios de humor y confusión mental progresiva. La neurosífilis tabética es una enfermedad progresiva de la médula espinal que comienza de forma gradual, por lo general con un intenso y punzante dolor en las piernas que aparece y desaparece con irregularidad. Más tarde, la persona pierde la estabilidad al caminar.

➤ Diagnóstico

La presencia de un chancro o una típica erupción cutánea localizada en las palmas de las manos y las plantas de los pies suele hacer que el médico sospeche el diagnóstico de sífilis. El diagnóstico definitivo se hace en función de los resultados de las pruebas de laboratorio.

Se utilizan dos tipos de análisis de sangre. El primero consiste en pruebas de detección como la prueba del Venereal Disease Research Laboratory (Laboratorio de Investigación de Enfermedades Venéreas), también conocida por las siglas en inglés VDRL y la prueba de la reagina rápida del plasma. Las pruebas de detección son de bajo costo y fáciles de hacer, pero es necesario repetirlas porque los resultados pueden ser falsamente negativos en las primeras semanas de la sífilis primaria. Algunas veces estas pruebas de detección son falsamente positivas debido a enfermedades diferentes de la sífilis. Por lo tanto, los resultados positivos de las pruebas de detección suelen confirmarse con una segunda prueba de sangre más específica para la determinación de los anticuerpos contra la bacteria de la sífilis. Los resultados de las pruebas de detección son negativos después de un tratamiento eficaz, pero la segunda, la prueba de confirmación, permanece positiva indefinidamente.

En las fases primaria o secundaria, es posible diagnosticar la sífilis tomando una muestra de líquido de la piel o de una úlcera de la boca para identificar la bacteria al microscopio. En el caso de la neurosífilis, es necesario realizar una punción lumbar para obtener líquido cefalorraquídeo y realizar un análisis de anticuerpos. En la fase latente, la sífilis se diagnostica sólo mediante pruebas de anticuerpos realizadas con muestras de sangre y líquido espinal. En la fase terciaria, se diagnostica a partir de los síntomas y del resultado de un análisis de anticuerpos.

➤ Tratamiento y pronóstico

Debido a que las personas que padecen sífilis primaria y secundaria pueden transmitir la enfermedad, se debe evitar el contacto sexual o extremar las precauciones hasta que ellos y sus parejas

Uso apropiado del preservativo

■ Utilice un nuevo preservativo para cada acto durante una relación sexual.

■ Use un preservativo del tamaño adecuado.

■ Maneje cuidadosamente el preservativo para evitar dañarlo con las uñas, los dientes u otros objetos puntiagudos.

■ Póngase el preservativo después de la erección del pene y antes de cualquier contacto genital con la pareja.

■ Coloque el preservativo enrollado sobre la punta del pene erecto.

■ Procure dejar 1,5 cm en la punta del preservativo para almacenar el semen.

■ Con una mano, apriete para expulsar el aire acumulado en el extremo del preservativo.

■ Si no está circuncidado, tire del prepucio hacia atrás antes de hacer rodar el preservativo hacia abajo.

■ Con la otra mano, deslice el preservativo sobre el pene hasta su base y aplane cualquier burbuja de aire.

■ Asegúrese de que la lubricación durante el coito es apropiada.

■ Con los preservativos de látex, use únicamente lubricantes a base de agua. Los lubricantes a base de aceite (como la vaselina, la manteca, el aceite mineral, los aceites de masaje, las lociones corporales y el aceite de cocción) pueden debilitar el látex y provocar la rotura del preservativo.

■ Sostenga el preservativo firmemente contra la base del pene durante la retirada, y procure apartar el pene mientras aún esté erecto para evitar que se desprenda.

sexuales hayan completado el tratamiento. En el caso de la sífilis en período primario, todos los compañeros sexuales de los tres meses previos están en riesgo de contraer la infección. Con la fase secundaria de la sífilis, todos los compañeros sexuales del último año pueden haberse contagiado. Los compañeros sexuales incluidos en estas categorías necesitan ser controlados mediante una prueba de anticuerpos en una muestra de sangre. Si el resultado es positivo, necesitan recibir tratamiento. Algunos médicos tratan a todos los compañeros sexuales sin esperar a los resultados del análisis.

La penicilina administrada por vía inyectable es el mejor antibiótico para todas las fases de la sífilis. En la fase primaria, es adecuado un tratamiento en dosis única con penicilina, aunque algunos médicos repiten la dosis en el plazo de una semana. Para la sífilis en el período secundario, se debe administrar siempre la segunda dosis. La penicilina también se utiliza en casos de sífilis latente y en la fase terciaria, aunque puede ser necesario un tratamiento intravenoso más largo. Las personas alérgicas a la penicilina pueden recibir azitromicina en una sola dosis por vía oral, ceftriaxona en inyección diaria durante diez días, o doxiciclina por vía oral durante catorce días.

Más de la mitad de las personas con sífilis en los estadios iniciales, sobre todo en la fase secundaria, presentan una reacción entre 2 y 12 horas después del primer tratamiento. Esta reacción es denominada reacción de Jarisch-Herxheimer y se cree que se produce como resultado de la muerte súbita de millones de bacterias. Los síntomas de la reacción son sensación de malestar general, fiebre, dolor de cabeza, sudoración, escalofríos, tiritona y un empeoramiento transitorio de las úlceras sifilíticas. Raras veces las personas con neurosífilis presentan convulsiones o parálisis. Los síntomas de esta reacción son transitorios y sólo en pocos casos causan un daño permanente.

Una vez administrado el tratamiento, el pronóstico para las fases primaria, secundaria y latente de la sífilis es excelente. Pero es malo en los casos de sífilis terciaria que afecte al cerebro o el corazón, ya que las lesiones existentes por lo general son irreversibles. Una persona curada de sífilis no es inmune a la enfermedad y puede adquirir la infección de nuevo.

■ Gonorrea

La gonorrea es una enfermedad de transmisión sexual causada por la bacteria Neisseria gonorrhoeae, *que infecta el revestimiento mucoso de la uretra, el cuello uterino, el recto y la garganta o la membrana ocular (la conjuntiva).*

La gonorrea habitualmente causa daños sólo en el lugar de la infección, aunque la enfermedad puede propagarse a través del torrente sanguíneo hacia otras partes del cuerpo, en especial la piel y las articulaciones. En las mujeres, la enfermedad puede ascender por el tracto genital y llegar a infectar las membranas que se encuentran dentro de la pelvis, causando dolor pélvico y problemas reproductivos.

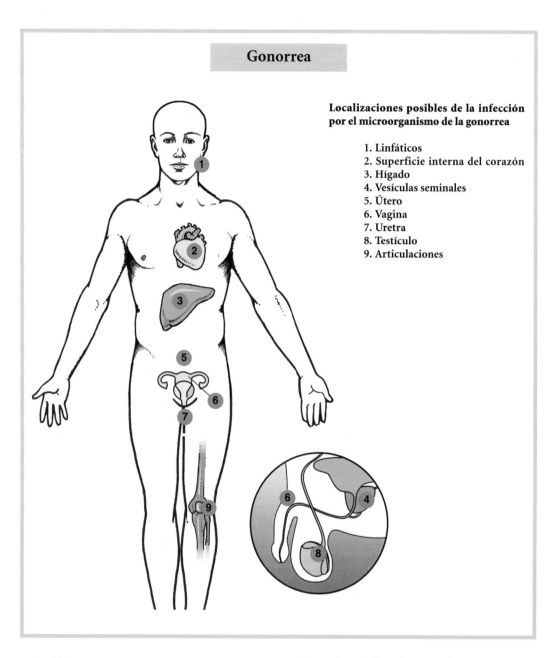

Gonorrea

Localizaciones posibles de la infección por el microorganismo de la gonorrea

1. Linfáticos
2. Superficie interna del corazón
3. Hígado
4. Vesículas seminales
5. Útero
6. Vagina
7. Uretra
8. Testículo
9. Articulaciones

➤ Síntomas

En los hombres, los primeros síntomas suelen aparecer entre 2 y 7 días después de la infección. Los síntomas comienzan con una molestia leve en la uretra, seguida en pocas horas de un dolor al orinar que puede ser leve o intenso, una secreción de pus a través del pene y una necesidad imperiosa de orinar con frecuencia que empeora a medida que la enfermedad se extiende hacia la parte superior de la uretra. El orificio del pene puede adquirir un color rojizo e inflamarse.

Las mujeres infectadas no suelen presentar síntomas durante semanas o meses y la enfermedad se descubre sólo después de que su pareja masculina haya sido diagnosticada y la mujer sea examinada como un contacto. Si presenta síntomas, por lo general aparecen de 7 a 21 días después de la infección y suelen ser leves. Sin embargo, algunas mujeres tienen síntomas graves, como una frecuente necesidad de orinar, dolor al orinar, secreción vaginal y fiebre. El cuello uterino, el útero, las trompas de Falopio, los ovarios, la uretra y el recto pueden resultar infectados, dando lugar a una mayor sensibilidad al tacto o a un intenso y profundo dolor pélvico, en especial durante el coito. El pus, que aparentemente proviene de la vagina, puede tener su origen en el cuello uterino, la uretra o las glándulas próximas al orificio vaginal.

El sexo anal con una persona infectada puede producir una gonorrea rectal. La enfermedad puede causar molestias alrededor del ano y secreciones procedentes del recto. La zona que rodea el ano se enrojece y queda en carne viva, mientras que las heces se cubren de mucosidad y pus. Cuando el médico examina el recto mediante un tubo de visualización (anoscopio), es posible distinguir moco y pus en la pared del mismo.

El sexo oral con una persona infectada puede producir gonorrea de garganta (faringitis gonocócica). Por lo general, la infección no produce síntomas, pero en ciertos casos provoca dolor de garganta y molestias al tragar.

Si los fluidos infectados entran en contacto con los ojos, puede aparecer una conjuntivitis gonocócica ● *(v. pág. 1541),* lo que causa inflamación de los párpados y una secreción de pus por los ojos. Una mujer embarazada con gonorrea puede infectar los ojos de su bebé en el momento del parto. En los adultos, a menudo se afecta sólo un ojo. Los recién nacidos suelen tener la infección en ambos ojos. Si la infección no recibe tratamiento, puede dar lugar a ceguera.

La gonorrea en las niñas pequeñas y las jóvenes suele ser resultado de abuso sexual por adultos o adolescentes contagiados. Entre los síntomas puede encontrarse una irritación, enrojecimiento e inflamación de la vulva con secreción de pus procedente de la vagina. La niña suele padecer molestias en la zona vaginal o sentir dolor al orinar. El recto también puede resultar inflamado. Las secreciones pueden manchar su ropa interior.

En algunas personas, la gonorrea se disemina a través del flujo sanguíneo hacia una o más articulaciones, ocasionando inflamación, sensibilidad al tacto y una limitación de la movilidad con dolor muy intenso. La infección de la corriente sanguínea también puede causar fiebre, una sensación de malestar general, dolores que se desplazan de una articulación a otra y la formación de puntos rojos llenos de pus en la piel (síndrome de artritis-dermatitis).

El interior del corazón puede llegar a infectarse (endocarditis). La infección del revestimiento del hígado (perihepatitis) produce un dolor similar al de la afección de la vesícula biliar. Estas infecciones son tratables y rara vez resultan mortales, pero la recuperación de la artritis o la endocarditis puede ser lenta.

➤ Diagnóstico

El médico puede diagnosticar esta enfermedad casi de inmediato mediante la identificación de la bacteria (gonococo) al microscopio. En más del 90 % de los hombres infectados, el diagnóstico puede realizarse utilizando una muestra de secreción uretral. La muestra se suele obtener introduciendo un pequeño algodón unos centímetros en el interior la uretra. El examen microscópico de una muestra de la secreción del cuello uterino es menos fiable; los gonococos sólo se identifican en aproximadamente el 60 % de las mujeres infectadas. La muestra de secreción también se envía al laboratorio para su cultivo, que constituye una técnica muy fiable para ambos sexos pero lleva más tiempo que el examen microscópico. Si el médico sospecha que existe una infección en la garganta o el recto, se obtienen muestras de esas zonas para realizar un cultivo.

Recientemente han aparecido métodos muy sensibles para encontrar el ADN de las bacterias que causan gonorrea y clamidia, lo que permite a los laboratorios investigar ambas bacterias en una sola muestra. Dado que estas pruebas pueden ser realizadas con muestras de orina obtenida de personas de ambos sexos, son de gran utilidad para detectar los casos asintomáticos o los de personas poco dispuestas a someterse a la toma de muestras uretrales, rectales o del cuello uterino.

Debido a que una persona puede tener más de una ETS, es conveniente obtener una muestra de sangre para establecer si también padece sífilis o una infección causada por el virus de la inmunodeficiencia humana (VIH).

➤ Tratamiento

Las personas con gonorrea por lo general reciben tratamiento antibiótico para eliminar tanto *Chlamydia* como el gonococo, ya que la gente que padece gonorrea frecuentemente se infecta con *Chlamydia* al mismo tiempo. Una sola inyección de ceftriaxona intramuscular o una sola dosis de cefixima, levofloxacino, ciprofloxacino u ofloxacino por vía oral suele ser un tratamiento adecuado para la gonorrea. Para tratar la clamidia de manera sistemática se realiza un ciclo de una semana con otro antibiótico oral (doxiciclina o levofloxacino). De forma alternativa, se puede utilizar una sola dosis elevada de azitromicina para tratar ambas infecciones. Si la gonorrea se ha diseminado a través del torrente sanguíneo, el enfermo suele recibir tratamiento hospitalario, a menudo con antibióticos intravenosos.

Cuando los síntomas recurren o persisten al finalizar el tratamiento, se pueden obtener muestras para realizar cultivos con el fin de comprobar si el paciente se ha curado. Los síntomas de la uretritis, causados con mayor frecuencia por *Chlamydia* y otros organismos que no responden al tratamiento con ceftriaxona, pueden reaparecer en los hombres (uretritis posgonocócica).

■ Uretritis no gonocócica y cervicitis por clamidia

La uretritis no gonocócica y la cervicitis por clamidia son enfermedades de transmisión sexual causadas por la bacteria Chlamydia trachomatis *y por otros microorganismos que producen inflamación de la uretra y el cuello uterino.*

Varios microorganismos distintos causan enfermedades parecidas a la gonorrea. Entre estos microorganismos se encuentran *Chlamydia trachomatis*, *Trichomonas vaginalis* y varios tipos diferentes de *Mycoplasma*. En el pasado, estos microorganismos eran difíciles de identificar en el laboratorio, por lo que las infecciones que originaban se denominaban simplemente como *no gonocócicas*, para indicar que no eran causadas por *Neisseria gonorrhoeae*, la bacteria que produce gonorrea.

La infección por *Chlamydia trachomatis* es muy frecuente. Como a veces no produce síntomas, es posible que sean muchos más los afectados que los casos que se diagnostican. En los hombres, *Chlamydia* causa casi la mitad de las infecciones uretrales no gonocócicas. La mayoría de las restantes infecciones uretrales masculinas están producidas por *Ureaplasma urealyticum*. En las mujeres, la infección por clamidia representa prácticamente el total de las infecciones supurativas no gonocócicas del cuello uterino. Ambos sexos pueden padecer gonorrea y clamidia al mismo tiempo.

➤ Síntomas y diagnóstico

Por lo general, entre 4 y 28 días después del contacto sexual con una persona que padece la infección, el hombre infectado siente una leve sensación de quemazón en la uretra mientras orina y puede evidenciarse una secreción clara o turbia por el pene. La secreción es generalmente menos espesa que la producida en la gonorrea. A primera hora de la mañana, el orificio del pene suele tener una coloración rojiza y sus bordes están pegados debido a las secreciones secas. En ocasiones, la enfermedad comienza de forma más exagerada. El hombre necesita orinar con mayor frecuencia, la micción es dolorosa y presenta una secreción de pus a través de la uretra.

Aunque por lo general las mujeres infectadas con *Chlamidia* no presentan síntomas, algunas experimentan una frecuente necesidad de orinar, dolor con la micción, dolor en la parte inferior del abdomen y durante el coito, y secreciones de mucosidad amarillenta y pus procedentes de la vagina.

Las infecciones anales suelen producir dolor y una secreción amarillenta de pus y moco.

En la mayoría de los casos, es posible diagnosticar una infección por clamidia al examinar una secreción uretral o del cuello uterino en el laboratorio. Nuevas pruebas que amplifican el ADN o el ARN, tales como la reacción en cadena de la polimerasa, permiten al médico diagnosticar una infección por clamidia o gonorrea a partir de una muestra de orina. Estas pruebas son recomendadas en las mujeres sexualmente activas con edades comprendidas entre los 15 y los 25 años. Las infecciones genitales con *Ureaplasma* y *Mycoplasma* no se diagnostican específicamente en los procedimientos médicos rutinarios, dado que el cultivo de estos microorganismos es difícil y las demás técnicas para el diagnóstico son costosas. El diagnóstico de las infecciones no gonocócicas suele presumirse si la persona tiene síntomas característicos sin evidencia de gonorrea.

En el caso de que la clamidia no reciba tratamiento, los síntomas suelen desaparecer en cuatro semanas. Sin embargo, una infección por clamidia puede causar varias complicaciones. La cervicitis clamidial que no recibe tratamiento con frecuencia asciende hasta las trompas de Falopio (conductos que conectan los ovarios hasta el útero), donde la inflamación causa dolor y cicatrización. Las cicatrices pueden causar infertilidad y embarazo ectópico ● *(v. fig. pág. 1726)*. Estas complicaciones pueden darse en mujeres asintomáticas y tienen como resultado considerables sufrimientos y costes médicos. En el hombre, la clamidia puede causar epididimitis, provocando una dolorosa inflamación del escroto en uno o ambos lados ● *(v. pág. 1577)*. No se sabe

---

Complicaciones de las infecciones por *Chlamydia* y *Ureaplasma*

En el varón

- Infección del epidídimo
- Estrechamiento (estenosis) de la uretra

En la mujer

- Infección de las trompas de Falopio y los revestimientos de la cavidad pélvica
- Infección de la superficie del hígado

En el hombre y en la mujer

- Infección de las membranas oculares (conjuntivitis)

En los recién nacidos

- Conjuntivitis
- Neumonía

---

con seguridad si *Ureaplasma* tiene algo que ver con estas complicaciones.

➤ Tratamiento

Las infecciones por clamidia y ureaplasma se tratan por lo general con tetraciclina, doxiciclina o levofloxacino tomados por vía oral durante al menos siete días, o bien con una sola dosis de azitromicina por vía oral. Como los síntomas son similares a los de la gonorrea, el médico suele prescribir un antibiótico como la ceftriaxona con el fin de tratar la gonorrea al mismo tiempo. En las mujeres embarazadas se utiliza la eritromicina en lugar de la tetraciclina o la doxiciclina. Si los síntomas persisten o reaparecen, el médico prescribe un tratamiento para un período más largo.

Las personas infectadas que tienen relaciones sexuales antes de haber completado el tratamiento pueden infectar a sus parejas. Además, las parejas que se han infectado pueden reinfectar a la persona ya tratada. En consecuencia, en la medida de lo posible es conveniente tratar a la pareja de forma simultánea. El riesgo de repetición de las infecciones por clamidia u otra enfermedad de transmisión sexual en el transcurso de 3 a 4 meses es lo suficientemente elevado como para repetir las exploraciones durante ese período de tiempo.

■ Linfogranuloma venéreo

El linfogranuloma venéreo es una enfermedad de transmisión sexual causada por Chlamydia trachomatis *que produce inflamaciones dolorosas en la ingle.*

El linfogranuloma venéreo está originado por tipos de *Chlamydia trachomatis* diferentes de los que causan la uretritis no gonocócica y la cervicitis clamidial. La enfermedad se produce generalmente en áreas tropicales y subtropicales.

Los síntomas comienzan desde el tercer día después de la infección. En el pene o en la vagina aparece una pequeña ampolla indolora llena de líquido. Por lo general, esta ampolla se convierte en una úlcera que rápidamente se cura y suele pasar inadvertida. A continuación, los ganglios linfáticos de la ingle, de uno o ambos lados, pueden aumentar de tamaño y volverse sensibles al tacto. Tras padecer episodios prolongados o repetidos de la infección, los vasos linfáticos llegan a obstruirse, causando la inflamación del tejido. La infección rectal puede producir cicatrices cuya consecuencia es en ocasiones un estrechamiento del recto.

El médico sospecha la presencia del linfogranuloma venéreo en función de los síntomas característicos. El diagnóstico puede ser confirmado mediante un análisis de sangre que identifique los anticuerpos contra *Chlamydia trachomatis*. Si se administra en las fases precoces de la enfermedad, el tratamiento con doxiciclina oral, eritromicina o tetraciclina durante tres semanas proporciona una rápida curación.

■ Chancroide

El chancroide es una enfermedad de transmisión sexual causada por la bacteria Haemophilus ducreyi *que produce lesiones ulcerosas genitales dolorosas.*

Los síntomas comienzan entre 3 y 7 días después de haberse producido la infección. Las ampollas pequeñas y dolorosas que aparecen en los genitales o alrededor del ano se rompen rápidamente para formar úlceras superficiales. Éstas aumentan de tamaño y después se unen entre sí. Los ganglios linfáticos de la ingle se vuelven muy sensibles al tacto, aumentan de tamaño y confluyen, formando un absceso (acumulación de pus). La piel que cubre el absceso puede adoptar un color rojo y de aspecto brillante que, al romperse, drena pus.

Varios antibióticos son eficaces para el chancroide. Una sola dosis de ceftriaxona es suficiente, así como también una dosis oral de azitromicina, o bien tres días de ciprofloxacino oral o siete de eritromicina oral.

■ Granuloma inguinal

El granuloma inguinal es una enfermedad causada por la bacteria Calymmatobacterium granulomatis *que ocasiona una inflamación crónica de los genitales.*

El granuloma inguinal es muy poco común en los países desarrollados. Es más frecuente en las personas que viven en condiciones primitivas en Papúa Nueva Guinea, Australia, y Sudáfrica.

Los síntomas suelen comenzar entre 1 y 12 semanas después de la infección. El primer síntoma es la aparición de un nódulo indoloro, rojo, que crece lentamente formando uno o más bultos redondeados y elevados que terminan rompiéndose y dando lugar a una llaga. Los puntos de infección incluyen el pene, el escroto, la ingle y los muslos en los hombres, así como la vulva, la vagina y las zonas de piel circundantes en las mujeres. Tanto el trimetoprim-sulfametoxazol como la doxiciclina por vía oral son eficaces durante al menos tres semanas.

■ Tricomoniasis

La tricomoniasis es una enfermedad de la vagina o la uretra causada por Trichomonas vaginalis, *un microorganismo unicelular.*

Trichomonas vaginalis infecta con frecuencia los genitales y las vías urinarias tanto de los hombres como de las mujeres. Sin embargo, las mujeres son más propensas a presentar síntomas. Alrededor del 20 % de las mujeres presenta tricomoniasis de la vagina durante sus años fértiles.

En los hombres, la infección uretral asintomática o con un mínimo de síntomas es frecuente, aunque rara vez se infectan el epidídimo y la próstata. En algunas poblaciones, *Trichomonas* son responsables del 5 al 10 % de todos los casos de uretritis no gonocócica.

➤ Síntomas y diagnóstico

En las mujeres, la enfermedad suele comenzar con una secreción espumosa de color verde amarillento procedente de la vagina. En algunos casos la secreción es ligera. La vulva puede estar irritada y dolorida y es posible que se produzca dolor durante las relaciones sexuales. En los casos graves, la vulva y la piel que la rodea se inflaman, al igual que los labios. De forma aislada o junto con otros síntomas, puede aparecer dolor al orinar o una micción frecuente, tal como sucede en las infecciones de la vejiga.

Los hombres con tricomoniasis no suelen tener síntomas pero pueden infectar a sus parejas sexuales. Algunos hombres padecen una uretritis no gonocócica con síntomas caracterizados por secreción uretral, dolor al orinar y necesidad de orinar con frecuencia. El papel de *Trichomonas* en las infecciones de la próstata no está muy claro.

El microorganismo es más difícil de detectar en los hombres que en las mujeres. En las mujeres, el diagnóstico puede hacerse rápidamente identificando el microorganismo en una muestra de secreción vaginal examinada al microscopio, o bien al cabo de varios días de cultivo. Normalmente, se realizan también pruebas para descartar la presencia de otras ETS, ya que *Trichomonas* son frecuentes en las personas con gonorrea o infección por clamidia. En los hombres, las secreciones de la parte distal del pene (obtenidas por la mañana, antes de la primera micción) se examinan al microscopio y se envían al laboratorio para su cultivo. El examen de la orina al microscopio puede también permitir la detección de la presencia de *Trichomonas*.

➤ Tratamiento

Una dosis única de metronidazol tomado por vía oral permite curar hasta al 95 % de las mujeres infectadas; sin embargo, éstas pueden sufrir una reinfección, a menos que sus parejas sexuales reciban tratamiento simultáneamente. No está claro que el tratamiento con una sola dosis sea eficaz en los hombres, que sí suelen curarse después de siete días de tratamiento.

Si se ingiere junto con alcohol, el metronidazol puede provocar náuseas y enrojecimiento de la piel. El fármaco también puede causar sabor metálico en la boca, náuseas o una disminución en la cifra de glóbulos blancos y, en las mujeres, una mayor propensión a las infecciones vaginales por levaduras (candidiasis genital). El metronidazol se debe evitar durante el embarazo, al menos durante los primeros tres meses. Las personas infectadas que mantienen relaciones sexuales antes de que se haya curado la infección tienen mayor probabilidad de contagiar a sus parejas.

■ Verrugas genitales

Las verrugas genitales (Condylomata acuminata) son proliferaciones localizadas en el interior o alrededor de la vagina, el pene o el recto, causadas por papilomavirus transmitidos sexualmente.

Las verrugas genitales son frecuentes; entre el 20 y el 46% de las mujeres jóvenes sexualmente activas se han infectado con uno de los virus que causan estas verrugas. Debido a la localización de las verrugas, puede que los preservativos no logren proteger contra la infección.

Las verrugas genitales están producidas por ciertos tipos de papilomavirus, diferentes de los que causan las verrugas comunes en otras partes del cuerpo. Varios tipos de papilomavirus infectan los genitales, pero no todos ellos causan verrugas visibles en los genitales externos. Algunos tipos producen pequeñas áreas abultadas en el cuello uterino que sólo pueden ser visualizadas mediante un instrumento amplificador denominado colposcopio. Aunque estas lesiones menos visibles no suelen producir síntomas, los papilomavirus que los causan aumentan el riesgo de cáncer de cuello uterino y por lo tanto deben recibir tratamiento ● *(v. pág. 1671)*.

➤ Síntomas y diagnóstico

Las verrugas genitales suelen formarse en las superficies húmedas y cálidas del cuerpo. En los hombres, las áreas más frecuentes son la cabeza y el cuerpo del pene y debajo del prepucio (cuando el pene no ha sido circuncidado). En las mujeres, se producen en la vulva, la pared vaginal, el cuello uterino y la piel que rodea el área vaginal. Las verrugas genitales pueden presentarse en la zona alrededor del ano y en el recto, en especial en las personas que practican sexo anal. En muchos casos no se producen síntomas, pero de forma ocasional algunas personas pueden experimentar un dolor urente.

Las verrugas suelen aparecer entre 1 y 6 meses después de la infección con papilomavirus, co-

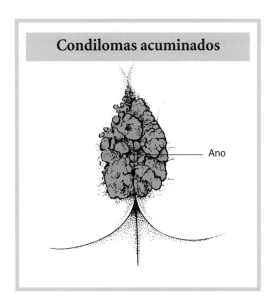

Condilomas acuminados

Ano

menzando en forma de tumefacciones diminutas, blandas, húmedas, rosadas o rojas. Crecen rápidamente y adquieren el aspecto de una protuberancia áspera e irregular, y a veces proliferan hacia el exterior sobre tallos estrechos. En la misma zona suelen aparecer numerosas verrugas agrupadas y sus superficies ásperas les confieren la apariencia de una pequeña coliflor. En las mujeres embarazadas, en quienes padecen alteraciones del sistema inmunológico (por ejemplo, en las personas con sida, o en quienes realizan un tratamiento con fármacos inmunosupresores) y en las personas que presentan inflamación de la piel, pueden crecer rápidamente.

Estas lesiones genitales suelen ser diagnosticadas por su apariencia. Las verrugas de aspecto extraño o persistentes se extirpan quirúrgicamente y se examinan al microscopio para asegurar que no son cancerosas. En las mujeres que tienen verrugas en el cuello uterino es muy importante realizar con regularidad la prueba de Papanicolaou para detectar las primeras fases de cáncer.

➤ Tratamiento

En muchas personas, el sistema inmunológico logra controlar el papilomavirus. En la mitad de los casos, la infección desaparece después de los ocho meses, y menos del 10% de las personas continúan con la infección más allá de dos años.

Ningún tratamiento es completamente satisfactorio y hay algunos que resultan incómodos y dejan cicatrices. Las verrugas en los genitales externos se pueden eliminar mediante láser, crioterapia (congelamiento) o cirugía utilizando anestesia local. Puede aplicarse toxina de podofilina, imiquimod o ácido tricloroacético directamente sobre las verrugas. Sin embargo, esta modalidad requiere varias aplicaciones durante semanas o meses y puede producir quemaduras en la piel circundante y fallar con bastante frecuencia. El imiquimod en crema produce menos quemaduras que los demás medicamentos, pero suele ser menos eficaz. Después de un tratamiento aparentemente eficaz, las verrugas pueden reaparecer.

Las verrugas de la uretra se eliminan mediante una cirugía endoscópica (un procedimiento en el cual se utiliza un tubo de visualización flexible con accesorios quirúrgicos). Algunas veces se inyecta en la verruga un fármaco quimioterápico, como el 5-fluorouracilo. Las inyecciones de interferón alfa en el interior de la verruga son algo más eficaces, pero deben administrarse varias veces por semana durante muchas semanas y son muy costosas.

En los hombres, la circuncisión puede contribuir a prevenir las recurrencias. Todas las parejas sexuales deben ser examinadas para detectar verrugas genitales y otras ETS y recibir tratamiento si fuese necesario.

■ Otras enfermedades de transmisión sexual

Algunas bacterias (*Shigella, Campylobacter* y *Salmonella*), virus (hepatitis A, B y C) y parásitos (*Giardia* y otras amebas) que no suelen contagiarse por vía sexual, a veces se transmiten durante una relación sexual. Las infecciones producidas por estos microorganismos, con excepción de la hepatitis B y C, generalmente se adquieren por vía oral. De este modo, las actividades en las que la boca entra en contacto con el ano de la persona infectada pueden transmitir estas infecciones. Los síntomas son característicos de los del microorganismo específico transmitido y pueden incluir diarrea, fiebre, náuseas y vómitos, dolor o distensión abdominal e ictericia. Las infecciones recurren con frecuencia, en especial entre los varones homosexuales con múltiples parejas sexuales. Algunas infecciones no producen síntomas, pero a largo plazo pueden ocasionar graves complicaciones, como la hepatitis crónica B o C.

CAPÍTULO 201

Biología de la piel

La piel es el órgano más grande del cuerpo. Tiene muchas funciones importantes, como la regulación de la temperatura del cuerpo, el mantenimiento del agua y del equilibrio de los electrolitos, y la sensibilidad a los estímulos dolorosos y agradables. La piel evita que sustancias peligrosas penetren en el organismo y sirve como escudo que lo protege de los efectos perjudiciales del sol. Además, el color, la textura y los pliegues de la piel contribuyen a identificar a las personas como individuos. Cualquier alteración en el funcionamiento o en la apariencia de la piel puede tener consecuencias importantes en la salud física y mental.

▪ Estructura y función

La piel tiene tres capas: la epidermis, la dermis y el tejido graso (también denominado capa subcutánea). Cada capa cumple con una tarea específica.

Epidermis: la epidermis es la capa delgada, resistente, que recubre la piel. La porción externa de la epidermis, el estrato córneo, es impermeable y, cuando no está lesionado, evita que entren en el organismo la mayoría de bacterias, virus y otras sustancias extrañas. La epidermis también protege los órganos internos, los músculos, los nervios y los vasos sanguíneos contra cualquier clase de trauma. Las células planas muertas en la superficie de la epidermis están compuestas por una proteína fuerte y fibrosa denominada queratina, que también se encuentra en el cabello y en las uñas de los dedos. A medida que estas células muertas en la superficie se desgastan, son reemplazadas continuamente por células más nuevas que llegan desde abajo. La capa externa de queratina de la epidermis es más gruesa en las superficies cutáneas que requieren mayor protección, como las palmas de las manos y las plantas de los pies.

En la parte inferior de la epidermis se hallan los melanocitos, células que producen melanina (el pigmento oscuro de la piel). La melanina filtra la radiación ultravioleta de la luz del sol ● *(v. pág. 1465)* y proporciona el color de la piel.

La epidermis también contiene las células de Langerhans, que forman parte del sistema inmunológico de la piel. Estas células ayudan a detectar sustancias extrañas y desempeñan un papel importante en el desarrollo de alergias en la piel.

Dermis: la dermis, la capa siguiente de la piel, es una capa de tejido fibroso y elástico (compuesto principalmente de proteínas, colágeno y fibrilina) que da a la piel su flexibilidad y consistencia. La dermis contiene terminaciones nerviosas, glándulas, folículos pilosos, y vasos sanguíneos.

Las terminaciones nerviosas detectan el dolor, el tacto, la presión y la temperatura. Algunas áreas de la piel contienen más terminaciones nerviosas que otras. Los pies y las yemas de los dedos de las manos, por ejemplo, contienen muchos nervios y son extremadamente sensibles al tacto.

Las glándulas sudoríparas producen el sudor en respuesta al calor. El sudor está compuesto de agua, sal y otras sustancias químicas. A medida que el sudor se evapora de la piel, el cuerpo tiende a refrescarse. Las glándulas sudoríparas especializadas de la axila y la región genital (glándulas aprocrinas sudoríparas) secretan una sustancia espesa y aceitosa que produce un olor característico en el organismo cuando las bacterias de la piel digieren el sudor en esas zonas. Las glándulas sebáceas producen aceite, lo que mantiene la piel húmeda y suave y actúa como una barrera contra las sustancias extrañas.

Los vasos sanguíneos de la dermis nutren la piel y ayudan a regular la temperatura del cuerpo. El calor hace que los vasos sanguíneos se dilaten, y permite que grandes cantidades de sangre circulen cerca de la superficie de la piel, donde puede liberarse el calor. El frío hace que los vasos sanguíneos se estrechen (constriñan) y conserven el calor del cuerpo.

El número de nervios, glándulas sudoríparas, glándulas sebáceas, folículos pilosos y vasos sanguíneos varía en las distintas regiones del cuerpo. La parte superior de la cabeza, por ejemplo, tiene gran cantidad de folículos pilosos, mientras que las palmas de las manos y las plantas de los pies carecen de ellos.

Capa de tejido graso: debajo de la dermis se encuentra una capa de grasa que ayuda a aislar el cuerpo del calor y del frío, proporciona un relleno protector y sirve para almacenar energía. La grasa se almacena en células vivas, denominadas

Un viaje bajo la piel

La piel consta de tres capas. Debajo de la superficie de la piel hay nervios, terminaciones nerviosas, glándulas, folículos pilosos y vasos sanguíneos.

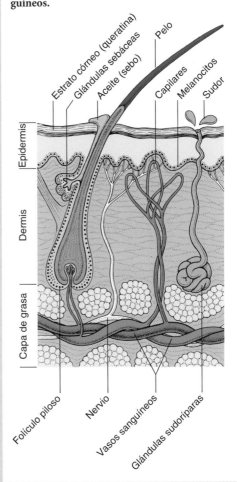

células grasas, unidas entre sí por un tejido fibroso. El grosor de la capa de grasa varía, desde una fracción de centímetro en los párpados hasta varios centímetros en el abdomen y las nalgas en algunas personas.

■ Efectos del envejecimiento

La piel tiende a sufrir alteraciones a lo largo de la vida. La piel de un bebé es muy suave y lisa y la barrera que proporciona es menos eficaz contra las sustancias dañinas. La piel de un bebé tiene una capa de tejido graso más gruesa y una mucho más fina de queratina protectora. La piel de un joven es fuerte y flexible. Con la edad, la piel se vuelve más delgada y después se arruga y pierde tejido graso.

El **envejecimiento en sí** es el resultado del adelgazamiento de la dermis y la epidermis. La mayor parte de la capa grasa se pierde también, excepto en los muslos y el abdomen y, por consiguiente, su capacidad aislante contra el frío disminuye. La piel pierde parte de su elasticidad y se vuelve más seca. El número de las terminaciones nerviosas en la piel disminuye y, por ende, la sensibilidad. El número de glándulas sudoríparas y de vasos sanguíneos disminuye y, por lo tanto, la capacidad de responder a la exposición al calor también. El número de melanocitos tiende a disminuir con la edad, y entonces la piel queda menos protegida contra la radiación ultravioleta. Con estos cambios la piel se vuelva más susceptible a las lesiones y su curación sea más lenta.

Daño solar: la piel sufre alteraciones que las personas, por lo general, asocian con el envejecimiento ● *(v. pág. 1465)*. La exposición a la radiación ultravioleta o a la luz del sol por mucho tiempo hace que aparezcan arrugas, tanto finas como gruesas, pigmentación irregular, manchas rojas y de color café, y la textura gruesa propia de la piel expuesta al sol.

CAPÍTULO 202

Diagnóstico y tratamiento de los trastornos de la piel

Muchos de los problemas que se presentan en la piel se limitan a la misma. Sin embargo, en algunos casos, la piel revela un trastorno que afecta a todo el cuerpo. En consecuencia, los médicos a menudo consideran la posibilidad de diversas enfermedades al examinar problemas cutáneos. A menudo, se piden análisis de sangre u otras pruebas de laboratorio para detectar una enfermedad interna en personas que acuden con un problema cutáneo.

■ Diagnóstico

Los médicos pueden identificar muchas enfermedades de la piel mediante una simple exploración visual. Las características diagnósticas incluyen tamaño, forma, color y localización de la anomalía, al igual que la presencia o ausencia de otros signos o síntomas. Para examinar la distribución de una lesión cutánea, el médico suele pedirle al paciente que se desvista completamente, aunque éste sólo haya notado anomalías en una pequeña zona de la piel.

Algunas veces, deberá practicarse una biopsia, en la cual se extirpa una pequeña porción de piel para ser examinada al microscopio. Para este simple procedimiento, el médico insensibiliza una pequeña zona de piel con anestesia local y, mediante un bisturí (escalpelo), tijeras, o un sacabocados circular (punzón para biopsias), extrae una porción de piel de 0,5 centímetros de diámetro aproximadamente.

Cuando se sospecha que existe una infección, el médico puede realizar un raspado de algún material de la piel y examinarla al microscopio. El material puede también enviarse a un laboratorio, donde se coloca la muestra en un medio de cultivo (una sustancia que estimula el crecimiento de los microorganismos). Si la muestra contiene bacterias, hongos o virus, éstos crecen en el cultivo y pueden identificarse.

También se puede utilizar un examen con luz de Wood cuando se sospecha la existencia de infecciones cutáneas, en el que se ilumina la piel con rayos ultravioleta en un cuarto oscuro. La luz ultravioleta hace brillar a algunos hongos o bacterias y se pueden visualizar mejor algunas pigmentaciones anormales, tales como el vitíligo.

Existen pruebas de la piel, tales como el parche, una prueba cutánea inmediata (*prick test*), y una prueba intradérmica, si el médico sospecha que

Términos médicos para lesiones y tumoraciones de la piel

Piel atrófica: piel delgada como el papel y arrugada.

Cicatriz: zona en la que la piel normal ha sido reemplazada por un tejido fibroso (cicatricial). Las cicatrices se forman como consecuencia de la destrucción de alguna parte de la dermis.

Costra (escara): Sangre, pus o fluidos desecados en la superficie de la piel. Una costra puede formarse donde se haya producido una lesión cutánea.

Erosión: pérdida parcial o total de la capa superficial de la piel. Las erosiones se producen cuando la piel se lesiona por una infección, presión, irritación o calor.

Escamas: zonas de células epidérmicas muertas y apiladas que dan lugar a una costra descamada y seca. Las escamas se producen en la psoriasis, la dermatitis seborreica y muchas otras enfermedades.

Excoriación: zona costrosa lineal o excavada, causada por rascado, roce o punción de la piel.

Habones (urticaria): hinchazón de una zona de la piel que produce una elevación blanda y esponjosa, que aparece de forma bastante repentina y luego desaparece. Los habones son reacciones alérgicas corrientes a los medicamentos, picaduras de insectos o algo que toque la piel.

Liquenificación: piel engrosada con pliegues cutáneos acentuados o surcos que parecen estrías profundas y arrugas. La liquenificación se produce por un rascado prolongado.

Mácula: punto plano, descolorido, de forma variable, de menos de 1 cm de diámetro. Las pecas, los lunares, las manchas en vino de oporto y muchas de las erupciones son máculas. Un parche es como una mácula, pero más extenso.

Nódulo: formación sólida, más profunda y más fácil de palpar que una pápula, que puede estar sobrelevada. Algunas veces se forma un nódulo debajo de la piel que sobresale de la superficie.

Pápula: bulto sólido de menos de 1 cm de diámetro. Las verrugas, las picaduras de insectos, las prominencias cutáneas y algunos cánceres de piel son pápulas.

Placa: bulto plano y elevado o abultamientos agrupados, por lo general, de más de 1 cm de diámetro.

Pústula: ampolla que contiene pus.

Telangiectasia: vasos sanguíneos dilatados bajo la piel de aspecto sinuoso y que se blanquean al presionarlos.

Úlcera: similar a una erosión, sólo que más profunda, y que penetra al menos en una parte de la dermis. Las causas son las mismas que las de las erosiones.

Vesícula: pequeño punto, lleno de líquido, de menos de 0,5 cm de diámetro. Una ampolla (bulla) es una vesícula de mayor tamaño. Las picaduras de insectos, el herpes zóster, la varicela, las quemaduras y las irritaciones forman vesículas y ampollas.

la causa de la erupción pueda ser una reacción alérgica. En el método del parche, se colocan sobre la piel durante 1 o 2 días pequeñas muestras de los posibles agentes causantes. Si la sustancia produce una erupción, significa que la persona es alérgica a ella. En las pruebas cutáneas inmediata (*prick test*) ● *(v. pág. 1272)* e intradérmica, se inyectan bajo la piel pequeñas cantidades de la sustancia. Luego se vigila la zona en busca de enrojecimiento e inflamación, lo que indica una reacción alérgica.

■ Tratamiento

Los fármacos tópicos constituyen el pilar del tratamiento de las enfermedades cutáneas. Los medicamentos tópicos se aplican directamente en el área de la piel afectada. Los medicamentos sistémicos se toman por vía oral y se distribuyen por todo el cuerpo. En ciertas ocasiones, cuando se necesita aplicar un medicamento de elevada concentración en la zona afectada, el médico puede inyectar un fármaco justo por debajo de la piel (inyección intradérmica).

➤ Preparaciones tópicas

El ingrediente activo, o fármaco, en una preparación tópica se mezcla con un ingrediente inactivo (vehículo). El vehículo determina la consistencia del producto (por ejemplo, espesa y aceitosa o ligera y acuosa) y si el ingrediente activo permanece sobre la superficie o penetra en la piel. Según el vehículo utilizado, el mismo fármaco puede colocarse en un ungüento, crema, loción, solución, polvo o gel. Muchos preparados están disponibles en diferentes dosis (concentraciones).

Las **cremas**, las preparaciones utilizadas con mayor frecuencia, son las emulsiones de aceite en agua. Son fáciles de aplicar y dan la sensación de desaparecer al frotarlas sobre la piel.

Los **ungüentos** son aceitosos y contienen muy poca agua. Son de apariencia poco nítida, grasientos y difíciles de lavar. Son más apropiados cuando la piel necesita lubricación o humedad y, por lo general, más eficaces que las cremas para aportar ingredientes activos a la piel. La misma concentración del fármaco en un ungüento puede ser más eficaz que en una crema.

Las **lociones** son similares a las cremas pero contienen más agua. En realidad son suspensiones de material pulverizado finamente disperso en una base acuosa o de aceite y agua. Las lociones son de fácil aplicación y resultan particularmente beneficiosas para refrescar o secar la piel.

Las **soluciones** son líquidos en los que se disuelve un fármaco. Las soluciones tienden a secar la piel en lugar de humedecerla. Los líquidos que se utilizan con mayor frecuencia son alcohol, propileneglicol, polietilenglicol y agua corriente.

Los **polvos** son formas secas de sustancias que se utilizan para proteger zonas en las que una región de piel roza contra otra, por ejemplo, en las nalgas, entre los dedos de los pies, en las axilas, en las ingles, o debajo de las mamas. Los polvos se utilizan sobre la piel que se ha ablandado y dañado por la humedad (macerada).

Los **geles**, o gelatinas, son sustancias con base acuosa espesadas sin aceite o grasa. La piel no absorbe los geles tan bien como las preparaciones que contienen aceite o grasa.

➤ Tipos de medicamentos tópicos

Los medicamentos tópicos pueden dividirse en siete categorías diferentes: agentes limpiadores, agentes protectores, agentes humectantes, agentes absorbentes, agentes que alivian los síntomas, agentes antiinflamatorios y agentes antiinfecciosos.

Agentes limpiadores: los principales agentes limpiadores son los jabones, los detergentes y los disolventes (una sustancia líquida capaz de disolver otras sustancias). El jabón es el limpiador de mayor aceptación, pero se usan también los detergentes. Ciertos jabones resecan la piel y otros tienen una base cremosa que no produce sequedad.

Como quiera que los champús de tipo infantil son excelentes agentes limpiadores y, por lo general, son bien tolerados por la piel, se utilizan para limpiar heridas, cortes y abrasiones. Igualmente, las personas con psoriasis, eccema, y otras enfermedades escamosas pueden usar este tipo de champús para exfoliar la piel escamosa muerta.

Sin embargo, las lesiones que supuran (exudan) deben, por lo general, limpiarse sólo con agua y jabones suaves; los detergentes y jabones ásperos pueden irritar la zona afectada.

A los detergentes se les agregan muchos compuestos químicos. Por ejemplo, a algunos jabones se les añaden sustancias antibacterianas. El jabón antibacteriano no mejora la higiene ni previene la enfermedad, y su uso rutinario puede trastornar el equilibrio normal de bacterias en la piel. Los champús y las lociones anticaspa suelen contener dipiritiona de zinc, sulfuro de selenio o extractos de alquitrán que ayudan a tratar la piel con escamas, el eccema y la psoriasis del cuero cabelludo.

Los disolventes incluyen la gelatina de petróleo, que limpia la piel de las materias que no pueden disolverse con agua y jabón, como el alquitrán. Las cantidades pequeñas de alcohol, que disuelven grasas y aceites, se utilizan sin peligro para limpiar la piel antes de aplicar inyecciones o sacar sangre. El alcohol no es necesario en la higiene rutinaria de la piel. Otros disolventes, como la acetona (quitaesmaltes), gasolina y disolvente de pinturas, se utilizan en la limpieza de la piel en muy raras ocasiones. Estos disolventes eliminan los aceites naturales de la piel, la resecan significativamente, y también pueden ser absorbidos por ésta, con un resultado tóxico. La gasolina y el disolvente de pinturas también irritan la piel.

Agentes protectores: muchas clases diferentes de preparaciones ayudan a proteger la piel. Los aceites y los ungüentos forman una barrera de base oleaginosa que ayuda a proteger la piel descamada o irritada y retener la humedad. Los polvos pueden proteger las zonas de piel que se rozan entre sí o bien contra una prenda de vestir. Los vendajes hidrocoloides se utilizan en ulceraciones ocasionadas por la presión (úlceras por decúbito), y otras zonas en carne viva. Los filtros y bloqueantes solares reflejan o filtran los rayos ultravioleta nocivos.

Agentes humectantes: los humectantes (emolientes) restablecen el agua y los aceites en la piel. El mejor momento para aplicar un humectante es cuando la piel ya está humedecida, por ejemplo, inmediatamente después de un baño o una ducha. Por lo general contienen glicerina, aceite mineral o petrolato y se encuentran disponibles en forma de lociones, cremas, ungüentos y aceites de baño. Algunos humectantes más fuertes contienen compuestos como urea, ácido láctico y ácido glicólico.

Agentes absorbentes o secantes: el exceso de humedad en las zonas donde la piel roza contra otra porción de piel puede causar irritación y erupción (maceración), especialmente en condiciones de calor y de humedad. Las regiones afectadas con mayor frecuencia son las que se encuentran entre los dedos de los pies o entre las nalgas, en las axilas, en las ingles y debajo de las mamas. Estas áreas húmedas constituyen también un medio de cultivo para las infecciones, especialmente las causadas por hongos y bacterias.

El polvo talco es el agente absorbente de mayor uso. El talco absorbe la humedad de la superficie de la piel. La mayoría de las preparaciones de talco sólo varían en sus esencias y empaques. El almidón de maíz, otro buen agente absorbente, tiene la desventaja de favorecer el crecimiento de hongos. Por esta razón, se prefiere generalmente el talco, excepto en los bebés, porque en ocasiones lo aspiran accidentalmente, mientras que el almidón de maíz es menos peligroso si se aspira. Las soluciones que contienen sales de aluminio son agentes absorbentes.

Agentes que alivian los síntomas: las afecciones cutáneas suelen ir acompañadas de picor (prurito). El prurito y el dolor leve pueden controlarse con agentes calmantes como la manzanilla, el eucalipto, el alcanfor, el mentol, el óxido de zinc, el talco, la glicerina y la calamina. En algunas ocasiones, los antihistamínicos, como la difenidramina, se agregan a las preparaciones tópicas para aliviar el picor asociado con reacciones alérgicas. Si bien los antihistamínicos bloquean ciertos tipos de reacciones alérgicas, algunas veces en realidad las desencadenan cuando se aplican sobre la piel. La toma de antihistamínicos por vía oral no parece producir estos tipos de reacciones, así que para aliviar el prurito se prefieren éstos en lugar de los tópicos.

Agentes antiinflamatorios: los corticosteroides son los fármacos tópicos principales que se utilizan para aliviar la inflamación (hinchazón, prurito y enrojecimiento) de la piel. Son muy eficaces en las erupciones causadas por reacciones alérgicas o inflamatorias de la hiedra venenosa, los metales, los vestidos y otras sustancias. Dado que disminuyen la resistencia ante las infecciones bacterianas y fungicidas, los corticosteroides por lo general no deben ser utilizados sobre zonas o heridas infectadas. Sin embargo, en algunos casos se mezclan con agentes antimicóticos para ayudar a reducir el picor ocasionado por un hongo.

Los corticosteroides tópicos se venden en forma de lociones, ungüentos y geles. Las cremas son más eficaces si se frotan suavemente hasta que se absorben. En general, los ungüentos son los más potentes. El tipo y la concentración del corticosteroide en la preparación determinan su potencia general. La hidrocortisona puede adquirirse en concentraciones de hasta el 1% sin prescripción médica. Las concentraciones del 0,5% o menos ofrecen pocos beneficios. Los preparados corticosteroides más fuertes necesitan prescripción médica. Los médicos acostumbran a prescribir primero corticosteroides fuertes, y luego otros de menor potencia a medida que la piel mejora. Generalmente, los corticosteroides de uso tópico se aplican de 2 a 3 veces al día en una capa fina. En las zonas en que la piel es muy fina como, por ejemplo, en la cara, deben utilizarse pequeñas cantidades y sólo durante pocos días ● *(v. recuadro pág. 450).*

Cuando se necesita una dosis más alta, el médico puede inyectar un corticosteroide justo por debajo de la piel. Otra forma de administrar una dosis elevada consiste en colocar una fina película plástica, como la envoltura utilizada en quehaceres domésticos, sobre el corticosteroide tópico (vendaje oclusivo). La película plástica aumenta la absorción del fármaco y su eficacia y generalmente se deja durante toda la noche. Los vendajes oclusivos aumentan la penetración del corticosteroide y, por ende, sus efectos. Estos vendajes se reservan por lo general para trastornos especiales como psoriasis y eccema grave.

Agentes antiinfecciosos: los virus, bacterias, hongos y parásitos pueden infectar la piel. Hasta el momento, el mejor modo de prevenir estas infecciones es lavar la piel cuidadosamente con agua y jabón. Los agentes desinfectantes más fuertes sólo los usan las enfermeras y médicos para desinfectar su propia piel y la del paciente (ambas en buen estado) antes de una cirugía. Una vez que ha sobrevenido la infección, se puede tratar con fármacos tópicos o sistémicos. El tipo de infección dicta el fármaco indicado.

CAPÍTULO 203

Prurito y erupciones no infecciosas

El prurito y las erupciones cutáneas pueden aparecer como consecuencia de una infección, una irritación o una reacción del sistema inmunológico. Algunas erupciones se producen con más frecuencia en los niños ● *(v. pág. 1819)*, mientras que otras casi siempre se dan en los adultos. Algunas veces aparece una reacción de tipo inmunológico, debido a sustancias que una persona toca o come, pero generalmente los médicos no saben por qué el sistema inmunológico reacciona y da lugar a una erupción.

El diagnóstico de la mayoría de las erupciones no infecciosas se basa en el aspecto de las mismas. La causa no puede determinarse con un análisis de sangre, y casi nunca se realizan pruebas para confirmar este trastorno. Sin embargo, las erupciones persistentes, sobre todo las que no responden al tratamiento, pueden llevar al médico a realizar una biopsia de piel, en la que un pequeño fragmento se extirpa quirúrgicamente para su examen al microscopio. También deberán realizarse test cutáneos si el médico sospecha que la causa puede ser una alergia de contacto ● *(v. pág. 1415)*.

■ Prurito

El picor (prurito) es una sensación que instintivamente induce a rascarse.

El picor puede ser ocasionado por una enfermedad de la piel o por un trastorno que afecta a todo el organismo (enfermedad sistémica). Entre las enfermedades cutáneas que causan picor intenso se encuentran las infestaciones por parásitos (sarna, ácaros o piojos), picaduras de insectos, urticaria, dermatitis atópica, alérgica y de contacto. Estos trastornos, por lo general, también producen una erupción. Entre las enfermedades sistémicas que pueden causar picor se encuentran las enfermedades hepáticas, la insuficiencia renal, los linfomas, las leucemias y otros trastornos de la sangre y, en ocasiones, enfermedades de la glándula tiroides, diabetes y cáncer. Sin embargo, el prurito causado por estas enfermedades por lo general no produce una erupción.

Muchos medicamentos pueden causar picor, como los barbitúricos y la aspirina, o cualquier otro al que un individuo sea alérgico.

Esta sensación también es frecuente durante los últimos meses de embarazo. En general, el picor relacionado con el embarazo no indica anomalía alguna, pero puede ser el resultado de problemas hepáticos leves.

A menudo, el contacto con prendas de lana o con sustancias irritantes, como disolventes o cosméticos, provoca prurito. La sequedad de la piel (xerosis), que es especialmente frecuente en las personas mayores, puede causar la aparición de un prurito grave y generalizado. La sequedad de la piel también puede ser el resultado del clima frío o de una prolongada exposición al agua. Los baños calientes, por lo general, empeoran el prurito.

El acto de rascarse puede en sí irritar la piel y aumentar el picor, con la creación subsiguiente de un círculo de picor y rascado. El rascado persistente puede causar enrojecimiento y fisuras profundas en la piel. En algunas personas, incluso un rascado suave causa estrías rojas y elevadas, que pueden picar intensamente. Rascarse y frotarse la piel de forma prolongada puede provocar un aumento del grosor de la misma y la aparición de una costra.

➤ Diagnóstico

Los médicos deben tratar de determinar la causa del picor para poder eliminarlo. Frecuentemente la causa es obvia, como la picadura de un insecto o el roce con la hiedra venenosa. Por lo general, el picor que dura varios días y se manifiesta en forma intermitente, sin una causa evidente, requiere la realización de pruebas. Si se sospecha que existe una alergia, deben realizarse test cutáneos ● *(v. pág. 1272 y pág. 1415)*. Si parece existir una enfermedad sistémica, se realizan análisis de sangre para comprobar las funciones hepática y renal, y los niveles de azúcar en la sangre. También puede verificarse la cantidad de eosinófilos, una clase de glóbulos blancos, ya que un número elevado puede indicar una reacción alérgica. Algunas veces, el médico puede sugerir al paciente que suspenda la toma de uno o de varios fármacos para averiguar si el picor se alivia con la suspensión del tratamiento. En algunos casos, una biopsia o raspado de la piel ● *(v. pág. 1414)* puede ayudar a identificar la causa, incluida una infección.

Cuando la piel está seca

La piel normal debe su textura suave y maleable a su contenido en agua. Para ayudar a protegerla contra la pérdida de agua, la capa externa de la piel contiene aceite, lo que permite que la evaporación sea más lenta y se mantenga la humedad en las capas más profundas de la piel. Si se agota el aceite, la piel se reseca.

La piel reseca es muy frecuente, en especial, en las personas mayores. Las causas habituales son el clima frío y los baños frecuentes. El baño elimina los aceites superficiales y, por consiguiente, la piel tiende a secarse. La piel seca puede irritarse y producir picor y, en ocasiones, se desprenden pequeñas escamas y se forman escaras. Las escamas suelen afectar a la parte inferior de las piernas. Frotarse o rascarse la piel seca puede provocar una infección con aparición posterior de cicatrices.

Una forma de piel seca grave se denomina ictiosis. La ictiosis puede ser un trastorno hereditario o el resultado de ciertos problemas de salud, como una glándula tiroides hipoactiva, un linfoma, sida y sarcoidosis.

La clave para tratar la sequedad de la piel es mantenerla húmeda. Bañarse menos veces permite que los aceites protectores permanezcan más tiempo sobre la piel. Los ungüentos hidratantes o las cremas que contienen vaselina, aceite mineral o glicerina también pueden retener la humedad de la piel. Los jabones y detergentes fuertes, así como los perfumes de ciertos humectantes, irritan la piel y pueden secarla aún más.

Cuando las escamas constituyen un problema, existen soluciones o cremas con ácido salicílico que pueden eliminarlas. En algunas formas graves de ictiosis, las cremas que contienen sustancias relacionadas con la vitamina A, como la tretinoína, ayudan a eliminar el exceso de escamas.

➤ Tratamiento

Para el prurito de cualquier causa, el baño debe ser breve y preferiblemente con agua fría o tibia, con poco o nada de jabón. La piel debe secarse con toques suaves en vez de frotarla vigorosamente. En muchas personas con picor es útil el uso de una crema hidratante sin prescripción aplicada después del baño. Ésta debe ser inodora e incolora, ya que los aditivos que proporcionan color o aroma pueden irritar la piel e incluso causar picor. Las uñas, especialmente las de los niños, deben mantenerse cortas para minimizar las abrasiones producidas por el rascado. El recubrimiento de la zona afectada con sustancias balsámicas, como mentol, alcanfor, manzanilla, eucalipto o calamina, también puede ser de ayuda.

La ingestión de antihistamínicos por vía oral puede disminuir el picor. Algunos antihistamínicos, como la hidroxizina y la difenhidramina, suelen causar somnolencia y boca seca, por lo que se usan en general a la hora de acostarse. Otros, como la loratadina y la cetiricina, no suelen causar somnolencia. Por lo general, las cremas que contienen antihistamínicos (como la difenhidramina) no deben ser utilizadas, porque pueden causar una reacción alérgica por sí mismas.

Las cremas con corticosteroides ayudan a reducir la inflamación y a controlar el picor, y pueden utilizarse cuando éste se limita a una zona reducida. El prurito ocasionado por algunos trastornos, como las plantas venenosas, puede requerir el uso de cremas que contengan una alta concentración de corticosteroide. Sin embargo, en la cara y los genitales sólo deben aplicarse corticosteroides suaves, como hidrocortisona al 1%, ya que los que son más fuertes pueden adelgazar la piel de estas zonas. Además, las cremas con corticosteroides potentes, si se aplican sobre grandes áreas, o bien durante un tiempo prolongado, pueden causar problemas médicos importantes ● *(v. recuadro pág. 450)*, en especial en los niños, porque estos medicamentos pasan al torrente sanguíneo. A veces se recurre a los corticosteroides orales cuando se encuentran implicadas grandes zonas del cuerpo.

Para algunos casos se necesitan tratamientos específicos. Por ejemplo, en las infecciones fúngicas, parasitarias o bacterianas que ocasionan picor, puede requerirse la utilización de fármacos sistémicos. Los medicamentos tópicos se aplican directamente en el área afectada de la piel. Los medicamentos sistémicos se ingieren por vía oral o se inyectan, y así se distribuyen por todo el cuerpo.

■ Dermatitis

La dermatitis (eccema) es la inflamación de las capas superficiales de la piel; causa picor, ampollas, enrojecimiento, hinchazón y, a menudo, exudación, costras y descamación.

La dermatitis es un término amplio que cubre muchos trastornos diferentes que se manifiestan como una erupción rojiza que produce picor. El término eccema es a veces utilizado para la dermatitis. Algunos tipos de dermatitis afectan sólo a partes específicas del cuerpo, mientras que otros pueden presentarse en cualquier área. En algunos casos de dermatitis se conoce la causa, en otros no. Sin embargo, la dermatitis es siempre la manera en que reacciona la piel ante una sequedad grave, un rasguño, una sustancia que causa irritación o un alérgeno. Por lo general, esa sustancia entra en contacto directo con la piel, pero a veces la sustancia es ingerida. En todos los casos, cuando se rasca y se frota de manera continuada, la piel puede finalmente hincharse y endurecerse.

La dermatitis puede ser una reacción puntual de breve duración a una sustancia. En estos casos puede producir síntomas, como prurito y enrojecimiento, durante pocas horas o durante uno o dos días. La dermatitis crónica persiste por un período de tiempo más largo. Las manos y los pies son particularmente vulnerables a la dermatitis crónica, ya que las manos están casi siempre en contacto con muchas sustancias extrañas y los pies se encuentran en un ambiente tibio y húmedo, creado por los calcetines y los zapatos, que favorece el crecimiento de hongos.

La dermatitis crónica puede ser causada por el contacto con una sustancia, hongos, o por otra dermatitis que haya sido mal diagnosticada o tratada; también puede ser debida a trastornos crónicos de la piel de origen desconocido, como el eccema palmar hiperqueratósico (dishidrosis o ponfolix) ● *(v. pág. 1426).* Debido a las grietas y ampollas que se producen en la dermatitis crónica, cualquier tipo puede favorecer una infección bacteriana.

☐ DERMATITIS DE CONTACTO

La dermatitis de contacto es una inflamación de la piel causada por el contacto directo con una sustancia en particular.

La erupción produce mucho picor, está limitada a un zona específica y, a menudo, tiene sus límites claramente definidos.

Las sustancias pueden causar inflamación de la piel debido a uno de los dos mecanismos siguientes: dermatitis irritante de contacto o dermatitis alérgica de contacto.

La dermatitis irritante de contacto se produce cuando una sustancia química causa una lesión

Dermatitis de contacto

La dermatitis de contacto puede ser causada por objetos de níquel o plástico

directa en la piel. Las sustancias irritantes típicas son los ácidos, los álcalis (como los quitamanchas), los disolventes (como la acetona de los quitaesmaltes de uñas) y los jabones fuertes. Algunos de estos productos químicos producen alteraciones en la piel en pocos minutos, mientras que otros necesitan un tiempo de exposición más largo. La sensibilidad de la piel a los irritantes varía según las personas. Incluso los jabones suaves y detergentes pueden irritar la piel de algunas personas después de un contacto frecuente o prolongado.

La dermatitis alérgica de contacto es una reacción del sistema inmunológico a una sustancia que se ha puesto en contacto con la piel. En ocasiones, una persona puede volverse sensible a la sustancia con sólo una exposición, y en otras ocasiones la sensibilización ocurre después de muchas exposiciones. Cuando una persona se vuelve sensible, la siguiente exposición causa prurito y dermatitis en un plazo de entre 4 y 24 horas, aunque algunas personas, especialmente las mayores, no desarrollan reacción alguna antes de 3 o 4 días.

Miles de sustancias pueden producir dermatitis de contacto alérgica. Las más frecuentes incluyen sustancias que se encuentran en las plantas

Causas frecuentes de dermatitis alérgica de contacto

Cosméticos: sustancias químicas depilatorias, esmalte de uñas, quitaesmaltes, desodorantes, hidratantes, lociones para después del afeitado, perfumes, filtros solares.

Compuestos metálicos (en las joyas): níquel.

Plantas: distintas variedades de hiedra venenosa, hiedra del roble, zumaque, ambrosía, prímula, cardo.

Fármacos contenidos en las cremas para la piel: antibióticos (sulfonamidas, neomicina), antihistamínicos (difenhidramina, prometacina), anestésicos (benzocaína), antisépticos (timerosal), estabilizadores.

Compuestos químicos utilizados en la fabricación de prendas de vestir: tintes para el calzado; aceleradores del caucho y antioxidantes en guantes, zapatos, ropa interior y otras prendas de vestir.

como la hiedra venenosa, el caucho (látex), los antibióticos, las fragancias, los conservantes y algunos metales (níquel, cobalto). Alrededor del 10 % de las mujeres son alérgicas al níquel, un componente frecuente de las joyas. Las personas pueden usar (o estar expuestas) a determinadas sustancias durante años sin problema y, repentinamente, desarrollar una reacción alérgica. Incluso los ungüentos, las cremas y las lociones usadas en el tratamiento de la dermatitis pueden provocar esta reacción. También es posible desarrollar dermatitis al ponerse en contacto con cualquier material que una persona manipule o toque mientras trabaja (dermatitis laboral u ocupacional).

En algunas ocasiones, la dermatitis aparece cuando una persona toca determinadas sustancias y luego expone su piel a la luz solar (dermatitis fotoalérgica o fototóxica de contacto). Entre estas sustancias se encuentran los filtros solares, las lociones para después de afeitarse, ciertos perfumes, los antibióticos, el alquitrán de hulla y los aceites.

➤ Síntomas y diagnóstico

Independientemente de la causa o del tipo, la dermatitis de contacto produce picor y erupciones. El picor es generalmente intenso, pero la erupción varía desde un enrojecimiento leve, de corta duración, hasta una hinchazón importante

y grandes ampollas. Lo más frecuente es que la erupción contenga diminutas ampollas. Aparece sólo en las zonas en contacto con la sustancia. La erupción aparece antes en las áreas de la piel finas y sensibles, y luego en las zonas de piel más gruesa o sobre la piel que ha tenido menor contacto con la sustancia, dando la impresión de haberse propagado la erupción. La dermatitis por contacto no se contagia a otras personas o a otras partes del cuerpo que no estuvieron en contacto con la sustancia por el hecho de tocar la erupción o el líquido de la ampolla.

La identificación de la causa de la dermatitis de contacto no siempre es fácil. La mayoría de las personas no se percatan de todas las sustancias que tocan su piel. A menudo, la localización de la erupción inicial es un indicio importante, en particular si se produce debajo de una prenda de vestir o de una joya, o sólo en las zonas expuestas a la luz solar. Sin embargo, muchas sustancias que las personas tocan con las manos son transmitidas inadvertidamente a la cara, donde la piel facial, más sensible, puede reaccionar, aun cuando las manos no lo hagan.

Si el médico sospecha que existe dermatitis de contacto y un proceso de eliminación no señala la causa, puede realizarse la prueba del parche. Para esta prueba se colocan sobre la piel pequeños parches con sustancias que suelen causar dermatitis durante un espacio de 1 o 2 días para comprobar si se produce una erupción debajo de alguno de ellos. Aunque muy útil, esta prueba del parche es complicada, ya que las personas pueden ser sensibles a muchas sustancias, y la sustancia a la cual reaccionan sobre el parche puede no ser la causa de su dermatitis. El médico debe decidir qué sustancias probar según aquellas a las que una persona puede haber estado expuesta.

➤ Prevención y tratamiento

Para prevenir la dermatitis de contacto hay que evitar el contacto con la sustancia que la causa. Si se produce el contacto, el material debe ser eliminado de la piel de modo inmediato con agua y jabón. El uso de guantes y ropa protectora puede ser útil si existen circunstancias de riesgo posibles. También existen cremas oclusivas que pueden bloquear ciertas sustancias, como el veneno de hiedra venenosa y resinas epóxicas, para evitar su contacto con la piel. La desensibilización a la sustancia causante mediante inyecciones o comprimidos no es eficaz para prevenir la dermatitis de contacto.

El tratamiento no suele ser efectivo mientras haya contacto con la sustancia causante del problema. Una vez se suprime la sustancia, el enrojecimiento suele desaparecer después de una semana. Las ampollas pueden continuar exudando y formar costras, pero se secan rápidamente. La descamación residual, el picor y el engrosamiento temporal de la piel pueden durar días o semanas.

Los picores pueden aliviarse con algunos fármacos tópicos o administrados por vía oral ● *(v. pág. 1419)*. Además, las áreas de dermatitis pueden suavizarse mediante la aplicación de trozos de gasa o tela fina empapada en agua fría o acetato de aluminio (solución de Burow) varias veces al día durante una hora. Las zonas más grandes pueden tratarse con baños cortos de agua fresca con o sin avena coloidal. El médico puede drenar el líquido de las ampollas grandes, pero no extirparlas.

□ DERMATITIS ATÓPICA

La dermatitis atópica es una inflamación crónica, pruriginosa, de las capas superficiales de la piel y suele afectar a los individuos que padecen rinitis o asma, o a las personas que tienen familiares con estas enfermedades.

La dermatitis atópica es una de las enfermedades más frecuentes de la piel. Casi el 66 % de las personas que sufren este trastorno lo manifiestan antes del primer año de vida y el 90 % ya lo ha desarrollado a los cinco años. En la mitad de estas personas, el trastorno habrá desaparecido en el período de la adolescencia, mientras que en otras dura toda la vida.

Los médicos no saben qué causa la dermatitis atópica, pero las personas que la padecen suelen tener muchos trastornos alérgicos, especialmente asma, rinitis y alergias a algunos alimentos. No está clara la relación entre la dermatitis y estos trastornos; además, la dermatitis atópica no es una reacción alérgica a una sustancia en particular. La dermatitis atópica no es contagiosa.

Muchos trastornos, como la tensión emocional, los cambios de temperatura y humedad, las infecciones bacterianas de la piel y el contacto con prendas de vestir irritantes (especialmente las prendas de lana), pueden empeorar la dermatitis atópica. En algunos niños pequeños, las alergias a ciertos alimentos pueden provocar dermatitis atópica.

➤ Síntomas

Los bebés pueden desarrollar erupciones rojas, exudativas y costrosas en la cara, el cuero cabelludo, la zona de los pañales, las manos, los brazos, los pies o las piernas. Pueden verse afectadas grandes superficies del cuerpo. En los niños mayores y en los adultos, las lesiones suelen presentarse recurrentemente en una sola zona o en algunos otros sitios concretos, especialmente en las manos, en la parte superior de los brazos, en la parte anterior de los codos o detrás de las rodillas.

Si bien el color, la intensidad y la localización de la erupción pueden variar, ésta siempre produce picor. El picor lleva al rascado incontrolable, que activa un ciclo de picor-rascado-picor que empeora el problema. El rascado y el frotamiento de la piel pueden erosionarla, y permitir así el paso de bacterias que producen infecciones.

En las personas que padecen dermatitis atópica, la infección por el virus del herpes simple, que normalmente afecta a una pequeña zona con diminutas ampollas ligeramente dolorosas ● *(v. pág. 1383)* puede producir una enfermedad grave con dermatitis extensa y fiebre alta (eccema herpético).

➤ Diagnóstico y tratamiento

El médico efectúa el diagnóstico según las características propias de la erupción y mediante la información de si existen alergias en la familia.

No existe cura, pero los picores pueden aliviarse con fármacos tópicos o administrados por vía oral ● *(v. pág. 1419)*. Ciertas medidas adicionales pueden resultar beneficiosas, como evitar el contacto con las sustancias que se sabe que irritan la piel o alimentos a los cuales la persona sea sensible o alérgica. La piel debe mantenerse húmeda, ya sea mediante emolientes comerciales o con vaselina o aceite vegetal. Es preferible aplicar las cremas hidratantes después del baño, mientras la piel está húmeda todavía. Para limitar el uso de corticosteroides en aquellas personas que necesitan tratamientos prolongados, en algunas ocasiones, el médico los reemplaza por vaselina durante una semana o más. Los comprimidos de corticosteroides son el último recurso para los casos persistentes.

La fototerapia (exposición a los rayos ultravioleta) a menudo ayuda a los adultos ● *(v. recuadro pág. 1431)*. Este tratamiento sólo en raras ocasiones se recomienda en los niños, debido a sus po-

Dermatitis producida por la hiedra venenosa

Alrededor de un 50 a un 70 % de las personas son sensibles al aceite vegetal urushiol contenido en la hiedra, roble y zumaque venenosos. Aceites similares se encuentran también dentro de las cáscaras de las nueces del anacardo; de las hojas, savia y piel de la fruta del mango; y de la laca japonesa. Una vez que una persona se sensibiliza por contacto con estos aceites, la exposición posterior produce una dermatitis de contacto.

Los aceites se absorben rápidamente y entran en la piel, pero pueden permanecer activos en la ropa, las herramientas y en el pelaje de los animales domésticos durante períodos prolongados de tiempo. El humo de las plantas quemadas también contiene aceite y puede producir una reacción en ciertas personas. La sensibilidad a la hiedra venenosa suele ser hereditaria.

Los síntomas comienzan entre las 8 y las 48 horas siguientes al contacto y consisten en la aparición de un prurito intenso, una erupción rojiza y varias ampollas, que pueden ser diminutas o muy grandes. Por lo general, las ampollas se producen en línea recta y siguen la ruta que dejó la planta al rozar la piel. La erupción puede aparecer en diferentes momentos en localizaciones distintas, bien sea por el contacto repetido con la ropa contaminada y otros objetos o porque algunas partes de la piel son más sensibles que otras. El líquido de la ampolla en sí no es contagioso. El picor y la erupción duran de 2 a 3 semanas.

La identificación de las plantas y evitar el contacto con éstas es la mejor prevención. Se pueden aplicar algunas cremas oclusivas comerciales y lociones antes de una exposición para minimizar, pero no para evitar completamente, la absorción del aceite por la piel. El aceite puede penetrar por los guantes de látex. El lavado de la piel con agua y jabón evita la absorción del aceite si se hace inmediatamente. Los disolventes más fuertes, como la acetona, el alcohol y varios productos comerciales, probablemente no son más eficaces. La desensibilización con inyecciones o comprimidos o con la ingestión de hojas de hiedra venenosa no es eficaz.

El tratamiento ayuda a aliviar los síntomas, pero no acorta la duración de la erupción. El tratamiento más eficaz es a base de corticosteroides. Las áreas pequeñas de erupción se tratan con corticosteroides tópicos fuertes, como la triamcinolona, el clobetasol o la diflorasona, excepto en la cara y los genitales, donde se deben aplicar sólo los corticosteroides suaves, como la hidrocortisona al 1 %. A las personas con grandes extensiones eruptivas o tumefacción facial significativa se les administra corticosteroides a dosis altas por vía oral. Las compresas frescas con agua o acetato de aluminio pueden utilizarse en las zonas con ampollas de gran extensión. Los antihistamínicos administrados por vía oral pueden aliviar el picor. Las lociones y las cremas que contienen antihistamínicos casi no se usan.

---

tenciales efectos colaterales a largo plazo, como el cáncer de piel y las cataratas.

En los casos graves, el sistema inmunológico puede inhibirse con la administración de ciclosporina por vía oral o de tacrolimus en forma de ungüento. El zafirlukast, un fármaco nuevo que se administra por vía oral para evitar las crisis de asma, puede ser útil también en el tratamiento de la dermatitis atópica.

☐ DERMATITIS SEBORREICA

La dermatitis seborreica es una inflamación crónica de la piel de causa desconocida, que produce escamas en el cuero cabelludo y la cara y, a veces, en otras áreas.

La dermatitis seborreica se presenta con mayor frecuencia en los bebés, por lo general dentro de los primeros 3 meses de vida, y entre las edades de 30 y 70 años. Este trastorno es más frecuente en los varones, tiene a menudo carácter familiar, y es peor en un clima frío. Una forma particular de dermatitis seborreica aparece aproximadamente en el 85 % de las personas con sida.

➤ Síntomas

La dermatitis seborreica suele comenzar gradualmente, produce una descamación seca o grasienta en el cuero cabelludo (caspa), a veces con picor, pero sin pérdida del cabello. En los casos más graves, aparecen granos escamosos amarillentos o rojizos a lo largo del borde capilar, detrás de las orejas, en el canal auditivo, sobre las cejas, en el puente y alrededor de la nariz, y en la parte superior de la espalda. En los bebés de menos de 1 mes, la dermatitis seborreica puede producir una erupción costrosa, amarilla y gruesa (gorra del lactante) y algunas veces una descamación amarilla detrás de las orejas, además de granos rojos

Dermatitis seborreica

Esta ilustración muestra algunas localizaciones de la dermatitis seborreica.

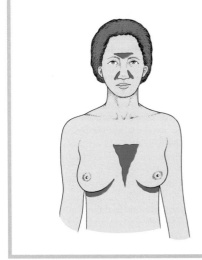

en la cara. Con frecuencia, se presenta una dermatitis del pañal persistente al mismo tiempo que la erupción del cuero cabelludo. Los niños mayores y los adultos pueden desarrollar una erupción gruesa, persistente y con grandes escamas.

➤ Tratamiento

En los adultos, el cuero cabelludo puede ser tratado con champús que contengan zinc, sulfuro de selenio, ácido salicílico, azufre o alquitrán. Se suelen usar champús prescritos a días alternos hasta controlar la dermatitis, y luego dos veces a la semana. El ketoconazol en crema a menudo es también eficaz. Si aparecen costras gruesas y escamas, pueden eliminarse con la aplicación nocturna de corticosteroides o ácido salicílico bajo un gorro de baño.

Por lo general, el tratamiento debe continuarse durante varios meses. Si la dermatitis reaparece una vez que el tratamiento se suspende, puede comenzarse de nuevo. Las lociones que contienen corticosteroides tópicos también se usan sobre la cabeza y otras áreas afectadas. En la cara, deben usarse sólo corticosteroides suaves, como hidrocortisona al 1%. Incluso los corticosteroides suaves deben utilizarse con precaución, por-

que su uso prolongado puede reducir el espesor de la piel y causar otros problemas.

En los niños pequeños que presentan una costra gruesa en el cuero cabelludo, se puede frotar suavemente ácido salicílico en aceite mineral sobre la erupción todas las noches, con un cepillo de dientes blando. El cuero cabelludo puede lavarse a diario también con un champú infantil suave y luego aplicarse una crema con hidrocortisona al 1%.

☐ DERMATITIS NUMULAR

La dermatitis numular es una erupción persistente que, por lo general, produce picor, unida a una inflamación caracterizada por manchas en forma de moneda que presentan diminutas ampollas, costras y escamas.

No se conoce su causa. La dermatitis numular suele afectar a las personas de edad madura, aparece acompañada de sequedad en la piel y es más frecuente en invierno. Sin embargo, la erupción puede presentarse en forma intermitente sin razón aparente.

Las manchas redondeadas comienzan como parches de granos y ampollas que posteriormente exudan y forman costras. La erupción puede extenderse a cualquier parte del cuerpo. En ocasiones, las manchas son más evidentes en la parte posterior de los brazos o de las piernas y en las nalgas, pero también aparecen en el tronco.

Para la mayoría de las personas resulta útil el uso de hidratantes cutáneos. Otros tratamientos incluyen antibióticos por vía oral, cremas e inyecciones de corticosteroides y fototerapia (exposición a los rayos ultravioleta). Todos los tratamientos, sin embargo, son a menudo ineficaces.

☐ DERMATITIS EXFOLIATIVA GENERALIZADA

La dermatitis exfoliativa generalizada (eritrodermia) es una inflamación grave que afecta a toda la superficie de la piel hasta enrojecerla, agrietarla y cubrirla de escamas.

Ciertos medicamentos (en especial las penicilinas, las sulfamidas, la isoniacida, la fenitoína y los barbitúricos) pueden causar esta enfermedad. En algunos casos, se trata de una complicación de otras enfermedades de la piel, como la dermatitis atópica, la psoriasis y la dermatitis de contacto. Ciertos linfomas (cáncer de los ganglios linfáticos) ● *(v. pág. 1219)* también pueden causar dermatitis exfoliativa generalizada. En la mayoría de los casos se desconoce la causa.

➤ Síntomas y diagnóstico

La dermatitis exfoliativa puede comenzar rápida o lentamente. Al principio toda la superficie de la piel se enrojece y brilla. Luego la piel se vuelve escamosa, gruesa y, en ocasiones, costrosa. A veces el cabello y las uñas se caen. Algunas personas tienen picor y los ganglios linfáticos inflamados. Si bien muchas personas presentan fiebre, pueden sentir frío, porque pierden mucho calor por la piel lesionada. Pueden perder gran cantidad de líquidos y proteínas, y la piel lesionada es una barrera débil contra las infecciones.

Como los síntomas de dermatitis exfoliativa son similares a los de las infecciones dermatológicas, los médicos envían muestras de piel y sangre al laboratorio para descartar que la infección sea la causa.

➤ Tratamiento

El diagnóstico y el tratamiento tempranos son muy importantes para prevenir que la infección se desarrolle en la piel afectada e impedir que la pérdida de líquido y proteínas sea potencialmente mortal.

Las personas con dermatitis exfoliativa grave suelen necesitar hospitalización y administración de antibióticos (para la infección), líquidos intravenosos (para reemplazar los fluidos que se han perdido por la piel) y suplementos nutricionales. También hay que proporcionarles medicaciones y mantas calientes para controlar la temperatura corporal. Los baños fríos seguidos de aplicaciones de vaselina y gasas pueden contribuir a proteger la piel. Los corticosteroides (como la prednisona) administrados por vía oral o intravenosa sólo se usan cuando otras medidas no han surtido efecto o si la enfermedad empeora. Se debe eliminar todo fármaco o sustancia química que pudiera estar causando la dermatitis. Si un linfoma es el causante de la dermatitis, su tratamiento mejorará la afección de la piel.

☐ DERMATITIS POR ESTASIS

La dermatitis por estasis es una inflamación en la parte inferior de las piernas ocasionada por el estancamiento de sangre y líquidos.

La dermatitis por estasis tiende a ocurrir en las personas que tienen varices (venas dilatadas y sinuosas) ● *(v. pág. 287)* e hinchazón (edema). Suele aparecer en los tobillos pero puede extenderse hasta las rodillas. Al principio, la piel se enrojece y presenta una ligera descamación. Con el paso de varias semanas o meses toma un color pardusco. Finalmente, zonas de la piel pueden romperse y formar una llaga abierta (úlcera), por lo general cerca del tobillo. Algunas veces las úlceras pueden sufrir una infección bacteriana. La dermatitis por estasis hace que las piernas sientan picor, enrojezcan y se hinchen, pero no produce dolor. Sin embargo, las úlceras son generalmente dolorosas.

➤ Tratamiento

El tratamiento a largo plazo tiene la finalidad de reducir la posibilidad de que la sangre se estanque en las venas alrededor de los tobillos. Cuando esté sentada, la persona debe elevar las piernas por encima del nivel del corazón. Las medias elásticas de prescripción que ejerzan la presión apropiada (medias de compresión) también impiden el estancamiento de la sangre y disminuyen la hinchazón. Las medias de soporte que venden los almacenes de los centros comerciales no son adecuadas.

Para las dermatitis recientes, las compresas calmantes, como las de paños de gasa empapados en agua del grifo o acetato de aluminio (solución de Burow), pueden hacer que la piel mejore y pueden ayudar a evitar las infecciones al mantener la piel limpia. Si la enfermedad empeora, como pueden evidenciarlo el aumento de calor, el enrojecimiento, las úlceras pequeñas o la presencia de pus, pueden usarse vendajes más absorbentes. Las cremas con corticosteroides ayudan también y con frecuencia se combinan con una pasta de óxido de zinc, que luego se aplica en una capa fina. Los corticosteroides no deben ser aplicados directamente sobre una úlcera porque esto impedirá su cicatrización.

Cuando una persona presenta úlceras grandes generalizadas, pueden utilizarse vendas húmedas especiales que contengan hidrocoloides o hidrogel. Sólo se usan antibióticos cuando la piel ya está infectada. A veces, es posible realizar injertos de piel de otras partes del cuerpo para cubrir úlceras demasiado grandes.

Algunas personas pueden necesitar una bota de Unna, que es como una envoltura de tejido elástico llena de una pasta gelatinosa que contiene zinc. Esta envoltura se aplica al tobillo y a la parte inferior de la pierna, donde se endurece de forma similar a una escayola, pero más suave. Esta bota limita la hinchazón y ayuda a proteger la piel de posibles irritaciones, y la pasta acelera su curación. Al principio, esta bota se cambia cada 2 o 3 días, pero luego se deja puesta durante una semana.

En los casos de dermatitis por estasis, la piel se irrita con facilidad. No deben utilizarse cremas con antibióticos, ni de primeros auxilios (anestésicas), alcohol, solución de hamamelis de Virginia, lanolina, ni otras sustancias químicas, ya que pueden empeorar aún más la enfermedad.

☐ DERMATITIS POR RASCADO LOCALIZADA

La dermatitis por rascado localizada (liquen simple crónico o neurodermatitis) es una inflamación crónica superficial de la piel que produce un picor intenso.

La dermatitis por rascado localizada es causada por un rascado crónico de una zona de piel. El acto de rascarse desencadena más picor, y comienza un círculo vicioso de picor-rascado-picor. A veces el rascado comienza sin razón aparente. Otras veces el rascado se inicia debido a una dermatitis de contacto, una infestación parasitaria u otro trastorno, pero la persona afectada continúa rascándose mucho después de la desaparición de la causa. Los médicos no conocen su causa, pero algunos factores psicológicos pueden jugar un papel importante en su aparición. Este trastorno no parece ser causado por una alergia. Es más frecuente en mujeres que en hombres y es una enfermedad frecuente entre los asiáticos y los nativos americanos. Es frecuente su desarrollo entre las edades de 20 y 50 años.

➤ Síntomas y diagnóstico

La dermatitis por rascado localizada puede producirse en cualquier parte del cuerpo, incluido el ano (prurito anal) ● *(v. pág. 918)* y la vagina (prurito vulvar) ● *(v. pág. 1603),* pero es más frecuente en la cabeza, los brazos y las piernas. En sus primeras etapas, la piel parece normal, aunque pique. Luego aparece cierta sequedad, escamas y placas oscuras como resultado del rascado.

Los médicos tratan de averiguar la posible existencia de alguna alergia subyacente o enfermedad que haya podido causar el picor inicial. Cuando

se produce este trastorno alrededor del ano o de la vagina, se puede investigar la posibilidad de parásitos o lombrices, tricomoniasis, hemorroides, secreciones locales, infecciones fúngicas, verrugas, dermatitis de contacto o psoriasis.

➤ Tratamiento

Para que esta enfermedad se cure, la persona debe dejar de rascarse y frotarse la zona afectada. Deben seguirse los tratamientos normales para aliviar el picor ● *(v. pág. 1419).* La utilización de un apósito quirúrgico impregnado con un corticosteroide ayuda a aliviar el picor y la inflamación y protege la piel del rascado. El médico puede inyectar corticosteroides de efecto prolongado para controlar el picor.

Cuando esta enfermedad se desarrolla alrededor del ano o en la vagina, el mejor tratamiento es una crema con corticosteroides. Puede aplicarse pasta de óxido de zinc sobre la crema para proteger la zona, que luego se puede quitar con aceite mineral.

☐ DERMATITIS PERIORAL

La dermatitis perioral es una erupción rojiza y abultada que aparece alrededor de la boca y sobre la barbilla.

Este trastorno, de causa desconocida, afecta principalmente a las mujeres entre las edades de 20 y 60 años.

El tratamiento aconsejado es a base de tetraciclinas u otros antibióticos administrados por vía oral. Si éstos no curan la erupción y el trastorno es particularmente grave, la isotretinoína, un fármaco específico para el acné, puede resultar eficaz. Los corticosteroides y algunos cosméticos oleosos, especialmente los hidratantes, tienden a empeorar el trastorno.

☐ PONFÓLIX

El ponfólix es una dermatitis inflamatoria crónica, caracterizada por ampollas que causan picor y que aparecen en las palmas de las manos y a los lados de los dedos, y algunas veces en las plantas de los pies.

El ponfólix a veces recibe el nombre de dishidrosis, que significa *sudoración anormal*, pero la enfermedad no tiene nada que ver con el sudor. Los médicos no conocen la causa de la dishidrosis, pero la tensión emocional puede ser un factor importante, así como la ingestión de algunas sustancias como níquel, cromo y cobalto. Es más frecuente en los adolescentes y adultos jóvenes.

Las ampollas suelen ser escamosas, rojas y exudativas. La dishidrosis se presenta en episodios intermitentes y puede durar de 2 a 3 semanas. El ponfólix tarda semanas en desaparecer por sí solo. La aplicación de compresas húmedas con permanganato de potasio o acetato de aluminio (solución de Burow) puede ser de gran ayuda en la curación de las ampollas. Los corticosteroides tópicos fuertes pueden ayudar a disminuir el picor y la inflamación.

■ Erupciones causadas por fármacos

Las erupciones causadas por fármacos son un efecto secundario de un medicamento, que se manifiesta como una reacción de la piel.

La mayoría de erupciones causadas por fármacos son el resultado de una reacción alérgica a éstos ● *(v. pág. 100).* El fármaco no tiene que ser aplicado directamente sobre la piel para causar una erupción de esta índole. En ocasiones, una persona puede estar sensibilizada frente a un fármaco con una sola exposición, y otras veces la sensibilización se da sólo después de muchas exposiciones a una sustancia. Una exposición posterior al fármaco puede desencadenar una reacción alérgica, como una erupción.

Algunas veces la erupción aparece directamente sin que medie una reacción alérgica. Por ejemplo, los corticosteroides y el litio producen una erupción que se parece al acné, mientras que los anticoagulantes (diluyentes sanguíneos) pueden causar magulladuras cuando la sangre se escapa por debajo de la piel. Otras erupciones importantes no alérgicas que pueden resultar de la utilización de fármacos son las producidas por el síndrome de Stevens-Johnson, la necrólisis epidérmica tóxica y el eritema nudoso.

Ciertos medicamentos hacen que la piel se vuelva particularmente sensible a los efectos de la luz solar (fotosensibilidad). Entre ellos figuran ciertos fármacos antipsicóticos, tetraciclinas, sulfamidas, clorotiazida y algunos edulcorantes sintéticos. No aparece erupción cutánea cuando se toma el fármaco, pero una exposición posterior al sol produce el enrojecimiento de una zona de piel que algunas veces causa picor o que toma una tonalidad azul grisácea.

➤ Síntomas

La gravedad de las erupciones inducidas por fármacos varía desde un leve enrojecimiento con pápulas pequeñas limitadas a una zona reducida hasta un desprendimiento total de la piel. Las erupciones pueden aparecer en pocos minutos tras la toma de un fármaco o pueden demorarse horas o días. Las personas con una erupción alérgica a menudo tienen otros síntomas alérgicos, como rinitis, ojos llorosos, sibilancias, y hasta un síncope originado por una presión arterial peligrosamente baja. Las urticarias son muy pruriginosas, mientras que otras erupciones producidas por fármacos pican poco, si es que en realidad se presenta esta molestia ● *(v. pág. 1281).*

➤ Diagnóstico y tratamiento

Determinar si un fármaco es la causa puede ser complicado, ya que la erupción puede surgir tras una breve exposición al mismo, puede presentarse mucho tiempo después de haber sido tomado el fármaco y puede persistir durante semanas o meses después de haberse interrumpido el mismo. Todos y cada uno de los fármacos que haya tomado la persona pueden ser sospechosos, incluidos los de venta libre; las gotas para los ojos y la nariz y los supositorios son causas posibles. A veces el único modo de determinar cuál es el fármaco responsable de la erupción es sugerir a la persona que interrumpa todos los medicamentos, salvo los que son vitales. En la medida de lo posible se sustituyen los fármacos por otros no relacionados químicamente. Si no existen estos sustitutos, se debe comenzar a tomar los medicamentos nuevamente uno por uno para determinar cuál es el que causa la reacción. Sin embargo, este método puede resultar arriesgado si la persona ha presentado una reacción alérgica grave al fármaco. Los tests cutáneos no son útiles, excepto cuando la penicilina es el fármaco sospechado.

La mayoría de las reacciones desaparecen después de la suspensión del fármaco responsable. Los tratamientos para aliviar el picor se pueden utilizar en aquellos casos en que resulten necesarios ● *(v. pág. 1419).* Las erupciones alérgicas graves, sobre todo las que van acompañadas de síntomas significativos como sibilancias o dificultad para respirar, se tratan con un corticosteroide y con inyecciones de adrenalina y difenhidramina.

■ El síndrome de Stevens-Johnson y lanecrólisis epidérmica tóxica

El síndrome de Stevens-Johnson y la necrólisis epidérmica tóxica son dos formas de la misma enfermedad de la piel con riesgo letal, que produce erupción, desprendimiento de la piel y ampollas en las membranas mucosas.

En el síndrome de Stevens-Johnson, la persona tiene ampollas en las membranas mucosas, por lo general en la boca, los ojos y la vagina, y zonas irregulares de erupción. En la necrólisis epidérmica tóxica aparecen ampollas similares a las de las membranas mucosas pero, además, toda la capa superior de la piel (la epidermis) se desprende en forma de láminas en grandes zonas del cuerpo. Ambos trastornos pueden llegar a ser mortales.

Casi todos los casos se deben a la reacción a un fármaco, generalmente a las sulfamidas, los barbitúricos, los anticonvulsivantes como la fenitoína y la carbamacepina, ciertos antiinflamatorios no esteroideos (AINE) o el alopurinol. En muy pocos casos el trastorno se debe a una infección bacteriana. En algunos casos no puede identificarse la causa. El trastorno se produce en personas de todas las edades, pero es más frecuente en las mayores, probablemente porque ellas tienden a utilizar mayor cantidad de fármacos. El trastorno también es más probable que ocurra en las personas con sida.

➤ Síntomas

El síndrome de Stevens-Johnson y la necrólisis epidérmica tóxica empiezan por lo general con fiebre, cefalea, tos y dolor en el cuerpo, lo que puede durar de 1 a 14 días. Luego aparece una erupción aplanada y rojiza en la cara y en el tronco, y con frecuencia se extiende al resto del cuerpo en un patrón irregular. Las áreas de erupción se agrandan y extienden, y a menudo se forman ampollas en su centro. La piel de las ampollas es muy débil y fácil de despegar. En la necrólisis epidérmica tóxica se desprenden grandes extensiones de piel, a menudo con sólo un toque o un tirón ligero. En muchas personas, se desprende el 30% o más de la superficie corporal. Las áreas de

piel afectadas son dolorosas, y la persona se siente muy enferma, con escalofríos y fiebre. En algunas personas el cabello y las uñas se caen.

En ambos trastornos las ampollas se presentan en las membranas mucosas: en el revestimiento de la boca, la garganta, el ano, los genitales y los ojos. La lesión en el revestimiento de la boca dificulta la alimentación, e incluso el cerrar la boca puede resultar doloroso, lo que explica el babeo que produce la persona afectada. Los ojos pueden doler intensamente, inflamarse, y llenarse tanto de pus que se cierran herméticamente. La córnea puede desarrollar cicatrices. El orificio por el que se expele la orina (uretra) puede también resultar afectado y, en consecuencia, la micción resulta difícil y dolorosa. Algunas veces las membranas mucosas de las vías digestivas y respiratorias también se ven afectadas, y aparece diarrea y dificultad respiratoria.

La pérdida de piel en la necrólisis epidérmica tóxica es similar a una quemadura grave y es potencialmente letal. Enormes cantidades de líquidos y sales pueden filtrarse por las grandes zonas expuestas y lesionadas. Una persona afectada por esta enfermedad es muy susceptible a una infección en las zonas de tejido lesionado y expuesto; estas infecciones son la causa de muerte más frecuente en quienes padecen esta enfermedad.

➤ Tratamiento

Las personas con el síndrome de Stevens-Johnson o la necrólisis epidérmica tóxica son hospitalizadas. Todos los fármacos de los que se sospeche que puedan ser responsables del trastorno deberán interrumpirse inmediatamente. De ser posible, estas personas deben tratarse en la unidad de quemados y se les debe proporcionar un cuidado escrupuloso para evitar una infección. Si la persona sobrevive, la piel vuelve a crecer por sí sola y, a diferencia de las quemaduras, no se requieren injertos de piel. Los líquidos y las sales que se pierden por la piel lesionada se reemplazan por vía intravenosa.

El uso prolongado de corticosteroides en el tratamiento de este trastorno es polémico. Algunos médicos consideran que la administración de grandes dosis en los primeros días es beneficioso para el paciente; otros creen que los corticosteroides no deben emplearse. Estos fármacos inhiben el sistema inmunológico, lo que incrementa la posibilidad de una infección grave. Si ésta se produce, los médicos administran antibióticos inmediatamente.

■ Eritema polimorfo o multiforme

El eritema polimorfo es una enfermedad recurrente caracterizada por la presencia de lesiones rojas y abultadas en la piel que suelen tener el aspecto de dianas y, por lo general, se encuentran distribuidas simétricamente por todo el cuerpo.

La mayoría de los casos se deben a una reacción a una infección por el virus herpes simple ● *(v. pág. 1383)*. Esta infección vírica se manifiesta en forma de úlceras en aproximadamente dos tercios de las personas, antes de aparecer el eritema polimorfo. Los médicos no están seguros de si otras enfermedades infecciosas también pueden causar el eritema polimorfo, y no se explican con exactitud cómo es que el herpes simple causa este trastorno, pero sospechan de la existencia de un tipo de reacción inmune.

➤ Síntomas

Por lo general, el eritema polimorfo aparece de improviso, con manchas enrojecidas a modo de erupción en los brazos, las piernas y la cara. Algunas veces la erupción también está presente en las palmas de las manos o en las plantas de los pies. Las manchas enrojecidas están distribuidas por igual en ambos lados del cuerpo. Estas zonas rojas pueden dar lugar a anillos concéntricos de color gris púrpura (lesiones en diana o en iris) y ampollas pequeñas. Las zonas enrojecidas, por lo general, son asintomáticas, aunque algunas veces producen un picor leve. A menudo, se forman ampollas dolorosas en los labios y en el revestimiento de la boca, pero no en los ojos.

Los brotes de eritema polimorfo pueden durar de 2 a 4 semanas. Algunas personas experimentan un solo ataque, pero a algunas les afecta un promedio de seis veces al año durante casi diez años. Los ataques reincidentes son muy frecuentes en la primavera, y es probable que se desencadenen con la luz solar. La frecuencia de los ataques reincidentes, por lo general, disminuye con el tiempo.

➤ Tratamiento

El eritema polimorfo puede desaparecer por sí solo. Si el picor es demasiado molesto se pueden utilizar tratamientos normales. Los corticosteroides administrados por vía oral pueden ser útiles.

Si las ampollas dolorosas en la boca hacen difícil el acto de comer puede aplicarse un anestésico tópico, como la lidocaína. Si la ingesta es dificultosa, los alimentos y líquidos se administrarán por vía intravenosa. Las personas con recaídas frecuentes pueden beneficiarse de un fármaco antivírico, como el aciclovir, que debe ser administrado a la primera señal de erupción.

■ Eritema nudoso

El eritema nudoso es una enfermedad inflamatoria que produce bultos (nódulos) rojos muy dolorosos bajo la piel, generalmente sobre las espinillas, pero en algunas ocasiones también en los brazos y otras áreas.

Muy a menudo, el eritema nudoso es un síntoma de alguna otra enfermedad o de cierta sensibilidad a un fármaco. Los adultos jóvenes, especialmente las mujeres, son más susceptibles a la enfermedad, que puede repetirse durante meses o años. Las infecciones bacterianas, por hongos o víricas, pueden causar también el eritema nudoso.

La infección por estreptococos es una de las causas más frecuentes del eritema nudoso, especialmente en niños. La sarcoidosis, la colitis ulcerosa y algunos medicamentos, como las sulfamidas y los anticonceptivos orales, son otras causas frecuentes. Se cree que muchas otras infecciones y varios tipos de cáncer pueden causar la misma erupción.

Los nódulos del eritema nudoso, por lo general, aparecen sobre la espinilla y se asemejan a bultos elevados y contusiones que gradualmente cambian de un color rosado a pardo azulado. Es frecuente que la persona tenga dolor en las articulaciones y fiebre. Los ganglios linfáticos del tórax se agrandan en algunas ocasiones y se pueden detectar con una radiografía de tórax. Los nódulos dolorosos suelen ser el signo clave para el médico. La evaluación incluye radiografía de tórax, análisis de sangre y biopsia de la piel.

➤ Tratamiento

Los fármacos que pueden provocar el eritema nudoso se suspenden y se trata cualquier infección subyacente. Si la causa de la enfermedad es una infección por estreptococos, la persona tiene que recibir antibióticos, como penicilina o una cefalosporina.

Los nódulos pueden desaparecer en un período de 3 a 6 semanas sin necesidad de tratamiento. Se recomienda reposo en cama y fármacos antiinflamatorios no esteroideos (AINE) con el fin de aliviar el dolor causado por los nódulos. Los nódulos individuales pueden tratarse con corticosteroides inyectados, pero si son numerosos algunas veces se prescriben los corticosteroides o el yoduro de potasio en comprimidos para aliviar el dolor más rápidamente.

■ Granuloma anular

El granuloma anular es una enfermedad cutánea crónica de causa desconocida, en la cual algunos bultos pequeños y duros (nódulos) forman un anillo con piel normal o ligeramente deprimida en el centro.

Estas prominencias son de color rojo, violeta o carne; la persona puede tener uno o varios anillos. Por lo general, los abultamientos no causan dolor ni picor y aparecen más frecuentemente en los pies, las piernas, las manos o los dedos de niños y adultos. En algunas personas, agrupaciones de granuloma anular emergen cuando se expone la piel a los rayos solares.

Muy frecuentemente, el granuloma anular se cura sin necesidad de tratamiento. Para eliminar la erupción pueden aplicarse cremas con corticosteroides y cubrirlas con vendajes impermeables, recurrir a cintas adhesivas quirúrgicas que contengan corticosteroides o bien a inyecciones con este compuesto. Las personas con grandes áreas afectadas a menudo se benefician del tratamiento que combina la fototerapia (exposición a los rayos ultravioleta) con el uso de psoralenos (fármacos que hacen que la piel sea más sensible a los efectos de estos rayos). Este tratamiento se denomina PUVA (luz ultravioleta A con psoraleno).

■ Psoriasis

La psoriasis es una enfermedad crónica y recurrente que ocasiona la aparición de una o más placas rojas ligeramente abultadas, que tienen escamas plateadas y un borde definido entre la placa y la piel normal.

Las placas de psoriasis se producen debido a un índice anormalmente alto de crecimiento de las

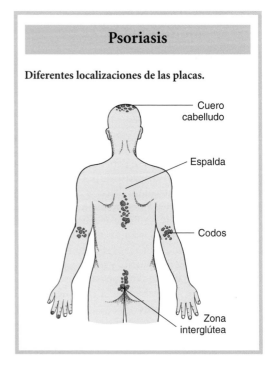

Psoriasis

Diferentes localizaciones de las placas.

Cuero cabelludo

Espalda

Codos

Zona interglútea

células cutáneas. Se desconoce la causa de este acelerado crecimiento celular, pero se cree que los mecanismos inmunológicos desempeñan un papel importante. Esta enfermedad suele afectar a varios miembros de una misma familia. La psoriasis es frecuente, y afecta del 2 al 4 % de las personas de etnia blanca; las personas de etnia negra tienen muy poca probabilidad de sufrir la enfermedad.

➤ Síntomas

La psoriasis suele comenzar en personas de entre 10 y 40 años, aunque puede aparecer en todas las edades.

Suele comenzar como una o más placas pequeñas en el cuero cabelludo, los codos, las rodillas, la espalda o las nalgas. Las primeras placas pueden desaparecer al cabo de pocos meses o permanecer, y algunas veces se unen hasta formar placas grandes. Algunas personas no llegan a tener más de una o dos placas pequeñas, y en otras las placas cubren grandes superficies del cuerpo. Las placas gruesas o las placas en las palmas de las manos, plantas de los pies o pliegues de piel en los genitales producen con mayor probabilidad picor o dolor, aunque con frecuencia la persona no tiene síntomas. Aunque las placas no causan malestar físico extremo, son muy evidentes y, a

Fototerapia: uso de rayos ultravioleta para tratar los trastornos cutáneos

Desde hace muchos años, es sabido que la exposición a la luz solar es útil para ciertas enfermedades de la piel. Se sabe ahora que un componente de la luz solar -la luz ultravioleta (UV)- es responsable de este efecto. La luz UV tiene muchos efectos distintos sobre la células de la piel, incluso la capacidad de alterar las cantidades y tipos de sustancias químicas que producen y de causar la muerte de ciertas células que pueden estar implicadas en las enfermedades de la piel. El uso de la luz UV para tratar enfermedades se denomina fototerapia. La psoriasis y la dermatitis atópica son los trastornos más frecuentes tratados con fototerapia.

Dado que la exposición a la luz solar natural varía en intensidad y no es accesible durante gran parte del año en ciertos climas, la fototerapia casi siempre se realiza con luz UV artificial. Los tratamientos se llevan a cabo en una consulta médica o en un centro especializado. Los rayos ultravioleta, que son invisibles al ojo humano, se clasifican como A, B o C, según sea la longitud de onda. Los rayos ultravioleta A (UVA) penetran más profundamente en la piel que los rayos ultravioleta B (UVB). Los rayos UVA o UVB se escogen basándose en el tipo y la gravedad del trastorno de la persona. Los rayos ultravioleta C no se usan en fototerapia. Algunos rayos producen sólo ciertas longitudes de onda específicas de UVA o UVB (terapia de banda estrecha), que se emplean para tratar sólo ciertos trastornos. La terapia de banda estrecha ayuda a limitar la quemadura solar asociada con la fototerapia.

A veces, la fototerapia se combina con el uso de psoralenos. Los psoralenos son fármacos que pueden tomarse por vía oral antes de iniciar el tratamiento con los rayos ultravioleta. Los psoralenos sensibilizan la piel a los efectos de la luz UV y permiten una exposición más corta y de menor intensidad. La combinación de psoralenos y UVA se conoce como terapia PUVA.

Los efectos secundarios de la fototerapia incluyen dolor y enrojecimiento similares a quemaduras de sol por exposición prolongada a la luz UV. La exposición a la luz UV también aumenta el riesgo de cáncer cutáneo a largo plazo, aunque el riesgo es pequeño para sesiones de tratamiento breves. Los psoralenos a menudo causan náuseas. Además, como los psoralenos penetran el cristalino del ojo, deben usarse gafas de sol resistentes a la luz UV por lo menos en las 12 horas posteriores al tratamiento PUVA.

menudo, embarazosas para la persona. La angustia psicológica causada por la psoriasis puede ser grave. Muchas personas con psoriasis también tienen las uñas deformadas, hinchadas y picadas.

La psoriasis dura toda la vida pero puede manifestarse de forma intermitente. Los síntomas a menudo disminuyen durante el verano, cuando la piel se expone a la luz solar. En algunos casos pueden pasar varios años entre dos episodios. La psoriasis puede empeorar repentinamente sin razón aparente o como resultado de una variedad de circunstancias. Estos brotes repentinos son a menudo el resultado de condiciones que irritan la piel, como lesiones de poca importancia y quemaduras solares graves. A veces los brotes aparecen después de infecciones, como resfriados y faringitis estreptocócica. Los brotes repentinos son muy frecuentes durante el invierno o después de situaciones de tensión. Muchos fármacos, como los antipalúdicos, el litio y los bloqueantes beta, pueden también hacer que la psoriasis brote repentinamente.

Algunos tipos poco comunes de psoriasis pueden tener efectos de mayor gravedad. La artritis psoriásica produce dolor articular e hinchazón

● (v. pág. 452). La psoriasis eritrodérmica causa el enrojecimiento y escamosidad de toda la piel del cuerpo. Esta forma de psoriasis es grave porque, al igual que una quemadura, evita que la piel cumpla la función de barrera protectora contra las lesiones y la infección. En otra forma poco frecuente de psoriasis, la pustular, se forman ampollas grandes o pequeñas llenas de pus (pústulas) en las palmas de las manos y las plantas de los pies. En algunas ocasiones, estas pústulas se extienden por todo el cuerpo.

➤ Tratamiento

Existen muchos fármacos para tratar la psoriasis. Con más frecuencia se utiliza una combinación de fármacos, según sea la gravedad y la extensión de los síntomas que presenta el paciente.

Los fármacos tópicos (fármacos aplicados sobre la piel) se utilizan muy a menudo. Casi todas las personas con psoriasis sienten un gran alivio cuando usan hidratantes para la piel (emolientes). Otros agentes tópicos incluyen los corticosteroides, a menudo usados con el calcipotriol, un derivado de la vitamina D, o carbón o alquitrán de pino. También puede utilizarse el tazaroteno o la antralina. Las placas muy gruesas pueden rebajarse con el uso de ungüentos que contienen ácido salicílico, lo que aumenta la eficacia de los otros fármacos. Muchos de estos fármacos irritan la piel, y los médicos deben encontrar los que funcionen mejor para cada persona.

La fototerapia (exposición a los rayos ultravioleta) también puede ayudar a eliminar la psoriasis durante varios meses. La fototerapia se utiliza con mucha frecuencia en combinación con varios fármacos tópicos, en particular cuando están implicadas grandes extensiones de piel. Tradicionalmente, el tratamiento se ha hecho con fototerapia combinada con el uso de psoralenos (fármacos que vuelven la piel más sensible a los efectos de los rayos ultravioleta). Este tratamiento se denomina PUVA (luz ultravioleta A con psoraleno). Actualmente, algunos médicos están utilizando tratamientos de rayos ultravioleta de banda estrecha B (UVB), que son igualmente efectivos pero evitan la necesidad de usar psoralenos y los efectos colaterales que éstos causan, como una extrema sensibilidad a los rayos del sol.

En las formas graves de psoriasis y artritis psoriásica, se acostumbra a administrar fármacos por vía oral. Estos fármacos incluyen la ciclosporina, el metotrexato y la acitretina. La ciclosporina es un fármaco inmunosupresor. Puede elevar la presión arterial y lesionar los riñones. El metotrexato afecta al crecimiento y a la multiplicación de las células cutáneas. Los médicos utilizan metotrexato en las personas que no responden a otras formas de terapia. La lesión hepática y los problemas inmunológicos son posibles efectos colaterales. La acitretina es similar a la isotretinoína, fármaco usado en el tratamiento del acné ● *(v. pág. 1436)*, y es particularmente eficaz para la psoriasis pustulosa, pero a menudo aumenta las grasas (lípidos) en la sangre y puede causar problemas hepáticos y óseos. Puede también causar defectos congénitos y no debe administrarse a una mujer que pueda quedarse embarazada.

■ Pitiriasis rosada

La pitiriasis rosada es una enfermedad leve que produce muchas placas pequeñas de piel escamosa, inflamada y de color rosa.

La causa de la pitiriasis rosada no se conoce con certeza pero puede ser un agente infeccioso. Sin embargo, se cree que este trastorno no es contagioso. Puede aparecer a cualquier edad, pero es más frecuente en los adultos jóvenes. Por lo general, aparece durante la primavera y el otoño.

➤ Síntomas

La pitiriasis rosada produce una placa de tonalidad rosada, semejante a un ligero bronceado, de entre 2,5 y 10 centímetros de diámetro, que los médicos llaman la placa heráldica o madre. Esta zona redondeada u oval suele aparecer en el tronco. Algunas veces la placa aparece sin síntomas previos pero, unos días antes, algunas personas tienen una vaga sensación de enfermedad, de pérdida del apetito, de fiebre y de dolor articular. En un período de entre 5 y 10 días, aparecen muchas placas similares pero más pequeñas en otras partes del cuerpo. Estas placas secundarias son más frecuentes en el tronco, especialmente a lo largo de la columna vertebral y a su alrededor. La mayoría de las personas con pitiriasis rosada tienen prurito y en algunos casos el picor puede ser intenso.

➤ Diagnóstico y tratamiento

El médico, en general, da el diagnóstico según la apariencia de la erupción, especialmente de la placa heráldica. Generalmente la erupción desaparece en 4 o 5 semanas sin tratamiento, aunque algunas veces dura dos meses o más. Tanto la luz artificial como la solar pueden eliminar la pitiriasis más rápidamente y aliviar el picor. Se pueden utilizar los tratamientos habituales para el picor si se necesita ● *(v. pág. 1419)*. Los corticosteroides tomados por vía oral se utilizan sólo en los casos de picor muy intenso.

■ Rosácea

La rosácea es una enfermedad cutánea crónica que produce enrojecimiento, granos diminutos y vasos sanguíneos perceptibles, generalmente en la zona central de la cara.

Su causa es desconocida. El trastorno, por lo general, aparece durante o después de la edad madura y lo hace con mayor frecuencia en las personas que, como las de ascendencia céltica o del norte de Europa, tienen la tez más clara. Los alcohólicos tienden a desarrollarla. Aunque los médicos diagnostican fácilmente esta enfermedad, la

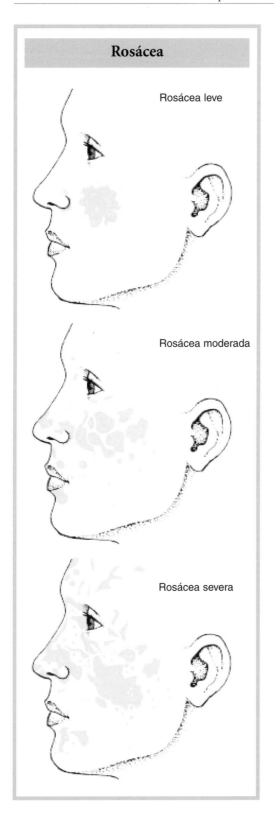

Rosácea

Rosácea leve

Rosácea moderada

Rosácea severa

rosácea a veces se parece al acné y a otros trastornos cutáneos. A menudo, se conoce como el *acné de los adultos.*

La piel que recubre las mejillas y la nariz se vuelve roja, a menudo con pequeños granos. La piel puede volverse fina y delicada, con pequeños vasos sanguíneos visibles justo debajo de la superficie. La piel de alrededor de la nariz puede hincharse, y toma una apariencia roja y bulbosa (rinofima), lo que es particularmente frecuente en las personas alcohólicas. En ocasiones la rosácea puede aparecer en el tronco, los brazos y las piernas en lugar de hacerlo en la cara.

➤ Tratamiento

Las personas con rosácea deben evitar aquellos alimentos que causen dilatación de los vasos sanguíneos de la piel, por ejemplo, los alimentos con muchas especias, el alcohol, el café y otras bebidas que contengan cafeína.

Ciertos antibióticos orales mejoran la rosácea; las tetraciclinas suelen ser las más eficaces y producen menos efectos colaterales. Los antibióticos que se aplican sobre la piel, como el metronidazol, también son eficaces. En casos raros se utilizan las cremas antimicóticas, con ketoconazol o terbinafina.

El uso de la isotretinoína es eficaz cuando se administra por vía oral o cuando se aplica sobre la piel. Los corticosteroides tópicos empeoran la rosácea. La rinofima grave es probable que no mejore del todo con el tratamiento farmacológico, e incluso una persona con este trastorno puede requerir cirugía o tratamiento con láser ● *(v. recuadro pág. 1473).*

■ Liquen plano

El liquen plano es una enfermedad recurrente y pruriginosa, que comienza como una erupción de pequeñas y discretas pápulas que luego se combinan hasta formar placas rugosas, escamosas y abultadas.

La causa del liquen plano es desconocida, pero puede ser una reacción del sistema inmunológico a diversos fármacos (especialmente con oro, bismuto, arsénico, quinina, quinidina y quinacrina), productos químicos (especialmente ciertas sustancias utilizadas en el revelado de las fotografías a color) y microorganismos infecciosos. El trastorno en sí no es infeccioso.

➤ Síntomas

La erupción de liquen plano casi siempre causa picor, algunas veces grave. Las pápulas suelen ser de color violeta y tienen bordes angulares. Cuando se iluminan directamente de lado, emiten un brillo característico. Pueden formarse pápulas nuevas por un arañazo o una leve lesión cutánea. En ciertos casos, la piel queda con una anómala coloración oscura después de que ha desaparecido la erupción.

Por lo general, la erupción se distribuye uniformemente en ambos lados del cuerpo, más frecuentemente en el tronco, en las superficies internas de las muñecas, en las piernas, en la cabeza del pene y en la vagina. Alrededor de la mitad de las personas afectadas por el liquen plano también tienen llagas en la boca. La cara se ve afectada con menos frecuencia. En las piernas, la erupción puede llegar a ser especialmente extensa y descamativa. Algunas veces la erupción produce una calvicie parcheada en el cuero cabelludo.

El liquen plano en la boca suele producir una placa de tonalidad blanca azulada que aparece en forma de líneas. A menudo, este tipo de placa bucal no duele, y la persona puede no percibir su existencia; otras veces, sin embargo, se forman en la boca llagas dolorosas, que a menudo afectan a la ingestión de alimentos y bebidas.

➤ Pronóstico y tratamiento

En general desaparece por sí solo después de 1 o 2 años, aunque a veces dura más tiempo, especialmente cuando la boca está implicada. Los síntomas recurren en aproximadamente el 20 % de las personas. Puede ser necesario realizar un tratamiento prolongado durante los brotes; entre ellos no se necesita tratamiento alguno. Las personas con llagas en la boca tienen un riesgo algo mayor de sufrir cáncer oral, pero la erupción sobre la piel no se vuelve cancerosa.

Deben evitarse aquellos fármacos o productos químicos que pueden causar el liquen plano y utilizarse tratamientos normales para aliviar el prurito ● *(v. pág. 1419)*. Se pueden utilizar corti-costeroides, ya sea inyectados directamente en los abultamientos, aplicados sobre la piel o administrados por vía oral; a veces también combinados con otros medicamentos, como la acitretina o la ciclosporina. La fototerapia (exposición a los rayos ultravioleta) combinada con el uso de psoralenos (fármacos que vuelven la piel más sensible a los efectos de la luz ultravioleta) puede también ser útil. Este tratamiento se denomina PUVA (luz ultravioleta A con psoraleno). En los casos en que las úlceras de la boca sean muy dolorosas, es aconsejable usar, antes de las comidas, un enjuague bucal que contenga un anestésico, como la lidocaína, para formar una capa contra el dolor.

■ Queratosis pilosa

La queratosis pilosa es una enfermedad frecuente en la que las células muertas se desprenden de la capa superior de la piel y forman tapones que obstruyen los orificios de los folículos pilosos.

Se desconoce su causa, aunque la herencia probablemente desempeña un papel importante. Las personas con dermatitis atópica tienen más probabilidades de tener queratosis pilosa.

Los tapones o protuberancias que se producen debido a la queratosis pilosa hacen que la piel se sienta áspera (piel de gallina) y seca. A veces los tapones pequeños parecen pequeñas pápulas. Generalmente, estos tapones no producen picor ni duelen y sólo causan problemas estéticos. La parte superior de los brazos, los muslos y las nalgas son con frecuencia las partes más afectadas. La cara también puede resultar afectada, especialmente en los niños. Los tapones tienen más probabilidades de desarrollarse en un clima frío y de desaparecer en el verano.

Tampoco requieren tratamiento, a menos que a la persona le moleste la apariencia de este trastorno. Los hidratantes para la piel constituyen el principal tratamiento. Pueden utilizarse también las cremas con ácido salicílico, ácido láctico o tretinoína. Es probable que reincida cuando el tratamiento se suspenda.

CAPÍTULO 204

Acné

El acné es una enfermedad cutánea frecuente que produce granos en la cara y en la parte superior del tronco.

El acné se produce debido a una interacción entre las hormonas, el sebo y las bacterias en la piel, que tiene como resultado una inflamación de los folículos pilosos. El acné se produce generalmente en la cara, la parte superior del tórax, los hombros y la espalda, y se caracteriza por pápulas, quistes y, algunas veces, abscesos. Tanto los quistes como los abscesos son bolsas llenas de pus, pero los abscesos son más grandes y profundos.

Las glándulas sebáceas, que secretan una sustancia aceitosa (sebo), están localizadas en la dermis, la capa central de la piel. Estas glándulas están unidas a los folículos pilosos. El sebo, junto con las células muertas cutáneas, sobrepasa las glándulas sebáceas y los folículos pilosos y sale a la superficie de la piel por los poros.

El acné se produce cuando una acumulación de sebo seco, células muertas, y bacterias obstruyen los folículos pilosos, y bloquean el sebo que sale por los poros. Si el bloqueo es incompleto, aparece un punto negro (comedón abierto); si es completo, aparece un punto blanco (comedón cerrado). El folículo piloso bloqueado lleno de sebo promueve el sobrecrecimiento de las bacterias *Propionibacterium acnes*, que normalmente se encuentran en el folículo piloso. Estas bacterias descomponen el sebo en sustancias irritantes de la piel. La inflamación y la infección resultantes producen erupciones cutáneas que se conocen normalmente como granos de acné. Si la infección empeora, puede formarse un absceso, que puede romperse dentro de la piel, y crear una inflamación mayor.

El acné aparece principalmente durante la pubertad, cuando el incremento de los niveles hormonales, especialmente los andrógenos (como la testosterona), estimula las glándulas sebáceas, las cuales producen una cantidad excesiva de sebo. Entre el inicio y la mitad de la tercera década, la producción de hormona se estabiliza y el acné generalmente desaparece. Otras enfermedades que implican cambios hormonales pueden favorecer la aparición del acné. El acné también puede aparecer con el ciclo menstrual en las mujeres jóvenes y desaparecer o empeorar sustancialmente en el embarazo. El uso de ciertos medicamentos, especialmente los corticosteroides y los esteroides anabolizantes, puede causar acné a través de la estimulación de las glándulas sebáceas. Ciertos cosméticos pueden agravarlo al obstruir los poros.

Dado que el acné varía en intensidad en la mayoría de las personas, empeorando o mejorando, es difícil señalar los factores que pueden producir un brote. El acné a menudo empeora durante el invierno y mejora en el verano, por razones desconocidas. Sin embargo, no existe relación entre el acné y algunos alimentos específicos o la actividad sexual.

➤ Síntomas

La presentación del acné oscila de leve a muy grave. No obstante, el acné leve puede ser molesto, especialmente en los adolescentes, quienes perciben cada grano como un gran reto cosmético.

Las personas con acné leve (superficial) desarrollan sólo unos puntos negros sin inflamación o un moderado número de granos pequeños, levemente irritados. Mayormente el acné se produce en la cara, pero a menudo también aparece en los hombros, la espalda y la parte superior del tórax. El uso de esteroides anabolizantes causa la aparición de acné en los hombros y la parte superior de la espalda. Las espinillas aparecen como diminutas manchas oscuras en el centro de una pequeña hinchazón de la piel que presenta una tonalidad normal. Los granos causan una leve molestia y tienen un centro blanco rodeado por un área pequeña de piel enrojecida. Las personas con acné grave (profundo o quístico) tienen numerosos abultamientos rojos, llenos de pus y dolorosos (nódulos) que algunas veces hasta se juntan bajo la piel en la forma de abscesos gigantes que exudan.

El acné leve habitualmente no deja cicatrices. Sin embargo, apretar los granos o intentar abrirlos aumenta la inflamación y la profundidad de la lesión e incrementa la posibilidad de formación de cicatrices. Los nódulos y los abscesos del acné grave con frecuencia se rompen y, después de su curación, dejan habitualmente cicatrices. Las cicatrices pueden ser agujeros diminutos y

Corte transversal de piel normal

Labels: Epidermis · Folículo piloso · Pelo · Aceite (sebo) · Glándula sebácea · Dermis

Acné superficial

Labels: Células de la piel muertas · Sebo atrapado · Comedón

Acné profundo

Labels: Pus · Tejido inflamado · Rotura

profundos (cicatrices de punzón de hielo), tajos más amplios de profundidad variable o hendiduras grandes e irregulares. Las cicatrices del acné duran toda la vida y, para algunas personas, suponen una fuente de problemas psicológicos.

➤ Tratamiento

El cuidado general del acné es muy simple. Las áreas afectadas deben lavarse cuidadosamente con un jabón suave 1 o 2 veces al día. Los jabones antibacterianos o abrasivos, las almohadillas de alcohol y el frotamiento frecuente no proporcionan beneficio adicional alguno y pueden irritar aún más la piel. Los cosméticos deben ser a base de agua y los productos muy grasosos empeoran el acné. Aunque no hay restricciones de alimentos específicos (por ejemplo, pizza o chocolate), debe seguirse una dieta sana y equilibrada ● (v. pág. 1058).

Adicionalmente a estas medidas rutinarias, el tratamiento del acné depende de la gravedad que revista la enfermedad. En el acné leve se requiere el tratamiento más simple, que plantea el menor riego de efectos colaterales. El acné más grave o el que no responde al tratamiento preliminar necesita un tratamiento adicional.

Acné leve: los fármacos utilizados para tratar el acné leve se aplican sobre la piel (fármacos tópicos). Éstos funcionan bien mediante la elimina-

ción de las bacterias (antibacterianos), o bien a través del secado o destape de los poros.

Los dos antibacterianos prescritos con mayor frecuencia son la clindamicina y la eritromicina. El peróxido benzoilo, otro medicamento antibacteriano efectivo, es de fácil adquisición con o sin prescripción médica.

Las cremas más antiguas, que se venden sin prescripción médica y que contienen ácido salicílico, resorcinol o azufre, actúan mediante el secado de los granos y causan una leve descamación. Estos fármacos, sin embargo, son menos eficaces que los antibióticos o el peróxido de benzoilo.

Cuando fallan los antibacterianos tópicos, los médicos prescriben otros fármacos que ayudan a destapar los poros. De estos fármacos el más frecuente es la tretinoína. La tretinoína es muy eficaz pero irrita la piel y la vuelve más sensible a la luz solar. Por lo tanto, los médicos utilizan este fármaco con prudencia, su inicio se efectúa con bajas concentraciones y aplicaciones poco frecuentes, que pueden aumentarse gradualmente. El peróxido de benzoilo anula el efecto de la tretinoína, así que los dos fármacos no deben aplicarse a la vez. Algunos de los fármacos nuevos con efectos similares a los de la tretinoína son el adapaleno, el ácido azelaico y el tazaroteno.

El médico puede extirpar los puntos negros y blancos irritados, y las pápulas grandes es posible abrirlas con una aguja esterilizada. Otros

REACCIONES ADVERSAS

Destruye las bacterias

(Aplicación tópica)			
	Clindamicina	Diarrea (raramente)	—
	Eritromicina	—	Bien tolerado.
	Peróxido de benzoilo	Seca la piel; puede decolorar la ropa y el pelo.	Especialmente eficaz cuando se combina con eritromicina.

Abre los poros

(Aplicación tópica)			
	Tretinoína	Irrita la piel; sensibiliza la piel a la luz solar.	El acné parece empeorar cuando se inicia el tratamiento con la tretinoína; pueden pasar de 3 a 4 semanas antes de que se note mejoría alguna; se debe utilizar ropa protectora y un filtro solar durante la exposición solar.
	Tazarotene	Irrita la piel; sensibiliza la piel a la luz solar.	El acné parece empeorar cuando se inicia el tratamiento con el tazarotene; pueden pasar de 3 a 4 semanas antes de que se note mejoría alguna; se debe utilizar ropa protectora y un filtro solar durante la exposición solar.
	Adapalene	Algún enrojecimiento, quemazón y aumento de la sensibilidad al sol.	Tan eficaz como la tretinoína pero menos irritante; se debe utilizar ropa protectora y un filtro solar durante la exposición al sol.
	Acido azelaico	Puede aclarar la piel.	Efecto irritante mínimo; puede ser utilizado solo o con tretinoína. Debe utilizarse con precaución en las personas con la piel más oscura debido al efecto aclarante de la piel.

Destruye las bacterias

(Administrados por vía oral)			
	Tetraciclina	Sensibiliza la piel a la luz solar.	Barato y seguro. Se debe tomar en ayunas; se debe utilizar ropa protectora y filtro solar durante la exposición al sol.
	Doxiciclina	Sensibiliza la piel a la luz solar.	Se debe utilizar ropa protectora y filtro solar durante la exposición al sol.
	Minociclina	Cefalea, mareo, decoloración de la piel.	El antibiótico más eficaz.
	Eritromicina	Molestias gástricas.	Las bacterias con frecuencia se vuelven resistentes a la eritromicina.

Abre los poros

(Administrados por vía oral)			
	Isotretinoína	Puede alterar el desarrollo del feto y afectar a las células sanguíneas, el hígado y las concentraciones de grasas; sequedad de ojos, labios fisurados, sequedad de las membranas mucosas; dolor o rigidez de las grandes articulaciones y la parte inferior de la espalda a altas dosis; con depresión, pensamientos suicidas, intento de suicidio y (rara vez) suicidio.	Una mujer sexualmente activa debe someterse a una prueba de embarazo antes de iniciar la ingestión de isotretinoina; la anticoncepción o la abstinencia sexual debe comenzar un mes antes de iniciar la ingestión del fármaco y debe continuar mientras lo toma y un mes después de suspenderlo. Los análisis de sangre son necesarios a intervalos mensuales mientras se esté tomando para asegurarse de que no afecte las células sanguíneas, el hígado o las concentraciones de grasas (triglicéridos y colesterol).

instrumentos, como un extractor de asa, también pueden utilizarse para drenar los poros y pápulas obstruidos.

Acné grave: los antibióticos administrados por vía oral, como la tetraciclina, la doxiciclina, la minociclina y la eritromicina, se reservan para el tratamiento del acné grave. Los pacientes pueden necesitar tomar uno de estos fármacos por varias semanas, meses o incluso años para evitar la recaída. Algunos de estos fármacos tienen efectos colaterales potencialmente graves y, por consiguiente, su administración debe ser vigilada de cerca por un médico. Las mujeres que toman antibióticos durante mucho tiempo algunas veces desarrollan infecciones vaginales por hongos que pueden requerir tratamiento con otros fármacos. Si el control de la infección por hongos se dificulta, no es conveniente la terapia para el acné con antibióticos por vía oral.

En los casos más graves de acné, cuando los antibióticos no funcionan, la isotretinoína por vía oral es el mejor tratamiento. La isotretinoína, relacionada con el fármaco tópico tretinoína, es la única que tiene probabilidades de curar el acné. Sin embargo, la isotretinoína puede tener graves efectos colaterales. La isotretinoína puede lesionar al feto en desarrollo, por lo que las mujeres que la toman deben adoptar estrictas medidas anticonceptivas para evitar quedar embarazadas. También pueden presentarse otros efectos colaterales menos graves. La terapia por lo general dura veinte semanas. Si fuera necesario repetir el tratamiento, no debe reiniciarse por lo menos antes de cuatro meses.

Otros tratamientos para el acné son útiles para ciertas personas. Los anticonceptivos orales, por ejemplo, pueden ser útiles en una mujer con acné grave que empeora con su período menstrual. Este tratamiento requiere de 2 a 4 meses para que produzca resultados.

En ocasiones, los dermatólogos tratan los nódulos grandes inflamados o los abscesos mediante el uso de corticosteroides inyectados en su interior. En algunas ocasiones, el médico realiza una incisión en el nódulo o absceso para drenarlo.

El tratamiento de las cicatrices del acné grave depende de su forma, su profundidad y su localización. Las cicatrices individuales de cualquier profundidad pueden cortarse de raíz y luego coser las dos partes de piel uniéndolas. Las cicatrices amplias con hendiduras mejoran estéticamente mediante un procedimiento denominado subcisión, en el que se hacen pequeños cortes bajo la piel hasta liberar la cicatriz tisular. Esta técnica permite a la piel recobrar sus contornos normales. Las cicatrices superficiales pueden tratarse con descamación química (*peeling*) o con láser ● (*v. recuadro pág. 1473*).

La dermoabrasión, un procedimiento que consiste en frotar la superficie de la piel con un instrumento metálico abrasivo y desprender la capa superior, puede ser útil también para extirpar las cicatrices pequeñas. En ocasiones, las cicatrices se tratan inyectando por debajo de ellas sustancias como colágeno, grasa o algunos materiales sintéticos.

CAPÍTULO 205

Úlceras de presión

Las úlceras que sobrevienen por la presión (úlceras por decúbito) son áreas de piel lesionada que resultan de una falta de irrigación sanguínea debido a la presión.

Las úlceras por decúbito pueden presentarse en personas que pasan mucho tiempo en cama o sentadas, o que no pueden valerse por sí mismas. Sin embargo, también pueden aparecer en personas mayores. Las úlceras por decúbito suelen desarrollarse debajo de la cintura, aunque pueden producirse en cualquier parte del cuerpo. Tienden a desarrollarse sobre proyecciones óseas donde se concentra la presión, como la parte inferior de la espalda, los talones, los codos y las caderas. Aparecen en los lugares donde la presión de una cama, una silla de ruedas, una escayola, una férula u otros objetos duros hacen contacto y ejercen presión sobre la piel. Las úlceras por decúbito pueden ser dolorosas y de riesgo letal.

Prolongan el tiempo de convalecencia en los hospitales o en centros geriátricos y aumentan sus costos.

➤ Causas

La piel tiene una rica irrigación sanguínea que lleva oxígeno a todas sus capas. Si ese suministro de sangre se interrumpe por más de 2 o 3 horas, la piel muere; este proceso se inicia por su capa externa (la epidermis). La piel muerta se rompe y forma una llaga abierta o úlcera. Una vez que la piel se rompe, las bacterias pueden penetrar en el orificio y causar una infección.

La presión reduce el flujo sanguíneo hacia la piel. La intensa presión que resulta de la posición que se adopta sentado en una silla o acostado en un colchón interrumpe el flujo sanguíneo en las zonas óseas. La mayoría de las personas no desarrollan las úlceras por decúbito porque cambian de posición constantemente sin pensarlo, incluso cuando están dormidas. Sin embargo, algunas personas no pueden moverse normalmente y, por lo tanto, tienen un alto riesgo de desarrollar este tipo de úlceras. Este grupo incluye a las personas afectadas de parálisis o que están sumamente débiles o recluidas. Las personas paralíticas o en coma están más expuestas a este tipo de problemas, ya que no pueden sentir molestia o dolor, señales que motivan a moverse o a pedir la ayuda que se precise.

La tracción también reduce el flujo sanguíneo de la piel y puede ocasionar la aparición de las úlceras por decúbito. La tracción tiene lugar cuando la piel se adhiere a algo, a menudo la ropa de cama. Cuando se tira de la piel, el efecto es muy similar al que produce la presión.

El roce puede también conducir a este tipo de úlceras. La irritación repetida desgasta las capas superiores de la piel. Esta irritación puede darse si una persona se roza los talones, los codos o las rodillas o usa zapatos mal ajustados.

La humedad en la piel puede conducir al desarrollo de las úlceras por decúbito. La exposición prolongada a la humedad, con frecuencia por la transpiración, la micción o las heces, debilita y lesiona la superficie de la piel, lo que facilita la aparición de estas úlceras.

Una nutrición inadecuada aumenta el riesgo y ralentiza el proceso de curación. Las personas desnutridas no tienen la capa protectora de grasa que actúa a modo de almohadilla y que evita que los vasos sanguíneos se presionen y se cierren. Si las dietas son deficientes en proteínas, vitamina

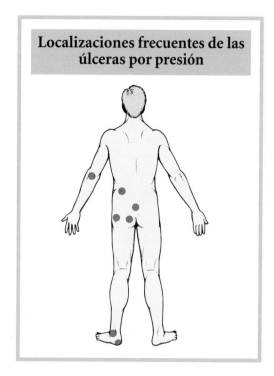

Localizaciones frecuentes de las úlceras por presión

C o zinc, esenciales para reparar normalmente la piel, también existen ciertos riesgos.

➤ Síntomas

Para la mayoría de las personas, las úlceras por decúbito causan algo de dolor y de picor. Sin embargo, en las que tienen los sentidos entorpecidos, incluso las úlceras graves y profundas pueden ser indoloras.

Las úlceras de presión se clasifican en cuatro fases, según la gravedad de la lesión, desde el enrojecimiento y la inflamación (fase 1) hasta la destrucción del músculo, la grasa y los huesos (fase 4).

La infección retrasa la curación de las úlceras superficiales y puede ser potencialmente letal en las más profundas. Dicha infección puede incluso penetrar en el hueso (osteomielitis), y requiere varias semanas de tratamiento con antibióticos. En los casos más graves, la infección puede extenderse al torrente sanguíneo (sepsis).

➤ Prevención

La prevención es la mejor estrategia para evitar las úlceras de presión. En la mayoría de los casos, las úlceras de presión pueden prevenirse mediante la atención meticulosa de los proveedores de cuidados, como las enfermeras, los ayudantes de enfermería y los familiares. Mediante una estrecha inspección diaria de la piel de una persona encamada o en silla de ruedas, se detecta de forma precoz un enrojecimiento o un cambio de la coloración cutánea. Cualquiera de estos signos es una señal para colocar a la persona en otra posición y evitar sentarla o acostarla sobre la zona con alteración del color hasta que ésta vuelva a la normalidad.

Dado que el cambio de posición es necesario para que la sangre siga su flujo hacia la piel, debe evitarse la sobresedación y alentar a la persona a mantenerse activa. Las personas que no pueden moverse por sí solas deben ser cambiadas de posición cada dos horas, o más a menudo si es posible. La piel debe mantenerse limpia y seca, ya que la humedad aumenta el riesgo. La piel seca es menos propensa a adherirse a telas y a causar tracción.

Las prominencias óseas (como los talones y los codos) pueden protegerse con materiales suaves, como el algodón o la lana esponjosa. Las camas especiales, los colchones y los cojines amortiguadores pueden utilizarse para reducir la presión en las personas que permanecen en sillas de ruedas o acostadas. Estos productos reducen la presión y proporcionan un alivio adicional. El médico o la enfermera recomendarán el colchón o el cojín más apropiados. Es importante recordar que ninguno de estos dispositivos elimina completamente la presión o reemplaza el cambio frecuente de posición.

➤ Tratamiento

Tratar una úlcera de presión es mucho más difícil que prevenirla. Una adecuada nutrición es importante para facilitar la curación de las úlceras de presión y para prevenir la formación de nuevas. Se recomienda una alimentación bien equilibrada, alta en proteínas, así como la administración diaria de un suplemento de minerales y de una alta concentración de vitaminas. La vitamina C y el zinc suplementarios pueden ser también de gran ayuda para la curación.

Las úlceras por decúbito suelen curarse por sí solas en sus primeras etapas, una vez que se elimina la presión sobre la piel. Cuando la piel se rompe, el médico o la enfermera considerarán la localización y el estado de la llaga por decúbito para recomendar el vendaje. Los vendajes de película (transparentes) ayudan a proteger las úlceras de presión en sus primeras fases y les permite curarse más rápidamente. Las placas de hidrocoloides (que retienen humedad y oxígeno) protegen la piel, mantienen la humedad apropiada, y proporcionan a las úlceras profundas un ambiente sano. Pueden utilizarse otros tipos de vendajes en las úlceras más profundas, que exudan gran cantidad de líquidos y están infectadas.

Si la úlcera parece estar infectada o supura, los enjuagues con soluciones salinas y la limpieza suave con gasas pueden ser de mucha ayuda. Algunas veces se utilizan agentes de limpieza más fuertes. En algunas ocasiones el médico necesita extirpar (desbridar) el material muerto con un escalpelo o mediante la utilización de agentes químicos.

Algunos tratamientos recientes para el cuidado de las heridas incluyen dispositivos de cierre con aspiración, los cuales aplican succión sobre la herida; factores de crecimiento, que son sustancias (por lo general proteínas) que estimulan el crecimiento de las células; el tratamiento con oxígeno hiperbárico, mediante el cual se coloca a la persona afectada dentro de una cámara con oxígeno a una presión más elevada ● *(v. pág. 1983)* y los injertos sintéticos de piel.

Es difícil tratar las úlceras por decúbito. En algún caso se requieren injertos de piel, mediante los cuales se trasplanta piel sana sobre la zona lesionada. Desafortunadamente, este tipo de cirugía no siempre tiene éxito, especialmente en los ancianos frágiles y desnutridos. A menudo, cuando una infección se intensifica en una úlcera, se administran antibióticos. Cuando los huesos situados debajo de una úlcera se infectan, la infección ósea (osteomielitis) es muy difícil de curar y puede pasar a la corriente sanguínea, siendo necesario un tratamiento con un antibiótico durante muchas semanas ● *(v. pág. 437)*.

CAPÍTULO 206

Trastornos de la sudoración

El sudor proviene de las glándulas sudoríparas de la piel y es transportado a su superficie mediante unos conductos. La sudoración ayuda a refrescar el cuerpo. Por este motivo, las personas sudan más cuando hace calor. También lo hacen cuando están nerviosas, tensas o hacen ejercicio.

El sudor se compone principalmente de agua, pero también contiene sal (cloruro de sodio en su mayoría) y otras sustancias químicas. Cuando una persona suda mucho, la pérdida de agua y de sal debe ser reemplazada.

■ Sudamina *(Miliaria rubra)*

La sudamina es una erupción cutánea con picor que se produce cuando el sudor queda retenido.

Se desarrolla cuando los conductos estrechos que transportan el sudor a la superficie de la piel se obstruyen. El sudor atrapado causa inflamación, lo que produce irritación (picazón), prurito, y erupción caracterizada por diminutas ampollas. La sudamina también puede manifestarse con grandes zonas enrojecidas en la piel.

Es más frecuente en los climas cálidos y húmedos. Tiende a producirse en superficies de la piel que se tocan entre sí, como debajo de las mamas, en la parte interna de los muslos, y en las axilas.

La enfermedad se controla al mantener la piel fresca y seca. La utilización de polvos y de desodorantes a menudo ayuda. Debe evitarse el ambiente que incremente la sudoración; es ideal un ambiente con aire acondicionado.

Una vez que la erupción aparece, deben utilizarse cremas o lociones a base de corticosteroides, en ocasiones con un poco de mentol; sin embargo, estos tratamientos tópicos no resultan tan eficaces como mantener la piel fresca y seca.

■ Sudoración excesiva

Las personas con sudoración excesiva (hiperhidrosis) sudan profusamente y algunos casi constantemente. Aunque las personas con fiebre o expuestas a ambientes muy calientes sudan, algunas con sudoración excesiva tienden a hacerlo incluso sin estar en estas circunstancias. La sudoración excesiva puede afectar a toda la piel, pero a menudo se limita a las palmas de las manos, las plantas de los pies, las axilas o la zona genital.

Por lo general, no se conoce una causa específica. Sin embargo, los trastornos que pueden causar la sudoración excesiva incluyen el hipertiroidismo, un valor bajo de azúcar en la sangre y, en raras ocasiones, el feocromocitoma. Una anomalía en la parte del sistema nervioso que controla la sudoración puede también aumentarla de forma excesiva. También las personas con una lesión o una enfermedad en la médula espinal puede tener episodios de sudoración excesiva. Las personas con este tipo de sudoración con frecuencia se sienten ansiosas debido a esta enfermedad. Esta ansiedad es a menudo un factor que empeora la sudoración.

La humedad grave, crónica puede hacer que la zona afectada aparezca blanca, con arrugas y agrietada. En algunas ocasiones la zona se enrojece y se inflama. La zona inflamada puede emitir un olor fétido (bromhidrosis) debido a

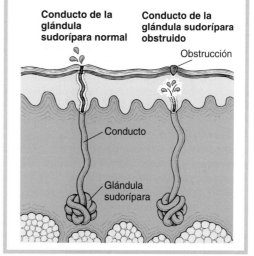

Causa de la sudamina

La sudamina se produce cuando las glándulas sudoríparas están obstruidas y destruidas y el sudor queda atrapado debajo de la piel.

Conducto de la glándula sudorípara normal

Conducto de la glándula sudorípara obstruido

Obstrucción

Conducto

Glándula sudorípara

la degradación del sudor causada por las bacterias y los hongos que viven en la piel.

➤ Tratamiento

La sudoración excesiva puede ser controlada hasta cierto punto con desodorantes comerciales. Sin embargo, puede requerirse un tratamiento más fuerte, especialmente para las palmas de las manos, las plantas de los pies, las axilas o las ingles. La aplicación nocturna de una solución de cloruro de aluminio puede ser de gran ayuda; concentraciones de este medicamento con o sin receta médica se encuentran disponibles. En primer lugar, se seca la zona sudada y luego se aplica la solución. Si la respuesta es inadecuada, se puede aplicar una película de plástico sobre la solución para intensificar la eficacia del tratamiento. Por la mañana, se retira la película y se lava la zona. Algunas personas necesitan dos aplicaciones diarias. Esta pauta suele aliviar el problema durante una semana. Si la solución irrita la piel, debe interrumpirse el uso de la película plástica.

Una solución de metenamina también puede ayudar. En ocasiones se recurre a la iontoforesis con agua corriente, proceso en el que se aplica una corriente eléctrica débil a la zona afectada. La toma de fármacos por vía oral, como fenoxibenzamina y propantelina, algunas veces controla la sudoración, y las inyecciones de toxina botulínica en la zona afectada también la disminuyen. Si los fármacos no son eficaces, una medida más drástica para controlar el sudor excesivo es mediante un corte quirúrgico de los nervios que llevan a las glándulas sudoríparas. La sudoración excesiva que se limita a las axilas algunas veces se trata con liposucción para extirpar las glándulas sudoríparas. El asesoramiento psicológico o un tratamiento con ansiolíticos pueden aliviar los casos de la sudoración causados por la ansiedad.

En los pocos casos en los que el olor es un problema, lavarse dos veces diarias con agua y jabón normalmente es suficiente para eliminar las bacterias y hongos que lo causan. En algunas personas, puede ser necesario lavarse con un jabón antiséptico durante algunos días, en combinación con el uso de cremas antibacterianas que contienen clindamicina o eritromicina. Puede ser útil afeitarse el pelo de las axilas para controlar el olor.

CAPÍTULO 207

Alteraciones capilares

El pelo se origina en los folículos pilosos, los cuales están localizados en la dermis, la capa de la piel que se encuentra justo debajo de la capa superficial. Los folículos pilosos están presentes en todas las partes del cuerpo excepto en los labios, las palmas de las manos y las plantas de los pies. El pelo nuevo se origina en el bulbo piloso que se encuentra en la base del folículo piloso. Las células vivas del bulbo se multiplican y se impulsan hacia arriba. Estas células se deshidratan rápidamente, mueren y se compactan dentro de una masa densa y dura que forma el asta del cabello. El asta del cabello, que se compone de proteínas muertas, está cubierta por un revestimiento (cutícula) de escamas similares a una lámina.

El cabello debe su color al pigmento llamado melanina, al que se le atribuye también el color de la piel. Los colores del cabello humano proceden de dos tipos de melanina: la eumelanina en el cabello negro o pardo y la feomelanina en el rubio.

El cabello crece en ciclos. Cada ciclo consta de una fase de crecimiento que dura un largo período, seguida de una fase corta de descanso. Al final de la fase de reposo, el cabello se cae y empieza a crecer un cabello nuevo en el folículo, lo que indica que se repetirá el ciclo. Las cejas y las pestañas tienen una fase de crecimiento de 1 a 6 meses. Los pelos del cuero cabelludo tienen una fase de crecimiento de 2 a 6 años. Por lo general, alrededor de cien pelos del cuero cabelludo alcanzan el final de la fase de reposo cada día y luego se caen.

Las hormonas masculinas (los andrógenos, como la testosterona y la dihidrotestosterona), que se encuentran tanto en los hombres como en las mujeres, aunque en cantidades diferentes, regulan el crecimiento del cabello. La testosterona estimula el crecimiento de vello en el pubis y en las axilas. La dihidrotestosterona estimula el crecimiento de vello en la barba.

Los trastornos capilares incluyen el crecimiento excesivo del pelo (hirsutismo), la calvicie y los pelos de la barba que crecen dentro de la piel. Aunque generalmente los problemas capilares no son graves o de riesgo letal, a menudo se perciben como problemas estéticos que requieren tratamiento.

■ Vellosidad excesiva

Las personas tienen una abundancia variable de vello corporal. La edad de una persona, su sexo, su origen racial y étnico y los factores hereditarios determinan la cantidad de vello corporal. La definición de vello *excesivo* es subjetiva. En algunas culturas, a los varones con mucho vello se les considera masculinos; en otras, se evita la vellosidad. Algunas mujeres odian tener vello corporal, mientras que a otras esto no les preocupa. En raras ocasiones, la vellosidad excesiva es congénita (debido a un trastorno hereditario) pero por lo general aparece con el paso de los años. En las mujeres y los niños, la vellosidad excesiva puede ser causada por trastornos de la glándula hipófisis, las glándulas suprarrenales o los ovarios, lo que origina una producción excesiva de hormonas masculinas. La afección puede también ser el resultado del uso de ciertos medicamentos, como el minoxidilo, la fenitoína, la ciclosporina y los esteroides anabolizantes. La porfiria cutánea retardada, trastorno provocado por una deficiencia enzimática ● *(v. pág. 1116)*, también puede causar un crecimiento excesivo de vello.

➤ Diagnóstico y tratamiento

Dado que algunos problemas médicos estimulan el crecimiento excesivo de vello, el médico debe saber distinguir entre una vellosidad excesiva como resultado de un trastorno subyacente y una simple preocupación estética.

El médico primero busca otros síntomas de un exceso de andrógenos, como los ciclos menstruales irregulares, la profundización del tono de la voz, la calvicie o características del síndrome de Cushing ● *(v. pág. 1147)*, como es una cara grande y redonda y una almohadilla de grasa entre los hombros. Si cualquiera de estos síntomas está presente, los médicos realizan varios análisis de sangre para medir las concentraciones de ciertas hormonas.

Los fármacos que posiblemente causen una vellosidad excesiva se suspenden, a no ser que esto pueda causar un problema de salud. Si las elevadas concentraciones de testosterona pueden ser la causa, los fármacos que bloquean sus efectos, como la espironolactona, la flutamida o el finasteride, pueden ser muy útiles, pero rara vez se usan.

Los métodos de extirpación temporal del vello incluyen el afeitado o el corte del cabello. El afeitado no hace crecer el pelo más rápidamente, como a veces se piensa, pero mejora su grosor. Otras medidas temporales comunes consisten en el uso de las pinzas y la cera, que arrancan los pelos de las raíces, y el uso de un depilador (una preparación líquida o cremosa), que elimina químicamente el pelo en la superficie. El uso de la crema de eflornitina retarda sustancialmente el crecimiento de vello en muchas personas y puede disminuir la necesidad de eliminar el pelo manualmente. El decolorante aplicado sobre el pelo puede disimular la vellosidad excesiva si la textura del pelo es fina.

La eliminación permanente del pelo requiere la destrucción de los folículos pilosos. Con la electrólisis, en la que una aguja eléctrica se introduce dentro de cada folículo piloso, se los destruye mediante el calor y la corriente eléctrica. A menudo, se necesitan muchos tratamientos, y gran cantidad de folículos con frecuencia sobreviven al procedimiento, permitiendo el crecimiento del pelo. Los tratamientos con láser pueden reducir el pelo no deseado ● *(v. recuadro pág. 1473)*. Aunque varios tratamientos con láser pueden destruir permanentemente parte de los folículos pilosos, al final vuelve a crecer gran cantidad de pelo.

■ Pérdida de cabello

La caída del pelo (alopecia), con mayor frecuencia en la cabeza, puede afectar a cualquier parte del cuerpo.

La pérdida del cabello puede desarrollarse de forma gradual o repentinamente. Puede ser el resultado de los factores genéticos, del envejecimiento, de las enfermedades cutáneas locales y de las que afectan al organismo en general (enfermedades sistémicas). Muchos fármacos pueden también producir la caída del cabello. Cuando se produce en la cabeza, la pérdida de cabello es conocida como calvicie.

La **alopecia androgenética** es el tipo más frecuente de caída del cabello, y llega a afectar aproximadamente al 50% de los varones (calvicie de patrón masculino) y del 10 al 20% de las mujeres (calvicie de patrón femenino). Un nivel ligeramente elevado de la hormona masculina dihidrotestosterona probablemente juega, junto con los factores genéticos, un papel importante. La caída del cabello puede comenzar a cualquier edad, incluso en la adolescencia.

En los varones, por lo general, comienza en la frente o en la parte superior de la cabeza y sigue hacia atrás. Algunos hombres pierden tan sólo una parte del cabello y tienen sólo un receso de la línea del cabello o una pequeña calva en la parte posterior de la cabeza. Otros, especialmente los varones cuya caída del cabello comenzó a una edad juvenil, pierden todo el cabello en la parte superior de la cabeza pero retienen el de los lados y la parte posterior del cuero cabelludo.

En las mujeres, la caída del cabello comienza en la parte superior de la cabeza y es generalmente un adelgazamiento del cabello más que una pérdida total. La línea del cabello permanece intacta. Este patrón se conoce como patrón de calvicie femenina.

La **alopecia tóxica** es la caída del cabello que resulta de la tensión física o psicológica. La pérdida de peso repentina, muchas enfermedades graves (sobre todo las que producen fiebre alta), o la cirugía pueden causar la caída del cabello. Algunos fármacos, como los quimioterápicos, los que se prescriben para la presión arterial, el litio, el valproato, los anticonceptivos orales, la vitamina A y los retinoides, pueden también causar este trastorno. La alopecia tóxica puede ser también el resultado de una disfunción de la glándula tiroides o la hipófisis y frecuentemente aparece después del embarazo.

El cabello puede caerse poco después de presentarse la enfermedad o el trastorno que causa su pérdida o hasta 3 o 4 meses más tarde. En general, la pérdida del cabello es temporal y éste vuelve a crecer.

La **alopecia areata** es una enfermedad cutánea frecuente en la que se produce la pérdida repentina de parches redondos e irregulares del cabello. Se cree que la causa puede ser una reacción autoinmune, en la que las defensas inmunológicas del organismo atacan erróneamente a los folículos pilosos. El lugar de pérdida del cabello es ge-

neralmente el cuero cabelludo o la barba. En raras ocasiones, puede perderse todo el pelo del cuerpo, un trastorno denominado alopecia universal. La alopecia areata se produce en ambos sexos y en todas las edades, pero es más frecuente en niños y adultos jóvenes. Este tipo de alopecia no es el resultado de otra enfermedad, aunque algunas personas también padecen un trastorno de la glándula tiroides. El pelo suele reaparecer después de varios meses. En personas con calvicie completa, es improbable que el cabello vuelva a crecer.

El **arrancamiento del cabello (tricotilomanía)** es el arrancamiento frecuente del cabello normal. El hábito es más frecuente en los niños, pero puede darse en los adultos. Esta costumbre puede pasar inadvertida durante mucho tiempo, y tanto los médicos como los padres pueden creer que la pérdida de cabello se debe a una enfermedad como la alopecia areata.

La **alopecia cicatricial** es una pérdida de cabello que se produce en zonas cicatrizadas o lesionadas. La piel puede lesionarse por quemaduras y por otras lesiones físicas o por radioterapia. Las enfermedades que causan cicatrización comprenden el lupus eritematoso, el liquen plano y las infecciones bacterianas o las micóticas. Los cánceres de piel también pueden provocar cicatrices.

➤ Diagnóstico y tratamiento

El médico diagnostica el patrón masculino o femenino de calvicie según su apariencia típica. La determinación de la causa de otros tipos de caída del cabello mediante simple observación es a veces difícil. El médico por lo general examina las astas del cabello al microscopio y puede realizar una biopsia de la piel ● *(v. pág. 1414).* Una biopsia ayuda a determinar si los folículos pilosos son normales; si no lo son, la biopsia puede indicar las posibles causas. Si en el examen el médico encuentra irregularidades hormonales u otras enfermedades graves, pueden necesitarse análisis de sangre para identificar esos trastornos.

Los patrones masculino y femenino de calvicie pueden tratarse a veces eficazmente con el uso de fármacos. El minoxidilo puede estimular y mantener el crecimiento del cabello cuando se aplica directamente en el cuero cabelludo todos los días. El finasteride funciona al producir el bloqueo de los efectos de las hormonas masculinas sobre los folículos pilosos y puede administrarse por vía oral diariamente. Puede darse una mejoría con cualquiera de estos fármacos cuando se toman durante varios meses. El efecto más importante de estos fármacos puede ser el de evitar que se siga cayendo el cabello. Los efectos duran sólo el tiempo en que se tomen los medicamentos.

Una solución más permanente es el trasplante del cabello, en la que los folículos pilosos se extirpan de una parte del cuero cabelludo y se trasplantan en la zona calva. Mediante la utilización de una técnica nueva de trasplante del cabello, sólo 1 o 2 cabellos se trasplantan cada vez. Aunque esta técnica dura mucho tiempo, no requiere la extirpación de grandes pedazos de la piel y permite orientar los implantes en la misma dirección del cabello natural.

La alopecia tóxica se resuelve por lo general después de la interrupción de las toxinas. Dado que la pérdida del cabello es sólo temporal, el uso de pelucas es a menudo el mejor tratamiento. Una persona sometida a quimioterapia debe consultar a un fabricante de pelucas incluso antes de comenzar la terapia, para que la apropiada pueda estar lista cuando se requiera.

La alopecia areata puede tratarse con corticosteroides. En el caso de parches pequeños de calvicie, se pueden inyectar corticosteroides debajo de la piel, y el minoxidilo se puede aplicar en forma tópica. Para parches más grandes, los corticosteroides a veces se administran por vía oral, pero el pelo a menudo se cae de nuevo cuando se suspende el tratamiento. Otro tratamiento para la alopecia areata implica la aplicación de productos químicos irritantes, como la antralina, en el cuero cabelludo para inducir una reacción alérgica leve o una irritación. La irritación a veces promueve el crecimiento del cabello.

La alopecia cicatricial es particularmente difícil de tratar. En la medida de lo posible se trata la causa de la cicatriz, pero después de cicatrizarse por completo un área de piel, el crecimiento del pelo es improbable.

■ Pelos de barba encarnados

Se trata de pelos que se curvan de tal modo que su extremo pincha la piel y causa inflamación (seudofoliculitis de la barba). Es más frecuente con los pelos rizados de la barba, especialmente en los varones de raza negra. Cada pelo encarnado produce un grano diminuto, levemente doloroso, con un rizamiento apenas visible en el centro.

El diagnóstico se basa en su aspecto típico. El tratamiento implica desprender las puntas de cualquier pelo encarnado fuera de la piel con la punta de una aguja o un bisturí afilado. El mejor tratamiento preventivo es dejar crecer la barba. Cuando los pelos se alargan, no se rizan ni pinchan la piel. El hombre que no quiera barba puede usar un depilador (una preparación líquida o una crema que elimina pelos indeseables) a base de tioglicolato, aunque frecuentemente éste irrita la piel. Los pacientes que deben afeitarse lo deben hacer en la misma dirección en que crece el pelo. Debe evitarse el afeitado total con varios pases de cuchilla. Las personas que continúan con los mismos problemas pueden someterse a terapia con láser ● *(v. recuadro pág. 1473).*

CAPÍTULO 208

Alteraciones de la pigmentación

Las diversas tonalidades y colores de la piel humana tienen su origen en un pigmento de color marrón denominado melanina. Sin melanina, la piel tendría un color blanco pálido con varias gamas de color rosa, causado por la sangre que fluye por ella. Las personas de tez clara producen muy poca melanina, las de piel más oscura producen cantidades moderadas y las de piel muy oscura producen una gran cantidad de este pigmento. Las personas albinas no producen melanina.

La melanina es producida por células especiales (melanocitos) que se encuentran distribuidas entre las demás células en la capa superior de la piel, la epidermis. Después de producirse la melanina, ésta se extiende a otras células cutáneas cercanas.

Los melanocitos producen gran cantidad de este pigmento cuando se exponen a la luz solar, lo que causa el oscurecimiento o el bronceado de la piel. En algunas personas de tez clara, ciertos melanocitos producen más melanina que otros en respuesta a luz solar. Esta producción desigual de melanina origina puntos de pigmentación conocidos como pecas. La tendencia a las pecas viene de familia. Un aumento en la cantidad de melanina puede también ser una respuesta a alteraciones hormonales, como las que pueden sobrevenir en la enfermedad de Addison, durante el embarazo o con el uso de anticonceptivos orales. Sin embargo, algunos casos de oscurecimiento de la piel no están relacionados en absoluto con el incremento de melanina, sino más bien con los pigmentos anormales que se introducen en la piel. Algunas enfermedades como la hemocromatosis, la hemosiderosis o algunos fármacos que se aplican sobre la piel, se toman o se inyectan, pueden causar oscurecimiento cutáneo. Una acumulación de bilirrubina (el pigmento principal de la bilis) da a la piel una tonalidad amarilla (ictericia).

Una cantidad anormalmente baja de melanina (hipopigmentación) puede afectar a grandes zonas del cuerpo o a pequeños puntos. La disminución de la melanina es generalmente el resultado de una lesión anterior en la piel, como una ampolla, una úlcera, una quemazón o alguna infección. Algunas veces la pérdida del pigmento sobreviene por una enfermedad inflamatoria de la piel o, en casos muy raros, es hereditaria. Una infección frecuente en la piel, la tiña versicolor ● (*v. pág. 1462)*, puede también causar pérdida del pigmento en algunas zonas de la piel.

■ Albinismo

El albinismo es una enfermedad poco frecuente y hereditaria en la que existe muy poca cantidad de melamina o ninguna.

El albinismo afecta a personas en todo el mundo y a todas las razas.

El albinismo se puede reconocer fácilmente por su apariencia típica. Las personas con albinismo (albinos) tienen el pelo blanco, la piel pálida y los ojos rosados o azul pálido. El trastorno genético que produce el albinismo también causa una visión anormal y movimientos oculares involuntarios (nistagmo).

Dado que la melanina protege la piel de la acción del sol, los albinos son muy propensos a las quemaduras solares y, en consecuencia, al cáncer

de piel. Incluso pocos minutos de rayos solares fuertes pueden causar quemaduras graves.

No existe cura para el albinismo. La gente con este trastorno puede disminuir los problemas al mantenerse lejos de los rayos directos del sol, con el uso de gafas solares y mediante la aplicación de un protector solar con el factor de protección (FPS) más alto ● *(v. también pág. 1466)*. Aun con la aplicación de protectores solares, los albinos no deben exponer su piel a la luz solar intensa por largos períodos de tiempo.

■ Vitíligo

El vitíligo es una enfermedad en la que se producen placas suaves y blancas en la piel debido a una pérdida localizada de los melanocitos.

Se desconoce su causa, pero puede deberse a un ataque del sistema inmunológico de la persona sobre los melanocitos. El vitíligo tiende a aparecer en una misma familia y puede sobrevenir con algunas otras enfermedades. Existe una enfermedad de la glándula tiroides en casi un tercio de las personas que padecen vitíligo, pero no es muy clara la relación entre estos trastornos. Los diabéticos, las personas con la enfermedad de Addison y con anemia perniciosa también tienen alguna probabilidad de desarrollar el vitíligo. El trastorno puede aparecer después de un trauma físico o una quemadura solar.

Aunque el vitíligo no plantea un problema médico, puede causar una angustia psicológica considerable.

➤ Síntomas y diagnóstico

En algunas personas, aparecen una o dos placas bien delimitadas de vitíligo; en otras, lo hacen sobre una extensa zona del cuerpo. Los cambios son más notorios en las personas de piel oscura. Las zonas afectadas con más frecuencia son la cara, los codos, las rodillas, las manos, los pies y los genitales. La piel que no tiene pigmento alguno es extremadamente sensible a las quemaduras de sol. Las zonas de piel afectadas por el vitíligo también producen pelo blanco, porque no existen melanocitos en los folículos pilosos. Puede presentarse encanecimiento prematuro del cabello incluso cuando la capa de la piel subyacente no ha sido afectada por el vitíligo.

El vitíligo se reconoce por su apariencia típica. Frecuentemente se hace un examen con luz de

Vitíligo

Ausencia de pigmentación en la piel afectada

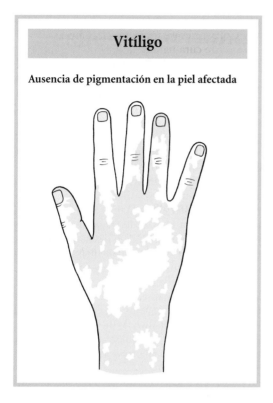

Wood para ayudar a diferenciar el vitíligo de otras causas de aclaramiento de la piel ● *(v. pág. 1414).* Por lo general, otras pruebas y biopsias no son necesarias.

➤ Tratamiento

No se conoce cura para el vitíligo, aunque algunas personas recuperan su color de forma espontánea. El tratamiento puede ser útil. Las manchas pequeñas algunas veces se oscurecen cuando se administra un tratamiento con cremas a base de corticosteroides. Algunas personas utilizan bronceadores, tintes para la piel o maquillaje para oscurecer la zona. Dado que muchas personas aún tienen unos melanocitos en las placas de vitíligo, la fototerapia reestimula la producción del pigmento en más de la mitad de ellas ● *(v. recuadro pág. 1431).* En especial, los psoralenos (fármacos sensibles a la luz) combinados con tratamientos a base de luz ultravioleta A (PUVA) y luz ultravioleta de banda estrecha B son muy beneficiosos. Sin embargo, la fototerapia necesita meses para demostrar su eficacia y debe continuarse indefinidamente.

Las zonas que no responden a la fototerapia pueden tratarse con varias técnicas de injerto de piel y hasta trasplantes de melanocitos que crecen en áreas de la piel de la persona que no han sido afectadas. Todas las áreas de piel afectadas deben protegerse de la acción del sol con filtro solar y ropa adecuada.

Algunas personas que tienen extensiones de vitíligo muy grandes a veces prefieren decolorar el pigmento de la piel que no ha sido afectada para lograr un color uniforme. La anomalía de coloración se realiza con varias aplicaciones de crema de hidroquinona sobre la piel durante varias semanas o años. Los efectos de la decoloración son irreversibles.

■ Melasma

El melasma produce placas de pigmentación de color marrón oscuro sobre áreas expuestas al sol, por lo general en la cara.

Tiende a aparecer durante el embarazo (máscara del embarazo) y en las mujeres que toman anticonceptivos orales, aunque puede suceder en cualquier persona. El trastorno es más frecuente en climas soleados y en las personas de origen latino o asiático.

El melasma produce zonas irregulares y disparejas de color oscuro iguales en los dos lados de la cara. La pigmentación se produce con más frecuencia en el centro de la cara y sobre las mejillas, la frente, el labio superior y la nariz. Algunas veces las personas tienen las placas sólo en los lados de la cara. En raras ocasiones, el melasma aparece en los antebrazos.

Las placas no causan picor ni duelen y sólo son de importancia estética.

El melasma por lo general desaparece después del embarazo o cuando se interrumpe el anticonceptivo oral. Las personas que padecen de melasma pueden usar filtros solares sobre las placas oscuras y evitar la exposición al sol para evitar que empeore la enfermedad. Las cremas decolorantes para la piel que contienen hidroquinona y ácido retinoico pueden ayudar a aclarar las placas oscuras.

CAPÍTULO 209

Enfermedades que producen ampollas

Una ampolla es una burbuja llena de líquido que se forma debajo de una capa fina de piel muerta. El líquido es una mezcla de agua y proteínas que exudan del tejido lesionado. Las ampollas se forman con más frecuencia como respuesta a una lesión específica, como una quemadura o una irritación y, en general, sólo las capas superiores de la piel están implicadas. Dichas ampollas se curan rápidamente, sin dejar una cicatriz. Las ampollas que aparecen como parte de una enfermedad sistémica (en todo el cuerpo) pueden empezar en las capas más profundas de la piel y luego afectar a zonas extensas. Estas ampollas se curan más lentamente y pueden dejar cicatrices.

Muchas enfermedades y lesiones pueden causar ampollas, pero tres enfermedades autoinmunes como son el pénfigo, el penfigoide ampolloso y la dermatitis herpetiforme, figuran entre las más graves. En una enfermedad autoinmune el sistema inmunológico del organismo, que normalmente protege el cuerpo de los invasores extraños, ataca por error las células del mismo organismo ● *(v. pág. 1283)*, en este caso la piel.

■ Pénfigo

El pénfigo (pénfigo vulgar) es una enfermedad rara, autoinmune, grave, en la que ampollas de diversos tamaños aparecen sobre la piel, el revestimiento de la boca, los genitales y otras membranas mucosas.

El pénfigo suele producirse en personas de edad madura o de edad avanzada. Muy rara vez afecta a los niños. En esta enfermedad, el sistema inmunológico produce anticuerpos que atacan a las proteínas específicas que unen las células epidérmicas (las células de la capa superior de la piel) entre sí. Cuando estas uniones se interrumpen, las células se separan de las capas inferiores de la piel y se forman las ampollas. Una enfermedad que aparece de manera similar pero es menos peligrosa es el penfigoide ampolloso, que produce ampollas más superficiales.

➤ Síntomas

El síntoma principal del pénfigo es el desarrollo de ampollas claras, blandas, e indoloras de varios tamaños. Además, la capa superior de la piel puede desprenderse de las capas inferiores en respuesta a un ligero pellizco o frote, que hace que se desprenda en tiras.

Las ampollas que se desarrollan con frecuencia aparecen primero en la boca, luego se rompen rápidamente y forman úlceras dolorosas. Pueden aparecer más ampollas y úlceras en forma continua hasta resultar afectada toda la mucosa bucal, lo que dificulta el acto de tragar. Las ampollas también se forman en la piel. Éstas luego se rompen y producen heridas vivas, dolorosas y con costras. El paciente se siente en general enfermo. Las ampollas pueden propagarse y, una vez que se rompen, pueden infectarse. El pénfigo grave es tan perjudicial como una quemadura grave. Al igual que una quemadura, la piel lesionada exuda grandes cantidades de líquido y puede infectarse por la acción de muchos tipos de bacterias.

➤ Diagnóstico y tratamiento

Los médicos, por lo general, reconocen la existencia del pénfigo por sus ampollas características, pero el trastorno se diagnostica con certeza mediante el examen de una muestra de piel al microscopio (biopsia de piel). Algunas veces se utilizan tintes químicos especiales que permiten la observación de depósitos de anticuerpos al microscopio. Los médicos diferencian el pénfigo del penfigoide ampolloso al observar las capas de piel implicadas y el aspecto particular de los depósitos de anticuerpos.

Sin tratamiento, el pénfigo es generalmente letal. Con tratamiento, el 90 % de las personas con pénfigo sobreviven. Altas dosis de corticosteroides son la base del tratamiento. Si la enfermedad se controla, entonces se reduce la dosis de corticosteroides. Pero si el paciente no responde al tratamiento o si la enfermedad reaparece con mayor intensidad cuando la dosis se reduce, debe administrarse también un inmunosupresor, como la azatioprina o la ciclofosfamida. Las personas con pénfigo grave pueden someterse a la plasmaféresis, un proceso mediante el cual se filtran los anticuerpos de la sangre ● *(v. recuadro pág. 1180)*. Algunas veces se utilizan las inyecciones de sales de oro. La inmunoglobulina administrada de forma intravenosa es un tratamiento nuevo, seguro y eficaz para el pénfigo grave. Algunas personas responden tan bien que se aconseja dejar la terapia con fármacos, mientras que otras deben continuar tomándolos en dosis bajas por mucho tiempo.

En un hospital, las superficies de piel en carne viva requieren una atención especial, similar a los cuidados de las quemaduras graves. En algún caso puede ser necesario administrar antibióticos y otros fármacos para tratar las infecciones en las ampollas rotas. Las vendas, a veces impregnadas con vaselina, pueden proteger las zonas abiertas que exudan.

■ Penfigoide ampolloso

El penfigoide ampolloso es una enfermedad autoinmune que produce ampollas en la piel.

Éste tiende a aparecer principalmente en las personas mayores. Es una enfermedad menos grave que el pénfigo, rara vez tiene riesgo letal y no produce un extenso desprendimiento de la piel. Puede afectar a gran parte de la piel, y ser muy desagradable.

En el penfigoide ampolloso, el sistema inmunológico forma anticuerpos dirigidos contra la piel y produce ampollas grandes, tensas, muy pruriginosas, rodeadas por áreas de piel roja e inflamada. Las ampollas en la boca son poco frecuentes y no son graves. Las zonas de piel sin ampollas aparecen normales.

➤ Diagnóstico y tratamiento

Los médicos, por lo general, reconocen el penfigoide ampolloso por sus ampollas características. Sin embargo, no es siempre fácil distinguirlas del pénfigo y otras enfermedades similares, como la producida por la hiedra venenosa. Se diagnostica con certeza mediante el examen de una muestra de piel al microscopio (biopsia de piel). Los médicos diferencian el penfigoide ampolloso del pénfigo al observar las capas de piel implicadas y el aspecto particular de los depósitos de anticuerpos.

El penfigoide ampolloso leve algunas veces se cura sin tratamiento, pero este proceso puede durar por lo general meses o años. Por lo tanto, la mayoría de las personas reciben farmacoterapia. Casi todos los pacientes responden rápidamente a la administración de corticosteroides en altas dosis, las cuales se disminuyen al cabo de varias

semanas. Algunas veces se administra también la azatioprina o la ciclofosfamida. La administración intravenosa de inmunoglobulinas es un tratamiento nuevo, seguro y prometedor, especialmente en las personas que no responden a la farmacoterapia convencional. Aunque puede ser necesario algún cuidado local de la piel, la mayoría de las personas no requieren hospitalización ni tratamiento intensivo.

■ Dermatitis herpetiforme

La dermatitis herpetiforme es una enfermedad autoinmune que produce pequeñas ampollas en racimos intensamente pruriginosas e inflamatorias en forma de colmena.

A pesar de su nombre, la dermatitis herpetiforme no tiene relación alguna con el virus del herpes. En las personas afectadas por esta enfermedad, el gluten (proteínas) del trigo, del centeno, del salvado y de los productos de la avena, de alguna forma, activan el sistema inmunológico, que ataca a partes de la piel y produce la erupción y el picor. Las personas con dermatitis herpetiforme pueden desarrollar la enfermedad celíaca ● *(v. pág. 885)*, causada por la sensibilidad al gluten. Estos pacientes desarrollan con más frecuencia otras enfermedades autoinmunes, como la tiroiditis, el lupus eritematoso sistémico, la sarcoidosis y la diabetes. Las personas con dermatitis herpetiforme algunas veces desarrollan un linfoma en los intestinos.

Por lo general, se forman gradualmente pequeñas ampollas mayormente en los codos, las rodillas, las nalgas, la parte inferior de la espalda y la parte posterior de la cabeza. En ocasiones aparecen ampollas en la cara y el cuello. El picor y la sensación de quemazón son habitualmente muy intensos. Los fármacos antiinflamatorios, como el ibuprofeno, pueden empeorar la erupción.

➤ Diagnóstico y tratamiento

El diagnóstico se basa en una biopsia cutánea, mediante la cual los médicos encuentran tipos particulares de patrones de anticuerpos en las muestras de piel.

Las ampollas no desaparecen sin tratamiento. El fármaco dapsona, tomado por vía oral, casi siempre proporciona alivio en 1 o 2 días, pero requiere la verificación regular de recuentos sanguíneos. Una vez que la enfermedad ha sido controlada con fármacos y la persona ha seguido una dieta estricta libre de gluten (una dieta sin trigo, centeno ni avena) durante seis meses o más, el tratamiento con fármacos generalmente puede interrumpirse. Sin embargo, algunas personas nunca pueden interrumpir el fármaco. En la mayoría de las personas, cualquier reexposición al gluten, aunque sea pequeña, desencadenará otro brote. Una dieta libre de gluten puede evitar el desarrollo de un linfoma intestinal.

CAPÍTULO 210

Infecciones parasitarias de la piel

La mayoría de los parásitos cutáneos son diminutos insectos o gusanos que socavan la piel y hacen de ella su residencia. Algunos parásitos viven en la piel durante una parte de su ciclo vital, mientras que otros son residentes permanentes.

■ Sarna

La sarna es una infestación por ácaros que produce diminutas pápulas rojizas y un intenso picor.

La sarna la produce el ácaro *Sarcoptes scabiei*. La infestación se transmite fácilmente de persona a persona a través del contacto físico y, con frecuencia, afecta a toda una familia. En raras ocasiones los ácaros pueden invadir las prendas de vestir o la ropa de cama, así como otros objetos compartidos, pero su supervivencia es breve y un lavado normal los destruye.

La hembra del ácaro cava túneles bajo la capa superior de la piel y deposita sus huevos en surcos (madrigueras). Los ácaros jóvenes (larvas) se incuban luego en pocos días. La infestación causa un picor intenso, probablemente como resultado de una reacción alérgica a los ácaros.

➤ Síntomas y diagnóstico

La característica más peculiar de la sarna es un intenso picor, que generalmente empeora durante la noche. Los surcos de los ácaros se pueden ver con frecuencia como líneas muy finas de hasta 1,5 centímetros de largo, en algunos casos con una diminuta protuberancia en un extremo. Algunas veces sólo se observan bultos, muchos de los cuales se abren al arañarlos por el picor. Esto surcos pueden estar en cualquier parte del cuerpo excepto en la cara. Los sitios más frecuentes son los espacios entre los dedos de las manos y de los pies, las muñecas, los tobillos, las nalgas, y, en los varones, los genitales. Con el paso del tiempo, puede ser difícil ver los surcos, ya que quedan ocultos por la inflamación provocada por el rascado. Las personas con un sistema inmunológico débil pueden desarrollar infestaciones graves, que producen grandes zonas de piel gruesa y costrosa.

Por lo general, el prurito y el aspecto de los surcos es todo lo que se necesita para establecer el diagnóstico de sarna. Sin embargo, el médico puede confirmarlo mediante la toma de un raspado de las prominencias o surcos y mirarlos al microscopio para confirmar la presencia de los ácaros, sus huevos o sus heces.

➤ Tratamiento

La sarna puede curarse mediante la aplicación de una crema que contenga permetrina al 5 %, que se deja sobre la piel durante la noche y luego se lava al día siguiente. Aunque por lo general sólo se necesita un tratamiento, algunas personas necesitan otro una semana después. La ivermectina, tomada por vía oral en dos dosis administradas con una semana de intervalo también es eficaz y especialmente útil para el tratamiento de infestaciones graves en las personas con un sistema inmunológico débil.

Incluso después de un tratamiento exitoso, el picor puede persistir durante un período de hasta dos semanas, debido a una continua reacción alérgica a los cuerpos del ácaro, que permanecen en la piel durante algún tiempo. El picor puede tratarse con una crema suave a base de corticosteroides y antihistamínicos tomados por vía oral ● *(v. pág. 1419).* En algunas ocasiones, la irritación de la piel y los arañazos profundos conducen a una infección bacteriana, que puede requerir antibióticos por vía oral.

Los familiares y las personas que han tenido contacto corporal directo, como el sexual, con una persona con sarna deben ser tratados también. Las prendas de vestir y ropa de cama utilizadas durante los días precedentes deben lavarse en seco o en agua caliente y secarse en una secadora a alta temperatura.

■ Infestación por piojos

La infestación por piojos (pediculosis) es una infestación de la piel por pequeños insectos.

Los piojos son insectos sin alas, apenas visibles, que se transmiten fácilmente de persona a persona por el contacto corporal o después de compartir prendas de vestir y otros elementos personales. Tres especies de piojos habitan en distintas partes del cuerpo.

Huevos del parásito

Los huevos del parásito tienen el aspecto de pequeños glóbulos adheridos firmemente al pelo.

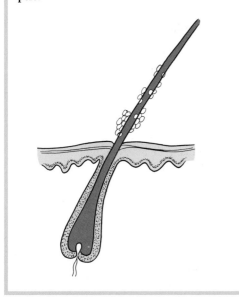

Aspecto de los piojos

Tres tipos de piojos infestan el cuerpo. Los piojos miden hasta 3 milímetros de largo.

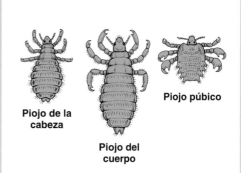

Piojo de la cabeza

Piojo del cuerpo

Piojo púbico

Los **piojos de la cabeza** infestan el cuero cabelludo. La infestación se transmite mediante el contacto personal y posiblemente por peines, cepillos, sombreros y otros objetos personales compartidos. Los piojos de la cabeza son un tormento frecuente de los niños en edad escolar, sea cual fuere su estrato social.

Los **piojos del cuerpo** suelen infestar a personas cuya higiene es deficiente y a quienes viven en espacios limitados o en instituciones hacinadas. Estos piojos viven en las costuras de las prendas de vestir que están en contacto con la piel.

Los **piojos del pubis** (*ladillas*), que infestan la zona genital, se transmiten por lo general durante las relaciones sexuales. Estos piojos pueden infestar también el vello del pecho, la axila, la barba, las cejas y las pestañas.

➤ Síntomas y diagnóstico

La infestación por piojos causa picor intenso en la zona infestada. El rascado intenso suele causar escoriación de la piel, que puede complicarse con infecciones bacterianas. Los niños pueden notar apenas la presencia de piojos en su cabeza o tener sólo una vaga irritación en el cuero cabelludo.

Los piojos en sí son difíciles de encontrar algunas veces, pero sus huevos sí aparecen en seguida. La hembra del piojo pone huevos brillantes, de color blanco-grisáceo (liendres), que pueden verse como diminutos glóbulos que se fijan firmemente a los cabellos cerca de su base. Con infestaciones crónicas del cuero cabelludo, las liendres crecen con el cabello y, por lo tanto, pueden encontrarse

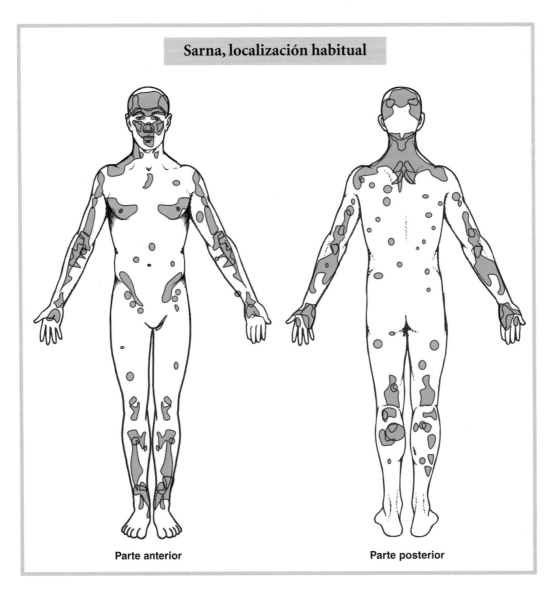

Sarna, localización habitual

Parte anterior

Parte posterior

a alguna distancia del cuero cabelludo, según sea el tiempo de duración de la infestación.

Las liendres se distinguen de otros materiales extraños presentes en los tallos del pelo por el hecho de estar tan firmemente adheridas. Los piojos del cuerpo de los adultos y sus huevos también pueden encontrarse en las costuras de las prendas de vestir que están en contacto con la piel.

➤ Tratamiento

Varios medicamentos eficaces con y sin prescripción médica están disponibles para el tratamiento de los piojos. Los champús y las cremas sin prescripción que contienen piretrinas más butóxido de piperonilo se aplican durante diez minu-

tos y luego se aclaran. La permetrina de prescripción es también eficaz cuando se aplica en forma líquida o de crema. El lindano, un fármaco con receta médica que puede aplicarse en forma de crema, loción o champú, también cura la infestación por piojos, pero no es tan eficaz como los otros preparados y no se recomienda en niños debido a sus posibles efectos neurológicos colaterales. El malatión, de prescripción, aunque altamente eficaz en la eliminación tanto de los piojos adultos como de los huevos, no se considera un tratamiento de primera elección porque es inflamable, tiene un olor desagradable y debe dejarse sobre la piel de 8 a 12 horas. Todos los tratamientos para eliminar los piojos se repiten a los 7 o 10 días para eliminar los piojos recién nacidos.

Después de la aplicación de un medicamento, deben extraerse las liendres manualmente, ya que los fármacos no eliminan todas las liendres y no es posible distinguir entre liendres vivas y liendres muertas. La extracción requiere un peine de dientes finos, que a menudo viene con el medicamento, y una búsqueda cuidadosa (de allí el término *recogida de liendres*). Dado que las liendres están tan firmemente adheridas al cabello, existen varios preparados disponibles sin receta para aflojarlas. Las liendres de los piojos del cuerpo se destruyen simplemente al tirar la ropa infestada.

Las fuentes de infestación (como peines, sombreros, prendas de vestir y ropa de cama) deben desinfectarse mediante el lavado en agua o en seco.

■ Erupción serpiginosa

La erupción serpiginosa (larva cutánea migratoria) es una infección por anquilostomas transmitida desde el suelo húmedo y cálido a la piel expuesta.

Esta infección es causada por un anquilostoma que habita normalmente en los perros y gatos. Los huevos del parásito son depositados sobre la tierra en las heces de los perros y gatos. Cuando la piel desnuda toca el suelo, que es lo que sucede cuando una persona camina descalza o toma el sol, el anquilostoma penetra en la piel. Comenzando desde el punto de infestación, por lo general en los pies, piernas, nalgas o espalda, la uncinaria o anquilostoma va cavando un surco, y provoca una erupción rojiza serpenteante, filiforme, y abultada. Esta infestación produce un picor intenso.

Una preparación líquida de tiabendazol aplicada sobre la zona afectada es muy eficaz para el tratamiento de la infección. El tiabendazol o ivermectina administrado por vía oral también es eficaz.

CAPÍTULO 211

Infecciones bacterianas de la piel

La piel aporta una barrera notablemente eficaz contra las infecciones bacterianas y, aun cuando muchas bacterias entran en contacto o residen en ella, por lo general no producen infecciones. Las infecciones bacterianas pueden afectar a una pequeña zona de la piel o extenderse por toda la superficie corporal. Igualmente, pueden variar en agresividad, siendo leves o potencialmente letales.

Muchos tipos de bacterias pueden infectar la piel. Las más frecuentes son los estafilococos y los estreptococos. Se pueden contraer infecciones causadas por bacterias menos comunes en hospitales o centros de cuidados, así como al trabajar en el jardín o al nadar en un estanque, en un lago o en el mar.

Algunas personas tienen un riesgo particularmente alto de contraer infecciones de la piel, por ejemplo los diabéticos, que habitualmente tienen un escaso flujo sanguíneo, especialmente en las manos y los pies, y porque las concentraciones elevadas de azúcar en la sangre disminuyen la capacidad de los glóbulos blancos para combatir las infecciones. Las personas con sida u otros trastornos del sistema inmunológico y las que están en tratamiento con quimioterapia tienen un riesgo mayor también, porque su sistema inmunológico está debilitado. La piel hinchada o lesionada por quemaduras de sol, rascado, u otros traumatismos es también más susceptible de infectarse. En general, cualquier lesión en la piel predispone a una persona a sufrir una infección.

La prevención implica mantener la piel sin lesiones y limpia. Cuando se sufre un corte o un arañazo, la lesión debe lavarse con agua y jabón y cubrirse con una venda estéril. Pueden aplicarse cremas y ungüentos antibióticos sobre las zonas abiertas para mantener el tejido húmedo y evitar la invasión bacteriana. Si se desarrolla una infección, las áreas pequeñas pueden tratarse con cremas antibióticas. El tratamiento de áreas más grandes requiere antibióticos tomados por vía oral o en forma inyectable. Los abscesos (bolsas llenas de pus) deben ser abiertos por el médico y

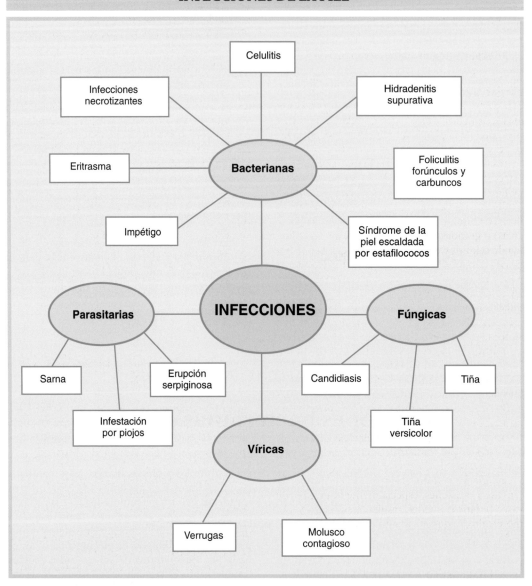

Celulitis

Infecciones
necrotizantes

Hidradenitis
supurativa

Eritrasma

Bacterianas

Foliculitis
forúnculos y
carbuncos

Impétigo

Síndrome de la
piel escaldada
por estafilococos

Parasitarias

INFECCIONES

Fúngicas

Sarna

Erupción
serpiginosa

Candidiasis

Tiña

Infestación
por piojos

Tiña
versicolor

Víricas

Verrugas

Molusco
contagioso

drenados, y cualquier tejido muerto debe extirparse quirúrgicamente.

■ Celulitis

La celulitis es una infección bacteriana extensa de la piel y de los tejidos que se encuentran inmediatamente por debajo de ella.

Puede ser causada por diferentes bacterias, las más frecuentes son las de la especie estreptocócica (*Streptococcus*). Los estreptococos se propagan rápidamente por la piel porque producen unas enzimas que dificultan la capacidad del tejido para limitar la infección. Los estafilococos y otras bacterias también pueden causar celulitis, especialmente después de mordeduras humanas o de animales, o de lesiones producidas por el agua o la suciedad.

Las bacterias, por lo general, penetran por pequeñas dehiscencias de la epidermis, resultado de arañazos, punciones, quemaduras y trastornos de la piel como la dermatitis ● *(v. pág. 1419)*. Las zonas de la piel que se hinchan por la presencia de líquido (edema) también son más vulnerables.

Sin embargo, la celulitis puede producirse en piel que no está aparentemente lesionada.

➤ Síntomas y complicaciones

La celulitis aparece con mayor frecuencia en las piernas, aunque puede presentarse en cualquier otra parte del cuerpo. Los primeros síntomas son enrojecimiento, dolor y sensibilidad al tacto en una zona de la piel. Estos síntomas son causados tanto por las mismas bacterias como por los intentos del cuerpo por detener la infección. La piel infectada se calienta e hincha ligeramente y puede tener un aspecto ligeramente punteado, como la piel de una naranja. A veces aparecen ampollas llenas de líquido, que pueden ser pequeñas (vesículas) o grandes (bullas). La **erisipela** es una forma de celulitis estreptocócica en la que la piel tiene color rojo brillante, está claramente inflamada y los bordes de la zona infectada están elevados. La hinchazón la causa la obstrucción de los vasos linfáticos de la piel debido a la infección.

La mayoría de las personas con celulitis tienen síntomas leves, pero algunas pueden tener fiebre, escalofríos, aumento del ritmo cardíaco, cefalea, hipotensión arterial y confusión.

Cuando la infección se extiende, los ganglios linfáticos cercanos pueden aumentar de tamaño y volverse dolorosos (linfadenitis). Es posible que también se den otras complicaciones, como la linfangitis ● *(v. pág. 294),* abscesos de la piel ● *(v. pág. 1458),* y propagación por el torrente sanguíneo (bacteriemia ● *v. pág. 1334).*

Cuando la celulitis afecta al mismo punto en repetidas ocasiones, especialmente la pierna, los vasos linfáticos pueden resultar lesionados y, como resultado, quedar una hinchazón permanente del tejido afectado.

➤ Diagnóstico y tratamiento

El médico, por lo general, puede diagnosticar una celulitis según su aspecto y síntomas. La identificación de las bacterias en muestras de sangre, de pus o de tejido por lo general no es necesaria, a no ser que la persona esté gravemente enferma. En algunos casos es necesario realizar algunas pruebas para diferenciar la celulitis de un coágulo de sangre localizado en las venas profundas de la pierna (trombosis venosa profunda) ● *(v. pág. 282),* porque los síntomas de estos dos trastornos son similares.

El tratamiento de modo inmediato puede prevenir la propagación rápida de la infección y su llegada a la sangre y a otros órganos. Se administran antibióticos, como la cloxacilina o la cefalexina, que resultan eficaces contra los estreptococos y los estafilococos. Los pacientes con una celulitis leve pueden tomar antibióticos por vía oral; los que tienen una celulitis que se extiende rápidamente, fiebre u otras evidencias importantes de infección suelen recibir antibióticos por vía intravenosa. Además, la parte afectada del cuerpo debe mantenerse inmóvil en lo posible, y elevada para ayudar a reducir la hinchazón. La aplicación de compresas frías y húmedas sobre la zona afectada puede aliviar el malestar

Los síntomas de una celulitis suelen desaparecer después de pocos días de terapia con antibióticos. Pero a veces los síntomas empeoran antes de producirse una mejoría, probablemente porque con la muerte repentina de las bacterias se liberan sustancias que lesionan los tejidos, y el cuerpo reacciona a esta agresión aunque las bacterias ya estén muertas. Los antibióticos deben tomarse durante diez o más días, aunque los síntomas desaparezcan antes.

■ Infecciones necrotizantes de la piel

Las infecciones necrotizantes de la piel, como la celulitis necrotizante y la fascitis necrotizante, son formas graves de celulitis que se caracterizan por la muerte del tejido infectado (necrosis).

Las infecciones que se extienden profundamente a lo largo de la superficie muscular (fascia), se denominan fascitis necrotizantes, mientras que las que se desarrollan en las capas más externas de la piel se denominan celulitis necrotizantes. Diferentes tipos de bacterias, como los estreptococos y los clostridios, pueden causarlas, aunque en muchos casos la infección es causada por una combinación de varias. La infección estreptocócica en particular ha sido denominada como *enfermedad comedora de carne* por la prensa profana, aunque difiere poco de las demás.

Algunas infecciones necrotizantes comienzan en heridas punzantes o laceraciones, especialmente si están contaminadas con suciedad y desechos. Otras comienzan en las incisiones quirúrgicas o incluso en la piel sana.

La mayoría de las infecciones no provocan la muerte de la piel ni de los tejidos cercanos. Sin embargo, algunas veces, las infecciones bacterianas pueden hacer que los vasos sanguíneos pequeños en el área infectada se coagulen. Esta coagulación hace que el tejido alimentado por estos vasos muera por falta de sangre. Dado que las defensas del organismo que se desplazan por el torrente sanguíneo (como los glóbulos blancos y los anticuerpos) no pueden llegar a esta zona, la infección se extiende rápidamente y puede ser difícil controlarla. Así, la muerte puede sobrevenir incluso con un tratamiento apropiado.

Algunas veces las personas con diverticulitis, perforación o tumores del intestino, desarrollan infecciones necrotizantes de la pared abdominal, la región genital o los muslos. Estas infecciones tienen lugar cuando ciertas bacterias escapan del intestino y se extienden a la piel. Las bacterias pueden crear inicialmente un absceso en la cavidad abdominal y extenderse directamente hasta la piel, o propagarse por el torrente sanguíneo a la piel y a otros órganos.

➤ **Síntomas y diagnóstico**

Los síntomas suelen comenzar como los que se presentan en la celulitis ● *(v. pág. 1454)*. La piel puede tener un aspecto pálido al principio, pero rápidamente se vuelve roja o color bronce y caliente al tacto, y a veces se inflama. Después, la piel se torna violeta, a menudo con la aparición de grandes ampollas llenas de líquido (bullas). El líquido de estas ampollas es de color marrón, acuoso, y a veces tiene un olor desagradable. Las zonas de piel muerta (gangrena) se vuelven negras. Algunos tipos de infección, inclusive las producidas por clostridios y por bacterias mixtas, producen gas ● *(v. pág. 1314)*. El gas crea burbujas bajo la piel y algunas veces en las mismas ampollas, lo que hace sentir la piel agrietada y tensa. Inicialmente la zona infectada es dolorosa, pero cuando la piel muere, los nervios dejan de funcionar y la zona pierde la sensibilidad.

Por lo general, la persona suele sentirse muy enferma y tener fiebre, un incremento del ritmo cardíaco y un deterioro mental que oscila entre la confusión y la pérdida de la conciencia. La presión arterial puede sufrir un descenso debido a las toxinas secretadas por las bacterias y la respuesta del organismo a la infección (*shock* séptico ● *v. pág. 1335*).

El médico puede realizar un diagnóstico de infección necrotizante de la piel a partir de su aspecto, especialmente por la presencia de burbujas de gas bajo la piel. Las radiografías también pueden mostrar la presencia de este gas bajo la piel. Las bacterias específicas involucradas en el proceso se identifican mediante un cultivo de los líquidos infectados y de las muestras de tejido. Sin embargo, el tratamiento debe comenzar antes de que el médico sepa con certeza cuál es la bacteria causante de la infección.

➤ **Tratamiento y pronóstico**

El tratamiento de la fascitis necrotizante es la terapia con antibióticos por vía intravenosa y la resección quirúrgica del tejido muerto. A menudo, deben extirparse grandes cantidades de piel, tejido y músculo y, en algunos casos, es necesario amputar un brazo o una pierna afectados. Las personas con infecciones necrotizantes causadas por bacterias anaeróbicas (por ejemplo, el *Clostridium perfringens*) ● *(v. recuadro pág. 1310)* pueden beneficiarse del tratamiento en una cámara de oxígeno de alta presión (hiperbárica).

El índice global de mortalidad es de alrededor del 30 %. Las personas mayores, las que tienen otros problemas médicos y aquellas en quienes la enfermedad ha alcanzado un estado avanzado tienen un mal pronóstico.

■ Eritrasma

El eritrasma es una infección de las capas superficiales de la piel causada por la bacteria Corynebacterium minutissimum.

El eritrasma afecta principalmente a los adultos y a los diabéticos, siendo más frecuente en el trópico. El eritrasma a menudo aparece en las zonas de piel que se tocan entre sí, como debajo de las mamas y las axilas, las partes internas de los dedos de los pies, y las áreas genitales, especialmente en los varones, donde los muslos tocan el escroto. La infección produce placas irregulares y rosadas que posteriormente pueden convertirse en finas escamas de color pardusco. En algunas personas la infección se extiende hasta el tronco y la región anal.

Aunque el eritrasma puede confundirse con una infección micótica, los médicos pueden diagnosticar un eritrasma fácilmente porque la piel infectada con *Corynebacterium* produce un brillo rojo coral bajo una luz ultravioleta.

Un antibiótico administrado por vía oral, como la eritromicina o una tetraciclina, puede eliminar la infección. Los jabones antibacterianos, como el de clorhexidina, también pueden ser de gran ayuda. Los fármacos tópicos como la clindamicina y el miconazol en crema también son eficaces. El eritrasma puede volver a aparecer en 6 o 12 meses, y entonces es necesario realizar un segundo tratamiento.

■ Impétigo

El impétigo es una infección de la piel, causada por el estafilococo dorado, el estreptococo piógeno o ambos, que lleva a la formación de úlceras costrosas, amarillentas y, a veces, pequeñas ampollas llenas de un líquido amarillo.

El impétigo es frecuente y en la mayoría de los casos afecta a los niños. Puede producirse en cualquier parte del cuerpo pero, por lo general, aparece en la cara, los brazos y las piernas. Las ampollas que se forman (impétigo ampolloso) pueden variar del tamaño de un guisante a ser grandes anillos, y pueden durar días o semanas. El impétigo a menudo afecta a la piel normal, pero también puede presentarse después de una lesión o enfermedad que origine una alteración en la piel, como una infección micótica, una quemadura solar o una picadura de insecto.

El impétigo es pruriginoso y causa algo de dolor. El prurito a menudo lleva a un rascado importante, especialmente en los niños, lo que contribuye a la extensión de la infección. Además, es muy contagioso tanto a otras zonas de la piel de la persona que lo padece como a otras personas.

La zona infectada debe lavarse suavemente con agua y jabón varias veces al día para eliminar cualquier escama. Las áreas pequeñas se tratan con un ungüento de bacitracina o con mupirocina en crema o ungüento. Si existen grandes zonas infectadas, puede ser necesario administrar un antibiótico por vía oral, como una cefalosporina.

■ Síndrome de la piel escaldada por estafilococos

El síndrome de la piel escaldada por estafilococos es una reacción a una infección cutánea por estafilococos en la que la piel se desprende como si se hubiese quemado.

Ciertos tipos de estafilococos secretan una sustancia tóxica que hace que la capa superior de la piel (epidermis) se separe del resto de la misma. Dado que la toxina se extiende por todo el organismo, la infección estafilocócica de una pequeña

zona de la piel puede llevar al desprendimiento de toda la piel del cuerpo. El síndrome de la piel escaldada por estafilococos afecta por lo general a lactantes, niños y personas con una deficiencia del sistema inmunológico. Al igual que las otras infecciones estafilocócicas, el síndrome de la piel escaldada por estafilococos es contagioso.

➤ Síntomas

El síndrome suele comenzar con una infección aislada y costrosa que puede parecerse al impétigo. En los recién nacidos, puede aparecer en la zona del pañal o alrededor del muñón del cordón umbilical. En los adultos, la infección puede comenzar en cualquier otra parte. En todas las personas con este trastorno, aparecen zonas de color escarlata alrededor de la zona costrosa al cabo de un día del comienzo de la infección. Estas áreas pueden ser dolorosas. Luego, otras zonas grandes de piel distantes de la infección inicial se enrojecen y producen ampollas que se rompen con facilidad.

La capa superior de la piel comienza entonces a desprenderse, a menudo en grandes tiras, incluso cuando se las toca ligeramente o se las presiona suavemente. En 1 o 2 días toda la superficie de la piel puede estar afectada, y la persona se enferma gravemente, con fiebre, escalofríos y debilidad. Con la pérdida de la barrera protectora de la piel, otras bacterias y microorganismos pueden penetrar fácilmente en el cuerpo, originando lo que los médicos denominan sobreinfecciones. Además, en este proceso pueden perderse importantes cantidades de líquido debido a la supuración y a la evaporación, lo que lleva a la deshidratación.

➤ Diagnóstico y tratamiento

El diagnóstico se basa en la aparición del desprendimiento de la piel después de una infección estafilocócica aparente. Si no se encuentra ningún signo de infección estafilocócica, los médicos suelen realizar una biopsia, en la que se extirpa un pequeño fragmento de la piel, se examina al microscopio y luego se envía al laboratorio para realizar un cultivo de bacterias ● *(v. pág. 1414).*

La administración de antibióticos por vía intravenosa, como la nafcilina o la cefazolina, debe iniciarse de modo inmediato. El tratamiento se mantiene por lo menos durante diez días. Con un tratamiento precoz, la curación se produce en 5 o 7 días.

La piel debe protegerse para evitar un mayor desprendimiento de la misma, esto es, debe cuidarse como si estuviera quemada.

■ Foliculitis, abscesos de la piel y carbuncos

La foliculitis, los abscesos de la piel y los carbuncos son bolsas llenas de pus en la piel producidas por una infección bacteriana.

La mayoría de estas infecciones las causa el estafilococo dorado (*Staphylococcus aureus*) ● *(v. también pág. 1326).* En algunas ocasiones las bacterias entran en la piel por un folículo piloso o un pequeño rasguño o pinchazo, aunque a menudo no existe un punto evidente de entrada. Las personas cuya higiene es deficitaria, las que padecen enfermedades crónicas de la piel o aquellas cuyas fosas nasales contienen estafilococos tienen más probabilidades de tener episodios de estas infecciones cutáneas. Algunas personas pueden tener episodios recurrentes de estas infecciones por razones desconocidas.

Los médicos pueden tratar de eliminar el estafilococo en los pacientes con tendencia a infecciones recurrentes indicándoles el lavado de todo el cuerpo con un jabón antibacteriano, la aplicación de un ungüento antibiótico en la nariz y la toma de antibióticos por vía oral.

La foliculitis, los abscesos de la piel y los carbuncos difieren en el tamaño y la profundidad de los bolsas llenas de pus.

Foliculitis: la foliculitis es una infección de un folículo piloso. Parece un grano diminuto de color blanco en la base de un pelo. Puede tratarse de un solo folículo infectado o de muchos. Todo folículo infectado duele ligeramente, pero la persona, por lo demás, no se siente enferma.

Algunas personas sufren foliculitis después de haber estado expuestos al agua mal clorada de un baño caliente o un hidromasaje. Esta afección, algunas veces denominada foliculitis de baño caliente o dermatitis de baño caliente, es causada por la bacteria *Pseudomona aeruginosa.* Comienza en cualquier momento, a partir de las seis horas y hasta los cinco días después de la exposición. Las zonas de piel cubiertas por el bañador, como el tronco y las nalgas, son los sitios más frecuentes.

Algunas veces los pelos duros de la zona de la barba se rizan y vuelven a entrar en la piel (pelos encarnados) después del afeitado, produciendo una irritación sin que sobrevenga una infección importante. Este tipo de foliculitis (seudofoliculitis de la barba) es particularmente frecuente en los varones de etnia negra.

La foliculitis se trata con compresas calientes. Algunas veces, se aplican antibióticos tópicos con mupirocina o clindamicina de 2 a 3 veces diarias. Para tratar grandes zonas de foliculitis se pueden necesitar antibióticos, como la cloxacilina o la cefalexina, administrados por vía oral. La foliculitis de baño caliente desaparece en una semana sin aplicar ningún tratamiento. La foliculitis causada por pelos encarnados tiene tratamientos diversos con resultados exitosos variables. Para evitar problemas graves y recurrentes debe abandonarse el afeitado.

Abscesos de la piel: los abscesos de la piel, también denominados forúnculos, son bolsas de infección calientes, llenas de pus, dolorosas, localizadas debajo de la superficie cutánea. Los abscesos pueden tener de uno a varios centímetros de diámetro. Si no se tratan, a menudo se abren espontáneamente. Las bacterias pueden extenderse desde el absceso e infectar el tejido circundante y los nódulos linfáticos. La persona puede tener fiebre y sentirse con malestar general.

El médico trata un absceso abriéndolo y drenando el pus. Después de haberlo drenado, se asegura de haber sacado toda el pus mediante un lavado completo de la bolsa con una solución salina. Algunas veces, el absceso drenado se cubre con una gasa, que se quita después de 24 o 48 horas.

Si el absceso ha sido drenado completamente, por lo general no es necesario administrar antibióticos. Sin embargo, si la infección se ha propagado o si el absceso se encuentra en el centro o en la parte superior de la cara, se puede prescribir el uso de antibióticos como la cloxacilina y la cefalexina, que destruyen los estafilococos, dado el riesgo elevado de propagación de la infección al cerebro.

Carbuncos: los carbuncos son racimos de abscesos pequeños y superficiales que se conectan entre sí bajo la piel. Múltiples zonas pueden abrirse y drenar pus espontáneamente. La persona a menudo tiene fiebre y se siente cansada y enferma. Los carbuncos son más frecuentes en los hombres y, por lo general, aparecen en la parte posterior del cuello. A menudo, la piel se despelleja en forma extensa y se forman cicatrices. Las personas mayores que padecen diabetes y las que padecen enfermedades graves son más propensas a desarrollar carbuncos.

El tratamiento se hace con antibióticos tomados por vía oral. Todo absceso grande se abre para permitir que el pus drene. Los carbuncos son difíciles de eliminar porque muchas bolsas llenas de pus no son fáciles de localizar y drenar. Por ello, los antibióticos deben continuarse durante varios meses en algunas ocasiones.

■ Hidradenitis supurativa

La hidradenitis supurativa es la inflamación de las glándulas sudoríparas que produce acumulaciones de pus en la piel y que causa dolor.

La hidradenitis supurativa aparece en algunas personas después de la pubertad debido a un bloqueo crónico de las glándulas sudoríparas aprocrinas (las glándulas sudoríparas localizadas debajo de los brazos, en el área genital, alrededor del ano y bajo las mamas). Los médicos no saben por qué se produce la obstrucción, pero no está relacionada con el uso de desodorantes o polvos o por el afeitado de las axilas. La obstrucción ocasiona la inflamación y ruptura de las glándulas, lo que con frecuencia conduce a una infección causada por varias bacterias. Los abscesos (bolsas llenas de pus) que se producen son dolorosos y malolientes y tienden a reaparecer. Al cabo de varios episodios recurrentes, la piel en la zona se vuelve gruesa y desarrolla cicatrices.

La hidradenitis supurativa se asemeja a los abscesos comunes de la piel. El médico establece el diagnóstico según la localización de éstos y por el hecho de su reaparición frecuente.

En los casos leves, el médico inyecta un corticosteroide dentro de la zona y prescribe antibióticos, como una tetraciclina o la eritromicina por vía oral. La clindamicina aplicada sobre la piel es también eficaz. En algunos casos, se realizan cortes de los abscesos para drenar el pus. En los casos graves puede administrarse isotretinoína, un fármaco antiinflamatorio, por vía oral.

También se ha utilizado el tratamiento con láser. En los casos graves puede ser necesario realizar una resección de la piel afectada, seguida del implante de un injerto.

CAPÍTULO 212

Infecciones fúngicas de la piel

Los hongos suelen localizarse en las áreas húmedas del cuerpo donde dos superficies cutáneas entran en contacto: entre los dedos de los pies, en la ingle y debajo de las mamas. Muchos hongos que infectan la piel (dermatofitos) viven sólo dentro de la capa más externa de la piel (estrato córneo) y no se desplazan a zonas más profundas. Las personas obesas son más propensas a sufrir estas infecciones porque tienen muchos pliegues cutáneos. Los diabéticos también suelen ser más susceptibles a los hongos.

Por extraño que parezca, las infecciones fúngicas en una parte del cuerpo pueden causar erupciones en partes no infectadas. Por ejemplo, una infección micótica en el pie puede causar una erupción abultada y pruriginosa en los dedos. Estas erupciones (reacciones id o dermatofítides) representan reacciones alérgicas al hongo y no se producen por el hecho de tocar la zona infectada.

El médico puede sospechar que existe una infección micótica al visualizar una erupción rojiza, irritada, o escamosa en una de las zonas frecuentemente afectadas. Por lo general, se puede confirmar el diagnóstico mediante la resección de una pequeña porción de piel para examinarla al microscopio o colocarla en un medio de cultivo que hará crecer los hongos, de modo que sea posible identificarlos ● *(v. pág. 1414).*

■ Tiña

La tiña es una infección micótica de la piel causada por diferentes hongos y que se clasifica según su localización en el cuerpo.

A pesar de su nombre, la tiña es una infección en la cual los gusanos no se encuentran implicados.

Fármacos tópicos antimicóticos	
Amorolfina	Oxiconazol
Butenafina	Sulconazol
Ciclopirox	Sulfuro de selenio
Clotrimazol	(champú para
Econazol	la pitiriasis ver-
Haloprogina	sicolor)
Ketoconazol	Terbinafina
Miconazol	Terconazol
Naftifina	Tioconazol
Nistatina (sólo	Tolnaftato
Candida)	Undecilenato

El nombre se originó por las manchas en forma de anillo que la caracterizan y que son producidas por esta infección.

El **pie de atleta** (*tiña pedis* o tiña de los pies) es una infección micótica frecuente que suele aparecer durante los meses cálidos. La infección puede propagarse de una persona a otra en las duchas comunitarias y salas de baño o en otras zonas húmedas donde las personas infectadas caminan descalzas. Generalmente está causada por hongos de los géneros *Trichophyton* o *Epidermophyton*. Estos hongos crecen con más frecuencia en las zonas húmedas y tibias entre los dedos de los pies. El hongo puede producir descamación leve con o sin enrojecimiento y picor. La descamación puede abarcar una parte o toda la planta del pie; a veces, se infectan hasta las uñas. La descamación puede ser grave, con ruptura y agrietamiento doloroso (fisuración) de la piel. También pueden formarse ampollas llenas de líquido. Con el agrietamiento de la piel, el pie de atleta puede conducir a una infección bacteriana ● *(v. pág. 1453),* especialmente en personas mayores e individuos con vascularización sanguínea inadecuada en los pies.

La **tiña de las uñas** (*tiña unguium, onychomycosis* ● *v. también pág. 493)* es una infección de la uña a menudo causada por el *Tricophiton*. El hongo puede penetrar en la uña, hincharla y deformarla, dándole una apariencia opaca. Esta infección es mucho más frecuente en las uñas de los pies que en las de las manos. Una uña infectada puede desprenderse del dedo, quebrarse o descamarse.

El **picor del suspensorio** (*tiña cruris*) es mucho más frecuente en los varones que en las mujeres y se desarrolla más a menudo en clima cálido. La infección empieza en los pliegues de la piel de la zona genital y puede extenderse hacia la parte superior interna de los muslos. Por lo general, el escroto no está implicado (a diferencia de lo que sucede en la infección por levaduras). La erupción tiene un borde escamoso, de color rosa. El picor del suspensorio puede ser bastante intenso y causar dolor. Las infecciones pueden reaparecer en las personas susceptibles a ellas.

La **tiña del cuero cabelludo** (*tiña capitis*) es ocasionada principalmente por el *Tricophiton*. Es altamente contagiosa y es frecuente entre los niños ● *(v. también pág. 1820).* Puede producir una erupción roja descamativa más bien pruriginosa o, si no, placas de calvicie sin erupción. Con menos frecuencia puede causar una placa dolorosa, inflamada e hinchada en el cuero cabelludo que a veces supura pus (un querion). El querion es causado por una reacción alérgica al hongo.

La **tiña corporal** (*tiña corporis*) puede ser causada por *Tricophiton, Microsporum* o *Epidermophiton*. La infección generalmente produce manchas redondas con bordes escamosos de color rosado y zonas claras en el centro. Algunas veces la erupción es pruriginosa. La tiña corporal puede desarrollarse en cualquier parte de la piel y difundirse rápidamente a otras partes del cuerpo o a otras personas con quienes existe un contacto corporal estrecho.

La **tiña de la barba** (*tiña barbae*) es rara. La mayoría de las infecciones cutáneas localizadas en la zona de la barba son causadas por bacterias y no por hongos.

➤ Tratamiento

La mayoría de las infecciones por hongos, excepto las del cuero cabelludo y las uñas, son leves. Las cremas antimicóticas suelen curarlas. Existen muchas cremas antifúngicas eficaces que pueden comprarse sin necesidad de prescripción médica. Los polvos antimicóticos no son por lo general muy buenos. Los ingredientes activos de los fármacos tópicos antimicóticos incluyen miconazol, clotrimazol, econazol, oxiconazol, ciclopirox, ketoconazol, terbinafina y butenafina.

Por lo general, las cremas se aplican una o dos veces por día, y el tratamiento debe continuarse durante un período de entre 7 y 10 días después de la desaparición total de la erupción. Si se interrumpe la aplicación de la crema demasiado pronto, la infección puede no haberse erradicado completamente y la erupción reaparecerá. El ciclopirox en la presentación de esmalte de uñas puede utilizarse en las infecciones fúngicas de las uñas. Sin embargo, este tratamiento puede demorarse hasta un año, y aún así no ser muy eficaz.

Pueden transcurrir varios días antes de que las cremas antifúngicas hagan su efecto y desaparezcan los síntomas. Los corticosteroides en crema se utilizan para ayudar a aliviar el picor y el dolor durante las primeros días de tratamiento. La hidrocortisona a dosis bajas es un fármaco de venta libre; los corticosteroides más potentes requieren prescripción médica y pueden añadirse a la crema antimicótica.

En infecciones más graves o persistentes de la piel y en las del cuero cabelludo y las uñas, el médico puede prescribir un antimicótico de administración oral. El itraconazol, la terbinafina y la griseofulvina son eficaces. Estos fármacos se toman diariamente. Algunos médicos prescriben fluconazol, el cual puede ser administrado una vez por semana durante 3 o 4 semanas en el caso de la tiña corporal. La tiña de las uñas requiere un tratamiento más largo con itraconazol o terbinafina: seis semanas en el caso de las uñas de las manos y doce semanas o más para las uñas de los pies. Se requiere hasta un año para que las nuevas uñas de los pies vuelvan a crecer. La terbinafina es el fármaco más eficaz disponible para el tratamiento de la tiña de las uñas. La griseofulvina requiere un tratamiento más prolongado. Sin embargo, la tiña de las uñas no siempre responde a los fármacos orales y puede reaparecer incluso después de un tratamiento aparentemente eficaz. La tiña del cuero cabelludo puede necesitar un tratamiento con fármacos administrados por vía oral durante 4 o 6 semanas, o incluso más tiempo si se utiliza la griseofulvina. Algunos médicos dan corticosteroides por vía oral a niños con un querion del cuero cabelludo.

Si la tiña supura, es posible que también haya podido desarrollarse una infección bacteriana. Esta infección puede requerir tratamiento con antibióticos, ya sea aplicados sobre la piel o ingeridos por vía oral ● *(v. pág. 1453)*.

■ Candidiasis

La candidiasis (infección por levaduras, moniliasis) es una infección producida por la levadura Candida, *antes denominada* Monilia.

La levadura *Candida* reside normalmente en las vías digestivas y en la vagina y, por lo general, no causa lesión alguna. Bajo ciertas condiciones, sin embargo, la levadura *Candida* puede infectar las membranas mucosas y las zonas húmedas de la piel. Las zonas características de infección son el revestimiento de la boca y la vagina, la zona genital y el ano, las axilas, la piel de debajo de las mamas en las mujeres y los pliegues de piel del estómago. Los factores que favorecen el desarrollo de una infección por *Candida* son: los climas cálidos y húmedos; la ropa interior apretada, de material sintético; la falta de higiene y enfermedades inflamatorias, como la psoriasis, que se presenta en los pliegues de la piel.

Los pacientes tratados con antibióticos pueden padecer una candidiasis porque los antibióticos eliminan las bacterias que residen normalmente en el cuerpo, lo cual permite el crecimiento incontrolado de *Candida*. Los corticosteroides o la terapia inmunosupresora que sigue al trasplante de un órgano pueden también reducir las defensas del organismo contra las infecciones producidas por *Candida*. Los corticosteroides inhalados, a menudo utilizados por personas que sufren de asma, a veces producen candidiasis de la boca. También las mujeres embarazadas, los obesos y los diabéticos presentan mayor susceptibilidad a la infección.

En algunas personas (por lo general las que tienen un sistema inmunológico deficiente), la *Candida* invade los tejidos más profundos, así como la sangre, y produce una candidiasis sistémica con riesgo letal ● *(v. pág. 1371)*.

➤ Síntomas

Los síntomas varían según el lugar de la infección.

Las **infecciones en los pliegues cutáneos** (infecciones intertriginosas o intertrigo) o en el ombligo, suelen causar por lo general una erupción de color rojo intenso, en ocasiones con reblandecimiento y úlceras en la piel. Pueden aparecer pequeñas pústulas, especialmente en los bordes de la erupción, y ésta puede ir acompañada de picor o quemazón intensos. Una erupción producida por *Candida* alrededor del ano puede ser pruriginosa, dejar la zona en carne viva y presentar un aspecto blanquecino o rojizo. Los recién nacidos pueden desarrollar una erupción por *Candida* en la zona del pañal ● *(v. pág. 1819)*.

La **candidiasis vaginal** (vulvovaginitis, infección por levaduras ● *v. pág. 1633*) es bastante frecuente, especialmente en mujeres embarazadas, diabéticas o tratadas con antibióticos. Los síntomas de estas infecciones comprenden un flujo vaginal parecido al queso de color blanco o amarillento, y la sensación de quemazón, picor y el enrojecimiento de las paredes y de la región externa de la vagina.

La **candidiasis del pene** afecta con mayor frecuencia a los varones que padecen diabetes, a los no circuncidados o a aquellos cuya pareja femenina tiene candidiasis vaginal. Por lo general, la infección produce una erupción rojiza, descamativa y, en ocasiones, dolorosa en la cabeza del pene y algunas veces en el escroto. A veces, la erupción puede no causar síntomas.

El **afta** es una candidiasis que se produce dentro de la boca ● *(v. también pág. 823)*. Las placas blancas cremosas típicas del afta se adhieren a la lengua y a ambos lados de la boca y pueden ser dolorosas. Las placas no pueden rasparse fácilmente con un dedo o un objeto romo. Si bien en los niños sanos no es infrecuente, en los adultos las aftas pueden ser un signo de deficiencia del sistema inmunológico, posiblemente causada por una diabetes o el sida. El uso de antibióticos que eliminan las bacterias antagonistas aumenta las posibilidades de contraer aftas.

La **boquera** es una infección por cándida en las comisuras de la boca, que se caracteriza por la formación de fisuras y de pequeños cortes. Puede aparecer como consecuencia del lamido crónico de los labios, de chuparse el dedo, de las dentaduras mal ajustadas, o de cualquier otro trastorno que deja las comisuras de la boca lo suficientemente húmedas para que los hongos crezcan.

La **paroniquia por cándida** es la candidiasis de la piel alrededor de las uñas, que produce dolor, irritación e inflamación en la parte afectada ● *(v. también pág. 493)*. Las uñas infectadas por *Candida* pueden volverse blancas o amarillas y desprenderse del lecho ungueal. Este trastorno, por lo general, ocurre en las personas con diabetes o con un sistema inmunológico deficiente, o en las personas sanas cuyas manos se someten a humedad o lavados frecuentes.

➤ Diagnóstico y tratamiento

Por lo general, el médico puede identificar una infección por cándida mediante la observación de la erupción característica o bien el residuo espeso, blanco y pastoso que suele generar. Para confirmar el diagnóstico, el médico puede realizar un raspado de la piel lesionada o del residuo con un escalpelo o un depresor de lengua. La muestra se examina posteriormente al microscopio o se coloca en un medio de cultivo (una sustancia que permite el crecimiento de los microorganismos) para identificar el hongo específico ● *(v. pág. 1414)*.

Generalmente, la candidiasis de la piel es de fácil curación con cremas que contienen miconazol, clotrimazol, oxiconazol, ketoconazol, econazol, ciclopirox o nistatina. En general, la crema se aplica dos veces al día durante un período de entre 7 y 10 días. Las cremas con corticosteroides se utilizan a veces acompañadas de cremas antimicóticas, dado que reducen rápidamente el picor y el dolor (aunque no ayudan a curar la infección en sí). La candidiasis que no responde a las cremas y líquidos antimicóticos puede tratarse con violeta de genciana, un tinte de color púrpura que se aplica sobre la zona infectada para eliminar el hongo.

Mantener la piel seca ayuda a eliminar la infección y previene la reaparición del hongo. El polvo de talco ayuda a mantener seca la zona superficial, y el que contiene nistatina puede ser de ayuda adicional para evitar su reaparición.

Existen distintos tratamientos para las infecciones vaginales micóticas, el afta y las infecciones de las uñas.

■ Tiña versicolor

La tiña versicolor (pitiriasis versicolor) es una infección micótica de la primera capa superficial de la piel que causa placas escamosas e incoloras.

La infección, causada por el hongo *Malassezia furfur*, es bastante frecuente, especialmente en los adultos jóvenes. Raramente causa dolor o picor, pero impide el bronceado de algunas áreas de la piel y produce placas de color más pálido que la piel circundante. Las personas con piel naturalmente oscura pueden notar la presencia de placas claras, y las de tez clara pueden presentar placas oscuras o más claras. El color depende de la manera en que el hongo afecta a los melanocitos, las células que hacen el pigmento ● *(v. pág. 1445)*. Las placas suelen localizarse en el pecho o la espalda y pueden descamarse ligeramente. Con el paso del tiempo, estas pequeñas áreas pueden unirse para formar placas extensas.

➤ Diagnóstico y tratamiento

Los médicos diagnostican la pitiriasis versicolor por su apariencia. Para confirmar el diagnóstico, el médico puede utilizar la luz ultravioleta para mostrar la infección más claramente o examinar al microscopio muestras de raspados de la zona infectada.

Puede utilizarse una crema antimicótica tópica como el ketoconazol, así como la terbinafina en aerosol. Los champús de prescripción a base de sulfuro de selenio son eficaces si se aplican sin diluir sobre las zonas afectadas (incluso en el cuero cabelludo) antes de acostarse; se deben dejar toda la noche y se lavan por la mañana. El tratamiento suele prolongarse durante 3 o 4 noches. De forma alternativa, el champú puede aplicarse durante diez minutos diarios por un periodo de diez días. El champú de ketoconazol de prescripción es eficaz también; se aplica y se lava en cinco minutos. Se usa en una sola aplicación o diariamente durante tres días.

Los fármacos antimicóticos administrados por vía oral, como el itraconazol, el ketoconazol o el fluconazol, se utilizan a veces en el tratamiento de infecciones extendidas resistentes ● *(v. tabla pág. 1374)*. Sin embargo, como estos fármacos pueden causar efectos colaterales indeseables, se prefiere recurrir a la utilización de fármacos tópicos.

Puede que la piel no vuelva a recuperar su pigmentación normal hasta muchos meses después de haber desaparecido la infección. La tiña versicolor reaparece con frecuencia incluso después de un tratamiento satisfactorio, porque el hongo que lo causa es un huésped normal de la piel. Por lo tanto, muchos médicos recomiendan el uso mensual o bimestral de un champú a base de sulfuro de selenio al 2,5 % o de ketoconazol para prevenir recurrencias.

CAPÍTULO 213

Infecciones víricas de la piel

Muchas infecciones víricas, como el sarampión, la varicela y la rubéola, producen erupciones, manchas o úlceras en la piel. Con frecuencia los herpesvirus producen erupciones y úlceras ● *(v. pág. 1383)*. Sin embargo, en dos infecciones corrientes, las verrugas y el molusco contagioso, el virus permanece exclusivamente dentro de la piel.

■ Verrugas

Las verrugas (verrucae) *son pequeños crecimientos cutáneos producidos por cualquiera de los ochenta o más tipos de papilomavirus humanos.*

Las verrugas pueden aparecer a cualquier edad, pero son más frecuentes en los niños y menos en las personas mayores. Las personas pueden tener 1 o 2 verrugas o cientos de ellas. Dada la necesidad de contacto prolongado y constante para que el virus se extienda, las verrugas se propagan más fácilmente desde una zona del cuerpo a otra más que de una persona a otra. El contacto sexual, sin embargo, es a menudo suficiente para que las verrugas genitales se extiendan ● *(v. pág. 1409)*.

La mayoría de las verrugas son inocuas, aunque pueden ser bastante molestas. Las excepciones son ciertos tipos de verrugas genitales que a veces producen cáncer del cuello uterino en las mujeres.

➤ Clasificación

Algunas verrugas crecen en racimos (verrugas en mosaico), otras aparecen como formaciones aisladas y únicas. Las verrugas se clasifican en función de su forma y de su localización.

Las **verrugas comunes** (*verrucae vulgaris*), que casi todos tenemos, son crecimientos duros que suelen tener una superficie áspera. Son redondas o de forma irregular, de color gris, amarillo o pardo y, por lo general, miden menos de 1,5 centímetros de diámetro. Generalmente aparecen en las áreas que se lesionan con frecuencia, como pueden ser las rodillas, la cara, los dedos y alrededor de las uñas (verrugas periungueales). Las verrugas comunes pueden extenderse a la piel circundante.

Las **verrugas plantares** aparecen en la planta del pie, donde por lo general toman una forma aplanada por la presión que se produce al caminar, y están rodeadas de piel gruesa. Tienden a ser duras y planas, con una superficie áspera y bordes bien definidos. Las verrugas pueden aparecer en la parte superior del pie o sobre los dedos, donde por lo general suelen tomar una forma abultada y carnosa. Son a menudo de color gris o pardo y tienen un pequeño centro negro. A diferencia de las callosidades y de los callos, las verrugas plantares tienden a sangrar desde muchos puntos, como puntas de alfiler, cuando el médico raspa o corta la superficie con un bisturí.

Las **verrugas filiformes** son formaciones largas, estrechas y pequeñas que suelen aparecer en los párpados, la cara, el cuello o los labios.

Las **verrugas planas**, que son más frecuentes en los niños y adultos jóvenes, suelen aparecer en grupos en forma de manchas lisas, de color amarillo-pardusco, rosado o carne, sobre todo en la cara y en la parte superior de las manos. La zona de la barba en los varones y las piernas en las mujeres son también localizaciones frecuentes de las verrugas planas, donde pueden extenderse con el afeitado.

Las **verrugas genitales** (verrugas venéreas, condiloma acuminado) aparecen en el pene, el ano, la vulva, la vagina y el cuello uterino. Son crecimientos irregulares, nudosos, que presentan a menudo la textura de una pequeña coliflor ● *(v. pág. 1409).*

➤ Síntomas y diagnóstico

Las verrugas no duelen, excepto las plantares. Las verrugas plantares pueden ser muy dolorosas cuando se las presiona para soportar el peso.

Los médicos reconocen las verrugas por su aspecto típico. Las formaciones sobre la piel que no se pueden identificar pueden necesitar extirparse para someterlas a un examen al microscopio (biopsia).

➤ Tratamiento

Numerosas verrugas, en particular las comunes, desaparecen por sí solas en 1 o 2 años. Dado que las verrugas casi nunca dejan una cicatriz cuando se curan espontáneamente, no necesitan ser tratadas, a menos que causen dolor o angustia psicológica. Las verrugas genitales tienen más probabilidades de reaparecer y son más contagiosas, razón por la cual los médicos con frecuencia las

extirpan o las tratan con fármacos. Todos los tipos de verrugas pueden reaparecer después de extirparlas. Las verrugas plantares son las más difíciles de curar.

Sin embargo, las verrugas pueden eliminarse con sustancias químicas, mediante cortes de raíz, congelación, o quemadura con una corriente de láser o eléctrica.

Las sustancias químicas típicas utilizadas para su extirpación incluyen el ácido salicílico, el formaldehído, el glutaraldehído, el ácido tricloroacético, la cantaridina y la podofilina. Las verrugas planas se tratan a menudo con agentes descamantes como son el ácido retinoico o el salicílico. También puede utilizarse el 5-fluorouracilo en crema o solución. Algunos productos químicos pueden ser aplicados por la persona misma, mientras que otros necesitan que los aplique un médico. La mayoría de estos productos químicos pueden quemar la piel normal, por ello es importante seguir cuidadosamente las instrucciones cuando se aplican en casa. Los productos químicos por lo general requieren varias aplicaciones durante varias semanas o meses. La verruga se raspa para extraer el tejido muerto antes de cada tratamiento.

La congelación (crioterapia) es segura y por lo general no se requiere anestesiar la zona, pero puede ser demasiado dolorosa para que los niños la toleren. Las verrugas pueden congelarse con varios preparados comerciales de congelación o con nitrógeno líquido rociado o bien aplicado con un trozo de algodón. La crioterapia se utiliza a menudo para verrugas plantares y las localizadas debajo de las uñas de los dedos de las manos. Se requieren por lo general varios tratamientos a intervalos mensuales, especialmente cuando se trata de verrugas grandes.

La quemadura y el corte de las verrugas son eficaces pero más dolorosos, y normalmente dejan una cicatriz. La utilización del láser de tinte pulsado es también eficaz pero, al igual que la congelación, por lo general requiere varios tratamientos ● *(v. recuadro pág. 1473).*

El imiquimod en crema, un tratamiento nuevo para las verrugas genitales, algunos médicos lo utilizan también sobre otros tipos de verrugas.

■ Molusco contagioso

El molusco contagioso es una infección de la piel causada por un poxvirus que produce protuberancias lisas, suaves y de color blanco o carne.

Estas protuberancias suelen tener menos de 0,6 centímetros de diámetro y poseen una diminuta depresión en el centro. El virus que causa el molusco es contagioso; se transmite por contacto directo con la piel y es muy frecuente en los niños ● *(v. pág. 1819)*. Las lesiones genitales se transmiten con frecuencia en los adultos por contacto sexual.

El molusco puede infectar cualquier parte de la piel. Las protuberancias no suelen ser pruriginosas ni dolorosas y pueden descubrirse por casualidad durante una exploración física. Sin embargo, pueden inflamarse (como un furúnculo) y producir picor cuando el organismo lucha contra el virus. Esta respuesta inflamatoria puede ser el presagio de la desaparición de las lesiones.

La mayoría de las formaciones desaparecen espontáneamente en 1 o 2 años; no necesitan tratamiento alguno, a no ser que desfiguren o molesten de otra manera a la persona. Las formaciones pueden tratarse mediante congelación o resección de su núcleo central con una aguja o un instrumento cortante para raspado (cureta). A veces los médicos administran dosis de cimetidina por vía oral o aplican ácido tricloroacético o cantaridina al molusco. Otros prescriben ácido retinoico o imiquimod en crema, que deberá aplicarse durante algunas semanas o meses.

| CAPÍTULO 214 |

Radiación solar y lesiones de la piel

La piel protege al resto del cuerpo de la acción de los rayos solares. La luz ultravioleta (UV), aunque invisible al ojo humano, es el componente de la luz solar que tiene el mayor efecto sobre la piel. La luz UV se clasifica en tres tipos: ultravioleta A (UVA), ultravioleta B (UVB) y ultravioleta C (UVC), según sea la longitud de onda.

La luz UV en pequeñas cantidades es beneficiosa, ya que ayuda al cuerpo a producir vitamina D. Sin embargo, cantidades más grandes de luz UV lesionan el ADN (el material genético del cuerpo) y alteran los valores y clases de sustancias químicas que producen las células de la piel. La luz UV también puede descomponer el ácido fólico, produciendo algunas veces la deficiencia de esa vitamina en las personas de tez clara. Aunque la UVA penetra más profundamente en la piel, la UVB es responsable por lo menos de las tres cuartas partes de los efectos dañinos de la luz UV, incluso del bronceado, de las quemaduras, del envejecimiento prematuro de la piel, de las arrugas y del cáncer de piel.

La cantidad de luz UV que llega a la superficie de la tierra es cada vez mayor, especialmente en las latitudes norte. Ello se atribuye a las reacciones químicas entre el ozono y los clorofluorocarbonos (sustancias químicas en refrigerantes y aerosoles) que contribuyen a la destrucción de la capa protectora de ozono, creando una atmósfera más delgada con algunos orificios. La luz UV es más intensa entre las 10 de la mañana y las 3 de la tarde, en verano y en las grandes altitudes.

La piel sufre ciertos cambios cuando se expone a la luz UV para protegerse contra una lesión. La epidermis (la parte más superficial de la piel) se espesa y bloquea la luz UV. Los melanocitos (el pigmento producido por las células de la piel) aumentan la cantidad de melanina, la cual oscurece la piel y da lugar al bronceado. La melanina absorbe la energía de la luz UV y evita que la luz penetre más profundamente en los tejidos.

La sensibilidad a la luz solar varía según la cantidad de melanina en la piel. Las personas de piel más oscura tienen más melanina y, por consiguiente, mayor protección contra los efectos perjudiciales del sol, aunque aún son algo vulnerables. La cantidad de melanina presente en la piel de una persona depende de factores hereditarios, así como de la cantidad de exposición solar reciente. Algunas personas pálidas por naturaleza pueden producir gran cantidad de melanina en respuesta a la luz UV, mientras que otras producen muy poca ● *(v. pág. 1446)*. Las personas con albinismo tienen poca o nada de melanina.

La exposición solar envejece prematuramente la piel. La exposición a la luz ultravioleta es responsable de la aparición de arrugas, tanto finas como profundas; pigmentación irregular; manchas de

Peligros de la radiación solar inadvertida

El sol irradia energía de diferentes longitudes de onda; por ejemplo, la luz amarilla tiene una mayor longitud de onda que la luz azul. Las longitudes de onda de la radiación ultravioleta (UV) son menores son menores que las de la luz visible y pueden dañar el tejido vivo. Afortunadamente el ozono de las capas más altas de la atmósfera terrestre filtra las longitudes de onda más perjudiciales de los rayos UV, pero partes de esa luz UV, principalmente la incluida en las bandas de longitud de onda A (UVA) y B (UVB), llegan a la tierra y pueden dañar la piel.

Las características y la cantidad de radiación UV, varían según la estación, el clima y la localización geográfica. Debido a la inclinación con que los rayos solares atraviesan la atmósfera a las distintas horas del día en las zonas templadas, la exposición al sol resulta menos perjudicial antes de las 10 de la mañana y después de las 3 de la tarde. El riesgo de lesiones es mayor en las grandes altitudes, donde la atmósfera protectora es más delgada.

Otra consideración: la cantidad de radiación UV que llega a la superficie de la Tierra es cada vez mayor, especialmente en las latitudes del norte. Ello se debe a que las reacciones químicas entre el ozono y los clorofluorocarbonos (sustancias químicas presentes en los frigoríficos y los aerosoles) están destruyendo la capa protectora de ozono, creando una atmósfera más delgada y que presente algunos orificios.

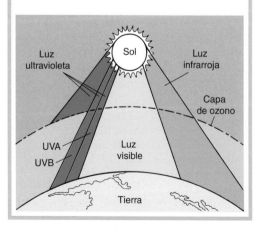

color café y rojas y piel apergaminada, de textura gruesa. Aunque las personas de tez clara son mucho más vulnerables, si se produce una exposi-

ción suficiente, la piel de cualquier individuo se modificará.

Cuanta más exposición solar tenga una persona, más alto es el riesgo de cáncer de piel, como el carcinoma de células escamosas, el carcinoma basocelular y, en cierto grado, del melanoma maligno ● *(v. pág. 1477)*.

La clave para minimizar los efectos dañinos del sol es evitar una mayor exposición, ya que la lesión que se ha ocasionado es difícil de revertir. Las cremas hidratantes y el maquillaje ayudan a ocultar las arrugas. La descamación (*peeling*) a base de productos químicos, los ácidos alfahidroxiácidos, la tretinoína en cremas, y el tratamiento con láser pueden mejorar el aspecto de las arrugas finas y de la pigmentación irregular. Sin embargo, las arrugas profundas y las lesiones significativas de la piel son difíciles de mejorar.

■ Quemaduras solares

Las quemaduras solares son el resultado de una breve (aguda) sobreexposición a la luz ultravioleta (UV). La cantidad de exposición solar requerida para producir una quemadura varía de acuerdo con la pigmentación de cada persona y de la capacidad de producir más melanina.

Las quemaduras solares dan como resultado una piel rojiza y dolorida. Las quemaduras solares graves pueden producir hinchazón y ampollas. Los síntomas pueden comenzar rápidamente una hora después de la exposición y, por lo general, alcanzan su tope máximo después de un día. Algunas personas con quemaduras solares graves presentan fiebre, escalofríos y debilidad y en raras ocasiones pueden incluso entrar en *shock* (caracterizado por hipotensión arterial, desmayo y profunda debilidad). Varios días después de las quemaduras solares, las personas con piel clara pueden sufrir en la zona lesionada un pelado, que habitualmente se acompaña de una sensación intensa de picor. Estas áreas peladas son más sensibles a las quemaduras solares durante un período de varias semanas. Las personas que han tenido quemaduras solares graves de jóvenes, tienen mayor riesgo de cáncer de piel en los próximos años, aun cuando no hayan estado expuestas al sol por mucho tiempo.

➤ Prevención

El mejor modo, y el más obvio, de evitar el daño que puede causar el sol es permanecer alejado de la luz solar fuerte y directa. Si la exposición solar es necesaria, la persona debe retirarse del sol de inmediato a la primera señal de hormigueo o enrojecimiento. Las prendas de vestir y el vidrio ordinario de las ventanas repelen prácticamente todos los rayos nocivos. El agua no es un buen filtro: las luces UVA y UVB pueden atravesar alrededor de treinta centímetros de agua transparente. Las nubes y la niebla no son tampoco buenos filtros de luz UV; una persona puede sufrir quemaduras solares en un día nublado o con niebla. La nieve, el agua y la arena reflejan la luz solar y amplifican la exposición de la piel a la luz UV. Las personas también sufren quemaduras más rápidamente a grandes alturas, donde el aire ligero permite que entre más luz UV que quema la piel expuesta.

Antes de una exposición a la luz solar intensa y directa, una persona debe aplicarse un filtro solar, o sea, un ungüento o una crema con sustancias químicas que protejan la piel filtrando la luz UV. La mayoría de bloqueantes solares tienden a filtrar sólo la luz UVB, aunque algunos de reciente aparición son eficaces también para filtrar la luz UVA.

Los bloqueantes solares contienen sustancias, como el ácido para-aminobenzoico (PABA) y la benzofenona, que absorben la luz UV. Dado que el PABA no se adhiere inmediatamente a la piel, los filtros solares que lo contienen deben aplicarse de 30 a 45 minutos antes de exponerse al sol o

---

¿Es saludable broncearse?

En una palabra: no. Aunque el bronceado se considera un signo de buena salud y de una vida activa y atlética, el bronceado no constituye un beneficio para la salud y, en realidad, atenta contra ella. Cualquier exposición a la luz ultravioleta A o B puede alterar o lesionar la piel. La exposición a largo plazo a la luz solar natural lesiona la piel y aumenta el riesgo de cáncer cutáneo. La exposición a la luz solar artificial utilizada en los centros de bronceado es igualmente perjudicial, aunque la luz UVA usada en estos establecimientos tiene menos probabilidades de producir cáncer de piel. Simplemente, no existe un bronceado seguro.

Las lociones para broncear sin sol, no broncean realmente la piel, sino que, más bien, la tiñen. Por lo tanto, proporcionan una manera segura de alcanzar un aspecto bronceado sin arriesgarse a una peligrosa exposición a los rayos UV. Sin embargo, como no aumentan la producción de melanina, las lociones de autobronceado no ofrecen protección solar. Por lo tanto, todavía se deben usar filtros solares durante la exposición a la luz solar.

Los resultados del uso de lociones de autobronceado pueden variar, según el tipo de piel de la persona, la fórmula utilizada y la manera en que éstas se apliquen.

Queratosis actínica: formaciones precancerosas

La queratosis actínica (queratosis solar) es una lesión precancerosa causada por la exposición solar a largo plazo. Estas formaciones son áreas laminadas y descamativas que no se curan; también pueden ser duras y adquirir un color oscuro o gris. La piel que las rodea a menudo aparece adelgazada.

Las queratosis solar o actínica pueden eliminarse mediante congelación con nitrógeno líquido; sin embargo, si una persona presenta muchas lesiones, puede aplicarse un líquido o un ungüento con fluorouracilo. A menudo, durante este tratamiento, el aspecto de la piel puede empeorar porque el fluorouracilo provoca enrojecimiento, descamación y quemazón de las zonas de queratosis y de la piel circundante lesionada por la acción del sol.

---

de entrar en el agua. El PABA puede irritar la piel o causar una reacción alérgica en algunas personas. Muchos protectores solares contienen tanto PABA como benzofenona u otros productos químicos; estas combinaciones ofrecen protección frente a un amplio espectro de rayos UV. Muchos protectores solares afirman ser impermeables o resistentes al agua, pero la mayoría de éstos productos, sin embargo, requieren aplicaciones más frecuentes en las personas que están nadando o sudando.

Otros filtros solares contienen bloqueantes como el óxido de zinc o el dióxido de titanio; estos ungüentos blancos y espesos evitan que el sol alcance la piel y pueden ser utilizados en zonas pequeñas y sensibles, como la nariz y los labios. Algunos cosméticos contienen estas dos últimas sustancias.

En general, los filtros solares se clasifican según su número de factor de protección solar (FPS); cuanto mayor es el número de FPS, mayor es la protección. Los filtros solares clasificados

Algunas sustancias que sensibilizan la piel a la luz solar

Ansiolíticos
Alprazolam
Cloriazepoxido

Antibióticos
Quinolonas
Sulfonamidas
Tetraciclinas
Trimetoprim

Antidepresivos
Antidepresivos tricíclicos

Antihiperglucemiantes
Sulfonilureas

Antimicóticos (tomados por vía oral)
Griseofulvina

Antipalúdicos
Cloroquina
Quinina

Antipsicóticos
Feneotiacinas

Diuréticos
Fluosemida
Tiazidas

Quimioterápicos
Dacarbazina
Fluorouracilo
Metotrexato
Vinblastina

Fármacos para el acné (tomados por vía oral)
Isotretinioina

Fármacos para trastornos cardíacos
Amiodarona
Quinidina

Preparaciones para la piel
Antibacterianos (clorexidina, hexaclorofeno)
Antimicóticos
Alquitrán de hulla
Fragancias
Filtros solares

entre 0 y 12 proporcionan una mínima protección; los clasificados entre 13 y 29 proporcionan una protección moderada, y, finalmente, los clasificados en 30 o más proporcionan una máxima protección.

➤ Tratamiento

Las compresas de agua fría pueden aliviar las zonas enrojecidas y calientes, al igual que las lociones o los ungüentos hidratantes sin anestésicos ni perfumes que pueden irritar o sensibilizar la piel. Los fármacos no esteroideos antiinflamatorios (AINE) producen el alivio del dolor y de la inflamación ● *(v. pág. 544)*. Los corticosteroides en comprimidos también pueden aliviar la inflamación pero se utilizan sólo en los casos más graves de quemaduras. Se administran antibióticos específicos en cremas sólo en casos de ampollas graves. La mayoría de las ampollas que resultan de las quemaduras solares se revientan por sí solas, no necesitan ser reventadas y drenadas a no ser que continúen intactas después de 3 o 4 días.

En muy raras ocasiones la quemadura solar de la piel resulta infectada, pero si aparece la infección, la curación puede retrasarse. El médico puede determinar la gravedad de la infección y prescribir antibióticos si fuera necesario.

La piel quemada por el sol comienza a curarse por sí sola después de varios días, pero la curación completa puede durar varias semanas. Una vez que se desprende la piel quemada, las capas nuevas expuestas son finas e inicialmente muy sensibles a la luz solar y deben protegerse por varias semanas.

■ Reacciones de fotosensibilidad de la piel

La fotosensibilidad, algunas veces conocida como una alergia al sol, es una reacción del sistema inmunológico que se desencadena por los efectos de la luz solar. Las reacciones de la fotosensibilidad incluyen urticaria solar, fotosensibilización química y erupción polimorfa a la luz, y se caracterizan en general por una erupción con picor en parches de la piel expuesta al sol. Las personas pueden heredar una tendencia a estas reacciones. Ciertas enfermedades, como el lupus eritematoso sistémico y algunas porfirias, también pueden causar erupciones en la piel como respuesta a luz solar.

Las **urticarias solares** son urticarias (protuberancias grandes, rojas, con picor) que aparecen sólo algunos minutos después de estar la persona expuesta al sol. La urticaria aparece a los diez minutos de la exposición solar y desaparece a las dos horas de apartarse de la luz. Las personas con grandes áreas afectadas suelen tener cefaleas y sentirse débiles y con náuseas.

La **fotosensibilidad química** es una enfermedad en la que a las personas afectas se les presenta enrojecimiento, inflamación y, algunas veces, una anomalía de coloración parduzca o azul en las áreas de la piel que han estado expuestas a la luz solar por un tiempo breve. Esta reacción difiere de las quemaduras solares en que sólo aparece después de que la persona ha ingerido unos fármacos determinados o que se ha aplicado ciertas sustancias químicas sobre la piel. Estas sustancias hacen que la piel de algunas personas sea más sensible a los efectos de la luz ultravioleta. Algunas personas sufren de urticaria con picor, lo que indica la existencia de un tipo de alergia a un fármaco que se desencadena por los efectos de la luz solar.

REACCIONES DE FOTOSENSIBILIDAD

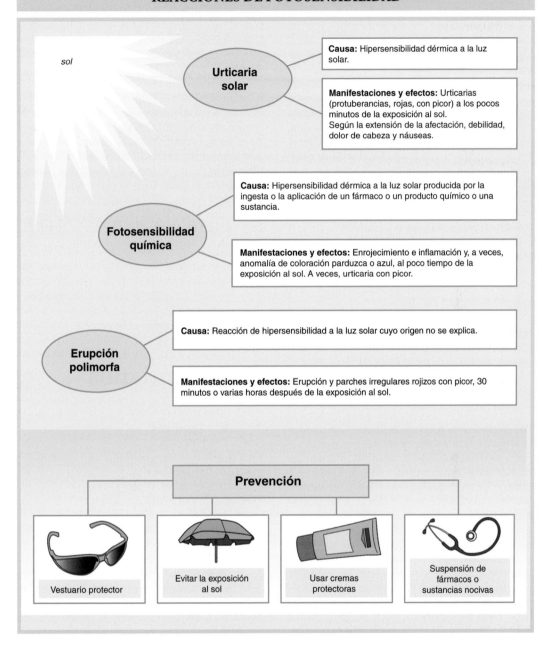

sol

Urticaria solar

Causa: Hipersensibilidad dérmica a la luz solar.

Manifestaciones y efectos: Urticarias (protuberancias, rojas, con picor) a los pocos minutos de la exposición al sol.
Según la extensión de la afectación, debilidad, dolor de cabeza y náuseas.

Fotosensibilidad química

Causa: Hipersensibilidad dérmica a la luz solar producida por la ingesta o la aplicación de un fármaco o un producto químico o una sustancia.

Manifestaciones y efectos: Enrojecimiento e inflamación y, a veces, anomalía de coloración parduzca o azul, al poco tiempo de la exposición al sol. A veces, urticaria con picor.

Erupción polimorfa

Causa: Reacción de hipersensibilidad a la luz solar cuyo origen no se explica.

Manifestaciones y efectos: Erupción y parches irregulares rojizos con picor, 30 minutos o varias horas después de la exposición al sol.

Prevención

Vestuario protector

Evitar la exposición al sol

Usar cremas protectoras

Suspensión de fármacos o sustancias nocivas

La **erupción polimorfa provocada por la luz** es una reacción poco corriente a la luz solar, cuya causa no se entiende. Es uno de los problemas relacionados con la piel más frecuentes y sucede más a menudo entre las mujeres y en personas que no se exponen al sol regularmente. La erupción aparece en forma de múltiples bultitos y parches irregulares rojizos que se manifiestan en la piel expuesta al sol. Estos parches que causan picor, suelen aparecer a los treinta minutos o varias horas después de la exposición; sin embargo, se pueden desarrollar nuevos parches horas después o varios días más tarde. Las prominencias y parches suelen desaparecer en el transcurso de una semana. Es característico de esta enfermedad que las personas que la padecen y siguen exponiéndose al sol se vuelven gradualmente menos sensibles a los efectos de la luz solar.

➤ Diagnóstico, prevención y tratamiento

No existen pruebas específicas para detectar reacciones de fotosensibilidad. El médico sospecha que existen reacciones de fotosensibilidad cuando aparece una erupción sólo en las zonas fotoexpuestas. Una meticulosa búsqueda de algunas enfermedades, de fármacos tomados por vía oral, o sustancias aplicadas sobre la piel (como fármacos o cosméticos) puede ayudar al médico a determinar la causa de la fotosensibilidad. Los médicos pueden realizar pruebas para descartar enfermedades, como el lupus eritematoso sistémico, que se conoce por producir susceptibilidad en ciertas personas a tales reacciones.

Una persona con sensibilidad a la luz solar por cualquier causa debe llevar ropa como protección, evitar la luz solar tanto como sea posible y usar filtros solares. En la medida de lo posible, todos los fármacos o sustancias químicas que pueden causar fotosensibilidad deben suspenderse.

Las personas con erupción polimorfa de la luz o fotosensibilidad del lupus, algunas veces, se benefician del tratamiento con hidroxicloroquina o corticosteroides tomados por vía oral. En ciertos tipos de fotosensibilidad, el tratamiento puede consistir en fototerapia (exposición a los rayos ultravioleta) con el uso de psoralenos (ciertos fármacos que sensibilizan la piel a los efectos de la luz ultravioleta). Este tratamiento se denomina PUVA (luz ultravioleta A con psoraleno) ● *(v. pág. 1431)*. Sin embargo, las personas con lupus eritematoso sistémico no pueden tolerar la terapia PUVA.

| CAPÍTULO 215 |

Crecimientos cutáneos benignos

Los crecimientos cutáneos benignos son acumulaciones de varios tipos de células que tienen aspecto diferente a la piel circundante. Pueden ser abultados o planos y van de color pardo oscuro a negro o de color carne a rojo. Los crecimientos cutáneos pueden ser congénitos o desarrollarse más tarde.

Cuando el crecimiento se controla y las células no se extienden a otras partes del cuerpo, estos tumores cutáneos no son cancerosos (benignos). Pero si el tumor no se puede controlar, el tumor es canceroso (maligno) y las células invaden el tejido normal y además se extienden (metástasis) hacia otras partes del cuerpo. Los crecimientos cutáneos benignos son a menudo más un problema de tipo estético que otra cosa.

No se conocen las causas de la mayoría de los crecimientos cutáneos benignos. Se sabe, sin embargo, que ciertos crecimientos son causados por virus (por ejemplo, las verrugas), una enfermedad sistémica generalizada (por ejemplo, los xantelasmas o xantomas, causados por un exceso de grasas en la sangre) y determinados factores ambientales (por ejemplo, lunares y quistes epidérmicos estimulados por la luz solar).

■ Lunares

Los lunares (nevos) son pequeños crecimientos cutáneos, generalmente oscuros, que se desarrollan a partir de las células productoras de pigmento de la piel (melanocitos).

Los lunares varían su tamaño de pequeños puntos a más de 2,5 centímetros de diámetro. Los lunares pueden ser planos o abultados, lisos o rugosos (verrugosos) y en algunos de ellos crece pelo. Si bien son de color pardo oscuro o negro, los lunares pueden ser de color carne o amarillopardusco. Son rojos al principio, pero a menudo se oscurecen.

Casi todos los individuos tienen algunos lunares y muchas personas tienen un gran número. Los lunares frecuentemente aparecen durante la niñez o la adolescencia, aunque en algunas personas continúan apareciendo durante toda su vida. Los lunares responden a cambios en los valores hormonales en las mujeres y pueden aparecer, agrandarse, u oscurecerse durante el embarazo. Una vez formados, los lunares permanecen durante toda la vida. En las personas de tez clara, los lunares se producen con más frecuencia en las zonas de la piel expuestas al sol.

Los lunares, por lo general, se pueden reconocer fácilmente debido a su aspecto típico. No pican ni duelen, y no son una forma de cáncer. Sin embargo, a veces los lunares pueden convertirse o parecerse a un melanoma maligno, un tumor canceroso de melanocitos ● *(v. pág. 1477)*. De hecho, casi la mitad de los melanomas malignos comienzan como lunares, así que un lunar que presente un aspecto sospechoso debe ser extirpado y examinado al microscopio. Los cambios en un lunar, como aumento de tamaño (especialmente con un borde irregular), oscurecimiento, inflamación, cambios de color moteados, hemorragia, erupción, picor y presencia de dolor son posibles indicadores de un melanoma maligno. Las personas con más de 10 o 20 lunares tienen un riesgo algo mayor de melanoma y deben someterse a una exploración física cada año. Si el lunar resulta ser canceroso, es posible que se necesite una segunda operación para extirpar la piel que lo rodea.

La mayoría de los lunares, sin embargo, son inocuos y no requieren extirpación quirúrgica. Según sea su aspecto y localización, a algunos lunares se les puede considerar como marcas de belleza. Los lunares normales que resultan poco atractivos o están localizados en zonas donde las prendas de vestir pueden irritarlos pueden ser extirpados por el médico mediante un bisturí y anestesia local.

Los **lunares atípicos** (nevos displásicos) tienden a ser más grandes que los normales. De la misma manera que los crecimientos cutáneos cancerosos, tienden a ser multicolores y tienen formas y bordes irregulares. Incluso las personas con sólo pocos lunares atípicos tienen un riesgo algo mayor de desarrollar un melanoma. Este riesgo aumenta notablemente si la persona tiene familiares cercanos con un melanoma. La tendencia a presentar lunares atípicos es hereditaria.

Quienes tienen lunares atípicos, particularmente aquellos con historia familiar de melanoma, deben estar pendientes de cualquier cambio que pueda indicar la existencia de un melanoma. Deben someterse a un examen de piel al menos una vez al año por parte de un dermatólogo para determinar si existen cambios evidentes en el color o tamaño de un lunar. Para ayudar a controlar estos cambios, los dermatólogos utilizan a menudo fotografías a color de todo el cuerpo. Los lunares atípicos que cambian deben ser extirpados.

La luz solar acelera el desarrollo de los lunares atípicos, así como sus cambios. Incluso la exposición moderada al sol durante la infancia puede ser perjudicial y aumentar el riesgo de desarrollar un melanoma décadas más tarde. Por lo tanto, las personas de tez clara o aquellas con lunares atípicos deben evitar la exposición al sol. Cuando estén al sol, deben emplear siempre un bloqueante con un factor de protección solar (FPS) elevado para proteger la piel contra los rayos ultravioleta (UV) productores de cáncer ● *(v. pág. 1465)*.

■ Acrocordones

Los acrocordones son crecimientos pequeños y blandos de piel, de color carne, o ligeramente oscuros, que aparecen generalmente en el cuello, las axilas o la ingle.

Por lo general, son inofensivos, pero pueden resultar poco estéticos y además la ropa o la piel cercana puede rozarlos e irritarlos, lo que los lleva a sangrar o a doler. El médico puede extirpar con facilidad un acrocordón mediante su quemadura con una aguja eléctrica o su corte de raíz con bisturí o tijeras.

■ Lipomas

Los lipomas son depósitos blandos de material graso que crecen bajo la piel y forman bultos redondeados u ovales.

Un lipoma aparece como una protuberancia lisa y blanda bajo la piel. Los lipomas varían en dureza, algunos se perciben casi sólidos. La piel que recubre el lipoma tiene un aspecto normal y raras veces crecen más de 5 o 7,5 centímetros. Pueden aparecer en cualquier parte del cuerpo, pero a menudo se localizan en los antebrazos, el torso y la parte posterior del cuello. Algunas personas tienen sólo uno, mientras que otras desarrollan muchos. Los lipomas rara vez causan problemas, aunque pueden causar dolor a veces si crecen y ejercen presión contra un nervio, y son más frecuentes en las mujeres que en los varones.

Por lo general, el médico puede reconocer fácilmente los lipomas, y no se necesita realizar pruebas para diagnosticarlos. Los lipomas no son una forma de cáncer y en muy raras ocasiones se vuelven cancerosos. Si un lipoma comienza a experimentar cambios, el médico puede realizar una biopsia (extirpar una muestra del tejido y examinarla al microscopio). Por lo general, no se necesita tratamiento, pero los lipomas molestos pueden extirparse mediante cirugía o liposucción (extracción quirúrgica de grasa con un dispositivo succionador).

■ Dermatofibromas

Los dermatofibromas son bultos pequeños (nódulos) de color rojo a pardo que derivan de una acumulación de colágeno, que es una proteína fabricada por las células (fibroblastos) que residen en el tejido blando bajo la piel.

Son frecuentes y a menudo se presentan como bultos duros y solitarios que suelen localizarse en las piernas, particularmente en las mujeres. Algunas personas desarrollan muchos dermatofibromas. Sus causas incluyen traumatismos, picaduras de insectos y cortes causados por afeitados. Los dermatofibromas son inocuos y, por lo general, no causan síntomas, excepto un picor ocasional. Por lo general no reciben tratamiento, a no ser que se vuelvan molestos o que aumenten de tamaño. El médico puede extirparlos con un bisturí.

■ Crecimientos y malformaciones de los vasos

Los crecimientos y malformaciones de los vasos (angiomas) son acumulaciones anormalmente densas de vasos sanguíneos o linfáticos, por lo general localizados en la piel y debajo de ella, que producen anomalías de coloración rojiza o púrpura.

Los crecimientos y malformaciones de los vasos sanguíneos suelen aparecer al nacer o poco tiempo después, y a algunos se les conoce como marcas de nacimiento. Algunos ejemplos frecuentes incluyen los hemangiomas, las manchas de vino, los linfangiomas, los granulomas piogénicos, y las arañas vasculares. Estos diferentes tipos de crecimientos y malformaciones son por lo general detectados por su apariencia, de modo que las biopsias se requieren sólo en muy raras ocasiones. Alrededor de un tercio de los recién nacidos presenta algún tipo de tumor o de malformación de los vasos, muchos de los cuales desaparecen por sí solos.

□ HEMANGIOMAS

Los hemangiomas son sobrecrecimientos anormales de los vasos sanguíneos que pueden aparecer como bultos de color rojo o púrpura en la piel y en otras partes del cuerpo.

Aparecen poco después del nacimiento y tienden a agrandarse rápidamente durante los primeros 6 o 18 meses de vida. Después de esto, comienzan a encogerse. Cerca de las tres cuartas partes de los hemangiomas desaparecen a los siete años, aunque la piel remanente suele presentar una anomalía de coloración y señales de cicatrices.

Los **hemangiomás superficiales** (hemangiomas fresa, angiomas cereza), el tipo más frecuente de tumor de vasos sanguíneos, aparecen en o cerca de la superficie de la piel. Se presentan como formaciones abultadas, irregulares, de color rojo, o parches que van desde pequeños bultos a grandes tumefacciones deformantes de 7,5 o 10 centímetros. Por lo general, aparecen en el tronco y pueden ser pocos o muchos. Los hemangiomas superficiales son inocuos; si se vuelven molestos, pueden extirparse con una aguja eléctrica o láser.

Los **hemangiomas profundos** (hemangiomas cavernosos) crecen dentro de la piel y en forma muy profunda debajo de ella. Hacen que la piel se abulte y pueden ser de color púrpura o, si son muy profundos, de tonalidad carne. La mayor parte de los hemangiomas alcanzan entre 2 y 5 centímetros, aunque a veces llegan a ser mucho más grandes. Más de la mitad aparecen en la cabeza y el cuello. A veces, los hemangiomas aparecen en órganos como el hígado ● *(v. pág. 974)*.

Los superficiales y los profundos no causan dolor pero en ocasiones se abren (ulceran) y sangran, un episodio que puede ser difícil de detener. Los hemangiomas alrededor del ojo pueden llegar a ser bastante grandes hasta bloquear la visión, lo que puede conducir a su pérdida permanente si no se corrige. Pueden también obstruir la nariz o la garganta y bloquear la respiración.

Dado que los hemangiomas con frecuencia desaparecen por sí solos, los médicos no los tratan cuando aparecen, a no ser que crezcan rápidamente, obstruyan la visión o la respiración, se ulceren o causen preocupación estética. Por lo general se trata cualquier hemangioma facial que no haya desaparecido a la edad de 5 o 6 años.

Cuando el tratamiento es necesario, el médico inyecta corticoides en los hemangiomas superficiales y pequeños o los extirpa quirúrgicamente si las inyecciones no surten efecto. Las personas

Utilización de láseres para tratar problemas cutáneos

Un láser es un dispositivo que produce un haz fino de luz muy intensa que tiene un color en particular (longitud de onda). Los haces de láser pueden ser muy poderosos y contener miles de vatios de energía. Pero, puesto que esta energía se encuentra en forma de luz, no afecta al tejido humano hasta que se absorbe. La absorción de la luz del láser por parte del tejido depende del color de éste y del color de la luz. Por ejemplo, los vasos sanguíneos rojos absorben mejor el amarillo, el azul y el verde claro; de esta manera, los láseres de estos colores se utilizan selectivamente para los vasos sanguíneos en el tratamiento de los hemangiomas. Otros colores se utilizan para otras enfermedades. Los haces de láser pueden ser continuos, como la luz de una linterna, o por pulsaciones, en destellos individuales. La duración de la pulsación ayuda a determinar la profundidad y la cantidad del efecto del rayo láser.

Los tratamientos con láser se combinan, algunas veces, con terapia fotodinámica, en la que se aplican a los tumores de la piel ciertos productos químicos que absorben la luz o se administran por vía intravenosa. Cuando estos productos químicos son alcanzados por la luz del láser, se separan en sustancias que ayudan a destruir el tumor.

Los crecimientos anormales de vasos sanguíneos, como los hemangiomas, y las malformaciones, como las manchas en vino de oporto, a menudo se tratan con láser. La terapia con láser también se utiliza para extraer pelos indeseables, tatuajes, anomalías de coloración de la piel, cicatrices de acné o lesiones ocasionadas por la exposición al sol y tumores cancerosos.

con hemangiomas ulcerativos de crecimiento rápido o grandes toman corticosteroides por vía oral. En niños mayores, cuando el hemangioma se ha reducido, la terapia con láser o la cirugía pueden mejorar el aspecto de la piel.

☐ MANCHAS EN VINO DE OPORTO

Las manchas en vino de Oporto (malformaciones capilares, nevi flammeus) son anomalías de coloración en forma de manchas planas de color rosado, rojo o violáceo presentes al nacer, ocasionadas por la malformación de vasos sanguíneos.

Las manchas en vino de Oporto son anomalías de coloración inocuas y permanentes. Sin embargo, su aspecto estético puede ser psicológicamente incómodo o incluso devastador. Las manchas aparecen como placas lisas, planas rosadas, rojas o púrpuras de la piel. Las manchas en vino de Oporto pueden ser pequeñas o cubrir grandes superficies del cuerpo. Aparecen en la nuca de los recién nacidos y se les conoce como mordeduras de cigüeña. En muy raras ocasiones, las manchas en vino de Oporto aparecen acompañadas del síndrome de Sturge-Weber, un raro trastorno hereditario que conduce al retraso mental y a deformidades en el crecimiento.

Las manchas de vino de Oporto pequeñas pueden ser camufladas con una crema cosmética. Si una mancha molesta, su aspecto puede mejorarse notablemente con terapia con láser ● (*v. recuadro pág. 1473*).

☐ LINFANGIOMAS

Los linfangiomas (malformaciones linfáticas) son protuberancias que aparecen en la piel causadas por una acumulación de vasos linfáticos dilatados, los conductos que transportan la linfa (un líquido claro relacionado con la sangre) por todo el cuerpo.

Los linfangiomas son poco frecuentes, pero por lo general aparecen entre el nacimiento y la edad de 2 años. Pueden ser protuberancias diminutas o grandes crecimientos deformantes. Los linfangiomas no pican ni duelen y no son una forma de cáncer. La mayoría de los linfangiomas tienen una coloración amarillenta, aunque algunos son rojizos. Cuando se lesionan o punzan, liberan un líquido incoloro. Aun cuando no suelen necesitar tratamiento, pueden ser extirpados quirúrgicamente. Sin embargo, estas intervenciones quirúrgicas requieren la extirpación de gran cantidad de tejido dérmico y subcutáneo porque los linfangiomas crecen profundamente debajo de la superficie cutánea.

☐ GRANULOMAS PIÓGENOS

Los granulomas son zonas ligeramente abultadas de color escarlata, pardo o azul negruzco causadas por un crecimiento desmesurado de los capilares (los vasos sanguíneos más pequeños) y la inflamación del tejido circundante.

La lesión se desarrolla rápidamente, a menudo tras una herida en la piel. Por razones desconocidas, en el embarazo los granulomas piógenos pueden agrandarse y aparecer incluso en las encías (tumores del embarazo). Aparecen crecimientos de 0,5 a 1,5 centímetros que sobresalen de la superficie de la piel. No duelen, pero sangran fácilmente cuando se golpean o se raspan porque están formados de capilares casi en su totalidad.

Este tipo de lesiones a veces desaparecen por sí solas, pero si persisten, el médico por lo general las extirpa quirúrgicamente, con láser o con una aguja eléctrica (electrocoagulación). Una muestra de tejido puede ser enviada a un laboratorio para asegurarse de que el crecimiento no es un tipo de melanoma u otro cáncer de piel. Algunas veces los granulomas piógenos reaparecen después del tratamiento.

☐ Arañas vasculares

Las arañas vasculares son puntos pequeños, de color rojo intenso formados de un vaso central dilatado rodeado de capilares delgados dilatados que se asemejan a las patas de una araña.

Muchas personas tienen algunas arañas vasculares, que se conocen como vasos sanguíneos *rotos*. Las arañas vasculares en la cara se notan por lo general en las personas de tez clara y se cree que provienen de la exposición solar. En la mayoría de las personas no se conoce la causa, pero las personas con cirrosis a menudo desarrollan muchas arañas vasculares, al igual que algunas mujeres embarazadas o que utilizan anticonceptivos orales. Las arañas vasculares no son congénitas.

Aparecen como diminutos puntos rojos, poco visibles, de 0,6 centímetros. Son inocuas y no suelen causar síntoma alguno; son sólo de importancia estética. Las arañas vasculares que aparecen en el embarazo o por el uso de anticonceptivos orales, por lo general, desaparecen por sí solas 6 o 9 meses después del parto o después de suspender los anticonceptivos orales. Si se desea realizar un tratamiento por motivos estéticos, el médico puede destruir el vaso sanguíneo central con la terapia láser o con una aguja eléctrica.

■ Queratosis seborreicas

Las queratosis seborreicas (a veces llamadas verrugas seborreicas) son formaciones de color carne, pardo o negro, que pueden aparecer en cualquier parte de la piel.

Estos inofensivos crecimientos son muy frecuentes en personas de edad madura y avanzada. Algunas personas tienen cientos de ellas o más. Aunque estas formaciones también pueden aparecer en cualquier parte, se localizan mayormente en el tronco y las sienes.

Las queratosis seborreicas son redondas u ovaladas y cambian de tamaño, desde menos de 0,6 centímetros hasta varios centímetros. Parecen estar pegadas a la piel y a menudo presentan una superficie cerosa o escamosa. Estas formaciones evolucionan lentamente, son benignas y no se vuelven cancerosas. Las que son de coloración pardo oscura pueden ser confundidas con lunares atípicos o melanomas.

No requieren tratamiento a menos que se irriten, produzcan picor o constituyan un problema estético indeseable. Se pueden extirpar mediante congelación con nitrógeno líquido, aunque con láser también es eficaz ● *(v. recuadro pág. 1473)*. De forma alternativa, el médico puede cortarlas con ayuda de unas tijeras, un bisturí u otro instrumento afilado.

■ Queratoacantomas

Los queratoacantomas son formaciones redondas, duras, a menudo de color carne, que presentan un cráter central característico con un material escamoso y costroso en su interior.

Por lo general, los queratoacantomas aparecen en la cara, antebrazo y dorso de la mano y crecen rápidamente. En 1 o 2 meses, pueden convertirse en bultos de hasta 2,5 centímetros de ancho, después de lo cual comienzan a encogerse. Desaparecen por lo general a los seis meses y a menudo dejan una cicatriz. Pueden provenir de un virus, pero no sabe con certeza.

De cerca los queratoacantomas se parecen mucho al carcinoma de células escamosas, un tipo de cáncer de la piel ● *(v. pág. 1476)*, y algunos médicos opinan que pueden proceder de una forma poco corriente de carcinoma de células escamosas. Por lo tanto, se suele realizar una biopsia, en la que extirpan una porción de piel para su examen al microscopio. Los queratoacantomas pueden ser resecados completamente o raspados (curetaje). De forma alternativa, pueden ser tratados con inyecciones de corticosteroides o de fluorouracilo.

■ Queloides

Los queloides son formaciones proliferativas elevadas de tejido fibroso, lisas, brillantes, de color carne, que aparecen en una zona lesionada o sobre las cicatrices quirúrgicas.

Los queloides son crecimientos excesivos de tejido cicatricial sobre heridas curadas. Pueden formarse dentro de los meses posteriores a una lesión e incluso elevarse hasta 0,6 centímetros por encima de la superficie cutánea. Pueden formarse en cualquier cicatriz, incluso aquellas que resultan de un acné grave. Por lo general, aparecen en el pecho, los hombros, la espalda y, en ocasiones, la cara y los lóbulos de las orejas. Los queloides no duelen, pero pueden picar o ser sensibles al tacto.

Los queloides responden mal a la terapia, pero si se aplican inyecciones de corticosteroides todos los meses es posible que se aplanen. El médico puede intentar la extirpación quirúrgica o con láser, seguida de inyecciones de corticosteroides, pero a menudo se forman nuevos queloides en la cicatriz como resultado del tratamiento. Se pueden aplicar placas de silicona sobre los queloides y obtener cierto éxito con este tratamiento.

■ Quistes epidérmicos

Un quiste epidérmico es una protuberancia frecuente de lento crecimiento que consiste en un saco fino de material parecido a la piel y que contiene una sustancia espesa compuesta de secreciones de la piel.

Los quistes epidérmicos, a menudo conocidos erróneamente como quistes sebáceos, son de color carne y su tamaño varía de 1,5 a 5 centímetros. Pueden aparecer en cualquier parte, pero son más frecuentes en el cuero cabelludo, la espalda y la cara. Por lo general, son duros y fáciles de mover dentro de la piel. Los quistes epidérmicos no son dolorosos a no ser que se infecten o se hinchen.

Los que son grandes se extirpan quirúrgicamente después de inyectar un anestésico para dormir la zona afectada. La pared del fino saco debe extirparse completamente o el quiste crecerá nuevamente. Los quistes pequeños pueden ser inyectados con corticosteroides si se inflaman. Los quistes infectados se tratan con un antibiótico y se abren completamente para que drenen, y los pequeños que son molestos pueden quemarse con una aguja eléctrica.

Dado que la luz solar puede estimular el crecimiento de los quistes epidérmicos, se aconseja a las personas de tez clara alejarse del sol y utilizar ropa protectora y filtros solares ● *(v. pág. 1465).*

CAPÍTULO 216

Cánceres de piel

Los cánceres de piel son la forma más frecuente de cáncer. Los tres principales tipos del cáncer de piel, el carcinoma basocelular, el carcinoma de células escamosas y el melanoma se originan, al menos en parte, tras una exposición solar prolongada. Los linfomas también pueden desarrollarse en la piel ● *(v. pág. 1219).*

Las personas de piel clara tienen más probabilidad de desarrollar estos tumores porque producen una menor cantidad de melanina, el pigmento protector de la epidermis que filtra la luz ultravioleta (UV). Sin embargo, el cáncer de piel también puede desarrollarse en las personas de piel oscura y en aquellas cuya piel no ha estado expuesta al sol de forma significativa. La mayoría de los cánceres de piel se curan, especialmente cuando se tratan en su fase inicial. Por lo tanto, cualquier crecimiento anormal de la piel que persista durante unas semanas debe ser examinado por un médico.

La mayoría de los cánceres cutáneos se tratan mediante extirpación quirúrgica y, por lo general, el defecto que se deja en la piel es muy pequeño. Los cánceres más grandes e invasivos pueden requerir la extirpación de una cantidad de piel considerable, que puede necesitar sustituirse por un injerto de piel ● *(v. pág. 1295)*.

■ Carcinoma basocelular

El carcinoma basocelular es un cáncer que se origina en las células de la epidermis.

Las células basales se localizan en la capa más profunda de la epidermis. Aunque el carcinoma basocelular puede no originarse en las células basales, la enfermedad lleva su nombre porque las células cancerosas se asemejan a las basales. El carcinoma basocelular es el cáncer humano más frecuente. Sólo en los Estados Unidos, más de un millón de personas desarrollan este tipo de cáncer cada año.

El carcinoma basocelular aparece por lo general sobre la superficie de la piel que está expuesta a la luz solar, como la cabeza o el cuello. Los tumores comienzan como formaciones muy pequeñas, brillantes, duras y abultadas (pápulas) que crecen muy lentamente, a veces tanto que las nuevas pueden pasar inadvertidas. Sin embargo, la tasa de crecimiento varía mucho de un tumor a otro, con algunos casos de hasta 1,5 centímetros en un año.

Los carcinomas basocelulares pueden variar considerablemente en su aspecto. Algunos son protuberancias elevadas que pueden abrirse y formar costras en el centro. Otros son manchas planas pálidas o placas rojas que se parecen un poco a las cicatrices. El borde del cáncer a veces se inflama y adquiere una tonalidad blanca perlada. A veces, el cáncer puede sangrar, formar costras y curarse, lo que lleva al paciente a pensar equivocadamente que se trata de una úlcera en vez de un cáncer.

Los carcinomas basocelulares muy raras veces se extienden (metastatizar) hacia otras partes del cuerpo. En cambio, invaden y destruyen lentamente los tejidos circundantes. Cuando los carcinomas basocelulares crecen cerca del ojo, la boca, un hueso o el cerebro, las consecuencias de la invasión pueden ser graves. Pero en la mayoría de las personas, los tumores se limitan a crecer lentamente dentro de la piel.

➤ Diagnóstico, tratamiento y prevención

El médico a menudo puede reconocer un carcinoma basocelular simplemente al mirarlo, pero una biopsia es el procedimiento básico para confirmar el diagnósticol ● *(v. pág. 1414)*.

Se extirpa el cáncer en la consulta mediante el raspado y la quemadura con una aguja eléctrica (curetaje y electrodesecación) o bien mediante resección. Una técnica denominada cirugía microscópicamente controlada de Mohs puede ser necesaria en algunos carcinomas basocelulares que reaparecen o se producen en ciertas zonas, como las circundantes a la nariz y los ojos. Rara vez se usa la radioterapia.

El tratamiento es casi siempre eficaz y el carcinoma basocelular rara vez resulta mortal. Sin embargo, en casi el 25 % de las personas que han sido tratadas con éxito, otro carcinoma basocelular aparece en cinco años. Por lo tanto, cualquier persona con un tumor de este tipo debe someterse a exámenes de piel una vez al año.

Dado que el carcinoma basocelular es causado fundamentalmente por la exposición al sol, se puede tratar de prevenir evitando la exposición a ésta y usando ropa protectora y filtros solares. Además, cualquier cambio en la piel que persista durante más de unas semanas debe ser evaluado por un médico.

■ Carcinoma de células escamosas

El carcinoma de células escamosas es un cáncer que se origina en las células escamosas (queratinocitos).

Las células escamosas (queratinocitos) son las principales células estructurales de la epidermis. El carcinoma de células escamosas suele desarrollarse en las zonas expuestas al sol pero puede crecer en cualquier parte de la piel o en la boca, donde la exposición solar es mínima. También puede desarrollarse en la piel normal, pero tiene más probabilidades de hacerlo en los crecimientos precancerosos de la piel causados por una exposición previa al sol (queratosis actínica ● *v. recuadro pág. 1467*).

El carcinoma de células escamosas se caracteriza por su aspecto grueso, escamoso e irregular. Las personas de tez clara son mucho más susceptibles al carcinoma de células escamosas que las de piel oscura. Esta clase de cáncer tiene también más probabilidades de desarrollarse dentro de las lesiones crónicas, como las úlceras permanentes de la piel o en la piel cicatrizada, especialmente debido a quemaduras.

El carcinoma de células escamosas comienza como una zona roja de superficie costrosa, escamosa, que no se cura. A medida que crece, el tumor puede volverse nodular y duro y a veces presenta una superficie verrugosa ● *(v. recuadro pág. 811)*. Al final, el cáncer se convierte en una úlcera abierta y crece en el tejido subyacente.

Generalmente, la mayoría de los carcinomas de células escamosas afectan a la zona circundante, al penetrar en los tejidos cercanos, pero otros se extienden (metastatizan) a partes distantes del cuerpo y pueden ser mortales. Los que se producen cerca de los oídos y del labio inferior son más propensos a extenderse. El carcinoma de células escamosas en la boca a menudo se extiende.

La **enfermedad de Bowen** es una forma precoz de carcinoma de células escamosas confinado a la epidermis y que no ha invadido aún las capas más profundas de la piel. La piel afectada es de color rojo-pardusco, escamosa o costrosa, y plana, y a veces se asemeja a una placa de psoriasis, una dermatitis o una infección micótica (tiña).

➤ Diagnóstico, tratamiento y prevención

Cuando el médico sospecha la existencia de un carcinoma de células escamosas, realiza una biopsia para diferenciar este cáncer de piel de algunas enfermedades de aspecto similar

El carcinoma de células escamosas y la enfermedad de Bowen se tratan mediante el raspado y la quemadura del tumor con una aguja eléctrica (curetaje y electrodesecación) o resección total del tumor. Puede utilizarse una técnica denominada cirugía microscópicamente controlada de Mohs. Algunas veces se utiliza la radioterapia. Estos tratamientos son casi siempre eficaces y la mayoría de las personas sobreviven.

El carcinoma de células escamosas que se ha extendido hacia otras partes del cuerpo puede ser mortal. Se trata con radioterapia o quimioterapia, pero el tratamiento puede no ser eficaz.

Dado que el carcinoma de células escamosas es a menudo causado por la exposición al sol, se puede tratar de prevenir este cáncer evitando la exposición al sol y usando ropa protectora y filtros solares.

■ Melanoma

El melanoma es un cáncer que se origina en las células productoras del pigmento (melanocitos).

Cirugía microscópicamente controlada de Mohs

Debido a que las células cancerosas de la piel suelen extenderse más allá de los bordes de la placa visible sobre la piel, a veces, el médico utiliza una técnica quirúrgica especial para asegurarse de que se ha eliminado el cáncer en su totalidad. En esta técnica, la llamada cirugía microscópicamente controlada de Mohs o cirugía micrográfica de Mohs, se extirpa primero el tumor visible y luego se comienzan a cortar poco a poco los bordes de la herida. Mientras se realiza la intervención quirúrgica, el médico examina inmediatamente los fragmentos de tejido con el fin de detectar posibles células cancerosas. La extracción tisular de la zona continúa hasta que las muestras no contienen más células cancerosas. La cirugía de Mohs es útil en los cánceres basocelulares y de células escamosas. El procedimiento limita la cantidad de tejido extirpado, lo que es especialmente importante para un cáncer localizado cerca de lugares vitales, como el ojo. La cirugía de Mohs también reduce los índices de recurrencia de los cánceres de piel. Rara vez se utiliza en casos de melanoma.

Después de extirpar todo el cáncer, el cirujano determina la mejor forma de reemplazar la piel retirada. Puede decidir utilizar un injerto de piel en H ● *(v. pág. 1295)* para unir los bordes de piel remanente con suturas, o permitir que la piel se cure por sí sola con la colocación de vendajes sobre la herida.

Los melanocitos son las células pigmentadas de la piel que le dan su color distintivo. La luz solar estimula a los melanocitos para producir más melanina (el pigmento que oscurece la piel) y aumenta el riesgo de melanoma.

El melanoma puede comenzar como una formación cutánea nueva, pequeña y pigmentada que aparece sobre la piel normal, más a menudo en las zonas expuestas al sol, pero también puede desarrollarse en los lunares pigmentados preexistentes ● *(v. pág. 1470)*. El melanoma a veces es hereditario. Se extiende rápidamente (metastatiza) hacia partes alejadas del cuerpo, donde continúa su crecimiento y destrucción del tejido.

Los melanomas pueden variar su aspecto. Algunos son parches planos, de color pardo e irregulares que contienen pequeños puntos negros. Otros son parches elevados de color pardo con puntos rojos, blancos, negros o azules.

Melanoma

El melanoma se presenta generalmente como una lesión hiperpigmentada de la piel.

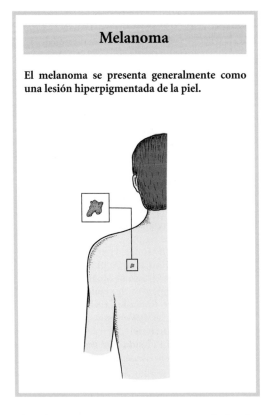

El melanoma a veces aparece como un bulto firme de color negro o gris.

➤ Diagnóstico, tratamiento y prevención

Un lunar nuevo o cambios en la apariencia de uno existente, como un agrandamiento (especialmente con un borde irregular), un oscurecimiento, una inflamación, cambios de color moteados, una hemorragia, una piel con heridas, una erupción y la presencia de dolor son posibles indicadores de un melanoma. Si estos u otros hallazgos llevan al médico a sospechar la existencia de un melanoma, procederá a realizar una biopsia. Los crecimientos son por lo general extirpados en su totalidad. Luego el tejido se examina al microscopio para determinar si el crecimiento corresponde a un melanoma y, de ser así, si todo el cáncer ha sido extirpado.

La mayoría de los crecimientos pigmentados de color oscuro que se envían para biopsia no son melanomas sino, más bien, simples lunares. Sin embargo, es preferible extirpar un lunar inocuo que permitir que un cáncer crezca. Ciertos crecimientos no son ni simples lunares ni tampo-

co melanomas, sino algo intermedio. Estos tumores, denominados **nevos displásicos**, o lunares atípicos, a veces se convierten en melanomas.

Cuanto menos haya crecido el melanoma dentro de la piel, mayor es la probabilidad de curarse con cirugía. Casi el 100 % de los melanomas iniciales más superficiales se curan con cirugía. Así, los médicos tratan los melanomas extirpándolos y quitando al menos 1,5 centímetros de borde de piel alrededor del tumor. Sin embargo, los melanomas que han profundizado en más de 0,7 milímetros se han extendido (metastatizado) con mucha probabilidad por los vasos linfáticos y sanguíneos. Los melanomas que se han extendido son a menudo mortales.

La quimioterapia se utiliza para tratar los melanomas que se han extendido, pero sólo algunos se curan. Algunas personas tratadas viven menos de nueve meses. No obstante, el curso de la enfermedad varía en gran medida y depende en parte de las defensas del sistema inmunológico del organismo. Algunas personas sobreviven durante muchos años en un buen estado de salud aparente a pesar de la propagación del melanoma. Nuevos tratamientos experimentales con interleucina 2 y vacunas que estimulan el cuerpo para que ataque las células del melanoma han producido resultados prometedores.

Dado que el melanoma es a menudo causado por largas exposiciones al sol, se puede tratar de prevenir este cáncer al quedarse alejado del sol y al usar ropa protectora y filtros solares desde la infancia. Sin embargo, toda persona que haya tenido un melanoma tiene el riesgo de desarrollar otros. En consecuencia, estas personas deben someterse a exámenes anuales de piel. Las personas

---

Signos de alarma de un melanoma

- Puntos pigmentados grandes o lunares (especialmente negros o azul oscuro).

- Cambios de color de un lunar existente, en especial la extensión de la pigmentación roja, blanca, marrón o azulada en la piel circundante.

- Cambios en las características de la piel que cubre el punto pigmentado; por ejemplo, cambios de tamaño o forma.

- Hemorragia o ruptura (ulceración) de un lunar existente.

con muchos lunares deben someterse a exámenes de toda la piel al menos una vez al año.

■ Sarcoma de Kaposi

El sarcoma de Kaposi es un cáncer que produce numerosas placas planas, de color rosa, pardo o púrpura o protuberancias sobre la piel. Es causado por el herpesvirus tipo 8.

El sarcoma de Kaposi se produce en varios grupos distintos de personas y actúa de manera diferente en cada grupo. Aparece en los varones mayores, por lo general de origen mediterráneo o judío, en los niños y los varones jóvenes originarios de ciertas partes de África, en las personas tratadas con inmunosupresores después del trasplante de un órgano y entre las personas con sida.

➤ Síntomas

En las personas mayores, el sarcoma de Kaposi suele aparecer como una mancha de color violáceo o pardo oscuro en las piernas o en los dedos de los pies. El cáncer puede crecer varios centímetros o más, en forma de una zona profundamente coloreada, plana o ligeramente abultada que tiende a sangrar y a abrirse. Varios puntos adicionales pueden aparecer en la pierna, pero el cáncer rara vez se difunde hacia otras partes del cuerpo y casi nunca es mortal.

En los otros grupos, el sarcoma de Kaposi es más agresivo. Aparecen manchas similares, pero son a menudo numerosas y pueden producirse en cualquier parte del cuerpo. En varios meses, los puntos se extienden hacia otras partes del cuerpo, y a menudo incluyen la boca, donde causan dolor al comer. También pueden desarrollarse en los ganglios linfáticos y los órganos internos, especialmente las vías digestivas, donde pueden causar diarrea y hemorragias internas que conducen a la aparición de sangre en las heces.

➤ Diagnóstico y tratamiento

Por lo general, se reconoce el sarcoma de Kaposi por su aspecto. Habitualmente se realiza una biopsia para confirmar el diagnóstico.

Los hombres mayores con sarcoma de Kaposi de crecimiento lento en 1 o 2 puntos pueden someterse a su extirpación por medios quirúrgicos o mediante congelación. Las personas con varios puntos por lo general reciben radioterapia. Algunas personas con muy pocos puntos y ningún otro síntoma pueden optar por no recibir tratamiento alguno, a menos que la afección se extienda.

Las personas que tienen la forma más agresiva de la enfermedad, pero cuyo sistema inmunológico es normal, a menudo responden a los fármacos con interferón-alfa o a la quimioterapia.

En personas que toman inmunosupresores, los tumores a veces desaparecen cuando se suspende la toma de dichos medicamentos. Sin embargo, si estos fármacos deben continuarse debido al trastorno subyacente de la persona, se acostumbra a administrar quimioterapia y radioterapia. Sin embargo, estos métodos de tratamiento son menos eficaces que en las personas con un sistema inmunológico sano.

En los enfermos de sida, el tratamiento con quimioterapia y radioterapia no ha tenido mucho éxito. Los mejores resultados se han alcanzado en personas cuyo sistema inmunológico mejora como resultado del tratamiento intensivo con fármacos para el sida. En general, tratar el sarcoma de Kaposi no parece prolongar la vida de las personas afectadas de sida.

■ Enfermedad de Paget

La enfermedad de Paget es un raro tipo de cáncer cutáneo que se origina en las glándulas situadas dentro o debajo de la piel.

El término enfermedad de Paget también hace referencia a una enfermedad ósea metabólica que no tiene relación alguna con ésta ● *(v. pág. 417);* son enfermedades distintas que no deben confundirse.

La enfermedad de Paget se produce principalmente en el pezón y es el resultado de un cáncer de los conductos mamarios que se ha extendido a la piel del pezón. Puede afectar tanto a los varones como a las mujeres. El cáncer subyacente puede no ser palpable por el paciente o el médico. Algunas veces, la enfermedad de Paget aparece en el área genital o alrededor del ano, como resultado de un cáncer originado en las glándulas sudoríparas subyacentes o incluso en estructuras cercanas como los genitales, los intestinos o las vías urinarias.

La piel en la enfermedad de Paget tiene una tonalidad de color rojo, exuda y es costrosa. Se asemeja a un parche de piel inflamado y enrojecido (dermatitis). El picor y el dolor son frecuentes. Dado que la enfermedad de Paget se parece mucho a la dermatitis común, es necesaria la realización de una biopsia para el establecimiento del diagnóstico.

La enfermedad de Paget del pezón se maneja de igual forma que los otros tipos de cáncer de mama ● *(v. pág. 1664)*. La enfermedad de Paget fuera de la zona de la mama se trata mediante la extirpación quirúrgica de la totalidad del tumor.

CAPÍTULO 217

Biología de oídos, nariz y garganta

Los oídos, la nariz y la garganta tienen dos cosas en común: hay proximidad en la localización de unos y otros, y sus funciones están separadas pero relacionadas. Los oídos y la nariz son órganos sensoriales, necesarios para los sentidos de la audición, el equilibrio y el olfato. La garganta funciona principalmente como una vía de acceso por la cual pasan los alimentos y los líquidos al esófago, mientras que el aire pasa a los pulmones. El médico de cabecera suele diagnosticar y tratar los trastornos que afectan a estos órganos, pero los especialistas en dichos órganos son los médicos conocidos como otorrinolaringólogos.

■ Oídos

El oído, que constituye el órgano de la audición y del equilibrio, está formado por el oído externo, el medio y el interno. El oído externo, medio e interno funcionan conjuntamente para convertir las ondas sonoras en impulsos nerviosos que viajan hasta el cerebro, en donde son percibidos como sonidos. El oído interno también ayuda a mantener el equilibrio.

➤ Oído externo

El oído externo está formado por la parte externa del oído (pabellón auricular u oreja) y por el conducto auditivo (meato auditivo externo). La oreja, o pabellón auricular, consiste en cartílago cubierto de piel y está conformada para capturar ondas sonoras y llevarlas por el conducto auditivo hasta el tímpano (membrana timpánica), una delgada membrana que separa el oído externo del oído medio.

➤ Oído medio

El oído medio está formado por el tímpano y una pequeña cámara llena de aire que contiene una cadena de tres diminutos huesillos (osículos) que conectan el tímpano con el oído interno. Los nombres de los huesillos responden a su forma. El martillo (*malleus*), que está adherido al tímpano; el yunque (*incus*) es el hueso central entre el martillo y el estribo; este último está unido a la ventana oval, una fina membrana localizada en la entrada del oído interno. Las vibraciones del tímpano son amplificadas mecánicamente por los huesillos y transmitidas a la ventana oval.

El oído medio también contiene dos músculos diminutos. El músculo tensor del tímpano está atado al martillo; ayuda a la armonía (tono) y a la protección del oído. El músculo estapedial está unido al estribo y a la ventana oval; se contrae en respuesta a un ruido intenso, dando más rigidez a los huesillos para disminuir la transmisión de ruido. Esta respuesta, llamada reflejo acústico, ayuda a proteger al delicado oído interno del daño que le puede causar el sonido.

La trompa de Eustaquio, un pequeño tubo que conecta el oído medio con la parte posterior de la nariz, permite que el aire del exterior entre en el oído medio. Este tubo, que se abre cuando la persona traga, ayuda a mantener una misma presión de aire en ambos lados del tímpano y evita que se acumule líquido en el oído medio. Si la presión del aire es desigual, el tímpano puede sobresalir o retraerse, lo cual puede resultar molesto y distorsionar la audición. El hecho de tragar o soplar apretando las ventanas nasales puede aliviar la presión sobre el tímpano causada por cambios repentinos en la presión atmosférica, como suele ocurrir cuando se viaja en avión. La conexión de la trompa de Eustaquio con el oído medio explica por qué las infecciones de las vías respiratorias superiores (como un resfriado común), que inflaman y bloquean la trompa de Eustaquio, pueden producir infecciones en el oído medio o cambios en la presión del oído medio, lo cual produce dolor.

➤ Oído interno

El oído interno (laberinto) es una estructura compleja que consta de dos partes principales: la cóclea, que es el órgano de la audición, y el sistema vestibular, que es el órgano del equilibrio. El sistema vestibular (vestíbulo del oído) consiste en el sáculo y el utrículo (que determinan el sentido de posición) y los conductos semicirculares, que ayudan a mantener el equilibrio.

La cóclea, un tubo hueco en espiral con forma de caracol, está lleno de líquido. Dentro de la cóclea está el órgano de Corti, que consiste, en parte, en unas 20 000 células especializadas, denominadas células ciliadas. Estas células tienen diminutos filamentos (cilios) parecidos a las pestañas, que se extienden dentro del líquido. Las vibraciones sonoras transmitidas desde los huesillos del oído medio a la ventana oval del oído interno producen la vibración del líquido y de los filamentos (cilios). Las células ciliadas en distintas partes de la cóclea producen vibración en respuesta a distintas frecuencias de sonido y convierten las vibraciones en impulsos nerviosos. Los impulsos nerviosos son transmitidos por las fibras del nervio coclear hasta el cerebro.

A pesar del efecto protector del reflejo acústico, la sonoridad intensa (ruido) puede destruir y lesionar las células ciliadas. Cuando una de estas células se destruye, aparentemente no vuelve a crecer. La exposición continuada a ruidos intensos causa un daño progresivo, que acaba finalmente en sordera y, a veces, en ruido o zumbido en los oídos (acúfeno).

Los conductos semicirculares son tres tubos llenos de líquido colocados en ángulo recto entre sí. El movimiento de la cabeza hace que se mueva el líquido en los conductos. Según la dirección en que se mueva la cabeza, el movimiento del líquido será mayor en uno de los conductos que en los demás. Los conductos contienen células ciliadas que responden a este movimiento del líquido. Las células ciliadas inician los impulsos nerviosos que advierten al cerebro en qué dirección se está moviendo la cabeza, para que pueda adoptarse la acción apropiada para mantener el equilibrio.

Si los conductos semicirculares no funcionan bien, como puede ocurrir en una infección del aparato respiratorio superior y otras enfermedades, ya sean temporales o permanentes, la persona puede perder el sentido del equilibrio o puede desarrollar una sensación de movimiento rotatorio del cuerpo (vértigo).

■ Nariz y senos paranasales

La nariz es el órgano del olfato y es la principal vía de acceso para la entrada y salida de aire de los pulmones. La nariz calienta, humedece y limpia el aire antes de que entre en los pulmones. Los huesos de la cara alrededor de la nariz contienen espacios huecos (cavidades) denominadas senos paranasales. Existen cuatro grupos de senos paranasales: maxilar, etmoidal, frontal y esfenoidal. Los senos paranasales reducen el peso de los huesos faciales, al tiempo que mantienen la

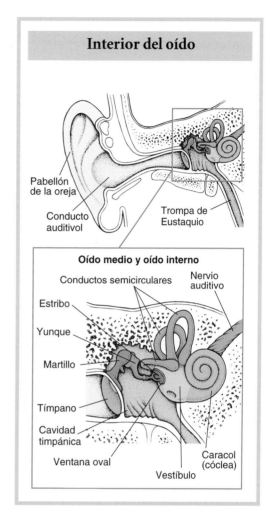

Interior del oído

Pabellón de la oreja

Conducto auditivo

Trompa de Eustaquio

Oído medio y oído interno

Conductos semicirculares

Nervio auditivo

Estribo

Yunque

Martillo

Tímpano

Cavidad timpánica

Ventana oval

Vestíbulo

Caracol (cóclea)

fortaleza y la forma de los huesos. Los espacios llenos de aire de la nariz y de los senos paranasales también agregan resonancia a la voz.

La estructura que soporta la parte superior y externa de la nariz está formada por hueso, pero la parte inferior lo está por cartílago. Dentro de la nariz se encuentra la fosa (cavidad) nasal, que está dividida en dos conductos por el tabique nasal. El tabique nasal está compuesto tanto de hueso como de cartílago, y se extiende de las ventanas nasales hasta la parte posterior de la garganta. Los huesos llamados cornetes nasales se proyectan en el interior de la fosa nasal (cavidad), donde forman una serie de pliegues. Estos pliegues aumentan considerablemente la extensión de la superficie de la fosa nasal.

La fosa nasal está revestida por una membrana mucosa rica en vasos sanguíneos. La zona incrementada de la superficie y los abundantes vasos

Interior de la nariz y la garganta

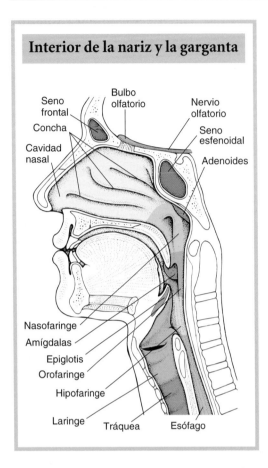

sanguíneos permiten que la nariz caliente y humedezca rápidamente el aire que entra por ella. Las células de la membrana mucosa producen mucosidad y tienen diminutos filamentos (cilias) similares a las pestañas. Por lo general, las partículas de polvo que penetran con el aire son atrapadas por la mucosidad y luego transportadas por las cilias hasta la parte anterior de la nariz o hasta la garganta, y son así eliminadas de las vías respiratorias. Esta acción ayuda a limpiar el aire antes de que llegue a los pulmones. El estornudo limpia automáticamente los conductos nasales en respuesta a la irritación, así como la tos limpia los pulmones.

Al igual que la fosa nasal, los senos paranasales están revestidos por una membrana mucosa compuesta por células que producen mucosidad y tienen cilias. La mucosidad atrapa las partículas de polvo entrantes, que luego son transportadas por las cilias hacia la fosa nasal a través de pequeñas entradas (ostium), que comunican la nariz con los senos paranasales. Debido al tamaño tan reducido de estas entradas, el drenaje puede re-sultar fácilmente obstruido por afecciones tales como resfriados o alergias, que producen inflamación de las membranas mucosas. La obstrucción del drenaje normal de los senos paranasales da lugar a la inflamación e infección de éstos (sinusitis).

Una de las funciones más importantes de la nariz es el papel que desempeña en el sentido del olfato. En la parte superior de la fosa nasal se encuentran pequeñas células receptoras. Se trata de células nerviosas especiales que tienen filamentos (cilias). Las cilias de cada célula son sensibles a distintas sustancias químicas y, cuando son estimuladas, crean un impulso nervioso que es enviado a las células nerviosas del bulbo olfatorio, que se encuentra en el interior del cráneo y encima de la nariz. Los nervios olfatorios transportan el impulso nervioso desde el bulbo olfatorio directamente al cerebro, en donde es percibido como un olor.

El sentido del olfato, que hasta ahora no se logra comprender del todo, es mucho más sofisticado que el sentido del gusto. Los distintos olores son mucho más numerosos que los sabores. El sentido subjetivo del gusto al comer (sabor) se genera a partir del gusto y del olfato ● *(v. fig. pág. 714),* así como de la textura y la temperatura. Es por ello que la comida puede parecer algo insípida cuando una persona tiene un sentido del olfato disminuido, como puede ocurrir cuando la persona está resfriada. Dado que los receptores del olfato se localizan en la parte superior de la nariz, la respiración normal no les hace llegar demasiado aire. Sin embargo, aspirar por la nariz aumenta el flujo de aire hacia las células receptoras del olfato, incrementando notablemente su exposición a los olores.

■ Garganta

La garganta (faringe) se localiza detrás de la boca, debajo de la fosa nasal y encima del esófago y de la tráquea. Está formada por una parte superior (nasofaringe), una media (orofaringe) y una inferior (hipofaringe). La garganta es un pasaje muscular por el cual los alimentos pasan al esófago y el aire a los pulmones. Al igual que la nariz y la boca, la garganta está revestida por una membrana mucosa compuesta por células que producen mucosidad y tienen unos filamentos (cilias) semejantes a las pestañas. Las partículas de polvo atrapadas en la mucosidad son transportadas por estas cilias hacia el esófago, y luego son tragadas.

Las amígdalas se encuentran a ambos lados de la parte posterior de la boca, y las adenoides están en la parte posterior de la fosa nasal. Las amígdalas y las adenoides están formadas por tejido linfático y ayudan a combatir las infecciones. Son de mayor tamaño durante la infancia y van encogiendo gradualmente con el paso de los años. La úvula es un pequeño colgajo de tejido visible en la parte posterior de la garganta entre las amígdalas. Ayuda a evitar que los alimentos y líquidos entren en la fosa nasal en la deglución.

En la parte superior de la tráquea se encuentra el órgano de la voz (laringe), que contiene las cuerdas vocales y es el principal responsable de producir los sonidos de la voz. En estado de reposo, las cuerdas vocales forman una abertura similar a una V por la cual puede pasar libremente el aire. Cuando se contraen, vibran a medida que el aire desde los pulmones pasa por ellas, generando sonidos que pueden ser modificados por la lengua, nariz y boca para producir el lenguaje.

La epiglotis, un colgajo rígido de cartílago, está localizada por encima y por delante de la laringe. Al tragar, la epiglotis cierra la entrada hacia la laringe para evitar que los alimentos y los líquidos entren en la tráquea. De este modo, la epiglotis protege los pulmones.

■ Efectos del envejecimiento

El envejecimiento afecta notablemente la función de oídos, nariz y garganta. Los efectos del envejecimiento están causados por muchos factores como el uso y el desgaste, el ruido y el efecto acumulativo de infecciones, al igual que el efecto de sustancias como el alcohol y el tabaco.

Es habitual la pérdida progresiva de la audición, especialmente hacia los sonidos más agudos (presbiacusia). Este cambio puede alterar la capacidad de la persona para comprender el lenguaje. El desequilibrio vestibular y el zumbido o tintineo en los oídos (acúfeno) también son más habituales en la gente mayor, aunque no sean normales.

El sentido del olfato puede deteriorarse con la edad, haciendo que sea menor la distinción de los sabores. Con la edad también se producen alteraciones de la voz. Los tejidos de la laringe pueden endurecerse, afectando al tono y a la calidad de la voz y causando ronquera. Los cambios en los tejidos de la faringe pueden conducir a la fuga de alimentos o líquidos hacia el interior de la tráquea durante la deglución (aspiración). Si es persistente o grave, tal aspiración puede causar neumonía.

| CAPÍTULO 218 |

Pérdida de audición y sordera

La pérdida de audición *es un deterioro de la capacidad de audición. La* sordera *es una pérdida profunda de la audición.*

La gente mayor es la más afectada: entre un 30 y un 40% de las personas de más de 65 años tienen una pérdida significativa de la audición. En los niños también se desarrolla una pérdida de la audición ● *(v. pág. 1895),* que puede provocar una alteración del lenguaje y del desarrollo social. Por ejemplo, cada año alrededor de 1 de cada 5 000 personas desarrollan una sordera brusca o de rápida instalación. La sordera brusca es una grave pérdida de la audición, habitualmente en un solo oído, que se desarrolla en un período de pocas horas o incluso menos.

➤ Causas

Son muchas las causas de una pérdida de audición. Puede estar causada por un problema mecánico en el conducto auditivo externo o en el oído medio, lo cual obstruye la conducción del sonido (pérdida de audición de conducción). La obstrucción del conducto auditivo externo puede estar ocasionada por algo tan mundano como una acumulación de cera o algo tan raro como un tumor. Una acumulación de líquido es la causa más frecuente de la pérdida de audición de conducción en el oído medio, especialmente en los niños. El líquido puede acumularse en el oído medio como resultado de una infección de oído o debido a afecciones, como alergias o tumores,

Causas de la pérdida de audición

Pérdida de audición de conducción

- Colesteatoma (tumor no canceroso causado por una infección de oído)
- Derrame crónico en el oído medio (otitis media con efusión)
- Infección del oído medio (otitis media)
- Obstrucción del conducto auditivo externo (con cerumen, un tumor o pus de una infección)
- Otosclerosis (sobrecrecimiento óseo de los osículos)
- Perforación del tímpano

Pérdida de audición neurosensorial

- Envejecimiento
- Tumores cerebrales
- Ciertos fármacos
- Infecciones infantiles (parotiditis [paperas], meningitis)
- Infección congénita (toxoplasmosis, rubéola, citomegalovirus, herpes, sífilis)
- Anomalía congénita
- Enfermedades desmielinizantes (enfermedades que destruyen la vaina de mielina que recubre los nervios)
- Genética
- Ruidos intensos
- Enfermedad de Ménière
- Súbitos cambios de la presión debido al viaje en avión, inmersión y la práctica de ejercicios enérgicos
- Infección vírica del oído interno (laberintitis)

que bloquean la trompa de Eustaquio, encargada de drenar el oído medio.

Una pérdida de audición también puede estar causada por lesiones en las estructuras sensoriales (células ciliadas) del oído interno, o de la vía nerviosa auditiva en el cerebro (pérdida de audición neurosensorial). Estas estructuras sensoriales pueden resultar lesionadas por fármacos, infecciones, tumores y traumatismos craneales. La pérdida de audición suele ser una mezcla de alteración de conducción y neurosensorial.

Edad: la pérdida de la agudeza auditiva con la edad se llama presbiacusia. A medida que algunas personas envejecen, las estructuras del oído se vuelven menos elásticas y sufren otros cambios que disminuyen su resistencia para responder a las ondas sonoras, contribuyendo así a una pérdida de audición. En muchas personas, una exposición al ruido durante muchos años agravará los cambios causadas por el envejecimiento. La pérdida de audición relacionada con la edad comienza pronto, iniciándose algo después de los 20 años de edad. Sin embargo, tiene una evolución muy lenta y la mayoría de las personas no notan un cambio hasta bastante después de los 50 años de edad.

La pérdida de audición relacionada con la edad afecta primero a los tonos (frecuencias) más agudos y será sólo más tarde cuando afecte a las frecuencias más bajas (graves). La pérdida de la capacidad para oír los sonidos más agudos suele dificultar la comprensión del lenguaje. Aunque la persona crea que el tono de la voz de su interlocutor es normal, hay ciertos sonidos de consonantes que se vuelven difíciles de oír, como el sonido de las letras C, D, K, P, S y T y, por ello, muchas personas con una pérdida de audición piensan que su interlocutor está hablando entre dientes. En efecto, algunas personas se quejan más de la poca claridad con que hablan los demás que de no oír bien ellas mismas. Es particularmente difícil entender a las mujeres y niños, cuyas voces tienden a tener un tono más agudo que la voz de los varones. Muchas personas también aprecian un cambio en la vibración de ciertos sonidos musicales, como los de violines y flautas.

Otosclerosis: en la otosclerosis, un trastorno hereditario, se produce un crecimiento excesivo del hueso que rodea al oído medio e interno. Este crecimiento exuberante inmoviliza el estribo (el huesillo del oído fijado al oído interno), evitando que pueda transmitir el sonido adecuadamente. En ocasiones, el crecimiento del hueso también oprime y lesiona los nervios que conectan el oído interno con el cerebro. La otosclerosis tiende a aparecer en el seno de una misma familia y puede desarrollarse en alguno que tuviera en su infancia una infección por sarampión. La pérdida de audición resulta evidente por primera vez al final de la adolescencia o en los primeros años de la edad adulta. Cerca del 10 % de los adultos presentan alguna evidencia de otosclerosis, pero sólo alrededor del 1 % desarrollan como consecuencia una pérdida de audición.

Ruido: son millones las personas que están expuestas habitualmente a niveles de ruido que pueden causar una pérdida de audición. El ruido destruye las células ciliadas del oído interno. Aunque la sensibilidad al ruido intenso varía considerablemente de una persona a otra, casi todas pierden algo de audición si están expuestas a un ruido lo bastante intenso durante un tiempo suficiente.

Son importantes a la vez la sonoridad y duración de la exposición; cuanto más intenso sea el ruido, menos tiempo tardará en producirse una pérdida de audición. El ruido extremadamente intenso puede causar una pérdida de la audición, incluso con una sola y breve exposición. Aunque una breve exposición al ruido intenso suele provocar sólo una pérdida de audición temporal con una duración de pocas horas o un día (denominado cambio temporal del umbral de inteligibilidad), la pérdida puede ser permanente, especialmente cuando la persona ha estado expuesta muchas veces. La persona puede sentir un zumbido o tintineo de alta frecuencia en los oídos (acúfeno) • *(v. pág. 1501)* y tener problemas para la comprensión del lenguaje. Cuando una persona experimente estos síntomas, es una advertencia de que un sonido es demasiado ruidoso y que debe ser evitado.

Las fuentes frecuentes de un ruido potencialmente perjudicial incluyen la música altamente amplificada, las herramientas eléctricas, la maquinaria pesada y los varios tipos de vehículos de motor, como los trineos de nieve motorizados. Muchas personas están expuestas a niveles de ruido tremendamente perjudiciales durante su trabajo y una pérdida de audición es un riesgo laboral significativo para mucha gente. Igualmente, las explosiones y los disparos de arma de fuego perjudican la audición.

Infecciones de oídos: los niños suelen tener algún grado de pérdida de audición de conducción tras una infección del oído (otitis media), porque la infección puede llevar a una acumulación de líquido (derrame) en el oído medio. La mayoría de los niños recuperan la audición normal al cabo de 3 o 4 semanas después de solucionada la infección, pero algunos tienen una pérdida persistente de la audición. Las infecciones crónicas de larga duración del oído medio suelen resultar en una pérdida de conducción y neurosensorial. La pérdida de audición es más probable en los niños con infecciones recurrentes de oído.

Trastornos autoinmunes: a veces los trastornos autoinmunes son una causa de pérdida de audición. La pérdida de audición puede producirse en las personas que padecen artritis reumatoide, lupus eritematoso sistémico, enfermedad de Paget y poliarteritis nudosa. Se produce en ambos oídos una pérdida de audición fluctuante, que puede ser progresiva. La causa es un ataque a las células de la cóclea por parte del sistema inmunológico.

Fármacos: los fármacos a veces causan una pérdida de la audición. La familia de antibióticos intravenosos aminoglucósidos son con más frecuencia los fármacos responsables, especialmente cuando se administran en dosis elevadas. Algunas personas tienen un raro trastorno hereditario que les hace extremadamente susceptibles a una pérdida de audición debida a los aminoglucósidos. Otros fármacos pueden ser la vancomicina, la quinina o el cisplatino y el nitrógeno de mostaza para la quimioterapia del cáncer. La pérdida de audición puede ser causada por la aspirina (salicilatos), pero se puede recuperar el sentido del oído cuando se suspende la administración del fármaco.

➤ Diagnóstico

Es necesario que toda pérdida de audición sea evaluada por un otorrinolaringólogo, un médico especializado en los cuidados del oído. Un audiólogo es un profesional experimentado que examina la audición y realiza pruebas de evaluación auditiva que miden el grado de la pérdida de audición y las determinadas frecuencias de sonido que han resultado afectadas. Si existe una pérdida de la audición, otras pruebas ayudan a determinar en qué medida esta pérdida afecta la capacidad de la persona para comprender el lenguaje y también si la pérdida de audición es neurosensorial, de conducción o mixta. Algunas pruebas auditivas también son útiles para identificar las posibles causas de pérdida de audición. Aunque muchas pruebas de audición requieren una participación activa por parte del paciente, en otras no es necesario.

La **audiometría** es el primer paso en las pruebas de audición. En esta prueba, la persona llevará unos auriculares, que emiten tonos de diferente frecuencia e intensidad, en uno u otro oído. La persona hace una señal cuando oye un tono, generalmente levantando la mano en el lado donde haya escuchado el tono. Para cada frecuencia, la prueba identifica el tono más bajo que la persona puede oír en cada oído. Los resultados se presentan en comparación con lo que se consideraría

---

Medición de la sonoridad (ruido)

La sonoridad se mide según una escala logarítmica. Esto significa que un aumento de 10 decibelios (dB) representa un aumento de 10 veces en la intensidad del sonido y una duplicación del ruido percibido. De este modo, 20 dB es 100 veces la intensidad de 0 dB y parece 4 veces más ruidoso; 30 dB es 1 000 veces la intensidad de 0 dB y parece 8 veces más ruidoso.

Decibelios	Ejemplo
0	El sonido más bajo escuchado por el oído humano
30	Un susurro, la tranquilidad de una biblioteca
60	Conversación normal, máquina de coser o máquina de escribir
90	Cortacésped, herramientas corrientes, tráfico de camiones (8 horas por día es la exposición máxima sin protección*)
100	Sierra de cadena, taladro neumático, trineo de nieve motorizado (2 horas por día es la exposición máxima sin protección)
115	Limpieza con chorro de arena, concierto ruidoso de música moderna, claxon de automóvil. (15 minutos por día es la exposición máxima sin protección)
140	Disparo de pistola, motor de avión de propulsión a chorro (El ruido causa dolor y aún una breve exposición produce lesiones en oídos sin protección; la lesión puede ocurrir incluso con protectores auriculares)
180	Plataforma para el lanzamiento de cohetes

*Estándar oficial obligatorio, pero se recomienda la protección para niveles sonoros superiores a 85 decibelios

---

una audición normal. Como los tonos altos que se exponen a un oído pueden ser escuchados también por el otro, un sonido distinto del tono de la prueba (habitualmente un ruido) se presenta al oído que no está sometido a la prueba.

La **audiometría del umbral de inteligibilidad verbal** es la medición de la intensidad (volumen) a la que deben expresarse las palabras para ser comprendidas. La persona escucha una serie de palabras espondaicas (de dos sílabas, igualmente acentuadas), como *clara*, *cama* y *casa*, presenta-

das a intensidades distintas. Se registra la intensidad a la que el paciente puede repetir correctamente la mitad de las palabras (umbral de inteligibilidad).

Discriminación: capacidad de discriminar las diferencias entre palabras que suenan de forma similar se determina presentando pares de palabras monosilábicas equilibradas fonéticamente. El porcentaje de palabras repetidas correctamente es el porcentaje de discriminación. Las personas con una pérdida de audición de conducción suelen tener un porcentaje normal de discriminación, aunque a una intensidad más alta. Las personas con una pérdida neurosensorial suelen tener una discriminación anormal a cualquier intensidad.

La **timpanometría** mide hasta qué grado se puede absorber el sonido por el tímpano y el oído medio (impedancia). Este procedimiento no requiere la participación activa de la persona examinada y normalmente se utiliza en los niños. En el conducto auditivo se coloca de forma ajustada un módulo con un micrófono y una fuente emisora de sonidos, y se hace que las ondas sonoras reboten sobre el tímpano a medida que el módulo hace variar la presión en el conducto auditivo. Los resultados anormales de la timpanometría sugieren un tipo de pérdida de audición de conducción.

La **prueba de Rinne de diapasón** es una prueba de detección que ayuda a distinguir entre la pérdida de audición de conducción y la neurosensorial. Esta prueba establece una comparación entre la manera en que la persona oye los sonidos conducidos por el aire con la forma en que oye los sonidos conducidos por los huesos del cráneo. Para examinar la audición por conducción aérea, se coloca un diapasón cerca del oído. En la prueba de audición por conducción ósea, se coloca la base de un diapasón vibrante contra la cabeza para que el sonido sobrepase el oído medio y vaya directamente a las células nerviosas del oído interno. Si la audición por conducción aérea está reducida y la de conducción ósea es normal, la pérdida de audición es de conducción. Si la audición por conducción aérea y ósea está reducida, la pérdida de audición es neurosensorial o mixta. Las personas con una pérdida de audición neurosensorial pueden necesitar una evaluación adicional para detectar otras afecciones, como la enfermedad de Ménière o un tumor cerebral.

La **respuesta auditiva del tronco encefálico** es una prueba que mide los impulsos nerviosos del cerebro como consecuencia de las señales sonoras recibidas en los oídos. La información ayuda a determinar qué tipo de señales está recibiendo el cerebro desde los oídos. Los resultados de las pruebas son anormales en las personas con algunos tipos de pérdida de audición neurosensorial y entre las personas con muchas clases de tumores cerebrales. Se utiliza la respuesta auditiva del tronco encefálico para examinar a los bebés; igualmente se puede emplear en el control de ciertas funciones cerebrales en las personas en estado de coma o en las que han sido sometidas a una cirugía cerebral.

La **electrococleografía** es la medición de la actividad de la cóclea y del nervio auditivo obtenida por medio de un electrodo colocado sobre o a través del tímpano. Dicha prueba y la respuesta auditiva del tronco encefálico pueden utilizarse para medir la audición en las personas que no pueden o no quieren responder voluntariamente al sonido. Por ejemplo, estas pruebas se utilizan para descubrir si los bebés y los niños muy jóvenes tienen una profunda pérdida de audición (sordera) o bien si una persona está fingiendo o exagerando la pérdida de audición (hipoacusia psicógena).

Las **emisiones otoacústicas** son pruebas que utilizan sonidos para estimular el oído interno (cóclea). Entonces el oído mismo genera un sonido de muy baja intensidad que se corresponde con el estímulo. Se registran tales emisiones cocleares utilizando medios de electrónica sofisticada, siendo de uso rutinario en muchas salas de recién nacidos, para detectar en los mismos una sordera congénita. También se utiliza esta prueba en los adultos para ayudar a determinar la causa de una pérdida de audición.

Otras pruebas pueden medir la capacidad de interpretación y comprensión de un lenguaje distorsionado, la comprensión de un mensaje expuesto a un oído mientras otro mensaje está llegando al oído opuesto, la fusión de mensajes incompletos expuestos a cada oído y su transformación en un mensaje coherente y la determinación de la procedencia de un sonido cuando es expuesto a ambos oídos al mismo tiempo. Dependiendo de los síntomas que presente el paciente y de los resultados que se obtengan de las pruebas auditivas, algunas personas requerirán la realización de una tomografía computarizada (TAC) o de una resonancia magnética nuclear (RMN) para detectar una invasión tumoral de las estructuras del oído o una obstrucción de la trompa de Eustaquio.

➤ Prevención y tratamiento

No es posible evitar una pérdida de audición relacionada con la edad ni por la mayoría de las demás causas. Sin embargo, hay muchas medidas para ayudar a evitar una pérdida de audición inducida por el ruido, como limitar la exposición al ruido intenso, reducir los niveles de ruido siempre que sea posible y mantenerse alejado de la fuente de ruido. Siempre se debe poner un volumen razonable cuando se escucha música por los auriculares. Cuanto más fuerte sea el ruido, menor deberá ser el tiempo de la proximidad al mismo. En caso de exposición laboral o exposición al ruido de armas de fuego es esencial el uso de protectores auriculares, como tapones de plástico o goma en los conductos auditivos o silenciadores llenos de glicerina colocados sobre los oídos. Igualmente, se pueden usar los tapones plásticos en otros ambientes ruidosos.

El tratamiento de la pérdida de audición dependerá de la causa. Cuando la causa sea debida a líquido en el oído medio, niños y adultos pueden necesitar la colocación de un pequeño tubo en el tímpano (drenaje) ● *(v. fig. pág. 1892)*. El tubo ayuda a evitar la acumulación de líquido. Es posible que algunos niños también requieran una extirpación de sus adenoides (adenoidectomía), que ayuda a mantener abierta la trompa de Eustaquio. Se extirparán los tumores que obstruyan la trompa de Eustaquio. La pérdida de audición causada por trastornos autoinmunes se trata con corticosteroides, como la prednisona.

Una lesión de los tímpanos o de los huesillos del oído medio puede requerir cirugía reconstructiva. Para algunas personas con otosclerosis es posible restablecer la audición extirpando el estribo quirúrgicamente y reemplazándolo con uno artificial. En cuanto a los tumores cerebrales que causan la pérdida de la audición es posible, en algunos casos, extirparlos y preservar la audición.

No tienen cura la mayoría de las demás causas de pérdida de audición. En tales casos, el tratamiento consiste en compensar la pérdida de audición en la medida de lo posible. La mayoría de las personas con una pérdida de moderada a seria utilizan audífonos. Aquellas con una pérdida de grave a profunda les resulta de gran ayuda un implante coclear.

Prótesis auditivas (audífonos): la amplificación sonora con un audífono es útil en personas con pérdida de audición, ya sea de conducción o neurosensorial. Desafortunadamente, un audífono no

Prótesis auditivas (audífonos): amplificación del sonido

El audífono que se coloca detrás de la oreja es el más potente pero el menos estético. El audífono que se coloca dentro del oído es la mejor elección en casos de pérdida grave de la audición. Es fácil de ajustar, pero su uso resulta incómodo con teléfonos. El audífono dentro del conducto auditivo se utiliza en casos de pérdida moderada de la audición. Este aparato es bastante discreto, pero resulta difícil de usar con teléfonos. El audífono que se coloca completamente dentro del conducto auditivo se utiliza en casos de pérdida leve a moderada de la audición. Este aparato tiene buen sonido, es casi indetectable y puede usarse fácilmente con teléfonos. Se saca del oído tirando de una pequeña cuerda. Sin embargo, es el más costoso y difícil de ajustar.

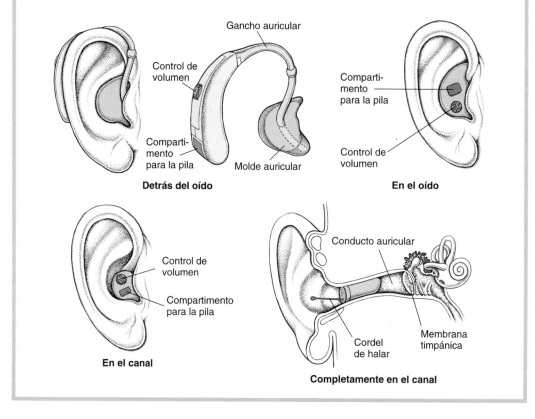

Detrás del oído

Gancho auricular
Control de volumen
Compartimento para la pila
Molde auricular

En el oído

Compartimento para la pila
Control de volumen

En el canal

Control de volumen
Compartimento para la pila

Completamente en el canal

Conducto auricular
Cordel de halar
Membrana timpánica

restablece la audición a la normalidad. Un audífono debe, sin embargo, mejorar significativamente la capacidad de una persona para comunicarse y disfrutar de los sonidos.

Todos los audífonos tienen un micrófono para captar sonidos; un amplificador, alimentado por baterías, para incrementar su intensidad y un medio para transmitir el sonido a la persona. La mayoría de los audífonos transmiten los sonidos por un pequeño altavoz colocado en el conducto auditivo. Otras prótesis auditivas, que requieren un implante quirúrgico, transmiten los sonidos directamente hasta los huesillos del oído medio (osículos) o del cráneo, en vez de hacerlo por un altavoz. Los audífonos difieren según el tamaño de los componentes y según dónde están localizados. Como regla general, los audífonos más grandes son más notorios y menos atractivos, pero más fáciles de ajustar. Los de mayor tamaño pueden tener características no disponibles en los más pequeños.

Los audífonos tienen distintas características electrónicas que se eligen para adaptarse al determinado tipo de sordera de cada persona. Por ejemplo, no se beneficiarán de una simple amplificación las personas cuya pérdida de audición afecta principalmente a las frecuencias más altas (agudas), porque la amplificación sólo hará que el lenguaje poco inteligible que perciben tenga más intensidad. Los audífonos que amplifican de forma selectiva las frecuencias altas aumentan notablemente la identificación del lenguaje. Otras prótesis auditivas contienen perforaciones en el molde auricular, lo que facilita el paso de las ondas sonoras de alta frecuencia hacia el oído. Muchos audífonos emplean procesadores digitales de sonido con canales multifrecuencia para que la amplificación pueda corresponder con más precisión aún a la pérdida auditiva de la persona. Las personas que no pueden tolerar los sonidos intensos es posible que necesiten prótesis con circuitos electrónicos especiales que mantengan la intensidad del sonido en un nivel tolerable.

El uso del teléfono puede resultar incómodo para las personas con audífono. Con los audífonos típicos, se produce un chirrido agudo al colocar el oído cerca de la bocina del teléfono. Algunas prótesis auditivas están provistas de una bobina telefónica: el micrófono se apaga al accionar un interruptor y la bobina telefónica se une electromagnéticamente al generador en la bocina del teléfono. Siempre que la prótesis auditiva tenga las características adecuadas, este sistema puede ser instalado por la compañía telefónica con sólo unos cambios sencillos en el teléfono. Las prótesis auditivas con características complejas tienden a ser más costosas, pero son esenciales para cumplir con las necesidades de audición.

Implante coclear: para la mayoría de las personas con sordera profunda, que no pueden oír ni siquiera con un audífono, puede ser útil un implante coclear. Los implantes cocleares proporcionan señales eléctricas directamente al nervio auditivo mediante varios electrodos que se insertan en la cóclea, la estructura del oído interno que contiene el nervio auditivo. Un micrófono externo y un procesador captan las señales sonoras y las convierten en impulsos eléctricos. Los impulsos son transmitidos electromagnéticamente por una bobina de inducción externa por la piel hasta una bobina de inducción interna, que conecta con los electrodos. Los electrodos estimulan el nervio auditivo.

El implante coclear no transmite los sonidos tan bien como una cóclea normal, pero proporciona beneficios a diferentes personas. A algunas les ayuda a leer los labios. Otras pueden distinguir algunas palabras sin leer los labios. Algunas personas pueden mantener una conversación por teléfono.

El implante coclear también ayuda a los sordos a oír y distinguir señales del entorno y de advertencia, como timbres, teléfonos y alarmas. Así

Implante coclear: un dispositivo para personas con sordera profunda

El implante coclear, un tipo de prótesis auditiva para las personas profundamente sordas, está formado por una bobina interna, electrodos, una bobina externa, un procesador de lenguaje y un micrófono. La espiral interna se implanta quirúrgicamente en el cráneo por detrás y encima del oído, mientras que los electrodos se implantan en la cóclea. La espiral externa se mantiene inmóvil gracias a imanes colocados en la piel sobre la bobina interna. El procesador de lenguaje, conectado a la espiral externa por medio de un cable, puede ser transportado en el bolsillo o en una funda especial. El micrófono se coloca en el audífono que se usa detrás de la oreja.

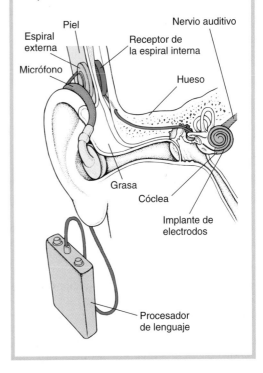

mismo, les ayuda a modular sus propias voces de manera que sus palabras puedan ser comprendidas por otros más fácilmente. El implante coclear es más eficaz en una persona cuya pérdida de audición sea reciente o que haya utilizado con éxito un audífono antes del implante.

Otros medios para afrontar la pérdida de la audición: existen varios tipos de dispositivos para las personas con una pérdida de audición muy importante. Los sistemas de alerta luminosa permiten que estas personas sepan cuándo están llamando a la puerta o cuándo está llorando un bebé. Los sistemas sonoros especiales ayudan a la gente a oír en teatros, iglesias u otros lugares en donde hay ruidos superpuestos. Muchos programas de televisión incorporan subtítulos, donde el diálogo se muestra como texto visible. También están disponibles los dispositivos telefónicos de comunicación.

La lectura de los labios (lectura labial) es una habilidad importante para las personas con una audición disminuida. Es de particular importancia para la gente que puede oír pero que tiene problemas para discriminar sonidos, como es el caso de aquellos con una pérdida de audición relacionada con la edad. Observar la posición de los labios del interlocutor permite que la persona reconozca cuál es la consonante que está pronunciando. Las personas afectadas por pérdida de audición que afecta a las altas frecuencias son incapaces de comprender los sonidos de las consonantes y, por ello, la lectura labial puede mejorar de forma significativa la comprensión del lenguaje.

La lectura labial y otras estrategias para afrontar una pérdida de audición se aprenden a veces escuchando a profesionales, por ejemplo, en programas que tratan sobre la rehabilitación relativa al oído (aural) ● *(v. pág. 52)*. Además de una formación para la lectura labial, se enseña a las personas a tener el control sobre el entorno de audición por medio de un aprendizaje que les permita anticipar las situaciones de comunicación difícil, modificándolas o evitándolas. Por ejemplo, la persona puede ir al restaurante evitando las horas punta, cuando sea menos ruidoso. Puede pedir un sitio reservado, donde no se oigan ruidos externos. Puede solicitar que los platos especiales del día se le indiquen por escrito y no de viva voz. En conversaciones directas, la persona puede solicitar al interlocutor que le dé la cara. Al iniciar una conversación telefónica, puede indicar que tiene dificultades de audición.

Las personas con una profunda pérdida de audición suelen comunicarse utilizando el lenguaje de señales de los sordos.

CAPÍTULO 219

Trastornos del oído externo

El oído externo está formado por la parte externa del oído (pabellón auricular u oreja) y por el conducto auditivo (meato auditivo externo) ● *(v. fig pág. 1483)*. Los trastornos del oído externo incluyen las obstrucciones, las infecciones (otitis externa y pericondritis), el eccema y los tumores. El oído externo es también propenso a ciertos tipos de lesiones.

■ Obstrucciones

La cera (cerumen) puede obstruir el conducto auditivo. Incluso grandes cantidades de cera no suelen producir síntomas. Los síntomas pueden oscilar desde prurito a una pérdida de la audición. El médico puede eliminar el cerumen lavando suavemente el conducto con agua tibia (irrigación). Sin embargo, si una persona ha teni-

do una perforación de tímpano, la irrigación no se aplica porque el agua puede entrar en el oído medio si la perforación aún está presente. Igualmente, la irrigación no se aplicará si hay cualquier secreción en el oído, porque la secreción puede proceder de un tímpano perforado. En estas situaciones, el médico puede eliminar el cerumen con un instrumento romo, un instrumento de extremo curvado o un dispositivo de aspiración.

Los solventes de cerumen ayudan a ablandar el cerumen, pero habitualmente debe proseguirse con una irrigación, porque rara vez el solvente disuelve todo el cerumen. La gente no debe intentar la extracción del cerumen en casa, usando bastoncitos con punta de algodón, horquillas, lápices, ni cualquier otro instrumento. Tales intentos suelen simplemente compactar el cerumen hacia dentro y pueden lesionar el tímpano. Un paño con agua y jabón proporcionará una higiene adecuada del oído externo.

Se pueden producir otras obstrucciones cuando la gente, en particular los niños, se introduce en el conducto auditivo cuerpos extraños, como canicas, gomas de borrar y semillas. En general, el médico extrae estos elementos con una especie de gancho romo o con un pequeño dispositivo de aspiración. A veces, las canicas de vidrio o de metal pueden ser extraídas mediante irrigación, pero el agua hace que algunos objetos, como las semillas, se hinchen, complicando su extracción. Los objetos que han penetrado profundamente en el conducto resultan más difíciles de extraer debido al riesgo de lesiones en el tímpano. Se usa anestesia general cuando el niño no coopera o la extracción resulta particularmente difícil.

Los insectos, especialmente las cucarachas, pueden también obstruir el conducto auditivo. Para matar al insecto, el médico llena el conducto con aceite mineral o lidocaína, un agente anestesiante. Esta medida también proporciona un alivio inmediato del dolor y permite que el médico retire el insecto.

■ Otitis externa

La otitis externa es una infección del conducto auditivo.

La infección puede afectar a todo el conducto, como en la otitis externa generalizada, o sólo a una zona reducida, como cuando se trata de un forúnculo o grano.

➤ Causas

Una variedad de bacterias o, rara vez, de hongos pueden causar una otitis externa generalizada. Ciertas personas, como las que padecen alergias, psoriasis, eccema o dermatitis del cuero cabelludo, están particularmente propensas a contraer una otitis externa. Las lesiones que se producen en el conducto auditivo al limpiarlo, o bien por causa de la entrada de agua o de irritantes, como la laca de cabello en aerosol o los tintes, suelen producir una otitis externa. La otitis externa es especialmente frecuente después de nadar en piscinas de agua dulce, en cuyo caso se conoce también como **oído de nadador**. Los tapones auriculares y los audífonos dan más probabilidades de otitis externa, en particular si estos dispositivos no se limpian adecuadamente.

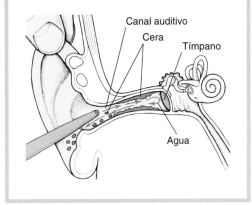

Irrigación del conducto auditivo

Se introduce en el conducto auditivo el extremo de una jeringa llena de agua tibia y se instila en el conducto para eliminar el cerumen. Este procedimiento debe ser realizado por un médico o enfermera.

Canal auditivo
Cera
Tímpano
Agua

➤ Síntomas y diagnóstico

Los síntomas de la otitis externa generalizada son el picor y el dolor. A veces se secreta por el oído una secreción blanca o amarilla de olor desagradable. El conducto auditivo puede no estar inflamado, presentar ligera tumefacción o, en casos graves, tener una inflamación que lo cierre por completo. La audición se deteriora si el conducto auditivo se inflama o se llena con pus y desechos. Por lo general, el conducto se resiente y duele si se tira del oído externo (pabellón auricular u oreja) o si se ejerce presión sobre el pliegue de piel que se encuentra frente al conducto auditivo. Cuando se observa el interior del conducto auditivo por un otoscopio (un instrumento para la visualización del conducto y el tímpano), la piel del conducto aparece roja, inflamada y cubierta de pus y desechos.

Los forúnculos causan un dolor intenso. Cuando revientan, es posible que salga del oído una pequeña cantidad de sangre y de pus.

➤ Prevención y tratamiento

Se puede evitar el oído de nadador instilando en el oído unas gotas de una solución que contenga mitad de alcohol doméstico y mitad de vinagre, antes y después de nadar. La persona debe evitar la natación dentro de agua contaminada, no debe usar laca para el cabello en aerosol ni pasar mucho tiempo en climas húmedos y calurosos.

El hecho de intentar limpiar el conducto auditivo usando bastoncitos con punta de algodón interrumpe el mecanismo normal de autolimpieza y puede empujar el material de desecho hacia el tímpano, en donde éste se acumula. De igual manera, estas acciones puede causar una lesión menor que predisponga a una otitis externa.

Para tratar la otitis externa generalizada debida a cualquier causa, el médico primero eliminará el material de desecho infectado que se encuentra en el conducto mediante aspiración o con hisopos. Una vez que el conducto auditivo está limpio, la audición suele volver a la normalidad. Habitualmente, a la persona se le dan gotas óticas con antibiótico, que usará varias veces al día hasta por un período de una semana. Algunas gotas óticas también contienen un corticosteroide para reducir la inflamación y analgésicos para reducir el dolor. A menudo, la otitis externa se trata con éxito usando gotas óticas que contengan vinagre. Las bacterias no se desarrollan tan bien cuando queda restablecida la acidez normal del conducto auditivo. Si el conducto auditivo está muy inflamado, el médico inserta una pequeña compresa en el conducto para dejar que las gotas penetren.

Los analgésicos como el paracetamol (acetaminofén) o la codeína pueden ayudar a reducir el dolor durante las primeras 24 o 48 horas, hasta que la inflamación comience a remitir. Si la infección se ha extendido más allá del conducto auditivo (celulitis) ● *(v. pág. 1454)* se puede tratar con un antibiótico administrado por vía oral.

El tratamiento de forúnculos depende de lo avanzada que esté la infección. En una fase inicial de infección, una almohadilla térmica se puede aplicar durante poco tiempo, y pueden administrarse analgésicos para aliviar el dolor; también el calor puede ser útil para acelerar la curación. Cuando el forúnculo ya está maduro se realiza una incisión y se abre para drenar el pus. Entonces se aplica un antibiótico directamente sobre la zona, o bien se administra por vía oral.

■ Pericondritis

La pericondritis es una infección del cartílago del oído externo.

Pueden ser causa de pericondritis las lesiones, quemaduras, picaduras de insectos, *piercing* o forúnculos en el oído. La infección también tiende a aparecer en personas con una deficiencia del sistema inmunológico y en personas con diabetes. Los primeros síntomas son enrojecimiento, dolor e inflamación del oído. La persona puede tener fiebre. El pus se acumula entre el cartílago y la capa de tejido conectivo que lo rodea (pericondrio). En ocasiones el pus interrumpe el suministro de sangre que llega al cartílago, destruyéndolo y provocando finalmente una oreja deformada. Aunque la pericondritis es destructiva y duradera, suele provocar sólo molestias leves.

El médico realiza una incisión para drenar el pus, permitiendo que la sangre llegue de nuevo al cartílago. En las infecciones leves se administran antibióticos por vía oral, y en las graves por vía intravenosa. La elección del antibiótico depende de la gravedad de la infección y de la bacteria que la provoca.

■ Tumores

Los tumores del oído pueden ser no cancerosos (benignos) o cancerosos (malignos). La mayoría de los tumores de oído se descubren cuando la persona nota su aparición o cuando el médico mira en el oído para verificar una disminución de la audición.

Los tumores no cancerosos pueden desarrollarse en el conducto auditivo, obstruyéndolo y causando una pérdida de audición y una acumulación de cerumen. Tales tumores incluyen pequeños sacos cerrados llenos de secreciones de la piel (quistes sebáceos), osteomas (tumores óseos) y crecimiento de tejido cicatricial excesivo después de una lesión (queloides). El tratamiento más eficaz es la extirpación quirúrgica del tumor. Después del tratamiento, la capacidad auditiva suele volver a la normalidad.

Los cánceres de células basales y de células escamosas ● *(v. también pág. 1475)* son cánceres frecuentes de la piel que suelen desarrollarse en el oído externo después de una repetida y prolongada exposición al sol. Cuando estos cánceres aparecen por primera vez, se pueden tratar con éxito extirpándolos quirúrgicamente o aplicando radioterapia. Los cánceres más avanzados pueden requerir la escisión quirúrgica de una zona más amplia del oído externo

El ceruminoma (cáncer de las células que producen el cerumen) se desarrolla en el tercio externo del conducto auditivo y puede propagarse. Los ceruminomas no tienen nada que ver con la acumulación de cerumen. El tratamiento consiste en extirpar quirúrgicamente el cáncer y el tejido circundante.

■ Lesiones

Ciertas lesiones diferentes pueden afectar al oído externo. Un golpe brusco en el oído externo puede causar una lesión entre el cartílago y la capa de tejido conectivo que lo rodea (pericondrio). Cuando la sangre se acumula en esta zona, el oído externo se inflama y se vuelve morado. La sangre acumulada (hematoma) puede interrumpir la aportación de sangre que llega al cartílago, permitiendo que muera una porción del cartílago, llevando con el tiempo a que la oreja se deforme. Esta deformación, llamada oreja de coliflor, es frecuente entre los luchadores, boxeadores y jugadores de rugby.

El médico hace una incisión y abre el hematoma, extrayendo la sangre por aspiración. Después de vaciar el hematoma, el médico aplica un vendaje de compresión, que se deja entre 3 y 7 días con el fin de evitar que el hematoma pueda desarrollarse nuevamente. El vendaje mantiene la piel y el pericondrio en su posición normal, permitiendo que la sangre llegue otra vez al cartílago.

Si un corte (laceración) atraviesa toda la oreja, la zona se limpia a fondo y la piel se cose para juntarla, y se aplica un vendaje para proteger la zona y permitir la curación del cartílago. El cartílago no se cose.

Un fuerte golpe en la mandíbula puede fracturar los huesos que rodean el conducto auditivo y distorsionar su forma, a menudo haciéndolo más estrecho. La forma se puede corregir quirúrgicamente.

CAPÍTULO 220

Trastornos del oído medio y del oído interno

El oído medio lo forman el tímpano (membrana timpánica) y una cámara llena de aire que contiene una cadena de tres huesillos (osículos) que conectan el tímpano con el oído interno ● *(v. pág. 1482).* El oído interno, que está lleno de líquido (y recibe el nombre de laberinto), está formado por dos partes principales: el órgano de la audición (cóclea) y el órgano del equilibrio (sistema vestibular, que consiste en los conductos semicirculares, el sáculo y el utrículo). El oído medio actúa como un amplificador de sonidos, en tanto que el oído interno es un transductor, cambiando las ondas sonoras mecánicas en una señal eléctrica que es transmitida al cerebro a través del nervio de la audición (nervio estatoacústico). Los trastornos del oído medio e interno producen muchos síntomas semejantes; un trastorno del oído medio puede afectar al oído interno, y viceversa.

■ Perforación del tímpano

Una perforación es un orificio en el tímpano.

Una infección del oído medio (otitis media) es la causa más frecuente de una perforación de tímpano. El tímpano también puede perforarse por un repentino cambio de la presión atmosférica, ya sea un aumento de ésta (como el causado por una explosión, un golpe o por tirarse al agua y bucear) o un descenso de la presión atmosférica, tal como sucede al volar en avión. Otras causas son las quemaduras causadas por el calor o productos químicos. Además, el tímpano puede perforarse (punción) por objetos colocados en el oído, como un bastoncito con punta de algodón, o por objetos que entran accidentalmente en el oído, como al darse con una rama de árbol o por un lápiz que haya sido lanzado. Un objeto que penetra en el tímpano puede dislocar o fracturar la cadena de diminutos huesillos del oído medio (osículos) que conectan el tímpano con el oído interno. Trozos de los huesillos rotos o el objeto mismo pueden incluso penetrar en el oído interno. La obstrucción de la trompa de Eustaquio puede dar lugar a la perforación a causa de un desequilibrio grave de la presión atmosférica (barotrauma).

➤ Síntomas y diagnóstico

La perforación del tímpano causa un repentino dolor intenso, seguido a veces de una hemorragia del oído, pérdida de audición y zumbidos o tintineo en el oído (acúfeno) ● *(v. pág. 1501).* La pérdida de audición es más grave si ha habido rotura de la cadena de osículos o si ha sido lesionado el oído interno. La lesión del oído interno también puede causar vértigo (sensación de inestabilidad y de movimiento aparente rotatorio del cuerpo u objetos que le rodean). El pus puede empezar a drenar por el oído en un plazo de 24 a 48 horas, especialmente si el agua u otro material extraño ha entrado en el oído medio. El médico diagnostica una perforación de tímpano mirando en el oído con un instrumento llamado otoscopio.

➤ Tratamiento

El oído se mantiene seco. Si el oído se infecta pueden utilizarse gotas óticas con antibiótico. Por lo general, el tímpano se cura sin más tratamiento, pero si no lo hace al cabo de dos meses, puede ser necesaria la cirugía para reparar el tímpano (timpanoplastia). Si no se procede a reparar una perforación, la persona puede desarrollar una otitis media de infección crónica latente en el oído medio.

Una persistente pérdida auditiva de conducción ● *(v. pág. 1485)* consecutiva a la perforación del tímpano sugiere una rotura o una fijación de los osículos, que puede ser reparada quirúrgicamente. Una pérdida de audición neurosensorial o una sensación de vértigo que persista más de pocas horas después de una lesión sugiere que algo ha lesionado o penetrado en el oído interno.

■ Barotrauma

El barotrauma es una lesión en el oído medio causada por una presión atmosférica desigual en ambos lados del tímpano.

El tímpano separa el conducto auditivo y el oído medio. Si la presión del aire en el conducto auditivo proveniente del exterior es distinta a la presión del aire en el oído medio, el tímpano puede resultar lesionado. Normalmente, la trompa de Eustaquio, que conecta el oído medio con la parte posterior de la nariz, ayuda a mantener una presión equivalente en ambos lados del tímpano, permitiendo que el aire del exterior entre en el oído medio. Cuando la presión atmosférica exterior aumenta de repente (por ejemplo, durante el descenso de un avión o en el submarinismo ● *(v. pág. 1978)* de profundidad) el aire debe moverse por la trompa de Eustaquio para igualar la presión en el oído medio.

Si la trompa de Eustaquio está parcial o completamente obstruida debido a una cicatrización, un tumor, una infección, el resfriado común o una alergia, el aire no puede circular dentro y fuera del oído medio. La diferencia de presión resultante puede dañar el tímpano o incluso causar su rotura y una hemorragia. Si la diferencia de presión es muy grande, la ventana oval (la entrada al oído interno desde el oído medio) puede romperse, permitiendo que el líquido del oído interno escape hacia el oído medio. La pérdida de audición o el vértigo que aparecen durante un descenso de profundidad sugiere que se está produciendo ese escape. Los mismos síntomas que aparecen durante el ascenso sugieren que se ha formado una burbuja de aire en el oído interno.

Cuando un cambio brusco de la presión atmosférica provoca una sensación de taponamiento o dolor en el oído, a menudo se puede igualar la presión en el oído medio y aliviar las molestias con varias maniobras. Si la presión exterior está descendiendo, como en un avión en elevación ascendente, la persona debería intentar respirar con la boca abierta, mascar chicle o tragar. Cualquiera de estas medidas puede abrir la trompa de Eustaquio y permitir que el aire salga del oído medio. Si la presión atmosférica exterior está aumentando, como durante el descenso de un avión o de un submarinista haciendo una inmersión más profunda, la persona sujeta con los dedos sus fosas nasales, mantiene la boca cerrada y trata de soplar suavemente por la nariz. Ello empujará el aire por la trompa de Eustaquio obstruida. Las personas con una infección o una alergia que afecte a la nariz y la garganta pueden sentir molestias cuando viajan en avión o cuando se zambullen. Sin embargo, si viajar en avión fuese necesario, un descongestionante nasal en gotas o en aerosol aliviará la congestión y ayudará a abrir las trompas de Eustaquio, igualando la presión en los tímpanos. Debe evitarse la inmersión hasta haber controlado la infección o la alergia.

■ Miringitis infecciosa

La miringitis infecciosa es una infección del tímpano por un virus o por bacterias.

Trompa de Eustaquio: mantener una presión igual de aire

La trompa de Eustaquio ayuda a mantener una misma presión de aire a ambos lados del tímpano, lo que permite que el aire externo entre en el oído medio. Si la trompa está obstruida, el aire no puede llegar al oído medio, por lo que la presión disminuye. Cuando la presión de aire es menor en el oído medio que en el canal auditivo, el tímpano se abomba hacia dentro. La diferencia de presión puede producir dolor y lastimar o romper el tímpano.

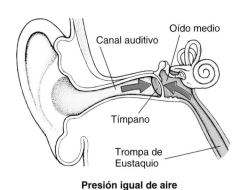

Presión igual de aire

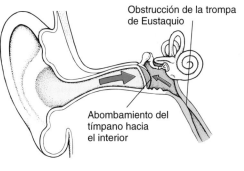

Presión desigual de aire

La miringitis está causada por una variedad de virus y bacterias. Las bacterias *Mycoplasma* son una causa frecuente. El tímpano se inflama y en su superficie se forman pequeñas ampollas (vesículas) llenas de líquido. Las ampollas pueden también estar presentes en la otitis media; sin embargo, en la miringitis no hay pus ni líquido en el oído medio.

El dolor comienza de improviso y dura de 24 a 48 horas. Puede haber alguna pérdida de audición.

Se diagnostica la miringitis mediante la observación del tímpano con un otoscopio. Dada la dificultad para saber si se trata de una infección de tipo vírico o bacteriano, la mayoría de las personas son tratadas con antibióticos y analgésicos. Puede ser necesario que el médico reviente las vesículas con un pequeño bisturí para aliviar el dolor.

■ Otitis media aguda

La otitis media aguda es una infección bacteriana o vírica que se produce en el oído medio.

La otitis media aguda es consecuencia de una infección por virus o bacterias, en general como una complicación de un resfriado común o de alergias. La otitis media aguda es más frecuente en los niños que en los adultos. Los síntomas y el tratamiento son similares en los adultos y niños mayores ● (v. pág. 1891).

El oído infectado es doloroso, con un tímpano enrojecido y saliente. La mayoría de las personas con otitis media aguda mejoran de forma espontánea. Sin embargo, es difícil predecir quién no mejorará y la mayoría de los médicos tratan a todas las personas con antibióticos, como la amoxicilina. Pueden aliviar el dolor tanto el paracetamol (acetaminofén) como los antiinflamatorios no esteroideos (AINE). Los descongestionantes que contengan fenilefrina pueden ser de ayuda y los antihistamínicos son útiles en las personas con alergias, pero no en aquellas con un resfriado.

Si una persona tiene un dolor intenso o persistente y fiebre, y si el tímpano sobresale, el médico puede realizar una miringotomía, en la que se realiza una abertura en el tímpano para permitir que el líquido drene del oído medio. Esta abertura, que no afecta a la audición, suele curarse espontáneamente. Las personas con repetidos brotes de otitis media pueden necesitar que les sean colocados en los tímpanos unos tubos de drenaje (tubos de timpanostomía) ● (v. fig. pág. 1892).

■ Otitis media serosa

La otitis media serosa es una acumulación de líquido en el oído medio.

Cuando hay otalgia

Una otalgia (dolor de oídos) es un dolor que parece originarse en el oído. La fuente real del dolor puede estar dentro del oído o en las estructuras cercanas que comparten los mismos nervios que van al cerebro; este tipo de dolor recibe el nombre de dolor referido.

El dolor originado en el oído es muy probablemente el resultado de una infección. La infección del oído medio (otitis media), es la causa más frecuente de otalgia en los niños. También resulta muy dolorosa la infección del conducto auditivo (otitis externa), que puede darse tanto en niños como en adultos. También hay otalgia cuando una obstrucción de la trompa de Eustaquio (el tubo que conecta el oído medio con la parte posterior de la nariz) impide que la presión en el oído medio se pueda igualar con la presión externa. La presión causa síntomas principalmente durante los vuelos en avión y la inmersión submarina. El acto de tragar o sonarse la nariz a veces alivia la presión y el dolor.

El dolor de oído que se origina fuera del oído puede provenir de infecciones o por tumores de muchas zonas de la nariz y de la garganta. Cuando una persona con otalgia no presenta un trastorno aparente de oídos, deben buscarse las causas en la nariz, los senos paranasales, los dientes, las encías, la articulación de la mandíbula (articulación temporomandibular), la lengua, las amígdalas, la garganta (faringe), la caja de la voz (laringe), la tráquea, el esófago y las glándulas salivales en la mejilla (glándulas parótidas). En ocasiones, el primer síntoma de cáncer en cualquiera de estas estructuras es un dolor similar al de oído.

La otitis media serosa (secretora) puede desarrollarse a partir de una otitis media aguda que no se haya curado por completo o debido a una obstrucción de la trompa de Eustaquio. Las alergias son una causa frecuente de la obstrucción de la trompa de Eustaquio. La otitis media serosa puede presentarse a cualquier edad, pero es especialmente frecuente en los niños ● (v. pág. 1891).

Normalmente, la presión en el oído medio es compensada (igualada) 3 o 4 veces por minuto cada vez que la trompa de Eustaquio se abre durante la deglución. Si la trompa de Eustaquio está obstruida, la presión en el oído medio tiende a disminuir a medida que el oxígeno es absorbido en el torrente sanguíneo desde el oído medio. A medida que la presión disminuye, el líquido se acumula en el oído medio, reduciendo la capacidad de movimiento del tímpano. Habitualmente, pero no siempre, el líquido contiene algunas bacterias, pero son raros los síntomas de una infección activa (como enrojecimiento, dolor y pus). Las personas suelen tener una sensación de taponamiento en el oído, y al tragar pueden escuchar un chasquido o un sonido crepitante. Es habitual que se produzca pérdida de audición.

El médico examina el oído para establecer el diagnóstico. La timpanometría ● (v. pág. 1488) ayuda a diagnosticar la presencia de líquido en el oído medio.

➤ Tratamiento

Los descongestionantes, como la fenilefrina y efedrina y los antihistamínicos, en las personas con alergias, pueden tomarse para disminuir la congestión y contribuir a abrir la trompa de Eustaquio. Aunque en muchos países la mayoría de las personas son tratadas con antibióticos, estos no suelen ser necesarios. La baja presión en el oído medio puede aumentarse temporalmente al forzar el paso del aire por la obstrucción en la trompa de Eustaquio. Para hacerlo, la persona puede expeler el aire con la boca cerrada y apretando las ventanas nasales con los dedos.

Si los síntomas se volviesen crónicos (con una duración de más de tres meses), el médico puede realizar una miringotomía, en la que se ejecuta una apertura en el tímpano para permitir que el líquido drene desde el oído medio. Un diminuto tubo de drenaje (tubo de timpanostomía) ● (v. fig. pág. 1892) se inserta en la abertura en el tímpano para favorecer el drenaje del líquido y permitir que entre aire en el oído medio.

■ Otitis media crónica

La otitis media crónica es una infección de larga duración en el oído medio.

La causa que produce la otitis media crónica es un orificio permanente (perforación) del tímpano o bien una formación no cancerosa de material blanco similar a la piel (colesteatoma). Las personas pueden tener una perforación sin haber experimentado ningún síntoma, pero a veces se desarrolla una infección crónica bacteriana.

La otitis media crónica puede exacerbarse después de una infección de la nariz y de la garganta, como en el resfriado común, o después de haber entrado agua en el oído medio durante un baño o al nadar. Por lo general, estas exacerbaciones producen una secreción indolora de pus, que puede oler mal, proveniente del oído. Las exacerbaciones persistentes pueden provocar la formación de protuberancias llamadas pólipos, que se extienden desde el oído medio, atraviesan la perforación y llegan hasta el conducto auditivo. La infección persistente puede destruir partes de los osículos, los diminutos huesillos en el oído medio que conectan el tímpano con el oído interno, y que conducen los sonidos desde el oído externo hasta el oído interno, causando una pérdida auditiva de conducción ● *(v. pág. 1485).*

Otras graves complicaciones incluyen inflamación del oído interno, la parálisis facial e infecciones cerebrales. Algunas personas con otitis media crónica desarrollan colesteatomas en el oído medio. Los colesteatomas, que destruyen el hueso, incrementan en gran medida la posibilidad de presentar otras complicaciones graves. El médico diagnostica la otitis media crónica cuando observa pus o un material similar a la piel que se acumula en un orificio o en un saco en el tímpano que a menudo drena.

➤ Tratamiento

Cuando se exacerba una otitis media crónica, el médico limpia completamente el conducto auditivo y el oído medio mediante aspiración e hisopos y luego prescribe una solución de ácido acético con hidrocortisona, o bien gotas óticas con antibiótico. Debe evitarse el contacto y la penetración de agua en el oído cuando haya una perforación.

Por lo general, es posible reparar el tímpano mediante un procedimiento llamado timpanoplastia. Si ha habido rotura de la cadena de osículos, ésta se puede reparar al mismo tiempo. Los colesteatomas deben ser extirpados quirúrgicamente. Si un colesteatoma no es extirpado, pueden desarrollarse graves complicaciones.

■ Mastoiditis

La mastoiditis aguda es una infección bacteriana de la apófisis mastoides, el hueso prominente que se encuentra detrás del oído.

Este trastorno suele aparecer cuando una otitis media aguda, que no ha recibido tratamiento o

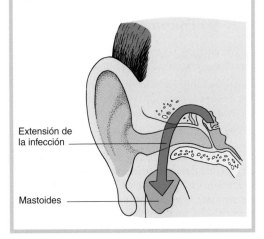

Otitis media e infección de la mastoides

La otitis media puede extenderse y producir una infección de la mastoides.

Extensión de la infección

Mastoides

que ha sido tratada de modo inadecuado, se extiende desde el oído medio hasta el hueso que lo circunda, la apófisis mastoides.

Por lo general, los síntomas aparecen al cabo de dos o más semanas de haberse desarrollado la otitis media aguda, a medida que la infección diseminada destruye la parte interna de la apófisis mastoides. Una acumulación de pus (absceso) puede formarse en el hueso. La piel que recubre la apófisis mastoides puede tornarse roja, hinchada y dolorosa, y el oído externo es desplazado hacia un lado y abajo. Otros síntomas son fiebre, dolor alrededor y dentro del oído y la eliminación de una secreción profusa y cremosa. El dolor tiende a ser persistente y pulsátil. La pérdida de audición es progresiva.

La tomografía computarizada (TAC) demuestra que están llenas de líquido las celdillas (los espacios en el hueso que normalmente contienen aire) de la apófisis mastoides. A medida que la mastoiditis avanza, los espacios se agrandan. Una mastoiditis tratada incorrectamente puede acabar en sordera, infección de la sangre (sepsis), infección de las membranas que envuelven el cerebro (meningitis), abscesos cerebrales o la muerte.

El tratamiento es con antibióticos intravenosos. Se examina una muestra de la secreción proveniente del oído para identificar el agente que causa la infección y para determinar los antibióticos que tendrán más probabilidades de eliminar las bacterias. Los antibióticos se pueden administrar por vía oral cuando la persona comience a recuperarse y se continuarán durante al menos dos semanas. Si un absceso se ha formado en el hueso, será necesario un drenaje quirúrgico (mastoidectomía).

■ Enfermedad de Ménière

La enfermedad de Ménière es un trastorno caracterizado por ataques recurrentes de vértigo incapacitante (sensación de inestabilidad y de movimiento aparente rotatorio del cuerpo u objetos que le rodean), pérdida de audición y acúfeno.

Se cree que la enfermedad de Ménière está causada por un desequilibrio en el líquido que normalmente está presente en el oído interno. Continuamente este líquido está siendo secretado y reabsorbido, manteniéndose una cantidad constante. Ya sea un aumento en la producción de líquido del oído interno o una disminución en su reabsorción, tendrá como consecuencia un desequilibrio del líquido. Se desconoce por qué se produce uno u otro.

Los síntomas incluyen ataques bruscos, no provocados, de vértigo incapacitante, náuseas y vómitos; estos síntomas suelen durar de 2 a 3 horas, aunque rara vez llegan hasta 24 horas. Periódicamente, la persona puede tener una sensación de taponamiento o presión en el oído afectado. La audición tiende a fluctuar, pero empeora progresivamente con el paso de los años. El acúfeno, que puede ser constante o intermitente, puede ser peor antes, durante o después de un ataque de vértigo. Tanto la pérdida auditiva como el acúfeno suelen afectar sólo a un oído.

En una variedad de la enfermedad de Ménière, la pérdida de audición y el acúfeno precederán al primer ataque de vértigo en un período de meses o incluso años. La audición puede mejorar una vez que comiencen los ataques de vértigo.

➤ Diagnóstico y tratamiento

El médico sospecha la existencia de la enfermedad de Ménière por los síntomas típicos de vértigo con acúfeno y pérdida de audición en un oído. Para buscar otras causas, el médico suele realizar pruebas auditivas y, a veces, una resonancia magnética nuclear (RMN). En algunas personas se reduce la frecuencia de los ataques con una dieta

baja en sal y un diurético. Cuando se producen los ataques, el vértigo puede aliviarse temporalmente con fármacos administrados por vía oral, como meclicina, lorazepam o escopolamina. La escopolamina también está disponible en parches cutáneos. Las náuseas y los vómitos pueden aliviarse mediante supositorios que contengan el fármaco proclorperacina.

Están disponibles varios procedimientos para las personas que resultan incapacitadas por ataques frecuentes de vértigo. El objetivo de los procedimientos es la reducción de la presión de los líquidos en el oído interno, o bien la destrucción de la función del equilibrio del oído interno. El menos destructivo de estos procedimientos es el de derivación endolinfática, en que se coloca en el oído interno una delgada lámina de material plástico flexible. Para destruir la función del equilibrio del oído interno, se puede inyectar una solución de gentamicina por el tímpano dentro del oído medio. Varias inyecciones con el paso del tiempo proporcionan el mejor resultado. Sin embargo, una grave pérdida auditiva o un desequilibrio crónico pueden ser el resultado de este tratamiento. El corte permanente del nervio vestibular destruye el equilibrio del oído interno, preservando la audición, y tiene éxito para el control del vértigo en el 99 % de los casos. Este procedimiento suele ser realizado en personas que no mejoran después de una derivación endolinfática o en aquellas que no desean experimentar nunca más otro episodio de vértigo. Finalmente, cuando el vértigo es incapacitante y la audición se ha deteriorado en el oído implicado, se pueden extirpar la totalidad de los conductos semicirculares mediante un procedimiento denominado laberintectomía. La pérdida de audición que acompaña frecuentemente a la enfermedad de Ménière no tiene ninguna mejoría con cualquiera de los procedimientos para tratar el vértigo grave.

■ Neuronitis vestibular

La neuronitis vestibular es un trastorno caracterizado por un brusco ataque grave de vértigo (sensación de inestabilidad), causado por la inflamación del nervio de los conductos semicirculares.

Probablemente la neuronitis vestibular está causada por un virus. Puede aparecer como un único ataque aislado de vértigo con una duración de varios días, aunque muchas personas tienen ataques adicionales de vértigo leve durante varias semanas consecutivas. El primer ataque de vértigo es generalmente el más intenso. El ataque, que va acompañado de náuseas y vómitos, dura de 3 a 7 días. Los ojos realizan movimientos involuntarios que se alejan del lado afectado (un síntoma llamado nistagmo). Cada ataque subsiguiente es más breve y menos grave que el anterior y típicamente se produce sólo cuando la cabeza está en ciertas posiciones. La capacidad auditiva habitualmente no resulta afectada.

El diagnóstico consiste en las pruebas auditivas y las pruebas para el nistagmo ● *(v. pág. 558)*. Puede realizarse una resonancia magnética nuclear (RMN) de la cabeza para asegurarse de que los síntomas no están causados por otro trastorno, como un tumor.

El tratamiento del vértigo es el mismo de la enfermedad de Ménière y está constituido por fármacos como la meclicina, lorazepam o escopolamina. Las náuseas y los vómitos pueden aliviarse con supositorios que contengan el fármaco proclorperacina. Si los vómitos continúan durante mucho tiempo, la persona puede necesitar líquidos y electrolitos por vía intravenosa. El trastorno desaparece finalmente por sí solo.

■ Fractura del hueso temporal

El hueso temporal (el hueso del cráneo que contiene parte del conducto auditivo, el oído medio y el oído interno) puede fracturarse a causa de un golpe en el cráneo.

Las fracturas del hueso temporal rompen frecuentemente el tímpano y pueden también lesionar los osículos y la cóclea.

Los síntomas incluyen parálisis facial en el lado de la fractura y una profunda pérdida de la audición, que puede ser de conducción, neurosensorial, o de ambos tipos. Las personas pueden tener hemorragia por el oído, sangre detrás del tímpano o placas de hematomas de la piel detrás del oído. A veces, el líquido cefalorraquídeo escapa del cerebro por la fractura y aparece como un líquido limpio que drena por el oído o la nariz. La fuga de este líquido indica que el cerebro está expuesto a una infección.

El diagnóstico se establece con una tomografía computarizada (TAC). El tratamiento suele requerir un antibiótico por vía intravenosa para evitar la infección de las membranas que envuelven el cerebro (meningitis). En ciertos casos puede aliviarse con cirugía la parálisis facial persistente causada por la presión sobre el nervio facial. Las lesiones en el tímpano y las estructuras del oído medio se reparan quirúrgicamente, si es necesario, semanas o meses más tarde.

■ Tumores del nervio auditivo

Un tumor en el nervio auditivo (neuroma acústico, neurinoma acústico, schwannoma vestibular, tumor del octavo par craneal) es un tumor no canceroso (benigno) que se origina en las células que envuelven el nervio auditivo (células de Schwann).

Los tumores del nervio auditivo suelen crecer a partir del nervio vestibular (del equilibrio). La pérdida de la audición, el acúfeno, el mareo y la inestabilidad son los primeros síntomas. Cuando el tumor aumenta de tamaño y comprime otras partes del cerebro, como el nervio facial o el nervio trigémino, puede producirse debilidad y entumecimiento de la cara. Los síntomas iniciales incluyen zumbidos o tintineo en un oído (acúfeno), una pérdida de audición y desequilibrio o inestabilidad cuando la persona se gira rápidamente.

El diagnóstico precoz se basa en la resonancia magnética nuclear (RMN) y en pruebas de audición.

Los tumores se eliminan mediante cirugía, que puede ser realizada con un microscopio (microcirugía) para evitar daños en el nervio facial.

■ Acúfeno (tinnitus)

El acúfeno (tinnitus) es un sonido que se origina en el oído y no en el ambiente.

El acúfeno es un síntoma y no una enfermedad específica. Es muy frecuente, entre el 10 y el 15 % de las personas experimentan algún grado de acúfeno.

Más del 75 % de los problemas relacionados con el oído incluyen el acúfeno como un síntoma, como las lesiones por ruidos intensos o explosiones, las infecciones del oído, la obstrucción del conducto auditivo o de la trompa de Eustaquio, la otosclerosis (un tipo de pérdida de la audición), los tumores del oído medio y la enfermedad de Ménière. También pueden causar

Efectos de los trastornos auditivos sobre el nervio facial

Los trastornos del oído medio e interno pueden afectar el nervio facial porque el nervio facial tiene un trayecto zigzagueante por el interior del oído. Por ejemplo, el herpes zóster del oído puede afectar al nervio facial al igual que al nervio auditivo. Entonces el nervio facial se inflama y queda comprimido en el orificio del cráneo por el cual pasa. La presión sobre este nervio puede causar parálisis facial temporal o permanente. El tratamiento depende del trastorno que cause el problema.

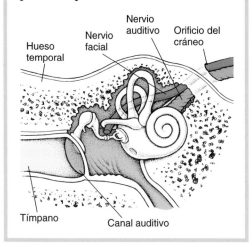

Nervio auditivo

Nervio facial

Orificio del cráneo

Hueso temporal

Tímpano

Canal auditivo

acúfeno ciertos fármacos (como los antibióticos aminoglicósidos y dosis altas de aspirina).

El acúfeno también se puede producir con trastornos ajenos a los oídos, como la anemia; trastornos cardíacos y de los vasos sanguíneos, como la hipertensión y la arteriosclerosis; una glándula tiroides poco activa (hipotiroidismo) y traumatismo craneal. Una señal más grave es el acúfeno sólo en un oído o un acúfeno pulsátil. Un sonido pulsátil puede ser consecuencia de ciertos tumores, una arteria obstruida, un aneurisma u otros trastornos de los vasos sanguíneos.

El ruido escuchado por las personas con acúfeno puede ser un sonido como zumbidos, tintineo, rugidos, silbido o siseo. Algunas personas oyen sonidos más complejos que varían con el tiempo. Estos sonidos son más notorios en un entorno tranquilo y cuando la persona no está concentrada en otra cosa. De este modo, el acúfeno tiende a perturbar más cuando la persona está tratando de conciliar el sueño. Sin embargo, la experiencia del acúfeno es altamente individual; algunas personas están muy inquietas por sus síntomas y otras los encuentran bastante tolerables.

➤ Diagnóstico y tratamiento

Dado que la persona con acúfeno habitualmente tiene alguna pérdida de la audición, se realizan estudios completos del oído, así como una resonancia magnética nuclear (RMN) de la cabeza y una tomografía computarizada (TAC) del hueso temporal (el hueso del cráneo que contiene parte del conducto auditivo, el oído medio y el oído interno).

Por lo general, resultan infructuosos los intentos para identificar y tratar el trastorno que causa el acúfeno. Varias técnicas pueden ayudar a que el acúfeno sea tolerable, aunque la tolerancia varía de persona a persona. Con frecuencia, los audífonos suprimen el acúfeno. Muchas personas sienten alivio poniendo música de fondo para enmascarar el acúfeno. Algunas personas utilizan un enmascarador de acúfeno, un dispositivo que se usa como un audífono que produce un nivel constante de sonidos neutros. En las personas profundamente sordas, el implante coclear puede reducir el acúfeno.

CAPÍTULO 221

Trastornos de la nariz y de los senos paranasales

La parte superior de la nariz está formada por hueso en su mayor parte; la parte inferior se apoya en el cartílago. En el interior de la nariz hay una cavidad hueca (fosa nasal), que está dividida en dos conductos por una delgada lámina de cartílago y hueso denominada tabique nasal. Los huesos de la cara contienen los senos paranasales, que son espacios huecos (cavidades) que se abren en la fosa nasal ● (v. también pág. 1483).

Dada su posición prominente, la nariz resulta particularmente vulnerable a los traumatismos, incluidas las fracturas. También pueden afectar a la nariz las infecciones, epistaxis (hemorragia nasal) y pólipos. La membrana mucosa de la nariz puede inflamarse (rinitis). Esta inflamación puede extenderse al revestimiento de los senos paranasales (rinosinusitis).

■ Fracturas de nariz

Los huesos de la nariz se rompen (fracturan) con más frecuencia que cualquier otro hueso facial. Cuando se fracturan los huesos nasales, la membrana mucosa que reviste la nariz suele desgarrarse causando una hemorragia. Lo más frecuente es que el puente de la nariz sea desplazado hacia un lado. Y, a veces, se puede romper el cartílago del tabique nasal. Si la sangre se acumula alrededor del cartílago del tabique nasal, el cartílago puede morir. El cartílago muerto puede desintegrarse, resultando así una deformidad de la nariz, como una silla de montar, en la que el puente de la nariz se afloja en el centro.

➤ Diagnóstico y tratamiento

Una persona cuya nariz sangre y duela y esté inflamada después de un golpe, puede tenerla rota. Para limitar el dolor y la inflamación, resulta útil la aplicación de compresas de hielo cada dos horas durante quince minutos, y el dormir con la cabeza elevada; sin embargo, se requiere la atención médica.

La membrana mucosa y otros tejidos blandos se inflaman con rapidez, dificultando la identificación de una fractura por parte del médico, así

que es necesario hacer la evaluación muy rápidamente (en las primeras horas) o después de haber empezado la inflamación a remitir, pero antes de haberse fijado los huesos en su nueva posición. Por lo general, el médico diagnostica una rotura de nariz mediante una suave palpación del puente nasal en busca de irregularidades en la forma y alineación, movimientos no habituales de los huesos, sensación áspera de huesos rotos que se mueven uno contra otro y sensibilidad al tacto. Las radiografías de la nariz pueden no tener la misma precisión que los ojos y dedos del médico a la hora de determinar una alineación ósea correcta.

Es habitual que el médico espere que transcurran de 3 a 5 días consecutivos tras una lesión para que se reduzca la inflamación antes de la reposición en su sitio normal de los fragmentos de hueso roto (reducción). Este plazo de espera le facilita mucho al médico la operación de observar y palpar que los fragmentos queden perfectamente alineados. Muchas fracturas nasales están en una posición correcta y no necesitan que se las reponga. Antes de reponer una fractura, el médico suele aplicarle al adulto un anestésico local y al niño un anestésico general. La sangre que se haya acumulado en el tabique es drenada; el médico practica una pequeña incisión en la membrana mucosa del tabique para evitar la destrucción del cartílago. Ejerciendo presión con sus dedos, el médico manipula los huesos y los coloca en su posición normal. Entonces la nariz se estabiliza con una férula externa. También se puede utilizar un taponamiento interno para aumentar la estabilidad. Las fracturas del hueso nasal se curan en aproximadamente seis semanas. Las fracturas del tabique son difíciles de fijar, a menudo y con posterioridad requieren una intervención quirúrgica.

■ Desviación del tabique

Habitualmente, el tabique nasal es recto y está en la línea media entre ambas ventanas nasales. En ocasiones puede estar torcido (desviado), debido a un defecto de nacimiento o por una lesión, y su posición es tal que una ventana nasal es mucho menor que la otra. La mayoría de las personas tienen alguna desviación del tabique de poca importancia, de ahí que una ventana nasal sea más estrecha que la otra. Una pequeña desviación no suele causar síntoma alguno y no requiere tratamiento. Pero si es grave puede obstruir un lado de la nariz, haciendo que la persona sea propensa a la inflamación de los senos paranasales (sinusitis), particularmente si el tabique desviado obstaculiza el drenaje desde un seno hacia la fosa nasal. De igual modo, un tabique desviado puede hacer que la persona sea propensa a hemorragias nasales, debido al efecto de resecamiento del flujo de aire sobre la desviación. Un tabique desviado que causa problemas respiratorios puede ser reparado quirúrgicamente.

■ Perforación del tabique

Las úlceras y los agujeros (perforaciones) del tabique nasal pueden ser consecuencia de una cirugía nasal, una lesión repetida como consecuencia de hurgarse la nariz o debido a enfermedades como la granulomatosis de Wegener y la sífilis. El consumo frecuente de cocaína aspirada por la nariz es causa de ulceraciones y perforaciones, porque disminuye la circulación sanguínea.

Los síntomas pueden consistir en la formación de costras alrededor de las ventanas nasales y de repetidas hemorragias nasales. Las personas que presentan pequeñas perforaciones en el tabique pueden emitir un sonido similar a un silbido mientras respiran.

La pomada de bacitracina reduce la formación de costras. A veces se pueden reparar quirúrgicamente las perforaciones utilizando el propio tejido de la persona tomado de otra parte de la nariz, o con una membrana artificial hecha de un plástico suave y maleable. La mayoría de las perforaciones no necesitan ser reparadas, a menos que las hemorragias o las costras representen un problema importante.

■ Hemorragia nasal

La hemorragia nasal (epistaxis) puede tener distintas causas, siendo las más frecuentes el hurgarse la nariz y las lesiones traumáticas. El frío y el aire seco del invierno también hacen que sea más probable la hemorragia nasal. Es frecuente que desarrollen hemorragias nasales las personas que toman aspirina u otros fármacos que afectan a la coagulación sanguínea (anticoagulantes). Algunas personas las padecen con bastante frecuencia mientras que otras casi nunca.

Generalmente, la hemorragia proviene de la parte anterior del tabique nasal, que contiene muchos vasos sanguíneos. Puede haber tan sólo un hilo de sangre o un fuerte chorro. La mayoría de las hemorragias nasales son más escandalosas que graves. Sin embargo, una hemorragia desde la parte posterior de la nariz, que es poco frecuente, resulta más peligrosa y difícil de tratar.

➤ Prevención y tratamiento

Las medidas importantes para prevenir la hemorragia nasal consisten en evitar hurgarse la nariz, usar humidificadores de aire durante el invierno y, para algunas personas, humedecer la parte frontal del tabique nasal con vaselina.

Generalmente, es posible controlar la hemorragia en casa apretando al mismo tiempo ambos lados de la nariz durante 5 o 10 minutos. Es importante que la nariz se sostenga con un apretón firme y que no se suelte incluso después de transcurrido el plazo de diez minutos. Otras técnicas domésticas no son tan eficaces, como las compresas de hielo sobre la nariz, toallitas de papel en las ventanas nasales y la colocación de la cabeza en varias posiciones.

Si la técnica del apretón no detiene la hemorragia, la persona debe acudir al médico. El médico tapona el interior de la ventana nasal sangrante con una pieza de algodón saturada con un medicamento como la fenilefrina, que hace que los vasos sanguíneos se estrechen (constriñan). Un anestésico local, como la lidocaína, adormece la nariz para que se pueda inspeccionar por dentro y localizar la hemorragia. En casos de hemorragia menor no se suele hacer nada más. En casos de hemorragia más grave o recurrente, a veces el médico sella (cauteriza) el sitio sangrante con una sustancia química, nitrato de plata o con la electrocauterización (cauterización utilizando una corriente eléctrica para producir calor). Otro tratamiento consiste en colocar dentro de la ventana nasal una larga esponja absorbente. La esponja se hincha en contacto con la humedad y comprime el sitio sangrante. La esponja se retira después de 2 o 4 días. Raramente, puede ser necesario que el médico tapone por completo la fosa nasal en un lado con una tira larga de gasa. El taponamiento nasal suele retirarse al cabo de 3 o 4 días.

En algunas personas, en particular las mayores y las que tienen un estrechamiento de las arterias (arteriosclerosis), el sitio sangrante, a veces, se encuentra más atrás en la nariz (epistaxis posterior). La hemorragia en esta zona es muy difícil de detener y puede constituir una amenaza para la vida. Para una epistaxis posterior, el médico puede colocar un balón de forma especial en la nariz e inflarlo para comprimir el sitio sangrante. Sin embargo, ésta y otras clases de taponamiento nasal son muy incómodas y afectan a la respiración de la persona. Por lo tanto, las personas que han recibido este tipo de taponamiento son ingresadas en el hospital y se les administra oxígeno y antibióticos para evitar una infección de los senos paranasales. Debido al malestar y a los riesgos respiratorios asociados con el taponamiento nasal, a veces el médico cauteriza o grapa el vaso sanguíneo sangrante mientras inspecciona el interior de la nariz por un pequeño dispositivo visual (endoscopio). En ocasiones, y guiado por las técnicas radiográficas, el médico puede pasar un pequeño catéter por los vasos sanguíneos hasta el sitio de la hemorragia e inyectar un producto para bloquear el vaso sangrante.

■ Vestibulitis nasal

La vestibulitis nasal es una infección de la zona que se encuentra justo dentro de la entrada de cada ventana nasal (vestíbulo nasal).

Las infecciones menores en la entrada de la nariz pueden provocar ampollas en la base de los pelos nasales (foliculitis) y, a veces, costras alrededor de las ventanas nasales. La causa suele deberse a los estafilococos. La pomada de bacitracina generalmente cura estas infecciones.

Las infecciones más graves provocan forúnculos en el vestíbulo nasal. Los forúnculos pueden convertirse en una infección que se propaga bajo la piel (celulitis) de la punta de la nariz. Al médico le preocupan las infecciones en esta parte de la cara porque las venas desde ahí van hacia el cerebro. Una situación con riesgo letal denominada trombosis del seno cavernoso puede producirse si las bacterias se propagan hacia el cerebro por estas venas ● *(v. recuadro pág. 1567).*

Una persona con vestibulitis nasal toma habitualmente un antibiótico por vía oral y se aplica paños húmedos calientes tres veces al día durante unos 15 o 20 minutos cada vez. Puede que el médico necesite drenar quirúrgicamente los grandes forúnculos o aquellos que no responden al tratamiento antibiótico.

■ Rinitis

La rinitis es una inflamación e hinchazón de la membrana mucosa de la nariz, caracterizada por secreción nasal y nariz tapada, generalmente causadas por un resfriado común ● (v. pág. 1377) o por una alergia ● (v. pág. 1274).

La nariz es el sector de las vías respiratorias superiores que se infecta con más frecuencia. La rinitis puede ser aguda (de corta duración) o crónica (de larga duración). Es frecuente que la rinitis aguda sea consecuencia de infecciones víricas, pero puede que también sea el resultado de alergias u otras causas. La rinitis crónica suele darse junto con la sinusitis crónica (rinosinusitis crónica).

Rinitis vírica: la rinitis vírica aguda (el resfriado común) puede estar causada por virus. Los síntomas consisten en secreción nasal, congestión, goteo nasal posterior, tos y fiebre de pocos grados. Se puede aliviar la nariz tapada tomando fenilefrina en forma de aerosol nasal o pseudoefedrina por vía oral. Estos fármacos, de venta sin prescripción médica, causan el estrechamiento (constricción) de los vasos sanguíneos de la membrana mucosa. Los aerosoles nasales deben ser utilizados sólo durante 3 o 4 días porque después de ese período de tiempo, cuando los efectos de los fármacos se desvanecen, la membrana mucosa a menudo se inflama incluso más que antes. Este fenómeno se conoce como congestión de rebote. Los antihistamínicos ayudan a controlar la secreción nasal, pero causan somnolencia y otros problemas, especialmente en las personas mayores ● *(v. tabla pág. 93).* Los antibióticos no son eficaces para la rinitis vírica aguda.

Rinitis alérgica: la rinitis alérgica está causada por una reacción por parte del sistema inmunológico del cuerpo a un factor ambiental desencadenante. Los desencadenantes ambientales más frecuentes son polvo, mohos, polen, hierbas, árboles y animales. Los síntomas consisten en estornudo, secreción nasal, nariz tapada y ojos llorosos con picores. El médico puede diagnosticar la rinitis alérgica basándose en los síntomas precedentes de la persona. A menudo, la persona tiene antecedentes familiares de alergias. Se puede obtener un información más detallada utilizando pruebas de sangre o pruebas cutáneas.

Evitando la sustancia que desencadena la alergia previene los síntomas, pero a menudo, eso no es posible. Los corticosteroides nasales en aerosol disminuyen la inflamación nasal causada por muchas fuentes y su empleo a largo plazo es relativamente seguro. Los antihistamínicos ayudan a evitar la reacción alérgica y, por ende, los síntomas. Los antihistamínicos resecan la membrana mucosa de la nariz, pero muchos de ellos también causan somnolencia y otros problemas, especialmente en las personas mayores. Los de nueva generación requieren prescripción médica, pero no producen tales reacciones adversas. Las inyecciones contra la alergia (desensibilización) ayudan a constituir una tolerancia a largo plazo hacia los desencadenantes ambientales específicos, pero pueden tardar meses o años en ser completamente eficaces. Los antibióticos no alivian los síntomas de la rinitis alérgica.

Rinitis atrófica: la rinitis atrófica es una forma de rinitis crónica en la que la membrana mucosa se adelgaza (atrofia) y se endurece, haciendo que los conductos nasales se ensanchen (dilaten) y se resequen. Las células que normalmente se encuentran en la membrana mucosa de la nariz, que segregan moco y tienen filamentos ciliados que expulsan las partículas de polvo, son reemplazadas por células similares a las que normalmente se encuentran en la piel. El trastorno puede desarrollarse en alguien que haya sufrido una cirugía de los senos paranasales, en la que le fueron extirpadas una cantidad considerable de estructuras intranasales y de membranas mucosas. Una prolongada infección bacteriana del revestimiento de la nariz es también un factor desencadenante.

Se forman costras dentro de la nariz, de las que emana un olor desagradable. Una persona puede tener graves hemorragias nasales recurrentes y puede perder su sentido del olfato (anosmia).

El tratamiento tiene por objeto disminuir la formación de costras, eliminar el olor y reducir las infecciones. Los antibióticos tópicos, como la bacitracina aplicada dentro de la nariz, matan las bacterias. Los estrógenos y las vitaminas A y D vaporizadas dentro de la nariz, o tomados por vía oral, pueden reducir la formación de costras al estimular la secreción de la mucosa. Pueden también resultar útiles otros antibióticos administrados por vía oral o por vía intravenosa. La cirugía para estrechar los conductos nasales puede reducir la formación de costras porque el flujo reducido de aire evita la desecación de la membrana mucosa adelgazada.

Rinitis vasomotora: la rinitis vasomotora es una forma de rinitis crónica. La nariz tapada, los estornudos y la secreción nasal, síntomas habituales de alergia, se producen cuando las alergias no parecen estar presentes. En algunas personas, la nariz reacciona fuertemente a los irritantes (como el polvo y polen), a los perfumes y a la polución. Este trastorno aparece y desaparece, pero se agrava con la sequedad del aire. La membrana mucosa inflamada varía del color rojo intenso a un color morado. En ocasiones las personas también tienen una ligera inflamación de los senos paranasales. Cuando la inflamación es persistente, puede ser necesaria una endoscopia de la nariz y una tomografía computarizada (TAC) de los senos paranasales. Si la inflamación del seno no es significativa, el tratamiento tiene por objetivo el alivio de los síntomas. Puede ser útil evitar el tabaquismo y los irritantes y usar un sistema de calefacción central humidificado o un vaporizador para aumentar la humedad.

■ Pólipos nasales

Los pólipos nasales son formaciones carnosas de la membrana mucosa nasal.

Los pólipos son crecimientos frecuentes a modo de lágrimas que se forman alrededor de las entradas a las cavidades de los senos paranasales. Un pólipo se parece a una uva pelada, sin semilla. A diferencia de los pólipos en el colon o vejiga urinaria, los pólipos en la nariz no son tumores y no sugieren riesgo de cáncer añadido. Son simplemente un reflejo de la inflamación, aunque pueden ser un antecedente familiar del problema. El médico puede realizar una biopsia del pólipo para descartar la presencia de cáncer.

Los pólipos pueden desarrollarse durante una infección y pueden desaparecer después de remitir la infección o pueden empezar lentamente y persistir. Muchas personas no se dan cuenta de tener pólipos nasales, aunque tengan congestión nasal, obstrucción, secreciones e infecciones crónicas.

Las personas con pólipos nasales pueden ser altamente alérgicas a la aspirina y otros fármacos antiinflamatorios no esteroideos (AINE) ● *(v. pág. 544)*. Frecuentemente, las personas con pólipos nasales suelen ser también asmáticos.

Los corticosteroides en forma de aerosoles nasales o los comprimidos orales pueden encoger o eliminar los pólipos. Es necesaria la cirugía en-

Formación de pólipos en la nariz

Los pólipos suelen desarrollarse en la zona donde los senos paranasales se abren dentro de la cavidad nasal, y pueden obstruir el drenaje de los mismos. Es posible que se acumule líquido dentro de los senos paranasales obstruidos y que se produzca una infección (sinusitis).

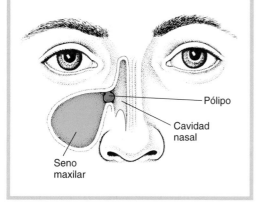

doscópica o los corticosteroides orales cuando los pólipos obstruyen las vías respiratorias o causan infecciones frecuentes en los senos paranasales, bloqueando el drenaje de los mismos. Los pólipos vuelven a crecer nuevamente a no ser que se controle la subyacente irritación, alergia o infección. Utilizando un aerosol con corticosteroides pueden retardarse o evitarse las recidivas. Sin embargo, puede ser necesario que el médico tenga que examinar periódicamente a la persona por endoscopia para evaluar y tratar un problema persistente o recurrente.

■ Sinusitis

La sinusitis es la inflamación de los senos paranasales, muy frecuentemente causada por una alergia o una infección.

La sinusitis es uno de los problemas médicos más frecuentes. Alrededor de entre 10 y 15 millones de personas desarrollan cada año los síntomas de la sinusitis. La sinusitis puede aparecer en cualquiera de los cuatro grupos de senos paranasales: maxilar, etmoidal, frontal o esfenoidal. La sinusitis casi siempre se produce en conjunción con la inflamación de la mucosa de los conductos nasales (rinitis) y algunos médicos se refieren al tras-

torno como rinosinusitis. Puede ser aguda (de corta duración) o crónica (de larga duración).

Sinusitis aguda: la sinusitis aguda puede estar causada por una variedad de bacterias que suelen desarrollarse después de que algo haya bloqueado las entradas a los senos paranasales. La causa más frecuente es una infección vírica de las vías respiratorias superiores, como el resfriado común. Durante un resfriado, la membrana mucosa inflamada de la fosa nasal tiende a bloquear las entradas de los senos paranasales. El aire en los senos es absorbido en el torrente sanguíneo y se disminuye la presión dentro de los senos, causando dolor y atrayendo líquido hacia los senos. Este líquido es un medio de cultivo para las bacterias. Glóbulos blancos y más líquido entran en los senos para combatir las bacterias, y este flujo aumenta la presión y causa más dolor.

Las alergias también causan la inflamación de la membrana mucosa, que obstruye las entradas a los senos. Además, las personas con una desviación

Localización de los senos paranasales

Los senos paranasales son espacios huecos que se encuentran en los huesos que rodean la nariz. Los dos senos frontales se localizan justo encima de las cejas; los dos senos maxilares, en los pómulos; y los dos grupos de senos etmoidales, a ambos lados de la cavidad nasal. Los dos senos esfenoidales (no se muestran aquí) se localizan detrás de los senos etmoidales.

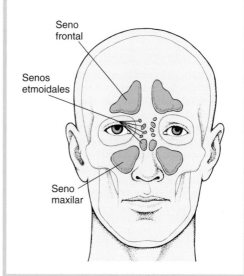

Infecciones de los senos paranasales por hongos

Una variedad de hongos que normalmente se encuentran en todo el medio ambiente pueden estar presentes en la nariz y en los senos paranasales de la mayoría de las personas sanas. Sin embargo, en ciertos casos, los hongos pueden causar una inflamación significativa tanto de la nariz como de los senos paranasales.

Las **bolas de hongo** son un sobrecrecimiento de hongos en personas que, por otra parte, están sanas. Los síntomas incluyen dolor de los senos paranasales, presión, congestión nasal, drenaje de líquidos e infecciones crónicas. La cirugía es necesaria para abrir los senos paranasales afectados y eliminar los residuos de hongos.

Sinusitis alérgica por hongos es un trastorno en el cual los hongos causan una reacción caracterizada por una notable congestión nasal y por la formación de pólipos nasales y paranasales. Los pólipos obstruyen la nariz y los orificios de los senos paranasales y producen una inflamación crónica. Los pólipos y la inflamación a menudo afectan sólo a un lado de la nariz. Normalmente, la cirugía es necesaria para abrir los senos paranasales y retirar los residuos de hongos. De igual modo es necesario un tratamiento a largo plazo con corticosteroides, antibióticos y, a veces, fármacos antimicóticos (contra los hongos) aplicados directamente sobre la zona, o tomados por vía oral. Estos fármacos reducen la inflamación y eliminan el hongo. Sin embargo, incluso tras un tratamiento prolongado es muy probable que el trastorno reaparezca.

La **sinusitis por invasión de hongos** es un trastorno muy grave que se desarrolla más frecuentemente en personas cuyo sistema inmunológico ha sido deteriorado por la quimioterapia o por enfermedades, como una diabetes, una leucemia, un linfoma, un mieloma múltiple o el sida, mal controladas. Puede difundirse rápidamente. Los síntomas incluyen dolor, fiebre y secreción de pus por la nariz. El hongo puede extenderse a la cavidad ocular, causar un desplazamiento hacia delante del ojo afectado (proptosis) y ceguera. El médico establecerá el diagnóstico mediante una biopsia. El tratamiento es con cirugía y fármacos antimicóticos administrados por vía intravenosa. El médico debe también controlar la enfermedad subyacente y estimular el sistema inmunológico deficiente.

del tabique son más propensas a la obstrucción de los senos paranasales.

Sinusitis crónica: la sinusitis se define como crónica si ha estado presente durante un período de entre 8 y 12 semanas o más. No se sabe exactamente cuál es la causa de la sinusitis crónica, pero puede ser consecuencia de una infección vírica, una alergia importante o la exposición a un agente contaminante medioambiental. A menudo, la persona tiene antecedentes familiares; una predisposición genética parece ser un factor. Si la persona tiene una infección bacteriana o fúngica, la inflamación es mucho peor. A veces, la sinusitis crónica del seno maxilar se produce cuando un absceso de un diente superior se extiende al seno, que está por encima.

➤ Síntomas y diagnóstico

Es habitual que la sinusitis aguda tenga como consecuencia el dolor, la sensibilidad al tacto y una inflamación sobre los senos afectados. Por ejemplo, la sinusitis maxilar produce dolor en las mejillas, justo debajo de los ojos, dolor de dientes y cefalea. La sinusitis frontal produce dolor de cabeza que se localiza encima de la frente. La sinusitis etmoidal provoca dolor detrás y entre los ojos, además de un dolor de cabeza que se localiza encima de la frente, a menudo descrito como si se reventara la cabeza. El dolor que produce la sinusitis esfenoidal no se da en zonas bien definidas y puede sentirse en la parte frontal o posterior de la cabeza.

En la sinusitis aguda, puede ser expulsado por la nariz un pus verde o amarillo. También pueden aparecer fiebre y escalofríos, pero su presencia puede sugerir que la infección se haya extendido más allá de los senos. Cualquier cambio en la visión o hinchazón alrededor del ojo es una situación muy grave que puede rápidamente, en minutos u horas, resultar en ceguera. Tal cambio debe ser evaluado por un médico lo antes posible.

Los síntomas de la sinusitis crónica suelen ser mucho más sutiles y el dolor aparece con menos frecuencia. Los síntomas más frecuentes de sinusitis crónica son obstrucción nasal, congestión nasal y goteo nasal posterior. La persona con sinusitis puede tener una secreción nasal coloreada y un sentido del olfato disminuido. La persona puede también sentir malestar general (indisposición).

El médico establece el diagnóstico basándose en los síntomas típicos y, a veces, mediante estudios radiográficos. Las radiografías pueden mostrar la presencia de líquido en los senos, pero la tomografía computarizada (TAC) es la más apta para determinar la extensión y gravedad de la sinusitis. Si una persona tiene sinusitis maxilar, se puede hacer una radiografía de dientes para detectar abscesos dentales. A veces el médico pasa un dispositivo fino de visualización (endoscopio) dentro de la nariz para inspeccionar las entradas a los senos y obtener muestras de líquido para su cultivo. Este procedimiento, que requiere un anestésico local, puede ser realizado en el consultorio del médico.

➤ Tratamiento

El tratamiento de la sinusitis está dirigido a mejorar el drenaje de los senos y curar la infección. Se pueden utilizar durante un tiempo limitado los aerosoles nasales, como la fenilefrina, que causa estrechamiento (constricción) de los vasos sanguíneos. No resulta eficaz el tratamiento con fármacos similares, como la pseudoefedrina, tomados por vía oral. Se administran antibióticos como la amoxicilina o el trimetoprim sulfametoxazol tanto para la sinusitis crónica como para la aguda, pero las personas con sinusitis crónica toman antibióticos durante más tiempo. Los aerosoles nasales con corticosteroides y los comprimidos de corticosteroides son útiles para reducir la inflamación de la membrana mucosa. En caso de haber síntomas significativos de alergia, pueden ser útiles los antihistamínicos. Las irrigaciones nasales con agua salada pueden ayudar a limpiar los senos y a mantenerlos húmedos. Cuando los antibióticos no son eficaces, puede realizarse una cirugía para lavar el seno y obtener material para su cultivo o para mejorar el drenaje del seno, lo que permite la resolución de la inflamación.

CAPÍTULO 222

Trastornos de la garganta

Los trastornos de la garganta (faringe) y del órgano productor de voz, o caja de la voz (laringe), incluyen inflamación e infecciones, pólipos y nódulos en las cuerdas vocales, cáncer ● *(v. pág. 1513)*, úlceras de contacto, parálisis de las cuerdas vocales y laringoceles. Los papilomas de la laringe habitualmente afectan a los niños ● *(v. pág. 1897)*.

Las infecciones de garganta (faringitis) son especialmente frecuentes en los niños, aunque se dan también en los adultos. Las causas, síntomas y tratamiento son similares en ambos grupos ● *(v. pág. 1892)*, salvo que en los adultos, a veces, se infecta la garganta debido a la gonorrea, una enfermedad de transmisión sexual.

■ Celulitis y abscesos amigdalares

*La **celulitis amigdalar** es una infección bacteriana de los tejidos que rodean las amígdalas; un **absceso amigdalar** es una acumulación de pus en la zona de las amígdalas.*

A veces las bacterias que infectan la garganta, habitualmente los estreptococos, pueden propagarse más profundamente en los tejidos circundantes. Esta afección se conoce como celulitis. Si las bacterias crecen sin control, se puede formar una acumulación de pus (absceso). Los abscesos pueden formarse cerca de las amígdalas (periamigdalar) o en el lado de la garganta (parafaríngeo). Los abscesos se producen en los niños, pero son más frecuentes entre los adultos jóvenes.

➤ Síntomas

Cuando se trata de celulitis amigdalar o de un absceso, al tragar se produce un dolor intenso. La persona se siente enferma, tiene fiebre y puede inclinar la cabeza hacia el lado del absceso para aliviar el dolor. Los espasmos de los músculos masticadores dificultan la apertura de la boca (trismo). La celulitis produce un enrojecimiento y una inflamación general encima de la amígdala y en el paladar blando. Un absceso desplaza la amígdala hacia delante, y la úvula (la proyección blanda y pequeña que cuelga de la parte posterior de la garganta) está inflamada y puede quedar desplazada hacia el lado opuesto al absceso.

➤ Diagnóstico y tratamiento

Para establecer el diagnóstico, el médico inspecciona la garganta. No suelen realizarse pruebas, pero si el médico no está seguro de la presencia de un absceso, puede recurrir a una tomografía computarizada (TAC) para identificarlo. A veces, si el médico sospecha la existencia de un absceso, insertará una aguja en la zona para extraer pus.

Los antibióticos, como penicilina o clindamicina, son administrados por vía intravenosa. Si no se encuentra ningún absceso, el antibiótico suele empezar a resolver la infección en el transcurso de 24 a 48 horas. Si se encuentra un absceso, el médico debe insertar una aguja en su interior o hacer una incisión para drenar el pus. Primero se insensibiliza la zona con un anestésico en aerosol o por inyección. El tratamiento con antibióticos se continúa por vía oral.

Los abscesos periamigdalares tienden a recurrir; las recidivas se pueden evitar con la extirpación quirúrgica de las amígdalas (amigdalectomía) ● *(v. pág. 1894),* que suele hacerse al cabo de 4 o 6 semanas después de haber remitido la infección o antes si la infección no está controlada con antibióticos.

■ Epiglotitis

La epiglotitis es una infección bacteriana de la epiglotis.

La epiglotis es un pequeño colgajo de tejido rígido que cierra la entrada del órgano de la voz (laringe) y de la tráquea durante la deglución. En ocasiones, la epiglotis resulta infectada con bacterias, habitualmente *Haemophilus influenzae.* La infección es más frecuente en los niños, pero la vacunación rutinaria contra *Haemophilus* ha logrado recientemente que este microorganismo sea menos frecuente. La inflamación producida por esta infección puede obstruir las vías respiratorias y derivar en una dificultad respiratoria y en la muerte. Considerando que los niños tienen vías respiratorias más pequeñas que los adultos, la epiglotitis es más peligrosa en los niños ● *(v. pág. 1854).*

Los síntomas consisten en dolor intenso de garganta, fiebre y una voz apagada. Ya que la infección está en la epiglotis, la parte posterior de la garganta no suele aparecer infectada. Cuando la hinchazón de la epiglotis estrecha las vías respiratorias, la persona empieza primero a emitir un sonido estridente al respirar (estridor) y luego va teniendo progresivamente dificultades respiratorias. La afección progresa rápidamente.

El médico sospecha el diagnóstico basándose en los síntomas de la persona. Si la persona no tiene dificultades respiratorias, el médico puede inspeccionar el fondo de la garganta con un espejo o hacer radiografías, lo que a menudo muestra una epiglotis inflamada. En algunas ocasiones el médico inspecciona el fondo de la garganta con ayuda de un tubo fino y flexible de visualización que introduce por la nariz (laringoscopia nasofaríngea).

Cuando la persona no tiene dificultad para respirar se le administran antibióticos y se la observa en una unidad de cuidados intensivos. Si la persona tiene dificultades respiratorias, el médico procede a insertar en la tráquea, por la boca o la nariz, un tubo plástico de respiración (intubación endotraqueal). El tubo evita que se cierre la vía respiratoria debido a la hinchazón. En ocasiones la vía respiratoria está tan inflamada que el médico no puede insertar un tubo por esta vía y debe hacer un corte para abrir la parte anterior del cuello e insertar el tubo directamente en la tráquea (traqueotomía o cricotiroidotomía).

■ Laringitis

La laringitis es una inflamación del órgano de la voz (laringe), llamado también caja de la voz.

La causa más frecuente de laringitis es una infección vírica de las vías respiratorias superiores, como el resfriado común. De igual modo, la laringitis puede ir acompañada de una bronquitis o cualquier otra inflamación o infección de las vías respiratorias superiores. El uso excesivo de la voz, una reacción alérgica y la inhalación de irritantes como el humo de tabaco pueden causar laringitis de corta duración (aguda) o persistente (crónica). Son sumamente raras las infecciones bacterianas de la laringe.

Los síntomas consisten en un cambio poco natural de la voz, como la ronquera, o incluso pérdida de la voz, que se desarrolla al cabo de unas horas o de un día. Se siente un cosquilleo en la garganta o una sensación de tenerla en carne viva, y la persona puede tener una necesidad cons-

Problemas de las cuerdas vocales

En estado de reposo, las cuerdas vocales normalmente forman una abertura en forma de V que permite que el aire pase libremente a la tráquea. Las cuerdas se abren al hablar y se cierran al tragar. Colocando un espejo en la parte posterior de la boca del paciente, un médico especialmente cualificado suele poder observar las cuerdas vocales y verificar si hay problemas, como úlceras de contacto, pólipos, nódulos, parálisis y cáncer, todo lo cual afecta la voz. La parálisis puede afectar una cuerda vocal (unilateral) o ambas cuerdas vocales (bilateral, que no se muestra aquí).

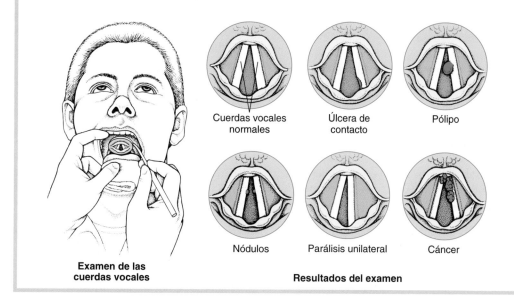

Cuerdas vocales normales   Úlcera de contacto   Pólipo

Nódulos   Parálisis unilateral   Cáncer

Examen de las cuerdas vocales

Resultados del examen

tante de aclararse la garganta. Los síntomas varían según la gravedad de la inflamación. En las infecciones graves puede haber fiebre, sensación general de enfermedad (malestar), dificultad para tragar y dolor de garganta.

El diagnóstico se basa en los síntomas típicos y en los cambios de voz. A veces el médico inspecciona el fondo de garganta con un espejo o un tubo fino y flexible de visualización, que muestra algún enrojecimiento y, en ocasiones, alguna inflamación del revestimiento de la laringe. Considerando que el cáncer de laringe puede causar ronquera, una persona cuyos síntomas persistan más de pocas semanas debe someterse a una evaluación para detectar cáncer ● *(v. pág. 1513).*

El tratamiento de la laringitis vírica depende de los síntomas. Para aliviar los síntomas y favorecer la curación, se aconseja descansar la voz (no hablar), beber una cantidad adicional de líquidos y hacer inhalaciones de vapor. Sin embargo, susurrar puede irritar la laringe aún más. El tratamiento de la bronquitis, si está presente, puede mejorar la laringitis. Un antibiótico se administra sólo para una infección causada por bacterias.

■ Nódulos y pólipos en las cuerdas vocales

Los nódulos y pólipos en las cuerdas vocales son crecimientos no cancerosos que producen ronquera.

Los nódulos y pólipos en las cuerdas vocales son afecciones similares que se desarrollan principalmente por el abuso de la voz (canto o gritos prolongados). La formación de un nódulo o pólipo puede también estar causada por una irritación crónica de la laringe, tal como sucede con la inhalación de humo de cigarrillo o vapores industriales, o debido al reflujo de ácido gástrico por la noche. Los crecimientos son similares, pero los pólipos tienden a ser de mayor tamaño y sobresalir algo más que los nódulos.

Los síntomas incluyen ronquera crónica y voz entrecortada, que tienden a desarrollarse al cabo de días o semanas. Para establecer el diagnóstico, el médico examina las cuerdas vocales con con un tubo fino y flexible de visualización. A veces, el médico extrae una pequeña porción de tejido para su examen al microscopio (biopsia) para asegurarse de que el crecimiento no sea canceroso.

El tratamiento consiste en evitar cualquier cosa que esté irritando la laringe y descansar la voz. Si la causa es el abuso de la voz puede hacer falta una terapia vocal dirigida por un terapeuta del lenguaje (logopeda) para enseñar a la persona cómo hablar o cantar sin forzar las cuerdas vocales. La mayoría de los nódulos desaparecen con este tratamiento, aunque la mayoría de los pólipos deben ser extirpados quirúrgicamente para restablecer la voz normal.

■ Úlceras de contacto de las cuerdas vocales

Las úlceras de contacto son llagas en carne viva de la membrana mucosa que recubre los cartílagos, a los cuales están atadas las cuerdas vocales.

Las úlceras de contacto suelen estar causadas por un abuso de la voz al hablar enérgicamente, en particular al empezar a hablar. Estas úlceras se producen típicamente en maestros, predicadores, representantes de ventas, abogados y personas cuyo trabajo les requiera hablar mucho. El tabaquismo, la tos persistente y el reflujo de ácido gástrico también pueden causar úlceras de contacto.

Los síntomas incluyen un dolor leve al hablar o tragar y distintos grados de ronquera. Para establecer el diagnóstico, el médico examina las cuerdas vocales con un tubo fino y flexible de visualización. Ocasionalmente, se toma una muestra de tejido y se examina al microscopio (biopsia) para asegurarse de que la úlcera no sea cancerosa.

El tratamiento consiste en descansar la voz hablando lo menos posible durante un mínimo de seis semanas para que las úlceras puedan curarse. Para evitar recidivas, las personas que desarrollan úlceras de contacto necesitan terapia vocal para aprender a usar la voz correctamente. Un logopeda puede proporcionar dicha formación. Si la persona tiene reflujo de ácido, el tratamiento consiste en tomar antiácidos, no ingerir alimentos en las dos horas previas a acostarse y mantener la cabeza elevada al dormir.

■ Parálisis de las cuerdas vocales

La parálisis de las cuerdas vocales es la incapacidad de mover los músculos que controlan las cuerdas vocales.

La parálisis de las cuerdas vocales puede afectar a una o a ambas cuerdas vocales. La parálisis puede producirse como consecuencia de trastornos cerebrales (como tumores en el cerebro, accidente cerebrovascular y enfermedades desmielinizantes) ● *(v. pág. 668)* o lesiones en los nervios que llegan a la laringe. El daño a los nervios puede estar causado por tumores no cancerosos y cancerosos, lesiones, una infección vírica de los nervios o neurotoxinas (sustancias que envenenan o destruyen el tejido nervioso), como el plomo o las toxinas producidas en la difteria.

➤ Síntomas y diagnóstico

La parálisis de las cuerdas vocales puede afectar al habla, la respiración y la deglución. La parálisis puede permitir que los alimentos y los líquidos sean inhalados hacia la tráquea y los pulmones. Si hay parálisis de una sola cuerda vocal (parálisis unilateral), la voz es ronca y entrecortada. Por lo general, la vía respiratoria no resulta obstruida porque la cuerda normal que se encuentra al otro lado se abre lo suficiente. Cuando ambas cuerdas vocales quedan paralizadas (parálisis bilateral), la voz se reduce en potencia, pero por lo demás suena normal. No obstante, el espacio entre las cuerdas paralizadas es pequeño y la vía respiratoria no es adecuada, por lo que incluso un ejercicio moderado causa dificultades respiratorias y un sonido ronco y agudo a cada respiración.

El médico intenta descubrir la causa de la parálisis. Puede procederse a un examen de laringe, bronquios o esófago con un tubo fino y flexible para la visión directa. Pueden también ser necesarias una resonancia magnética nuclear (RMN), una tomografía computarizada (TAC) de la cabeza, del cuello, del tórax y de la glándula tiroides y radiografías del esófago.

➤ Tratamiento

El primer objetivo del tratamiento es evitar el cierre de la vía respiratoria debido a la cuerda paralizada. Si hay parálisis de un solo lado, se puede practicar una operación llamada tiroplastia, que consiste en mover la cuerda vocal paralizada hacia la mejor posición para lograr un lenguaje más normal. Cuando ambos lados están paralizados, resulta difícil mantener adecuadamente abierta la vía respiratoria. Una traqueostomía (cirugía que crea una abertura en la tráquea por el cuello) puede ser necesaria. La abertura creada por la traqueostomía puede ser permanente o puede ser utilizada sólo cuando la persona tenga una infección del aparato respiratorio superior. En otro procedimiento, denominado aritenoidectomía, las cuerdas vocales quedan permanentemente separadas y, de ese modo, se ensancha la vía respiratoria. Pero este procedimiento puede empeorar la calidad de la voz.

■ Laringoceles

Los laringoceles son dilataciones saculares de la membrana mucosa de una parte del órgano de la voz (laringe).

Los laringoceles pueden sobresalir hacia dentro y provocar ronquera y obstrucción de la vía respiratoria, o bien hacia fuera, y producir un bulto visible en el cuello. Los laringoceles están llenos de aire y pueden expandirse cuando la persona expulsa el aire con fuerza manteniendo la boca cerrada y apretando las ventanas nasales con los dedos. Los laringoceles tienden a producirse en los músicos que tocan instrumentos de viento.

En una tomografía computarizada (TAC), los laringoceles aparecen como una superficie lisa y con forma de huevo. Se pueden infectar o llenar de un líquido con aspecto de mucosidad y suelen ser extirpados quirúrgicamente.

CAPÍTULO 223

Cánceres de nariz y de garganta

A menudo, el cáncer de nariz y el de garganta están considerados conjuntamente por los médicos, debido a ciertas similitudes. Los cánceres de nariz y de garganta se producen en la caja de la voz (laringe), los espacios huecos localizados en los huesos que rodean la nariz (senos paranasales), los conductos nasales y la parte superior de la garganta (nasofaringe) y las amígdalas. El cáncer de la boca es muy similar al cáncer de nariz y al de garganta ● *(v. pág. 809).* Puesto que estos cánceres pueden causar la muerte, una persona con cáncer de nariz y garganta que no haya respondido al tratamiento deberá tomar todas las disposiciones necesarias. La persona debe tener una franca discusión con el médico sobre sus deseos de atención médica y cuidados terminales ● *(v. pág. 60).*

■ Cáncer de laringe

El cáncer de la caja de la voz (laringe), una zona común de cáncer en la cabeza y el cuello, es más frecuente en los varones que en las mujeres. Está asociado con el tabaquismo y el consumo de alcohol.

➤ Síntomas y diagnóstico

Este cáncer se origina a menudo en las cuerdas vocales o en las estructuras vecinas y con frecuen-

cia causa ronquera. Si una persona ha estado ronca durante más de dos semanas debe solicitar atención médica. El cáncer en otras partes de la laringe causa dolor y dificultades de deglución o de respiración. No obstante, en ocasiones puede apreciarse, antes que ningún otro síntoma, un bulto en el cuello como consecuencia de la propagación del cáncer a un ganglio linfático (metástasis).

Para establecer el diagnóstico, el médico observa la laringe por un laringoscopio (un tubo fino de visualización utilizado para la visión directa de la laringe) y realiza una biopsia (toma de una muestra de tejido para examinarla al microscopio). Muy a menudo se realiza la biopsia en el quirófano, con la persona bajo anestesia general. A veces, puede realizarse en el consultorio del médico, después de haberse aplicado un anestésico tópico.

➤ Estadiaje y pronóstico

El estadiaje es una manera, para los médicos, de describir el estado de desarrollo del cáncer, tomando en cuenta su tamaño y su propagación ● *(v. pág. 1241).* El estadiaje ayuda al médico a dirigir la terapia y evaluar el pronóstico. El cáncer de laringe está clasificado por el tamaño y la localización del tumor original, el número y tamaño

Hablar sin cuerdas vocales

El habla requiere una fuente de ondas sonoras (vibraciones) y un medio para conformar esas vibraciones en palabras. Las cuerdas vocales normalmente proporcionan las vibraciones que entonces resultan conformadas en palabras por la lengua, el paladar y los labios. Las personas cuyas cuerdas vocales han sido extirpadas pueden recuperar su voz en caso de que se les pueda suministrar una nueva fuente de vibraciones sonoras, porque su lengua, paladar y labios siguen siendo capaces de configurar estas nuevas vibraciones en palabras. Hay tres formas en que las personas sin laringe pueden producir vibraciones sonoras: habla esofágica, una electrolaringe o una fístula traqueoesofágica.

En el caso del habla esofágica, se le enseñará a la persona a tomar aire hacia el esófago durante la inspiración y expeler gradualmente el aire como en un eructo, para articular un sonido. A la persona le resultará difícil de aprender a hablar por el esófago y puede ser difícil de comprender por sus interlocutores, pero no requiere cirugía ni accesorios mecánicos.

La electrolaringe es un aparato vibrador que actúa como una fuente de sonido cuando el instrumento se mantiene contra el cuello; produce un sonido mecánico artificial. En comparación con el habla esofágica, una electrolaringe es más fácil de usar y de comprender por otros, pero requiere baterías y la persona debe llevarlo consigo.

La fístula traqueoesofágica se crea insertando quirúrgicamente una válvula unidireccional entre la tráquea y el esófago. La válvula fuerza el paso del aire hacia el esófago durante la espiración, para producir un sonido. La fístula traqueoesofágica requiere una práctica significativa, pero en muchas personas, con el tiempo, puede producir un lenguaje fácil y fluido. La válvula puede quedarse colocada durante muchos meses, pero necesita limpieza diaria. Si la válvula no funciona correctamente, pueden entrar alimentos y líquidos accidentalmente en la tráquea. Algunos tipos de válvulas requieren que la persona obstruya el orificio de la tráquea con un dedo para que la válvula funcione, mientras que otras válvulas pueden funcionar sin esta intervención.

Cuanto mayor sea el cáncer y más se haya propagado, peor será el pronóstico. Si el tumor ha invadido también los músculos, huesos o cartílagos, la curación es menos probable. Casi el 90 % de las personas con pequeños cánceres que no se hayan propagado a ninguna parte sobreviven durante cinco años, en comparación con menos del 50 % de aquellas cuyo cáncer se ha extendido a los ganglios linfáticos locales. Para las personas con metástasis más allá de los ganglios linfáticos locales, es escasa la posibilidad de sobrevivir más de dos años.

➤ Tratamiento

El tratamiento depende del estadio del cáncer y de la localización exacta del cáncer dentro de la laringe. Para un cáncer en un estadio primario, se puede utilizar ya sea cirugía o radioterapia. En general, la radiación se dirige no sólo al cáncer sino también a los ganglios linfáticos localizados a ambos lados del cuello, porque muchos de estos cánceres se extienden a esos ganglios linfáticos. Cuando las cuerdas vocales resultan afectadas, la aplicación de radioterapia puede ser preferible a la cirugía porque puede preservar una voz más normal. Sin embargo, cuando el cáncer de laringe se diagnostica precozmente, la microcirugía, a veces realizada con láser, proporciona tasas de curación idénticas con una preservación igual de la voz y se puede completar en un solo tratamiento.

Habitualmente se tratan con terapia combinada los tumores de tamaño superior a dos centímetros y los que han invadido huesos o cartílagos. Una combinación consiste en radioterapia además de cirugía para extirpar parte o toda la laringe y cuerdas vocales (laringuectomía parcial o total). La radioterapia también se puede combinar con la quimioterapia. Este tratamiento proporciona tasas de curación equivalentes a las que se obtienen mediante la combinación de radiación y cirugía, y la voz es preservada en un número significativo de personas. Sin embargo, la cirugía puede aún ser necesaria para extirpar un cáncer que permanezca después de la aplicación de este tratamiento. Si el cáncer está demasiado avanzado para la cirugía o la radioterapia, la quimioterapia puede ayudar a reducir el dolor y el tamaño del tumor, pero es improbable que constituya una curación.

El tratamiento casi siempre produce importantes reacciones adversas. La cirugía suele afectar a la deglución y al habla; en estos casos, la rehabili-

de metástasis en los ganglios linfáticos del cuello y la evidencia de metástasis en distintas partes del cuerpo. El estadio I es el menos avanzado, y el IV el más avanzado.

tación es necesaria. Han sido desarrollados algunos métodos que permiten hablar a las personas sin cuerdas vocales, a menudo con excelentes resultados. Dependiendo del tejido específico extirpado, es posible realizar una cirugía reconstructiva. La radioterapia puede causar cambios en la piel (como inflamación, picor y pérdida del cabello), cicatrización, pérdida del sentido del gusto, boca seca, y, en ocasiones, destrucción de los tejidos normales. Las personas cuyos dientes estarán expuestos a la radioterapia deben hacer que se corrijan sus problemas dentales y que se extraiga cualquier diente dañado, porque la radiación hará que cualquier trabajo dental subsiguiente tenga más probabilidades de fracasar, y pueden producirse graves infecciones del maxilar. Es típico que la quimioterapia produzca una variedad de reacciones adversas, dependiendo del fármaco utilizado; estas reacciones pueden incluir náuseas, vómitos, una pérdida de audición e infecciones.

■ Cáncer de los senos paranasales

El cáncer de los senos paranasales se produce principalmente en los senos maxilares y etmoidales ● *(v. fig. pág. 1507)*. No se sabe con seguridad cuál es la causa de estos cánceres, pero son mucho más frecuentes en las personas que aspiran de forma regular ciertos tipos de polvo de madera y de metales. No se piensa que la sinusitis crónica cause estos cánceres.

Dado que los senos paranasales proporcionan espacio para que el cáncer crezca, la mayoría de las personas no desarrollan síntomas hasta que éste se halla muy avanzado. Los síntomas incluyen el dolor, una sensación de obstrucción nasal, visión doble, hemorragia nasal y aflojamiento de los dientes en el maxilar bajo el seno paranasal afectado, como consecuencia de la presión del cáncer sobre las estructuras vecinas.

Los médicos tratan el cáncer de los senos paranasales con una combinación de cirugía y radioterapia. Recientes avances en las técnicas quirúrgicas han permitido extirpar los tumores por completo, sin afectar a las zonas de la cara no implicadas, como el ojo, y reconstruir la zona con un aspecto mucho mejor. Cuanto antes se trate el cáncer, mejor será el pronóstico. Sin embargo, la supervivencia es generalmente baja; sólo alrededor del 10 al 20 % de las personas viven más de cinco años.

Hallazgo de un bulto en el cuello

El médico puede descubrir un bulto anormal en el cuello de una persona que no tenga ningún otro síntoma. La mayoría de los bultos son un aumento de tamaño de los ganglios linfáticos, que tienden a agrandarse debido a una infección cercana, como una infección de la garganta. Sin embargo, un ganglio linfático agrandado también puede estar causado por un cáncer, ya sea un cáncer del ganglio linfático (linfoma) o un cáncer que se haya extendido al ganglio linfático desde otra parte del cuerpo (metástasis). Los ganglios linfáticos del cuello son una zona frecuente para la extensión del cáncer desde otras muchas partes del cuerpo. Los bultos sin dolor son algo más preocupantes que los dolorosos. Cualquier bulto que permanezca más de unos días debe ser evaluado por un médico.

El médico examina primero los oídos, la nariz, la faringe, la laringe, las amígdalas, la base de la lengua y las glándulas tiroides y salivales. Este examen suele incluir una inspección del fondo de la garganta con la ayuda de un espejo o con un tubo de visualización flexible y delgado. Si no hay una fuente obvia de infección o una mancha cancerosa visible, no es necesario realizar más pruebas. La prueba inicial suele ser una biopsia con aguja del ganglio linfático agrandado, pero puede realizarse una tomografía computarizada (TAC) o una resonancia magnética nuclear (RMN) de la cabeza y del cuello. La mayoría de las veces, los bultos en los niños están causados por una infección, por ello es habitual que se pruebe primero un tratamiento con antibióticos. Para buscar un cáncer originado en otras partes del cuerpo, el médico suele solicitar radiografías de la parte superior del aparato digestivo, un escáner de la tiroides y una TAC del tórax. Es probable que sea necesario realizar un examen directo de laringe (laringoscopia), pulmones (broncoscopia) y esófago (esofagoscopia).

Cuando se encuentren células cancerosas en un ganglio linfático agrandado en el cuello sin que haya signos de cáncer en cualquier otra parte, se extirpará la totalidad del ganglio linfático que contenga las células cancerosas, al tiempo que se extirparán los ganglios linfáticos adicionales y el tejido graso dentro del cuello. Si el tumor es suficientemente grande, los médicos pueden también extirpar la vena yugular interna, junto con los músculos vecinos y los nervios. También se suele administrar radioterapia.

■ Cáncer de nasofaringe

El cáncer de los conductos nasales y de la parte superior de la faringe (nasofaringe) puede producirse tanto en los niños como en los adultos jóvenes.

El virus de Epstein-Barr, que causa mononucleosis infecciosa, participa en el desarrollo del cáncer nasofaríngeo. Además, niños y adultos jóvenes que comen grandes cantidades de pescado salado (especialmente personas con una mala ingestión de vitaminas) tienen más probabilidades de desarrollar un cáncer nasofaríngeo.

Con frecuencia, el primer síntoma es una obstrucción persistente de la nariz o de las trompas de Eustaquio, que causa una sensación de taponamiento o dolor de oídos, y puede causar una pérdida de la audición, especialmente en un oído. Si una trompa de Eustaquio está obstruida, puede acumularse líquido en el oído medio. La persona puede tener una secreción nasal de pus y de sangre. En raras ocasiones, parte de la cara queda paralizada. A menudo, el cáncer se propaga a los ganglios linfáticos del cuello.

El médico diagnostica el cáncer realizando una biopsia del tumor, mediante la cual se extrae una muestra de tejido que se examina al microscopio. Se realiza una tomografía computarizada (TAC) o una resonancia magnética nuclear (RMN) de la cabeza y del cuello para evaluar la extensión del cáncer. El tumor se trata con radioterapia y quimioterapia. Puede ser necesaria una intervención quirúrgica si el tumor es grande o no responde al tratamiento. De forma global, el 35 % de las personas sobreviven durante al menos cinco años después del diagnóstico; un tratamiento precoz mejora significativamente el pronóstico.

■ Cáncer de amígdalas

El cáncer de amígdalas se produce predominantemente en los varones. Está fuertemente asociado con el tabaquismo y el consumo de alcohol. Este cáncer se propaga a menudo hacia los ganglios linfáticos del cuello. El cáncer de las amígdalas se da más frecuentemente en personas entre edades de 50 y 70 años.

Una inflamación de garganta suele ser el primer síntoma. El dolor suele irradiar hasta el oído en el mismo lado que la amígdala afectada. Pero en ocasiones se puede apreciar, antes que ningún otro síntoma, un bulto, como consecuencia de la propagación del cáncer a un ganglio linfático (metástasis). El médico diagnostica el cáncer realizando una biopsia de la amígdala, mediante la cual se extrae una muestra de tejido para su examen al microscopio. La evaluación suele incluir laringoscopia (examen de la laringe), broncoscopia (examen de los pulmones) y una esofagoscopia (examen del esófago). Estas zonas son evaluadas debido al alto riesgo de presencia de cánceres adicionales (hasta el 10 %).

Es típico que el tratamiento incluya radioterapia y cirugía. Ciertos tipos de quimioterapia son también eficaces cuando se combinan con radioterapia. La cirugía puede consistir en la extirpación del tumor, los ganglios linfáticos del cuello y parte de la mandíbula. Ha habido avances notables en la reconstrucción posterior a la cirugía para extirpar el cáncer, dando como resultado una mejoría significativa de las funciones y del aspecto. En torno al 50 % de las personas sobreviven durante al menos cinco años tras el diagnóstico, aunque el número exacto depende del estadio del cáncer en el momento del tratamiento.

SECCIÓN 20

TRASTORNOS OCULARES

CAPÍTULO 224

Biología de los ojos

La estructura y función de los ojos son complejas. Cada ojo ajusta constantemente la cantidad de luz que deja entrar, enfoca los objetos cercanos y lejanos y genera continuamente imágenes que se transmiten al cerebro de forma instantánea.

■ Estructura y función

La órbita es una cavidad ósea que contiene el globo ocular, los músculos, los nervios y los vasos sanguíneos, así como las estructuras que producen y drenan las lágrimas. Cada órbita tiene forma de pera y su estructura está formada por varios huesos.

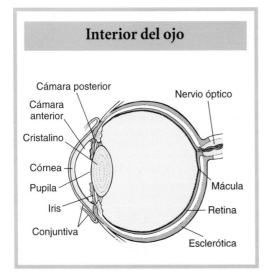

Interior del ojo

Cámara posterior
Nervio óptico
Cámara anterior
Cristalino
Córnea
Pupila
Mácula
Iris
Retina
Conjuntiva
Esclerótica

El ojo tiene una capa externa blanca, relativamente resistente (esclerótica o parte blanca del ojo). Cerca de la parte frontal del ojo, la esclerótica está cubierta por una membrana fina (conjuntiva), que bordea la córnea y también cubre los párpados por dentro.

La luz entra por la córnea, una cúpula transparente que se encuentra sobre la superficie frontal del ojo. Además de actuar como una capa protectora de la parte frontal del ojo, la córnea también ayuda a concentrar la luz sobre la retina, en la parte posterior del ojo. Después de pasar por la córnea, la luz atraviesa la pupila, el área negra situada en el centro del iris. El iris, el área circular y coloreada del ojo, controla la cantidad de luz que entra para que la pupila se dilate y se contraiga como la lente de una cámara. El iris permite que entre más luz en el ojo cuando el ambiente está oscuro y deja que entre menos cuando en el entorno hay más luz. El tamaño de la pupila está controlado por el músculo esfínter pupilar.

Detrás del iris se encuentra el cristalino. Al cambiar de forma, el cristalino concentra la luz en la retina. Para que el ojo enfoque los objetos cercanos, unos músculos pequeños llamados ciliares se contraen, haciendo que el cristalino aumente de grosor. Para que el ojo enfoque objetos distantes, los mismos músculos se relajan, disminuyendo el grosor del cristalino.

La retina contiene las células que perciben la luz (fotorreceptores) y los vasos sanguíneos que las nutren. La parte más sensible de la retina es un área pequeña llamada mácula, que tiene millones de fotorreceptores unidos entre sí. La gran cantidad de fotorreceptores que hay en la mácula genera una imagen visual exacta, del mismo modo que una película de alta resolución contiene granos empaquetados de manera más estrecha. Cada fotorreceptor está ligado a una fibra nerviosa. Las fibras nerviosas de los fotorreceptores forman entre sí el nervio óptico. El disco óptico, la primera parte del nervio óptico, está localizado en la parte posterior del ojo. Los fotorreceptores de la retina convierten la imagen en impulsos eléctricos, que son transmitidos al cerebro por el nervio óptico.

Existen dos grupos principales de fotorreceptores, los conos y los bastones. Los conos son los responsables de la agudeza visual y de la visión en color y están agrupados principalmente en la mácula. Los bastones son los responsables de la visión nocturna y de la visión periférica; éstos son más numerosos que los conos y tienen una mayor sensibilidad a la luz, pero no registran el color. Los bastones se hallan agrupados principalmente en la zona periférica de la retina y no contribuyen a la agudeza visual como lo hacen los conos.

El nervio óptico conecta la retina con el cerebro. La mitad de las fibras de este nervio cruzan hacia el lado opuesto, en el quiasma óptico, un área que se encuentra frente a la glándula hipófisis, debajo de la zona frontal del cerebro. Luego, los haces de fibras nerviosas se unen otra vez antes de llegar a la parte posterior del cerebro, donde se percibe e interpreta la visión. Basándose en esta disposición de las fibras, los impulsos visuales de cada ojo son enviados hacia el otro lado del cerebro. Debido a esta disposición anatómica, las lesiones que comprometen el quiasma óptico provocan patrones peculiares de pérdida de la visión ● *(v. fig. pág. 1564).*

El globo ocular está dividido en dos segmentos, cada uno de los cuales está lleno de líquido. La sección frontal (segmento anterior) se extiende desde el interior de la córnea hasta la superficie frontal del cristalino. Está lleno de un líquido llamado humor acuoso, que nutre sus estructuras internas. La parte dorsal (segmento posterior) se extiende desde la superficie posterior del cristalino hasta la retina. Contiene un líquido gelatinoso denominado humor vítreo. Estos líquidos, además de llenar el globo ocular, ayudan a mantener su forma.

El segmento anterior se divide en dos cámaras: la cámara frontal (anterior), que se extiende desde la córnea hasta el iris, y la cámara dorsal (posterior), que se extiende desde el iris hasta el cristalino. Normalmente, el humor acuoso se genera en la cámara posterior, fluye con lentitud por la

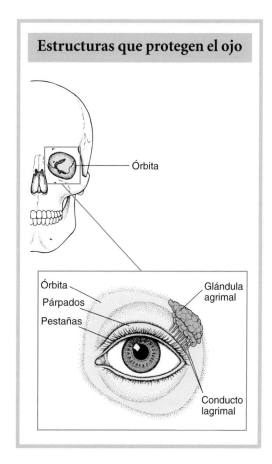

Estructuras que protegen el ojo

Órbita

Órbita
Párpados
Pestañas
Glándula agrimal
Conducto lagrimal

pupila y llega a la cámara anterior, luego sale del globo ocular por unos canales de salida que se encuentran en la raíz del iris.

■ Músculos, nervios y vasos sanguíneos

Varios músculos trabajan conjuntamente para mover los ojos. Cada músculo es estimulado por un nervio craneal específico ● *(v. pág. 705).* El nervio óptico (un nervio craneal), que transmite impulsos desde la retina hacia el cerebro; el nervio lagrimal, que estimula a las glándulas lagrimales para que produzcan lágrimas, y otros nervios que transmiten sensaciones al cerebro desde las distintas partes de los ojos, discurren por la órbita.

La arteria oftálmica y la arteria de la retina suministran sangre a cada ojo, mientras que las venas oftálmica y de la retina la drenan. Estos vasos sanguíneos entran y salen por la parte posterior del ojo.

■ Partes protectoras

La cavidad ósea de la órbita protege el ojo, y le permite moverse libremente en todas las direcciones.

Las pestañas son pelos cortos que crecen desde el borde de los párpados. Las pestañas del párpado superior son más largas que las del párpado inferior y están orientadas hacia arriba. Las pestañas inferiores están orientadas hacia abajo. Las pestañas actúan como una barrera que arrastra del ojo las partículas extrañas.

Los párpados superior e inferior son capas de piel fina que pueden cubrir los ojos. Se cierran de forma rápida y refleja para proteger el ojo del viento, del polvo, de objetos extraños y de la luz muy brillante. Este reflejo se dispara ante la visión de un objeto que se aproxima, por el contacto de un objeto con la superficie del ojo o cuando las pestañas se mueven por efecto del viento o por el impacto de pequeñas partículas, como el polvo o la arena. Sobre la superficie interna del párpado, la conjuntiva se repliega hacia atrás para cubrir la superficie frontal del ojo, hasta el borde de la córnea. La conjuntiva protege los tejidos sensibles que están recubiertos por ella.

El parpadeo contribuye a la distribución de las lágrimas por la superficie del ojo. Las lágrimas son un líquido salino que constantemente baña la superficie del ojo para mantenerla húmeda. Cuando se cierran, los párpados ayudan a atrapar la humedad en la superficie del ojo. Unas pequeñas glándulas situadas en el extremo del párpado secretan una sustancia aceitosa que mejora la película lagrimal y evita que las lágrimas se evaporen. Las lágrimas mantienen la superficie del ojo húmeda y sana. Sin esa humedad, la córnea (que normalmente es transparente) puede secarse, dañarse y tornarse opaca. Las lágrimas también atrapan y arrastran pequeñas partículas que entran en el ojo. Por otra parte, las lágrimas son ricas en anticuerpos que ayudan a prevenir las infecciones. Los párpados y las lágrimas también protegen al ojo a la vez que permiten el acceso, libre de impurezas, de los rayos de luz.

Las glándulas lagrimales, situadas en el extremo superior externo de cada ojo, producen la parte acuosa de las lágrimas. Las glándulas mucosas de la conjuntiva producen moco, y éste se mezcla con la parte acuosa de las lágrimas, con lo que se genera una película más protectora. Las lágrimas circulan desde los ojos hacia la nariz por uno de los dos conductos nasolagrimales; cada uno de ellos tiene aberturas próximas a la nariz, en el extremo de los párpados superiores e inferiores.

■ Efectos del envejecimiento

En la edad madura, el cristalino se hace menos flexible, menos capaz de aumentar su grosor y, en consecuencia, menos apto para enfocar objetos cercanos, con lo que se produce la llamada presbicia. Los lentes o gafas para lectura o las gafas bifocales son una ayuda para compensar esta dificultad.

En la vejez, entre los cambios que se producen en la esclerótica (el área blanca de los ojos) se incluyen que ésta se torne de color amarillento u oscuro debido a muchos años de exposición a los rayos ultravioleta, al viento y al polvo; que existan manchas aleatorias de pigmento (más frecuentes en personas de piel oscura) y que esta área adquiera un tinte azuloso, debido a su adelgazamiento.

El número de células mucosas de la conjuntiva puede disminuir con la edad. La producción de lágrimas también disminuye con la edad, en consecuencia hay menos lágrimas disponibles para mantener húmedo el ojo. Estos cambios explican por qué las personas mayores tienen más probabilidad de tener sequedad en los ojos.

El arco senil (un depósito de calcio y sales de colesterol) aparece como una franja anular blanco-grisácea en el borde de la córnea. Es frecuente en personas de más de 60 años. El arco senil no afecta a la visión.

Hay determinadas enfermedades de la retina ● *(v. pág. 1557)*, como la degeneración macular, la retinopatía diabética y el desprendimiento de retina, que tienen más posibilidades de aparecer durante la vejez. Otras enfermedades del ojo, como cataratas y ojo seco, se hacen más frecuentes.

Los músculos que permiten cerrar los párpados pierden fuerza con la edad; esto, combinado con la hiperlaxitud de los párpados relacionada con la edad, a veces da como resultado que el párpado inferior caiga, alejándose del ojo y dejando expuesta la conjuntiva, lo que se denomina ectropión. En algunas personas mayores, la grasa acumulada en torno a la órbita se contrae, lo que ocasiona que el ojo se hunda dentro de la órbita.

Los músculos que regulan el tamaño de las pupilas se debilitan con la edad. Las pupilas pueden volverse más pequeñas, reaccionan más perezosamente a la luz y se dilatan más con más lentitud en la oscuridad. Por esto las personas mayores de 60 años pueden percibir con menos brillo los objetos, así que fácilmente pueden verse deslumbradas al pasar hacia un ambiente con mejor iluminación (o cuando, de noche, se encuentran ante un coche que les viene de cara). También tienen dificultad cuando pasan de un ambiente iluminado a otro más oscuro. Estos trastornos pueden ser particularmente molestos cuando se combinan con los efectos de las cataratas.

Pueden producirse otros cambios en las funciones del ojo a medida que la persona envejece.

La claridad de la visión (agudeza visual) también se reduce, aunque se utilicen las mejores gafas. La retina pierde capacidad para percibir la luz, por lo que aumenta la necesidad de una iluminación más brillante y de un mejor contraste entre los objetos y el fondo. La percepción del color y de la profundidad se reduce.

Las personas mayores también pueden ver un mayor número de puntos negros flotantes. Los puntos negros flotantes no afectan significativamente a la visión.

CAPÍTULO 225

Síntomas y diagnóstico de los trastornos oculares

Los síntomas oculares pueden incluir cambios en la visión, cambios en la apariencia del ojo o cambios en las sensaciones del ojo. Los síntomas oculares suelen reflejar un problema de los ojos, aunque en algunas ocasiones pueden indicar un problema en alguna otra parte del cuerpo (particularmente en el cerebro). Algunas veces, los ojos presentan síntomas como parte de una enfermedad que afecta a distintos sistemas del organismo.

Una persona con síntomas en los ojos debe consultar a un especialista. Sin embargo, muchas enfermedades en su etapa inicial pueden presentar pocos o ningún síntoma. Por esta razón, los ojos deben ser sometidos a una revisión regular (cada 1 o 2 años, y con una mayor frecuencia en los casos en que existe alguna enfermedad ocular) por parte de un oftalmólogo (el médico especializado tanto en el diagnóstico, como en el tratamiento médico y quirúrgico de las enfermedades de los ojos) o de un optometrista (el especialista en problemas de refracción, sin titulación médica).

La persona con problemas oculares o de la visión debe informar a su médico de la localización y duración de los síntomas; después, el médico procede al examen de los ojos, de la zona que está alrededor de ellos y posiblemente de otras partes del cuerpo, en función del trastorno que se sospeche.

■ Síntomas

➤ Cambios en la visión

Los cambios en la visión pueden presentarse como pérdida o distorsión de la visión.

Pérdida de la visión: la pérdida de la visión puede ser parcial o total. Una persona con pérdida de la visión puede no ver nada, o puede ser capaz de diferenciar la luz de la oscuridad y puede incluso ser capaz de distinguir bultos. La pérdida de la visión puede afectar a una parte o a la totalidad del campo visual de uno o ambos ojos, y puede ser transitoria o permanente. Dependiendo de la forma y de la velocidad con que curse la pérdida de visión, la persona puede notar rápidamente el problema, o éste puede ser descubierto tarde, quizá a raíz de un accidente de tráfico o después de cualquier otro acontecimiento que conduzca a una exploración detallada de los ojos.

La pérdida completa de la visión puede darse en uno o en ambos ojos. Entre las causas figuran la obstrucción del riego sanguíneo que llega a la retina, la diabetes, la enfermedad del nervio óptico, el glaucoma y, en zonas tropicales, algunas infecciones, como el tracoma.

Existen diferentes tipos de pérdida de visión que sólo afectan a una parte del campo visual. Las personas que han tenido algún tipo de accidente cerebrovascular pueden presentar pérdida de la visión en un único lado del campo visual. Las personas con un tumor de la glándula hipófisis (situada justo debajo del cerebro y detrás del cruce de las fibras nerviosas del nervio óptico) pueden perder la visión lateral (a ambos lados del campo visual), pero ver con normalidad en el centro (visión en túnel). Antes de una crisis de migraña, algunas personas pueden presentar temporalmente (por lo general alrededor de veinte minutos) dificultad para ver los objetos en el campo visual superior o inferior, a derecha o izquierda. Las personas con degeneración macular pierden la capacidad para ver cosas hacia las que miran directamente, pero mantienen la visión periférica (las cosas que aparecen fuera del ángulo de los ojos). Algunas enfermedades que dañan la retina, como la retinopatía diabética y la retinopatía hipertensiva, pueden ocasionar pérdida de la visión en forma de pequeños parches irregulares. Si el glaucoma no se trata, puede causar una pérdida parcial de la visión periférica, visión en túnel e incluso ceguera total.

Distorsión de la visión: la distorsión de la visión es la incapacidad para ver con claridad y correctamente. Esta distorsión puede ser debida a un error refractivo, a una alteración en la visión de profundidad, a la visión doble, a brillos, a luces o destellos de luz, o a puntos flotantes. Puede también estar provocada por el daltonismo (ceguera para los colores).

Los problemas en la refracción pueden hacer que los objetos se perciban borrosos y desenfocados. Los errores de refracción suelen ser el resultado de un desequilibrio entre la forma de la córnea o del cristalino y la longitud del ojo. Si sólo está comprometida la visión de lejos, la persona tiene miopía. Si está comprometida la visión de cerca, la persona tiene hipermetropía. Al alcanzar la edad madura, la mayoría de las personas, incluso las que han gozado de excelente visión, presentan dificultad para enfocar objetos cercanos (presbicia). El astigmatismo es otro tipo de error de refracción, que tiene su origen en una irregularidad de la curvatura de la córnea o del cristalino y que da como resultado una visión ligeramente borrosa. El astigmatismo puede producirse aisladamente o asociado a los defectos refractivos antes descritos.

La percepción de profundidad (visión de profundidad) es la capacidad para determinar la posición de los objetos en el espacio. Las personas con dificultades en la percepción de profundidad encuentran difícil determinar, entre dos objetos, cuál está más cerca. La percepción de profundidad disminuye cuando uno de los ojos está ciego o tiene un defecto de refracción. También puede verse comprometida cuando el cerebro no puede integrar las dos imágenes -una proveniente de cada ojo- en una sola imagen tridimensional (fusión), situación que da como resultado visión doble. Sin embargo, mucha información relativa a la percepción de profundidad proviene de un solo ojo; así, por ejemplo, si una persona cierra un ojo y ve dos objetos, por lo general puede decir qué objeto está más cerca (con un solo ojo abierto).

La visión doble (diplopía) consiste en ver dos imágenes de un mismo objeto. La visión doble puede ser el resultado de la debilidad de uno o más músculos de los que controlan los movimientos del ojo, y termina en estrabismo ● *(v. pág. 1899)*. Otras causas incluyen cansancio, intoxicación alcohólica, esclerosis múltiple, traumatismos o cataratas. La aparición súbita de visión doble puede indicar graves trastornos del cerebro o del sistema nervioso, tales como un tumor, un aneurisma o coágulos sanguíneos.

Algunas personas experimentan brillos o halos alrededor de las luces, en especial cuando conducen por la noche. Estos síntomas son más frecuentes en las personas mayores, en las que han tenido ciertos tipos de cirugía refractiva o en aquellas personas que tienen ciertos tipos de cataratas. Los brillos y halos también pueden presentarse en personas que tengan muy dilatada la pupila (por ejemplo, si han recibido gotas oftálmicas antes de un examen oftalmológico o si tienen las pupilas grandes). Cuando la pupila está ampliamente dilatada, la luz puede pasar por la parte periférica del cristalino, desde donde es reflejada de forma diferente a la que pasa por las zonas más centrales del cristalino, lo que causa el deslumbramiento.

Las personas mayores con frecuencia tienen dificultades para ver con poca luz. Estos síntomas son referidos a veces como ceguera nocturna. Más frecuentemente, ésta es el resultado de la presencia de cataratas, aunque ciertas formas de degeneración retiniana, como la retinitis pigmentaria, presentan ceguera nocturna como una característica de la enfermedad.

Algunas personas ven destellos brillantes o luces parpadeantes. A menudo, esta sensación se ve asociada al movimiento de la sustancia gelatinosa que rellena la parte posterior del ojo (humor vítreo); en otras ocasiones es síntoma de un desprendimiento de la retina o de una cefalea de tipo migrañoso. Los destellos de luz pueden ser

Cómo y por qué se desarrolla la ceguera

Cualquier cosa que impida el paso de luz hacia la parte posterior del ojo, o de los impulsos nerviosos desde la parte posterior del ojo hacia el cerebro, afecta a la visión.

Generalmente se considera que hay ceguera cuando se da una agudeza visual inferior a 20/200, incluso tras una corrección con gafas o lentes de contacto. Muchas personas que son consideradas legalmente ciegas conservan la capacidad de distinguir formas y sombras, pero no perciben los pequeños detalles.

La ceguera puede producirse en las siguientes circunstancias:

■ **La luz no puede llegar a la retina**

Daño de la córnea como consecuencia de algunas infecciones, tales como tracoma, lepra u oncocercosis, que dan como resultado una cicatríz opaca en la córnea.

Daño en la córnea como resultado de una deficiencia de vitamina A, que conduce a sequedad en los ojos (queratomalacia) y da origen a una cicatriz que opacifica la cornea.

Cataratas.

■ **Los rayos de luz no se enfocan correctamente en la retina**

Los defectos graves de focalización (refracción) no son totalmente corregibles con gafas o lentes de contacto.

■ **La retina no puede percibir los rayos de luz normalmente**

Retina desprendida.

Diabetes mellitus.

Glaucoma.

Degeneración macular.

Retinitis pigmentaria.

■ **Los impulsos nerviosos no son normalmente transmitidos desde la retina al cerebro**

Los tumores cerebrales que empujan al nervio óptico, o a sus diferentes vías, dentro del cerebro.

Los trastornos del sistema nervioso, como la esclerosis múltiple.

Un inadecuado aporte de sangre a la retina (por lo general debido a un coágulo en la arteria o en la vena de la retina, debido a la arteritis temporal).

La inflamación del nervio óptico (neuritis óptica).

■ **El cerebro no puede interpretar la información enviada por el ojo**

Accidentes cerebrovasculares o tumores cerebrales que afecten a las áreas del cerebro que interpretan los impulsos visuales (corteza visual).

---

consecuencia de un golpe sufrido en la parte posterior de la cabeza (*ver estrellas* como resultado de la estimulación de la parte del cerebro en donde se interpreta la visión.

Los puntos flotantes son manchas oscuras que se mueven por delante de los ojos. Se deben al movimiento, rápido o lento, de fibras microscópicas que conforman el humor vítreo. Los puntos flotantes se incrementan con el envejecimiento. Los puntos flotantes no suelen afectar a la visión y se les suele considerar normales; sin embargo, un incremento brusco en el número de puntos flotantes (en especial si se acompañan de luces centelleantes) puede indicar un problema grave, como el desprendimiento de la retina. Una persona con estos síntomas debe ser valorada por un oftalmólogo.

Las personas con daltonismo son incapaces de percibir ciertos colores, o los perciben con una intensidad diferente a las personas que no están afectadas por el trastorno. Por ejemplo, en la forma más común de daltonismo (falta de percepción de los colores rojo y verde), las personas pueden tener menor capacidad para distinguir el verde oscuro, el rojo o ambos. A menudo, los cambios son sutiles, y muchas personas no se dan cuenta de que sufren daltonismo hasta que han sido examinadas.

➤ Cambios en la apariencia de los ojos

El cambio más frecuente en la apariencia de los ojos es el ojo rojo. Muchas enfermedades dilatan los vasos sanguíneos de la conjuntiva y hacen que la parte blanca del ojo se vuelva roja. Entre estas afecciones figuran el cansancio, las alergias, las infecciones, las abrasiones o las úlceras corneales y los cuerpos extraños en los ojos. A veces, una

¿Cuáles son las causas del daltonismo?

El daltonismo (discromatopsia) afecta a la percepción de los colores. Por lo general, se presenta desde el nacimiento y casi siempre está causado por un gen recesivo ligado al X, lo que significa que casi siempre se produce en los varones que tienen este gen. Las mujeres habitualmente no resultan afectadas, pero pueden pasar a sus hijos el gen del daltonismo.

Si bien es cierto que el daltonismo en ocasiones se debe a una dificultad del cerebro para interpretar el color (más que a un problema de los ojos), las personas con daltonismo suelen carecer de ciertos fotorreceptores en la parte posterior del ojo.

La mayoría de los casos de daltonismo se deben a una deficiencia relativa o a una anomalía de uno de los tipos de fotorreceptores. La ceguera para los colores rojo y verde es la anomalía más frecuente. La ceguera para los colores azul y amarillo habitualmente se produce como consecuencia de una enfermedad adquirida más que de una hereditaria y su origen puede estar en un trastorno del nervio óptico.

Las personas deben someterse a un examen para el daltonismo, si un familiar tiene esta anomalía. Algunos individuos terminan siendo examinados cuando se quejan de dificultad para distinguir los colores. Otras personas, como los pilotos de avión, pueden no darse cuenta del problema y terminan siendo diagnosticados por las revisiones oculares que se hacen en su trabajo, ya que se les exige el poder diferenciar los colores.

tos fuerte o un golpe directo rompe un vaso sanguíneo de la conjuntiva, lo que da como resultado un parche de color rojo brillante en el blanco del ojo. En algunas ocasiones, la hemorragia es tan grande que cubre la parte blanca del ojo, y ésta queda completamente roja. Como consecuencia de un chalazión ● *(v. pág. 1539),* una alergia o una infección bacteriana de los párpados o de los senos paranasales, los párpados y demás tejido alrededor del ojo pueden enrojecerse.

En la ictericia, la parte blanca de los ojos (la esclerótica) se vuelve amarilla, así como la piel ● *(v. pág. 950).*

Alguna veces aparecen manchas oscuras en el iris o en la conjuntiva. Algunas son congénitas, pero otras pueden aparecer con el envejecimiento. A menudo, no tienen importancia, pero cualquier mancha oscura que crece debe ser valorada por un oftalmólogo para descartar un tumor.

Normalmente, las pupilas tienen el mismo tamaño; se vuelven grandes en la oscuridad (se dilatan) y pequeñas a la luz (se contraen). Ciertos fármacos utilizados para tratar enfermedades de los ojos dilatan o contraen las pupilas. Los opiáceos, como la morfina, contraen las pupilas. Las anfetaminas, los antihistamínicos, la cocaína y la marihuana pueden dilatar las pupilas.

El tamaño desigual en las pupilas (una grande y otra pequeña) puede ser el resultado de una lesión o inflamación del ojo, de uno de los nervios que controlan la pupila; de un traumatismo craneal, de tumores cerebrales o de instilar gotas en un solo ojo. Las personas con sífilis pueden tener pupilas pequeñas e irregulares (pupilas de Argyll Robertson). Algunas personas pueden nacer con la pupilas de diferentes tamaños.

Las alteraciones también pueden ser visibles en las estructuras que rodean el ojo, como los párpados. Por ejemplo, los párpados pueden estar caídos (ptosis). Esto puede ocurrir en la miastenia grave ● *(v. pág. 692).* A veces, los ojos están excepcionalmente abiertos y prominentes, por lo general porque son empujados hacia delante (exoftalmos), como puede producirse en la enfermedad de Graves ● *(v. pág. 1136).*

Los párpados pueden hincharse debido a alergias, infecciones o inflamación (como la de un chalazión u orzuelo). Las raíces de las pestañas pueden infectarse, lo que da como resultado que las pestañas se caigan. Las alergias o las infecciones también pueden producir secreciones anormales, que al endurecerse, producen costras y causan dificultad para abrir los ojos.

➤ Cambios en las sensaciones de los ojos

El dolor puede aparecer alrededor del ojo, en el ojo o detrás del ojo. El dolor de la córnea tiende a ser agudo y suele agudizarse con el parpadeo; puede dar la sensación de tener algo en el ojo. El dolor en la córnea puede deberse a una abrasión, a un cuerpo extraño, a ojo seco, a una úlcera o a una infección. El glaucoma de ángulo cerrado produce un dolor intenso en el ojo. Sin embargo, el glaucoma crónico no es doloroso. El dolor que se origina dentro del ojo puede acompañarse de una sensibilidad del globo ocular (duele cuando se presiona suavemente). Un dolor profundo y continuo en el ojo puede ser síntoma de una escleritis, una inflamación grave de la capa más externa del ojo, o de una uveítis, una inflamación de las estructuras internas del ojo.

El astigmatismo es una irregularidad en la curvatura (curvas diferentes en varias direcciones) de la córnea o del cristalino, que produce una desviación de la luz y altera el enfoque de la misma. Por ejemplo, las líneas verticales pueden verse como líneas horizontales (o viceversa). La irregularidad puede estar presente en cualquier plano; sin embargo, frecuentemente es diferente en cada ojo. Una persona con astigmatismo (cada ojo debe ser analizado por separado) tiende a ver ciertas líneas de manera más marcada (es decir, con mayor claridad) que las demás. El astigmatismo se corrige con gafas o con lentes de contacto. Con frecuencia está asociado a hipermetropía o miopía.

El siguiente diagrama es un gráfico estándar que se usa para evaluar el astigmatismo en un ojo cada vez:

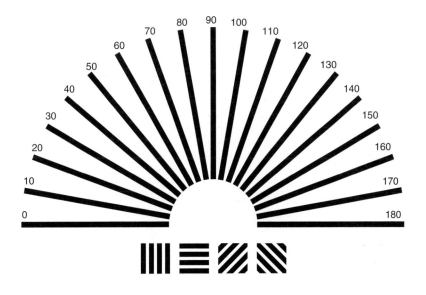

La sensibilidad a la luz (fotofobia) se suele producir en ambientes extremadamente soleados o cuando se sale de un ambiente oscuro a la luz solar brillante. Sin embargo, la sensibilidad inhabitual a la luz también puede darse durante un episodio de migraña; en ciertos trastornos oculares, por ejemplo, inflamación o infección de la parte anterior del ojo (queratitis y uveítis), o ante una posible lesión ocular. También puede deberse a una meningitis (que produce intenso dolor de cabeza con rigidez en el cuello ● *v. pág. 634*). La fotofobia también puede ser causada por el uso de fármacos que dilatan las pupilas (midriáticos).

El picor puede ser producido por alergias, y habitualmente se acompaña de ojos llorosos. La inflamación de los párpados (blefaritis) también puede causar prurito. El picor puede ser el resultado de infecciones, o de la infestación de piojos u otros parásitos.

La sensación de sequedad en los ojos puede deberse a varias causas, como la producción insuficiente o la evaporación acelerada de las lágrimas o, menos frecuentemente, la deficiencia de vitamina A y el síndrome de Sjögren ● *(v. pág. 1537)*.

■ Diagnóstico

El diagnóstico de los trastornos oculares al principio se basa en el aspecto de los ojos y en los síntomas que la persona está experimentando. Para confirmar un problema o para determinar la extensión o gravedad del mismo, pueden realizarse varias pruebas.

➤ Refracción

La refracción es el procedimiento por el cual se valoran los errores de enfoque. Los problemas de la agudeza visual debidos a defectos de refracción, tales como hipermetropía, astigmatismo y presbicia, se diagnostican mediante la graduación. Habitualmente, la agudeza visual se mide mediante una escala que compara la visión de una persona a seis metros con la de alguien que tiene visión perfecta. De este modo, una persona que tiene una visión de 10/10 ve objetos que se encuentran a seis metros de distancia con la misma claridad que una persona con visión normal, pero una persona que tiene una visión de 1/10 ve a seis metros lo que una persona ve con visión perfecta a sesenta metros. La agudeza visual se mide mediante el **test de Snellen** (carta ocular), que es una tarjeta grande o una caja iluminada que muestra hileras de letras que van disminuyendo de tamaño. La tarjeta se lee a una distancia estándar (preestablecida). El grado de agudeza visual está determinado por el tamaño de las letras que la persona puede leer. Para aquellos que no saben leer, las cartas han sido modificadas y se utiliza la mayúscula de la letra E que gira de manera aleatoria. Se le pide a la persona que diga hacia dónde mira la E.

La **refracción automatizada** se realiza con máquinas que determinan el error refractivo de los ojos mediante la medición del cambio de la luz cuando ésta entra en el ojo. La persona se sienta frente al autorrefractómetro y desde el dispositivo se le envía un rayo de luz para medir la respuesta del ojo. La máquina utiliza esta información para calcular la prescripción de las lentes o gafas que la persona necesita para corregir el error de refracción. Se tarda unos segundos en hacer esta determinación.

El **foróptero** es el dispositivo frecuentemente utilizado, junto con la escala de Snellen, para determinar cuál es la mejor fórmula para una persona que requiere lentes de contacto o gafas. El foróptero tiene una gama de lentes correctoras que permite que la persona compare los distintos niveles de corrección mientras ve las cartas. Generalmente, el oftalmólogo usa el foróptero para refinar la información obtenida a partir del autorrefractómetro, antes de prescribir las lentes.

➤ Pruebas del campo visual

El campo visual es la totalidad del área de visión perceptible desde cada ojo, incluido el ángulo del ojo (visión periférica). El examen del campo visual forma parte de la exploración oftalmológica rutinaria. También puede realizarse si una persona advierte cambios concretos en la visión, por

ejemplo, si se choca de lado contra los objetos. La forma más simple de examinar la visión periférica es que el médico se ponga frente al paciente y mueva un dedo desde la periferia hasta el centro de la visión (de derecha a izquierda y viceversa). El paciente avisa al médico cuando detecta el movimiento del dedo. Para que el resultado de la prueba sea válido, la persona debe fijar su visión en la cara del médico (y no mirar el dedo). Cada ojo se somete por separado a esta prueba.

El campo visual puede cuantificarse de manera más precisa con una pantalla tangente o un perímetro de Goldmann. Al someterse a estas pruebas, la persona mira al centro de una pantalla negra o a un agujero en el centro de un dispositivo esférico de color blanco (que semeja una pequeña antena parabólica). Entonces, partiendo de diferentes puntos de la pantalla o de la esfera, se mueve lentamente un objeto (o una luz) desde la periferia hacia el centro del campo visual. La persona indica cuándo ve la luz. El médico coloca marcas en la pantalla o en el perímetro para indicar en qué parte del campo visual el paciente ve el estímulo luminoso, y al mismo tiempo reconoce los puntos ciegos. Los campos visuales se pueden medir utilizando un perímetro automatizado o computarizado. Aquí, la persona mira al centro de un disco grande y presiona un pulsador cuando ve un destello de luz.

La rejilla de Amsler se utiliza para examinar el área central de la visión. Consiste en una cartulina negra cubierta por una rejilla blanca y un punto blanco en el centro. Mirando con un ojo y fijando la mirada en el punto blanco, la persona debe notar cualquier distorsión de las líneas que componen la rejilla. Cada ojo se estudia por separado, y el examinador observa la distancia normal de lectura; si la persona normalmente utiliza gafas, deben emplearse durante la prueba. Si una persona no puede ver una zona de la rejilla, es posible que exista una mancha ciega anormal. (Es normal que exista una pequeña mancha ciega en la zona donde el nervio óptico deja el ojo; sin embargo, las personas no son conscientes de ella). Unas líneas onduladas sugieren un posible problema de la mácula. La prueba es muy sencilla y puede realizarse en casa; resulta útil para vigilar la degeneración macular.

➤ Pruebas de la visión de color

Se pueden utilizar una serie de pruebas para detectar la disminución en la percepción de ciertos colores (daltonismo). Los platos de Ishihara, los más frecuentemente utilizados, son patrones de pequeños círculos de color colocados sobre un fondo blanco para formar un gran círculo. Los pequeños círculos están dispuestos para que las personas con visión normal vean un número en particular. Las personas que tienen daltonismo pueden ver otro número o ninguno, en función del tipo de daltonismo que tengan.

➤ Oftalmoscopia

Un oftalmoscopio directo es un dispositivo manual, semejante a una pequeña linterna, con lentes de aumento que enfoca una luz en el ojo, lo que permite al médico examinar la córnea, el cristalino y la retina. La persona mira al frente mientras el rayo de luz se dirige al interior del ojo. A menudo, se emplean gotas para dilatar la pupila; de este modo, el médico puede tener una mejor visión. La oftalmoscopia es indolora, pero si se usan gotas para dilatar las pupilas, la visión puede hacerse borrosa y aumentará la sensibilidad a la luz durante algunas horas.

La oftalmoscopia forma parte del examen regular de los ojos. La oftalmoscopia resulta útil no sólo para detectar cambios en la retina debidos a enfermedades propias del ojo, sino también para detectar alteraciones producidas por ciertas enfermedades que afectan a otras partes del cuerpo. De hecho, resulta útil para detectar los cambios que se producen en los vasos sanguíneos de la retina en personas que padecen hipertensión arterial, arteriosclerosis y diabetes mellitus. La oftalmoscopia puede utilizarse para diagnosticar la presión elevada dentro del cerebro, ya que en estos casos desaparecen los bordes de la papila (papiledema). Los tumores en la retina pueden ser observados mediante oftalmoscopia. También puede diagnosticarse la degeneración macular mediante oftalmoscopia.

A veces, el médico usa un instrumento llamado oftalmoscopio indirecto. Se trata de un dispositivo binocular que se coloca en la cabeza del examinador mientras que sostiene una lente en la mano que se coloca frente al ojo del paciente para acceder así al interior del órgano. Este método da información tridimensional y permite una mejor visualización de objetos volumétricos, como una retina desprendida o un disco óptico inflamado. También permite utilizar una fuente de luz brillante, lo que resulta especialmente importante si el interior del ojo está turbio (por ejemplo, en caso de infección o de catarata). El oftalmoscopio indirecto posibilita una exploración

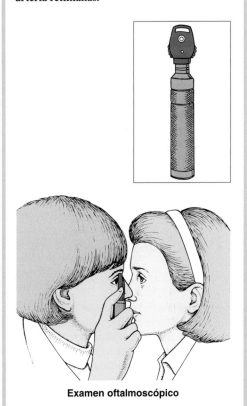

¿Qué es el oftalmoscopio?

El oftalmoscopio es un instrumento que permite examinar la parte interna del ojo. El instumento cuenta con un espejo angulado, varias lentes y una fuente de luz. Con este aparato, el médico puede ver el humor vítreo (fluido del ojo), la retina, el nervio óptico y la vena y la arteria retinianas.

Examen oftalmoscópico

del ojo más amplia que el oftalmoscopio regular, puesto que permite al médico visualizar una mayor área de la retina al mismo tiempo.

➤ Exploración con la lámpara de hendidura

La lámpara de hendidura consiste en un microscopio binocular, montado sobre una mesa, que emite una luz brillante que le permite al médico examinar la totalidad del ojo con un alto poder de magnificación. La lámpara de hendidura tiene un mejor sistema óptico que el oftalmoscopio; permite magnificar la imagen y proporciona

¿Qué es una lámpara de hendidura?

Una lámpara de hendidura es un instrumento que permite al médico examinar la totalidad del ojo con una alta resolución. La lámpara de hendidura centra una luz brillante sobre el ojo.

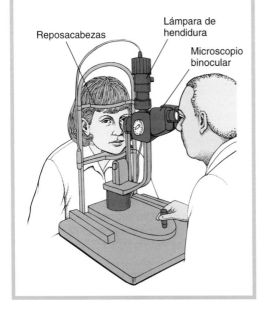

da en el ojo. Aunque este dispositivo no es muy preciso, resulta útil en las pruebas de detección. Hacia la córnea se dirige un leve soplo de aire que obliga a parpadear, pero no es molesto. El soplo de aire aplana la córnea, y el dispositivo mide el tiempo (en milésimas de segundo) en que se produce este aplanamiento. Toma menos tiempo aplanar la córnea de un ojo con presión normal que la de un ojo con presión elevada.

Hay instrumentos manuales, portátiles, que también se utilizan para la tonometría. Se administran gotas para los ojos que contengan algún anestésico, luego se coloca suavemente el instrumento sobre la córnea y se obtiene la lectura. En caso de emergencia puede utilizarse un tonómetro portátil, bien sea en la sala de urgencias o en el consultorio médico, para detectar rápidamente el aumento de la presión en el ojo.

La tonometría por aplanamiento es un método más exacto. El tonómetro por aplanamiento se fija habitualmente a la lámpara de hendidura. Después de anestesiar el ojo con gotas, el instrumento se mueve suavemente y se apoya sobre la córnea, mientras el médico observa por la lámpara de hendidura. La cantidad de presión que se requiere para aplanar la córnea es directamente proporcional a la presión que hay dentro del ojo.

visión tridimensional, con lo que se puede medir la profundidad. A menudo, se usan las gotas oftálmicas para dilatar las pupilas, con lo cual el médico puede tener una mejor visión de los ojos, incluidos el cristalino, el humor vítreo, la retina y el nervio óptico. A veces, en las personas que tienen glaucoma o pueden tenerlo ● *(v. pág. 1553)*, se coloca una lente adicional frente al ojo, que permite examinar el ángulo que forman el iris y la parte frontal del ojo (cara interna de la córnea). Este examen se denomina gonioscopia.

▶ Tonometría

Con la tonometría se mide la presión del humor acuoso dentro del ojo. El humor acuoso es el líquido de la cámara anterior del ojo. La presión normal dentro del ojo es de 8 a 21 milímetros de mercurio (mm Hg). La presión en el ojo se mide para detectar ciertos tipos de glaucoma y controlar su tratamiento.

El tonómetro sin contacto con la cornea (*soplo de aire*), se utiliza para registrar la presión eleva-

▶ Angiografía fluorescente

La angiografía fluorescente permite al médico ver claramente los vasos sanguíneos en la parte posterior del ojo. Se inyecta un colorante fluorescente, que es visible con luz azul, en una vena del brazo. El contraste circula por el torrente sanguíneo de la persona, incluidos los vasos sanguíneos de la retina. Poco después de haberse inyectado el contraste, se toma una secuencia rápida de fotografías de la retina. El contraste en el interior de los vasos sanguíneos brilla y hace que éstos se realcen. La angiografía fluorescente es particularmente útil en el diagnóstico de la degeneración macular, del bloqueo de los vasos sanguíneos de la retina y de la retinopatía diabética.

▶ Electrorretinografía

La electrorretinografía permite al médico examinar la función de los fotorreceptores en la retina mediante la medición de la respuesta de la retina a los destellos de luz. Las gotas oftálmicas adormecen el ojo y dilatan la pupila. Para registrar esa respuesta, se coloca un electrodo en forma de lente de contacto sobre la córnea y otro electrodo cerca del primero, sobre la piel de la cara. Luego, se mantienen los ojos abiertos. La habitación es oscura y la persona mira a una fuente de luz que emite destellos. Los electrodos registran la actividad eléctrica que se genera en la retina como respuesta a los destellos de luz. La electrorretinografía es particularmente útil para evaluar algunas enfermedades, como la retinitis pigmentaria, en la que la retina o los fotorreceptores están afectados.

➤ Ecografía

El ojo puede ser examinado mediante ecografía. Se coloca suavemente una sonda sobre el párpado cerrado y se emiten, mediante un procedimiento indoloro, ondas de ultrasonido hacia el globo ocular. Las ondas sonoras reflejadas generan una imagen bidimensional del interior del ojo. La ecografía es útil cuando el oftalmoscopio o la lámpara de hendidura no pueden mostrar la retina porque el interior del ojo es turbio, o porque algo está bloqueando la línea de visualización. La ecografía también se usa para determinar la naturaleza de estructuras anormales, tales como un tumor dentro del ojo. La ecografía puede ser útil para examinar los vasos sanguíneos

que irrigan el ojo (ecografía Doppler) y para determinar el espesor de la córnea (paquimetría).

➤ Paquimetría

La paquimetría (medir el espesor de la córnea) suele practicarse durante la ecografía. La determinación exacta del espesor de la córnea es muy importante para la cirugía refractiva, como el LASIK ● *(v. pág. 1530).*

Para la paquimetría por ecografía, se aplica una gota de anestésico en el ojo y luego se coloca suavemente una sonda de ecografía sobre la superficie de la córnea. Los métodos de paquimetría óptica no requieren gotas anestésicas porque los instrumentos no tocan los ojos.

➤ Imágenes por tomografía computarizada y por resonancia magnética

Estas imágenes técnicas pueden servir para proporcionar una información detallada acerca de las estructuras del interior del ojo y de la estructura ósea que lo rodea (la órbita). La tomografía computarizada (TC) es particularmente útil para localizar cuerpos extraños dentro del ojo.

CAPÍTULO 226

Trastornos en la refracción

Normalmente, el ojo crea una imagen nítida porque la córnea y el cristalino dirigen (refractan) los rayos de luz entrantes para enfocarlos en la retina. La forma de la córnea es fija, pero el cristalino cambia de forma para enfocar los objetos a diferentes distancias. Al volverse más grueso, el cristalino permite enfocar los objetos cercanos; al volverse más delgado, el cristalino, permite enfocar los objetos lejanos. Se produce un defecto de refracción cuando la córnea y el cristalino no pueden enfocar la imagen de un objeto en la retina.

➤ Causas

Existen diferentes causas en virtud de las cuales la córnea y el cristalino no pueden dirigir ade-

cuadamente los rayos de luz. El globo ocular puede ser demasiado largo para el poder óptico del sistema de focalización. Por esto, la luz es enfocada en frente de (más que directamente sobre) la retina, y la persona tiene problemas para ver con claridad objetos distantes. Esto se denomina miopía. En algunas personas el globo ocular es muy pequeño para el poder óptico del sistema de focalización y la luz se enfoca detrás de la retina. Esto se denomina hipermetropía. Los hipermétropes tienen dificultad para ver nítidamente de cerca. Algunas personas tienen defectos en la forma de la córnea, lo que ocasiona que los objetos se vean borrosos a cualquier distancia. Este trastorno se conoce con el nombre de astigmatismo ● *(v. recuadro pág. 1525).*

Cuando las personas llegan a los 40 años, el cristalino comienza a volverse rígido y, en consecuencia, no cambia su forma fácilmente y no puede enfocar los objetos que están cerca; esta enfermedad se llama presbicia. Si a una persona se le ha extirpado el cristalino durante una cirugía de cataratas y no se le ha implantado una lente, verá borrosos los objetos, sea cual sea la distancia a la que se encuentren ● *(v. pág. 1549)*. La ausencia del cristalino (como resultado de un defecto de nacimiento, lesiones oculares o por cirugía de cataratas) se denomina afaquia.

➤ Síntomas y diagnóstico

Cuando una persona padece un defecto de refracción, puede notar que su visión es borrosa. Por ejemplo, un niño miope puede tener dificultad para el trabajo escolar.

Todo el mundo debe hacerse regularmente un examen ocular por parte de un médico de familia, un internista, un oftalmólogo (un médico especialista en diagnosticar y tratar las enfermedades de los ojos y en practicar cirugía ocular), o un óptico (un especialista en los defecto de refracción, sin titulación médica). La escala de Snellen es útil para determinar la agudeza visual. La agudeza visual (agudeza de la visión) se mide con relación a lo que una persona con visión normal ve. Por ejemplo, una persona con 3/10 de visión ve a seis metros lo que una persona con visión normal ve a dieciocho metros. Aunque los defectos de refracción suelen producirse en ojos, por otra parte, sanos, el examen generalmente incluye aspectos no relacionados con los defectos de refracción, tales como la evaluación del campo visual ● *(v. pág. 1526)* y los movimientos oculares. Se examinan los dos ojos a la vez y también cada uno por separado.

➤ Tratamiento

El tratamiento habitual para modificar los defectos de refracción es el uso de lentes correctores. Sin embargo, ciertos procedimientos quirúrgicos y tratamientos con láser cambian la forma de la córnea y también pueden corregir los defectos de refracción.

Lentes correctoras

Los defectos de refracción pueden ser corregidos con lentes de cristal o de plástico, montadas sobre un marco (gafas), o mediante pequeñas piezas de plástico colocadas directamente sobre la córnea (lentes de contacto). Las gafas y las lentes de contacto pueden corregir adecuadamente el defecto visual; para la mayoría de las personas, la elección es una cuestión de estética, conveniencia y comodidad.

Las lentes de plástico para las gafas son más ligeras, pero se rayan con facilidad; las lentes de cristal duran más, pero corren más riesgo de romperse. Las lentes de plástico se usan con mayor frecuencia porque son más delgadas; también pueden estar cubiertas con una sustancia química que las hace resistentes a las rayaduras. Ambas, lentes de plástico o de vidrio, pueden ser tratadas con un producto químico que las oscurece automáticamente cuando se exponen a la luz solar. Las lentes también pueden estar cubiertas por una película que reduce la cantidad de luz ultravioleta potencialmente nociva que llega al ojo.

Las lentes bifocales tienen dos componentes: la parte superior corrige la visión de objetos distantes y la parte inferior corrige la visión de objetos cercanos, como en la lectura. Sin embargo, algunas personas también necesitan corrección para enfocar a media distancia, como cuando se está mirando la pantalla de una computadora. Las lentes trifocales suplen esta necesidad al incluir una lente para media distancia. Las lentes de variación progresiva (lentes de adición progresiva) también permiten focalizar a media distancia y se consideran mejores estéticamente porque en ellas no hay una línea o división en medio.

Muchas personas creen que con lentes de contacto son más atractivas que con gafas, y también que con ellas la visión es más natural. Sin embargo, las lentes de contacto requieren más cuidado que las gafas. En escasas ocasiones causan algún daño en el ojo. Para algunas personas, las lentes de contacto no corrigen la visión tanto como las gafas. Sin embargo, las lentes de contacto desarrolladas recientemente permiten corregir una gama muy amplia de defectos de refracción. Por ejemplo, las lentes blandas tóricas corrigen el astigmatismo. Los ancianos y las personas con artritis pueden tener dificultad para manipular las lentes de contacto y colocárselas en los ojos.

Las lentes de contacto rígidas, que son las duras y las gas-permeables, son discos finos hechos con plástico duro. El oxígeno, que es necesario para que la córnea pueda sobrevivir, no puede pasar fácilmente a través de la lente rígida. Las lentes de contacto gas-permeables, están hechas de determinados plásticos (compuestos de silicona, por ejemplo) que permiten que llegue más oxígeno a

La refracción

Normalmente, el ojo crea una imagen nítida porque la córnea y el cristalino desvían (refractan) los rayos de luz que penetran para enfocarlos en la retina. Cuando hay un defecto de refracción, la córnea y el cristalino no pueden enfocar los rayos de luz sobre la retina. Los defectos de refracción pueden corregirse con ayuda de gafas o lentes de contacto.

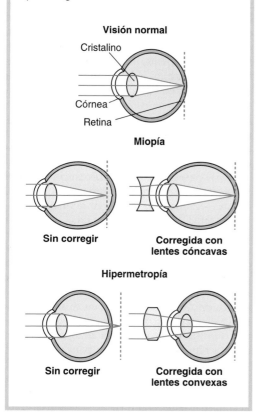

Visión normal

Cristalino

Córnea

Retina

Miopía

Sin corregir

Corregida con lentes cóncavas

Hipermetropía

Sin corregir

Corregida con lentes convexas

la córnea. Las lentes de contacto rígidas pueden ser utilizadas para corregir las irregularidades de la córnea (astigmatismo).

Suele ser necesario usar las lentes de contacto rígidas durante una semana para que se puedan llevar con comodidad durante períodos largos. Las lentes de contacto se utilizan cada vez durante un mayor número de horas al día. Aunque las lentes de contacto rígidas pueden resultar incómodas al principio, no deben provocar dolor. El dolor indica que el ajuste no es perfecto.

Las lentes de contacto blandas hidrófilas (húmedas) están hechas de un plástico flexible. Son más grandes que las lentes de contacto rígidas y cubren toda la córnea. Las lentes de contacto blandas permiten que el oxígeno llegue a la córnea con facilidad.

Las lentes de contacto blandas son más fáciles de manejar que las lentes de contacto rígidas porque son más grandes. También tienen menos probabilidades que las lentes de contacto rígidas de salirse del ojo o de atrapar partículas que queden debajo de ellas. Además, las lentes de contacto blandas resultan generalmente cómodas desde la primera vez que se usan. Sin embargo, requieren un cuidado escrupuloso para evitar problemas.

La mayoría de las lentes de contacto deben quitarse y limpiarse a diario, generalmente cada noche, para desinfectarlas y limpiarlas de proteínas y depósitos de calcio. Algunas pueden requerir tratamiento semanal con una enzima. También hay algunas lentes de contacto que se cambian a diario. Éstas no requieren limpieza, tratamiento con enzimas o desinfección. Algunas se pueden utilizar entre 1 y 4 semanas. Otras no son desechables. Algunas lentes de contacto blandas desechables están diseñadas para permanecer puestas durante el sueño por un número específico de días (uso extendido). La mayoría pueden usarse permanentemente hasta siete días, pero las lentes de contacto más nuevas pueden llevarse durante veinticuatro horas y hasta treinta días.

El riesgo de sufrir infecciones graves aumenta al nadar con las lentes de contacto puestas y al lavarlas con solución salina casera, saliva, agua del grifo o agua destilada. Dormir con cualquier tipo de lentes de contacto blandas puestas también incrementa el riesgo de infección. El riesgo de infección aumenta por cada noche que la persona duerme con las lentes de contacto blandas puestas. La mejor manera de reducir el riesgo de infección es no dormir con las lentes de contacto puestas, a menos que sea inevitable. Si una persona siente malestar excesivo, cambios en la visión o enrojecimiento de los ojos, debe quitarse las lentes de contacto de inmediato. Si los síntomas no desaparecen rápidamente, debe contactar con un oftalmólogo.

Ponerse las lentes de contacto plantea un riesgo potencialmente grave de complicaciones dolorosas, como la formación de úlceras en la córnea. Las úlceras pueden ser el resultado de una infección, que puede conducir a pérdida de la visión ● *(v. pág. 1545).* Los riesgos disminuyen si se siguen las instrucciones del fabricante y del oftalmólogo, y se usa el sentido común.

Cirugía para los defectos de refracción

Para corregir la miopía, la hipermetropía y el astigmatismo pueden utilizarse ciertos procedimientos quirúrgicos con láser (cirugía refractiva). Estos procedimientos remodelan la córnea para mejorar su capacidad de enfocar la luz sobre la retina. Estos procedimientos suelen corregir la visión tan bien como lo hacen las gafas y las lentes de contacto blandas. Antes de decidirse por un determinado procedimiento, la persona debe hablar del tema seriamente con un oftalmólogo y considerar con sumo cuidado tanto sus propias necesidades y expectativas como los posibles riesgos y beneficios.

Los mejores candidatos para la cirugía refractiva son las personas que no toleran las lentes de contacto y las que disfrutan de actividades como la natación o el esquí, que son difíciles de realizar con gafas o lentes de contacto. Muchas personas se someten a este tipo de cirugía por conveniencia y fines estéticos. Sin embargo, la cirugía refractiva no se recomienda para todas las personas con defectos de refracción. Por lo general no deben someterse a cirugía refractiva con láser aquellas personas cuya prescripción para gafas o lentes de contacto se haya modificado en el último año; que padezcan enfermedades autoinmunes del tejido conectivo o tengan signos de queratocono; que estén tomando ciertos fármacos (por ejemplo, isotretinoína o amiodarona), o, con pocas excepciones, tengan menos de 21 años de edad.

El médico determina con exactitud el defecto de refracción (gafas por prescripción médica) antes de la cirugía. Los ojos se examinan a fondo, poniendo especial atención en las células de la superficie corneal (incluso en si la capa más superficial de la córnea, el epitelio, está bien adherida o no a la capa más profunda), el grosor y la forma de la córnea (utilizando el paquímetro • *v. pág. 1529*), el tamaño de la pupila con la luz y la oscuridad, la presión intraocular, el nervio óptico y la retina. La cirugía refractiva es un procedimiento generalmente corto y presenta pocos riesgos y molestias. Se usan gotas para anestesiar los ojos. El ojo se sujeta, pero además, la persona no debe mover el ojo durante el procedimiento. Por lo general, la persona puede irse a casa una vez concluido el procedimiento.

Después de la cirugía refractiva, la mayoría de las personas alcanzan una buena visión de lejos que les permite realizar adecuadamente la mayoría de sus actividades (por ejemplo, conducir o ir al cine), aunque no todas quedan con una visión perfecta 20/20 sin gafas después del procedimiento. Si una persona usa gafas por prescripción antes de la cirugía refractiva, es más susceptible de tener 20/20 de visión a distancia después de la cirugía. Aunque no usen gafas para la visión a distancia, después de la cirugía refractiva, la mayoría de las personas de más de 40 años tienen necesidad de usar lentes para leer.

Las complicaciones incluyen hipercorrección, hipocorrección, inflamación excesiva, infecciones, visión doble, sensibilidad a la luz brillante, brillos y halos alrededor de las luces, dificultad para ver o conducir por la noche, arrugas de la córnea y depósito de células u otros materiales en la córnea. Raramente, incluso con gafas, una persona puede empeorar la visión después de una cirugía refractiva. Puesto que corregir una hipocorrección suele ser más fácil que corregir una hipercorrección, los cirujanos prefieren no hacer esto último. Si se produce una hipocorrección o hipercorrección, habitualmente puede modificarse después.

LASIK (láser de la keratomileusis in situ): los procedimientos quirúrgicos refractivos más frecuentes se utilizan para corregir la miopía, la hipermetropía y el astigmatismo. En el LASIK, con un bisturí llamado microquerátomo se obtiene un colgajo muy fino del centro de la córnea. Los impulsos de láser excimer vaporizan pequeñas cantidades del tejido corneal por debajo del corte realizado, para remodelar la córnea. El colgajo de córnea es colocado de nuevo en su sitio y tarda varios días en sanar. El LASIK causa pocas molestias durante y después de la cirugía. La visión mejora rápidamente; muchas personas pueden regresar al trabajo en 1 o 3 días. Las personas que presentan cualquier enfermedad que impida la cirugía refractiva, así como las que tienen la córnea fina o el epitelio corneal débil o pupilas grandes, no son buenos candidatos para el LASIK.

Queratotomía fotorrefractiva: este procedimiento utiliza un láser excimer para remodelar la córnea. Se utiliza principalmente para corregir la hipermetropía moderada, el astigmatismo leve y la miopía. Los impulsos de luz ultravioleta, bien enfocados y controlados por una computadora, quitan pequeñas cantidades de córnea y la remodelan, con lo que se mejora el enfoque de la luz sobre la retina; esto hace que la persona pueda mejorar su visión sin gafas. Este procedimiento suele tomar menos de un minuto por cada ojo. Aunque son más molestias y el tiempo de curación es más largo que con el LASIK, la queratomía fotorrefractiva puede ser practicada en las personas en las que no puede realizarse un LASIK, como sucede en los pacientes que tienen las células de la superficie corneal mal adheridas o aquellos con córneas finas.

Queratotomía radial y astigmática: éstos son procedimientos quirúrgicos utilizados para tratar la miopía y el astigmatismo por medio de cortes profundos en la córnea realizados con un pequeño bisturí.

En la queratotomía radial, el cirujano realiza pequeñas incisiones radiales en la córnea. En general, se realizan de 4 a 8 cortes. Como la córnea tiene un espesor de sólo 0,5 milímetros, la profundidad de los cortes debe calcularse con precisión. El cirujano determina dónde realizar cada corte tras haber analizado la forma de la córnea y la agudeza visual de la persona.

La cirugía aplana la parte central de la córnea para que ésta pueda enfocar mejor la luz que entra en la retina. Este cambio mejora la visión sin gafas, y alrededor del 90 % de quienes se someten a la cirugía pueden funcionar bien y conducir sin gafas ni lentes de contacto. A veces es necesario un segundo o tercer procedimiento (realce) para mejorar la visión. En algunas personas que han tenido queratotomía radial, la visión sin gafas fluctúa ligeramente durante el día y, en otras, el efecto de la cirugía puede aumentar con los años. Debido al desarrollo de la cirugía refractiva con láser, que tiene pocos riesgos y buenos resultados, la queratotomía radial ha caído en desuso.

La queratotomía astigmática se usa para corregir el astigmatismo que se presenta naturalmente o el que se presenta tras la cirugía de cataratas o de trasplante de córnea. En este procedimiento, el cirujano hace 1 o 2 cortes profundos, curvos o rectos, en la periferia de la córnea y paralelos al borde corneal.

Ninguna intervención quirúrgica está exenta de riesgos, pero el riesgo de la queratotomía radial y astigmática no es considerable. Los mayores riesgos son la corrección insuficiente o excesiva de la visión. Dado que la corrección excesiva no puede ser tratada de manera eficaz, el ciruja-

no intenta evitar hacer demasiada corrección en una sola sesión. La corrección insuficiente puede ser tratada con un segundo o un tercer procedimiento. La visión puede fluctuar con los cambios del oxígeno atmosférico, como puede ocurrir a grandes alturas. La complicación más grave es la infección, aunque es rara. Cuando aparece, debe tratarse con antibióticos.

Otras técnicas de cirugía refractiva: hoy día están disponibles otras técnicas (que pueden tener ventajas sobre el LASIK, así como otro tipo de riesgos). Para las personas muy miopes, los procedimientos quirúrgicos que se realizan son colocar una lente de plástico dentro del ojo, en la parte anterior del iris (implantación fáquica de una lente intraocular), entre el iris y el cristalino (lentes de contacto implantables), o detrás del iris después de haber sacado el cristalino (faquectomía con implantación de lente intraocular). Estas técnicas implican hacer una herida en el ojo, por lo que hay un riesgo muy pequeño (pero bastante mayor que con el LASIK) de contraer una infección grave en el interior del ojo.

Los segmentos de anillo intracorneal se emplean en las personas con miopía leve sin astigmatismo. Se pueden implantar pequeños arcos de plástico en la capa media de la córnea. Dado que no se extirpa tejido durante el procedimiento, el procedimiento basado en los segmentos de anillo intracorneal puede ser reversible, quitando los pequeños arcos de plástico.

La queratoplastia con láser térmico se reserva para las personas con hipermetropía leve sin astigmatismo. Éste es un procedimiento quirúrgico rápido que no incluye cortes; se realizan, con el láser, varias pequeñas quemaduras en la córnea. Hay pocos riesgos, pero algunas personas pierden parte o la mayor parte del efecto con el paso del tiempo.

La keratomileusis epitelial con láser (LASEK) es una modificación de la técnica del LASIK y puede utilizarse tanto para hipermetropía, como para miopía y astigmatismo. Como la queratotomía fotorrefractiva, el LASEK es mejor que el LASIK para las personas con córneas delgadas.

CAPÍTULO 227

Lesiones oculares

La estructura de la cara y de los ojos tiene la finalidad de proteger los ojos de cualquier lesión. El globo ocular se encuentra en una cavidad rodeada de hueso con un borde fuerte. Los párpados pueden cerrarse rápidamente y formar una barrera contra los cuerpos extraños ● *(v. pág. 1519),* y el ojo puede tolerar un impacto menor sin dañarse.

Aun así, el ojo puede resultar gravemente dañado y perder visión, y en casos muy raros, debe extirparse el ojo. La mayoría de las lesiones oculares son de poca importancia, pero debido al gran hematoma que se produce en los tejidos circundantes, con frecuencia parecen peores de lo que son. Una lesión en el ojo debe ser examinada por un médico para determinar la extensión de la lesión y el tratamiento requerido.

■ Heridas por impacto

Un impacto directo con un objeto romo puede causar una lesión en las estructuras cercanas a la superficie del ojo (párpados, conjuntiva, esclerótica, córnea, iris y cristalino) y en la parte posterior del ojo (retina y nervio óptico). Un impacto de esta magnitud también puede romper los huesos que rodean el ojo. Este tipo de trauma incluso puede causar cortes (laceraciones) sobre los tejidos oculares.

➤ Síntomas

En las primeras veinticuatro horas posteriores al impacto, la sangre puede fluir por debajo de la piel de los párpados y áreas circundantes y producir un hematoma (contusión), habitualmente llamado ojo morado. Si se rompe un vaso sanguíneo de la superficie del ojo, la conjuntiva se vuelve roja. La hemorragia superficial puede tener un aspecto alarmante, pero suele ser leve. Ésta se resuelve sin tratamiento. El área roja puede volverse ligeramente verde y luego amarilla al cabo de unos días; por lo general, todo rastro de la hemorragia desaparece en 1 o 2 semanas. Frecuentemente se producen laceraciones, grandes o pequeñas, que conducen a hemorragias de la piel.

Las lesiones en la parte interna del ojo son más graves que el daño en la superficie. Una hemorragia en la cámara anterior del ojo (hifema o hemorragia de la cámara anterior) es grave y requiere valoración por un oftalmólogo (médico especializado y familiarizado con los tratamientos médico y quirúrgico de las enfermedades del ojo). Los síntomas de una hemorragia en la cámara anterior del ojo incluyen disminución de la visión e hipersensibilidad a la luz. La sangre en el interior de la cámara anterior del ojo puede causar aumento de la presión dentro del ojo (glaucoma). Además, la hemorragia en el interior del ojo puede producirse días después del impacto.

La hemorragia también puede producirse en la parte de atrás (segmento posterior) de los ojos (hemorragia del vítreo), el iris (la parte coloreada del ojo) puede desgarrarse, o el cristalino puede luxarse. La hemorragia también puede producirse en la retina (hemorragia retiniana). La retina también puede desgarrarse como consecuencia de una herida y desprenderse de su superficie subyacente en la parte posterior del ojo (desprendimiento de retina). Inicialmente, el desprendimiento de retina puede crear imágenes irregulares de formas flotantes o destellos luminosos, y puede cursar con visión borrosa, que más adelante empeora ● *(v. pág. 1559).* En las lesiones graves, las fibras gruesas que envuelven el globo ocular (la esclerótica) pueden romperse.

➤ Tratamiento

Si existe incertidumbre acerca de la gravedad de la lesión del ojo o si la visión está afectada, la persona debe buscar inmediatamente asistencia médica. Por lo general, debe ser un oftalmólogo el que evalúe la lesión.

Durante las primeras 24 a 48 horas, el hielo ayuda a reducir la hinchazón y atenúa el dolor del ojo morado. Si la piel que rodea el ojo o la del párpado se han cortado (lacerado), puede ser necesario poner puntos. Siempre que sea posible, los puntos cercanos al extremo de los párpados deben ser realizados por un oftalmólogo para asegurar que no se produzcan deformidades que afecten al modo en que se cierran los párpados. Una lesión que afecte a los conductos lagrimales debería ser operada por un oftalmólogo.

Una laceración del ojo necesita ser evaluada por un oftalmólogo, quien determina la profundidad de la herida y si se necesita cirugía ocular para reparar la lesión. Muchas lesiones comprometen sólo la conjuntiva y pueden no requerir cirugía. Los cortes que afectan a las capas más profundas del ojo (la esclerótica) o la córnea suelen requerir puntos. Generalmente se administran fármacos para el dolor hasta que las heridas han curado.

El tratamiento para la hemorragia en la cámara anterior del ojo requiere reposo en cama, con la cabecera elevada para estimular la circulación sanguínea, y han de usarse gotas oftálmicas para dilatar la pupila y reducir la inflamación dentro del ojo. La aspirina y otros antiinflamatorios no esteroideos (AINE) pueden favorecer el resangrado y han de evitarse durante unas semanas.

Si la herida es penetrante en el interior del ojo, habitualmente se administran antibióticos, primero por vía intravenosa y luego por vía oral, para evitar la infección dentro del globo ocular (endoftalmitis). Las gotas oftálmicas que dilatan la pupila pueden evitar el sangrado del iris y reducen la sensibilidad a la luz que con frecuencia acompaña a las lesiones oculares. Las gotas a base de corticosteroides se usan con frecuencia para reducir la inflamación. Generalmente se utiliza un protector ocular metálico para proteger el ojo de una lesión adicional. Una lesión grave puede dar como resultado la pérdida parcial o total de la visión, incluso después de un tratamiento quirúrgico. Resulta muy raro que después de una lesión grave en un ojo, el otro ojo llegue a inflamarse (oftalmía simpática); cuando esto ocurre, puede haber pérdida parcial o total de la visión.

■ Cuerpos extraños

Las lesiones oculares más frecuentes, provocadas por cuerpos extraños, son las de la esclerótica, la córnea y la mucosa que recubre los párpados por dentro (la conjuntiva). Aunque la mayor parte de estas lesiones son de poca importancia, algunas de ellas pueden ser graves, como la perforación de la córnea o el desarrollo de una infección a partir de un corte o un rasguño en la córnea.

Quizá la causa más frecuente de lesiones superficiales son las lentes de contacto. Las lentillas mal ajustadas, utilizadas durante mucho tiempo, usadas inapropiadamente durante el sueño, mal esterilizadas, o retiradas por la fuerza o de manera incorrecta, pueden erosionar la córnea.

Otras causas de lesiones superficiales se producen por partículas de vidrio, partículas que trae el viento, las ramas de los árboles y el polvo de los escombros al caer accidentalmente dentro del ojo. Las personas con determinadas ocupaciones o aficiones son en particular propensas a sufrir el impacto en la cara de pequeñas partículas. Por ejemplo, al martillear un clavo u otro objeto metálico con un martillo de acero, se producen partículas blancas y calientes que parecen chispas. Cualquiera de estas partículas blancas calientes puede entrar en el ojo desprotegido y enterrarse profundamente en él. Las gafas protectoras (lentes de seguridad) ayudan a prevenir lesiones.

➤ Síntomas

Una herida en la superficie ocular generalmente provoca dolor y la sensación de tener algo en el ojo. Así mismo puede producir sensibilidad a la luz, enrojecimiento, hemorragia de los vasos sanguíneos situados en la superficie del ojo o hinchazón del ojo y del párpado. La visión puede volverse borrosa.

Los cuerpos extraños que penetran en el interior del ojo o las lesiones contaminadas con tierra o con material vegetal (por ejemplo, una lesión provocada por la rama de un árbol) son en particular propensas a infectarse. Un diagnóstico y tratamiento rápidos pueden ayudar a prevenir las infecciones.

➤ Diagnóstico y tratamiento

El diagnóstico de la lesión se basa en los síntomas que presenta el paciente y en las circunstancias en que se produjo la lesión. El examen ocular se practica al mismo tiempo que el procedimiento que permite extraer el cuerpo extraño. A veces es necesario realizar algunas pruebas adicionales, como la tomografía computarizada (TC).

Las gotas oftálmicas que contienen un colorante que brilla mediante una iluminación especial hacen que el objeto sea más visible y ayudan a identificar abrasiones sobre la córnea. Normalmente, se anestesia la superficie del ojo con gotas anestésicas. Gracias a una iluminación especial y un instrumento amplificador (como un lente binocular o la lámpara de hendidura) se ve en detalle la superficie del ojo, y el médico puede extraer el cuerpo extraño. En general, ese cuerpo extraño puede extraerse mediante una gasa de algodón estéril humedecida o sacarlo con un chorro de agua estéril. Los objetos extraños que no pueden ser extraídos con facilidad, a menudo pueden retirarse (sin dolor) con una aguja o un instrumento especial. Cuando el cuerpo extraño es metálico y ya se ha extraído, puede dejar un anillo de óxido que debe retirarse con una fresa especial (una pequeña herramienta quirúrgica que presenta una superficie diminuta que rota, aprieta y perfora).

Durante varios días se aplica una pomada a base de antibiótico. Las abrasiones grandes de la córnea pueden requerir un tratamiento adicional: la pupila se mantiene dilatada con gotas oftálmicas y se aplica una pomada antibiótica; además, puede colocarse un parche para mantener el ojo cerrado. Sin embargo, no se debe cubrir con un parche una abrasión causada por una lente de contacto o por un objeto que pueda estar contaminado con tierra o material vegetal, porque en estos casos aumenta el riesgo de infección grave de la córnea (úlcera de la córnea). Afortunadamente, las células superficiales del ojo se regeneran con rapidez. Incluso las abrasiones graves suelen tardar en curarse entre 1 y 3 días. Es prudente continuar la valoración médica con el oftalmólogo durante 1 o 2 días después de la lesión. Las abrasiones corneales son molestas; por eso, en muchos casos se utilizan analgésicos por vía oral.

Si el cuerpo extraño ha atravesado las capas más profundas del ojo, se debe consultar a un oftalmólogo de inmediato para aplicar un tratamiento de emergencia. Una pronta extracción ayuda a reducir el riesgo de infección.

■ Quemaduras

La exposición a altas temperaturas o a ciertos productos químicos hace que los párpados se cierren con rapidez en un acto reflejo para proteger los ojos de las quemaduras. De este modo, sólo los párpados suelen resultar quemados; sin embargo, un calor extremo también puede quemar el ojo mismo. La gravedad de la lesión, el grado de dolor y el aspecto de los párpados dependen de la profundidad de la quemadura.

Las quemaduras químicas pueden producirse cuando una sustancia irritante entra en el ojo. Incluso las sustancias ligeramente irritantes pueden provocar un dolor intenso y daño en el ojo. Como el dolor es muy fuerte, existe la tendencia a mantener los párpados cerrados. Esto mantiene la sustancia irritante dentro del ojo por un tiempo prolongado, lo cual puede empeorar la lesión.

➤ Tratamiento

Para tratar las quemaduras sobre los párpados, el médico, o el profesional de la salud, limpia la zona con una solución estéril y luego aplica una pomada con antibiótico o una banda de gasa impregnada de gelatina de petróleo. El área tratada se cubre con vendas estériles que se sujetan con apósitos plásticos para permitir que la quemadura sane.

La quemadura química ocular se trata limpiando inmediatamente el ojo abierto con agua. Este tratamiento debe realizarse incluso antes de que llegue el personal médico. Aunque, debido al dolor, la persona puede tener dificultad para mantener el ojo abierto, es fundamental limpiar el ojo y eliminar el producto químico lo antes posible. La persona lesionada, o cualquier otra, puede ayudar a sostener los párpados abiertos mientras se limpia el ojo con grandes cantidades de agua a temperatura ambiente.

El médico puede comenzar el tratamiento instilando gotas de anestesia y una medicación para mantener la pupila dilatada. Se aplica una pomada con antibiótico. Los colirios de corticosteroides ayudan a reducir la inflamación. También son necesarios fármacos para mitigar el dolor.

Las quemaduras graves pueden requerir tratamiento por parte de un oftalmólogo para intentar preservar la visión y evitar complicaciones mayores, tales como una lesión en el iris, una perforación del ojo y la deformidad de los párpados. Sin embargo, incluso aplicando el mejor tratamiento, las quemaduras graves de la córnea (en especial las lesiones causadas por compuestos alcalinos, como la soda cáustica, que a menudo se encuentra en los productos de limpieza) pueden producir cicatrices, perforación del ojo y ceguera. Utilizar gafas de seguridad para prevenir lesiones resulta esencial cuando se manipulan sustancias químicas potencialmente peligrosas.

Trastornos de los párpados y de las glándulas lagrimales

Los párpados desempeñan un papel fundamental en la protección de los ojos. Al cerrarse, barren desechos fuera de los ojos, y al abrirse, ayudan a extender la humedad (lágrimas) sobre la superficie ocular. Los párpados, al cerrarse rápidamente cuando es necesario, forman una barrera mecánica contra las lesiones.

Una anomalía de las glándulas lagrimales puede conducir a una producción insuficiente de lágrimas o a una deficiencia en la composición de las mismas. Sin una adecuada producción de lágrimas, los ojos pueden secarse y perder su capacidad para combatir las infecciones causadas por partículas transportadas por el aire, las manos o la piel circundante. Una producción anormal de lágrimas puede deberse a un problema de las glándulas (glándulas lagrimales), de los conductos excretores (los conductos lagrimales, que transportan las lágrimas dentro del ojo), o a una enfermedad sistémica que afecta a las glándulas lagrimales, como el síndrome de Sjögren ● (v. pág. 460).

■ Dacriostenosis

La dacriostenosis es la obstrucción del drenaje de las lágrimas, por lo general debido al estrechamiento de los conductos nasolagrimales.

Los conductos nasolagrimales son responsables del drenaje de las lágrimas. La dacriostenosis puede ser el resultado del desarrollo inadecuado de cualquier parte de los conductos nasolagrimales, de una infección nasal crónica, de infecciones oculares graves o recurrentes, o de fracturas de los huesos nasales o huesos faciales.

El desarrollo inadecuado de los conductos nasolagrimales al nacer suele ser la causa de que las lágrimas rebosen y corran hacia abajo bañando las mejillas (epífora). Uno o, raramente, ambos ojos se ven afectados. Por lo general, el problema se detecta entre las 3 y las 12 primeras semanas de edad. Este tipo de obstrucción suele desaparecer sin tratamiento hacia los 6 meses, cuando se desarrolla el sistema nasolagrimal. A veces, la obstrucción desaparece antes si se enseña a los padres a masajear suavemente con la yema del dedo la zona superior del conducto.

La dacriostenosis puede no resolverse espontáneamente y causar una infección del saco lagrimal (dacriocistitis).

Si la obstrucción no desaparece, puede ser necesario acudir a un especialista en oído, nariz y garganta (otorrinolaringólogo), o bien a un especialista en los ojos (oftalmólogo) para que abra el conducto con una pequeña sonda, que por lo general se inserta por el orificio del conducto situado en el ángulo interno del párpado. A los niños se les administra anestesia general para esta intervención, pero los adultos sólo necesitan anestesia local. Si el conducto se encuentra completamente bloqueado, puede ser necesario recurrir a una cirugía más completa.

■ Dacriocistitis

La dacriocistitis es la infección del saco lagrimal.

El saco lagrimal es una pequeña cámara hacia la que drenan las lágrimas. Por lo general, la dacriocistitis es consecuencia de la obstrucción del conducto nasolagrimal, que conduce al saco lagrimal dentro de la nariz. La dacriocistitis puede producirse de repente (aguda) o ser permanente (crónica). La infección provoca que la zona que rodea el saco lagrimal esté roja, hinchada y con dolor. El ojo se torna rojo, acuoso y supura pus. Una ligera presión aplicada sobre el saco lagrimal puede empujar el pus por el orificio que se sitúa en el ángulo interno del ojo, cerca de la nariz. Es habitual que la persona tenga fiebre.

A menudo, la infección es leve y los síntomas desaparecen. A veces, una infección hace que el líquido quede retenido en el saco lagrimal; cuando el saco lagrimal está rebosante de líquido, se le denomina mucocele. Puede formarse un absceso y exteriorizarse a través de la piel, creando un conducto por el que drena su contenido.

La infección se trata con antibióticos orales o intravenosos. La aplicación de compresas calientes sobre el área afectada, varias veces al día, también ayuda. Si se forma un absceso, se lleva a cabo

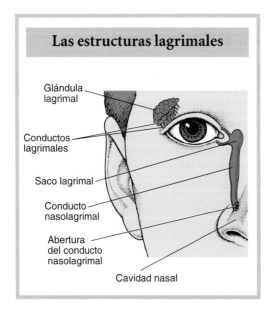

Las estructuras lagrimales

- Glándula lagrimal
- Conductos lagrimales
- Saco lagrimal
- Conducto nasolagrimal
- Abertura del conducto nasolagrimal
- Cavidad nasal

una cirugía para abrirlo y drenarlo. En caso de infecciones crónicas, el conducto nasolagrimal bloqueado puede abrirse con una sonda o mediante cirugía. En muy pocos casos es necesario extirpar quirúrgicamente todo el saco lagrimal.

■ Hinchazón de los párpados

Cualquier cosa que irrite los ojos puede irritar también los párpados y provocar tumefacción (edema del párpado). El factor irritante más frecuente es una alergia, que puede hacer que uno o ambos párpados se deformen y se hinchen. Las reacciones alérgicas pueden ser provocadas por cosméticos, polen u otras partículas que se encuentran en el aire; por metales, como el níquel, o fármacos instilados en el ojo, como gotas oftálmicas. Las picaduras de insectos, así como las infecciones producidas por bacterias, virus u hongos, también pueden hinchar los párpados. La triquinosis, debida a una infección por gusanos del género *Ascaris* ● *(v. pág. 1365)*, también puede causar que los párpados se hinchen. El angioedema hereditario, un trastorno genético ● *(v. recuadro pág. 1282)*, puede causar episodios de tumefacción de los párpados. Los ojos secos pueden irritar tanto el globo ocular como los párpados.

La eliminación de la causa de la tumefacción y la aplicación de compresas frías pueden aliviar la inflamación. Si la causa es una alergia, el hecho de evitar el alérgeno puede aliviar la inflamación

y reducir el riesgo de futuros episodios. Los antihistamínicos pueden ser útiles, y el médico también puede prescribir un corticosteroide en pomada para el párpado. Si un cuerpo extraño, como el aguijón de un insecto, se ha alojado en el párpado, debe extraerse. Las infecciones bacterianas se tratan con un antibiótico; las infecciones fúngicas, con un antimicótico. El angioedema hereditario tiene un tratamiento específico.

■ Blefaritis

La blefaritis es la inflamación de los bordes de los párpados, posiblemente con aparición de escamas engrosadas, costras, úlceras superficiales o inflamación de las glándulas sebáceas que se encuentran en los mismos.

Los trastornos que pueden causar una blefaritis incluyen las infecciones por estafilococo (de los párpados o de los conductos de las glándulas más profundas, que se abren en ellos; la dermatitis seborreica en la cara y el cuero cabelludo, y el acné rosácea.

La blefaritis puede provocar la sensación de tener algo en el ojo. Los ojos y los párpados pueden picar y quemar. El borde de los párpados puede tornarse rojo, al igual que el resto del ojo, que, además, está lloroso y sensible a la luz intensa. El párpado puede hincharse y algunas de las pestañas pueden desprenderse y caer. A veces, pueden aparecer pequeños abscesos de pus (pústulas) en la base de las pestañas, y finalmente se forman úlceras superficiales (blefaritis ulcerosa). Puede formarse una costra que queda firmemente adherida a los bordes del párpado; cuando se quita la costra, en ocasiones deja una superficie sangrante. Durante el sueño, las secreciones se secan y los párpados se pegan.

La blefaritis tiende a ser recurrente y es muy resistente al tratamiento. Es incómoda y poco atractiva, pero por lo general no lesiona la córnea y no produce pérdida de la visión. A veces, la blefaritis ulcerosa puede provocar la caída de las pestañas, la cicatrización de los bordes de los párpados y hasta puede dañar la córnea.

Su diagnóstico se basa en los síntomas y el aspecto de los párpados. El médico puede utilizar una lámpara de hendidura para examinar los párpados con más detalle. Ocasionalmente se toma una muestra de pus del borde de los párpados y se cultiva para identificar la bacteria responsable y el antibiótico al cual es sensible.

Para la blefaritis causada por dermatitis seborreica, el tratamiento consiste en mantener los párpados limpios frotando suavemente sus bordes todos los días con un paño o algodón empapado en una solución diluida de champú para bebé (de 2 a 3 gotas en media taza de agua tibia). Para la inflamación de las glándulas sebáceas que se encuentran en el extremo de los párpados, las compresas calientes pueden aliviar la picazón y el ardor. En ciertos casos, el médico puede recetar una pomada con antibiótico, como la eritromicina o la sulfacetamida, o bien un antibiótico oral, como la tetraciclina. Cuando la dermatitis seborreica es la causa, también debe aplicarse un tratamiento en la cara y el cuero cabelludo ● *(v. pág. 1423)*. Si el acné rosácea es la causa, debe tratarse.

■ Orzuelo

Un orzuelo es una infección aguda de una o más de las glándulas que están ubicadas hacia el borde del párpado, o debajo de él.

El orzuelo suele deberse a una infección por estafilococo. Se forma un absceso que tiende a romperse y, en consecuencia, genera una cantidad pequeña de pus. Un orzuelo por lo general dura de 2 a 4 días. A veces, el orzuelo se forma al mismo tiempo que la blefaritis, o bien como resultado de ésta. Una persona puede tener 1 o 2 orzuelos en toda su vida, pero otras los desarrollan repetidamente.

El orzuelo suele manifestarse primero con enrojecimiento, sensibilidad y dolor en el borde externo del párpado. A continuación, se forma una pequeña área redondeada, sensible e hinchada. El ojo puede lagrimear, volverse muy sensible a la luz intensa y provocar la sensación de tener algo en su interior. Por lo general, tan sólo una parte muy pequeña del párpado se hincha, pero a veces se inflama en su totalidad. En la mayoría de casos, aparece un diminuto punto amarillento en el centro de la zona hinchada.

Raramente, un orzuelo se forma en una de las glándulas más profundas del párpado; en este caso se trata de un orzuelo interno. El dolor y los demás síntomas suelen ser más intensos con un orzuelo interno. El dolor, el enrojecimiento y la hinchazón suelen aparecer sólo en un área muy pequeña, en general en el borde del párpado.

Aunque los antibióticos son utilizados a veces para tratar los orzuelos, realmente no son de mucha ayuda. El mejor tratamiento es aplicar compresas calientes durante diez minutos varias veces al día, seguido de un suave masaje en los párpados. El calor favorece que el orzuelo madure, se rompa y drene. Como esta clase de orzuelo no suele romperse por sí solo, el médico debe abrirlo para drenar el pus. Los orzuelos internos suelen ser recurrentes.

■ Chalazión

Un chalazión es el aumento de tamaño de la glándula sebácea del párpado como resultado de la obstrucción del orificio de abertura de la glándula que se encuentra en el borde parpebral.

Al principio, un chalazión tiene el mismo aspecto y los mismos síntomas que un orzuelo: párpado hinchado, dolor e irritación. Sin embargo, tras pocos días, los síntomas desaparecen y queda un bulto redondeado e indoloro en el párpado, que crece lentamente durante la primera semana. A veces, la hinchazón continúa creciendo y puede llegar a hacer presión sobre el globo ocular, lo que ocasiona alteraciones de la visión. Debajo del párpado puede aparecer una zona rojiza o gris.

La mayoría de los chalazións desaparecen sin tratamiento después de 1 o 3 meses. Si se aplican compresas calientes varias veces al día, el chalazión puede desaparecer más rápidamente. Si se mantiene durante dos semanas o más o si provoca alteraciones en la visión, el médico puede drenarlo o inyectar un corticosteroide.

■ Entropión y ectropión

*El **entropión** es una dolencia en la que el párpado se pliega sobre el globo ocular. El **ectropión** es una dolencia en la que el párpado se pliega hacia fuera y no entra en contacto con el globo ocular.*

Normalmente, los párpados superior e inferior se cierran con firmeza, protegiendo el ojo de cualquier agresión y evitando la evaporación de las lágrimas. Si el extremo de uno de los párpados se tuerce hacia dentro (entropión), las pestañas rozan el ojo, lo que puede derivar en una ulceración y cicatrización de la córnea. Si el extremo de uno de los párpados se tuerce hacia fuera (ectropión), ambos párpados son incapaces de cerrar

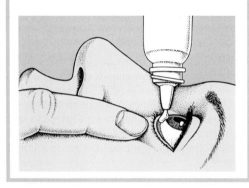

Uso de gotas y pomadas para los ojos

La persona que recibe la medicación debe inclinarse hacia atrás y mirar hacia arriba. Con el dedo índice limpio, se tira suavemente de la parte inferior del párpado para crear una especie de bolsa. A continuación, se echan las gotas dentro de esa bolsa y no directamente en el ojo. Cuando se utilizan pomadas oculares se coloca una pequeña cantidad de pomada en la bolsa. El parpadeo distribuye la medicación por todo el ojo.

correctamente y las lágrimas no se esparcen sobre el globo ocular. Estos procesos son más frecuentes en las personas mayores (generalmente como resultado de la relajación tisular propia de la edad) y en aquellas que han sufrido una lesión en el párpado con formación de una cicatriz.

Tanto el entropión como el ectropión pueden irritar los ojos, provocar lagrimeo y enrojecimiento. Las gotas oftálmicas y las pomadas pueden usarse para mantener el ojo húmedo y aliviar la irritación. A veces el entropión puede llevar a una úlcera en la córnea ● *(v. pág. 1545)*. El entropión y el ectropión pueden tratarse mediante cirugía, para conservar la visión cuando se ha producido o puede producirse daño en los ojos (como una úlcera de la córnea con entropión), por comodidad, o por razones estéticas.

■ Tumores de los párpados

Sobre los párpados pueden aparecer formaciones no cancerosas (benignas) y cancerosas (malignas). Una de las variedades más corrientes de tumores benignos es el xantelasma, un bulto plano blanco-amarillento formado por material graso. Los xantelasmas no necesitan ser extirpados a menos que su presencia resulte molesta a la vista. Como el xantelasma puede indicar la presencia de altos valores de colesterol (sobre todo en personas jóvenes), el médico verifica la concentración de colesterol con un análisis de sangre.

Tanto el carcinoma de células escamosas como el carcinoma basocelular ● *(v. pág. 1475)*, ambos tumores cancerosos, pueden aparecer en el párpado. Si un tumor en el párpado no desaparece al cabo de unas semanas, hay que realizar una biopsia (extracción de una muestra de tejido para su examen al microscopio). El tratamiento de cualquiera de estos tumores suele ser quirúrgico.

CAPÍTULO 229

Trastornos de la conjuntiva y de la esclerótica

La conjuntiva es el fino y transparente revestimiento que cubre la parte posterior del párpado y se repliega hacia atrás para cubrir la esclerótica (la parte blanca del ojo), justo hasta el borde de la córnea ● *(v. también pág. 1518)*. La conjuntiva ayuda a proteger el ojo de pequeños cuerpos extraños y de las infecciones causadas por microorganismos externos, así mismo contribuye a mantener la película lagrimal.

El trastorno más frecuente de la conjuntiva es la inflamación (conjuntivitis). Hay causas de inflamación muy diversas, como infecciones por bacterias (clamidia) virus u hongos; reacciones alérgicas; químicos o cuerpos extraños en el ojo, y exposición excesiva a la luz solar. La conjuntivitis tiende a ser de relativa corta duración, aunque a veces dura meses o años. La conjuntivitis de larga duración a menudo es causada por una irritación crónica de los ojos, que sucede cuando el párpado se evierte hacia afuera (ectropión) o hacia adentro (entropión), debido al uso de ciertas gotas para los ojos o por sequedad crónica. Sea cual sea la causa, las personas con conjuntivitis suelen presentar síntomas similares, tales como enrojecimiento, prurito, dolor, secreción y, a veces, visión borrosa.

La esclerótica es una capa resistente y blanca que cubre el globo ocular, le proporciona fuerza estructural y lo protege contra penetraciones y rupturas. La esclerótica rara vez se inflama (escleritis).

■ Conjuntivitis infecciosa

La conjuntivitis infecciosa es la inflamación de la conjuntiva causada por virus, bacterias u hongos.

Una gran variedad de microorganismos pueden infectar la conjuntiva. Los microorganismos más frecuentes son los virus, particularmente los adenovirus. Las infecciones bacterianas son menos frecuentes. Ambas conjuntivitis, la bacteriana y la vírica, son bastante contagiosas; fácilmente se pasan de una persona a otra, o de un ojo al otro. Las infecciones fúngicas son poco frecuentes y se producen sobre todo en las personas que utilizan gotas para los ojos a base de corticosteroides durante mucho tiempo y por lesiones oculares causadas por materia vegetal. Los recién nacidos son particularmente susceptibles a las infecciones del ojo, que adquieren por el contacto con microorganismos que están presentes en el canal del parto (conjuntivitis neonatal ● *v. tabla pág. 1788*).

La conjuntivitis de contacto es particularmente de larga duración; es una forma de conjuntivitis causada por ciertas cepas de la bacteria *Chlamydia trachomatis*. La conjuntivitis de contacto se propaga por el contacto con las secreciones genitales de una persona que tiene una infección genital por clamidia. Otro tipo de conjuntivitis es causada por *Neisseria gonorrea* (gonorrea), una enfermedad de transmisión sexual que también puede extenderse al ojo.

Las infecciones severas pueden causar una cicatriz en la conjuntiva, ocasionando anomalías en la película lagrimal. A veces, las conjuntivitis infecciosas graves se propagan a la córnea, la parte transparente del ojo.

➤ Síntomas y diagnóstico

Cuando hay infección, el ojo se irrita y la luz intensa puede causar malestar. La conjuntiva se vuelve rosada por la dilatación de los vasos sanguíneos, al tiempo que aparece una secreción en el ojo. La secreción tiende a ser acuosa en la conjuntivitis vírica y más gruesa, blanca o amarilla, en la bacteriana, pero esta diferencia no es absoluta. Estas secreciones suelen pegar los ojos cuando están cerrados, en especial por la noche. Esta secreción también puede causar visión borrosa; la visión mejora cuando se limpia la secreción. Si la córnea está infectada, la visión también se nubla, pero no mejora con el lavado. En escasas ocasiones, las infecciones severas que han dejado cicatrices en la conjuntiva conducen a dificultades permanentes en la visión.

Las personas con conjuntivitis de contacto o con conjuntivitis por gonorrea suelen tener síntomas de una infección genital, tales como una secreción peneana o vaginal y ardor durante la micción.

El médico diagnostica la conjuntivitis infecciosa a partir de sus síntomas y el aspecto de los ojos. El ojo se examina muy de cerca con una lámpara de hendidura, un instrumento que magnifica la superficie del ojo. La lámpara de hendidura le permite al médico ver la inflamación de la conjuntiva, la infección de la córnea y la parte frontal del ojo (cámara anterior).

Es difícil distinguir la conjuntivitis vírica de la bacteriana a partir de su aspecto, aunque la presencia de una infección respiratoria alta aumenta la probabilidad de una causa vírica. Las infecciones de las vías respiratorias superiores a menudo acompañan a la conjuntivitis vírica, pero son poco frecuentes en la conjuntivitis bacteriana. Pueden tomarse muestras de las secreciones infectadas para ser enviadas a un laboratorio con el propósito de identificar el microorganismo infeccioso causante, por medio de un cultivo. Sin embargo, el médico suele recurrir a esto cuando los síntomas son graves o recurrentes, o cuando la *Chlamydia* o la *N. gonorrea* son la causa.

➤ Pronóstico y tratamiento

La mayoría de las personas con conjuntivitis infecciosa finalmente mejoran por sí solas. Sin embargo, algunas infecciones (sobre todo las causa-

¿Qué es la conjuntivitis?

Aunque la mayoría de las inflamaciones dan como resultado una coloración rosada de los ojos (debido a la dilatación de los vasos sanguíneos en la conjuntiva), por lo general se utiliza el término *ojo rojo* para la conjuntivitis causada por una infección bacteriana o vírica. Una de las formas más graves de conjuntivitis es la que resulta de la infección con algunas cepas de adenovirus. Esta infección, la queratoconjuntivitis epidémica, es extremadamente contagiosa y frecuentemente ocasiona grandes brotes dentro de una comunidad o una escuela. La infección se extiende por el contacto con las secreciones infectadas. Este contacto puede ser de persona a persona o a través de objetos contaminados, incluidos los instrumentos médicos.

Los síntomas de esta infección son similares a los de otros tipos de conjuntivitis vírica: enrojecimiento, irritación, sensibilidad a la luz y secreción acuosa. Muchas personas cursan con inflamación de los ganglios linfáticos localizados frente al oído del lado afectado. Estos síntomas suelen durar de 1 a 3 semanas. Algunas personas presentan visión borrosa, que puede mantenerse semanas o meses.

La queratoconjuntivtis epidémica no requiere un tratamiento específico. A veces, el médico prescribe gotas a base de corticosteroides a los pacientes que se quejan de visión borrosa o de mucha sensibilidad a la luz. Para minimizar la diseminación de la infección, es importante una buena higiene, especialmente en el lavado de las manos. Las personas afectadas generalmente se quedan en casa sin asistir al trabajo o a la escuela durante varios días.

vitis infecciosa por lo general deben permanecer en casa, sin asistir al trabajo o a la escuela durante unos días, así como harían si padecieran un resfriado.

Los antibióticos son útiles sólo en la conjuntivitis bacteriana. Sin embargo, puesto que es difícil diferenciar entre una infección bacteriana y una vírica, el médico a menudo prescribe antibióticos en todos los casos de conjuntivitis. Las gotas oftálmicas o las pomadas a base de antibióticos, tales como la sulfacetamida, el trimetoprim y la polimixina, resultan eficaces contra muchos tipos de bacterias siempre que se apliquen de 7 a 10 días. Las gotas para los ojos deben ser aplicadas entre cada 2 y 3 horas, porque el fármaco es lavado por las lágrimas. La acción de las pomadas es más prolongada, por ello se aplican cada seis horas, pero nublan la visión.

La conjuntivitis de contacto requiere la administración de antibióticos, como la eritromicina, la azitromicina o la doxiciclina, que se administran por vía oral. La conjuntivitis gonocócica puede tratarse con una inyección de ceftriaxona. Las gotas oftálmicas a base de corticosteroides pueden ser necesarias en algunos pacientes con conjuntivitis severa por adenovirus, especialmente en aquellos en los que la inflamación del ojo afecta a sus actividades diarias. En una persona con conjuntivitis vírica causada por el virus del herpes, pueden utilizarse fármacos antivíricos (trifluridina, gotas con idoxuridina o pomada de vidarabina) aplicados directamente en el ojo; otros, como el aciclovir, pueden administrarse por vía oral. Los fármacos antivíricos no son útiles para tratar las infecciones causadas por otros virus.

das por ciertas bacterias) pueden durar mucho si no se tratan. La conjuntivitis de contacto puede permanecer durante varios meses.

Las personas con conjuntivitis deben limpiarse suavemente el párpado con agua y un paño limpio, para mantenerlo aseado y libre de secreciones. En algunas ocasiones, las compresas frías producen el alivio de la sensación de irritación. Dado que las conjuntivitis infecciosas (bacterianas o víricas) son muy contagiosas, el paciente debe lavarse las manos antes y después de limpiar el ojo o de aplicar los fármacos. Además, debe evitar tocar el ojo sano después de haber tocado el ojo infectado. Las toallas y los paños que se utilicen para limpiar el ojo no deben mezclarse con otras toallas y paños. Las personas con conjunti-

■ Tracoma

El tracoma (conjuntivitis granular, oftalmía egipcia) es una infección diseminada de la conjuntiva causada por la bacteria Chlamydia trachomatis.

El tracoma es la principal causa tratable de ceguera en el mundo; es el resultado de infecciones crónicas o repetidas por ciertas cepas de *C. trachomatis* que no son de transmisión sexual. El tracoma es frecuente en zonas de pobreza extrema de países cálidos y secos, en especial en el norte de África, Oriente Medio, India y el sudeste asiático. Esta infección es muy poco frecuente en los países desarrollados, excepto entre los inmigrantes provenientes de zonas de alto riesgo. La enfermedad se produce principalmente en los niños, con edades entre 3 y 6 años. Los niños mayores y los adultos son mucho menos vulnerables a padecer la enfermedad porque tienen una mejor inmunidad y observan una mejor higiene personal. El tracoma es contagioso en sus primeras etapas y puede ser transmitido por el contacto entre la mano y el ojo, por ciertas moscas o por artículos contaminados, como toallas, pañuelos y maquillaje para los ojos.

➤ Síntomas

El tracoma suele afectar a ambos ojos. Las conjuntivas se inflaman, se enrojecen, se irritan y lagrimean. Se describe sensibilidad a la luz brillante.

En las fases más avanzadas, los vasos sanguíneos crecen gradualmente en la córnea (neovascularización) y obstruyen la visión. En algunas personas, el párpado cicatriza de tal manera que las pestañas se tuercen hacia adentro (triquiasis). Cuando la persona parpadea, las pestañas rozan contra la córnea, causando infección y daño permanentes; Los problemas visuales o la ceguera aparecen en el 5 % de las personas con tracoma.

➤ Diagnóstico y tratamiento

El médico sospecha que se trata de tracoma basándose en el aspecto de los ojos y la duración de los síntomas. El diagnóstico puede ser confirmado enviando al laboratorio una muestra de las lágrimas, donde puede identificarse el organismo infectante.

El tratamiento consiste en administrar un antibiótico, como la eritromicina o la tetraciclina, por vía oral durante 3 o 5 semanas. Los antibióticos de aparición más reciente, como la azitromicina, pueden ser utilizados una vez por semana durante 1 o 3 semanas. Las pomadas oftálmicas a base de tetraciclina o eritromicina son eficaces, pero deben aplicarse a lo largo de 4 o 6 semanas. Si esta enfermedad se complica con deformidades en el párpado, la conjuntiva o la córnea, puede ser necesario recurrir a la cirugía.

Como la enfermedad es contagiosa, la reinfección es frecuente. El lavado regular de las manos y de la cara ayuda a prevenir la diseminación de la infección. A menudo, los médicos prescriben antibióticos a todo el vecindario en donde hay muchas personas con tracoma.

■ Conjuntivitis alérgica

La conjuntivitis alérgica es la inflamación de la conjuntiva causada por una reacción alérgica.

La conjuntiva contiene un gran número de células del sistema inmunológico (mastocitos) que liberan sustancias químicas (mediadores) en respuesta a una gran variedad de estímulos (como el polen o los ácaros presentes en el polvo casero). Estos mediadores producen inflamación en los ojos, que puede ser breve o de larga duración. Alrededor del 20 % de las personas tiene algún grado de conjuntivitis alérgica.

La **conjuntivitis estacional alérgica** y la **conjuntivitis perenne alérgica** son las reacciones alérgicas más frecuentes en el ojo. La conjuntivitis alérgica estacional es causada habitualmente por árboles o por el polen de plantas y aparece típicamente durante la primavera y el principio del verano. El polen de las plantas es responsable de los síntomas de la conjuntivitis alérgica en el verano y al principio del otoño. La conjuntivitis alérgica perenne aparece periódicamente durante el año; es causada frecuentemente por los ácaros presentes en el polvo casero, el pelo de los animales y las plumas.

La **conjuntivitis primaveral** es una forma de conjuntivitis alérgica más grave porque se desconoce el alérgeno. El proceso es más frecuente en los niños, sobre todo en los menores de 10 años y que también padecen eccema, asma o alergia estacional. La conjuntivitis primaveral suele reaparecer cada primavera y desaparece durante el otoño y el invierno. Muchos niños superan el trastorno al iniciar la edad adulta.

➤ Síntomas

Las personas con cualquiera de las formas de conjuntivitis alérgica desarrollan picazón intensa y ardor en ambos ojos. Aunque, por lo general, un ojo puede estar más afectado que el otro. La conjuntiva se vuelve roja y a veces se inflama, produciendo hinchazón en el globo ocular, lo que da un aspecto hinchado que mucha gente encuentra molesto. Acompañando a la conjuntivitis primaveral y perenne aparece una secreción ocular fina y acuosa. La visión no suele resultar afectada.

En la conjuntivitis primaveral, la secreción del ojo es espesa y de aspecto mucoso. A diferencia de otras clases de conjuntivitis alérgicas, la conjuntivitis primaveral a menudo afecta a la córnea y produce úlceras. Estas úlceras causan una gran sensibilidad a la luz brillante y en ocasiones conducen a una disminución permanente en la visión.

➤ Diagnóstico y tratamiento

El médico reconoce la conjuntivitis alérgica por su aspecto típico y sus síntomas. Esta enfermedad se trata con gotas oftálmicas antialérgicas. Tales fármacos incluyen la cromolina, la lodoxamida, el olopatadine y gotas antihistamínicas, como la emedastina y la levocabastina. Las gotas a base de ketorolaco son antiinflamatorias y ayudan a aliviar los síntomas. Las gotas oftálmicas a base de corticosteroides tienen un efecto antiinflamatorio más potente; sin embargo, no deben utilizarse durante un largo período de tiempo sin estrecha vigilancia médica porque pueden producir aumento de la presión intraocular (glaucoma), cataratas e incremento del riesgo para contraer infecciones oculares. Recientemente han aparecido gotas para los ojos, como azelastina, nedocromilo y pemirolast, que tienen la capacidad de bloquear tanto la liberación de los mediadores inflamatorios como los efectos adversos que éstos producen; los resultados han sido satisfactorios.

■ Episcleritis

La episcleritis es la inflamación del tejido que está en medio de la esclerótica y la conjuntiva.

La episcleritis se produce en los adultos jóvenes y afecta a las mujeres más frecuentemente que a los varones. En general, la inflamación afecta sólo a una pequeña porción del globo ocular y produce un área abultada, ligeramente amarilla. Los síntomas incluyen dolor en el ojo, irritación, con aumento de lágrimas, y una leve sensibilidad a la luz brillante. La episcleritis no se suele asociar a ninguna otra enfermedad y tiende a desaparecer y a aparecer de forma recurrente. El diagnóstico se basa en la valoración de los síntomas y en el aspecto de los ojos.

Habitualmente no se necesita tratamiento. Las gotas para los ojos que constriñen los vasos sanguíneos, como la tetrahidrozolina, pueden mejorar la apariencia de los ojos. Para acortar la duración de las crisis, pueden utilizarse gotas a base de corticosteroides o un fármaco antiinflamatorio no esteroideo por vía oral (AINE).

■ Escleritis

La escleritis es una inflamación profunda y extremadamente dolorosa de la esclerótica, con una anomalía de coloración de color púrpura, y que puede dañar gravemente la visión.

La escleritis es más frecuente en las personas que tienen entre 30 y 50 años de edad y afecta a las mujeres más frecuentemente que a los varones. En un tercio de los casos se comprometen ambos ojos. La escleritis puede acompañar a algunos trastornos autoinmunes, tales como artritis reumatoide y lupus eritematoso sistémico. La mitad de los casos de escleritis tienen una causa desconocida.

Los síntomas son dolor en el ojo, persistente y profundo, que a menudo afecta al sueño y reduce el apetito; aumento del lagrimeo, y sensibilidad a la luz brillante. En algunas personas, la inflamación puede ser tan grave que causa perforación del globo ocular y la pérdida del ojo.

El médico diagnostica la escleritis a partir de los síntomas y del aspecto de los ojos cuando se observan por la lámpara de hendidura. A veces pueden observarse signos de escleritis en una ecografía o en una tomografía computarizada (TC).

El médico trata la escleritis con fármacos antiinflamatorios no esteroideos (AINE), o con un corticosteroide (como la prednisona) administrado por vía oral. Las gotas y las pomadas no suelen ser útiles en la escleritis. Si una persona sufre de artritis reumatoide o no responde a los corticosteroides, existen fármacos que inhiben el sistema inmunológico (como la ciclofosfamida o la azatioprina) y que pueden llegar a ser necesarios.

■ Crecimientos no cancerosos

En la conjuntiva pueden aparecer dos clases de crecimientos no cancerosos (benignos): pinguécula y pterigión. Ambos son más frecuentes en las personas mayores y probablemente son el resultado de la exposición, a largo plazo, a los rayos ultravioleta. El médico reconoce fácilmente estos crecimientos gracias a su aspecto característico. La **pinguécula** aparece como un área elevada de color blanco-amarillento que crece junto a la córnea, pero no sobre ella. Este crecimiento es de apariencia desagradable, pero generalmente no causa ningún problema grave y no es necesario extirparlo. El **pterigión** es un levantamiento carnoso que crece junto a la conjuntiva y se extiende a través la córnea. La mayoría de los pterigiones no producen síntomas, pero a veces causan irritación o distorsionan la forma de la córnea, posiblemente causando cambios en la visión. A veces es aconsejable extirparlos para reducir la irritación y para prevenir cambios en la visión.

Trastornos de la córnea

La córnea es una estructura en forma de cúpula que se halla en la parte frontal del ojo, protege el iris y el cristalino, además de ayudar a focalizar la luz sobre la retina. Está compuesta por células, proteínas y líquido. La córnea normalmente es tan rígida como una uña, transparente y muy sensible al tacto. Las enfermedades o lesiones de la córnea pueden causar dolor y pérdida de la visión.

■ Queratitis superficial punteada

La queratitis superficial punteada es la muerte de las células de la superficie de la córnea.

La causa de la queratitis superficial puede ser una infección vírica, una infección bacteriana (incluido el tracoma ● *v. pág. 1542*) sequedad en los ojos, la aplicación directa de productos químicos, la exposición a los rayos ultravioleta (luz solar, lámparas solares o soldadura), la irritación debida al uso prolongado de lentes de contacto o la irritación provocada por las gotas oftálmicas o por una reacción alérgica a las mismas. El trastorno también puede ser un efecto secundario de ciertos fármacos, que se toman por vía oral o se administran por vía intravenosa.

La queratitis superficial punteada suele producir dolor en los ojos, lagrimeo, hipersensibilidad a la luz brillante, inyección conjuntival (ojos inyectados de sangre) y la visión puede ser ligeramente borrosa. A menudo, puede sentirse ardor, sensación de arena en los ojos, o la sensación de tener un cuerpo extraño dentro del ojo. Cuando los rayos ultravioleta son los responsables del trastorno, los síntomas no se manifiestan hasta varias horas después de la exposición y tienen una duración de entre 1 y 2 días. Cuando un virus es el responsable del trastorno, el ganglio linfático que se encuentra delante del oído puede aparecer inflamado y sensible al tacto.

El diagnóstico se basa en los síntomas, en saber si el afectado ha estado expuesto a cualquiera de los factores de riesgo conocidos y en el examen de la córnea con una lámpara de hendidura ● *(v. fig. pág. 1528)*.

Casi todas las personas que padecen esta enfermedad se recuperan por completo. Cuando la causa es un virus (diferente del herpes simple o del herpes zóster que se manifiesta por la aparición de vesículas) no se requiere tratamiento y la recuperación generalmente se produce en unas tres semanas. Cuando la causa es una infección bacteriana o irritación por lentes de contacto, se recurre a los antibióticos. Cuando la causa es la sequedad de los ojos, se prescribe un tratamiento con pomadas y lágrimas artificiales (gotas oftálmicas preparadas con sustancias similares a las lágrimas reales), que resulta muy efectivo. Cuando la causa es la exposición a los rayos ultravioleta, pueden proporcionar alivio las pomadas con antibiótico, las gotas que dilatan la pupila ● *(v. fig. pág. 1540)* y colocar un parche en el ojo. Y cuando la causa es la reacción a un fármaco o la irritación provocada por una alergia a los colirios, debe suspenderse la administración del fármaco o de las gotas para los ojos.

■ Úlcera de la córnea

La úlcera corneal es una llaga abierta sobre la córnea.

Las úlceras corneales pueden comenzar como una lesión en la córnea que luego se infecta por

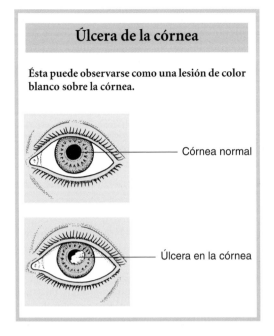

Úlcera de la córnea

Ésta puede observarse como una lesión de color blanco sobre la córnea.

Córnea normal

Úlcera en la córnea

bacterias, hongos o protozoos, como la *Acantamoeba* (que vive en aguas contaminadas). Las úlceras de origen vírico (a menudo debidas al virus del herpes) pueden recurrir espontáneamente o como consecuencia del estrés. Las úlceras de la córnea también pueden ser consecuencia de un cuerpo extraño que se haya alojado en el ojo, o de la irritación producida por el uso de lentes de contacto (en especial si se han llevado puestas al dormir o si no se han desinfectado correctamente). La deficiencia de vitamina A y de proteínas puede conducir a la formación de una úlcera corneal; sin embargo, las úlceras de este tipo son poco frecuentes.

Cuando los párpados no cierran correctamente, la córnea puede secarse e irritarse; tal irritación puede conducir a lesiones y a la formación de úlceras en la córnea. Estas úlceras suelen sobreinfectarse. Una lesión de la córnea puede ser el resultado del crecimiento hacia adentro de las pestañas (triquiasis) o por una inversión de los párpados (entropión).

➤ Síntomas

Las úlceras de la córnea producen dolor, generalmente la sensación de tener un cuerpo extraño dentro del ojo, molestias e hipersensibilidad a la luz brillante y una mayor producción de lágrimas. Puede aparecer un punto blanco amarillento de pus en la córnea. En ciertos casos, las úlce-

ras se presentan sobre toda la córnea y pueden penetrar en profundidad. Cierta cantidad de pus puede acumularse detrás de la córnea. Cuanto más profunda es la úlcera, más graves son los síntomas y las complicaciones. Habitualmente hay hemorragia conjuntival.

Las úlceras de la córnea pueden curarse con un tratamiento, pero pueden dejar una cicatriz fibrosa que altera la visión. Otras complicaciones son las infecciones persistentes, la perforación de la córnea, el desplazamiento del iris y la destrucción del ojo.

➤ Diagnóstico y tratamiento

La úlcera de la córnea es una urgencia que debe ser tratada de inmediato. Para apreciar claramente la úlcera, el médico aplica gotas oftálmicas que contienen un colorante llamado fluoresceína, que tiñe temporalmente la úlcera y permite examinarla con mayor precisión. El tratamiento depende de la causa subyacente. De hecho, pueden tener que administrarse antibióticos, antivíricos o fármacos antimicóticos. También puede ser necesario un trasplante de córnea (queratoplastia) ● *(v. recuadro pág. 1295).*

■ Queratoconjuntivitis seca

Queratoconjuntivitis seca (ojo seco) es la sequedad de la conjuntiva y de la córnea.

Los ojos secos pueden deberse a una inadecuada producción de lagrimas (ojos secos y deficientes en el componente acuoso de la lágrima). Cuando se padece este tipo de trastorno, las glándulas lagrimales no producen lágrimas suficientes para cubrir completamente la conjuntiva y la córnea. Este último tipo del trastorno es el que se presenta con mayor frecuencia en mujeres posmenopáusicas.

La sequedad de los ojos también puede deberse a una anomalía en la composición de las lágrimas, lo que da como resultado una rápida evaporación de las mismas (ojos secos vaporizadores). Aunque las glándulas lagrimales producen una cantidad suficiente de lágrimas, el grado de evaporación es tan alto que la conjuntiva y la córnea no están bien lubricadas, en especial durante ciertas actividades o en determinados ambientes.

Los ojos secos pueden ser un síntoma de enfermedades como la artritis reumatoide, el lupus eritematoso sistémico o el síndrome de Sjögren.

➤ Síntomas

Los síntomas del ojo seco son irritación, quemazón, prurito, pesadez de párpados, presión detrás del ojo y sensación de tener un cuerpo extraño en el ojo. Las lesiones diseminadas por la superficie del ojo aumentan la sensación de incomodidad y la sensibilidad a la luz brillante. Los síntomas empeoran con actividades en las que la frecuencia del parpadeo disminuye, fundamentalmente aquellas que requieren un gran esfuerzo visual, tales como la lectura, trabajar con la computadora o ver la televisión. Los síntomas empeoran en lugares donde hay polvo, áreas de fumadores, ambientes secos (como el interior de los aviones) y centros comerciales; en días de humedad baja, y en espacios con aire acondicionado (especialmente en los automóviles) o ventiladores. Ciertos fármacos, como la isotretinoína, los tranquilizantes, los diuréticos, los antihipertensivos, los anticonceptivos orales y los antihistamínicos, pueden empeorar los síntomas. Los síntomas mejoran durante los días fríos, lluviosos, nublados y en lugares húmedos, como la ducha.

Aun con una sequedad de ojos muy importante, resulta poco frecuente la pérdida de la visión; sin embargo, las personas a veces tienen visión borrosa cuando fuerzan la vista, o la irritación es tan severa que les es difícil utilizar los ojos. En algunos pacientes con sequedad grave, la superficie de la córnea se engrosa y se pueden producir úlceras y cicatrices. A veces, los vasos sanguíneos pueden crecer a través de la córnea. Las cicatrices y el crecimiento de los vasos sanguíneos pueden alterar la visión.

➤ Diagnóstico y tratamiento

Aunque es posible que el médico pueda diagnosticar la sequedad de los ojos sólo por los síntomas, habitualmente recurre al test de Schirmer, en el cual se coloca una banda de papel de filtro en el borde del párpado para medir la cantidad de humedad que baña el ojo. El médico examina los ojos con una lámpara de hendidura ● *(v. fig. pág. 1528)* para determinar si existe algún daño.

Las lágrimas artificiales (gotas para los ojos preparadas con sustancias que semejan las lágrimas reales) aplicadas a intervalos cortos, en general pueden controlar el problema. Evitar los ambientes secos y las corrientes de aire, así como usar humidificadores, también sirve de ayuda. Puede recurrirse a la cirugía para bloquear el flujo de lágrimas hacia la nariz y aumentar así la cantidad de lágrimas que bañan los ojos. En las personas con ojos muy secos, los párpados pueden coserse parcialmente para disminuir la evaporación de las lágrimas.

■ Queratomalacia

La queratomalacia (queratitis xeroftálmica xerótica) es la desecación y enturbiamiento de la córnea por deficiencia de vitamina A, o deficiencia de proteínas y calorías en la dieta.

La superficie de la córnea y de la conjuntiva se seca y aparecen úlceras e infecciones bacterianas. Las glándulas lagrimales también se ven afectadas, lo que deriva en una inadecuada producción de lágrimas y sequedad ocular. La ceguera nocturna (visión disminuida en la oscuridad) puede desarrollarse debido a una deficiencia de vitamina A. En una persona mal nutrida, el diagnóstico se basa en la presencia de sequedad y de úlceras en la córnea.

Las gotas oftálmicas con antibiótico o las pomadas pueden ser útiles para curar una infección, pero también es importante corregir la deficiencia de vitamina A y la malnutrición con una dieta enriquecida con suplementos.

■ Queratitis debida al herpes simple

La queratitis debida al herpes simple es la infección de la córnea causada por el virus del herpes simple.

Cuando la queratitis por herpes simple (queratoconjuntivitis por herpes simple) ● *(v. también pág. 1383)* comienza, los síntomas pueden parecerse a una infección bacteriana leve: los ojos están ligeramente doloridos, llorosos, rojos y sensibles a la luz brillante. Es raro que la infección empeore y la córnea se inflame, produciendo visión borrosa.

Con mayor frecuencia, la infección sólo produce cambios ligeros en la córnea y cura sin tratamiento. Sin embargo, a veces la infección recurre y los síntomas empeoran. Si la infección se repite, el daño sobre la superficie corneal se multiplica. Varias recurrencias pueden producir úlceras profundas, cicatrices permanentes y pérdida de la sensibilidad cuando se toca el ojo. Como consecuencia de una infección por el virus del herpes simple, los vasos sanguíneos que crecen sobre la córnea aumentan su tamaño y a veces conducen a un deterioro significativo de la visión. Para diagnosticar una infección por herpes simple, el médico examina el ojo con una lámpara de hendidura ● *(v. fig. pág. 1528).* A veces, el médico toma una muestra de la zona infectada para identificar el virus (cultivo viral).

El médico puede prescribir un fármaco antiviral, como gotas de trifluridina o una pomada de vidarabina. El aciclovir es un fármaco antivírico que puede tomarse por vía oral. El tratamiento debe comenzar lo antes posible. A veces, para acelerar la curación, el oftalmólogo insensibiliza la córnea antes de rasparla suavemente con un bastoncito de punta de algodón a fin de eliminar las células muertas y las dañadas.

■ Herpes zóster oftálmico

El herpes zóster oftálmico es la infección provocada por el virus de la varicela zóster.

El herpes zóster es un virus que crece en los nervios y puede diseminarse por la piel, provocando lesiones muy características (vesículas) ● *(v. pág. 1385).* Si la frente o la nariz se infectan, también resultará afectado el ojo del mismo lado.

Esta infección produce dolor, enrojecimiento e hinchazón de los párpados. Una córnea infectada puede hincharse, resultar gravemente dañada y desarrollar cicatrices. Puede existir inflamación de las estructuras posteriores a la córnea (uveítis), aumento de la presión del ojo (glaucoma) y pérdida de sensibilidad de la córnea; todo ello puede conducir a diversas lesiones. El aspecto de las vesículas activas, una historia de erupción característica, o viejas cicatrices de antiguas vesículas ayudan al médico a establecer su diagnóstico.

Cuando el herpes zóster infecta la cara y amenaza el ojo, el tratamiento precoz con aciclovir, valaciclovir o famciclovir durante un mes reduce el riesgo de complicaciones oculares. Los corticosteroides, generalmente en forma de gotas, también pueden ser de gran ayuda. Las gotas para los ojos, como la atropina, se usan para mantener la pupila dilatada, prevenir la aparición de una forma grave de glaucoma y reducir el dolor.

■ Queratitis ulcerativa periférica

La queratitis ulcerativa periférica es una inflamación y ulceración de la córnea que suele aparecer en personas que padecen enfermedades del tejido conectivo como la artritis reumatoide.

La causa de la enfermedad es probablemente una reacción autoinmune ● *(v. pág. 1289).* La visión se altera, aumenta la sensibilidad a la luz y produce la sensación de tener un cuerpo extraño atrapado en el ojo. La úlcera se halla localizada en la periferia de la córnea y su forma es generalmente ovalada.

Alrededor del 40 % de las personas que padecen artritis reumatoide y queratitis ulcerativa periférica y no reciben tratamiento mueren (generalmente debido a un ataque cardíaco) dentro de los diez primeros años siguientes al desarrollo de la queratitis ulcerativa periférica. El tratamiento con fármacos que inhiben el sistema inmunológico, como la ciclofosfamida, reduce el índice de mortalidad hasta un 8 % en diez años.

■ Queratocono

El queratocono consiste en un cambio gradual de la forma de la córnea, que acaba pareciéndose a un cono.

La afección por lo general comienza entre los 15 y los 25 años. Ambos ojos suelen verse afectados,

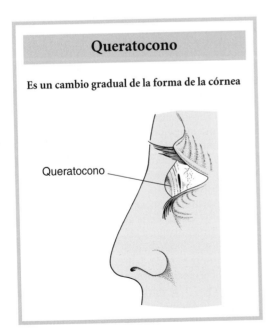

Queratocono

Es un cambio gradual de la forma de la córnea

Queratocono

lo que produce grandes cambios en la visión y exige frecuentes cambios en la prescripción de gafas o lentes de contacto. Las lentes de contacto suelen corregir los problemas de visión mejor que las gafas, pero a veces, el cambio en la forma de la córnea es tan grande que no pueden usarse lentes de contacto, o bien no consiguen corregir la visión. En casos extremos puede ser necesario realizar un trasplante de córnea • *(v. recuadro pág. 1295).*

■ Queratopatía bullosa

La queratopatía bullosa es una tumefacción de la córnea.

La queratopatía bullosa es más frecuente en personas mayores. En casos excepcionales, la queratopatía bullosa se produce tras una cirugía ocular, como la de cataratas. La hinchazón conduce a la formación de ampollas llenas de líquido en la superficie de la córnea. Las ampollas pueden romperse, causando dolor, a menudo dando la sensación de tener un objeto extraño atrapado en el ojo y disminuyendo la visión. El diagnóstico se basa en el aspecto típico de la hinchazón, córnea turbia con ampollas en la superficie. La paquimetría (una ecografía para determinar el grosor de la córnea) es útil para confirmar el diagnóstico.

La queratopatía bullosa se trata disminuyendo la cantidad de líquido en la córnea. Las gotas oftálmicas saladas pueden utilizarse para desviar el líquido de la córnea hacia el exterior. A veces pueden utilizarse lentes de contacto blandas para disminuir las molestias. Si la visión resulta insuficiente para las actividades diarias o el malestar es significativo, puede ser necesario un trasplante de córnea • *(v. recuadro pág. 1295).*

CAPÍTULO 231

Cataratas

Una catarata es una nubosidad (opacidad) del cristalino que causa una pérdida de la visión progresiva e indolora.

Las cataratas son la principal causa de ceguera en el mundo, son frecuentes y afectan principalmente a las personas mayores. Aproximadamente, 1 de cada 5 personas con edades entre 65 y 74 años desarrollan un grado de cataratas lo suficientemente avanzado como para reducir su visión, y 1 de cada 2 personas de más de 75 años tienen cataratas. Afortunadamente, en los países desarrollados, las personas pueden ser tratadas convenientemente de sus cataratas antes de que éstas lleguen a causar ceguera.

Las cataratas suelen desarrollarse sin ninguna razón aparente; sin embargo, también pueden ser el resultado de lesiones en el ojo, de la exposición prolongada a ciertas drogas (como los corticosteroides) o a los rayos X (terapia de radiación en el ojo) y de enfermedades inflamatorias e infecciosas del ojo, así como una complicación de algunas enfermedades sistémicas como la diabetes.

Las cataratas también parecen ser más frecuentes en las personas de ojos oscuros, en las que han tenido una exposición prolongada a la luz solar, en las que presentan mala nutrición y en las que fuman. Las personas que han tenido una catarata en un ojo tienen más probabilidades de desarrollar, más adelante, una en el otro ojo. A veces, las cataratas pueden desarrollarse en ambos ojos al mismo tiempo. Los bebés pueden nacer con ellas (cataratas congénitas • *v. tabla pág. 1794*) y los niños también pueden tenerlas, generalmente como resultado de una lesión o de una enfermedad.

➤ Síntomas y diagnóstico

Como toda la luz que entra en el ojo pasa por el cristalino, cualquier opacidad de éste que bloquee, distorsione o haga que la luz se torne difusa puede provocar una mala visión. El primer síntoma de una catarata suele ser la visión borrosa. Los brillos, los halos luminosos y, menos frecuentemente, la visión doble también pueden ser síntomas tempranos de las cataratas. La persona

¿Cómo afectan las cataratas a la visión?

A la izquierda, el cristalino recibe la luz y la enfoca sobre la retina. A la derecha, la catarata obstaculiza el paso de la luz hacia el cristalino y en consecuencia ésta llega distorsionada a la retina.

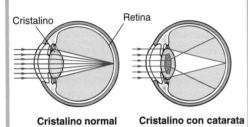

Cristalino normal   Cristalino con catarata

puede notar que los colores parecen más amarillos y menos intensos. La lectura puede volverse difícil porque disminuye la capacidad para distinguir entre la claridad del fondo y la oscuridad de las letras impresas en una página.

Los cambios que una catarata produce en la visión dependen de la intensidad de luz que entra en el ojo y de la ubicación de la catarata. Frente a la luz intensa, la pupila se contrae estrechando el acceso por el que entra la luz en el ojo y así ésta no podrá pasar con facilidad a través de una catarata que esté localizada centralmente (catarata nuclear). Con luz tenue, la pupila se dilata; las luces intensas, como los faros de los vehículos que vienen de frente, causan halos y resplandores, que pueden ser especialmente molestos al conducir de noche. Las personas con cataratas que toman fármacos que contraen sus pupilas (ciertas gotas para el glaucoma, por ejemplo) también pueden tener una mayor pérdida de la visión.

Sin embargo, al principio y con luz normal, la catarata nuclear puede mejorar la visión sin gafas en las personas hipermétropes. La catarata actúa como una lente más fuerte, de modo que vuelve a cambiar el enfoque de la luz, mejorando la visión de los objetos cercanos al ojo (visión de cerca). Los ancianos, que suelen tener dificultad para ver las cosas cercanas, descubren que pueden leer nuevamente sin gafas. Desafortunadamente, la catarata nuclear acaba obstruyendo el paso de luz que entra en el ojo y compromete la visión.

Una catarata en la parte posterior del cristalino (catarata subcasular posterior) afecta a la visión más que una catarata en cualquier otra localización, ya que la nubosidad está justo en el punto en donde los rayos de luz se enfocan. Este tipo de catarata compromete más la visión cuando se está frente a una luz brillante y es más propensa a generar brillos y halos.

Aunque las cataratas casi nunca causan dolor, a veces pueden hincharse y aumentar la presión en el ojo (glaucoma), lo que sí puede resultar doloroso.

El médico puede detectar una catarata mientras examina el ojo con un oftalmoscopio (un instrumento utilizado para ver la parte interna del ojo). El médico puede identificar la localización exacta de la catarata y la extensión del bloqueo de luz utilizando la lámpara de hendidura, que permite la exploración del ojo con mayor detalle.

➤ Prevención

Hay varias cosas que se pueden hacer para intentar prevenir las cataratas. Es recomendable usar gafas de sol con un recubrimiento de filtro ultravioleta (UV), que protege los ojos de la luz brillante del sol. También lo es no fumar, que, además, tiene otras ventajas para la salud. Las personas con diabetes deben consultar con su médico para asegurarse que el nivel de azúcar en la sangre está controlado. Una dieta rica en vitamina C, vitamina A y carotenos (contenidas en algunos vegetales, como las espinacas y las coles) pueden proteger de las cataratas. El estrógeno usado por las mujeres posmenopáusicas también puede proteger, pero no debe utilizarse con este único propósito. Finalmente, las personas que toman corticosteroides durante períodos prolongados pueden consultar con su médico la posibilidad de usar un fármaco diferente.

➤ Tratamiento

Hasta que la visión se encuentre comprometida de forma importante, las gafas y las lentes de contacto pueden mejorar la agudeza visual de la persona afectada. Usar gafas de sol ante la luz intensa e iluminarse con lámparas bajas o flexos para el trabajo de cerca, puede ayudar a disminuir los brillos y mejora la visión. Si la catarata está localizada en el centro del cristalino, muy ocasionalmente se pueden usar gotas para dilatar la pupila.

El único tratamiento que proporciona la curación de las cataratas es la cirugía; no hay gotas para los ojos, ni fármacos, que puedan curar las cataratas. En algunas ocasiones, cuando las cataratas causan otros problemas (como hinchazón de la catarata o glaucoma), se recomienda extraerlas de inmediato. Sin embargo, generalmente, las personas recurren a la cirugía sólo cuando su visión se ha reducido hasta tal punto que se sienten inseguras, molestas o incapaces de realizar sus tareas diarias. No hay ninguna ventaja en someterse a la cirugía antes de ese punto.

La cirugía de cataratas puede practicarse en personas de cualquier edad y generalmente es segura, incluso en las personas con enfermedad cardíaca y diabetes. Por lo general, el médico realiza una pequeña incisión en el ojo y extrae la catarata, rompiéndola primero mediante ultrasonido y eliminando posteriormente los fragmentos (facoemulsificación). Cuando todos los fragmentos de la catarata han sido eliminados, el cirujano la sustituye por una lente artificial (lente intraocular). Sin embargo, la lente intraocular no siempre puede colocarse de forma segura; en estos casos, las personas pueden tener que usar gafas gruesas o lentes de contacto después de haber sido extirpada la catarata.

La cirugía para eliminar las cataratas se realiza casi siempre con anestesia local, bien sea por medio de una inyección o de colirios anestésicos, que adormece la superficie del ojo. A veces, los niños o los adultos que no pueden permanecer inmóviles durante la cirugía requieren anestesia general. El procedimiento suele durar unos treinta minutos, y la persona puede irse a casa el mismo día. Por lo general no se han de realizar suturas, ya que la incisión en el ojo es pequeña y puede cerrar por sí sola.

Las personas deben conseguir con anticipación ayuda adicional en casa durante los días que siguen a la cirugía, ya que es posible que su actividad se vea reducida (por ejemplo, pueden tener prohibido inclinarse y levantar objetos pesados) y que se presenten alteraciones en la visión, tales como visión borrosa y molestias frente a la luz intensa, durante un corto tiempo. Durante unas semanas después de la intervención, se utilizan gotas o pomadas para prevenir las infecciones, reducir la inflamación y favorecer la curación. Las personas operadas suelen usar gafas o un oclusor metálico para proteger el ojo de cualquier lesión hasta haberse completado el proceso de curación, por lo general en unas semanas. El paciente visita al médico al día siguiente de la operación y luego a la semana y al mes. Si una persona tiene cataratas en ambos ojos, el médico generalmente espera varios meses después de la primera cirugía para extraer la catarata del otro ojo.

Muchas personas notan la mejoría en la visión de lejos pocas semanas después de la cirugía. Casi todas necesitarán gafas para la lectura y algunas necesitarán gafas con el fin de obtener la mejor visión de lejos posible. El médico decide antes de la cirugía cuál es la potencia de la lente que se debe implantar. Así, es probable que las lentes usadas antes de la cirugía sean más gruesas que las que se utilizarán después.

Las complicaciones después de una cirugía de cataratas son poco frecuentes. En muy raras ocasiones, después de la operación, la persona puede desarrollar una infección o una hemorragia en el ojo que puede derivar en una pérdida seria de la visión. La presión del ojo puede aumentar mucho y, si no se trata, terminar en un glaucoma, o el implante puede desplazarse. La parte posterior del ojo (retina) puede inflamarse o desprenderse ● *(v. pág. 1559)*. No es habitual que las personas con trastornos de la retina, como retinopatía diabética, noten que su visión empeora después de la operación. Un adecuado seguimiento por parte del médico conduce a la pronta detección y al tratamiento de estas complicaciones poco corrientes.

A veces, las personas desarrollan una turbidez del tejido (cápsula) que queda como remanente detrás del ojo cuando el cristalino ha sido extirpado (catarata secundaria). Esto aparece en 1 de 4 personas que han sido operadas de cataratas, meses o incluso años después de haber sido implantada una lente artificial. Habitualmente se trata mediante el láser, haciendo un orificio pequeño en la cápsula, para permitir el paso de la luz.

CAPÍTULO 232

Uveítis

La uveítis es la inflamación de cualquier parte de la úvea.

La parte pigmentada dentro del ojo, llamada la úvea o el tracto uveal, consta de tres estructuras: el iris, el cuerpo ciliar y la coroides. El iris, el anillo coloreado que rodea la pupila negra, se abre y cierra como la lente de una cámara para dejar entrar la luz dentro del ojo. El cuerpo ciliar es el conjunto de músculos que, al contraerse, vuelve al cristalino más grueso y le permiten centrar objetos cercanos; si se relajan, el cristalino se adelgaza y puede enfocar los objetos más distantes. La coroides es el revestimiento interior del globo ocular que va desde el borde de los músculos ciliares hasta el nervio óptico, localizado en la parte posterior del ojo. La coroides se halla entre la parte interna de la retina y la parte externa de la esclerótica. La coroides contiene capas de vasos sanguíneos que nutren el interior de los ojos, en especial la retina.

Puede inflamarse sólo una parte o la totalidad de la úvea. El nombre de esta inflamación depende de su localización; que puede ser uveítis anterior, uveítis intermedia o uveítis posterior. La inflamación que afecta la totalidad de la úvea es denominada uveítis difusa o panuveítis. En ocasiones, la uveítis es referida por el nombre de la parte que está específicamente inflamada, por ejemplo, iritis (la inflamación del iris), coroiditis (la inflamación de la coroides) o coriorretinitis (la inflamación que involucra tanto la coroides como la retina). La inflamación de la úvea habitualmente se limita a un ojo, pero este trastorno puede comprometer ambos ojos.

La uveítis tiene muchas causas posibles, algunas que se limitan al ojo mismo y otras que afectan a todo el cuerpo. En la mayoría de las personas no se identifica ninguna causa y se dice que tienen uveítis idiopática. Alrededor del 40 % de las personas con uveítis tienen alguna enfermedad que también afecta a otros órganos del cuerpo. Éstas incluyen enfermedades inflamatorias, como la espondilitis anquilosante, la artritis reumatoide juvenil y la sarcoidosis, y las infecciones diseminadas.

➤ Síntomas

Los primeros síntomas de la uveítis pueden ser leves o graves, dependiendo de qué parte de la úvea está afectada y del grado de inflamación. La uveítis anterior presenta los síntomas más notables. Son típicos el dolor intenso en el ojo, el enrojecimiento de la conjuntiva, la sensibilidad a la luz brillante y la disminución de la visión. El médico puede lograr ver una pupila pequeña con prominentes vasos sanguíneos en la conjuntiva cerca del borde del iris, glóbulos blancos flotando en el líquido que llena la parte frontal del ojo (humor acuoso) y ciertos depósitos de glóbulos blancos (precipitados queráticos) en la superficie interior de la córnea. La uveítis intermedia suele ser indolora. La visión puede disminuir y es probable que se vean puntos negros irregulares flotando. Las uveítis posteriores típicamente reducen la visión. Los puntos flotantes también son frecuentes. Esto también puede deberse al desprendimiento de la retina (los primeros síntomas incluyen visión borrosa) y la inflamación del nervio óptico (los síntomas consisten en pérdida de la visión, que puede variar de una pequeña mancha ciega hasta la ceguera total) ● *(v. pág. 1563).* La uveítis difusa puede producir todos o ninguno de estos síntomas.

Es posible que la uveítis dañe rápidamente el ojo; lo que, a largo plazo, puede causar complicaciones potencialmente graves, tales como inflamación de la mácula, glaucoma y cataratas. Mu-

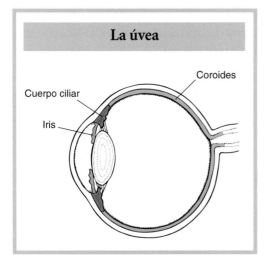

La úvea

Coroides

Cuerpo ciliar

Iris

chas personas tienen sólo un episodio de uveítis. Otras tienen episodios recurrentes durante meses o años.

➤ Diagnóstico y tratamiento

El médico establece el diagnóstico a partir de los síntomas y de los hallazgos de la exploración física. Si el médico sospecha que existe una enfermedad que también afecta a otros órganos, deberá realizar los análisis pertinentes.

El tratamiento debe comenzar lo antes posible para evitar el daño permanente. En el tratamiento suelen incluirse corticosteroides, en su presentación de gotas oftálmicas.

También se utilizan medicamentos para dilatar las pupilas, como la escopolamina, ciclopentolato o gotas de atropina. Para tratar las causas específicas de la uveítis, pueden usarse otros fármacos; por ejemplo, si ha sido causada por una infección, se pueden administrar fármacos para eliminar bacterias o parásitos.

CAPÍTULO 233

Glaucoma

El glaucoma es el daño del nervio óptico, a menudo asociado al aumento de la presión dentro del ojo, lo cual conduce a una pérdida progresiva e irreversible de la visión.

Aproximadamente 14 millones de personas en el mundo tienen glaucoma. Las personas de más de 40 años; las personas con antecedentes familiares de la enfermedad; las personas hipermétropes o miopes, las diabéticas, las que son tratados con corticosteroides durante mucho tiempo o las que han padecido lesiones en los ojos, tienen mayor propensión a tenerla. El glaucoma es la tercera causa de ceguera en el mundo.

El glaucoma se produce cuando hay un desequilibrio entre la producción y el drenaje del fluido del ojo (humor acuoso) y, entonces, aumenta la presión en el ojo hasta niveles peligrosos. Normalmente, los líquidos que nutren el ojo se producen en el cuerpo ciliar detrás del iris (en la cámara posterior) y fluyen hacia la parte anterior del ojo (cámara anterior), en donde llegan a los canales de drenaje ubicados entre el iris y la córnea (el *ángulo*). Cuando funcionan adecuadamente, el sistema es como un grifo (cuerpo ciliar) y como un desagüe (conductos de drenaje). El equilibrio entre la producción de líquidos y el drenaje - un grifo abierto y un desagüe adecuado- mantiene el líquido fluyendo libremente e impide que la presión en el ojo aumente.

En el glaucoma, los canales de drenaje se atascan, se bloquean o se tapan. El fluido no puede salir del ojo aunque la cámara posterior este produciendo nuevo líquido. En otras palabras, el desagüe no funciona mientras el grifo sigue abierto. Dado que el fluido del ojo no tiene por dónde salir, la presión en el ojo aumenta. Cuando la presión se eleva más de lo que el nervio óptico puede tolerar, el resultado es el glaucoma. A veces, la presión ocular aumenta dentro de un rango normal, pero sin embargo, es demasiado alta para que el nervio óptico pueda tolerarla.

Generalmente, el glaucoma se clasifica en dos categorías: glaucoma de ángulo abierto y glaucoma de ángulo cerrado.

El **glaucoma de ángulo abierto** es el más frecuente. En el glaucoma de ángulo abierto, los canales de drenaje se obstruyen gradualmente durante meses o años. La presión en el ojo se eleva lentamente porque el líquido se produce en la cantidad normal pero su drenaje es dificultoso.

El **glaucoma de ángulo cerrado** es mucho menos frecuente que el glaucoma de ángulo abierto. En el glaucoma de ángulo cerrado, los canales de drenaje se bloquean o se tapan de repente. La presión en el ojo asciende rápidamente, porque los canales de drenaje se obstruyen de manera abrupta, mientras que la producción de líquido se mantiene.

En la mayoría de las personas, la causa subyacente del glaucoma es desconocida, aunque ambos -el glaucoma de ángulo abierto y el glaucoma de ángulo cerrado- tienden a aparecer en una misma familia. En otras personas, las lesiones

Drenaje normal del fluido

El líquido se produce en el cuerpo ciliar detrás del iris (cámara posterior), pasa hacia la parte frontal del ojo (cámara anterior) y luego sale por los conductos de drenaje.

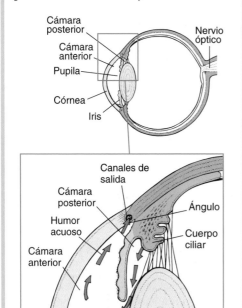

oculares provocadas por infecciones, inflamaciones, tumores, cataratas grandes o cirugía para cataratas u otros trastornos no permiten que el líquido drene libremente, por lo que la presión aumenta y el nervio óptico se daña (glaucoma secundario).

➤ Síntomas

Glaucoma de ángulo abierto: el glaucoma de ángulo abierto es indoloro y asintomático en la primera etapa de la enfermedad. El síntoma más importante del glaucoma de ángulo abierto es el desarrollo de manchas ciegas o parches en la visión, después de meses o años. Las manchas ciegas crecen lentamente hasta unirse. Por lo general, la visión periférica (lateral) es la primera que se pierde; la pérdida de la visión se produce de forma gradual, por lo que a menudo no se nota hasta que ya se ha perdido en gran parte. Dado

que la visión central suele ser la última en perderse, muchas personas desarrollan visión en túnel: de frente ven perfecto, pero pierden visión en todas las demás direcciones. Si el glaucoma no se trata, finalmente se pierde hasta la visión en túnel, y la persona queda totalmente ciega.

Glaucoma de ángulo cerrado: con el glaucoma de ángulo cerrado, la presión del ojo se eleva rápidamente, de modo que las personas con esta forma de la enfermedad notan un inicio súbito de los síntomas, que pueden incluir intenso dolor ocular y de cabeza, enrojecimiento del ojo, visión borrosa, halos de color alrededor de las luces y pérdida repentina de la visión. También pueden sentir náuseas y vomitar como respuesta al incremento de la presión ocular.

El glaucoma de ángulo cerrado debe considerarse una urgencia médica, puesto que si no se trata, las personas pueden perder la visión en las 2 o 3 horas siguientes a la aparición de los síntomas.

Las personas que han tenido glaucoma de ángulo abierto o de ángulo cerrado en un solo ojo tienen muchas probabilidades de desarrollarlo en el otro.

➤ Detección y diagnóstico

Dado que el tipo de glaucoma más frecuente causa una lenta y silente pérdida de la visión, la detección precoz de la enfermedad es extremadamente importante. Todas las personas con un mayor riesgo de glaucoma -los mayores de 40 años, los familiares de afectados por glaucoma, los muy miopes o hipermétropes, los diabéticos, los tratados con corticosteroides durante mucho tiempo, o los que han sufrido lesiones oculares- deben hacerse un examen minucioso de los ojos cada 1 o 2 años.

El examen para el glaucoma consta de cuatro pasos. En primer lugar, se mide la presión del ojo. Este procedimiento es indoloro y se realiza con un instrumento denominado tonómetro ● *(v. pág. 1528)*. En general, una presión ocular mayor de 20 a 22 milímetros de mercurio (mm Hg) es considerada más alta de lo normal. Pero no es suficiente con sólo medir la presión, ya que un tercio o más de las personas con glaucoma tienen la presión ocular normal. Por esta razón, el médico también utiliza tanto el oftalmoscopio como la lámpara de hendidura con el fin de detectar aquellas alteraciones del nervio óptico que puedan indicar la presencia del glaucoma ● *(v. fig. pág. 1527 y pág. 1528)*.

FÁRMACOS USADOS EN EL TRATAMIENTO DEL GLAUCOMA

TIPO FÁRMACO	REACCIONES ADVERSAS SELECCIONADAS	COMENTARIOS
Betabloqueantes		
Betaxolol Carteolol Levobetaxalol Levobunolol Metipranolol Timolol	Respiración corta, corazón lento, mareo, dedos de la mano y del pie frios, insomnio, cansancio, depresión, sueños vividos, alucinaciones, disfunción sexual, pérdida de cabello. V. también tabla pág. 168	**Cómo funcionan:** disminución de la producción del humor acuoso **Administrado en forma de:** gotas para los ojos **Otros comentarios:** algunas de las reacciones adversas son peores en personas con enfermedad cardíaca, del pulmón y de los vasos sanguíneos
Compuestos similares a las prostaglandinas		
Bimatoprost Latanoprost Travoprost Unoprostone	Pigmentación aumentada en los ojos y en la piel; pestañas engrosadas y alargadas; dolor de espalda, muscular y articulatorio, erupción cutánea	**Cómo funcionan:** incremento de la salida del humor acuoso **Administrado en forma de:** gotas para los ojos
Alfa-agonistas		
Apraclonidine Brimonidine Dipivefrina Adrenalina	Cambios en la presión sanguínea, ritmo cardíaco anormal, dolor de cabeza, cansancio, sequedad de boca, nariz seca	**Cómo funcionan:** disminución en la producción del humor acuoso y aumento en la salida del humor acuoso **Administrado en forma de:** gotas para los ojos
Inhibidores de la anhidrasa carbónica		
Acetazolamida Brinzolamide Dorzolamida Metazolimida	Cansancio, pérdida de peso, depresión, pérdida del apetito, náuseas, disfunción eréctil (impotencia), sabor metálico o amargo, diarrea, cálculos renales, bajos recuentos en la sangre	**Cómo funcionan:** disminución en la producción del humor acuoso **Administrado en forma de:** el brinzolamide y el dorzolamida se administran en forma de gotas para los ojos; la acetazolamida y la metazolamida se administran por vía oral
Agentes colinérgicos		
Carbacol Demecario Ecotiofato Fisostigmina Pilocarpina	Contracción de la pupila, visión borrosa, formación de catarata, sudoración, cefalea, temblor, producción excesiva de saliva, diarrea, retortijones, náuseas	**Cómo funcionan:** el aumento en la salida del humor acuoso puede ensanchar el ángulo del ojo **Administrado en forma de:** gotas para los ojos; la fisostigmina se aplica en forma de pomada **Otros comentarios:** el demecario, el ecotiofato y la fisostigmina son más potentes y tienen más posibilidades de provocar cataratas y reacciones adversas sistémicas que el carbacol y la pilocarpina

Además, las pruebas de campo visual (visión periférica o lateral) le permiten al médico detectar manchas ciegas. Frecuentemente, las pruebas de campo visual se realizan con una máquina que determina la capacidad de la persona para ver pequeños puntos de luz en todas las áreas del campo visual ● *(v. pág. 1526).*

Finalmente, el médico utiliza unas lentes especiales para examinar los canales de drenaje del ojo; este procedimiento se conoce como gonioscopia. El gonioscopio le permite al médico determinar si el glaucoma es de ángulo abierto o de ángulo cerrado.

➤ Tratamiento

Una vez que una persona pierde visión debido al glaucoma, la pérdida es irreversible. Pero si el glaucoma se detecta, con un adecuado tratamiento se puede evitar una pérdida de visión adicional. De esta manera, el objetivo del tratamiento del glaucoma es prevenir el comienzo de la pérdida de visión o interrumpir su progresión.

El tratamiento del glaucoma es para toda la vida. Implica disminuir la presión ocular reduciendo la cantidad de líquido producido por el ojo o aumentando su drenaje. Las personas con presión elevada en el ojo, pero que no tienen signos de lesión sobre el nervio óptico, (*sospechoso* de glaucoma) no requieren tratamiento, pero sí una vigilancia médica estricta.

Las gotas para los ojos y la cirugía son los principales tratamientos para el glaucoma de ángulo abierto y para el glaucoma de ángulo cerrado.

Las gotas que contienen betabloqueantes, análogos de las prostaglandinas, alfa-agonistas, inhibidores de la anhidrasa carbónica o agentes colinérgicos, son las utilizadas con mayor frecuencia para tratar el glaucoma. La mayoría de las personas con glaucoma de ángulo abierto responden bien a estos fármacos. También se usan estos fármacos en las personas con glaucoma de ángulo cerrado, aunque la cirugía es el principal tratamiento. Las gotas para el glaucoma suelen ser seguras, pero pueden causar una gran variedad de reacciones adversas. Las personas que necesitan usarlas para el resto de su vida deben examinarse regularmente la presión ocular, el nervio óptico y el campo visual.

Si las gotas oftálmicas no pueden controlar eficazmente la presión, si la persona no puede usar gotas para los ojos o presenta reacciones adversas tras la aplicación de gotas oculares, puede ser necesaria una intervención quirúrgica. La cirugía con láser puede utilizarse para abrir los canales de drenaje en las personas con glaucoma de ángulo abierto (trabeculoplastia láser), o para hacer una abertura en el iris (iridectomía periférica con láser o iridotomía) en las personas con glaucoma de ángulo cerrado. Ambas técnicas mejoran el drenaje del líquido. La cirugía se realiza en el consultorio del médico o en un hospital o clínica. Las gotas anestésicas se usan para prevenir el dolor. Habitualmente, las personas pueden regresar a casa ese mismo día.

La cirugía para filtración del glaucoma es otra forma de cirugía utilizada para el tratamiento del glaucoma. Con la cirugía para la filtración del glaucoma, el médico crea manualmente un sistema de drenaje (trabeculotomía) para permitir que el líquido sobrepase el bloqueo de los conductos de drenaje y pueda filtrarse fuera de los ojos. La cirugía para la filtración del glaucoma suele llevarse a cabo en un hospital. La persona que se ha sometido a la intervención suele volver a su casa ese mismo día.

La complicación más frecuente de la cirugía de láser para el glaucoma es el aumento temporal de la presión en el ojo, que se trata con gotas oftálmicas. En ocasiones, durante la cirugía, el láser puede quemar la córnea, pero estas quemaduras suelen sanar rápidamente. En la cirugía con láser y la cirugía para la filtración del glaucoma, puede haber inflamación y hemorragia dentro del ojo, pero por lo general son de corta duración. A veces, la cirugía para la filtración del glaucoma conduce a visión doble, cataratas o infección.

Después de una cirugía de glaucoma, el médico prescribe gotas y examina el ojo después de haber medido la presión del ojo y haberse asegurado de que el procedimiento resultó eficaz.

Dado que el glaucoma de ángulo cerrado es una urgencia médica, el médico puede realizar tratamientos con efectos más rápidos que los que implican gotas para los ojos o cirugía. El médico puede usar glicerina o comprimidos de acetazolamida o fármacos intravenosos, como el manitol, si piensa que el ojo es vulnerable a la presión alta. Tan pronto como sea posible se prescriben también gotas oftálmicas. Si es necesario, se realiza una intervención quirúrgica de urgencia.

El tratamiento del glaucoma secundario se establece según la causa. Para la infección o la inflamación, los antibióticos, los antivíricos o las gotas corticosteroides pueden proporcionar la cura. Un tumor que obstruye el drenaje de los líquidos debe tratarse, al igual que una catarata que, por su tamaño, eleve la presión del ojo. La presión elevada del ojo que resulta de la operación de cataratas se trata con gotas para el glaucoma, que reducen la presión. Si las gotas no funcionan, se puede hacer una cirugía para la filtración del glaucoma a fin de crear una nueva vía de acceso que permita que el líquido salga del ojo.

CAPÍTULO 234

Trastornos de la retina

La córnea y el cristalino enfocan la luz hacia la retina, que consiste en una membrana transparente y sensible a la luz, localizada en la superficie interna de la parte posterior del ojo. La parte central de la retina, llamada mácula, contiene numerosas células fotorreceptoras sensibles al color. Estas células, denominadas conos, producen las imágenes visuales más nítidas y son las responsables de la visión central. El área periférica de la retina, que rodea la mácula, contiene células fotorreceptoras, llamadas bastones, que responden a niveles bajos de iluminación y no son sensibles al color. Los bastones son responsables de la visión periférica y de la visión nocturna.

El nervio óptico transporta señales generadas por los fotorreceptores (conos y bastones). Cada fotorreceptor envía una rama pequeña que lo conecta al nervio óptico. El nervio óptico se extiende hasta el cerebro y se conecta a las neuronas que transportan las señales visuales hasta el centro cerebral para la visión, en donde éstas se interpretan como imágenes visuales.

El nervio óptico y la retina tienen una cantidad importante de vasos sanguíneos que transportan sangre y oxígeno. Parte del suministro de estos vasos sanguíneos proviene de la coroides, que es la capa de vasos sanguíneos situada entre la retina y la cubierta blanca de los ojos (esclerótica). La arteria central de la retina (la otra fuente principal de sangre para la retina) alcanza la retina cerca del nervio óptico y luego se ramifica dentro de ella.

■ Degeneración macular relacionada con la edad

La degeneración macular asociada a la edad (maculopatía) causa un daño progresivo de la mácula, la parte central y el área vital de la retina, dando como resultado una pérdida gradual de la visión.

La degeneración macular asociada a la edad afecta a personas mayores y por igual a hombres y mujeres; es más frecuente en las personas de piel clara y en los fumadores. La causa es desconocida, pero la enfermedad tiende a aparecer en el seno de una misma familia.

Existen dos formas de degeneración macular asociada a la edad, degeneración macular seca (atrófica) y degeneración macular húmeda (neovascular o exudativa). En la degeneración macular seca, el tejido que forma la mácula se adelgaza a medida que desaparecen los fotorreceptores. No existe evidencia de cicatrización o de hemorragia, o pérdida de algún otro líquido en la retina. En la degeneración macular húmeda, aparecen vasos sanguíneos anormales en la capa de tejido que se encuentra debajo de la mácula. Estos vasos sanguíneos pueden dejar escapar líquido y sangre por debajo la retina, en esa área. Con el tiempo se desarrolla un montículo de tejido cicatricial por debajo de la retina. La degeneración macular es un proceso lento. En la forma seca, ambos ojos pueden verse afectados simultáneamente. En la forma húmeda, se compromete primero un ojo, pero finalmente los dos terminan afectados.

➤ Síntomas y diagnóstico

En la degeneración macular seca, la visión central empeora lentamente mediante un proceso que no es doloroso. Los objetos pueden aparecer pálidos o poco detallados. A veces, el médico puede detectar con claridad ciertos cambios físicos cerca de la mácula, incluso antes de aparecer los síntomas. En la degeneración macular húmeda, la pérdida de la visión tiende a progresar rápidamente e incluso puede ser súbita si uno de los vasos sanguíneos sangra. El primer síntoma puede ser una distorsión de la visión por un solo ojo, por lo que las líneas delgadas y rectas aparecen onduladas. A menudo, se presenta con dificultad para leer o para ver la televisión.

La degeneración macular puede dañar gravemente la visión, pero rara vez conduce a la ceguera total. La visión en los bordes externos del campo visual (visión periférica) y la habilidad para captar el color no resultan afectados. En el tipo seco, la pérdida de la visión suele ser menos importante y generalmente se desarrolla de manera más lenta que en el tipo húmedo.

El médico habitualmente puede diagnosticar la degeneración macular examinando los ojos con un oftalmoscopio o con una lámpara de hendidura. Para determinar el diagnóstico, el médico

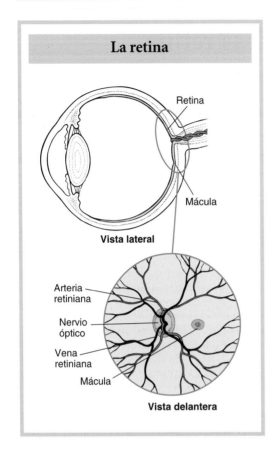

La retina

Vista lateral

Retina

Mácula

Vista delantera

Arteria retiniana

Nervio óptico

Vena retiniana

Mácula

sos sanguíneos al rayo láser; luego se dispara un rayo de luz láser para destruir los vasos sanguíneos anormales. La termoterapia transpupilar es un tratamiento alternativo, en el cual se emplea un láser de rayos infrarrojos. La terapia fotodinámica y la termoterapia transpupilar se emplean para eliminar los vasos sanguíneos nuevos sin dañar la retina o la coroides.

Las lupas, las lentes para lectura, los telescopios y los circuitos cerrados de televisión pueden ayudar a las personas con mala visión. También hay una gran variedad de ayudas para las personas con mala visión que necesitan utilizar una computadora. De hecho, existe un dispositivo que proyecta una imagen mejorada desde una computadora hacia el área sana de la retina. Hay programas informáticos disponibles que muestran los datos en la pantalla, o impresos, con caracteres más grandes, o que los reproducen por los altavoces (sintetizadores de voz). El asesoramiento relativo sobre los tipos de servicios disponibles para personas con visión insuficiente es aconsejable, y habitualmente suele proponerlo un especialista (un oftalmólogo o un optómetra especializados en el tratamiento de personas con visión deficiente).

inyecta un colorante dentro de una vena para tomar fotografías de la retina, este procedimiento se llama angiografía con fluoresceína.

➤ Tratamiento

Para el tipo seco no existe actualmente tratamiento disponible. Hoy día no se recomienda ningún tratamiento cuando la enfermedad es moderada o severa. Las personas con enfermedad moderada pueden beneficiarse de altas dosis de antioxidantes (vitamina C, vitamina E y betacaroteno), zinc y cobre. El trasplante de tejido retiniano está en fase de estudio y puede estar disponible en el futuro.

En el tipo húmedo, cuando crecen nuevos vasos sanguíneos dentro o alrededor de la mácula, se puede usar el láser para destruirlos antes de que causen más daño. Si el láser se utiliza para eliminar tejido de la retina y tejido coroidal, el tratamiento se conoce como láser térmico. Otro tratamiento prometedor es la terapia fotodinámica. En este tratamiento, se administra por vía intravenosa una sustancia que sensibiliza los va-

■ Retracción macular

La retracción macular (maculopatía en papel celofán, fibrosis premacular o membrana epiretiniana) es la formación de una membrana fina sobre la retina, que afecta a la visión.

La retracción macular se suele producir después de los 50 años de edad y es más frecuente en personas mayores de 75 años. La retracción macular consiste en una membrana fina de tejido cicatricial que se forma sobre la retina y se contrae debajo de ella, arrugándola.

Con el envejecimiento, el humor vítreo (la sustancia gelatinosa que se encuentra dentro de la parte posterior del ojo; también llamado vítreo) se contrae. Diversas enfermedades o trastornos, como la retinopatía diabética, la uveítis, el desprendimiento de retina o una lesión en el ojo, pueden causar retracción de la retina.

Los síntomas pueden incluir visión borrosa o distorsionada (las líneas rectas pueden parecer onduladas). El médico confirma el diagnóstico mirando la parte posterior del ojo con un oftalmoscopio. La angiografía con fluoresceína también puede resultar útil.

La mayoría de las personas no necesitan tratarse. Si los problemas de la visión son significativos, puede extirparse quirúrgicamente la membrana, utilizando un procedimiento denominado desprendimiento de la membrana. Este procedimiento puede realizarse bajo anestesia local, en el quirófano, y suele durar aproximadamente unos treinta minutos.

■ Desprendimiento de la retina

El desprendimiento de retina es la separación de la retina de la capa de vasos sanguíneos subyacente.

Cuando se produce el desprendimiento, la retina se separa de una parte de su suministro sanguíneo, situación que le impide trabajar correctamente. A menos que la retina vuelva a adherirse, el daño puede ser permanente.

El desprendimiento puede comenzar en una área pequeña, generalmente como resultado de un desgarro. Si el área pequeña no vuelve a adherirse, la retina puede desprenderse completamente. Los desgarros retinianos que pueden conducir a un desprendimiento de retina son más frecuentes en las personas muy miopes o en las que han sido sometidas a cirugía de cataratas. Los desgarros también tienen más posibilidades de aparecer después de un trauma ocular. El líquido o la sangre provenientes de un vaso sanguíneo lesionado se va depositando entre la retina y el tejido subyacente, empeorando más aún la visión.

➤ Síntomas

El desprendimiento de retina es indoloro. Por lo general, las personas ven manchas flotantes o destellos de luz intensa que duran menos de un segundo. Por lo general, comienza con la pérdida de visión periférica pero, si el desprendimiento progresa, la pérdida de visión empeora. La pérdida de visión se asemeja a la caída de una cortina o de un velo sobre la línea de visión. Si el área macular de la retina se desprende, la visión se deteriora rápidamente y todo se vuelve borroso.

El médico examina la retina mediante un oftalmoscopio y generalmente puede ver el desprendimiento. Si el desprendimiento no es visible, puede intentarse una ecografía del ojo para evidenciarlo.

➤ Tratamiento y pronóstico

Una persona que experimente una repentina pérdida de visión debe ver a un oftalmólogo de inmediato. Dependiendo de la causa del desprendimiento, el tratamiento podrá consistir en una cirugía con láser o una terapia por congelación (criopexia) para reparar la retina. La cirugía con láser sella los agujeros en la retina. El tratamiento por congelación provoca una cicatriz que sujeta la retina en su sitio.

Si la retina vuelve a adherirse en 2 o 7 días, la probabilidad de mejorar la visión es buena. Si la retina ha estado despegada durante un tiempo largo o si ha habido hemorragia o cicatrización, la probabilidad de mejorar la visión disminuye.

■ Retinitis pigmentaria

La retinitis pigmentaria es una degeneración rara y progresiva de la retina, que con el tiempo causa ceguera.

La retinitis pigmentaria suele ser hereditaria. Una de sus formas presenta un patrón de herencia dominante; es decir, sólo se necesita un gen anormal, que puede ser aportado por cualquiera de los padres. Otras formas son recesivas y requieren un gen anormal por parte de ambos padres. También existe una variedad con patrón hereditario recesivo ligado a X que se presenta principalmente en los varones que heredan un gen anormal de su madre. En algunas personas, en su mayoría varones, puede asociarse una forma hereditaria de pérdida de audición (síndrome de Usher).

Los fotorreceptores de la retina que son responsables de la visión cuando hay poca luz (bastones) se degeneran gradualmente, por lo que la visión empeora en la oscuridad. Los primeros síntomas suelen comenzar en la primera infancia. Con el paso del tiempo, la visión periférica se deteriora progresivamente. En las últimas etapas de la enfermedad, la persona tiene un área pequeña de visión central y posiblemente un poco de visión periférica (visión en túnel).

Al examinar la retina con un oftalmoscopio, el médico ve cambios específicos que sugieren el diagnóstico. Algunas pruebas, tales como el electroretinograma, que es una prueba que mide la respuesta eléctrica de la retina ante la luz, pueden ayudar a establecer el diagnóstico. Ningún tratamiento convencional puede detener la progresión del daño sobre la retina. Algunos médicos han llegado a recomendar dosis elevadas de vitamina A, pero se desconoce la eficacia de este tratamiento. Sin embargo, se ha conseguido mejoría de la visión con un tratamiento experimental en el que se trasplanta tejido retiniano fetal en personas con retinitis pigmentaria.

■ Obstrucción de la arteria y la vena centrales de la retina

La arteria central de la retina, el vaso que suministra mayor cantidad de sangre a la retina, puede bloquearse completamente debido a arteriosclerosis y a algunos tipos de partículas, como coágulos de sangre, que flotan en el torrente sanguíneo y bloquean el vaso (émbolos). La inflamación de los vasos sanguíneos también es una causa potencial de obstrucción de la arteria central de la retina. En las personas con glaucoma, diabetes o hipertensión arterial pueden darse diversos procesos que conduzcan al bloqueo de las venas.

Si la arteria central de la retina se obstruye, el ojo afectado tiene una repentina e indolora pérdida de la visión. La obstrucción de la vena central de la retina colma las venas y produce hinchazón de la parte frontal del nervio óptico. La pérdida de visión oscila entre leve y grave, tal como ocurre en la obstrucción de la arteria central de la retina. Las recurrencias son frecuentes.

Además de la pérdida grave de visión, entre las complicaciones de la obstrucción de la arteria o de la venta centrales de la retina también figuran las hemorragias en el ojo y el glaucoma, causado por un crecimiento anormal de vasos sanguíneos en el ángulo del iris (por donde normalmente el líquido es drenado del ojo).

➤ Diagnóstico y tratamiento

Mediante el uso del oftalmoscopio, el médico puede ver alteraciones en los vasos sanguíneos y otros indicios de un suministro deficiente de sangre a la retina, tales como palidez de la retina (en el caso de bloqueo arterial) o venas ingurgitadas e hinchazón de la parte frontal del nervio óptico en el caso de obstrucción de las venas. La angiografía con fluoresceína, un procedimiento en el que el médico inyecta un colorante dentro de una vena y luego hace fotografías de la retina, puede ayudar a determinar la extensión de la le-

sión y el tratamiento que se ha de seguir. La ecografía Doppler puede ser utilizada para observar el flujo en los vasos sanguíneos.

El tratamiento inmediato es un intento de desbloquear la arteria retiniana. Sin embargo, estos tratamientos no suelen ser eficaces. La presión en el interior del ojo puede reducirse masajeando los párpados cerrados con la punta de los dedos. También existe un procedimiento, denominado paracentesis de la cámara anterior, que puede ayudar a disminuir la presión existente dentro del ojo. En este procedimiento, se anestesia el ojo con gotas y luego se inserta una aguja en la cámara anterior para drenar una pequeña cantidad de líquido, lo que rápidamente alivia la presión en el ojo. Aliviar la presión dentro del ojo mediante el masaje palpebral o por paracentesis de la cámara anterior puede movilizar el émbolo, haciendo que se desplace hacia vasos más periféricos y, de esta manera, se reduzca el daño sobre la retina. En general, no existe una terapia farmacológica aceptada. El tratamiento con láser puede utilizarse para destruir los vasos sanguíneos anormales que se desarrollan en el iris o en el ángulo.

■ Retinopatía hipertensiva

La retinopatía hipertensiva es la lesión de la retina producida como consecuencia de la hipertensión arterial.

Cuando la presión arterial se eleva, tal como ocurre en la hipertensión, la retina puede dañarse. Incluso una hipertensión leve que no ha sido tratada en años puede producir una lesión en los vasos sanguíneos de la retina. La hipertensión arterial daña los pequeños vasos sanguíneos de la retina, haciendo que se engrose la pared del vaso, con lo que se reduce su luz y, en consecuencia, disminuye el flujo de sangre hacia la retina. La retina puede presentar entonces un daño de forma parcheada, debido a esta disminución en su aporte sanguíneo. A medida que la retinopatía hipertensiva progresa, la sangre puede salir de los vasos y depositarse sobre la retina. Estos cambios conducen a una pérdida gradual de la visión, en particular cuando se ve afectada la mácula (la parte central de la retina).

El médico establece el diagnóstico mediante el uso del oftalmoscopio, que le permite ver el aspecto típico de la retina en una persona con hipertensión arterial. Cuando la presión arterial es extremadamente alta, el médico puede apreciar otros cambios en el ojo, como la hinchazón de la parte frontal del nervio óptico.

El objetivo del tratamiento es bajar la presión arterial. Cuando la hipertensión es muy alta y representa un riesgo vital, es necesario comenzar el tratamiento de inmediato con el propósito de salvar la visión y evitar otras complicaciones, como un accidente cerebrovascular, una insuficiencia renal y un ataque cardíaco.

■ Retinopatía diabética

La retinopatía diabética es la lesión de la retina que se produce como consecuencia de la diabetes.

La diabetes mellitus puede producir dos tipos de cambios en el ojo. Estos cambios, retinopatía no proliferativa y proliferativa, son las principales causas de ceguera en los países desarrollados. Algunos cambios en la retina se producen en casi todos los diabéticos, tratados o no con insulina. Las personas con diabetes que también son hipertensas tienen un riesgo más alto de desarrollar retinopatía diabética puesto que ambas enfermedades producen daño en la retina.

Los niveles elevados de azúcar (glucosa) en la sangre hacen que las paredes de los pequeños vasos sanguíneos, incluso los de la retina, se debiliten y, por tanto, sean más proclives a lesionarse. El daño de los vasos sanguíneos de la retina produce escape de sangre y plasma en la misma.

El grado de la retinopatía y la pérdida de la visión se relacionan directamente con el control de los niveles del azúcar en sangre y con el tiempo que la persona lleva padeciendo diabetes. En general, la retinopatía aparece cuando una persona está afectada por la diabetes por lo menos desde hace diez años.

➤ Síntomas y diagnóstico

En la **retinopatía no proliferativa** los pequeños vasos sanguíneos de la retina *gotean*. La zona que rodea el escape de sangre puede hincharse, causando pérdida focal de visión. Si la fuga se produce cerca de la mácula, la visión central se vuelve borrosa. Al principio, los defectos visuales pueden ser mínimos, pero gradualmente la visión puede empeorar. Aparece en el campo visual un color azul-amarillento que puede afectar a la percepción del color. Pueden aparecer manchas ciegas, aunque el paciente no suele advertirlas y sólo llegan a descubrirse mediante un examen oftalmológico. La hinchazón de la mácula (edema macular), producida por el escape de líquido y de sangre desde los vasos sanguíneos, puede conducir a una pérdida significativa de la visión.

En la **retinopatía proliferativa** el daño en la retina estimula el crecimiento de nuevos vasos sanguíneos. Los nuevos vasos sanguíneos crecen de forma anormal, conduciendo en ocasiones a hemorragia o desarrollo de cicatrices. Cicatrices importantes pueden conllevar el desprendimiento de retina. La retinopatía proliferativa produce una mayor pérdida de visión que la retinopatía no proliferativa. Ésta puede dar como resultado la ceguera total, debido a una hemorragia masiva en el humor vítreo (la sustancia gelatinosa que se encuentra dentro de la parte posterior del ojo) o a un desprendimiento de retina.

El médico diagnostica las retinopatías no proliferativa y proliferativa examinando la retina con un oftalmoscopio o una lámpara de hendidura. La angiografía con fluoresceína ayuda a determinar la localización de la fuga ● *(v. pág. 1528).*

➤ Prevención y tratamiento

La mejor forma de evitar la retinopatía diabética consiste en controlar la diabetes y mantener la presión arterial en niveles normales. Las personas con diabetes deben hacerse un examen oftalmológico anual, de tal manera que pueda detectarse la retinopatía y comenzarse un tratamiento lo antes posible.

El tratamiento consiste en la fotocoagulación por láser, en la que un haz de láser se dirige hacia la retina; el objetivo es disminuir el crecimiento de vasos sanguíneos anormales y corregir las fugas. La fotocoagulación por láser a veces debe repetirse. Si la hemorragia provocada por los vasos dañados ha sido importante, puede ser necesario un procedimiento denominado vitrectomía. En este procedimiento, se extrae la sangre de la cavidad en donde está localizado el humor vítreo. La visión suele mejorar después del tratamiento de las hemorragias del vítreo con vitrectomía, y puede también mejorar después de la vitrectomía como tratamiento para el desprendimiento de retina. El tratamiento con láser no suele mejorar la visión, pero a menudo impide su deterioro.

■ Endoftalmitis

La endoftalmitis es una infección en el interior del ojo.

La endoftalmitis es causada por microorganismos que viajan hacia el ojo por el torrente sanguíneo, como consecuencia de una incisión quirúrgica o de un trauma ocular. La infección de la sangre proviene de la administración de fármacos intravenosos, un absceso (una acumulación de pus) o una intervención quirúrgica en cualquier parte del cuerpo. La infección suele deberse a una bacteria, pero los hongos y los protozoos también pueden ser los responsables. Los virus también pueden causar infecciones importantes de los ojos, pero éstas, habitualmente, no se denominan endoftalmitis.

Los síntomas casi siempre son graves e incluyen dolor, enrojecimiento de la parte blanca del ojo, extrema sensibilidad a la luz y pérdida total o parcial de la visión. El diagnóstico se basa en los síntomas, el examen de los ojos, hemocultivos y a veces pruebas de anticuerpos o de ADN. Los hemocultivos pueden tomarse del humor acuoso (fluido de la parte anterior del ojo) y del humor vítreo (la sustancia gelatinosa dentro de la parte posterior del ojo) para determinar qué microorganismos son los responsables y qué fármacos serían los más efectivos.

La endoftalmitis es una urgencia médica. Para preservar la visión, el tratamiento debe ser inmediato. El tratamiento suele iniciarse inmediatamente; en casos extremos, un retraso incluso de pocas horas puede dar como resultado la pérdida de visión. Se prescriben antibióticos; la elección del antibiótico se realiza en función del microorganismo responsable de la endoftalmitis. También pueden usarse corticosteroides. Puede ser necesario recurrir a la intervención quirúrgica para eliminar el tejido infectado dentro del ojo, con lo cual mejoran las posibilidades de detener la infección.

■ Cánceres que afectan a la retina

Los cánceres que afectan a la retina suelen iniciarse en la coroides, una capa densa de vasos sanguíneos que suministran la sangre a la retina. La coroides está situada entre la retina y la esclerótica (la parte blanca externa del ojo). Dado que la retina depende de la coroides para su aporte sanguíneo, una lesión cancerosa en la coroides probablemente afecte a la visión.

Melanoma coroideo: el melanoma coroideo es el cáncer que se origina en las células productoras de pigmento (melanocitos) que forman parte de la coroides. El melanoma coroideo es el cáncer que más frecuentemente aparece en el ojo. Es más habitual en las personas de piel clara y ojos azules. Por lo general, este cáncer no afecta a la visión en su fase inicial. Más tarde, puede ocasionar desprendimiento de retina y cursar con visión borrosa o pérdida completa de la visión. Pueden producirse metástasis hacia otras partes del cuerpo.

El diagnóstico precoz es importante porque la posibilidad de curar el melanoma de coroides está relacionada con el tamaño del tumor. El diagnóstico se realiza mediante el uso del oftalmoscopio, ecografía y fotografías seriadas.

Si el melanoma es pequeño, el tratamiento con láser, radiación o un implante de materiales radiactivos pueden ayudar a preservar la visión y salvar el ojo. Si el tumor es grande, es necesario extirpar el ojo. Si el cáncer no se extirpa, puede extenderse hacia la cavidad ocular (órbita), pasar al torrente sanguíneo y diseminarse a otros órganos, provocando la muerte.

Metástasis coroideas: las metástasis coroideas son cánceres que se han extendido hasta el ojo desde otras partes del cuerpo. Dado que la coroides cuenta con un flujo sanguíneo muy generoso, resulta fácil que los cánceres de otras partes del cuerpo accedan a ella. En las mujeres, el cáncer de mama es la causa más frecuente. En los varones, el cáncer de pulmón o de próstata son las causas más frecuentes.

A menudo, estos cánceres no producen síntomas y se descubren durante el examen oftalmológico de rutina. La disminución de visión y los destellos de luz suelen ser los síntomas iniciales. Puede producirse desprendimiento de retina y una pérdida grave de la visión.

A veces, el diagnóstico se hace con el oftalmoscopio durante un examen oftalmológico de rutina. El diagnóstico puede apoyarse en una ecografía. La confirmación del diagnóstico se lleva a cabo utilizando una aguja fina para extraer una muestra de tejido, que será examinada al microscopio (biopsia). El tratamiento suele consistir en quimioterapia y radioterapia.

CAPÍTULO 235

Trastornos del nervio óptico

Los pequeños fotorreceptores de la retina (la superficie interna en la parte posterior del ojo) reciben los estímulos luminosos y transmiten los impulsos hacia el nervio óptico. El nervio óptico transporta los impulsos al cerebro. Un problema en cualquier punto del nervio óptico o sus ramificaciones, o una lesión en las áreas posteriores del cerebro, que reciben los estímulos visuales, pueden provocar la pérdida de la visión. Una causa frecuente de lesión del nervio óptico es un tumor de la glándula hipófisis, que comprime el nervio.

Los dos nervios ópticos siguen una ruta desde los ojos hasta la parte posterior del cerebro. En una estructura del cerebro, llamada quiasma óptico, cada nervio se divide, y la mitad de sus fibras se cruzan hacia el lado opuesto. Debido a esta peculiar disposición anatómica, las lesiones en el recorrido del nervio óptico provocan patrones particulares de pérdida de visión. Con el conocimiento del patrón de la pérdida de la visión, el médico puede determinar el lugar en el que está localizada la lesión.

■ Papiledema

El papiledema es un trastorno en el que la presión del cerebro se eleva y hace que el nervio óptico se hinche en la zona por la que entra en el ojo.

Esta situación suele producirse por un tumor cerebral, un absceso, un traumatismo craneal, hemorragias en el cerebro, infección del cerebro o sus tejidos circundantes (meninges), pseudotumor cerebral (no es un tumor y también se llama hipertensión intracraneal benigna) ● *(v. recuadro pág. 627)*, o por hipertensión arterial grave. Las enfermedades pulmonares graves también pueden incrementar la presión en el cerebro, causando papiledema. Estas enfermedades producen típicamente un papiledema de ambos ojos.

Al principio, el papiledema puede presentarse sin afectar a la visión. Las alteraciones visuales fugaces, visión borrosa o una pérdida completa de la visión durante unos segundos son síntomas característicos del papiledema. Éstos pueden aparecer cuando la persona se incorpora después de estar sentada o acostada. Debido a la presión elevada del cerebro pueden presentarse otros síntomas diferentes a los síntomas oculares, como dolor de cabeza.

El oftalmólogo utiliza un oftalmoscopio para diagnosticar el papiledema. La tomografía computarizada (TC) y la resonancia magnética nuclear (RMN) pueden emplearse para monitorizar el papiledema y determinar su causa. Se debe realizar una punción lumbar para medir la presión del líquido cefalorraquídeo. Se puede examinar una muestra del líquido cefalorraquídeo para detectar un tumor cerebral o una infección.

Si la presión elevada del líquido cefalorraquídeo se debe a un tumor cerebral, habitualmente se administran corticosteroides, aunque puede ser necesario realizar una cirugía para eliminar el tumor. El papiledema producido como consecuencia de un pseudotumor cerebral puede tratarse con diuréticos y con control de peso. Los otros tratamientos del papiledema dependen de la causa. Por ejemplo, un absceso cerebral se drena y se administran antibióticos, la hipertensión arterial se controla con fármacos ● *(v. tabla pág. 168)*, y una infección, si es bacteriana, se trata con antibióticos durante 7 o 10 días. Si el dolor de cabeza persiste, puede ser necesario recurrir a la cirugía.

■ Neuritis óptica

La neuritis óptica es la inflamación del nervio óptico en cualquier parte de su trayecto.

La neuritis óptica puede ser causada por una infección vírica (especialmente en los niños), por vacunación, meningitis, sífilis, ciertas enfermedades autoinmunes, como esclerosis múltiple, e inflamación intraocular (uveítis ● *v. pág. 1552*). Sin embargo, la causa de la neuritis óptica es frecuentemente desconocida.

La neuritis óptica provoca pérdida de la visión, puede ser leve o grave y producirse en uno o en ambos ojos. La pérdida de la visión puede sobrevenir a los pocos días. La visión en los ojos comprometidos puede variar desde normal hasta la ceguera absoluta. Es posible que se sienta dolor al realizar movimientos oculares. Dependiendo de

El recorrido de la visión

Las señales nerviosas viajan a lo largo del nervio óptico de cada ojo. Los dos nervios ópticos se cruzan en el quiasma óptico. El nervio óptico de cada ojo se divide y la mitad de las fibras nerviosas de cada lado cruzan para alcanzar el lado opuesto. Debido a esta disposición, el cerebro recibe la información de los campos visuales derecho e izquierdo por vía de los dos nervios ópticos.

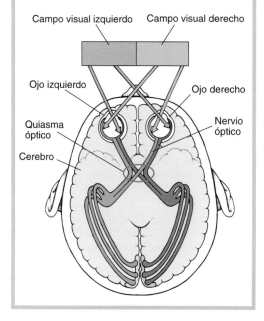

la causa, la visión puede recuperarse más tarde, pero la repetición de los episodios empeoran la visión.

El diagnóstico incluye el examen de la reacción de las pupilas y la observación de la parte posterior del ojo con un oftalmoscopio; el disco óptico (la cabeza del nervio óptico en la parte posterior del ojo) puede aparecer hinchado. Las pruebas para la visión periférica pueden revelar una pérdida de la visión en la periferia (lateral) del campo visual. Las imágenes de resonancia magnética nuclear (RMN) pueden mostrar signos de esclerosis múltiple o raras veces un tumor, que puede estar presionando el nervio óptico.

La mayoría de los casos de neuritis óptica mejoran sin tratamiento a los pocos meses. Sin embargo, en algunos casos, el tratamiento con corticosteroides intravenosos y otros fármacos pueden acelerar la recuperación y reducir la posibilidad

de una recurrencia. Si se trata de un tumor que está presionando el nervio óptico, la visión suele mejorar una vez disminuye la presión.

■ Neuropatía óptica

La neuropatía óptica es la lesión del nervio óptico debida a una obstrucción en su aporte sanguíneo, a deficiencias nutricionales o a toxinas.

El bloqueo del suministro sanguíneo que irriga el nervio óptico dentro del ojo puede causar la muerte o la disfunción de las células nerviosas de éste, y se denomina neuropatía isquémica óptica. Pueden producirse dos tipos: no arterítico y arterítico.

La neuropatía óptica isquémica no arterítica suele darse en personas mayores de 50 años. Los factores de riesgo son hipertensión arterial, diabetes y arteriosclerosis. En raras ocasiones aparece en personas jóvenes con crisis severas de migraña. La neuropatía óptica isquémica arterítica generalmente se produce en personas de más de 70 años. El aporte sanguíneo hacia el nervio óptico se bloquea debido a una inflamación de las arterias (arteritis), en particular de la arteria temporal, que causa arteritis de la temporal (arteritis de células gigantes) ● *(v. pág. 468).*

Las lesiones del nervio óptico también pueden producirse como consecuencia de la exposición a sustancias nocivas para él, tales como el plomo, el metanol, el etilenglicol (anticongelante), el tabaco o el arsénico. Este tipo suele llamarse ambliopía tóxica. La neuropatía óptica puede tener su causa en una deficiencia nutricional (también llamada ambliopía nutricional), en especial de vitamina B_{12}. Los alcohólicos son particularmente susceptibles de padecerla, si bien la causa de este proceso parece ser la desnutrición y no el alcohol. En escasas ocasiones, la neuropatía óptica es consecuencia de la administración de algunos fármacos, tales como cloranfenicol, isoniacida, etambutol y digoxina.

La pérdida de la visión puede ser rápida (minutos u horas), pero también puede desarrollarse gradualmente de 2 a 7 días. Dependiendo de la causa, la visión puede verse comprometida en uno o en ambos ojos. La visión en el ojo afectado puede oscilar desde normal hasta la ceguera total. En las personas con neuropatía óptica causada por la exposición a una toxina o por una deficiencia nutricional suelen resultar afectados ambos ojos. Un área pequeña de visión se pierde

Algunos patrones de pérdida de visión

Dependiendo del sitio dónde se produce la lesión, la perdida de la visión varía.

De hecho, si el nervio óptico resulta dañado entre el globo ocular y el quiasma óptico, la persona puede quedar ciega de ese ojo. Si el quiasma óptico resulta lesionado, ambos ojos pierden parte de la visión: el ojo derecho pierde parte de la visión derecha del campo visual, y el izquierdo pierde parte de la visión izquierda del campo visual.

La hemianopsia, debida a una lesión en la parte posterior más alejada del nervio óptico (que frecuentemente es el resultado de un accidente cerebrovascular o un tumor) produce un patrón distinto de pérdida de la visión. Se afecta la mitad del campo visual de ambos ojos. Por ejemplo, una lesión en el lado izquierdo del cerebro, produce una pérdida de la visión del campo derecho de ambos ojos.

en el centro del campo visual y lentamente aumenta de tamaño hasta llegar a producir la ceguera absoluta. Las personas con arteritis de la temporal tienden a ser de mayor edad, y en estos casos, la pérdida de la visión suele ser más grave.

Alrededor del 40% de las personas con neuropatía óptica isquémica no arterítica experimenta una mejoría espontánea con el paso del tiempo. En esta enfermedad, los episodios de repetición en el mismo ojo son extremadamente raros. Se estima que la afectación del otro ojo se produce entre el 10 y el 34% de las personas afectadas en un período de cinco años.

El diagnóstico comprende la exploración de la parte posterior de los ojos con un oftalmoscopio. La determinación de la causa implica un estudio riguroso sobre las posibles exposiciones a sustancias tóxicas y el conocimiento de los trastornos

que padece la persona, para definir si alguno de éstos constituye un factor de riesgo. Si se sospecha que la causa es la arteritis de la temporal, deben realizarse análisis de sangre y una biopsia de la arteria temporal para confirmar el diagnóstico.

En las personas con neuropatía óptica isquémica no arterítica, el tratamiento incluye el control de algunas enfermedades sistémicas, como la hipertensión arterial, la diabetes, la hipercolesterolemia y otros trastornos que afectan al flujo de sangre hacia el nervio óptico. En las personas con neuropatía óptica isquémica arterítica secundaria a arteritis de la temporal, se prescriben dosis de corticosteroides para prevenir la pérdida de la visión en el otro ojo, la cual se produce en un 25 o un 50% de las personas en el transcurso de días o semanas si el tratamiento no se inicia. Aunque el papel de la aspirina en la prevención del compromiso del otro ojo está siendo investigado, en estos momentos no existe evidencia que apoye su uso.

Las personas con neuropatía óptica causada por la exposición a químicos o fármacos deben evitar el tabaco, el alcohol y otros tóxicos o fármacos que se hayan asociado con este trastorno. Si el consumo de alcohol es una de las causas, la persona debe alimentarse con una dieta equilibrada y tomar un suplemento vitamínico. Si la causa es el plomo, los fármacos quelantes (como succimer o dimercaprol) ayudan a eliminarlo del organismo.

En las personas con neuropatía óptica causada por una deficiencia nutricional, el tratamiento suele implicar la corrección de tal deficiencia con suplementos. Sin embargo, si la causa es la deficiencia de vitamina B_{12}, el tratamiento con suplementos en la dieta no es suficiente. La deficiencia de vitamina B_{12} habitualmente se trata con inyecciones de esta vitamina. Excepto que el nervio óptico muestre evidencia de desgaste (atrofia), se espera la recuperación, al menos parcial, de la visión perdida.

CAPÍTULO 236

Trastornos de la cavidad ocular

Las cavidades oculares (órbitas) son las cavidades óseas que contienen y protegen los ojos. Dentro de la patología orbitaria se incluyen las fracturas, las infecciones, las inflamaciones y los tumores. Las enfermedades del tiroides también pueden afectar a la órbita.

■ Fracturas

Un traumatismo sobre la cara puede producir una fractura de uno o varios de los huesos que forman las órbitas.

La visión puede alterarse después de una fractura porque la sangre producida por la rotura de los vasos se acumula en la órbita ejerciendo presión sobre el ojo, los nervios y los vasos sanguíneos que llegan y salen de él (hematoma retrobulbar). La presión sobre los nervios puede alterar la visión porque afecta a los impulsos que van desde los ojos hacia el cerebro. La fractura (o un fragmento de hueso) puede también afectar a la función de los músculos que mueven el ojo (al lesionar los músculos o los nervios que los controlan). Un daño en estos músculos puede inhibir los movimientos oculares hacia arriba y hacia abajo, o hacia la derecha y hacia la izquierda, y además producir visión doble. Si la fractura es grande, el globo ocular puede hundirse (enoftalmos). El mismo globo ocular puede resultar dañado directamente en estas lesiones.

➤ Diagnóstico y tratamiento

El diagnóstico se basa en los síntomas. El diagnóstico se confirma con radiografías de cráneo, una tomografía computarizada (TC) o una resonancia magnética nuclear (RMN). En los casos en los que una fractura atrapa algún músculo o a tejidos blandos de la órbita, y como consecuencia se produce visión doble o hundimiento del globo ocular, suele ser necesaria la cirugía para reparar los huesos. Después de asegurarse de que no ha resultado dañada ninguna estructura vital como secuela de la fractura, el cirujano vuelve a colocar los huesos en la posición correcta, a veces usando pequeñas placas de metal y tornillos o cables para sostenerlos. El cirujano puede utilizar una fina lámina de plástico o colocar un injerto óseo para conectar las zonas rotas y mejorar la cicatrización.

■ Infecciones

Una infección puede diseminarse desde los senos paranasales, los dientes o el torrente sanguíneo, hacia la órbita. La infección de la órbita se llama celulitis orbitaria. Las infecciones del ojo pueden aparecer después de un trauma. Los síntomas incluyen dolor, abombamiento del ojo, limitación de los movimientos oculares, párpados hinchados y fiebre. El globo ocular hinchado tiene un aspecto distinto. La visión puede verse comprometida.

Sin un tratamiento adecuado, la celulitis orbitaria puede provocar ceguera. La infección puede extenderse hacia el cerebro y la médula espinal, o se pueden formar coágulos de sangre que se diseminan por las venas alrededor del ojo, llegando hasta una vena grande que se encuentra en la base del cerebro (el seno cavernoso), de lo que resulta una trombosis del seno cavernoso.

➤ Diagnóstico y tratamiento

El médico puede reconocer la celulitis orbitaria sin necesidad de recurrir a pruebas diagnósticas. Sin embargo, para determinar la causa, puede ser necesario llevar a cabo una evaluación adicional, que incluya una revisión de la dentadura, así como radiografías o una tomografía computarizada (TC) de los senos paranasales. A menudo, el médico obtiene muestras del revestimiento del ojo, de la piel, de la garganta o de los senos paranasales, así como muestras de sangre que se envían al laboratorio para que las analicen. Las muestras se cultivan (para ver qué microorganismos crecen) con el fin de determinar dónde está localizada la infección, qué tipo de microorganismo la está causando y qué tratamiento debe seguirse.

Los antibióticos se inician antes de tener los resultados del laboratorio. Los antibióticos orales se administran en los casos leves; los antibióticos intravenosos se aplican en casos graves. El antibiótico que se use al comienzo puede cambiarse si los resultados del cultivo indican que otro resultará más efectivo. En ocasiones, se recurre a la

Trombosis del seno cavernoso

La trombosis del seno cavernoso es la obstrucción de una vena grande que se encuentra en la base del cerebro (el seno cavernoso). Habitualmente se debe a la diseminación de bacterias a partir de una infección en un seno paranasal, de una infección en el ojo o de una infección alrededor de la nariz. De este modo, las infecciones localizadas en la zona comprendida entre la nariz y el margen de los ojos deben considerarse muy seriamente.

La trombosis del seno cavernoso causa protrusión de los ojos, intensos dolores de cabeza, somnolencia o coma, convulsiones, fiebre alta y sensaciones anormales o debilidad muscular en ciertas áreas. Para identificar las bacterias, se toman muestras de sangre y de líquido; de moco o pus de la garganta y la nariz y se envían al laboratorio para llevar a cabo un cultivo. Así mismo, se realiza una tomografía computarizada (TC) de los senos paranasales, los ojos y el cerebro.

Inmediatamente se administran altas dosis de antibióticos intravenosos. Si el proceso no mejora tras 24 horas de tratamiento con antibióticos, el seno puede drenarse quirúrgicamente.

cirugía para drenar un foco de infección (absceso) o un seno paranasal infectado.

■ Inflamación

Cualquiera o todas las estructuras que se encuentran dentro de la órbita pueden inflamarse. La inflamación puede ser un síntoma de otra enfermedad, como la granulomatosis de Wegener, en la que se produce una inflamación que afecta a los vasos sanguíneos (denominado vasculitis), o la inflamación puede producirse sin una razón aparente.

La inflamación que afecta a la capa blanca del ojo (esclerótica) se denomina escleritis. La inflamación que afecta a la glándula lagrimal, localizada en el borde superior externo de la órbita ● (v. fig. pág. 1538), se denominada dacrioadenitis inflamatoria. Si la inflamación afecta a uno de los músculos que mueven el ojo, se denomina miositis. La inflamación que afecta a la totalidad de la órbita y su contenido se llama pseudotumor orbitario inflamatorio (que en realidad no es ni

un tumor ni un cáncer) o inflamación orbitaria inespecífica.

Los síntomas varían según las estructuras que estén inflamadas. En general, los síntomas empiezan de repente, normalmente a los pocos días de instaurado el proceso. Se produce dolor y enrojecimiento del globo ocular o de los párpados. El dolor puede ser intenso y a veces incapacitante. Para determinar la causa, el médico toma una muestra del tejido inflamado (biopsia) y lo analiza al microscopio.

La inflamación se trata con fármacos corticosteroides, administrados por vía oral. Los corticosteroides pueden administrarse por vía intravenosa cuando la inflamación es importante.

■ Tumores

Los tumores de los tejidos localizados en la parte posterior del ojo, malignos o no, son poco frecuentes. Los tumores pueden formarse dentro de los tejidos retrooculares, o los tumores malignos pueden originarse en otra parte del organismo y extenderse (metástasis) a los tejidos detrás del ojo.

Estos tumores pueden empujar hacia adelante el ojo (exoftalmos). Habitualmente, se requiere una biopsia para determinar qué clase de tumor es y cuál es el manejo más adecuado. El tratamiento puede incluir la extirpación quirúrgica, radioterapia, quimioterapia o una combinación de estos tratamientos.

■ Exoftalmos

El exoftalmos es la protrusión anormal de uno o ambos ojos.

Muchas condiciones pueden causar un exoftalmos. En algunas enfermedades que afectan al tiroides, especialmente en la enfermedad de Graves ● (v. pág. 1136), los tejidos de la órbita se hinchan y acumulan ciertos tipos de células (como los linfocitos), que empujan el globo ocular hacia adelante. El exoftalmos puede aparecer rápidamente y tener su origen en una hemorragia detrás del ojo o en una inflamación de la órbita. Los tumores, sean o no malignos, se pueden desarrollar en la órbita, detrás del globo ocular, y empujarlo de atrás hacia adelante. El pseudotumor, una acumulación benigna poco frecuente de tejido inflamatorio fibrótico, también puede

Exoftalmos

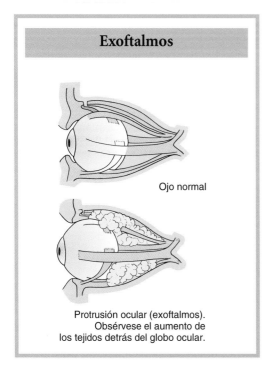

Ojo normal

Protrusión ocular (exoftalmos).
Obsérvese el aumento de
los tejidos detrás del globo ocular.

producir un exoftalmos con dolor e hinchazón. La trombosis del seno cavernoso provoca un exoftalmos porque la sangre de las venas no puede salir del ojo. Las conexiones anormales de las arterias y las venas (malformaciones arteriovenosas) por detrás del ojo pueden provocar un exoftalmos pulsátil, que consiste en que el ojo protruye hacia adelante y late al ritmo del corazón.

El ojo protruido está menos protegido por los párpados, y la córnea puede secarse. Como resultado, la córnea puede ulcerarse e infectarse. Un exoftalmos prolongado puede afectar a la visión por el estiramiento del nervio óptico. El aumento de la presión dentro de la órbita puede comprimir el nervio óptico y producir una disminución en la visión.

➤ Diagnóstico y tratamiento

No todas las personas con ojos saltones padecen un exoftalmos. Algunas simplemente tienen los ojos saltones, y la parte blanca se ve más de lo normal. La extensión de la protrusión se puede medir con una regla o con un instrumento denominado exoftalmómetro. Otras pruebas diagnósticas incluyen una tomografía computarizada (TC) y pruebas de función tiroidea.

El tratamiento depende de la causa. Si el problema es una comunicación anómala entre las arterias y las venas, la cirugía puede ayudar a cerrar ciertos vasos sanguíneos. Las enfermedades graves de la glándula tiroides pueden causar un exoftalmos y deben ser tratadas. Pero no está claro si el tratamiento del trastorno del tiroides realmente mejora el exoftalmos. El tratamiento médico del exoftalmos incluye gafas de protección y gotas para los ojos si los síntomas son leves; o corticosteroides, radioterapia o cirugía cuando son graves. El tratamiento de la hemorragia o la inflamación implica tratar la alteración subyacente ● *(v. pág. 1567).* Los tumores (dependiendo del tipo) se tratan con quimioterapia, radioterapia o cirugía. Los corticosteroides pueden ser útiles para reducir la inflamación causada por un pseudotumor.

PROBLEMAS DE SALUD EN EL VARÓN

CAPÍTULO 237

Aparato reproductor masculino

Las estructuras externas del aparato reproductor masculino constan del pene y el escroto. Las estructuras internas incluyen los vasos deferentes, los testículos, la uretra, la próstata y las vesículas seminales.

Los espermatozoides, que contienen los genes del hombre, se forman en los testículos y se almacenan en las vesículas seminales. Durante la eyaculación, los espermatozoides se desplazan junto con un fluido llamado semen por los vasos deferentes y el pene erecto.

■ Estructura

El pene consta de la raíz (que está unida a la pared abdominal), del cuerpo (la porción central) y el glande del pene (el extremo en forma de cono). El orificio de la uretra (el canal que transporta el semen y la orina) se encuentra en el extremo del glande del pene. La base del glande recibe el nombre de corona. En los hombres no circuncisos, el prepucio se extiende desde la corona y cubre el glande.

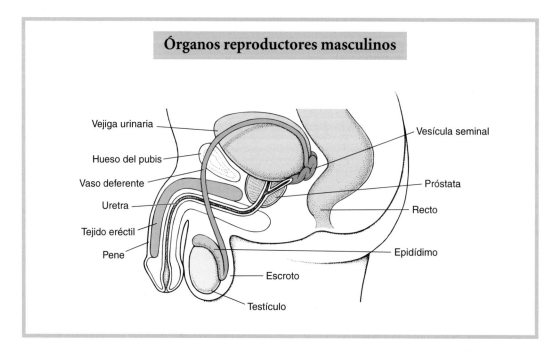

Órganos reproductores masculinos

Vejiga urinaria

Hueso del pubis

Vaso deferente

Uretra

Tejido eréctil

Pene

Escroto

Testículo

Vesícula seminal

Próstata

Recto

Epidídimo

El cuerpo del pene consta principalmente de tres espacios cilíndricos (senos) de tejido eréctil. Los dos más grandes, los cuerpos cavernosos, se localizan a cada lado. El tercer seno, el cuerpo esponjoso, rodea la uretra. Cuando estos espacios se llenan de sangre, el pene aumenta de tamaño y se pone rígido (erecto).

El escroto es un saco de piel delgada que rodea y protege los testículos, además de actuar como un sistema de control de la temperatura para los testículos, porque estos necesitan una temperatura ligeramente inferior a la corporal para favorecer el desarrollo normal de los espermatozoides. El músculo cremáster de la pared del escroto se relaja o se contrae con objeto de permitir que los testículos se alejen del cuerpo para enfriarse o que se acerquen más a éste en busca de calor y protección.

Los testículos son cuerpos ovales del tamaño de aceitunas grandes que se encuentran en el escroto; en general, el testículo izquierdo cuelga un poco más que el derecho. Tienen dos funciones: producir espermatozoides y testosterona (la principal hormona sexual masculina). El epidídimo es un tubo en espiral, de casi seis metros de largo, que recoge los espermatozoides de los testículos y les proporciona el lugar y entorno adecuado para que maduren. Un epidídimo yace contra cada testículo.

El vaso deferente es un conducto firme que transporta los espermatozoides desde el epidídimo. Dicho conducto viaja desde cada epidídimo hasta la parte posterior de la próstata y entra en la uretra. Otras estructuras, como los vasos sanguíneos y los nervios, acompañan a cada vaso deferente en su desplazamiento y, juntos, forman una estructura entrelazada similar a un cordón, denominado cordón espermático.

La uretra cumple una doble función en el hombre. Este canal es la parte de las vías urinarias que transporta la orina desde la vejiga y la porción del aparato reproductor por la cual se eyacula el semen.

La próstata se localiza justo debajo de la vejiga y rodea la uretra. Tiene el tamaño de una nuez en los jóvenes, y crece con la edad. Cuando la próstata crece demasiado, puede obstruir el flujo de orina por la uretra. Las vesículas seminales, localizadas encima de la próstata, se unen a los vasos deferentes para formar los conductos eyaculadores. La próstata y las vesículas seminales producen un líquido que nutre los espermatozoides. Este líquido suministra la mayor parte del volumen de semen, la secreción con la cual se expulsan los espermatozoides durante la eyaculación. El resto del líquido que forma el semen proviene de los vasos deferentes y de las glándulas mucosas de la cabeza del pene.

■ Función

Durante la actividad sexual, el pene se vuelve rígido y erecto, lo cual permite la penetración du-

Terapia de sustitución con testosterona

La producción de testosterona (la hormona principal masculina) en los varones, que se inicia aproximadamente a los 30 años de edad, suele disminuir entre el 1 y el 2% por año. Esta pérdida difiere de los cambios hormonales de la menopausia en las mujeres, que suelen ser rápidos y casi generalizados, pero a veces la disminución de la testosterona se conoce como menopausia del hombre o andropausia. El índice de disminución de la testosterona varía considerablemente entre los varones; muchos hombres de 70 años tienen valores de testosterona iguales a los de muchos hombres de 30 años de edad. Todos los hombres con valores bajos de testosterona desarrollan ciertas características asociadas con el envejecimiento, como libido disminuida, menor masa muscular, aumento de la grasa abdominal, huesos delgados que se fracturan con facilidad, pérdida de energía, pensamiento matemático y espacial lento y bajo recuento sanguíneo. Muchos hombres quieren tomar testosterona para enlentecer o invertir el desarrollo de estas características, pero es sólo útil en varones con niveles anormalmente bajos de testosterona.

El efecto secundario más preocupante de la terapia de sustitución con testosterona es el empeoramiento de la enfermedad prostática. Sin saberlo, muchos hombres tienen pequeños cánceres de próstata que probablemente nunca producirán síntomas. La testosterona puede hacer crecer los cánceres de próstata, así que la terapia de sustitución con testosterona puede ser la causa de que un cáncer de próstata hasta entonces inadvertido produzca síntomas o se vuelva letal. La testosterona también empeora la hiperplasia benigna de la próstata, un agrandamiento no canceroso de la próstata.

La terapia de sustitución con testosterona se recomienda sólo en varones cuyos análisis de sangre muestran valores bajos de testosterona y que no tienen enfermedad de la próstata. Los hombres que toman testosterona deben someterse frecuentemente a controles de cáncer de próstata.

Estas pruebas pueden detectar precozmente cánceres, justo cuando las probabilidades de curación son mayores.

---

rante el coito. La erección es el resultado de una compleja interacción de impulsos neurológicos, vasculares, hormonales y psicológicos. Produce estímulos placenteros que inducen al cerebro a enviar señales por la médula espinal hasta el pene. Las arterias que llevan sangre a los cuerpos cavernosos y esponjosos responden mediante la dilatación. Las arterias ensanchadas aumentan radicalmente el suministro sanguíneo hacia esas zonas eréctiles que, en consecuencia, se llenan de sangre y se expanden. Los músculos se tensan alrededor de las venas que normalmente drenan sangre del pene, y de esta forma el flujo de sangre se hace más lento y la presión arterial en el pene aumenta. Este aumento de la presión arterial hace que el pene aumente su longitud y diámetro.

La eyaculación se produce en el punto máximo de excitación sexual (orgasmo), cuando la fricción sobre el glande del pene y otros estímulos envían señales al cerebro y la médula espinal. Los nervios estimulan las contracciones musculares en los conductos de las vesículas seminales, la próstata, el epidídimo y los vasos deferentes. Estas contracciones hacen que el semen penetre en la uretra. La contracción de los músculos que rodean la uretra aumenta el impulso del semen a través y fuera del pene. El cuello de la vejiga también se contrae para evitar que el semen fluya hacia atrás y entre en la vejiga.

Después de la eyaculación, o cuando se detiene la estimulación, las arterias se contraen y las venas se relajan. Esto reduce la entrada de sangre y aumenta su salida, lo que permite al pene volver a su estado de flacidez usual (detumescencia). Después de la detumescencia, no puede obtenerse otra erección durante un cierto período de tiempo (período refractario), habitualmente alrededor de veinte minutos en los jóvenes.

■ Pubertad

La pubertad es la etapa durante la cual una persona alcanza su capacidad reproductora completa y presenta las características adultas propias de su sexo. En los jóvenes, la pubertad generalmente se produce entre los 10 y 14 años. Sin embargo, no es extraño que ésta comience a los 9 años o se alargue hasta los 16 años.

Trastornos mamarios en el varón

Los trastornos de las mamas, que incluyen el crecimiento de las mamas y el cáncer de mama, se producen raramente en los varones.

Ginecomastia

El aumento de tamaño de la mama (ginecomastia) a veces aparece durante la pubertad. Este crecimiento es habitualmente normal y transitorio, y dura de pocos meses a algunos años. El crecimiento de las mamas habitualmente se produce después de los 50 años de edad.

El crecimiento de las mamas en el hombre puede ser causado por ciertas enfermedades (en particular las hepáticas), determinados tratamientos farmacológicos (incluida la administración de hormonas femeninas y esteroides anabolizantes) o el consumo exagerado de marihuana, cerveza o heroína. Con menos frecuencia, este trastorno se asocia a un desequilibrio hormonal causado por tumores poco comunes productores de estrógeno en los testículos o las glándulas suprarrenales.

Una o ambas mamas pueden aumentar de tamaño. La mama que ha crecido puede ser muy sensible. Si hay dolor al tacto, es probable que la causa no sea un cáncer. El dolor de mama en el varón y en la mujer no suele ser un signo de cáncer.

Por lo general, no se necesita ningún tratamiento específico. El crecimiento de las mamas frecuentemente desaparece por sí solo o después de haberse identificado y tratado la causa. La extirpación quirúrgica del exceso de tejido mamario es efectiva pero rara vez necesaria. Una nueva técnica quirúrgica, que consiste en extirpar tejido por medio de un tubo de succión que se inserta por una pequeña incisión, está adquiriendo cada vez más popularidad y en ocasiones es el paso previo a una intervención de cirugía plástica

Cáncer de mama

El cáncer de mama también afecta a la población masculina, aunque el 99 % de todos los cánceres de mama se desarrollan en las mujeres. Debido a que el cáncer masculino de mama es poco frecuente, es posible que éste no se considere como el causante de los síntomas que presenta el paciente. Como resultado, el cáncer de mama masculino suele llegar hasta un estado avanzado antes de ser diagnosticado. El pronóstico es el mismo que para una mujer con un cáncer en ese estadio.

Las opciones de tratamiento son generalmente las mismas que se siguen para las mujeres (cirugía, radioterapia y quimioterapia), excepto la cirugía conservadora de mama, que se utiliza en escasas ocasiones. Si un examen de tejido muestra que las hormonas sexuales están causando el crecimiento del cáncer, se suprimen las hormonas con el fármaco tamoxifeno.

La glándula hipófisis, que se encuentra en el cerebro, inicia la pubertad. La hipófisis secreta las hormonas luteinizante y foliculoestimulante, que estimulan la producción de testosterona por los testículos. La testosterona estimula la aparición de las características sexuales secundarias, como el crecimiento del vello facial y el cambio de voz.

La testosterona también produce muchas alteraciones en los órganos reproductores masculinos, como el alargamiento y engrosamiento del pene, el aumento del tamaño del escroto de los testículos, del epidídimo y de la próstata, el oscurecimiento de la piel del escroto y el crecimiento de vello púbico. Los espermatozoides aparecen habitualmente a los 14 años de edad y la primera eyaculación tiene lugar al final de la pubertad.

■ Efectos del envejecimiento

No está muy claro si el envejecimiento en sí o las enfermedades asociadas con éste son la causa de las alteraciones graduales que sobrevienen en la función sexual masculina. La frecuencia, duración y rigidez de las erecciones disminuyen gradualmente en todo el período adulto. Esto se debe al descenso de los niveles de la hormona sexual masculina (testosterona), lo que disminuye el estímulo sexual (libido), y de la sangre que fluye hacia el pene. Otras alteraciones son la disminución de la sensibilidad peneana y del volumen eyaculatorio, la disminución del aviso anticipado de la eyaculación, los orgasmos sin eyaculación, una detumescencia más rápida y una mayor duración del período refractario.

CAPÍTULO 238

Trastornos del pene y de los testículos

El pene y los testículos pueden sufrir inflamación, formación de un tejido cicatricial, infección (incluidas las enfermedades de transmisión sexual) o traumatismos, así como cáncer de piel en el pene. Los defectos congénitos dificultan la micción y las relaciones sexuales. Las anomalías en el pene y en los testículos pueden causar alteraciones tanto psicológicas como físicas.

■ Inflamación del pene

La **balanitis** es la inflamación del glande (extremo del pene en forma de cono), mientras que la **postitis** es la del prepucio. La postitis es debida a menudo a una infección debajo del prepucio producida por hongos o bacterias. Una infección puede producirse al mismo tiempo en el glande y en el prepucio (**balanopostitis**). La inflamación provoca dolor, picor, enrojecimiento e hinchazón y puede dar lugar a un estrechamiento (estenosis) de la uretra. Los hombres que padecen balanopostitis tienen una mayor probabilidad de presentar más adelante balanitis xerótica obliterans, fimosis, parafimosis y cáncer.

En la **balanitis xerótica obliterans**, la inflamación crónica hace que la piel cercana al extremo del pene se endurezca y adquiera un color blanquecino. El orificio de la uretra suele estar rodeado por esta piel blanca y gruesa, que con el tiempo obstruirá el flujo de orina y de semen. Las cremas antibacterianas o antiinflamatorias pueden aliviar la inflamación, pero con frecuencia es necesario reabrir la uretra quirúrgicamente.

En la **fimosis**, el prepucio se queda ceñido y no puede retirarse del glande. Este trastorno es normal en los recién nacidos o niños pequeños y, por lo general, desaparece en la pubertad sin necesidad de tratamiento. En los adultos, la fimosis es el resultado de una irritación prolongada o bien de una balanopostitis recurrente. Un prepucio apretado puede afectar a la micción y a la actividad sexual, y aumentar el riesgo de infecciones de las vías urinarias. El tratamiento habitual es la circuncisión.

En la **parafimosis**, el prepucio retraído no puede volverse a colocar sobre el glande. Esta afección aparece con mayor frecuencia después de una intervención para retraer el prepucio como parte de un procedimiento médico, o cuando se echa el prepucio hacia atrás para limpiar el pene del niño y se olvida colocarlo en su posición normal. En este caso, el glande se inflama y la presión aumenta alrededor del prepucio atrapado. Con el tiempo, el aumento de presión impide que la sangre llegue al pene, lo que puede conducir a la destrucción del tejido del pene si el prepucio no se repone hacia adelante de nuevo. La circuncisión o corte del prepucio alivia la parafimosis.

La **eritroplasia de Queyrat** suele producirse en hombres no circuncidados. En esta eritroplasia se observa una superficie definida, rojiza, aterciopelada en el pene, generalmente sobre o en la base del glande. La causa puede ser una irritación crónica del pene bajo el prepucio. Aunque benigna en sí, la eritroplasia de Queyrat puede volverse cancerosa si no se trata. La extirpación de una muestra de tejido para su examen al microscopio (biopsia) confirma el diagnóstico. La eritroplasia de Queyrat se trata con una crema que contenga fluorouracilo.

■ Estenosis uretral

La estenosis uretral es una cicatrización que estrecha la uretra.

La estenosis uretral suele ser debida a una infección o un traumatismo previo. Cuando es leve

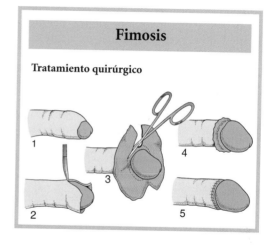

Fimosis

Tratamiento quirúrgico

1
2
3
4
5

produce una disminución en la fuerza del chorro urinario o un chorro doble y, si es grave, puede bloquear completamente el chorro de orina. El aumento de la presión producida por la estenosis puede causar la formación de falsas vías desde la uretra hasta los tejidos circundantes (divertículos). Esta enfermedad a menudo produce infecciones en las vías urinarias debido a la disminución de la frecuencia de la micción o a su detención.

El urólogo diagnostica una estenosis mediante la visualización directa de la uretra a través de un tubo flexible (cistoscopio) después de administrar un lubricante que contenga un anestésico local. Para ensanchar la uretra, se puede dilatar o cortar (uretrotomía) la estenosis. Las estenosis uretrales pueden recurrir y requerir la extirpación de la cicatriz y la reconstrucción quirúrgica de la uretra, en ocasiones con un injerto de piel.

■ Tumores del pene

A veces, los abultamientos en el pene son debidos a una infección. Un ejemplo es la sífilis ● *(v. pág. 1400)*, que puede producir abultamientos planos rosados o grises (condilomas planos). Algunas infecciones de tipo viral también producen uno o más abultamientos cutáneos, pequeños y sólidos (verrugas genitales o condiloma acuminado) o pequeños nódulos firmes, con perforaciones diminutas (molusco contagioso).

El cáncer de piel puede aparecer en cualquier parte del pene, aunque lo hace con más frecuencia en el glande, especialmente en su base. Los cánceres que afectan a la piel del pene son poco comunes y más raros aún en los hombres que han sido circuncidados. El cáncer de pene puede ser debido a una irritación crónica, habitualmente bajo el prepucio. El más frecuente es el carcinoma de células escamosas ● *(v. pág. 1476)*, pero también aparecen los cánceres de Bowen ● *(v. pág. 1477)* y de Paget ● *(v. pág. 1479)*. El cáncer suele presentarse como una zona indolora, rojiza, con úlceras que no se curan en varias semanas.

Para el diagnóstico de cáncer de pene, el médico toma una muestra de tejido para su examen al microscopio (biopsia). El tratamiento consiste en la extirpación quirúrgica de la lesión y parte del tejido normal circundante, preservando la mayor parte posible del pene. Por lo general, el pene puede reconstruirse quirúrgicamente si se ha tenido que extirpar una gran cantidad de tejido.

La mayoría de los hombres con cánceres pequeños no propagados viven durante muchos años después del tratamiento, pero cuando el cáncer se ha extendido el fallecimiento suele producirse en unos cinco años en la mayoría de los casos.

■ Priapismo

El priapismo es una erección dolorosa y persistente que no está acompañada de deseo sexual ni de excitación.

Causas probables del priapismo son las alteraciones de los vasos sanguíneos y los nervios que hacen que la sangre quede atrapada en el tejido eréctil (cuerpos cavernosos) del pene. En la mayoría de los casos, la enfermedad se origina por la administración oral o la inyección de fármacos en el pene con objeto de producir una erección. Entre otras causas conocidas de priapismo están los coágulos sanguíneos, la leucemia, la drepanocitosis, un tumor en la pelvis y una lesión en la médula espinal. Sin embargo, a veces no se puede encontrar la causa.

Algunos síntomas ayudan a diferenciar el priapismo de las erecciones normales. El priapismo dura más tiempo, por lo general varias horas, no hay excitación sexual y la erección es dolorosa. Así mismo, el glande puede permanecer blando.

El tratamiento del priapismo depende de su origen. Cualquier fármaco que lo pueda causar, debe interrumpirse de inmediato. La inyección en el pene de un fármaco que disminuya la erección (por ejemplo, epinefrina, fenilefrina, terbutalina o efedrina) puede reducir el priapismo causado por una inyección de fármacos anterior. La anestesia espinal lo mejorará cuando sean debido a una lesión de la médula espinal. Si la causa probable es un coágulo sanguíneo, es necesario realizar una cirugía para eliminarlo o para restablecer la circulación normal en el pene. Por lo general, si otros tratamientos resultan ineficaces, el priapismo mejorará drenando el exceso de sangre del pene con una aguja y una jeringa, y utilizando líquidos para lavar cualquier coágulo u otras obstrucciones. También pueden emplearse muchos otros medicamentos, según la causa subyacente. Por lo general, el priapismo prolongado altera la función eréctil de forma permanente.

■ Enfermedad de Peyronie

La enfermedad de Peyronie es un engrosamiento fibroso que contrae y deforma el pene, y por ende, altera la erección.

Muchos hombres tienen un pequeño grado de curvatura con el pene erecto. La enfermedad de Peyronie produce una deformidad más grave. La inflamación en el pene tiene como resultado la formación de un tejido cicatricial fibroso que provoca la curvatura del pene erecto y que, por consiguiente, dificulta o imposibilita la penetración. Se desconocen, no obstante, las causas de dicha inflamación.

La enfermedad puede causar erecciones dolorosas. Cuando el tejido fibroso se extiende hacia el tejido eréctil (cuerpos cavernosos), impide la erección.

Si la curvatura es pequeña o la enfermedad no imposibilita la función sexual, el tratamiento no es necesario. La enfermedad de Peyronie puede desaparecer a lo largo de varios meses sin necesidad de tratamiento. Ningún tratamiento tiene una eficacia probada.

La toma de vitamina E generalmente ayuda a curar las heridas y disminuye la fibrosis. Se pueden inyectar corticosteroides o verapamilo dentro del tejido cicatricial para disminuir la inflamación y reducir la fibrosis. Los tratamientos con ultrasonido estimulan el flujo sanguíneo y sirven para prevenir futuras cicatrices. La radioterapia puede disminuir el dolor; sin embargo, la radiación suele empeorar la lesión del tejido. No se recomienda la cirugía a no ser que la enfermedad se agrave y la curvatura sea tal que impida las relaciones sexuales. La cirugía para eliminar la cicatriz puede empeorar la evolución de la enfermedad u ocasionar una disfunción eréctil (impotencia).

■ Lesión del pene y de los testículos

Varios tipos de lesiones pueden afectar al pene. Es muy frecuente que el pene se enganche con la cremallera de los pantalones, pero el corte que se produce suele curarse rápidamente. Los cortes y las irritaciones se resuelven con rapidez sin tratamiento, aunque si se infectan es posible que sea necesario tomar antibióticos. Las lesiones en la uretra (el orificio localizado en el extremo del pene) pueden requerir otro tratamiento específi-

co, por lo general indicado por un urólogo (médico especializado en el diagnóstico y tratamiento de trastornos genitourinarios).

La **fractura del pene** puede darse por doblar excesivamente el pene erecto. A continuación se produce dolor e inflamación por lesión de las estructuras que controlan la erección y dificultad en las relaciones sexuales o en la micción. Las fracturas del pene suelen producirse durante un coito demasiado enérgico. Por lo general, es necesaria una cirugía urgente para reparar dicha fractura y prevenir una curvatura anormal del pene o una disfunción eréctil permanente (impotencia). El pene también puede seccionarse parcial o completamente. Algunas veces se logra la reposición de un pene amputado, pero su sensibilidad y funcionamiento sólo se recobran excepcionalmente.

La localización del escroto hace que éste sea más propenso a presentar lesiones. La mayoría de ellas son debidas a golpes fuertes (por ejemplo, una patada o un aplastamiento). A veces se producen heridas por disparos o heridas punzantes que alcanzan el escroto o los testículos. En raras ocasiones se produce un desgarro del escroto que lo separe de los testículos. La lesión testicular provoca un dolor repentino grave, habitualmente acompañado de náuseas y vómitos. La ecografía puede mostrar si se ha producido un desgarro de los testículos. La utilización de bolsas de hielo, suspensorios y fármacos para reducir el dolor y las náuseas constituyen, por lo general, un tratamiento eficaz para las hemorragias internas dentro o alrededor de los testículos. La ruptura testicular requiere reparación quirúrgica. Cuando el escroto se desgarra, los testículos pueden quedarse sin aporte vascular o perder su capacidad para producir hormonas o esperma. Para evitarlo, se realiza un tipo de cirugía mediante la cual se introducen debajo de la piel del muslo o del abdomen.

■ Cáncer testicular

La mayoría de los cánceres testiculares aparecen en jóvenes menores de 40 años. Entre los tipos de cáncer que aparecen en los testículos están el seminoma, el teratoma, el carcinoma embrionario y el coriocarcinoma.

No se conoce la causa del cáncer testicular, pero los hombres cuyos testículos no descendieron dentro del escroto (criptorquidia ● *v. pág. 1820*) a los 3 años de edad, tienen muchas más probabilidades de presentarlo que aquellos cuyos testículos descendieron a dicha edad. La criptorquidia se corrige mejor quirúrgicamente en la infancia. Algunas veces se recomienda a los adultos la extirpación de un testículo no descendido para reducir el riesgo de cáncer.

➤ Síntomas y diagnóstico

El cáncer testicular puede provocar el crecimiento de un testículo o la aparición de un bulto en el escroto. La mayoría de los abultamientos que aparecen en el escroto no son debidos a un cáncer testicular, pero sí lo son cuando aparecen en los testículos. Un testículo se palpa normalmente como un ovoide liso, con el epidídimo pegado en la parte de encima y atrás. El cáncer testicular se presenta como un bulto sólido en el interior o adyacente al testículo. El testículo con cáncer pierde su forma normal, aumenta de tamaño y se vuelve irregular o de aspecto nodular. Aunque el cáncer testicular no produce dolor, el testículo o el bulto pueden doler, tanto si se tocan como si no. La aparición de un nódulo sólido en el testículo requiere de atención médica inmediata. En algunas ocasiones, los vasos sanguíneos se rompen dentro del tumor y dan lugar a una inflamación acompañada de un dolor fuerte y de un aumento repentino del tamaño del testículo.

Un examen físico y una ecografía pueden indicar si el nódulo es parte de los testículos y si es sólido (teniendo así mayor probabilidad de ser canceroso) o está lleno de líquido (quístico). La determinación de los niveles sanguíneos de dos proteínas, la alfafetoproteína y la gonadotropina coriónica humana, pueden ayudar al diagnóstico. Los valores de estas proteínas con frecuencia aumentan en los hombres con cáncer testicular. Si se sospecha la presencia de un cáncer, es necesario realizar una cirugía para examinar los testículos.

➤ Tratamiento

El tratamiento inicial para el cáncer testicular es la extirpación quirúrgica de la totalidad del testículo afectado (orquiectomía radical). El otro testículo no se extirpa para que el hombre mantenga valores adecuados de hormonas masculinas y siga siendo fértil. A veces se presenta infertilidad con el cáncer testicular, pero puede desaparecer después del tratamiento.

En ciertos tipos de cánceres, se extirpan también los ganglios linfáticos en el abdomen (disec-

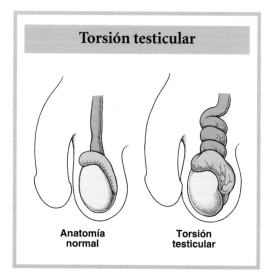

Torsión testicular

Anatomía normal   Torsión testicular

ción de los ganglios linfáticos retroperitoneales) porque el cáncer suele propagarse allí en primer lugar. La radioterapia también puede ser de gran ayuda, especialmente en casos de seminoma.

A menudo, una combinación de cirugía y quimioterapia cura un cáncer testicular diseminado. Los valores sanguíneos de alfafetoproteína y gonadotropina coriónica humana que estaban elevados en el momento del diagnóstico disminuyen después de un tratamiento eficaz. Si aumentan después del tratamiento, es probable que el cáncer haya reaparecido. Después de la cirugía y de la finalización de cualquier otro tratamiento indicado, el cirujano puede reemplazar el testículo extirpado por uno artificial.

El pronóstico para un hombre con cáncer testicular depende del tipo y de la extensión del cáncer. Casi todos los que tienen seminomas, teratomas o carcinomas embrionarios que no se han diseminado, la supervivencia es de un mínimo de cinco años. La mayoría de los hombres con un cáncer diseminado también sobreviven cinco años o más. Sin embargo, muy pocos hombres con coriocarcinomas, que son de rápida diseminación, sobreviven cinco años.

■ Torsión testicular

La torsión testicular se produce cuando un testículo se retuerce sobre su cordón espermático, con lo que se detiene el aporte de sangre al testículo.

La torsión testicular generalmente se da en hombres entre la pubertad y los 25 años, aunque puede suceder a cualquier edad. El desarrollo anormal del cordón espermático o de la membrana que recubre el testículo posibilita la posterior aparición de una torsión testicular. Cuando esto ocurre, y a no ser que se trate, se produce la pérdida del testículo, por lo general, entre las 6 y las 12 horas posteriores a la interrupción del suministro de sangre.

En el testículo aparece un dolor agudo y una hinchazón súbita. Puede parecer que el dolor provenga del abdomen y existe la posibilidad de que se presenten náuseas y vómitos asociados. El médico diagnostica la enfermedad en función de la descripción que hace el paciente de sus síntomas y de lo que encuentre durante el examen físico. Adicionalmente, el médico puede ordenar otra exploración, por lo general una ecografía, para confirmar el diagnóstico. Para desenrollar el cordón espermático y evitar la pérdida del testículo, se necesita una cirugía de urgencia. Los urólogos suelen fijar ambos testículos durante la cirugía para evitar episodios de torsión futuros.

■ Hernia inguinal

Una hernia inguinal es la protrusión de una parte del intestino a través de una apertura en la pared abdominal.

Una hernia inguinal puede deslizarse a través de la ingle y desplazarse dentro del escroto. La apertura en la pared abdominal puede ser congénita o aparecer en algún momento.

Por lo general, las hernias inguinales producen una protuberancia indolora en la ingle o en el escroto. El abultamiento suele aumentar de tamaño cuando el sujeto se pone de pie y reducirlo cuando se acuesta, debido a que el intestino se mueve hacia atrás y hacia adelante por el efecto de la gravedad. A veces, una parte del intestino queda atrapada en el escroto (incarceración), con lo que se detiene el suministro de sangre (estrangulación). En unas pocas horas puede producirse la muerte del tejido del intestino estrangulado (gangrenarse).

La reparación quirúrgica puede reducir los síntomas de una hernia en función de su tamaño y del malestar que cause. En el caso de hernias estranguladas, se lleva a cabo una intervención quirúrgica de urgencia en la que se saca el intestino del canal inguinal y se sella el orificio para que la hernia no se vuelva a producir.

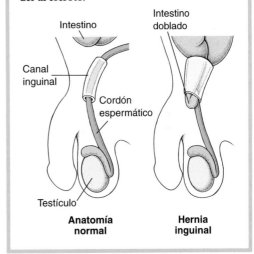

Hernia inguinal

En la hernia inguinal, una porción del intestino se abre paso por un orificio de la pared abdominal hacia el canal inguinal. El canal inguinal contiene el cordón espermático, que está compuesto de los vasos deferentes, los vasos sanguíneos, los nervios y otras estructuras. Antes del nacimiento, los testículos, que se forman en el abdomen, pasan por el canal inguinal al descender al escroto.

Intestino

Intestino doblado

Canal inguinal

Cordón espermático

Testículo

Anatomía normal

Hernia inguinal

■ Epididimitis y epididimoorquitis

La epididimitis es la inflamación del epidídimo, mientras que la epididimoorquitis es la inflamación del epidídimo y del testículo.

Tanto la epididimitis como la epididimoorquitis son debidas habitualmente a una infección bacteriana. La infección puede ser consecuencia de una intervención quirúrgica, de la inserción de una sonda en la vejiga o de la propagación de infecciones cutáneas originadas en otra parte de las vías urinarias.

Los síntomas de epididimitis y epididimoorquitis son hinchazón y sensibilidad de la zona infectada, dolor que puede volverse constante e intenso, líquido alrededor de los testículos (hidrocele) y, a veces, fiebre. En ciertos casos, se forma un absceso (acumulación de pus) que se nota como un bulto blando en el escroto.

La epididimitis y la epididimoorquitis suelen tratarse con antibióticos por vía oral; se recomienda

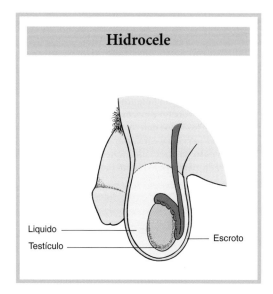

Hidrocele

Liquido
Testículo
Escroto

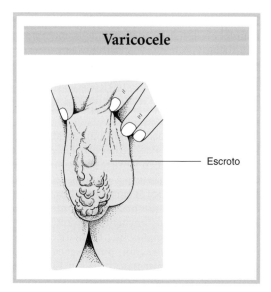

Varicocele

Escroto

reposo en cama, analgésicos y aplicación de bolsas de hielo sobre el escroto. La inmovilización del escroto mediante suspensorios disminuye el dolor producido por golpes leves reincidentes. El absceso suele drenar por sí solo aunque, en determinados casos, es necesario practicar un drenaje quirúrgico.

■ Hidrocele

Un hidrocele es una colección de líquido en la membrana que recubre el testículo o testículos.

La enfermedad puede ser congénita o aparecer con el tiempo. Es más frecuente después de los 40 años y no se conoce su causa. Sin embargo, la afección en algunas ocasiones es secundaria a un trastorno testicular (por ejemplo, lesión, epididimitis o cáncer).

Por lo general, el hidrocele no produce síntomas. Se presenta en forma de inflamación indolora alrededor de los testículos. El médico enfoca una luz intensa hacia la inflamación (transiluminación) para confirmar el diagnóstico. La ecografía de los testículos se realiza esporádicamente, por ejemplo, en un hombre joven sin causa aparente de hidrocele. La ecografía puede descubrir una infección o un tumor.

La mayoría de los hidroceles no necesitan tratamiento. Sin embargo, a veces se realiza la extirpación quirúrgica de hidroceles inusualmente grandes.

■ Varicocele

El varicocele es una enfermedad en la que las venas del testículo se vuelven varicosas.

Las venas contienen válvulas que impiden que la sangre fluya hacia atrás. Las válvulas defectuosas pueden producir un varicocele. El varicocele suele presentarse sobre el lado izquierdo del escroto y puede ser asintomático, aunque a veces causa dolor y una sensación de plenitud que en ocasiones llega a resultar molesta. Cuando el individuo se pone de pie, el varicocele se nota como un saco de gusanos. Sin embargo, la hinchazón suele desaparecer cuando se tumba, porque la cantidad de sangre que fluye hacia las venas dilatadas disminuye. En ciertas ocasiones, un varicocele reduce la fertilidad.

Si los síntomas son graves, el médico los trata quirúrgicamente mediante la ligadura de las venas afectadas.

■ Inflamación testicular

Los testículos pueden inflamarse por varios motivos. Algunas causas posibles son cáncer, torsión testicular, hernia inguinal, epididimitis, hidrocele y varicocele. Otras causas de inflamación son menos frecuentes en los adultos.

El **linfedema** causa una hinchazón indolora de la totalidad del escroto. Con frecuencia se debe a una obstrucción de la sangre o del líquido linfático que vuelve de los genitales al cuerpo, así como a una cirrosis o a una insuficiencia cardíaca. El linfedema también puede ser el resultado de la compresión de los órganos abdominales, de las venas pélvicas o de los ganglios linfáticos (por ejemplo, debido a un tumor). El médico realiza un diagnóstico de linfedema basándose en los hallazgos del examen físico. Por lo general, el tratamiento de la causa subyacente da mejores resultados que la cirugía.

La **parotiditis** es una infección viral que suele afectar a los niños. Si un adulto tiene paperas (parotiditis), los testículos pueden volverse dolo-

rosos, enrojecerse e inflarse y, algunas veces, disminuir de tamaño y dejar de funcionar (atrofia). La parotiditis puede lesionar de forma permanente la capacidad de los testículos de producir esperma. pero por lo general, no es causa de infertilidad completa a no ser que afecte a ambos testículos.

Un **espermatocele** es una acumulación de esperma en un saco que se forma al lado del epidídimo. La mayoría son indoloros. Aunque la mayor parte de los espermatoceles no necesitan tratamiento, si aumentan de tamaño o empiezan a dar molestias pueden extirparse quirúrgicamente.

CAPÍTULO 239

Trastornos de la próstata

La próstata es una glándula que se localiza justo debajo de la vejiga y rodea la uretra. Produce el líquido del semen que nutre el esperma. Esta glándula, del tamaño de una nuez en los hombres jóvenes, aumenta de volumen a lo largo de los años. Tres trastornos comunes afectan a la próstata: la hiperplasia prostática benigna, el cáncer de próstata y la prostatitis.

■ Hiperplasia benigna de la próstata

La hiperplasia benigna de la próstata es un aumento de tamaño no canceroso (benigno) de la próstata que puede dificultar la micción.

Con la edad, la hiperplasia benigna de la próstata (HBP) llega a ser muy común en los hombres, en especial después de los 50 años. No se conoce su causa con exactitud, pero probablemente tiene que ver con las alteraciones inducidas por hormonas, en especial por la testosterona.

A medida que la próstata aumenta de tamaño, comprime gradualmente la uretra y obstruye el flujo de orina (obstrucción urinaria). Cuando un hombre con hiperplasia benigna de próstata orina, puede que la vejiga no se vacíe por completo. En consecuencia, la orina se estanca en la vejiga, haciendo que la persona sea más proclive a posi-

bles infecciones y a la formación de cálculos urinarios. Una obstrucción prolongada puede causar una lesión en los riñones.

Algunos fármacos, como los antihistamínicos que se venden sin receta médica y los descongestionantes nasales, pueden aumentar la resistencia al flujo de orina o reducir la capacidad de contracción de la vejiga, dando lugar a una retención temporal de la orina en individuos con HBP.

➤ Síntomas

La hiperplasia benigna de la próstata da los primeros síntomas cuando la próstata aumentada de tamaño comienza a obstruir el flujo de orina. Al principio, el individuo puede tener dificultades para comenzar la micción o para realizarla por completo. Como la vejiga no se vacía totalmente, el individuo tiene que orinar con más frecuencia, a menudo por la noche (nicturia o nocturia). La necesidad de orinar también se vuelve más urgente. El volumen y la fuerza del flujo de orina pueden reducirse notablemente, con lo que suele aparecer un goteo al final de la micción.

Pueden presentarse otros problemas, pero aparecen sólo en un pequeño número de hombres con HBP. La obstrucción del flujo de orina con retención puede aumentar la presión en la vejiga y retardar el flujo de orina que sale de los riñones, acentuando la carga sobre ellos. Este aumento de

Tacto rectal

Con el tacto rectal se logra palpar la próstata que, en la ilustración, presenta un nódulo de origen tumoral.

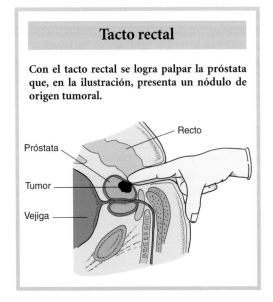

presión impide que los riñones funcionen correctamente, aunque el efecto es sólo temporal si la obstrucción se elimina pronto. Si la obstrucción se prolonga, la vejiga puede distenderse y provocar incontinencia ● *(v. pág. 1028)*. Cuando la vejiga se distiende, algunas pequeñas venas de la vejiga y la uretra también lo hacen. A veces, estas venas se rompen cuando el paciente se esfuerza por orinar, haciendo que aparezca sangre en la orina. Cuando se presenta una retención urinaria completa que imposibilita la micción, se produce una sensación de plenitud y de dolor agudo en la parte inferior del abdomen.

➤ Diagnóstico

Al palpar la próstata durante un examen rectal, el médico generalmente puede determinar si está aumentada de tamaño. Para ello, introduce un dedo protegido con un guante y lubricado dentro del recto del individuo. La próstata puede palparse justo delante del recto. Una próstata con HBP se nota aumentada de tamaño y lisa, pero no es dolorosa a la palpación.

Para valorar la función renal, se puede tomar una muestra de sangre. En los hombres con HBP en quienes se sospeche que tienen un cáncer de próstata, puede medirse la concentración del antígeno específico de la próstata en sangre (prueba de PSA). También es posible analizar una muestra de orina para asegurarse de que no existe infección.

No es preciso realizar otras pruebas adicionales, excepto si el diagnóstico es poco claro o se desconoce la gravedad de la HBP. Mediante una ecografía se puede medir el tamaño de la próstata o la cantidad de orina que queda en la vejiga después de una micción. Además, para comprobar que existe retención urinaria, el médico puede insertar un catéter a través de la uretra después de que el paciente haya tratado de vaciar su vejiga.

➤ Tratamiento

No se necesita tratamiento para este trastorno a no ser que la HBP produzca síntomas molestos o complicaciones (como infecciones de las vías urinarias, reducción de la función renal, sangre en la orina, cálculos renales o retención urinaria).

Para el tratamiento de la HPB, primero se prueban algunos fármacos. Los bloqueantes alfa-adrenérgicos (como la terazosina, la doxazosina o la tamsulosina) relajan ciertos músculos de la próstata y la vejiga, por lo que facilitan el flujo de orina. Algunos fármacos (como el finasteride) pueden revertir los efectos de las hormonas masculinas que regulan el crecimiento de la próstata, reduciendo su tamaño y ayudando así a retrasar la necesidad de cirugía u otros tratamientos. Sin embargo, antes de que se note una mejoría sintomática, el finasteride debe ser administrado por lo menos durante tres meses. Por otra parte, muchos de los hombres que han tomado finasteride nunca han experimentado mejoría de sus síntomas.

Si los fármacos son ineficaces, puede llevarse a cabo una cirugía. La cirugía es la opción que proporciona el mejor control de los síntomas, pero puede seguirse de complicaciones. El procedimiento quirúrgico más frecuente es la resección transuretral de la próstata (RTU), en la que se introduce por la uretra un endoscopio (un tubo flexible de visualización). Unido al endoscopio se encuentra un instrumento que se utiliza para extirpar parte de la próstata. La RTU se suele realizar mediante anestesia espinal. El procedimiento evita la incisión quirúrgica.

La RTU requiere una noche de ingreso hospitalario y puede conllevar ciertas complicaciones, como infecciones y hemorragia. Además, alrededor del 5 % de los hombres que se someten al procedimiento tienen incontinencia urinaria después, aunque sólo temporalmente. La incontinencia permanente se presenta, aproximadamente, en el 1 % de los hombres. El procedimiento causa disfunción eréctil permanente

La incidencia del cáncer de próstata tiene una relación directa con la edad, puesto que su aparición es excepcional antes de los cuarenta años y su frecuencia aumenta progresivamente a partir de la quinta década de la vida.

Incidencia por grupos de edad

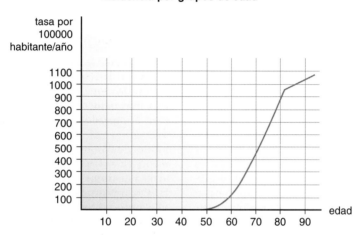

(impotencia) en alrededor de un 5 a un 10% de los hombres. Alrededor del 10% de los que se someten a una RTU necesitan repetir el procedimiento en cinco años.

Diversos tratamientos alternativos ofrecen un control menor de la sintomatología que la RTU; sin embargo, también es menor el riesgo de complicaciones. La mayoría de estos procedimientos se realizan con instrumentos que se introducen a través de la uretra. Estos tratamientos producen destrucción del tejido prostático mediante el calor emitido por microondas (termoterapia transuretral o hipertermia), una aguja (ablación transuretral mediante una aguja), ultrasonido (ultrasonido concentrado de alta intensidad), vaporización eléctrica (electrovaporización transuretral) o láseres (terapia con láser).

La dilatación de la uretra también puede forzarse mediante la introducción a través de la misma de un balón que se infla (dilatación transuretral mediante balón).

Los problemas que se derivan de la obstrucción urinaria pueden requerir un tratamiento previo antes de emprender el definitivo para la HBP. La retención urinaria puede tratarse mediante el drenaje de la vejiga con un catéter que se inserta a través de la uretra. Las infecciones se tratan con antibióticos.

■ Cáncer de próstata

Entre los hombres, el cáncer de próstata es el cáncer más frecuente y la segunda causa más común de muerte por cáncer. La probabilidad de presentar cáncer de próstata aumenta con la edad y en los hombres cuyos familiares en primer grado hayan tenido la enfermedad y también en los que reciben tratamiento con testosterona. El cáncer de próstata, por lo general, crece muy lentamente y pueden transcurrir décadas antes de que aparezcan los primeros síntomas. Por este motivo, es mayor el número de hombres que tienen cáncer de próstata que el número de los que mueren por su causa. Muchos hombres con cáncer de próstata fallecen sin siquiera saber que lo tenían.

El cáncer de próstata comienza como una pequeña protuberancia en la glándula. La mayoría de los cánceres prostáticos crecen muy lentamente y nunca dan síntomas. Algunos, sin embargo, lo hacen rápidamente o se extienden fuera de la próstata. No se conoce la causa del cáncer de próstata.

➤ Síntomas

El cáncer de próstata no suele dar síntomas hasta que alcanza un estadio avanzado. Algunas veces aparecen síntomas similares a los de la hiperplasia benigna de próstata (HBP), incluidas una micción difícil y una necesidad de orinar con frecuencia o de forma imperiosa. Sin embargo, estos síntomas no se presentan hasta que el cáncer ha crecido lo suficiente como para comprimir la uretra y obstaculizar parcialmente el flujo de orina. Más adelante, el cáncer de próstata puede dar lugar a una orina sanguinolenta o a una retención aguda de orina.

En algunos hombres, los síntomas de cáncer de próstata aparecen cuando éste ya se ha extendido (metástasis). Las zonas más frecuentemente afectadas por un cáncer extendido son los huesos (en especial la pelvis, las costillas o las vértebras) y los riñones. El cáncer de huesos suele ser doloroso y puede debilitarlos hasta el punto de que se fracturen con facilidad. El cáncer de próstata también puede extenderse hasta el cerebro, lo que da lugar a convulsiones, confusión, cefaleas, debilidad u otros síntomas neurológicos. Su propagación a la médula espinal, hecho por otra parte común, causa dolor, hormigueo, debilidad o incontinencia. Una vez que el cáncer se ha extendido, es frecuente la aparición de anemia.

➤ Detección

Debido a la gran incidencia del cáncer de próstata, muchos médicos realizan controles de rutina en los hombres aunque no presenten ningún síntoma (pruebas de detección). Sin embargo, existen discrepancias entre los expertos acerca de la utilidad de una prueba de detección. En teoría, el *screening* ofrece la ventaja de detectar precozmente los cánceres de próstata, momento en el que la enfermedad es más fácil de curar. Sin embargo, debido al crecimiento lento del cáncer de próstata y a que, a menudo, no produce síntomas o muerte, resulta muy difícil determinar las ventajas de una prueba de detección (y, por consiguiente, de un tratamiento temprano). La prueba de *screening* puede detectar cánceres que probablemente no provoquen dolor ni causen la muerte, incluso si nunca se hubieran detectado, con lo cual tratar este tipo de cáncer puede resultar más perjudicial que no hacerlo. No está muy claro si los beneficios de la prueba de detección superan el daño ocasionado por pruebas y un tratamiento innecesarios. Además, la prueba con frecuencia indica la posibilidad de que exista un cáncer de próstata en hombres que no tienen la enfermedad. En este caso, se realizan más pruebas para encontrar el cáncer. Estos análisis adicionales son costosos, a veces perjudiciales, y con frecuencia estresantes.

Para detectar un cáncer de próstata, se lleva a cabo un análisis de sangre y un tacto rectal. Cuando hay cáncer de próstata, el médico nota, en ocasiones, un nódulo en la misma que suele ser de consistencia dura. El análisis de sangre se realiza para medir la concentración del antígeno específico de la próstata (PSA), una sustancia que, por lo general, está elevada en los hombres con cáncer de próstata. Los niveles de PSA pueden ser engañosos: es posible que aparezcan normales cuando existe cáncer de próstata y elevados en caso contrario. Los niveles de PSA normalmente se incrementan con la edad, pero el cáncer los aumenta por encima de los valores normales relacionados con la edad. Los niveles de PSA también pueden aparecer ligeramente elevados en los hombres con otros trastornos distintos al cáncer de próstata (como la HBP o la prostatitis) y en los que se han sometido a procedimientos relacionados con las vías urinarias dentro de los dos días previos al examen.

➤ Diagnóstico

El médico puede sospechar la existencia de cáncer de próstata en función de los síntomas o de los resultados de las pruebas de detección. Los primeros pasos para diagnosticar la presencia de cáncer son el tacto rectal y la medida de los niveles de PSA. Si los resultados de los análisis sugieren la existencia de un cáncer, por lo general se realiza una ecografía, aunque ésta no siempre lo pone en evidencia.

Si los resultados de un tacto rectal o una prueba de PSA sugieren la existencia de un cáncer de próstata, se toman muestras del tejido prostático para examinarlas (biopsia). Por lo general, cuando se realiza una biopsia, el médico obtiene primero imágenes de la próstata mediante la inserción de un transductor ecográfico o de una sonda dentro del recto (ecografía transrectal). A continuación, recoge muestras del tejido con una aguja introducida a través de la sonda. Este procedimiento dura sólo unos minutos y puede realizarse con o sin anestesia local.

Son dos las características que ayudan al médico a determinar la probable evolución y el tratamiento más adecuado para el cáncer: el grado de distorsión (malignidad) de las células al mirarlas al microscopio (grado) y el grado de extensión del cáncer (estadio).

Gradación: las células del cáncer de próstata que se ven más distorsionadas son las que suelen crecer y extenderse con mayor rapidez. La escala de Gleason es la forma más frecuente de clasificar el cáncer de próstata. En función del examen microscópico y de las pruebas bioquímicas de los tejidos obtenidos en la biopsia, se asigna al cáncer un número entre 2 y 10. Las puntuaciones entre 4 y 6 son las más frecuentes. Cuanto más alto sea el número (alto grado), más probabilidades existen de que el cáncer se propague. Los cánceres que se encuentran confinados a una zona determinada dentro de la próstata y tienen puntuaciones de Gleason de 5 o inferiores (bajo grado) casi nunca causan la muerte de un individuo antes de los 15 años del diagnóstico e independientemente de la edad del paciente. Por el contrario, hasta el 80 % de los hombres mueren a los quince años si la puntuación de Gleason es superior a 7. Los cánceres grandes y de bajo grado son más agresivos y pueden requerir tratamiento.

Estadiaje: después del diagnóstico se suelen hacer pruebas para definir el estadio del cáncer. Sin embargo, estas pruebas pueden no ser necesarias cuando la probabilidad de proliferación más allá de la próstata es extremadamente baja.

El estadio en que se encuentran los cánceres de próstata se determina de acuerdo con tres criterios: hasta dónde se ha extendido dentro de la próstata, si se ha extendido hacia los ganglios linfáticos en las zonas cercanas a la próstata y si lo ha hecho a órganos distantes de la próstata. Los resultados del tacto rectal, la ecografía y la biopsia revelan hasta dónde se ha extendido el cáncer dentro de la próstata. La tomografía computarizada (TC) o las exploraciones con anticuerpos marcados radiactivamente (medicina nuclear) de la pelvis se realizan para detectar si existe propagación hacia los ganglios linfáticos, y la gammagrafía ósea para revelar si el cáncer se ha extendido hasta los huesos. Si se sospecha que el cáncer se ha propagado hacia el cerebro o la médula espinal, se realiza una TC o una resonancia magnética nuclear (RMN) de esos órganos.

➤ Tratamiento

Puede ser complicado elegir entre varias opciones de tratamiento y, a menudo, depende de las preferencias del hombre porque perjudicar de forma grave a su calidad de vida. En algunos casos, los médicos no están seguros de qué tratamiento es más eficaz y qué probabilidad hay de que uno en particular prolongue la vida. Por ejemplo, la cirugía mayor, la radioterapia y el tratamiento hormonal con frecuencia causan incontinencia y disfunción eréctil (impotencia). Para elegir entre las diferentes opciones de tratamiento, es necesario sopesar las ventajas y los inconvenientes de cada uno de ellos. Por estas razones, las preferencias del individuo tienen un gran peso en la elección del tratamiento del cáncer de próstata, lo que no sucedería si se tratara de otra clase de enfermedad.

Por lo general, el tratamiento del cáncer de próstata implica una de las tres estrategias siguientes: actitud expectante, tratamiento curativo y terapia paliativa.

La **actitud expectante** precede a todo tratamiento hasta la aparición de los síntomas, si es que en realidad se presentan. Esta estrategia es la mejor para aquellos hombres cuyos cánceres no es probable que se extiendan o causen síntomas. Por ejemplo, la mayoría de los tumores confinados a un área dentro de la próstata y que tienen bajas puntuaciones de Gleason crecen muy lentamente. Estos cánceres no suelen extenderse durante muchos años. Los hombres mayores tienen muchas más probabilidades de morir antes de que estos cánceres provoquen su muerte o causen síntomas. Actuar en función de la evolución evita la incontinencia y la disfunción eréctil asociadas a muchos tratamientos. Durante la espera, los síntomas pueden ser tratados si resulta necesario. También pueden realizarse pruebas periódicas para averiguar si el cáncer está creciendo o extendiéndose rápidamente. Si las pruebas muestran un crecimiento o proliferación del cáncer, el individuo puede decidir en ese momento si desea iniciar un tratamiento para lograr la curación del cáncer.

El **tratamiento curativo** es una estrategia común para hombres con cánceres confinados a la próstata con probabilidades de causar síntomas preocupantes o muerte. Estos cánceres son todos los de rápido crecimiento. La terapia curativa (también denominada definitiva) también puede ayudar a los hombres con cánceres pequeños y de crecimiento lento y que tienen una esperanza de vida larga. Los síntomas de estos cánceres tienen muy poca probabilidad de presentarse al cabo de una década y pueden no hacerlo en quince años o más. El tratamiento curativo también puede resultar beneficioso para los hombres con cánceres que se han extendido fuera de la próstata y, por ello, con más probabilidad de que produzcan síntomas en un período relativamente corto. Sin embargo, la terapia curativa es probable que sea

MÉTODOS FRECUENTES Y ESTRATEGIAS PARA TRATAR EL CÁNCER DE PRÓSTATA

Características del cáncer	Estrategia de tratamiento	Método de tratamiento
Cáncer pequeño y de crecimiento lento, limitado a la próstata; esperanza de vida de muchos años	Tratamiento definitivo	Cirugía o radioterapia
Cáncer pequeño y de crecimiento lento, limitado a la próstata; esperanza de vida reducida	Espera vigilante	Ningún tratamiento
Cáncer extenso o de crecimiento rápido, limitado a la próstata	Tratamiento definitivo	Cirugía o radioterapia
Cáncer que se extiende a las áreas próximas a la próstata, pero no a zonas distantes	Tratamiento definitivo	Radioterapia
Cáncer extendido	Tratamiento paliativo	Tratamiento hormonal

eficaz sólo en cánceres que siguen confinados en una zona cercana de la próstata. El tratamiento curativo puede prolongar la vida y reducir o eliminar los síntomas graves de algunos cánceres. Sin embargo, los efectos secundarios del tratamiento curativo pueden alterar la calidad de vida del individuo de manera significativa por la disfunción eréctil permanente y la incontinencia.

La **terapia paliativa** tiene como objetivo tratar los síntomas más que el cáncer en sí. Esta estrategia es la más adecuada para hombres con un cáncer terminal de próstata extendido. El crecimiento o proliferación de estos cánceres puede ser más lento o revertirse temporalmente, con el consiguiente alivio de los síntomas. Dado que estos tratamientos no pueden curar el cáncer, los síntomas empeoran con el tiempo y, por lo general, la muerte se produce por la enfermedad.

Se pueden emplear tres formas de tratamiento para el cáncer de próstata: cirugía, radioterapia y terapia hormonal. Por lo general, no se utiliza quimioterapia.

Cirugía: la extirpación quirúrgica de la próstata (prostatectomía) es útil cuando el cáncer está localizado dentro de la próstata, y algo menos en la curación de cánceres de crecimiento rápido porque tienen mayor probabilidad de haberse propagado en el momento del diagnóstico. La prostatectomía requiere anestesia general, una noche de ingreso en el hospital y una incisión quirúrgica. El tratamiento consiste en un solo procedimiento pero puede dar lugar a una disfunción eréctil permanente e incontinencia urinaria.

Hay tres formas de prostatectomía: la prostatectomía radical, la prostatectomía radical con preservación de los nervios y la prostatectomía radical laparoscópica.

En la prostatectomía radical, se extirpa toda la próstata, las vesículas seminales y parte de los vasos deferentes. Ésta es la cirugía con mayor probabilidad de curación del cáncer de próstata. Sin embargo, el procedimiento produce incontinencia completa en alrededor del 3 % de los hombres, y parcial o incontinencia de esfuerzo en más del 20 % de los casos. La incontinencia parcial aparece en la mayoría de los hombres y puede durar varios meses. La incontinencia tiene menos probabilidad de aparecer en hombres jóvenes. La disfunción eréctil aparece con frecuencia después de una prostatectomía radical. Más del 90 % de los hombres con un cáncer confinado a la próstata viven por lo menos diez años después de una prostatectomía radical. Los hombres jóvenes con una esperanza de vida de al menos 10 o 15 años tienen mayor probabilidad de beneficiarse de una prostatectomía radical.

Algunas veces, según sea el tamaño estimado y la localización del cáncer, la cirugía puede realizarse de tal manera que se preserven algunos nervios necesarios para la erección. Este procedimiento se denomina prostatectomía radical con preservación de los nervios y no puede utilizarse para tratar el cáncer que ha invadido los nervios y los vasos sanguíneos de la próstata. La prostatectomía radical que preserva los nervios tiene menos probabilidad de producir disfunción eréctil que la cirugía radical, que no los preserva.

Otro tipo de prostatectomía es la prostatectomía radical laparoscópica. La ventaja de este procedimiento es que requiere sólo una incisión pequeña y produce menos dolor postoperatorio. Las desventajas incluyen un costo mayor y un tiempo quirúrgico más prolongado. Debido a que este procedimiento requiere un equipamiento técnico específico, se ofrece sólo en algunos centros.

Radioterapia: el objetivo de la radioterapia es destruir el cáncer y preservar el tejido sano. La radiación puede curar los cánceres confinados a la próstata, así como los que han invadido los tejidos de alrededor (pero no los que se han extendido a órganos distantes). También puede aliviar el dolor producido por la extensión del cáncer de próstata al hueso, pero no curar el cáncer el sí.

Para muchos estadios del cáncer de próstata, la tasa de supervivencia a los diez años con radioterapia es casi tan alta como la que se logra con cirugía: más del 90 % de los hombres con cáncer confinado a la próstata viven al menos diez años después de la radioterapia. Mientras que la cirugía se logra con un solo procedimiento, la radioterapia suele requerir muchas sesiones de tratamiento durante varias semanas.

Durante la radioterapia tradicional, una máquina envía haces de radiación a la próstata y los tejidos circundantes (radioterapia tradicional externa mediante un haz). La tomografía computarizada (TC) se utiliza para identificar la próstata y los tejidos circundantes afectados por el cáncer. Los tratamientos se administran, por lo general, cinco días por semana durante 5 o 7 semanas. Aunque la disfunción eréctil puede producirse en el 30 % de los casos, es menos probable que aparezca después de una radioterapia que de una prostatectomía. La radioterapia mediante el haz tradicional externo produce incontinencia en menos del 5 % de los hombres. La estenosis uretral cicatricial, que estrecha la uretra e impide que se produzca el flujo de orina, aparece en el 7 % de los casos, aproximadamente. Otros efectos secundarios molestos de la radioterapia tradicional externa, pero por lo general temporales, son ardor durante la micción, micción frecuente, sangre en la orina, diarrea algunas veces sanguinolenta, irritación del recto, diarrea (proctitis por radiación) y urgencia de defecar.

Con los avances técnicos recientes, los médicos pueden dirigir con mayor precisión el haz de radiación sobre el cáncer (un procedimiento denominado radioterapia tridimensional conformada). Los índices de curación mediante el haz tradicional de radiación externa y la radioterapia tridimensional conformada no han sido comparados todavía. Sin embargo, la radioterapia conformada provoca menos efectos secundarios.

La radiación también puede liberarse mediante la inserción de implantes radioactivos dentro de la próstata (braquiterapia). Los implantes se co-locan ayudándose de imágenes tomadas en la ecografía o en las TC. La braquiterapia ofrece muchas ventajas: puede enviar altas dosis de radiación a la próstata mientras preserva los tejidos circundantes sanos y produce menos efectos secundarios. Además, se puede realizar en pocas horas, no necesita sesiones repetidas de tratamiento y requiere sólo anestesia espinal. Sin embargo, causa estenosis uretrales en más del 20 % de los hombres. Los índices de curación con braquiterapia no han sido comparados todavía con otros tratamientos. Algunas veces se recomienda el tratamiento combinado de braquiterapia con radiación mediante un haz externo.

El cáncer de próstata puede ser resistente a la radioterapia o reaparecer después del tratamiento.

Tratamiento hormonal: debido a que la mayoría de los cánceres de próstata necesitan testosterona para crecer o extenderse, los tratamientos que bloquean los efectos de esta hormona (tratamiento hormonal) retrasan la progresión de los tumores. La terapia hormonal se utiliza para retrasar la extensión del cáncer o para tratar el cáncer de próstata diseminado (metastásico) y algunas veces se combina con otros tratamientos. El crecimiento y propagación del cáncer de próstata metastásico puede retrasarse o revertirse temporalmente con tratamiento hormonal. Este tratamiento, además de prolongar la vida, puede mejorar los síntomas. En ocasiones, sin embargo, el tratamiento hormonal resulta ineficaz y la enfermedad avanza.

Los fármacos utilizados para tratar el cáncer de próstata incluyen el leuprolide y la goserelina, que evitan que la glándula hipófisis estimule la producción de testosterona por los testículos. Estos fármacos se administran mediante inyección en la consulta del médico cada 1, 3, 4 o 12 meses y, por lo general, de por vida.

También pueden emplearse fármacos que bloquean los efectos de la testosterona (como flutamida, bicalutamida y nilutamida), que se administran por vía oral diariamente. Sin embargo, estos fármacos producen alteraciones asociadas a los bajos niveles de testosterona, como sofocos, osteoporosis, cansancio, disminución de la masa muscular, aumento de peso por los líquidos, disminución de la libido, disminución del vello corporal y, a menudo, disfunción eréctil y aumento del volumen de las mamas (ginecomastia).

La forma clásica de tratamiento hormonal implica la extirpación de ambos testículos (orquiectomía bilateral). Los efectos de la orquiectomía bilateral sobre el nivel de testosterona equivalen a los producidos por el leuprolide y la goserelina. La orquiectomía bilateral retrasa considerablemente el crecimiento del cáncer de próstata, pero produce efectos secundarios por los bajos niveles de testosterona. Los efectos físicos y psicológicos de la orquiectomía bilateral dificultan la aceptación del procedimiento por parte de algunos hombres.

La terapia hormonal suele perder su eficacia a los 3 o 5 años en los hombres con cáncer generalizado de próstata, por lo que la enfermedad avanza y la mayoría de los hombres fallecen en 1 o 2 años. Cuando el tratamiento hormonal fracasa (resistencia hormonal), pueden probarse fármacos hormonales alternativos o quimioterapia.

Después de cada forma de tratamiento, se miden los niveles de PSA a intervalos regulares, teniendo en cuenta el riesgo de reaparición y el tiempo para la finalización del tratamiento (por lo general, cada 3 o 4 meses el primer año, cada seis meses el año siguiente y luego, cada año, durante toda la vida). El aumento en los niveles de PSA puede indicar que el cáncer ha reaparecido.

■ Prostatitis

La prostatitis es el dolor e inflamación de la próstata.

Por lo general, las causas de la prostatitis son desconocidas. Puede ser el resultado de una infección bacteriana que se extiende a la próstata desde las vías urinarias o desde la sangre. Las infecciones bacterianas pueden producirse lentamente y suelen reaparecer (prostatitis bacteriana crónica), o evolucionan rápidamente (prostatitis bacteriana aguda). En raras ocasiones las infecciones por hongos, virales o protozoos causan prostatitis.

➤ Síntomas

Los espasmos musculares en la vejiga y la pelvis, especialmente en el perineo (la zona que se encuentra entre el escroto y el ano), causan la mayoría de los síntomas de prostatitis. La prostatitis produce dolor en el perineo, la parte inferior de la espalda y, a menudo, en el pene y los testículos. También se puede presentar una micción frecuente y urgente, con ardor y dolor. El dolor dificulta la erección o la eyaculación, o bien las acompaña. Cuando aparece estreñimiento, la de-

fecación resulta dolorosa. Algunos síntomas, como fiebre, micción difícil y orina sanguinolenta, suelen aparecer con mayor frecuencia con la prostatitis bacteriana aguda. La prostatitis bacteriana puede ser el resultado de una acumulación de pus (absceso) en la próstata o en la epididimitis (inflamación del epidídimo). Cuando la prostatitis se convierte en crónica puede alterar la fertilidad.

➤ Diagnóstico y tratamiento

El diagnóstico de la prostatitis se suele hacer en función de los síntomas y de la exploración física. Cuando el médico examina la próstata a través del recto, puede percibir inflamación y dolor al tacto. Algunas veces se toman cultivos de la orina y de los líquidos expulsados del pene después de masajear la próstata durante el tacto rectal. Los cultivos de orina revelan infecciones bacterianas localizadas en cualquier parte de las vías urinarias. Por el contrario, cuando la infección se demuestra mediante el cultivo del líquido prostático, se ve claramente que la próstata es la causante de dicha infección.

Si los cultivos no revelan infección bacteriana alguna, la prostatitis suele ser difícil de curar. La mayoría de los tratamientos para este tipo de prostatitis mejoran los síntomas, pero es posible que no logren su curación. Los tratamientos para reducir los síntomas también pueden ser de gran ayuda en la prostatitis bacteriana crónica.

Los tratamientos sin administración de fármacos incluyen los masajes periódicos de la próstata (realizados por un médico, introduciendo un dedo en el recto), la eyaculación frecuente y los baños tibios de asiento. Las técnicas de relajación (biorretroalimentación) pueden aliviar el espasmo y el dolor de los músculos pélvicos. Entre las terapias con fármacos están la utilización de sustancias que ablanden la consistencia de las heces para evitar la defecación dolorosa debida al estreñimiento. Los analgésicos y antiinflamatorios pueden controlar el dolor y la inflamación independientemente de su origen. Los bloqueantes alfa-adrenérgicos que se usan en el tratamiento de la próstata aumentada de tamaño (como doxazosina, terazosina y tamsulosina) ayudan a aliviar los síntomas mediante la relajación de los músculos de la próstata. A veces, por razones no aclaradas, los antibióticos alivian los síntomas. Si los síntomas siguen siendo graves a pesar de los tratamientos, la extirpación parcial o total de la próstata mediante cirugía se considera como último recurso. La destrucción de la próstata mediante tratamientos con microondas o láser es otra alternativa.

Cuando la prostatitis es debida a una infección bacteriana, debe administrarse un antibiótico que penetre el tejido prostático (como ofloxacina, levofloxacin, ciprofloxacina o trimetoprimna, levofloxacin, ciprofloxacina o trimetoprim-

sulfametoxazol) durante 30 o 90 días. La administración de antibióticos durante un tiempo menor puede dar lugar a una infección crónica. La prostatitis bacteriana crónica a veces es difícil de curar. En caso de que aparezca un absceso prostático, suele ser necesario el drenaje quirúrgico.

CAPÍTULO 240

Disfunción sexual

En los hombres, la disfunción sexual hace referencia a la dificultad para realizar el coito. La disfunción sexual abarca una variedad de trastornos que afectan el estímulo sexual (libido), la capacidad para lograr o mantener una erección (disfunción eréctil o impotencia), la eyaculación y la capacidad para alcanzar el orgasmo.

La disfunción sexual puede ser consecuencia de determinados factores físicos o psicológicos; la mayoría de los problemas sexuales se deben a una combinación de ambos. Un problema físico puede conducir a la aparición de problemas psicológicos (como ansiedad, miedo o tensión emocional) que, por otro lado, es posible que agrave el problema físico. Algunas veces, los hombres se presionan a sí mismos o se sienten presionados por su pareja para rendir sexualmente de forma adecuada y se angustian cuando no pueden hacerlo (ansiedad de desempeño sexual). La ansiedad en la actuación sexual puede causar problemas y empeorar mucho más la capacidad de un hombre para disfrutar de las relaciones sexuales.

La disfunción eréctil es la alteración sexual más frecuente en los hombres. La reducción de la libido también afecta a algunos de ellos. Los problemas de eyaculación incluyen una eyaculación descontrolada antes o poco después de la penetración en la vagina (eyaculación precoz), eyaculación dentro de la vejiga (eyaculación retrógrada) y bloqueo (obstrucción) de los conductos eyaculadores.

➤ Función sexual normal

La función sexual normal es una interacción compleja que implica la participación tanto de la mente (pensamientos, recuerdos y emociones) como del cuerpo. Los sistemas nervioso, circulatorio y endocrino (hormonal) interactúan de forma conjunta con la mente para producir una respuesta sexual, y esta respuesta está controlada por una interacción delicada y equilibrada de todas las partes del sistema nervioso.

El deseo (también denominado impulso sexual o libido) es la inclinación a participar en la actividad sexual. Puede desencadenarse por pensamientos, palabras, visualizaciones, olores o por el tacto. El deseo conduce hasta la primera fase del ciclo de la respuesta sexual, la excitación sexual. Durante la excitación, la sangre que fluye hacia el pene aumenta, produciendo la erección. La tensión muscular también aumenta en el resto del cuerpo. En la fase de meseta, la excitación y la tensión muscular se mantienen o intensifican. El orgasmo es el punto máximo o clímax de la excitación sexual. Durante el orgasmo, la tensión muscular aumenta en todo el cuerpo. El hombre experimenta una contracción de los músculos pélvicos seguida de una liberación de la tensión muscular. El semen, por lo general, pero no siempre, es eyaculado por el pene. Aunque la eyaculación y el orgasmo con frecuencia se producen simultáneamente, son fenómenos separados. La eyaculación puede producirse sin orgasmo. Igualmente, el orgasmo puede producirse sin eyaculación, sobre todo antes de la pubertad o con el uso de ciertos medicamentos (como algunos antidepresivos). La mayoría de los hombres encuentran el orgasmo altamente placentero. A continuación, la excitación desaparece y el hombre vuelve a su estado de preexcitación. Después de un orgasmo, los

---

Causas psicológicas de disfunciones sexuales

- Ira contra la pareja
- Ansiedad
- Depresión
- Discordia o aburrimiento con la pareja
- Miedo de embarazo, dependencia de otra persona o pérdida de control
- Sentimientos de indiferencia hacia las prácticas sexuales o hacia la pareja
- Culpa
- Inhibiciones o ignorancia del comportamiento sexual
- Ansiedad por el fracaso sexual (preocupación por el rendimiento durante el coito)
- Experiencias sexuales previas de tipo traumático (por ejemplo, violación, incesto, abuso sexual o disfunción sexual previa)

---

hombres no pueden tener una segunda erección durante algún tiempo (período refractario), a menudo de veinte minutos o menos de duración en los jóvenes, pero mucho más largo en los mayores debido a que suele aumentar con la edad.

■ Disfunción eréctil

La disfunción eréctil (impotencia) es la incapacidad para alcanzar o mantener una erección.

El hecho de que un hombre sea a veces incapaz de alcanzar una erección es algo normal. Se considera que existe disfunción eréctil cuando el problema es frecuente o continuo.

La disfunción eréctil puede ser de carácter leve o grave. En ocasiones, un hombre con disfunción eréctil leve consigue alguna erección completa, pero a menudo, ésta resulta inadecuada para la penetración, o puede que no consiga ninguna erección de forma habitual. Un hombre con disfunción eréctil grave en muy raras ocasiones podrá conseguir una erección.

La disfunción eréctil se vuelve más frecuente con la edad, pero sin que esto signifique que forme parte del proceso normal de envejecimiento. Alrededor de la mitad de los varones con 65 años de edad y tres cuartas partes de los que tienen 80 años padecen de disfunción eréctil.

➤ Causas

Para alcanzar una erección, es tan necesaria una afluencia adecuada de sangre al pene como una salida más lenta de la misma ● *(v. pág. 1570)*. Los trastornos que causan un estrechamiento de las arterias y disminuyen el aporte de sangre (como aterosclerosis, diabetes o un coágulo de sangre), o una intervención quirúrgica de los vasos sanguíneos, pueden causar disfunción eréctil. Ciertas anomalías en las venas del pene producen, algunas veces, un retorno tan rápido de sangre al cuerpo que las erecciones no pueden mantenerse aunque el aporte de sangre sea adecuado.

Otra posible causa de disfunción eréctil es una lesión neurológica. Las lesiones de los nervios que llegan o salen del pene producen disfunción eréctil. Dichas lesiones podrían ser el resultado de una intervención quirúrgica (más frecuentemente de próstata), una enfermedad medular, diabetes, esclerosis múltiple, trastornos nerviosos periféricos, accidente cerebrovascular, alcohol y fármacos.

En algunas ocasiones, los trastornos hormonales (como las concentraciones anormalmente bajas de testosterona) causan disfunción eréctil. Ciertos factores que disminuyen la capacidad física del hombre (como enfermedad, fatiga y tensión emocional) también pueden dificultar las erecciones.

Muchos fármacos pueden afectar a la capacidad para alcanzar una erección, sobre todo en los hombres de mayor edad. Los fármacos que suelen causar disfunción eréctil son los antihipertensivos, los antidepresivos, algunos sedantes, la cimetidina, la digoxina, el litio y los antipsicóticos.

Los problemas psicológicos (como depresión, ansiedad de desempeño sexual, sentimiento de culpa, miedo a la intimidad y ambivalencia respecto a la orientación sexual) pueden reducir la capacidad de alcanzar erecciones. Estas causas psicológicas son muy frecuentes en los jóvenes. Cualquier situación estresante nueva, como un cambio de pareja o problemas de relación o de trabajo, pueden contribuir a ello.

➤ Síntomas

El impulso sexual (libido) a menudo disminuye en los hombres con disfunción eréctil, aunque algunos mantienen una libido normal. Indepen-

Actividad sexual y enfermedad cardíaca

La actividad sexual suele requerir menos esfuerzo que una actividad física moderada o pesado, por lo tanto, suele ser segura para hombres con enfermedad cardíaca. Aunque el riesgo de sufrir un infarto es más alto durante el acto sexual que durante el reposo, es aún muy bajo.

Aun así, los hombres sexualmente activos con trastornos cardíacos y del sistema cardiovascular (que incluyen angina de pecho, hipertensión arterial, insuficiencia cardíaca, arritmia y obstrucción de la válvula aórtica [estenosis de la válvula aórtica]) necesitan tomar ciertas precauciones. Por lo general, la actividad sexual es segura si la enfermedad es leve, si causa pocos síntomas y si la presión arterial es normal. Si la enfermedad es de intensidad moderada o si el sujeto tiene otras enfermedades que hacen probable un infarto, puede ser necesario efectuar pruebas para determinar hasta qué punto es segura la actividad sexual. Si la enfermedad es grave o si el sujeto tiene un aumento de tamaño del corazón que obstruye el flujo de sangre que sale del ventrículo izquierdo (miocardiopatía obstructiva), la actividad sexual debe diferirse hasta después de que el tratamiento reduzca la gravedad de los síntomas. El uso de sildenafil puede ser peligroso; Los hombres que toman nitroglicerina no deben tomar sildenafil. La actividad sexual debe también diferirse hasta al menos entre 2 y 6 semanas después de un infarto.

Habitualmente, entre las pruebas para determinar la seguridad de la actividad sexual se encuentra la monitorización del corazón que permite ver indicios de un aporte de sangre deficiente durante el ejercicio en una cinta de andar. Si el suministro de sangre es adecuado durante el ejercicio, es muy improbable que se produzca un infarto durante la actividad sexual.

dientemente de las alteraciones de la libido, los hombres con disfunción eréctil tienen dificultades para realizar el coito bien sea porque el pene erecto no está lo suficientemente rígido como para la penetración o porque no pueden mantener la erección. Algunos hombres dejan de tener erecciones durante el sueño o al despertar. Otros pueden alcanzarlas de manera intensa algunas veces y ser incapaces de alcanzarlas o de mantenerlas en otras ocasiones.

Cuando los niveles de testosterona están bajos, existe una mayor probabilidad de que se produzca una disminución de la libido que una disfunción eréctil. Los niveles bajos de testosterona pueden dar lugar a la aparición desarrollo gradual de muchos síntomas, incluidos el aumento de tamaño de las mamas (ginecomastia ● *v. recuadro pág. 1572*), un tono alto de voz, la reducción del tamaño de los testículos y la pérdida del vello púbico. El bajo nivel de testosterona también puede causar adelgazamiento de los huesos y pérdida de fuerza y de masa muscular.

➤ Diagnóstico

Para diagnosticar la disfunción eréctil, el médico realiza un examen físico general y examina los genitales del hombre. También puede evaluar la función de los nervios y de los vasos que aportan sangre a los genitales. La medición de la presión arterial en las piernas puede mostrar un problema de las arterias de la pelvis y de la ingle que suministran sangre al pene. Un examen rectal puede de poner en evidencia un problema en la inervación del pene.

A continuación, se recoge una muestra de sangre para medir la concentración de testosterona. Ciertos análisis de sangre son útiles para identificar enfermedades que pueden conllevar una disfunción eréctil temporal o permanente. Por ejemplo, los análisis de sangre pueden evidenciar diabetes (que puede provocar una disfunción eréctil permanente) o infección (que puede llevar a una disfunción eréctil temporal).

Si hay sospechas de que existe un problema arterial o venoso, se realizan pruebas especializadas para confirmarlas. La ecografía puede mostrar un estrechamiento u obstrucción dentro de las arterias del pene.

➤ Tratamiento

Algunos hombres y sus parejas pueden optar por no seguir tratamiento alguno para la disfunción eréctil. El contacto corporal sin erección puede complacer sus necesidades íntimas y su satisfacción.

Algunas veces, las erecciones mejoran cuando se suspende el uso de un determinado fármaco.

Existen muchas opciones para los hombres que deciden seguir un tratamiento.

Tratamiento con fármacos: para el tratamiento de la disfunción eréctil se utilizan muchos fármacos. La mayoría de los medicamentos

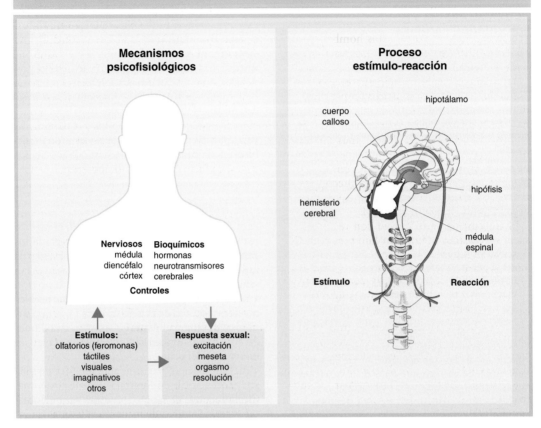

Mecanismos psicofisiológicos

Nerviosos
médula
diencéfalo
córtex

Bioquímicos
hormonas
neurotransmisores
cerebrales

Controles

Estímulos:
olfatorios (feromonas)
táctiles
visuales
imaginativos
otros

Respuesta sexual:
excitación
meseta
orgasmo
resolución

Proceso estímulo-reacción

cuerpo calloso

hipotálamo

hemisferio cerebral

hipófisis

médula espinal

Estímulo

Reacción

se administran para aumentar el flujo sanguíneo hacia el pene. Por lo general, estos fármacos se administran por vía oral, pero otros pueden ser inyectados localmente o se introducen directamente en el pene.

El sildenafil, que se administra por vía oral, es el fármaco utilizado con más frecuencia para tratar la disfunción eréctil debido a que aumenta la frecuencia y rigidez de las erecciones en los 30 a 60 minutos siguientes a la toma; las erecciones duran alrededor de 10 a 30 minutos. El fármaco resulta eficaz sólo cuando el hombre se encuentra excitado sexualmente. Los efectos secundarios del sildenafil son dolor de cabeza, enrojecimiento facial, goteo nasal, trastorno gástrico y problemas visuales. Es posible que aparezcan algunos efectos secundarios más graves, entre los que se incluye una presión arterial peligrosamente baja cuando el sildenafil se toma con ciertos fármacos (como nitroglicerina o nitrito de amilo). Debido a esto, no se recomienda tomar sildenafil y nitroglicerina al mismo tiempo. Es muy probable que, en el futuro, haya una disponibilidad de fármacos similares al sildenafil.

Otros fármacos orales utilizados en el tratamiento de la disfunción eréctil son la fentolamina, la yohimbina y la testosterona. La fentolamina se prescribe en algunos casos de disfunción eréctil, pero es menos eficaz que el sildenafil. La yohimbina suele utilizarse en el tratamiento de disfunción eréctil causada por factores psicológicos, pero puede provocar efectos secundarios (como ansiedad, escalofríos, aumento del ritmo cardíaco y de la presión arterial) y sólo tiene una eficacia mínima.

Los fármacos que se inyectan o introducen en el pene dilatan las arterias que le aportan sangre. Los hombres que no toleran los fármacos por vía oral pueden recibir tratamiento con estos medicamentos.

El alprostadil administrado en forma de supositorio uretral puede insertarse en el pene a través de la uretra. En los casos en que se usa solo, el alprostadil puede causar una erección, pero es más eficaz cuando se combina con otro tratamiento, como un dispositivo de constricción. Este fármaco puede causar mareo y sensación de ardor en el pene o, a veces, una erección dolorosa y prolongada (priapismo ● *v. pág. 1574*). Debido a que estos efectos secundarios graves se producen en algunas ocasiones, estos hombres suelen recibir su primera dosis bajo observación en la consulta del médico.

También se puede inducir una erección mediante la inyección de fármacos (como alprostadil solo o una combinación de éste con papaverina y fentolamina) en la zona proximal del pene. La inyección es una de las formas más eficaces de obtener una erección. Sin embargo, muchos hombres están poco dispuestos a ponerse inyecciones en el pene. Además, éstas pueden causar priapismo, y si se ponen repetidas veces pueden llegar a producir tejido cicatricial.

El tratamiento sustitutivo con testosterona suele ser de gran utilidad en hombres cuya disfunción eréctil es debida a unas concentraciones anormalmente bajas de esta hormona. A diferencia de otras drogas, que son eficaces al aumentar el flujo sanguíneo hacia el pene, la testosterona corrige una deficiencia hormonal. Existe en varias presentaciones, como son comprimidos, parches, ungüentos tópicos e inyecciones. Los efectos adversos pueden incluir disfunción hepática, aumento del número de glóbulos rojos, mayor riesgo de accidente cerebrovascular y aumento del tamaño de la próstata ● *(v. recuadro pág. 1571).*

Dispositivos de constricción y aspiración: la mayoría de los hombres con disfunción eréctil pueden lograr erecciones utilizando un dispositivo de constricción con o sin un dispositivo de vacío. Estos dispositivos se encuentran entre los tratamientos más económicos para la disfunción eréctil y evitan los efectos secundarios que pueden aparecer con el tratamiento farmacológico. Sin embargo, es posible que estos dispositivos produzcan hematomas en los hombres que estén tomando fármacos para mejorar la circulación de la sangre (anticoagulantes) y en los que padezcan enfermedades que afectan a la coagulación sanguínea. Los dispositivos de constricción no deben dejarse puestos más de treinta minutos.

Los dispositivos de constricción (como bandas y anillos de metal, goma o piel) se colocan en la base del pene para hacer más lenta la salida de sangre. Estos dispositivos, médicamente diseñados, pueden adquirirse en las farmacias mediante receta médica, aunque existen versiones muy económicas (a menudo denominados anillos de pene que pueden comprarse en establecimientos de venta de artículos sexuales.

Si se utiliza solo, el dispositivo de constricción puede producir una erección en hombres con disfunción eréctil leve, en especial cuando el problema es el mantenimiento de la erección, pero también es posible utilizarlo con uno de aspiración. En algunas ocasiones, el dispositivo de constricción produce dolor o afecta a la eyaculación.

Los dispositivos de aspiración (que constan de una cámara hueca unida a un sistema de succión) se ajustan al pene y lo sellan. La succión que se aplica a la cámara atrae la sangre hacia el interior del pene produciendo la erección. Cuando el pene está erecto, se coloca un dispositivo de constricción para evitar que la sangre salga del mismo.

Cirugía: cuando la disfunción eréctil no responde a otros tratamientos, se puede implantar quirúrgicamente en el pene un dispositivo que simula una erección (prótesis).

Existen varias prótesis. Una de ellas consiste en insertar algunas varillas rígidas en el pene para crear una erección permanente. Otro consiste en insertar un globo hinchable en el pene. Antes del coito, el sujeto infla el globo con una pequeña bomba (que puede formar parte de la prótesis). La implantación quirúrgica de una prótesis peneana requiere al menos tres días de hospitalización y seis semanas de recuperación antes de intentar una relación sexual.

Tratamiento psicológico: algunos tipos de terapia psicológica (que incluyen técnicas de modificación del comportamiento, como el método de enfoque sensorial ● *v. recuadro pág. 1646*) pueden mejorar los factores mentales y emocionales que contribuyen a la disfunción eréctil. El tratamiento psicológico puede ser de gran ayuda incluso cuando la disfunción eréctil tiene una causa física, debido a que los factores psicológicos a menudo son una gran parte del problema.

Las terapias específicas se seleccionan en función de la causa psicológica de la disfunción eréctil. Por ejemplo, si el hombre tiene depresión, la psicoterapia o el uso de antidepresivos serán de gran ayuda para tratar la disfunción eréctil. Algunas veces, la psicoterapia reduce la ansiedad ante el rendimiento sexual en hombres con disfunción eréctil por cualquier otra causa. La mejoría se manifiesta después de un período prolongado de tiempo y, por lo general, se necesitan muchas sesiones. El hombre, y a menudo su pareja, debe estar altamente motivado para que la psicoterapia funcione.

Existen varios remedios populares para tratar la disfunción eréctil, pero su eficacia no ha sido comprobada.

■ Reducción de la libido

La reducción de la libido es una disminución del impulso sexual.

El impulso sexual (libido) varía mucho entre hombres. Para cada hombre resulta satisfactorio un grado diferente de libido. La libido puede disminuir temporalmente debido a situaciones como fatiga o ansiedad y tiende a disminuir gradualmente en los hombres con la edad. Si baja de forma persistente, suele provocar angustia en el hombre y su pareja.

En algunas ocasiones, la libido puede permanecer reducida durante toda la vida del hombre. La libido que permanece baja durante toda la vida puede ser el resultado de una experiencia traumática sexual en la infancia o por la supresión aprendida de los pensamientos sexuales. Más a menudo, sin embargo, la disminución de la libido se manifiesta después de muchos años de deseo sexual normal. Los factores psicológicos, como depresión, ansiedad y problemas en la relación, son a menudo la causa. Algunos fármacos (como los que se utilizan en el tratamiento de la hipertensión arterial, la depresión o la ansiedad) y una disminución de las concentraciones de testosterona también pueden disminuir la libido.

Un sujeto con la libido disminuida piensa menos en el sexo. La fantasía sexual, la masturbación y también la actividad sexual pierden interés. Incluso la estimulación sexual por medios visuales, palabras o el tacto pueden dejar de provocar interés aunque con frecuencia el hombre conserva la capacidad para la función sexual. Algunos hombres siguen participando en la actividad sexual sólo para satisfacer a su pareja.

El análisis de sangre puede medir la concentración de testosterona. Sin embargo, el diagnóstico suele hacerse en función de la descripción de los síntomas que haga el hombre.

Si la causa es psicológica, será de gran ayuda realizar diversas terapias, incluidas las relacionadas con la conducta, así como una técnica de enfoque sensorial ● *(v. recuadro pág. 1646).* Si el nivel de testosterona es bajo, puede administrarse esta hormona, generalmente como un parche o

---

La técnica de parada y partida

Una técnica utilizada para tratar la eyaculación precoz es la de parada y partida, con la cual el hombre aprende a tolerar altos niveles de excitación sin eyacular. Esta técnica implica la estimulación del pene hasta que el hombre siente que la eyaculación es inminente a menos de que se detenga el estímulo. Él indica a su pareja que detenga la estimulación, que se puede reanudar al cabo de 20 o 30 segundos. La pareja ensaya esta técnica al principio con estimulación manual y más tarde durante la relación sexual. Con la práctica, más del 95 % de los hombres aprenden a retrasar la eyaculación entre 5 y 10 minutos o incluso más. La técnica también ayuda a reducir el nivel de ansiedad que a menudo agrava el problema.

---

gel aplicados sobre la piel o en forma de inyectable. Si la causa parece ser un fármaco, el médico puede ofrecer un tratamiento con un fármaco distinto.

■ Eyaculación precoz

La eyaculación precoz es una eyaculación que se produce demasiado pronto, generalmente antes, durante o poco después de la penetración.

Muchos hombres, especialmente los adolescentes, eyaculan más rápido de lo que a ellos o a sus parejas les gustaría. La eyaculación precoz no es simplemente una eyaculación que se produzca antes de que el hombre lo desee, sino más bien la que aparece muy pronto, a menudo entre un minuto o dos después de la penetración.

Muchos expertos creen que la eyaculación precoz casi siempre es consecuencia de ansiedad u otros factores psicológicos. Otros piensan que la causa puede ser una sensibilidad inusual de la piel del pene. La eyaculación precoz rara vez aparece en el seno de una enfermedad, aunque la inflamación de la próstata o un trastorno del sistema nervioso también pueden originarla.

La eyaculación precoz puede ser motivo de angustia para el hombre y para su pareja. Si el hombre eyacula demasiado pronto, la pareja puede no sentirse satisfecha sexualmente y sentir recelo.

La terapia de modificación de la conducta puede ser de gran ayuda para superar la eyaculación precoz en la mayoría de los hombres. El terapeuta proporciona tranquilidad al sujeto, le explica por qué se produce la eyaculación precoz y le enseña estrategias para retrasarla.

Otros métodos que pueden ayudar al retraso de la eyaculación son el tratamiento con fármacos (con inhibidores selectivos de la recaptación de serotonina como la fluoxetina, la paroxetina o la sertralina), la aplicación de un anestésico sobre el pene y el uso de preservativos, que provocan una disminución de la sensación. Algunas veces, la combinación de un tratamiento con fármacos con una terapia de conducta permite que el hombre retrase la eyaculación incluso por más tiempo de lo que podría hacerlo con sólo uno de estos tratamientos. Cuando la eyaculación precoz es debida a problemas psicológicos más graves, la psicoterapia puede ser de gran ayuda.

■ Eyaculación retrógrada

La eyaculación retrógrada es una enfermedad en la que el semen es eyaculado hacia atrás, dentro de la vejiga en lugar de hacia afuera, a través del pene.

En la eyaculación retrógrada, la parte de la vejiga que normalmente se cierra durante la eyaculación (el cuello de la vejiga) permanece abierta, permitiendo que el líquido eyaculatorio se desplace en sentido contrario dentro de la vejiga. Las causas comunes de eyaculación retrógrada son la diabetes, las lesiones de la columna vertebral, ciertos fármacos y algunas intervenciones quirúrgicas (como la cirugía abdominal mayor o pélvica; una las causas más frecuentes es la resección transuretral de la próstata).

Los hombres con eyaculación retrógrada pueden seguir experimentando orgasmos. Sin embargo, la eyaculación retrógrada disminuye la cantidad de líquido eyaculada fuera del pene y, a veces, no sale fluido alguno. El trastorno puede causar esterilidad, pero no produce otro perjuicio adicional.

El médico establece el diagnóstico de eyaculación retrógrada mediante el hallazgo de una gran cantidad de esperma en la muestra de orina. La mayoría de los hombres no precisan tratamiento alguno para esta afección. Una tercera parte de los hombres con eyaculación retrógrada mejoran después del tratamiento con fármacos que cierran el cuello de la vejiga (como pseudoefedrina, fenilefrina, clorfeniramina, bromfeniramina o imipramina). Sin embargo, la mayoría de dichos medicamentos pueden aumentar el ritmo cardíaco y la presión arterial, lo que constituye un gran peligro para los hipertensos o los que padecen una enfermedad cardíaca.

Si la esterilidad requiere tratamiento y los fármacos no resultan beneficiosos, se puede recoger una muestra del esperma del hombre y utilizarla durante un procedimiento de inseminación ● *(v. pág. 1682).*

CAPÍTULO 241

Biología del aparato reproductor femenino

El aparato reproductor femenino consta de los órganos genitales externos e internos. (En ocasiones, las mamas se consideran como parte del aparato reproductivo ● *v. pág. 1648.*) Sin embargo, otros órganos del cuerpo también afectan al desarrollo y al funcionamiento del aparato reproductor. Entre éstos se incluyen el hipotálamo (un área que se encuentra en el cerebro), la glándula hipófisis (localizada directamente debajo del hipotálamo) y las glándulas suprarrenales (situadas en el polo superior de los riñones). El hipotálamo coordina las interacciones que se dan entre los órganos genitales, la glándula hipófisis y las glándulas suprarrenales. Dichas estructuras interactúan entre sí mediante la producción y liberación de hormonas. Las hormonas son mensajeros químicos que controlan y coordinan las actividades que tienen lugar en el organismo. El hipotálamo segrega la hormona liberadora de gonadotropina, la cual estimula la glándula hipófisis para que produzca las hormonas luteinizante y foliculoestimulante. Estas hormonas inducen en los ovarios la secreción de las hormonas sexuales femeninas, los estrógenos y la progesterona, así como la de algunas del sexo masculino, como los andrógenos. (Las hormonas sexuales masculinas tienen entre sus funciones las de estimular el crecimiento del vello púbico y axilar durante la pubertad y mantener la masa muscular en niñas y niños.) Después del parto, el hipotálamo emite señales a la glándula hipófisis para que produzca la prolactina, una hormona que estimula la producción de leche. Las glándulas suprarrenales producen pequeñas cantidades tanto de hormonas sexuales femeninas como masculinas.

■ Órganos genitales externos

Los órganos genitales externos están compuestos por el monte de Venus, los labios mayores, los labios menores, las glándulas de Bartholin y el clítoris. La zona donde se sitúan estos órganos se denomina vulva. Los órganos genitales externos tienen tres funciones principales: permitir a los espermatozoides su entrada en el organismo, proteger los órganos genitales internos de agentes infecciosos y proporcionar placer sexual.

El monte de Venus es una prominencia redondeada de tejido graso que cubre el hueso púbico. Durante la pubertad se recubre de vello. Contiene glándulas secretoras de tipo sebáceo que liberan feromonas, las cuales tienen una participación directa en la atracción sexual. Los labios mayores son pliegues relativamente voluminosos y carnosos, que encierran y protegen a los otros órganos genitales externos. Pueden compararse con el escroto de los varones. Los labios mayores contienen las glándulas sudoríparas y sebáceas, productoras de secreciones lubricantes. Tras la pubertad, aparece vello en su superficie.

Los labios menores pueden ser muy reducidos o llegar a medir hasta cinco centímetros de anchura. Se localizan dentro de los labios mayores y rodean los orificios que conducen a la vagina y la uretra. Su gran cantidad de vasos sanguíneos les da un color rosado. Durante la estimulación sexual, estos vasos sanguíneos se congestionan con sangre y hacen que los labios menores se hinchen y se vuelvan más sensibles a la estimulación.

La zona localizada entre el orificio vaginal y el ano, en la parte posterior de los labios mayores, se denomina periné; su extensión oscila desde los 2 centímetros hasta más de 5. Un periné largo tiene menos probabilidades de desgarrarse durante el parto.

Los labios mayores y el periné están recubiertos de piel similar a la del resto del organismo. Esta piel es espesa, reseca y a veces escamosa. Por el contrario, los labios menores están revestidos por una membrana mucosa, cuya superficie se mantiene húmeda debido al líquido secretado por células especializadas.

La abertura hacia la vagina recibe el nombre de introito. El orificio vaginal es el lugar por donde entra el pene durante el coito y por donde salen la sangre menstrual y la secreción vaginal, así como el feto durante el parto. Al ser estimuladas, las glándulas de Bartholin, que se encuentran al lado del orificio vaginal, secretan un líquido espeso que lubrica la vagina durante el coito. El meato uretral (orificio que comunica la uretra con el exterior y a través del cual sale la orina desde la vejiga) está localizado encima y delante del orificio vaginal.

El clítoris, localizado entre los labios menores, es una pequeña protuberancia que corresponde

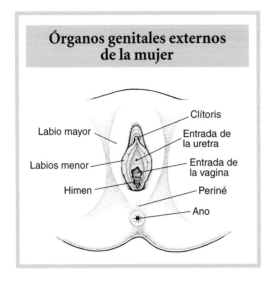

Órganos genitales externos de la mujer

- Clítoris
- Labio mayor
- Entrada de la uretra
- Labios menor
- Entrada de la vagina
- Himen
- Periné
- Ano

al pene en el varón. Al igual que este último, el clítoris es muy sensible a la estimulación sexual y puede experimentar erección. Cuando se estimula el clítoris, suele llegarse al orgasmo.

■ Órganos genitales internos

Los órganos genitales internos conforman una especie de trayecto (el tracto genital). Esta vía de acceso consta de las siguientes estructuras:

- la vagina (parte del canal del parto), donde se deposita el esperma y a través de la cual sale el feto;
- el útero, donde se desarrolla el embrión y se convierte en feto;
- las trompas de Falopio (oviductos), conductos donde el esperma puede fertilizar un óvulo;
- los ovarios, productores y liberadores de óvulos.

El esperma puede recorrer todo el tracto en dirección ascendente, y los óvulos pueden hacerlo en sentido contrario.

Al principio del tracto, justo dentro del orificio vaginal, se encuentra el himen, constituido por una membrana mucosa. En las mujeres vírgenes, el himen suele rodear el orificio como un anillo ajustado, y en ocasiones puede llegar a cubrir por completo el orificio. El himen ayuda a proteger el tracto genital, aunque no resulta imprescindible para la salud. Puede desgarrarse en el primer intento de relaciones sexuales o puede también ser tan blando y flexible que no llegue a producirse desgarro alguno. El himen puede rasgarse también durante la realización de ejercicio físico o

por la inserción de un tampón o diafragma. El desgarramiento generalmente causa una ligera hemorragia. En las mujeres que han tenido relaciones sexuales, el himen puede pasar desapercibido o formar pequeños residuos de tejido alrededor del orificio vaginal.

La vagina es un órgano estrecho, muscular pero elástico, de aproximadamente 10 o 12 cm de largo en una mujer adulta, que conecta los órganos genitales externos con el útero. Es el principal órgano femenino en la relación sexual, dentro del cual se introduce el pene. Constituye, también, el trayecto que siguen los espermatozoides hasta llegar al óvulo, así como el punto de salida de la hemorragia menstrual y del feto hacia el exterior.

Por lo general, las paredes de la vagina se encuentran en contacto sin que exista espacio entre ellas, excepto cuando se distienden para abrirse, por ejemplo, durante las exploraciones ginecológicas o las relaciones sexuales. El tercio inferior de la vagina está rodeado de músculos elásticos que controlan el diámetro de su orificio. Estos músculos se contraen rítmicamente durante el coito y pueden ser tonificados mediante los ejercicios de Kegel.

La vagina está revestida por una membrana mucosa, que se mantiene húmeda gracias a los fluidos emitidos por las células que la recubren y a las secreciones de las glándulas localizadas en el cuello uterino (la parte inferior del útero). Estos fluidos habitualmente pueden salir al exterior en forma de secreción o flujo vaginal. Durante los años fértiles de la mujer, el revestimiento mucoso de la vagina tiene un aspecto rugoso. Pero antes de la pubertad y después de la menopausia (si no se toman estrógenos), el revestimiento presenta un aspecto liso.

El útero es un órgano muscular grueso en forma de pera localizado en el centro de la pelvis, detrás de la vejiga y delante del recto. El útero se encuentra sujeto por varios ligamentos que lo mantienen en su posición. La principal función del útero es contener un feto en desarrollo. El útero está compuesto por el cuello uterino y el cuerpo principal.

El cuello uterino, parte inferior del útero, sobresale hacia el extremo superior de la vagina y puede ser observado durante un examen pélvico. Al igual que la vagina, el cuello uterino está revestido por una membrana mucosa, pero ésta es de tipo liso.

A través de un canal en el cuello uterino puede entrar el esperma y salir la sangre menstrual.

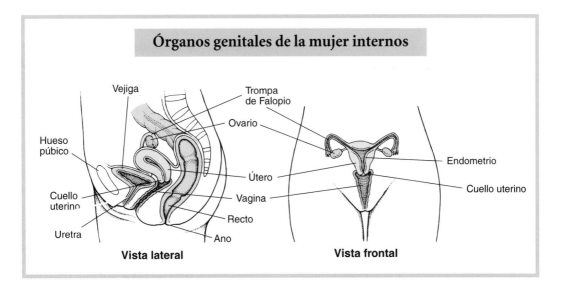

Órganos genitales de la mujer internos

Vista lateral

Vejiga
Trompa de Falopio
Ovario
Hueso púbico
Cuello uterino
Útero
Vagina
Uretra
Recto
Ano

Vista frontal

Endometrio
Cuello uterino

Aunque dicho canal es estrecho, durante el parto se ensancha para permitir la salida del feto. El cuello uterino resulta, en general, una buena barrera contra las bacterias, salvo durante la menstruación, la ovulación (cuando los ovarios liberan un óvulo) o el parto. Las bacterias también pueden entrar en el útero por el cuello uterino durante el coito. A diferencia de las bacterias que causan las enfermedades de transmisión sexual ● *(v. pág. 1400)*, los microorganismos que habitualmente se encuentran en la vagina rara vez originan problemas.

El canal del cuello uterino está revestido por glándulas que segregan cierta mucosidad. Esta mucosidad es espesa y el esperma no puede atravesarla hasta el momento anterior a la ovulación. Durante este período, la consistencia de la mucosidad cambia para que el esperma pueda atravesarla y fertilizar el óvulo. En ese momento, las glándulas secretoras de la mucosidad, localizadas en el cuello uterino, pueden almacenar esperma vivo durante 2 o 3 días. Más tarde, este esperma podrá ascender, recorriendo el cuerpo del útero, y entrar en las trompas de Falopio para fertilizar el óvulo. De este modo, el coito realizado 1 o 2 días antes de la ovulación puede terminar en un embarazo. En algunas mujeres, el tiempo entre un período menstrual y uno ovulatorio varía de un mes a otro. Por lo tanto, el embarazo puede producirse en diferentes momentos del ciclo menstrual (durante o después de éste).

El cuerpo del útero, que es muy musculoso, puede estirarse para albergar un feto en desarrollo. Sus paredes musculares se contraen durante el parto para expulsar el feto a través del cuello uterino y la vagina. Durante los años fértiles, el cuerpo uterino tiene una longitud dos veces mayor que el cuello del mismo órgano. Después de la menopausia, sucede lo contrario.

Como parte del ciclo reproductivo de la mujer (que normalmente dura alrededor de un mes), el revestimiento del cuerpo uterino (endometrio) aumenta de espesor. Si la mujer no queda embarazada durante ese ciclo, la mayor parte del endometrio se desprende y tiene lugar una hemorragia, que constituye el período menstrual.

Las dos trompas de Falopio, que tienen una longitud aproximada de 5 a 7,5 centímetros se extienden desde los bordes superiores del útero hasta los ovarios. Las trompas no están conectadas a los ovarios. Sin embargo, el extremo de cada trompa se ensancha y adopta una forma de embudo con prolongaciones digitiformes (fimbrias). Cuando un óvulo se libera del ovario, las fimbrias lo guían hacia el orificio, relativamente grande, de una de las trompas.

Las trompas de Falopio están revestidas en su interior de proyecciones capilares pequeñas similares a las pestañas (cilios). Los cilios y los músculos de la pared de la trompa impulsan al óvulo en sentido descendente hacia el útero. El óvulo puede ser fecundado por un espermatozoide en las trompas de Falopio ● *(v. pág. 1705)*.

Los ovarios generalmente son de color perla, forma oblonga y más pequeños que un huevo de gallina. Están unidos al útero por ligamentos. Además de producir hormonas sexuales femeninas (estrógenos y progesterona) y masculinas, los ovarios producen y liberan óvulos. Las células ovulares en desarrollo (oocitos) se hallan en unas cavidades llenas de líquido (folículos) en la pared ovárica. Cada folículo contiene un oocito.

¿Cuántos óvulos?

Las niñas nacen con óvulos (oocitos) en sus ovarios. Entre las semanas 16 y 20 del embarazo, los ovarios de un feto femenino contienen de 6 a 7 millones de oocitos. La mayoría de los oocitos se desintegran y queda un remanente de entre 1 y 2 millones en el momento del parto. Después del nacimiento no se forman más. En la pubertad se mantienen únicamente alrededor de 300 000 oocitos, más de los necesarios para toda una vida fértil. Sólo un pequeño porcentaje de ellos se convierten en óvulos. Los miles de oocitos que no maduran degeneran. La degeneración avanza más rápidamente en los 10 o 15 años previos a la menopausia. Todos ellos desaparecen al sobrevenir la menopausia.

Sólo alrededor de 400 oocitos se liberan durante la vida reproductiva de la mujer, habitualmente uno en cada ciclo menstrual. Hasta su liberación, un óvulo permanece inactivo en su folículo, en suspenso en medio de una división celular. De este modo, el óvulo es una de las células de más larga vida del organismo. Como el óvulo inactivo no puede realizar los procesos habituales de reparación celular, la posibilidad de que surjan problemas aumenta a medida que la mujer envejece. En consecuencia, es más probable que se dé una anomalía cromosómica o genética, cuando la mujer concibe a una edad avanzada.

■ Pubertad

Los cambios físicos que aparecen durante la pubertad son regulados por cambios en los niveles hormonales producidos por las hormonas luteinizante y foliculoestimulante de la glándula hipófisis. En el momento del nacimiento, los niveles de estas dos hormonas son elevados, pero descienden en pocos meses y se mantienen bajos hasta la pubertad. Al comienzo de la pubertad, los niveles de las hormonas luteinizante y foliculoestimulante aumentan, estimulando la producción de hormonas sexuales. El aumento en los niveles de hormonas sexuales produce cambios físicos, incluidos la maduración de las mamas, los ovarios, el útero y la vagina. Normalmente, estos cambios se dan de forma secuencial desde la pubertad hasta alcanzar la madurez sexual ● (v. recuadro pág. 1841).

El primer cambio que se produce durante la pubertad suele ser el comienzo del desarrollo de la mama. En las niñas, este cambio generalmente puede tener lugar a partir de los 9 años de edad. A continuación, comienza a aparecer el vello púbico y axilar. El intervalo desde el desarrollo mamario hasta el primer período menstrual dura generalmente alrededor de 2,5 años y, habitualmente, la primera menstruación ocurre entre los 11 y los 15 años. Durante este período también cambia la forma del cuerpo de las chicas y aumenta su grasa corporal. El crecimiento que acompaña a la pubertad comienza incluso antes del inicio del desarrollo de las mamas. Este crecimiento es más rápido al comienzo de la pubertad (antes del inicio de la menstruación) y alcanza el máximo a la edad de 12 años. Posteriormente disminuye de forma considerable y por lo habitual se detiene entre las edades de 14 y 16 años.

■ Ciclo menstrual

La menstruación es la descamación del revestimiento interno del útero (endometrio) acompañado de hemorragia. Se produce aproximadamente de manera cíclica, excepto durante el embarazo y después de la menopausia. La menstruación marca los años reproductivos de la vida de la mujer, que se extienden desde su comienzo (menarquia), durante la pubertad y hasta su cese (menopausia ● v. pág. 1611).

Por definición, el primer día de hemorragia se considera el comienzo de cada ciclo menstrual (día 1). El ciclo finaliza justo antes de la siguiente menstruación. Los ciclos menstruales varían entre 21 y 40 días. Sólo del 10 al 15 % de las mujeres tienen ciclos exactos de veintiocho días. En general, los intervalos entre los períodos son más prolongados en los años inmediatamente posteriores a la menarquia y anteriores a la menopausia.

El ciclo menstrual está regulado por hormonas: la hormona luteinizante y foliculoestimulante, producidas por la glándula hipófisis, y los estrógenos y la progesterona, segregadas por los ovarios. El ciclo tiene tres fases: folicular, ovulatoria y luteínica.

La **fase folicular** dura desde el primer día de la hemorragia hasta inmediatamente antes del aumento brusco en el nivel de la hormona luteinizante. Este aumento ocasiona la liberación del óvulo (ovulación). En esta fase, se desarrollan los folículos en los ovarios. La fase folicular varía en duración y tiene un promedio aproximado de unos trece días del ciclo. A medida que se acerca la menopausia, la fase folicular se acorta.

Cambios durante el ciclo menstrual

El ciclo menstrual está regulado por la interacción compleja de hormonas: las hormonas luteinizante y folículoestimulante, que son producidas por la glándula hipófisis, y las femeninas (estrógeno y progesterona), que son producidas por los ovarios.

El ciclo menstrual comienza con una hemorragia (menstruación), que marca el primer día de la fase folicular. La hemorragia ocurre cuando los niveles de estrógeno y progesterona disminuyen, causando la degeneración y desprendimiento del revestimiento uterino (endometrio). En la primera mitad de esta fase, el nivel de la hormona folículoestimulante aumenta ligeramente y estimula el desarrollo de algunos folículos. Cada folículo contiene un óvulo. Más tarde, a medida que la concentración de la hormona folículoestimulante va disminuyendo, sólo un folículo sigue su desarrollo. Este folículo produce estrógeno.

La fase ovulatoria comienza con un aumento en la concentración de las hormonas luteinizante y folículoestimulante. La hormona luteinizante estimula la liberación del óvulo (ovulación), que suele ocurrir entre las 16 y 32 horas después de que comience el aumento. El nivel de estradiol llega a su punto máximo, y el nivel de progesterona comienza a elevarse.

Durante la fase luteínica, los niveles de las hormonas luteinizante y foliculoestimulante descienden. El folículo roto se cierra después de liberar el óvulo y forma el cuerpo lúteo, que secreta progesterona. Más tarde en esta fase, la concentración de estrógeno aumenta. La progesterona y el estrógeno provocan un mayor engrosamiento del endometrio. Si el óvulo no es fertilizado, el cuerpo lúteo degenera y deja de producir progesterona, el nivel de estrógeno disminuye, el revestimiento se degenera y desprende, lo que da lugar a un nuevo ciclo menstrual.

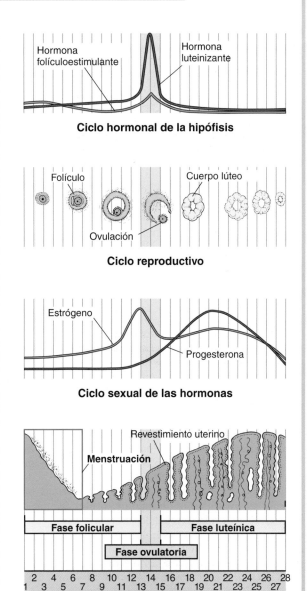

Ciclo hormonal de la hipófisis

Hormona folículoestimulante — Hormona luteinizante

Ciclo reproductivo

Folículo — Cuerpo lúteo — Ovulación

Ciclo sexual de las hormonas

Estrógeno — Progesterona

Revestimiento uterino — **Menstruación**

| Fase folicular | Fase luteínica |

Fase ovulatoria

Día del ciclo

Ciclo endometrial

Al principio de la fase folicular, el revestimiento interno del útero (endometrio) aumenta debido a la acumulación de líquidos y nutrientes destinados al futuro embrión. Si ningún óvulo ha sido fertilizado, los niveles de estrógenos y de progesterona disminuyen, el endometrio se descama y sobreviene la menstruación. La hemorragia menstrual dura de 3 a 7 días, con un promedio de 5. La pérdida de sangre durante un ciclo oscila entre 15 y 300 mililitros, con una media de 135 mililitros. Una compresa o un tampón, según el tipo, pueden retener hasta 30 mililitros de sangre. La sangre menstrual, a diferencia de la producida por una lesión, habitualmente no se coagula, a menos que la hemorragia sea muy intensa.

Durante la primera parte de la fase folicular, la glándula hipófisis aumenta ligeramente su producción de hormona foliculoestimulante. Esta hormona estimula entonces el crecimiento de 3 a 30 folículos, cada uno de los cuales contiene un óvulo. Más tarde, en esta misma fase, a medida que los valores de la hormona disminuyen, sólo uno de dichos folículos, conocido como folículo dominante, continúa creciendo. Tras este proceso, comienza la producción de estrógenos, y los demás folículos estimulados inician su degeneración.

La **fase ovulatoria** se inicia con una elevación en pico (oleada) de los niveles de la hormona luteinizante y, en un grado mucho más pequeño, de los de la foliculoestimulante. La hormona luteinizante estimula al folículo dominante, que se aproxima a la superficie del ovario y finalmente se rompe y libera el óvulo. (La función del aumento de la hormona foliculoestimulante no se encuentra aún bien definida.)

La fase ovulatoria termina con la liberación de un óvulo, habitualmente 36 horas después de comenzar el pico de la hormona luteinizante. Aproximadamente de 12 a 24 horas después de la ovulación, se puede detectar esta oleada mediante la medición de los niveles de la hormona luteinizante en la orina. El óvulo puede ser fertilizado sólo durante un corto período (hasta un máximo de doce horas aproximadamente) después de su liberación. La fertilización es más probable si los espermatozoides están presentes en el tracto reproductor antes de la liberación del óvulo.

En torno al momento de la ovulación, algunas mujeres experimentan un leve dolor en uno de los lados de la región inferior del abdomen. Este dolor es conocido como *mittelschmerz* (literalmente, dolor de la mitad o del medio). El dolor puede durar desde unos minutos hasta algunas horas. A pesar de aparecer la sensación dolorosa en el mismo lado del ovario que liberó el óvulo, la causa precisa del dolor se desconoce. El dolor puede preceder o seguir a la ruptura del folículo y puede no estar presente en todos los ciclos. La liberación del óvulo no tiene lugar alternativamente en uno u otro ovario, sino que parece sucederse de forma aleatoria. Por otro lado, si se extirpa un ovario, el otro libera un óvulo cada mes.

La **fase luteínica** sigue a la ovulación. Ésta dura alrededor de catorce días, a menos que tenga lugar la fertilización, y finaliza justo antes del período menstrual. En la fase luteínica, el folículo ro-

to se cierra después de liberar el óvulo y forma una estructura denominada cuerpo lúteo, que secreta cada vez una cantidad mayor de progesterona. La función del cuerpo lúteo es preparar el útero en caso de producirse fertilización. La progesterona producida por el cuerpo lúteo hace que el endometrio se engrose y acumule líquidos y nutrientes como preparación para recibir un embrión. La progesterona hace que se espese la mucosidad en el cuello uterino y dificulta la entrada de esperma o bacterias en el útero. Dicha hormona también provoca un ligero aumento de la temperatura corporal durante la fase luteínica y hace que ésta continúe elevada hasta que se inicia el período menstrual. Este aumento de temperatura puede servir para averiguar si la ovulación ha tenido lugar ● *(v. pág. 1682)*. En la segunda parte de la fase luteínica, los estrógenos aumentan y también estimulan el engrosamiento del endometrio.

En respuesta al incremento de estrógenos y de progesterona, aumentan los conductos lácteos de las mamas. Como resultado, las mamas pueden incrementar su tamaño y volverse sensibles.

Si el óvulo no es fertilizado, el cuerpo lúteo degenera al cabo de catorce días y comienza un nuevo ciclo menstrual. Si el óvulo resulta fecundado, las células que rodean el embrión en desarrollo comienzan a producir una hormona denominada gonadotropina coriónica humana. Esta hormona mantiene el cuerpo lúteo, el cual continúa produciendo progesterona hasta que el feto en crecimiento pueda producir sus propias hormonas. Las pruebas de embarazo se basan en la detección de un aumento del nivel de gonadotropina coriónica humana.

■ Efectos del envejecimiento

En torno a la menopausia ● *(v. pág. 1611)*, se producen cambios rápidos en los órganos genitales. Los ciclos menstruales desaparecen y los ovarios dejan de producir estrógenos. Después de la menopausia, los tejidos de los labios menores, clítoris, vagina y uretra se adelgazan (atrofia). Este adelgazamiento puede dar como resultado una irritación crónica, sequedad y flujo vaginal. Las infecciones vaginales pueden aparecer con mayor facilidad. También, después de la menopausia, el útero, las trompas de Falopio y los ovarios disminuyen su tamaño.

Con el envejecimiento, sobreviene una disminución de la masa muscular y del tejido conectivo, incluidos los ligamentos y otros tejidos que sirven de soporte a la vejiga, el útero, la vagina y el recto. Como resultado, estos órganos pueden descender o caerse (prolapso), lo que algunas veces causa dificultad al orinar, pérdida del control sobre la micción o la deposición (incontinencia) e incluso dolor durante el coito.

Debido a la presencia de menor cantidad de estrógenos para estimular los conductos lácteos, las mamas disminuyen su tamaño y pueden volverse flácidas. El tejido conectivo que soporta la mama también disminuye, lo que contribuye a la flaci-

dez. El tejido fibroso de las mamas es reemplazado por grasa y hace que éstas se vuelvan menos firmes.

A pesar de estas alteraciones, muchas mujeres disfrutan más de la actividad sexual después de la menopausia, posiblemente porque ya no pueden quedarse embarazadas. Además, después de la menopausia, los ovarios continúan produciendo hormonas sexuales masculinas. Estas hormonas ayudan a mantener el deseo sexual, retardan la pérdida del tejido muscular y contribuyen a la sensación de bienestar general.

CAPÍTULO 242

Síntomas y diagnóstico de los trastornos ginecológicos

Los trastornos que afectan al aparato reproductor femenino, incluidas las mamas, se denominan trastornos ginecológicos. Cuando una mujer tiene síntomas específicos, o cuando se somete a una exploración física de rutina para determinar la causa de ciertos trastornos, se realizan varios procedimientos diagnósticos. Estos procedimientos ayudan a evitar problemas y a mantener la salud de la mujer.

■ Síntomas

Los síntomas más frecuentes causados por los trastornos ginecológicos incluyen prurito vaginal, flujo vaginal, hemorragia anormal en la vagina, dolor en la región pélvica y en la mama. La importancia de los síntomas ginecológicos a menudo depende de la edad de la mujer, puesto que los cambios hormonales que se producen con la edad pueden estar involucrados.

➤ Prurito vaginal

El prurito vaginal puede afectar a la zona que contiene los órganos genitales externos (vulva) al igual que a la vagina. Muchas mujeres pueden experimentar prurito vaginal esporádicamente, que se cura sin tratamiento. El prurito se debe consi-

derar un problema sólo cuando es persistente, grave o recurrente.

El prurito vaginal puede ser consecuencia de una irritación causada por sustancias químicas, tales como las de los detergentes, blanqueadores, suavizantes, fibras sintéticas, baños de burbujas, jabones, aerosoles femeninos, perfumes, compresas, tintes, papel higiénico, cremas y duchas vaginales, y productos anticonceptivos. El prurito vaginal puede ser el resultado de una infección ● *(v. pág. 1633)*, como la vaginosis bacteriana, la candidiasis (una infección por hongos) o la tricomoniasis (una infección por protozoos). El prurito vaginal también puede tener su origen en cierta sequedad vaginal debida a cambios hormonales durante la menopausia. Otras causas incluyen algunos trastornos de la piel, como la psoriasis o la dermatitis atópica. Esta última se caracteriza por unas manchas blancas y finas que aparecen alrededor del orificio de la vagina. Si no recibe tratamiento, puede causar cicatrices y aumentar el riesgo de cáncer. Su tratamiento consiste en la aplicación de una crema o una pomada que contenga una alta dosis de un corticosteroide (como clobetasol).

El prurito puede ir acompañado de secreción. En cualquier caso, si éste resulta persistente o está acompañado de flujo vaginal de apariencia u olor anormal, la mujer debe consultar a su médico.

➤ Flujo vaginal anormal

La presencia de una pequeña cantidad de flujo vaginal es, generalmente, normal. El flujo consiste en secreciones mucosas producidas, sobre todo, por el cuello del útero, aunque su producción también se puede localizar en la vagina. La secreción suele ser fina y clara, de un color blanco lechoso o amarillento. Su cantidad y aspecto varían con la edad. Como una característica especial, la secreción es inodora. No está acompañada de prurito o ardor.

Las niñas recién nacidas tienen una secreción vaginal mucosa, a menudo mezclada con una pequeña cantidad de sangre. Esta secreción se debe al efecto de los estrógenos absorbidos de la madre antes del parto. Por lo general, desaparece en dos semanas, a medida que el nivel de estrógenos en la sangre disminuye. Normalmente, los bebés de más edad y las niñas, excepto las más cercanas a la pubertad, no tienen ninguna secreción vaginal significativa.

Durante el período fértil de la mujer, la cantidad y el aspecto de la secreción vaginal varían con el ciclo menstrual. Por ejemplo, en medio del ciclo (durante la ovulación), generalmente se produce más mucosidad y su apariencia es más fina. El embarazo, la utilización de anticonceptivos orales y la excitación sexual también afectan a la cantidad y al aspecto de la secreción. Tras la menopausia, la concentración de los estrógenos disminuye, y, a menudo, esto se refleja en una reducción en la cantidad de la secreción normal.

Un flujo se considera anormal si es:
- más denso de lo habitual;
- más espeso de lo habitual;
- tiene aspecto de pus;
- blanco y espeso (parecido al requesón);
- grisáceo, verdoso, amarillento o con un tinte de sangre;
- maloliente (olor de pescado);
- acompañado de prurito, ardor, erupción o dolor.

Un flujo puede indicar inflamación de la vagina (vaginitis), que puede ser ocasionada por algún irritante químico (como los causantes del prurito vaginal antes comentados) o por una infección ● *(v. pág. 1633)*. En algunas mujeres, los espermicidas, lubricantes vaginales, cremas o diafragmas pueden irritar la vagina o la vulva, produciendo inflamación. El contacto con preservativos a base de látex puede causar irritación en las mujeres alérgicas a este producto. En las niñas, un objeto extraño puede causar inflamación de la vagina, produciendo una secreción vaginal que puede contener sangre. Con mayor frecuencia, el cuerpo extraño puede ser un pedazo de papel higiénico que ha quedado retenido en la vagina. A veces puede tratarse de un juguete.

Una secreción turbia de coloración blanca, gris o amarillenta, con un olor desagradable o similar al del pescado, está, por lo general, causada por una vaginosis bacteriana. Una secreción vaginal espesa, blanca y grumosa (parecida al requesón) tiene generalmente su origen en una candidiasis (infección producida por hongos). Una secreción densa, amarilla verdosa, espumosa, que puede tener un mal olor, está generalmente causada por una tricomoniasis (infección producida por protozoos).

Una secreción acuosa y teñida con sangre puede ser debida a un cáncer de vagina, del cuello o del revestimiento interno del útero (endometrio). La radioterapia en la pelvis puede también causar una secreción anormal.

El médico puede identificar la causa de esta secreción anormal basándose en su aspecto, en la edad de la paciente y en otros síntomas. Una muestra de la secreción se examina al microscopio para comprobar la presencia de una infección e identificarla. El tratamiento depende de la causa. Si un producto (como una crema, algún preparado en polvo, un jabón, un aerosol higiénico femenino o un determinado preservativo) causa irritación persistente, debe interrumpirse su utilización.

➤ Hemorragia vaginal anormal

La hemorragia de la vagina puede originarse en ésta o en otro órgano reproductivo, especialmente en el útero. La hemorragia vaginal anormal incluye una hemorragia menstrual excesivamente densa o liviana, que se produce con demasiada frecuencia o es irregular. Se considera también anormal cualquier hemorragia vaginal no asociada con una menstruación o que se produzca antes de la pubertad o después de la menopausia ● *(v. pág. 1619)*.

La hemorragia vaginal anormal puede sobrevenir como resultado de un trastorno (como una lesión, una infección o un cáncer) o por alteraciones en la regulación normal de las hormonas durante la menstruación. Es más probable que dichos cambios hormonales se produzcan al inicio de los períodos menstruales (en adolescentes) o hacia su final (en mujeres mayores de 40 años) ● *(v. pág. 1619)*.

➤ Vellosidad excesiva

El vello corporal excesivo, en particular en la cara y el tronco (de tipo masculino) o en las extremidades, se denomina hirsutismo. La vellosidad excesiva, aunque en principio puede no parecer un trastorno ginecológico, debe considerarse como tal. Generalmente, es consecuencia de un desequilibrio en los niveles normales de hormonas femeninas y masculinas.

El hirsutismo es más frecuente entre las mujeres posmenopáusicas, debido a la disminución de la concentración de las hormonas femeninas. Esta patología puede presentarse a causa de un trastorno de la glándula hipófisis o de las glándulas suprarrenales, ocasionada por la producción excesiva de hormonas masculinas (como la testosterona). Algunas veces aparecen características masculinas exageradas (virilización). El hirsutismo puede producirse también debido al síndrome de ovarios poliquísticos ● *(v. pág. 1626)*. Las causas excepcionales incluyen tumores en los ovarios, porfiria cutánea tardía (una forma de porfiria que afecta a la piel) y el uso de algunos fármacos, como esteroides anabolizantes, corticosteroides y minoxidil.

También se pueden realizar análisis de sangre para medir los niveles de hormonas masculinas y femeninas. Se deberán suspender los medicamentos que puedan ser causa de este trastorno. Algunas soluciones temporales pueden ser el afeitado, la extirpación, la cera y los depiladores. La eflornitina es una crema tópica disponible mediante prescripción médica, que puede ser utilizada para este efecto. Gracias a sus propiedades, puede retardar el crecimiento del pelo, causando una reducción gradual del vello facial no deseado. Este fármaco puede irritar temporalmente la piel, provocando enrojecimiento, quemazón, escozor o una erupción. Los decolorantes pueden ser efectivos si el vello es fino. La fototerapia con láser es eficaz temporalmente. El único tratamiento permanente y seguro es la electrólisis, que destruye los folículos pilosos. El trastorno que produce hirsutismo debe ser tratado cuando sea posible.

➤ Dolor pélvico

Muchas mujeres experimentan dolor pélvico en la parte inferior del tronco, bajo el abdomen y entre los huesos de la cadera. El dolor pélvico puede sobrevenir debido a algunos trastornos relacionados con cualquier órgano de la pelvis, co-

---

Causas del dolor pélvico

Trastornos relacionados con los órganos reproductores

- Embarazo ectópico
- Endometriosis
- Fibromas
- Mittelschmerz (dolor que sobreviene en la mitad del ciclo menstrual causado por la ovulación)
- Congestión sanguínea de los vasos sanguíneos de la pelvis una semana antes la menstruación (síndrome de congestión pélvica)
- Quistes ováricos grandes, que se rompen o se retuercen
- Inflamación pélvica

Algunos trastornos no relacionados con los órganos reproductores

- Apendicitis
- Infecciones de las vías urinarias, como cistitis
- Diverticulitis
- Gastroenteritis
- Úlcera
- Enfermedad inflamatoria del intestino
- Inflamación de los ganglios linfáticos en el abdomen (linfadenitis mesentérica)
- Cálculos en las vías urinarias, como los cálculos renales

---

mo los órganos reproductores (el útero, las trompas de Falopio, los ovarios y la vagina), la vejiga, el recto o el apéndice. Sin embargo, el dolor pélvico a veces se origina en los órganos externos a la pelvis, tales como el intestino, los uréteres y la vesícula biliar. Factores psicológicos específicos, como la tensión emocional y la depresión, pueden contribuir al dolor pélvico.

El dolor puede limitarse a una única zona y presentar un carácter intermitente o estar acompañado de retortijones (como los cólicos menstruales). Puede ser repentino e intenso, o suave pero constante. Su intensidad puede aumentar gradualmente. La zona puede ser sensible al tacto. El dolor puede acompañarse de fiebre, náuseas y vómitos.

Cuando una mujer siente un dolor muy intenso de forma repentina en la parte inferior del abdomen o en la región pélvica, el médico debe decidir con rapidez si se trata de una situación que requiere cirugía inmediata. Ejemplos de tratamiento quirúrgico son una apendicitis, una úlcera perforada, un aneurisma aórtico, una torsión de un quiste de ovario, infecciones pélvicas debidas a enfermedades de transmisión sexual y un embarazo que se desarrolla fuera del útero (embarazo ectópico), habitualmente en una de las trompas de Falopio.

Para identificar la causa, los médicos pueden pedir a la mujer que describa el dolor, así como su duración, localización y otros síntomas. También pueden indagar sobre episodios previos similares. La información acerca del momento en que sobrevino el dolor en relación con las comidas, el sueño, las relaciones sexuales, el ejercicio, la micción y la defecación, puede también ser útil, al igual que cualquier otro dato relacionado con ciertos factores que empeoran o alivian el dolor.

Se realizará un examen suave del abdomen, en busca de zonas sensibles o de crecimientos anormales. Un examen pélvico ayuda a los médicos a determinar qué órganos están afectados y si existe infección. Otros procedimientos pueden incluir un recuento completo de glóbulos rojos, un análisis de orina, una prueba de embarazo, una ecografía, una tomografía computarizada (TC), una resonancia magnética nuclear (RMN) y hemocultivos para comprobar la presencia de infecciones. En ocasiones, la cirugía o la laparoscopia (uso de un tubo para examinar las cavidades abdominal y pélvica) se hacen necesarias para identificar la causa del dolor.

Si se identifica el trastorno causante del dolor, su tratamiento puede aliviarlo. Si un trastorno psicológico está contribuyendo al dolor, un asesoramiento profesional u otro tipo de terapia pueden ser útiles.

➤ Síntomas mamarios

Los síntomas relacionados con la mama son frecuentes. Entre ellos destacan el dolor mamario, los abultamientos (incluidos las masas sólidas y los quistes), las irregularidades en la superficie de la piel de la mama y la secreción por el pezón ● *(v. pág. 1648)*. Los síntomas mamarios pueden indicar la presencia de un trastorno grave o carecer de importancia. Por ejemplo, un dolor mamario difuso, es decir, relacionado con cambios hormonales antes del período menstrual, no indica un trastorno grave. Sin embargo, como el cáncer de mama es una preocupación y la detección precoz es esencial para la eficacia de su tratamiento, cualquier cambio en la mama debe ser evaluado por un médico. Además, la mujer debe examinar mensualmente sus senos por sí misma ● *(v. fig. pág. 1658)*.

■ Evaluación ginecológica

Entre los hábitos saludables se incluye la realización de manera regular de exámenes ginecológicos y pruebas para detectar trastornos que pueden evitarse o tratarse efectivamente en su inicio ● *(v. tabla pág. 34)*. Los principales análisis específicos para las mujeres son el Papanicolaou (Pap) u otras pruebas similares para detectar el cáncer del cuello uterino, y la mamografía para detectar el cáncer de mama.

En primer lugar, la paciente debe escoger un profesional de la salud con quien pueda hablar con confianza de ciertos temas delicados, como el sexo, el control de la natalidad y el embarazo, y de problemas relacionados con la menopausia. Este profesional puede ser un ginecólogo, un internista, una comadrona o un médico general, de familia, o una enfermera. Durante la visita ginecológica, la mujer puede exponer al facultativo cualquier duda que tenga sobre las funciones reproductiva y sexual, o sobre su anatomía, incluso las que se refieren a la práctica del sexo seguro.

☐ HISTORIA CLÍNICA GINECOLÓGICA

La evaluación ginecológica comienza con una serie de preguntas relacionadas con la función reproductiva, que, por lo general, es el enfoque principal de la visita al médico. Las respuestas forman parte de la historia clínica ginecológica. Una historia clínica ginecológica completa incluye la información acerca de la edad de inicio de la menstruación (menarquia); la frecuencia, regularidad y duración de la menstruación; la cantidad de flujo sanguíneo, así como las fechas de los dos últimos períodos menstruales. También se incluyen preguntas sobre sangrado excesivo o escaso, o si éste se ha producido entre períodos menstruales.

El médico puede indagar acerca de la actividad sexual para determinar la presencia de infecciones ginecológicas, de lesiones y de un embarazo. Se pregunta a la paciente si usa o desea usar métodos para el control de la natalidad y si le interesa recibir asesoramiento u otra información. Se registra el número de embarazos, las fechas en que tuvieron lugar, el resultado y las complicaciones que se presentaron.

El médico pregunta a la paciente si siente dolor durante los períodos menstruales, en el coito o en otras circunstancias. Si existe dolor, se le pregunta acerca de la intensidad del mismo y sobre cómo logra aliviarlo. También se indaga sobre posibles problemas de la mama, tales como dolor, abultamientos, áreas sensibles o enrojecidas y secreción por los pezones. Por último, se averigua si practica el autoexamen de la mama, con qué frecuencia lo hace y si necesita instrucciones para conocer su técnica.

A partir de la información proporcionada por la paciente sobre trastornos ginecológicos anteriores, se suele obtener un historial médico y quirúrgico completo, que incluye los problemas de salud previos. El médico analiza los fármacos que le están siendo administrados a la paciente, tanto los medicamentos recetados como los de venta libre, así como si consume drogas ilegales, tabaco o alcohol, ya que muchas de estas sustancias afectan a la función ginecológica. También se le pregunta a la paciente si es víctima de abusos psicológicos, físicos o sexuales en la actualidad o lo fue en el pasado. Algunas preguntas acerca de la micción son útiles para descubrir si la paciente presenta alguna infección en el conducto urinario o tiene problemas de incontinencia.

☐ EXPLORACIÓN GINECOLÓGICA

Si una paciente tiene alguna duda sobre el examen ginecológico o siente algún temor a someterse a él, debe exponerlos al médico antes de ser examinada. Si cualquier parte del examen le causa dolor, debe comunicárselo al médico. Generalmente, se le indica a la mujer que orine antes de la exploración física y se le puede pedir que recoja una muestra de orina para su evaluación en el laboratorio.

El examen de las mamas puede efectuarse antes o después del de la pelvis. El médico examina las mamas con la paciente sentada, para descubrir irregularidades, retracciones o adherencias de la piel, bultos y secreción. Luego, la paciente permanece sentada o se acuesta, con los brazos por encima de la cabeza, mientras el médico palpa cada mama con la palma de la mano y examina cada axila en busca de nódulos linfáticos agrandados. El médico también explora el cuello y la glándula tiroides en busca de bultos y anomalías. Mientras transcurre el examen, se puede revisar con la paciente la técnica para que ésta pueda detectar cualquier anomalía por sí misma ● *(v. fig. pág. 1658).*

El médico palpa suavemente toda la zona entre las costillas y la pelvis (el abdomen) en busca de crecimientos anormales de los órganos internos, en especial el hígado y el bazo. Aunque la paciente pueda sentir cierto malestar cuando se realiza una palpación profunda, el examen no debe causar dolor. Para determinar el tamaño del hígado y del bazo, el médico puede golpear ligeramente con los dedos (percusión) y escuchar los diferentes sonidos, entre hueco y apagado, de las áreas percutidas. Se puede utilizar un fonendoscopio para escuchar la actividad de los intestinos y para detectar ruidos anormales producidos por la sangre al circular por vasos sanguíneos estrechados.

Durante el examen pélvico, la paciente se coloca acostada boca arriba con las caderas y las rodillas flexionadas y las nalgas en el borde de la camilla. La mayoría de las camillas de examen cuentan con estribos para los talones o las rodillas, que ayudan a mantener esa posición. Si la mujer desea observar el examen pélvico, debe avisar al médico con anticipación. Éste puede prestarle un espejo y proporcionarle las explicaciones pertinentes o un diagrama. En primer lugar, se inspecciona el área genital externa para comprobar la distribución del vello y observar cualquier otra anormalidad, anomalía de la coloración, secreción o inflamación. Este examen puede indicar la ausencia de alteraciones, o dar indicios de trastornos hormonales, de cáncer, de infecciones, de lesiones o de abusos físicos.

El médico distiende los tejidos alrededor del orificio de la vagina (labios) y examina el orificio. Con un espéculo (instrumento metálico o de plástico que separa las paredes de la vagina), el médico examina las áreas profundas de la vagina y del cuello uterino. Este último se explora con cuidado para detectar señales de irritación o de cáncer. El médico determina si existe una parte saliente (protuberancia) de la vejiga, del recto o del intestino dentro de la vagina ● *(v. pág. 1639)*

Durante la exploración se recoge una muestra de las células de la superficie del cuello uterino con una espátula plástica similar a un depresor lingual, para realizar una prueba de Papanicolaou (Pap) u otro examen similar. Luego se utili-

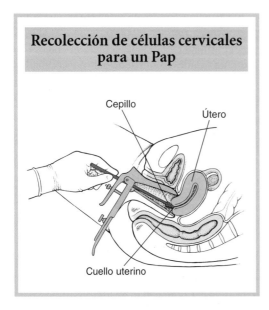

Recolección de células cervicales para un Pap

Cepillo

Útero

Cuello uterino

za un pequeño cepillo para obtener una muestra de células del cuello uterino. Por lo general, al realizar estas pruebas, se experimenta una sensación de arañazo o de calambre, pero sin dolor. Esta prueba requiere sólo unos segundos. Las células extraídas con espátula o cepillo se colocan sobre un portaobjetos de vidrio y se rocían con una sustancia preservativa o se enjuagan dentro de un frasco con líquido. La muestra se envía a un laboratorio, donde se examina al microscopio en busca de la presencia de células anormales, que puedan indicar cáncer del cuello uterino. Tales pruebas identifican del 80 al 85 % de los casos de cáncer del cuello uterino, aun en sus primeras fases. También detectan alteraciones en las células del cuello uterino que pueden llevar a desarrollar un cáncer. Estas alteraciones pueden ser tratadas, evitando así que se desarrolle el cáncer.

El Pap y otros análisis similares son más precisos si la paciente no está menstruando y no ha utilizado duchas o cremas vaginales por lo menos durante las 24 horas previas al examen. La mayoría de las mujeres deberían someterse a esta prueba una vez al año. La primera prueba suele efectuarse cuando una mujer inicia su actividad sexual o llega a la edad de 18 años. Si los resultados son normales durante tres años consecutivos, la mujer puede hablar con su médico para determinar si es apropiado programar estas pruebas cada 1, 2 o 3 años.

Si se sospecha que existe una infección, el médico utiliza una escobilla para obtener una pequeña cantidad de secreción de la vagina y del cuello uterino. Luego se envía la muestra a un laboratorio para realizar el cultivo y la evaluación. Las pruebas para las enfermedades de transmisión sexual no forman parte de un examen de rutina. Si una paciente sospecha que puede presentar una de estas enfermedades, puede solicitar otras pruebas especiales para verificarlo.

Después de retirar el espéculo, el médico palpa la pared vaginal para determinar su fuerza y su consistencia. El médico introduce los dedos índice y medio de la mano enguantada en la vagina y coloca los dedos de la otra mano sobre la parte inferior del abdomen por encima del hueso púbico. En esta posición, el útero habitualmente se palpa como una estructura con forma de pera, lisa y consistente, y es posible determinar su posición, su tamaño, su consistencia y su sensibilidad al tacto. A continuación, el médico intenta palpar los ovarios desplazando la mano sobre el abdomen hacia los lados y ejerciendo una presión ligeramente mayor. Se necesita más presión porque los ovarios son pequeños y resultan mucho más difíciles de palpar que el útero. La paciente puede encontrar levemente molesta esta parte del examen, pero no suele resultar dolorosa. El médico determina el tamaño de los ovarios y si son o no sensibles. Asimismo, busca crecimientos y zonas dolorosas o sensibles en el interior de la vagina.

Finalmente, realiza un examen rectovaginal introduciendo el dedo índice dentro de la vagina y el medio dentro del recto. De este modo, se examina la pared posterior de la vagina para detectar crecimientos anormales o engrosamientos. Además, el médico puede examinar el recto para diagnosticar la existencia de hemorroides, fisuras, pólipos y tumoraciones. Se puede obtener una muestra de heces mediante un dedo enguantado, para detectar sangre oculta. También se puede entregar a la paciente un equipo domiciliario para realizar el examen de sangre oculta en las heces.

☐ PROCEDIMIENTOS DIAGNÓSTICOS

A veces es necesario realizar pruebas más complejas, como las siguientes.

➤ Colposcopia

Para realizar una colposcopia, se utilizan lentes binoculares de aumento (similares a las de un

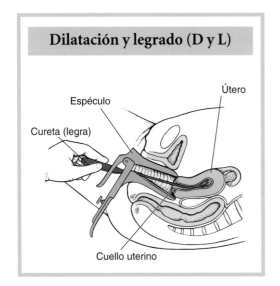

Dilatación y legrado (D y L)

Espéculo

Cureta (legra)

Útero

Cuello uterino

microscopio) para examinar el cuello uterino en busca de indicios de cáncer. A menudo, el procedimiento se lleva a cabo después de un resultado de Pap anormal. Se utiliza un espéculo para distender las paredes de la vagina de tal forma que se pueda apreciar el cuello uterino. La colposcopia es indolora y no precisa anestesia. Su duración suele ser de unos 15 o 30 minutos.

➤ Biopsia

Una biopsia consiste en extraer una muestra de tejido para su examen al microscopio. Este procedimiento se realiza cuando se sospecha que existe un estado precanceroso (un trastorno con probabilidades de convertirse finalmente en cáncer) o cuando se sospecha la presencia de un cáncer. La biopsia de un área pequeña de la vulva habitualmente se puede llevar a cabo en la consulta del médico empleando anestesia local. Una biopsia del cuello uterino o de la vagina se suele realizar durante la colposcopia. La colposcopia permite al médico tomar muestras de tejido de la zona de aspecto más alterado. Por lo general, la biopsia del cuello uterino o de la vagina no requiere anestesia. Al realizar este procedimiento, la paciente experimenta una sensación similar a un pinchazo o calambre.

Para una biopsia del revestimiento interno del útero (biopsia endometrial), se introduce un pequeño tubo metálico o de plástico por el cuello uterino hasta el interior de este órgano. El tubo se mueve hacia adelante y hacia atrás para desalojar y succionar el tejido del revestimiento uterino. Este procedimiento se suele realizar con el fin

de determinar la causa de una hemorragia vaginal anormal. También utilizan este procedimiento los especialistas en infertilidad para determinar si la ovulación se presenta normalmente o si el útero está listo para la implantación de los embriones. Una biopsia endometrial puede realizarse en el consultorio médico y, por lo general, no necesita anestesia. Usualmente, la paciente sentirá cólicos similares a los menstruales.

➤ Legrado endocervical

El legrado endocervical consiste en la inserción de un pequeño instrumento afilado (cureta) dentro del cuello uterino con el fin de obtener una muestra de tejido. Esta muestra es examinada al microscopio por un patólogo. La finalidad de esta técnica es determinar si existe o no un cáncer de endometrio o del cuello uterino. Este procedimiento suele llevarse a cabo durante la colposcopia y generalmente no requiere anestesia.

➤ Procedimiento de escisión mediante asa eléctrica

En un procedimiento de escisión mediante asa eléctrica, para retirar una porción de tejido, se utiliza un asa de alambre fino por el cual pasa una corriente eléctrica. Este procedimiento puede realizarse después de un resultado anormal del Pap a fin de evaluar la anomalía de forma más exacta y de eliminar el tejido anormal. El procedimiento de escisión mediante asa eléctrica requiere anestesia (a menudo, un anestésico local), dura más o menos de 5 a 10 minutos y puede realizarse en el consultorio del médico. La paciente en ocasiones puede sentir después un leve malestar y sangrar ligeramente.

➤ Dilatación y legrado

Para realizar una dilatación y un legrado (D y L), se distiende el cuello uterino hasta abrirlo (dilatarlo) con bastoncillos metálicos para poder insertar un instrumento pequeño y afilado (cureta o legra) y extraer tejido del revestimiento uterino. Este procedimiento es de utilidad para la identificación de anomalías del tejido que recubre el útero si los resultados de la biopsia no son concluyentes; o para tratar a las pacientes que han tenido un aborto espontáneo incompleto. La D y L se hace frecuentemente en un hospital y se puede utilizar anestesia general. Sin embargo, la mayoría de las pacientes no tienen que pernoctar en el centro hospitalario.

➤ Histeroscopia

Para visualizar el útero, los médicos pueden insertar un tubo fino de visualización (histeroscopio) en el útero a través de la vagina y del cuello uterino. El diámetro del tubo es de medio centímetro y contiene cables que transmiten la luz. Por este tubo puede introducirse una pinza de biopsia, un electrocauterizador o un instrumento quirúrgico. Por lo general, se puede observar la localización de la hemorragia anormal u otras anomalías, y se seleccionan los lugares adecuados para efectuar una biopsia, que luego se cauterizan mediante calor o se extirpan. Este procedimiento puede realizarse en el consultorio médico o en un hospital, junto con la dilatación y el legrado.

➤ Ecografía

La ecografía utiliza ondas sonoras producidas a una frecuencia demasiado elevada para poderse oír. Los ultrasonidos son emitidos por un dispositivo manual que se coloca en el abdomen o dentro de la vagina. Las ondas reflejan las estructuras internas, y el patrón o tipo de esta reflexión puede ser mostrado en un monitor. En las mujeres embarazadas, la ecografía puede ayudar a determinar el estado y tamaño de un feto, así como la presencia de más de una gestación. A menudo, puede identificarse el sexo. La ecografía también puede utilizarse para controlar al feto y detectar sus anormalidades, así como para guiar la colocación de instrumentos durante la amniocentesis y el muestreo de las vellosidades coriónicas, pruebas que sirven para detectar trastornos genéticos en el feto. Mediante la ecografía se pueden detectar un embarazo ectópico, tumores, quistes y otras anomalías en los órganos pélvicos. Este procedimiento es indoloro y carece de riesgos.

➤ Sonohisterografía

Para realizar una sonohisterografía, se inyecta líquido en el útero a través de una sonda fina (catéter) introducida por la vagina. A continuación, se lleva a cabo esta técnica. El líquido llena y ensancha (distiende) el útero de tal forma que las anormalidades dentro de éste, como pólipos o fibromas, puedan detectarse con mayor facilidad.

Este procedimiento se realiza en el consultorio médico y puede requerir anestesia local. Antes del procedimiento, con veinte minutos de antelación, se puede tomar un fármaco antiinflamatorio no esteroideo (AINE), como el ibuprofeno, para ayudar a aliviar los calambres que puedan sobrevenir.

➤ Laparoscopia

Los médicos utilizan un tubo visualizador, llamado laparoscopio, para examinar directamente el útero, las trompas de Falopio o los ovarios. Dicho instrumento está unido a un cable fino que contiene fibras de plástico flexible o de vidrio que transmiten la luz. El laparoscopio se introduce en la cavidad abdominal a través de una pequeña incisión realizada justo por debajo del ombligo. También se inserta por la vagina una sonda en el interior del útero. Esta sonda permite al médico manipular los órganos para una mejor visualización. Se utiliza dióxido de carbono para distender el abdomen, de tal forma que los órganos abdominales y pélvicos puedan verse claramente. La laparoscopia se realiza en un hospital y requiere anestesia, casi siempre general. Habitualmente, no hay necesidad de pernoctar en el hospital. Esta técnica puede causar leves molestias abdominales; sin embargo, las actividades normales pueden reanudarse generalmente en 1 o 2 días.

A menudo, la laparoscopia se utiliza para determinar la causa de un dolor pélvico, infertilidad y otros trastornos ginecológicos. Para realizar algunos procedimientos quirúrgicos, tales como biopsias, esterilización y extracción de un embarazo ectópico en una trompa de Falopio o un ovario, se utilizan instrumentos que pueden introducirse por el laparoscopio.

➤ Histerosalpingografía

Para realizar una histerosalpingografía, se toman radiografías después de inyectar a través del cuello uterino un contraste radiopaco, visible en las radiografías, para resaltar el interior del útero y de las trompas de Falopio. A menudo, se utiliza este procedimiento para determinar la causa de una infertilidad. Se realiza en lugares acondicionados para la realización de radiografías, tales como un hospital o la unidad de radiología de un consultorio médico. La histerosalpigografía generalmente causa algunas molestias, como calambres o cólicos.

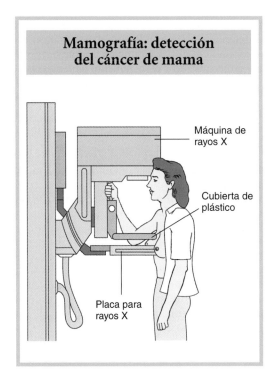

Mamografía: detección del cáncer de mama

Máquina de rayos X

Cubierta de plástico

Placa para rayos X

➤ Mamografía

Esta técnica consiste en la realización de radiografías de las mamas para detectar zonas anómalas ● *(v. pág. 1656)*. Un técnico coloca la mama de la paciente sobre una placa radiográfica. Luego, se baja una tapa plástica ajustable que se deja sobre el seno, comprimiéndolo firmemente. De este modo, la mama es aplanada para lograr que se pueda radiografiar y examinar la mayor cantidad de tejido. Los rayos X se apuntan hacia abajo a través de la glándula mamaria, produciendo una imagen en la placa radiográfica. Se toman dos radiografías de cada mama en esta posición. Luego, las placas pueden ser colocadas verticalmente sobre cualquier lado de la mama, y los rayos X se dirigen lateralmente. Esta posición produce una proyección lateral de la mama.

La mamografía es una de las mejores técnicas para detectar el cáncer de mama en sus primeras fases. Está diseñada para detectar la existencia de cáncer en etapas precoces, años antes de que se pueda palpar. Todas las mujeres a partir de los 50 años deben someterse a procedimientos mamográficos una vez al año para comprobar la existencia de cáncer de mama. Algunas autoridades médicas recomiendan que las mujeres entre 40 y 49 años se sometan a esta técnica cada 1 o 2 años.

La dosis de radiación utilizada es muy baja y se considera segura. Estas pruebas pueden causar cierto malestar, pero éste sólo dura unos segundos. La mamografía debe ser programada durante la fase del período menstrual, cuando las mamas son habitualmente menos sensibles. No deben utilizarse desodorantes el día que se realice este procedimiento ya que puede afectar su resultado. Este proceso dura apenas quince minutos.

CAPÍTULO 243

Menopausia

La menopausia es la finalización permanente del funcionamiento cíclico de los ovarios y, por ende, de los períodos menstruales.

La menopausia se origina porque, al envejecer las mujeres, los ovarios producen cantidades cada vez más pequeñas de estrógenos y de progesterona. Los estrógenos y la progesterona son las hormonas que controlan el ciclo mensual de liberación del óvulo (ovulación ● *v. pág. 1600*). Así, cuando las mujeres se acercan a la menopausia, los ciclos de liberación de óvulos disminuyen cada vez más hasta desaparecer. Como resultado, los ciclos menstruales terminan, y el embarazo ya no es posible. El último período menstrual en una mujer sólo puede identificarse posteriormente, después de haberlos dejado de experimentar durante al menos seis meses. (Las mujeres que no deseen quedarse embarazadas deben usar métodos anticonceptivos hasta después de un año desde su último período menstrual).

Antes y después de la menopausia existe una etapa de transición, denominada perimenopausia, en la que los niveles de estrógenos y de progesterona fluctúan considerablemente. Los niveles de estrógenos pueden estar elevados al inicio de esta etapa de transición, pero su producción puede desaparecer durante algunos intervalos de poca duración. Estas fluctuaciones explican por qué muchas mujeres a partir de los 40 años experimentan períodos con síntomas menopáusicos, los cuales pueden desaparecer sin necesidad de tratamiento.

La edad en que se presenta la menopausia es alrededor de los 50 años. Sin embargo, también puede darse en mujeres jóvenes, en torno a los 40 años. Se define como menopausia prematura la producida por debajo de esta edad (40 años) ● *(v. pág. 1618).*

La menopausia artificial se produce como consecuencia de tratamientos médicos que reducen o eliminan la producción de hormonas por parte de los ovarios. Algunos ejemplos son la extirpación de los ovarios por medios quirúrgicos; otra cirugía que, sin proponérselo, reduzca el suministro de sangre a los ovarios; y la quimioterapia o radioterapia en la pelvis, incluida la zona ovárica, como tratamiento para el cáncer. La intervención quirúrgica de extirpación del útero (histerectomía) tiene como efecto la supresión de los períodos menstruales, pero no ocasiona la menopausia, siempre y cuando los ovarios continúen funcionando.

➤ Síntomas

Durante la perimenopausia, puede que no existan síntomas o que éstos sean leves, moderados o severos. Se cree que los síntomas perimenopáusicos son ocasionados por las fluctuaciones en los valores hormonales producidos cuando las mujeres se acercan a la menopausia.

Los períodos menstruales irregulares, que se dan a menudo en esta etapa, pueden considerarse el primer síntoma de la perimenopausia. Estos períodos pueden ser más breves o más largos, más leves o más abundantes. Es posible que no se produzcan durante meses y que después se vuelvan a regular. Sin embargo, también pueden presentarse con cierta regularidad hasta la menopausia.

Los sofocos afectan al 75 % de las mujeres. La mayoría de ellas los experimenta durante más de un año, y aproximadamente en la mitad de estas pacientes se presentan durante más de cinco años. Las causas de estos sofocos se desconocen, pero pueden estar relacionadas con las fluctuaciones en los valores hormonales. Los sofocos parecen ser el resultado de la dilatación de los vasos sanguíneos cercanos a la superficie cutánea. En consecuencia, el flujo aumenta, lo que ocasiona el enrojecimiento y el incremento de temperatura de la piel, especialmente en las áreas de la cabeza y el cuello. En estos episodios, la sudoración puede ser intensa. La duración de un sofoco varía desde 30 segundos hasta 5 minutos, y puede ir seguido de escalofríos.

Otros síntomas que pueden aparecer en el período de la menopausia incluyen: cambios de humor, depresión, irritabilidad, ansiedad, nerviosismo, insomnio, pérdida de la concentración, cefalea y cansancio. Estos síntomas pueden estar relacionados con la disminución de los niveles de estrógenos producida durante dicho período. Pero la relación entre los niveles de estrógenos y los síntomas no está aún muy clara. La sudoración nocturna, en relación con los sofocos, puede perturbar el sueño, contribuyendo al aumento del cansancio y de la irritabilidad. Sin embargo, los trastornos del sueño son frecuentes incluso entre las mujeres que no sufren sofocos.

Las mujeres pueden sentirse mareadas o experimentar cierta sensación de hormigueo, percibir los latidos del corazón de forma enérgica o acelerada (tener palpitaciones), presentar aumento de peso durante la perimenopausia y continuar después de la menopausia. Pero este aumento de peso no está relacionado con los cambios en los valores hormonales y puede ser simplemente parte normal del envejecimiento.

Muchos de los síntomas de la perimenopausia, aunque perturbadores, pueden presentarse con menos frecuencia e intensidad en la menopausia. Por el contrario, las complicaciones de la menopausia, como resultado de la disminución de estrógenos, son progresivas, a menos que se tomen las medidas necesarias para evitarlas.

Después del inicio de la menopausia, la disminución de los estrógenos ocasiona alteraciones en el aparato reproductor, que pueden durar meses o años. El revestimiento interno de la vagina se vuelve más delgado, más seco y menos elástico (un trastorno denominado atrofia vaginal). Estos cambios pueden hacer que las relaciones sexuales se vuelvan dolorosas y que el riesgo de una inflamación aumente (vaginitis). Otros órganos genitales, como los labios menores, el clítoris, el útero y los ovarios, disminuyen de tamaño. El impulso sexual (libido) a menudo disminuye. El efecto de la menopausia en la capacidad de tener un orgasmo varía de acuerdo con la mujer. En muchas mujeres, esta capacidad no se ve afectada. En al-

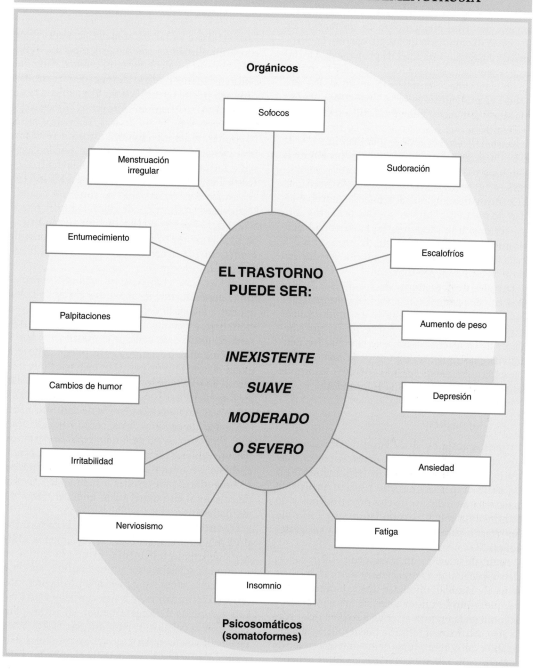

gunos casos mejora, pero puede llegar a desaparecer en otros.

El revestimiento de la uretra se adelgaza, y los músculos que controlan la expulsión de la orina (alrededor de la salida de la vejiga) se debilitan. Como resultado, la paciente puede experimentar sensación de ardor al orinar y desarrollar infecciones de las vías urinarias con mayor facilidad. Muchas mujeres posmenopáusicas sufren incontinencia urinaria. Este trastorno consiste en el escape de pequeñas cantidades de orina desde la vejiga al reír, toser u realizar alguna actividad que ejerce presión sobre este órgano ● (v. pág. 1028). Algunas mujeres desarrollan una incontinencia severa, que es un deseo brusco, intenso y apremiante de orinar y que no puede ser reprimido.

Con la disminución de los estrógenos, la cantidad de colágeno (una clase de proteína que fortalece la piel) y de elastina (otro tipo que le confiere su elasticidad) también disminuye. De este modo, la piel puede volverse fina, reseca, menos elástica y con mayor vulnerabilidad a las lesiones.

Debido a que los estrógenos contribuyen a mantener la estructura ósea, la disminución de éstos frecuentemente produce la reducción de la densidad ósea y en ocasiones incluso la osteoporosis ● *(v. pág. 412).* Los huesos se vuelven más delgados y débiles, lo cual aumenta la probabilidad de fracturas. Durante los dos primeros años posteriores a la menopausia, la densidad ósea disminuye aproximadamente de un 3 a un 5 % cada año. Tras este período, continúa reduciéndose de un 1 a un 2 % cada año.

Después de la menopausia, los niveles de lípidos, en particular el colesterol LDL, aumentan en las mujeres. El incremento de los lípidos puede explicar en parte la razón por la que las enfermedades de las arterias coronarias son más frecuentes entre las mujeres después de la menopausia. Hasta llegar a dicho período, los altos valores de estrógenos parecen evitar la enfermedad.

➤ Diagnóstico

La menopausia es obvia en aproximadamente tres cuartas partes de las mujeres. Si por el contrario, necesita ser confirmada (especialmente en las mujeres más jóvenes), se realizan análisis de sangre para medir los niveles de estrógenos y de la hormona foliculoestimulante (que estimula los ovarios para producir estrógenos y progesterona).

Antes de iniciarse un tratamiento, los médicos deben preguntar a las pacientes sobre su historia clínica y familiar, y realizar una exploración física, que incluya exploraciones de mama y pelvis y la toma de la presión arterial. También debe realizarse una mamografía. Se pueden llevar a cabo análisis de sangre y una densitometría ósea. La información obtenida a través de estas pruebas ayuda a los médicos a determinar el riesgo de padecer trastornos en la menopausia. En las mujeres que tienen antecedentes de hemorragia vaginal anormal, se aconseja una biopsia endometrial ● *(v. pág. 1609)* para descartar la presencia de un cáncer. Para ello, se extrae una muestra de tejido del revestimiento interno del útero (endometrio) y se examina al microscopio.

➤ Tratamiento

Para ayudar a evitar los sofocos, se aconseja no consumir alimentos con muchas especias, ni bebidas calientes o alcohólicas, ni cafeína, dado que estas sustancias pueden desencadenar sofocos. También puede ser útil ingerir alimentos con vitamina B o E, o ricos en estrógenos (fitoestrógenos), como tofu, leche de soja, tempeh y miso. No fumar, evitar las tensiones emocionales y realizar ejercicios físicos regularmente, pueden ayudar a mejorar el sueño, así como a aliviar los sofocos. También ayuda a hacer frente a los sofocos el vestirse con varias capas de ropa, así, cuando sobrevienen momentos de calor, la mujer puede irse sacándolas según el agobio que sienta. Vestirse livianamente con ropa interior y de dormir confeccionada en algodón puede aumentar la comodidad.

Los ejercicios aeróbicos, las técnicas de relajación, la meditación, los masajes y el yoga pueden ayudar a aliviar la depresión, la irritabilidad y el cansancio, así como a reducir los sofocos. Disminuir el número de calorías consumidas y hacer ejercicios más frecuentemente puede ayudar a evitar el aumento de peso. Los ejercicios que implican soportar peso (como caminar, practicar *jogging* y levantar pesas) y la ingestión de calcio y vitamina D retardan la pérdida de densidad ósea.

Muchas de estas medidas, como bajar de peso si es necesario, dejar de fumar, realizar ejercicios físicos regulares, al igual que disminuir la cantidad total de grasa y colesterol en la dieta, pueden recomendarse para ayudar a reducir los niveles de colesterol en sangre y, por ende, el riesgo de aterosclerosis.

En caso de dolor vaginal durante el coito debido a sequedad en esta zona, se recomienda utilizar una crema lubricante. El que la mujer se mantenga sexualmente activa también ayuda a estimular la sangre que fluye hacia la vagina y los tejidos circundantes, y a mantenerlos elásticos. Los ejercicios de Kegel pueden ser útiles para controlar la vejiga ● *(v. recuadro pág. 1645).* Estos ejercicios consisten en contraer los músculos pélvicos como si se quisiera detener el flujo de orina.

Tratamiento hormonal: en las mujeres que tienen útero, el tratamiento con terapia hormonal generalmente incluye una progestina, como medroxiprogesterona, y también un estrógeno. Se administra una progestina, es decir, un fármaco similar a la hormona progesterona, en asociación con un estrógeno para reducir el riesgo de cáncer del revestimiento interno del útero (cáncer de endometrio). También puede prescribirse una progesterona sin estrógeno en las mujeres con un cáncer de endometrio o de mama. Las progestinas están disponibles en forma sintética o natural. Las formas naturales son idénticas a la progesterona propia de una mujer.

Beneficios y riesgos: la terapia hormonal (estrógenos con una progesterona) puede aliviar muchos síntomas de la menopausia y puede ser adecuada si sus efectos positivos sobrepasan los riesgos del tratamiento. El someterse o no a una terapia hormonal es una decisión difícil que debe tomar la mujer con el asesoramiento de su médico, teniendo en cuenta la situación individual. La decisión es complicada dado que es difícil interpretar y aplicar toda la información acerca de los beneficios y riesgos de los estrógenos. Cierta evidencia sugiere recientemente que la terapia hormonal no es adecuada para todas las mujeres. Dichas evidencias también han hecho surgir dudas sobre el tratamiento hormonal a largo plazo. Por esta razón, ya no se recomienda someterse a una terapia hormonal durante más de cinco años.

Los estrógenos son el tratamiento más efectivo para aliviar los sofocos. Pueden evitar el resecamiento y adelgazamiento de los tejidos de la vagina y de las vías urinarias, mejorando con ello la función sexual y actuando como mecanismo preventivo de las infecciones. Los estrógenos también pueden ayudar a evitar que la piel se reseque y pierda su elasticidad.

También ayudan a evitar o disminuir la progresión de la osteoporosis. Durante el primer año en que se toman, pueden contribuir a aumentar la densidad ósea en un 3 % y mantener ese nivel, siempre y cuando se sigan utilizando. Las mujeres que están bajo terapia hormonal para aliviar los síntomas menopáusicos experimentan este beneficio. Sin embargo, para la mayoría de las mujeres, ya no se recomienda la terapia hormonal con el único propósito de evitar la osteoporosis.

El efecto de los estrógenos en el desarrollo de arteriosclerosis, incluidos el riesgo de un ataque cardíaco y de un accidente cerebrovascular, no está claro. La utilización de los estrógenos disminuye el nivel del colesterol con lipoproteínas de baja densidad (LDL), el llamado colesterol *malo*, y aumenta el nivel del colesterol con lipoproteínas de alta densidad (HDL), el conocido como colesterol *bueno*. Sin embargo, los estrógenos no parecen mejorar sus resultados después de un ataque cardíaco, aumentan el riesgo de formación de coágulos sanguíneos y también pueden incrementar el riesgo de un ataque cardíaco y de un accidente cerebrovascular. Por lo tanto, ya no se recomienda la prescripción de terapia hormonal (estrógeno con una progestina) para evitar la enfermedad coronaria o sus consecuencias (como un ataque cardíaco o un accidente cerebrovascular), aunque la paciente haya o no sufrido estos trastornos.

El estrógeno, utilizado solo, aumenta el riesgo de cáncer de endometrio de 1 a 4 en 1 000 mujeres cada año. El riesgo es mayor con dosis más elevadas y con la utilización más prolongada del estrógeno. La ingestión de progestina con estrógeno elimina casi siempre el riesgo de cáncer de endometrio y reduce el riesgo calculado para mujeres que no toman terapia hormonal. Una mujer cuyo útero ha sido extirpado no presenta riesgo de desarrollar este tipo de cáncer y, por consiguiente, no necesita tomar progesterona. Por lo general, no se prescribe un estrógeno, con o sin una progestina, en las mujeres que tienen o han tenido un cáncer avanzado de endometrio o una hemorragia vaginal de causa desconocida.

La terapia hormonal seguida durante más de cuatro años parece aumentar el riesgo de cáncer de mama. Cuanto más largo sea el tiempo de utilización de la hormona y mayor sea la dosis, más significativo será el riesgo de desarrollar cáncer de mama.

En el primer año de recibir la terapia hormonal, el riesgo de desarrollar cálculos biliares aumenta moderadamente.

Este tratamiento hormonal puede empeorar los trastornos hepáticos y la porfiria aguda intermitente. Por lo tanto, esta terapia no suele prescribirse a las mujeres que tienen o han tenido esta clase de trastornos.

El estrógeno, en especial ingerido en dosis elevadas, puede tener reacciones adversas, que incluyen náuseas, sensibilidad de las mamas, cefalea, retención de líquidos y cambios de humor.

La progesterona tomada sola puede aliviar sofocos y ayudar a evitar la osteoporosis, pero no afecta a la sequedad vaginal. Las progestinas sintéticas aumentan los niveles del colesterol LDL (el *malo*) y disminuyen los niveles del HDL (el *bueno*) y pueden incrementar también el riesgo de aterosclerosis. Las reacciones adversas de la progesterona incluyen hinchazón abdominal, malestar en las mamas, cefaleas, inestabilidad emocional y acné. Sin embargo, un tipo de progestina, denominada progesterona micronizada, parece tener menos reacciones adversas y no afectar negativamente a los niveles de colesterol.

ALGUNOS FÁRMACOS UTILIZADOS PARA TRATAR SÍNTOMAS Y COMPLICACIONES DE LA MENOPAUSIA

TIPO FÁRMACO	VENTAJAS	DESVENTAJAS
Hormonas femeninas		
Estrógeno	Alivia los sofocos, los sudores nocturnos y la sequedad vaginal. Ayuda a evitar la osteoporosis. Tiene efectos positivos sobre los niveles de colesterol	Aumenta el riesgo de cáncer del endometrio si no se toma con progestina. Mayor riesgo de coágulos sanguíneos. Parece aumentar el el riesgo de cáncer de mama. Puede aumentar el riesgo de aterosclerosis, ataque cardíaco y accidente cerebrovascular. Aumenta los valores de triglicéridos. Aumenta levemente y temporalmente el riesgo de cálculos biliares.
Una progestina, como la medroxiprogesterona	Reduce el riesgo de asociación con el cáncer del endometrio, como la administración de estrógeno solo Puede ayudar a aliviar los sofocos Puede ayudar a evitar la aparición de la osteoporosis	No alivia la sequedad vaginal. Puede aumentar el riesgo de aterosclerosis. En su forma síntetica puede tener efectos negativos sobre los valores de colesterol.
Moduladores de los receptores selectivos de estrógeno (MSRE)		
Raloxifeno	Previene y trata la osteoporosis No parece aumentar el riesgo de cáncer del endometrio. Inhibe el crecimiento del tejido mamario.	Mayor riesgo de coágulos sanguíneos. Puede levemente empeorar los sofocos.
Bisfosfonatos		
Alendronato Risedronato	Evita y trata la osteoporosis.	Puede irritar elrevestimiento interno del esófago si se toma de forma inadecuada. Debe tomarse con un vaso de agua al despertar, seguido por 30 minutos sin comer, sin tomar líquidos o medicación y sin recostarse.
Antidepresivos		
V. tabla pág. 744	Alivia la depresión, la ansiedad, irritabilidad e insomnio. Puede aliviar los sofocos.	V. tabla pág. 744
Fármacos reductores de lípidos		
V. tabla pág. 1105	Previene la arteriosclerosis (incluidas enfermedades de las arterias coronarias).	V. tabla pág. 1105
Fármacos reductores de lípidos		
Clonidina	Reduce los sofocos.	Puede causar efectos secundarios, como modorra, boca seca, cansancio, ritmo cardíaco anormalmente bajo, hipertensión de rebote cuando se interrumpe la medicación, y disfunción sexual.

ALGUNOS FÁRMACOS UTILIZADOS PARA TRATAR SÍNTOMAS Y COMPLICACIONES DE LA MENOPAUSIA *(Continuación)*

TIPO	FÁRMACO	VENTAJAS	DESVENTAJAS
Hormona masculina			
	Testosterona (usada en combinación con el estrógeno)	Puede aumentar estímulo sexual y energía. Previene la osteoporosis. Mejora el humor.	Reduce los valores del colesterol HDL (el bueno). En dosis altas, puede tener efectos masculinizantes, como crecimiento del vello facial. No ha sido estudiado extensamente, así que se desconocen los riesgos.

Formas de posología: el estrógeno y una progestina pueden tomarse de varias maneras. Existen presentaciones de dos comprimidos y de un único comprimido combinado. Generalmente, el estrógeno y la progestina se toman diariamente. Este esquema causa una hemorragia vaginal irregular, en general durante el primer año o más de seguir la terapia. Alternativamente, puede plantearse un esquema cíclico mensual: el estrógeno se ingiere diariamente y se toma una progestina entre 12 y 14 días cada mes. Con este esquema, la mayoría de las mujeres tienen sus períodos menstruales cada mes.

Otras formas incluyen inyecciones de progesterona, un parche de estrógeno colocado en la piel (estrógenos transdérmicos), un parche combinado de estrógeno y progestina, y la aplicación de cremas con estrógenos.

Puede aplicarse una crema con estrógeno en la vagina o insertarse un anillo (parecido a un diafragma). También puede valorarse la inserción de comprimidos de estrógeno por vía vaginal. El estrógeno aplicado de estas maneras puede ayudar a evitar el adelgazamiento y resecamiento del revestimiento vaginal. Este tratamiento ayuda a evitar que el coito sea doloroso. Algunas de las cremas con estrógeno se absorben y pasan a la sangre, sobre todo a medida que mejora el revestimiento vaginal. Teóricamente, el estrógeno en forma de crema puede aumentar el riesgo de cáncer del endometrio. Por lo tanto, si se utiliza esta forma, debe también tomarse una progestina. El uso de comprimidos vaginales y del anillo (que no llegan al torrente sanguíneo en cantidades sustanciales) puede sugerirse a las mujeres con cáncer de mama o alto riesgo de sufrirlo.

Moduladores selectivos de receptores de estrógeno (MSRE): estos fármacos ejercen funciones similares a los estrógenos en algunas partes del organismo. El raloxifeno es el único MSRE que se utiliza en la actualidad para evitar problemas relacionados con la menopausia. Al igual que el estrógeno, el raloxifeno ayuda a evitar la disminución de la densidad ósea en las mujeres posmenopáusicas e incrementa la probabilidad de desarrollar trastornos tromboembólicos (de 1 a 2-3 en 10000 mujeres). El raloxifeno también previene las fracturas de los huesos de la columna vertebral. Sin embargo, el raloxifeno puede tener efectos contrarios a los del estrógeno en otras partes del organismo. Por ejemplo, los sofocos empeoran aproximadamente en 1 de cada 10 mujeres. Tampoco parece aumentar el riesgo de cáncer de endometrio y reduce el crecimiento del tejido mamario.

El tamoxifeno, otro MSRE, se usa para tratar el cáncer de mama, prevenir su reincidencia y evitar esta clase de cáncer en mujeres que tienen un gran riesgo de desarrollarlo. Como el tamoxifeno es similar al raloxifeno, este último está siendo estudiado para utilizarlo en la prevención de cáncer de mama.

Otros fármacos: otros tipos de fármacos pueden ayudar a reducir la intensidad de algunos de los síntomas asociados con la menopausia. La clonidina, utilizada para el tratamiento de la hipertensión, puede reducir la intensidad de los sofocos. Un antidepresivo, como la paroxetina, la sertralina o la venlafaxina, puede aliviar los sofocos. Los antidepresivos también ayudan a aliviar la depresión, ansiedad e irritabilidad ● *(v. pág. 743)*. Los somníferos pueden, por su parte, aliviar el insomnio ● *(v. pág. 564)*.

Los fármacos que reducen los niveles de lípidos ● *(v. tabla pág. 1105)* pueden tomarse para disminuir los niveles de colesterol y, por ende, el riesgo de aterosclerosis. Los bisfosfonatos, utilizados solos o acompañados de estrógenos, pueden tomarse para reducir el riesgo de osteoporosis ● *(v. pág. 415)*. Estos fármacos aumentan la densidad ósea y son los únicos que han demostrado reducir el riesgo de fracturas de columna vertebral y cadera.

La testosterona, la principal hormona masculina, tomada con los estrógenos es una opción para aliviar algunos síntomas de la menopausia. La toma de testosterona puede ser de gran ayuda para aumentar el estímulo sexual, la densidad ósea, la energía y para mejorar el humor. La testosterona sintética se encuentra disponible en forma de comprimidos (combinada con estrógenos). La testosterona natural se encuentra disponible en forma de inyección o crema. Las reacciones adversas incluyen, entre otras, la disminución del colesterol HDL (el *bueno*). Cuando se toma en la dosis habitual, la testosterona puede ocasionar algunos efectos masculinizantes.

Medicina alternativa: algunas mujeres toman hierbas medicinales y otros suplementos para aliviar los sofocos, la irritabilidad, los cambios de humor y la pérdida de la memoria. Como ejemplos, pueden citarse el *cohash* negro, la DHEA (dehidroespiandrosterona), el *dong quai*, la prímula, el ginseng o el hipérico (hierba de San Juan). Sin embargo, tales remedios no están regulados; es decir, que no han demostrado ser inocuos o eficaces para este uso, y el contenido de sus ingredientes y la cantidad de cada uno de ellos no han sido estandarizados ● *(v. pág. 124)*. Más aún, algunos suplementos pueden tener interacciones con otros fármacos y empeorar otros trastornos. Se aconseja a las mujeres que estén considerando tomar dichos suplementos que antes lo consulten con su médico.

■ Menopausia prematura

La menopausia prematura (insuficiencia ovárica prematura) es la desaparición definitiva del funcionamiento cíclico de los ovarios y, por tanto, de la menstruación antes de los 40 años.

Desde el punto de vista hormonal, la menopausia prematura se asimila a la natural. Los valores de estrógenos en sangre son bajos.

La menopausia prematura puede ser resultado de anormalidades genéticas, incluidas las alteraciones cromosómicas, o causadas por un trastorno autoinmune, en las que el organismo produce anticuerpos anormales que atacan los tejidos corporales (entre ellos los ovarios). Otras posibles causas de la menopausia prematura incluyen los trastornos metabólicos y la quimioterapia para el tratamiento de cáncer. La menopausia prematura tiene los mismos síntomas que la natural, como pueden ser los sofocos y los cambios de humor.

➤ Diagnóstico y tratamiento

La identificación de la causa de la menopausia prematura puede ser de gran ayuda para los médicos a fin de valorar los riesgos de la salud en la mujer y recomendar el tratamiento adecuado.

Puede realizarse un estudio cromosómico en las mujeres de menos de 30 años de edad. Si se detecta una anomalía genética, puede ser necesario utilizar procedimientos adicionales y administrar un tratamiento.

La terapia sustitutiva con estrógenos puede evitar o revertir los síntomas de la menopausia. A pesar de ello, una mujer con menopausia prematura tiene menos de un 10 % de probabilidades de quedarse embarazada. Sin embargo, si recibe un óvulo de otra mujer (óvulos donados) y éste se implanta en su útero tras haber sido fertilizado en el laboratorio, sus posibilidades aumentan hasta un 50 % ● *(v. pág. 1685)*.

CAPÍTULO 244

Trastornos menstruales y hemorragias vaginales anormales

Un conjunto de interacciones hormonales complejas controlan el comienzo de la menstruación durante la pubertad, los ritmos y la duración de los ciclos mientras la mujer es fértil y el cese de la menstruación en la menopausia. El control hormonal de la menstruación empieza en el hipotálamo (la parte del cerebro que coordina y controla la actividad hormonal). El hipotálamo libera de forma pulsátil la hormona liberadora de gonadotropina. Esta hormona estimula la glándula hipófisis para que produzca dos hormonas denominadas gonadotropinas: la hormona luteinizante y la hormona foliculoestimulante. Estas hormonas regulan la actividad de los ovarios. Éstos se ocupan de producir las hormonas femeninas, el estrógeno y la progesterona ● *(v. pág. 1600),* que son las que controlan la menstruación. Las hormonas secretadas por otras glándulas, como las suprarrenales y el tiroides, también pueden afectar al funcionamiento de los ovarios y a la menstruación.

Los trastornos menstruales incluyen el síndrome premenstrual, la dismenorrea y la amenorrea. La hemorragia vaginal puede ser anormal durante los años fértiles cuando la menstruación es demasiado abundante o muy leve, dura mucho tiempo, se produce muy a menudo o es irregular. Cualquier hemorragia vaginal que se presenta antes de la pubertad o después de la menopausia es considerada anormal hasta que se compruebe lo contrario.

■ Síndrome premenstrual

El síndrome premenstrual (SPM) es un grupo de síntomas físicos y psicológicos que aparecen antes de comenzar un período menstrual.

Como muchos síntomas mensuales (el mal humor, la irritabilidad, la hinchazón y la sensibilidad de las mamas) han sido atribuidos al SPM, la definición e identificación de éste puede ser difícil. El SPM afecta del 20 al 50 % de las mujeres. Alrededor de un 5 % de las mujeres en edad fértil sufre una forma severa de SPM que se denomina trastorno disfórico premenstrual.

El SPM puede aparecer en alguna medida porque los niveles de estrógeno y progesterona fluctúan durante el ciclo menstrual. También, en algunas mujeres con SPM, la progesterona puede dividirse en varias formas diferentes. La progesterona generalmente se divide en dos componentes con efectos opuestos sobre el estado de ánimo. Las mujeres con SPM pueden producir una menor cantidad del componente que tiende a reducir la ansiedad y una mayor cantidad del que tiende a aumentarla.

➤ Síntomas y diagnóstico

El tipo e intensidad de los síntomas varían de una mujer a otra, y de un ciclo a otro en la misma mujer. Los diversos síntomas físicos y psicológicos del SPM pueden alterar temporalmente la vida de una mujer.

Los síntomas pueden comenzar desde pocas horas hasta 14 días antes del período menstrual y, por lo general, desaparecen por completo tras el inicio de éste. En mujeres premenopáusicas, estos síntomas pueden persistir durante todo el período menstrual y después del mismo. Con bastante frecuencia los síntomas del SPM son seguidos cada mes por una menstruación dolorosa (dismenorrea), sobre todo durante la adolescencia.

Otros trastornos pueden empeorar mientras se manifiestan los síntomas de SPM. Las mujeres epilépticas pueden tener más ataques de los habituales. Las pacientes que padecen una enfermedad del tejido conectivo, como lupus o artritis reumatoide, pueden sufrir un empeoramiento. Los trastornos respiratorios (como las alergias y la congestión nasal y de las vías respiratorias) y los oculares (como la conjuntivitis) tienden a empeorar.

En el trastorno disfórico premenstrual, el SPM es tan grave que interfiere con el trabajo, las actividades y las relaciones sociales.

El diagnóstico se basa en los síntomas. Para identificarlo, el médico pide a la paciente que mantenga un registro diario de sus síntomas. Este registro ayuda a la paciente a ser consciente de los cambios que se producen en su organismo y

TÉRMINOS MÉDICOS DE TRASTORNOS MENSTRUALES

TÉRMINO	DESCRIPCIÓN
Amenorrea	Ausencia de períodos menstruales.
Amenorrea primaria	Los períodos menstruales nunca empiezan en la pubertad.
Amenorrea secundaria	Períodos menstruales interrumpidos.
Dismenorrea	Períodos menstruales dolorosos.
Hemorragia posmenopáusica	Hemorragia que sobreviene después de la menopausia.
Hipomenorrea	Períodos menstruales excepcionalmente breves y escasos.
Menometrorragia	Hemorragia prolongada que se produce a intervalos irregulares.
Menorragia	Períodos menstruales excepcionalmente largos y copiosos.
Metrorragia	Hemorragia que se produce a intervalos frecuentes e irregulares.
Oligomenorrea	Períodos menstruales de una excepcional poca frecuencia.
Polimenorrea	Períodos menstruales excepcionalmente frecuentes.
Síndrome premenstrual que (SPM)	Síntomas físicos y psicológicos que se producen antes del período menstrual.

en su estado de ánimo, y al médico le sirve para determinar el mejor tratamiento. El trastorno disfórico premenstrual no puede ser diagnosticado hasta que una paciente haya llevado un registro de sus síntomas durante al menos dos ciclos menstruales. Los médicos pueden diferenciar el síndrome premenstrual y el trastorno disfórico premenstrual de los trastornos del humor, tales como la depresión, porque los síntomas desaparecen poco después de iniciarse el período menstrual.

➤ Tratamiento

El tratamiento consiste en aliviar los síntomas. Si se reduce el consumo de sal, a menudo disminuye la retención de fluidos y desaparece la hinchazón. Los diuréticos (que ayudan a los riñones a eliminar la sal y el agua del organismo) pueden prescribirse para ayudar a reducir la acumulación de líquido. A la mayoría de las mujeres con síntomas leves o moderados, el ejercicio y las técnicas de reducción del estrés (meditación o relajamiento) les ayudan a aliviar el nerviosismo y la agitación. La reducción en el consumo de bebidas y alimentos que contengan cafeína (incluido el chocolate) también puede ser útil. La toma de suplementos de calcio (1 000 miligramos al día) disminuye los síntomas físicos y emocionales del SPM. Según algunos autores, otros suplementos, como el magnesio y la vitamina B, en especial la B_6 (piridoxina), tomados diariamente disminuyen los síntomas. Sin embargo, la utilidad de estos suplementos no ha sido confirmada. La administración de vitamina B_6 en altas dosis puede ser perjudicial. Se ha informado de lesiones de los nervios que se producen ingiriendo sólo 200 miligramos al día.

La toma de antiinflamatorios no esteroideos (AINE) ● *(v. pág. 544)* puede ayudar a aliviar las cefaleas, los dolores producidos por cólicos abdominales y los dolores de las articulaciones. Una combinación oral de anticonceptivos (píldoras para el control de la natalidad que contengan estrógeno y una progestina) reduce el dolor, la sensibilidad de las mamas y los cambios en el apetito de algunas mujeres, pero empeora estos síntomas en otras. La toma de anticonceptivos orales que contengan sólo una progestina no aporta ningún beneficio.

En las mujeres con síntomas más severos puede ser útil tomar fluoxetina, paroxetina o sertralina, que son antidepresivos ● *(v. tabla pág. 744).* Éstos son muy eficaces para disminuir la irritabilidad, la depresión y algunos de los otros síntomas psicológicos y físicos del SPM. La buspirona o alprazolam (ambos fármacos ansiolíticos) pueden disminuir la irritabilidad y el nerviosismo y ayudar a reducir la tensión emocional. Sin embargo, el alprazolam puede hacer que la paciente se vuelva farmacodependiente. Los médicos pueden pedirle a la paciente que siga anotando sus síntomas para que, así, puedan juzgar la eficacia del tratamiento.

Las mujeres con trastorno disfórico premenstrual pueden beneficiarse con la toma de antide-

Síntomas del síndrome premenstrual

Físicos

- Conciencia de los latidos propios del corazón (palpitaciones)
- Dolor de espalda
- Hinchazón
- Dolor e hinchazón de los senos
- Cambios en el apetito y antojos por ciertos alimentos
- Estreñimiento
- Calambres, pesadez o presión en la parte inferior del abdomen
- Mareo
- Susceptibilidad a hematomas
- Desmayo
- Fatiga
- Dolor de cabeza (cefalea)
- Sofocos
- Insomnio, también dificultad para conciliar el sueño o permanecer dormida toda la noche
- Dolor de las articulaciones y muscular
- Falta de energía
- Náuseas y vómitos
- Sensaciones de hormigueo en las manos y los pies
- Problemas dermatológicos, como el acné y la dermatitis con prurito localizado
- Hinchazón de manos y pies
- Aumento de peso

Psicológicos

- Agitación
- Confusión
- Ataques de llanto
- Depresión
- Dificultad para concentrarse
- Hipersensibilidad emocional
- Distracción o pérdida de la memoria
- Irritabilidad
- Cambios de humor
- Nerviosismo
- Ataques temperamentales
- Retraimiento social

presivos. La toma de un agonista de la hormona liberadora de gonadotropina (GnRH) (como el leuprolide o la goserelina ● *v. tabla pág. 1630*), en forma inyectable, más estrógeno, administrado en dosis bajas por vía oral o en parche, pueden controlar los síntomas. Los agonistas GnRH hacen que el organismo produzca menos estrógeno y progesterona.

■ Dismenorrea

La dismenorrea es un dolor pélvico que se produce durante la menstruación.

Alrededor de las tres cuartas partes de las mujeres con dismenorrea sufren de dismenorrea primaria, para la cual no se ha identificado causa alguna. El resto tiene dismenorrea secundaria, con una causa definida.

La dismenorrea primaria puede afectar a más del 50 % de las mujeres, generalmente durante los primeros años de su adolescencia. Aproximadamente entre un 5 y un 15 % de los casos, la dismenorrea primaria puede ser grave, afectando a las actividades diarias y ocasionando la ausencia escolar o laboral. La dismenorrea primaria tiende a disminuir de gravedad con los años y después de un embarazo.

En la dismenorrea primaria, el dolor se presenta sólo durante los ciclos menstruales en los que se libera un óvulo. Se cree que el dolor es ocasionado por la liberación de las prostaglandinas durante la menstruación. Las prostaglandinas son sustancias similares a las hormonas que hacen que el útero se contraiga, reducen el suministro sanguíneo a este órgano y aumentan la sensibilidad al dolor de los nervios del útero. Las mujeres que sufren de dismenorrea primaria tienen niveles más altos de prostaglandinas.

Las causas más frecuentes de dismenorrea secundaria incluyen la endometriosis, los fibromas, la adenomiosis, el síndrome de congestión pélvica y la infección pélvica. En muy pocas mujeres, el dolor se ocasiona por el paso de sangre menstrual por un cuello uterino estrecho (estenosis cervical). Un cuello uterino estrecho puede ser genético o el resultado de una extirpación quirúrgica de pólipos o de un tratamiento para un estado precanceroso (displasia) o cáncer del cuello uterino. El dolor abdominal causado por otros trastornos, como pueden ser la inflamación de las trompas de Falopio o las bandas anormales del tejido fibroso (adherencias) entre las estructuras del abdomen, puede agravarse durante la menstruación.

➤ Síntomas y diagnóstico

El dolor aparece en la parte inferior del abdomen y puede extenderse hasta la parte inferior de la espalda o las piernas. Se siente generalmente con retortijones y es intermitente, pero puede ser sordo y constante. Por lo general, el dolor empieza justo antes o durante la menstruación, alcanza su máximo después de 24 horas y cede al cabo de dos días. Otros síntomas frecuentes son cefalea, náuseas, estreñimiento o diarrea y una necesidad urgente de orinar con frecuencia. En ocasiones se presentan vómitos. Los síntomas del síndrome premenstrual, como irritabilidad, nerviosismo, depresión e hinchazón abdominal, pueden persistir durante parte o la totalidad del tiempo que dura la menstruación.

El diagnóstico se basa en los síntomas de la paciente y en los resultados de una exploración física. Para identificar posibles causas (como fibromas), los médicos pueden examinar la cavidad abdominal utilizando un tubo (laparoscopio) insertado a través de una pequeña incisión justo por debajo del ombligo. Pueden examinar el interior del útero utilizando un tubo similar (histeroscopio) introducido por la vagina y el cuello uterino. Otros procedimientos pueden incluir dilatación y legrado (D y L) e histerosalpingografía ● *(v. pág. 1609 y pág. 1610).*

➤ Tratamiento

Los fármacos no esteroideos antiinflamatorios (AINE) suelen aliviar el dolor de forma eficaz. Los AINE pueden ser más eficaces si el tratamiento se inicia 1 o 2 días antes del período menstrual y se continúan durante 1 o 2 días después del inicio de éste. Un fármaco antiemético puede aliviar las náuseas y vómitos, pero estos síntomas por lo general desaparecen sin tratamiento cuando disminuye el dolor. Descansar y dormir lo suficiente, y practicar ejercicios físicos con regularidad también pueden ayudar a reducir los síntomas.

Si persiste el dolor hasta el punto de afectar las actividades diarias, pueden prescribirse bajas dosis de anticonceptivos que contengan estrógeno y una progestina para suprimir la liberación de óvulos desde los ovarios (ovulación). Si estos tratamientos son ineficaces, pueden realizarse procedimientos para identificar la causa del dolor.

Cuando la dismenorrea es causada por otro trastorno, éste se debe tratar en lo posible. Si el origen está en un canal cervical estrecho, puede procederse a su dilatación mediante un procedimiento quirúrgico. Sin embargo, esta operación suele aliviar el dolor sólo temporalmente. De ser necesario, los fibromas o el tejido endometrial anormalmente localizado (debido a una endometriosis) pueden extirparse quirúrgicamente.

Cuando los demás tratamientos son ineficaces y el dolor es intenso, mediante cirugía se puede realizar una sección de los nervios que van al útero. Sin embargo, esta operación a veces ocasiona lesiones a otros órganos pélvicos, como los uréteres. Por otro lado, también se puede recurrir a la hipnosis o a la acupuntura.

■ Amenorrea

La amenorrea es la ausencia de períodos menstruales.

Algunas mujeres nunca llegan a la pubertad y, por tanto, nunca experimentan períodos menstruales. Este trastorno se denomina amenorrea primaria. En otras mujeres, los períodos comienzan en la pubertad y luego se detienen. Este trastorno se denomina amenorrea secundaria. La ausencia de flujo menstrual es normal sólo antes de la pubertad, durante un embarazo, durante la lactancia y después de la menopausia.

➤ Causas

La amenorrea primaria puede ser congénita, en cuyo caso el útero o las trompas de Falopio no se desarrollan normalmente; o puede deberse a un trastorno cromosómico, como el síndrome de Turner (en el que las células contienen un cromosoma X en vez de los dos habituales). La amenorrea primaria también puede ser causada por una disfunción del hipotálamo (una parte del cerebro), de la glándula hipófisis o de los ovarios. A veces es consecuencia de la disfunción de la glándula tiroides (hipertiroidismo o hipotiroidismo). Las mujeres jóvenes muy delgadas, en particular las que sufren de anorexia nerviosa, puede que no menstrúen nunca.

La amenorrea secundaria puede ser el resultado de la disfunción del hipotálamo, la glándula hipófisis, los ovarios, la glándula tiroides, las glándulas suprarrenales o incluso cualquier parte del aparato reproductor. El anormal funcionamiento de estos órganos puede ser ocasionado

Adenomiosis: crecimiento no canceroso del útero

En la adenomiosis, el tejido glandular del revestimiento interno del útero (endometrio) crece dentro de la pared muscular del útero. El útero se agranda, a veces duplica o triplica su tamaño. Este trastorno frecuente causa síntomas en sólo un pequeño porcentaje de mujeres, por lo general en mujeres con edades comprendidas entre 35 y 50 años. Es más frecuente entre las mujeres que han tenido hijos. No se conoce la causa.

Los síntomas incluyen períodos menstruales dolorosos y copiosos, hemorragias entre ciclos menstruales, dolor leve en la región pélvica y una sensación de presión sobre la vejiga y el recto. A veces el coito es doloroso.

Los médicos sospechan que existe una adenomiosis cuando, al realizar un examen pélvico, descubren un útero agrandado, redondo y más suave de lo normal. Una ecografía pélvica o una resonancia magnética nuclear (RMN) ayuda a confirmar el diagnóstico. A veces se realiza una biopsia cuando la adenomiosis ocasiona una hemorragia anormal. Por lo general, no existe un tratamiento eficaz para este trastorno, aunque pueden emplearse los anticonceptivos orales y los agonistas de la hormona liberadora de gonadotrofina (como el leuprolide o goserelin). Pueden tomarse analgésicos para aliviar el dolor. En algunos casos, puede realizarse una histerectomía.

por un tumor, un trastorno autoinmune o el uso de ciertos fármacos (incluidos las drogas alucinógenas, los quimioterápicos y los antipsicóticos y antidepresivos). Los síndromes de Cushing y del ovario poliquístico (ambos procesos implican anormalidades hormonales) pueden ocasionar el cese de los períodos o que éstos sean irregulares. Otras causas de amenorrea secundaria incluyen una mola hidatiforme (un tumor que se desarrolla en un óvulo fecundado anormalmente o en la placenta) y el síndrome de Asherman (cicatrización del revestimiento interno del útero como resultado de una infección o cirugía).

La tensión emocional causada por preocupaciones personales o del entorno puede producir amenorrea secundaria, debido a que el estrés afecta al control cerebral (a través de las hormonas) de los ovarios. El ejercicio excesivo o una alimentación escasa (como en el caso de la anorexia nerviosa) también afectan al control cerebral de los ovarios. Cual-

quiera de estos comportamientos puede hacer que el cerebro envíe señales a la glándula hipófisis para que disminuya la producción de las hormonas que estimulan los ovarios. Como resultado, éstos producen menos estrógenos y los períodos cesan.

➤ Síntomas y diagnóstico

Dependiendo de la causa, la amenorrea puede o no estar acompañada de otros síntomas.

La amenorrea primaria se diagnostica cuando los períodos no han comenzado a la edad de 16 años. Las niñas que no tienen signos de pubertad a los 13 años o cuyos períodos no han comenzado cinco años después del comienzo de la pubertad deben ser estudiadas por posibles problemas.

La amenorrea secundaria se diagnostica cuando una mujer en edad reproductiva (que no esté embarazada o lactando) no ha tenido períodos menstruales por lo menos durante tres meses. Una exploración física puede ayudar a los médicos a determinar si la pubertad se presentó normalmente y puede proporcionar alguna evidencia de la causa de la amenorrea. Sin embargo, pueden ser necesarios otros procedimientos para confirmar o identificar la causa. Pueden medirse los niveles de hormonas en la sangre. Pueden tomarse radiografías del cráneo en busca de un tumor hipofisiario. La tomografía computarizada (TC), la resonancia magnética nuclear (RMN) o la ecografía son útiles para localizar un tumor en los ovarios o en las glándulas suprarrenales.

➤ Tratamiento

En lo posible, debe tratarse el trastorno subyacente. Por ejemplo, se extirpa un tumor. Algunos trastornos, como el síndrome de Turner y otros de índole genética, no pueden curarse.

Si una niña nunca ha tenido ninguna menstruación y los resultados de todas las pruebas son normales, deberá someterse a examen cada 3 o 6 meses para controlar el avance de la pubertad. Algunas veces pueden administrarse una progestina y estrógenos para estimular el comienzo de la menstruación y el desarrollo de las características sexuales secundarias, como las mamas.

■ Hemorragia vaginal normal

Durante los años fértiles, la hemorragia vaginal puede ser anormal cuando los períodos mens-

¿Qué es el síndrome de congestión pélvica?

En ocasiones, el dolor que aparece antes o durante los períodos menstruales está causado por un problema venoso en la pelvis. Las venas pueden dilatarse y enrevesarse de forma que la sangre se acumule en ellas. Se convierten entonces en varices de la pelvis, un trastorno denominado síndrome de congestión pélvica. Como consecuencia puede sobrevenir un dolor que en ocasiones llega a ser debilitante. Los estrógenos también pueden ocasionar este síndrome al producir la dilatación de algunas venas que alimentan los ovarios. Hasta un 15 % de las mujeres en edad reproductiva tienen varices en la pelvis, aunque no todas experimentan síntomas.

Por lo general, el dolor es lento pero no intenso, aunque a veces puede ser agudo o con palpitaciones. Este dolor empeora al final del día (después de haber estado la mujer sentada o de pie durante largo tiempo) y se alivia cuando se acuesta. También empeora durante o después del coito. Lo acompañan a menudo dolores en la región lumbar y en las piernas, hemorragia menstrual anormal y secreción vaginal. Y en ocasiones también cansancio, cambios de humor, cefalea e hinchazón abdominal.

Los médicos pueden sospechar la existencia de un síndrome de congestión pélvica cuando una mujer siente dolor pélvico y, al realizar un examen pélvico, no se detecta inflamación ni otra anomalía. La ecografía permite a los médicos de confirmar el diagnóstico. De forma alternativa, las venas pueden visualizarse mediante un tubo que se inserta a través de una pequeña incisión justo por debajo del ombligo, un procedimiento denominado laparoscopia. Los fármacos antiinflamatorios no esteroideos (AINE) suelen aliviar el dolor.

truales son excesivos o muy livianos, duran mucho tiempo, se producen con mucha frecuencia o son irregulares. Cualquier hemorragia vaginal que se presente antes de la pubertad o después de la menopausia debe considerarse anormal. Esta hemorragia puede tener su origen en la vagina o en otros órganos reproductores, particularmente el útero.

Muchas enfermedades, incluidos la inflamación, las infecciones y el cáncer, y las lesiones, como las provocadas por un abuso sexual, pueden causar hemorragia vaginal. La causa puede ser debida a cambios hormonales, que tienen como resultado una clase de hemorragia denominada hemorragia disfuncional uterina. Algunas causas son más frecuentes entre grupos de personas de cierta edad.

En las niñas, la hemorragia vaginal es rara y debe ser evaluada por un médico. El motivo más frecuente es la lesión en la vulva o en la vagina (a veces debido a la inserción de un objeto, como un juguete). La hemorragia vaginal puede ser provocada también por un prolapso de la uretra (en la que ésta protruye fuera del cuerpo) o por tumores en el aparato reproductor. Los tumores de los ovarios habitualmente causan hemorragia sólo si secretan hormonas. La hemorragia también puede ser causada por adenosis vaginal (crecimiento excesivo del tejido glandular en la vagina). La adenosis vaginal aumenta el riesgo de desarrollar un adenocarcinoma (un cáncer del cuello uterino y de la vagina) a una edad mayor.

Las hemorragias en la infancia pueden resultar de una pubertad que se inicia muy temprano (pubertad precoz ● *v. recuadro pág. 1845*). Esta causa se puede reconocer con facilidad por la aparición del vello púbico y el desarrollo de las mamas. En las mujeres en edad reproductiva, la hemorragia anormal puede deberse a algunos métodos anticonceptivos, como los fármacos orales (una combinación de una progestina y de un estrógeno o un progestágeno solo) o un dispositivo intrauterino. La hemorragia anormal también puede ser debida a complicaciones del embarazo, como un embarazo ectópico o por infecciones del útero, habitualmente después de un parto o de un aborto.

Otras causas de hemorragia incluyen trastornos sanguíneos que implican una coagulación anormal (como la leucemia o una disminución del recuento de plaquetas), una mola hidatidiforme, una endometriosis y crecimientos no cancerosos (como adenomiosis, fibromas, quistes y pólipos). El cáncer puede causar hemorragia en las mujeres en edad fértil, pero no es frecuente. La hemorragia de la vulva tiene habitualmente como causa una lesión. Los trastornos del tiroides pueden dar como resultado períodos menstruales irregulares, excesivamente intensos y más frecuentes, o que se presentan con menor frecuencia (al igual que el cese de los mismos).

En las mujeres posmenopáusicas, la hemorragia vaginal puede ser debida al adelgazamiento del revestimiento interno de la vagina (vaginitis atrófica), al adelgazamiento o al engrosamiento (hiperplasia) del revestimiento interno del útero o a pólipos en el útero. El cáncer, como el del cuello uterino, el de la vagina o el del revestimiento interno del útero (cáncer del endometrio), puede también causar hemorragia.

➤ Diagnóstico y tratamiento

La causa de una hemorragia anormal puede sospecharse por los síntomas que presenta la mujer y por los resultados de la exploración física (incluido un examen pélvico). Pero puede ser necesario llevar a cabo otros procedimientos. Si los médicos sospechan la existencia una adenosis vaginal, deben realizar una biopsia de la vagina. Por lo general, se examina a las mujeres que presentan una hemorragia anormal, sobre todo después de la menopausia, para determinar si tienen cáncer de vagina, de cuello uterino o del revestimiento interno del útero ● *(v. pág. 1665).* Estos procedimientos pueden incluir la prueba de Papanicolaou (Pap), la biopsia del cuello uterino y la dilatación y legrado (D y L). La ecografía por medio de un dispositivo de ultrasonidos introducido por la vagina (ecografía transvaginal) puede determinar si el revestimiento interno del útero o endometrio se ha espesado. Una biopsia de las células obtenidas durante la dilatación y el legrado puede determinar si el engrosamiento es debido a un cáncer.

El tratamiento es variable y depende de la causa. Por lo general, una niña que tiene adenosis vaginal no necesita ser tratada a no ser que se detecte un cáncer. Sin embargo, deberá ser examinada a intervalos regulares para determinar si existe o no un cáncer. Los pólipos uterinos, los fibromas y los cánceres se extirpan mediante una intervención quirúrgica.

■ Hemorragia uterina disfuncional

La hemorragia uterina disfuncional es una hemorragia anormal provocada por alteraciones en el control hormonal normal de la menstruación.

La hemorragia uterina disfuncional es más frecuente al principio y al final de la edad fértil de la mujer: en el 20 % de los casos se produce en adolescentes, y en más del 50 % de los casos, en mujeres de más de 45 años.

La hemorragia uterina disfuncional frecuentemente se produce cuando la concentración de estrógenos permanece elevada. El alto nivel de estrógenos no está equilibrado por un nivel apropiado de progesterona y no se produce la liberación de un óvulo (ovulación). Como resultado, el revestimiento interno del útero (endometrio) se espesa. Este trastorno se denomina hiperplasia endometrial. El revestimiento se expulsa entonces de forma incompleta e irregular, dando lugar a una hemorragia. El sangrado es irregular, prolongado y, en ocasiones, copioso. Esta clase de hemorragia es frecuente entre las mujeres con un síndrome del ovario poliquístico.

➤ Diagnóstico y tratamiento

La hemorragia uterina disfuncional se diagnostica cuando se han descartado otras posibles causas de hemorragia vaginal. Los resultados del análisis de sangre pueden ayudar a los médicos a evaluar la cantidad de sangre perdida. La ecografía transvaginal puede utilizarse para determinar si el revestimiento interno del útero o endometrio se ha espesado. Si el riesgo de cáncer del revestimiento interno del útero (cáncer de endometrio) es elevado, deberá realizarse una biopsia endometrial antes de iniciar el tratamiento con fármacos. El grupo de riesgo incluye a mujeres de 35 o más años de edad, a las que tienen un sobrepeso significativo y a las que padecen el síndrome del ovario poliquístico, hipertensión arterial o diabetes.

El tratamiento depende de la edad de la mujer, de la importancia de la hemorragia, de si el revestimiento interno del útero está más engrosado y de si la mujer desea quedarse embarazada.

Cuando el revestimiento interno del útero o endometrio está más espeso pero sus células son normales, pueden emplearse hormonas. Las mujeres con una hemorragia excesiva pueden tratarse con un anticonceptivo oral que contenga estrógeno y una progestina. Cuando la hemorragia es muy intensa, pueden administrarse estrógenos por vía intravenosa hasta que la hemorragia se detenga. Algunas veces se administra una progesterona por vía oral al mismo tiempo, o puede iniciarse 2 o 3 días más tarde. La hemorragia suele cesar de 12 a 24 horas. Entonces pueden prescribirse bajas dosis de un anticonceptivo oral por lo menos durante tres meses.

El tratamiento con un anticonceptivo oral o estrógeno administrado de forma intravenosa es inapropiado para algunas mujeres (como las posmenopáusicas y aquellas con factores significativos de riesgo debido a enfermedades cardíacas o de los vasos sanguíneos). A estas mujeres se les puede administrar una progestina sola por vía oral durante 10 o 14 días cada mes. En las mujeres que desean quedarse embarazadas, se puede administrar, en cambio, clomifeno por vía oral. Este fármaco estimula la ovulación.

Si se mantiene el espesor del revestimiento uterino o persiste la hemorragia, a pesar del tratamiento con hormonas, suele ser necesario realizar una dilatación y un legrado (D y L). En este procedimiento, el tejido del revestimiento interno del útero o endometrio se extirpa mediante raspado. Cuando el revestimiento interno del útero se vuelve más grueso y contiene células anormales (especialmente en las mujeres de más de 35 años y que no desean quedar embarazadas), el tratamiento comienza con una dosis de progesterona. Si las células continúan mostrando anomalías después del tratamiento, se debe realizar una histerectomía porque las células anormales pueden volverse cancerosas.

■ Síndrome del ovario poliquístico

El síndrome de ovarios poliquísticos (síndrome de Stein-Leventhal) implica la presencia de ovarios agrandados que contienen muchos sacos llenos de líquido (quistes) y una tendencia a tener niveles elevados de hormonas masculinas (andrógenos).

El síndrome de ovarios poliquísticos afecta más o menos de un 7 a un 10 % de las mujeres. Una causa frecuente es la producción excesiva de la hormona luteinizante por parte de la glándula hipófisis. El exceso de hormona luteinizante aumenta la producción de hormonas masculinas (andrógenos). Si esta enfermedad no se trata, algunas de las hormonas masculinas pueden convertirse en estrógeno. Se produce poca progesterona para equilibrar los efectos del estrógeno. Si esta situación continúa largo tiempo, el revestimiento interno del útero (endometrio) puede volverse muy grueso (un trastorno denominado hiperplasia endometrial). También puede incrementarse el riesgo de cáncer del revestimiento interno del útero (cáncer de endometrio).

➤ Síntomas y diagnóstico

Los síntomas habitualmente aparecen durante la pubertad. En algunas mujeres, los períodos

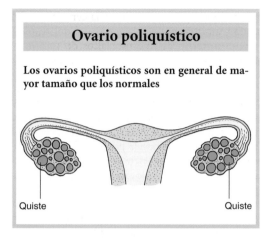

Ovario poliquístico

Los ovarios poliquísticos son en general de mayor tamaño que los normales

Quiste   Quiste

menstruales no comienzan en esta época. De este modo, estas mujeres no liberan óvulos desde los ovarios (ovulan). Dichas mujeres también desarrollan los síntomas relacionados con los niveles elevados de hormonas masculinas, un proceso denominado masculinización o virilización. Los síntomas incluyen acné, voz ronca, disminución en el tamaño de las mamas, aumento de la densidad muscular, así como del vello corporal (hirsutismo) de patrón masculino, en especial el del pecho y la cara. Muchas mujeres con síndrome del ovario poliquístico producen demasiada insulina o la que producen no funciona con normalidad. Por lo tanto, estas mujeres tienden a aumentar de peso o tienen muchas dificultades para disminuirlo. La mayoría de las mujeres son obesas. Otras tienen hemorragias vaginales irregulares, sin aumento de peso o vello corporal. Las mujeres con síndrome de ovarios poliquísticos también tienen un mayor riesgo de contraer enfermedades del corazón, diabetes y una presión arterial elevada.

Por lo general, el diagnóstico se basa en los síntomas. Pueden realizarse análisis de sangre para medir los niveles de las hormonas luteinizantes y una ecografía de los ovarios. La ecografía o la tomografía computarizada (TC) pueden utilizarse para determinar si las hormonas masculinas son producidas por un tumor en un ovario o por las glándulas suprarrenales.

➤ Tratamiento

No existe un tratamiento ideal. La elección del tratamiento depende del tipo y de la intensidad de los síntomas, de la edad de la mujer y de sus deseos de quedarse embarazada. A menudo, se realiza una biopsia del revestimiento interno del útero o endometrio para tener la certeza de que no existe cáncer.

Si los niveles de insulina son altos, disminuirlos puede ser de gran ayuda. Los ejercicios (al menos durante treinta minutos al día) y la reducción del consumo de hidratos de carbono (presentes en los panes, pastas, patatas y dulces) pueden ayudar a disminuir los niveles de insulina. En algunas mujeres, la pérdida de peso disminuye estos niveles en cantidad suficiente para que la ovulación pueda iniciarse. La pérdida de peso puede ayudar a reducir el crecimiento del vello y el riesgo de aumentar el grosor del revestimiento uterino.

Las mujeres que no desean quedarse embarazadas pueden tomar progesterona por vía oral o una combinación de anticonceptivos orales (que contengan estrógeno y una progestina). Cualquier tratamiento puede reducir el riesgo de cáncer del revestimiento interno del útero debido a los altos valores de estrógeno y ayudar a disminuir los niveles de hormonas masculinas. Sin embargo, los anticonceptivos orales no se administran a las mujeres que han alcanzado la menopausia o que tienen otros factores significativos que aumentan el riesgo de trastornos cardíacos o de los vasos sanguíneos.

Las mujeres que desean quedarse embarazadas pueden tomar clomifeno. Este fármaco estimula la ovulación. Si el clomifeno no es eficaz, se pueden probar otras hormonas. Éstas incluyen la hormona foliculoestimulante (que estimula los ovarios), un agonista de la hormona liberadora de gonadotropina (para estimular la liberación de la hormona foliculoestimulante) y la gonado-

tropina coriónica humana (para desencadenar la ovulación).

Cuando aumenta el vello corporal, se pueden utilizar métodos para blanquearlo o extirparlo por electrólisis, extirpación, cera, líquidos o cremas eliminadoras del vello (depilatorios) o láser. Ningún tratamiento para extraer el exceso de vello es totalmente efectivo. Otro tratamiento es la administración de anticonceptivos orales, aunque hay que tomarlos durante varios meses antes de que pueda apreciarse algún efecto que, a menudo, suele ser leve. La espironolactona es un fármaco que, al bloquear la producción y acción de las hormonas masculinas, puede dar buenos resultados en la reducción del vello corporal no deseado. Las reacciones adversas son un aumento en la producción de orina y la disminución de la presión arterial (lo que en algunas ocasiones produce desmayo). Como no se conocen sus efectos sobre el feto en desarrollo, cualquier mujer sexualmente activa que tome este fármaco debe usar métodos eficaces de control de la natalidad. La ciproterona, una fuerte progestina que bloquea la acción de las hormonas masculinas, reduce el vello corporal indeseable de un 50 a un 75% en las mujeres afectadas. Su uso no está autorizado en todos los países. Los agonistas de la hormona liberadora de gonadotropina y los antagonistas se encuentran en fase de investigación como tratamiento para disminuir o eliminar el vello corporal indeseable. Ambos tipos de fármacos inhiben la producción de hormonas sexuales por los ovarios. Pero también ambos pueden causar pérdida ósea y producir osteoporosis.

CAPÍTULO 245

Endometriosis

La endometriosis es una enfermedad no cancerosa que se caracteriza por el crecimiento de fragmentos de tejido endometrial fuera del útero. Este tejido normalmente sólo se encuentra en el revestimiento interno uterino (endometrio).

La endometriosis es un trastorno inflamatorio crónico que puede resultar doloroso. No se cono-

ce el número exacto de mujeres que sufren este trastorno porque éste generalmente sólo se puede diagnosticar mediante la inspección directa del tejido endometrial (lo que requiere una intervención quirúrgica). La endometriosis afecta de un 10 a un 15% de las mujeres con edades comprendidas entre los 25 y los 44 años y que presentan períodos menstruales. No obstante, también puede afectar a las adolescentes.

Endometriosis: tejido mal colocado

En la endometriosis, pequeñas o grandes placas de tejido que generalmente existen sólo en el revestimiento interno del útero (endometrio) aparecen en otras partes del organismo. No está muy claro cómo y por qué el tejido aparece en otras localizaciones. Este tejido se adhiere a los ovarios, los ligamentos que sostienen el útero, el intestino delgado y grueso, los uréteres, la vejiga, la vagina, las cicatrices quirúrgicas o el revestimiento de la cavidad torácica. El tejido endometrial que crece fuera de lugar puede irritar los tejidos cercanos y hacer que se formen grandes bandas de tejido cicatricial (adherencias) entre las estructuras abdominales.

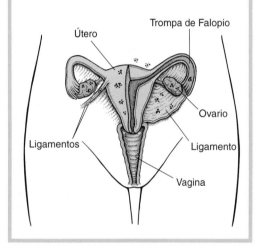

La endometriosis a veces es genética (enfermedad familiar). Es más probable que se produzca en aquellas mujeres que tienen su primer hijo pasados los 30 años, que nunca han tenido un parto, que son de origen asiático o que tienen anomalías en las estructuras uterinas.

La causa de la endometriosis es poco clara, pero existen varias teorías. Una apunta a que pequeños fragmentos del revestimiento uterino, que se desprenden durante la menstruación, pueden viajar en sentido contrario por las trompas de Falopio hacia los ovarios hasta entrar en la cavidad abdominal, en lugar de hacerlo por la vagina y ser expulsados del organismo con la menstruación. Otra promulga que las células del revestimiento uterino (células endometriales) pueden ser transportadas por el flujo sanguíneo o los vasos linfáticos hacia otro lugar. Y, final-

mente, según otra teoría, las células localizadas fuera del útero pueden convertirse en células endometriales.

Los lugares más frecuentes fuera del útero donde crece el tejido endometrial son los ovarios y los ligamentos que sostienen el útero. Los menos frecuentes son la superficie externa de los intestinos delgado y grueso, los uréteres (conductos que van desde los riñones hasta la vejiga), la vejiga, la vagina y las cicatrices quirúrgicas en el abdomen. En raras ocasiones, el tejido endometrial crece en las membranas que recubren los pulmones (pleura), el saco que envuelve el corazón (pericardio), la vulva o el cuello uterino.

A medida que el trastorno progresa, el tejido endometrial que crece fuera de lugar tiende a aumentar gradualmente de tamaño. También puede extenderse a nuevas localizaciones.

➤ Síntomas

El principal síntoma asociado con la endometriosis es el dolor en la zona inferior del abdomen y en la región pélvica. El dolor habitualmente varía durante el ciclo menstrual. Puede acompañarse de irregularidades menstruales, como una hemorragia copiosa o ligeras manchas antes del período. El tejido endometrial mal localizado responde a las mismas hormonas (estrógeno y progesterona, producidas por los ovarios) que el tejido endometrial normal en el útero. Por lo tanto, este tejido extraviado también puede sangrar durante la menstruación, a menudo causando calambres y dolor.

Algunas mujeres con endometriosis grave no presentan síntomas. Otras, incluso algunas con la enfermedad en grado mínimo, experimentan un dolor invalidante. En muchas mujeres, la endometriosis no causa dolor hasta después de pasados varios años de presentar este trastorno. Para estas mujeres, las relaciones sexuales tienden a ser dolorosas antes o durante la menstruación.

El tejido endometrial adherido al intestino grueso o a la vejiga puede provocar hinchazón abdominal, dolor durante las deposiciones, hemorragia rectal durante la menstruación o dolor en la zona superior del hueso púbico durante la micción. El tejido endometrial adherido a un ovario o a una estructura cercana puede dar lugar a la formación de una masa llena de sangre (endometrioma). En ocasiones, el endometrioma se rompe bruscamente o se escapa algo de su contenido, lo que causa un agudo y repentino dolor abdominal.

El tejido endometrial mal localizado puede irritar los tejidos cercanos. Como resultado, pueden aparecer cicatrices, algunas veces como bandas de tejido fibroso (adherencias) entre las estructuras del abdomen. El tejido endometrial fuera de la cavidad uterina y las adherencias pueden afectar al funcionamiento de los órganos. En raras ocasiones, las adherencias bloquean el intestino.

La endometriosis grave puede obstruir el paso del óvulo desde el ovario hasta el útero, lo que causa infertilidad. La endometriosis leve también puede causar infertilidad, pero en este caso el mecanismo que la provoca no está claro. La endometriosis afecta del 25 al 50 % de las mujeres estériles.

➤ Diagnóstico

El médico puede sospechar la existencia de endometriosis cuando una mujer presenta los síntomas típicos o una infertilidad inexplicable. A veces, durante un examen pélvico, la mujer puede experimentar dolor o cierta sensibilidad al tacto, o el médico puede notar la presencia de una masa de tejido detrás del útero o cerca de los ovarios.

Sin embargo, el diagnóstico sólo puede confirmarse si el médico examina la cavidad abdominal y detecta fragmentos de tejido endometrial. Para esta exploración, generalmente se utiliza un tubo de visualización (laparoscopio). Éste se introduce en la cavidad abdominal por una pequeña incisión realizada justo debajo del ombligo. Posteriormente se inyecta dióxido de carbono en la cavidad del abdomen para distenderlo, de tal manera que los órganos puedan inspeccionarse con mayor facilidad. La laparoscopia habitualmente requiere una anestesia general para que toda la cavidad abdominal pueda ser examinada. No es necesario pernoctar en el hospital. La laparoscopia puede causar leves molestias abdominales, pero la paciente podrá regresar a sus actividades habituales en 1 o 2 días.

A veces es necesario realizar una biopsia. Para ello se extrae un pequeño fragmento de tejido, generalmente mediante el laparoscopio y se examina al microscopio.

Se pueden emplear otros procedimientos, como ecografía, radiografía con enema con bario, tomografía computarizada (TC) o resonancia magnética nuclear (RMN), para determinar el alcance de la endometriosis y seguir su curso, pero su utilidad diagnóstica es limitada. Pueden realizarse análisis de sangre para medir los niveles de determinadas sustancias (denominadas marcadores) que aumentan con la endometriosis. Los marcadores incluyen antígenos del cáncer 125 y anticuerpos contra el tejido endometrial. Estos datos pueden ayudar al médico a seguir el curso de la enfermedad. Sin embargo, como estos marcadores pueden aumentar en muchos otros trastornos, no son útiles a la hora de confirmar el diagnóstico. También pueden realizarse pruebas para determinar si la endometriosis afecta a la fertilidad de la mujer ● *(v. pág. 1684).*

➤ Tratamiento

El tratamiento depende de los síntomas que presente la paciente, su voluntad de quedarse embarazada y su edad, así como el alcance de la enfermedad.

Pueden administrarse fármacos para suprimir la actividad de los ovarios y así retardar el crecimiento del tejido endometrial mal localizado y reducir la hemorragia y el dolor. Estos fármacos, que sin embargo no eliminan la endometriosis, incluyen: combinaciones de anticonceptivos orales (estrógeno con una progestina), progestinas (tales como la medroxiprogesterona), el danazol (hormona sintética relacionada con la testosterona) y los agonistas de las hormonas liberadoras de las gonadotropinas (agonistas de la GnRH, como buserelina, goserelina, leuprolide y nafarelina). Los agonistas de la GnRH bloquean la señal emitida por el cerebro a los ovarios para que produzcan estrógeno y progesterona. Como resultado, la producción de estas hormonas disminuye. El uso continuado de agonistas de la GnRH causa una disminución de la densidad ósea y puede conducir a la osteoporosis a no ser que también se ingiera una dosis de estrógeno con una progestina, o una progestina sola. Aun administrados de este modo, los agonistas de la GnRH no se suelen emplear en períodos superiores a un año. Algunos nuevos tipos de fármacos, tales como los antagonistas de la GnRH, las antiprogestinas y los inhibidores de aromatasa, están siendo estudiados actualmente para el tratamiento de la endometriosis.

Los fármacos antiinflamatorios no esteroideos (AINE) ● *(v. pág. 544)* pueden administrarse para procurar el alivio del dolor. Para tratar el dolor persistente, se puede recurrir, tanto a la cirugía que elimine el tejido endometrial mal localizado, como también a un procedimiento quirúrgico para obstruir las vías que conducen

FÁRMACOS UTILIZADOS PARA TRATAR LA ENDOMETRIOSIS

FÁRMACO	ALGUNAS REACCIONES ADVERSAS Y COMPLICACIONES	COMENTARIOS
Contraceptivos orales combinados de estrógeno y progesterona		
	Hinchazón abdominal, dolor en las mamas, aumento del apetito, hinchazón de tobillos, náuseas, hemorragia entre períodos y venas profundas, trombosis	Pueden ser útiles en mujeres que desean retrasar el parto. Pueden tomarse cíclica o continuamente
Progestinas		
	Hemorragias entre ciclos menstruales, cambios de humor, depresión y vaginitis atrófica	Son fármacos similares a la hormona progesterona. Pueden administrarse por vía oral o por inyección intramuscular
Danazol		
	Aumento de peso, acné, timbre más profundo de la voz, aumento del vello corporal, sofocos, sequedad vaginal, hinchazón de tobillos, calambres musculares, hemorragias entre ciclos menstruales, reducción del tamaño de los senos, alteraciones del humor, disfunción hepática, síndrome del túnel carpiano y efectos adversos sobre los valores de colesterol en la sangre	Es una hormona sintética, relacionada con la testosterona, que inhibe la actividad del estrógeno, y la progesterona es administrada por vía oral. La utilidad del danazol puede limitada por sus efectos colaterales
Agonistas de la GnRH		
	Sofocos, sequedad vaginal, disminución de la densidad ósea y cambios de humor	Pueden inyectarse muscularmente una vez por mes, utilizados como aerosol nasal o implantados con un comprimido bajo la piel. Estos fármacos se administran frecuentemente con estrógeno, una progestina o ambos, para reducir las reacciones adversas de la disminución de los niveles de estrógeno, incluida la disminución de la densidad ósea. (Este uso de estrógenos y de progestina o de una progestina sola se denomina tratamiento hormonal sustitutivo coadyuvante o add-back therapy)

GnRH = hormona liberadora de la gonadotrofina.

la sensación de dolor desde la región pélvica al cerebro.

Con frecuencia, el tejido mal localizado se extirpa durante la laparoscopia que se realiza para establecer un diagnóstico. Sin embargo, si la endometriosis es de carácter moderado o grave, será necesario recurrir a la práctica de una cirugía extensiva mediante una incisión realizada en el abdomen (cirugía abdominal). Este tipo de cirugía se suele practicar cuando los fragmentos del tejido endometrial tienen un tamaño superior a 4 o 5 cm de diámetro, cuando las adherencias en

la parte inferior del abdomen o pelvis causan síntomas significativos, cuando el tejido endometrial obstruye una o ambas trompas de Falopio, o cuando los fármacos no pueden aliviar el dolor abdominal o pélvico intenso.

En ocasiones, se usa un electrocauterizador (un dispositivo que emplea corriente eléctrica para producir calor), un dispositivo de ultrasonidos o un láser (que concentra la luz en un rayo intenso para producir calor) a fin de destruir el tejido endometrial durante una laparoscopia o una cirugía abdominal. Los médicos extirpan la mayor parte del tejido endometrial que sea posible sin lesionar los ovarios. De este modo, se preserva la capacidad de la mujer de tener hijos. Dependiendo del alcance de la endometriosis, el porcentaje de mujeres a las que se les practica esta cirugía y que pueden quedar de nuevo embarazadas varía de un 40 a un 70%.

La extirpación quirúrgica del tejido endometrial mal localizado es sólo una medida temporal. Después del tratamiento, la endometriosis vuelve a desarrollarse en la mayoría de las mujeres, aunque el uso de anticonceptivos orales u otros fármacos pueden retardar su progresión. Los fármacos para suprimir la endometriosis pueden empezar a tomarse inmediatamente después de la cirugía.

Algunas mujeres con endometriosis pueden quedarse embarazadas mediante la utilización de técnicas de reproducción asistida, como la fertilización in vitro ● *(v. pág. 1685).*

Los dos ovarios y el útero sólo se extirpan si los fármacos no alivian el dolor abdominal o pélvico y la mujer no planea quedarse embarazada. Como la extirpación de los ovarios y del útero tiene los mismos efectos que la menopausia (producidos por la disminución de los estrógenos) ● *(v. pág. 1611),* puede iniciarse un tratamiento con esta hormona. Algunos expertos recomiendan el uso de estrógeno con una progestina (porque la progestina puede contener el crecimiento de la endometriosis). La administración de estrógeno sólo puede iniciarse después de transcurrido un período de 4 a 6 meses tras la cirugía, porque el estrógeno puede estimular cualquier fragmento remanente de tejido endometrial. La demora permite la desaparición del tejido endometrial.

CAPÍTULO 246

Fibromas

Un fibroma es un tumor no canceroso compuesto por tejido muscular y fibroso.

Los fibromas son también conocidos como fibromiomas, fibromas, miofibromas, leiomiomas y miomas. Los fibromas en el útero son los tumores no cancerosos más frecuentes del aparato reproductor femenino.

No se conoce la causa del crecimiento de los fibromas en el útero. Sin embargo, los niveles elevados de estrógeno parecen estimular su crecimiento. En general, los fibromas aumentan su tamaño durante el embarazo y lo disminuyen después de la menopausia. El tamaño excesivo de los fibromas puede impedirles recibir una irrigación sanguínea normal. Como resultado de esta falta de irrigación, pueden comenzar a degenerar.

Los fibromas pueden ser microscópicos o tan grandes como una pelota de baloncesto. Pueden crecer en la pared uterina, desde la pared hacia el interior del útero (a veces desde un pedículo), por debajo del revestimiento interno del útero o en su parte externa. Por lo general, suele presentarse más de un fibroma. Los fibromas grandes crecen en la pared o por debajo del revestimiento interno del útero y pueden distorsionar su forma o su parte interior.

➤ **Síntomas**

Los síntomas dependen de su número, tamaño y localización en el útero. Muchos fibromas, incluso los grandes, no causan síntomas. Sin embargo, los fibromas grandes, sobre todo los que crecen en la pared uterina, pueden causar dolor, presión o una sensación de pesadez en la región pélvica durante los períodos menstruales o entre éstos. Los fibromas pueden hacer presión sobre la vejiga, originando así una micción frecuente o más imperiosa en la mujer. Pueden ejercer presión sobre el recto y causar molestias y estreñimiento. Los más grandes pueden ocasionar incluso un aumento de tamaño del abdomen. Un fibroma que crece desde un pedículo dentro del útero puede retorcerse y causar un dolor intenso. Generalmente, los fibromas que crecen o sufren degeneración causan síntomas como presión o dolor. El dolor causado por fibromas que están en proceso de degeneración puede persistir mientras este proceso continúe.

Los fibromas, sobre todo los localizados justo por debajo del revestimiento uterino interno, a menudo producen una hemorragia menstrual copiosa o que dura más de lo normal. Como resultado puede originarse una anemia. Con menor frecuencia, los fibromas producen una hemorragia entre períodos menstruales, después del coito o después de la menopausia. Raramente, los fibromas causan infertilidad por obstrucción de las trompas de Falopio o distorsión de la forma del útero, dificultando o imposibilitando la implantación de un óvulo fecundado.

Los fibromas que no producen síntomas antes del embarazo pueden causar trastornos durante este período. Estos trastornos incluyen abortos, trabajo de parto anticipado (pretérmino), posición anormal (presentación) del feto antes del parto y pérdida excesiva de sangre tras el parto (hemorragia posparto).

Los tumores cancerosos similares a los fibromas (sarcomas) raramente se desarrollan en el útero ● *(v. pág. 1665).*

➤ Diagnóstico

Los médicos pueden descubrir fibromas durante un examen pélvico. Existen varios procedimientos que permiten al médico examinar el útero, lo que puede igualmente confirmar un diagnóstico. Para realizar una ecografía transvaginal, se inserta un dispositivo de ultrasonido dentro de la vagina. Para una sonohisterografía con infusión salina, se realiza una ecografía tras introducir una pequeña cantidad del líquido dentro del útero a fin de hacer resaltar su interior. Para llevar a cabo una histeroscopia, se introduce un tubo por la vagina y el cuello uterino. Se utiliza anestesia local, regional o general. Algunas veces también se realiza una resonancia magnética nuclear (RMN) o una tomografía computarizada (TC). Por lo general, no se necesitan pruebas adicionales.

Si sobreviene una hemorragia (diferente a la causada por el período menstrual), el médico puede considerar oportuno excluir la existencia de un cáncer de útero. Puede proceder entonces a realizar una prueba de Papanicolaou (Pap), una biopsia del revestimiento uterino (biopsia endometrial), una ecografía, una sonohisterografía o una histeroscopia.

➤ Tratamiento

No se requiere tratamiento para la mayoría de las mujeres que tienen fibromas pero que no presentan síntomas. Estas pacientes vuelven a ser examinadas cada 6 o 12 meses para determinar si el fibroma está creciendo.

Existen varios tratamientos, que incluyen fármacos y cirugía, si la hemorragia u otro síntoma empeoran o si los fibromas aumentan considerablemente de tamaño.

Fármacos: los fármacos pueden utilizarse para aliviar los síntomas o disminuir el tamaño de los fibromas, pero sólo temporalmente. Ningún fármaco puede disminuir el tamaño de un fibroma de forma permanente. Los fármacos antiinflamatorios no esteroideos (AINE) solos o con progestina (una droga similar a la hormona progesterona) pueden disminuir la hemorragia producida por los fibromas. Habitualmente ambos se toman por vía oral, pero la progestina puede inyectarse también intramuscularmente. El danazol (una hormona sintética relacionada con la testosterona) puede contener el crecimiento de un fibroma, pero rara vez se usa debido a sus reacciones adversas ● *(v. tabla pág. 1630).* Los anticonceptivos hormonales ● *(v. pág. 1687)* pueden controlar la hemorragia en algunas mujeres. Sin embargo, cuando la mujer interrumpe la toma de los anticonceptivos, la hemorragia anormal y el dolor tienden a reaparecer. Igualmente, en algunas mujeres, los fibromas aumentan de tamaño cuando se tratan con anticonceptivos.

Las formas sintéticas de los agonistas de la hormona liberadora de la gonadotropina (agonistas de la GnRH), pueden reducir los fibromas y disminuir la hemorragia, haciendo que el organismo produzca menos estrógeno (y progesterona). Los agonistas de la GnRH pueden administrarse antes de la cirugía para facilitar la extracción de los fibromas. Se inyectan mensualmente, se utilizan en forma de aerosol nasal, o se implantan subcutáneamente. Sólo pueden administrarse durante pocos meses, porque si se toman durante mucho tiempo, tienden a causar disminución de la densidad ósea y aumentar el riesgo de osteoporosis ● *(v. tabla pág. 1630).* El estrógeno puede aplicarse en bajas dosis con agonistas de la GnRH para ayudar a evitar la aparición de reacciones adversas. Los fibromas a menudo reaparecen a los seis meses de haber abandonado el tratamiento con el agonista de la GnRH.

Cirugía: la cirugía puede implicar la extracción quirúrgica de los fibromas (miomectomía) o la eliminación total del útero (histerectomía). Al contrario de la histerectomía, la miomectomía habitualmente preserva la capacidad de tener hijos y evita los efectos psicológicos producidos por la extracción del útero. Sin embargo, los fibromas reaparecen o vuelven a aumentar de tamaño hasta en un 50% de las mujeres.

Para llevar a cabo una miomectomía, se puede hacer una incisión en el abdomen o se puede insertar un tubo flexible de visualización con accesorios quirúrgicos a través de una pequeña incisión justo debajo del ombligo (laparoscopia) o directamente en el útero por la vagina (histeroscopia). El método que se utilice depende del tamaño, número y localización de los fibromas. La laparoscopia y la histeroscopia son procedimientos ambulatorios y la recuperación es más rápida que la de una incisión abdominal. Sin embargo, la laparoscopia con frecuencia no puede utilizarse para extraer fibromas grandes, y el riesgo de complicaciones de este procedimiento puede ser mayor.

Generalmente, se aconseja practicar una histerectomía cuando los síntomas, tales como el dolor y la hemorragia, son lo suficientemente graves como para afectar a las actividades diarias y cuando otros tratamientos no han tenido éxito. Si una mujer presenta fibromas tan grandes que llegan a palparse, puede optar por una histerectomía. La histerectomía se practica sólo en aquellas mujeres que no desean quedar embarazadas. Es la única solución permanente para eliminar los fibromas. Para el tratamiento de fibromas, sólo se extirpa el útero, no los ovarios.

Otros tratamientos: existen nuevos procedimientos que destruyen los fibromas, en vez de extirparlos, haciendo disminuir su tamaño. En la miolisis, se inserta una aguja que transmite una corriente eléctrica dentro del fibroma durante la laparoscopia. Se utiliza la corriente para destruir el núcleo del fibroma, con lo que su tamaño disminuye. En la criomiolisis, que es un procedimiento similar, se utiliza una sonda fría (que contiene nitrógeno líquido) para eliminar el núcleo del fibroma. No se sabe a ciencia cierta si estos procedimientos afectan a la capacidad de la mujer para quedar embarazada. Los fibromas también tienden a crecer nuevamente después de estos procedimientos.

En la embolización de la arteria uterina, se inserta un instrumento tubular fino y flexible (catéter) en la arteria principal del muslo (arteria femoral) con una punción hecha con una aguja o mediante una pequeñísima incisión. Antes de efectuar este procedimiento, se administra un anestésico local para insensibilizar la zona de inserción. El catéter es introducido en la arteria que irriga el fibroma. Se inyectan pequeñas partículas sintéticas. Éstas viajan hacia las arterias menores que irrigan el fibroma. Allí obstruyen el flujo de sangre y disminuyen así su tamaño. No se sabe con seguridad si el fibroma reaparece o vuelve a crecer (ya que las arterias se vuelven a abrir o se forman nuevas arterias) y si la mujer puede quedar embarazada. Los trastornos más frecuentes producidos por este procedimiento son infecciones y dolor.

Después de estos procedimientos, los fibromas pueden volver a crecer, y si no se extirpan por completo, seguirán creciendo. En estos casos, puede ser necesario que la mujer se someta a una histerectomía.

CAPÍTULO 247

Infecciones vaginales

Las infecciones vaginales son uno de los motivos más frecuentes de visita al médico. Por lo general, las infecciones vaginales sólo causan malestar, aunque puede ser importante. Sin embargo, estas infecciones son o llegan a ser graves en algunas ocasiones.

Las infecciones vaginales son un tipo de vaginitis o inflamación del revestimiento (mucosa) vaginal. Esta inflamación puede ser ocasionada por sustancias químicas o mecánicas irritantes, como productos utilizados para la higiene personal, baños de burbujas, detergentes para la ropa, espumas y gelatinas anticonceptivas y ropa interior sintética, así como por infecciones producidas por bacterias, virus u hongos.

En las mujeres, cualquier factor que reduzca la acidez (aumente el pH) vaginal incrementa la probabilidad de infección. La acidez puede redu-

Infecciones cercanas: vulvitis y bartolinitis

La vulva es la zona que rodea el orificio de la vagina y contiene los órganos genitales femeninos externos. La vulvitis es la inflamación de la vulva. La vulvovaginitis es el trastorno causado por la inflamación de la vulva y la vagina. La vulvitis puede ser el resultado de reacciones alérgicas a sustancias que entran en contacto con la vulva (como jabones, telas y perfumes, o un baño de burbujas), de enfermedades de la piel (como dermatitis) o de infecciones, incluidas candidiasis y algunas enfermedades de transmisión sexual (como el herpes). La vulva puede ser infestada por el piojo púbico (un trastorno denominado pediculosis pubis).

La vulvitis causa prurito, dolor y enrojecimiento. En raras ocasiones, los pliegues de la piel alrededor de la vagina y los orificios uretrales (labios) pueden adherirse entre sí. Una vulvitis que se ha prolongado en el tiempo (crónica) puede ocasionar la aparición de placas dolorosas, escamosas, espesas o blanquecinas en la vulva. Si una vulvitis crónica no responde al tratamiento, los médicos, por lo general, realizan una biopsia para detectar la causa, por ejemplo, un cáncer.

Las glándulas de Bartolin están localizadas a los lados del orificio de la vagina. La bartolinitis, infección de una o ambas glándulas o sus conductos puede desarrollarse cuando las bacterias de la vagina penetran en las glándulas. En raras ocasiones, la bartolinitis está causada por una enfermedad de transmisión sexual. Los tejidos circundantes (vulva) pueden hincharse. El pus se acumula en la glándula y causa un absceso doloroso. La administración de un antibiótico, por lo general, acaba con la infección en pocos días, pero puede reincidir. Por otra parte, los analgésicos pueden aliviar el dolor. Si se produce un absceso o quiste, ha de drenarse.

Si los conductos se obstruyen, la glándula puede hincharse sin causar dolor,. A este trastorno se le denomina quiste de Bartolin. En las mujeres de menos de 50 años de edad, un quiste que no causa síntoma alguno no necesita tratamiento. En las mujeres de 50 o más años de edad, se recomienda realizar una biopsia del quiste.

cirse por los cambios hormonales que se producen antes y durante la menstruación o durante el embarazo. El uso frecuente de duchas vaginales y de espermicidas, así como el semen, pueden reducir también la acidez.

Muchas bacterias residen normalmente en la vagina. Un tipo de bacteria, el lactobacilo, mantiene la acidez vaginal normal. Al hacerlo, el lactobacilo ayuda a mantener sano el revestimiento interno de la vagina y previene el crecimiento de bacterias u hongos que causan infecciones. La vaginosis bacteriana, considerada como la infección vaginal más frecuente, se produce cuando disminuye la cantidad de lactobacilos protectores y aumenta la de otras bacterias (como la *Gardnerella* y el peptoestreptococo). No se conoce la causa de estos cambios. La vaginosis bacteriana es más frecuente en mujeres con una enfermedad de transmisión sexual, promiscuas o que usan un dispositivo intrauterino (DIU). Pero ésta no es una enfermedad de transmisión sexual. También puede aparecer en mujeres sin experiencia sexual, en lesbianas o en mujeres monógamas.

En las mujeres son muy frecuentes las infecciones producidas por el hongo *Candida albicans* (candidiasis). Este hongo se encuentra normalmente en la piel o en el intestino, desde donde se puede propagar hasta los genitales. Las infecciones fúngicas no se transmiten por vía sexualSon frecuentes en mujeres embarazadas, en mujeres obesas y en mujeres con diabetes. Es más probable que aparezcan durante la menstruación, también tienen más probabilidades de desarrollarse si el sistema inmunológico está suprimido debido a la acción de ciertos fármacos (como los corticosteroides o los quimioterápicos) o alterado por una enfermedad (como el sida). Los antibióticos ingeridos por vía oral tienden a destruir en la vagina las bacterias que normalmente detienen el crecimiento de los hongos. De este modo, el uso de antibióticos aumenta el riesgo de desarrollar infecciones vaginales. Después de la menopausia, las mujeres que siguen un tratamiento de reemplazo hormonal son más propensas a desarrollar infecciones fúngicas.

Algunas infecciones vaginales se transmiten sexualmente ● (v. pág. 1400). Las enfermedades de transmisión sexual que pueden afectar a la vagina incluyen las infecciones por clamidia, el herpes genital ● (v. pág. 1383), la gonorrea, la sífilis y la tricomoniasis (una infección por protozoos). Las verrugas genitales suelen desarrollarse en la vulva, pero también pueden hacerlo en la vagina o en el cuello uterino.

En las niñas, las infecciones vaginales se deben generalmente a la introducción de un objeto en la vagina y a bacterias. Las infecciones fúngicas

ALGUNAS INFECCIONES VAGINALES

INFECCIÓN	SÍNTOMAS	COMPLICACIONES	TRATAMIENTO
Gonorrea	Secreción parecida al pus Frecuente necesidad de orinar Dolor al orinar Fiebre Dolor pélvico	Enfermedad pélvica inflamatoria Infección de las trompas de Falopio Artritis	Ceftriaxona con azitromicina o doxiciclina
Herpes genital	Ampollas dolorosas en forma de úlceras en el área genital, en la vagina y en el cuello uterino Prurito A veces, fiebre y síntomas similares a los de la gripe	Si está presente en el momento del parto, es posible que el recién nacido se infecte gravemente.	Aciclovir Famciclovir Valaciclovir
Infección clamidial	Generalmente, sin síntomas Secreción amarilla, parecida al pus Frecuente necesidad de orinar Dolor al orinar Hemorragia vaginal anormal	Enfermedad pélvica inflamatoria Infección de las trompas de Falopio	Azitromicina Doxiciclina Ofloxacino. Tetraciclinas
Infección por hongos (candidiasis)	Secreción blanca, espesa (como el requesón) Prurito entre moderado e intenso y quemazón (pero no siempre) Enrojecimiento e inflamación de la zona genital	No hay complicaciones graves.	Butoconazol Clotrimazol Econazol Fluconazol Ketoconazol Miconazol Terconazol Tioconazol
Sífilis	Ulceraciones indoloras en la vagina o vulva Más tarde, fiebre y síntomas similares a los de la gripe	En raras ocasiones, trastornos graves cardíacos o cerebrales	Penicilina
Tricomoniasis	Secreción habitualmente profusa, amarilla verdosa, espumosa y con olor de pescado Picor e irritación	No se conocen complicaciones graves.	Metronidazol (administrado por vía oral solamente)
Vaginosis bacteriana	Fina secreción, blanca, gris o amarillenta, de olor desagradable, que puede aumentar después del coito Picor e irritación	Enfermedad pélvica inflamatoria Infecciones de las membranas alrededor del feto Infecciones del útero después del parto o de una cirugía.	Metronidazol (utilizado primero; en forma de crema o gel vaginal o por vía oral) Clindamicina

son menos frecuentes. Las niñas pueden contraer una infección vaginal de transmisión sexual como resultado de un abuso sexual.

La ropa interior no absorbente y estrecha puede irritar la zona genital y atrapar la humedad, provocando una infección por bacterias o, más probablemente, por hongos. La falta de higiene en la zona genital (por ejemplo, una limpieza inadecuada o escasa después de orinar o defecar) y el manoseo de esta área (lo que es factible que hagan las niñas de corta edad) pueden aumentar la probabilidad de infección.

➤ Síntomas y diagnóstico

Las infecciones vaginales generalmente producen flujo vaginal e irritación en el área genital. Dependiendo de la causa, el aspecto y la cantidad del flujo varían. El dolor y la hinchazón son síntomas menos frecuentes. Ciertas infecciones pueden hacer que algunas mujeres sientan dolor durante el coito y que la micción sea dolorosa y más frecuente. En escasas ocasiones, pueden pegarse entre sí los pliegues de piel que rodean los orificios de la vagina y de la uretra. Algunas veces, sin embargo, las infecciones vaginales producen pocos o ningún síntoma. Algunas infecciones vaginales, si no se tratan, pueden tener como resultado complicaciones que, en algunos casos, son graves.

Como la secreción vaginal, el prurito y el olor pueden tener causas diferentes, las niñas o mujeres con estos síntomas deben acudir al médico. Si existe secreción vaginal, se le debe informar detalladamente sobre la misma para que pueda determinar la causa. El médico puede preguntar sobre posibles causas de la secreción, como el uso de lociones o pomadas para tratar de aliviar los síntomas (incluidos los remedios caseros), así como sobre la higiene. Otras preguntas incluyen cuándo comenzó la secreción; si produce prurito, quemazón, dolor o una úlcera en la zona genital, cuándo ocurre en relación con la menstruación; si la secreción es intermitente o constante, y si la mujer ha tenido una secreción anormal anteriormente, cómo respondió al tratamiento. También se le puede preguntar acerca del uso actual y pasado de métodos para el control de la natalidad, la existencia o no de dolor tras el acto sexual, infecciones vaginales anteriores y la posibilidad de enfermedades de transmisión sexual. Otras preguntas pueden referirse a si el compañero sexual presenta síntomas o si algún miembro de la familia sufre picor en la zona genital. Esta información ayuda al médico a identificar la causa de los síntomas en la mujer y a determinar si otras personas necesitan tratamiento.

Luego, el médico realiza un examen pélvico. Al examinar la vagina, toma una muestra de la secreción, si la hay, utilizando un aplicador de algodón. La muestra se examina al microscopio o se cultiva para identificar bacterias u otros microorganismos. Para determinar si la infección se ha propagado fuera de la vagina, el médico examina el útero y los ovarios insertando los dedos índice y medio (o corazón) de una mano enguantada en la vagina y presionando la parte externa inferior del abdomen con la otra. Si esta maniobra causa mucho dolor o si existe fiebre, puede que la infección se haya propagado.

➤ Prevención

Mantener la zona de los genitales limpia y seca puede ayudar a evitar las infecciones. Se recomienda lavar diariamente con un jabón suave (como el de glicerina) y enjuagar y secar la zona genital minuciosamente. El hecho de limpiar de delante hacia atrás después de orinar o de defecar evita que las bacterias procedentes del ano sean transportadas hacia la vagina. Se debe enseñar a las niñas todos los pasos necesarios para realizar una higiene correcta.

El uso de ropa holgada, absorbente, como ropa interior de algodón o revestida con el mismo material, permite que el aire circule y ayuda a mantener seca la zona genital. No se aconsejan las duchas vaginales frecuentes ni medicadas. ya que pueden reducir la acidez de la vagina, haciendo que sea más probable la aparición de infecciones, incluida la enfermedad inflamatoria pélvica. La práctica del sexo seguro y la limitación del número de parejas sexuales son medidas preventivas muy importantes.

➤ Tratamiento

El tratamiento varía según cuál sea la causa de la infección.

La vaginosis bacteriana se trata con un antibiótico tomado por vía oral o aplicado en forma de gel vaginal o crema. Por lo general se soluciona en pocos días, pero con frecuencia reaparece. Si recurre a menudo, puede hacer falta tomar antibióticos durante largo tiempo. Puede utilizarse gelatina con ácido propiónico para aumentar la acidez de las secreciones vaginales y así impedir el crecimiento de bacterias. En las enfermedades de transmisión sexual, ambos miembros de la pareja son tratados al mismo tiempo; de esta forma se evita una nueva infección.

Las infecciones fúngicas se tratan con antimicóticos aplicados en forma de crema a la zona afectada, insertados en la vagina como supositorio o ingeridos por vía oral. Algunas cremas y supositorios antimicóticos se pueden adquirir sin prescripción médica. Una sola dosis de un fármaco antimicótico ingerido por vía oral suele ser tan eficaz como las cremas y supositorios vaginales. Sin embargo, si las infecciones recurren con frecuencia, pueden ser necesarias varias dosis.

Para tratar la tricomoniasis, una sola dosis de metronidazol cura hasta a un 95 % de las mujeres. Sin embargo, es más probable que una sola dosis cause náuseas y vómitos que un tratamiento con varias dosis pequeñas. Deberán utilizarse preservativos durante el coito, hasta que la infección se resuelva.

Para aliviar los síntomas, la mujer puede utilizar una ducha con medidas iguales de agua y vinagre, pero sólo por tiempo limitado. A veces, colocar bolsas de hielo en la zona genital, aplicar compresas frescas o tomar un baño de asiento frío puede disminuir el dolor y la picazón. Un baño de asiento se toma en posición sentada con el agua cubriendo sólo los genitales y la zona rectal. El lavado de la zona genital con agua tibia exprimida de una botella de agua también puede brindar cierto alivio.

Las mujeres propensas a sufrir una infección por hongos, como las que tienen un sistema inmunológico deficiente, que sufren de diabetes o que han estado tomando antibióticos durante mucho tiempo (como los que se dan para una infección urinaria), es posible que necesiten tomar un antimicótico para evitar el desarrollo de otras infecciones.

CAPÍTULO 248

Enfermedad inflamatoria pélvica

La enfermedad inflamatoria pélvica es una infección de la parte superior de los órganos reproductores femeninos.

La enfermedad inflamatoria pélvica puede afectar al cuello uterino (cervicitis mucopurulenta), al útero (endometritis), a las trompas de Falopio (salpingitis) y, a veces, a los ovarios (ooforitis). La enfermedad inflamatoria pélvica es la causa evitable de infertilidad más frecuente. La infertilidad se presenta en 1 de 5 mujeres con enfermedad inflamatoria pélvica. La infección puede reaparecer en aproximadamente un tercio de las mujeres que han padecido enfermedad inflamatoria pélvica,.

La enfermedad inflamatoria pélvica suele darse en mujeres sexualmente activas. Rara vez afecta a las niñas antes de su primera menstruación (menarquia) o a las mujeres durante el embarazo o después de la menopausia. El riesgo es mayor en las mujeres menores de 24 años que no usan un anticonceptivo de barrera (como el preservativo o el diafragma), que tienen muchas parejas, que padecen una enfermedad de transmisión sexual o una vaginosis bacteriana o que usan un dispositivo intrauterino.

La infección suele producirse por bacterias que penetran en la vagina, más frecuentemente, durante el coito. Por lo general, la enfermedad inflamatoria pélvica es ocasionada por las bacterias que causan la gonorrea (*Neisseria gonorrhoeae*) o la infección por clamidia (*Chlamydia trachomatis*), que son enfermedades de transmisión sexual ● *(v. pág. 1403 y 1406)*. Las bacterias también pueden penetrar en la vagina durante las duchas. Con menor frecuencia, las bacterias entran en la vagina durante un parto vaginal, un aborto o un procedimiento médico, tal como la dilatación y el legrado (D y L).

La enfermedad inflamatoria pélvica, por lo general, comienza en el cuello uterino y en el útero. Se suelen infectar ambas trompas de Falopio, aunque los síntomas pueden ser más severos en un solo lado. Los ovarios no suelen verse afectados por la infección, a menos que ésta sea muy grave.

➤ Síntomas

La enfermedad inflamatoria pélvica tiende a causar síntomas de carácter cíclico, hacia el final de la menstruación o durante unos días después del período. Para muchas mujeres, los primeros síntomas son fiebre baja, dolor abdominal de suave a moderado, hemorragia vaginal irregular y flujo maloliente. Cuando la infección se extiende, el dolor de la parte inferior del abdomen llega a ser muy intenso y puede estar acompañado de náuseas o vómitos. Más adelante, la fiebre aumenta y la secreción a menudo adquiere apariencia de

Anexitis

Inflamación de las trompas de Falopio por la introducción de gérmenes. Pueden, incluso, formarse abscesos.

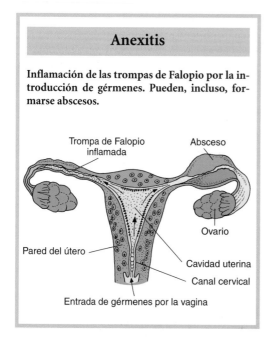

Trompa de Falopio inflamada
Absceso
Ovario
Pared del útero
Cavidad uterina
Canal cervical
Entrada de gérmenes por la vagina

pus y es de un color amarillo verdoso. Sin embargo, una infección por clamidia puede no producir secreción ni otros síntomas perceptibles.

A veces, las trompas de Falopio se obstruyen debido a la infección. Las trompas así obstruidas pueden distenderse debido al líquido atrapado. Si la infección no se trata, el dolor en la parte inferior del abdomen puede persistir y producirse una hemorragia irregular. La infección puede extenderse a las estructuras vecinas, incluida la membrana que tapiza la cavidad abdominal y recubre sus órganos (causando una peritonitis). La peritonitis puede causar un dolor intenso y repentino en todo el abdomen.

Si la infección de las trompas de Falopio es ocasionada por gonorrea o por clamidia, puede extenderse a los tejidos que se encuentran alrededor del hígado. Esta infección puede causar dolor en la parte superior derecha del abdomen, por lo que se asemeja a una dolencia de la vesícula biliar o a cálculos. Esta complicación es denominada el síndrome de Fitz-Hugh-Curtis.

En aproximadamente el 15 % de las mujeres con las trompas de Falopio infectadas, se forma una acumulación de pus (absceso) en estos órganos o en los ovarios. Algunas veces, se rompe un absceso, el pus se derrama en la cavidad pélvica y causa una peritonitis. Esta ruptura produce un dolor muy intenso en la parte inferior del abdomen, rápidamente seguido de náuseas, vómitos y presión arterial muy baja (*shock*). La infección

puede extenderse hasta el torrente sanguíneo (un trastorno denominado sepsis) y resultar mortal.

La enfermedad inflamatoria pélvica a menudo produce un líquido parecido al pus, que puede tener como resultado la aparición de cicatrices y la formación de bridas anormales de tejido cicatricial (adherencias) en los órganos reproductores o entre los órganos abdominales. Cuanto más prolongada y grave sea la inflamación pélvica y mayor la frecuencia con la que recurre, mayor es el riesgo de infertilidad y de otras complicaciones. El riesgo aumenta cada vez que una mujer contrae la infección.

Las mujeres que han sufrido la enfermedad inflamatoria pélvica están de 6 a 10 veces más predispuestas a tener un embarazo tubárico, en el que el feto crece en una trompa de Falopio en lugar de hacerlo en el útero. Este tipo de embarazo puede ser fatal para la mujer y el feto no puede sobrevivir.

➤ Prevención

La prevención de esta enfermedad es esencial para la salud y fertilidad de la mujer. La mejor forma de evitar la infección es la abstinencia sexual. Sin embargo, si una mujer tiene relaciones sexuales con una sola pareja, el riesgo de contraer enfermedad inflamatoria pélvica es muy bajo, siempre y cuando ninguno de los dos esté sufriendo una enfermedad de transmisión sexual. También es de mucha utilidad no realizar duchas vaginales.

Los métodos barrera para el control de la natalidad (como los condones) y los espermicidas (como las espumas vaginales) usados con un método barrera pueden ayudar a evitar la enfermedad inflamatoria pélvica.

➤ Diagnóstico y tratamiento

El médico sospecha el diagnóstico principalmente por la intensidad y localización del dolor. Se realiza una exploración física, incluso un examen pélvico. Generalmente se toma una muestra del cuello uterino y se analiza para determinar si la mujer tiene gonorrea o una infección por clamidia. Otros síntomas y los resultados de las pruebas de laboratorio ayudan a confirmar el diagnóstico. Habitualmente, el recuento de glóbulos blancos es elevado. Se puede realizar una ecografía de la pelvis. Si el diagnóstico todavía no es seguro o si la mujer no responde al tratamiento, el médico puede introducir un tubo (laparoscopio) a través de una pequeña incisión cerca del ombligo para observar el interior de la cavidad abdominal.

Suele administrarse antibióticos tan pronto como sea posible. A menudo, se utilizan dos antibióticos diferentes que resultan eficaces contra una variedad de microorganismos. La mayoría de las mujeres reciben el tratamiento en su casa. Sin embargo, es necesaria la hospitalización si la infección no cede en 48 horas, si los síntomas son graves, si la mujer puede estar embarazada o si se detecta un absceso.

Si los abscesos persisten a pesar del tratamiento con antibióticos, puede tener que realizarse cirugía. Un absceso perforado siempre requiere cirugía de carácter urgente.

Las mujeres deben abstenerse de tener relaciones sexuales hasta que finalice el tratamiento con antibióticos y un médico confirme que la infección ha sido completamente eliminada, aunque los síntomas hayan desaparecido. Todas las parejas sexuales nuevas deberán someterse a los procedimientos necesarios para detectar una posible infección y poder determinar la necesidad de tratamiento. Existen mayores probabilidades de una completa recuperación si la enfermedad inflamatoria pélvica es diagnosticada y tratada con prontitud.

CAPÍTULO 249

Trastornos del suelo pélvico

Los trastornos del suelo pélvico (soporte pélvico) implican un descenso (prolapso) de la vejiga, del recto o del útero causado por debilidad o lesión de los ligamentos, del tejido conectivo y de los músculos de la pelvis.

Los trastornos del suelo pélvico sólo se producen en mujeres y su frecuencia aumenta con la edad. Aproximadamente 1 de cada 11 mujeres necesita cirugía para corregir un trastorno del suelo pélvico durante toda su vida.

El suelo pélvico es una red de músculos, ligamentos y tejidos que actúan como una hamaca para brindar soporte a los órganos pélvicos: útero, vejiga y recto. Si los músculos se debilitan o los ligamentos o tejidos se distienden o lesionan, los órganos pélvicos pueden sufrir un descenso y protruyen en la pared vaginal. Si este trastorno es grave, los tejidos pueden sobresalir del todo por la vagina y al exterior.

Los trastornos del suelo pélvico, por lo general, son la consecuencia de una combinación de factores. El embarazo y parto vaginal pueden debilitar o distender algunas estructuras que sirven de soporte en la pelvis. Los trastornos del suelo pélvico son más frecuentes entre las mujeres que han tenido varios partos vaginales, y el riesgo puede aumentar con cada parto. El parto en sí puede lesionar los nervios, ocasionando debilidad muscular. El parto por cesárea puede reducir el riesgo de desarrollar un trastorno del suelo pélvico.

La obesidad, la tos crónica (por ejemplo, debido a una afección pulmonar o al tabaquismo), el esfuerzo frecuente durante las deposiciones y el levantamiento de pesos excesivos contribuyen a la aparición de trastornos del suelo pélvico. Otras causas incluyen una histerectomía, trastornos por lesiones nerviosas y tumores. Algunas mujeres nacen con los tejidos pélvicos muy débiles. A medida que las mujeres envejecen, las estructuras que sostienen la pelvis pueden debilitarse, ocasionando así trastornos en el suelo pélvico.

➤ Tipos y síntomas

Todos los trastornos del suelo pélvico son, por lo general, hernias, en las que un tejido sobresale de modo irregular porque otro tejido se ha debilitado. A los diferentes tipos de trastornos del suelo pélvico se les da el nombre apropiado según el órgano afectado. A menudo, una mujer tiene más de un tipo. En todos los tipos, el síntoma más frecuente es la sensación de pesadez o presión en la zona de la vagina, como si el útero, la vejiga o el recto se estuvieran desprendiendo.

Los síntomas tienden a aparecer cuando la mujer está de pie y a desaparecer cuando se acuesta.

En algunas mujeres, el coito es doloroso. Puede que no se presenten síntomas en los casos leves hasta que la mujer llega a una edad avanzada.

Un **rectocele** se desarrolla cuando el recto cae y sobresale en la pared posterior de la vagina. Es consecuencia de la debilidad de la pared muscular del recto y del tejido conectivo que se encuentra a su alrededor. Un rectocele puede dificultar la deposición y causar sensación de estreñimiento. Algunas mujeres necesitan colocar un dedo en la vagina para poder evacuar.

Un **enterocele** se desarrolla cuando el intestino delgado y el revestimiento de la cavidad abdominal (peritoneo) sobresalen hacia abajo entre el útero y el recto o, si éste ha sido extirpado, entre la vejiga y el recto. Es consecuencia de la debilidad del tejido conectivo y de los ligamentos que sirven de soporte al útero. Un enterocele a menudo no ocasiona síntomas; sin embargo, algunas mujeres experimentan una sensación de plenitud, presión o dolor en la región pélvica. También puede sentirse dolor en la parte inferior de la espalda.

Un **cistocele** se desarrolla cuando la vejiga sobresale en la pared anterior de la vagina. Es consecuencia de la debilidad del tejido conectivo y de las estructuras que sirven de soporte alrededor de la vejiga. Un **cistouretrocele** es semejante, pero se desarrolla cuando la parte superior de la uretra (cuello de la vejiga) también desciende. Cualquiera de estos trastornos puede causar incontinencia (escape de orina durante un acceso de tos o de risa o al realizar una acción que aumente en forma brusca la presión dentro del abdomen) o incontinencia por desbordamiento (escape de orina cuando la vejiga está muy llena). Después de la micción, puede que la vejiga no se sienta completamente vacía. A veces se desarrolla una infección de las vías urinarias. Como los nervios que van hacia la vejiga o la uretra pueden estar lesionados, algunas mujeres que padecen estos trastornos pueden desarrollar incontinencia de urgencia (un intenso e irreprimible deseo de micción que da como resultado la salida de orina).

En el **prolapso del útero** (procidencia), éste cae dentro de la vagina. Generalmente es el resultado de la debilidad del tejido conectivo y de los ligamentos que sirven de soporte al útero. El útero puede sobresalir sólo en la parte superior de la vagina, en la mitad o en su totalidad por el orificio de la vagina, causando así un prolapso uterino total. El prolapso del útero puede producir dolor en la parte inferior de la espalda o sobre el coxis, aunque muchas mujeres no experimentan

síntoma alguno. Obviamente, el prolapso uterino total puede causar dolor al caminar. Pueden aparecer llagas en el cuello uterino prolapsado y causar hemorragia, secreción e infección. El prolapso del útero puede producir un retorcimiento en la uretra. Si existe incontinencia urinaria, este retorcimiento puede ocultarla o dificultar la micción. Las mujeres con prolapso uterino total pueden presentar también dificultades para evacuar.

En el **prolapso de la vagina**, la parte superior de ésta cae dentro de la zona inferior, de tal forma que se da la vuelta de dentro hacia fuera. La parte superior puede caer parcialmente en la vagina, o en su totalidad, sobresaliendo fuera del cuerpo y causando un prolapso vaginal total. El prolapso de la vagina sólo se produce en aquellas mujeres que se han sometido a una histerectomía. El prolapso vaginal total puede causar dolor cuando la mujer está sentada o camina. Pueden aparecer úlceras en la vagina prolapsada y dar lugar a hemorragia y secreción. El prolapso de la vagina puede ocasionar una apremiante o frecuente necesidad de orinar, así como producir un retorcimiento en la uretra. Si existe incontinencia urinaria, este retorcimiento puede ocultarla o dificultar la micción. También puede resultar dificultosa la evacuación.

➤ Diagnóstico

Los médicos suelen poder diagnosticar los trastornos del suelo pélvico realizando un examen pélvico mediante un espéculo (instrumento que separa las paredes de la vagina). El médico puede insertar un dedo en la vagina y otro en el recto para determinar la gravedad de un rectocele.

En algunos casos, el médico puede pedir a la paciente que puje (como cuando está defecando) o que tosa mientras está de pie. Es posible que este examen se practique con la paciente de pie. La presión ejercida en la pelvis puede facilitar el diagnóstico del trastorno en el suelo pélvico.

Pueden practicarse procedimientos para determinar si la vejiga y el recto están funcionando normalmente, como, por ejemplo, pruebas de orina. Estas pruebas ayudan a determinar si los fármacos o la cirugía es el mejor tratamiento. Si una mujer tiene un problema de paso de orina o incontinencia urinaria, los médicos pueden utilizar un tubo flexible de visualización para observar el interior de la vejiga (un procedimiento denominado cistoscopia) o el de la uretra (un procedimiento denominado uretroscopia). También es posible medir la cantidad de orina que la

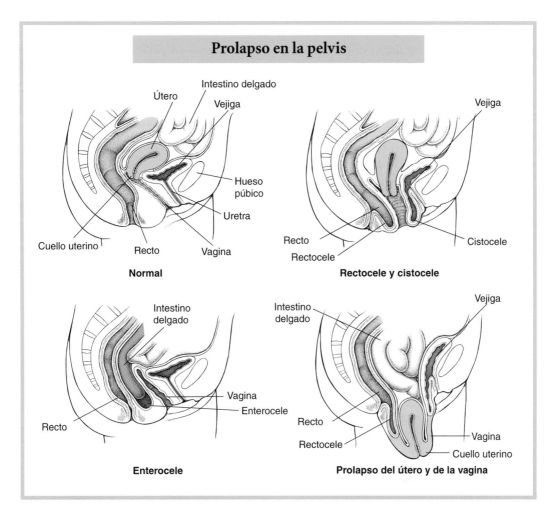

Prolapso en la pelvis

Normal

Útero — Intestino delgado — Vejiga — Hueso púbico — Uretra — Cuello uterino — Recto — Vagina

Rectocele y cistocele

Vejiga — Recto — Rectocele — Cistocele

Enterocele

Intestino delgado — Vagina — Enterocele — Recto

Prolapso del útero y de la vagina

Intestino delgado — Vejiga — Recto — Rectocele — Vagina — Cuello uterino

vejiga puede sostener sin escape y la velocidad del flujo de la orina. Los médicos pueden determinar si el prolapso del útero está evitando la incontinencia urinaria.

➤ Tratamiento

Si el prolapso es leve, los ejercicios de Kegel pueden ser de gran ayuda para fortalecer los músculos del suelo pélvico. Los ejercicios de Kegel van dirigidos a los músculos que están alrededor de la vagina, la uretra y el recto, que se utilizan para detener el flujo de orina. Estos músculos se aprietan con firmeza y se mantienen contraídos durante diez segundos aproximadamente y luego se relajan durante otros diez segundos. Este ejercicio se repite de 10 a 20 veces seguidas. Se recomienda realizar esta serie de ejercicios varias veces al día. Las mujeres pueden hacer los ejercicios de Kegel mientras estén sentadas, de pie o acostadas.

Si el prolapso es grave, puede utilizarse un pesario que sirva de soporte a los órganos del suelo pélvico. Éste puede tener la forma de un diafragma, cubo o rosca. Los pesarios son especialmente beneficiosos para las mujeres que están esperando una cirugía o para las que no pueden recibir un tratamiento quirúrgico. El médico ajusta el pesario a la mujer probando varias tallas hasta encontrar la precisa. Un pesario puede usarse varias semanas antes de que sea necesario retirarlo y limpiarlo con jabón y agua. Se les enseña a las mujeres cómo insertarlo y extraerlo para su limpieza mensual. Si lo prefieren, pueden ir al consultorio del médico periódicamente para su correspondiente limpieza. Los pesarios pueden irritar los tejidos vaginales y causar una desagradable secreción maloliente. Las mujeres con este problema pueden usar un desodorante vaginal que disimule el olor. Estas mujeres pueden continuar usando el pesario, extrayéndolo y limpiándolo cada mes, siempre y cuando no se presenten otros problemas. También deben visitar a su médico entre cada 6 y 12 meses.

Pueden utilizarse, también, supositorios vaginales o cremas que contengan estrógenos. Estas preparaciones pueden contribuir a mantener los tejidos vaginales saludables y evitar que se formen ulceraciones.

A menudo, se requiere cirugía, pero suele practicarse sólo cuando una mujer ha decidido no tener más hijos. La intervención quirúrgica, por lo general, implica la inserción de instrumentos dentro de la vagina. Se localiza la zona debilitada y se refuerzan los tejidos a su alrededor para evitar que el órgano descienda a través de la zona débil.

Para corregir un prolapso grave del útero o la vagina, la cirugía puede requerir una incisión en el abdomen. La parte superior de la vagina se une con suturas a un hueso cercano de la pelvis. A menudo, se introduce un catéter para drenar la orina durante 1 o 2 días. Si la incontinencia urinaria es problemática o sobreviene después del prolapso del útero, la cirugía para corregirla puede realizarse al mismo tiempo. En estos casos, el catéter puede dejarse por más tiempo. Hay que evitar levantar pesos excesivos, hacer esfuerzos y mantenerse de pie durante mucho tiempo, por lo menos tres meses después de la cirugía.

Si el prolapso del recto dificulta la evacuación, puede ser necesaria una intervención quirúrgica.

CAPÍTULO 250

Disfunción sexual

La función sexual normal involucra a la vez la mente (pensamientos y emociones) y el cuerpo (incluidos los sistemas nervioso, circulatorio y endocrino) para llegar a una respuesta sexual. La respuesta sexual consta de deseo, excitación, orgasmo y resolución.

El **deseo** es la inclinación a participar en la actividad sexual. Puede desencadenarse por pensamientos, palabras, visiones, olores o el tacto.

La **excitación** es el estado de agitación sexual. Implica un aumento del flujo sanguíneo hasta la zona de los genitales. En las mujeres, la excitación conduce al aumento de tamaño del clítoris, a la congestión de las paredes vaginales y al aumento de las secreciones en esta zona.

El **orgasmo** es el punto máximo o clímax de la excitación sexual. En las mujeres, el orgasmo implica la contracción rítmica de los músculos que rodean la vagina. Durante el orgasmo, la tensión muscular en todo el cuerpo aumenta y los músculos pélvicos se contraen.

La **resolución**, una sensación de bienestar y de relajación muscular generalizada, sigue al orgasmo. Muchas mujeres pueden responder a estimulación adicional casi inmediatamente después de una resolución.

La función sexual puede verse afectada debido a factores físicos y psicológicos. Puede verse afectada por aspectos culturales, emociones, edad, experiencias sexuales anteriores, uso de fármacos y presencia de ciertos trastornos. La disfunción sexual puede implicar dolor en las relaciones sexuales o una alteración en la respuesta sexual que afecte al deseo, a la excitación o al orgasmo. Entre un 30 y un 50 % de las mujeres experimentan una disfunción sexual en algún momento de su vida.

■ Dispareunia

La dispareunia es el dolor durante el coito.

El dolor de la dispareunia puede ser superficial, cuando se presenta en la zona genital (en la vulva, incluido el orificio de la vagina), o profundo, cuando se localiza dentro de la pelvis por la presión ejercida sobre los órganos internos. El dolor puede ser quemante, agudo o con calambres.

El dolor superficial durante el coito puede ser causado por varios factores. Cuando las mujeres tienen relaciones sexuales por primera vez, la membrana que recubre el orificio de la vagina (himen) -si no se ha perforado- puede sufrir un desgarro al entrar el pene en la vagina, lo que ocasiona dolor y, a veces, hemorragia. Cuando la vagina no está lo suficientemente lubricada, el coito también puede producir dolor. (La lubricación insuficiente suele deberse a la falta de caricias preliminares o a la disminución en los niveles de estrógeno después de la menopausia.) La inflamación o infección de la zona genital (por ejemplo, las que afectan la vulva, la vagina o las glándulas de Bartholin) o de las vías urinarias pueden hacer que las relaciones sexuales sean dolorosas. El herpes puede causar un intenso dolor genital. Otras causas incluyen lesiones en genitales, un diafragma o capuchón cervical inadecuadamente colocados, una reacción alérgica a las espumas o gelatinas anticonceptivas o a los condones de látex, una malformación congénita (como un himen rígido o una pared anormal dentro de la vagina) y una contracción involuntaria de los músculos vaginales (vaginismo). El coito también puede producir dolor en las mujeres a las que se les ha practicado una cirugía que disminuye la amplitud de la vagina (por ejemplo, para reparar tejidos desgarrados durante el parto o para corregir un trastorno del suelo pélvico ● *v. pág. 1639*). La toma de antihistamínicos puede causar una ligera sequedad temporal de la vagina. Durante la lactancia, la vagina puede resecarse debido a la disminución de los niveles de estrógeno.

Con la edad, el revestimiento interno de la vagina se adelgaza y ésta se reseca debido a la disminución de los niveles de estrógeno. Este trastorno es la vaginitis atrófica. Como resultado, el coito puede ser doloroso.

El dolor intenso después del coito puede ser el resultado de una infección en el cuello uterino, el útero, o las trompas de Falopio. Otras causas pueden ser la endometriosis, la inflamación pélvica (incluido el absceso pélvico), tumores pélvicos (como quistes ováricos) y bridas de tejido cicatricial (adherencias) que se forman entre los órganos de la pelvis tras una infección o una intervención quirúrgica. A veces, uno de estos trastornos ocasiona una desviación del útero hacia atrás (retroversión). Los ligamentos, los músculos y otros tejidos que sostienen el útero en su sitio pueden debilitarse, lo que da como resultado su descenso hacia la vagina (prolapso) ● *(v. fig. pág. 1641)*. Tales cambios de posición pueden dar origen a un coito doloroso. La radioterapia para el tratamiento del cáncer puede ocasionar cambios en los tejidos, lo que produce dolor durante el coito.

Los factores psicológicos pueden causar dolor superficial o profundo. Como ejemplos podemos nombrar la ira o la repulsión hacia la pareja sexual, el miedo a la intimidad o al embarazo, una imagen negativa de uno mismo y una experiencia sexual traumática (incluida la violación). Sin embargo, los factores psicológicos pueden ser difíciles de identificar.

➤ Diagnóstico y tratamiento

El diagnóstico se basa en los síntomas: cuándo y dónde apareció el dolor y cuándo se volvió el coito doloroso. Para tratar de identificar la causa, el médico pregunta a la paciente sobre su historia clínica y sexual y realiza un examen pélvico.

Las mujeres deben abstenerse de tener relaciones sexuales hasta que el problema se haya resuelto. Sin embargo, pueden continuar la actividad sexual que no implique penetración vaginal.

El dolor superficial puede reducirse mediante la aplicación de una pomada anestésica y tomando baños de asiento. La aplicación generosa de un lubricante antes de mantener relaciones sexuales puede ser de gran ayuda. Son preferibles los lubricantes hidrosolubles a la vaselina u otros liposolubles. Los productos liposolubles tienden a resecar la vagina y pueden dañar los dispositivos anticonceptivos de látex, tales como condones y diafragmas. Dedicar más tiempo y atención a las caricias preliminares puede aumentar la lubricación vaginal. El dolor intenso puede aliviarse utilizando una diferente posición para el coito; por ejemplo, una posición que dé a la mujer más control de la penetración (como la de estar encima) o que implique un grado menor de empuje puede ayudar.

Un tratamiento más específico depende de la causa. Si la causa es el adelgazamiento y resecamiento de la vagina tras la menopausia, el uso de una crema tópica o un supositorio de estrógeno, o la toma de estrógenos por vía oral (como parte de un tratamiento hormonal ● *v. pág. 1614*) pueden ser de gran ayuda.

El tratamiento para combatir la inflamación y la infección incluye antibióticos, fármacos antifúngicos y otros fármacos que puedan estar indicados ● *(v. fig. pág. 1635)*. Si la causa es la inflamación de la vulva (vulvitis), puede ayudar la aplicación de compresas húmedas con una solución a base de acetato de aluminio. Puede ser necesaria una intervención quirúrgica para extirpar quistes o abscesos, abrir un himen rígido o reparar una anomalía anatómica. Un diafragma que no se ajusta bien debe ser reemplazado por otro que tenga el tamaño preciso y se lleve con comodidad, o también se puede probar un método anticonceptivo diferente.

Si la causa del dolor es la posición anormal del útero, la utilización de un pesario, que es similar al diafragma y se inserta dentro de la vagina, puede actuar como soporte y reposicionar el útero. En algunas mujeres, la utilización de un pesario reduce el dolor.

■ Vaginismo

El vaginismo es una contracción involuntaria de los músculos que están alrededor del orificio de la vagina y que hace que las relaciones sexuales se vuelvan dolorosas o imposibles.

El vaginismo puede originarse por el deseo inconsciente de la mujer de impedir la penetración. Un dolor experimentado en el pasado durante el coito puede conducir al vaginismo. Otras razones para que algunas mujeres no deseen tener relaciones sexuales incluyen el miedo a quedar embarazadas, a ser controladas por su pareja o a perder el control. A veces, el vaginismo es causado por un trastorno físico, como una infección pélvica o cicatrices en el orificio vaginal (debido a alguna lesión, parto o cirugía). La irritación (debido a duchas, espermicidas o condones de látex) pueden también causar vaginismo.

Debido al dolor, algunas mujeres que sufren de vaginismo no pueden tolerar las relaciones sexuales que incluyen la penetración del pene en la vagina. Sin embargo, la actividad sexual que no implica penetración puede ser placentera. Algunas mujeres no toleran la inserción de un tampón y pueden necesitar un anestésico cuando el médico realiza un examen pélvico.

➤ Diagnóstico y tratamiento

El diagnóstico se basa en la descripción que hace la paciente del problema, su historia clínica y la exploración física, incluida su reacción a una exploración pélvica.

Las pacientes con trastornos físicos que pueden estar causando o contribuyendo al vaginismo pueden recibir un tratamiento. Si la causa es psicológica, un asesoramiento especializado para la mujer y su pareja suele ser útil.

Si el vaginismo persiste, se enseñan a la mujer técnicas que la ayuden a reducir los espasmos musculares y que se basan en lograr el ensanchamiento gradual (dilatación) de la vagina. Para

ello, primero, la mujer se ha de introducir en la vagina pequeños bastoncillos de plástico (dilatadores) lubricados. La mujer va introduciendo, de forma suave pero progresiva, dilatadores cada vez más grandes, a medida que su tolerancia lo permita. Una vez que la mujer pueda tolerar la inserción de dilatadores grandes sin experimentar incomodidad, ella y su pareja pueden tratar de reanudar sus relaciones sexuales.

Los ejercicios de Kegel, que fortalecen los músculos pélvicos, pueden ser de gran utilidad si se realizan mientras los dilatadores están colocados. Para realizar estos ejercicios, los músculos que están alrededor de la vagina, la uretra y el recto, y los que se utilizan para contener el flujo de orina, se aprietan fuerte y repetidamente y luego se relajan de 10 a 20 veces. Se recomienda hacerlos varias veces al día. Estos ejercicios desarrollan una sensación de control sobre los músculos que antes se contraían involuntariamente.

■ Vulvodinia

La vulvodinia es una molestia crónica en la vulva, que es la zona que aloja los órganos genitales externos.

La vulvodinia aparece repentinamente y luego se convierte en un trastorno crónico que puede durar meses o años. No se conoce su causa. Puede sobrevenir de forma repentina debido a la irritación o lesión de los nervios que llegan a la vulva (como puede producirse durante una crioterapia o terapia con láser). Este trastorno tiende a ser más frecuente entre las mujeres con infecciones (en especial las causadas por hongos y algunas enfermedades de transmisión sexual), trastornos cutáneos, diabetes, estados precancerosos o espasmos de los músculos que sirven de soporte a los órganos pélvicos. Ciertas sustancias (como jabones, aerosoles para higiene personal, toallas sanitarias, detergentes y fibras sintéticas) pueden causar una reacción alérgica o irritar la zona, lo que aumenta la probabilidad de desarrollar vulvodinia. Las mujeres que experimentan cambios hormonales o que tienen un historial de abuso sexual son más propensas a desarrollar vulvodinia. La ingestión de ciertos alimentos, como verduras, chocolate, bayas, habas y nueces, produce un tipo de orina que puede causar irritación.

Se puede sentir ardor o picor en la vulva, así como sensibilidad, irritación o dolor. El dolor oscila de leve a extenuante y puede ser constante o

Ejercicios de Kegel: apretar y relajar

Los ejercicios de Kegel ayudan a fortalecer los músculos pélvicos, principalmente los que circundan la vagina, la uretra y el recto. Realizarlos regularmente puede ayudar a mejorar la función sexual y a evitar o a reducir la pérdida involuntaria de orina (la incontinencia urinaria) o de materias fecales (la incontinencia fecal).

Para realizar estos ejercicios, las mujeres deben apretar los músculos utilizados para detener el flujo de orina durante 10 segundos aproximadamente, posteriormente los relaja durante otros 10 segundos aproximadamente. El ejercicio deberá repetirse 10 o 20 veces por lo menos 3 veces al día. Por lo general, el tono muscular mejora en 2 o 3 meses. Los ejercicios de Kegel pueden realizarse en cualquier lugar, ya sea sentada, de pie o acostada.

La localización de los músculos precisos que hay que apretar puede ser difícil. Pueden identificarse mediante la inserción de un dedo en la vagina y apretando o tratando de detener el flujo de orina. Si se siente la presión alrededor del dedo o si el flujo de orina se detiene, esto indica que se están apretando los músculos apropiados.

intermitente. Puede afectar a las actividades diarias, limitando también las relaciones sexuales. Puede sentirse molestia al caminar o al sentarse. La vulva puede aparecer hinchada y enrojecida, o totalmente normal.

Los médicos diagnostican la vulvodinia al descartar otros trastornos que pueden causar síntomas similares. El objetivo del tratamiento es aliviar los síntomas. Debe evitarse toda clase de irritantes potenciales. El uso de ropa interior de algodón puede ayudar a reducir la irritación de la zona afectada. No debe usarse ropa muy ajustada al cuerpo, como las medias pantalón. No se aconseja consumir alimentos que puedan producir orina de tipo irritante. La fisioterapia, incluidos los ejercicios para tonificar los músculos pélvicos, la biorretroalimentación y los ejercicios de relajación, a menudo ayudan, al igual que lo hacen los grupos de apoyo.

Algunos anestésicos, como la lidocaína viscosa, pueden reducir el dolor. Para controlar los síntomas, pueden aplicarse corticosteroides tópicos en la piel 2 o 3 veces al día.

Hay que tratar aquellos trastornos que pueden estar contribuyendo a la vulvodinia, como las infecciones. Algunas mujeres se benefician con los antidepresivos tricíclicos ● *(v. tabla pág. 744)* o los anticonvulsivantes ● *(v. tabla pág. 600).*

■ Libido reducida

La reducción de la libido es una disminución del deseo sexual.

Una reducción temporal del deseo sexual se da con frecuencia y a menudo es causada por trastornos temporales, como el cansancio. La reducción permanente del deseo sexual puede angustiar a una mujer o a su pareja.

El deseo sexual es controlado en parte por hormonas sexuales, como el estrógeno y la testosterona. Las fluctuaciones en las concentraciones de estas hormonas, lo que se produce mensualmente y durante el embarazo, puede afectar al deseo sexual. En las mujeres posmenopáusicas, el deseo sexual puede reducirse porque disminuyen los niveles de estrógeno. El deseo sexual puede disminuir también en las mujeres a las que se les han extirpado los ovarios.

Una reducción del deseo sexual puede ser el resultado de una depresión, de ansiedad, de tensión emocional o de problemas en una relación. El uso de ciertos fármacos, incluidos los anticonvulsivantes ● *(v. tabla pág. 600),* los fármacos utilizados en la quimioterapia (como el tamoxifeno), los betabloqueantes ● *(v. tabla pág. 168)* y los anticonceptivos orales, también puede reducir el deseo sexual, al igual que la ingestión excesiva de alcohol.

El diagnóstico se basa en la descripción realizada por la mujer sobre el problema. El médico le pregunta a la mujer si atraviesa un período de tensión o si tiene otra clase de problemas, al igual que sobre su historia sexual y clínica, incluido el consumo de drogas. Las concentraciones de las hormonas sexuales pueden medirse mediante un análisis de sangre.

El tratamiento depende de la causa. Se deben suspender los fármacos y drogas que pueden contribuir a que se presente este trastorno. Si la causa es psicológica, suele ser aconsejable recibir asesoramiento especializado. Si la disminución en los niveles de las hormonas sexuales es la causa, deberá administrarse una dosis baja de testosterona combinada con estrógeno, por vía oral. La testosterona, además de producir el aumento del

Terapia sexual: técnica centrada en las sensaciones

La técnica centrada en las sensaciones puede ser de gran ayuda para las parejas que tienen dificultades sexuales debido a factores psicológicos más que a factores de carácter físico. La técnica tiene como objetivo lograr que cada miembro de la pareja se dé cuenta de lo que cada uno encuentra placentero y reducir la ansiedad acerca de la ejecución. A menudo se utiliza en el tratamiento del descenso de la libido, en los trastornos de la excitación sexual y del orgasmo y en la disfunción eréctil (impotencia).

La técnica consta de tres pasos. Ambos miembros de la pareja deben sentirse a gusto en cada nivel de intimidad antes de pasar al siguiente.

- El primer paso se centra en la sensación del tacto, más que en la probabilidad de lograr la excitación sexual o el coito. Cada miembro de la pareja se turna tocando cualquier parte del cuerpo del otro, con excepción de los genitales y los senos.

- El segundo paso permite a cada miembro de la pareja tocar cualquier parte del cuerpo del otro, incluidos los genitales y las mamas. Sin embargo, el enfoque sigue siendo el mismo, la sensación del tacto, no la respuesta sexual. No se permite realizar el coito.

- El tercer paso implica el tacto mutuo, lo que finalmente conduce a las relaciones sexuales a medida que la pareja se siente más cómoda tocando y dejándose tocar. El enfoque está en el gozo en lugar del orgasmo.

deseo sexual, puede también incrementar la fuerza muscular, evitar la pérdida de densidad ósea y mejorar la energía.

■ Alteración de la excitación sexual

La alteración de la excitación sexual es la incapacidad, persistente o recurrente, para obtener o mantener una lubricación vaginal adecuada y otras respuestas físicas de la excitación sexual antes o durante el coito.

Por lo general, cuando una mujer está estimulada sexualmente, la vagina libera secreciones lubricantes, los labios y el clítoris de la vulva se hinchan y las mamas aumentan ligeramente. Cuando existen alteraciones en la excitación sexual, estas respuestas no se dan a pesar de que exista una estimulación suficientemente larga e intensa.

Si este trastorno se ha presentado desde la pubertad, puede que la mujer no sepa cómo funcionan los órganos genitales (en especial el clítoris) o cuáles son las técnicas de excitación más eficaces. La falta de conocimiento conduce a la ansiedad, lo cual provoca el empeoramiento del problema. Muchas mujeres con alteraciones de la excitación sexual asocian sexo con pecado y placer sexual con culpa. El miedo a la intimidad y una reacción negativa de sí misma también puede contribuir a este trastorno.

Si éste aparece después de un período de funcionamiento sexual adecuado, puede ser debido a un problema en la relación sexual actual, como constantes peleas o discusiones. La depresión es una causa muy frecuente, al igual que la tensión emocional.

Las causas físicas incluyen inflamación de la vagina (vaginitis), inflamación de la vejiga (cistitis), endometriosis, una glándula tiroides hipoactiva (hipotiroidismo), diabetes mellitus, esclerosis múltiple y distrofia muscular.

La alteración de la excitación sexual puede desarrollarse con la edad. A medida que se aproxima la menopausia, el revestimiento interno de la vagina se adelgaza y se reseca debido a la disminución de los niveles de estrógeno. Como resultado, la capacidad de excitación disminuye porque el coito puede ser doloroso.

La administración de algunos fármacos, como los anticonceptivos orales, antihipertensivos, antidepresivos o sedantes, pueden causar la alteración de la excitación sexual. La extirpación quirúrgica del útero (histerectomía) o de la mama (mastectomía) puede afectar a la imagen sexual que la mujer tiene de sí misma, lo que contribuye a alterar la excitación sexual.

Muchas mujeres con alteración de la excitación sexual carecen también de deseo sexual. Como la vagina no se lubrica, el coito suele ser doloroso o molesto.

➤ Diagnóstico y tratamiento

El diagnóstico se basa en la descripción del problema por parte de la paciente. Para determinar la gravedad del trastorno e identificar la causa, el médico le pregunta a la mujer sobre su historia clínica y sexual (incluido el uso de fármacos) y realiza un examen pélvico. Si se piensa que existen trastornos físicos que puedan ser la causa, se pueden realizar pruebas para detectarlos.

Si la causa es psicológica, en muchos casos es útil recibir asesoramiento especializado para la mujer, habitualmente con su pareja. La psicoterapia individual o en grupo es a veces de gran utilidad. Si existen trastornos físicos, también se han de tratar. Las mujeres posmenopáusicas pueden beneficiarse con el tratamiento con estrógeno u hormonas masculinas como la testosterona. Las cremas y supositorios a base de estrógeno reducen el adelgazamiento y la sequedad del revestimiento interno de la vagina y, por tanto, pueden ser de gran ayuda para la lubricación durante el coito. El uso de testosterona para tratar mujeres con alteración de la excitación sexual es controvertido.

Los ejercicios de sensibilización focal pueden ayudar a aliviar la ansiedad de una pareja acerca de la intimidad y del coito. Aprender sobre el funcionamiento de los órganos genitales también puede ser de gran ayuda. La mujer puede aprender las técnicas de excitación sexual más efectivas para ella y para su pareja. Los ejercicios de Kegel pueden ser útiles porque refuerzan los músculos que intervienen en una relación sexual.

■ Trastorno orgásmico

Se conoce como trastorno orgásmico la demora o ausencia del clímax sexual (orgasmo) a pesar de que exista una estimulación intensa y suficientemente larga.

La cantidad y el tipo de estimulación requerida para tener un orgasmo varía mucho en cada mujer. La mayoría de las mujeres pueden llegar a tener un orgasmo cuando el clítoris está estimulado, pero por lo general, sólo la mitad de ellas lo tiene durante el coito. Aproximadamente 1 de 10 mujeres nunca han experimentado un orgasmo. El trastorno orgásmico se produce cuando hay problemas persistentes y frecuentes que lo dificultan y que afectan a la función sexual, lo que causa gran angustia.

Por lo general, las mujeres que han aprendido cómo alcanzar el orgasmo no pierden esta habilidad, a no ser que intervengan factores negativos, como una comunicación sexual inadecuada, una experiencia traumática o un trastorno físico o de carácter psicológico. Las causas físicas y psicológicas son similares a las de la alteración de la excitación sexual. La depresión es una causa frecuente, al igual que la tensión emocional.

El trastorno orgásmico puede ser el resultado de una relación sexual que repetidamente termina antes de alcanzar la mujer el clímax. La mujer puede no alcanzar un orgasmo porque las caricias preliminares no son adecuadas, porque uno o ambos miembros de la pareja no comprenden el funcionamiento de los órganos genitales o debido a la eyaculación precoz de su pareja. Hacer el amor se convierte entonces en frustración y puede generar resentimiento y, a veces, aversión por todas las cosas sexuales. Es posible que algunas mujeres, pese a sentirse excitadas, no alcancen el orgasmo porque temen *dejarse llevar*, en especial durante el coito. Este temor puede tener su origen en sentimientos de culpa después de una experiencia placentera, miedo de abandonarse al placer que depende de la pareja, o temor a perder el control.

Ciertos fármacos, y de modo especial los inhibidores selectivos como la fluoxetina ● *(v. tabla pág. 744)*, pueden dificultar el orgasmo.

El trastorno orgásmico puede ser temporal, aparecer después de varios años de un funcionamiento sexual normal o mantenerse toda la vida. Puede manifestarse siempre o sólo en ciertas circunstancias. La mayoría de las mujeres con problemas para alcanzar un orgasmo pueden tener dificultad también para excitarse sexualmente.

➤ Diagnóstico y tratamiento

El diagnóstico se basa en la descripción del problema por parte de la paciente. Para identificar la causa, el médico le pregunta a la mujer sobre su historia clínica y sexual, incluido el uso de fármacos, y lleva a cabo una exploración física.

Si la causa es psicológica, suele ser de utilidad que la mujer reciba asesoramiento especializado, habitualmente con su pareja. También se recomienda la psicoterapia para la mujer o la pareja. Existen tratamientos para aliviar los trastornos físicos, si se detectan.

Otras medidas útiles incluyen los ejercicios de sensibilización focal para parejas, información acerca del funcionamiento de los órganos genitales y los ejercicios de Kegel.

CAPÍTULO 251

Trastornos mamarios

Los trastornos mamarios pueden ser no cancerosos (benignos) o cancerosos (malignos). La mayoría son no cancerosos y no ponen en peligro la vida de la paciente. A menudo, no necesitan tratamiento. Por el contrario, el cáncer de mama puede significar la pérdida de una mama o de la vida. De este modo, para muchas mujeres, el cáncer de mama es su peor temor. Algunos problemas de esta índole pueden, sin embargo, detectarse en sus primeras fases cuando las mujeres autoexaminan regularmente sus mamas o mediante mamografías.

➤ Síntomas

Los síntomas más frecuentes incluyen dolor mamario, bultos y secreción por el pezón. Estos síntomas no significan necesariamente que una mujer tenga cáncer de mama u otro trastorno grave. Sin embargo, si una mujer tiene alguno de los siguientes síntomas, debe consultar a su médico:

● un bulto que, al tacto, se diferencia claramente del resto del tejido mamario o que no desaparece;

● tumefacción constante;

● arrugas u hoyuelos en la piel de la mama;

● piel escamosa alrededor del pezón;

● cambios en la forma de la mama;

● cambios en el pezón, por ejemplo, un hundimiento;

● secreción del pezón, sobre todo si contiene sangre.

Dolor mamario: muchas mujeres experimentan dolor mamario (mastalgia). El dolor mamario puede relacionarse con cambios hormonales, por ejemplo, puede producirse durante el período menstrual o justo antes del mismo (como parte del síndrome premenstrual) y también al comienzo del embarazo. Las mujeres que toman anticonceptivos orales o que reciben tratamiento hormonal después de la menopausia frecuentemente sienten este tipo de dolor. El dolor es causado por el crecimiento del tejido mamario, es generalmente difuso y hace que las mamas sean muy sensibles al tacto. Cuando está asociado a la menstruación, puede ser intermitente durante meses o años.

Otras causas del dolor mamario incluyen quistes, infecciones y abscesos. En estos casos, el dolor de mama se siente generalmente en un lugar específico. La mama fibroquística es un trastorno que también puede causar dolor. El dolor mamario es a veces producido por un cáncer, pero éste generalmente no causa dolor. Si el dolor mamario persiste más de un mes, debe ser evaluado por un médico.

El dolor mamario leve suele desaparecer con el tiempo, aun sin necesidad de tratamiento. Si se produce durante la menstruación, puede aliviarse en la mayoría de los casos, administrando paracetamol o un fármaco antiinflamatorio no esteroideo.

Para ciertos tipos de dolor intenso, puede utilizarse danazol (una hormona sintética relacionada con la testosterona) o tamoxifeno (un fármaco que se administra como tratamiento para el cáncer de mama). Estos fármacos inhiben la actividad del estrógeno y la progesterona, que afectan a la mama. Dado que el uso de estos fármacos a largo plazo produce efectos secundarios, las drogas se administran, por lo general, sólo durante poco tiempo. El tamoxifeno tiene menos efectos colaterales que el danazol. El tamoxifeno se utiliza principalmente en mujeres posmenopáusicas, pero también puede ser beneficioso en mujeres jóvenes.

Si se identifica un trastorno específico como la causa, éste debe someterse a tratamiento. Por ejemplo, si la causa es un quiste, el hecho de drenarlo suele aliviar el dolor.

Bultos en la mama: los bultos en las mamas son relativamente frecuentes y, por lo general, no cancerosos. Pero como pueden serlo, deben ser evaluadas inmediatamente por un médico. Los abultamientos pueden ser bolsas llenas de líquido (quistes) o masas sólidas, que habitualmente son fibroadenomas ● (v. pág. 1650).

Otras clases de abultamientos mamarios son el tejido glandular endurecido (adenosis esclerosante) y el tejido cicatricial que reemplaza al tejido adiposo lesionado (necrosis grasa). Ninguno de los dos es canceroso. Sin embargo, estos abultamientos sólo se pueden diagnosticar mediante una biopsia. No requieren tratamiento alguno.

Secreción por el pezón: a veces, uno o ambos pezones secretan un líquido. La secreción de los pezones se suele producir durante el período de lactancia después del parto o como resultado de

Interior de la mama

La mama de la mujer se compone de las glándulas productoras de leche (lóbulos) rodeadas de los tejidos adiposo y conjuntivo. La leche secretada por las glándulas fluye por los conductos hasta llegar al pezón. La areola es una zona de piel pigmentada alrededor del pezón.

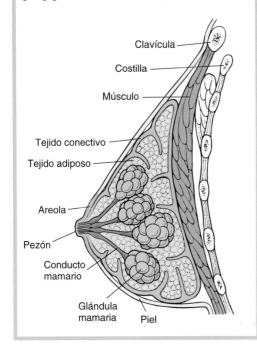

Clavícula
Costilla
Músculo
Tejido conectivo
Tejido adiposo
Areola
Pezón
Conducto mamario
Glándula mamaria   Piel

la estimulación del pezón con caricias, succión o la irritación provocada por la ropa. Durante las últimas semanas de embarazo, las mamas pueden producir una secreción lechosa (calostro). Una secreción normal del pezón es un líquido fino, turbio, blanquecino o casi claro, no pegajoso. Sin embargo, durante el embarazo o la lactancia, se presenta normalmente, algunas veces, una secreción ligeramente sanguinolenta.

Son varios los trastornos que pueden causar una secreción anormal. Las secreciones anormales varían de aspecto según la causa que las origina. Una secreción sanguinolenta puede ser causada por un tumor no canceroso de la mama (como un tumor de los conductos lácteos, denominado papiloma intraductal) o, con menor frecuencia, por un cáncer de mama. Entre mujeres con una secreción anormal, el cáncer de mama es la causa en menos del 10%. Una secreción verdosa se debe generalmente a un fibroadenoma, una

formación sólida no cancerosa. Una secreción que contiene pus y huele mal puede ser el resultado de una infección mamaria. La presencia de una gran cantidad de secreción lechosa en las mujeres que no están lactando puede ser el resultado de una galactorrea ● *(v. pág. 1133).* Los tumores de la glándula hipófisis o del cerebro, la encefalitis (una infección cerebral) y las lesiones en la cabeza también pueden producir secreción mamaria. La administración de determinados fármacos, como antidepresivos y ciertos antihipertensivos, pueden causar secreción mamaria. Los anticonceptivos orales pueden producir una secreción acuosa.

Una secreción por una mama probablemente esté causada por un problema en esa mama, como un tumor benigno o canceroso. Una secreción por ambas mamas es más probable que provenga de un problema no mamario, como un tumor hipofisiario o por ciertos fármacos.

Si la secreción por el pezón persiste durante más de un ciclo menstrual o si le parece fuera de lo normal, la paciente debe acudir al médico. Las mujeres posmenopáusicas que presentan secreción mamaria deben consultar al médico enseguida. Los médicos examinan la mama con el fin de detectar anomalías. Se puede realizar una mamografía o análisis de sangre para medir las concentraciones hormonales. También puede practicarse una tomografía computadorizada (TC) o una resonancia magnética nuclear (RMN) de la cabeza. El médico generalmente pregunta a la paciente sobre los fármacos que está tomando. A veces no se puede identificar una causa específica.

Si un trastorno es la causa, éste debe ser tratado. Si un tumor no canceroso está provocando una secreción por una mama, el conducto de donde proviene la secreción puede ser extirpado.

■ Quistes mamarios

Los quistes mamarios son bolsas llenas de líquido que aparecen en las mamas.

Estos quistes son frecuentes. En algunas mujeres, muchos de estos quistes aparecen con frecuencia, a veces como parte de una enfermedad fibroquística mamaria. Sin embargo, otras mujeres nunca desarrollan quistes. La causa de los quistes mamarios se desconoce, aunque puede estar implicada una lesión. Los quistes mamarios pueden ser diminutos o tener varios centímetros de diámetro.

A veces, los quistes provocan dolor mamario. Para aliviar el dolor, el médico puede drenar el líquido que contengan con una aguja fina. Luego se examina dicho líquido al microscopio para averiguar si se trata de un cáncer. El color y la cantidad son datos importantes. Si el contenido es sanguinolento, de color marrón o turbio o si el quiste no desaparece o reaparece en las doce semanas posteriores al drenaje, se extirpa quirúrgicamente en su totalidad porque, aunque excepcionalmente, puede existir un cáncer en la pared del quiste.

■ Fibroadenomas

Los fibroadenomas son bultos no cancerosos pequeños, sólidos, de consistencia gomosa, formados por tejido fibroso y glandular.

Los fibroadenomas, por lo general, aparecen en las mujeres jóvenes, incluso en las adolescentes. No se conoce su causa.

Son móviles y tienen bordes muy delimitados que pueden palparse durante una autoexploración. Pueden sentirse como canicas pequeñas y escurridizas. Estas características indican al médico que los abultamientos tienen muy poca probabilidad de ser cancerosos. Sin embargo, el médico, por lo general, los extirpa para asegurarse de que son benignos. Se utiliza anestesia local. Los fibroadenomas a menudo son recurrentes. Después de la extirpación de varios tumores y de comprobar que son benignos, la paciente y su médico pueden decidir no extirpar otros nuevos que puedan desarrollarse.

■ Enfermedad fibroquística de las mamas

La enfermedad fibroquística se caracteriza por dolor mamario, quistes y abultamientos no cancerosos.

De hecho, la mayoría de las mujeres tienen bultos en las mamas, en general en la parte superior externa, cerca de la axila. Y muchas tienen este tipo de abultamientos con dolor y quistes mamarios, un trastorno denominado enfermedad fibroquística de las mamas.

Normalmente, las concentraciones de las hormonas femeninas, estrógeno y progesterona, fluctúan durante el ciclo menstrual. Cuando aumentan sus concentraciones, las glándulas que producen leche y sus conductos se agrandan, y las mamas retienen líquido, pero luego vuelven a la normalidad cuando sus niveles disminuyen. (Estas fluctuaciones explican, en parte, la hinchazón y la sensibilidad que se produce en las mamas durante un momento específico de cada ciclo menstrual.) Las alteraciones fibroquísticas pueden ser el resultado de la estimulación repetida por parte de estas hormonas.

En mujeres con enfermedad fibroquística de las mamas, las zonas abultadas pueden aumentar de tamaño, provocando sensación de pesadez, malestar, mayor sensibilidad al tacto o dolor urente. Los síntomas tienden a desaparecer después de la menopausia. La enfermedad fibroquística mamaria puede aumentar muy ligeramente el riesgo de cáncer mamario. Este trastorno puede aumentar la dificultad para detectarlo.

Los abultamientos pueden extirparse para realizar una biopsia. A veces se drenan los quistes, pero éstos tienden a reaparecer. No existe ni se requiere un tratamiento específico para corregir este trastorno.

■ Infecciones y abscesos de la mama

Una infección mamaria (mastitis) es rara, excepto en períodos próximos al parto ● *(v. pág. 1754)*, o después de una herida o una intervención quirúrgica. El síntoma más frecuente es la presencia de una zona inflamada, enrojecida, caliente y sensible. Un tipo poco frecuente de cáncer de mama, el cáncer inflamatorio ● *(v. pág. 1653)*, puede producir síntomas similares. Una infección bacteriana se trata con antibióticos.

Un absceso mamario, que es aún más raro, es una acumulación de pus en la mama. Si una infección mamaria no recibe tratamiento, se puede desarrollar un absceso. Éste se trata con antibióticos y, por lo general, se drena mediante cirugía.

■ Cáncer de mama

El cáncer de mama es el segundo en frecuencia en mujeres, después del de piel, y la segunda causa de muerte por cáncer más frecuente en mujeres, después del cáncer pulmonar. La incidencia es más alta en los países occidentales.

Muchas mujeres temen el cáncer de mama debido a la frecuencia con que aparece. Sin embar-

Incidencia por grupos de edad

La incidencia del cáncer de mama aumenta rápidamente por encima de los 25 años de edad, alcanzando desde los 37,2 casos por 100 000 mujeres entre los 25 y 44 años, hasta más de 300 casos por 100 000 en el grupo de mujeres mayores de 85 años.

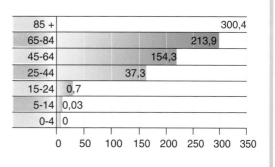

go, parte del temor acerca del cáncer de mama se basa en malentendidos. Por ejemplo, la afirmación de que "1 de cada 8 mujeres tendrá cáncer de mama" induce a confusión. Esta cifra es un estimativo que se calcula en mujeres desde su nacimiento hasta la edad de 95 años. Significa que, en teoría, 1 de cada 8 mujeres que vivan hasta los 95 años desarrollará cáncer de mama. Sin embargo, en una mujer de 40 años, la probabilidad de desarrollar cáncer de mama durante el año siguiente es sólo de 1 entre 1 200 y la de desarrollarlo en la década siguiente es aproximadamente de 1 entre 120. Pero con la edad, el riesgo aumenta.

Existen otros factores que también afectan al riesgo de desarrollar cáncer de mama. Así, para algunas mujeres, el riesgo es o mucho más alto o menor que el promedio. La mayoría de los factores que aumentan el riesgo, tales como la edad, no pueden modificarse. Sin embargo, estudios recientes sugieren que el ejercicio regular, sobre todo en la adolescencia y la juventud, así como tal vez el control de peso, pueden reducir un poco el riesgo de cáncer de mama. Ingerir habitualmente bebidas alcohólicas puede incrementar el riesgo.

Mucho más importante que tratar de modificar los factores de riesgo es estar alerta para la detección del cáncer mamario, de forma que pueda diagnosticarse y tratarse en sus primeras fases, cuando es más factible lograr su curación. La detección temprana es más probable cuando las mujeres se someten a mamografías y realizan con regularidad la autoexploración de la mama ● *(v. pág. 1656 y fig. pág. 1658).*

➤ Estadiaje

El estadiaje implica asignar un estadio a un cáncer cuando es diagnosticado. El estadio se basa en lo avanzado que se encuentra el cáncer. El conocimiento del estadio ayuda a los médicos a determinar el tratamiento más apropiado y el pronóstico. Los estadios del cáncer de mama pueden describirse, por lo general, como in situ (no invasivo), invasivo localizado, invasivo regional o invasivo distante (metastásicos). O pueden describirse detalladamente y asignárseles un número (del 0 al IV).

El **carcinoma in situ** es el primer estadio del cáncer de mama y su nombre significa *cáncer localizado*. El carcinoma in situ puede ser grande e incluso afectar un área sustancial de la mama, pero no ha invadido los tejidos circundantes ni se ha extendido a otras partes del organismo. Generalmente, se detecta durante una mamografía.

El **cáncer invasivo localizado** se ha extendido a los tejidos circundantes, pero queda limitado a la mama.

Los **cánceres invasivos regionales** se han extendido a los tejidos cercanos a las mamas, incluidos la pared torácica y los ganglios linfáticos.

Los **cánceres invasivos distantes (metastásicos)** se han propagado desde la mama hacia otras partes del cuerpo. El cáncer tiende a trasladarse por los vasos linfáticos de la mama. La mayoría de los vasos linfáticos de la mama drenan en los nódulos de la axila (ganglios linfáticos axilares). Una función de los ganglios linfáticos es filtrar y destruir las células anormales o extrañas, como las cancerosas. Si las células cancerosas pasan estos ganglios linfáticos, el cáncer puede extenderse a cualquier parte del organismo. El cáncer de mama también puede propagarse por el torrente sanguíneo hacia otras partes del cuerpo. Tiende a propagarse a los huesos y al cerebro, pero puede extenderse hacia cualquier zona, incluidos los pulmones, el hígado y la piel. El cáncer mamario

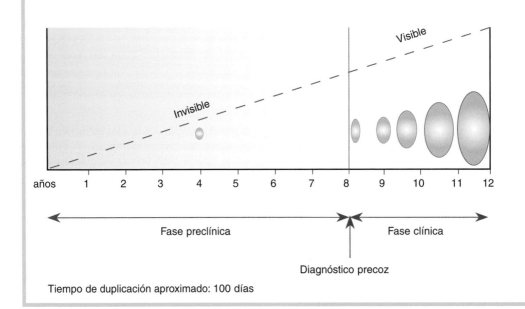

Evolución del tamaño de los tumores malignos de mama

La evolución del tumor suele ser lenta, de modo que durante mucho tiempo no ocasiona manifestaciones y su detección resulta imposible, pero también hay un período en que permanece oculto y sólo puede descubrirse su existencia si se realizan pruebas específicas orientadas a realizar un diagnóstico precoz, cuando aún resulta posible efectuar un tratamiento sencillo y eficaz.

Visible

Invisible

| años | 1 | 2 | 3 | 4 | 5 | 6 | 7 | 8 | 9 | 10 | 11 | 12 |

Fase preclínica

Fase clínica

Diagnóstico precoz

Tiempo de duplicación aproximado: 100 días

---

puede aparecer en estas áreas años o incluso décadas después de hacerse el diagnóstico inicial y de haber sido tratado. Si se ha extendido a una zona, probablemente lo haya hecho a otras también, aunque no se detecte enseguida.

➤ Tipos

El cáncer de mama se clasifica habitualmente según la clase de tejido en el que comienza y también según el alcance de su propagación. El cáncer de mama que comienza en los conductos galactóforos se denomina carcinoma ductal. Aproximadamente el 90 % de todos los cánceres de mama son de este tipo. El carcinoma lobular es el que comienza en las glándulas (lóbulos) que producen la leche. Un tipo raro de cáncer de mama que se inicia en el tejido graso o conectivo se denomina sarcoma.

El **carcinoma ductal in situ** está limitado a los conductos (galactóforos) mamarios. No invade el tejido circundante, pero puede diseminarse a lo largo de los conductos y gradualmente afectar un área importante de la mama. Este tipo representa del 20 al 30 % de los cánceres de mama.

El **carcinoma lobular in situ** crece dentro de las glándulas productoras de leche y frecuentemente se desarrolla en varias zonas de ambas mamas. Las mujeres con carcinoma lobular in situ tienen un 30 % de probabilidades de desarrollar cáncer invasivo en la misma o en la otra mama en los siguientes 24 años. Este tipo representa del 1 al 2 % de los cánceres de mama.

El **carcinoma ductal invasivo** comienza en los conductos galactóforos, pero atraviesa la pared de éstos e invade el tejido circundante. También puede extenderse a otras partes del cuerpo. Representa entre un 65 y un 80 % de los cánceres de mama.

El **carcinoma lobular invasivo** comienza en las glándulas productoras de leche de la mama, pero invade el tejido mamario circundante y se difunde hacia otras partes del cuerpo. Es más probable que ocurra en ambas mamas que los otros tipos de cáncer mamario. Representa del 10 al 15 % de los cánceres de mama.

RIESGO DE DESARROLLO O MUERTE EN EL CÁNCER DE MAMA

EDAD (AÑOS)	RIESGO (%)					
	EN 10 AÑOS		EN 20 AÑOS		EN 30 AÑOS	
	DESA-RROLLO	MUERTE	DESA-RROLLO	MUERTE	DESA-RROLLO	MUERTE
30	0,4	0,1	2,0	0,6	4,3	1,2
40	1,6	0,5	3,9	1,1	7,1	2,0
50	2,4	0,7	5,7	1,6	9,0	2,6
60	3,6	1,0	7,1	2,0	9,1	2,6
70	4,1	1,2	6,5	1,9	7,1	2,0

Según información de Feuer E. J. et al, "The lifetime risk of developing breast cancer", Journal of the National Cancer Institute, 85(11):892-897, 1993.

El **cáncer inflamatorio de mama** es de crecimiento rápido y a menudo fatal. Las células cancerosas obstruyen los vasos linfáticos que se encuentran en la piel de la mama y la hacen parecer inflamada: hinchada, enrojecida y caliente. Por lo general, el cáncer inflamatorio mamario se extiende a los ganglios linfáticos de la axila, y éstos pueden palparse como protuberancias duras. Sin embargo, a menudo no se palpa ninguna protuberancia en la mama misma porque este cáncer se dispersa a través de toda la mama. El cáncer inflamatorio de mama representa alrededor del 1 % de los cánceres de este órgano.

La **enfermedad de Paget del pezón** es un tipo de cáncer ductal mamario. El primer síntoma es un pezón dolorido con costras o escamas o con una secreción proveniente del mismo. Poco más de la mitad de las mujeres con este cáncer también desarrollan un bulto en la mama que puede palparse. Esta enfermedad tiene dos formas: in situ o invasiva. Como habitualmente causa pocas molestias, puede pasar desapercibida durante un año o más antes de que la mujer visite al médico. El pronóstico depende de lo invasivo y grande que sea el cáncer y de si se ha extendido a los ganglios linfáticos.

Algunos tipos menos frecuentes de cánceres invasivos ductales de mama incluyen los carcinomas medular, tubular y mucinoso (coloide). El carcinoma mucinoso tiende a desarrollarse en las mujeres de edad y a crecer lentamente. Las mujeres con estos tipos de cáncer de mama tienen un pronóstico mucho mejor que las que desarrollan otros tipos invasivos de cáncer mamario.

El **cistosarcoma filodes** es un tipo relativamente raro de cáncer de mama. Se origina en el tejido mamario que se encuentra alrededor de los conductos galactóforos y de las glándulas productoras de leche. Se extiende a otras partes del cuerpo en menos del 5 % de las mujeres que lo padecen.

➤ Características

Todas las células, incluidas las cancerosas de la mama, tienen moléculas en su superficie, denominadas receptores. El receptor tiene una estructura específica que permite que sólo ciertas sustancias encajen en él y afecten a la actividad celular. El que las células cancerosas de la mama tengan receptores afecta a la rapidez de propagación del cáncer y a la forma en que debe tratarse.

Algunas células cancerosas de mama tienen receptores de estrógeno. El cáncer resultante, descrito como receptor de estrógeno positivo, es estimulado por esta hormona. Esta clase de cáncer es más frecuente entre las mujeres posmenopáusicas que en las mujeres jóvenes. Algunas células cancerosas de la mama tienen receptores de progesterona. El cáncer resultante, descrito como receptor de progesterona positivo, es estimulado por esta hormona. Los cánceres de mama con receptores de estrógeno positivos crecen más lentamente que los cánceres de mama con receptores de estrógeno negativos y tienen un mejor pronóstico. Lo mismo se aplica a los cánceres de mama receptores de progesterona positivos y a los receptores de progesterona negativos. El pronóstico es mejor en el cáncer que tiene a la vez receptores de estrógenos y de progesterona positivos que en el que sólo tiene uno de los dos.

Las células tienen receptores HER-2/*neu* que ayudan a su crecimiento. Las células cancerosas de la mama que tienen demasiados receptores

Factores de riesgo del cáncer de mama

Edad

El paso de los años es un factor importante de riesgo. Alrededor del 60 % de los cánceres de mama se producen en mujeres de más de 60 años. El riesgo es mayor después de los 75 años de edad.

Cáncer de mama previo

Las mujeres con mayor riesgo son las que han tenido cáncer de mama *in situ* o invasivo. Tras extirpar la mama enferma, el riesgo de desarrollar cáncer en la otra mama es de un 0,5 a un 1 % cada año.

Historia familiar de cáncer de mama

El cáncer de mama en un pariente de primer grado o consanguíneo (madre, hermana, hija) aumenta el riesgo de 2 a 3 veces, pero el cáncer de mama en parientes más lejanos (abuela, tía, prima) sólo lo aumenta ligeramente. El cáncer de mama en dos o más parientes de primer grado o consanguíneos incrementa el riesgo en 5 a 6 veces.

Gen del cáncer de mama

Recientemente, se han identificado dos genes diferentes del cáncer de mama (BRCA1 y BRCA2) en dos pequeños grupos de pacientes. Estos genes están presentes en menos de un 1 % de las mujeres. Si una mujer tiene uno de estos genes, sus posibilidades de desarrollar cáncer de mama son muy altas, posiblemente tan altas como de un 50 a un 85 % a los 80 años. Sin embargo, sus probabilidades de morir de esta enfermedad no son necesariamente mayores que las de cualquier otra mujer que la padezca. Las mujeres con mayor probabilidad de tener estos genes son las que tienen una importante historia familiar de cáncer de mama. Por lo general, aquellas en las que varias mujeres han tenido cáncer de mama en las tres últimas generaciones. Por esta razón, la detección sistemática de estos genes no parece ser necesaria, excepto en mujeres con una historia clínica familiar. La incidencia del cáncer de ovario también es mayor en las familias que cuentan con uno de los genes del cáncer de mama. La incidencia de cáncer de mama en los varones es mayor en las familias con el gen BRCA2.

Enfermedad fibroquística de las mamas

Haber sufrido una enfermedad fibroquística mamaria parece incrementar el riesgo sólo en aquellas mujeres con un elevado número de células en los conductos mamarios. Incluso en estos casos, el riesgo es moderado, a menos que se encuentre tejido anormal (hiperplasia atípica) durante una biopsia o exista una historia familiar de cáncer de mama.

HER-2/*neu* tienden a crecer muy rápidamente. En un 20 a un 30 % de los cánceres de mama, las células cancerosas tienen demasiados receptores HER-2/*neu*.

➤ Síntomas

Una mujer que tiene cáncer de mama no suele presentar síntomas al principio. Generalmente, el primer síntoma es un bulto que, con frecuencia, se siente o palpa de forma diferente al tejido que rodea la mama. En más del 80 % de los casos de cáncer de mama, la mujer descubre el bulto por sí sola. Por lo general, los abultamientos diseminados de la mama, especialmente los localizados en la región superior externa, son benignos e indican una enfermedad fibroquística mamaria. En cambio, un engrosamiento sólido, que se diferencia del resto y que se nota sólo en una de las mamas, puede ser un signo de cáncer.

En sus primeras fases, el bulto puede desplazarse libremente bajo la piel cuando se empuja con los dedos. En fases más avanzadas, el bulto generalmente se adhiere a la pared torácica o a la piel que lo recubre. En estos casos, el bulto no se puede desplazar en absoluto, o bien no puede moverse separadamente de la piel que lo recubre. Una forma de detectar hasta la más ligera adherencia de un cáncer en la pared torácica o la piel es colocándose frente a un espejo y levantando los brazos sobre la cabeza mientras se está de pie. Una mama con un cáncer puede mostrar arrugas en la piel u otra anormalidad en su forma, más fácilmente detectables si se la compara con la otra. El cáncer avanzado se caracteriza por la aparición de grandes protuberancias o úlceras supurantes. En ciertos casos, la piel que recubre el bulto presenta hoyuelos, tiene el aspecto de cuero y se asemeja a la de una naranja (piel de naranja), excepto por el color.

El bulto puede ser doloroso, pero esta manifestación no es un signo fiable. La presencia de dolor intenso sin un bulto rara vez se debe a un cáncer de mama.

Los ganglios linfáticos, sobre todo los de la axila del lado afectado, pueden notarse como

Edad de acceso a la pubertad

Cuanto más temprano es el comienzo de la menstruación, mayor es el riesgo de desarrollar en el futuro un cáncer de mama. El riesgo es de 1,2 a 1,4 veces mayor en las mujeres que menstruaron por primera vez antes de los 12 años que en aquellas que lo hicieron después de los 14 años.

Edad del primer embarazo y de la menopausia

También será mayor el riesgo cuánto más tarde sobrevenga la menopausia y más tarde se produzca el primer embarazo. El no haberse quedado embarazada también duplica el riesgo de desarrollar un cáncer de mama durante la vida de una mujer.

Estos factores probablemente incrementen el riesgo porque implican una mayor exposición a los estrógenos, que estimulan el crecimiento de algunos cánceres. (El embarazo, aunque aumenta considerablemente los niveles de estrógeno, puede reducir el riesgo de cáncer de mama.)

Uso prolongado de anticonceptivos orales o terapia de reemplazo estrogénica

Casi ninguno de los estudios muestra que exista relación alguna entre el uso de anticonceptivos orales y las posibilidades de desarrollar posteriormente un cáncer de mama, excepto en los casos en que se han administrado de forma prolongada. Después de la menopausia, el hecho de someterse a una terapia de reemplazo estrogénica durante un periodo de entre 5 y 10 años parece ser que puede incrementar ligeramente el riesgo. La terapia de reemplazo hormonal que combina el estrógeno con la progestina aumenta el riesgo (aunque reduce también el de padecer cáncer de útero).

Obesidad después de la menopausia

El riesgo es algo mayor en las mujeres posmenopáusicas obesas. Sin embargo, no existe prueba de que una dieta con alto contenido de grasa contribuya al desarrollo de cáncer de mama. Algunos estudios sugieren que las mujeres obesas que aún menstrúan en realidad tienen menos probabilidades de padecer cáncer de mama.

Exposición a radiación

La exposición a la radiación (como radioterapia en el tratamiento del cáncer o una significativa exposición a radiografías) antes de los 30 años aumenta el riesgo.

---

pequeños bultos sólidos. Los ganglios linfáticos pueden estar adheridos entre sí, a la piel o a la pared torácica. Son, por lo general, indoloros, pero pueden ser ligeramente sensibles al tacto.

En el cáncer inflamatorio de mama, ésta está caliente, enrojecida, e hinchada, como si estuviera infectada (pero no lo está). La piel de la mama puede adquirir una apariencia apergaminada y con hoyuelos, como la de una naranja, o mostrar surcos en su superficie. El pezón puede voltearse hacia adentro (invertirse). Es frecuente que se produzca una secreción por el pezón. A menudo, es imposible palpar un bulto en la mama.

➤ Detección

Como el cáncer de mama rara vez produce síntomas en sus primeras fases y como su tratamiento en estas etapas tiene más probabilidades de éxito, su detección es importante. La detección es la búsqueda de un trastorno antes de que se presenten síntomas.

La autoexploración rutinaria permite a la mujer detectar bultos en una fase temprana. La autoexploración no reduce el índice de mortalidad por cáncer de mama ni detecta tantos cánceres en sus primeras etapas como lo hace la detección rutinaria mediante una mamografía. Con tumores detectados mediante la autoexploración, el pronóstico es generalmente mejor y puede realizarse una cirugía encaminada a la conservación de la mama en lugar de una mastectomía.

El examen de mama es una parte rutinaria de una exploración física. El médico inspecciona las mamas en busca de irregularidades, hoyuelos, piel estirada, masas o secreción. El médico palpa cada mama con la mano plana y comprueba que no existan ganglios linfáticos engrosados en la axila, la zona que la mayoría de los cánceres de mama invaden primero, ni por encima de la clavícula. Los ganglios linfáticos normales no se notan al tacto a través de la piel, así que los que se palpan deben considerarse agrandados. Sin embargo, ciertos trastornos no cancerosos también pueden provocar un aumento del tamaño de los ganglios linfáticos. Los ganglios linfáticos que pueden palparse son revisados con el objeto de ver si están adheridos a la piel o a la pared torácica y si se encuentran aglomerados.

La **mamografía** utiliza rayos X de baja potencia para detectar zonas anormales en la mama. Es una las mejores técnicas para la detección del cáncer de mama en sus primeras fases ● *(v. fig. pág. 1611)*. La mamografía tiene sensibilidad suficiente para detectar la posibilidad de un cáncer en un estadio precoz. Por esta razón, el procedimiento puede indicar la existencia de cáncer cuando en realidad no lo hay, un resultado falso positivo. Generalmente, cuando el resultado es positivo y para confirmarlo, se programan otros procedimientos más específicos, como una biopsia de la mama. La mamografía puede no detectar hasta un 15% de los cánceres de mama.

La mamografía realizada cada 1 o 2 años puede reducir la tasa de mortalidad ocasionada por el cáncer de mama entre un 25 y un 35% en mujeres de 50, o más, años. Ningún estudio ha demostrado todavía que las mamografías regulares puedan reducir la tasa de mortalidad entre las mujeres menores de 50 años. Sin embargo, puede ser difícil obtener esta evidencia porque el cáncer de mama no es frecuente en mujeres jóvenes. Muchos expertos recomiendan que las mujeres de 40 a 49 años se practiquen mamografías cada 1 o 2 años. Todos los expertos recomiendan que las mujeres se realicen una mamografía anual a partir de los 50 años.

➤ Diagnóstico

Cuando se detecta un bulto u otro cambio sospechoso en la mama durante una exploración física o mediante una prueba de detección, son necesarias otras pruebas. Primero se hace una mamografía si no fue éste el método utilizado para detectar la anomalía.

La ecografía se usa a veces para ayudar a distinguir entre un saco lleno de líquido (quiste) y una masa sólida. Esta distinción es importante porque los quistes son generalmente benignos. Los quistes pueden controlarse (sin necesidad de tratamiento) o drenarse con una aguja pequeña y una jeringa. Los quistes se extirpan cuando se sospecha la presencia de un cáncer, lo cual sucede en escasas ocasiones. Si la anomalía es una masa sólida probablemente cancerosa, se realiza una biopsia. A menudo, se realiza una biopsia por aspiración: se extraen algunas células de la masa utilizando una aguja unida a una jeringa. Si este procedimiento detecta un cáncer, el diagnóstico se confirma. Si se determina la ausencia de cáncer, será necesario extraer otra porción de tejido (biopsia por incisión) o la totalidad de la masa (biopsia por exéresis) para asegurarse que la biopsia por aspiración no falló al dar un resultado negativo. La mayoría las mujeres no necesitan ser hospitalizadas para someterse a estos procedimientos. Por lo general, sólo se utiliza anestesia local.

Si se sospecha que existe la enfermedad de Paget del pezón, se realiza una biopsia de este tejido. A veces, este cáncer puede diagnosticarse con un examen al microscopio de una muestra de la secreción del pezón.

Un patólogo examina las muestras de la biopsia al microscopio para determinar si existen células cancerosas. Generalmente, una biopsia confirma cáncer en 1 de cada 4 mujeres en quienes la mamografía detecta una anomalía. Si se detectan células cancerosas, la muestra se analiza para determinar sus características, tales como si tienen receptores de estrógeno o de progesterona, cuántos receptores HER-2/*neu* hay presentes y la rapidez con la que se dividen las células cancerosas. Esta información ayuda a los médicos a estimar la rapidez con la que puede extenderse el cáncer y los tratamientos con más probabilidad de éxito.

Se practica una radiografía del tórax y un análisis de sangre para evaluar el funcionamiento del hígado y determinar si el cáncer se ha propagado. Si el tumor es grande o si los ganglios linfáticos están agrandados, pueden practicarse radiografías de los huesos de todo el cuerpo (una gammagrafía ósea).

➤ Tratamiento

En general, el tratamiento se inicia después de evaluar a fondo el estado de la enfermedad en la paciente, aproximadamente una semana o más después de la biopsia. El tratamiento depende del estadio y del tipo de cáncer de mama. Sin embargo, el tratamiento es complejo porque las distintas clases de cáncer de mama difieren en gran medida en sus índices de crecimiento, su tendencia a extenderse (metastatizar) y la respuesta al tratamiento. También, es mucho lo que se ignora acerca del cáncer de mama. Por lo tanto, existen distintas opiniones sobre cuál es el tratamiento más apropiado para una mujer en particular.

Las preferencias de la paciente y de su médico influyen en las decisiones terapéuticas. Una mujer con cáncer de mama tiene derecho a recibir

ESTADIOS DEL CÁNCER DE MAMA

ESTADIO	DESCRIPCIÓN
0	El tumor está limitado al conducto mamario o a la glándula productora de leche y no ha invadido el tejido circundante (carcinoma in situ).
I	El tumor tiene menos de 2 cm de diámetro y no se ha extendido más allá de la mama.
II	El tumor tiene más de 2 cm de diámetros, pero menor de 5 cm, y/o se ha extendido al menos a un ganglio linfático en la axila del mismo lado del tumor.
III	El tumor tiene más de 5 cm de diámetro y/o se ha extendido a los ganglios linfáticos que están adheridos entre sí o a los tejidos circundantes; o el tumor, independientemente de su tamaño, se ha extendido a la piel, a la pared torácica o a los ganglios linfáticos que se encuentran debajo de la mama dentro del pecho.
IV	El tumor, independientemente de su tamaño, se ha extendido a órganos distantes o a los tejidos, como los pulmones o huesos, o a ganglios linfáticos alejados de la mama.

una clara explicación de lo que se conoce acerca de la enfermedad y también de lo que aún se desconoce, así como a disponer de una completa descripción de las opciones de tratamiento. Entonces, la mujer puede considerar las ventajas y desventajas de los diferentes tratamientos y aceptar o rechazar las distintas opciones que se le han ofrecido. Perder parte o la totalidad de una mama puede ser una experiencia emocionalmente traumática. Una mujer debe considerar lo que siente acerca de este tratamiento, que puede afectar profundamente a su sentido de integridad y su sexualidad.

Los médicos pueden pedir o sugerir a una mujer con cáncer de mama que participe en estudios de investigación para un nuevo tratamiento, lo que puede mejorar sus posibilidades de supervivencia o su calidad de vida. Todas las mujeres que participan en un estudio de investigación reciben tratamiento, porque se compara un nuevo tratamiento con otros también efectivos. La mujer de-

be pedirle a su médico una explicación de los riesgos y posibles beneficios de su participación, para que pueda tomar su decisión basada en una completa y detallada información sobre el tema.

El tratamiento, por lo general, implica cirugía y puede incluir radioterapia, quimioterapia o fármacos bloqueantes de las hormonas. A menudo, se utiliza una combinación de estos tratamientos.

Cirugía: se extirpan el tumor canceroso y cantidades variables del tejido circundante. Existen dos opciones principales para extirpar el tumor: la cirugía encaminada a preservar las mamas y la resección de éstas (mastectomía).

Mediante la **cirugía encaminada a preservar las mamas** se trata de dejar la mayor parte de éstas intacta. Existen varias clases:

● La lumpectomía, que es la eliminación del tumor y de una pequeña cantidad del tejido normal circundante.

● La escisión amplia o mastectomía parcial, mediante la cual se elimina el tumor y una cantidad apreciable del tejido normal circundante.

● La cuadrantectomía, que es la extirpación de una cuarta parte de la mama.

La extirpación del tumor y cierta parte del tejido normal representa la mejor posibilidad de evitar que el cáncer recidive. La cirugía encaminada a preservar la mama se suele combinar con radioterapia.

La mayor ventaja de esta cirugía es fundamentalmente estética: esta cirugía ayuda a conservar la imagen corporal. De este modo, cuando el tumor es grande en relación con la mama, es menos probable que este tipo de cirugía sea de alguna utilidad. En estos casos, extirpar el tumor y algunos tejidos normales circundantes significa eliminar la mayor parte de la mama. La cirugía encaminada a conservar la mama es, en general, más apropiada cuando los tumores son pequeños. En aproximadamente un 15 % de los casos en que se aplica esta cirugía, la cantidad de tejido que se extrae es tan pequeña que casi no se puede notar diferencia alguna entre la mama operada y la que no lo ha sido. No obstante, lo más frecuente es que las mamas operadas se reduzcan un poco y su contorno sufra algunas alteraciones.

La **mastectomía** es la otra opción quirúrgica importante. Existen varias clases:

● La mastectomía simple consiste en quitar todo el tejido mamario, pero dejando el músculo localizado debajo de la mama y suficiente piel para cubrir la herida. La reconstrucción de la mama es mucho más fácil si se conservan estos tejidos. Se suele realizar una mastectomía simple,

Cómo realizar una autoexploración mamaria

1. Situarse de pie frente al espejo, y observar las mamas. Por lo general, éstas difieren ligeramente en tamaño. Buscar cambios en la diferencia de tamaño entre las mamas y alteraciones en los pezones, como un hundimiento (pezón invertido) o una secreción. Buscar rugosidades o depresiones.

2. Observarse atentamente en el espejo y entrelazar las manos por detrás de la cabeza y presionarlas contra ella. Esta posición ayuda a detectar los cambios sutiles que puede provocar el cáncer. Buscar cambios en la forma y el contorno de las mamas, sobre todo en la parte inferior de cada una.

3. Colocar las manos firmemente sobre las caderas e inclinarse ligeramente hacia el espejo, llevando los hombros y los codos hacia adelante. Nuevamente, buscar cambios en la forma y el contorno de las mamas.

Muchas mujeres realizan la siguiente etapa del examen en la ducha porque las manos se deslizan con facilidad sobre la piel mojada y resbaladiza.

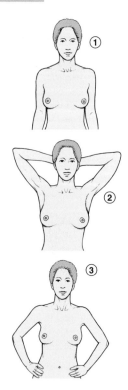

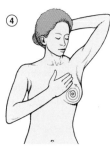

4. Levantar el brazo izquierdo. Usando tres o cuatro dedos de la mano derecha, examinar la mama izquierda detalladamente con la parte plana de los dedos. Trazar pequeños círculos alrededor de la mama con los dedos, comenzando por el borde externo y moviéndolos gradualmente hacia el pezón. Presionar suavemente pero con firmeza, para detectar cualquier bulto o masa inhabitual bajo la piel. Tener cuidado de revisar la totalidad de la mama. También, examinar cuidadosamente la axila y la zona que se encuentra entre ésta y la mama, para buscar posibles bultos.

5. Comprimir un poco el pezón izquierdo y comprobar si se produce alguna secreción. (Consultar con el médico si aparece alguna secreción en cualquier momento del mes, ocurra o no durante una autoexploración mamaria.)

Repetir los pasos 4 y 5 en la mama derecha, levantando el brazo derecho y usando la mano izquierda.

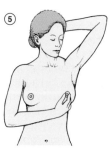

6. Recostarse boca arriba con una almohada o una toalla plegada bajo el hombro izquierdo y colocar el brazo derecho sobre la cabeza. Esta posición aplana la mama y facilita su revisión. Examinar la mama como en los pasos 4 y 5. Repetir lo mismo para la mama derecha.

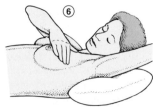

La mujer debe repetir este procedimiento cada mes en la misma fecha. En las mujeres que menstrúan, el período más apropiado para realizar la exploración es 2 o 3 días después de haber terminado la menstruación, porque las mamas tienen una menor probabilidad de doler o de estar hinchadas. Las mujeres posmenopáusicas pueden escoger cualquier día del mes que les resulte fácil de recordar, como, por ejemplo, el primero.

Adaptación de una publicación del National Cancer Institute.

Cirugía para el cáncer de mama

La cirugía para el cáncer de mama consta de dos opciones principales: la intervención quirúrgica en la que se conserva la mama (sólo se extirpa el tumor y la zona de tejido normal que lo rodea) y la mastectomía (en la que se extirpa toda la mama). La intervención quirúrgica en la que se conserva la mama incluye una lumpectomía (en la que se extirpa una pequeña cantidad del tejido normal circundante), la escisión amplia o mastectomía parcial (en la que se extirpa una cantidad algo más grande del tejido normal circundante) y la cuadrantectomía (en la que se extirpa un cuarto de la mama).

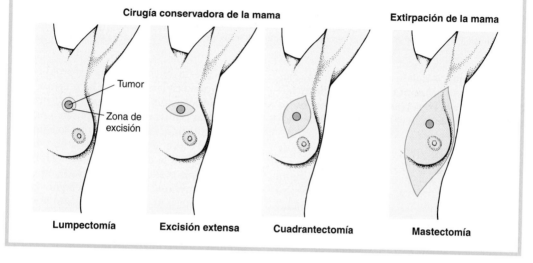

Cirugía conservadora de la mama

Tumor
Zona de excisión

Extirpación de la mama

Lumpectomía **Excisión extensa** **Cuadrantectomía** **Mastectomía**

más que una cirugía encaminada a preservar la mama, cuando hay una cantidad sustancial de cáncer en los conductos galactóforos.

● Una mastectomía radical modificada consiste en quitar todo el tejido mamario y algunos ganglios linfáticos de la axila, pero preservando el músculo localizado debajo de la mama. Este procedimiento generalmente se realiza en vez de una mastectomía radical.

● Una mastectomía radical consiste en quitar todo el tejido mamario, los ganglios linfáticos de la axila y el músculo localizado debajo de la mama. Este procedimiento casi no se practica en la actualidad.

La **cirugía de los ganglios linfáticos** (disección de los ganglios linfáticos) también se practica si el cáncer es invasivo o hay sospechas de que lo sea. Los ganglios linfáticos cercanos (por lo general entre 10 y 20) se extirpan y se examinan para determinar si el cáncer se ha extendido a ellos. Si se detectan células cancerosas en los ganglios linfáticos, aumenta la probabilidad de que el cáncer se haya propagado a otras partes del cuerpo. En estos casos, es necesario un tratamiento adicional. A menudo, la extirpación de los ganglios linfáticos ocasiona problemas, porque afecta al drenaje de líquidos de los tejidos.

Como resultado, los líquidos pueden acumularse y causar hinchazón permanente (linfedema) del brazo o de la mano. El movimiento del brazo y del hombro puede llegar a dificultarse. Otros problemas incluyen entumecimiento temporal o persistente, sensación constante de quemazón, e infección.

Una **biopsia del ganglio linfático centinela** es un enfoque alternativo que puede reducir o evitar los problemas acarreados por la cirugía de los ganglios linfáticos. Este procedimiento implica la localización y extirpación del primer ganglio linfático (o ganglios) en el cual drena el tumor. Si este ganglio contiene células cancerosas, se extirpan los otros. Si no es así, los otros ganglios no se extirpan. Se está investigando si este procedimiento es tan eficaz como una cirugía normal del ganglio linfático.

La **cirugía de reconstrucción mamaria** puede practicarse al mismo tiempo que una mastectomía o más adelante. Se puede utilizar un implante salino o de silicona, o tejido extraído de otras zonas del cuerpo de la paciente. Existen dudas con respecto a la seguridad de los implantes de silicona que a veces sufren escapes. Sin embargo, casi no existe evidencia que sugiera que la fuga de silicona tiene efectos graves.

INFLUENCIA DEL ESTADO DE LOS GANGLIOS LINFÁTICOS SOBRE LA SUPERVIVENCIA

Estado de los ganglios linfáticos	Probabilidades de sobrevivir 5 años	Probabilidades de sobrevivir 10 años	Probabilidades de sobrevivir 10 años sin recurrencia
Ausencia de cáncer en cualquier ganglio	Más de un 90%	Más de un 80%	Más de un 70%
Cáncer entre uno y tres ganglios	Alrededor de un 60 a un 70%	Alrededor de un 40 a un 50%	Alrededor de un 25 a un 40%
Cáncer en cuatro o más ganglios	Alrededor de un 40 a un 50%	Alrededor de un 25 a un 40%	Alrededor de un 15 a un 35%

Radioterapia: la radioterapia destruye las células cancerosas en el punto en el que se ha extraído el tumor y la zona circundante, incluidos los ganglios linfáticos cercanos. Las reacciones adversas incluyen tumefacción en la mama, enrojecimiento y aparición de ampollas en la zona de piel tratada, y cansancio. Estos efectos, por lo general, desaparecen al cabo de varios meses, hasta doce aproximadamente. Menos del 5 % de las mujeres que reciben tratamiento con radioterapia tienen fracturas de costilla, lo cual ocasiona una leve molestia. En un 1 %, aproximadamente, los pulmones se inflaman levemente de 6 a 18 meses después de terminado el tratamiento con radioterapia. La inflamación produce una tos seca y dificultad para respirar durante la actividad física y dura hasta seis semanas.

Los médicos están estudiando varios procedimientos experimentales para mejorar la radioterapia. En un procedimiento, se insertan pequeñas semillas radiactivas por un catéter en el lugar donde se encuentra el tumor. La radioterapia puede completarse en cinco días solamente. En otro procedimiento, se implanta una diminuta espiral que emite radiación en el espacio dejado por el tumor. La radioterapia puede completarse en veinticinco minutos.

Fármacos: los fármacos utilizados en la quimioterapia y los bloqueantes de hormonas son utilizados para suprimir el crecimiento de las células cancerosas en todo el organismo. La quimioterapia y, a veces, los fármacos bloqueantes de hormonas son utilizados, además de la intervención quirúrgica y la radioterapia, si se detectan células cancerosas en los ganglios linfáticos y, con frecuencia, aunque no existan. Estos fármacos a menudo se empiezan a suministrar poco después de la cirugía de mama, y su administración continúa durante varios meses. Algunos, como el tamoxifeno, puede continuarse hasta por un período de cinco años. Estos tratamientos retrasan la recurrencia del cáncer y prolongan la supervivencia en la mayoría de las mujeres.

La **quimioterapia** se utiliza para destruir rápidamente las células que se multiplican o retardar su multiplicación. La quimioterapia sola no puede curar el cáncer de mama; debe utilizarse conjuntamente con la cirugía o la radioterapia. Los quimioterápicos suelen administrarse en ciclos, por vía intravenosa; a veces, también por vía oral. Generalmente, a un día de tratamiento le siguen varias semanas de recuperación. La utilización de varios quimioterápicos es más eficaz que la de uno solo. La elección de los fármacos depende en parte de si se han detectado células cancerosas en los ganglios linfáticos cercanos a la mama. Los fármacos habitualmente usados son la ciclofosfamida, la doxorubicina, la epirrubicina, el fluorouracilo, el metotrexato y el paclitaxel ● *(v. tabla pág. 1250)*. Los efectos secundarios (como vómito y náuseas, caída del cabello y cansancio) varían según los fármacos que se estén utilizando. La quimioterapia también puede causar infertilidad y menopausia precoz ya que destruye los óvulos en los ovarios.

Los **fármacos bloqueantes de hormonas** afectan a los efectos del estrógeno o de la progesterona, que estimulan el crecimiento de las células cancerosas que tienen receptores de estrógeno o progesterona. Estos fármacos pueden ser utilizados cuando las células cancerosas tienen estos receptores. El tamoxifeno, administrado por vía oral, es el fármaco bloqueante de estrógeno utilizado con más frecuencia. En mujeres con cáncer con receptores de estrógeno positivos, el uso del tamoxifeno incrementa la probabilidad de supervivencia en un 20 a un 25 % durante los primeros diez años después de haberse confirmado el diagnóstico. El tamoxifeno, que está relacionado con el estrógeno, tiene algunos de los beneficios y riesgos de la terapia con estrógeno que se toma tras la menopausia ● *(v. también pág. 1614)*. Por

El ganglio linfático centinela

Una red de vasos y ganglios linfáticos se encargan de drenar los fluidos del tejido mamario. Los ganglios linfáticos están diseñados para atrapar células extrañas o anormales (como bacterias o células cancerosas) que pueden estar presentes en el fluido. A veces las células cancerosas pasan por los ganglios y se extienden a otras partes del cuerpo moviéndose por los vasos linfáticos. Por lo general, el líquido del tejido de la mama es drenado en un primer momento por un solo ganglio linfático cercano, pero puede drenar por más de uno. Estos ganglios son ganglios linfáticos centinelas.

Los médicos pueden identificar los ganglios linfáticos centinelas mediante la inyección de un tinte azul o de una sustancia radiactiva en el fluido que rodea las células mamarias. El tinte puede verse o la sustancia radiactiva detectarse con un contador Geiger a medida que alcanza el primer ganglio linfático. Entonces se extirpa el ganglio linfático centinela y se examina para determinar si contiene células cancerosas. Si es así, se extirpan otros ganglios linfáticos adyacentes. Si los ganglios linfáticos centinelas no contienen células cancerosas, no se extirpan los otros. Únicamente en aproximadamente un 2 o 3 % de las mujeres, el cáncer se ha propagado hacia otros ganglios linfáticos cuando el ganglio linfático centinela está libre.

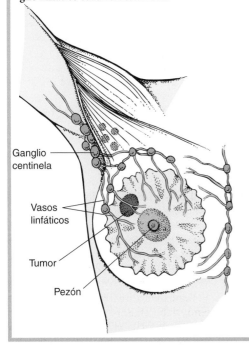

Ganglio centinela

Vasos linfáticos

Tumor

Pezón

ejemplo, puede disminuir el riesgo del desarrollo de osteoporosis y aumentar la probabilidad de que aparezca un cáncer de útero (cáncer de endometrio). Sin embargo, a diferencia del tratamiento con estrógeno, el tamoxifeno puede empeorar la sequedad vaginal o los sofocos que se producen después de la menopausia.

Los **modificadores de la respuesta biológica** son sustancias naturales o versiones algo modificadas de las mismas que forman parte del sistema inmunológico del organismo. Estos fármacos intensifican la capacidad del sistema inmunológico para combatir el cáncer. Incluyen los interferones, la interleucina-2, las células asesinas activadas por linfocitos, el factor de necrosis tumoral y los anticuerpos monoclonales. El trastuzumab (herceptina), un anticuerpo monoclonal, se usa en el tratamiento de cáncer metastásico de mama sólo cuando las células cancerosas tienen demasiados receptores HER-2/*neu*. Este fármaco se liga al HER-2/*neu*, evitando así que éste promueva el crecimiento de las células cancerosas. La herceptina puede causar problemas del corazón puesto que debilita el músculo cardíaco. Hay otros modificadores de la respuesta biológica que se prueban a veces como un tratamiento experimental para el cáncer de mama ● *(v. pág. 1252),* pero su papel no ha sido establecido.

Ablación tumoral: es un procedimiento experimental que consiste en insertar una sonda multidentada dentro del tumor y, por medio de un rayo de luz altamente enfocado (láser), ondas de radio de alta energía o frío, poder destruir sólo las células cancerosas.

Tratamiento de cáncer no invasivo (Estadio 0)

Para el **carcinoma ductal in situ**, el tratamiento generalmente consiste en una mastectomía simple o lumpectomía y, a veces, radioterapia.

El tratamiento para el **carcinoma lobular in situ** es menos claro. En la mayoría de las mujeres, el tratamiento preferido es la estrecha vigilancia sin ningún tratamiento. La vigilancia consiste en una exploración física cada 6 o 12 meses durante cinco años, y después una vez al año, más una mamografía anual. En general, no se necesita tratamiento. Aunque se puede desarrollar un cáncer invasivo de mama (el riesgo es de un 1,3 % por año o un 26 % por espacio de veinte años), los cánceres invasivos que aparecen no suelen crecen rápidamente y pueden ser tratados a menudo de manera eficaz. Más aún, como el cáncer invasivo tiene igual probabilidad de desarrollarse en cual-

Reconstrucción de la mama

Después de la extracción de un tumor mamario y del tejido que lo rodea (mastectomía), un cirujano plástico puede reconstruir la mama. Para ello se puede utilizar un implante salino o de silicona. También puede realizarse una operación más compleja, consistente en la toma de tejido de otras zonas del cuerpo de la mujer, por lo general del abdomen. La reconstrucción puede realizarse al mismo tiempo que se practica la mastectomía, lo que implica permanecer bajo los efectos de la anestesia por un período de tiempo más largo, o posteriormente en otra intervención, elección que supone someterse a la anestesia por segunda vez.

En muchas mujeres, una mama reconstruida parece más normal que la que ha sido sometida a radioterapia, en especial si el tumor era grande. Si se usa un implante salino o de silicona y se ha dejado suficiente piel para cubrirlo, la sensibilidad de la piel que recubre el implante es relativamente normal, pero al tacto ningún tipo de implante se asemeja al tejido mamario. Si se usa tejido de otras partes del cuerpo, se pierde gran parte de la sensibilidad de la piel ya que ésta también pertenece a otra parte del organismo. No obstante, esta clase de implante se parece más al tejido mamario que un implante salino o de silicona.

A veces, la bolsa en la que se encuentra la silicona tiene pequeños escapes. Como resultado, el implante se endurece, provoca molestias y tiene un aspecto menos atractivo. Además, en ciertos casos puede pasar algo de silicona a la sangre. Algunas mujeres se preocupan al no saber si el escape de silicona puede causar cáncer en otras partes del cuerpo o enfermedades raras como el lupus (lupus eritematoso sistémico). Se dispone de muy pocos datos que apoyen que el escape de silicona tenga efectos graves, sin embargo, esto no está totalmente descartado, y el uso de silicona ha disminuido, en especial entre las mujeres que no han tenido cáncer de mama.

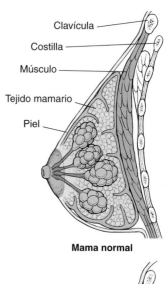

Mama normal

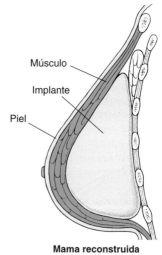

Mama reconstruida

---

quiera de las mamas, la única forma de eliminar el riesgo de cáncer de mama en las mujeres con carcinoma lobular in situ es la extirpación de ambos pechos (mastectomía bilateral). Algunas mujeres, en particular las que corren un riesgo elevado de desarrollar un cáncer invasivo de mama, escogen esta opción.

Alternativamente, el tamoxifeno, un fármaco de bloqueo hormonal, puede administrarse durante cinco años. Reduce, pero no elimina, el riesgo de que se desarrolle un cáncer invasivo.

Tratamiento del cáncer invasivo localizado o regional (Estadios I a III)

En los cánceres que no se han extendido más allá de los ganglios linfáticos cercanos, el tratamiento casi siempre incluye cirugía para extraer lo más que se pueda del tumor y los ganglios linfáticos adyacentes o el ganglio linfático centinela.

Suele practicarse una mastectomía simple para tratar un cáncer invasivo que se ha extendido a los conductos galactóforos (carcinoma ductal invasivo), porque esta clase de cáncer a menudo recurre en la misma mama si se opta por la cirugía conservadora. También se puede recurrir a la mastectomía radical modificada. La mastectomía radical, mediante la cual se extirpan músculos torácicos subyacentes y otros tejidos, no aumenta el grado de supervivencia. Las mujeres a las que se ha hecho una mastectomía simple o una radical modificada viven tanto como las que han sido sometidas a una mastectomía radical.

El que la radioterapia, la quimioterapia, o ambas se utilicen después de la cirugía depende del tamaño del tumor y de la cantidad de ganglios linfáticos que tengan células cancerosas. A veces, cuando el tumor es grande, la quimioterapia se administra antes de la cirugía para reducir su tamaño. Si se consigue esta reducción, los médicos pueden realizar a veces una cirugía encaminada a preservar la mama en vez de una mastectomía. Después de la cirugía y la radioterapia, se aplica un tratamiento adicional con quimioterapia, y las mujeres con un cáncer con receptores de estrógeno positivos reciben, por lo general, tamoxifeno.

Tratamiento del cáncer que se ha extendido (Estadio IV)

El cáncer de mama que se ha extendido más allá de los ganglios linfáticos rara vez se cura, pero la mayoría de las mujeres que lo padecen viven al menos 2 años, y algunas, entre 10 y 20 años. El tratamiento les prolonga la vida sólo ligeramente, pero puede aliviar los síntomas y mejorar la calidad de vida.

El tratamiento inicial casi siempre incluye cirugía para extraer el tumor primario, aunque es improbable que dicha extirpación cure el cáncer que se ha extendido. Si el cáncer vuelve a presentarse en la mama después del tratamiento inicial, la cirugía habitualmente no se repite. En cambio, puede probarse la radiación. Sin embargo, la cirugía puede ser recomendable para eliminar tumores en otras partes del cuerpo (como el cerebro), ya que puede mejorar los síntomas.

Otros tratamientos, como la quimioterapia, sobre todo si tienen efectos secundarios desagradables, suelen posponerse hasta que aparezcan los síntomas (dolor u otro malestar), o bien si el cáncer empeora rápidamente. El dolor suele tratarse con analgésicos. Se pueden administrar otros fármacos para aliviar diferentes síntomas. La quimioterapia o los fármacos bloqueantes de hormonas se administran para aliviar los síntomas y

mejorar la calidad de vida más que para prolongarla. Los regímenes quimioterápicos más eficaces para el cáncer de mama que se ha extendido incluyen capecitabina, ciclofosfamida, docetaxel, doxorubicina, epirrubicina, gemcitabine, paclitaxel y vinorrelbina.

En ciertos casos, los fármacos bloqueantes de hormonas son preferibles a la quimioterapia. Por ejemplo, estos fármacos son preferibles cuando el cáncer tiene receptores de estrógeno positivos, cuando no ha recurrido en más de dos años después del diagnóstico y tratamiento iniciales, o cuando no representa una amenaza de muerte inminente. Estos fármacos son especialmente eficaces en mujeres en la década de los 40, que aún están menstruando y que producen gran cantidad de estrógenos, al igual que en las que hace por lo menos cinco años pasaron la menopausia. Sin embargo, estas pautas no son absolutas. En las mujeres que todavía están menstruando, el tamoxifeno suele ser el primer fármaco bloqueante de hormonas utilizado porque tiene muy pocos reacciones adversas. En las mujeres posmenopáusicas con cáncer de mama con receptores de estrógeno positivos, los inhibidores de aromatasa (como el anastrozol, el letrozol y el exemestano) pueden ser más eficaces como tratamiento inicial que el tamoxifeno. Estos fármacos inhiben la enzima aromatasa (que convierte algunas hormonas en estrógeno), posiblemente reduciendo la producción de estrógeno. Pueden utilizarse progestágenos, como la medroxiprogesterona o el megestrol, en vez de los inhibidores de la aromatasa y del tamoxifeno, y tienen casi tan pocos efectos secundarios como ellos. El fulvestrant, un nuevo fármaco, puede ser utilizado cuando el tamoxifeno ha dejado de ser eficaz. Destruye los receptores de estrógeno de las células cancerosas. El efecto secundario más frecuente es el malestar estomacal. Alternativamente, en mujeres que todavía están menstruando, puede usarse para detener la producción de estrógenos la cirugía para extirpar los ovarios, la radiación para destruirlos o los fármacos que inhiben su actividad.

El trastuzumab, que es un anticuerpo monoclonal, puede combinarse con paclitaxel como tratamiento inicial de cáncer de mama que se ha extendido por todo el cuerpo. El trastuzumab puede combinarse con fármacos bloqueantes de hormonas para tratar a las pacientes con un cáncer mamario con receptores de estrógeno positivos. A veces, el trastuzumab puede utilizarse en el tratamiento de mujeres que no responden a la quimioterapia.

En algunas situaciones, se puede utilizar radioterapia en vez de o antes de los fármacos. Por ejemplo, si sólo se detecta un foco de cáncer en un hueso, sin ninguna otra evidencia de recidiva, la radiación a ese hueso puede ser el único tratamiento usado. La radioterapia suele ser el tratamiento más eficaz para el cáncer que se ha extendido al hueso, a veces consigue frenarlo durante años. A menudo, también es el tratamiento más eficaz de cáncer que se ha extendido al cerebro.

Tratamiento para casos específicos de cáncer de mama

Para el cáncer inflamatorio de mama, se suele utilizar un tratamiento combinado de quimioterapia y radioterapia. Generalmente se practica la mastectomía.

Para la enfermedad de Paget del pezón, el tratamiento suele consistir en una mastectomía simple y extirpación de los ganglios linfáticos. Con menos frecuencia, puede ser suficiente la escisión del pezón y de parte del tejido normal circundante.

Para el cistosarcoma filodes, el tratamiento generalmente consiste en una mastectomía con escisión amplia, en la que se extirpan el tumor y gran parte del tejido circundante normal. Si el tumor es grande en relación con la mama, puede realizarse una mastectomía simple. Después de la extirpación quirúrgica, de un 20 a un 35 % de los cánceres recidivan cerca del mismo lugar.

Seguimiento

Después de completar el tratamiento, se realizan exploraciones físicas de seguimiento, que incluyen exploración de las mamas, del tórax, del cuello y de la axila, cada tres meses durante dos años, luego cada seis meses durante cinco años desde la fecha en que el cáncer fue diagnosticado. Las mamografías regulares y la autoexploración de la mama son también de mucha importancia. La mujer debe comunicar inmediatamente a su médico cualquier alteración que haya observado en las mamas. También le debe informar de otros síntomas. Éstos incluyen dolor, pérdida de apetito o de peso, alteraciones en la menstruación, hemorragia vaginal (no asociada con la menstruación) y visión borrosa. Cualquier síntoma que parezca fuera de lo normal o que sea persistente también debe indicarse. Otros procedimientos diagnósticos, como radiografías del tórax, análisis de sangre, gammagrafías óseas y tomografía computarizada (TC), no son necesarios a menos que la paciente muestre síntomas que sugieran la reaparición del cáncer.

Los efectos del tratamiento para el cáncer de mama ocasionan muchos cambios en la vida de una mujer. El respaldo de los familiares y amigos puede ser de gran ayuda, al igual que los grupos de apoyo. El asesoramiento especializado también puede ser útil.

Temas sobre el final de la vida

Para la mujer con cáncer de mama metastásico, la calidad de vida puede deteriorarse y las posibilidades de tratamiento adicional pueden llegar a ser limitadas. Es probable que, con el tiempo, la comodidad de la paciente se vuelva más importante que tratar de prolongarle la vida. El dolor producido por el cáncer puede controlarse de manera adecuada con los fármacos apropiados ● *(v. pág. 56)*. De tal manera, cuando sienta dolor, la paciente debe preguntar a su médico sobre el tratamiento para aliviarlo. La asesoría psicológica y espiritual también puede ser útil.

Una mujer con cáncer de mama metastásico debe preparar instrucciones anticipadas indicando el tipo de atención que desea en caso de que luego no sea capaz de tomar esas decisiones ● *(v. pág. 63)*. También es importante la redacción o actualización del testamento.

CAPÍTULO 252

Cánceres del aparato reproductor femenino

El cáncer puede aparecer en cualquier zona del aparato reproductor femenino: la vulva, la vagina, el cuello uterino, el útero, las trompas de Falopio o los ovarios. A estas formas de cáncer se las denomina cánceres ginecológicos.

Los cánceres ginecológicos pueden invadir directamente los órganos, los tejidos cercanos a éstos, o bien extenderse (metastatizar) a través de los vasos y los ganglios linfáticos (sistema linfático) o el torrente sanguíneo hacia partes alejadas del cuerpo.

➤ Diagnóstico

Las exploraciones pélvicas y pruebas de Papanicolaou (Pap) u otros análisis parecidos practicados de manera regular ● *(v. pág. 1607)* pueden conducir a la detección de ciertos cánceres ginecológicos en sus primeras fases, y de modo especial el cáncer del cuello uterino y del útero. Dichos exámenes pueden llegar a evitar el cáncer mediante la detección de anomalías (enfermedades precancerosas) antes de que se conviertan en cáncer.

Si se sospecha la existencia de cáncer, una biopsia generalmente puede confirmar o descartar el diagnóstico. Si se diagnostica el cáncer, pueden realizarse uno o más procedimientos para determinar el estadio en que se encuentra. El estadio se basa en el tamaño del cáncer y el alcance de su propagación. Algunos procedimientos habitualmente utilizados incluyen la ecografía, la tomografía computarizada (TC), la resonancia magnética nuclear (RMN), las radiografías de tórax y huesos y las gammagrafías del hígado mediante sustancias radiactivas.

El estadiaje de un cáncer ayuda al médico a determinar el mejor tratamiento. Los médicos a menudo determinan el estadio del cáncer después de extirparlo y de proceder a la realización de biopsias de los tejidos circundantes, incluidos los ganglios linfáticos. En los cánceres del útero y de los ovarios, los estadios van de I (el primero) a IV (avanzado). En otros cánceres ginecológicos, el estadio 0 es el primero, cuando el cáncer está limitado a una superficie del órgano afectado. Para algunos cánceres se hacen más distinciones entre los estadios y se designan con las letras del alfabeto.

➤ Tratamiento

El principal tratamiento para el cáncer ginecológico es la extirpación quirúrgica del tumor. Esta cirugía puede ir seguida de un tratamiento con radioterapia o con quimioterapia. La radioterapia puede ser externa (utilizando una máquina de gran tamaño) o interna (utilizando implantes radiactivos colocados directamente sobre el cáncer). La terapia de radiación externa se administra generalmente varios días a la semana durante varias semanas. La radioterapia interna requiere permanecer en el hospital durante el tiempo que los implantes se encuentren colocados en la zona afectada por el cáncer.

La quimioterapia puede administrarse mediante inyecciones o por vía oral. Se administra durante un período que puede variar entre 5 días y 6 semanas (dependiendo de los fármacos); a este período le sigue una etapa de recuperación que durará varias semanas, durante las cuales no se prescribirá tratamiento alguno. Este ciclo puede repetirse varias veces. Es posible que la paciente tenga que permanecer en el hospital mientras recibe quimioterapia.

A pesar de que el cáncer ginecológico esté muy avanzado y no pueda curarse, aún podrá recomendarse la radioterapia o la quimioterapia para reducir el tamaño del tumor o sus metástasis y para aliviar el dolor y los demás síntomas. Las pacientes con cáncer incurable deben establecer instrucciones anticipadas ● *(v. pág. 63)*. Debido al considerable avance en el cuidado de los pacientes terminales con cáncer, las mujeres que lo padecen pueden morir cómodamente en sus casas ● *(v. también pág. 52)*. Los fármacos apropiados pueden utilizarse para aliviar la ansiedad y el dolor frecuentemente experimentados por las personas con cáncer terminal.

■ Cáncer de útero

El cáncer de útero comienza en el revestimiento interno de este órgano (endometrio) y se le conoce de forma más precisa como cáncer de endometrio (carcinoma). Es el cáncer ginecológico de mayor frecuencia y el cuarto más común entre las mujeres. Se desarrolla generalmente después

TIPO	ESTADIO 0	ESTADIO I	ESTADIO II	ESTADIO III	ESTADIO IV
Cáncer endometrial	–	Sólo en la parte superior del útero (no en el cuello uterino)	Se propaga al cuello uterino	Se propaga a los tejidos cercanos pero aún dentro de la región pélvica	A: se propaga a la vejiga o al recto B: se propaga a los órganos más distantes
Cáncer ovárico	–	Sólo en uno o en ambos ovarios	Se propaga al útero, a las trompas de Falopio y/o a los tejidos cercanos dentro de la pelvis	Se propaga fuera de la pelvis a los ganglios linfáticos u a otros órganos en el abdomen (como la superficie del hígado o intestino)	Se propaga fuera del abdomen o al interior del hígado
Cáncer del cuello uterino	Sólo en la superficie del cuello uterino	Sólo en el cuello uterino	Se propaga a los tejidos cercanos pero aún dentro de la región pélvica	Se propaga por toda la región pélvica, a veces con bloqueo en los uréteres	A: se propaga a la vejiga o al recto B: se propaga a órganos más distantes
Cáncer vulvar	Sólo en la superficie de la vulva	Sólo en la vulva y/o la zona que se encuentra entre el orificio del recto y la vagina (periné); 2 cm o más pequeño	En la vulva y/o el periné, pero supera los 2 cm	En la vulva y/o periné y se extiende a los tejidos cercanos y/o ganglios linfáticos	Se propaga más allá de los tejidos cercanos a la vejiga, al intestino o a los ganglios linfáticos más distantes
Cáncer vaginal	Sólo en el revestimiento interno de la vagina	Sólo en la vagina pero más hondamente (en la pared)	Se propaga a los tejidos cercanos pero aún dentro de la región pélvica	Se propaga por toda la región pélvica y posiblemente a órganos cercanos y a los ganglios linfáticos	A: se propaga a la vejiga o al recto B: se propaga a órganos más distantes
Cáncer de la trompa de Falopio	Sólo en el revestimiento de las trompas de Falopio	Sólo en las trompas de Falopio pero más hondamente (en la pared)	Se propaga a los tejidos cercanos pero aún dentro de la región pélvica	Se propaga por toda la región pélvica y posiblemente a órganos cercanos y a los ganglios linfáticos	Se propaga a órganos más distantes

Datos simplificados tomados del sistema de estadiaje de la International Federation of Gynecology and Obstetrics

de la menopausia, siendo más habitual en mujeres con edades comprendidas entre los 50 y 60 años.

Los factores que aumentan el riesgo de cáncer de endometrio son los siguientes:

● Menarquia precoz (comienzo de la menstruación), la menopausia después de los 52 años, o ambas.

● Problemas menstruales (como hemorragias excesivas, manchados entre períodos menstruales o largos intervalos sin que ésta se produzca).

● No haber tenido hijos.

● Haber sufrido tumores que producen estrógenos.

● Dosis altas de fármacos que contengan estrógenos, como el tratamiento con estrógeno sin progestina (los fármacos sintéticos similares a la hormona progesterona), tomados después de la menopausia.

- Uso del tamoxifeno.
- Obesidad.
- Hipertensión arterial.
- Diabetes.
- Historia familiar con antecedentes de cáncer de mama, de ovarios, de intestino grueso (colon) o del revestimiento interno del útero.

Muchas de estas enfermedades aumentan el riesgo de cáncer de endometrio porque son el resultado de un nivel alto de estrógenos, pero no de progesterona. Los estrógenos fomentan el crecimiento del tejido y la división rápida de las células en el revestimiento del útero (endometrio). A su vez, la progesterona ayuda a equilibrar los efectos del estrógeno. Los niveles de estrógenos son elevados durante parte del ciclo menstrual. De este modo, tener un mayor número de ciclos menstruales a lo largo de la vida puede incrementar el riesgo de cáncer de endometrio. Así mismo, el tamoxifeno, un fármaco que se utiliza para tratar el cáncer de mama, bloquea los efectos del estrógeno en la mama, pero tiene los mismos efectos que el estrógeno en el útero. De este modo, este fármaco puede incrementar el riesgo de cáncer de endometrio. Además, la administración de anticonceptivos orales que contengan estrógeno y una progestina parece que reduce el riesgo de cáncer de endometrio.

Más del 80 % de los cánceres de endometrio son adenocarcinomas que se desarrollan a partir de las células glandulares. Alrededor de un 5 % son sarcomas, que se desarrollan en el tejido conectivo y tienden a ser más agresivos.

➤ Síntomas y diagnóstico

La hemorragia anormal en el útero es el síntoma inicial más frecuente. La hemorragia anormal incluye el sangrado después de la menopausia o entre períodos menstruales; y períodos irregulares, copiosos o más prolongados de lo normal. Tiene cáncer de endometrio 1 de cada 3 mujeres con hemorragia vaginal después de la menopausia. Por ello, estas mujeres deben acudir al médico sin demora. Puede presentarse también una secreción acuosa y sanguinolenta. Estas secreciones vaginales en las mujeres posmenopáusicas pueden durar varias semanas o meses, dando lugar posteriormente a una hemorragia vaginal.

Si los médicos sospechan que existe cáncer de endometrio o si los resultados del examen de Pap

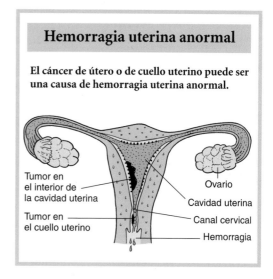

Hemorragia uterina anormal

El cáncer de útero o de cuello uterino puede ser una causa de hemorragia uterina anormal.

Tumor en el interior de la cavidad uterina

Tumor en el cuello uterino

Ovario

Cavidad uterina

Canal cervical

Hemorragia

son anormales, deberá realizarse una biopsia del endometrio. Esta prueba detecta con precisión la existencia del cáncer en más del 90 % de los casos. Si el diagnóstico todavía no es seguro, los médicos practican una dilatación y un legrado (D y L) ● *(v. pág. 1609)*, en el que se raspa el tejido del revestimiento uterino. Al mismo tiempo, se puede observar el interior del útero mediante la introducción de una fina sonda flexible de visualización por la vagina y el cuello uterino, en un procedimiento denominado histeroscopia.

Si se diagnostica cáncer de endometrio, se pueden realizar algunos o todos los procedimientos siguientes para determinar si el cáncer se ha extendido fuera del útero: análisis de sangre, pruebas de función hepática, radiografía de tórax y tomografía computarizada (TC) o resonancia magnética nuclear (RMN). A veces se requieren otros procedimientos. El estadiaje se basa en la información obtenida con estos procedimientos y durante la cirugía para extirpar el cáncer.

➤ Pronóstico y tratamiento

Si un cáncer de endometrio se detecta a tiempo, casi el 90 % de las mujeres que lo padecen sobreviven al menos cinco años, y la mayoría se curan. El pronóstico es mejor en las mujeres cuyo cáncer no se ha extendido fuera del útero. Si crece con relativa lentitud, también el pronóstico es mejor. Pese a todo, menos de un tercio de las mujeres que lo padecen mueren por su causa.

La histerectomía, que consiste en la extirpación quirúrgica del útero, es la base del tratamiento de una mujer con cáncer de endometrio. Si éste ya

Conocer la histerectomía

Una histerectomía es la extirpación quirúrgica del útero. Por lo general, se extirpa el útero con una incisión en la parte inferior del abdomen. A veces puede extirparse por la vagina. Cualquiera de los dos métodos requiere 1 o 2 horas y un anestésico general. Después puede sobrevenir una hemorragia vaginal y dolor. La permanencia en el hospital tras la intervención suele ser de 2 o 3 días, y la recuperación puede extenderse hasta 6 semanas. Cuando se extirpa el útero por la vagina, sobreviene menos hemorragia, la recuperación es más rápida y no deja cicatrices visibles.

Además del tratamiento de ciertos cánceres ginecológicos, puede realizarse una histerectomía para tratar un prolapso del útero, endometriosis o fibromas (si causan síntomas severos). A veces se realiza para tratar el cáncer del colon, recto o vejiga.

Existen distintos tipos de histerectomía. El tipo utilizado depende del trastorno que se está tratando. Para una histerectomía subtotal, se extirpa sólo la parte superior del útero, pero no el cuello uterino. Las trompas de Falopio y los ovarios pueden o no extirparse. En una histerectomía total, se extirpa todo el útero, incluido el cuello uterino. En una histerectomía radical, se extirpa la totalidad del útero y los tejidos circundantes, los ligamentos y los ganglios linfáticos adyacentes. También se suelen extirpar las dos trompas de Falopio y los ovarios en las mujeres de más de 45 años.

Después de una histerectomía, la menstruación desaparece. Sin embargo, una histerectomía no causa la menopausia a no ser que también se extirpen los ovarios. La extirpación de los ovarios tiene los mismos efectos que la menopausia, así que se recomienda la terapia hormonal ● (v. pág. 1614). Muchas mujeres anticipan el sentirse deprimidas y a perder el interés sexual después de una histerectomía. Sin embargo, sólo en raras ocasiones la histerectomía tiene estos efectos, a no ser que los ovarios se hayan extirpado también.

se ha extendido fuera del útero, la extirpación quirúrgica de este órgano, de las trompas de Falopio y de los ovarios (salpingooforectomía) casi siempre resulta curativa. Por lo general, los ganglios linfáticos cercanos también se extirpan al mismo tiempo. Estos tejidos los examina un patólogo para determinar si el cáncer se ha extendido y, si es así, el grado de su propagación. Con esta información, los médicos pueden determinar si es necesario un tratamiento adicional (quimioterapia, radioterapia o progesterona) después de la cirugía.

La quimioterapia puede aplicarse después de la cirugía, en caso de quedar algunas células cancerosas, aunque el cáncer no parezca haberse extendido. Más de la mitad de las mujeres con un cáncer localizado en el útero no necesitan radioterapia. Sin embargo, si el cáncer se ha extendido, se necesitará habitualmente aplicar radioterapia después de la cirugía.

La progestina es a menudo eficaz. (Las progestinas son fármacos sintéticos similares a la hormona progesterona, que se encarga de bloquear los efectos del estrógeno en el útero.) Sin embargo, si el cáncer se ha extendido fuera del útero, pueden necesitarse dosis más altas. En un porcentaje que va de un 15 a un 30 % de las mujeres con cáncer invasivo, el uso de una progestina ayuda a reducir el tamaño del cáncer y controla su propagación durante un período de 2 a 3 años. La administración de una progestina puede continuarse mientras sus resultados sean positivos. Las reacciones adversas pueden incluir cambios de humor y aumento de peso debido a la retención de líquidos.

Si el cáncer se ha extendido, no responde al tratamiento con progestina o es reincidente, los quimioterápicos (como el cisplatino, la ciclofosfamida, la doxorubicina y el paclitaxel) pueden ser utilizados en vez de la radioterapia o en ocasiones conjuntamente. Sin embargo, estos fármacos son mucho más tóxicos que las progestinas y provocan muchas reacciones adversas. Pese a ello, reducen el tamaño del cáncer y controlan su propagación en más de la mitad de las pacientes.

■ Cáncer de ovario

El cáncer de ovario (carcinoma de ovario) aparece más frecuentemente en mujeres de entre 50 y 70 años. Este cáncer aparece con el tiempo en 1 de cada 70 mujeres aproximadamente. Es el segundo cáncer ginecológico más frecuente. Sin embargo, es el cáncer ginecológico con un mayor índice de mortalidad.

El riesgo de este cáncer es más frecuente en los países industrializados porque la dieta alimenticia tiende a ser alta en grasas. También aumenta el riesgo en aquellas mujeres que no han tenido embarazos, que tuvieron su primer hijo a una edad avanzada, que iniciaron sus períodos mens-

Tumor de ovario

El cáncer de ovario puede diseminarse a través de los ganglios linfáticos a otros órganos de la pelvis y del abdomen (1). Por la circulación sanguínea puede diseminarse a órganos más distantes, principalmente el hígado (2) y los pulmones.

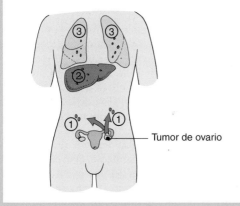

Tumor de ovario

recer en puntos distantes del cuerpo, sobre todo en el hígado y los pulmones.

➤ Síntomas y diagnóstico

El cáncer de ovario ocasiona un aumento de tamaño del ovario afectado. El aumento de tamaño de un ovario en mujeres jóvenes tiene su origen, en la mayoría de los casos, en una bolsa no cancerosa llena de líquido (quiste). Sin embargo, después de la menopausia, un ovario agrandado es frecuentemente un signo de cáncer.

Muchas mujeres no presentan síntomas hasta que el cáncer está muy avanzado. El primer síntoma puede ser un ligero malestar en la parte inferior del abdomen, similar a una indigestión. Otros síntomas pueden incluir hinchazón, pérdida del apetito (porque el estómago se comprime), dolores producidos por flatulencia y dolor de espalda. El cáncer de ovario muy rara vez produce hemorragia vaginal.

Finalmente, el abdomen puede hincharse porque el ovario se agranda o se acumula líquido en el abdomen. En esta fase es muy frecuente que se presente dolor en la región pélvica, anemia y pérdida de peso. En raras ocasiones, los tumores de células del estroma producen estrógenos, lo que puede causar un crecimiento excesivo de los tejidos en el revestimiento uterino y un aumento del tamaño de las mamas. Estos tumores, a veces, pueden producir hormonas masculinas (andrógenos), que pueden ocasionar crecimiento excesivo del vello corporal, u hormonas similares a las hormonas tiroideas que pueden producir hipertiroidismo.

El diagnóstico de cáncer de ovario en sus primeras fases es difícil de establecer, debido a que los síntomas no suelen aparecer hasta que el cáncer ya se ha propagado por otras zonas, y porque muchas otras enfermedades de menor gravedad tienen síntomas similares.

Si el médico detecta un ovario agrandado durante una exploración física, ordena que se practique una ecografía, una tomografía computarizada (TC) o una resonancia magnética nuclear (RMN) para ayudar a distinguir un quiste ovárico de una masa cancerosa. Si parece poco probable que sea un cáncer, se debe proceder a reexaminar a la paciente periódicamente. Si el médico sospecha que existe un cáncer o si los resultados de las pruebas no son muy claros, examina entonces los ovarios mediante la inserción de un fino tubo flexible de visualización (laparoscopio) con una pequeña incisión justo por debajo del

truales muy temprano, o que llegaron a la menopausia muy tarde. El riesgo es mayor también en mujeres con historia clínica familiar de cáncer de útero, de mama o de intestino grueso (colon). Menos del 5 % de los casos de cáncer de ovario se relacionan con el gen BRCA1, que también está relacionado con el cáncer de mama. El uso de anticonceptivos orales disminuye significativamente el riesgo.

Existen diferentes tipos de cáncer de ovario. Se desarrollan a partir de muchos tipos de células que se encuentran en los ovarios. Los cánceres que se inician en la superficie de los ovarios (carcinomas epiteliales) representan estadísticamente más del 80 %. La mayor parte del resto de cánceres ováricos son tumores de células germinales (comienzan en las células que producen los óvulos) y tumores de células del estroma (que se inician en el tejido conectivo). Los tumores de células germinales son mucho más frecuentes entre las mujeres de menos de 30 años de edad. En algunas ocasiones, los cánceres que tienen su origen en otras partes del organismo se extienden a los ovarios.

Las células ováricas cancerosas pueden difundirse directamente hasta una zona circundante y, por el sistema linfático, hacia otras partes de la pelvis y del abdomen. Pueden propagarse también por el torrente sanguíneo y, finalmente, apa-

El quiste ovárico

Un quiste ovárico es un saco lleno de líquido en o sobre un ovario. Estos quistes son relativamente frecuentes. La mayoría no son cancerosos y desaparecen espontáneamente. Los quistes cancerosos tienen una mayor posibilidad de presentarse en las mujeres de más de 40 años.

La mayoría de los quistes ováricos no cancerosos no causan síntomas. Sin embargo, algunos causan presión, dolor o sensación de pesadez en el abdomen. También se puede experimentar dolor durante el coito. La ruptura o torcedura de un quiste, produce un intenso dolor agudo en el abdomen. El dolor puede ir acompañado de náuseas y fiebre. Algunos quistes producen hormonas que afectan los períodos menstruales. Como resultado, los períodos pueden ser irregulares o más copiosos de lo normal. En las mujeres posmenopáusicas, dichos quistes pueden causar hemorragia vaginal. Las mujeres que tienen cualquiera de estos síntomas deben consultar al médico.

El diagnóstico comienza con un examen pélvico. Se puede realizar una ecografía o una tomografía computarizada (TC) para confirmar el diagnóstico. Si los resultados de la exploración sugieren la presencia de un quiste benigno, sería aconsejable que la mujer se hiciera revisiones pélvicas periódicas mientras el quiste siga existiendo. Si es posible que el quiste sea canceroso, es aconsejable examinar los ovarios mediante un laparoscopio, el cual se inserta por una pequeña incisión justo por debajo del ombligo. Los análisis de sangre pueden ayudar a confirmar o descartar la existencia de cáncer.

No es necesario tratar los quistes benignos. Pero si un quiste tiene un tamaño mayor de 5 cm y persiste, o si no se puede descartar la existencia de un cáncer, el quiste puede extirparse. A veces también se extirpa el ovario afectado. Se extirpan los quistes cancerosos, el ovario afectado y la trompa de Falopio.

ombligo. También se extirpan muestras de tejido utilizando instrumentos introducidos por el laparoscopio. Además, habitualmente se realizan análisis de sangre para medir los niveles de sustancias que pueden indicar la presencia de cáncer (marcadores tumorales), tales como el antígeno de cáncer 125 (CA 125). Si bien los niveles anormales de un marcador solos no confirman el diagnóstico de cáncer, si se combinan con otra información, pueden ayudar a definirlo.

En el caso de que se acumule líquido en el abdomen, éste puede aspirarse con una aguja y se examina una muestra para comprobar si hay células cancerosas.

➤ Pronóstico y tratamiento

Si se sospecha la existencia de cáncer de ovario o se confirma, es determinante practicar una intervención quirúrgica para extraer la masa y averiguar su grado de propagación (su estadio). El diagnóstico se basa en los síntomas ● *(v. recuadro pág. 1666)*. Con un tratamiento específico, del 70 al 100 % de las mujeres con cáncer en estadio I y de un 50 a un 70 % de las que padecen cáncer en estadio II sobreviven cinco años después del diagnóstico. Sólo del 5 al 40 % de las mujeres con cáncer en estadios III o IV sobreviven a este período de tiempo.

El alcance de la cirugía depende del tipo específico de cáncer y de su estadio. Si el cáncer no se ha propagado más allá del ovario, en la mayoría de los casos bastará con extraer únicamente el ovario afectado y la trompa de Falopio adyacente. Cuando el cáncer se ha extendido más allá del ovario, se deben extirpar ambos ovarios, las trompas de Falopio y el útero, al igual que los ganglios linfáticos más cercanos y las estructuras circundantes por las cuales generalmente se propaga el cáncer. Si una paciente padece un cáncer en estadio I localizado en un solo ovario y desea quedarse embarazada, los médicos pueden extirpar exclusivamente el ovario y la trompa afectados. Para cánceres más avanzados que se han extendido a otras partes del cuerpo, la extirpación de la mayor parte posible del cáncer mejora el pronóstico.

Después de la cirugía, las pacientes con carcinomas epiteliales en estadio I, por lo general, no necesitan ningún tipo de tratamiento adicional. Para cánceres diferentes pero en este mismo estadio o para otros más avanzados, puede utilizarse quimioterapia a fin de eliminar cualquier zona cancerosa pequeña que haya quedado. La quimioterapia se practica utilizando paclitaxel combinado con cisplatino o carboplatino. La mayoría de las mujeres que padecen tumores avanzados de células germinales pueden curarse con quimioterapia combinada generalmente con bleomicina, etopósido y cisplatino. Rara vez se recurre a la radioterapia para su tratamiento.

El cáncer ovárico avanzado suele reaparecer. Por consiguiente, después de la quimioterapia, los médicos miden los niveles de los marcadores de cáncer. Si el cáncer reaparece, se aplica la quimioterapia (utilizando algunos fármacos como el topotecán, la hexametilmelamina, la ifosfamida, la doxorubicina o el etopósido).

■ Cáncer del cuello uterino

El cuello uterino es la parte inferior del útero. Se continúa hacia el interior de la vagina. De los cánceres que afectan al aparato reproductor femenino, el cáncer del cuello uterino (carcinoma cervical) es el tercero más frecuente entre todas las mujeres y el más frecuente entre las mujeres jóvenes. Por lo general, afecta a mujeres de entre 35 y 55 años de edad, pero puede aparecer desde los 20 años.

Este tipo de cáncer es ocasionado por el papilomavirus humano que se transmite durante el coito. Este virus también es el causante de las verrugas genitales ● *(v. pág. 1409)*. Cuanto menor sea la edad de la primera relación sexual y cuantas más parejas haya tenido, mayor es el riesgo de padecer un cáncer del cuello uterino.

Aproximadamente el 85 % de los cánceres del cuello uterino son carcinomas de células escamosas, que se desarrollan en las células escamosas, planas y de apariencia parecida a la piel, que recubren el cuello uterino. La mayoría del resto de cánceres son adenocarcinomas, que se desarrollan en las células glandulares, o carcinomas adenoescamosos, que nacen de una combinación de varios tipos de células.

El cáncer del cuello uterino comienza en la superficie del cuello uterino y puede penetrar profundamente bajo esta misma. El cáncer puede extenderse directamente a los tejidos cercanos, incluida la vagina. Pero también puede penetrar en la red sanguínea del cuello uterino, rica en pequeños vasos sanguíneos y linfáticos, y luego extenderse hacia otras partes del cuerpo.

➤ Síntomas y diagnóstico

Generalmente, el cáncer del cuello uterino en sus primeras fases es asintomático. A pesar de ello, en ocasiones, puede provocar determinados síntomas, como manchados o hemorragias más copiosas entre los ciclos menstruales, después del coito o en períodos excepcionalmente importantes. En fases más avanzadas es frecuente que sobrevenga este tipo de hemorragia. Otros síntomas pueden incluir secreción vaginal maloliente, dolor en la región pélvica o en la parte inferior de

la espalda e hinchazón de las piernas. También puede sobrevenir una obstrucción de las vías urinarias; en caso de no seguirse el tratamiento, puede producirse una insuficiencia renal e incluso sobrevenir la muerte.

La prueba de Papanicolaou (Pap) u otras semejantes practicadas periódicamente pueden detectar los inicios del cáncer del cuello uterino ● *(v. pág. 1607)*. Este cáncer comienza con alteraciones lentas y progresivas de las células normales localizadas en la superficie del cuello uterino. Estas alteraciones son denominadas displasia. Sin tratamiento, estas células pueden volverse cancerosas con el tiempo, en algunas ocasiones después de varios años. Al realizar un Pap, los médicos buscan tanto estas alteraciones como el cáncer. Las mujeres con displasia deben ser examinadas de nuevo en 3 o 4 meses.

Un Pap puede detectar de forma precisa y económica hasta el 90 % de los cánceres del cuello uterino, incluso antes de presentar sintomatología. Como consecuencia, el número de muertes causadas por un cáncer del cuello uterino se ha reducido en más del 50 % desde que los Pap empezaron a realizarse. Es recomendable que las mujeres se hagan su primer Pap cuando inicien su actividad sexual o a partir de los 18 años y que lo repitan anualmente. Si los resultados son normales durante tres años consecutivos, la prueba puede espaciarse y realizarse cada 2 o 3 años, siempre y cuando no se produzca ningún cambio en sus hábitos sexuales. Cualquier mujer que haya tenido cáncer de cuello uterino o displasia debe continuar haciéndose el Pap por lo menos una vez al año. Si todas las mujeres se sometieran al Pap de forma periódica, podrían eliminarse casi en su totalidad las muertes causadas por esta clase de cáncer. Sin embargo, y pese a ello, alrededor del 50 % de las mujeres no se someten a este examen regularmente.

Si se observa una masa, úlcera u otra zona anormal en el cuello uterino durante un examen pélvico, o si un Pap detecta una anomalía o cáncer, debe realizarse una biopsia. Por lo general, los médicos utilizan un instrumento con lentes binoculares de aumento (colposcopio) para examinar el cuello uterino y escoger el lugar idóneo para la biopsia. Se realizan dos clases de biopsia. En la biopsia que se realiza con sacabocados, se extirpa una porción diminuta del cuello uterino, la cual se selecciona utilizando un colposcopio. En el legrado endocervical, el tejido que no puede verse fácilmente se raspa del interior del cuello uterino. Estas biopsias causan poco dolor, pero producen una pequeña hemorragia. Estos dos procedimientos practicados a un tiempo proporcionan habitualmente suficiente tejido para que los patólogos establezcan un diagnóstico.

Si el diagnóstico no está claro, los médicos realizan una conización mediante la cual se extrae una porción más grande de tejido en forma de cono. Por lo general, se utiliza un fino aro activado eléctricamente. Este procedimiento se denomina procedimiento de escisión mediante asa eléctrica. Se utiliza también de forma alternativa, un rayo láser de enfoque directo. Cualquiera de estos dos procedimientos requiere únicamente anestesia local y puede realizarse en la consulta. En algunas ocasiones se utiliza un bisturí (no eléctrico), pero este procedimiento requiere quirófano y anestesia general.

Si se diagnostica cáncer del cuello uterino, se deberá determinar su tamaño exacto y su localización (fase o estadio). El estadiaje empieza con una exploración física de la pelvis y varias pruebas (cistoscopia, radiografía de tórax, pielografía intravenosa, sigmoidoscopia) para determinar si el cáncer se ha extendido a otras estructuras circundantes o a partes más distantes del organismo. Deben realizarse también algunos otros procedimientos, como la tomografía computarizada (TC), la resonancia magnética nuclear (RMN), un enema a base de bario, al igual que exploraciones de los huesos y del hígado.

➤ Pronóstico y tratamiento

El tratamiento depende de la fase en que se encuentre el cáncer ● *(v. recuadro pág. 1666)*. Con el tratamiento, del 80 al 90 % de las mujeres con cáncer en fase I y del 50 al 65 % de las que padecen cáncer en fase II sobreviven cinco años tras el diagnóstico. Sólo de un 25 a un 35 % de las mujeres con cáncer en fase III y un 15 % o menos de las que padecen cáncer en fase IV sobreviven cinco años.

El tratamiento también depende de la fase o estadio del cáncer. Si sólo está afectada la superficie del cuello uterino, los médicos pueden a menudo eliminar completamente el cáncer extirpando parte del cuello uterino por medio del procedimiento de escisión electroquirúrgica, el láser, el bisturí frío o la crioterapia (que permite eliminar el cáncer mediante congelación y tiene la ventaja de no alterar la capacidad de tener hijos). Ante la posibilidad de que el cáncer reaparezca, los médicos aconsejan que las pacientes se sometan a revisión y a una prueba de Pap cada tres meses durante el primer año y cada seis meses a partir de esa fecha. La extirpación del útero (histerectomía) rara vez es necesaria.

Si el cáncer ya se ha comenzado a propagar dentro de la región pélvica, es necesario realizar una histerectomía y una extirpación de los tejidos, los ligamentos circundantes y los ganglios linfáticos (histerectomía radical). En su caso, los ovarios pueden ser también extirpados. En mujeres jóvenes, los ovarios normales que funcionan correctamente no se extirpan. Un tratamiento alternativo es la radioterapia. Habitualmente este procedimiento casi no causa efectos secundarios inmediatos, pero puede provocar irritación en la vejiga o en el recto. Más adelante, como resultado del tratamiento, el intestino puede verse obstruido y la vejiga y el recto pueden lesionarse. También, los ovarios, por lo general, dejan de funcionar. Con la histerectomía radical o radioterapia, alrededor de un 85 o un 90 % de las mujeres se curan.

Si el cáncer se ha extendido de forma más profunda dentro de la pelvis o hacia otros órganos, se prefiere recurrir a la radioterapia. Este tratamiento no es eficaz aproximadamente en el 40 % de las mujeres con cánceres muy extendidos.

Cuando el cáncer se ha propagado considerablemente o reaparece, a menudo se recomienda utilizar quimioterapia, en general con cisplatino e ifosfamide. Sin embargo, la quimioterapia reduce el tamaño del cáncer y controla su propagación en sólo el 25 o el 30 % de las mujeres tratadas, siendo, además, este efecto generalmente temporal.

■ Cáncer de vulva

La vulva está constituida por los órganos reproductores femeninos externos. El cáncer de vulva (carcinoma vulvar) es el cuarto cáncer ginecológico más frecuente y representa sólo un 3 o un 4 % de este tipo de enfermedad. El cáncer vulvar aparece habitualmente después de la menopausia. La edad promedio de diagnóstico es de 70 años. Como cada vez las mujeres viven más tiempo, este cáncer puede tener mayor frecuencia.

El riesgo de desarrollar el cáncer de vulva es mayor en las mujeres que tienen prurito de la vulva, verrugas genitales debido al papilomavirus humano (HPV) o han tenido cáncer de vagina o del cuello uterino.

La mayoría de los cánceres vulvares empiezan en la piel y luego se desarrollan cerca o en el mismo orificio de la vagina. Alrededor del 90 % de estos cánceres son carcinomas de células escamosas y un 5 % son melanomas. El restante 5 % incluye carcinomas de las células basales y otros cánceres poco comunes, tales como la enfermedad de Paget y el cáncer de la glándula bartolina.

El cáncer vulvar comienza en la superficie de la vulva. La mayoría de estos cánceres se desarrollan lentamente, permaneciendo en la superficie durante años. Sin embargo, algunos crecen con rapidez. Si no se lleva a cabo ningún tratamiento, el cáncer vulvar puede invadir finalmente la vagina, la uretra o el ano y extenderse dentro de la red de ganglios linfáticos de la zona afectada.

➤ Síntomas y diagnóstico

Las manchas blancas, de color café, o rojas que aparecen en la vulva son síntomas precancerosos,; es decir, pueden indicar que el cáncer tiene probabilidades de desarrollarse. El cáncer de vulva, por lo general, se detecta al presentar masas fuera de lo normal o úlceras rojizas que no desaparecen. Otras veces aparecen manchas descamadas o la zona pierde color. El tejido circundante puede contraerse y arrugarse. Por lo general, el cáncer vulvar causa pocas molestias, pero el prurito es frecuente. Finalmente, el bulto o llaga pueden sangrar o producir una secreción acuosa (supurar). Estos síntomas deben ser evaluados con rapoidez por un médico. Aproximadamente una quinta parte de las mujeres que lo sufren no muestran síntomas, por lo menos al principio.

Los médicos diagnostican cáncer vulvar mediante una biopsia de la piel anómala. La biopsia puede identificar si ésta es cancerosa o sólo está infectada o irritada. También determina el tipo de cáncer, si existe, para que los médicos puedan desarrollar el tipo de tratamiento a seguir. A veces se aplican tinturas a las llagas para determinar el lugar donde se debe tomar una muestra del tejido para la biopsia. A menudo, se utiliza un instrumento con lentes de aumento binoculares (colposcopio) para examinar la superficie de la vulva.

➤ Pronóstico y tratamiento

Si el cáncer vulvar se detecta a tiempo, no se encuentra ningún signo del mismo durante un período de cinco años tras el diagnóstico en 3 de cada 4 mujeres. Si los ganglios linfáticos están afectados, menos de un tercio de las mujeres sobrevive más de cinco años.

Como la mayoría de los cánceres de vulva pueden propagarse rápidamente, la extirpación quirúrgica de la vulva (vulvectomía) suele ser necesaria. Dependiendo del alcance del cáncer, se extirpa toda o parte de la vulva. A veces también se extirpan los ganglios linfáticos cercanos. El tratamiento con radioterapia, quimioterapia o ambos puede utilizarse para disminuir el tamaño de cánceres muy grandes, de tal forma que puedan extirparse mediante cirugía. A veces también es necesario extirpar el clítoris. Los médicos trabajan muy de cerca con las pacientes para desarrollar un tratamiento que se ajuste a sus necesidades, teniendo en cuenta su edad, su estilo de vida sexual y cualquier otro trastorno médico sufrido. Por lo general, el coito es posible después de una vulvectomía.

Para algunos cánceres de vulva que no se han extendido debajo de la piel, el tratamiento consiste en extirpar quirúrgicamente la piel mediante un rayo de luz directamente enfocado (cirugía con láser) o aplicar una pomada que contenga un fármaco quimioterápico (como el fluorouracilo). Algunos cánceres pequeños se tratan únicamente con radioterapia.

Como el carcinoma basocelular de la vulva no tiende a propagarse (metastatizar) a zonas distantes, la intervención quirúrgica suele implicar únicamente su extirpación. Sólo se extirpa toda la vulva cuando el cáncer se ha extendido.

■ Cáncer de vagina

Sólo alrededor de un 1 % de los cánceres ginecológicos se presentan en la vagina. El cáncer de vagina (carcinoma vaginal) suele afectar a mujeres de más de 45 años de edad. La edad promedio a la hora del diagnóstico es de 60 a 65 años.

Más del 95 % de los cánceres vaginales son carcinomas de células escamosas. El carcinoma vaginal de células escamosas puede producirse por el papilomavirus humano (HPV), la misma clase de virus que ocasiona verrugas genitales y el cáncer del cuello uterino. El resto de los cánceres vaginales son, en su mayoría, adenocarcinomas. Un tipo poco frecuente de carcinoma de células claras aparece casi exclusivamente en las mujeres a cuyas madres se les administró dietilestilbestrol (DES), un fármaco prescrito para evitar el aborto durante el embarazo. (La venta de este fármaco se prohibió en muchos países desde los años 70.)

El cáncer vaginal, según el tipo al que pertenezca, puede comenzar en la superficie del revestimiento vaginal. Si no recibe tratamiento, continúa creciendo e invade los tejidos circundantes. Finalmente, puede propagarse a otras partes del organismo.

➤ Síntomas y diagnóstico

El síntoma más frecuente es la hemorragia vaginal, que puede ocurrir durante o después del coito, entre los períodos menstruales o después de la menopausia. También pueden aparecer ampollas en el revestimiento de la vagina, que pueden sangrar y llegar a infectarse. Otros síntomas incluyen una secreción acuosa y dolor durante el coito. Muy pocas mujeres no experimentan síntomas. Los cánceres más extendidos también pueden afectar a la vejiga y ocasionar una micción frecuente y dolorosa. En las fases avanzadas del cáncer, pueden formarse conexiones (fístulas) entre la vagina y la vejiga o el recto.

El médico puede sospechar la existencia de un cáncer vaginal basándose en los síntomas, zonas anormales detectadas durante una exploración pélvica rutinaria o un resultado anormal del Pap. En ese caso debe examinar la vagina mediante un instrumento con lentes de aumento binoculares (colposcopio). Por fin, para confirmar el diagnóstico, raspa células de la pared vaginal y las examina al microscopio. También se puede realizar una biopsia de cualquier abultamiento, llaga u otra área anormal observada durante el examen.

➤ Pronóstico y tratamiento

El tratamiento depende del estadio o fase del cáncer ● (v. recuadro pág. 1666). Si está limitado a la vagina, alrededor de un 65 a un 70 % de las mujeres sobreviven por lo menos durante cinco años tras el diagnóstico. Sin embargo, si se ha extendido más allá de la pelvis o hacia la vejiga o el recto, sólo sobreviven alrededor del 15 al 20%.

El tratamiento también depende de la fase o estadio en que se encuentre el cáncer. En la mayoría de los casos de cánceres vaginales, la cirugía es el tratamiento preferido, con o sin radioterapia. La radioterapia puede ser interna (utilizando implantes colocados dentro de la vagina) o externa (dirigida a la pelvis desde el exterior del cuerpo). Generalmente, la radioterapia se combina con la extirpación quirúrgica del cáncer, o bien va seguida de esta cirugía. Para un cáncer localizado en el tercio superior de la vagina, se hace necesario practicar una histerectomía con extirpación de los ganglios linfáticos de la pelvis y la parte superior de la vagina. Para un cáncer muy avanzado, no se acostumbra a practicar cirugía alguna. En estos casos, por lo general, se utiliza la radioterapia y la quimioterapia.

El coito puede resultar difícil o imposible después del tratamiento de cáncer vaginal, aunque en algunas ocasiones se puede reconstruir una nueva vagina con injertos de piel o con parte del intestino.

■ Cáncer de las trompas de Falopio

Las trompas de Falopio son los conductos que van de los ovarios al útero. Menos del 1 % de los cánceres ginecológicos se localizan en las trompas de Falopio. La mayoría de las veces en que aparece un cáncer que afecta a las trompas de Falopio no ha tenido su origen en ellas, sino que se ha extendido desde los ovarios. Este cáncer normalmente afecta a mujeres de entre 50 y 60 años. A veces parece estar asociado con el hecho de haber sido estériles.

Más del 95 % de los cánceres de las trompas de Falopio son adenocarcinomas que se desarrollan en las células glandulares. Algunos son sarcomas que aparecen en el tejido conectivo. El cáncer de las trompas de Falopio se propaga casi del mismo modo que el de ovario.

➤ Síntomas y diagnóstico

Los síntomas incluyen cierta molestia abdominal, hinchazón y dolor en la región pélvica o en el abdomen. Algunas mujeres tienen una secreción vaginal acuosa o sanguinolenta. Por lo general, se detecta una masa en la pelvis.

El diagnóstico se basa en la observación de las trompas de Falopio y los tejidos circundantes mediante la inserción de un tubo de exploración fino (laparoscopio) con una pequeña incisión justo por debajo del ombligo, o realizando cirugía para eliminar la masa. También se realizan biopsias de los tejidos circundantes.

➤ Pronóstico y tratamiento

El pronóstico es semejante al de las mujeres con cáncer de ovario. El tratamiento casi siempre consiste en la extirpación quirúrgica del útero (histerectomía) y de los ovarios y las trompas de Falopio (salpingooforectomía), de los ganglios linfáticos adyacentes y de los tejidos circundantes. La quimioterapia, al igual que sucede en los cánceres de ovario, es generalmente necesaria después de la cirugía. Para algunos cánceres, la radioterapia también es de gran utilidad. Para el cáncer que se ha extendido ya a otras partes del cuerpo, la extirpación, en lo posible, de la mayor parte del cáncer mejora el pronóstico.

■ Mola hidatidiforme

Una mola hidatidiforme es el crecimiento de un óvulo fecundado anormalmente o un crecimiento considerable del tejido de la placenta.

En la mayor parte de los casos, una mola hidatidiforme se desarrolla a partir de un óvulo fecundado anormalmente. A partir de los óvulos anormales se desarrolla una mola hidatidiforme en lugar de desarrollarse un feto (un trastorno denominado embarazo molar). Sin embargo, una mola hidatiforme puede desarrollarse en las células que permanecen en el útero después de un aborto o de un parto. Rara vez, se desarrolla una mola hidatidiforme cuando el feto es normal.

Alrededor del 80 % de las molas hidatidiformes son benignas y desaparecen espontáneamente. Sin embargo, de un 15 a un 20 % invaden el tejido circundante y tienden a reaparecer. De estas molas invasivas, del 2 al 3 % se vuelven cancerosas y se propagan por todo el organismo; en este caso se las denomina coriocarcinomas. Los coriocarcinomas pueden extenderse rápidamente por los vasos linfáticos o por el torrente sanguíneo.

El riesgo de molas hidatidiformes es mayor en las mujeres que se quedan embarazadas antes de los 17 años, cerca de los 40 o más tarde.

➤ Síntomas y diagnóstico

Las mujeres con una mola hidatidiforme experimentan la sensación de estar embarazadas. Pero puesto que las molas crecen mucho más rápidamente que un feto, el abdomen se agranda también más rápidamente de lo que sucede en un embarazo normal. Las náuseas y los vómitos intensos son síntomas frecuentes, y en ocasiones puede presentarse una hemorragia vaginal. Estos síntomas indican la necesidad de una rápida evaluación por parte de un médico. Las molas hidatidiformes pueden causar graves complicaciones, como infecciones, hemorragia y preeclampsia o eclampsia ● *(v. pág. 1723).*

Los médicos a menudo pueden diagnosticar una mola hidatidiforme poco después de la concepción. Se puede llegar a este diagnóstico porque no se detecta movimiento fetal ni latido del corazón. Como partes de la desintegración de una mola, pueden pasar por la vagina pequeñas cantidades de tejido semejantes a un racimo de uvas. Un patólogo puede confirmar el diagnóstico después de examinar este tejido al microscopio.

El médico puede solicitar una ecografía para comprobar que se trata de una mola hidatidiforme y no de un feto o un saco amniótico (que contiene el feto y el líquido circundante). También pueden realizarse análisis de sangre para medir la concentración de gonadotropina coriónica humana (una hormona producida normalmente al comienzo del embarazo). Si existe una mola hidatidiforme, el valor es habitualmente muy alto porque la mola produce una gran cantidad de esta hormona.

➤ Tratamiento

Si la mola no se ha propagado, su índice de curación es prácticamente del 100 %. En el caso de que la mola se haya propagado considerablemente, el índice de curación varía entre un 60 y un 80 %. La mayoría de las mujeres pueden tener hijos después de haber tenido una mola y no son más propensas a que se produzcan complicaciones en el embarazo o abortos ni a que los recién nacidos presenten defectos congénitos. Alrededor del 1 % de las mujeres que han tenido una mola hidatidiforme pueden tener una segunda; por consiguiente, se les debe practicar una ecografía al inicio de los siguientes embarazos.

Una mola hidatidiforme que no desaparece espontáneamente se extirpa en su totalidad, generalmente mediante dilatación y legrado (D y L) con aspiración o succión ● *(v. pág. 1609).* Sólo en muy raras ocasiones es necesaria la extirpación quirúrgica del útero (histerectomía).

Si se detecta la mola hidatidiforme, se deben realizar radiografías del tórax después de la cirugía para asegurarse de que no se ha vuelto cancerosa (es decir, un coriocarcinoma) y se ha propagado a los pulmones. Tras la cirugía, se mide la concentración de gonadotropina coriónica humana para determinar si la extirpación ha sido completa. Si es así, el valor de esta hormona vuelve a la normalidad, por lo general, en unas ocho semanas y se mantiene en esos valores. A las mujeres a quienes se les ha extirpado una mola, se les aconseja que no se queden embarazadas al menos durante el primer año.

Las molas hidatidiformes no necesitan quimioterapia, pero los coriocarcinomas sí. Por lo general, sólo se necesita un fármaco (el metotrexato o dactinomicina). Sin embargo, algunas veces se requieren ambos u otra combinación de quimioterápicos.

CAPÍTULO 253

Violencia ejercida contra las mujeres

La violencia ejercida contra las mujeres se define, de manera general, como cualquier acción con probabilidades de causar daño físico, sexual, psicológico o sufrimiento extremo a una mujer. La violencia puede producirse en el hogar, en el lugar de trabajo o en la comunidad. Dos formas habituales de violencia contra la mujer es la violencia doméstica y la violación.

■ Violencia doméstica

La violencia doméstica incluye el abuso físico, sexual y psicológico entre parejas que conviven. Se puede apreciar entre personas de cualquier cultura, raza, ocupación, nivel social y edad.

Las mujeres son con mayor frecuencia víctimas de la violencia doméstica que los varones. Alrededor del 95 % de las personas que buscan atención médica como resultado de la violencia doméstica son mujeres y del 30 al 40 % de las visitas femeninas a un servicio de urgencias para ser atendidas por lesiones son provocadas por violencia doméstica. Las mujeres tienen más probabilidades de ser atacadas gravemente o asesinadas por su pareja masculina que por otras personas.

El abuso físico es la forma más evidente de violencia doméstica. Éste puede incluir golpes, bofetadas, patadas, puñetazos, ruptura de huesos, arrancamientos de cabello, empujones y torcedura de brazos. La víctima también puede ser privada de alimento o de sueño. Las armas, como una pistola o un cuchillo, suelen usarse para amenazar a la víctima u ocasionarle heridas.

El abuso sexual también es muy frecuente: del 33 al 50 % de las mujeres a quienes su pareja ataca físicamente también son agredidas sexualmente. La agresión sexual implica el uso de amenazas o fuerza con el fin de obtener un contacto sexual no deseado.

El abuso o maltrato psicológico puede ser aún más frecuente que el físico y puede precederle. El abuso psicológico implica cualquier comportamiento no físico que rebaja o disminuye la propia estima de la víctima o permite al autor controlarla; suele incluir lenguaje soez, aislamiento social y control financiero. Por lo general, el autor utiliza expresiones o palabras para rebajar, degradar, humillar, intimidar o amenazar a la víctima en privado o en público. También puede hacer que la víctima piense que está loca, o que se sienta culpable o responsable de su relación abusiva. El autor puede también humillar a la víctima acerca de su comportamiento sexual, aspecto físico y apariencia.

Puede tratar de aislar parcial o completamente a la víctima, ejercitando su control sobre ella, evitando así su contacto con amigos, parientes u otras personas. Este control puede incluir la prohibición de un contacto directo, por escrito, telefónico o electrónico con otras personas. El agresor puede justificar su comportamiento atribuyéndolo a celos.

A menudo, retiene el dinero que debe entregar a la agredida, para controlarla. La víctima puede que dependa financieramente del agresor, ya sea en parte o totalmente. El agresor puede mantener el control evitando que la mujer consiga trabajo, ocultándole información acerca de sus finanzas y sustrayéndole su dinero.

➤ Efectos

Una víctima de violencia doméstica puede ser lesionada físicamente. Las lesiones físicas suelen consistir en magulladuras, ojos amoratados, cortes, arañazos, fracturas, pérdida de algunos dien-

Niños que presencian violencia doméstica

Se calcula que cada año, al menos 3,3 millones de niños presencian abuso físico o verbal en sus casas. Estos niños pueden desarrollar problemas como ansiedad excesiva o llanto, ataques de miedo, dificultad para conciliar el sueño, depresión, retraimiento social y bajo rendimiento escolar. También pueden autoinculparse de esta situación. Los niños mayores incluso pueden huir de casa. Los jóvenes que presencian el maltrato de su padre hacia su madre tienen mayor probabilidad de cometer abusos cuando sean adultos. Las niñas que presencian dicho maltrato pueden ser más propensas a tolerar el abuso cuando sean adultas. El agresor puede también maltratar físicamente a sus hijos. En los hogares donde existe la violencia doméstica, los niños tienen más probabilidades de recibir maltrato físico.

tes y quemaduras. Las lesiones pueden evitar que la víctima vaya al trabajo regularmente, lo que posiblemente le suponga la pérdida del mismo. Las lesiones, al igual que una situación de abuso, pueden avergonzar a la víctima y, en consecuencia, llevarla a un estado de aislamiento de su familia y amigos. Es posible que la víctima tenga que mudarse con frecuencia para escapar de las agresiones de su pareja, lo que ocasiona una situación económica preocupante. Algunas veces, el agresor llega incluso a asesinar a la víctima.

Como resultado de la violencia doméstica, muchas víctimas tienen problemas psicológicos. Tales problemas incluyen trastornos ocasionados por tensión postraumática, abuso de sustancias tóxicas, ansiedad y depresión. Alrededor del 60% de las mujeres maltratadas sufren depresión. Las mujeres que son maltratadas más seriamente tienen más probabilidades de desarrollar problemas psicológicos. Aunque el abuso físico disminuya, el psicológico se mantiene latente, recordándole que puede volver a ser maltratada en cualquier momento. Las mujeres que lo sufren pueden sentir que el abuso psicológico es más dañino que el físico. El maltrato psicológico aumenta el riesgo de depresión y el abuso de sustancias tóxicas.

➤ Manejo

En casos de violencia doméstica, la consideración más importante es la seguridad. Durante un inci-

dente violento, la víctima debe tratar de alejarse de las zonas en que pueda ser atrapada o en que el agresor pueda obtener armas, como la cocina. Si puede, la víctima debe llamar rápidamente a un servicio de asistencia o la policía, y abandonar la casa. La víctima debe buscar tratamiento para sus lesiones y documentarlas con fotografías.

Es importante desarrollar un plan de seguridad. Debe incluir adónde ir para pedir ayuda, así como la forma de huir y de tener acceso al dinero. La víctima también debe sacar fotocopias de los documentos oficiales (como certificado de nacimiento de los niños, tarjetas de seguridad social, de seguros y los números de la cuenta bancaria) y mantenerlos escondidos. Debe guardar una maleta preparada para llevarla en caso de tener que dejar la casa rápidamente.

A veces, la única solución es abandonar esta relación de abuso permanentemente, porque la violencia doméstica tiende a continuar, sobre todo entre los varones excesivamente agresivos. También, aun cuando el maltrato físico disminuye, el psicológico puede persistir. La decisión de abandonar todo no es sencilla. Cuando la pareja abusiva se entera de que la víctima ha decidido marcharse, aumenta el riesgo de un daño mayor. En este momento, la víctima debe tomar medidas adicionales (como una orden de restricción o protección) que la cubra a ella y a los niños. Existe una ayuda especial para mujeres maltratadas en refugios, grupos de apoyo, y los tribunales.

■ Violación

La violación se considera, por lo general, como una penetración no deseada en la vagina, ano o boca de la víctima. En las víctimas que no llegan a la edad del consentimiento, dicha penetración, ya sea deseada o no, se considera violación (violación estatutaria). El abuso sexual es un término amplio que incluye el uso de fuerza y amenazas para forzar un contacto sexual. El porcentaje de mujeres que denuncian haber sido violadas durante su vida varía considerablemente: de un 2% a casi un 30%. El porcentaje informado de niños que son violados es igualmente elevado ● *(v. pág. 1952)*. Los porcentajes denunciados son probablemente más bajos que los verdaderos porque la violación y el abuso sexual no siempre son transmitidos a la policía como los otros crímenes.

Los varones también pueden ser violados. Las lesiones pueden ocurrir en los varones al igual que en las mujeres, y los efectos psicológicos pueden ser devastadores.

➤ Síntomas

Las lesiones físicas resultantes de una violación pueden incluir desgarramiento en la parte superior de la vagina y lesiones en otras partes del cuerpo, como contusiones, moratones en los ojos, cortes y arañazos.

Los efectos psicológicos de una violación son más devastadores que los físicos. Poco después de producirse una violación, casi todas las mujeres tienen síntomas de un trastorno tensional postraumático (que puede sobrevenir después de cualquier episodio estresante) ● *(v. pág. 737).* Las mujeres se vuelven miedosas, ansiosas e irritables. Pueden sentirse furiosas, deprimidas o culpables (y se preguntan si hicieron algo para provocar la violación o si hubieran podido evitarla). Pueden sobrevenirles pensamientos molestos, perturbadores o imágenes mentales del asalto, reviviendo así la violación. O pueden acallar los pensamientos y sentimientos acerca este hecho. Así mismo pueden evitar situaciones que les recuerden la violación. También pueden sufrir de insomnio o de frecuentes pesadillas. Estos síntomas pueden durar meses y afectan a las actividades sociales y al trabajo. Sin embargo, para la mayoría de las mujeres, los síntomas se atenúan sustancialmente en un período de algunos meses.

Además de sus propios sentimientos, es probable que la víctima de violación deba hacer frente a reacciones negativas, a veces arbitrarias o burlescas de los amigos, miembros de la familia y la policía. Estas reacciones pueden afectar a la recuperación de la víctima.

Después de una violación, existe un riesgo de infección con enfermedades de transmisión sexual (como la gonorrea, las infecciones por clamidia y la sífilis) y la hepatitis B y C. La infección del virus de inmunodeficiencia humana (VIH) es en particular preocupante, incluso cuando son pocas las posibilidades de adquirirlo en un solo encuentro. Rara vez sobreviene un embarazo como consecuencia de una violación.

➤ Diagnóstico

Es importante tener un diagnóstico médico preciso después de una violación. Siempre que es posible, se somete a las mujeres que han sido violadas o agredidas sexualmente a una evaluación en un centro especializado, separado de la unidad de urgencias y que cuenta con personal debidamente preparado.

Después de una violación, los médicos están obligados por ley a notificarlo a la policía y a examinar a la víctima. El examen proporciona evidencias para condenar al violador y es necesario efectuarlo antes de que la víctima reciba la atención médica apropiada. La mejor evidencia se obtiene cuando la víctima de violación va al hospital lo más pronto posible, sin ducharse, ni cambiarse de ropa y, a poder ser, sin haber orinado. El informe médico resultante de este examen a veces es admitido como prueba por los tribunales. Sin embargo, este informe no puede ser utilizado a menos que la víctima dé su consentimiento por escrito o que reciba una citación judicial. El informe también puede ayudar a la víctima a recordar detalles de la violación si más adelante requieren su testimonio.

Inmediatamente después de una violación, la mujer puede tener miedo de someterse a una exploración física. En la medida de lo posible, es preferible que la examine una médica. Si no, que una enfermera o voluntaria esté presente para ayudar a aliviar cualquier ansiedad que la víctima pueda presentar. Antes de comenzar el examen, el médico debe pedir permiso a la víctima para proceder a hacerlo. La víctima no ha de sentirse presionada a dar su consentimiento, aunque el reconocimiento médico suele redundar en su propio beneficio. La mujer puede pedirle al médico que le explique lo que sucederá durante la exploración física para saber qué esperar.

El médico le pedirá a la mujer que le describa los acontecimientos para guiarlo durante el examen y poder administrarle el tratamiento apropiado. Sin embargo, hablar sobre la violación es a menudo una experiencia espantosa para la mujer. Es posible que ella solicite un aplazamiento para dar una descripción completa, después de que hayan sido cubiertas sus necesidades inmediatas. Primero suele necesitar recibir tratamiento para sus heridas, lavarse y tener un poco de tiempo para calmarse. Entonces, se le facilitará un baño para que pueda asearse convenientemente.

Para determinar la probabilidad de embarazo, el médico preguntará a la mujer cuándo fue su último período menstrual y si usa anticonceptivos. Para ayudar a interpretar el análisis de cualquier muestra de espermatozoides, el médico le preguntará a la mujer si mantuvo alguna relación sexual antes de la violación, y si la respuesta es afirmativa, cuándo fue.

El médico tomará nota de las lesiones físicas, como cortes y arañazos, y es probable que examine la vagina en busca de otras lesiones. Se toman fotografías de las heridas o lesiones. Puesto que algunas lesiones, como las contusiones, pueden aparecer más tarde, es posible que haya necesidad de tomar una segunda serie de fotografías. Se utiliza una escobilla o aplicador de algodón para tomar las muestras de semen y otros fluidos corporales que puedan servir de evidencia. También se recogen otras muestras, como las de cabello, sangre o piel (encontradas algunas veces debajo de las uñas de la mujer) pertenecientes al violador. A veces se realizan análisis del ADN en esas muestras para identificar al autor de la violación.

Si la mujer consiente, se realiza un análisis de sangre en busca de infecciones, incluida la producida por el VIH. Si el primer análisis resulta negativo para gonorrea, infecciones por clamidia, sífilis y hepatitis, se procede entonces a practicar estas pruebas de nuevo al cabo de seis semanas. Si los resultados de los análisis para sífilis y hepatitis son aún negativos, se repiten transcurridos seis meses. Los análisis de sangre para VIH pueden repetirse después de 90 o 120 días.

Por lo general, se realiza una prueba de embarazo (para medir la concentración de gonadotropina coriónica humana en la orina ● *v. pág. 1703*) a los pocos días y de nuevo antes de seis semanas. Si es posible que la mujer estuviera embarazada antes de la violación, se realiza una prueba de orina durante el examen inicial. La prueba no puede detectar un embarazo que acaba de producirse. De este modo, si se realiza en ese momento, la prueba detectaría un embarazo previo, pero no uno resultante de la violación.

➤ Tratamiento

La mayoría de las lesiones físicas pueden tratarse fácilmente. Las más graves pueden necesitar cirugía. Para evitar infecciones, se administran antibióticos a la paciente, habitualmente una dosis de ceftriaxona inyectada en forma intramuscular y una dosis de metronidazol oral, y doxiciclina oral durante siete días. Si los resultados de VIH fueron positivos, se debe empezar el tratamiento para el VIH inmediatamente ● *(v. pág. 1397)*.

Si la posibilidad de un embarazo preocupa a la mujer, puede usarse un método anticonceptivo de emergencia. Se administra una dosis de un anticonceptivo oral inmediatamente, luego se repite doce horas más tarde ● *(v. pág. 1691)*. Este tratamiento es eficaz en un 99% de los casos si se administra dentro de las primeras 72 horas de la violación. Si es posible que la mujer estuviera embarazada antes la violación, se administra el anticonceptivo por vía oral sólo si el análisis da un resultado negativo. Si de la violación se produce un embarazo, se puede considerar la opción de practicar un aborto.

Se explican detalladamente a la víctima algunas reacciones psicológicas frecuentes que se pueden presentar después de una violación (tales como ansiedad excesiva o miedo). Tan pronto como sea posible, una persona entrenada en las crisis que sobrevienen después de una violación se reunirá con la víctima. La mujer es remitida a un equipo de crisis por violación si existe alguno en la zona donde ella reside. Este equipo puede proporcionar apoyo médico, psicológico y legal de gran utilidad para la víctima. Para la mujer puede ser beneficioso hablar sobre la violación y sus sentimientos. Si los síntomas de la tensión postraumática persisten, se puede recurrir a los efectos posiblemente efectivos de la psicoterapia o de los antidepresivos ● *(v. pág. 737)*. Si es necesario, la mujer puede ser remitida a un psicólogo, trabajador social o psiquiatra.

Los familiares y amigos pueden tener sentimientos similares a los de la víctima: ansiedad, ira o culpa. Irracionalmente pueden responsabilizar a la víctima de lo sucedido. Los familiares o amigos cercanos también pueden beneficiarse de la reunión con un miembro del equipo de crisis por violación o de la unidad evaluadora de agresiones sexuales para hablar sobre sus sentimientos y decidir la mejor forma de ayudar a la víctima. Por lo general, escuchar a la víctima como apoyo, sin expresar fuertes opiniones sobre la violación, es de gran ayuda.

La culpabilidad o crítica dirigida a la víctima puede afectar a su recuperación. Una red de apoyo conformada por profesionales de la salud, amigos y miembros de la familia puede ser de mucha ayuda para la víctima.

CAPÍTULO 254

Esterilidad

La esterilidad es la incapacidad de una pareja de conseguir un embarazo tras mantener repetidas relaciones sexuales sin tomar medidas de anticoncepción durante un año.

La esterilidad afecta por término medio a 1 o 2 de cada 10 parejas. Cada vez es más frecuente porque las personas esperan más para contraer matrimonio y tener hijos. Sin embargo, hasta un 60 % de las parejas que no han concebido después de un año de intentarlo, al final lo consiguen con o sin tratamiento. El tratamiento tiene como objetivo reducir el tiempo necesario para concebir o proporcionar la oportunidad de conseguirlo a las parejas que no podrían hacerlo de otro modo. Antes de iniciar el tratamiento, es beneficioso buscar un asesoramiento que les informe sobre el tratamiento (incluida su duración) y las posibilidades de éxito.

La causa de la esterilidad puede ser debida a problemas del hombre, de la mujer o de ambos. Los problemas relacionados con el esperma, la ovulación o las trompas de Falopio representan, cada uno por separado, casi un tercio de los casos de esterilidad. En un pequeño porcentaje de casos, la esterilidad es causada por problemas de moco del cuello uterino o por factores no identificados. De este modo, el diagnóstico de los problemas de esterilidad requiere una evaluación minuciosa de ambos miembros de la pareja.

La edad es un factor primordial en las mujeres. A medida que aumenta la edad, es más difícil que las mujeres se queden embarazadas y se incrementa el riesgo de complicaciones durante el embarazo. Además, después de los 35 años, las mujeres tienen un tiempo limitado para resolver sus problemas de esterilidad antes de la menopausia.

La pareja puede someterse a un tratamiento aun cuando no se encuentre ninguna causa de esterilidad. En estos casos, se puede tratar a la mujer con medicamentos, denominados fármacos para la fertilidad, que actúan como estimulantes de la maduración y la liberación de varios óvulos ● *(v. pág. 1683)*. Algunos de éstos son el clomifeno y las gonadotropinas humanas. Las posibilidades de que la mujer quede embarazada son de un 10 a un 15 % con cada mes de tratamiento. Como forma alternativa, puede probarse una técnica de inseminación artificial que sólo selecciona el esperma más activo.

Mientras una pareja se somete a un tratamiento para la esterilidad, uno o los dos miembros de la misma pueden experimentar frustración, estrés emocional, sentimientos de impotencia y de culpa. Su estado de ánimo puede alternar entre la esperanza y la desesperación. Al sentirse aislados e incapaces de comunicarse, se enfadan o manifiestan resentimiento contra su pareja, familia, amigos o contra su médico. El estrés emocional puede provocar cansancio, ansiedad, alteraciones del sueño o del apetito e incapacidad para concentrarse. Además, la carga económica y la cantidad de tiempo que requieren el diagnóstico y el tratamiento pueden provocar conflictos matrimoniales.

Todos estos problemas pueden atenuarse si ambos miembros de la pareja se implican en el tratamiento y reciben información sobre el mismo, con independencia de a quién se le diagnosticó el problema. El hecho de conocer las posibilidades de éxito, así como de tomar conciencia de que es posible que el tratamiento no dé resultado y que no puede continuarse de modo indefinido, puede ayudar a la pareja a sobrellevar la tensión emocional. También es de gran ayuda contar con información acerca de cuándo finaliza el tratamiento, cuándo se debe buscar una segunda opinión y cuándo hay que considerar la posibilidad de adopción. El asesoramiento y el apoyo psicológico, incluido el que brindan algunos grupos de apoyo y asociaciones, pueden ayudar.

■ Anomalías del esperma

Para ser fértil, un hombre debe ser capaz de depositar en la vagina de la mujer una cantidad adecuada de esperma normal que pueda fertilizar el óvulo. Las enfermedades que afectan a este proceso pueden hacer que un hombre sea menos fértil.

Los estados que aumentan la temperatura de los testículos (donde se produce el esperma) pueden reducir considerablemente la cantidad de esperma y su movilidad, e incrementar la cantidad de esperma anormal. La temperatura puede aumentar debido a la exposición al calor excesivo, los trastornos que causan fiebre prolongada, los testículos que no descienden (una rara anomalía congénita) ● *(v. pág. 1820)* y las varices en los testículos (varicocele).

Determinados trastornos hormonales o genéticos pueden afectar a la producción de esperma. Los trastornos hormonales incluyen la hiperprolactinemia, el hipotiroidismo, el hipogonadismo y los trastornos de la glándula suprarrenal (que produce testosterona y otras hormonas) o de la hipófisis (que controla la producción de testosterona). Los trastornos genéticos implican, como ocurre en el síndrome de Klinefelter, una anomalía de los cromosomas sexuales.

Otras causas de una producción reducida de esperma incluyen la parotiditis (paperas) que afecta los testículos (orquitis parotídica), la exposición a tóxicos industriales o ambientales y los fármacos. Entre estos últimos se incluyen andrógenos (como la testosterona), aspirina cuando se toma durante mucho tiempo, clorambucilo, cimetidina, colchicina, corticosteroides (como la prednisona), cotrimoxazol, ciclofosfamida, fármacos utilizados para tratar el paludismo, estrógenos tomados para tratar el cáncer de próstata, marihuana, medroxiprogesterona, metotrexato, los inhibidores de la monoaminooxidasa (los IMAO, un tipo de antidepresivo), nicotina, nitrofurantoína, opiáceos (narcóticos), espironolactona y sulfasalacina. El uso de esteroides anabolizantes puede afectar a los niveles hormonales y, por tanto, alterar la producción de esperma. El consumo excesivo de bebidas alcohólicas también puede reducir la producción de esperma.

Algunos trastornos tienen como consecuencia la ausencia total de esperma (azoospermia) en el semen; entre ellos se encuentran los trastornos graves de los testículos, la obstrucción o ausencia de vasos deferentes, la ausencia de vesículas seminales y el bloqueo de ambos conductos eyaculadores.

A veces, el semen que contiene el esperma se mueve en dirección contraria (dentro de la vejiga, en vez de hacia el pene). Este trastorno, llamado eyaculación retrógrada ● *(v. pág. 1593),* es más frecuente en los varones que tienen diabetes o que han sido sometidos a una cirugía pélvica, como la extirpación de la próstata. La eyaculación retrógrada puede producir una esterilidad.

➤ **Diagnóstico**

Los médicos preguntan al hombre sobre su historia clínica y realizan una exploración física para tratar de identificar la causa. Buscan anomalías físicas, como testículos que no han descendido, y signos de trastornos hormonales o genéticos que pueden causar esterilidad. Pueden medirse los niveles de hormonas (incluida la testosterona) en la sangre.

A menudo, es necesario realizar un análisis del semen, el procedimiento principal de detección para la esterilidad masculina. Para llevar a cabo este proceso, el paciente no debe eyacular durante 2 o 3 días antes del análisis. Se le pide al paciente que eyacule, por lo general tras una masturbación, dentro de un recipiente de cristal limpio, preferiblemente en el laboratorio. Cuando es difícil obtener una muestra de semen con este procedimiento, pueden usarse condones especiales, que no contengan lubricantes ni sustancias tóxicas para el esperma, con el fin de recoger semen durante el coito. Un análisis basado en 2 o 3 muestras obtenidas con, al menos, dos semanas de intervalo, es más fiable que uno que se base en una sola muestra.

Se mide entonces el volumen de la muestra de semen. Se determina luego si su color y consistencia son normales. Se examinan los espermatozoides al microscopio para determinar si son anormales su forma, tamaño, movimiento o cantidad.

Si la muestra de semen resulta anormal, se repite el análisis, ya que distintas muestras de un mismo paciente pueden variar considerablemente. Si el resultado sigue siendo anormal, el médico tratará de identificar la causa. Sin embargo, un bajo recuento de esperma puede indicar sólo que haya pasado muy poco tiempo desde la última eyaculación, o que sólo se haya depositado parte del semen en el recipiente recolector. Además, un bajo recuento de esperma no significa que se haya reducido la fertilidad, y un recuento normal no garantiza la fertilidad.

Pueden realizarse pruebas de la función y calidad espermáticas. Una prueba detecta la presencia de anticuerpos antiespermatozoides. Otra determina si las membranas del esperma están intactas. Otras más pueden determinar la capacidad del esperma de unirse a un óvulo y penetrarlo. A veces se realiza una biopsia de los testículos con el fin de obtener una información más detallada acerca de la producción de esperma y la función de los testículos.

➤ **Tratamiento**

El clomifeno, un fármaco que induce la ovulación en la mujer, puede utilizarse para tratar de incrementar el recuento de esperma en el varón. Sin embargo, este fármaco no mejora la capacidad del esperma para moverse ni reduce su cantidad anormal, y no se ha demostrado que incremente la fertilidad.

En los varones con recuento espermático bajo y espermatozoides normales, la inseminación artificial puede aumentar un poco las posibilidades de embarazo de su pareja. Esta técnica utiliza la primera porción de semen eyaculado, que contiene la mayor concentración de esperma. Una técnica que escoge sólo el esperma más activo (esperma lavado) es un poco más efectiva. La fertilización in vitro, a menudo con inyección intracitoplásmica de esperma (la inyección de un solo espermatozoide en un solo óvulo) y la transferencia intratubárica de gametos son procedimientos mucho más complicados y costosos. Son eficaces para tratar muchas clases de esterilidad masculina.

Si un hombre no produce esperma, puede considerarse la probabilidad de inseminar a la mujer con esperma de otro hombre (donante). Debido al peligro de contraer enfermedades de transmisión sexual, incluidas las infecciones por VIH, ya no se utilizan muestras frescas de semen de donantes. En cambio, se obtienen muestras congeladas provenientes de un banco de esperma acreditado, que haya verificado que los donantes no presentan enfermedades de transmisión sexual.

El tratamiento del varicocele es una intervención quirúrgica. A veces puede mejorar la fertilidad.

La pareja de un hombre que tiene problemas de fertilidad puede ser tratada con gonadotropinas humanas, para estimular la maduración y liberación de varios óvulos ● (v. pág. 1683).

■ Trastornos de la ovulación

En las mujeres, una causa frecuente de esterilidad es un problema de ovulación, es decir, los ovarios no liberan un óvulo cada mes ● (v. pág. 1600). Los problemas de ovulación resultan de la disfunción de una parte del sistema que controla la función reproductora. Este sistema incluye el hipotálamo (una zona del cerebro), la hipófisis, las glándulas suprarrenales, la tiroides y los órganos genitales. Por ejemplo, puede que los ovarios no produzcan suficiente progesterona, la hormona femenina que hace que el revestimiento interno del útero se engrose como preparación para un posible feto. Es posible que no se produzca la ovulación porque el hipotálamo no secreta la hormona liberadora de gonadotropina, que estimula la glándula hipófisis para que produzca las hormonas que desencadenan la ovulación (hormonas luteinizante y folículoestimulante). Las concentraciones altas de prolactina (hiperprolactinemia), una hormona que estimula la producción de leche, pueden disminuir los niveles de las hormonas que desencadenan la ovulación. Los niveles de prolactina pueden estar elevados debido a un tumor en la glándula hipófisis (prolactinoma), que casi siempre es benigno. Los problemas de ovulación pueden ser ocasionados por el síndrome del ovario poliquístico, trastornos de las glándulas tiroides y suprarrenales, ejercicio excesivo, diabetes, pérdida de peso, obesidad o estrés psicológico. A veces, la causa es una menopausia precoz, cuando el suministro de óvulos se acaba muy pronto.

A menudo, la ovulación es el problema en mujeres con períodos irregulares o que no menstrúan (amenorrea ● v. pág. 1622). También es a veces el problema en mujeres que menstrúan regularmente, pero que no tienen síntomas premenstruales, como dolor mamario, hinchazón de la parte inferior del abdomen y cambios de humor.

▶ Diagnóstico

Para determinar si se produce la ovulación o cuándo, los médicos pueden pedir a la paciente que se tome su temperatura cada día, cuando se encuentre en reposo (temperatura basal corporal). Por lo general, el mejor momento es inmediatamente después de despertarse. Una temperatura basal baja sugiere que la ovulación no se ha producido. Un aumento de más de 0,5 °C de temperatura suele indicar que la ovulación ha ocurrido. Sin embargo, la temperatura basal no indica de manera fiable o precisa cuándo ocurre la ovulación. A lo sumo, predice la ovulación con un margen de dos días. Son técnicas más exactas la ecografía y la utilización de equipos predictores de la ovulación (que detectan un incremento de la hormona luteinizante en la orina entre 24 y 36 horas antes de la ovulación). Estos equipos se pueden utilizar en el propio domicilio para analizar la orina varios días consecutivos. También puede medirse la concentración de progesterona en sangre o saliva, o la concentración de uno de sus subproductos en la orina. Un marcado aumento de estos niveles indica que la ovulación ha tenido lugar.

Para determinar si la ovulación está teniendo lugar normalmente, los médicos pueden realizar una biopsia del endometrio. Se extirpa un pequeño fragmento del tejido del revestimiento del útero 10 o 12 días después de cuando se cree que tuvo lugar la ovulación. A continuación, se examina este tejido al microscopio. Si se observan los cambios que normalmente se producen después de la ovulación, significa que ésta ha tenido lugar normalmente. Si los cambios normales aparecen con retraso, el problema puede ser la producción inadecuada o la inactividad de la progesterona.

➤ Tratamiento

Puede utilizarse un fármaco para inducir la ovulación. El tipo concreto de fármaco se selecciona en función del problema específico. Habitualmente se prefiere utilizar clomifeno con medroxiprogesterona si la ovulación no se ha producido durante mucho tiempo. Primero, la mujer toma medroxiprogesterona, generalmente por vía oral, para inducir un período menstrual. Luego toma clomifeno por vía oral. Por lo general, la ovulación se produce entre 5 y 10 días después de que se haya interrumpido la toma de clomifeno, y el período sobreviene a los 14 o 16 días posteriores a la ovulación. El clomifeno no es eficaz para corregir todas las causas de problemas de ovulación. Es más eficaz cuando la causa es el síndrome del ovario poliquístico.

Si después del tratamiento con clomifeno no se produce la menstruación, se debe hacer una prueba de embarazo. Si la mujer no está embarazada, se repite el ciclo de tratamiento. Se utiliza una dosis más elevada de clomifeno en cada ciclo hasta que se produzca la ovulación o se alcance la dosis máxima aconsejada. Cuando se determina la dosis que desencadena la ovulación, la mujer la toma por lo menos durante 3 o 4 ciclos más. La mayoría de las mujeres que se quedan embarazadas lo hacen en el cuarto ciclo en el que se produce la ovulación. Alrededor del 75 al 80 % de las mujeres tratadas con clomifeno ovulan, pero sólo alrededor del 40 al 50 % se quedan embarazadas. Alrededor de un 5 % de los embarazos en mujeres tratadas con clomifeno tienen más de un feto, sobre todo gemelos.

Los efectos secundarios del clomifeno consisten en sofocos, hinchazón abdominal, dolor mamario, náuseas, trastornos visuales y cefaleas. Alrededor de un 5 % de las mujeres tratadas con clomifeno desarrollan el síndrome de hiperestimulación ovárica. En este síndrome, los ovarios se agrandan considerablemente y una gran cantidad de líquido se desplaza desde el torrente sanguíneo hasta el interior del abdomen. Este síndrome puede llegar a ser mortal. Para evitarlo, los médicos prescriben la menor dosis eficaz de clomifeno, y si los ovarios se agrandan, interrumpen la administración del fármaco.

Si una mujer no ovula o no se queda embarazada durante el tratamiento con clomifeno, pueden probarse las terapias hormonales con gonadotropinas humanas, inyectadas intramuscular o subcutáneamente. Las gonadotropinas humanas estimulan la maduración de los folículos ováricos, que son cavidades llenas de líquido que contienen un óvulo cada una ● *(v. pág. 1599)*. Pueden realizarse análisis de sangre para medir los niveles de estrógeno y ecografías para detectar cuándo están maduros los folículos. Cuando los folículos están ya maduros, se inyecta una hormona diferente, la gonadotropina coriónica humana, para desencadenar la ovulación. Cuando las gonadotropinas humanas se utilizan apropiadamente, más del 95 % de las mujeres tratadas con ellas ovulan, pero sólo del 50 al 75 % se quedan embarazadas. Aproximadamente de un 10 a un 30 % de los embarazos en mujeres tratadas con gonadotropinas humanas implican la gestación de más de un feto, sobre todo gemelos.

Las gonadotropinas humanas pueden tener graves reacciones adversas, razón por la cual los médicos controlan de cerca a la mujer durante el tratamiento. Alrededor del 10 al 20 % de las mujeres tratadas con gonadotropinas humanas desarrollan el síndrome de hiperestimulacion ovárica (que también puede darse con el clomifeno). Si se produce hiperestimulación (si los ovarios se agrandan notoriamente o si los niveles de estrógeno aumentan demasiado), los médicos no administran a la mujer la gonadotropina coriónica humana para inducir la ovulación. Las gonadotropinas humanas también son muy costosas.

Si la causa de la esterilidad es la menopausia precoz, ni el clomifeno ni las gonadotropinas humanas pueden estimular la ovulación.

Si el hipotálamo no secreta la hormona liberadora de gonadotropina, puede utilizarse una versión sintética de esta hormona, denominada gonadorelina. Este fármaco, igual que la hormona natural, estimula la glándula hipófisis para que produzca las hormonas que disparan la ovulación. El riesgo de hiperestimulación ovárica es bajo con este tratamiento, por lo que no es necesario realizar un control intenso.

Cuando la causa de la esterilidad son los altos niveles de la hormona prolactina, el mejor fármaco es uno que actúa como la dopamina, denominado agonista de la dopamina, como la bromocriptina o el cabergoline. (La dopamina es un producto químico mensajero que, por lo general, inhibe la producción de la prolactina.)

■ Anomalías de las trompas de Falopio

Las trompas de Falopio pueden presentar anomalías estructurales o funcionales. Si se obstruyen, el óvulo no puede moverse desde el ovario hacia el útero. Las causas de problemas en las trompas de Falopio incluyen infecciones previas (como la inflamación pélvica), endometriosis, una perforación del apéndice y cirugía de la pelvis. Un embarazo desplazado (ectópico) en las trompas de Falopio también puede lesionarlas. Las trompas de Falopio pueden estar obstruidas por trastornos estructurales. Estos trastornos incluyen anomalías congénitas del útero y de las trompas de Falopio, fibromas en el útero y bandas de tejido cicatricial entre estructuras normalmente desconectadas (adherencias) en el útero o la pelvis.

➤ Diagnóstico y tratamiento

Para determinar si las trompas de Falopio están obstruidas, los médicos pueden utilizar la histerosalpingografía. En este procedimiento, se hacen radiografías tras inyectar una sustancia radiopaca por el cuello uterino. El contraste delimita o resalta el interior del útero y de las trompas de Falopio. Este procedimiento se realiza poco después del período menstrual. La histerosalpingografía permite detectar trastornos estructurales que pueden obstruir las trompas de Falopio. Sin embargo, en un 15 % de los casos, la histerosalpingografía indica que las trompas de Falopio están obstruidas cuando no es así, lo que se denomina un resultado falso positivo. Después de una histerosalpingografía que da resultados normales, la fertilidad parece mejorarse ligeramente, debido quizá a que el procedimiento ensancha temporalmente (dilata) las trompas o las libera de moco. Por lo tanto, los médicos pueden esperar a ver si una mujer queda embarazada tras este procedimiento, antes de realizar pruebas adicionales del funcionamiento de las trompas de Falopio.

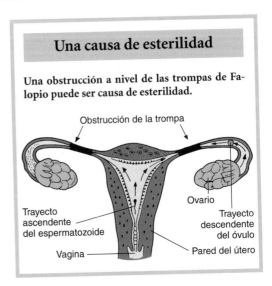

Una causa de esterilidad

Una obstrucción a nivel de las trompas de Falopio puede ser causa de esterilidad.

Obstrucción de la trompa

Trayecto ascendente del espermatozoide

Vagina

Ovario

Trayecto descendente del óvulo

Pared del útero

Otro procedimiento (denominados sonohisterografía) se utiliza a veces para determinar si las trompas de Falopio están obstruidas. Se inyecta una solución salina en el interior del útero por el cuello uterino durante la ecografía para que el interior se distienda, y las anomalías puedan verse claramente. Si la solución fluye dentro de las trompas de Falopio, esto quiere decir que no están obstruidas. Este procedimiento es rápido y no requiere anestesia. Se considera más seguro que la histerosalpingografía porque no requiere radiación o inyección de un medio de contraste. Sin embargo, no es tan exacto.

Si se detecta una anomalía dentro del útero, los médicos examinan el útero con un tubo de visualización, denominado histeroscopio, que se inserta por el cuello uterino hasta el interior del útero. Si se detectan adherencias, un pólipo o un pequeño fibroma, este instrumento puede utilizarse para sacar o extirpar el tejido anormal, con lo que las posibilidades de que la mujer quede embarazada aumentan.

Si hay indicios que sugieran que las trompas de Falopio están obstruidas, o que la mujer puede tener endometriosis, se inserta un pequeño tubo de visualización, denominado laparoscopio, en la cavidad pélvica con una pequeña incisión justo por debajo del ombligo. Suele hacerse bajo anestesia general. Este procedimiento permite a los médicos visualizar directamente el útero, las trompas de Falopio y los ovarios. El laparoscopio también puede utilizarse para sacar o extirpar algún tejido anormal en la pelvis.

El tratamiento depende de la causa. Puede realizarse cirugía para reparar una trompa de Falopio lesionada debido a un embarazo ectópico o a una infección. Sin embargo, después de tal intervención, las posibilidades de que se produzca un embarazo normal son pequeñas, y las de un embarazo ectópico, grandes. Por lo tanto, a menudo no se recomienda la cirugía. La fertilización in vitro se aconseja a la mayoría de las parejas.

■ Problemas del moco cervical

Normalmente, el moco del cuello uterino (la parte inferior del útero que se abre dentro de la vagina) es espeso e impenetrable, y el esperma no puede atravesarlo hasta poco antes de la liberación de un óvulo (ovulación). Entonces, justo antes de la ovulación, el moco se vuelve claro y elástico (porque la concentración de estrógeno aumenta). Como resultado, el esperma puede moverse por el moco hasta dentro del útero y penetrar en las trompas de Falopio, donde puede producirse la fertilización. Si el moco no cambia su consistencia durante la ovulación (por lo general debido a una infección), el embarazo es improbable. El embarazo también es improbable si el moco contiene anticuerpos contra el esperma, que lo destruyen antes de que pueda alcanzar el óvulo.

➤ Diagnóstico y tratamiento

Una prueba poscoital, realizada entre 2 y 8 horas después del coito, consiste en la evaluación del moco del cuello uterino y determina si el esperma puede sobrevivir en el moco. Esta prueba se realiza a mitad del ciclo menstrual, cuando las concentraciones de estrógeno son máximas y la mujer está ovulando. Se toma una muestra de moco con pinzas o con una jeringa. Se determina entonces el espesor y elasticidad del moco y la cantidad de esperma contenida en el moco. Los resultados anormales incluyen un moco excesivamente espeso, la no existencia de espermatozoides o que éstos se adhieran entre sí porque el moco contenga anticuerpos que actúen contra el esperma. Sin embargo, estos resultados no siempre indican que exista un problema con el moco o que no puede producirse el embarazo. Es posible que no se detecte esperma porque simplemente no se depositó en la vagina durante el coito y que el moco sea demasiado espeso por no haber realizado la prueba en el momento adecuado del ciclo menstrual.

El tratamiento puede incluir la inseminación intrauterina, en la que el semen se coloca directamente en el útero para evitar el moco. Entre los fármacos que pueden utilizarse para adelgazar el moco está la guaifenesina. Sin embargo, no existe prueba alguna de que cualquiera de estos tratamientos aumente la probabilidad de embarazo.

■ Técnicas de fertilización

Si el tratamiento no ha provocado el embarazo después de 4 o 6 ciclos menstruales, puede considerarse la utilización de algunas técnicas de fertilización, como la fertilización in vitro o la transferencia intratubárica de gametos.

La **fertilización in vitro** (en probeta o en tubo de ensayo) consiste en estimular los ovarios, recoger los óvulos liberados, fertilizarlos, hacer crecer en el laboratorio los embriones resultantes, y luego implantarlos en el útero de la mujer.

Generalmente se estimulan los ovarios con gonadotropinas humanas y agonistas o antagonistas de la hormona liberadora de la gonadotropina (fármacos que evitan que se produzca la ovulación hasta después de madurar los óvulos). Como resultado, suelen madurar muchos óvulos. Bajo control ecográfico, el médico introduce una aguja en el ovario, a través de la vagina, y extrae varios óvulos de los folículos. Los óvulos se colocan en una cápsula con un medio de cultivo y se fertilizan con los espermatozoides seleccionados, los más activos. Al cabo de 3 o 5 días, se transfieren 2 o 3 de los embriones resultantes desde la cápsula de cultivo al útero de la mujer, por medio de la vagina. Es posible congelar otros embriones en nitrógeno líquido para utilizarlos más adelante si no se consigue el embarazo. A pesar de transferir varios embriones a la vez, las posibilidades de que se produzca un embarazo a término son sólo de un 18 a un 25% cada vez que se colocan óvulos fecundados en el útero.

La **inyección intracitoplasmática de esperma** puede utilizarse, junto con la fertilización in vitro, para mejorar las posibilidades embarazo, en particular cuando el hombre tiene un recuento muy bajo de esperma. En este procedimiento, se inyecta un único espermatozoide dentro de un óvulo. Con esto, las posibilidades de producir un embarazo a término son más o menos las mismas que con la fertilización in vitro.

La **transferencia intratubárica de gametos** puede realizarse si las trompas de Falopio funcionan normalmente. Para ello, se obtienen óvulos y

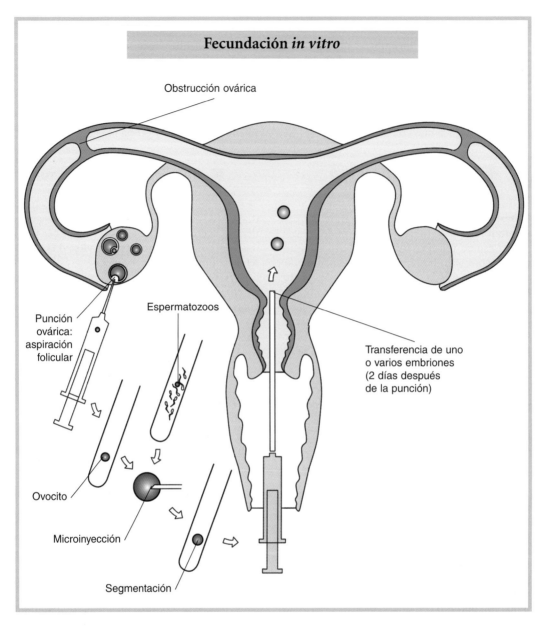

Fecundación *in vitro*

Obstrucción ovárica

Punción
ovárica:
aspiración
folicular

Espermatozoos

Transferencia de uno
o varios embriones
(2 días después
de la punción)

Ovocito

Microinyección

Segmentación

espermatozoides seleccionados, como en el caso de la fertilización in vitro, pero los óvulos no son fertilizados con el esperma en el laboratorio, sino que tanto los óvulos como el esperma se introducen hasta el extremo distal de la trompa de Falopio por la pared abdominal (mediante una laparoscopia) o por la vagina (guiado por ecografía), con la finalidad de que la fertilización del óvulo se produzca en la trompa. Este procedimiento es más invasivo que la fertilización in vitro. Para cada transferencia, las posibilidades de que se produzca un embarazo a término son más o menos las mismas que las de la fertilización in vitro.

Otras variantes de la fertilización in vitro y de la transferencia de gametos por la trompa de Falopio son la transferencia de un embrión más maduro (transferencia de un blastocisto), el uso de óvulos de otra mujer (donante) y la transferencia de embriones congelados a una madre sustituta. Estas técnicas suscitan problemas morales y éticos, como la eliminación de los embriones almacenados (sobre todo en casos de muerte o divorcio), la paternidad legal si hay una madre sustituta de por medio, y la reducción selectiva del número de embriones implantados (como en un aborto) cuando se desarrollan más de tres.

CAPÍTULO 255

Planificación familiar

La planificación familiar consiste en la utilización de algún método para controlar el número y la cronología de los embarazos. Una pareja puede recurrir a la anticoncepción para evitar el embarazo temporalmente, o a la esterilización si éste se desea evitar de forma permanente. El aborto puede utilizarse para terminar un embarazo no deseado cuando la anticoncepción falla o no se ha utilizado.

■ Anticoncepción

La anticoncepción es la prevención de la fertilización de un óvulo por un espermatozoide (concepción) o de la adherencia del óvulo fecundado al revestimiento interno del útero (implantación).

Existen varios métodos de anticoncepción. Ninguno es completamente eficaz, pero algunos métodos son mucho más fiables que otros. Cada uno de éstos tiene sus ventajas y sus desventajas. La elección del método depende del estilo de vida de cada persona y sus preferencias, al igual que del grado de seguridad requerido.

☐ MÉTODOS HORMONALES

Las hormonas utilizadas para evitar la concepción son el estrógeno y las progestinas (fármacos similares a la hormona progesterona). Los métodos hormonales previenen el embarazo principalmente deteniendo la liberación de óvulos por parte de los ovarios o manteniendo la densidad de la mucosidad en el cuello uterino de tal forma que el esperma no pueda atravesarlo y entrar en el útero. De este modo, los métodos hormonales evitan que el óvulo sea fertilizado.

➤ Anticonceptivos orales

Los anticonceptivos orales, frecuentemente conocidos como la píldora, contienen hormonas, en forma combinada de progestina y estrógeno o como una progestina sola.

Los comprimidos combinados se toman, por lo general, una vez al día durante tres semanas, se interrumpen por un período de una semana (permitiendo que sobrevenga la menstruación) y luego se comienza de nuevo la toma. En ocasiones, se incluyen píldoras sin efecto en esta semana de descanso para establecer un hábito que suponga tomar una cada día. Menos de un 0,2% de las mujeres que toman estas píldoras siguiendo las instrucciones quedan embarazadas durante el primer año de su uso. Sin embargo, las posibilidades de quedar embarazada aumentan si una mujer pasa por alto u olvida la toma de algún comprimido, en especial los primeros de un ciclo mensual.

La dosis de estrógenos en los comprimidos combinados varía. Por lo general se utilizan los comprimidos con una baja dosis de estrógenos (de 20 a 35 microgramos) porque poseen menos efectos secundarios graves que los de una dosis mayor (50 microgramos). Las mujeres sanas que no fuman pueden tomar bajas dosis de anticonceptivos combinados sin interrupción hasta la menopausia.

Las píldoras que sólo contienen progestina se toman diariamente durante todo el mes. Éstas causan con frecuencia hemorragias irregulares. Aproximadamente de un 0,5 a un 5% de las mujeres que toman estas píldoras se quedan embarazadas. Se suelen prescribir comprimidos de progestina sólo cuando el estrógeno puede ser perjudicial. Por ejemplo, estos comprimidos pueden prescribirse a las mujeres que están lactando, porque los estrógenos reducen la cantidad y calidad de la leche producida. Los comprimidos de progestina no afectan a la producción de leche.

Antes de comenzar a tomar anticonceptivos orales, la mujer debe someterse a una exploración física, que incluye la medición de la presión arterial, para descartar problemas de salud que puedan representar un riesgo al tomar anticonceptivos. Si la paciente o un familiar cercano ha tenido diabetes o una enfermedad del corazón, habitualmente se realiza un análisis de sangre para medir los niveles de colesterol, otras grasas (lípidos) y el azúcar (glucosa). Si el colesterol o la concentración de azúcar están elevados o el análisis de otros lípidos es anormal, los médicos pueden prescribir un anticonceptivo combinado de dosis bajas. Sin embargo, periódicamente se repiten los análisis para controlar los niveles de lípi-

EFICACIA DE LA ANTICONCEPCIÓN

MÉTODO	PORCENTAJE DE MUJERES EMBARAZADAS DURANTE EL PRIMER AÑO DE USO
Anticonceptivos orales: combinación comprimidos de estrógeno-progestina	0,1-5
comprimidos de sólo progestina	0,5-5
Implantes	0,1
Inyecciones de medroxiprogesterona	0,3
Preservativo: Masculino	3-14
Femenino	5-21
Diafragma con espermicida	6-20
Diafragma cervical con espermicida	9-40
Dispositivo intrauterino	0,1-0,6
Método de planificación natural de la familia (ritmo)	1-25
Método de abstinencia	4-19

dos y azúcar en las mujeres. Tres meses después de haber comenzado el tratamiento con anticonceptivos por vía oral, la mujer debe someterse a un nuevo examen para comprobar que su presión arterial no ha cambiado. Tras este período, se requiere un examen al menos una vez al año.

También, antes de comenzar a tomar anticonceptivos orales, la mujer debe consultar con su médico sobre las ventajas y desventajas de éstos en su situación particular.

Ventajas: la ventaja principal de los anticonceptivos orales es que, si se toman siguiendo las instrucciones, es un método fiable y continuo de anticoncepción. También, cuando se toman los anticonceptivos orales, se reduce la presencia de dolores menstruales, síndrome premenstrual, hemorragia, anemia, quistes mamarios, quistes ováricos, embarazos desplazados (ectópicos -casi siempre en las trompas de Falopio-) e infecciones en las trompas de Falopio. Así mismo, las muje-

res que han seguido un tratamiento con anticonceptivos orales tienen menos probabilidades de padecer artritis reumatoide y osteoporosis.

Cuando se toman este tipo de anticonceptivos, se reduce el riesgo de desarrollar varios tipos de cáncer, incluidos el del útero (endometrial), ovario, colon y recto. El riesgo permanece reducido durante muchos años después de haber dejado de tomar los anticonceptivos. El cáncer de mama tiene más probabilidades de ser diagnosticado en mujeres que estén tomando anticonceptivos orales, pero esta probabilidad no aumenta después de haberlos interrumpido, aun en mujeres con historia familiar de cáncer de mama.

Los anticonceptivos orales tomados al comienzo de un embarazo no causan trastornos en el feto. Sin embargo, deben interrumpirse tan pronto como la mujer se dé cuenta de que está embarazada. Los anticonceptivos orales no tienen ningún efecto a largo plazo sobre la fertilidad, aunque es posible que la mujer no libere un óvulo (ovule) por espacio de varios meses después de suspender los fármacos.

Desventajas: las desventajas de los anticonceptivos orales pueden incluir molestas reacciones adversas. Durante los primeros meses de uso de los anticonceptivos orales son frecuentes los sangrados irregulares durante el ciclo menstrual, pero éstos se detienen habitualmente a medida que el organismo se adapta a las hormonas. También, los anticonceptivos orales diarios, sin ninguna interrupción durante varios meses, pueden reducir el número de episodios hemorrágicos.

Algunas reacciones adversas están relacionadas con la presencia de estrógeno en los comprimidos. Estas reacciones pueden incluir náuseas, hinchazón, retención de líquidos, aumento de la presión arterial, dolor mamario o migraña. Otras están relacionadas con el tipo o la dosis de progestina, como los cambios de humor, el aumento de peso, el acné y el nerviosismo. Algunas mujeres que toman anticonceptivos orales aumentan de 1,5 a 2,5 kg de peso debido a la retención de líquidos; incluso pueden aumentar más porque el apetito también se incrementa. Algunas mujeres tienen cefaleas y dificultad para conciliar el sueño. En cualquier caso, muchas de estas reacciones adversas no son habituales cuando se toman los comprimidos de dosis bajas.

En algunas mujeres, los anticonceptivos orales provocan manchas oscuras (cloasma) en la cara, similares a las que aparecen durante el embarazo ● (v. pág. 1447). La exposición al sol oscurece las manchas aún más. Pero si se suspende la ingesta, las manchas oscuras desaparecen lentamente.

Los anticonceptivos orales incrementan el riesgo de desarrollar algunos trastornos. El riesgo de formación de coágulos de sangre en las venas es más alto en las mujeres que toman anticonceptivos orales combinados que en las que no lo hacen. El riesgo es siete veces más alto cuando se toman comprimidos con altas dosis de estrógeno. Sin embargo, el riesgo se duplica o cuatriplica al tomar comprimidos que contienen una baja dosis de estrógeno; a pesar de esto, este riesgo es la mitad del que se presenta durante el embarazo. Teniendo en cuenta que la cirugía también es un factor de riesgo para la formación de coágulos, una mujer debe interrumpir la ingesta de anticonceptivos orales un mes antes de practicársele una intervención quirúrgica mayor electiva y no reanudarlos hasta un mes después de realizada la operación. Dado que el riesgo de formación de coágulos de sangre en las venas de la pierna es elevado durante el embarazo y unas semanas después del parto, los médicos recomiendan que las mujeres esperen dos semanas después del parto antes de tomar anticonceptivos orales. En las mujeres sanas que no fuman, los comprimidos combinados de dosis bajas no aumentan el riesgo de un accidente cerebrovascular o un ataque cardíaco.

El uso de anticonceptivos orales, especialmente por un período superior a cinco años, puede aumentar el riesgo de desarrollar cáncer de cuello uterino. Las mujeres que están tomando anticonceptivos orales deben someterse a una prueba de Papanicolaou (Pap) al menos una vez al año. Estas pruebas pueden detectar cambios precancerosos precoces en el cuello uterino, antes de que se conviertan en cáncer.

La posibilidad de desarrollar cálculos biliares aumenta durante los primeros años del uso de anticonceptivos orales, pero luego disminuye.

Para las mujeres en determinadas situaciones, el riesgo de desarrollar ciertos trastornos aumenta considerablemente si toman anticonceptivos orales. Por ejemplo, las mujeres con más de 35 años de edad y que fuman no deben usar anticonceptivos orales porque el riesgo de un ataque cardíaco es mayor. En las mujeres que tienen ciertos trastornos se incrementan los riesgos si toman anticonceptivos orales. Estas mujeres podrán tomarlos bajo la supervisión estrecha de un profesional de la salud.

Algunos sedantes, antibióticos y antimicóticos pueden reducir la eficacia de los anticonceptivos orales. Existe la posibilidad de que las mujeres que toman anticonceptivos orales puedan quedar embarazadas si toman uno de estos fármacos simultáneamente.

➤ Parches cutáneos y anillos vaginales

Los parches cutáneos y los anillos vaginales que contienen estrógeno y una progestina se utilizan durante 3 de cada 4 semanas. En la cuarta semana no se utiliza ningún método de anticoncepción para permitir que se produzca el período menstrual.

El parche anticonceptivo cutáneo se coloca sobre la piel una vez a la semana durante tres semanas. El parche se mantiene en su sitio durante siete días, y luego se coloca uno nuevo sobre una zona diferente de la piel. Durante la cuarta semana no se utiliza parche. El ejercicio y el uso de saunas o bañeras calientes no hacen que los parches se desprendan.

El anillo vaginal es un pequeño dispositivo plástico que se coloca en la vagina y se mantiene allí durante tres semanas. A la siguiente semana se extrae. La mujer puede introducirse y retirar el anillo vaginal ella misma. El anillo se comercializa en un solo tamaño y puede colocarse en cualquier parte de la vagina. Por lo general, la pareja no siente el anillo durante el coito. Se utiliza un nuevo anillo cada mes.

Con cualquiera de los dos métodos, una mujer tiene períodos menstruales regulares. Las manchas o las hemorragias entre ciclos menstruales (sangrado periovulatorio) son poco frecuentes. Las reacciones adversas y restricciones sobre su uso son similares a los de los anticonceptivos combinados orales.

➤ Implantes anticonceptivos

Los implantes anticonceptivos son cápsulas plásticas o bastoncillos que contienen una progestina. Después de adormecer la piel con un anestésico, el médico realiza una pequeña incisión o usa una aguja para colocar los implantes debajo de la piel en la parte interna del brazo por encima del codo. No es necesario utilizar puntos. La liberación de progestina proveniente de los implantes se realiza lentamente en el torrente sanguíneo. Pronto estará disponible un implante plástico sencillo que se inserta a través de una aguja y cuyos efectos duran tres años (entre sus inconvenientes figura que debe ser extraído con una incisión).

Las restricciones en el uso de anticonceptivos orales

La mujer no debe tomar anticonceptivos orales si se presenta cualquiera de las siguientes condiciones:

- Fuma y es mayor de 35 años.
- Tiene una enfermedad hepática activa o tumores.
- Tiene concentraciones muy altas de triglicéridos (250 mg/dL o mayores).
- Tiene una hipertensión no tratada.
- Tiene diabetes con obstrucción de arterias.
- Tiene un trastorno renal.
- Ha presentado coágulos de sangre.
- Tiene una pierna inmovilizada (como en una escayola).
- Tiene una cardiopatía coronaria.
- Ha sufrido un accidente cerebrovascular.
- Ha sufrido colestasis (ictericia) de embarazo o ictericia mientras que tomaba anticonceptivos orales.
- Tiene cáncer de mama o útero (endometrial).
- Ha sufrido un ataque cardíaco.

Una mujer puede tomar anticonceptivos orales bajo la supervisión de un médico si presenta alguno de los siguientes cuadros:

- Está deprimida.
- Tiene síndrome premenstrual.
- Padece de migrañas frecuentes (sin entumecimiento de las extremidades).
- Fuma cigarrillos, pero es menor de 35 años.
- Ha sufrido hepatitis u otro trastorno hepático y se ha recobrado completamente.
- Tiene hipertensión arterial, pero está bajo tratamiento.
- Tiene várices.
- Padece de un trastorno epiléptico, pero está bajo tratamiento.
- Tiene fibromas en el útero.
- Ha recibido tratamiento para algunas anomalías precancerosas o un cáncer del cuello uterino.
- Es obesa.
- Algunos de sus familiares consanguíneos han presentado coágulos de sangre.

*Estas restricciones se aplican sólo cuando se utiliza una combinación de estrógeno y progestina.
mg/dL = miligramos por decilitro de sangre.

Las reacciones adversas más frecuentes incluyen la presencia de períodos menstruales irregulares o su ausencia durante el primer año de uso. Posteriormente, los períodos se vuelven regulares en la mayoría de los casos. También se pueden producir cefaleas y aumento de peso. Estas reacciones adversas inducen a algunas mujeres a retirarse los implantes. Como éstos no se disuelven dentro del organismo, deberán ser extraídos por un médico. Su extracción es más difícil que su inserción porque el tejido subcutáneo se engrosa en torno a los implantes. La extracción puede dejar una pequeña cicatriz. Así que se retiran los implantes, los ovarios vuelven a funcionar normalmente y la mujer recupera su fertilidad.

➤ Inyecciones anticonceptivas

Existen dos fórmulas anticonceptivas disponibles en forma de inyecciones. Un profesional de la salud deberá inyectar cada una de estas fórmulas en un músculo del brazo o de las nalgas. Ambas son muy efectivas como anticonceptivo.

El acetato de medroxiprogesterona, una progestina, se inyecta una vez cada tres meses. Este compuesto puede trastornar por completo el ciclo menstrual. Alrededor de un tercio de las mujeres que usan este método anticonceptivo no presenta período menstrual en los tres meses que siguen a la primera inyección y otro tercio tiene períodos irregulares y manchado durante más de once días cada mes. Después de utilizar este anticonceptivo durante un tiempo, las hemorragias irregulares se presentan con menor frecuencia. Tras dos años, alrededor de un 70 % de las mujeres no presentan períodos menstruales. Cuando se interrumpen las inyecciones, aproximadamente en la mitad de los casos, se reanuda el ciclo menstrual regular al cabo de seis meses, y en unas tres cuartas partes aproximadamente, en el curso de un año. Es posible que la mujer no recobre su fertilidad hasta un año después de haber interrumpido la administración.

Las reacciones adversas incluyen un ligero aumento de peso y una disminución temporal de la densidad ósea. Los huesos, por lo general, recuperan su densidad anterior después de interrumpirse el tratamiento. El acetato de medroxiprogesterona no aumenta el riesgo de cáncer, ni el de mama. Reduce notablemente el riesgo de desarrollar cáncer uterino (endometrio). Las interacciones con otros fármacos son poco frecuentes.

Otra fórmula es una inyección mensual. Contiene estrógeno y una cantidad mucho más pequeña de acetato de medroxiprogesterona que la de las inyecciones administradas cada tres meses. La hemorragia suele presentarse más o menos dos semanas después de la aplicación de cada inyección y la densidad ósea no disminuye. Como la dosis de acetato de medroxiprogesterona es baja, la fertilidad vuelve más rápidamente tras interrumpir la administración de las inyecciones.

➤ Anticoncepción de emergencia

La anticoncepción de emergencia, la denominada píldora del día siguiente, consiste en el uso de hormonas dentro de las 72 horas posteriores a la relación sexual sin protección o en la que ha fallado un método anticonceptivo (por ejemplo, si se rompe un condón).

Están disponibles dos tipos de tratamiento. El más eficiente consiste en una dosis de levonorgestrel, una progestina, seguida de otra dosis al cabo de doce horas. Con este tratamiento, cerca del 1 % de las mujeres se quedan embarazadas y se presentan menos reacciones adversas que con el otro régimen. De forma alternativa, se toman dos comprimidos de un anticonceptivo combinado por vía oral dentro de las 72 horas en que se realizaron las relaciones sexuales sin protección. Luego se toman otros dos comprimidos doce horas más tarde. Con este tratamiento, sólo un 2 % de las mujeres se quedan embarazada, pero hasta un 50 % experimentan náuseas, y un 20 %, vómitos. Los fármacos antieméticos, como la hidroxicina, ingeridos por vía oral, evitan las náuseas y los vómitos.

☐ ANTICONCEPTIVOS DE BARRERA

El anticonceptivo de barrera obstruye físicamente el acceso del esperma al útero. Pertenecen a es-

te grupo el preservativo o condón (masculinos o femeninos), el diafragma y el capuchón o cubierta cervical.

Los **condones** hechos de látex son los únicos anticonceptivos que ofrecen protección contra las enfermedades de transmisión sexual, tanto las ocasionadas por una bacteria (como la gonorrea y la sífilis) como las causadas por un virus (la infección por el virus de inmunodeficiencia humana, VIH). Sin embargo, esta protección, aunque digna de tenerse en cuenta, no es completa. Los condones masculinos de poliuretano también brindan protección, pero son más delgados y tienen una mayor probabilidad de romperse. Los condones fabricados a partir de piel de oveja no protegen contra infecciones víricas como las infecciones por el VIH y, por consiguiente, no son recomendables.

Los condones deben usarse correctamente para que resulten efectivos ● *(v. recuadro pág. 1403).* Algunos condones masculinos requieren que se extienda la punta más o menos 1,5 centímetros a fin de que quede un espacio para recoger el semen. Otros ya disponen de un depósito en su extremo para este propósito. Inmediatamente después de la eyaculación, debe retirarse el pene mientras se sujeta el borde del condón firmemente contra la base del pene para evitar que se resbale y se derrame el semen. Entonces, el condón debe quitarse con mucho cuidado. Si se derrama el semen, el esperma puede entrar en la vagina y dar como resultado un embarazo. Debe utilizarse un condón nuevo después de cada eyaculación y se aconseja desechar el que se sospeche que pueda estar en malas condiciones. Un espermicida, que puede incluir el lubricante del condón o colocarse en la vagina, aumenta la eficacia de los preservativos.

El condón femenino es un dispositivo más reciente que se sostiene en la vagina mediante un anillo. Es similar a un condón masculino, pero es más grande y su eficacia no es muy fiable.

El **diafragma** está fabricado en caucho y tiene forma de cúpula con un aro flexible, que se introduce en la vagina y se coloca sobre el cuello uterino. Este dispositivo impide que el esperma entre en el útero.

Los diafragmas tienen varios tamaños y debe prescribirlos un profesional de la salud, quien también tendrá que informar a la mujer acerca de la manera de insertarlos. Un diafragma debe cubrir la totalidad del cuello uterino sin causar molestias. Ninguno de los dos miembros de la pareja debe notar su presencia. Siempre ha de

Bloqueo del acceso: anticonceptivos de barrera

Los anticonceptivos de barrera impiden la entrada de los espermatozoides en el útero de la mujer. Entre ellos se encuentran los preservativos, los diafragmas y los capuchones cervicales. Algunos preservativos contienen espermicidas. Estas sustancias deben usarse con los preservativos y otros anticonceptivos de barrera que no los contengan.

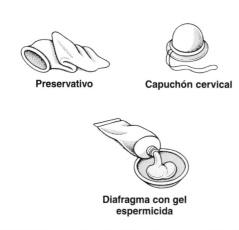

Preservativo

Capuchón cervical

Diafragma con gel espermicida

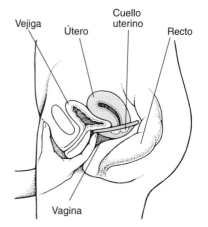

Diafragma colocado sobre el cuello uterino

Vejiga · Útero · Cuello uterino · Recto · Vagina

---

utilizarse una crema o gelatina anticonceptiva junto con el diafragma, como prevención en caso de éste se salga de su sitio durante la relación sexual. El diafragma se coloca antes del coito y debe dejarse durante al menos ocho horas, pero nunca más de veinticuatro. Si se repite el coito mientras el diafragma está colocado, se añade más espermicida dentro de la vagina para que la protección continúe siendo efectiva. Si una mujer ha ganado o perdido más de cinco kilos, ha usado un diafragma durante más de un año, o ha tenido un hijo o un aborto, debe hacerse una nueva revisión, ya que el tamaño y la forma de la vagina pueden haber cambiado. Durante el primer año del uso de un diafragma, el porcentaje de mujeres que quedan embarazadas varía de un 3 %, cuando el diafragma se usa correctamente, a cerca de un 14 %, cuando se utiliza incorrectamente, lo que suele suceder a muchas mujeres.

El **capuchón cervical** se asemeja al diafragma, pero es más pequeño y más rígido. Se ajusta perfectamente sobre el cuello uterino. El capuchón cervical debe ser adaptado por un profesional de la salud. Siempre ha de usarse una crema o gelatina anticonceptiva con el capuchón cervical. Se inserta antes de mantener relaciones y se deja durante al menos ocho horas después del acto sexual, hasta 48 horas.

☐ ESPERMICIDAS

Los espermicidas son preparaciones que destruyen el esperma por contacto. Están disponibles en forma de espumas, cremas, geles o gelatinas y supositorios vaginales, y se aplican en la vagina antes del coito. Estos anticonceptivos también son una barrera física para el esperma. Ninguna clase de espuma o supositorio es más efectiva que otra. Son mejores cuando se usan en combinación con un anticonceptivo de barrera, como un condón masculino o femenino, o un diafragma.

☐ DISPOSITIVOS INTRAUTERINOS

Los dispositivos intrauterinos son dispositivos plásticos pequeños y flexibles que se insertan en el útero. Un dispositivo intrauterino se deja en su sitio durante 5 o 10 años según el tipo, o hasta que la mujer desee que le sea retirado. Los dispositivos intrauterinos deben ser insertados y retirados por un médico u otro profesional de la salud. El procedimiento requiere sólo unos pocos minutos. Se retiran también muy rápidamente y, por lo general, causan una mínima molestia. Los dispositivos intrauterinos destruyen o inmovilizan el esperma y evitan la fertilización del óvulo.

Actualmente, en principio, existen dos tipos de dispositivos intrauterinos: el que libera una progestina, que es efectivo durante un período de cinco años, y el que libera cobre, cuya efectividad es de al menos diez años. Un año después de haberse retirado el dispositivo intrauterino, de un 80 a un 90% de las mujeres que intentan concebir lo logran.

Un dispositivo intrauterino insertado incluso una semana después de un acto sexual sin protección es casi 100% tan eficaz como un método de anticoncepción de emergencia.

En el momento de la colocación, el útero se contamina brevemente con bacterias, pero raramente se produce una infección. Después del primer mes de uso, un dispositivo intrauterino no aumenta el riesgo de contraer una infección pélvica.

La hemorragia y el dolor son las principales razones por las que las mujeres deciden retirar los dispositivos intrauterinos, lo que representa más de la mitad de todas las extracciones que se llevan a cabo antes de tiempo. El dispositivo intrauterino liberador de cobre incrementa la cantidad de la hemorragia menstrual. Al contrario, los dispositivos intrauterinos liberadores de progestina reducen y previenen, incluso después de seis meses de uso, completamente las hemorragias menstruales.

Alrededor del 10% de los dispositivos intrauterinos son expulsados durante el primer año después de su colocación y a menudo durante los primeros meses. Por lo general, se anuda un hilo al dispositivo para que se pueda comprobar su estado de vez en cuando, en especial después de la menstruación, para asegurarse de que todavía se encuentra en su sitio. Si la mujer no puede encontrar el hilo, debe usar otro método anticonceptivo hasta poder acudir al médico para determinar si el dispositivo permanece todavía en su lugar. Si se introduce otro dispositivo intrauterino después de que se haya expulsado otro anterior, habitualmente queda en su sitio.

Rara vez se perfora el útero durante la inserción. Por lo general, la perforación no causa síntomas. Se descubre cuando una mujer no puede encontrar el hilo plástico y una ecografía o radiografías muestran que el dispositivo intrauterino está localizado fuera del útero. Un dispositivo que perfora el útero y acaba en la cavidad abdominal debe extraerse para evitar que provoque lesiones y cicatrices en el intestino.

Dispositivos intrauterinos

El médico inserta el dispositivo intrauterino (DIU) en el útero de la mujer a través de la vagina. Los DIU están hechos de plástico moldeado. Una de sus variedades libera cobre a partir de un alambre de este material que se encuentra alrededor de su base; la otra libera una progestina. Se acopla un hilo de plástico para que la mujer pueda verificar que el dispositivo sigue en su sitio.

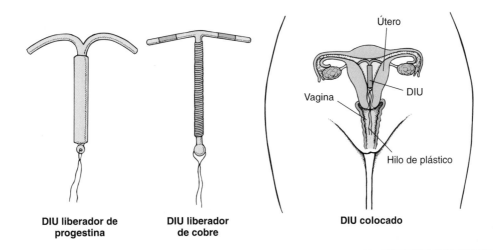

DIU liberador de progestina   **DIU liberador de cobre**   **DIU colocado**

El riesgo de aborto es del 55 % en las mujeres que quedan embarazadas con un dispositivo intrauterino en su sitio. Si una mujer desea continuar el embarazo y el hilo del dispositivo es visible, el médico lo extrae para reducir el riesgo de aborto espontáneo. En las mujeres que quedan embarazadas con un dispositivo en su sitio, la probabilidad de tener un embarazo desplazado (ectópico) es del 5 % (cinco veces mayor de lo acostumbrado). Sin embargo, el riesgo de un embarazo ectópico es mucho más bajo en las mujeres que usan dispositivos intrauterinos que en aquellas que no utilizan un método anticonceptivo, porque estos dispositivos evitan el embarazo de manera eficaz.

☐ Métodos de la toma de tiempos

Algunos métodos anticonceptivos dependen de la determinación de los tiempos más que de los fármacos o de los dispositivos.

➤ Métodos naturales para la planificación familiar

Los métodos naturales de planificación familiar (ritmo) dependen de la abstinencia de relaciones sexuales durante el período mensual fértil de la mujer. En la mayoría de las mujeres, el ovario libera un óvulo hacia los catorce días previos al inicio de una menstruación. Aunque el óvulo no fecundado sólo sobrevive unas doce horas, el esperma puede hacerlo hasta seis días después del coito. En consecuencia, la fertilización es posible después de un coito que tuvo lugar hasta seis días antes de la liberación del óvulo.

El método del ritmo es el menos eficaz, incluso en aquellas mujeres con ciclos menstruales regulares. Para calcular el período de abstinencia, las mujeres restan dieciocho días desde el más corto y once días desde el más largo de sus doce ciclos menstruales anteriores. Por ejemplo, si los ciclos de una mujer duran de 26 a 29 días, debe evitarse el coito desde el día 8 hasta el 18 de cada ciclo.

Otros métodos naturales de planificación familiar más eficaces incluyen la temperatura, el moco del cuello uterino y los métodos sintotérmicos.

Para el método de la temperatura, una mujer determina la temperatura corporal en reposo (temperatura basal del cuerpo) tomándola por la mañana antes de levantarse. Esta temperatura disminuye antes de la liberación del óvulo y aumenta ligeramente después de la ovulación. La pareja se abstiene del coito desde el comienzo de la menstruación hasta al menos 48 horas después del día en el que aumentó la temperatura basal del cuerpo.

En el método del moco del cuello uterino se establece el período fértil observando el moco que, por lo general, se secreta en mayores cantidades y se torna más acuoso poco antes de la liberación del óvulo. La mujer puede mantener relaciones sexuales con un bajo riesgo de concebir desde el fin de su período menstrual hasta que observa la aparición de una mayor cantidad de moco cervical. Luego, evita las relaciones hasta cuatro días después de haberse observado la máxima cantidad de moco.

El método sintotérmico combina la observación de los cambios en el moco del cuello uterino y la medición de la temperatura basal del cuerpo, al igual que otros síntomas que pueden asociarse con la liberación de un óvulo, como un ligero dolor en el bajo vientre. De los métodos naturales de planificación familiar, éste es uno de los más seguros.

➤ Interrupción antes de la eyaculación

Para evitar que el esperma entre en la vagina, un hombre puede retirar el pene antes de la eyaculación, que es el momento en que se libera esperma durante el orgasmo. Este método, también denominado coitus interruptus, no es fiable ya que puede salir esperma antes del orgasmo. También requiere un alto grado de autocontrol y un cálculo preciso del tiempo.

■ Aborto

El aborto provocado es el término voluntario de un embarazo por medios médicos.

Mientras que el aborto está penalizado por la ley en unos países, en otros puede realizarse previa solicitud. Alrededor de dos tercios de las mujeres del mundo tienen acceso al aborto legal. Las leyes que regulan cuán avanzado está el embarazo para poder realizar un aborto electivo, varían de un país a otro. En los países donde se admite el aborto, alrededor del 25 % de todos los embarazos se terminan mediante el aborto electivo; lo que hace de este método uno de los procedimientos quirúrgicos más frecuentes llevado a cabo.

Los métodos abortivos incluyen la utilización de cirugía (evacuación quirúrgica) y el uso de fármacos. El método utilizado depende en parte de lo avanzado del embarazo. La duración del embarazo puede ser difícil de evaluar, si ha habido hemorragia después de la concepción, si la mujer es obesa o si el útero está en una situación inclinada hacia atrás en vez de hacia adelante. En estas situaciones, generalmente se realiza una ecografía para evaluar la edad del embarazo.

La evacuación quirúrgica implica la extracción del contenido del útero por la vagina. Se utiliza en el 95 % aproximadamente de los abortos. Se utilizan diferentes técnicas que dependen de la edad del embarazo.

Una técnica denominada legrado mediante succión o aspiración casi siempre se utiliza para embarazos de menos de doce semanas. El instrumento que se usa en la mayoría de los casos es un pequeño tubo flexible, unido a una fuente de vacío, habitualmente una máquina automática de succión o una bomba manual, aunque también se puede realizar mediante una jeringa de vacío. El tubo o cánula se introduce por el orificio cervical dentro del útero y luego se procede a vaciarlo por completo muy lentamente. A veces este procedimiento no termina con el embarazo, especialmente en la primera semana después de un período menstrual fallido.

En los embarazos de 4 a 6 semanas, el legrado por aspiración puede realizarse con poca o ninguna dilatación del cuello del útero, porque se puede utilizar un tubo de succión pequeño. En los embarazos de 7 a 12 semanas, el cuello uterino, por lo general, se dilata porque se utiliza un tubo de succión más grande. Para reducir la posibilidad de lesiones, en lugar de dilatadores mecánicos se emplean sustancias naturales que absorben los líquidos, como tallos de algas marinas desecadas (laminaria), más que dispositivos mecánicos. La laminaria se inserta en el orificio cervical y se deja en su sitio al menos 4 o 5 horas, habitualmente durante la noche. La laminaria absorbe grandes cantidades de líquido, aumenta su tamaño y dilata la apertura del cuello uterino. Para dilatar el cuello uterino, también pueden usarse fármacos como las prostaglandinas.

En los embarazos de más de doce semanas se suele utilizar una técnica denominada dilatación y evacuación. Después de la dilatación del cuello uterino, se utiliza la succión y unas pinzas para extraer el feto y la placenta. Luego, el útero puede rasparse suavemente para asegurarse de que se no quedan restos. Esta técnica tiene como resultado pocas complicaciones y de menor gravedad que las que provocan los fármacos para inducir un aborto. Sin embargo, en los embarazos de más de dieciocho semanas, la dilatación y evacuación pueden causar graves complicaciones, como una lesión del útero o del intestino.

Los fármacos utilizados para inducir abortos incluyen mifepristona (RU-486) y prostaglandinas, como el misoprostol. La mifepristona, administrada por vía oral, neutraliza la acción de la hormona progesterona, que es la que prepara el revestimiento interno del útero para brindar soporte al feto. La administración de mifepristona está aprobada sólo para embarazos de siete semanas o menos. Las prostaglandinas son sustancias semejantes a las hormonas que estimulan las contracciones uterinas. Se pueden administrar por vía oral, colocarse en la vagina o aplicarse en forma inyectable. Después de administrarse la mifepristona, se aplica una prostaglandina. En la actualidad, el tratamiento utilizado implica la toma de 1 a 3 comprimidos de mifepristona, y dos días más tarde, la administración de una prostaglandina (misoprostol) por vía oral o vaginal. Este tratamiento causa el aborto en aproximadamente el 95 % de los casos. Si no se produce el aborto, se practica una evacuación quirúrgica.

► Complicaciones

Generalmente, el aborto tiene un mayor riesgo de complicaciones que la anticoncepción o esterilización, en especial entre las mujeres jóvenes. El riesgo de complicaciones a partir de un aborto se relaciona directamente con la duración del embarazo y el método empleado. Cuanto mayor es el tiempo del embarazo, mayor es el riesgo. Sin embargo, las complicaciones en un aborto son poco frecuentes cuando lo practica un médico o un profesional de la salud en un hospital o clínica.

El útero sufre una perforación cuando se utiliza un instrumento quirúrgico en 1 de cada 1 000 abortos. A veces también se puede lesionar el intestino u otro órgano. En 6 de cada 10 000 abortos se produce una hemorragia intensa durante o inmediatamente después del procedimiento. Algunas técnicas pueden desgarrar el cuello uterino, en especial durante el segundo trimestre del embarazo.

Más adelante, se pueden desarrollar infecciones o coágulos sanguíneos en las piernas. La hemorragia puede producirse si parte de la placenta permanece en el útero. En muy raras ocasiones, se produce esterilidad por la cicatrización del

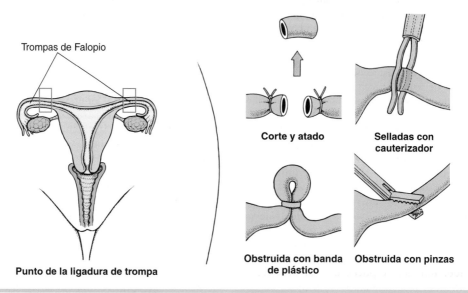

Bloqueo de las trompas de Falopio: esterilización en las mujeres

Se seccionan los oviductos de las trompas de Falopio (tubo que transporta el óvulo desde los ovarios hasta el útero) y se sellan o ligan para que el esperma no pueda alcanzar al óvulo y fertilizarlo.

Trompas de Falopio

Punto de la ligadura de trompa

Corte y atado

Selladas con cauterizador

Obstruida con banda de plástico

Obstruida con pinzas

revestimiento uterino debido al procedimiento o a una infección posterior, un trastorno denominado síndrome de Asherman. Cuando el feto tiene sangre Rh-positiva, una mujer con sangre Rh-negativa puede producir anticuerpos Rh, como en cualquier embarazo, aborto o parto. Dichos anticuerpos pueden poner en peligro los embarazos subsiguientes a no ser que se le apliquen inyecciones de inmunoglobulina anti D (Rh_0) a la mujer ● *(v. pág. 1724).*

■ Esterilización

La esterilización consiste en incapacitar a la persona para la reproducción.

Es interesante notar que, en Estados Unidos, cerca de un tercio de todos los matrimonios que utilizan métodos de planificación familiar, eligen la esterilización. Dicha técnica siempre debe considerarse como algo definitivo. Sin embargo, existe una operación que vuelve a conectar los conductos apropiados (reanastomosis) y permite recuperar la fertilidad. La reanastomosis es más compleja y tiene menos probabilidades de ser efectiva en los hombres que en las mujeres. Para las parejas, el índice de embarazos es de un 45 a un 60 % después de la reanastomosis en los varones y de un 50 a un 80 % después de la reanastomosis en las mujeres.

La **vasectomía** se realiza para esterilizar a los hombres. Esta técnica implica el corte y sellado de los vasos deferentes (los tubos que transportan el esperma desde los testículos). La vasectomía, realizada por un urólogo en su consulta, requiere alrededor de veinte minutos y sólo precisa la administración de un anestésico local. Con una pequeña incisión en el escroto, se extirpa un trozo de cada vaso deferente y se efectúa una ligadura de los extremos abiertos de los conductos. Un hombre que se ha realizado la vasectomía debe continuar utilizando un método anticonceptivo durante algún tiempo. Por lo general, no se produce la esterilidad hasta cerca de 15 a 20 eyaculaciones después de la operación, porque muchos espermatozoides se almacenan en las vesículas seminales. Se puede realizar una prueba de laboratorio para asegurarse de que las eyaculaciones carecen de esperma.

Las complicaciones de la vasectomía incluyen hemorragia (en menos de un 5 % de los casos), una respuesta inflamatoria al escape de esperma y una reanastomosis espontánea (en menos del 1 %), por lo general, poco después de la intervención. Una vez realizada la intervención, la actividad sexual, con anticoncepción, puede reasumirse en seguida si el hombre lo desea. Menos del 1 % de las mujeres quedan embarazadas después de haber sido esterilizada su pareja.

La **ligadura de trompas** se utiliza para esterilizar a las mujeres. Consiste en el corte y la ligadura u obstrucción de las trompas de Falopio, que transportan el óvulo desde los ovarios hasta el útero. Al ser más complicada que la vasectomía, la ligadura de trompas requiere una incisión abdominal bajo anestesia local o general. Las mujeres que acaban de dar a luz pueden ser esterilizadas de inmediato tras el parto o al día siguiente, sin permanecer en el hospital más de lo habitual. La esterilización también se planifica por adelantado y puede realizarse como una cirugía electiva.

La esterilización femenina se realiza a menudo con la técnica quirúrgica de la laparoscopia. Se introduce un tubo fino, llamado laparoscopio, a través de una pequeña incisión hasta el interior del abdomen de la mujer. El médico corta las trompas de Falopio y las liga en el extremo seccionado. También se puede utilizar un electrocauterizador (un dispositivo que produce una corriente eléctrica para cortar el tejido) para se-

llar herméticamente alrededor de 2,5 centímetros de cada trompa. La mujer suele regresar a casa ese mismo día. Después de la laparoscopia, hasta un 6 % de las mujeres tienen complicaciones de poca importancia, como puede ser una infección en la zona de la incisión o estreñimiento. Menos del 1 % tienen complicaciones mayores, como hemorragia o punciones en la vejiga o en el intestino. Alrededor del 2 % de las mujeres quedan embarazadas durante los primeros diez años después de ser esterilizadas. Cerca de un tercio de estos embarazos son ectópicos y se desarrollan en las trompas de Falopio.

Pueden emplearse diversos dispositivos mecánicos, como bandas de plástico y pinzas con resorte, para obstruir las trompas de Falopio en vez de cortarlas o sellarlas. La esterilización es más fácil de revertir cuando se usan estos elementos porque lesionan menos el tejido. Sin embargo, la reversión es efectiva en sólo tres cuartas partes de las mujeres aproximadamente.

La extirpación quirúrgica del útero (histerectomía) tiene como resultado la esterilidad. Este procedimiento suele realizarse más como tratamiento de un trastorno que como técnica de esterilización.

CAPÍTULO 256

Diagnóstico de trastornos genéticos

Una de las grandes preocupaciones de los futuros padres consiste en saber si su bebé estará sano. Algunos de los problemas que pueden afectarle se deben a trastornos genéticos. Dichos trastornos pueden ser consecuencia de anomalías en uno o más genes, o bien de alteraciones en los cromosomas ● (v. pág. 9 y pág. 1810). Estas anomalías pueden ser hereditarias o producirse de manera espontánea. Una anomalía espontánea puede ser resultado de la exposición antes del nacimiento a ciertos fármacos, sustancias químicas u otros elementos perjudiciales (como los rayos X), o bien puede ocurrir por casualidad.

Para determinar si el riesgo de tener un hijo con una enfermedad hereditaria genética ha aumentado, una pareja que piense tener un bebé debe someterse a un control genético. Cuando

dicho análisis revela un incremento del riesgo para la pareja, se pueden realizar procedimientos para examinar al feto durante el embarazo (pruebas diagnósticas prenatales).

■ Detección genética

La detección genética es útil para determinar si una pareja tiene un riesgo aumentado de tener un hijo con una enfermedad genética hereditaria. La detección genética no se realiza sistemáticamente. Se recomienda el consejo genético cuando uno o ambos miembros de la pareja tienen un trastorno genético conocido, o bien familiares cercanos pueden poseerlo. La detección genética implica la evaluación de la historia familiar de la

ALGUNOS TRASTORNOS GENÉTICOS QUE SE PUEDEN DETECTAR ANTES DEL NACIMIENTO*

TRASTORNO	INCIDENCIA	PATRÓN DE HERENCIA
Fibrosis quística	1 de 3 300 en las personas de etnia blanca	Autosómico recesivo
Hiperplasia adrenal congénita	1 de 10 000	Autosómico recesivo
Distrofia muscular de Duchenne	1 de 3 500 nacimientos de niños varones	Ligado a X
Hemofilia A	1 de 8 500 nacimientos de niños varones	Ligado a X
Talasemia alfa y beta	Varía ampliamente según la etnia	Autosómico recesivo
Enfermedad de Huntington	4 a 7 de 100 000	Autosómico dominante
Enfermedad renal poliquística (tipo adulto)	1 de 3 000	Autosómico dominante
Drepanocitosis (anemia de células falciformes)	1 de 400 personas de etnia negra en Estados Unidos	Autosómico recesivo
Enfermedad de Tay-Sachs (GM$_2$ gangliosidosis)	1 de 3 600 judíos ashkenazi y canadienses franceses; 1 de 400 000 en otros grupos	Autosómico recesivo

* Datos estadísticos de EEUU

pareja y puede implicar el determinar si un futuro padre que no tiene síntomas de un trastorno en particular posee un gen que puede causarlo (detección de portadores).

➤ Evaluación de los antecedentes familiares

Para determinar si existe probabilidad de tener un hijo con un trastorno genético, el médico le pregunta a la pareja acerca de las enfermedades que han tenido los miembros de su familia y la causa de la muerte de algunos de ellos. Por lo general, es necesario contar con la información referente a tres generaciones. Los médicos también indagan sobre la salud de todos los parientes en primer grado de consanguinidad (padres, hermanos e hijos) y de los parientes en segundo grado (tías, tíos y abuelos) que todavía viven. También resulta de gran utilidad la información sobre abortos, fetos mortinatos o malogrados, o aquellos que murieron inmediatamente tras el parto, al igual que los datos sobre matrimonios entre parientes y sobre el origen étnico. Si la historia familiar resulta complicada, también será preciso recoger información sobre parientes incluso más lejanos. A veces es necesario revisar los informes médicos de los familiares que posiblemente hayan tenido un trastorno genético.

➤ Detección de portadores

La detección de los portadores implica realizar pruebas a las personas que no tienen síntomas de un trastorno en particular, pero que presentan la posibilidad de tener un gen asexual recesivo (autosómico) de ese trastorno y el otro gen normal ● *(v. pág. 11).* Si un trastorno tiene su origen en un gen autosómico recesivo anormal, una persona debería heredar dos de los genes anormales para poder desarrollar el trastorno y presentar síntomas. Se investiga a los futuros padres sobre si tienen antecedentes familiares de ciertos trastornos o características (como antecedentes étnicos) que aumentan el riesgo de padecer dichos trastornos.

La detección se realiza sólo si los siguientes criterios se cumplen:

● El trastorno es altamente debilitador o letal.
● Existe un examen de detección seguro.
● Es probable que uno de los dos sea portador porque la enfermedad está presente en su familia o es frecuente en su grupo racial o geográfico.
● El feto puede recibir tratamiento, o existen opciones reproductoras (como aborto o esterilización electiva) disponibles y son aceptadas por los padres.

La anemia de células falciformes, las talasemias, la enfermedad de Tay-Sachs y la fibrosis quística cumplen estos criterios.

La detección, por lo general, consiste en analizar una muestra de sangre. Pero a veces también se puede analizar una muestra de células del revestimiento interno de la mejilla. La persona proporciona la muestra después de haberse enjuagado la boca con un líquido especial y haberlo escupido en un recipiente adecuado. Si ambos padres son portadores de un gen autosómico re-

EDAD DE LA MUJER Y RIESGO DE TENER UN HIJO CON ANOMALÍAS CROMOSÓMICAS

EDAD DE LA MUJER	RIESGO DE SÍNDROME DOWN	RIESGO DE CUALQUIER ANOMALÍA CROMOSÓMICA	EDAD DE LA MUJER	RIESGO DE SÍNDROME DOWN	RIESGO DE CUALQUIER ANOMALÍA CROMOSÓMICA
20	1/1 667	1/526	36	1/294	1/156
22	1/1 429	1/500	38	1/175	1/102
24	1/1 250	1/476	40	1/106	1/66
26	1/1 176	1/476	42	1/64	1/42
28	1/1 053	1/435	44	1/38	1/26
30	1/952	1/384	46	1/23	1/16
32	1/769	1/323	48	1/14	1/10
34	1/500	1/238			

Datos basados en Hook, E. B., "Rates of chromosome abnormalities at different maternal ages", Obstetrics and Gynecology, 58, págs. 282-285, 1981; y Hook E. B.; Cross, P. K.; Schreinemachers, D. M., "Chromosomal abnormality rates at amniocentesis and in live-born infants", Journal of the American Medical Association, 249 (15), págs. 2034-2038, 1983.

cesivo anormal del mismo trastorno, existe la posibilidad de heredarlo. En estos casos, la posibilidad de recibir un gen anormal recesivo de cada padre es 1 de 4 para cada embarazo.

Si la detección de los portadores indica que ambos padres tienen un gen autosómico recesivo del mismo trastorno, pueden decidir someterse a un examen prenatal que les confirme el diagnóstico; es decir, puede practicarse un examen al feto antes del nacimiento para detectar la existencia de dicho trastorno. Si el feto padece este trastorno podrá recibir un tratamiento, o considerarse la opción de terminar el embarazo.

■ Pruebas prenatales para confirmar un diagnóstico

Las pruebas diagnósticas implican la práctica de pruebas al feto antes del nacimiento (prenatalmente) para determinar si sufre de un trastorno hereditario o espontáneo. Las pruebas utilizadas con más frecuencia para detectar anomalías en un feto son la ecografía, las muestras de vellosidades coriónicas y de sangre umbilical extraída percutáneamente y la amniocentesis. La mayoría de los análisis se ofrecen principalmente a las parejas con un riesgo mayor de tener un hijo con una anomalía genética (en especial defectos del tubo neural) o una anomalía cromosómica (en particular cuando se trata de una mujer de 35 años de edad o mayor). En los países desarrolla-

dos, a menudo se practica una ecografía como parte del seguimiento rutinario prenatal.

Defectos del tubo neural: las pruebas diagnósticas prenatales se utilizan, por lo general, para detectar defectos del tubo neural que son anomalías congénitas en el cerebro o la médula espinal ● *(v. pág. 1808)*. Algunos ejemplos son la espina bífida (en la que la columna vertebral no encierra completamente la médula espinal) y la anencefalia (en la que falta gran parte del cerebro y del cráneo). La mayoría de estos defectos se deben a anomalías en diversos genes (poligénicas). Algunos tienen su origen en anomalías en un solo gen, anomalías cromosómicas o en la exposición a fármacos. Se recomienda la práctica del diagnóstico prenatal por amniocentesis y ecografía a las parejas con al menos un 1% de riesgo de tener un hijo con un defecto del tubo neural.

El riesgo de tener un hijo con dicho defecto aumenta si se tienen antecedentes familiares (incluidos los propios hijos de la pareja) con este defecto. En las parejas que han tenido un recién nacido con espina bífida o anencefalia, las probabilidades de tener otro bebé con uno de estos defectos son de un 2 a un 3%. En las parejas que han tenido dos hijos con estos defectos, el riesgo aumenta hasta un 5 o un 10%. Sin embargo, alrededor del 95% de los defectos del tubo neural se producen en familias sin historia de estos defectos.

El riesgo también depende del lugar donde vive la persona. Por ejemplo, el riesgo es más alto en Inglaterra que en Estados Unidos. Una dieta alimenticia baja en ácido fólico puede aumentar también el riesgo. En consecuencia, en la actualidad se suele recomendar suministrar suplementos de ácido fólico a toda mujer en edad fértil.

Alteraciones cromosómicas: las alteraciones cromosómicas se producen aproximadamente en 1 de cada 200 recién nacidos vivos y representan, por lo menos, la mitad de todos los abortos que se producen en el curso del primer trimestre. La mayoría de los fetos con alteraciones cromosómicas mueren antes del nacimiento. Se debe considerar la práctica de pruebas para diagnosticar alteraciones cromosómicas previas al nacimiento si una pareja presenta mayor riesgo de tener un hijo con estas alteraciones. Pero las pruebas diagnósticas pueden tener ciertos riesgos, aunque muy pequeños, sobre todo para el feto. Para algunas parejas, los riesgos superan a los beneficios de saber si su bebé tiene una alteración cromosómica, así que optan por no hacer las pruebas.

Varios factores aumentan el riesgo de tener un hijo con alteraciones cromosómicas. El riesgo de tener un hijo con síndrome de Down aumenta con la edad de la mujer (sobre todo a partir de los 35 años) ● *(v. también recuadro pág. 1600)*. El síndrome de Down es la alteración cromosómica más frecuente entre los niños nacidos vivos. Las pruebas para detectar alteraciones cromosómicas en el feto se suelen proponer a las mujeres de 35 o más años de edad cuando están embarazadas, y también a las mujeres más jóvenes que ya han tenido un hijo con este síndrome. La ansiedad de la pareja, independientemente de la edad de la mujer, a menudo justifica realizar estas pruebas diagnósticas.

Tener una historia familiar (incluidos los propios hijos de la pareja) de una alteración cromosómica también es un factor de riesgo. Si una pareja ha tenido un hijo con la forma más habitual del síndrome de Down (trisomía 21) y la mujer tiene menos de 30 años, las probabilidades de tener otro bebé con una anomalía cromosómica aumenta en un 1%.

El haber tenido un recién nacido vivo o muerto con un defecto congénito, incluso cuando sea imposible determinar si el bebé poseía una alteración cromosómica, aumenta el riesgo de tener un hijo con esta clase de alteración. Alrededor del 30% de los bebés nacidos con un defecto congénito y del 5% de los nacidos muertos y aparentemente normales tienen una alteración cromosómica.

También incrementa el riesgo la presencia de una alteración cromosómica en uno o ambos padres, incluso si el progenitor es sólo portador, está sano y no tiene señal física alguna de esta alteración.

El hecho de haber tenido varios abortos puede aumentar el riesgo de tener un hijo con alteraciones cromosómicas. Si el feto de un primer aborto presenta una anomalía cromosómica, es probable que el feto en los abortos subsiguientes también presente alguna, si bien no necesariamente la misma. Si una mujer ha tenido varios abortos, los cromosomas de la pareja deben analizarse antes de una nueva concepción. Si se ha conseguido identificar la alteración, la pareja puede decidir si quiere hacerse un diagnóstico prenatal al comienzo del siguiente embarazo.

Las concentraciones anormales de ciertas sustancias en la sangre de una mujer embarazada indican una mayor probabilidad de una alteración cromosómica en el feto. Estas sustancias se denominan marcadores. Un marcador importante es la alfafetoproteína (una proteína producida por el feto). Otros marcadores son el estriol (un estrógeno) y la gonadotropina coriónica humana (una hormona secretada por la placenta). Para la mujer embarazada, la medición de los niveles de estos marcadores está incluida en el seguimiento prenatal rutinario.

☐ PROCEDIMIENTOS

Se pueden utilizar varios procedimientos para detectar trastornos genéticos y cromosómicos.

➤ Ecografía

Por lo general, se realiza una ecografía durante el embarazo ● *(v. pág. 1610)*. Esta prueba no implica riesgo para la mujer ni para el feto. Después del tercer mes, se puede utilizar la ecografía para detectar si el feto tiene ciertos defectos congénitos estructurales evidentes. En general, la ecografía es útil para la detección de alteraciones en el feto cuando una mujer embarazada presenta un alto nivel de alfafetoproteína o una historia familiar de defectos congénitos. Sin embargo, los resultados normales no garantizan un recién nacido normal, porque ningún tipo de prueba es absolutamente precisa.

La ecografía se realiza con anterioridad a las muestras de vellosidades coriónicas y a la amniocentesis, para confirmar la etapa en que se encuentra embarazo. De este modo, puede realizarse la toma de muestras de vellosidades coriónicas

Interpretación de niveles anormales de alfafetoproteína

Los médicos ofrecen a las mujeres embarazadas los análisis rutinarios para explorar varias anomalías congénitas. Ciertas sustancias (denominadas marcadores) en la sangre indican la mayor probabilidad de una anomalía cromosómica en el feto. Los resultados son más precisos cuando la muestra de sangre se toma entre las 16 y 18 semanas de embarazo. Los valores normales de estas sustancias no garantizan un feto normal y los anormales pueden significar varias cosas.

Un alto nivel de alfafetoproteína en la sangre de una mujer embarazada indica una mayor probabilidad de tener un hijo con un defecto en el cerebro (anencefalia) o en la médula espinal (espina bífida). Un alto nivel puede indicar también que existe más de un feto, que es probable que se dé un aborto, o que el feto esté muerto. Un valor bajo de alfafetoproteína en la sangre de una mujer embarazada sugiere otras anomalías cromosómicas, como el síndrome de Down.

Si una mujer tiene un nivel alto de alfafetoproteína, se realiza una ecografía para determinar la existencia de anomalías. Si la ecografía no puede determinar la causa, suele realizarse entonces una amniocentesis para medir el nivel de alfafetoproteína en el líquido que rodea al feto (líquido amniótico) y se pueden analizar también los cromosomas. Si el nivel de alfafetoproteína en el líquido amniótico es elevado, también se mide la concentración de una enzima denominada acetilcolinesterasa. En la mayoría de los casos de anencefalia y espina bífida, la acetilcolinesterasa se detecta en el líquido amniótico. Un alto nivel de alfafetoproteína en el líquido amniótico, con o sin acetilcolinesterasa, puede indicar anomalías en otros órganos, como el esófago y el estómago. Un nivel elevado de alfafetoproteína en el líquido amniótico también indica una mayor riesgo de complicaciones durante el embarazo, como retraso del crecimiento o la muerte del feto y desprendimiento precoz de la placenta (abruptio placentae).

y la amniocentesis en el momento apropiado del embarazo. La ecografía también permite localizar la placenta e indicar si el feto está vivo. Esta técnica se utiliza para controlar al feto y guiar la colocación de instrumentos durante el muestreo de vellosidades coriónicas o la amniocentesis.

➤ Toma de muestras de vellosidades coriónicas

Para tomar muestras de vellosidades coriónicas, el médico toma una pequeña porción de éstas, que son pequeñas estructuras que conforman la placenta ● *(v. fig. pág. 1706).* Este procedimiento se utiliza para diagnosticar algunos trastornos en el feto, habitualmente entre las 10 y 12 semanas del embarazo. El muestreo de las vellosidades coriónicas puede sustituir a la amniocentesis, a no ser que se haga necesaria la obtención de una muestra de líquido amniótico. Por ejemplo, se requiere una muestra de éste para medir el nivel de alfafetoproteína en el líquido amniótico.

La ventaja principal de la toma de muestras de vellosidades coriónicas es que se puede disponer de los resultados en una fase mucho más precoz del embarazo que los de la amniocentesis. Así, si no se detecta ninguna anomalía, la ansiedad de la pareja puede aliviarse más rápidamente. Si se detecta alguna anomalía en una fase temprana, pueden utilizarse métodos más sencillos y seguros para terminar el embarazo. Igualmente, puede ser necesaria la detección precoz de una anomalía para administrar el tratamiento apropiado para el feto antes del nacimiento. Por ejemplo, una mujer embarazada puede recibir un corticosteroide para evitar que las características masculinas se desarrollen en un feto femenino que tiene hiperplasia adrenal congénita. En este trastorno hereditario, las glándulas suprarrenales aumentan de tamaño y secretan cantidades excesivas de hormonas masculinas (andrógenos).

Antes de efectuar el procedimiento, se realiza una ecografía para determinar si el feto está vivo, confirmar su edad gestacional, comprobar la presencia de alteraciones evidentes y localizar la placenta.

Se puede extraer una muestra de las vellosidades coriónicas por el cuello uterino (transcervicalmente) o bien a través de la pared abdominal (transabdominalmente). Con ambos métodos, se utiliza la ecografía como guía, se succiona o aspira la muestra de tejido dentro de un catéter con una jeringa y luego se analiza.

Para extraer el tejido a través del cuello uterino, el médico inserta una sonda fina y flexible (catéter) por la vagina y el cuello uterino hasta llegar a la placenta. La mujer se acuesta sobre su espalda, con las caderas y rodillas flexionadas, habitualmente apoyadas en unos estribos especiales, similares a los empleados en un examen pélvico. Para la mayoría de las mujeres, la sensa-

La amniocentesis y la toma de muestras de las vellosidades coriónicas se utilizan para detectar anomalías en el feto. Durante ambos procedimientos se usa la ecografía como guía.

En la toma de muestras de vellosidades coriónicas, se extrae una muestra de vello coriónico (parte de la placenta) mediante dos métodos. En el método transcervical, el médico inserta un catéter (un tubo flexible) por la vagina y el cuello uterino hasta la placenta. En cambio, en el método transabdominal, el médico inserta una aguja a través de la pared abdominal hasta la placenta. En ambos métodos se succiona una muestra de placenta mediante una jeringa y se analiza.

Durante la amniocentesis, el médico inserta una aguja por la pared abdominal, dentro del líquido amniótico. Extrae una muestra del líquido para su análisis.

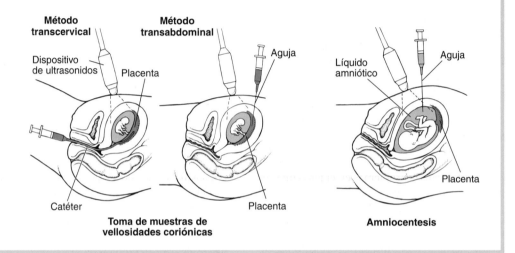

Método transcervical — **Método transabdominal**

Dispositivo de ultrasonidos — Placenta — Aguja

Catéter

Toma de muestras de vellosidades coriónicas

Líquido amniótico — Aguja

Placenta

Amniocentesis

---

ción del procedimiento se asemeja a un examen de Papanicolaou (Pap), aunque algunas mujeres lo encuentran más molesto. Este método no puede utilizarse en mujeres con alguna anomalía de la apertura del cuello uterino o una infección genital activa, como herpes genital, gonorrea o inflamación crónica del cuello uterino.

Para extraer el tejido a través de la pared abdominal, el médico aplica anestesia en una zona de la piel del abdomen e inserta una aguja por la pared abdominal hasta la placenta. La mayoría de las mujeres no experimentan dolor durante este procedimiento. Sin embargo, otras pacientes sienten el abdomen ligeramente dolorido durante 1 o 2 horas después de que se les haya practicado esta técnica.

Tras el muestreo de las vellosidades coriónicas, la mayoría de las mujeres con sangre Rh-negativa y que no tienen anticuerpos contra el factor Rh reciben una inyección de $Rh_0(D)$ inmunoglobulina para evitar de este modo que se produzcan anticuerpos contra el factor Rh ● *(v. pág. 1724)*. Una mujer con sangre Rh-negativa puede producir estos anticuerpos si el feto tiene sangre Rh-positiva y ésta entra en contacto con la suya, como puede suceder durante el análisis de vellosidades coriónicas. Estos anticuerpos pueden ser causa de problemas para el feto. La inyección no es necesaria si el padre tiene sangre Rh-negativa, porque el feto también tendrá sangre Rh-negativa.

Los riesgos de la toma de muestras de vellosidades coriónicas son comparables a los de la amniocentesis, excepto el riesgo de lesionar las manos o pies del feto, que puede ser ligeramente mayor. Esta lesión se produce en 1 de cada 3 000 fetos. Muy raras veces, el diagnóstico por medio del muestreo de las vellosidades coriónicas resulta poco claro y puede requerirse la amniocentesis. En general, la precisión de ambos procedimientos es similar.

➤ Amniocentesis

Uno de los procedimientos más frecuentes para detectar alteraciones antes del nacimiento es la amniocentesis. Esta prueba consiste en extraer una muestra del líquido que rodea al feto (líquido amniótico). La amniocentesis se suele realizar a las catorce semanas de embarazo o más adelante. Si el motivo que justifica la realización de una amniocentesis es el nivel alto de alfafetoproteína en la sangre de la mujer, es mejor realizar el procedimiento entre las 15 y las 17 semanas de embarazo. La amniocentesis permite a los médicos medir el nivel de alfafetoproteína en el líquido amniótico. Esta medida indica de forma más fiable que la realizada en la sangre materna si el feto tiene un defecto en el cerebro o en la médula espinal.

Después de anestesiar una zona de la piel del abdomen, el médico inserta una aguja a través de la pared abdominal hasta el líquido amniótico. Durante el procedimiento se realiza una ecografía, que permite controlar al feto y colocar la aguja en el lugar apropiado. Se extrae el líquido y se retira la aguja. Los resultados están, por lo general, disponibles entre 1 y 3 semanas. Las mujeres con sangre Rh-negativa reciben inmunoglobulina $Rh_0(D)$ después del procedimiento para evitar la producción de anticuerpos contra el factor Rh, que pueden causar problemas en el feto con sangre Rh-positiva ● *(v. pág. 1724)*.

La amniocentesis no suele causar problemas ni a la madre ni al feto. Algunas mujeres se sienten un poco doloridas durante 1 o 2 horas después de practicado el procedimiento. Alrededor de un 1 a un 2 % de las mujeres presentan manchas de sangre o pérdida del líquido amniótico por la vagina, pero estos efectos no duran largo tiempo y normalmente desaparecen sin necesidad de tratamiento alguno. Tras una amniocentesis, la posibilidad de aborto debido al procedimiento es aproximadamente de 1 entre 200. En muy raras ocasiones se produce lesión del feto por la introducción de la aguja. Por lo general, la amniocentesis puede realizarse aunque la mujer esté embarazada de gemelos o incluso de más fetos.

➤ Toma percutánea de muestras de sangre umbilical

La toma percutánea de muestras de sangre umbilical se utiliza cuando se hace necesario el análisis cromosómico rápido, en particular hacia el final del embarazo y si la ecografía ha detectado anomalías en el feto. A menudo, se puede disponer de los resultados en 48 horas.

Primero, el médico anestesia una zona de la piel del abdomen. Guiado por la ecografía, inserta una aguja a través de la pared abdominal en el cordón umbilical. Se extrae una muestra de la sangre del feto para su análisis y a continuación se retira la aguja. El análisis percutáneo de sangre umbilical es un procedimiento invasivo y tiene riesgos para la mujer y el feto.

CAPÍTULO 257

Embarazo normal

El embarazo comienza cuando un óvulo es fecundado por un espermatozoide. Durante nueve meses, un cuerpo de mujer gestante proporciona un ambiente protector y nutritivo en el que el óvulo fertilizado se puede desarrollar hasta feto. El embarazo termina en el parto, cuando nace un niño.

■ Detección y cálculo de edad del embarazo

Si un período menstrual se retrasa una semana o más, en una mujer habitualmente regular, ésta puede estar embarazada. A veces, una mujer puede saber que está embarazada porque nota síntomas característicos, como mamas agrandadas y sensibles, náuseas con vómito ocasional, frecuente necesidad de micción, fatiga inusual y cambios de apetito.

Cuando una regla se atrasa, una mujer puede desear una prueba de embarazo en casa. Las pruebas de embarazo en casa detectan la gonadotropina coriónica humana (HCG) en la orina. La gonadotropina coriónica humana es una hormona producida por la placenta. Estas pruebas de embarazo en casa son precisas en torno al 97 % de los casos. Si el resultado es negativo y la mujer aún sigue sospechando que está embarazada, debe repetirse la prueba de embarazo en casa unos días más tarde. Podría ser que la primera prueba se hubiera realizado demasiado pronto (antes de corresponder tener la siguiente regla). Si el resultado es positivo, la mujer debe ponerse en contacto con su médico, quien podría realizar otra prueba de embarazo para confirmar el resultado.

Los médicos analizan una muestra de sangre u orina de la mujer para determinar si está embarazada. Estas pruebas son muy precisas. Una de estas pruebas, denominada enzimoinmunoanálisis (ELISA), puede detectar, rápida y fácilmente, un bajo nivel de gonadotropina coriónica humana en la orina. Algunas pruebas permiten detectar el bajísimo nivel que existe al cabo de una semana y media tras la fecundación (antes incluso de que falte una menstruación). El resultado puede obtenerse en media hora. Durante los primeros sesenta días de embarazo (embarazo normal con un único feto), la concentración de gonadotropina coriónica humana en sangre se duplica cada dos días aproximadamente. La medición de estos niveles durante el embarazo puede utilizarse para determinar si el embarazo va progresando adecuadamente.

Una vez se confirma el embarazo, el médico le pregunta a la mujer cuándo fue la última regla. Los embarazos se calculan tradicionalmente en semanas, contando desde el primer día de la última menstruación. El médico calcula la fecha aproximada del parto restando tres meses de calendario desde el primer día del último período menstrual y añadiendo un año y siete días. Tan sólo el 10% o menos de las mujeres embarazadas dan a luz en la fecha estimada, pero el 50% paren en la semana anterior o siguiente y casi el 90% en las dos semanas anteriores o siguientes a la fecha prevista de parto. Se considera normal que un parto tenga lugar entre tres semanas antes y dos después de la fecha prevista.

La ovulación generalmente se produce a las dos semanas siguientes al comienzo del período menstrual, y la fertilización poco después de la ovulación. Por lo tanto, el embrión es aproximadamente dos semanas más joven que la edad del embarazo, tal como se cuenta tradicionalmente. En otras palabras, una mujer con cuatro semanas de embarazo, tiene un embrión de dos semanas. Si el ciclo menstrual es irregular, esta diferencia puede ser mayor o menor que estas dos semanas. El embarazo dura un promedio de 266 días (38 semanas) desde la fecha de fecundación (concepción) o 280 días (40 semanas) desde el primer día

de la última regla si la mujer tiene períodos regulares de 28 días. El embarazo se divide en tres períodos trimestrales, teniendo como base la fecha de última regla. A estos períodos se les denomina primer trimestre (desde las 0 hasta las 12 semanas de embarazo), segundo trimestre (desde las 13 hasta las 24 semanas) y tercer trimestre (desde las 25 semanas hasta el parto).

Si una mujer y su médico no pueden calcular con seguridad la fecha en que ella quedó embarazada guiándose del período menstrual, se puede realizar una ecografía para medir el feto y así establecer la fecha. La máxima precisión la da una ecografía hecha en las doce primeras semanas de embarazo. Una fecha precisa ayuda a los médicos a determinar si el embarazo está progresando normalmente.

■ Etapas de desarrollo

Un bebé ha pasado varias etapas de desarrollo, comenzando con la fertilización del óvulo. El óvulo se va desarrollando para hacerse blastocisto, embrión y, luego, feto.

➤ Fertilización

En cada ciclo menstrual normal, un óvulo se desprende de uno de los ovarios alrededor de cator-

---

Ecografía: visualización del feto

En la ecografía se coloca un transductor (un dispositivo que produce ondas sonoras) sobre el abdomen de la mujer. Las ondas sonoras penetran en el cuerpo, reflejan las estructuras internas y se convierten en impulsos eléctricos, que, procesados, dans una imágen en un monitor.

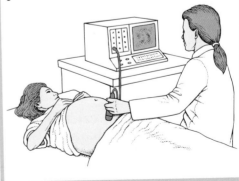

Del óvulo al embrión

Una vez al mes, un óvulo se desprende del ovario y entra en un oviducto de la trompa de Falopio. Después del coito, el esperma se mueve desde la vagina por el cuello uterino y el útero hasta la trompa de Falopio, donde un espermatozoide fecunda al óvulo. El óvulo fecundado (cigoto) se divide varias veces mientras se desplaza por la trompa de Falopio para llegar al útero. Primero, el cigoto se convierte en una bola sólida de células. Luego se desarrolla en forma de una esfera hueca de células y se denomina blastocisto. Dentro del útero, el blastocisto se implanta en la pared uterina, donde se transforma en un embrión unido a una placenta y rodeado por membranas llenas de líquido.

Fertilización

Útero   Trompa de Falopio

Blastocisto   Cigoto

Óvulo

Ovario

Implantación

ce días antes de la siguiente menstruación. La liberación del óvulo se denomina ovulación. Este óvulo suelto se dirige hacia el extremo de una de las dos trompas de Falopio, caracterizado por su forma de embudo.

Durante la ovulación, el moco del cuello uterino se vuelve más fluido y elástico, permitiendo así que el esperma entre en el útero rápidamente. En unos cinco minutos, el espermatozoide se desplaza desde la vagina, entrando por el cuello uterino al interior del útero, hasta el extremo en forma de embudo de una trompa de Falopio, donde habitualmente se produce la fertilización. Las células que recubren las trompas de Falopio facilitan la fertilización.

Si un espermatozoide penetra en el óvulo, se produce la fertilización. Pequeños cilios que revisten las trompas de Falopio arrastran el óvulo fecundado (cigoto) por las trompas hacia el útero. Las células del cigoto se dividen repetidamente mientras el cigoto baja por dentro de la trompa de Falopio. El cigoto tarda 3 o 5 días en entrar en el útero. Ya dentro del útero, las células continúan dividiéndose y se convierten en una bola hueca denominada blastocisto. Si la fertilización no se produce, el óvulo se degenera y pasa de largo por el útero en el siguiente período menstrual.

Si se libera y fecunda más de un óvulo, se produce entonces un embarazo de más de un feto, habitualmente dos (mellizos). Estos mellizos no son idénticos. Los gemelos idénticos se producen cuando un único óvulo fecundado (por un único espermatozoide) se separa en dos embriones después de haberse comenzado a dividir.

➤ Desarrollo del blastocisto

Entre 5 y 8 días después de la fecundación, el blastocisto se adhiere al revestimiento interno del útero, habitualmente cerca de la parte superior. Este proceso, denominado implantación, se completa alrededor del día 9 o 10.

A las ocho semanas de embarazo, la placenta y el feto se han venido desarrollando por espacio de seis semanas. La placenta forma diminutas vellosidades (villi) que se extienden dentro de la pared uterina. Los vasos sanguíneos del embrión, que pasan por el cordón umbilical hacia la placenta, se desarrollan en estas vellosidades. Una membrana fina separa la sangre del embrión que se encuentra en las vellosidades de la sangre de la madre que fluye por el espacio que rodea dichas vellosidades (espacio intervelloso). Esta disposición permite el intercambio de materiales entre la sangre de la madre y la del embrión.

El embrión flota en un fluido (líquido amniótico) que se almacena en una bolsa (saco amniótico). El líquido amniótico proporciona un espacio en el que el embrión puede crecer libremente. El líquido también ayuda a proteger el embrión de las lesiones. El saco amniótico es fuerte y elástico.

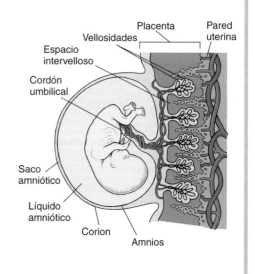

La pared del blastocisto tiene el grosor de una célula, excepto en una zona, en la que equivale al de 3 o 4 células. En esta zona engrosada, las células internas se convierten en embrión, mientras que las externas penetran en la pared del útero y se convierten en la placenta. La placenta produce varias hormonas necesarias para el mantenimiento del embarazo. Por ejemplo, la placenta produce la gonadotropina coriónica humana, la cual evita que los ovarios liberen más óvulos y estimula a los ovarios a producir estrógeno y progesterona continuamente. La placenta también lleva oxígeno y nutrientes de la madre al feto y materiales desechables del feto a la madre.

La pared del blastocisto se convierte en la capa externa de las membranas (corion) que rodean al embrión. Entre los días 10 y 12 se desarrolla una capa interna de membranas (el amnios) que forman el saco amniótico. El saco amniótico se llena de un líquido claro (líquido amniótico) y se extiende para envolver el embrión en desarrollo que flota en su interior.

A medida que la placenta se desarrolla, extiende proyecciones parecidas a pequeñas hebras de cabello (vellosidades) dentro de la pared del útero. Las proyecciones se ramifican una y otra vez hasta formar un complicado árbol de vellosidades. Esta ramificación aumenta mucho el área de contacto entre la pared del útero y la placenta, de forma que pueda haber mayor intercambio de nutrientes y materiales desechables. La placenta

está completamente formada en 18 o 20 semanas aproximadamente, pero sigue creciendo durante todo el embarazo. En el momento del parto pesa en torno a medio kilo.

➤ Desarrollo del embrión

La siguiente etapa corresponde al embrión que se desarrolla bajo el revestimiento del útero, a un lado. Esta fase se caracteriza por la formación de la mayoría de los órganos internos y de las estructuras externas del cuerpo. La formación de los órganos comienza hacia las tres semanas tras la fecundación, momento en que el embrión empieza a tener forma humana. Poco después, comienza a desarrollarse la zona que se convertirá en el cerebro y la médula espinal (tubo neural). El corazón y los principales vasos sanguíneos empiezan a desarrollarse en torno al día 16 o 17. El corazón comienza a bombear líquido por los vasos sanguíneos hacia el día 20, y en el día 21 aparecen los primeros glóbulos rojos. Los vasos sanguíneos continúan desarrollándose en el embrión y la placenta.

La formación de los órganos se completa hacia las ocho semanas después de la fecundación (que equivalen a diez semanas de embarazo). Las excepciones son el cerebro y la médula espinal, que continúan madurando durante todo el embarazo. La mayoría de las malformaciones se producen durante el período de formación de los órganos, cuando el embrión es más vulnerable a los efectos de fármacos, radiaciones y virus. Por tanto, una mujer embarazada no debe recibir vacunas de virus vivos ni debe tomar fármacos durante este período, a no ser que sean esenciales para su salud ● *(v. pág. 1729).*

➤ Desarrollo del feto

Al final de la octava semana después de la fecundación (diez semanas de embarazo), el embrión se considera feto. Durante esta fase, las estructuras ya formadas, crecen y se desarrollan. A las doce semanas de embarazo, el feto llena completamente el útero. A las catorce semanas puede identificarse el sexo del feto. La mujer embarazada suele sentir por primera vez los movimientos del feto entre las 16 y las 20 semanas de embarazo aproximadamente. Las mujeres que ya previamente han estado embarazadas suelen percibir movimientos del feto unas dos semanas antes que las primigestas. Hacia las 23 o 24 semanas, el feto podría llegar a sobrevivir fuera del útero.

Los pulmones continúan madurando hasta casi el momento del parto. El cerebro acumula nuevas células durante todo el embarazo y durante el primer año de vida después del nacimiento.

■ Cambios físicos en una mujer embarazada

El embarazo produce muchos cambios en el organismo de una mujer. La mayoría de ellos desaparecen tras el parto. En algunas mujeres, durante el embarazo, se desarrollan ciertos trastornos, como erupciones o diabetes gestaciona ● *(v. pág. 1724),* durante el embarazo. Algunos síntomas han de comunicarse inmediatamente al médico. Entre estos síntomas se incluyen los siguientes:

- ● Cefaleas persistentes.
- ● Náuseas y vómitos persistentes.
- ● Vértigo;
- ● Trastornos visuales.
- ● Dolor o calambres en la parte inferior del abdomen.
- ● Contracciones.
- ● Hemorragia vaginal.
- ● Pérdida del líquido amniótico (conocido como rotura de aguas);
- ● Hinchazón de manos o pies.
- ● Aumento o disminución de la cantidad de orina.

- ● Cualquier enfermedad o infección.

Salud general: la fatiga es frecuente, sobre todo en las primeras doce semanas y, de nuevo, al final del embarazo. Es importante descansar suficientemente.

Tracto reproductor: a las doce semanas de embarazo, el útero agrandado puede causar un leve abultamiento en el abdomen. El útero continúa agrandándose durante todo el embarazo. A las 20 semanas alcanza la altura del ombligo, y hacia las 36 semanas, el extremo inferior de la caja torácica.

La cantidad de secreción vaginal normal, que es clara o blanquecina, frecuentemente aumenta. Este aumento suele ser normal. Sin embargo, si la secreción tiene un color u olor fuera de lo normal o está acompañada de picor vaginal y ardor, la mujer debe consultar a su médico. Dichos síntomas pueden indicar una infección vaginal. La tricomoniasis (una infección por protozoos) y la candidiasis (una infección por hongos) son infecciones vaginales frecuentes en el embarazo que pueden tratarse fácilmente ● *(v. pág. 1633).*

Pechos: los pechos tienden a agrandarse porque las hormonas (principalmente estrógenos) están preparándolos para la producción de leche. Los pechos se agrandan porque las glándulas que producen leche aumentan gradualmente en número y se preparan para producir leche. Los pechos pueden sentirse tensos y sensibles al tacto. El uso de un sujetador que ajuste de la forma adecuada y brinde soporte puede ser de ayuda.

Durante las últimas semanas de embarazo, los pechos pueden producir una fina secreción, amarillenta o lechosa que se denomina calostro. El calostro también se produce durante los primeros días tras el parto, antes de la leche. Este líquido, que es rico en minerales y anticuerpos, es el primer alimento del bebé al pecho.

Corazón y flujo sanguíneo: durante el embarazo, el corazón de la mujer trabaja más porque, a medida que el feto crece, debe bombear más sangre al útero. Al final del embarazo, el útero recibe una quinta parte de todo el volumen sanguíneo de la madre. Durante el embarazo, la cantidad de sangre que bombea el corazón (gasto cardíaco) aumenta entre un 30 y un 50%. A medida que el bombeo del corazón aumenta, la frecuencia cardíaca en reposo pasa de 70 latidos por minuto preembarazo a 80 o 90 latidos por minuto. En el ejercicio, el gasto cardíaco y la frecuencia cardíaca aumentan más cuando una mujer está embarazada que cuando no lo está. Durante el parto, el gasto cardíaco aumenta en un 10% adi-

Fases del embarazo

Aunque el embarazo implica un proceso continuo, éste se divide en tres períodos de 3 meses denominados trimestres (semanas 0 a 12, 13 a 24 y 25 hasta el parto).

SUCESOS	SEMANAS DE EMBARAZO
Primer trimestre	
Se produce el último período menstrual de la mujer antes de la fertilización.	0
Fertilización.	2
El óvulo fecundado (cigoto) se convierte en una esfera hueca de células, denominada blastocisto.	
El blastocisto se implanta en la pared uterina.	3
Se forma el saco amniótico.	
La zona que se convertirá en el cerebro y la médula espinal (tubo neural) comienza a desarrollarse.	5
El corazón y los vasos sanguíneos principales se están desarrollando. El latido del corazón puede observarse durante una ecografía.	6
Aparecen los inicios de los brazos y las piernas.	7
Se forman los huesos y los músculos. Se desarrollan la cara y el cuello.	9
Se forman la mayoría de los órganos. Pueden detectarse las ondas cerebrales.	
Se forma el esqueleto. Los dedos de las manos y de los pies se definen completamente.	
Los riñones comienzan a funcionar.	10
El feto puede moverse y responder al tacto (cuando se pellizca a través del abdomen de la madre).	
La mujer ha ganado algo de peso y su abdomen puede estar ligeramente agrandado.	
Segundo trimestre	
El sexo del feto puede identificarse.	14
El feto puede oír.	
Los dedos del feto pueden agarrar. El feto se desplaza más enérgicamente, de forma que la madre puede sentirlo.	16
El cuerpo del feto comienza a llenarse a medida que la grasa se deposita debajo de la piel. Aparece el pelo en la cabeza y la piel. Aparecen las cejas y las pestañas.	
La placenta está formada completamente.	
El feto tiene una posibilidad de supervivencia de fuera del útero.	23-24
La mujer comienza a aumentar de peso más rápidamente.	
Tercer trimestre	
El feto se muestra activo y a menudo cambia de posición.	25
Los pulmones continúan madurando.	
La cabeza del feto se desplaza y toma la posición de parto. En promedio, el feto mide alrededor de 50 cm y pesa más o menos 3,5 kg. El aumento de tamaño del abdomen de la madre hace que el ombligo sobresalga.	

3 meses

6 meses

9 meses

cional. Después del parto, el gasto cardiaco disminuye primero con rapidez y después más lentamente. Vuelve a su nivel de preembarazo en aproximadamente seis semanas.

Ciertos soplos e irregularidades en el ritmo cardíaco pueden aparecer al ser el trabajo del corazón más intenso. En ocasiones, una mujer embarazada puede sentir estas irregularidades. Tales cambios son normales durante el embarazo. Sin embargo, ciertas otras arritmias cardíacas, que se producen con mayor frecuencia en las mujeres embarazadas, pueden requerir tratamiento.

La presión arterial suele disminuir durante el segundo trimestre, pero puede volver al nivel de preembarazo en el tercer trimestre.

El volumen de sangre aumenta en un 50 % durante el embarazo. La cantidad de líquido en la sangre aumenta más que el número de glóbulos rojos (que son las células encargadas de transportar el oxígeno). El resultado es una anemia leve que se considera normal. Por motivos desconocidos, el número de glóbulos blancos, que son las células que combaten las infecciones, aumenta ligeramente durante el embarazo y, de forma notoria, durante el parto y los primeros días siguientes al parto.

El crecimiento del útero afecta al retorno de sangre desde las piernas y la región pélvica hasta el corazón. Como resultado, con frecuencia se presenta una hinchazón (edema), sobre todo en las piernas. Pueden aparecer várices en las piernas y en la zona que rodea el orificio vaginal (vulva), lo que en ocasiones causa molestias. La ropa suelta alrededor de la cintura y las piernas es más cómoda y no impide el flujo de la sangre. El uso de medias elásticas, el reposo frecuente con las piernas elevadas o el acostarse sobre el lado izquierdo suele reducir el edema y puede aliviar las molestias causadas por las várices. Las várices pueden desaparecer después del parto.

Las **vías urinarias:** al igual que el corazón, los riñones trabajan más durante el embarazo. Filtran el volumen aumentado de sangre. El volumen de sangre filtrado por los riñones alcanza un máximo entre 16 y 24 semanas y permanece en este máximo hasta algo antes del parto. Entonces, la presión ejercida por el útero agrandado puede disminuir ligeramente el suministro de sangre a los riñones.

La actividad de los riñones normalmente aumenta cuando una persona se acuesta y se reduce cuando está de pie. Esta diferencia se acentúa durante el embarazo (ello justifica, en parte, que la mujer embarazada sienta la necesidad frecuente de orinar al intentar dormir). Al final del embarazo, acostarse sobre el lado izquierdo aumenta la actividad del riñón con respecto a cuando se hace sobre la espalda. Acostarse sobre el lado izquierdo alivia la presión que el útero agrandado ejerce sobre la vena principal que transporta la sangre desde las piernas. Como resultado, el flujo sanguíneo mejora y la actividad renal aumenta.

El útero presiona la vejiga y reduce su tamaño, de forma que ésta se llena de orina más rápidamente de lo habitual. Dicha presión también hace que una mujer embarazada necesite orinar con mayor frecuencia y de forma más imperiosa.

Aparato respiratorio: la producción aumentada de la hormona progesterona envía señales al cerebro para que disminuya los valores de dióxido de carbono en la sangre. Como resultado, una mujer embarazada respira más rápida y profundamente para exhalar más dióxido de carbono y mantener su nivel bajo. El diámetro torácico de la mujer aumenta ligeramente.

Prácticamente todas las mujeres embarazadas tienen sensación de ahogo cuando realizan algún esfuerzo, en especial hacia el final del embarazo. Durante el ejercicio, la frecuencia de la respiración aumenta más cuando una mujer está embarazada que cuando no lo está.

Como se bombea mayor cantidad de sangre, el revestimiento de las vías aéreas recibe más sangre y se inflama levemente, produciendo cierto grado de estrechamiento de las vías. Como resultado, la nariz se siente obstruida en algunas ocasiones y las trompas de Eustaquio (que conectan el oído medio con la parte posterior de la nariz) se obstruyen. El tono y la calidad de la voz pueden cambiar de manera sutil.

Tracto digestivo: son frecuentes las náuseas y los vómitos, en especial por las mañanas (nauseas matutinas). Éstos pueden producirse debido a las altas concentraciones de estrógeno y gonadotropina coriónica humana (HCG), dos hormonas que ayudan a mantener la gestación. Las náuseas y los vómitos pueden aliviarse mediante cambios en la dieta o en los patrones alimenticios. Por ejemplo, beber y comer pequeñas cantidades con frecuencia, comer antes de sentir hambre e ingerir alimentos suaves (como caldo, arroz y pasta) puede ser de ayuda. Comer galletas saladas y tomar una bebida carbonatada también puede aliviar las náuseas. Por ello, se recomienda tener siempre galletas junto a la cama y comer alguna antes de levantarse de la cama para evitar las náuseas matinales. En la actualidad no existen fármacos especialmente diseñados para aliviar las náuseas matutinas. Si las náuseas y los vómitos son tan intensos o persistentes que producen deshidratación, pérdida de peso u otros problemas, puede ser necesario administrar un tratamiento a base de fármacos antieméticos, o bien hospitalizar temporalmente a la mujer embarazada para que reciba líquidos intravenosos ● (*v. pág. 1722*).

Con frecuencia se experimenta sensación de ardor de estómago y eructos, posiblemente porque los alimentos permanecen en el estómago más tiempo y porque el esfínter (un músculo con forma de anillo que se encuentra situado en el extremo inferior del esófago) tiende a relajarse, permitiendo el reflujo del contenido del estómago hacia el esófago. El ardor de estómago puede aliviarse mediante la ingestión de comidas pequeñas, evitando acostarse o adoptar posturas dobladas durante unas horas después de comer y mediante la toma de antiácidos. No se debe tomar, como antiácido, bicarbonato sódico porque contiene demasiada sal (sodio). El ardor durante la noche puede aliviarse evitando comer unas horas antes de acostarse y utilizando almohadas para elevar la cabeza y los hombros.

El estómago produce menos ácido durante el embarazo. Por lo tanto, rara vez aparecen úlceras durante el embarazo, y en muchos casos, las que ya existen empiezan a cicatrizar.

A medida que avanza el embarazo, la presión que ejerce el útero sobre el recto y la parte inferior del intestino puede causar estreñimiento. El estreñimiento puede agravarse porque el alto nivel de progesterona durante el embarazo hace que las contracciones musculares involuntarias que se producen normalmente en el intestino para desplazar los alimentos se vuelvan más lentas. Una dieta rica en fibra, una ingesta de abundante líquido y el ejercicio regular pueden ayudar a evitar estreñimiento.

Las hemorroides, un problema frecuente, pueden ser el resultado de la presión ejercida por un útero agrandado o por el estreñimiento. Para aliviar el dolor producido por hemorroides, pueden utilizarse sustancias que ablanden la consistencia de las heces, algún gel anestésico o baños calientes.

Así mismo, la mujer puede experimentar antojos, es decir, necesidad imperiosa de comer alimentos raros o sustancias no comestibles, como almidón o arcilla. A veces, algunas mujeres embarazadas, en general las que también sufren nauseas matutinas, tienen exceso de saliva. Este síntoma, aunque inocuo, puede ser agotador.

Piel: la máscara del embarazo (cloasma) es un pigmento de color marrón, similar a una mancha, que puede aparecer en la piel de la frente y las mejillas. La piel que rodea los pezones (areola) también puede oscurecerse. A menudo, aparece una línea oscura en la mitad del abdomen. Estos cambios pueden darse porque la placenta genera una hormona que estimula los melanocitos, células que producen un pigmento marrón oscuro en la piel (melanina).

A veces aparecen estrías de color rosado en el abdomen. Este cambio probablemente se debe al rápido crecimiento del útero y al aumento de los niveles de hormonas suprarrenales.

También se pueden formar pequeños vasos sanguíneos de color rojo en la piel, en trama como de araña, habitualmente por encima de la cintura. Estas formaciones se denominan arañas vasculares. Pueden aparecer capilares de paredes delgadas, dilatados, sobre todo en la parte inferior de las piernas.

Hormonas: el embarazo modifica la función de prácticamente todas las glándulas del organismo, generalmente debido a efectos de hormonas producidas por la placenta. Por ejemplo, la placenta produce una hormona que estimula la glándula tiroides para que su actividad sea más pronunciada y genere mayor cantidad de hormonas tiroideas. Cuando la glándula tiroides aumenta su actividad, hace que el corazón lata más rápido, lo que repercute en que la mujer sea más consciente de los latidos de su corazón (palpitaciones). La transpiración puede aumentar, suelen darse cambios de humor y es factible que la glándula tiroides aumente de tamaño. El hipertiroidismo como trastorno, en el que la glándula tiroides es verdaderamente hiperactiva, aparece en menos de 1 % de los embarazos.

Los niveles de estrógeno y progesterona aumentan al comienzo del embarazo porque la gonadotropina coriónica humana, la principal hormona producida por la placenta, estimula los ovarios a producirlos continuamente. Después de 9 o 10 semanas de embarazo, la placenta produce grandes cantidades de estrógenos y de progesterona. El estrógeno y la progesterona ayudan a mantener la gestación.

Durante el embarazo, los cambios de los niveles hormonales afectan la forma en que el organismo maneja el azúcar. Al comienzo del embarazo, la concentración de azúcar (glucosa) en sangre puede descender ligeramente. Pero en la última mitad del embarazo, la concentración pueden aumentar. Se hace necesaria mayor canti-

Erupciones durante el embarazo

Dos erupciones intensamente pruriginosas, la urticaria del embarazo y el herpes gestacional, se producen sólo durante el embarazo.

La urticaria del embarazo es frecuente. No se conoce su causa. Aparecen manchas rojas, irregulares, planas o ligeramente abultadas en el abdomen. Las manchas a veces contienen pequeñas ampollas llenas de líquido en el centro. A menudo, la piel que las rodea tiene un aspecto pálido. La erupción se extiende a los muslos, las nalgas y, en ocasiones, los brazos. Pueden aparecer cientos de estas manchas acompañadas de picor. Por lo general, la erupción aparece durante las últimas 2 o 3 semanas del embarazo y en ocasiones durante los últimos días. Sin embargo, es posible que aparezcan en cualquier momento después de las 24 semanas de embarazo. El picor es tan molesto que impide conciliar el sueño por la noche. Por lo general, la erupción se aclara rápidamente después del parto y no reaparece durante los embarazos siguientes. Puede ser difícil para los médicos hacer un diagnóstico definitivo.

Se cree que el herpes gestacional proviene de anticuerpos anormales que atacan los mismos tejidos del cuerpo, una reacción autoinmune. Las ampollas a menudo aparecen primero en el abdomen y luego se propagan. Las ampollas son pequeñas o grandes, de forma irregular y están llenas de líquido. La erupción puede aparecer en cualquier momento después de las 12 semanas de embarazo o inmediatamente después del parto. De forma característica, empeora poco después del parto y desaparece en pocas semanas o pocos meses. A menudo, reaparece en los embarazos siguientes. El recién nacido puede presentar una erupción similar, que suele desaparecer a las pocas semanas sin tratamiento alguno. Esta erupción puede diagnosticarse mediante la extirpación de una diminuta porción de la piel afectada y se analiza para determinar la existencia de anticuerpos anómalos.

La aplicación de una crema con corticosteroides (como acetónido de triamcinolona) directamente sobre la piel afectada puede aliviar cualquiera de estas erupciones. Para erupciones más extendidas, se debe administrar un corticosteroide (como la prednisona) por vía oral.

dad de insulina (que controla la concentración de azúcar en sangre), producida por el páncreas. Por ello, la diabetes, si existe, puede empeorar en el embarazo, y también puede iniciarse con el embarazo. Este trastorno se denomina diabetes gestacional ● *(v. pág. 1724).*

Articulaciones y músculos: las articulaciones y ligamentos (cordones fibrosos y cartílagos que conectan los huesos) de la pelvis de la mujer se aflojan y se vuelven más flexibles. Este cambio permite ganar espacio para que el útero pueda aumentar de tamaño y prepara a la mujer para el parto. Como resultado, la postura de la madre sufre un leve cambio.

Es muy frecuente que la mujer padezca dolores de espalda de diferente intensidad porque la columna vertebral se curva más para equilibrar el peso del útero que se agranda. Evitar levantar pesos, doblar las rodillas (en lugar de la cintura) para recoger algo del suelo y mantener buena postura son hábitos que pueden ayudar. Para reducir la tensión sobre la espalda, se recomienda utilizar calzado plano (sin tacón) o una faja ligera de maternidad.

■ Cuidados médicos prenatales

Es importante que una pareja que esté pensando tener un bebé acuda al médico o a otro profesional de la salud para determinar los pasos que han de seguir a fin de que el embarazo sea un acontecimiento lo más saludable posible. La mujer debe preguntarle al médico sobre los factores que pueden afectar a su salud o la salud del feto en desarrollo. El conocimiento y la manera de manejar estos factores antes del embarazo puede ayudar a reducir el riesgo de problemas durante el mismo ● *(v. pág. 1714).* Entre estos factores se incluyen el tabaco, el alcohol y la exposición a sustancias que puedan ser dañinas. Por ejemplo, la embarazada no sólo debe evitar fumar sino también exponerse al humo de tabaco de otros, puesto que esto puede dañar al feto. La mujer embarazada ha de evitar el contacto con gatos y con sus heces, a menos que estos animales estén limitados al ámbito de la casa y no tengan relación con otros de su misma especie. Dicho contacto puede transmitir toxoplasmosis, una infección causada por un protozoo, que puede dañar el cerebro del feto. La rubéola puede causar alteraciones congénitas. Además, la mujer puede hablar de su dieta, y de sus preocupaciones sociales, emocionales y médicas con el profesional de la salud.

Cuando una mujer visita al médico u a otro profesional de la salud antes de quedarse embarazada, se le puede aplicar alguna vacuna necesaria, como la de la rubéola. También puede empezar a tomar multivitaminas prenatales que contengan ácido fólico. Si es necesario, se puede realizar investigación genética para determinar si el riesgo de la pareja de tener un hijo con un trastorno genético hereditario es mayor ● *(v. pág. 1697).*

Después de confirmarse el embarazo, la mujer debe someterse a una exploración física, preferiblemente a las 6 u 8 semanas de embarazo. En ese momento, puede estimarse en qué fase se encuentra el embarazo, así como predecir la fecha del parto lo más exactamente posible.

La primera exploración física en el embarazo es minuciosa. Se toman peso, estatura y presión arterial. El médico realiza un examen pélvico, en el que comprueba el tamaño y posición del útero.

Se toma una muestra de sangre para ser analizada. El análisis incluye recuento completo de glóbulos rojos, pruebas para enfermedades infecciosas (tales como sífilis y hepatitis) y pruebas para detectar inmunidad a la rubéola. Se determina también el tipo de sangre, incluido el factor Rh (positivo o negativo). Es recomendable realizar una prueba para detectar el virus de inmunodeficiencia humana (VIH). Otras pruebas incluyen un análisis completo de una muestra de orina y prueba de Papanicolaou (Pap) para detectar cáncer del cuello uterino. Puede obtenerse una muestra de exudado del cuello uterino para detectar enfermedades de transmisión sexual, como gonorrea e infección por clamidia.

También pueden realizarse otras pruebas que dependen de la situación particular de cada mujer. Si la mujer tiene sangre Rh-negativa, se lleva a cabo un análisis para detectar anticuerpos anti-Rh ● *(v. pág. 1724).* La existencia de anticuerpos anti-Rh puede causar graves problemas (incluso la muerte) de un feto que tenga sangre Rh-positiva. Si se detectan anticuerpos suficientemente pronto en la sangre de una mujer embarazada, el médico puede tomar las medidas necesarias para proteger el feto.

A las mujeres con ascendencia africana se les realizan pruebas para determinar drepanocitosis o algún indicio de esta enfermedad si estas pruebas no le han sido practicadas antes. Se aconseja practicar pruebas dérmicas para detectar tuberculosis a todas las mujeres. No se hacen radiografías de forma rutinaria al comienzo de un embarazo, pero pueden hacerse cuando sea necesario. Si es necesaria una radiografía, se debe proteger el feto colocando un delantal de plomo sobre la parte inferior del abdomen de la mujer para que el útero quede cubierto.

Después del primer examen, la mujer debe visitar a su médico cada cuatro semanas hasta la semana 32 de embarazo, después cada dos semanas hasta la 36, y después una vez por semana hasta el parto. En cada visita médica suele registrarse el peso y la presión arterial de la mujer, así como el tamaño y la forma del útero, para determinar si el crecimiento y desarrollo del feto son normales. También se examinan los tobillos para comprobar si están hinchados.

Asimismo, se debe practicar un examen de orina para medir la concentración de azúcar. La detección de azúcar en la orina puede indicar diabetes. Las mujeres que tienen azúcar en la orina deben practicarse todas las pruebas para la detección de la diabetes durante las semanas 24 a 28 de embarazo, al igual que las mujeres que han tenido bebés grandes o nacidos muertos, las que presentan sobrepeso, las que tienen más de 25 años, las que tienen un pariente cercano con diabetes y las que padecen el síndrome de ovarios poliquísticos. También, en cada visita, se analiza la orina para detectar proteínas. Las proteínas en la orina pueden indicar preeclampsia (un tipo de hipertensión arterial que se desarrolla durante el embarazo) ● *(v. pág. 1723).*

En las mujeres con riesgo elevado de concebir un feto afectado por un trastorno genético, es necesario realizar pruebas prenatales diagnósticas ● *(v. pág. 1699).*

Muchos médicos opinan que la ecografía, el procedimiento de imagen más seguro, debe practicarse al menos una vez durante el embarazo para determinar si el feto se está formando normalmente y para verificar la fecha esperada del parto. Para este procedimiento, se coloca un dispositivo que produce ondas sonoras (transductor o sonda) sobre el abdomen de la mujer. Las ondas sonoras se procesan y forman una imagen que aparece en el monitor. A veces, los médicos usan un dispositivo de ultrasonidos que puede introducirse en la vagina (sonda vaginal). La ecografía produce imágenes de alta calidad en tiempo real, que muestran al feto en movimiento. Estas imágenes le proporcionan información útil al médico y pueden dar tranquilidad a la mujer embarazada.

Para realizar la ecografía por vía abdominal al comienzo del embarazo, la mujer debe beber bastante agua. La vejiga llena empuja al útero fuera de la pelvis, de manera que se puede obtener una imagen más clara del feto. En cambio, cuando se utiliza sonda vaginal, la vejiga no tiene que estar llena, y el médico puede detectar embarazo antes.

La ecografía puede mostrar los latidos del corazón del feto a las seis semanas de embarazo, y con ello confirmar que el feto está vivo. Los médicos pueden utilizar periódicamente un dispositivo de ultrasonido para escuchar el latido del corazón del feto. O pueden usar un fonendoscopio diseñado para escuchar el latido del corazón del feto (fetoscopio). El fetoscopio puede llegar a detectar el latido ya incluso antes de las veinte semanas, entre la 18 y la 20, de embarazo.

La ecografía puede identificar el sexo del feto a las catorce semanas de embarazo. La ecografía se usa también para detectar embarazos múltiples y para identificar varias anomalías, como la incorrecta colocación de la placenta (placenta previa) o una posición anormal del feto. La ecografía se utiliza como guía durante ciertas intervenciones, como pruebas diagnósticas prenatales.

Hacia el final del embarazo, puede usarse la ecografía para detectar una rotura precoz de las membranas llenas de líquido que contienen el feto. Por último, la ecografía puede proporcionar información útil para decidir si es necesario practicar una cesárea.

Los expertos recomiendan vacunar a todas las mujeres contra el virus de la influenza en la estación en que habitualmente se produce la gripe.

■ Autocuidados durante el embarazo

Es mucho lo que una mujer embarazada puede hacer para cuidarse durante el embarazo. Si ella tiene alguna duda sobre la dieta, el uso de fármacos o suplementos nutricionales, la actividad física y el coito durante el embarazo, puede preguntarle a su médico.

Dieta y peso: durante el embarazo, la dieta de la mujer debe ser adecuada y nutritiva. La mayoría de las mujeres han de añadir cerca de 250 calorías a su dieta diaria para nutrir al feto en desarrollo. La dieta debe ser equilibrada, incluir frutas frescas, grano y verduras. Los cereales ricos en fibra que no contengan azúcar son una buena elección. El feto tiene la primera elección de los nutrientes, pero la mujer embarazada debe asegurarse de que el feto tiene algo que merezca la pena entre lo que elegir. Por lo general, las mujeres reciben suficiente sal en su dieta, sin necesidad de añadirla a sus alimentos en la mesa. Las comidas preparadas comercialmente a menudo contienen cantidades excesivas de sal y no deben consumirse con frecuencia. No se recomiendan dietas para perder peso durante el embarazo, ni tan siquiera a las mujeres obesas, porque una parte del peso ganado es esencial para el desarrollo normal del feto. Hacer dieta reduce el suministro de nutrientes al feto.

Una mujer de tamaño medio debe aumentar más o menos entre 12,5 y 15 kilos durante el embarazo. Aumentar más de 15 o 17,5 kg incrementa la grasa en la mujer y en el feto. La mujer debe evitar aumentar mucho de peso durante los primeros meses, porque al final del embarazo resulta más difícil. No obstante, no ganar peso es una buena señal, en especial si el peso ganado es en total inferior a cinco kilos. El crecimiento del feto puede ser lento o inadecuado.

A veces, una mujer embarazada aumenta de peso porque está reteniendo líquidos. Los líquidos pueden ser retenidos porque cuando ella está de pie, el útero agrandado afecta al flujo sanguíneo que retorna la sangre desde las piernas hasta el corazón. Acostarse sobre un lado, preferiblemente el izquierdo, durante 30 o 45 minutos, 2 o 3 veces al día puede aliviar este problema.

Fármacos y suplementos dietéticos: generalmente, evitar los fármacos durante el embarazo es lo mejor. Sin embargo, en ocasiones deben administrarse ciertos fármacos ● *(v. pág. 1729).* Una mujer embarazada debe contrastarlo con su médico antes de tomar ningún fármaco, incluidos los que no necesitan receta (de venta libre), como aspirina o hierbas medicinales, en particular durante los primeros tres meses.

El embarazo duplica la cantidad de hierro requerido. La mayoría de mujeres necesitan una dosis de suplemento de hierro, porque, en general, las mujeres no absorben suficiente cantidad de hierro de los alimentos para satisfacer los requerimientos del embarazo, incluso cuando el hierro contenido en esos alimentos se combina con el ya almacenado en su organismo. Si una mujer tiene anemia o la desarrolla durante el embarazo, puede necesitar tomar una dosis mayor de hierro que otras mujeres embarazadas. En ocasiones, los suplementos de hierro causan ligero malestar de estómago y estreñimiento.

Todas las mujeres embarazadas deben tomar un suplemento a base de ácido fólico (en general incluido en las vitaminas prenatales) diariamente. Sería lo ideal que el suplemento con ácido fólico se empezara a tomar antes del embarazo. Una deficiencia de dicho ácido aumenta el riesgo de tener un hijo con un defecto congénito del cerebro o de la médula espinal, como la espina bífida. Las mujeres que han tenido un bebé con espina bífida deben comenzar a tomar altas dosis de ácido fólico antes de quedar embarazadas. La excesiva exposición a la luz ultravioleta (UV), sobre todo en las mujeres de tez clara, puede disminuir los niveles de ácido fólico. Las mujeres que han tomado anticonceptivos orales tienen más probabilidad de desarrollar deficiencia de ácido fólico, pero no hay pruebas de una mayor probabilidad de dar a luz un bebé con espina bífida.

Si la dieta es adecuada, puede que no sean necesarios otros suplementos vitamínicos, aunque la mayoría de los médicos recomiendan a las mujeres embarazadas tomar diariamente un multivitamínico prenatal con hierro y ácido fólico.

Actividad física: muchas mujeres embarazadas se preocupan por moderar sus actividades. Sin embargo, la mayoría de ellas pueden continuar las actividades y los ejercicios habituales durante todo el embarazo. Los deportes que no requieran esfuerzos extenuantes, como la natación y las caminatas enérgicas, son una buena elección. Las actividades enérgicas, como correr y la equitación, se pueden seguir realizando con cuidado. Pero los deportes de contacto deben evitarse.

Relaciones sexuales: la libido puede aumentar o disminuir durante el embarazo. El coito es seguro durante todo el embarazo a no ser que la mujer presente hemorragia vaginal, dolor, pérdida de líquido amniótico o contracciones uterinas. En estos casos, debe evitarse la penetración.

Preparación para la lactancia: las mujeres que planean amamantar a sus bebés no necesitan preparar sus pezones para ello durante el embarazo ● *(v. pág. 1763).* La extracción manual de líquido de la mama antes del parto puede producir una infección mamaria (mastitis) o incluso un parto precoz. El cuerpo prepara las areolas y el pezón para la lactancia mediante la secreción de un lubricante que protege la superficie. No se debe eliminar este lubricante. Observar y hablar con mujeres que han amamantado a sus hijos con éxito puede ser instructivo y estimulante.

CAPÍTULO 258

Embarazo de alto riesgo

No existe una definición formal o universalmente aceptada de embarazo de alto riesgo. Por lo general, un embarazo de alto riesgo implica alguno de los siguientes factores: que haya más probabilidad de que la mujer o el bebé mueran o enfermen, y que haya más probabilidad de que surjan complicaciones antes o después del parto.

Un embarazo de alto riesgo está conformado por ciertas condiciones o características denominadas factores de riesgo. Los médicos identifican estos factores y utilizan un sistema de puntuación para determinar el grado de riesgo de cada mujer en particular. La identificación de los embarazos de alto riesgo asegura que las mujeres que necesitan más atención médica la reciban.

■ Factores de riesgo previos al embarazo

Algunos factores de riesgo están presentes antes de que las mujeres se queden embarazadas. Entre estos factores de riesgo se encuentran ciertas características físicas y sociales de las mujeres, problemas ocurridos en embarazos anteriores y ciertos trastornos.

➤ Características físicas

La edad, el peso y la estatura de las mujeres afectan al riesgo durante el embarazo. Las mujeres de 15 años y más jóvenes tienen más riesgo de sufrir preeclampsia (un tipo de hipertensión arterial que se desarrolla durante el embarazo). Las jovencitas también tienen un riesgo mayor de tener bebés bajos de peso o desnutridos (pequeños para la edad gestacional). En las mujeres de 35 años y mayores se incrementa el riesgo de determinados trastornos, como hipertensión arterial, diabetes gestacional (diabetes que se desarrolla durante el embarazo) y complicaciones durante el parto.

Las mujeres que pesan menos de cincuenta kilos antes de quedarse embarazadas tienen más probabilidad de tener bebés pequeños y de bajo peso. Las mujeres obesas tienen más probabilidad de tener bebés demasiado grandes, que pueden dificultar el parto. También las mujeres obesas son más propensas a desarrollar diabetes gestacional y preeclampsia.

Las mujeres de estatura inferior a 1,50 metros tienen más probabilidades de tener una pelvis pequeña, lo cual puede dificultar el paso del feto a través de la pelvis y de la vagina (canal del parto). Por ejemplo, el hombro del feto es más probable que se encaje contra el hueso púbico. Esta complicación se denomina distocia de hombro ● *(v. pág. 1747).* Las mujeres de corta estatura también tienen más probabilidades de tener un parto pretérmino o un bebé que no crezca lo esperado.

Las anomalías estructurales en órganos reproductores aumentan el riesgo de aborto. Como ejemplos podemos citar un útero doble o un cuello uterino débil (incompetente) que tiende a dilatarse a medida que el feto aumenta de tamaño.

➤ Características sociales

Ser solteras o pertenecer a un grupo socioeconómico bajo aumenta el riesgo de problemas durante el embarazo. La razón de que estas características incrementen el riesgo no es muy clara, pero probablemente se relaciona con otros factores que son más frecuentes entre estas mujeres. Por ejemplo, es más probable que fumen, que tengan una dieta alimenticia poco saludable y que carezcan del cuidado médico apropiado.

➤ Problemas en un embarazo previo

Son más propensas a presentar problemas en el embarazo aquellas mujeres que ya los vivieron en embarazos previos. Entre tales problemas se incluye haber tenido un bebé prematuro o de bajo peso, un bebé de peso superior a cinco kilos, un bebé con defectos congénitos, un aborto, un parto demasiado tarde (postérmino, después de la semana 42 del embarazo), incompatibilidad de Rh que pudiera requerir transfusión al feto, o necesidad de cesárea. También supone una mayor probabilidad de problemas en embarazos el haber tenido un bebé que muriese al nacer.

Esas mujeres pueden tener una afección que tienda a hacer que se repita el mismo problema. Por ejemplo, las mujeres con diabetes tienen más probabilidades de tener bebés que pesen más de cinco kilos al nacer.

Aquellas que hubieran tenido un recién nacido con un trastorno genético o defecto de nacimiento tienen más probabilidad de dar a luz otro bebé con un problema similar. Las pruebas genéticas del bebé (aun cuando haya nacido muerto) y de ambos padres, pueden ser apropiadas antes de intentar otro embarazo ● *(v. pág. 1697).* Si estas mujeres se quedan embarazadas de nuevo, es posible realizar determinadas pruebas, como la ecografía, la toma de vellosidades coriónicas y la amniocentesis, para poder determinar si el feto tiene un trastorno genético o defecto de nacimiento.

El haber estado embarazada seis o más veces aumenta los riesgos de tener contracciones anticipadas y hemorragias excesivas tras el parto, así como de presentar una placenta mal colocada (placenta previa) ● *(v. pág. 1727).*

➤ Trastornos presentes antes del embarazo

Antes de quedarse embarazada, la mujer puede tener un trastorno que aumente el riesgo de problemas en el embarazo. En este caso, ha de hablar con su médico y tratar de conseguir el mejor estado físico posible antes de quedarse embarazada. Después de quedarse embarazada, es posible que requiera un cuidado especial, a menudo a cargo de un equipo interdisciplinario. El equipo puede incluir un obstetra (que puede también ser especialista en el trastorno que afecte a la mujer), un especialista en dicho trastorno y otros profesionales de la salud (por ejemplo, nutricionistas).

Enfermedad cardíaca: la mayoría de las mujeres con cardiopatías, incluidos las valvulopatías (como prolapso de la válvula mitral) y algunos defectos congénitos que afectan al corazón, pueden dar a luz sin problemas a niños saludables, sin ningún efecto permanente de esta enfermedad en las funciones del corazón o en la duración de la vida. Sin embargo, las que sufren de insuficiencia cardíaca antes del embarazo tienen un factor de riesgo considerable de presentar problemas.

El embarazo requiere un mayor trabajo por parte del corazón. Por lo tanto, el embarazo puede empeorar una enfermedad cardíaca o hacer que se presenten los primeros síntomas de una enfermedad cardíaca. Por lo general, sólo surgen problemas graves, incluida la muerte de la mujer o del feto, cuando la mujer ya sufre una afección cardíaca importante antes de quedarse embarazada. En torno a un 1 % de las mujeres con enfermedad cardíaca grave antes del embarazo mueren como resultado del embarazo, en general, por insuficiencia cardíaca.

El riesgo de problemas va aumentando en el embarazo ya que van siendo mayores las exigencias cardíacas. Las mujeres embarazadas con alguna enfermedad cardíaca pueden sentirse inusualmente cansadas y necesitar disminuir sus actividades diarias. En raras ocasiones a mujeres con cardiopatías graves se les aconseja abortar al comienzo del embarazo. El riesgo también aumenta durante las contracciones y durante el parto. Después del parto, las mujeres que sufren una enfermedad cardíaca grave pueden no considerarse fuera de peligro durante seis meses, en función del tipo de enfermedad cardíaca.

La enfermedad cardíaca en mujeres embarazadas puede afectar el feto. El feto corre el riesgo de nacer prematuramente. Las mujeres con defectos congénitos del corazón son más propensas a tener hijos con defectos similares. La ecografía puede detectar algunos de estos defectos antes del nacimiento del bebé. Si las cardiopatías graves en una mujer embarazada empeoran de repente, el feto puede morir. En el parto, a mujeres con enfermedades graves del corazón se les puede aplicar anestesia epidural que bloquea la sensibilidad en la médula espinal y evita el esfuerzo de pujar. Los esfuerzos durante el parto agotan el corazón, porque aumentan la cantidad de sangre que vuelve al corazón. Como la mujer no puede hacer ningún esfuerzo, el bebé deberá nacer con la ayuda de fórceps.

A mujeres con algunos tipos de enfermedad cardíaca se les desaconseja el embarazo, puesto que éste aumenta su riesgo de muerte. La hipertensión pulmonar primaria y el síndrome de Eisenmenger son algunos ejemplos. Si mujeres con uno de estos trastornos se quedan embarazadas, el médico les recomienda terminar el embarazo lo antes posible.

Hipertensión arterial: las mujeres con presión arterial elevada (hipertensión crónica) antes de quedar embarazadas tienen más probabilidad de presentar problemas graves durante el embarazo. Estos problemas incluyen preeclampsia (un tipo de hipertensión arterial que se desarrolla durante el embarazo) ● *(v. pág. 1723),* empeoramiento de la hipertensión arterial, fallo en el desarrollo normal del feto, desprendimiento de la placenta del útero (*apruptio placentae*) y feto muerto.

A la mayoría de mujeres con hipertensión moderada (de 140/90 a 150/100 milímetros de mercurio -mm Hg-) no se les recomienda tratamiento con antihipertensivos. Este tratamiento no parece reducir el riesgo de preeclampsia, o de desprendimiento de placenta, o de que un feto nazca muerto, como tampoco parece mejorar el crecimiento del feto. Sin embargo, a algunas mujeres se las somete a tratamiento para evitar que el embarazo ocasione episodios de presión arterial aún más alta (que pueda requerir hospitalización).

En mujeres cuya presión arterial es superior a 150/100, mm Hg sí se recomienda tratamiento con antihipertensivos ● *(v. tabla pág. 168).* El tratamiento puede reducir el riesgo de accidente cerebrovascular y otras complicaciones debidas a una presión arterial muy alta. También se recomienda el tratamiento a las mujeres con presión arterial elevada y trastorno renal, porque si no se controla la hipertensión, los riñones pueden verse afectados por lesiones más serias.

La mayoría de los antihipertensivos utilizados en el tratamiento de la hipertensión arterial pueden administrarse sin peligro durante el embarazo. Sin embargo, debe abandonarse la administración de inhibidores de la enzima convertidora de la angiotensina durante el embarazo, en especial durante los últimos dos trimestres. Estos fármacos pueden causar una grave lesión renal en el feto. Como resultado, el bebé puede morir al poco de nacer.

Durante el embarazo, las mujeres hipertensas son estrechamente supervisadas para asegurar que su presión arterial está controlada, que los riñones funcionan correctamente y que el feto se está desarrollando con normalidad. Sin embargo, el desprendimiento de placenta no puede prevenirse o anticiparse. A menudo, un bebé debe nacer antes de tiempo para evitar que muera u surjan otras complicaciones en la mujer ocasionadas por hipertensión arterial (como, por ejemplo, un accidente cerebrovascular).

Anemia: el hecho de padecer una anemia hereditaria, como la drepanocitosis, un trastorno de hemoglobina S-C y algunas talasemias aumenta el riesgo de problemas en el embarazo. Antes del parto, sistemáticamente se practican análisis de sangre para buscar la presencia de cantidad anormal de hemoglobina en mujeres con riesgo mayor de sufrir estas anomalías debido a ciertos factores, a antecedentes raciales o a historia familiar. Para detectar anomalías en la hemoglobina del feto puede realizarse una biopsia de las vellosidades coriónicas o una amniocentesis.

Las mujeres que padecen drepanocitosis, una anomalía de la hemoglobina muy frecuente en la raza negra, son especialmente propensas a desarrollar infecciones durante el embarazo. Neumonía, infecciones del tracto urinario e infecciones del útero son las más comunes. Alrededor de un tercio de las mujeres gestantes con drepanocitosis desarrolla hipertensión en el embarazo. Un repentino e intenso episodio de dolor, denominado crisis drepanocítica, puede presentarse en el embarazo igual que en cualquier otro momento. Las posibles insuficiencia cardíaca u obstrucción de arterias de los pulmones por coágulos de sangre (embolia pulmonar) pueden ser mortales. La hemorragia durante el trabajo de parto o después del parto puede ser más intensa. El feto puede crecer con lentitud o no tanto como se esperaba. El feto incluso puede morir. Cuanto más grave haya sido la drepanocitosis antes del embarazo, mayor será el riesgo de problemas de salud en embarazadas y mayor el riesgo de muerte del feto durante el embarazo. Si las mujeres con drepanocitosis reciben periódicamente transfusiones de sangre, se reducen las probabilidades de que se produzca una crisis drepanocítica, pero estas mujeres son más propensas a rechazar dicha sangre. Este rechazo, denominado aloinmunización, puede causar la muerte. Las transfusiones a estas embarazadas además no reducen los riesgos para el feto.

Trastornos renales: las mujeres que sufren enfermedad renal grave antes del embarazo son más propensas a tener problemas en el embarazo. La función renal puede empeorar rápidamente durante el embarazo. La hipertensión arterial, que con frecuencia acompaña a un trastorno renal, también puede empeorar y presentarse una preeclampsia (un tipo de hipertensión arterial que se desarrolla durante el embarazo). Es probable que el feto no alcance el crecimiento esperado o que nazca muerto. En las mujeres embarazadas con trastorno renal, la función renal y la presión arterial se controlan de cerca, al igual que con el crecimiento del feto. A menudo, el bebé debe nacer antes de tiempo.

Las mujeres a las que se les ha realizado un trasplante renal con éxito durante dos años o más pueden, por lo general, dar a luz sin peligro a niños sanos si sus riñones funcionan normalmente, si no han tenido episodios de rechazo y si su presión arterial es normal. Muchas mujeres con trastorno renal y que se someten a intervalos regulares a hemodiálisis también pueden dar a luz a bebés saludables.

Trastornos convulsivos: para la mayoría de las mujeres que toman anticonvulsivantes para tratar un trastorno epiléptico, la frecuencia de las convulsiones no cambia durante el embarazo. Sin embargo, a veces debe aumentarse la dosis del anticonvulsivante.

Tomar anticonvulsivantes aumenta el riesgo de defectos congénitos ● *(v. tabla pág. 1732)*. La mujer que toma anticonvulsivantes debe comentar el riesgo de defectos congénitos con un experto, preferiblemente antes de quedar embarazada. Algunas mujeres pueden dejar los anticonvulsivantes durante el embarazo sin que ello suponga ningún peligro, pero la mayoría deben continuar tomándolos. Los riesgos resultantes de no tomar anticonvulsivantes (lo que tiene como consecuencia una mayor frecuencia de convulsiones que pueden dañar al feto y a la mujer), por lo general, sobrepasan los riesgos de tomarlos durante el embarazo.

Enfermedades de transmisión sexual: las mujeres con una enfermedad de transmisión sexual pueden presentar problemas durante el embarazo. Por ejemplo, la infección por clamidia puede producir un adelanto del parto y la ruptura prematura de las membranas que contienen el feto. También puede causar conjuntivitis en los recién nacidos, como lo hace la gonorrea. La sífilis en mujeres embarazadas puede ser transmitida al feto por la placenta. La sífilis puede causar varias anomalías congénitas.

Alrededor de una cuarta parte de las mujeres embarazadas que no han recibido tratamiento contra la infección por virus de inmunodeficiencia humana (VIH), que produce el sida, lo transmiten a su bebé ● *(v. pág. 1864)*. Los expertos les recomiendan a las mujeres con infección por VIH que tomen fármacos antirretrovirales durante el embarazo. Cuando las mujeres embarazadas toman este tipo de fármacos, el riesgo de que transmitan el VIH a su bebé se reduce a menos del 2 %. Para algunas mujeres con infección por VIH, el parto por cesárea planeado con anticipación puede suponer una reducción aún mayor del riesgo de transmitir el VIH al bebé. El embarazo no parece acelerar el avance de la infección por VIH en la madre.

El herpes genital puede ser transmitido al recién nacido durante un parto vaginal. Un bebé infectado con herpes puede desarrollar una infección cerebral que puede llegar a ser mortal, la denominada encefalitis herpética. Si el herpes produce úlceras en la zona genital al final del embarazo, por lo general se aconseja a estas mujeres cesárea, para evitar que el virus sea transmitido al recién nacido. Si no se encuentra ninguna úlcera, el riesgo de transmisión es muy bajo.

Diabetes: en mujeres que han sufrido de diabetes antes de quedar embarazadas, los riesgos de tener complicaciones en el embarazo dependen de la duración de la diabetes y de si existen algunas complicaciones, tales como hipertensión arterial o lesiones renales. En algunas mujeres, la diabetes se desarrolla durante el embarazo; este trastorno se denomina diabetes gestacional ● *(v. pág. 1724).*

El riesgo de complicaciones durante el embarazo puede reducirse mediante el control del nivel de azúcar (glucosa) en sangre. La concentración debe mantenerse lo más normal posible durante todo el embarazo. Las medidas para controlar el nivel de azúcar en sangre (tales como dieta, ejercicio e insulina) deben comenzarse antes del embarazo ● *(v. pág. 1155).* A la mayoría de estas mujeres se les pide que midan su nivel de azúcar en sangre varias veces al día en casa. Controlar la diabetes es de gran importancia al final del embarazo. En ese momento, el nivel de azúcar en la sangre tiende a aumentar porque el organismo responde con menor intensidad al efecto de la insulina. Puede ser necesario administrar una dosis más elevada de insulina.

Si la diabetes no se controla bien al principio del embarazo, los riesgos de aborto temprano y de defectos congénitos significativos aumentan. Si la diabetes no se controla bien en un período más avanzado del embarazo, el feto es grande y el riesgo de que nazca muerto es mayor. Un feto grande tiene menos probabilidad de pasar con facilidad por la vagina y es más probable que sufra lesiones durante el parto vaginal. Por lo tanto, suele tener que recurrirse al parto por cesárea. El riesgo de preeclampsia (un tipo de hipertensión arterial que se presenta durante el embarazo) también aumenta en las mujeres diabéticas.

Los pulmones del feto tienen a madurar lentamente. Si se está considerando la posibilidad de un parto prematuro (por ejemplo, porque el feto es grande), el médico puede extraer y analizar una muestra del líquido que rodea al feto (líquido amniótico). Este procedimiento, denominado amniocentesis, ayuda a determinar si los pulmones del feto están suficientemente desarrollados para que el recién nacido pueda respirar aire.

Los recién nacidos de mujeres con diabetes presentan un riesgo de tener bajos niveles de azúcar y de calcio y altas concentraciones de bilirrubina en la sangre. Los miembros del personal del hospital miden los niveles de estas sustancias y observan a los recién nacidos para detectar estas anomalías.

En mujeres con diabetes, la necesidad de insulina se reduce de manera significativa inmediatamente después del parto, pero suele volver a lo que era antes del embarazo al cabo de aproximadamente una semana.

Trastornos del hígado y de la vesícula biliar: las mujeres que sufren de hepatitis vírica crónica o cirrosis (cicatrices en el hígado) son más propensas a abortos o a parto prematuros. La cirrosis puede causar la aparición de várices alrededor del esófago (várices esofágicas). El embarazo aumenta ligeramente el riesgo de hemorragia copiosa desde estas venas, sobre todo durante los últimos tres meses de embarazo.

Las mujeres embarazadas con cálculos biliares deben controlarse cuidadosamente. Si un cálculo obstruye la vesícula biliar o causa una infección, la cirugía es el tratamiento más adecuado. Esta intervención quirúrgica suele ser segura para las mujeres embarazadas y para el feto.

Asma: aproximadamente en la mitad de las mujeres con asma que quedan embarazadas, la frecuencia o la gravedad de las crisis de asma no cambia durante el embarazo. Alrededor de una cuarta parte mejora y alrededor de una cuarta parte empeora. Si estas mujeres con asma grave reciben tratamiento a base de prednisona, se incrementa el riesgo de que el feto no crezca normalmente o de que nazca prematuramente.

Como el asma puede cambiar durante el embarazo, los médicos pueden pedir a las mujeres asmáticas que utilicen un medidor de flujo máximo para controlar su respiración con mayor frecuencia. Las mujeres embarazadas que sufren de asma deben visitar a su médico a menudo para que el tratamiento pueda ajustarse a sus necesidades. Es de suma importancia mantener un control estricto de esta enfermedad. Un tratamiento insuficiente puede ocasionar graves problemas. Los broncodilatadores a base de cromolina, (como el albuterol) y los corticosteroides (como la beclometasona) se pueden usar durante el embarazo. El método de inhalación es la mejor manera de tomar estos fármacos. Cuando se inhalan, los fármacos llegan a los pulmones, pero afectan menos al resto del organismo y al feto. La aminofilina (tomada por vía oral o administrada de forma intravenosa) y la teofilina (por vía oral) se utilizan en algunas ocasiones durante el embarazo. Los corticosteroides se administran por vía oral sólo cuando los demás tratamientos son ineficaces. La vacuna contra el virus de la influenza durante el período de gripe es en particular importante en las mujeres asmáticas embarazadas.

Trastornos autoinmunes: los anticuerpos anormales producidos por trastornos autoinmunes pueden atravesar la placenta y causar problemas al feto. El embarazo afecta distintos trastornos autoinmunes de forma diferente.

El **lupus eritematoso sistémico (lupus)** puede aparecer por primera vez, empeorar o volverse menos grave durante el embarazo. No se puede predecir de qué forma el embarazo afectará el curso del lupus, pero el momento más probable para que aparezcan los síntomas será inmediatamente después del parto.

Las mujeres que desarrollan lupus suelen tener una historia de abortos recurrentes, fetos que no se desarrollan normalmente y parto prematuro. Si las mujeres tienen complicaciones debido a lupus (como, por ejemplo, una lesión renal o hipertensión arterial), el riesgo de muerte para el feto o un recién nacido es mayor.

En las embarazadas, los anticuerpos del lupus pueden atravesar la placenta y llegar hasta el feto. Como resultado, el feto puede tener una frecuencia cardíaca muy lenta, anemia, una disminución del número de plaquetas o del recuento de glóbulos blancos. Sin embargo, estos anticuerpos desaparecen de forma gradual varias semanas después del parto y se resuelven los problemas que causaron, con excepción de la lentitud de la frecuencia cardíaca.

En la **enfermedad de Graves**, los anticuerpos estimulan la glándula tiroides para que produzcan una cantidad excesiva de hormona tiroidea. Estos anticuerpos pueden atravesar la placenta y estimular la glándula tiroides en el feto. Como resultado de ello, el feto puede tener una frecuencia cardíaca acelerada y un crecimiento menor de lo esperado. La glándula tiroides del feto puede aumentar de tamaño y, en consecuencia, desarrollarse un trastorno denominado bocio. En muy raros casos, el bocio puede ser tan grande que afecta al parto vaginal.

Por lo general, las mujeres con la enfermedad de Graves toman la menor dosis posible de propiltiouracilo, fármaco que disminuye la actividad de la glándula tiroides. A menudo, se deben realizar exploraciones físicas y mediciones de los niveles de la hormona tiroidea porque el propiltiouracilo atraviesa la placenta y puede hacer que el feto no produzca suficiente hormona tiroidea. Por lo general, la enfermedad de Graves mejora durante los tres últimos meses de embarazo, por lo que la dosis de propiltiouracilo puede reducirse o incluso suspenderse. Si es necesario, se puede extirpar la glándula tiroides de las mujeres embarazadas durante el segundo trimestre. Estas mujeres deben empezar a tomar hormona tiroidea 24 horas después de la intervención quirúrgica. Esta hormona no causa problemas al feto.

La **miastenia gravis**, trastorno que causa debilidad muscular, no suele ocasionar complicaciones serias o permanentes durante el embarazo. Sin embargo, en raras ocasiones, durante el trabajo de parto, las mujeres que padecen este trastorno pueden necesitar ayuda para respirar (ventilación asistida). Los anticuerpos que causan este trastorno pueden atravesar la placenta. Así, alrededor de 1 de cada 5 bebés nacidos de mujeres con miastenia gravis hereda dicho trastorno. Sin embargo, la debilidad muscular que presenta el bebé es, por lo general, temporal, porque los anticuerpos de la madre desaparecen gradualmente y el bebé no produce anticuerpos de este tipo.

La **púrpura trombocitopénica idiopática** puede causar trastornos hemorrágicos en las mujeres embarazadas y en sus bebés. Si no se trata durante el embarazo, la enfermedad tiende a ser más grave. Los corticosteroides, habitualmente la prednisona administrada por vía oral, pueden aumentar el recuento de plaquetas y mejorar la coagulación de la sangre en las mujeres embarazadas que padecen este trastorno. Sin embargo, la prednisona aumenta el riesgo de que el feto no crezca lo esperado o de que nazca prematuramente. Pueden aplicarse dosis elevadas de gammaglobulina por vía intravenosa poco tiempo antes del parto. Este tratamiento aumenta temporalmente el recuento de plaquetas y mejora la coagulación sanguínea. Como resultado, el parto se desarrolla de manera segura y las mujeres pueden tener su bebé por vía vaginal sin que se presente una hemorragia incontrolable. A estas embarazadas se les administran transfusiones de plaquetas cuando el parto por cesárea lo requiere o cuando su recuento es tan bajo que existe peligro de hemorragia grave. En muy raros casos, cuando el recuento de plaquetas permanece peligrosamente bajo pese al tratamiento, se extirpa el bazo, que es donde quedan atrapadas normalmente las plaquetas y los glóbulos rojos viejos. El mejor momento para esta intervención quirúrgica es durante el segundo trimestre.

Los anticuerpos que causan el trastorno pueden atravesar la placenta hasta el feto ocasionando, en pocos casos, la disminución del recuento de plaquetas antes e inmediatamente después del parto. En este caso, el bebé puede sufrir hemorragias durante el parto que den lugar a lesiones o a la muerte, en particular si la hemorragia se produce en el cerebro. Los anticuerpos desaparecen al cabo de varias semanas, y la sangre del recién nacido vuelve a coagular normalmente.

La **artritis reumatoide** no afecta al feto, pero el parto puede ser difícil en las mujeres que la padecen si este trastorno ha lesionado las articulaciones de su cadera o de su columna vertebral inferior (zona lumbar). Los síntomas de la artritis reumatoide pueden disminuir durante el embarazo, pero reaparecen habitualmente a su mismo nivel, después de éste.

Fibromas: la presencia de fibromas en el útero ● *(v. pág. 1631)*, que son tumores benignos relativamente frecuentes, pueden aumentar el riesgo de un parto prematuro, una presentación anormal del feto, una placenta desplazada (placenta previa) y abortos repetidos. En raras ocasiones, los fibromas afectan al paso del feto por la vagina durante el trabajo de parto.

Cáncer: como el cáncer tiende a ser mortal y los retrasos en el tratamiento pueden reducir la probabilidad de su eficacia, el cáncer se suele tratar del mismo modo en las mujeres embarazadas que en las que no lo están. Algunos de los tratamientos habituales (cirugía, quimioterápicos y radioterapia) pueden lesionar al feto. Por esto, algunas mujeres pueden considerar la posibilidad de abortar. Sin embargo, los tratamientos a veces pueden regularse de tal forma que el riesgo para el feto se reduzca.

■ Factores de riesgo que se desarrollan durante el embarazo

Durante el embarazo puede surgir un problema o sobrevenir una enfermedad que convierta el embarazo en un proceso de alto riesgo. Por ejemplo, las mujeres embarazadas pueden estar expuestas a algo que produzca defectos congénitos (teratógenos), como la radioterapia, ciertas sustancias químicas, fármacos o infecciones. O puede desarrollarse un trastorno. Determinados trastornos guardan alguna relación con el embarazo o son complicaciones del mismo.

➤ Fármacos y drogas

Algunos fármacos que se toman en el embarazo causan defectos congénitos ● *(v. pág. 1729)*. Como ejemplos podemos citar alcohol, isotretinoína (utilizada para tratar el acné grave), algunos

Prohibiciones

Prohibido el tabaco

Prohibido el alcohol

Prohibidas las drogas

Precaución con los fármacos

anticonvulsivantes, litio, ciertos antibióticos (como estreptomicina, kanamicina y tetraciclinas), talidomida, warfarina e inhibidores de la enzima convertidora de la angiotensina (tomados durante los dos últimos trimestres). La administración de fármacos que bloquean las acciones del ácido fólico (como el inmunosupresor metotrexato o el antibiótico trimetoprim) también pueden causar defectos congénitos (una deficiencia de ácido fólico aumenta el riesgo de tener un hijo con un defecto congénito). El consumo de cocaína puede causar defectos congénitos, desprendimiento prematuro de la placenta (*apruptio placentae*) y nacimiento prematuro. Fumar cigarrillos aumenta el riesgo de tener un hijo con bajo peso al nacer. Al comienzo del embarazo, el médico les pregunta a las mujeres si están tomando alguna de estas sustancias. El uso de alcohol, cocaína y cigarrillos es particularmente preocupante.

➤ Trastornos que se desarrollan durante el embarazo

Durante el embarazo, algunas mujeres pueden desarrollar trastornos que no están directamente relacionados con el mismo. Algunos trastornos aumentan el riesgo de problemas para la mujer embarazada o el feto. Estos incluyen los trastornos que causan fiebre, infecciones y los que requieren cirugía abdominal. Ciertos trastornos, como la enfermedad tromboembólica, la anemia y las infecciones de las vías urinarias, son más probables durante el embarazo debido a los frecuentes cambios experimentados por la mujer en este período.

Fiebre: cualquier trastorno que cause temperatura superior a 39,5 °C durante el primer trimestre aumentará el riesgo de aborto, así como el riesgo de defectos en el cerebro o en la médula espinal del feto. La fiebre al final del embarazo aumenta la posibilidad de un parto prematuro.

Infecciones: algunas infecciones que se producen de forma casual durante un embarazo pueden causar defectos congénitos. La rubéola puede causar defectos congénitos, sobre todo del corazón y del oído interno. La infección por *Cytomegalovirus* puede atravesar la placenta y afectar el hígado y el cerebro del feto. Otras infecciones víricas que pueden causar lesiones o defectos congénitos al feto son el herpes simple y la varicela. La toxoplasmosis, que es una infección protozoaria, puede causar el aborto, la muerte del feto y graves defectos congénitos. La listeriosis, una infección bacteriana, puede también lesionar el feto. Las infecciones bacterianas de la vagina (como la vaginosis bacteriana) durante el embarazo pueden causar un parto antes de término o la ruptura prematura de las membranas que contienen el feto. El tratamiento de las infecciones con antibióticos puede reducir la probabilidad de estos problemas.

Trastornos que requieren cirugía: durante el embarazo puede desarrollarse un trastorno que exija una cirugía abdominal de urgencia. Este tipo de cirugía aumenta el riesgo de un parto prematuro y puede causar un aborto, en especial al comienzo del embarazo. De este modo, la cirugía se aplaza generalmente tanto como sea posible a menos que la salud de la mujer pueda verse afectada.

Si se desarrolla una apendicitis, se practica una intervención quirúrgica para extirpar el apéndice (apendicectomía) de forma inmediata, ya que la ruptura del apéndice durante el embarazo puede ser mortal. No es probable que una apendicectomía cause lesiones al feto o que provoque un aborto. Sin embargo, la apendicitis puede ser muy difícil de reconocer durante el embarazo. Los cólicos producidos por la apendicitis se asemejan a las contracciones uterinas, que son frecuentes durante el embarazo. El apéndice es empujado hacia la parte superior del abdomen a medida que el embarazo progresa, así que la localización del dolor ocasionado por la apendicitis puede no ser la que se espera.

Si un quiste ovárico persiste durante el embarazo, la cirugía suele posponerse hasta después de la décima segunda semana de gestación. El quiste puede estar secretando hormonas que ayudan a mantener el embarazo y a menudo desaparece sin tratamiento. Sin embargo, si un quiste u otra masa se agranda, puede ser necesaria la cirugía antes de la décima segunda semana. Esta masa puede ser cancerosa.

La obstrucción del intestino durante el embarazo puede ser muy peligrosa. Si la obstrucción conduce a gangrena intestinal y peritonitis (inflamación de la membrana que reviste la cavidad abdominal), una mujer puede sufrir un aborto y su vida corre peligro. Por lo general, cuando una mujer gestante presenta síntomas de obstrucción intestinal, se suele realizar rápidamente una exploración quirúrgica, sobre todo si tiene antecedentes de cirugía abdominal o de infección abdominal.

Enfermedad tromboembólica: La enfermedad tromboembólica es una de las causas principales de muerte en las mujeres embarazadas. En la enfermedad tromboembólica, se forman coágulos de sangre en los vasos sanguíneos. Pueden viajar por el torrente sanguíneo y obstruir una arteria. El riesgo de desarrollar la enfermedad tromboembólica es mayor entre las 6 y 8 semanas después del parto. La mayoría de las complicaciones debidas a coágulos sanguíneos son el resultado de lesiones que se producen durante el parto. El riesgo es mucho más importante después de una cesárea que después de un parto vaginal.

Los coágulos de sangre, por lo general, se forman en las venas superficiales de las piernas, como una tromboflebitis, o en las profundas, como una trombosis de venas profundas. Los síntomas incluyen hinchazón, dolor en las pantorrillas y sensibilidad al tacto. La intensidad de los síntomas no tiene correlación con la gravedad de la enfermedad. Un coágulo puede trasladarse desde las piernas hasta los pulmones, donde puede obstruir una o más arterias de estos órganos. Esta obstrucción, denominada embolia pulmonar, puede poner la vida en peligro. Si un coágulo obstruye una arteria que irriga el cerebro, puede sobrevenir un accidente cerebrovascular. Los coágulos de sangre también pueden desarrollarse en la pelvis.

A las mujeres que han tenido un coágulo sanguíneo durante un embarazo previo se les puede administrar heparina (un anticoagulante) durante los embarazos siguientes para evitar que este trastorno se repita. Si las mujeres tienen síntomas que sugieren la existencia de un coágulo sanguíneo, puede realizarse una ecografía Doppler para comprobar su presencia. Si se detecta un coágulo, la heparina debe iniciarse sin demora. La heparina puede administrarse de forma intravenosa o subcutáneamente. La heparina no atraviesa la placenta y no puede causar lesión alguna al feto. Debe continuarse el tratamiento por espacio de 6 a 8 semanas después del parto, cuando aumenta el riesgo de coágulos sanguíneos. Después del parto, puede utilizarse la warfarina en vez de la heparina. La warfarina puede tomarse por vía oral, tiene menor riesgo que la heparina de presentar complicaciones y puede administrarse a mujeres en período de lactancia.

Cuando se sospecha la existencia de embolia pulmonar, debe realizarse una gammagrafía de perfusión y ventilación ● *(v. pág. 346)* para confirmar el diagnóstico. Este procedimiento implica inyectar una mínima cantidad de una sustancia radiactiva en una vena. El procedimiento es seguro durante el embarazo porque la dosis de la sustancia radiactiva es muy pequeña. Si el diagnóstico de embolia pulmonar aún no se confirma, se puede realizar una angiografía pulmonar.

Anemia: la mayoría de las mujeres desarrollan algún grado de anemia debido a una deficiencia de hierro. La necesidad de hierro se duplica durante el embarazo, porque éste es necesario para crear los glóbulos rojos del feto. La anemia también puede presentarse durante el embarazo debido a una deficiencia de ácido fólico. Este trastorno puede habitualmente evitarse o tratarse mediante la toma de suplementos de hierro y ácido fólico durante el embarazo. Sin embargo, si la anemia persiste y se agrava, se reduce la capacidad de la sangre para transportar oxígeno. Como resultado, es posible que el feto no reciba suficiente oxígeno, necesario para el crecimiento y el desarrollo normales, en especial del cerebro. Las mujeres embarazadas que padecen de una anemia grave llegan a sentirse excesivamente cansadas, faltas de respiración y mareadas. Aumenta el riesgo de un parto prematuro. Una cantidad normal de sangrado durante las contracciones y el parto puede ocasionar un peligroso empeoramiento de la anemia en estas mujeres. Las mujeres anémicas son más propensas a desarrollar infecciones después del parto. De igual modo, cuando el ácido fólico es deficiente, el riesgo de tener un hijo con un defecto congénito del cerebro o de la médula espinal, como la espina bífida, es mayor.

Infecciones de las vías urinarias: las infecciones de las vías urinarias son frecuentes durante el embarazo, probablemente porque el crecimiento uterino comprime los tubos que conectan los riñones a la vejiga (uréteres) y se hace lento el flujo de orina. A consecuencia de esta demora, es probable que las bacterias no sean arrastradas hacia afuera de las vías urinarias y las probabilidades de infección aumentan. Estas infecciones aumentan el riesgo de un parto a pretérmino y de una ruptura prematura de las membranas que rodean al feto. En algunas ocasiones, una infección en la vejiga o en los uréteres se propaga en forma ascendente y llega al riñón, donde causa una infección ● *(v. pág. 1753)*. El tratamiento consiste en la administración de antibióticos.

➤ Complicaciones del embarazo

Las complicaciones del embarazo pueden afectar a la mujer, al feto o a ambos y presentarse varias veces durante el embarazo. Por ejemplo, complicaciones como una placenta desplazada (placenta previa) o su desprendimiento prematuro del útero (*apruptio placentae*) pueden causar hemorragia en la vagina durante los últimos tres meses de embarazo. Las mujeres que sangran en ese momento tienen el riesgo de perder el bebé o de sangrar excesivamente o de morir durante el parto y el alumbramiento. Sin embargo, la mayor parte de las complicaciones del embarazo se pueden tratar con buenos resultados.

Algunos problemas que se derivan de las alteraciones hormonales durante el embarazo causan síntomas transitorios de poca importancia en las mujeres embarazadas. Por ejemplo, los efectos hormonales del embarazo pueden retrasar el movimiento de la bilis por los conductos biliares. Puede resultar una colestasis del embarazo. El síntoma más obvio de este trastorno es la picazón en todo el cuerpo (por lo general durante los últimos meses del embarazo). No aparece erupción. Si la picazón es intensa, puede administrarse colestiramina. El trastorno suele solucionarse después del parto, pero tiende a reaparecer durante los embarazos siguientes.

Hiperémesis gravídica: la hiperémesis gravídica se caracteriza por la aparición de náuseas muy intensas y vómito excesivo durante el embarazo. Este trastorno se diferencia de las nauseas matutinas ordinarias. Si las mujeres vomitan a menudo y tienen náuseas hasta el punto de perder peso y llegar a deshidratarse, están sufriendo de hiperémesis gravídica. Si las mujeres vomitan ocasionalmente, pero ganan peso y no se deshidratan, no están padeciendo este trastorno. No se conoce la causa del trastorno.

Como la hiperémesis gravídica es un riesgo vital tanto para las mujeres embarazadas como para el feto, las mujeres con este trastorno deben ser hospitalizadas para administrarles, por vía intravenosa, líquidos, azúcar (glucosa), electrolitos y, en ocasiones, vitaminas. A las mujeres que tienen esta complicación no se les permite comer ni beber nada durante al menos 24 horas. Se administran sedantes, antieméticos y otros fármacos según las necesidades. Después de que las mujeres han sido debidamente rehidratadas y que los vómitos han dejado de producirse, pueden comenzar a comer pequeñas y frecuentes porciones de alimentos blandos. Se aumenta la cantidad de las porciones si pueden tolerar cantidades más grandes de alimento. En general, los vómitos desaparecen al cabo de pocos días. Si los síntomas recurren, se repite el tratamiento. En raras ocasiones, si la pérdida de peso continúa y los síntomas persisten a pesar del tratamiento, se les proporciona alimento, durante el tiempo que sea necesario, por medio de una sonda que se introduce por la nariz, pasa por la garganta y llega hasta el intestino delgado.

Preeclampsia: alrededor del 5% de las mujeres embarazadas desarrollan preeclampsia (toxemia de embarazo). En esta complicación, el aumento de la presión arterial se acompaña de la pérdida de proteínas por la orina (proteinuria). La preeclampsia aparece habitualmente entre la semana 20 de embarazo y el final de la primera semana después del parto. Se desconoce la causa de la preeclampsia. Pero es más frecuente entre las mujeres embarazadas primigestas, las que están gestando uno o más fetos, las que han tenido preeclampsia en un embarazo anterior, las que ya tienen una presión arterial elevada o sufren un trastorno en los vasos sanguíneos y las que padecen drepanocitosis. También es más frecuente entre mujeres de 15 años de edad o menos y entre las mujeres de 35 años y más.

En algunas mujeres se desarrolla una grave variante de la preeclampsia, denominada síndrome HELLP, que consiste en lo siguiente:

- *h*emólisis (ruptura de los glóbulos rojos).
- *e*levados niveles de enzimas hepáticas indicando una lesión del hígado.

- bajo (*low*) nivel de *p*laquetas, que hace que la sangre disminuya su capacidad de coagulación y aumente, así, el riesgo de hemorragia durante y después del parto.

En 1 de cada 200 mujeres que tienen preeclampsia, la presión arterial aumenta hasta el punto de causar convulsiones. Este trastorno se denomina **eclampsia**. Una cuarta parte de los casos de eclampsia se producen después del parto, en general en los primeros 2 o 4 días. Si no se trata rápidamente, la eclampsia puede ser mortal.

La preeclampsia puede tener como resultado el desprendimiento prematuro de la placenta del útero (*apruptio placentae*). Los recién nacidos de mujeres preeclámpsicas tienen de 4 a 5 veces más probabilidades de tener problemas poco después del parto que los de mujeres que no presentan esta complicación. Estos recién nacidos pueden ser pequeños porque la placenta funciona mal o porque nacen prematuros.

Si se desarrolla una preeclampsia leve en una fase inicial del embarazo, puede ser suficiente guardar reposo en cama, pero se aconseja a estas mujeres que visiten a su médico con frecuencia. Si la preeclampsia empeora, por lo general, las mujeres son hospitalizadas. Allí se las mantiene en cama y se las controla de cerca hasta que el feto esté lo suficientemente maduro para un nacimiento sin peligro. Es posible que deban usarse antihipertensivos ● *(v. tabla pág. 1732)*. Pocas horas antes del parto puede administrarse sulfato de magnesio por vía intravenosa para reducir el riesgo de crisis convulsivas. Si la preeclampsia se desarrolla cerca de la fecha estimada del parto, éste suele inducirse para que nazca el bebé.

Si la preeclampsia es grave, el bebé puede nacer por cesárea, que es la manera más rápida, a menos que el cuello uterino esté dilatado lo suficiente para permitir un nacimiento rápido por la vagina. Un parto rápido reduce el riesgo de complicaciones para las mujeres y para el feto. Si la presión arterial es elevada, se pueden administrar fármacos para disminuirla, como la hidralacina o el labetalol, por vía intravenosa antes de intentar el parto. El tratamiento del síndrome HELLP suele ser el mismo que el de la preeclampsia grave.

Después del parto, las mujeres que han tenido una preeclampsia o eclampsia son cuidadosamente controladas durante 2 o 4 días dado que estas personas corren un mayor riesgo de tener crisis convulsivas. A medida que su enfermedad mejora gradualmente, se las estimula a caminar. Pueden permanecer en el hospital por unos días, dependiendo de la gravedad de la preeclampsia y sus complicaciones. Incluso tras haber sido dadas de alta, es posible que estas mujeres tengan que tomar medicamentos para reducir la presión arterial. Normalmente, tienen una revisión médica al menos cada dos semanas durante los primeros meses después del parto. Su presión arterial todavía puede permanecer elevada durante 6 u 8 semanas. Si permanece alta por más tiempo, puede que la causa no tenga relación alguna con la preeclampsia.

Diabetes gestacional: entre un 1 y un 3 % de las mujeres embarazadas desarrollan diabetes durante el embarazo. Este trastorno se denomina diabetes gestacional. Si no se diagnostica o se trata, la diabetes gestacional puede aumentar el riesgo de desarrollar problemas de salud en las mujeres gestantes y en el feto, así como el riesgo de muerte de éste. La diabetes estacional es más frecuente entre mujeres obesas y entre ciertos grupos étnicos, especialmente indias americanas, habitantes de las islas del Pacífico y mujeres de ascendencia mexicana, india y asiática.

La mayoría de las mujeres con diabetes gestacional la contraen porque no pueden producir suficiente insulina ya que su necesidad aumenta con el embarazo. Se necesita mayor cantidad de insulina para controlar el aumento de la concentración de azúcar (glucosa) en la sangre. Algunas mujeres pueden haber tenido diabetes antes de quedar embarazadas, pero no se les diagnosticó hasta que iniciaron su período de gestación.

Algunos médicos realizan análisis de rutina para detectar diabetes gestacional. Otros los realizan sólo a las mujeres con factores de riesgo de diabetes, como obesidad y determinados antecedentes étnicos. Se utiliza un análisis de sangre para medir la concentración de azúcar. A las mujeres con diabetes gestacional se les suele enseñar a medir sus niveles de azúcar en la sangre mediante un dispositivo casero.

El tratamiento consiste en la eliminación de alimentos ricos en azúcar de la dieta, comer para evitar el aumento excesivo de peso durante el embarazo, y aplicarse insulina si se detecta un nivel alto de azúcar en la sangre. Después del parto, la diabetes gestacional suele desaparecer. Sin embargo, con la edad, muchas mujeres afectadas de diabetes gestacional suelen desarrollar diabetes de tipo 2.

Incompatibilidad de Rh: los problemas de incompatibilidad de Rh aparecen cuando la madre es Rh-negativo y el feto tiene sangre Rh-positiva heredada de un padre Rh-positivo.

El factor Rh es una molécula que se produce en la superficie de los glóbulos rojos de algunas personas. La sangre es Rh-positiva si los hematíes tienen el factor Rh, y Rh-negativa si no lo tienen. Los problemas pueden producirse si la sangre del feto es Rh-positiva y penetra en la sangre de la madre. El sistema inmunológico de la madre puede reconocer los glóbulos rojos del feto como extraños y producir anticuerpos, denominados anticuerpos Rh, para destruir los glóbulos rojos del feto. La producción de estos anticuerpos se denomina sensibilización al Rh.

Durante un primer embarazo, la sensibilización al Rh es improbable, dado que no es probable que una cantidad significativa de la sangre del feto entre en el caudal sanguíneo de la madre hasta el parto. De esta manera, el feto o el recién nacido muy rara vez tienen problemas. Sin embargo, cuando la mujer se sensibiliza, los problemas son más probables con cada embarazo posterior en el que la sangre del feto sea Rh positiva. En cada embarazo, la mujer produce anticuerpos Rh con más antelación y en mayor cantidad.

Si los anticuerpos Rh atraviesan la placenta hasta el feto, pueden destruir parte de sus glóbulos rojos. Si los glóbulos rojos se destruyen más deprisa de lo que el feto puede producir los nuevos, el feto puede sufrir anemia. Esta destrucción es la enfermedad hemolítica del feto (eritroblastosis fetal) o del recién nacido (eritroblastosis neonatal) ● *(v. recuadro pág. 1786).* En casos graves, el feto puede morir.

En su primera visita al médico durante un embarazo, se somete a las mujeres a una revisión para determinar si tienen sangre Rh-positiva o Rh-negativa. Cuando tienen sangre Rh-negativa, se verifica si existen anticuerpos Rh y se determina el tipo de sangre del padre. Si tiene sangre Rh-positiva, la sensibilización Rh es un riesgo. En estos casos, periódicamente se revisa la sangre de las mujeres embarazadas en busca de anticuerpos Rh durante el embarazo. El embarazo puede proseguir normalmente siempre y cuando no se detecten anticuerpos.

Si se detectan los anticuerpos, deben darse los pasos necesarios para proteger el feto, dependiendo de la concentración del anticuerpo. Si la concentración aumenta demasiado, puede realizarse una amniocentesis. Esta prueba consiste en insertar una aguja a través de la piel para obtener una muestra de líquido del saco amniótico. Se mide el nivel de bilirrubina (pigmento amarillo derivado de la destrucción normal de glóbulos rojos) de la muestra del líquido. Si esta concen-

Problemas con la placenta

Normalmente, la placenta se encuentra en la parte superior del útero y se mantiene adherida firmemente a la pared uterina hasta después del parto. En el desprendimiento de la placenta *(abruptio placentae)*, ésta se desprende de la pared uterina de forma prematura y provoca una hemorragia uterina que reduce el suministro de sangre y de nutrientes al feto. Una mujer que presenta este trastorno debe ser hospitalizada, y el bebé puede nacer prematuramente. En la placenta previa, la placenta se localiza sobre o cerca del cuello uterino, en la parte inferior del útero. Puede causar una hemorragia indolora que comienza bruscamente al final del embarazo. La hemorragia puede llegar a ser bastante intensa. El parto suele ser por cesárea.

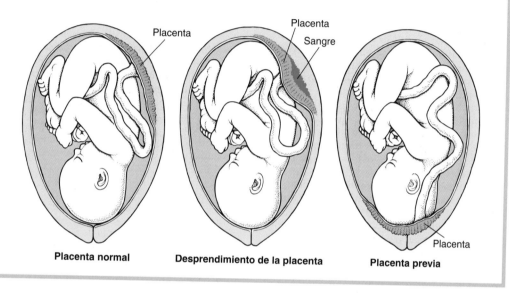

Placenta — **Placenta normal**

Placenta / **Sangre** — **Desprendimiento de la placenta**

Placenta — **Placenta previa**

tración es demasiado alta, se administra una transfusión de sangre al feto por vía intrauterina. Por lo general, se administran transfusiones hasta que el feto esté lo suficientemente maduro para que pueda realizarse un parto seguro. Entonces se induce el parto. El bebé puede necesitar transfusiones después del nacimiento. Algunas veces no se necesitan transfusiones, sino hasta después del parto.

A modo de precaución, a todas las mujeres que tienen sangre Rh-negativa se les aplica una inyección de anticuerpos Rh a las 28 semanas de embarazo y dentro de las 72 horas después del parto de un bebé que tiene sangre Rh-positiva, incluso después de un aborto, ya sea espontáneo o inducido. Los anticuerpos administrados se denominan globulina inmune $Rh_0(D)$. Este tratamiento destruye cualquier glóbulo rojo del bebé que pueda haber entrado en la sangre de la madre. De este modo, no hay glóbulos rojos del bebé que puedan desencadenar la producción de anticuerpos por estas mujeres, y los embarazos siguientes no suelen ser peligrosos.

Hígado graso durante el embarazo: este raro trastorno se produce hacia el final del embarazo. No se conoce su causa. Los síntomas incluyen náuseas, vómito, molestias abdominales e ictericia. El trastorno puede empeorar rápidamente y se puede desarrollar una insuficiencia hepática. El diagnóstico se basa en los resultados ofrecidos por las pruebas de la función hepática y puede confirmarse por medio de una biopsia del hígado. El médico puede recomendar la interrupción inmediata del embarazo. El riesgo de muerte para las mujeres embarazadas y para el feto es elevado, pero cuando sobreviven, se recuperan por completo. Por lo general, el trastorno no reaparece en los embarazos siguientes.

Miocardiopatía periparto: las paredes del corazón pueden resultar lesionadas al final del embarazo o después del parto y, por ello, producirse una miocardiopatía periparto. No se sabe su causa. La miocardiopatía periparto tiende a aparecer en mujeres que han tenido varios embarazos, que son mayores, que están gestando gemelos o que tienen preeclampsia. En algunas mujeres, la fun-

Embarazo ectópico: un embarazo desplazado

Normalmente, la fecundación del óvulo se efectúa en la trompa de Falopio, pero la implantación tiene lugar en el útero. Sin embargo, si la trompa se estrecha o está obstruida, el óvulo puede desplazarse lentamente o incluso quedar atascado. El óvulo fecundado quizá nunca llegue al útero y, en consecuencia, se produce un embarazo ectópico. Los embarazos ectópicos suelen desarrollarse en una de las trompas de Falopio (como un embarazo tubárico) pero pueden hacerlo en otros lugares. El feto de un embarazo ectópico no puede sobrevivir. Uno de entre 100 y 200 embarazos es ectópico. Los factores de riesgo de un embarazo ectópico incluyen la existencia de un trastorno de las trompas de Falopio, inflamación pélvica, un embarazo ectópico previo, exposición del feto al dietilestilbestrol o una ligadura de trompas (un procedimiento de esterilización) fallida o quirúrgicamente revertida.

Los síntomas incluyen hemorragia vaginal inesperada y cólicos abdominales. El feto puede crecer lo suficiente para romper la estructura que lo contiene. Si una trompa de Falopio se rompe (generalmente después de unas 6 u 8 semanas), la mujer siente un dolor intenso en la parte inferior del abdomen y puede desmayarse. Si más adelante la trompa se rompe (al cabo de 12 o 16 semanas aproximadamente), el riesgo de muerte para la mujer es mayor, porque el feto y la placenta son más grandes y la pérdida de sangre es mayor.

Si la mujer no está segura de estar embarazada, puede someterse a un examen especial para estos casos. Si el resultado del examen es positivo, se deberá realizar una ecografía para determinar la posición del feto. Si el útero está vacío, los médicos pueden sospechar que existe un embarazo ectópico. Si la ecografía muestra el feto localizado en otro lugar que no es el útero, se confirma el diagnóstico. Los médicos pueden utilizar un tubo de visualización, denominado laparoscopio, que se inserta con una pequeña incisión justo por debajo del ombligo, para visualizar el embarazo ectópico directamente.

Un embarazo ectópico debe terminarse tan pronto como sea posible, para salvar la vida de la mujer. En la mayoría de las mujeres, el feto y la placenta de un embarazo ectópico deben extirparse quirúrgicamente, por lo general mediante un laparoscopio, pero a veces se realiza con una incisión en el abdomen (en un procedimiento denominado laparotomía). En raras ocasiones, el útero está tan dañado que es necesario practicar una histerectomía. A veces puede utilizarse un fármaco denominado metotrexato, por lo general administrado en una sola inyección, en vez de cirugía. El fármaco hace que el embarazo ectópico disminuya de tamaño y desaparezca. Algunas veces, es necesaria la cirugía además del metotrexato.

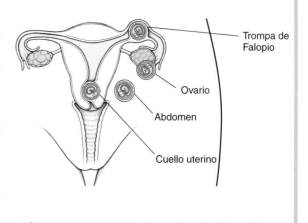

Trompa de Falopio

Ovario

Abdomen

Cuello uterino

---

ción cardíaca no vuelve a la normalidad después del embarazo. Pueden desarrollar miocardiopatía periparto en los embarazos siguientes. Estas mujeres no deben quedar embarazadas de nuevo. La miocardiopatía periparto puede llevar a desarrollar una insuficiencia cardíaca ● (v. pág. 183) para la cual existe un tratamiento específico.

Problemas con el líquido amniótico: demasiado líquido amniótico (polihidramnios) dentro de las membranas que contienen al feto (saco amniótico) produce el ensanchamiento del tamaño del útero y ejerce presión sobre el diafragma de la mujer. Esta complicación puede generar a la mujer problemas respiratorios o un parto pretérmino.

Tiende a acumularse demasiado líquido cuando las embarazadas son diabéticas, tienen más de un feto (embarazo múltiple) o producen anticuerpos Rh contra la sangre del feto. Otra causa son las anomalías congénitas en el feto, en especial un esófago obstruido o defectos del cerebro y de la médula espinal (como la espina bífida). En la mitad de los casos, aproximadamente, se desconoce la causa.

Muy poco líquido amniótico (oligohidramnios) también puede causar problemas. Si la cantidad de líquido es muy baja, los pulmones del feto pueden estar inmaduros y el feto llega a comprimirse, lo que da como resultado varias deformaciones; esta combinación de condiciones se denomina síndrome de Potter.

Muy poco líquido amniótico tiende a desarrollarse cuando el feto tiene defectos congénitos en las vías urinarias, no ha crecido lo suficiente o muere. Otras causas incluyen el uso de inhibidores de la enzima convertidora de la angiotensina, como el enalapril o el captopril, en el segundo y tercer trimestres de embarazo. Estos fármacos se administran durante el embarazo sólo cuando deben utilizarse en el tratamiento de una insuficiencia cardíaca grave o de hipertensión. Tomar fármacos antiinflamatorios no esteroideos (AINE) al final del embarazo también puede reducir la cantidad de líquido amniótico.

Placenta previa: la placenta previa es la implantación de la placenta sobre o cerca del cuello uterino, en la parte inferior del útero, en lugar de en la parte superior del mismo. La placenta puede cubrir parcial o completamente el orificio del cuello uterino. La placenta previa se produce en 1 de cada 200 partos, habitualmente en mujeres que han tenido más de un embarazo o que presentan anomalías estructurales del útero, tales como fibromas.

La placenta previa puede causar hemorragia indolora en la vagina, que comienza de repente hacia finales del embarazo. La sangre puede ser de color rojo brillante. La hemorragia puede intensificarse, comprometiendo la vida de la mujer y la del feto. La ecografía ayuda a los médicos a identificar la placenta previa y a diferenciarla de una placenta que se ha desprendido prematuramente (*abruptio placentae*).

Cuando la hemorragia es profusa, las mujeres pueden ser hospitalizadas hasta el parto, en especial si la placenta está localizada sobre el cuello uterino. Las mujeres que sangran profusamente pueden necesitar transfusiones repetidas. Cuando la hemorragia es ligera y el parto no es inminente, el médico, por lo general, aconseja reposo en cama, en el hospital. Si la hemorragia se detiene, habitualmente se anima a la mujer a que camine. Si la hemorragia no reaparece, por lo general se la da de alta, siempre y cuando le sea fácil volver al hospital. Casi siempre se realiza una cesárea antes de empezar el trabajo de parto. Si las mujeres con placenta previa inician su trabajo de parto, la placenta tiende a desprenderse prematuramente, con lo que el feto se ve privado del suministro de oxígeno. La falta de oxígeno puede resultar en lesión cerebral u otros problemas en el recién nacido.

***Abruptio placentae* (desprendimiento de placenta):** el *abruptio placentae* es el desprendimiento de una placenta adecuadamente colocada de la pared del útero. La placenta puede desprenderse incompleta (algunas veces entre un 10 y un 20%) o completamente. No se conoce su causa. El desprendimiento de la placenta se produce en un 0,4 o un 3,5% de todos los partos. Esta complicación es más frecuente entre las mujeres hipertensas (incluida la preeclampsia) y entre las que toman cocaína.

Se produce una hemorragia desde el lugar en que estaba adherida la placenta. La sangre puede pasar por el cuello uterino y salir por la vagina (hemorragia externa), o bien puede quedarse retenida detrás de la placenta (hemorragia oculta). Los síntomas dependen del grado de desprendimiento y de la cantidad de sangre perdida (que puede ser muy importante). Los síntomas pueden incluir punzadas constantes, cólicos o calambres abdominales, sensibilidad al palpar el abdomen y *shock*. El desprendimiento prematuro de la placenta puede conducir a coagulación diseminada en el interior de los vasos sanguíneos (coagulación intravascular diseminada), a una insuficiencia renal y a una hemorragia en las paredes del útero, sobre todo en las mujeres embarazadas que también tienen preeclampsia. Cuando la placenta se desprende, el suministro de oxígeno y de nutrientes al feto se reduce, e incluso puede provocar su muerte.

Los médicos sospechan que existe desprendimiento prematuro de la placenta a partir de los síntomas presentados. La ecografía puede confirmar el diagnóstico.

Las mujeres con desprendimiento prematuro de la placenta son hospitalizadas. El tratamiento habitual es el reposo total. Si los síntomas se atenúan, se anima a las mujeres a que caminen y pueden ser dadas de alta. Cuando la hemorragia persiste o empeora (sugiriendo que el feto no está obteniendo suficiente oxígeno) o si el embarazo está casi a término, un parto anticipado es, a menudo, lo mejor para la mujer y el feto. Si el parto vaginal no es posible, se realiza una cesárea.

■ Aborto

Un aborto (espontáneo) es la pérdida de un feto por causas naturales antes de las 24 semanas de embarazo.

Comprender el lenguaje de pérdida

Los médicos pueden utilizar el término *aborto* para referirse a una pérdida (aborto espontáneo) que ocurre antes de las 24 semanas de embarazo así como a una interrupción médica del embarazo (aborto provocado). Después de 24 semanas de embarazo, el parto de un feto muerto se denomina *mortinato*. Otros términos incluyen los siguientes:

Aborto (inducido) terapéutico: un aborto provocado por medios médicos (medicamentos o cirugía).

Amenaza de aborto: hemorragia o cólicos durante las primeras 24 semanas de embarazo, indican una amenaza de aborto.

Aborto inevitable (inminente): dolor o hemorragia con apertura del cuello uterino (dilatación) indican un aborto inevitable.

Aborto completo: expulsión del feto y la placenta que se encuentran en el útero.

Aborto incompleto: expulsión de solo parte de los contenidos del útero.

Aborto habitual: tres o más abortos espontáneos consecutivos.

Aborto fallido: retención de un feto muerto en el útero durante 4 semanas o más.

Aborto séptico: infección de los contenidos del útero antes, durante o después de un aborto.

El aborto es una terminación frecuente de un embarazo de alto riesgo. Se produce un aborto en el 15 % de los embarazos reconocidos. Una cantidad mayor de abortos no se reconoce porque tienen lugar antes de que las mujeres sepan que se han quedado embarazadas. Alrededor del 85 % de los abortos espontáneos se producen durante las primeras doce semanas de embarazo. Se cree que la mayoría de abortos espontáneos que tienen lugar durante este tiempo se producen por algún problema del feto, como un defecto congénito o un trastorno genético.

El restante 15 % de los abortos espontáneos se produce durante las semanas 13 a 24. Alrededor de un tercio de estos abortos no tiene causa alguna identificada. Los otros dos tercios se deben a problemas de las mujeres. Un aborto puede ser causado por anomalías estructurales de los órganos reproductores, como un útero bicorne (doble) o un cuello uterino débil que tiende a abrirse (dilatarse) a medida que el útero se agranda. También puede producirse un aborto si las mujeres consumen cocaína, sufren lesiones o tienen ciertos trastornos. Estos trastornos incluyen una glándula tiroides hipoactiva (hipotiroidismo), diabetes, infecciones (como las provocadas por un citomegalovirus o la rubéola) y alteraciones del tejido conectivo (como lupus). La incompatibilidad de Rh (cuando una mujer embarazada tiene sangre Rh-negativa y el feto Rh-positiva) también aumenta el riesgo. Las alteraciones emocionales en las mujeres no guardan relación con los abortos.

Es más probable que se produzca un aborto en aquellas mujeres que ya han tenido uno o que en un embarazo previo tuvieron un parto pretérmino. En las mujeres que han sufrido tres abortos consecutivos en el primer trimestre, las probabilidades de sufrir otro es aproximadamente de 1 cada 4. Antes de intentar quedar embarazadas otra vez, las mujeres que han tenido múltiples abortos pueden someterse a exámenes específicos para determinar la existencia de anomalías genéticas o estructurales y otros trastornos que puedan aumentar el riesgo de aborto. Para detectar anomalías estructurales, puede realizarse un procedimiento basado en imágenes, como la histeroscopia, la histerosalpingografía o la ecografía. Si se identifica la causa de un aborto previo, el tratamiento puede corregir el problema.

➤ Síntomas

Un aborto suele venir precedido por un manchado o por un sangrado y secreción vaginal. El útero se contrae causando dolores o calambres. Cerca del 20 al 30 % de las mujeres embarazadas tienen algún tipo de hemorragia o cólico al menos una vez durante las primeras veinte semanas de embarazo. Aproximadamente, la mitad de estos episodios acaba en un aborto espontáneo.

En las primeras fases de un embarazo, la única señal de aborto puede ser una pequeña cantidad de sangrado vaginal. Más adelante, un aborto puede causar hemorragia profusa, y la sangre puede contener mucosidad o coágulos. Los cólicos empeoran hasta que, finalmente, el útero se contrae lo suficiente para expulsar el feto y la placenta.

A veces, el feto muere, pero no se produce la expulsión. En estos casos, el útero no aumenta de tamaño. Muy rara vez, los tejidos muertos en el útero se infectan antes, durante o después de un aborto. Esta infección puede ser grave y ocasiona fiebre, escalofríos y una frecuencia cardíaca acelerada. Las mujeres afectadas pueden llegar a sufrir delirios, y la presión arterial desciende.

➤ Diagnóstico y tratamiento

Si una mujer embarazada tiene hemorragia y dolores abdominales, como calambres o cólicos, durante las primeras veinte semanas de embarazo, el médico la examina para determinar la probabilidad de un aborto. El médico examina el cuello uterino para determinar si está dilatando. En caso negativo, el embarazo puede continuar. Si está dilatando, es más probable que se produzca un aborto.

Generalmente, también se realiza una ecografía para determinar si ya ha se ha producido un aborto o si el feto sigue con vida. Si el aborto ya ha tenido lugar, la ecografía puede mostrar si el feto y la placenta han sido expulsados.

Si el feto está vivo y existe la probabilidad de un aborto, se aconseja reposo en cama para ayudar a disminuir la hemorragia y los cólicos. En la medida de lo posible, la mujer no debe trabajar ni permanecer de pie en casa. Se recomienda la abstinencia sexual, aunque el coito no ha sido definitivamente relacionado con los abortos espontáneos.

Si se produce un aborto espontáneo y se han expulsado el feto y la placenta, no hay necesidad de tratamiento alguno. Si algunos de estos tejidos permanecen en el útero, se realiza un legrado por aspiración ● *(v. pág. 1695)* para extraerlos.

Cuando el feto muere pero continúa en el útero, habitualmente se utiliza el legrado por aspiración para extraer el feto y la placenta. Si el feto muere hacia el final del embarazo, puede aplicarse, en cambio, un fármaco por vía intravenosa, que puede inducir el parto (como la oxitocina). La oxitocina estimula el útero para que se contraiga y expulse el feto. Después puede ser necesario realizar un legrado para extraer los pedazos de placenta.

Después de un aborto, las mujeres pueden experimentar aflicción, tristeza, ira o ansiedad acerca de embarazos posteriores. El duelo por una pérdida es una respuesta natural y no debe suprimirse o negarse. Hablar de sus sentimientos con otra persona puede ayudar. Las mujeres que han tenido un aborto pueden querer hablar con su médico sobre la probabilidad de repetición de este episodio en los embarazos siguientes. Aunque tener un aborto aumenta el riesgo de que se produzca otro, la mayoría de las mujeres que han experimentado esta pérdida no tienen problemas en embarazos posteriores.

CAPÍTULO 259

Administración de fármacos durante el embarazo

Más del 90 % de las mujeres embarazadas toman fármacos que han sido prescritos por el médico, algunos sin receta médica, drogas de tipo social, como el tabaco y el alcohol, o drogas ilegales, en algún momento durante el embarazo. Sin embargo, no deben tomarse fármacos durante el embarazo, a no ser que sean absolutamente necesarios, porque muchos pueden causar daño al feto. Alrededor del 2 al 3 % de todas las anomalías congénitas son el resultado del uso de éstos.

Sin embargo, los fármacos a veces son esenciales para la salud de la mujer embarazada y para el feto. En estos casos, la mujer debe hablar con su médico u otro profesional de la salud sobre los riesgos y beneficios de tomar ciertos fármacos.

Antes de tomar un fármaco (incluidos los que no necesitan prescripción) o suplemento dietético (incluso las hierbas medicinales), una mujer embarazada ha de consultar con su médico. Un profesional de la salud puede recomendarle tomar vitaminas y minerales durante el embarazo.

Los fármacos que toma una mujer embarazada llegan al feto principalmente atravesando la placenta, la ruta que siguen el oxígeno y los nutrientes, necesarios para el crecimiento y desarrollo del feto. Los fármacos que se administran durante el embarazo pueden afectar al feto de varias formas:

● Actuando directamente sobre el feto, causándole lesiones, un desarrollo anormal (que lleva a defectos congénitos) o la muerte.

Cómo atraviesan los fármacos la placenta

Algunos de los vasos sanguíneos del feto se encuentran localizados en diminutas proyecciones similares a las de una hebra de cabello (vellosidades) de la placenta que se extienden dentro de la pared del útero. La sangre materna pasa por el espacio que rodea las vellosidades (espacio intervelloso). Sólo una fina membrana (membrana placentaria) separa la sangre de la madre en el espacio intervelloso de la del feto en estas vellosidades. Los fármacos que se encuentran en la sangre materna pueden cruzar esta membrana hasta llegar a los vasos sanguíneos de las vellosidades y atravesar el cordón umbilical hasta llegar al feto.

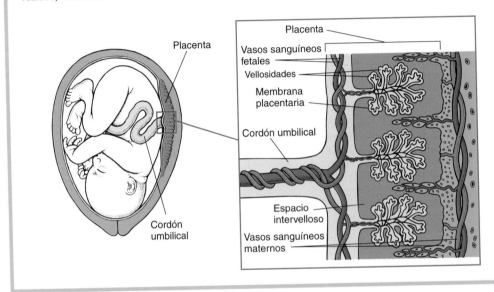

- Alterando la función de la placenta, generalmente estrechando los vasos sanguíneos y reduciendo el suministro de oxígeno y nutrientes de la madre hacia el feto, y a veces dando como resultado un recién nacido de bajo peso y con muy poco desarrollo.

- Haciendo que los músculos del útero se contraigan enérgicamente, lo cual puede lesionar de forma indirecta al feto, reduciendo el suministro de sangre o provocando un trabajo de parto y un parto prematuros.

Los efectos adversos de un fármaco dependen de la etapa de desarrollo del feto y de la potencia y dosis del fármaco. Ciertos fármacos tomados al comienzo del embarazo (antes del vigésimo día después de la fecundación) pueden actuar en modalidad de todo o nada, es decir, ocasionando la muerte del feto o no afectándolo en forma alguna. Durante esta fase, el feto es muy resistente al desarrollo de anomalías congénitas. Sin embargo, el feto es particularmente vulnerable entre la tercera y octava semanas después de la fecundación, que es cuando sus órganos se están desarrollando. Los fármacos que alcanzan al feto durante esta fase pueden provocar un aborto, una anomalía congénita evidente o un defecto permanente pero imperceptible que se percibe con el paso de los años. Es probable que los fármacos administrados después de que el desarrollo de los órganos se haya completado no causen anomalías congénitas evidentes, pero sí pueden alterar el crecimiento y la función de los órganos y tejidos.

Los organismos oficiales clasifican los fármacos según el riesgo para el feto si se administran o no durante el embarazo. Algunos fármacos son altamente tóxicos y nunca deben ser tomados por las mujeres embarazadas porque causan defectos congénitos graves al feto. Un ejemplo de este tipo de fármacos es la talidomida. Hace varias décadas, este fármaco ocasionó una falta parcial o total del crecimiento de los brazos o las piernas y defectos en el intestino, el corazón y los vasos sanguíneos de los bebés de mujeres que lo tomaron durante el embarazo. Algunos fármacos causan defectos congénitos en los animales, pero no se ha observado que los provoquen en las personas. Un ejemplo es la meclicina, que se suele tomar para los mareos, las náuseas y los vómitos.

A menudo, un fármaco susceptible de ocasionar lesiones durante el embarazo puede sustituirse por otro más seguro. Por ejemplo, los médicos prefieren usar insulina en lugar de fármacos hipoglucémicos orales, para el tratamiento de la diabetes en las mujeres embarazadas. La insulina no puede atravesar la placenta y controla mejor la diabetes. Los fármacos hipoglucémicos orales pueden atravesar la placenta, a veces dando como resultado una disminución de los niveles de azúcar en la sangre del recién nacido. Para una glándula tiroides excesivamente activa se suele preferir el propiltiouracilo. Para evitar los coágulos de sangre, se tiende a administrar el anticoagulante heparina. Para tratar los trastornos de ansiedad, se prefiere utilizar el meprobamato y el clordiazepóxido, que no parecen causar defectos congénitos ni lesión cerebral. Existen algunos antibióticos, como la penicilina, que ofrecen completa seguridad al utilizarlos.

Algunos fármacos pueden causar efectos después de que se haya interrumpido su administración. Por ejemplo, el etretinato, un fármaco que se utiliza para tratar trastornos cutáneos, se almacena en la grasa debajo de la piel y se libera lentamente. El etretinato puede causar defectos congénitos pasados seis meses o más tras el abandono de su uso. Por lo tanto, a las mujeres que lo han tomado, se les aconseja que, antes de quedarse embarazadas, esperen al menos un año tras la suspensión del fármaco.

Salvo que no pueda evitarse, a las mujeres embarazadas o que creen que pueden estarlo no se les aplica vacunas que contengan virus vivos. Otras vacunas (como las del cólera, hepatitis A y B, peste, rabia, tétanos, difteria y tifoidea) sólo se aplican a las mujeres embarazadas si tienen un alto riesgo de desarrollar alguna de esas infecciones en particular. Sin embargo, a todas las mujeres se les aconseja de manera especial que se vacunen contra el virus de la gripe durante el período en que aparece este trastorno.

Los fármacos que hacen descender la presión arterial (antihipertensivos) pueden ser necesarios en las mujeres embarazadas que han tenido hipertensión arterial o que la han desarrollado durante el embarazo (una complicación llamada preeclampsia ● *v. pág. 1723*). Los antihipertensivos utilizados con frecuencia para el tratamiento de la preeclampsia reducen notablemente el flujo de sangre a la placenta si bajan la presión de forma demasiado rápida en las mujeres embarazadas. Por ello, es necesario controlar cuidadosamente a las mujeres embarazadas que deben tomar estos fármacos. Los inhibidores de la enzima convertidora de la angiotensina y los diuréticos tiacídicos no suelen administrarse a mujeres embarazadas porque pueden causar graves problemas al feto.

La digoxina, utilizada para tratar la insuficiencia cardíaca y algunas arritmias, atraviesa la placenta con mucha facilidad, pero generalmente tiene muy poco efecto en el bebé antes o después de su nacimiento.

La mayoría de los antidepresivos parecen ser bastante seguros si se usan durante el embarazo.

➤ Drogas sociales

Tabaquismo: aunque el tabaquismo perjudica tanto a las mujeres embarazadas como al feto, sólo alrededor del 20 % de las mujeres que fuman abandonan el hábito durante la gestación. El efecto más marcado del tabaquismo sobre el feto durante el embarazo es la reducción de su peso al nacer: cuanto más fume una mujer durante el embarazo, menos pesará normalmente el recién nacido. El peso medio de los recién nacidos de madres que han fumado durante el embarazo es de unos 180 gramos menos que el de los hijos de las mujeres no fumadoras. La reducción del peso al nacer parece ser mayor entre los bebés de fumadoras de mayor edad.

Los defectos congénitos que afectan al corazón, al cerebro y a la cara son más frecuentes entre los hijos de fumadoras que entre las que no lo son. También puede incrementarse el riesgo del síndrome de muerte súbita del lactante. También es mayor la probabilidad de que se produzcan placenta desplazada (placenta previa), desprendimiento prematuro (*abruptio placentae*), ruptura prematura de las membranas, parto pretérmino, infecciones uterinas, abortos, mortinatos y partos prematuros. Además, los niños de mujeres que fuman tienen deficiencias sutiles pero apreciables en su crecimiento físico e intelectual y en la evolución de su comportamiento. Se cree que estos efectos son causados por el monóxido de carbono y la nicotina. El monóxido de carbono puede reducir el suministro de oxígeno a los tejidos del organismo. La nicotina estimula la liberación de hormonas que constriñen los vasos sanguíneos que llevan la sangre hasta el útero y la placenta, ocasionando así una disminución en el suministro de oxígeno y nutrientes al feto.

Una mujer embarazada que no fuma debe evitar exponerse al humo de otros (fumadoras pasivas) porque, igualmente, éste puede perjudicar al feto.

ALGUNOS FÁRMACOS QUE PUEDEN CAUSAR PROBLEMAS DURANTE EL EMBARAZO[*]

Tipo	Ejemplos	Problema
Ansiolíticos	Diazepam	Cuando se ingiere esta droga al final del embarazo, depresión, irritabilidad, escalofríos y reflejos exagerados en el recién nacido
Antibióticos	Ciprofloxacina	Posibilidad de articulaciones anormales (se observa sólo en los animales)
	Cloranfenicol	Síndrome del bebé gris
		En las mujeres o fetos con deficiencia de glucosa 6 fosfato deshidrogenasa (G6PD), destrucción de glóbulos rojos
	Estreptomicina	Lesión en el oído del feto, que causa sordera
	Kanamicina	Lesión en el oído del feto, que causa sordera
	Nitrofurantoína	En las mujeres o fetos con deficiencia de G6PD, destrucción de glóbulos rojos
	Sulfonamidas	Ictericia y posiblemente daño cerebral en los recién nacidos (mucho menos probable con sulfasalazina)
		En las mujeres o fetos con deficiencia de G6PD, destrucción de glóbulos rojos
	Tetraciclinas	Crecimiento óseo retardado, color amarillento permanente de los dientes y aumento de la probabilidad de presentarse caries en el bebé
		En algunas ocasiones, insuficiencia hepática en la embarazada
Anticoagulantes	Heparina	Cuando se ingiere la droga durante un largo período, osteoporosis y disminución de la cantidad de plaquetas (que ayudan a la coagulación de la sangre) de la embarazada
	Warfarina	Anomalías congénitas
		Problemas de hemorragia en el feto y la embarazada
Anticonvulsivantes	Carbamazepina Fenitoína Fenobarbital	Algún riesgo de anomalías congénitas
		Problemas de hemorragia en el recién nacido, lo que se puede evitar si la gestante toma vitamina K por vía oral todos los días durante un mes antes del nacimiento o si el recién nacido recibe una inyección de vitamina K inmediatamente después del parto
		Algún riesgo de anomalías congénitas
	Trimetadiona Valproato	Mayor riesgo de aborto en la mujer
		Mayor riesgo de anomalías congénitas en el feto, incluidos paladar hendido y anomalías del corazón, cara, cráneo, manos u órganos abdominales (el riesgo es del 70% con trimetadiona y del 1% con valproato)
Antihipertensivos	Angiotensina-conversión de enzimas inhibidores (v. tabla pág. 169	Cuando las drogas se toman al final del embarazo, lesión en el feto, reducción de la cantidad del líquido que rodea al feto (líquido amniótico), y deformidades de la cara, las extremidades y los pulmones
	Diuréticos tiacídicos	Disminución de los valores de oxígeno y potasio y del número de plaquetas en la sangre del feto

TIPO	EJEMPLOS	PROBLEMA
Antiinflamatorios no esteroideos (AINE)	Aspirina Otros salicilatos	Si se toman en grandes dosis, retraso en el comienzo de parto, cierre prematuro por la conexión entre la aorta y la arteria hacia los pulmones (conducto arterial), ictericia y (a veces) lesión cerebral en el feto y problemas de hemorragia en la mujer durante y después del parto y en los recién nacidos Si se toman al final del embarazo, reducción de la cantidad del líquido que rodea al feto en desarrollo
Estabilizador del humor	Litio	Anomalías congénitas (principalmente del corazón), letargia, tono muscular disminuido, mala alimentación, hipoactividad de la glándula tiroides y diabetes insípida nefrogénica en el recién nacido
Quimioterápicos	Busulfano Ciclofosfamida Clorambucilo Mercaptopurina Metotrexato	Anomalías congénitas, tales el crecimiento menos de lo esperado antes del nacimiento, hipodesarrollo del maxilar inferior, paladar hendido, desarrollo anormal de los huesos del cráneo, defectos de la columna y del oído, y pie zambo
Hipoglucémicos orales	Clorpropamida Tolbutamida	Concentración muy baja de azúcar en la sangre del recién nacido Control inadecuado de la diabetes de la embarazada
Hormonas sexuales	Danazol Progestinas sintéticas (pero no las dosis bajas utilizadas en los anticonceptivos orales)	Masculinización de los genitales de un feto femenino, a veces necesitan cirugía para corregir
	Dietilestilbestrol (DES)	Anomalías en el útero, problemas menstruales, incremento del riesgo de cáncer vaginal y complicaciones durante el embarazo de las hijas Anomalías en el pene de los hijos
Tiroideos	Metimazol Propiltiouracilo	Hiperfunción y aumento de tamaño de la glándula tiroides en el feto
	Yodo radiactivo	Glándula tiroides hipoactiva en el feto
Tratamientos para la piel	Etretinato Isotretinoína	Anomalías congénitas, como defectos en el corazón, orejas pequeñas e hidrocefalia (también denominada líquido en el cerebro)
Vacunas	Vacunas de virus vivos con otras vacunas contra sarampión, paperas, rubéola, poliomielitis, varicela y fiebre amarilla	Con la vacuna contra la rubéola, posible infección de la placenta y del feto en desarrollo; con otras vacunas, riesgos potenciales pero desconocidos

[*]No deben utilizarse fármacos durante el embarazo a no ser que sean absolutamente necesarios. Sin embargo, algunos fármacos son a veces esenciales para la salud de la embarazada y del feto. En estos casos, la mujer debe hablar con el profesional de la salud sobre los riesgos y los beneficios de tomar los fármacos.

Alcohol: el consumo de alcohol durante el embarazo es la principal causa conocida de defectos congénitos. Como se desconoce la cantidad de alcohol necesaria para causar este síndrome, se recomienda que las mujeres embarazadas que se abstengan de beber alcohol. El alcance de los efectos del alcohol durante el embarazo es muy grande.

El riesgo de aborto espontáneo casi se duplica cuando una mujer consume alcohol durante el embarazo, en especial si bebe excesivamente. Por lo general, el peso con el que nacen los hijos de

Fármacos y lactancia

Cuando las nuevas madres que están amamantando tienen que tomar un fármaco, a menudo se preguntan si deben interrumpir la lactancia. La respuesta depende de la cantidad de droga absorbida por la leche, de si el bebé también la absorbe cuando mama, de la manera en que el fármaco afecta al bebé y de la cantidad de leche que éste consume. La cantidad de leche que el bebé consume depende de su edad y de la cantidad de otros alimentos y líquidos en la dieta del recién nacido. Algunos fármacos, como la adrenalina, la heparina y la insulina, no aparecen en la leche materna y pueden, por consiguiente, tomarse sin peligro. La mayoría de los fármacos aparecen en la leche materna, pero habitualmente sólo en mínimas cantidades. Sin embargo, aún en pequeñas cantidades, algunos fármacos pueden causar daño al bebé. Algunos fármacos aparecen en la leche materna, pero el bebé habitualmente absorbe tan poca cantidad de ellos que no lo afectan. Como ejemplos, podemos nombrar los antibióticos como la gentamicina, la kanamicina, la estreptomicina y las tetraciclinas.

Los fármacos que se consideran seguros incluyen la mayoría de los que no requieren receta (venta libre). Las excepciones son los antihistamínicos (frecuentemente presentes en los medicamentos contra el resfriado y la tos, los antialérgicos, los fármacos contra el mareo y los somníferos) y, si se toman en grandes cantidades durante mucho tiempo, la aspirina y otros salicilatos. El paracetamol y el ibuprofeno, tomados en la dosis habitual, parecen ser inocuos.

Los fármacos que se aplican sobre la piel, ojos o nariz o que se inhalan suelen ser seguros. La mayoría de fármacos antihipertensivos no causan problemas significativos en los bebés amamantados. La warfarina se considera compatible con la lactancia en un bebé nacido a término. La cafeína y la teofilina no causan daño alguno a los bebés amamantados, pero puede volverlos irritables. Aunque algunos fármacos se conocen como seguros para los lactantes, las mujeres que están lactando deben consultar con un profesional de la salud antes de tomar cualquier medicamento, aun los de venta libre o una hierba medicinal. Es im-

portante leer las etiquetas de los fármacos, porque contienen, si es el caso, advertencias en contra de su uso durante la lactancia.

Algunos fármacos requieren la supervisión del médico durante su uso. Su administración sin peligro durante la lactancia puede requerir ajustar la dosis y el momento preciso de la toma en relación con el horario de la lactancia. La mayoría de los fármacos ansiolíticos, antidepresivos y antipsicóticos, necesitan supervisión médica, incluso cuando es improbable que causen problemas significativos al recién nacido. Sin embargo, estos fármacos permanecen en el organismo durante un largo tiempo. Durante los primeros meses de vida, los bebés pueden tener dificultad para eliminar los fármacos y pueden afectar su sistema nervioso. Por ejemplo, los fármacos ansiolíticos como el diazepam (una benzodiacepina) causa letargo, somnolencia y pérdida de peso en los bebés amamantados. Los bebés eliminan el fenobarbital (un anticonvulsivante y un barbitúrico) lentamente, por consiguiente este fármaco puede causar somnolencia excesiva. Debido a estos efectos, los médicos reducen la dosis de benzodiacepinas y barbitúricos al igual que controlan su uso en las mujeres que amamantan.

Algunos fármacos no deben tomarse durante la lactancia. Estos incluyen la atropina, los quimioterápicos (como la doxorubicina y el metotrexato), el cloranfenicol, la ergotamina, el litio, el metimazol, la metisergida, los fármacos radiactivos para procedimientos de diagnóstico, el tiouracilo, las vacunas y drogas como la cocaína, la heroína y la fenciclidina (PCP). Existen otros fármacos que no deben administrarse porque suprimen la producción de leche. Entre estos figuran la bromocriptina, el estrógeno, los anticonceptivos orales que contengan una alta dosis de estrógeno y una progestina y la levodopa.

Si las mujeres que estén lactando deben tomar un fármaco que puede causar daño el bebé, deben interrumpir la lactancia, pero pueden reanudarla después de suspender el fármaco. Mientras estén tomando el fármaco, las mujeres pueden mantener su leche mediante el bombeo de la leche materna, la cual debe descartarse.

madres que beben durante la gestación es inferior al normal. El peso promedio de los recién nacidos expuestos a cantidades significativas de alcohol es de alrededor de 2 kilos, en comparación con los 3,5 kilos para el resto de bebés. Así mismo, los recién nacidos de las mujeres que han

bebido durante el embarazo tienen más probabilidades de no prosperar y de morir al poco tiempo de nacer.

El síndrome del feto alcohólico es una de las consecuencias más graves ocasionadas por la ingesta de alcohol durante el embarazo. Se produce en 2 de cada 1000 nacidos vivos. Este síndrome incluye el crecimiento inadecuado antes o después del nacimiento, defectos faciales, cabezas pequeñas (malformación probablemente causada por el aumento inadecuado del cerebro), retraso mental y un desarrollo anormal del comportamiento. Con menos frecuencia, la posición y la función de las articulaciones resultan anormales y se presentan defectos cardíacos.

Los bebés o niños en período de desarrollo, nacidos de mujeres que han bebido alcohol durante el embarazo, pueden tener graves problemas de comportamiento, como trastorno antisocial y trastorno de falta de atención. Estas alteraciones pueden aparecer incluso aunque el recién nacido no tenga defectos físicos al nacimiento.

Cafeína: no se sabe con certeza si el consumo de cafeína durante el embarazo perjudica al feto. Parece que existe alguna evidencia que sugiere que el consumo moderado de cafeína durante el embarazo plantea poco o ningún riesgo para el feto. La cafeína, sustancia que se encuentra en el café, té, algunos refrescos, chocolate y en algunos fármacos, es un estimulante que atraviesa fácilmente la placenta llegando hasta el feto. De este modo, puede estimularle, aumentando la frecuencia cardíaca y respiratoria. La cafeína también puede disminuir el flujo sanguíneo a través de la placenta y reducir la absorción de hierro (posiblemente aumentando el riesgo de anemia ● *v. pág. 1722*). Varios estudios sugieren que beber más de 7 u 8 tazas de café al día puede incrementar el riesgo de muerte fetal, parto prematuro o de tener un recién nacido de bajo peso o un aborto. Pero estas investigaciones no han sido del todo confirmadas. Algunos expertos recomiendan limitar el consumo de café a 2 o 3 tazas por día y tomar bebidas descafeinadas cuando sea posible.

Aspartame: el aspartame, un edulcorante artificial, parece ser inocuo si se toma en pequeñas cantidades durante el embarazo, como las utilizadas en los alimentos o bebidas endulzadas artificialmente.

➤ Drogas ilegales

El uso de drogas ilegales (en especial la cocaína y los opiáceos) durante el embarazo puede causar complicaciones durante este período y graves problemas en el desarrollo del feto y del recién nacido. Para la mujer embarazada, la inyección de drogas ilegales también aumenta el factor de riesgo de infecciones que pueden afectar o ser transmitidas al feto. Estas infecciones incluyen la hepatitis y algunas enfermedades de transmisión sexual (incluido el sida). También es más probable que se produzca un crecimiento anormal del feto, y son muy frecuentes los nacimientos prematuros.

Cocaína: la cocaína atraviesa con fácilidad la placenta y afecta al feto. Esta droga constriñe los vasos sanguíneos, posiblemente reduciendo el flujo de sangre (y el suministro de oxígeno) al feto. El suministro reducido de sangre y oxígeno puede retardar el crecimiento fetal, sobre todo de los huesos y del intestino. Los bebés tienen más probabilidades de ser pequeños y de tener una cabeza también pequeña. En raras ocasiones, el consumo de cocaína puede causar defectos congénitos en el cerebro, los ojos, los riñones y los órganos genitales.

El uso de esta droga ilegal durante el embarazo puede también causar complicaciones. Entre las mujeres que toman cocaína durante todo el embarazo, alrededor de un 31% tienen un parto pretérmino y un 15% sufre desprendimiento de la placenta prematuramente (*apruptio placentae*). Las posibilidades de aborto también aumentan. Alrededor del 19% dan a luz a un bebé cuyo crecimiento durante el embarazo fue inferior al normal. Si se interrumpe el consumo de cocaína después de los primeros tres meses de embarazo, los riesgos de tener un parto pretérmino y un desprendimiento prematuro de la placenta aún siguen siendo altos, pero probablemente, el crecimiento del feto será normal.

Los recién nacidos pueden presentar síndrome de abstinencia. Su comportamiento también puede verse afectado. Los recién nacidos interactúan en grado menor con otras personas. Los bebés de los consumidores de cocaína pueden ser hiperactivos, padecer temblores incontrolables y presentar dificultad en el aprendizaje (lo que puede continuar hasta los 5 años de edad o incluso más).

Opiáceos: los opiáceos, como la heroína, la metadona y la morfina, atraviesan muy fácilmente la placenta. Por lo tanto, el feto puede volverse adicto a ellos y padecer síntomas de abstinencia durante un período de tiempo que va desde las 6 horas hasta los 8 días siguientes al nacimiento ● (*v. también pág. 787*). Sin embargo, el consumo de los opiáceos rara vez causa defectos congénitos. Tomar estas drogas durante el embarazo aumenta el riesgo de que existan complicaciones, como el aborto, la presentación anormal del bebé y el parto pretérmino. Los hijos de consumidoras de heroína tienen mayores probabilidades de nacer pequeños.

Anfetaminas: el consumo de anfetaminas durante el embarazo puede tener como resultado la aparición de anomalías congénitas, en especial del corazón.

Marihuana: no se ha comprobado con certeza si el consumo de marihuana durante el embarazo puede provocar efectos dañinos al feto. Su principal ingrediente, el tetrahidrocanabinol (THC), puede atravesar la placenta y, en consecuencia, afectar al feto. Si la marihuana se consume en dosis excesivas durante el embarazo, los recién nacidos pueden desarrollar problemas de comportamiento.

➤ Fármacos utilizados durante el parto y el alumbramiento

Los anestésicos locales, los opiáceos y otros analgésicos habitualmente atraviesan la placenta y pueden afectar al recién nacido. Por ejemplo, pueden debilitar el impulso del bebé para respirar. Por lo tanto, si se requiere el uso de estos fármacos durante el trabajo de parto, se administran en las menores dosis que sean efectivas.

CAPÍTULO 260

Parto y alumbramiento normales

A pesar de que cada parto y cada alumbramiento son distintos, la mayoría siguen un patrón general. En consecuencia, una mujer embarazada puede tener una idea general de los cambios que se producirán en su organismo para hacer posible el parto y sobre qué procedimientos deben seguirse para facilitar este proceso. También tiene que tomar decisiones acerca de otras cuestiones, como si va a permitir que el padre esté presente en el momento y en el lugar del parto.

Habitualmente, una futura madre desea que el padre del bebé esté junto a ella durante el parto. Su estímulo y apoyo emocional pueden ser de gran ayuda para relajarla, reduciendo, en ocasiones, la necesidad de administrar fármacos para mitigar el dolor. Además, el hecho de compartir la experiencia del parto tiene beneficios emocionales y psicológicos, como crear fuertes vínculos familiares. Las clases educativas sobre el parto preparan tanto al padre como a la madre para tal evento. No obstante, algunas futuras madres prefieren la intimidad durante ese momento, y algunos padres prefieren no estar presentes, a veces puede resultar más apropiado que sea otro familiar quien acompañe a la parturienta.

En los países desarrollados, la mayoría de los partos tienen lugar en el hospital, aunque algunas mujeres prefieren dar a luz en casa. Sin embargo, debido a las posibles complicaciones durante el trabajo de parto o poco después de éste, la mayoría de expertos no recomiendan el alumbramiento domiciliario. Las mujeres que prefieren un contexto hogareño y estar sujetas a menos normas (por ejemplo, que no haya limitaciones en el número de visitantes o de horas de visita) pueden optar por centros privados. Tales centros proporcionan un cuidado más personal y menos formal, y son más seguros que el parto en casa. Las clínicas de maternidad forman parte de un hospital o tienen contactos o acuerdos con un hospital cercano, y pueden proporcionar personal médico, equipo de urgencia e instalaciones hospitalarias, si es necesario. Si surgiera alguna complicación durante el parto, estos centros derivarían inmediatamente a la mujer al hospital.

Algunos hospitales cuentan con habitaciones privadas en las que la mujer permanece desde antes del parto hasta que se le da de alta. A estas habitaciones se les denomina unidades de parto, alumbramiento, recuperación y posparto.

Independientemente de las decisiones que tome la mujer, el hecho de saber a qué atenerse es una excelente preparación para todo el proceso del parto y del alumbramiento.

■ Parto

El parto lo constituye una serie de contracciones uterinas rítmicas y progresivas que gradualmen-

te hacen descender al feto por el cuello uterino (la parte inferior del útero) y la vagina (canal del parto) hacia el exterior.

El parto se compone de tres etapas principales. La primera etapa (que cuenta con dos fases: inicial y activa) es el trabajo de parto propiamente dicho. Las contracciones provocan la dilatación del cuello uterino, que se va haciendo delgado hasta llegar a desaparecer (borramiento) y casi a confundirse con el resto del útero. Estos cambios permiten que el feto pase por la vagina. Las etapas segunda y tercera constituyen el alumbramiento del bebé y la expulsión de la placenta.

El trabajo de parto suele comenzar aproximadamente en torno a unas dos semanas antes o después de la fecha estimada del parto. No se conoce exactamente qué hace que se inicie. Hacia el final del embarazo (después de 36 semanas), el médico puede practicar una exploración pélvica para intentar predecir cuándo comenzará el parto. En promedio, un parto dura de 15 a 16 horas en la mujer primípara, y tiende a acortarse, con un promedio de 6 a 8 horas, en los embarazos siguientes. Toda mujer que ya ha tenido partos rápidos en embarazos anteriores debe ponerse en contacto con su médico apenas piense que está comenzando el parto.

Todas las embarazadas deben saber cuáles son los signos que indican el inicio del parto: contracciones en el abdomen inferior a intervalos regulares y dolor de espalda. Sin embargo, otras claves pueden preceder o acompañar estos signos. Una pequeña secreción de sangre mezclada con mucosidad de la vagina (tapón mucoso) generalmente es un indicio de que el parto está a punto de iniciarse. El tapón mucoso puede aparecer aproximadamente 72 horas antes de que comiencen las contracciones.

A veces, las membranas llenas del líquido que contienen al feto (saco amniótico) se rompen antes del inicio del parto, y el líquido amniótico fluye al exterior a través de la vagina. Este episodio habitualmente se describe como ruptura de bolsa. Cuando estas membranas se rompen, la gestante debe ponerse en contacto con su médico o comadrona de inmediato. Alrededor de un 80 a un 90 % de las mujeres cuyas membranas se rompen antes, pero cerca, de la fecha de parto inician el trabajo espontáneamente en un plazo de 24 horas. Si el parto no ha comenzado después de 24 horas y el feto está preparado para nacer, las mujeres suelen ser admitidas en el hospital, donde artificialmente se les induce el parto para reducir el riesgo de infección. Este riesgo se origina porque después de la ruptura de las membranas, las bacterias de la vagina pueden entrar en el útero con mayor facilidad y causar una infección en la mujer, el feto o ambos. La oxitocina (que provoca las contracciones uterinas) o un fármaco similar, como la prostaglandina, se usan para inducir el parto. Si las membranas se rompen prematuramente, los médicos no inducen el parto hasta que el feto está más maduro ● *(v. pág. 1743).*

Al inicio, las contracciones en el inferior del abdomen pueden ser débiles, irregulares y separadas por un lapso de tiempo considerable. Pueden parecerse a calambres menstruales. Conforme pasa el tiempo, las contracciones tienen una mayor duración, son más fuertes y seguidas unas de otras. Cuando se producen fuertes contracciones separadas únicamente por cinco minutos o menos y el cuello uterino se dilata más de cuatro centímetros, la mujer es admitida en el hospital o clínica de maternidad. Allí se observa la intensidad, duración y frecuencia de las contracciones. También se determina el peso de la mujer, la tensión, la frecuencia cardíaca y respiratoria y la temperatura, y se toman muestras de orina y sangre para analizarlas. El examen del abdomen incluye la estimación del tamaño fetal, si está mirando hacia adelante o hacia atrás (posición) y su presentación, es decir, si la cabeza, las nalgas o los hombros se encuentran más próximos al canal del parto y van a salir primero por él.

La posición y presentación del feto determinarán cómo va a pasar a través de la vagina. La combinación más segura y frecuente es la del feto que mira hacia atrás (en dirección a la espalda de la madre), con la cara y el cuerpo vueltos hacia la derecha o la izquierda, y la cabeza primero (presentación cefálica), con el cuello doblado hacia adelante, el mentón hundido y los brazos cruzados sobre el pecho ● *(v. fig. pág. 1745).* La presentación en que la cabeza va por delante es la presentación de vértice o cefálica. Durante la última o las dos últimas semanas antes del parto, la mayoría de los fetos se dan la vuelta para que la cabeza se presente primero. Si la presentación es de nalgas, el hombro va primero o el feto está mirando hacia abajo, el parto es considerablemente más difícil para la mujer, el feto y el médico. Se recomienda, entonces, el parto por cesárea.

Por lo general, se examina la vagina para determinar si las membranas se han roto y el cuello uterino está muy dilatado y borrado, pero esta revisión puede omitirse si la mujer tiene algunas hemorragias o si las membranas se han roto de

Etapas del parto

PRIMERA ETAPA

Desde el comienzo del parto hasta la apertura completa (dilatación) del cuello uterino, alrededor de 10 cm.

Fase inicial (latente)

Las contracciones se vuelven cada vez más fuertes y rítmicas.

El malestar es mínimo.

El cuello uterino se adelgaza y se abre hasta cerca de 4 cm.

Esta etapa dura un promedio de 12 horas en las madres primerizas y 5 horas en los embarazos siguientes.

Fase activa

El cuello uterino se abre de 4 cm aproximadamente hasta completar 10 cm.

La primera parte que presenta el bebé, generalmente la cabeza, comienza a descender dentro de la pelvis de la madre.

La madre comienza a sentir la necesidad de pujar mientras el bebé desciende.

Esta fase dura alrededor de 3 horas en las madres primerizas y 2 horas en los embarazos siguientes.

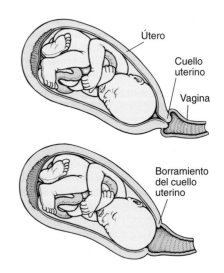

Útero

Cuello uterino

Vagina

Borramiento del cuello uterino

SEGUNDA ETAPA

Desde la apertura completa del cuello uterino hasta el parto. Esta etapa dura en promedio alrededor de 45 a 60 minutos en un primer embarazo y de 15 a 30 minutos en los embarazos siguientes.

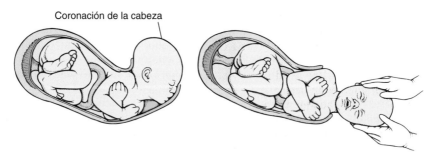

Coronación de la cabeza

TERCERA ETAPA

Desde el nacimiento del bebé hasta la expulsión de la placenta. Esta fase, por lo general, dura sólo unos minutos, pero puede prolongarse hasta 30 minutos.

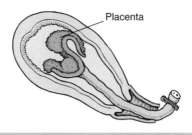

Placenta

forma espontánea. También se toma nota del color del líquido amniótico. El líquido debe ser claro y sin un olor significativo. Si las membranas se rompen y el líquido amniótico es verde, una anomalía de coloración, es por el resultado de la primera deposición del feto (meconio fetal).

Poco después de que la mujer haya ingresado en el hospital, el médico u otro profesional de la salud escucha el latido del corazón del feto directamente, utilizando un fonendoscopio fetal (fetoscopio) o un dispositivo de ultrasonido para supervisar los latidos (un procedimiento denominado supervisión electrónica del corazón del feto).

En la primera etapa del parto, las frecuencias cardíacas de la mujer y del feto se controlan periódica o continuamente. El control de la frecuencia cardíaca del feto mediante un fonendoscopio o un dispositivo electrónico fetal es la manera más fácil de determinar si el feto está recibiendo suficiente oxígeno. Una anomalía en la frecuencia cardíaca (demasiado rápida o muy lenta) puede indicar que el feto está sufriendo ● *(v. pág. 1744)*. Durante la segunda etapa del parto, se controlan la frecuencia cardíaca de la mujer y la presión arterial a intervalos regulares. La frecuencia cardíaca del feto se supervisa después de cada contracción o constantemente, si se está utilizando un control electrónico.

Durante el parto en un hospital, generalmente se inserta una vía endovenosa en el brazo de la mujer. Esta vía se utiliza para administrarle líquidos que prevengan una deshidratación y, en caso de ser necesario, para administrarle fármacos rápidamente. Cuando los líquidos se administran por vía intravenosa, la mujer no tiene que comer ni beber durante el parto, aunque puede elegir ingerir algunos líquidos y alimentos suaves durante este período. El estómago vacío durante el parto hace que la mujer tenga menos probabilidades de vomitar y de aspirar su vómito. La aspiración del vómito, aunque muy poco frecuente, puede causar distrés respiratorio grave, un trastorno potencialmente mortal en el que los pulmones se inflaman. En general, la mujer recibe un antiácido para neutralizar la acidez gástrica en el momento de ingresar en el hospital, y después cada tres horas. Los antiácidos reducen el riesgo de lesiones en los pulmones si la mujer aspira el vómito.

Alivio del dolor: con el asesoramiento de su médico o de su comadrona, la mujer determina habitualmente un enfoque del alivio del dolor mucho antes del inicio del parto. Puede elegir el parto natural, que se basa en la relajación y en ciertas técnicas de respiración para hacer frente al dolor, u optar por el uso de analgésicos o un tipo particular de anestesia, si es necesario. Una vez que comienza el parto, estos planes pueden modificarse, según se desarrolle el mismo, cómo se sienta la mujer y lo que recomiende el médico o la comadrona.

La necesidad de la mujer de aliviar el dolor durante el parto varía en gran medida y, hasta cierto punto, depende de su nivel de ansiedad. La asistencia a clases encaminadas a preparar a la mujer para el parto y el alumbramiento la ayudan a prepararse para este acontecimiento. Esta preparación y el apoyo emocional de las personas que asisten al parto tienden a calmar la ansiedad y a reducir, a menudo de forma notable, la necesidad de administrar fármacos para mitigar el dolor.

Si una mujer solicita analgésicos durante el parto, se le suelen administrar. Sin embargo, dado que algunos de estos fármacos pueden volver más lenta la respiración y otras funciones del recién nacido, la cantidad administrada es lo más pequeña posible. Por lo general, para aliviar el dolor se aplica meperidina o morfina por vía intravenosa. Estos fármacos pueden retrasar la fase inicial de la primera etapa del parto, así que se suelen administrar durante la fase activa de la primera etapa. Además, como estos fármacos tienen el máximo efecto durante los primeros treinta minutos tras su administración, las drogas frecuentemente no se administran cuando el parto es inminente. Para contrarrestar los efectos sedativos de estos fármacos sobre el recién nacido, el médico puede administrarle un medicamento denominado naloxona inmediatamente después del parto.

La anestesia local adormece la vagina y los tejidos que se encuentran alrededor de su abertura. Frecuentemente, esta área se insensibiliza mediante la aplicación de un anestésico local a través de la pared de la vagina y cerca del nervio pudendo (que brinda sensibilidad a la parte inferior del área genital). Este procedimiento, denominado bloqueo pudendo, se utiliza sólo al final del trabajo de parto, cuando la cabeza del bebé está ya a punto de salir de la vagina. Otro procedimiento frecuente pero menos efectivo consiste en la inyección de un anestésico local en el mismo orificio de la vagina. Con ambos procedimientos, la mujer puede permanecer despierta y pujar, y las funciones del feto no se ven afectadas. Estos procedimientos son útiles en partos sin complicaciones.

Monitorización del feto

El control electrónico del corazón del feto se utiliza para observar su frecuencia cardíaca y las contracciones uterinas. Ciertos cambios en la frecuencia cardíaca del feto durante las contracciones pueden indicar que no está recibiendo suficiente oxígeno. La frecuencia cardíaca del feto se vigila de modo externo sujetando un dispositivo de ultrasonidos (que transmite y recibe ondas de ultrasonido) al abdomen de la madre, o bien internamente, insertando un electrodo por la vagina y sujetándolo al cuero cabelludo del feto. La modalidad interna suele utilizarse sólo cuando es probable que sobrevengan problemas durante el parto o cuando las señales detectadas por el dispositivo externo no pueden ser registradas.

En un embarazo de alto riesgo, en ocasiones se utiliza la monitorización cardíaca fetal electrónica como parte de una prueba no estresante, mediante la cual se controla la frecuencia cardíaca del feto mientras éste permanece quieto y cuando se mueve. Si la frecuencia cardíaca no aumenta con el movimiento, puede realizarse una prueba de contracción con esfuerzo. Para iniciar las contracciones uterinas, se suele administrar oxitocina (una hormona que hace que el útero se contraiga durante el trabajo de parto) por vía intravenosa. Luego se controla la frecuencia cardíaca del feto durante estas contracciones para determinar si resistirá el trabajo de parto.

Cuando se detecta un problema, puede realizarse un muestreo de la sangre fetal del cuero cabelludo. Durante el trabajo de parto, se extrae una pequeña cantidad de sangre del cuero cabelludo del feto para medir la acidez (pH) de la sangre. Esta medida ayuda a los médicos a determinar si el feto está recibiendo suficiente oxígeno.

A partir de estas pruebas, el médico puede permitir que el trabajo de parto siga adelante o practicar una cesárea inmediatamente.

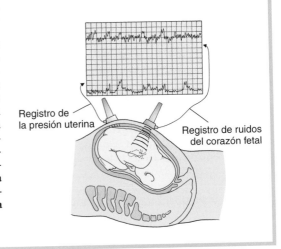

Registro de la presión uterina

Registro de ruidos del corazón fetal

La anestesia regional insensibiliza una zona más extensa. Se puede emplear en las mujeres que desean un alivio del dolor más completo. Casi siempre se usa una inyección lumbar epidural. Este procedimiento consiste en la inyección de un anestésico en la parte inferior de la espalda, en el espacio comprendido entre la columna vertebral y la capa externa del tejido que cubre la médula espinal (espacio epidural). De forma alternativa, se coloca un catéter en el espacio epidural, a través del cual se administran opiáceos, como el fentanilo o el sufentanilo, continua y lentamente. Otro procedimiento, denominado anestesia raquídea, consiste en la inyección de un anestésico en el espacio comprendido entre el centro y las capas internas del tejido que cubre la médula espinal (espacio subaracnoideo). Por lo general, se utiliza una inyección medular en los partos por cesárea cuando no existen complicaciones. Ni la inyección epidural ni la medular evitan que la mujer puje adecuadamente. A veces, el uso de cualquiera de los dos procedimientos causa un descenso de la presión arterial. Por lo tanto, si se utiliza uno de estos procedimientos la presión arterial de la madre debe medirse frecuentemente.

La anestesia general causa inconsciencia temporal de la mujer. Este método es necesario en escasas ocasiones y no suele usarse porque puede volver más lento el funcionamiento del corazón, los pulmones y el cerebro del feto. Aunque este efecto suele ser temporal, puede afectar al recién nacido en su adaptación a la vida fuera del útero. Se puede emplear en cesáreas de urgencia porque es el modo más rápido de anestesiar a la madre.

■ Alumbramiento

El alumbramiento es el paso del feto y la expulsión de la placenta (después del nacimiento) desde el útero hasta el mundo exterior.

Para el parto en un hospital, la mujer puede ser trasladada de una sala de trabajo a una de parto,

Parto natural

El parto natural utiliza técnicas de relajación y respiración para controlar el dolor durante el parto. El parto natural suele contribuir a reducir o eliminar la necesidad de analgésicos o anestesia durante el trabajo de parto y el alumbramiento.

Para prepararse para un parto natural, una embarazada y su pareja asisten a clases explicativas, por lo general seis a ocho sesiones, para aprender a usar las técnicas de relajación y de respiración. También aprenden lo que sucede en las diversas fases del trabajo de parto y del alumbramiento.

La técnica de relajación consiste en poner bajo tensión en forma consciente una parte del cuerpo y luego relajarla. Esta técnica ayuda a la mujer a relajar el resto de su cuerpo mientras el útero se contrae durante el trabajo de parto y a relajar todo el cuerpo entre contracciones.

La técnica de respiración implica varias clases de respiración, que se utilizan en diferentes momentos durante el trabajo de parto. Los siguientes tipos de respiración pueden ser de gran ayuda durante la primera etapa del trabajo de parto, antes de comenzar la mujer a pujar:

- La respiración profunda ayuda a la mujer a relajarse al comienzo y al final de una contracción.

- La respiración rápida y superficial (jadeo) en la parte superior del pecho durante el máximo nivel de una contracción.

- Una serie de jadeos y soplidos para ayudar a la mujer a abstenerse de pujar cuando siente necesidad de hacerlo antes de dilatarse completamente el cuello uterino.

En la segunda etapa del trabajo de parto, la mujer alterna entre pujos y jadeos.

Tanto la mujer como su compañero deben practicar las técnicas de relajación y respiración regularmente durante el embarazo. Durante el trabajo de parto, la pareja de la futura madre puede, además de brindarle apoyo emocional, ayudarla a recordar lo que debería estar haciendo en una fase en particular y tomar nota de los momentos en que ella se tensa. La pareja puede también aplicar algún masaje a la futura madre para mejorar su relajación.

Probablemente el método de parto natural más conocido es el de Lamaze. Otro método, el de Leboyer, consiste en realizar el parto en una habitación con poca luz y sumergir al bebé en agua tibia justo después del parto.

---

que se utiliza sólo con este fin. Por lo general, es preferible que el padre u otras personas cercanas a la futura madre la acompañen. Si ya está en una unidad de parto, alumbramiento, recuperación y posparto, permanecerá allí. La vía intravenosa se sigue manteniendo.

Cuando una mujer está lista para alumbrar, es posible que se la coloque en una posición semierguida, entre recostada y sentada. Su espalda puede descansar sobre almohadas u otros elementos. La posición semierguida utiliza la gravedad: la presión hacia abajo que ejerce el feto ayuda a la vagina y a la zona circundante a que se distiendan gradualmente, disminuyendo así el riesgo de desgarro. Esta posición también alivia la tensión sobre la espalda y la pelvis. Algunas mujeres prefieren dar a luz acostadas. Sin embargo, en esta posición, el parto puede demorarse más.

A medida que avanza el parto, se examina la vagina para determinar la posición de la cabeza del feto. Se le pide a la madre que haga fuerza hacia abajo y empuje con cada contracción para ayudar a desplazar la cabeza del feto por la pelvis y así dilatar la apertura de la vagina a fin de que aparezca una porción cada vez mayor de la cabeza. Cuando aparecen cerca de 4 o 5 centímetros de la cabeza, el médico o la comadrona coloca una mano sobre la cabeza del feto mientras se está produciendo una contracción para, de este modo, controlar un poco su progresión. Cuando la cabeza corona, es decir, cuando la parte ancha de la cabeza pasa por la apertura vaginal, la cabeza y la mandíbula se deslizan fuera de la apertura vaginal para evitar que los tejidos de la madre se desgarren.

El fórceps es un instrumento quirúrgico metálico, similar a unas pinzas, con puntas redondeadas que se colocan alrededor de la cabeza del feto ● *(v. fig. pág. 1749)*. El fórceps se utiliza cuando el feto está sufriendo, cuando la mujer tiene dificultad para pujar o cuando el parto no está progresando de la forma adecuada.

La episiotomía no se considera ya como un procedimiento de rutina. Se utiliza sólo en casos de emergencia para un parto inmediato. Para llevar a cabo este proceso, el médico inyecta un

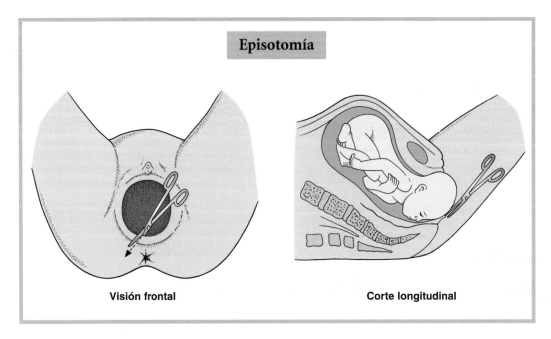

Episotomía

Visión frontal

Corte longitudinal

anestésico local para entumecer la zona y hacer una incisión entre los orificios de la vagina y del ano (periné). Si la musculatura que rodea el orificio del ano (esfínter rectal) resulta dañada durante una episiotomía o se desgarra durante el parto, cicatriza habitualmente de manera satisfactoria si el médico la repara inmediatamente.

Una vez que aparece la cabeza del bebé, se le coloca el cuerpo de lado para que los hombros puedan salir con facilidad, uno tras otro. A continuación, el resto del cuerpo suele salir con rapidez. En seguida se aspiran la mucosidad y el líquido de la nariz, la boca y la garganta del recién nacido. El cordón umbilical se pinza y se corta. Luego se envuelve al recién nacido en una sábana ligera y se deposita sobre el abdomen de la madre o en una cuna tibia.

Una vez que ha nacido el bebé, el médico o la comadrona palpan suavemente con la mano el abdomen de la madre para asegurarse de que el útero sigue teniendo contracciones. Después del parto, la placenta habitualmente se desprende del útero en un plazo de entre 3 y 10 minutos; un chorro de sangre sigue al desprendimiento. Por lo general, la madre puede empujar la placenta hacia fuera por sí sola. Si no es capaz de hacerlo y la hemorragia es excesiva, se ejerce una firme presión sobre el abdomen materno, haciendo que la placenta se desprenda del útero y salga. Si la placenta no se ha expulsado pasados treinta minutos desde el nacimiento, el médico puede insertar una mano en el útero, separando la placenta del útero y extrayéndola.

Después de extirpar la placenta, se examina para verificar que esté completa. Los fragmentos que permanecen en el útero evitan que éste se contraiga. Estas contracciones son fundamentales para evitar que la madre siga sangrando en el área donde estaba adherida la placenta al útero. Por ello, en caso de quedar fragmentos, puede producirse una hemorragia después del parto, que en ocasiones es copiosa. También se pueden producir infecciones. Si la placenta está incompleta, el médico o la comadrona pueden eliminar los fragmentos que faltan con la mano. A veces, se han de extirpar quirúrgicamente estos fragmentos.

En muchos hospitales, tan pronto como se expulsa o se extirpa la placenta, se administra oxitocina a la mujer (por vía intravenosa o intramuscular) y se practican masajes periódicos en el abdomen para ayudar a que el útero se contraiga.

El médico sutura cualquier desgarramiento del cuello uterino, la vagina o los músculos cercanos y, si se realizó una episiotomía, la incisión practicada para este efecto. Luego se traslada a la mujer a la sala de recuperación, o bien permanece en la unidad de parto, alumbramiento, recuperación y posparto. A menudo, si el bebé no necesita más atención médica, se permite que permanezca con la madre. Usualmente, la mujer y su hijo están juntos en una zona cálida y privada durante 3 o 4 horas para que pueda iniciarse su vinculación afectiva. Muchas madres desean comenzar a amamantar al bebé poco después de su nacimiento. Más tarde, el bebé puede ser trasladado al pabellón de neonatos del hospital. En muchos hospitales se permite que la madre pueda tener al bebé junto a ella. Todos los hospitales con unidades de parto, alumbramiento, recuperación y posparto así lo prefieren. Cuando el bebé permanece con la madre, se le alimenta, por lo general, cuando lo pide y se enseña a la madre a cuidar de

su bebé antes de que abandonen el hospital. Si la madre necesita reposo, se puede llevar al bebé al pabellón para recién nacidos. Como la mayoría de las complicaciones, sobre todo hemorragias, se producen en las 24 horas siguientes al parto, las enfermeras y los médicos observan cuidadosamente a la mujer y al bebé durante este tiempo.

Complicaciones del parto y del alumbramiento

Por lo general, el parto y el alumbramiento se producen sin ningún problema. Los problemas graves son relativamente raros, y la mayoría pueden preverse y tratarse de forma eficaz. Sin embargo, en ocasiones, los problemas aparecen súbita e inesperadamente. Las visitas regulares al médico o a la comadrona durante el embarazo hacen que disminuya el riesgo de aparición de complicaciones y aumenten las probabilidades de tener un bebé saludable y un parto sin complicaciones.

■ Problemas con la determinación del tiempo del parto

El parto puede adelantarse (antes de la semana 37 de embarazo) o puede atrasarse (después de las 41 o 42 semanas de embarazo). Como resultado de ambas situaciones, la salud o vida del feto puede peligrar. El parto puede adelantarse o atrasarse cuando la mujer o el feto presentan algún problema médico, o el feto se encuentra en una posición anormal.

Menos del 10% de las mujeres dan a luz en la fecha indicada (por lo general se estima que esta fecha ronda las cuarenta semanas de embarazo). Alrededor del 50% de las mujeres dan a luz dentro de la semana anterior o posterior a la fecha estimada de parto, y casi el 90% durante las dos semanas anteriores o posteriores a ese momento. Resulta difícil determinar la duración del embarazo ya que, a menudo, no puede establecerse la

fecha exacta de la concepción. Al comienzo del embarazo, una ecografía, procedimiento seguro e indoloro, facilita la determinación de la fase en que se encuentra el embarazo. Desde mediados del embarazo y hasta el final de éste, las pruebas mediante ultrasonidos son menos fiables para determinar la duración del embarazo.

Ruptura prematura de las membranas: en aproximadamente el 10% de los embarazos normales, las membranas que contienen al feto y al líquido amniótico, se rompen antes de comenzar el trabajo de parto. Las contracciones suelen comenzar entre 12 y 48 horas antes del trabajo de parto. La ruptura de las membranas se denomina habitualmente ruptura de la bolsa. En este caso, el líquido que se encuentra dentro de las membranas (líquido amniótico) sale por la vagina. La cantidad de líquido expulsado varía, desde una gota hasta un chorro. Tan pronto como las membranas se rompen, la mujer debe ponerse en contacto con su médico o su comadrona.

Si el parto no comienza entre las 24 y las 48 horas tras la ruptura de la bolsa, el riesgo de infección del útero y el feto aumenta. Por esta razón, el médico o la comadrona suele inducir el parto de forma artificial, dependiendo de si el feto está lo suficientemente maduro para ello. El médico también puede analizar el líquido amniótico para determinar si los pulmones del feto tienen ya el desarrollo necesario. Si lo están, se induce el trabajo de parto para que nazca el bebé. Si no lo están, el médico, por lo general, no lo induce.

Se controla la temperatura y el pulso de la mujer al menos dos veces al día, ya que un aumento en la temperatura o en la frecuencia cardíaca pueden ser un primer signo de infección. Si aparece una infección, se provoca el parto para que nazca el bebé. En muy raras ocasiones la mujer puede irse a su casa. Sólo lo hará en el caso de que el líquido amniótico deje de salir y las contracciones se detengan. De ser así, la mujer debe ser examinada por su médico al menos una vez a la semana.

Trabajo de parto pretérmino: como los bebés nacidos prematuramente pueden tener problemas significativos de salud ● *(v. pág. 1773),* los médicos deben intentar evitar o detener el parto que comienza antes de la semana 34 del embarazo. Las causas del parto pretérmino no están bien definidas. Sin embargo, mantener hábitos saludables y realizar visitas periódicas al médico o a la comadrona durante el embarazo son de gran ayuda. Es difícil detener un parto prematuro. Si se produce hemorragia vaginal o las membranas se rompen, lo mejor es permitir que el trabajo de parto continúe. Si la hemorragia vaginal no se produce y las membranas no están filtrando líquido amniótico, a la mujer se le aconseja reposo y que limite sus actividades tanto como le sea posible, preferiblemente a las sedentarias. También se le administran líquidos y en ocasiones fármacos que pueden retrasar el trabajo de parto. Estas medidas a menudo retardan el trabajo de parto, pero sólo por un breve período de tiempo.

Entre los fármacos que pueden retrasar el trabajo de parto figuran el sulfato de magnesio y la terbutalina. El sulfato de magnesio aplicado por vía intravenosa detiene el parto pretérmino en muchas mujeres. Sin embargo, si la dosis es demasiado alta, puede disminuir la frecuencia cardíaca y respiratoria de la mujer. La terbutalina en inyección subcutánea también puede utilizarse para detener el parto prematuro. No obstante, este fármaco produce efectos secundarios, como es el aumento de la frecuencia cardíaca en la mujer, en el feto o en ambos. En ocasiones se usa la ritodrina en vez de la terbutalina.

Si el cuello uterino se dilata más de cinco centímetros, el parto suele continuar hasta que nazca el bebé. Si los médicos piensan que el parto prematuro es inevitable, se le puede administrar a la mujer un corticosteroide, como la betametasona. El corticosteroide ayuda a los pulmones del feto y otros órganos a madurar más rápidamente y reduce el riesgo de que, después del nacimiento, el bebé tenga distrés respiratorio (síndrome neonatal de distrés respiratorio).

Embarazo postérmino y posmadurez: en la mayoría de los embarazos que duran un poco más de 41 o 42 semanas no se presentan problemas respiratorios. Sin embargo, es posible que surja algún problema si la placenta no puede continuar manteniendo un ambiente sano para el feto. Este trastorno se denomina posmadurez.

Las pruebas para evaluar el movimiento del feto y su frecuencia cardíaca, así como la cantidad de líquido amniótico, que disminuye notablemente en los embarazos posmaduros, se inician a las 41 semanas. También se puede controlar la frecuencia respiratoria del feto y los sonidos del corazón. Los médicos pueden comprobar el bienestar del feto mediante un control electrónico fetal cardíaco ● *(v. recuadro pág. 1740).* Usualmente, a las 42 semanas, se induce el trabajo de parto o se practica una cesárea para que nazca el bebé.

Parto demasiado lento: si el trabajo de parto progresa muy lentamente, puede deberse a que el feto sea demasiado grande para avanzar por el canal del parto (pelvis y vagina). En este caso puede ser necesario realizar el parto con fórceps, con una ventosa o por medio de una cesárea. Si el canal del parto es suficientemente grande para el feto, pero el trabajo no avanza con la rapidez esperada, se le administra a la madre oxitocina intravenosa para que las contracciones del útero sean más enérgicas. Si la oxitocina no da resultado, se realiza una cesárea. Si el recién nacido está ya en posición para el parto, pueden utilizarse, en cambio, un fórceps o una ventosa.

■ Problemas que afectan al feto o al recién nacido

Si el trabajo de parto no se desarrolla normalmente, el feto o recién nacido puede presentar problemas.

Sufrimiento fetal: el sufrimiento fetal es una complicación del trabajo de parto. Se produce, por lo general, cuando el feto no ha recibido aporte de oxígeno durante un período suficiente. El indicador más sensible del sufrimiento fetal es la frecuencia cardíaca anormal del feto. Durante el trabajo de parto, la frecuencia cardíaca del feto se controla mediante un fonendoscopio, al principio del trabajo de parto, cada quince minutos y, conforme avanza el trabajo de parto, después de cada contracción. También se puede controlar constantemente mediante un monitor electrónico fetal cardíaco. Si se detecta una anomalía signi-

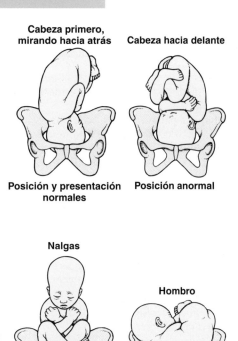
ficativa en la frecuencia cardíaca, ésta suele poder corregirse mediante la administración de oxígeno a la madre, el aumento de la cantidad de líquidos por vía intravenosa y haciendo que la madre repose sobre su lado izquierdo. Si estas medidas no son efectivas, se saca al bebé lo más rápido posible con el uso de fórceps, una ventosa o una cesárea. Si, tras la ruptura de las membranas, el líquido amniótico es de color verde, puede deberse a que el feto está sufriendo (aunque habitualmente no es el caso). Normalmente, esta anomalía de coloración está causada por la primera deposición del bebé (meconio fetal). El sufrimiento fetal puede asociarse con el postérmino (cuando la placenta funciona anormalmente en un embarazo postérmino) o con complicaciones del embarazo o del trabajo de parto que afectan a la mujer y, por consiguiente, también al feto.

Problemas respiratorios: en raras ocasiones, el bebé no comienza a respirar tras el nacimiento, a pesar de no haberse detectado problemas antes del parto. Entonces, el bebé requiere reanima-ción. El personal con experiencia en reanimación de bebés puede asistir al parto con este fin.

Posición y presentación del feto anormales: la posición hace referencia a si el feto está mirando hacia atrás (hacia la espalda de la madre o si está boca abajo) o con el cuello flexionado (con la cara hacia arriba). La presentación se refiere a la parte del cuerpo del feto que sale primero por el canal del parto. La combinación más frecuente y más segura es la del feto que mira hacia atrás (en dirección a la espalda de la madre), con la cara vuelta hacia la derecha o la izquierda, y con la cabeza primero (denominada presentación de vértice o cefálica), con el cuello doblado hacia adelante, el mentón hundido y los brazos cruzados sobre el pecho. Si el feto se encuentra en una posición o presentación diferente, el parto puede ser más difícil y quizá no sea posible el parto vaginal.

Cuando un feto mira hacia arriba (una posición anormal), el cuello frecuentemente está extendido más que flexionado y la cabeza necesita más espacio para pasar por el canal del parto. En

Parto de gemelos

La mayoría de los bebés se colocan en la posición idónea para nacer: con la cabeza hacia abajo pero a veces uno se coloca así y el otro de nalgas como en esta figura. En este caso, también es posible el parto vaginal. Cuando los dos bebés están de nalgas o atravesados , los bebés deben nacer por cesárea.

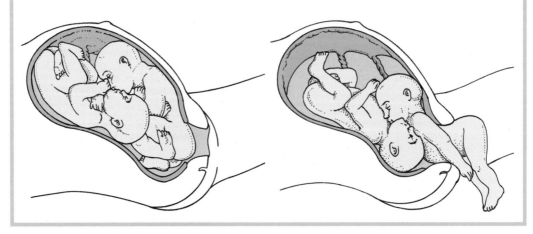

este caso puede ser necesario utilizar fórceps, una ventosa o realizar una cesárea.

Existen varias presentaciones anormales. En la presentación de cara, el cuello se arquea hacia atrás y, en consecuencia, lo que primero aparece es la cara. En la presentación de frente, el cuello está moderadamente arqueado y lo primero que se presenta es la frente. Por lo general, los fetos no permanecen en estas presentaciones; ellas se corrigen por sí solas. La presentación de nalgas, en la que los glúteos del feto se presentan primero, se produce en un 2 o un 3 % de los partos a término. Cuando el parto es vaginal, los fetos que presentan las nalgas primero tienen más probabilidades de lesionarse que los que se presentan de cabeza. Dichas lesiones pueden ocurrir antes, durante o después del nacimiento, y entre ellas se incluye la muerte. Las complicaciones son menos probables cuando la presentación de nalgas se detecta antes del trabajo de parto o del alumbramiento.

En ciertos casos, se puede girar al feto, presionando el abdomen de la madre antes de comenzar el parto, habitualmente entre las semanas 37 y 38 de embarazo, hasta llevarlo a una posición cefálica. Sin embargo, si el trabajo de parto empieza y el feto se presenta de nalgas, pueden aparecer complicaciones. Por ejemplo, el conducto que dejan las nalgas en el canal del parto puede no ser lo suficientemente amplio para que la cabeza (que es más ancha) lo atraviese. Además, cuando la cabeza sigue a las nalgas, ésta no puede moldearse para que quepa en el canal del parto, tal como lo

hace normalmente. Por consiguiente, el cuerpo del niño puede haber salido, mientras que la cabeza queda atrapada dentro de la madre. Como resultado, la médula espinal u otros nervios pueden sufrir distensiones y derivar en lesiones del sistema nervioso. Cuando el feto ya ha sido expulsado hasta la altura del ombligo, el cordón umbilical queda comprimido entre la cabeza del bebé y el canal del parto, por lo que el feto en esos momentos recibe muy poco oxígeno. Las lesiones cerebrales causadas por falta de oxígeno son más frecuentes en los fetos que se presentan de nalgas que en los que lo hacen de cabeza. En un primer parto, estos problemas empeoran porque los tejidos de la madre no se han distendido por partos previos. Como el niño puede lesionarse o morir, el parto por cesárea tiene preferencia cuando el feto se presenta de nalgas.

En ocasiones, un feto cruzado horizontalmente a lo largo del canal de nacimiento presenta los hombros primero. En este caso se realiza una cesárea, a menos que el feto sea el segundo de un parto gemelar. En tal caso, puede dársele la vuelta al feto para que nazca por la vagina.

Nacimientos múltiples: el número de partos gemelares, triples y otros nacimientos múltiples ha venido aumentando durante las dos últimas décadas. Durante el embarazo, suele ser posible confirmar el número de fetos mediante una ecografía.

Los gemelos producen una mayor dilatación del útero y la sobredistensión uterina tiende a producir un adelanto de las contracciones antes del final del embarazo. Como resultado, los gemelos suelen nacer prematuramente y ser pequeños. En algunos casos, el útero sobredilatado no se contrae lo suficiente después del parto, provocando hemorragias maternas. Como los fetos pueden tener varias posiciones y presentaciones, el parto vaginal puede complicarse. También, la contracción del útero después del parto del primer bebé puede desgarrar la placenta del feto o de los fetos restantes. Como resultado, estos fetos que siguen al primero pueden tener más problemas durante el parto y posteriormente a éste.

Por estas razones, los médicos pueden decidir con antelación la manera en que nacerán los gemelos: vaginalmente o por cesárea. A veces, el primer gemelo nace vaginalmente, pero para el segundo se considera más segura una cesárea. En los partos triples y otros nacimientos múltiples, los médicos suelen realizar una cesárea.

Distocia de hombros: la distocia de hombros se produce cuando un hombro del feto se encaja contra el hueso púbico de la madre; por consiguiente, el bebé queda atrapado en el canal del parto. La cabeza asoma al exterior, pero es atraída y apretada contra la apertura vaginal. El bebé no puede respirar porque el tórax está comprimido por el canal del parto. Como resultado, los niveles de oxígeno disminuyen en la sangre del bebé. Esta complicación es más frecuente cuando se trata de fetos grandes, en particular cuando el trabajo de parto ha sido difícil o cuando se han utilizado fórceps o una ventosa porque la cabeza del feto no ha descendido completamente en la pelvis.

Cuando ocurre esta complicación, el médico rápidamente prueba varias técnicas para desatascar el hombro y lograr que el bebé nazca por vía vaginal. En circunstancias extremas, si las técnicas son infructuosas, el bebé puede ser empujado hacia atrás dentro de la vagina para que nazca por cesárea.

Prolapso del cordón umbilical: el prolapso de cordón tiene lugar cuando el cordón umbilical precede al bebé en su paso por la vagina. Este problema aparece en 1 de cada 1 000 partos aproximadamente. Cuando el cordón umbilical se prolapsa, puede comprimirse y el bebé deja de recibir sangre. Esta complicación puede ser evidente o pasar desapercibida.

El prolapso es evidente cuando las membranas se han roto y el cordón umbilical sale hacia la vagina antes de que lo haga el bebé. Suele producirse cuando un bebé viene de nalgas (presentación de nalgas), pero también sucede cuando presenta

la cabeza, en particular si las membranas se rompen prematuramente o el feto no ha descendido dentro de la pelvis de la madre. Si el feto no ha descendido, el chorro de líquido producido por la ruptura de las membranas desplaza al cordón hacia afuera por delante del feto. Si se produce un prolapso del cordón, es necesario el parto inmediato, casi siempre por cesárea, para evitar que el suministro de sangre al feto se suspenda. Hasta que se inicia la intervención quirúrgica, la enfermera o el médico sostiene el cuerpo del feto lejos del cordón para que el suministro de sangre por el cordón prolapsado no se interrumpa.

En el prolapso oculto, cuando pasa desapercibido, las membranas están intactas y el cordón se encuentra frente al feto o atrapado en su hombro. Por lo general, el prolapso oculto se identifica gracias a un patrón anormal en la frecuencia cardíaca fetal. Al cambiar la posición de la madre o al levantar la cabeza del feto, suele aliviarse la presión sobre el cordón. En ocasiones, se debe practicar una cesárea.

Cordón alrededor de la nuca: el cordón umbilical está enrollado alrededor del cuello del feto en aproximadamente una cuarta parte de los partos. Normalmente, no sobreviene lesión para el bebé. Este problema puede detectarse a veces antes del nacimiento, mediante una ecografía, pero no requiere acción alguna. Los médicos examinan de forma rutinaria a la madre al estar

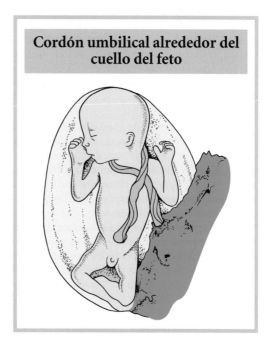

Cordón umbilical alrededor del cuello del feto

dando a luz para comprobar la presencia del cordón. Si lo detectan, pueden deslizar el cordón sobre la cabeza del bebé.

■ Problemas que afectan a la mujer

Preeclampsia: la preeclampsia es una complicación del embarazo. Este trastorno implica hipertensión arterial que se desarrolla al final del embarazo o poco después del parto. La preeclampsia puede llevar al desprendimiento de la placenta del útero (*abruptio placentae*) ● *(v. pág. 1727)* y a problemas en los recién nacidos.

Embolia del líquido amniótico: En muy raras ocasiones, un volumen de líquido amniótico (el que rodea al feto en el útero) penetra en el torrente sanguíneo de la madre, habitualmente durante un parto bastante difícil. El líquido viaja a los pulmones de la madre y puede ocasionar la obstrucción de las arterias pulmonares. Ello puede provocar una aceleración de la frecuencia del corazón, arritmia, colapso, *shock*, o incluso un paro cardíaco y la muerte. El trastorno que sobreviene cuando la coagulación de la sangre se extiende (coagulación intravascular diseminada) es una complicación habitual, que requiere una asistencia urgente ● *(v. pág. 1199).*

Hemorragia uterina: después del nacimiento del bebé, la hemorragia (hemorragia posparto) copiosa desde el útero es una de las principales complicaciones dignas de preocupación. Por lo general, la mujer pierde alrededor de medio litro de sangre después del parto. Se pierde sangre porque algunos vasos sanguíneos se desgarran cuando la placenta se desprende del útero. Las contracciones del útero ayudan a cerrar estos vasos hasta que pueden sanar.

Una pérdida de más de medio litro de sangre durante o después de la tercera etapa del trabajo de parto (en el momento en que se expulsa la placenta) se considera excesiva. La pérdida de una cantidad importante de sangre suele producirse poco después del parto, pero el riesgo subsiste hasta un mes más tarde.

La hemorragia copiosa puede aparecer cuando las contracciones del útero se ven alteradas después del parto. Por ello, los vasos sanguíneos que se desgarraron con el desprendimiento de la placenta continúan sangrando. Las contracciones pueden verse modificadas si el útero se ha distendido demasiado, por ejemplo, debido a una cantidad excesiva de líquido amniótico en su interior, por varios fetos o por uno muy grande. Las contracciones también pueden afectarse si una parte de la placenta sigue dentro del útero después del parto, si el trabajo de parto ha sido prolongado o anormal, si la mujer ha estado embarazada varias veces o si se utilizó un anestésico relajante muscular durante las contracciones y el parto. La hemorragia excesiva puede ser el resultado del desgarramiento de la vagina o del cuello uterino durante el parto o del bajo nivel de fibrinógeno en la sangre (proteína que ayuda a su coagulación). La hemorragia excesiva después de un parto puede aumentar el riesgo de repetición de episodios similares en los partos siguientes.

Antes de iniciarse el trabajo de parto, el médico suele tomar las medidas necesarias para evitar o estar preparado para hemorragias excesivas después del parto. Por ejemplo, determinar si la mujer tiene alguna enfermedad que aumente el riesgo de hemorragia, como una cantidad excesiva de líquido amniótico. Si la mujer tiene un tipo de sangre poco común, los médicos se aseguran de que se dispone de la suficiente sangre de este tipo. Después de la expulsión de la placenta, se somete a la mujer a un control cuidadoso durante una hora por lo menos, para tener la certeza de que el útero se ha contraído y para evaluar la hemorragia vaginal.

En caso de sobrevenir una hemorragia grave, se practica un masaje en la parte inferior del abdomen de la mujer y se administra oxitocina por vía endovenosa continua para ayudar a contraer el útero. Si la hemorragia persiste, pueden inyectarse prostaglandinas en el músculo uterino a fin de facilitar la contracción del útero. En algunos casos, la mujer puede necesitar una transfusión.

Los médicos investigan la causa de una hemorragia excesiva. Se puede examinar el útero en busca de fragmentos de placenta. Su extracción puede realizarse mediante dilatación y legrado. En este procedimiento, se pasa por el cuello uterino (que generalmente permanece abierto después del parto) un instrumento pequeño y agudo denominado cureta o legra ● *(v. pág. 1609).* Este instrumento se utiliza para extraer los fragmentos que han quedado dentro del útero. Este procedimiento requiere anestesia. También se examina el cuello uterino y la vagina para detectar desgarros.

Si el útero no puede ser estimulado para que se contraiga y se reduzca la hemorragia, es posible que sea necesario efectuar una ligadura de las arterias que llevan la sangre al útero. Los procedimientos utilizados no suelen tener efectos noci-

Utilización de fórceps o de un extractor por vacío

El fórceps o el extractor por vacío se utilizan para ayudar al parto. El fórceps se coloca alrededor de la cabeza del bebé. El extractor por vacío utiliza la succión para adherirse a la cabeza del bebé. Con cualquiera de estos dispositivos, el niño sale suavemente del cuerpo de su madre mientras ella puja.

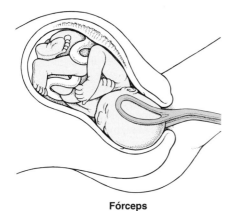

Fórceps

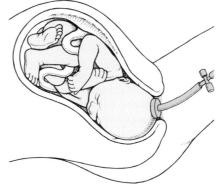

Extractor por vacío

vos duraderos para la salud, como la infertilidad, o anomalías en la menstruación. La extirpación del útero (histerectomía) rara vez es necesaria.

Inversión del útero: en escasas ocasiones, el útero se da la vuelta de adentro hacia afuera y sobresale por el cuello uterino, en o por la vagina. La inversión del útero es una urgencia médica que debe ser tratada rápidamente. Los médicos devuelven el útero a su posición normal (lo reinvierten) manualmente. Por lo general, la mujer se recupera por completo después de este procedimiento.

■ Procedimientos utilizados durante el trabajo de parto

La **inducción del trabajo de parto** consiste en iniciarlo de forma artificial. Por lo general, el trabajo de parto se induce mediante la aplicación de oxitocina, una hormona que hace que el útero se contraiga más frecuente y enérgicamente. La oxitocina administrada es idéntica a la oxitocina producida por la glándula hipófisis. Se administra por vía intravenosa con una bomba de infusión, para que la cantidad de fármaco pueda ser controlada con precisión. Algunas veces, también se administran prostaglandinas, que ayudan a dilatar el cuello uterino, para que el trabajo de parto se inicie con mayor prontitud. Durante la inducción y el trabajo de parto, la frecuencia cardíaca

fetal se registra electrónicamente. Al principio, se coloca un sensor sobre el abdomen de la madre. Después de la ruptura de las membranas, se puede insertar un sensor interno por la vagina, que se conecta al cuero cabelludo del feto. Si la inducción no da resultado, se practica una cesárea.

La **inducción** es la aceleración artificial del trabajo de parto que se viene desarrollando de manera ineficaz o muy lentamente. La oxitocina se utiliza para provocar el trabajo de parto. El parto se induce cuando la paciente tiene contracciones que no están influyendo activamente en el movimiento del feto hacia el canal de nacimiento.

La **lentificación del trabajo de parto** es el procedimiento artificial que retrasa un proceso demasiado rápido y enérgico. En ocasiones, la mujer tiene contracciones demasiado intensas, muy próximas entre ellas, o ambas cosas. Si el uso de la oxitocina provoca las contracciones, su administración debe interrumpirse inmediatamente. La mujer puede ser colocada en otra posición y recibir analgésicos. Si las contracciones se producen espontáneamente, se puede administrar un fármaco (como la terbutalina o la ritodrina) para detenerlas o disminuirlas.

El **fórceps** es un instrumento quirúrgico metálico, similar a unas pinzas, con puntas redondeadas que se coloca alrededor de la cabeza del feto. El fórceps se utiliza en algunas ocasiones durante un parto normal para facilitarlo. El fórceps puede ser necesario cuando el feto está sufriendo o está en una posición anormal, cuando la mujer tiene dificultad para pujar, o cuando el trabajo de parto se prolonga demasiado. (Algunas veces, en cambio, en estas situaciones los médicos optan por una cesárea.) Si el parto con fórceps no es exitoso, se realizará esta intervención quirúrgica. En raras ocasiones, la utilización de fórceps produce pequeñas lesiones en la cara del bebé o desgarra la vagina de la madre.

Se puede utilizar una **ventosa** en vez de fórceps para ayudar al parto. Una ventosa consta de una pequeña copa, hecha de un material similar a la goma, que se conecta a un aspirador. Se introduce en la vagina y se adhiere a la cabeza del bebé mediante succión. En escasas ocasiones, la ventosa produce contusiones en el cuero cabelludo del bebé.

La **cesárea** es el parto quirúrgico mediante una incisión realizada en el abdomen y el útero de la madre. Se recurre a este procedimiento cuando los médicos consideran que es más seguro que el parto vaginal para la madre, para el bebé o para ambos. Alrededor de una cuarta parte de los partos se realizan por cesárea. En este procedimiento quirúrgico participan un obstetra, un anestesista, enfermeras y, a veces, un pediatra. El uso de anestésicos, fármacos intravenosos, antibióticos y transfusiones de sangre permiten que una cesárea sea un procedimiento seguro. El hecho de estimular a la mujer a que camine un poco tras la cirugía reduce el riesgo de una embolia pulmonar, proceso que tiene lugar cuando los coágulos de sangre que se forman en las piernas o la pelvis viajan a los pulmones y obstruyen las arterias pulmonares. En comparación con el nacimiento por vía vaginal, el nacimiento por cesárea es más doloroso posteriormente e implica una estancia mucho más prolongada en el hospital o la clínica y un restablecimiento más lento.

Para realizar una cesárea, se practica una incisión en la parte superior o inferior del útero. Es más frecuente una incisión en la parte inferior. Esto se debe a que esta parte tiene menos vasos sanguíneos, así que suele perderse menos cantidad de sangre. Además, la herida cicatriza de forma más resistente, de modo que no existe la probabilidad de que se abra en los partos siguientes. La incisión en el segmento inferior puede ser horizontal o vertical. Por lo general, se practica una incisión en la parte superior si la placenta cubre el cuello uterino (una complicación llamada placenta previa), si el feto se encuentra en posición horizontal a través del canal de nacimiento o si es muy prematuro.

Por lo general, las mujeres a quienes se ha realizado una incisión en el segmento inferior tienen la posibilidad de elegir entre tener un parto vaginal u otra cesárea. El parto vaginal es exitoso aproximadamente en tres cuartas partes de estas mujeres. Sin embargo, deberán planear tener a su bebé en instalaciones equipadas para realizar, con rapidez, una cesárea, porque existe una posibilidad muy pequeña de que la incisión de la última cesárea se abra durante el trabajo de parto.

CAPÍTULO 262

El posparto

El posparto es el período de 6 a 8 semanas que siguen al parto, y en el que el cuerpo de la madre vuelve al estado anterior al embarazo.

Después del parto, suelen aparecer habitualmente algunos síntomas, pero por lo general son leves y temporales. Las complicaciones son raras. No obstante, el médico, los miembros del personal del hospital o algún grupo encargado del cuidado de la salud, por lo general conciertan una visita a domicilio o un programa de seguimiento estricto. Las complicaciones que se dan con mayor frecuencia son las hemorragias excesivas (hemorragia posparto ● *v. pág. 1748*); las infecciones vesicales, renales o mamarias; los problemas con la lactancia ● *(v. pág. 1763)* y la depresión. Una hemorragia posparto puede producirse poco después del parto, pero existe también la posibilidad de que sobrevenga aproximadamente un mes más tarde.

■ Expectativas sobre su estancia en el hospital

Inmediatamente después del parto, se programa un control estricto de la madre. Los miembros del personal del hospital se esfuerzan considerablemente para reducir su dolor y el riesgo de hemorragia e infección. Después de la extracción o expulsión de la placenta (momento que sigue al nacimiento del bebé), una enfermera practica masajes periódicos en el abdomen de la madre para favorecer la contracción del útero. Si es necesario, se aplica oxitocina para estimular dicha contracción. El fármaco se administra en forma intravenosa mediante una bomba de infusión continua por un período de 1 a 2 horas después del parto. Estas medidas son de gran ayuda para asegurarse de que el útero se contraiga y mantenga la contracción, evitando así una hemorragia excesiva.

Si durante el parto se aplica anestesia general (lo que es excepcional), se efectúa una monitorización durante un período de 2 a 3 horas después del parto, generalmente en una sala de recuperación bien equipada con acceso a oxígeno, sangre del mismo tipo que la de la madre y líquidos intravenosos.

Dentro de las primeras 24 horas, la frecuencia cardíaca de la madre disminuye, su temperatura puede subir ligeramente y el número de glóbulos blancos aumenta temporalmente. Se produce también una secreción vaginal sanguinolenta durante 3 o 4 días. Durante los siguientes 10 o 12 días, la secreción se vuelve marrón pálida, y posteriormente amarillenta. La secreción puede continuar hasta unas seis semanas después del parto. Para absorber esta secreción, se pueden utilizar compresas que se cambian con frecuencia. Después del parto, la producción de orina a menudo aumenta considerablemente, de forma temporal. Como la sensibilidad de la vejiga se reduce después del parto, la nueva madre debe tratar de orinar de forma regular, al menos cada cuatro horas. Ello evita que la vejiga se llene en exceso y ayuda a evitar infecciones de las vías urinarias. También se alienta a la nueva madre a defecar antes de salir del hospital. Puede tomar laxantes, si es que los necesita, para evitar el estreñimiento, que puede causar o empeorar las hemorroides. La aplicación de compresas calientes y un gel que contenga un anestésico local puede aliviar el dolor de las hemorroides, si existen.

Durante las primeras fases de la lactancia, las mamas se congestionan por los efectos de la leche. Algunas veces se endurecen y duelen. Si la madre no tiene planeado amamantar a su bebé, el uso de sostenes apretados, la aplicación de bolsas de hielo y la administración de analgésicos, como la aspirina o el paracetamol (acetaminofén), pueden aliviar el malestar.

Para las madres que sí están amamantando, la succión regular del bebé al alimentarse, ayuda a reducir la congestión de los senos. El uso permanente de un sujetador especial en las madres lactantes puede producir el mismo efecto. Si las mamas están muy inflamadas, es posible que la madre tenga que extraer su leche manualmente justo antes de amamantar al bebé, de tal forma que su boca se ajuste alrededor de la areola (la zona de piel pigmentada que rodea el pezón). Si la madre se siente incómoda entre los períodos de alimentación del bebé, para disminuir la presión, puede extraer la leche manualmente mientras toma una ducha tibia. Sin embargo, la extracción de la leche entre tomas ocasiona muchas veces una continua congestión de las mamas y sólo debe hacerse cuando es necesario para aliviar la molestia.

Después de las primeras 24 horas, la recuperación es rápida. La madre puede seguir una dieta regular en cuanto lo desee, a veces poco tiempo después del parto. Debe levantarse de la cama y caminar lo antes posible. Si el parto fue vaginal, la nueva madre puede comenzar sus ejercicios para fortalecer los músculos abdominales, a menudo después del primer día. Los ejercicios abdominales con las rodillas flexionadas, realizados en la cama, dan buenos resultados. Sin embargo, la mayoría de las nuevas madres están demasiado cansadas para empezar sus ejercicios de forma inmediata después del parto.

La madre debe someterse a un examen antes de abandonar el hospital. Si nunca ha tenido rubéola ni se ha aplicado la vacuna contra esta enfermedad, es necesario que lo haga el día en que le den de alta. Si tiene sangre Rh-negativa y el feto tiene sangre Rh-positiva, se le administra inmunoglobulina $Rh_0(D)$ dentro de los tres días que siguen al parto. Este fármaco destruye los glóbulos rojos del bebé que hayan podido pasar a la circulación materna y que puedan disparar la producción de anticuerpos por parte de la madre. Estos anticuerpos pueden poner en peligro los embarazos siguientes ● (v. pág. 1724). La nueva madre vuelve a ser examinada al cabo de seis semanas.

Antes de abandonar el hospital, la madre también recibe información acerca de los cambios que sufrirá su organismo y el tipo de métodos anticonceptivos que puede utilizar mientras su organismo se recupera del parto.

Si la madre y el bebé están sanos, pueden, por lo general, ser dados de alta dentro de las 48 horas siguientes al parto vaginal, y dentro de las 96 horas después de una cesárea.

■ Expectativas de la madre a su regreso a casa

El útero, aún agrandado, continúa contrayéndose por algún tiempo y disminuye su tamaño de forma progresiva durante las dos semanas siguientes. Estas contracciones son irregulares y a menudo dolorosas. Las contracciones se intensifican con la lactancia. La lactancia desencadena la producción de la hormona oxitocina. La oxitocina estimula el flujo de leche (denominado reflejo de descenso) y las contracciones uterinas. Normalmente, al cabo de unos 5 o 7 días, el útero ya está firme y no vuelve a doler, pero sigue algo agrandado y se extiende hasta la mitad del espacio entre el hueso púbico y el ombligo. Alrededor de dos semanas después del parto, el útero vuelve a su tamaño normal. Sin embargo, el abdomen de la nueva madre no volverá a tener su apariencia plana anterior al embarazo al menos hasta que transcurran varios meses, aunque practique ejercicios físicos. Las marcas producidas por la distensión de la piel pueden notarse todavía durante un año.

La madre puede ducharse o bañarse, pero debe evitar los lavados vaginales durante al menos las dos semanas posteriores al parto. El lavado de la zona que rodea la vagina con agua tibia 2 o 3 veces al día ayuda a reducir la sensación dolorosa. Los baños de asiento tibios pueden aliviar el dolor ocasionado por la episiotomía o las hemorroides. Estos baños se toman en posición sentada con el agua cubriendo sólo las caderas y las nalgas.

Las madres que no están amamantando pueden tomar fármacos para dormir o para reducir el dolor. Para el dolor, se les suele administrar paracetamol (acetaminofén) o un antiinflamatorio no esteroideo (AINE). Las madres que sí están amamantando reciben cantidades limitadas de estos fármacos porque la mayoría de ellos pasan a la leche materna ● *(v. recuadro pág. 1734).*

Las madres que amamantan necesitan aprender cómo colocar el bebé durante la comida ● *(v. fig. pág. 1763).* La mala posición del bebé puede inflamar los pezones de la madre. A veces, el bebé retrae el labio inferior al succionar, con lo que irrita el pezón. En estos casos, la madre, utilizando el dedo pulgar, puede llevar suavemente el labio del bebé hacia afuera. Después de cada toma, debe dejar que la leche se seque por sí sola en los pezones, en lugar de limpiarlos o lavarlos. En todo caso, se pueden secar los pezones con un secador de pelo a baja potencia, si la madre lo desea. En climas muy secos se puede aplicar lanolina hipoalergénica o ungüentos sobre los pezones. Deben evitarse los sujetadores con estructuras plásticas.

Mientras la madre está amamantando, necesita nutrientes adicionales, en especial calcio. Los productos lácteos son una fuente excelente de calcio. Las nueces y los vegetales de hojas verdes pueden ser sustitutos de los productos lácteos, en caso de que la madre no tolere estos últimos. También puede tomar suplementos de calcio. Los suplementos vitamínicos no son necesarios si la alimentación de la madre está bien equilibrada, en particular si incluye suficientes cantidades de vitaminas B_6, B_{12} y C.

La madre puede reanudar su actividad normal en cuanto se sienta preparada para hacerlo. Puede volver a mantener relaciones sexuales en cuanto lo desee y se sienta a gusto. Se recomienda el uso de anticonceptivos porque puede volver a quedarse embaraza tan pronto como empiece a ovular de nuevo. Las madres que no están amamantando a sus hijos comienzan habitualmente a ovular de nuevo alrededor de cuatro semanas después del parto, antes de su primera menstruación. Sin embargo, la ovulación puede producirse antes. Las madres que están amamantando tienden a comenzar su ovulación y menstruación algo más tarde, por lo general de 10 a 12 semanas después del parto. El intervalo depende de la cantidad de alimento diferente a la leche mamaria que el bebé consuma. Si más de las 4/5 partes del alimento del bebé proviene de la leche materna, es poco probable que se produzca la ovulación. En ciertos casos, una madre que está amamantando ovula, menstrúa y queda embarazada al igual que otra que no amamanta.

La recuperación completa después del embarazo no se produce hasta transcurridos más o menos 1 o 2 años, razón por la cual los médicos suelen recomendar a la nueva madre esperar este período antes de quedarse embarazada de nuevo (aunque ella puede no seguir ese consejo). En su primera visita al médico después del parto, la nueva madre puede consultar las diferentes opciones de anticonceptivos ● *(v. pág. 1687)* y elegir una que se ajuste a su situación. Una mujer que acaba de ser vacunada contra la rubéola debe esperar al menos un mes antes de quedarse embarazada de nuevo para evitar poner al feto en peligro.

■ Infecciones después del parto

Inmediatamente después del parto, la temperatura de la madre con frecuencia aumenta. Una temperatura de 38,3 °C o más alta durante las primeras doce horas después del parto puede ser indicio de una infección, pero por lo general, no lo es. Sin embargo, en estos casos, la mujer debe ser evaluada por su médico o por su comadrona. Generalmente se diagnostica una infección posparto cuando han transcurrido al menos 24 horas desde el parto y la mujer ha tenido una temperatura de 38 °C o más en dos ocasiones, al menos con seis horas de diferencia. Las infecciones después del parto son poco frecuentes porque los médicos tratan de evitarlas reduciendo los problemas que pueden conducir a su desarrollo. Sin embargo, las infecciones pueden llegar a ser graves. Por ello, si una mujer tiene una temperatura de más de 38 °C en cualquier momento durante la primera semana después del parto, debe llamar al médico.

Las infecciones después del parto pueden estar directamente relacionadas con este acontecimiento (las que se desarrollan en el útero o en la zona alrededor del útero) o indirectamente (las que se presentan en los riñones, la vejiga, las mamas o los pulmones).

☐ INFECCIONES DEL ÚTERO

Las infecciones posparto suelen comenzar en el útero. Si una infección en las membranas que contienen al feto (saco amniótico) fue la causa de la fiebre durante el trabajo de parto, puede acabar en una infección del revestimiento uterino (endometritis), del músculo uterino (miometritis) o de las zonas circundantes (parametritis).

➤ Causas y síntomas

Las bacterias que normalmente viven en una vagina saludable pueden causar una infección después del parto. Las enfermedades que hacen que una mujer tenga más probabilidades de desarro-

llar una infección incluyen anemia, preeclampsia ● *(v. pág. 1723)*, exámenes vaginales repetidos, un retraso de más de dieciocho horas entre la ruptura de las membranas y el parto, un trabajo de parto prolongado, una cesárea, fragmentos placentarios retenidos en el útero después del parto y hemorragia excesiva (hemorragia posparto).

Los síntomas suelen incluir palidez, escalofríos, cefalea, sensación general de enfermedad o malestar y pérdida del apetito. La frecuencia cardíaca es rápida y el número de glóbulos blancos es anormalmente alto. El útero se hincha, duele y tiene una consistencia blanda. Por lo general, se presenta una secreción vaginal maloliente, que varía en cantidad.

Cuando los tejidos que están alrededor del útero se infectan, se hinchan y, en consecuencia, mantienen el útero inflamado y doloroso rígidamente en su sitio. La mujer experimenta dolor intenso y fiebre alta.

El revestimiento abdominal puede llegar a inflamarse y sobrevenir una peritonitis. Pueden formarse coágulos de sangre en las venas pélvicas, ocasionando una tromboflebitis pélvica. Un coágulo puede ir al pulmón y obstruir una arteria localizada allí, lo que causa una embolia pulmonar. Las sustancias venenosas (toxinas) producidas por las bacterias que causan la infección pueden alcanzar altos niveles en el torrente sanguíneo, conduciendo a un *shock* tóxico. Cuando sobreviene un *shock* tóxico, la presión arterial desciende de manera notable y la frecuencia cardíaca se encuentra muy acelerada. El *shock* puede provocar una lesión renal grave e incluso la muerte.

➤ Diagnóstico y tratamiento

Una infección se suele diagnosticar a partir de los resultados de una exploración física. Las muestras de orina, sangre y secreción vaginal se someten a cultivos especiales para detectar bacterias.

Si el útero está infectado, la mujer suele recibir un antibiótico por vía intravenosa durante 48 horas o hasta que la fiebre haya desaparecido. Se le continuarán administrando antibióticos por vía oral durante unos días.

☐ INFECCIONES DE LA VEJIGA Y LOS RIÑONES

En ciertos casos, se produce una infección al colocar una sonda en la vejiga para vaciar la orina acumulada durante y después del parto. A veces puede haber bacterias en la vejiga durante el embarazo que no causan síntomas hasta después del parto. La infección renal (pielonefritis) está causada por la diseminación de bacterias procedentes de la vejiga y puede aparecer después del parto.

Los síntomas pueden incluir fiebre y micción dolorosa o frecuente. Cuando la infección llega hasta los riñones puede provocar dolor en la parte inferior de la espalda o en los costados, sensación general de enfermedad o de malestar y estreñimiento.

Por lo general, en estos casos se le administra un antibiótico a la mujer. Si no hay evidencia de que se haya extendido la infección de la vejiga a los riñones, los antibióticos se administran únicamente durante unos pocos días. Si se sospecha que existe una infección renal, se administran antibióticos hasta que la mujer deje de tener fiebre durante 48 horas. También se someten las muestras de orina a un cultivo para identificar las bacterias. Después de obtener los resultados del cultivo, el antibiótico puede cambiarse por uno que sea más eficaz contra las bacterias causantes de la infección. La ingestión de gran cantidad de líquidos ayuda a mantener los riñones en correcto funcionamiento y expulsa las bacterias de las vías urinarias. Pasado un plazo de 6 a 8 semanas tras el parto, se somete a cultivo otra muestra de orina para verificar que la infección esté curada.

☐ INFECCIÓN DE LAS MAMAS

Una infección mamaria (mastitis ● *v. también pág. 1650*) puede producirse después del parto, en general durante las primeras seis semanas y casi siempre en las mujeres que están amamantando. Si la piel de los pezones o la piel de alrededor, se agrieta, sus bacterias pueden penetrar en los conductos mamarios y causar una infección. Una mama infectada suele tener un aspecto hinchado y rojizo, es dolorosa al tacto y se siente caliente. La infección también puede producir fiebre. Una fiebre que aparece diez días después del parto está a menudo causada por una infección de la mama, aunque también puede tratarse de una infección renal.

Las infecciones se tratan con antibióticos. Las mujeres con una infección mamaria y que están amamantando deben continuar haciéndolo. La lactancia materna disminuye el riesgo de un absceso mamario (una acumulación de pus), aunque es muy raro que se presente. Los abscesos

mamarios se tratan con antibióticos y, por lo general, se drenan quirúrgicamente.

■ Coágulos de sangre

El riesgo de formación de trombos o coágulos de sangre (enfermedad tromboembólica) aumenta después del parto. Por lo general, los coágulos de sangre se producen en las piernas o en la pelvis (un trastorno denominado tromboflebitis). Una fiebre que aparece entre los 4 y 10 días posteriores al parto puede ser causada por un coágulo de sangre.

El tratamiento se basa en la aplicación de compresas calientes (para reducir las molestias), la aplicación de vendas compresivas por un médico o una enfermera y el reposo en cama con la pierna elevada (levantando el pie de la cama quince centímetros). Si es preciso, se administran fármacos anticoagulantes.

■ Trastornos de la glándula tiroides

En un 4 a un 7% de las mujeres, la glándula tiroides no funciona normalmente durante los primeros seis meses después del parto. Por lo general, los niveles de la hormona tiroidea pueden estar temporalmente altos o bajos. Las mujeres con una historia clínica familiar de trastornos de tiroides o diabetes tienen mayor susceptibilidad a padecerlos. Y las que ya han experimentado un trastorno de tiroides, como el bocio o la tiroiditis de Hashimoto, tienen mayor probabilidad de que el trastorno empeore. En estos casos se requiere tratamiento.

■ Depresión posparto

La depresión posparto es una sensación de extrema tristeza y trastornos psicológicos relacionados, durante las primeras semanas o meses después del parto.

El sentimiento de tristeza o melancolía durante los tres días posteriores al nacimiento del bebé es frecuente después del parto. Las nuevas madres no deben preocuparse mucho por estos sentimientos ya que habitualmente desaparecen a las dos semanas. La depresión posparto es un cambio de humor más grave. Puede durar semanas o meses. Este trastorno afecta alrededor de un 1 % de las mujeres. Una forma aún más grave, muy poco frecuente, denominada psicosis posparto, incluye un comportamiento psicótico.

Las causas de la tristeza o depresión posparto no están muy claras. La disminución repentina de los niveles de hormonas, particularmente del estrógeno y de la progesterona, pueden contribuir. La depresión que existía antes del embarazo es probable que evolucione y se convierta en depresión posparto. Las mujeres que han sufrido depresiones antes del embarazo deben contárselo a su médico o comadrona durante el mismo. La tensión emocional o el estrés del parto y del cuidado de un recién nacido también pueden contribuir a que aparezca este cuadro. Estas tensiones incluyen un trabajo de parto y un alumbramiento difíciles, insomnio y sentimientos de aislamiento y de incompetencia. Las mujeres que desarrollan depresión posparto pueden haber tenido ese tipo de trastorno u otro de carácter psicológico antes del embarazo o es posible que existan parientes cercanos depresivos. La falta de apoyo social y la discordia matrimonial aumentan la probabilidad de que se presente una depresión posparto.

Los síntomas pueden incluir llanto frecuente, cambios de humor e irritabilidad, al igual que sentimientos de tristeza.

Otros síntomas menos frecuentes son cansancio extremo, dificultad para concentrarse, problemas para conciliar el sueño, pérdida de interés por el sexo, ansiedad, alteraciones en el apetito y sentimientos de insuficiencia o de desesperación. Estos síntomas afectan a las actividades diarias de la mujer. Es posible que una mujer con depresión posparto no muestre interés alguno por su bebé.

En la psicosis posparto, la depresión puede estar asociada con pensamientos suicidas o violentos, alucinaciones o comportamiento extraño. La psicosis posparto incluye a veces un deseo de hacer daño al bebé.

Si la mujer está triste, el apoyo de sus familiares y amigos es generalmente todo lo que ella necesita. Pero si se diagnostica depresión, también necesitará ayuda profesional. Habitualmente, se recomienda una combinación de asesoramiento y antidepresivos ● *(v. tabla pág. 744)*. Una mujer que tiene psicosis posparto puede necesitar hospitalización, preferiblemente en una unidad que le permita mantener al bebé con ella. Quizá sea necesaria la administración de fármacos antipsicóticos ● *(v. tabla pág. 778)* al igual que antidepresivos. Una mujer que está amamantando debe consultar a su médico antes de tomar cualquiera de estos fármacos para determinar si puede continuar amamantando ● *(v. recuadro pág. 1734)*.

CAPÍTULO 263

Recién nacidos e infantes sanos

El paso exitoso del feto, inmerso en el líquido amniótico y totalmente dependiente de la placenta para alimentarse y respirar, al bebé que sale al mundo exterior llorando y respirando aire, es un proceso que despierta una profunda admiración. Los recién nacidos sanos (considerados desde el nacimiento hasta la edad de 1 mes) y lactantes (del mes de vida al año) necesitan una serie de buenos cuidados para asegurar su desarrollo normal y una buena salud que permanezca en el tiempo.

▪ Cuidados iniciales

Inmediatamente después del nacimiento del bebé, el médico o la enfermera extraen la mucosidad y

Corte del cordón umbilical

Tan pronto como el bebé nace, se colocan dos pinzas en el cordón umbilical y se corta el cordón entre las pinzas. La pinza del cordón umbilical se retira en las 24 horas posteriores al nacimiento. El muñón debe mantenerse limpio y seco. Algunos médicos recomiendan aplicar al muñón diariamente una solución de alcohol o de yodo. El muñón se cae por sí solo en una o dos semanas.

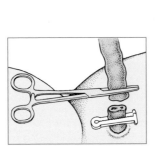

El cordón se secciona

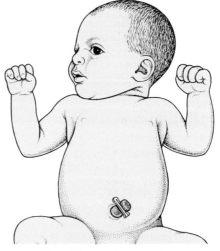

El cordón se sujeta con pinzas

otra serie de sustancias de la boca, de la nariz y de la garganta mediante una sonda de aspiración. El recién nacido ya es entonces capaz de respirar. A continuación, se colocan dos pinzas en el cordón umbilical, una al lado de la otra, y se corta el cordón por la parte que se encuentra entre las pinzas. Después se seca al bebé y se le coloca cuidadosamente en una manta caliente y estéril o sobre el abdomen de la madre.

A continuación, se pesa y se mide al recién nacido. El médico examina al neonato en busca de cualquier anomalía obvia o de signos de sufrimiento; después se le realiza una exploración física completa. El estado general del recién nacido se registra al minuto y a los cinco minutos después del nacimiento, según la puntuación de Apgar. Una baja puntuación de Apgar es signo de dificultades en el recién nacido y de la posibilidad de que necesite asistencia adicional respiratoria o cardiovascular. Sin embargo, al contrario de lo que se puede pensar, los bebés con una baja puntuación de Apgar no son más propensos a desarrollar ciertos problemas, como una parálisis cerebral o incapacidades permanentes.

Es esencial mantener al bebé en un ambiente cálido. Tan pronto como sea posible, se le envuelve en una manta ligera y se le cubre la cabeza para reducir la pérdida de calor corporal. Se colocan unas gotas de antibiótico en los ojos, para evitar las infecciones procedentes de los microorganismos nocivos con los que pueda haber estado en contacto durante el parto.

Habitualmente, la madre, el padre y el bebé se recuperan juntos en la sala de partos. Si el parto es en un centro neonatal, la madre, el padre y el recién nacido permanecen juntos en el mismo cuarto. Si la madre desea amamantar, debe poner al bebé sobre su pecho en los primeros treinta minutos. Luego se traslada al bebé a la sala de cuidados y se le coloca de lado, en una cuna pequeña, siempre procurando que se mantenga su calor. La posición de costado evita que el reflujo gastroesofágico o la mucosidad obstruyan las vías respiratorias y le impidan respirar. Dado que todos los bebés nacen con escasa cantidad de vitamina K, se les administra una inyección de esta vitamina para prevenir hemorragias (enfermedad hemorrágica del recién nacido).

Alrededor de seis horas o más después del nacimiento se baña al recién nacido. La enfermera intenta no quitar el unto sebáceo blanquecino (vernix caseosa) que cubre la mayor parte de la piel del recién nacido, ya que esta sustancia lo protege de las infecciones.

■ Exploración física

El médico, por lo general, realiza al recién nacido una exploración física completa dentro de las primeras doce horas de vida. El examen empieza con una serie de mediciones, que incluyen el peso, la talla y el perímetro craneal. El peso medio al nacer es 3,5 kilogramos y la talla media es cincuenta centímetros. A continuación, el médico examina la piel del bebé, la cabeza y la cara, el corazón y los pulmones, el sistema nervioso, el abdomen y los genitales.

La piel es habitualmente rojiza, aunque los dedos de las manos y de los pies pueden tener un matiz azulado debido a la escasa circulación de sangre durante las primeras horas. El recién nacido puede tener diversas prominencias duras bajo la piel (necrosis de la grasa subcutánea) en los lugares donde la presión de los huesos ha destruido cierta cantidad de tejido graso. Cuando se han utilizado fórceps durante el parto, estos nódulos aparecen sobre todo en la cabeza, las mejillas y en el cuello. Dichos nódulos pueden abrirse al exterior y expulsar un líquido claro de color amarillo, pero habitualmente se solucionan y desaparecen con rapidez.

Un parto eutócico deja la cabeza del bebé levemente deformada durante algunos días. Los huesos que forman el cráneo se superponen y esto permite que la cabeza se comprima para facilitar el parto. La inflamación y la contusión del cuero cabelludo son muy frecuentes. A veces puede sangrar uno de los huesos del cráneo y su membrana externa (periostio), lo cual produce una pequeña protuberancia en la cabeza (cefalohematoma) que desaparece al cabo de pocas semanas. Cuando el bebé nace de nalgas (presentación de nalgas) habitualmente la cabeza no se deforma; sin embargo, pueden inflamarse y sufrir magulladuras los genitales o los pies.

La presión durante el parto vaginal puede causar magulladuras en la cara. Además, la compresión sufrida en el canal del parto puede hacer que inicialmente la cara parezca asimétrica. Esta asimetría a veces se produce cuando uno de los nervios que inerva los músculos de la cara se lesiona durante el parto. En las siguientes semanas el recién nacido suele recuperarse de forma gradual.

El médico ausculta con un fonendoscopio el corazón y los pulmones para detectar posibles anomalías. El pediatra inspecciona el color de la piel y la condición general para detectar cualquier signo de problemas. También se controla la intensidad del pulso en las ingles.

Tres reflejos habituales de los recién nacidos

En el **reflejo de Moro,** cuando se asusta al recién nacido, sus brazos y piernas se mueven lentamente hacia adelante con los dedos extendidos. En el **reflejo de búsqueda,** cuando se toca cualquier lado de la boca, el recién nacido gira la cabeza hacia ese lado. Este reflejo le permite encontrar el pezón. En el **reflejo de succión,** cuando un objeto se coloca en la boca del recién nacido, comienza a succionar inmediatamente.

El médico busca la existencia de anomalías en el sistema nervioso y explora los reflejos del bebé. Los reflejos más importantes del recién nacido son el reflejo de Moro y los reflejos de búsqueda y succión.

Muchos trastornos graves que no son aparentes al nacer pueden, sin embargo, detectarse mediante un análisis de sangre en los recién nacidos. El diagnóstico y el tratamiento precoz pueden reducir o prevenir trastornos que pueden afectar al correcto desarrollo del niño.

Seguidamente, el médico examina la conformación general del abdomen, analizando además el tamaño, la forma y la posición de los órganos internos como los riñones, el hígado y el bazo. Un aumento en el tamaño de los riñones puede indicar una obstrucción del flujo urinario.

También comprueba la flexibilidad y movilidad de los brazos, las piernas y las caderas y descarta la existencia de una posible luxación de caderas en el recién nacido.

El neonatólogo examina los genitales para asegurarse de que la uretra esté abierta y en una ubicación correcta. En el varón, los testículos deben estar situados en el escroto. En la niña, los labios son prominentes; la exposición a las hormonas de la madre hace que se encuentren aumentados de tamaño durante las primeras semanas. El médico examina el ano para asegurarse de que el orificio no esté herméticamente cerrado.

■ Los primeros días

Inmediatamente después de un nacimiento normal, la madre y el padre son invitados a sostener al recién nacido. La lactancia puede comenzar en ese momento si la madre lo desea. Algunos expertos creen que el contacto físico precoz con el bebé ayuda a establecer vínculos. Sin embargo, los padres pueden crear buenos vínculos de unión con sus bebés incluso si no pasan las primeras horas juntos. Durante el breve tiempo que madre y bebé pasan en el hospital, los nuevos padres aprenden a alimentar, asear y vestir al bebé y se familiarizan con las actividades del recién nacido y sus sonidos.

La pinza de plástico del cordón umbilical se retira pasadas las primeras veinticuatro horas del nacimiento. Algunos médicos recomiendan que se den toquecitos diariamente en el muñón del cordón umbilical con una solución de alcohol para que cicatrice rápidamente, y así disminuir la posibilidad de infección; una pomada con antibiótico no debe utilizarse ante la posibilidad de demora del proceso de cicatrización. El muñón se cae por sí solo en 1 o 2 semanas.

Si los padres desean realizar la circuncisión, ésta se lleva a cabo habitualmente en los primeros días de vida. La decisión de someter a un recién nacido a la circuncisión generalmente depende de las creencias religiosas o de las preferencias personales de los padres. La principal razón médica para realizar la circuncisión es la existencia de un prepucio excepcionalmente tenso que obstruya el flujo de la orina. Aunque los varones que han sido circuncidados tienen menos riesgo de desarrollar cáncer de pene e infecciones del tracto urinario, estos riesgos pueden reducirse con una buena higiene. La circuncisión puede complicarse con una infección, una hemorragia excesiva, cicatrices y, raramente, con la amputación accidental del extremo del pene. Alrededor de entre un 2 y un 20 por 1 000 de los niños requieren más tarde de un procedimiento quirúrgico menor para corregir diversos problemas resultantes de la circuncisión. Un número igual de varones no circuncisos requieren una circuncisión más tarde en su vida.

La circuncisión no debe realizarse si el niño no ha orinado o si el pene presenta cualquier anomalía, ya que el prepucio puede ser necesario, años más tarde, para alguna cirugía plástica reparadora. La circuncisión debe demorarse si durante el embarazo la madre ha tomado sustancias que aumentan el riesgo de hemorragias, tales como anticoagulantes o aspirina; el médico, en este caso, debe esperar hasta que todas estas sustancias hayan sido eliminadas del torrente sanguíneo del recién nacido.

La mayoría de los recién nacidos presentan una leve erupción cutánea durante la primera semana. Habitualmente, ésta aparece en las áreas del cuerpo expuestas al roce de la ropa (brazos, piernas y espalda) y, rara vez, en la cara. Tienden a desaparecer por sí solas sin tratamiento alguno. La aplicación de lociones o talcos, el uso de jabones perfumados y la colocación de pantalones de plástico sobre los pañales tienden a empeorar la erupción, especialmente cuando hace calor. Al cabo de unos días, la piel se seca y se descama, especialmente en los pliegues de las muñecas y de los tobillos.

Después del primer día, la piel de los recién nacidos por lo demás sanos puede tornarse de un color amarillo (ictericia). La ictericia que aparece antes de las veinticuatro horas de vida es particularmente preocupante.

La primera orina producida por un recién nacido es concentrada y, a menudo, contiene sustancias químicas llamadas uratos, que pueden teñir el pañal de color rosado. Si un recién nacido no orina durante las primeras veinticuatro horas de vida, el médico tratará de averiguar la razón. El retraso en el orinar es más frecuente en los niños.

La primera deposición consiste en una sustancia pegajosa de color negro verdoso (meconio). Todos los bebés deben eliminar el meconio en las primeras veinticuatro horas después del nacimiento. La imposibilidad de evacuar se debe habitualmente a un tapón de meconio endurecido en el intestino del bebé que, por lo general, puede ser extraído mediante uno o más enemas suaves. Si se trata de un defecto congénito, la obstrucción puede ser más grave.

Después de pasar unos días en el hospital, el recién nacido está en condiciones de ser llevado a su hogar. Tener un nuevo bebé en la casa requiere grandes ajustes por parte de todos los miembros de la familia. La llegada de un bebé a un hogar en donde no hay hijos ocasiona cambios notables en el estilo de vida. Cuando se tienen más niños, los celos pueden ser un problema. Hay que preparar a los niños para la llegada del nuevo miembro de la familia y tener cuidado en prestarles la atención necesaria e incluirlos fácilmente en ese proceso de transición. Los animales domésticos también pueden necesitar una atención especial para ayudarles a aceptar al recién nacido. En algunos casos, puede ser necesario mantener al animal alejado del bebé.

■ Alimentación

Un recién nacido normal tiene reflejos de búsqueda y de succión activos y puede comenzar a comer inmediatamente después del nacimiento. Si el bebé no ha sido colocado en el pecho de la madre inmediatamente después del nacimiento, la alimentación comenzará habitualmente en las cuatro horas posteriores al nacimiento.

La mayoría de los bebés tragan aire junto con la leche. Dado que el bebé no puede, por lo general, eructar por sí mismo, los padres deben ayudarle a expulsar el aire sosteniéndolo reclinado contra el pecho con la cabeza contra el hombro, dándole suaves palmaditas en la espalda. La combinación de la palmadita y la presión ejercida contra el hombro por lo general conduce a un eructo audible, a menudo acompañado de la salida de una pequeña cantidad de leche. Muchos expertos recomiendan exclusivamente amamantar al bebé o suministrarle una alimentación con fórmula de inicio durante los primeros seis meses.

☐ ALIMENTACIÓN CON LECHE MATERNA

La leche de la madre es el alimento ideal para el recién nacido. Además de proporcionar los nutrientes necesarios en una fórmula más fácil de digerir y de absorber, la leche materna contiene anticuerpos y glóbulos blancos que protegen al bebé de las infecciones. La leche materna cambia favorablemente el pH de la defecación, así como la flora intestinal del bebé y, de esta manera, lo protege de la diarrea bacteriana. Debido a las cualidades protectoras de la leche materna, los bebés amamantados suelen padecer menos enfermedades infecciosas que los alimentados con biberón. La lactancia también ofrece ventajas a las madres; por ejemplo, les permite crear un lazo de unión y sentirse cerca del bebé de una forma que el biberón no permite. Si bien en las sociedades desarrolladas el biberón fue sustituyendo a la lactancia materna, hoy los dos tercios de las madres amamantan a sus bebés, y este porcentaje sigue en aumento. La madre que trabaja puede amamantar a su bebé mientras está en casa y dejar en un biberón leche materna o fórmula de inicio para alimentarlo mientras se encuentra fuera. La mayoría de los médicos recomiendan dar diariamente vitamina D como suplemento a los niños después de 2 meses de edad.

Antes de que la mama produzca leche, fluye del pezón un líquido fino y amarillo, llamado calostro. El calostro es rico en calorías, proteínas y anticuerpos. Los anticuerpos son absorbidos por el cuerpo directamente a través del estómago, pro-

Posiciones para la lactancia del bebé

La madre debe adoptar una postura cómoda y relajada. Puede sentarse o recostarse y sostener al bebé en diferentes posiciones. La madre debe encontrar la posición más cómoda para ella y para el bebé. También puede alternar las diferentes posiciones.

Una posición común es sostener al bebé sobre el regazo para que el bebé esté estómago con estómago con la madre. Cuando el bebé se está alimentando por el lado izquierdo, la madre apoya el cuello y la cabeza del bebé en su brazo izquierdo. Se debe llevar al bebé hasta el seno, no acercar el seno al bebé. Los apoyos son importantes para la madre y para el bebé. Se pueden colocar almohadas detrás de la espalda o debajo del brazo de la madre. Para evitar inclinarse sobre el bebé puede ser útil colocar los pies sobre un taburete o una mesa baja. Inclinarse hacia adelante produce tensión en la espalda y una irritación en el pezón. Se puede colocar una almohada o manta doblada debajo del niño como soporte adicional.

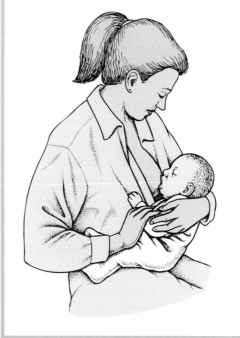

tegiendo al bebé contra muchas de las infecciones.

La madre debe adoptar una postura cómoda, relajada, quizás casi recostada, y cambiar de posición para dar cada pecho. La cara del bebé debe dirigirse hacia la madre. La madre debe sostener el seno con los dedos pulgar e índice por la parte superior y con los otros dedos por debajo, mientras acerca el pezón al labio inferior del bebé. Esto estimula al bebé a abrir la boca (reflejo de búsqueda) y a tomar el pecho. Al tiempo que la madre acerca el pezón y la areola a la boca del bebé, se asegura de que el pezón quede centrado, lo que contribuye a evitar la irritación del mismo. Antes de retirar al bebé del pecho, la madre interrumpe la succión introduciendo el dedo en la boca del bebé y apretando suavemente su barbilla hacia abajo. Una mala postura causa irritación en los pezones y es más fácil evitarla que curarla.

Inicialmente, el bebé se alimenta durante varios minutos de cada seno. El reflejo resultante en la madre (reflejo de subida) activa la producción de leche. La producción de la leche depende del tiempo de succión; por lo tanto, la alimentación debe ser lo suficientemente larga para que se establezca una plena producción de la misma. Durante las primeras semanas, el bebé debe lactar de ambos senos en cada toma; sin embargo, algunos recién nacidos se quedan dormidos tras alimentarse del primer seno. El último pecho utilizado debe ser usado el primero en la próxima toma. Con el primer bebé, la producción de leche suele establecerse en un período de entre 72 y 96 horas. Con los siguientes bebés se requiere menos tiempo. Si la madre está particularmente cansada durante la primera noche, la toma de la madrugada puede ser reemplazada por agua. Sin embargo, no deben transcurrir más de seis horas entre las tomas, con el propósito de que se estimule la producción de leche. La alimentación debe fijarse de acuerdo con la necesidad del bebé y no según el reloj. De la misma manera, la duración de cada sesión de lactancia debe ajustarse a las necesidades del recién nacido. Los bebés se alimentan de 8 a 12 veces al día, pero este número varía ampliamente.

La madre debe llevar al bebé al médico, sobre todo cuando es el primero, entre los 3 o 5 días después del parto, para que pueda controlar el progreso de la lactancia y aclarar cualquier duda. El médico puede necesitar ver al bebé antes si el recién nacido fue dado de alta antes de las primeras veinticuatro horas de vida, si no se alimenta bien o si los padres tienen alguna preocupación en particular. Dado que las madres no pueden decir exactamente cuánta leche toma el bebé, el médico usa la frecuencia de alimentación y la ganancia de peso para definir si la cantidad de leche producida es la adecuada. Los bebés que manifiestan hambre y son alimentados cada 1 o 2 horas, pero no alcanzan un aumento de peso y de talla apropiado para su edad probablemente no estén recibiendo suficiente leche.

El momento para la interrumpción de la lactancia (destete) depende de las necesidades y los deseos, tanto de la madre como del bebé. Se considera ideal la lactancia materna exclusivamente por lo menos por seis meses y la combinación de la lactancia materna junto con la introducción de alimentos sólidos hasta la edad de 12 meses. El destete gradual durante semanas o meses es más fácil que el destete repentino, tanto para el bebé como para la madre. Inicialmente las madres reemplazan de 1 a 3 sesiones de lactancia en el día por un biberón o un potito de zumo de fruta, un biberón de leche materna conservada o uno de fórmula de inicio. Algunas tomas, especialmente las de las horas de la comida, deben ser reemplazadas por alimentos sólidos. Aprender a beber de una taza es un hito importante en el proceso del desarrollo y esta transición puede completarse a la edad de 10 meses. Gradualmente, las madres reemplazan más sesiones de lactancia, aunque muchos niños continúan con 1 o 2 sesiones diarias hasta la edad de 18 a 24 meses o incluso más. Cuando la madre lacta por un tiempo más largo, el bebé debe, además, recibir alimentos sólidos y beber del vaso.

☐ ALIMENTACIÓN CON BIBERÓN

En el hospital, por lo general, se alimenta al recién nacido poco después del nacimiento y luego, de forma ideal, según la demanda del bebé. Durante la primera semana de vida, los bebés toman 30 o 60 mililitros cada toma, aumentando gradualmente a 90 o 120 mililitros alrededor de 6 a 8 veces al día en la segunda semana. Los padres no deben insistir en que el recién nacido termine totalmente el biberón sino, más bien, permitirle que tome lo que quiera cuando tenga hambre. A medida que el bebé va creciendo exige mayor cantidad y consume hasta 180 o 240 mililitros cada toma en el tercer o cuarto mes. La posición correcta de los bebés que toman biberón es semirreclinada o sentada. Los bebés no deben tomar el biberón acostados porque la leche puede entrar en la nariz o en la trompa de Eustaquio. Los niños que ya son capaces de sostener el biberón no deben acostarse tomándolo porque la constante exposición a la leche o al zumo puede causar daño a los dientes y producir caries.

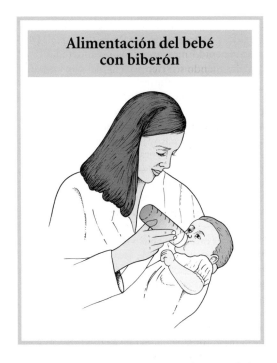

Alimentación del bebé con biberón

Las leches de fórmula comerciales para bebés contienen un balance adecuado de nutrientes, calorías y vitaminas que se expenden en botellas listas para alimentar, esterilizadas, o botes de fórmula concentrada en polvo que deben ser diluidos en agua. Las fórmulas alimentarias vienen con o sin suplemento de hierro; la mayoría de los médicos recomiendan una leche de fórmula que contenga hierro. Los padres que utilizan fórmulas concentradas o polvos deben seguir cuidadosamente las instrucciones de preparación que aparecen en el envase. Las fórmulas alimentarias están, por lo general, preparadas con leche de vaca, aunque existen fórmulas basadas en la soja, que son beneficiosas para bebés que no pueden tolerar la leche de vaca. No hay diferencias a largo plazo en la salud en los niños alimentados con una u otra de estas fórmulas. Durante el primer año de vida no es apropiado alimentar al bebé con leche de vaca.

Para minimizar la exposición del bebé a microorganismos, la fórmula alimentaria debe administrarse en envases esterilizados. Los biberones plásticos desechables eliminan la necesidad de esterilizar los biberones. Las tetinas de los biberones deben ser esterilizadas en una olla con agua en ebullición durante cinco minutos. Los padres deben calentar la leche a la temperatura del cuerpo. Los biberones llenos o los envases de fórmula alimentaria que se usan con envases desechables deben colocarse al baño maría, lo que permite obtener la temperatura tibia del cuerpo. Los recién nacidos pueden quemarse gravemente si la leche de fórmula se encuentra demasiado caliente, de forma que los padres deben agitar el biberón suavemente para uniformar la temperatura, y luego comprobarla colocando algunas gotas sobre la parte más sensible de la piel de la muñeca. Al tacto, la temperatura de la fórmula alimentaria no debe estar ni fría ni caliente. No se recomienda el uso de hornos microondas para calentar la formula alimentaria ya que puede calentar en exceso el alimento.

El tamaño del orificio de la tetina es importante. En general, si se tiene el biberón boca abajo la formula alimentaria debe salir lentamente. Para los bebés de más edad que consumen una mayor cantidad de líquido el orificio de la tetina debe ser mayor.

☐ INICIACIÓN DE LA ALIMENTACIÓN SÓLIDA

El momento de empezar con la alimentación sólida depende de las necesidades del bebé y de su predisposición. Generalmente, los bebés necesitan alimentos sólidos cuando están lo suficientemente grandes para necesitar una fuente más concentrada de calorías que la leche de fórmula. Esto se detecta cuando un bebé toma un biberón entero y queda satisfecho, pero al poco tiempo, en 2 o 3 horas, de nuevo siente hambre. Esto suele ocurrir hacia los 6 meses de edad. Los bebés menores de esta edad no pueden deglutir alimentos sólidos con facilidad, aunque algunos pueden ingerir sólidos a edades más tempranas si se les coloca el alimento en la parte posterior de la lengua. Algunos padres estimulan a los niños muy pequeños a comer grandes cantidades de alimentos sólidos para que duerman durante toda la noche. Es poco probable que este método funcione, y forzar al bebé a consumir alimentos prematuramente puede causar neumomías por aspiración y problemas de alimentación más adelante. Muchos bebés consumen sólidos después de una sesión de lactancia materna o de tomar el biberón, ya que con ambos satisfacen la necesidad de chupar y rápidamente calman el apetito.

Los niños pequeños desarrollan más fácilmente alergias a la comida o intolerancias alimentarias que los niños mayores o los adultos. Si se dan muchos alimentos diferentes en un período breve, es difícil detectar cuál puede haber sido el responsable de la reacción. Por ello, los padres deben suministrar los nuevos alimentos separados y no más de uno nuevo por semana. Cuando se determine que un alimento ha sido tolerado por el bebé, se puede suministrar uno nuevo.

Habitualmente se empieza con cereales, seguidos de frutas y verduras. La carne, que es una buena fuente de proteínas, debe suministrarse más tarde, a partir de los 7 meses. Muchos de los bebés al principio rechazan la carne.

La comida debe ofrecerse en una cuchara para que el bebé aprenda la nueva técnica de alimentación. A la edad 6 o 9 meses los bebés son capaces de tomar la comida con la cuchara y llevársela a la boca, por lo que deben ser estimulados para comer por sí mismos. Sin embargo, los bebés se atragantan con facilidad con los alimentos pequeños, los trocitos duros (los cacahuetes, las zanahorias crudas, los caramelos y las galletas pequeñas), por lo que estos alimentos deben ser evitados. Los alimentos caseros son menos costosos que los alimentos comerciales y proporcionan una adecuada nutrición.

Aunque los bebés disfrutan de los alimentos dulces, el azúcar no es un nutriente esencial y debe ser suministrado sólo en pequeñas cantidades. Los postres endulzados no son alimentos beneficiosos para el bebé. La miel debe evitarse durante el primer año de vida porque puede contener esporas de *Clostridium botulinum*, que son inofensivas en los niños mayores y los adultos, pero que pueden causar botulismo en los bebés.

■ Deposiciones y orina

Los bebés generalmente orinan de 15 a 20 veces al día. La orina varía de color de muy clara hasta un amarillo oscuro. La cantidad de deposiciones varía de un bebé a otro en frecuencia, color, y consistencia, dependiendo de la naturaleza de cada bebé y del contenido de la dieta. El número de veces que el bebé defeca varía de una al día a 6 o 8 veces al día. La consistencia de la deposición oscila de dura y bien formada a blanda y líquida. El color de la deposición oscila entre amarillo mostaza y café oscuro. La deposición de los lactantes tiende a ser más suave y clara que la de los bebés alimentados con fórmula.

Los pañales deben cambiarse con frecuencia para mantener la piel seca. La piel mojada molesta mucho más que la piel seca y tiene mayor probabilidad de desarrollar una dermatitis del área del pañal. Los pañales modernos super absor-

bentes contienen una capa de gel que absorbe el líquido y lo mantiene separado de la piel. Después de micciones pequeñas o moderadas estos pañales mantienen más seca la piel que los pañales de tela; en cualquier caso, se debe cambiar cualquier tipo de pañal cuando la piel esté expuesta a la humedad. Los pañales deben ser revisados a menudo y cambiados inmediatamente si se encuentran sucios, porque las bacterias que normalmente están presentes en la materia fecal pueden descomponer la urea, una sustancia de la orina, dando como resultado un pH alcalino que puede irritar la piel. Existen varias consideraciones ambientales relacionadas con los pañales. Los pañales desechables consumen más cantidad de materiales que los de tela y contribuyen significativamente al aumento de basuras de los vertederos. Por otro lado, los pañales de tela consumen grandes cantidades de energía y sustancias químicas en el proceso de lavado.

Los polvos para bebés ayudan a mantener la piel seca cuando el bebé está ligeramente sudado, pero no mantienen la piel seca de la orina o de las deposiciones, por lo que no son indispensables. Los polvos hechos con talcos pueden ocasionar problemas en los pulmones si son inhalados por los bebés; por lo tanto, deben comprarse en su lugar polvos que contengan almidón de maíz.

■ Sueño

Dado que el sistema nervioso del recién nacido es inmaduro, duerme una gran cantidad de tiempo, pero sólo por espacio de una o dos horas seguidas, ya sea de día o de noche. De las 4 a las 6 semanas de edad, muchos bebés tienen un ciclo de vigilia y de sueño de cuatro horas respectivamente. Sólo a partir de los 2 o 3 meses de edad los bebés son capaces de adoptar un patrón de sueño nocturno. A partir del año de edad, la mayoría de los bebés duermen de 8 a 9 horas de forma continua durante la noche.

Los padres pueden ayudar al bebé para que duerma correctamente en la noche estimulándolo menos durante las horas avanzadas de la tarde, y manteniendo el cuarto con la luz apagada, lo que es importante para el desarrollo de una visión normal. Los niños deben aprender a dormir por sí solos a temprana edad y no en los brazos de sus padres. De este modo, será posible para los bebés estar tranquilos cuando se despierten a mitad de la noche.

Para reducir a mínimos el riesgo del síndrome de muerte súbita del lactante los niños deben

El primer año del bebé: desarrollo físico

Durante el primer año de vida, el médico controla el peso y la talla del bebé en cada visita para asegurarse de que el crecimiento progresa en una proporción adecuada. Los percentiles son un forma de comparar a los bebés de la misma edad. Para un bebé en el percentil 10 de peso, 10 % de los bebés pesan menos y 90 % pesan más. Para un bebé en el percentil 90, 90 % de los bebés pesan menos y 10 % pesan más. Para un bebé en el percentil 50, 50 % de los bebés pesan menos y 50 % pesan más. Más importante que el percentil real es cualquier cambio significativo del percentil entre las visitas que se realizan al médico.

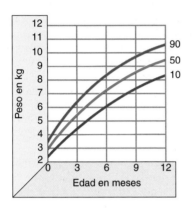

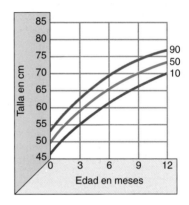

NIÑAS

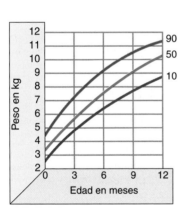

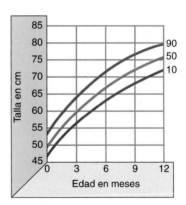

NIÑOS

dormir boca arriba y no sobre el estómago. Esta recomendación ha ayudado a reducir la incidencia de este síndrome en los últimos años. Además, los niños no deben dormir con almohadas blandas, juguetes, o mantas pesadas que puedan impedir la respiración.

■ Desarrollo físico

El desarrollo físico de un niño depende de factores hereditarios, de la nutrición y del medio ambiente. También pueden influir en el crecimiento las anomalías físicas y psicológicas. Para un crecimiento óptimo se requiere tanto de una buena nutrición como de una buena salud.

Un recién nacido normalmente pierde del 5 al 7 % del peso del nacimiento durante los primeros días de vida. Los recién nacidos que lactan pueden perder hasta el 7 % del mismo. Este peso se recupera al final de las primeras dos semanas, a medida que el recién nacido empieza a comer más. A continuación, un bebé gana por lo general alrededor de treinta gramos al día durante los

EL PRIMER AÑO DEL BEBÉ: HITOS EN EL DESARROLLO

EDAD	HITO	EDAD	HITO
1 mes	Se lleva las manos hacia los ojos y la boca.	7 meses	Se sienta sin apoyo.
	Mueve la cabeza de un lado a otro cuando está acostado sobre el estómago.		Sostiene algo de peso en las piernas cuando se mantiene erguido.
	Sigue un objeto que se mueve en arco, a unos 15 cm de la cara, en su línea media (justo delante).		Pasa objetos de una mano a otra.
			Busca los objetos que se caen.
			Responde a su propio nombre.
	Responde de alguna manera a un ruido, con asombro, llorando o calmándose.		Responde cuando le dicen "no".
			Balbucea, combinando vocales y consonantes.
	Puede volverse hacia sonidos y voces familiares.		Se balancea con excitación antes de jugar.
	Se concentra mirando una cara.		Juega al escondite.
3 meses	Levanta la cabeza 45 grados (posiblemente 90 grados) cuando está acostado sobre el estómago.	9 meses	Se esfuerza para obtener un juguete que está fuera del alcance.
	Abre y cierra las manos.		Se molesta si se le retira el juguete.
	Empuja hacia abajo si se colocan sus pies sobre una superficie plana.		Se arrastra o gatea sobre las manos y las rodillas.
	Se balancea y alcanza juguetes suspendidos.		Se empuja a sí mismo para ponerse de pie.
	Sigue un objeto que se mueve en arco, encima de la cara, de un lado al otro.		Se mantiene en posición de pie apoyándose en alguien o algo.
	Observa atentamente los rostros.		Dice "mama" o "dada" indiscriminadamente.
	Sonríe cuando oye la voz de la madre.		
	Comienza a hacer ruidos.	12 meses	Se coloca en la posición sentada a partir del estómago.
5 meses	Mantiene la cabeza firme cuando está en posicion vertical.		Camina apoyándose en los muebles y puede dar uno o dos pasos sin apoyo.
	Rueda en una dirección, por lo general del estómago hacia la espalda.		Se mantiene de pie unos momentos.
	Intenta alcanzar objetos.		Dice "papa" y "mama" a la persona apropiada.
	Reconoce a la gente de lejos.		Bebe de una taza.
	Escucha atentamente las voces de las personas.		Aplaude con las manos y las mueve para decir adiós.
	Sonríe espontáneamente.		
	Chilla de alegría.		

primeros dos meses, y 0,5 kilogramos por mes después de esto. El bebé, generalmente, dobla el peso del nacimiento a la edad de 5 meses y lo triplica al llegar a 1 año de edad. La talla de un bebé aumenta en más o menos un 30% a los cinco meses y en más de un 50% al año.

Los órganos crecen en diferentes proporciones. Por ejemplo, el sistema reproductor tiene una breve aceleración de crecimiento justo después del nacimiento, y luego cambia muy poco hasta justo antes de la pubertad. En contraste, el cerebro crece casi exclusivamente en los primeros años de vida. En el momento del nacimiento, el cerebro tiene la cuarta parte del tamaño que alcanzará en la edad adulta. Al año de vida, el cerebro alcanza las tres cuartas partes del tamaño del adulto. Hacia el final del primer año de vida, los riñones funcionan como en la persona adulta.

Los dientes delanteros de la arcada inferior comienzan a aparecer a la edad de 5 o 9 meses. Los dientes delanteros superiores comienzan a aparecer algo más tarde, en torno a los 8 o 12 meses de edad.

■ Desarrollo conductual, social e intelectual

El desarrollo social, intelectual y del comportamiento varía considerablemente de un niño a otro. Algunos niños se desarrollan más rápidamente que otros, aunque ciertos patrones pueden ser de carácter hereditario, como la demora en el caminar o al hablar. Factores ambientales, como una insuficiente estimulación, pueden retrasar el desarrollo; al contrario, la estimulación puede acelerarlo. Factores físicos, como la sordera, pueden también retrasar el desarrollo. Aunque el desarrollo de un niño suele ser continuo, pueden existir pausas temporales en el desarrollo de una función en particular, como la del habla.

El llanto es un medio de comunicación. Los bebés lloran porque tienen hambre, están incomodos, angustiados y por muchas otras razones que pueden no ser obvias. Los lactantes lloran, por lo general, a las 6 semanas de edad tres horas al día y habitualmente disminuyen a una hora al día a los tres meses. Por lo general, los padres ofrecen comida al bebé que llora, le cambian el pañal y buscan la fuente del dolor o de malestar. Si esto no funciona, a veces es de mucha ayuda tomarlo en brazos o caminar con el bebé. En algunas ocasiones nada funciona. Los padres no deben forzar al bebé a comer cuando está llorando si no quiere, ya que si la causa del llanto fuera hambre él comería de buena gana.

■ Promoción de un desarrollo óptimo

Evidentemente, los bebés necesitan comida y refugio apropiados para su crecimiento físico. Si sus necesidades físicas son respetadas regular y constantemente, aprenden rápidamente que la persona que se ocupa de ellos es una fuente de satisfacción, creando lazos firmes de confianza y de afecto.

Además de las necesidades físicas, los bebés necesitan afecto y estimulación para el desarrollo emocional e intelectual. Algunos padres proporcionan una estructura organizada al niño usando una variedad de juguetes y de artilugios. Sin embargo, el aspecto ambiental es menos importante que la existencia de una agradable y positiva interacción en la que disfruten tanto los padres como el bebé. Los padres que proporcionan sonrisas en sus rostros, hablan amigablemente, le dan contacto físico y amor, aunque no compren una gran variedad de juguetes y artilugios, no están afectando el desarrollo del bebé.

■ Visitas preventivas de salud

Los bebés saludables deben ser atendidos por su médico con regularidad durante el primer año de vida. Las visitas generalmente se realizan a la semana y a las dos semanas, así como a los 2, 4, 6, 9 y 12 meses de edad. Durante estas visitas, el médico supervisa el desarrollo y el crecimiento del niño mediante la medición de la talla, del peso y de la circunferencia de la cabeza, y pregunta a los padres sobre diferentes e importantes aspectos del desarrollo. El médico también examina al niño en busca de diversas anomalías, incluyendo signos sugerentes de trastornos hereditarios. Se exploran los oídos y la vista. A los bebés nacidos prematuramente (gestación de menos de 37 semanas) se les examina regularmente para detectar una retinopatía (una enfermedad de los ojos) típica de la prematuridad ● *(v. pág. 1784)*. Finalmente, en muchas de esta visitas, el médico vacuna al niño contra diversas enfermedades.

Estas visitas de control también permiten al médico educar a los padres sobre temas como la comida, el sueño, el comportamiento, la seguridad del niño y los buenos hábitos de salud. Además, el médico advierte a los padres sobre los cambios que espera encontrar en el bebé en la próxima visita.

■ Vacunaciones

Los niños deben ser vacunados con el fin de protegerlos de las enfermedades infecciosas. Las vacunas han conseguido erradicar la viruela y casi totalmente otras infecciones, como la poliomielitis y el sarampión, que fueron enfermedades muy frecuentes en el pasado. A pesar de estos éxitos, es importante que los profesionales de la salud continúen insistiendo en la vacunación de los niños. Muchas de las enfermedades prevenidas por las vacunas están aún presentes en los países desarrollados y son aún frecuentes en otros partes del mundo. Estas enfermedades pueden difundirse rápidamente entre los niños no vacunados, quienes estarán igualmente sometidos a un alto riesgo cuando viajen a otros países.

Las vacunas no son eficaces y seguras al 100 %. Algunos niños vacunados no desarrollan inmunidad y otros presentan reacciones adversas. Lo más habitual es que las reacciones adversas sean de poca importancia, como presencia de un dolor en el lugar de la inyección, una comezón, una erupción o décimas de fiebre. Muy raramente se presentan complicaciones graves. La vacuna oral de la poliomielitis, formada por un virus vivo atenuado, puede causar poliomielitis si el virus atenuado muta, lo que puede ocurrir con una probabilidad de una vez por cada 2,4 millones de niños vacunados. Aunque ésta es una probabili-

Programa de vacunas para bebés y niños

Las vacunas juegan un papel importante para mantener sanos a los bebés y a los niños. Se muestran las edades recomendadas habitualmente para vacunar a los bebés y a los niños con las vacunas específicas. Existe un rango de edades aceptable para muchas vacunas. El médico de cada niño puede proporcionar recomendaciones específicas, que pueden variar según las circunstancias. Por ejemplo, si el bebé nace de una mujer con el antígeno de superficie de la hepatitis B en la sangre, el médico suele recomendar que se le dé la primera dosis de vacuna contra hepatitis B dentro de las 12 horas del nacimiento. Sin embargo, otros bebés requieren la primera dosis de la vacuna contra hepatitis B en la primera visita al médico y al menos a los 2 meses. A menudo, se usa una combinación de vacunas, para que el niño reciba menos inyecciones.

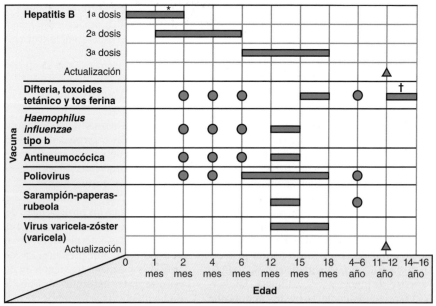

* Puede administrarse la primera dosis a la edad de 2 meses sólo si la madre no tiene el antígeno de superficie de la hepatitis B en la sangre.
+ Se recomienda la administración de una dosis de refuerzo que contenga solamente toxoides difético y tetánico (sin la vacuna contra la tos ferina) entre la edad de 11 y 16 años, si ha pasado un intervalo superior a 5 años desde la última dosis.

dad extremadamente pequeña, ha llevado a los médicos a recomendar el uso de vacunas inyectables para la poliomielitis en los últimos tiempos. También la tos ferina, componente de la antigua vacuna triple (mezcla de difteria, tétanos y tos ferina [DTP]) a veces produce convulsiones febriles ● *(v. pág. 602)* (en alrededor de uno de cada 10 000 niños) y, rara vez, confusión y desmayos. Aunque estos episodios no dejan lesión duradera, son angustiosos para los padres. Los médicos recomiendan ahora una versión más reciente de la vacuna utilizando pertussis *acelular* (DTaP), que tiene menos probabilidades de presentar estas complicaciones. De igual modo, las convulsiones febriles se han presentado en alrededor del tres de cada 10 000 niños vacunados contra sarampión-paperas-rubéola (vacuna triple vírica MMR). Aunque la prensa ha difundido la preocupación de que esta vacuna MMR puede producir autismo, la evidencia científica muestra que esto no sucede.

Cuando los padres consideran los riesgos de vacunación, deben recordar que su niño tiene mucho más riesgo si contrae las enfermedades que las vacunas previenen.

La mayoría de los médicos recomiendan seguir una pauta de vacunación que comienza durante la primera semana después del nacimiento con la vacuna contra la hepatitis B. Sin embargo, las edades recomendadas para las vacunaciones no deben ser consideradas como absolutas. Por ejemplo, 2 meses pueden significar de 6 a 10 semanas. Aunque los padres deben tratar de vacunar a los niños según el calendario, algunos leves retrasos no interfieren en la inmunidad que se alcanza al final, ni supone reiniciar la serie de inyecciones desde el principio. Sin embargo, no es necesario retrasar la vacunación si el niño tiene un poco de fiebre a causa de una infección leve, como un resfriado común. Algunas vacunas se recomiendan sólo bajo circunstancias especiales.

En una única visita médica puede administrarse más de una vacuna, aunque a menudo se combinan varias de ellas en una sola inyección como, por ejemplo, las vacunas contra la tos ferina, la difteria, el tétanos y *Haemophilus influenzae* tipo B. La combinación de vacunas reduce el número de inyecciones necesarias sin comprometer la seguridad o efectividad de las mismas.

CAPÍTULO 264

Problemas en los recién nacidos

Después del nacimiento, los recién nacidos pueden presentar problemas. Algunos problemas pueden ser debido a dificultades durante el proceso de parto; muchos de estos problemas afectan a la capacidad del recién nacido para respirar adecuadamente. Un recién nacido puede ser más grande o más pequeño de lo habitual, o sufrir problemas que afectan a la sangre, como los niveles de azúcar en la sangre (glucosa), que pueden ser demasiado elevados o demasiado bajos. Pueden existir problemas congénitos ● *(v. pág. 1810)*. El recién nacido puede tener problemas debido a la salud y a los hábitos de la madre, tales como fumar, tomar alcohol o fármacos (especialmente aquellos suministrados antes del nacimiento ● *v. también pág. 1729*). Una infección puede pasar de la madre al niño durante el embarazo o durante el parto.

El médico puede anticipar muchos problemas al vigilar el desarrollo fetal, particularmente usando la ecografía. Muchos recién nacidos con problemas son atendidos en una unidad de cuidados intensivos neonatales.

■ Lesiones del nacimiento

Las lesiones producidas durante el proceso de nacimiento, generalmente, ocurren en el tránsito por el canal del parto.

Un parto difícil, con riesgo de lesiones en el feto, puede ocurrir si el canal del parto es demasiado pequeño o si el feto es demasiado grande (como ocurre algunas veces cuando la madre tiene diabetes). También es más probable la lesión si el

La unidad de cuidados intensivos neonatales

Esta unidad especializada concentra el equipo médico y la tecnología necesaria para cuidar a recién nacidos con una variedad de trastornos. El grupo más grande de los recién nacidos que necesita dichos cuidados es el de los que han nacido muy prematuramente. Otros recién nacidos necesitan atención por sepsis, neumonía o enfermedades respiratorias y por defectos congénitos que requieren cirugía. Estos recién nacidos se atienden en incubadoras para mantenerlos calientes o se colocan bajo dipositivos que emiten calor radiante encima de la cuna y permiten que el personal acceda con facilidad al recién nacido. Los recién nacidos están conectados a un monitor que mide continuamente la frecuencia cardíaca, la respiración, la presión arterial y los niveles de oxígeno en la sangre. Pueden tener catéteres insertados en la arteria y la vena del cordón umbilical para permitir una monitorización continua de la presión arterial, para tomar muestras de sangre y para administrar líquidos intravenosos y fármacos.

La unidad de cuidados intensivos neonatales suele ser un lugar muy ajetreado. Esto a veces se contrapone con la necesidad que tienen los padres de tener tiempo y espacio para familiarizarse con el recién nacido, para conocer su personalidad, lo que le gusta y lo que no y, finalmente, para aprender los cuidados especiales que han de proporcionarle en su domicilio. En este sentido, ha sido útil la tendencia de hacer de la unidad de cuidados intensivos neonatales un lugar más tranquilo y de diseñar unidades que permitan una mayor intimidad. Las horas de visitas se han ampliado para que las familias puedan pasar mucho más tiempo con los recién nacidos, y, con frecuencia, los hospitales facilitan a los padres sitios cercanos para pasar la noche.

A veces, los padres sienten que tienen muy poco que ofrecer al recién nacido en la unidad de cuidados intensivos neonatales. Sin embargo, es importante su presencia, acariciándole, hablándole y cantándole. El recién nacido ha escuchado la voz de la madre incluso antes del nacimiento y está acostumbrado a ella y, a menudo, responde mejor a los intentos de calmarlo que realizan sus padres. El contacto piel con piel (también llamado atención canguro), en el que se permite al recién nacido acostarse directamente sobre el pecho de la madre o del padre, es reconfortante para el recién nacido y realza la vinculación afectiva. Una creciente evidencia indica que el prematuro alimentado con leche materna está significativamente más protegido ante la enterocolitis necrosante e infecciones y que, a parte de esto, la lactancia es beneficiosa.

Los padres necesitan estar informados del estado del recién nacido y de los planes del médico, así como sobre la evolución esperada y el tiempo que falta para darlo de alta. Es importante tener regularmente reuniones con los médicos y las enfermeras. Muchas unidades de cuidados intensivos neonatales disponen de un trabajador social que puede ayudar a mantener a los padres informados.

---

feto se sitúa en una posición anormal antes del nacimiento. En general, la frecuencia de lesiones por nacimiento es más baja ahora que en décadas pasadas.

Muchos recién nacidos presentan lesiones sin importancia provocadas durante el proceso del parto, como hinchazón o laceraciones sólo en algunas zonas.

Traumatismo craneal: en la mayoría de los nacimientos, la cabeza es la primera parte en penetrar en el canal del parto, y experimenta gran parte de la presión durante el parto. La hinchazón y los hematomas no son graves y sanan en pocos días. El cefalohematoma es una hemorragia que forma un bulto blando sobre la superficie de uno de los huesos del cráneo, pero debajo de su capa gruesa y fibrosa. Un cefalohematoma no necesita tratamiento y desaparece en semanas o meses.

Es muy raro que uno de los huesos del cráneo pueda fracturarse. A menos que la fractura forme una indentación (fractura deprimida), se cura rápidamente sin tratamiento.

Lesiones en los nervios: rara vez ocurren lesiones en los nervios. La presión causada por los fórceps en los nervios faciales puede ocasionar debilidad en los músculos de un lado de la cara. Esta lesión es evidente cuando el recién nacido llora y la cara parece asimétrica. No es necesario ningún tratamiento y el recién nacido, por lo general, se recupera en pocas semanas.

En el parto difícil de un bebé grande, alguno de los grandes nervios que van hacia uno o ambos brazos del bebé pueden distenderse y lesionarse. Como resultado se presenta debilidad (parálisis) en uno de los brazos o manos del recién nacido. A veces, el nervio que va al diafragma (el músculo que separa los órganos del pecho de los del abdomen) resulta dañado, dando como resultado la parálisis del diafragma en el mismo lado. En este caso, el recién nacido puede tener dificultades respiratorias. La lesión en los nervios del brazo y del diafragma en el recién nacido, habitualmente, se resuelve completamente en pocas semanas. Deben evitarse los movimientos extremos del hombro para permitir que los nervios sanen. Es muy raro que el brazo y posiblemente el diafragma permanezcan débiles después de varios meses. En este caso, la cirugía puede ser necesaria para volver a fijar los nervios desgarrados.

Son extremadamente raras las lesiones de la médula espinal causadas por una distensión exagerada durante el parto. Estas lesiones pueden provocar una parálisis por debajo del sitio donde ocurrió la lesión. Un daño en la médula espinal es a menudo permanente.

Lesiones en el hueso: en raras ocasiones los huesos pueden romperse (fracturarse) durante un parto difícil. Es frecuente que se presente una fractura de la clavícula. Las fracturas de los huesos en los recién nacidos son entablilladas y casi siempre se curan completa y rápidamente. Habitualmente, cuando se produce una fractura de la clavícula, no es necesario inmovilizar el brazo afectado, y la curación es espontánea.

■ Prematuridad

Un prematuro es un bebé que nace antes de las 37 semanas de edad gestacional; dependiendo del grado de prematuridad tiene algunos órganos poco desarrollados o inmaduros.

Alrededor del 8 % de los recién nacidos son prematuros (pretérmino). Muchos de estos recién nacidos nacen justo unas semanas antes y no experimentan problemas relacionados con su prematuridad. Sin embargo, cuanto más prematuro es el bebé, más propenso es a sufrir algunas complicaciones graves y aun potencialmente mortales. El nacimiento muy prematuro es la causa más frecuente de muerte en el recién nacido. Los recién nacidos muy prematuros tienen también un elevado riesgo de problemas crónicos, especialmente un desarrollo tardío y trastornos del aprendizaje. Tales trastornos ocurren porque los órganos internos no han tenido el tiempo suficiente para desarrollarse adecuadamente antes del nacimiento.

La razón de un nacimiento prematuro por lo general no puede determinarse. Sin embargo, el

Marcas de nacimiento y leves trastornos de la piel del recién nacido

Hay un cierto número de trastornos de la piel del recién nacido que se consideran normales. El recién nacido puede presentar moratones o marcas de fórceps en la cara y en el cuero cabelludo o hematomas en los pies después de una presentación de nalgas, que se resuelven en unos días. Se pueden observar marcas rosadas debidas a la presencia de capilares dilatados bajo la piel, en la frente justo por encima de la nariz, en la parte superior de los párpados o en la parte posterior del cuello (conocidas como "picotazo de cigüeña"). Este tipo de marca de nacimiento se va decolorando a medida que el bebé crece, pero en algunas personas permanece como una erupción cutánea leve que se vuelve brillante cuando la persona se estresa o se enfada. Algunos recién nacidos presentan unas pápulas de acné, especialmente sobre las mejillas y la frente. Éstas desaparecen solas y lo único que se recomienda es mantener la piel limpia y no usar cremas o lociones.

Los **milia** son quistes pequeños, de color blanco perlado que se encuentran normalmente sobre la nariz y la parte superior de las mejillas. Los quistes de milia se vuelven muy pequeños o desaparecen al cabo de unas semanas. Quistes blancos similares se encuentran en las encías o en la línea media del paladar (perlas de Epstein) y tampoco tienen consecuencias.

Las **manchas mongólicas** son de color gris azulado, suelen aparecer en las zonas planas de la parte inferior de la espalda o de las nalgas. A primera vista parecen ser hematomas, pero no lo son. Por lo general, se observan en recién nacidos de raza negra o en asiáticos y no conllevan consecuencias.

Un **"hemangioma fresa"** es una marca de nacimiento frecuente. Es plana, ligeramente rosada o roja y se encuentra en cualquier parte sobre la piel. Transcurridas unas semanas, se vuelve de color rojo oscuro y también se eleva sobre la superficie de la piel, semejando una fresa. Con el paso de los años, los hemangiomas fresa se encogen y se vuelven pálidos, la mayoría ya no son visibles cuando el niño alcanza la edad escolar. Por esta razón, no es necesaria la cirugía.

riesgo de nacimientos prematuros es más alto en las mujeres pobres, que tienen una educación escasa, mala nutrición, mala salud o no tuvieron tratamiento de enfermedades o infecciones durante el embarazo. El riesgo es más bajo en mujeres que se cuidan adecuadamente desde el comienzo del embarazo. Por razones desconocidas, las mujeres de etnia negra son mucho más propensas a tener un parto prematuro que las de otros grupos étnicos. Otras mujeres con un mayor riesgo de parto prematuro son aquellas que tienen más de un feto y las que tienen trastornos graves o con riesgo letal, incluyendo una grave hipertensión arterial o una enfermedad renal, una preeclampsia o una eclampsia ● *(v. pág. 1723)*, o una infección del útero (corioamnionitis).

➤ Síntomas

Los prematuros, por lo general, tienen un peso menor de 2,75 kilogramos. Las características corporales ayudan al médico a determinar la edad gestacional del recién nacido (tiempo pasado en el útero después de la fecundación del óvulo).

Pulmones subdesarrollados: los pulmones del recién nacido prematuro pueden no haber tenido el tiempo suficiente para desarrollarse completamente antes del nacimiento. Estos recién nacidos son propensos a tener el síndrome de distrés respiratorio. El síndrome de distrés respiratorio se produce cuando los pulmones no están lo suficientemente maduros para producir surfactante, una mezcla de lípidos (grasas) y proteínas que permite que los sacos de aire permanezcan abiertos ● *(v. pág. 1778)*.

Cerebro subdesarrollado: la parte del cerebro que controla la respiración puede presentar tal inmadurez que hace que el recién nacido tenga una respiración inconstante, con pausas respiratorias cortas o períodos en que deja de respirar por veinte segundos o más (apnea). Si las partes del cerebro que controlan la boca y la garganta se encuentran inmaduras hacen que el recién nacido no pueda succionar y tragar normalmente y, además, puede tener dificultades para coordinar la alimentación con la respiración.

Hemorragia cerebral: los recién nacidos prematuros tienen un alto riesgo de hemorragia cerebral. La hemorragia, por lo general, comienza en una zona llamada matriz germinal y se puede extender a los espacios denominados ventrículos. Esta forma de hemorragia tiene más probabilidad de aparecer en los bebés muy prematuros (antes de las 32 semanas de embarazo) y en aquellos que presentan problemas durante el parto o problemas respiratorios (como el síndrome de distrés respiratorio) después del nacimiento. Dependiendo del tamaño de la hemorragia, el re-

cién nacido puede no presentar síntomas o puede experimentar letargia, convulsiones o incluso inconsciencia persistente (coma). Los recién nacidos con hemorragias pequeñas o moderadas suelen desarrollarse normalmente. Aquellos con grandes hemorragias tienen más alto riesgo de muerte o de presentar más tarde trastornos de aprendizaje u otros trastornos cerebrales.

Niveles anormales de azúcar en la sangre: dado que los prematuros tienen dificultad para mantener niveles normales de azúcar (glucosa), a menudo se tratan con soluciones intravenosas de glucosa o alimentándolos frecuentemente y en pequeñas dosis. Sin consumo regular de azúcar, un recién nacido puede manifestar niveles bajos de ésta en la sangre (hipoglucemia). La mayoría de los recién nacidos que presentan hipoglucemia no presentan los síntomas. Otros pueden volverse indiferentes, con un tono muscular deficiente, se alimentan poco o presentan temblores. Rara vez, pueden presentarse convulsiones. También, estos recién nacidos son propensos a desarrollar altas concentraciones de azúcar en la sangre (hiperglucemia) si reciben demasiado azúcar por vía intravenosa. La mayoría de los recién nacidos con hiperglucemia no manifiestan los síntomas.

Sistema inmunológico deficiente: los nacidos prematuramente pueden tener un bajo nivel de anticuerpos, los cuales atraviesan la placenta de la madre hacia el feto durante la última parte del embarazo y ofrecen protección frente a las infecciones. Por lo tanto, el riesgo de desarrollar infecciones, especialmente una infección en la sangre (sepsis), es más alta en los recién nacidos prematuros. El uso de mecanismos especiales para el tratamiento, como catéteres intravenosos y ventiladores, aumenta más en el recién nacido las posibilidades de contraer infecciones graves.

Riñones subdesarrollados: antes del nacimiento, los productos de desecho del feto son absorbidos por la placenta y excretados por los riñones de la madre. Después del parto, los riñones del recién nacido deben hacerse cargo de estas funciones. En los recién nacidos prematuros la función renal es pobre, pero mejora a medida que los riñones maduran. Es probable que un recién nacido con riñones deficientes tenga dificultades para regular las concentraciones de sal y de agua en el cuerpo.

Sistema digestivo, recto e hígado subdesarrollados: los recién nacidos prematuros pueden tener dificultad con la alimentación. No sólo tienen los reflejos inmaduros para succionar y tragar, sino que también su pequeño estómago se

Características fisícas de un recién nacido prematuro

- Tamaño reducido
- Cabeza grande en relación con el resto del cuerpo
- Poca grasa bajo la piel
- Piel rosada, fina, brillante
- Venas visibles debajo de la piel
- Pocos pliegues en las plantas de los pies
- Escaso vello
- Orejas suaves, con poco cartílago
- Poco desarrollo del tejido mamario
- Niños: escroto pequeño con pocos pliegues; los testículos pueden no descender en los recién nacidos muy prematuros
- Niñas: los labios mayores todavía no cubren los labios menores
- Respiración rápida con breves pausas (respiración periódica), a menudo crisis de apnea (con pausas que duran más de 20 segundos)
- Débil y deficiente coordinación de la succión y de los reflejos de tragar
- Reducida actividad física (un recién nacido prematuro no levanta los brazos y las piernas como lo hace el recién nacido a término)
- Duerme la mayor parte del tiempo

desocupa lentamente. El prematuro puede desarrollar una grave lesión en la superficie interna de los intestinos (enterocolitis necrosante ● *v. pág. 1784*).

En los recién nacidos prematuros, la excreción de bilirrubina puede verse alterada. Por ello, los recién nacidos prematuros, más que los recién nacidos a término, tienden a volverse ictéricos en los primeros días del nacimiento, debido a la acumulación de bilirrubina en la sangre. Por lo general, si la ictericia es leve, se resuelve a medida que el recién nacido consume cantidades más grandes de comida y realiza deposiciones más frecuentes. Rara vez la concentración de altos niveles de bilirrubina expone al recién nacido a desarrollar un kerníctero, una forma de lesión causada por depósitos de bilirrubina en el cerebro.

Dificultad para regular la temperatura del cuerpo: dado que los prematuros tienen una gran superficie cutánea en relación con su peso, tienden a perder calor rápidamente, especialmente si están en una habitación fría o si hay una corriente de aire. Un descenso de la temperatura corporal provoca un notable incremento del metabolismo, con el que el recién nacido intenta mantener una temperatura corporal normal.

➤ Prevención

Lo mejor para prevenir nacimientos prematuros es que la futura madre tenga un buen cuidado de su salud. Debe tener una dieta nutritiva y evitar cigarrillos, alcohol y drogas. Lo ideal sería que la futura madre reciba cuidados prenatales desde el comienzo del embarazo para que cualquier complicación que se pueda presentar se identifique y se trate. Si existe la probabilidad de empezar el trabajo de parto antes de tiempo, el obstetra puede administrar fármacos (como sulfato de magnesio o ritodrina) a la madre para disminuir o detener las contracciones. Los corticosteroides, como la betametasona o la dexametasona, también pueden administrarse a la madre para acelerar la maduración de los pulmones del feto. Los corticosteroides también reducen significativamente el riesgo de hemorragia cerebral si el recién nacido es prematuro.

➤ Tratamiento y pronóstico

El tratamiento implica manejar las complicaciones, como el síndrome de distrés respiratorio y los altos niveles de bilirrubina. Los recién nacidos muy prematuros son alimentados por vía intravenosa hasta poder tolerar la alimentación por sonda y finalmente la alimentación por la boca. Un recién nacido prematuro puede necesitar ser hospitalizado por días, semanas o meses. La supervivencia de los prematuros ha aumentado en las últimas décadas de forma espectacular. En la mayoría de los prematuros, el pronóstico a largo plazo es muy bueno y se desarrollan normalmente. Sin embargo, aquellos recién nacidos muy prematuros (frecuentemente antes de las 28 semanas de embarazo) tienen un mayor riesgo de muerte y de graves problemas, incluyendo retraso mental, parálisis cerebral, epilepsia o ceguera. Afortunadamente, sólo una minoría de los recién nacidos muy prematuros que sobreviven tienen estos problemas. Un porcentaje más grande tiene una inteligen-

Prematuro	Normal	Postmaduro
Inmadurez orgánica y funcional	**Lesiones durante el parto**	**Atrofia progresiva de la placenta**
Pulmonar: incapacidad respiratoria y ahogo	En la cabeza: inflamación, rasguños, hematomas…	Nutrición insuficiente
Cerebral: apnea respiratoria, falta de control muscular que impide la succión, la deglución, la respiración…	Sistema nervioso: debilidad de los músculos faciales, parálisis transitoria de extremidades superiores, dificultad respiratoria	Pérdida de peso
Del sistema inmune	Sistema óseo: fracturas	Oxigenación insuficiente
De los riñones		Lesiones cerebrales y orgánicas
Del tracto digestivo y del hígado		Contaminación del líquido amniótico por meconio
De la regulación térmica		Síndrome de aspiración de meconio

Hemorragia cerebral

Hipo e hiperglucemia

Semana 37   Semana 40   Semana 42

Disminuye progresivamente la gravedad → Infrecuentes y en general leves → Aumenta progresivamente la gravedad

cia normal, aunque algunos tienen problemas de aprendizaje que requieren con el tiempo una ayuda especial.

■ Posmadurez

Un recién nacido posmaduro es aquel que nace después de 42 semanas en el útero.

El parto postérmino es mucho menos frecuente que el prematuro (pretérmino). Generalmente, se desconoce la causa por la que un embarazo continúa después del plazo.

La reducción de la función de la placenta es el mayor riesgo en los fetos que van más allá del término. La placenta empieza a reducirse cerca del final del embarazo. A medida que la placenta se reduce es incapaz de suministrar nutrientes adecuados al feto. Como mecanismo de compensación, el feto comienza a utilizar sus propias grasas y carbohidratos para proporcionar energía. Como resultado, el índice de crecimiento disminuye y, a veces, su peso puede disminuir. Si la placenta se reduce demasiado, no puede proporcionar cantidades de oxígeno adecuadas al feto, especialmente durante el parto. La falta de oxígeno adecuado puede ocasionar sufrimiento fetal ● (v. pág. 1744) y, en casos extremos, producir lesión en el cerebro fetal y en otros órganos. El sufrimiento fetal puede ocasionar que el feto realice deposiciones (meconio) en el líquido amniótico. También puede provocar que se estimule el mecanismo de la respiración y que el feto inhale así el líquido amniótico contaminado con meconio en los pulmones antes del parto o durante el mismo. Como resultado, el recién nacido puede tener dificultades respiratorias después del parto (síndrome de aspiración de meconio).

➤ Síntomas

Un recién nacido posmaduro tiene una piel seca, descamada, floja y puede aparecer demacrado especialmente si la función de la placenta se redujo de manera significativa. El recién nacido a menudo parece alerta. Si en el líquido amniótico hay presencia de meconio, el recién nacido presenta un color verde en la piel y en el lecho de las uñas. Después del parto, el recién nacido posmaduro es propenso a manifestar niveles bajos de azúcar en la sangre (hipoglucemia), especialmente si el nivel de oxígeno fue bajo durante el parto.

➤ Tratamiento

El recién nacido posmaduro que experimentó niveles bajos de oxígeno y tuvo sufrimiento fetal puede necesitar respiración artificial al nacer. Si aspiró el meconio a sus pulmones, puede ser necesario el uso de un respirador. Para prevenir la hipoglucemia es necesario administrar soluciones intravenosas de glucosa o frecuentes tomas de leche materna o fórmula.

Si estos problemas no ocurren, lo mejor es proporcionar una buena nutrición para que el recién nacido pueda alcanzar el peso apropiado para él.

■ Bebé pequeño para su edad gestacional

Se considera un bebé pequeño para su edad gestacional a un recién nacido a término, pretérmino o postérmino cuyo peso sea menor del 90% de los bebés de la misma edad gestacional al nacer (debajo del percentil 10).

Existen varias causas para esta afección. En muchos casos, el recién nacido puede ser pequeño simplemente por factores genéticos, como padres pequeños (con menos frecuencia, puede existir un síndrome genético específico asociado con una estatura pequeña). En otros casos, la placenta puede haber funcionado mal, viéndose afectado el crecimiento del feto por no haber recibido los nutrientes necesarios. Esto puede suceder si la madre tiene hipertensión arterial, preeclampsia, enfermedad renal o diabetes de largo tiempo. Una infección vírica, como el citomegalovirus, adquirida antes del nacimiento, puede ser la res-

ponsable. El crecimiento del feto puede también verse afectado si la madre fumó, consumió alcohol o drogas ilícitas durante el embarazo ● *(v. pág. 1729).* A menos que esté presente un síndrome genético o una infección vírica, muchos de los recién nacidos pequeños para su edad gestacional no presentan síntomas. Si el crecimiento fetal es reducido debido a un mal funcionamiento de la placenta y a una nutrición inadecuada, el recién nacido puede acelerar su crecimiento con una buena nutrición después del parto. Algunos recién nacidos que presentan un tamaño pequeño para la edad gestacional permanecen pequeños cuando llegan a ser niños y luego adultos.

■ Grandes para la edad gestacional

Se considera grande para la edad gestacional a un recién nacido a término, pretérmino o postérmino cuyo peso es superior al 90% de los bebés de la misma edad gestacional al nacer (por encima del percentil 9).

Algunos recién nacidos son grandes para su edad gestacional debido a factores genéticos, como padres de gran estatura. Otra causa es la diabetes de la madre.

Si la madre ha tenido diabetes durante el embarazo, una gran cantidad de glucosa (azúcar) atraviesa la placenta y da como resultado altos niveles de glucosa en la sangre del feto, lo que libera grandes cantidades de insulina. El resultado es el crecimiento acelerado del feto, incluidos casi todos los órganos con excepción del cerebro, que crece normalmente. El parto natural de un feto muy grande para la edad gestacional puede ser problemático y aumenta el riesgo de lesiones. Por lo tanto, es probable que el parto de un feto grande sea por cesárea.

El recién nacido grande para su edad gestacional que nace de una madre diabética tiene, por lo general, una complexión rojiza, parece obeso y a veces letárgico. El recién nacido grande para su edad gestacional que nace de una madre que no es diabética es grande, pero no rojizo ni letárgico. Después del nacimiento, cuando se interrumpe el suministro de glucosa por la placenta, la producción continua y rápida de insulina conduce a bajas concentraciones de glucosa (hipoglucemia). Frecuentemente, la hipoglucemia no presenta síntomas. A veces, el recién nacido está indiferente, flácido o tembloroso. A pesar de su gran tamaño, los recién nacidos de madres diabéticas a menudo no se alimentan bien en los primeros días. A veces el recién nacido de una madre diabética presenta una cantidad anormalmente elevada de glóbulos rojos. Al romperse los glóbulos rojos, se forma la bilirrubina, y estos recién nacidos tienden a tener altos niveles de bilirrubina, dando como resultado la ictericia ● *(v. pág. 1775).*

El recién nacido grande para su edad gestacional que nace prematuramente de una madre diabética, tiene también mayores probabilidades de tener pulmones inmaduros y de desarrollar el síndrome de distrés respiratorio, aunque nazca sólo unas semanas antes del término. También tienen una más alta frecuencia de anomalías congénitas que otros recién nacidos.

Se pueden realizar pruebas del líquido amniótico de la madre con diabetes antes del parto para determinar la madurez pulmonar y la probabilidad de que después del nacimiento el recién nacido desarrolle el síndrome de distrés respiratorio. En caso de que el parto parezca inminente, se puede suministrar a la madre un corticosteroide para incrementar la madurez pulmonar.

Para tratar la hipoglucemia en el recién nacido se requiere suministrar glucosa vía intravenosa o darle alimento frecuente por vía oral o por sonda gástrica. Se hace necesario el tratamiento para otras complicaciones, como el síndrome de distrés respiratorio.

El recién nacido grande para su edad gestacional de madre diabética es más propenso a sufrir de sobrepeso significativo más tarde, tanto en la infancia como en la edad adulta, lo que lo pone en un alto riesgo de desarrollar diabetes tipo 2 ● *(v. pág. 1152).*

■ Síndrome de distrés respiratorio

El síndrome de distrés respiratorio es un trastorno respiratorio del prematuro, en el cual los sacos de aire (alvéolos) en los pulmones del recién nacido no permanecen abiertos porque la producción de surfactante no existe o es insuficiente.

Para que un bebé pueda respirar fácilmente, los sacos de aire de los pulmones deben ser capaces de permanecer abiertos y llenarse con aire. Normalmente, los pulmones producen una mezcla de lípidos (grasas) y proteínas denominada surfactante. El surfactante actúa como un agente humectante y cubre la superficie de los sacos de aire,

donde baja la tensión superficial y permite que los sacos de aire permanezcan abiertos durante el ciclo respiratorio. Por lo general, la producción de cantidades adecuadas de surfactante comienza después de las 34 semanas de embarazo. Cuanto más prematuro sea el recién nacido, más grande será la probabilidad de desarrollar el síndrome de distrés respiratorio después del parto. El síndrome de distrés respiratorio se produce casi exclusivamente en los bebés prematuros y es más frecuente en aquellos cuya madre es diabética.

➤ Síntomas y diagnóstico

En un recién nacido afectado, los pulmones están rígidos y los sacos de aire tienden a colapsarse completamente, vaciando los pulmones de aire. En algunos recién nacidos muy prematuros, los pulmones pueden estar muy rígidos, ocasionando que el recién nacido sea incapaz de empezar a respirar en el momento de nacer. Muy frecuentemente, el recién nacido intenta respirar, pero como los pulmones están tan rígidos, se produce un grave distrés respiratorio. El distrés respiratorio se manifiesta por aumento visible del trabajo al respirar, incluyendo retracción del pecho debajo de la caja torácica, ampliación de los orificios nasales durante la inspiración y gruñidos durante la espiración. Dado que una buena parte del pulmón no tiene aire, el recién nacido tiene bajos niveles de oxígeno en la sangre, lo que ocasiona una anomalía de coloración azulada de la piel (cianosis). En un lapso de horas, el distrés respiratorio tiende a ser más grave, al usarse la poca cantidad de surfactante existente en los pulmones y aumentar el número de sacos de aire que se colapsan, y también al cansarse y debilitarse los músculos usados para respirar. Finalmente, por la falta de oxígeno y sin tratamiento, el recién nacido puede sufrir lesión en el cerebro y otros órganos o puede morir.

El diagnóstico del síndrome de distrés respiratorio se basa en los síntomas y en los resultados anormales de la radiografía de tórax en un recién nacido prematuro.

➤ Prevención y tratamiento

El riesgo de síndrome de distrés respiratorio se reduce considerablemente cuando el parto puede retrasarse sin peligro hasta que los pulmones del feto hayan producido suficiente surfactante. El obstetra puede realizar una amniocentesis, por medio de la cual se retira un poco del líquido amniótico con una jeringa y se analiza la calidad del surfactante. Si la producción no es la adecuada y el parto prematuro no se puede evitar, el obstetra puede administrar a la madre mediante inyecciones un corticosteroide (betametasona o dexametasona). El corticosteroide atraviesa la placenta hasta el feto y acelera la producción de surfactante. En las 48 horas posteriores al comienzo de las inyecciones, los pulmones del feto maduran hasta el punto de que el síndrome de distrés respiratorio no aparece después del parto o, si aparece, será seguramente leve.

Después del parto, un recién nacido con síndrome de distrés respiratorio leve puede requerir sólo oxígeno adicional, que se administra con una cámara de oxígeno o por un tubo colocado en la nariz. Un recién nacido con un importante síndrome de distrés respiratorio puede requerir oxígeno administrado por una presión positiva constante en las vías aéreas (respiración espontánea contra la presión positiva del oxígeno o aire suministrado por sondas colocadas en las fosas nasales). En un niño muy enfermo, puede pasarse un tubo por la tráquea (intubación) y se ayuda a la respiración del bebé mediante un respirador mecánico.

El uso de una preparación de surfactante puede salvar la vida y reducir complicaciones, como rotura de los pulmones (neumotórax). La preparación de surfactante actúa de la misma forma que el surfactante natural. El surfactante puede aplicarse inmediatamente después del nacimiento en la sala de parto para intentar prevenir el síndrome de distrés respiratorio o en las primeras horas posteriores al nacimiento del prematuro que presenta los síntomas de esta dolencia. Un recién nacido que está intubado puede recibir surfactante a través de estos tubos por la tráquea.

El tratamiento de surfactante puede repetirse varias veces los primeros días hasta desaparecer el síndrome de distrés respiratorio.

■ Taquipnea transitoria

La taquipnea transitoria del recién nacido (respiración rápida transitoria, síndrome neonatal del pulmón húmedo) es una dificultad temporal para respirar y con niveles bajos de oxígeno en la sangre debido al exceso de líquido en los pulmones después del nacimiento.

Este trastorno habitualmente aparece en los bebés nacidos unas semanas antes del plazo o a término. Es más frecuente después de un parto por cesárea. Puede ocurrir especialmente si la madre no ha tenido trabajo de parto antes del alumbramiento (por ejemplo, una madre que tiene la cesárea programada).

Antes del nacimiento, los sacos de aire de los pulmones están llenos de líquido. Inmediatamente después del nacimiento, el líquido debe ser eliminado de los pulmones para que los sacos de aire puedan llenarse de aire y el recién nacido pueda establecer una respiración normal. Algo del líquido es eliminado de los pulmones por la presión ejercida sobre el tórax durante el parto vaginal. Gran parte del líquido es reabsorbido con rapidez directamente por las células que revisten los sacos de aire y de ahí es trasladado al torrente sanguíneo. Si esta transferencia del líquido no ocurre de forma rápida, entonces los sacos de aire continúan parcialmente llenos de líquido y el recién nacido tiene dificultades respiratorias.

Un recién nacido con taquipnea transitoria sufre de distrés respiratorio con una respiración rápida, reflejada en depresión de la pared del pecho al inspirar y sonidos como *gruñidos* en la espiración, y si los niveles de oxígeno en la sangre son bajos puede desarrollase una anomalía de coloración azulada de la piel (cianosis). La radiografía de tórax muestra resultados anormales.

La mayoría de los recién nacidos con taquipnea transitoria se recuperan completamente en 2 o 3 días. Generalmente, se requiere un tratamiento con oxígeno, aunque algunos recién nacidos pueden necesitar una presión positiva constante en las vías aéreas (respiración espontánea contra la presión positiva del oxígeno o aire suministrado por sondas colocadas en las fosas nasales del recién nacido) o asistida con un ventilador mecánico.

■ Síndrome de aspiración de meconio

El síndrome de aspiración de meconio es un distrés respiratorio en un recién nacido que ha inhalado (aspirado) meconio dentro de los pulmones antes de o cerca del tiempo del parto.

Meconio es la materia fecal de color verde oscuro que es producida en los intestinos antes del nacimiento. Normalmente, el meconio se elimina después del nacimiento cuando el recién nacido empieza a alimentarse. Sin embargo, en respuesta al estrés, tal como el inadecuado nivel de oxígeno en la sangre, el feto puede pasar meconio al líquido amniótico. El mismo estrés puede obligar al feto a tomar una bocanada de aire; por lo tanto, el meconio contenido en el líquido amniótico puede ser inhalado dentro de los pulmones. Después del parto, el meconio aspirado puede obstruir parcialmente las principales vías respiratorias de los pulmones del recién nacido, lo cual puede causar su colapso. De forma alternativa, cuando algunas de las vías respiratorias están parcialmente bloqueadas, el aire puede ser capaz de llegar a las partes no bloqueadas del pulmón, pero no puede salir con la espiración. De este modo, el pulmón afectado puede expandirse en exceso. Una progresiva sobre expansión de una porción del pulmón puede finalmente dar como resultado una rotura y luego un colapso del pulmón. El aire puede entonces acumularse dentro de la cavidad torácica alrededor del pulmón (neumotórax). La aspiración de meconio dentro de los pulmones puede también causar inflamación del pulmón (neumonitis).

El síndrome de aspiración de meconio es frecuentemente más grave en el recién nacido posmaduro porque el meconio se encuentra más concentrado en una cantidad menor de líquido amniótico y esto causa una irritación mayor que en un recién nacido a término ● *(v. pág. 1776)*. Los recién nacidos con síndrome de aspiración de meconio tienen también un mayor riesgo de desarrollar una hipertensión pulmonar persistente.

Un recién nacido afectado que sufre de distrés respiratorio respira rápidamente, deprime la pared inferior del tórax mientras inspira y emite gruñidos con la espiración. Los niveles de oxígeno reducidos en la sangre producen en la piel del recién nacido una coloración azulada (cianótica).

El médico establece el diagnóstico basándose en diferentes síntomas, como la observación del meconio espeso en el líquido amniótico en el momento de nacer, el distrés respiratorio en el recién nacido y los resultados anormales de la radiografía del tórax.

En el momento del parto, si el recién nacido está cubierto de meconio, se succionan inmediatamente la boca, la nariz y la garganta para extraer el meconio presente. Si el recién nacido se encuentra letárgico o sin respuesta, se debe introducir en la tráquea un tubo para succionar todo el meconio que sea posible del tracto respiratorio.

El recién nacido se trata con oxígeno y se le ubica en un respirador. Si el recién nacido necesita intubación, entonces se repite la succión para extraer más meconio. Un recién nacido con un respirador debe estar bajo un control estricto por si se presentan complicaciones, como neumotórax o hipertensión pulmonar persistente.

La mayoría de los recién nacidos con síndrome de aspiración de meconio sobreviven. Sin embargo, si este trastorno es grave y especialmente si conduce a una hipertensión pulmonar persistente, puede ser mortal.

■ Hipertensión pulmonar persistente

La hipertensión pulmonar persistente es un trastorno grave en el que las arterias del recién nacido que van a los pulmones permanecen contraídas después del parto, de modo que limitan la cantidad de sangre que fluye hacia los pulmones y, por lo tanto, la cantidad de oxígeno en el torrente sanguíneo.

Normalmente, los vasos sanguíneos que van a los pulmones están firmemente contraídos durante la vida fetal. Antes del nacimiento los pulmones no necesitan que fluya mucha sangre, dado que la placenta elimina el dióxido de carbono y transporta el oxígeno al feto. Inmediatamente después del nacimiento, el cordón umbilical es cortado y los pulmones del recién nacido deben asumir la oxigenación de la sangre y eliminar el dióxido de carbono. Para lograr esto, es necesario no sólo que el líquido que llena los sacos de aire sea reemplazado por aire, sino que las arterias que llevan la sangre a los pulmones se ensanchen (dilaten) para que una cantidad adecuada de sangre fluya por los pulmones.

En respuesta a un importante distrés respiratorio o como consecuencia de ciertos fármacos ingeridos por la madre antes del parto (como grandes dosis de aspirina), los vasos sanguíneos que entran a los pulmones pueden no dilatarse tanto como lo harían normalmente. Como resultado, no hay suficiente sangre que fluya hacia los pulmones y llega a la sangre poco oxígeno.

La hipertensión pulmonar persistente se da con mayor frecuencia en los recién nacidos a término o postérmino, y en los recién nacidos cuya madre fue una consumidora regular de aspirina o de indometacina durante el embarazo. En muchos recién nacidos, el distrés respiratorio que da comienzo a la hipertensión pulmonar persistente puede deberse a otras enfermedades pulmonares, como el síndrome de aspiración de meconio o la neumonía, pero también se puede desarrollar una hipertensión pulmonar persis-

HIPERTENSIÓN PULMONAR PERSISTENTE EN EL RECIÉN NACIDO

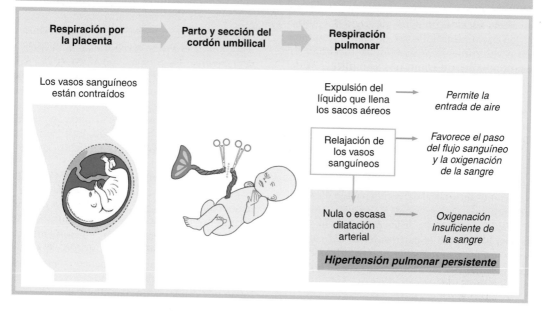

tente en recién nacidos sin otro trastorno pulmonar.

➤ Síntomas y diagnóstico

Algunas veces la hipertensión pulmonar persistente está presente desde el nacimiento; otras veces, se manifiesta en el primer o segundo día de vida. Habitualmente, la respiración es rápida y puede existir un gran distrés respiratorio si el recién nacido tiene una enfermedad pulmonar subyacente ● *(v. pág. 1778)*. La característica más prominente es una anomalía de coloración azulada de la piel (cianosis), debido al bajo nivel de oxígeno en la sangre. A veces, la baja presión de la sangre (hipotensión) conduce a síntomas tales como pulso débil y a un tono pálido y grisáceo de la piel.

El médico puede sospechar la existencia de una hipertensión pulmonar persistente si la madre ha usado aspirina o indometacina durante el embarazo o ha tenido un parto estresante, o si el recién nacido tiene distrés respiratorio grave y los niveles de oxígeno son inesperadamente bajos. Por lo general, se realiza una radiografía de tórax, pero para un diagnóstico definitivo se requiere un ecocardiograma.

➤ Tratamiento

El tratamiento implica colocar al recién nacido en un ambiente con oxígeno al 100 % para respirar. De forma alternativa, se puede necesitar un respirador que proporcione 100 % de oxígeno. Un alto porcentaje de oxígeno en la sangre ayuda a mantener abiertas las arterias que van hacia los pulmones. Para volver la sangre ligeramente alcalina, lo que puede también abrir estas arterias, el recién nacido recibe con frecuencia bicarbonato sódico por vía intravenosa.

En casos más graves, una pequeña concentración de gas óxido nítrico puede añadirse al oxígeno que el recién nacido está respirando. Inhalar óxido nítrico abre las arterias del pulmón en el recién nacido y reduce la hipertensión pulmonar. Este tratamiento puede necesitarse a lo largo de varios días. Si todos los demás tratamientos no surten efecto, se puede utilizar la oxigenación por membrana extracorpórea. En este procedimiento, la sangre del recién nacido circula por una máquina que le agrega oxígeno y le quita dióxido de carbono y permite que retorne la sangre al recién nacido. La oxigenación por membrana extracorpórea ha salvado vidas, permitiendo que muchos recién nacidos sobrevivan y alcancen lka resolución del problema de hipertensión pulmonar.

■ Neumotórax

El neumotórax es una acumulación de aire dentro de la cavidad torácica que rodea el pulmón que se produce cuando el aire escapa del pulmón.

El neumotórax se produce más frecuentemente en recién nacidos con pulmones rígidos, como el recién nacido con síndrome de distrés respiratorio o síndrome de aspiración de meconio. En ocasiones, ocurre como una complicación del uso de la presión positiva constante en las vías aéreas (CPAP) o con un respirador. Si el neumotórax está bajo presión, puede acabar en un colapso del pulmón y dificultar la respiración. También, si está bajo presión, el neumotórax puede comprimir las venas que llevan sangre al corazón. Como resultado, menos sangre llena las cavidades del corazón, el gasto cardíaco disminuye y la presión arterial del recién nacido disminuye también.

El aire que se escapa de los pulmones hacia los tejidos blandos en la parte anterior del corazón se denomina neumomediastino. A diferencia de neumotórax, esta afección por lo general no afecta a la respiración.

➤ Diagnóstico y tratamiento

Se sospecha de la existencia de un neumotórax cuando en un recién nacido con enfermedad pulmonar subyacente, o bajo terapia con una presión positiva constante en las vías aéreas (CPAP) o con un respirador empeora el distrés respiratorio o cae la presión sanguínea. Cuando el médico examina al recién nacido, advierte una reducción del ruido del aire al entrar y salir del pulmón en el lado del neumotórax. En recién nacidos prematuros, puede usarse una luz de fibroscopio para que ilumine el lado afectado del tórax en un cuarto oscuro (transiluminación positiva); este procedimiento se utiliza para detectar aire en la cavidad pleural. La radiografía de tórax proporciona un diagnóstico definitivo.

No se requiere tratamiento alguno en recién nacidos que no presentan síntomas. Un recién nacido a término con leves síntomas puede ser colocado en una cámara de oxígeno. Sin embargo, si la respiración del recién nacido es difícil y especialmente la circulación de sangre es deficiente, el aire debe ser retirado rápidamente de la cavidad pleural, utilizando una aguja y una jeringa. Si el recién nacido tiene una dificultad significativa, está recibiendo una CPAP o está con un respirador, el médico puede necesitar introducir un tubo en el tórax para succionar continuamente y retirar el aire de la cavidad torácica. El tubo puede ser retirado al cabo de varios días.

Un neumomediastino puede observarse en una radiografía; no requiere tratamiento.

■ Displasia broncopulmonar

Displasia broncopulmonar (enfermedad pulmonar crónica) es un trastorno debido a las lesiones repetitivas del pulmón.

La displasia broncopulmonar se da más frecuentemente en recién nacidos prematuros que tienen enfermedad pulmonar grave al nacer, como el síndrome de distrés respiratorio, especialmente en aquellos que requirieron tratamiento con respirador durante más de unas semanas después del nacimiento. El delicado tejido de los pulmones puede lesionarse cuando los sacos de aire están sobredistendidos por el respirador o por los elevados niveles de oxígeno. Como resultado, los pulmones pueden hincharse y, adicionalmente, se puede acumular líquido dentro de ellos. Los recién nacidos a término que tienen enfermedad pulmonar (como una neumonía) a veces desarrollan una displasia broncopulmonar.

➤ Síntomas y diagnóstico

Los recién nacidos afectados, habitualmente, respiran rápidamente y sufren de distrés respiratorio, con depresión en la parte inferior del pecho mientras inspiran, con niveles bajos de oxígeno en la sangre que producen una anomalía de coloración azulada de la piel (cianosis). Algunos recién nacidos con condiciones graves exhalan aire de los pulmones lentamente y desarrollan como una *trampa de aire*, en la que el tórax parece estar sobre-expandido.

Aunque algunos recién nacidos con una displasia broncopulmonar grave mueren aun después de meses de atención, la mayoría de los recién nacidos sobreviven. Después de varios años, las lesiones pulmonares se curan. Sin embargo, más tarde estos niños tienen un riesgo más elevado de desarrollar asma y neumonía vírica, como la causada durante los meses de invierno por el virus sincitial respiratorio.

El diagnóstico de la displasia broncopulmonar se hace en un recién nacido prematuro que ha usado un respirador por un tiempo prolongado, que tiene indicios de distrés respiratorio y ha necesitado oxígeno suplementario por largo tiempo. La medición de niveles bajos de oxígeno en la sangre y los resultados de la radiografía de tórax apoyan el diagnóstico.

➤ Prevención y tratamiento

Los respiradores se usan sólo si son absolutamente necesarios, y de una forma suave para evitar lesiones pulmonares. Como medida de seguridad el respirador es retirado del recién nacido lo más pronto posible.

En el recién nacido con displasia broncopulmonar posiblemente se necesite oxígeno suplementario para prevenir la cianosis.

Una buena nutrición es importante para ayudar al crecimiento de los pulmones del recién nacido y para mantener saludable el nuevo tejido pulmonar. De este modo, las áreas dañadas del pulmón se van reduciendo poco a poco de acuerdo con el tamaño total del pulmón del recién nacido.

Dado que el líquido tiende a acumularse en el pulmón inflamado, a veces debe restringirse el consumo diario de líquidos, y se pueden usar diuréticos para incrementar el índice de excreción de líquido en la orina.

Después de salir del hospital, los recién nacidos con displasia broncopulmonar no deben estar expuestos al humo de cigarrillo o a los vapores de un calentador de ambiente o de estufas de madera. Deben protegerse de personas que tengan infecciones del tracto respiratorio. En ciertos casos, se les puede dar una inmunidad parcial para la infección por el virus sincitial respiratorio administrando un anticuerpo específico contra ese virus. Este anticuerpo debe ser administrado por inyección mensual durante el otoño y el invierno.

■ Apnea del prematuro

La apnea del prematuro es una pausa en la respiración que dura más de veinte segundos.

La apnea del prematuro frecuentemente se produce en los recién nacidos que nacen antes de las 34 semanas de embarazo, y aumenta en frecuencia e intensidad entre los nacidos más prematuramente. En estos recién nacidos, la parte del cerebro que controla la respiración (el centro respiratorio) no ha madurado del todo. Como resultado, los recién nacidos pueden presentar episodios repetidos de una respiración normal alternando con breves pausas en la respiración. En los recién nacidos prematuros muy pequeños, la apnea puede producirse por una obstrucción temporal de la faringe debido al bajo tono muscular o a la inclinación del cuello hacia adelante; esto se denomina apnea obstructiva. Con el paso del tiempo, a medida que el centro respiratorio madura, los episodios de apnea se vuelven menos frecuentes y, cuando el recién nacido se aproxima al término, no vuelven a ocurrir.

➤ Síntomas y diagnóstico

Los prematuros están constantemente conectados a un monitor con una alarma que se activa en el caso de que el recién nacido deje de respirar por un tiempo prolongado o si disminuye la frecuencia cardíaca. Dependiendo de la duración de los episodios, la interrupción de la respiración puede disminuir los niveles de oxígeno en la sangre, lo que da lugar a una anomalía de coloración azulada de la piel (cianosis). Los niveles bajos de oxígeno en la sangre pueden retardar el ritmo cardíaco (bradicardia).

La apnea puede ser a veces un signo de un trastorno, como una infección de la sangre (sepsis), niveles bajos de azúcar en la sangre (hipoglucemia) o una baja temperatura corporal (hipotermia). Por lo tanto, el médico evalúa al recién nacido para descartar estos trastornos cuando hay un repentino o inesperado aumento en la frecuencia de los episodios.

➤ Tratamiento

El tratamiento de la apnea depende de la causa. La apnea causada por obstrucción de la faringe puede reducirse manteniendo al recién nacido de espaldas o de lado con la cabeza en una posición intermedia. Cuando los episodios de apnea se vuelven muy frecuentes y, especialmente, si el recién nacido tiene cianosis, se puede tratar con una droga que estimula el centro respiratorio, como la cafeína o la aminofilina. Si estos tratamientos fallan para prevenir frecuentes y graves episodios de apnea, el recién nacido prematuro puede requerir tratamiento con una presión positiva constante en las vías aéreas (CPAP) o un respirador.

Prácticamente todo recién nacido prematuro deja de tener episodios de apnea varias semanas antes de llegar al término. Aunque algunos lactantes son dados de alta del hospital y controlados con un monitor en el domicilio antes de haber superado completamente sus episodios de apnea, esta práctica no es considerada como estándar ni aceptada generalmente. No se ha comprobado una asociación entre la apnea en el recién nacido prematuro y el riesgo de síndrome de muerte súbita del lactante ● *(v. pág. 1823),* que generalmente ocurre meses después de nacer. De la misma manera, no existe prueba de que el enviar a un bebé a casa con un monitor de apnea disminuya el riesgo del síndrome de muerte súbita del lactante.

■ Retinopatía del prematuro

La retinopatía del prematuro es un trastorno en el cual los vasos sanguíneos que se encuentran en la parte posterior de los ojos (retina) se desarrollan anormalmente.

En los recién nacidos muy prematuros, el crecimiento de los vasos sanguíneos que irrigan la retina puede interrumpirse por un cierto período de tiempo. Cuando se reanuda el crecimiento, éste ocurre de una forma desorganizada. Durante el rápido crecimiento desorganizado, los pequeños vasos sanguíneos pueden sangrar y dar lugar a cicatrices. En los casos más graves, este proceso puede finalmente causar el desprendimiento de la retina del fondo del ojo y la pérdida de la visión. Un elevado nivel de oxígeno en la sangre puede aumentar el riesgo de retinopatía del prematuro.

El recién nacido que está desarrollando retinopatía del prematuro no tiene síntomas, y el diagnóstico depende del examen cuidadoso del fondo del ojo por un especialista (oftalmólogo). Por lo tanto, un oftalmólogo debe examinar rutinariamente los ojos del prematuro que pesa menos de 1 500 gramos al nacer, comenzando a las cuatro o más semanas después del parto. Los exámenes de ojos se repiten cada 1 o 2 semanas según las necesidades, hasta haberse completado el crecimiento de los vasos sanguíneos en la retina. Los bebés con retinopatías graves deben someterse a un control ocular de por vida, al menos una vez al año. Si se detecta precozmente, el desprendimiento de retina se puede tratar para evitar la pérdida completa de la visión en el ojo afectado.

➤ Prevención, tratamiento y pronóstico

En el recién nacido prematuro que necesita oxígeno, el uso de éste debe ser controlado cuidadosamente para prevenir excesivos niveles de oxígeno en la sangre, que exponen al recién nacido prematuro a un mayor riesgo de retinopatía. De forma alternativa, los niveles de oxígeno pueden ser controlados indirectamente utilizando un oxímetro de pulso, que mide la concentración de oxígeno en la sangre de un dedo de la mano o del pie.

La retinopatía es generalmente leve y se resuelve de forma espontánea, pero es necesaria la supervisión del oftalmólogo hasta haberse completado el crecimiento de los vasos sanguíneos.

En el caso de una grave retinopatía del prematuro, se aplica el tratamiento con láser a las porciones extremas de la retina. Este tratamiento detiene el anormal crecimiento de los vasos sanguíneos y disminuye el riesgo de desprendimiento de la retina y de pérdida de la vista.

■ Enterocolitis necrosante

La enterocolitis necrosante es una lesión en la superficie interna del intestino.

La enterocolitis necrosante afecta principalmente a los recién nacidos prematuros. La causa de este síndrome no se conoce con precisión. La disminución del flujo sanguíneo hacia el intestino de un recién nacido prematuro enfermo puede producir lesiones en las capas internas del intestino, permitiendo que las bacterias que normalmente existen dentro del intestino puedan invadir la pared intestinal dañada. Si la lesión progresa hacia la totalidad del grosor de la pared intestinal y ésta se perfora, el contenido intestinal se derrama en la cavidad abdominal y se produce peritonitis. La enterocolitis necrosante también puede ocasionar una infección de la sangre (sepsis). Los casos más graves de enterocolitis necrosante pueden ser mortales.

Los recién nacidos con enterocolitis necrosante pueden presentar una hinchazón del abdomen. Finalmente, pueden vomitar líquido intestinal teñido de bilis y puede que se observe sangre en las heces. Estos recién nacidos pronto parecen muy enfermos y letárgicos, y tienen una temperatura corporal baja y repetidas pausas en la respiración (crisis de apnea). El diagnóstico de la enterocolitis necrosante se confirma mediante radiografía abdominal. Se toman muestras de sangre para realizar cultivos y así poder identificar las bacterias responsables de la infección.

➤ Prevención, tratamiento y pronóstico

Alimentar al recién nacido prematuro con la leche materna en lugar de la de fórmula parece que proporciona alguna protección. En los bebés prematuros muy pequeños o enfermos, es posible reducir el riesgo retrasando la alimentación oral durante varios días y aumentando luego progresivamente la cantidad. En caso de sospecha de una enterocolitis necrosante, se suspende de inmediato la alimentación. Se introduce una sonda de succión en el estómago del recién nacido para eliminar la presión de la leche y del aire tragado, y se descomprime así el intestino. Se administran líquidos por vía intravenosa para mantener la hidratación y se inicia la toma de antibióticos después de haber obtenido cultivos de sangre.

Alrededor del 70 % de los recién nacidos con enterocolitis necrosante no necesitan cirugía. Si se perfora el intestino, se hace necesario realizar una cirugía. La cirugía puede también ser necesaria si la afección empeora progresivamente a pesar del tratamiento.

En los más pequeños y enfermos de los recién nacidos se colocan *drenajes peritoneales* en la cavidad abdominal a cada lado del abdomen inferior. El drenaje permite que el excremento y el líquido peritoneal drenen de la cavidad abdominal y puede facilitar, junto con los antibióticos, la mejoría de los síntomas. La condición de muchos recién nacidos tratados con drenajes se estabiliza, para que luego se pueda realizar una intervención quirúrgica con más seguridad. En algún caso, los recién nacidos se recuperan por completo sin necesidad de una intervención quirúrgica.

Los bebés más grandes necesitan una intervención quirúrgica en la que se retiran partes del intestino y se abocan sus extremos buenos a la superficie de la piel para crear temporalmente una abertura para la excreción de desechos corporales (ostomía).

El tratamiento médico intensivo y la cirugía apropiada han mejorado el pronóstico en los bebés con enterocolitis necrosante. Más de dos tercios de tales recién nacidos sobreviven.

■ Hiperbilirrubinemia

La hiperbilirrubinemia es un nivel anormalmenmte alto de bilirrubina en la sangre.

Los glóbulos rojos envejecidos son eliminados por el bazo, y la hemoglobina de estos glóbulos rojos se descompone y es reciclada. La porción heme de la molécula hemoglobina se convierte en un pigmento amarillo llamado bilirrubina, que es llevado por la sangre hasta el hígado, donde es modificado químicamente y luego se excreta con la bilis en el tracto digestivo del recién nacido. Éste es removido del cuerpo del recién nacido mediante las deposiciones. La bilirrubina en las heces del recién nacido le da su color amarillo.

En la mayoría de los recién nacidos, el nivel de bilirrubina en la sangre aumenta en los primeros días después del nacimiento, motivo por el cual la piel del recién nacido y el blanco de los ojos aparecen amarillos (ictericia). Cuando la alimentación es tardía por cualquier motivo, como ocu-

rre si los recién nacidos están enfermos o tienen un problema en el tracto digestivo, las concentraciones de bilirrubina en la sangre pueden elevarse. También los recién nacidos que son lactados tienden a tener altas concentraciones de bilirrubina en la sangre durante la primera o segunda semanas.

La hiperbilirrubinemia también puede aparecer cuando el recién nacido tiene un grave trastorno de salud, como una infección en la sangre (sepsis). También puede ser causada por hemólisis (rápida destrucción de los glóbulos rojos), al igual que ocurre con la incompatibilidad de Rh ● *(v. pág. 1724)* o incompatibilidad ABO.

En la gran mayoría de los casos, un elevado nivel de bilirrubina en la sangre no es grave. Sin embargo, altos niveles de bilirrubina pueden producir daño cerebral (kerníctero). Los recién nacidos muy prematuros y críticamente enfermos tienen un alto riesgo de desarrollar kerníctero. En la mayoría de los casos, una moderada elevación de los niveles de bilirrubina debido a la lactancia materna no es preocupante. Sin embargo, en los recién nacidos ligeramente prematuros que están lactando, especialmente si son dados de alta de manera precoz, deben vigilarse cuidadosamente los niveles de hiperbilirrubinemia porque pueden desarrollar kerníctero si éstos se incrementan.

➤ Síntomas y diagnóstico

Los recién nacidos con hiperbilirrubinemia tienen la piel y el blanco de los ojos de color amarillo (ictericia). Puede ser más difícil de reconocer la ictericia en los recién nacidos con piel oscura. La ictericia, por lo general, aparece primero en la cara del recién nacido y luego, a medida que la bilirrubina aumenta, progresa hacia abajo afectando al pecho, al abdomen y finalmente las piernas y los pies.

Los recién nacidos con hiperbilirrubinemia que muestran síntomas de kerníctero pueden volverse letárgicos y se alimentan mal; estos recién nacidos deben ser examinados inmediatamente por un médico. Las fases más avanzadas del kerníctero implican irritabilidad, rigidez muscular o convulsiones y fiebre.

Es importante que el médico valore el grado de ictericia en todos los recién nacidos durante los primeros días de vida. Algunos recién nacidos han presentado niveles peligrosamente altos de bilirrubina después de haber sido dados de alta el primer día después del nacimiento antes de que el nivel de bilirrubina en la sangre se hubiese

La enfermedad hemolítica del recién nacido

La enfermedad hemolítica del recién nacido (también denominada eritroblastosis fetal) es una enfermedad en la que los glóbulos rojos se rompen o destruyen más rápido de lo normal. Los glóbulos rojos del recién nacido se destruyen por los anticuerpos que produjo la madre y que atraviesan la placenta desde la circulación materna y entran a la circulación fetal antes del parto. La madre que es Rh-negativo puede haber producido anticuerpos contra las células sanguíneas Rh-positivo después de haber estado expuesta a los glóbulos rojos de un feto previo que era Rh-positivo. Este tipo de exposición puede producirse durante el embarazo o en el parto, pero también si la madre recibió accidentalmente una transfusión de sangre con RH-positivo en cualquier momento anterior de su vida.

El cuerpo de la madre responde a la *angre incompatible* produciendo anticuerpos para destruir las células extrañas Rh-positivas. Estos anticuerpos atraviesan la placenta durante el embarazo siguiente. Si el feto es Rh-negativo, no hay consecuencias. Sin embargo, cuando el feto tiene glóbulos rojos Rh-positivo, los anticuerpos de la madre se adhieren a ellos y empiezan a destruirlos, produciendo una anemia de grado variable. Esta anemia comienza dutante el período fetal y continúa después del parto.

A veces, otras incompatibilidades de grupos sanguíneos pueden producir enfermedades hemolíticas similares. Por ejemplo, si la madre tiene sangre de tipo O y el feto tiene sangre tipo A o B, el organismo de la madre produce anticuerpos anti-A o anti-B que pueden atravesar la placenta, adherirse a los glóbulos rojos fetales y destruirlos (hemólisis). La incompatibilidad de Rh, por lo general, conduce a una anemia más grave que la incompatibilidad ABO.

La prevención de la enfermedad hemolítica por incompatibilidad de Rh implica inyectar a la madre una preparación de inmunoglobulina Rh O (D) alrededor de las 28 semanas de embarazo y, de nuevo, inmediatamente después del parto. La inyección de esta inmunoglobulina destruye rápidamente los glóbulos rojos Rh-positivos fetales que han entrado en la circulación materna antes de estimular la producción anticuerpos en el organismo de la madre.

La anemia grave causada por la enfermedad hemolítica del recién nacido se trata del mismo modo que cualquier otra anemia. El médico explora al recién nacido en busca de ictericia, que puede producirse porque la hemoglobina de los glóbulos rojos que son rápidamente destruidos se convierte en un pigmento amarillo, la bilirrubina, dando un aspecto amarillo a la piel y al blanco de los ojos. La ictericia puede tratarse mediante la exposición del recién nacido a luces brillantes (fototerapia) o realizando una transfusión sanguínea de recambio. Los niveles muy altos de bilirrubina en la sangre pueden ocasionar daño cerebral (kernicterus).

---

elevado. Por lo tanto, es muy importante que los recién nacidos que salen muy pronto del hospital sean examinados en casa por una enfermera o en el consultorio del médico a los pocos días de ser dados de alta para valorar los niveles de bilirrubina. Esto es especialmente importante en los bebés nacidos pocas semanas antes del término y en aquellos que lactan.

El médico primero examina al recién nacido en un sitio con buena iluminación, luego mide el nivel de ictericia colocando una pieza de un equipo especializado (bilirrubinómetro) en la piel del recién nacido o por medio de una prueba en una pequeña muestra de sangre.

➤ Tratamiento

La hiperbilirrubinemia leve no requiere tratamiento especial. Una alimentación frecuente acelera el paso de las heces, reduciendo la reabsor-
ción de bilirrubina del contenido intestinal, y así se puede bajar el nivel de la bilirrubina. Una moderada hiperbilirrubinemia puede ser tratada con fototerapia, en la cual el recién nacido es colocado sin ropa bajo las llamadas lámparas fluorescentes de bilirrubina. La luz altera la composición de la bilirrubina en la piel de los recién nacidos, cambiándola a una forma más fácil de excretar por el hígado y los riñones. Los ojos del recién nacido se protegen con una venda. Los recién nacidos pueden también ser tratados a domicilio colocándolos sobre una *manta de bilirrubina* de fibra óptica que expone su piel a una luz intensa. Es preciso examinar repetidas veces los niveles sanguíneos de bilirrubina en estos recién nacidos hasta que disminuyan.

Raramente puede ser necesario que la madre cambie la lactancia materna por alimentación temporal de fórmula para asegurarse de que el recién nacido obtenga los volúmenes adecuados con cada comida. La madre debe reanudar la lactancia tan pronto como los niveles de bilirrubina disminuyan. Una moderada hiperbilirrubinemia a veces continúa por algunas semanas en los lactantes, un fenómeno normal que no plantea problemas para el bebé y, por lo general, no requiere suspensión de la lactancia.

Si el nivel de bilirrubina en el recién nacido se aproxima a un nivel peligrosamente alto, se puede reducir rápidamente realizando un cambio de sangre (exanguinotransfusión). En este procedimiento, se coloca un catéter esterilizado en la vena umbilical en la superficie de corte del cordón umbilical. La sangre del recién nacido que contiene bilirrubina es reemplazada con volúmenes iguales de sangre fresca.

■ Anemia

La anemia es un trastorno en el que hay poca cantidad de glóbulos rojos en la sangre.

Normalmente, la médula ósea del recién nacido no produce nuevos glóbulos rojos después del nacimiento y durante las 3 o 4 semanas de edad. La anemia puede ocurrir cuando los glóbulos rojos se destruyen muy rápidamente, se pierde demasiada sangre u ocurren más de uno de estos procesos a la vez.

Cualquier proceso que lleva a la destrucción de glóbulos rojos, si es suficientemente grave, da como resultado anemia y altos niveles de bilirrubina (hiperbilirrubinemia). Una enfermedad hemolítica en el recién nacido puede causarle una rápida destrucción de glóbulos rojos. Los glóbulos rojos también pueden ser destruidos rápidamente si el recién nacido tiene una anomalía hereditaria de los glóbulos rojos. Un ejemplo es la esferocitosis hereditaria, en la cual los glóbulos rojos aparecen pequeños y esféricos al observarlos al microscopio.

Algunas infecciones adquiridas antes del nacimiento, como la toxoplasmosis, la rubéola, el citomegalovirus, el herpes simple o la sífilis, pueden también destruir rápidamente los glóbulos rojos, como también las infecciones bacterianas del recién nacido adquiridas durante o después del parto.

Otra causa de anemia es la pérdida de sangre. La pérdida de sangre puede producirse de varias formas; por ejemplo, si hay una gran transfusión de la sangre fetal a través de la placenta hacia el sistema circulatorio de la madre (transfusión feto-madre) o si queda atrapada demasiada sangre en la placenta en el momento del parto, cuando se liga el cordón umbilical. La placenta puede desprenderse de la pared uterina antes del parto (*abruptio placentae*), conduciendo a hemorragia de la sangre fetal. Raramente la anemia puede ser el resultado de una insuficiencia de la médula ósea del feto para producir glóbulos rojos. Un ejemplo de esto es un trastorno genético llamado anemia de Fanconi. Otro ejemplo poco común es la exposición de la madre y del feto a ciertos fármacos tomados durante el embarazo.

➤ Síntomas y tratamiento

Un recién nacido que ha perdido de repente una gran cantidad de sangre durante el trabajo de parto o en el parto puede aparecer pálido y tener una frecuencia cardíaca acelerada y disminución de la presión arterial, junto con una respiración rápida y superficial. La anemia leve puede provocar letargia, mala alimentación o no presentar ningún síntoma. Cuando la anemia es la consecuencia de una rápida destrucción de glóbulos rojos, existe también un aumento de producción de bilirrubina y la piel del recién nacido y el blanco de los ojos aparecen amarillos (ictericia).

Un recién nacido que ha perdido rápidamente una gran cantidad de sangre, a menudo durante las contracciones y en el parto, se trata con líquidos intravenosos seguidos de una transfusión. Una anemia grave causada por una enfermedad hemolítica puede también necesitar una transfusión, pero la anemia a menudo se trata mediante una tranfusión de cambio de sangre (exanguinotransfusión), en la que parte de la sangre del recién nacido es gradualmente reemplazada con volúmenes iguales de sangre fresca. La exanguinotransfusión también elimina bilirrubina de la circulación y así también trata la hiperbilirrubinemia.

■ Policitemia

La policitemia es una concentración anormalmente alta de glóbulos rojos.

Una mayor concentración de glóbulos rojos puede dar como resultado una sangre demasiado espesa, lo que retarda su flujo por los vasos sanguíneos pequeños y afecta al suministro de oxígeno a los tejidos. Un recién nacido que nace posmaduro o cuya madre tiene hipertensión arterial

ALGUNAS INFECCIONES DE LOS RECIÉN NACIDOS

Infección	Modo de infección	Síntomas	Tratamiento o prevención
Herpes	Por lo general, el virus (herpes simple) infecta al feto después de romper las membranas durante las contracciones y el parto	Suele aparecer una erupción de vesículas pequeñas llenas de líquido; la infección puede ser generalizada, afectando a muchos órganos, como ojos, pulmones, hígado, cerebro y piel	Todos los fármacos se administran por vía intravenosa; las infecciones de los ojos se tratan con gotas de trifluridina
Hepatitis B	Por lo general, el virus infecta al feto después de romper las membranas durante las contracciones y el parto	Se desarrolla una infección crónica del hígado (hepatitis crónica), pero no suelen presentarse síntomas hasta la edad adulta	Al recién nacido de una madre infectada se le da a la vez la vacuna contra el virus de la hepatitis B y la inmunoglobulina hepatitis B dentro de las 24 horas después del nacimiento
Infección por citomegalovirus	Se piensa que el virus atraviesa la placenta de la madre durante el embarazo o durante el parto (riesgo del 1%); después del nacimiento, el recién nacido puede resultar infectado por la leche materna infectada o por sangre contaminada de una transfusión	La mayoría de los recién nacidos no tienen síntomas; alrededor del 10% tienen un peso bajo al nacer, la cabeza pequeña, ictericia, pequeños hematomas y un aumento de tamaño del hígado y del bazo; puede presentarse sordera	La infección no puede curarse; no obstante, el ganciclovir puede mejorar algunos síntomas. Los recién nacidos deben someterse a evaluaciones auditivas periódicas durante el primer año
Rubéola	El virus puede atravesar la placenta durante el embarazo (poco frecuente debido a la vacunación que actualmente se administra de forma rutinaria); la infección es más grave si el feto se infecta al comienzo de la gestación	Los efectos en el feto van desde la muerte antes del nacimiento hasta anomalías congénitas o pérdida de audición sin otros síntomas; los recién nacidos pueden presentar bajo peso al nacer, inflamación cerebral, cataratas, lesión de la retina, defectos del corazón, un aumento de tamaño del hígado y bazo; hematomas, lesiones en la piel de color rojo azulado, dilatación de los ganglios linfáticos y neumonía	No existe un tratamiento específico para corregir el trastorno; para prevenir la infección en la madre, todas las mujeres en edad fértil deben ser vacunadas antes del embarazo; a veces, se administra una inyección de inmunoglobulina a una mujer embarazada que no han sido inmunizada, cuando ha tenido un estrecho contacto con una persona infectada al comienzo del embarazo
Toxoplasmosis	El parásito (*Toxoplasma gondii*) puede atravesar la placenta durante el embarazo; la infección es más grave si el feto se infecta al comienzo de la gestación	El feto puede crecer lentamente y nacer prematuramente; el recién nacido puede tener la cabeza pequeña, inflamación cerebral, ictericia, un aumento de tamaño del hígado y del bazo y una inflamación del corazón, de los pulmones o de los ojos; pueden presentarse erupciones	La mujeres deben evitar el contacto con gatos durante el embarazo; la transmisión de la infección al feto puede prevenirse si la madre toma espiramicina; en una etapa más avanzada del embara-

INFECCIÓN	MODO DE INFECCIÓN	SÍNTOMAS	TRATAMIENTO O PREVENCIÓN
			zo, puede tomar pirimetamina y sulfonamidas si el feto está infectado. Los recién nacidos que presentan síntomas de esta enfermedad se tratan con pirimetamina, sulfadiacina y ácido folínico; pueden utilizarse corticosteroides para la inflamación del corazón, pulmones o de los ojos
Sífilis	La bacteria (*Treponema pallidum*) atraviesa la placenta durante el embarazo si la madre adquiere la sífilis durante el embarazo o si ha sido tratada de forma inadecuada de sífilis previamente	Puede resultar mortinato o prematuro. El recién nacido puede no presentar síntomas; en el primer mes de vida, el recién nacido puede presentar grandes ampollas llenas de líquido o una erupción plana de color cobrizo en las palmas de las manos y las plantas de los pies, con bultos alrededor de la nariz y la boca, así como en la zona del pañal; por lo general se observa un aumento de tamaño de los ganglios linfáticos, del hígado y del bazo; el recién nacido puede no crecer bien y tener un aspecto de "anciano", con arrugas alrededor de la boca; puede salirle mucosidad, pus o sangre por la nariz; rara vez, se produce meningitis.	Antes del nacimiento, se trata a la madre con penicilina. Si después del nacimiento aún siguen infectados, la madre y el recién nacido se tratan con penicilina
Conjuntivitis	La bacteria (más frecuentemente *Chlamidia* o *Neisseria gonorrhoeae*) infecta al feto después de romper las membranas durante las contracciones o en el parto	**Cuando es causada por *Clamidia*:** por lo general, la conjuntivitis comienza entre 5 y 12 días después del parto, pero a veces 6 semanas después, como una secreción acuosa de los ojos que contiene cantidades crecientes de pus **Cuando es causada por *Neisseria gonorrhoeae*:** por lo general, la conjuntivitis comienza entre 2 y 3 días después, pero a veces hasta 7 días después del parto, como una secreción de pus de los ojos	**Cuando es causada por *Clamidia*:** se administra eritromicina en pomada para el ojo, y también en comprimidos por vía oral **Cuando es causada por *Neisseria gonorrhoeae*:** se usa un ungüento oftálmico que contenga polimixina y bacitracina, eritromicina o tetraciclina. También se administra un antibiótico, como ceftriaxona, de forma intravenosa
Infección por papilomavirus humano	Por lo general, el recién nacido se infecta durante el parto	Los síntomas son llanto alterado, a veces dificultad para respirar o, incluso, una obstrucción significativa de las vías respiratorias debido a verrugas que crecen dentro de la tráquea, e infección pulmonar	Las verrugas se extirpan quirúrgicamente; pueden reducirse las recurrencias mediante el uso de interferón

importante, fuma o vive en sitios altos, tiene mayores probabilidades de tener policitemia. También puede producirse policitemia si el recién nacido recibe demasiada sangre de la placenta al nacer, como puede ocurrir si el recién nacido se sostiene por debajo del nivel de la placenta por un cierto período de tiempo antes de ligar el cordón umbilical.

El recién nacido con policitemia puede tener un color rojizo o pardo. La mayoría de los recién nacidos no presentan otros síntomas. Sin embargo, el recién nacido puede ser lento, alimentarse mal, tener una rápida frecuencia cardíaca y respiratoria y, rara vez, presentar convulsiones. Si el recién nacido tiene dichos síntomas y un análisis de sangre indica demasiados glóbulos rojos (hematocrito elevado), se realiza una exanguinotransfusión parcial, en la cual parte de la sangre del recién nacido se cambia por volúmenes iguales de una solución salina o de albúmina, lo cual diluye los glóbulos rojos remanentes y corrige la policitemia.

■ Trastornos de la glándula tiroides

Estos trastornos ocurren si la glándula tiroides produce muy poca cantidad de hormona tiroidea (hipotiroidismo) o una cantidad excesiva de hormona tiroidea (hipertiroidismo).

Hipotiroidismo: Si no recibe tratamiento, el hipotiroidismo en los recién nacidos puede ocasionar un escaso crecimiento y trastornos mentales, lo que finalmente resulta en un retraso mental. La causa más frecuente de hipotiroidismo en el recién nacido es una completa ausencia o poco desarrollo de la glándula tiroides. Inicialmente, el recién nacido no presenta ningún síntoma. Más tarde, el recién nacido puede tener letargia, falta de apetito, estreñimiento, llanto ronco, hernia umbilical (una protrusión del contenido abdominal por el lugar donde el ombligo penetra en la pared abdominal) y un retraso del crecimiento. Finalmente, el bebé puede presentar rasgos faciales burdos y la lengua se agranda.

Un tratamiento a tiempo puede prevenir el retraso mental. Por esta razón, debe realizarse un análisis de sangre en el hospital a todos los recién nacidos después del nacimiento para medir el nivel de la hormona tiroidea. El tratamiento se realiza administrando la hormona tiroidea.

Hipertiroidismo: rara vez un recién nacido puede tener hipertiroidismo o una enfermedad de Graves neonatal. Esto por lo general se produce si la madre tiene la enfermedad de Graves durante el embarazo o le ha sido tratada antes del embarazo. En la enfermedad de Graves ● *(v. pág. 1719)*, el cuerpo de la madre produce anticuerpos que estimulan la glándula tiroides a producir una cantidad excesiva de hormona tiroidea. Estos anticuerpos atraviesan la placenta e igualmente afectan al feto. El resultado en un recién nacido afectado es una alta velocidad metabólica, con una rápida frecuencia cardíaca y respiratoria, irritabilidad y un excesivo apetito con poco aumento de peso.

El recién nacido, como la madre, puede tener los ojos saltones (exoftalmos). Si el tamaño de la glándula tiroides del recién nacido es mayor de lo normal (bocio), la glándula puede presionar la tráquea y afectar a la respiración. Un aumento del ritmo cardíaco puede ocasionar insuficiencia cardíaca. La enfermedad de Graves es potencialmente mortal si no se detecta y si no es tratada apropiadamente.

El médico sospecha hipertiroidismo por los síntomas típicos y confirma el diagnóstico por el hallazgo de elevados niveles de hormona tiroidea y de los anticuerpos estimulantes de la tiroides de la madre en la sangre del recién nacido.

Los recién nacidos con hipertiroidismo son tratados con fármacos, como el propiltiouracilo, el cual reduce la producción de hormona tiroidea por la glándula tiroides. El tratamiento es necesario sólo durante unos meses porque los anticuerpos que atraviesan la placenta provenientes de la madre sólo permanecen por este tiempo en el caudal sanguíneo del niño.

■ Sepsis neonatal

La sepsis es una infección en la sangre.

Los recién nacidos, sobre todo los prematuros, están en más alto riesgo de contraer este tipo de infección que los niños y adultos, ya que su sistema inmunológico es inmaduro. Los prematuros también carecen de ciertos anticuerpos contra bacterias específicas; estos anticuerpos, en general, atraviesan la placenta de la madre al final del embarazo. Otro factor de riesgo de la sepsis es el uso de catéteres intravenosos y respiradores.

El tipo más frecuente de bacterias causantes de sepsis en el recién nacido al tiempo de nacer es el estreptococo grupo B. La sepsis que ocurre mientras que el recién nacido está en la unidad de cuidados intensivos neonatales es causada más probablemente por un tipo de estafilococo (coagulasa negativo).

➤ Síntomas y diagnóstico

Un recién nacido con sepsis está generalmente apático, no se alimenta bien y frecuentemente tiene una temperatura corporal baja. Otros síntomas pueden incluir pausas en la respiración (apnea), fiebre, color pálido y mala circulación en la piel, con extremidades frías, hinchazón abdominal e ictericia.

Dado que los recién nacidos presentan una inmunidad disminuida contra las infecciones, las bacterias en el torrente sanguíneo pueden invadir e infectar varios órganos. Una de las más graves complicaciones de la sepsis es la infección de las membranas que rodean el cerebro (meningitis). Un recién nacido con meningitis puede tener letargia extrema, coma, convulsiones o protrusión de la fontanela (las partes blandas entre los huesos del cráneo). El médico puede excluir o diagnosticar la meningitis con una punción lumbar, examinando el líquido cefalorraquídeo y cultivando una muestra de este líquido. La infección de un hueso (osteomielitis) puede provocar dolor y tumefacción de un brazo o de una pierna, y a menudo se sospecha porque el recién nacido no mueve esa extremidad. La infección en una articulación puede causar hinchazón, calor, enrojecimiento y dolor en la misma, con movimiento nulo o escaso de dicha articulación. Si se sospecha de una infección en una articulación, se obtiene una muestra de líquido del sitio infectado con una aguja y se realiza un cultivo.

➤ Tratamiento y pronóstico

Mientras se espera el resultado del cultivo de sangre, el médico suministra antibióticos intravenosos al recién nacido con sospecha de sepsis. Una vez que se haya identificado el microorganismo específico, se puede ajustar el tipo de antibiótico. Además de la terapia con antibióticos, pueden ser necesarios otros tratamientos, como el uso de un respirador, sueros intravenosos y medidas de apoyo de la presión arterial y la circulación.

La sepsis es la causa principal de mortalidad en los recién nacidos prematuros después de la primera semana. Los recién nacidos que se recuperan de una sepsis no tienen problemas a largo plazo, excepto aquellos con meningitis, quienes pueden tener retraso mental, parálisis cerebral, convulsiones o pérdida de audición más tarde en la vida.

CAPÍTULO 265

Anomalías congénitas

Los defectos de nacimiento, también denominados anomalías congénitas, son alteraciones físicas que ocurren antes del nacimiento; éstas son, por lo general, obvias al nacer o al año de edad.

Los defectos de nacimiento pueden involucrar a cualquier parte de cualquier órgano del cuerpo. Algunos defectos de nacimiento son más frecuentes que otros. Los defectos de nacimiento son una de las principales causas de muerte de los bebés en los países desarrollados. Un defecto de nacimiento es evidente en aproximadamente el 7,5 % de los niños de 5 años de edad, aunque muchos de ellos son insignificantes. Los defectos graves de nacimiento son evidentes en aproximadamente el 3 o 4 % de los recién nacidos. Pueden presentarse varios defectos de nacimiento al mismo tiempo en un mismo niño.

➤ Causas y riesgos

No es una sorpresa que se produzcan tantos defectos de nacimiento, considerando la complejidad del desarrollo de millones de células especializadas que constituyen un ser humano a partir de un solo óvulo fecundado. Aunque se desconoce la causa de los defectos de nacimiento, ciertos factores genéticos y ambientales aumentan el riesgo de desarrollarlos. Estos factores incluyen la exposición a la radiación, ciertas drogas (por

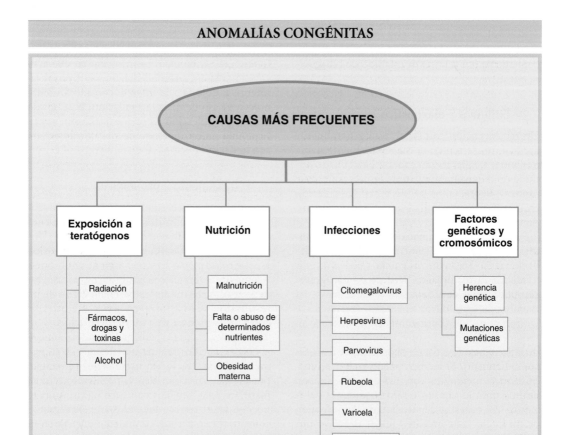

CAUSAS MÁS FRECUENTES

Exposición a teratógenos
- Radiación
- Fármacos, drogas y toxinas
- Alcohol

Nutrición
- Malnutrición
- Falta o abuso de determinados nutrientes
- Obesidad materna

Infecciones
- Citomegalovirus
- Herpesvirus
- Parvovirus
- Rubeola
- Varicela
- Toxoplasmosis
- Sífilis

Factores genéticos y cromosómicos
- Herencia genética
- Mutaciones genéticas

ejemplo, la isotretinoína, utilizada para tratar el acné grave), el alcohol, las deficiencias nutricionales, algunas infecciones en la madre, las lesiones y los trastornos hereditarios. Algunos riesgos pueden evitarse. Otros se producen a pesar de los cuidados estrictos en la salud que tenga la mujer embarazada.

Exposición a sustancias dañinas (teratógenos): un teratógeno es cualquier sustancia que puede producir o aumentar la posibilidad de un defecto congénito. La radiación (incluyendo las radiografías), ciertas drogas y toxinas (incluyendo el alcohol) son teratógenas. La mayoría de las mujeres embarazadas que están expuestas a teratógenos tienen bebés sin anomalías. Un defecto de nacimiento se produce dependiendo de cuándo, de qué manera y durante cuánto tiempo la mujer embarazada estuvo expuesta al teratógeno. La exposición a un teratógeno afecta más frecuentemente al órgano del feto que se está desarrollando en el momento de la exposición. Por

ejemplo, es más probable que la exposición a un teratógeno durante el tiempo en que ciertas partes del cerebro se están desarrollando cause un defecto en aquellas zonas que la exposición antes o después de este período crítico. Muchas anomalías congénitas se desarrollan antes de que la mujer sepa que está embarazada.

Nutrición: mantener la buena salud del feto requiere una alimentación nutritiva. Por ejemplo, la insuficiencia de ácido fólico (folato) en la dieta incrementa la probabilidad en el feto de desarrollar espina bífida u otras anomalías del cerebro o de la médula espinal, conocidas como defectos del tubo neural ● *(v. pág. 1699).* La obesidad materna también incrementa el riesgo de un defecto del tubo neural.

Factores genéticos y cromosómicos: los cromosomas y los genes pueden ser anormales. Estas anomalías pueden ser heredadas de los padres, afectados por el trastorno o portadores sin síntomas ● *(v. pág. 12).* Sin embargo, muchos defectos pueden ser causados por cambios al parecer aleatorios e inexplicables (mutaciones) de los genes del niño. La mayoría de los defectos de nacimiento causados por factores genéticos incluyen algo más que la malformación evidente de una sola parte del cuerpo.

Infecciones: ciertas infecciones en las mujeres embarazadas pueden causar defectos de nacimiento. Si una infección causa un defecto de nacimiento depende de la edad del feto. Las infecciones que más a menudo causan defectos de nacimiento son las del citomegalovirus, el herpesvirus, el parvovirus (quinta enfermedad), la rubéola, la varicela, la toxoplasmosis (que puede ser transmitida por los gatos), y la sífilis. La mujer puede tener esta infección y no saberlo, ya que estas infecciones pueden producir pocos o ningún síntoma en los adultos.

➤ **Diagnóstico**

Durante el embarazo, el médico valora si una mujer tiene un riesgo mayor de tener un hijo con un defecto de nacimiento ● *(v. pág. 1699)*. La posibilidad es más alta en las mujeres que tienen más de 35 años, las que han tenido abortos frecuentes o las que han tenido otros niños con anomalías cromosómicas, anomalías congénitas, o que han muerto por razones desconocidas. Estas mujeres pueden necesitar la realización de unas pruebas especiales para determinar si su bebé es normal.

Una ecografía prenatal puede a menudo detectar anomalías congénitas específicas. A veces, los análisis de sangre pueden también ayudar; por ejemplo, un nivel alto de alfafetoproteína en la sangre de la madre puede indicar un defecto cerebral o de la médula espinal ● *(v. recuadro pág. 1701)*. La amniocentesis (extraer una pequeña cantidad del líquido que rodea al feto) o una muestra de las vellosidades coriónicas (tejido del saco que rodea al bebé en crecimiento) pueden ser necesarias para la confirmación de un diagnóstico de sospecha. Cada vez se diagnostican más los defectos de nacimiento antes de que nazca el bebé.

■ **Defectos del corazón**

Uno de cada 120 bebés nace con un defecto del corazón. Algunos de estos defectos son graves, pero muchos no. Los defectos pueden implicar formaciones anormales en las paredes del corazón, o en las válvulas o en los vasos sanguíneos que entran o salen del corazón.

Antes del nacimiento, el feto usa el oxígeno obtenido de la sangre materna por la placenta. El feto no respira. También las vías por donde circula la sangre hacia el corazón y los pulmones son distintas en los fetos. Después del nacimiento, un recién nacido debe obtener oxígeno utilizando sus propios pulmones. Por lo tanto, se producen muchos cambios en el corazón y en los vasos sanguíneos inmediatamente después del nacimiento.

Antes del nacimiento, la sangre que aún no se ha dirigido a los pulmones (sangre venosa) se mezcla con la sangre que ya ha pasado por los pulmones (sangre arterial). Tal mezcla ocurre en el foramen oval, un orificio entre la aurícula derecha y la izquierda (las cámaras superiores del corazón que reciben la sangre) y el ductus arteriosus, un vaso sanguíneo que conecta la arteria pulmonar y la aorta. En el feto, tanto la sangre venosa como la sangre arterial contienen oxígeno, así que la mezcla de sangre arterial y venosa no afecta a la cantidad de oxígeno que se bombea al cuerpo. Después del nacimiento, la sangre arterial y venosa normalmente no se mezclan. El foramen oval y el ductus arteriosus normalmente se cierran en el transcurso de días o en un par de semanas después del nacimiento.

Dos procesos generales son responsables de la mayoría de los síntomas resultantes de los defectos del corazón. Uno es que el flujo sanguíneo es redirigido (desvío) o alterado. Otro es que la sangre bombeada al cuerpo no es suficiente, por lo general debido a una obstrucción.

El bloqueo puede causar que la sangre pobre en oxígeno se mezcle con la sangre rica en oxígeno que es bombeada hacia los tejidos del cuerpo (desvío de derecha a izquierda). Cuanta más sangre pobre en oxígeno (que es azul) circula en el cuerpo, el cuerpo se pone más azul, especialmente la piel y los labios. Muchos defectos de corazón se caracterizan por una anomalía de coloración azulada de la piel (denominada cianosis). La cianosis indica que no hay suficiente oxígeno en la sangre que llega a los tejidos.

Un desvío puede también mezclar la sangre rica en oxígeno, que es bombeada bajo altas presiones, con sangre pobre en oxígeno que se bombea por la arteria pulmonar hasta los pulmones (desvío de izquierda a derecha). Esta situación priva al cuerpo de sangre rica en oxígeno y aumenta la presión de la arteria pulmonar. La alta presión lesiona la arteria pulmonar y los pulmo-

OTRAS ANOMALÍAS DE NACIMIENTO

Sistema u órgano principal	Defecto de nacimiento	Qué sucede	Tratamiento
Corazón	Síndrome de corazón izquierdo hipoplásico	Deficiente desarrollo del ventrículo izquierdo, que produce una incapacidad para bombear la sangre hacia el cuerpo	Intervenciones separadas para reconstruir el ventrículo izquierdo
Tracto digestivo	Onfalocele y gastrosquisis	Abertura o debilidad de los músculos abdominales, que permite que sobresalgan los órganos abdominales internos	Cirugía para cerrar el abdomen
Músculo-esquelético	Tortícolis congénita	Torsión anormal de la cabeza y del cuello	Fisioterapia, cirugía o inyecciones de toxina botulínica
	Síndrome del abdomen en ciruela pasa	Faltan capas de músculos abdominales, lo que causa una protrusión del abdomen; a menudo, aparecen defectos en el sistema urinario	Se necesita cirugía si el defecto del sistema urinario bloquea el flujo de la orina
Neurológico	Porencefalia	Falta de tejido cerebral que es reemplazado por sacos llenos de líquido	No existe un tratamiento específico; la derivación ventricular puede disminuir la presión
	Hidroanencefalia	Porencefalia grave con pequeños restos de tejido cerebral	No existe un tratamiento específico
Genitales	Testículos evanescentes (anorquia bilateral; regresión testicular)	Ausencia de ambos testículos al nacer	Suplemento de hormona masculina (testosterona) comenzando antes de la pubertad
Ojo	Glaucoma congénito	Glaucoma presente al nacer; presión elevada en el globo del ojo (por lo general, en los dos); el ojo puede aumentar de tamaño y su aspecto normal puede distorsionarse	Intervención quirúrgica, por lo general, realizada inmediatamente después de nacer; se usan gotas para los ojos hasta la cirugía; si no se trata el glaucoma, el resultado es la ceguera
	Cataratas congénitas	Las cataratas (zonas opacas) en el cristalino del ojo están presentes desde el nacimiento; habitualmente, se afecta la visión	La cirugía para eliminar la catarata tan pronto como sea posible es la mejor oportunidad para que los niños tengan una visión normal

nes. El desvío también finalmente conduce al bombeo de una cantidad insuficiente de sangre al cuerpo (insuficiencia cardíaca).

En la insuficiencia cardíaca, la sangre también retrocede con frecuencia hacia los pulmones. La insuficiencia cardíaca puede también manifestarse cuando el bombeo del corazón es demasiado débil (por ejemplo, en los casos en que el bebé nace con un músculo cardíaco débil) o cuando hay una obstrucción del flujo de sangre hacia el cuerpo del bebé.

Las obstrucciones pueden darse en las válvulas del corazón o en los vasos sanguíneos que salen de él. Puede haber un impedimento del flujo de sangre a los pulmones por el estrechamiento de la válvula pulmonar (estenosis de la válvula pulmonar) o de la arteria pulmonar (estenosis de la arteria pulmonar). También puede impedirse el flujo de la sangre por la aorta al cuerpo por el estrechamiento de la válvula aórtica (estenosis de la válvula aórtica) o a la obstrucción en la aorta misma (coartación de la aorta).

➤ Síntomas y diagnóstico

A menudo, los defectos del corazón producen pocos o ningún síntoma y no se detectan ni siquiera durante un examen físico del niño. Algunos defectos leves producen síntomas sólo más tarde en la vida. Sin embargo, muchos defectos cardíacos sí producen síntomas durante la infancia. Dado que la sangre rica en oxígeno es necesaria para un crecimiento, desarrollo y actividad normales, los bebés y los niños con algún defecto cardíaco, pueden no crecer o aumentar de peso normalmente. Pueden no ser capaces de desarrollarse completamente. En algunos casos graves, pueden presentar cianosis y la respiración o la comida pueden ser difíciles. Un flujo sanguíneo anormal en el corazón suele provocar un ruido anormal (soplo) que puede escucharse con el fonendoscopio; sin embargo, la gran mayoría de los soplos cardíacos que se dan durante la infancia no son causados por defectos del corazón y no indican ningún problema. La insuficiencia cardíaca hace que el corazón lata rápidamente y a menudo ocasiona una acumulación de líquido en los pulmones o en el hígado.

Muchos defectos cardíacos pueden diagnosticarse antes del nacimiento mediante la ecografía. Después del nacimiento, se sospecha de defectos del corazón cuando aparecen síntomas o se escucha un soplo cardíaco particular.

Para diagnosticar defectos del corazón en un niño se utilizan las mismas técnicas que para diagnosticar problemas de corazón en los adultos ● *(v. pág. 143)*. El médico puede diagnosticar el defecto después de hacer preguntas específicas a la familia y de realizar una exploración física, un electrocardiograma (ECG) y una radiografía de tórax. Se utiliza el ultrasonido (ecocardiograma) para diagnosticar casi todos los defectos específicos. El cateterismo cardíaco a menudo puede mostrar pequeñas anomalías que no se detectan con la ecocardiografía o puede hacer resaltar los detalles de la anomalía.

➤ Tratamiento

Muchos defectos significativos del corazón se corrigen eficazmente usando la cirugía a corazón abierto. El momento indicado para realizar la operación dependerá del defecto específico, sus síntomas y su gravedad. Por ejemplo, puede ser mejor posponer la intervención quirúrgica hasta que el niño haya crecido un poco más. Sin embargo, los síntomas graves debidos a un defecto cardíaco se curan de manera más eficaz con una cirugía inmediata.

Un estrechamiento puede a veces aliviarse pasando una sonda fina (catéter) a través de un vaso del brazo o de una pierna hasta la zona estrechada. Se infla un balón unido al catéter y ensancha el estrechamiento, por lo general en una válvula (procedimiento denominado valvuloplastia) o en un vaso sanguíneo (procedimiento denominado angioplastia con balón ● *v. fig. pág. 253)*. Estos procedimientos con balón en el niño evitan la anestesia general y la cirugía a corazón abierto. Sin embargo, el procedimiento con balón no es generalmente tan eficaz como la cirugía.

Si la aorta o la arteria pulmonar están gravemente obstruidas, a veces se puede realizar una derivación temporal para mantener un volumen adecuado de flujo sanguíneo. Se puede crear una vía de paso con un catéter con balón (por ejemplo, entre las aurículas derecha e izquierda - septostomía por balón). O se puede administrar un fármaco, la prostaglandina E_1 (alprostadilo), para mantener el conducto arterial abierto, desviando la sangre entre la aorta y la arteria pulmonar. Raras veces, cuando ningún otro tratamiento ayuda, es necesario realizar un trasplante de corazón, pero la falta de donante limita la disponibilidad de este procedimiento.

En general, un niño que presenta importantes defectos cardíacos tiene un riesgo letal de desarrollar infecciones bacterianas del corazón y de sus válvulas (endocarditis). Necesitan tomar antibióticos antes de determinados tratamientos y procedimientos ● *(v. pág. 224)*.

☐ CONDUCTO ARTERIOSO PERSISTENTE

En el conducto arterioso persistente, el vaso sanguíneo que conecta la arteria pulmonar y la aorta (conducto arterial) no logra cerrarse como lo hace normalmente en las primeras dos semanas después del nacimiento. La corriente de sangre de izquierda a derecha produce un aumento del flujo sanguíneo y de la presión en los pulmones, pudiendo lesionar el tejido pulmonar. Los recién nacidos prematuros son especialmente susceptibles de presentar un conducto arterioso persistente y una lesión pulmonar.

Muy frecuentemente, el defecto no presenta ningún síntoma. Cuando aparecen los síntomas éstos son, por lo general, dificultad para respirar o cianosis, que pueden estar presentes al nacer o después de varias semanas desde el nacimiento. Cuando el bebé no tiene síntomas, el médico sospecha el defecto al escuchar un soplo cardíaco.

El uso de indometacina, una droga que inhibe la producción de sustancias químicas llamadas prostaglandinas, cierra el vaso sanguíneo en el 80 % de los bebés. Ls indometacina es más eficaz si se da en los primeros diez días después del nacimiento y es más eficaz en los recién nacidos prematuros que en los recién nacidos a término. Si el vaso sanguíneo no se cierra al cabo de varias dosis de indometacina, debe cerrarse quirúrgicamente.

□ DEFECTOS EN EL TABIQUE AURICULAR Y VENTRICULAR

Los defectos en los tabiques auriculares y ventriculares son agujeros en las paredes (septum) que separan el corazón en un lado derecho y un lado izquierdo. Los defectos en el tabique auricular se localizan entre las cámaras superiores del corazón (aurículas), que reciben la sangre. Los defectos en los tabiques ventriculares ocurren entre las cámaras inferiores (ventrículos), que bombean la sangre. Estos agujeros, por lo general, causan un flujo de sangre de izquierda a derecha. Muchos defectos del tabique auricular se ocluyen por sí solos, especialmente en el primer año de vida; muchos defectos del tabique ventricular se cierran dentro de los primeros dos años.

Los bebés y la mayoría de los niños mayores con defectos del tabique auricular no presentan síntomas. En algunos casos graves, los niños pueden presentar soplos cardíacos, cansancio y dificultad respiratoria. Los síntomas causados por defectos del tabique auricular aumentan a medida que la persona avanza en edad. Por ejemplo, en la edad madura se puede desarrollar una insuficiencia cardíaca.

Los defectos del tabique ventricular pueden variar desde orificios pequeños, que pueden manifestarse con un soplo cardíaco pero sin síntomas, a agujeros más grandes que causan síntomas en los niños. Los defectos significativos del tabique ventricular, por lo general, causan síntomas más graves que los defectos del tabique auricular, porque existe más derivación de sangre. Debido a la forma en que se desarrollan los pulmones, el paso de sangre aumenta durante las primeras seis semanas después del nacimiento. Habitualmente, el soplo se vuelve más fuerte y, por lo general, los síntomas empeoran, como la respiración rápida, sudoración y dificultad para comer. Los síntomas leves de un defecto del tabique ventricular pueden tratarse con diuréticos (como la furosemida) o drogas que disminuyen la resistencia al flujo de la sangre por el cuerpo (como el captopril). Si los defectos en los tabiques auriculares y ventriculares son grandes o producen síntomas, deben cerrarse, por lo general quirúrgicamente.

□ TETRALOGÍA DE FALLOT

En la tetralogía de Fallot, existen cuatro defectos específicos del corazón al mismo tiempo. Las anomalías son: un gran defecto del tabique ventricular, el desplazamiento de la aorta que permite el flujo de sangre pobre en oxígeno directamente del ventrículo derecho a la aorta (que ocasiona un flujo de derecha a izquierda), el estrechamiento del punto de salida del lado derecho del corazón, y un engrosamiento de la pared del ventrículo derecho.

En los niños con tetralogía de Fallot, el estrecho pasaje de la salida del ventrículo derecho restringe el paso de la sangre hacia los pulmones. El reducido flujo sanguíneo ocasiona que la sangre pobre en oxígeno del ventrículo derecho pase por el defecto septal al ventrículo izquierdo y hacia la aorta (flujo de derecha a izquierda). El síntoma más importante es la cianosis, que puede ser leve o grave. Algunos niños pueden tener ataques que comprometen la vida (hipercianosis), en los que la cianosis empeora de repente en respuesta a ciertas actividades, como llorar o hacer fuerza para defecar. El niño presenta una respiración muy deficiente y puede perder el conocimiento. Los niños con tetralogía de Fallot suelen tener un soplo cardíaco. La ecocardiografía confirma el diagnóstico.

Cuando un niño tiene un episodio hipercianótico, el oxígeno y la morfina pueden proporcionar cierto alivio. El niño puede respirar con más facilidad cuando las rodillas están cercanas al pecho (posición rodilla-pecho). Puede ser útil la administración de líquidos intravenosos o un fármaco como la fenilefrina, cualquiera de los cuales incrementa la resistencia al flujo de la sangre por el cuerpo. El médico puede administrar al niño propranolol para prevenir futuros episodios.

Los niños con tetralogía de Fallot con el tiempo necesitarán cirugía. La cirugía puede retrasarse un poco más en la infancia si el niño presenta pocos síntomas. Sin embargo, si los síntomas aparecen más a menudo o son graves, la cirugía debe realizarse lo más pronto posible. Se procede

El conducto arterial es un vaso sanguíneo que conecta la arteria pulmonar y la aorta. En el feto, permite que la sangre no pase por los pulmones. El feto no respira aire y, por eso, la sangre no necesita pasar por los pulmones para ser oxigenada. Después del nacimiento, la sangre necesita ser oxigenada en los pulmones, y, normalmente, el conducto arterial se cierra pronto, por lo general,

en el plazo de unos días o, incluso, en dos semanas. En el conducto arterioso persistente, esta conexión no se cierra, lo que permite que algo de sangre oxigenada destinada al cuerpo retorne a los pulmones. Como resultado, los vasos sanguíneos en los pulmones pueden sobrecargarse y el cuerpo no puede recibir suficiente sangre oxigenada.

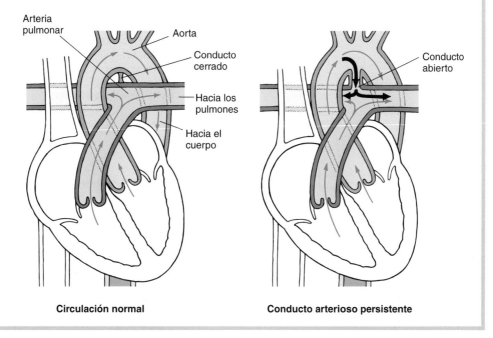

Circulación normal   Conducto arterioso persistente

a cerrar el defecto del tabique ventricular, se ensanchan tanto el punto de salida del ventrículo derecho como la estrecha válvula pulmonar, y se cierra cualquier conexión anormal entre la aorta y la arteria pulmonar.

☐ TRANSPOSICIÓN DE LOS GRANDES VASOS

La transposición de los grandes vasos es una inversión de las conexiones normales de la aorta y la arteria pulmonar con el corazón. La sangre pobre en oxígeno que retorna del cuerpo circula desde la aurícula derecha hacia el ventrículo derecho como es habitual, pero entonces fluye hacia la aorta y el cuerpo, sin pasar por los pulmones. La sangre oxigenada circula hacia delante y hacia atrás entre el corazón y los pulmones (desde los pulmones a la vena pulmonar, luego de la aurícula y el ventrícu-

lo izquierdos, a la arteria pulmonar) pero no es transportada hacia el cuerpo. El cuerpo no puede sobrevivir sin oxígeno. Sin embargo, los bebés con este defecto pueden sobrevivir brevemente después del nacimiento ya que el foramen oval (un orificio entre los ventrículos derecho e izquierdo) y el conducto arterial (un vaso que conecta la arteria pulmonar con la aorta ● *v. pág. 1796*) están aún abiertos al nacer. Estos orificios permiten que la sangre rica en oxígeno se mezcle con la sangre pobre en oxígeno, lo que permite algunas veces suministrar suficiente oxígeno al cuerpo para mantener vivo al bebé. La transposición de los grandes vasos se acompaña con frecuencia de un defecto del tabique ventricular.

La transposición de los grandes vasos, por lo general, resulta en una cianosis grave y en dificultad respiratoria, que empiezan al nacer. El médico realiza una exploración física, una radiografía, un electrocardiograma y un ecocardiograma para

Defecto septal: un orificio en la pared del corazón

Un defecto septal es un orificio en la pared (septum) que separa el corazón en la parte izquierda y la derecha. Los defectos del tabique auricular se localizan entre las cavidades superiores del corazón (aurículas). Los defectos del tabique ventricular se localizan entre la parte inferior de las cavidades (ventrículos). En ambos tipos se deriva parte de la sangre oxigenada destinada al cuerpo. Se envía de vuelta a los pulmones en lugar de ser bombeada hacia el resto del cuerpo.

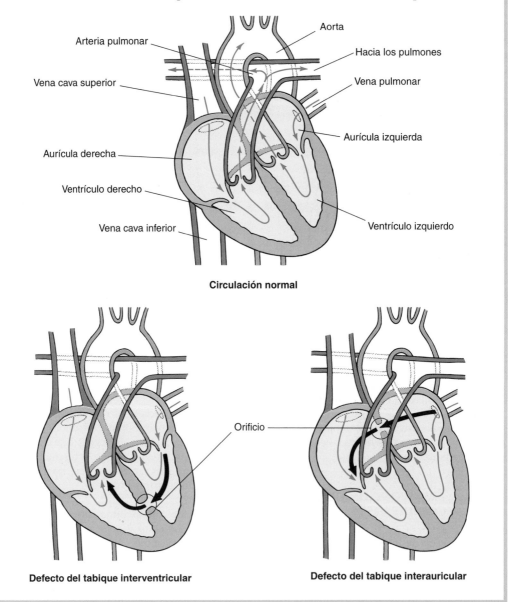

Aorta

Arteria pulmonar

Hacia los pulmones

Vena cava superior

Vena pulmonar

Aurícula izquierda

Aurícula derecha

Ventrículo derecho

Vena cava inferior

Ventrículo izquierdo

Circulación normal

Orificio

Defecto del tabique interventricular

Defecto del tabique interauricular

confirmar el diagnóstico. Por lo general, es necesaria una intervención quirúrgica dentro de los primeros días de vida. La cirugía consiste en unir la aorta y la arteria pulmonar a los ventrículos apropiados y reimplantar las arterias coronarias del corazón en la aorta después de reposicionar la aorta. La administración de alprostadilo o la práctica de una septostomía con balón pueden derivar la sangre, lo que permite mantener vivo al bebé hasta poderse realizar la cirugía.

☐ ESTENOSIS DE LA VÁLVULA AÓRTICA

La estenosis de la válvula aórtica es un estrechamiento del diámetro de la válvula que se abre para permitir el paso de la sangre del ventrículo izquierdo a la aorta y hacia el cuerpo. Para impulsar la sangre por la estrecha válvula aórtica, el ventrículo izquierdo debe bombear sometido a muy altas presiones. A veces no se bombea suficiente sangre para suministrar al cuerpo la sangre oxigenada.

La mayoría de los niños con estenosis de la válvula aórtica no manifiestan síntomas, excepto un soplo cardíaco. En algunos niños mayores, el defecto causa cansancio, dolor de pecho, ahogo o desmayos. En los adolescentes, una estenosis grave de la válvula aórtica puede conducir a la muerte súbita, presumiblemente debido a un errático ritmo cardíaco causado por el insuficiente flujo sanguíneo que va al corazón por las arterias coronarias. Algunos niños que tienen estenosis de la válvula aórtica padecen de irritabilidad, una falta anormal de color en la piel (palidez), baja presión arterial, sudoración, latidos cardíacos rápidos y un ahogo notorio.

El médico sospecha la estenosis de la válvula aórtica después de detectar un soplo específico o si el pequeño manifiesta síntomas. Frecuentemente se emplea el cateterismo cardíaco para determinar la gravedad del estrechamiento.

En los niños mayores con un grave estrechamiento o síntomas, se debe reemplazar o ensanchar la válvula aórtica. Por lo general, la válvula se amplía quirúrgicamente (utilizando un procedimiento denominado valvulotomía por balón) o se reemplaza por una artificial. Los niños con una válvula artificial deben tomar un anticoagulante, como la warfarina, para prevenir la formación de coágulos sanguíneos. Los bebés con insuficiencia cardíaca deben recibir tratamiento de urgencia, que generalmente incluye medicamentos y cirugía de emergencia o valvuloplastia por balón.

☐ ESTENOSIS DE LA VÁLVULA PULMONAR

La estenosis de la válvula pulmonar es un estrechamiento de dicha válvula, que se abre para permitir el paso de la sangre desde el ventrículo derecho hacia los pulmones. En la mayoría de los niños con estenosis de la válvula pulmonar, su estrechamiento va de mediano a moderado, lo que obliga al ventrículo derecho a bombear con más fuerza y a mayor presión para propulsar la sangre por la válvula. El estrechamiento grave incrementa la presión del ventrículo derecho e impide el paso de la más mínima cantidad de sangre a los pulmones. Cuando la presión del ventrículo derecho se vuelve muy alta, la sangre pobre en oxígeno es forzada hacia vías anormales (por lo general un orificio de la pared auricular [defecto septal auricular]) en vez de la arteria pulmonar, causando un flujo de derecha a izquierda.

La mayoría de los niños con estenosis de la válvula pulmonar no presentan otros síntomas más que un soplo cardíaco. Sin embargo, es posible que muestren cianosis grave o insuficiencia cardíaca. Se pueden manifestar síntomas moderados, tales como dificultad para respirar con el ejercicio y cansancio a medida que el niño crece. A veces se hace necesario un cateterismo cardíaco para valorar la gravedad del estrechamiento.

Si la válvula está moderadamente estrecha, puede ampliarse con valvuloplastia por balón. Si

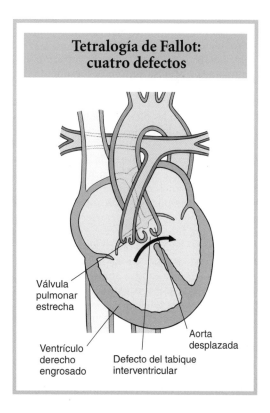

Tetralogía de Fallot: cuatro defectos

Válvula pulmonar estrecha

Ventrículo derecho engrosado

Defecto del tabique interventricular

Aorta desplazada

la válvula no está bien formada, puede repararse quirúrgicamente.

La enfermedad grave que causa la cianosis en los recién nacidos puede tratarse con alprostadilo, que abre el conducto arterial, hasta que el cirujano pueda crear otra forma de abrir o de circunvalar dicha válvula. En algunos de estos recién nacidos, será necesaria otra cirugía cuando sean mayores.

☐ COARTACIÓN DE LA AORTA

La coartación de la aorta es un estrechamiento de la misma en la zona inmediatamente anterior al punto en el que el conducto arterial se une a la aorta. La coartación reduce el flujo de sangre en la mitad inferior del cuerpo; por lo tanto, la presión arterial es más baja de lo normal en las piernas y tiende a ser más alta de lo normal en los brazos. La coartación puede causar soplos cardíacos. Sin tratamiento, la coartación tensa y aumenta el tamaño del corazón, causando insuficiencia cardíaca; también causa una hipertensión arterial. Predispone al niño a la rotura de la aorta, a la endocarditis bacteriana y a hemorragias en el cerebro. Los niños con coartación suelen tener otros defectos del corazón, como estenosis de la válvula aórtica o un defecto septal auricular o ventricular.

En la mayoría de los niños, una coartación leve o moderada no causa síntomas. Raramente, los niños con coartación tienen cefaleas o hemorragia nasal, debido a la hipertensión arterial en los brazos o dolor en las piernas durante la práctica de ejercicio, debido a la insuficiencia de sangre y oxígeno en las extremidades.

Con una coartación grave en la infancia, la sangre puede dirigirse sólo a la parte inferior de la aorta (en un punto después de su estrechamiento) por las conexiones abiertas entre la aorta y la arteria pulmonar, el conducto arterial. Los síntomas no se producen hasta el cierre del conducto, habitualmente cuando el recién nacido tiene desde unos días hasta más o menos 2 semanas. Después del cierre, la sangre suministrada por el conducto desaparece, ocasionando repentinas pérdidas de casi la totalidad de la sangre hasta la parte inferior del cuerpo. El resultado puede ser una súbita y catastrófica insuficiencia cardíaca y la disminución de la presión arterial.

Generalmente se sospecha la coartación sólo cuando el médico advierte un soplo cardíaco o diferencias en el pulso o la presión arterial entre los brazos y las piernas en el momento en que está realizando una exploración física. En general, se realizan radiografías, un electrocardiograma y un ecocardiograma para confirmar el diagnóstico.

La coartación que no produce intensos síntomas debe ser reparada quirúrgicamente en la primera infancia, habitualmente cuando el niño tiene más o menos entre 3 y 5 años de edad. Los bebés con intensos síntomas de coartación requieren tratamiento de urgencia, incluyendo la administración de alprostadilo para reabrir el conducto arterial, otras drogas para fortalecer el bombeo del corazón y una cirugía urgente para ensanchar el estrechamiento. Algunos bebés que se someten a una intervención quirúrgica urgente necesitan otra cirugía cuando crecen. A veces, en vez de cirugía, los médicos utilizan angioplastia con balón para aliviar la coartación.

■ Defectos de las vías urinarias

Los defectos de nacimiento son más frecuentes en los riñones y el aparato urinario que en cualquier otro sistema del cuerpo. Pueden desarrollarse defectos en los riñones, en los tubos que transportan la orina desde los riñones a la vejiga (uréteres), en la vejiga o en el tubo que expele la orina desde la vejiga (uretra). Cualquier defecto de nacimiento que obstruya o retarde el flujo de orina puede causar estancamiento de la orina, lo que puede producir infecciones o la formación de cálculos renales. El bloqueo también produce aumento de la presión urinaria, lo que daña los riñones y los uréteres con el paso del tiempo.

➤ Síntomas

Muchos defectos en las vías urinarias no presentan síntomas. Algunos defectos renales pueden producir la aparición de sangre en la orina después de lesiones menores. Se pueden desarrollar infecciones debidas a defectos en cualquier parte del sistema urinario y causar síntomas. Pueden producirse daños renales a causa del bloqueo, pero habitualmente éstos producen síntomas sólo cuando queda una pequeña función renal remanente. Luego, aparece una insuficiencia renal. Se pueden desarrollar cálculos renales y causar un grave dolor en el costado entre las costillas y la cadera (flanco) o en las ingles, o la aparición de sangre en la orina.

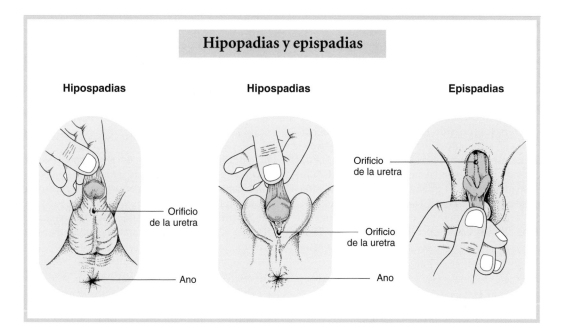

Hipopadias y epispadias

Hipospadias

Orificio de la uretra

Ano

Hipospadias

Orificio de la uretra

Ano

Epispadias

Orificio de la uretra

➤ **Diagnóstico y tratamiento**

Las técnicas usadas para diagnosticar las anomalías de las vías urinarias incluyen una exploración física, una ecografía, una tomografía computarizada (TC), una gammagrafía, una urografía endovenosa y, en raras ocasiones, una cistoscopia ● *(v. pág. 987)*. Los defectos que causan síntomas son aquellos que llevan a incrementar la presión sobre los riñones y, por lo general, necesitan ser corregidos quirúrgicamente.

☐ DEFECTOS DE LOS RIÑONES Y DE LOS URÉTERES

Un cierto número de defectos pueden ser consecuencia de la formación anormal de los riñones. Pueden formarse en otro sitio (ectopia), adoptar una posición incorrecta (malrotación), permanecer unidos entre sí (riñón en herradura) o estar ausentes (agenesia renal). En el síndrome de Potter, que causa la muerte, faltan ambos riñones. El tejido renal también puede desarrollarse de forma anormal. Por ejemplo, un riñón puede contener varios quistes (sacos llenos de líquido), como en la enfermedad del riñón poliquístico ● *(v. pág. 1023)*. Si una anomalía obstruye el flujo de la orina en un bebé, el riñón afectado puede hincharse de manera visible y el médico puede palparlo.

Muchos defectos de nacimiento que afectan al riñón no producen síntomas y no se detectan nunca. Algunos defectos pueden afectar a la función principal de los riñones, conduciendo a una insuficiencia renal, que puede requerir diálisis o un trasplante de riñón.

Las posibles anomalías de los uréteres, los dos tubos que conectan los riñones a la vejiga, incluyen la formación de uréteres adicionales, la situación anómala de los mismos y su estrechamiento o ensanchamiento. Un uréter estrecho impide que la orina pase normalmente desde el riñón a la vejiga.

☐ DEFECTOS DE LA VEJIGA Y DE LA URETRA

La vejiga puede no cerrarse completamente, de modo que se abre a la superficie del abdomen (extrofia). La pared de la vejiga puede desarrollar protuberancias (divertículos) donde la orina puede estancarse, ocasionando infecciones en las vías urinarias. El cuello de la vejiga (la vía que conecta la vejiga a la uretra) puede ser estrecho y, en consecuencia, la vejiga no se vacía por completo. En este caso, el flujo de orina es escaso y se producen infecciones.

La uretra puede ser anormal o no existir. En el caso de las valvas uretrales posteriores, un tejido anormal bloquea (por lo general de manera parcial) el flujo de orina desde la vejiga. Los niños afectados tienen un chorro urinario débil y sufren de infecciones del tracto urinario; no pueden ganar peso normalmente o pueden presentar anemia. Los defectos menos graves pueden no presentar síntomas hasta la infancia. En este caso, los síntomas que aparecen son también leves. Debe realizarse una cirugía que elimine la obstrucción en los bebés.

En los niños, el orificio de la uretra puede encontrarse en un sitio equivocado, como debajo del pene (una anomalía llamada hipospadias). En los niños con hipospadias, el pene puede estar doblado hacia abajo (pene curvado). Tanto la hipospadias como el pene curvado pueden repararse quirúrgicamente. La uretra en el pene puede permanecer abierta como un canal en lugar de estar cerrada como un tubo (epispadias). Tanto en los niños como en las niñas, una uretra estrecha puede obstruir el flujo de la orina.

■ Defectos genitales

Los defectos de los órganos genitales externos (pene, testículos o clítoris), por lo general, se deben a niveles anormales de las hormonas sexuales en la sangre antes del nacimiento. La hiperplasia adrenal congénita (un desorden metabólico) y las anomalías cromosómicas ocasionan frecuentemente defectos genitales.

Un niño puede nacer con genitales que no están claramente definidos, ni masculinos ni femeninos (genitales ambiguos o estado intersexual). La mayor parte de los niños con genitales ambiguos son seudohermafroditas, es decir, tienen órganos genitales externos ambiguos pero tienen ovarios o testículos (no ambos). Los seudohermafroditas son genéticamente masculinos o femeninos.

La evaluación para diagnosticar un niño con genitales ambiguos incluye una exploración física y pruebas de sangre para analizar los cromosomas (el patrón de cromosoma XY es masculino y el XX es femenino) y niveles hormonales (hormonas hipofisiarias y hormonas sexuales masculinas o andrógenos, como la testosterona). Las radiografías y ecografías de la pelvis pueden ayudar a identificar órganos sexuales internos. El tratamiento con testosterona puede contribuir a agrandar el pene para que la identificación del miembro masculino sea más realista.

Muchos expertos creen que la identificación del sexo en el bebé debe realizarse rápidamente. De lo contrario, el vínculo de los padres hacia el bebé puede ser más difícil y el pequeño puede desarrollar un trastorno de identidad de género ● *(v. pág. 758)*. Más tarde puede realizarse una cirugía para corregir los genitales ambiguos, especialmente si el defecto es complejo. El problema subyacente que causa seudohermafroditismo puede también necesitar tratamiento.

☐ DEFECTOS GENITALES MASCULINOS

El seudohermafroditismo en el varón suele ser causado por una deficiencia de las hormonas sexuales masculinas (andrógenos) o una anomalía cromosómica. El pene y los testículos pueden estar ausentes si la deficiencia de andrógenos es anterior a la duodécima semana de embarazo. Si se desarrolla una deficiencia de andrógenos más tarde en el embarazo, el feto masculino puede tener un pene anormalmente pequeño (microfalo) o testículos que no descienden totalmente al escroto ● *(v. también pág. 1820)*. El seudohermafroditismo también puede resultar de una incapacidad para responder a andrógenos. Tras su desarrollo, los testículos producen la mayor parte de los andrógenos corporales del varón. La ausencia o subdesarrollo de los testículos ocasiona una deficiencia de andrógenos.

La deficiencia de andrógenos durante la infancia lleva a un desarrollo sexual incompleto. El niño afectado presenta una voz con timbre alto y un desarrollo muscular escaso para su edad. El pene, los testículos y el escroto se encuentran poco desarrollados. El vello púbico y axilar es escaso y los brazos y las piernas son extremadamente largos.

La deficiencia de andrógenos puede ser tratada con testosterona. La testosterona generalmente se suministra en forma inyectable o con un parche cutáneo. La inyección y la aplicación en la piel ocasionan menos reacciones adversas que la toma de testosterona por vía oral. La testosterona estimula el crecimiento, el desarrollo sexual y la fertilidad.

☐ DEFECTOS GENITALES FEMENINOS

El seudohermafroditismo femenino (también denominado virilización) es causado por la exposición a niveles elevados de hormonas masculinas. La causa más frecuente es el aumento de tamaño de las glándulas suprarrenales (hiperplasia adrenal congénita), que producen un exceso de hormonas masculinas por la ausencia de una enzima. Las hormonas del varón no pueden convertirse en femeninas como ocurre en las mujeres normales. En algunos casos, las hormonas masculinas entran en la placenta procedentes de la sangre de la madre; por ejemplo, la madre puede haber recibido progesterona para evitar un aborto o puede haber tenido un tumor productor de hormonas masculinas, aunque esto no es muy frecuente.

Una mujer seudohermafrodita tiene órganos internos femeninos pero tiene un clítoris agrandado que se asemeja a un pene pequeño.

Si el niño es asignado al género femenino, se recurre a la cirugía para crear genitales femeninos aparentes. Esta cirugía puede incluir reducción del clítoris, la formación o reparación de una vagina (vaginoplastia) y la reparación de la uretra.

La hiperplasia adrenal congénita puede amenazar la vida porque puede ocasionar graves anormalidades de los electrolitos (sodio y potasio) en la sangre. Esto se diagnostica por medio de un análisis de sangre y se trata con corticosteroides.

■ Defectos del tracto digestivo

Un defecto de nacimiento puede darse en cualquier parte del tracto gastrointestinal: en el esófago, el estómago, el intestino delgado, el intestino grueso, el recto o el ano. En muchos casos, un órgano no está totalmente desarrollado o está ubicado anormalmente, lo cual suele ocasionar un estrechamiento o un bloqueo (obstrucción). Los músculos internos o externos que rodean la cavidad abdominal pueden debilitarse o presentar orificios. También los nervios que entran a los intestinos pueden fallar en su desarrollo (enfermedad Hirschsprung o megacolon congénito).

Los bloqueos (obstrucciones) que aparecen en los intestinos, el recto o el ano pueden causar un dolor rítmico con retortijones, una hinchazón abdominal y vómitos.

La mayoría de los defectos del tracto digestivo requieren cirugía. Generalmente, las obstrucciones son eliminadas mediante cirugía. El debilitamiento o los agujeros en los músculos que rodean la cavidad abdominal se cierran por medio de suturas.

□ Atresia esofágica y fístula traqueoesofágica

Normalmente, el esófago, un órgano largo fusiforme, conecta la boca con el estómago. En la atresia esofágica, el esófago está estrechado o llega a un final ciego. Esto provoca demora o detención en el tránsito del alimento del esófago al estómago. La mayoría de los recién nacidos con atresia esofágica también presentan una fístula traqueoesofágica, una conexión anormal entre el esófago y la tráquea. La comida deglutida y la saliva viajan por la fístula hacia los pulmones, produciendo tos, sofocación, dificultad para respirar y, en ocasiones, neumonía. La comida o el líquido en los pulmones pueden afectar a la oxigenación de la sangre, conduciendo a una anomalía de coloración azulada de la piel (cianosis). Característicamente, un recién nacido con atresia esofágica tiene tos y babea después de intentar tragar. Muchos niños con atresia esofágica y fístula traqueoesofágica presentan otras anomalías, como defectos del corazón.

Para detectar una obstrucción, se realizan radiografías a medida que se pasa un tubo por el esófago.

Los primeros pasos en el tratamiento consisten en la suspensión de la alimentación por vía oral y la colocación de un tubo en la parte superior del esófago para succionar continuamente la saliva antes de llegar ésta a los pulmones. El bebé es alimentado por vía intravenosa. La intervención quirúrgica debe realizarse pronto para lograr una conexión normal entre el esófago y el estómago y cerrar la conexión entre el esófago y la tráquea.

□ Atresia anal

La atresia anal es el estrechamiento o la obstrucción del ano. La mayoría de los bebés con ano imperforado presentan algún tipo de conexión anormal (fístula) entre el ano y la uretra o la zona que se encuentra entre la uretra y el ano (el periné), la vagina o la vejiga.

Los bebés con atresia anal no pueden defecar normalmente después del nacimiento. Finalmente, se desarrolla una obstrucción intestinal. Sin embargo, el médico a menudo descubre esta anomalía mirando el ano al realizar la primera exploración física después del nacimiento, antes de que aparezcan los síntomas.

Utilizando radiografías, un radiólogo puede ver el trayecto de la fístula. La atresia anal, por lo general, requiere una cirugía inmediata para abrir el conducto para defecar y cerrar la fístula. A veces es necesaria una colostomía temporal (haciendo un orificio en el abdomen y conectándolo al colon para permitir la evacuación de las

Atresia y fístula: defectos en el esófago

En la atresia esofágica, el esófago se estrecha o llega a un final ciego. No se conecta con el estómago como lo hace normalmente. Una fístula traqueoesofágica es una conexión anormal entre el esófago y la tráquea (que conduce a los pulmones).

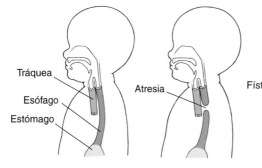
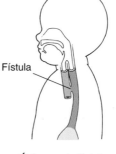
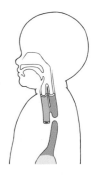

Tráquea	Atresia	Fístula	
Esófago			
Estómago			
Anatomía normal	**Únicamente atresia**	**Únicamente fístula**	**Atresia y fístula**

heces en una bolsa de plástico en la pared abdominal).

☐ MALROTACIÓN INTESTINAL

La malrotación intestinal (rotación anormal de los intestinos) es un defecto con riesgo letal en el que los intestinos se desarrollan de forma incompleta o de modo anormal. La malrotación puede causar más tarde que los intestinos se enrollen (vólvulo), cortando el suministro de sangre. Los bebés con malrotación intestinal pueden repentinamente presentar síntomas de vómitos, diarrea y distensión abdominal; estos síntomas pueden también aparecer y desaparecer. Si el suministro de sangre a la mitad del intestino delgado se interrumpe completamente (vólvulo del intestino medio), se presentan dolor y vómitos intensos y repentinos. Se puede producir un vómito de bilis, una sustancia formada en el hígado, con apariencia amarilla, verdosa o de coloración enmohecida. Finalmente, el abdomen se hincha. Las radiografías pueden resultar útiles al médico para determinar el diagnóstico. Sin embargo, el vólvulo sólo puede verse en radiografías tomadas después de introducir bario, una sustancia visible en la radiografía, en el recto (enema baritado).

El tratamiento, que incluye sueros intravenosos y normalmente una intervención quirúrgica urgente, debe llevarse a cabo en pocas horas. Si no se trata rápidamente, el defecto puede ocasionar pérdida del tejido intestinal o la muerte.

☐ ATRESIA BILIAR

La bilis, un líquido que es secretado por el hígado, transporta los productos de desecho de este órgano y también contribuye a digerir las grasas en el intestino delgado. Los conductos biliares del interior del hígado recolectan la bilis y la transportan hacia el intestino. En la atresia biliar, los conductos biliares están destruidos, parcial o completamente, así que la bilis no puede llegar al intestino. Finalmente, la bilis se acumula en el hígado y luego escapa a la sangre, produciendo una anomalía de coloración amarilla de la piel (ictericia). Si no se trata el trastorno, a los dos meses se inicia una cicatrización progresiva e irreversible del hígado, denominada cirrosis biliar.

En los bebés con atresia biliar la orina se oscurece cada vez más, las deposiciones son claras y la piel es cada vez más amarilla. Estos síntomas, además del crecimiento y endurecimiento del hígado, se notan por lo general alrededor de las dos semanas después del nacimiento. Al alcanzar el bebé los 2 o 3 meses de edad, éste puede mostrar un crecimiento insuficiente, picazón e irritabilidad y también grandes venas visibles en el abdomen, así como un gran bazo.

Para prevenir la cirrosis biliar, el diagnóstico de atresia biliar debe realizarse antes de la edad de 2 meses. Para establecer el diagnóstico es preciso realizar una biopsia. La ecografía puede ser útil. Si después de las pruebas se mantiene la sospecha de la existencia de este defecto, la cirugía es necesaria para diagnosticarlo (la cual consiste en examinar el tamaño del hígado y de los conductos biliares y hacer una biopsia del hígado).

La cirugía es necesaria para crear un camino para la bilis y así drenar el hígado. La construcción de conductos biliares de reemplazo que permitan la llegada de la bilis al intestino es lo mejor y esta clase de operación es posible en el 40 o 50 % de los bebés. La mayoría de los bebés con sustitución de los conductos biliares pueden llevar una vida normal. Los niños que no pueden tener sustitución de los conductos biliares, por lo general, requieren el trasplante de hígado a la edad de 2 años.

□ HERNIA DIAFRAGMÁTICA

La hernia diafragmática es un orificio o debilitamiento en el diafragma que hace que algunos de los órganos abdominales protruyan hacia el interior del tórax. Las hernias diafragmáticas se producen sobre el lado izquierdo del cuerpo el 90 % de las veces. El estómago, las asas intestinales e, incluso, el hígado y el bazo pueden salir por la hernia. Si la hernia es grande, el desarrollo del pulmón del lado afectado suele ser incompleto. Muchos niños con hernia diafragmática también tienen defectos del corazón.

Después del parto, mientras el recién nacido llora y respira, las asas intestinales rápidamente se llenan de aire. Esta estructura rápidamente agrandada presiona contra el corazón, comprimiendo el otro pulmón y causando una grave dificultad respiratoria, a menudo inmediatamente después del nacimiento. La radiografía de tórax, por lo general, muestra el defecto. El defecto puede también detectarse antes del nacimiento mediante la ecografía. El diagnóstico antes del nacimiento permite al médico prepararse para el tratamiento del defecto. Para reparar el diafragma, es necesario una intervención quirúrgica. Pueden ser necesarias medidas para suministrar oxígeno, como un tubo respiratorio y un respirador.

□ ENFERMEDAD DE HIRSCHSPRUNG

El intestino grueso depende de una red nerviosa, localizada en el interior de su pared, que sincroniza las contracciones rítmicas y mueve las sustancias digeridas hacia el ano, donde el material es expulsado en forma de heces. En la enfermedad de Hirschsprung (megacolon congénito), una

parte del intestino grueso no dispone de la red nerviosa que controla las contracciones rítmicas del intestino.

Los niños con la enfermedad Hirschsprung pueden tener síntomas que indiquen una obstrucción intestinal, como vómito teñido de bilis, un abdomen distendido y rechazo a comer. Si sólo se ve afectada un pequeña sección del intestino, un niño puede tener síntomas más leves y puede no diagnosticarse hasta más tarde en la infancia. Estos niños pueden tener deposiciones acintadas y una hinchazón del abdomen; frecuentemente no logran aumentar de peso. En casos raros, el estreñimiento es el único síntoma. El paso tardío de heces (meconio) en un recién nacido aumenta la sospecha de la existencia de la enfermedad Hirschsprung.

La enfermedad de Hirschsprung puede también llevar a una enterocolitis tóxica con riesgo letal, que produce fiebre repentina, una hinchazón del abdomen y una diarrea explosiva y a veces sanguinolenta.

A menudo se practica un examen con enema de bario. La biopsia rectal y la medición de la presión interna del recto (manometría) son los únicos análisis que fiables para diagnosticar la enfermedad Hirschsprung.

La enfermedad Hirschsprung grave debe ser tratada de inmediato para prevenir la enterocolitis tóxica. La enfermedad Hirschsprung es generalmente tratada con cirugía para eliminar el segmento anormal del intestino y para conectar el intestino normal al recto y al ano. En algunos casos como, por ejemplo, si el niño está muy enfermo, el cirujano conecta el extremo inferior de la parte normal del intestino a una apertura en la pared abdominal (colostomía). La evacuación puede realizarse por el orificio en una bolsa recolectora, permitiendo el movimiento normal de los alimentos en los intestinos. El segmento anormal del intestino es desconectado del resto del intestino. Cuando el niño ya es mayor la parte normal del intestino puede ser reconectada al recto y al ano.

■ Defectos de huesos y músculos

Los defectos de nacimiento pueden afectar a cualquier hueso o músculo, pero se ven afectados con más frecuencia los del cráneo, la cara, la columna vertebral, la cadera, las piernas y los pies. Los huesos y los músculos pueden desarrollarse

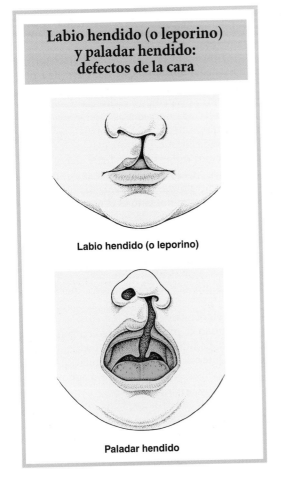

Labio hendido (o leporino) y paladar hendido: defectos de la cara

Labio hendido (o leporino)

Paladar hendido

incompletamente. También, algunas estructuras que normalmente están alineadas pueden estar separadas o mal alineadas. Por lo general, los defectos de los huesos y de los músculos producen una apariencia y un funcionamiento anormal de la parte del cuerpo afectada. Si los síntomas son preocupantes la mayoría de estos defectos se reparan quirúrgicamente. A menudo, la cirugía es compleja e implica reconstruir las partes deformes o ausentes del cuerpo.

□ DEFECTOS FACIALES

Los defectos de la cara que se dan con mayor frecuenciua son el labio hendido o leporino y el paladar hendido. El **labio hendido** es la unión incompleta del labio superior, habitualmente justo por debajo de la nariz. El **paladar hendido** es una abertura en la parte superior de la boca, que da como resultado un paso hacia la nariz. La hendi-dura del labio y la del paladar con frecuencia se producen a la vez.

El labio hendido es desfigurante e impide que el bebé cierre los labios cuando succiona el pezón. El paladar hendido afecta a la alimentación y al habla. Un dispositivo dental puede tapar temporalmente el techo de la boca, de manera que el bebé pueda succionar mejor. Las hendiduras labiales y palatinas pueden corregirse de forma permanente mediante una intervención quirúrgica. La probabilidad de que se desarrollen las hendiduras labiales y palatinas puede reducirse si la madre toma ácido fólico antes del embarazo y durante el primer trimestre del mismo.

Otro tipo de defecto facial es un maxilar inferior (mandíbula) pequeño (micrognatia). Los síndromes de Pierre Robin y Treacher Collins, que se caracterizan por varios defectos en la cabeza y en el rostro, también causan un maxilar inferior pequeño. Si la mandíbula es demasiado pequeña, el bebé puede tener dificultades para comer o respirar. La cirugía puede corregir el problema.

□ DEFECTOS EN LAS EXTREMIDADES Y ARTICULACIONES

Las extremidades o las articulaciones pueden faltar, estar deformes o tener un desarrollo incompleto al nacer. Es muy probable que un niño con una extremidad o una articulación anormal sufra de otra anomalía. Las extremidades y las articulaciones pueden desarrollarse anormalmente; por ejemplo, los huesos de la mano y del antebrazo pueden no existir debido a un defecto genético. El desarrollo normal de una extremidad puede interrumpirse en el útero; por ejemplo, un dedo detiene su crecimiento, ya que éste puede estar limitado por fibras. La fuerza mecánica es otra causa de anomalías en las extremidades y en las articulaciones; por ejemplo, la presión puede causar la luxación de cadera. Las anomalías cromosómicas pueden producir anomalías en las extremidades y en las articulaciones. A veces la causa es desconocida. La talidomida, un fármaco que fue administrado a algunas mujeres embarazadas al final de los años cincuenta y comienzos de los sesenta para las náuseas matinales, causó una variedad de defectos en las extremidades, por lo general apéndices cortos que funcionaban deficientemente, en reemplazo de los brazos y de las piernas.

Las anomalías de los brazos y de las piernas pueden ocurrir de modo horizontal (por ejemplo, el brazo es más corto de lo normal) o longitudinal (por ejemplo, el brazo es anormal del lado del pulgar [del codo al pulgar] pero normal en el lado del dedo pequeño). Los niños suelen acostumbrarse con facilidad a usar un miembro malformado y, por lo general, se puede construir una prótesis para que resulte más funcional.

Los **defectos de la mano** son frecuentes. A veces una mano no se forma completamente; puede faltar una parte o toda la mano. Por ejemplo, la persona puede tener pocos dedos. A veces una mano no se desarrolla; por ejemplo, los dedos pueden no estar separados, produciéndose una mano palmeada. Algunos defectos de la mano implican la presencia de dedos adicionales; los dedos pequeños o pulgares son los que se duplican con más frecuencia. Puede ocurrir un crecimiento exagerado, en que las manos o los dedos son demasiado grandes. Generalmente se realiza una cirugía para corregir el defecto de la mano y proporcionar la mayor funcionalidad posible.

En la **luxación congénita de la cadera**, también denominada displasia del desarrollo de la cadera, la cavidad de la cadera y el fémur del recién nacido (cabeza femoral), que normalmente forman una articulación, llegan a separarse, a menudo porque la cadera tiene una cavidad que no es lo bastante profunda para sostener la cabeza del fémur. La luxación de la cadera es más frecuente en las niñas, en los bebés que han nacido de nalgas y en aquellos con familiares cercanos que tienen este mismo problema. Las piernas o caderas con frecuencia se ven diferentes la una de la otra en los recién nacidos con el defecto.

El médico puede detectar el defecto cuando examina al recién nacido. En los bebés de menos de 4 meses, una ecografía de las caderas puede confirmar el diagnóstico; en los bebés mayores de 4 meses, se puede utilizar una radiografía. Ya no se recomienda el uso del triple pañal (un antiguo tratamiento). El mejor tratamiento es utilizar el arnés de Pavlik. El arnés de Pavlik es un corsé suave que sostiene las rodillas abiertas hacia fuera y subidas hacia el pecho. Sin embargo, si el defecto persiste a la edad de 6 meses, por lo general es necesaria la cirugía para fijar la cadera en la posición normal.

El **pie zambo** (talipes equinovaro) es una enfermedad en la que el pie y el tobillo se tuercen fuera de forma o posición. El habitual patizambo es un giro hacia abajo y adentro de la parte posterior del pie, con torcedura hacia dentro de la parte anterior. A veces el pie sólo parece anormal porque fue sujetado en una posición extraña en el útero (talipes posicional). Por el contrario, un verdadero pie zambo es estructuralmente anormal. Con el pie zambo verdadero, los huesos de la pierna o del pie o los músculos de la pantorrilla están frecuentemente subdesarrollados.

El patizambo posicional puede corregirse mediante la inmovilización de las articulaciones en una escayola y usando fisioterapia para distender el pie y el tobillo. El tratamiento precoz con inmovilización es útil en el caso del verdadero pie zambo, pero en general se necesita cirugía.

En el **metatarso aductor**, el pie parece volteado hacia dentro. La movilidad de las articulaciones del pie y el tobillo puede limitarse. El tratamiento depende de la gravedad de la deformidad y de la inmovilidad del pie. Muchos casos moderados se resuelven espontáneamente. En los casos más graves pueden ser necesarios calzados correctivos o férulas. La cirugía es necesaria sólo en casos excepcionales.

En la **artrogriposis múltiple congénita**, algunas articulaciones se *congelan* y, por lo tanto, no pueden doblarse. Muchos niños con este defecto poseen músculos debilitados. Es probable que el reducido movimiento de los músculos y las articulaciones antes del nacimiento ocasione un reducido movimiento de las articulaciones después

Tipos comunes de pie zambo

Talipes Varus

Talipes Valgus

Talipes Equinus

Talipes Calcaneus

Espina bífida: un defecto de la columna vertebral

En la espina bífida, los huesos de la columna vertebral (vértebras) no se forman normalmente. La gravedad de la espina bífida puede ser variable. En el tipo menos grave, el tipo más frecuente, una o más vértebras no se forman normalmente, pero la médula espinal y las capas de tejidos que la rodean (meninges) no se afectan. El único síntoma puede ser un mechón de pelo, unos hoyuelos o una zona pigmentada sobre la piel que recubre el defecto. En el meningocele, un tipo más grave de espina bífida, las meninges protruyen a través de las vértebras incompletamente formadas, dando como resultado una protuberancia llena de líquido bajo la piel. El tipo más grave es un mielomeningocele, en el que la médula espinal protruye. La zona afectada tiene un aspecto de carne viva rojiza, y es probable que el bebé tenga una discapacidad grave.

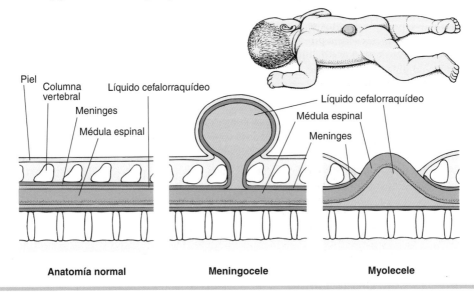

Piel	Columna vertebral	Líquido cefalorraquídeo	Líquido cefalorraquídeo
Meninges	Médula espinal		Médula espinal
			Meninges

Anatomía normal **Meningocele** **Myolecele**

del nacimiento. No se conoce su causa. Algunas veces los nervios que normalmente mueven los huesos en las articulaciones afectadas también están dañados. Los bebés con el defecto pueden también presentar dislocación de caderas, rodillas o codos. El movimiento de las articulaciones puede mejorar colocando las extremidades en una escayola y con fisioterapia, en la que se manipulan cuidadosamente las articulaciones rígidas. Liberando quirúrgicamente los huesos de los tejidos adheridos algunas veces pueden conseguirse movimientos articulares más normales.

■ Defectos del cerebro y de la médula espinal

Muchos de los posibles defectos en el cerebro y la médula espinal, aquellos conocidos como defectos del tubo neural, se manifiestan en las primeras semanas del embarazo. Otros, como porencefalia e hidroanencefalia, se manifiestan más tarde en el embarazo. Muchos defectos del cerebro y de la médula espinal producen anomalías visibles de la cabeza o de la espalda.

Los síntomas de daños en el cerebro o en la médula espinal pueden aparecer si el defecto afecta el cerebro o los tejidos de la médula espinal. El daño cerebral puede ser mortal u ocasionar una discapacidad leve o grave, incluidos el retraso mental, las convulsiones y la parálisis. El daño en la médula espinal puede ocasionar una parálisis, una incontinencia y la pérdida de sensibilidad en las zonas del cuerpo inervadas por los nervios debajo del nivel del defecto ● *(v. recuadro pág. 674)*. La tomografía computarizada (TC) y la resonancia magnética nuclear (RMN) pueden revelar defectos del cerebro y de la médula espinal mostrando dibujos de las estructuras internas de aquellos órganos.

Algunos defectos, como los que causan orificios visibles o tumefacciones, se reparan con cirugía, pero los daños en el cerebro o en la médula causados por el defecto suelen ser permanentes.

☐ DEFECTOS DEL TUBO NEURAL

El cerebro y la médula espinal se desarrollan como un surco que se envuelve para convertirse en un tubo (el tubo neural). Las capas de tejido que proceden de este tubo normalmente cubren el cerebro y la médula espinal (meninges). Algunas veces el tubo neural no se desarrolla normalmente, lo que puede afectar al cerebro, a la médula espinal y a las meninges. En la forma más grave del defecto del tubo neural, el tejido cerebral puede no desarrollarse (anencefalia); este defecto es mortal. Diferentes clases de defectos se producen cuando el tubo neural no se cierra por completo y permanece como un canal abierto. En la forma más moderada, un defecto del canal abierto puede afectar sólo al hueso; por ejemplo, en la espina bífida oculta (que significa columna vertebral oculta dividida en dos), el hueso de la columna vertebral no se cierra, pero la médula espinal y las meninges no están afectadas. Habitualmente esta frecuente anomalía no causa ningún síntoma. A veces se desarrolla un meningocele en el que las meninges y otros tejidos, como el tejido cerebral (meningoencefalocele) o el tejido de la médula espinal (mielomeningocele), protruyen por el orificio. A veces, no se ven afectadas las meninges cuando surge el tejido del cerebro (encefalocele) o de la médula espinal (mielocele). El daño en el tejido del cerebro o en el de la médula espinal es mucho más probable cuando protruye el tejido que cuando no lo hace.

En la disrafia espinal oculta, los recién nacidos nacen con anomalías visibles en la parte inferior de la espalda. Éstas incluyen marcas de nacimiento, zonas más pigmentadas (hemangioma y nevus en llamarada), crestas de pelo, orificios en la piel (senos dérmicos) o bultos pequeños (masas). La médula espinal subyacente puede estar conectada a la superficie, lo que la expone a las bacterias, aumentando enormemente la posibilidad de desarrollo de una meningitis. Los nervios de la médula espinal se pueden lesionar cuando el niño crece. O la médula espinal puede presentar un tumor graso (lipoma) que también puede conducir a lesiones nerviosas. Por lo tanto, los recién nacidos que padecen estas anomalías deben evaluarse mediante ultrasonido y resonancia magnética nuclear (RMN) de los tejidos blandos subyacentes y de la médula espinal.

Es más probable que los factores genéticos puedan ocasionar los defectos del tubo neural. El defecto con frecuencia aparece antes de saber la madre que está embarazada. Muchos síntomas

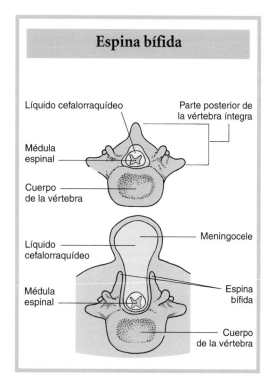

Espina bífida

Líquido cefalorraquídeo

Parte posterior de la vértebra íntegra

Médula espinal

Cuerpo de la vértebra

Líquido cefalorraquídeo

Meningocele

Médula espinal

Espina bífida

Cuerpo de la vértebra

de los defectos del tubo neural son consecuencia del daño en el cerebro o en la médula espinal. Un defecto puede ser tan insignificante que nunca es reconocido, o tan grave que es mortal. Los meningoencefaloceles y los meningomieloceles causan una grave discapacidad, que puede ser hidrocefalia, dificultad para el aprendizaje, parálisis con anomalías del hueso y las articulaciones, sensibilidad disminuida de la piel y problemas en el intestino y en el sistema urinario.

Se pueden detectar muchos defectos del tubo neural antes del nacimiento. Un alto nivel del alfafetoproteína en la sangre de la mujer o en el líquido amniótico puede indicar un defecto del tubo neural en el feto ● *(v. pág. 1699)*. Una ecografía efectuada al final del embarazo puede mostrar el defecto o las anomalías características. Tomar ácido fólico justo antes de quedarse embarazada y durante los tres primeros meses del embarazo puede disminuir el riesgo de defectos del tubo neural hasta en un 70%. Los defectos del tubo neural, por lo general, se cierran quirúrgicamente.

☐ HIDROCEFALIA

El líquido que rodea el cerebro (líquido cefalorraquídeo) es producido en los espacios dentro del cerebro denominados ventrículos. El líquido debe drenar hacia un área diferente, donde se absorbe y pasa a la sangre. Cuando el líquido no puede drenar, aparece la hidrocefalia (líquido en el cerebro). La hidrocefalia, con frecuencia, aumenta la presión en los ventrículos, lo cual comprime el cerebro. Muchos factores, como un defecto de nacimiento o una hemorragia cerebral, o tumores en el cerebro pueden obstruir el drenaje y causar la hidrocefalia.

Una cabeza anormalmente grande puede ser una manifestación de la hidrocefalia. El niño, por lo general, no puede desarrollarse normalmente. La tomografía computarizada (TC), la ecografía o una resonancia magnética nuclear (RMN) de la cabeza revelan el diagnóstico así como el grado de compresión del cerebro.

El objetivo del tratamiento es mantener la presión normal dentro del cerebro. Un drenaje permanente alternativo (derivación) del líquido cefalorraquídeo disminuye la presión y el volumen del líquido dentro del cerebro. El médico coloca tal derivación en los ventrículos cerebrales y la sigue debajo de la piel de la cabeza hacia otro punto, por lo general el abdomen (derivación ventriculoperitoneal). Dicho drenaje contiene una válvula que permite que el líquido salga del cerebro si la presión aumenta demasiado. Aun cuando algunos niños finalmente no la necesitan al crecer, una vez colocada la derivación, por lo general, no se vuelve a retirar.

Si es necesario, a menudo se puede reducir temporalmente la presión dentro del cerebro mediante fármacos (como la acetazolamida o furosemida) o por constantes punciones lumbares hasta poder colocar una derivación.

Algunos niños con hidrocefalia desarrollan una inteligencia normal. Otros tienen retraso mental o dificultad en el aprendizaje.

CAPÍTULO 266

Anomalías cromosómicas y genéticas

Los cromosomas son estructuras dentro de las células que contienen los genes de la persona. Las anomalías de los cromosomas son siempre anomalías genéticas. Algunas anomalías genéticas afectan a los genes pero no alteran la estructura de los cromosomas ● *(v. pág. 11)*. Así, los médicos a menudo analizan las anomalías cromosómicas como un grupo aparte dentro de una categoría más amplia como son las anomalías genéticas. Algunas anomalías genéticas, como la drepanocitosis y la fibrosis quística, son muy frecuentes.

Una persona normalmente tiene veintitrés pares de cromosomas, y cada uno contiene cientos de genes. Los cromosomas sexuales son uno de estos pares de cromosomas. Normalmente, las personas tienen dos cromosomas sexuales; uno de ellos puede ser un X o un Y. Las mujeres normales tienen dos cromosomas X (XX) y los varones normales tienen un cromosoma X y otro Y (XY).

Las anomalías cromosómicas pueden afectar a cualquier cromosoma, incluyendo a los cromosomas sexuales. Una anomalía cromosómica u otra genética puede afectar al número de cromosomas, a la estructura de ciertos cromosomas o a la composición de los cromosomas (por ejemplo, el material genético de un cromosoma puede unirse al de otro). Si el material presente en los cromosomas está equilibrado de manera que se encuentre la cantidad esperada en cada célula, no se producen anomalías. Si el material genético encontrado dentro de la célula es demasiado (suma) o muy poco (supresión), se producen anomalías. Estas anomalías pueden tener graves defectos físicos.

Cuanto mayor es la edad de la mujer embarazada mayor es la probabilidad de que su feto tenga una anomalía cromosómica ● *(v. pág. 1700)*. Si el padre es mayor la posibilidad de alteraciones cromosómicas es apenas perceptible. El matrimonio entre familiares cercanos incrementa la probabilidad de desarrollar algunas anomalías genéticas, pero habitualmente no afecta a las alteraciones cromosómicas.

Las anomalías cromosómicas pueden causar una amplia gama de anomalías o defectos, por lo general anomalías congénitas ● *(v. pág. 1791)*, o muerte del embrión o del feto antes del nacimiento. Las anomalías genéticas pueden causar defectos congénitos o enfermedades (por ejemplo, la drepanocitosis) o tienen muchos efectos diferentes.

Los cromosomas de una persona pueden analizarse con una muestra de sangre. Puede analizarse el feto antes del nacimiento para diagnosticar anomalías cromosómicas; por ejemplo, por medio de la amniocentesis o una muestra de vellosidades coriónicas ● *(v. pág. 1701)*. Si se encontró que el feto tiene una anomalía cromosómica, pueden realizarse unas pruebas adicionales para detectar anomalías congénitas específicas. Aunque no se pueden corregir las alteraciones cromosómicas, a veces es posible prevenir o tratar algunos de los defectos.

■ Síndrome de Down

El síndrome de Down (trisomía 21) es un trastorno cromosómico que da como resultado un retraso mental y anomalías físicas.

Se denomina trisomía a la presencia de un cromosoma adicional que se añade a una pareja de cromosomas. La más frecuente trisomía en un recién nacido es la trisomía 21 (tres copias del cromosoma 21). La trisomía 21 causa cerca del 95% de los casos de síndrome de Down. Las madres de más edad, especialmente aquellas de más de 35 años, aportan un cromosoma extra con mayor frecuencia que las madres más jóvenes. Como resultado, ellas tienen con mayor frecuencia niños con síndrome de Down ● *(v. también pág. 1700)*. Sin embargo, el cromosoma extra puede venir del padre.

➤ Síntomas

En el síndrome de Down se retrasa el desarrollo físico y mental. Los niños con síndrome de Down tienden a ser tranquilos, pasivos y tienen los músculos algo débiles. El coeficiente intelectual (CI) entre los niños con síndrome de Down varía, pero el promedio es de más o menos cincuenta, en comparación con niños normales, cuyo CI medio es de cien. Los niños con síndrome de Down tienen más habilidad en actividades motoras visuales (como dibujo) que en aquellas donde necesitan el oído. Por ello, sus habilidades para el lenguaje evolucionan lentamente. Una intervención precoz con servicios educativos y de otro tipo mejora el funcionamiento de los niños pequeños con síndrome de Down.

Aspecto de la cara en el síndrome de Down

Los niños con este síndrome tienden a tener la cabeza pequeña, una cara amplia y aplanada con ojos sesgados y una nariz corta. La lengua es grande. Las orejas son pequeñas y con implantación baja en la cabeza. Las manos son cortas y anchas, con un solo pliegue que atraviesa la palma. Los dedos son cortos; el quinto dedo, por lo general, presenta dos secciones en lugar de tres y se curva hacia dentro. Queda un espacio visible entre el primer y el segundo dedo del pie.

Los niños con síndrome de Down suelen tener defectos del corazón. Muchas personas con síndrome de Down desarrollan enfermedades de tiroides. Tienden a padecer problemas auditivos debido a las repetidas infecciones del oído y la consecuente acumulación de líquido en el oído interno (otitis serosa). También son propensos a problemas de visión debido a deficiencias en la córnea y el cristalino. Muchas personas con síndrome de Down presentan síntomas de demencia similar al Alzheimer a los 30 años, como pérdida de la memoria, un mayor deterioro del intelecto y cambios en la personalidad.

➤ Diagnóstico

El diagnóstico de síndrome de Down puede a menudo efectuarse antes del nacimiento ● *(v. también pág. 1699)*. Desde su nacimiento, un niño con síndrome de Down tiene un aspecto físico que sugiere el diagnóstico. El médico confirma el diagnóstico mediante pruebas de los cromosomas del bebé para la trisomía 21 u otros trastornos del cromosoma 21. Después del diagnóstico, el médico utiliza pruebas, tales como la ecografía y análisis de sangre, junto con exámenes por especialistas, para detectar anomalías asociadas con el síndrome de Down. El tratamiento de las anomalías detectadas puede prevenir el deterioro de la salud.

➤ Pronóstico

La mayoría de los niños con síndrome de Down viven hasta la edad adulta. La esperanza de vida para los niños con síndrome de Down con retraso mental leve o moderado es de 55 años, y con profundo es de 45 años. En muchos, el funcionamiento mental empeora progresivamente. Las anomalías del corazón se tratan a menudo con medicamentos o con cirugía. La enfermedad cardíaca y la leucemia son responsables de la mayoría de las muertes entre los niños con síndrome de Down.

■ Síndrome del cromosoma X frágil

El síndrome del cromosoma X frágil es una anomalía genética de un cromosoma X que ocasiona un retraso en el desarrollo y otros síntomas.

Los síntomas del síndrome del cromosoma X frágil son causados por anomalías en el ADN en el cromosoma X. Por lo general, los niños heredan esta condición de sus madres.

Muchos niños con el síndrome tienen una inteligencia normal. Sin embargo, el síndrome es la causa de retraso mental genético que con más frecuencia se diagnostica, aparte del síndrome de Down. La gravedad de los síntomas, incluyendo el retraso mental, es peor en los niños que en las niñas que sufren este trastorno. Los síntomas, que son por lo general poco llamativos, incluyen desarrollo tardío, orejas grandes y protuberantes, un mentón y una frente prominentes y, en los niños, testículos grandes (más notorio después de la pubertad). Las articulaciones pueden ser anormalmente flexibles y pueden presentar enfermedades cardíacas (prolapso de la válvula mitral). Pueden presentar algunas características de autismo. Las mujeres experimentan menopausia alrededor de los 30 años.

La presencia de un ADN anormal en un cromosoma X frágil puede detectarse mediante algunas pruebas antes o después del nacimiento.

Cuanto mayor sea el número de repeticiones anormales de ADN encontrado, mayor será la probabilidad de que el niño presente síntomas.

Una intervención precoz, que incluya terapia de pronunciación y del lenguaje y la terapia ocupacional, puede ayudar a los niños afectados por el síndrome del cromosoma X frágil a maximizar sus habilidades. Los fármacos estimulantes, los antidepresivos y los ansiolíticos pueden resultar beneficiosos para algunos niños.

■ Síndrome de Turner

En el síndrome de Turner (disgenesia gonadal), las niñas nacen con uno de los dos cromosomas X parcial o completamente ausente.

Muchas de las recién nacidas que padecen dicho síndrome presentan inflamación (linfedema) en el dorso de las manos y en la parte superior de los pies. La parte posterior del cuello suele estar hinchada o bien pueden observarse unos pliegues de piel flácida. Con frecuencia se presentan muchas otras anomalías, incluidas un cuello alado (gran pliegue de piel entre el cuello y los hombros), una línea baja del nacimiento del cabello en la parte posterior del cuello, un tórax amplio con pezones ampliamente separados y uñas poco desarrolladas.

Años más tarde, una niña con síndrome de Turner no presenta períodos menstruales (amenorrea) y las mamas, la vagina y los labios permanecen pueriles en lugar de presentar los cambios característicos de la pubertad. Los ovarios no suelen contener óvulos en desarrollo. La niña o la mujer con síndrome de Turner es casi siempre de baja estatura. La obesidad es frecuente.

Con frecuencia presentan otros trastornos. Los defectos cardíacos incluyen estrechamiento de una porción de la aorta (coartación de la aorta ● v. pág. 1800). Son frecuentes los defectos del riñón y de los ojos, la diabetes mellitus y las enfermedades tiroideas y renales. En ciertos casos, los vasos sanguíneos anormales del intestino se rompen y producen hemorragias.

Muchas niñas con síndrome de Turner tienen dificultad para evaluar las relaciones visuales y espaciales y muestran problemas con la planificación y la atención. Por lo general, obtienen malos resultados en ciertas pruebas de desempeño y en matemáticas, aunque tienen calificaciones medias o superiores en las pruebas verbales de inteligencia. El retraso mental es poco frecuente.

El médico suele sospechar el diagnóstico por el aspecto anormal del recién nacido. Sin embargo, la sospecha a menudo empieza en la adolescencia, cuando la niña tiene una deficiencia en la maduración sexual. El análisis de los cromosomas confirma el diagnóstico.

El tratamiento con una hormona normalmente secretada en el cerebro (la hormona del crecimiento) puede estimular el crecimiento. El tratamiento con la hormona femenina estrógeno generalmente no se inicia hasta después de alcanzar un crecimiento satisfactorio. El tratamiento con estrógenos puede mejorar la planificación, la atención y la valoración de la relación visual y espacial, así como estimular la maduración sexual.

■ Síndrome de Noonan

El síndrome Noonan es un defecto genético que causa ciertas anomalías físicas, las cuales generalmente incluyen estatura baja, defectos del corazón y una apariencia anormal.

El síndrome de Noonan puede ser hereditario o puede aparecer de modo impredecible en niños cuyos padres tienen genes normales. Si bien los niños con este síndrome poseen una estructura cromosómica normal, tienen muchas características típicas del síndrome de Turner. En el pasado, el síndrome de Noonan se denominó *síndrome de Turner masculino*. Pueden verse afectados tanto los niños como las niñas. El gen responsable del síndrome de Noonan ha sido localizado en el cromosoma 12.

Otros síntomas pueden incluir el cuello alado, las orejas de implantación baja, los párpados caídos, la estatura baja, un cuarto dedo (anular) muy corto, así como un paladar arqueado y las anomalías cardíacas y de los vasos sanguíneos. La inteligencia puede estar alterada. La mayoría de las personas afectadas son de estatura baja. Los niños pueden tener los testículos poco desarrollados o no descendidos. En las niñas, los ovarios pueden estar poco reactivos o no funcionan. La pubertad puede tardar en aparecer y puede desarrollarse infertilidad.

El crecimiento puede mejorar con un tratamiento con hormona del crecimiento. Después de un crecimiento satisfactorio, el tratamiento con testosterona puede ayudar a los niños cuyos testículos no se desarrollaron bien. La testosterona estimula el desarrollo de una apariencia más masculina.

Cuando falta una parte de un cromosoma

Cuando en algunos niños falta parte de un cromosoma, se pueden producir ciertos síndromes, que se conocen como **síndromes de deleción de un cromosoma.**

En el infrecuente **síndrome *cri du chat*** (síndrome del maullido del gato, síndrome 5p-), falta parte del cromosoma 5. El bebé con este síndrome suele presentar peso bajo al nacer; tiene la cabeza pequeña con muchas características anormales, como la cara redonda, la mandíbula pequeña, la nariz ancha, los ojos muy separados y las orejas de implantación baja en la cabeza; y el llanto es un chillido alto que se asemeja al maullido de un gato. En general, el bebé parece flácido. El tono del grito es elevado y se produce inmediatamente después del nacimiento y dura varias semanas, para luego desaparecer. Los defectos cardíacos son frecuentes. Su desarrollo físico y mental es muy escaso. A pesar de estas anomalías, muchos niños con el síndrome del maullido del gato (*cri du chat*) sobreviven hasta la edad adulta.

En el **síndrome de Prader-Willi**, otro síndrome de deleción cromosómica, el retraso mental es frecuente. Muchos síntomas varían en función de la edad del niño. Los recién nacidos afectados son flácidos, se alimentan mal y aumentan de peso lentamente. Finalmente estos síntomas se resuelven. Luego, entre el primer año de edad y los 6 años, aumenta el apetito y, a menudo, se vuelven insaciables. Son frecuentes los comportamientos obsesivo-compulsivos. Aumenta de peso excesivamente, lo que puede dar lugar a otros problemas de salud. La obesidad puede ser lo suficientemente grave como para requerir una cirugía de derivación gástrica.

■ Síndrome de triple X

El síndrome de triple X (trisomía X) es un trastorno poco frecuente en el cual las niñas nacen con tres cromosomas X.

Las niñas con síndrome de triple X tienden a tener inteligencia ligeramente más baja de lo normal y, en particular, trastornos verbales. A veces, el síndrome causa infertilidad, aunque algunas mujeres con síndrome de triple X han dado a luz niños físicamente normales con cromosomas también normales.

Se han identificado casos muy raros de niños con cuatro e incluso cinco cromosomas X. Cuantos más cromosomas X tenga la niña, mayor es la probabilidad de retraso mental y de anomalías físicas.

■ Síndrome de Klinefelter

El síndrome de Klinefelter es un trastorno en el que los varones nacen con un cromosoma X de más (XXY).

El síndrome de Klinefelter es relativamente frecuente. La mayoría de los niños con síndrome de Klinefelter tienen una inteligencia normal o algo disminuida. Muchos presentan problemas para hablar y leer y dificultades en la planificación de las tareas. La mayoría tienen dificultades con el lenguaje. Los problemas con el lenguaje a edad temprana pueden conducir a problemas de interacción social que afectan al comportamiento, y estos niños frecuentemente tienen problemas en la escuela. Aun cuando sus características físicas pueden variar considerablemente, la mayoría son altos con brazos largos, pero fuera de esto su apariencia es normal.

La pubertad suele comenzar a la edad adecuada, pero los testículos permanecen pequeños. En la pubertad el crecimiento del vello facial suele ser escaso y las mamas pueden ser algo más grandes (ginecomastia). Los hombres y los niños con este síndrome son normalmente estériles. Los hombres con síndrome de Klinefelter desarrollan diabetes mellitus, enfermedad pulmonar crónica, varices, hipotiroidismo y cáncer más frecuentemente que otros varones.

Se sospecha de este síndrome generalmente en la pubertad, cuando se manifiestan la mayoría de los síntomas. El análisis de los cromosomas confirma el diagnóstico.

Los niños con el síndrome de Klinefelter, en general, mejoran mucho con una terapia del lenguaje que corrija su forma de hablar y finalmente logran tener buen rendimiento escolar. Algunos varones mejoran tomando un suplemento de hormonas masculinas como la testosterona. Las hormonas mejoran la densidad ósea, las fracturas son menos probables y estimulan el desarrollo de una apariencia más masculina.

■ Síndrome XYY

El síndrome XYY es un trastorno en el que un niño varón nace con un cromosoma Y de más.

Los niños con síndrome XYY tienden a ser altos y a tener dificultades del lenguaje. El CI tiende a ser ligeramente inferior con respecto a los otros miembros de la familia. Pueden presentar trastornos como dificultad en el aprendizaje, déficit en la atención y problemas en el comportamiento. En el pasado se creía que el síndrome XYY generaba un comportamiento criminal agresivo o violento, pero esa teoría ha sido rechazada.

■ Síndrome de QT largo

El síndrome de QT largo es una anomalía del sistema eléctrico del corazón ● (v. pág. 198) que puede causar una pérdida de la conciencia o la muerte repentina.

El síndrome de QT largo puede afectar a una de cada 7 000 personas. En los niños, este trastorno es generalmente debido a una anomalía genética. Una persona con este defecto puede tener familiares cercanos que han muerto de repente y de modo inexplicable. En muchos adultos, el síndrome de QT largo es provocado por un trastorno o por el uso de un fármaco.

Las personas que tienen el síndrome de QT largo están predispuestas a presentar una frecuencia cardíaca excepcionalmente acelerada, lo que a menudo ocurre durante la actividad física o la excitación emocional. Cuando el ritmo del corazón es demasiado rápido, el cerebro no puede recibir suficiente sangre. El resultado es la pérdida de la conciencia. Algunas personas con síndrome de QT largo son también sordas de nacimiento, pero cerca de un tercio de las personas no presentan síntomas. El síndrome de QT largo puede causar muerte súbita en la edad juvenil.

Se recomienda realizar un electrocardiograma (ECG) ● *(v. recuadro pág. 148)* en los niños o adultos jóvenes que tienen repentinas e inexplicables pérdidas de conciencia. El procedimiento puede ser realizado con la persona en reposo o después de recibir fármacos intravenosos; el médico también puede pedir que camine por una banda de ejercicio o que pedalee en la bicicleta, en un procedimiento llamado prueba de esfuerzo.

Los betabloqueantes son efectivos para la mayoría de los niños y adultos. Algunos adultos pueden beneficiarse con mexiletina, una medicación antiarrítmica. En los niños y adultos que no responden al tratamiento farmacológico se puede utilizar un marcapasos o una combinación de marcapasos-desfibrilador interno. Cuando el corazón presenta una arritmia letal se puede usar un desfibrilador interno que provoca un choque en el corazón y revive a la persona. A veces, como alternativa, se puede seccionar un nervio en el cuello en un procedimiento denominado simpatectomía cervicotorácica. La sección de este nervio puede ayudar a prevenir el ritmo cardíaco rápido que causa la muerte repentina.

CAPÍTULO 267

Problemas en los bebés y niños muy jóvenes

Muy pocos niños pasan sus primeros años sin problemas menores. Son habituales el llanto, los problemas de la alimentación y la fiebre ocasional. Estos problemas se vuelven preocupantes cuando llegan a extremos; por ejemplo, cuando los niños lloran demasiado, cuando no crecen bien, o cuando tienen fiebre elevada y persistente. La mayoría de los problemas en la infancia no son graves. Muchos niños presentan erupciones. Muy rara vez, las familias se enfrentan a la tragedia del síndrome de muerte súbita del lactante.

■ La agitación, el llanto excesivo y el cólico

*La **agitación** es la incapacidad para un niño de permanecer quieto o calmado. El **llanto excesivo** es el llanto durante largas horas de un lactante saludable que tiene sus necesidades básicas solucionadas. El **cólico** es un patrón de llanto excesivo durante semanas, ruidoso, agudo, constante y que ocurre en intervalos, entre los cuales el bebé actúa normalmente.*

La agitación, el llanto excesivo y el cólico se producen más frecuentemente entre la segunda semana y el tercer mes de vida. La causa es desconocida, pero el llanto excesivo a veces se asocia con el exceso de aire en el tracto digestivo (por ejemplo, por no eructar después de comer o por tragar aire cuando llora). El llanto excesivo puede ser debido a una infección, como la del oído o las vías urinarias, o por meningitis. Son también causas de llanto el reflujo gastroesofágico ● *(v. pág. 1884),* la alergia a la leche, la erupción de un diente, un pelo enredado alrededor de un dedo de la mano o del pie (torniquete de pelo) o la abrasión de la córnea.

Los padres de niños con llanto excesivo o cólico deben consultar a un médico si no hay nada que ellos puedan hacer para ayudar a interrumpir el llanto o si el niño tiene otros síntomas, como fiebre o mala alimentación. El médico intenta diagnosticar y tratar las causas conocidas de agitación y de llanto. Las infecciones pueden requerir o no antibióticos. El reflujo gastroesofágico puede tratarse mediante un cierto número de estrategias ● *(v. pág. 1884).* El aire en el tracto digestivo puede ser disminuido efectuando en el niño una adecuada eliminación de gases. Un cambio de fórmula puede ser la solución para la alergia a la leche; sin embargo, los padres deben consultar con el médico antes de cambiar la fórmula. El llanto producido por la dentición mejora habitualmente con el tiempo. Se debe retirar el torniquete producido por un pelo. Las abrasiones corneales se tratan con ungüentos que contienen antibióticos o gotas para prevenir la infección.

Si no hay una razón médica para que un niño llore, el médico puede diagnosticar llanto excesivo o cólico. No existe tratamiento específico. Si las madres que están lactando notan que ciertos alimentos pueden incrementar el llanto de su bebé, deben evitar esos alimentos. Muchos bebés sienten algún alivio cuando son alzados en brazos, mecidos o acariciados, o por el *ruido blanco* y la vibración de un ventilador, una lavadora o por un paseo en automóvil. Un chupete (mamila) o una envoltura de niños (faja) también pueden consolarlo. La alimentación a veces calma al niño, pero los padres deben evitar alimentar al niño en exceso al intentar detener el llanto. Dejados a sí mismos, algunos niños lloran hasta lograr conciliar el sueño.

El llanto excesivo y el cólico pueden ser extenuantes y estresantes para los padres. Los padres deben aprovechar el intervalo en el llanto nocturno del bebé dejándolo acostado de espaldas en la cuna para animarlo a calmarse y a dormir. El apoyo emocional por parte de los amigos, los familiares, los vecinos, y los médicos es clave para superar el problema. Los padres deben pedir cualquier ayuda que necesiten (con los hermanos del bebé, con encargos y tareas o con el cuidado del niño) y compartir sus sentimientos y sus temores. Los padres abrumados pueden sentir tranquilidad en el hecho de que, a pesar de la extrema angustia en la cual parece encontrarse el bebé con llantos o con cólicos, el llanto excesivo y el cólico, por lo general, desaparecen a los 3 a 4 meses de edad y no ocasionan daños a largo plazo.

■ Dentición

El primer diente de un niño, por lo general, aparece a los 6 meses de edad, y el conjunto completo de veinte dientes primarios o primera dentición habitualmente aparece a la edad de 3 años. Antes de aparecer un diente, el niño puede llorar, estar irritable y dormir y comer mal. El niño puede babear, tener encías rojas y dolorosas y constantemente masticar los alimentos y objetos durante la erupción del diente. Durante la dentición, el niño puede tener una temperatura ligeramente elevada (por debajo de 37,8 °C). Los niños con temperaturas altas y aquellos que están especialmente agitados deben ser valorados por el médico porque estos síntomas no son causados por la dentición.

Durante la dentición los bebés sienten algún alivio al masticar objetos duros y fríos, como una rosquilla congelada o una banana. Los padres deben evitar que arranque pedazos grandes, que pueden causar que el niño se atragante. Los anillos de dentición de goma dura y las galletas de dentición también son útiles. El masaje de las encías del niño con o sin hielo puede ser útil. El gel de dentición puede proporcionar alivio durante unos minutos. Si un niño está extremadamente molesto, suministrarle por vía oral paracetamol (acetaminofén) o ibuprofeno es habitualmente efectivo para el dolor.

■ Problemas de alimentación

Los problemas de alimentación en bebés y en niños pequeños son, por lo general, leves pero a veces tienen graves consecuencias.

Regurgitar (eructar) es devolver sin esfuerzo la fórmula o la leche materna consumidas, por la boca o la nariz. Casi todos los bebés regurgitan, dado que no pueden sentarse de forma vertical durante y después de la alimentación. También, la válvula (esfínter) que separa el esófago y el estómago está inmadura y no mantiene la totalidad del contenido del estómago en su sitio. La regurgitación empeora cuando el bebé come demasiado rápido o traga aire. La regurgitación, por lo general, desaparece entre las edades de 7 y 12 meses.

La regurgitación puede reducirse alimentando al bebé antes de que tenga mucha hambre, haciéndolo eructar cada 4 o 5 minutos, colocándolo en una posición erguida durante y después de la comida y asegurando que la tetina del biberón deje pasar sólo unas gotas al presionarlo o cuando se voltea hacia abajo. La regurgitación que parece causarle malestar al bebé, afecta a la alimentación y al crecimiento o persiste en los primeros años de la infancia se denomina reflujo gastroesofágico y puede requerir atención médica ● *(v. pág. 1884).* Se necesita atención médica si la sustancia que regurgita es de color verde (que indica bilis), sanguinolenta o produce algo de tos o ahogo.

El **vómito** es el esfuerzo molesto que se hace para arrojar el alimento consumido. Nunca es normal. El vómito en los niños es más frecuentemente el resultado de una gastroenteritis vírica. También puede ser causado por infecciones en cualquier parte del organismo. Con menor frecuencia, el vómito ocurre debido a un grave trastorno médico. Los bebés entre las edades de 2 semanas y 4 meses pueden raramente tener vómito forzado (proyectil) después de la alimentación, debido a una obstrucción de la salida del estómago (estenosis pilórica hipertrófica). El vómito puede ser también causado por trastornos potencialmente mortales, como una meningitis, una obstrucción intestinal y una apendicitis. Estos desórdenes, por lo general, causan dolor intenso, letargia y vómitos continuos que no mejoran con el tiempo.

Generalmente, el vómito causado por la gastroenteritis se detiene por sí solo. La deshidratación del niño se puede prevenir o tratar mediante la administración de líquidos y electrolitos (como cloro y sodio) en soluciones disponibles en almacenes o farmacias. A los niños de más edad se les pueden dar polos de helado o gelatina, aunque la versión roja de estos alimentos puede confundirse con sangre si el niño vomita otra vez. El médico debe observar a cualquier niño que tenga un intenso dolor abdominal, sea incapaz de beber y retener líquidos, esté letárgico o aparezca extremadamente enfermo, vomite más de doce horas, o vomite sangre o material verde (bilis) o sea incapaz de orinar. Estos síntomas pueden señalar deshidratación o una situación más grave.

La **sobrealimentación** es el suministro de más nutrición de la que un niño necesita para un sano crecimiento. La sobrealimentación se da cuando los niños son alimentados automáticamente como respuesta al llanto, cuando se les da el biberón como una distracción o cambio de actividad o cuando se les permite mantener el biberón con ellos todo el tiempo. La sobrealimentación también ocurre cuando los padres premian el buen comportamiento con alimentos o esperan a que el niño termine de comer aun si no tiene hambre. A corto plazo, la sobrealimentación produce regurgitación y diarrea. A largo plazo, la sobrealimentación puede convertir a los niños en obesos ● *(v. pág. 1846).*

La **hipoalimentación** es la provisión de menos nutrición de la que el niño necesita para un sano crecimiento. Es una de las muchas causas de un retraso en el desarrollo ● *(v. pág. 1822)* y puede estar relacionada con el niño o con la persona que lo cuida. La hipoalimentación puede aparecer cuando un bebé agitado o distraído no se sienta bien para comer o tiene dificultades en la succión o deglución. La hipoalimentación puede deberse a técnicas inapropiadas de alimentación y a errores en la preparación de la fórmula ● *(v. pág. 1764).* La pobreza y el difícil acceso a la comida nutritiva son unas de las principales razones de la hipoalimentación. En ocasiones, padres abusivos o que padecen trastornos mentales retienen a propósito los alimentos de sus hijos.

Si el niño se encuentra tan lejos del peso deseado que necesite una alimentación supervisada, el médico puede admitirlo en un hospital para su evaluación. Si los padres son abusivos o negligentes, se debe llamar a los servicios protectores del niño.

La **deshidratación** es causada por una pérdida excesiva de líquidos, bien por el vómito y la diarrea o bien por ingestión inadecuada de líquidos, como cuando el bebé no recibe suficiente leche en la lactancia. Los niños con deshidratación moderada son menos interactivos o juguetones, lloran sin lágrimas, tienen la boca seca y orinan menos de 2 o 3 veces al día. Los niños gravemente deshidratados se vuelven soñolientos o aletargados. Algunas veces la deshidratación hace que la concentración de sal en la sangre baje o suba anormalmente. Cambios en la concentración de

la sal hacen que empeoren los síntomas de deshidratación y de letargo. En casos graves, el niño puede tener convulsiones o sufrir daños en el cerebro y morir.

La deshidratación se trata con líquidos y electrolitos, tales como sodio y cloruros. En casos graves, se requieren líquidos intravenosos.

■ Problemas intestinales

El número y la consistencia de las heces de un niño sano varía con la edad y la dieta. Por ejemplo, las deposiciones de los bebés con una lactancia normal tienen una coloración mostaza y son de consistencia blanda y granulosa. Sin embargo, las deposiciones acuosas repetidas durante más de doce horas nunca son normales.

La **diarrea** la constituye la presencia de deposiciones frecuentes y acuosas. La diarrea aguda comienza repentinamente y mejora en uno o varios días. La diarrea aguda es causada más frecuentemente por la gastroenteritis vírica, que es especialmente probable cuando se acompaña de vómitos. De modo característico, el vómito aparece al principio de la enfermedad, luego disminuye poco a poco, mientras que la diarrea continúa. La diarrea aguda puede también ser causada por una infección bacteriana o por parásitos; por una infección localizada en cualquier otra parte del cuerpo, como el oído o las vías respiratorias y como un efecto secundario del uso de antibióticos. La diarrea aguda es preocupante principalmente porque puede causar deshidratación. Por lo tanto, el principal tratamiento es administrar líquidos y electrolitos. Las infecciones bacterianas se tratan con antibióticos. Los antibióticos que causan diarrea pueden ser interrumpidos, pero sólo después de consultar con el médico.

La diarrea crónica dura semanas o meses. Las causas más frecuentes de diarrea crónica en los bebés y en los niños pequeños son la fibrosis quística, la enfermedad celíaca, la giardiasis, la mala absorción de azúcar y la alergia alimentaria. En los países menos desarrollados, la desnutrición es la causa más frecuente de la diarrea crónica.

El **estreñimiento** es el paso infrecuente de una deposición dura y seca ● *(v. también pág. 1887).* El estreñimiento puede ser muy difícil de reconocer porque algunos bebés y niños pequeños tienen evacuaciones sólo una vez cada 3 o 4 días. En general, los niños están estreñidos cuando no tienen una evacuación en cinco o más días, cuando las deposiciones son duras o causan dolor o

Tratamiento de la deshidratación

Enfermedades leves que causan vómitos y diarrea pueden producir deshidratación en los niños. En los bebés, la deshidratación se trata animándoles a tomar líquidos que contengan electrolitos. La leche materna contiene todos los líquidos y electrolitos que el bebé necesita y es el mejor tratamiento. Si el bebé no acepta la lactancia, hay que suministrarle soluciones electrolíticas por vía oral. Éstas se pueden adquirir en forma de polvos o líquido en farmacias o supermercados sin prescripción médica. La cantidad de solución que hay que dar al niño depende de la edad, pero generalmente debe ser de unos 42 a 70 mL en un período de 24 horas por cada kilogramo de peso.

A los niños mayores de 1 año se les puede intentar dar pequeños sorbos de zumos o caldos claros, refrescos claros diluidos a la mitad con agua o polos. El agua sola, los zumos y las bebidas de cola no son buenos para tratar la deshidratación a cualquier edad debido al bajo contenido de sal en el agua común y a que los zumos y las bebidas de cola tienen un alto contenido de azúcar y componentes que irritan el aparato digestivo.

El tratamiento de la deshidratación a cualquier edad es más eficaz si al niño se le intenta dar primero pequeños y frecuentes sorbos de líquido, más o menos cada diez minutos. La cantidad de líquido puede aumentarse lentamente y suministrarse a intervalos menos frecuentes si el niño puede retener el líquido, sin vomitar y sin presentar diarrea intensa. Los bebés que admiten los líquidos entre las primeras 12 y 24 horas pueden reanudar la toma del biberón. Los niños de más edad pueden intentar tomar caldos o sopas y alimentos blandos (por ejemplo, plátanos, tostadas, arroz). Los lactantes y niños menores que son incapaces de tomar cualquier líquido o que presentan apatía y otros signos graves de deshidratación pueden requerir un tratamiento más intensivo con sueros intravenosos o soluciones electrolíticas administradas con una sonda nasogástrica.

cuando se observan gotas de sangre en el pañal o en la deposición.

El estreñimiento en los niños habitualmente es causado por deshidratación, por fibra insuficiente en la dieta o por un cambio en los patrones de la alimentación. En raras ocasiones los desórdenes médicos causan estreñimiento, como la inadecuada inervación del intestino grueso (enfermedad de Hirschsprung), el bajo nivel de la hormona tiroidea o anormalidades en el calcio o el potasio. El uso de ciertos medicamentos (como los antihistamínicos, anticolinérgicos y los opiáceos) son otra causa rara.

El tratamiento del estreñimiento varía con la edad del niño. A los bebés de menos de 2 meses de edad que consumen cantidades adecuadas de fórmula o de leche materna se les puede dar una cucharita de jarabe de maíz dietético en el biberón de la mañana y en el de la noche. El zumo de manzana o de ciruela es beneficioso en los bebés entre 2 y 4 meses de edad. Los bebés entre 4 meses y 1 año pueden sentir alivio consumiendo cereales con alto contenido de fibra o albaricoque, ciruelas pasas o ciruelas tamizadas. Los niños de más de 1 año deben consumir alimentos altos en fibra, como las frutas, los guisantes, los cereales, las habas y las espinacas. Los padres no deben darle al niño un laxante, supositorio o enema sin consultar primero al médico. En los niños mayores con un significativo estreñimiento, el médico puede utilizar varios fármacos. El tratamiento de desórdenes raros incluye la cirugía para la enfermedad Hirschsprung, el reemplazo de la hormona tiroidea para los niveles bajos de ésta y los suplementos de calcio para los niveles bajos de calcio.

■ Ansiedad de separación

La ansiedad de separación es el temor que tienen los niños de verse abandonados por los padres.

Los niños con ansiedad de separación entran en pánico y lloran cuando uno de los padres los deja solos, incluso si va a la habitación de al lado. La ansiedad de separación es normal en los bebés de alrededor de 8 meses de edad, es más intensa entre los 10 y 18 meses y generalmente se resuelve a los 2 años de edad. La intensidad y duración de la ansiedad de separación en un niño varían y dependen en parte de la relación niño-padre. Por ejemplo, la ansiedad de separación de un niño con una fuerte y sana conexión con los padres se resuelve más pronto que la de un niño cuya conexión es menos fuerte.

La ansiedad de separación aparece cuando los bebés comienzan a darse cuenta de que su padres son individuos únicos. Dado que poseen una memoria incompleta y no tienen sentido del tiempo, estos niños sienten miedo de que la partida de sus padres pueda ser permanente. La ansiedad de separación se resuelve a medida que el niño desarrolla un sentido de memoria y mantiene una imagen de los padres en la mente cuando ellos se han ido. El niño entonces recuerda que en ocasiones anteriores los padres han regresado.

Los padres no deben limitar o privarse de las separaciones en respuesta a la ansiedad de separación; esto puede comprometer la maduración del niño y su desarrollo. Cuando los padres salen de casa (o dejan al niño en un centro de cuidados de niños), deben alentar a la persona con quien van a dejar al niño para que realice actividades que lo distraigan. Los padres deben entonces salir sin responder a la larga al llanto del niño. Si los padres están en casa pero en una habitación diferente, no deben ir de inmediato a la habitación del bebé en respuesta al llanto sino que, más bien, deben llamar al niño desde la otra habitación. Esto enseña al niño que sus padres están aún presentes aunque él no pueda verlos. La ansiedad de separación puede empeorar cuando el niño tiene hambre o está cansado; por lo tanto, puede ser útil alimentarlo y dejar que tome una siesta antes de marcharse.

La ansiedad de separación en la edad normal no produce daño al niño. La ansiedad de separación que dura más allá de la edad de 2 años puede ser o no un problema dependiendo de su grado de interferencia en el desarrollo del niño. Es normal que los niños sientan algún temor al salir hacia el centro preescolar o hacia el jardín de infancia. Este sentimiento debe disminuir con el tiempo. Rara vez, el excesivo temor de separación inhibe al niño para asistir a un centro de cuidados o preescolar, o le impide jugar normalmente con sus compañeros. Esta ansiedad es probablemente anormal (trastorno de la ansiedad de separación ● *v. pág. 1941*). En este caso, los padres deben solicitar atención médica para el niño.

■ Erupciones cutáneas

Las erupciones en los bebés y en los niños pequeños, por lo general, no son graves y pueden tener causas variadas.

La **erupción del pañal** (dermatitis del pañal) es una erupción de color rojo intenso causada por la irritación del contacto prolongado de la piel con la orina o con las deposiciones en cualquier parte debajo del pañal del niño. Típicamente, las zonas de la piel que tocan el pañal son las más afectadas. La erupción del pañal puede también ser causada por una infección con el hongo *Candida* que, por

lo general, causa una erupción de color rojo intenso en los pliegues de la piel con pequeños puntos rojos. Con menor frecuencia, la erupción del pañal es causada por bacterias. La erupción del pañal no siempre molesta al niño. Puede prevenirse o minimizarse utilizando pañales con gel absorbente, evitando los pantalones plásticos o pantalones que atrapen la humedad y con el cambio frecuente de los pañales sucios. Los bebés lactantes tienden a tener menos erupciones del pañal porque la deposición contiene menos enzimas y otras sustancias que pueden irritar la piel.

El principal tratamiento para la erupción del pañal es el cambio frecuente del pañal del niño. La piel del niño debe ser lavada delicadamente con un jabón suave y agua. A menudo, la erupción mejora por sí sola con estas medidas. Puede ser útil el uso de humectantes para la piel y un ungüento de barrera, como el zinc, la vaselina o una crema con vitaminas A y D. Puede ser necesaria una crema antimicótica si el médico diagnostica una infección por *Candida*. Puede utilizarse una crema antibiótica si la erupción es causada por bacterias.

El **eccema** (dermatitis atópica) es una erupción seca de color rojo, descamativa y seca, que tiende a tomar forma de parches y aparece y desaparece. Aunque la causa es desconocida, el eccema tiende a ser de familia y, en muchos casos, se piensa que es debido a una alergia. La mayoría de los niños superan el eccema, pero para otros es un problema de por vida. Los niños con casos graves pueden presentar intermitentemente infecciones en algunas zonas particularmente afectadas. El tratamiento incluye el uso de humectantes para la piel, jabones suaves, aire humidificado, cremas de corticosteroides y medicaciones antipruriginosas. Los esfuerzos para controlar los ácaros y otros desencadenantes de las alergias del niño pueden en ocasiones mejorar el problema.

La **gorra del lactante** (dermatitis seborreica) es una erupción con costra de color rojo y descamación amarilla que se produce en la cabeza del bebé y, en ocasiones, en los pliegues de la piel. La causa es desconocida. La gorra del lactante es inofensiva y desaparece en la mayoría de los niños a los 6 meses de edad. Puede ser tratada mediante el uso de champú y masajes del cuero cabelludo con aceite mineral. Las escamas pueden retirarse con un peine fino. La gorra del lactante que no mejora con estas medidas puede necesitar otro tratamiento, como champú de selenio o cremas de corticosteroides.

La **tiña** es una infección de la piel por hongos. En los niños son muy frecuentes las infecciones del

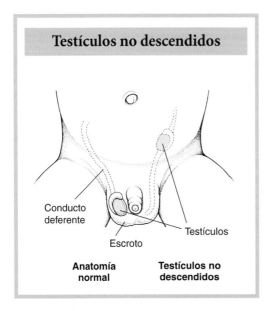

Testículos no descendidos

Conducto
deferente

Escroto

Testículos

**Anatomía
normal**

**Testículos no
descendidos**

cuero cabelludo (tinea capitis) y en el cuerpo (tinea corporis o tiña). El diagnóstico y el tratamiento de la tiña son los mismos en niños y en adultos
● *(v. pág. 1460)*. Algunos niños presentan una reacción inflamatoria a la infección de los hongos que
ocasiona una masa en el cuero cabelludo (kerion),
que puede requerir un tratamiento adicional.

El **molusco contagioso** es un racimo granulo-
so de color carne de granos perlados o protuberancias, causado por una infección vírica de la
piel ● *(v. pág. 1464)* que generalmente desaparece
sin tratamiento.

Milia son pequeños quistes perlados en la cara
de los recién nacidos causados por la primera secreción de las glándulas sebáceas. Como el acné
del recién nacido ● *(v. recuadro pág. 1773)*, la milia no requiere tratamiento alguno y desaparece
pronto después de nacer.

Las **otras erupciones** en los niños pequeños son
frecuentemente causadas por infecciones víricas.
Las erupciones causadas por la roséola y el eritema
infeccioso (quinta enfermedad) son inofensivas y,
generalmente, suelen mejorar sin tratamiento ● *(v.
pág. 1863)*. Las erupciones causadas por sarampión,
rubéola y varicela se han vuelto menos frecuentes o
excepcionales, ya que los niños son vacunados.

■ Testículos no descendidos y retráctiles

Los testículos no descendidos (criptorquidia) son
testículos que permanecen en el abdomen en lu-

gar de descender al escroto justo antes del nacimiento.

Alrededor de tres de cada cien niños tienen testículos no descendidos al nacer. La mayoría de los
testículos descienden por sí mismos antes de
aproximadamente seis meses. Los bebés prematuros son mucho más propensos a presentar esta
condición; también lo son los niños que tienen
familiares con testículos no descendidos. La mitad de los niños con esta condición tienen un testículo no descendido sólo del lado derecho, y una
cuarta parte presentan ambos lados afectados.

Los testículos no descendidos no presentan
síntomas. Sin embargo, los testículos no descendidos pueden ocasionar torsión en el abdomen
(torsión testicular ● *v. pág. 1576)*, reducir la producción de esperma más tarde en su vida y aumentar el riesgo de hernia y de cáncer testicular.
La cirugía generalmente se emplea para bajar los
testículos hacia el escroto si no descienden en el
primer año de vida.

Los testículos retráctiles (hipermóviles) son
testículos descendidos que se mueven fácilmente
hacia arriba y abajo entre el escroto y el abdomen. Los testículos retráctiles no conducen al
cáncer u otras complicaciones. Los testículos, por
lo general, detienen la retracción en la pubertad y
no requieren cirugía u otro tratamiento.

■ Fiebre

*La fiebre es un incremento en la temperatura del
cuerpo en respuesta a infecciones, lesiones o inflamaciones ● (v. también pág. 1301).*

Las temperaturas del cuerpo varían y las eleva-
ciones de la temperatura hasta unos 38 °C pueden ser normales en niños sanos. Por lo tanto, un
leve incremento de la temperatura que no produce angustia en el niño no requiere atención
médica. Las temperaturas de 38 °C y más se consideran anormales y generalmente requieren
atención, especialmente en los bebés de menos
de 3 meses.

➤ Causas y síntomas

La fiebre es generalmente el resultado de infecciones comunes, como resfriados y gastroenteritis. Estas infecciones son, por lo general, víricas y
mejoran sin tratamiento. Es menos frecuentemente que la fiebre aparezca debido a una infección en el oído, los pulmones, la vejiga o los riño-

Cómo tomar la temperatura del niño

La temperatura del niño puede tomarse en el recto, el oído, la boca o la axila.

La **temperatura rectal** puede tomarse con un termómetro de vidrio o uno digital. La temperatura rectals es más precisa; es decir, está más cerca de la verdadera temperatura interna del cuerpo del niño. Para tomar la temperatura rectal, se introduce suavemente un termómetro con una capa de vaselina alrededor, entre 1,5 y 2,5 cm, en el recto, mientras el niño permanece acostado boca abajo. El niño no debe moverse. El termómetro debe mantenerse en ese lugar entre 2 y 3 minutos antes de retirarlo y leerlo.

La **temperatura del oído** se toma con un dispositivo digital que mide la radiación infrarroja del tímpano. Los termómetros del oído no son fiables en los bebés de menos de tres meses de edad. Para tomar la temperatura del oído, se debe sellar el conducto del oído con la sonda del termómetro y presionar el botón de inicio. Un lector digital muestra la temperatura.

Para tomar la **temperatura oral** se coloca un termometro de vidrio o digital debajo de la lengua del niño entre 2 y 3 minutos. Las temperaturas orales suministran lecturas fiables, pero son difíciles de tomar en los niños pequeños, que por lo general no pueden mantener su boca suavemente cerrada con el termómetro dentro para obtener una lectura precisa.

Las **temperaturas de la axila** se toman colocando el termómetro de vidrio o digital en la axila del niño entre 4 y 5 minutos. Las temperaturas de la axila son menos precisas, ya que la axila es más fría que el recto, el oído o la boca.

---

bé paracetamol (acetaminofén) o ibuprofeno en el momento de la vacunación y después de ella, se minimiza el riesgo de fiebre o se baja la fiebre misma.

Los bebés con fiebre son, por lo general, irritables y no duermen ni comen bien. Los niños de más edad pierden el interés en el juego, aunque a veces los niños con fiebre lucen sorprendentemente bien. La irritabilidad y el desinterés que habitualmente causa la fiebre empeora cuando la fiebre sube más. A veces, un aumento rápido en la fiebre puede provocar convulsiones (convulsiones febriles) ● *(v. pág. 602)* y, aun en ocasiones más raras, la fiebre puede ser tan elevada que vuelva a los niños letárgicos y sin respuesta.

➤ Diagnóstico y tratamiento

Detener la fiebre no es un desafío, pero determinar su causa sí puede serlo. Si la fiebre es ligera (38 °C o menos) y es de corta duración, no es necesario realizar pruebas o tratamiento. En otros casos, el conocimiento de los síntomas del niño y un examen a fondo ayuda al médico a encontrar la causa. En general, cualquier bebé con una temperatura de 38 °C o más alta debe ser visto por un médico, como deben hacerlo los niños mayores con fiebres más altas o recurrentes.

En los bebés de menos de 2 meses de edad que tienen fiebre, el médico puede ordenar pruebas de sangre y orina y realizar una punción lumbar ● *(v. fig. pág. 532)* para detectar una bacteriemia oculta y meningitis. La razón de estas pruebas es que en los bebés la fuente de la fiebre es difícil de determinar. Tienen un alto riesgo de infección comparado con los niños mayores debido a su inmaduro sistema inmunológico. El médico puede también solicitar una radiografía si la respiración del bebé es anormal. Después de los 2 meses de edad, las pruebas pueden no ser necesarias, pero muchos médicos ordenan análisis de sangre y orina y realizan una punción lumbar si la causa de la fiebre no es obvia y el niño parece enfermo. En los niños de 3 meses de edad y mayores, el médico confía más en el comportamiento del niño y en la exploración física para determinar qué pruebas se deben ordenar. El médico puede ordenar pruebas de sangre y orina en los niños de menos de 3 años con fiebres elevadas si no se puede determinar el origen de la fiebre después de examinar al niño.

Muchas fiebres no requieren tratamiento excepto para hacer sentir mejor al niño. Se usan paracetamol (acetaminofén) e ibuprofeno. La aspirina

---

nes; éstas son, por lo general, infecciones bacterianas que requieren antibióticos. En los bebés, en raras ocasiones, la fiebre puede ser el único signo de infección en la sangre (bacteriemia oculta ● *v. pág. 1850*), que puede conducir a una meningitis y a arrolladoras infecciones (sepsis), dos enfermedades con riesgo letal. Estos niños, por lo general, parecen enfermos. Muchas enfermedades, aparte de las infecciones, causan fiebre en niños, pero son raras. A diferencia de las fiebres que se dan con infecciones comunes, estas fiebres persisten por más de unos días.

Las fiebres pueden producirse después de las vacunas de rutina y no son una razón para evitar las vacunas recomendadas. Suministrando al beno es segura para bajar la fiebre porque puede interactuar con ciertas infecciones víricas y ocasionar un trastorno grave llamado síndrome de Reye ● *(v. recuadro pág. 1862).* Un baño tibio (no frío) puede a veces hacer que el niño mayor se sienta mejor al reducir la fiebre. Frotar al niño con alcohol no es recomendado. Los vapores pueden ser perjudiciales; además, pueden entrar en contacto con los ojos del niño o el niño los puede ingerir accidentalmente.

Un tratamiento adicional depende de la edad del niño y de la causa de la fiebre. Raramente, las fiebres persisten y no se puede determinar el origen aun después de pruebas completas; éstas se denominan fiebres de origen desconocido ● *(v. pág. 1303).*

■ Falta de medro

La falta de medro es un retraso en el crecimiento físico y en el aumento de peso que puede conducir a retrasos en el desarrollo y en la maduración.

La falta de medro es un diagnóstico que se da a los niños que están considerablemente desnutridos o que no aumentan de peso por razones poco claras. Existen muchas causas. El crecimiento deficiente puede ser el resultado de factores ambientales, emocionales, físicos y médicos que impiden al niño crecer normalmente.

Muchos factores ambientales y sociales pueden afectar al niño para obtener la nutrición que necesita. La negligencia, el abuso o los trastornos mentales de los padres y las situaciones caóticas en la familia, en las que no se suminitran las comidas habituales con adecuado aporte nutricional pueden entorpecer el crecimiento del niño y disminuir el apetito y el consumo de alimentos. La cantidad de dinero que tenga una familia para gastar en comida y el valor nutricional del alimento que compren también afectan el crecimiento. El consumo inadecuado de alimentos puede reflejar padres irresponsables y una falta de estimulación ambiental.

A veces la falta de medro es causada por un trastorno médico en el niño; a veces, el trastorno es tan leve como la dificultad para masticar o para tragar. Los trastornos médicos, como el reflujo gastroesofágico, estrechamiento esofágico o la mal absorción intestinal, pueden también afectar a la capacidad de un niño para retener, absorber o procesar la comida. Una infección, un tumor, algún trastorno hormonal o metabólico, las enfermedades del corazón, las enfermedades renales, los defectos genéticos y las infecciones por el virus de la inmunodeficiencia humana (VIH) son algunas otras razones para el retraso en el crecimiento.

➤ Diagnóstico

El médico diagnostica falta de medro cuando el peso del niño o la tasa de crecimiento se encuentran muy por debajo de lo que deben ser al compararlos con las medidas anteriores o con las tablas de peso y de talla ● *(v. fig. pág. 1826).* Si el índice de crecimiento es adecuado, el niño puede ser pequeño para su edad pero el crecimiento es normal.

Para determinar por qué un niño puede tener falta de medro, el médico hace preguntas específicas a los padres sobre la alimentación; los hábitos de evacuación intestinal; la estabilidad social y financiera de la familia, que puede afectar a la alimentación del niño y las enfermedades que el niño ha tenido o las que se presentan en la familia. El médico examina al niño buscando signos de condiciones que puedan explicar el retraso del crecimiento. Basados en esta evaluación, el médico decide realizar pruebas de sangre, de orina y radiografías. Se realizan pruebas más extensas únicamente si el médico sospecha que existe alguna enfermedad subyacente.

➤ Tratamiento y pronóstico

El tratamiento depende de la causa subyacente. Si se encuentra una causa orgánica, se realiza un tratamiento específico. Si no, el tratamiento del niño depende del grado de déficit de peso del niño. La falta de medro ligera o moderada se trata con alimentos nutritivos, altos en calorías, suministrados en un horario regular. Los padres pueden ser orientados sobre las interacciones familiares que son perjudiciales para el niño y sobre los recursos financieros y sociales disponibles para ellos. La falta de medro grave se trata en el hospital, donde trabajadores sociales, nutricionistas, especialistas de la alimentación, psiquiatras y otros especialistas trabajan conjuntamente para determinar la causa más probable de la falta de medro del niño y dar el mejor enfoque para la alimentación.

Dado que el primer año de vida es importante para el desarrollo del cerebro, los niños desnutridos durante este tiempo pueden permanentemente quedar atrasados con relación a sus compañeros, aun si mejora su crecimiento físico. En alrededor de la mitad de estos niños, el desarrollo mental, especialmente las aptitudes verbales, siguen por debajo del nivel normal y estos niños suelen tener problemas sociales y emocionales en la edad adulta.

■ Síndrome de muerte súbita del lactante

El síndrome de muerte súbita del lactante es la muerte repentina e inesperada de un niño aparentemente sano.

Aunque el síndrome de muerte súbita del lactante (también denominado muerte de cuna) es muy raro, es la causa más frecuente de muerte en niños de edades entre 2 semanas y 1 año. La mayoría de las veces afecta a niños entre el segundo y el cuarto mes de vida. El síndrome es mundial. El síndrome de muerte súbita del lactante es más frecuente en los bebés prematuros, los que fueron pequeños al nacer, los que necesitaron previamente reanimación y los que presentan infecciones de las vías respiratorias altas. Es más frecuente en los niños de familias con ingresos bajos, cuyas madres son solteras o fumaron o tomaron drogas ilícitas durante el embarazo y en los que tienen hermanos o hermanas que también murieron por causa del síndrome de muerte súbita del lactante.

Se desconoce la causa de este síndrome. Puede ser debida a una anomalía en el control de la respiración. Algunos bebés con el síndrome muestran signos de haber tenido bajos niveles de oxígeno en la sangre y de haber tenido períodos de respiración interrumpida. El poner el niño a dormir sobre el estómago ha sido relacionado con el síndrome de muerte súbita del lactante.

A pesar de conocer los factores que aumentan el riesgo del síndrome, no existe manera segura para prevenirlo. Sin embargo, poner al bebé a dormir de espaldas en un colchón firme evita muchos casos, aunque no todos. El número de muertes por este síndrome ha disminuido porque más padres ponen al bebé a dormir de espaldas. Los padres deben también quitar las almohadas, los refuerzos en la cuna y los juguetes que puedan bloquear la respiración del bebé. Proteger al bebé de sobrecalentamiento puede también ser útil, pero esto no está comprobado. Proteger a los bebés del humo de cigarrillos puede ser útil y, obviamente, tiene otros beneficios para la salud.

La mayoría de los padres que han perdido a un niño por el síndrome de muerte súbita del lactante se encuentran abatidos y sin preparación para la tragedia. Ellos, por lo general, se sienten culpables. Y pueden traumatizarse más debido a las investigaciones que realiza la policía, los trabajadores sociales u otras personas. El asesoramiento y el apoyo por parte de médicos y enfermeras especialmente entrenados y de otros padres que han perdido un bebé por causa del síndrome de muerte súbita del lactante son fundamentales para ayudar a los padres a enfrentarse con la tragedia. Los especialistas pueden recomendar materiales de lectura, sitios en la red (Internet) y grupos de apoyo para asistir a los padres.

CAPÍTULO 268

Niños sanos en edad preescolar y escolar

Entre las edades de 1 y 13, las capacidades física, intelectual y emocional se desarrollan tremendamente. Los niños pasan de apenas tambalearse a correr, saltar y jugar a deportes organizados. A la edad de 1 año, la mayoría de los niños pueden pronunciar sólo unas palabras reconocibles; a los 10 años de vida, la mayoría pueden escribir narraciones sobre libros y usar ordenadores. El desarrollo físico, intelectual y social, sin embargo, progresa al ritmo de cada individuo.

■ Desarrollo físico

El crecimiento físico comienza lentamente alrededor de la edad de 1 año. Al mismo tiempo, los

ACONTECIMIENTOS IMPORTANTES DESDE LOS 18 MESES HASTA LOS 6 AÑOS DE EDAD

Edad	Habilidades motoras gruesas	Habilidades motoras finas
18 meses	Camina bien.	Dibuja trazos verticales. Hace una torre de cuatro cubos.
2 años	Corre coordinadamente. Sube a los muebles.	Maneja bien la cuchara. Hace una torre de siete cubos.
2 años y medio	Salta. Sube escaleras.	Hace garabatos en círculos. Abre puertas.
3 años	Maduración en la marcha. Monta en triciclo.	Utiliza una mano más que la otra. Copia un círculo.
4 años	Baja escaleras, alternando los pies. Da saltos.	Copia un cuadrado. Dibuja una persona en seis partes.
5 años	Brinca.	Copia una cruz. Se viste solo.
6 años	Camina a lo largo de una línea recta pegando la punta del talón al otro pie.	Escribe su nombre.

padres pueden notar una disminución en el apetito. Algunos niños parecen comer prácticamente nada y continúan creciendo y desarrollándose. Los niños que están comenzando a caminar tienen un físico entrañable, con un vientre prominente y cierta cifosis. Además, pueden tener un genu valgo. A los 3 años de edad, el tono muscular aumenta y la proporción de grasa corporal disminuye, lo que permite que el cuerpo comience a verse más delgado y musculoso. En este momento la mayoría de los niños son físicamente capaces de controlar sus esfínteres anal y vesical.

Durante la edad preescolar y los años escolares, el aumento de talla y de peso es constante. El siguiente pico de crecimiento importante se produce en los primeros años de la adolescencia. En el curso de los años de crecimiento estable, la mayoría de los niños siguen un patrón predecible. El médico informa sobre el crecimiento del niño en relación con otros niños de su edad y supervisa el aumento de peso en comparación con la talla. Algunos niños pueden convertirse en obesos a temprana edad. En el momento en el que el niño duplica su talla a la edad de 24 meses se puede predecir con bastante exactitud la talla adulta.

■ Desarrollo intelectual

A la edad de 2 años, la mayoría de los niños comprenden el concepto de tiempo en términos amplios. Muchos niños de 2 y 3 años creen que cualquier cosa que haya sucedido en el pasado fue *ayer* y cualquier cosa que suceda en el futuro será *mañana*. Un niño a esta edad tiene una imaginación viva pero tiene problemas para diferenciar entre la fantasía y la realidad. A la edad de 4 años, la mayoría de los niños tienen un concepto más complejo del tiempo. Se dan cuenta de la repartición del día en mañana, tarde y noche. Pueden incluso apreciar el cambio de las estaciones.

A partir de los 18 meses y hasta los 5 años de edad, un niño amplía rápidamente el vocabulario de aproximadamente 50 palabras a varios miles de palabras. Los niños pueden comenzar a nombrar y a preguntar activamente sobre objetos y acontecimientos. A la edad de 2 años comienzan a construir frases cortas de dos palabras, progresando a frases simples a la edad de 3 años. Mejora la pronunciación, con un lenguaje medio comprensible para un extraño a la edad de 2 años y totalmente comprensible a la edad de 4 años. Un niño de 4 años de edad es capaz de contar historias simples y de entablar conversaciones con adultos u otros niños.

Incluso antes de los 18 meses de edad, los niños pueden escuchar y comprender una historia que se les lea. A la edad de 5 años, los niños son capaces de recitar el alfabeto y reconocer palabras simples escritas. Todas estas destrezas son fundamentales para aprender a leer simples palabras, frases y oraciones. En función de la exposición a los libros que se les haya proporcionado y a sus capacidades naturales, la mayoría de los niños comienzan a leer a los 7 años de vida.

A la edad de 7 años, las capacidades intelectuales del niño se vuelven más complejas. En este momento, el niño se vuelve cada vez más capaz de centrar su atención en más de un aspecto de un acontecimiento o de una situación al mismo tiempo. Por ejemplo, el niño de edad escolar puede apreciar que un envase alto y delgado puede contener la misma cantidad de agua que uno pequeño y ancho. Puede apreciar que la medicina tiene un mal sabor pero que puede curarle o que su madre puede estar enfadada con él pero sigue queriéndolo. El niño tiene, cada vez más, la capacidad de entender el punto de vista de otra persona, aprendiendo así lo esencial para seguir los turnos en los juegos o en las conversaciones. Además, un niño en edad escolar es capaz de seguir las reglas pactadas del juego. Igualmente, el niño es cada vez más capaz de razonar utilizando su destreza para la observación y la utilización de diversos puntos de vista.

■ Desarrollo social y emocional

Las emociones y el comportamiento están basados en el grado de desarrollo y en el temperamento del niño. Cada niño tiene su propio temperamento y humor. Algunos niños pueden ser animados y adaptables y fácilmente desarrollan rutinas regulares de sueño, vigilia, comida y otras actividades diarias; estos niños tienden a responder positivamente ante las nuevas situaciones. Otros niños no son tan adaptables y pueden tener grandes irregularidades en sus rutinas; éstos

---

Enseñanza de hábitos higiénicos

La mayoría de los niños pueden aprender al ir al cuarto de baño cuando tienen entre 2 y 3 años de edad. Generalmente, el primer logro es el uso de la taza para defecar. A los 5 años, casi todos los niños ya pueden ir solos al cuarto de baño y vestirse, desvestirse, limpiarse y lavarse las manos. Sin embargo, alrededor del 30 % de los niños sanos de 4 años de edad y el 10 % de los niños de 6 años no tienen aún un control nocturno de la vejiga.

Reconocer los signos que indican cuándo el niño ya está listo es la clave para enseñar a utilizar el baño. El niño está listo si:

- no moja el pañal durante varias horas;

- quiere que lo cambien cuando se moja;

- muestra interés en sentarse en un orinal infantil o en un inodoro;

- es capaz de seguir órdenes simples.

Por lo general, los niños están listos para empezar el entrenamiento entre las edades de 18 y 24 meses. A pesar de estar listos físicamente para empezar a ir al cuarto de baño, algunos niños pueden no estarlo emocionalmente. Para evitar largas peleas sobre los cuidados en materia de higiene, es mejor esperar hasta que el niño muestre una disponibilidad emocional. Cuando el niño está listo, pide ayuda para ir al baño o se dirige solo al orinal.

El método de la sincronización es el método que se utiliza con más frecuencia para el entrenamiento del aseo. Cuando un niño parece estar listo, se le enseña lo que es un orinal y poco a poco se le pide que se siente sobre él con la ropa puesta. Luego se le anima para que se baje los pantalones, se siente en el orinal durante no más de 5 o 10 minutos y se vuelva a vestir. Se le dan explicaciones sencillas, una y otra vez, y se acentúa la explicación colocando pañales mojados o sucios en el orinal. Cuando el niño actúa como se esperaba, se le alaba o se le da un premio. El enfado o el castigo por pérdidas accidentales o por falta de éxito pueden resultar contraproducentes. Este método funciona bien en los niños que orinan o defecan a horarios predecibles. Es mejor retrasar el aprendizaje de los niños que no tienen un horario predecible hasta que puedan anticipar por sí solos la necesidad de ir al cuarto de baño.

Si el niño se resiste a sentarse en la taza, se le puede permitir que se levante y lo intente de nuevo después de una comida. Si sigue resistiéndose durante días, la mejor estrategia es posponer la enseñanza durante varias semanas. Es efectivo alabar o premiar el hecho de sentarse en la taza y hacer deposiciones. Una vez establecido el patrón, se le recompensa por cada uno de los éxitos, para luego gradualmente dejar de hacerlo. Las luchas de poder son improductivas y pueden causar tensión en la relación entre padres e hijos.

Tablas de talla y peso para niños y niñas

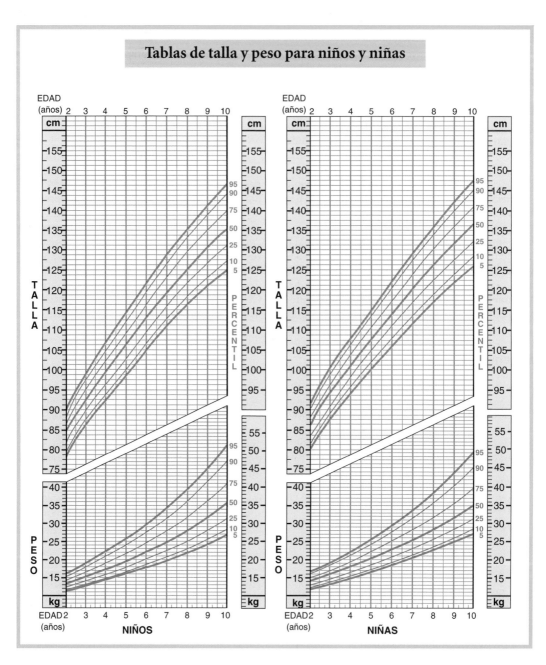

tienden a responder negativamente ante las nuevas situaciones. Sin embargo, otros niños se sitúan entre ambas condiciones.

Alrededor de los 9 meses de edad, los bebés normalmente se vuelven más ansiosos al ser separados de sus padres. Las separaciones a la hora de dormir y en la guardería pueden ser difíciles y pueden estar marcadas por rabietas; este comportamiento puede durar muchos meses. Para muchos niños mayores, una manta especial o un animal de peluche sirve en ese momento como

un *objeto de transición* que actúa como un símbolo de los padres ausentes.

A los 2 o 3 años de edad, el niño comienza a probar sus límites y hace lo que tiene prohibido, simplemente para ver lo que sucederá. Los frecuentes "no" que los niños escuchan de los padres reflejan el conflicto por la independencia a esta edad. Aunque triste para ambos, padres y niño, las rabietas son normales porque ayudan a los niños a expresar su frustración durante el tiempo en que no son capaces de verbalizar sus sentimientos. Los padres pueden ayudar a disminuir el número de rabietas no permitiendo que el niño se canse demasiado o que se sienta excesivamente frustrado, prediciendo su comportamiento y evitando las situaciones que tienen fuertes probabilidades de inducir a rabietas. En muy raras ocasiones, las rabietas necesitan ser valoradas por el médico ● *(v. pág. 1833)*. Algunos niños pequeños tienen especial dificultad para controlar sus impulsos y necesitan de sus padres para que establezcan los límites que les puedan dar alguna seguridad y regularidad en su mundo.

A la edad de 18 meses y hasta los 2 años los niños, en general, empiezan a establecer la identidad de género ● *(v. pág. 758)*. Durante los años preescolares los niños también adquieren una noción del papel del sexo, acerca de qué hacen generalmente los niños y las niñas. La exploración de los genitales suele aparecer a esta edad, lo que denota que los niños están empezando a hacer una conexión entre el género y la imagen del cuerpo.

Entre los 2 y 3 años de edad, los niños empiezan a jugar más interactivamente con otros niños. Aunque aún pueden ser posesivos con los juguetes, pueden empezar a compartir y hasta pueden crear turnos en el juego. Defendiendo su propiedad sobre los juguetes al decir "¡Eso es mío!" se ayudan a establecer el sentimiento de pertenencia. Aunque los niños de esta edad luchan por su independencia, aún necesitan la cercanía de sus padres, que les infunde seguridad y apoyo; por ejemplo, ellos pueden caminar lejos de sus padres cuando sienten curiosidad, sólo si más tarde se pueden esconder detrás de ellos cuando están temerosos.

De los 3 a los 5 años de edad, muchos niños se interesan en juegos fantásticos y en amigos imaginarios. Los juegos de fantasía permiten a los niños expresar sin peligro distintos roles y fuertes sentimientos de una manera aceptable. Los juegos de fantasía también ayudan a los niños a crecer socialmente; aprenden a resolver conflictos con sus padres o con otros niños, de tal forma que esto les ayudará a desahogar sus frustraciones manteniendo su autoestima. También en este momento los temores típicos de la infancia surgen, como *el monstruo en el armario*. Estos miedos son normales.

De los 7 a los 12 años de edad, los niños atraviesan numerosos problemas: el concepto de sí mismos, las bases que les permiten competir en el aula de clase, las relaciones con sus compañeros están determinadas por la capacidad de so-

cialización y de adaptabilidad; y las relaciones familiares están determinadas en parte por la aprobación que el niño se gana de sus padres y hermanos. Aunque muchos niños parecen tener un alto aprecio entre el grupo de compañeros, buscan en cualquier caso y principalmente el soporte y la guía de sus padres. Los hermanos pueden servir de modelos como soportes valiosos y críticos de lo que pueden o no hacer. Este período de tiempo es muy activo para los niños, quienes emprenden muchas acciones y están ansiosos por explorar el mundo. A esta edad, los niños poseen una gran inquietud por aprender y suelen responder bien ante las recomendaciones de seguridad, de estilos saludables de vida y ante la prevención de comportamientos de alto riesgo.

■ Promoción de salud y desarrollo óptimos

Hay diversas formas en que los padres pueden ayudar a sus hijos a conseguir la mejor salud posible. Por ejemplo, la obesidad puede prevenirse con buenos hábitos de comida y con el ejercicio regular. El niño debe consumir una variedad de alimentos saludables, incluidos frutas y vegetales ricos en proteínas. Las comidas regulares y los pequeños tentempiés nutritivos alientan a comer saludablemente incluso a un niño caprichoso de edad preescolar. Aunque el niño puede evitar algunos alimentos saludables, como el brécol o las habichuelas, por un período de tiempo, es importante continuar ofreciéndoselos. Además, los padres deben limitar el consumo de zumos de fruta. Algunos niños pierden el apetito a la hora de comer si han bebido demasiados zumos de fruta. El niño que bebe del biberón debe ser destetado alrededor del año de edad para prevenir el consumo excesivo de zumo y leche y evitar así la caries dental por este motivo.

La promoción de un desarrollo óptimo influye mejor en un niño si se presenta con flexibilidad, pensando en la edad del niño, el temperamento, su fase de desarrollo y el estilo de aprendizaje utilizado. Un enfoque coordinado que involucre a padres, profesores y al niño, por lo general, funciona mejor. Durante estos años, los niños necesitan un ambiente que fomente para toda la vida la curiosidad y el aprendizaje. Al niño se le deben suministrar libros y música. Una rutina diaria de lectura interactiva, con los padres preguntando y respondiendo, ayuda a los niños a prestar atención, a leer con comprensión y a interesarse en el aprendizaje de estas actividades. El limitar la televisión y los juegos electrónicos estimula más los juegos interactivos.

Los grupos de juegos y los centros preescolares son beneficiosos para muchos niños pequeños. Los niños pueden aprender habilidades sociales importantes, como compartir. Además, en ellos puede empezar a reconocer letras, números y colores; aprender estas destrezas hace más suave la transición al colegio. De forma importante, en un centro preescolar estructurado los potenciales problemas de desarrollo pueden identificarse y abordarse precozmente.

Los padres que precisan de ayuda para cuidar al niño pueden preguntarse cuál es el mejor ambiente para ello y si el cuidado por otras personas puede realmente perjudicar al niño. La información disponible sugiere que los niños pequeños pueden sentirse bien tanto en su casa como en el centro de cuidado, siempre y cuando el ambiente sea afectuoso y educativo. Vigilando de cerca la respuesta del niño a un contexto determinado de cuidados, los padres son más capaces de escoger el mejor entorno. Algunos niños prosperan mejor en un ambiente donde haya más niños; otros pueden sentirse mejor en su propia casa o en grupos pequeños.

Cuando el niño comienza a tener tareas, los padres pueden ayudarle mostrando interés por su trabajo, estando disponibles para ordenar las preguntas, pero no terminando las tareas ellos mismos, proporcionándole un ambiente tranquilo en casa y comunicándose con el maestro ante cualquier preocupación. A medida que los años escolares pasan, los padres deben considerar las necesidades del niño ante la selección de las actividades extraescolares. Muchos niños prosperan cuando tienen oportunidad de participar en deportes de equipo o aprendiendo a tocar un instrumento musical. Estas actividades pueden también proporcionarle un lugar donde mejorar sus habilidades sociales. Por otra parte, algunos niños se estresan si están sobresaturados de actividades y se espera que participen en demasiadas actividades. Los niños necesitan ser alentados y apoyados en sus actividades extraescolares sin tener expectativas irreales ante ellas.

■ Visitas preventivas de salud

La planificación en las citas médicas permite a los padres tener información acerca del crecimiento y desarrollo del niño. Dichas citas permiten también a los padres preguntar dudas, así como recibir consejos. Es aconsejable como medida preventiva que el niño, después del primer año de vida, continúe siendo visitado periódicamente por el médico, cuando menos a los 12, 15, 18 y 24 meses de edad, y luego anualmente hasta la edad de 6 años, a los 8 años y a los 10. Las visitas pueden ser más o menos frecuentes de acuerdo con el criterio médico o en función de las necesidades de la familia.

Se realizan una serie de mediciones, de pruebas de detección precoz y de vacunaciones ● *(v. fig. pág. 1770)* en cada visita. Se revisan la talla y el peso. Un buen crecimiento es un indicador de que el niño está en general sano. A partir de los 18 meses no es necesario medir de forma rutinaria el perímetro craneal. A partir de los 3 años de vida se registra la presión arterial en cada visita.

Las visitas preventivas pueden incluir una revisión de la visión y de la audición. Algunos niños pueden necesitar un examen de sangre con el propósito de descartar un cuadro de anemia o un incremento de la concentración de plomo en sangre ● *(v. pág. 1994)*. La edad del niño y otros diversos factores determinan qué análisis deben realizarse. Algunos facultativos también recomiendan que se examine la orina del niño, aunque el valor de tales pruebas no ha sido establecido.

El médico realiza también preguntas con el fin de valorar el progreso intelectual del niño desde la última visita. Por ejemplo, el pediatra puede querer saber si un niño de 18 meses de edad ha comenzado a hablar, o si un niño de 7 años ha comenzado a leer. Del mismo modo, el médico a menudo hace preguntas acerca del comportamiento del niño en relación con su edad. "¿Tiene rabietas el niño de 18 meses de edad? ¿Duerme durante toda la noche el niño de 2 años de edad? ¿Moja la cama por la noche el niño de 6 años?" Padres y médicos pueden hablar de estos temas de comportamiento y de desarrollo durante las visitas de salud preventiva y establecer juntos un enfoque para cualquier problema de comportamiento o de desarrollo.

La seguridad del niño es abordada durante las visitas preventivas. El interés específico sobre la seguridad se basa en la edad del niño. Para un niño de 6 meses de edad, el profesional puede desear hablar acerca de las medidas de seguridad de la casa que prevengan posibles lesiones o intoxicaciones no intencionales. Para un niño de 5 años de edad, la discusión puede centrarse en los peligros ante la existencia de armas en el hogar y la seguridad de las mismas. Los padres deben aprovechar la oportunidad de traer las dudas que sean más relevantes en la situación singular de cada familia. A medida que el niño crece, puede ser un participante activo en estas conversaciones.

Finalmente, el médico realiza una exploración física completa. Además del examen del niño que se hace de la cabeza a los pies, incluyendo el corazón, los pulmones, el abdomen, los genitales y la cabeza y el cuello, el médico puede pedir al niño realizar algunas tareas apropiadas para su edad. Para evaluar la motricidad gruesa (como caminar y correr), el médico puede pedir a un niño de 4 años de edad que salte *a la pata coja*. Para comprobar las habilidades en la motricidad fina (manipular pequeños objetos con las manos), se le puede pedir al niño que realice un dibujo o que copie alguna figura.

| CAPÍTULO 269 |

Problemas de comportamiento y de desarrollo en la infancia

Los niños van adquiriendo un gran número de habilidades a medida que van creciendo. Algunas de estas habilidades, como, por ejemplo, controlar la orina y las deposiciones, dependen principalmente del nivel de madurez de los nervios y del cerebro del niño. Otras, como pueden ser el comportarse de forma apropiada en casa y en la escuela, son resultado de una muy compleja interacción entre el desarrollo físico e intelectual (cognitivo) del niño, la salud, el temperamento y la relación con sus padres, sus profesores y las personas que lo cuidan.

Los problemas de comportamiento y desarrollo pueden volverse tan molestos que amenazan a las relaciones normales entre el niño y quienes le rodean. Algunos problemas de conducta, como la incontinencia nocturna, pueden ser leves y se solucionan rápidamente. Otros problemas de comportamiento, tales como aquellos que se manifiestan en los niños con el trastorno por déficit de atención/hiperactividad (TDAH), pueden requerir continuos tratamientos. La mayoría de los problemas descritos en este capítulo surgen de malos hábitos que los niños van adquiriendo fácilmente durante su desarrollo normal. El objetivo que persigue el tratamiento es cambiar los malos hábitos logrando que el niño quiera enmendar su comportamiento. Este objetivo implica con frecuencia cambios persistentes en las actitudes de los padres, lo que a su vez tiene como resultado una mejora en el comportamiento del niño.

■ Problemas de alimentación

Algunos problemas de alimentación pueden ser de naturaleza conductual.

Alimentación deficiente: una disminución del apetito, causada por un menor índice de crecimiento, es frecuente en los niños de aproximadamente 1 año de edad. Sin embargo, puede surgir un problema de alimentación si los padres o las personas que cuidan del niño intentan obligarlo a comer o muestran demasiada preocupación por el apetito o los hábitos alimenticios del pequeño. Cuando los padres obligan y amenazan, los niños con problemas de alimentación pueden negarse a ingerir los alimentos que tienen en la boca. Algunos niños pueden vomitar como respuesta a los intentos de los padres de forzarlos a comer.

Puede ser de utilidad disminuir la tensión y las emociones negativas que rodean a las horas de la comida. Pueden evitarse escenas emocionales colocando la comida frente al niño y retirándola después de 20 o 30 minutos sin hacer comentario alguno. Al niño se le debe permitir comer lo que quiera del alimento ofrecido durante las horas de la comida y los refrigerios planificados para la mañana y la tarde. Deben restringirse los alimentos y líquidos diferentes del agua en todos los demás momentos. A los niños pequeños se les deben ofrecer tres comidas y de 2 a 3 refrigerios cada día. Las horas de la comida deben establecerse de

Problemas de comportamiento debido a problemas de paternidad

Un cierto número de problemas de comportamiento relativamente leves pueden deberse a problemas de paternidad.

Los **problemas de interacción entre niños y padres** son dificultades en la relación entre el niño y los padres, que pueden comenzar durante los primeros meses de vida. La relación puede ser tensa debido a un embarazo o parto difíciles o porque la madre haya presentado una depresión posparto o haya recibido insuficiente apoyo por parte del padre, familiares o amigos. También contribuyen a dificultar aún más la situación los horarios impredecibles en los que un bebé come y duerme. La mayoría de los bebés no duermen una noche entera hasta los 3 o 4 meses de edad. Esta mala relación puede detener el desarrollo de las habilidades sociales y mentales del bebé y dificultar su progreso.

El médico o la enfermera pueden hablar con los padres sobre el temperamento del bebé, ofrecerles información sobre el desarrollo de los bebés y ayudarles con consejos para afrontar los problemas. Así, los padres pueden desarrollar expectativas más realistas, aceptar sus sentimientos de culpa y de conflicto como normales e intentar reconstruir una relación más saludable. Si no se mejora la relación, el niño puede seguir presentando problemas más tarde.

Un **patrón de círculo vicioso** es un ciclo de comportamiento negativo (malo) por parte del niño que genera una respuesta negativa (enfado) en los padres o en la persona que lo cuida, seguida de un comportamiento negativo adicional por parte del niño, lo que causa una nueva respuesta negativa en los padres. Los círculos viciosos suelen comenzar cuando un niño es agresivo y opone resistencia. Los padres, o quienes estén cuidando al niño, responden con reprimendas, gritos y cas-

tigos físicos. Los círculos viciosos también pueden surgir cuando los padres reaccionan ante una actitud temerosa, dependiente o manipuladora de un niño sometido a sobreprotección y a permisividad excesiva.

El círculo vicioso puede romperse si los padres aprenden a ignorar los comportamientos malos que no afecten los derechos de los demás, como rabietas o el hecho de negarse a comer. Para comportamientos que no puedan ignorarse, se puede intentar recurrir a la distracción o al procedimiento de interrupción (pedir tiempo muerto). Los padres también deben alabar al niño cuando tiene un buen comportamiento.

Los **problemas de disciplina** son comportamientos inapropiados que surgen cuando la disciplina no es la adecuada. Los esfuerzos por controlar la conducta del niño con reprimendas o castigos físicos, como azotes, pueden funcionar si se usan con cautela y con poca frecuencia, pero pierden efectividad si se usan en exceso. Sin embargo, estos enfoques generalmente tienden a no modificar suficientemente el mal comportamiento y pueden reducir en el niño la sensación de seguridad y autoestima. Además, los azotes pueden ser excesivos cuando el padre está enfadado. El procedimiento de pedir tiempo muerto puede ser muy útil. Sin embargo, los castigos pueden volverse ineficaces cuando se abusa de ellos. Más aún, las amenazas de los padres de marcharse o de alejar al niño pueden ser psicológicamente perjudiciales.

Los elogios y las recompensas pueden reforzar el buen comportamiento. Los padres deben crear momentos especiales para relacionarse placenteramente con ellos todos los días, ya que los niños, por lo general, prefieren la atención que se les presta cuando se comportan mal a no recibir atención alguna.

acuerdo con el tiempo en que comen otros miembros de la familia; deben evitarse las distracciones, como la televisión. Se debe exhortar al niño a sentarse a la mesa. Usando estas técnicas se equilibran el apetito del pequeño, la cantidad de alimento ingerido y las necesidades nutricionales.

Comer en exceso es otro problema. El exceso puede conducir a la obesidad en la infancia ● *(v. también pág. 1846)*. Una vez formadas, las células grasas no desaparecen. De este modo, los niños obesos tienen más probabilidades de ser obesos cuando sean adultos que los niños de peso normal. Dado que la obesidad en la infancia puede

conducir a la obesidad en la edad adulta, ésta se debe prevenir o tratar ● *(v. pág. 1093)*.

■ Enuresis

Alrededor del 30% de los niños sigue mojando la cama a la edad de 4 años, un 10% a los 6 años, un 3% por ciento a los 12 años y el 1% a los 18 años. La enuresis es más frecuente en los niños que en las niñas y parece ser un problema de índole familiar.

La enuresis habitualmente es debida a una maduración retrasada de los nervios que inervan la vejiga, por lo que el niño no se despierta en el momento apropiado cuando la vejiga se llena y precisa ser desocupada. La incontinencia nocturna puede estar acompañada de trastornos del sueño como el sonambulismo y los terrores nocturnos ● *(v. pág. 1832)*. Un desorden físico, por lo general una infección de las vías urinarias, sólo se encuentra en el 1 o 2% de los niños que mojan la cama. Otros trastornos, como la diabetes, rara vez son causa de incontinencia nocturna. En algunas ocasiones la incontinencia nocturna es causada por problemas psicológicos, tanto en el niño como en otro miembro de la familia, y a veces forma parte de un conjunto de síntomas que sugieren la posibilidad de abuso sexual.

En ocasiones cesa la incontinencia para luego volver a comenzar. La recaída suele seguir a un acontecimiento o a una situación psicológicamente estresante, pero también es posible que la causa sea física, como una infección de las vías urinarias.

➤ Tratamiento

Los padres y el niño deben saber que la enuresis es bastante frecuente, que es posible corregirla y que nadie debe sentirse culpable al respecto. Un niño mayor con enuresis puede volverse responsable y limitar el consumo de líquidos después de la comida (especialmente bebidas con cafeína), orinar antes de ir a la cama, llevar el registro de noches mojadas y secas y cambiarse la ropa y hacer la cama cuando se moje. Los padres pueden darle al niño recompensas apropiadas para su edad (refuerzo positivo) por las noches en las que no moja la cama.

A los niños menores de 6 años, los padres pueden evitar proporcionarles líquidos 2 o 3 horas antes de la hora de acostarse e incitarlos a orinar poco antes de ir a la cama. En la mayoría de los niños de esta edad, el tiempo y la maduración física solucionan el problema.

A menudo, se indica algún tipo de tratamiento para los niños de más de 6 o 7 años de edad. El tratamiento más efectivo disponible son las alarmas, que despiertan al niño cuando se detectan algunas gotas de orina. Estos dispositivos curan la incontinencia nocturna en aproximadamente el 70% de los niños y sólo alrededor del 10 o el 15% de los niños mojan la cama de nuevo después de haberlos utilizado. Las alarmas son relativamente económicas y fáciles de instalar. En las primeras semanas de uso, el niño se despierta sólo después de haberse orinado completamente.

En las siguientes semanas, se despierta tras haber orinado muy poco y comienza a mojar la cama con menor frecuencia. Finalmente, la necesidad de orinar despierta al niño antes de llegar a mojar la cama. La mayoría de los padres comprueban que la alarma puede retirarse tras un período de tres semanas *secas*.

Si la incontinencia nocturna persiste en un niño mayor después de haber ensayado las alarmas y las recompensas apropiadas para su edad, el médico puede prescribirle imipramina. La imipramina es un fármaco antidepresivo, pero se utiliza como tratamiento para la enuresis porque relaja la vejiga y contrae el esfínter que bloquea el flujo de la orina. Si la imipramina funciona, el resultado se aprecia en la primera semana de tratamiento. Esta rápida respuesta es la única ventaja real del fármaco, particularmente si la familia y el niño sienten la necesidad de solucionar el problema pronto. Después de un mes sin mojar la cama, la dosis del fármaco se reduce en el curso de 2 a 4 semanas; luego se interrumpe. Sin embargo, cerca del 75% de los niños, con el tiempo, empiezan a mojar la cama de nuevo. Si esto sucede, se puede intentar un nuevo tratamiento con el mismo fármaco durante tres meses.

Un fármaco cada vez más popular para solucionar la incontinencia nocturna es la desmopresina en comprimidos o en aerosol nasal. Este medicamento disminuye la salida de orina, lo que reduce la incontinencia nocturna. Este fármaco es usado durante períodos de 1 a 3 meses y luego se debe suprimir lo antes posible. Puede ser usado de modo intermitente, como cuando el niño va a un campamento de vacaciones.

■ Encopresis

La encopresis es la defecación involuntaria que no es causada por ninguna enfermedad o anomalía física.

Alrededor del 17% de los niños de 3 años de edad y el 1% de los niños de 4 años de edad presentan encopresis, más frecuentemente por rechazo al entrenamiento relativo al uso del sanitario. Pero a veces la causa de la encopresis es un estreñimiento crónico, que distiende la pared intestinal y hace que el niño no se percate de que tiene el intestino lleno, lo que altera el control muscular.

Inicialmente, el médico intenta determinar la causa. Si la causa es el estreñimiento, se prescribe un laxante y se toman otras medidas para asegurar la regularidad de las evacuaciones. Una vez lograda la regularidad en las deposiciones, frecuentemente cesa el escape. Cuando estas medidas no surten efecto, se realizan pruebas diagnósticas, tales como radiografías del abdomen y en raras ocasiones una biopsia de la pared rectal, en la que se toma una muestra de tejido y se examina al microscopio. Si se encuentra una causa orgánica, frecuentemente se puede tratar. En los casos más graves, puede ser necesario contar con asesoramiento psicológico para los niños cuya encopresis es el resultado de su resistencia a ir al baño o de otros problemas de comportamiento.

■ Problemas del sueño

Para la mayoría de los niños, los problemas del sueño son intermitentes o temporales y frecuentemente no necesitan tratamiento.

Pesadillas: las pesadillas son sueños atemorizantes que se producen durante el sueño REM (movimiento ocular rápido) ● *(v. pág. 570).* El niño que tiene una pesadilla suele despertarse por completo y puede describir vívidamente los detalles de su sueño. A menos que sean muy frecuentes, las pesadillas no son una causa de alarma. Pueden producirse con mayor frecuencia durante los períodos de estrés o incluso cuando el niño ha visto un vídeo con contenido violento. Si las pesadillas se producen a menudo, los padres pueden llevar un diario con el propósito de ver si ellos pueden identificar la causa.

Terrores nocturnos y sonambulismo: los terrores nocturnos son episodios de un despertar incompleto con extrema ansiedad poco después de haberse dormido, y son más frecuentes entre las edades de 3 y 8 años. El niño grita y se muestra asustado, con una respiración y frecuencia cardíaca aceleradas. El niño parece no ser consciente de la presencia de sus padres y no habla. Él puede sacudirse violentamente y no responde al ser consolado. Después de algunos minutos, vuelve a dormirse completamente. A diferencia de lo que sucede en las pesadillas, el niño no recuerda estos episodios. Los terrores nocturnos son alarmantes porque el niño grita y está inconsolable durante el episodio. Una tercera parte de los niños con terrores nocturnos también suelen sufrir de sonambulismo (levantarse de la cama y caminar por la casa aparentemente dormidos ● *v. también pág. 570).* Alrededor del 15 % de los niños de edades comprendidas entre los 5 y los 12

años tienen al menos un episodio de sonambulismo.

Tanto los terrores nocturnos como el sonambulismo ● *(v. también pág. 570)* suelen desaparecer espontáneamente, aunque pueden producirse episodios ocasionales durante años; por lo general, no se requiere ningún tratamiento específico. Puede ser necesario un tratamiento si el trastorno persiste en la adolescencia o en la edad adulta y es grave. En los niños que necesitan tratamiento, los terrores nocturnos a veces pueden responder a un sedante o a ciertos antidepresivos. Sin embargo, estas medicaciones son potentes y pueden provocar reacciones adversas. La instalación de una cerradura en la parte exterior de la puerta de la habitación evita que el niño deambule, pero puede asustarlo.

Resistencia para ir a la cama: los niños, en particular entre las edades de 1 y 2 años, a menudo se resisten a ir a la cama. Los niños pequeños lloran cuando se les deja solos en la cuna o se salen de ella para ir en busca de sus padres. Este comportamiento está relacionado con la ansiedad por la separación ● *(v. pág. 1847)* y con los intentos del niño de controlar más aspectos de su entorno.

La resistencia a acostarse no se soluciona si los padres permanecen en la habitación durante un largo período para proporcionarle bienestar, o si permiten que el niño se levante. Para controlar completamente el problema, uno de los padres puede sentarse en el pasillo sin hablar, frente al cuarto y a la vista del niño, para cerciorarse de que sigue en la cama. Entonces el niño aprende que no está permitido levantarse de la cama. El niño también comprende que los padres no pueden ser tentados para entrar al cuarto a contarle más cuentos o jugar. Finalmente, el niño se queda dormido. A menudo es útil regalarle al niño un objeto (como un osito de peluche).

Despertarse durante la noche: los niños a menudo se despiertan durante la noche, pero generalmente se vuelven a dormir por sí mismos. El despertarse repetitivamente por la noche suele ser consecuencia de una mudanza, de una enfermedad o de otro suceso estresante. Los problemas para dormir pueden empeorar cuando el niño duerme una siesta prolongada al final de la tarde o es sobreestimulado por juegos antes de ir a acostarse.

Permitir que el niño duerma con los padres a causa del despertar nocturno sólo aumenta la probabilidad de prolongar el problema. Igualmente, es contraproducente jugar con el niño o

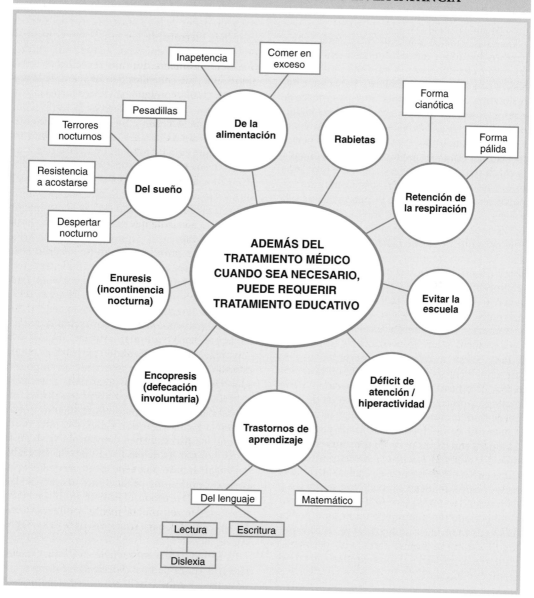

alimentarlo durante la noche, darle palmadas y regañarlo. Suele ser más efectivo llevar al niño de nuevo a su cama con simples frases tranquilizadoras. Frecuentemente es útil promover una rutina a la hora de dormir que incluya la lectura de un cuento breve, ofrecerle su muñeco o su manta favorita y dejar una pequeña lámpara de noche encendida (en los niños de más de 3 años). Los padres y las otras personas que lo cuidan deben tratar de mantener la misma rutina cada noche, para que el niño se dé cuenta de lo que se espera. Si el niño está físicamente sano, se le permite que

llore durante 20 o 30 minutos para que aprenda que él mismo debe aplacarse, lo que disminuirá los despertares nocturnos.

■ Rabietas temperamentales

Las rabietas temperamentales son frecuentes en la infancia. Por lo general, aparecen hacia el final del primer año, son más frecuentes entre las edades de 2 y 4 años y típicamente son poco frecuentes después de los 5 años. Si las rabietas son frecuentes después de los 5 años, pueden persistir durante toda la infancia.

Las causas incluyen frustración, cansancio o hambre. Los niños también pueden tener rabietas para buscar atención o para manipular a los padres con el fin de lograr algo, o para evitar hacer alguna cosa. Los padres frecuentemente se sienten culpables (debido a un concepto imaginado de paternidad deficiente), cuando la causa real es a menudo una combinación de la personalidad del niño, las circunstancias inmediatas y la conducta normal del desarrollo. Un problema psicológico, médico o social subyacente rara vez puede ser la causa, pero esto es más probable si la rabieta dura más de quince minutos o si las rabietas se producen muchas veces al día.

El niño que tiene una rabieta puede gritar, dar alaridos, llorar, sacudirse, rodar en el suelo, patalear y tirar cosas. Algunos de los comportamientos pueden ser similares a la ira y potencialmente nocivos; el niño puede ponerse colorado y golpear o patear.

Para detener una rabieta, los padres deben pedirle primero al niño con sencillez y firmeza que lo haga. Si esto fracasa y el comportamiento es lo suficientemente perturbador, puede ser necesario retirar físicamente al niño de la situación. En este punto, un procedimiento de *tiempo de descanso* puede resultar muy eficaz. Un *tiempo de descanso* es una técnica disciplinaria utilizada por los padres para interrumpir el comportamiento perturbador del niño. Un *tiempo de descanso* es más eficaz en los niños mayores de 2 años. Después de malos comportamientos repetitivos, se envía o se lleva al niño en forma sosegada a una silla durante un período fijo mínimo de un minuto por cada año de edad, hasta un máximo de cinco minutos. Si el niño se levanta antes o no permanece tranquilo dentro del tiempo estipulado, el cronómetro es reiniciado.

■ Ataques de retención de la respiración

Un ataque de retención de la respiración es un episodio en el que el niño deja de respirar y pierde la conciencia durante un corto período, inmediatamente después de un evento aterrador o emocionalmente perturbador.

Los períodos de retención de la respiración se producen en el 5 % de niños sanos. Por lo general, comienzan en el segundo año de vida. Desa-parecen a la edad de 4 años en el 50 % de los niños y alrededor de los 8 años en cerca del 83 % de los niños. El 17 % de los niños que continúan presentando estos episodios cuando son adultos pierden la conciencia como reacción al estrés emocional. Los episodios de retención de la respiración pueden presentarse de dos formas.

La **forma cianótica** de retener la respiración, que es la más frecuente, se inicia inconscientemente por niños jóvenes, en general como un componente de una rabieta o en respuesta a un regaño u otro suceso perturbador. El punto máximo de estos episodios es alrededor de los 2 años y son poco frecuentes después de los 5 años. Durante el episodio, el niño retiene la respiración (sin ser necesariamente consciente de ello) hasta perder la consciencia. Típicamente, el niño grita, respira fuerte, para luego dejar de respirar. Poco tiempo después, la piel del niño comienza a tornarse de color azul y él queda inconsciente. Puede presentarse una convulsión. Después de la pérdida de la consciencia (que por lo general dura sólo unos segundos), la respiración se reanuda, la piel vuelve a tomar su color original y la consciencia retorna. Cuando comienza el ataque es posible interrumpirlo colocando un trapo frío sobre la cara del niño. A pesar de la naturaleza aterradora de los episodios, los padres deben tratar de evitar reforzar el comportamiento iniciador en la forma cianótica. Cuando el niño se recupera, los padres deben colocarlo a salvo en la cama. Los padres deben hacer cumplir las reglas del hogar; el niño no puede tener *rienda suelta* en la casa simplemente porque estos ataques se dan después de las rabietas. Distraer al niño y evitar situaciones que probablemente conduzcan a las rabietas son buenas estrategias para evitar estos episodios.

La **forma pálida sobreviene** en forma característica después de una experiencia dolorosa, como caerse y golpearse la cabeza o tener un susto repentino. El cerebro envía una señal (a través del nervio vago) que retarda considerablemente la frecuencia cardíaca, produciendo pérdida de la consciencia. Así, en esta forma, la pérdida de la consciencia y la interrupción de la respiración (las dos temporales) son el resultado de una respuesta nerviosa al ser asustado, que produce una desaceleración del corazón.

El niño deja de respirar, rápidamente pierde la consciencia y se torna pálido y flácido. Puede sobrevenir una convulsión. Por lo general, durante la crisis los latidos del corazón son muy lentos. Después del ataque, el corazón aumenta de nue-

¿Cuáles son los comportamientos relacionados con el estrés?

Cada niño maneja el estrés de manera diferente. Los comportamientos propios de los niños para manejar el estrés son la succión del pulgar, comerse las uñas y, a veces, golpearse la cabeza.

La **succión del pulgar** (o el uso del chupete) es normal a comienzos de la infancia, y muchos niños dejan de hacerlo cuando tienen entre 1 o 2 años de edad, pero algunos continúan haciéndolo en edad escolar. La succión del pulgar es normal en épocas de estrés, pero pasados los 5 años puede alterar la forma del paladar, producir una mala alineación de los dientes y dar pie a burlas por parte de otros niños. A veces, la persistente succión del pulgar puede ser el signo de un trastorno emocional subyacente.

Finalmente, con el tiempo, todos los niños dejan de chuparse el dedo. Los padres deben intervenir sólo si el odontólogo les aconseja hacerlo o si sienten que chupar el dedo es socialmente poco sano. Los padres deben animar al niño a comprender por qué es bueno dejar de hacerlo. Cuando el niño muestra la voluntad de dejarlo, el uso de pequeños recordatorios es un buen comienzo. Estos pueden continuarse con premios simbólicos que se ponen directamente en el dedo, como un vendaje coloreado, barniz de uñas, o dibujar una estrella de colores con un marcador no tóxico. Si es necesario, se pueden emplear medidas adicionales, como envolver el dedo en un plástico, inmovilizar el codo por la noche para impedir que el niño lo doble o aplicar en la uña del dedo una sustancia amarga. Sin embargo, ninguna de estas medidas debe utilizarse en contra del deseo del niño.

Morderse las uñas es un problema frecuente en los niños menores. El hábito suele desaparecer a medida que el niño crece pero, por lo general, se relaciona con el estrés y ansiedad. A los niños motivados para dejar de hacerlo se les puede enseñar a sustituirlo por otros hábitos (por ejemplo, girar un lápiz).

Los **golpes en la cabeza** y el **balanceo rítmico** son frecuentes en bebés sanos. Mientras que esto alarma a los padres, los niños no muestran sentir dolor y, de hecho, es probable que esta actividad les produzca satisfacción.

Los niños suelen superar el balanceo y los golpes en la cabeza entre los 18 meses y 2 años de edad, pero algunas veces se producen acciones repetitivas aún en los niños mayores y adolescentes.

Los niños con autismo y otros problemas de desarrollo también pueden golpearse la cabeza. Sin embargo, estas enfermedades tienen otros síntomas adicionales que facilitan su diagnóstico.

Aunque con esta conducta, los niños casi nunca se lesionan a sí mismos, la posibilidad de que se lesionen (y el ruido que hacen) puede reducirse colocando la cuna lejos de la pared, retirando las ruedas o colocando protectores de fieltro debajo de ellas y acolchonando la parte interior de la cuna.

---

vo su velocidad, la respiración vuelve y la consciencia retorna sin ningún tratamiento. Dado que este tipo es raro, si los ataques son frecuentes, se puede requerir una evaluación diagnóstica adicional y un tratamiento.

■ Evitar la escuela

El evitar la escuela se presenta en cerca del 5% de todos los niños en edad escolar y afecta a niñas y niños por igual. Es más probable que ocurra entre las edades de 5 y 6 años y entre las edades de 10 y 11 años.

La causa es a menudo poco clara, pero pueden contribuir algunos factores psicológicos (como la ansiedad y la depresión) y sociales (como no tener amigos, sentirse rechazado por los compañeros o ser intimidado). Un niño sensible puede sentir mucho miedo ante la severidad y los regaños de los profesores. Los niños más jóvenes tienden a fingir enfermedes o a inventar otras excusas para evitar ir la escuela. El niño puede quejarse de dolor de estómago, náuseas u otros síntomas que justifiquen la permanencia en la casa. Algunos niños se niegan directamente a ir al colegio. En otros casos, el niño puede ir al colegio sin dificultad pero se vuelve ansioso o manifiesta diferentes síntomas durante la jornada escolar y a menudo va a la enfermería a intervalos regulares. Este comportamiento es diferente en los adolescentes, quienes pueden decidir no asistir a la escuela (ausencia injustificada, hacer novillos) ● (v. pág. 1846). El evitar la escuela tiene como consecuencias un bajo rendimiento académico, dificultades familiares y dificultades con los compañeros. La mayoría de los niños se recuperan de la fobia, pero algunos vuelven a desarrollarla después de una verdadera enfermedad o de unas vacaciones.

Por lo general, la tutoría a domicilio no es la solución. El niño con fobia a la escuela debe retornar

Síntomas del TDAH

No todos los síntomas tienen que estar presentes para el diagnóstico del trastorno por déficit de atención/hiperactividad (TDAH). Sin embargo, ha siempre de existir falta de atención para ser posible el diagnóstico. Los síntomas deben estar presentes en dos o más situaciones (por ejemplo, en casa y en la escuela) y deben afectar al funcionamiento social o académico.

Síntomas de falta de atención:

■ Con frecuencia no puede poner atención en los detalles.

■ Tiene dificultades para mantener la atención en el trabajo y en los juegos.

■ No parece escuchar cuando se le habla directamente.

■ A menudo no sigue las instrucciones y no puede finalizar las tareas.

■ A menudo tiene dificultades en la organización de tareas y actividades.

■ A menudo evita, no disfruta o es reacio a emprender tareas que requieren un esfuerzo mental mantenido.

■ A menudo pierde cosas.

■ Fácilmente se distrae con estímulos externos.

■ Con frecuencia es olvidadizo.

Síntomas de hiperactividad:

■ No para de mover las manos o los pies nerviosamente o está inquieto.

■ A menudo se levanta de la silla en clase y en cualquier otro lugar.

■ Suele correr o saltar excesivamente.

■ Tiene dificultad para jugar o participar en actividades tranquilas de ocio.

■ Nunca para o actúa como si fuera impulsado por un motor.

■ Con frecuencia habla excesivamente.

Síntomas de impulsividad:

■ Con frecuencia contesta antes de que se le formule una pregunta.

■ A menudo tiene dificultades para esperar su turno.

■ A menudo interrumpe a otros o se mete con ellos.

a ella inmediatamente para no atrasarse en sus tareas escolares. Si la fobia es tan intensa que afecta a las actividades del niño, y si además éste no responde al apoyo otorgado por los padres o maestros, puede ser necesario recurrir a un psicólogo o a un psiquiatra.

El tratamiento debe incluir la comunicación entre los padres y el personal de la escuela, la asistencia diaria a la escuela y, a veces, la terapia psicológica para la familia y el niño. La terapia incluye el tratamiento de las causas subyacentes, así como técnicas de comportamiento para ayudar a enfrentarse con el estrés en la escuela.

■ Trastorno por déficit de atención/hiperactividad

El trastorno por déficit de atención/hiperactividad (TDAH) representa lapsos de breve o escasa atención y una impulsividad inadecuada para la edad del niño; algunos niños también manifiestan hiperactividad.

Aunque existe una controversia importante acerca de la incidencia, se estima que el TDAH afecta al 5 o 10% de los niños en edad escolar y se diagnostica con una frecuencia diez veces mayor en los niños que en las niñas. Muchas de las características del TDAH se notan frecuentemente antes de los 4 años e invariablemente antes de los 7, pero pueden no afectar significativamente al rendimiento académico y a la actividad social hasta los años de educación primaria. Anteriormente, el TDAH era denominado *trastorno de déficit de atención*; sin embargo, el hecho frecuente de hiperactividad en los niños afectados, que es realmente una extensión física del déficit de atención, llevó a un cambio en la terminología actual.

El TDAH puede ser hereditario. Investigaciones recientes indican que es causado por anomalías en los neurotransmisores (las sustancias que transmiten los impulsos nerviosos dentro del cerebro). Los síntomas del TDAH van desde leves hasta graves y pueden volverse exagerados o convertirse en un problema en ciertos ambientes, como en la casa del niño o en la escuela. Las restricciones en la escuela y los hábitos organizados hacen que el TDAH sea un problema, mientras que en generaciones anteriores los síntomas no afectaban significativamente al funcionamiento de los niños porque existían menos restricciones de este tipo. Aunque algunos de los síntomas del TDAH también se presentan en niños sin el trastorno, son mucho más frecuentes y graves en los niños con el TDAH.

Síntomas

El TDAH es principalmente un problema en la atención continua, en la concentración y en la persistencia (perseverancia) en las tareas (capacidad para terminar una tarea). El niño también puede ser hiperactivo e impulsivo. Muchos niños en edad preescolar son ansiosos, tienen problemas de comunicación y de relaciones interpersonales y se comportan mal. Ellos parecen desatentos. Pueden molestar y retorcerse. Pueden ser impacientes y responden fuera de tiempo. Durante las últimas etapas de la niñez, estos niños suelen mover las piernas constantemente, mover y refregarse las manos nerviosamente, hablar impulsivamente, olvidar las cosas fácilmente y son desorganizados. Generalmente no son agresivos.

Alrededor del 20% de los niños con el TDAH presentan incapacidades para el aprendizaje y cerca del 80% tienen problemas académicos. El trabajo puede ser desordenado, con errores por descuido y una ausencia del pensamiento razonado. Los niños afectados con frecuencia se comportan como si su mente estuviera en otra parte y no escuchan. Ellos frecuentemente no siguen las instrucciones, ni terminan las tareas escolares, ni las labores domésticas u otros deberes. Hacen cambios frecuentes entre una y otra tarea incompleta.

Alrededor del 40% de los niños pueden tener problemas de autoestima, depresión, ansiedad u oposición a la autoridad en el momento de llegar la adolescencia. Cerca del 60% de los niños pequeños manifiestan tales problemas en forma de rabietas y la mayoría de los niños mayores tienen una baja tolerancia a la frustración.

Diagnóstico

El diagnóstico se basa en la cantidad, la frecuencia y la gravedad de los síntomas. Los síntomas deben presentarse como mínimo en dos ambientes separados (característicamente, en el hogar y en la escuela); si sólo se presentan en el hogar o sólo en la escuela y en ningún otro lugar, no se califican dentro del TDAH. A menudo, el diagnóstico es difícil ya que depende del juicio del observador. No existe una prueba de laboratorio para el TDAH. Los cuestionarios acerca de diferentes aspectos del comportamiento pueden ayudar al médico a establecer el diagnóstico. Dado que las incapacidades de aprendizaje son fre-

---

> ## TDAH: ¿Epidémico o sobrediagnosticado?
>
> A un número creciente de niños se les diagnostica trastorno por déficit de atención/hiperactividad (TDAH). Sin embargo, existe una gran preocupación entre médicos y padres porque muchos niños son mal diagnosticados. Un nivel de actividad alto puede ser completamente normal y ser simplemente una exageración del temperamento normal de la niñez. Por otro lado, puede tener una variedad de causas, como trastornos emocionales y anomalías de la función cerebral, como el TDAH.
>
> Generalmente, los niños de 2 años de edad son activos y rara vez están quietos. Una actividad elevada y un alto nivel de ruido son frecuentes hasta los 4 años. En estos grupos de edad, este comportamiento es normal. Sin embargo, el comportamiento activo es causa frecuente de conflictos entre padres e hijos y puede preocupar a los padres. También puede crear problemas a otras personas que los supervisan, incluidos los profesores.
>
> Determinar si el nivel de actividad del niño es anormalmente alto no debe depender sólo de lo tolerante que sea la persona importunada. Sin embargo, algunos niños son claramente más activos de lo normal. Si el elevado nivel de actividad se combina con un lapso de atención corto e impulsividad, puede ser definido como hiperactividad y considerado como parte del TDAH.
>
> Regañar y castigar a los niños cuyo nivel elevado de actividad está dentro de límites normales, por lo general, desencadena una reacción contraria y aumenta el nivel de actividad del niño. Puede resultar útil evitar las situaciones en las que el niño deba permanecer sentado durante mucho tiempo o encontrar un profesor experto en el manejo de niños hiperactivos. Si las medidas simples no ayudan, puede ser útil una evaluación médica o psicológica para descartar un trastorno subyacente, como el TDAH.

---

cuentes, muchos niños son sometidos a pruebas psicológicas para determinar si el TDAH existe y para detectar la presencia de incapacidades específicas para el aprendizaje.

Tratamiento y pronóstico

Para minimizar los efectos del TDAH, a menudo se necesitan estructuras, rutinas, un plan de intervención en la escuela y técnicas de paternidad modificadas. Algunos niños que no son agresivos y que provienen de un ambiente familiar estable y favorecedor pueden beneficiarse de un tratamiento exclusivamente con fármacos. El tratamiento con fármacos suele combinarse con una terapia del comportamiento realizada por un psicólogo infantil. Los fármacos psicoestimulantes son el tratamiento farmacológico más efectivo.

El metilfenidato es el psicoestimulante que se prescribe con mayor frecuencia. Es tan efectivo como otros psicoestimulantes (tales como dextroanfetamina) y probablemente es más seguro. Se encuentran disponibles ciertas formas de metilfenidato de liberación lenta (acción prolongada) además de la forma regular, que permiten administrar una sola dosis al día. Las reacciones adversas del metilfenidato incluyen trastornos del sueño, como insomnio; supresión del apetito; depresión o tristeza; cefaleas; dolor de estómago y una presión arterial elevada. Todas estas reacciones adversas desaparecen si el fármaco es interrumpido; sin embargo, la mayoría de los niños no presentan reacciones adversas, excepto quizás una disminución del apetito. Sin embargo, si se toman dosis elevadas durante un período prolongado, el metilfenidato ocasionalmente puede retardar el crecimiento; por lo tanto, el médico controla el aumento de peso.

Se pueden utilizar algunos fármacos diferentes para tratar la falta de atención y los síntomas de conducta. Éstos incluyen la clonidina, fármacos derivados de anfetaminas, antidepresivos y ansiolíticos. A veces se usan combinaciones de fármacos.

Los niños con el TDAH, por lo general, no superan la falta de atención, aunque con los años, los que presentan hiperactividad tienden a volverse algo menos impulsivos e hiperactivos. Sin embargo, la mayoría de los adolescentes y de los adultos aprenden a adaptarse a su falta de atención. Otros problemas que se manifiestan o persisten en la adolescencia y en la edad adulta incluyen el bajo rendimiento académico, una baja autoestima, ansiedad, depresión y dificultades para adquirir un comportamiento social apropiado. De forma importante, la inmensa mayoría de los niños con el TDAH llegan a ser adultos productivos y las personas que tienen el TDAH parecen adaptarse mejor al trabajo que a las situaciones de la escuela. Sin embargo, si este trastorno no es tratado en la infancia, el riesgo de abuso en el consumo de alcohol o sustancias tóxicas, o de suicidio puede aumentar.

■ Trastornos de aprendizaje

Los trastornos de aprendizaje consisten en la falta de aptitud para adquirir, retener o usar ampliamente las habilidades específicas o la información, como consecuencia de deficiencias en la atención, la memoria o el razonamiento, y afectan a la actividad escolar.

Los trastornos de aprendizaje son bastante diferentes al retraso mental y se dan en niños normales o incluso con alta función intelectual. Los trastornos de aprendizaje afectan sólo a ciertas funciones, mientras que en un niño con retraso mental las dificultades afectan a las funciones cognitivas de manera general. Existen tres tipos principales de trastornos de aprendizaje: desórdenes en la lectura, desórdenes en la expresión escrita y desórdenes matemáticos. De este modo, el niño con un trastorno de aprendizaje puede tener dificultad significativa para comprender y aprender matemáticas, pero sin tener dificultad para la lectura y la escritura y se maneja bien en otras materias. La dislexia es el más conocido de los trastornos de aprendizaje, entre los cuales no se incluyen aquellos que son debidos principalmente a dificultades de la visión, la audición y la coordinación o a disturbios emocionales.

Aunque las causas de los desórdenes en el aprendizaje no se comprenden totalmente, incluyen anomalías en los procesos fundamentales del entendimiento o en el uso del lenguaje oral o escrito o en el razonamiento numérico y espacial.

La incidencia de este trastorno es importante y se estima que, en nuestro entorno, entre un 6 y un 12 %, aproximadamente de los niños en edad escolar pueden necesitar servicios educativos especiales para compensar posibles trastornos de aprendizaje. Los niños con trastornos de aprendizaje pueden sobrepasar en número a las niñas en una proporción de cinco a uno, aunque en las niñas los trastornos de aprendizaje frecuentemente no son reconocidos o diagnosticados.

El rendimiento en la escuela de muchos niños con problemas de comportamiento es deficiente y son analizados por psicólogos educativos en busca de trastornos de aprendizaje. Sin embargo, algunos niños con ciertos tipos de trastornos de aprendizaje ocultan muy bien sus dificultades, evitando un diagnóstico y, por lo tanto, un tratamiento durante mucho tiempo.

➤ Síntomas

Un niño pequeño puede ser lento para aprender los nombres de los colores o de las letras, para asignar palabras a los objetos familiares, para contar y para progresar en las demás habilidades iniciales del aprendizaje. Puede mostrar retaso en el aprendizaje de la lectura y de la escritura. Algunos otros síntomas pueden ser un bajo nivel de atención, distracción, habla titubeante y una memoria escasa. El niño puede presentar dificultad para actividades que requieran una delicada coordinación motora, como pueden ser, por ejemplo, las de dibujar y copiar.

Un niño con trastornos de aprendizaje puede tener dificultades para comunicarse. Inicialmente, algunos niños se frustran y más tarde aparecen problemas de comportamiento, tales como distraerse fácilmente, ser hiperactivos, aislados, tímidos o agresivos.

➤ Diagnóstico y tratamiento

Deben evaluarse los niños que no lean o aprendan en el grado esperado para sus capacidades verbales o intelectuales. Deben realizarse pruebas de audición y visión, ya que los problemas con estos sentidos también pueden afectar a la lectura y a la escritura.

El médico examina al niño para detectar posibles desórdenes físicos. El niño realiza una serie de pruebas de inteligencia, verbales y no verbales, y pruebas académicas de lectura, escritura y habilidad aritmética.

Una educación adaptada cuidadosamente para el niño en forma individual es el tratamiento más útil para los trastornos de aprendizaje. Aunque no se ha demostrado su efectividad, a menudo se adoptan medidas tales como la eliminación de los aditivos alimenticios, el consumo de grandes dosis de vitaminas y el análisis del sistema del niño para detectar minerales traza. No existe un tratamiento con fármacos que tenga un efecto importante en el rendimiento escolar, la inteligencia y la capacidad general de aprender. Dado que algunos niños con trastornos de aprendizaje también tienen el TDAH, ciertos fármacos, como el metilfenidato, pueden mejorar la atención y la concentración, aumentando la capacidad de aprendizaje del niño.

■ Dislexia

La dislexia es un trastorno específico en la lectura que incluye dificultades en la separación de palabras simples de grupos de palabras y partes de palabras (fonemas) dentro de cada palabra.

La dislexia es un tipo especial de desorden del aprendizaje que afecta aproximadamente al 3 o al 5 % de los niños. Es identificado más en niños que en niñas; sin embargo, con frecuencia simplemente puede no ser reconocido en las niñas. La dislexia tiende a aparecer en el seno de una misma familia.

La dislexia ocurre cuando el cerebro tiene dificultades para hacer la conexión entre sonidos y símbolos (letras). Esta dificultad es causada por problemas poco conocidos en ciertas conexiones en el cerebro. Los problemas están presentes desde el nacimiento y pueden causar errores de deletreo y de escritura y una reducción en la velocidad y precisión cuando se lee en voz alta. Las personas con dislexia no tienen problemas para comprender el lenguaje hablado.

➤ Síntomas y diagnóstico

Los niños en edad preescolar con dislexia pueden ser lentos para hablar, tienen problemas de pronunciación del lenguaje y experimentan dificultades para recordar los nombres de las letras, los números, y los colores. Los niños disléxicos suelen tener dificultad para combinar los sonidos, rimar palabras, identificar las posiciones de los sonidos en las palabras, segmentar las palabras en sonidos e identificar el número de sonidos en las palabras. Los primeros indicios de la dislexia son la lentitud o las vacilaciones para elegir las palabras, para sustituir una palabra por otra y para denominar letras y dibujos. Son frecuentes los problemas de memoria inmediata para los sonidos y para colocar los sonidos en el orden correcto.

Muchos niños con problemas de dislexia confunden letras y palabras con otras similares. Es frecuente la inversión de las letras mientras se escribe, por ejemplo *on* en vez de *no* y *oír* en vez de *río*; o confusión en las letras, por ejemplo *b* en vez de *d*, *w* en vez de *m*, *n* en vez de *h*. Sin embargo, muchos niños que no presentan dislexia invierten las letras en la guardería o en el primer grado.

Los niños que no progresan en el aprendizaje del lenguaje hacia la mitad o al final del primer nivel de escolarización deben ser sometidos a pruebas para saber si padecen de dislexia.

➤ **Tratamiento**

El mejor tratamiento para identificar las palabras es la enseñanza directa, que incorpora aspectos multisensoriales. Este tipo de tratamiento consiste en enseñar fonética con una variedad de indicaciones, por lo general separadamente y, cuando sea posible, dentro de un programa de lectura.

También es útil la instrucción indirecta para identificar las palabras. Esta instrucción, por lo general, consiste en un entrenamiento para mejorar la pronunciación de las palabras o la comprensión de lectura. Se enseña a los niños cómo procesar los sonidos mediante la combinación de los mismos para formar palabras, separando las palabras en sílabas e identificando la posición de los sonidos en las palabras.

También es útil la instrucción de habilidades funcionales para identificar las palabras. Consiste en enseñarles a combinar sonidos para formar palabras, a separar las palabras en partes e identificar las posiciones de los sonidos en las palabras.

Se pueden utilizar tratamientos indirectos, diferentes de la identificación de palabras, pero no se recomiendan. Los tratamientos indirectos pueden incluir la utilización de lentes ahumados que permiten leer las palabras y las letras con mayor facilidad, ejercicios de movimiento de los ojos o ejercicios de percepción visual. También se pueden ensayar fármacos como el piracetam. Los beneficios de la mayoría de los tratamientos indirectos no han sido demostrados y pueden proporcionar esperanzas irreales y retrasar la enseñanza que se necesita.

CAPÍTULO 270

Adolescentes normales

Durante la adolescencia (que generalmente comprende las edades entre los 10 y los 21 años), los niños se convierten en adultos jóvenes. Ellos maduran social y físicamente. De manera fundamental se vuelven sexualmente maduros y socialmente independientes. Durante este período, el adolescente desarrolla una percepción de quién es él o ella y aprende a establecer relaciones íntimas con personas diferentes de los miembros de la familia.

■ Desarrollo físico

El crecimiento normal durante la adolescencia incluye la maduración sexual y un aumento de tamaño del cuerpo. El ritmo y la velocidad de estos cambios varían en cada persona y están determinados tanto por factores hereditarios como ambientales. En la actualidad, la madurez física comienza a una edad más temprana que un siglo atrás. Por ejemplo, las niñas tienen su primera menstruación a una edad considerablemente inferior a la de sus homólogas de hace cien años. La razón es probablemente una mejoría en la nutrición, en la salud general y en las condiciones de vida.

Durante la adolescencia, la mayoría de los niños y niñas alcanzan la estatura y el peso del adulto, aunque existe una variación considerable del momento en que esto sucede. El brote de crecimiento en los niños se produce entre las edades de 13 y 15 años y medio; puede esperarse un aumento de diez centímetros en el año de crecimiento máximo. El brote de crecimiento en las niñas se produce entre las edades de 11 y 13 años y medio; puede esperarse un aumento de nueve centímetros en el año de crecimiento máximo. Por lo general, los varones son más fuertes y altos que las niñas. A la edad de 18 años, a los niños les quedan más o menos dos centímetros de crecimiento y a las niñas un poco menos.

En los niños, los primeros cambios en las características sexuales son el aumento de tamaño del escroto y los testículos, seguido del alargamiento del pene. Internamente, se agrandan las vesículas seminales y la próstata. A continuación, aparece el vello púbico. Crece vello en la cara y en las axilas aproximadamente dos años después de aparecer en el pubis. La primera eyaculación generalmente ocurre entre las edades de 12 años y medio y 14 años, aproximadamente un año después de haber comenzado el aumento de tamaño

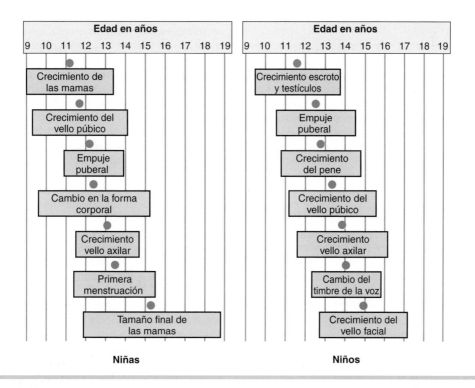

Momentos importantes en el desarrollo sexual

Durante la pubertad, el desarrollo sexual suele producirse de forma secuencial. El tiempo de cambio varía de una persona a otra, pero se da en un grupo de edades, indicado por un cuadro en el diagrama. La edad promedio en la que comienza un cambio está indicada por un punto.

Edad en años

9 10 11 12 13 14 15 16 17 18 19

Crecimiento de las mamas

Crecimiento del vello púbico

Empuje puberal

Cambio en la forma corporal

Crecimiento vello axilar

Primera menstruación

Tamaño final de las mamas

Niñas

Edad en años

9 10 11 12 13 14 15 16 17 18 19

Crecimiento escroto y testículos

Empuje puberal

Crecimiento del pene

Crecimiento del vello púbico

Crecimiento vello axilar

Cambio del timbre de la voz

Crecimiento del vello facial

Niños

del pene. El crecimiento de las mamas (ginecomastia) en un lado o en ambos es frecuente en los varones jóvenes, pero suele desaparecer en el término de un año.

En la mayoría de las jovencitas, la primera señal visible de maduración sexual es el botón mamario, seguido de su crecimiento. Poco después aparecen el vello púbico y axilar. El primer período menstrual generalmente aparece más o menos dos años después de comenzar el aumento de tamaño de las mamas. La talla se incrementa más antes del inicio de la menstruación.

■ Desarrollo intelectual y del comportamiento

A comienzos de la adolescencia, un niño empieza a desarrollar la facultad de pensamiento lógico, abstracto. Esta sofisticación aumentada conduce a un mejor autoconocimiento y a la capacidad de reflexionar sobre sí mismo. Debido a los notables cambios físicos de la adolescencia, esta conciencia de sí mismo a menudo se transforma en timidez, acompañada de una sensación de torpeza. El adolescente también tiene una preocupación por su aspecto físico y por su encanto y una elevada sensibilidad hacia las diferencias con sus compañeros.

También el adolescente aplica su nueva capacidad reflexiva para cuestionar aspectos morales. Los preadolescentes interpretan lo correcto y lo incorrecto como fijo y absoluto. El adolescente pone en duda los patrones de comportamiento y con frecuencia rechaza la tradición, consternando frecuentemente a los padres. Idealmente, esta reflexión culmina en el desarrollo e interiorización de su propio código moral.

Muchos adolescentes comienzan a presentar comportamientos temerarios, como conducir a gran velocidad, el abuso de sustancias tóxicas, las experiencias sexuales y, a veces, hurtos y otras actividades ilegales. Algunos expertos piensan que este comportamiento se produce en parte porque los adolescentes pueden experimentar una sensación de poder e inmortalidad.

■ Desarrollo social

Durante la infancia, la familia es el centro de la vida del niño. A menudo, durante la adolescencia, los compañeros comienzan a reemplazar a la familia como principal foco social del niño. Con frecuencia se establecen grupos de compañeros de acuerdo con el vestido, aspecto, posturas, pasatiempos, intereses y otras características que pueden parecer profundas o triviales a los observadores. Inicialmente, los grupos de compañeros son, por lo general, del mismo sexo, pero más tarde en la adolescencia se vuelven mixtos. Estos grupos son de importancia para los adolescentes, ya que convalidan sus intentos de cambio y les proveen de un apoyo en las situaciones estresantes.

Aquellos adolescentes que, por varios motivos, se encuentran solos sin un grupo de compañeros desarrollan sentimientos intensos de ser diferentes y estar alienados. Aunque estos sentimientos suelen tener poco efecto permanente, pueden agravar cualquier comportamiento antisocial o disfuncional latente. Por otro lado, para algunos adolescentes el grupo de compañeros asume demasiada importancia. Formar parte de una pandilla y comportarse de acuerdo con ella es algo que se da con mayor frecuencia cuando el ambiente social y el de la casa son incapaces de compensar las demandas disfuncionales del grupo ● *(v. pág. 1847)*.

■ Desarrollo de la sexualidad

En los primeros años de la adolescencia se incrementa el interés por la anatomía sexual y los cambios de la pubertad. Estos cambios (o su ausencia) a menudo son una fuente de ansiedad. A medida que los adolescentes maduran emocional y sexualmente, pueden empezar a participar en prácticas sexuales. Entre los varones, la masturbación es casi universal y es quizás algo menos frecuente entre niñas. Frecuentemente, el comportamiento sexual con los demás comienza como una extensión de las caricias, pero a veces evoluciona hacia el sexo oral, las relaciones vaginales y el sexo anal. Más tarde en la adolescencia, la sexualidad pasa de ser exploradora a ser una expresión de intimidad y del hecho de compartir. Es esencial proporcionar consejos apropiados para realizar prácticas sexuales seguras.

Algunos adolescentes exploran actividades homosexuales pero, finalmente, no continúan interesados en mantener estas relaciones. Otros adolescentes no presentan ningún interés en las relaciones sexuales con el sexo opuesto. No se entiende exactamente por qué se desarrollan sentimientos homosexuales, pero no se considera que sea algo que los adolescentes *aprendan* de sus compañeros o de los medios de comunicación.

Los adolescentes homosexuales adquieren una carga emocional a medida que se desarrolla su sexualidad. Muchos adolescentes se sienten indeseables si expresan deseos homosexuales. Tal presión (especialmente durante una etapa en la cual la aceptación social es críticamente importante) puede causar un grave estrés. Los problemas pueden empeorar a causa de los comentarios e incluso de las amenazas físicas en la escuela. El miedo al abandono por parte de sus padres, a veces real, puede llevarlos a ser deshonestos o, por lo menos, a tener una comunicación incompleta con sus padres. Las amenazas de violencia física deben ser tomadas en serio y comunicadas a los funcionarios de la escuela.

La mejor ayuda para el desarrollo emocional del adolescente homosexual es contar con el apoyo de los amigos y de los miembros de la familia. La familia y los amigos deben expresar el mismo interés e implicación que demuestran por los adolescentes heterosexuales.

■ Reconocimientos preventivos de salud

Las consultas anuales para el cuidado de la salud le permiten al médico continuar la supervisión del crecimiento físico y de la maduración sexual del adolescente. En la mayoría de los casos, el padre no está presente durante el examen. El examen de la piel (verificando el acné), la evaluación del grado de maduración sexual y la exploración de la espalda para detectar escoliosis son en particular importantes en la adolescencia. Debe realizarse una exploración selectiva para enfermedades de transmisión sexual en los adolescentes sexualmente activos.

Otras pruebas de detección apropiadas pueden incluir el análisis del nivel de colesterol en la sangre para los adolescentes cuyas familias tienen una historia de colesterol elevado o de enfermedad cardíaca, y pruebas de tuberculosis para adolescentes con una historia de exposición a la tuberculosis. El médico también debe asegurarse de que el adolescente ha recibido todas las vacunas apropiadas ● *(v. fig. pág. 1770)*, especialmente contra la hepatitis B, que pudo no haber sido administrada en la infancia, y contra el tétanos, que requiere un refuerzo.

La mayor parte de las consultas del adolescente al médico están dedicadas a explicaciones y preguntas sobre temas psicosociales, del desarrollo y de comportamiento. De manera característica, el médico le hace preguntas al adolescente acerca del ambiente en el hogar, de las actividades académicas y de las metas, actividades y aficiones, la participación en comportamientos de tipo temerario y la salud emocional. También es importante es el asesoramiento acerca del desarrollo físico

y psicosocial, los hábitos saludables y la prevención de lesiones. Otros puntos incluyen la importancia de ponerse el cinturón de seguridad, los peligros de beber al conducir y de volverse dependiente de la droga o del alcohol, la preparación para la paternidad, el comportamiento sexual responsable y evitar la violencia. El médico puede proporcionar al adolescente una lista de recursos (por ejemplo, libros, números telefónicos, páginas de Internet).

También el médico debe preguntar a los padres sobre cómo van ellos a manejar los cambios que se presentan en la adolescencia. Característicamente, en la entrevista con los padres se incluyen los temas del establecimiento de límites, de la calidad del tiempo compartido con el adolescente y una discusión acerca de las expectativas en cuanto al comportamiento. Habitualmente, el adolescente no está presente en la entrevista con los padres.

CAPÍTULO 271

Problemas en la adolescencia

Los problemas más frecuentes que afrontan los adolescentes se relacionan con el crecimiento y el desarrollo, las enfermedades de la infancia que persisten en la adolescencia y la práctica de comportamientos arriesgados o ilegales. A medida que los adolescentes prueban nuevos comportamientos se vuelven vulnerables a lesiones, consecuencias legales y enfermedades de transmisión sexual. Las adolescentes heterosexualmente activas corren el riesgo de quedar embarazadas. Los accidentes, en especial los de automóviles y motocicletas, son la principal causa de muerte y discapacidad entre los adolescentes. La violencia interpersonal se ha convertido en un verdadero problema en este grupo.

La adolescencia es el momento de la vida en el que ciertos cuadros psiquiátricos, como la depresión y la esquizofrenia ● *(v. pág. 1936)*, pueden aparecer, llevando a un riesgo de suicidio. Los trastornos de la alimentación, como la anorexia nerviosa y la bulimia nerviosa ● *(v. pág. 752)*, son especialmente frecuentes entre las adolescentes.

■ Maduración sexual tardía

La maduración sexual tardía es un retraso del comienzo de la pubertad y del desarrollo de los órganos sexuales.

El comienzo de la maduración sexual (pubertad) tiene lugar cuando una parte del cerebro, el hipotálamo, le envía una señal química a otra parte del cerebro, la glándula hipófisis. Esta señal le indica a la glándula hipófisis que inicie la liberación de hormonas llamadas gonadotropinas, que estimulan el crecimiento de los órganos sexuales (los testículos en los niños y los ovarios en las niñas). Los órganos en crecimiento secretan hormonas sexuales, como la testosterona (en los muchachos) y los estrógenos (en las niñas). Estas hormonas provocan el desarrollo de las características sexuales, incluidos el vello púbico y axilar en ambos sexos, el vello facial y la masa muscular en los muchachos y el crecimiento mamario en las niñas así como el desarrollo del deseo sexual (libido).

Algunos adolescentes no inician el desarrollo sexual a la edad habitual. Un retraso puede ser perfectamente normal y en algunas familias la maduración sexual tiende a aparecer más tarde. En estos adolescentes, el índice de crecimiento antes de la pubertad es generalmente normal y por lo demás lucen saludables. Aunque el principio del crecimiento y la maduración sexual sean tardíos, posteriormente continúan de forma normal.

Varios desórdenes, como la diabetes mellitus, las enfermedades inflamatorias del intestino, la enfermedad renal, la fibrosis quística y la anemia, pueden retrasar o detener el desarrollo sexual. El desarrollo puede retardarse en los adolescentes que reciben radioterapia o quimioterapia para el cáncer. Los adolescentes, especialmente las niñas, que adelgazan mucho debido al excesivo ejercicio o a dietas suelen tener una maduración sexual tardía, incluyendo una ausencia de la menstruación.

Existen diversas causas poco frecuentes de maduración sexual tardía. Alteraciones cromosómicas (como el síndrome de Turner en las niñas ● *(v. pág. 1812)* y el síndrome de Klinefelter en los varones ● *v. pág. 1814)* y otros trastornos genéticos pueden afectar a la producción de hormonas. Un tumor que lesione la glándula hipófisis o el hipotálamo puede disminuir las concentraciones de gonadotropinas o detener la producción hormonal por completo. Una parotiditis (paperas) puede dañar los testículos e impedir la pubertad.

➤ Síntomas y diagnóstico

En los niños, los síntomas de maduración sexual tardía son la ausencia de crecimiento testicular a los 13 años y medio, la ausencia de vello púbico a los 15 años o un lapso de tiempo de más de cinco años entre el comienzo y la culminación del crecimiento genital. En las niñas, los síntomas son la falta del desarrollo de los senos a los 13 años, más de cinco años entre el comienzo de crecimiento de las mamas y el primer período menstrual, la ausencia de vello púbico a los 14 años o la ausencia de menstruación a los 16 años. La baja estatura puede indicar una maduración tardía tanto en los niños como en las niñas.

Aunque característicamente los adolescentes se sienten incómodos por ser diferentes de sus compañeros, los varones en especial son propensos a experimentar estrés psicológico y vergüenza por una pubertad tardía. Las niñas que permanecen más pequeñas y sexualmente menos maduras que sus compañeras no son estigmatizadas tan rápidamente.

Si un adolescente parece sano y no presenta signos de ninguna enfermedad, particularmente si otros miembros de la familia fueron lentos en madurar, el médico puede optar por esperar de 6 a 12 meses antes de realizar pruebas completas. Después de este tiempo, se utilizan a menudo las radiografías para evaluar la madurez ósea. Los adolescentes que tienen maduración ósea tardía probablemente sólo tienen un desarrollo general lento. Aquellos con madurez ósea apropiada para su edad tienen más probabilidades de presentar una maduración sexual tardía. Ellos requieren análisis de sangre para medir los diferentes niveles hormonales, así como pruebas para detectar diabetes, anemia y otros trastornos que pueden retrasar el desarrollo sexual. A veces se puede practicar un análisis de cromosomas. Puede realizarse una tomografía computarizada (TC) o una resonancia magnética nuclear (RMN) para confirmar que no existe un tumor cerebral.

➤ Tratamiento

El tratamiento de la maduración sexual tardía depende de la causa. Una vez que se haya tratado la enfermedad crónica subyacente, habitualmente la maduración continúa. Un adolescente que por naturaleza presenta un desarrollo lento no necesita ningún tratamiento, aunque si el adolescente está considerablemente estresado por la falta de desarrollo o si el desarrollo es muy tardío, algunos médicos pueden administrarle hormonas sexuales suplementarias para iniciar el proceso más rápido. Un desorden genético no tiene curación, aunque el reemplazo hormonal puede ayudar a que se desarrollen las características sexuales. La cirugía puede ser necesaria para adolescentes con tumores.

■ Baja estatura

Una baja estatura es una talla por debajo de los valores normales para la edad del niño (de acuerdo con las tablas estándar de edad y estatura).

La glándula hipófisis regula la cantidad de hormona del crecimiento producida, que es un factor importante para determinar la estatura. La escasa producción de hormona del crecimiento por la glándula hipófisis puede conducir a un crecimiento anormalmente lento y a una baja estatura con proporciones normales (enanismo hipofisia-

Cuando la pubertad comienza demasiado pronto

La pubertad precoz y la pubertad seudoprecoz son una maduración sexual que empieza antes de los 7 años en las niñas o antes de los 9 años en los niños. La verdadera pubertad precoz deriva de una temprana liberación de hormonas sexuales (gonadotrofinas) por parte de la glándula hipófisis. Estas hormonas hacen que los ovarios o los testículos se desarrollen e inicien la secreción de otras hormonas sexuales, como los estrógenos o la testosterona. Los estrógenos o la testosterona son responsables del desarrollo de la pubertad y del aspecto físico característico de los adultos. Esta liberación temprana de hormonas puede ser causada por un tumor u otras anomalías en la glándula hipófisis o en el hipotálamo (la región del cerebro que controla la glándula hipófisis).

En la pubertad seudoprecoz, los niveles altos de testosterona o de estrógenos son producidos por un tumor o por otras anomalías de la glándula suprarrenal o de un testículo o de un ovario. Estas hormonas no estimulan la maduración de los ovarios o testículos, pero hacen que el niño se parezca más a un adulto.

En ambas situaciones, crece el vello púbico y axilar, el cuerpo emana un olor a adulto y la forma del cuerpo del niño cambia. Puede aparecer acné. Aparece vello facial en el niño, su pene se alarga y su apariencia se vuelve más masculina. Aumenta el tamaño de los senos en la niña y puede comenzar a tener períodos menstruales, especialmente si presenta pubertad precoz verdadera. La estatura aumenta rápidamente, pero se detiene a una edad temprana. Por consiguiente, la altura final es menor de la esperada. En la pubertad precoz verdadera, las glándulas sexuales (ovarios o testículos) también maduran y aumentan de tamaño, mientras que en la pubertad seudoprecoz, las glándulas sexuales permanecen inmaduras. La pubertad precoz verdadera es de 2 a 5 veces más frecuente en las niñas.

La testotoxicosis es una forma rara hereditaria de pubertad seudoprecoz que afecta a los hombres; resulta directamente de la maduración de los testículos, independiente del hipotálamo o de la glándula hipófisis. De forma similar, el síndrome de McCune-Albright es un trastorno genético (pero no hereditario) que da lugar a una pubertad seudoprecoz; este trastorno es más frecuente en las niñas.

Se miden los niveles de hormonas en la sangre y se toman radiografías de la mano y de la muñeca para estimar la madurez de los huesos. Se realizan ecografías de la pelvis y de las glándulas suprarrenales, además de una tomografía computarizada (TC) o una resonancia magnética nuclear (RMN) del cerebro, para descartar la presencia de tumores en las glándulas suprarrenales, el hipotálamo o la glándula hipófisis. Medir el efecto de la hormona liberadora de gonadotrofinas sobre los niveles de las hormonas hipofisiarias puede ayudar a diagnosticar la causa.

En la pubertad precoz verdadera, la administración de un fármaco como la leuprolida (liberador sintético de la hormona gonadotrofina) en inyecciones de acción prolongada o inyecciones diarias de deslorelina o de histrelina, interrumpe la producción de hormonas sexuales de la glándula hipófisis haciéndola insensible a los efectos de la propia hormona liberadora gonadotrofina. En la pubertad seudoprecoz, el médico puede intentar inhibir la acción de las hormonas sexuales con varios medicamentos. El agente antifúngico ketoconazol reduce los niveles de testosterona en la sangre de los niños afectados de testotoxicosis. Un fármaco llamado testolactona reduce los niveles de estrógenos en los adolescentes que padecen el síndrome de McCune-Albright. En ambas situaciones, la espironolactona o ciproterona también pueden resultar de utilidad.

Cuando el responsable de la pubertad precoz verdadera o seudoprecoz es un tumor, su extirpación puede curar la enfermedad.

---

rio). Sin embargo, la mayoría de los niños de baja estatura tienen un funcionamiento normal de la glándula hipófisis y son pequeños porque su crecimiento es tardío, o porque sus padres o familiares también lo son. Las enfermedades crónicas que afectan al corazón, los pulmones, los riñones o al intestino pueden ser también la causa de una estatura baja. Anomalías en los huesos también pueden llevar a una estatura muy baja.

El enanismo hipofisiario se trata con la hormona del crecimiento. A veces la hormona del creci-

miento también se utiliza para aumentar la talla en los niños que tienen baja estatura pero cuya glándula hipófisis funciona normalmente, pero existe gran controversia en cuanto a su uso. Algunos padres consideran que tener una corta estatura es una enfermedad, pero la mayoría de los médicos no están de acuerdo con el uso de la hormona del crecimiento en estos niños. Independientemente de la causa de la baja estatura, la hormona hipofisiaria es efectiva sólo si se administra antes de volverse inactivas las placas de crecimiento en los huesos largos. Las radiografías permiten establecer si las placas de crecimiento están inactivas.

■ Obesidad

La obesidad es la acumulación excesiva de grasa en el cuerpo.

La obesidad es dos veces más frecuente en los adolescentes de lo que era hace treinta años. Aunque la mayoría de las complicaciones de la obesidad se producen en la edad adulta ● *(v. pág. 1093),* los adolescentes obesos son más propensos que otros adolescentes a tener una presión arterial elevada y una diabetes de tipo 2. Aunque menos de una tercera parte de los adultos obesos fueron obesos en la adolescencia, la mayoría de los adolescentes obesos permanecen obesos en la edad adulta.

Los factores que influyen en la obesidad del adolescente son los mismos que los del adulto. A menudo, los padres piensan que la obesidad es el resultado de algún tipo de enfermedad endocrina, como hipotiroidismo, pero es raro que tales trastornos sean la causa. Los adolescentes con aumento de peso causado por desórdenes endocrinos son por lo general de baja estatura y presentan otros signos de la enfermedad subyacente. La mayoría de los adolescentes obesos simplemente comen demasiado y hacen muy poco ejercicio. Debido al estigma de la sociedad contra la obesidad, muchos adolescentes obesos tienen una pobre imagen de sí mismos y progresivamente se vuelven sedentarios y socialmente aislados.

La ayuda para los adolescentes obesos debe estar enfocada a desarrollar hábitos de alimentación saludable y de ejercicio, en lugar de buscar la pérdida de una cantidad específica de peso. El consumo calórico se reduce estableciendo una dieta equilibrada con alimentos corrientes, cambios permanentes en los hábitos alimenticios y un aumento de actividad física. Los campamentos de verano para los adolescentes obesos suelen ayudarles a perder peso de manera significativa, pero sin un esfuerzo constante generalmente se recobra el peso perdido. Puede ser útil el asesoramiento para ayudar a los adolescentes a enfrentarse con sus problemas y a combatir su escasa autoestima.

Por lo general, no se usan fármacos que ayuden a reducir el peso durante la adolescencia, debido a la preocupación sobre su seguridad y posible abuso. Una excepción la constituyen los adolescentes obesos con una marcada historia familiar de diabetes tipo 2; ellos presentan un riesgo elevado de desarrollar diabetes. La metformina, un fármaco que se utiliza para tratar la diabetes, puede ser útil para perder peso y también para disminuir el riesgo de desarrollar una diabetes.

■ Problemas escolares

La escuela constituye una gran parte de la existencia del adolescente. Las dificultades en cualquier aspecto de la vida a menudo se manifiestan como problemas escolares.

Los problemas escolares durante los años de la adolescencia pueden ser el resultado de rebeldía y de la necesidad de independencia. Menos frecuentemente, son causados por trastornos de la salud mental, como ansiedad o depresión. El uso y abuso de sustancias y una familia conflictiva también contribuyen frecuentemente a los problemas escolares. A veces, una posición académica inadecuada, especialmente en adolescentes con una discapacidad para el aprendizaje o un retraso mental leve que no se reconoció con anterioridad, causan problemas escolares. En general, los adolescentes con problemas escolares significativos deben ser sometidos a pruebas educativas y a una evaluación de la salud mental. Los problemas específicos se tratan según la necesidad, además de suministrar ayuda general y estímulos.

Los problemas escolares incluyen el temor a ir al colegio, las ausencias injustificadas, la deserción y el bajo rendimiento académico. Los problemas que se manifiestan en los primeros años de la infancia, como el trastorno por déficit de atención/hiperactividad (TDAH) y los desórdenes del aprendizaje ● *(v. pág. 1836 y pág. 1838)* pueden seguir ocasionando problemas escolares en los adolescentes.

Entre el 1% y el 5% de los adolescentes presentan miedo a ir al colegio. Este temor puede ser generalizado o estar relacionado con una persona en particular (un maestro u otro estudiante) o con un evento en la escuela (como la clase de educación física). El adolescente puede manifestar síntomas físicos, como dolor abdominal, o simplemente puede negarse a ir al colegio. El personal de la escuela y los miembros de la familia deben identificar la razón, si existe, del miedo y alentar al adolescente para que asista a la escuela.

Los adolescentes que repetidamente no asisten o se retiran de la escuela han tomado una decisión consciente de no seguir en ella. Estos adolescentes generalmente tienen un mal rendimiento académico y poco éxito o satisfacciones en las actividades de la escuela. Frecuentemente están involucrados en comportamientos de alto riesgo, como tener sexo sin protección, consumir drogas y participar en actos de violencia. Los adolescentes en riesgo de deserción deben ser informados acerca de otras opciones educativas, como formación ocupacional y programas alternativos.

■ Problemas de comportamiento

La adolescencia es el momento para desarrollar la independencia. Típicamente, los adolescentes ejercen su independencia poniendo en duda las reglas de sus padres, lo que a veces les lleva a quebrantarlas. Los padres y los médicos deben diferenciar los errores de juicio esporádicos de una mala conducta que requiere tratamiento profesional. La gravedad y frecuencia de las infracciones son indicadores. Por ejemplo, beber habitualmente, peleas habituales, faltas frecuentes a clase y hurtos son episodios mucho más significativos que los episodios aislados de estas mismas faltas. Otros signos de alarma incluyen el bajo rendimiento en la escuela y fugarse de casa.

Los niños se involucran en confrontaciones físicas ocasionalmente. Sin embargo, durante la adolescencia aumentan la frecuencia y la gravedad de interacciones violentas. Aunque los episodios de violencia en la escuela son ampliamente divulgados, es mucho más probable que los adolescentes estén implicados en actos de violencia (o más frecuentemente en amenazas de violencia) en casa y fuera de la escuela. Muchos factores, como los inherentes al propio desarrollo, formar parte de pandillas, el acceso a las armas de fuego, el consumo de drogas y la pobreza, contribuyen a incrementar el riesgo de violencia entre los adolescentes. Los adolescentes que, en una pelea, causan graves lesiones o utilizan un arma constituyen un motivo especial de preocupación.

Dado que los adolescentes son más independientes y volubles que cuando eran niños, con frecuencia se encuentran fuera del directo control físico de los adultos. En estas circunstancias, el comportamiento de los adolescentes está determinado por su propio código de moral y de conducta. Los padres guían las acciones de los adolescentes en lugar de controlarlas directamente. Los adolescentes que sienten afecto y apo-

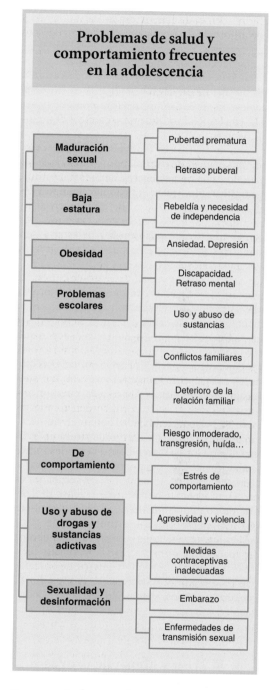

Problemas de salud y comportamiento frecuentes en la adolescencia

yo por parte de sus padres son menos propensos a tener comportamientos temerarios. Además, los padres que transmiten expectativas claras relativas al comportamiento de los adolescentes y que demuestran de forma consistente que saben fijar los límites y saben supervisar, presentan menos probabilidades de tener adolescentes que emprendan conductas arriesgadas. Los padres con autoridad, en oposición a los padres bruscos o permisivos, tienen mayores probabilidades de promover comportamientos de madurez.

Por lo general, los padres con autoridad utilizan un sistema de privilegios graduales, en el que al adolescente se le dan pequeñas responsabilidades y libertades (como cuidar de un animal doméstico, hacer labores en la casa, seleccionar su ropa o decorar su cuarto). Si el adolescente maneja esta responsabilidad de forma apropiada durante un período de tiempo, su libertad aumenta. Los abusos de libertad se tratan quitándoles algún privilegio. Cada incremento de la libertad requiere atención próxima de los padres para asegurarse de que el adolescente está donde dice estar y con quien se supone que está, que vuelve a la hora adecuada y así sucesivamente.

Algunos padres y sus adolescentes se enfrentan por casi todo. En estas situaciones, el punto central es realmente el control: los adolescentes quieren sentir que tienen el control de sus vidas y los padres quieren que los adolescentes sepan que ellos todavía determinan las reglas. En estas situaciones, todos pueden beneficiarse del enfoque de los esfuerzos de los padres en las acciones de los adolescentes (asistir a la escuela, cumplir con las tareas domésticas) más que en sus expresiones (vestido, peinado, entretenimiento preferido).

Los adolescentes con comportamiento peligroso o de otra forma inaceptable, a pesar de los mejores esfuerzos de sus padres, pueden requerir ayuda profesional. El consumo de sustancias es un desencadenante frecuente de muchos problemas de comportamiento y a menudo requiere una terapia específica. Los problemas de comportamiento pueden ser la primera señal de una depresión o de otros trastornos mentales. Tales trastornos, por lo general, requieren tanto tratamiento con fármacos como asesoría profesional. En casos extremos, algunos adolescentes pueden también precisar intervención legal en forma de libertad vigilada.

■ Uso y abuso de drogas y sustancias

El consumo de sustancias entre los adolescentes se presenta en un espectro que va desde la experimentación hasta la dependencia ● *(v. también pág. 779)*. Las consecuencias van desde ninguna hasta las potencialmente letales, dependiendo de la sustancia, las circunstancias y la frecuencia de

su uso. Sin embargo, incluso el uso ocasional puede producir daños significativos, tales como sobredosis, accidentes automovilísticos y embarazos no deseados. Aunque la experimentación y el uso ocasional son frecuentes, la dependencia real de la droga no lo es.

El alcohol es la sustancia que los adolescentes consumen más frecuentemente. Más de las dos terceras partes de los estudiantes de secundaria declaran haber probado el alcohol; algunos participan en *borracheras*, con abuso peligro del alcohol. Hay factores que aumentan el riesgo de que un adolescente consuma alcohol. La genética puede ser un factor; los adolescentes que tienen un familiar alcohólico deben ser muy conscientes del riesgo. Los adolescentes que tienen amigos y hermanos que consumen bebidas de forma excesiva pueden pensar que este comportamiento es aceptable. La sociedad y los medios de comunicación con frecuencia presentan el hecho de beber como aceptable. A pesar de estas influencias, los padres pueden hacer una diferencia mediante la presentación a su adolescente de expectativas claras relativas al consumo de bebidas, estableciendo límites consistentes y vigilándolo.

La mayoría de los adultos que fuman cigarrillos empezaron a fumar durante la adolescencia. De acuerdo con las estadísticas, casi una quinta parte de los estudiantes de secundaria fuman regularmente. Si un adolescente alcanza la edad de 18 a 19 años sin fumar, es muy poco probable que se vuelva un fumador cuando sea adulto. Los factores que aumentan la probabilidad de fumar para un adolescente son el hecho de tener padres que fuman (el mayor factor predictivo), compañeros que fuman y una baja autoestima. También es un factor el consumo de otras sustancias ilegales. Los padres pueden evitar que el adolescente fume evitando fumar ellos mismos (o dejando de hacerlo), discutiendo abiertamente acerca de los peligros del tabaco y, si ya fuma, convenciéndolo de abstenerse de hacerlo y, si es necesario, de buscar asistencia médica para suspenderlo.

El uso de sustancias ilegales en los adolescentes, aunque decreciente en forma global en los últimos años, permanece elevado. Estudios estadísticos realizados en Estados Unidos, que podrían ser tomados como referente de lo que ocurre en otros países desarrollados, muestran que, en el año 2000, cerca del 54% de los estudiantes que acaban la secundaria han usado drogas ilegales en algún momento de su vida. Alrededor del 62% de los estudiantes de grado 12 informaron haber estado ebrios; el 49% declararon haber fumado marihuana; el 16%, haber consumido anfetaminas; el 13%, alucinógenos; el 9%, barbitúricos; el 9%, cocaína y el 2%, heroína. El uso de metilendioximetanfetamina (éxtasis), a diferencia de los otros fármacos mencionados, ha aumentado de forma alarmante en los últimos años, con el 11% de los estudiantes al final de la secundaria que la han usado en algún momento.

Hasta el 6% de los niños de la escuela secundaria, incluidos algunos que no son atletas, han utilizado esteroides anabolizantes al menos una vez. Un problema específico del uso de esteroides anabolizantes por los adolescentes es el cierre precoz de las placas de crecimiento en los extremos de los huesos, dando como resultado una baja estatura permanente. Otros efectos colaterales son frecuentes tanto en adolescentes como en adultos ● *(v. recuadro pág. 782).*

Adolescentes tan jóvenes como los de 12 o 14 años de edad pueden estar implicados en el uso de sustancias. Aunque hay factores que aumentan el riesgo de los adolescentes de involucrarse en el abuso de sustancias, es difícil predecir qué adolescentes participarán en las formas más graves del abuso. Los padres deben tratar de detectar una conducta errática en el adolescente, cambios de humor, cambio de amigos y disminución del rendimiento en la escuela. Si los padres notan cualquiera de estos comportamientos, deben comentar sus preocupaciones con el adolescente y su médico ● *(v. también recuadro pág. 1945).*

El médico puede ayuda a determinar si un adolescente tiene un problema con el abuso de sustancias. Algunos padres simplemente llevan el adolescente al médico y le exigen que le realice una prueba para detectar droga en la orina. Hay unos puntos que los padres deben tener en mente: el médico no puede forzar al adolescente a que se realice una prueba de droga si él rehúsa hacerlo. Los resultados de una prueba de orina pueden dar un falso negativo; hay factores que influyen sobre los resultados, como el metabolismo de la droga y el tiempo en que se usó por última vez. Muy importante también, en una atmósfera de acusación y confrontación, será muy difícil para el médico obtener una historia del adolescente, lo cual es clave para hacer el diagnóstico.

Si el médico piensa que el adolescente sí tiene un problema, puede referirlo a un profesional con experiencia en abuso de sustancias; esta persona puede llegar al diagnóstico y determinar qué tratamiento se requiere. El tratamiento para los adolescentes es similar al de los adultos ● *(v.*

pág. 779) pero, por lo general, se realiza en un ambiente con otros adolescentes.

■ Anticoncepción y embarazo en adolescentes

Aunque los adolescentes pueden participar en una actividad sexual, muchos adolescentes sexualmente activos no están totalmente informados sobre la anticoncepción, el embarazo y sobre algunas enfermedades de transmisión sexual, incluyendo la infección por el virus de inmunodeficiencia humana (VIH). La impulsividad, la falta de planificación y el uso concomitante de drogas y alcohol disminuyen la probabilidad de que los adolescentes empleen el control de la natalidad y la protección de barrera.

Cualquiera de los métodos anticonceptivos de los adultos puede ser utilizado por los adolescentes ● *(v. pág. 1687).* Los problemas con los adolescentes y la anticoncepción giran en torno a la constancia. Por ejemplo, muchas niñas adolescentes que están tomando anticonceptivos orales olvidan tomarlos a intervalos regulares o interrumpen su uso por varios motivos, a menudo sin sustituirlos por otro método de control de la natalidad. Algunas niñas no se sienten con autoridad para pedir a su pareja masculina que use condón durante la relación sexual. Los muchachos en general prefieren no usar condones.

Dado que la adolescencia es una etapa de transición en la vida, el embarazo puede agregar una tensión emocional significativa. Las niñas embarazadas y sus parejas tienden a abandonar los estudios o la formación para un trabajo, lo que empeora sus problemas económicos, disminuye su autoestima y perjudica las relaciones personales.

Las adolescentes embarazadas, en particular las más jóvenes y las que no reciben atención prenatal, tienen más probabilidades de presentar problemas médicos, tales como anemia y toxemia, que las mujeres de alrededor de 20 años. Los niños de madres jóvenes (sobre todo de madres de menos de 15 años de edad) tienen más probabilidades de nacer prematuros y con bajo peso. Sin embargo, con una buena atención médica, las adolescentes mayores no corren mayores riesgos de problemas del embarazo que las adultas en condiciones similares.

El aborto ● *(v. pág. 1694)* no elimina los problemas psicológicos de un embarazo no deseado, ni para la niña adolescente ni para su pareja. Pueden producirse crisis emocionales ante el diagnóstico del embarazo, cuando se toma la decisión de recurrir al aborto, inmediatamente después de haberse realizado éste, en la fecha en la que hubiera podido nacer el bebé y en los aniversarios de esa fecha. Pueden ser de gran utilidad el asesoramiento familiar y la información sobre métodos anticonceptivos, tanto para la adolescente como para su pareja.

Los padres pueden tener distintas reacciones cuando su hija les dice que está embarazada o cuando su hijo les dice que su novia está embarazada. Las emociones pueden variar desde apatía hasta desilusión y enojo. Es importante que los padres expresen su apoyo y su voluntad de ayudar al adolescente a afrontar las diferentes opciones. Es necesario que los padres y los adolescentes se comuniquen abiertamente sobre temas como el aborto, la adopción y la paternidad, pues todas estas opciones son difíciles para que el adolescente las afronte solo.

CAPÍTULO 272

Infecciones bacterianas

Las bacterias son organismos microscópicos, unicelulares ● *(v. pág. 1308)*; sólo algunas bacterias producen enfermedades en las personas. Las más frecuentes infecciones bacterianas entre los niños son las infecciones de la piel (incluido el impétigo), infecciones del oído y las infecciones de garganta (faringitis estreptocócica). Estas infecciones son tratadas de manera similar tanto en los adultos como en los niños. Otras infecciones aparecen en todas las edades pero tienen un tratamiento especial en los niños.

Ciertos niños tienen un riesgo superior ante las infecciones bacterianas, son especialmente susceptibles los bebés de menos de 2 meses de edad, los niños que no tienen bazo o que tienen un trastorno del sistema inmunológico y los niños que padecen drepanocitosis.

A veces el médico diagnostica infecciones bacterianas por los síntomas típicos que producen. Sin embargo, por lo general, la bacteria debe ser identificada en muestras de tejido o en los líquidos del cuerpo, como sangre, orina, pus o líquido cefalorraquídeo. A veces la bacteria es reconocida en estas muestras por medio de un microscopio o identificadas con un examen rápido de detección. Sin embargo, por lo general, las bacterias son demasiado pequeñas para verlas, razón por la cual el médico debe intentar cultivarlas en el laboratorio. Esto, por lo general, requiere de 24 a 48 horas de crecimiento (cultivo) del microorganismo. Los cultivos pueden también utilizarse para la prueba de susceptibilidad de un microorganismo ante diversos antibióticos (antibiograma); según los resultados del antibiograma el médico determina qué fármaco debe utilizarse para tratar al niño infectado. El médico puede tratar las infecciones sospechadas, potencialmente graves de la infancia, con antibióticos, preventivamente mientras salen los resultados del cultivo, y luego se cambian o interrumpen los antibióticos cuando se conoce el germen causante.

■ Bacteriemia oculta

La bacteriemia oculta (escondida) es la presencia de una bacteria en el torrente sanguíneo del niño, que tiene fiebre y no luce particularmente enfermo y aparentemente no tiene otras fuentes de infección.

Los niños de menos de 3 años frecuentemente presentan fiebres. En la mayoría de los casos, los niños tienen otros síntomas, como un acceso de tos y goteo de la nariz, que permiten al médico diagnosticar la causa. En alrededor de un tercio de los casos, los niños no presentan otros síntomas aparte de la fiebre. La mayoría de estos niños tienen infecciones víricas que desaparecen sin tratamiento. Sin embargo, del 2 al 4% de estos niños tienen una bacteria circulando en el torrente sanguíneo (bacteriemia). El *Streptococcus pneumoniae* es el tipo de bacteria más frecuente que ocasiona la bacteriemia oculta. La bacteria circulante casi nunca se presenta en los niños mayores o en adultos con fiebre sin otros sínto-

---

Prevención de las infecciones bacterianas con la vacunación rutinaria*

- **Difteria**
- **Infección por *Hemophilus influenzae* tipo b** (meningitis, epiglotitis, alguna grave infección en los ojos, bacteriemia oculta)
- **Infección por *Streptococcus pneumoniae*** (neumonía, meningitis, bacteriemia oculta, infecciones del oído)
- **Tos ferina**
- **Tétanos**

*Nota: Muchas infecciones víricas también se pueden prevenir con la inmunización de rutina • *(v. recuadro pág. 1770).*

---

mas. Estas bacterias circulantes pueden atacar varios órganos, dando como resultado una grave enfermedad, como la neumonía o meningitis. Aunque sólo aproximadamente del 10 al 15% de los niños con bacteriemia oculta desarrollan estos graves problemas, los médicos realizan cultivos de sangre para identificar la bacteria antes de presentarse estos problemas. Una elevada cantidad de glóbulos blancos indica un mayor riesgo de infección bacteriana; en este caso, el médico puede elegir antibióticos para comenzar antes de tener los resultados del cultivo de sangre.

Dado que los médicos no pueden decir con certeza qué niños con fiebre tienen bacteriemia, pueden solicitar el recuento total de sangre y cultivos de sangre en algunos niños de menos de 3 años cuya temperatura es superior a 39°C y que no tienen un motivo aparente para la fiebre. Dado que la bacteriemia oculta es menos frecuente en los niños de más de 3 años, estos niños no requieren hemocultivos.

En los casos de niños que puedan tener bacteriemia oculta, los médicos los reexaminan en 24 o 48 horas, cuando llegan los resultados del cultivo. Si los niños con resultado positivo del cultivo no parecen estar muy enfermos, se les suministra antibióticos de forma oral en casa. Típicamente, los niños con signos graves de enfermedad reciben antibióticos vía intravenosa estando hospitalizados. En ocasiones, mientras se esperan los resultados de los hemocultivos, los médicos tratan a ciertos niños, aquellos con una elevada cantidad de glóbulos blancos, con una sola inyección de un antibiótico, como ceftriaxona.

Una reciente vacuna contra el *Streptococcus pneumoniae*, suministrada a los niños, disminuirá la posibilidad de la bacteriemia oculta en los niños vacunados: la vacuna *Haemophilus influenzae* tipo b, que actualmente se administra a casi todos los niños en muchos países. Esta medida tiende a eliminar la bacteriemia oculta debido a *Haemophilus influenzae* tipo b.

■ Meningitis bacteriana

La meningitis bacteriana es la infección de las capas de tejido que recubren el cerebro y la médula espinal (meninges).

La meningitis puede ocurrir a cualquier edad. La meningitis es semejante en los niños mayores, adolescentes y adultos • *(v. pág. 634),* pero diferente en recién nacidos y lactantes.

Los niños que se encuentran en especial riesgo de meningitis son aquellos con drepanocitosis y aquellos con ausencia de bazo. Los niños con deformaciones congénitas de la cara y del cráneo pueden tener defectos en los huesos que permiten el acceso de la bacteria a las meninges. Son más susceptibles a sufrir meningitis los niños que tienen un sistema inmunológico deficiente, tales como aquellos con sida o aquellos que han recibido quimioterapia.

➤ Causas

Por lo general, la meningitis en los recién nacidos es causada por la bacteria adquirida en el canal del parto. Las bacterias más comunes son los estreptococos grupo B, *Escherichia coli* y *Listeria monocytogenes*. Los niños mayores suelen desarrollar una infección a partir del contacto con secreciones respiratorias de personas infectadas. La bacteria que infecta a los niños mayores puede ser *Streptococcus pneumoniae* y *Neisseria meningitidis*. El *Haemophilus influenzae* tipo b fue la causa más frecuente de la meningitis, pero el uso extendido de las vacunas contra ese microorganismo la hace ahora una causa poco común. Una nueva y mejorada vacuna contra el *Streptococcus pneumoniae* también hace de este microorganismo una causa rara de meningitis en el niño.

➤ Síntomas y diagnóstico

Los niños de más edad y los adolescentes con meningitis, por lo general, tienen unos días de fiebre alta, cefalea, confusión y rigidez de la nuca. Pueden tener una infección en las vías respiratorias superiores no relacionada con la meningitis. Los recién nacidos y los lactantes rara vez manifiestan una rigidez de nuca y no son capaces de comunicar una molestia específica. Estos pequeños niños se vuelven inquietos e irritables (en particular cuando se les alza) y dejan de comer, signos importantes que deben alertar a los padres de un problema posiblemente grave. A veces los recién nacidos y los lactantes tienen fiebre, vómito o una erupción. Una tercera parte de ellos presenta convulsiones. Los nervios que controlan algunos movimientos oculares y faciales pueden resultar dañados, haciendo que un ojo se desvíe hacia dentro o hacia fuera, o que la expresión facial sea asimétrica. En aproximadamente el 25% de los recién nacidos afectados, la mayor presión del líquido alrededor del cerebro puede hacer que las fontanelas (las partes blandas localizadas entre los huesos del cráneo) se abulten o se noten tensas al tacto. Estos síntomas suelen presentarse por lo menos a partir de 1 o 2 días, pero algunos bebés, en particular aquellos entre el nacimiento y los 3 o 4 meses de edad, pueden enfermar rápidamente, pasando de buena salud a estar cerca de la muerte en menos de veinticuatro horas.

Rara vez se acumula pus (abscesos) en el cerebro en los bebés con meningitis debido a ciertos gérmenes. A medida que estos abscesos crecen, aumenta la presión sobre el cerebro, lo que produce vómitos, un aumento de tamaño de la cabeza y un abombamiento de las fontanelas.

El médico diagnostica meningitis bacteriana examinando una muestra de líquido cefalorraquídeo (obtenido por una punción lumbar), que luego se cultiva ● (v. fig. pág. 532). El médico también puede realizar hemocultivos para buscar la bacteria en la sangre. Puede realizarse una ecografía o bien una tomografía computarizada (TC) para determinar si existe un absceso.

➤ Síntomas, pronóstico y tratamiento

Los profesionales de la salud pueden ayudar a prevenir la meningitis bacteriana asegurándose de que todos los niños reciban las vacunas contra *Haemophilus influenzae* tipo b y *Streptococcus pneumoniae*.

Aun con un oportuno y apropiado tratamiento, hasta el 30% de los recién nacidos con meningitis bacteriana mueren. En los bebés mayores y en los niños, la mortalidad varía del 3 al 5% cuando la causa es *Haemophilus influenzae* tipo

b, del 5 al 10% si la causa es *Neisseria meningitidis* y del 10 al 15% cuando la causa es *Streptococcus pneumoniae*. Aproximadamente el 25% de los niños con un absceso cerebral mueren.

De los bebés que sobreviven, entre el 10% y el 20% presentan lesiones cerebrales y de los nervios, como un aumento de tamaño de los ventrículos (hidrocefalia), sordera, parálisis cerebral y retraso mental. Hasta el 50% tienen leves problemas residuales, como trastornos de aprendizaje, una leve pérdida de audición o convulsiones ocasionales.

El médico suministra altas dosis de antibióticos por vía intravenosa tan pronto como sospecha la meningitis. Los niños muy enfermos son tratados con antibióticos aún antes de realizarse la punción lumbar. El médico escoge el antibiótico de acuerdo con el tipo de bacteria que está causando la meningitis. Los niños de más de 6 semanas de edad a veces reciben corticosteroides para ayudar a prevenir la aparición de problemas neurológicos permanentes.

■ Difteria

La difteria es una infección contagiosa del tracto respiratorio superior que a veces resulta mortal y que es causada por la bacteria Corynebacterium diphtheriae.

Hace algunos años, la difteria era una de las causas principales de muerte infantil. Hoy en día la difteria es muy poco frecuente en los países donde se practica la vacunación masiva o sistemática contra la enfermedad, pero las bacterias de la difteria todavía existen en el mundo y pueden causar brotes epidémicos si la vacunación no es adecuada.

Las bacterias de la difteria se encuentran habitualmente en las gotitas de humedad que se expulsan con la tos. Habitualmente las bacterias se multiplican en la superficie o cerca de las membranas mucosas de la boca o de la garganta, donde causan inflamación. Algunos tipos de *Corynebacterium diphtheriae* liberan una toxina potente que puede causar lesiones en el corazón, nervios, riñones y en el cerebro.

➤ Síntomas y diagnóstico

La enfermedad empieza entre 1 y 4 días después de la exposición a la bacteria. Los síntomas comienzan bruscamente con dolor de garganta, una sensación general de enfermedad (malestar) y fiebre de hasta 39,5°C. El niño también puede tener una frecuencia cardíaca acelerada, náuseas, vómito, escalofríos y dolor de cabeza. Los ganglios linfáticos del cuello pueden inflamarse. La inflamación puede causar hinchazón de la garganta, estrechando la vía respiratoria y haciendo que la respiración sea extremadamente difícil.

En la mayoría de los casos, la bacteria forma una seudomembrana grisácea (una lámina de material compuesto de glóbulos blancos muertos, bacterias y otras sustancias) cerca de las amígdalas o en otras partes de la garganta. La seudomembrana puede estrechar los conductos respiratorios o desprenderse de improviso y bloquear completamente la vía respiratoria, impidiendo que el niño pueda respirar. La toxina producida por la bacteria de la difteria generalmente afecta a ciertos nervios, produciendo síntomas, como dificultad en la deglución, debilidad en los músculos ópticos y dificultad para mover los brazos y las piernas. La toxina bacteriana puede también lesionar el músculo del corazón (miocarditis), provocando a veces insuficiencia cardíaca y muerte.

El médico sospecha de la existencia de difteria en un niño enfermo que tiene la garganta irritada y presenta una seudomembrana, particularmente si hay parálisis de los músculos de la cara o de la garganta y si el niño no fue vacunado. El diagnóstico se confirma mediante la realización de un cultivo de material obtenido de la garganta del niño.

➤ Prevención y tratamiento

Los niños normalmente son inmunizados contra la difteria. La vacuna contra la difteria generalmente se combina con vacuna contra tétano y tos ferina (bacilo pertussis) ● *(v. pág. 1769)*.

El niño con síntomas de difteria es hospitalizado en una unidad de cuidados intensivos y recibe anticuerpos para neutralizar la toxina de la difteria. El médico también administra antibióticos, como penicilina o eritromicina, para destruir las bacterias de la difteria.

La recuperación después de una difteria grave es lenta, y un niño con la infección debe evitar reanudar sus actividades demasiado pronto. Aun el ejercicio físico normal puede causar daño al corazón inflamado.

■ Absceso retrofaríngeo

Un absceso retrofaríngeo es una colección de pus en los ganglios linfáticos localizados en la parte posterior de la garganta.

Dado que los ganglios linfáticos localizados en la parte posterior de la garganta desaparecen después de la infancia, un absceso retrofaríngeo casi nunca ocurre en los adultos. Un absceso suele ser causado por una infección bacteriana que se ha propagado desde las amígdalas, la garganta, los senos paranasasles, las adenoides, la nariz o el oído medio. Muchas infecciones son causadas por una combinación de bacterias. Una lesión en la parte posterior de la garganta causada por un objeto afilado, como una espina de pescado, a veces puede causar un absceso retrofaríngeo. En muy raras ocasiones, la tuberculosis también puede causar un absceso retrofaríngeo.

➤ Síntomas y diagnóstico

Los principales síntomas de un absceso retrofaríngeo son el dolor al pasar el alimento, fiebre y un aumento de tamaño de los ganglios linfáticos del cuello. La voz es apagada y el niño babea. El absceso puede bloquear las vías respiratorias, causando dificultad para respirar. El niño tiende a acostarse sobre la espalda, inclina la cabeza y el cuello hacia atrás y eleva la barbilla para respirar con menos dificultad.

Las complicaciones comprenden una hemorragia alrededor del absceso, una rotura del absceso dentro de las vías respiratorias (que puede bloquearlas) y neumonía. Puede producir un espasmo de la laringe y dificultar aún más la respiración. También pueden formarse coágulos de

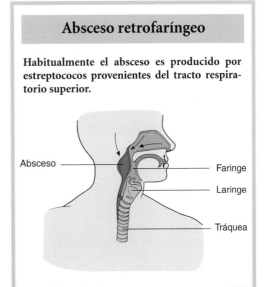

Absceso retrofaríngeo

Habitualmente el absceso es producido por estreptococos provenientes del tracto respiratorio superior.

Absceso

Faringe

Laringe

Tráquea

sangre en las venas yugulares del cuello. La infección puede extenderse al pecho.

Después de observar los síntomas, el médico ordena radiografías y una tomografía computarizada (TC) del cuello para confirmar el diagnóstico.

➤ Tratamiento y pronóstico

La mayoría de los abscesos han de ser drenados, una operación que se practica quirúrgicamente abriendo el absceso y permitiendo que drene el pus. Se administran antibióticos como la penicilina más metronidazol, clindamicina, cefoxitina u otros antibióticos, primero por vía intravenosa y luego por vía oral. La mayoría de los niños mejoran rápidamente con el tratamiento.

■ Epiglotitis

La epiglotitis es una grave infección bacteriana de la epiglotis, que puede obstruir la tráquea, evitando el paso del aire.

La epiglotis es la estructura que cierra la entrada a la caja de la voz (laringe) y a la tráquea durante la acción de tragar. La epiglotitis es muy frecuente en niños de 2 a 5 años de edad. Es rara en niños de menos de 2 años pero puede afectar a personas de cualquier edad, incluyendo a los adultos ● *(v. pág. 1510)*. En el pasado, la mayoría de los casos de epiglotitis en la infancia eran causados por la bacteria *Haemophilus influenzae* tipo b. En la actualidad, como la mayoría de los niños son vacunados contra la *Haemophilus influenzae* tipo b, la enfermedad es poco frecuente y, por lo general, es causada por el *Streptococcus pneumoniae*, otros estreptococos y estafilococos. Los niños con epiglotitis suelen tener una bacteria en el torrente sanguíneo (bacteriemia), que a veces disemina la infección hasta los pulmones, las articulaciones, los tejidos que recubren el cerebro (meninges), el saco que rodea el corazón o el tejido que se encuentra bajo la piel.

➤ Síntomas

La infección suele empezar de repente y progresa rápidamente. Un niño previamente sano comienza a tener la garganta irritada, ronquera y, a menudo, fiebre alta. Es muy frecuente la dificultad para tragar y respirar. El niño habitualmente babea, respira rápidamente y emite ruidos intensos mientras respira (denominados estridor la-

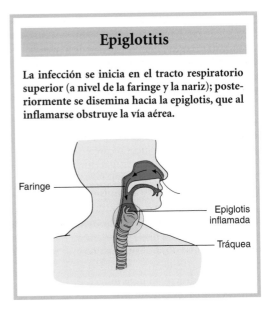

Epiglotitis

La infección se inicia en el tracto respiratorio superior (a nivel de la faringe y la nariz); posteriormente se disemina hacia la epiglotis, que al inflamarse obstruye la vía aérea.

Faringe

Epiglotis inflamada

Tráquea

ríngeo). La dificultad al respirar generalmente induce al niño a inclinarse hacia adelante, al tiempo que estira el cuello hacia atrás para tratar de aumentar la cantidad de aire que llega a los pulmones. Este aumento de trabajo para respirar puede producir una acumulación de dióxido de carbono, lo que disminuye la cantidad de oxígeno en el torrente sanguíneo, causando agitación y confusión seguido de pereza (letargia). La epiglotis inflamada dificulta la eliminación de las mucosidades con la tos. La epiglotitis puede llegar a ser mortal en muy poco tiempo, porque la inflamación del tejido infectado puede bloquear el aparato respiratorio y cortar la respiración.

➤ Prevención, diagnóstico y tratamiento

Es mejor prevenir que tratar la epiglotitis. La prevención se consigue asegurándose de que todos los niños reciban las vacunas contra la *Haemophilus influenzae* tipo b y el *Streptococcus pneumoniae*.

La epiglotitis es una urgencia y los niños deben ser hospitalizados de inmediato cuando el médico la sospecha. Si el niño no tiene todos los síntomas típicos de epiglotitis y no parece gravemente enfermo, el médico toma en ocasiones una radiografía del cuello, que puede mostrar una epiglotis agrandada. El médico no debe sostener al niño hacia abajo ni usar un depresor de lengua para mirar la garganta, porque estas manipulaciones pueden causar un espasmo de la garganta y bloquear completamente la entrada de aire.

Si se observa una epiglotis agrandada en la radiografía o el niño parece gravemente enfermo, el médico lo examina bajo anestesia en la sala de cirugía utilizando un laringoscopio. Si la exploración muestra epiglotitis o desencadena el espasmo de la garganta, el médico inserta en la vía respiratoria un tubo plástico (un tubo endotraqueal) para mantenerla abierta. Si la vía respiratoria está demasiado hinchada para permitir la colocación del tubo endotraqueal, se realiza un orificio en la parte anterior del cuello (traqueotomía) y se introduce el tubo a través de la piel. Este tubo se deja puesto durante varios días hasta disminuir la hinchazón de la epiglotis. El niño también recibe antibióticos, como ceftriaxona o ampicilina-sulbactam. Una vez que la vía respiratoria del niño se abre, el pronóstico es bueno.

■ Tos ferina

La tos ferina es una infección muy contagiosa causada por la bacteria Bordetella pertussis, que origina ataques de tos que habitualmente terminan en una inspiración prolongada, profunda y que emite un sonido agudo (ferina).

La tos ferina fue en un tiempo abundante pero ahora es poco frecuente en los países donde se practica la vacunación sistemática. Sin embargo, la tos ferina sigue siendo un problema importante en el mundo. Epidemias locales entre personas no inmunizadas se producen cada 3 o 5 años. Una persona puede desarrollar tos ferina a cualquier edad, aunque casi dos tercios de los casos se producen en los niños de menos de 5 años. Un ataque de tos ferina no siempre garantiza una inmunidad de por vida, pero el segundo ataque, si ocurre, suele ser leve y no siempre se reconoce como tal. De hecho, algunos adultos con *neumonía caminante* tienen en realidad tos ferina. La tos ferina es más grave en los niños de menos de 2 años.

Una persona infectada propaga microorganismos de tos ferina en el aire por las gotitas de humedad que expulsa al toser. Cualquiera que se encuentre cerca puede inhalarlas e infectarse. La tos ferina, por lo general, no es contagiosa a partir de la tercera semana de la infección.

➤ Síntomas

La enfermedad dura alrededor de seis semanas, y pasa por tres fases: síntomas de leve resfriado, ataques intensos de tos y recuperación gradual.

Los síntomas de resfriado incluyen estornudo, goteo de la nariz y un estado de malestar general. Después de 1 o 2 semanas, el paciente presenta típicos ataques de tos. Estos ataques consisten por lo general de 5 a 15 o más toses rápidas consecutivas seguidas de la ferina (una inspiración prolongada, de alta frecuencia, y profunda). Después de un ataque, la respiración es normal, pero poco después sigue otro ataque de tos. La tos a menudo produce grandes cantidades de moco espeso (por lo general deglutido por los bebés y los niños, o se ve como grandes burbujas por la nariz). En los niños más pequeños, a menudo el vómito sigue a un prolongado ataque de tos. En los bebés pueden presentarse crisis de ahogo y pausas en la respiración (apnea), que posiblemente producen una piel azulada.

Alrededor de una cuarta parte de los niños desarrollan neumonía, dando como resultado la dificultad para respirar. Como resultado de la tos ferina con frecuencia se presentan también infecciones del oído (otitis media). Raramente, la tos ferina afecta al cerebro de los niños. Hemorragia, hinchazón o inflamación del cerebro pueden causar convulsiones, confusión, daños en el cerebro y retraso mental.

Al cabo de varias semanas, los ataques de tos gradualmente van desapareciendo, pero durante muchas semanas o incluso meses la persona tiene una tos persistente.

➤ Diagnóstico y pronóstico

El médico sospecha una tos ferina debido a la típica tos o a otros síntomas y confirma el diagnóstico con el cultivo de una muestra de la mucosidad de la cara posterior de la nariz o de la garganta. Los resultados del cultivo a menudo son negativos después de varias semanas de enfermedad. Pueden ser útiles otras pruebas diagnósticas realizadas en muestras de la nariz o de la garganta (la prueba de la reacción en cadena de la polimerasa o prueba de detección rápida).

La mayoría de los niños con tos ferina se recuperan completamente, aunque de forma lenta. Alrededor del 1 al 2% de los niños de menos de 1 año mueren.

➤ Prevención y tratamiento

Los niños son normalmente vacunados contra la tos ferina. La vacuna contra la tos ferina generalmente se combina con vacuna contra difteria y tétanos ● *(v. pág. 1769)*. El antibiótico eritromicina (o a veces claritromicina o azitromicina) se aplica como medida preventiva a niños expuestos a la tos ferina.

Los bebés gravemente enfermos, por lo general, se hospitalizan, dado que la dificultad para respirar puede volverse tan grave que necesiten de un respirador mecánico por un tubo colocado en la tráquea. Otros pueden necesitar oxígeno adicional y líquidos intravenosos. Los niños de más edad con enfermedad leve son tratados en casa. La utilidad de los medicamentos para la tos es dudosa y habitualmente no se utilizan.

El antibiótico eritromicina suele prescribirse para erradicar las bacterias que causan la tos ferina. También se utilizan los antibióticos para combatir las infecciones que acompañan a la tos ferina, como la neumonía y la infección del oído.

■ Fiebre reumática

La fiebre reumática es una inflamación de los sistemas orgánicos del cuerpo, especialmente de las articulaciones y del corazón, como resultado de la complicación de una infección estreptocócica de la garganta.

Aunque la fiebre reumática puede aparecer tras una infección estreptocócica, no es una infección propiamente dicha. Por el contrario, es una reacción inflamatoria a la infección. La mayoría de las personas con fiebre reumática se recuperan, pero un pequeño porcentaje de las personas queda con lesiones permanentes del corazón.

Actualmente, en los países desarrollados, la fiebre reumática raramente se desarrolla antes de los 4 años o después de los 18 años, y es mucho menos frecuente que en los países en vías de desarrollo, probablemente porque los antibióticos se utilizan precozmente en el tratamiento de las infecciones estreptocócicas. Sin embargo, a veces la incidencia de la fiebre reumática se incrementa y desaparece en un área en particular por razones desconocidas. El hacinamiento parece incrementar el riesgo de fiebre reumática y los factores hereditarios parecen tener su importancia. En los países desarrollados, el niño que tiene una infección estreptocócica en la garganta sin tratar tiene sólo entre un 0,4 y un 1% de probabilidades de desarrollar una fiebre reumática. Cerca de la mitad de los niños que previamente han tenido fiebre reumática pueden contraerla de nuevo con otra infección estreptocócica de la garganta. La fiebre reumática viene después de infecciones estreptocócicas de la garganta, pero no de aquellas de la piel (impétigo) o de otras partes del cuerpo; las razones son desconocidas.

➤ Síntomas

La fiebre reumática afecta a muchas partes del cuerpo, tales como las articulaciones, el corazón y la piel. Los síntomas de la fiebre reumática varían mucho, dependiendo de la parte del cuerpo afectada. Típicamente, los síntomas comienzan varias semanas después de desaparecer la inflamación de la garganta. Los síntomas principales de la fiebre reumática son el dolor articular (artritis), la fiebre, el dolor de pecho o palpitaciones causadas por la inflamación del corazón (carditis), movimientos bruscos incontrolables (corea de Sydenham), erupción (eritema marginado) y pequeñas protuberancias (nódulos) bajo la piel. El niño puede tener un síntoma o varios.

El dolor articular y la fiebre son los síntomas más frecuentes al inicio. Una o varias articulaciones pueden doler repentinamente y ser sensibles al tacto. También pueden enrojecerse, estar calientes, inflamadas y contener líquido. Habitualmente se ven afectados los tobillos, las rodillas, los codos y las muñecas, así como los hombros, las caderas y las articulaciones pequeñas de las manos o de los pies. A medida que el dolor de una articulación mejora, comienza el dolor en otra (dolor migratorio). Los dolores articulares pueden ser leves o graves y habitualmente duran de 2 a 4 semanas. No se produce el daño articular de larga duración por fiebre reumática.

A veces, los niños con inflamación cardíaca no presentan síntomas y la inflamación es identificada años más tarde cuando se descubre una lesión cardíaca. Algunos niños sienten que su corazón late rápidamente. Otros tienen dolor en el pecho causado por la inflamación del saco que envuelve al corazón. El niño con insuficiencia cardíaca padece de cansancio y ahogo, con náuseas, vómito, dolor de estómago o una tos seca.

La inflamación desaparece gradualmente, por lo general a los cinco meses. Sin embargo, puede dañar permanentemente las válvulas del corazón, provocando una enfermedad reumática cardíaca. La probabilidad de enfermedad reumática del corazón varía con la gravedad del primer brote de la inflamación. Alrededor del 1% de las personas que no tuvieron la inflamación desarrollan la enfermedad reumática del corazón, comparado con el 30% con inflamación leve y el 70% con inflamación grave. La válvula que se encuentra entre la aurícula y el ventrículo izquierdo (válvula mitral) es la que se lesiona con más frecuencia. Ésta puede volverse insuficiente (regurgitación de la válvula mitral), anormalmente estrecha (estenosis de la válvula mitral) o presentar ambos trastornos ● *(v. pág. 214 y pág. 217)*. La lesión de la válvula produce el característico soplo cardíaco que permite al médico diagnosticar la fiebre reumática. Algún tiempo después, habitualmente durante la edad madura, la lesión puede causar un mal funcionamiento cardíaco ● *(v. pág. 183)*, fibrilación auricular y arritmias ● *(v. pág. 198)*.

Puede aparecer una erupción plana, indolora, con un borde ondulado (eritema marginado) a medida que los otros síntomas disminuyen. Su duración es corta, a veces de menos de un día. En niños con inflamación del corazón, pueden formarse pequeños nódulos duros bajo la piel. Éstos son, por lo general, indoloros y desaparecen sin tratamiento alguno.

Los movimientos bruscos incontrolables (corea de Sydenham) pueden comenzar de forma gradual en los niños con fiebre reumática, pero en general sólo después de mejorar todos los otros síntomas. Puede transcurrir un mes antes de intensificarse lo suficiente los movimientos como para que el niño sea llevado al médico. En ese momento, el niño presenta movimientos rápidos, involuntarios, esporádicos, que desaparecen al dormir. Dichos movimientos pueden afectar a cualquier músculo, excepto a aquellos de los ojos. Las muecas faciales son frecuentes. En casos leves, el niño puede parecer torpe y tener ligeras dificultades para vestirse y para comer. En casos extremos, puede necesitar protección para no dañarse a sí mismo con los movimientos involuntarios de las piernas y los brazos. La corea dura entre 4 y 8 meses.

➤ Diagnóstico

El médico basa el diagnóstico de fiebre reumática principalmente en una combinación característica de síntomas. Pueden ser útiles análisis de sangre que muestran altos niveles de anticuerpos contra los estreptococos, pero pueden presentarse niveles bajos de estos anticuerpos en muchos niños que no tienen fiebre reumática. Las arritmias debidas a la inflamación cardíaca pueden observarse en un electrocardiograma (ECG, una grabación de la actividad eléctrica del corazón). La ecocardiografía (registro gráfico de las estructuras del corazón, efectuado mediante ondas ultrasónicas) puede utilizarse para diagnosticar anomalías en las válvulas del corazón.

➤ Prevención y tratamiento

La mejor forma de prevenir la fiebre reumática es con un tratamiento rápido y completo con antibióticos para cualquier infección estreptocócica de la garganta. Además, los niños que han tenido fiebre reumática deben tomar penicilina por vía oral una vez al día o por inyecciones mensuales por vía intramuscular para ayudar a prevenir otra infección estreptocócica. Este tratamiento preventivo se debe continuar hasta la edad adulta y algunos médicos piensan que debe continuar de por vida.

El tratamiento de la fiebre reumática tiene tres objetivos: curación de cualquier infección estreptocócica residual; reducción de la inflamación, en particular en las articulaciones y en el corazón y limitación de la actividad física que puede empeorar las estructuras inflamadas.

El médico suministra al niño con fiebre reumática una inyección de penicilina de acción prolongada para eliminar cualquier infección residual. Se administra aspirina para reducir la inflamación y el dolor, en particular si la inflamación ha afectado a las articulaciones y al corazón. Es poco claro si otros fármacos antiinflamatorios no esteroideos (AINE) son tan eficaces como la aspirina. A veces se emplean analgésicos, como la codeína, además de la aspirina. Si la inflamación cardíaca es grave, pueden indicarse corticosteroides, como la prednisona, para reducir aún más la inflamación.

Puede ayudar el reposo en cama para evitar la tensión en las articulaciones inflamadas y dolorosas. Se requiere más reposo cuando existe inflamación cardíaca.

Cuando las válvulas del corazón se lesionan, la persona afectada corre el riesgo de desarrollar una infección valvular (endocarditis) durante toda la vida ● *(v. pág. 224)*. Las personas, aun durante el período adulto, que padecen una lesión cardíaca deben tomar siempre un antibiótico antes de someterse a una intervención quirúrgica, cirugía dental inclusive.

■ Infección del tracto urinario

Una infección urinaria es una infección bacteriana de la vejiga (cistitis) o de los riñones (pielonefritis).

Las infecciones de las vías urinarias son frecuentes en la infancia. Casi todas estas infecciones son causadas por bacterias que entran por la apertura de la uretra y avanzan hacia la vejiga y a veces hacia los riñones. Los bebés y los niños tienen más probabilidades de desarrollar infecciones de las vías urinarias; después de la infancia, las niñas tienen más probabilidades de desarrollarlas. Son más frecuentes en las niñas porque su uretra corta facilita el paso de las bacterias. Los niños no circuncisos (que tienden a acumular bacterias bajo el prepucio) y los niños con estreñimiento grave también son más propensos a infecciones de las vías urinarias.

En niños de edad escolar de más edad y adolescentes estas infecciones difieren poco de las de los adultos ● *(v. pág. 1037)*. Sin embargo, los bebés y los niños que tienen infecciones de las vías urinarias tienen habitualmente diversas anomalías en el desarrollo de su sistema urinario que los vuelven más susceptibles a las infecciones urinarias. Estas anomalías incluyen reflujo vesicoureteral (una anomalía del conducto que conecta el riñón a la vejiga que permite que la orina pase de manera retrógrada de la vejiga hasta el riñón) y un cierto número de afecciones que producen obstrucción del flujo de la orina. Tales anomalías se producen hasta en el 50 % de los recién nacidos y de los bebés con una infección de las vías urinarias y en el 20 o 30 % de los niños de edad escolar con una infección de las vías urinarias.

Hasta el 65 % de los bebés y niños de edad preescolar con una infección de las vías urinarias, sobre todo aquellos con fiebre, tienen infecciones tanto en la vejiga como en los riñones. Si el riñón está infectado y hay reflujo grave, hasta el 50 % de los niños desarrollarán cicatrices en los riñones. Si hay poco o no hay reflujo, muy pocos niños tendrán cicatrices de los riñones. La cicatriz es una preocupación porque puede provocar hipertensión y funcionamiento renal disminuido en la edad adulta.

➤ Síntomas y diagnóstico

Los recién nacidos y los bebés con una infección de las vías urinarias pueden no presentar síntomas y ésta sólo se manifiesta en forma de fiebre. A veces no comen bien y tienen decaimiento (letargia), vómito o diarrea. Los niños mayores con infecciones en la vejiga suelen tener dolor o quemazón para orinar, frecuencia urinaria aumentada y dolor en la zona de la vejiga. Los niños con infecciones renales, por lo general, sienten dolor

en el costado o en la parte de atrás sobre el riñón afectado, fiebre y un estado de malestar general.

El médico diagnostica una infección de las vías urinarias por medio de un examen de orina. Los niños mayores pueden proporcionar una muestra de orina dentro de una taza después de haber limpiado a fondo el orificio uretral. El médico obtiene la orina de los niños más pequeños y de los bebés mediante la inserción de un tubo estéril fino y flexible (catéter) en la uretra entrando a la vejiga. A veces el médico saca la orina de la vejiga de los bebés con una aguja insertada por la piel justo encima del pubis. La orina de los niños recogida en bolsas plásticas atadas con una cinta a la región genital no suele ser útil porque a menudo está contaminada con bacterias y otro material de la piel.

El laboratorio examina la orina al microscopio y realiza varios análisis químicos para detectar glóbulos blancos y bacterias presentes en la orina, lo que ocurre en la infección de las vías urinarias. El laboratorio también realiza un cultivo de la orina hasta haber crecido cualquier bacteria presente, de modo que sea posible la identificación. El cultivo es la prueba más significativa.

En general, los niños de todas las edades y las niñas de menos de 2 o 3 años que desarrollan aun una sola infección de las vías urinarias necesitan otras pruebas para detectar anomalías estructurales del sistema urinario. Tales análisis son también realizados en niñas de más edad que han tenido infecciones recurrentes. Los análisis incluyen ecografía, que identifica anomalías y obstrucción en los riñones, y la cistouretrografía miccional, que identifica más anomalías en los riñones, en los uréteres y en la vejiga y puede también identificar la reversión parcial del flujo urinario (reflujo). Para vaciar la cistouretrografía se pasa un catéter por la uretra hasta el interior de la vejiga, se instila un medio de contraste por el catéter y se toman radiografías antes y después de orinar. Otra prueba, la cistografía radioisotópica, es similar a la cistouretrografía miccional, con la diferencia de que un agente radiactivo se instila en la vejiga y las imágenes son tomadas utilizando un escáner nuclear. Este procedimiento expone los ovarios de las niñas y los testículos de los niños a menos radiación que la cistouretrografía miccional. Sin embargo, la cistografía radioisotópica es más útil para seguir la evolución del reflujo más que para su diagnóstico inicial, ya que no delimita muy bien las estructuras urinarias. Se puede emplear otro tipo de examen nuclear (gammagrafía) para confirmar el diagnóstico de pielonefritis e identificar las cicatrices de los riñones.

➤ Prevención y tratamiento

La prevención de infecciones de las vías urinarias es difícil, pero una adecuada higiene puede ser útil. A las niñas se les debe enseñar a limpiarse de adelante hacia atrás (y no de atrás hacia adelante) después de realizar una evacuación, para minimizar la posibilidad de llevar bacterias a la abertura uretral. Los frecuente baños de burbujas pueden irritar la piel alrededor del orificio uretral tanto en los niños como en las niñas, aumentando el riesgo de infecciones de las vías urinarias. La circuncisión en los niños baja el riesgo de infección de las vías urinarias durante la infancia alrededor de diez veces, aunque no es claro que esta mejoría por sí sola sea razón suficiente para la circunci-

sión. Orinar y evacuar regularmente disminuye el riesgo de infección de las vías urinarias.

A los niños con infección de las vías urinarias se les dan antibióticos. Los niños y todos los recién nacidos que están muy enfermos reciben antibióticos por inyección intramuscular o por vía intravenosa. A otros niños se les suministran los antibióticos por vía oral. El tratamiento dura por lo general de 7 a 14 días. Los niños que requieren pruebas para diagnosticar anomalías del desarrollo continúan a menudo con el tratamiento con antibióticos en dosis inferiores hasta haberse terminado las pruebas.

Algunos niños con anomalías estructurales de las vías urinarias necesitan cirugía para corregir el problema. Otros necesitan tomar a diario antibióticos para prevenir la infección. Ciertas anomalías leves desaparecen por sí mismas y no requieren ningún tratamiento.

| CAPÍTULO 273 |

Infecciones víricas

Las infecciones víricas son frecuentes en los niños. La mayoría de las infecciones víricas de la infancia no son graves y muchos niños mejoran sin tratamiento. Algunas infecciones son tan características que el médico puede incluso diagnosticarlas basándose tan sólo en los síntomas. El médico, por lo general, no necesita identificar mediante estudios en el laboratorio el virus específico responsable.

La mayoría de las infecciones víricas producen fiebre y dolores en el cuerpo o malestar. La aspirina no se administra a niños o adolescentes con estos síntomas, porque aumenta el riesgo de síndrome de Reye en aquellos que pudieran tener una infección vírica; en cambio, se administra paracetamol (acetaminofén) o ibuprofeno. Las infecciones víricas varían desde leves (por ejemplo, un resfriado) a potencialmente mortales (por ejemplo, una encefalitis). Generalmente, los padres pueden distinguir si su niño está enfermo con una infección potencialmente grave y tiene necesidad de un cuidado médico inmediato. Esto es especialmente importante en los niños pequeños.

■ Infecciones víricas del sistema nervioso central

Las infecciones del sistema nervioso central son muy graves. La meningitis *afecta a las membranas que rodean el cerebro y a la médula espinal; la* encefalitis *afecta al mismo cerebro.*

Los virus que infectan el sistema nervioso central (el cerebro y la médula espinal) incluyen los herpesvirus, los arbovirus, los coxsackievirus, los echovirus y los enterovirus. Algunas de estas infecciones afectan principalmente a las meninges (los tejidos que recubren el cerebro), ocasionando la meningitis; otros ante todo afectan al cerebro y producen encefalitis; algunas afectan tanto a las meninges como al cerebro y producen una meningoencefalitis. La meningitis es mucho más frecuente entre los niños que la encefalitis.

Los virus afectan al sistema nervioso central de dos formas. Infectan directamente y destruyen las células durante la enfermedad aguda. Después de recuperarse de la infección, el sistema inmune del organismo responde a la infección, en algu-

UN VISTAZO A ALGUNAS INFECCIONES VÍRICAS

Infección	Período de incubación	Período de contagio	Zona de erupción	Naturaleza de la erupción
Sarampión	De 7 a 14 días	Entre los 2 y 4 días antes de la aparición de la erupción hasta los 2 y 5 días siguientes.	Comienza alrededor de las orejas y en la cara y el cuello; en algunos casos graves, se extiende por el tronco, los brazos y las piernas.	Zonas irregulares, planas, rojas que pronto comienzan a elevarse; comienza entre 3 y 5 días después de la aparición de los síntomas; dura de 4 a 7 días.
Rubéola	De 14 a 21 días	Poco antes de la aparición de los síntomas hasta su desaparición. Los recién nacidos infectados son contagiosos durante muchos meses.	Comienza en la cara y el cuello; se extiende por el tronco, los brazos y las piernas.	Erupción fina, rosácea, plana; comienza 1 o 2 días después de la aparición de los síntomas; dura de 1 a 3 días.
Roséola infantil	Alrededor de 5 a 15 días	Desconocido.	El pecho y el abdomen, con moderado compromiso de la cara, brazos y piernas.	Roja y aplanada, posiblemente con áreas abultadas; comienza sobre el cuarto día y aparece a medida que baja la temperatura corporal hasta que alcanza valores normales; dura 1 o 2 días.
Eritema infeccioso (quinta enfermedad)	De 4 a 14 días	Poco antes de aparecer la erupción hasta unos días después.	Comienza en las mejillas; se extiende a los brazos, las piernas y el tronco.	Roja y aplanada con áreas abultadas, a menudo con manchas en forma de encaje; comienza poco después de la aparición de los síntomas; dura entre 5 y 10 días; pueden repetirse durante varias semanas.
Varicela	De 14 a 21 días	Desde unos días antes del comienzo de los síntomas hasta que todas las lesiones se vuelven costras.	Por lo general, aparece primero en el tronco; más tarde en la cara, cuello, brazos y piernas; raramente en las palmas de las manos y las plantas de los pies.	Lesiones pequeñas, planas, rojas que se elevan y forman ampollas redondas, llenas de líquido con un fondo rojo, antes de volverse al final costras; aparecen en grupos, de manera que hay diversas fases presentes simultáneamente; comienza poco después de la aparición de los síntomas; dura desde unos días hasta 2 semanas.

nas ocasiones causando un daño secundario a las células que rodean los nervios. Esta lesión secundaria (**encefalomielitis postinfecciosa**) provoca que el niño presente síntomas algunas semanas después de la recuperación de la enfermedad aguda.

Los niños se infectan a través de diversas vías. Los recién nacidos pueden desarrollar infecciones por herpesvirus por contacto con secreciones infectadas en el canal del parto. Otras infecciones víricas se adquieren al respirar aire contaminado con virus contenido en las gotitas expulsadas por una persona infectada. Las infecciones por arbovirus se adquieren por las picaduras de insectos infectados.

Los síntomas y el tratamiento de la meningitis y la encefalitis vírica en los niños mayores y en los adolescentes son similares a los de los adultos ● *(v. pág. 639)*. Dado que el sistema inmune en los recién nacidos y en los bebés está aún desarrollándose, pueden producirse distintas infecciones, y la incapacidad de los bebés para comunicarse directamente hace difícil entender sus síntomas. Sin embargo, por lo general, los bebés con infecciones del sistema nervioso central tienen algunos de los síntomas descritos más abajo.

➤ Síntomas

Las infecciones víricas del sistema nervioso central en los recién nacidos y en los bebés se inician en general con fiebre. Los recién nacidos pueden no tener otros síntomas y pueden inicialmente no parecer enfermos. Los bebés de más de 1 mes, por lo general, están irritables e inquietos y se niegan a comer. Los vómitos son frecuentes. Dado que la irritación de las meninges empeora con el movimiento, el bebé con meningitis puede llorar más en lugar de calmarse cuando lo alzan para mecerlo. Algunos bebés manifiestan un extraño llanto agudo. Los bebés con encefalitis suelen tener convulsiones o movimientos bruscos. Una infección por el virus del herpes simple, que a menudo sólo se concentra en una parte del cerebro, puede conducir a convulsiones o a debilidad que aparece sólo en una parte del cuerpo. Los bebés con una encefalitis grave pueden volverse letárgicos y comatosos y luego morir.

La encefalomielitis postinfecciosa puede producir muchos problemas neurológicos, dependiendo de la parte del cerebro que esté lesionada. Los niños pueden tener debilidad de un brazo o de una pierna, pérdida de la visión o de la audición, retraso mental o convulsiones recurrentes. Estos síntomas pueden no ser aparentes hasta que el niño tenga la edad suficiente para que el problema aparezca en las pruebas. A menudo, los síntomas se resuelven con el tiempo; a veces son permanentes.

➤ Diagnóstico

El médico se preocupa ante la posibilidad de una meningitis o de una encefalitis ante cualquier recién nacido que tiene fiebre, así como ante un bebé de más edad que presenta fiebre, está irritable o que no actúa normalmente. A estos bebés se les realiza una punción lumbar ● *(v. pág. 531)* para obtener líquido cefalorraquídeo (LCR) para su análisis en el laboratorio. En las infecciones víricas, el número de linfocitos (una variedad de glóbulos blancos) está aumentado en el líquido cefalorraquídeo, y no se observan bacterias. Se pueden realizar análisis inmunológicos que detectan anticuerpos contra el virus en muestras de líquido cefalorraquídeo, pero estas pruebas tardan días en realizarse. Las técnicas de la reacción en cadena de la polimerasa son usadas para identificar microorganismos como el herpesvirus y el enterovirus.

Puede utilizarse una prueba de ondas cerebrales (electroencefalograma) ● *(v. pág. 534)* para ayudar a diagnosticar la encefalitis causada por el herpesvirus. Muy raramente, se hace necesaria una biopsia del tejido cerebral para determinar si el herpesvirus es la causa.

➤ Pronóstico y tratamiento

El pronóstico varía con el tipo de infección. Muchos tipos de meningitis y encefalitis víricas son leves, y el niño se recupera rápida y completamente. Otros tipos son graves. La infección por el virus del herpes simple es particularmente grave. Aun recibiendo tratamiento, el 15 % de los recién nacidos con la infección cerebral por el herpes simple mueren. Si la infección por el herpes afecta a otras partes del cuerpo, como el cerebro, la mortalidad es tan alta como del 50 %. Casi dos tercios de los supervivientes tienen una incapacidad neurológica permanente de alguna clase.

La mayoría de los bebés sólo requieren cuidados de apoyo, mantenerse calientes y que se les suministren muchos líquidos. Los fármacos antivíricos no son eficaces para la mayoría de las infecciones del sistema nervioso central. Sin embargo, las infecciones causadas por el virus del herpes simple pueden ser tratadas con aciclovir administrado por vía intravenosa.

■ Varicela

La varicela es una infección altamente contagiosa por el virus varicela zóster, que produce una

¿Qué es el síndrome de Reye?

El síndrome de Reye es un trastorno muy raro pero potencialmente mortal que produce una inflamación del cerebro y una degeneración del hígado.

La causa del síndrome de Reye es desconocida, aunque típicamente ocurre después de una infección por ciertos virus, como la gripe o la varicela, en especial en los niños que toman aspirina. Debido al elevado riesgo de aparición del síndrome de Reye, no se recomienda el uso de la aspirina en los niños, excepto para el tratamiento de algunas enfermedades específicas. Dada la disminución actual en el uso de la aspirina, sobre todo por la posibilidad de que aparezca el síndrome de Reye, este trastorno se presenta en muy pocos niños. La afección aparece principalmente en los niños de entre 4 y 12 años, al final del otoño y del invierno.

El síndrome de Reye comienza con los síntomas de la infección vírica, ya sea una infección de las vías respiratorias altas, gripe o varicela. Después de 4 o 5 días, el niño de repente empeora de gravedad, con náuseas y vómitos. Al cabo de un día, el niño entra en estado de confusión, seguido de desorientación, agitación y, a veces, convulsiones, coma y muerte. La degeneración del hígado puede producir problemas de coagulación y hemorragia. La gravedad de la enfermedad varía mucho.

El pronóstico del niño depende del grado de inflamación del cerebro. La probabilidad de que el niño muera es del 20%, pero oscila desde menos de un 2% en niños con enfermedad leve a más del 80% en aquellos en coma profundo.

Los niños que sobreviven a la fase aguda de la enfermedad habitualmente tienen una recuperación completa. Quienes padecen síntomas más severos pueden desarrollar más adelante alguna evidencia de daño cerebral, como retraso mental, convulsiones, movimientos musculares anormales o lesión de determinados nervios. El síndrome de Reye casi nunca afecta dos veces al mismo niño.

No existe un tratamiento específico para el síndrome de Reye. Los niños se tratan en unidades de cuidados intensivos. La vitamina K o el plasma fresco congelado ayudan a prevenir la hemorragia. Fármacos como el manitol, corticosteroides o barbitúricos pueden usarse para reducir la presión dentro del cerebro.

erupción característica con picazón, con forma de vesículas pequeñas y elevadas, ampollas o costras.

La varicela es una enfermedad muy contagiosa de la infancia. Antes de la introducción de la vacuna en 1995, alrededor del 90% de los niños desarrollaban la varicela antes de los 15 años de edad. Actualmente, el uso de la vacuna ha disminuido el número de casos de varicela por año en aproximadamente el 70%. La enfermedad se transmite por gotitas que contienen el virus varicela zóster y se transportan por el aire. Una persona con varicela es muy contagiosa en cuanto aparecen los síntomas y sigue siéndolo hasta que han formado costras las últimas ampollas.

Aunque por lo general las personas con varicela simplemente tienen lesiones en la piel y en la boca, el virus a veces infecta los pulmones, el cerebro, el corazón o las articulaciones. Tales infecciones graves son más frecuentes en los recién nacidos, adultos y en las personas con un sistema inmune deficiente.

Una persona que ha tenido varicela desarrolla inmunidad y no puede contraerla de nuevo. Sin embargo, el virus de la varicela zóster permanece inactivo en el cuerpo tras la infección inicial de varicela y, a veces, se reactiva más tarde, causando herpes zóster.

➤ Síntomas y diagnóstico

Los síntomas comienzan de 10 a 21 días después de la infección. Éstos incluyen leve dolor de cabeza, fiebre moderada, pérdida del apetito y un estado de indisposición general (malestar). A menudo, los niños más pequeños no presentan estos síntomas, pero la sintomatología es frecuentemente grave en los adultos.

Alrededor de 24 o 36 horas después de iniciarse los primeros síntomas, aparece una erupción de puntos pequeños, planos y rojos. Los puntos, por lo general, empiezan en el tronco y en la cara, más tarde aparecen en los brazos y en las piernas. Algunos niños presentan sólo pocas manchas; otros las tienen casi en cualquier sitio, incluyendo en el cuero cabelludo y dentro de la boca. Sobre 6 u 8 horas después, cada mancha comienza a elevarse, formándose una ampolla redonda, pruriginosa, llena de líquido sobre un fondo rojo; y finalmente se forman costras. Las manchas continúan el desarrollo y la conversión en costras durante varios días. Las manchas pueden infectarse con bacterias ● *(v. pág. 1453)* y causar erisipela, pioderma, celulitis, o impétigo buloso. Al quinto día suele detenerse la formación de nuevas manchas, la mayoría de ellas se vuelven costras hacia el sexto día y casi todas suelen desaparecer en menos de veinte días.

Las ampollas en la boca rápidamente se rompen y forman llagas (úlceras), que a menudo duelen al tragar. Las llagas también pueden aparecer en los párpados y en las vías respiratorias superiores, el recto y la vagina. En ocasiones, las llagas localizadas en la caja de la voz (laringe) y en las vías respiratorias superiores pueden causar una grave dificultad respiratoria. Los ganglios linfáticos situados a los lados del cuello pueden agrandarse y ser dolorosos. La peor parte de la enfermedad dura habitualmente de 4 a 7 días.

Una infección pulmonar aparece en 1 de cada 400 personas, sobre todo en adolescentes y adultos, resultando en tos y dificultades respiratorias. La infección cerebral (encefalitis) es menos frecuente y produce inestabilidad al caminar, cefalea, mareo, confusión y convulsiones. La infección del corazón puede causar un soplo cardíaco. La inflamación en las articulaciones produce dolor.

El síndrome de Reye, una complicación muy rara pero muy grave, que aparece casi exclusivamente en los menores de 18 años, puede comenzar de 3 a 8 días después de aparecer la erupción.

El médico suele reconocer fácilmente la varicela porque la erupción y los demás síntomas son muy característicos. Raramente es necesario realizar una medición de los niveles de anticuerpos en la sangre e identificar el virus en el laboratorio.

➤ Prevención

En algunos países, los niños son vacunados normalmente contra la varicela zóster, empezando a los 12 meses de edad ● *(v. pág. 1769)*. Cualquier persona sin inmunidad puede también ser vacunado. A las personas susceptibles que corren un gran riesgo de complicaciones, como las que tienen un sistema inmune deficiente y las mujeres embarazadas, y que han estado expuestas a alguien que tiene varicela, se les puede aplicar anticuerpos contra el virus de la varicela (inmunoglobulina varicela zóster). El aislamiento de una persona infectada previene el contagio de la infección a otras personas que no la han padecido.

➤ Pronóstico y tratamiento

Los niños sanos casi siempre se recuperan de la varicela sin problemas. Sólo alrededor de 2 de cada 100 000 niños mueren. Sin embargo, la cifra de niños que morían anualmente debido a las complicaciones de la varicela era muchísimo más alta antes de que se aplicase la inmunización sistemática de la población infantil. La infección es más grave en los adultos, de quienes cerca de 30 de cada 100 000 mueren. La varicela es mortal hasta en el 15 % de las personas con un sistema inmune deficiente.

Los casos leves de varicela sólo requieren tratamiento de los síntomas. Colocar compresas húmedas sobre la piel alivia el picor (prurito), que puede ser intenso, y evita que la persona se rasque y propague la infección, lo que puede además ocasionar la formación de cicatrices. Debido al riesgo de una infección bacteriana, es importante lavar a menudo la piel con agua y jabón, mantener las manos limpias, las uñas cortas para minimizar el rascado y la ropa limpia y seca. En ciertos casos se administran medicamentos que alivian el picor como, por ejemplo, los antihistamínicos por vía oral. Si se desarrolla una infección bacteriana es posible que se requieran antibióticos.

Los médicos pueden utilizar fármacos antivíricos, como el aciclovir, el valaciclovir y el famciclovir, en adolescentes y adultos, así como en grupos con un riesgo elevado de complicaciones, como bebés prematuros y niños con trastornos del sistema inmune. Para ser efectivos, los fármacos deben aplicarse dentro de las veinticuatro horas a partir del comienzo de la enfermedad. Estos fármacos antivíricos no se administran a las mujeres embarazadas.

■ Eritema infeccioso

El eritema infeccioso (quinta enfermedad) es una infección vírica contagiosa que causa manchas o una erupción roja abultada con una afectación leve.

El eritema infeccioso está causado por el parvovirus humano B19 y suele presentarse durante la primavera; a menudo afecta a niños y adolescentes en áreas limitadas geográficamente. La infección se contagia principalmente por la inhalación de las gotitas de aire expulsadas por una persona infectada. La infección puede transmitirse también de la madre al feto durante el embarazo; en raras ocasiones causa muerte en el parto, o una anemia grave y un exceso de líquidos e hinchazón (edema) en el feto (hidrops fetal).

Los síntomas empiezan entre 4 y 14 días después de la infección. Loa síntomas pueden variar y algunos niños no presentan ninguno. El niño con eritema infeccioso suele tener poca fiebre, sólo se siente ligeramente enfermo y tiene las mejillas rojas hasta el punto de parecer que haya recibido una bofetada. Al cabo de 1 o 2 días, aparece la erupción, sobre todo en los brazos, las piernas y el tronco, pero no suele hacerlo ni en las palmas de las manos ni en las plantas de los pies. El exantema puede picar, siendo como manchas rojas elevadas que forman una especie de filigrana, particularmente en las áreas de los brazos que no están cubiertas por la ropa, debido a que la erupción puede empeorar si se expone a la luz solar.

La enfermedad general dura de 5 a 10 días. Durante las semanas siguientes, la erupción puede reaparecer temporalmente en respuesta a la exposición al sol, al ejercicio, al calor, a la fiebre o a la tensión emocional. En los adolescentes, el dolor leve de las articulaciones y la inflamación pueden ser permanentes o aparecer y desaparecer durante semanas o meses.

El eritema infeccioso puede también presentarse de un modo diferente, especialmente en los niños con drepanocitosis o en inmunodeficiencias, como el síndrome de inmunodeficiencia adquirida (sida). El virus puede afectar a la médula ósea y producir una anemia grave.

El médico hace el diagnóstico basándose en la característica apariencia de la erupción. Los análisis de sangre pueden ser útiles para identificar el virus, aunque éstos raramente se realizan. El tratamiento tiene como objetivo el alivio de la fiebre y del dolor.

■ Infección por el virus de la inmunodeficiencia humana

La infección por el virus de la inmunodeficiencia humana (VIH) es un trastorno vírico que, progresivamente, destruye los glóbulos blancos y causa el síndrome de inmunodeficiencia adquirida (sida).

La frecuencia de la infección por el VIH en niños y adolescentes es más alta a escala mundial que en aquellos países con mayores recursos sanitarios y estadísticas más precisas. Así, por ejemplo, en Estados Unidos sólo aproximadamente el 2 % de las personas infectadas por el VIH son niños o adolescentes.

Los dos virus de inmunodeficiencia humana, VIH-1 y VIH-2, progresivamente matan ciertos tipos de glóbulos blancos llamados linfocitos, que son una parte importante de las defensas inmunológicas del organismo. Cuando estos linfocitos son destruidos, el cuerpo se vuelve vulnerable al ataque de muchos otros organismos infecciosos. Muchos de los síntomas y complicaciones de la infección por el VIH, incluida la muerte, son el resultado de otras infecciones y no de la infección del VIH en sí misma. La infección del VIH puede conducir a diversas infecciones molestas con microorganismos que habitualmente no infectan a las personas sanas. Éstas son infecciones denominadas oportunistas; estas infecciones pueden ser consecuencia de virus, parásitos y, en los niños, a diferencia de los adultos, de bacterias.

El síndrome de inmunodeficiencia adquirida (sida) es la forma más grave de infección por el VIH. El niño con infección por el VIH se debe considerar que tiene sida cuando al menos existe una complicación de la enfermedad o hay un decaimiento significativo en la capacidad del organismo para defenderse contra las infecciones.

➤ Transmisión de la infección

En los niños pequeños, la infección por el VIH es casi siempre adquirida de la madre. Menos del 7 % de los niños que ahora viven con sida adquirieron la infección de otras fuentes, como una transfusión de sangre (de los productos sanguíneos para tratar la hemofilia) o el abuso sexual. Debido a la mejora en las medidas de seguridad de la sangre y los productos sanguíneos, muy pocos resultan infectados actualmente por estos mecanismos.

Sin la adopción de medidas preventivas, un tercio de las mujeres infectadas con el VIH que dan a luz transmitirían la infección al bebé. El riesgo es más alto en las madres que adquieren la infección durante el embarazo, las que tienen más virus en sus cuerpos o las que se hallan gravemente enfermas. La transmisión, a menudo, se da durante el trabajo del parto y en el parto.

El virus también se puede transmitir por la leche materna; del 10 al 15 % de los bebés no infectados en el momento del nacimiento adquieren la infección del VIH si los amamanta una madre infectada por VIH. Más frecuentemente, la transmisión se produce en las primeras semanas o meses de vida, aunque la transmisión puede producirse más tarde. La transmisión es más probable en las madres que contraen la infección mientras están lactando o en las que tienen una infección en la mama (mastitis).

En los adolescentes, la transmisión es la misma que en los adultos: por las relaciones sexuales, tanto heterosexuales como homosexuales, y por compartir agujas infectadas cuando se inyectan drogas.

El virus *no* se transmite a través de los alimentos, el agua, los artículos de la casa o el contacto social en la casa, en el lugar de trabajo o en la escuela. En casos muy raros, el VIH se ha transmitido por el contacto con sangre infectada en la piel. En casi todos los casos, la superficie de la piel estaba rota por rasguños o heridas. Aunque la saliva puede contener el virus, la transmisión por el beso o la mordedura nunca ha sido confirmada.

➤ Síntomas

Rara vez, los niños nacidos con infección de VIH presentan síntomas durante los primeros meses de vida. Si los niños permanecen sin tratamiento, sólo alrededor del 20 % manifiestan problemas durante el primer o el segundo año de vida. Para el 80 % restante de los niños, los problemas pueden no manifestarse hasta la edad de 3 años o más tarde, incluso sin tratamiento. Con el uso de fármacos eficaces anti-VIH, los niños con infección por el VIH no manifiestan necesariamente ninguno de los signos o síntomas de la infección por VIH. Los síntomas de infección por el VIH adquirido durante la adolescencia son similares a los de los adultos ● *(v. pág. 1393).*

Por lo general, los primeros signos de infección por el VIH en niños son el lento crecimiento y un retraso de la maduración, una diarrea recurrente, infecciones pulmonares o una infección fúngica de la boca (afta). A veces los niños tienen episodios repetidos de infecciones bacterianas, como una otitis media, una sinusitis o una neumonía.

A medida que el sistema inmunológico del niño se deteriora puede aparecer una variedad de síntomas y complicaciones. Alrededor de un tercio de los niños infectados por el VIH presentan inflamación de los pulmones (neumonitis intersticial linfocitaria), con tos y dificultad respiratoria.

Los niños nacidos con la infección por el VIH habitualmente tienen al menos un episodio de neumonía por *Pneumocystis* en los primeros quince meses de vida si no reciben fármacos anti-VIH. Más de la mitad de los niños infectados por el VIH que no tienen tratamiento presentan la neumonía en algún momento. La neumonía por *Pneumocystis* es la principal causa de muerte en los niños y adultos con sida.

En un número importante de niños infectados por el VIH, el daño cerebral progresivo evita o retrasa momentos claves del desarrollo, como caminar y hablar. Estos niños también pueden tener una inteligencia deficiente y una cabeza pequeña en relación con el tamaño del cuerpo. Hasta el 20 % de los niños infectados sin tratamiento pierden progresivamente sus aptitudes sociales, de lenguaje y el control muscular. Ellos pueden sufrir parálisis de una parte del cuerpo, o inestabilidad o los músculos se pueden volver algo rígidos.

La anemia (una baja cantidad de glóbulos rojos) es frecuente en los niños infectados por el VIH; debido a la anemia, ellos se vuelven débiles y se cansan fácilmente. Alrededor del 20 % de los niños sin tratamiento presentan problemas del corazón, como latidos rápidos e irregulares o fallo cardíaco.

Menos frecuentemente, los niños sin tratamiento desarrollan inflamación hepática (hepatitis) o de los riñones (nefritis). Los cánceres son raros en los niños con sida, pero el linfoma no Hodgkin y el linfoma cerebral pueden presentarse más a menudo que en los niños no infectados. Es sumamente raro en los niños el sarcoma de Kaposi, un cáncer relacionado con el sida que afecta a la piel y a los órganos internos.

➤ Diagnóstico

El diagnóstico de infección por el VIH entre los niños comienza con la identificación de la infección por el VIH en las mujeres embarazadas gracias a la detección prenatal de rutina. Se deben estudiar los recién nacidos de madres con infección por el VIH o de madres que están en riesgo por su estilo de vida de sufrir la infección por el VIH. Estos bebés deben examinarse a intervalos frecuentes, por lo general en los primeros 2 días de vida, a las 2 semanas de edad, entre 1 y 2 meses y entre 3 y 6 meses. La frecuencia en las pruebas permite identificar a la mayoría de los bebés infectados por VIH hacia los 6 meses de edad.

En los bebés no sirve el análisis de sangre estándar de los adultos que determina la presencia de anticuerpos del VIH, porque la sangre de los bebés casi siempre contiene anticuerpos VIH si la madre está infectada por este virus (aun cuando el niño no lo esté). Para diagnosticar definitivamente la infección por VIH en niños de menos de 18 meses de edad, se están usando análisis especiales de sangre para así poder identificar al virus en la sangre. Las pruebas estándar de sangre se usan para diagnosticar la infección del VIH en niños de más de 18 meses y en adolescentes.

> ### Prevención

El medio más eficaz para prevenir la infección en los recién nacidos es que las mujeres infectadas con el VIH eviten el embarazo. Si una mujer infectada se queda embarazada, los fármacos anti-VIH son bastante efectivos para minimizar la transmisión. A las mujeres que no han tomado medicamentos se les da zidovudina (AZT) por vía oral durante el segundo y tercer trimestres (últimos seis meses) del embarazo. La zidovudina también se administra de forma intravenosa durante las contracciones y el parto. Además, la zidovudina se administra a diario al recién nacido durante seis semanas. Este tratamiento reduce el índice de transmisión de más o menos el 33 % a cerca del 8 %. El índice puede ser tan bajo como un 1 o un 2 % en las mujeres que reciben una terapia combinada con tres fármacos anti-VIH. También el parto por cesárea reduce el riesgo para el bebé de adquirir la infección por el VIH.

En los países en donde se dispone de buenas fórmulas para bebés y de agua limpia, la madre infectada con VIH debe alimentar al bebé con biberón. En los países donde existe un alto riesgo de malnutrición o de diarrea infecciosa por la contaminación del agua, los beneficios de amamantar prevalecen sobre el riesgo de transmisión del VIH.

Puesto que es probable que no se sepa que un niño esté infectado por el VIH, todos los colegios y las guarderías deben adoptar medidas especiales para controlar los accidentes, tales como las hemorragias nasales, y para limpiar y desinfectar las superficies contaminadas con sangre. Durante la limpieza, el personal debe ser instruido para evitar el contacto directo de la piel con la sangre. Siempre deben utilizarse guantes y es necesario lavarse las manos después de quitárselos. Las superficies contaminadas deben limpiarse y desinfectarse con una solución de lejía (blanqueador) recién preparada que contenga una parte de lejía (blanqueador) de uso doméstico y de 10 a 100 partes de agua.

La prevención en los adolescentes es la misma que en los adultos ● *(v. pág. 1396)*. Todos los adolescentes deben saber cómo se transmite el VIH y cómo puede evitarse, incluyendo la abstinencia sexual o utilizando prácticas sexuales seguras.

> ### Tratamiento y pronóstico

Los niños son tratados con la mayoría de los fármacos anti-VIH que se utilizan en los adultos ● *(v. pág. 1397 y tabla pág. 1399)*, por lo general una combinación de dos o más inhibidores de la transcriptasa reversa y un inhibidor de proteasas. Sin embargo, no todos los fármacos utilizados en adultos están disponibles para los niños pequeños, en parte porque algunos no están disponibles en forma líquida. Puede ser difícil para los padres y para los niños seguir complicados tratamientos farmacológicos, lo que puede limitar la efectividad de la terapia. En general, los niños manifiestan las mismas reacciones adversas que los adultos, pero habitualmente en un nivel más bajo; sin embargo, las reacciones adversas de los fármacos pueden también limitar el tratamiento. El médico supervisa la eficacia del tratamiento midiendo regularmente la cantidad del virus presente en la sangre y el recuento de CD4+ del niño ● *(v. pág. 1393)*. El aumento de la cantidad del virus en la sangre puede ser un signo de desarrollo de resistencia del VIH a los fármacos o que no los tome. En cada caso, el médico puede necesitar cambiar los fármacos.

Para prevenir la neumonía por *Pneumocystis*, se les suministra trimetoprim-sulfametoxazol a los bebés de más de 1 mes que nacieron de mujeres infectadas por el VIH y a los niños con una deficiencia importante del sistema inmunológico. A los niños con reacciones alérgicas graves a este fármaco posiblemente se les puede aplicar dapsona o atovacuona. A los niños con una deficiencia importante del sistema inmune también se les suministra azitromicina o claritromicina para prevenir la infección por el complejo *Mycobacterium avium*. A los niños con infecciones bacterianas recurrentes se les puede administrar una vez al mes inmunoglobulina por vía intravenosa.

Casi todos niños infectados por el VIH deben recibir vacunas de forma rutinaria en la infancia, menos la vacuna contra sarampión-paperas-rubéola y la vacuna contra la varicela. Estas vacunas contienen el virus vivo y pueden causar una enfermedad grave o mortal en los niños más afectados inmunológicamente por el VIH, pero son recomendadas en los niños con infección con VIH cuyo sistema inmune no está gravemente afectado. Sin embargo, la efectividad de cualquier vacuna será menor en los niños con infección por el VIH.

Para los niños que necesitan cuidado en hogares temporales de crianza o escolarización, el médico puede ayudar a determinar el riesgo de exposición a enfermedades infecciosas. En general, la transmisión de infecciones, como la varicela, a un niño infectado por el VIH (o a cualquier niño con un sistema inmune deficiente) constituye un peligro mayor que la transmisión del VIH por parte de ese niño a otros. Un niño pequeño infectado por el VIH que tiene heridas cutáneas abiertas o presenta una conducta potencialmente peligrosa, como morder, no debe acudir a la guardería.

Los niños infectados por el VIH deben participar en las actividades rutinarias de la infancia tanto como se lo permita su condición física. La interacción con otros niños mejora el desarrollo social y la autoestima. Dado el estigma asociado con la enfermedad y el hecho de que la transmisión de la infección a otros niños es extremadamente improbable, no es necesario que alguien, diferente de los padres, del médico y quizás la enfermera de la escuela, sepa que el niño tiene la infección del VIH.

A medida que el estado del niño empeora es mejor hacer el tratamiento en un ambiente lo menos restrictivo posible. Si se puede contar con asistencia médica en el hogar y con servicios sociales adecuados, los niños pueden pasar más tiempo en casa que en el hospital.

Con la actual terapia farmacológica, el 75 % de los niños nacidos con la infección por el VIH están vivos a los 5 años y el 50 % están vivos a los 8 años. La edad promedio de fallecimiento sigue siendo a los 10 años, pero cada vez más niños infectados con el VIH sobreviven hasta la adolescencia y hasta cerca de la vida adulta.

■ Sarampión

El sarampión (rubéola de nueve días) es una infección vírica muy contagiosa que produce diversos síntomas y una erupción característica.

Los niños adquieren la infección del sarampión al respirar pequeñas gotitas de humedad transportadas por el aire al ser expulsadas por la tos de una persona infectada o por tocar artículos contaminados por esas gotitas. El sarampión es contagioso de 2 a 4 días antes de la aparición de la erupción hasta su desaparición.

Antes de ser la vacuna ampliamente utilizada, se presentaban epidemias de sarampión cada 2 o 3 años, particularmente en niños en edad preescolar y escolar, con pequeños brotes localizados durante los años intermedios. El sarampión es hoy poco frecuente en los países donde se se procede a la vacunación sistemática de la población infantil, pero tiene aún una alta frecuencia donde el control sanitario es insuficiente. El sarampión es todavía frecuente en muchos países. La mujer que ha tenido sarampión o ha sido vacunada transmite la inmunidad (en forma de anticuerpos) al niño; esta inmunidad dura casi todo el primer año de vida. Después del primer año, sin embargo, la susceptibilidad al sarampión es alta, a menos que se le suministre la vacuna. Una persona que ha tenido sarampión desarrolla inmunidad y no puede contraerla de nuevo.

➤ Síntomas y diagnóstico

Los síntomas del sarampión comienzan alrededor de entre 7 y 14 días después de la infección. El niño infectado primero tiene fiebre, congestión nasal, irritación en la garganta, tos seca y presenta enrojecimiento de los ojos. A veces los ojos son sensibles a la luz intensa. Aparecen diminutas manchas blancas (manchas de Koplik) dentro de la boca entre 2 y 4 días más tarde.

Aparece una leve erupción que pica 3 o 5 días después de haber empezado con los síntomas. La erupción empieza delante y debajo de las orejas y a los lados del cuello, y adopta el aspecto de unas superficies irregulares, planas y rojas que pronto comienzan a sobreelevarse. La erupción se extiende en 1 o 2 días hacia el tronco, los brazos y las piernas, y empiezan a desaparecer los brotes de la cara.

En el punto máximo de la enfermedad, el niño se siente muy enfermo, la erupción es extiende y la fiebre puede superar los 40 °C. Después de 3 o 5 días, la temperatura disminuye, el niño comienza a sentirse mejor y cualquier mancha que queda desaparece rápidamente. El diagnóstico se basa en los síntomas típicos y la erupción característica. No se realizan pruebas especiales.

La infección cerebral (encefalitis) ocurre en uno de cada mil niños con sarampión. Cuando se presenta, suele empezar con fiebre alta, convulsiones y coma, habitualmente entre dos días y tres semanas después de aparecer la erupción. La enfermedad puede ser breve, con un restablecimiento al cabo de aproximadamente una semana, o bien puede ser prolongada y causar un grave daño cerebral o incluso la muerte. A menudo, se producen infecciones bacterianas secundarias, como una neumonía (sobre todo en los bebés) o una infección en el oído medio (otitis media), y los niños con sarampión son especialmente susceptibles a

Infecciones enterovíricas: frecuentes en la infancia

Los enterovirus incluyen numerosas cepas de coxsackievirus, ecovirus y otros. Las infecciones son altamente contagiosas y suelen afectar a muchas personas dentro de la comunidad, alcanzando a veces proporciones epidémicas. Las infecciones por enterovirus son más frecuentes en los niños, sobre todo en aquellos que viven en condiciones de higiene deficiente.

La infección comienza cuando se ingiere material contaminado con el virus; luego el virus se reproduce en el tracto digestivo. Las defensas inmunológicas del organismo detienen muchas infecciones en esta fase; lo que produce escasos síntomas o ninguno. A veces, el virus sobrevive y se disemina por el torrente sanguíneo, produciendo fiebre, cefalea, dolor de garganta y vómitos. Estas enfermedades se conocen con frecuencia como *gripes de verano*, aunque realmente no lo son. Algunas cepas de enterovirus también producen una erupción generalizada en la piel, no pruriginosa o úlceras dentro de la boca. Este tipo de enfermedad es la infección enterovírica más común. Raramente, un enterovirus avanza desde esta fase hasta afectar a un órgano en particular. El virus puede afectar a diferentes órganos, y los síntomas y la gravedad de la enfermedad dependen del trastorno específico del órgano infectado. Son varias las enfermedades causadas por enterovirus:

■ La **enfermedad mano-pie-y-boca** afecta a la piel y membranas mucosas; Aparecen llagas dolorosas en la boca, en manos y pies.

■ La **herpangina** también afecta a la piel y las membranas mucosas, produce úlceras dolorosas en la lengua y la parte posterior de la garganta.

■ La **meningitis aséptica** afecta al sistema nervioso central, provocando un grave dolor de cabeza, rigidez del cuello y sensibilidad a la luz.

■ La **encefalitis** produce confusión, debilidad, convulsiones y coma.

■ La **enfermedad paralítica** produce debilidad de varios músculos.

■ La **miocarditis** afecta al corazón, causando debilidad y sensación de falta de aire al realizar un esfuerzo.

■ La **pleurodinia epidémica** afecta a la musculatura, produciendo espasmos dolorosos intermitentes de los músculos en la pared de la parte inferior del pecho (adultos) o alta del abdomen (niños).

■ La **conjuntivitis aguda hemorrágica** afecta a los ojos, que están rojos, dolorosos y llorosos; se producen hemorragias bajo la conjuntiva, y los párpados están hinchados.

Las infecciones enterovíricas, por lo general, se resuelven completamente, pero las infecciones del corazón o del sistema nervioso central son, a veces, mortales. No existe cura. El tratamiento consiste en aliviar los síntomas.

---

las infecciones por estreptococos. Rara vez, los niveles de plaquetas de la sangre disminuyen tanto como para que el niño presente contusiones y sangre.

➤ Pronóstico, prevención y tratamiento

En los niños sanos y bien nutridos, el sarampión rara vez es grave. Sin embargo, las infecciones bacterianas secundarias, especialmente la neumonía, pueden a veces ser mortales. En casos raros puede producirse panencefalitis esclerosante subaguda, una grave complicación del sarampión que ocurre meses o años más tarde y ocasiona daño cerebral ● *(v. pág. 1876).*

La vacuna contra el sarampión, una de las rutinas inmunizadoras de la infancia, se aplica entre los 12 y 15 meses de edad ● *(v. pág. 1769).* Los niños (y adultos) que están expuestos al sarampión y no tienen inmunidad pueden ser protegidos con la vacuna a los dos días de la exposición. Las

mujeres embarazadas y los bebés de menos de 1 año no deben recibir la vacuna y reciben inmunoglobulina anti-sarampión como protección.

No existe tratamiento específico para el sarampión. Algunos médicos dan vitamina A a niños de 6 meses a 2 años hospitalizados por sarampión, porque la vitamina A ha reducido el número de muertes por sarampión en países donde la deficiencia de vitamina A es frecuente. Un niño con sarampión siempre debe mantenerse tibio y cómodo. Para reducir la fiebre se puede administrar paracetamol (acetaminofén) o ibuprofeno. Si aparece una infección bacteriana secundaria, se administra un antibiótico.

■ Paperas

La parotiditis (paperas) es una infección vírica contagiosa que causa un aumento de tamaño doloroso de las glándulas salivales; la infección puede también afectar a los testículos, al cerebro y al páncreas, especialmente en los adultos.

Los niños adquieren la infección de parotiditis (paperas) al respirar pequeñas gotitas de humedad transportadas por el aire expulsadas por la tos de una persona infectada o por tener contacto directo con objetos contaminados por la saliva infectada. La parotiditis (paperas) es menos contagiosa que el sarampión o la varicela. En áreas muy pobladas pueden darse casos durante todo el año, pero es más frecuente hacia el final del invierno y al comienzo de la primavera. Pueden producirse epidemias cuando varias personas propensas viven juntas. Aunque la infección puede presentarse a cualquier edad, la mayoría de los casos se producen en los niños de 5 a 15 años. La infección es rara en los niños de menos de 2 años. Una infección por el virus de la parotiditis (paperas) habitualmente proporciona inmunidad de por vida.

➤ Síntomas y diagnóstico

Los síntomas comienzan entre 14 y 24 días después de la infección. La mayoría de los niños presentan escalofríos, cefalea, falta de apetito, una sensación general de enfermedad (malestar) y una fiebre de baja a moderada. Estos síntomas son seguidos a las 12 o 24 horas por la hinchazón de las glándulas salivales, que es más llamativa en el segundo día. Algunos niños simplemente tienen hinchazón de las glándulas salivales sin otros síntomas. El primer síntoma de infección de las glándulas salivales es el dolor al masticar o al tragar, particularmente con líquidos ácidos, como los zumos de naranja o de limón. Las glándulas duelen al tacto. En esta fase, la temperatura habitualmente sube hasta 39,5 o 40 °C.

En alrededor del 20 % de los varones que se infectan después de la pubertad se inflaman uno o ambos testículos (orquitis). La inflamación de los testículos produce un dolor intenso. Cuando se cura, el testículo afectado puede aparecer más pequeño. Si ambos testículos se ven afectados, puede producirse esterilidad.

La parotiditis (paperas) conduce a una inflamación vírica del cerebro o de la membrana que lo recubre (meningoencefalitis) en el 10 % de las personas. La meningoencefalitis causa dolor de cabeza, rigidez del cuello, somnolencia, coma o convulsiones. La mayoría de los pacientes se recuperan por completo, pero algunos tienen daños permanentes en los nervios o en el cerebro, como la sordera o la parálisis de los músculos fa-

ciales que, por lo general, afectan sólo un lado del cuerpo.

Hacia el final de la primera semana puede manifestarse la inflamación del páncreas (pancreatitis). Este trastorno causa dolor abdominal, náuseas y vómitos, que varían de leves a graves. Estos síntomas desaparecen aproximadamente en una semana y la persona se recupera por completo.

El médico diagnostica paperas basándose en los síntomas típicos, particularmente cuando se dan durante un brote de paperas. Los análisis de laboratorio pueden identificar el virus de la parotiditis (paperas) y sus anticuerpos, pero rara vez son necesarios para llegar al diagnóstico.

➤ Pronóstico, prevención y tratamiento

Casi todos los niños afectados por parotiditis (paperas) se recuperan totalmente sin problemas, pero en casos raros los síntomas pueden empeorar de nuevo al cabo de aproximadamente dos semanas.

La vacuna contra la parotiditis (paperas) se administra de forma rutinaria en la infancia,

El niño con parotiditis

El niño con parotiditis probablemente padecerá una hinchazón dolorosa entre la oreja y el ángulo de la mandíbula.

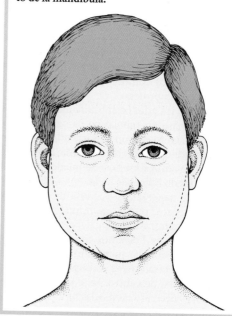

Secuelas de poliomelitis

Obsérvese la atrofia muscular en el miembro inferior izquierdo de este niño.

■ Polio

La poliomielitis es una infección vírica muy contagiosa, a veces mortal, que afecta a los nervios y puede producir debilidad muscular permanente, parálisis y otros síntomas.

La poliomielitis es causada por el poliovirus, un enterovirus que se contagia al tragar material contaminado por el virus. La infección se extiende desde el intestino a las partes del cerebro y la médula espinal que controlan los músculos.

A principios del siglo XX, la poliomielitis era una enfermedad frecuente y temible. Actualmente, debido a la extensa vacunación, los brotes de poliomielitis han prácticamente desaparecido y la mayoría de los médicos nunca han visto un caso nuevo de poliomielitis. El hemisferio occidental fue certificado libre de poliomielitis en 1994. Está empezado un programa de erradicación global de la poliomielitis. las personas no inmunizadas de todas las edades son susceptibles a la poliomielitis. En el pasado, los brotes de la poliomielitis se daban principalmente en los niños y adolescentes, porque muchas de las personas mayores ya habían estado expuestas al virus y habían desarrollado la inmunidad.

➤ Síntomas y diagnóstico

Menos del 1% de las personas infectadas manifiestan alguno de los síntomas. De aquellos con síntomas, del 80 al 90% simplemente tienen fiebre, leve dolor de cabeza, dolor de garganta y un estado de enfermedad general (malestar). Esta enfermedad ligera se resuelve completamente en 24 o 72 horas. El restante 10 o 20% de las personas tienen síntomas más graves (poliomielitis mayor). La poliomielitis mayor es más probable en los niños mayores y en los adultos. Los síntomas, que habitualmente aparecen entre 7 y 14 días después de la infección, incluyen fiebre, intenso dolor de cabeza, rigidez del cuello y de la espalda y profundo dolor muscular. En algunas zonas de la piel se presentan sensaciones raras como de hormigueo y una inhabitual sensibilidad al dolor. La enfermedad puede estacionarse o bien puede progresar y producir debilidad o parálisis en ciertos músculos, dependiendo de qué parte del cerebro y de la médula espinal estén afectadas. La persona puede tener dificultad para tragar y puede ahogarse con saliva, alimentos, o líquidos. Al tragar, a veces, los líquidos pasan a la nariz y la voz puede presentar un tono nasal. A

comenzando desde los 12 a los 15 meses de edad ● *(v. pág. 1769)*, y ocurren menos de mil casos cada año. Una vez que la infección ha empezado, sólo tiene que seguir su curso. Para minimizar las molestias, los niños deben evitar los alimentos que requieran masticar mucho o sean ácidos. Para aliviar el dolor de cabeza y el malestar pueden usarse analgésicos como el paracetamol (acetaminofén) y el ibuprofeno.

Los niños o los adultos con inflamación de los testículos necesitan reposo en cama. Se puede sostener el escroto con un soporte atlético o con una cinta adhesiva, formando una especie de puente entre ambos muslos. Se puede calmar el dolor utilizando bolsas de hielo.

Cuando la pancreatitis es causa de náuseas y vómitos intensos, pueden administrarse al paciente líquidos intravenosos y debe evitarse la vía oral por unos días. Los niños con meningoencefalitis pueden necesitar sueros intravenosos y paracetamol (acetaminofén) o ibuprofeno para la fiebre o el dolor de cabeza. Si se producen convulsiones, es necesario suministrar fármacos anticonvulsivantes.

veces, se puede ver afectada la parte del cerebro responsable de la respiración y causar debilidad o parálisis en los músculos del pecho. Algunas personas son completamente incapaces de respirar.

Se puede diagnosticar la poliomielitis a partir de estos síntomas. El diagnóstico se confirma al identificar el poliovirus en un análisis de heces y al detectar niveles altos de anticuerpos contra el virus en la sangre.

➤ Prevención

La vacuna contra la poliomielitis está incluida en las inmunizaciones rutinarias de los niños ● *(v. pág. 1769)*. Dos tipos de vacunas están disponibles mundialmente: una con poliovirus inactivado (vacuna de Salk) administrada por inyección, y otra con poliovirus vivo (vacuna de Sabin) tomado por vía oral. La vacuna oral proporciona mejor inmunidad, pero puede mutar y causar poliomielitis en alrededor de 1 de cada 2,4 millones de niños. Aunque esto es muy poco frecuente, porque el virus vivo de la poliomielitis fue erradicado en los países desarrollados, los médicos sólo recomiendan la vacuna inyectada para los niños. La vacuna oral se utiliza para un tratamiento rápido en las personas sin protección en caso de brotes locales en otras partes del mundo.

En los países industrializados no se recomienda normalmente la vacuna para personas de más de 18 años porque el riesgo de adquirir la poliomielitis en esas edades es sumamente bajo. Los adultos que nunca han sido inmunizados y que deben viajar a una zona donde la poliomielitis representa todavía un riesgo deben vacunarse.

➤ Pronóstico y tratamiento

Alrededor del 50% de las personas con poliomielitis mayor se recupera sin parálisis. Otro 25% presenta discapacidad permanente leve y el 25% tiene parálisis permanente grave. Algunos niños, incluso aquellos que aparentemente se han recuperado por completo, presentan un retorno o un empeoramiento de debilidad motora quince o más años después de haber sufrido un ataque de poliomielitis. A menudo, las consecuencias de esta afección (síndrome pospolio) son las de una grave invalidez ● *(v. pág. 691)*.

La poliomielitis no se cura y los medicamentos antivíricos no afectan el curso de la enfermedad. Sin embargo, si los músculos de la respiración se debilitan se utiliza un respirador artificial. A menudo, la necesidad de un respirador es temporal.

■ Infecciones del tracto respiratorio

Las infecciones del tracto respiratorio afectan a la nariz, a la garganta y a las vías respiratorias y pueden ser causadas por cualquiera de los diversos virus.

Los niños desarrollan cada año un promedio de seis infecciones víricas del tracto respiratorio. Las infecciones víricas del tracto respiratorio incluyen el resfriado común y la gripe ● *(v. pág. 1377 y pág. 1380)*. Los médicos a menudo se refieren a éstas como infecciones de las vías respiratorias superiores, dado que producen síntomas principalmente en la nariz y en la garganta. En niños pequeños, los virus frecuentemente también causan infecciones en el tracto respiratorio inferior, la tráquea, las vías aéreas y los pulmones. Estas infecciones incluyen el crup, la bronquiolitis y la neumonía. A veces los niños tienen infecciones que afectan tanto a la parte superior como a la inferior del tracto respiratorio.

En los niños, las principales causas de infecciones víricas respiratorias son el rinovirus, los virus de la influenza (durante las epidemias anuales en la época invernal), el virus parainfluenza, el virus sincitial respiratorio y ciertas cepas de adenovirus.

Más a menudo, las infecciones víricas del tracto respiratorio se propagan cuando las manos del niño entran en contacto con secreciones nasales de una persona infectada. Estas secreciones contienen virus. Cuando el niño se toca la boca, la nariz o los ojos, los virus entran y producen una nueva infección. Con menor frecuencia, la proliferación de las infecciones se da cuando un niño respira aire que contenga gotitas expulsadas por la tos o el estornudo de una persona infectada. Por varias razones, las secreciones nasales o respiratorias de niños con infecciones víricas del tracto respiratorio contienen con frecuencia más virus que aquellas de adultos infectados. Este aumento de producción de virus, junto con una higiene característicamente descuidada, hace que los niños sean más propensos a extender la infección a otros. La posibilidad de transmisión se incrementa más aún cuando muchos niños están reunidos a la vez, como en los centros de cuidado infantil y en las escuelas. Contrariamente a lo que se pueda pensar, otros factores, como enfriarse, mojarse o estar cansado, no causan resfriados ni aumentan la susceptibilidad de un niño a las infecciones.

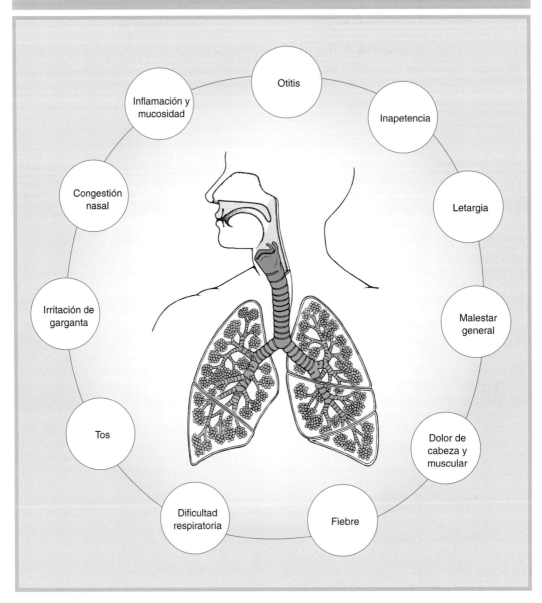

➤ Síntomas y complicaciones

Cuando los virus invaden las células de las vías respiratorias, desencadenan una inflamación y la producción de mucosidad. Esta situación conduce a la congestión nasal, un goteo de la nariz, la irritación de la garganta y una tos, que puede durar hasta catorce días. Es frecuente que se presente fiebre, con una temperatura de hasta 38,5 o 39°C. La temperatura del niño puede incluso elevarse a 40°C. Otros síntomas típicos en los niños incluyen disminución del apetito, letargia y un estado general de enfermedad (malestar). Aparecen dolores de cabeza y en el cuerpo, especialmente con la gripe. Los bebés y los niños pequeños generalmente no son capaces de comunicar los síntomas específicos y se muestran irritables y molestos.

Dado que los recién nacidos y los bebés pequeños prefieren respirar por la nariz, incluso una moderada congestión nasal puede crear dificultad para respirar. La congestión nasal conduce a problemas de alimentación, ya que los bebés no pueden respirar durante la succión de la mama o del biberón. Dado que los bebés son incapaces de escupir el moco que les viene con la tos, a menudo se atragantan y se ahogan.

Las pequeñas vías respiratorias de los niños pueden estar significativamente estrechadas por la inflamación y el moco, y esto crea dificultad para respirar. Estos niños respiran rápidamente y pueden producir un sonido de tono alto con la espiración (sibilancias) o un sonido similar con la inspiración (estridor). El estrechamiento grave de las vías respiratorias puede causar en los niños un jadeo al respirar y su piel se torna azul (cianosis). Tales problemas de las vías respiratorias son más frecuentes con una infección causada por el virus parainfluenza y el virus sincitial respiratorio; los niños afectados necesitan ser examinados urgentemente por el médico.

Algunos niños con una infección vírica respiratoria alta también desarrollan una infección del oído medio (otitis media) o del tejido pulmonar (neumonía). La otitis media y la neumonía pueden ser causadas por el mismo virus o por una infección bacteriana que aparece porque la inflamación causada por el virus hace que el tejido sea más susceptible a la invasión por otros gérmenes. En los niños con asma, las infecciones del tracto respiratorio con frecuencia conducen a un ataque de asma.

➤ Diagnóstico

Tanto médicos como padres reconocen infecciones del tracto respiratorio por sus típicos síntomas. Generalmente, los niños con leves síntomas de las vías respiratorias superiores no necesitan consultar al médico, a no ser que ellos tengan dificultades respiratorias, no sean capaces de beber o tengan fiebre durante más de 1 o 2 días. Se pueden realizar radiografías del cuello y del tórax en los niños que tienen dificultad para respirar, estridor, sibilancias o congestión pulmonar audible. Los análisis y pruebas de secreciones respiratorias raramente son útiles.

➤ Prevención y tratamiento

La mejor medida preventiva es la práctica de una buena higiene. El niño enfermo y las personas dentro del hogar deben lavarse las manos con frecuencia. En general, cuanto más íntimo sea el contacto físico con un niño enfermo (como abrazarse y arrimarse a él o compartir la cama), mayor será el riesgo de propagar la infección a otros miembros de la familia. Los padres deben equilibrar este riesgo con la necesidad de bienestar del niño enfermo. Los niños deben quedarse en casa y no asistir a la escuela o a la guardería hasta la desaparición de la fiebre y hasta que se encuentren lo suficientemente bien para poder asistir.

La gripe es la única infección respiratoria vírica que se puede evitar por medio de la vacuna. Los niños con enfermedad del corazón o de los pulmones (incluido el asma), diabetes, insuficiencia renal o drepanocitosis deben recibir la vacuna. Además, los niños cuyo sistema inmunológico está afectado (incluidos los niños con infección por el VIH y aquellos sometidos a quimioterapia) deben recibir la vacuna.

Los antibióticos no son necesarios para tratar infecciones víricas del tracto respiratorio. Los niños con infecciones del tracto respiratorio necesitan reposo adicional y una mayor cantidad de líquidos. El paracetamol (acetaminofén) o los antiinflamatorios no esteroideos (AINE), tales como el ibuprofeno, se pueden administrar para la fiebre y los dolores. Los niños en edad escolar pueden tomar sin receta médica un descongestionante para la molesta congestión nasal, aunque esta medicación a menudo no ayuda. Los bebés y los niños más jóvenes son en particular sensibles al efecto secundario de los descongestionantes y experimentan agitación, confusión, alucinaciones, letargia y aumento del ritmo cardíaco. En bebés y niños pequeños, la congestión puede aliviarse bastante usando un vaporizador de vapor frío para humedecer el aire y succionando la mucosidad de la nariz con un bulbo aspirador de goma.

Los médicos pueden suministrar a ciertos niños que tienen un riesgo elevado de desarrollar una infección grave por virus sincitial respiratorio inyecciones mensuales de palivizumab, que contiene anticuerpos contra este virus. Los niños que reciben palivizumab tienen, por lo general, menos necesidad de hospitalización, pero los médicos no están tan seguros de que este tratamiento evite la muerte o las graves complicaciones.

Los niños que tienen dificultad para respirar se llevan al hospital. Según la enfermedad, el médico puede tratar a los niños con oxígeno y fármacos, como el albuterol o la adrenalina, para dilatar las vías respiratorias (broncodilatadores). Algunas veces se administra ribavirina a niños con neumonía grave con virus sincitial respiratorio; sin embargo, el beneficio de este medicamento no está claro.

■ Roséola infantil

*La roséola infantil es una infección vírica conta-
giosa que afecta a los bebés y a los niños pequeños, causando fiebre alta y erupciones.*

La roséola infantil suele aparecer en la primavera y
en el otoño, en ocasiones en brotes locales. La causa
habitual es el herpesvirus 6, uno de los muchos herpesvirus. En general, el niño que desarrolla roséola
infantil se encuentra entre los 6 meses y 3 años.

Los síntomas comienzan alrededor de 5 a 15
días después de la infección. Una fiebre de 39,5 a
40,5 °C comienza bruscamente y dura de 3 a 5 días. Del 5 al 15 % de los niños presentan convulsiones como resultado de la fiebre, especialmente
cuando la fiebre comienza y se eleva en seguida.
A pesar de la fiebre alta, el niño está habitualmente alerta y activo. Algunos niños tienen un
leve goteo nasal, dolor de garganta o trastornos
gástricos. Pueden agrandarse los ganglios linfáticos localizados en la parte posterior de la cabeza,
a los lados del cuello y detrás de las orejas. La fiebre habitualmente desaparece al cuarto día.

Alrededor del 30 % de los niños manifiestan
una erupción en pocas horas hasta como máximo un día después de disminuir la temperatura.
Esta erupción es roja y plana, pero puede tener
zonas abultadas, principalmente en el pecho y el
abdomen y, de modo menos importante, en la
cara, los brazos y las piernas. La erupción no pica
y puede durar desde unas horas hasta dos días.

El médico realiza el diagnóstico basándose en
los síntomas. Generalmente no se necesitan análisis de anticuerpos ni cultivos del virus.

La fiebre se trata con frecuencia con el paraceta-
tamol (acetaminofén) o el ibuprofeno. Las convulsiones y la erupción no necesitan ningún tratamiento específico pero, dado que asustan, la
mayoría de los padres llevan al niño al médico
para su evaluación.

■ Rubéola

*La rubéola (sarampión de tres días) es una in-
fección vírica contagiosa que produce síntomas
leves, como el dolor en las articulaciones y erupciones.*

La rubéola es una infección leve que por lo general se presenta en la infancia; puede, sin embargo,
tener consecuencias devastadoras en los bebés
infectados antes de nacer. Una mujer infectada

durante las primeras dieciséis semanas (en particular las primeras 8 o 10 semanas) de embarazo a
menudo pasa la infección al feto. Esta infección
fetal causa abortos, mortinatos o graves anomalías congénitas ● *(v. pág. 1791).*

Antes la rubéola era frecuente durante la primavera, con grandes epidemias cada 6 o 9 años
que infectaban a millones de personas. La enfermedad es ahora poco frecuente en los países desarrollados debido a la vacunación generalizada. Sin
embargo, algunas mujeres adultas jóvenes nunca
han tenido rubéola o no se han vacunado y tienen
riesgo de tener niños con serios defectos congénitos si se infectan al comienzo del embarazo.

La rubéola se contagia principalmente al respirar gotitas que contienen el virus y que han sido
expulsadas por la tos de una persona infectada.
El contacto estrecho con una persona infectada
también puede contagiar la infección. La infección es contagiosa desde una semana antes de la
aparición de la erupción hasta una semana después de su desaparición. Un bebé infectado antes
del nacimiento puede ser contagioso durante
muchos meses después de nacer.

➤ Síntomas y diagnóstico

Los síntomas comienzan de 14 a 21 días después
de la infección. Algunos niños se sienten levemente enfermos por unos días, con un goteo nasal, tos
y puntos de color rosado, indoloros, en el techo de
la boca. Estas manchas más tarde se mezclan unas
con otras conformando una extensa erupción de
color rojo que se extiende hacia la parte posterior
de la garganta. En la mayoría de los niños pequeños, especialmente los de más edad, la primera señal de enfermedad es el desarrollo de ganglios linfáticos inflamados en el cuello y detrás de la
cabeza. Una erupción característica aparece más o
menos en un día y dura alrededor de tres días.
Empieza en la cara y en el cuello y rápidamente se
extiende hacia el tronco, los brazos y las piernas. A
medida que aparece la erupción, la piel enrojece,
particularmente en la cara.

Hasta un tercio de las niñas mayores y las mujeres padecen de artritis o de dolor articular
cuando tienen rubéola. En casos raros se produce
una infección en el oído medio (otitis media). La
infección cerebral (encefalitis) es una complicación rara y a veces mortal.

El diagnóstico se basa en estos síntomas típicos.
Puede hacerse un diagnóstico definitivo, necesario
durante el embarazo, midiendo los niveles de anticuerpos en la sangre frente al virus de la rubéola.

¿Qué es el síndrome de Kawasaki?

El síndrome de Kawasaki produce inflamación en las paredes de los vasos sanguíneos de todo el organismo. Se desconoce la causa de este síndrome, pero algunos hechos sugieren que puede ser provocado por un virus u otro agente infeccioso. La inflamación de los vasos sanguíneos en el corazón causa graves problemas.

La mayoría de los niños con síndrome de Kawasaki tienen entre 2 meses y 5 años de edad, aunque también pueden verse afectados los adolescentes. Afecta aproximadamente al doble de niños que de niñas. La enfermedad es más frecuente entre los niños de descendencia asiática.

La enfermedad empieza con fiebre por encima de 39 °C que aumenta y desciende en 1 o 3 semanas. Un día aparece una erupción roja, en forma de manchas, habitualmente en el tronco y alrededor de la zona del pañal. A lo largo de varios días, la erupción afecta las membranas mucosas, como las de la boca o de la vagina. El niño presenta una erupción rojiza en la garganta; labios enrojecidos, secos, agrietados; y lengua color de fresa. Ambos ojos se enrojecen, pero no supuran. También las palmas de las manos y las plantas de los pies adquieren un color rojo o púrpura, y las manos y los pies se hinchan. La piel de los dedos de las manos y de los pies empieza a desprenderse entre los 10 y los 20 días que siguen al inicio de la enfermedad. A menudo los ganglios linfáticos del cuello se inflaman y se vuelven ligeramente sensibles al tacto.

Alrededor del 50 % de los niños presentan problemas que afectan al corazón, como un ritmo rápido o irregular que por lo general comienza a las 2 o 4 semanas después del inicio de la enfermedad. La mitad de los niños con trastornos cardíacos presentan el problema de corazón más grave, un aneurisma en la arteria coronaria (una protuberancia en la pared de la arteria coronaria). Estos aneurismas pueden romperse u originar un coágulo, lo que produce un ataque cardía-

co y la muerte súbita. Otros problemas son la inflamación de los tejidos que rodean el cerebro (meningitis), las articulaciones y la vesícula biliar. Estos síntomas finalmente se resuelven sin dejar secuelas. Se realiza una ecografía del corazón (ecocardiografía) para detectar aneurismas en la arteria coronaria.

Los niños se recuperan completamente si las arterias coronarias no resultan afectadas en las primeras ocho semanas de enfermedad. Para aquellos con problemas en la arteria coronaria, la supervivencia varía con la gravedad de la enfermedad pero, de forma global, entre el 0,05 % y el 0,1 % de los niños con síndrome de Kawasaki mueren, incluso recibiendo tratamiento. De estos, la mayoría mueren en los primeros meses, pero la muerte puede ocurrir décadas más tarde. Aproximadamente la mitad de los aneurismas se resuelve en 1 o 2 años. La mitad restante persiste. Incluso los resueltos pueden dar lugar a un riesgo alto de trastornos cardíacos en la edad adulta.

El tratamiento suministrado dentro de los diez días que siguen a la aparición de los síntomas reduce significativamente el riesgo de lesión de las arterias coronarias y acelera la resolución de la fiebre, la erupción y el malestar. Se administran dosis altas de inmunoglobulinas por vía intravenosa durante 1 o 4 días y dosis altas de aspirina por vía oral. Una vez que la fiebre ha desaparecido, generalmente se continúa con una dosis menor de aspirina durante varias semanas o meses. En ocasiones, si el niño tiene gripe o varicela, se cambia transitoriamente la aspirina por dipiridamol, para disminuir el riesgo de aparición del síndrome de Reye.

Los niños con grandes aneurismas coronarios pueden tratarse con anticoagulantes. Algunos pueden incluso requerir una angioplastia de la arteria coronaria, la colocación de un *stent* o un injerto de derivación de la arteria coronaria.

➤ Prevención y tratamiento

Se aplica la vacuna contra la rubéola, una de las inmunizaciones rutinarias de la infancia, desde los doce meses de edad ● *(v. pág. 1769)*. Una persona que ha tenido rubéola desarrolla inmunidad y no puede contraerla de nuevo.

La mayoría de los niños con rubéola se recuperan totalmente sin tratamiento. Una infección en el oído medio ● *(v. pág. 1890)* se puede tratar con antibióticos. No existe tratamiento para la ence-

falitis, que debe seguir su curso con cuidados de apoyo.

■ Panencefalitis esclerosante subaguda

La panencefalitis esclerosante subaguda, un trastorno progresivo y generalmente mortal, es una complicación rara del sarampión que aparece meses o años después de esta infección y produce deterioro mental, movimientos musculares involuntarios y convulsiones.

La panencefalitis esclerosante subaguda es el resultado de una infección cerebral de larga duración por el virus del sarampión. El virus penetra a veces en el cerebro durante la infección del sarampión. Puede causar inmediatamente síntomas de infección cerebral (encefalitis) o bien puede permanecer en el cerebro durante mucho tiempo sin causar problemas.

La panencefalitis esclerosante subaguda aparece porque el virus del sarampión se reactiva; por razones que no se conocen, el trastorno aparece en 1 o 2 personas de cada millón que previamente han tenido sarampión. En algunos casos muy raros, una persona que nunca ha tenido sarampión, pero ha recibido la vacuna con virus vivos puede desarrollar panencefalitis esclerosante subaguda.

El número de personas con panencefalitis esclerosante subaguda está disminuyendo en los Estados Unidos y en Europa Occidental. A los varones les afecta más que a las mujeres.

➤ Síntomas y diagnóstico

El trastorno, por lo general, comienza en los niños o adultos jóvenes, generalmente antes de los 20 años. Los primeros síntomas pueden ser un bajo rendimiento escolar, olvidos, ataques de mal humor, distracción, insomnio y alucinaciones.

Pueden ocurrir súbitos espasmos musculares de los brazos, cabeza o cuerpo. Finalmente, estas convulsiones pueden afectar a todo el cuerpo, junto con movimientos musculares anormales incontrolables. El intelecto y el habla continúan su deterioro. Después los músculos se vuelven cada vez más rígidos y resulta difícil tragar. A veces la dificultad para tragar le ocasiona a la persona atragantamiento con la saliva, dando como resultado la neumonía. La persona puede quedar ciega. En las fases finales, la temperatura del cuerpo puede subir y la presión arterial y el pulso se vuelven anormales.

El médico realiza el diagnóstico basándose en los síntomas. El diagnóstico se puede confirmar por medio de un análisis de sangre al encontrar niveles altos de anticuerpos contra el virus del sarampión, o bien mediante un electroencefalograma anormal (EEG), una resonancia magnética nuclear (RMN) o una tomografía computarizada (TC) que revelen anomalías en el cerebro.

➤ Pronóstico y tratamiento

La enfermedad casi siempre es mortal en un lapso de 1 a 3 años. Aunque la causa de la muerte es, por lo general, la neumonía, ésta es consecuencia de la debilidad extrema y del control muscular anormal causados por esta enfermedad.

Nada puede hacerse para detener el avance de la enfermedad. Sin embargo, pueden administrarse anticonvulsivantes para reducir las convulsiones.

CAPÍTULO 274

Trastornos respiratorios

Los desórdenes respiratorios afectan con una relativa frecuencia a los niños. Los más graves y frecuentes son el asma, la bronquiolitis y el crup.

■ Asma

El asma es una condición recurrente en la que ciertos estímulos ocasionan que las vías respiratorias se estrechen temporalmente, dando como resultado una dificultad para respirar ● (v. también pág. 331).

Aunque el asma puede producirse a cualquier edad, es más frecuente que comience en la infancia, especialmente en los primeros cinco años de la vida. Algunos niños continúan teniendo asma cuando llegan a adultos; en otros, se resuelve. Hoy en día, la existencia de niños con asma es mayor que nunca. Los médicos no están seguros de la razón por la cual sucede esto, aunque exis-

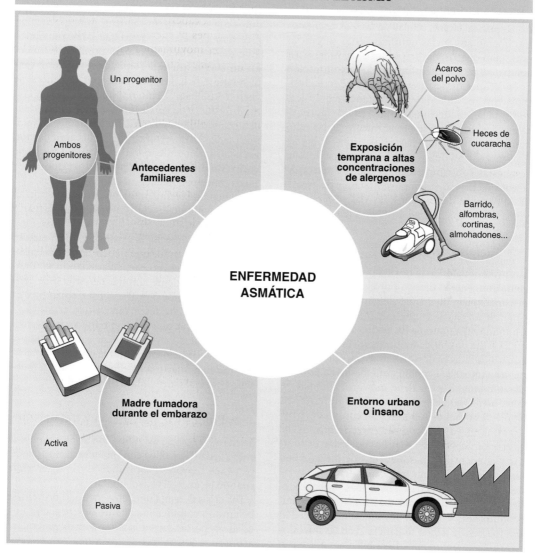

Un progenitor

Ambos progenitores

Antecedentes familiares

Exposición temprana a altas concentraciones de alergenos

Ácaros del polvo

Heces de cucaracha

Barrido, alfombras, cortinas, almohadones...

ENFERMEDAD ASMÁTICA

Madre fumadora durante el embarazo

Activa

Pasiva

Entorno urbano o insano

ten algunas teorías. Por ejemplo, los estudios estadísticos muestran que en Estados Unidos, donde más del 6 % de los niños han sido diagnosticados de asma, se ha producido en las últimas décadas un aumento del 75 %, y el índice de niños afectados alcanza hasta el 40 % en el grupo de población que vive en ambientes urbanos.

La mayoría de los niños con asma son capaces de participar en las actividades normales de la infancia, excepto durante las crisis. Un número menor de niños tiene asma moderada o grave y necesitan tomar a diario fármacos preventivos para poder practicar un deporte y jugar normalmente.

Por razones desconocidas, los niños con asma responden a ciertos estímulos (desencadenantes)

de una forma diferente de los niños que no lo tienen. Existen muchos estímulos potenciales y la mayoría de los niños responden únicamente a algunos. Dentro de estos estímulos se encuentran los irritantes del ambiente domiciliario, como los olores fuertes y los humos irritantes (perfumes, humo de tabaco); la contaminación del aire exterior; el aire frío; el ejercicio; el estrés emocional; las infecciones respiratorias víricas y diversas sustancias a las cuales el niño es alérgico, tales como el pelo de los animales, los ácaros del polvo, los hongos de las humedades y el polen del exterior. Sin embargo, en algunos niños no es posible identificar los desencadenantes específicos de las crisis.

Todos estos estímulos desencadenan una misma respuesta: ciertas células de las vías respiratorias liberan sustancias químicas. Estas sustancias ocasionan que las vías respiratorias se inflamen y aumenten de grosor, estimulando la contracción de las células musculares de sus paredes. La estimulación repetida de estas sustancias químicas aumenta la producción del moco en las vías respiratorias, ocasiona el desprendimiento de las células que revisten dichas vías e hipertrofia de las células musculares de sus paredes. Cada una de estas respuestas contribuye a un repentino estrechamiento de las vías respiratorias (ataque de asma). En la mayoría de los niños, las vías respiratorias vuelven a la normalidad entre las crisis de asma.

➤ Factores de riesgo

Los profesionales de la medicina no comprenden completamente el motivo por el cual algunos niños desarrollan un cuadro de asma, aunque se reconocen un cierto número de factores de riesgo. Un niño con alguno de los padres asmático tiene un 25 % de posibilidades de riesgo de desarrollar asma; si ambos padres tienen asma, el riesgo aumenta a un 50%. Un niño cuya madre ha fumado durante el embarazo tiene más probabilidad de tener asma. Igualmente, los niños que viven en ambientes urbanos son más propensos a desarrollar asma, en particular si pertenecen a grupos socioeconómicos bajos. Los niños que están expuestos a concentraciones elevadas de alérgenos a temprana edad, como los ácaros del polvo o las heces de las cucarachas, tienen más probabilidades de desarrollar asma. Los niños que tienen bronquiolitis ● *(v. pág. 1879)* a temprana edad con frecuencia tienen sibilancias, con las infecciones víricas subsiguientes. Las sibilancias pueden al principio interpretarse como un cuadro asmático; sin embargo, estos niños no son más propensos que otros a tener asma durante la adolescencia.

➤ Síntomas y diagnóstico

Como las vías respiratorias se estrechan durante un ataque de asma, el niño manifiesta dificultad para respirar, típicamente acompañada de sibilancias. La respiración sibilante es el ruido de tono agudo que se escucha cuando el niño espira. Sin embargo, no todas las crisis de asma producen sibilancias. El asma leve, especialmente en los niños muy pequeños, puede manifestarse únicamente con accesos de tos; algunos niños mayores con asma leve tienden a toser sólo cuando hacen ejerci-

cio o cuando se exponen al aire frío. También los niños con asma extremadamente grave pueden no presentar sibilancias, puesto que existe muy poco flujo de aire, insuficiente para producir el ruido. En un ataque grave, la respiración se vuelve visiblemente difícil, las sibilancias por lo general se vuelven audibles, el niño respira más rápido y con mayor esfuerzo y las costillas se hacen más notables cuando el niño inspira. En un ataque grave, el niño jadea para respirar y se sienta en posición vertical, inclinándose hacia delante. La piel se vuelve sudorosa y de color pálido o azulado.

Los niños con frecuentes ataques intensos a veces tienen un crecimiento lento, aunque alcanzan el crecimiento de los otros niños cuando llegan a la edad adulta.

El médico sospecha la existencia de un cuadro de asma en los niños que tienen repetidos episodios de sibilancias, en particular cuando se conoce algún antecedente familiar de asma o de alergias. En los niños con frecuentes episodios de sibilancias deben descartarse otros trastornos, como la fibrosis quística o el reflujo gastroesofágico. Los niños mayores a veces son sometidos a pruebas de función respiratoria ● *(v. pág. 307)*, aunque en la mayoría de ellos la función pulmonar es normal entre cada crisis asmática.

➤ Pronóstico, prevención y tratamiento

La mitad o más de los niños con asma superan la enfermedad. Aquellos con una afección más grave tienen mayores probabilidades de tener asma cuando alcancen la edad adulta.

Las crisis de asma pueden a menudo prevenirse evitando cualquier factor que desencadene una crisis en particular en el niño. Por lo general, se aconseja a los padres de los niños con alergias que retiren de su habitación artículos tales como las almohadas de plumas, las alfombras, los tapices, los muebles tapizados, los juguetes de peluche y otras fuentes potenciales de polvo y alérgenos. Además, el humo de tabaco a menudo empeora los síntomas en los niños con asma. Si no se puede evitar un alérgeno en particular, el médico puede intentar desensibilizar al niño utilizando vacunas para la alergia, aunque los beneficios de estas inyecciones no son del todo conocidos. Dado que el ejercicio es tan importante para un niño en desarrollo, habitualmente el médico recomienda que el niño no evite hacer ejercicio, sino más bien que use, si es necesario, un fármaco que evite el inicio de la crisis de asma inmediatamente antes de comenzarlo.

Los niños de más edad o adolescentes que saben que tienen asma con frecuencia utilizan un medidor de flujo máximo, un pequeño dispositivo que registra cuán rápido puede una persona soplar aire, con el objetivo de medir el grado de obstrucción de las vías respiratorias. Esta medida puede emplearse como una evaluación objetiva de la situación del niño.

El tratamiento de un ataque agudo consiste en abrir las vías aéreas (broncodilatación) y detener la inflamación. Existe una variedad de fármacos inhalados que dilatan las vías respiratorias (broncodilatadores ● v. también pág. 334). Típicos ejemplos son salbutamol e ipratropio. Generalmente, los niños de más edad y los adolescentes pueden tomar estos fármacos utilizando un inhalador de dosis preestablecida. Los niños de alrededor de 8 años de edad a menudo encuentran más fácil usar el inhalador con cámara espaciadora ● (v. fig. pág. 337). Los lactantes y los niños muy pequeños pueden usar el inhalador acoplado a la cámara espaciadora siempre que se le agregue una mascarilla de tamaño infantil. Los que no pueden usar inhaladores pueden recibir los fármacos inhalados en casa a través de una mascarilla conectada a un nebulizador, un pequeño dispositivo que, utilizando aire comprimido, crea una neblina del fármaco. Tanto los inhaladores como los nebulizadores son igualmente efectivos en el suministro del fármaco. El salbutamol también puede administrarse por vía oral, aunque este procedimiento es menos eficaz que la inhalación y se usa por lo general sólo en los bebés que no tienen un nebulizador. Los niños con ataques moderadamente severos también pueden recibir corticosteroides por vía oral.

Los niños con episodios muy graves se atienden en el hospital con broncodilatadores administrados con un nebulizador al menos cada veinte minutos al principio. A veces los médicos usan en los niños con crisis muy graves, si no les es posible respirar suficiente fármaco nebulizado, inyecciones de adrenalina, otro broncodilatador. Los facultativos, por lo general, suministran corticosteroides por vía intravenosa a los niños que tienen un ataque grave.

Los niños que tienen ataques leves o poco frecuentes, por lo general, toman fármacos sólo durante una crisis. Los niños con ataques intensos y más frecuentes necesitan tomar fármacos incluso en los momentos entre una crisis y otra. Se emplean distintos fármacos de acuerdo con la frecuencia y la gravedad de los ataques del niño. Para ayudar a prevenir la aparición de ataques en los niños

con crisis poco frecuentes y que no son muy graves, por lo general se utilizan fármacos inhalados, como el cromoglicato o el nedocromil o una dosis baja de corticosteroides diarios. Estos fármacos bloquean la liberación de las sustancias químicas que inflaman las vías respiratorias, reduciendo así la inflamación. Las preparaciones de teofilina de acción prolongada son una alternativa menos costosa de prevención en algunos niños. Los niños con crisis más frecuentes o más graves también pueden recibir uno o más fármacos, incluidos broncodilatadores de acción prolongada, como el salmeterol; modificadores de los leucotrienos, como zafirlukast o montelukast y corticosteroides inhalados. Si estos fármacos no evitan los ataques graves, los niños pueden necesitar tomar corticosteroides por vía oral. Los niños que experimentan crisis principalmente durante el ejercicio, por lo general, inhalan una dosis del broncodilatador justo antes de realizar los ejercicios.

Dado que el asma es un trastorno de larga duración con una gran variedad de tratamientos, el médico debe trabajar con los padres y con los niños para asegurarse de la mejor comprensión posible de la enfermedad. Los padres y los niños deben aprender a determinar la intensidad de una crisis, cuándo utilizar los fármacos y el medidor de flujo máximo, cuándo deben llamar al médico y cuándo deben ir al hospital.

Los padres y los médicos deben informar a las enfermeras de la escuela y toda otra persona implicada de las condiciones del niño y de los fármacos que se estén usando en ese momento. A algunos niños se les puede permitir usar el inhalador en la escuela libremente según sus necesidades, mientras que otros deben ser supervisados por la enfermera escolar antes.

■ Bronquiolitis

La bronquiolitis es una infección vírica contagiosa de las vías respiratorias que afecta a los bebés y a los niños pequeños y causa dificultad respiratoria, sobre todo en la espiración.

El origen causal más frecuente de la bronquiolitis es el virus respiratorio sincitial, aunque otros virus pueden ser los responsables, como el parainfluenza y los adenovirus. La infección por estos virus provoca una inflamación en las vías respiratorias. La inflamación causa la contracción de dichas vías y obstruye el flujo de aire que entra y sale de los pulmones.

Por lo general, la bronquiolitis afecta a los niños menores de 18 meses de edad y es más frecuente en los lactantes de menos de 6 meses. Durante el primer año de vida, la bronquiolitis afecta más o menos a 11 de cada 100 niños, aunque durante algunas epidemias afecta a una mayor proporción de bebés. El invierno y el comienzo de la primavera son el punto máximo de las estaciones para adquirir bronquiolitis. La enfermedad puede ser más frecuente en los niños de madres fumadoras, en particular en aquellas que fumaron durante el embarazo, y es menos frecuente entre los bebés que lactan. Los padres y los hermanos de más edad pueden estar infectados con el mismo virus, pero en ellos el germen habitualmente causa sólo un leve resfriado.

➤ Síntomas y diagnóstico

La bronquiolitis comienza con los síntomas de un resfriado: goteo nasal, estornudos, febrícula y algo de tos. Al cabo de varios días, el pequeño presenta dificultad para respirar, con una tos que empeora cada vez más. Por lo general, el niño tiene un ruido tipo silbido cuando espira (sibilancias). En la mayoría de los bebés, los síntomas son leves; aun cuando el bebé respira rápidamente y está muy congestionado, se le observa alerta, feliz y comiendo adecuadamente. Otros bebés sufren síntomas de mayor gravedad, respirando rápidamente, de forma superficial y con dificultad. A veces el niño se vuelve cianótico por la falta de oxígeno. La respiración rápida puede crear dificultad en la ingestión de líquidos, lo que puede llevar a un estado de deshidratación.

El médico establece el diagnóstico basándose en los síntomas y en la exploración física. Para identificar el virus en el laboratorio, el médico puede analizar la mucosidad que se encuentra al fondo de la nariz recogiéndola con una escobilla.

➤ Pronóstico y tratamiento

La mayoría de los niños se recuperan en casa en 3 o 5 días. Durante la enfermedad se les puede ofrecer líquidos poco concentrados con frecuencia. La creciente dificultad al respirar, la anomalía de coloración azulada de la piel, el cansancio y la deshidratación indican que el niño debe ser hospitalizado. Los niños con enfermedades congénitas del corazón o de los pulmones o con un sistema inmunológico deficiente pueden ser hospitalizados antes, pues son mucho más susceptibles de enfermarse gravemente con la bronquiolitis. Con el cuidado apropiado, la probabilidad de fallecer por bronquiolitis es baja, incluso en los niños que han necesitado ser hospitalizados.

En el hospital se controlan los niveles de oxígeno con un sensor ubicado en un dedo de la mano, en un dedo del pie o en un lóbulo de la oreja, y se administra el oxígeno a través de una tienda de oxígeno o con una mascarilla facial. Puede ser necesario recurrir a un respirador artificial para ayudar a la respiración. Se le suministran sueros intravenosos si el niño no puede beber adecuadamente. Pueden administrarse fármacos inhalados que abran las vías respiratorias (broncodilatadores), aunque la eficacia en la bronquiolitis es dudosa. Para los bebés prematuros o para aquellos que padecen otras enfermedades con riesgo elevado de complicaciones respiratorias graves, tales como ciertas alteraciones congénitas cardiopulmonares, la fibrosis quística o el sida, se les administra el fármaco antivírico ribavirina por medio de un nebulizador. Los antibióticos no son de gran ayuda.

■ Crup

El Crup (laringotraqueobronquitis) es una infección contagiosa vírica de las vías respiratorias superiores que causa tos y a veces dificultad para respirar, especialmente inspiratoria.

El crup es una infección vírica que causa inflamación del revestimiento de las vías respiratorias, especialmente en la zona justo por debajo de la caja de la voz (laringe). El virus parainfluenza es la causa más frecuente, pero el crup puede estar causado por otros virus, como el virus respiratorio sincitial o el virus de la influenza. Aunque el crup es más frecuente en el otoño y en el invierno, aparece durante todo el año. El crup especialmente afecta a los niños de entre 6 meses y 3 años de edad, aunque a veces afecta a niños más pequeños o a los de mayor edad. El crup causado por el virus de la influenza puede ser en particular grave y es más probable que ocurra en niños de edades entre 3 y 7 años. La enfermedad suele contagiarse al respirar gotitas con el virus transportadas por el aire, o bien por el contacto con objetos infectados contaminados con dichas gotitas.

➤ Síntomas y diagnóstico

El crup, por lo general, comienza con los síntomas de un resfriado: goteo nasal, estornudos, febrícula y algo de tos. Más tarde el niño presenta una tos frecuente, de sonido extraño, que se describe como metálica o perruna. A veces la inflamación de las vías respiratorias causa dificultad para respirar, que es más perceptible en el momento de tomar el aire (inspiración). En un crup grave, puede oírse un ruido chirriante (estridor) con cada inspiración. Típicamente, todos los síntomas empeoran por la noche y pueden despertar al niño. A menudo, el estado del niño mejora por la mañana y de nuevo empeora en la siguiente noche. El médico reconoce el crup por sus síntomas característicos, especialmente por el sonido de la tos.

➤ Tratamiento

Si el niño está levemente enfermo de crup puede ser cuidado en su domicilio, recuperándose normalmente en 3 o 4 días. El niño debe estar en una posición cómoda, debe recibir muchos líquidos y descansar, pues el cansancio y el llanto pueden empeorar la enfermedad. Los humidificadores de uso doméstico (por ejemplo, vaporizadores de vapor frío) pueden reducir la sequedad de las vías respiratorias superiores y facilitar así la respiración. La humedad puede incrementarse rápidamente dejando abierta el agua caliente de la ducha para crear un baño de vapor. Llevar el niño afuera, a la ventana o a la calle, para respirar el aire frío nocturno puede también abrir las vías respiratorias significativamente, algo que los padres descubren a menudo cuando el niño recupera la respiración normal en el momento de llevárselo al hospital.

Los niños que no responden a estas medidas necesitan ser llevados con urgencia al hospital. Debe ser hospitalizado el paciente con dificultad respiratoria en aumento o continua, con aumento del ritmo cardíaco, cansancio o coloración azulada de la piel. En el hospital se le administra oxígeno cuando las concentraciones de oxígeno en la sangre son bajas. Los médicos, por lo general, tratan al niño con adrenalina administrada en un nebulizador y corticosteroides administrados por vía oral o por inyección. Estos fármacos ayudan a disminuir la inflamación del tejido de las vías respiratorias. Los niños que mejoran con estos tratamientos pueden ser enviados a casa, aunque los niños en estado grave deben permanecer en el hospital. El uso de antibióticos se limita a aquellos raros casos en que el niño con crup también desarrolla una infección bacteriana. Raramente se hace necesario un respirador. Afortunadamente, la inmensa mayoría de los niños con crup se recuperan completamente.

Trastornos gastrointestinales

Los niños pueden desarrollar una variedad de trastornos gastrointestinales. Todos los trastornos gastrointestinales implican diferentes grados de dolor, vómito o cambios en el apetito y en la función intestinal. El desafío de los familiares del niño es proporcionar información que ayude al médico a distinguir los desórdenes graves de los leves y, en algunos casos, ayudar a sus niños a ajustarse a los desórdenes crónicos que necesitan asistencia médica durante largo tiempo.

■ Gastroenteritis

La gastroenteritis es la inflamación del tracto digestivo, que se manifiesta en vómitos y diarrea, a veces acompañados de fiebre o retortijones.

La gastroenteritis, también llamada *gripe del estómago*, se da con bastante frecuencia en los niños ● *(v. también pág. 866)*. La gastroenteritis grave provoca deshidratación y un desequilibrio del contenido químico de la sangre (electrolitos), a causa de la pérdida de líquidos corporales en el vómito y la diarrea. Aun cuando la gastroenteritis rara vez es grave si se dispone de los cuidados médicos apropiados, puede ser extremadamente grave en los países con una asistencia sanitaria deficiente; millones de niños mueren cada año a causa de la diarrea causada por la gastroenteritis.

➤ Causas

Una amplia variedad de virus, bacterias y parásitos causan la gastroenteritis. Sin embargo, los virus (como rotavirus) son una causa mucho más frecuente que las bacterias (como *Escherichia coli, Vibrio cholerae, Salmonella* o *Shigella*) o los parásitos (como *Giardia*).

Los niños, por lo general, contraen gastroenteritis vírica por otros niños que han tenido o que han estado expuestos a ella, como en los centros de cuidado infantil o guarderías, escuelas y otros lugares concurridos. La gastroenteritis vírica generalmente se extiende de la mano a la boca, pero también puede extenderse al estornudar y al escupir. Se extiende de manera fácil debido a la forma en que juegan los niños, poniendo las manos y los dedos en la boca y luego tocando los juguetes y tocándose también unos a otros.

Los niños pueden contraer la gastroenteritis bacteriana consumiendo mayonesa, productos lácteos, carne y otros alimentos que no han sido refrigerados. La preparación incorrecta de los alimentos, especialmente poco cocinados, puede conducir a la gastroenteritis. La gastroenteritis contraída de este modo es a veces denominada *intoxicación alimentaria* ● *(v. pág. 871).* Los niños pueden también contraer la gastroenteritis bacteriana o parasitaria a partir de la deglución de agua contaminada (como la que se encuentra en pozos, arroyos y piscinas) y cuando viajan a los países en vías de desarrollo.

A veces, la gastroenteritis se produce cuando los niños comen cosas que no deben, como plantas y píldoras de vitaminas. Raramente, la gastroenteritis se produce por una condición alérgica (gastroenteritis eosinofílica) o por contacto con animales en los zoológicos.

➤ Síntomas y diagnóstico

Los síntomas son, por lo general, una combinación de vómito, diarrea, retortijones, fiebre y falta de apetito. Por lo general, al comienzo de la enfermedad predomina el vómito y más tarde la diarrea es preponderante, pero algunos niños tienen los dos síntomas al mismo tiempo. Las heces pueden ser sanguinolentas si ciertas bacterias son la causa. Finalmente, estos síntomas mejoran en los niños que toman suficientes líquidos. Los niños con leve deshidratación sienten sed, pero los niños que se encuentran gravemente deshidratados son irritables o letárgicos y pueden interrumpir el consumo de líquidos. Los bebés son mucho más propensos que los niños mayores a desarrollar estos graves efectos colaterales.

El médico basa el diagnóstico de gastroenteritis en los síntomas del niño y en las respuestas de los padres a las preguntas sobre los agentes causantes a los cuales ha estado expuesto el niño. Por lo general, no se requieren pruebas diagnósticas, ya que la mayoría de las formas de gastroenteritis mejoran por sí solas a corto plazo. Cuando el médico sospecha una infección bacteriana o parasitaria puede solicitar pruebas adicionales, incluidas pruebas de sangre y materia fecal y otras para el recuento de los glóbulos blancos. Los niños deshidratados requieren análisis de sangre para que ayude al médico a guiar el tratamiento.

➤ Prevención y tratamiento

La mejor forma de evitar gastroenteritis es animar a los niños a lavarse las manos y enseñarles a evitar los alimentos preparados o almacenados inadecuadamente. La comercialización de una vacuna para prevenir la infección por rotavirus, que se ha iniciado en algunos países desarrollados, presenta el inconveniente de sus efectos secundarios, lo que, en opinión de algunos, la hace desaconsejable, e incluso se ha interrumpido su uso en algunos países.

Una vez el niño presenta gastroenteritis, los padres deben alentarlo a recibir sorbos frecuentes de agua y a intentar tomar pequeñas cantidades de zumos y sopas, que contengan tanto líquidos como electrolitos. Si la gastroenteritis se prolonga por un tiempo mayor de veinticuatro horas o si el niño no puede retener los líquidos, se debe iniciar la sustitución de electrolitos. La reposición de electrolitos se realiza a domicilio usando soluciones electrolíticas sin prescripción disponibles en polvo y líquido en las farmacias y en algunas tiendas de alimentos.

Para el niño que vomita, los padres esperan más o menos diez minutos y le suministran unos sorbos de líquido. Si no vomita el líquido, se repiten los sorbos cada 10 o 15 minutos, incrementando la cantidad que se le da a 30 o 60 mL tras una hora o más. Estas cantidades mayores pueden irse dando con menos frecuencia, cerca de cada hora. Los líquidos se absorben muy rápidamente, de modo que si el niño tarda en vomitar más de diez minutos después de la ingestión, la mayor parte del líquido fue absorbida y debe continuarse la administración de fluidos. La cantidad de líquido que se debe dar al niño depende de la edad, pero generalmente debe ser más o

TRASTORNOS GASTROINTESTINALES

Apendicitis

Inflamación e infección del apéndice. Suele cursar con dolor abdominal y requiere tratamiento quirúrgico de urgencia.

Gastroenteritis

Inflamación del tracto digestivo, producida por virus, bacterias o parásitos, que ocasiona vómitos y diarreas. A veces, con fiebre y retortijones

Reflujo gastroesofágico

Retroceso del alimento y ácidos del estómago al interior del esófago por un mal funcionamiento del esfínter esofágico

Divertículo de Meckel

Una protuberancia, a modo de bolsa, en la pared exterior del intestino delgado. Por lo general, asimptomático o, en niños pequeños, sangrado rectal sin dolor

Úlcera péptica

Desgaste o erosión de la pared interior del estómago o del duodeno producida por un exceso de ácido y/o por la ruptura de la capa protectora de la pared estomacal

Estreñimiento

Evacuación difícil y poco frecuente del intestino, con deposiciones duras y secas

Intususcepción

La introducción de un asa del intestino dentro de otra, que causa obstrucción intestinal e interrupción del riego sanguíneo

Dolor abdominal recurrente

Dolor que se manifiesta tres o más veces en un lapso de tiempo de al menos tres meses. Puede ser debido a ansiedad o a trastornos digestivos o genitourinarios

menos entre 90 mL y 150 mL de la solución por cada kilogramo de peso del niño en un lapso de 24 horas. Si el vómito y la diarrea del niño mejoran mientras está tomando soluciones de electrolitos, los padres pueden intentar que el niño reanude una dieta a base de zumo, sopas y comidas blandas, como plátanos y compota de manzana al día siguiente.

Los niños con diarrea pero con poco vómito deben alimentarse de acuerdo con su dieta normal, con más líquidos para compensar el fluido perdido en la diarrea.

Los signos de peligro incluyen incapacidad para asimilar los sorbos de líquido o signos de deshidratación (como letargia, boca seca, falta de lágrimas y ausencia de orina durante seis horas o más). Estos niños deben ver al médico inmediatamente. Los niños sin tales signos deben consultar al médico si los síntomas duran más de 1 o 2 días. Si la deshidratación es grave el médico puede administrar al niño suero intravenoso.

Por lo general, no se recomiendan en los niños los antidiarreicos como la loperamida; existen motivos para pensar que éstos pueden retardar la resolución de la infección al impedir al cuerpo expulsar el virus, bacteria o parásitos con las deposiciones. Los antibióticos no son efectivos cuando la causa de la gastroenteritis es una infección vírica. Los médicos administran antibióticos sólo para ciertas bacterias que se sabe que responden a estos fármacos. Los fármacos antiparasitarios dan buenos resultados para una infección parasitaria.

Reflujo gastroesofágico

El reflujo gastroesofágico es el desplazamiento retrógrado de alimentos y ácidos desde el estómago al esófago y, a veces, dentro de la boca ● (v. también pág. 863).

Casi todos los bebés tienen episodios de reflujo gastroesofágico; la regurgitación después de tomar los alimentos debe considerarse normal. El reflujo gastroesofágico se convierte en una preocupación cuando afecta a la alimentación y nutrición, causa aumento de peso insuficiente, produce lesiones del esófago, conduce a dificultades respiratorias o persiste más allá de la infancia.

➤ Causas

Los bebés saludables tienen reflujo por varios motivos. La banda circular muscular que normalmente previene que el contenido del estómago pase al esófago (esfínter esofágico inferior) no está totalmente desarrollada en los bebés, permitiendo que el contenido del estómago tome un curso retrógrado hacia el esófago. Se aumenta el reflujo cuando, después de alimentarlo, se mantiene al bebé acostado (en vez de en posición vertical). La sobrealimentación predispone al reflujo, como también la exposición al humo del cigarrillo o la cafeína en la leche materna, los cuales relajan el esfínter esofágico inferior y pueden hacer que el niño se vuelva irritable y se alimente mal. Menos frecuente en los niños es una anomalía anatómica como el estrechamiento esofágico o la posición anormal de los intestinos (malrotación), que favorecen el reflujo. La inmadurez de los nervios que controlan la evacuación del estómago puede contribuir al reflujo gastroesofágico. La alergia a la leche es una causa poco frecuente.

➤ Síntomas

Los síntomas más obvios de reflujo gastroesofágico en los bebés son vómito y regurgitación excesiva. De forma menos obvia, el bebé puede volverse irritable, no comer bien o tener episodios de torsiones y posturas que puedan confundirse con convulsiones.

El reflujo, por lo general, mejora gradualmente hasta la edad de 1 o 2 años, cuando el niño comienza a ingerir alimentos sólidos y es capaz de comer por sí sólo en una posición erguida. Sin embargo, el reflujo a veces puede tener complicaciones. Algunos bebés pierden peso. Algunos presentan un recuento bajo de glóbulos rojos (anemia) debido a la hemorragia del esófago y puede darse una inhalación (aspiración) de ácidos y alimentos del estómago hasta los pulmones. La aspiración del contenido del estómago puede causar neumonía, asma, períodos de corte de la respiración (apnea), disminución de la frecuencia cardíaca y, muy raramente, la muerte del bebé.

Los niños mayores pueden, por lo general, describir un dolor en el pecho o una pirosis cuando tienen reflujo gastroesofágico. Otros signos sutiles de reflujo en los niños mayores son tos crónica, ronquera, hipo, dolor en el oído y respiración audible (estridor). En algunos niños, el reflujo puede ser una causa de infección crónica en el oído (otitis media serosa ● *v. pág. 1891*).

➤ Diagnóstico y tratamiento

El diagnóstico de reflujo gastroesofágico puede resultar difícil cuando los síntomas no son obvios. Algunos médicos recomiendan medidas simples con el objeto de ver si mejoran los síntomas del bebé antes de solicitar análisis más completos. Por ejemplo, el médico puede recomendar dar con más frecuencia pequeñas porciones de alimentos más espesos y provocar eructos más frecuentes. También ayuda evitar exponer al niño al humo de los cigarrillos y a la cafeína. Puede también reducir el reflujo poner a dormir al niño sobre el estómago o en un ángulo con la cabeza elevada. Ésta es una de las pocas excepciones a la recomendación general de poner a los bebés a dormir sobre la espalda y debe realizarse sólo cuando el médico lo recomienda específicamente. A veces, el médico recomienda un cambio de fórmula para determinar si la leche de vaca o los ingredientes de la fórmula están contribuyendo al problema del bebé.

Algunos médicos recomiendan que en los bebés cuyos síntomas no mejoran con estas medidas y en los niños mayores se intente un tratamiento con fármaco por un corto tiempo antes de someterlos a pruebas diagnósticas. Los fármacos para reflujo son generalmente seguros y efectivos. Los antiácidos neutralizan la acidez gástrica, y los antagonistas de los receptores H2 de la histamina e inhibidores de la bomba de protones suprimen la producción ácida del estómago y mejoran los síntomas de reflujo, por lo menos transitoriamente. Los fármacos procinéticos, como la metoclopramida, estimulan al estómago para que mueva su contenido hacia adelante en lugar de en sentido contrario, y pueden aumentar la presión del esfínter esofágico inferior.

Se pueden realizar diversas pruebas para diagnosticar el reflujo. Las radiografías después de la deglución de bario ayudan al médico a determinar si la anatomía del esófago y del estómago es normal. Además, se puede llevar un diario para registrar los síntomas del niño. La información de este diario, combinada con el control de la concentración de ácido en el esófago a través de un pequeño tubo flexible que se pasa por la nariz, ayuda al médico a determinar si los episodios de reflujo son la causa de los síntomas. Una forma de gammagrafía, denominada estudio de vaciamiento gástrico, puede revelar en qué grado el contenido del estómago se mueve de forma apropiada hacia adelante o en tránsito retrógrado. El examen del esófago utilizando un tubo flexible de visualización (endoscopio) permite al médico ver si el esófago está inflamado o con hemorragia. La exploración de la caja de la voz (laringe) y de las vías respiratorias con un tubo flexible de visualización (broncoscopia • *v. pág. 311*) proporciona información que ayuda al médico a decidir si el reflujo es la causa probable de los problemas pulmonares o respiratorios.

■ Úlcera péptica

Una úlcera péptica es una erosión del revestimiento del estómago o del duodeno debida al exceso de ácido en el estómago, ruptura del revestimiento protector del estómago o ambas.

Las úlceras pépticas son mucho menos frecuentes en los niños que en los adultos. Como con los adultos, el uso de antiinflamatorios no esteroideos (AINE) y la infección con la bacteria *Helicobacter pylori* puede conducir a la formación de la úlcera péptica • *(v. pág. 859).* Es probable que los niños cuyos padres tienen úlceras pépticas también tengan úlceras, como también aquellos cuyos padres son fumadores. Los adolescentes que beben o fuman son también más propensos a desarrollar úlceras. Los niños de cualquier edad pueden desarrollar úlceras cuando han estado extremadamente enfermos, como después de quemaduras, lesiones y enfermedades graves.

Los bebés con úlceras pueden ser exigentes e irritables con la alimentación. Las úlceras en los niños mayores por lo general causan dolor abdominal. En cualquier edad, las úlceras pépticas pueden perforarse, sangrar o llevar a una obstrucción. El diagnóstico y el tratamiento de las úlceras pépticas y sus complicaciones son iguales en los niños que en los adultos.

■ Intususcepción

La intususcepción es la introducción de una porción del intestino dentro de la que le continúa, causando obstrucción del intestino y el bloqueo del flujo sanguíneo.

La intususcepción es una causa poco frecuente de dolor abdominal que, por lo general, afecta a los niños de edades entre 6 meses y 2 años. Ocasionalmente puede afectar a niños mayores. En la mayoría de los casos no llega a conocerse la causa. Raramente, la hinchazón de la pared intestinal debido a un divertículo, pólipo o tumor puede producir una intususcepción.

➤ Síntomas

La intususcepción habitualmente causa dolor repentino en un niño hasta entonces saludable. El dolor al principio aparece y desaparece, y el niño puede doblar sus piernas hacia el tronco durante los espasmos de dolor. El niño puede volver a las actividades normales entre los episodios, pero finalmente el dolor se vuelve constante. Algunos niños simplemente se vuelven irritables o indiferentes y apáticos entre los episodios de dolor. Después de un tiempo, el niño puede vomitar, hacer deposiciones con sangre y moco (deposiciones como *jalea de grosellas*), o padecer fiebre. Sin un reconocimiento y sin tratamiento, la intususcepción puede evolucionar hacia la muerte del tejido intestinal, que disemina bacterias del intestino en el torrente sanguíneo.

➤ Diagnóstico y tratamiento

El médico puede sospechar intususcepción basándose en los síntomas y en la exploración física. Las radiografías pueden ser útiles, pero un tercio de los casos resultan normales. La ecografía es mejor, pero un enema de bario puede tanto diagnosticar como tratar la intususcepción. Con un enema de bario, el médico instila bario y aire en el recto del niño y luego toma radiografías. La presión del bario y del aire empujan hacia su lugar la porción del intestino colapsada. Algunas veces se usa sólo aire sin bario. Cuando este procedimiento es exitoso, después de un breve período el niño puede dejar el hospital. A los familiares se les aconseja observar los síntomas porque la intususcepción puede recurrir en los siguientes 1 o 2 días.

La cirugía es necesaria si el enema de bario no es exitoso en la corrección de la intususcepción, si el niño está muy enfermo para tolerar un enema de bario, si el niño ha tenido recurrencias de la enfermedad o si se producen complicaciones. En el caso de una recurrencia, es necesario realizar una intervención quirúrgica no sólo para corregir esta situación, sino también para detectar un pólipo, un tumor u otra anomalía que puedan explicar por qué recurrió la intususcepción.

■ Apendicitis

La apendicitis es la inflamación del apéndice.

El apéndice es una pequeña porción del intestino que tiene el tamaño de un dedo y que parece no tener ninguna función corporal esencial ● *(v. fig. pág. 837)*. La apendicitis es una urgencia médica que exige intervención quirúrgica. La apendicitis es rara en los niños de menos de 1 año pero se vuelve más frecuente a medida que los niños crecen, y es más frecuente en los adolescentes.

La apendicitis parece desarrollarse cuando el apéndice se bloquea como resultado de una infección en el tracto digestivo o en cualquier parte del organismo o, menos frecuentemente, como resultado de la obstrucción con heces duras. En cualquier caso, el apéndice resulta infectado. Si no se reconoce la infección del apéndice ni tiene tratamiento, el apéndice se puede perforar, creando un foco de infección fuera del intestino (absceso), o se puede derramar el contenido de los intestinos en el abdomen (peritonitis).

➤ Síntomas y diagnóstico

La apendicitis casi siempre causa dolor. El dolor puede comenzar en la mitad del abdomen, cerca del ombligo, y gradualmente dirigirse hasta la parte inferior derecha del abdomen. Sin embargo, los niños de menos de 2 años frecuentemente no son capaces de quejarse de dolor y, por lo tanto, se muestran irritables o apáticos. Pueden perder parcial o completamente la conciencia si el diagnóstico se realiza tarde y se produce la ruptura del apéndice con peritonitis. A veces los niños mayores desarrollan un dolor abdominal difuso más que un dolor específico en la zona del apéndice.

El diagnóstico de la apendicitis en los niños puede ser dificultoso por varios motivos. El niño puede tener gastroenteritis, divertículo de Meckel, intususcepción o la enfermedad de Crohn, todos los cuales pueden provocar síntomas similares a los de la apendicitis. El niño puede no tener fiebre ni recuento elevado de glóbulos blancos, que son signos característicos de infección. Y el niño puede pedir alimentos en vez que evitarlos como, por lo general, lo hacen los adultos con apendicitis.

Cuando el médico sospecha apendicitis, por lo general, da sueros intravenosos y antibióticos mientras espera los resultados del análisis de sangre. Pueden ordenar una ecografía o una tomografía computarizada (TC) para ver dentro del abdomen. Exploraciones físicas repetidas ayudan al médico a determinar si el cuadro está mejorando o empeorando, y así poder tomar una decisión para el tratamiento.

➤ Tratamiento

El mejor tratamiento de la apendicitis es la extirpación quirúrgica del apéndice inflamado (apendicectomía). La apendicectomía es una cirugía bastante simple y segura, y necesita una permanencia en el hospital de apenas 2 o 3 días. Si el apéndice se ha roto, el médico lo extrae y puede lavar el abdomen con líquido, suministrar antibióticos durante varios días y observar para detectar posibles complicaciones, como una infección y obstrucción intestinal.

En un porcentaje que se sitúa alrededor del 10 al 20% de los casos, los cirujanos descubren un apéndice normal mientras realizan una apendicectomía. Esto no se considera un error médico, porque las consecuencias de retrasar una cirugía cuando parece probable una apendicitis son serias. Cuando se encuentra un apéndice normal, el cirujano busca dentro del abdomen otra causa del dolor. El médico puede extraer el apéndice normal para evitar que desarrolle la apendicitis posteriormente.

■ Divertículo de Meckel

El divertículo de Meckel es una protuberancia parecida a una pequeña bolsa que sale de la pared del intestino delgado, presente en algunos niños desde el nacimiento.

Alrededor del 3% de los bebés nacen con divertículo de Meckel. Las personas pueden vivir toda su vida sin saber que tienen divertículo de Meckel pero, en ocasiones, la anomalía puede causar problemas.

➤ Síntomas y diagnóstico

La mayoría de los niños con divertículo de Meckel no presentan síntomas y muchos adultos saben que tienen la afección sólo después de ser descubierta por los cirujanos al realizar una cirugía o un estudio por otro motivo. El síntoma más frecuente en los niños de menos de 2 años es el sangrado rectal sin dolor, que proviene de úlceras en el intestino delgado causadas por el ácido secretado por el divertículo. Debido a la hemorragia, las deposiciones pueden aparecer entre color rojo intenso o ladrillo o jalea de grosellas por la mezcla de sangre y moco. O puede aparecer negra debido a la degradación de la sangre. En muy raras ocasiones, cuando la hemorragia es muy importante, el niño necesita atención urgente.

A veces, el divertículo puede llegar a inflamarse o infectarse, un trastorno denominado diverticulitis. La diverticulitis causada por una divertículo de Meckel causa un intenso dolor, una sensibilidad abdominal y, a veces, vómitos, y puede con facilidad ser confundida con una apendicitis.

A menudo, es difícil para el médico diagnosticar el divertículo de Meckel. Los análisis de sangre, radiografías, tomografía computarizada (TC) y enemas de bario, por lo general, no son de mucha ayuda. La mejor prueba es un estudio por imágenes denominado gammagrafía de Meckel, en la que se administra una sustancia de forma intravenosa, la cual es tomada por la mucosa del divertículo y luego se detecta con una cámara especial.

➤ Tratamiento

No es necesario ningún tratamiento para un divertículo que no presente síntomas. Se debe extirpar quirúrgicamente un divertículo sangrante o aquel que causa síntomas. Si un divertículo de Meckel se encuentra en el niño durante una in-

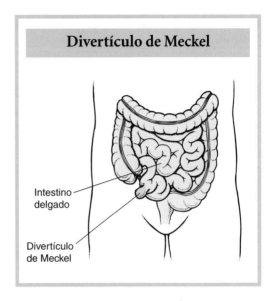

Divertículo de Meckel

Intestino delgado

Divertículo de Meckel

tervención quirúrgica realizada por otro motivo, generalmente se extirpa para prevenir futuras complicaciones.

■ Estreñimiento

El estreñimiento es la evacuación de deposiciones duras y secas, con dificultades y escasa frecuencia.

Los padres a menudo se preocupan por la frecuencia de las evacuaciones que tienen los hijos. Sin embargo, el estreñimiento generalmente no tiene ninguna consecuencia grave y debe ser una preocupación sólo cuando la evacuación se vuelve dolorosa y evoluciona hacia la suspensión de heces, o cuando el estreñimiento ocasiona otros síntomas.

➤ Causas y síntomas

El estreñimiento es extremadamente frecuente en los niños. La causa más frecuente es la insuficiente cantidad de frutas, verduras y cereales integrales (fibra) incluidos en la alimentación del niño.

Los niños que tienen estreñimiento a menudo mencionan intermitentes molestias abdominales. Después de un tiempo, los padres pueden notar en la ropa interior del niño manchas, debido a un líquido de la deposición del intestino que involuntariamente gotea alrededor de la dura deposición en el recto. Pueden aparecer pequeñas cantidades de sangre de pequeñas erosiones (fisuras) causadas por el paso de la deposición dura. A veces, el estreñimiento puede producir dificultades en la micción.

➤ Tratamiento

Los casos leves de estreñimiento pueden tratarse con el aumento de fibra en la dieta, ya sea por medio de cereales integrales y frutas o con un suplemento como el psyllium. Es importante una buena hidratación. A veces la reducción del consumo de leche alivia el estreñimiento. Los niños se vuelven distraídos y, por lo general, no duran el tiempo suficiente sentados en la taza para evacuar las deposiciones. Ellos necesitan ser orientados para sentarse durante un tiempo adecuado en la taza a intervalos regulares, al menos dos veces al día, de manera que puedan establecer una rutina que les dé la oportunidad de defecar adecuadamente. Para facilitar este proceso, si es necesario, los padres pueden usar enemas y suavizantes intestinales, como aceite mineral o leche de magnesia.

Los niños acostumbrados a retener sus heces pueden necesitar varios meses de emolientes intestinales para recuperar las deposiciones blandas y cómodas.

■ Dolor abdominal recurrente

El dolor abdominal recurrente es el dolor abdominal que se produce tres o más veces en un período de al menos tres meses.

Alrededor de 1 de cada 10 niños en edad escolar sufre de dolor abdominal recurrente. Es más frecuente en niños entre las edades de 8 y 10 años y es raro en aquellos de menos de 4. El dolor abdominal recurrente es ligeramente más frecuente en las niñas que en los niños, sobre todo al principio de la adolescencia.

➤ Causas

En la mayoría de los niños, el dolor abdominal recurrente es causado por la ansiedad y otros aspectos psicológicos que son el resultado del estrés de la escuela, con los amigos, entre los padres o dentro de la misma familia. Un número significativo de niños que presentan esta afección están deprimidos. Alrededor de 1 de cada 10 tiene una causa física identificable, generalmente a partir de un trastorno digestivo o del tracto genitourinario. La ausencia de una causa física en la mayoría de los niños es a veces frustrante para los padres.

Cuando el dolor abdominal recurrente no tiene una causa física justificable, las medidas de interés tomadas por los padres y maestros pueden hacer que el dolor mejore o empeore en la medida en que modifica favorablemente las situaciones estresantes a las cuales responde el niño. Por ejemplo, el dolor que aparta a los miembros de la familia de las discusiones, que asegura atención hacia el niño o aleja al niño de la escuela o de otros ambientes estresantes puede ser un medio efectivo para aliviar al niño de ansiedades que no puede controlar de otra forma. Es importante saber que muchos niños de forma no intencionada usan estos síntomas para comunicar su angustia a los padres o maestros. Mejor dicho, éste es un síntoma significativo de malestar emocional.

La causa más grave del dolor abdominal recurrente es el abuso sexual. Sin embargo, el estrés diario en la escuela o en la casa es causa mucho más frecuente del dolor abdominal recurrente que el abuso sexual.

➤ Síntomas

El dolor abdominal recurrente causado por un trastorno físico determinado, por lo general, se repite en momentos predecibles o en el mismo sitio. Puede ser producido por ciertas actividades o alimentos y puede empeorar en días o meses. A menudo, aunque no siempre, el dolor puede despertar al niño. El niño puede también tener otros síntomas, como pérdida del apetito, pérdida de peso, cambios de forma y color de las heces, estreñimiento o diarrea, vómitos de alimentos o de sangre, hinchazón del abdomen, fiebre persistente o recurrente, ictericia, sangre en la defecación o incomodidad para orinar.

El dolor abdominal recurrente sin una clara causa física tiene menos probabilidad de recurrir en momentos predecibles y en el mismo sitio. Es frecuentemente descrito en términos indefinidos y a veces desaparece durante semanas o meses. Este dolor raramente molesta al niño durante la noche, pero puede despertarlo muy temprano. A menudo, el niño puede realizar las actividades que disfruta sin estar pendiente del dolor; esto es menos probable que ocurra cuando la causa del dolor es física.

➤ Diagnóstico

El médico hace a los padres y al niño una serie de preguntas acerca de las características del dolor y

Algunas causas físicas de dolor abdominal recurrente

Trastornos intestinales

- Hernia hiatal
- Esofagitis
- Ulcera péptica
- Hepatitis (inflamación del hígado)
- Colecistitis (inflamación de la vesícula biliar)
- Pancreatitis (inflamación del páncreas)
- Enfermedades inflamatorias del intestino (la enfermedad de Crohn, colitis ulcerosa)
- Divertículo de Meckel
- Apendicitis crónica
- Intususcepción
- Parásitos (por ejemplo, giardiasis)
- Tuberculosis del intestino
- Esprúe celíaco
- Estreñimiento
- Deficiencia de lactasa

Trastornos genitourinarios

- Anomalías estructurales
- Infección del tracto urinario
- Ovulación mensual normal (en las niñas)
- Dolores menstruales (en las niñas)
- Inflamación pélvica (en las niñas)
- Quistes en los ovarios (en las niñas)
- Endometriosis (en las niñas)

Enfermedades generales

- Intoxicación por metales pesados (plomo)
- Púrpura de Henoch-Schönlein
- Drepanocitosis
- Alergia alimentaria
- Porfiria
- Fiebre mediterránea familiar
- Angioedema hereditario
- Migraña abdominal

sobre cualquier síntoma que se presenta con él. Practica también una exploración física, incluido un examen rectal, buscando indicios de una causa física. La entrevista y el examen permiten al médico tener la información que necesita para decidir qué pruebas adicionales le debe prescribir al niño si las considera necesarias. A menudo, el médico puede sospechar firmemente una causa psicológica sólo por las respuestas a las preguntas realizadas al niño y por la observación del comportamiento del niño y de los padres durante la entrevista.

Algunas posibles pruebas para el dolor abdominal recurrente van desde exámenes de orina y de sangre, que pueden detectar infecciones, hasta procedimientos más agresivos, como es la colonoscopia, que puede detectar una inflamación y otras anomalías del intestino grueso. Sin embargo, estos exámenes en raras ocasiones se necesitan. Dada la frecuencia con que la depresión o la ansiedad acompañan a los síntomas de dolor abdominal recurrente, muchos médicos consideran la valoración psicológica como el examen más importante.

➤ Tratamiento

Si la causa del dolor abdominal recurrente es física se trata el trastorno específico responsable del dolor. Cuando no se puede encontrar una causa física como síntoma del dolor en el niño, el médico puede sospechar una causa psicológica. El tratamiento entonces depende de una buena comunicación y una relación de confianza con el médico, así como una vigilancia periódica de síntomas en el niño.

El niño debe ser apoyado en los esfuerzos para volver de lleno a todas las actividades, incluyendo la escuela. Los docentes tienen un gran papel que desempeñar en la limitación del retraimiento del niño de las actividades con sus compañeros y en ayudar al niño a resolver los conflictos relacionados con la escuela. Al niño que necesita salir de clase por el dolor se le debe permitir ir a la enfermería de la escuela sólo durante un tiempo limitado. Con el permiso de los padres, en caso de ser necesario, la enfermera puede dar al niño un calmante suave, como el ibuprofeno o el paracetamol (acetaminofén). Por lo general, el niño pedirá acudir a la enfermería una o más veces al día durante la primera o segunda semana del tratamiento. Con el paso del tiempo, el comportamiento se vuelve menos frecuente. En casi todos los casos, cuando los padres dejan de tratar al niño como si fuera diferente o como si estuviese enfermo, el dolor que tiene causas psicológicas empeora inicialmente para luego mejorar.

Se puede ayudar al niño cuyo dolor abdominal no tiene una causa física con visitas al médico a intervalos regulares, semanales, mensuales o bimestrales, dependiendo de las necesidades del niño. En algunos casos, el médico puede prescribir antidepresivos o fármacos ansiolíticos. Este tratamiento puede producir una reducción o desaparición de los síntomas del niño, pero no siempre es eficaz. Algunos niños pueden manifestar nuevos síntomas físicos o dificultades emocionales, o pueden expresar dificultades emocionales no resueltas con nuevos síntomas, tales como dolor de cabeza. Si el dolor persiste pese a los esfuerzos, sobre todo si el niño está muy deprimido o si hay importantes problemas psicológicos en casa, el niño puede requerir la asistencia de un profesional de la salud mental (psicólogo o psiquiatra).

CAPÍTULO 276

Trastornos del oído, la nariz y la garganta

Los trastornos del oído, la nariz y la garganta son extremadamente frecuentes en los niños. Las infecciones del oído aparecen casi tan a menudo como el resfriado común. Pueden producirse detrás del tímpano (en el oído medio, otitis media) o por fuera del tímpano (en el oído externo, otitis externa • *v. pág. 1492*). Las infecciones de la garganta no son por lo general graves, pero son molestas en los niños y pueden llevar a ausencias de la escuela y a múltiples visitas al médico. Otros trastornos, como una deficiencia auditiva y la aparición de bultos en el cuello, afectan a menos niños pero pueden ser graves. Sin embargo, cualquier anomalía del niño en el oído, la nariz o la garganta que no mejora a lo largo de varios días debe ser valorada por el médico.

■ Infecciones del oído medio

Las infecciones del oído medio son extremadamente frecuentes entre las edades de 3 meses y 3 años y a menudo acompañan al resfriado común. Los niños son propensos a infecciones del oído medio por varias razones. La trompa de Eustaquio, la que equilibra la presión dentro del oído, conecta el oído medio con los conductos nasales • *(v. fig. pág. 1497)*. En los niños mayores y en los adultos, el tubo es más vertical, más ancho y bastante rígido, y las secreciones que pasan al tubo desde los conductos nasales drenan fácilmente. Pero en niños más pequeños, la trompa de Eustaquio es más horizontal, más estrecha y menos rígida. El tubo es más susceptible de obstruirse por las secreciones y de colapsarse, atrapando esas secreciones dentro o cerca del oído medio y deteriorando la ventilación de éste. Cualquier virus o bacteria en las secreciones se multiplica entonces, y causa una infección. Los virus y las bacterias pueden moverse hacia atrás en la pequeña trompa de Eustaquio, causando infecciones del oído medio.

Además de las diferencias en la anatomía del oído, los bebés alrededor de los 6 meses de edad se vuelven más vulnerables a la infección, dado que pierden la protección de los anticuerpos que han estado recibiendo por la placenta de la madre antes de nacer. La lactancia parece ser más eficaz para proteger parcialmente a los niños de las infecciones del oído porque los anticuerpos de la madre están presentes en la leche materna. En este período los niños se vuelven más sociables y pueden desarrollar infecciones víricas tocando a otros niños y otros objetos y metiendo sus dedos en la boca y en la nariz; estas infecciones pueden a su vez conducir a infecciones del oído medio. La exposición al humo del cigarrillo y el uso del chupete aumentan más el riesgo de infecciones del oído medio; ambos pueden alterar la función de la trompa de Eustaquio y afectar a la ventilación del oído medio. La asistencia a los centros de cuidado del niño aumenta la posibilidad de exposición al resfriado común y, por ello, de contraer otitis media.

Las infecciones del oído medio pueden resolverse relativamente con prontitud (procesos agudos) o pueden repetirse o persistir durante un largo tiempo (procesos crónicos).

☐ Infección aguda del oído medio

La infección aguda del oído medio (también llamada otitis media aguda ● *v. también pág. 1497*) es causada muy a menudo por los mismos virus del resfriado común. La infección aguda puede también ser causada por bacterias que se encuentran en la boca y en la nariz, como *Streptococcus pneumoniae*, *Haemophilus influenzae* y *Moraxella catarrhalis*. Una infección inicialmente causada por un virus a veces conduce a una infección bacteriana.

Los bebés con infección aguda del oído medio tienen fiebre, llanto o irritabilidad que, a veces, no pueden explicarse, y trastornos en el sueño. Pueden también tener goteo nasal, tos, vómitos y diarrea. Los bebés y los niños que no pueden comunicarse completamente pueden tirarse de los oídos. Los niños mayores son, por lo general, capaces de decirles a los padres que su oído les está doliendo o que ellos no pueden oír bien.

Frecuentemente, puede acumularse líquido detrás del tímpano y persistir después de mejorar la infección aguda (otitis media serosa). Raramente, la infección aguda del oído medio conduce a complicaciones graves. La ruptura del tímpano puede causar drenaje de sangre o líquido por el oído. Si se infecta el hueso que rodea el oído (mastoiditis) puede causar dolor; la infección del oído interno (laberintitis) puede causar mareo y sordera y la infección de los tejidos que rodean el cerebro (meningitis) o los abscesos del cerebro (acumulaciones de pus) puede provocar convulsiones y otros problemas neurológicos. Las infecciones recurrentes pueden propiciar el crecimiento de un tejido similar a la piel a través del tímpano (colesteatoma). El colesteatoma puede causar daño a los huesos del oído medio y causar una pérdida auditiva.

El médico diagnostica infecciones agudas del oído medio buscando con un otoscopio abombamiento y enrojecimiento del tímpano. Primero puede necesitar limpiar la cera del oído y, de esta manera, poder observar más claramente. El médico puede utilizar una pera de goma y un tubo conectados al otoscopio para insuflar aire en el conducto auditivo y ver si el tímpano se mueve. Si el tímpano no se mueve o sólo se mueve ligeramente, entonces puede existir una infección.

Tanto el paracetamol (acetaminofén) como el ibuprofeno son efectivos para la fiebre y el dolor. Los médicos dan antibióticos a todos los niños con infecciones agudas del oído medio. Sin embargo, se sabe que numerosas infecciones agudas del oído medio mejoran sin antibióticos. De este modo, muchos médicos utilizan antibióticos (como la amoxicilina con o sin clavulanato, o trimetoprim con sulfametoxazol) sólo cuando el niño no mejora después de un breve período de tiempo o si hay signos de no estar mejorando la infección.

☐ Infección crónica del oído medio

La infección crónica del oído medio se produce como resultado de una infección aguda repetida o cuando las infecciones recurrentes lesionan el tímpano y conducen a la formación de un colesteatoma, lo que a su vez promueve más infección. Las infecciones crónicas del oído son más probables entre los niños que están expuestos al humo del cigarrillo, usan chupete y asisten a guarderías (parvularios). En los niños con infecciones crónicas del oído, los médicos recomiendan antibióticos diarios durante varios meses. Si la infección persiste o recurre a pesar del uso de antibióticos, o si las infecciones crónicas ocasionan lesión del tímpano o formación de colesteatoma, se recomiendan tubos de ventilación (drenajes transtimpánicos), la reparación del tímpano o la extirpación quirúrgica del colesteatoma.

■ Otitis media serosa

La otitis media serosa es líquido acumulado detrás del tímpano ● (v. también pág. 1497).

La otitis media serosa con frecuencia aparece tras una otitis media aguda. El líquido que se ha acumulado detrás del tímpano durante el proceso de la infección aguda permanece después de resolverse la infección. La otitis media serosa puede también producirse sin infección precedente y puede deberse a la enfermedad por reflujo gastroesofágico, a la obstrucción de la trompa de Eustaquio por una infección o al crecimiento de las adenoides. La otitis media serosa es extremadamente frecuente en los niños de edades entre 3 meses y 3 años.

Aunque la otitis media serosa es indolora, el líquido puede afectar a la audición, la comprensión

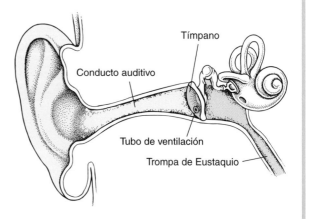
de la voz, el desarrollo del lenguaje, del aprendizaje y del comportamiento.

El médico diagnostica otitis media serosa por medio de la observación de cambios en el color y aspecto del tímpano y por la introducción de aire en el oído para ver si el tímpano se mueve. Es probable que exista una otitis media serosa si el tímpano no se mueve, pero no hay enrojecimiento o abombamiento y el niño tiene pocos síntomas.

La otitis media serosa con frecuencia no mejora cuando se trata con antibióticos u otros fármacos, como los descongestionantes, los antihistamínicos o los aerosoles nasales. La afección a menudo se resuelve por sí misma después de semanas o meses.

Si la situación persiste sin mejoría después de tres meses, la cirugía puede ayudar. A veces, los médicos realizan una miringotomía, en la que hacen una diminuta hendidura en el tímpano, eliminan el líquido e insertan un pequeño tubo de ventilación (drenaje) en la hendidura para permitir la entrada de aire desde el oído externo al oído medio y facilitar la eliminación de las secreciones a través de la trompa de Eustaquio. Algunos médicos pueden realizar una miringotomía para extraer líquido pero no para insertar tubos de ventilación; este procedimiento se denomina timpanocentesis.

■ Faringitis

La faringitis es la infección de la garganta (faringe) y, a veces, de las amígdalas.

La mayoría de las faringitis son provocadas por los mismos virus del resfriado común. Como el resfriado común, la faringitis vírica mejora por sí sola y es problemática sólo porque los niños se sienten muy mal y ocasiona ausencia de la escuela. Los estreptococos son una causa menos frecuente, pero es la causa más grave de la faringitis (faringitis estreptocócica); la faringitis estreptocócica es muy poco habitual en los niños de menos de 2 años de edad. La faringitis es también rara vez causada por infecciones poco comunes, tales como la mononucleosis infecciosa o, en países con bajo índice de vacunación, la difteria.

Las amígdalas (estructuras de tejido linfoide en la parte posterior de la garganta) también pueden infectarse en los niños con faringitis. El médico puede utilizar el término amigdalitis cuando las amígdalas están especialmente hinchadas. A veces, después de un episodio de faringitis, las amígdalas permanecen infectadas, inflamadas o agrandadas (amigdalitis crónica).

La faringitis bacteriana puede causar inflamación persistente, infecciones y un aumento de tamaño de las amígdalas (amigdalitis crónica); pus dentro de los pliegues de las amígdalas (amigdalitis oculta) y abscesos en los tejidos hacia el lado de la faringe (absceso faríngeo lateral), detrás de la faringe (absceso retrofaríngeo) o alrededor de las amígdalas (abscesos periamigdalinos ● *v. pág. 1509*). Algunas complicaciones de la faringitis estreptocócica incluyen la fiebre reumática ● *(v. pág. 1856),* una glomerulonefritis o una peligrosa infección de los tejidos (fascitis necrotizante) y del flujo sanguíneo (síndrome de *shock* tóxico).

➤ Síntomas

Todos los niños con faringitis tienen irritación de la garganta y algún grado de dolor al tragar. El dolor en el oído puede aparecer porque la garganta y el oído comparten los mismos nervios. La parte posterior de la garganta y las amígdalas están por lo general rojas; estas últimas pueden agrandarse o cubrirse con una secreción blanca.

Los niños con faringitis como parte de un resfriado tienen goteo nasal, tos y ligera fiebre. Los niños con faringitis causada por estreptococos pueden tener dolor, los ganglios linfáticos del cuello agrandados y fiebre elevada. A veces, el niño con faringitis estreptocócica tiene síntomas de fiebre escarlatina ● *(v. pág. 1328),* que incluye cambios de color blanco brillante o rojo de la lengua (*lengua de fresa*) y una distintiva erupción de color rojo en la piel (ronchas escarlatiniformes).

Los niños con amigdalitis crónica pueden tener irritación de la garganta, molestias o dolor al tragar.

➤ Diagnóstico y tratamiento

Los médicos sospechan la existencia de faringitis cuando ven enrojecimiento y secreción blanca o pus en la parte posterior de la garganta y cuando los ganglios linfáticos del cuello están agrandados.

Si existe sospecha de faringitis estreptocócica, puede tomarse una muestra de la parte posterior de la garganta y se envía para dos pruebas: una prueba rápida de antígeno y un cultivo bacteriano. La prueba rápida de antígeno puede detectar faringitis estreptocócica en pocos minutos. Si el resultado de una prueba rápida es positivo, no es necesario realizar el cultivo bacteriano. Sin embargo, si el resultado de la prueba rápida es negativo, los médicos suelen hacer un cultivo, que requiere más o menos 1 o 2 días para el resultado.

La faringitis estreptocócica es tratada generalmente con penicilina, bien sea con una sola inyección o bien durante diez días por vía oral. Si el niño es alérgico a la penicilina, el médico puede administrar eritromicina u otro antibiótico. El tratamiento de la faringitis estreptocócica y la faringitis vírica incluye dar ibuprofeno o paracetamol (acetaminofén) para el dolor y la fiebre y animar al niño a beber líquidos. Suministrar sopa es un buen medio para mantener al niño bien hidratado y nutrido cuando la deglución es dolorosa y antes de haber vuelto el apetito. Las gárgaras de agua con sal o utilizar un aspersor de anestésico para la garganta pueden también ayudar temporalmente a aliviar el dolor.

■ Amígdalas y adenoides inflamadas

Las amígdalas y las adenoides son acumulaciones de tejido linfático que ayudan al cuerpo a combatir la infección. Las amígdalas están localizadas a los dos lados de la parte posterior de la garganta. Las adenoides están localizadas más arriba y más atrás, donde los conductos nasales se conectan con la garganta y no son visibles por la boca. Sin embargo, las amígdalas y las adenoides pueden agrandarse, por ejemplo, cuando se infectan con las bacterias que causan la faringitis. Cuando esto sucede, las amígdalas se vuelven más prominentes y las adenoides pueden obstruir la nariz. Por lo general, las amígdalas y las adenoides pueden volver al tamaño normal una vez que la infección se cura. A veces persiste el agrandamiento, especialmente en los niños que han tenido infecciones frecuentes o crónicas. Aunque extremadamente raro, a veces el cáncer causa el aumento de tamaño de las amígdalas o de las adenoides en los niños.

➤ Síntomas

La mayoría de las inflamaciones de las amígdalas y de las adenoides causan síntomas; en los niños de edad preescolar y en los adolescentes es considerado normal algún grado de aumento de tamaño de las amígdalas. Sin embargo, los niños con amígdalas o adenoides agrandadas pueden experimentar dolor de garganta y molestias o dolor al tragar. Las adenoides agrandadas pueden darle a la voz del niño una calidad de *nariz tapada* y provocar cambios en la forma del paladar y en la posición de los dientes.

Localización de las amígdalas y adenoides

Las amígdalas son dos zonas de tejido linfoide localizadas a ambos lados de la garganta. Las adenoides, también de tejido linfoide, están localizadas más arriba y más hacia atrás, detrás del paladar, donde las fosas nasales se conectan con la garganta. Las adenoides no son visibles por la boca.

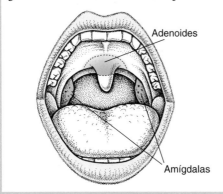

Las amígdalas y las adenoides inflamadas son consideradas un problema cuando ellas causan más efectos graves. Pueden causar infecciones crónicas del oído y una pérdida de audición debido a la obstrucción de la trompa de Eustaquio y a los líquidos acumulados en el oído medio. También pueden causar infecciones recurrentes de los senos paranasales y hemorragias nasales. Algunos niños tienen apnea obstructiva del sueño ● *(v. pág. 567)*. La obstrucción parcial de la vía aérea provoca ronquidos y breves períodos sin respiración; esto puede causar bajos niveles de oxígeno en la sangre, despertar frecuente y somnolencia diurna. Rara vez la apnea obstructiva del sueño causada por las amígdalas y adenoides inflamadas puede conducir a complicaciones graves, como aumento de la presión sanguínea pulmonar (hipertensión pulmonar) y cambios en el corazón que derivan de la hipertensión pulmonar (cor pulmonale ● *v. recuadro pág. 390)*.

Los niños con amígdalas agrandadas pueden también perder peso o no ganarlo adecuadamente, ya sea por el dolor y la dificultad para comer o debido al constante esfuerzo físico para respirar.

➤ Diagnóstico y tratamiento

Los médicos no se basan sólo en el tamaño que presentan las amígdalas para establecer el diag-

nóstico. Las amígdalas muy grandes pueden ser normales y unas amígdalas con infecciones crónicas pueden presentar un tamaño normal. En su lugar, los médicos buscan un enrojecimiento de las amígdalas, un aumento de tamaño de los ganglios linfáticos localizados en la mandíbula y en el cuello y el efecto de las amígdalas en la respiración. El diagnóstico de la apnea obstructiva del sueño existe cuando los padres informan sobre frecuentes períodos sin respiración. El médico también puede recomendar una polisomnografía, en la cual se mide el oxígeno de la sangre y se observa al niño mientras duerme.

El médico puede dar antibióticos si piensa que la causa de la inflamación de las amígdalas puede ser una infección bacteriana. Puede recomendar la extirpación quirúrgica de las amígdalas y de las adenoides (amigdalectomía y adenoidectomía) si los antibióticos no son eficaces o si piensa que no son útiles.

La amigdalectomía y la adenoidectomía eran realizadas muy frecuentemente en los niños, pero hoy lo son menos, debido a la aplicación de criterios para determinar qué niños pueden beneficiarse con la operación. Los niños que se benefician de la intervención quirúrgica incluyen aquellos con apnea obstructiva del sueño y aquellos para quienes hablar y respirar se hace extremadamente incómodo. El médico puede recomendar la cirugía si piensa que un cáncer puede ser la causa del aumento de tamaño o si el niño ha tenido varias infecciones de garganta y de oído (el límite establecido por algunos es de siete o más infecciones en un año, cinco o más infecciones al año en dos años, o tres o más por año en tres años). El médico puede recomendar adenoidectomía sólo para infecciones del oído, congestión nasal recurrente o infecciones de senos nasales.

No se ha demostrado que la amigdalectomía y la adenoidectomía disminuyan la frecuencia o gravedad de resfriados, tos y otros síntomas. Estos procedimientos deben ser realizados al menos tres semanas después de eliminada cualquier infección.

La amigdalectomía y la adenoidectomía son, por lo general, operaciones ambulatorias. La complicación quirúrgica es bastante baja, pero el dolor postoperatorio y la dificultad en la deglución pueden durar hasta una semana. La hemorragia es una complicación menos frecuente pero puede ocurrir en cualquier momento desde el primer día de cirugía hasta el décimo día después de la cirugía.

■ Déficit auditivo

Alrededor de tres de cada mil niños nacen con grave déficit auditivo. Uno de cada diez puede nacer con déficit menos importante, y muchos más que tienen una audición normal al nacer desarrollan déficit auditivo antes de la edad adulta. La incapacidad de reconocer y tratar un déficit puede afectar gravemente al niño en la habilidad para hablar y comprender el lenguaje. La discapacidad puede conducir a un bajo rendimiento en la escuela, a que los compañeros lo molesten, al aislamiento social y a padecer dificultades emocionales.

➤ Causas

Los defectos genéticos son las causas más frecuentes de déficit de la audición en los recién nacidos. Las infecciones del oído, incluida la otitis media serosa, son la causa más frecuente de déficit de la audición en los niños mayores, junto con la acumulación de cera. Otras causas en estos niños son los traumatismos en la cabeza, los ruidos intensos (incluida la música ruidosa), el uso de antibióticos aminoglicósidos (como gentamicina) o diuréticos tiacídicos, ciertas infecciones víricas (por ejemplo, paperas), los tumores o traumas que causan lesiones del nervio auditivo, los traumatismos por lápices u otros objetos extraños que se atascan profundamente en el oído y, raramente, una enfermedad autoinmune.

➤ Síntomas

Los padres pueden sospechar un déficit auditivo grave si el niño no responde al ruido o si el niño tiene dificultad o es lento para hablar. Un déficit auditivo menos grave puede ser más sutil y derivar en síntomas que son mal interpretados por padres y médicos. Los niños que ignoran a sus padres o a otras personas que les están hablando, aunque no todo el tiempo, pueden estarlo haciendo debido a una modesta deficiencia auditiva. Los niños que hablan y oyen bien en casa pero no en la escuela pueden tener un déficit auditivo leve o moderado que causa problema sólo en medio de una ruidosa sala de clase. Sin embargo, los niños que se están desarrollando bien pero que tienen significativas dificultades sociales, de comportamiento, del lenguaje y de aprendizaje en diferentes contextos deben ser investigados para detectar la existencia de un posible déficit auditivo.

Factores de riesgo de déficit auditivo en los niños

Recién nacidos

- ■ Bajo peso al nacer (especialmente inferior a 1,65 kg)
- ■ Baja puntuación de Apgar (inferior a 5 en 1 minuto o inferior a 7 en 5 minutos)
- ■ Baja oxigenación sanguínea o convulsiones producidas por un parto difícil
- ■ Infección por rubéola, sífilis, herpes, citomegalovirus o toxoplasmosis antes del nacimiento
- ■ Anomalías craneales o faciales, especialmente aquellas que comprometen el oído externo y el canal auditivo
- ■ Elevado nivel de bilirrubina en la sangre
- ■ Meningitis bacteriana
- ■ Infecciones del torrente sanguíneo (sepsis)
- ■ Respiración mecánica durante tiempo prolongado
- ■ Fármacos (antibióticos aminoglicósidos, algunos diuréticos)
- ■ Historia de pérdida temprana de la audición en uno de los padres o en un familiar cercano

Niños mayores

Todos los anteriores, más:

- ■ Traumatismos de la cabeza con fractura de cráneo o pérdida de conciencia
- ■ Otitis media crónica con colesteatoma
- ■ Algunos trastornos neurológicos, como neurofibromatosis y trastornos neurodegenerativos
- ■ Exposición al ruido
- ■ Perforación del tímpano por infecciones o traumatismos

➤ Detección y diagnóstico

Dado que la audición desempeña una importante función en el desarrollo del niño, muchos médicos recomiendan que todos los recién nacidos sean examinados alrededor de los 3 meses de edad con el fin de identificar tempranamente un déficit auditivo.

Generalmente, la detección se realiza en dos partes. Primero, al niño se le analiza la producción de ecos por oídos sanos en respuesta a chasquidos suaves producidos mediante un dispositivo manual (pruebas de emisiones otoacústicas evocadas). Si esta prueba provoca dudas acerca de la audición del niño, un segundo examen mide las señales eléctricas del cerebro en respuesta a sonidos (prueba de respuesta auditiva del tronco encefálico). Este examen (conocido como *Potenciales evocados auditivos del tronco cerebral*) es indoloro y normalmente se realiza mientras el niño está durmiendo; se puede realizar en niños de cualquier edad. Si los resultados son anormales, la prueba es repetida un mes más tarde. Si se detecta la pérdida de la audición, al niño se le pueden adaptar audífonos y puede beneficiarse al ser colocado en un centro educativo que responda mejor a los niños con déficit auditivo.

Se utilizan varias herramientas para diagnosticar el déficit auditivo en los niños mayores. Una implica una serie de preguntas para detectar la demora en el desarrollo normal del niño o para valorar la preocupación de los padres acerca del desarrollo del lenguaje y del habla. Los oídos del niño deben ser examinados para detectar anomalías. La respuesta a sonidos varios puede examinarse en los niños entre las edades de 6 meses y 2 años. Además, la respuesta del tímpano a una gama de frecuencias de sonidos (timpanometría) puede indicar si hay líquido en el oído medio. Después de la edad de 2 años, los niños pueden demostrar, por lo general, que ellos pueden oír y comprender las palabras siguiendo órdenes simples, y pueden examinarse por respuestas a sonidos utilizando auriculares.

➤ Tratamiento

Algunas causas de pérdida de audición pueden tratarse para que el niño pueda recuperar la audición. Por ejemplo, se pueden tratar las infecciones del oído con antibióticos o mediante cirugía, el cerumen puede ser extirpado manualmente o disolverse con gotas para el oído y los colesteatomas se pueden extirpar quirúrgicamente.

Más frecuentemente, sin embargo, la causa de la pérdida de audición en el niño puede ser irreversible y el tratamiento implica el uso de un audífono para compensar el déficit lo mejor posible.

Los audífonos están disponibles hasta para niños de 2 meses. Los niños con un déficit auditivo leve o moderado que sólo se manifiesta en el aula de clase también pueden responder bien a sistemas de radio que transmiten la voz del maestro directamente a una serie de altavoces, audífonos o auriculares. Los implantes cocleares (mecanismo colocado en el oído interno para que estimule el nervio auditivo con una corriente eléctrica en respuesta a los ruidos) se emplean en los niños con déficit auditivo grave ● *(v. también pág. 1491).*

En los últimos años ha crecido una sensación de orgullo en las personas de las comunidades de sordos concernientes a su rica cultura y formas alternativas de comunicación. Muchas personas se oponen al tratamiento agresivo del déficit auditivo negando a los niños las oportunidades disponibles en esas comunidades. Las familias que desean considerar este enfoque deben discutirlo con el médico.

■ Objetos en los oídos y la nariz

Algodón, fragmentos de lápices, papel, piedrecitas y semillas son algunos de los muchos objetos que los niños se meten en los oídos y la nariz. A veces los insectos ingresan dentro de los oídos y causan un dolor significativo.

Los objetos en el oído pueden ser retirados mediante el lavado con agua esterilizada o salina, utilizando una bomba aspirante o con pequeñas pinzas u otros instrumentos apropiados. El médico puede retirar un insecto poniendo un anestésico tópico o aceite mineral en el oído, lo que mata al insecto, detiene el dolor y hace la extracción más fácil. Los niños menores o los niños más nerviosos pueden necesitar sedación o anestesia general para estos procedimientos.

Los objetos puntiagudos, como los lápices, pueden perforar el tímpano del niño. Las perforaciones requieren ser evaluadas por el especialista de oído, pero muchas se curan por sí solas con el paso del tiempo, sin pérdida de la audición.

Los objetos atascados en la nariz son de mayor preocupación porque pueden obstruir la vía respiratoria del niño, causar infección y ser difíciles de extraer. Los niños frecuentemente tienen miedo a admitir que se introdujeron algún objeto en la nariz; muchos padres se dan cuenta del problema sólo cuando el niño presenta una hemorragia persistente, un goteo de la nariz, una secreción de olor desagradable o una dificultad para respirar de una sola fosa nasal.

El médico usa un anestésico tópico e intenta extraer el objeto utilizando aspiración o pequeñas pinzas. Si estas medidas no funcionan, el médico puede necesitar sedar al niño o darle anestesia general para extraer el objeto.

■ Bultos en el cuello

Los bultos en el cuello son protuberancias que cambian la forma del cuello.

Los bultos en el cuello son extremadamente frecuentes en los niños. La causa más frecuente de bultos en el cuello es la presencia de uno o más ganglios linfáticos agrandados ● *(v. también recuadro pág. 1515).* Un ganglio linfático puede aumentar de tamaño si está infectado (linfadenitis) o si hay una infección cercana, como la de la garganta. Algunos bultos en el cuello son el resultado de un quiste (un saco lleno de líquido) presente desde el nacimiento que se aprecia sólo después de empezar a hincharse o infectarse. Otras causas incluyen hinchazón debido a traumatismos del cuello, inflamación de las glándulas salivales o tumores no cancerosos (benignos). Raramente, el linfoma y tumores de tiroides u otros tumores cancerosos (malignos) son la causa.

La mayoría de los bultos en el cuello no causan síntomas y son de mayor preocupación para los padres que para los niños. Sin embargo, los ganglios linfáticos o quistes infectados son blandos y dolorosos.

Dado que muchos bultos del cuello son causados por infecciones víricas y desaparecen sin tratamiento, la realización de pruebas no es generalmente necesaria, a no ser que un bulto persista durante varias semanas. Sin embargo, el médico puede tomar una muestra de la parte posterior de la garganta para una prueba de infección bacteriana, o puede solicitar un análisis de sangre para detectar enfermedades tales como una mononucleosis infecciosa, una leucemia, un hipertiroidismo o problemas hemorrágicos. El médico puede también solicitar radiografías y una tomografía computarizada (TAC) para saber si el bulto es un tumor o un quiste y determinar con mayor precisión el tamaño y la extensión. Una prueba cutánea puede determinar si la tuberculosis es la causa probable, y la biopsia le da al médico información acerca de si se trata de un tumor canceroso.

El tratamiento para un bulto en el cuello depende de la causa. Los antibióticos son útiles para las linfadenitis y otras infecciones bacterianas. Los bultos causados por infecciones víricas y la hinchazón por traumatismos desaparecen gradualmente con el tiempo. Los tumores y quistes, por lo general, necesitan cirugía.

■ Papilomas laríngeos

Los papilomas laríngeos son tumores no cancerosos (benignos) de la caja de la voz (laringe).

Los papilomas laríngeos son causados por el papilomavirus humano. Aunque también pueden aparecer a cualquier edad, los papilomas afectan a los niños entre las edades de 1 y 4 años. Los papilomas son detectados cuando los padres notan ronquera, un llanto débil u otros cambios en la voz del niño. Los papilomas se repiten con frecuencia y en ocasiones proliferan dentro de la tráquea y los pulmones, obstruyendo las vías respiratorias. Rara vez se vuelven cancerosos.

Los papilomas laríngeos son detectados utilizando un laringoscopio para examinar la laringe. El médico realiza una biopsia en la que toma una muestra del papiloma para confirmar el diagnóstico. La cirugía es el tratamiento habitual. El tratamiento con drogas es permitido en los papilomas que rápidamente reaparecen o se propagan más allá de la laringe. Muchos niños necesitan numerosos procedimientos durante la infancia para extraer los papilomas cada vez que reaparecen. En la pubertad, algunos papilomas pueden desaparecer por sí mismos

CAPÍTULO 277

Trastornos oculares

El glaucoma congénito y las cataratas congénitas ● *(v. tabla pág. 1794)* son trastornos poco comunes que pueden afectar al recién nacido. Aunque los trastornos que más a menudo nublan la visión, como la miopía, la presbicia y el astigmatismo (errores de refracción), sí se desarrollan en niños, requieren tratamiento con mayor frecuencia que en los adultos. Ciertos trastornos, incluida la mala alineación entre los dos ojos (estrabismo), se producen con mayor frecuencia en los niños. Los errores de refracción y el estrabismo pueden causar pérdida de la visión (ambliopía).

■ Ambliopía

La ambliopía es la pérdida de la visión que se produce debido a que el cerebro ignora la imagen enviada por el ojo.

En la ambliopía, la pérdida de la visión es causada generalmente por un funcionamiento anormal del cerebro, no del ojo. Se desarrolla sólo durante la infancia. La ambliopía es la causa más frecuente de la pérdida de la visión en los niños.

La gente tiene percepción de la profundidad porque las dos imágenes, una de cada ojo, son grabadas desde ángulos ligeramente diferentes. El cerebro combina, o fusiona, las imágenes separadas en una imagen tridimensional. El cerebro desarrolla la habilidad de fusionar imágenes sólo durante la infancia. Cuando al cerebro le llega información de escasa calidad desde un ojo, como una imagen relativamente borrosa o una imagen doble, el cerebro suprime las imágenes y, de hecho, ignora la entrada de información de ese ojo. La persona es inconsciente de la imagen de ese ojo incluso cuando el ojo es normal.

➤ Causas

Una de las causas más frecuentes de la ambliopía es la mala alineación entre los dos ojos (estrabismo). Con el estrabismo, los ojos no apuntan al mismo objeto; de esta manera el cerebro ve dos imágenes muy diferentes. Estas imágenes son demasiado diferentes para ser fusionadas. En los adultos, ver dos imágenes diferentes provoca una visión doble (diplopía). Sin embargo, en los niños, si la habilidad de fusionar las imágenes todavía no se ha desarrollado, el cerebro aprende a ignorar la imagen del ojo desalineado.

Igualmente, la mala visión en un ojo (debido a una miopía grave, a una presbicia o incluso a una catarata congénita) puede alterar la habilidad del niño para fusionar las imágenes. Si las imágenes que el cerebro recibe desde los ojos son muy diferentes la una de la otra, el cerebro aprende a ignorar la imagen que es más borrosa.

➤ Síntomas y diagnóstico

Los niños con ambliopía pueden ser demasiado pequeños para describir los síntomas. O el niño puede no darse cuenta de la existencia de un problema, como el no poder ver por un ojo. Ya que sólo una imagen es percibida, el niño carece de percepción de profundidad, aunque el niño puede no darse cuenta.

Además de realizar de forma rutinaria el examen de ojos, los médicos examinan a los niños a la edad más temprana posible para descartar errores de estrabismo y de refracción, que pueden causar la ambliopía.

➤ Pronóstico y tratamiento

La ambliopía a veces es leve y temporal. La ambliopía es más probable que sea permanente cuando comienza a una edad temprana o persiste durante mucho tiempo. La ambliopía por cualquier causa que no haya sido tratada a la edad de 10 años, por lo general, no puede curarse completamente.

Cuanto antes se inicie el tratamiento, es más probable que la ambliopía se pueda prevenir o corregir. El tratamiento implica forzar al cerebro a usar las imágenes visuales del ojo con problemas. El uso de gafas a veces logra la corrección de la visión en el ojo con problemas. La forma más efectiva es *anular* el ojo normal, el más fuerte, poniéndole un parche o administrando gotas para nublar la visión del ojo, como la atropina.

■ Estrabismo

El estrabismo (bizquera, ojos atravesados, ojo errante) es una mala alineación o desviación de un ojo que ocasiona que la línea de visión no apunte al mismo objeto que el otro ojo.

Las causas del estrabismo son variadas y consiste en el desequilibrio en la tensión de los músculos que controlan la posición de los ojos o la mala visión en un ojo.

Existen distintos tipos de estrabismo; cada uno se manifiesta de diferentes formas. Algunos tipos de estrabismo se caracterizan por girar los ojos hacia dentro (esotropía) y algunos por girarlos hacia fuera (exotropía). Otros se caracterizan por un giro ascendente (hipertropía) o hacia abajo (hipotropía).

A veces los padres se dan cuenta del estrabismo del niño porque los ojos parecen adoptar una posición anormal. El estrabismo puede causar visión doble (diplopía) en el niño de más edad o ambliopía en el niño más joven.

El niño debe ser examinado periódicamente para detectar estrabismo, comenzando a la edad de unos meses. Para examinar a un bebé, el médico le ilumina los ojos para ver si la luz se refleja desde el mismo lugar en cada pupila. Los niños de más edad pueden ser examinados más a fondo; el médico puede pedir que miren fijamente objetos, en algunas ocasiones con un ojo cubierto. Un examen más a fondo puede revelar un leve estrabismo que de otra forma sería imposible detectar. Los niños con estrabismo necesitan ser examinados frecuentemente por el médico.

Si el estrabismo es leve, puede no necesitar tratamiento, pero si el estrabismo es importante o empeora se hace necesario un tratamiento. El tratamiento depende de las características específicas del estrabismo.

Foria es una tendencia hacia la incorrecta alineación de los ojos. La tendencia es tan poco grave que, durante la mayor parte del día, el músculo del ojo y el cerebro pueden controlar por completo cualquier alineación errónea y mantener la fusión. La foria, por lo general, no presenta síntomas pero, si es lo suficientemente grave, puede conducir al estrabismo y visión doble. Los oftalmólogos pueden realizar pruebas para diagnosticar foria. Por lo general, no es necesario ningún tratamiento para forias asintomáticas.

La **esotropía infantil** es el giro de los ojos hacia dentro que se desarrolla antes de los 6 meses de edad; a menudo se presenta como característica familiar y tiende a ser grave. Los ojos con frecuencia comienzan a girar hacia dentro a los 3 meses de edad. El giro de los ojos hacia dentro tiende a ser constante y es fácilmente perceptible.

Defectos de refracción en los niños

Los defectos de refracción, como miopía, hipermetropía y astigmatismo, son enfermedades que producen visión borrosa porque el ojo no puede enfocar las imágenes con precisión en la retina. Si sólo afecta a un ojo, puede producirse pérdida de la visión (ambliopía).

Los síntomas de los defectos de refracción son iguales en los niños que en los adultos ● *(v. pág. 1529),* aunque los niños frecuentemente no son capaces de saber si tienen problemas de visión. A veces, el profesor o la enfermera de la escuela pueden ser los primeros en notar que el niño tiene problemas para ver correctamente.

Todos los niños necesitan ser examinados en busca de defectos de refracción. Generalmente, el diagnóstico es similar en niños y adultos. Los niños de 3 o 4 años pueden leer las figuras, las cifras o las letras usadas en la prueba de visión. La visión de cada ojo se analiza por separado para detectar una pérdida de visión que afecte sólo a un ojo. El ojo que no se está examinando se cubre con un parche o con otro objeto.

Los defectos de refracción se tratan habitualmente con gafas en niños y adultos. Sin embargo, los niños no suelen usar lentes de contacto. Muchos niños no son capaces de cuidar y limpiar las lentes de contacto; una limpieza o esterilización inadecuada de las lentes de contacto puede producir infecciones en el ojo. Además, algunos niños suelen perder las lentes de contacto.

La cirugía, que consiste en modificar la tensión del músculo del ojo, es habitualmente necesaria para realinear los ojos. Puede ser necesario realizar varias operaciones. Raramente, incluso el mejor tratamiento posible puede no corregir el estrabismo. En algunas personas, la ambliopía puede desarrollarse a la edad de 2 años, aun con tratamiento.

La **esotropía acomodativa** es el giro de los ojos hacia dentro y se desarrolla entre las edades de 6 meses y 7 años, más frecuentemente en los de 2 o 3 años de edad, y se relaciona con el enfoque óptico (acomodación) de los ojos.

La desalineación es el resultado del movimiento de los ojos cuando enfocan algo cercano o distante. Los niños con esotropía acomodativa son frecuentemente hipermétropes. Aunque los ojos de cualquier persona giran hacia dentro cuando fijan su mirada en objetos cercanos, los ojos hipermétropes también giran hacia dentro cuando

---

Estrabismo: un ojo desviado

Existen distintos tipos de estrabismo. En el tipo más frecuente, un ojo gira hacia dentro (esotropía u ojo bizco) o hacia afuera (exotropía u ojo errante). En esta ilustración, está afectado el ojo derecho del niño.

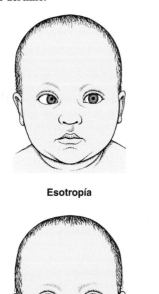

Esotropía

Exotropía

---

se curan de la hipermetropía y finalmente no necesitan lentes.

A veces se usan fármacos (como gotas de ecotiofato para los ojos) para ayudar a enfocar los objetos cercanos. Si con el uso de las gafas y las gotas oftálmicas se fracasa en la alineación es necesario realizar una cirugía. La ambliopía permanente se desarrolla con menor frecuencia en los niños con esotropía acomodativa que en los niños con esotropía infantil.

En el **estrabismo paralítico**, uno o más de los músculos que mueven el ojo en una dirección diferente queda paralizado. Como resultado, los músculos no trabajan en equilibrio. La parálisis del músculo del ojo generalmente la causa un trastorno que afecta a los nervios de los músculos del ojo. Por ejemplo, las lesiones cerebrales o los tumores pueden aumentar la presión dentro del cráneo, comprimiendo los nervios que van hacia los músculos del ojo.

En los niños con estrabismo paralítico, el movimiento del ojo afectado es deficiente sólo si el ojo intenta moverse en una dirección específica, no en todas las direcciones. Pueden desarrollar ambliopía o visión doble. La visión doble empeora al mirar en direcciones normalmente controladas por el ojo paralizado.

El estrabismo paralítico puede ser tratado con gafas con lentes prisma, que doblan la luz para que ambos ojos reciban casi la misma imagen. Con el tiempo se puede curar por sí misma. De forma alternativa, puede ser necesario recurrir a la cirugía. Si el estrabismo paralítico proviene de otro problema que afecte a los nervios, como un tumor cerebral, la otra afección también necesita ser tratada.

La **exotropía intermitente** es el giro de los ojos hacia fuera. Los ojos giran hacia fuera sólo a veces (intermitente), habitualmente cuando el niño está mirando objetos distantes. La exotropía intermitente se detecta después de la edad de 6 meses.

La exotropía intermitente que no presenta síntomas molestos, como la visión doble, puede no necesitar tratamiento. Rara vez aparece ambliopía. Las lentes se hacen necesarias si los síntomas llegan a ser preocupantes. Rara vez, el médico recomienda ejercicios para los músculos del ojo. Si los síntomas empeoran a pesar del uso de las lentes, la cirugía puede ser efectiva.

miran objetos distantes. En casos leves, los ojos también pueden girar demasiado hacia dentro pero sólo cuando miran objetos cercanos. En casos más graves, los ojos giran todo el tiempo demasiado hacia dentro. Habitualmente, la esotropía acomodativa puede corregirse mediante un tratamiento. Generalmente, el primer tratamiento que se intenta es probar con las gafas, que pueden ayudar al niño a enfocar objetos, reduciendo la tendencia de los ojos a girar hacia dentro cuando observan dichos objetos. Muchos niños

CAPÍTULO 278

Trastornos óseos

Aunque la mayor parte de los trastornos óseos que afectan a los niños son similares a aquellos que afectan a los adultos, existen algunas diferencias. Los huesos de los niños están en constante crecimiento y remodelación. El crecimiento se logra a partir de una parte vulnerable del hueso denominada placa (cartílago) de crecimiento. En la remodelación, el tejido óseo viejo es reemplazado gradualmente por tejido óseo nuevo ● *(v. pág. 403)*. Los huesos de los niños se pueden remodelar de modo más completo que los de los adultos. Además, en los niños, los huesos se restablecen más rápido y la formación de cicatrices y la rigidez se presentan con menor frecuencia. La mayor parte de los trastornos óseos infantiles son leves y no causan problemas permanentes.

➤ Causas

Los trastornos óseos en los niños pueden producirse por cualquiera de las causas que afectan a los adultos, tales como traumatismos e infecciones. Una de las causas que afecta primordialmente a los niños es una desalineación de los huesos de desarrollo gradual. En los niños, los huesos de las piernas pueden ser muy curvos, lo que generalmente es el resultado de la posición de las piernas en el útero antes del nacimiento.

Un escaso aporte sanguíneo también puede lesionar la placa de crecimiento, como puede hacerlo su separación del resto del hueso o incluso una leve desalineación. El daño de la placa de crecimiento detiene el crecimiento de los huesos, distorsiona la articulación y puede causar lesiones articulares duraderas (artritis).

Algunos trastornos hereditarios raros del tejido conjuntivo afectan a los huesos, como el síndrome de Marfan, las mucopolisacaridosis, la osteogénesis imperfecta, las condrodisplasias y la osteopetrosis ● *(v. pág. 1906)*.

➤ Síntomas y diagnóstico

Los niños, por lo general, experimentan los mismos síntomas que los adultos. El dolor es frecuente y puede ir apareciendo lentamente, en el curso de semanas o más tiempo. Los bebés y los niños muy pequeños pueden ser incapaces de comunicar su dolor. Los trastornos óseos a veces causan deformaciones indoloras. Algunas deformidades pueden afectar a la habilidad del niño para caminar o utilizar las extremidades. El diagnóstico de los trastornos óseos es semejante en niños y adultos.

➤ Tratamiento

El tratamiento de la mayor parte de los trastornos óseos, como fracturas e infecciones, es generalmente similar en niños y adultos.

El tratamiento quirúrgico puede ser útil cuando la placa de crecimiento está dañada. El realineamiento quirúrgico adecuado de los extremos separados o desalineados de la placa de crecimiento puede restablecer el crecimiento normal del hueso. Al disminuir la irritación causada por la desalineación, la cirugía puede prevenir el desarrollo de artritis en la articulación.

Si un trastorno óseo causa una deformidad física, el niño puede tornarse ansioso o deprimido. Algunos tratamientos para los trastornos del hueso pueden ser difíciles de aceptar desde el punto de vista psicológico. Por ejemplo, los adolescentes pueden negarse a usar un corsé para el tratamiento de la escoliosis, dado que esto los hace parecer diferentes de sus compañeros. El asesoramiento profesional puede aliviar la ansiedad o la depresión. La orientación del especialista también puede ayudar al niño a superar tratamientos difíciles.

■ Escoliosis

La escoliosis es la curvatura anormal de la columna vertebral.

La escoliosis es muy frecuente, sobre todo entre las niñas. La escoliosis puede ser el resultado de un defecto de nacimiento o desarrollarse con el paso de los años, más frecuentemente en la adolescencia. Por lo general, la causa no llega a ser conocida. La columna vertebral, por lo general, se desvía hacia la derecha cuando la curvatura es en la parte superior de la espalda, y hacia la izquierda cuando es en la parte inferior de la espalda. El resultado es que el hombro derecho se halla generalmente más alto que el izquierdo. Una

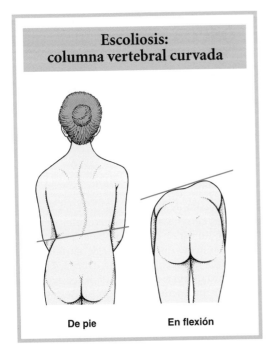

Escoliosis: columna vertebral curvada

De pie   En flexión

cadera puede estar más alta que la otra. A menudo, la escoliosis aparece en los niños con cifosis (cifoescoliosis).

▶ Síntomas y diagnóstico

La escoliosis leve es habitualmente asintomática. A veces la espalda queda dolorida o rígida después de que el niño ha estado sentado o de pie durante un período prolongado. Con el tiempo, puede sobrevenir un dolor leve o más intenso.

La escoliosis leve puede detectarse durante una exploración médica de rutina. Un padre, un maestro o un médico pueden sospechar la escoliosis si el niño tiene un hombro que parece más alto que el otro o cuando la ropa le cuelga de un lado.

En cerca de la mitad de los niños afectados, la escoliosis tiene probabilidades de empeorar. Cuanto más pronunciada sea la curvatura, mayor será su probabilidad de empeorar. De la misma manera, cuanto más síntomas aparecen, mayor será esta probabilidad.

Dado que la escoliosis generalmente empeora cuando el niño alcanza la edad de la pubertad, mientras más temprano se manifieste, tiene más tiempo para empeorar. De este modo, una pequeña curva a los 10 años de edad es mucho más preocupante que esa misma curva a los 16 años de edad. El empeoramiento de la escoliosis puede causar problemas permanentes, tales como deformidades perceptibles o dolor crónico. La escoliosis grave puede incluso afectar a los órganos internos, por ejemplo puede deformar y dañar los pulmones. A veces, la escoliosis puede empeorar aunque los síntomas no se hayan presentado.

Para diagnosticar la enfermedad, el médico le solicita al niño que se incline hacia delante y observa la columna vertebral desde atrás, ya que la curva anormal se detecta más fácilmente en esta posición. Las radiografías demuestran los ángulos precisos de la curvatura. Si el médico piensa que la escoliosis puede empeorar, generalmente examina al niño varias veces al año. Se pueden emplear algunos dispositivos especiales para medir con mayor precisión la curvatura de la columna vertebral.

▶ Pronóstico y tratamiento

En la inmensa mayoría de los niños que tienen escoliosis, la curvatura no continúa progresando, sino que más bien permanece pequeña. Sin embargo, se necesita un seguimiento regular por parte de un médico. La escoliosis que causa síntomas, que está empeorando o es grave puede necesitar tratamiento. Cuanto antes se inicie el tratamiento, mayor es la posibilidad de prevenir una deformidad grave.

Se puede utilizar un corsé o un objeto adaptado para sostener la columna vertebral (ortosis) y mantenerla recta. En los casos más graves, es necesario fusionar quirúrgicamente las vértebras; durante la cirugía se introduce una barra de metal para mantener la columna vertebral recta hasta que las vértebras se hayan fusionado de forma permanente.

■ Cifosis

En la cifosis (enfermedad de Scheuermann), las alteraciones de los cartílagos de las vértebras (osteocondritis) causan una joroba.

Es bastante frecuente observar una leve cifosis que comienza en la adolescencia y afecta más a menudo a los niños que a las niñas. No se conoce la causa. Las vértebras se curvan hacia delante una sobre otra, generalmente en la parte superior de la espalda. Como resultado de ello, la espalda presenta una joroba. A menudo, la escoliosis también aparece en los niños con cifosis (cifoscoliosis).

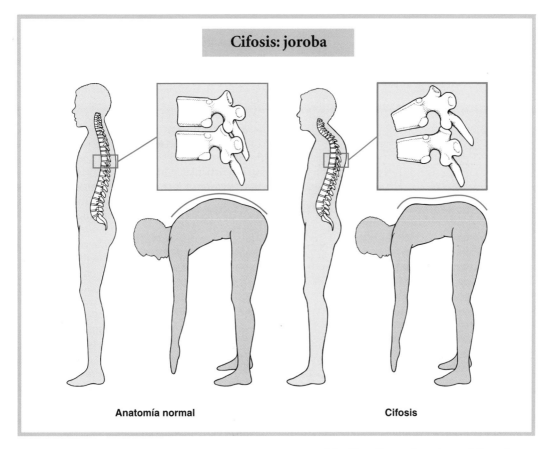

Cifosis: joroba

Anatomía normal

Cifosis

La cifosis a menudo no produce síntomas. A veces se manifiesta un dolor de espalda leve y persistente. La cifosis puede notarse sólo porque altera el aspecto del cuerpo. Los hombros pueden aparecer redondeados. La parte superior de la columna vertebral puede aparecer más curva de lo normal o puede observarse una joroba. La cifosis leve que no produce síntomas en algunas ocasiones se detecta sólo durante una exploración física de rutina. El médico confirma el diagnóstico con el examen de las radiografías de la columna vertebral, que muestran la curva y la deformidad de las vértebras.

El tratamiento más frecuente consiste en el uso de un corsé vertebral o en dormir en una cama rígida. En la cifosis leve, el tratamiento puede producir un ligero enderezamiento de la columna vertebral aunque los síntomas no mejoren. No está muy claro si el tratamiento de la cifosis leve evita que la curvatura aumente. Cuando la cifosis es más grave, el tratamiento puede mejorar los síntomas y evitar que la curva empeore. Rara vez, a pesar del tratamiento, la cifosis empeora hasta el punto de hacerse necesaria la cirugía para enderezar la columna vertebral.

■ Deslizamiento epifisario de la cabeza femoral

El deslizamiento epifisario de la cabeza femoral es una separación de la placa de crecimiento dentro del fémur en la articulación de la cadera.

El deslizamiento epifisario de la cabeza femoral, por lo general, aparece en los adolescentes con sobrepeso, generalmente en varones. La causa es desconocida. Sin embargo, el trastorno puede provenir de un ensanchamiento en la parte del hueso donde se produce el crecimiento o de alteraciones de los niveles de hormonas en la sangre, lo que normalmente ocurre en la pubertad. La separación hace que la parte superior del fémur finalmente pierda su aporte sanguíneo, se necrose y se colapse.

El primer síntoma puede ser la rigidez o un leve dolor en la cadera. Sin embargo, puede parecer que el dolor proviene de la rodilla. El dolor mejora con el reposo y empeora al caminar o al mover la cadera. Después aparece una cojera, seguida de dolor de la cadera, que se extiende hacia abajo por la parte interna del muslo hasta la rodilla. La

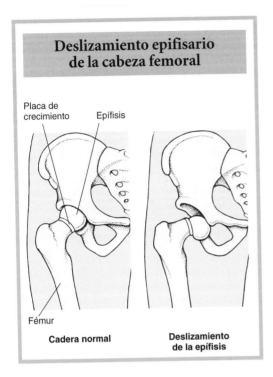

Deslizamiento epifisario de la cabeza femoral

Placa de crecimiento

Epífisis

Fémur

Cadera normal

Deslizamiento de la epífisis

pierna afectada, generalmente, se tuerce hacia fuera.

Las radiografías de la cadera afectada muestran un deslizamiento o separación de la cabeza del fémur del resto del hueso. El diagnóstico precoz es importante porque después el tratamiento se hace más difícil y los resultados son menos satisfactorios.

La cirugía es necesaria para alinear los extremos separados del fémur y unirlos con tornillos metálicos. La cadera se inmoviliza con una escayola durante varias semanas hasta dos meses.

■ Enfermedad de Legg-Calvé-Perthes

La enfermedad de Legg-Calvé-Perthes consiste en la destrucción de la placa de crecimiento en el cuello del fémur.

La enfermedad de Legg-Calvé-Perthes se desarrolla más frecuentemente en los varones entre las edades de 5 y 10 años. Se produce a causa de un aporte escaso de sangre a la placa de crecimiento de la parte superior del fémur. La razón del escaso suministro de sangre es desconocida.

La enfermedad de Legg-Calvé-Perthes puede ocasionar una lesión grave de la cadera sin causar

síntomas al inicio. La lesión grave puede, sin embargo, conducir a una artritis permanente de la cadera. A menudo, el primer síntoma es dolor en la cadera o en el muslo. El dolor empieza gradualmente y aumenta poco a poco. El dolor tiende en general a empeorar cuando se mueve la cadera o cuando se camina. Se puede presentar cojera, a veces antes de experimentar el niño mucho dolor. Con el tiempo disminuye el movimiento articular y los músculos del muslo pueden desgastarse (atrofiarse) por falta de uso. Las radiografías muestran cambios alrededor de la placa de crecimiento, tales como una fractura o destrucción del hueso.

El tratamiento incluye inmovilización prolongada de la cadera. A veces es suficiente la inmovilización parcial mediante reposo en cama. Algunas veces se requiere una inmovilización casi total entre 12 y 18 meses y se necesita tracción, cabestrillos, moldes de yeso o férulas. Tales tratamientos mantienen las piernas en rotación hacia fuera. La fisioterapia es también necesaria para prevenir que los músculos se contraigan y se atrofien. Si el niño es mayor de 6 años y presenta una destrucción ósea moderada o grave, la cirugía puede ser útil. Independientemente de cómo se trata, la enfermedad de Legg-Calvé-Perthes, por lo general, requiere al menos dos años para curarse.

■ Enfermedad de Osgood-Schlatter

La enfermedad de Osgood-Schlatter es una inflamación del hueso y el cartílago en la parte superior de la tibia.

La enfermedad de Osgood-Schlatter se desarrolla entre las edades de 10 y 15 años, habitualmente en los varones. Se piensa que la causa es la tensión repetitiva y excesiva del tendón de la rótula (tendón patelar) sobre su punto de unión en la parte anterior y superior de la tibia. Este punto de unión se denomina tuberosidad tibial.

El principal síntoma es el dolor en la tuberosidad tibial. El dolor empeora con la actividad y se alivia con el reposo. Finalmente, aparecen una hinchazón y un dolor al tacto en ese sitio. Las radiografías de la rodilla pueden mostrar alargamiento o fragmentación de la tuberosidad tibial.

Evitar los deportes y ejercicios enérgicos ayuda a reducir el dolor. También es especialmente útil evitar doblar la rodilla. El uso de antiinflamatorios no esteroideos (AINE) puede ser útil para el dolor.

Trastornos frecuentes del pie, la rodilla y la pierna de los bebés y niños menores

Muchos de los problemas de rodilla y pie que los padres notan en los bebés y niños pequeños se resuelven con el tiempo por sí mismos sin tratamiento. Algunos problemas aparecen debido a la posición de las piernas en el útero antes del nacimiento. Rara vez se necesita tratamiento.

En los **pies planos**, la parte media de los pies, que normalmente es arqueada, se encuentra descendida. Puede que parezca que un bebé con un pie normal tenga un pie plano por la presencia de una almohadilla de grasa en el arco del pie. Los pies planos pueden aparecer cuando el arco del pie es inusualmente flexible (**pies planos flexibles**). Otra causa de pies planos es el endurecimiento de las articulaciones del pie que fija el pie en una posición con un arco aplanado (**coalición tarsal**). La coalición del tarso puede ser un defecto de nacimiento o el resultado de problemas tales como lesiones o inflamación prolongada.

Por lo general, las almohadillas de grasa y los pies planos flexibles no presentan síntomas. A veces, los pies planos flexibles producen dolor o calambres en el pie. La coalición del tarso puede dar lugar a dolor o calambres. Los pies con coalición del tarso son rígidos, lo que puede afectar a la marcha o la carrera.

Las almohadillas de grasa no requieren tratamiento. Los pies planos flexibles, por lo general, no requieren tratamiento. Sin embargo, si el niño mayor presenta dolores o calambres por tener los pies planos puede necesitar zapatos ortopédicos. El tratamiento para la coalición del tarso con frecuencia incluye una escayola. A veces, la separación quirúrgica de las estructuras internas unidas restablece la movilidad del pie.

En las **piernas arqueadas** (genu varum fisiológico), las rodillas aparecen rotadas hacia afuera. Las piernas arqueadas aparecen por la manera en que se doblan las piernas para caber en el útero antes del nacimiento. Las piernas arqueadas se dan en los bebés y se consideran normales. Habitualmente, el único síntoma es el aspecto de las rodillas. Por lo general, la afección se corrige por sí misma alrededor de un año después de que el niño comience a andar.

En las **rodillas juntas** (genu valgum), las rodillas apuntan hacia dentro. Las rodillas juntas afectan más frecuentemente a los niños con edades de 3 a 5 años. Por lo general, la afección se corrige por sí misma a los 10 años de edad sin tratamiento.

La **torsión femoral** es una curvatura del fémur. En la torsión femoral interna, los muslos se curvan hacia dentro. Las rodillas, y normalmente los dedos de los pies, apuntan hacia dentro. En la torsión femoral externa, los muslos se curvan hacia afuera. Las rodillas y los pies apuntan hacia afuera. La torsión femoral interna aparece más frecuentemente que la torsión femoral externa. Los niños con torsión femoral interna a veces tienen una flexibilidad anormal en las articulaciones y ligamentos.

La torsión femoral interna y externa suelen corregirse por sí solas cuando el niño ya es mayor y comienza a andar. A veces, la torsión femoral interna se corrige asegurándose de que, al sentarse, el niño adopte una posición recta. Puede que el niño no pueda sentarse derecho hasta que alcance la edad escolar. En la circunstancia poco frecuente de que persista la torsión femoral interna pasada la edad de 10 años, puede resultar necesario reparar quirúrgicamente el hueso. Puede llevar años conseguir la mejoría de una torsión femoral interna o externa.

La **torsión tibial** es una curvatura de la espinilla (tibia). La torsión tibial se desarrolla antes del nacimiento y es muy frecuente. En la torsión tibial interna, la curva de la tibia va hacia dentro, con los dedos apuntando hacia dentro. En la torsión tibial externa, la tibia se curva hacia fuera, con los dedos apuntando hacia fuera. A menudo, la torsión tibial se nota durante el segundo año de vida, cuando el niño comienza a andar. La tibia aparece curvada pero se endereza gradualmente cuando el niño comienza a caminar.

Se requieren varias semanas o meses para su curación. A veces, toda la pierna, desde el tobillo hasta la parte superior del muslo, debe ser inmovilizada con una escayola durante varias semanas.

■ Condromalacia patelar

La condromalacia patelar es la lesión del cartílago de la parte posterior de rótula.

La condromalacia patelar, por lo general, aparece en los adolescentes. Los que practican jogging son especialmente susceptibles. La causa es probablemente un trauma menor, repetitivo, causado por una desalineación de la rótula. La desalineación hace que el cartílago de la superficie posterior de la rótula roce contra otros huesos cuando se dobla la rodilla.

Se siente un dolor sordo y continuo alrededor y detrás de la rodilla. Trepar, especialmente al subir o bajar escaleras y correr, por lo general empeora el dolor. Permanecer sentado por mucho tiempo también puede acrecentar el dolor. El médico establece el diagnóstico basándose en los síntomas y la exploración física, y puede recomendar ejercicios para fortalecer los músculos cuádriceps, que enderezan o extienden la articulación de la rodilla. Aumentar la flexibilidad de la rodilla mediante ejercicios de extensión también puede ayudar. Deben evitarse las actividades que empeoran el dolor. Los analgésicos o los antiinflamatorios no esteroideos (AINE), como ibuprofeno o naproxeno, pueden ayudar a aliviar los síntomas.

CAPÍTULO 279

Trastornos hereditarios del tejido conjuntivo

Los músculos, los huesos, el cartílago, los ligamentos y los tendones están hechos mayoritariamente de tejido conjuntivo. El tejido conjuntivo se encuentra también en otras partes del cuerpo, como en la piel y en los órganos internos. El tejido conjuntivo es fuerte y, por consiguiente, capaz de soportar el peso y la tensión ● *(v. pág. 404).*

Ciertos trastornos hereditarios ocasionan malformaciones del tejido conjuntivo en todo el cuerpo. En general, los trastornos hereditarios del tejido conjuntivo se manifiestan en la infancia pero continúan a lo largo de toda la vida. Las distrofias musculares son un grupo de trastornos musculares hereditarios que ocasionan debilidad muscular ● *(v. pág. 496).*

La mayoría de los trastornos hereditarios del tejido conjuntivo se diagnostican por sus síntomas y los hallazgos de la exploración física. El análisis de genes, generalmente a partir de una prueba de sangre, puede ayudar a diagnosticar algunos trastornos hereditarios. También puede ser útil una biopsia (extracción de una muestra de tejido para su examen al microscopio); por lo general, el tejido se extirpa bajo anestesia local. Las radiografías pueden revelar anomalías óseas.

■ Síndrome de Ehlers-Danlos

El síndrome de Ehlers-Danlos es un raro trastorno hereditario del tejido conjuntivo que ocasiona una flexibilidad inhabitual en las articulaciones, una piel muy elástica y unos tejidos frágiles.

El síndrome de Ehlers-Danlos es provocado por una anomalía en uno de los genes que controla la producción del tejido conjuntivo. Existen diversas variedades (con amplias variaciones de gravedad), cada una de las cuales afecta a un gen diferente y produce alteraciones algo diferentes. El resultado es un tejido conjuntivo anormalmente frágil que causa problemas en las articulaciones y en los huesos y que puede debilitar órganos internos.

Los niños con síndrome de Ehlers-Danlos, por lo general, tienen articulaciones muy flexibles. Algunos presentan pequeños bultos redondos y duros bajo la piel, una joroba con una curvatura anormal de la columna vertebral (cifoescoliosis) o pies planos. La piel puede estirarse varios centímetros, pero vuelve a su posición normal cuando se libera.

El síndrome de Ehlers-Danlos puede alterar la respuesta del organismo a las lesiones. Lesiones menores pueden desembocar en amplias heridas abiertas. Aunque estas heridas, por lo general, no sangran excesivamente, sí dejan grandes cicatrices. Se presentan torceduras y dislocaciones con facilidad.

En un número pequeño de niños con síndrome de Ehlers-Danlos, la sangre coagula con dificultad. Las hemorragias de heridas leves pueden ser difíciles de detener.

Los intestinos pueden sobresalir por la pared abdominal (hernias) y pueden presentarse protuberancias anormales (divertículos) en el intestino. Rara vez, un intestino frágil sangra o se rompe (perfora).

Si una mujer embarazada tiene el síndrome de Ehlers-Danlos, el parto puede ser prematuro. Cuando el feto tiene síndrome de Ehlers-Danlos, las membranas que lo rodean pueden romperse antes de tiempo (ruptura prematura de membranas). La madre o su bebé con el síndrome de Ehlers-Danlos pueden sangrar excesivamente en el momento del parto.

El médico establece el diagnóstico basándose en los síntomas y en el resultado de la exploración física. El médico podrá confirmar el diagnóstico de algunos tipos de síndrome de Ehlers-Danlos tomando una muestra de la piel para examinarla al microscopio.

➤ Tratamiento y pronóstico

No existe tratamiento para curar el síndrome de Ehlers-Danlos o para corregir las anomalías en el tejido conjuntivo. Las heridas pueden ser tratadas, pero puede ser difícil para un médico suturar los cortes porque los puntos tienden a desgarrar el frágil tejido. Por lo general, utilizando una cinta adhesiva o goma médica para la piel, los cortes se cierran con mayor facilidad y dejan menos cicatrices.

Deben tomarse precauciones especiales para prevenir las lesiones. Por ejemplo, se puede utilizar ropa protectora y acolchada en los niños con formas graves; la cirugía requiere el uso de técnicas especiales que reduzcan las lesiones y se debe asegurar un suministro suficiente de sangre disponible para transfusión.

A pesar de las tantas y tan variadas complicaciones que pueden tener las personas con síndrome de Ehlers-Danlos, el tiempo de vida generalmente es normal. Sin embargo, en un número reducido de personas con un tipo particular de síndrome de Ehlers-Danlos, las complicaciones (por lo general hemorragias) son mortales.

■ Síndrome de Marfan

El síndrome de Marfan es un extraño trastorno hereditario del tejido conjuntivo que ocasiona anomalías en los ojos, en los huesos, en el corazón y en los vasos sanguíneos.

En el síndrome de Marfan, causado por un gen dominante, algunas fibras y otras partes del tejido conjuntivo sufren cambios que finalmente debilitan el tejido. La debilidad afecta a los huesos y a las articulaciones, así como a estructuras internas, como el corazón, los vasos sanguíneos, los ojos y los intestinos. Los tejidos debilitados se estiran, distorsionan y pueden incluso desgarrarse. Por ejemplo, la aorta puede debilitarse, sobresalir, o desgarrarse. Los tejidos conjuntivos que

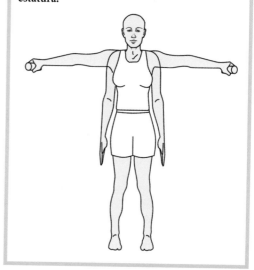

Síndrome de Marfan

El paciente con síndrome de Marfan es alto y delgado y tiene una envergadura que excede su estatura.

unen estructuras pueden debilitarse o romperse, separando estructuras anteriormente unidas. Por ejemplo, el cristalino del ojo, o la retina, puede desprenderse de su fijación normal.

Los síntomas oscilan desde leves a intensos. Muchas personas con síndrome de Marfan nunca notan los síntomas. En algunas personas, los síntomas pueden no aparecer hasta llegar a la edad adulta. Las personas con síndrome de Marfan son de estatura más alta de la esperada de acuerdo con la edad y la familia. La brazada (distancia entre la punta de los dedos cuando los brazos se extienden) es superior a la estatura. Los dedos de la mano son largos y delgados. A menudo, el esternón está deformado, lo cual hace que sobresalga o se hunda. Las articulaciones pueden ser muy flexibles. Un hallazgo frecuente son los pies planos y una joroba con curvatura anormal de la columna vertebral (cifoescoliosis); también lo son las hernias. Por lo general, estas personas tienen poca grasa bajo la piel. El techo de la boca es a menudo alto.

Las complicaciones más peligrosas se presentan en el corazón y en los pulmones. Puede aparecer debilidad en el tejido conjuntivo de la pared de la principal arteria del cuerpo, la aorta. Las paredes debilitadas pueden permitir el paso de la sangre entre las capas de la pared de la aorta (disección aórtica) o un bulto (aneurisma) que puede romperse ● *(v. fig. pág. 279)*. El embarazo aumenta el riesgo de disección. A menudo, se recomienda el parto por cesárea para minimizar el riesgo.

Si la aorta se ensancha, la válvula aórtica, que va del corazón a la aorta, puede presentar escapes (regurgitación aórtica). La válvula mitral, que se halla localizada entre la aurícula y el ventrículo izquierdos, puede presentar escapes o sufrir un prolapso (proyectarse dentro de la aurícula izquierda ● *v. pág. 217*). Estas anomalías de las válvulas del corazón pueden alterar su capacidad de bombear la sangre. Las válvulas anormales pueden desarrollar graves infecciones (endocarditis infecciosa). Se pueden formar sacos llenos de aire (quistes) en los pulmones. Los quistes pueden romperse y llenar de aire el espacio que rodea los pulmones (neumotórax ● *v. pág. 382*).

En el síndrome de Marfan, el cristalino de uno o ambos ojos puede desplazarse. La zona sensible a la luz en la parte posterior del ojo (retina) puede desprenderse del resto del ojo. El desplazamiento del cristalino y el desprendimiento de la retina pueden causar la pérdida permanente de la visión.

El médico puede sospechar el diagnóstico si la persona es excepcionalmente alta, delgada y presenta alguno de los síntomas característicos, o si existe otro miembro en la familia con síndrome de Marfan.

Es muy importante para el médico vigilar las complicaciones que pueden causar síntomas graves. La ecocardiografía se utiliza para evaluar el corazón y la aorta y generalmente se repite cada año. Los ojos, por lo general, son examinados anualmente. La ecocardiografía y los exámenes oculares también se deben realizar cada vez que aparezcan síntomas.

➤ Tratamiento y pronóstico

No existe cura para el síndrome de Marfan ni manera de corregir las anomalías en el tejido conjuntivo. El objetivo del tratamiento es de reparar las anomalías antes de que se presenten complicaciones peligrosas. Algunos médicos prescriben fármacos, como los betabloqueantes, que hacen que la sangre fluya más suavemente por la aorta. Sin embargo, existe controversia sobre si estos fármacos realmente ayudan. Si la aorta se ha ensanchado o ha desarrollado un aneurisma, la sección afectada se puede reparar o reponer quirúrgicamente. Un desplazamiento del cristalino o de la retina puede habitualmente unirse de nuevo con cirugía.

Años atrás, la mayoría de las personas con síndrome de Marfan morían hacia los 40 años. Actualmente, la mayoría de las personas con síndrome de Marfan viven hasta los 60 años. La prevención de la disección y ruptura aórtica, probablemente, explica por qué la esperanza de vida se ha prolongado.

■ Seudoxantoma elástico

El seudoxantoma elástico es un trastorno del tejido conjuntivo que afecta a la piel, a los ojos y a los vasos sanguíneos.

El seudoxantoma elástico endurece las fibras que permiten al tejido estirarse y luego volver a su lugar (fibras elásticas). Las fibras elásticas están en la piel y en otros tejidos del organismo, incluidos los vasos sanguíneos. Los vasos sanguíneos pueden endurecerse, perdiendo su capacidad normal de ensancharse para permitir el flujo de más sangre cuando sea necesario; la rigidez también impide que los vasos sanguíneos se contraigan.

La piel del cuello, de debajo de los brazos, de la ingle y de alrededor del ombligo se vuelve gruesa, estriada, inflexible y floja. Prominencias amarillentas y guijarrosas dan a la piel un aspecto similar a una naranja o a la piel de gallina. El cambio en el aspecto puede ser leve e inadvertido durante la niñez pero se vuelve más perceptible a medida que el niño crece.

La rigidez de los vasos sanguíneos conduce a una hipertensión arterial. Pueden producirse hemorragias nasales y cerebrales, uterinas e intestinales. El escaso flujo sanguíneo puede provocar un dolor de pecho (angina) y un dolor de piernas al caminar (claudicación intermitente). La hemorragia puede continuar durante períodos prolongados. Los cambios en la parte posterior del ojo (retina) pueden ocasionar una pérdida grave de la visión e incluso la ceguera.

➤ Tratamiento y pronóstico

No existe cura para el seudoxantoma elástico ni manera de corregir las anomalías en el tejido conjuntivo. El objetivo del tratamiento es prevenir las complicaciones. Las personas deben evitar las medicaciones que puedan causar hemorragia gástrica o intestinal, como la aspirina, otros fármacos antiinflamatorios no esteroideos (AINE) y los anticoagulantes. Las personas con seudoxantoma elástico deben evitar deportes de contacto

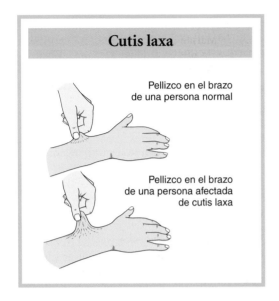

Cutis laxa

Pellizco en el brazo
de una persona normal

Pellizco en el brazo
de una persona afectada
de cutis laxa

debido al riesgo de lesión de los ojos. Las complicaciones con frecuencia limitan la duración de la vida.

■ Cutis laxa

El cutis laxa es un raro trastorno del tejido conjuntivo que causa que la piel se estire con facilidad y luego cuelgue en pliegues flojos.

En la cutis laxa, las fibras elásticas presentes en el tejido conjuntivo se vuelven flojas. A veces sólo se afecta a la piel, pero los tejidos conectivos de todo el cuerpo pueden verse afectados. Generalmente la cutis laxa es hereditaria. En algunos tipos de cutis laxa, los genes anormales causan problemas no relacionados con los tejidos conectivos, por ejemplo el retraso mental.

La cutis laxa puede ser leve, afectando sólo a la apariencia de la persona, o grave, afectando a los órganos internos. La piel puede ser muy floja desde el nacimiento o se puede aflojar después. Este signo a menudo es más perceptible en la cara, dando como resultado un aspecto prematuramente envejecido. Los pulmones, el corazón, los intestinos o las arterias pueden resultar afectados con una variedad de daños graves.

Aunque los síntomas con frecuencia son perceptibles al poco tiempo del nacimiento, pueden comenzar repentinamente en los niños y adolescentes, en ocasiones con fiebre y erupción. En algunas personas los síntomas aparecen gradualmente en la edad adulta.

Por lo general, el médico puede diagnosticar la cutis laxa examinando la piel. A veces es necesaria una biopsia de la piel.

➤ Tratamiento y pronóstico

La cirugía plástica a menudo puede mejorar el aspecto de la piel, aunque la mejoría puede ser tan sólo temporal. Los daños graves del corazón, los pulmones, las arterias o los intestinos pueden ser mortales.

■ Mucopolisacaridosis

Las mucopolisacaridosis son un grupo de trastornos hereditarios que afectan al tejido conjuntivo, causando una apariencia facial característica y anomalías en los huesos, los ojos, el hígado y el bazo, a veces acompañados por retraso mental.

Los mucopolisacáridos son partes esenciales del tejido conjuntivo. En las mucopolisacaridosis, el cuerpo carece de las enzimas necesarias para romper y almacenar los mucopolisacáridos. Como resultado, el exceso de mucopolisacáridos pasa a la sangre y se deposita en sitios anormales del cuerpo.

Durante la infancia y la niñez, son evidentes la baja estatura, la pilosidad y el desarrollo anormal. La cara puede tener aspecto tosco. Algunos tipos de mucopolisacaridosis son causantes de retraso mental, que se desarrolla a lo largo de los años. En algunos tipos, la visión o la audición pueden alterarse. Puede afectar a las arterias o a las válvulas cardíacas. Las articulaciones de los dedos, por lo general, son rígidas.

El médico, por lo general, basa el diagnóstico en los síntomas y en los hallazgos de la exploración física. También sugiere el diagnóstico la presencia de una mucopolisacaridosis en otros miembros de la familia. Los análisis de orina pueden ser útiles, pero a veces son inexactos. El examen de las radiografías pueden poner en evidencia características anormales de los huesos. Las mucopolisacaridosis pueden ser diagnosticadas antes del nacimiento mediante una amniocentesis o el estudio de vellosidades coriónicas ● *(v. fig. pág. 1702).*

➤ Tratamiento y pronóstico

Los esfuerzos para reemplazar la enzima anormal han tenido un éxito limitado y temporal en un tipo de mucopolisacaridosis. El trasplante de médula ósea puede ayudar a algunas personas. Sin embargo, a menudo las consecuencias son la muerte o la discapacidad y este tratamiento es controvertido.

El pronóstico depende del tipo de mucopolisacaridosis. Se puede alcanzar una esperanza de vida normal. Algunos tipos, en general los que afectan al corazón, causan muerte prematura.

■ Osteogénesis imperfecta

La osteogénesis imperfecta es un grupo de trastornos de la formación del hueso que hace a los huesos anormalmente frágiles.

La osteogénesis imperfecta es la mejor conocida de un grupo de trastornos que afectan al crecimiento óseo; estos trastornos se denominan osteodisplasias. En la osteogénesis imperfecta, la síntesis de colágeno, que es uno de los componentes normales del hueso, es deficiente. Los huesos se vuelven débiles y se fracturan con gran facilidad. Existen varias clases de osteogénesis imperfecta.

La osteogénesis imperfecta puede ir de leve a grave. La mayoría de las personas con osteogénesis imperfecta tienen fragilidad ósea y una pérdida de audición. Los bebés con osteogénesis imperfecta grave nacen por lo general con varios huesos rotos; el cráneo puede ser tan blando que no protege al cerebro de la presión aplicada a la cabeza durante el parto. Con osteogénesis imperfecta moderada, los huesos a menudo se rompen con lesiones de poca importancia, habitualmente cuando el niño comienza a andar. Los niños con una osteogénesis imperfecta leve presentan pocas fracturas durante la infancia y aún menos después de la pubertad, cuando los huesos se fortalecen. A veces los niños con osteogénesis imperfecta desarrollan enfermedades cardíacas o de los pulmones.

Las radiografías pueden mostrar la estructura ósea anormal correspondiente a la osteogénesis imperfecta. Una biopsia del hueso puede utilizarse para confirmar el diagnóstico. Una prueba llamada audiometría a menudo se realiza durante la infancia para evaluar la audición.

➤ Tratamiento

Los bisfosfonatos (como el pamidronato, el alendronato, el etidronato y el risedronato) pueden reforzar los huesos. El tratamiento de los huesos fracturados es semejante para los niños con osteogénesis imperfecta que para los niños sin el trastorno. Sin embargo, los huesos fracturados pueden deformarse o fallar en el crecimiento. Como resultado, el crecimiento del cuerpo puede estancarse permanentemente en los niños con varios huesos rotos, y son frecuentes las deformidades. Los huesos pueden requerir estabilización con barras metálicas (barras intramedulares). Para prevenir las fracturas puede ser útil tomar medidas para evitar lesiones incluso menores.

■ Condrodisplasias

Las condrodisplasias son un grupo de raros trastornos del cartílago que ocasionan un desarrollo anormal del esqueleto.

En las condrodisplasias, la placa de crecimiento, que contiene el cartílago, no produce nuevas células óseas. De este modo, el crecimiento del hueso es deficiente.

Cada tipo de condrodisplasia presenta una sintomatología diferente. Las condrodisplasias, por lo general, causan baja estatura (enanismo). Algunas causan más acortamiento de los miembros que del tronco (enanismo con miembros cortos); otras causan más acortamiento del tronco que de las extremidades. Algunos niños y adultos tienen las extremidades cortas, las piernas arqueadas, la frente grande, una forma de nariz inhabitual (nariz como una silla de montar) y una espalda arqueada. A veces, las articulaciones no desarrollan las capacidades necesarias para su total grado de movilidad.

Habitualmente, el médico hace el diagnóstico basándose en los síntomas, la exploración física y las radiografías de los huesos. A veces se pueden detectar los genes anormales responsables de condrodisplasias, generalmente por una prueba de sangre. Es de mucha ayuda analizar los genes para predecir la enfermedad antes del nacimiento. El diagnóstico de tipos graves antes del nacimiento es posible también utilizando otros métodos; en algunos casos, el feto puede verse directamente con un visor flexible (fetoscopia) o con una ecografía. La cirugía puede ser necesaria para sustituir las articulaciones que tienen el movimiento muy restringido por articulaciones artificiales.

■ Osteopetrosis

Las osteopetrosis son un grupo de raros trastornos que aumentan la densidad de los huesos.

En la osteopetrosis (también llamada enfermedad marmórea ósea), el cuerpo falla en reciclar las células óseas viejas. El resultado es el aumento en la densidad de los huesos. El aumento de la densidad hace que los huesos sean más frágiles de lo normal. El denso tejido óseo, además, estrecha la médula ósea.

La osteopetrosis va desde leve hasta grave y puede incluso ser potencialmente mortal. Los síntomas pueden comenzar en la infancia (inicio precoz) o más tarde en la vida (inicio tardío).

Aunque la osteopetrosis son diferentes trastornos, muchos de los mismos síntomas aparecen en la mayoría de ellos. Generalmente se ve afectado el crecimiento del hueso. Los huesos se vuelven más gruesos y se rompen con facilidad. La formación de células sanguíneas puede perjudicarse debido a la falta de médula ósea, lo que lleva a la anemia, a infecciones o a hemorragia. El hipercrecimiento óseo en el cráneo puede comprimir los nervios, causando una parálisis facial o una pérdida de la visión o de la audición, y puede distorsionar la cara y los dientes.

El médico, por lo general, establece el diagnóstico basándose en los síntomas y en la aparición de una alta densidad ósea en las radiografías.

Cuando la persona no tiene síntomas, a veces la osteopetrosis se detecta sólo por casualidad, después de descubrir el médico huesos muy densos en radiografías tomadas por diferentes razones.

➤ Tratamiento y pronóstico

No existe cura. Los corticosteroides, como la prednisona, disminuyen la formación de nuevas células óseas y pueden aumentar el índice de eliminación de células viejas, fortaleciendo los huesos. El trasplante de médula ósea parece haber curado a algunos niños con inicio precoz de la enfermedad. Sin embargo, no se conoce el pronóstico a largo plazo después del trasplante.

Las fracturas, la anemia, la hemorragia y la infección requieren tratamiento. Si existe compresión de los nervios que salen del cráneo, puede ser necesaria la cirugía para liberarlos. Puede requerirse tratamiento de ortodoncia.

La osteopetrosis de inicio precoz que no se trata con trasplante de médula ósea habitualmente causa la muerte durante la infancia o a comienzos de la niñez. La muerte suele ser el resultado de la anemia, las infecciones o la hemorragia. La osteopetrosis de inicio tardío suele ser muy leve.

CAPÍTULO 280

Artritis reumatoide juvenil

La artritis reumatoide juvenil consiste en una inflamación persistente o recurrente de las articulaciones similar a la artritis reumatoide • (v. pág. 446), pero comienza antes de los 16 años.

La artritis reumatoide juvenil es una enfermedad poco frecuente caracterizada por la inflamación de las articulaciones o del tejido conjuntivo. No se conoce la causa. Aunque la artritis reumatoide juvenil no se considera un trastorno hereditario, los factores hereditarios pueden incrementar en el niño las probabilidades de desarrollarla.

➤ Síntomas y complicaciones

Existen varias clases de artritis reumatoide juvenil, cada una con características diferentes. El tipo de artritis reumatoide juvenil está determinado por los síntomas que se manifiestan durante los primeros meses de la enfermedad y por el número de articulaciones que se ven afectadas. La artritis reumatoide juvenil pauciarticular afecta a cuatro o menos articulaciones, por lo general aquellas de la pierna. La rodilla es generalmente la primera articulación afectada. La cadera y el hombro por lo general no se alteran. Ocasionalmente, un solo dedo del pie o de la mano, una muñeca o la mandíbula presentan rigidez e inflamación. También puede verse afectada la espalda. El dolor y la hinchazón de las articulaciones pueden persistir, o aparecer y desaparecer.

La poliartritis afecta a cinco o más (a veces hasta 20 o 40) articulaciones. La inflamación es habitualmente simétrica, manifestándose en la misma articulación de ambos lados del cuerpo (por ejemplo, ambas rodillas o ambas caderas). La mandíbula, las articulaciones del cuello y las muñecas también pueden verse afectadas. Los síntomas empiezan a manifestarse lentamente; puede presentarse fiebre y un aumento de tamaño del bazo o de los ganglios linfáticos. La inflamación puede aparecer en los tendones y tejidos conjuntivos alrededor de las articulaciones (tenosinovitis), causando dolor, hinchazón y calor.

En la enfermedad sistémica (enfermedad de Still), no hay un número específico de articulaciones afectadas. También se presenta inflamación en otros sitios diferentes de éstas. Hígado, bazo y ganglios linfáticos pueden aumentar de tamaño y, a veces, se manifiesta una inflamación en la membrana que rodea el corazón (pericarditis). Los riñones se inflaman muy rara vez. Antes del dolor y la hinchazón de una articulación puede aparecer fiebre alta y erupción. La fiebre aparece y desaparece, por lo general, al menos durante dos semanas. Generalmente, la temperatura es más alta en la tarde o en la noche (a menudo 39,5 °C o más), luego rápidamente vuelve a la normalidad. Un niño con fiebre puede sentirse cansado y menos vigoroso. Aparece una erupción, constituida por placas planas de color rosado o salmón, principalmente en el tronco y en la parte superior de las piernas o brazos, durante algunas horas (a menudo en el atardecer). La erupción puede reaparecer algunos días más tarde en una parte diferente del cuerpo.

Se puede presentar rigidez de las articulaciones cuando el niño despierta con cualquier tipo de artritis reumatoide juvenil. Las articulaciones con frecuencia se hinchan y se sienten calientes. Más tarde, las articulaciones pueden doler, pero el dolor puede ser más leve de lo esperado para el grado de inflamación. El dolor puede empeorar al mover la articulación. El niño puede mostrarse renuente a caminar. El dolor en las articulaciones tiende a persistir durante semanas o meses.

Cualquier tipo de artritis reumatoide juvenil puede afectar al crecimiento. A menudo, aparecen deformidades de las articulaciones. Cuando la artritis reumatoide juvenil afecta al crecimiento mandibular, el resultado puede ser un mentón pequeño (micrognatia). La inflamación articular duradera (crónica) puede finalmente causar deformaciones o lesiones permanentes en la articulación afectada.

Puede presentarse inflamación del iris en el ojo (iridociclitis) con cualquier tipo de artritis reumatoide juvenil, si bien la iridociclitis aparece con mayor frecuencia en la artritis reumatoide juvenil pauciarticular o poliartritis. La iridociclitis puede causar enrojecimiento y dolor del ojo o pérdida de la visión, pero puede desarrollarse sin ningún síntoma. Sin tratamiento, la iridociclitis puede desembocar en una lesión ocular permanente.

➤ Diagnóstico

El médico diagnostica artritis reumatoide juvenil basándose en los síntomas del niño y en los resultados de la exploración física. No existe una prueba de laboratorio específica para identificar la artritis reumatoide juvenil. Se realizan pruebas de sangre en busca del factor reumatoide y anticuerpos antinucleares, presentes en algunas personas con artritis reumatoide y enfermedades relacionadas (por ejemplo, las autoinmunes, como lupus, polimiositis o esclerodermia). Sin embargo, muchos niños con artritis reumatoide juvenil no tienen factor reumatoide o anticuerpos antinucleares en su sangre. Además, los niños con muchos otros trastornos pueden tener factor reumatoide o anticuerpos antinucleares en la sangre. Con el paso del tiempo, las radiografías revelan algunos cambios característicos en los huesos o articulaciones. El niño debe ser examinado con regularidad por un oftalmólogo en busca de una iridociclitis, tanto si presenta síntomas como si no.

➤ Tratamiento y pronóstico

Los tipos de artritis reumatoide juvenil se tratan de manera similar y los fármacos que se utilizan para reducir el dolor y la inflamación son los mismos que se usan en la artritis reumatoide ● (v. pág. 447). Sin embargo, los niños con artritis reumatoide juvenil con frecuencia también necesitan tratamiento para la iridociclitis. La iridociclitis se trata mediante la aplicación de gotas o ungüentos de corticosteroides para los ojos, que suprimen la inflamación. Las gotas para dilatar la pupila pueden disminuir el dolor ocular producido por la iridociclitis. Ambos tipos de fármacos pueden evitar el glaucoma y la ceguera. En las lesiones excepcionalmente importantes puede necesitarse una intervención quirúrgica.

Como en la artritis reumatoide del adulto, en los niños también se utilizan terapias no farmacológicas; por ejemplo, aplicación de férulas y ejercicios de flexibilidad, para prevenir la rigidez permanente de las articulaciones.

Los síntomas de artritis reumatoide juvenil desaparecen completamente en una alta propor-

ción de los niños afectados. Hasta la mitad de los niños con artritis reumatoide juvenil pauciarticular y alrededor de una cuarta parte o más de los niños con poliartritis o enfermedad sistémica logran una completa remisión.

CAPÍTULO 281

Diabetes mellitus

La diabetes mellitus es un trastorno en el que los niveles de azúcar (glucosa) en la sangre son anormalmente altos porque el cuerpo no produce suficiente insulina.

Los síntomas, el diagnóstico y el tratamiento de la diabetes son similares en los niños y en los adultos ● *(v. pág. 1151).* Sin embargo, el tratamiento de la diabetes en los niños puede resultar más complejo y debe ser adaptado al nivel de maduración físico y emocional del niño.

La insulina es una hormona secretada por el páncreas que controla la cantidad de azúcar en la sangre. El niño con diabetes tiene altas concentraciones de azúcar en la sangre, bien sea porque el páncreas produce poca o nada de insulina (diabetes tipo 1, antes llamada diabetes juvenil) o bien porque el cuerpo es insensible a la cantidad de insulina que se produce (diabetes tipo 2). En cualquier caso, la cantidad de insulina disponible es insuficiente para las necesidades del cuerpo.

La diabetes tipo 1 se produce durante la niñez, incluso en la infancia, con una edad habitual de inicio entre los 6 y 13 años. La diabetes tipo 2 aparece principalmente en los adolescentes.

Hasta los años 90, más del 95 % de los niños que desarrollaban diabetes tenían el tipo 1, por lo general como resultado de un ataque del sistema inmune a las células del páncreas que producen la insulina (células de los islotes). Recientemente, el número de niños, sobre todo adolescentes, con diabetes tipo 2 se ha incrementado. En la actualidad, entre el 10 y el 40 % de los niños con diagnóstico reciente de diabetes padecen diabetes de tipo 2. La obesidad y una historia familiar de diabetes tipo 2 son factores muy importantes en el desarrollo de la diabetes tipo 2 (pero no en la del tipo 1).

➤ Síntomas

Los altos niveles de azúcar en la sangre son los responsables de una variedad de síntomas inmediatos y unas complicaciones a largo plazo.

Los síntomas se manifiestan rápidamente en la diabetes tipo 1, por lo general en 2 o 3 semanas o menos, y suelen ser bastante obvios. Las altas concentraciones de azúcar en la sangre ocasionan que el niño orine excesivamente. Esta pérdida de líquido produce un aumento de la sed y del consumo de líquidos. Algunos niños se deshidratan, dando como resultado debilidad, letargia y un pulso rápido. La visión puede tornarse borrosa.

La **cetoacidosis diabética** aparece en el comienzo de la enfermedad en aproximadamente un tercio de los niños con diabetes tipo 1. Sin la insulina, las células no pueden utilizar el azúcar que está en la sangre. Las células cambian a un sistema alternativo para obtener energía y descomponer la grasa, produciendo compuestos denominados cetonas como subproductos. Las cetonas hacen que la sangre sea demasiado ácida (cetoacidosis), causando náuseas, vómitos, cansancio y dolor abdominal. Las cetonas hacen que el aliento del niño huela a quitaesmalte. La respiración se vuelve profunda y rápida al tratar el organismo de corregir la acidez de la sangre ● *(v. pág. 1112).* El incremento de las cetonas en la sangre conduce a la cetoacidosis diabética. La cetoacidosis diabética puede evolucionar al coma y a la muerte, a veces en pocas horas. Los niños con cetoacidosis suelen tener otro desequilibrio químico en la sangre, como niveles anormales de potasio y altos niveles de lípidos (grasas).

Los síntomas en los niños con diabetes tipo 2 son más leves que aquellos con el tipo 1, y se manifiestan más lentamente, en semanas o incluso en unos meses. Los padres pueden notar un aumento de la sed y de la micción en el niño o sólo ciertos síntomas indefinidos, como cansancio. Típicamente, los niños con la diabetes tipo 2 no presentan cetoacidosis ni deshidratación grave.

➤ Diagnóstico

El médico sospecha la diabetes cuando los niños tienen los síntomas típicos o cuando una prueba de orina de rutina revela azúcar. El diagnóstico se confirma mediante la medición del nivel de azúcar en la sangre. Preferiblemente, la prueba de sangre se realiza después de una noche de ayuno. Se considera que el niño tiene diabetes si el nivel de azúcar en la sangre tras el ayuno es de 126 miligramos por decilitro (mg/dL) o mayor. Raramente, los médicos solicitan una prueba de sangre que detecta anticuerpos contra las células de los islotes para ayudar a distinguir la diabetes tipo 1 de la tipo 2; sin embargo, esta información apenas es útil.

Dado que las medidas rápidas (como los cambios en la dieta, el aumento en la actividad física y la pérdida de peso) pueden ayudar a prevenir o retrasar el comienzo de la diabetes tipo 2, los niños que tienen riesgo deben ser controlados con pruebas de sangre. Nada puede hacerse para prevenir la diabetes tipo 1.

➤ Tratamiento

El objetivo principal del tratamiento es mantener los niveles de azúcar en la sangre tan cerca de los niveles normales como sea posible sin que suponga un riesgo. Para controlar el azúcar, los niños con diabetes toman fármacos (como la insulina, o fármacos administrados por vía oral) y cambian su estilo de vida. Los cambios incluyen ajustes en la dieta, ejercicio regular y, para los niños con sobrepeso, la pérdida de peso.

Cuando se diagnostica la diabetes tipo 1, los niños, por lo general, son hospitalizados. Los niños con cetoacidosis diabética son tratados en una unidad de cuidados intensivos. Los niños con diabetes tipo 1 siempre requieren insulina porque no hay nada más efectivo. Típicamente reciben dos o más inyecciones diarias de insulina, aunque algunos pueden recibir insulina continuamente administrada bajo la piel por una bomba. El tratamiento con insulina generalmente comienza en el hospital, para que los niveles de azúcar se puedan analizar con frecuencia y el médico pueda modificar la dosis de insulina de acuerdo con los resultados. Rara vez, el tratamiento se inicia en casa.

Los niños con diabetes tipo 2, por lo general, no necesitan recibir tratamiento en el hospital. Sin embargo, requieren tratamiento con fármacos tomados por vía oral. Los fármacos utilizados para adultos que padecen diabetes tipo 2 ● *(v. tabla pág. 1158)* son seguros en los niños, aunque algunas de las reacciones adversas, especialmente la diarrea, causan más problemas en los niños. Algunos niños con diabetes tipo 2 necesitan insulina. Algunos niños que pierden peso, mejoran su dieta y hacen ejercicio con regularidad, pueden lograr suspender los fármacos.

El manejo nutricional y la educación son en particular importantes para todos los niños con diabetes. Dado que los carbohidratos en los alimentos se convierten en glucosa en el organismo, las variaciones en el consumo de carbohidratos ocasionan cambios en los niveles de azúcar en la sangre. De este modo, los niños con diabetes necesitan consumir los alimentos con un programa regular; debe evitarse dejar pasar mucho tiempo entre las comidas porque el azúcar puede descender demasiado. No son aconsejables grandes cantidades de azúcar, como la soda, los caramelos y los postres, porque el azúcar en la sangre puede elevarse demasiado. A los padres y a los niños mayores se les enseña cómo calcular el contenido de carbohidratos de los alimentos y ajustarse a comer según las necesidades para mantener un consumo constante diario de carbohidratos. Los niños de todas las edades encuentran cierta dificultad en tomar constantemente alimentos bien equilibrados (consumidos a intervalos regulares) y evitar tentaciones de dulces. Los bebés y los niños de edad preescolar presentan un desafío particular para los padres debido a la preocupación referente a los frecuentes y graves peligros de los valores bajos de azúcar en la sangre (hipoglucemia).

Los niños con diabetes y las familias se ven afectados emocionalmente. El darse cuenta de que tienen un trastorno para toda la vida puede ocasionar en algunos niños tristeza, enfado y, a veces, hasta la negación de la enfermedad. El médico necesita tener en cuenta estas emociones para asegurarse de que el niño colabore cumpliendo con el régimen establecido de comidas, la actividad física, las pruebas de glucosa en la sangre y los medicamentos. El fracaso en estos aspectos puede conducir a dificultades para controlar la glucosa.

Los campamentos de verano para los niños con diabetes permiten que estos niños compartan sus experiencias con otros mientras aprenden a asumir una mayor responsabilidad personal hacia la enfermedad. Si el tratamiento de la diabetes es difícil, el médico puede solicitar la ayuda de un equipo de otros profesionales, que incluya a un endocrinólogo pediatra, un dietista, un educador en diabetes, un asistente social o un psicólogo. También pueden ser útiles los grupos de apoyo familiar. El médico puede proporcionar a los padres información para llevar a la escuela con el fin de que el personal de la escuela comprenda sus deberes.

Supervisión del tratamiento: a los niños y a los padres se les enseña a controlar el nivel del azúcar en la sangre al menos cuatro veces al día utilizando una muestra de sangre obtenida mediante una punzada en la yema del dedo o del antebrazo con un pequeño instrumento denominado lanceta. Una vez adquirida experiencia, los padres y muchos niños pueden ajustar la dosis según las necesidades para alcanzar el mejor control. En general, a los 10 años de edad los niños comienzan a interesarse por realizarse las pruebas de azúcar en la sangre e inyectarse la insulina por sí mismos. Los padres deben alentar esta independencia, pero deben asegurarse de que el niño es responsable. Los médicos enseñan a la mayoría de los niños cómo adaptar la dosis de insulina de acuerdo con los registros realizados en casa de glucosa en la sangre.

Los niños con diabetes, por lo general, ven a su médico cuatro veces al año. El médico evalúa el crecimiento y el desarrollo, revisa los registros de niveles de azúcar que conservan los familiares, proporciona guía y asesoramiento acerca de la nutrición y mide la hemoglobina glicosilada (hemoglobina A_{1c}), una sustancia en la sangre que refleja los niveles de glucosa a largo plazo. El médico evalúa la aparición de complicaciones a largo plazo ● *(v. pág. 1153)* una vez al año mediante la medición de proteínas en la orina, la función de la glándula tiroides y realizando exámenes neurológicos y de los ojos.

Algunos niños con diabetes se desenvuelven muy bien y controlan su diabetes sin esfuerzo o conflicto. En otros casos, en cambio, la diabetes se convierte en una fuente constante de estrés dentro de la familia y el control de la enfermedad se deteriora. Los adolescentes en particular encuentran a menudo cierta dificultad en seguir la adecuada rutina del tratamiento, dadas las exigencias del horario y las limitaciones en la libertad que se derivan de la diabetes. El adolescente se beneficia si el médico tiene en consideración el horario y las actividades del adolescente y asume

---

¿Qué niños tienen riesgo de presentar diabetes tipo 2?

A los niños y adolescentes que reúnen estos criterios se les debe realizar una prueba de azúcar cada dos años comenzando más o menos a los 10 años de edad:

- Con sobrepeso (pesar más del 85 % del peso de niños de edad, sexo y tallas similares o pesar más del 120 % del peso ideal para la estatura).

Además, los dos siguientes factores:

- Tener un pariente cercano con diabetes tipo 2.

- Tener hipertensión arterial, niveles elevados de lípidos en la sangre (grasas) o síndrome del ovario poliquístico.

---

un enfoque flexible para solucionar el problema, trabajando con el adolescente más que imponiendo soluciones.

Complicaciones del tratamiento y de la enfermedad: ningún tratamiento mantiene el azúcar de la sangre en niveles normales. El objetivo del tratamiento es evitar que los niveles de azúcar en la sangre sean demasiado elevados o demasiado bajos. Las complicaciones de la diabetes incluyen las enfermedades del corazón, la insuficiencia renal, la ceguera, la enfermedad vascular periférica y otros graves trastornos. Aunque estos trastornos tardan años en manifestarse, con un buen control de la diabetes, es probable que se produzcan menos complicaciones.

Los valores bajos de azúcar (hipoglucemia ● *v. también pág. 1160*) se presentan cuando se aplica demasiada insulina o se toma mucha medicación para diabéticos, o cuando el niño no come regularmente. La hipoglucemia produce debilidad, confusión y coma. Los episodios de hipoglucemia raramente causan problemas a largo plazo en los adultos, los adolescentes y los niños mayores. Sin embargo, episodios frecuentes de hipoglucemia en los niños de menos de 5 años pueden alterar de manera permanente el desarrollo intelectual. Los niños menores también pueden no ser conscientes de los síntomas de alarma de la hipoglucemia. Para minimizar la posibilidad de hipoglucemia, los médicos y los padres controlan muy de cerca a los niños pequeños con diabetes y también usan una medida ligeramente mayor para el nivel de azúcar en la sangre.

Los niños y los adolescentes con diabetes tipo 1 que no usan inyecciones de insulina pueden presentar cetoacidosis diabética en el transcurso de días. El uso insuficiente o inadecuado de insulina a largo plazo puede conducir a un síndrome de crecimiento insuficiente, a una pubertad tardía y al aumento de tamaño del hígado (síndrome de Mauriac).

CAPÍTULO 282

Trastornos metabólicos hereditarios

La mayoría de los alimentos y bebidas que la gente ingiere son materiales complejos que el organismo tiene que descomponer en sustancias más sencillas. Este proceso puede tener varios pasos. Las sustancias más sencillas son utilizadas como los bloques de un edificio, que se agrupan en los materiales que el organismo necesita para mantener la vida. El proceso de creación de estos materiales también puede necesitar varios pasos. Los principales bloques del edificio son los carbohidratos, los aminoácidos y las grasas (lípidos). Este complicado proceso de fragmentar las sustancias ingeridas y convertirlas se llama metabolismo.

El metabolismo es realizado por sustancias químicas llamadas enzimas, que son fabricadas por el organismo. En aquellos casos en que una anomalía genética afecta a la función de una enzima u ocasiona su insuficiencia o ausencia, pueden ocurrir varios trastornos. Por lo general, los trastornos son el resultado de la incapacidad para descomponer algunas sustancias que deben ser transformadas, de manera que se crea una sustancia intermedia que es de naturaleza tóxica, o bien resultan de la incapacidad para producir alguna sustancia esencial.

Los trastornos metabólicos se clasifican de acuerdo con el bloque del edificio en particular que está afectado.

Algunos trastornos metabólicos de carácter hereditario (como la fenilcetonuria y las lipidosis) pueden ser diagnosticados en el feto mediante la realización de una amniocentesis o con el estudio de las vellosidades coriónicas ● *(v. pág. 1701).* Por lo general, el diagnóstico de un trastorno hereditario del metabolismo se hace utilizando un análisis de sangre o el examen de una muestra del tejido para determinar si una enzima específica falta o es deficiente.

■ Trastornos del metabolismo de los carbohidratos

Los carbohidratos son azúcares. Algunos son simples y otros son más complejos. La sacarosa (azúcar de mesa) está constituida por dos azúcares más sencillos llamados glucosa y fructosa. La lactosa (azúcar de la leche) consta de glucosa y galactosa. Ambas, la sacarosa y la lactosa, tienen que ser descompuestas por las enzimas en sus azúcares constituyentes antes de que el cuerpo pueda absorberlos y hacer uso de ellos. Los carbohidratos en el pan, en la pasta, en el arroz y en otros alimentos que contengan carbohidratos son largas cadenas de moléculas de azúcar simples. Estas moléculas más largas deben ser transformadas también por el organismo. Si falta una enzima requerida para procesar cierto azúcar, este azúcar puede acumularse en el organismo y causar problemas.

□ ENFERMEDADES POR ACUMULACIÓN DE GLUCÓGENO

El glucógeno está compuesto de muchas moléculas de glucosa unidas entre sí. La glucosa del azúcar es la principal fuente corporal de energía para los músculos (incluido el corazón) y el cerebro. Cualquier glucosa que no se utiliza de inmediato para producir energía se almacena como reserva en el hígado, en los músculos y en los riñones en forma de glucógeno y se libera cuando el organismo la requiere.

Existen diferentes enfermedades por acumulación de glucógeno (también denominada glucogenosis); cada una se identifica con un número romano. Estas enfermedades son causadas por la falta hereditaria de una de las enzimas que son

TIPOS Y CARACTERÍSTICAS DE ENFERMEDADES POR DEPÓSITO DE GLUCÓGENO

NOMBRE	ÓRGANOS AFECTADOS	SÍNTOMAS
Tipo O	Hígado, músculo	Aumento del tamaño del hígado con depósito de grasas en sus células (hígado graso); episodios de niveles bajos de azúcar en la sangre (hipoglucemia) en el ayuno.
Enfermedad de von Gierke (tipo IA)	Hígado, riñón	Hígado y bazo aumentados de tamaño; retraso del crecimiento; niveles muy bajos de azúcar en la sangre; niveles anormalmente altos de ácido, grasas y ácido úrico en la sangre.
Tipo IB	Hígado, glóbulos blancos	Igual que en la enfermedad de von Gierke, pero puede ser menos grave; disminución de la cantidad de glóbulos blancos; infecciones repetidas en la boca y el intestino o enfermedad de Crohn.
Enfermedad de Pompe (tipo II)	Todos los órganos	Hígado y corazón aumentados de tamaño, debilidad muscular.
Enfermedad de Forbes (tipo III)	Hígado, músculo, corazón, glóbulos blancos	Aumento del tamaño del hígado o cirrosis; baja concentración de proteínas en la sangre; en algunas personas, lesión muscular y lesión cardíaca.
Enfermedad de Andersen (tipo IV)	Hígado, músculo, la mayoría de los tejidos	Cirrosis de tipo juvenil; lesión muscular e insuficiencia cardíaca en el tipo adulto (inicio tardío).
Enfermedad de McArdle (tipo V)	Músculo	Calambres musculares o debilidad durante la actividad física.
Enfermedad de Hers (tipo VI)	Hígado	Aumento de tamaño del hígado; episodios de niveles bajos de azúcar durante el ayuno; a menudo sin síntomas.
Enfermedad de Tarui (tipo VII)	Músculo esquelético, glóbulos rojos	Calambres musculares durante la actividad física; destrucción de los glóbulos rojos (hemólisis).

esenciales para el proceso de transformación de la glucosa en el glucógeno y para descomponer el glucógeno en glucosa. Alrededor de 1 de cada 20 000 bebés tiene alguna forma de enfermedad de almacenamiento de glucógeno.

Algunas de estas enfermedades causan pocos síntomas; otras son mortales. Los síntomas específicos, la edad en que aparecen los síntomas y la gravedad varían mucho de una enfermedad a otra. En los tipos II, V y VII, el principal síntoma generalmente es la debilidad. En los tipos I, III y VI, los síntomas son los bajos niveles de azúcar en la sangre y la protrusión del abdomen (porque el exceso de glucógeno anormal puede aumentar el tamaño del hígado). Los bajos niveles de azúcar en la sangre causan debilidad, sudoración (diaforesis), confusión y a veces convulsiones y coma. Otras consecuencias para los niños pueden ser un desarrollo insuficiente del crecimiento, infecciones frecuentes o llagas en la boca y en los intestinos. Las enfermedades de almacenamiento del glucógeno tienden a promover la acumulación de ácido úrico, un producto de desecho, en las articulaciones (puede causar gota) y en los riñones (puede causar cálculos renales). En el tipo I de la enfermedad de almacenamiento de glucógeno, la insuficiencia renal es frecuente en la segunda década de la vida o más tarde.

El diagnóstico específico se realiza al determinar la falta de una enzima específica por medio de un examen químico que se hace de una muestra de tejido, habitualmente muscular o hepático.

El tratamiento depende del tipo de enfermedad de almacenamiento de glucógeno. Para muchas personas, la ingestión diaria de varias comidas pequeñas ricas en hidratos de carbono ayuda a prevenir los bajos niveles de azúcar en la sangre (glucemia). En las personas con enfermedades de almacenamiento de glucógeno que presentan bajos niveles de azúcar en la sangre, los niveles de glucosa pueden mantenerse al suministrar almidón de maíz crudo cada 4 o 6 horas. A veces se suministran durante toda la noche soluciones de carbohidratos mediante una sonda que llega al estómago, para prevenir que se produzca una bajada de azúcar en la sangre durante la noche.

☐ GALACTOSEMIA

La galactosemia (un alto nivel de galactosa en la sangre) es causada por la falta de las enzimas necesarias para metabolizar la galactosa, un azúcar presente en la lactosa (azúcar de la leche). Se crea un metabolito que es tóxico para el hígado y los riñones y que también lesiona el cristalino del ojo, produciendo cataratas.

El recién nacido con galactosemia al principio parece normal, pero al cabo de algunos días o semanas comienza con pérdida del apetito, vómitos, ictericia, diarrea y un estancamiento en el crecimiento normal. Se ve afectada la función de los glóbulos blancos y pueden desarrollarse graves infecciones. Si el tratamiento se retrasa, los niños afectados presentan baja estatura y sufren retraso mental o pueden morir.

La galactosemia se detecta con un análisis de sangre. Este análisis se realiza como prueba de detección rutinaria en los recién nacidos en muchos países y, en especial, en los recién nacidos que tienen un miembro de la familia con el trastorno.

La galactosemia se trata eliminando por completo la leche y todos los productos lácteos, que son la fuente de galactosa, de la dieta del niño afectado. La galactosa también está presente en algunas frutas, verduras y productos del mar, tales como las algas marinas. Los médicos no saben con seguridad si las pequeñas cantidades presentes en estos alimentos causan problemas a largo plazo. Las personas que presentan este trastorno deben restringir la ingestión de galactosa durante toda su vida.

Si la galactosemia es reconocida al nacer y tratada adecuadamente no se presentan problemas en el hígado ni en los riñones, y el desarrollo mental es normal. Sin embargo, incluso con un tratamiento apropiado, los niños con galactosemia suelen tener un coeficiente intelectual (CI) más bajo que el de sus hermanos y frecuentemente tienen dificultad en el habla. Las niñas a menudo presentan un mal funcionamiento ovárico y sólo algunas son capaces de concebir naturalmente. Los niños, sin embargo, tienen la función testicular normal.

☐ INTOLERANCIA HEREDITARIA A LA FRUCTOSA

En este trastorno, al cuerpo le falta una enzima que permite usar la fructosa, un azúcar presente en el azúcar de mesa (sacarosa) y en muchas frutas. En consecuencia, el subproducto de la fructosa se acumula en el organismo y afecta a la formación de glucógeno y su conversión en glucosa para ser utilizada como energía. La ingestión de cantidades muy pequeñas de fructosa o sacarosa causa niveles bajos de azúcar sanguíneo (hipoglucemia), con sudor, confusión y, a veces, convulsiones y coma. Los niños que continúan comiendo alimentos que contengan fructosa presentan lesiones en el riñón y en el hígado, dando como resultado ictericia, vómitos, deterioro mental, convulsiones y la muerte. Los síntomas crónicos incluyen nutrición deficiente, fallo de medro, síntomas digestivos, insuficiencia hepática y lesiones renales.

El diagnóstico se realiza cuando se hace un examen químico de una muestra de tejido hepático, con lo cual se determina que falta la enzima específica. El tratamiento comprende la exclusión de la fructosa (generalmente presente en frutas dulces), la sacarosa y el sorbitol (sustituto del azúcar) de la dieta. Las crisis agudas se resuelven suministrando glucosa por vía intravenosa; los ataques más leves de hipoglucemia se tratan con comprimidos de glucosa, que las personas con intolerancia hereditaria a la fructosa siempre deben llevar consigo.

■ Trastornos del metabolismo de los aminoácidos

Los aminoácidos son los pilares básicos de las proteínas, que cumplen diversas funciones en el organismo. Los trastornos hereditarios del procesamiento de los aminoácidos pueden ser el resultado de cualquier defecto dentro de la transformación de los aminoácidos o en la capacidad del organismo para llevar los aminoácidos a las células. Dado que estos trastornos producen síntomas a temprana edad, a los recién nacidos se los investiga rutinariamente para detectar varios trastornos frecuentes. En muchos países, los recién nacidos son habitualmente examinados para detectar la fenilcetonuria, la enfermedad urinaria del jarabe de arce, la homocistinuria, la tirosinemia y otras dolencias hereditarias, aunque los exámenes varían de un país a otro.

☐ FENILCETONURIA

La fenilcetonuria es un trastorno que causa una acumulación del aminoácido fenilalanina, un aminoácido esencial que no puede ser sintetizado en el organismo pero está presente en los alimentos. El exceso de fenilalanina se transforma normalmente en tirosina, otro aminoácido, y se elimina del organismo. Sin la enzima que la transforma en tirosina, la fenilalanina se acumula en la sangre y es tóxica para el cerebro, causando retraso mental.

La fenilcetonuria se presenta en la mayoría de los grupos étnicos. Si la fenilcetonuria se presenta en el grupo familiar y se dispone del ADN de un miembro afectado, se puede realizar un análisis por amniocentesis o un estudio de vellosidades coriónicas para determinar si el feto padece el trastorno.

La mayoría de los recién nacidos afectados se detectan durante las pruebas de investigación de rutina. Los recién nacidos con fenilcetonuria rara vez tienen síntomas inmediatamente, aunque a veces el bebé se encuentra somnoliento o come mal. Si no se tratan, los niños afectados desarrollan progresivamente retraso mental en los primeros años de vida, que finalmente se vuelve grave. Otros síntomas incluyen las convulsiones, las náuseas y los vómitos, una erupción eccematosa, la piel y el pelo menos oscuros que los de sus familiares, un comportamiento agresivo o autodestructivo, la hiperactividad y, a veces, síntomas psiquiátricos. Los niños afectados a menudo huelen *a ratón* debido a la presencia de un derivado de la fenilalanina (ácido fenilacético) en la orina y en el sudor.

Para prevenir el retraso mental se debe reducir el consumo de fenilalanina (pero no debe ser eliminada completamente, ya que las personas necesitan de algo de fenilalanina para vivir) comenzando en las primeras semanas de vida. Ya que todas las fuentes naturales de proteínas contienen demasiada fenilalanina para los niños con fenilcetonuria, los afectados no pueden consumir carne, leche u otros alimentos corrientes que contengan proteínas. En cambio, deben comer una variedad de alimentos procesados libres de fenilalanina, que son especialmente manufacturados. Pueden comer alimentos naturales con pocas proteínas, como frutas, verduras y cantidades restringidas de ciertos cereales en grano.

Dicha dieta, si se comienza de inmediato y se mantiene de forma adecuada, permite un desarrollo normal. Sin embargo, si no se mantiene un control muy estricto de la misma, los niños afectados pueden tener dificultades en el colegio. Las restricciones dietéticas que comienzan después de los 2 o 3 años de edad pueden controlar la hiperactividad extrema y las convulsiones y elevar el CI del niño, pero no se puede revertir el retraso mental. Recientes evidencias sugieren que algunos adultos retrasados mentales con fenilcetonuria (nacidos antes de que las pruebas de detección estuvieran disponibles) pueden mejorar cuando siguen la dieta de la fenilcetonuria.

Se debe seguir una dieta restringida en fenilalanina de por vida o la inteligencia puede disminuir y pueden sobrevenir problemas neurológicos y psiquiátricos.

☐ ENFERMEDAD URINARIA DEL JARABE DE ARCE

Los niños con la enfermedad urinaria del jarabe de arce son incapaces de metabolizar ciertos aminoácidos. Los subproductos de este bloqueo de aminoácidos causan alteraciones neurológicas, como convulsiones y retraso mental. Estos subproductos también hacen que los líquidos corporales, como la orina y el sudor, huelan como el jarabe de arce.

Hay muchas formas de la enfermedad urinaria del jarabe de arce; los síntomas varían en intensidad. En la forma más grave, los bebés presentan anomalías neurológicas, incluyendo convulsiones y coma, durante la primera semana de vida, y pueden morir en el transcurso de días o semanas. En las formas leves, inicialmente los niños parecen normales pero luego aparecen vómito, vacilación, confusión, coma y el olor del jarabe de arce, particularmente durante el estrés físico, como una infección o una intervención quirúrgica.

En algunos países, a los recién nacidos, sistemáticamente, se les practican pruebas de detección para esta enfermedad con un análisis de sangre.

Los bebés con esta grave enfermedad son tratados con diálisis ● (*v. pág. 999*). Algunos niños con enfermedad leve se benefician con inyecciones de vitamina B_1 (tiamina). Después de haber sido controlada la enfermedad, los niños deben consumir una dieta artificial especial, baja en los aminoácidos específicos afectados por la falta de la enzima.

☐ HOMOCISTINURIA

Los niños con homocistinuria son incapaces de metabolizar el aminoácido homocisteína, que, junto con ciertos subproductos tóxicos, ocasiona una variedad de síntomas. Los síntomas pueden ser leves o graves, dependiendo del tipo de defecto de la enzima.

Los niños con este trastorno son normales al nacer. Los primeros síntomas, que incluyen luxación del cristalino del ojo, causando una disminución grave de la visión, por lo general empiezan después de los 3 años de edad. La mayoría de los niños tienen anomalías esqueléticas, incluyendo osteoporosis; el niño es, por lo general, alto y delgado, con una curvatura en la columna vertebral, extremidades alargadas y dedos largos aracniformes. Son frecuentes los trastornos psiquiátricos y de conducta y el retraso mental. La homocistinuria hace la sangre más propensa a formar coágulos espontáneamente, dando lugar a un accidente cerebrovascular, la hipertensión arterial y otros muchos problemas graves.

En algunos países, se les practica una prueba de sangre a los recién nacidos para detectar la homocistinuria. El diagnóstico se confirma mediante una prueba de medición de la función de la enzima en el hígado o en las células de la piel.

Algunos niños con homocistinuria mejoran cuando se les da vitamina B_6 (piridoxina) o vitamina B_{12} (cobalamina).

☐ TIROSINEMIA

Los niños con tirosinemia son incapaces de metabolizar completamente el aminoácido tirosina. Los subproductos de este aminoácido aumentan, causando una variedad de síntomas. En algunos países, el trastorno se diagnostica por medio de las pruebas de detección en el recién nacido.

Existen dos clases principales de tirosinemia: I y II. Los niños con esta afección, por lo general, enferman en el primer año de vida con disfunción del hígado, de los riñones y de los nervios, dando como resultado irritabilidad, raquitismo o incluso insuficiencia hepática y la muerte. La restricción de tirosina en la alimentación es de poca ayuda. Un fármaco experimental, que bloquea la producción de metabolitos tóxicos, puede ser útil en los niños con tirosinemia tipo I. A menudo, los niños con tirosinemia tipo I requieren un trasplante de hígado.

La tirosinemia de tipo II es menos frecuente. A veces los niños afectados tienen retraso mental y, con frecuencia, desarrollan úlceras en la piel y en los ojos. A diferencia del tipo I, la restricción de tirosina en la dieta puede evitar problemas en el desarrollo.

■ Trastornos del metabolismo de los lípidos

Las grasas (lípidos) son una importante fuente de energía para el cuerpo. El depósito de grasas en el cuerpo se descompone y reensambla constantemente para equilibrar la energía que el cuerpo necesita con los alimentos disponibles. Grupos de enzimas específicas ayudan al cuerpo a descomponer y procesar las grasas. Determinadas anomalías de estas enzimas pueden llevar a la formación de sustancias grasas específicas que normalmente habrían sido descompuestas por las enzimas. Al cabo de un tiempo, la acumulación de estas sustancias puede ser nociva para muchos órganos del cuerpo. Las lipidosis son los trastornos causados por la acumulación de lípidos. Otras anormalidades enzimáticas del organismo se presentan por ser éste incapaz de transformar correctamente las grasas en energía. Estas anomalías son llamadas trastornos de oxidación de los ácidos grasos.

☐ ENFERMEDAD DE GAUCHER

En la enfermedad de Gaucher, los glucocerebrósidos, que son un producto del metabolismo de las grasas, se acumulan en los tejidos. La enfermedad de Gaucher es la anomalía más frecuente en la lipidosis. Esta enfermedad produce un aumento de tamaño del hígado y del bazo y una pigmentación pardusca de la piel. Las acumulaciones de glucocerebrósidos en los ojos causan la aparición de puntos amarillos denominados pingüéculas. Las acumulaciones en la médula ósea pueden causar dolor y destruir el hueso.

La mayoría de las personas que sufren la enfermedad de Gaucher desarrollan el tipo 1, la forma crónica, que da como resultado el aumento de tamaño del hígado y del bazo, junto con anomalías en los huesos. La mayoría son adultos, pero los niños también pueden tener el tipo 1. El tipo 2, la forma infantil, se desarrolla en la infancia; los bebés con esta enfermedad tienen un bazo agrandado y graves alteraciones del sistema nervioso, y generalmente mueren antes del año. El tipo 3, la forma juvenil, puede comenzar en cualquier momento durante la infancia. Los niños con esta enfermedad tienen el hígado y el bazo agrandados, anomalías óseas y alteraciones lentamente progresivas del sistema nervioso. Los niños que sobreviven hasta la adolescencia pueden vivir durante muchos años.

Muchas personas con la enfermedad de Gaucher se pueden tratar con una terapia de reposición de enzimas, en la que se suministran enzimas por vía intravenosa, por lo general cada dos semanas. La terapia de reposición de enzimas es más eficaz cuando no existen complicaciones del sistema nervioso.

☐ ENFERMEDAD DE TAY-SACHS

En la enfermedad de Tay-Sachs, los gangliósidos, que son productos del metabolismo de las grasas, se acumulan en los tejidos. A una edad muy temprana, los niños con esta enfermedad se vuelven progresivamente retrasados y parecen tener un tono muscular flojo. Aparece espasticidad seguida de parálisis, demencia y ceguera. Estos niños mueren generalmente a la edad de 3 o 4 años. La enfermedad de Tay-Sachs se puede identificar en el feto mediante el estudio de una muestra de las vellosidades coriónicas o mediante la amniocentesis. La enfermedad no puede ser tratada ni curada.

☐ ENFERMEDAD DE NIEMANN-PICK

En la enfermedad de Niemann-Pick, la deficiencia de una enzima específica da como resultado la acumulación de esfingomielina (un producto del metabolismo de las grasas) o de colesterol. La enfermedad de Niemann-Pick tiene varias formas, dependiendo de la gravedad de la deficiencia enzimática y de la acumulación de esfingomielina o de colesterol. Las formas leves se producen en todos los grupos étnicos.

En la forma más grave (tipo A), los niños no crecen adecuadamente y tienen múltiples problemas neurológicos. Estos niños mueren generalmente a la edad de 3 años. Los niños que sufren la enfermedad tipo B presentan crecimientos grasos en la piel, zonas de pigmentación oscura y les crece el hígado, el bazo y los ganglios linfáticos; pueden tener retraso mental. Los niños con la enfermedad tipo C manifiestan los síntomas en la niñez, con convulsiones y deterioro neurológico.

Algunas de las formas de la enfermedad de Niemann-Pick se pueden diagnosticar en el feto por medio del estudio de muestras de las vellosidades coriónicas o mediante la amniocentesis. Después del nacimiento, el diagnóstico puede realizarse por una biopsia del hígado (extracción de una parte del tejido para su examen al microscopio). La enfermedad de Niemann-Pick no tiene tratamiento y los niños tienden a morir por una infección o por la disfunción progresiva del sistema nervioso central.

☐ ENFERMEDAD DE FABRY

En la enfermedad de Fabry, los glucolípidos, que son un producto del metabolismo de las grasas, se acumulan en los tejidos. Dado que el gen defectuoso de este raro trastorno es transmitido por el cromosoma X, la enfermedad completa se produce sólo en los varones ● *(v. pág. 12)*. La acumulación de glucolípidos causa angioqueratomas (crecimientos no cancerosos de la piel) que se forman en la parte inferior del tronco. Las córneas se vuelven opacas, causando dificultad visual. Se puede producir un dolor urente en los brazos y las piernas y episodios de fiebre. Las personas con enfermedad de Fabry finalmente desarrollan insuficiencia renal y enfermedades cardíacas, aunque más frecuentemente llegan a la edad adulta. La insuficiencia renal puede provocar hipertensión, que puede desembocar en un accidente cerebrovascular.

La enfermedad de Fabry se puede diagnosticar en el feto por medio del estudio de una muestra de las vellosidades coriónicas o mediante la amniocentesis. La enfermedad no puede curarse ni aun tratada directamente, pero los investigadores están estudiando un tratamiento en el que la enzima deficiente se sustituye por medio de transfusiones. El tratamiento consiste en la toma de analgésicos para ayudar a aliviar el dolor y la fiebre. Las personas con insuficiencia renal pueden necesitar un trasplante de riñón.

☐ TRASTORNOS DE OXIDACIÓN DE LOS ÁCIDOS GRASOS

Varias enzimas ayudan a las grasas a transformarse para que puedan ser convertidas en energía. Un defecto hereditario o deficiencia de una de estas enzimas deja al organismo falto de energía y permite que se acumulen productos de fragmentación como acil CoA. La enzima que con mayor frecuencia está afectada por una deficiencia es la acil CoA deshidrogenasa de cadena media (MCAD). La deficiencia de MCAD es uno de los más frecuentes trastornos hereditarios del metabolismo, en particular en personas de descendencia norte europea.

Otros trastornos raros hereditarios del metabolismo de lípidos

La **enfermedad de Wolman** es un trastorno hereditario que se produce cuando se acumulan tipos específicos de colesterol y de glicéridos en los tejidos. Esta enfermedad provoca el aumento de tamaño del bazo y del hígado. Los depósitos de calcio en las glándulas suprarrenales hacen que se endurezcan y que se produzca también diarrea grasa (esteatorrea). Los bebés con la enfermedad de Wolman mueren, por lo general, a los 6 meses de edad.

La **xantomatosis cerebrotendinosa** se da cuando el colestanol, un producto del metabolismo del colesterol, se deposita en los tejidos. Esta enfermedad finalmente conduce a movimientos descoordinados, demencia, cataratas y formaciones grasas (xantomas) en los tendones. Los síntomas incapacitantes a menudo aparecen después de los 30 años. La administración temprana del fármaco quenodiol ayuda a prevenir la progresión de la enfermedad, pero ya no se pueden reparar las lesiones producidas.

En la **sitosterolemia**, las grasas de las frutas y los vegetales se acumulan en la sangre y en los tejidos. La formación de grasas produce aterosclerosis, glóbulos rojos anormales y depósitos grasos en los tendones (xantomas). El tratamiento consiste en reducir el consumo de alimentos ricos en grasas vegetales, como los aceites vegetales, y tomar la resina colestiramina.

En la **enfermedad de Refsum**, el ácido fitánico, que es un producto del metabolismo de las grasas, se deposita en los tejidos. Una acumulación de ácido fitánico produce lesiones de los nervios y de la retina, movimientos espásticos y alteraciones óseas y cutáneas. El tratamiento consiste en evitar el consumo de frutas verdes y de vegetales que contienen clorofila. Puede ser útil la plasmaféresis, que permite la extracción del ácido fitánico de la sangre.

Los síntomas suelen aparecer entre el nacimiento y la edad de 3 años. Los niños son los más susceptibles a manifestar los síntomas si no tienen alimentos durante cierto período de tiempo (lo que agota otras fuentes de energía) o tienen un incremento en la necesidad de calorías debido al ejercicio o a una enfermedad. El nivel de azúcar en la sangre baja significativamente, causando confusión o coma. El niño se vuelve débil y puede tener vómitos o convulsiones. A largo plazo, los niños tienen un desarrollo mental y físico tardío, un aumento del tamaño del hígado, una debilidad del corazón y una arritmia. Puede ocurrir una muerte súbita.

En algunos países, a los recién nacidos se les practican pruebas de sangre para detectar el MCAD. El tratamiento inmediato es con glucosa intravenosa. Para el tratamiento a largo plazo, el niño debe comer a menudo, nunca saltarse las comidas y consumir una dieta rica en carbohidratos y baja en grasas. Los suplementos del aminoácido carnitina pueden ser de gran ayuda. El resultado a largo plazo es generalmente bueno.

■ Trastornos del metabolismo del piruvato

El piruvato es una sustancia formada en el procesamiento de los carbohidratos y de las proteínas que sirve como una fuente de energía para las células. Los problemas con el metabolismo del piruvato pueden limitar la habilidad de una célula para producir energía y permitir una acumulación del ácido láctico, un producto de desecho. Muchas enzimas están involucradas en el metabolismo del piruvato. Una deficiencia hereditaria de cualquiera de estas enzimas produce una variedad de trastornos, dependiendo de qué enzima falte. Los síntomas pueden aparecer en cualquier momento, de la infancia hasta la madurez. El ejercicio y las infecciones pueden empeorar los síntomas, conduciendo a acidosis láctica grave. Estos trastornos se diagnostican mediante la medición de la actividad de la enzima en las células del hígado o de la piel.

La **deficiencia del complejo piruvato deshidrogenasa** es una falta de un grupo de enzimas necesarias para procesar el piruvato. Esta deficiencia provoca una variedad de síntomas, que varían desde leves a graves. Algunos recién nacidos con esta deficiencia tienen malformaciones cerebrales. Otros niños parecen normales al nacer, pero más tarde, en la niñez, manifiestan los síntomas, incluidos debilidad muscular, convulsiones, mala coordinación y un grave problema de equilibrio. El retraso mental es profundo. Este trastorno no tiene cura, pero a algunos niños les ayuda una dieta con un alto contenido en grasas y baja en carbohidratos.

La **ausencia de la piruvato carboxilasa**, una enzima, es un trastorno raro que dificulta o bloquea la producción de glucosa en el organismo. El ácido láctico y las cetonas se acumulan en la sangre. A menudo, esta enfermedad es mortal.

Los niños que sobreviven tienen convulsiones y retraso mental importante, aunque hay informes recientes de niños con síntomas leves. No existe cura, pero se puede ayudar a algunos niños con comidas frecuentes ricas en carbohidratos y restringiendo las proteínas de la dieta.

Cáncer en la infancia

El cáncer es una enfermedad rara en los niños, presentándose sólo en 1 de cada 5 000 niños al año. Aunque los cánceres más frecuentes en la infancia son las leucemias, los linfomas y los tumores cerebrales, éstos también se producen en los adultos y el diagnóstico y tratamiento es similar en los adultos y en los niños. Algunos de los cánceres más frecuentes que se producen principalmente en los niños son el tumor de Wilms, el neuroblastoma y el retinoblastoma.

Además, a diferencia de muchos cánceres del adulto, los infantiles suelen ser mucho más curables. Alrededor del 75 % de los niños con cáncer sobreviven por lo menos 5 años. Sin embargo, el cáncer es mortal en alrededor 2 000 niños cada año.

Como en los adultos, los médicos usan una combinación de tratamientos, incluyendo la cirugía, la quimioterapia y la radioterapia. Sin embargo, como los niños están aún en crecimiento, estos tratamientos pueden tener reacciones adversas que no se dan en los adultos. Por ejemplo, en un niño un brazo o una pierna que ha recibido radiación puede no crecer completamente. Los niños que reciben radiación en el cerebro pueden no tener un desarrollo intelectual normal.

Los niños que sobreviven al cáncer tienen más años que los adultos para manifestar las consecuencias a largo plazo de la quimioterapia y de la radioterapia, como la infertilidad, un escaso crecimiento, una lesión cardíaca, e incluso desarrollar un segundo cáncer (lo cual sucede en una proporción de entre el 3 y el 12 % de los niños que sobreviven al cáncer). Debido a estas posibles y significativas consecuencias y a la complejidad del tratamiento, los niños con cáncer son tratados mejor en centros con experiencia en cáncer infantil.

El impacto de haber sido diagnosticado de cáncer y la intensidad del tratamiento es abrumador para el niño y la familia. Es difícil para el equipo de cuidados y para la familia mantener un ambiente de normalidad para el niño, especialmente considerando las frecuentes hospitalizaciones y visitas a la consulta para el tratamiento del cáncer y sus complicaciones. Es típico un estrés abrumador, mientras los padres luchan por continuar trabajando, estar atentos de los otros hermanos y, además, atender a muchas de las necesidades del niño con cáncer ● *(v. también pág. 1945)*. La situación es aún más difícil cuando el niño está siendo tratado en un centro especializado ubicado lejos de la casa. El equipo de tratamiento debe incluir pediatras especializados en cáncer, otros especialistas necesarios y el médico de cabecera. Otro personal esencial es el trabajador social (que puede proporcionar apoyo emocional y ayuda con los aspectos financieros de los cuidados), un maestro (que puede trabajar con el niño, con la escuela, y con el equipo de cuidados de salud para asegurarse de que el niño continúe con su educación) y un psicólogo (que puede ser de ayuda para el niño, los hermanos y los padres a lo largo del tratamiento). Muchos centros también incluyen un padre consejero, que ha tenido un hijo con cáncer y puede guiar a los familiares.

■ Tumor de Wilms

El tumor de Wilms (nefroblastoma) es una clase específica de cáncer de los riñones.

El tumor de Wilms, por lo general, aparece en los niños de menos de 5 años, aunque a veces aparece en niños mayores y raramente en los adultos. Muy raramente, se desarrolla antes del nacimiento y aparece en los recién nacidos. En alrededor del 4 % de los casos, el tumor de Wilms se produce simultáneamente en ambos riñones.

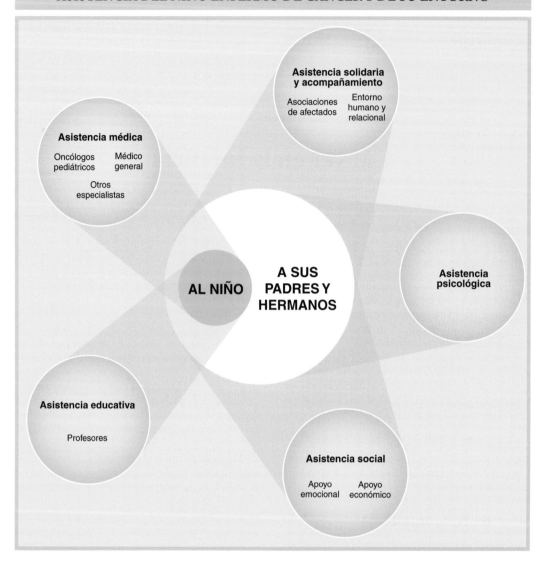

La causa del tumor de Wilms se desconoce aunque, en algunos casos, puede estar involucrada una anomalía genética. Los niños con determinados defectos de nacimiento, como la ausencia de iris o un excesivo crecimiento de un lado del cuerpo, cuya causa puede ser una anomalía genética, tienen más riesgos de desarrollar un tumor de Wilms. Sin embargo, la mayoría de los niños con un tumor de Wilms no tienen reconocibles tales anomalías.

➤ Síntomas y diagnóstico

Los síntomas incluyen un aumento del perímetro abdominal (por ejemplo, un cambio rápido en el tamaño del pañal, más grande), dolor abdominal, fiebre, falta de apetito, náuseas y vómitos. Aparece sangre en la orina en el 15 o 20 % de los casos. Dado que los riñones son importantes en el control de la presión arterial, el tumor de Wilms puede provocar una elevación de la presión arterial. Este cáncer puede extenderse hacia otras partes del cuerpo, sobre todo a los pulmones. La afección de los pulmones puede producir tos y ahogo al respirar.

Los padres frecuentemente notan la primera señal del tumor de Wilms, una masa indolora en el abdomen del niño. El médico habitualmente puede palpar un bulto (masa) en el abdomen del niño. Si el médico sospecha un tumor de Wilms, puede solicitar una ecografía, una tomografía computarizada (TC) o una resonancia magnética nuclear (RMN) para determinar la naturaleza y el tamaño del bulto.

➤ Pronóstico y tratamiento

Los niños más pequeños, con tumores más reducidos, y los niños cuyo tumor no se ha extendido presentan mejor pronóstico. En general, el tumor de Wilms puede curarse; entre el 70 y el 95% de los niños con tumor de Wilms sobreviven, dependiendo de la extensión de la enfermedad. Tiene un pronóstico muy bueno incluso los niños mayores y con tumores extendidos. Sin embargo, un tipo especial de tumor de Wilms (presente en menos del 5% de los casos) es más resistente al tratamiento. Los niños con este tipo de tumor, que se reconoce por su aspecto microscópico, tienen un pronóstico peor.

Los médicos tratan el tumor de Wilms extirpando el riñón que tiene el tumor. Durante la operación, se examina el otro riñón, para determinar si también tiene tumor. Después de la cirugía, se administra quimioterapia; los fármacos más frecuentes son la actinomicina D, la vincristina y la doxorubicina. Los niños con tumores grandes o extendidos también reciben radioterapia.

A veces, el tumor no puede ser extirpado al principio; en este caso, el niño es tratado primero con quimioterapia y radioterapia, y el tumor es extirpado cuando es más pequeño.

■ Neuroblastoma

Un neuroblastoma es un cáncer frecuente en la niñez, que crece en partes del sistema nervioso.

El neuroblastoma aparece en una cierta clase de tejido nervioso localizado en muchos lugares del cuerpo. Habitualmente se origina en los nervios del abdomen o del pecho, con mayor frecuencia en las glándulas suprarrenales (situadas sobre cada riñón). El neuroblastoma se origina muy raramente en el cerebro.

El neuroblastoma es el cáncer que se presenta con mayor frecuencia en los bebés y uno de los más frecuentes en los niños de cualquier edad. Alrededor del 80% de todos los neuroblastomas aparecen en niños de menos de 5 años. Aunque la causa se desconoce, este cáncer se encuentra a veces presente en la familia.

➤ Síntomas y diagnóstico

Los síntomas dependen del sitio de origen del neuroblastoma y de si se ha extendido. En los cánceres originados en el abdomen, los primeros síntomas incluyen el aumento del tamaño del abdomen, una sensación de saciedad y el dolor abdominal. Los cánceres en el pecho pueden causar tos o dificultad para respirar. En más de la mitad de los niños, en el momento en que el niño visita al médico el cáncer se ha extendido más allá de la localización original. Los síntomas en estos niños se relacionan con la extensión del cáncer. Por ejemplo, el cáncer que ha invadido los huesos es doloroso. El que ha invadido la médula ósea puede disminuir el número de varios tipos de células de la sangre. Un número reducido de glóbulos rojos (anemia) causa una sensación de debilidad y de cansancio; un número reducido de plaquetas causa hematomas y un número reducido de glóbulos blancos reduce la resistencia a la infección. El cáncer puede extenderse a la piel, donde produce nódulos, o a la médula espinal, donde puede ocasionar debilidad en los brazos o en las piernas.

Aproximadamente el 90% de los neuroblastomas produce hormonas, como la adrenalina, que pueden aumentar el ritmo cardíaco y causar ansiedad.

No es fácil obtener un diagnóstico precoz de un neuroblastoma. Si el cáncer crece lo suficiente, el médico podrá palpar un bulto (masa) en el abdomen. Si el médico sospecha la presencia de un neuroblastoma puede solicitar una ecografía, una tomografía computarizada (TC) o una resonancia magnética nuclear (RMN) del tórax y del abdomen. Se puede efectuar un análisis de orina para detectar la producción excesiva de hormonas similares a la adrenalina. Para ver si el cáncer se ha extendido, el médico puede obtener una gammagrafía ósea, tomar radiografías de los huesos o examinar muestras de tejido del hígado, del pulmón, de la piel, de la médula ósea o del hueso.

➤ Pronóstico y tratamiento

Los niños de menos de 1 año y los niños con cánceres pequeños tienen un pronóstico muy bueno. Si el cáncer no se ha extendido, habitualmente puede extirparse mediante cirugía. Casi todos los niños reciben quimioterápicos como la vincristina, la ciclofosfamida, la doxorubicina, el etopósido y el cisplatino. También puede usarse la radioterapia. En niños de más de 1 año, el índice de curación es bajo si el cáncer se ha extendido.

■ Retinoblastoma

El retinoblastoma es un cáncer de la retina, la zona sensible a la luz ubicada en la parte posterior del ojo.

Los retinoblastomas representan alrededor del 2 % de los cánceres de la infancia y casi siempre se dan antes de los 4 años de edad. Aparecen en ambos ojos al mismo tiempo en el 20 o 30 % de los niños. Este cáncer es el resultado de una alteración de genes específicos, conocidos, que controlan el desarrollo del ojo. A veces el gen lesionado es heredado de uno de los padres o se altera muy pronto durante el desarrollo embrionario. Los niños con este tipo de lesión pueden pasar el gen defectuoso a su descendencia, quienes pueden también a su vez desarrollar un retinoblastoma. Otras veces, los genes se pueden dañar más tarde durante el desarrollo embrionario, sólo en las células del ojo del embrión. Este daño no puede ser transmitido a los hijos. El retinoblastoma es hereditario en todos los niños con cáncer en ambos ojos y en el 15 o 20 % de los niños con cáncer en un ojo.

El retinoblastoma, por lo general, se extiende hasta el cerebro a lo largo del nervio óptico (el nervio que va del ojo al cerebro). Sin embargo, también puede extenderse a otros órganos, como a la médula ósea.

➤ Síntomas y diagnóstico

Los síntomas de un retinoblastoma pueden incluir la pupila blanca o el estrabismo (ojos bizcos). Los retinoblastomas de suficiente tamaño también pueden afectar a la visión, pero tienden a producir pocos síntomas diferentes.

Si el médico sospecha un retinoblastoma, al niño se le suministra anestesia general para examinar ambos ojos mirando la retina a través del cristalino y del iris; la anestesia general es necesaria porque los niños pequeños no son capaces de colaborar durante el examen, que debe ser cuidadoso y prolongado para poder diagnosticar un retinoblastoma. El tumor también puede detectarse mediante una tomografía computarizada (TC) o una imagen de resonancia magnética nuclear (RMN). Ambas pruebas ayudan a determinar si el cáncer se ha extendido al cerebro. El mé-

dico también busca células cancerosas en una muestra del líquido cefalorraquídeo (tomada mediante una punción lumbar); el hallazgo de células cancerosas hace más evidente que el cáncer se ha extendido al cerebro. Dado que el cáncer puede extenderse hacia la médula ósea, se obtiene una muestra de médula ósea para su examen.

➤ Pronóstico y tratamiento

Sin tratamiento, la mayoría de los niños con retinoblastoma mueren en 2 años. Sin embargo, con el tratamiento, los niños con retinoblastoma se curan en más del 90 % de los casos. Cuando sólo afecta a un ojo y ese ojo tiene poca visión o ninguna, el médico, por lo general, extirpa el globo ocular junto con parte del nervio óptico. Cuando hay una visión significativa en el ojo afectado o el cáncer afecta a ambos ojos, a veces los médicos dan quimioterapia y tratan de evitar la cirugía en un intento de salvar los globos oculares. Los quimioterápicos incluyen el etopósido, el carboplatino, la vincristina y la ciclofosfamida. La quimioterapia puede eliminar completamente el cáncer y frecuentemente el tumor disminuye de tamaño lo suficiente para que los remanentes puedan extirparse con láser, sondas de congelación (criogénica) o placas que contienen un material radiactivo. Si estos tratamientos no eliminan el cáncer, los médicos pueden extirpar el globo ocular o dar radioterapia. A veces, ambos globos oculares deben ser extirpados. También se utiliza la quimioterapia cuando el cáncer se ha extendido más allá del ojo o si el cáncer recurre después del tratamiento inicial.

La radioterapia en el ojo tiene consecuencias significativas, como las cataratas, la disminución en la visión, el ojo seco crónico y el desgaste de los tejidos alrededor del ojo. Puede alterarse el crecimiento normal de los huesos de la cara, dando como resultado un aspecto deforme.

Después del tratamiento, el médico vuelve a examinar los ojos cada 2 o 4 meses para determinar si el cáncer ha vuelto. Los niños con el tipo de retinoblastoma hereditario corren un alto riesgo de que el cáncer recurra. Además, en los siguientes cincuenta años desde el momento del diagnóstico, hasta el 50 % de los casos de retinoblastoma hereditario desarrollan un segundo cáncer, como sarcomas de tejidos blandos, melanomas y osteosarcomas. Los médicos recomiendan que los familiares directos de cualquier niño con retinoblastoma se hagan exámenes de ojos periódicamente. Se deben examinar los niños pequeños de la familia para detectar retinoblastomas, y los adultos deben someterse a revisión para detectar retinocitomas, un tumor no canceroso causado por el mismo gen. Los miembros de la familia sin evidencia de cáncer pueden someterse a un análisis de ADN para ver si son portadores del gen del retinoblastoma.

Parálisis cerebral

La parálisis cerebral incluye un control muscular escaso, espasticidad, parálisis y problemas neurológicos diversos resultantes de una lesión cerebral antes, durante, o poco después del nacimiento.

La parálisis cerebral afecta a entre 2 y 4 de cada 1 000 bebés, pero es diez veces más frecuente en los bebés prematuros. Es particularmente frecuente en los niños de muy bajo peso al nacer.

La parálisis cerebral no es una enfermedad; es una constelación de síntomas que se derivan del daño de las partes del cerebro que controlan los movimientos musculares (áreas motoras). A veces, los niños con parálisis cerebral tienen lesiones en otras partes del cerebro. La lesión del cerebro que provoca la parálisis cerebral puede ocurrir durante el embarazo, durante el nacimiento, después del nacimiento o en la primera infancia. Una vez ha ocurrido la lesión cerebral, ésta no empeora, aunque los síntomas pueden cambiar con el crecimiento y maduración del niño. El daño cerebral que se produce después de los 5 años de edad no es considerado parálisis cerebral.

➤ Causas

Muchos tipos de lesiones del cerebro pueden causar parálisis cerebral y, con frecuencia, no se puede identificar una causa específica. Las lesiones de nacimiento y el escaso aporte de oxígeno al cerebro durante e inmediatamente después del parto constituyen del 10 al 15% de los casos. Las infecciones prenatales, como rubéola, toxoplasmosis o infección por citomegalovirus, a veces ocasionan parálisis cerebral. Los prematuros son particularmente vulnerables, posiblemente en parte porque los vasos sanguíneos del cerebro presentan un de-

sarrollo deficiente y sangran con facilidad. Las altas concentraciones de bilirrubina en la sangre pueden conducir a una forma de lesión cerebral denominada querníctero. Durante los primeros años de vida, enfermedades graves, como la inflamación de los tejidos que cubren el cerebro (meningitis), sepsis, traumatismos y la deshidratación grave, pueden causar lesión cerebral y derivar en parálisis cerebral.

➤ Síntomas

Los síntomas de la parálisis cerebral pueden oscilar entre la torpeza apenas perceptible y la espasticidad grave, que contrae los brazos y las piernas y obliga al niño a usar muletas o abrazaderas o lo confina a una silla de ruedas.

Existen cuatro principales tipos de parálisis cerebral: espástica, coreoatetoide, atáxica y mixta. En todas las formas de parálisis cerebral, la expresión oral puede ser difícil de comprender porque el niño tiene dificultad para controlar los músculos que intervienen en el habla. Dado que partes no motoras del cerebro también pueden resultar afectadas, muchos niños con parálisis cerebral tienen otros problemas, como retraso mental, problemas de comportamiento, dificultad para ver y escuchar adecuadamente y trastornos convulsivos.

En el tipo espástico, que aparece en el 70% de los niños con parálisis cerebral, los músculos son rígidos y débiles. En la parálisis cerebral espástica, la rigidez puede afectar a los brazos y las piernas (cuadriplejía), principalmente a las piernas (paraplejía) o sólo al brazo y la pierna de un lado (hemiplejía). Las piernas y los brazos afectados se encuentran poco desarrollados, son rígidos y débiles. Los niños con cuadriplejía espástica son los más gravemente afectados. Con frecuencia tienen retraso mental (a veces grave), junto con convulsiones, y experimentan dificultades para deglutir. Los problemas de la deglución hacen que estos niños sean propensos a ahogarse con las secreciones de la boca y del estómago (aspiración). Las lesiones de aspiración pulmonar causan dificultad para respirar. La aspiración repetida puede lesionar permanentemente los pulmones. Los niños con diplejía espástica suelen tener un desarrollo mental normal y raramente tienen convulsiones. Alrededor de una cuarta parte de los niños afectados por hemiplejía espástica tiene una inteligencia normal-baja y un tercio tiene convulsiones.

Dentro del tipo coreoatetoide, que aparece en cerca del 20% de los niños con parálisis cerebral, los músculos se mueven de forma espontánea, lenta y sin un control normal. Los movimientos de los brazos, las piernas y el cuerpo pueden ser contracciones musculares en torsión, bruscos y en sacudidas. Las emociones fuertes empeoran los movimientos; el sueño los hace desaparecer. Estos niños, por lo general, tienen una inteligencia normal y rara vez tienen convulsiones.

Dentro del tipo atáxica, que aparece en cerca del 10% de los niños con parálisis cerebral, la coordinación es escasa y los movimientos son inseguros. Estos niños también tienen debilidad muscular y movimientos temblorosos. Los niños que padecen este trastorno tienen dificultad para hacer movimientos rápidos o finos y la marcha es inestable, con las piernas ampliamente separadas.

En la de tipo mixto se combinan dos tipos de los ya mencionados, el espástico y coreoatetoide. Este tipo aparece en muchos niños con parálisis cerebral.

➤ Diagnóstico

La parálisis cerebral es difícil de diagnosticar durante la primera infancia. A medida que el bebé madura, se hace notorio el escaso desarrollo, debilidad, espasticidad o la falta de coordinación. Aunque las pruebas de laboratorio no pueden identificar la parálisis cerebral, se pueden realizar análisis de sangre, estudios eléctricos del músculo (electromiografía), biopsia de un músculo y una tomografía computarizada (TC) o una resonancia magnética nuclear (RMN) del cerebro para clarificar la naturaleza de la lesión cerebral y para detectar otros trastornos. El médico puede recomendar pruebas adicionales si el niño presenta síntomas no típicos de parálisis cerebral. El tipo específico de parálisis cerebral a menudo no puede ser identificado antes de que el niño tenga 18 meses de edad.

➤ Pronóstico y tratamiento

El pronóstico depende habitualmente del tipo de parálisis cerebral y de su gravedad. Más del 90% de los niños con parálisis cerebral sobreviven hasta la edad adulta. Sólo los más gravemente afectados, aquellos incapaces de cuidarse por sí mismos, tienen una esperanza de vida sustancialmente corta.

La parálisis cerebral no puede ser curada; sus problemas duran toda la vida. Sin embargo, se pueden realizar muchas actividades para mejorar la movilidad y la independencia del niño. La fisioterapia, la terapia ocupacional y las abrazaderas pueden mejorar el control muscular y la marcha, en particular cuando la rehabilitación se inicia lo más pronto posible. Se puede realizar cirugía para cortar o alargar tendones del músculo rígido que limita el movimiento. A veces, la sección de ciertas raíces nerviosas de la médula espinal mejora la espasticidad. La terapia del lenguaje (logopedia) puede mejorar la capacidad de expresión oral, y contribuye también a solucionar los problemas para comer. Las convulsiones pueden tratarse con anticonvulsivantes. A veces se usan fármacos tomados por vía oral, como dantroleno y baclofeno, para ayudar a disminuir la espasticidad, pero los beneficios son limitados por las reacciones adversas. Nuevos tratamientos llevan fármacos directamente a los nervios y a los músculos afectados. La toxina botulínica puede inyectarse en los músculos espásticos.

Los niños con parálisis cerebral crecen normalmente y asisten de manera regular a escuelas si no tienen graves incapacidades intelectuales y físicas. Otros requieren una fisioterapia importante, una educación especial y están muy limitados en las actividades diarias, por lo que requieren algún tipo de cuidado y asistencia de por vida. Sin embargo, aun los niños gravemente afectados pueden mejorar con la educación y el entrenamiento.

La información y el asesoramiento están a disposición de los padres con el fin de ayudarles a entender la enfermedad y el potencial del niño y para asistir en los problemas que se van presentando. El cariño de los padres, combinado con la asistencia de agencias públicas y privadas, tales como las agencias de salud comunitaria y los organismos de rehabilitación vocacional, pueden ayudar al niño a alcanzar su potencial más alto.

CAPÍTULO 285

Retraso mental

El retraso mental es un funcionamiento intelectual significativamente por debajo del promedio, que está presente desde el nacimiento o la infancia temprana y que causa limitaciones para llevar a cabo las actividades normales de la vida diaria.

El retraso mental no es un trastorno médico específico como la neumonía o la faringitis estreptocóccica y no es un trastorno de la salud mental. Una persona con retraso mental tiene un promedio significativamente bajo en el funcionamiento intelectual, que limita la habilidad para afrontar dos o más actividades de la vida diaria (habilidades de adaptación). Estas actividades incluyen la capacidad para comunicarse; vivir en casa; ocuparse de sí mismo, incluyendo la toma de decisiones; participar en actividades de ocio, sociales, escuela y trabajo y ser conscientes de la salud y de la seguridad personal.

Las personas con retraso mental tienen grados variables de deterioro. Mientras se reconoce la individualidad de cada persona, los médicos encuentran útil clasificar el nivel de funcionamiento de una persona. Los niveles de funcionamiento intelectual se pueden basar en los resultados de las pruebas de coeficiente intelectual (CI) o en el nivel de apoyo que la persona necesita. El apoyo se clasifica como intermitente, limitado, importante o profundo. Intermitente significa apoyo ocasional; limitado significa apoyo como un programa diario en un taller supervisado; importante significa apoyo continuo diario; profundo significa un alto nivel de apoyo para todas las actividades diarias, lo cual incluye una enfermera que lo cuide a tiempo completo.

Basados sólo en las pruebas de CI, alrededor del 3% de la población total se considera que tiene retraso mental. Sin embargo, si la clasificación se basa en la necesidad de tener un apoyo, sólo alrededor del 1% de las personas presentan retraso mental significativo.

➤ Causas

Una amplia variedad de condiciones médicas y ambientales pueden causar retraso mental. Algunas son genéticas; algunas están presentes antes o durante el tiempo de la concepción; otras ocurren durante el embarazo, el nacimiento o después de éste. El factor común es que algo afecta al crecimiento y al desarrollo del cerebro. Sin embargo, se puede identificar una causa específica en sólo aproximadamente un tercio de los afectados con retraso mental ligero y en dos tercios de las personas con retraso moderado o profundo.

➤ Síntomas

Algunos niños con retraso mental presentan anomalías evidentes al nacer o poco después. Dichas anomalías pueden ser físicas, así como neurológicas, y pueden incluir características faciales inhabituales, una cabeza demasiado grande o muy pequeña, deformidades en las manos o los pies y otras anomalías diversas. A veces estos niños tienen un aspecto normal pero tienen otros signos de enfermedad grave, como convulsiones, letargia, vómitos, olor anormal de la orina y trastornos en la alimentación y en el crecimiento normal. Durante su primer año, muchos niños con retraso mental más grave tienen un desarrollo motor tardío, y son lentos para rodar, sentarse y ponerse de pie.

Sin embargo, la mayoría de los niños con retraso mental no presentan síntomas que sean perceptibles hasta el período preescolar. Los síntomas aparecen a temprana edad en aquellos más gravemente afectados. Por lo general, el primer problema que notan los padres es un retraso en el desarrollo del lenguaje. Los niños con retraso mental son lentos para usar palabras, unir palabras y hablar con frases completas. Su desarrollo social es a veces lento, debido al deterioro cognitivo y a las deficiencias del lenguaje. Los niños con retraso mental pueden ser lentos para aprender a vestirse y a alimentarse por sí mismos. Algunos padres pueden no considerar la posibilidad de retraso mental hasta que el niño está en la escuela o en un centro preescolar y se demuestra una incapacidad de mantener las expectativas normales para la edad.

Los niños con retraso mental son más propensos que otros a tener problemas de conducta, como crisis explosivas, rabietas y comportamiento físicamente agresivo. Estas conductas se relacionan frecuentemente con situaciones frustrantes específicas, desencadenadas por la incapacidad de comunicarse y de controlar los impulsos. Los niños

NIVELES DE RETRASO MENTAL

RANGO	COCIENTE INTELECTUAL (CI)	HABILIDADES EN EDAD PREESCOLAR (DESDE EL NACIMIENTO HASTA LOS 5 AÑOS)	HABILIDADES EN EDAD ESCOLAR (DE LOS 6 A LOS 20 AÑOS)	HABILIDADES EN LA EDAD ADULTA (21 AÑOS Y MÁS)
Leve	52-68	Puede desarrollar habilidades sociales y de comunicación; la coordinación motora está ligeramente alterada; a menudo no se diagnostica hasta años más tarde.	En la adolescencia tardía puede aprender hasta el nivel de escolarización de sexto grado; se puede esperar que aprendan habilidades sociales apropiadas.	Por lo general, puede lograr las capacidades sociales y vocacionales suficientes para su mantenimiento, pero puede necesitar guía y asistencia durante los momentos inhabituales de estrés social o económico.
Moderado	36-51	Puede hablar o aprender a comunicarse; el conocimiento social es escaso; la coordinación motora es aceptable; puede beneficiarse de un entrenamiento en autoayuda.	Puede aprender algunas habilidades sociales y ocupacionales; en tareas escolares puede progresar hasta el nivel de escuela elemental; puede aprender a viajar solo en lugares familiares.	Puede conseguir su propio mantenimiento realizando un trabajo no especializado o semiespecializado bajo condiciones de protección; necesita supervisión y guía cuando está bajo leve estrés social o económico.
Grave	20-35	Puede decir unas palabras; es capaz de aprender algunas habilidades de autoayuda; tiene habilidades limitadas del habla; la coordinación motora es escasa.	Puede hablar o aprender a comunicarse; puede aprender hábitos simples de salud; se beneficia del entrenamiento de hábitos.	Puede contribuir parcialmente en su mantenimiento bajo una completa supervisión; puede desarrollar algunas capacidades de autoprotección en un ambiente controlado.
Profundo	19 o menos	Extremadamente retrasado, poca coordinación motora; puede necesitar cuidados de una enfermera.	Alguna coordinación motora; capacidades de comunicación limitadas.	Puede lograr un cuidado de sí mismo muy limitado; por lo general, necesita la atención de terceros.

mayores pueden ser ingenuos y fácilmente se dejan tomar ventaja o conducir a faltas ligeras.

Entre el 10 y el 40% de las personas con retraso mental también tienen trastornos de la salud mental (diagnóstico dual). En particular, la depresión es frecuente, especialmente en los niños que son conscientes de ser diferentes de sus compañeros o que son calumniados y maltratados debido a su discapacidad.

➤ Diagnóstico

Muchos niños son evaluados mediante equipos de profesionales, incluidos un neurólogo pediátrico o pediatra, un psicólogo, un logopeda, un terapeuta ocupacional o físico, un educador especial, un asistente social o una enfermera.

Los médicos evalúan al niño en quien se sospecha un retraso mental con pruebas de funcionamiento intelectual y buscan la causa. Aunque el retraso mental es en general irreversible, la identificación del trastorno que causa el retraso puede permitir predecir la futura evolución del niño, planificar cualquier intervención que pueda aumentar el nivel de funcionamiento y asesorar a los padres en cuanto al riesgo de tener otro hijo.

Los recién nacidos con malformaciones físicas u otros síntomas sugestivos de una afección asociada con retraso mental con frecuencia necesitan pruebas de laboratorio para ayudar a detectar los trastornos metabólicos y genéticos. Los estudios de diagnóstico por imágenes, como la tomografía computarizada (TC) o la resonancia magnética nuclear (RMN), pueden realizarse para detectar problemas estructurales en el cerebro.

Algunos niños que se demoran en el aprendizaje del lenguaje y en el dominio de las habilidades sociales tienen enfermedades diferentes al retraso mental. Por lo general, se lleva a cabo una evaluación auditiva, ya que los problemas de audición afectan al desarrollo social y del lenguaje. Los problemas emocionales y los trastornos del aprendizaje también pueden confundirse con un retraso mental. Los niños que han sido gravemente privados del amor y atención normales ● *(v. pág. 1951)* durante un período de tiempo prolongado pueden parecer retrasados. Un niño con retraso para sentarse y caminar (habilidad motora gruesa) o en la manipulación de objetos (habilidad motora fina) puede tener un trastorno neurológico no asociado con retraso mental.

Dado que los padres no siempre notan leves problemas de desarrollo, los médicos sistemáticamente realizan pruebas de detección del desarrollo durante las visitas. Los médicos usan pruebas sencillas, como la Denver Developmental Screening Test, para evaluar de forma rápida las habilidades cognitivas, verbales y motoras del niño. Las preguntas pueden ser realizadas por los padres para ayudar al médico a determinar el nivel de funcionamiento del niño. Los niños que muestran un nivel bajo para la edad en estas pruebas de detección, son remitidos para pruebas más formales.

Las pruebas formales tienen tres componentes: entrevistas con los padres, observación del niño y pruebas con referencia a normas establecidas. Algunas pruebas, como la Wechsler Intelligence Scale for Children-III (WISC-III), miden la habilidad intelectual. Otras pruebas, como la Vineland Adaptive Behavior Scales, valoran áreas tales como la comunicación, las habilidades de la vida diaria y las destrezas sociales y motoras. Generalmente, estas pruebas formales comparan la habilidad intelectual y social del niño con la de los de la misma edad. Sin embargo, con poblaciones afectadas por el desarraigo cultural, como en el caso de poblaciones de aluvión o inmigrantes, con diferencias notables culturales y lingüísticas respecto de la población a la que pertenece la muestra estándar, los bajos resultados han de ser vistos con cautela y contrastados con otras obser-

---

Algunas causas de retraso mental

Antes o en la concepción

- **Trastornos hereditarios (como la fenilcetonuria, el hipotiroidismo, el síndrome del cromosoma X frágil)**
- **Anomalías en los cromosomas (por ejemplo, el síndrome de Down)**

Durante el embarazo

- **Desnutrición materna grave**
- **Infecciones con VIH, citomegalovirus, herpes simple Toxoplasmosis, rubéola**
- **Toxinas (alcohol, plomo, metilmercurio)**
- **Fármacos (fenitoína, valproato, isotretinoína, quimioterapia contra el cáncer)**
- **Desarrollo anormal del cerebro (espina bífida, mielomeningocele)**

Durante el nacimiento

- **Poco oxígeno (hipoxia)**
- **Prematuridad extrema**

Después del nacimiento

- **Infecciones del cerebro (meningitis, encefalitis)**
- **Traumatismo craneal grave**
- **Desnutrición del niño**
- **Negligencia emocional grave o maltrato verbal y físico**
- **Toxinas (plomo, mercurio)**
- **Tumores cerebrales y sus tratamientos**

---

vaciones. En todos los casos, un diagnóstico de retraso mental requiere que el médico integre los datos de la prueba con información obtenida de los padres y con una observación directa del niño. Un diagnóstico de retraso mental es adecuado sólo en los casos en que tanto la habilidad intelectual como la adaptativa tienen un promedio significativamente más bajo que el promedio.

➤ Prevención y pronóstico

La prevención concierne principalmente a los trastornos genéticos e infecciosos y a las lesiones por accidentes. Los médicos pueden recomendar pruebas genéticas en las personas con un miembro de la familia u otro niño con un trastorno hereditario conocido, especialmente los relacionados con retraso mental, como la fenilcetonuria, enfermedad de Tay-Sachs o síndrome del cromosoma X frágil. La identificación de un gen asociado a un trastorno hereditario permite a los consejeros genéticos ayudar a los padres a comprender el riesgo hereditario de tener un niño afectado. Las mujeres que planean quedarse embarazadas deben recibir las vacunaciones necesarias, especialmente contra la rubéola. Aquellas que tienen riesgo de trastornos infecciosos que pueden ser perjudiciales para un feto, como la rubéola y el VIH, deben realizarse pruebas antes de quedarse embarazadas.

Los cuidados prenatales apropiados disminuyen el riesgo de tener un hijo con retraso mental. El ácido fólico, un suplemento vitamínico, tomado antes de la concepción y al comienzo del embarazo puede ayudar a prevenir ciertos tipos de anomalías cerebrales. Los avances en la realización del parto y del alumbramiento y en los cuidados de los prematuros han ayudado a reducir el índice de retraso mental relacionado con la prematuridad.

Durante el embarazo se pueden realizar ciertas pruebas, como una ecografía, una amniocentesis, estudios de vellosidades coriónicas y pruebas de sangre para identificar enfermedades que a menudo derivan en retraso mental. Frecuentemente se utilizan la amniocentesis o estudios de las vellosidades coriónicas en las mujeres con un alto riesgo de tener un hijo con síndrome de Down. Durante el embarazo se pueden tratar algunas enfermedades, como la hidrocefalia y la incompatibilidad de Rh grave ● *(v. pág. 1724)*. Sin embargo, la mayoría de las enfermedades no pueden ser tratadas, y la pronta identificación puede servir sólo para preparar a los padres y permitirles que consideren la opción del aborto.

Dado que el retraso mental a veces coexiste con problemas físicos graves, la esperanza de vida de los niños con retraso mental puede ser más corta, dependiendo del trastorno específico. Por lo general, cuanto más grave es el retraso y los problemas físicos del niño, menor es la esperanza de vida. Sin embargo, un niño con retraso mental ligero tiene una expectativa de vida relativamente normal.

➤ Tratamiento

El niño con retraso mental está en mejores manos si lo cuida un equipo multidisciplinario que consiste en el médico de cabecera, asistentes sociales, terapeutas del lenguaje y físicos, psicólogos, educadores y otros. Junto con la familia, estas personas desarrollan un programa amplio e individualizado para el niño, que debe comenzar tan pronto como se sospeche el diagnóstico de retraso mental. Los padres y los hermanos del niño también necesitarán apoyo emocional y toda la familia deberá formar parte integral del programa.

Debe considerarse el conjunto global de aspectos débiles y fuertes del niño para determinar el tipo de apoyo necesario. Factores como la incapacidad física, los problemas de personalidad, la enfermedad mental y las habilidades interpersonales ayudan a determinar cuánto apoyo es necesario.

Todos los niños con retraso mental pueden beneficiarse con la educación. La educación debe impartirse de la forma menos restrictiva posible y en ambientes no excluyentes, donde los niños tienen la oportunidad para interactuar con compañeros no discapacitados, con igual acceso a los recursos de la comunidad.

Generalmente, es mejor para el niño con retraso mental vivir en casa. Sin embargo, algunas familias no pueden proporcionar cuidados en casa, especialmente para los niños con incapacidades severas y complejas. Esta decisión es difícil y requiere extensa discusión entre la familia y el equipo completo de apoyo. Tener un niño con graves incapacidades en casa puede ser perturbador y requiere un dedicado cuidado que muchos padres pueden no ser capaces de proporcionar. La familia puede necesitar apoyo psicológico. Un trabajador social puede organizar servicios de asistencia familiar. Esta clase de ayuda puede provenir de centros de cuidados diurnos, de la persona que cuida del niño y de centros de cuidados de relevo. La mayoría de los adultos con retraso mental viven en residencias que suministran los servicios apropiados a las necesidades individuales, con oportunidades de trabajo y recreación.

CAPÍTULO 286

Trastornos de la salud mental

Varios trastornos importantes de la salud mental, como la depresión, se desarrollan con frecuencia en la infancia. Algunos trastornos, como el autismo, aparecen sólo en la infancia.

Con unas pocas excepciones, los síntomas de trastornos de salud mental tienden a ser similares a los sentimientos que todo niño experimenta, como tristeza, ira, sospecha, excitación, retraimiento y soledad. La diferencia entre un trastorno y un sentimiento normal es el punto en que el sentimiento adquiere una fortaleza tan intensa y agobiante que afecta a las actividades normales de la vida de los niños y los hace sufrir. Debido a esto, los médicos deben utilizar un grado significativo de juicio para determinar cuándo algunos pensamientos y emociones particulares dejan de ser un componente normal de la infancia para volverse un trastorno.

En los niños, algunos trastornos afectan tanto a la salud mental como al desarrollo en general del niño. Estos son llamados trastornos generalizados del desarrollo, que incluyen autismo, trastorno de Asperger, trastorno generalizado del desarrollo no especificado de otro modo, trastorno de Rett y trastorno desintegrativo infantil. Los trastornos dominantes del desarrollo comprenden un grupo de enfermedades relacionadas que implican alguna combinación de dificultades en las relaciones sociales, comportamientos estereotipados o rituales, desarrollo y uso anormal del lenguaje y, a veces, insuficiencia intelectual.

■ Autismo

El autismo es un trastorno en el cual los niños pequeños son incapaces de entablar relaciones sociales normales, se comportan de manera compulsiva y ritual y a menudo no desarrollan una inteligencia normal.

SÍNTOMAS DEL AUTISMO

El niño autista desarrolla síntomas en, al menos, tres ámbitos

Relación social	Lenguaje	Conducta	Inteligencia
• Evitación del contacto visual. • No demuestra cariño. • No busca la seguridad de los padres. • Prefiere jugar solo. • Uso nulo de la expresividad facial.	• Lentitud o bloqueo del aprendizaje del habla. • Ecolalia. • Confusión en el uso pronominal. A menudo, rechazo de la primera persona. • Falta de interacción verbal con los otros. • Ritmo y entonación anómalos.	• Resistencia a los cambios. • Vínculos fuertes con objetos inanimados. • Acciones y movimientos repetitivos e idénticos. • Autolesiones asociadas a conductas de riesgo repetitivas.	• Retraso mental y de aprendizaje. • Mayor rendimiento en habilidades espaciales y motrices que en las verbales. • Habilidades aisladas –en aritmética, música...–, a menudo social y económicamente improductivas.

Autismo

Algunos ejemplos de comportamiento autístico

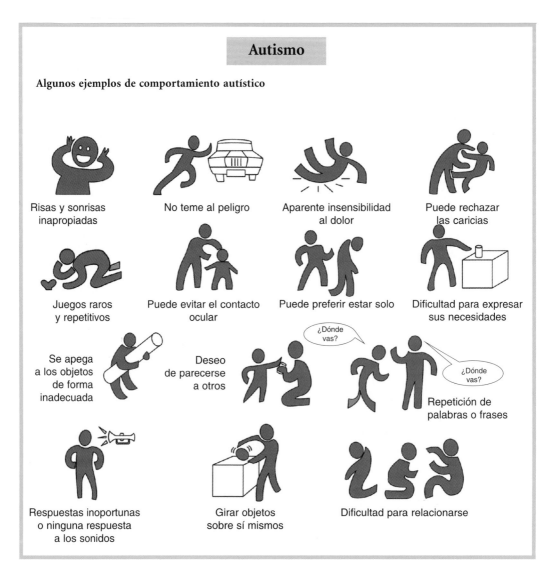

Risas y sonrisas inapropiadas

No teme al peligro

Aparente insensibilidad al dolor

Puede rechazar las caricias

Juegos raros y repetitivos

Puede evitar el contacto ocular

Puede preferir estar solo

Dificultad para expresar sus necesidades

Se apega a los objetos de forma inadecuada

Deseo de parecerse a otros

¿Dónde vas?

¿Dónde vas?

Repetición de palabras o frases

Respuestas inoportunas o ninguna respuesta a los sonidos

Girar objetos sobre sí mismos

Dificultad para relacionarse

El autismo, que es el de mayor frecuencia entre los trastornos generalizados del desarrollo ● *(v. también pág. 1936),* se da en 5 de cada 10 000 niños. Los síntomas del autismo pueden aparecer en los primeros dos años de vida y siempre antes de los tres años. El trastorno es entre 2 y 4 veces más frecuente en el sexo masculino que en el femenino. El autismo es distinto del retraso mental, aunque muchos niños con autismo tienen ambos.

La causa específica del autismo no se entiende por completo, aunque tiene claramente una base biológica. Varias alteraciones cromosómicas, como el síndrome del cromosoma X frágil, contribuyen al desarrollo del autismo. Las infecciones prenatales, por ejemplo infecciones víricas como rubéola o citomegalovirus, pueden también tener algún papel. Pero es claro que el autismo *no* es causado por la mala paternidad, las condiciones adversas en la infancia, o la vacunación.

➤ Síntomas

Los niños autistas presentan síntomas en al menos tres de las siguientes áreas: relaciones sociales, lenguaje, comportamiento y, en ocasiones, inteligencia. Los síntomas van de leves a graves y frecuentemente impiden a los niños funcionar independientemente en la escuela o en la sociedad. Además, entre el 20 y el 40 % de los niños autistas, sobre todo aquellos con un coeficiente de inteligencia (CI) menor de cincuenta, presentan convulsiones antes de la adolescencia.

Relaciones sociales: el bebé autista no abraza y evita el contacto visual. Aunque algunos bebés autistas se vuelven tristes cuando son separados de los padres, pueden no buscar la seguridad de los padres tanto como lo hacen otros niños. Los niños autistas mayores a menudo prefieren jugar solos y no establecen relaciones personales estrechas, especialmente fuera de la familia. Cuando interactúan con otros niños, no hacen contacto visual, no tienen expresiones faciales para establecer contacto social y no son capaces de interpretar el humor y expresiones de los demás.

Lenguaje: más o menos el 50 % de los niños autistas nunca aprenden a hablar. Aquellos que lo logran lo hacen mucho más tarde de lo normal y usan las palabras de una forma extraña. A menudo, repiten las palabras que se les dicen (ecolalia) e invierten el uso normal de los pronombres, en particular usando *usted* en vez de *yo* o *mi* cuando se refieren a sí mismos. Estos niños casi nunca tienen un diálogo interactivo con los demás. Los niños autistas con frecuencia hablan con un ritmo y una tonalidad extraños.

Comportamiento: los niños autistas son muy resistentes a los cambios, como nuevos alimentos, juguetes, disposición de los muebles y vestidos. Frecuentemente están excesivamente unidos a objetos inanimados específicos. A menudo, repiten ciertos actos, como balancearse, batir las manos o girar objetos de manera repetitiva. Algunos pueden lesionarse a sí mismos por conductas repetitivas como golpearse la cabeza o morderse a sí mismos.

Inteligencia: más o menos el 70 % de los niños con autismo presentan además cierto grado de retraso mental (un CI de menos de setenta). Sus actuaciones son desiguales; por lo general, les va mejor en pruebas de motricidad y habilidades de localización espacial que en pruebas verbales. Algunos niños autistas tienen habilidades idiosincrásicas o escindidas, como la capacidad para realizar mentalmente complejas operaciones de aritmética o habilidades musicales avanzadas. Desafortunadamente, estos niños frecuentemente no son capaces de usar estas destrezas de una forma productiva o socialmente interactiva.

➤ Diagnóstico

El diagnóstico se basa en una estrecha observación del niño en un ambiente de juego y en un cuidadoso interrogatorio a los padres y maestros. Las pruebas estandarizadas, como la *Escala de Clasificación del Niño Autista*, pueden ser útiles para la evaluación. Además de las pruebas estandarizadas, el médico debe realizar ciertas pruebas para detectar trastornos médicos hereditarios subyacentes (como trastornos metabólicos hereditarios ● *(v. pág. 1916)* y síndrome del cromosoma X frágil ● *v. pág. 1812).*

➤ Pronóstico y tratamiento

Los síntomas del autismo habitualmente persisten durante toda la vida. El pronóstico depende notoriamente de la cantidad de lenguaje útil que el niño ha adquirido a la edad de 7 años. Los niños autistas con una inteligencia más baja de la normal, por ejemplo aquellos que obtienen un valor inferior a cincuenta en las pruebas de CI, requerirán probablemente cuidado institucional a tiempo completo al alcanzar la edad adulta.

Los niños autistas pueden beneficiarse de ciertas técnicas intensivas de modificación del comportamiento. Los niños con CI normal pueden responder a la psicoterapia dirigida a corregir dificultades sociales. La educación especial es crucial y frecuentemente incluye lenguaje, terapia ocupacional, física y del comportamiento, dentro de un programa adaptado para manejar a niños con autismo.

La terapia con drogas no puede cambiar el trastorno subyacente. Sin embargo, los inhibidores selectivos de la recaptación de la serotonina (ISRS), como la fluoxetina, la paroxetina y la fluvoxamina, suelen dar buenos resultados en la reducción de comportamientos rituales de los niños autistas. Los fármacos antipsicóticos, como la risperidona, pueden utilizarse para reducir un comportamiento autoagresivo, aunque debe considerarse que existe un riesgo de reacciones adversas (como trastornos del movimiento).

Aunque algunos padres intentan dietas especiales, terapias gastrointestinales o terapias inmunológicas, actualmente no existe ninguna evidencia de que cualquiera de estas terapias ayude a los niños con autismo.

■ El trastorno de Asperger y los trastornos generalizados del desarrollo no especificados de otra manera

Estos trastornos generalizados del desarrollo están estrechamente relacionados con el autismo pero son menos graves.

Los niños con trastorno de Asperger tienen fallos en la interacción social similares a las de los niños con autismo, así como comportamientos estereotipados o repetitivos y amaneramientos y rituales no funcionales. Sin embargo, las habilidades del lenguaje son normales y, a veces, superiores a las de un niño medio, y el CI es normal.

Los niños que tienen interacciones sociales significativamente perjudicadas o comportamientos estereotipados, sin todas las características del autismo o del trastorno de Asperger, se considera que tienen un trastorno generalizado del desarrollo no especificado de otra manera. Los niños con trastorno de Asperger o un trastorno generalizado del desarrollo no especificado de otra manera tienden a funcionar en un nivel más alto que los niños con autismo y pueden ser capaces de actuar independientemente. Los niños con trastorno de Asperger con frecuencia responden bien a la psicoterapia.

■ Trastorno de Rett

El trastorno de Rett es un trastorno genético raro en las niñas que causa fallos en las interacciones sociales, pérdida de capacidad del lenguaje y movimientos repetitivos de las manos.

Una niña con trastorno de Rett parece tener un desarrollo normal hasta una edad entre 5 meses y 4 años. Cuando el trastorno comienza, disminuye el crecimiento de su cabeza y su lenguaje y sus habilidades sociales se deterioran. Típicamente, la niña muestra movimientos repetitivos de las manos, como si estuviera lavando o retorciendo. Se pierden los movimientos intencionales de las manos, el caminar es deficiente y los movimientos del tronco son torpes. Desarrolla un retraso mental que generalmente es grave.

Pueden presentarse ligeras mejorías espontáneas en la interacción social más tarde en la niñez y en los primeros años de la adolescencia, pero los problemas de lenguaje y de comportamiento progresan. La mayoría de las niñas con trastorno de Rett necesitan cuidados de tiempo completo y programas especiales de educación. No hay cura.

■ Trastorno desintegrativo infantil

El trastorno desintegrativo infantil se caracteriza por el hecho de que el niño aparentemente normal empieza a actuar como uno niño más pequeño (regresión) después de los 3 años de edad.

En la mayoría de los pequeños, el desarrollo mental y psicológico se produce de forma irregular. Es frecuente en los niños dar un paso hacia atrás; por ejemplo, el que sabe ir al baño ocasionalmente vuelve a orinarse. El trastorno desintegrativo infantil, sin embargo, es un trastorno raro y grave en el que el niño mayor de 3 años de edad interrumpe su desarrollo normal y regresa al grado más bajo de funcionamiento, por lo general después de enfermedades graves, como una infección del cerebro y del sistema nervioso.

El niño con un trastorno desintegrativo típico presenta un desarrollo normal hasta la edad de 3 o 4 años, es decir, que aprende a hablar, a ir al baño y revela un comportamiento social apropiado. Luego, después de un período de unas semanas o unos meses durante los cuales el niño se muestra temperamental y con cambios de humor, el niño inicia una regresión obvia. Puede olvidar el lenguaje, las habilidades motrices o sociales previamente adquiridas y puede volverse incapaz de controlar la vejiga o los intestinos. Además, manifiesta dificultades de interacción social y comienza a tener conductas repetitivas similares a aquellas que se dan en los niños con autismo. Gradualmente, se va deteriorando hacia un grave nivel de retraso. El médico hace el diagnóstico a partir de los síntomas e intenta hallar algún trastorno subyacente.

El trastorno desintegrativo infantil no puede ser tratado específicamente o curarse, y la mayoría de los niños, en particular los que se hallan gravemente retrasados, necesitan de cuidados para toda la vida.

■ Esquizofrenia infantil

La esquizofrenia infantil es un trastorno crónico que produce un pensamiento y un comportamiento social anormales.

La esquizofrenia es poco frecuente en la infancia; por lo general, suele desarrollarse tarde en la adolescencia o temprano en la edad adulta ● *(v. pág. 772).* Cuando la esquizofrenia aparece en la infancia, generalmente comienza entre la edad de 7 años y el comienzo de la adolescencia.

La esquizofrenia probablemente se produce debido a anomalías químicas en el cerebro. Los médicos no saben lo que causa estas anomalías, aunque es claro que existe una vulnerabilidad hereditaria y que no es causada por malos cuidados parentales o condiciones adversas de la infancia.

➤ Síntomas y diagnóstico

El niño se vuelve introvertido, pierde interés en las actividades habituales y manifiesta un pensamiento y una percepción distorsionados. Estos síntomas pueden continuar durante algún tiempo antes de progresar. Como ocurre con los adultos, el niño con esquizofrenia es susceptible de padecer alucinaciones, delirios y paranoia, temiendo a menudo que otros estén planeando hacerle daño o controlar sus pensamientos. Los niños con esquizofrenia, de forma característica, esconden sus emociones y ni la voz ni la expresión facial cambian en respuesta a las situaciones emocionales. Las cosas que normalmente los harían reír o llorar puede que no les produzcan ninguna reacción. En los adolescentes, el uso de fármacos ilícitos puede producir síntomas parecidos a la esquizofrenia.

No existen pruebas específicas para el diagnóstico de la esquizofrenia. El médico basa su diagnóstico en una evaluación a fondo de los síntomas a través del tiempo, pruebas psicológicas y falta de evidencia de un trastorno subyacente, como el abuso de drogas, un tumor cerebral y otros trastornos.

➤ Tratamiento

La esquizofrenia infantil no puede curarse, aunque las alucinaciones y delirios pueden controlarse con fármacos antipsicóticos, como haloperidol, olanzapine, quetiapine y risperidona ● *(v. tabla pág. 778)*. Los niños son en particular susceptibles a las reacciones adversas de estos antipsicóticos, como los temblores, la lentitud y los trastornos de los movimientos. El apoyo psicológico y educativo para el niño y el asesoramiento a los familiares son esenciales para ayudar a todos a enfrentarse con la enfermedad y sus consecuencias.

A veces, los niños con esquizofrenia pueden necesitar hospitalización cuando los síntomas empeoran, para que las dosis de los fármacos puedan ajustarse y garantizar su seguridad personal.

■ Depresión

La depresión es un sentimiento de tristeza intensa; puede producirse tras una pérdida reciente u otro hecho triste, pero es desproporcionada con respecto a la magnitud del evento y persiste más allá de un período justificado ● (v. también pág. 739).

La tristeza y la desdicha son emociones humanas corrientes, especialmente en respuesta a situaciones molestas. En los niños, tales situaciones pueden incluir la muerte de un padre, un divorcio, un amigo que se fue, la dificultad en adaptarse a la escuela y la dificultad para hacer amigos. A veces, sin embargo, los sentimientos de tristeza son desproporcionados con lo sucedido o persisten por más tiempo de lo normal. En este caso, particularmente cuando el sentimiento negativo causa dificultades en el funcionamiento diario, el niño puede tener una depresión. Al igual que los adultos, algunos niños se deprimen incluso sin tener en la vida momentos infelices. Esto es más frecuente si hay una historia clínica familiar de trastornos del humor.

La depresión se da en el 1 o 2 % de los niños y en el 8 % de los adolescentes. No se conocen con exactitud las causas de la depresión, pero puede deberse a anomalías químicas del cerebro. Algunas tendencias depresivas son hereditarias. Una combinación de factores, las experiencias de la vida y la vulnerabilidad genética pueden contribuir. A veces, la causa puede ser un trastorno médico, como el hipotiroidismo.

➤ Síntomas y diagnóstico

Los síntomas de depresión en los niños se relacionan con los sentimientos de tristeza incontrolable y de inutilidad. El niño pierde interés en las actividades que normalmente le dan placer, como practicar algún deporte, ver la televisión, usar videojuegos o jugar con amigos. El apetito puede aumentar o reducirse, lo que a menudo conduce a cambios significativos de peso. Generalmente se le altera el sueño, con insomnio o ganas de dormir excesivas. Los niños deprimidos, con frecuencia, no son energéticos o físicamente activos. Sin embargo, la depresión a veces se encuentra enmascarada por síntomas aparentemente contradictorios, como la hiperactividad y agresividad y un comportamiento antisocial. Los síntomas típicamente afectan a la habilidad del niño para pensar y concentrarse y, por lo general, repercuten en las tareas escolares. Son frecuentes los pensamientos, los intentos y las fantasías suicidas. El médico debe valorar también el riesgo de suicidio en los niños deprimidos.

Para diagnosticar la depresión, el médico se basa en varias fuentes de información, incluidas una entrevista con el niño o adolescente y la información procedente de los padres y maestros. A veces, los cuestionarios estructurados ● *(v.*

Síntomas de depresión en los niños
■ Tristeza
■ Apatía
■ Alejamiento de amigos y de situaciones sociales
■ Reducida capacidad para el placer
■ Sensación de rechazo y desamor
■ Problemas del sueño, pesadillas
■ Autoinculpación
■ Falta de apetito, pérdida de peso
■ Pensamientos de suicidio
■ Regala sus posesiones más apreciadas
■ Nuevas dolencias físicas
■ Pérdida de cursos escolares

pág. 743) ayudan a distinguir entre la depresión y una reacción normal a una situación desafortunada. El médico trata de averiguar si las tensiones familiares o sociales pueden haber precipitado la depresión y también indaga si la causa puede ser un trastorno orgánico, como una tiroides con actividad baja.

➤ Tratamiento

Como en los adultos, hay un amplio rango de gravedad de la depresión, y la intensidad del tratamiento depende de la gravedad de los síntomas.

Las drogas antidepresivas corrigen el desequilibrio químico en el cerebro. Los inhibidores selectivos de la recaptación de la serotonina (ISRS), como la fluoxetina, la sertralina y la paroxetina ● *(v. tabla pág. 744)*, son los fármacos que frecuentemente se prescriben a los niños y adolescentes deprimidos. Los antidepresivos tricíclicos, como la imipramina, son mucho menos eficaces en los niños que en los adultos y tienen más reacciones adversas; por ello, raramente se usan en los niños.

El tratamiento de la depresión requiere algo más que la terapia con medicamentos. La psicoterapia individual, la terapia de grupo y la terapia familiar pueden ser beneficiosas. Los niños suicidas deben ser hospitalizados, en general brevemente, hasta dejar de ser un riesgo para sí mismos.

■ Enfermedad maniacodepresiva

La enfermedad maniacodepresiva es un trastorno en el que alternan períodos de intensa euforia y excitación con períodos de depresión y desesperación.

Normalmente, los niños tienen cambios bastante rápidos de humor, que van de felices y activos a tristes y recluidos en sí mismos. Esto rara vez indica una enfermedad mental de ninguna clase. El trastorno maniacodepresivo (también llamado trastorno bipolar) es mucho más grave que los cambios normales de humor y es poco frecuente en los niños, pero es más frecuente de lo que previamente se pensaba. Típicamente, comienza en la adolescencia o en la edad adulta temprana ● *(v. pág. 745)*.

La causa es desconocida, pero la tendencia al trastorno puede ser hereditaria. Rara vez, los fármacos con efecto estimulante, como las anfetaminas, que a veces se utilizan para el trastorno por déficit de atención/hiperactividad (TDAH) ● *(v. pág. 1836)*, producen síntomas en los niños similares a la enfermedad maniacodepresiva.

➤ Síntomas

Muchos niños con la enfermedad maniacodepresiva muestran una mezcla de manía, un estado de júbilo, excitación, pensamientos que vuelan, irritabilidad, grandiosidad (por la que el niño siente que tiene un gran talento o haber realizado un importante descubrimiento) y depresión. La manía y depresión se producen simultáneamente o en sucesión rápida. Durante los episodios maníacos se altera el sueño, el niño puede volverse agresivo y el rendimiento escolar a menudo se deteriora. Los niños con enfermedad maniacodepresiva parecen normales entre episodios, en contraste con niños con hiperactividad, que tienen un aumento constante de actividad. Dado que el TDAH puede producir algunos síntomas similares, es importante la diferenciación entre las dos enfermedades.

➤ Tratamiento

La enfermedad maniacodepresiva es tratada con drogas estabilizantes del humor, como el litio, la carbamazepina y el valproato. La psicoterapia individual y familiar ayuda a los niños y a las familias a enfrentarse con las consecuencias de la enfermedad.

■ Comportamiento suicida

El comportamiento suicida, una acción destinada a dañarse a sí mismo, engloba a la vez los intentos de suicidio y el suicidio consumado.

El suicidio es raro en los niños antes de la pubertad y es un problema principalmente de la adolescencia, en particular entre las edades de 15 y 19 años y de la vida adulta ● *(v. pág. 747)*. Sin embargo, el suicidio sí ocurre en niños, y no debe pasarse por alto en los preadolescentes. Después de los accidentes, el suicidio es, en los países desarrollados, una de las principales causas de muerte entre los adolescentes, si no la principal, y aún debe tenerse en cuenta que probablemente un cierto número de las muertes atribuidas a accidentes, como las de vehículos y armas de fuego, sean en realidad suicidios.

Son muchos más los jóvenes que intentan el suicidio de los que lo logran. Una encuesta realizada en los Estados Unidos por el Centro para el Control y la Prevención de la Enfermedad encontró que un 28% de los alumnos de la escuela secundaria tienen pensamientos suicidas y que el 8,3% han hecho intentos de suicidio, y estos datos no difieren probablemente en mucho de los obtenidos de consultas similares en otros países de nivel similar y de su mismo entorno.

Entre los adolescentes, los niños sobrepasan a las niñas en suicidios consumados, pero las niñas son más propensas a intentos de suicidio.

➤ Factores de riesgo

Varios factores influyen, por lo general, en el hecho de que los pensamientos suicidas se transformen en comportamiento suicida. Con frecuencia hay un problema de salud mental subyacente y un acontecimiento estresante que lo desencadena. Ejemplos de eventos estresantes incluyen la muerte de un ser querido, la pérdida de un compañero o compañera sentimental, una mudanza de ambientes familiares (escuela, vecindario, amigos), humillación por los familiares o amigos, fracasos en la escuela y problemas con la ley. Eventos estresantes como éstos son bastante frecuentes entre los niños, sin embargo, raramente conducen a comportamientos suicidas si no hay otros problemas subyacentes. Los dos problemas subyacentes más frecuentes son la depresión y el abuso de alcohol o drogas. Los adolescentes con depresión tienen sentimientos de desesperanza y de impotencia que limitan su capacidad para considerar soluciones alternativas a problemas urgentes. El uso de alcohol o drogas disminuye las inhibiciones contra acciones peligrosas y afecta a la anticipación de las consecuencias. Finalmente, el escaso control de sus impulsos es un factor frecuente en el comportamiento suicida. Los adolescentes que intentan suicidarse frecuentemente están enfadados con los familiares o amigos, son incapaces de controlar la ira y tornan su cólera contra sí mismos.

A veces, el comportamiento suicida puede deberse al deseo del niño de imitar a los otros. Por ejemplo, un suicidio al que se le dé mucha publicidad, como el de una persona célebre, a menudo viene seguido de otros suicidios o intentos de suicidio. Los suicidios pueden presentarse en familias con una vulnerabilidad genética a sufrir trastornos del humor.

➤ Prevención, diagnóstico y tratamiento

Padres, médicos, profesores y amigos pueden estar en una posición que les permite identificar a los niños que pueden intentar el suicidio, particularmente aquellos que han tenido algún cambio reciente de comportamiento. Los niños y adolescentes con frecuencia sólo confían en sus compañeros, que deben animarse a no guardar un secreto que puede conducir a la trágica muerte del niño suicida. Los niños que expresan abiertamente pensamientos de suicidio tales como "ojalá nunca haya nacido" o "quisiera dormir y nunca despertar" representan un riesgo pero, de la misma manera, los niños con signos más sutiles, como retraimiento social, retroceso en el nivel escolar o acciones de desprendimiento de posesiones favoritas, también tienen un riesgo potencial. Los profesionales de la salud tienen dos papeles clave: la evaluación de la seguridad del niño suicida y la necesidad de hospitalización y tratamiento de las enfermedades subyacentes, como la depresión o el abuso de sustancias tóxicas.

Preguntar directamente al niño con factores de riesgo sobre sus pensamientos y planes suicidas reduce, más que aumenta, el riesgo de que el niño intente suicidarse, porque la identificación del pensamiento suicida puede conducir a una intervención. En algunos países, hay líneas de información directa para la asistencia ● *(v. recuadro pág. 751)* las veinticuatro horas, proporcionando acceso rápido a una persona amable y comprensiva que puede dar un consejo inmediato y una asistencia para obtener más ayuda. Aunque es difícil comprobar que estos servicios realmente re-

---

Factores de riesgo para el suicidio en el niño y en el adolescente

- Preocupación por temas mórbidos
- Mala higiene y cuidado de sí mismo (en caso de cambio brusco)
- Acceso a las armas y fármacos de prescripción
- Abuso de alcohol o drogas
- Historia familiar de suicidios
- Cambios notables de humor, entre compañeros, en el colegio
- Ánimo deprimido, alteraciones en el apetito o en el sueño
- Intentos previos de suicidio

---

ducen el número de muertes por suicidio, son útiles para la orientación de los niños y de las familias a la hora de obtener los recursos adecuados.

Los niños que intentan suicidarse necesitan una evaluación urgente en el servicio de urgencias del hospital. Cualquier tipo de intento de suicidio debe tomarse en serio, porque un tercio de los que se han suicidado han tenido un intento de suicidio previo, en ocasiones aparentemente trivial, como haciéndose unos arañazos superficiales en la muñeca o tomando unos cuantos comprimidos. Cuando los padres o las personas responsables minimizan un intento de suicidio fracasado, los niños pueden tomar esto como un desafío y el riesgo de un suicidio subsiguiente aumenta.

Una vez que la amenaza ha sido superada, el médico decide la hospitalización del niño. Esta decisión depende del riesgo de permanecer en casa y de la capacidad de la familia para proporcionar apoyo y seguridad física al niño. La seriedad de un intento de suicidio puede ser medida por un número de factores, incluyendo si dicho intento fue cuidadosamente planeado antes que espontáneo, qué medidas se tomaron para prevenir el descubrimiento, el tipo de método empleado o si efectivamente se infligió una lesión. Es de vital importancia distinguir el intento de suicidio de las consecuencias reales; por ejemplo, el adolescente que ingiere píldoras inofensivas que él cree letales debe considerarse en riesgo extremo. Si la hospitalización no es necesaria, las familias de los niños que regresan a casa deben asegurarse

de no tener armas de fuego en casa, y de que los fármacos y los objetos punzantes se encuentren en un sitio seguro o bajo llave.

■ Trastorno de la conducta

Un trastorno de la conducta se caracteriza por un patrón repetitivo del comportamiento en el que se violan los derechos fundamentales de los demás.

Aunque algunos niños tienen mejor comportamiento que otros, los niños que repetida y persistentemente violan las reglas y los derechos de los demás de forma inadecuada para su edad tienen un trastorno de la conducta. El problema, por lo general, comienza tarde en la niñez o en la adolescencia temprana, y es más frecuente entre los varones que entre las niñas. La evaluación de la conducta del niño debe tener en cuenta el medio social. La mala conducta que los niños manifiestan como una adaptación a la vida en zonas de guerra, lugares de desorden público u otros ambientes altamente alterados no constituye un trastorno de la conducta.

En general, los niños con trastornos de la conducta son solitarios, egoístas, no tienen buenas relaciones con los demás y carecen de sentimiento de culpa. Tienden a mal interpretar el comportamiento de los demás como amenaza y reaccionan en forma agresiva. Pueden emprender acciones intimidantes, amenazas, frecuentes peleas y pueden ser crueles con los animales. Otros niños con trastornos de la conducta dañan bienes, especialmente ocasionando incendios. Pueden ser mentirosos o participar en hurtos. Es frecuente que violen gravemente las reglas, lo que incluye fugarse de casa y ausentarse frecuentemente de la escuela. Las niñas con trastorno de conducta son probablemente menos agresivas físicamente que los niños; típicamente se fugan de casa, mienten, consumen drogas y, a veces, se meten en la prostitución.

Cerca de la mitad de los niños con trastornos de conducta dejan esos comportamientos al llegar a la edad adulta. Cuanto más temprano aparece el trastorno de la conducta, más probabilidades hay de que sea persistente. Los adultos que continúan con tales comportamientos a menudo tienen problemas legales, violan sistemáticamente los derechos de los demás y frecuentemente se les diagnostica un trastorno antisocial de la personalidad ● *(v. pág. 762).*

Efectos del estrés en los niños

Un cambio estresante en la vida del niño, como un cambio de lugar de residencia, divorcio de los padres o la muerte de un miembro de la familia o un animal doméstico, pueden desencadenar un **trastorno de adaptación**. El trastorno de adaptación es una reacción aguda, pero limitada en el tiempo, ante un estrés ambiental. El niño puede presentar síntomas de ansiedad (por ejemplo, nerviosismo, preocupaciones y temores), síntomas de depresión (por ejemplo, llanto o sentimientos de impotencia) o problemas de comportamiento. Los síntomas y los problemas disminuyen a medida que se reduce el estrés.

El **estrés postraumático** es una reacción mucho más extrema y puede ocurrir después de un desastre natural (como un huracán, tornado o terremoto), un accidente, muerte o un acto de violencia sin sentido ● *(v. también pág. 737)*, incluido el abuso de menores. El niño, por lo general, no logra evitar la situación traumática, presenta un estado persistente de ansiedad y puede volver a experimentar el acontecimiento traumático estando despierto *(flashback)* o dormido (pesadillas). Generalmente es necesaria la intervención en las crisis, en forma de un período prolongado de terapia individual, de grupo o familiar. Puede ser necesario el tratamiento con fármacos que reducen la ansiedad.

➤ Tratamiento

El tratamiento es muy difícil porque los niños con trastornos de la conducta raramente perciben que haya algo malo en su comportamiento. Con frecuencia, el tratamiento más efectivo consiste en separar al niño de un ambiente problemático y proporcionarle un ambiente muy estructurado, en un entorno apropiado para el cuidado de la salud mental o en un reformatorio.

■ Trastorno oposicionista desafiante

El trastorno oposicionista desafiante es un patrón recurrente de conducta negativa, desafiante y desobediente.

Los niños con trastorno oposicionista desafiante son pertinaces, difíciles y desobedientes, sin ser físicamente agresivos o sin realmente violar los derechos de los demás. Muchos niños en edad preescolar y jóvenes adolescentes demuestran una conducta desafiante, pero se diagnostica el trastorno oposicionista desafiante sólo si esta conducta persiste durante un período de seis meses o más y si es suficientemente grave como para afectar al desarrollo social o académico. Más frecuentemente, los niños desarrollan este trastorno a los 8 años de edad.

Entre las conductas características de los niños con trastorno oposicionista desafiante se incluye el argumentar con adultos, perder la paciencia, desafiar activamente las reglas e instrucciones, culpar a otros de sus propios errores y vivir enfadados, resentidos y continuamente molestos. Estos niños conocen la diferencia entre el bien y el mal y se sienten culpables si hacen algo gravemente censurable.

Es mejor tratar el trastorno oposicionista desafiante mediante técnicas de manejo del comportamiento, que incluyen un enfoque disciplinario consistente y un refuerzo adecuado de la conducta deseada. Los padres y los maestros deben recibir instrucciones adecuadas por parte del asesor o terapeuta del niño sobre el modo de aplicar estas técnicas.

■ Trastorno de ansiedad por separación

El trastorno de ansiedad por separación se caracteriza por la ansiedad excesiva al estar lejos de casa o al separarse de las personas a las que el niño siente apego.

Un cierto grado de ansiedad de separación es normal y se observa en casi todos los niños, sobre todo en los bebés y en los niños menores ● *(v. pág. 1818)*. En cambio, en el trastorno de ansiedad por separación hay una ansiedad excesiva que va más allá de la que se puede esperar para el grado de desarrollo del niño. El trastorno de ansiedad por separación suele durar como mínimo un mes y ocasiona mucho estrés y una grave disfunción. La duración del proceso refleja su gravedad.

Alguna situación perturbadora en la vida, como la muerte de un familiar, un amigo, un animal doméstico, un cambio de lugar de residencia o un cambio de colegio, desencadenan habitualmente el trastorno. La vulnerabilidad genética a la ansiedad, por lo general, también desempeña un papel importante.

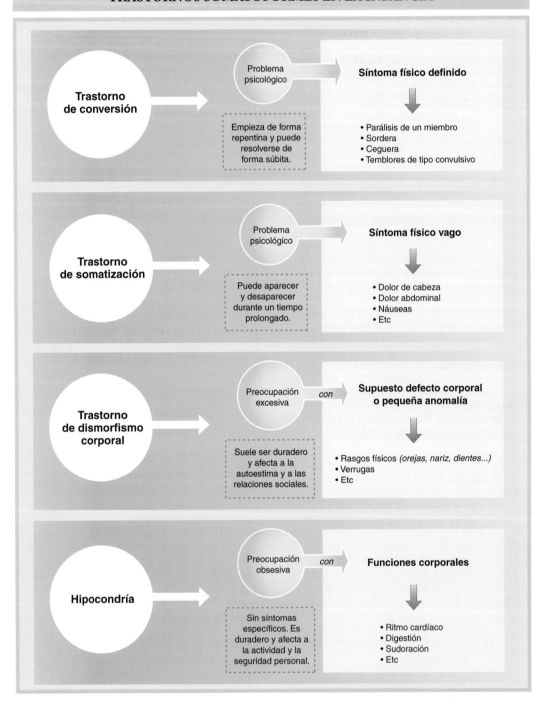

➤ Síntomas

Los niños que padecen este trastorno sienten un gran dolor al dejar su casa o al separarse de las personas a las que están apegados. A menudo, ne- cesitan conocer el paradero de estas personas y sienten miedo de que les ocurra algo terrible a sí mismos o a sus seres queridos. Viajar solos les incomoda y pueden negarse a ir al colegio, a un campamento, de visita o a dormir en la casa de los amigos. Algunos niños son incapaces de quedarse solos en un cuarto, pegándose a uno de los padres o siguiéndole como una sombra por toda la casa.

Son frecuentes las dificultades a la hora de dormir. El niño con trastorno de ansiedad de separación puede insistir en que alguien se quede en el cuarto hasta haberse dormido. Las pesadillas pueden representar los miedos del niño, como por ejemplo la muerte de la familia en un incendio o cualquier otra catástrofe.

➤ Tratamiento

Puesto que el niño que padece este trastorno a menudo se niega a ir al colegio, el objetivo más inmediato del tratamiento es conseguir que el niño se reincorpore al mismo. Médicos, padres y personal de la escuela deben funcionar como un equipo para asegurar que el niño vuelva rápido a escuela. La psicoterapia individual y familiar y drogas para reducir la ansiedad pueden desempeñar un importante papel.

■ Trastornos somatoformes

Los trastornos somatoformes son un grupo de alteraciones en las que algún problema psicológico subyacente produce síntomas físicos de angustia o incapacidad.

Un niño con un trastorno somatoforme puede presentar distintos síntomas, como el dolor, dificultad para respirar y debilidad, sin que exista ninguna causa orgánica. A menudo, el niño presenta síntomas físicos con bases psicológicas cuando algún miembro de la familia está gravemente enfermo. Estos síntomas físicos se manifiestan de forma inconsciente aparentemente en respuesta a un estrés psicológico o a un problema ● *(v. recuadro pág. 726).* Está claro que los síntomas no se fabrican conscientemente y el niño experimenta en realidad los síntomas que describe.

Los trastornos somatoformes se clasifican de modo adicional como trastorno de conversión, somatización, trastorno dismórfico del cuerpo e hipocondría ● *(v. también pág. 725).* En el **trastorno de conversión**, el niño aparenta tener un brazo o una pierna paralizados, se vuelve sordo o ciego o presenta temblores similares a convulsiones. Estos síntomas comienzan de forma repentina, en general en relación con un suceso desencadenante y pueden o no resolverse abruptamente. Un **trastorno de somatización** es similar al de conversión, pero el niño presenta numerosos síntomas que son más indefinidos, como dolor de cabeza, dolor abdominal ● *(v. también pág. 1888)* y náuseas. Estos síntomas puede ir y venir durante un período de tiempo prolongado. En el **trastorno dismórfico del cuerpo**, el niño se preocupa por un defecto imaginario de su aspecto, como el tamaño de la nariz o de las orejas, o muestra una excesiva preocupación por una pequeña anomalía, como una verruga. En la **hipocondría**, el niño se obsesiona con funciones corporales como el latido del corazón, la digestión y el sudor, y está convencido de sufrir alguna enfermedad grave, cuando realmente no tiene problema alguno de salud.

El trastorno de conversión y la hipocondría son corrientes en jóvenes de uno y otro sexo, pero son más frecuentes en las niñas adolescentes que en los muchachos.

➤ Diagnóstico

Antes de determinar que el niño padece algún trastorno somatoforme, el médico se asegura de que no exista una enfermedad orgánica que pueda originar los mismos síntomas. Sin embargo, habitualmente se evitan los análisis de laboratorio importantes, porque pueden convencer aún más al niño de la existencia de un problema orgánico y las pruebas de laboratorio inútiles pueden traumatizarlo. Si no se puede encontrar una enfermedad física, el médico habla con el niño y con la familia para tratar de identificar problemas psicológicos subyacentes o relaciones familiares anormales.

➤ Tratamiento

El niño puede rechazar la idea de visitar a un psicoterapeuta porque para él los síntomas son puramente físicos. Sin embargo, un enfoque que combine psicoterapia individual y familiar y una rehabilitación física ha demostrado ser eficaz en muchos casos.

CAPÍTULO 287

Aspectos sociales que afectan a los niños y a sus familias

Para poder prosperar, el niño debe experimentar el cuidado consecuente y persistente de una persona cariñosa, tierna y dedicada, sea uno de los padres u otra persona. La seguridad y el apoyo de esta persona puede dar al niño confianza en sí mismo y ánimo para sobrellevar el estrés.

Para poder madurar emocional y socialmente, los niños deben interactuar con personas fuera de casa. Típicamente estas interacciones suelen darse con los familiares más cercanos, amigos, vecinos y las personas en los lugares de cuidado infantil, escuelas, iglesias y equipos deportivos u otras actividades. Afrontando mínimas situaciones de estrés y pequeños conflictos en estas interacciones, los niños adquieren gradualmente destrezas para manejar en adelante situaciones de estrés más significativas.

Sin embargo, ciertos fenómenos muy importantes, como la enfermedad y el divorcio, pueden suponer un reto para las habilidades del niño a la hora de afrontarlos. Estos eventos pueden también afectar al desarrollo emocional y social del niño. Por ejemplo, una enfermedad inflamatoria crónica puede impedir que el niño participe en las actividades y también puede afectar al rendimiento en la escuela.

Los fenómenos que afectan al niño también pueden tener consecuencias adversas en las personas cercanas al niño. Todos los que cuidan a un niño enfermo están bajo estrés. Las consecuencias de semejante tensión varían de acuerdo con la naturaleza y la gravedad de la misma, y con los recursos emocionales y de apoyo de la familia.

■ Enfermedad y muerte en los bebés

Las necesidades médicas de los recién nacidos prematuros y bebés enfermos requieren a menudo separar temporalmente estos niños de sus padres. Aunque puede ser posible para los padres tener al bebé en los brazos parte del tiempo, los cuidados médicos reducen con frecuencia y de manera drástica la oportunidad de interactuar con el bebé. Además, los padres están por lo general emocionalmemnte angustiados por el estado del bebé. La separación y el dolor de los padres puede afectar a la vinculación afectiva ● *(v. pág. 1761)*, especialmente en bebés gravemente enfermos hospitalizados durante mucho tiempo. Los padres necesitan ver, sostener e interactuar con el bebé tan pronto como sea posible. Incluso con bebés gravemente enfermos, los padres a menudo pueden ayudar a alimentarlos, bañarlos y cambiarlos. La lactancia puede ser posible incluso si el bebé debe ser alimentado inicialmente con una sonda.

Si el bebé tiene un defecto de nacimiento, los padres pueden experimentar sentimientos de culpa, tristeza, ira o incluso horror. Muchos sienten aún más culpa por tener esos sentimientos. El contemplar y tocar al niño puede ayudar a los padres a mirar más allá del defecto congénito y ver al bebé como una persona integral; esto ayuda al inicio de la vinculación afectiva. Tener información sobre la afección, tratamientos posibles y el pronóstico del bebé puede ayudar psicológicamente a los padres a ajustarse y a planificar un mejor cuidado médico.

La muerte de un bebé es siempre traumática para los padres. Sin embargo, si el recién nacido muere antes de haber sido visto o tocado por los padres, éstos pueden sentir que nunca han tenido un bebé. Aunque produce dolor, sostener y contemplar al bebé muerto puede ser útil para que los padres demuestren su aflicción e inicien el cierre del proceso. El vacío, la pérdida de esperanzas y sueños y el miedo pueden desbordar a los padres, que pueden volverse depresivos. Los padres tienden a sentirse culpables, y se reprochan a sí mismos aun cuando no son responsables de la muerte. El duelo y el sentimiento de culpa que siguen pueden alterar la relación entre los padres.

Muchas familias cuyos bebés están gravemente enfermos o que han muerto pueden beneficiarse de los consejos de psicólogos o de personal religioso. Padres y grupos de apoyo familiar también pueden ser de ayuda.

■ Enfermedad en la infancia

Las enfermedades graves, aun si son temporales, pueden provocar una gran ansiedad a los niños.

Hablando con los niños sobre temas difíciles

Muchos sucesos en la vida, como la enfermedad o la muerte de alguien muy cercano, el divorcio y la intimidación, son temibles o desagradables para los niños. Incluso fenómenos que no afectan directamente al niño, como desastres naturales, guerra o terrorismo, pueden causar ansiedad. Los miedos ante todas estas situaciones, racionales o irracionales, pueden preocupar al niño.

Los niños suelen tener dificultades para hablar sobre estos tópicos desagradables. Sin embargo, la discusión abierta les puede ser útil para enfrentarse a los temas difíciles o vergonzosos y disipar los temores irracionales. El niño necesita saber que la ansiedad es normal para sentirse mejor.

Los padres deben charlar sobre temas difíciles durante un período tranquilo, en un lugar privado y cuando el niño demuestre interés. Los padres deben permanecer relajados, presentarle hechos y poner toda la atención en el niño. Aceptar lo dicho con expresiones como "comprendo", o con una pequeña señal de aprobación, estimula la confianza del niño; como también lo hace volver sobre lo que se ha dicho previamente. Por ejemplo, si el niño menciona su enfado por el divorcio, se puede decir: "así que el divorcio te enfada" o "hablemos de esto". Preguntar cómo se siente el niño también puede animarlo a comentar emociones o temores, por ejemplo, miedo al abandono por parte del padre que no conserva la custodia durante un divorcio o sentimientos de culpa por sentir que el causante del divorcio es él mismo.

Al demostrar sus propios sentimientos, los padres animan a los niños a reconocer sus temores y sus preocupaciones. Por ejemplo, sobre un divorcio, un padre también puede decir: "Yo también estoy triste por el divorcio. Pero también sé que es correcto para mamá y papá hacerlo. Incluso si ya no podemos vivir juntos, nosotros siempre te amaremos y te cuidaremos". Haciendo esto, los padres pueden hablar de sus propios sentimientos, inspirar confianza y explicar que el divorcio es una buena elección para ellos. A veces los niños, en particular los menores, necesitan oír el mismo mensaje repetidamente.

En ocasiones, los padres deben abordar un tema difícil con el niño, como mencionarle una enfermedad grave de un familiar o amigo. Si la tragedia afecta a otro, los niños pueden sentirse más confiados y menos desamparados si pueden contribuir de alguna forma, por ejemplo, recogiendo flores; escribiendo o dibujando una tarjeta; envolviendo un regalo; o reuniendo comida, ropa, dinero o juguetes. Si el niño parece retraído o triste, se niega a emprender las actividades habituales o se vuelve agresivo, los padres deben buscar ayuda profesional.

También es posible que los padres tengan que hablar sobre un aspecto difícil del propio comportamiento del niño. Por ejemplo, los padres que sospechen que el niño o adolescente toma drogas o alcohol, deben hablar del asunto directamente con el niño. Se le puede decir: "Estoy preocupado de que estés tomando drogas. Pienso esto porque...". A continuación, los padres deben hacer con calma la lista de comportamientos que les preocupan, limitándola a tres o cuatro comportamientos. Si el niño niega el problema, los padres han de volver con calma sobre la lista de sus preocupaciones y explicarle al niño que existe un plan de acción posible (como una cita con un pediatra o un asesor).

Durante toda la discusión, los padres deben confirmar al niño que es querido y que tiene todo su apoyo.

Las enfermedades crónicas o una discapacidad habitualmente causan aún más tensión emocional.

El enfrentamiento con la enfermedad puede requerir enfrentamiento con el dolor, someterse a pruebas, tomar fármacos y cambios en la dieta y estilo de vida. Las enfermedades crónicas a menudo afectan a la educación del niño debido a las frecuentes ausencias de la escuela. Tanto la enfermedad como las reacciones adversas de los tratamientos pueden alterar la capacidad de aprendizaje del niño. Padres y maestros pueden esperar un menor rendimiento académico de los niños enfermos; sin embargo, es importante para ellos mantener los desafíos y los estímulos necesarios para lograr los mayores logros.

La enfermedad y la hospitalización privan a los niños de las oportunidades de jugar con otros niños. Otros niños pueden incluso rechazar al niño enfermo o burlarse de él debido a las diferencias físicas y a las limitaciones que padece. El niño se vuelve consciente de las alteraciones del cuerpo producidas por su enfermedad, particularmente cuando los cambios se dan durante la infancia o la adolescencia en vez de haber nacido con ellos. Los padres y los miembros de la familia pueden sobreproteger al niño, desanimando su independencia.

Cambios estructurales de las familias

La mayoría de la gente tiene la imagen de una familia tradicional con un marido, una mujer y sus hijos biológicos. Sin embargo, una familia puede consistir en una pareja gay, una mujer o un hombre solteros o incluso un grupo de adultos sin parentesco que viven juntos y cuidan a los niños.

Durante las últimas décadas ha aumentando el número de familias que se han apartado del modelo tradicional. Los divorcios obligan a muchos niños a pertenecer a familias de padres solteros o mezclas de familias creadas por un nuevo matrimonio. Más o menos un tercio de los niños nacen de madres solteras; alrededor del 10 % de los niños nacen de madres solteras adolescentes. Muchos niños son criados por abuelos u otros familiares. Y muchos niños viven con padres adoptivos.

Incluso las familias tradicionales han cambiado. A menudo, ambos padres trabajan fuera de casa, lo que implica que hay muchos niños que necesitan recibir los cuidados habituales fuera del contexto familiar. Debido a las obligaciones profesionales y escolares, muchas parejas posponen tener un niño hasta los 30 o incluso los 40 años de edad. El cambio de las expectativas culturales ha dado lugar a un incremento del tiempo que los padres dedican al cuidado de los niños.

En cada familia se presentan conflictos, pero las familias sanas tienen fuerzas suficientes para resolver los conflictos o prosperar a pesar de ellos. Cualquiera que sea su composición, las familias sanas proporcionan a los niños una sensación de pertenencia y responden a sus necesidades físicas, emocionales, espirituales y de desarrollo. Los miembros de familias sanas expresan emociones y medidas de apoyo entre ellos de forma consistente dentro de sus propias tradiciones culturales y familiares.

Las enfermedades crónicas ocasionan en los padres enormes cargas, tanto psicológicas como físicas. A veces, los padres se vuelven más unidos al trabajar juntos para superar esas cargas. Sin embargo, a menudo las cargas pueden dañar la relación. Los padres pueden sentirse culpables de la enfermedad, particularmente si es genética, un resultado de complicaciones durante el embarazo o si fue causada por un accidente (como la colisión de un vehículo) o por un comportamiento de uno de los padres (como el hábito de fumar). Además, los cuidados médicos pueden ser costosos y pueden ocasionar que los padres falten al trabajo. A veces, uno de los padres asume la carga de los cuidados, que puede conducir a resentimientos por parte del que asume la carga o sentimientos de aislamiento en el otro. Los padres pueden sentir enojo contra los proveedores de cuidados médicos, contra sí mismos, contra el otro padre o contra el niño. La tensión emocional que implica proporcionar los cuidados también puede dificultar un acercamiento profundo con el niño incapacitado o gravemente enfermo. Los padres que pasan mucho tiempo con el niño enfermo con frecuencia le dedican menos tiempo a los otros niños de la familia. Los hermanos se resienten por el exceso de atención que recibe el niño enfermo y luego se sienten culpables por tener esta sensación. El niño enfermo puede sentir culpabilidad por el sufrimiento o la molestia en la familia. Los padres pueden ser demasiado indulgentes con el niño enfermo o pueden forzar una disciplina inconstante, particularmente si los síntomas aparecen y desaparecen.

La hospitalización es un suceso espantoso para los niños incluso en las mejores circunstancias, y debe evitarse en la medida de lo posible. Si la hospitalización es necesaria, debe ser lo más breve posible, preferiblemente en una parte del hospital reservada exclusivamente a los niños. En muchos hospitales, los padres pueden quedarse con los niños, incluso durante momentos dolorosos o procedimientos que producen temor. A pesar de la presencia de los padres, los niños a menudo se vuelven más dependientes (regresión) mientras están en el hospital.

Aunque la enfermedad del niño es siempre estresante para toda la familia, existen varios pasos que pueden ayudar a los padres a disminuir el impacto. Los padres deben aprender tanto como sea posible sobre la enfermedad del niño a partir de fuentes fiables, como el médico del niño y recursos médicos seguros. La información obtenida en algunas fuentes de Internet no siempre es precisa, y los padres deben comprobarla con sus médicos. Un grupo de apoyo u otra familia que haya afrontado situaciones similares pueden proporcionar información y apoyo emocional; los médicos a menudo remiten a los padres a esas personas.

Los servicios que el niño necesita pueden involucrar a especialistas de la salud, enfermeras, personal para los cuidados en el hogar, personal para trastornos de salud mental y personal de una variedad de otros servicios. Se puede necesitar una persona para ayudar a coordinar los cuidados médicos de los niños con enfermedades crónicas complejas. El médico del niño, la enfermera, el asistente social u otro profesional pueden servir de coordinadores. El coordinador puede también asegurarse de que el niño reciba entrenamiento en habilidades sociales y de que la familia y el niño reciban asesoramiento adecuado, educación y apoyo psicológico, tal como un cuidado de relevo, para permitir que los cuidadores puedan descansar temporalmente.

■ Divorcio

La separación y el divorcio interrumpen la estabilidad y la previsibilidad que necesitan los niños. Tras la muerte de un miembro inmediato de la familia, el divorcio es el acontecimiento más angustiante que puede afectar a una familia. Dado que saben que ha terminado el mundo tal como lo conocen, los niños pueden experimentar una gran pérdida, así como también ansiedad, ira y tristeza. Los niños pueden sentir temor de ser abandonados o de perder el amor de los padres. Por varios motivos, las habilidades de la paternidad a menudo empeoran durante el divorcio. Los padres están por lo general preocupados y pueden sentir enojo y hostilidad el uno hacia el otro. Sin importar si ellos han contribuido al divorcio, los niños pueden sentirse culpables de causarlo. Los niños pueden sentirse rechazados si los padres los ignoran o los visitan esporádicamente y de manera impredecible.

Una vez que los padres deciden separarse y luego divorciarse, los miembros de la familia pasan por varias fases de adaptación. En la fase aguda (el período en que los padres deciden separarse, incluyendo el tiempo precedente al divorcio), predomina la discordia. Esta etapa puede durar hasta dos años. Durante la fase de transición (las semanas durante el divorcio), el niño tiene más control sobre los cambios y se adapta a la nueva relación entre los padres, las visitas y la nueva relación con el padre que no tiene la custodia. Después del divorcio (la fase postdivorcio), generalmente retorna la estabilidad.

Durante el divorcio, las tareas escolares pueden carecer de importancia para los niños y adolescentes y el rendimiento escolar a menudo empeora. Los niños pueden tener fantasías en donde los padres se vuelven a reconciliar. Los niños de 2 a 5 años de edad pueden tener dificultades para

conciliar el sueño, rabietas y pueden experimentar la ansiedad de separación. El aprendizaje del uso del baño suele deteriorarse. Los niños de 5 a 12 años de edad experimentan tristeza, aflicción, ira intensa y temores irracionales (fobias). Los adolescentes, con frecuencia, se sienten inseguros, solitarios y tristes. Algunos emprenden actividades arriesgadas tales como el uso de drogas y alcohol, sexo, hurtos y violencia. Otros pueden presentar alteraciones del apetito, se vuelven desafiantes, faltan a la escuela o se juntan con compañeros que emprenden actividades arriesgadas.

Los niños necesitan poder expresar sus sentimientos a un adulto que los escuche con atención. El asesoramiento puede proporcionar a los niños la atención de un adulto que, a diferencia de los padres, no se sentirá molesto con los sentimientos que expresen.

Los niños pueden adaptarse mejor cuando los padres cooperan con cada uno y se concentran en las necesidades del niño. Los padres deben recordar que un divorcio sólo rompe su relación como marido y esposa, no la relación como padres de los hijos. Siempre que sea posible, los padres deben vivir cerca el uno del otro, tratar de no enojarse el uno con el otro, mantener la participación del otro en la vida del niño y considerar los deseos del niño con respecto a las visitas. A los niños de más edad y los adolescentes se les debe permitir mayor participación en los arreglos de residencia. Los padres nunca deben sugerir que sus hijos tomen partido y deben tratar de no expresar sentimientos negativos acerca del otro padre. Los padres deben comentar con sus hijos los diferentes temas abiertamente, con calma y honestidad; mantener su afecto hacia ellos; continuar con una disciplina consistente y mantener las expectativas normales respecto a las labores domésticas y el trabajo escolar. La mayoría de los niños recuperan la sensación de seguridad y apoyo aproximadamente un año después del divorcio si los padres se adaptan y tratan de satisfacer las necesidades del niño.

Para el niño, un nuevo matrimonio de uno de los padres puede restablecer la sensación de estabilidad y permanencia, pero también puede crear nuevos conflictos. Algunos niños se sienten desleales por aceptar al nuevo cónyuge.

■ Cuidado del niño

Alrededor del 80 % de los niños reciben cuidados fuera de casa antes de comenzar la escuela.

¿Qué es la intimidación?

La intimidación, o acoso escolar, es la realización de ataques físicos o psicológicos constantes para dominar o humillar. Aunque generalmente implica sólo a dos personas, la intimidación pueden afectar a grupos. La intimidación hiere y pone nerviosa a la víctima. Además, el intimidador inconscientemente suele rechazar a amigos y compañeros, hiriéndose a sí mismo. Aunque algunas veces lo comentan con un familiar o con los amigos, las víctimas a menudo están demasiado asustadas como para destapar la intimidación ante un adulto. A veces, es un profesor el que informa al padre. Las víctimas pueden negarse a ir al colegio, están tristes o retraídas o se vuelven temperamentales.

Las víctimas necesitan la reafirmación de que el acoso es siempre inaceptable. Los padres pueden explicar las formas en que una víctima puede responder al que intimida, por ejemplo, diciéndoselo a un adulto, marchándose, cambiando sus rutinas para evitar al intimidador o buscando consejo. Aunque generalmente no es aconsejable (por razones de seguridad) enfrentarse directamente al intimidador, explicar al niño que, al ignorar y, de hecho, al no molestarse por las acciones del intimidador, reduce la satisfacción del agresor y finalmente disminuye la intimidación. Elogiando el valor de la víctima al notificar la intimidación se puede comenzar a reconstruir la autoestima del niño.

Si el acoso tiene lugar en la escuela, se debe informar a los docentes y otro personal de la escuela. Los padres de la víctima deben también informar a los padres del agresor, pero deben evitar la confrontación, que puede ser contraproducente al poner a los padres del agresor a la defensiva. Las víctimas pueden temer que contándoselo a los padres del agresor pueda empeorar la intimidación, pero frecuentemente la interrumpe, en particular si la discusión es positiva y no acusatoria y si se centra en la conducta peligrosa.

Los padres del intimidador deben dejar claro al niño que la intimidación no es aceptable. Deben también insistir en que el agresor rectifique y pida excusas a la víctima. Hacerlo de esta forma puede ayudar al agresor a distinguir el bien del mal, puede volverlo más sensible a la víctima y puede hacer que los demás lo miren con mayor simpatía. Los adultos deben vigilar al niño de cerca para asegurarse de que el acoso ha cesado. A veces, un asesor puede ayudar al niño agresor, que a menudo está expresando sus propias necesidades insatisfechas o está copiando el comportamiento agresivo de un padre o de un hermano mayor.

Muchos niños con edades de entre 5 y 12 años también reciben cuidados fuera de casa antes o después de la escuela. Las fuentes de atención incluyen familiares, vecinos, casas privadas con o sin licencia y centros del cuidado del niño. Un familiar o una niñera en la casa también pueden suministrar los cuidados.

Los cuidados fuera de la casa varían en calidad; mientras en algunos es excelente, en otros es baja. Los cuidados fuera de casa también pueden tener beneficios. Los niños cuyos padres, especialmente los solteros, no pueden pasar mucho tiempo interactuando con ellos, pueden beneficiarse de la estimulación social y académica del cuidado del niño.

Exponerlos pronto a la música, libros, arte y lenguaje estimula el desarrollo intelectual y creativo del niño. Jugar en grupo estimula el desarrollo social. Juegos al aire libre y a veces vigorosos disipan la energía física retenida y estimulan el desarrollo muscular. Las oportunidades de iniciar las propias actividades ayudan a los niños a desarrollar la independencia. Deben suministrarse comidas nutritivas o tentempiés cada pocas horas. La televisión y los vídeos contribuyen poco al desarrollo del niño, y es mejor evitarlos. Si se utilizan, el contenido debe ser apropiado para la edad y supervisado por un adulto.

■ Cuidado en hogares de acogida temporal

El cuidado de acogida temporal es el que se da a niños cuyos familiares son incapaces transitoriamente de cuidar de ellos. Las autoridades determinan el proceso para el cuidado en hogares de acogida temporal.

El padre adoptivo asume el cuidado diario del niño. Sin embargo, los padres biológicos, por lo general, permanecen como los tutores legales del niño. Esto significa que los padres biológicos toman decisiones legales para el niño. Por ejemplo, si el niño necesita una operación sólo los padres biológicos pueden proporcionar el consentimiento.

La mayoría de los niños en lugares de acogida vienen de familias de escasos recursos. Un alto porcentaje de los niños en hogares de acogida son ubicados en estos lugares por los servicios protectores del niño porque el niño ha sufrido abuso o negligencia. La mayor parte de los demás son adolescentes ubicados en estos centros por el sistema judicial juvenil. Muy pocos niños son

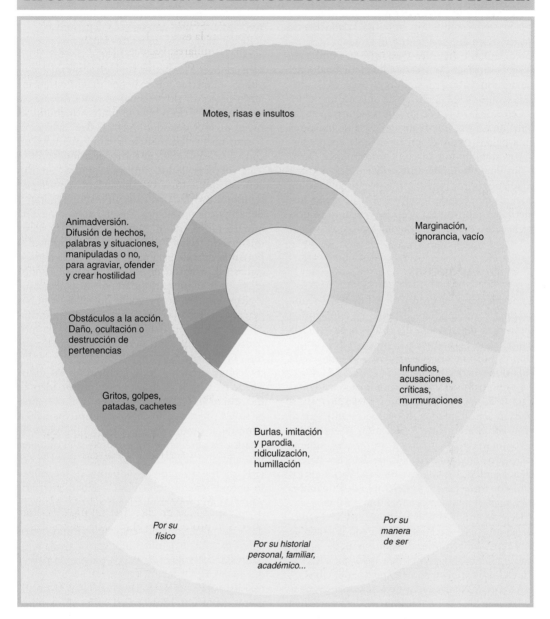

Motes, risas e insultos

Animadversión. Difusión de hechos, palabras y situaciones, manipuladas o no, para agraviar, ofender y crear hostilidad

Marginación, ignorancia, vacío

Obstáculos a la acción. Daño, ocultación o destrucción de pertenencias

Infundios, acusaciones, críticas, murmuraciones

Gritos, golpes, patadas, cachetes

Burlas, imitación y parodia, ridiculización, humillación

Por su físico

Por su manera de ser

Por su historial personal, familiar, académico...

ubicados voluntariamente por los padres. La mayoría de los niños en lugares de acogida viven con familias, aunque muchos adolescentes viven en casas grupales o en centros de tratamiento.

Retirarlos de su familia es muy doloroso para los niños. En el cuidado en hogares de acogida temporal los niños pueden tener frecuentes visitas de sus familias o sólo visitas limitadas supervisadas. Los niños en hogares de acogida temporal abandonan su barrio, su comunidad, su escuela y la mayor parte de sus pertenencias. Muchos niños y adolescentes en hogares de acogida temporal sienten ansiedad, incertidumbre e incapacidad para controlar su vida. Muchos sienten rabia, rechazo y pena por la separación, o desarrollan un profundo sentido de pérdida. Algunos se sienten culpables, creyendo que han causado la dislocación de su familia biológica. Los compañeros a menudo molestan a los niños en hogares de acogida temporal, reforzando la percepción de ser de algún modo diferentes o indignos. Los niños en acogida temporal desarrollan más enfermedades crónicas y trastornos emocionales y de conducta que los demás niños. Sin embargo, la mayoría de los niños en acogida temporal se adaptan satisfactoriamente siempre y cuando la familia de acogida satisfaga las necesidades emocionales del niño. La mayoría de los niños en hogares de acogida temporal se benefician de un asesoramiento.

Cerca de la mitad de los niños recuperan su familia de origen. Alrededor del 20 % de los niños en acogida temporal son finalmente adoptados, más a menudo por su familia de acogida. Otros niños vuelven donde un familiar o llegan a una edad superior a la requerida por el cuidado en hogares de acogida temporal. Un pequeño número de niños son transferidos más tarde a otra agencia de cuidados de acogida temporal.

■ Adopción

La adopción es el proceso legal de añadir una persona a una familia existente. La adopción, a diferencia del sistema de cuidado de acogida temporal, es permanente. El objetivo de la adopción es proporcionar seguridad a lo largo de la vida al niño y a la familia.

Los niños huérfanos son candidatos evidentes para la adopción. En algunos países, los niños pueden ser adoptados si los padres entregan al niño voluntariamente o si el niño es entregado involuntariamente gracias a un proceso judicial conocido como interrupción de derechos parentales. La adopción internacional (adopción de los niños de otros países, por ejemplo de orfelinatos extranjeros) también es a menudo posible.

Dependiendo del tipo, la adopción a veces puede ser muy costosa. Poder contar con la ayuda de una representación legal experimentada, a menudo la de un abogado, es una ayuda para los padres adoptivos en cualquier tipo de adopción.

A veces, los padres adoptivos se ponen en contacto con los padres biológicos. Las partes ya pueden estar relacionadas de alguna forma. Por ejemplo, un padrastro puede adoptar al niño del cónyuge o los abuelos pueden adoptar a sus nietos. En otros casos, los padres pueden contactar verbalmente o por anuncios en el periódico.

En algunos casos, los padres biológicos pueden agradecer la posibilidad de visitar al niño. También conocer a los padres biológicos permite a los padres adoptivos tener menos miedo de un intento posterior de reclamar al niño. Además, a veces es beneficioso para el niño. A menudo, es mejor discutir de todos los temas con un experto (como un profesional de la salud mental y un consejero legal) antes de tomar decisiones.

La mayoría de los niños adoptados, incluso aquellos que estuvieron previamente en acogida temporal u orfanatos extranjeros, se adaptan y tienen pocos problemas. Sin embargo, a medida que los niños crecen, pueden desarrollar sentimientos de rechazo porque fueron abandonados por su familia de nacimiento. Durante la adolescencia y la juventud, en especial, la persona adoptada puede sentir curiosidad por los padres biológicos, aunque no pregunte por ellos. Algunas personas adoptadas solicitan o buscan información acerca de sus padres biológicos y algunos padres de nacimiento indagan en busca de sus hijos biológicos.

Ocultar el hecho de su adopción a los niños puede más tarde herirlos. Los niños se adaptan mejor si se les dice más o menos a la edad 7 años. Si se les pregunta, los padres adoptivos deben contarle al niño sobre los padres biológicos de una forma agradable. Por ejemplo, si el niño sufrió abuso o negligencia, los padres pueden decirle que fue separado de sus padres de nacimiento porque tenían problemas o estaban enfermos y no podían proporcionarle un cuidado apropiado. Los niños necesitan la seguridad de ser queridos y de que siempre lo serán. Si los niños tienen contacto con sus familias biológicas, ayuda a los padres decirles que tienen dos parejas de padres que lo aman.

Si los padres de nacimiento solicitan el anonimato, existe una controversia sobre si los niños deben poder encontrar información acerca de ellos. El contacto no puede iniciarse a menos que se pongan de acuerdo ambas partes.

CAPÍTULO 288

Abuso y negligencia de menores

Los niños pueden ser maltratados al no suministrarles las cosas esenciales (negligencia) o al hacerles daño (abuso). La negligencia implica que a los niños no se les satisfagan sus necesidades principales: físicas, médicas, educativas y emocionales. La negligencia emocional es una parte de abuso emocional. El abuso puede ser físico, sexual o emocional. A veces, las diferentes formas de abuso se producen juntas. La negligencia y el abuso de menores a menudo se producen al mismo tiempo y con otras formas de violencia familiar, como abuso del cónyuge. Además del daño inmediato, la negligencia y el abuso prolongado causan problemas duraderos, incluidos trastornos de salud mental y abuso de sustancias tóxicas. Además, los adultos que sufrieron abusos físicos o sexuales cuando eran niños son más propensos a abusar de sus propios hijos.

La negligencia y el abuso son problemas considerables. La negligencia es tres veces más frecuente que el abuso físico.

La negligencia y el abuso son el resultado de una compleja combinación de factores individuales, familiares y sociales. Ser madre o padre soltero, ser pobre, tener problemas con el abuso de drogas o de alcohol o trastornos de la salud mental (como un trastorno de la personalidad o baja autoestima) puede hacer que un padre sea más propenso a abandonar o abusar del niño. El abandono es doce veces más frecuente entre los niños que viven en la pobreza.

Los médicos y las enfermeras deben, por ley, denunciar rápidamente los casos en que se sospeche abandono o abuso de un niño ante un servicio de protección infantil. Dependiendo de las circunstancias, también se debe informar a las autoridades legales locales. También es necesario solicitar rápidamente informes de todas las personas cuyo trabajo coloca a niños de menos de 18 años bajo su cuidado. Tales personas incluyen maestros, profesionales del cuidado del niño, policía y personal de servicios legales. También se insta a cualquier otra persona que conozca o sospeche de negligencia o abuso a informar del caso, pero no está obligada a hacerlo.

Los casos denunciados de abuso infantil son investigados por representantes de la autoridad local de protección del niño, quienes analizan el hecho y pueden recomendar un servicio social (para el niño y los miembros de la familia), la hospitalización temporal, el cuidado de crianza temporal o la interrupción permanente de los derechos parentales. Los médicos y los asistentes sociales ayudan a los representantes de la autoridad de protección infantil a decidir lo que se debe hacer basándose en las inmediatas necesidades médicas del niño, la gravedad del daño y la probabilidad de más negligencia o abuso.

➤ Clases

Existen distintos tipos de negligencia y abuso de menores.

Negligencia física: no satisfacer las necesidades esenciales del niño en cuanto a los alimentos, ropa y refugio es la forma más fundamental de negligencia. Pero hay muchas otras formas. Los padres pueden no conseguir los cuidados preventivos dentales o médicos del niño, tales como vacunas y exploraciones físicas de rutina. Los padres pueden retrasar los cuidados médicos del niño cuando está enfermo, poniendo al niño en alto riesgo de graves enfermedades y aun de muerte. Los padres pueden no asegurarse de que el niño asista a la escuela o de que tenga educación privada. Los padres pueden dejar al niño al cuidado de una persona que es conocida como abusadora o pueden dejarlo solo, sin supervisión.

Abusos físicos: el abuso físico es maltratar físicamente o lesionar al niño, infligiendo un castigo físico excesivo. Los niños de cualquier edad pueden sufrir abusos físicos, pero los bebés y los niños pequeños son particularmente vulnerables. El abuso físico es la causa más frecuente de graves lesiones craneales en los infantes. En los bebés, es más probable que el abuso físico dé como resultado lesiones abdominales, que pueden ser mortales. Los abusos físicos (incluyendo el homicidio) están entre las diez causas mayores de muerte en los niños. Generalmente, el riesgo de abuso físico en el niño disminuye durante los primeros años de escuela y aumenta durante la adolescencia.

Los mayores perpetradores de abuso físico son hombres que los niños conocen. Los niños que nacen de un padre pobre, joven y soltero son los que corren un mayor riesgo. El estrés familiar contribuye al abuso físico. El estrés puede provenir del desempleo, frecuentes traslados de domicilio, el aislamiento social de amigos o familiares o la violencia intrafamiliar continua. Los niños que son difíciles (irritables, exigentes, hiperactivos o discapacitados) pueden ser más propensos a abusos físicos. Los abusos físicos son frecuentemente desencadenados por una crisis que se presenta en un ambiente de estrés. Una crisis puede ser la pérdida de un trabajo, una muerte en la familia, un problema de disciplina o incluso un pequeño incidente en cualquier momento de la vida cotidiana.

Abuso sexual: se considera abuso sexual cualquier acto con un niño que implique gratificación sexual de un adulto o de un joven significativamente mayor. Esto incluye penetración en la vagina, el ano o la boca del niño; tocar al niño con intenciones sexuales pero sin penetración; exponer los genitales o mostrar pornografía al niño y usar al niño en una producción pornográfica. El abuso sexual no incluye el juego sexual. En el juego sexual, los niños con diferencia de edad menor de cuatro años ven o tocan las zonas genitales entre sí sin fuerza o coerción.

Hacia de la edad de 18 años, entre el 12 y el 25 % de las niñas y el 8 y el 10% de los niños han sido objeto de abuso sexual. La mayoría de los responsables de abuso sexual son personas conocidas por los niños, frecuentemente un padrastro, un tío o el novio de la madre. El abuso es menos común por parte de las mujeres.

Ciertas condiciones aumentan el riesgo del abuso sexual. Por ejemplo, los niños que tienen varias personas que los cuidan o un solo cuidador con varios compañeros sexuales tienen un alto riesgo. También aumenta el riesgo el ser un aislado social, tener una baja autoestima, tener familiares cercanos que también son abusados sexualmente o pertenecer a una pandilla.

Abuso emocional: utilizar palabras o actos para maltrata psicológicamente al niño es un abuso emocional. El abuso emocional hace sentir a los niños que son despreciables, que tienen defectos, que no son amados, que son rechazados, que están en peligro o que sólo valen cuando satisfacen las necesidades de otra persona.

El abuso emocional es desdeñar, explotar, aterrorizar, aislar y descuidar. Desdeñar significa minimizar las capacidades y los logros del niño. Explotar significa alentar una conducta desviada o criminal, como cometer crímenes o abusar del alcohol o de las drogas. Aterrorizar quiere decir intimidar, amenazar o asustar al niño. Aislar significa no permitir al niño interactuar con otros adultos o niños. Descuido emocional del niño significa ignorar y no interactuar con el niño; el niño no recibe amor ni atención. El abuso emocional tiende a darse durante un tiempo largo.

Münchausen por delegación: en este tipo excepcional de abuso infantil, la persona que se ocupa del niño, por lo general la madre, exagera, finge o causa una enfermedad en el niño ● *(v. recuadro pág. 724).*

➤ Síntomas

Los síntomas de negligencia y abuso varían en parte según la naturaleza y la duración de la negligencia o del abuso del niño y las circunstancias particulares. Además de obvias lesiones corporales, los síntomas incluyen problemas emocionales y de salud mental. Tales problemas pueden aparecer inmediatamente o más tarde y pueden persistir.

Negligencia física: el niño con negligencia física puede tener aspecto de estar mal alimentado, cansado, sucio o puede carecer de ropa apropiada. Pueden faltar a la escuela con frecuencia. En casos extremos, los niños pueden encontrarse viviendo solos o con hermanos, sin la supervisión de un adulto. El desarrollo físico y emocional del niño puede ser lento. En ciertos casos, los niños abandonados mueren de hambre o por exposición al frío.

Abusos físicos: a menudo son evidentes las contusiones, las quemaduras, las heridas o las raspaduras. Estas marcas suelen tener la forma del objeto usado al golpearlos, como un cinturón o un cable de lámpara. Las quemaduras con cigarrillos o las escaldaduras son visibles en brazos y piernas. Pueden producirse lesiones graves en la boca, los ojos, el cerebro o en otros órganos internos, pero sin ser visibles. Los niños pueden tener signos de lesiones antiguas, como fracturas, que se han curado. A veces las lesiones pueden ocasionar desfiguración.

Los bebés que han sido intencionalmente echados en una bañera caliente tienen escaldaduras. Estas quemaduras pueden localizarse en las nalgas y pueden tener forma de un círculo. La salpicadura de agua caliente puede causar pequeñas quemaduras en otras partes del cuerpo.

Los bebés que son sacudidos pueden presentar el síndrome del bebé sacudido. Este síndrome es provocado por violentas sacudidas, a menudo seguidas del lanzamiento del bebé. Los bebés sacudidos pueden no presentar signos visibles de lesión y puede parecer que estan durmiendo con un sueño profundo. Esta somnolencia se debe al daño cerebral y a la hinchazón, que puede ser el resultado de una hemorragia entre el cerebro y el cráneo (hemorragia subdural). También los bebés pueden tener hemorragia en la retina, en la parte posterior del ojo. También pueden tener rotas las costillas u otros huesos.

Los niños que han sufrido abusos mucho tiempo son frecuentemente temerosos e irritables. Con frecuencia duermen mal. Pueden estar deprimidos y ansiosos. Son mucho más propensos a actuar de forma violenta, criminal o suicida.

Abuso sexual: son frecuentes los cambios en el comportamiento. Tales cambios pueden producirse bruscamente y ser extremos. Los niños pueden volverse agresivos, fugarse o desarrollar fobias o trastornos del sueño. Los niños que sufren abusos sexuales pueden comportarse sexualmente de forma inadecuada de acuerdo con la edad. Los que sufren abusos sexuales por un padre u otro miembro de la familia pueden tener sentimientos conflictivos. Se pueden sentir emocionalmente unidos al delincuente, aunque traicionados.

El abuso sexual también puede provocar lesiones corporales. Los niños pueden tener contusiones, desgarros o hemorragias en las zonas alrededor de los genitales, del recto o en la boca. Las lesiones en las zonas de los genitales y el recto pueden dificultar caminar y sentarse. Las niñas pueden tener una secreción vaginal. Pueden presentarse enfermedades de transmisión sexual, como la gonorrea, las infecciones por clamidia o, a veces, la infección por el virus de la inmunodeficiencia humana (VIH).

Abuso emocional: en general, los niños que sufren abusos emocionales tienden a ser inseguros y ansiosos acerca de su relación con los demás porque sus necesidades no han sido satisfechas consistente o previsiblemente. Los bebés que han sido privados de cariño familiar pueden parecer impasibles o indiferentes a lo que les rodea. Su comportamiento puede ser confundido con un estado de retraso mental o un trastorno físico. A los niños que son abandonados emocionalmente les faltan habilidades sociales o pueden ser lentos en desarrollar habilidades del habla y del lenguaje. Los niños que son desdeñados pueden tener una baja autoestima. Los niños que son explotados pueden cometer crímenes o abusar del alcohol o las drogas. Los niños que son aterrorizados pueden parecer temerosos y retraídos. Pueden ser desconfiados, tímidos y estar extremadamente ansiosos por complacer a los adultos. Los niños que son aislados pueden ser torpes en ciertas situaciones sociales y tener dificultades para establecer relaciones normales. Los niños mayores pueden dejar de asistir a la escuela regularmente o tener un mal rendimiento escolar.

➤ Diagnóstico

La negligencia y el abuso son frecuentemente difíciles de reconocer, a menos que los niños tengan aspecto de desnutrición grave o lesiones obvias, o que otras personas sean testigos de la negligencia y el abuso. La negligencia y el abuso pueden no ser reconocidos durante años. Hay muchas razones para esta dificultad. Los niños que sufren abusos pueden sentir que el abuso es parte normal de la vida y no hablan de ello. Los niños que sufren abusos físicos y sexuales a menudo son reacios a dar voluntariamente esta información por sentir vergüenza, por miedo de las represalias o, incluso, por la sensación de merecer el abuso. A menudo, los niños que sufren abusos físicos describen lo que ocurrió si se les pregunta directamente, pero los que sufren abusos sexuales pueden haber jurado mantener el secreto o estar demasiado traumatizados para hacerlo.

Cuando los médicos sospechan negligencia o cualquier tipo de abuso, buscan signos de otros tipos de abuso. También hacen una evalución completa de las necesidades físicas, ambientales, emocionales y sociales del niño.

Negligencia física: el descuido del niño es generalmente identificado por los profesionales de la salud o los trabajadores sociales durante la evaluación de un problema no relacionado, como una lesión, una enfermedad o un problema de comportamiento. Los médicos pueden notar que un niño no se desarrolla física o emocionalmente de forma normal o han faltado a muchas citas o sesiones de vacunación. Los maestros pueden darse cuenta de la negligencia hacia el niño por las frecuentes e inexplicables ausencias de la escuela. Si se sospecha negligencia, los médicos suelen buscar anemia, infecciones e intoxicación, que son frecuentes entre niños descuidados.

Abuso físico: se puede sospechar de abuso físico si el niño que aún no camina presenta contusiones o lesiones importantes. Puede sospecharse de abuso en bebés o niños pequeños cuando tienen ciertos tipos de contusiones, como en la parte posterior de las piernas, las nalgas y el torso. Cuando los niños están aprendiendo a caminar, las contusiones son frecuentes, pero estas magulladuras se encuentran en sitios prominentes de la parte delantera del cuerpo, como las rodillas, las espinillas, la frente, el mentón y los codos.

También se puede sospechar de abuso cuando los padres parecen saber muy poco de la salud del niño o cuando no parecen preocuparse por lesiones obvias. Los padres que abusan del niño pueden ser reacios a describir al médico o a los amigos cómo ocurrió la lesión. La descripción puede no ser adecuada a la edad y a la naturaleza de la lesión o puede cambiar cada vez que se cuenta la historia.

Si los médicos sospechan de abuso físico, obtienen dibujos y fotografías precisos de las lesiones. A veces se toman radiografías para detectar signos de lesiones anteriores. Si el niño es menor de 2 años, frecuentemente se toman radiografías de todos los huesos para comprobar la presencia de fracturas.

Abuso sexual: a menudo, el abuso sexual se diagnostica sobre la base del relato del incidente por el niño o por un testigo. Sin embargo, dado que muchos niños son reacios a hablar del abuso sexual, nace la sospecha sólo al empezar el niño a comportarse de una forma anormal. Si el niño ha sufrido abusos sexuales dentro de las 72 horas, los médicos examinan el niño para recoger una evidencia legal de contacto sexual, como frotis de líquidos corporales y muestras de pelo de la zona genital. Se toman fotografías de cualquier lesión visible. En algunas comunidades, profesionales de la salud especialmente preparados para evaluar el abuso sexual de los niños realizan este examen.

Abuso emocional: generalmente el abuso emocional se identifica al evaluar otro problema, como un escaso rendimiento en la escuela o un problema de comportamiento. Los niños que sufren abusos emocionales son examinados en busca de signos de abuso físico y sexual.

➤ Tratamiento

Un equipo de médicos, otros profesionales de la salud y trabajadores sociales tratan las causas y los efectos de la negligencia y del abuso. El equipo ayuda a los familiares a comprender las necesidades del niño y les ayuda a acceder a recursos locales. Otros programas de la comunidad y del gobierno pueden proporcionar asistencia con alimentos y vivienda. Los padres que abusan de sustancias tóxicas o con trastornos mentales pueden acudir a programas apropiados de tratamiento. A veces existen programas para el cuidado de los hijos.

Todas las lesiones físicas y los trastornos deben ser tratados. Algunos niños son hospitalizados para tratar las lesiones, la desnutrición grave u otros trastornos. Algunas lesiones graves necesitan cirugía. Los bebés con síndrome del bebé sacudido, por lo general, necesitan ingresar en la unidad pediátrica de cuidados intensivos. A veces, niños con buena salud son hospitalizados para protegerlos de otros abusos hasta haber logrado encontrar un hogar adecuado.

A algunos niños que han sufrido abusos sexuales se les dan fármacos para prevenir las enfermedades de transmisión sexual, incluso, a veces, la infección por el VIH. Los niños que parecen estar muy alterados necesitan urgente asesoramiento y medidas de apoyo. Los niños que sufren abusos sexuales, incluso aquellos que parecen inicialmente no estar afectados, se remiten a un profesional de la salud mental, ya que son muy frecuentes los problemas duraderos. Es a menudo necesario el asesoramiento psicológico a largo plazo. Los médicos remiten otros niños para asesoramiento en caso de problemas emocionales o de comportamiento.

El objetivo del tratamiento es devolver a los niños a un ambiente familiar seguro y saludable. Dependiendo de la naturaleza del abuso y del culpable del abuso, los niños pueden ir a casa con sus familiares o pueden ser retirados de su casa y colocados con familiares, o en un hogar de cuidado de crianza temporal. Esta ubicación frecuentemente es temporal, por ejemplo hasta poder obtener los padres albergue o trabajo, o hasta poder establecer visitas regulares a casa por parte del trabajador social. En casos graves de negligencia o de abuso, los derechos parentales pueden darse por terminados de forma permanente. En estos casos, el niño sigue en cuidados temporales hasta ser adoptado o hasta volverse adulto ● *(v. pág. 1948 y pág. 1949).*

ACCIDENTES Y LESIONES

CAPÍTULO 289

Quemaduras

La quemadura es una lesión producida en los tejidos corporales por un contacto con calor, electricidad, radiación o sustancias químicas.

Las quemaduras están generalmente causadas por el calor (quemadura térmica), como el que provocan fuego, vapor, alquitrán o líquidos calientes. La quemadura causada por sustancias químicas es similar a la quemadura térmica, mientras que las quemaduras causadas por radioterapia ● *(v. pág. 1967)*, por la luz solar ● *(v. pág. 1465)* y por la electricidad ● *(v. pág. 1972)* tienden a diferir significativamente.

Las quemaduras térmica y química se producen generalmente debido al contacto de una fuente de calor o de sustancias químicas con parte de la superficie corporal, con mayor frecuencia la piel. De ese modo, la piel soporta la mayor parte del daño. Sin embargo, una quemadura superficial grave puede penetrar hasta estructuras profundas del organismo, como grasa, músculo o hueso.

Cuando los tejidos están quemados, hay una pérdida de líquido hacia su interior desde los vasos sanguíneos, lo cual causa inflamación y dolor. Además, la piel dañada y otras superficies corporales resultan infectadas con facilidad porque ya no pueden seguir actuando como barrera contra los microorganismos invasores.

Las quemaduras son lesiones de alta frecuencia, con desenlace mortal en casos graves, siendo especialmente vulnerables las personas mayores y los niños pequeños.

➤ Clasificación

Las quemaduras se clasifican según unas definiciones estrictas y muy aceptadas. Estas definiciones pueden no corresponderse con la interpretación común de esos términos. Por ejemplo, un médico puede clasificar una quemadura como grave, aun cuando la persona la considere leve. Las definiciones clasifican la profundidad de la quemadura y la extensión de la lesión tisular.

Diferentes grados de una quemadura

Epidermis
Dermis
Hipodermis

Eritema (enrojecimiento)

Quemadura de primer grado
Daña la capa exterior de la piel (epidermis), causando dolor, enrojecimiento e hinchazón.

Ampollas

Quemadura de segundo grado
Daño a ambas capas de tejido, externa y media (epidermis y dermis), causando dolor, enrojecimiento, hinchazón y ampollamiento.

Quemadura profunda con destrucción de tejido

Quemadura de tercer grado
Daño profundo de los tejidos (epidermis, dermis e hipodermis) causando una destrucción de los tejidos. La piel se puede sentir adormecida.

La profundidad de la lesión producida por una quemadura se describe como de primer, segundo o tercer grado. Las quemaduras de primer grado son las más superficiales: afectan sólo a la capa exterior de la piel (epidermis). Las quemaduras de segundo grado se extienden dentro de la capa media de la piel (dermis). Las quemaduras de tercer grado dañan las tres capas de piel (epidermis, dermis y tejido graso), por lo general destruyen las glándulas sudoríparas, los folículos pilosos y también las terminaciones nerviosas.

Las quemaduras se clasifican como leves, moderadas y graves. La gravedad determina cuál es su pronóstico de curación y la probabilidad de complicaciones. Se determina la gravedad de la quemadura calculando el porcentaje quemado de superficie corporal y la profundidad de la quemadura. Se emplean tablas especiales para establecer qué porcentaje de la superficie corporal corresponde a diversas partes del cuerpo. Por ejemplo, en un adulto, el brazo constituye más o menos el 9 % del cuerpo. Se emplean tablas distintas para los niños, porque sus proporciones corporales son diferentes. Todas las quemaduras de primer grado, al igual que las quemaduras de segundo grado que representen menos del 15 % de la superficie corporal, se clasifican normalmente como leves, aunque a la persona afectada le puedan parecer graves. Una quemadura de tercer grado puede clasificarse como leve si representa menos del 5 % de la superficie corporal, salvo que afecte a cara, manos, pies o genitales. Las quemaduras que dañan estas zonas o bien capas más profundas de la piel sobre zonas más extensas del cuerpo se clasifican como moderadas o, más frecuentemente, como graves.

➤ Síntomas y diagnóstico

Las quemaduras de primer grado son rojizas, y húmedas, presentan hinchazón y producen dolor. La superficie quemada palidece al tocarla ligeramente, pero no se forman ampollas. Las quemaduras de segundo grado son rojas, presentan inflamación y causan dolor, y pueden formar ampollas con un exudado de líquido claro. La superficie quemada puede palidecer a la presión del toque. Las quemaduras de tercer grado no suelen doler, porque los nervios han sido destruidos. La piel se vuelve apergaminada o puede estar blanca, negra o presentar un color rojo brillante. La superficie quemada no palidece cuando se la presiona y puede arrancarse el pelo fácilmente de su raíz sin dolor. No se forman ampollas. El aspecto

---

Quemadura cutánea por sustancias químicas

Las quemaduras por químicos son causadas por sustancias cáusticas que contactan con la piel. A veces, las sustancias cáusticas se encuentran en los productos de limpieza, como los que contienen sosa (en limpiatuberías, desatascadores y quitapinturas), fenoles (en desodorantes, productos de higiene y desinfectantes), hipoclorito de sodio (en desinfectantes y blanqueadores) y ácido sulfúrico (en limpiainodoros). Muchas sustancias químicas usadas en la industria y en los conflictos armados pueden producir quemaduras. De igual modo, el cemento húmedo, si se deja sobre la piel, puede causar una quemadura grave.

El primer paso para detener una quemadura química es quitarse la ropa contaminada y eliminar cualquier partícula seca. El paso siguiente es enjuagar la zona con abundante agua. Considerando que los químicos pueden seguir produciendo lesiones mucho después del primer contacto con la piel, el enjuague debe mantenerse durante al menos 30 minutos. En casos raros, con ciertos químicos industriales (por ejemplo, sodio de metal), no debe emplearse el agua porque realmente puede empeorar la quemadura. Además, para algunos químicos hay tratamientos específicos que pueden reducir más aún una lesión cutánea. El tratamiento adicional para una quemadura química es el mismo que para una quemadura térmica.

Si se requiere más información sobre el tratamiento de una quemadura causada por un químico específico, se puede contactar con los centros locales de toxicología.

---

y los síntomas de las quemaduras profundas pueden empeorar durante las primeras horas o incluso días después de la quemadura.

➤ Complicaciones

La mayoría de las quemaduras leves son superficiales y no causan complicaciones. Sin embargo, las quemaduras de segundo y tercer grado profundas se inflaman y tardan más tiempo en curarse. Además, las quemaduras más profundas pueden provocar que se forme tejido cicatricial. Este tejido cicatricial se encoge (se contrae) a medida que se cura. Si las cicatrices se forman en una articulación, la contractura resultante puede restringir el movimiento.

Inhalación de humo

Muchos de los quemados en los incendios también han inhalado humo. A veces, las personas inhalan humo sin presentar quemaduras de la piel. La inhalación de humo no suele provocar efectos graves duraderos. Sin embargo, pueden aparecer graves problemas si el humo está inusualmente caliente o denso o si su inhalación es prolongada. El humo caliente puede quemar la tráquea, produciendo inflamación. A medida que la inflamación reduce el tamaño de la tráquea, se reduce también el flujo de aire en los pulmones. La inhalación de químicos liberados en el humo, como cloruro de hidrógeno, fosgeno, dióxido de azufre y amoníaco, puede inflamar y lesionar los pulmones y la tráquea. Finalmente, se cierran las pequeñas vías respiratorias que llevan la sangre a los pulmones, lo que provoca una obstrucción adicional del flujo de aire. El humo también puede contener sustancias químicas que son tóxicas para las células del cuerpo, como el monóxido de carbono ● *(v. pág. 1990)* y el cianuro.

Una lesión de la tráquea o de los pulmones puede producir ahogo, que puede tardar hasta 24 horas en aparecer. La obstrucción del flujo de aire debido a la tumefacción de las vías respiratorias puede producir sibilancias y agravar la disnea. La persona puede tener hollín en la boca o en la nariz, perder el vello nasal o sufrir quemaduras alrededor de la boca. La lesión pulmonar puede causar dolor en el pecho, tos y sibilancias. Si el suministro de oxígeno se agota debido al humo, la persona puede quedar inconsciente. Las concentraciones elevadas de monóxido de carbono en sangre pueden producir confusión o desorientación e, incluso, ser mortales.

Para evaluar la extensión de una quemadura traqueal, el médico puede introducir por la tráquea un tubo flexible de visualización (broncoscopio). El médico puede valorar el daño pulmonar con una radiografía de tórax o con una prueba que determina la concentración de oxígeno en sangre.

Para suministrar oxígeno a una persona que ha inhalado humo se utiliza una mascarilla facial. Si se sospecha la existencia de una quemadura traqueal, se introduce un tubo respiratorio por la nariz o boca del individuo para permitir el flujo de aire en el caso de que se inflame más tarde la tráquea. Si la persona tiene sibilancias, se pueden administrar fármacos, como el albuterol, que abre las pequeñas vías respiratorias, aplicado generalmente como una vaporización combinada con oxígeno e inhalado a través de una mascarilla facial. Si el daño pulmonar produce dificultad respiratoria persistente a pesar de la utilización de mascarilla facial y del albuterol, puede ser necesario un respirador. Mejorar el distrés respiratorio hace que la persona conserve su energía y normalmente permite una recuperación y cicatrización más rápidas.

Las quemaduras graves pueden causar serias complicaciones debido a una extensa pérdida de líquidos y lesión tisular. Las complicaciones de las quemaduras graves pueden tardar horas en aparecer. Cuanto más tiempo dure la complicación, más graves serán los problemas que tiende a causar. Los niños pequeños y los adultos de más edad tienden a resultar afectados de mayor gravedad por las complicaciones que otros grupos de edad.

En las personas con quemaduras muy extendidas puede producirse deshidratación eventualmente porque el líquido se filtra de la sangre a los tejidos quemados. Se produce un estado de *shock* si la deshidratación es grave ● *(v. pág. 179)*. La destrucción de tejido muscular (rabdomiólisis) se produce en quemaduras de tercer grado profundas. El tejido muscular libera mioglobina, una de las proteínas de los músculos, que pasa a la sangre. Si está presente en concentraciones elevadas, la mioglobina perjudica los riñones. La rabdomiólisis puede ser diagnosticada mediante análisis de sangre y orina.

Las quemaduras de tercer grado profundas producen superficies gruesas, costrosas (escaras). Las escaras pueden llegar a comprimirse demasiado, por lo cual pueden cortar el aporte de sangre a los tejidos sanos o dificultar su oxigenación.

➤ Tratamiento

Antes de tratar una quemadura se debe apartar de inmediato a la víctima del agente incendiario y se debe extinguir el fuego para prevenir lesiones adicionales. Por ejemplo, si hay llamas, deben apagarse. Se debe retirar inmediatamente toda la ropa afectada, especialmente la humeante (como camisas de fibra sintética derretidas), la ropa cubierta con alquitrán caliente o los materiales impregnados de sustancias químicas.

La hospitalización es, a veces, necesaria para una asistencia óptima de las lesiones por quemadura. Por ejemplo, en un hospital es más fácil proceder a la elevación de un brazo o una pierna gravemente quemados por encima del nivel del corazón para prevenir la inflamación. Además, la hospitalización es necesaria para las quemaduras que impidan a la persona realizar actividades esenciales diarias como caminar o comer. Habitualmente, en los centros para quemados se tratan mucho mejor las quemaduras de segundo y tercer grado profundas, las quemaduras que sufren personas muy jóvenes o ancianas, y las quemaduras que afectan a manos, pies, cara o genitales. Los centros para quemados son hospitales especialmente equipados y dotados de personal para asistir a las víctimas de quemaduras.

Quemaduras superficiales leves: si es posible, las quemaduras superficiales leves se deben sumergir inmediatamente en agua fresca. La quemadura se limpia con cuidado para prevenir la infección. Si la suciedad está incrustada en profundidad, el médico puede administrar analgésicos o insensibilizar la zona inyectando anestesia local y, luego, frotar la quemadura con un cepillo.

A menudo, el único tratamiento necesario es la aplicación de una crema antibiótica, como sulfadiacina argéntica. La crema previene la infección y forma una barrera para prevenir la entrada de más bacterias en la herida. A continuación, se aplica un vendaje estéril para proteger la zona quemada del polvo y de lesiones adicionales. Se administra una vacuna antitetánica si es necesario ● *(v. pág. 1305).*

Los cuidados en casa consisten en mantener la quemadura limpia para prevenir infecciones. Además, muchas personas reciben analgésicos, a menudo analgésicos opiáceos, al menos unos días. La quemadura puede cubrirse con un vendaje no adhesivo o gasa estéril. Hay que retirar la gasa sin que se adhiera empapándola en agua.

Quemaduras profundas leves: al igual que las quemaduras más superficiales, las quemaduras profundas leves se tratan con crema antibiótica. Sin embargo, se debe retirar toda la piel muerta y cualquier ampolla reventada antes de aplicar la crema antibiótica. Además, si se mantiene un brazo o una pierna profundamente quemados en elevación por encima del corazón durante los primeros días, se reducen la inflamación y el dolor. La quemadura puede requerir revisiones hospitalarias o ambulatorias, posiblemente con una frecuencia diaria durante los primeros días.

Puede ser necesario un injerto de piel. La mayor parte de los injertos de piel reponen la piel quemada. Otros injertos de piel son útiles para

Quemaduras superficiales pequeñas

La mayoría de las personas con pequeñas quemaduras intentan tratarlas en casa en lugar de acudir al médico. En realidad, para tratar quemaduras superficiales pequeñas que estén limpias, puede que todo lo necesario sea aplicar medidas simples de primeros auxilios. Por lo general, una quemadura limpia es aquella que afecta sólo a la piel limpia y que no contiene ninguna partícula de suciedad o comida. Un chorro de agua fría sobre la quemadura puede aliviar el dolor. Es posible prevenir la infección cubriendo la quemadura con un ungüento antibiótico de venta sin receta médica y un vendaje estéril no adherente.

Generalmente, se recomienda un examen y tratamiento médico cuando sea necesaria la vacuna antitetánica. De igual modo, el médico debe examinar una quemadura si tiene cualquiera de las siguientes características:

- Su tamaño es mayor que el de la palma de la mano de la persona.
- Contiene ampollas.
- Oscurece o rompe la piel.
- Afecta a la cara, mano, pie, genitales o pliegues cutáneos.
- Si no está completamente limpia.
- Produce dolor que no se alivia con paracetamol.
- Produce dolor que no mejora al cabo de un día después de que se haya producido la quemadura.

cubrir y proteger temporalmente la piel a medida que ésta se cura por sí sola. En un procedimiento de injerto de piel, se extrae un trozo de piel sana de una zona no quemada del cuerpo de la víctima (autoinjerto), o bien de otra persona viva o muerta (aloinjerto), o de otras especies (xenoinjerto) -por lo general de cerdo, porque su piel es la más parecida a la humana-. El injerto de piel se cose quirúrgicamente sobre la zona quemada después de quitar cualquier tejido muerto y de verificar que la herida esté limpia. Los autoinjertos son permanentes; sin embargo, aloinjertos y xenoinjertos son rechazados después de 10 a 14 días por el sistema inmunológico del paciente. Recientemente se ha desarrollado la piel artificial, que puede también utilizarse para reemplazar piel quemada. La piel quemada puede ser re-

Calcular la extensión de una quemadura

Para determinar la gravedad de una quemadura, se hace una valoración del porcentaje de la superficie del cuerpo afectada por la misma. Para los adultos se utiliza la regla del nueve. Este método divide casi todo el cuerpo en secciones del 9 % o de 2 veces el 9 % (18 %). Para los niños se usan gráficos que ajustan estos porcentajes según la edad del niño (gráficos Lund-Browder). Este ajuste es necesario porque las diferentes zonas del cuerpo crecen a distinto ritmo.

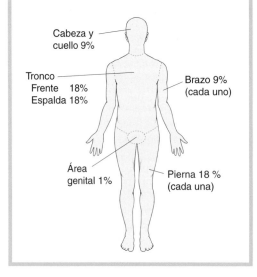

Cabeza y cuello 9 %

Tronco
Frente   18 %
Espalda 18 %

Brazo 9 %
(cada uno)

Área genital 1 %

Pierna 18 %
(cada una)

emplazada en cualquier momento al cabo de varios días de producirse la quemadura.

Habitualmente se requieren fisioterapia y terapia ocupacional para prevenir la inmovilidad causada por las cicatrices alrededor de las articulaciones. Se inician los ejercicios de estiramiento en los primeros días después de la quemadura. Se aplican férulas para asegurar que las articulaciones que pueden quedar inmóviles reposen en la posición menos propensa a producir contracturas. Estas férulas sólo se retiran cuando se mueven las articulaciones. Sin embargo, si se ha utilizado un injerto de piel, la terapia no se inicia en los primeros 5-10 días después de haber fijado los injertos, con el fin de no obstaculizar su curación. Los vendajes voluminosos que ejerzan presión sobre la quemadura pueden prevenir la aparición de grandes cicatrices.

Quemaduras graves: las quemaduras graves, potencialmente mortales, requieren atención inmediata. La deshidratación se trata con una gran cantidad de líquidos administrados por vía intravenosa. Una persona que haya entrado en estado de *shock* como consecuencia de la deshidratación debe recibir también oxígeno a través de una mascarilla facial.

La destrucción de tejido muscular también se trata con gran cantidad de líquidos por vía intravenosa. Los líquidos diluyen la mioglobina en la sangre, con lo cual se previene el daño extensivo a los riñones. A veces se administra un producto químico, bicarbonato sódico, por vía intravenosa para ayudar a disolver la mioglobina y, así, también prevenir daños adicionales a los riñones.

Las escaras que interrumpen el aporte de sangre hacia una extremidad o que dificultan la oxigenación se abren con un corte mediante un procedimiento quirúrgico llamado escarotomía. La escarotomía suele causar alguna hemorragia, pero se produce poco dolor, puesto que la quemadura causante de la escara ha destruido las terminaciones nerviosas de la piel.

Es importante mantener limpia la superficie quemada, porque la piel lesionada se infecta con facilidad. La limpieza se puede lograr aplicando un chorro suave de agua sobre las quemaduras de forma periódica. Se limpian las heridas y se cambian los vendajes de 1 a 3 veces por día.

Es importante para la curación seguir una dieta equilibrada que incluya cantidades adecuadas de calorías, proteínas y nutrientes. Quienes no puedan consumir suficientes calorías pueden tomar suplementos dietéticos o bien recibirlos a través de un tubo introducido por la nariz hasta el estómago (sonda nasogástrica). En general se administran vitaminas y minerales adicionales.

Puesto que las quemaduras graves tardan mucho en curar, a veces años, y pueden causar una desfiguración, la persona afectada puede caer en una depresión. La depresión a menudo se puede aliviar con fármacos, psicoterapia o ambos.

➤ Pronóstico

Las quemaduras de primer y segundo grado se curan en días o semanas sin producir cicatrices. Las quemaduras de segundo grado profundas y las quemaduras de tercer grado pequeñas (menos de 2,5 cm) tardan semanas en curarse y normalmente causan cicatrices. Las quemaduras de tercer grado más extensas requieren injertos de piel. Las quemaduras que afectan a más del 90 % de la superficie corporal, o más del 60 % en una persona mayor, habitualmente son mortales.

CAPÍTULO 290

Trastornos causados por el calor

Los seres humanos son animales de sangre caliente que mantienen su temperatura corporal dentro de un margen ajustado (entre 1 o 2 grados alrededor de los 37°C), a pesar de las grandes fluctuaciones de las temperaturas externas. Esta temperatura interna debe mantenerse para que el organismo funcione con normalidad. Una temperatura corporal demasiado elevada o demasiado baja puede tener como consecuencia una lesión orgánica grave, o la muerte.

El organismo regula su temperatura al equilibrar la producción y la pérdida de calor. Una forma que el organismo tiene de producir calor es a través de reacciones químicas (metabolismo), que resultan sobre todo de la conversión de los alimentos en energía. También se produce calor al ejercitar los músculos durante la actividad física. El cuerpo se enfría por sí mismo al perder calor, principalmente a través de procesos de radiación y sudación. La radiación, en la que el calor fluye desde zonas más cálidas a otras más templadas, es la principal fuente de pérdida de calor cuando el organismo está más caliente que su entorno. El sudor es un proceso en que las glándulas sudoríparas producen humedad, que enfría la piel a medida que se evapora; ésta es la principal fuente de pérdida de calor cuando el entorno es más caliente que el organismo y durante el ejercicio. Sin embargo, la humedad (presencia de humedad en el aire) lentifica la evaporación de agua, y disminuye así la eficacia de la sudación. Por lo tanto, la pérdida de calor puede ser difícil en climas cálidos y húmedos.

Los trastornos del calor están causados por una producción excesiva de calor o por una pérdida escasa del mismo. La sudación excesiva debido al calor produce una reducción de los líquidos y las sales (electrólitos) corporales que puede conducir a hipotensión arterial y a contracciones dolorosas de los músculos. La magnitud del trastorno que se desarrolle a causa del calor dependerá de la gravedad de la disminución de líquidos y sales corporales. Los calambres debidos al calor son consecuencia de una reducción leve o moderada; la extenuación causada por el calor se debe a una reducción moderada o grave, y la insolación (exposición a calor excesivo), el más grave de los trastornos por calor, suele estar causada por una reducción intensa de líquidos y sales corporales.

Una pérdida ineficaz de calor se produce más frecuentemente en condiciones de calor y humedad. Varios factores contribuyen en gran medida a una pérdida ineficaz de calor. El uso de ropa impermeable pesada, ajustada, que no respira (es decir, que no permite que el aire y la humedad pasen con facilidad) impide la evaporación del sudor desde la superficie de la piel y, de ese modo, deteriora el enfriamiento. La sudación puede resultar afectada por ciertos fármacos, con mayor frecuencia antipsicóticos y fármacos con efectos anticolinérgicos ● *(v. recuadro pág. 92)*; por algunas enfermedades que afectan a la piel, como fibrosis quística, esclerodermia, psoriasis y eccemas, y por quemaduras solares graves. De igual modo, la obesidad altera la sudación porque obliga al corazón a trabajar con más fuerza, con lo cual disminuye la reserva necesaria para que pueda aumentar el bombeo para sudar. Además, la existencia de una capa de grasa gruesa lentifica la pérdida de calor desde los órganos internos, lo cual puede aumentar el daño causado por una exposición prolongada al calor. El alcohol afecta a las respuestas sensibles que podrían prevenir los trastornos debidos al calor. Por ejemplo, es posible que una persona ebria no pueda trasladarse a un ambiente fresco ni quitarse la ropa pesada o poner en marcha el aire acondicionado.

La producción de un exceso de calor está causada frecuentemente por fiebre, aumento de la actividad tiroidea, esfuerzo extremo y ciertas drogas estimulantes, como la cocaína y las anfetaminas. La actividad muscular extenuante se produce por elección propia o resulta de un problema de salud, como convulsiones, agitación o síndrome de abstinencia de alcohol o de drogas.

La probabilidad de presentar trastornos debidos al calor aumenta cuando la exposición al mismo ocurre repentinamente, por ejemplo, cuando un niño ha permanecido en un automóvil cerrado durante un día caluroso de verano. Cuando una persona está expuesta a períodos más prolongados de calor y de humedad, el cuerpo se adapta gradualmente y tiene más capacidad para mantener la temperatura corporal normal. Este proceso se denomina aclimatación. La aclimatación se produce igual de rápido en personas jóvenes o físicamente activas que en personas mayores o físicamente inactivas.

➤ **Prevención**

La mejor forma de prevenir los trastornos debidos al calor es usar el sentido común. Por ejemplo, debe evitarse un esfuerzo extenuante en ambientes muy calientes. En un clima caliente y húmedo es mejor usar ropa ligera, ancha, confeccionada en tela que permita la transpiración, como el algodón (es decir, que permita que pasen con facilidad el aire y la humedad). Los líquidos y las sales que se pierden con el sudor pueden reponerse consumiendo alimentos y bebidas ligeramente salados, como zumo de tomate salado o sopa fría. Son numerosas las bebidas comercializadas que contienen sal adicional. Para reponer cantidades adecuadas de líquidos, la ingestión debe continuar incluso después de haberse calmado la sed. Cuando no se pueda evitar el esfuerzo en un entorno cálido, es posible mantener la temperatura corporal en índices normales si se beben muchos líquidos y se refresca la piel con frecuencia, humedeciéndola o mojándola con agua fría.

Las personas que practiquen actividades al aire libre y que beban gran cantidad de agua pueden diluir el sodio en sangre. Este problema se puede aliviar consumiendo sal, incluso en una comida rápida salada, y bebiendo agua.

Los espacios mal ventilados, como un automóvil, pueden calentarse rápidamente. En un clima cálido, el interior de un automóvil cerrado puede pasar de 27 a 49°C en quince minutos. Nunca deben dejarse en tal ambiente a niños o mascotas, ni siquiera durante unos minutos.

■ Calambres causados por el calor

Los calambres causados por el calor son espasmos musculares graves resultantes de la suma de ejercicio prolongado, sudación abundante y reposición excesiva de agua en condiciones de calor extremo.

Al sudar se pierden sales (electrólitos) y líquidos; sin embargo, la ingestión de gran cantidad de agua diluye las sales y causa calambres. Una sudación abundante es más probable en días calurosos, especialmente durante la práctica de una actividad física importante. Los calambres debidos al calor son muy comunes entre las personas con trabajos manuales, como el personal de las salas de máquinas, quienes trabajan el acero, los que trabajan en azoteas y los mineros. Dichos ca-

lambres pueden también producirse en atletas, en especial alpinistas o esquiadores, ya que las diversas capas de ropa que usan pueden impedir que noten su sudación abundante. Los calambres son comunes en los jugadores de tenis y en los corredores, que no tienen tiempo de reponer las sales perdidas con el sudor.

Los calambres debidos al calor son contracciones rítmicas de los músculos de las manos, las pantorrillas, los pies, los muslos o los brazos. Las contracciones causan endurecimiento, tensión y dolor en los músculos.

Los calambres leves debidos al calor pueden ser tratados consumiendo bebidas que contengan sal o alimentos salados. Los calambres graves debidos al calor son tratados con líquidos y sales administrados por vía intravenosa.

■ Extenuación debida al calor

La extenuación por el calor es una pérdida excesiva de sales (electrólitos) y de líquidos debida al calor; esto da lugar a una disminución del volumen de sangre, lo cual causa muchos síntomas, entre los cuales se incluyen el desmayo y el colapso.

La extenuación por el calor es más grave incluso que los calambres debidos al calor. Hay una mayor reducción de líquidos y sales y los síntomas son más graves.

➤ **Síntomas y diagnóstico**

Pueden aparecer vértigo, aturdimiento, debilidad, fatiga, cefalea, visión borrosa, dolores musculares y náuseas y vómitos. La persona afectada puede sentir decaimiento e incluso perder el conocimiento estando de pie. Es común una sudación copiosa. Puede manifestarse un estado de confusión leve. Pueden acelerarse la frecuencia cardíaca y respiratoria; la presión arterial puede disminuir. La temperatura corporal puede ser normal o elevada, pero nunca superior a 40°C.

La extenuación causada por el calor suele diagnosticarse a partir de los síntomas y manifestaciones que tienen lugar tras la exposición al calor.

➤ **Tratamiento**

El tratamiento consiste en la reposición de líquidos (rehidratación) y sales, y en apartar a la persona del ambiente caluroso. Si los síntomas son leves, puede ser suficiente la ingestión de bebidas frías, ligeramente saladas, cada pocos minutos. También ayudan al enfriamiento quitar o aflojar la ropa y aplicar sobre la piel paños húmedos o bolsas de hielo.

Si los síntomas consisten en pérdida del conocimiento, confusión, respiración o latidos cardíacos rápidos, o hipotensión arterial, deberán ser administrados líquidos por vía intravenosa. Después de la rehidratación, la persona suele recuperarse rápidamente y por completo. Si no se trata, la extenuación causada por el calor puede dar lugar a una insolación.

■ Insolación

La insolación, también conocida como golpe de calor, es una situación potencialmente mortal que tiene por consecuencia una temperatura corporal muy elevada y la disfunción de muchos sistemas orgánicos.

La insolación es la forma más grave de enfermedad inducida por el calor. Dos características diferencian la insolación de otros trastornos debidos al calor: la temperatura corporal suele ser superior a 40 °C y se producen síntomas de lesión cerebral. La insolación puede ocurrir cuando una persona está haciendo ejercicio bajo un calor extremo o cuando está en un ambiente caluroso y cerrado. Por ejemplo, la insolación puede producirse durante períodos prolongados de clima cálido, cuando la gente se queda en estancias sin aire acondicionado. Las personas mayores y los niños pequeños son los más vulnerables a la insolación.

La insolación se produce cuando el cuerpo no puede perder calor con suficiente rapidez en condiciones de calor extremo. Dado que el organismo no puede refrigerarse, la temperatura corporal continúa aumentando con rapidez hasta niveles peligrosamente elevados. Ciertas enfermedades de la piel y algunos fármacos aumentan este riesgo.

La insolación puede lesionar de forma temporal o permanente los órganos vitales, como el corazón, los pulmones, los riñones, el hígado y el cerebro. Cuanto más alta sea la temperatura, en especial cuando sea superior a 41 °C, más rápidamente aparecerán los problemas. Puede sobrevenir la muerte.

➤ Síntomas y diagnóstico

La insolación aparece típicamente durante una ola de calor en personas mayores, sedentarias, que viven en espacios mal ventilados. La insolación puede producirse lentamente en horas o días, o bien rápidamente, en especial en personas que hacen ejercicio en ambientes calientes y húmedos. Los síntomas comunes de alarma son vértigo, aturdimiento, debilidad, fatiga, cefalea, visión borrosa, dolores musculares, náuseas y vómitos (que también son síntomas de una extenuación por calor).

Durante una insolación la piel se calienta, se enrojece y se seca. Puede que no haya sudor a pesar del calor. La persona afectada de insolación puede manifestar confusión y desorientación, y puede tener convulsiones o caer en estado de coma. Aumentan la frecuencia cardíaca y la respiratoria. El pulso está generalmente acelerado. La presión arterial puede ser alta o baja. La temperatura corporal suele sobrepasar los 40 °C y puede estar tan elevada que supere las marcas de un termómetro corriente.

➤ Tratamiento

El cuerpo debe enfriarse de inmediato. Mientras se espera el transporte al hospital, debe envolverse a la persona en sábanas o ropa fría y húmeda, o bien sumergirla en un lago, una corriente de agua o una bañera de agua fría, o refrigerarla con hielo. En el hospital, el enfriamiento corporal suele realizarse quitando las ropas y cubriendo la piel expuesta con agua o hielo. Para acelerar la evaporación y el enfriamiento corporal, puede utilizarse un ventilador para airear el cuerpo. Es preciso medir la temperatura corporal con frecuencia, a menudo constantemente. Se pueden administrar líquidos refrigerados por vía intravenosa. Para evitar un enfriamiento excesivo, se debe suspender el enfriamiento cuando la temperatura corporal se haya reducido hasta unos 39 °C.

Las convulsiones o el coma pueden también necesitar tratamiento. Donde mejor se trata una insolación es en la unidad de cuidados intensivos de un hospital. Tras la recuperación, la temperatura corporal puede fluctuar de forma anormal durante semanas. El cerebro puede no recuperarse del todo, y producir en la persona afectada cambios de personalidad, torpeza o falta de coordinación.

CAPÍTULO 291

Lesiones causadas por el frío

La piel y los tejidos que se encuentran bajo la misma se mantienen a una temperatura constante (aproximadamente 37 °C) por medio de la circulación sanguínea. La sangre obtiene su calor principalmente de la energía que liberan las células cuando queman (metabolizan) alimentos, un proceso que requiere un aporte estable de alimentos y de oxígeno. Para el correcto funcionamiento de todas las células y los tejidos del organismo es necesario que el cuerpo mantenga una temperatura normal. En una persona con una temperatura corporal baja, la mayoría de los órganos, en especial el corazón y el cerebro, se entorpecen y finalmente dejan de trabajar.

La temperatura corporal desciende cuando la piel se expone a un ambiente más frío. En respuesta a ello, el organismo utiliza varios mecanismos protectores para generar calor adicional. Por ejemplo, los músculos producen calor a través de los escalofríos. Los pequeños vasos sanguíneos que se encuentran en la piel se estrechan (constriñen) para desviar más sangre hacia órganos vitales, como el corazón y el cerebro. Sin embargo, al ser menor la cantidad de sangre caliente que llega a la piel, se enfrían con mayor rapidez las zonas del cuerpo como los dedos de manos y pies, las orejas y la nariz. Si la temperatura corporal desciende muy por debajo de los 31 °C, estos mecanismos protectores dejan de trabajar y el organismo no puede volver a calentarse. Si la temperatura corporal desciende por debajo de los 28 °C, es probable que sobrevenga la muerte.

No suelen producirse lesiones debidas al frío, ni siquiera en climas extremadamente fríos, si la piel, los dedos de manos y pies, las orejas y la nariz están bien protegidos o quedan expuestos muy brevemente al frío. El riesgo de sufrir lesiones por frío aumenta cuando queda impedida la circulación sanguínea, cuando el consumo de alimentos es inadecuado o cuando la cantidad de oxígeno es insuficiente, como ocurre en las grandes altitudes.

Mantenerse caliente en un entorno frío requiere varias capas de ropaje, preferiblemente de lana o fibras sintéticas como el polipropileno porque estos materiales aíslan incluso cuando están mojados. Como el cuerpo pierde una gran cantidad de calor por la cabeza, es fundamental usar un sombrero que abrigue. También es útil comer suficiente y beber suficientes líquidos (en especial líquidos calientes). Los alimentos proporcionan combustible para ser quemado y los líquidos calientes suministran directamente calor y previenen la deshidratación. Deben evitarse las bebidas alcohólicas porque el alcohol ensancha (dilata) los vasos sanguíneos que se encuentran en la piel, lo cual hace que el cuerpo se sienta temporalmente caliente, pero en realidad causa una mayor pérdida de calor.

Las lesiones provocadas por el frío comprenden hipotermia, sabañones, pie de inmersión y congelación. Otros problemas relacionados con el frío incluyen la enfermedad de Raynaud, el fenómeno de Raynaud ● *(v. pág. 272)* y las reacciones alérgicas al frío ● *(v. pág. 1280).*

■ Hipotermia

La hipotermia consiste en una temperatura corporal peligrosamente baja.

La hipotermia se produce cuando el organismo pierde más calor del que puede producir al aumentar el metabolismo (a través del ejercicio) o al aumentar el calentamiento a partir de fuentes externas, como una fogata o el sol. El viento acrecienta la pérdida de calor, lo mismo ocurre al sentarse o acostarse sobre una superficie fría o al estar sumergido en agua. Una inmersión rápida en aguas muy frías puede causar hipotermia mortal en 5-15 minutos. Sin embargo, algunas personas, en su mayoría lactantes, han sobrevivido hasta una hora completamente sumergidos en agua helada. El *shock* desconecta todos los sistemas, de modo que protege esencialmente el organismo. La hipotermia puede también sobrevenir después de una exposición prolongada a agua moderadamente fría.

Las personas con mayor riesgo son aquellas que están acostadas inmóviles en un ambiente frío, como las que han tenido un accidente vascular cerebral o las que han perdido el conocimiento como consecuencia de una intoxicación o una lesión. Puesto que no se mueven, estas personas generan menos calor y también son incapaces de alejarse del ambiente frío. Dichas personas corren riesgo de hipotermia incluso cuando la temperatura circundante no sea excesivamente fría (13 °C o 16 °C). Los muy jóvenes y los ancianos están sometidos a un riesgo especial. Las personas de esos grupos de edad con frecuencia no tienen una compensación para el frío tan buena como los adultos jóvenes y dependen de otros para prever sus necesidades y mantenerlos calientes. Es bastante frecuente que las personas muy ancianas sufran hipotermia por estar sentadas inmóviles en una habitación fría durante horas. Los lactantes pierden rápidamente el calor corporal y son particularmente propensos a la hipotermia.

➤ Síntomas

Los síntomas de la hipotermia suelen manifestarse de forma tan gradual que ni la propia persona ni los demás perciben lo que está sucediendo. Los síntomas iniciales incluyen escalofríos intensos y rechinamiento de los dientes. A medida que desciende más la temperatura corporal, los escalofríos cesan y los movimientos se vuelven lentos y torpes, se prolonga el tiempo de reacción, el pensamiento está nublado y el juicio es deficiente. La persona puede caerse, deambular sin rumbo o simplemente acostarse para descansar. Si la temperatura corporal sigue bajando, cesan los escalofríos, lo cual es un mal presagio. En este momento, la persona se vuelve más inactiva y cae en estado de coma. Las frecuencias cardíaca y respiratoria se vuelven más lentas y débiles. Finalmente, el corazón se detiene.

Cuanto menor sea la temperatura corporal, mayor será el riesgo de muerte. La muerte puede ocurrir a temperaturas corporales inferiores a 31 °C, pero es más probable que ocurra por debajo de 28 °C.

➤ Diagnóstico y tratamiento

Se diagnostica una hipotermia al medir la temperatura corporal, habitualmente con un termómetro rectal. Los termómetros convencionales no registran temperaturas por debajo de los 35 °C, por ello son necesarios termómetros especiales para medir las temperaturas en caso de hipotermia grave.

En las primeras fases, ponerse ropa seca y cálida o ingerir bebidas calientes pueden propiciar la recuperación. Si la persona se encuentra inconsciente, se evitará que siga perdiendo calor al envolverla en una manta seca y abrigada y, en la medida de lo posible, llevarla a un lugar cálido mientras se prepara su traslado inmediato a un hospital. A menudo, no se puede sentir el pulso ni se oyen los latidos cardíacos, aunque el corazón pueda estar latiendo débilmente. Debe moverse a la persona con suavidad porque un golpe brusco podría producirle un ritmo cardíaco irregular (arritmia) que podría resultar mortal. Por esta razón, si la persona parece estar respirando, incluso muy ligeramente, no se recomienda realizar la reanimación cardiopulmonar (RCP) fuera de un hospital. Puesto que para las personas no preparadas presenta una gran dificultad el poder detectar respiraciones y latidos cardíacos poco perceptibles, algunos médicos no recomiendan la RCP fuera de un hospital para una persona con hipotermia.

En el hospital se calienta a la persona con oxígeno caldeado y con líquidos templados por vía intravenosa o pasados dentro de las cavidades abdominal o torácica a través de sondas de plástico que se insertan en dichas áreas. Además, es posible calentar la sangre mediante un proceso de hemodiálisis (en que se bombea la sangre hacia el exterior del cuerpo, se pasa por un filtro con un sistema de calentamiento y se retorna de nuevo al cuerpo) o con una máquina cardiopulmonar (que bombea la sangre fuera del cuerpo, la calienta, le añade oxígeno y luego permite el retorno de la sangre al cuerpo).

Dado que algunas personas con hipotermia se han recuperado a pesar de haber llegado al hospital sin signos de vida, los médicos suelen proseguir con los esfuerzos de reanimación hasta haber logrado calentar a la persona, aunque todavía no manifieste signos de vida.

■ Lesiones tisulares exentas de congelación

Dentro de las lesiones de los tejidos exentas de congelación, se encuentran las de algunas partes de la piel que se enfrían pero no se congelan.

Las lesiones tisulares sin congelación incluyen mordedura de frío, pie de inmersión y sabañones.

La **mordedura de frío** es una lesión producida por el frío en la que las zonas enfriadas de la piel presentan entumecimiento, hinchazón y rubor. El único tratamiento necesario consiste en calentar la zona durante algunos minutos. Durante el calentamiento, la zona puede doler o picar intensamente. No se producen daños permanentes, aunque a veces la zona permanece particularmente sensible al frío durante los meses o años posteriores.

El **pie de inmersión** (enfermedad de los pies semejante a los sabañones, causada por el frío y la humedad) es una lesión producida por el frío que tiene lugar cuando un pie permanece húmedo y frío envuelto en calcetines o botas durante varios días. El pie se vuelve pálido, pegajoso y frío. Después del calentamiento, el pie se enrojece y es doloroso al tacto. A veces se forman ampollas, que pueden infectarse. El tratamiento consiste principalmente en calentar, secar y limpiar el pie con suavidad; elevarlo, y mantenerlo seco y caliente. Algunos médicos administran antibióticos para prevenir las infecciones. En caso de no estar vigente la inmunización del paciente, se debe aplicar una dosis de refuerzo de la vacuna antitetánica. Aunque sea raro, este tipo de lesión se produce también en las manos. A menudo, es posible prevenir el pie de inmersión mediante el cambio de calcetines y el secado de los pies, al menos, a diario.

Los **sabañones** (pernios) son una reacción poco frecuente que puede ocurrir debido a una exposición repetida al frío. Los síntomas incluyen picor, dolor y, en casos raros, zonas descoloridas o ampollas sobre la parte afectada (habitualmente la pierna). La situación es molesta y recurrente, pero nada grave. El mejor tratamiento consiste en prevenir una exposición al frío. El fármaco nifedipina, ingerido por vía oral, a veces alivia los síntomas.

■ Congelación

La congelación es una lesión producida por el frío en la que una zona del cuerpo resulta congelada.

La lesión causada por la congelación es consecuencia de una combinación de factores. La congelación destruye algunas células, otras sobreviven. Debido al estrechamiento o constricción de los vasos sanguíneos que causa el frío, el tejido próximo a la zona congelada, a pesar de no estar congelado, puede resultar dañado por efecto de una reducción de la circulación sanguínea. A veces el frío también causa coágulos sanguíneos en los pequeños vasos sanguíneos del tejido. Estos coágulos pueden limitar la circulación sanguínea, hasta tal punto que el tejido muere. Cuando la circulación sanguínea vuelve a la zona afectada, los tejidos dañados liberan cierto número de sustancias químicas que promueven la inflama-

ción; la inflamación empeora la lesión causada por el frío. Además, a medida que el tejido congelado se calienta, se liberan sustancias tóxicas en la circulación sanguínea. Estas toxinas pueden causar un ritmo cardíaco irregular (arritmias). Por lo tanto, se controla la función cardíaca y los valores en sangre de estas toxinas.

La exposición a temperaturas por debajo del grado de congelación supone un riesgo de congelación para cualquier parte del cuerpo. El riesgo de una lesión por congelación dependerá del grado de enfriamiento y del tiempo de exposición de esa parte del cuerpo. Las personas sujetas a un mayor riesgo de presentar congelación son aquellas que tengan mala circulación causada por diabetes o arteriosclerosis, espasmo de los vasos sanguíneos (que puede ser causado por tabaquismo, algunos trastornos neurológicos o ciertos fármacos) o una constricción de la circulación sanguínea debida al uso de botas o guantes demasiado apretados. Las partes más vulnerables son las manos, los pies y la cara cuando están expuestos al frío. El contacto con la humedad o el metal acelera la congelación y es particularmente peligroso.

➤ Síntomas

Los síntomas varían con la profundidad y la cantidad de tejido congelado. Una congelación superficial resulta en un parche blanco de piel que se desprenderá después del calentamiento. Una congelación ligeramente más profunda causa ampollas y la hinchazón de la zona afectada. Una congelación aún más profunda produce una sensación en la extremidad de insensibilidad, enfriamiento y endurecimiento. La zona está pálida y fría. A menudo, aparecen ampollas. Las ampollas llenas de un líquido claro indican un daño menor en comparación con las ampollas llenas de líquido sanguinolento.

La extremidad puede volverse gris y blanda (gangrena húmeda). Cuando aparece una gangrena húmeda, en muchos casos hay que amputar la extremidad. Es más frecuente que la zona se vuelva negra y apergaminada (gangrena seca).

➤ Diagnóstico y tratamiento

La congelación se diagnostica por su aspecto típico y porque tiene lugar tras una exposición al frío significativa.

Una persona que presente congelación debe ser cubierta con una manta de abrigo y recibir una bebida caliente, porque la gente con congelación puede también sufrir hipotermia. En cuanto a la zona congelada, ésta debe calentarse cuanto antes sumergiéndola en agua no más caliente de la que pueda tolerar cómodamente el asistente (de 37,8 a 40 °C). Frotar la zona (especialmente con nieve) lleva a una lesión adicional del tejido. Puesto que la zona está insensible, no hay que calentar frente a una hoguera ni con una almohadilla o manta eléctrica. La zona congelada se vuelve muy dolorosa durante el calentamiento; por ello puede ser necesario inyectar un analgésico opiáceo. No hay que reventar las ampollas, y si se revientan, se deben cubrir con ungüento antibiótico.

Es más perjudicial someter el tejido al deshielo y a una nueva congelación que dejar que el tejido permanezca congelado. Así pues, si una persona con congelación debe ser reexpuesta a condiciones de congelación, en particular si tiene que andar con los pies congelados, el tejido no se debe someter al deshielo. Los pies que han sido deshelados son más vulnerables a sufrir daños al caminar. Si la persona debe andar con los pies congelados para buscar ayuda, debe prestar gran atención a proteger el tejido lesionado de cualquier frotamiento, constricción o daño adicional.

Una vez que se haya calentado el tejido, la zona congelada se debe lavar cuidadosamente, secar y envolver con vendas estériles y mantenerse meticulosamente limpia para prevenir infecciones. Para aliviar la inflamación, son útiles los fármacos antiinflamatorios, como el ibuprofeno por vía oral, o la aplicación tópica de gel de aloe vera. Una infección requiere el tratamiento con antibióticos, aunque algunos médicos administran antibióticos a toda persona con congelación profunda. También se utilizan fármacos administrados por vía intravenosa, como dextrano de peso molecular bajo, heparina o fenoxibenzamina, para mejorar la circulación hacia la zona afectada, aunque estas formas de tratamiento son beneficiosas sólo durante los primeros días después de la lesión.

La mayor parte de las personas se recuperan lentamente al cabo de varios meses, aunque, en ciertos casos, es necesario recurrir a la amputación para extirpar los tejidos muertos. Puesto que las zonas congeladas pueden aparentar mayor extensión y gravedad al principio que semanas o meses más tarde, la decisión de amputar suele posponerse hasta que la zona haya tenido tiempo para curarse.

CAPÍTULO 292

Lesiones causadas por la radiación

Las lesiones por radiación son el daño producido en los tejidos a causa de una exposición a radiaciones.

En general, la radiación se refiere a ondas electromagnéticas de elevada energía (radiografías, rayos gamma) o partículas (partículas alfa, partículas beta, neutrones). La radiación está emitida por sustancias radiactivas (radioisótopos), como uranio, radón y plutonio. La radiación es también producida por fuentes creadas por el hombre, como máquinas de radiografías y de radioterapia.

La dosis de radiación se mide según varias unidades diferentes, pero todas están relacionadas con la cantidad de energía depositada. Las unidades incluyen el roentgen (R), el gray (Gy) y el sievert (Sv). El sievert y el gray son similares, excepto

en que el sievert toma en consideración los efectos biológicos de diferentes tipos de radiación.

Los dos principales tipos de exposición a la radiación son la irradiación y la contaminación. Numerosos accidentes por radiación exponen a una persona a ambos.

La **irradiación** es la exposición a ondas de radiación que pasan directamente a través del organismo desde el exterior. La irradiación puede hacer que una persona enferme inmediatamente (enfermedad por radiación aguda). Además, la irradiación, especialmente en dosis elevadas, puede lesionar el material genético (ADN) de la persona y causar así trastornos crónicos (retardados), como el cáncer y defectos de nacimiento. Sin embargo, la irradiación no hace que la persona ni sus tejidos sean radiactivos.

La **contaminación** es el contacto y la retención de un material radiactivo, típicamente en forma de polvo o líquido. El material radiactivo puede quedarse sobre la piel, de donde puede desprenderse o ser eliminado, y contaminar a otras personas y objetos. El material también puede ser absorbido por el organismo a través de los pulmones, del aparato digestivo o de grietas en la piel. El material absorbido es transportado hasta lugares diversos del organismo, como la médula ósea, donde continúa liberando radiación. Esta radiación interna no es causa de una enfermedad por radiación aguda, pero puede producir trastornos crónicos como el cáncer.

➤ Causas

La población está constantemente expuesta a bajos niveles de radiación natural (radiación de fondo). La radiación proviene del espacio exterior (radiación cósmica), aunque la atmósfera de la Tierra bloquea una gran parte de ella. La exposición a la radiación cósmica es mayor para las personas que viven a gran altitud. Los elementos radiactivos, especialmente el gas radón, también se encuentran en muchas piedras y minerales. Estos elementos terminan incluidos en distintas sustancias, entre otras, los alimentos y materiales de construcción. La exposición al radón tiene mayor riesgo en los sótanos, debido a su proximidad con el suelo. Además, la población está expuesta a la radiación de fuentes creadas por el hombre, entre las cuales se incluyen la radiación ambiental como consecuencia de las pruebas de armas nucleares y la radiación de diversas pruebas y tratamientos médicos. Una persona normal recibe un total de aproximadamente 3-4 mSv (1 mSv = 1/1 000 Sv) por año a partir de las radiaciones naturales y de las fuentes creadas por el hombre. Las personas que trabajan con productos radiactivos naturales y con fuentes de rayos X están sometidas a un riesgo de exposición a niveles más elevados de radiación. Las personas que reciben tratamientos de radiación para el cáncer pueden recibir niveles muy altos de radiación.

Rara vez se ha liberado radiación de las plantas de energía nuclear, como la planta de Three Mile Island en Pensilvania (Estados Unidos) en 1979 y la de Chernobyl (Ucrania) en 1986. El accidente de Three Mile Island no provocó una mayor exposición radiactiva; de hecho, cualquiera que viviera a 1,6 km de la planta recibió tan sólo una radiación adicional de aproximadamente 0,08 mSv. Sin embargo, las personas que vivían cerca de la planta de Chernobyl estuvieron expuestas a más o menos 430 mSv de radiación. Más de treinta personas murieron, muchas otras sufrieron heridas y la radiación de ese accidente alcanzó otras partes de Europa, Asia y América del Norte. En total, la exposición a la radiación generada por reactores en los primeros cuarenta años de uso de la energía nuclear, sin incluir Chernobyl, ha resultado en 35 exposiciones graves con diez muertos, aunque ningún caso se asoció a las plantas de energía.

Las armas nucleares liberan cantidades masivas de radiación. Estas armas no han sido utilizadas contra las personas desde 1945. No obstante, cierto número de naciones poseen ahora armas nucleares y varios grupos terroristas también han intentado obtenerlas, lo cual incrementa la posibilidad de una nueva utilización de estas armas.

Los efectos perjudiciales de la radiación dependen de varios factores, que incluyen la cantidad (dosis) y la duración de la exposición. Una única dosis rápida de radiación por todo el cuerpo puede ser mortal, pero la misma dosis total aplicada en un plazo de semanas o meses puede producir efectos mucho menores. Para una determinada dosis, es más probable que se produzca daño genético si la exposición es rápida. Los efectos de la radiación también dependen del porcentaje del cuerpo que resulte expuesto. Por ejemplo, más de seis Gy causan generalmente la muerte cuando la radiación se distribuye por todo el organismo; sin embargo, cuando ésta se concentra en una pequeña zona, como sucede en la radioterapia contra el cáncer, puede administrarse 3 o 4 veces esta cantidad sin provocar un daño grave.

También es importante la distribución de la radiación, porque ciertas partes del cuerpo son más sensibles que otras. Los órganos y los tejidos en que las células se multiplican rápidamente, como el intestino y la médula ósea, resultan más dañados por la radiación que los tejidos cuyas células se multiplican más lentamente, como los músculos y los tendones. El material genético del esperma y los óvulos puede resultar dañado por la radiación. Durante la radioterapia contra el cáncer se hace todo lo posible por proteger las partes más vulnerables del organismo con el fin de poder aportar dosis más elevadas al propio cáncer.

➤ Síntomas

La exposición a la radiación produce dos tipos de lesiones: agudas (inmediatas) y crónicas (retardadas). La radioterapia para el cáncer principalmente produce síntomas en la parte del cuerpo que recibe la radiación. Por ejemplo, en la radioterapia de cáncer rectal son comunes los retortijones y la diarrea debidos a los efectos de la radiación sobre el intestino delgado.

La **enfermedad por radiación aguda** suele producirse en personas cuyo cuerpo entero ha estado expuesto a la radiación. La enfermedad por radiación aguda evoluciona a través de varios estadios, comenzando con los primeros síntomas (pródromos) y seguida de un período libre de síntomas (estadio latente). Siguen diversos síndromes (conjuntos de síntomas), en función de la cantidad de radiación que haya recibido la persona. Cuanto mayor sea la cantidad de radiación, más importantes serán los síntomas y más rápida será la progresión desde los primeros síntomas al síndrome actual. Los síntomas y el transcurso del tiempo coinciden de una persona a otra según una determinada cantidad de exposición a la radiación. Se puede predecir la exposición a la radiación de una persona según el momento de aparición y el tiempo y la naturaleza de los síntomas. Los síndromes por radiación aguda se dividen en tres grupos, según el principal sistema orgánico afectado, aunque estos grupos se solapan.

El **síndrome hematopoyético** está causado por los efectos de la radiación sobre la médula ósea, el bazo y los ganglios linfáticos, que son los principales centros de producción de células sanguíneas (hematopoyesis). La pérdida de apetito (anorexia), el letargo, las náuseas y los vómitos comienzan entre 2 y 12 horas después de la exposición a dos Gy o más de radiación. Estos síntomas se resuelven de 24 a 36 horas después de la exposición y la persona se siente bien durante una semana o más. Durante ese período libre de síntomas, las células productoras de sangre de la médula ósea, bazo y ganglios linfáticos comienzan a desgastarse y no son reemplazadas, lo cual da lugar a una grave insuficiencia de leucocitos, seguida de escasez de plaquetas y, más adelante, de eritrocitos. La insuficiencia de glóbulos blancos puede conducir a infecciones graves. La escasez de plaquetas puede ocasionar una hemorragia incontrolable. La insuficiencia de glóbulos rojos (anemia) causa fatiga, debilidad, palidez y dificulta la respiración en el esfuerzo físico. Tras 4-5 semanas, si la persona sobrevive, las células sanguíneas empiezan a producirse, pero la persona se siente débil y fatigada durante meses.

El **síndrome gastrointestinal** es debido a los efectos de la radiación sobre las células que revisten el aparato digestivo. Las náuseas graves, los vómitos y la diarrea empiezan entre 2 y 12 horas después de la exposición a cuatro Gy o más de radiación. Los síntomas pueden llevar a deshidratación grave, pero se resuelven al cabo de dos días. Durante los siguientes 4 o 5 días, la persona se siente bien, pero las células que revisten el aparato digestivo, que normalmente actúan como una barrera protectora, mueren y son excretadas. Tras este período vuelve a producirse diarrea, a menudo sanguinolenta, lo cual tiene como consecuencia, una vez más, una deshidratación. Las bacterias del aparato digestivo invaden el organismo, y causan infecciones graves. Quienes han recibido tal cantidad de radiación también sufren síndrome hematopoyético, que resulta en hemorragia e infección, y aumenta su riesgo de muerte.

El **síndrome cerebrovascular** se produce cuando la dosis total de radiación supera los 20-30 Gy. La persona manifiesta rápidamente confusión, náuseas, vómitos, diarrea sanguinolenta y *shock*. En unas horas se produce un descenso de la presión arterial, acompañado de convulsiones y coma. El síndrome cerebrovascular es siempre mortal.

Los **efectos crónicos de la radiación** son consecuencia del daño al material genético de las células que se multiplican. Estas alteraciones pueden causar anomalías en el crecimiento celular, como el cáncer. En los animales irradiados de gravedad, se ha demostrado que el daño a las células reproductoras da lugar a una prole defectuosa (anomalías de nacimiento). Sin embargo, no se han observado deformidades resultantes de la irradiación en la progenie de supervivientes de las detonaciones nucleares en Japón. Puede ser que la exposición a radiación por debajo de un cierto grado -que se desconoce- no altere el material genético lo suficiente como para causar defectos de nacimiento.

La **radioterapia para el cáncer** puede ser interna o externa. En el tratamiento interno se implantan directamente en el cáncer unas pequeñas granulaciones de material radiactivo. En el tratamiento externo, se transmite un haz de radiación a través del cuerpo de la persona hasta el cáncer.

La radioterapia externa para el cáncer produce cierto número de síntomas, en función de la cantidad de radiación y de la zona del cuerpo en tratamiento. Pueden sobrevenir náuseas, vómitos y pérdida de apetito durante una irradiación en el cerebro o el abdomen o poco después de ella. Una cantidad importante de radiación sobre una zona limitada del cuerpo a menudo lesiona la piel que recubre esa zona. Las alteraciones cutáneas incluyen caída del cabello, enrojecimiento, descamación, úlceras y, finalmente, adelgazamiento de la piel y dilatación de los vasos sanguíneos justo debajo de la superficie de la piel (venas en forma de araña). Estos cambios aumentan la probabilidad de cáncer cutáneo años más tarde. La radiación hacia la boca y la mandíbula puede causar sequedad permanente en la boca, lo cual tiene como resultado un mayor número de caries dentales y lesiones de la mandíbula. En tal caso pueden aparecer bolsas de infección llenas de pus (abscesos). La radiación sobre los pulmones puede causar inflamación de los mismos (neumonitis por radiación) y, en una gran dosis, graves cicatrizaciones (fibrosis) en el tejido pulmonar, lo cual puede ser mortal. El corazón y su envoltura protectora (pericardio) pueden inflamarse tras una radiación extensa sobre el esternón y el tórax. Elevadas dosis de radiación acumuladas en la columna vertebral pueden causar un daño gravísimo y acabar en parálisis. La radiación extensa sobre el abdomen (contra el cáncer de ganglios linfáticos, testículos u ovarios) puede causar úlceras crónicas, cicatrización y perforación intestinal.

Una exposición prolongada o repetida a bajas dosis de radiación a partir de implantes radiactivos o debida a un trabajo relacionado (como sucede con algunos asistentes sanitarios) puede causar interrupción de la menstruación (amenorrea) en las mujeres, disminución de la fertilidad o esterilidad y disminución del deseo sexual (libido).

En ocasiones aparecen lesiones graves mucho después de haberse finalizado la radioterapia. Puede haber un decaimiento de la función renal entre seis meses y un año después de que la persona haya recibido una cantidad extremadamente elevada de radiación, lo cual provocaría anemia y presión arterial alta. La acumulación de grandes dosis de radiación en los músculos puede causar una enfermedad dolorosa que incluye debilitamiento muscular (atrofia) y formación de depósitos de calcio en el músculo irradiado. En muy pocas ocasiones estos cambios provocan un tumor muscular canceroso (maligno). Los cánceres inducidos por radiación se producen típicamente a los diez años o más de la exposición.

➤ Diagnóstico

La exposición a la radiación es generalmente obvia a partir de la historia clínica.

Se sospecha una lesión por radiación cuando una persona comienza a enfermar tras haber sido sometida a radioterapia o después de haber estado expuesta a una radiación accidental. No se dispone de pruebas específicas para diagnosticar la enfermedad, aunque pueden emplearse ciertas pruebas para detectar infecciones, un recuento sanguíneo insuficiente o el malfuncionamiento de un órgano. Para determinar la gravedad de una exposición a radiación, se mide el número de linfocitos (un tipo de glóbulos blancos) en sangre. Cuanto menor sea el recuento de linfocitos a las 48 horas de la exposición, peor habrá sido la exposición a radiación.

La contaminación radiactiva, a diferencia de la irradiación, puede ser determinada por medio de una inspección del cuerpo de la persona con un contador Geiger, un aparato que detecta la radiación. También se efectúa un control de señales de radiactividad a partir de torundas de la nariz, la garganta y de cualquier herida.

➤ Pronóstico y tratamiento

El pronóstico depende de la dosis, la frecuencia de la dosis (con qué rapidez se ha producido la exposición) y su distribución sobre el cuerpo, al igual que del estado subyacente de salud de la persona. En general, la mayoría de las personas que hayan recibido más de seis Gy de radiación a la vez mueren. Puesto que es improbable que los médicos conozcan la cantidad medida de radiación que una persona ha recibido, ellos por lo general juzgan el desenlace por los síntomas que presente la persona. El síndrome cerebrovascular es mortal en un período de tiempo que oscila entre horas y pocos días. El síndrome gastrointestinal es generalmente mortal en un lapso de 3 a 10 días, aunque algunas personas sobreviven durante unas semanas. Muchas personas que reciben la asistencia médica adecuada sobreviven al síndrome hematopoyético, según su cantidad total de radiación; aquellos que no sobreviven por lo general mueren después de 8-50 días.

La irradiación no tiene un tratamiento de urgencia, pero se puede controlar cuidadosamente a la persona en cuanto a la aparición de los diversos síndromes y tratar los síntomas a medida que surgen.

La contaminación requiere una eliminación inmediata del material radiactivo para prevenir que sea absorbido por el organismo. La piel contaminada por materiales radiactivos debe lavarse de inmediato restregándola con muy abundante agua y jabón o con una solución específicamente fabricada para tal fin, en caso de que se disponga de ella. Cualquier herida, por pequeña que sea, debe limpiarse enérgicamente para eliminar toda partícula radiactiva, aunque el hecho de restregar produzca dolor. El cabello contaminado se debe recortar, pero no afeitar, porque un rasurado puede ser abrasivo para la piel y permitir que la contaminación penetre en el organismo. Se debe continuar la limpieza hasta que el contador Geiger muestre que la radiactividad ha desaparecido. Si la persona ha tragado recientemente material radiactivo, debe provocarse el vómito. Algunos materiales radiactivos tienen antídotos específicos que pueden prevenir la absorción del material tragado. La mayoría de tales antídotos sólo se administran a las personas expuestas a una contaminación radiactiva significativa, como la debida al accidente de un reactor o a una explosión nuclear. El yoduro de potasio impide que la glándula tiroides absorba el yodo radiactivo y disminuye el riesgo de cáncer de tiroides. Algunas otras sustancias -como el ácido pentético, el ácido etilendiaminotetraacético y la penicilamina- pueden ser administrados por vía intravenosa con el fin de eliminar ciertos elementos radiactivos después de absorbidos.

Cuando no se sospecha de contaminación, se pueden reducir las náuseas y los vómitos mediante la administración de fármacos para prevenir el vómito (antieméticos); esos fármacos se administran de forma sistemática a las personas sometidas a radioterapia. La deshidratación se trata con sueros administrados por vía intravenosa.

Las personas con síndrome gastrointestinal o hematopoyético se mantienen aisladas con el objeto de que no entren en contacto con microorganismos infecciosos. Para disminuir la hemorragia y aumentar el recuento sanguíneo, se realizan transfusiones de sangre y se administran inyecciones de factores de crecimiento -como eritropoyetina y factor estimulante de colonias-, que estimulan la producción de sangre. Si la médula ósea está gravemente dañada, estos factores de crecimiento son ineficaces y a veces se practica un trasplante de médula ósea, aunque el índice de éxito es bajo.

Las personas con síndrome gastrointestinal necesitan antieméticos, líquidos por vía intravenosa y sedantes. Algunas personas pueden ser capaces de comer una dieta blanda. Se administran antibióticos, como neomicina, por vía oral para matar las bacterias del intestino que pueden invadir el organismo. Cuando sea necesario, también se pueden administrar los antibióticos, al igual que los antimicóticos y los fármacos antivíricos, por vía intravenosa.

El tratamiento para el síndrome cerebrovascular está dirigido a proporcionar bienestar aliviando el dolor, la ansiedad y las dificultades respiratorias. Se administran fármacos para controlar las convulsiones.

Las personas con efectos crónicos por radiación o trastornos causados por la radioterapia reciben un tratamiento dirigido a aliviar los síntomas. Las llagas o úlceras se pueden extirpar o reparar quirúrgicamente y es posible contribuir a su curación mediante el uso de terapia con oxígeno de alta presión (hiperbárico). La leucemia inducida por radiación se trata con quimioterapia. Las células sanguíneas se reponen a través de transfusiones. Ningún tratamiento puede revertir la esterilidad, pero las anomalías en el funcionamiento ovárico y testicular que producen bajas concentraciones de hormonas sexuales pueden tratarse con hormonas de sustitución. Los investigadores están explorando en la actualidad formas para prevenir o reducir la lesión de tejidos normales inducida por radiación utilizando citocinas, factores de crecimiento y otras terapias diversas. Se ha demostrado que la amifostina disminuye la gravedad de la boca seca (xerostomía) en las personas con cáncer de cabeza y cuello tratados con radioterapia.

CAPÍTULO 293

Lesiones causadas por electricidad y rayos

Las lesiones pueden ser consecuencia de la electricidad atmosférica espontánea (lesiones por rayo) o de la electricidad generada, como la corriente eléctrica doméstica o industrial (lesiones por electricidad). La corriente eléctrica que pasa a través del cuerpo genera calor, que quema y destruye los tejidos. Las quemaduras pueden afectar tanto a los tejidos internos como a la piel. Una descarga eléctrica puede producir un cortocircuito en los sistemas eléctricos propios del organismo, y hacer que se detenga la transmisión de impulsos por parte de los nervios o que éstos transmitan impulsos erráticamente. La transmisión de impulsos nerviosos anormales puede afectar a los músculos y ocasionar así una contracción muscular violenta; puede afectar al corazón y hacer que deje de latir (paro cardíaco), o al cerebro y provocar ataques epilépticos, pérdida de conocimiento u otras anomalías.

■ Lesiones por electricidad

Una lesión por corriente eléctrica se produce cuando una corriente pasa a través del cuerpo y afecta al funcionamiento de un órgano interno o, a veces, quema el tejido.

Una lesión por electricidad puede ser consecuencia del contacto con maquinaria o aparatos eléctricos defectuosos, o por un contacto inadvertido con el cableado doméstico o con líneas eléctricas. Las lesiones por electricidad pueden también producirse a partir de los rayos ● *(v. pág. 1974)*. La gravedad de la lesión oscila de leve a mortal y está determinada por la intensidad, el tipo, el recorrido de la corriente a través del cuerpo, la duración de la exposición y la resistencia eléctrica a la corriente.

La intensidad de la corriente se mide en voltios. El voltaje habitual de la corriente doméstica suele ser de 110 a 220 V. Cualquier corriente superior a 500 V está considerada como alto voltaje, o alta tensión. Un alto voltaje puede saltar (arco) por el aire desde 2,5 cm hasta algunos metros, en función del voltaje. De este modo, una persona puede resultar lesionada simplemente por acercarse demasiado a una línea de alto voltaje. El alto voltaje causa lesiones más graves que

el bajo voltaje y es más probable que produzca una lesión interna. Puede aparecer daño renal cuando un alto voltaje quema gran cantidad de músculo, el cual libera un producto químico en la sangre (rabdomiólisis) ● *(v. pág. 1958)*.

La corriente eléctrica está calificada como corriente continua (CC) o corriente alterna (CA). La corriente continua, como la generada por baterías, fluye constantemente en la misma dirección. La corriente alterna, como la corriente disponible en el hogar a través de los enchufes de la pared, cambia periódicamente de dirección. La corriente alterna, que es la utilizada en la mayoría de los hogares, es más peligrosa que la corriente continua. La corriente continua tiende a causar una sola contracción muscular, a menudo lo bastante intensa para apartar bruscamente a la persona de la fuente de electricidad. La corriente alterna causa contracción muscular continuada que a menudo impide que se pueda soltar la sujeción a la fuente de electricidad. Como resultado de ello, la exposición puede ser prolongada. Incluso una cantidad reducida de corriente alterna, apenas la suficiente para que se sienta una leve descarga, puede hacer que la persona siga agarrada sin poderse soltar. Un poco más de corriente alterna puede causar contracción de los músculos pectorales, que impide respirar. Más corriente puede causar ritmos cardíacos mortales.

El recorrido que realiza la corriente a través del cuerpo determina qué tejidos están afectados. La mano es el punto de entrada más frecuente de la electricidad; el segundo más frecuente es la cabeza. El punto de salida más frecuente es el pie. Una corriente que viaja de brazo a brazo o de brazo a pierna puede atravesar el corazón, por lo que es mucho más peligrosa que la corriente que viaja de una pierna al suelo. Una corriente que viaja a través de la cabeza puede afectar al cerebro.

Los tejidos difieren en cuanto a la susceptibilidad ante una lesión por electricidad. Por ejemplo, los nervios, los vasos sanguíneos y los músculos suelen resultar dañados con más facilidad que los huesos y los tendones. Es probable que una corriente que pase a través de una pierna o un brazo cause una mayor lesión interna que la misma corriente si pasa por el tronco.

La resistencia es la capacidad de impedir el flujo de electricidad. Casi toda la resistencia del cuerpo está concentrada en la piel. Cuanto más gruesa sea la piel, mayor será su resistencia. Una palma de la mano o una planta del pie gruesa y encallecida, por ejemplo, es mucho más resistente a la corriente eléctrica que una zona de piel fina, como la parte interna del brazo. La resistencia de la piel disminuye cuando está rota (por ejemplo, puncionada o raspada) o cuando está húmeda. Si la resistencia de la piel es alta, una mayor parte del daño será local, y causará sólo quemaduras cutáneas. Si la resistencia de la piel es baja, una mayor parte del daño afectará a los órganos internos. Igualmente, el daño será sobre todo interno si una persona que está mojada entra en contacto con una corriente eléctrica, por ejemplo, cuando un secador de pelo cae dentro de la bañera o cuando la persona pisa un charco que está en contacto con una línea eléctrica caída.

➤ Síntomas

A menudo, el síntoma principal de una lesión por electricidad es una quemadura en la piel ● *(v. pág. 1956)*, aunque no todas las lesiones por electricidad causan una lesión externa. Las lesiones por alto voltaje pueden causar quemaduras masivas internas. Si el daño muscular es extenso, una extremidad puede hincharse tanto que sus arterias queden comprimidas (síndrome de compartimiento ● *v. pág. 420*), de modo que se impide que el suministro de sangre llegue a la extremidad. Si una corriente viaja cerca de los ojos, puede dar lugar a cataratas, que pueden aparecer al cabo de días de la lesión o años más tarde.

Los bebés que muerden o chupan los cables alargadores pueden quemarse la boca y los labios. Estas quemaduras pueden ocasionar deformaciones en la cara y problemas de crecimiento de dientes, mandíbula y cara. Un peligro añadido es que se produzca una hemorragia grave de una arteria del labio cuando se desprende una costra del mismo, por lo general al cabo de 7-10 días después de la lesión.

Una descarga menor puede causar dolor muscular y desencadenar contracciones musculares leves o sobresaltar a la persona y provocar una caída. Las descargas graves pueden causar anomalías en el ritmo cardíaco que pueden no tener mayores consecuencias o ser inmediatamente mortales. El bombeo del corazón puede también quedar perjudicado. De igual modo, una descarga grave puede desencadenar contracciones musculares lo bastante potentes como para arrojar al suelo a la persona o para causarle una disloca-

ción de articulaciones, fracturas óseas y otras heridas por impacto.

Los nervios y el cerebro pueden resultar lesionados por varios mecanismos, lo cual provoca ataques epilépticos, hemorragias, falta de memoria a corto plazo, cambios de personalidad, irritabilidad o dificultad para conciliar el sueño. Las lesiones nerviosas en el organismo o en la médula espinal pueden causar debilidad, parálisis, entumecimiento, hormigueo, pérdida incontrolable de orina (incontinencia) y dolor crónico.

➤ Prevención

Son fundamentales la educación acerca de la electricidad y el respeto hacia ella. Asegurarse de que todos los aparatos eléctricos están correctamente diseñados e instalados y en buen estado de mantenimiento ayuda a prevenir las lesiones por electricidad tanto en el hogar como en el trabajo. El cableado eléctrico debe ser instalado por especialistas debidamente formados en este campo y se debe contar con su servicio.

Cualquier dispositivo eléctrico que pueda entrar en contacto con el cuerpo debe contar con una toma de tierra adecuada. Las tomas de corriente eléctrica de tres conductores son más seguras. Es peligroso eliminar por recorte la pieza inferior (toma de tierra) de un enchufe eléctrico con tres conductores (para permitir su ajuste a los enchufes antiguos de dos entradas) e incrementa las posibilidades de lesión por electricidad.

Deben evitarse las situaciones de peligro

En las zonas que se humedecen -como las cocinas, cuartos de baño y exterior de la vivienda- son recomendables los interruptores diferenciales que cortan el circuito cuando hay una fuga de corriente a partir de los cinco miliamperios.

Para evitar una lesión provocada por una corriente que salta (lesión por arco), no deben utilizarse escaleras cerca de líneas de alto voltaje.

➤ Tratamiento

Ante todo se debe separar a la persona de la fuente de electricidad. La manera más segura consiste en cortar la electricidad de inmediato, por ejemplo, accionando el interruptor diferencial o desenchufando el aparato de la toma de corriente. Nadie debe tocar a la persona hasta que se haya cortado la corriente, en particular si están implicadas líneas de alto voltaje. Es difícil distinguir las líneas de alto voltaje de las de bajo voltaje, o tensión, especialmente al aire libre. La compañía eléctrica local es la encargada de desconectar la corriente de las líneas de alta tensión. Muchas personas que con buena intención han intentado rescatar a alguien han acabado sufriendo lesiones por electricidad.

Una vez que se pueda tocar a la persona sin peligro, quien la rescate debe comprobar que respire y tenga pulso. Si la persona no respira ni tiene pulso, debe comenzarse de inmediato la reanimación cardiopulmonar (RCP) ● *(v. pág. 2004)*. Debe llamarse a la asistencia sanitaria de urgencias para cualquier lesión que sea algo más que leve. En el hospital, el médico examina a la persona en busca de fracturas, dislocaciones y lesiones de la médula espinal u otras. Las personas con rabdomiólisis reciben grandes cantidades de líquidos que contengan bicarbonato sódico, que se administran por vía intravenosa. Si es necesario, se aplica una vacuna antitetánica.

Puesto que la extensión de una quemadura eléctrica puede ser engañosa, debe procurarse la asistencia médica si existe cualquier duda con respecto a la gravedad.

Las quemaduras de la piel son tratadas con crema para quemaduras -como sulfadiacina de plata, bacitracina o aloe vera estéril- y vendajes estériles. Una persona con quemaduras de poca importancia en la piel puede ser tratada en el domicilio. Si la lesión es más grave, la persona ingresa en el hospital, en el mejor de los casos, en un centro para quemados. Se realiza un electrocardiograma (ECG) para controlar el funcionamiento del corazón y para detectar una posible

lesión cardíaca. Si los resultados del ECG son anormales o bien si la persona ha perdido el conocimiento, presenta síntomas de un problema de corazón -por ejemplo, dolor de pecho, ahogo, latidos notorios (palpitaciones)- o si tiene otras lesiones graves, se hospitalizará de 12 a 24 horas. Los bebés que han mordido o chupado un cable alargador deben ser remitidos a un ortodoncista, un cirujano oral o un cirujano especializado en quemaduras para su seguimiento asistencial.

■ Lesiones por rayos

Una lesión por rayo ocurre después de una breve exposición a una corriente eléctrica de gran intensidad de descarga.

El rayo descarga un pulso eléctrico masivo muy caliente en una fracción de milisegundo. La breve duración de la exposición con frecuencia limita la lesión a la capa exterior de la piel. Además, el rayo tiene muchas menos probabilidades de causar quemaduras internas en comparación con la electricidad generada. Sin embargo, puede matar a una persona al producir un cortocircuito instantáneo del corazón o del cerebro. Propuesta: "El rayo es una de las causas de muerte más frecuentes entre las relacionadas con las tormentas.

El rayo tiende a golpear objetos elevados, como árboles, torres, refugios, astas de bandera, gradas de instalaciones deportivas y vallas. En un campo abierto, una persona puede ser el objeto más elevado. Los objetos metálicos y el agua transmiten fácilmente la electricidad. La electricidad procedente del rayo puede viajar desde las líneas eléctricas o telefónicas del exterior hacia el equipo eléctrico o las líneas de teléfono del interior de una vivienda.

El rayo puede lesionar a una persona de varias maneras. Es posible que el rayo hiera a la persona directamente. Además, la electricidad puede alcanzar a una persona que está tocando un objeto que haya sido alcanzado o que se encuentre cerca del mismo. La corriente eléctrica puede también alcanzar a una persona a través del suelo. La descarga puede también arrojar a una persona, y causarle de ese modo heridas por impacto.

➤ Síntomas

Cuando una persona es alcanzada por un rayo, el corazón puede dejar de latir o empezar a latir erráticamente, y a menudo se interrumpe la respiración. El corazón puede volver a latir de nuevo por sí mismo, pero si no se ha reiniciado la respiración el organismo queda privado de oxígeno. La falta de oxígeno y, posiblemente, el daño causado en el sistema nervioso pueden hacer que el corazón cese nuevamente de latir.

Una lesión cerebral habitualmente causa una pérdida de conocimiento. Si el daño cerebral es grave, puede producirse el coma. Es habitual que cuando la persona despierte no recuerde lo sucedido antes de la lesión. La persona puede quedar confusa, pensar lentamente y tener dificultad para concentrarse y recordar los eventos recientes. Pueden producirse cambios de personalidad.

Es frecuente la perforación de los tímpanos. Pueden sobrevenir muchas lesiones oculares, como cataratas. A menudo, ambas piernas quedan temporalmente paralizadas, azules y entumecidas (keraunoparálisis). La piel puede presentar quemaduras leves con un patrón emplumado, ramificado; pueden consistir en cúmulos de minúsculas manchas puntiformes como una quemadura de cigarrillo o en estrías donde el sudor se convirtió en vapor.

➤ Prevención

Durante la estación de tormentas, el hecho de escuchar los partes del tiempo es particularmente importante para los organizadores de actividades al aire libre; puede ser útil para decidir la cancelación de las actividades al aire libre y para planificar la detección de cualquier urgencia que se pueda presentar.

La presencia de vientos intensos, lluvia y nubes puede indicar que la tormenta es inminente. Debe buscarse un refugio si los truenos de una tormenta distante se vuelven más ruidosos o si el intervalo entre un rayo y el trueno que le sigue es inferior a treinta segundos. No resulta seguro un refugio en estructuras abiertas de tamaño reducido. Es más seguro refugiarse dentro de edificios grandes y cerrados o bien en vehículos de metal cerrados, como automóviles, remolques o camiones, y con las ventanas del vehículo cerradas. No es seguro reanudar las actividades al aire libre hasta treinta minutos después del último ruido de trueno o de haber visto el último relámpago.

Para prevenir lesiones por rayo cuando se está fuera, la persona debe evitar los terrenos elevados, los objetos metálicos, el agua y los espacios abiertos, como un campo. Si no es posible escapar de sitios abiertos, hay que agacharse para tener la menor estatura posible, pero no echarse al suelo. También se recomienda permanecer a una distancia de un mínimo de 4,5 m de otras personas, al igual que es recomendable buscar refugio en el centro de un conjunto de árboles, pero no bajo un árbol solitario.

Para prevenir lesiones por rayo cuando se está dentro de una vivienda, se debe evitar el contacto con agua al igual que hablar por teléfono, trabajar en un ordenador o utilizar auriculares unidos por cable al sistema de sonido. La seguridad aumenta al alejarse de ventanas y puertas, y también es recomendable apagar y desconectar los equipos eléctricos antes de que llegue la tormenta.

➤ Tratamiento y pronóstico

Es frecuente que no haya testigos de las lesiones por rayo; pueden sospecharse cuando se encuentra a la persona en el exterior, inconsciente, durante una tormenta.

Una persona que haya sido alcanzada por un rayo no retiene electricidad, de modo que no hay peligro en proporcionarle los primeros auxilios. Las personas sin latidos cardíacos y que no respiran necesitan de inmediato una reanimación cardiopulmonar (RCP) ● *(v. pág. 2004)*. El simple hecho de dar respiración artificial a una persona alcanzada por un rayo puede proporcionarle suficiente oxígeno para mantener el latido del corazón. Muchas personas alcanzadas por un rayo gozan de buena salud general y es más probable que se recuperen si reciben a tiempo la reanimación cardiopulmonar. En el hospital, se realiza un electrocardiograma (ECG) para ver si el corazón late normalmente. Las quemaduras y otras lesiones se tratan según la necesidad. Si la reanimación no ha tenido éxito en los primeros cuarenta minutos, es improbable que lo tenga.

Aproximadamente un 10% de las personas con lesiones por rayo muere. Casi todas las muertes son causadas por paro cardíaco y paro respiratorio. Sobreviven la mayoría de las personas cuyos latidos cardíacos y cuya respiración se hayan reanudado. Si la memoria de sucesos recientes está deteriorada o si el pensamiento es lento, la persona puede presentar una lesión cerebral permanente. La keraunoparálisis suele resolverse al cabo de varias horas.

CAPÍTULO 294

Ahogamiento parcial

El ahogamiento parcial es una falta grave de oxígeno (asfixia) que se produce por la inmersión en agua, aunque esto no provoca la muerte. Cuando sobreviene la muerte, la situación se conoce como ahogamiento (asfixia por inmersión).

Cuando una persona está sumergida bajo el agua, el agua entra en los pulmones. Las cuerdas vocales pueden entrar en estado de espasmo grave, y evitar así temporalmente que el agua alcance los pulmones. Cuando los pulmones se llenan de agua no pueden transferir eficazmente el oxígeno a la sangre. La disminución de la concentración de oxígeno en sangre resultante puede dar lugar a lesión cerebral y muerte. El agua que ha entrado en los pulmones, especialmente si se trata de agua contaminada por bacterias, algas, arena, suciedad, productos químicos o por el vómito de la propia persona, puede causar lesiones pulmonares.

Los niños menores de cuatro años están sujetos a un mayor riesgo de ahogamiento parcial porque su energía y curiosidad pueden llevarles fácilmente a caer en el agua, incluida la de bañeras y baldes grandes, de los cuales no pueden escapar. En adolescentes y adultos, el ahogamiento parcial es frecuente en personas intoxicadas, que han tomado sedantes, que han tenido una convulsión o que están físicamente disminuidas debido a una situación médica. Las lesiones de médula espinal y parálisis causadas por accidentes de inmersión, que suelen ocurrir cuando una persona se zambulle en agua poco profunda, aumentan las posibilidades de ahogamiento parcial. Las personas que aguantan intencionadamente la respiración bajo el agua durante períodos prolongados pueden desmayarse y ser incapaces de volver a la superficie, de modo que también tienen mayor riesgo de ahogamiento parcial.

La inmersión en agua fría tiene efectos tanto positivos como negativos. El enfriamiento de los músculos dificulta la natación y una temperatura corporal peligrosamente baja (hipotermia) pueden alterar el juicio. Sin embargo, el frío protege los tejidos de los efectos nocivos de la privación de oxígeno. Además, el agua fría puede estimular el reflejo mamífero de inmersión, que puede prolongar la supervivencia en agua fría. El reflejo de inmersión disminuye los latidos del corazón y re-

dirige la circulación sanguínea desde las manos, pies e intestinos hacia el corazón y el cerebro, lo cual ayuda a preservar estos órganos vitales. El reflejo de inmersión es más pronunciado en los niños que en los adultos; de este modo, los niños tienen una mayor probabilidad de sobrevivir a una inmersión prolongada en agua fría en comparación con los adultos.

➤ Síntomas y diagnóstico

Las personas que se están ahogando y luchan para respirar están por lo general incapacitadas para pedir auxilio. Los niños que son incapaces de nadar pueden quedar sumergidos en menos de un minuto, a diferencia de los adultos, que pueden forcejear durante más tiempo.

Las personas rescatadas pueden presentar síntomas que van desde la ansiedad a casi la muerte. Pueden estar en alerta, somnolientas o comatosas. Puede que algunas no respiren. Las personas que respiran pueden jadear para respirar, vomitar, toser o emitir sibilancias. La piel puede aparecer azul (cianosis); esto indica que la cantidad de oxígeno en sangre es insuficiente. En algunos casos, es posible que los problemas respiratorios no sean evidentes durante las horas posteriores al ahogamiento parcial.

El médico diagnostica el ahogamiento parcial a partir de los acontecimientos y de los síntomas que presenta la persona. La determinación de la concentración de oxígeno en sangre y las radiografías de tórax ayudan a revelar la extensión del daño pulmonar.

➤ Prevención

Las piscinas deben estar adecuadamente valladas, porque son uno de los lugares más comunes de accidentes de ahogamiento parcial. Además, todas las puertas y entradas que conduzcan a la piscina deben estar cerradas con llave. Los niños que estén cerca o dentro de cualquier plano de agua, incluidas piscinas y bañeras, precisan una supervisión constante, aun cuando se utilicen ayudas de flotación. Puesto que un niño se puede ahogar en sólo unos centímetros de agua, pueden ser peligrosos incluso los recipientes llenos de agua, como baldes o similares.

Una persona no debe practicar la natación ni la navegación cuando se encuentre bajo la influencia de alcohol o sedantes. Se debe suspender la natación si quien la practica siente mucho frío o tiene apariencia de sentirlo. Las personas que tienen convulsiones epilépticas bien controladas no tienen por qué evitar la natación, pero deben tener cuidado cuando estén cerca del agua, ya sea en barco, en la ducha o en la bañera.

Para disminuir el riesgo de ahogamiento, una persona no debe nadar sola y debe hacerlo únicamente en las zonas vigiladas por socorristas. Quienes naden en el océano deben aprender a escapar de las corrientes intensas (corrientes potentes que arrastran a los nadadores lejos de la costa) nadando paralelamente a la playa en lugar de dirigirse hacia ella. Se aconseja a todas las personas que se encuentren en embarcaciones que hagan uso de los flotadores salvavidas. De igual modo, su uso es necesario para los no nadadores y para los niños pequeños, quienes también deben llevar puesto un chaleco salvavidas cuando estén jugando cerca de planos de agua. Las lesiones de médula espinal se pueden prevenir evitando zambullirse en agua poco profunda.

➤ Tratamiento

Una reanimación inmediata *in situ* es la clave para aumentar la posibilidad de supervivencia sin que la persona sufra una lesión cerebral. Se debe intentar revivir a la persona aun cuando el tiempo bajo el agua haya sido prolongado. La respiración artificial y la reanimación cardiopulmonar se deben proporcionar cuando sea necesario ● *(v. pág. 2004)*. El cuello se moverá lo menos posible si hay una posibilidad de lesión de la médula espinal. Cualquier persona que casi se haya ahogado debe ser transportada hasta un hospital, en ambulancia siempre que sea posible.

En el hospital, la mayor parte de las personas necesitan oxígeno suplementario, en algunos casos administrado con la ayuda de un respirador. Un respirador puede suministrar oxígeno utilizando altas presiones para volver a inflar las porciones colapsadas de los pulmones. Si aparecen sibilancias, pueden ser de ayuda los fármacos broncodilatadores. En algunos casos es posible que se administre oxígeno utilizando una cámara de alta presión (hiperbárica).

Si el agua estaba fría, la persona puede tener una temperatura corporal peligrosamente baja (hipotermia) y puede necesitar calentamiento ● *(v. pág. 1964)*. La lesión de la médula espinal requiere un tratamiento especial ● *(v. pág. 675)*.

Si una persona que estuvo sumergida tiene sólo síntomas leves, puede ser posible enviarla a casa, pero sólo después de varias horas de observación en la sala de urgencias. Si los síntomas persisten durante algunas horas o si la concentración de oxígeno en sangre es baja, es preciso que la persona sea ingresada en el hospital.

➤ Pronóstico

Los factores que tienen mayor influencia en las posibilidades de supervivencia sin que haya daño cerebral y pulmonar permanente son la duración de la inmersión, la temperatura del agua (los accidentes en agua fría pueden tener un pronóstico mejor), la edad de la persona (los niños tienen más probabilidades de tener mejores resultados) y la rapidez con que se inicia la reanimación. Las personas que hayan consumido bebidas alcohólicas antes de la inmersión son especialmente propensas a morir o desarrollar una lesión cerebral o pulmonar.

La supervivencia es posible después de la inmersión durante cuarenta minutos. Se recuperan por completo prácticamente todas las personas que, a su llegada al hospital, están en estado de alerta y conscientes. Muchas personas que necesiten una RCP pueden también recuperarse completamente.

CAPÍTULO 295

Lesiones por submarinismo y aire comprimido

Las personas que practican el buceo con inmersión profunda (submarinismo), bien con botellas de oxígeno o bien con escafandra, están sujetas al riesgo de cierto número de lesiones. Sumergirse en agua fría puede conducir rápidamente a hipotermia (temperatura corporal peligrosamente baja), que causa torpeza y alteración del juicio. El agua fría puede también desencadenar una irregularidad mortal del latido cardíaco en las personas con enfermedades coronarias. Otros peligros potenciales del buceo incluyen el ahogamiento; las mordeduras y picaduras de diversas especies marinas; las quemaduras solares y los trastornos causados por el calor; cortes y contusiones, y los trastornos producidos por el movimiento. El uso de fármacos y el consumo de drogas o bebidas alcohólicas pueden tener efectos imprevistos peligrosos en las profundidades.

Sin embargo, la mayoría de los trastornos unidos al buceo están asociados con los cambios de presión. Estos trastornos pueden también afectar a personas que trabajen en túneles subacuáticos o en habitáculos neumáticos (como los cubículos impermeables utilizados para el trabajo de construcción). Tales estructuras contienen aire a presión elevada para evitar que el agua penetre en ellas.

La presión elevada bajo el agua se debe al peso del volumen de agua que se encuentra por encima, del mismo modo que la presión atmosférica (barométrica) en tierra firme está causada por el peso del aire que se encuentra por encima. Al bucear, la presión submarina suele medirse en unidades de profundidad (metros) o en unidades de presión absoluta (atmósferas). La unidad de presión absoluta en atmósferas incluye el peso del agua, que cerca de los diez metros de profundidad es de una atmósfera, más la presión atmosférica en la superficie, que es una atmósfera. De esta manera, un buzo que está a una profundidad de diez metros está expuesto a una presión total de dos atmósferas o al doble de la presión atmosférica de la superficie. Con cada diez metros adicionales de profundidad, la presión aumenta en una atmósfera.

Los trastornos causados por la inmersión pueden dividirse en dos categorías: aquellos que son consecuencia de la expansión o compresión de espacios llenos de gases en el organismo (barotrauma) y aquellos que se derivan de la disolución de nitrógeno en la sangre y los tejidos (enfermedad por descompresión).

■ Barotrauma

El barotrauma es una lesión del tejido provocada por un cambio de presión que comprime o expande los gases contenidos en varias estructuras corporales.

Un aumento de la presión en la superficie externa del cuerpo es transmitida equitativamente por toda la sangre y los tejidos corporales, que no se comprimen porque están compuestos principalmente de líquido. De este modo, la pierna de una persona, por ejemplo, no tiene la sensación de estar apretada a medida que aumenta la presión del agua. Sin embargo, los gases (como el aire del interior de los pulmones, senos paranasales u oído medio, o dentro de la máscara o gafas) se comprimen o expanden a medida que la presión externa aumenta o disminuye. Esta compresión y expansión puede causar dolor intenso y daño a los tejidos.

☐ BAROTRAUMA NO PULMONAR

El barotrauma no pulmonar es una lesión en porciones del cuerpo llenas de gases, aparte de los pulmones, causada por el aumento de la presión que se produce durante el descenso.

A dos atmósferas de presión absoluta (una profundidad aproximada de diez metros), el aire que se encuentra en las estructuras corporales llenas de gases resulta comprimido a la mitad de su volumen original. En caso de que no se iguale la presión del interior de estas estructuras con la presión del agua circundante, la diferencia de presión puede provocar un esfuerzo excesivo de los tejidos y provocar una lesión en el tejido del contorno.

➤ Síntomas

Los submarinistas a menudo emplean el término *squeeze* (barotrauma) para las lesiones causadas por las diferencias de presión. Si un buzo no iguala la presión adecuadamente en la máscara, la presión relativamente inferior dentro de la máscara hace que ésta actúe como una ventosa de succión aplicada a los ojos. La diferencia de presión dentro y fuera de la máscara provoca que los vasos sanguíneos cercanos a la superficie de los ojos se dilaten, que pierdan líquido y, finalmente, que revienten y sangren. Aunque los ojos aparezcan enrojecidos e inyectados de sangre, la visión no resulta afectada.

Si la presión en el oído medio es inferior a la presión del agua, se produce una protuberancia dolorosa del tímpano hacia dentro ● *(v. fig. pág. 1497).* Cuando la presión aumenta lo suficiente, el tímpano se rompe, lo cual tiene como resultado la entrada de agua fría en el oído medio, cosa que causa vértigo (una grave inestabilidad con sensación de estar girando), desorientación, náuseas y, a veces, vómitos. Estos síntomas pueden someter al buzo al riesgo de ahogamiento. El vértigo disminuye a medida que el agua que ha entrado en el oído alcanza la temperatura corporal. Una rotura de tímpano altera la audición y puede conducir a una infección en el oído medio, que causa dolor y produce secreciones por el oído. De igual modo puede lesionarse el oído interno, lo que origina una pérdida repentina de la audición, zumbidos en el oído (tinnitus) y vértigo.

Las diferencias de presión tienen efectos similares sobre los senos paranasales (cavidades llenas de aire en los huesos que rodean la nariz), y causan dolor facial o cefaleas, y dolor de muelas en los sacos llenos de aire que puede haber en un diente o empaste o bajo los mismos.

Las personas que contienen la respiración cuando se zambullen pueden sentir durante el descenso una sensación de opresión del pecho. Las personas que respiran aire comprimido al sumergirse no experimentan esta sensación.

➤ Prevención y tratamiento

La presión en los pulmones y en las vías respiratorias se iguala automáticamente con la presión del exterior cuando se cuenta con un suministro de aire presurizado bajo el mar, como el de una escafandra o una botella de oxígeno. Este aire presurizado también iguala la presión en los senos paranasales, siempre y cuando las entradas a los senos no estén constreñidas (estrechadas) por una inflamación resultante de alergias o por una infección de las vías respiratorias superiores. La presión en la máscara queda igualada cuando el submarinista espira aire por la nariz dentro de la máscara. Los submarinistas igualan las diferencias de presión en el oído medio con bostezos o deglución, lo cual abre el conducto que conecta el oído medio y la parte posterior de la garganta (trompa de Eustaquio).

El uso de tapones auriculares o de una caperuza de buceo muy ajustada crea un espacio cerrado entre el tapón y el tímpano en el cual no puede igualarse la presión. Tampoco se puede igualar la presión dentro de las gafas. Por lo tanto, no deben utilizarse ni tapones auriculares ni gafas durante el buceo.

Cuando una congestión nasal impide la equiparación de la presión en oídos y senos paranasales, la toma de descongestionantes (como la seudoefedrina por vía oral antes de sumergirse en el agua) puede desbloquear temporalmente los conductos nasales, las trompas de Eustaquio o los senos paranasales.

Una rotura de tímpano suele curarse espontáneamente, aunque una infección en el oído medio precisa que se administren antibióticos por vía oral o como gotas óticas. Una rotura entre el oído medio e interno puede necesitar una pronta reparación quirúrgica para prevenir una lesión permanente.

☐ BAROTRAUMA PULMONAR

El barotrauma pulmonar es una lesión causada por la expansión del aire retenido en los pulmones a causa de una presión decreciente durante el ascenso.

Puesto que el aire sometido a presión elevada se comprime, cada inspiración realizada en las profundidades contiene muchas más moléculas que una inspiración en la superficie. A diez metros (esto es, dos atmósferas de presión absoluta), por ejemplo, cada inhalación contiene el doble de moléculas que una inspiración realizada en la superficie, y por ello agota una botella de aire en la mitad de tiempo. A medida que la presión disminuye, el aire se expande y su volumen aumenta. De este modo, si un buzo llena sus pulmones con aire comprimido a diez metros y asciende sin espirar libremente, el volumen de aire se duplica, lo cual causa una hiperinsuflación de los pulmones.

La hiperinsuflación de los pulmones puede romper los pequeños sacos de aire y dejar que el aire se escape. Las burbujas de aire pueden entrar en la sangre (aeroembolismo ● *v. pág. 345*), viajar a cualquier órgano del cuerpo y bloquear los vasos sanguíneos pequeños, más frecuentemente los del cerebro y el corazón. En el mejor de los casos, el aeroembolismo supone para el buzo un riesgo de ahogamiento. En el peor, el buzo puede morir al cabo de unos minutos. El aeroembolismo es la principal causa de muerte entre los submarinistas.

El aire que escapa de los pulmones puede quedar atrapado en el espacio que se sitúa entre los pulmones y la pared torácica, y causar un colapso del pulmón (neumotórax ● *v. pág. 382*). De forma alternativa, el aire puede forzarse fuera de los pulmones y dentro de los tejidos que rodean el corazón (neumomediastino) y bajo la piel del cuello y la parte superior del tórax (enfisema subcutáneo).

La causa más común de barotrauma pulmonar se produce al contener la respiración durante un ascenso con botellas, lo cual casi siempre es consecuencia de que se haya agotado el aire en las profundidades. A causa del pánico, el buzo puede olvidarse de espirar libremente a medida que se expande el aire de sus pulmones mientras asciende. El aeroembolismo puede producirse en pequeñas profundidades (como 1,2 m) si la persona que respira aire presurizado contiene la respiración mientras asciende.

➤ Síntomas

Los síntomas de aeroembolismo suelen aparecer al cabo de 1-2 minutos de haber alcanzado la superficie. El aeroembolismo hacia el cerebro a menudo es similar a un accidente cerebrovascular, que tiene como resultado cefalea, confusión, agitación y parálisis parcial. Algunas personas sufren pérdida de consciencia repentina o convulsiones. Un aeroembolismo grave puede obstruir la circulación sanguínea que riega el corazón y las grandes arterias, y acabar en *shock* ● *(v. pág. 179)* y muerte.

El neumotórax y el neumomediastino causan dolor en el pecho y ahogo. Algunas personas tosen sangre o presentan espuma sanguinolenta en la boca. El aire presente en los tejidos del cuello puede deteriorar las cuerdas vocales y hacer que la voz suene distinta. El enfisema subcutáneo produce una sensación crepitante cuando se palpa la zona afectada de la piel.

➤ Prevención y tratamiento

Para prevenir el barotrauma pulmonar, los buzos con un suministro de aire, como una botella de oxígeno, no deben contener su respiración durante el ascenso. Cualquier aire inhalado a cierta profundidad, incluso a la profundidad de una piscina, debe ser espirado libremente durante el ascenso.

Se debe suponer que el buzo que pierde la consciencia durante un ascenso o muy poco después del mismo sufre un aeroembolismo y debe recibir tratamiento rápidamente. A una persona con aeroembolismo se le suministra oxígeno de inmediato y es necesario devolverla enseguida a un ambiente a presión elevada para forzar la compresión y disolución en la sangre de las burbujas de aire. Algunos centros médicos cuentan con cámaras de presión elevada (de recompresión o hiperbáricas) para este propósito. Volar, aunque sea a baja altura, reduce la presión atmosférica y hace que las burbujas se expandan más, pero el transporte aéreo puede justificarse si con ello se gana un tiempo sustancial en el traslado de la persona a una cámara adecuada. En la medida de lo posible, la persona debe viajar en un avión cuya presurización sea equivalente a la del nivel del mar, o bien el avión no debe volar por encima de trescientos metros.

Un neumotórax pequeño no requiere tratamiento, pero un neumotórax grande causa problemas respiratorios graves y requiere la inserción de un tubo de plástico dentro del tórax para extraer el aire. El tratamiento del neumomediastino y del enfisema subcutáneo por lo general es el reposo en cama y la administración de oxígeno a través de una mascarilla facial.

■ Enfermedad por descompresión

La enfermedad por descompresión (mal de descompresión, enfermedad de caisson, bends) es un trastorno en el cual el nitrógeno, disuelto en la sangre y los tejidos debido a una presión elevada, forma burbujas cuando la presión disminuye.

El aire está compuesto principalmente de nitrógeno y oxígeno. Puesto que el aire sometido a presión elevada se comprime, cada inspiración realizada en las profundidades contiene muchas más moléculas que una inspiración hecha en la superficie. Como el organismo utiliza continua-

Respiración de aire a presión elevada

El aire es una mezcla de gases, principalmente nitrógeno y oxígeno con cantidades muy reducidas de otros gases. Cada gas tiene una presión parcial, que depende de su concentración en el aire y de la presión atmosférica. Tanto el oxígeno como el nitrógeno pueden tener efectos nocivos a una elevada presión parcial.

La **toxicidad del oxígeno** se produce en la mayoría de las personas cuando la presión parcial del oxígeno alcanza 1,6 atmósferas, equivalente a algo más de 60 m de profundidad cuando se inhala aire. Los síntomas incluyen hormigueo, convulsiones focales (sacudida facial o labial), vértigo, náuseas y vómitos y visión limitada. Es típico que se produzca el ahogamiento en cerca del 10 % de las personas que tienen convulsiones o desmayos.

Narcosis por nitrógeno (borrachera de las profundidades) está causada por una elevada presión parcial de nitrógeno y es parecida a una intoxicación por alcohol. La persona puede sentirse eufórica y desorientada y también mostrar falta de razonamiento. Puede no llegar a tiempo a la superficie o incluso nadar a más profundidad, pensando que está yendo hacia la superficie. Este efecto resulta evidente a 30 m en la mayoría de los buzos que respiran aire comprimido y, generalmente, es incapacitante a 90 m (unas 10 atmósferas de presión absoluta).

Para minimizar estos efectos, los buzos que deben sumergirse a grandes profundidades, suelen respirar una mezcla especial de gases en lugar de aire común. Se utiliza una baja concentración de oxígeno, diluido con helio o hidrógeno en vez de nitrógeno, porque el helio y el hidrógeno no producen narcosis.

La **retención de dióxido de carbono** en la sangre es la señal que el cuerpo recibe para respirar. Los que practican inmersión a pulmón libre, en lugar de usar un dispositivo de respiración, suelen respirar profundamente (hiperventilar) antes de sumergirse, espirando una gran cantidad de dióxido de carbono, pero aportando poco oxígeno a la sangre. Esta maniobra les permite aguantar su respiración y nadar bajo el agua más tiempo porque sus niveles de dióxido de carbono son bajos. Sin embargo, esta maniobra también es peligrosa, porque un buzo puede quedarse sin oxígeno y perder el conocimiento antes de que el dióxido de carbono alcance un nivel lo suficientemente elevado como para indicarle la necesidad de volver a la superficie para respirar. Esta secuencia de hechos es probablemente la responsable de muchos ahogamientos inexplicables entre los que practican la pesca submarina y la inmersión a pulmón libre.

Algunos buzos presentan retención de dióxido de carbono porque no aumentan su frecuencia respiratoria adecuadamente durante el esfuerzo físico. Otros retienen dióxido de carbono porque el aire comprimido en las profundidades es más denso y requiere mayor esfuerzo para ser transportado a través de las vías respiratorias y por los tubos del equipo de buceo. Las altas concentraciones de dióxido de carbono pueden provocar desmayos, aumentan la probabilidad de convulsiones por la toxicidad del oxígeno y empeoran la gravedad de la narcosis del nitrógeno. Los buzos que padecen con frecuencia dolores de cabeza después de una inmersión o que se enorgullecen de utilizar poco aire pueden estar reteniendo dióxido de carbono.

mente el oxígeno, por lo general, el exceso de moléculas de oxígeno respiradas bajo una presión elevada no se acumula. Pero el exceso de moléculas de nitrógeno sí se acumula en la sangre y los tejidos. A medida que va disminuyendo la presión exterior durante el ascenso tras una inmersión o durante la salida de la campana, el nitrógeno acumulado que no puede espirarse de inmediato forma burbujas en la sangre y los tejidos. Estas burbujas pueden expandirse y lesionar los tejidos o pueden obstruir los vasos sanguíneos de muchos órganos, ya sea directamente o provocando pequeños coágulos de sangre. Esta obstrucción de vasos sanguíneos causa dolor, entre otros síntomas. Las burbujas de nitrógeno también causan inflamación, lo cual produce tu-

mefacción y dolor en músculos, articulaciones y tendones.

El riesgo de presentar la enfermedad por descompresión se agrava con el aumento de presión (es decir, con la profundidad de la inmersión) y con la duración del tiempo pasado en un ambiente presurizado. Otros factores de riesgo incluyen el ascenso rápido, la fatiga, el esfuerzo, la deshidratación, el agua fría, la obesidad y la edad avanzada. Puesto que el exceso de nitrógeno sigue estando disuelto en los tejidos corporales durante al menos doce horas después de cada inmersión, quienes realicen inmersiones repetidas al cabo de un día tienen más probabilidades de padecer la enfermedad por descompresión que quienes realicen una única inmersión. Un viaje

Factores de riesgo elevado al bucear

Las personas que quieran bucear deben someterse a una evaluación por parte de un médico que conozca el tema y las condiciones físicas y mentales que pueden aumentar el riesgo de contratiempos y de lesiones durante la inmersión:

- Abuso de alcohol o drogas.
- Congestión de nariz y senos paranasales, crónica o de corta duración.
- Diabetes tipo 1.
- Fármacos que pueden causar somnolencia.
- Epilepsia.
- Desmayos.
- Comportamiento impulsivo; tendencia a sufrir accidentes.
- Ritmo cardíaco irregular.
- Problemas pulmonares, como asma, quistes pulmonares, enfisema, antecedente de neumotórax.
- Obesidad.*
- Edad avanzada.*
- Foramen oval abierto (un defecto cardíaco congénito).
- Discapacidades físicas.
- Aptitud cardiovascular insuficiente.
- Embarazo.
- Rotura de tímpano.

Los buceadores profesionales pueden ser sometidos a pruebas médicas adicionales, como las del funcionamiento del corazón y los pulmones, pruebas de esfuerzo, audición y visión, así como radiografías óseas. Además, es absolutamente necesario un entrenamiento adecuado para bucear.

* Riesgo incrementado de enfermedad por descompresión.

aéreo inmediatamente después de haber realizado una inmersión (como puede suceder al final de unas vacaciones) expone a la persona a una presión atmosférica todavía más baja, lo cual hace que la enfermedad por descompresión sea algo más probable.

Es posible que se formen burbujas de nitrógeno en los vasos sanguíneos pequeños o en los propios tejidos. Los tejidos con un alto contenido graso, como los del sistema nervioso central, son particularmente propensos a sufrir una afectación, porque el nitrógeno se disuelve en grasa con mucha rapidez.

La enfermedad por descompresión puede afectar a diversos órganos y puede ser de carácter leve a grave.

➤ Síntomas

Los síntomas de la enfermedad por descompresión se manifiestan más lentamente que los del barotrauma pulmonar. Sólo la mitad de las personas con enfermedad por descompresión presentan síntomas al cabo de una hora de salir a la superficie, mientras que un 90 % manifiesta síntomas al cabo de seis horas. Es común que los síntomas comiencen de forma gradual y tarden algún tiempo en alcanzar su punto máximo de efecto.

El tipo menos grave de la enfermedad por descompresión (tipo I), a menudo conocido como **dolor musculoesquelético**, por lo general produce dolor en abdomen y miembros por reducción de la presión. El dolor generalmente ocurre en las articulaciones de brazos o piernas. En ocasiones es difícil localizar la zona. El dolor puede ser leve o intermitente al principio, pero puede intensificarse de forma constante y volverse grave. El dolor puede ser punzante o puede ser descrito como *profundo* o como *algo que está perforando el hueso*. Los síntomas menos comunes son picores, erupción cutánea y fatiga aguda. Estos síntomas no son potencialmente mortales, pero pueden preceder a problemas más peligrosos.

El tipo más grave de enfermedad por descompresión (tipo II) tiene como consecuencia más frecuente la aparición de síntomas neurológicos, que van desde un leve entumecimiento hasta parálisis y muerte. La médula espinal es especialmente vulnerable. Cuando la médula espinal está afectada, el paciente puede presentar entumecimiento, hormigueo y debilidad en brazos o piernas. Una debilidad leve u hormigueo puede progresar en horas hasta una parálisis irreversible. También puede producirse una incapacidad para orinar. Son comunes los dolores de abdomen y espalda. Los síntomas de afectación cerebral, que son similares a los del aeroembolismo, son cefalea, confusión, dificultad para hablar y visión doble. La pérdida de consciencia es rara.

Los nervios del oído interno pueden resultar afectados, y causar un vértigo intenso (tambaleo). Las burbujas de gases que viajan a través de las venas hacia los pulmones producen tos, dolor de pecho y empeoran progresivamente la dificultad para respirar (sofocamiento). Los casos graves pueden tener como consecuencia el colapso circulatorio y la muerte.

Los efectos tardíos de la enfermedad por descompresión incluyen la destrucción de tejido óseo (osteonecrosis disbárica, necrosis ósea avascular), especialmente en el hombro y la cadera, lo que provoca un dolor persistente y una discapacidad grave. Estas lesiones no se dan entre los buzos recreativos, sino, más bien, en las personas que trabajan en un ambiente de aire comprimido y en los buzos que trabajan en un entorno submarino. Estos trabajadores están expuestos a una presión elevada durante períodos prolongados y pueden padecer un caso sin detectar de dolor musculoesquelético. Las lesiones óseas y de las articulaciones pueden progresar gradualmente en meses o años hasta convertirse en una artritis grave e incapacitante. Cuando se haya producido un daño articular grave, el único tratamiento posible es la sustitución de la articulación.

Los problemas neurológicos permanentes, como una parálisis parcial, suelen deberse a un tratamiento postergado o inadecuado para los síntomas de médula espinal. Sin embargo, en ciertos casos la lesión es tan grave que no puede ser corregida, ni siquiera con un tratamiento apropiado. Los tratamientos reiterados con oxígeno en una cámara a presión elevada parecen ayudar a algunas personas a recuperarse de las lesiones de médula espinal.

➤ Diagnóstico y tratamiento

La enfermedad por descompresión se reconoce por la naturaleza de los síntomas y por su aparición relacionada con el buceo. Pruebas como la tomografía computarizada (TC) o la resonancia magnética nuclear (RMN) a veces muestran anomalías en el cerebro o la médula espinal, pero no son fiables. Sin embargo, la terapia de recompresión se inicia antes de obtener los resultados de una TC o una RMN, excepto cuando el diagnóstico no está claro o cuando la situación del buzo es estable.

Los buzos que sólo experimentan picores, erupción cutánea y fatiga, por lo general, no necesitan someterse a la recompresión, pero deben permanecer bajo observación porque pueden presentar síntomas más graves. La respiración de oxígeno puro a través de una mascarilla bien ajustada puede proporcionar algún alivio.

Cualquier otro síntoma de la enfermedad por descompresión indica la necesidad de un tratamiento en una cámara de presión elevada (de recompresión o de oxígeno hiperbárico, porque la recompresión restaura la circulación sanguínea normal y el oxígeno en los tejidos afectados. Después de la recompresión, la presión se reduce gradualmente, con pausas preestablecidas, para dar tiempo para que el exceso de gases abandone el organismo sin causar daños. Puesto que los síntomas pueden reaparecer o empeorar al cabo de las primeras veinticuatro horas, se somete a tratamiento incluso a las personas que sólo presentan dolor moderado o transitorio, o con síntomas neurológicos.

La terapia de recompresión es beneficiosa hasta 48 horas después del buceo y debe ser aplicada aun cuando llegar a la cámara más próxima suponga un viaje importante. Durante el tiempo de espera y transporte se debe administrar oxígeno con una mascarilla facial muy bien ajustada y proporcionar líquidos por vía oral o por vía intravenosa. Un retraso prolongado en el tratamiento aumenta el riesgo de lesiones permanentes.

➤ Prevención

Habitualmente, el buzo puede prevenir la enfermedad por descompresión restringiendo la cantidad total de gas que absorbe su organismo. Dicha cantidad se puede restringir limitando la profundidad y la duración de las inmersiones hasta el punto de que no sea necesario hacer paradas de descompresión durante el ascenso (lo que se conoce entre los buzos como límites sin paradas, o bien ascendiendo con paradas de descompresión tal como se especifica en textos autorizados. En estos textos se detalla un patrón de ascenso que, por lo general, permite expulsar el exceso de nitrógeno sin causar daños. Ahora, muchos buzos llevan consigo un ordenador portátil sumergible que rastrea continuamente la profundidad y el tiempo de permanencia. El ordenador calcula la pauta de descompresión para un retorno seguro hasta la superficie e indica cuándo son necesarias las paradas para descompresión.

Además de guiarse por un gráfico o por pautas computarizadas para el ascenso, muchos buzos hacen una parada de seguridad durante unos minutos, aproximadamente a 4,5 m de la superficie.

Pero el seguir estos procedimientos no elimina el riesgo de sufrir enfermedad por descompresión. Alrededor del 50% de los casos de enfermedad por descompresión tienen lugar después de inmersiones sin paradas, y la incidencia de la enfermedad por descompresión no ha disminuido a pesar del uso extendido de ordenadores sumergibles. La incapacidad de eliminar la enfermedad por descompresión puede ser debida a que las tablas y los programas existentes no hacen un recuento completo de la variación en los factores de riesgo entre distintos buzos, o bien a que algunas personas no respetan las recomendaciones de las tablas o de los ordenadores.

También son necesarias otras precauciones. Tras varios días de inmersiones, se recomienda comúnmente pasar un período de 12 a 24 horas en la superficie antes de hacer un viaje aéreo o de trasladarse a una altitud mayor. Las personas que se han recuperado por completo de una enfermedad por descompresión leve se deben abstener de practicar submarinismo por lo menos durante un período de dos semanas. Las personas que han sufrido una enfermedad por descompresión a pesar de haber seguido las recomendaciones de la tabla de inmersión o del ordenador podrán volver a bucear sólo después de una evaluación médica meticulosa para detectar factores subyacentes de riesgo, como un defecto cardíaco.

CAPÍTULO 296

Mal de altura

El mal de altura está producido por una falta de oxígeno en las grandes altitudes.

A medida que aumenta la altitud disminuye la presión atmosférica, de modo que el aire se vuelve menos denso y, por ello, la cantidad de oxígeno disponible es menor. Por ejemplo, en comparación con el aire que se encuentra al nivel del mar, el aire a 1 600 m de altura contiene un 20% menos de oxígeno disponible y a 2 400 m, aproximadamente un 25% menos de oxígeno, y el aire de cerca de la cumbre del monte Everest (más de 8 700 m sobre el nivel del mar) contiene alrededor de un 66% menos de oxígeno.

El mal de altura se produce cuando un déficit de oxígeno a grandes alturas hace que el líquido de la sangre escape de los vasos sanguíneos más pequeños (capilares) hacia los tejidos circundantes, lo cual produce una hinchazón (edema). Las formas del mal de altura difieren principalmente en su gravedad y en la parte del organismo donde se acumula el líquido. Una acumulación leve de líquido en el cerebro causa un mal agudo de montaña, mientras que una acumulación más grave de líquido en el cerebro causa edema cerebral de altura. La acumulación de líquido en los pulmones causa edema pulmonar de altura. La acumulación de líquido en manos, pies y cara causa edema de las alturas.

El mal de altura es frecuente en personas que visitan alturas elevadas. La gravedad de la enfermedad depende de la altura y de la rapidez con que se ascienda. Por ejemplo, la mayoría de las personas que, en un día o dos, ascienden por encima de los 1 800 m desarrollan un edema de las alturas. El mal agudo de montaña se manifiesta en un 10% de las personas que ascienden demasiado rápido por encima de los 2 400 m, en un 25% de las personas por encima de los 2 700 m y en casi el 50% de las personas por encima de los 4 200 m. El edema pulmonar de altura y el edema cerebral de altura rara vez se presentan a una altitud inferior a 3 000 m.

Las personas que normalmente viven en regiones situadas a nivel del mar o en altitudes muy bajas tienen más probabilidades de resultar afectadas por el mal de altura, como es el caso de aquellos que emprenden un esfuerzo extenuante poco después del ascenso. Pueden tener especial dificultad en grandes alturas las personas con ciertas enfermedades pulmonares (como enfermedad pulmonar obstructiva crónica), trastornos cardiovasculares (como angina, insuficiencia cardíaca o enfermedad vascular periférica) o trastornos sanguíneos (como anemia drepanocítica o enfermedad de hemoglobina SC). Sin embargo, no parece que el asma empeore en las grandes alturas. Una estancia inferior a unas se-

Otras enfermedades que aparecen a grandes altitudes

Algunas enfermedades aparecen a gran altitud por razones ajenas a la acumulación de líquido que causa la enfermedad de las alturas.

Las **hemorragias retinianas de las alturas** (pequeñas zonas de sangrado en la retina en la parte posterior del ojo) pueden aparecer después del ascenso a alturas de 2 400 m o superiores. La hemorragia retiniana rara vez produce síntomas. Sin embargo, si una hemorragia se produce en la parte del ojo que es responsable de la visión central (la mácula), se puede notar una pequeña mancha ciega. La hemorragia retiniana de las alturas se resuelve sin tratamiento después de 1 o 2 semanas. Si la hemorragia afecta a la mácula, la persona debería descender.

La **ceguera de la nieve**, que es una quemadura de sol en los ojos, a menudo aparece a grandes alturas. La luz ultravioleta (UV) se vuelve aproximadamente un 5 % más potente cada 300 m por encima del nivel del mar. La reflexión de la nieve hace que la luz sea todavía más intensa. Incluso en días nublados, la intensa luz UV quema el ojo. Los síntomas de ceguera de la nieve aparecen entre las 6 y las 12 horas que siguen a la quemadura. El ojo se vuelve doloroso, enrojecido, hinchado y sensible a la luz y se tiene la sensación de tener arena en el ojo. Por lo general, son útiles los analgésicos, compresas frías y parches oculares. No se debe usar anestésico en gotas; en su lugar, una gota de aceite mineral puede aliviar el dolor. Los síntomas desaparecen al cabo de unas 24 horas. Para prevenir la ceguera de la nieve, deben utilizarse gafas de sol potentes con escudos laterales.

La **faringitis y bronquitis de las alturas** a menudo aparecen a una altitud superior a los 3 000 m. El aire frío y seco irrita la garganta y los pulmones, produciendo una inflamación de garganta y tos seca. La tos puede intensificarse lo suficiente como para fracturar las costillas. Los síntomas pueden aliviarse bebiendo una gran cantidad de líquidos y aumentando la salivación, por ejemplo, chupando caramelos. Las mascarillas confeccionadas en seda o materiales similares también pueden ser útiles puesto que atrapan el aire húmedo caliente que es exhalado dentro de la boca y la nariz. Rara vez son de ayuda los antibióticos.

La **enfermedad crónica de las montañas** (enfermedad de Monge) es una enfermedad poco frecuente que aparece en algunas personas que habitan a una altitud superior a 3 600 m durante muchos meses o años. En estas personas, se compensa la falta de oxígeno con una sobreproducción de glóbulos rojos (policitemia secundaria ● *v. recuadro pág. 1128*). El exceso de glóbulos rojos hace que la sangre sea tan espesa que no pueda pasar con facilidad a través de los pequeños vasos sanguíneos. Los síntomas incluyen dolor de cabeza, pensamiento confuso, dificultades para conciliar el sueño, somnolencia, dolores y molestias, y ahogo. Pueden formarse coágulos de sangre en las piernas y pulmones y el corazón puede volverse incapaz de bombear suficiente sangre. La extracción periódica de 0,5 L de sangre (flebotomía) proporciona una mejoría temporal, pero el único tratamiento eficaz es el descenso al nivel del mar. La recuperación completa puede llevar meses.

---

manas a alturas menores de 3 000 m no parece peligrosa para la mujer embarazada ni para el feto. La forma física no tiene efecto sobre el riesgo que supone para una persona presentar mal de altura. Hay menos personas mayores en comparación con las jóvenes que manifiestan mal de altura. Las personas que han tenido previamente edema pulmonar de altura y edema cerebral de altura son especialmente propensas a presentar esas afecciones después del ascenso.

Con el tiempo, el organismo se ajusta (aclimatación) a alturas mayores incrementando la respiración y la actividad del corazón y produciendo más glóbulos rojos para transportar oxígeno a los tejidos. La mayoría de las personas se pueden adaptar a alturas de hasta 3 000 m en pocos días. Ajustarse a alturas más elevadas requiere muchos días o incluso semanas, pero algunas personas pueden con el tiempo llevar a cabo actividades normales a alturas superiores a los 5 200 m.

➤ Síntomas y diagnóstico

El **mal agudo de montaña** es una forma leve del mal de altura. Los síntomas suelen manifestarse al cabo de 4-12 horas del ascenso, y consisten en dolor de cabeza, aturdimiento y, especialmente, ahogo debido al ejercicio. Pueden seguir pérdida de apetito, náuseas y vómitos, con fatiga, debilidad e irritabilidad. Algunas personas describen los síntomas como similares a una resaca. Quienes pernoctan en grandes alturas pueden tener dificultades para conciliar el sueño. Los síntomas generalmente duran de 24 a 36 horas. Sin embargo, el mal agudo de montaña puede progresar hacia formas más graves del mal de altura.

El **edema de altura** causa hinchazón de manos, pies y, al despertar, de cara. La hinchazón causa pocas molestias y normalmente remite en pocos días.

El **edema pulmonar de altura** puede progresar a partir de una enfermedad leve hasta convertirse en pocas horas en potencialmente mortal. Los síntomas suelen manifestarse durante la segunda noche después del ascenso, son peores durante la noche y pueden volverse progresivamente más graves. Los síntomas leves habitualmente incluyen tos seca y ahogo que aparecen con sólo realizar un ligero esfuerzo. Los síntomas moderados consisten en ahogo durante el reposo, confusión, esputo rosado o sanguinolento, fiebre de pocos grados y un tinte azulado en piel, labios y uñas (cianosis). Los síntomas graves consisten en dificultad respiratoria y sonidos de murmullo durante la respiración.

El **edema cerebral de altura** está presente de forma leve en otros tipos del mal de altura, pero puede agravarse. Causa dolor de cabeza, confusión, marcha inestable y sin coordinación (ataxia), y coma. Estos síntomas pueden evolucionar rápidamente de leve a potencialmente mortales en algunas horas.

El médico diagnostica el mal de altura principalmente a partir de los síntomas. En el edema pulmonar de altura, a veces puede escucharse el líquido en los pulmones a través de un fonendoscopio. Una radiografía de tórax y una determinación de la cantidad de oxígeno en sangre pueden ser de ayuda para confirmar el diagnóstico.

➤ Tratamiento

Las personas con mal agudo de montaña deben interrumpir su ascenso y reposar. No deben ascender a alturas mayores hasta que desaparezcan los síntomas. La mayoría de las personas con mal agudo de montaña mejoran al cabo de un día o dos. La acetazolamida o los corticosteroides, como la dexametasona, pueden aliviar los síntomas. El paracetamol o los fármacos antiinflamatorios no esteroideos (AINE) ● *(v. pág. 544)* ayudan a aliviar el dolor de cabeza.

Si los síntomas son más graves, debe suministrarse un suplemento de oxígeno a través de una mascarilla facial. Si no se dispone de oxígeno suplementario o bien si los síntomas persisten o empeoran a pesar del tratamiento, la persona debe descender hasta una altitud inferior, preferiblemente por lo menos 750 metros más abajo.

Si el edema de las alturas es molesto, puede ser útil un diurético, como la hidroclorotiacida. Sin embargo, la hinchazón se resuelve después del descenso, con independencia del tratamiento.

Las personas con edema pulmonar de altura deben recibir oxígeno y, si no presentan una mejoría rápida, descender lo antes posible. Sin embargo, debe evitarse el esfuerzo innecesario, porque aumenta las necesidades de oxígeno del organismo, lo que empeora los síntomas de edema pulmonar de altura. Por tanto, en la medida de lo posible, se debería transportar a la persona a una altitud inferior y mantenerla abrigada. El fármaco nifedipina puede ayudar temporalmente, ya que disminuye la presión de las arterias que van hacia los pulmones.

En caso de sufrir un edema cerebral de altura, la persona debe descender lo máximo que pueda lo antes posible. Deben administrarse oxígeno suplementario y dexametasona.

Cuando no sea posible descender rápidamente a una altitud inferior puede utilizarse una bolsa hiperbárica. Este aparato, que consiste en una bolsa de material liviano portátil o una tienda y una bomba que se hace funcionar manualmente, simula un aumento de la presión atmosférica. La persona afectada debe ser colocada dentro de dicha bolsa, que luego se cierra herméticamente. Entonces se aumenta la presión interna de la bolsa con ayuda de la bomba. La persona debe permanecer en la bolsa durante 2 o 3 horas. La bolsa hiperbárica es tan beneficiosa como el oxígeno suplementario, del que no se suele disponer cuando se escala una montaña.

➤ Prevención

La mejor forma de prevenir el mal de altura es ascender lentamente, dándose dos días para alcanzar los 2 400 m y un día más por cada 300-600 metros adicionales. Es más importante la altitud en que una persona duerme que el máximo de altura alcanzado durante el día. El ritmo del ascenso debe retrasarse si se presentan los síntomas del mal de altura.

La acetazolamida tomada al comienzo del ascenso puede prevenir el mal de altura. Si se toma después de que haya comenzado la enfermedad, la acetazolamida puede disminuir los síntomas. Debe continuarse con la acetazolamida durante algunos días después del ascenso. Algunos médicos opinan que la dexametasona puede también prevenir el mal de altura y disminuir sus síntomas. El ginkgo, una hierba medicinal, ha demostrado ser algo eficaz en la prevención del mal de altura. Si una persona ha tenido episodios previos de edema pulmonar de altura, la nifedipina administrada al comienzo del ascenso puede prevenir una recidiva.

Evitar realizar esfuerzos extenuantes durante un día o dos después de llegar al sitio puede prevenir el mal de altura, como también tomar con frecuencia poca comida alta en carbohidratos en lugar de menos comidas más abundantes y beber al menos cuatro litros de líquidos sin cafeína por día. Deben evitarse el alcohol y los sedantes, que pueden provocar síntomas similares al mal agudo de montaña.

Los atletas que residen a nivel del mar pueden tomar ciertas medidas de preparación para las competiciones celebradas en grandes altitudes. Para las competiciones breves y de alta intensidad -como velocidad o saltos, por ejemplo- el rendimiento es mejor si la persona llega al menos un día antes del evento. Para las competiciones de resistencia, el rendimiento es mejor si la persona entrena con antelación durante varias semanas en altitudes bajas, pero durmiendo a gran altura.

CAPÍTULO 297

Intoxicaciones

La intoxicación, o envenenamiento, es el efecto perjudicial que se produce cuando una sustancia tóxica se ingiere, inhala o entra en contacto con la piel, los ojos o las membranas mucosas, como las de la boca o la nariz.

Las intoxicaciones son la causa más frecuente de accidentes no mortales en el hogar. Los fármacos, con y sin prescripción médica, y las drogas son las fuentes más frecuentes de intoxicaciones graves y muertes relacionadas con las intoxicaciones. Entre otros productos tóxicos comunes se incluyen los gases, productos de limpieza domésticos, productos para la agricultura, plantas, productos químicos industriales, vitaminas y alimentos (especialmente ciertas especies de setas y peces ● *v. pág. 872*). Sin embargo, casi cualquier sustancia ingerida en grandes cantidades puede ser tóxica.

Los niños son especialmente vulnerables a la intoxicación accidental en el hogar, al igual que las personas mayores, a menudo a raíz de una confusión con los fármacos que deben tomar. También las personas hospitalizadas resultan vulnerables a la intoxicación accidental (por errores con fármacos), así como los trabajadores industriales (por su exposición a productos químicos tóxicos). La intoxicación puede también ser intencionada, en caso de asesinato o suicidio. La mayoría de los adultos que intentan suicidarse por intoxicación toman más de un fármaco y también consumen alcohol.

La lesión causada por la intoxicación dependerá del tóxico, la cantidad ingerida, la edad y el estado previo de salud de la persona que lo recibe. Algunos tóxicos no son muy potentes y causan problemas sólo a raíz de una exposición prolongada o ingestión repetida de grandes cantidades. Otros tóxicos son tan potentes que una única gota sobre la piel puede causar una lesión grave.

Algunos tóxicos producen síntomas en cuestión de pocos segundos, mientras que otros lo hacen sólo tras varias horas o incluso días. Algunos tóxicos producen pocos síntomas claros hasta haber producido daños en órganos vitales, como los riñones o el hígado, a veces de forma permanente.

➤ Primeros auxilios y prevención

Cualquier persona que haya estado expuesta a un gas tóxico debe ser alejada del lugar cuanto antes, preferiblemente hacia el aire libre.

En los casos de derramamiento de sustancias químicas, a los afectados se les quita inmediatamente toda la ropa contaminada. Debe lavarse la piel a fondo con agua y jabón. Si los ojos han resultado expuestos, deben enjuagarse abundantemente con agua. Los encargados del rescate deben tomar precauciones para no contaminarse.

Si la persona parece estar muy enferma, es preciso ponerse en contacto con la asistencia sanitaria de urgencias. Los testigos deben realizar la reanimación cardiopulmonar (RCP) si es necesario

Productos de limpieza doméstica no tóxicos*

Aceite de baño	Jabón y productos detergentes
Aceite mineral	
Acondicionadores corporales	Jabones de baño con burbujas (detergentes)
Acuarelas	Lápices con mina de plomo (que en realidad están hechos de grafito)
Adhesivos	
Agentes edulcorantes (sacarina, aspartamo)	
Agua de colonia	Lejía (menos del 5% hipoclorito de sodio)
Ambientadores (aceites esenciales, polvos)	Lociones y cremas de manos
Antiácidos	Marcadores indelebles
Arcilla para modelaje	Marcadores mágicos
Cera o parafina	Óxido de cinc
Cerillas	Óxido de zirconio
Cosméticos	Perfumes
Cremas y lociones para el afeitado	Periódicos
Dentífrico con o sin flúor	Peróxido de hidrógeno medicinal al 3%
Desodorantes	Preparaciones para el bronceado
Desodorantes, en aerosol y refrigerantes	Suavizantes para la ropa
Gelatina de petróleo	Tinta (negra, azul)
Incienso	Tiza (carbonato cálcico)

*Casi cualquier sustancia puede resultar tóxica si se ingiere en cantidades suficientes.

● *(v. pág. 2004).* Si la persona no parece estar muy enferma, los familiares o compañeros de trabajo pueden ponerse en contacto con el centro de intoxicaciones más próximo para recibir asesoramiento. En algunos países existen centros de información telefónica acerca de intoxicaciones. Si la persona que hace la llamada sabe cuál es el tóxico y la cantidad ingerida, es habitualmente posible realizar el tratamiento en casa.

Se deben conservar los envases de los productos tóxicos o fármacos ingeridos y entregarlos al médico. Si existe la posibilidad de que la intoxicación sea grave, la persona debe ser tratada lo antes posible. El centro de intoxicaciones puede recomendar la administración de carbón activado ● *(v. pág. 1989)* en casa y, ocasionalmente, puede recomendar que se administre jarabe de ipecacuana para inducir el vómito, especialmente cuando haya una larga distancia hasta el hospital. Para prevenir la intoxicación accidental, los fármacos deben conservarse en sus envases originales fuera del alcance de los niños. Los medicamentos caducados deben eliminarse. Además, los fármacos y las sustancias venenosas deben quedar fuera de la vista y del alcance de los niños, preferiblemente en un armario cerrado. Es conveniente leer todo prospecto contenido en el envase de fármacos antes de tomar o administrar un medicamento.

➤ Diagnóstico y tratamiento

La identificación del tóxico es crucial para poder iniciar un tratamiento eficaz. El etiquetado de los frascos y la obtención de información procedente de la persona, sus familiares o sus compañeros de trabajo son los mejores medios para que el médico o el centro de intoxicaciones puedan identificar los tóxicos o venenos. De igual modo, los análisis de orina y sangre pueden ser útiles para tal identificación. En ocasiones, los análisis de sangre pueden revelar la gravedad de la intoxicación.

Muchas personas envenenadas deben ser hospitalizadas necesariamente. Los principios para el tratamiento de cualquier intoxicación son los mismos: prevenir que siga la absorción, aumentar la eliminación del tóxico, administrar antídotos específicos (sustancias que eliminan, inactivan o contrarrestan los efectos del tóxico) si se dispone ellos y evitar una reexposición. Con una pronta atención médica, la mayoría de las personas se recuperan por completo. El objetivo habitual del tratamiento hospitalario es mantener al paciente con vida hasta que el tóxico haya desaparecido o se haya inactivado. Finalmente, el hígado inactiva la mayor parte de las sustancias tóxicas; que también pueden ser excretadas en la orina.

Puede intentarse el vaciado estomacal cuando se trata de un veneno inusualmente peligroso o si la persona parece estar en muy mal estado. En este procedimiento, se inserta un tubo a través de la boca o la nariz hasta el estómago. A través de este tubo se vierte agua en el estómago que luego se drena (lavado gástrico). Este procedimiento se repite varias veces.

En caso de sustancias tóxicas diversas ingeridas por vía oral, los servicios de urgencias suelen administrar carbón activado. El carbón activado se une al tóxico que queda en el aparato digestivo y evita que la sangre lo absorba. El carbón se suele administrar por vía oral, pero puede que sea necesario administrarlo a través de un tubo introducido por la nariz hasta el estómago. A veces, los médicos administran carbón cada varias horas para ayudar a limpiar el organismo de la sustancia tóxica.

Si una intoxicación sigue siendo potencialmente mortal a pesar del uso de carbón y antídotos, puede requerir de un tratamiento más laborioso. Los tratamientos más frecuentes implican la filtración de los tóxicos directamente de la sangre, hemodiálisis (uso de un riñón artificial, o dializador, para filtrar los tóxicos ● *v. pág. 1000*) o hemoperfusión de carbón (uso de carbón para ayudar a eliminar los tóxicos). Para cualquiera de estos métodos se insertan en los vasos sanguíneos unos tubos pequeños (catéteres), un tubo para el drenaje de la sangre de una arteria y otro para devolver la sangre a una vena. Antes de devolver la sangre al organismo se pasa a través de filtros especiales para eliminar la sustancia tóxica.

Una intoxicación suele requerir un tratamiento adicional. Por ejemplo, una persona que se vuelva muy somnolienta o comatosa puede necesitar una sonda de respiración introducida en la tráquea. La sonda se fija a un respirador, que mantiene de forma mecánica la respiración de la persona. El tubo evita que el vómito entre en los pulmones y el respirador asegura una respiración adecuada. De igual modo, puede ser necesario un tratamiento para controlar las convulsiones, las arritmias cardíacas, la hipotensión arterial, la hipertensión arterial, la fiebre o los vómitos.

Si los riñones dejan de funcionar será necesaria una hemodiálisis. Si la lesión hepática es extensa, puede ser necesario un tratamiento para la insuficiencia hepática. Si el hígado o los riñones presentan una lesión permanente grave, puede ser necesario un trasplante de órganos.

Las personas que intentan suicidarse por envenenamiento necesitan una evaluación mental al igual que un tratamiento adecuado.

■ Intoxicación por paracetamol

Más de cien productos contienen paracetamol, un analgésico que, por lo general, se vende sin prescripción médica ● *(v. pág. 113)*. Si se consumen a la vez varios productos farmacéuticos si-

milares, es posible tomar demasiado paracetamol inadvertidamente. Muchos preparados destinados a uso infantil están disponibles en forma líquida, en comprimidos y en cápsulas, y puede ocurrir que los padres administren varios preparados simultáneamente o espaciados en varias horas, sin darse cuenta de que todos contienen paracetamol.

Habitualmente, el paracetamol es un fármaco muy seguro, pero no es inofensivo. Para ocasionar una intoxicación, tendría que ingerirse varias veces la dosis recomendada de paracetamol. Por ejemplo, una persona que pese 70 kg por lo general necesita tomar al menos trece comprimidos de 500 mg antes de presentar efectos tóxicos debido a una sola sobredosis. La muerte es extremadamente improbable a menos que la persona tome más de 25 comprimidos de 500 mg. A dosis tóxicas, el paracetamol puede lesionar el hígado e incluso provocar insuficiencia hepática.

➤ Síntomas y diagnóstico

La mayoría de las sobredosis no producen síntomas inmediatos. La concentración de paracetamol en sangre, medida en las 2-4 horas posteriores a la ingesta, predice con precisión la gravedad de la lesión hepática. Si la sobredosis es muy importante, los síntomas se desarrollan en cuatro estadios. En el estadio 1 (al cabo de varias horas), la persona puede vomitar, pero no parece estar enferma. Muchas personas no manifiestan síntomas hasta el estadio 2 (después de veinticuatro horas), cuando pueden producirse náuseas, vómitos y dolor abdominal. En esta fase, los análisis de sangre revelan que el hígado está funcionando de modo anormal. En el estadio 3 (después de 2-5 días), empeoran los vómitos. Los análisis revelan una función hepática escasa y aparecen ictericia y hemorragias. En el estadio 4 (después de cinco días), o bien el intoxicado se recupera rápidamente o bien experimenta una insuficiencia hepática que puede ser mortal.

➤ Tratamiento

Generalmente, si se ha ingerido el paracetamol en las últimas horas, se administra carbón activado.

Si la concentración de paracetamol en sangre aparece elevada, generalmente se administra acetilcisteína por vía oral o intravenosa para reducir la toxicidad del paracetamol. La acetilcisteína se administra repetidamente durante uno o varios días. Puede también ser necesario establecer un tratamiento para la insuficiencia hepática.

■ Intoxicación por aspirina

La ingestión de aspirina y fármacos similares (salicilatos) puede conducir a una intoxicación rápida debida a una sobredosis. Sin embargo, la dosis para producir una intoxicación rápida es bastante elevada. Una persona que pese más o menos 70 kg tendría que consumir más de veinte comprimidos de 500 mg para presentar una intoxicación leve. Una sobredosis de aspirina, por lo tanto, es rara vez accidental.

La intoxicación gradual por aspirina puede tener lugar de forma no intencionada al tomar aspirina repetidamente a dosis mucho más bajas. Los niños con fiebre que reciben durante varios días una dosis de aspirina tan sólo ligeramente más elevada que la dosis prescrita pueden sufrir una intoxicación. Los adultos, muchos de ellos ancianos, pueden presentar al cabo de varias semanas de uso una intoxicación que se ha desarrollado de forma gradual. En el caso de personas con una enfermedad de las arterias coronarias, la dosis de aspirina recomendada para reducir el riesgo de infarto resulta demasiado pequeña para causar una intoxicación gradual, ya que se trata de una aspirina infantil, media aspirina de adulto o una aspirina de adulto completa a diario.

La forma más tóxica del salicilato es el aceite de gaulteria (metilsalicilato). El metilsalicilato es un componente de productos como linimentos y soluciones usadas en vaporizadores calientes. Un niño pequeño puede morir por ingerir menos de una cucharada de metilsalicilato puro. Son mucho menos tóxicos los productos de venta sin prescripción que contienen sales de bismuto (utilizado para tratar las infecciones del aparato digestivo), que pueden causar intoxicación al cabo de varias dosis.

➤ Síntomas

Los primeros síntomas de una intoxicación rápida por aspirina suelen consistir en náuseas y vómitos seguidos de una respiración acelerada, zumbido en los oídos, sudación y, a veces, fiebre. Más tarde, si la intoxicación es grave, la persona puede manifestar aturdimiento, somnolencia, confusión, convulsiones y dificultad respiratoria.

Los síntomas de una intoxicación gradual por aspirina aparecen en el transcurso de días o semanas. Los síntomas más frecuentes son somnolencia, confusión y alucinaciones. Pueden presentarse aturdimiento, respiración rápida y ahogo.

➤ Diagnóstico y tratamiento

Se toma una muestra de sangre para medir el valor preciso de aspirina en sangre. La medición del pH de la sangre y de los valores de anhídrido carbónico o bicarbonato en sangre también pueden ayudar a determinar la gravedad de la intoxicación. Los análisis suelen repetirse en el tratamiento para verr si la persona se recupera.

El carbón activado reduce la absorción de la aspirina. Para una intoxicación moderada o grave se administran por vía intravenosa líquidos que contengan bicarbonato sódico; se añadirá potasio al líquido a menos que exista una lesión renal. Esta mezcla desplaza la aspirina de la circulación sanguínea hacia la orina. Si el estado del enfermo empeora a pesar del tratamiento, la hemodiálisis puede eliminar la aspirina de la sangre. Se puede administrar vitamina K para tratar los problemas de hemorragia.

■ Intoxicación por monóxido de carbono

El monóxido de carbono es un gas incoloro e inodoro que, cuando se inhala, impide que la sangre transporte el oxígeno y no permite que los tejidos lo utilicen eficazmente. Una cantidad reducida no suele ser perjudicial; sin embargo, se produce una intoxicación cuando las concentraciones de monóxido de carbono en sangre se vuelven demasiado elevadas. El monóxido de carbono desaparece de la sangre al cabo de horas.

Es común que el humo de los incendios contenga monóxido de carbono, especialmente cuando la combustión de lo que se está quemando es incompleta. La intoxicación por monóxido de carbono puede ser causada por la ventilación inadecuada de automóviles, termos eléctricos de agua, calentadores de gas o queroseno y estufas (incluidas las aglomerados de madera y carbón). La inhalación del humo de tabaco produce monóxido de carbono en la sangre, pero no lo suficiente para producir síntomas de intoxicación.

➤ Síntomas y diagnóstico

Una intoxicación leve por monóxido de carbono causa dolor de cabeza, náuseas, vómitos, somnolencia y falta de coordinación. La mayor parte de las personas que padecen una intoxicación leve por monóxido de carbono se recuperan rápidamente cuando se exponen al aire fresco. Una intoxicación moderada o grave por monóxido de carbono causa confusión, inconsciencia, dolor de pecho, ahogo y coma. Así pues, la mayor parte de las víctimas no son capaces de moverse y deben ser rescatadas. Una intoxicación grave suele ser mortal. Rara vez, en las semanas posteriores a la aparente recuperación de una intoxicación grave por monóxido de carbono, aparecen síntomas tales como la pérdida de memoria, la falta de coordinación y la pérdida incontrolable de orina (lo que se conoce como síntomas neuropsiquiátricos tardíos).

El monóxido de carbono es peligroso porque la persona puede no reconocer la somnolencia como síntoma de intoxicación. Por lo tanto, alguien con una intoxicación leve puede quedarse dormido y continuar respirando monóxido de carbono hasta que se produce un envenenamiento grave o la muerte. Algunas personas con intoxicación leve por monóxido de carbono debida a exposición prolongada, causada por hornos o calentadores, pueden confundir sus síntomas con los de otras enfermedades, como la gripe u otras infecciones víricas.

La intoxicación por monóxido de carbono se diagnostica por la medición de la concentración de monóxido en sangre.

➤ Tratamiento y prevención

En caso de intoxicación leve, puede ser suficiente beber agua fresca. Para tratar una intoxicación más grave se administra una concentración elevada de oxígeno, por lo general, a través de una mascarilla facial. El oxígeno acelera la desaparición del monóxido de carbono de la sangre y alivia los síntomas. Todavía se desconoce el valor del tratamiento de oxígeno a presión elevada (en una cámara hiperbárica).

Para prevenir una intoxicación es necesaria una instalación con una ventilación adecuada para las fuentes de combustión del interior de viviendas, como la calefacción de gas y estufas que queman madera. Si tal ventilación no es posible, una ventana abierta puede limitar la acumulación de monóxido de carbono al permitir que éste escape del edificio. Las tuberías de ventilación colocadas en hornos y otros aparatos de calefacción requieren inspecciones periódicas para detectar grietas y fugas. Se comercializan unos de-

tectores químicos domésticos que pueden detectar el monóxido en el aire, así como alarmas sonoras que se activan con su presencia. La vigilancia constante con detectores así puede permitir detectar el monóxido antes de que se produzca una intoxicación. De igual modo, son recomendables para todas las viviendas los detectores de humo y monóxido de carbono.

■ Intoxicación por sustancias cáusticas

Cuando se ingieren sustancias cáusticas (ácidos y álcalis potentes), pueden quemarse la lengua, la boca, el esófago y el estómago. Estas quemaduras pueden causar perforación del esófago o del estómago. Una fuga de comida y saliva a partir de una perforación causa una infección grave, que puede llegar a ser mortal, dentro del pecho (mediastinitis o empiema) o del abdomen (peritonitis). Las quemaduras no perforantes pueden resultar en cicatrices del esófago y del estómago.

Los productos industriales suelen ser los más perjudiciales porque son altamente concentrados. Sin embargo, algunos productos domésticos comunes de limpieza, como los limpiadores para cañerías e inodoro y algunos detergentes de lavavajillas, tienen un contenido perjudicial de sustancias cáusticas, como el hidróxido de sodio y el ácido sulfúrico.

Las sustancias cáusticas están disponibles en forma sólida y líquida. La sensación de ardor que produce una partícula sólida que se adhiere a una superficie húmeda (como los labios) puede impedir que la persona consuma mucha cantidad de producto. Dado que los líquidos no son adherentes, es más fácil consumir más cantidad del producto, con lo cual puede resultar lesionada la totalidad del esófago.

➤ Síntomas

Aparece rápidamente un dolor en la boca y la garganta, por lo general en cuestión de minutos, y puede ser grave, especialmente al deglutir. Pueden producirse tos, babeo, incapacidad para deglutir y ahogo. En casos graves que impliquen sustancias cáusticas, la persona puede presentar una presión arterial muy baja (*shock*), dificultad respiratoria o dolor de pecho, lo que posiblemente conduzca a la muerte.

En el transcurso de la primera semana después de la ingesta puede producirse una perforación del esófago o del estómago, a menudo después de un vómito o una tos intensa. El esófago puede perforarse en la zona que se encuentra entre los pulmones (mediastino) o en la zona que rodea los pulmones (cavidad pleural). Cualquiera de los casos causa dolor de pecho, fiebre, aumento del ritmo cardíaco, presión arterial muy baja y formación de un absceso (acumulación de pus) que requiere intervención quirúrgica. La peritonitis produce un dolor abdominal grave.

Las cicatrices del esófago tienen por consecuencia un estrechamiento (estenosis), lo cual causa dificultades de deglución. La estenosis suele aparecer en las semanas posteriores a la quemadura, a veces en quemaduras que inicialmente causaron tan sólo síntomas leves.

➤ Diagnóstico y tratamiento

Se examina la boca para detectar quemaduras por productos químicos. Puesto que el esófago y el estómago pueden estar quemados sin que la boca se haya quemado, el médico puede introducir un endoscopio (un tubo flexible de visualización) en el interior del esófago para detectar quemaduras, especialmente cuando la persona babea o tiene dificultad para tragar. Una inspección directa de la zona permite al médico determinar la gravedad de la lesión y, posiblemente, predecir el riesgo de estrechamiento posterior y la posible necesidad de reparación quirúrgica del esófago.

La extensión del daño es determinante para establecer el tratamiento. Las personas con quemaduras graves a veces necesitan que se les intervenga quirúrgicamente de inmediato para eliminar el tejido gravemente dañado. Se utilizan corticosteroides y antibióticos para prevenir la estenosis y las infecciones, pero todavía no está clara la utilidad de estos fármacos.

Dado que las sustancias cáusticas pueden causar el mismo daño al expulsarlas por el esófago que al tragarlas, debe evitarse el vómito en alguien que haya ingerido una sustancia cáustica.

Si las quemaduras son leves, se puede animar a la persona a beber líquidos con bastante prontitud durante la recuperación. En caso contrario, los líquidos se administran por vía intravenosa hasta que sea posible ingerirlos. En caso de que se forme una estenosis, puede colocarse un tubo derivativo dentro de la porción estrechada del esófago para prevenir el cierre esofágico y permitir un futuro ensanchamiento (dilatación). Puede ser necesario practicar dilataciones repetidas durante meses o años. En caso de estenosis grave,

puede también ser necesaria una intervención quirúrgica para reconstruir el esófago.

■ Intoxicación por hidrocarburos

Los productos derivados de petróleo, productos de limpieza y pegamentos contienen hidrocarburos (sustancias compuestas en su mayor parte por hidrógeno y carbono). Muchos niños de edad inferior a cinco años resultan intoxicados por deglución de productos derivados del petróleo, como gasolina, queroseno y diluyentes de pintura, si bien la mayoría se recupera. Están sujetos a un riesgo mayor los adolescentes que intencionadamente respiran los vapores de esos productos para intoxicarse, un tipo de consumo de drogas denominado bufar, esnifar, oler cola o inhalar sustancias volátiles ● *(v. pág. 796).*

Los hidrocarburos deglutidos pueden entrar en los pulmones e irritarlos, una situación que es grave de por sí (neumonitis química) y que puede conducir a una neumonía grave. La afectación pulmonar es un verdadero problema con los hidrocarburos finos y fluidos como el aceite mineral tapaporos que se usa para abrillantar los muebles. La intoxicación grave también puede afectar a cerebro, corazón, médula ósea y riñones.

➤ Síntomas

Por lo general, después de tragar hidrocarburos, la persona tose y se ahoga. Puede presentarse una sensación de ardor en el estómago y es posible que aparezcan vómitos. Si están afectados los pulmones, la persona continúa tosiendo intensamente, la respiración se acelera y la piel se torna azulada (cianosis) a causa de las concentraciones bajas de oxígeno en sangre.

La ingesta de hidrocarburos también produce síntomas neurológicos, como somnolencia, falta de coordinación, estupor o coma y convulsiones. La inhalación de hidrocarburos puede inducir una irregularidad mortal en el ritmo cardíaco o un paro cardíaco, sobre todo después de esfuerzo o estrés.

➤ Diagnóstico y tratamiento

La intoxicación por hidrocarburos se diagnostica a partir de la descripción de lo sucedido y del olor característico de petróleo en el aliento de la persona. La neumonía y la neumonitis química se diagnostican mediante radiografías de tórax y con la medición de la concentración de oxígeno en sangre ● *(v. pág. 309).*

Para tratar la intoxicación, se debe desechar la ropa contaminada y lavar la piel. Si la persona tiene tos entrecortada y ahogo, especialmente si la ingestión fue pequeña y accidental, es posible realizar el tratamiento en casa, que debería comentarse con alguien del centro de intoxicaciones. Las personas con problemas respiratorios son hospitalizadas. Si aparecen neumonía o neumonitis química, el tratamiento hospitalario puede incluir oxígeno y, si es grave, un respirador. Los antibióticos ayudan en caso de que se presente una neumonía. La recuperación de la neumonía habitualmente requiere una semana.

■ Intoxicación por insecticidas

Las características de los insecticidas que los hacen mortales para los insectos pueden, a veces, hacer que sean venenosos para los seres humanos. Las intoxicaciones más graves por insecticidas resultan de los de tipo organofosforado y carbamato, especialmente cuando se utilizan en un intento de suicidio. Estos compuestos están derivados de los gases nerviosos. Normalmente, ni las piretrinas ni los piretroides -insecticidas comúnmente utilizados que derivan de flores- resultan venenosos para los seres humanos.

Muchos insecticidas pueden causar intoxicación una vez tragados, inhalados o absorbidos a través de la piel. Algunos insecticidas son inodoros, de modo que la persona no se da cuenta de que está expuesta a ellos. Los insecticidas de organofosforados y carbamatos hacen que ciertos nervios *se disparen* erráticamente, causando hiperfunción de muchos órganos que finalmente dejan de funcionar. En ocasiones las piretrinas pueden causar reacciones alérgicas. Es raro que los piretroides causen problemas.

➤ Síntomas

Los organofosforados y carbamatos causan lagrimeo, visión borrosa, salivación, sudación, tos, vómitos, así como deposiciones y micción frecuentes. Existe dificultad para respirar, por lo que los músculos se contraen y debilitan; sin embargo, rara vez el ahogo o la debilidad muscular resultan mortales. Los síntomas duran de horas a días después de la exposición a carbamatos, pero

pueden persistir semanas después de la exposición a organofosforados.

Las piretrinas pueden causar estornudos, lagrimeo, tos y dificultad respiratoria ocasional. Es raro que se manifiesten síntomas graves.

➤ Diagnóstico y tratamiento

El diagnóstico de intoxicación por insecticidas se basa en los síntomas y en una descripción de los hechos precedentes. Los análisis de sangre pueden confirmar intoxicación por organofosforados o carbamatos.

Si la piel ha podido estar en contacto con un insecticida, se debe retirar la ropa y lavar la piel. Las personas con síntomas de intoxicación por organofosforados deben acudir al médico. La atropina, administrada por vía intravenosa, puede aliviar la mayoría de los síntomas. La pralidoxima por vía intravenosa puede acelerar la recuperación de la función nerviosa eliminando la causa de los síntomas. Los síntomas de intoxicación por carbamato también se alivian con atropina, pero no es habitual que sirva la pralidoxima. Los síntomas de intoxicación por piretrina se resuelven sin tratamiento alguno.

■ Intoxicación por hierro

Es común que se utilicen píldoras que contengan hierro para tratar ciertos tipos de anemia. El hierro también está incluido en muchos suplementos de vitaminas múltiples. Es posible sufrir intoxicación por hierro en caso de sobredosis de estas píldoras, especialmente para los niños pequeños. La sobredosis por hierro es común, ya que muchos hogares disponen de varios suplementos vitamínicos para adultos que contienen hierro. Sin embargo, la sobredosis de vitaminas que contienen hierro, especialmente las vitaminas masticables infantiles, por lo general no implica el hierro suficiente para causar intoxicaciones graves. Sin embargo, la sobredosis de suplementos de hierro puro puede causar intoxicación por hierro grave.

Las intoxicaciones graves por hierro no son comunes. En primer lugar, se irritan el estómago y el aparato digestivo. En unas horas el hierro envenena las células, y afecta a sus reacciones químicas internas. En el transcurso de algunos días, el hígado puede resultar dañado. Semanas después de la recuperación, el estómago, el aparato digestivo y el hígado pueden presentar cicatrices a causa de la irritación anterior.

➤ Síntomas

Una intoxicación grave por hierro suele causar síntomas a las seis horas de la sobredosis. Los síntomas de intoxicación por hierro se manifiestan típicamente en cuatro estadios. En el estadio 1 (en las seis horas que siguen a la sobredosis), los síntomas son vómitos, diarrea, dolor abdominal, somnolencia, inconsciencia y convulsiones. El estómago puede sangrar. Si la intoxicación es muy grave, puede manifestarse con respiración rápida, aceleración de la frecuencia cardíaca y disminución de la presión arterial. En el estadio 2 (entre 8 y 24 horas después de la sobredosis), puede parecer que el estado de la persona mejora. En el estadio 3 (entre 24 y 48 horas después de la sobredosis), el paciente puede manifestar presión arterial muy baja (*shock*), hemorragia, ictericia, insuficiencia hepática, convulsiones, confusión y coma; así mismo, pueden disminuir las concentraciones de azúcar en sangre. En el estadio 4 (entre 2 y 6 semanas después de la sobredosis), el estómago o los intestinos pueden resultar obstruidos por cicatrices constrictivas. Las cicatrices en estos órganos pueden causar retortijones con dolor abdominal y vómitos. Luego puede darse cicatrización grave del hígado (cirrosis ● *v. pág. 958*).

➤ Diagnóstico y tratamiento

El diagnóstico de intoxicación por hierro se basa en la historia clínica de la persona, los síntomas y la cantidad de hierro en sangre. En caso de haber tomado muchas píldoras, a veces es posible verlas en radiografías del estómago o de los intestinos.

Las personas con síntomas o concentraciones elevadas de hierro en sangre requieren hospitalización. Para eliminar los restos de hierro en el estómago, puede ser necesario un lavado gástrico. Sin embargo, una gran cantidad de hierro puede quedar en el estómago, incluso tras el lavado gástrico o los vómitos. Puede administrarse una solución especial de agua salina, por vía oral o a través de una sonda estomacal, para lavar el contenido del estómago e intestinos (irrigación de todo el intestino), aun cuando su eficacia sea poco clara. También se administran inyecciones de deferoxamina, que fijan el hierro en la sangre.

■ Intoxicación por plomo

Aunque sea mucho menos frecuente desde que se prohibió la pintura con pigmentos de plomo en 1977 y desde la eliminación del plomo de la mayoría de las gasolinas, la intoxicación por plomo (saturnismo) sigue siendo uno de los principales problemas de salud pública. Los trabajadores de industrias que manejan plomo están sometidos al riesgo de intoxicación, al igual que los niños que habitan en viviendas antiguas que contengan pintura de plomo desprendida o tuberías de plomo. Los niños pequeños pueden comerse una cantidad de fragmentos de pintura desprendida suficiente para manifestar los síntomas de una intoxicación por plomo. El plomo afecta a muchas partes del organismo, incluido el cerebro, los nervios, los riñones, el hígado, la sangre, el aparato digestivo y los órganos sexuales. Los niños son especialmente susceptibles, porque el plomo produce un daño mayor en sistemas nerviosos que se encuentran aún en proceso de desarrollo.

Si la concentración de plomo en sangre es elevada durante días, suelen aparecer los síntomas de lesión cerebral repentina (encefalopatía). Una concentración más reducida de plomo en sangre que se sostenga durante períodos más prolongados de tiempo, a veces, produce una deficiencia intelectual.

➤ Síntomas y diagnóstico

Muchas personas con una intoxicación leve por plomo no presentan síntomas. Los síntomas que sí se manifiestan suelen aparecer al cabo de varias semanas o más tiempo. En ocasiones, los síntomas se presentan periódicamente.

Entre los síntomas típicos de intoxicación por plomo se incluyen cambios de personalidad, cefaleas, pérdida de sensibilidad, debilidad, sabor metálico en la boca, inestabilidad al caminar, falta de apetito, vómitos, estreñimiento, retortijones dolorosos del abdomen, dolores óseos o articulares y anemia ● *(v. pág. 1181)*. A menudo, aparece una lesión renal sin síntomas.

En el transcurso de varias semanas los niños pequeños se vuelven caprichosos y juegan con menos frecuencia. En ese momento puede iniciarse una encefalopatía de forma repentina y agravarse en el curso de los días siguientes. El resultado es un vómito persistente e intenso, confusión, somnolencia y finalmente convulsiones y coma.

Los adultos suelen experimentar una pérdida del estímulo sexual, infertilidad y, en los varones, disfunción eréctil (impotencia). Rara vez aparece encefalopatía en los adultos.

Algunos síntomas pueden disminuir si se interrumpe la exposición al plomo, y empeorar nuevamente si ésta se reanuda.

Una intoxicación por plomo se diagnostica con un análisis de sangre. Es preciso realizar análisis de sangre frecuentes a los adultos cuyo trabajo consista en la manipulación de plomo. También debe someterse a análisis de sangre para detectar el plomo a los niños que vivan en comunidades con muchas casas antiguas, en las que sea común el desprendimiento de pintura de base plomada. En los niños, las radiografías de huesos y abdomen a menudo muestran indicios de intoxicación por plomo.

➤ Tratamiento y pronóstico

El tratamiento consiste en detener la exposición al plomo y eliminar del organismo el plomo acumulado. Se elimina el plomo del organismo mediante la administración de fármacos que se unen con el plomo (terapia quelante), de modo que permiten que el plomo pase a la orina y sea eliminado por esta vía. Todos los fármacos que eliminan el plomo trabajan lentamente y pueden suponer riesgos graves.

Las personas con una intoxicación leve por plomo reciben succimero por vía oral. Las personas con una intoxicación por plomo más seria reciben tratamiento hospitalario con inyecciones de fármacos quelantes, como dimercaprol, succimero, penicilamina y el edetato de calcio disódico. Puesto que los fármacos quelantes también pueden eliminar del organismo los minerales beneficiosos, como el cinc, el cobre y el hierro, se suelen administrar también suplementos de estos minerales.

Incluso después del tratamiento adecuado, muchos niños con encefalopatía presentan algún grado de lesión cerebral permanente. De igual modo, el daño renal es a veces permanente.

➤ Prevención

Se comercializan equipos para la detección del contenido de plomo en la vivienda, ya sea en la pintura, los revestimientos cerámicos o el suministro de agua. La limpieza semanal del polvo en los marcos de las ventanas utilizando un trapo húmedo elimina parte del polvo que pudiera contener plomo procedente de la pintura. Debe procederse a la reparación de la pintura plomada que se haya desprendido. Los proyectos de una rehabilitación más en profundidad para extraer la pintura plomada pueden liberar grandes cantidades de plomo en la casa y deben ser realizados por profesionales. Los filtros para grifería que se comercializan pueden eliminar la mayor parte del plomo del agua potable.

CAPÍTULO 298

Mordeduras y picaduras

Muchos animales, incluidos los seres humanos, muerden cuando se les asusta o provoca. Las mordeduras pueden causar lesiones, que van desde arañazos superficiales hasta heridas extensas que frecuentemente se infectan con bacterias de la boca del animal causante de la mordedura o picadura.

Ciertos animales pueden inyectar veneno a través de determinadas partes de la boca o con un aguijón. La toxicidad de estos venenos puede ser de leve a potencialmente mortal. Incluso los venenos levemente tóxicos pueden causar reacciones alérgicas graves.

■ Mordeduras de animales

Aunque todo animal puede morder, los perros y, en menor escala, los gatos, son responsables de la mayoría de las mordeduras. Debido a su popularidad como animales de compañía, los perros son los que ocasionan la mayor parte de las mordeduras, por proteger a sus dueños y su territorio. Alrededor de 10-20 personas, sobre todo niños, mueren cada año por mordeduras de perros. Los gatos no defienden su territorio y muerden principalmente cuando los humanos los repimen por algún motivo o intentan intervenir en una pelea de gatos. Es raro que animales domésticos como caballos, vacas y cerdos muerdan, pero su tamaño y fuerza son tales que pueden causar heridas graves. Son raras las mordeduras de animales salvajes.

Es típico que las mordeduras de perro tengan un aspecto desgarrado, roto. Las mordeduras de gato consisten en heridas profundas, punzantes y que con frecuencia se infectan. Las mordeduras infectadas resultan dolorosas, se inflaman y se enrojecen. La rabia ● *(v. pág. 641)* puede ser transmitida por animales infectados por ese microorganismo, murciélagos en su mayoría. En los lugares donde se procede a la vacunación sistemática, los casos de rabia son poco frecuentes entre animales de compañía.

➤ Tratamiento

Después de recibir el tratamiento corriente de primeros auxilios ● *(v. pág. 2007)*, las víctimas de mordeduras de animales deben acudir al médico de inmediato. En la medida de lo posible, el dueño del animal agresor debe encerrarlo. Si el animal está suelto, la persona mordida no debe intentar capturarlo. Debe darse información del hecho a la policía para que las autoridades competentes observen al animal para detectar signos de rabia.

El médico debe limpiar la mordedura de animal con solución salina o con agua y jabón. En ocasiones se recorta el tejido del borde de la herida por mordedura, en particular si el tejido está aplastado o desgarrado. Las heridas por mordedura en la cara se cierran quirúrgicamente (sutura). Sin embargo, no se suturan las heridas de las manos, ya sean de poca importancia, punzantes, profundas o mordeduras. Se administran antibióticos por vía oral para evitar infecciones. A veces es preciso administrar antibióticos por vía intravenosa en caso de mordeduras infectadas.

■ Mordedura humana

Puesto que los dientes de los seres humanos no están especialmente afilados, la mayoría de las mordeduras humanas causan un hematoma y, sólo a veces, un desgarro superficial (laceración). Existen excepciones, como los apéndices carnosos -tales como oídos, nariz y pene - que pueden quedar cercenados. Es probable que se infecten las lesiones en el puño, que se producen en los nudillos de una persona que le propina un puñetazo a otra en la boca ● *(v. pág. 484)*. Este corte con frecuencia produce una laceración en el tendón del dedo que pasa sobre el nudillo. A veces la persona que muerde transmite a la víctima enfermedades como la hepatitis. La transmisión del VIH, sin embargo, es muy improbable.

➤ Síntomas y diagnóstico

Las mordeduras son dolorosas y normalmente producen marcas sobre la piel con el patrón de los dientes. Las lesiones en el puño dejan sólo un pequeño corte recto sobre el nudillo. El tendón lacerado de un dedo hace difícil moverlo en una dirección. Las mordeduras infectadas se vuelven muy dolorosas, se enrojecen y se hinchan.

➤ Tratamiento

Las mordeduras humanas, al igual que las de animales, deben lavarse con solución salina o con agua y jabón. Las partes cercenadas pueden volverse a unir ● *(v. recuadro pág. 1295)*, y los desgarros, excepto los que impliquen la mano, se pueden cerrar quirúrgicamente. Todas las personas con mordeduras humanas que tengan la piel desgarrada deben recibir antibióticos por vía oral para evitar infecciones. Las mordeduras infectadas se tratan con antibióticos y es frecuente que sea necesario abrirlas mediante intervención quirúrgica para examinar y limpiar la herida. Si se sabe o se sospecha que la persona responsable del mordisco padece una enfermedad que pueda transmitirse por la mordedura, puede ser necesario un tratamiento preventivo.

■ Mordeduras de serpientes venenosas

Las serpientes venenosas del continente americano incluyen crótalos (cascabel, mocasín y *Ancistrodon contortrix*), en hábitats de América del Norte, y cascabel, coral y las del grupo botrópico, muy peligrosas, además del temible laquesis llamado surucuru, en América del Sur; las de Europa incluyen las víboras (cornuda, hocicuda, de Seoane, de Orsini) y las culebras (de herradura, mordedora, verdiamarilla, lisa europea, lisa meridional). Los viajeros que visitan países con un alto índice de accidentes por mordedura de serpiente, como pasa en algunos lugares de América del Sur, por ejemplo, deberían llevar consigo suero antiofídico polivalente. En aproximadamente

Mordedura de serpiente

La gran mayoría de las mordeduras de serpiente se localizan en las extremidades.

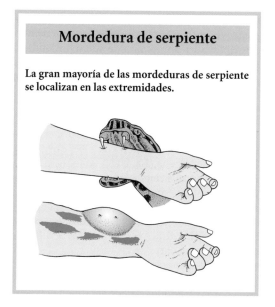

un 25 % de todas las mordeduras de crótalos, el veneno no se inyecta. La mayor parte de las muertes se producen en niños, personas mayores y en las personas que no reciben tratamiento o que son tratadas de forma inadecuada.

El veneno de la cascabel y de otros crótalos y víboras lesiona el tejido que rodea la mordedura. El veneno de cascabel es neurotóxico y hemolítico, puede producir cambios en las células, impide la coagulación de la sangre y lesiona los vasos sanguíneos, de modo que se ocasionan pérdidas a través de los mismos. Estos cambios pueden provocar hemorragias internas e insuficiencia cardíaca, respiratoria y renal. El veneno de la serpiente coral es neurotóxico, afecta al sistema nervioso, pero causa poco daño al tejido que rodea la mordedura. El veneno de las serpientes suramericanas verde, dos rayas, hierro de lanza y atroz tiene una acción que produce anafilaxia y hace que la sangre no coagule. De resultas de ellos, en los casos graves se produce, entre media hora y una hora después de la mordedura, un vómito con sangre, hemorragias por la nariz, las uñas, el cuero cabelludo y la orina, disminución de la circulación sanguínea y colapso mortal si no se trata con suero antiofídico. La mayoría de las mordeduras se producen en la mano o en el pie.

➤ Síntomas

Los síntomas de la mordedura de serpiente venenosa varían en gran medida, en función del tamaño y la especie de la serpiente, de la cantidad de veneno inoculado, de su toxicidad, de la localización de la mordedura, de la edad y el tamaño de la víctima, y de la presencia de problemas de salud subyacentes. Por lo general, las mordeduras de la mayoría de crótalos y víboras causan dolor rápidamente. Suelen aparecer enrojecimiento e inflamación entre 20 y 30 minutos después de la mordedura, y pueden evolucionar hasta afectar la totalidad de la pierna o el brazo en pocas horas. La persona mordida por un cascabel puede experimentar hormigueo y entumecimiento de los dedos de las manos o de los pies, o bien alrededor de la boca y notar un sabor de boca metálico o gomoso. Entre otros síntomas se incluyen fiebre, escalofríos, debilidad general, desvanecimiento, sudación, náuseas y vómitos. Pueden producirse dificultades respiratorias, en particular después de una mordedura de cascabel de Mojave. La víctima puede presentar dolor de cabeza, visión borrosa, párpados caídos y sequedad de boca.

Un envenenamiento por crótalo o víbora, sea moderado o grave, con frecuencia causa hematomas de la piel entre 3 y 6 horas después de la mordedura. La piel que rodea la mordedura se vuelve tensa y cambia de color; y pueden formarse ampollas, a menudo llenas de sangre, en la zona de la mordedura. Sin tratamiento, el tejido que rodea la mordedura puede quedar destruido. La víctima del mordisco puede presentar sangrado en las encías y puede aparecer sangre en el vómito, las heces y la orina.

Las mordeduras de serpiente coral suelen causar poco o ningún dolor e inflamación inmediatamente. Los síntomas más graves pueden tardar varias horas en manifestarse. El afectado experimenta hormigueo en la zona que rodea la mordedura y debilidad de los músculos cercanos. A continuación, la persona puede presentar falta de coordinación muscular y debilitamiento general. Otros síntomas incluyen alteraciones visuales y una mayor producción de saliva, con dificultades para hablar y tragar. Finalmente, pueden manifestarse problemas respiratorios graves.

➤ Diagnóstico

El personal médico de urgencias debe tratar de determinar si se trataba de una serpiente venenosa, de qué especie y si ésta inyectó el veneno. Las marcas de mordedura sugieren a veces si en realidad se trataba de una serpiente venenosa. Los colmillos de una serpiente venenosa por lo general producen una o dos punciones grandes, mientras que los dientes de serpientes no venenosas suelen dejar muchas hileras pequeñas de rasguños. Sin una descripción detallada de la serpiente, el médico puede tener dificultades para determinar el tipo de especie que causó la mordedura. Se reconoce el envenenamiento por sus síntomas característicos. Las personas mordidas suelen permanecer en el hospital de 8 a 12 horas con el fin de observar si aparecen síntomas. Se realizan diversas pruebas para evaluar los efectos del veneno.

➤ Tratamiento y pronóstico

Cualquier persona afectada por la mordedura de una serpiente venenosa debe ser apartada de la distancia de alcance de la serpiente. Debe mantenerse al afectado tan relajado y quieto como sea posible y se debe acudir de inmediato al centro médico más cercano. Debe inmovilizarse la extremidad mordida sin apretarla demasiado y mantenerla a una altura inferior al corazón. Se deben retirar anillos, relojes de pulsera y ropa apretada de la zona de la mordedura. Conviene evitar el alcohol y la cafeína. Se desaconsejan por peligrosos los torniquetes, las bolsas de hielo y abrir la mordedura con un corte.

Si no hubiese inyección de veneno, el tratamiento es el mismo que para cualquier herida punzante ● *(v. pág. 2007)*. Si se ha inyectado veneno y si los síntomas indican una mordedura grave, el antídoto contra el veneno -esto es, el suero antiofídico- es lo más importante del tratamiento, y cuanto antes se administre mayor será su eficacia. El antídoto contra el veneno neutraliza los efectos tóxicos del mismo; se administra por vía intravenosa y está disponible para todas las serpientes venenosas de la zona. Los antídotos para mordeduras de crótalos, víboras y serpientes del grupo botrópico están hechos a partir de suero de caballo y con frecuencia causan enfermedad del suero (una reacción del sistema inmunológico contra proteínas extrañas). Son mucho más seguros los antídotos más recientes, que están hechos de fragmentos purificados de anticuerpos obtenidos de ovejas.

A una persona con hipotensión se le administran líquidos por vía intravenosa. Si el afectado presenta problemas de coagulación sanguínea, se le debe administrar plasma fresco congelado o factores de coagulación concentrados (crioprecipitado), o bien se deben realizar transfusiones de plaquetas.

El pronóstico depende de la edad de la persona y de su estado general de salud, así como de la localización y contenido venenoso de la mordedura. Casi todas las personas mordidas por una serpiente venenosa sobreviven si se tratan a tiempo con cantidades apropiadas de suero antiofídico.

■ Mordeduras de lagartos venenosos

Sólo se conocen dos lagartos venenosos: el lagarto de México y el monstruo de Gila, que se encuentran en Arizona (EE. UU.), Sonora (México) y otras zonas adyacentes. El veneno de estos lagartos es bastante similar en contenido y efecto al de algunas serpientes venenosas, aun cuando los síntomas tienden a ser mucho menos graves y la mordedura casi nunca resulta mortal. A diferencia de la mayor parte de las serpientes, el monstruo de Gila atenaza firmemente cuando muerde y masca el veneno en su víctima en vez de inyectarlo por los colmillos. Puede ser difícil desprender al lagarto.

Entre los síntomas comunes se incluyen dolor, hinchazón y alteraciones de la coloración de la zona que rodea la mordedura, así como inflamación de los ganglios linfáticos. La persona afectada puede quedar débil y sudar profusamente, tener sed, dolor de cabeza y zumbido de oídos (tinnitus). En los casos graves es posible que se produzca un descenso de la presión arterial.

Algunas sugerencias para desprender al monstruo de Gila consisten en forzarle a que abra las mandíbulas utilizando tenazas, colocar una llama bajo el mentón del lagarto y sumergir en el agua al lagarto y la extremidad atenazada por éste. Una vez desprendido el lagarto, a veces permanecen en la piel fragmentos de dientes que hay que retirar. El tratamiento de los problemas de presión arterial baja o de coagulación es similar al de las mordeduras de serpientes venenosas. No existe un antídoto específico.

■ Mordeduras de arañas

Casi todas las arañas son venenosas. Afortunadamente, los colmillos de la mayoría de las especies son demasiado cortos o frágiles para atravesar la piel humana. Aunque el número de especies implicadas en mordeduras a personas es bastante alto, las lesiones graves son producidas sólo por muy pocas especies. Así, en el continente americano las más peligrosas son la viuda negra (*Latrodectus mactans*) y la *Cteniza nidulans*, en el subcontinente norte, y las de los géneros Loxos-

¿Qué es la enfermedad del suero?

La enfermedad del suero es una reacción del sistema inmune frente a grandes cantidades de proteína extraña que hayan entrado en la circulación sanguínea. Una fuente común de dichas proteínas extrañas es el suero de caballo, un ingrediente que se encuentra en muchos antídotos para venenos que se emplean para tratar la mordedura de serpientes venenosas y de arañas y las picaduras de escorpiones. Los síntomas de la enfermedad del suero incluyen fiebre, erupción cutánea y dolores articulares. Raramente se produce lesión renal y la muerte. La enfermedad del suero se trata con antihistamínicos, como difenhidramina, y con corticosteroides. Es poco probable que los sueros antiofídicos y antiaracnídicos sin contenido de suero de caballo den lugar a la enfermedad del suero.

celes (araña marrón) y Phoneutria, como la araña *Phoneutria rufibarbis* y la *P. Nigriventer* o araña del banano, que puede morder repetidas veces y que, unas y otras, provocan accidentes graves o muy graves, en el subcontinente sur; en el continente europeo la única especie que puede representar algún peligro es la viuda negra europea (*Latrodectus tredecimguttatus*), más frecuente en Francia, España y Córcega. Aunque algunas tarántulas son consideradas peligrosas, sus mordeduras no producen lesiones graves. Las mordeduras de araña causan muy pocas muertes y casi siempre en niños.

➤ Síntomas

La mordedura de una **araña viuda negra** suele causar un dolor agudo, parecido a un pinchazo, seguido de un dolor sordo que, a veces, produce entumecimiento en la zona que rodea la mordedura. También se producen calambres y rigidez muscular, que pueden ser intensos y aparecer en el abdomen o en los hombros, espalda y pecho. Otros síntomas pueden incluir náuseas, vómitos, sudación, inquietud, ansiedad, dolor de cabeza, mareo, caída e inflamación de los párpados, erupción cutánea y picores, problemas respiratorios graves, aumento de la producción de saliva y debilidad.

La mordedura de una **araña reclusa marrón** puede causar poco o ningún dolor inmediato, pero al cabo de una hora provoca dolor en el área

que rodea la mordedura. El dolor puede ser grave y puede afectar a la totalidad de la zona herida, que puede mostrar enrojecimiento o amoratamiento y picar. Se pueden también experimentar picores en el resto del cuerpo. Después se forma una ampolla, rodeada de una zona amoratada o una zona roja más distintiva con apariencia de una diana. A continuación, la ampolla aumenta de tamaño, se llena de sangre y, posteriormente, se rompe, con lo que se forma una llaga abierta (úlcera) que puede dejar una gran cicatriz en forma de cráter. La víctima puede presentar náuseas, vómitos, dolor, fatiga, escalofríos, sudación, alteraciones sanguíneas e insuficiencia renal, pero la mordedura rara vez resulta mortal.

➤ Diagnóstico y tratamiento

No es posible identificar una araña en particular a partir de la marca que haya dejado su mordedura. Por lo tanto, un diagnóstico específico únicamente puede confirmarse si se ha podido ver a la araña. Las arañas viudas negras son identificables por una mancha en el abdomen, roja o naranja, en forma de reloj de arena. Las arañas teniza reclusa tienen una marca en forma de violín en la parte posterior.

La única medida de primeros auxilios para una mordedura de viuda negra consiste en colocar un cubito de hielo sobre la mordedura para reducir el dolor. En caso de mordedura de araña viuda negra, es posible aliviar los dolores y espasmos con relajantes musculares y analgésicos opiáceos. Los baños calientes pueden aliviar un dolor leve. Se administra suero antiaracnídico contra el envenenamiento grave. Generalmente, precisan hospitalización las personas menores de 16 años y las mayores de 60 años de edad, así como las que padecen hipertensión arterial o enfermedad cardíaca. Todavía no se comercializa un suero antiaracnídico para la mordedura de araña teniza reclusa. Las llagas de la piel se limpian a diario con una solución de povidona-yodo y se empapan tres veces al día en solución salina; el tejido muerto se va retirando a medida que sea necesario.

■ Picaduras de abejas, avispas, avispones y hormigas

Son frecuentes las picaduras de abejas, avispas y avispones. Algunas hormigas también pican. Una persona normal puede tolerar sin problemas veinte picaduras por cada kilogramo del peso corporal. Esto significa que un adulto podría soportar más de 1 000 picaduras, mientras que 500 picaduras podrían matar a un niño. Sin embargo, una picadura puede causar la muerte por una reacción anafiláctica (una reacción alérgica potencialmente mortal en la cual la presión arterial cae y se cierran las vías respiratorias ● *v. pág. 1282*) en una persona que sea alérgica a tales picaduras. Aunque las personas suelen alarmarse más por la mordedura de una serpiente que por la picada de las abejas, lo cierto es que el número de muertes producidas por picadas de abejas es de tres a cuatro veces mayor que las producidas por la mordedura de una serpiente. Algunas especies de abejas son especialmente peligrosas; así, la llamada abeja asesina africana, una especie melífera abundante en América del Sur, ataca a sus víctimas en grandes enjambres, por lo que producen una reacción mucho más grave que las demás especies.

En las zonas tropicales, especialmente en la zona del golfo de México, las hormigas de fuego (*Solenopsis geminata*) pican hasta a un 40 % de las personas que viven en las zonas que cada año resultan infestadas, y causan al menos treinta muertes.

➤ Síntomas

Las picaduras de abeja producen dolor inmediato y un enrojecimiento de la zona, hinchada, de más o menos 1,5 cm de diámetro. En algunas personas, la zona se inflama hasta un diámetro de cinco centímetros o más al cabo de los siguientes 2 o 3 días. Esta hinchazón a veces se confunde con una infección, que es rara después de una picadura de abeja.

La picadura de la hormiga roja suele producir un dolor inmediato y la zona se inflama y enrojece, síntomas que desaparecen en un período de 45 minutos. En ese momento se forma una ampolla que revienta en 2-3 días, y la zona suele infectarse. En algunos casos, en lugar de una ampolla, se forma un área enrojecida e inflamada que provoca picor. Pueden inflamarse algunos nervios del cuerpo y, a veces, se producen convulsiones.

➤ Tratamiento

Una abeja puede dejar su aguijón en la piel. El aguijón debería ser extirpado tan rápidamente como sea posible sin preocuparse por el método de extracción. Un cubito de hielo colocado sobre la picadura reduce el dolor. También es útil aplicar cremas que combinen un antihistamínico, un analgésico y un corticosteroide. Las personas alérgicas a las picaduras siempre deben llevar consigo una jeringa previamente cargada con adrenalina, que bloquea las reacciones anafilácticas o alérgicas.

Las personas que han sufrido una reacción alérgica grave a la picadura de abeja a veces se someten a una desensibilización (inmunoterapia alergénica) ● *(v. pág. 1272)*, que podría evitar futuras reacciones alérgicas.

■ Picaduras de insectos

Entre los insectos más comunes que pican y a veces succionan sangre, se encuentran los mosquitos, los tábanos, las pulgas, los piojos, las chinches, los reduvios y ciertas variedades de chinches de agua. Las picaduras de estos insectos pueden resultar irritantes debido a los componentes de su saliva. La mayoría de las picaduras se quedan en tan sólo un pequeño bulto enrojecido que produce picazón. A veces, alguna persona presenta una gran llaga (úlcera), con inflamación y dolor. Las reacciones más graves se producen en las personas alérgicas a las picaduras o en las que contraen una infección tras haber sido picadas.

Hay que limpiar la picadura y, si se puede, aplicar un ungüento que combine un antihistamínico, un analgésico y un corticosteroide para aliviar la picazón, el dolor y la inflamación. Las personas con múltiples picaduras pueden tomar un antihistamínico oral. Las personas alérgicas deben buscar atención médica de inmediato o usar su equipo de urgencia para alergias, que contendrá una jeringa previamente cargada con adrenalina.

■ Picaduras de ácaros y garrapatas

Las garrapatas transmiten muchas enfermedades (por ejemplo, la garrapata del ciervo puede albergar la bacteria causante de la enfermedad de Lyme) ● *(v. pág. 1319)*; otros tipos de garrapatas pueden albergar las bacterias que causan infecciones por especies de los géneros Rickettsia o Ehrlichia ● *(v. pág. 1350)*. Las picaduras de garrapatas pajaroello (*Ornithodoros coriaceus*), que se encuentran en México y en el sudoeste de los Estados Unidos, forman ampollas llenas de pus que, al romperse, dejan llagas abiertas que se convierten posteriormente en costras.

Parálisis por garrapatas

En el continente norteamericano, algunas especies de garrapata secretan una toxina que causa la parálisis por garrapatas. Una persona con parálisis por garrapatas se nota inquieta, débil e irritable. Al cabo de pocos días, aparece una parálisis progresiva, que comienza desde las piernas hacia arriba. Los músculos que controlan la respiración también pueden paralizarse.

La parálisis por garrapatas se cura rápidamente tras el hallazgo y retirada de las garrapatas. Si la persona presenta problemas respiratorios, puede necesitar oxigenoterapia o un ventilador mecánico para asegurar la respiración.

Las infestaciones producidas por los ácaros son muy comunes; producen un prurito que pica intensamente, causado por larvas de ácaro localizadas bajo la piel, como en la sarna ● *(v. pág. 1450)*, y varias otras enfermedades. La gravedad de los efectos sobre los tejidos que rodean la picadura es muy variable.

➤ Tratamiento

Las garrapatas deben extraerse lo antes posible. La mejor manera es agarrar la garrapata con unas pinzas curvas lo más cerca posible de la piel y sacarla fuera directamente. Debe extraerse también la cabeza de la garrapata, que puede no salir unida al cuerpo, porque puede causar una inflamación prolongada. La mayoría de los métodos populares para quitar garrapatas, como la aplicación de alcohol, esmalte de uñas o una cerilla caliente, son ineficaces y pueden hacer que la garrapata expulse saliva infectada en la zona de la picadura.

Las infestaciones por ácaros se tratan aplicando cremas que contengan permetrina o una solución de lindano. Después del tratamiento con permetrina o lindano, en ciertos casos se utilizan pomadas con corticoides durante algunos días, con el fin de aliviar el prurito (picazón) hasta haber eliminado todos los ácaros.

■ Picaduras de ciempiés y milpiés

Algunos de los ciempiés de mayor tamaño pueden infligir una picadura dolorosa, que causa hinchazón y enrojecimiento. Los síntomas rara vez duran más de 48 horas. Los milpiés no pican, pero pueden segregar una toxina que es irritante, en particular cuando accidentalmente se frota ésta en el ojo.

La aplicación de hielo sobre la picadura de ciempiés suele aliviar el dolor. Las secreciones tóxicas de los milpiés deben eliminarse de la piel lavándola con abundante agua y jabón. Si se produce una reacción cutánea, debe aplicarse alguna crema con corticoides. Las lesiones oculares tienen que lavarse con agua (irrigarse) inmediatamente.

■ Picaduras de escorpiones

Es poco frecuente que sean serias las picaduras del escorpión del continente n?orteamericano o las del rojo, común en toda la zona del Mediterráneo. Suelen producir dolor, tumefacción mínima, sensibilidad y calor en el lugar de la picadura. Sin embargo, en América del Sur son peligrosos los escorpiones del género Tytus. Los niños que hayan resultado picados tienen un riesgo grave en las primeras veinticuatro horas, con muerte por colapso del sistema circulatorio precedida de coma. El escorpión esculpido de América meridional (*Centruroides exilicauda* o *C. sculpturatus*) -que se encuentra en Arizona, Nuevo México y California- también tiene una picadura muy tóxica. Su picadura es dolorosa y, en ciertos casos, causa entumecimiento u hormigueo en la zona que la rodea. Los síntomas graves son más frecuentes en niños, y consisten en movimientos anormales de cabeza, ojos y cuello; mayor producción de saliva; sudación, e inquietud. Algunas personas presentan graves sacudidas musculares involuntarias y espasmódicas. Pueden producirse también dificultades respiratorias.

Aunque las picaduras de la mayoría de escorpiones no necesitan ningún tratamiento especial, siendo suficiente la aplicación de hielo sobre la herida para reducir el dolor y de un ungüento que contenga antihistamínico, analgésico y corticosteroide, es prudente consultar con un facultativo. Las picaduras de Centruroides provocan síntomas graves que pueden requerir el uso de sedantes, como midazolam administrado por vía intravenosa. El antídoto para Centruroides alivia rápidamente los síntomas, pero puede causar una reacción alérgica grave o enfermedad del suero.

■ Picaduras y mordeduras de animales marinos

Las **rayas** tienen veneno en las púas que presentan en la parte posterior de la cola. Las lesiones suelen producirse cuando una persona pisa una raya mientras camina en aguas marinas poco profundas. La raya lanza su cola y clava las púas en el pie o en la pierna de la víctima, y libera el veneno. Es posible que en la herida queden fragmentos del revestimiento de la púa, lo cual incrementa el riesgo de infección.

En general, la herida que produce la púa es irregular y sangra abundantemente. El dolor es inmediato y grave, si bien disminuye gradualmente en un período de 6-48 horas. Es frecuente que la persona sufra desvanecimiento, debilidad, náuseas y ansiedad. Son menos comunes vómitos, diarrea, sudación, espasmos generalizados y dificultades respiratorias.

Puesto que el calor inactiva el veneno de raya, el dolor puede aliviarse cuando se sumerge la extremidad lesionada en agua a la máxima temperatura que la persona pueda tolerar durante 30-90 minutos. El médico debe limpiar la herida a fondo y extraer cualquier fragmento de las púas o de su recubrimiento para prevenir la infección. La herida puede precisar una sutura quirúrgica. Las heridas por raya que se infectan requieren antibióticos y es posible que haya que reabrir la herida para detectar la retención de algún fragmento de púas.

Algunos **moluscos** son venenosos; entre ellos se encuentran los caracoles, los pulpos y los bivalvos (como almejas, ostras y vieiras). El cono de California (*Conus californicus*) es el único molusco peligroso de las aguas norteamericanas. Su picadura puede causar dolor, hinchazón y entumecimiento en la zona de la picadura y, a continuación, puede aparecer dificultad para hablar, visión borrosa, parálisis muscular, insuficiencia respiratoria y paro cardíaco. Las picaduras de pulpo rara vez son graves. Sin embargo, la mordedura del pulpo azul anillado, que se encuentra en aguas australianas, aunque sin dolor, produce debilidad y una parálisis que puede ser mortal.

Las medidas de primeros auxilios parecen ser poco eficaces en caso de picadura de cono de California y pulpo. Pero estas lesiones pueden requerir cuidados médicos intensivos si se tiene en cuenta la posibilidad de parálisis respiratoria.

Los **erizos de mar** están revestidos de grandes espinas punzantes, afiladas y recubiertas de veneno. Tocar o pisar esas espinas afiladas por lo general produce una herida punzante y dolorosa.

Las espinas se rompen con frecuencia en la piel y causan dolor crónico e inflamación cuando no se extraen. Puede producirse dolor muscular y articular, además de erupciones cutáneas.

Las espinas de los erizos de mar deben ser extraídas de inmediato. Puesto que el vinagre disuelve la mayoría de las espinas de los erizos de mar, es probable que sea suficiente aplicar varias compresas o baños de vinagre para quitar las espinas que no han penetrado a fondo. Para las espinas incrustadas puede ser necesaria la cirugía. Puesto que el calor inactiva el veneno del erizo de mar, empapar frecuentemente la parte corporal lesionada con agua caliente alivia el dolor.

Varios **celenterados** -como los corales, las anémonas marinas, las medusas y las carabelas portuguesas- están dotados de aguijones muy desarrollados (nematocistos) sobre sus tentáculos; un solo tentáculo puede contener miles de ellos. La gravedad de la picadura depende del tipo de animal. La picadura de la mayoría de las especies causa una erupción cutánea dolorosa y pruriginosa. La erupción puede convertirse en ampollas, que se llenan de pus y luego revientan. Otros síntomas son debilidad, náuseas, dolor de cabeza, dolor y espasmos musculares, congestión de los ojos y la nariz, sudación profusa y dolor en el pecho, que puede empeorar al respirar. Cabe señalar que las picaduras de carabela portuguesa han causado la muerte de algunas personas.

La mayor parte de las picaduras de celenterados no requiere más que limpieza. Se sugiere el siguiente tratamiento general:

1. Verter sobre la herida agua de mar (no agua dulce).

2. Empapar la zona herida en una solución de vinagre durante 30-60 segundos (eso inactiva los nematocistos de la medusa).

3. Retirar los tentáculos con unas pinzas, o bien con la mano enguantada.

4. Espolvorear harina o bicarbonato sódico sobre la herida y luego raspar el polvo cuidadosamente con un cuchillo afilado.

5. Empapar nuevamente la zona con vinagre.

6. Aplicar un ungüento que combine antihistamínicos, analgésicos y corticosteroides.

Las personas que presenten reacciones más graves pueden necesitar terapia con oxígeno u otro medio de asistencia respiratoria. Los espasmos musculares intensos y el dolor se tratan con medicamentos administrados por vía intravenosa. Se dispone de antídoto para las picaduras de ciertas especies australianas, pero es ineficaz para las picaduras de otras especies.

CAPÍTULO 299

Primeros auxilios

El objetivo de los primeros auxilios es salvar vidas, prevenir el empeoramiento de una lesión o una enfermedad, o contribuir a acelerar la recuperación. Se estudian en este capítulo los primeros auxilios referidos a paro cardíaco, atragantamiento, hemorragia, heridas menores y lesiones del tejido blando de poca importancia. En otros capítulos se comentan los primeros auxilios para ahogamiento parcial, insolación, descenso de la temperatura corporal (hipotermia), reacciones alérgicas graves (anafilaxia), lesiones de la columna vertebral, valores bajos de azúcar (hipoglucemia), intoxicación, convulsiones, picaduras, heridas por mordeduras, quemaduras químicas de los ojos, fracturas, congelación, epistaxis (hemorragia nasal), esguinces y dientes flojos.

■ Prioridades durante los primeros auxilios de urgencia

La primera prioridad es evaluar las vías respiratorias de la persona, su respiración y su circulación. Un problema en cualquiera de estos sistemas es siempre mortal si no se corrige. Las vías respiratorias, el paso por el cual viaja el aire hacia los pulmones, pueden resultar obstruidas. Diversas enfermedades y lesiones pueden hacer que la respiración cese. El paro cardíaco, cese de los latidos del corazón, detiene la circulación de la sangre por todo el organismo.

La siguiente prioridad suele ser obtener asistencia médica profesional llamando al servicio de asistencia médica de urgencias (excepto en caso de atragantamiento y en algunos casos de paro cardíaco, en los que debe iniciarse el tratamiento antes de pedir auxilio). En caso de que sea posible recurrir a un servicio de atención médica telefónica, la persona que hace la llamada debe proporcionar rápidamente a su interlocutor una descripción completa del estado de la persona implicada y de cómo se ha producido la lesión o enfermedad. No debe colgar el teléfono hasta que se le haya indicado qué hacer. Si están presentes varios rescatadores, o socorristas, uno debe llamar pidiendo auxilio mientras otro empieza la evaluación del daño y la aplicación de los primeros auxilios.

Después de pedir asistencia médica se deben corregir los factores prioritarios antes de iniciar cualquier otro tratamiento. En caso de que sea necesario, se practica una reanimación cardiopulmonar (RCP) ● *(v. pág. 2004.*

Si son muchas las personas lesionadas, debe tratarse primero a la más gravemente herida. Puede ser difícil determinar cuál necesita tratamiento con más urgencia: alguien que grita de dolor puede estar lesionado de menor gravedad que otro que no puede respirar o cuyo corazón ha dejado de latir y, por lo tanto, está callado. La evaluación debe tomar menos de un minuto por persona lesionada. En cada caso, el socorrista debe considerar si la situación es potencialmente mortal, urgente pero sin riesgo de muerte o no urgente. El paro cardíaco y la hemorragia masiva son potencialmente mortales; el tratamiento para una fractura ósea puede esperar, sin importar lo doloroso que sea.

Si la persona lesionada es incapaz de aportar información acerca de su estado de salud, debe obtenerse la información por otros medios. Por ejemplo, si al lado de una persona inconsciente se encuentra un frasco de comprimidos vacío, debe entregarse el envase al personal de urgencias médicas. La descripción de cómo alguien sufrió la lesión y la información procedente de testigos, familiares o socorristas puede ser esencial para establecer el tratamiento. Después de tomar estas medidas, pueden proporcionar bienestar al afectado el hecho de tranquilizarlo y tomar otras medidas simples, como taparlo con una manta y mantenerlo calmado y abrigado.

Algunas enfermedades graves, como las que ocasionan el virus de la inmunodeficiencia humana y el de la hepatitis B, pueden transmitirse por la sangre. Los socorristas deben evitar el contacto con sangre de las heridas, especialmente la sangre de extraños de quien se desconozca la historia clínica. Los guantes de látex para el examen proporcionan la mejor protección. Si no se dispone de guantes, puede utilizarse plástico. Por ejemplo, el socorrista puede colocar las manos dentro de una bolsa alimentaria de plástico o de cualquier cosa impermeable. En caso de contaminación con sangre, deben lavarse las manos tan pronto como sea posible, incluso debajo de las uñas, de forma enérgica con agua y jabón o

Componentes básicos de primeros auxilios

El botiquín de primeros auxilios debe mantenerse siempre bien provisto. Ha de estar dotado de los siguientes componentes básicos::

- Esparadrapo
- Antiséptico en crema (como, por ejemplo, la bacitracina)
- Aspirina o paracetamol
- Vendajes o esparadrapo quirúrgico
- Bastoncillos de algodón
- Manual de primeros auxilios
- Tijeras afiladas
- Jabón
- Adhesivo estéril o vendajes de gasa de varias dimensiones
- Termómetro
- Guantes finos translúcidos
- Tela de algodón
- Pinzas

con una suave solución de lejía (alrededor de una cucharada sopera por litro de agua). Es mucho menos probable que el contacto con saliva y orina provoque una transmisión de enfermedad en comparación con el contacto con la sangre.

■ Paro cardíaco

El paro cardíaco es lo que sucede cuando una persona muere: el corazón deja de latir y cesa la respiración, lo cual priva al organismo de oxígeno. En ocasiones, es posible reanimar a una persona durante los primeros minutos después de sufrir un paro cardíaco. Sin embargo, cuanto más tiempo pase, menos probabilidades tiene la persona de ser reanimada y, en caso de conseguirlo, tiene mayor probabilidad de sufrir una lesión cerebral.

Una persona con paro cardíaco yace inmóvil sin respiración y no responde a preguntas ni estimulación, como zarandearla. El socorrista que se enfrenta con alguien que encaja en esta descripción debe primero determinar si la persona está consciente, preguntándole en voz muy alta: "¿Se encuentra usted bien?". Si no hay respuesta, el socorrista coloca a la persona de espaldas y emplea

el recurso de *ver, escuchar y sentir* para determinar si se ha detenido la respiración, observando para ver si el pecho se mueve hacia arriba y abajo, escuchando sonidos de respiración y tratando de sentir algún movimiento de aire sobre la boca de la persona. Si la persona no respira, el socorrista busca una obstrucción de las vías respiratorias mirando en boca y garganta para detectar cualquier objeto visible.

➤ Tratamiento de primeros auxilios

En caso de paro cardíaco, deben practicarse los primeros auxilios con la mayor rapidez posible. Si se dispone de un desfibrilador automatizado externo (un dispositivo que puede reiniciar el latido del corazón), éste debería utilizarse inmediatamente. El siguiente paso es solicitar asistencia médica profesional. A continuación, si la persona no ha comenzado a respirar, debe iniciarse la reanimación cardiopulmonar (RCP). La RCP combina la respiración artificial, que suministra oxígeno a los pulmones, con compresiones del tórax, que hacen circular oxígeno hacia el cerebro y demás órganos vitales, ya que fuerzan la salida de la sangre del corazón.

La habilidad para la RCP se obtiene mejor mediante un curso de formación. Las asociaciones de cardiología, la Cruz Roja y muchos departamentos de bomberos y hospitales ofrecen cursos de formación de RCP. Puesto que los procedimientos pueden variar a lo largo del tiempo, es importante mantenerse al día y repetir los cursos según las recomendaciones al respecto.

Para empezar la RCP, el socorrista debe colocar a la persona de espaldas, moviendo al mismo tiempo cabeza, cuerpo y extremidades. Seguidamente, el socorrista debe retirar cualquier objeto que visiblemente esté obstruyendo las vías respiratorias. A continuación, el socorrista debe desplazar la cabeza de la persona ligeramente hacia atrás y levantarle el mentón, lo que a veces abre una vía respiratoria bloqueada. Si la persona sigue sin respirar, el socorrista cubre la boca de la persona con la suya y comienza la respiración artificial (reanimación boca a boca, respiración de rescate) por medio de una lenta espiración de aire en los pulmones de la persona. Para evitar que el aire escape por la nariz de la persona, el reanimador le mantiene la nariz cerrada, apretándola, a medida que espira en la boca del afectado.

La respiración artificial es muy similar en niños y adultos. Sin embargo, con un bebé, el reanimador debe colocar su boca sobre la boca y la nariz

Desfibrilador automatizado externo: sacudida para la reanudación del ritmo cardíaco

Un desfibrilador automatizado externo (DAE) es un dispositivo que puede detectar y corregir un tipo específico de ritmo cardíaco anormal conocido como fibrilación ventricular. La fibrilación ventricular produce paro cardíaco. Si se produce un paro cardíaco, se debe utilizar inmediatamente un DAE, si se dispone de él. Se utilizará antes de pedir auxilio y antes de intentar una reanimación cardiopulmonar (RCP) ya que es más probable que un DAE salve vidas. Si el DAE detecta una fibrilación ventricular, proporciona un *shock* eléctrico (desfibrilación) que puede restablecer el ritmo cardíaco haciendo que se reinicie el latido del corazón. Si la persona sigue en paro cardíaco después de que se haya utilizado el DAE, se debe solicitar ayuda y practicar la reanimación cardiopulmonar.

Los DAE son fáciles de usar. En algunos países, la Cruz Roja proporciona cursos de formación para el uso de DAE. Cada DAE tiene instrucciones de empleo diferentes. Se deben seguir con rigor las instrucciones escritas sobre el DAE. Estos dispositivos están disponibles en muchos lugares públicos, como estadios y salas de concierto. Es posible que las personas con propensión a la fibrilación ventricular quieran adquirir y tener en casa un DAE para que lo utilicen los miembros de la familia.

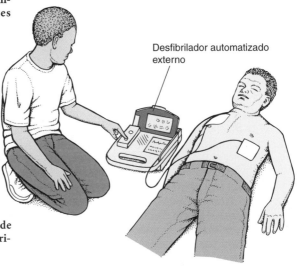

Desfibrilador automatizado externo

---

del bebé. Para evitar dañar los pulmones del bebé, que son más pequeños, el reanimador debe espirar con menor fuerza que con los adultos.

La imposibilidad de mover el pecho después de la respiración artificial indica que las vías respiratorias están bloqueadas. Si el pecho se eleva, el reanimador debe proporcionar dos respiraciones profundas y lentas.

A continuación, se realizan las compresiones del tórax. El reanimador se arrodilla hacia un lado y, con los brazos extendidos rectos, se inclina sobre la persona y coloca ambas manos, una sobre la otra, en la parte inferior del esternón. El reanimador comprime el pecho a una profundidad de 4-5 cm en un adulto, menos en un niño. Para un bebé, el reanimador emplea dos dedos para comprimir el esternón, justo debajo de los pezones a una profundidad de 1,5-2,5 cm. La reanimación cardiopulmonar pueden realizarla una persona (que realiza alternativamente respiración artificial y compresiones del tórax) o dos (una para la respiración artificial y otra para hacer las compresiones del tórax). Las respiraciones se dan más o menos de 15 a 20 veces por minuto (una vez cada 3 o 4 segundos) y las compresiones del tórax se realizan más o menos de 80 a 100 veces por minuto. El reanimador debe continuar con la RCP hasta que llegue la asistencia médica, hasta que esté demasiado cansado para continuar o hasta que el paciente se recupere.

■ Atragantamiento

Las maniobras para aliviar el atragantamiento con frecuencia salvan la vida de la persona que lo sufre. Los adultos a menudo se atragantan con un trozo de comida, como un pedazo grande de carne. Los lactantes no tienen bien desarrollado el reflejo de tragar y pueden atragantarse si se les

Realizando la maniobra de Heimlich

El reanimador rodea con sus manos, desde atrás, el abdomen de la persona. A continuación, cierra una mano y rodea su puño con la otra. El reanimador coloca las manos a medio camino entre el esternón y el ombligo y, a continuación, tira de las manos hacia dentro y hacía arriba.

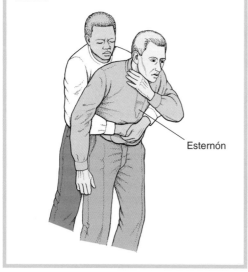

Esternón

dan alimentos pequeños y redondos, como cacahuetes o caramelos duros. Los niños, especialmente los pequeños, pueden también atragantarse con juguetes, monedas y otros objetos no comestibles que ellos se colocan en la boca.

La tos puede ser el primer síntoma y es a menudo tan grave que la persona no puede pedir ayuda. Es posible que la persona se sujete la garganta con ambas manos. La respiración y el habla pueden debilitarse o detenerse. Puede haber sonidos muy agudos o ronquidos. La persona puede tornarse azul, sufrir una convulsión o un desmayo.

➤ Tratamiento de primeros auxilios

El tratamiento para una persona que está atragantada tiene prioridad sobre la llamada de urgencia médica.

Una tos fuerte con frecuencia expulsa el objeto de las vías respiratorias. Se debe permitir que una persona con tos fuerte siga tosiendo. Una persona que pueda hablar normalmente por lo general tiene aún una fuerte tos. Si una persona que está

atragantada no puede toser, debe realizarse la maniobra de Heimlich. La maniobra de Heimlich produce un aumento de presión en el abdomen y el tórax, lo cual expulsa el objeto.

Si la persona está consciente, el socorrista se aproxima desde atrás y rodea con las manos el abdomen de la persona. El socorrista cierra el puño, con el pulgar apuntando hacia dentro, y lo coloca entre el esternón y el ombligo, hacia la persona. La otra mano se coloca entonces firmemente sobre la mano cerrada en puño. Se empuja enérgicamente con las manos hacia dentro y hacia arriba cinco veces de forma sucesiva. Debe emplearse menos fuerza si se trata de un niño. Deben repetirse unas series de empujones hasta expulsar el objeto. Si la persona queda inconsciente, el socorrista debe interrumpir los empujones.

Si la persona pierde el conocimiento, se deben tomar medidas para que se abran las vías respiratorias y proporcionar respiración artificial ● *(v. pág. 2004)*. La imposibilidad de elevar el pecho indica que las vías respiratorias están todavía bloqueadas. El socorrista examina las vías respiratorias para detectar objetos visibles y extraerlos. Si no se encuentra ningún objeto, el socorrista inserta su dedo en la boca hasta encontrar y eliminar cualquier objeto oculto que esté presente. Después se reanuda la respiración artificial.

En bebés no se debe realizar la maniobra de Heimlich. En su lugar, se pone al bebé boca abajo, con el pecho reposando sobre la mano del socorrista, con la cabeza más baja que el cuerpo. El socorrista debe golpear al bebé entre los omóplatos cinco veces utilizando el revés de la mano (golpes de revés). Los golpes deben ser firmes, pero no tanto como para causar daño. A continuación, el socorrista debe examinar la boca y quitar todo objeto visible. Si las vías respiratorias siguen obstruidas, el socorrista debe poner al bebé boca arriba con la cabeza hacia abajo, empujar con los dedos índice y corazón hacia dentro y hacia arriba sobre el esternón cinco veces (acometida torácica), luego examinar la boca una vez más.

■ Hemorragia interna

Puede producirse una intensa hemorragia interna en la cavidad abdominal, en la cavidad torácica, en el aparato digestivo o en los tejidos que rodean una fractura.

Inicialmente, la hemorragia interna en sí no causa ningún síntoma, aunque un órgano lesionado que sangra es a menudo doloroso. Sin embargo, la persona puede no sentir ese dolor debido a otras lesiones o puede ser incapaz de expresar dolor debido a confusión, somnolencia o inconsciencia. Finalmente, las hemorragias internas suelen volverse evidentes. Por ejemplo, la sangre del tracto digestivo puede vomitarse o excretarse por el recto. Una pérdida abundante de sangre causa hipotensión arterial, y hace que la persona se sienta débil y con vértigo. La persona puede desmayarse estando de pie o incluso sentada y, si la presión arterial es muy baja, puede perder el conocimiento.

➤ Tratamiento de primeros auxilios

Un socorrista no puede detener hemorragias internas. Si una hemorragia abundante causa aturdimiento o síntomas de *shock* ● *(v. pág. 179)*, se debe acostar a la persona con las piernas elevadas. Debe solicitarse ayuda profesional tan rápidamente como sea posible.

■ Heridas

Los cortes o desgarros de tejido (laceraciones), las raspaduras (abrasiones) y las heridas punzantes pueden ser causadas por mordeduras ● *(v. pág. 1995)* u otras lesiones. Las heridas que no están causadas por mordeduras, por lo general, se curan rápidamente sin ningún problema. Sin embargo, algunas heridas pueden causar pérdida abundante de sangre. Otras pueden llegar a complicarse a causa de una infección o lesión en estructuras más profundas, como nervios, tendones o vasos sanguíneos. También es posible que un trozo de material extraño quede oculto dentro de una herida punzante.

Los cortes superficiales en la mayoría de las zonas de la piel rara vez sangran, y a menudo la hemorragia se detiene espontáneamente. Los cortes en las manos y el cuero cabelludo, así como los cortes en las arterias y venas más grandes, con frecuencia sangran intensamente.

Cuando una herida se contamina con suciedad y bacterias puede producirse una infección. Aunque cualquier herida puede infectarse, la infección es especialmente probable en las raspaduras profundas, que introducen suciedad en la piel, y en las heridas punzantes, que introducen contaminación en capas profundas de la piel. También se infectan casi siempre las heridas que contengan material extraño (como astillas, vi-

Extracción de un cuerpo extraño en la vía respiratoria de un bebé

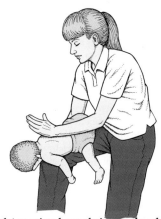

El bebé se sujeta boca abajo con el pecho apoyado sobre la mano del reanimador. A continuación el reanimador golpea con cuidado la espalda del bebé entre los omóplatos.

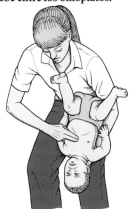

El bebé se gira boca arriba con la cabeza más baja que el cuerpo. Entonces el reanimador coloca su segundo y tercer dedos sobre el esternón del bebé y empuja hacia dentro y hacia arriba.

drio o fragmentos de ropa). Cuanto más tiempo permanezca contaminada la herida, mayor probabilidad existe de que se produzca una infección.

Las heridas pueden resultar dolorosas al principio, pero el dolor suele disminuir después del primer día. Si un corte afecta a un nervio o un tendón, la persona no puede mover esa parte del cuerpo completamente. Algunas lesiones de nervios causan entumecimiento. Si un objeto extra-

Férulas de uso común

Una férula puede ser cualquier cosa que prevenga el movimiento de una extremidad. Una férula se emplea para prevenir lesiones adicionales y limitar el dolor. Para que sea eficaz, una férula tiene que inmovilizar las articulaciones por encima y debajo de la lesión.

Las férulas pueden hacerse a partir de objetos fácilmente asequibles, como una revista o varios periódicos. Pero las férulas, por lo general, consisten en un objeto rígido, recto, como una tabla que se coloca y sujeta al miembro. Un cabestrillo puede emplearse junto con el entablillado como apoyo para el antebrazo cuando se lesiona el brazo, la muñeca o la clavícula.

Brazo con férula y cabestrillo

Pierna con férula

ño sigue dentro de una herida punzante, por lo general la parte de la herida cercana al objeto presenta dolor al tacto.

El dolor que empeora un día o más después de la lesión suele ser el primer signo de infección. Luego, la herida infectada se enrojece y se inflama, y puede exudar pus. Puede aparecer fiebre.

➤ Tratamiento de primeros auxilios

El primer paso en el tratamiento de un corte consiste en detener la hemorragia. Una hemorragia visible casi siempre puede detenerse mediante una compresión firme de la zona que sangra, con el dedo o la mano, durante al menos cinco minutos. Siempre que sea posible, la parte que sangra debe elevarse por encima del nivel del corazón, por ejemplo, levantando una extremidad. Puesto que los torniquetes impiden todo el flujo de sangre hacia una parte del cuerpo y lo privan de oxígeno, se emplean en raras ocasiones.

Para prevenir la infección, deben quitarse la suciedad y las partículas y lavar la herida. Las partículas grandes, visibles, se retiran. La suciedad y las partículas más pequeñas, que no puedan verse, se quitan lavando con un jabón suave y agua de grifo. La suciedad y las partículas que permanezcan después del lavado, con frecuencia, pueden eliminarse con un chorro a mayor presión o con agua tibia del grifo. No se recomienda utilizar agentes más fuertes, como el alcohol, el yodo o el peróxido. Estas soluciones pueden lesionar los tejidos, y deteriorar su capacidad para curarse. Es necesario frotar para limpiar las raspaduras profundas. Después de la limpieza se aplica un ungüento antibiótico y una venda. Si una herida es muy pequeña, puede cerrarse con ciertos esparadrapos comercializados. Puede ser necesario poner puntos en heridas penetrantes o grandes.

Es necesaria la asistencia de un profesional médico en las circunstancias siguientes:

● si el corte es más largo que aproximadamente un centímetro, está en la cara, parece profundo o con bordes que se separan;

● si la hemorragia no se detiene al cabo de algunos minutos o después de haber aplicado presión;

● si hay síntomas de lesión de nervio o de tendón;

● si una raspadura es profunda o si resulta difícil quitar la suciedad y las partículas;

● si la herida es punzante, especialmente si es probable que haya un objeto extraño en la misma;

● si la persona no ha recibido una vacunación contra el tétanos en los últimos cinco años.

Es preciso observar todas las heridas, ya sean tratadas en el domicilio o por profesionales de la salud, durante varios días después del tratamiento para descartar síntomas de infección. Si se presentara algún síntoma de infección, debe buscarse asistencia médica en pocas horas. La mayor parte de las heridas pequeñas se curan en algunos días.

■ Lesiones del tejido blando

Las lesiones del tejido blando incluyen bultos y magulladuras (contusiones), y pequeños desgarros musculares (tirones de poca importancia) o de ligamentos y tendones cercanos a las articulaciones (esguinces de poca importancia).

Las contusiones, los tirones musculares y los esguinces de poca importancia producen dolor, de leve a moderado, e inflamación. La hinchazón puede volverse descolorida, amoratarse después de un día y volverse amarilla o marrón días más tarde. Generalmente se puede seguir utilizando esa parte del cuerpo. Las personas con síntomas más graves -como dolor, deformidad o incapacidad para caminar o utilizar la parte lesionada- pueden sufrir un desgarro muscular leve o un esguince. Sin embargo, también pueden sufrir una separación completa de los huesos que estaban atados dentro de una articulación (dislocación), una separación parcial de los huesos que estaban atados dentro de una articulación (subluxación), una fractura ● *(v. también recuadro pág. 420)* u otra lesión grave. Las personas con síntomas graves por lo general necesitan asistencia médica profesional para determinar la naturaleza de la lesión.

➤ Tratamiento de primeros auxilios

Las contusiones, los tirones musculares y los esguinces leves pueden tratarse en casa con descanso, hielo, compresión y elevación ● *(v. pág. 508)*, lo cual acelera la recuperación y disminuye el dolor y la hinchazón. Si existe la posibilidad de fractura, desgarro muscular grave, esguince grave, subluxación (dislocación parcial) o dislocación, debe aplicarse una tablilla hasta que se pueda proporcionar asistencia profesional.

■ Extremidades o dedos cercenados o comprimidos

Partes del cuerpo como los dedos de manos y pies pueden resultar cercenados. También es posible que el tejido muera porque la circulación sanguínea haya quedado cortada por anillos u otros mecanismos constrictivos. Los anillos impiden el flujo de sangre cuando la parte del cuerpo próxima al anillo se hincha, a menudo como consecuencia de una lesión o simplemente debido a la constricción que causa el anillo.

Las partes cercenadas del cuerpo, si se preservan adecuadamente, pueden a veces volverse a unir en el hospital. Para prolongar la vida del tejido, la parte cortada debe colocarse en una bolsa de plástico seca y hermética, y ésta en un recipiente con hielo. No debe utilizarse hielo seco.

Deben retirarse los anillos u otro objeto que rodee cualquier parte del cuerpo, como un dedo o un brazo, antes de que la extremidad se hinche. Para quitar los anillos puede emplearse una tracción suave sostenida. El uso de agua y jabón puede reducir la fricción, lo que facilita su extracción. De lo contrario, se precisa una asistencia médica rápida.

TEMAS ESPECIALES

CAPÍTULO 300

Toma de decisiones en medicina

Las decisiones sobre la salud se toman de manera más efectiva si el médico y el paciente lo hacen de forma conjunta. Cuando la experiencia y el conocimiento del médico se combinan con los conocimientos, los deseos y los valores de la persona implicada, es cuando se toman las decisiones más acertadas. Sin embargo, son muchos los factores que influyen en esta toma de decisiones.

■ Fuentes de información

La mayoría de los médicos se apoyan en gran medida en su experiencia: lo que han aprendido al diagnosticar y tratar a personas con problemas similares. Sin embargo, también leen libros y revistas de medicina, consultan con colegas y recurren a otras fuentes de información, como páginas de salud en Internet, para recabar más información sobre problemas específicos y mantenerse al día de las novedades de la investigación médica. También pueden revisar recomendaciones (guías de buena práctica clínica) publicadas por grupos de expertos.

Las personas que necesitan información sobre la salud recurren, sobre todo, a sus médicos. Pero muchas otras también se dirigen a las cada vez más numerosas fuentes de información impresas o a Internet.

A medida que se publican los resultados de nuevas investigaciones clínicas, el médico los evalúa y se plantea cómo puede aplicarlos. Diferentes tipos de estudios proporcionan diferentes tipos de información.

El estudio transversal compara los resultados de ciertas pruebas entre una muestra de personas con el fin de conocer la incidencia de una enfermedad en un momento dado. Dicho estudio se utiliza a menudo para evaluar la manera en que tales pruebas sirven para diagnosticar enfermedades. El estudio caso-control compara las historias de personas con una determinada enfermedad (caso) con otras (control) que no la tienen; se utiliza para comprender la causa o causas de una enfermedad. En un estudio de cohortes se estudia a las personas durante un cierto período de tiempo, que varía desde horas hasta décadas, dependiendo de lo que se esté analizando; sirve para determinar el efecto de una enfermedad en las personas a lo largo del tiempo (pronóstico).

El ensayo clínico es considerado como el tipo de estudio más riguroso. En un ensayo clínico controlado, un grupo de personas recibe un tratamiento o se somete a un examen determinado, mientras que otro grupo (grupo control) realiza otros tratamientos o pruebas, o bien no se somete a ningún tratamiento ni prueba alguna. En un ensayo clínico randomizado controlado, las personas se pueden asignar a cada grupo al azar. En un ensayo clínico se limitan las condiciones, de manera que sólo participan personas con características similares.

A veces se realizan estudios para comparar los costes relativos de diferentes métodos de diagnóstico y distintos tratamientos. Estos estudios se conocen como estudios de coste-eficacia y de coste-beneficios. Son útiles para que el médico evalúe los efectos de sus decisiones desde el punto de vista de la sociedad, pero no tanto para valorar dichas decisiones respecto a un individuo en particular.

Debido a las diferentes maneras en que se planifican y llevan a cabo estos estudios, incluso los que se destinan a evaluar la misma cosa pueden producir resultados contradictorios. Un método para tratar de resolver estas contradicciones consiste en preparar un resumen de los resultados de todos los estudios que pertenecen al tema, y compararlos y evaluarlos rigurosamente. Este tipo de estudio se denomina revisión sistemática. Otro método que intenta resolver estos resultados contradictorios es el denominado metaanálisis. El metaanálisis combina matemáticamente los resultados de los estudios y luego los compara.

■ Decisiones acerca de las pruebas de laboratorio

Las pruebas se realizan para detectar una enfermedad, clasificar y valorar la magnitud de la misma, o controlar su curso, en especial su respuesta al tratamiento.

El *screening* consiste en un conjunto de pruebas que se realizan para tratar de detectar una enfermedad cuando no existe evidencia de que una persona la padezca. Por ejemplo, la medición de los niveles de colesterol es útil para valorar el riesgo de enfermedad cardiovascular en personas que no tienen síntomas de padecerla. Para que las pruebas de detección sean útiles, tienen que ser exactas, relativamente baratas, presentar pocos riesgos y producir apenas molestias.

El diagnóstico, por otra parte, utiliza pruebas para confirmar o descartar una enfermedad si existen sospechas de que una persona la padezca. Por ejemplo, si el médico sospecha la presencia de una enfermedad grave del corazón, puede recomendar un cateterismo cardíaco. Este examen no sería una buena prueba de detección, ya que es costoso, tiene efectos secundarios y resulta molesto. Sin embargo, estas desventajas son superadas por la necesidad de realizar esta prueba cuando se debe confirmar la presencia o la ausencia de enfermedad.

Para clasificar y medir la gravedad de una enfermedad ya diagnosticada se utilizan otras pruebas. Los resultados orientarán tratamientos más específicos y eficaces. Por ejemplo, después de confirmado el diagnóstico de cáncer de mama, se realizan pruebas complementarias para determinar si se ha extendido y hasta dónde.

También existen pruebas para controlar la evolución de una enfermedad o determinar la respuesta al tratamiento. Por ejemplo, se realizan análisis de sangre de manera periódica a personas con una insuficiente producción de hormona tiroidea (hipotiroidismo) con el fin de determinar si reciben una dosis de sustitución adecuada a sus necesidades. También se decide la frecuencia con la que una persona necesita dichas pruebas.

Cuando el médico decide recomendar pruebas para una enfermedad, especialmente para el diagnóstico, evalúa la probabilidad de que una persona la presente. Para realizar una estimación en el caso de una persona en particular (probabilidad preprueba para la enfermedad), el médico tendrá en cuenta la información que exista sobre la enfermedad en la zona, la frecuencia de la misma (prevalencia) y el número de casos nuevos aparecidos durante un período de tiempo (incidencia). También valora las características específicas de la persona (factores de riesgo) que la hacen más o menos propensa a la enfermedad. Con esta información, el médico puede seleccionar la mejor prueba para confirmar la presencia de la enfermedad.

Después de realizar una prueba, hay que determinar el significado posible de los resultados. Desafortunadamente, las pruebas no son perfectas. A veces dan resultados normales en personas que tienen la enfermedad; es decir, se producen resultados falsos negativos. Y otras, por el contrario, dan resultados anormales en personas que no tienen la enfermedad; es decir, se producen resultados falsos positivos. Por lo tanto, las características más importantes de una prueba son su sensibilidad (la probabilidad de que dé resultados anormales en personas afectadas por la enfermedad analizada) y su especificidad (probabilidad de dar resultados normales en personas sin esa enfermedad). El médico puede combinar matemáticamente la probabilidad preprueba de la enfermedad con los resultados de la prueba y la información sobre la sensibilidad y la especificidad de la misma para presentar una estimación más precisa de la probabilidad de que una persona tenga la enfermedad (probabilidad postprueba).

Otra característica de una prueba es su fiabilidad. Una prueba muy fiable da el mismo resultado cuando se repite en más de una ocasión, a menos que la enfermedad analizada haya mejorado o empeorado. Los resultados de una prueba menos fiable pueden cambiar de forma aleatoria.

Antes de realizar una prueba, el médico sopesa su daño potencial en comparación con el posible beneficio que puede proporcionar la información. También se debe considerar cómo van a ser utilizados los resultados. Puede que no sea útil realizar una prueba si los resultados no van a modificar el tratamiento recomendado. Por ejemplo, si una prueba se va a realizar para determinar si un tratamiento en particular es recomendable para una persona, pero dicha persona ya ha decidido que no quiere ese tratamiento, entonces no es necesario realizar la prueba.

■ Decisiones sobre el tratamiento

Los médicos sopesan el daño potencial de un tratamiento en comparación con su posible beneficio antes de recomendar una actuación determinada. A veces el beneficio del tratamiento es mejorar los síntomas; por ejemplo, reducir el dolor. Los beneficios también pueden consistir en mejorar la función, por ejemplo, ser capaz de caminar más lejos. En ocasiones, el beneficio es la curación de una enfermedad y en otras, el tratamiento reduce la probabilidad de ésta o sus complicaciones se presenten más adelante. Por lo tanto, el beneficio es una disminución del riesgo de lo que se desea evitar.

El riesgo es la probabilidad de que se produzca una alteración de la salud. Por ejemplo, el médico puede recomendar un fármaco para reducir el riesgo de que se presente un accidente vascular cerebral. Un ensayo clínico controlado puede indicar que de 1 000 personas a las que se les ha dado este fármaco en particular, 20 han tenido un accidente vascular cerebral a pesar de tomar la medicación, y que de las 1 000 que no lo recibieron, 40 presentaron un accidente vascular cerebral. Los resultados del estudio se pueden interpretar como que el fármaco reduce a la mitad el riesgo de accidente vascular cerebral, ya que 20 es la mitad de 40 (disminución relativa de riesgo). Sin embargo, también indican que sólo en 20 personas de 1 000 se ha eliminado el riesgo de accidente vascular cerebral, ya que la diferencia entre 40 y 20 es 20 (disminución absoluta de riesgo). Reducir el riesgo de accidente vascular cerebral a la mitad parece impresionante, pero el médico debe determinar si un tratamiento que sólo beneficia a 20 de cada 1 000 personas es la mejor elección para la persona que está siendo tratada. Para determinar si el fármaco es la mejor opción, tanto el médico como la persona deben tener en cuenta varios datos, como la probabilidad de que se presenten efectos secundarios graves.

Los estudios de investigación proporcionan información sobre cuánto reduce el riesgo de consecuencias perjudiciales por término medio un tratamiento. Pero los promedios no siempre indican cómo responderá una persona en particular a ese tratamiento.

■ Participar en la toma de decisiones médicas

Para participar de lleno en el proceso de toma de decisiones, la persona debe trabajar estrechamente con su médico. Pero antes de tomar una decisión, puede desear tener una información adicional. Estas informaciones se pueden obtener de folletos y otros materiales proporcionados por el médico, de publicaciones como libros, boletines informativos y revistas de divulgación sobre la salud, y a través de Internet. La persona debe leer la información cuidadosamente, teniendo en cuenta la posible parcialidad de la misma. Por ejemplo, una información de tipo anecdótico puede indicar que un tratamiento es útil, pero puede no serlo para todos. Estas fuentes de información pueden dar origen a nuevas preguntas que deben comentarse con el médico ● *(v. pág. 24).* La persona también puede querer consultar a otro médico, especialmente cuando éste tiene mayor experiencia (segunda opinión).

Además, la persona debe ser muy clara a la hora de expresar sus deseos, sobre todo en determinadas circunstancias, como en el caso de una enfermedad terminal, que puedan hacer que le resulte imposible expresar sus deseos más adelante ● *(v. pág. 63).*

■ Realidades de la toma de decisiones

Cuando hay que tomar una decisión sobre un diagnóstico o tratamiento, deben realizarse dos tareas. La primera es elegir, dentro de una variedad de fuentes, la información que ayude a determinar qué medidas hay que tomar. La segunda es aplicar la información obtenida a la situación particular de la persona.

Pero a veces hay que superar alguna dificultad. Una de ellas es el tiempo, pues muchas decisiones deben tomarse rápidamente. En este caso, los médicos y los pacientes pueden no tener tiempo suficiente para reunirse y valorar toda la información disponible. El médico también debe ayudar a los pacientes a evaluar la calidad de la información procedente de varias fuentes y puede pensar, por ejemplo, que su experiencia personal merece más confianza que los resultados de un ensayo clínico.

Los efectos potenciales de cualquier recomendación diagnóstica también deben ser evaluados por el médico, quien además tiene que ayudar a la persona a pensar en las consecuencias de pasar por alto una afección grave aun si el diagnóstico es improbable.

El mismo tipo de razonamiento se utiliza para decidir tratamientos. Si una persona tiene un trastorno leve que mejorará por sí mismo, el médico no recomendará un tratamiento que pueda producir graves efectos secundarios. Por el contrario, si la afección es grave, suele admitirse el riesgo de dichos efectos secundarios.

Pero cabe la posibilidad de que el médico y la persona no tengan la misma percepción del riesgo. El probable efecto secundario de un fármaco puede resultar inquietante para una persona por su gravedad, independientemente de la frecuencia con que éste aparezca. El médico, sin embargo, no sentirá la misma preocupación si la posibilidad de que se presente el efecto secundario es remota. También es posible que el médico no entienda que para una persona en particular sea un problema importante lo que la mayoría de la gente considera un efecto secundario menor. Por ejemplo, si el trabajo de una persona es conducir un vehículo, será difícil que tome regularmente un fármaco que cause somnolencia.

A menudo, sin embargo, el equilibrio entre el riesgo de la enfermedad y su tratamiento no se puede establecer tan claramente. El médico suele sopesar los riesgos y los beneficios de un tratamiento de forma diferente a como lo hace la persona tratada. Comprender los riesgos ayudará a la persona a evaluar las opciones que tiene cuando el médico le ofrezca varias posibilidades y le pida que decida entre ellas. Al evaluar los riesgos relativos y absolutos de las diversas opciones e introducir luego sus propios valores, la persona tomará decisiones más informadas sobre la atención médica.

CAPÍTULO 301

Cirugía

El término *cirugía* es el que se utiliza tradicionalmente para designar los tratamientos que implican cortar o suturar tejidos. Sin embargo, los avances en las técnicas quirúrgicas han complicado su definición: a veces se utiliza el láser en lugar del bisturí para cortar tejidos, y las heridas pueden cerrarse sin sutura. En la medicina moderna, la distinción entre una intervención quirúrgica y un procedimiento médico no siempre es fácil. Pero hacer esta distinción no es tan importante como el hecho de que el médico que realice el procedimiento tenga experiencia y una buena formación.

La cirugía es un área de atención extensa que incluye muchas técnicas diferentes. En algunos procedimientos quirúrgicos se extirpa tejido o se resuelven obstrucciones. En otros se llevan arterias y venas a nuevas posiciones para proporcionar un aporte adicional de sangre a zonas que no recibían la suficiente. Para reemplazar la piel, se realizan injertos, a veces con materiales artificiales, y para sustituir las partes rotas de un hueso se introducen barras metálicas dentro del mismo.

A veces la cirugía se utiliza para ayudar en el diagnóstico de un problema. La forma más frecuente de cirugía diagnóstica es la biopsia, que extrae una porción de tejido para su examen al microscopio. En algunas urgencias, en las que no hay tiempo para pruebas diagnósticas, la cirugía se utiliza tanto para el diagnóstico como para el tratamiento. Por ejemplo, puede ser necesaria para identificar y reparar rápidamente órganos con hemorragias debidas a heridas por arma de fuego.

Existen tres categorías de cirugía: de emergencia, urgente y electiva. La cirugía de emergencia, como la que se requiere para detener una hemorragia interna rápida, es aquella que se realiza en cuanto sea posible; unos minutos pueden marcar la diferencia. La cirugía urgente, como la extirpación de un apéndice inflamado, debe realizarse en horas. La cirugía electiva, como en caso de la sustitución de una articulación de rodilla, puede retrasarse durante un tiempo, hasta que se haya hecho todo lo necesario para optimizar las posibilidades de éxito durante y después del procedimiento quirúrgico.

Anestesia: como la cirugía suele producir dolor, casi siempre se realiza mediante la administración de algún tipo de anestesia, pues ésta bloquea su percepción. La anestesia puede ser local, regional o general.

La anestesia local y la regional consisten en la inyección de fármacos como, por ejemplo, lidocaína o bupivacaína, que insensibilizan sólo partes específicas del cuerpo. En la anestesia local, el fármaco se inyecta bajo la piel en el punto por donde va a ser cortada para insensibilizar sólo dicha zona. En la anestesia regional, que insensibiliza una zona más grande, el fármaco se inyecta en uno o más nervios y se insensibiliza la zona del cuerpo inervada por dichos nervios. Por ejemplo, inyectando un fármaco en ciertos nervios se pueden insensibilizar los dedos de la mano, del pie o una gran zona de las extremidades. Un tipo de anestesia regional implica la inyección de un fármaco en una vena (anestesia regional intravenosa). Mediante un dispositivo como un vendaje elástico o un manguito de presión se comprime la zona de unión del miembro al cuerpo, reteniendo el fármaco en las venas de esa extremidad. La anestesia regional intravenosa puede insensibilizar una extremidad completa.

Durante la anestesia local y la anestesia regional, la persona permanece consciente. Sin embargo, a veces se administran fármacos ansiolíticos por vía intravenosa para sedar y relajar al individuo. La anestesia local y la regional suelen considerarse más seguras que la anestesia general debido a que, por lo general, no afectan a los órganos vitales, como el corazón, los pulmones, el cerebro, el hígado y los riñones. Rara vez la pérdida de sensibilidad, el hormigueo o el dolor persisten en la zona insensibilizada durante días o incluso semanas.

La anestesia espinal y la anestesia epidural son tipos específicos de anestesia regional en la que el fármaco se administra alrededor de la médula espinal, en la parte inferior de la espalda. Dependiendo del punto de la inyección y de la posición del cuerpo, puede insensibilizarse un área extensa (como, por ejemplo, desde la cintura a los dedos de los pies). La anestesia espinal y la epidural son útiles para operaciones de la parte inferior del cuerpo, como la que se utiliza en la cirugía de reparación de hernias, en intervenciones de próstata, recto, vejiga y pierna, y en algunas intervenciones ginecológicas. La anestesia espinal y la anestesia epidural también se utilizan durante el

Cirugía estética

La cirugía estética implica una amplia variedad de intervenciones, incluidos la eliminación de las arrugas faciales y del cuello (ritidectomía); eliminación de grasa y arrugas del abdomen (abdominoplastia); aumento o reducción de mamas (mamoplastia); reposición de pelo del cuero cabelludo (cirugía de reposición capilar); modificación de los rasgos faciales, como mandíbula (mandibuloplastia), párpados (blefaroplastia) y nariz (rinoplastia); eliminación de la grasa corporal (liposucción); y eliminación de varices (escleroterapia).

La cirugía estética es tan popular y tentadora como cara; además, tiene riesgos, incluso graves, para la salud, así como la posibilidad de que el aspecto final sea menos agradable de lo que era originalmente. La cirugía estética sólo se recomienda a personas muy motivadas, ya que para obtener los mejores resultados hay que seguir estrictamente las instrucciones tras la operación. Se debe escoger un médico que siga los estándares de la especialidad y con amplia experiencia en el procedimiento.

parto. A veces aparece una cefalea días después de la anestesia espinal aunque, por lo general, se trata de forma eficaz.

En la anestesia general, se administra un fármaco que circula por el torrente sanguíneo y que deja inconsciente a la persona. El fármaco puede administrarse por vía intravenosa o por inhalación. Debido a que el ritmo de la respiración disminuye con la anestesia general, es posible que el anestesista introduzca un tubo respiratorio en la tráquea. Sin embargo, para intervenciones cortas, dicho tubo no suele ser necesario; en su lugar, el anestesista puede facilitar la respiración utilizando una mascarilla respiratoria manual. Para intervenciones más largas, el tubo traqueal y el respirador sustituyen la respiración de la persona. Los anestésicos generales afectan a los órganos vitales, por lo que el anestesista supervisa estrechamente la frecuencia y el ritmo cardíacos, la respiración, la temperatura corporal y la presión arterial hasta que los fármacos se hayan eliminado. Afortunadamente, los efectos secundarios graves son muy poco frecuentes.

Cirugía mayor y menor: suele distinguirse entre cirugía mayor y cirugía menor, aunque muchos procedimientos quirúrgicos tienen características de ambos tipos de cirugía.

La cirugía mayor implica casi siempre el uso de anestesia general. Con frecuencia, la cirugía mayor conlleva la apertura de una de las principales cavidades del cuerpo: del abdomen (laparotomía), del pecho (toracotomía) o del cráneo (craneotomía) y puede forzar el funcionamiento de órganos vitales. Por lo general, la intervención la lleva a cabo un equipo especializado de médicos en un quirófano. Después de una intervención de cirugía mayor suele ser necesaria una estancia, por lo menos, de una noche en el hospital.

En una cirugía menor, en la que no hay apertura de las cavidades mayores del cuerpo, se puede requerir el uso de anestesia local, regional o general. Se realiza en un servicio de urgencias, en centros de cirugía ambulatoria o en la consulta del propio médico. No suele afectar órganos vitales, por lo que este tipo de cirugía puede ser llevada a cabo por un solo médico, que puede ser cirujano o no. En general, la persona puede volver a su domicilio el mismo día de la intervención.

Segunda opinión: la decisión de realizar una intervención no siempre está clara y puede haber varias opciones para cada tipo de procedimiento. Por lo tanto, es posible que la persona desee la opinión de más de un médico. Algunos seguros de salud requieren una segunda opinión antes de una intervención quirúrgica electiva.

Para que no haya conflicto de intereses, algunos expertos aconsejan que se establezca de antemano que el médico que da una segunda opinión no realice la operación. Otros recomiendan que la segunda opinión la dé un médico no cirujano, para eliminar cualquier sesgo hacia la intervención quirúrgica cuando una de las opciones es un tratamiento no quirúrgico. Esta opinión no es compartida por algunos expertos, que recomiendan que sea otro cirujano el que dé una segunda opinión, porque éste conoce mejor las ventajas y desventajas de la cirugía que un no cirujano.

➤ Preparación para el día de la intervención

Los días o semanas previos a la intervención se realizan diversos preparativos. A menudo, se recomienda conseguir un estado físico y nutricional óptimos, debido a que un buen estado general ayuda al individuo a recuperarse del esfuerzo que supone la cirugía.

Eliminar o reducir el consumo de tabaco y de alcohol antes de someterse a una intervención que requiera anestesia general puede aumentar la seguridad de la misma. El consumo reciente de tabaco hace más probable la aparición de arritmias cardíacas durante la anestesia general y altera la función pulmonar. El consumo excesivo de alcohol puede lesionar el hígado y producir una hemorragia grave durante la intervención, además de aumentar o disminuir, de forma impredecible, el efecto de los fármacos utilizados en la anestesia general. Sin embargo, el consumo de alcohol debe disminuirse gradualmente, ya que una disminución repentina antes de la anestesia general puede producir efectos perjudiciales, como fiebre y alteraciones de la presión arterial o del ritmo cardíaco.

El médico lleva a cabo una exploración física y un interrogatorio que incluye los síntomas recientes, los problemas médicos previos, el consumo de tabaco y de alcohol y las alergias. También se solicita a la persona que haga una lista de todos los fármacos que esté tomando en ese momento. Debe informar de todos los fármacos que toma, ya sean de prescripción médica o no, para evitar problemas graves de salud. Por ejemplo, el consumo de aspirina, que una persona puede considerar trivial y no mencionarlo, puede aumentar el sangrado durante la intervención.

Las pruebas que se realizan antes de la intervención (pruebas preoperatorias) incluyen análisis de sangre y orina, electrocardiograma, radiografías y pruebas de la función respiratoria. Estas pruebas determinan si los órganos vitales funcionan adecuadamente. Si los órganos no funcionan bien, el estrés de la cirugía o de la anestesia puede causar problemas. Las pruebas preoperatorias también pueden revelar una enfermedad transitoria desapercibida, como una infección, que requeriría un aplazamiento de la intervención.

En el caso de que se necesite una transfusión de sangre durante la intervención, se puede reservar sangre de la propia persona. Usar sangre propia (transfusión sanguínea autóloga ● *v. pág. 1179*) elimina el riesgo de infección y de la mayoría de las reacciones transfusionales. Pueden extraerse 0,5 litros de sangre, varias veces si fuera necesario, y reservarla hasta que se inicie la intervención. El organismo reemplaza la sangre perdida en las semanas posteriores a la donación.

Antes de la intervención, es posible que el anestesista entreviste a la persona para revisar los resultados de las pruebas y constatar ciertas situaciones médicas que influyan en la elección del tipo de anestésico. También pueden comentarse los tipos de anestesia más seguros y eficaces.

Se debe preparar con antelación una delegación de poderes para la atención sanitaria y un testamento vital ● *(v. pág. 64)* por si después de la intervención la persona no puede comunicarse o está discapacitada.

Siempre que sea posible, se solicita a la persona una autorización para realizar la operación, un proceso denominado consentimiento informado. El médico o el cirujano exponen los riesgos y los beneficios de la operación y responden a las preguntas que surgen. La persona lee y firma un formulario de consentimiento. En casos de cirugía de emergencia en que la persona no pueda dar su consentimiento informado, los médicos deben intentar contactar con la familia. Excepcionalmente, la intervención quirúrgica de emergencia debe realizarse antes de que se haya conseguido contactar con la familia.

Puesto que algunos de los fármacos administrados durante la intervención pueden causar vómitos, por lo general no se debe comer ni beber nada durante al menos ocho horas antes. Dependiendo del tipo de cirugía se recomiendan otras pautas específicas. La persona debe preguntar al médico qué fármacos de los prescritos habitualmente debe tomar antes de la intervención. Los que van a ser sometidos a cirugía del intestino reciben laxantes un día o dos antes de la operación.

Debido a que el dispositivo que supervisa la concentración de oxígeno en la sangre se aplica a un dedo, el esmalte de uñas y las uñas artificiales deben retirarse antes de acudir al hospital. De este modo, dicho dispositivo funciona con más precisión. Así mismo, la persona no debe llevar objetos de valor.

➤ El día de la intervención

Antes de la mayoría de las intervenciones, la persona se quita la ropa, joyas, audífonos, dientes postizos y lentes de contacto o gafas y se pone una bata. La persona es llevada a una estancia especialmente asignada (zona de espera) o al propio quirófano para realizar los preparativos finales antes de la intervención. La piel que va a ser cortada (zona operatoria) se cepilla con un antiséptico para eliminar las bacterias, lo que ayuda a prevenir la infección, y es posible que sea necesario afeitar la zona operatoria. En una de las venas de la mano o del brazo se inserta un tubo de plástico (catéter), a través del que se administrarán líquidos y fármacos. Para la sedación se puede administrar un fármaco por vía intravenosa.

Si la última preparación se ha realizado en la zona de espera, se conduce después al individuo hasta el quirófano. En este punto, la persona qui-

Cirugía mínimamente invasiva

Actualmente, los avances técnicos permiten realizar una intervención con incisiones más pequeñas y excisión de menos tejido de lo que permitía la cirugía tradicional. Los cirujanos pueden introducir dispositivos de iluminación de pequeño tamaño, cámaras de vídeo e instrumentos quirúrgicos a través de incisiones del tamaño de un ojo de cerradura. Así, pueden realizar procedimientos utilizando las imágenes que se transmiten a los monitores de vídeo como guías para manipular los instrumentos quirúrgicos. Este tipo de cirugía se conoce como cirugía laparoscópica cuando se realiza en el abdomen; cirugía artroscópica cuando se lleva a cabo en las articulaciones, y cirugía toracoscópica cuando se realiza en el tórax.

Como produce una lesión tisular menor que la cirugía tradicional, este tipo de cirugía tiene varias ventajas, como una estancia hospitalaria más corta (en la mayoría de los casos), menos dolor tras la operación, incorporación más temprana al trabajo y tendencia a dejar cicatrices más pequeñas. Sin embargo, las desventajas de este tipo de cirugía a menudo se subestiman, tanto por los cirujanos como por las personas que se operan. Los cirujanos tienen sólo una visión bidimensional de la zona operatoria, ya que utilizan un monitor de vídeo. Del mismo modo, los instrumentos quirúrgicos utilizados son de mayor longitud y se controlan desde el exterior del cuerpo, por lo que el cirujano puede usarlos de forma menos natural que los instrumentos quirúrgicos tradicionales. Por estas razones, la cirugía mínimamente invasiva a menudo requiere más tiempo que la intervención quirúrgica tradicional.

Una cuestión importante, en especial cuando un procedimiento es nuevo: los errores son más probables que con las técnicas tradicionales debido a la propia complejidad de este tipo de cirugía. Finalmente, aunque la cirugía mínimamente invasiva puede causar menor dolor que la intervención quirúrgica tradicional, el dolor sigue apareciendo, a menudo más del esperado.

Debido a que la cirugía mínimamente invasiva es técnicamente difícil, se debe elegir un cirujano muy experimentado. Se debería establecer claramente si la cirugía es necesaria y preguntar al cirujano cómo va a tratarse el dolor.

zás esté aún despierta, aunque puede sentirse aturdida o haberse dormido ya. Después se la traslada a la mesa quirúrgica, sobre la cual existen unas lámparas quirúrgicas especialmente diseñadas. Médicos, enfermeras y todos los que estén cerca del campo quirúrgico, o tocándolo, deben lavarse cuidadosamente las manos con jabón antiséptico, lo que minimiza el número de bacterias y de virus en el quirófano. Para la intervención también llevan ropa quirúrgica, gorros, mascarillas, calzas, batas estériles y guantes estériles.

Se administra anestesia local, regional o general.

➤ Después de la intervención

Después de finalizar la operación, y mientras la persona se recupera de la anestesia, se la traslada a una sala de recuperación para que sea vigilada estrechamente alrededor de 1 o 2 horas. La mayoría de las personas experimentan cierto grado de aturdimiento al despertar, sobre todo si se ha realizado una intervención de cirugía mayor. Algunos individuos presentan náuseas durante un período corto de tiempo y otros sienten frío.

Dependiendo de la naturaleza de la cirugía y del tipo de anestesia, la persona puede volver a su casa directamente desde la sala de recuperación o quedarse ingresada en el hospital, a veces en una unidad de cuidados intensivos (UCI). Para remitir a una persona a su domicilio, debe poder pensar con claridad, respirar normalmente, ser capaz de beber líquidos, de orinar, de caminar y no tener un dolor importante. La zona operatoria no debe presentar hemorragia ni una inflamación no esperada.

Cuando la persona es ingresada en el hospital, al despertarse puede encontrar muchos tubos y dispositivos en su cuerpo. Por ejemplo, un tubo respiratorio en la garganta, apósitos adhesivos en el pecho para controlar el latido cardíaco, un tubo en la vejiga, un dispositivo en el dedo para medir la concentración de oxígeno en la sangre, un vendaje en la zona operada, un tubo en la nariz o en la boca y uno o más catéteres en las venas.

Lo normal es presentar dolor después de la mayoría de las intervenciones, pero casi siempre puede controlarse. Los medicamentos que alivian el dolor (analgésicos) se administran por vía intravenosa, por vía oral, inyectados en el músculo o aplicados sobre la piel como un parche. Si se ha realizado una anestesia epidural, el anestesista puede dejar un tubo de plástico en la espalda pa-

En el quirófano

El quirófano proporciona un entorno estéril en el que un equipo quirúrgico puede llevar a cabo la intervención.

El equipo quirúrgico lo forman un cirujano principal, que dirige la intervención; uno o más cirujanos ayudantes, que colaboran con el cirujano jefe; el anestesista, que controla el suministro de anestésicos y supervisa estrechamente a la persona; la enfermera instrumentista, que da los instrumentos al cirujano; y la enfermera circulante, que proporciona el material adicional al equipo quirúrgico.

Por lo general, el quirófano está dotado de un monitor que muestra los signos vitales, una mesa de operaciones y una lámpara de quirófano . Los gases anestésicos se introducen en el equipo de anestesia. Mediante una goma unida a un dispositivo de aspiración se elimina el exceso de sangre y de otros líquidos que pueden afectar a la adecuada visión de los tejidos. Se continúa con los líquidos intravenosos, cuya administración se inicia antes de que la persona entrara en el quirófano.

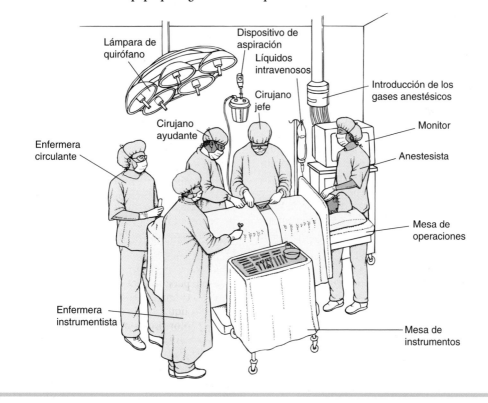

Lámpara de quirófano

Dispositivo de aspiración

Líquidos intravenosos

Cirujano jefe

Introducción de los gases anestésicos

Monitor

Cirujano ayudante

Anestesista

Enfermera circulante

Mesa de operaciones

Enfermera instrumentista

Mesa de instrumentos

ra administrar analgésicos opiáceos como la morfina. A veces, la persona ingresada dispone de un dispositivo para controlar la cantidad de analgesia que recibe (analgesia controlada por el paciente). Si el dolor persiste, pueden solicitarse tratamientos adicionales ● (v. pág. 540). El uso constante de analgésicos opiáceos suele provocar estreñimiento. Para prevenirlo se administrar un laxante estimulante o un reblandecedor de heces.

Durante los días posteriores a la operación pueden aparecer complicaciones como fiebre, formación de coágulos e infección. El colapso de pequeñas zonas de los pulmones (atelectasia), las

infecciones de las vías urinarias y las infecciones en el campo operatorio son causas frecuentes de fiebre. A menudo, las atelectasias se previenen forzando la respiración periódicamente con un dispositivo manual (espirometría incentivada). A veces, la inmovilización durante y después de la cirugía provoca la formación de coágulos en las piernas (trombosis venosa profunda). Los coágulos pueden desprenderse desde las piernas y viajar por el torrente sanguíneo hasta los pulmones, donde pueden bloquear el flujo de la sangre a través de los mismos (embolia pulmonar). Como resultado, es posible que disminuya el aporte de oxígeno hacia el resto del organismo y que descienda la presión arterial. Para ciertas intervenciones después de las cuales es especialmente probable que se formen coágulos y para las personas con probabilidades de permanecer en reposo, se administran anticoagulantes de forma preventiva, como heparina de bajo peso molecular, o se recomienda llevar medias elásticas para mejorar la circulación de la sangre.

Si la intervención impide la alimentación durante varios días, una fuente alternativa de nutrición acelera la recuperación y previene otros problemas. A las personas sometidas a cirugía del tracto digestivo se les pueden administrar nutrientes a través de una de las grandes venas del cuerpo (nutrición parenteral). A aquellas cuyo tracto digestivo funciona correctamente, pero son incapaces de comer por otras circunstancias, se les pueden administrar nutrientes a través de un tubo colocado en el estómago. Dicho tubo se pasa a través de la nariz, de la boca o de la pared abdominal.

Para disminuir el riesgo de infección, se coloca una protección en la incisión quirúrgica después de la intervención. Dicha protección incluye un apósito estéril y, normalmente, una pomada con antibiótico. El apósito absorbe los líquidos que exudan desde la incisión. Debido a que la incisión puede infectarse por una exposición prolongada a estos líquidos, el vendaje se cambia con frecuencia, por lo general a diario.

Ocasionalmente, los bordes aproximados de la herida operatoria se separan (dehiscencia). La zona operada también puede infectarse. Un punto infectado puede volverse doloroso uno o más días después de la operación, con calor y enrojecimiento local o drenar pus o líquidos. En este caso es posible que aparezca fiebre. Si hay síntomas de dehiscencia o infección, se debe consultar al médico lo antes posible.

Antes de enviar a una persona a su domicilio, se le dan unas pautas que debe seguir hasta la visita con el médico, para que sepa qué fármacos tomar y qué actividades evitar o limitar. Ejemplos de actividades que puede ser necesario evitar temporalmente son: subir escaleras, conducir, levantar objetos pesados y tener relaciones sexuales. La persona debe saber qué síntomas requieren la valoración de un médico antes de acudir a la primera visita programada después de la operación.

Durante la recuperación de la intervención quirúrgica, el individuo reanuda gradualmente su actividad normal. Algunas personas necesitan rehabilitación, que incluye la realización de ejercicios y actividades especiales para mejorar la fuerza y la flexibilidad ● (v. pág. 42). Por ejemplo, la rehabilitación después de una operación de reposición de cadera incluye el aprendizaje de la manera de andar, estiramientos y ejercicios.

CAPÍTULO 302

Medicina complementaria y alternativa

La medicina complementaria y alternativa incluye una variedad de métodos y terapias curativos procedentes de todo el mundo. Muchos aspectos de esta medicina tienen sus orígenes en antiguos sistemas de curación, como los de China, India, Tíbet y África. La medicina complementaria y alternativa comprende tratamientos y prácticas de cuidado de la salud que, por lo general, no se enseñan en la mayoría de las escuelas de medicina, no se emplean en los hospitales y no son reembolsadas por las compañías seguros.

La medicina complementaria y alternativa puede utilizarse sola (medicina alternativa) o junto con la medicina convencional (medicina complementaria). Sin embargo, para simplificar, se utiliza el término medicina alternativa en el resto del capítulo.

Aunque la distinción entre medicina convencional y medicina alternativa no siempre es fácil de determinar, existe una diferencia filosófica básica. La medicina convencional, por lo general, define la salud como la ausencia de enfermedad. Las causas principales de la enfermedad se consideran casi siempre factores aislados, como patógenos (bacterias o virus) o desequilibrios bioquímicos, y el tratamiento suele incluir fármacos o cirugía. Por el contrario, la medicina alternativa suele definir la salud como un equilibrio entre los sistemas corporales, físico, emocional y espiritual, que involucra a la persona en conjunto, es decir, un enfoque holístico. Se cree que el desequilibrio entre estos sistemas es la causa de la enfermedad. El tratamiento implica un fortalecimiento de las defensas del propio cuerpo y la restauración de este equilibrio. La medicina alternativa también subraya la necesidad de prevenir los problemas de salud antes de que se presenten.

Un número creciente de personas en los países occidentales acuden a la medicina alternativa como parte de sus cuidados médicos. Los principales trastornos que hacen buscar a las personas tratamientos de medicina alternativa incluyen dolor lumbar crónico, estrés, migraña y artritis. Algunas personas también acuden a la medicina alternativa cuando el tratamiento convencional les ofrece pocas esperanzas, especialmente en los momentos finales.

■ Eficacia y seguridad

En algunos países se han creado departamentos de medicina alternativa dentro de las organizaciones nacionales de salud para investigar la eficacia y seguridad de las terapias alternativas.

La eficacia de los tratamientos de medicina alternativa es una cuestión importante. Algunas terapias se han demostrado eficaces para determinadas enfermedades, aunque estos tratamientos se apliquen de manera más general. Sin embargo, muchas formas de medicina alternativa no se han evaluado a fondo. De todas maneras, la falta de pruebas no significa que la terapia sea ineficaz sino, más bien, que no ha sido establecida. Si una terapia alternativa se ha demostrado ineficaz, su uso ya no puede ser recomendado científicamente. El mayor riesgo aparece cuando se trata a una persona con el método de una medicina alternativa en lugar de con uno de medicina convencional comprobado, aunque los datos sugieren que esto sucede en pocas ocasiones.

La seguridad es otra cuestión importante. Algunas terapias de medicina alternativa pueden producir un daño potencial. Debido a que las autoridades sanitarias no regulan las hierbas medicinales, sus fabricantes no tienen que demostrar su seguridad ● *(v. también pág. 124)*. También puede producirse daño cuando se realizan terapias alternativas que implican la manipulación del cuerpo u otras intervenciones sin productos químicos. En la mayoría de los casos de medicina alternativa, el daño no se ha establecido o excluido, pero en otros se ha demostrado un daño potencial.

■ Tipos de medicina alternativa

La medicina alternativa puede clasificarse en cinco campos principales de actuación: sistemas de medicina alternativa, técnicas mente-cuerpo, terapias basadas en la biología, terapias basadas en el cuerpo y terapias basadas en la energía. Algunos métodos son incomprensibles desde los conceptos de la ciencia moderna y otros son casi incomprensibles dentro de ese paradigma.

➤ Sistemas de medicina alternativa

Existe diferentes sistemas de medicina alternativa, entre ellos la medicina tradicional china, el Ayurveda y las prácticas occidentales no convencionales de curación natural.

La **medicina tradicional china** es un sistema originado en China hace miles de años que se basa en la teoría de que la enfermedad se debe a un flujo incorrecto de la fuerza vital *(qi)* por todo el cuerpo. El *qi* se restablece mediante el equilibrio de fuerzas opuestas del yin y el yang, lo que se manifiesta en el cuerpo como calor y frío, externo e interno, y como deficiencia y exceso. Para conservar y restablecer la salud se utilizan varias prácticas que incluyen remedios con hierbas, masaje, meditación y acupuntura.

La **acupuntura** es una de las técnicas de medicina alternativa más ampliamente aceptada en el mundo occidental. Los acupuntores autorizados no tienen necesariamente el título de Medicina aunque algunos médicos, a menudo especializados en el tratamiento del dolor, tienen la formación y la autorización necesarias para realizar acupuntura. La acupuntura implica la estimulación de puntos específicos del cuerpo, generalmente introduciendo agujas muy finas en la piel y en los tejidos subyacentes. A veces se añade una estimulación adicional con una corriente eléctrica de muy bajo voltaje o calentando la aguja. Al estimular estos puntos específicos se cree que se desbloquea el flujo del *qi* a lo largo de vías accesorias de energía (meridianos) y se restablece así el equilibrio entre el yin y el yang. El procedimiento no resulta doloroso pero puede producir una sensación de hormigueo. (Una variante de la acupuntura, denominada acupresión, utiliza un masaje local en vez de agujas.)

Algunas investigaciones han demostrado que la acupuntura libera diversos mensajeros químicos en el cerebro (neurotransmisores), incluida la serotonina, que sirven como calmantes naturales del dolor. Aparte de su potencial eficacia como calmante del dolor, la acupuntura puede aliviar las náuseas y los vómitos que aparecen con frecuencia tras una intervención quirúrgica. Sin embargo, se ha demostrado ineficaz para ayudar a las personas a dejar de fumar o a perder peso.

Los efectos secundarios de la acupuntura son poco frecuentes si se realiza correctamente el procedimiento. La infección, uno de los mayores riesgos, es extremadamente rara. La mayoría de los profesionales utiliza agujas desechables; las reutilizables deben ser esterilizadas adecuadamente. El empeoramiento de los síntomas (por lo general, de forma temporal) y los desmayos son los efectos secundarios más frecuentes comunicados por personas que han recibido acupuntura.

El **ayurveda** es el sistema de salud tradicional de la India, originado hace más de 4 000 años. Se basa en la teoría de que la enfermedad se debe al desequilibrio de la fuerza vital del cuerpo o *prana*. El equilibrio de esta fuerza vital está determinado por el balance entre las tres cualidades del cuerpo, denominadas *doshas*: *vata*, *pitta* y *kapha*. La mayoría de las personas tienen una *dosha* dominante y el equilibrio específico es propio de cada persona. El ayurveda emplea hierbas, masaje, yoga y limpieza interna para restablecer el equilibrio entre el cuerpo y la naturaleza.

La **homeopatía**, que fue desarrollada en Alemania a finales de 1700, se basa en el principio de que lo semejante cura lo semejante (de ahí la palabra, del griego *homeo-* 'semejante' y *patía* 'enfermedad'). En otras palabras, se cree que una sustancia que a grandes dosis causa la enfermedad, cura dicha enfermedad si se da en pequeñas dosis.

Los remedios empleados en la homeopatía derivan de sustancias naturales, como extractos de plantas y minerales. Estas sustancias se usan para estimular la capacidad innata del cuerpo para curarse. Cuanto más diluida esté la medicina homeopática, más potente se considera.

Los científicos tradicionales no pueden encontrar una explicación científica de por qué los remedios diluidos que se usan en la homeopatía pueden curar enfermedades. Aunque hay pocos riesgos asociados a la homeopatía, pueden aparecer efectos secundarios, como reacciones alérgicas y tóxicas.

La **naturopatía**, que extrae sus prácticas de muchas culturas, comenzó en algunos países desarrollados como un sistema formal de salud a principios de 1900. Basada en la noción del poder curativo de la naturaleza, la naturopatía hace hincapié en la prevención y el tratamiento de la enfermedad a través de un estilo de vida sano, en el tratamiento de la persona en conjunto y en el empleo de las capacidades del propio cuerpo para curarse. Este sistema también se centra en determinar la causa de la enfermedad más que en tratar simplemente síntomas.

La naturopatía utiliza una combinación de terapias que incluyen la nutrición, las hierbas medicinales, la homeopatía, la medicina física, el ejercicio terapéutico, el consejo, el manejo del estrés, la acupuntura, el parto natural y la hidroterapia.

➤ Interacción cuerpo-mente

Las técnicas mente-cuerpo se basan en la teoría de que los factores mentales y los emocionales pueden influir en el estado de salud físico. Para conservar la salud y prevenir o curar la enfermedad, se usan métodos conductuales, psicológicos, sociales y espirituales.

Debido a la abundancia de evidencia científica que respalda los beneficios de las técnicas mente-cuerpo, en la actualidad muchos de sus métodos se consideran convencionales. Métodos como la relajación, la terapia cognitiva-conductual, la meditación, la formación de imágenes, la biorretroalimentación (*biofeedback*) y la hipnosis, por ejemplo, se emplean en el tratamiento de la arteriopatía coronaria, cefaleas, dificultades para conciliar el sueño (insomnio) y pérdida del control urinario (incontinencia). Estos métodos también se utilizan como ayuda en el parto, a la hora de afrontar los síntomas relacionados con el cáncer y con su tratamiento, y en la preparación del individuo antes de la cirugía. Las técnicas mente-cuerpo se usan también en el tratamiento de la hipertensión arterial, el asma, la artritis y los ruidos en los oídos (tinnitus), aunque con menos éxito.

Existen pocos riesgos conocidos asociados con el uso de las técnicas mente-cuerpo.

La **meditación** se centra en la relajación de la mente y en el aumento de la autoconciencia. Por lo general, se realiza sentado o tranquilamente en reposo, a menudo con los ojos cerrados. A veces incluye la repetición de una frase sonora (mantra) para ayudar a la persona a concentrarse. La mayor parte de las prácticas de meditación fueron desarrolladas en un contexto religioso o espiritual cuyo objetivo último era un tipo de crecimiento espiritual, de transformación personal o de experiencia trascendental. Como intervención en el cuidado de la salud, sin embargo, la meditación puede ser eficaz independientemente del trasfondo cultural o religioso de la persona. La meditación ha demostrado tener numerosos beneficios para la salud, incluida la reducción del estrés y del dolor.

Las **técnicas de relajación** son prácticas diseñadas específicamente para reducir la tensión y el estrés. La técnica específica puede ir dirigida a disminuir la presión arterial, resolver la tensión muscular, disminuir el ritmo de los procesos metabólicos de las células o alterar la actividad de las ondas cerebrales.

La **formación de imágenes** implica el uso de imágenes mentales para promover la relajación y el bienestar o para facilitar la curación de una dolencia en particular, como el cáncer o un trauma psicológico. Las imágenes pueden implicar a cualquiera de los sentidos y ser dirigidas por uno mismo o por un profesional, a veces en grupo. Por ejemplo, una persona con cáncer podría ser inducida a imaginar un ejército de glóbulos blancos luchando contra las células cancerosas.

En la **hipnoterapia**, se coloca a una persona en un estado avanzado de relajación en el que está relativamente fuera de su entorno, pero no enteramente inconsciente. La persona hipnotizada está absorta en las imágenes que le presenta el terapeuta y suele no tener conciencia exacta del experimento al cual está siendo sometida. La hipnosis se utiliza para tratar ciertos trastornos, como ciertos síndromes dolorosos y trastornos de conversión, en los que la aparente enfermedad orgánica es debida realmente a un estrés y a un conflicto psicológico. Se ha usado con cierto éxito para ayudar a algunas personas a dejar de fumar y a perder peso. Algunos individuos son capaces de aprender a hipnotizarse ellos mismos.

La **biorretroalimentación** implica el uso de dispositivos electrónicos para medir y comunicar información acerca de las funciones biológicas de la persona, como la frecuencia cardíaca, la presión arterial y la tensión muscular. La persona puede así comprender por qué cambian estas funciones y aprender a regularlas. Por lo general, la biorretroalimentación se usa para tratar el dolor ● *(v. también pág. 548)*, el estrés, las dificultades para conciliar el sueño (insomnio), la cefalea y las lesiones musculares.

➤ Terapias basadas en la biología

Las terapias basadas en la biología implican el uso de productos químicos aunque, por lo general, estos productos químicos derivan de fuentes naturales.

La forma más antigua de cuidado de la salud utiliza **hierbas medicinales**. Puede usarse una sola hierba o una mezcla de varias. En la medicina a base de hierbas china, las mezclas también pueden contener minerales y partes de un animal. A diferencia de los fármacos convencionales, en los que el principio activo se extrae de la hierba, en la terapia con hierbas medicinales, por lo general, se utiliza la hierba en su totalidad. Las hierbas medicinales están disponibles como extractos (soluciones obtenidas tras impregnar o empapar una sustancia, por lo general, en agua), tinturas (habitualmente preparadas con una base alcohólica, el alcohol actúa como conservante natural), infusiones (el método más frecuente de preparación de hierbas, también llamadas té), decocciones (similares a una infusión), comprimidos y polvos, e incluso telas humedecidas aplicadas sobre la piel. En algunos países desarrollados, el gobierno realiza una escasa vigilancia de los productos herbales y dispone de pocas regulaciones sobre la industria ● *(v. pág. 124)*.

La **medicina ortomolecular** se centra en el uso de una nutrición adecuada para mantener y restablecer la salud. Emplea combinaciones de vitaminas, minerales y aminoácidos que normalmente se encuentran en el cuerpo para tratar enfermedades específicas. También conocida como terapia multivitamínica, la terapia ortomolecular pone énfasis en suplementar la dieta con grandes cantidades de vitaminas. Algunos de los tratamientos ortomoleculares más frecuentes emplean cartílago de tiburón para tratar el cáncer, tratamientos quelantes (extracción de materiales tóxicos del flujo sanguíneo) para las enfermedades cardiovasculares y glucosamina o condroitina (sustancias que están presentes de forma natural en el organismo) para la artrosis (para lo cual existe una buena evidencia de su eficacia).

➤ Terapias basadas en el cuerpo

Las terapias basadas en el cuerpo incluyen técnicas para tratar diversas enfermedades a través de la manipulación corporal.

En la **quiropraxia**, se observa la relación entre la estructura de la columna y la función del sistema nervioso como clave para mantener o restaurar la salud. El método principal para alcanzar este equilibrio es la manipulación vertebral.

Estudios recientes han demostrado que la quiropraxia es eficaz para tratar el dolor lumbar. Además, la manipulación espinal puede ser útil en el tratamiento de una gran variedad de dolores de cabeza. En general, sin embargo, no se ha establecido el efecto de la manipulación en enfermedades no directamente relacionadas con el sistema músculo-esquelético. Son raras las complicaciones de carácter grave como resultado de la manipulación de la columna, pero incluyen dolor lumbar por lesión de las raíces nerviosas situadas al final de la columna vertebral (síndrome de la cola de caballo ● *v. recuadro pág. 678*) y obstrucción de la sangre que llega al cerebro por desgarro de las arterias que lo irrigan (disección de la arteria cerebrovascular). Otros efectos adversos son malestar local, cefalea y cansancio que, normalmente, desaparecen a las 24 horas.

La terapia con **masaje terapéutico** es la manipulación de los tejidos del cuerpo para conseguir bienestar y reducir el dolor y el estrés. Comprende una variedad de técnicas, desde dar golpes y realizar movimientos de amasar (como en el masaje sueco), hasta aplicar una presión en puntos específicos (como en el shiatsu, la acupresión y el masaje neuromuscular). Estas técnicas son útiles para los sistemas músculo-esquelético, nervioso y circulatorio del cuerpo.

El masaje ha demostrado ser útil para aliviar el dolor, como el producido en las lesiones de espalda, contracturas musculares, fibromialgia y la ansiedad de las personas con cáncer. También es eficaz en recién nacidos de bajo peso, para prevenir lesiones de los genitales durante el parto, mejorar el estreñimiento crónico y controlar el asma. El masaje puede reducir el estrés y la ansiedad.

El masaje terapéutico no debe ser utilizado en personas que tienen infecciones o enfermedades contagiosas de la piel, heridas abiertas, quemaduras, fiebre, tumores o una disminución del número de plaquetas.

El **rolfing**, también denominado integración estructural, se basa en la teoría de que la salud depende de la correcta alineación del cuerpo. Es una forma de masaje profundo de los tejidos que se realiza, por lo general, en varias sesiones. La adecuada alineación de huesos y músculos se

consigue mediante la manipulación y el estiramiento de las fascias (tejido fibroso que rodea ciertos órganos del cuerpo, como los músculos).

En la **reflexología**, se aplica una presión manual en unas zonas específicas del pie que se cree que corresponden a diferentes órganos o sistemas del cuerpo. Con la estimulación de estas áreas se trata de eliminar la obstrucción de la energía que se piensa es la responsable del dolor o la enfermedad en la región correspondiente del cuerpo.

La **reeducación postural** emplea el movimiento y el tacto para ayudar a las personas a recobrar una postura saludable. Estas terapias intentan liberar las posturas dañinas del cuerpo centrándose en la conciencia durante el movimiento.

➤ Terapias energéticas

Las terapias energéticas se centran en los campos energéticos que se cree que existen en el cuerpo y a su alrededor (biocampos). También engloban el uso de fuentes de energía externas (campos electromagnéticos) para influir sobre la salud y la curación. Todas las terapias energéticas están basadas en la creencia de que existe una fuerza vital universal o energía sutil que reside en el interior del cuerpo y a su alrededor.

Los terapeutas energéticos colocan sus manos sobre o alrededor del cuerpo para alterar el campo energético de la persona.

Las **terapias bioelectromagnéticas** usan campos pulsados, campos magnéticos o campos de corriente alterna o directa. Los imanes, en especial, se han hecho muy populares para el tratamiento de diversas enfermedades músculo-esqueléticas. Los imanes se han comercializado en prendas de vestir, joyas y colchones para reducir el dolor, aunque ha habido escasa investigación científica sobre su eficacia.

El **reiki** es una técnica de origen japonés en la que el terapeuta canaliza la energía a través de sus manos y hacia el organismo de la persona para promover la curación.

El **tacto terapéutico**, conocido también como imposición de manos, porque no es necesario llegar a tocar, emplea la energía curativa del terapeuta para identificar y reparar los desequilibrios del biocampo de la persona.

CAPÍTULO 303

Viajes y salud

Las preocupaciones por la salud ya no son una barrera significativa a la hora de viajar. Sin embargo, todo viaje entraña algunos riesgos. Por lo tanto, hay que planificarlos de forma apropiada, prestar atención a todo lo que concierna a la salud durante el viaje y mientras se está fuera de casa, y buscar una atención médica adecuada lo antes posible cuando, al regresar, surjan síntomas u otras cuestiones.

■ Preparativos antes del viaje

Es importantísimo hacer preparativos para que lo concerniente a la salud no interfiera con el viaje. Incluso las personas sanas deben planificarlo adecuadamente para salvaguardar su salud. Los preparativos apropiados son relativamente baratos en comparación con el coste que supone ponerse enfermo mientras se está de viaje.

➤ Equipos de viaje

Llevar un botiquín de primeros auxilios con analgésicos (como paracetamol o antiinflamatorios no esteroideos), descongestionantes, antiácidos y antidiarreicos (como la loperamida), resulta de utilidad para lesiones y enfermedades de poca importancia. A menudo, pueden prevenirse problemas más importantes tomando precauciones de sentido común. Lo más valioso que puede tener una persona en una urgencia médica puede ser una información médica detallada, lo que incluye información escrita acerca de vacunaciones y medicamentos.

➤ Salud y seguros de desplazamiento

Es importante tener un seguro médico que incluya viajes nacionales e internacionales. Sin embargo, algunos planes de salud limitan la cobertura en caso de urgencia en otras zonas; por tanto, el viajero debe conocer las limitaciones de su póliza.

La cobertura es un problema muy frecuente en los viajes internacionales. Algunos seguros nacionales limitan la cobertura de vacunaciones y fármacos preventivos para viajes internacionales, incluso cuando para entrar en determinados países se requieren ciertas vacunaciones. De la misma manera, los seguros no cubren el coste de tratamientos suministrados fuera del país de origen. Además, la mayor parte de los seguros nacionales no están reconocidos en algunos países. Por ello, en algunos hospitales internacionales se requiere un depósito de dinero en efectivo o el pago total antes de prestar una asistencia médica.

Para evitar costos elevados o la imposibilidad de obtener atención sanitaria, los viajeros deben determinar con anticipación qué cobertura internacional, si es que la tiene, ofrece su plan de salud, cómo obtener una autorización previa para la atención internacional y cómo reclamar después de una urgencia. Muchas agencias de viajes y compañías de tarjetas de crédito disponen de seguros de viaje que incluyen la evacuación en caso de emergencia. Las prestaciones que los viajeros pueden contratar con el seguro son la atención de urgencia, el transporte para recibir dicha atención en el extranjero, el transporte al país de origen, la presencia de equipo y personal médico durante el transporte, la cobertura dental, el cuidado pre y postnatal, la pérdida o robo de recetas médicas y el acceso a traductores médicos.

Los viajeros también tienen otros recursos útiles. En varias organizaciones y páginas de Internet existen directorios de los médicos que hablan un determinado idioma en países extranjeros. Además, los consulados pueden ayudar a los viajeros a identificar y acceder a servicios de urgencia.

➤ Vacunaciones

Las vacunaciones son importantes para viajar a la mayor parte de los países en desarrollo; en algunos de ellos son obligatorias para entrar. Las vacunas para infecciones comunes incluyen la hepatitis A y B, la poliomielitis y la fiebre amarilla. Algunas vacunas precisan seis meses para conseguir su punto de máximo efecto, por lo que es necesario planificarlas con tiempo. Para documentar los nombres y las fechas de las vacunaciones lo mejor es llevar un certificado internacional de vacunación: es fácil de transportar y puede obtenerse en muchas clínicas especializadas u organismos oficiales.

VACUNAS PARA VIAJES INTERNACIONALES*, †, ‡

INFECCIÓN	REGIONES EN LAS QUE SE RECOMIENDA LA VACUNA	COMENTARIOS
Encefalitis japonesa B	Asia central y sureste asiático, Lejano Oriente; estrecho de Torres, en Australia	Recomendado sólo para las personas que vayan a pasar 1 mes, o más, en áreas rurales de países asiáticos durante las estaciones de transmisión. No recomendada en mujeres embarazadas.
Fiebre amarilla	América del Sur, África	La enfermedad es rara, pero muchos países requieren la vacunación para poder entrar en ellos. No es segura para las mujeres embarazadas.
Fiebre tifoidea	América central y del Sur, África, Oriente Medio y Asia, Europa del Este	Ofrece una protección buena pero imperfecta. La protección es mayor con una estrecha vigilancia de la comida, el agua y la higiene. La revacunación es necesaria después de 5 años. Disponible en comprimidos o inyectable. Los comprimidos de virus debilitados no son seguros en las mujeres embarazadas.
Hepatitis A	América central y del Sur, África, Oriente Medio y Asia, Europa oriental	Requiere 4 semanas para alcanzar inmunidad plena; debe administrarse junto con la inmunoglobulina de la hepatitis si la salida se prevé en menos de 4 semanas. Se puede administrar con seguridad en mujeres embarazadas.
Hepatitis B	Alaska, Yukon y los territorios más septentrionales del subcontinente norteamericano; islas del Círculo Ártico occidental; islas del sur del Pacífico y del Pacífico occidental; cuenca del Amazonas; África subsahariana; China; Asia central y sureste asiático	Se recomienda, sobre todo, para viajeros que vayan a tener contacto sexual con residentes o contacto con su sangre o derivados. Se puede administrar con seguridad en mujeres embarazadas.
Meningococo	Norte del África subsahariana	De bajo riesgo para los viajeros incluso cuando viajan a zonas epidémicas, aunque la vacuna añade protección. Se requiere para entrar en Arabia Saudí durante el Hajj (la peregrinación a la Meca). Se puede administrar con seguridad en mujeres embarazadas.
Rabia	Todos los países	Recomendado para viajeros con riesgo de sufrir picaduras de animales, incluido para quienes acampen en zonas rurales, veterinarios, trabajadores del campo y personas que vivan en lugares remotos. No evitan la necesidad de vacunaciones adicionales después de la picadura del animal para una mayor protección.

* V. también el capítulo 189.
† Además de las vacunaciones enumeradas, los viajeros deben actualizar las dosis de vacunas para sarampión, parotiditis, rubéola, tétanos, difteria, poliomielitis, enfermedad neumocócica, gripe y varicela. Se recomienda la vacuna de la gripe a todos los adultos que viajen a los trópicos, al hemisferio sur entre abril y septiembre y que lo hagan en grandes grupos.
‡ Todas las recomendaciones están sujetas a cambios. Para las recomendaciones más recientes, se debe consultar con los centros para el control y prevención de las enfermedades.

➤ Viajar con una enfermedad

Viajar con una enfermedad requiere una preparación especial. Las personas que padecen una enfermedad deben visitar a su médico antes de la salida para asegurarse de que su enfermedad está estable y determinar si es necesario un cambio de medicación. Un informe que resuma la historia clínica de la persona, en el que figure su nombre y las dosis de los fármacos y fechas de tratamiento, es de incalculable valor en caso de urgencia. La pulsera o identificación médica tiene una función similar. Los viajeros también deben llevar un comprobante de la validez de su seguro.

Los fármacos que sea necesario tomar deben permanecer en sus frascos originales para que, en caso de urgencia, puedan revisarse los nombres de los mismos y las instrucciones de uso. Es más útil el nombre genérico de un fármaco que su marca comercial, ya que las marcas difieren entre países.

Los viajeros también deben llevar más fármacos de los necesarios en bolsas separadas por si se pierde una, se produce un robo, se retrasa la entrega del equipaje durante el tránsito o se retrasa el viaje de vuelta. Puesto que opiáceos, jeringas y grandes cantidades de fármacos pueden levantar las sospechas de los agentes de seguridad o de aduanas, los viajeros deben llevar una nota de su médico explicando la necesidad de su administración. Además, las jeringas deben empaquetarse junto con los fármacos que dispensan. Los viajeros también deben comprobar en aeropuertos, líneas aéreas o embajadas qué documentación adicional es útil para que no se presenten dificultades en el viaje por el hecho de llevar estas medicinas.

■ Trastornos que surgen en el viaje

Incluso entre personas sanas, es frecuente que se produzcan algunos trastornos durante el viaje.

➤ Mareo por movimiento

El mareo durante los viajes por aire o por mar, en tren, autobús o automóvil se produce cuando el cerebro recibe señales contradictorias sobre el movimiento ● *(v. también pág. 559)*. El mareo (cinetosis) se desencadena frecuentemente por turbulencias y vibraciones, y empeora con el calor, la ansiedad, el hambre o por comer en exceso. Los principales síntomas son malestar gástrico, náuseas, vómitos, sudoración y vértigo.

La cinetosis puede minimizarse antes y durante un viaje moderando el consumo de alimentos, líquidos y alcohol. Suele ser de utilidad fijar los ojos en un objeto inmóvil o en el horizonte, así como permanecer acostado con los ojos cerrados. Otras medidas consisten en elegir un asiento donde el movimiento se note menos (por ejemplo, en el centro de un avión, sobre el ala), no leer y sentarse al lado de una ventana abierta o de una salida de aire, en la medida de lo posible. En al-

gunas personas, un camarote en el centro de un barco cerca del nivel del agua puede reducir el mareo. Con frecuencia resultan útiles los parches de escopolamina (que necesita prescripción médica) o los antihistamínicos, especialmente si se toman antes del viaje. Estos fármacos producen con frecuencia somnolencia, mareo, sequedad de boca, confusión, desvanecimientos y otros problemas en personas mayores.

➤ Trombos

Los trombos pueden producirse cuando las personas permanecen sentadas largos períodos de tiempo durante viajes en avión, tren, autobús o automóvil. Los coágulos se presentan generalmente en personas mayores, individuos con sobrepeso, fumadores, personas con varices o que están tomando estrógenos, mujeres embarazadas, personas sometidas a una intervención quirúrgica reciente o que han presentado trombos previamente y personas que han permanecido inactivas o inmóviles. Los coágulos se forman en las venas de la pierna o en la pelvis (trombosis venosa profunda ● *v. pág. 344*) y, en ocasiones, se desprenden y se dirigen hacia los pulmones (embolias pulmonares ● *v. pág. 344*). Algunos de los coágulos sanguíneos de las piernas no producen síntomas, otros causan calambres, hinchazón y cambios de color en las pantorrillas y los pies. Las embolias pulmonares son mucho más graves que los coágulos en las piernas. Primero se presenta una sensación de malestar, seguida de ahogo, dolor de pecho o desmayo. Las embolias pulmonares pueden ser mortales.

Los coágulos se previenen cambiando de posición con frecuencia, moviendo las piernas cuando se está mucho tiempo sentado, levantándose y estirándose cada 1 o 2 horas. Debe evitarse cruzar las piernas durante mucho tiempo porque esto disminuye la circulación por ellas. Como prevención, hay que beber líquidos y evitar el tabaco, la cafeína y el alcohol. También es útil evitar ponerse medias o pantis con bandas que compriman la parte superior de las pantorrillas o de los muslos, o bien llevar medias elásticas, que mejoran la circulación de las piernas.

➤ Presión en el oído y en los senos paranasales

La presión en el oído y en los senos durante el vuelo es debida a los cambios en la presión del aire (presión de la cabina). Normalmente, durante el ascenso, la presión en la cabina disminuye y las pequeñas bolsas de aire atrapado en los senos y en el oído medio se expanden, dando lugar a una sensación de presión en el oído, chasquidos y una presión o malestar leve en los senos. Durante el descenso del avión, la presión en la cabina aumenta y se producen síntomas similares. Estas sensaciones leves desaparecen, por lo general, cuando se equilibra la presión de los senos y de los oídos con la presión de la cabina.

Tragar saliva con frecuencia o bostezar durante el ascenso y el descenso ayuda a igualar la presión. Normalmente, esto basta para aliviar el malestar leve de oídos o de los senos. Sin embargo, en personas con alergias, problemas sinusales y resfriados, los conductos que conectan los oídos y los senos con la nariz y la boca se inflaman y se obstruyen con moco, lo que impide que la presión se equilibre con normalidad. Las personas con estos problemas pueden experimentar un gran malestar y mejoran usando descongestionantes antes de volar o soplando con la boca cerrada y la nariz tapada para igualar la presión. Las personas con congestión nasal y de senos intensa, sea cual sea la causa, deben considerar la posibilidad de posponer un viaje en avión.

Los niños son particularmente susceptibles al dolor por diferencias de presión. Deben mascar chicle, chupar caramelos duros o beber algo durante el ascenso y el descenso. A los bebés se les puede amamantar o darles el biberón o el chupete. En general, los bebés pueden volar con seguridad desde los 7 días de edad.

➤ Alteraciones del sueño

La alteración del sueño (desfase horario o *jet lag*) es frecuente en viajes aéreos a través de más de tres husos horarios; no suele darse en viajes por mar, en tren o en coche debido a que los viajeros tienen tiempo para ajustarse a los cambios de horario. El síntoma más obvio es el cansancio a la llegada; otros síntomas son irritabilidad, dificultad para conciliar el sueño (insomnio), cefalea y dificultad para la concentración. El desfase de horario o *jet lag* puede reducirse ajustando los períodos de sueño y de vigilia con los horarios de destino desde 1 o 2 días antes de la salida. Durante el vuelo se debe beber mucho líquido y no fumar ni tomar cafeína o alcohol en exceso. Algunas personas también pueden beneficiarse de suplementos de melatonina, una hormona inductora del sueño producida normalmente por el organismo durante los períodos de oscuridad.

La melatonina induce el sueño, sin que se produzca un efecto de resaca, cuando se toma alrededor de una hora antes del horario habitual de acostarse. Es más eficaz cuando se viaja hacia el este, porque la duración de la luz natural durante el viaje es menor y anochece más temprano. Otros sedantes de acción corta también son útiles, pero pueden provocar efectos secundarios como somnolencia diurna, amnesia e insomnio nocturno. Los sedantes de acción prolongada, como el diazepam, también pueden producir confusión y caídas en personas mayores y debe evitarse su uso. A la llegada, los viajeros deben reducir las siestas, aumentar la exposición a la luz solar y permanecer activos hasta la noche.

➤ Deshidratación

La deshidratación durante el vuelo es frecuente debido a la escasa humedad de los aviones; suele afectar a las personas mayores y a las personas con ciertas enfermedades, como diabetes y trastornos que precisan tratamiento con diuréticos. Los principales síntomas son mareo, somnolencia, confusión, y, ocasionalmente, desmayos; también puede producir sequedad de la piel. Se puede prevenir bebiendo líquidos y evitando el alcohol y la cafeína. La sequedad de la piel puede tratarse con cremas hidratantes.

➤ Propagación de una infección

La propagación de infecciones en aviones y cruceros recibe, a menudo, la atención de los medios de comunicación pero es relativamente infrecuente. La preocupación es mayor en caso de gripe, diarrea vírica y meningitis bacteriana. Los viajeros pueden minimizar el riesgo de gripe asegurándose de que han recibido la vacuna antigripal más reciente. El riesgo de diarrea se reduce lavándose las manos con frecuencia. No existe una manera fiable para prevenir la meningitis bacteriana. Algunos cruceros ofrecen antibióticos a los pasajeros que han estado en estrecho contacto con otros que padecen estas infecciones.

➤ Lesiones de poca importancia

Las lesiones de poca importancia son frecuentes. El estiramiento inhabitual que se produce al cargar maletas pesadas suele producir lesiones de hombro. El equipaje que se cae de los estantes situados por encima de la cabeza puede causar otras lesiones importantes. Durante los viajes en barco, las heridas a causa de caídas se previenen utilizando un calzado que proporcione una adhesión adecuada en superficies húmedas, haciendo uso de las barandillas, quitándose las gafas de sol antes de entrar en las escalerillas del barco y estando alerta en ambientes desconocidos. Una linterna por la noche también es útil para evitar las caídas.

➤ Ansiedad

A muchas personas, los viajes les producen ansiedad. El miedo a volar, el miedo a los espacios cerrados y la preocupación de que sus problemas médicos puedan empeorar durante el vuelo son fuentes frecuentes de ansiedad, que puede producir insomnio y empeorar el desfase de horario o *jet lag*. La compañía de un viajero o de un auxiliar de vuelo puede ayudar a aliviar la ansiedad. La terapia cognitiva y los programas de desensibilización también suelen ser útiles. En algunos casos son necesarios los sedantes o los ansiolíticos ● *(v. tabla pág. 730).*

■ Viajes y problemas médicos específicos

Las personas con problemas médicos específicos se enfrentan a especiales dificultades durante el viaje.

➤ Enfermedades del corazón

Las personas con angina de pecho, insuficiencia cardíaca o trastornos del ritmo que producen síntomas en reposo o con un esfuerzo mínimo no deben viajar. Tampoco se aconseja viajar a las personas que han padecido un ataque cardíaco durante los últimos catorce días o un ataque cardíaco que haya terminado en *shock* o en insuficiencia cardíaca en las ocho semanas previas.

Los viajeros con alguna enfermedad cardíaca deben llevar una copia de un electrocardiograma reciente. Las personas con marcapasos, desfibriladores implantables o endoprótesis coronarias deben llevar una tarjeta o un informe médico que documente la presencia, tipo, localización y características electrónicas del dispositivo implantado que, si es metálico, puede disparar una alarma cuando la persona pasa por un control electrónico de seguridad. Los dispositivos electrónicos de seguridad no afectan, por lo general, a los desfibriladores implantables, pero se aconseja que estos viajeros no permanezcan de pie dentro de los detectores de metales más de quince segundos. Los detectores manuales de metales también son seguros para personas con desfibriladores; sólo debe evitarse un contacto prolongado, como el que se produce al colocar el detector sobre el desfibrilador más de cinco segundos.

La principales líneas áreas proporcionan comidas con bajo contenido de sodio y de grasa en los vuelos si se les indica con 24 horas de antelación. Muchas líneas de crucero también proporcionan estas comidas si se les notifica con anticipación.

➤ Enfermedad pulmonar

Los viajeros con quistes pulmonares, enfisema grave, una gran acumulación de líquido alrededor de los pulmones (derrame pleural), cirugía reciente de tórax o colapso pulmonar reciente pueden presentar complicaciones por los cambios de presión del avión y no deben volar sin el consentimiento de su médico.

Otros viajeros con enfermedades pulmonares pueden necesitar oxígeno suplementario durante el vuelo. El médico determina si una persona necesita oxígeno durante el vuelo midiendo la concentración de oxígeno en sangre. Las líneas aéreas proporcionan oxígeno durante el vuelo con receta médica y si se les notifica con 48 horas de antelación; no se permite a los viajeros transportar ningún dispositivo de oxígeno durante el vuelo. Los viajeros que necesiten oxígeno durante los trayectos en el aeropuerto llegan a acuerdos particulares, aunque la mayor parte de los suministradores de oxígeno se proporcionan sin cargo. Otros equipos respiratorios, como los dispositivos respiratorios de presión positiva continua, pueden transportarse en un avión si su tamaño no supera el permitido para el equipaje de mano. Los viajeros que precisen este equipamiento suelen requerir más tiempo en los chequeos de seguridad.

Los viajes a grandes altitudes pueden suponer problemas especiales porque hay menos oxígeno disponible que a nivel del mar. Sin embargo, las personas con problemas pulmonares leves o moderados no presentan ninguna dificultad a alturas inferiores a 1 500 metros, aunque cuanto mayor sea la altitud, mayor es la probabilidad de presentar problemas. Las personas con problemas pulmonares que viajen a estas zonas o las atraviesen deben tomar las mismas precauciones que durante el vuelo.

Los viajes en autobús, tren, automóvil y barco son seguros para personas con enfermedades pulmonares, aunque requieren una planificación para asegurar el suministro de oxígeno. Los servicios comerciales pueden coordinar el suministro de oxígeno para viajeros en cualquier parte del mundo.

Las personas que padecen asma, enfisema o bronquitis pueden notar que sus síntomas empeoran en las ciudades donde la contaminación del aire es importante. En ese caso, necesitarán tratamientos adicionales con sus inhaladores o más fármacos, como corticosteroides, para controlar adecuadamente los síntomas.

➤ Diabetes

Los niveles de azúcar en sangre (glucemia) se controlan mejor durante los viajes realizando pruebas frecuentes y ajustando el consumo de alimentos y las dosis del fármaco. Los viajeros con diabetes deben llevar suplementos de azúcar (glucosa) en su bolsa de mano, o zumos, galletas y frutas para cuando desciendan los valores de azúcar en la sangre. Si los planes de viaje incluyen cambios de horario de más de unas pocas horas, los diabéticos, en especial los que se inyectan insulina, deben consultar con su médico para programar mejor la administración de la medicación. La insulina se conserva sin refrigeración durante muchos días, pero debe evitarse su exposición a temperaturas altas.

La mayoría de las principales líneas aéreas suministran comidas especiales para diabéticos si se les notifica con 24 horas de antelación. También es importante tomar medidas para prevenir la deshidratación durante el vuelo.

Las glucemias deben controlarse frecuentemente a la llegada, debido a que las actividades y la dieta difieren a menudo de las que se realizan en casa. Los viajeros diabéticos deben seguir dietas establecidas, evitando la tentación de probar nuevos alimentos y de comer con mayor frecuencia o fuera de lo programado. Deben llevar calcetines y zapatos cómodos, comprobar el estado de sus pies a diario y evitar caminar descalzos para prevenir lesiones de poca importancia que puedan infectarse o que curen lentamente.

➤ Embarazo

El embarazo no suele verse afectado por los viajes. Sin embargo, las embarazadas que se aproximan al término (más de 34 semanas) y las que tienen riesgo de aborto, parto prematuro o desprendimiento de placenta deben evitar volar y viajar a grandes distancias. La mayor parte de las líneas aéreas tienen sus propias normas de viaje para embarazadas y estas normas deben verificarse antes de adquirir los billetes. Las embarazadas que viajan a grandes distancias deben tomar precauciones para reducir el riesgo de formación de coágulos sanguíneos (como levantarse con frecuencia cuando viajan en avión y detener el automóvil para realizar paseos cortos cuando lo hacen en automóvil) y la deshidratación. Los cinturones de seguridad deben ir cruzados por encima de los muslos, y no sobre el abdomen, para evitar posibles lesiones al feto.

Las vacunas que contienen virus atenuados pero no muertos, como la de la fiebre amarilla, la encefalitis B japonesa, la vacuna inactivada de la polio y la del sarampión-parotiditis-rubéola, no deben administrarse a mujeres embarazadas. Sin embargo, todas las vacunas son seguras para las mujeres durante la lactancia.

Las embarazadas deberían evitar el uso prolongado de tabletas para purificar el agua que contengan yodo, debido a que éste puede afectar al desarrollo de la glándula tiroides del feto.

Las embarazadas que no puedan posponer un viaje a regiones del mundo donde el paludismo (malaria) es frecuente, deben sopesar los riesgos de tomar fármacos profilácticos cuyos efectos sobre el embarazo no son bien conocidos frente al riesgo de viajar sin una protección adecuada. El paludismo tiene más probabilidades de ser grave y de poner en peligro la vida de una mujer embarazada que de una que no lo está, incluso con la utilización de fármacos preventivos.

Las mujeres embarazadas también tienen riesgo de contraer la hepatitis E, una infección vírica del hígado poco común en países desarrollados, pero frecuente en Asia, Oriente Medio, norte de África y México ● *(v. tabla pág. 966).* Esta hepatitis puede provocarles un aborto, una insuficiencia hepática o la muerte. No existe tratamiento, por lo que se recomienda posponer los viajes a regiones donde la hepatitis E es frecuente. Aquellas que no puedan posponer el viaje deben prestar una especial atención al lavado de manos.

➤ Otras situaciones

Los viajes y vuelos también afectan a otros problemas médicos.

Algunos viajeros con drepanocitosis, por ejemplo, tienen riesgo de experimentar dolor (crisis de drepanocitosis) cuando están expuestos a la escasa humedad y al bajo nivel de oxígeno de las cabinas de avión. Este riesgo puede minimizarse con una hidratación adecuada y oxígeno.

Las personas con colostomía deben llevar una bolsa grande o bolsas adicionales, ya que la salida de contenido fecal puede aumentar con la expansión del gas intestinal durante el vuelo. Como los gases se expanden en vuelo, los dispositivos que lleven globos inflados con aire, por ejemplo, las sondas de alimentación y las sondas vesicales, deben hincharse con agua.

Las personas con lentes de contacto pueden necesitar soluciones para humedecerlas con frecuencia y así compensar la escasa humedad ambiental del avión, o bien llevar gafas. En general, es una buena idea llevar unas gafas o lentes de repuesto por si resulta necesario sustituirlas. También puede ser útil llevar pilas de repuesto para audífonos.

Los viajeros con trastornos mentales graves, como una esquizofrenia mal controlada, pueden representar un riesgo para sí mismos o para otras personas y deben estar acompañados por un asistente que se responsabilice de ellos.

La mayor parte de las líneas aéreas proporcionan sillas de ruedas y camillas a los viajeros discapacitados en los vuelos comerciales. Algunas líneas aéreas aceptan a personas que necesitan equipos especiales como catéteres intravenosos y respiradores mecánicos, siempre y cuando estén acompañadas por personal capacitado y se hayan hecho todos los preparativos pertinentes con antelación.

Se puede conseguir información general para quienes vuelan en determinadas condiciones de salud en los departamentos médicos de las principales líneas aéreas, en organismos oficiales, a partir de fuentes de información en línea o en clínicas específicas.

■ Problemas tras la llegada

Los problemas después de la llegada son especialmente importantes en el extranjero. Aunque a muchas personas lo que más les preocupa cuando piensan viajar al extranjero es la posibilidad de contraer alguna infección, las enfermedades cardíacas son la causa más frecuente de muerte entre los viajeros internacionales, pero la enfermedad cardíaca también es la causa más frecuente de muerte entre los no viajeros, lo que sugiere que la mejor manera de prevenir la enfermedad una vez fuera es una atención adecuada a la salud antes de viajar.

➤ Traumatismos

Los traumatismos son la segunda causa más frecuente de muerte en el extranjero, casi siempre debido a un accidente con un vehículo de motor o en el agua. Pueden tomarse medidas de sentido común para evitar muchas de estas lesiones. Por ejemplo, si una persona se siente incómoda con unas pautas de tráfico desconocidas (como conducir por el lado izquierdo en el Reino Unido en vez de por el lado derecho) puede usar el transporte público o recurrir a conductores familiarizados con las carreteras locales y las normas de tráfico. Se deben evitar los taxis, transbordadores u otros transportes abarrotados, evitar conducir de noche y nadar en zonas mal iluminadas. Los viajeros deberían llevar cinturones de seguridad también cuando van como pasajeros. Del mismo modo, se debe evitar el consumo de alcohol antes de conducir o nadar, incluso cuando las normas no lo prohíban formalmente o aunque no se sea exigente en el cumplimiento de las leyes vigentes.

Muchas ciudades son inseguras al anochecer y algunas lo son incluso durante el día. El viajero debe evitar caminar solo por calles poco concurridas o mal iluminadas en este tipo de ciudades, especialmente en países donde es evidente que el viajero es un extranjero.

➤ Diarrea del viajero

La diarrea del viajero ● *(v. pág. 872)* es una de las muchas enfermedades infecciosas que afectan a los viajeros internacionales. Puede evitarse utilizando agua embotellada, filtrada, hervida o clorada para beber y para cepillarse los dientes, prescindiendo de introducir cubitos de hielo en las bebidas, comiendo alimentos recién preparados y calentados a temperaturas de vaporización, tomando sólo frutas y verduras que se puedan pelar o que tengan cáscara, evitando alimentos comprados a vendedores ambulantes, lavándose las manos con frecuencia y evitando todos los alimentos que puedan haber estado en contacto con moscas.

En la mayoría de los casos, la diarrea del viajero remite por sí sola y requiere sólo un consumo adecuado de líquidos para prevenir la deshidratación. Otras medidas, aunque no siempre necesarias, pueden resultar útiles. El subsalicilato de bismuto administrado cuatro veces al día puede, a la vez, prevenir y tratar la diarrea del viajero, aunque no debe ser utilizado en niños y en personas que toman aspirina. La diarrea del viajero también puede tratarse con un antidiarreico como la loperamida (disponible sin prescripción médica), con antibióticos como el ciprofloxacino o el ofloxacino (que necesitan prescripción), o con ambos. A los niños con diarrea del viajero se les administra el antibiótico trimetoprim-sulfametoxazol.

Existen mezclas en polvo para la rehidratación durante los viajes. Si no se encuentran disponibles, las soluciones para la rehidratación puede prepararse mezclando agua con pequeñas cantidades de sal, bicarbonato de sodio y azúcar o miel.

➤ Paludismo (malaria)

El paludismo ● *(v. pág. 1359)* es frecuente en África, en el sudeste asiático y en algunas zonas de América del Sur. El mejor tratamiento es la prevención. El paludismo se previene utilizando camisas de manga larga y pantalones largos (especialmente al amanecer y al anochecer, cuando los mosquitos son más activos), durmiendo con un mosquitero e impregnando la ropa con permetrina. Los repelentes de insectos que contengan dietil-metilbenzamida (dietiltoluamida) también son importantes y pueden ayudar a prevenir otras enfermedades transmitidas por los mosquitos, como el dengue y la fiebre amarilla. Incluso con estas medidas, son necesarios los antipalúdicos (como la mefloquina, la cloroquina o la atovacuona/proguanil) antes, durante y después del viaje.

➤ Esquistosomiasis

La esquistosomiasis es una infección frecuente y potencialmente grave causada por un parásito que vive en aguas estancadas de África, sudeste asiático, China y la parte oriental de Sudamérica. Puede prevenirse llevando calzado y calcetines cuando se anda por el agua y evitando las actividades de agua dulce en las zonas en las que la esquistosomiasis es frecuente ● *(v. pág. 1362)*.

➤ Piojos y sarna

Los piojos y la sarna son frecuentes en pensiones hacinadas o alojamientos subdesarrollados. Se eliminan con lociones de permetrina, malathion o lindano ● *(v. pág. 1451 y pág. 1452)*, pero estas lociones no deben utilizarse de forma preventiva.

➤ Enfermedades de transmisión sexual

Las enfermedades de transmisión sexual, incluidos el virus de la inmunodeficiencia humana, la gonorrea, la sífilis, la tricomoniasis y, a veces, la hepatitis B, son más frecuentes en los países en vías de desarrollo. Todas pueden evitarse con la abstinencia o con el uso correcto y sistemático de preservativos ● *(v. recuadro pág. 1403)*. Debido a que el VIH y la hepatitis B también se transmiten a través de la sangre y de las agujas, una persona que haga viajes internacionales no debe aceptar nunca una transfusión sin asegurarse de que la sangre ha sido analizada para dicha infección. Del mismo modo, sólo deben aceptarse inyecciones con agujas desechables de un solo uso.

■ Problemas después de llegar a casa

Los síntomas o problemas que se han presentado durante un viaje y que no han remitido al regresar precisan de atención médica. Algunos síntomas pueden presentarse semanas o meses después del regreso; es especialmente frecuente la aparición de fiebre después de un viaje internacional. Aunque la relación entre el viaje y la aparición de nuevos síntomas a menudo no es evidente, la información acerca de los viajes recientes puede ser el elemento clave para el diagnóstico.

Las personas con problemas médicos deben reponer inmediatamente los fármacos perdidos o utilizados mientras han estado fuera de su domicilio.

CAPÍTULO 304

Amiloidosis

La amiloidosis es una enfermedad rara en la que una proteína denominada amiloide se acumula en diversos tejidos y órganos, deteriorando su función normal.

En algunas personas, la amiloidosis no produce síntomas, o produce pocos, mientras que en otras da lugar a síntomas graves y a complicaciones mortales. La gravedad de la enfermedad depende de los órganos afectados por los depósitos amiloides. La amiloidosis es dos veces más frecuente en hombres que en mujeres, y más habitual entre las personas mayores que en las jóvenes.

Existen varias formas de amiloidosis. La enfermedad puede clasificarse en cuatro grupos: amiloidosis primaria, amiloidosis secundaria, amiloidosis hereditaria y amiloidosis asociada con el envejecimiento normal.

La **amiloidosis primaria** (amiloidosis de cadena ligera) se debe a alteraciones de las células plasmáticas. Algunas personas con amiloidosis primaria también tienen mieloma múltiple (cáncer de células plasmáticas ● *v. pág. 1206*). En la amiloidosis primaria, los lugares típicos de depósito de amiloide son el corazón, los pulmones, la piel, la lengua, la glándula tiroides, el intestino, el hígado, el riñón y los vasos sanguíneos.

La **amiloidosis secundaria** puede aparecer en respuesta a varias enfermedades que causan una infección persistente o una inflamación, como la tuberculosis, la artritis reumatoide y la fiebre

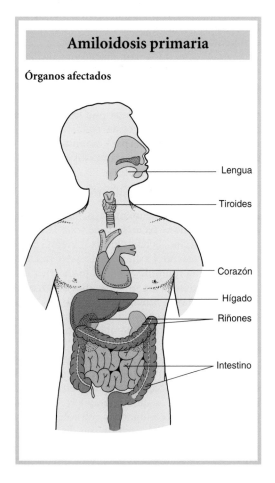

Amiloidosis primaria

Órganos afectados

Lengua

Tiroides

Corazón

Hígado

Riñones

Intestino

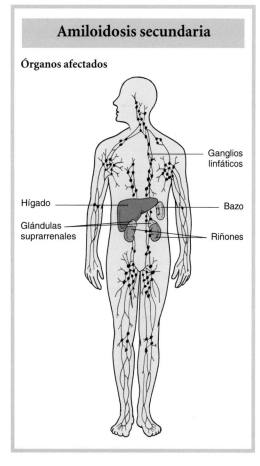

Amiloidosis secundaria

Órganos afectados

Ganglios linfáticos

Hígado

Bazo

Glándulas suprarrenales

Riñones

EFECTOS DEL DEPÓSITO DE AMILOIDE

ÓRGANO AFECTADO	POSIBLES CONSECUENCIAS
Cerebro	Enfermedad de Alzheimer
Corazón	Insuficiencia cardíaca, alteraciones del ritmo cardíaco (arritmias), dilatación cardíaca
Riñones	Insuficiencia renal; retención de líquidos en los tejidos que produce hinchazón (edema)
Sistema nervioso	Entumecimiento, hormigueo, debilidad
Sistema digestivo	Obstrucción intestinal, escasa absorción de nutrientes, aumento de tamaño de la lengua
Sangre y vasos sanguíneos	Facilidad para formar hematomas
Pulmones	Dificultad para respirar
Piel	Pápulas, hematomas, aumento de tamaño de los ganglios linfáticos
Glándula tiroides	Aumento de tamaño de la glándula tiroides
Hígado	Hígado aumentado de tamaño
Sistema musculoesquelético	Síndrome del túnel carpiano
Ganglios linfáticos	Aumento de tamaño de los ganglios linfáticos

mediterránea familiar. Los lugares típicos de depósito de amiloide son el bazo, el hígado, los riñones, las glándulas suprarrenales y los ganglios linfáticos.

La **amiloidosis hereditaria** ha sido detectada en algunas familias, sobre todo en Portugal, Suecia y Japón. El defecto productor de amiloide se debe a mutaciones de proteínas específicas en la sangre. Los lugares típicos de acumulación de amiloide son los nervios, el corazón, los vasos y los riñones.

La **amiloidosis asociada al envejecimiento normal** suele afectar al corazón. Por lo general, se desconocen las causas por las que el amiloide se acumula en el corazón, aparte de la edad. El amiloide también se acumula en el cerebro de las personas con la enfermedad de Alzheimer y se cree que puede ser una de sus causas.

➤ Síntomas y diagnóstico

El depósito de grandes cantidades de amiloide puede alterar el funcionamiento normal de muchos órganos. Muchas personas tienen pocos síntomas, mientras que otras presentan una enfermedad de carácter grave, potencialmente mortal. El cansancio y la pérdida de peso son síntomas frecuentes; otros síntomas dependen del lugar en el que se deposite el amiloide.

La amiloidosis es a veces difícil de reconocer porque produce una gran variedad de problemas diferentes. Sin embargo, el médico puede sospechar la presencia de amiloidosis cuando fallan varios órganos, se acumula líquido en los tejidos produciendo hinchazón (edema) o tiene lugar una hemorragia inexplicable, especialmente en la piel. Se sospecha la presencia de la forma hereditaria cuando se descubre un trastorno de los nervios periféricos de transmisión familiar.

Generalmente, se logra un diagnóstico mediante el análisis de una pequeña cantidad de grasa abdominal obtenida a través de una aguja que se introduce cerca del ombligo. Como alternativa, el médico puede realizar una biopsia tomando una muestra de tejido de la piel, del recto, de las encías, del riñón o del hígado, para examinarla al microscopio con el uso de colorantes especiales.

➤ Pronóstico y tratamiento

No existe cura para la amiloidosis. Sin embargo, si en la amiloidosis secundaria se trata la enfermedad subyacente, la amiloidosis se retrasa o remite por lo general. La amiloidosis primaria con o sin mieloma múltiple tiene un pronóstico nefasto; la mayoría de las personas que tienen ambas enfermedades muere en el plazo de 1 a 2 años. Las personas con amiloidosis que presentan insuficiencia cardíaca también tienen un mal pronóstico.

El tratamiento para disminuir o controlar los síntomas y las complicaciones de la amiloidosis ha resultado moderadamente eficaz en la mayoría de las personas. La quimioterapia (prednisona y melfalán, a veces combinados con colchicina) y el transplante de células madre son de ayuda en algunas personas. La colchicina sola puede ayudar a paliar la amiloidosis desencadenada por la fiebre familiar mediterránea. En ocasiones, los depósitos de amiloide (tumores amiloides) en una zona específica del cuerpo se pueden extirpar quirúrgicamente.

Los trasplantes de órganos (por ejemplo, de un riñón o del corazón) han prolongado la supervivencia de un pequeño número de personas con un fallo orgánico debido a amiloidosis pero, por lo general, la enfermedad continúa progresando y, finalmente, el órgano trasplantado también acumula amiloide. La excepción es el trasplante de hígado ● *(v. pág. 1288),* que normalmente detiene la progresión de la amiloidosis en la forma hereditaria de la enfermedad.

● *(v. pág. 1288)*

CAPÍTULO 305

Fiebre mediterránea familiar

La fiebre mediterránea familiar (peritonitis paroxística familiar) es un trastorno hereditario caracterizado por episodios de fiebre alta junto con dolor abdominal o, menos frecuentemente, dolor torácico, dolor articular o rash.

La fiebre mediterránea familiar es más frecuente en personas de origen mediterráneo (por ejemplo, judíos sefarditas, árabes, armenios y turcos). Sin embargo, en algunos países alrededor del 50 % de las personas con fiebre mediterránea familiar carecen de un historial familiar conocido.

La fiebre mediterránea familiar es un trastorno hereditario causado por un gen recesivo alterado ● *(v. fig. pág. 12)* que da lugar a la producción de una forma defectuosa de pirina, una proteína que regula la inflamación. Algunas personas con fiebre mediterránea familiar que no reciben el tratamiento adecuado presentan amiloidosis, un trastorno en el que se deposita una proteína de forma inusual, denominada amiloide, en varios órganos y tejidos, lo que altera su funcionamiento ● *(v. pág. 2033).*

➤ Síntomas y diagnóstico

Los síntomas suelen comenzar entre los 5 y los 15 años de edad. La persona experimenta, de forma irregular, crisis de dolor abdominal acompañadas de fiebre de hasta 40 °C. Las crisis dolorosas duran, por lo general, de 24 a 72 horas pero, en ocasiones, pueden persistir hasta una semana. Las crisis pueden presentarse desde dos veces a la semana hasta sólo una vez un año. La gravedad y la frecuencia de los ataques tienden a disminuir con la edad y durante el embarazo. A veces las crisis desaparecen por completo durante un cierto número de años y reaparecen después.

El dolor abdominal recurrente se produce en el 95 % de las personas con fiebre mediterránea familiar. El dolor se produce por la inflamación del revestimiento de la cavidad abdominal (peritonitis), suele comenzar en una parte del abdomen y extenderse luego por la totalidad del mismo. La intensidad del dolor puede variar en cada ataque. El dolor torácico se produce, en algunos países, en menos del 50 % de los individuos con fiebre mediterránea familiar. El dolor del tórax es debido a la inflamación de las membranas que rodean los pulmones (pleuritis) o, en casos extremadamente raros, a la inflamación de la membrana que rodea el corazón (pericarditis). En algunos países, la inflamación de las grandes articulaciones (artritis), como las rodillas, aparece en el 10 % de las personas con fiebre mediterránea familiar. Tal porcentaje es más alto en otras partes del mundo, como el norte África. También es poco común, comparativamente, la aparición de una erupción rojiza dolorosa, habitualmente cerca de los tobillos. Las personas en las que la amiloidosis afecta a los riñones pueden experimentar retención de líquidos, debilidad y pérdida de apetito.

El médico suele hacer el diagnóstico en función de los síntomas. Sin embargo, el dolor abdominal de la fiebre mediterránea familiar es prácticamente indistinguible del que producen otras urgencias abdominales, especialmente del que se presenta con la perforación del apéndice. Por ello, algunas personas en esta situación se someten a una intervención quirúrgica antes de que se realice el diagnóstico correcto. No hay pruebas de laboratorio rutinarias que permitan por sí mismas el diagnóstico, aunque algunas son muy útiles para excluir otras enfermedades. Los análisis de sangre para determinar el carácter hereditario pueden ser útil para establecer el diagnóstico.

➤ Pronóstico, prevención y tratamiento

A pesar de la gravedad de los síntomas durante las crisis, las personas se recuperan rápidamente y permanecen libres de enfermedad hasta el siguiente ataque. Sin embargo, si la enfermedad no se trata, algunos individuos presentan lesiones renales que puede desembocar finalmente en insuficiencia renal debido al amiloide acumulado en los riñones.

El uso diario de colchicina, administrada por vía oral, elimina o reduce el número de crisis de dolor en cerca del 85 % de las personas y prácticamente elimina el riesgo de insuficiencia renal por amiloidosis. Si las crisis no son frecuentes, se puede demorar la colchicina, pero hay que tomarla de inmediato al aparecer los síntomas.

Aunque los analgésicos suaves, como los fármacos antiinflamatorios no esteroideos (AINE) ● *(v. pág. 544)*, pueden reducir lo suficiente el dolor, suelen requerirse opiáceos, como la meperidina.

CAPÍTULO 306

Enfermedades de causa desconocida

Muchas personas sufren mucho por trastornos cuya causa específica no se ha identificado. Algunos médicos opinan que estos trastornos son debidos a factores psicológicos. Otros creen que los trastornos son causados por agentes físicos, como virus y sustancias químicas tóxicas o por alteraciones del sistema inmunitario. Aunque no se haya demostrado una causa en ninguno de estos trastornos, muchas las personas se someten a un gran número de pruebas e intentan tratamientos no probados, que requieren mucho tiempo y dinero, para diagnosticar y aliviar sus síntomas.

■ Síndrome de fatiga crónica

El síndrome de fatiga crónica hace referencia a una fatiga duradera, severa e incapacitante sin causa física o psicológica comprobada.

En algunos países, el síndrome de fatiga crónica afecta hasta 40 de cada 10 000 personas; lo padecen, principalmente, personas con edades comprendidas entre 20 y 50 años, y es 1,5 veces más frecuente en mujeres que en hombres.

➤ Causa

A pesar de que se han hecho un número considerable de investigaciones, la causa del síndrome de fatiga crónica sigue siendo desconocida. Existe controversia sobre si existe una causa única o muchas causas y sobre si la causa es física o psicológica.

Los primeros estudios han sugerido como posible causa del síndrome de fatiga crónica una infección por el virus de Epstein-Barr, rubéola, herpesvirus o infección por el virus de inmunodeficiencia humana (VIH). Sin embargo, las investigaciones en curso indican que, probablemente, dichas infecciones víricas no causen este síndrome, aunque en algunos casos puedan acelerar la aparición de los síntomas.

Algunos hechos sugieren una alteración del sistema inmunitario como posible causa. Otros indican posibles alergias (alrededor del 65 % de las personas con síndrome de fatiga crónica refieren alergias previas), alteraciones hormonales, hipotensión arterial, disminución del aporte sanguíneo al cerebro y falta de ciertos nutrientes en la dieta.

El síndrome de fatiga crónica parece que se presenta en familias, lo que puede apoyar un agente infeccioso como causa, o bien indicar que los miembros de una misma familia responden de forma similar a un estrés físico y psicosocial.

Algunos investigadores sugieren que el encamamiento prolongado durante la convalecencia de una enfermedad puede desempeñar un papel destacado en la aparición de este trastorno.

Diagnóstico del síndrome de fatiga crónico

Según los centros para el control y prevención de las enfermedades, para diagnosticar el síndrome de fatiga crónica ha de existir:

1. **Cansancio médicamente inexplicable, persistente o recurrente de, al menos, 6 meses de duración, de nueva aparición o de inicio definido, que no se debe al ejercicio, que no se alivia de manera sustancial con el reposo y que afecta considerablemente a las actividades laborales, educativas, sociales o personales.**

2. **Al menos cuatro de los siguientes síntomas:**

- **pérdida de memoria para los acontecimientos recientes o reducción de la capacidad de concentración hasta el punto de afectar a las actividades laborales, educativas, sociales o personales;**

- **dolor de garganta;**

- **aumento de la sensibilidad de los ganglios linfáticos del cuello o axilas;**

- **dolores musculares;**

- **dolor en más de una articulación sin inflamación o sensibilidad articular;**

- **dolores de cabeza que difieren de los dolores de cabeza previos en cuanto al tipo, patrón o gravedad;**

- **sueño no reparador;**

- **sensación persistente de enfermedad durante, por lo menos, 24 horas después del ejercicio;**

Estos síntomas deben haber estado presentes de forma persistente o recurrente durante el período de fatiga, pero no antes.

➤ Síntomas y diagnóstico

El síntoma más importante es la fatiga, presente al menos durante seis meses, y lo suficientemente intensa como para dificultar las actividades diarias. El intenso cansancio está presente incluso al despertarse, persiste durante todo el día y a menudo empeora con los esfuerzos físicos o el estrés psicológico. Sin embargo, es rara la evidencia de debilidad muscular o de alteraciones articulares o nerviosas. Los síntomas suelen comenzar después de un catarro que produce un aumento de tamaño de los ganglios linfáticos, que se vuelven sensibles o dolorosos. El cansancio extremo comienza con fiebre, goteo nasal y congestión torácica (acumulación de líquido en los alvéolos).

Otros síntomas son dificultad para concentrarse y dormir, dolor de garganta, cefalea, dolores articulares, dolores musculares y dolor abdominal.

No se dispone de análisis de laboratorio que confirmen el diagnóstico de síndrome de fatiga crónica. Por lo tanto, los médicos deben descartar otras enfermedades que puedan causar síntomas similares, como una enfermedad tiroidea, psicosis y alcoholismo. El diagnóstico de síndrome de fatiga crónica se realiza sólo si no se encuentra ninguna otra causa, incluidos los efectos secundarios de fármacos, que explique la fatiga.

➤ Tratamiento

En la mayoría de los casos, los síntomas del síndrome de fatiga crónica disminuyen con el paso del tiempo.

La práctica regular de ejercicios aeróbicos, como caminar, nadar, montar en bicicleta o correr bajo supervisión médica, pueden reducir la fatiga y mejorar la función corporal. La psicoterapia, incluidas la terapia conductual individual y de grupo, también puede resultar útil.

El tratamiento con medicamentos ha tenido resultados desiguales. Los antidepresivos y los corticosteroides han sido útiles en algunos casos, aunque no se ha establecido su seguridad y eficacia en el tratamiento del síndrome de fatiga crónica. Otros tratamientos, como el uso de interferones y fármacos antivíricos, han sido cuanto menos decepcionantes. Con frecuencia se utilizan suplementos dietéticos, como el aceite de prímula, los suplementos de aceite de pescado y vitaminas a altas dosis, pero sus beneficios siguen sin comprobarse. Las inyecciones intramusculares de sulfato de magnesio se han mostrado útiles en algunos casos para mejorar el estado de ánimo y el nivel de energía. Las inyecciones intravenosas de inmunoglobulina han sido beneficiosas en algunas personas, pero sus efectos secundarios pueden ser muy perjudiciales.

Los síntomas del síndrome de fatiga crónica pueden empeorar con períodos prolongados de inactividad.

■ Síndrome de la guerra del Golfo

El síndrome de la guerra del Golfo consiste en un conjunto de síntomas experimentados por más de 100 000 veteranos estadounidenses, británicos y canadienses de la guerra del Golfo Pérsico (1992).

El síndrome de la guerra del Golfo es mal comprendido. A los pocos meses de regresar del golfo Pérsico, veteranos de distintas unidades militares de Estados Unidos, Reino Unido y Canadá comenzaron a referir diversos síntomas, como dolor de cabeza, cansancio, dificultades para conciliar el sueño, dolor articular, dolor torácico, erupciones cutáneas y diarrea.

En el mayor número de casos, sin embargo, los síntomas comunicados, como el dolor de cabeza y las náuseas, no podían ser confirmados de manera objetiva por un médico. Incluso cuando podían ser objetivados, como por la aparición de una erupción de la piel, no se les podía atribuir una causa específica.

La causa del síndrome de la guerra del Golfo es desconocida. Los veteranos pueden haber estado expuestos a numerosas sustancias potencialmente tóxicas, entre ellas armas químicas, biológicas, armas de uranio empobrecido, insecticidas y humo de los pozos de petróleo incendiados. Puede que los veteranos también estuvieran expuestos a productos irritantes derivados del petróleo, soluciones de descontaminación y una variedad de sustancias ambientales que pudieran producir alergia.

La vacuna contra el carbunco ● *(v. pág. 1310),* que fue administrada al personal militar destacado en la guerra del Golfo como protección frente a la guerra biológica, también se ha propuesto como causa, aunque esta vacuna no ha causado síntomas en otros receptores. También se ha sugerido como posible causa el uso de comprimidos de piridostigmina para prevenir la aparición de los efectos letales de armas químicas. Sin embargo, ninguno de estos agentes ha sido relacionado de forma convincente con el síndrome de la guerra del Golfo.

➤ Síntomas

Los síntomas afectan predominantemente al sistema nervioso, como problemas de memoria, razonamiento, concentración y atención, dificultad para conciliar el sueño, depresión, cansancio y dolor de cabeza. Otros síntomas son desorientación, vértigo, disfunción eréctil (impotencia), fatiga y dolores musculares, debilidad, sensación de hormigueo, diarrea, erupciones cutáneas, tos y dolores torácicos.

Desencadenantes comunicados para el síndrome de sensibilidad química múltiple

- Alcohol y fármacos
- Cafeína y aditivos alimentarios
- Olores de mobiliario y alfombras
- Olores de combustible y humo de motor
- Materiales de pintura
- Perfumes y otros productos con fragancia
- Pesticidas y herbicidas

➤ Prevención, tratamiento y pronóstico

No se han establecido el diagnóstico y el tratamiento. Por lo tanto, los médicos se centran en el control de los síntomas.

Los veteranos con el síndrome de la guerra de Golfo no tienen una tasa de hospitalización o de muerte mayor que los individuos de su misma edad.

■ Síndrome de sensibilidad química múltiple

El síndrome de sensibilidad química múltiple es un trastorno que parece ser desencadenado por una exposición de bajo grado a múltiples sustancias químicas que se encuentran comúnmente en el medio ambiente.

El síndrome de sensibilidad química múltiple es más frecuente entre las mujeres que entre los hombres. Además, un 40 % de las personas con síndrome de fatiga crónica y un 16 % de las que sufren fibromialgia también tienen el síndrome de sensibilidad química múltiple.

Algunos médicos consideran que este trastorno tiene una causa psicológica, probablemente un tipo de trastorno de ansiedad similar a la agorafobia (miedo a los espacios abiertos) o a un ataque de pánico ● *(v. pág. 731).* Otros creen que el trastorno puede ser un tipo de reacción alérgica ● *(v. pág. 1283).* En realidad, se pueden producir diversos cambios en el sistema inmunitario que apoyan la idea de una reacción alérgica. Sin embargo, no existe un patrón consistente de dichas alteraciones en las personas que tienen este síndrome, y la causa sigue siendo desconocida.

➤ Síntomas y diagnóstico

Algunas personas comienzan a tener síntomas después de una única exposición a niveles elevados de varias sustancias tóxicas. Los afectados imputan sus síntomas a la exposición a estas sustancias, pero generalmente no existe ninguna evidencia.

Los síntomas incluyen taquicardia, dolor torácico, sudoración, disnea, fatiga, enrojecimiento facial, vértigo, náuseas, ahogo, temblor, hormigueo, tos, ronquera y dificultad para la concentración.

El médico realiza el diagnóstico en función de los síntomas. El diagnóstico se confirma si los síntomas recurren después de una exposición repetida a la sustancia química; reaparecen después de la exposición a concentraciones muy inferiores a las que han sido toleradas antes, o que son habitualmente toleradas por otros; remiten cuando la persona deja de exponerse al ambiente causal, y aparece en respuesta a una amplia variedad de sustancias químicas no relacionadas.

Para hacer un recuento de los glóbulos rojos y blancos y de los niveles de anticuerpos, aunque no sea de probado valor, puede realizarse un análisis de sangre.

➤ Tratamiento

El tratamiento, por lo general, consiste en evitar las sustancias tóxicas que se cree que causan los síntomas. Sin embargo, pueden ser difíciles de evitar debido a la presencia generalizada de muchas de ellas. En ocasiones, es útil la psicoterapia.

■ Síndrome del edificio enfermo

El síndrome del edificio enfermo hace referencia a un conjunto de síntomas que afectan a varios trabajadores de un mismo edificio y que no es debido a una enfermedad identificable en particular. Puede ser causado por la exposición a diversos agentes dañinos que existen en pequeñas concentraciones dentro de dichos edificios.

El síndrome del edificio enfermo generalmente afecta a personas que trabajan en edificios de oficinas o en otros edificios que concentran a muchos trabajadores en estrecha proximidad. Con mucha frecuencia, aparece en edificios de oficinas nuevos, diseñados de modo que pueda manejarse la energía de forma eficiente, sin ventanas que se abran y que suelen tener conductos de acondicionamiento del aire que se originan de una fuente común.

Las elevadas concentraciones de anhídrido carbónico, que se producen con más frecuencia en este tipo de edificios, son una causa frecuente del síndrome del edificio enfermo. Otras causas posibles son las sustancias químicas de los materiales de renovación, soluciones de limpieza y maquinaria de oficina. Los mohos y bacterias que crecen en los edificios viejos con escaso mantenimiento y como resultado de un escape de agua también pueden causar el síndrome del edificio enfermo. Los camiones y otros vehículos al ralentí cerca de las entradas de aire también pueden dar lugar a una excesiva exposición a monóxido de carbono y a vapores de diésel. La mala iluminación, el ruido excesivo y las temperaturas poco confortables en el ambiente de trabajo pueden empeorar los síntomas de los trabajadores de oficinas afectados.

Las personas afectadas se vuelven ansiosas, respiran rápidamente (hiperventilan) y pueden experimentar espasmos musculares y dificultad intensa para respirar. También suelen tener dolores de cabeza, fatiga, dolor de garganta, tos, sequedad de los ojos, erupciones en la piel y picor. Algunas personas notan olores extraños.

➤ Tratamiento y pronóstico

Los síntomas remiten cuando la persona abandona el ambiente agresor. El edificio sospechoso debe ser evaluado y hacer en él las mejoras necesarias. Debe procurarse que pueda mantenerse una ventilación adecuada.

No existen complicaciones permanentes conocidas del síndrome del edificio enfermo.

APÉNDICES

APÉNDICE I

Pesos y medidas

Las medidas exactas son necesarias en medicina, por ejemplo, al realizar pruebas de laboratorio para medir diferentes sustancias con el fin de evaluar la salud de un paciente o establecer el diagnóstico. La unidad de medida puede variar en función de la sustancia analizada. Por lo general, se utiliza el sistema métrico decimal, basado en los múltiplos de diez, para medir masa, volumen y longitud. La unidad de medida de la masa, cantidad de materia en un objeto, son los gramos. La masa es similar al peso, aunque éste se ve afectado por la fuerza de gravedad. El volumen, cantidad de espacio que ocupa un objeto, se mide en litros; y la longitud se mide en metros.

Los prefijos, que indican el múltiplo de diez correspondiente, se pueden agregar a la unidad de base, como metro (m), litro (L) o gramo (g). La utilización de prefijos hace más clara la lectura de las cifras. Los prefijos comúnmente utilizados son kilo- (k), deci- (d), centi- (c), mili- (m) y micro- (µ).

Otras unidades miden diferentes características de la sustancia analizada. Por ejemplo, un mol es el número de partículas (moléculas o iones) que contiene la sustancia. Independientemente del tipo de sustancia, 1 mol siempre equivale al mismo número de partículas. Sin embargo, los gramos contenidos en un mol varían considerablemente entre las sustancias. Un mol corresponde al peso molecular (atómico) de una sustancia en gramos. Por ejemplo, el peso molecular del calcio es 40, y 1 mol de calcio son 40 gramos. Los osmoles (Osm) y miliosmoles (mOsm) hacen referencia al número de partículas de una cantidad específica de líquido. Los equivalentes (Eq) y miliequivalentes (mEq) miden la capacidad de la sustancia para combinarse con otra. Un miliequivalente se considera equivalente a un miliosmol.

Para convertir una unidad de medida en otra, se utilizan ciertas fórmulas. La misma cantidad puede ser expresada en términos de unidades diferentes. Por ejemplo, la concentración de calcio en la sangre es normalmente de unos 10 miligramos por decilitro (mg/dL), 2,5 milimoles por litro (mmol/L) o 5 miliequivalentes por litro (mEq/L).

PREFIJOS EN EL SISTEMA MÉTRICO

Prefijo	Múltiplos de 10	Comparación	
kilo (k)	1000	1 kilómetro (km) = 1000 metros (m)	1 metro = 0,001 kilómetro
deci (d)	0,1	1 decilitro (dL) = 0,1 litro (L)	1 litro = 10 decilitros
centi (c)	0,01	1 centímetro (cm) = 0,01 metro	1 metro = 100 centímetros
mili (m)	0,001	1 mililitro (ml) = 0,001 litro	1 litro = 1000 mililitros
micro (m)	0,000001	1 microlitro (mL) = 0,000001 litro	1 litro = 1 millón de microlitros
pico (p)	0,000000000001	1 picolitro (pL) = 0,000000000001 litro	1 litro = 1 trillón de picolitros

EQUIVALENTES POR PESO, VOLUMEN Y LONGITUD

De no métrico a métrico	De métrico a no métrico
Peso	
1 libra (lb) = 16 onzas (oz) = 0,454 kilogramos (kg)	1 kilogramo = 2,2 libras
1 onza = 28,35 gramos (g)	1 gramo = 0,035 onza
Volumen	
1 galón (gal) = 4 cuartos (qt) = 3,785 litros (L)	1 litro = 1,057 cuarto
1 cuarto = 2 pintas (pt) = 0,946 litro	
1 pinta = 16 onzas de líquido (fl oz) = 0,473 litro	
1 taza = 8 onzas de líquido = 16 cucharas soperas	
1 onza de líquido = 29,573 mililitros (mL)	
1 cuchara sopera = 1/2 onza de líquido = 3 cucharitas	
Longitud	
1 milla (mi) = 1 760 yard (yd) = 1,609 kilómetros (km)	1 kilómetro = 0,62 milla
1 yarda = 3 pies (ft) = 0,914 metro (m)	1 metro = 39,37 pulgadas (in)
1 pie = 12 pulgadas = 30,48 centímetros (cm)	1 centímetro = 0,39 pulgada
1 pulgada = 2,54 centímetros	1 milímetro (mm) = 0,039 pulgada

EQUIVALENCIAS DE TEMPERATURA

Para convertir grados Fahrenheit a grados centígrados:
restar 32, y multiplicar por $^5/_9$ o 0,555.

Para convertir grados centígrados a grados Fahrenheit:
multiplicar por $^9/_5$ o 1,8 y añadir 32

	GRADOS	
	CENTÍGRADOS (C)	FAHRENHEIT (F)
Congelación	0	32,0
Intervalos de la	36,0	96,8
temperatura	36,5	97,7
corporal	37,0	98,6
	37,5	99,5
	38,0	100,4
	38,5	101,3
	39,0	102,2
	39,5	103,1
	40,0	104,0
	40,5	104,9
	41,0	105,8
	41,5	106,7
	42,0	107,6
Ebullición	100,0	212,0

EQUIVALENCIAS DE TALLA Y PESO

TALLA		PESO	
PIE/PULGADA	CM	LIBRAS	KG
4' 10⊕	147,3	100	45,4
4' 11⊕	149,9	110	49,9
5' 0⊕	152,4	120	54,5
5' 1⊕	154,9	130	59,0
5' 2⊕	157,5	140	63,6
5' 3⊕	160,0	150	68,1
5' 4⊕	162,6	160	72,6
5' 5⊕	165,1	170	77,2
5' 6⊕	167,6	180	81,7
5' 7⊕	170,2	190	86,3
5' 8⊕	172,7	200	90,8
5' 9⊕	175,3	210	95,3
5' 10⊕	177,8	220	99,9
5' 11⊕	180,3	230	104,4
6' 0⊕	182,9	240	109,0
6' 1⊕	185,4	250	113,5
6' 2⊕	188,0	260	118,0
6' 3⊕	190,5	270	122,6
6' 4⊕	193,0	280	127,1

Pruebas de laboratorio habituales

Existe una amplia gama de pruebas clínicas, muchas de las cuales están especializadas en determinados grupos de enfermedades.

En este Manual, como norma general, las pruebas específicas se describen con el nombre de las enfermedades correspondientes.

Sin embargo, hay pruebas no específicas que se utilizan en un gran número de enfermedades.

Las pruebas se practican por muchas razones: detección, diagnóstico y evaluación de la gravedad de una enfermedad para establecer el tratamiento más adecuado y supervisar la respuesta al mismo. A veces, se practica una misma prueba por más de una razón. Así, por ejemplo, un análisis de sangre puede mostrar un bajo recuento de glóbulos rojos (anemia), y esa misma prueba puede repetirse después del tratamiento para verificar si los glóbulos rojos han recuperado el valor normal. En algunos casos, un trastorno puede ser tratado al tiempo que se realiza una prueba diagnóstica o de detección. Se hace así, por ejemplo, en la colonoscopia, una prueba en la cual se utiliza un largo tubo flexible para examinar el interior del intestino grueso; si se detecta la existencia de crecimientos (pólipos), éstos pueden ser removidos en el transcurso de la colonoscopia.

➤ Tipos de pruebas

Por lo general, las pruebas clínicas pertenecen a una de estas seis categorías: análisis de líquidos corporales, pruebas de imagen, endoscopia, medición de las funciones corporales, biopsia y análisis del material genético en las células. En muchos casos, la línea que separa las categorías se vuelve difusa. Por ejemplo, la endoscopia del estómago tanto puede servir para ver el interior del estómago como para obtener muestras de tejido para su análisis en el laboratorio.

Los **análisis de líquidos corporales** consisten habitualmente en análisis de sangre, de orina y del líquido que rodea a la médula espinal y al cerebro (líquido cefalorraquídeo). Con menor frecuencia, se analizan otros líquidos, como la saliva o el líquido del tracto digestivo (por ejemplo, el jugo gástrico). A veces, los líquidos que hay que analizar sólo están presentes en el transcurso de una enfermedad, como ocurre con el líquido en el abdomen (ascitis) o con el que puede encontrarse en el espacio entre las dos membranas que recubren los pulmones (efusión pleural).

Las **pruebas de imagen** consisten en pruebas que proporcionan una imagen del interior del cuerpo, en su totalidad o sólo por partes. Las radiografías son las pruebas de imagen más comunes, pero otras incluyen ultrasonido, gammagrafía, tomografía computarizada (TC), resonancia magnética nuclear (RMN) y tomografía por emisión de positrones (PET).

La **endoscopia** consiste en la utilización de un largo tubo de visualización para observar el interior de órganos o espacios (cavidades). El endoscopio suele ser flexible, pero también los hay rígidos. La punta del endoscopio suele estar provista de una luz y una cámara para captar las imágenes, que aparecen en un monitor de televisión, mientras el examinador observa a través del endoscopio. Frecuentemente se hacen pasar instrumentos a través de un canal del endoscopio. Un tipo de estos instrumentos es el que se utiliza para cortar y extraer muestras de tejido.

La endoscopia consiste habitualmente en pasar el tubo de visualización por un orificio ya existente. Por ejemplo, en la esofagogastroduodenoscopia se introduce el tubo de visualización por la boca. En la colonoscopia, el tubo de visualización se introduce por el ano. En cambio, en otros casos es necesario practicar una abertura en el cuerpo. Esto se puede hacer mediante una pequeña incisión en la piel y en las capas de tejido inmediatas, para que el endoscopio llegue hasta una cavidad corporal. Por ejemplo, en la artroscopia, se introduce un endoscopio por una incisión para visualizar una articulación como la rodilla o el hombro.

La **medición de las funciones corporales** frecuentemente implica el registro y el análisis de varios órganos del cuerpo. Por ejemplo, la actividad eléctrica del corazón se mide mediante la electrocardiografía (ECG) y la actividad eléctrica del cerebro mediante la electroencefalografía (EEG).

La **biopsia** consiste en la extracción de muestras de tejido para analizarlas, generalmente, examinándolas al microscopio. Este examen se centra a menudo en la detección de células anormales que puedan indicar la existencia de inflamación o de una enfermedad como el cáncer. Los tejidos más frecuentemente examinados son los extraídos de la piel, la mama, el pulmón, el hígado, el riñón y el hueso.

El **análisis de material genético** implica habitualmente analizar células de piel, sangre o médula ósea. Las pruebas genéticas consisten en detectar anomalías de cromosomas y genes o de ambos. El análisis de los genes incluye el análisis del ADN. Se puede practicar pruebas genéticas en fetos para determinar la presencia de un trastorno genético. Niños y adultos suelen ser examinados para determinar si ellos mismos padecen una enfermedad o si tienen el riesgo de contraerla. A veces se examina un adulto para determinar la probabilidad de que sus familiares, hijos o nietos, desarrollen ciertas enfermedades.

➤ Riesgos y resultados

Toda prueba conlleva algún tipo de riesgo, desde necesidad de someterse a nuevas pruebas adicionales si el resultado no es normal, hasta la posibilidad de que se produzca una lesión durante la prueba. El médico pondera el riesgo de la prueba y la utilidad de la información que puede proporcionar.

Los resultados normales de una prueba se expresan de acuerdo con una escala basada en los valores medios para una población sana; un 95 % de personas sanas tienen valores dentro de esta escala; los valores promedio pueden ser ligeramente diferentes para mujeres y hombres o según la edad. Estos valores pueden también variar según el laboratorio.

ANÁLISIS DE SANGRE*

PRUEBA	CRITERIOS DE VALORACIÓN (UNIDADES CONVENCIONALES†)
Acidez (pH)	7,35-7,45
Ácido ascórbico	0,4-1,5 mg/dL
Ácido láctico	*Venoso:* 4,5-19,8 mg/dL *Arterial:* 4,5-14,4 mg/dL
Ácido úrico	3,0-7,0 mg/dL
Alcohol (etanol)	0 mg/dL (más de 0,1 mg/dL habitualmente indica intoxicación)
Amilasa	53-123 unidades/L
Amoníaco	15-50 unidades/L
Anticuerpos antinucleares (ANA; otros anticuerpos pueden también ser identificados)	0 (resultado negativo)
Antígeno prostático específico (PSA)	0-4 ng/mL (aumenta con la edad)
Bicarbonato (contenido en ahídrido carbónico, CO_2)	18-23 mEq/L
Bilirrubina	*Directa:* hasta 0,4 mg/dL *Total:* hasta 1,0 mg/dL
Calcio	8,5-10,5 mg/dL (algo superior en niños)
Ceruloplasmina	15-60 mg/dL
Cloruro	98-106 mEq/L
Cobre	70-150 mg/dL
Concentración de hemoglobina corpuscular media	32-36 % hemoglobina/célula
Creatincinasa (CK o CPK)	*Varones:* 38-174 unidades/L *Mujeres:* 96-140 unidades/L

La tabla continúa en la página siguiente.

PRUEBA	CRITERIOS DE VALORACIÓN (UNIDADES CONVENCIONALES†)
Creatincinasa isoenzimas	5% MB o menos
Creatinina	0,6-1,2 mg/dL
Elecrólitos	*Véanse pruebas individuales:* los electrólitos analizados sistemáticamente incluyen calcio, cloruro, magnesio, potasio, sodio
Fosfatasa (alcalina)	50-160 unidades/L (mayores en niños y adolescentes, menores en mujeres)
Fósforo	3,0-4,5 mg/dL
Glucosa	En ayunas: 70-110 mg/dL
Hematócrito	*Varones:* 45-52% *Mujeres:* 37-48%
Hemoglobina	*Varones:* 13-18 g/dL *Mujeres:* 12-16 g/dL
Hemoglobina corpuscular media	27-32 pg/célula
Hemograma completo (recuento de células sanguíneas)	*Véanse pruebas individuales:* hemoglobina, hematocrito, hemoglobina corpuscular media, volumen corpuscular medio, recuento de plaquetas, recuento de glóbulos blancos
Hierro	60-160 mg/dL (superior en varones)
Hierro, capacidad de transporte	250-460 mg/dL
Hormona estimulante del tiroides (TSH)	0,5-5,0 m unidades/L
Láctico-deshidrogenasa	50-150 unidades/L
Lipasa	10-150 unidades/L
Lípidos: Colesterol	Menos de 225 mg/dL (para una edad de 40-49 años; aumenta con la edad)
Lipoproteína de alta densidad (HDL)	30-70 mg/dL
Lipoproteína de baja densidad (LDL)	60 mg/dL
Triglicéridos	40-200 mg/dL (superior en varones)
Magnesio	1,5-2,0 mg/dL
Monóxido de carbono (en la hemoglobina)	Menos del 5% de la hemoglobina total
Nitrógeno ureico (BUN)	7-18 mg/dL
Osmolalidad	280-296 mOsm/kg plasma
Oxígeno, saturación (arterial)	96-100%
Plomo	20 mg/dL o menos (mucho menor en niños)
Potasio	3,5-5,0 mEq/L
Presión del anhídrido carbónico (CO_2) (expresado como comparación de cuánto se eleva el nivel de mercurio [Hg] en un tubo por causa de la presión del aire a nivel del mar)	35-45 mm Hg

PRUEBA	CRITERIOS DE VALORACIÓN (UNIDADES CONVENCIONALES†)
Presión del oxígeno (O_2) (expresado como comparación de cuánto se eleva el nivel de mercurio [Hg] en un tubo por causa de la presión del aire a nivel del mar)	83-100 mm Hg
Proteínas:	
Totales	6,0-8,4 g/dL
Albúmina	3,5-5,0 g/dL
Globulinas	2,3-3,5 g/dL
Pruebas de la función hepática	Incluyen bilirrubina (total), fosfatasa (alcalina), proteínas (total y albúmina), transaminasas (alanina y aspartato), protrombina
Recuento de células CD4	500-1 500 células/mL
Recuento de glóbulos blancos (leucocitos)	4 300-10 800/mL
Recuento de glóbulos rojos (hematíes)	4,2-5,9 millones/mL
Recuento de plaquetas	150 000-350 000/mL
Sodio	135-145 mEq/L
Tiempo de protrombina (TP)	10-13 segundos
Tiempo parcial de tromboplastina (TPT)	30-45 segundos
Transaminasas:	
Alanina (ALT)	1-21 unidades/L
Aspartato (AST)	7-27 unidades/L
Troponina:	
I	Menos de 1,6 ng/mL
T	Menos de 0,1 ng/mL
Velocidad de sedimentación globular	*Varones:* 1-13 mm/ora *Mujeres:* 1-20 mm/ora
Vitamina A (otras vitaminas pueden también ser medidas)	30-65 µg/dL
Volumen corpuscular medio	76-100 cu µm
Volumen sanguíneo	8,5-9,1 % del peso corporal

* La sangre puede analizarse también por muchas otras sustancias.
† Las unidades se relacionan en el apéndice I. Las unidades internacionales pueden convertirse a unidades internacionales utilizando un factor de conversión. Las unidades internacionales (UI) son a veces utilizadas por los laboratorios.

PROCEDIMIENTOS DIAGNÓSTICOS

Procedimiento	Zona del cuerpo analizada	Descripción	Información adicional (ver páginas)
Absorciometría de rayos X de energía dual	Esqueleto, enfocando regiones específicas, habitualmente cadera, columna vertebral, y muñeca	Evalúa la densidad ósea utilizando un tipo de rayos X	411
Amniocentesis	Líquido de la bolsa que envuelve al feto	Análisis del líquido para detectar una anomalía en el feto	1702 (rec.), 1702
Análisis cromosómico	Sangre	Examen al microscopio para detectar una enfermedad genética o para determinar el sexo del feto	1700
Análisis de orina	Riñones y vías urinarias	Análisis químico de una muestra de orina para una evaluación de la presencia de proteína, glucosa, cetonas y células sanguíneas	990
Análisis de sangre	Habitualmente la muestra de sangre se extrae de un brazo	Medición de sustancias en la sangre para evaluar la función de un órgano, para ayudar al diagnóstico y para controlar divisos trastornos	410, 947 (rec.), 1173, 1174 (rec.)
Arteriografía (angiografía)	Cualquier arteria del cuerpo; habitualmente en el cerebro, el corazón, el riñón, la aorta o las piernas	Radiografía utilizando un colorante radiopaco para resaltar o detectar un bloqueo o un defecto en una arteria	156, 159, 310, 534, 948, 993
Aspiración articular (artrocentesis)	Articulaciones entre los huesos, especialmente hombro, codo, dedos, cadera, rodillas, tobillos, dedos de los pies	Análisis del líquido en el espacio articular (líquido sinovial) para detectar la presencia de células sanguíneas, cristales y microorganismos	411
Aspiración de la médula ósea	Esternón o hueso de la cadera	Examen de la médula ósea al microscopio para detectar anomalías de las células sanguíneas	1175, 1175 (rec.)
Audiometría	Oídos	Valoración de la capacidad para oír y distinguir sonidos en tonos y volúmenes específicos	1487
Auscultación	Corazón	Escuchar con un fonendoscopio para detectar los ruidos anormales del corazón	147
Biopsia	Cualquier tejido del cuerpo	Examen de una muestra de tejido al microscopio para detectar un cáncer u otra anomalía	311, 312, 412, 949, 993, 1246, 1609
Broncoscopia	Vías aéreas de los pulmones	Inspección visual directa para detectar un tumor u otra anomalía	311
Cateterismo cardíaco	Corazón	Exploración de la función del corazón y de su estructura	156
Colangiogopancreatografía retrógrada endoscópica (CPRE)	Vías biliares	Examen radiológico de las vías biliares tras la inyección de una sustancia radiopaca utilizando un tubo óptico flexible para alcanzar las vías biliares	948, 948 (rec.)

PROCEDIMIENTO	ZONA DEL CUERPO ANALIZADA	DESCRIPCIÓN	INFOR-MACIÓN ADICIONAL (VER PÁGINAS)
Colangiografía transhepática percutánea	Hígado, vías biliares	Exploración radiológica del hígado y de las vías biliares tras la inyección de una sustancia radiopaca en el hígado	949
Colonoscopia	Intestino grueso	Inspección visual directa para detectar un tumor u otra anomalía	846
Colposcopia	Cuello uterino	Examen directo del cuello uterino con una lente de aumento	1608
Conización	Cuello uterino	Extracción de una muestra de tejido para su examen	1672
Cultivo	Muestra de cualquier parte del cuerpo (habitualmente un líquido como sangre u orina)	Examen de microorganismos crecidos en una muestra para identificar una infección causada por bacterias u hongos	440, 991
Dilatación y legrado	Cuello uterino y útero	Examen de una muestra al microscopio para detectar una anomalía en el revestimiento del útero	1609 (rec.)
Ecocardiografía	Corazón	Exploración de la estructura y de la función cardíaca utilizando ultrasonidos	153
Ecografía	Cualquier parte del cuerpo	Estudio con ultrasonidos para detectar anomalías estructurales o funcionales	151, 309, 411, 532, 848, 947, 991
Electrocardio-grafía (ECG)	Corazón	Estudio de la actividad eléctrica del corazón	147
Electroencefalo-grafía (EEG)	Cerebro	Estudio de la actividad eléctrica del cerebro	535
Electromiografía	Músculos	Registro de la actividad eléctrica de un músculo	411, 536
Endoscopia	Aparato digestivo	Examen visual directo de las estructuras internas utilizando un tubo de visión flexible	846, 847 (rec.)
Ensayo immu-no-enzimático (ELISA)	Habitualmente sangre	La muestra se mezcla con una muestra de alérgenos o microorganismos para determinar la presencia de anticuerpos específicos	1394
Espirometría	Pulmones	Examen de la función pulmonar mediante la espiración en un aparato de medición	307 (rec.)
Estudios con isótopos radiactivos	Muchos órganos	Exploración radiactiva para detectar anormalidades del flujo sanguíneo, estructuras o función	155, 309, 411, 947, 993
Estudio de la conducción nerviosa	Nervios	Para medir la velocidad con la que son conducidos los impulsos de los nervios motores y sensitivos	411, 537
Exploración electrofisiológica	Corazón	Prueba para evaluar anomalías en el ritmo o en la conducción eléctrica	150

La tabla continúa en la página siguiente.

PROCEDIMIENTO	ZONA DEL CUERPO ANALIZADA	DESCRIPCIÓN	INFOR-MACIÓN ADICIONAL (VER PÁGINAS)
Fluoroscopia	Aparato digestivo, corazón, pulmones	Estudio continuo con rayos X que permite ver el interior de un órgano en funcionamiento	152, 847
Histeroscopia	Útero	Examen visual directo del interior del útero utilizando un tubo de visión flexible	1610
Laparoscopia	Abdomen	Inspección visual directa para el diagnóstico y tratamiento de anomalías en el abdomen	846, 1610
Mamografía	Mamas	Exploración radiológica para detectar cáncer de mama	1611 (rec.)
Mediastinoscopia	Tórax	Examen visual directo del área torácica comprendida entre los pulmones	313
Medición de la presión arterial	Habitualmente un brazo	Prueba para detectar una presión arterial alta o baja	165 (rec.)
Mielografía	Columna vertebral	Radiografía simple o computerizada de la columna vertebral tras la inyección de una sustancia radiopaca	535
Muestra de vellosidades coriónicas	Placenta	Examen de una muestra al microscopio para detectar una anomalía en el feto	1701, 1702 (rec.)
Oftalmoscopia	Ojos	Examen visual directo para detectar anomalías en el fondo del ojo	1527, 1527 (rec.)
Paracentesis	Abdomen	Inserción de una aguja atravesando la cavidad abdominal para extraer líquido para su examen	848
Prueba de esfuerzo (tolerancia al ejercicio)	Corazón	Prueba de la función cardíaca al realizar un esfuerzo	148
Prueba de Papanicolaou (Pap)	Cuello uterino	Examen al microscopio de las células exfoliadas del cuello uterino para detectar cáncer	1607
Prueba de sangre oculta	Intestino grueso	Pueba para detectar sangre en las heces	849
Pruebas de función pulmonar	Pulmones	Pruebas para medir la capacidad de los pulmones para mantener el aire, para moverlo hacia dentro y fuera del cuerpo y para intercambiar oxígeno y anhídrido carbónico	308
Pruebas de los reflejos	Tendones	Pruebas para detectar anomalías de la función nerviosa	530
Punción lumbar	Canal espinal	Pruebas para nomalías del líquido cefalorraquídeao	531, 532 (rec.)
Pruebas para la dermatitis alérgica	Habitualmente un brazo o la espalda	Pruebas para alergias	1271, 1414

PROCEDIMIENTOS DIAGNÓSTICOS *(Continuación)*

Procedimiento	Zona del cuerpo analizada	Descripción	Información adicional (ver páginas)
Radiografía con bario	Esófago, estómago, intestino, recto	Exploración radiológica para detectar úlceras, tumores u otras anomalías	846
Resonancia magnética nuclear (RMN)	Cualquier parte del cuerpo	Exploración mediante imágenes magnéticas para detectar cualquier anormalidad estructural	154, 309, 411, 533, 848, 947, 992
Sigmoidoscopia	Recto y última parte del intestino grueso	Inspección visual directa para detectar tumores u otras anomalías	846
Timpanometría	Oídos	Medición de la impedancia (resistencia a la presión) del oído medio, lo que ayuda a determinar la causa de la pérdida de audición.	1488
Tomografía computerizada (TC)	Cualquier parte del cuerpo	Examen radiológico con ayuda de computadora para detectar anomalías estructurales	153, 309, 535, 847, 947, 991, 1610, 1700
Tomografía por emisión de positrones (PET)	Cerebro y corazón	Imágenes obtenidas mediante radiactividad para detectar anomalías de funciones	155, 534
Toracentesis	Espacio que rodea los pulmones (espacio pleural)	Extracción de líquido del tórax con una aguja para detectar anomalías	310
Toracoscopia	Pulmones	Examen visual de los pulmones a través de un tubo	312
Urografía intravenosa	Riñones, vías urinarias	Estudio radiológico de los riñones y de las vías urinarias tras la inyección de una sustancia radiopaca	992
Urografía retrógrada	Vejiga urinaria, uréteres	Estudio radiológico de la vejiga urinaria y de los uréteres tras la inserción de una sustancia radiopaca	992
Venografía	Venas	Estudio radiológico para detectar la obstrucción de una vena	848

Índice

Nota: los números de página en cursiva se refieren a ilustraciones, tablas y recuadros de texto.

B

C

G

H

N

Q

R

T

U